조직행동론

Organizational Behavior

Organizational Behavior

19th Edition

조직행동론

Stephen P. Robbins • Timothy A. Judge 지음
김양균 • 서유미 • 윤석화 • 이기영 • 정혜정 옮김

Pearson

생능

Pearson Education South Asia Pte Ltd
63 Chulia St
#15-01
Singapore 049514

Pearson Education offices in Asia: *Bangkok, Beijing, Ho Chi Minh City, Hong Kong, Jakarta, Kuala Lumpur, Manila, Seoul, Singapore, Taipei, Tokyo*

3 2 1
26 25 24

Cover Image: Paulphin Photography/Shutterstock

발행일: 2024년 1월 2일
공급처: (주)생능(031-955-0761)
ISBN: 978-981-3350-94-6(93320)
가격: 42,000원

Pearson

http://pearson.com/asia

역자 서문

오늘날 우리 사회는 놀라운 속도로 변화를 거듭하고 있으며, 이는 조직과 조직 행동에 새로운 도전을 던져준다. 이러한 사회적 변화와 기술 혁신이 어우러져 새로운 조직 환경을 형성하며, 미래학자들은 앞으로 인공지능이 조직의 구성원이 될 것이라고 예측한다. 또한 구성원의 자율성, 역동성, 인간의 관계성, 지속성이 요구됨으로써 조직행동론은 새로운 맥락에서의 이해와 적응이 필요하다.

인공지능의 발전은 조직의 업무 환경을 혁신적으로 변화시키고 있다. 기계학습, 자동화된 프로세스, 데이터 분석은 업무의 효율성을 향상하는 동시에 구성원에게 새로운 역량과 기술을 요구하며, 이로 인해 구성원은 기존의 개념과 모델을 재고해야 한다.

오늘날의 조직은 유연성이 필요하며, 지리적 제약을 넘어 재택근무, 유동적인 일정, 분산된 팀 등이 통상적인 업무 방식으로 자리를 잡아가고 있다. 이에 따라 조직에서는 리더십의 새로운 모델과 팀 협업에 대한 새로운 시각이 필요하다. 또한 조직은 다양성과 포용성을 더욱 필요로 한다. 조직 내의 차별 없는 환경은 창의성과 혁신을 촉진하며, 이로써 조직에서의 다양성 관리와 조직 문화의 중요성이 부각될 것이다.

기술 중심의 미래에는 인간성과 윤리적 가치가 더욱 중요해질 것이다. 조직은 기술을 효과적으로 활용하면서도 인간 중심의 가치를 고수해야 하고, 기술과 인간의 상호작용에 윤리적 책임과 신뢰의 개념이 필요할 것이다.

조직행동론을 다룬 수많은 교재 중에서 스티븐 P. 로빈스(Stephen P. Robbins)와 티머시 A. 저지(Timothy A. Judge)의 《조직행동론(Organizational Behavior)》은 전 세계적으로 가장 널리 읽히고 있다. 거의 2년마다 개정되는 이 책은 독자가 조직행동론을 더 쉽고 재미있게 이해할 수 있도록 각 장마다 다양한 사례, OB POLL, 윤리적 딜레마, 주요 논점에 대한 학자들의 찬반 이론 등을 담고 있다. 이 책을 통해 독자는 집단과 조직 전체의 성과에 영향을 미치는 구체적인 요인과 효과적인 구성원의 다양성, 동기부여 방법, 리더와 리더십 행동, 다른 사람과의 갈등을 다루는 방법, 권력을 사용하는 방법 등을 이해할 수 있을 것이다. 많은 독자가 자신은 물론이고 다른 사람의 사고, 태도, 행동을 더 잘 이해하고 함께 일하는 효과적인 방식을 배움으로써 더 좋은 직장인으로, 책임감 있는 경영인으로, 훌륭한 조직행동 연구자로 성장해나가길 기대한다.

이 책은 2011년에 14판이 우리말로 출간된 이래 서울대 박원우 교수님, 인하대 박기찬 교수님, 서원대 (고) 이덕로 교수님, 중국 유럽국제비즈니스스쿨 김태열 교수님, 서울대 윤석화 교수님이 번역에 참여해왔다. 개인적으로는 운 좋게도 18판부터 번역에 참여하게 된 것에 감사드린다. 19판의 번역에는 새로운 교수님들이 참여하게 되어 젊은 후학의 취향에 맞게 변모할 것이라 기대한다.

끝으로 바쁜 시간을 쪼개어 번역에 노고를 아끼지 않으신 서울대 경영학과 윤석화 교수님, 서울시립대 경영학부 서유미 교수님, 건국대 경영학과 정혜정 교수님, 연세대 경영학과 이기영 교수님께 감사드린다. 그리고 출간 과정 전반에 걸쳐 지원해준 피어슨에듀케이션의 김선형 부장님과 편집팀에 고마운 마음을 전한다.

2023년 12월

역자를 대표하여 김양균

저자 서문

전 세계에서 가장 성공적인 조직행동론 교재

19판은 조직행동 분야의 교육과 학습에서 최근에 대두되고 있는 가장 시급한 문제를 해결함으로써 차별화를 유지하고 있다. 조직행동론을 가르치는 강사들은 직장에서 사람들을 이해하는 것과 관련된 발전과 혁신에 보조를 맞추는 데 어려움을 겪곤 한다. 더욱이 학생들이 조직행동론을 배우고 관심을 가지며 이해하기 위해서는 현재의 모습이 중요하다. 많은 학생은 현재 직장에서 일어나고 있는 변혁적인 사건의 함의를 궁금해한다.

예를 들어 COVID-19 위기로 인해 원격근무가 효과적인지, 어떻게 일과 삶의 균형을 유지할 것인지, 팬데믹이 어떻게 구성원의 정신적·육체적 웰빙에 스트레스 요인으로 작동하는지에 대한 의문이 제기되었다. 팬데믹은 각 경제의 활성화와 이에 따른 많은 윤리적·실용적인 이슈에 다시 관심을 불러일으키기도 했다. 또한 'Black Lives Matter', '#MeToo'와 같은 운동은 조직, 리더, 구성원이 평등과 공정성에 어떻게 대응해야 하는지, 다양성을 가치 있게 생각하고 어떻게 증진할 것인지, 포용적인 관행을 어떻게 만들 것인지에 대한 고민을 촉발했다. 그리고 인공지능, 기계학습, 소셜미디어 등의 기술 발전은 조직이 경영하는 방식에 혁신을 가져왔다. 따라서 구성원이 고객, 동료, 리더와 상호작용하는 방식에도 변화가 필요하다.

19판에서는 조직행동의 핵심적인 지식을 바탕으로 이러한 주제를 시의적절하게 다루었다. 18판의 사례와 참고문헌을 절반 이상 업데이트했다. 최근의 학습과 강의의 필요성에 맞게 다양성, 형평성, 포용성, 의사소통, 문화와 변화, 스트레스와 건강에 관한 장은 전면 재검토하여 다시 저술했다. 특히 19판에서는 기업이 직면한 사회적 책임, 공정성, 윤리 등을 다루는 특별 섹션으로 '더 나은 세상을 향해'를 추가했다. 또한 교육과 학습 경험을 증진하기 위해 다양한 보충 자료를 제공한다.

취업 역량

각 장의 처음에 기업이 찾는 역량의 특성을 시각적으로 보여주는 **취업 스킬 매트릭스**를 제시했다. 이를 통해 각 장이 학생의 경력 향상에 어떠한 도움이 되는지 파악할 수 있다.

취업 스킬 매트릭스는 기업이 채용 지원자에게 요구하는 특정 역량을 개발하는 데 도움이 되는 각 장의 자료를 보여준다.

취업 스킬 매트릭스(ESM)

	미신인가, 과학인가	윤리적 선택	찬성 의견/반대 의견	더 나은 세상을 향해	실전 연습	윤리적 딜레마	사례 삽화
비판적 사고와 창의성		✔	✔	✔	✔	✔	✔
의사소통	✔				✔	✔	
협력					✔		✔
자기관리	✔				✔	✔	✔
사회적 책임		✔	✔	✔	✔	✔	✔
리더십	✔	✔	✔	✔			✔
경력관리	✔	✔	✔	✔		✔	

자신과 타인에 대한 이해 향상

각 장마다 **개인 특성 평가**(Personal Inventory Assessment)를 제공하며, 이는 MyLab에서도 활용할 수 있다. 개인 특성 평가는 성공적인 경력 개발에 필수적인 자신에 대한 이해와 타인에 대한 이해, 전문가로서의 역량 개발에 도움이 된다.

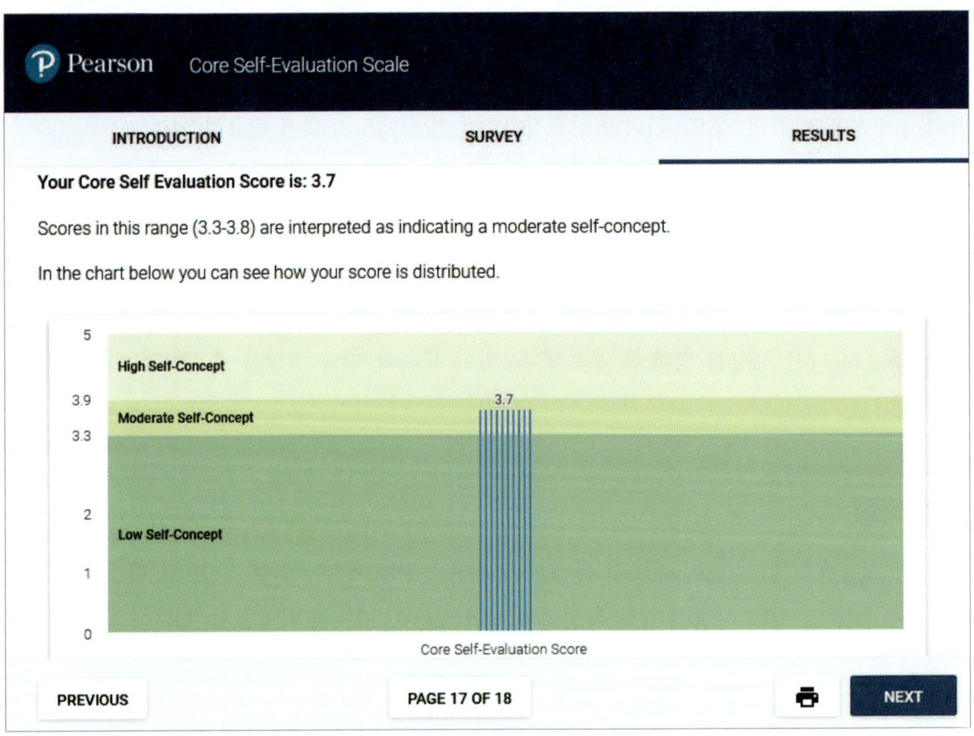

Mylab Management는 피어슨의 온라인 셀프스터디 영문 프로그램으로 자동채점 기능 및 문제풀이와 답을 제공한다. 구매를 원하시는 경우 피어슨에듀케이션으로 문의하기 바란다.

실전에 적용할 수 있는 추가 자료

각 장 말미에 **실전 연습, 윤리적 딜레마, 사례 삽화**를 제시하면서 마무리했다. 또한 실전에 도움을 주기 위해 책 마지막에 5개의 **종합 사례**를 수록했다.

실전 연습 원격팀 관리하기

구아바(Guava)는 현재 약 500명의 직원을 보유하고 있으며 지속적으로 성장하고 있는 실리콘밸리에 위치한 음악 스트리밍 서비스이다. 구아바는 다음 해에 많은 신규 직원을 고용할 계획을 가지고 있다. CEO 레녹스 레이놀즈(Lennox Reynolds)는 현재 직원의 절반 정도를 영구적 원격근무로 전환하고 추가로 원격근무자를 고용하려는 비전을 가지고 있다. 레이놀즈는 또한 회사가 더 수평적인 구조를 만들기를 원한다. 엔지니어링이나 마케팅과 같은 전통적인 기능으로 구성된 부서 대신, 직원은 프로젝트팀에서 일하며 더 큰 자율성을 가지게 될 것이다. 레이놀즈는 이것이 창의성과 혁신이 번성할 수 있도록 만들어줄 것이라고 믿고 있으며(구아바가 경쟁 우위를 개발하는 데 도움이 될 것), 엄격한 전통적인 구조가 직원을 제한하고 창의성과 혁신을 억압한다고 생각한다. 한 명의 지정된 리더 대신 팀은 개인이 리더의 역할을 하도록 허락할 것이다.

그러나 레이놀즈의 대담한 계획에도 불구하고, 구아바의 대다수 다른 임원들은 이 비전에 문제점을 제기하며 너무 야심찬 것으로 여기고 있다. 레녹스는 자신의 계획이 구성원을 수용할 사무실을 세우고 유지할 필요가 없는 만큼 회사의 비용을 절약해줄 것이라고 믿고 있다. 그녀는 또한 직원이 이러한 업무 방식을 선호할 것이며, 결과적으로 직원 유지에 도움이 될 것이라고 확신한다. 원

윤리적 딜레마 칭찬받기 마땅할 때 칭찬하기

당신은 팀원 각자가 매주 구상한 새로운 아이디어를 공유하는 주간 회의를 준비하고 있다. 특히 한 아이디어가 매우 긍정적인 피드백을 받게 된다. 그 아이디어는 놀랍도록 혁신적이어서 동료인 에이든에게 "알렉스가 공유한 아이디어 정말 좋지 않나요?"라고 말한다.

그러나 거의 항상 기분이 좋은 에이든의 언짢은 표정을 보고 당신은 놀란다. "저도 그 아이디어를 팀에 제안하기 위해 자료를 조사하고 준비할 때 그렇게 생각했죠."라고 에이든이 말한다.

"음, 알렉스가 이런 일을 할 줄은 몰랐네요. 그렇다면 어떻게 할 생각이에요?"라고 물어본다. 이 상황에서 어떻게 할지 확신이 서지 않는다. 회사는 협업을 촉진하는 한편, 팀원들의 고유한 기여를 인정하는 것도 중요하게 여긴다.

랐어요. 그렇지만 알렉스와 저는 자주 함께 일하기 때문에 불편한 상황을 만들고 싶지 않아요." 마침내 긴 침묵 뒤에 에이든은 더 자신 있게 말한다. "저는 아무 말도 하지 않을 거예요. 제가 과도하게 반응한 것 같아요."

"음, 이건 당신의 결정이에요." 당신은 망설이며 대답하고, 에이든은 자신의 책상 쪽으로 이미 건너가고 있다.

질문

1-12 이 상황에 윤리적 이슈가 있다면 무엇인가?
1-13 당신은 동료가 이 상황을 다루기로 한 방법에 동의하는가? 왜 그런가?
1-14 이 상황에서 바람직한 결정은 무엇이라고 생각하는가? 왜 그런가? 당신이 생각하는 바람직한 결정이 동료가 제안한

사례 삽화 R.G.에서의 일-생활 균형

테이텀은 글로벌 컨설팅 회사인 R.G.에서 컨설턴트로 일하고 있다. 지난 몇 년 동안 그녀는 이 회사에서의 일을 즐겼다. 야심가인 그녀는 회사 내에서 승진하겠다는 장기 목표에 주력하고 있다. 또한 테이텀은 항상 자신의 일에 열정을 가져왔고 다른 곳에서 일하는 것은 상상할 수 없다. 그럼에도 불구하고 어린 아이의 엄마로서 R.G.에서의 근무는 그녀에게 많은 도전이었다. 회사는 출근시간에 대해 유연성을 제공하며, 업무를 완료하기만 한다면 딸이 아플 때 일찍 퇴근하거나 재택근무하는 것에 대해 상사가 대체로 신경 쓰지 않는다.

테이텀은 집에서 오래 일하더라도, 사무실에서 늦게까지 일하는 사람과 똑같이 인식되지 않는다는 것을 알고 있다. 그녀의 사무실 사람들 모두가 조직에 대한 헌신을 보여주고 승진 기회를 얻으려면 늦게까지 일하기를 기대하는 것 같다. 승진을 하려면 회사 내 자격을 갖춘 사람들 중에서 눈에 띌 필요가 있다고 생각하고 있다.

R.G.는 가족을 부양하는 사람을 지원하는 정책을 갖고 있지만, 실제로는 테이텀이 알기로, 거의 아무도 그것을 활용하지 않고 있다. 예를 들어 테이텀은 그녀의 상사 케네디가 아이를 낳고 너무 빨리 사무실로 돌아와서 약간 놀랐다. 그러나 케네디는 R.G.에서 큰 존경을 받는 사람이었으며 성공적인 워킹맘로서 모든 것을 가질 수 있음을 보여주는 본보기로 여겨졌다. 테이텀에게 대안은 파트타임 근무로 전환하거나 덜 힘든 역할로 전환하는 것이다. 유감스럽게도 이러한 대안은 본질적으로 그녀의 승진 목표를 제쳐 놓아야 함을 의미한다.

한편 아이가 둘 있는 다른 여성이 사무실에 늦게까지 남아 있을 때 다른 사람이 얘기하는 것을 엿들은 적이 있다. 어떤 사람은 "퇴근해서 아이한테 가야 하지 않나요?" 혹은 "아이가 엄마 보고 싶어 하지 않아요?"라고 말했다. 테이텀에게는 모범적인 직원이 되려는 노력과 무심한 엄마로 인식되지 않으려는 노력 사이에서 계속된 균형 잡기 같은 느낌이 들었다.

테이텀이 이 조직에 처음 끌렸던 이유 중 하나는 여성을 위한 '편의'(즉, 유연한 근무시간, 적은 책임, 파트타임 근무시간)였다. 그러나 이제 테이텀은 이러한 '편의'가 직업적으로 그녀를 돕기보다 피해를 더 많이 줄 것이라고 생각하면서 거의 죄책감을 느끼고 있었다. 다행히도 그녀의 배우자는 그녀가 더 적은 시간 일하거나 역할을 전환하기로 결정할 경우에도 가족을 편안하게 지원할만큼 충분한 수입을 벌고 있었다. 그럼에도 불구하고 테이텀은 직업적 목표를 달성하지 못할 수도 있다는 가능성을 받아들이는 데 어려움을 겪고 있었다.

질문

1-17 테이텀의 회사가 제공하는 편의가 개인이 일과 가정에서 생활 간의 균형을 잡도록 도와준다고 생각하는가? 왜 그렇게 생각하는가?
1-18 더 나은 일-생활 균형을 허용하기 위해 조직이 실행할 수 있는 관행이나 제도가 있는가?
1-19 테이텀이 직업적 목표와 일-생활 균형을 동시에 성취하기 위해 취할 수 있는 행동이 있는가?
1-20 직무 만족과 경력 성공을 위해 일-생활 균형이 얼마나 중요하다고 생각하는가?[155]

개념과 연관된 실례

조직행동론을 더 의미 있게 이해하고 개념이 현실에서 어떻게 나타나는지 알 수 있도록 다양한 실례를 제시했다. 책 전반에서 접하는 경영자의 이야기에 담겨 있는 조직행동론 개념은 경력 관리와 성공에 도움이 될 것이다.

제록스(Xerox)의 전 CEO이자 〈포천〉 500대 기업에서 최초의 리더 여성인 우르술라 번스(Ursula Burns)는 연례 '존 우든 글로벌 리더십 어워드' 만찬에서 연설했다. 개인과 소통하고 '경청 최고자(listener-in-chief)' 역할을 하는 번스의 능력은 CEO로 재임하는 동안 제록스의 엄청난 성장을 이루는 데 기여했다.

출처: Matt Sayles/Invision/AP/Shutterstock

각 장의 **OB POLL**은 일반적인 가설에 대해 생각해볼 수 있는 통계를 제공한다.

OB POLL 남녀 간 취업률 추세 비교

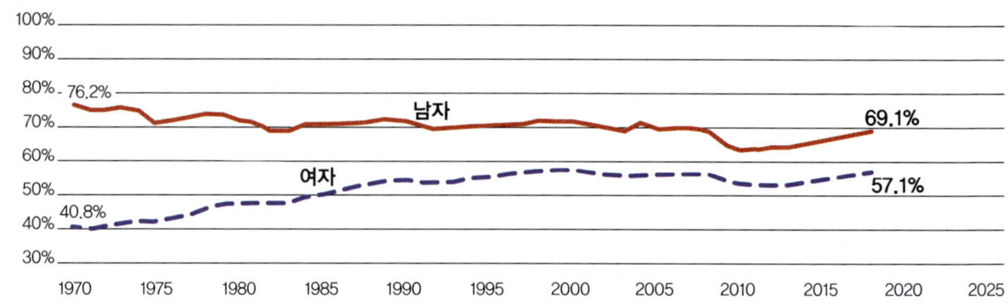

출처: U.S. Bureau of Labor Statistics, "Women in the Labor Force: A Datebook," 2019, https://www.bls.gov/opub/reports/womensdatabook/2019/home.htm에 기초함.

더 나은 세상을 향해는 기업의 사회적 책임, 지속가능 경영, 다양성과 포용성, 직장 내 형평성을 강조하는 조직의 예를 보여준다. 이를 통해 실제 조직이 이러한 이슈를 어떻게 다루는지 확인할 수 있다.

더 나은 세상을 향해

벤앤제리스: CSR을 지향하는 회사가 되기 위한 노력

버몬트에 본사를 둔 아이스크림 제조사인 벤앤제리스(Ben & Jerry's)는 종종 기업의 사회적 책임(CSR)의 모범 사례로 언급된다. 소박하게 시작한 벤앤제리스는 개성있는 맛에 알갱이가 씹히는 아이스크림을 개발한 잘 알려진 역사를 가지고 있으며, 거의 매년 엄청난 이익을 창출하더니 결국 대기업에 인수되었다. 이러한 회사의 역사적 변화에도 불구하고, 그들의 세 가지 마지노선(triple bottom line)에 대한 헌신은 변함없이 유지되어 왔다. 벤앤제리가락을 없앴다.

하지만 벤앤제리스도 비판을 받지 않은 것은 아니다. 기업의 사회적 책임을 중요시하는 아름다운 그림은 성공에 초점을 맞추지만, 실패는 거의 들여다보지 않는다. 예를 들어 1990년대에는 한 연구자가 선한 의도로 시작한 일이 잘못된 방향으로 진행된 사례들을 밝혀냈다. 몇 가지 예로 많은 사람들은 아이스크림 가격이 너무 높다거나 너무 많은 지방과 설탕이 함유되어 있다는 점에 문제를 제기해왔다. 게편지와 벤앤제리스에서 30년 간 장기 재직한 직원과 신입직원과의 인터뷰에 초점을 맞추었다. 이 연구는 인수 이후 직원이 원하는 세 가지 마지노선과 인수 후 CEO가 원하는 재무 성과 사이에서 갈등을 경험했음을 확인했다. 더 나아가 다른 연구에서는 인수 기업(유니레버)이 벤앤제리스에 영향을 주기보다 벤앤제리스의 영향을 많이 받아 CSR 관행을 채택하고 홍보하기도 했다. 많은 사람이 인수의 위협(회사의 고유 미션을 지우거나 수정하게 되는)

미신인가, 과학인가는 잘 알려져 있는 의견, 결론, 추측을 제시하고, 그것이 실증을 바탕으로 뒷받침되는지 또는 그렇지 않은지 생각해보게 한다.

미신인가, 과학인가

동기부여를 위해 일은 목적이 있어야만 한다

구성원이 수행하는 업무가 세상에 미치는 영향에 대해 설명하는 것은 조직이 구성원에게 영감을 주는 익숙한 방식이다. 예를 들어 아마존은 구성원에게 미래를 만들어가고 있다고 이야기하고, 마이크로소프트(Microsoft)는 구성원이 전 세계의 개인과 조직에 더 많은 것을 달성할 수 있게 도움을 주고 있다고 설명한다. 직원이 자신의 업무에 목적이 있다고 인식하면, 조직은 동기부여가 저하되는 것을 막을 수 있다고 생각한다.

에 고착되는 것은 예상하지 못한 다른 영향을 가져온다. 이케아부터 마이크로소프트까지 구성원에게 더 큰 대의를 추구하는 의미있는 업무를 약속하지만, 실제 구성원이 하는 업무는 일상적일 수 있으며 조직이 약속한 목적과 단절될 수 있다. 22개 산업에 종사하는 700여명의 직장인을 대상으로 한 설문조사에 따르면 구성원은 이러한 경험을 한다고 한다. 이 연구에서 1명을 제외한 모든 사람이 자신의 업무가 사소하고 의미가 없는 것이라고 즉각적으로 이망은 더 커지게 되고 그 결과 의미감, 만족, 동기부여가 더 낮아지게 된다.

하지만 수행하는 업무가 일상적인 일을 더 많이 요구하는 것이라고 해서 반드시 구성원의 동기부여가 낮아지고 몰입이 줄어드는 것은 아니다. '상위 프레이밍(superordinate framing)'이라는 기법으로 이를 극복할 수 있다. 구성원은 이 기법을 활용해서 중요하지 않은 업무가 더 큰 목적을 위해서 어떻게 활용이 되는지 생각할 수 있다. 조직은 구성원이 평범한 업무에

윤리적 선택은 조직행동론과 관련된 주제의 윤리적 딜레마를 제시하고 공정성, 정의, 타인에 대한 존중을 바탕으로 어떻게 접근할 것인지 생각해보게 한다.

윤리적 선택

자신의 가치관이 회사의 가치관과 일치하지 않을 때 어떻게 해야 하는가?

직장에서 동료들이 당신의 가치관, 신념과 전혀 다른 의견을 표명하는 것을 듣게 되었다고 하자. 아무 말도 하지 않기로 결정하고 때로는 그들의 의견에 동의하는 척한다. 비록 자신의 생각을 억압한다 할지라도, 개인적인 견해는 사무실 밖에 두고 오는 것이 가장 좋다는 것을 배웠다. 동료가 당신을 자신과 다르다고 보거나, 더 나쁜 경우에는 당신의 지위를 위협하는 위험을 감수하고 싶지 않다.

잠재적으로 직장을 잃거나 강등당할 수 있다에 직면했을 때 이러한 '변장된 순응'을 보이는 경향이 더 높다.

또한 연구에 따르면 직장에서 가식적인 행동을 보이는 사람이 정체성 통합을 높게 경험하는 사람보다 비윤리적인 행동을 할 가능성이 높다고 한다. 가치관의 괴리는 자아 고갈 또는 자기통제의 상실과 관련되며 이는 업무 성과를 저하시키거나 비윤리적인 행동을 야기한다. 자신의 직업적 정체성과 비직업적 정체성이 양립 가능할 때 구성원은 온전한 자신을 드러내며, 어떤 가치를 추구하는지 파악하는 것을 도울 수 있는 개방형 질문이어야 한다. 고용주가 이 질문에 어떻게 응답하는지 살펴보고, 회사의 미션과 가치를 검토하고, 업무 집단에 비공식적으로 물어볼 수 있다. 새로운 직장을 위해 면접을 볼 때 면접관에게 이 질문을 던지는 것도 좋고, 면접 전 사전 조사를 통해 준비된 후속 질문을 하는 것은 더욱 좋다.

3. **진정한 자아와 일치되는 직무나 업무환경을 찾아라.** 연구에 따르면 자신의 가치와 회사

비판적 사고 역량을 개발할 수 있도록 **찬성 의견/반대 의견**에서 조직행동론 관련 이슈에 대한 상반된 견해를 제시했다.

경영서적: 사실인가? 유행인가?

찬성 의견

아마존만 대충 살펴봐도 우리가 알고 싶어하는 주제를 다루는 제목을 가진 광범위한 경영서적을 찾을 수 있다.

- *Drive to Thrive* (Bajaj, 2020)
- *The Savage Leader: 13 Principles to Become a Better Leader from the Inside Out* (Reinke, 2021)
- *The First-Time Manager* (McCormick, 2018)
- *The Making of a Manager: What to Do When Everyone Looks to You* (Zhuo, 2019) *American Crisis: Leadership Lessons from the COVID-19 Pandemic* (Cuomo, 2020)

반대 의견

사람들은 경영 활동의 좋고 나쁘고 추한 모습 등을 알고싶어 한다. 그래서 자신이 경험한 혹은 많은 관심을 갖고 있는 주제에 대해 독자의 흥미를 유발하는 글을 쓰고 출판사는 이 중 좋은 책을 골라 출간한다. 책이 인기를 얻게 되면 독자는 그 책을 통해 배우고 저자의 경영 아이디어를 적용하여 좋은 성과를 얻기도 한다. 이런 책은 다른 사람이 경험을 통해 배운 경영의 비법을 전해주는 수단이다. 그렇다면 학계의 모호한 최신 참고문헌 대신에 현장에서 뛰고 있는 사람으로부터 직접 경영에 대해 배우는 것이 더 낫지 않은가? 사실 인생에서 얻는 가장 중요한 통찰력의 상당 부분은 반드시 엄밀하게 분석된 경험적 연구의 산물이 아니다.

19판의 주요 변화

- 각 장의 도입 사례에서 최신 경영 트렌드와 이벤트를 소개했다.
- 2장, 11장, 16장, 18장은 조직행동의 최신 관점을 반영하여 내용을 전면적으로 개정했다.
- 다양성·형평성·포용성, COVID-19와 위기관리, 원격근무, 긱 경제, 인공지능·소셜미디어·기술 등에 관한 조직행동론의 최신 연구를 반영했다.
- 개념 이해와 실전 적용에 도움이 되도록 실생활과 관련된 최근의 사진과 설명을 담았다.
- 조직행동론과 관련된 상반된 관점을 '찬성 의견/반대 의견'에 제시했다.
- 조직과 리더가 경험하는 새로운 이슈를 다루기 위해 '찬성 의견/반대 의견', '윤리적 선택', 'OB POLL', '미신인가, 과학인가'를 개정했다.
- 최신 이슈에 대해 생각해보도록 '실전 연습', '윤리적 딜레마', '사례 삽화'를 개정했다.
- 각 장의 '취업 스킬 매트릭스', '입사 지원과 취업 역량' 등을 업데이트했다.

저자 소개

스티븐 P. 로빈스 Stephen P. Robbins

네브래스카대학교·컨커디어대학교·볼티모어대학교·서던일리노이대학교·샌디에이고주립대학교 교수를 거쳐 현재 샌디에이고주립대학교 경영학 명예교수로 있다. 경영관리와 조직행동론 분야에서 전 세계적인 베스트셀러 저자인 로빈스가 집필한 교과서는 20개 언어로 번역되어 1,200만 부 이상이 팔렸으며, 캐나다·호주·남아프리카·인도·아랍에서는 현지 판으로 출간되었다. 그는 베스트셀러인 《The Truth about Managing People》 4판(Pearson, 2014)과 《Decide & Conquer》(Pearson, 2015)를 집필하기도 했다. 또한 로빈스는 마스터스 트랙 대회에 참가하고 있다. 1993년에 50세가 된 이후로 전국 스프린트 챔피언십에서 23번 우승하고 세계 스프린트 타이틀을 14개나 획득한 그는 2005년에 미국 마스터스 육상 명예의 전당에 올랐다. 로빈스의 전체 약력은 stephenprobbins.com에서 확인할 수 있다.

티머시 A. 저지 Timothy A. Judge

오하이오주립대학교의 Joseph A. Alutto 리더십 효과성 학장이자 피셔경영대학 피셔 리더십 이니셔티브 총장이다. 케임브리지대학교 케임브리지저지경영대학의 펠로우, 유니버시티칼리지런던의 심리학·언어과학과 객원교수, 노터데임대학교·플로리다대학교·아이오와대학교·코넬대학교 및 체코의 카를로바대학교 교수를 역임했다. 저지의 주요 연구 관심사는 성격·기분·감정, 직무 태도, 리더십, 경력이며, 다양한 학술지에 155편 이상의 논문을 게재했다. 또한 저지는 미국심리학회, 미국경영학회, 국제응용심리학회 등의 펠로우이고, 미국경영학회의 인적자원분과에서 수여하는 Heneman Career Achievement Award, Mahoney Doctoral Mentoring Award, Scholarly Achievement Award를 수상했다. 2017년에는 응용심리학 분야의 8,000명 이상 학자 중 가장 많이 인용된 학자로 확인되었으며, 스티븐 P. 로빈스와 《Organizational Behavior》를 공동 저술하고, 존 카메이어 뮬러(John Kammeyer-Mueller)와 《Staffing Organizations》를 공동 저술했다. 또한 저지는 암벽 등반과 등산을 즐긴다. 영국에서 가장 높은 세 봉우리를 정복하고 48개 주의 가장 높은 봉우리를 절반 정도 등반했다.

요약 차례

차례

PART 1 서론

PART 2 개인

5 성격과 개인차 140

6 지각과 개인적 의사결정 174

7 동기부여 개념 210

8 동기부여: 개념에서 적용으로 244

PART 3 집단

12 리더십 376

13 권력과 정치 418

14 갈등과 협상 458

15 조직 구조의 기초 494

PART 4 조직 시스템

18 조직 스트레스와 건강 608

1 조직행동이란 무엇인가

출처: Mark Lennihan/A.P./Shutterstock

학습목표

1-1 조직행동이 무엇인지 정의할 수 있다.

1-2 조직행동에 대한 체계적 연구의 가치를 보여줄 수 있다.

1-3 조직행동 분야에 기여한 주요 행동과학 분야를 확인할 수 있다.

1-4 조직행동에서 절대 법칙이 희소한 이유를 설명할 수 있다.

1-5 조직행동 개념을 적용하는 데 있어 관리자가 직면하는 도전과 기회를 확인할 수 있다.

1-6 이 책의 조직행동 모델의 세 가지 분석 수준을 비교할 수 있다.

1-7 다른 전공이나 미래 경력에 적용될 수 있는 조직행동에서 습득한 고용가능성을 높이는 핵심 기술을 설명할 수 있다.

위워크 CEO의 비상과 추락

혁신적인 일을 하고자 했던 아담 노이만(Adam Neumann)의 비전은 그가 설립한 회사 위워크(WeWork)의 성공으로 하루아침에 성취되는 듯 보였다. 위워크의 성공 전부터 공유오피스는 존재했지만, 초기의 공유업무공간은 그다지 매력적이지 않았다. 이에 반해 위워크는 한 명부터 수백 명까지 어디에서나 서비스를 제공할 수 있는 종합적인 접근 방식을 택했다. 창업을 어렵게 만드는 여러 서비스(IT, 재무, 법률 서비스 등)를 제공함으로써 공유업무서비스를 한 단계 업그레이드했다. 하지만 매일 평균 두 군데의 새로운 공유오피스를 오픈하며 확장하던 위워크의 전성기에도 문제가 없지는 않았다.

노이만은 상당한 비판을 받고 있지만 그의 비전이 위워크의 인상적인 성장세에 적어도 일정 부분 기여했다고 볼 수 있다. 노이만은 그의 카리스마(기꺼이 대범하게 위험을 추구하는 성향)와 기업가적 비전으로 명성이 높다. 다른 한편으로 그의 다소 특이한 리더십 스타일이 아마도 위워크가 직면한 문제의 원인일 수 있다. 회사 구성원은 노이만이 때때로 즉흥적인 결정을 내리며, 이것이 위워크 내 구성원이 느끼는 모호감에 영향을 미친다고 보았다.

또한 많은 사람이 노이만의 재임기간 동안 조직 문화에 문제가 있었다고 기술하고 있다. "열심히 일하고, 열심히 놀자(work hard, party hard)"라는 마인드가 만연했고, 결국 위워크는 고객에게 무료 맥주를 제공하는 첫 번째 공유오피스가 되었다. 이러한 회사의 잦은 파티 문화가 일부 구성원에게는 불편한 업무 환경으로 여겨지기도 했다. 또한 회사가 인종 차별과 성희롱 혐의에 직면하게 되자, 일부 구성원은 파티 문화가 심각한 윤리적 해이를 부추기는 데 일조했다고 비판했다.

위워크의 성장은 멈출 기세를 보이지 않았다. 위워크는 많은 기대를 받으며 기업공개(IPO)를 진행하던 중이었으나, 2019년 갑작스럽게 이를 연기하는 예상치 못한 결정을 내렸다. 당시 회사의 손실규모는 거의 20억 달러에 육박했다. 잠정 투자자들 또한 회사의 의문스러운 비즈니스 모델뿐 아니라 리더십 구조에 대해 잘 알고 염려하는 듯했다. 곧이어 위워크에 상당한 자본을 투자한 일본 회사인 소프트뱅크(SoftBank)의 압력을 받고 노이만(위워크의 공동창업자이자 9년간 CEO로 재임)이 사임했다. 다음 해에 소프트뱅크가 위워크의 5개년 회생 계획을 실행하기 시작하면서 다른 공동창업자(미겔 매켈비)도 회사를 떠났다.

노이만의 재임기간 동안 위워크가 직면했던 도전은 조직의 위기 요인이 조직의 리더와 같은 특정한 사람에게만 영향을 미치는 것이 아니라 집단, 팀, 조직 전체에 큰 영향을 미침을 보여준다. 이 사례의 경우는 노이만의 동기와 의사결정이 부정적인 영향을 끼친 것으로 보인다. 여전히 집단 역동과 조직 문화는 위워크에서의 문제와 관련이 있다. 위워크 사례는 조직의 생존과 성공에 영향을 미치는 조직 내 행동 복잡성을 보여주는 매우 좋은 사례이다. 조직 내 행동의 영향은 개별 구성원을 넘어서서 집단, 팀, 부서, 전체 조직에 영향을 미친다.[1]

위워크 CEO의 비상과 추락에 관한 이야기는 증가하는 조직생활의 복잡성과 깊이를 잘 보여준다. 행동이 미치는 영향은 조직을 관통하여 구성원, 관리자, 집단, 팀, 전체 조직에서 감지된다. 또한 동기부여, 공정성, 윤리, 구조, 문화, 성격과 같은 조직행동과 이직, 생산성, 생존과 같은 조직에 관련된 성과를 이해하고자 하는 사람이 관심을 가지는 여러 이슈를 보여준다. 이 책을 통해 독자는 어떻게 조직이 직면하는 도전이 이러한 영역에 영향을 미치는지, 이 책과 수업에서 다루는 체계적인 접근이 왜 중요한지 배우게 될 것이다.

경영학과 조직행동

1-1 조직행동이 무엇인지 정의할 수 있다.

지금 아마도 "**조직행동**이 무엇이며 나에게 왜 중요한가?"라는 질문을 던지고 있을 것이다. 곧 조직행동이 무엇인지 정의할 것인데 그 전에 먼저 궁극적 목적(왜 조직행동이 중요하고 조직행동에 대한 공부가 무엇을 제공할 수 있는가)을 염두에 두자.

역사적으로 경영대학 교과과정은 경제학, 회계학, 재무관리, 계량적 분석에 초점을 두고 경영의 기술적 측면을 강조했다. 조직 내 인간행동에 대한 수업은 상대적으로 주목을 받지 못했는데, '사람이 조직을 만든다(the people make the place)'[2]라고 생각하는 사람이라면 이것이 놀랍게 느껴질 것이다. '조직의 효과성이 조직을 구성하는 사람에 의해 결정된다면 조직 내 구성원을 이해하고 구성원이 의사결정하고 소통하고 상호작용하는 방식에 대해 이해하려고 노력해야 하지 않겠는가'라는 점이 놀랍게 느껴질 것이다. 하지만 지난 몇 세기 동안 경영대학은 대인관계 기술이 경영자와 구성원의 효과성을 결정하는 데 매우 중요한 역할을 한다는 것을 깨닫게 되었다. 이러한 깨달음이 조직 내 개인과 집단에 관심을 두는 조직행동 분야의 태동을 이끌었다.

조직행동을 이해하는 것은 그 어느 때보다 중요하다. 일종의 조직행동 혁명에 매해 더 많은 관심이 쏠리고 있다. 2016년 딜로이트(Deloitte)의 글로벌 비즈니스 트렌드 보고서에 따르면, 조직은 '사람을 유인하고 성과를 내고 조직에 남아 있게 만드는 요인들(누가 성공할 것인지, 누가 가장 훌륭한 리더가 될 것인지, 최고 수준의 고객서비스와 혁신을 위해 필요한 것이 무엇인지)'을 이해할 필요가 있음을 깨닫고 있다.[3] 조직행동과 대인관계 기술에 대한 지식은 현대 직장에서의 성공과 승진을 위해 필수적이다. 링크드인(LinkedIn)의 수장인 제프 와이너(Jeff Weiner)에 따르면 "의사소통은 미국의 주요 도시에서 공통적으로 가장 부족한 첫 번째 기술이다"라고 한다.[4] 이는 또한 거의 모든 직무와 관련이 있다. 몬스터(Monster)의 한 연구는 입사지원자에게서 가장 많이 기대하는 기술이 무엇인지 확인하기 위해 약 백만 건의 채용시장 공고를 분석했다.[5] 의사소통 기술이 목록의 최상위에 위치했고 문제해결 능력이나 영향력 기술과 같은 조직행동 관련 기술이 그 다음이었다.

더 나아가, 이런 기술은 경력 발전을 위해서도 필요하다. 20개 산업 분야의 최고재무책임자(CFO) 2100명을 대상으로 실시한 설문조사 결과에서 대인관계 기술의 부족이 승진에서 탈락하는 가장 큰 원인으로 나타났다.[6] 결국 조직행동은 직장에서의 성공과 도약을 위해 꼭 필요한 도구를 제공해줄 수 있다. 이 책에서는 특별히 어떻게 조직행동에 대한 지식과 실행이 ① 분석적이고 비판적으로 사고하도록, ② 더 나은 의사결정을 하도록, ③ 타인과 더 효과적으로 소통하고 협력하도록, ④ 직장에서 사회적 책임감을 가지고 행동하도록 도울 수 있는지에 관심을 가진다. 연구들은 이러한 유형의 '취업 역량을 높이는 기술'이 고용주에게 더 높은 가치로 인정받고 선호됨을 보여주었다. 이러한 기술의 부족은 직장에서의 문제들을 야기할 수 있다.[7]

조직행동에서 강조하는 원칙을 기업 현장에 적용하면 다양한 조직성과의 향상을 기대할 수 있다. 첫째, 일하기 좋은 직장으로 명성이 높은 기업[예: 힐튼(Hilton), UKG, 웨그먼서(Wegmans), 시스코(Cisco), 워크데이(Workday), 세일즈포스(Salesforce), 에드워드존스(Edward Jones)[8]]은 조직행동에 대한 높은 관심 덕분에 뛰어난 재무적 성과를 창출하는 것으로 알려져 있다.[9] 둘째, 관리자와 직원의 대인관계 역량 개발은 조직 내 높은 성과를 가진 직원을 유치하고 유지하는 데 큰 도움이 된다. 유능한 인재는 항상 부족하고 대체비용 역시 높기 때문에 이 기능은 필수적이다.[10] 셋째, 직장 내 대인관계의 질은 직원의 직무 만족, 스트레스, 이직 등과 강한 관련성이 있다. 수백 개의 기업과 20만 명 이상의 종업원을 대상으로 실시한 대규모 연구에서 동료와 상사 간의 사회적 관계가 전반적인 직무 만족도와 강한 연관성이 있다는 사실을 밝힌 바 있다. 긍정적인 사회적 관계는 또한 직장 내 스트레스 해소와 이직 의사를 낮추는 데 도움이 되는 것으로 나타났다.[11] 또 다른 연구에서는 긍정적인 업무관계가 구성원의 일과 삶에 대한 만족도 향상, 직장에서의 긍정적인 감정의 경험, 일의 의미에 대한 인식, 성과에 이르기까지 구성원의 성공적인 직장생활을 돕는다고 했다.[12] 넷째, 조직행동에 대한 강조는 조직의 환경적, 사회적, 지속가능한 성과에 대한 인식을 높일 수 있다.[13] 이에 부응하여 대학에서도 조직 내 사회적 이슈를 중시하는 미래 리더를 육성하기 위해 사회적 기업가정신 교육을 커리큘럼에 통합하기 시작했다.[14] 이러한 긍정적 측면만큼이나 조직행동의 원리를 기업에 적용하는 것은 비윤리적이거나 일탈적인 행동, 폭력, 스트레스, 차별, 성희롱, 갈등, 약물남용, 무례, 절도 등과 같은 기업의 부정적인 측면이나 결과를 관리하는 방법을 이해하도록 돕는다.[15] 확실히 조직 내 사람과 그들의 행동을 이해하는 것에는 매우 큰 이득이 있다. 이 책은 관리자, 미래 관리자, 구성원이 개인, 집단이나 팀의 구성원, 근로자로서의(도움을 주는 대상이 관리자, 미래 관리자, 구성원 3명으로 보임) 인간행동에 대해 더 잘 이해하도록 도움을 주기 위해 집필되었다.

일의 세계에서 구성원은 누구인가

직원 업무 목표 달성에 기여하는 사람

관리자 다른 사람을 통해 목표를 달성하는 사람

조직 공통 목표 달성을 위해 상대적으로 연속성을 가지고 의식적으로 활동을 조정하는 2명 이상으로 구성된 사회적 단위

먼저 직원, 관리자, 조직이라는 용어를 간단히 정의하면서 시작해보자. 첫째, **직원**(worker)은 조직 내에서 일을 수행하는 사람이다. 직원은 개인, 작업 그룹, 팀, 조직의 구성원으로 목표의 달성에 기여한다. 직원에 대해 먼저 정의하는 것이 불필요해보일지 모르나 지난 세기가 보여주었듯이 일의 본질과 일이 직원에게 의미하는 바가 변화하고 있다. 예를 들어 오늘날 일의 세계는 훨씬 더 자율적이고 상호의존적이다. 30년 전에 비해 훨씬 더 다양한 기술을 요구한다.[16] 이 장의 후반부에서 논의하겠지만, 밀레니엄이 시작되면서 긱 경제(gig economy)라고 불리는 새로운 시대가 도래했다.[17] 풀타임 근로자의 전통적인 역할에서 벗어나 오늘날에는 계약직(contract worker), 독립 계약자(independent contractor), 프리랜서(freelancer), 임시 직원(temporary worker) 등 표준화되지 않은 다양한 업무 형태가 흔하게 관찰된다. 둘째, **관리자**(manager)는 다른 사람을 통해 자신의 업무를 수행하는 사람이다. 즉 관리자는 의사결정을 하고 자원을 분배하고 목표를 달성하기 위해 다른 사람의 활동을 지시하는 주체로서, 비영리조직에서는 행정가(administrator)로 불리기도 한다. 셋째, 관리자는 하나의 **조직**(organization) 안에서 업무를 수행하게 되는데, 조직은 2명 이상으로 구성된 의식적으로 조정되는 사회적 단위로 공통 목표 달성을 위해 상대적으로 연속성을 가지고 활동하게 된다. 이러한 정의에 기반해서 제조와 서비스 기업을 조직이라 하는데 학교, 병원, 교회, 군대, 비영리조직, 경찰서, 지방정부, 주정부, 연방정부 등도 조직에 해당된다.

그 어느 때보다 최근 충분한 관리자 교육이나 근무경험 없이 신규 채용자나 다른 근로자가 바로 관리직에 배치되는 경우가 많다.[18] 대규모 설문조사결과에 의하면 전체 관리직 중에 58%

이상의 관리자는 아무런 교육훈련도 받지 않은 상태에서, 25%는 직원을 통솔하는 역할 수행 준비가 전혀 되어 있지 않은 상태에서 관리자 역할을 하게 되었다고 한다.[19] 이러한 훈련과 준비의 부족함 외에도 관리자에 대한 업무 요구도 증가했다. 평균적인 관리자는 7명의 부하직원을 데리고 있으며(한때는 5명이 표준이었음), 과거의 관리자에 비해 이들을 지도하는 데 적은 시간을 쓰고 있다.[20] 갤럽(Gallup) 여론조사의 결과를 참조하면 조직에서 관리자를 잘못 선발한 경우가 82%에 달하는 것으로 나타났다.[21] 사람에 대해 또 이들을 관리하는 방법에 대해 공부할수록 적합한 관리직 후보자가 될 준비가 더 잘 될 것이다. 조직행동은 독자를 그곳으로 이끌어줄 것이다.

관리 활동

일의 세계는 수많은 수의 활동, 과업, 책임으로 구성된다. 예를 들어 직원은 자료를 수집하고 처리하고 해석할 수 있으며, 의사결정을 내리고 물리적 활동을 수행하고 타인과 상호작용하고 행정 업무를 수행할 수 있다.[22] 직원의 활동이 타인과의 상호작용과 조율을 포함하고 있다고 해도, 이는 보통 관리직 업무에서 더욱 중요한 요소이다. 관리자의 일은 크게 **계획**(planning), **조직**(organizing), **통솔**(leading), **통제**(controlling)로 범주화될 수 있다. 계획 기능은 조직의 목표를 정의하고, 이러한 목표를 달성하기 위한 전략을 수립하며, 제반 업무의 통합과 조정에 대한 전반적 계획을 수립하는 활동 등을 포함한다. 하급 관리자에서 중간 관리자로 승진할 때 계획 기능에 대한 요구가 가장 크게 증가한다는 연구결과가 있다.[23]

계획 목표를 정의하고, 전략을 수립하고, 활동을 조정하기 위한 계획을 수립하는 활동

조직 어떤 과업이 수행되어야 하는지, 누가 그 과업을 수행할 것인지, 어떻게 그 과업을 통합할 것인지, 누가 누구에게 보고할 것인지, 의사결정은 누가 할 것인지를 결정하는 활동

통솔 구성원을 동기부여하고, 활동을 지휘하고, 가장 효과적인 의사소통 채널을 선택하고, 구성원 간의 갈등을 해결하는 활동

통제 활동을 모니터링하여 계획대로 수행되고 있는지 확인하고 중대한 편차를 수정하는 활동

관리자가 작업 단위의 구조를 설계하는 것은 조직 기능에 해당된다. 여기에는 어떤 과업이 수행되어야 하는지, 누가 그 과업을 수행할 것인지, 어떻게 그 과업을 통합할 것인지, 누가 누구에게 보고할 것인지, 의사결정은 누가 할 것인지를 결정하는 활동이 포함된다.

모든 조직은 사람으로 구성되고, 사람들을 이끌고 조정하는 것이 관리자의 통솔 기능이다. 구성원을 동기부여하고, 활동을 지휘하고, 가장 효과적인 의사소통 채널을 선택하고, 구성원 간의 갈등을 해결할 때 관리자는 통솔 기능을 수행하고 있는 것이다.

관리자는 활동이 기대된 방향대로 잘 수행되고 있는지 확인하기 위해 조직의 성과를 모니터링하고 사전에 설정된 목표와 비교해야 한다. 만약 설정한 목표와 실제로 달성한 성과 간에 상당한 편차가 있다면, 조직이 다시 올바른 방향으로 가도록 궤도를 수정하는 것이 관리자의 일이다. 이러한 모니터링, 성과 비교, 방향 수정 활동이 관리자의 통제 기능에 해당한다.

관리 역할

지금은 유명한 경영학자가 된 헨리 민츠버그(Henry Mintzberg)는 경력 초기에 경영자를 대상으로 그들이 어떤 일을 하는지에 관해 자세히 연구했다. 민츠버그의 관찰에 따르면, 관리자는 조직의 주요한 기능을 수행하기 위해 열 가지의 서로 구분되면서도 상호 관련이 높은 역할과 행동을 수행하고 있었다.[24] 도표 1-1에 정리되었듯이 열 가지 역할은 주로 ① 대인관계, ② 정보관리, ③ 의사결정과 관련되어 있다. 민츠버그의 연구 이후로 일의 세계에 많은 변화가 있었지만, 이후의 연구들은 이러한 관리자의 역할 자체는 거의 변화가 없음을 보여준다.[25]

대인관계 역할 모든 관리자는 속성상 의례적이며 상징적인 의무를 수행해야 한다. 첫 번째로

도표 1-1 민츠버그의 관리자의 역할

역할	설명
대인관계	
조직의 대표	상징적 대표. 법적 또는 통상적으로 요구되는 일상 업무의 수행
리더	부하직원에 대한 동기부여와 과업 지시 활동 담당
연결자	후원과 정보를 제공하는 외부 집단과의 네트워크 유지 활동
정보관리	
모니터	방대한 양의 정보수집 활동, 내부와 외부 정보의 중추신경 역할
정보배포자	외부와 타 부서에서 수집된 정보를 내부 구성원에게 전달
대변인	조직의 계획, 정책, 실천사항, 성과를 외부에 전달, 동종업계의 전문가로서 활동
의사결정	
창업가	조직과 환경의 새로운 기회 탐색, 변화를 위한 프로젝트 주도
위기 관리자	조직이 곤경에 처하거나 예기치 않은 문제가 발생했을 때 적절한 조치를 취하는 역할
자원 배분자	조직의 중요한 의사결정을 내리거나 이를 승인하는 활동
협상자	주요 협상에서 조직을 대표하는 역할

출처: H. Mintzberg, *The Nature of Managerial Work*, 1st ed., © 1973, pp. 92~93. Reprinted and electronically reproduced by permission of Pearson Education, Inc., New York, NY.

예를 들어 대학총장이 졸업식에서 졸업장을 수여하거나 공장장이 고등학생들에게 공장 견학을 시켜줄 때, 그들은 **조직의 대표**로서 공식적 역할을 수행하는 것이다. 두 번째로 관리자가 수행해야 하는 또 다른 중요한 대인관계 역할은 **리더십** 역할이다. 리더십 역할에는 구성원의 채용, 교육 훈련, 동기부여, 기강을 확립하는 활동 등이 포함된다. 대인관계 범주 내의 세 번째 역할은 **연결자** 역할, 즉 가치있는 정보를 제공하는 사람과 접촉하여 관계를 발전시키는 활동이다. 사내 품질관리 관리자로부터 정보를 얻는 판매 관리자는 내부 연결관계를 구축한 것이다. 판매 관리자가 마케팅거래협회를 통해 다른 판매 관리자와 접촉할 경우에는 외부 연결관계를 구축한 것이다.

정보관리 역할 모든 관리자는 대부분 외부 기관과 조직으로부터 정보를 수집한다. 전형적인 예로 관리자는 일반 대중의 취향 변화와 경쟁사가 어떤 계획을 세우고 있는지 등을 살펴보기 위해 뉴스미디어를 검색하고 다양한 사람과 소통한다. 민츠버그는 이러한 관리자의 활동을 **모니터** 역할이라고 명명했다. 관리자는 또한 조직구성원에게 정보를 전달하는 역할도 수행하는데 이를 **정보배포자** 역할이라고 한다. 뿐만 아니라 대외적으로 조직을 대표할 때는 **대변인** 역할도 수행하게 된다.

의사결정 역할 민츠버그는 의사결정, 즉 선택을 하도록 요구하는 네 가지 역할을 규명했다. 첫 번째로 조직의 성과 향상을 가져올 새로운 프로젝트를 주도하고 감독하는 관리자의 역할은 **창업가**의 역할에 해당된다. 두 번째로 **위기 관리자**로서 관리자는 예기치 않은 문제에 대해 적절한 대응과 조치를 취한다. 세 번째로 **자원 배분자**로서 관리자는 인적, 물적, 재무적 자원을 분배하는 책임을 진다. 네 번째로 관리자는 **협상자** 역할을 수행한다. 경영자는 자신이 맡은 조직에 유리하도록 이슈에 대해 논의하고 다른 대내외 조직과 협상한다.

관리 스킬

관리자가 하는 일을 살펴보는 또 다른 방법은 목표 달성을 위해 관리자에게 요구되는 스킬이나 역량을 파악하는 것이다. 연구자들은 효과적이거나 비효과적인 직원과 관리자를 구분해주는 다양한 스킬을 제시하고 있다.[26] 이러한 스킬은 다방면에 능통하고 효과적인 관리자가 되기 위해 꼭 필요한 필수적인 요건이다.

기술적 스킬 특정 분야에 대한 지식이나 전문성을 적용할 수 있는 능력

기술적 스킬 특정 분야에 대한 지식이나 전문성을 적용할 수 있는 능력은 **기술적 스킬**(technical skill)에 해당한다. 예를 들어 토목 엔지니어나 구강 외과의사와 같은 전문가가 보유하고 있는 스킬을 생각해본다면, 집중적인 공식 교육을 통해 습득한 그들의 기술적 스킬에 초점을 두게 된다. 물론 전문가만 그들의 기술적인 스킬을 독점하지 않으며, 모든 기술적 스킬이 학교나 정규 교육훈련 프로그램을 통해서만 학습되는 것도 아니다. 실제로 직무마다 나름대로의 전문적 식견을 요구하기 때문에 누구나 자신의 직무에 대한 기술적 스킬을 개발한다고 보아야 할 것이다.

관계적 스킬 개인적으로 또 집단으로 다른 사람과 함께 일하며 이해하고 동기를 부여하고 지지하는 능력

관계적 스킬 개인적으로 또 집단으로 다른 사람과 함께 일하며 그들을 이해하고, 소통하고, 동기를 부여하고 지지하는 능력이 바로 **관계적 스킬**(people skill)이다. 흔히 전문기술력은 뛰어나지만 인간관계 능력이 부족한 경우가 많다. 즉 남의 말에 귀를 기울이지 않거나 타인의 욕구를 이해하지 못하거나 갈등 관리에 어려움을 가지고 있는 경우가 종종 있다. 관리자는 다른 사람들을 통해 업무를 수행하기 때문에 좋은 관계적 스킬을 갖추어야 한다.

개념적 스킬 복잡한 상황을 분석하고 진단할 수 있는 정신적 능력

개념적 스킬 관리자는 복잡한 상황을 분석하고 진단할 수 있는 지적 능력을 갖추고 있어야 하며 이를 위해서 **개념적 스킬**(conceptual skill)이 요구된다. 예를 들어 의사결정을 위해 관리자는 우선 문제를 명확하게 인식하고 그 문제를 해결할 수 있는 대안을 개발한 다음, 대안을 평가하여 최선의 선택을 해야 한다. 일단 행동 방향이 결정되면 경영자는 실천 계획을 수립하고 이를 실행에 옮겨야 한다. 기존의 업무 수행 프로세스에 새로운 아이디어를 추가하여 혁신을 도모하는 것도 오늘날 관리자가 갖추어야 할 매우 중요한 개념적 스킬에 해당한다.

효과적 관리 활동과 성공적 관리 활동

어떤 관리자는 왜 다른 관리자보다 더 효과적인가? 잘 알려진 조직행동 연구자인 프레드 루선스(Fred Luthans)와 동료들은 다소 다른 관점에서 관리자의 역할 문제를 다뤘다.[27] 그들이 던진 질문은 다음과 같다. "조직에서 가장 빨리 승진하는 관리자와 일을 가장 잘하는 관리자가 수행하는 활동과 관심초점이 동일한가?" 사람들은 아마 이 질문에 그렇다고 생각하겠지만 실제로는 항상 그렇지 않다.

루선스와 동료들은 450명 이상의 관리자를 대상으로 연구를 진행했고 모든 관리자가 다음 네 가지 관리 활동에 관여한다는 사실을 밝혀냈다.

1. **전통적 관리**: 의사결정, 계획, 통제
2. **의사소통**: 일상적 정보 교환과 문서 작업
3. **인적자원(HR) 관리**: 동기부여, 직무규율, 갈등관리, 채용, 교육 훈련
4. **네트워킹**: 사교 활동, 조직 정치 활동, 외부 이해관계자와의 교류

도표 1-2 관리자의 활동 시간 배분

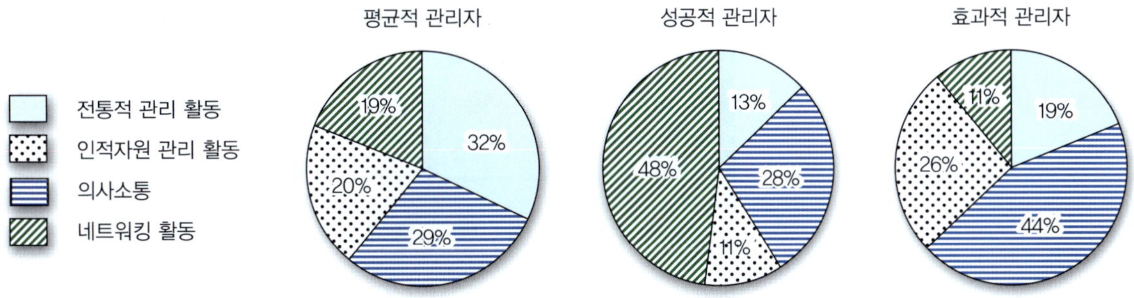

출처: F. Luthans, R. M. Hodgetts, and S. A. Rosenkrantz, *Real Managers* (Cambridge, MA: Ballinger, 1988)에 기초함.

'평균적' 관리자는 자기시간의 32%를 전통적 관리 활동, 29%를 의사소통 활동, 20%를 인적자원 관리 활동, 19%를 네트워킹 활동에 할애하고 있다. 그러나 **개별적** 관리자가 이러한 네 가지 활동에 투자하는 시간과 노력의 정도는 매우 다양하게 나타났다. 도표 1-2에 제시된 것처럼 성공적 관리자(조직 내 승진에 걸린 시간으로 정의)의 경우는 네트워킹 활동에 가장 많은 투자를 했고, 인적자원 관리 활동은 가장 적은 비중으로 수행했다. 호주, 이스라엘, 이탈리아, 일본, 미국에서 시행된 다른 연구들은 네트워킹과 사회적 관계, 조직 내 성공 간의 관련성이 높음을 보여준다.[28] 하지만 루선스와 동료들은 **효과적** 관리자(성과의 양과 질, 구성원의 만족도와 몰입으로 정의)의 경우에는 의사소통 활동의 비중이 가장 높고 네트워킹이 가장 낮게 나타났다. 의사소통 활동과 효과적 관리자 간의 관계는 분명하다. 의사결정에 대해 설명하고 동료나 부하로부터 부정적 정보라 할지라도 정보를 얻는 관리자가 가장 효과적이다.[29]

이 연구는 중요한 통찰을 제공해준다. **성공적**(승진의 측면에서) 관리자는 **효과적** 관리자와 전통적 관리 활동, 의사소통 활동, 인적자원 관리 활동, 네트워킹 활동에 거의 정반대의 주안점을 둔다는 것이다. 이러한 결과는 '직장에서의 승진은 성과에 기반한다'라는 오래된 가정에 이의를 제기한다. 대신에 직장에서 출세하려면 네트워킹 활동과 정치적 스킬이 중요함을 보여준다.

조직행동의 정의

이제까지 직원과 관리자가 하는 일의 중요성에 대해 살펴보았으며, 사람이 조직 내에서 어떻게 행동하는지로 관심을 돌려보고자 한다. **조직행동**(organizational behavior, OB)이란 개인, 집단, 조직 구조가 조직 내 사람의 행동에 미치는 영향을 살펴보고 이러한 지식을 조직 효과성 향상을 위해 활용하고자 하는 학문 분야이다. 조직행동의 영역이 방대한 만큼 세분하여 살펴볼 필요가 있다.

조직행동 개인, 집단, 조직 구조가 조직 내 사람의 행동에 미치는 영향을 살펴보고 이러한 지식을 조직 효과성 향상을 위해 활용하고자 하는 학문 분야

조직행동은 하나의 학문 분야이며, 이는 공통 지식 체계를 지닌 구별되는 전문 영역임을 의미한다. 조직행동은 조직 내 행동에 영향을 미치는 개인, 집단, 조직 구조라는 세 가지 요인에 관심을 두고 보다 효과적으로 일하는 조직을 만들기 위해 이 세 가지 요인이 행동에 미치는 영향에 대해 얻은 지식을 활용한다.

요약하자면 조직행동은 조직 내에서 사람들이 무엇을 하는지, 그들의 행동이 조직 성과에 어

인터넷 소매업체 Zappos.com은 조직행동이 조직의 성과에 어떤 영향을 미치는지를 이해한다. 이 회사는 관대한 복지혜택, 철저한 교육과 직원이 '재미와 약간의 특이함을 추구할 것'을 권장하는 긍정적인 업무 환경을 제공함으로써 좋은 직원 관계를 유지하고 있다.

출처: Ronda Churchill/Bloomberg/Getty Images

떻게 영향을 미치는지를 연구한다. 조직행동은 고용 관련 상황에 관심을 가지고 결근, 이직, 생산성, 성과, 관리의 맥락에서 사람의 행동을 살펴본다. 비록 어떤 주제가 더 중요한가에 대한 논쟁이 있지만, 조직행동에서는 다음과 같은 핵심 주제를 다룬다.[30]

- 성과, 시민행동, 일탈행동, 창의성
- 다양성과 포용
- 직무 태도, 감정, 기분
- 성격과 개인차
- 판단과 의사결정
- 동기부여
- 조직 내 공정성과 윤리
- 집단과 팀
- 의사소통과 관계
- 리더십과 관리
- 권력, 정치, 부패
- 갈등과 협상
- 조직 이론과 구조
- 조직 문화와 풍토
- 조직 건강, 스트레스, 안전

직관적 견해를 체계적 연구로 보완하기

1-2 조직행동에 대한 체계적 연구의 가치를 보여줄 수 있다.

우리는 인지했건 아니건 일생 동안 타인의 마음을 읽어왔다. 우리는 다른 사람의 행동을 관찰하고 해석하여 사람이 다른 상황에서 어떤 행동을 보일지 예측하기 위해 노력해왔다. 타인을 읽는 이러한 일상적인 접근은 종종 잘못된 예측을 하게 하지만, 체계적인 접근 방법을 사용한다면 예측정확성을 높일 수 있다. 체계적인 접근 방식의 기저에는 행동이 무작위적이지 않다는 신념이 있다. 사람의 행동 기저에 있는 일관성을 확인하고 개인차를 반영하기 위해 이를 수정할 수 있다.

이러한 일관성은 매우 중요하다. 왜? 일관성이 예측을 가능하게 해주기 때문이다. 행동은 일반적으로 예측가능하고 행동에 대해 **체계적 연구**(systematic study)는 보다 합리적이고 정확한 예측을 가능하게 한다. 체계적 연구란 관계를 살펴보고 원인과 결과를 파악하여 과학적 증거에 기반하여 결론을 내리는 것을 의미한다. 즉, 우리의 예측은 통제된 조건에서 수집되고 엄정하게 측정되고 해석된 자료에 근거한다.

체계적 연구 관계를 살펴보고 원인과 결과를 파악하여 과학적 증거에 기반하여 결론을 내림

증거기반 경영(evidence-based management, EBM)은 관리상의 의사결정을 내릴 때 가능한 최선의 과학적 증거에 기반함으로써 체계적 연구를 보완한다.[31] 예를 들어 사람들은 의사가 존재하는 최신 증거에 기반해서 환자 처치에 대한 결정을 내리기를 바란다. 증거기반 경영은 관리자도 관리 문제에 대해 보다 과학적으로 생각하면서 같은 방식으로 접근해야 한다고 본다. 예를 들어 관리자는 질문을 던지고 활용가능한 최선의 증거를 탐색하고, 관련 정보를 가지고 있는 질문이나 사례에 적용할 수 있을 것이다. 그러나 대부분의 관리자는 가용한 증거에 대해 체계적 연구 없이 여전히 '임기응변식(on the fly)'으로 의사결정을 한다. 더 우려스러운 것은 과학자나 연구자에 대한 대중의 불신이 종종 관리자가 증거를 무시하고 '자신의 직감을 따르도록(go with their guts)' 만든다는 것이다.[32]

증거기반 경영 관리상의 의사결정을 내릴 때 가능한 최선의 과학적 증거에 기반함

과연 직감을 믿어야 할 것인가? 체계적 연구와 증거기반 경영은 사람들이 왜 그런 행동을 하는지에 대한 **직관**(intuition) 또는 직감을 보완한다. 물론 체계적이지 않은 방식으로 믿게 된 내용이 항상 틀리다는 것은 아니다. 수백 편의 연구에 대한 결과는 데이터 기반 판단(알고리즘 기반)이 인간의 직관적 판단보다 약 10% 정도 더 정확하다고 했다.[33] 또다른 연구에서는 일반적인 통념과 반대로 일반인이 타인(가령 전문가)의 판단보다 심지어는 자신의 판단보다 데이터 기반 판단을 선호한다는 것을 발견했다.[34] 제너럴일렉트릭(General Electric, GE) 회장을 지낸 잭 웰치(Jack Welch)는 "경영의 비결은 언제 직감을 따를 것인지 아는 것에 있다"라고 했다. 하지만 만일 모든 의사결정을 직관이나 직감적 본능에 의존한다면, 위험과 보상 가능성에 대해 절반의 정보만 가지고 투자 의사결정을 하는 것처럼 불완전한 정보를 가지고 일하게 된 것이다. 이러한 점에서 EBM은 개인이 다양한 원천에서 얻은 증거를 비판적으로 따져봄으로써 균형을 잡는 행위가 된다. 여기서 정보 원천은 해당 분야의 전문가나 명망 있는 인물의 의견과 자신의 사업에서 수집한 증거이고, 물론 과학적 증거를 포함한다.[35]

직관 연구에 의해 반드시 뒷받침되지는 않는 본능적인 느낌

직관에 의존하는 것이 더욱 위험한 이유는 자신이 알고 있다고 생각하는 것을 스스로 과대평가하기 때문이다. 많은 관리자가 효과적인 관리에 대해 소위 상식적인 의견을 지니고 있는데, 이는 실증적 증거에 의해 단호히 반박되어 왔다. 게다가 관리자는 종종 모순적인 증거를 맞닥뜨리더라도 자신의 신념을 고집하고자 한다. 이러한 증거가 자신의 신념, 자기이미지, 자기이익 또는 정체성과 대치되는 경우에 부정적으로 반응한다.[36] 이와 유사한 문제는 경영의 지혜를 구하기 위해 기업이나 대중미디어를 쫓아다니는 데에서도 나타난다.[37] 경영 서적 출판사도 유행에 지배되는 경향이 있으며, 소셜미디어를 통한 확산으로 이러한 현상은 더욱 심화된다.[38] 《더 뉴요커(The New Yorker)》에 실린 기사에서는 "거의 매년 성공한 기업들이 새롭게 나타나면 과연 그 성공배경이 무엇인지를 밝혀보려 하지만, 실제로 성공의 진실이 없는 경우도 자주 보게 된다. 단지 이유가 있다면 그 기업이 적절한 시기에 적절한 장소에 있었을 뿐이다."라

고 말했다.[39] 피하기 어렵긴 하지만 이러한 덫에 빠질 수 있다. 경영 관련 서적의 내용이 모두 잘못된 것이라는 뜻은 아니다. 체계적인 접근 방법이 결여되면 번영하는 기업의 성공 요인에 대해 결론내리기 어렵다.

인공지능을 활용한 빅 데이터 구축

적어도 1749년부터 행동을 평가하기 위해 데이터가 사용되어 왔다. 이때 **통계**라는 단어가 국가에 대한 기술의 의미로 처음 사용되었다.[40] 당시의 통계는 통치 목적으로 사용되었지만 자료 수집 방법이 조악하고 단순하였기에 얻은 결론 또한 그러했다. 빅 데이터, 즉 통계자료의 편집과 분석의 광범위한 활용은 대용량 정보를 저장하고 처리할 수 있을 만큼 컴퓨터가 발전할 때까지 불가능한 영역이었다.[41] 온라인 소매업체의 마케팅 부서에서 시작된 비즈니스를 위한 빅 데이터의 뿌리를 살펴보자.

도입 배경 지금은 믿기 어렵겠지만, 얼마 전까지만 해도 기업에서는 온라인 쇼핑을 가상 공간

미신인가, 과학인가

가장 효과적인 경영은 '현장방문 경영방식'이다

이 말은 대부분 진실이 아니지만 그래도 새겨는 보아야 한다. 현장방문 경영방식(management by walking around, MBWA)은 1982년 출간된 《초우량 기업의 조건(In Search of Excellence)》에 1970년대 휴렛팩커드(Hewlett-Packard)의 사례를 담으면서 유명해진 조직 관리 원칙 중 하나이지만, 지금은 멸종된 공룡과 같은 방식이다. 수 년에 걸친 연구결과로 효과적인 관리관행은 결코 MBWA를 통해 구축되는 것이 아니라는 사실이다. 하지만 조직의 경영자라면 지위고하를 막론하고 관할 부서를 살펴보고 직원과 대화를 나누면서 그들의 아이디어를 경청해야 한다는 점은 하나의 관리관행처럼 받아들여지고 있다.

기업마다 임원이나 관리자가 정기적으로 '현장을 살피는 시간(floor time)'을 갖도록 하는 이유는 직원과의 결속을 다지면서 기업의 주요 이슈를 깊이 있게 이해하도록 하기 위해서이다. 최근 3년간의 연구결과에서도 MBWA를 다소 변형하여 관리자가 직접 부하직원을 관찰하고 자주 모니터링하면 오히려 조직의 안전관리 의식이 개선된다는 결과를 보여준다.

이처럼 MBWA가 매우 유용한 것처럼 비치기도 하지만, 요즈음 강조되는 신뢰와 인간관계 구축이 훨씬 더 효과적이라는 점과 함께 가용시간(available hours), 관리초점(focus), 적용방식(application) 등 MBWA의 주요 한계점에 대한 이해가 요구된다.

1. **가용시간의 제약.** 경영자는 계획, 조직, 조정, 통제 활동을 수행한다. 하지만 시간관리가 무엇보다 중요한 최고경영자(CEO)까지도 평균 주 55시간의 업무시간 중 53%(약 28시간)를 소모적인 회의시간으로 보내고 있다.
2. **관리초점의 분산.** MBWA는 관리초점을 직원의 관심사항에 두도록 강조한다. 물론 이는 좋은 방침이기는 하나 어느 정도만 그렇다는 것이다. 링크드인 최고경영자 제프 와이너(Jeff Weiner)의 지적처럼 바로 여기에 MBWA의 문제가 있다. "시간관리에서 중요한 것은 무조건 대응행위를 보이는데 매달릴 것이 아니라 생각하는 시간을 갖게 하는 데 있다. 경영자의 생각하는 시간이란 단순히 전략적 사고, 선제적 사고, 장기적 사고만 하는 것이 아니라 말 그대로 무엇이 시급하면서도 중요한 이슈인지를 생각해보는 시간을 갖게 해야 한다는 것이다." 이처럼 와이너와 같은 최고경영자는 회의 때문에 원래 의도와는 달리 귀중한 시간을 빼앗기고 있다.
3. **적용방식의 한계.** MBWA의 원칙과 그 배경에는 관리자가 직원을 잘 이해할수록 효과적인 관리자가 된다는 논지가 있지만 항상 그렇지는 않다. 6장에서 보겠지만, 단편적인 정보에 해당하는 무엇을 안다거나 아는 것에 대해 생각하는 것을 그대로 행동으로 보여서는 안 된다. 우리의 내적 의사결정 활동은 매우 주관적이기 때문이다. 그러므로 가장 효과적인 경영 의사결정을 위해서는 객관적인 데이터부터 확보해야 한다.

객관적으로 경영성과 평가를 받으면서 사업을 영위하고 키워가야 하는 관리자에게 이제는 MBWA가 구태의연한 것으로 보이기도 한다. 하지만 여기에도 한 가지 알아두어야 할 것이 있다. 즉 관리자는 직원을 잘 이해하고 있어야 한다는 사실이다. 미네르바뉴로사이언시스(Minerva Neurosciences)의 전 회장인 릭 러셀(Rick Russell)의 말처럼 "당신의 부관과 함께 성장하는 것이 바로 성과 창출의 원동력이다. 병력을 강화하고 싶다면 필히 메모해서 그대로 추진하기 바란다."라는 것이다. 그러므로 진정 경영을 아는 경영진이라면 MBWA라는 현장관리 방식을 결코 버려서는 안 될 것이다.[42]

에서의 매장 경험 정도로 여겼다. 구매자는 익명으로 웹 사이트를 탐색하고 판매자는 고객의 인터넷 쇼핑 경험에서 얻은 고객 취향을 추적하고 활용하기 시작했다. 이러한 지식은 단순한 상점 거래에서 얻는 데이터보다 훨씬 유용했기에 이전보다 더 정확한 타겟 마케팅 전략을 수립할 수 있게 되었다. 서적판매 산업이 그 일례이다. 온라인 판매 이전에는 소매 서점에서 서적판매 데이터를 수집하여 고객의 관심분야와 트렌드를 예측하는 정도였다. 그러던 중 아마존(Amazon)의 등장으로 고객 선호도에 대한 엄청난 양의 정보 추적이 가능해졌다. 이러한 선호도 정보에는 고객이 어떤 책을 구입했는지, 어떤 책을 들여다보는지, 사이트를 어떻게 돌아다니는지, 광고나 리뷰 또는 책자 소개 중 어떤 것에 영향을 더 많이 받는지 등이 포함되어 있다. 아마존의 고민은 어떤 통계자료가 **지속성**이 높은지(시간이 지나도 상대적으로 일관된 결과를 산출하는지)와 어떤 자료가 **예측력**이 높은지(투입변수와 결과 간의 꾸준한 인과관계를 보이는지) 파악하는 것이었다. 아마존은 이러한 통계자료를 활용해 고객이 다음에는 어떤 책을 읽을 것인지를 예측하는 알고리즘까지 개발했다. 아마존은 도매 물량 구매 결정을 하는 데 이러한 소극적 정보수집 방법과 직접적인 책 추천 요청을 통해 얻은 고객의 피드백을 활용할 수 있었다.

연구자, 미디어, 기업의 리더가 데이터에 기반한 경영과 의사결정의 잠재성을 알아본 것은 미래 비즈니스에 있어 좋은 소식이다. 관리자가 목표를 정의하고 인과관계 이론을 발전시키고 이러한 이론을 검증하는 데 데이터를 사용하면 어떤 구성원 활동이 이러한 목표와 관련되어 있는지 확인할 수 있다.[43] 빅 데이터는 조직 변화 관리와 효과적인 의사결정(6장에서 논의)에 점점 더 많이 활용되고 있다. 관리자도 이러한 변화에 잘 적응하고 있는 것 같다. 한 연구에서 관리자에게 채용 업무를 지원하는 자동화된 데이터 기반 의사결정 지원 시스템을 제공했더니 그들의 의사결정에 대해 더 큰 행복감과 자신감을 보고했다고 한다.[44]

활용 실태 기업이 얼마나 많은 데이터를 얼마나 많은 원천으로부터 수집하느냐와 관계없이 데이터 분석의 이유는 본질적으로 동일하다. 서적 구입부터 우주복 불량에 이르기까지 모든 사건의 발생을 **예측**하고, 화재발생부터 대출 채무 불이행에 이르기까지 언제든지 얼마 만큼의 **리스크**가 발생하는지 탐지하고, 항공기 사고부터 제품 재고누적에 이르기까지 크고 작은 재난을 **예방**하는 데 있다.[45] 빅 데이터를 활용하여 미국 방위산업체인 BAE시스템스(BAE Systems)가 사이버공격으로 자신을 방어하며, 샌프란시스코에 본사를 둔 뱅크오브더웨스트(Bank of the West)의 고객 데이터를 활용한 차등가격 시스템을 구축한다. 마지막 예로 런던 소재의 그레이즈닷컴(Graze.com)은 고객 선호도 분석을 통해 주문 식품과 함께 배송하는 맞춤 스낵 서비스 등을 제공한다.[46]

자연스럽게 빅 데이터는 구글과 페이스북과 같이 광고수익 의존도가 높고 사용자 행동을 예측하는 것이 중요한 기술 기업에서 활용되어 왔다. 넷플릭스(Netflix), 우버(Uber)와 같은 기업도 고객이 언제, 어디서 서비스를 사용하고자 하는지 예측하기 위해 빅 데이터를 활용한다. 보험 회사에서는 보험료 산정을 위해 교통사고 확률과 같은 리스크를 평가하는 데 활용하고, 심지어 뉴욕의 구겐하임 박물관, 댈러스 미술관, 미니애폴리스 미술관 등에서도 유료 입장객을 응대하기 위해 송신기, 키오스크, 설문조사에서 얻은 데이터를 분석하여 활용하고 있다.[47]

이베이(eBay), 아마존과 같은 온라인 플랫폼에서 실물 제품을 판매하는 온라인 소매기업에서는 어떤 제품이 팔릴지 예측하기 위해 빅 데이터에 의존한다. 그리고 TV, 라디오 시청률을 조사하는 닐슨홀딩스(Nielson Holdings)와 같은 기업에서는 데이터 분석결과가 그들이 판매하는 상품이다. 여전히 다른 기업은 빅 데이터를 수집하나 직접적으로 활용하지 못하고 있다. 주로 주요 사업이 온라인이 아닌 기업이 그렇다. 미국의 대표적인 식료품 잡화점 체인 크로거(Kroger)에서는 멤버십에 가입한 5,500만 고객로부터 얻은 전자 정보를 수집하여 크로거 납품업체에 판매한다.[48] 때로는 기술 기업이 자신의 데이터를 팔기도 한다. 트위터(Twitter)에서는 매일 5억 개 정도의 트윗 정보를 네 곳의 정보수집회사에 판매하고 있다.[49]

최근 동향 사람들을 이해하고 돕고 관리하기 위해 빅 데이터를 활용하기 시작한 것은 상대적으로 최근이지만, 이미 숨쉬는 공기만큼 널리 퍼져 있다.[50] 실제로 중국, 독일, 인도, 영국, 미국의 근로자 약 1만 명을 대상으로 한 연구에 따르면 향후 일하는 방식의 변혁은 다른 어떤 요인보다 기술의 발전에 달려 있다고 했다.[51] 기업도 실시간으로 비즈니스 의사결정에 도움을 주는 유용한 데이터의 지속적 유입을 강조하면서 '빠른 데이터(fast data)'에 관심을 두고 있다.[52]

빅 데이터로 인해 기업은 방대한 양의 데이터와 정보(때로는 사람보다 더 많은 변수를 다룬다)를 획득하고 관리할 수 있게 되었다.[53] 최근의 발전은 이러한 모든 정보를 처리하고 분석하는 방향으로 이루어지고 있다.[54] 기업이 방대한 양의 데이터와 이러한 데이터가 수집되는 엄청난 속도에 적응할 수 있는 한 가지 방법은 **인공지능**(artificial intelligence, AI: 인간처럼 생각, 행동, 반응하도록 프로그램된 기계)을 활용하는 것이다.[55] AI에 대해 생각하면 아마도 〈스타트렉(Star Trek)〉 또는 〈스타워즈(Star Wars)〉 팬인지 여부에 상관없이 로봇을 떠올릴지 모른다. 물론 로봇공학이 일터에서 많이 사용되는 것을 볼 수 있다(예: 로봇의 도움으로 병원의 야간근무 직원이 야간 회진 동안 환자를 원격으로 살펴볼 수 있음).[56] 그러나 현재의 관심사는 대부분 **기계학습**(machine learning: 수집되는 데이터와 피드백으로부터 '학습'과 동시에 '개선' 활동을 수행하면서 과업을 수행하는 소프트웨어가 탑재된 AI의 종류)에 있다.[57] 사실 AI 분야에서 수십억 달러 투자금의 60%가 기계 학습에 투자되어왔다.[58] 기계학습은 많은 기업의 성공에 큰 기여를 했는데, 특히 이커머스(e-commerce) 산업에서 더욱 그러했다. 아마존 상거래의 1/3 이상이 AI에 의한 제품 추천으로부터 발생한다는 추정치가 있다.[59] 이후 장에서 빅 데이터와 AI의 접근 방식이 어떻게 조직행동 연구와 실행에 기여했는지 논의하고자 한다. 그 전에 연구자와 기업이 빅 데이터를 조직행동 연구에 적용하기 위해 사용해온 새로운 방법론의 예를 소개한다.[60]

- 로봇공학
- 인공지능/기계학습
- 기능성 게임과 게이미피케이션(예: 직원 행동에 대한 풍부한 데이터를 수집할 수 있는 게임을 설계하여 직원의 훈련, 채용, 태도 향상에 활용)
- 상시(always on) 기술(예: 스마트폰이나 디지털 기기와 같이 상시적으로 작동하며 끊임없이 데이터를 수집하는 기기)
- 모바일 센서와 생체인식 기술(예: 수면의 질이나 심박수와 같은 생체 데이터를 모니터링

하는 웨어러블 기술)

- 소셜미디어(예: 사회적 네트워킹이나 관계의 형성/소멸을 포함한 인간집단 간과 집단 내에서의 상호작용에 관한 데이터)
- 텍스트 또는 감성분석(예: 사람이 온라인 의사소통에서 사용하는 단어나 표현을 분석하여 기분이나 성격 특성을 파악)

제약사항 빅 데이터와 AI를 다루는 기술적 역량이 증대되면서 개인정보관리 이슈와 기술의 적절한 적용에 대한 문제의식 또한 증가하고 있다.[61] 이러한 문제는 특히 감시도구를 활용해 데이터를 수집한 경우에 더욱 부각된다. 한 가지 예로 뉴욕 브루클린에서 주민들의 삶의 질 제고를 위해 설계한 연구가 있는데, 이 연구의 연구자들은 적외선 카메라, 센서, 스마트폰 와이파이 신호를 통해 방대한 데이터를 수집했다.[62] 물론 유사한 방법을 활용하여 은행 콜센터와 제약 회사에서 사회적 상호작용이 많을수록 직원 생산성이 높아진다는 것을 발견하고 휴식시간 제도를 개선하여 더 많은 직원이 동시에 휴식시간을 갖게 하여 판매량 증대와 이직률 하락을 이끌어낸 긍정적 사례도 있다. 텍사스주 댈러스의 브레드위너스카페(Bread Winners Café)에서는 감시도구를 활용해 모든 식당 직원의 행동을 지속적으로 모니터링하고 이 데이터를 승진 대상자 결정이나 서비스 훈련에 활용하고 있다.[63] 이러한 빅 데이터 기법은 성과와 연결된다. 가령 감시도구가 과업 성과와 시민행동(타인에 대한 도움 행동)을 단기적으로나마 향상시킨다는 연구결과가 있다.[64]

그러나 비평가들은 1911년 프레데릭 테일러(Frederick Taylor)가 생산성 향상을 위해 감시 분석기법을 도입한 이후에, 이러한 기법은 직원에게 의미 있는 과업을 제공하는 것이 훨씬 효과적이라는 알프레드 슬론(Alfred Sloan)에 의해 대체되었다고 지적한다.[65] 호손웨스턴일렉트릭 공장에서의 선구적인 연구는 집단 역동과 규범의 중요한 역할을 보여주었다. 이 연구에서 생산성은 구성원이 느끼는 구성원에 대한 경영진의 관심과 집단 구성원이 특정 방식으로 행동하게 만드는 사회적 힘의 함수였다.[66] 다시 말해서 관리감독의 직접적인 효과라기보다는 그 상황에서 작용하는 사회적 힘의 함수라고 할 수 있다.

이러한 이슈는 더 큰 고민을 가져온다. 과연 사람들은 자신이 데이터의 원천이 될 때 빅 데이터에 대해 어떻게 생각하는가? 빅 데이터를 활용하는 조직은 그들이 영향을 미치고자 하는 바로 그 사람들, 즉 구성원과 고객을 기분 나쁘게 만들 수 있는 위험을 감수한다. 앨더먼 밥 피오레티(Alderman Bob Fioretti)가 시카고 거리에 설치된 65개의 센서에 대해 "이러한 유형의 사생활 침범은 위험한 비탈길이다"라고 얘기했다.[67] AI의 활용은 그 자체로 사생활 보호와 적절성의 이슈를 내포하고 있다.[68] 로봇과 자동화가 근로자의 안전과 직업 안정성을 위협하는 것에 대해 전통적인 우려도 있지만,[69] 아마 가장 명확한 한계는 기계는 '큰 그림'을 보지 못하고 자신의 한계를 무시한다는 것이다.[70] 예를 들어 알고리즘은 어떤 구성원이 회사에서 물건을 더 많이 훔칠 것인가를 예측할 때 우연히도 그들의 피자 토핑에 대한 선호도를 예측변수로 포함할 수 있다. 연구는 비이론적인 예측과 의사결정을 피하기 위해 기계학습을 감독하는 것이 매우 중요함을 보여준다.[71] AI는 또한 일터에서의 비윤리적 행위에 관여될 수 있다. 예를 들어 페이스북은 영국의 큰 자동차보험 회사가 사용자의 소셜미디어 정보를 캐서 그들의 성격특성(그리고 안전한 운전성향을 예측하는 것)에 대해 학습하고 성격에 따라 보험료를 다르게 책정하는

것을 금지했다.[72]

그러므로 행동 예측, 위험 감소, 재난 방지 등에 빅 데이터를 활용할 경우에는 필히 그 한계가 있다는 사실을 알아야 한다. 빅 데이터 분석으로 반복검증이 가능한 결과를 얻을 수 있는 반면에, 인간의 행동은 종종 예측하기 어렵고 종잡을 수 없다. 그렇지 않다면 우리의 의사결정은 이미 진작에 인공지능(AI)에 의해 대체되었을 것이다. 하지만 인공지능에 의한 대체는 결코 가치있는 목표가 되지 않을 것이다.[73] 관리(경영 활동)는 단순한 데이터의 합 그 이상이다. 요컨대 직관을 완전히 무시하라고 말하는 것이 아니다. 또한 모든 의사결정을 기계학습 알고리즘에 맡기라고 제안하는 것도 아니다. 사람 관리에 있어서 리더는 종종 직감을 활용하고, 가끔 좋은 결과를 얻는다. 다른 경우에는 인간의 성향이 방해가 되기도 한다. 인간의 행동 경향에 대한 이해를 바탕으로 한 빅 데이터와 AI의 신중한 활용은 건전한 의사결정을 돕고 편향을 줄일 수 있다. 우리의 제언은 의사결정에 도움이 될 수 있는 정보를 가능한 한 많이 활용하라는 것이다. 이것이 조직행동 분야의 미래 가능성이다.

조직행동의 발전에 기여한 학문 분야

1-3 조직행동 분야에 기여한 주요 행동과학 분야를 확인할 수 있다.

조직행동은 인간의 행동과 관련된 수많은 학문의 기여에 의해 정립된 실용적 행동과학으로서 주로 심리학, 사회심리학, 사회학, 인류학 등의 영향을 받았다. 심리학이 주로 개인이나 미시 수준의 분석에 중점을 둔다면, 다른 학문 분야는 집단 프로세스, 조직과 같은 거시적 개념을 이해하는 데 기여한다. 도표 1-3은 조직행동 연구에 기여한 주요 학문의 개요이다. 반대로 조직행동은 일의 세계, 특히 HR 관행(예: 직무 설계, 교육훈련, 직원 선발, 성과 평가)에 영향을 주었다.

심리학

심리학 인간과 동물의 행동을 측정하고 설명하며 때로는 이를 변화시키기 위해 노력하는 학문

심리학(psychology)은 인간과 동물의 행동을 측정하고 설명하며 때로는 이를 변화시키기 위해 노력하는 학문이다. 조직행동의 지식에 기여한 사람들은 학습 이론가, 성격 이론가, 상담 심리사, 가장 중요하게는 산업/조직 심리학자이다.

초기의 산업/조직 심리학자는 효율적인 업무 성과를 저해하는 피로, 권태, 작업 환경과 관련된 제반요인을 연구했다. 최근에는 학습, 지각, 성격, 감정, 훈련, 리더십 효과성, 욕구, 동기부여 요인, 직무 만족, 의사결정 과정, 성과 평가, 태도 측정, 직원 선발 기법, 직무 설계, 직무 스트레스 등의 광범위한 영역으로 관심이 확장되었다. 특히 감정과 기분에 대한 연구는 소위 '감정 혁명(affective revolution)'으로 이어지면서 조직행동 연구에 큰 변혁을 가져왔다. 이러한 혁명은 도표 1-3에서 거의 모든 기여 분야에 큰 영향을 미쳤고 지속적으로 영향을 주고 있다.[74]

사회심리학

사회심리학 심리학과 사회학의 개념을 혼합하여 인간이 타인에게 미치는 영향을 이해하는 데 초점을 둔 심리학의 한 분야

사회심리학(social psychology)은 심리학의 한 분야로 심리학과 사회학의 개념을 혼합하여 인간이 타인에게 미치는 영향을 이해하는 데 초점을 둔다. 사회심리학의 핵심 연구 영역은 변

도표 1-3 조직행동에 기여한 학문

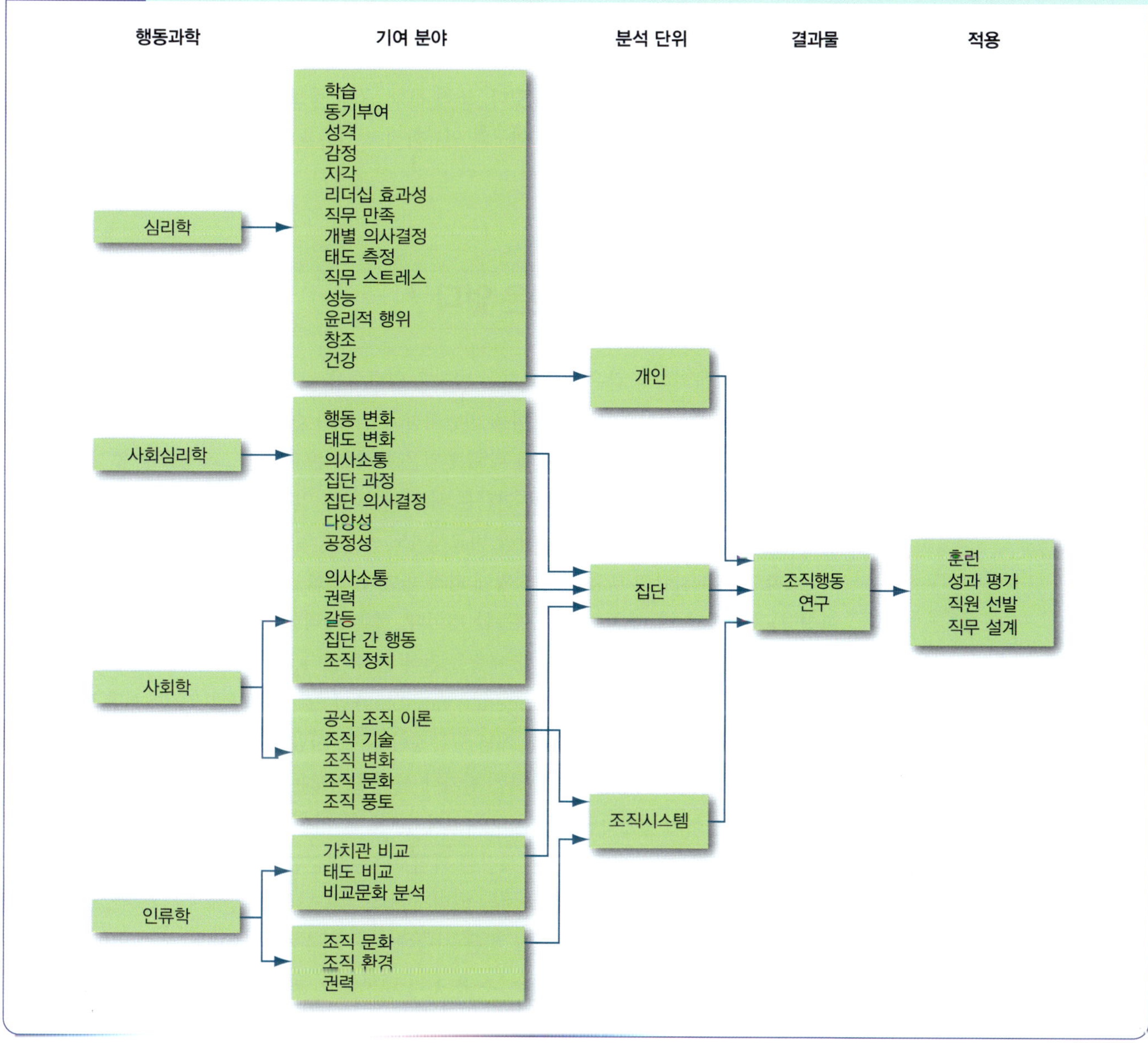

화(어떻게 변화를 실행하고 변화의 수용을 가로막는 장벽을 완화할 것인가)이다. 사회심리학자는 또한 태도의 측정·이해·변화와 의사소통의 패턴 확인과 신뢰 구축에 기여하고 있다. 집단행동, 권력, 갈등에 대한 연구에도 많은 기여를 했다.

사회학

심리학이 개인에 관심을 둔다면, **사회학**(sociology)은 사회적 환경과 문화와의 관계 속에서 사람을 연구한다. 사회학자는 조직, 특히 공식적이고 복잡한 조직에서의 집단행동에 대한 연구를 통해 조직행동 분야에 지대한 영향을 미치고 있다. 사회학자가 중요하게 연구한 주제는 조직 문화, 공식 조직 이론과 구조, 조직 기술, 의사소통, 권력, 갈등 등이다.

사회학 사회적 환경과 문화와의 관계 속에서 사람을 연구하는 학문

인류학

인류학 인간과 그들의 활동을 이해하기 위해 사회를 연구하는 학문

인류학(anthropology)은 인간과 그들의 활동을 이해하기 위해 사회를 연구하는 학문이다. 문화와 환경에 대한 인류학자의 연구 덕분에 국가 간 또는 조직 간 구성원의 기본 가치, 태도, 행동 방식에서의 차이를 이해할 수 있다. 조직 문화, 조직 풍토, 국가 문화의 차이점에 대해 현재 이해의 많은 부분은 인류학자의 연구와 인류학적 방법론을 활용한 연구자들 덕분이라 할 수 있다.

조직행동에 절대적인 것은 없다

1-4 조직행동에서 절대 법칙이 희소한 이유를 설명할 수 있다.

상황 변수 2개 이상의 변수 사이의 관계를 조절하는 상황 요인 또는 변수

화학, 천문학, 물리학과 같은 자연과학의 법칙은 일관성을 지니며 다양한 상황에 적용된다. 따라서 과학자는 중력의 끌어당기는 힘을 일반화하고 인공위성을 수리하기 위해 자신있게 우주비행사를 우주로 보낼 수 있다. 이에 비해 인간은 복잡한 존재이며 조직행동을 설명해주는 단순하고 보편적인 원칙은 거의 없다. 인간은 서로 다르기에 인간에 대해 단순하고 정확한 일반화를 하기에는 제약이 많다. 두 사람만 비교해봐도 종종 동일한 상황에서 아주 다르게 행동한다. 그리고 같은 사람의 행동 역시 상황에 따라 변한다. 예를 들어 채용 면접을 볼 때와 토요일 아침 친구를 만날 때 매우 다르게 행동할 것이다. 물론 이러한 사실이 인간 행동에 대해 합리적이고 정확한 설명을 하거나 타당한 예측을 전혀 할 수 없다는 의미는 아니다. x는 y를 이끌어 낼 수 있지만 단지 **상황 변수**(contingency variables)인 z로 구체화된 조건에서만 그러하다.

조직행동에 대한 연구는 일반적인 개념을 특정한 상황, 사람 또는 집단에 적용해가면서 발전해왔다. 예를 들어 조직행동을 연구하는 학자나 실무자는 모든 사람이 복잡하고 도전적인 업무를 좋아한다는 식의 일반화된 진술은 피하고자 한다. 그 이유는 누구나 도전적인 직무를 좋아하지는 않기 때문이다. 어떤 사람은 복잡한 과업보다는 단순한 과업, 즉 다양한 업무보다는 반복적인 업무를 더 선호한다. 누구에게는 매력적인 직무가 다른 사람에게는 전혀 그렇지 않은 이유는 무엇이 매력적인가가 그 일을 하는 사람에 따라 다르기 때문이다. 종종 일반적인 효과와 조건부 상황이 모두 관찰된다. 가령 돈은 우리 대부분을 동기부여하는 능력을 갖고 있다(일반적인 효과). 하지만 다른 사람보다 특히 돈에 의해 동기가 유발되는 사람이 있고 상황에 따라 돈이 더 중요해지기도 한다(상황 조건). 이처럼 일반적 효과와 조건적 상황이 둘 다 행동에 영향을 미친다는 것을 깨달아야 조직행동에 대해 제대로 이해할 수 있을 것이다.

조직행동을 위한 도전과 기회

1-5 조직행동 개념을 적용하는 데 있어 관리자가 직면하는 도전과 기회를 확인할 수 있다.

조직행동을 이해하는 것은 그 어느 때보다 경영자에게 매우 중요하다. 조직에서 지금도 발생하고 있는 다양한 극적 변화를 잠깐 살펴보는 것만으로도 이러한 주장을 받아들일 수 있다. 조직 구성원은 점점 더 다양해지고, 조직은 글로벌로 통합된 시장에 들어가고 있고, 기술이 일하는 방식과 장소를 혁신하고 있고, 관리자는 조직 내에서 공정성과 윤리의 역할에 더 많은 관심을 가지고 있고 조직은 환경과 사회, 공동체에 대한 책임에 관심을 두고 동시에 구성원의 강점을

개발하고자 하며, 일의 본질이 '긱 경제'의 도래와 COVID-19와 같은 글로벌 위기와 함께 변화하고 있다.[75]

짧게 말하자면 오늘날 직면하고 있는 도전들이 관리자가 조직행동 개념을 활용할 기회를 제공해주고 있다. 이 절에서 관리자가 직면하고 있는 중요한 이슈의 일부를 살펴보고자 한다. 조직행동은 이러한 도전과 기회에 해결방안을 제시하거나 적어도 해결방안에 도움이 되는 의미 있는 통찰을 제공한다.

조직 내 다양성과 포용

미투(#metoo)와 '흑인의 목숨도 소중하다(Black Lives Matter)'와 같은 사회 운동이 나타나면서,[76] 전 세계의 조직, 그들의 경영진과 리더, 직원은 평등하고 포용적인 조직을 만드는 데 있어 구성원 다양성이 얼마나 중요한지 깨닫고 있다. 조직의 중요한 기회 중 하나는 **구성원 다양성**(workforce diversity)을 관리하는 것이다. 즉, 구성원이 성별, 나이, 인종, 출신국가, 성적 정체성, 기타 특성에서 다름을 인식하는 것이다.[77]

구성원 다양성 구성원이 성별, 나이, 인종, 출신국가, 성적 정체성, 기타 특성에서 다양함을 인식하는 조직, 작업 집단, 팀의 이질적인 특성

다양성을 인식하는 것에서 더 나아가 모든 조직구성원은 공정하고 공평하고 생산적인 조직을 실현하기 위해 노력할 책임을 지닌다. **구성원 포용**(workforce inclusion)은 구성원의 다양성을 지지하고 활용하는 조직을 만들고 유지하는 것에 초점을 둔다.[78] 사람을 자기답게 만드는 다양한 정체성과 가치 체계를 타일에 비유한다면, 포용이란 여러 타일이 모여서 만들어진 모자이크와 같다는 것을 구성원과 관리자가 깨달아야 한다.[79] 포용적인 일터는 직원이 중요한 프로세스에 참여하고 있고 조직 안에서 환영받고 가치를 인정받고 있으며, 조직의 '내부자'로 대우받고 있다고 느끼는 곳이다.[80]

구성원 포용 구성원의 다양성을 지지하고 활용하는 조직을 만들고 유지하는 것

현대 일터에서 다양성과 포용이 어떻게 작용하는지 보여주는 예로, 평균수명과 출생률이 조직의 역학관계를 바꾸어 왔다. 세계 평균수명이 매우 짧은 기간 동안 6년 정도 증가했고(2000년 이후, 즉 1960년대 이래로 가장 빠른 증가 추세),[81] 출생률은 많은 선진국에서 감소했다. 이러한 추세는 구성원 고령화로의 지속적인 전환을 의미한다. 첫째, 조직행동 연구는 이러한 변화가 다른 여러 조직행동의 핵심 주제 중에서 태도, 조직문화, 리더십, 구조, 의사소통 관점에서 어떤 의미를 가지는지 설명할 수 있다. 둘째, 관리자와 조직은 고령 직원을 위해 포용적인 일터를 어떻게 만들 것이며 조직 내에서 차별과 편견을 어떻게 감소시킬 것인지에 대한 고민이 필요하다.[82]

사회경제학적 전환은 구성원 다양성에 매우 큰 영향을 미친다. 성 정체성이나 성적 지향과 상관없이 일과 교육에 대한 동등한 권한이 UN에 의해 인간의 권리로 간주되어 왔다.[83] 일터 내에서 그 수가 늘고 있다 하더라도 다양한 인구통계학적 배경을 가진 사람들이 여전히 불평등과 승진 누락, 편견, 심각하게는 폭력을 지속적으로 경험하고 있다.[84] 조직행동 연구자는 다양한 배경의 사람들이 일터에서 어떻게 일하는지, 어떤 고유한 도전과 이익을 경험하는지, 업무 조건이 어떻게 개선될 수 있는지를 연구한다. 이러한 예는 문화와 사회경제학적 변화가 구성원 다양성에 영향을 미치는 여러 가지 방식 중 한 가지일 뿐이다. 이 책을 통해 어떻게 조직행동이 인력구조적 이슈에 대한 통찰을 제공할 수 있는지 논의하고자 한다.

다음 장에서 다양성에 대해 더 많은 얘기를 나누겠지만, 다양성이 관리자와 근로자에게 더 좋은 기회를 제공하고 도전적인 질문을 던진다는 점을 얘기하고 시작하고자 한다. 다양성에 내

재된 강점을 어떻게 파악할 수 있을 것인가? 서로 간의 차이점을 받아들이는 것에 어떻게 적응할 수 있는가? 편견, 차별, 불평등으로부터 조직을 보호하기 위한 각 국가 내 법적 요구사항은 무엇인가? 구성원 다양성이 근로자와 조직에 긍정적인 결과를 가져오는가? 근로자, 관리자, 조직이 다양성을 효과적으로 관리하기 위해 무엇을 할 수 있는가? 오늘날 조직에서 언급되고 또 언급되지 않는 문제를 다루는 것이 중요하다.

세계화 추세

세계화 국경을 넘어 전 세계적인 통합과 상호의존이 증진되는 과정

세계화는 조직, 리더, 직원 간의 범지구적 연결을 이전 어느 때보다 증가시켜왔다.[85] **세계화**(globalization)는 국경을 넘어 전 세계적인 통합과 상호의존이 증진되는 과정을 의미한다. 한국 최대의 재벌기업인 삼성의 제품은 대부분 해외에서 판매된다. 버거킹(Burger King)은 브라질계 회사 소유이며, 맥도날드(McDonald)는 전 세계 6개 대륙의 100개 이상의 국가에서 운영된다. 2차 세계대전 이후 세계화가 국제 사회를 결속시켰지만, 글로벌 경제 위기로부터의 느린 회복은 전 세계 많은 인구가 세계화의 쓴 맛을 보게 했다.[86] 세계화가 많은 사회의 고용 환경을 빠르게 변화시켜 때로는 가난과 경제적 불평등을 야기한 만큼 세계는 현재 각자의 사회를 경제적으로 분리할 것인지, 계속 세계 시장에 개방할 것인지에 대해 팽팽히 맞서고 있다.[87] 그동안 새로운 산업 혁명을 경험하며 많은 산업군이 분열되고 많은 사람이 직업을 잃는 것을 목도하고 있다.[88] 이러한 세계화의 조류에서 경험하게 되는 고유한 도전은 조직과 근로자 간의 협력관계를 구축하고 사회적 책임을 인식하며 공공의 선을 추구하는 것이다.

더 나아가 세계화의 결과로 관리자의 역할도 변화해왔다. 효과적인 관리자가 되기 위해서는 다음에서 논의할 글로벌 이슈를 예측하고 이에 적응하기 위해 노력해야 한다.

해외파견 직원 해외에서 일하는 사람

해외파견 업무의 증가 사람들이 모국을 떠나 **해외파견 직원**(expatriate)로서 해외에서 근무할 가능성이 높아지고 있다. 예를 들어 소속 회사의 해외 운영부서나 자회사로 배치될 수 있다. 일단 해외에 배치되면 자국의 구성원과는 욕구나 기대, 태도 등이 매우 상이한 현지 직원과 일해야 한다. 현지 직원과 효과적으로 일하기 위해서는 새로운 지역의 문화와 구성원에 대한 이해가 선행되어야 할 것이다(문화적 감수성이 필요함). 해외 업무를 성공적으로 이끄는 요인을 이해하는 것은 기업에게 매우 중요하다. 한 영국 컨설팅 회사에서 추정한 바에 따르면

OB POLL 남녀 간 취업률 추세 비교

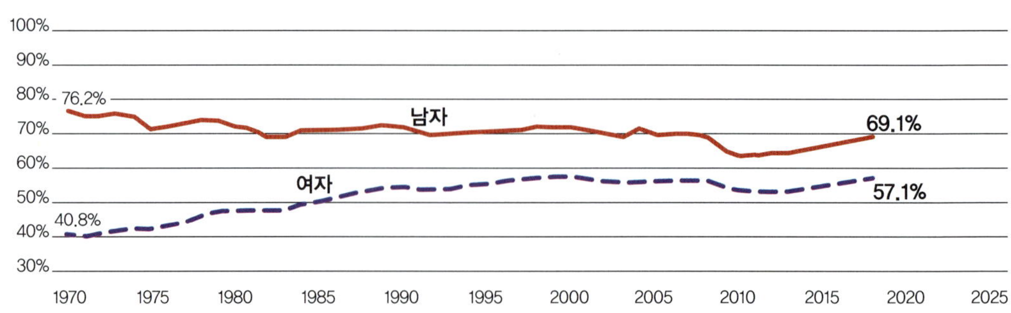

출처: U.S. Bureau of Labor Statistics, "Women in the Labor Force: A Datebook," 2019, https://www.bls.gov/opub/reports/womensdatabook/2019/home.htm에 기초함.

평균적으로 해외 파견은 일년에 311,000달러의 비용이 드는데, 이는 40%의 해외파견 업무가 실패로 끝난다는 점을 고려할 때 매우 큰 비용을 지불하는 셈이다.[89]

다른 문화적 배경을 가진 사람과 일하기 이제는 자국에서도 다른 문화권에서 태어나고 성장한 사람들과 함께 일하는 경우가 많다. 자신에게 동기를 부여하는 방법이 그들에게는 적용되지 않을 수 있으며, 직설적이고 솔직한 의사소통 스타일이 그들에게는 불편하고 위협적으로 받아들여질지도 모른다. 다른 문화에서 온 사람과 함께 효과적으로 일하기 위해서는 그들의 문화와 배경이 그들에게 어떤 영향을 미쳤는지, 관리 스타일을 이러한 차이에 어떻게 맞춰나가야 하는지를 이해할 필요가 있다. 예를 들어 관리자는 비즈니스를 하는 각 국가 구성원의 문화적 규범, 가령 어떤 나라에서는 많은 구성원이 긴 휴가를 즐긴다는 것을 알고 있어야 한다. 또한 고려해야 할 국가나 지역의 규제가 존재한다. 해외 지사의 관리자는 고객사에 적용되는 고유한 재무적, 법적 규제와 이를 위반했을 때의 리스크를 잘 알고 있어야 한다. 위반사항이 발생하게 되면 해당 국가의 비즈니스뿐 아니라 국가 간 정치적 관계에도 영향을 미칠 수 있다. 관리자는 또한 해당 국가의 경쟁자와 비교해서 경험하는 규제의 차이도 염두에 두어야 한다. 법에 대한 이해는 종종 실패보다 성공을 만들어낸다. 예를 들면 지역의 은행법에 대한 지식으로 다국적 회사, 즉 중국은행(Bank of China)이 인도 호텔 사하라(Sahara)의 소유주로부터 런던의 빌딩인 그로스베너하우스(Grosvenor House)를 몰수할 수 있었던 사례가 있다. 사하라의 관리자는 몰수까지 가게 만든 대출금 채무 불이행이 뉴욕의 다른 부동산 중 하나에 대한 잘못된 이해 때문이라고 밝혔다.[90] 세계화는 이렇게 예상치 못한 문제를 만들 수 있다.

기술과 소셜미디어

앞에서 언급한 AI의 발전과 같은 기술은 비즈니스 세계에 큰 파장을 미쳤다. 다른 예로 많은 기업은 직원이 회사에서 소셜미디어를 사용하는 것과 관련하여 어려움을 겪고 있다. 2015년 2월에 텍사스의 한 피자 가게는 자신이 근무하게 될 직장에 대한 불만을 트윗 댓글로 털어놓은 한 신입직원을 첫 출근도 하기 전에 해고했다. 2014년 12월에 미국 유통업체인 노드스트롬(Nordstrom)은 백인 경찰관에 대한 폭력을 옹호하는 댓글을 개인 페이스북에 올린 오리건 주의 한 직원을 해고했다.[91] 이러한 예는 소셜미디어가 조직행동 영역에 새로운 도전과 기회를 제공하는 오늘날의 관리자가 다루기 복잡한 문제임을 보여준다. 예를 들면 인사부서에서는 입사지원자의 소셜미디어 내용을 어디까지 살펴보아야 할 것인가? 채용담당자가 과연 지원자의 트위터 피드를 읽어보아야 하는가, 아니면 페이스북 프로필 정도만 훑어보아야 하는가? 관리자가 자신의 소셜미디어 활동을 통해 입사지원자와 고객을 어떻게 유인할 수 있을 것인가?[92] 관리자는 직원과 그들이 소속된 조직을 보호하기 위해 고안된 증거 기반 제도를 균형감과 이해를 바탕으로 채택해야 한다.

대부분의 조직에서는 업무시간에 직원이 언제, 어디서, 어떤 목적으로 직장에서 소셜미디어에 접속할 수 있는지에 대한 정책을 마련하고 있다. 그렇다면 직원의 웰빙에 미치는 소셜미디어의 영향은 어떠한가? 최근 한 연구에 따르면 긍정적인 기분으로 잠에서 깨어나 페이스북에 자주 접속한 사람일수록 낮 동안 기분이 나빠진다는 점을 발견했다. 또한 이들은 본인 삶에 대한 만족도가 더 낮다고 보고했다.[93] 관리자(그리고 조직행동의 영역)의 역할은 직원 만족도 제고를 통해 조직의 성과를 보다 긍정적으로 개선하고 향상하는 데 있다.

다른 한편으로 일부 조직에서는 '항상 켜진(always on)' 문화를 강화하는 정책이 있다. 1960년대와 1970년대의 전형적인 직원은 월요일부터 금요일까지 정해진 사무실에 출근하고 명확히 규정된 8시간 또는 9시간의 시간을 일했다. 하지만 오늘날의 많은 직장인에게는 사무실의 개념이 노트북이나 스마트폰을 사용할 수 있는 어떤 곳이든 포함되도록 확장되었기에 이러한 패턴이 더 이상 유효하지 않다. 직원이 유연한 시간에 일하거나 원격으로 집에서(또는 반대편 대륙에서) 일하더라도, 관리자는 여전히 그들의 행복(웰빙)을 고려해야 한다. 직원의 웰빙을 관리하는 데 가장 큰 문제 중 하나는 많은 직원이 가상 직장을 벗어나지 못하는 새로운 현실이다. 기술은 많은 직원이 자신의 집이나 타히티의 해변에서 일하는 것을 허용하지만, 동시에 많은 사람은 자신이 팀의 일원이 아닌 것처럼 느낄 수 있다는 것을 의미한다. 카플란대학교(Kaplan University)의 엘렌 라이너이(Ellen Raineri)는 "가상세계에서 혼자 일하는 가상 근로자가 소속감을 느낀다는 것은 매우 어려운 일이다"라고 했다.[94] 또 다른 문제는 조직이 직원에게 더 긴 시간을 근무하도록 요구하는 것이다. 한 연구에 따르면 직원 4명 중 1명은 번아웃 증상을 보이며, 3명 중 2명은 높은 스트레스 수준과 피로감을 보고한다.[95] 이러한 결과는 직원이 이메일과 문자 메시지를 통해 관리자에게 '항상 켜진' 상태를 유지하고 있다고 보고한 사실을 고려할 때 과소평가된 결과일 수 있다. 마지막으로 직원의 웰빙은 무거운 외적 책무에 의해 문제가 되기도 한다. 예를 들어 한부모 가정이거나 부양할 부모가 있는 수백만 명의 직원은 직장과 가족에 대한 책임을 균형있게 유지하는 데 상당한 어려움을 겪는다.

직장 내외에서의 책임이 증가함에 따라 근로자는 일과 생활 간 갈등을 더 잘 관리하기 위해 업무 일정의 유연성을 제공하는 직장을 원한다.[96] 최근 연구에서 56%의 사람이 돈, 인정, 자율성보다 일-생활 균형이 경력 성공의 정의라고 보고했다.[97] 대부분의 대학생은 개인 생활과 일 사이의 균형을 달성하는 것이 주요한 진로 목표라고 말한다. 그들은 삶과 직업을 모두 원한다. 직원이 일-생활 균형을 달성하는 데 도움을 주지 않는 조직은 가장 유능하고 동기부여된 사람들을 유치하고 유지하기가 점점 어려워질 것이다. 유연한 원격근무는 한 때 많은 직원에게 꿈에 불과했지만, COVID-19 팬데믹은 많은 직원을 이러한 형태로 무기한 일하게 만들었다. 이 경험 자체만으로도 세계적 규모의 대규모 실험이 되었다.[98] 이러한 중요한 변화들을 고려할 때 기술(예: AI, 소셜미디어, 원격근무)에 중점을 두는 것이 향후 몇 년 동안 조직행동 연구에 상당한 영향을 미칠 것이라고 본다. 이 책 전반에서 기술이 OB의 핵심 주제와 어떻게 상호작용하는지에 대해 논의할 것이다. 이후의 장에서 OB 연구 분야는 관리자가 기술을 효과적으로 활용하도록 돕는 몇 가지 제안을 제공한다.

비윤리적 행동

윤리적 딜레마와 윤리적 선택 옳고 그른 행동을 구분해야 하는 상황

구조조정, 생산성 향상에 대한 기대, 시장에서의 치열한 경쟁 등이 특징인 기업 환경에서, 많은 직원이 지름길을 택하거나 규칙을 어기거나 다른 문제시되는 관행을 따르도록 압박을 받는 사실은 그렇게 놀라운 일이 아니다. 직원은 옳고 그른 행동을 구분해야 하는 **윤리적 딜레마**(ethical dilemma)**와 윤리적 선택**(ethical choice) 문제에 더 많이 직면하게 된다. 회사의 불법적인 활동을 알게 된 경우에 과연 이를 폭로하는 '내부 고발자'가 되어야 하는가? 개인적으로 동의하지 않는 지시를 따를 것인가? 자신의 출세와 경력 개발을 위해 정치적으로 행동할 것

인가?

직원, 관리자, 사람들이 이러한 윤리적 딜레마와 윤리적 선택에 어떻게 반응하느냐에 따라 **(비)윤리적 행동**[(un)ethical behavior]이 나타난다. 비윤리적 행동은 널리 인정받는 도덕적 기준을 위반하는 행위를 의미한다(예: 거짓말, 부정, 도둑질, 타인에게 해를 입히기 등). 이에 반해, 윤리적 행동은 널리 인정받는 도덕적 기준을 충족하거나 초과하는 행위를 의미한다(예: 규칙을 따르기, 자기이익을 넘어서 타인을 돕기 등).[99] 보통 비윤리적 행동은 직원과 관리자의 성과와 철회 행동, 팀의 성과, 조직의 생산성에 부정적인 영향을 미친다(결과로 정의되고 기술되는 이러한 변수들은 다음 절을 참조). 더욱이 3장에서 논의하게 되겠지만, 이러한 행동들은 종종 조직에 적극적으로 해를 입히는 반생산적 업무 행동(counterproductive work behavior, CWB)으로 지칭될 수 있다. 그러나 모든 비윤리적 행동이 반생산적인 것은 아니라는 점을 명확히 할 필요가 있겠다.[100] 예를 들어 기업가는 비즈니스 기회를 얻기 위해 잠재고객에게 생산 능력에 대해 거짓말(합당하게 여겨지는 거짓말)을 할 수 있고[101] 이는 조직을 돕기 위한 행동이다. 유용성과 상관없이 거짓말은 여전히 부도덕하며 비윤리적 행동으로 분류된다. 이러한 미묘한 차이점은 조직 내 윤리의 복잡성을 강조하며 OB를 공부하는 학생으로서 지속적인 연구와 이해를 요구한다.

(비)윤리적 행동 널리 인정받는 도덕적 기준을 위반하는 행위를 의미. 이에 반해, 윤리적 행동은 널리 인정받는 도덕적 기준을 충족하거나 초과하는 행위를 의미

앞서 언급되었듯이 무엇이 바람직한 윤리적 행위를 구성하는지에 관한 정의는 아직도 명쾌하지 않다. 옳고 그름을 구별하는 경계선은 명확하지 않다. 주변 사람들이 비윤리적인 관행에 연루되는 것이 종종 관찰된다. 선출직 공직자는 회계 장부를 조작하거나 뇌물을 수수하고, 기업의 임원은 매각 가능한 스톡 옵션을 현금화하기 위해 자사의 수익을 부풀려 공표하며, 대학 본부도 승률 높은 코치가 장학금을 받는 선수들에게 학점을 쉽게 따도록 쉬운 과목을 듣게 하는 것을 못 본 체하며 채플힐에 있는 노스캐롤라이나대학교에서는 허위로 과목을 만들어 학점을 준 사기행각까지 있었다.[102] 결국 발각되더라도 이들은 "모두들 그렇게 해요" 또는 "유리한 기회는 잡아야죠" 같은 변명을 늘어놓는다.

오늘날 관리자는 직원이 행위의 옳고 그름에 대한 모호성을 덜 경험하면서 생산적으로 일할 수 있도록 윤리적으로 건전한 조직 문화와 풍토를 조성해야 한다. 회사는 강력한 윤리적 사명을 추진하고 직원이 청렴하게 행동하도록 장려하고, 강력한 리더십을 제공하여 직원이 윤리적으로 행동하도록 영향을 미칠 수 있다.[100] 보상과 자원이 어떻게 분배되는지(모두에게 동등한 처우), 절차가 어떻게 정의되는지, 사람들이 어떤 처우를 받는지, 정보가 어떻게 분배되는지에 있어 공정성을 확보하기 위해 노력하는 회사는 직원의 공정성 인식을 높일 수 있다.[104] 윤리 교육도 지속적으로 이루어진다면 직원이 높은 윤리 의식을 유지하는 데 도움이 된다는 것이 입증되었다.[105] 이후 장에서는 관리자가 윤리적인 문화, 풍토, 구조를 구축하고 또 직원이 윤리적으로 부딪히는 상황을 인지하도록 돕는 실용적인 도움을 제공하기 위해 취할 수 있는 행동에 대해 논의할 것이다.

기업의 사회적 책임

사회 복지 미션을 목표로 선언한 조직에서 일한다면 그렇지 않은 조직에서 일할 때보다 행복하겠는가? **기업의 사회적 책임**(corporate social responsibility, CSR)에 대한 조직의 헌신 또는 법적으로 요구되는 것 이상으로 사회나 환경에 이바지하는 자율적인 행동은 업무 환경에서

기업의 사회적 책임 법적으로 요구되는 것 이상으로 사회나 환경에 이바지하는 자율적인 행동

점점 더 중요해지고 있다. 조직은 환경 지속가능성 프로젝트, 비영리 활동, 자원봉사, 기부 뿐만 아니라 지속가능성 교육과 개발 같은 전통적인 인사 관행을 포함하여 여러 가지 방식으로 CSR을 실천한다.[106]

CSR은 지구에게 도움이 되고 사람에게도 좋다. 연구결과에 따르면 CSR은 직원의 태도, 이직 의도, 성과에 긍정적인 영향을 미친다. CSR은 조직시민행동(OCB)과 일탈 같은 재량적 행동에 더 큰 영향을 미친다(이는 이 장의 후반부에서 논의).[107] 사실 59개의 대규모와 소규모 조직을 조사한 결과 86%가 자사의 CSR 프로그램으로 인해 직원이 더 행복하다고 응답했다.[108] 직원은 여러 가지 이유로 CSR에 긍정적으로 반응한다. CSR은 직원이 조직과 더 강하게 동화되도록 하며, 기부에 대해 의미 있는 경험을 하게 하고, 자신보다 큰 무언가에 소속된 느낌을 주고, 심지어 자기이익을 충족시키는 데 도움이 될 수 있다(CSR을 통해 자신의 목적을 추진하는 것).[109] CSR은 비즈니스에도 도움이 된다. 42개의 연구를 포함한 메타분석은 CSR 노력이 조직의 재무 성과를 예측한다고 보고했다.[110]

CSR의 영향력은 매년 증가하고 있지만, 모든 직원이 그것을 가치 있게 여는 것은 아니다.[111] 따라서 조직은 이를 효과적으로 실천하기 위해 몇 가지 문제를 다루어야 한다. 첫째, 모든 프로젝트가 모든 사람에게 동등하게 의미 있는 것은 아닐 수 있지만 때로는 모든 직원의 참여가 요구된다. 예를 들어 세계 최대 규모의 로펌 중 하나인 디엘에이파이퍼(DLA Piper)의 파트너인 리사 듀이(Lisa Dewey)는 "모든 디엘에이파이퍼 변호사와 직원은 자선과 자원봉사 프로젝트에 참여하도록 권장받는다"라고 했다.[112] 둘째, 일부 조직은 직원이 정해진 방식으로 기여하도록 요구한다. 예를 들어 컨설팅 회사 시프트(SHIFT)의 공동창립자이자 CEO인 조 메크린스키(Joe Mechlinksi)는 직원에게 '기부하는 날'에 스프 키친에서 봉사하거나 해비타트하우스(Habitat for Humanity)를 지어주거나 아이들에게 멘토링을 하는 것과 같은 방식으로 참여하도록 요구한다. 이러한 선택은 각 개인의 CSR 비전에 맞지 않을 수 있다. 자연스럽지 않은 방식으로 '더 노력하라'고 압박하는 것은 향후 CSR 프로젝트에 대한 열망을 소진시킬 수 있다.[113] 특히 CSR 프로젝트가 조직에 직접적인 혜택을 주는 경우에 더욱 그렇다(예: 긍정적인 언론 보도).[114] 사람들은 CSR이 진정성이 있고 진실되기 원한다. 셋째, CSR 실천 방안이 직원의 실제 업무와 연관성이 없어 보일 수 있다.[115] 넬슨 만델라의 선거와 남아프리카 공화국의 인종 차별 폐지, 나사(NASA)에 의한 최초의 우주정거장 발사 등에 참여한 사실을 자랑스럽게 얘기하는 컨설팅 회사 KPMG의 '과장된' 비디오를 본 후, 익명의 한 직원은 자신의 일에 질문을 던졌다. "진정으로 변화를 만들고 싶다면, 내가 왜 여기에 앉아 있을까요?"라고 말했다.[116]

자선단체 기브로시티(Givelocity)의 창립자 수잔 쿠니(Susan Cooney)는 "다음 세대의 직원은 인간, 지구, 수익의 세 가지 핵심요소에 관심을 기울이는 기업을 찾고 있다"라고 말했다.[117] CSR은 직원에게 더 높은 목적을 실현하거나 미션에 기여할 수 있는 기회를 제공한다. 그러나 조직의 CSR 노력은 잘 관리되어야 하며 그들의 이니셔티브는 장기적인 이익을 위해 지속 가능해야 한다.[118] 요약하면 CSR은 책임감과 봉사에 대해 우리 사회에서 요구되는 긍정적인 트렌드이자 조직 생활의 중요한 부분이 되었다. 이 책의 본문과 '더 나은 세상을 향해'라는 새로운 특집란에서 CSR과 핵심 OB 주제 간의 교차점을 강조한다.

더 나은 세상을 향해

벤앤제리스: CSR을 지향하는 회사가 되기 위한 노력

버몬트에 본사를 둔 아이스크림 제조사인 벤앤제리스(Ben & Jerry's)는 종종 기업의 사회적 책임(CSR)의 모범 사례로 언급된다. 소박하게 시작한 벤앤제리스는 개성있는 맛에 알갱이가 씹히는 아이스크림을 개발한 잘 알려진 역사를 가지고 있으며, 거의 매년 엄청난 이익을 창출하더니 결국 대기업에 인수되었다. 이러한 회사의 역사적 변화에도 불구하고, 그들의 세 가지 마지노선(triple bottom line)에 대한 헌신은 변함없이 유지되어 왔다. 벤앤제리스는 여전히 훌륭한 아이스크림을 만드는 데 집중하며, 지속가능한 성장을 장려하고 '세상을 더 나은 곳으로 만들기'에 주력하고 있다.

이를 위해 회사는 윤리적인 조달과 구매, 환경에 미치는 영향을 줄이는 세소 과정, 사선과 봉사를 통해 지역 사회에 기여하는 것에 헌신하고 있다. 더 나아가서 벤앤제리스는 그들에게 중요한 문제에 대해 목소리를 내는 데 주저하지 않는다. 실제로 웹사이트 한 페이지 전체에 걸쳐 회사에 중요한 이슈(2020년에는 'Black Lives Matter' 운동에 대한 지원 포함)와 그 이슈를 위해 자금을 모으고 인식을 높이기 위해 사용한 아이스크림 맛을 소개하고 있다. 그들의 연간 사회환경평가보고서(Social & Environmental Assessment Report, SEAR)는 세계를 더 나은 곳으로 만들기 위한 노력의 진행상황을 담고 있다. 예를 들어 2019년에는 24만 5천 파운드의 플라스틱 포장재, 빨대, 숟가락을 없앴다.

하지만 벤앤제리스도 비판을 받지 않은 것은 아니다. 기업의 사회적 책임을 중요시하는 아름다운 그림은 성공에 초점을 맞추지만, 실패는 거의 들여다보지 않는다. 예를 들어 1990년대에는 한 연구자가 선한 의도로 시작한 일이 잘못된 방향으로 진행된 사례들을 밝혀냈다. 몇 가지 예로 많은 사람들은 아이스크림 가격이 너무 높다거나 너무 많은 지방과 설탕이 함유되어 있다는 점에 문제를 제기해왔다. 게다가 아마존 서부 지역의 견과류를 윤리적으로 조달하려 한 벤앤제리스의 노력은 공급 부족 문제를 야기해, 결국 평판이 좋지 않은 공급 업체에서 조달해야 했다. 마지막으로 1990년대에 벤앤제리스는 뉴저지의 한 빵집과 협력하여 회복 중인 약물 중독자와 알코올 중독자를 고용했다. 협력 파트너십을 맺은 후(그리고 빵집 주인이 예상 수요를 충족시키기 위해 수십만 달러를 투자해 생산 규모를 확장한 후)에 협력한 아이스크림의 판매량이 너무 낮아서 실익이 없었고, 결과적으로 회사는 그 빵집과의 협력관계를 끊어야 했다.

이러한 실패와 성공에도 불구하고, 벤앤제리스는 2000년 유니레버(Unilever)가 벤앤제리스를 인수한 것에 대해 대중의 비판이 거셀 때에도 세 가지 마지노선에 대한 헌신을 유지했다. 이 인수는 OB 연구자들에 의해 다양한 연구 주제가 되었다. 예를 들어 한 연구는 CEO 편지와 벤앤제리스에서 30년 간 장기 재직한 직원과 신입직원과의 인터뷰에 초점을 맞추었다. 이 연구는 인수 이후 직원이 원하는 세 가지 마지노선과 인수 후 CEO가 원하는 재무 성과 사이에서 갈등을 경험했음을 확인했다. 더 나아가 다른 연구에서는 인수 기업(유니레버)이 벤앤제리스에 영향을 주기보다 벤앤제리스의 영향을 많이 받아 CSR 관행을 채택하고 홍보하기도 했다. 많은 사람이 인수의 위협(회사의 고유 미션을 지우거나 수정하게 되는)을 회사의 리더십이 비콥인증 기업(Certified B Corporation)이 되는 것을 고려하는 강력한 이유로 여기고 있다. 캐벗(Cabot), 뉴 벨지움 브루잉(New Belgium Brewing), 파타고니아(Patagonia)와 같이 이러한 기업들은 미션과 이익을 균형 있게 조절하는 것이 법적으로 요구되며 그들의 영향력이 사람들, 지역사회, 환경에 미치는 것을 평가한다. 실제로 벤앤제리스도 이들의 뒤를 이어 2012년에 비콥(B-Corp) 인증을 받았다.

요약하면 벤앤제리스의 사례는 21세기에 CSR을 지향하는 기업이 추구하는 목표, 성공, 어려움을 구체화한 것이다. 비록 아이스크림 먹는 것처럼 쉬운 일은 아니지만, 조직은 여전히 그들이 가치있게 여기는 것을 위해 꿋꿋이 버티고 이러한 가치를 행동으로 실천하며, 이를 성공적으로 이뤄낼 수 있다.[119]

긍정적 업무환경

긍정 조직학(positive organizational scholarship) 또는 긍정적 조직행동(positive organizational behavior)에 대한 연구가 조직행동 분야 내에서 급부상하고 있다. 긍정 조직학이란 인적 자원의 강점을 개발하고, 조직에 활력을 불어넣으며, 회복탄력성을 구축하고, 잠재성을 발휘하는 방법을 탐구하는 연구 분야이다.[120] 이 분야의 연구자들은 너무 많은 조직행동 연구와 경영 실무에서 조직과 구성원의 잘못된 부분, 즉 부정적 측면을 파악하는 데 주력했다고 말한다. 이에 반성하여 이제는 그들의 좋은 측면에 대한 연구를 하고자 노력하고 있다.[121] 긍정적 조직행동 연구의 몇 가지 주요 주제는 어려운 상황에서의 몰입, 희망, 낙관주의, 회복탄력성이다. 연구자들은 실무자가 직원을 위해 긍정적인 업무 환경을 조성하기를 바란다.

긍정 조직학 인적 자원의 강점을 개발하고, 조직에 활력을 불어넣으며, 회복탄력성을 구축하고, 잠재성을 발휘하는 방법을 탐구하는 조직행동의 연구 분야 긍정 조직학이 부정적인 관리방법의 가치(예: 비판적 피드백)를 부정하는 것은 아니지만, 확실히 새로운 관점에서 조직행동을 바라보고 구성원의 한계보다는 강점을 개발하는 쪽으로 조직을 이끌도록 요구하고 있다. 조직의 긍정적인 업무 환경의 한 가지 요소는 이후 장에서 심층적으로 논의될 조직 문화이다. 조직 문화가 구성원 행동에 매우 강한 영향을 미치기 때문에 최근 기업은 그들 조직의 성격을 구축하고 보전하기 위해 문화 담당 직원을 고용하는 추세이다.[122]

긱 경제

앞에서 언급한 대로, 오늘날 우리는 긱 경제(Gig Economy)를 경험하고 있다. 긱 경제란 많은 사람이 고도로 구조화된 과거의 고용주-근로자 관계 대신에 독립적이고 자율적으로(한 사람의 회사) 일하는 새로운 노동 시대를 의미한다.[123] 오늘날 미국 근로자 중 약 5분의 1이 긱 근로자로 독립적으로 일하고 있다.[124] 더 나아가 랜드-프린스턴 비정규직 근로자 조사 데이터는 이러한 '긱 고용' 사례가 2005년부터 2015년까지 5.7% 증가했음을 보여준다. 놀랍게도 10년 동안 관찰된 고용 증가의 거의 대부분이 긱 노동에 기인한다.[125] 노동 세계의 이러한 변화는 재정 불안정성, 직무 불안정성, 자율성, 진로 경로 불확실성, 일의 단기성, 물리적, 관계적 분리 등과 같은 직원 경험에서의 여러 가지 변화를 초래했다.[126] 이러한 변화로 인해 긱 근로자는 많은 도전을 겪고 있다. 그들은 자신의 감정, 정체성과 관계에 대해 고민하고, 일을 지속하기 위해 일을 구조화하는 데 힘쓰고, 취업 역량을 유지하기 위해 경쟁하는 새로운 세계를 탐험하고 있다.[127]

도표 1-4는 일의 새로운 세계인 긱 경제 내 고용의 일부 특성에 대해 기술하고 있다. 이 표에서 제목 아래에는 직업을 특징지을 수 있는 여러 옵션이 그룹화되어 있다. 예를 들어 경력의 한 시점에 연봉과 보너스 보상이 포함된 지역의 비노동조합 환경의 사무실에서 정규직으로 근무하고 있을 수도 있고, 연봉과 추가 유급휴가를 받으며 해외에서 일하기를 선택하고 유연한 가상 환경에서 일하고 있을 수도 있다.

긱 경제의 등장을 이끈 요인은 무엇인가? 2008년 세계 금융 위기는 이미 여러 해 전에 종료되었지만, 그 시기의 몇 가지 동향이 긱 경제의 등장에 영향을 미쳤을 수 있다. 오랜 기간 실업자였던 사람들 중 일부는 노동시장을 완전히 떠났다.[128] 동시에 다른 사람은 여러 파트타임 직업을 병행하거나[129] 수요에 따른 일자리로 전환했다.[130] 다른 연구자들은 대공황 이후 평생 고용의 소멸, 1970년대 블루칼라 근로자의 해고, 1980년대와 1990년대 세계화로 인한 일자리 대량 아웃소싱 등과 같이 더 멀리 떨어진 원인을 지적하기도 한다.[131] 그 이후로 일부 젊고 교육 수준이 높은 직원은 기업가 정신을 따라 자기 회사를 창업하는 선택을 하기도 했으며, 그 중 많은 회사가 성공적으로 자리잡기도 했다.[132] 다른 사람들은 금세기의 역사적인 고용 위기(대공황, 대불황, COVID-19)로 야기된 조직, 업무 역할, 진로 경로 사이의 '공간'에 떨어진 후 긱 경제로 진입했다.[133] 조직행동을 공부하는 학생으로서 긱 근로자가 새로운 경제에서 어떻게 적응하는지, 그들의 기여와 취업이 조직 성과에 어떻게 영향을 미치는지, 긱 근로자가 직면하는 독특한 도전에 대응하기 위해 세계가 무엇을 할 수 있는지 조사할 수 있다.

도표 1-4 긱 경제의 고용 특성

고용 범주	고용 유형	고용 장소	고용 조건	고용 보상
정식 취업자	상근직	고정근무 (사무실/개인공간)	지역 근무직	기본급
하향 취업자	비상근직	유동근무 (공유공간)	해외 파견직	시간급
재취업자	자율근무직	가상근무	단기 계약직	초과수당
실업자	분담직	유연근무	가변 배치직	보너스
창업가	파견직	재택근무	국제 업무직	사전계약
퇴직자	독립 계약직		해외 취업직	유급휴가
구직자	임시직		노조/비노조직	복리후생
휴직자	단축근무직			
해직자	수습직			

출처: J. R. Anderson, E. Binney, N. M. Davis, G. Kraft, S. Miller, T. Minton-Eversole, . . . and A. Wright, "Action Items: 42 Trends Affecting Benefits, Compensation, Training, Staffing and Technology," *HR Magazine* (January 2013): 33; M. Dewhurst, B. Hancock, and D. Ellsworth, "Redesigning Knowledge Work," *Harvard Business Review* (January-February 2013): 58-64; E. Frauenheim, "Creating a New Contingent Culture," *Workforce Management* (August 2012): 34-39; N. Koeppen, "State Job Aid Takes Pressure off Germany," *The Wall Street Journal*, February 1, 2013, A8; and M. A. Shaffer, M. L. Kraimer, Y.-P. Chen, and M. C. Bolino, "Choices, Challenges, and Career Consequences of Global Work Experiences: A Review and Future Agenda," *Journal of Management* (July 2012): 1282-27에 기초함.

트위터 직원은 똑똑하고 친절한 동료와 함께 배우고 가치, 아이디어, 정보를 공유하며 회사의 성장과 성공을 돕기 위해 함께 노력하는 긍정적인 업무 환경을 조성하는 자사의 문화에 대해 열광한다. 트위터의 샌프란시스코 본사에서 공동체 의사소통 관리자로 근무하고 있는 제나 샘프슨(Jenna Sampson)이 무료 식사, 요가 수업, 옥상 정원을 즐기고 있다.

출처: Noah Berger/Reuters

위기 속의 조직행동

2008년 미국 경제가 심각하고 장기적인 불황에 빠졌을 때, 거의 모든 세계 주요 경제국도 마찬가지였다. 해고와 일자리 상실이 일반적이었으며, 생존한 사람은 종종 급여 삭감을 받아들여야 했다. 대공황처럼 어려운 시기에는 관리자도 직원과 함께 최전선에 서게 된다. 그들은 직원에게 더 적은 급여를 받고 일하도록 요청해야 하는(또는 직장을 그만두도록) 어려운 결정을 직면하게 되고, 직원은 이미 미래에 대한 걱정을 안고 있다. 좋은 관리와 나쁜 관리 사이의 차이는 이익과 손실, 궁극적으로 비즈니스의 생존과 실패 사이의 차이일 수 있다. 어려운 시기에 직원을 잘 관리하는 것은 좋은 시기에 하는 것보다 더 어렵다. 좋은 시기에는 직원에게 어떻게 보상하고 만족시키며 유지할 것인지에 대한 이해가 중요하다. 나쁜 시기에는 스트레스, 의사결정, 대처와 같은 문제가 전면에 나타나게 된다.

오늘날 COVID-19 팬데믹은 다시 한 번 위기상황에서 직원, 관리자, 조직의 역할을 강조하고 있다. 단순히 위기의 순간에 '무슨 일이 일어나는지'보다 더 중요한 것은 직장 내 행동에 대한 지식이 위기상황에서의 의사결정에 어떻게 영향을 미칠 수 있는가이다. COVID-19 팬데믹은 전 세계를 새로운 위기 상태로 몰아넣었으며, OB의 거의 모든 핵심 주제에 영향을 미친다.[134] 연구자들은 위기의 명백한 영향(예: COVID-19이 원격근무, 일-가정 갈등, 건강과 안전 풍토에 미치는 영향)[135]에서부터 미묘한 영향(예: COVID-19이 근로자의 '갑작스러운 영웅' 지위에 미치는 영향과 고립된 원격근무자에 대한 애완동물 소유의 영향)[136]까지 조사해왔다. 이 책에서는 OB가 위기상황에서 노동 세계에 대한 우리의 이해에 어떻게 기여해왔는지 강조한다. 또한 직원과 관리자가 어려운 시기에 더 나은 조직을 만들기 위해 알고 있는 지식을 어떻게 활용할 수 있는지 설명하고자 한다.

조직행동 모델 개발에 대한 관심

1-6 이 책의 조직행동 모델의 세 가지 분석 수준을 비교할 수 있다.

마지막으로 조직행동 분야를 정의하고 주요 핵심변수, 개념, 관계를 보여주는 일반적인 모델을 제시하면서 이 장을 마치고자 한다. 이 모델에 대한 이해를 통해 이 책의 주제가 경영 이슈와 기회에 대한 접근에 도움이 되는 정보를 어떻게 제공해줄 것인지 그려볼 수 있을 것이다.

개관

모델 실제 현상의 축약이자 이를 단순화하여 묘사한 것

모델(model)은 실제 현상의 축약이자 이를 단순화하여 묘사한 것이다. 도표 1-5는 조직행동 모델의 뼈대를 보여준다. 조직행동 모델에서는 세 가지 분석(개인, 집단, 조직) 수준별로 각각 세 가지 유형의 변수(투입변수, 과정, 결과변수)를 제시한다. 다음 장부터는 개인 수준(2~8장), 집단행동(9~14장), 조직 시스템(15~18장)을 따라 내용이 진행될 것이다. 모델은 투입변수가 과정을 거쳐 결과변수로 연결되는 과정을 묘사하며 이러한 상호관계를 각 분석 수준에서 논의할 것이다. 이 모델은 또한 미래에 결과변수가 투입변수에 영향을 미칠 수 있음을 보여주며, 조직행동 이니셔티브가 조직의 미래에 미치는 광범위한 영향력을 강조한다.

도표 1-5 조직행동의 기본 모델

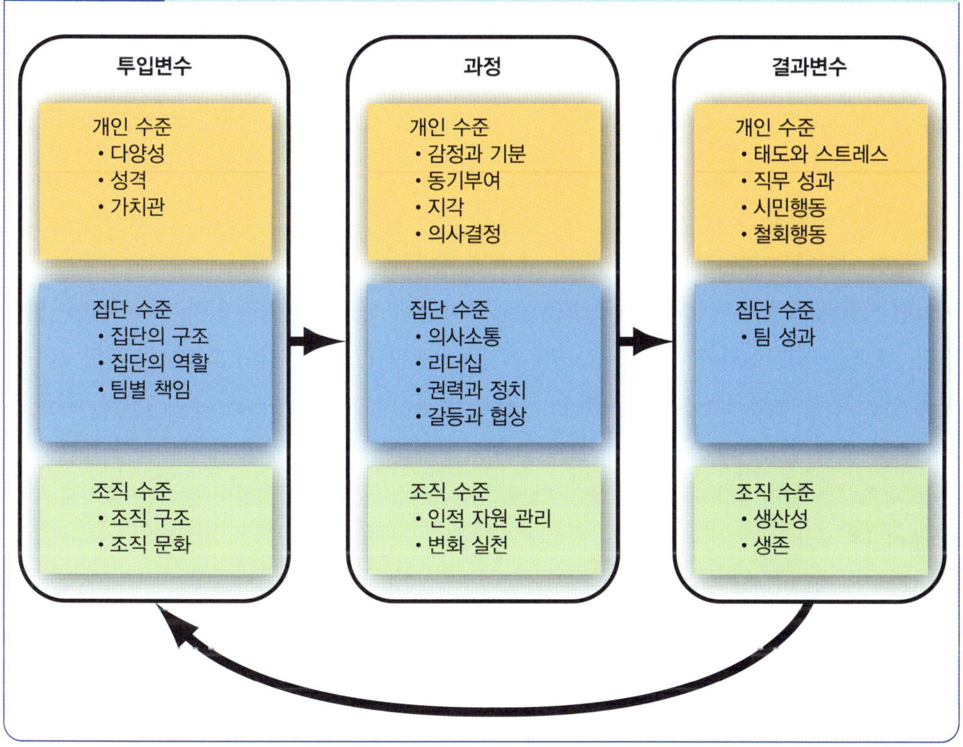

투입변수

투입변수(input)는 과정으로 이어지는 성격, 집단 구조, 조직 문화와 같은 변수이며, 이 투입변수가 향후 조직에서 일어나는 다양한 현상을 결정하게 된다. 많은 변수가 고용관계 이전에 이미 결정된다. 예를 들어 개인적 특성, 성격, 가치관 등은 타고난 유전적 속성과 유년기 환경에 의해 형성된다. 한편 집단의 구조와 역할, 팀의 책임은 대부분 집단이 만들어지기 전이나 후에 즉각적으로 할당된다. 마지막으로 조직의 구조와 문화는 일반적으로 조직이 환경에 적응하고 관습과 규범을 만들어 나가면서 수년간에 걸쳐 겪게 되는 발전과 변화의 산물이다.

투입변수 과정으로 이어지는 성격, 집단 구조, 조직 문화와 같은 변수

과정

투입변수가 조직행동의 명사형이라면 **과정**(process)은 동사형이라 할 수 있다. 과정은 투입변수의 결과로 개인, 집단, 조직이 보이게 되는 특정한 결과를 가져오는 행동이다. 개인 수준에서 과정은 감정과 기분, 동기부여, 지각, 의사결정 등이 포함된다. 집단 수준에서는 의사소통, 리더십, 권력과 정치, 갈등과 협상 등이 포함되며, 조직 수준에서는 인적 자원 관리, 변화 실천 등이 포함된다.

과정 투입변수의 결과로 개인, 집단, 조직이 보이게 되고 특정한 결과를 가져오는 행동

결과변수

결과변수(outcomes)는 설명하거나 예측하기 원하는 핵심변수로 다른 변수의 영향을 받는다. 그렇다면 조직행동의 주된 결과변수는 무엇인가? 학자들은 개인 수준 결과변수로 태도와 스트레스, 직무 성과, 시민행동, 철회행동 등을 강조했다. 집단 수준에서는 응집성과 기능이 종속

결과변수 다른 변수의 영향을 받는 핵심요인

변수이며, 조직 수준에서는 전반적인 생산성과 생존 등을 살펴본다. 이러한 결과변수는 이 책의 모든 장에서 다루므로 여기서는 조직행동의 '목적'을 이해하기 위한 수준으로 간략하게만 살펴보고자 한다.

태도와 스트레스 구성원 태도는 사물, 사람, 사건에 대한 긍정적이거나 부정적인 구성원의 평가이다. 만약 "나는 내 일이 정말 좋아요"라고 한다면 긍정적 직무 태도이고, "나는 내 일이 지겹고 따분해요"라는 표현은 부정적 직무 태도를 보여준다. **스트레스**(stress)는 환경적 압력에 반응하여 나타나는 심리적 과정이다.

스트레스 환경적 압력에 반응하여 나타나는 심리적 과정

어떤 사람은 직원의 태도와 스트레스를 관리하는 것이 순전히 가벼운 일이라 생각할 수 있겠지만, 태도는 업무 성과와 직결된 행동적 결과로 연결된다. 경영자들이 오랫동안 기본 교리처럼 믿어온 '불만에 찬 직원보다 만족하는 직원의 생산성이 더 높게 나타난다'는 관점은 최근 연구결과를 통해 입증되고 있다.[137] 이처럼 만족도가 높고 공정한 처우를 경험하는 구성원이 오늘날 비즈니스 환경에서 더욱 중요해진 탁월한 시민행동을 보이는 경향이 높다는 증거도 무수히 많다.[138]

직무 성과 일정기간 동안 근로자의 행동을 통해 조직에 기여한 총 가치

직무 성과 행동을 통해 조직에 기여한 총체적인 가치는 일정기간에 걸친 **직무 성과**(job performance) 수준을 반영한다.[139] 예를 들어 샌드위치 가게 점원의 하루는 제 시간에 출근하여, 출근 카드를 찍고, 가게를 닦고 소독하고, 주문이 들어온 샌드위치를 만들고 굽고, 고객 불만을 해결하고, 모든 식자재를 신선하게 보관하기 위해 마무리하는 활동으로 구성된다. 이러한 행동은 업무기간 동안 조직에 가치를 제공한다.

개인 직무 성과의 중요한 요소는 **과업 성과**, 즉 직원이 직무를 구성하는 특정한 과업과 그를 고용한 조직에 대한 책임을 얼마나 잘 달성하는가이다.[140] 공장 근로자의 직무에 대한 과업 성과는 시간당 생산한 제품의 양과 질로 측정할 수 있다. 교사의 경우에는 학생의 학업 성취도로 과업 성과를 평가할 수 있을 것이다. 컨설턴트의 과업 성과는 고객 프리젠테이션의 적시성과 품질이다.

이 모든 유형의 성과는 해당 직무의 핵심 의무와 책임에 관련된 것으로 흔히 공식적 직무기술서에 열거된 활동과 직접적으로 연관되어 있다. 그러나 직무 성과는 단순히 핵심 과업을 완성하는 것 이상을 요구한다. 타인과 효과적인 의사소통을 하는지, 주도성과 노력과 끈기를 보이는지, 공식적인 상사나 비공식적인 동료로 팀원의 성과를 이끌고 촉진하는지 등도 포함될 수 있다.[141] 분명히 직무 성과는 조직의 유효성에 기여하는 가장 중요한 인적 자원의 결과물이다. 이 책의 각 장에서는 각 주제가 과업 성과에 어떻게 영향을 미치는지 시간을 들여 살펴보고자 한다.

조직시민행동(OCB) 조직의 심리적, 사회적 환경 조성에 기여하는 구성원의 자율적인 행동

조직시민행동 공식적 직무 요구사항은 아니지만 조직의 심리적, 사회적 환경 조성에 기여하는 구성원의 자율적인 행동을 **조직시민행동**(organizational citizenship behavior, OCB) 또는 줄여서 시민행동이라 한다. 성공적인 기업에는 기대수준을 뛰어넘는 성과, 즉 일상적인 직무상 의무 이상을 수행하는 구성원이 있다. 갈수록 팀으로 수행해야 하는 과업이 증가하고 경영 활동의 탄력성이 중요해지는 오늘날의 역동적인 일터에서 '착한 시민'으로서의 행동을 보이는 직원은 팀원을 돕고, 초과 업무에 자원하고, 불필요한 갈등을 피하고, 규칙과 규율을 준

수할 뿐 아니라 태도를 중시하고, 업무 관련 부담과 잡음을 품위 있게 인내한다.

조직은 직무기술서에 포함되지 않은 일도 해내려는 직원을 원하고 필요로 한다. 실증 자료에 의하면 이런 직원을 보유하고 있는 조직이 그렇지 않은 조직보다 더 높은 성과를 보인다고 한다.[142] 그 결과로 조직행동에서는 조직시민행동을 하나의 주요 결과변수로 다룬다.

철회행동 앞에서 과업 요구 수준을 넘어서는 행동에 대해 언급했지만, 과업 요구 수준에 미달하는 행동은 어떤 것이 있는가? **철회행동**(withdrawal behavior)이란 구성원이 자신을 조직으로부터 분리시키고자 하는 제반 행위를 의미한다. 철회행동은 회의에 늦게 나타나거나 불참하는 경우부터 결근과 이직 등 다양한 형태로 표출된다. 이러한 행동의 일부는 비윤리적 행동으로 분류될 수 있다. 예를 들어 일하기 싫어서(계약과 업무 합의서에 따라 회사에 대한 책임을 지고 있음에도 불구하고) 일부러 미팅에 늦게 나타나거나 책임을 회피하는 것은 비윤리적이다.

철회행동 구성원이 자신을 조직으로부터 분리시키고자 하는 제반 행위

직원의 철회행동은 조직에 매우 부정적 효과를 초래한다. 초임 수준의 신입직원 한 사람이 이직을 하더라도 수천 달러의 손실비용을 보게 된다. 2017년 연간 이직률이 26.3%였고, 한 근로자를 대체하는 비용이 그들의 연봉의 1/2부터 2배에 해당되었다는 점을 잠시 생각해보자. 연봉이 5만 달러인 100명이 근무하는 기업의 평균 비용은 66만 달러에서 260만 달러에 달한다.[143] 결근 역시 조직에 매년 막대한 금전적, 시간적 비용을 초래한다. 최근 한 조사결과에 의하면 미국 근로자의 부정기적 결근에 의해 발생하는 평균 직접비는 임금총액의 6.7%나 되는 것으로 나타났다.[144] 또한 결근과 연계된 생산성 손실이 조직당 2,258억 달러(직원당 1,685달러)에 달하는 것으로 나타났다.[145]

구성원이 자신의 직무를 성실히 수행하지 않으면 조직의 순조로운 운영과 목표 달성이 어려워진다는 것은 명백한 사실이다. 일의 흐름도 끊기게 되고 주요 의사결정도 지연될 수 있다. 조립라인 위주로 생산활동을 하는 조직의 경우에 결근은 제품 품질의 급락은 물론 생산설비의

직원들이 팀으로 일하고 있다. 성공적인 팀 성과는 팀의 투입과 과정에 따라 달라진다. 팀 투입변수로는 그룹 구조, 그룹 역할, 팀 책임을 명확하게 정립하는 것이 포함된다. 팀 과정에는 효과적인 리더십과 의사소통, 권력과 정치적 이슈를 성공적으로 처리하는 것, 갈등을 건설적으로 다루는 것이 포함된다.

출처: Michael Peuckert/Alamy Stock Photo

가동을 중단시키는 등 엄청난 혼란을 야기하게 된다. 이처럼 평균 수준 이상의 결근율은 어떤 조직에서나 효과성과 효율성에 직접적인 영향을 준다. 높은 이직률 역시 지식과 경험을 가진 구성원이 떠난 자리를 대체할 인력을 찾아야 하므로 조직의 효율성을 방해한다. 연구결과에 의하면 일반적으로 이직은 조직 성과에 심각한 해를 끼친다.[146]

어느 조직에서나 이직이 발생하게 마련인데, 나라마다 경제상황에 따라 이직률은 매우 다르게 나타난다. 2019년은 2001년 이래로 가장 높은 이직률이 보고되었고 2018년 6,620만에서 2019년 6,790만으로 증가했다.[147] 물론 이는 COVID-19 이전의 얘기이다. 이 기간 동안 미국에서는 자발적인 이직이 감소하고 비자발적인 이직이 증가하여 이직 상태에 영향을 미쳤다.[148] 2019년으로 돌아가서 '그해의 이직 수준은 좋았을까, 아니면 나빴을까', 이 질문에 답하기 위해서는 왜 이직이 발생하는지 알아야 한다. 이직에는 직원의 자발적 퇴사(사직), 고용주에 의한 비자발적인 해고(해고와 방출), 다른 이직 사례(정당한 이유 있는 비자발적인 해고)가 포함된다. 2019년 상당수의 이직은 자발적인 것이었는데, 전체 이직 6,790만 건 중 4,210만 건(대략 62%)이 자발적인 이직이었으며, 이는 2001년 이후 최고 기록이다.[149] 따라서 그해 이직의 약 3분의 2가 놀랍게도 직원들의 자발적인 퇴사로 인한 것이었다.

높은 이직률이 종종 조직의 목표 달성을 방해하지만, 퇴사가 항상 나쁜 것은 아니다. 미국 전 연방준비제도(Federal Reserve) 의장 제넷 옐런은 이직이 경제에 미치는 긍정적 측면을 언급했다—사람들은 자신의 외부 전망에 낙관적이기 때문에 퇴사한다.[150] '적절한' 사람들이(즉, 성과가 떨어지는 사람들이) 떠나는 경우에 이직은 조직에 긍정적일 수 있다. 그들은 성과가 떨어지는 개인을 높은 기술과 동기를 갖춘 사람으로 대체하는 기회를 만들어주며, 승진 기회를 증가시키고 조직에 새롭고 혁신적인 아이디어를 가져올 수 있다. 오늘날 변화하는 일의 세계에서 합리적인 직원 주도의 이직 수준은 조직 유연성과 직원 독립성을 향상시킬 수 있다. 또한 경영진 주도의 해고 필요성을 줄일 수도 있다. 높은 이직률은 종종 직원의 탈퇴가 높음을 의미한다고(따라서 조직 성과에 해를 끼침) 결론내릴 수 있지만, 이직률이 제로인 것이 반드시 목표는 아니다. 조직은 또한 어떤 직원이 떠나는지와 그 이유를 평가하는 것이 중요하다.

그렇다면 왜 직원은 반생산적인 행동이나 퇴사를 통해 업무로부터 이탈하는 것인가? 이 책의 나중에 보여주겠지만 부정적인 직무 태도, 감정, 기분, 동료와 상사 간의 부정적인 상호작용을 포함한 여러 가지 이유가 있다.

팀 성과 모델의 많은 결과변수가 개인과 관련이 있지만, 일부는 집단과 팀의 작동 방식과 관련이 있다. **팀 성과**(team performance)는 팀의 작업 산출물의 양과 질을 의미한다. 마치 스포츠팀의 성과가 개별 선수의 성과의 합 이상인 것처럼, 업무 조직 내에서의 집단 기능은 개인 과업 성과의 합 이상이다.

팀 성과 팀의 작업 산출물의 양과 질

팀이 효과적으로 일하고 있다는 것은 무엇을 의미하는가? 어떤 조직에서는 효과적인 팀이란 핵심 과업에 집중하고 명시된 목표를 달성하는 것을 의미한다. 다른 조직에서는 협력하여 탁월한 고객 서비스를 제공하는 팀을 찾는다. 또 다른 조직에서는 창의성과 변화하는 상황에 적응하는 유연성을 더 중요하게 생각한다. 각각의 경우에 따라 팀에서 최대한의 성과를 얻기 위해 요구되는 활동이 다르다.

생산성 조직행동의 가장 높은 분석 수준은 조직이다. 생산적인 조직은 최소의 비용으로 투입

윤리적 선택

자신의 가치관이 회사의 가치관과 일치하지 않을 때 어떻게 해야 하는가?

직장에서 동료들이 당신의 가치관, 신념과 전혀 다른 의견을 표명하는 것을 듣게 되었다고 하자. 아무 말도 하지 않기로 결정하고 때로는 그들의 의견에 동의하는 척한다. 비록 자신의 생각을 억압한다 할지라도, 개인적인 견해는 사무실 밖에 두고 오는 것이 가장 좋다는 것을 배웠다. 동료가 당신을 자신과 다르다고 보거나, 더 나쁜 경우에는 당신의 지위를 위협하는 위험을 감수하고 싶지 않다.

잠재적으로 직장을 잃거나 강등당할 수 있다는 위기의식이 자신의 가치관과 신념을 감추는 불편함보다 크다. 그러나 단순히 숨기고 억압한다고 해서 당신의 가치관과 의견이 사라지지는 않는다. 연구결과에 따르면, 조직의 가치에 대해 솔직하지 않게 순응하는 것(즉, 변장된 순응)이 장기적으로 직원의 조직에 대한 애착에 영향을 미칠 수 있다. 궁극적으로 직업 불안정성(조직의 위기상황에 직업을 잃을 우려)은 상황을 악화시킨다. 위기상황에서 직원은 동료와 조직에 의해 정립된 가치관이 비록 자신의 가치관과 맞지 않더라도 동의하는 척 가장하는 경향이 높다. 특히 젊은 직원은 직업 불안정성에 직면했을 때 이러한 '변장된 순응'을 보이는 경향이 더 높다.

또한 연구에 따르면 직장에서 가식적인 행동을 보이는 사람이 정체성 통합을 높게 경험하는 사람보다 비윤리적인 행동을 할 가능성이 높다고 한다. 가치관의 괴리는 자아 고갈 또는 자기통제의 상실과 관련되며 이는 업무 성과를 저하시키거나 비윤리적인 행동을 야기한다. 자신의 직업적 정체성과 비직업적 정체성이 양립 가능할 때 구성원은 온전한 자신을 드러내며, 이는 비윤리적 행동의 위험을 낮춰 조직에 도움을 준다.

자신의 가치관이 회사의 가치관과 일치하지 않는다면 다음 조언을 참고하라.

1. **자신의 가치관을 확인하라.** 자신이 어떤 사람이 되고 싶은지에 가장 중요한 3~5개 가치관에 초점을 맞춰라. 이는 자신에게 무엇이 중요한지를 명확히 하는 데 도움이 될 것이다.
2. **현 고용주(혹은 잠재적 고용주)에게 던지는 질문 리스트를 만들어라.** 이 질문은 회사가 어떤 가치를 추구하는지 파악하는 것을 도울 수 있는 개방형 질문이어야 한다. 고용주가 이 질문에 어떻게 응답하는지 살펴보고, 회사의 미션과 가치를 검토하고, 업무 집단에 비공식적으로 물어볼 수 있다. 새로운 직장을 위해 면접을 볼 때 면접관에게 이 질문을 던지는 것도 좋고, 면접 전 사전 조사를 통해 준비된 후속 질문을 하는 것은 더욱 좋다.
3. **진정한 자아와 일치되는 직무나 업무 환경을 찾아라.** 연구에 따르면 자신의 가치와 회사의 가치 간의 일치 정도를 우선적으로 고려하는 것이 회사를 떠나거나 철회행동을 보일 가능성을 줄여준다고 한다. 그러나 이것은 자신과 조직 간의 관계에만 해당되는 것은 아니다. 가령 자신의 가치관이 작업 집단, 팀, 상사와 맞지 않을 수 있다. 또는 서류상에 기술된 가치와 조직이 실제로 추구하는 가치가 어긋날 수 있다. 이러한 가치관의 불일치는 바꾸기 매우 어려우며 자신의 성과와 안녕감에 해로울 수 있다. 반대로 가치관의 일치는 직무, 경력, 조직에서의 번영과 성공의 든든한 기초를 제공해준다.[151]

을 산출로 변환하여 목표를 달성한다. 이처럼 **생산성**(productivity)은 **효과성**(effectiveness)과 **효율성**(efficiency)을 모두 요구한다.

고객의 욕구를 성공적으로 충족시키는 병원은 효과적인 조직이다. 만약 이를 낮은 비용으로 할 수 있다면 효율적인 조직이다. 환자 1인당 평균 입원일수를 단축하거나 하루 직원-환자 접촉 횟수를 늘려 같은 직원으로 더욱 높은 성과를 달성할 때 그 병원 조직은 생산적인 효율성을 갖추었다고 얘기한다. 기업 조직의 경우 매출 또는 시장점유율 목표를 달성할 때 효과적이라 하지만 기업 조직의 생산성은 또한 이러한 목표를 효율적으로 달성하는 데 달려 있다. 조직의 효율성을 측정하는 기준으로는 흔히 투자수익률, 판매수익, 노동시간당 산출량 등을 사용한다.

서비스 산업에 종사하는 기업에서는 효과성 평가를 위해 '고객의 욕구와 요구'를 포함시켜야 한다. 왜 그런가? 직원의 태도와 행동에서 고객의 태도와 수익성으로 이어지는 인과관계가 있기 때문이다. 최근 연구에서 50,000개의 온라인 트립어드바이저(TripAdvisor) 리뷰와 약 8,000명의 관리자 설문결과를 살펴보니 관리자가 온라인 리뷰에 개인적으로 응답할 때 재무적 수익성(가용한 숙소당 수익)이 증가함을 확인할 수 있었다.[152]

생산성 조직의 효과성과 효율성의 조합

효과성 조직이 고객이나 소비자의 요구를 충족시키는 정도

효율성 조직이 적은 비용으로 목적을 달성할 수 있는 정도

도표 1-6 이 책의 구성 체계

개인 차원	집단 차원	조직 차원
투입변수 • 조직의 다양성(2장) • 성격과 가치관(5장)	투입변수 • 집단의 구조(9, 10장) • 집단의 역할(9, 10장) • 팀별 책임(9, 10장)	투입변수 • 조직 구조(15장) • 조직 문화(16장)
과정 • 감정과 기분(4장) • 동기부여(7, 8장) • 지각과 의사결정(6장)	과정 • 의사소통(11장) • 리더십(12장) • 권력과 정치(13장) • 갈등과 협상(14장)	과정 • 인적 자원 관리(17장) • 변화 실천(18장)
결과변수 • 태도(3장)와 스트레스(18장) • 직무 성과(전체) • 시민행동(전체) • 철회행동(전체)	결과변수 • 팀 성과(9, 10장)	결과변수 • 생산성(전체) • 생존(전체)

조직 생존 조직이 장기적으로 존재하고 성장할 수 있는 정도

생존 마지막으로 살펴볼 결과변수는 조직이 장기적으로 존재하고 성장할 수 있는지에 대한 단순한 증거로서의 **조직 생존**(organizational survival)이다. 조직의 생존은 단순히 조직의 생산성 뿐 아니라 조직이 얼마나 환경에 잘 적응하는지에 달려 있다. 시장에서 별로 가치를 인정받지 못하는 제품이나 서비스를 생산적으로 만든다고 해봤자 장기적으로 생존할 가능성이 낮다. 그러므로 기업의 생존은 시장을 성공적으로 인식하고, 언제 어떻게 기회를 추구할 것인지에 대한 의사결정을 잘하고, 새로운 비즈니스 환경에 적응하기 위해 성공적으로 변화를 관리하는가에 달려 있다.

투입변수, 과정, 결과변수 모델을 검토한바, 각 주제를 개인, 집단, 조직 수준 중 어디서 다룰 것인지에 따라 주제를 재분류하여 도표를 수정하고자 한다. 도표 1-6에서 볼 수 있듯이 산출변수, 과정, 결과변수를 세 가지 분석 수준 모두에서 다루고 있으며, 각 장을 해당 분야에서 연구하는 전형적인 방식에 따라 다시 분류하였다. 가령 어떻게 성격이 동기로 또 성과로 연결되는지를 통합해서 제시하는 것이 분석 수준을 넘나드는 것보다 이해하기 수월할 것이다. 각 수준은 선행하는 수준을 기반으로 하며 순서대로 살펴보고 나면 조직의 인간적 측면이 어떻게 작동하는지 더 잘 이해하게 될 것이다.

취업 스킬

1-7 다른 전공이나 미래 경력에 적용될 수 있는 조직행동에서 습득한 고용 가능성을 높이는 핵심 스킬을 설명할 수 있다.

조직행동과 관련된 문제는 재무와 회계에서 조직관리와 마케팅에 이르기까지 거의 모든 비즈니스 기능에서 발견된다. 그리고 누구나 직장생활의 어느 시점에 필히 조직 구성원의 행동과 관련된 이슈에 직면하게 된다. 대부분의 비즈니스가 직면하는 이슈를 검토해보면 조직행동이

조직의 많은 문제를 해결하는 데 퍼즐의 중요한 한 부분임을 확인하게 된다. 예를 들어 이러한 문제에는 정도 경영/사회적 책임 관리, 자원 관리, 기업 간 경쟁, 고객과 직원의 충성도 강화, 불확실성 감소, 정부 규제의 준수, 위험 관리, 인재발굴 등이 매출 증가와 수익성 향상과 함께 나타난다.[153]

그러나 조직행동은 비즈니스 전공자에게만 해당되는 것이 아니라 전공과 상관없이 모든 학생에게 중요한 학문이다. 예를 들어 언뜻 보면 미생물학 전공자에게는 조직행동 강의가 필요 없는 것처럼 보일 수 있다. 하지만 그 학생이 졸업하고 나면 어떤 일이 벌어지는가? 조직행동의 원리와 개념에 대한 지식은 배텔(Battelle) 생명공학연구소 연구직에 지원하고 또한 성공적으로 업무를 수행하는 데 도움이 되지 않겠는가? 간호대학을 졸업하고 메이오클리닉(Mayo Clinic)에서 근무하는 간호사의 경우는 어떤가? 또는 컴퓨터공학을 전공하고 시스코(Cisco)에 갓 입사한 학생에게는 조직행동이 어떤 도움을 줄 것인가? 한마디로 조직행동의 제반 이론은 모든 전공에 걸쳐 중요하며, 직장 내 대인관계 역량뿐 아니라 취업 역량을 높이는 데 도움이 된다. 이러한 스킬은 다른 학생, 교수님과 교류하면서 성공적으로 학업을 수행하는 데에도 도움이 된다. 스트레스 관리, 변화, 태도, 감정, 동기와 같은 조직행동 개념에 대한 지식은 학습 과정에서 다른 학생과 상호작용을 하는 데 도움을 줄 것이다.

사람들의 행동, 자아상, 태도, 감정, 기분, 성격, 가치관, 의도, 생각, 동기 등은 직장생활과 떼려야 뗄 수 없이 연결되어 있다. 벤자민 슈나이더(Benjamin Schneider)는 이를 두고 "사람이 조직을 만든다"라고 했다.[154] 이처럼 구성원은 조직의 목표를 달성하는 데 도움이 되고자 작업 집단, 부서, 팀, 조직 내와 조직 간에 상호작용하고 소통한다. 조직의 리더는 구성원과 함께 변화를 일으키고 조직 문화를 구축하며 정책과 절차를 만드는데, 이는 리더십, 정치, 갈등, 협상을 포함하는 과정이다. 조직생활에서 조직행동이 중요한 만큼 신입직원이든 경력직이든 의사소통, 협업, 비판적 사고, 문제해결, 사회적 책임, 지식의 적용과 분석 등 조직행동의 기초 스킬로부터 이득을 얻을 수 있다.

이 절에서는 공학에서 정치학에 이르기까지 어떤 전공을 선택한 사람에게도 적용될 수 있는 조직행동 수업에서 제공하는 장래 취업 스킬을 탐색하고자 한다.

다양한 전공에 적용되는 취업 스킬

이 책을 통해 중소기업, 대기업, 비영리조직, 공기업 등 다양한 비즈니스 환경에서 성공하기 위해 채용담당자가 필요하다고 생각하는 여러 스킬을 배우고 연습해볼 것이다. 이러한 스킬은 비즈니스를 시작하는 경우에도 도움이 될 것이다.

- **비판적 사고와 창의성**: 특정 상황과 관련하여 문제를 정의하고 해결하거나, 의사결정하고, 판단을 하는데 활용하는 의도적이고 목표지향적 사고를 의미한다. 이러한 과정의 목표는 새롭고 유용한 아이디어를 산출하는 것이다. 여기에는 특정한 맥락에 차별적으로 적용될 수 있는 인지적, 메타인지적, 기질적 요소가 포함된다.
- **의사소통**: 다양한 맥락 속에서 정보전달, 교육, 동기부여, 설득, 아이디어 공유 등 다양한 목적으로 구두, 서면 또는 비언어적 소통 기술을 효과적으로 사용하고, 효과적으로 경청하고, 소통을 위한 기술을 활용하고, 소통 노력의 효과성을 평가하는 것을 의미한다.

- **협력**: 개인들이 활동적으로 과제를 위해 함께 작업하여 대화와 협상을 통해 그룹으로서 의미와 지식을 구축하며 결과적으로 공동의 상호의존적인 행동을 반영한 최종산출물을 생성하는 스킬이다.
- **자기관리**: 목표 추구를 위해 자신의 행동, 노력, 감정을 의도적으로 또 전략적으로 관리하는 능력으로 정의된다. 자기통제, 자기감독, 자기조절에서의 스킬을 구축하는 것을 포함한다.
- **사회적 책임**: 비즈니스 윤리와 기업의 사회적 책임과 관련된 스킬을 포함한다. 비즈니스 윤리에는 개인과 조직이 소속된 사회에서 행동하는 방식에 영향을 주는 제반 행동지침이 포함된다. 기업의 사회적 책임은 조직이 비윤리적인 경제적, 환경적, 사회적 행동을 이해하고 확인하고 제거하도록 요구하는 윤리적 행동의 한 형태이다.
- **리더십**: 집단이 비전과 목표를 달성하도록 영향을 주는 능력과 스킬을 의미한다. 리더십은 비전 설정을 위한 배우는 것, 특정한 목표를 달성하기 위해 자신의 스타일이나 접근방법을 바꾸는 것, 부하직원과 생산적이고 의미있는 관계를 구축하는 것, 영향을 미치는 행동을 포함한다.
- **경력관리**: '실제 세계' 취업 환경에 대한 이해와 직업과 경력 간의 성공적인 전환을 위해 필요한 전문가적 식견을 발전시키는 것을 포함한다. 이에는 다양한 경력을 탐색하는 것, 인상 관리, 개인 브랜딩, 네트워킹 스킬, 노동 시장을 탐색하는 것이 포함된다.

이 책의 각 장은 취업 스킬 매트릭스(employability skills matrix, ESM)라고 이름 붙인 표와 함께 시작한다. 표에서 보듯이 이 매트릭스에서는 위에서 막 정의한 7가지 취업 스킬을 각 장의 고유한 특징으로 '미신인가, 과학인가', '윤리적 선택', '찬성 의견/반대 의견', '더 나은 세상을 향해', '실전 연습', '윤리적 딜레마', '사례 삽화'와 연결한다. 이 절에서 특정 사례와 개념에 대해 비판적으로 또 창의적으로 생각할 기회가 주어질 것이다. 또한 긍정적이고 효과적으로 업무 환경을 탐색하기 위해 주어진 상황에서 무엇을 실행하고 말할지를 학습함으로써 자기관리, 협력과 의사소통 스킬을 향상하는 방법을 배우게 될 것이다. 직장에서 윤리적 딜레마와 기회를 마주하게 되며 조직이 사회의 선에 기여할 수 있는 방법을 고려할 것이다. 여러 상황에서 관리자나 리더 역할을 맡아 리더십 문제를 해결하기 위해 특정 행동에 대해 고민하게 될 것이다. 마지막으로 실제 경력이나 직업 탐색상황에서 문제나 딜레마를 적절하게 처리해야 할 경우가 생길 것이다. 각 장을 읽기 전에 ESM을 미리 검토하고 평가하여 각 절에서 개발하게 될 스킬에 대해 이해하기를 추천한다. 이 7가지 스킬은 OB와 다른 전공에 관련된 경력에서 성공하기 위해 중요한 역량이다. 앞으로의 장에서는 다양한 활동을 진행하고 이러한 스킬을 개발할 수 있는 다양한 사례를 살펴볼 것이다.

취업 스킬 매트릭스(ESM)

	미신인가, 과학인가	윤리적 선택	찬성 의견/반대 의견	더 나은 세상을 향해	실전 연습	윤리적 딜레마	사례 삽화
비판적 사고와 창의성		✔	✔	✔	✔	✔	✔
의사소통	✔	✔			✔	✔	✔
협력	✔				✔	✔	✔
자기관리	✔	✔				✔	✔
사회적 책임				✔		✔	
리더십	✔			✔	✔		
경력관리		✔	✔				✔

요약

관리자와 직원 모두 조직 내 행동을 이해하고 효과적인 직무 수행에 요구되는 스킬을 개발해야 한다. OB는 개인, 집단 그리고 구조가 조직 내 행동에 미치는 영향을 연구하고, 이 지식을 활용하여 조직을 보다 효과적으로 운영한다. OB는 직업생활의 거의 모든 영역과 조직의 모든 수준(각 근로자부터 CEO까지)에 중요한 시사점을 제공하는 많은 주제를 다룬다. OB는 주요 행동 과학 분야에 영향을 받아 조직 내에서 무슨 일이 벌어지는지 체계적인 연구를 진행한다. 그 결과로 OB 연구자들은 증거에 기반한 실천 방법과 그들이 언제 성공적이고 언제 성공적이지 않을 가능성이 높은지에 대한 상황적 조건을 도출한다. 직원과 관리자는 이러한 정보를 기반으로 결정을 내릴 수 있다. 오늘날 조직 현상을 더 잘 이해하기 위해 방대한 데이터를 활용하는데 이러한 방식은 인공지능 혁명으로 극적으로 향상되었다. 전반적으로 OB는 조직에 중요한 투입변수, 과정, 결과변수의 체계이다. 연구자들은 이 체인의 연결고리를 조사하여 조직 현상이 어떻게 펼쳐지는지를 확인한다. 이 시스템은 환경의 변화에 따라 변화하지만, 현재의 기회와 도전(예: COVID-19, 긱 경제)은 의심할 여지없이 앞으로 몇십 년 동안 직장 내 행동을 이해하는 데 영향을 미칠 것이다. 마지막으로 조직과 조직을 '만드는' 사람들은 근거에 기반한 이러한 실천 방법을 활용하여 더 생산적이고 효율적이며 행복하고 건강하게 일할 수 있다. 조직행동에 대한 지식은 자신의 배경이 무엇이든 활용할 수 있고 미래 경력에 도움이 되는 취업 스킬을 개발하는 데 도움이 되므로 이익을 제공할 수 있다.

경영서적: 사실인가? 유행인가?

찬성 의견

아마존만 대충 살펴봐도 우리가 알고 싶어하는 주제를 다루는 제목을 가진 광범위한 경영서적을 찾을 수 있다.

- *Drive to Thrive* (Bajaj, 2020)
- *The Savage Leader: 13 Principles to Become a Better Leader from the Inside Out* (Reinke, 2021)
- *The First-Time Manager* (McCormick, 2018)
- *The Making of a Manager: What to Do When Everyone Looks to You* (Zhuo, 2019) *American Crisis: Leadership Lessons from the COVID-19 Pandemic* (Cuomo, 2020)
- *How to Lead When You're Not in Charge* (Scroggins, 2017)
- *Radical Candor* (Scott, 2017)
- *Leadershift* (Maxwell, 2019)
- *Excellence Wins* (Schulze, 2019)

조직행동에 대한 인기 서적은 종종 멋진 제목과 흥미로운 내용을 담고 있지만, 대부분 좋은 슬로건과 다섯 가지 단계를 따르기만 한다면 사람관리가 쉽게 가능하다고 보이게 만든다. 내용을 더 깊이 들여다보면 대부분 심도 있는 연구보다는 저자의 의견에 근거한 것임을 알 수 있다. 이러한 책은 사람들이 저자의 의견에 대체로 동의하고 그들의 문체를 즐기기 때문에 인기를 끌게 된다. 흔히 이러한 책의 저자는 대중에게 아이디어를 전달하는 것이 주 직업인 대중 연설가나 컨설턴트인 경우가 많다. 저자가 비즈니스 세계의 전문가인 경우에 한 사람의 개인적 경험이 모든 사람을 위한 효과적 관리방식의 실천으로 이어질 수 있을지는 사실 의문이다. 그렇다면 왜 우리는 경영철학을 이런 책에 의존하는가? 조금만 노력하면 조직 내 인간행동에 대한 수천 건의 과학적 연구를 통해 생성된 지식을 접할 수 있음에도 말이다.

조직행동이란 매우 복잡한 주제이다. 사실 인간의 행동에 대해 간단한 기술을 모든 상황에서 모든 사람에게 일반화하기는 거의 불가능하다. 〈스타워즈(Star Wars)〉 또는 〈브레이킹 배드(Breaking Bad)〉에서 얻은 리더십에 대한 통찰을 21세기의 소프트웨어 엔지니어에게도 적용하겠는가? 분명 그렇지 않을 것이다. 우리가 업무를 수행하고 있는 조직 유형에 대한 연구에 기반하지 않은 리더십에 대한 통찰을 그냥 적용하려 해서는 안 될 것이다.

반대 의견

사람들은 경영 활동의 좋고 나쁘고 추한 모습 등을 알고싶어 한다. 그래서 자신이 경험한 혹은 많은 관심을 갖고 있는 주제에 대해 독자의 흥미를 유발하는 글을 쓰고 출판사는 이 중 좋은 책을 골라 출간한다. 책이 인기를 얻게 되면 독자는 그 책을 통해 배우고 저자의 경영 아이디어를 적용하여 좋은 성과를 얻기도 한다. 이런 책은 다른 사람이 경험을 통해 배운 경영의 비법을 전해주는 수단이다. 그렇다면 학계의 모호한 최신 참고문헌 대신에 현장에서 뛰고 있는 사람으로부터 직접 경영에 대해 배우는 것이 더 낫지 않은가? 사실 인생에서 얻는 가장 중요한 통찰력의 상당 부분은 반드시 엄밀하게 분석된 경험적 연구의 산물이 아니다.

도움이 되지 않는 경영지침서가 간혹 발간되고 가끔 인기를 얻기도 한다. 그러나 그러한 저서가 매년 학술지에 실리는 소수만 읽는 학술연구보다 더 많은가? 천만에, 때로는 잘나가는 경영 문헌에 수천 개의 학술논문이 실린다. 이러한 논문은 직장인에게는 거의 읽히지 않고 이상한 약어와 전문용어로 가득찬 채로 실무적 적용은 거의 없이 학교 도서관에 파묻혀 있다. 간혹 특정한 경영 시나리오에 적용되기도 하지만 일반화하기는 쉽지 않다. 그 예로 몇 편의 최신 경영과 조직행동 관련 연구논문의 제목을 살펴 보자.

- "Transferring Management Practices to China: A Bourdieusian Critique of Ethnocentricity" (Siebers, Kamoche, & Li, 2015)
- "Cross-Cultural Perceptions of Clan Control in Korean Multinational Companies: A Conceptual Investigation of Employees' Fairness Monitoring Based on Cultural Values" (Yang, 2015)
- "The Resistible Rise of Bayesian Thinking in Management: Historical Lessons from Decision Analysis" (Cabantous & Gond, 2015)
- "A Model of Rhetorical Legitimation: The Structure of Communication and Cognition Underlying Institutional Maintenance and Change" (Harmon, Green, & Goodnight, 2016)

물론 이러한 논문을 조롱하려고 열거한 것이 아니며, 단지 지식을 창출하는 모든 방법은 비판의 대상이 될 수 있다는 것이 요점이다. 즉 경영서적은 가볍게 읽힐 수 있는 데 비해 학술논문은 난해하거나 비실용적이라는 것이다. 대중의 인기를 끄는 경영서적은 분명 사람이 일하는 방법과 사람을 다루는 방법에 대한 이해를 도모하므로 그 가치를 부정해서는 안 된다. 그리고 조직에서 사람을 관리하는 과학적, 예술적 방법을 배우는 데는 단 한 가지의 올바른 방법만 있는 것이 아니다. 깨어있는 경영자는 자신의 경험, 연구결과물, 다른 사람에 대한 관찰, 그리고 유명한 경영 기사 등을 포함한 다양한 방법으로 통찰을 얻는다. 저자와 학자에게는 각자의 주요한 역할이 있는 만큼 세간의 주목을 끄는 경영서적을 함부로 비난하는 것은 옳지 않다.

관리자를 위한 시사점

- 너무 일반화하려 하지 않는다. 인간 행동에 대한 이론이 유용한 통찰을 제공하기도 하지만 오류투성일 때도 많다.
- 최선의 해결방안을 찾기 위해서는 상황에 대한 섬세한 이해가 필요하다. 관련된 사람과 맥락을 이해하려고 노력하라. 거기서부터 무엇이 통하고 통하지 않는지 이러한 방법에 제약이 되는 상황이 무엇인지 시도하고 파악하라.
- 증거에 기반한 해결방안을 찾으려고 노력하고 직감이나 직관은 비판적으로 평가하라.
- 동료와 더 나은 상호작용을 하고 팀으로 효과적으로 일하고, 부하직원을 잘 이끌고 관리하기 위해 대인관계 스킬을 개발하라.
- 교육훈련, 개발, 일의 세계에 영향을 미치는 OB트렌드(예: 긱 경제, 빅 데이터, AI) 업데이트를 통해 기술적 스킬과 개념적 스킬을 향상시켜라.
- 조직행동은 직원 만족도와 같은 여러 연관된 결과변수에 있어 중요하다. 또한 노동 생산성과 이직률 감소와 같이 조직의 재무적 성과에 영향을 미칠 수 있는 주요한 조직 성과에 기여할 수 있다.

1장 종합 점검

복습 질문

1-1 조직행동(OB)에 대한 정의는 무엇인가?

1-2 체계적 연구는 조직행동을 이해하는 데 어떻게 기여하는가?

1-3 조직행동에 기여하는 주요 행동과학 분야는 무엇인가?

1-4 왜 조직행동에는 절대적인 원칙이란 없는가?

1-5 경영자가 조직행동의 개념을 적용할 때 직면하게 되는 도전과 기회는 무엇인가?

1-6 조직행동 모델에서 세 가지 분석 수준은 무엇인가?

1-7 조직행동을 공부함으로써 얻게 되는 주요 취업 스킬은 무엇인가?

실전 연습 원격팀 관리하기

구아바(Guava)는 현재 약 500명의 직원을 보유하고 있으며 지속적으로 성장하고 있는 실리콘밸리에 위치한 음악 스트리밍 서비스이다. 구아바는 다음 해에 많은 신규 직원을 고용할 계획을 가지고 있다. CEO 레녹스 레이놀즈(Lennox Reynolds)는 현재 직원의 절반 정도를 영구적 원격근무로 전환하고 추가로 원격근무자를 고용하려는 비전을 가지고 있다. 레이놀즈는 또한 회사가 더 수평적인 구조를 만들기를 원한다. 엔지니어링이나 마케팅과 같은 전통적인 기능으로 구성된 부서 대신, 직원은 프로젝트팀에서 일하며 더 큰 자율성을 가지게 될 것이다. 레이놀즈는 이것이 창의성과 혁신이 번성할 수 있도록 만들어줄 것이라고 믿고 있으며(구아바가 경쟁 우위를 개발하는 데 도움이 될 것), 엄격한 전통적인 구조가 직원을 제한하고 창의성과 혁신을 억압한다고 생각한다. 한 명의 지정된 리더 대신 팀은 개인이 리더의 역할을 하도록 허락할 것이다.

그러나 레이놀즈의 대담한 계획에도 불구하고, 구아바의 대다수 다른 임원들은 이 비전에 문제점을 제기하며 너무 야심찬 것으로 여기고 있다. 레녹스는 자신의 계획이 구성원을 수용할 사무실을 세우고 유지할 필요가 없는 만큼 회사의 비용을 절약해줄 것이라고 믿고 있다. 그녀는 또한 직원이 이러한 업무 방식을 선호할 것이며, 결과적으로 직원 유지에 도움이 될 것이라고 확신한다. 원격근무는 더 비싼 지역으로 이주해야 하는 직원 수를 줄이고, 일과 삶의 균형을 촉진하며, 직원이 출퇴근에 낭비하는 시간을 없앨 것이다.

레녹스가 원격근무의 잠재적 이점을 제시하였음에도 다른 임원들은 몇 가지 발생가능한 문제를 지적했다. 이러한 문제에는 일과 가정 생활 간의 경계 설정의 어려움, 직원의 생산성을 담보하는 것, 신입직원에 대한 멘토링과 개발기회 제공, 중요한 결정을 내리기 위한 새로운 구조 개발 등이 포함된다. 더구나 원격근무 옵션이 주어진다면 풀타임 혹은 파트타임으로 원격근무를 선택할 것인지를 평가하기 위해 모든 직원을 대상으로 설문조사를 실시한 결과, 기존 직원의 30%가 풀타임으로 원격근무하는 것에 매우 관심이 있다고 했고, 또 다른 20%가 다소 관심이 있다고 했다. 원격근무에 대해 강한 선호를 표명한 직원이 있는 한편, 다른 직원과 많은 상사는 다양한 우려를 표명해왔다. 구아바는 원격근무 정책에 대한 결정을 빨리 내려야 한다. 이 결정은 회사가 사무 공간을 축소하고 중요한 구조적 변화를 요구할지 여부에 영향을 미칠 것이다.

레이놀즈는 직원의 약 50%가 원격근무에 관심이 있다는 점에서 매우 유망하다고 믿고 있다. 그녀는 직원들이 우려를 가지고 있다는 사실과 구아바가 조직 구조를 변경하는 새로운 계획을 실행하는 데 어려움이 있을 것임을 인지하고 있다. 결과적으로 그녀는 원격근무 우려사항을 해결하기 위한 잠재적인 변경사항을 리더십 팀에게 이메일로 보냈다. 레이놀즈는 몇 명의 임원과 회의를 열어 직원이 원격근무를 승인받는 방법, 강화된 직원 교육 개발, 직원의 생산성을 유지하기 위한 직원 모니터링 소프트웨어 사용 등이 포함된 변경사항 제안에 대해 논의할 계획이다.

시나리오를 읽은 후에 다른 4명의 학생과 함께 그룹을 구성한다. 한 명은 CEO 레녹스 레이놀즈 역할을 맡고, 나머지 그룹 구성원은 회사의 임원 역할을 맡는다. 회의 중 다음 질문에 답해야 한다.

질문

1-8 회사는 직원의 반을 풀타임 원격근무로 전환하는 계획을 진행해야 하는가? 왜 그렇게 생각하는가?

1-9 회사가 원격근무로 전환하게 되면 레이놀즈가 제안한 변화가 효과적일 것이라고 보는가? 왜 그렇게 생각하는가?

1-10 구아버가 실행하는 변화가 회사에 부정적인 영향을 미칠 것인가? 필요하다면 어떤 다른 변화를 추진해야 하는가?

1-11 직원들의 원격근무 전환시 구아바가 직면하게 될 다른 장애물이 있는가? 회사가 장애물의 수를 어떻게 줄일 수 있을 것인가?

윤리적 딜레마 칭찬받기 마땅할 때 칭찬하기

당신은 팀원 각자가 매주 구상한 새로운 아이디어를 공유하는 주간 회의를 준비하고 있다. 특히 한 아이디어가 매우 긍정적인 피드백을 받게 된다. 그 아이디어는 놀랍도록 혁신적이어서 동료인 에이든에게 "알렉스가 공유한 아이디어 정말 좋지 않나요?"라고 말한다.

그러나 거의 항상 기분이 좋은 에이든의 언짢은 표정을 보고 당신은 놀란다. "저도 그 아이디어를 팀에 제안하기 위해 자료를 조사하고 준비할 때 그렇게 생각했죠."라고 에이든이 말한다.

"음, 알렉스가 이런 일을 할 줄은 몰랐네요. 그렇다면 어떻게 할 생각이에요?"라고 물어본다. 이 상황에서 어떻게 할지 확신이 서지 않는다. 회사는 협업을 촉진하는 한편, 팀원들의 고유한 기여를 인정하는 것도 중요하게 여긴다.

에이든은 난감한 표정을 짓고 잠시 침묵한다. "아직 팀에 제 아이디어를 제안하지 않았기 때문에 엄밀히 말해 내 아이디어는 아니라고 봐야죠. 반면에 그 아이디어의 조사 작업에 많은 노력을 들였고, 그것을 알렉스와 공유했었기 때문에 알렉스는 그걸 알고 있었어요. 그녀가 그 아이디어를 완전히 자신의 것으로 만들 줄은 몰랐어요. 그렇지만 알렉스와 저는 자주 함께 일하기 때문에 불편한 상황을 만들고 싶지 않아요." 마침내 긴 침묵 뒤에 에이든은 더 자신 있게 말한다. "저는 아무 말도 하지 않을 거예요. 제가 과도하게 반응한 것 같아요."

"음, 이건 당신의 결정이에요." 당신은 망설이며 대답하고, 에이든은 자신의 책상 쪽으로 이미 건너가고 있다.

질문

1-12 이 상황에 윤리적 이슈가 있다면 무엇인가?

1-13 당신은 동료가 이 상황을 다루기로 한 방법에 동의하는가? 왜 그런가?

1-14 이 상황에서 바람직한 결정은 무엇이라고 생각하는가? 왜 그런가? 당신이 생각하는 바람직한 결정이 동료가 제안한 것과 다른가?

1-15 동료의 행동의 결과는 어떻게 나타날 것이라고 생각하는가?

1-16 동기와 의도가 당신과 동료에게 어떤 역할을 하는가?

사례 삽화 R.G.에서의 일-생활 균형

테이텀은 글로벌 컨설팅 회사인 R.G.에서 컨설턴트로 일하고 있다. 지난 몇 년 동안 그녀는 이 회사에서의 일을 즐겼다. 야심가인 그녀는 회사 내에서 승진하겠다는 장기 목표에 주력하고 있다. 또한 테이텀은 항상 자신의 일에 열정을 가져왔고 다른 곳에서 일하는 것은 상상할 수 없다. 그럼에도 불구하고 어린 아이의 엄마로서 R.G.에서의 근무는 그녀에게 많은 도전이었다. 회사는 출근시간에 대해 유연성을 제공하며, 업무를 완료하기만 한다면 딸이 아플 때 일찍 퇴근하거나 재택근무하는 것에 대해 상사가 대체로 신경 쓰지 않는다.

테이텀은 집에서 오래 일하더라도, 사무실에서 늦게까지 일하는 사람과 똑같이 인식되지 않는다는 것을 알고 있다. 그녀의 사무실 사람들 모두가 조직에 대한 헌신을 보여주고 승진 기회를 얻으려면 늦게까지 일하기를 기대하는 것 같다. 승진을 하려면 회사 내 자격을 갖춘 사람들 중에서 눈에 띌 필요가 있다고 생각하고 있다.

R.G.는 가족을 부양하는 사람을 지원하는 정책을 갖고 있지만, 실제로는 테이텀이 알기로, 거의 아무도 그것을 활용하지 않고 있다. 예를 들어 테이텀은 그녀의 상사 케네디가 아이를 낳고 너무 빨리 사무실로 돌아와서 약간 놀랐다. 그러나 케네디는 R.G.에서 큰 존경을 받는 사람이었으며 성공적인 워킹맘로서 모든 것을 가질 수 있음을 보여주는 본보기로 여겨졌다. 테이텀에게 대안은 파트타임 근무로 전환하거나 덜 힘든 역할로 전환하는 것이다. 유감스럽게도 이러한 대안은 본질적으로 그녀의 승진 목표를 제쳐 놓아야 함을 의미한다.

한편 아이가 둘 있는 다른 여성이 사무실에 늦게까지 남아 있을 때 다른 사람이 얘기하는 것을 엿들은 적이 있다. 어떤 사람은 "퇴근해서 아이한테 가야 하지 않나요?" 혹은 "아이가 엄마 보고 싶어 하지 않아요?"라고 말했다. 테이텀에게는 모범적인 직원이 되려는 노력과 무심한 엄마로 인식되지 않으려는 노력 사이에서 계속된 균형 잡기 같은 느낌이 들었다.

테이텀이 이 조직에 처음 끌렸던 이유 중 하나는 여성을 위한 '편의'(즉, 유연한 근무시간, 적은 책임, 파트타임 근무시간)였다. 그러나 이제 테이텀은 이러한 '편의'가 직업적으로 그녀를 돕기보다 피해를 더 많이 줄 것이라고 생각하면서 거의 죄책감을 느끼고 있었다. 다행히도 그녀의 배우자는 그녀가 더 적은 시간 일하거나 역할을 전환하기로 결정할 경우에도 가족을 편안하게 지원할만큼 충분한 수입을 벌고 있었다. 그럼에도 불구하고 테이텀은 직업적 목표를 달성하지 못할 수도 있다는 가능성을 받아들이는 데 어려움을 겪고 있었다.

질문

1-17 테이텀의 회사가 제공하는 편의가 개인이 일과 가정에서 생활 간의 균형을 잡도록 도와준다고 생각하는가? 왜 그렇게 생각하는가?

1-18 더 나은 일-생활 균형을 허용하기 위해 조직이 실행할 수 있는 관행이나 제도가 있는가?

1-19 테이텀이 직업적 목표와 일-생활 균형을 동시에 성취하기 위해 취할 수 있는 행동이 있는가?

1-20 직무 만족과 경력 성공을 위해 일-생활 균형이 얼마나 중요하다고 생각하는가?[155]

2 조직 내 다양성, 형평성, 포용성

출처: Design Pics/Alamy Stock Photo

학습목표

2-1 직장 내 다양성의 두 가지 주요 유형을 설명할 수 있다.

2-2 직장 내 편견과 차별이 어떻게 조직 효과성을 저해하는지 입증할 수 있다.

2-3 네 가지 주요 이론적 관점이 직장 내 다양성에 대한 이해에 어떻게 기여하는지 설명할 수 있다.

2-4 다양성이 사람 간의 상호작용에 미치는 영향을 기술할 수 있다.

2-5 조직행동에 대한 비교문화적 문제의 시사점을 논의할 수 있다.

2-6 조직이 어떻게 다양성을 효과적으로 관리하는지 기술할 수 있다.

다음 매트릭스는 기업이 채용 지원자에게 요구하는 특정 역량을 개발하는 데 도움이 되는 각 장의 자료를 보여준다.

취업 스킬 매트릭스(ESM)

	미신인가, 과학인가	윤리적 선택	찬성 의견/반대 의견	더 나은 세상을 향해	실전 연습	윤리적 딜레마	사례 삽화
비판적 사고와 창의성		✔	✔	✔	✔	✔	✔
의사소통	✔				✔	✔	
협력					✔		✔
자기관리	✔				✔	✔	✔
사회적 책임		✔	✔	✔	✔	✔	✔
리더십	✔	✔	✔	✔			✔
경력관리	✔	✔	✔	✔		✔	

기술 산업 내 다양성 결여

기술 산업은 다양성과 포용 측면에서 실패한 것으로 악명이 높다. 애플, 페이스북, 구글, 마이크로소프트는 세계 최대의 기술 기업이지만, 지난 5년 동안 게시한 다양성 보고서는 항상 같은 그림, 즉 백인과 아시아 남성이 지배하는 산업의 모습을 보여준다.

2014년 이후 약간의 진전이 있었다. 가령 페이스북은 전 세계 여성 직원 비율이 15%에서 23%로 증가했다. 그러나 인종 다양성은 여전히 낮다. 같은 기간에 구글과 마이크로소프트의 미국 기술직 중 흑인 또는 라틴계 직원 비율은 약 1%만 증가했다. 애플의 흑인 기술직 비율은 6%로, 미국 인구의 흑인 비율인 13%의 절반 이하 수준이다. 나이차별도 여전히 도전적인 과제인데, 기술직 직원이 45세를 넘으면 취업 제안이 줄어들고 급여가 감소하기 시작한다.

영국에서도 기술 산업 내 다양성에 관한 데이터는 실망스러우며 금융시장 지수인 FTSE(Financial Times Stock Exchange) 100지표에 크게 뒤쳐지고 있다. 기술 분야의 고위 임원 중 약 8.5%가 소수인종 출신이며, 여성은 전체 이사 중 12.6%를 차지하여 FTSE 100기업의 30% 여성 대표 비율과는 큰 차이를 보인다. 이러한 상황은 유럽 전역에서 비슷하게 나타난다. '2019년 유럽기술현황보고서(State of European Tech Report)'에 따르면, 유럽 대륙 전반에서 약 300억 유로의 막대한 기술 산업 투자가 이루어졌으나, 이 중 92%가 남성으로만 구성된 창업팀에 투자되었으며, 여성으로만 구성된 창업팀에 대한 자금 지원은 사실상 줄어들었다. 설문조사에 참여한 수백 명의 창업자 중 84%는 백인이었으며, 아프리카계는 단 0.9%에 불과하다. 그리고 창업자 중 82%가 대학 교육을 받았으며, 이는 유럽 전체 인구의 35%에 비해 훨씬 높은 비율이다.

현 상황은 오늘날 기술이 운송부터 금융, 정부, 의료에 이르기까지 모든 부문에 영향을 미치고 있는 만큼 더욱 심각하다. 만약 현 시점에 기술 역량을 갖춘 직원만이 성장하는 일자리 기회에 접근할 수 있다면, 많은 일반 대중은 뒤쳐질 것이다. 그들이 만들어내는 제품과 서비스도 편향될 것이다. 포용의 부족은 산업이 만드는 상품과 서비스의 디자인에 영향을 미친다. 예를 들어 음성 인식은 처음에 여성의 목소리에 반응하지 않았는데, 그 제품을 테스트한 디자이너가 남성이었기 때문이다. 안면 인식도 어두운 피부색과 여성의 얼굴을 인식하는 능력이 떨어지기로 악명 높은데, 이 역시 편향된 훈련 데이터 때문이다. 더 다양한 인력 구성은 노인과 장애인 뿐 아니라 다양한 인종과 사회경제적 배경을 가진 사람을 포함한 광범위한 고객을 대상으로 하는 더 좋은 제품의 개발을 이끌 것이다.[1]

수십 년의 연구에도 불구하고, 세계는 빠르게 변화하며 과학자들과 실무자들은 아직도 모든 문제에 대한 답을 갖고 있지 못하다. 그러나 OB(조직행동) 과학자들(사회심리학과 사회학 분야의 발전에 큰 영향을 받은)은 이러한 목표를 향해 큰 진전을 이루었다. 이 장을 공부한 후 OB와 다양성 간의 교차점에 대해 더 잘 이해할 수 있기를 바란다. 더 중요한 것은 다양성을 효과적으로 관리하고 사람들이 번영할 수 있는 포용적인 환경을 조성하기 위해 무엇을 할 수 있을지에 대한 아이디어를 얻게 되길 희망한다.

다양성에 대한 이해

2-1 직장 내 다양성의 두 가지 주요 유형을 설명할 수 있다.

사람은 누구나 고유한 존재이다. 하지만 이와 같은 명백한 사실에도 불구하고 종종 직원과 관리자는 포용적이고 생산적인 일터를 조성하기 위해 이러한 개인차를 인식하고 수용하며 관리하지 못한다. 멀구르제국 황제 샤자한(Shah Jahan)은 세계 각국에서 22,000명의 장인을 고용하여 타지마할을 건축하고 디자인하도록 했다. 오늘날 '궁전의 왕관'은 이슬람, 페르시아, 오토만, 인도 등을 포함한 다양한 문화의 영향을 보여준다.[2] 비록 다양성은 새롭게 부각된 논쟁거리처럼 보일 수 있지만, 사실 여러 측면에서 수천 년 동안 인류가 씨름해왔던 문제이다. 이 장에서는 나이, 성 정체성, 성적 지향, 인종, 민족, 문화 등 개인의 특성이 직장 내 상호작용과 성과에 어떤 영향을 미칠 수 있는지 살펴볼 것이다. 또 관리자가 이러한 특성에 대해 인식하고 다양한 인력을 효과적으로 다룰 수 있는 방법에 대해 논의할 것이다. 먼저 '다양성'의 의미가 무엇인지 명확히 살펴보자.

다양성의 수준

표면적 다양성 성별, 인종, 민족, 나이와 같이 쉽게 파악할 수 있는 특성 차이로, 사람의 사고 활동이나 감정 상태가 반영된 것은 아니지만 특정한 고정관념을 유발하는 원인이 되기도 함

심층적 다양성 가치관, 성격, 직업에 대한 선호도 차이로, 사람이 함께 어울리면서 서로 간의 유사성을 파악하는 데 갈수록 중시됨

이전 장에서 정의했듯이 직장 내 다양성은 조직, 작업 집단, 팀을 구성하는 이질적인 특성을 의미한다. 다양성을 생각할 때 성별, 나이, 인종과 같은 **표면적 다양성**(surface-level diversity)을 먼저 떠올린다. 표면적 다양성은 구성원으로 하여금 자신과 다른 인구통계학적 배경을 가진 사람에 대한 고정관념과 가정을 하게 만들 수 있다. 그러나 사람이 타인의 성격이나 가치관과 같이 **심층적 다양성**(deel-level diversity)을 보여주는 더 중요한 특성을 공유한다고 느끼게 되면 인구통계학적 차이에 대해 덜 신경쓰게 된다는 연구결과가 있다.[3]

표면적 다양성과 심층적 다양성의 차이를 이해하기 위해 한 예를 생각하자. 프로페셔널한 주방에서 일하거나 레스토랑의 스텝으로 일해 본 독자도 있을 것이다. 이런 업무 환경은 종종 스

트레스를 유발하는데, 바쁜 시간에는 주방 내외에서 모든 일이 정신없이 돌아간다.[4] 무엇보다 고객에게 탁월한 경험을 제공하기 위해 많은 사람(프론트 직원, 관리자, 주방, 운반직원, 청소직원)과 상호작용해야 한다! 모든 사람은 자신만의 독특한 특성을 가지고 일한다. 주방 직원 중 한 명인 벨러미는 오스틴 출신의 어린 흑인 남성으로 회계 학위를 따기 위해 공부하며 파트타임으로 주방 보조 역할을 하고 있다. 헥터라는 동료는 역시 셰프로 몇 년 전에 온두라스에서 이주한 나이가 많은 히스패닉 남성이다. 처음에 이들은 인종, 연령, 배경과 같은 표면적 차이에 주목하게 된다. 그러나 서로를 알게 되면서, 일 처리에 대한 공통된 사고 방식과 시간 관리에 대한 유사한 시각을 발견하게 된다. 이러한 심층 수준의 유사성은 보다 피상적인 차이를 덮어버리며, 연구에 따르면 유사성을 공유하는 것(특히 유사한 업무 스타일)이 그들이 잘 협력할 수 있도록 돕는다.[5] 예를 들어 벨러미와 헥터가 유사한 시간 관리 스타일을 갖고 있다면(둘 다 일찍 출근하고 미리 준비 작업을 수행한다면), 그들은 서로 잘 지내며 갈등을 덜 경험하게 될 것이다.

표면적 다양성에 관해 많은 이야기가 나왔지만, 전문가들은 이러한 특성이 빙산의 일각에 불과하다는 것을 인정하고 있다.[6] 다음 절에서는 몇 가지 주요 신상 특성을 살펴볼 텐데 사람이 동일시하는 집단을 정의하는 집단의 특성이 이 목록을 초월한다는 것을 인식할 필요가 있다.

개인배경 특성

나이, 성 정체성, 인종, 민족성 등과 같은 **개인배경 특성**(biographical characteristic)은 구성원을 구분하는 가장 명확한 방법이다. 상대적으로 쉽게 파악할 수 있고 대체로 직원 인사 기록카드에서 얻을 수 있는 이 요인들부터 살펴보자. 이 요인들과 여러 다른 특성이 일반적으로 표면적 다양성을 구성한다. 표면적 특성에서의 다양성이 직원 계층 간 차별의 기초가 된다.

개인배경 특성 나이, 성 정체성, 인종, 민족성 등과 같은 개인의 특성은 객관적으로 작성된 인사 기록을 통해 쉽게 구하고, 표면적 다양성에 해당됨

인종과 민족성 1900년 런던의 "세계 각국의 국민들에 대한 연설"에서 듀보이스(W.E.B. Du Bois)는 20세기의 문제는 인종 간의 차이가 전 세계 수십만 명의 사람에게 현대 문명의 기회와 특권을 허용하지 않는데 사용된다는 점이라고 지적했다.[7] 비록 이 장의 이후에 언급될 차별과 편견과 관련된 문제는 여전히 주요 사회 문제이지만 인종과 민족 차별 금지법이 호주, 영국, 미국을 비롯한 많은 국가에서 효력을 발휘하고 있다.[8]

인종은 사람이 자신의 정체성을 확인하기 위해 활용하는 유산으로 정의되며, 민족성은 종종 인종과 겹치는 문화적 특성의 추가적인 집합이다. 일반적으로 인종은 생물학적인 측면과 민족성은 문화적인 측면과 연결지어 생각하는데, 두 분류 모두에서 자기정체성 확인의 역사가 있다. 일부 산업군은 다른 산업군보다 인종 다양성이 적게 나타난다. 예를 들어 미국의 광고와 미디어 기관은 그들의 고객 기반의 다양성이 점점 높아지고 있음에도 불구하고 경영진의 인종적 다양성이 결여되어 고전하고 있다.[9] 인종과 민족성은 채용 결정, 성과 평가, 급여, 직장 내 차별(이러한 내용은 이 장의 나중에 논의)과 같은 고용 결과와 관련하여 연구되었다.[10]

구조적 인종 차별로 인해 직장 내 소수인종이나 소수민족 출신이 더 높은 차별 수준을 보고한다.[11] 일반적으로 아프리카계 미국인이 백인보다 더 낮은 임금을 받고 채용된다(미국 밖에서는 그렇지 않을 수도 있다). 이들은 채용 면접에서 낮은 점수를 받으며 더 낮은 직무 성과 평가, 낮은 급여, 적은 승진 기회를 경험한다.[12] 마지막으로 통제된 실험하에서도 흑인이 차별을

타겟 지점 관리자인 제럴드 브라이언트(가운데)가 오늘날 직장의 인구통계학적 특성을 반영하는 팀을 동기부여하고 있는 모습이 보인다. 타겟은 다양성 관리를 제도와 실행의 핵심에 두고 성별 균형이 잡힌 다문화적이며 포용적인 직장을 만들었다.

출처: Charles Bertram/Lexington Herald-Leader/ZUMA Press Inc./Alamy Stock Photo

받는 것으로 나타난다. 저임금 직업에 대한 연구에서 범죄 기록이 없는 아프리카계 미국인이 범죄 기록이 있는 백인 지원자보다 일자리 제의를 덜 받은 것으로 나타났다.[13]

나이 직장 내 연령은 여러 가지 이유로 향후 10여 년 간 더 중요한 이슈가 될 것이다. 첫째, 대부분의 선진국에서 전 세계적으로 노동력이 고령화되고 있고,[14] 미국의 법은 사실상 정년퇴직을 법으로 금지하고 있다. 오늘날 대부분의 근로자는 더 이상 70세에 은퇴할 필요가 없으며 60세 이상 근로자 중 53%가 금전적 이익을 이유로 은퇴를 연기할 계획을 가지고 있다.[15] 게다가 글로벌 트렌드를 반영하듯 전 세계 40개국 이상에서 연령 차별을 금지하는 법을 가지고 있다.[16]

고령 근로자는 시대에 뒤처지고 심술궂고 유연성이 부족하다라는 고정관념이 변하고 있다. 관리자는 고령 근로자가 지닌 경험, 판단력, 강한 직업윤리, 업무의 질에 대한 몰입과 같은 여러 긍정적인 특성을 인식한다. 한 예로 싱가포르의 상하수도 관리를 담당하고 있는 공공서비스위원회(Public Utility Board)는 전체 직원의 27%가 55세 이상 고령 근로자로 안정적인 노동력을 제공하고 있다고 보고한다.[17] 의료, 교육, 정부기관과 비영리단체에서도 종종 고령 근로자를 선호한다.[18] 하지만 고령 근로자는 새로운 기술을 습득하기에는 적응력과 동기가 부족하다는 인식이 있다.[19] 이러한 고정관념에도 불구하고 생애발달과 노년학연구소(Institute for Life-Span Development and Gerontology)의 하비 스턴스(Harvey Sterns) 이사에 따르면 대부분의 연구가 '연령과 직무성의 사이에는 거의 관계가 없다'고 보고했다.[20] 다음 장에서 다룰 중요한 주제인 직무 만족과 관련해서는 그 증거가 더 미묘하다. 800개 이상의 연구결과를 검토한 결과, 고령 근로자가 자신에 일에 더 만족하고 동료와 더 좋은 관계를 구축한다는 것이 밝혀졌다. 그러나 40년에 걸쳐 2만 명을 대상으로 수행한 연구에서는 한 직장에 오래 머물수록 자신의 일에 덜 만족한다는 결과를 제시한다. 이러한 결과에도 사람은 나이가 들수록 직무 만족이 높아지는데 아마도 급여와 복지혜택이 증가하기 때문일 것이다.[21] 따라서 나이들수록 자신의 일을 점점 더 좋아하게 될 거라 기대해야 한다!

미신인가, 과학인가

빡빡머리가 더 낫다

남성의 경우는 빡빡 민 머리가 직장생활에 더 유리하다는 뜻밖의 사실이 밝혀지고 있다. 최근 연구에 따르면 긴 머리나 숱이 적은 머리보다 아예 완전히 밀어버린 머리에서 남성성, 지배력, 리더십이 더욱 강하게 드러난다고 한다. 머리숱이 적을 때 가장 약하게 보이고, 탈모로 대머리가 되어가는 모습도 남자로서 별로 좋지 않다는 것이다. 왜 그런가?

머리를 빡빡 밀어버린 젊은 모습의 장점은 어떻게 보면 반직관적이라고 할 수 있다. 젊을 때 머리숱이 더 많으며, 현대 문화에서는 젊음을 직장 내에서 바람직한 특성(이에 대해 의문이 든다면 이 장의 나이 관련 내용을 참고)으로 여기므로 머리숱이 없는 것이 확실한 단점으로 작용해야 말이 된다. 그러나 미디어는 군인, 스포츠선수, 액션배우와 같이 머리를 민 강한 남성들의 이미지로 가득하다. 연구 참여자들이 삭발한 사람이 머리를 기른 사람보다 키가 1인치 정도 더 크고 힘도 13% 정도 더 세다고 본 것도 놀랍지 않다.

빡빡머리는 일부 비즈니스 리더의 특징이 되고 있다. 아마존의 제프 베이조스(Jeff Bezos), 골드만삭스(Goldman Sachs)의 로이드 블랭크페인(Lloyd Blankfein), 넷스케이프(Netscape)의 마크 안드레센(Marc Andreessen), FUBU의 최고경영자이자 〈샤크탱크(Shark Tank) 시리즈물의 투자자로 이름난 데이먼드 존(Daymond John) 등이 대표적인 예이다. 이런 모습이 너 젊게 보이게 만드는지에 대해서는 논쟁이 있지만 확실한 사업상 장점이 부각된다. 심리학자인 캐롤라인 키팅(Caroline Keating)에 따르면 희끗한 털을 가진 고릴라가 '무리 중 부각되는 강자'이듯이 사무실에서도 빡빡 민 머리는 '누가 책임자이고 잠재적으로 위험한지'에 대한 신호를 제공한다. 연구교수인 마이클 커닝햄(Michael Cunningham)도 이에 동의하며 빡빡머리 남자는 공격성, 경쟁심, 독립성을 전달한다고 덧붙였다. 물론 이 때문에 머리를 빡빡 밀어야 한다고 주장하는 것은 아니지만, 피상적인 특성으로 사람을 판단할 때 보이는 편향이 잘 드러난다. 이러한 상황이 나아질지는 시간이 지나봐야 알 것이다.[22]

성 정체성과 성적 지향 이 주제를 살펴보기에 가장 좋은 시작점은 성 정체성과 성적 지향이 직무 성과 또는 리더십에 영향을 미치지 않는다는 것을 인식하는 것이다.[23] **성 정체성**(gender identity)은 깊게 내재화된 자신의 성별에 대한 인식과 정체성을 의미한다. 성 정체성은 출생시의 생물학적 성별과 반드시 일치하지 않고, 타인에게 가시적이지 않으며 깔끔하게 분류될 수 없다는 점을 인식하는 것이 중요하다. **성적 지향**(sexual orientation)이라 함은 개인이 타인

성 정체성 출생시 자신의 성별과 반드시 일치하지 않고, 타인에게 보이지 않으며, 명확하게 분류할 수 없는 자신의 성별에 대해 지니는 심층적인 인식과 정체성

성적 지향 개인이 타인에게 느끼는 육체적, 정서적 그리고/또는 낭만적인 끌림의 지속되는 패턴

유제품을 사용하지 않고 콩으로 아이스크림을 만드는 터퓨티(Tofutti)에서는 고령 근로자가 필수 노동력이다. 터퓨티의 CEO인 데이비드 민츠(David Mintz)는 고령 근로자의 경험, 직업윤리, 성숙도, 열정, 지식, 기술을 높이 평가한다. 민츠 회장의 표현에 따르면 나이든 직원은 결근과 업무상 실수가 적고 문제해결 능력이 뛰어나며 기꺼이 초과근무도 하는 모습을 보인다.

출처: Julio Cortez/AP images

OB POLL 성별 임금 격차: 좁혀지지만 여전히 존재함

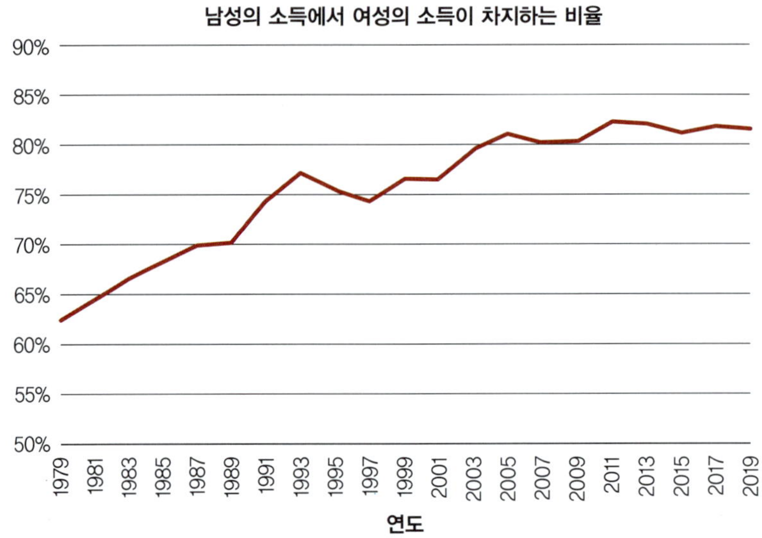

참고: 정규직 임금과 급여 근로자. 주당 중위소득의 연평균 비율.

출처: U.S. Bureau of Labor Statistics, "Highlights of Women's Earnings in 2019" (Report No. 1089, December 2020), https://www.bls.gov/opub/reports/womens-earnings/2019/home.htm

에게 느끼는 육체적, 정서적 그리고/또는 낭만적인 끌림의 지속되는 패턴을 의미한다. 성별에 따른 급여, 혜택과 보상 격차는 강력하고 상당한데(자세한 내용은 OB POLL 참조), 최근 추정에 따르면 이러한 차이는 성과 차이의 최대 14배까지 달한다고 한다.[24] 또한 편견과 고정관념이 지속되어, 여성들의 승진을 방해하는 **유리 천장**이라 불리는 현상이 나타나고 있다. 채용 분야에서 관리자가 특정 직책을 맡을 후보자를 선택할 때 성별 편향의 영향을 받는다.[25] 예를 들어 남성지배적인 직업군의 경우에 특히 남성이 채용에 관여할 때 채용 의사결정에 있어 남성을 선호하는 경향이 나타난다.[26]

일단 채용되고 나면 남녀 모두에게 유사한 수준의 개발에 도움이 되는 경험이 제공된다고 하지만, 여성은 남성에 비해 조직 내 더 높은 지위를 획득하는 데 도움이 되는 과제나 도전적인 직책이 덜 할당되는 경향이 있다.[27] 더욱이 남녀 모두 효과적인 리더로서의 자질을 갖추고 있을지라도 남성에게 리더 역할이 부여될 가능성이 높게 나타난다. 실제 2020년 4월 기준으로 S&P 500기업에서 여성 CEO의 비율은 6%에 불과하다.[28] 스페인의 20개 조직을 대상으로 한 연구에 따르면 여성이 주로 조직의 위기를 다루는 리더십 직책을 맡게 되는데, 이러한 직책은 보통 실패할 수 밖에 없는 자리이며, 이는 보통 **유리 절벽**이라 불리는 현상에 해당한다. 컨설팅 기업 콘페리(Korn Ferry)의 다양성 수석 파트너인 나오미 서덜랜드(Naomi Sutherland)에 따르면, "의식적으로든 무의식적으로든 기업은 여전히 자신의 표준 리더십 프로필과 다른 사람을 리더로 받아들이는 위험을 감수하기 꺼려한다"라고 한다.[29]

이러한 고정관념은 여성이 조직에서 효과적인 리더임을 보여주는 증거와 상반된다. 수백 개의 연구결과는 여성이 조직 내에서 효과적인 리더로 평가되고 있다는 것을 보여주며, 여성의 리더십 지위 참여가 사실상 수백만 개 조직의 재무 성과를 예측한다는 것을 확인할 수 있다.[30] 직장 내에서 성별에 관한 많은 오해와 모순이 경험되어 왔다. 다행히도 호주, 영국, 미국을 포함한 많은 국가에서 성 정체성과 성적 지향 차별에 대한 법률(2020년 대법원 판결에 따라 성 정체성과 성적 지향을 차별로부터 보호하는 결정)을 마련하고 있다. 노르웨이를 포함한 다른 국가는 여성이 이사회에서 차지하는 비율을 늘리기 위한 법률을 통해 성별 다양성을 추구하고 있다.[31] 많은 조직이 성적 지향과 성 정체성을 다루는 정책과 절차를 시행해왔다. 조사에 따르면 《포천(Fortune)》 500대 기업의 90% 이상이 성적 지향을 다루는 정책을 가지고 있다(80% 이상은 성 정체성을 다루는 정책을 가지고 있다). 인권캠페인(Human Rights Campaign)에서 발표한 기업평등지수(Corporate Equality Index)에 따르면 2022년에는 《포천》 500대 기업 중 93%가 성적 지향에 대한 차별금지 정책을 가지고 있었으며, 91%가 성 정체성에 대한 유사한 정책을 가지고 있었다.[32]

많은 변화가 있었지만 레즈비언, 게이, 양성애자, 성전환자, 범성애자/비확신자 그리고 다른 성 정체성(LGBTQ+)을 보이는 구성원을 완전히 수용하고 적응하는 것은 여전히 진행 중인 과제로 남아 있다.[33] 미국 하버드대학교의 한 연구에서는 1,700개의 신입직원 채용 공고에 가상이지만 실제처럼 작성한 이력서를 보냈다. 이 지원서들은 한 가지 요소를 제외하고 동일했다. 절반은 대학에서의 게이 단체 참여를 언급했고, 나머지 절반은 언급하지 않았다. 언급하지 않은 지원서가 언급한 지원서보다 60% 더 많은 면접 기회를 얻었다.[34] 아마도 이러한 차별을 지각하기에 많은 LGBTQ+ 구성원이 자신의 성적 지향을 공개하지 않는다. 예를 들어 1980년대 후반에 스타퍼스(Stouffers)의 전 직원인 벡 배일리(Beck Bailey: 지금은 인권캠페인 직장평등프로그램의 부회장)는 직장에서 여성이자 레즈비언으로 지내는 것이 어떠했는지, 발각될까 두려워 '가짜 남자친구'의 사진을 책상에 올려놓아야 했고 자신을 표현하기 어려웠던 경험을 회상했다.[35] 조직은 성 정체성과 성적 지향의 다양성을 지원해야 한다. 연구에 따르면 성 정체성과 성적 지향을 공개하는 것이 일-가정 갈등을 줄이고 파트너 만족도, 신체적/정신적 웰빙, 직무 만족을 향상하는 데 도움이 된다고 제시한다.[36] 더 나아가 성전환 수술을 받는 트랜스젠더 구성원은 진정한 자기가 되는 '권한'과 '자유'를 얻을 때 더 높은 직무와 삶에 대한 만족을 경험한다.[37]

조직과 관리자는 점차 더 포용적이 되어야 할 윤리적, 재무적인 이유가 있다는 것을 점차 이해하기 시작하고 있다. 예를 들어 LGBTQ+ 소비자는 거의 1조 달러에 달하는 구매력을 가지고 있다. 애플과 같은 기업은 성적 지향과 성 정체성 친화적인 정책을 수립하는 데 있어 비즈니스 세계의 최전선에 있다. 2020년 기업평등지수에서 100%의 점수를 획득한 애플은 동거 파트너에게 건강 보험 혜택을 제공하고 있으며(이러한 혜택은 수십 년 간 제공되어 왔음), 동거 파트너를 포함한 새로 부모가 된 구성원에게 6주의 육아 휴가를 제공하고 있다.

실제로 나이, 인종, 민족성, 성적 지향, 성 정체성은 조직이 차별을 없애고 다양성과 포용성을 촉진하는 데 고려해야 할 개인차 요소이다. 이 책에서는 다양한 맥락에서 심층적, 표면적 다양성 간의 차이를 다룰 것이다. 다양성은 개인차에 따라 보상 선호도, 의사소통 스타일, 리더에 대한 반응, 협상 스타일, 기타 조직 내 행동의 많은 측면이 달라지는 만큼 조직행동의 중요한 개념이다. 불행하게도 조직 내 다양성의 증가는 또한 차별적 관행의 증가를 의미할 수도 있는데, 이에 대해 다음 절에서 논의하고자 한다.

조직 내 편견과 차별

2-2 직장 내 편견과 차별이 어떻게 조직 효과성을 저해하는지 입증할 수 있다.

다양성이 조직에 많은 기회를 부여하기는 하지만 효과적인 다양성 관리와 포용의 증진을 위해서는 불공정한 편견과 차별을 제거하기 위한 노력이 필요하다. 이 절에서는 조직 내에서 어떻게 편견과 차별이 나타나는지 정의하고 기술하고자 한다.

편견과 암묵적 편향

편견은 우리의 의식 내부와 외부에 존재할 수 있다. 그것은 명백할 수도 있고 암묵적일 수도 있다. 편견과 그것의 내재적 형태인 내재적 편견에 대해 간단히 논의한다.

편견 한 집단 또는 해당 집단의 구성원에 대해 광범위하게 일반화된 느낌으로 집단 간의 계층 구조를 유지하는 태도

편견 **편견**(prejudice)은 다른 집단 또는 해당 집단의 구성원에 대한 광범위하게 일반화된 감정을 나타내는 태도(다음 장에서 더 자세히 다룰 것임)로, 이로 인해 집단 간의 계층 구조가 유지된다.[38] **성 차별**, **인종 차별**, **연령 차별**이라고 말할 때 이는 성 정체성, 인종과 민족성, 나이에 대한 편견을 의미한다.[39] 종종 편견을 획일적으로 부정적인 감정을 포함한다고 생각할 수 있지만, **자비로운 편견**은 긍정적인 감정을 포함할 수 있다.[40] 예를 들어 사람들이 아시아인을 학문적, 직업적 분야에서 모범적인 소수인종으로 보거나,[41] 여성을 친절하고 온화하며 남성의 보호와 지지를 받을 가치가 있다고 보는 것이 이에 해당한다.[42]

암묵적 편향 의식적인 자각을 벗어난 숨겨진 편견

암묵적 편향 **암묵적 편향**(implicit bias)은 의식적인 자각을 벗어난 숨겨진 편견을 나타낸다.[43] 연구자들은 암묵적 편향을 **암묵적 연관성 실험**(Implicit Association Test, IAT)이라는 논란이 많은 검사로 측정하려고 시도해왔다.[44] (6장의 '찬성 의견/반대 의견'을 참조) 이 검사는 집단과 속성 간 연결쌍에 대한 반응이 얼마나 오래 걸리는가로 암묵적 편향을 측정한다(예: '좋은'과 '흑인'의 연결이 '좋은'과 '백인'의 연결보다 응답시간이 길다면 암묵적 편향의 증거가 됨). 예를 들어 비만인 지원자에 대한 암묵적 편향을 측정하기 위해 IAT를 사용한 한 연구는 비만에 대한 편향을 가진 채용 관리자가 살찐 지원자에게 더 적은 면접 기회를 주거나 취업 제의를 덜 하는 경향이 있음을 발견했다.[45] 더욱이 어떤 연구는 암묵적 편향이 전염되며, 사람들이 다른 사람의 비언어적 의사소통과 행동을 관찰함으로써 암묵적 편향을 '얻을' 수 있다고 제안한다.[46]

검사와 관련된 논란에 관계없이 암묵적 편향의 개념은 소식 안팎에서의 편견에 내한 신 세세적인 이해에 큰 영향을 미쳤다. 스타벅스와 같은 몇몇 조직은 암묵적 편향인식훈련 프로그램을 시작했으며,[47] 여러 컨설팅 회사가 나타나 이러한 훈련을 조직에 제공하기 시작했다.[48] 편견이 **명시적**인지 **내재적**인지에 상관없이 조직은 편견과 편향에 대해 우려해야 하는데, 왜나하면 이러한 요소는 종종 직원과 관리자가 직장 내 차별 행위를 보이게 만들 수 있기 때문이다(예: 채용과 성과 평가).[49]

차별, 차별적 영향, 차별적 대우

다음 장에서 직무 태도에 대해 다루겠지만, 태도는 종종 행동의 가장 좋은 예측 요인이다. 다양성 관리의 맥락에서 편견적인 태도는 종종 차별적인 행동을 예측한다. 이 절에서는 차별과

그 두 가지 형태인 차별적 영향과 대우에 대해 설명한다.

차별 편견적인 태도는 차별적인 행동 또는 **차별**(discrimination)로 이어질 수 있다.[50] 차별은 특정 그룹의 이익을 다른 그룹과 그 구성원보다 앞세워 이익을 창출, 유지, 강화하는 행동이나 행위를 의미한다.[51] 도표 2-1은 조직 내 차별 유형에 대한 정의와 예시를 제공한다. 비록 많은 차별 유형이 법률적으로 금지되고 있으며 조직의 공식 정책의 일부가 아님에도 이러한 관행은 지속되고 직원은 지속적으로 직장 내에서 차별을 받는다고 보고한다.[52] 매년 수만 건의 고용 차별 사례가 문서화되고 있으며, 그 중 많은 사례는 신고되지 않고 지나간다. 차별에 대한 법적 감시와 사회적 비난이 거세지면서 명시적인 유형의 차별은 모욕행위나 따돌림과 같이 은밀한, 그러나 여전히 위험한 유형으로 대체되는 경향이 있다.[53]

차별 특정 집단의 이익을 다른 집단이나 그 구성원보다 앞세워 이익을 창출, 유지, 강화하는 행동이나 행위

차별적 영향과 대우 도표 2-1의 첫 번째 행이 보여주듯이, 차별은 종종 한 개인의 행동을 넘어선다. 조직은 집단적으로 차별적인 관행을 보일 수 있다. **차별적 영향**(disparate impact)은 고용 관행이 법적으로 보호되는 집단에게 차별적인 영향을 미치는 경우에 발생한다.[54] 예를 들어 1964년 제정된 미국의 민법 제7조는 인종, 민족성, 성 정체성, 종교, 출생지에 기반한 고용 차별을 금지하고, 고용연령차별법(ADEA)은 40세 이상의 근로자를 대상으로 한 고용차별을 금지한다. 이러한 차별적 영향이 의도한 것이 아니라면(중립적인 고용 관행의 차별적 '영향'에 초점을 둠), **차별적 대우**(disparate treatment)는 의도적이며 법적으로 보호받는 집단에게 차별적인 영향을 미치도록 만들어진 고용 관행을 의미한다.[55] 조직은 차별적 영향이 발생할 경우에 상당한 법적 문제가 발생할 수 있는 만큼 이를 피하기 위해 세심한 노력을 기울인다.[56] 채용 과정에서 관리자와 인사 전문가는 특히 차별적 영향에 주의를 기울인다. 왜냐하면 종종 직

차별적 영향 고용 관행이 법적으로 보호되는 집단에게 의도하지 않은 차별적인 영향을 미치는 경우

차별적 대우 고용 관행이 법적으로 보호받는 집단에게 의도적이며 차별적인 영향을 미치는 경우

도표 2-1 차별행위의 형태

차별 유형	정의	조직에서 발생하는 실제 사례
차별적 정책과 실행	조직을 대표하는 자가기회균등이나 성과에 대한 공정 보상을 부정하는 행위	고령 인력은 상대적으로 고임금과 금전적 혜택이 크므로 쉽게 해고대상이 된다.
성추행	적대적 또는 방어적 작업환경을 유발하는 강제적 성적 접근, 언어적 또는 육체적 성희롱	영업사원은 회사 경비로 스트립쇼 클럽에 가거나 쇼걸을 판촉행사에 활용하므로 성추문에 휘싸이는 경우가 많다.
협박	특정 종업원 집단의 구성원을 대상으로 한 노골적인 위협이나 괴롭힘	아프리카계 미국인(흑인) 종업원은 작업현장에서 목매다는 밧줄부터 보기도 한다.
조롱과 모욕	농담이나 부정적인 상동적 태도, 때로는 지나친 농담에 따른 결과	아랍계 미국인은 폭탄을 소지하고 왔냐거나 테러조직의 일원이 아니냐는 농 섞인 질문을 받곤 한다.
따돌림	특정인을 업무상의 기회, 사교적 행사, 토의, 비공식적 조언에서 배제함	자금 부서의 여직원은 대부분 승진과 무관한 부수적 업무 역할이나 낮은 비중의 업무를 맡는다.
무례함	공세적 막말로 상대방을 가로막거나 의견을 묵살하는 경멸 행위	남성 검사는 여성 변호사의 변론을 적절히 언급해주지 않거나 아예 묵살하는 경우가 많다.

출처: J. Levitz and P. Shishkin, "More Workers Cite Age Bias After Layoffs," *The Wall Street Journal*, March 11, 2009, D1-D2; W. M. Bulkeley, "A Data-Storage Titan Confronts Bias Claims," *The Wall Street Journal*, September 12, 2007, A1, A16; D. Walker, "Incident With Noose Stirs Old Memories," *McClatchy-Tribune Business News*, June 29, 2008; D. Solis, "Racial Horror Stories Keep EEOC Busy," *Knight-Ridder Tribune Business News*, July 30, 2005, 1; H. Ibish and A. Stewart, *Report on Hate Crimes and Discrimination Against Arab Americans: The Post-September 11 Backlash, September 11, 2001-October 11, 2001* (Washington, DC: American-Arab Anti-Discrimination Committee, 2003); A. Raghavan, "Wall Street's Disappearing Women," *Forbes*, March 16, 2009, 72-78; and L. M. Cortina, "Unseen Injustice: Incivility as Modern Discrimination in Organizations," *Academy of Management Review* 33, no. 1 (2008): 55-75에 기초함.

무 성과의 가장 좋은 예측 요인(예: 구조화된 면접, 테스트 등)이 법적으로 보호되는 집단에게 잠재적으로 차별적일 수 있기 때문이다.[57] 인사 관리와 산업 심리학 분야의 많은 연구가 채용 프로세스에서 예측력을 높이고 차별을 줄이는 방법에 관해 관심을 가져왔다.[58]

차별을 경험하는 직원은 직장에서 더 높은 수준의 스트레스와 불공정함을 느끼므로, 이는 직원에게 부정적인 직무 태도와 부정적인 신체적, 심리적 건강 결과를 포함한 다양한 부정적인 결과를 초래할 수 있다.[59] 차별은 또한 생산성과 조직시민행동(OCB) 감소, 갈등 증가, 이직률 증가, 심지어 위험추구 행동 증가와 같이 기업에게 부정적인 결과를 야기할 수 있다.[60] 또한 불공정한 차별은 자격 있는 채용 후보자가 초기 채용과 승진에서 낙오되게 만든다. 따라서 고용 차별에 관한 소송이 제기되지 않더라도, 불공정한 차별을 근절하기 위해 공격적으로 나서는 것에 대해 강력한 사례를 만들 수 있다. 편견을 직면하는 것이 소외된 직원에게 더 긍정적인 관점, 높아진 직무 만족, 편견 행위를 저지른 사람과의 사후관계를 가능케 한다는 점을 인식하는 것이 중요하다.

아마 도표 2-1에 제시된 차별행동의 유형이 명시적이라는 것을 파악했을 것이다. 예를 들어 괴롭힘, 조롱, 모욕은 편견의 극단적인 직접적 표현일 수 있다. 최근 몇십 년 동안 나타난 차별적 영향의 새로운 형태로서 관리자는 채용 결정을 내리기 위해 소셜미디어 정보를 더 많이 활용하고 있다. 여기서 문제는 소셜미디어 정보를 활용하는 고용주(예: 후보자의 페이스북, 틱톡 또는 인스타그램 프로필을 검토하여 더 많은 정보를 얻는 것)가 그들의 인구 특성에 따라 편향적이 될 수 있고, 이는 심지어 구조화되고 체계적으로 시행되는 질문지를 사용하여 소셜미디어 프로필을 평가하더라도 차별적 영향을 낳을 수 있다.[61] 앞서 언급했듯이 차별에 대한 법적 보호의 발전으로 더 미묘한 형태의 차별이 증가하고 있다. 이에 대해 다음 절에서 더 자세히 논의하고자 한다.

직장 내 미묘한 차별

차별은 다양한 형태로 발생할 수 있으며, 그 결과는 조직 맥락과 구성원의 개인적 편견에 따라 다르다. 흑인과 히스패닉 보행자는 경찰에 의해 제지되고, 수갑이 채워지거나, 수색을 당하고, 체포될 가능성이 더 높다. 흑인 피고인은 판사에 의해 기소될 가능성이 더 높다. 백인 학생은 교사로부터 더 높은 시험 점수를 받고 백인 환자는 목숨을 구할 수 있는 의학적 치료의 우선권을 얻는다.[62] 그러나 일부 형태의 차별, 예를 들어 배제와 무례함과 같은 것은 탐지가 매우 어렵거나 상대적으로 비공식적이며, 사람들은 처음부터 자기가 차별행동을 보인다는 것을 인지하기 못하기 때문에 근절하기가 특히 더 어렵다.[63] 예를 들어 **미시적 공격**(microaggression)은 종종 소수인종이나 소외집단에 부정적인 영향을 미치는 자동적이고 미묘하며 예상치 못한 사람 간 상호작용을 의미한다.[64] 직장에서 이루어진 수백 건의 연구가 매우 우려스러운 직업에서 발생하는 미묘한 차별과 미시공격을 확인해왔다. 일반적으로 이들은 **미시적 모욕**(무례함이나 둔감)이나 **미시적 무효화**(다른 사람의 생각, 감정, 경험을 배제하거나 무효화하거나 부정하는 언어)의 형태로 나타날 수 있다.[65]

미시적 공격 소수인종이나 소외집단에 부정적인 영향을 미치는 자동적이고 미묘하며 예상치 못한 사람 간 상호작용

차별은 명시적이든 은밀하든, 의도적이건 비의도적이건 다양성을 방해하는 주요 요소 중 하나이다. 명시적인 차별이 은밀한 차별보다 직원의 직무 태도와 건강 상태에 훨씬 더 큰 영향을 미칠 것처럼 보일 수 있다. 그러나 미묘한 차별과 미시적 공격은 보다 공공연하게 이루어지는

차별과 마찬가지로 해로울 수 있으므로, 조직은 모든 형태의 차별에 대해 주의를 기울여야 한다.[66] 편견과 차별을 줄일 수 있는 기회를 인식하고 다양성을 증진시키는 것이 효과적인 다양성 관리 프로그램과 더 나은 조직을 만들 수 있다. 다음 절에서는 조직 내 편견, 차별, 다양성에 관한 주요 이론에 대해 설명하고자 한다.

편견, 차별, 다양성에 대한 이론적 관점

많은 사람이 다양성을 생각할 때 대표성과 차별화의 관점에서 생각한다. 분명히 다양성의 함의는 그 이상으로 확장된다. 사람 간의 차이점을 이해하고 그들의 그룹, 팀, 조직, 권력 지위에서의 대표성을 개선하는 것도 매우 중요하지만, 다양성이 일상적인 조직 상호작용에 어떤 영향을 미치는지를 이해하는 것 역시 중요하다. 이 절에서는 다양성의 복잡성을 더욱 포괄적으로 설명해주는 네 가지 매우 영향력 있는 관점을 소개한다.

2-3 네 가지 주요 이론적 관점이 직장 내 다양성에 대한 이해에 어떻게 기여하는지 설명할 수 있다.

사회적 범주화

비록 생물학적 특성의 많은 측면이 객관적이지만(예: 나이는 사람이 이 지구상에 머무른 연도 수를 객관적으로 나타냄), 주관적이고 지각적인 측면도 존재한다. 예를 들어 '색을 보지 못한다'거나 '색맹'이라고 주장하는 많은 사람이 있지만,[67] 모든 사람은 세상을 이해하기 위해 일련의 인지 과정을 수행한다. 이 과정에서 마음은 환경에서 받아들이는 방대한 양의 정보를 조금 더 쉽게 처리하기 위해 **휴리스틱**이나 정신적 지름길에 의존하게 된다. 불행히도 이 프로세스 중 하나는 다른 사람과 상호작용할 때 활성화되며, 다른 사람에 대해 편향된 판단의 기초가 된다. **사회적 범주화**(social categorization)는 사람이 유사한 특성을 공유하는 그룹 또는 사회적 범주를 구축하여 다른 사람을 이해하는 과정이다.[68] 사람 간의 차이점을 알아차리는 것 자체가 반드시 나쁜 것은 아니다. 한 직원이 자격을 더 갖추었음을 인지하는 것은 채용 결정을 내리는 데 필요하며, 다른 직원이 리더십 책임을 아주 뛰어나게 수행하고 있음을 아는 것은 승진 결정을 내리는 데 필요하다. 반면에 불공정한 사회적 범주화는 집단 내 개인의 특성을 고려하기보다 집단에 소속된 모두가 동일하다고 가정한다.

사회적 범주화 사람이 유사한 특성을 공유하는 그룹 또는 사회적 범주를 구축하여 다른 사람을 이해하는 과정

사회적 범주화를 이해하기 위해 중고등학교 시절로 돌아가보자. 학교 식당이나 방과 후 쇼핑몰을 잠깐 돌아다니다 보면 사회적 범주를 활성화하는 학생들을 쉽게 만날 수 있다. 예를 들어 옷차림을 보고 운동선수, 밴드부, 고스족 등으로 분류할 수 있다(예: 단체복, 고가의 브랜드 폴로 셔츠, 음악 밴드 로고 후디, 검은 점프수트와 메이크업).[69] 또한 이러한 그룹을 서로 다른 성격 특성과 연관시킬 수 있다. 운동선수는 사교적이고 외향적인 성격으로, 고스족과 밴드부는 더 내성적이고 고립된 성격으로 연결된다. 그러나 이 범주는 외부 지각자의 눈에만 존재하는 것이 아니다. 사람들은 스스로 자신을 집단으로 범주화하고 특성을 공유하는 사람과 동일시한다.[70] 더 나아가 사람은 자신과 관심사, 가치관, 기타 특성을 공유하는 사람과 함께 모이고 정체성을 형성하려는 경향이 있다.[71] 이러한 사회적 범주화 과정은 사람을 구분하고 나눌 수 있으며, '우리'(내집단)와 '그들'(외집단) 사이의 구분을 형성하여 내집단 선호주의와 외집단 폄하와 같은 편향으로 이어진다.[72]

사회적 범주화 과정은 OB(조직행동)에 여러 가지 방식으로 영향을 미칠 수 있다. 사회적 범주화는 작업 집단과 팀의 분열로 이어질 수 있다. 자신과 더 유사한 사람과 교류하며, 그들과 하위 그룹을 형성하며, 다른 사람을 외부 그룹에 속한 것으로 판단하게 되면 집단과 팀이 분열되며 이로 인해 팀 성과가 낮아질 수 있다.[73] 불행하게도 사회적 범주화는 사람으로 하여금 다른 사람이 어떤 사람인지 무엇에 관심이 있는지에 대해 사실과 다른 추론을 하게 만들 수 있으며, 심지어 당신을 특정 집단에 소속된 것으로 잘못 분류할 수 있다.[74] 이러한 부정확한 추론은 고정관념에 대한 다음 절에서 논의하겠지만, 다양성과 포용적인 일터의 장벽으로 작용하는 편견적 사고의 근간이 된다.

고정관념, 고정관념 위협, 낙인

조직 내 편견의 가장 중요한 이론적 원천은 고정관념 형성이다. 고정관념을 통해 사람은 다른 사람을 유형화하고, 피상적이고 인구통계학적인 특성에 기초한 범주로 쉽게 묶어버린다. 이러한 과정은 고정관념의 대상이 되는 사람으로 하여금 고정관념 위협과 낙인을 경험하게 할 수 있다.

고정관념 다른 사람이 속한 집단에 대한 지각에 기반하여 판단하는 것

고정관념 사람의 행동은 종종 다른 집단에 대한 고정관념의 영향을 받는다. **고정관념**(stereotyping)은 다른 사람이 속한 집단에 대한 우리의 지각에 기반하여 그 사람을 판단하는 것을 의미한다. 기계 비유를 활용하면, 고정관념은 차별이라는 엔진에 동력을 부여하는 원료라고 생각할 수 있다. 예를 들어 성별 고정관념은 채용 담당자로 하여금 '남성 지배적'이라는 고정관념을 가진 직무에 남성 지원자를 채용하게끔 만들 수 있다.[75] 고정관념은 편견을 조장할 뿐 아니라, 차별의 잠재적인 대상이 자신을 어떻게 바라보는지에도 영향을 미치기 때문에 더욱 은밀히 작동한다.

고정관념 위협 지금 당신이 식당에 앉아 있으며(헥터와 벨라미가 일하는 바로 그 식당), 입사를 희망하는 회사와의 비공식적 면접을 위해 면접관을 기다리고 있다고 가정하자. 면접관이 당신을 찾을 수 있도록 자신을 어떻게 묘사할 것인가? 면접관이 당신에 대해 조금 더 알고 식당에서 쉽게 알아볼 수 있도록 어떤 식별가능한 특성을 언급할 것인가? 아마도 당신이 입고 있는 옷이나 헤어스타일에 관한 어떤 언급을 하지 않을까 싶다. 전반적으로 당신에 대한 독특하거나 눈에 띄는 특성에 대한 단서를 제공할 것이다. 그러나 동시에 이러한 피상적인 특성에 기반한 부정적인 판단이나 대우를 받게 될까 하는 두려움이 따를 것이다.

고정관념 위협 특정한 고정관념에 기반해 부정적인 판단이나 처우를 받게 될 것에 대해 염려하는 정도

고정관념 위협(stereotype threat)이란 특정한 고정관념에 기반해 부정적인 판단이나 처우를 받게 될 것에 대해 염려하는 정도를 의미한다.[76] 예를 들면 밀레니엄 세대가 대부분인 직장에 지원하는 고령 근로자는 면접관이 자신을 트렌드와 동떨어진 사람으로 생각한다고 가정할 수 있다. 실제로 고정관념 위협은 해당 근로자가 최신 트렌드를 따라가고 있는지 아닌지의 여부가 아니라 스스로 면접관이 그러한 고정관념으로 자신을 판단할 거라는 생각으로부터 생겨난다. 첫째, 고정관념 위협을 지각하게 되면 자기자신이 스스로 최악의 적이 된다. 모순적이게도 사람들은 무의식 중에 고정관념을 과장하기도 한다.[77] 둘째, 구성원은 자신의 잠재적 실패를 스트레스나 '오늘 운수가 사나워서' 등의 다른 요인에 돌릴 수 있도록 노력을 회피하는 자기불구화를 보이기도 한다.[78] 셋째, 사람은 자신이 느끼는 고정관념 위협을 과도하게 보정하거나

고정관념을 확증하지 않기 위해 노력하기도 한다. 넷째, 고정관념 위협은 구성원의 작업 기억을 고갈시켜 채용 시험이나 훈련 과정에서 우수한 성과를 내지 못하게 만드는 '두뇌 소모'를 야기할 수 있다.[79]

고정관념 위협은 직장에 심각한 영향을 미친다. 고정관념 위협은 직장의 입사시험과 검사, 성과 평가, 일상적인 업무활동 중에 발생할 수 있다. 고정관념 위협을 겪는 구성원의 경우에 검사, 성과 평가, 교육 훈련, 협상, 타인과의 일상적인 상호작용에서의 낮은 수행 수준과 함께 업무 몰입 저하, 불량한 직무 태도, 피드백 추구 회피, 성과 하락 등을 경험할 수 있다.[80] 이러한 고정관념 위협을 극복하기 위해서는 구성원을 한 개인으로 대하고 집단 특성에 따른 차이점을 강조하지 않아야 한다. 고정관념 위협을 성공적으로 줄이기 위해서는 다음과 같은 조직 변화 방안을 고려할 수 있다. 고정관념이 지속되는 이유에 대한 인식 제고(특히 정책과 제도 수립시 중요), 객관적 평가를 통한 차별 또는 특혜 조치의 감소, 소수집단에 대한 미시적 공격에 대한 직면, 모든 구성원의 가치를 인정하는 투명한 제도의 도입 등이다.[81]

낙인 때때로 사람은 보이지 않는 속성이나 특성을 기반으로 부정적인 평가나 처우를 받을까 우려한다. 사람은 이러한 특성과 관련된 부정적인 함의가 있음을 알고 있기에 이를 숨기거나 감추고자 한다. **낙인**(stigma)은 쉽게 보이지 않고 숨길 수 있는, 특정 사회적 맥락에서 낮게 평가되는 정체성을 드러내는 속성을 의미한다.[82] 어떤 관찰자가 다른 사람이 낙인 찍힌 특성을 가지고 있나는 사실을 알게 되면, 그 특성과 관련된 부정적인 고정관념에 근거해서 그 사람에 대해 편견적이거나 차별적인 방식으로 반응할 수 있다. 예를 들어 많은 근로자는 원치 않는 파급 효과와 부당한 대우를 우려해 일터에서 자신의 성 정체성과 성적 지향을 숨겨야 한다고 느껴왔다. 뉴욕 브루클린에서 열린 'Not Another Second' 전시회는 LGBTQ+ 노인 12명이 평생 그들의 성적 지향을 숨기고 살아온 이야기를 들려줄 기회를 제공했으며, 많은 이들이 일터에서 자신의 정체성 일부를 숨기는 데서 경험하는 심리적 상처에 대해 이야기했다.[83] 더 나아가 직업 자체가 낙인의 원천이 될 수 있다. 예를 들어 소위 '더러운 일'을 살펴본 연구들은 어떻게 직업에 낙인이 찍히고 그 일을 하는 근로자에 대한 낙인으로 이어지는지 보여준다. 가령 환경미화원은 더럽고 역겨운 것으로 여겨지는 신체적인 낙인을 경험하며, 채권 회수자는 도덕적인 낙인과 싸워야 한다.[84]

낙인 쉽게 보이지 않고 숨길 수 있는, 특정 사회적 맥락에서 낮게 평가되는 정체성을 드러내는 속성

비록 자신의 특성을 공개하거나 감추는 결정은 복잡하고 개인적인 일이나, 약 10,000명 가까운 직원을 대상으로 한 108개 연구를 살펴본 결과는 특정한 낙인(예: 성 정체성, 성적 지향)의 경우에 자신을 공개하는 것이 대인관계, 업무, 건강, 가족에 있어 더 좋은 결과로 이어질 가능성이 높은 것으로 나타났다.[85] 물론 공개할지 말지 결정하는 것은 일회적인 결정이 아니다. 사실 직원들은 하루에도 수십 번 다양한 맥락에서 공개할 것인지에 대한 작은 의사결정을 내려야 한다. LGBTQ+ 근로자에 관한 한 연구에서는 숨기는 것(긍정적인 감정을 줄이고 부정적인 감정을 증가시킴)과 정체성을 표현하는 것(긍정적인 감정을 높이고 부정적인 감정을 감소시킴)에 즉각적인 정서적 결과가 있음을 발견했다.[86] 다른 사람에게 자신에 대한 낙인을 어떻게 관리하는지가 매우 중요하다. 예를 들어 다른 사람이 낙인찍을 수 있는 속성의 긍정적인 특징에 대해 진정성 있게 이야기하는 구성원은 동료로부터 덜 배제되고 더 많은 지원을 경험한다.[87]

더 나은 세상을 향해

핫 치킨 테이크오버: 회복적 정의 실현하기

"범죄 경력은 종종 환경에 기인한 것이며 성품에 의한 것이 아니라고 생각하기 때문에... 우리는 누군가에게 자신에 대한 다른 이야기를 할 기회를 제공하고 있습니다." 오하이오 기반의 레스토랑 체인인 '핫 치킨 테이크오버(Hot Chicken Takeover)'의 창립자 조 델로스(Joe Deloss)의 말은 기업이 과거에 복역했거나 범죄 기록을 가진 사람을 유망한 지원자로 보고 접근하는 방식을 잘 보여준다. 이러한 '회복된 시민'은 '핫 치킨 테이크오버' 직원 중 적어도 70%를 차지하고 있다. 이들이 얻은 두 번째 기회는 '핫 치킨 테이크오버'의 헌신적이고 동기부여된 몰입이 높은 직원을 만들어내었다. '핫 치킨 테이크오버'의 간부 직원인 섀넌 윌슨(Shannon Wilson)은 "여러 번의 기회가 눈 앞에서 거절되었다. 이 기회가 제공되었을 때 나에 대한 신뢰가 있었기 때문에 나는 더 나은 직원이 되었다"라고 회상한다. 섀넌은 10년 이상 약물 중독자였으며 거의 절반을 감옥에서 보냈다. 섀넌의 형량이 끝날 때 섀넌은 돈도, 의복도, 음식도 없었다. 하지만 '핫 치킨 테이크오버'는 섀넌에게 두 번째 기회를 주었다.

몇 년 전만 해도 사회는 이러한 관행을 금기로 여겼다. 하지만 최근 조사결과는 미국인의 78%가 이전의 비폭력적인 범죄 기록을 가진 근로자와의 상호작용에 편안함을 느낀다고 하였다. 더구나 인사 담당자의 14%만이 그들을 고용하는 것을 고려하지 않을 것이라고 했고, 설문에 참여한 경영진의 82%는 회사에 채용된 회복된 시민이 과거 범죄 기록이나 구금 경험이 전혀 없는 사람과 마찬가지로 성공적으로 일하고 있다고 믿는다. 연구에 따르면 과거 범죄나 복역 경험이 있는 사람이 돈벌이가 되는 직장을 얻는 경우에 감옥으로 돌아갈 가능성이 훨씬 적다. 이러한 노력은 미국 정부와 영향력 있는 인사전문기관의 지원을 받고 있다. 예를 들어 2018년 12월에 미국 인적자원관리협회(SHRM)의 지원으로 '첫 번째 단계 법(First Step Act)'이 제정되어 회복된 시민에 대한 직업 교육을 제공하고 조직이 이전 범죄나 복역 기록이 있는 사람을 모집하고 고용할 것을 장려하고 있다. 이와 같은 인식의 변화에도 불구하고 여전히 범죄나 복역 기록이 있는 사람들에 대한 무거운 낙인은 존재한다. 이들은 종종 면접 중에 추가적인 인상관리 노력을 해야 하며, 사건과 관련 없는 면접관에게 그들의 행동에 대한 변명과 사과를 해야 할 때도 있다. 이러한 방식은 처벌적이며 이후에 일어날 일을 전혀 고려하지 않는 것이다. 회복적 정의는 잘못을 바로잡고(예: 보상), 용서하고, 일터로 다시 재통합시킬 것을 제안한다. 이 개념은 조직의 다양성, 공평성, 포용(DEI) 전략과 강력하게 연결되어 있으며 직장의 다양성을 증진시키고, 두 번째 기회를 주어 공평성을 추구하며, 그들을 조직의 가치있는 구성원으로 포함시키는 것이다.

물론 이전 범죄나 복역 기록이 있는 사람을 고용하겠다는 결정은 진공 상태에서 이루어지는 것이 아니다. 관리자는 다른 직원을 뽑을 때와 마찬가지로 여전히 이 결정을 신중하게 검토해야 한다. 예를 들어 관리자는 범죄의 유형과 업무의 성격을 고려하여 결정을 신중하게 고려할 수 있다. 비폭력적인 약물 관련 기록은 안전 규정을 준수해야 하는 직책이 아닌 한 리스크가 적을 것이다(예: 지게차 운전자에게는 약물 중독이 중대한 위험 요소가 될 수 있음). 시기와 빈도도 중요하다. 반복된 최근의 문제는 재발 가능성을 시사하므로 더 큰 우려 요인이 된다. 폭력과 살인의 재발율은 다른 범죄보다 낮지만, 많은 사람은 성폭력으로 감옥에 갔던 사람과 함께 일하는 것을 불편하게 느낄 것이므로 범죄의 성격과 직장 환경의 중요성이 강조된다. 또한 부정직(예: 침입, 절도, 사기)과 관련된 범죄 기록은 재발율이 높은 편이므로 관리자는 이러한 회복된 시민에게 재무적인 접근 권한을 부여할 때 주의를 기울여야 한다.

관리자는 또한 결정에 있어 국가적 문화와 법적 맥락을 고려해야 한다. 예를 들어 미국에서는 이러한 제도에 대한 정부 지원이 있지만, 고용평등기회위원회(EEOC)는 따라야 할 세부 가이드라인을 제시하고 있다. 만약 고용주가 범죄나 복역 기록이 있는 소수 집단 지원자를 다른 지원자와 다르게 처우한다면, 그들은 차별 행위로 기소될 수 있다. 다른 나라에서는 회복적 정의의 기회가 신원조사법의 영향을 받는다. 예를 들어 호주, 프랑스, 독일, 영국에서는 이미 형량을 이행한 지원자의 가벼운 범죄 기록은 일정 시간이 지나면 지워진다. 고용주는 법적으로 이에 대한 질문을 하거나 조사할 수 없다.

'핫 치킨 테이크오버'와 다른 기업들의 제도는 일의 세계에서 DEI 목표를 실현하기 위한 변화를 보여준다. 고용 관행에서의 회복적 정의의 신중한 실천은 조직이 세상을 더 나은 곳으로 만드는 데 기여하는 기회를 제공한다. 이전 범죄나 복역 기록이 있는 사람에게 두 번째 기회를 주는 것은 그들이 가치 있고 생산적인 사회구성원으로 다시 공동체에 합류할 기회를 확장하는 것이다.[88]

시스템 정당화와 사회적 지배

이제까지 논의한 이론이 주로 타인을 어떻게 생각하는지에 관심을 두었다면, 사회적 지배와 시스템 정당화 이론은 관심을 상황 맥락으로 돌린다. 이 이론들은 왆 사람이 직장에서의 편견적이고 차별적인 이데올로기를 수용하고 정당화하고 심지어 지지하는지를 살펴본다.

시스템 정당화 이론 집단 구성원이 불평등, 편견, 차별을 겪은 경험을 종종 수용하고 합리화, 합법화, 정당화한다는 이론

시스템 정당화 **시스템 정당화 이론**(system justification theory)은 집단 구성원이 다른 집단

과 비교하여 불평등, 편견, 차별을 겪은 경험을 종종 수용하고 합리화, 합법화, 정당화한다고 제안한다.[89] 다시 말해서 시간이 흐를수록 '지배 집단의 생각이 피지배 집단의 생각이 되는 경향이 있다'는 것이다.[90]

예를 들어 한 연구에 따르면 여성이 최상의 리더로 성공하는 것을 방해하는 사회적이고 체계적인 장벽에 대해 배운 사람은 이러한 정보를 전혀 배우지 않은 사람보다 이러한 장벽을 더 합법적으로 인식할 가능성이 높았다.[91] 왜 많은 사람이 부정적인 경험을 직접적으로 해결하는 것이 그들에게(그리고 그들의 조직에게) 가장 좋은 선택일 때에도 이를 수용하는 것인가? 시스템 정당화는 공정하고 공평한 세상에 대한 집단 구성원의 믿음, 자신이 받아야 할 것과 실제로 얻는 것 사이의 불편한 간극을 줄이고자 하는 동기, 조직의 권위와 신뢰에 도전하는 것의 지나친 어려움 등으로 나타난다.[92] 더구나 시스템 정당화는 사람들이 개인적인 통제력이 낮고 상황이 피할 수 없다고 믿으며, 시스템에 의존하거나 고마움을 느끼는 경우(그리고 이러한 관계를 위태롭게 만들고 싶지 않을 때)에 더욱 성행하게 된다.[93] 그러나 연구에 따르면 시스템 정당화의 사고 양식은 개선될 수 있다. 예를 들어 한 연구에서는 불평등이 가져오는 제약에 관심을 돌리는 것이 이러한 사고 양식을 깨는 데 도움이 된다는 것을 발견했다.[94]

사회적 지배 어째서 사람들이 그들이 경험하는 불평등을 합리화하거나 수용하는지에 대해 논의했다. 그러나 왜 어떤 사람은 이를 노골적으로 용인하는 것처럼 보이는가? 사회적 지배 이론이 이를 설명할 수 있다. **사회적 지배 이론**(social dominance theory)은 편견과 차별이 한 그룹이 다른 그룹을 지배하고 지배 그룹은 피지배 그룹에게 주어지지 않는 특권을 누리게 되는 복잡한 계급 구조를 기반으로 한다고 제안한다.[95] 결과적으로 사람들이 이 이론을 믿는 정도에서 차이가 있는데, **사회적 지배 지향**(SDO)은 개인이 이러한 계급 구조를 원하고 지지하는 정도와 열등하고 우월한 집단이 있다고 믿는지 여부를 반영한다.[96] 많은 연구자는 개인의 사회적 지배 지향(SDO)이 개인이 타인에 대한 편견적인 신념을 가지거나 차별행위를 하는지를 예측하는 가장 중요한 요인 중 하나라고 제안했다. 시스템 정당화와 유사하게 사람이 지닌 SDO 신념은 불평등을 합리화하고, 공정하고 공평한 세상을 믿고, 타인을 희생하여 자신의 특권적인 위치를 정당화한다.[97] 더불어서 높은 SDO를 가진 사람에게는 다양성의 증가가 계급 구조에서 자신의 위치를 위협하는 것으로 보일 수 있으며, 이로 인해 편견과 차별이 나타날 수 있다.[98]

사회적 지배 이론 편견과 차별이 한 그룹이 다른 그룹을 지배하고 지배 그룹은 피지배 그룹에게 주어지지 않는 특권을 누리게 되는 복잡한 계급 구조를 기반으로 한다는 이론

사회적 지배 이론은 조직에 대한 여러가지 시사점을 제공한다. 예를 들어 높은 사회적 지배 지향(SDO)을 지닌 지원자는 자신과 유사하고 높은 지위를 공유하는 사람으로 구성된 조직에 끌리는 경향이 있다.[99] 이러한 지원자는 다양성이 높은 조직이나 낮은 지위의 개인으로 구성된 조직에 대해 거부감을 느낀다. 또한 높은 SDO를 가진 관리자는 일반적으로 지위가 낮은 집단 출신을 덜 채용하는 경향을 보인다.[100] 종합하면 SDO는 다양한 조직에서 관리자의 차별적인 채용 결정과 지원자의 편향된 취업 결정에 모두 영향을 미친다. 또한 직장에서 높은 SDO를 지닌 관리자는 낮은 지위의 구성원이 특별한 대우를 받는다고 생각될 때 그들의 직무 성과를 훨씬 엄격하고 덜 따뜻하게 평가한다.[101]

이상으로 편견과 차별에 대한 설명을 마치고 어떻게 개인이 직장 내 다양성에 기여할 수 있는지 더 깊이 이해하고자 한다.

교차성과 문화적 모자이크

사람은 복잡한 존재이다. 심지어 한 사람의 인구통계학적 특성과 문화적 구성을 간단한 용어로 설명하는 것조차 매우 어렵다. 이러한 복잡성을 감안할 때 다양성 이론이 이러한 복잡성을 풀어내고 조직 결과에 대한 시사점에 대한 이해를 제공해야 할 것이다. 이 절에서는 다양성과 조직행동 간의 복잡한 관계를 이해하기 위한 두 가지 관점인 교차성 이론과 문화적 모자이크 이론을 소개하고자 한다.

교차성 2018 미국 오픈결승에서 그랜드챔피언인 프로테니스선수 세리나 윌리엄스(Serena Williams)는 심판과의 가열된 논쟁으로 여러 번 벌금을 부과받았다.[102] 세리나를 비롯한 많은 전문가와 경기임원은 과거 남성에게 부과된 벌금액수와 비교할 때 그의 벌금이 너무 가혹하다고 믿었다.[103] 와튼스쿨 조직심리학자 아담 그랜트(Adam Grant)는 "남성이 심판과 논쟁하면 그것은 열정이다. 여성이 그렇게 하면 그건 감정분출이다. 흑인 여성이 그렇게 하면 그것은 벌금이다"라고 했다.[104] 그랜트의 발언은 개인은 이러한 특성들(중년, 흑인, 트렌스젠더 등)의 단순 합이 아니라 서로 상호작용하거나 상쇄하는 다양한 특성의 곱셈 조합이라는 점을 보여준다.[105] 이러한 **교차성**(intersectionality), 즉 개인의 정체성이 상호작용하여 다른 의미와 경험을 형성한다는 주장[106]은 조직 내 다양성을 이해하는 데 있어서 복잡성을 강조하며 사회적 범주 자체만으로는 조직에 대한 개인의 고유한 기여를 이해하기에 충분하지 않을 수 있음을 인식한다.

교차성 개인의 정체성이 상호작용하여 다른 의미와 경험을 형성한다는 주장

교차성은 불행히도 여러 가지 낙인찍힌 특성을 지닌, 즉 **이중 위험**에 놓인 사람에게 더 큰 부정적인 영향을 미칠 수 있다. 연구에 따르면 소수집단의 여성은 소수집단 구성원이나 여성 구성원에 비해 직장 내 괴롭힘을 더 많이 경험하며,[107] 채용에서 차별을 받으며,[108] 리더로서 더 많은 어려움을 겪는다.[109] 이중 위험 효과는 여러 범주와 관련된 부정적인 고정관념이 활성화되어 한 가지 범주의 구성원의 경우보다 더 부정적인 영향을 미치게 될 때 나타난다.

문화적 모자이크로서의 다양성 교차성에 대해 얘기하자면 사람은 한 번에 두 가지 인구통계학적 특성(예: 성 정체성과 나이) 사이의 교차점을 고려하는 것 이상의 복잡성을 지닌다. 실제로 사람은 그들을 고유한 존재로 만드는 특성들의 다양한 교차와 조합으로 구성되며, 이는 그들이 비슷하게 고유한 특성을 지니는 다른 사람과 상호작용하는 데 영향을 미친다.[110] 예를 들어 OB 이론가는 **문화적 모자이크** 비유를 제안했다. 즉, 사람은 사람을 묘사하는데 사용될 수 있는 다양한 특성, 속성, 정체성으로 구성된다.[111] 개인의 모자이크를 구성하는 타일들은 생물학적 또는 인구 통계학적 특성(예: 나이, 인종, 민족성, 성 정체성), 지리적 특성(예: 기후, 온도, 위치), 연관성을 가진 특성(예: 직장, 종교, 정당, 취미)일 수 있다. 이론가는 개인의 모자이크를 구성하는 예시 타일 15개를 뽑아내고 이 특성들 간에 최소 105가지의 고유한 교차점을 만들어낼 수 있다고 했다. 문화적 모자이크 이론의 예시는 도표 2-2를 참조하면 되겠다. 이 장의 시작 부분에서 든 예시처럼, 벨라미와 헥터는 그들이 누구인지를 설명하는 여러 '타일'로 구성되어 있다. 이 타일들은 헥터와 벨라미가 서로 어떻게 상호작용하는지에 영향을 미친다. 더 나아가 벨라미와 헥터는 고용주(그들이 일하는 식당)와 같이 공통의 타일을 공유할 수도 있다.

이전에 설명한 SDO와 유사하게 직원은 다양성, 수용, 서로 다른 배경을 가진 사람들에 대한 포용에 영향을 주는 **문화적 모자이크 신념**(CMB)을 지닌다.[112] 더 나아가 직원은 환경(예: 집

도표 2-2 문화적 모자이크

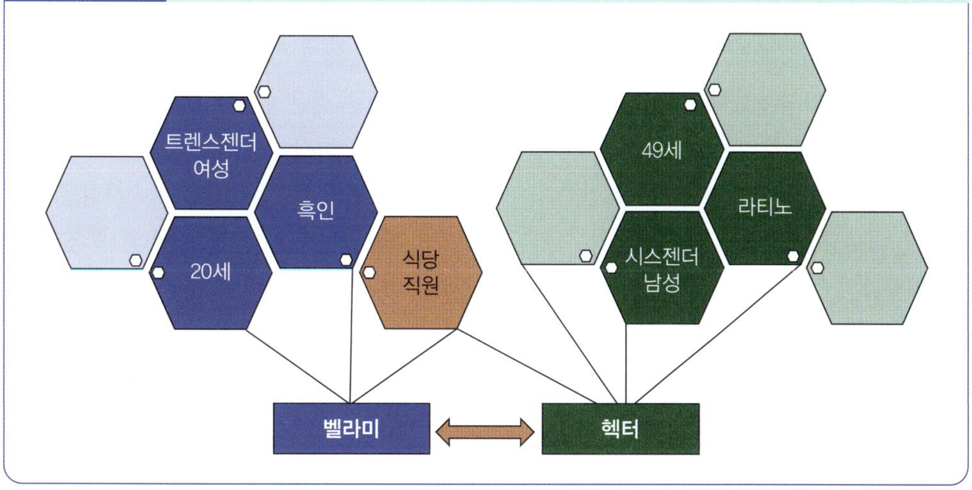

출처: G. T. Chao and H. Moon, "The Cultural Mosaic: A Metatheory for Understanding the Complexity of Culture," *Journal of Applied Psychology* 90, no. 6 (2005): 1128-40에 기초함.

과 직장)에 따라 모자이크의 일부 타일을 다른 것보다 선택적으로 강조할 수 있다.[113] 일반적으로 이러한 다문화적 접근이 직장 내 다양성에 미치는 영향을 검토해보니(거의 300편의 연구를 포함) 일관되게 긍정적인 효과가 관찰되었다. 이는 편견, 차별, 고정관념을 줄이고 다양성 정책에 대한 지원을 증가시켰다.[114]

헥터와 벨라미의 예로 돌아가면 그 식당에서 일하는 직원 수를 생각해보자. 벨라미와 헥터는 아마도 고유한 특성 타일 모자이크를 구성하고 있는 수십 명의 다른 직원과 상호작용할 것이다. 분명히 조직의 다양성이 높아지고 다양성이 매일의 일상적인 직장 내 상호작용에 영향을 미칠 수 있는 매우 많은 방법이 존재한다. 다음 절에서는 다양성이 개인 간 또 집단 구성원으로서의 이러한 상호작용에서 어떤 역할을 하는지 살펴보고자 한다.

다양성 역학

2-4 다양성이 사람 간의 상호작용에 미치는 영향을 기술할 수 있다.

이제까지 다양성이 조직 내 직원과 관리자에게 있어 어떤 역할을 하는지 살펴보았다. 실제로 차별과 다양성 관점은 각각 부정적이고 긍정적인 조직 결과를 낳을 수 있다. 하지만 다양성이 어떻게 집단과 팀 내 행동에 영향을 미치는지 심층적으로 살펴보지 않았다. 이 절에서는 직장 내 다양성을 이해하는 데 있어 집단의 구성과 단층선의 역할에 대해 논의하고자 한다.

집단 구성

일의 세계에서 관리자와 팀 리더가 공통적으로 직면하는 딜레마는 어떻게 팀을 구축할 것인가 하는 문제이다.[115] 이미 사람은 복잡한 모자이크로 이뤄진다는 사실을 확인했고 당연하게도 집단과 팀은 공통 목표를 향해 일하는 사람의 다양한 집합체이다. 사람은 또한 자연스럽게 서로 뭉쳐서 공유된 특성과 관심사를 가진 집단을 형성한다. 자기가 원하는 대로 관계를 구축할 수 있는 선택권이 있을 때 신뢰를 기반으로 질 높은 관계를 형성하고자 할 것이다.[116] 그렇다면 사람이 다 다르다는 것을 알고 있는 관리자는 과연 성과와 팀 응집성을 높이고 갈등을 줄일 수 있는 팀을 어떻게 구축해야 할 것인가?

전반적으로 이제까지 연구결과는 확실한 결론을 제시하지 않고 있으며, 다양성이 어떻게 지표화되고 개념화되는지에 따라 다르게 나타난다.[117] 흥미로운 점은 실제 다양성과 지각된 다양성 사이의 연결은 강력하지 않으며, 일부 연구는 구성원이 소속감에 대한 욕구와 고유성에 대한 욕구 간의 균형을 추구한다고 제안한다. 자신과 자신이 소속된 집단 간의 비유사성을 지각하거나 대표성을 약하게 인식하는 경우에 부정적인 결과로 이어지는 경향이 있다.[118] 집단/팀과 리더 간의 차이 또한 중요한데, 여기에는 공정성 인식이 강력한 역할을 한다(8장 참조).[119] 최근 연구는 시간이 지남에 따른 집단 내 다양성의 효과, 즉 집단과 팀의 다양성이 어떻게 변화하고 진화하는지에 대해 더 큰 관심을 보여왔다.[120] 결국 동일한 작업 집단이나 팀이 무기한 함께 남게 될 가능성은 낮다.

집단 구성에 대한 연구의 불확실한 결론에도 불구하고 집단과 팀 내 **표면적, 심층적, 기능적 다양성**에 대한 몇 가지 발견이 보고되었다. 표면적 다양성은 특히 집단 형성 초기 단계에서 집단 내 갈등을 증가시켜서 집단 사기를 낮추고 이직률을 높이곤 한다.[121] 다양한 생물학적 배경을 가진 집단 구성원은 과업, 규범, 목표에 대한 서로 다른 이해를 가지고 팀에 참여한다. 다시 말해서 그들은 종종 '공유된 생각(on the same page)'을 가지고 있지 않아 초기 단계에 있어 조정에 어려움을 겪는다.[122] 한 연구에서 문화적으로 다양하거나 동질적인(같은 나라 출신으로 구성된) 집단을 비교했다. 가상의 야생 생존테스트에서 두 집단이 똑같이 좋은 성과를 냈지만, 다양성이 높은 집단 구성원은 그들의 집단에 덜 만족하며 덜 뭉치고 더 많은 갈등을 보였다.[123] 집단 외부인은 심지어 인종적으로 이질적인 그룹을 향한 편견을 보이고 더 적은 자원을 할당할 가능성이 높다.[124]

보다 심층적인 수준에서 구성원의 가치관이나 의견이 다른 집단은 일반적으로 더 많은 갈등을 경험하지만, 이러한 집단이 주어진 과제에 집중하게 이끌고 집단 학습을 권장하는 리더는 이러한 갈등을 줄이고 집단의 이슈에 대한 논의를 촉진할 수 있다.[125] 한국에서의 연구에 따르면 권력욕구(needs for power, nPow)가 높은 사람을 권력욕구가 낮은 사람과 묶으면 비생산적인 집단 경쟁을 줄일 수 있으며, 유사한 성취 욕구를 가진 개인을 함께 두면 작업 성과를 높일 수 있다고 한다.[126] 또한 집단 구성원이 서로를 기꺼이 신뢰하는 정도에서의 다양성은 갈등을 촉발하고 시간이 지남에 따라 신뢰를 더욱 훼손할 수 있다.[127]

반면 기능적 다양성 또는 직무에 필요한 기술, 능력, 경험 또는 다른 특성에서의 차이는 팀 성과와 혁신을 향상시킬 수 있지만 이러한 효과는 여러 요인에 따라 달라진다.[128] 예를 들어 기능적 다양성은 지식 공유를 용이하게 함으로써 팀 창의성에 영향을 미칠 수 있다.[129] 더불어 기능적으로 다양한 창업팀이 이끄는 벤처기업은 경쟁적인 환경에서 성공할 가능성이 더 높다.[130]

차이는 갈등을 초래할 수 있지만 동시에 독특한 방식으로 문제를 해결할 수 있는 기회를 제공한다. 다양성이 높은 그룹은 일반적으로 서로에게 동조하기보다는 더 오래 고민하고 더 많은 정보를 공유하며 사실확인 오류를 덜 범하는 경향이 있다.[131] 정리하자면 단기적으로는 다양성이 높은 집단에 있는 것이 어려울 수 있다. 그들은 시간이 지남에 따라 동질화되고 깨지기 쉬우며 분열될 소지가 있다.[132] 그러나 구성원이 차이를 견뎌낸다면 시간이 지남에 따라 다양성은 그들이 더욱 개방적이고 창의적이며 더 나은 성과를 얻도록 도울 수 있다. 예를 들어 세계

곳곳의 다양한 UN 평화구축팀의 정체성 형성에 관한 연구는 팀 구성원이 정체성에 대한 인식을 발전시키고 이것이 시간이 지남에 따라 진화함을 보여준다.[133]

단층선

다양성이 높은 팀에서(특히 표면적 특성에서 다양성이 높은 경우에) 나타날 수 있는 한 가지 부작용은 **단층선**(fault lines), 즉 집단을 성별, 인종, 연령, 직장 경험, 언어, 교육과 같은 개인차에 기반한 둘 이상의 하위 집단으로 나누는 지각된 분할이다.[134] 이전 절에서 논의한 대로 사회적 범주화는 집단 구성원이 하위 집단을 형성하도록 이끌어 응집력 있는 단위로서의 집단의 분열을 초래한다.

단층선 집단을 성별, 인종, 연령과 같은 개인차에 기반한 둘 이상의 하위 집단으로 나누는 지각된 분할

예를 들어 한 집단이 흑인 3명과 히스패닉 3명의 직원으로 구성되어 있다고 가정하자. 이 3명의 히스패닉 직원은 마케팅 분야에서 대략 같은 수준의 직장 경험과 경력을 갖고 있다. 3명의 흑인 직원은 재무 분야에서 대략 같은 수준의 직장 경험과 경력을 갖고 있다. 따라서 구분되는 특성을 기반으로 이 집단에서는 흑인과 히스패닉 구성원의 하위 집단을 나누는 단층선이 생길 가능성이 높다.

단층선에 대한 연구는 일반적으로 집단의 기능과 성과에 해를 끼친다는 것을 보여주었다. 하위 집단은 서로 경쟁할 수 있으며, 이로 인해 핵심 과업에 시간을 할애하지 못하고 집단이 어려울 때 집단 성과에 피해를 주게 된다.[135] 하위 집단을 가진 집단은 더 느리게 학습하고, 더 위험한 결정을 내리며, 덜 창의적이며, 더 높은 갈등 수준을 경험한다. 하위 그룹은 서로 신뢰하지 않고 낮은 수준의 응집력을 경험한다.[136] 마지막으로 하위 집단 내 만족도는 일반적으로 높지만 단층선이 존재할 때 전체 집단에 대한 만족도는 더 낮다.[137] 그렇다면 단층선이 좋을 때도 있는가? 한 연구에서는 스킬, 지식, 전문성에 관한 단층선이 결과 중심의 조직 문화에서 유용할 수 있다고 제안했다. 그 이유는 결과 중심의 문화가 사람들의 관심을 하위 집단에서 발생하는 문제보다는 회사에 중요한 것으로 집중시키기 때문이다.[138]

조직에 도움이 되도록 단층선을 어떻게 다루거나 활용할 수 있는가? 연구결과는 강한 단층선에서 야기되는 문제는 구성원 간 역할이 교차되고, 집단이 함께 노력해야 할 공통의 목표가 부여되고, 다양한 집단 내에서 유사한 쌍이 재용될 때 극복될 수 있다. 정리하자면 하위 집단 구성원 간의 협력을 강세하고 목표 달성에 중점을 두는 것이 특정 조직에서 성과를 향상시킬 수 있다.[139] 또한 다양성을 옹호하는 신념과 개방적인 태도를 강조하는 규범이 도움이 된다(이러한 신념과 태도가 부족할 때 교육훈련이 도움이 될 수 있음).[140] 예를 들어 독일 외무부와 일하는 국제 외교관에 대한 연구는 외교관과 팀이 지닌 다양성을 지지하는 신념이 단층선이 성과에 미치는 부정적인 영향을 감소시킴을 보여준다.[141] 마찬가지로 다문화 집단에 관한 연구는 다양성을 환영하고 받아들이며 다양한 생각을 지지하는 정책, 관행, 절차가 효과적인 의견 교환을 가능케하고 보다 효과적인 팀을 만든다고 제안한다.[142]

비교문화 조직행동

2-5 조직행동에 대한 비교문화적 문제의 시사점을 논의할 수 있다.

종종 사람들이 인종과 민족을 기반으로 스스로를 정의하는 것을 보았다. 많은 사람은 가문의

문화, 가치관, 종교와 연결된 강력한 문화적 정체성을 지니며, 이러한 정체성은 개인이 세계 어디에서 살더라도 일생 동안 유지된다. 사람은 자신의 문화적 정체성을 선택하며 그 문화의 규범을 얼마나 충실히 준수할 지도 선택한다. 문화적 규범은 직장에 영향을 미치며 때로는 문화적 소수자 간의 충돌이나 소외를 촉발하기도 한다. 이러한 규범은 특히 타국에 파견된 직원의 국제 임무를 이해하는데(그러한 환경에서 실패하거나 성공하는 이유) 특히 중요하다. 예를 들어 베스트셀러 소설《영원한 이방인(Native Speaker)》에서 헨리 박(Henry Park)은 한국계 미국인 산업 스파이로, 경쟁하는 문화적 정체성을 다루어야 한다. 헨리 박의 직업은 다양한 사람과의 상호작용을 필요로 하며, 헨리 박은 자신이 어떤 사람에게 할당되느냐에 따라 '더 한국적으로' 행동할 지 '더 미국적으로' 행동할 지 고민한다.[143]

문화적 가치는 학습되며 세대를 거쳐 전수되고 문화마다 다양하다. 문화적 가치의 차이를 이해하려는 노력은 특히 호프스테더(Geert Hofstede)와 GLOBE 등 중요한 두 가지 체계에 의한 연구를 통해 이루어지고 있다.

호프스테더 체계

문화적 다양성을 분석하는 데 가장 널리 인용되는 접근 방식 중 하나는 1970년대 후반 헤이르트 호프스테더(Geert Hofstede)에 의해 소개되었다.[144] 호프스테더는 40개국 11만 6,000명의 IBM 직원을 대상으로 직무 관련 가치를 조사했는데, 국가의 문화에 따라 관리자와 직원의 가치관이 다르다는 것을 밝히고 이를 다섯 가지로 분류했다.

권력 거리 한 사회가 기관과 조직 내에 불평등하게 분배된 권력을 수용하는 정도를 기술하는 국가 문화 속성

- 권력 거리: **권력 거리**(power distance)는 한 국가의 국민이 기관이나 조직 내에 권력이 불평등하게 분배되어 있음을 받아들이는 정도를 말한다. 권력 거리가 높다는 것은 수직 상승을 막는 계급제도나 카스트제도와 같이 권력과 부의 큰 불평등이 존재하며 그 문화권 안에서 이를 관용하고 있다는 것을 의미한다. 낮은 권력 거리 점수는 평등과 기회가 보장되는 사회를 의미한다.

개인주의 개인이 집단 구성원으로서의 활동보다 개인으로서의 활동을 선호하는 정도를 기술하는 국가 문화 속성

집단주의 자신이 속한 집단 내의 다른 구성원이 자신을 돌보고 보호해주기를 기대하는 강력한 사회적 틀을 기술하는 국가 문화 속성

- 개인주의 대 집단주의: **개인주의**(individualism)는 개인이 집단 구성원으로서의 활동보다 개인으로서의 활동을 선호하고 개인의 권리를 다른 무엇보다 앞세우는 정도를 말한다. **집단주의**(collectivism)는 자신이 속한 집단 내의 다른 구성원이 자신을 돌보고 보호해주기를 기대하는 강력한 사회적 틀을 강조한다.

남성성 해당 문화가 성취, 권력, 통제와 같은 전통적인 남성의 역할을 선호하는 정도를 기술하는 국가 문화 속성. 적극성과 물질주의가 사회적 가치로 여겨짐

여성성 남녀 간 역할 차이가 거의 없음을 보여주는 국가 문화 속성. 높은 점수는 여성이 사회의 모든 면에서 남성과 동등하게 대우받음을 의미

- 남성성 대 여성성: 호프스테더의 **남성성**(masculinity)은 해당 문화가 남성과 여성을 동등하게 보기보다는 전통적 남성의 역할(성취, 권력, 통제 등)을 선호하는 정도를 의미한다. 높은 남성성 점수는 남녀 간의 역할이 구분되고 남성이 지배하는 사회를 나타낸다. 한편 높은 **여성성**(femininity) 점수는 남녀 간의 역할에 거의 차이가 없고 모든 측면에서 남녀를 평등하게 다루는 문화를 의미한다.

불확실성 회피 한 사회가 불확실하고 모호한 상황에 위협을 느끼고 이를 피하고자 노력하는 정도를 기술하는 국가 문화 속성

- 불확실성 회피: **불확실성 회피**(uncertainty avoidance)는 한 국가의 국민이 비구조화된 상태보다 구조화된 상태를 선호하는 정도를 의미한다. 불확실성 회피가 높은 문화에서는 불확실성과 모호한 상태에 불안감을 느끼므로 법규나 통제활동을 통해 불확실성을 감소시키려 한다. 낮은 불확실성 회피 문화에서는 사람들이 모호성을 받아들이고 규칙에 덜 의존하며 위험을 추구하는 경향을 보이며 더 신속하게 변화를 수용한다.

- 장기지향 대 단기지향: 모든 사회는 과거와의 연결을 유지하느냐 현재와 미래의 도전에 직면하느냐 중 무엇을 강조하는지에서 서로 다르다. **장기지향 문화**(long-term oriented cultures)는 세상이 끊임없이 변화하므로 미래에 대한 준비가 필요하다고 가정하는 편이다. 이러한 문화에서는 미래를 준비하기 위한 근검절약, 인내, 실용성을 강조한다. 한편 **단기지향 문화**(short-term oriented cultures)는 전통을 소중히 여기고, 사회적 책무를 충실히 이행하며 이미지를 수호하고 보호함으로써 과거와의 연결을 유지하는 것을 선호한다.

장기지향 문화 미래, 근검절약, 인내를 강조하는 국가 문화 속성

단기지향 문화 과거를 강조하고, 전통을 소중히 여기며, 이미지를 수호하는 국가 문화 속성

최근 호프스테더는 새로운 차원으로 쾌락 대 억제를 제안했다. 이는 삶을 즐기고 즐거움을 추구하는 것과 엄격한 사회 규범을 통해 행동을 규제하는 것을 강조하는 국가 문화 속성을 나타낸다.[145] 이 차원은 상대적으로 새로운 차원이지만, 일부 연구는 이 차원이 다른 가치와 구별되며 사회의 친사회성 수준과 상관관계가 있다는 것을 보여준다.[146]

호프스테더의 문화 차원에서 국가별 점수는 어떻게 나타나는가? 도표 2-3은 데이터가 존재하는 국가의 점수를 보여준다. 예를 들어 권력 거리는 말레이시아가 다른 국가보다 높게 나타난다. 미국의 경우는 가장 개인주의 성향이 높은 국가이다(호주와 영국의 다음으로 비슷하게 높다). 과테말라는 가장 집단주의적인 국가로 나타났다. 남성성이 가장 높은 나라는 일본, 여성성이 가장 높은 나라는 스웨덴이다. 불확실성 회피는 그리스가 가장 높고 싱가포르가 가장 낮다. 홍콩은 가장 장기지향적인데 비해 파키스탄은 단기지향적인 나라로 나타났다.

총 20만 명 이상이 응답한 598개의 연구를 살펴본 연구에서는 개인과 국가 분석 수준에서 문화적 가치와 조직의 다양한 조직 기준 간의 관계를 확인했다.[147] 종합하자면 호프스테더가 애초에 제안한 다섯 가지 문화적 차원 모두 관련 결과를 예측하는 강력한 지표라는 사실을 재확인했다. 요약하자면 이 연구는 호프스테더의 체계가 사람 간의 차이를 분석하는 가치있는 방법이지만 한 국가에서 온 모든 사람이 동일한 가치관을 가진 것으로 가정해서는 안 된다.

GLOBE 체계

1993년에 시작된 '글로벌 리더십과 조직행동 효과성(Global Leadership and Organizational Behavior Effectiveness, GLOBE)' 연구 프로그램은 서로 다른 문화 간의 리더십과 국가문화에 대한 현재도 지속되고 있는 비교문화 연구이다. GLOBE 팀은 62개국 951개 조직의 자료를 이용하여 호프스테더의 모델에 기초한 국가 문화를 구분해주는 아홉 가지 차원을 확인했다.[148] 아홉 가지 요소 중 일부, 즉 권력 거리, 개인주의/집단주의, 불확실성 회피, 성별 차이(남성성/여성성과 유사), 미래지향성(장기지향/단기지향과 유사)는 호프스테더의 차원과 유사한 요소이다(경우에 따라 다르게 정의되지만). 여기에 더하여 GLOBE 체계는 호프스테더의 차원에 새로운 차원을 추가하거나 기존 차원을 쪼갰다. 가령, 인간지향(사회가 타인에게 이타적이고 관대하고 친절한 사람에게 보상을 제공하는 정도)과 성과지향(성과 향상과 탁월함에 대해 집단 구성원을 격려하고 보상하는 수준)이 그 예이다. 도표 2-4에 GLOBE 체계와 호프스테더의 차원 간의 연결이 기술되고 있다. 도표에서 볼 수 있듯이 GLOBE 프로그램은 현실을 다루는지(현재 일어나는 일), 가치관을 다루는지(사회가 이상화하고 갈망하는 것)에 따라 차원을 구분했다.

두 체계는 많은 공통점이 있으며 유사한 결론을 보여준다. 예를 들어 조직 몰입 문헌을 검토

도표 2-3 호프스테더의 국가별 문화적 가치

	권력 거리		개인주의 대 집단주의		남성성 대 여성성		불확실성 회피		장기지향 대 단기지향	
나라	점수	순위	점수	순위	점수	순위	점수	순위	점수	순위
아르헨티나	49	35~36	46	22~23	56	20~21	86	10~15		
호주	36	41	90	2	61	16	51	37	31	22~24
오스트리아	11	53	55	18	79	2	70	24~25	31	22~24
벨기에	65	20	75	8	54	22	94	5~6	38	18
브라질	69	14	38	26~27	49	27	76	21~22	65	6
캐나다	39	39	80	4~5	52	24	48	41~42	23	30
칠레	63	24~25	23	38	28	46	86	10~15		
콜롬비아	67	17	13	49	64	11~12	80	20		
코스타리카	35	42~44	15	46	21	48~49	86	10~15		
덴마크	18	51	74	9	16	50	23	51	46	10
에콰도르	78	8~9	8	52	63	13~14	67	28		
엘살바도르	66	18~19	19	42	40	40	94	5~6		
핀란드	33	46	63	17	26	47	59	31~32	41	14
프랑스	68	15~16	71	10~11	43	35~36	86	10~15	39	17
독일	35	42~44	67	15	66	9~10	65	29	31	22~24
그레이트브리튼	35	42~44	89	3	66	9~10	35	47~48	25	28~29
그리스	60	27~28	35	30	57	18~19	112	1		
과테말라	95	2~3	6	53	37	43	101	3		
홍콩	68	15~16	25	37	57	18~19	29	49~50	96	2
인도	77	10~11	48	21	56	20~21	40	45	61	7
인도네시아	78	8~9	14	47~48	46	30~31	48	41~42		
이란	58	29~30	41	24	43	35~36	59	31~32		
아일랜드	28	49	70	12	68	7~8	35	47~48	43	13
이스라엘	13	52	54	19	47	29	81	19		
이탈리아	50	34	76	7	70	4~5	75	23	34	19
자메이카	45	37	39	25	68	7~8	13	52		
일본	54	33	46	22~23	95	1	92	7	80	4
한국(남한)	60	27~28	18	43	39	41	85	16~17	75	5
말레이시아	104	1	26	36	50	25~26	36	46		
멕시코	81	5~6	30	32	69	6	82	18		
네덜란드	38	40	80	4~5	14	51	53	35	44	11~12
뉴질랜드	22	50	79	6	58	17	49	39~40	30	25~26
노르웨이	31	47~48	69	13	8	52	50	38	44	11~12
파키스탄	55	32	14	47~48	50	25~26	70	24~25	0	34
파나마	95	2~3	11	51	44	34	86	10~15		
페루	64	21~23	16	45	42	37~38	87	9		
필리핀	94	4	32	31	64	11~12	44	44	19	31~32
포르투갈	63	24~25	27	33~35	31	45	104	2	30	25~26
싱가포르	74	13	20	39~41	48	28	8	53	48	9
남아프리카 공화국	49	35~36	65	16	63	13~14	49	39~40		
스페인	57	31	51	20	42	37~38	86	10~15	19	31~32
스웨덴	31	47~48	71	10~11	5	53	29	49~50	33	20
스위스	34	45	68	14	70	4~5	58	33	40	15~16
타이완	58	29~30	17	44	45	32~33	69	26	87	3
태국	64	21~23	20	39~41	34	44	64	30	56	8
튀르키예	66	18~19	37	28	45	32~33	85	16~17		
미국	40	38	91	1	62	15	46	43	29	27
우루과이	61	26	36	29	38	42	100	4		
베네수엘라	81	5~6	12	50	73	3	76	21~22		
유고슬라비아	76	12	27	33~35	21	48~49	88	8		
지역:										
아랍 국가들	80	7	38	26~27	53	23	68	27		
동아프리카	64	21~23	27	33~35	41	39	52	36	25	28~29
서아프리카	77	10~11	20	39~41	46	30~31	54	34	16	33

참고: '점수'는 각 차원상 해당 국가의 점수이며, 0 = '극도로 낮은 수치'에서 100 = '극도로 높은 수치'를 의미한다. '순위'는 호프스테더의 데이터베이스에서 다른 국가와 비교한 국가의 상대적 순위를 의미하며, 1 = '가장 높은 순위'를 의미한다.

출처:

도표 2-4 호프스테더-GLOBE 비교

호프스테더의 차원	GLOBE
권력 거리: 한 사회가 권력의 불평등한 분배를 수용하는 정도	**권력 거리**: 한 사회가 권력의 불평등한 분배를 수용하는 정도
불확실성 회피: 한 사회가 모호성에 의해 위협을 느끼고 회피하는 정도	**불확실성 회피**: 한 사회가 모호성을 피하기 위해 질서, 구조, 법을 추구하는 정도
장기지향: 한 사회가 미래와 지속성을 강조하는 정도(현재와 변화를 비교하여)	**미래지향**: 한 사회가 자신의 행동이 미래에 영향을 미칠 수 있다고 믿는 정도
집단주의: 한 사회가 끈끈한 집단으로 행동하는 것을 강조하는 정도(독립적인 개인과 비교하여)	**제도적 집단주의**: 한 사회가 집단적인 행동과 자원의 배분을 지지하는 정도 **내집단 집단주의**: 한 사회가 충성, 자부심, 애국심, 단결을 가치있게 여기는 정도
남성성: 한 사회가 권력과 통제와 같은 전통적인 남성적 역할을 선호하는 정도(성별에 따른 역할 구분 미미)	**성 평등주의**: 한 사회가 전통적인 성 역할을 중요하지 않게 여기는 정도
	적극성: 한 사회가 자신감과 원하는 것에 대한 주장을 강조하는 정도
	인간지향: 한 사회가 돌봄, 우정, 이타심, 공정성, 친절, 관대함을 가치있게 여기는 정도
	성과지향: 한 사회가 결과의 산출, 탁월함, 생산성을 가치있게 여기는 정도

출처: R. Hadwick, "Should I Use GLOBE or Hofstede? Some Insights That Can Assist Cross-Cultural Scholars, and Others, Choose the Right Study to Support Their Work," paper presented at Australian & New Zealand Academy of Management, Wellington, NZ (December 2011); R. J. House, P. J. Hanges, M. Javidan, P. W. Dorfman, and V. Gupta, *Culture, Leadership, and Organizations: The GLOBE Study of 62 Societies* (Thousand Oaks, CA, 2004); X. Shi Sage and J. Wang, "Interpreting Hofstede Model and GLOBE Model: Which Way to Go for Cross-Cultural Research?" *International Journal of Business and Management* 6, no. 5 (2011): 93-99에 기초함.

해보니 호프스테더와 GLOBE 개인주의/집단주의 차원이 유사하게 작동했다. 구체적으로 두 체계 모두 개인주의적 국가에서 조직 몰입이 일반적으로 낮게 나타난다는 것을 보여주었다.[149] 그러나 GLOBE는 호프스테더 체계를 여러 가지 방식으로 확장한다. 예를 들어 도표 2-4에서 볼 수 있듯이 문화적 가치의 다양한 측면이 더 좁은 차원으로 분리된다. 이와 상관없이 이러한 문화 가치의 차원을 인식하는 것은 오늘날 매우 중요하다. 세계화의 도래로 기업은 종종 다국적 프로젝트에 참여하고 다국적 팀에서 일하며 자사직원을 익숙하지 않은 다른 문화에서 일하도록 파견한다. 각 문화에서 무엇이 중요한지(무엇이 중요하지 않은지)를 이해하는 것은 오늘날 필요한 '가치 있는' 정보이다.[150]

문화적 엄격성과 유연성

문화 간 가치의 차이에 대해 꽤 많이 논의했지만 문화는 또한 그들의 규범 강도에서도 다를 수 있다. 5장에서 논의할 상황적 강도 개념과 유사하게 **문화적 엄격성-유연성**(cultural tightness-looseness)은 사회 내에 명확하고 널리 퍼져 있는 규범이 존재하는지, 규범을 어기는 경우는 제재에 대해 명확한 이해가 있는지, 그 규범을 벗어나는 것에 대해 관용이 없는지를 나타낸다.[151] 문화적으로 엄격한 나라들은 역사적으로 많은 위협을 경험해왔으며, 이로 인해 명확하고 강력한 규범이 나타났다. 예를 들어 일본은 세계에서 가장 자연재해가 빈발한 국가 중 하나이다.[152] 이런 재해의 지속적인 위협 아래에서 살아가려면 협력과 생존을 위한 강력한 규범과 규칙이 필요할 것이다.[153] 반면 미국과 같이 유연한 국가들은 자율성과 자유에 대한 제약에 대해 양가적인 경향을 보인다. 문화적 엄격성-유연성을 주장한 연구자인 미셸 겔펀드

문화적 엄격성-유연성 사회 내에 만연한 명확한 규범, 규범을 어겼을 때 받는 제재에 대한 명확한 이해, 규범으로부터 이탈하는 것에 대한 무관용이 존재하는 정도

호프스테더 체계에 따르면, 많은 아시아 국가들은 일에 대한 팀 기반 접근을 장려하는 강한 집단주의 문화를 지닌다. 한국 부산의 백화점에 근무하는 이 직원들은 팀의 성공을 일에서 개인의 성공보다 더 중요하게 여긴다.

출처: Yonhap News/YNA/Newscom

(Michele Gelfand)는 "지금까지의 코로나바이러스 대응은 [미국]의 유연한 문화 프로그래밍을 반영하고 있다. 이것은 갈등을 야기했다. 표준화되지 않았고, 조정되지도 않았다"라고 설명했다.[154] 문화적 엄격성은 고성과 인사 제도가 더 효과적인지 덜 효과적인지에 영향을 미친다. 엄격한 문화에서는 강력한 규범이 있으므로 근로자는 이 규범을 따르도록 동기부여된다. 따라서 조직에서 엄격한 채용 시스템, 교육 프로그램, 보상 시스템, 참여적인 의사결정 관행이 조직에 의해 실행되면 일반적으로 근로자가 이러한 관행을 따르는 경향이 있으므로 성공할 가능성이 높다.[155]

종교

신앙과 종교는 문화의 큰 부분이며 종교적 신념이 특정 행동을 금지하거나 장려하는 경우에 고용 이슈가 될 수 있다. 종교가 직장에서 문제가 안 되는 국가는 거의 없다. 이러한 이유로 종교에 기반한 차별을 금지하는 법률이 호주, 영국, 미국을 포함한 여러 국가에서 시행되고 있다.[156] 미국의 경우는 미국 장애인법(ADA)에 명시되었듯이 종교적 예외를 위한 합리적 조치가 요구된다. 예를 들어 마이애미 호텔의 설거지 담당인 마리 피에르(Marie Pierre)는 종교적 이유로 일요일에 휴무를 요청했으나 교대 근무를 허용받지 못하자 수백만 달러의 손해 배상금을 받았다.[157] 종교적 차별은 이슈들이 복잡하기에 미국에서 차별 관련 소송이 증가하는 원인 중 하나다. 최근에는 히잡(머리 덮개)를 착용했다는 이유로 채용이 거부된 사만다 엘라우프(Samantha Elauf)가 "애버크롬비(Abercrombie)에서 고용되지 않은 이유가 제가 무슬림 신앙에서 겸손함을 상징하는 히잡을 착용했기 때문이라는 것을 알게 되었어요"라며 종교적 차별로 소송을 제기했다.[158] 이와 유사한 차별이 연구에서도 관찰되었다. 한 연구에 따르면 무슬림 신분을 드러내는 복장을 하고 소매업에 지원한 가상의 구직자는 이러한 복장을 하지 않은

지원자보다 짧고 부정적인 채용 면접을 경험한 것으로 나타났다.[159]

해외파견 직원의 현지 적응

이 장의 초반에서 기술했듯이, 다른 나라로 이사가서 그 나라의 새로운 문화, 대인관계, 업무 관련 규범에 적응하는 경험은 해외파견 직원(즉, 국제업무 담당 직원)과 현지 직원에게 매우 중요한 일이다. 예를 들어 많은 해외파견 직원은 그들의 성적 지향을 해당국 현지 직원이 수용할 것인지에 대해 극도로 염려한다.[160] 이러한 이슈가 적절하고 신중하게 처리되지 않으면, 적응의 어려움이 직원의 불만족, 성과 저하, 편견, 오해로 이어지기 때문이다.[161] 원활한 적응 프로세스를 마련하려면 여러 가지 요인을 중점적으로 살펴보아야 한다. 첫째, 다른 문화권 직원과 소통해보려는 동기가 높고 권한 위임을 경험할수록 적응력과 만족도가 증가하고 조기에 귀국하려는 의도가 낮아지는 것으로 나타났다.[162] 시간이 지남에 따라 모든 해외파견 직원의 적응도가 증가하는 경향을 보이는데, 특히 이전에 문화와 관련된 일을 해본 경험이 있거나 자존감과 자기효능감이 높은 사람이 보다 신속하게 적응하고 승진도 빠른 것으로 나타났다.[163] 약 9,000명의 해외파견 직원을 대상으로 한 66건의 연구를 검토한 결과는 언어 능력, 관계 스킬, 역할 명확성과 자율성, 조직 지원, 가족 지원 등 다양한 변수가 적응 활동에 영향을 미치는 것으로 나타났다.[164] 마지막으로 문화적 엄격성-유연성도 중요하다. 거의 모든 해외파견 직원이 문화적으로 엄격한 국가에서 적응에 어려움을 겪었는데 이는 강하게 관찰되고 무겁게 요구되는 규범에 적응해야 하기 때문이다.[165] 이러한 연구는 결국 국제 업무를 위해 신속하게 적응할 수 있는 구성원을 선발해야 하고, 이들이 맡은 업무를 잘 수행할 수 있도록 필요한 지원을 확실히 해주어야 한다는 점을 보여준다.

문화 지능

4장에서 논의된 감정지능(EQ) 개념과 유사한 것으로 **문화 지능**(cultural intelligence, CQ)이 있다. 문화 지능은 문화적으로 다양한 환경과 상황에서 효과적으로 기능하는 능력을 의미한다.[166] 글로벌 네트워킹 이벤트에 참석한 2명의 임원을 생각하자.[167] 첫 번째 임원은 브라질 출신으로 호주 출신 임원과 대화를 나누고 있다. 브라질 임원은 호주 임원에게 매우 가까이 서 있으며 빈번하게 어깨를 만진다. 호주 임원은 가까운 거리와 터치가 불편해 계속해서 뒤로 물러나며, 브라질 임원은 거의 30분이 지나서야 이러한 상황을 지각한다. 이 상황에서 높은 문화 지능은 두 경영진 간의 문화적 차이를 이해하는 것뿐 아니라 문화적 실수를 피하기 위해 상황을 빠르게 지각하고 적응하는 능력을 가리킨다.[168]

문화 지능 문화적으로 다양한 환경과 상황에서 효과적으로 기능하는 개인의 능력

문화 지능은 해외 주재원의 경력 초부의 적응, 직무 성과, 심리적 건강과 웰빙, 비교문화 리더십, 협상 성과, 조직 내 시민행동과 관련이 있다는 것이 밝혀졌다.[169] 게다가 부동산 에이전트에 대한 연구에서 문화 지능은 그들의 기관이 다양성 이니셔티브를 지원할 때 문화적으로 상이한 고객에 대한 판매를 예측했다.[170] 문화 지능은 직원의 성과에 영향을 미치는 동기부여 효과를 가지고 있다. 예를 들어 문화 지능이 높은 개인은 문화적으로 다른 동료와 상사에게 자신의 아이디어를 표현하는 데 더 편안함을 느낀다.[171]

자신의 문화 지능을 개발할 때 고려해야 할 두 가지 사항이 있다. 첫째, 연구결과에 따르면 다국적 기업에서의 경험이 광범위하고 일반적인 국제 업무를 관리하는 능력을 예측한다.[172] 특

수한 경험 자체는 국제 업무를 관리하는 능력을 예측하지 못한다. 따라서 광범위한 경험을 쌓는 '문화 일반가'가 '문화 전문가'보다 더 효과적일 수 있다. 둘째, 자신의 문화 지능을 개발하기 위해 다문화적 개방성을 채택하는 것이 유익할 수 있다. 예를 들어 교환 학생 중에서 '우리 대 그들' 태도(사회적 범주 이론에 관한 앞절 참조)를 가진 학생은 해외에서 공부하는 동안 호스트 국가 국민으로부터의 문화적 거부에 더 민감하게 반응하는 경향이 있었으며, 이는 새로운 문화에 대한 적응과 문화 지능의 개발에 영향을 미쳤다.[173]

문화 지능을 개발하는 것 외에 직원, 관리자, 조직은 다양한 방식으로 조직 내 다양성을 효과적으로 관리할 수 있다. 다음 절에서는 조직 내 다양성 관리의 기회와 도전에 대해 살펴보고자 한다.

다양성 관리의 실행

2-6 조직이 어떻게 다양성을 효과적으로 관리하는지 기술할 수 있다.

다양성 관리 인력에 내재된 다양성을 관리하고 활용하기 위한 증거-기반 전략의 사용

사람 간의 차이점을 다양한 관점에서 살펴보았으니 이제 조직이 이 차이점을 어떻게 다루어야 할지에 대해 살펴보자. **다양성 관리**(diversity management)는 인력에 내재된 다양성을 관리하고 활용하는 증거-기반 전략을 활용하는 것을 의미한다.[174]

그러나 다양성에만 초점을 맞추는 것은 충분하지 않다.[175] 지금까지 검토한 이론과 연구는 다양성을 이해하는 것만으로는 다루기 어려운 편견, 차별, 문화적 오해에 대한 더 큰 그림을 그린다. 대신에 조직은 불평등, 불공정, 배제를 개선하기 위해 노력에 관심을 확장할 필요가 있다.

결과적으로 조직은 세 가지의 전략적이고 원칙적인 목표로 다양성, 형평성, 포용성(DEI)에 관심을 두기 시작했다.[176] 첫째, 다양성에 대한 관심은 사람 간의 차이를 폄하하기보다 축하하고, 직장 내 다양하고 소외된 사람의 대표성을 증진시키는 것을 포함한다. 지금까지 논의한 많은 주제가 이러한 이슈에 중점을 두고 있다.

형평성 모든 직원에게 동일한 기회를 제공하려는 것을 의미하며, 어떤 사람은 특권과 이득을 부여받는 반면에 다른 사람은 장벽을 직면하게 됨을 인식하는 것

둘째, **형평성**(equity)에 대한 관심은 모든 직원에게 동일한 기회를 제공하려는 것을 의미하며, 어떤 사람은 특권과 이득을 부여받는 반면에 다른 사람은 장애와 장벽을 마주하게 됨을 인식하는 것이다.[177] 공평성에 대한 헌신은 평등한 기회를 제공하고 편견과 차별을 줄이는 것에 헌신함을 의미한다. 형평성 전략에는 다양한 지역사회와의 광범위한 협력, 부당한 구조에 대한 비판, 연대 구축, 불평등에 대한 교육이 포함된다.[178]

미국에서는 1964년 민권법에 따라 미국 고용평등기회위원회(EEOC)가 설립되어 채용 과정 중에 공평한 기회를 보장함으로써 모든 사람이 개인 차이에 상관없이 공정하게 대우받도록 하고 있다. 미국에서 형평성을 생각할 때 일부 사람은 소수인종 우대정책을 떠올릴 것이다. 소수인종 우대정책은 종종 오해를 불러 일으키는데, 미국에서는 소수인종 집단에 대한 할당제는 시행하지 않는다(위헌으로 판결되었음). 대신에 자격을 갖춘 소수인종을 채용, 선발, 교육하기 위해 좋은 의미의 노력을 기울여 소수인종 비율과 공평한 처우를 향상시키고자 한다.[179] 불행히도 많은 사람이 형평성의 추구를 불공정의 용어로 이해하며 소수인종 우대정책을 '역 차별'이라거나 자격을 갖춘 사람의 이익을 무시하거나 수혜를 입은 사람을 낙인찍는 행위로 보곤 한다.[180] 형평성을 추구하는 것과 자격을 중요시하는 것은 상호배타적인 것이 아니다. 실제로

윤리적 선택

실업 군인을 위한 우대정책

"실업 재향군인들, 희망을 가져보세요. 월마트가 여러분을 원합니다." 소매업계 거장인 이 회사는 자신에 회사에 입사지원한 재향군인을 모두 고용하겠다고 선언했다. 이 결과로 회사는 2020년에 32만 명의 군인을 고용하게 되는데, 이는 2013년에 설정한 초기 목표인 25만 명을 7만 명이나 초과한 수치이다. 다른 기업도 유사한 계획을 추진하여 10만 명의 군인을 2020년까지 고용하는 '10만 개 일자리 미션'과 같은 활동을 개시했다. 초창기 11개 사였던 연합체 회원사는 거의 모든 업종에 달하여 230개 기업으로 늘어났다. 2020년 기준으로 총 71만 2,823명의 군인이 고용되었다. 이러한 엄청난 성장으로 인해 이 연합체는 미국 군인 100만 명을 고용하기로 목표를 상향 조정하고, 그 이름을 '재향군인 일자리 미션'으로 변경했다. 이것은 모든 기업이 모방해야 하는 윤리적 선택인가?

미국으로 귀환한 군인의 어려움을 해결해야 한다는 필요성은 누구도 부정하지 않을 것이다. 많은 군인은 고용주들이 자신을 원하지 않는다고 말한다. "재향군인을 원한다고 말하는 회사가 많지만 그런 말과 실제 실업률은 상충한다"라고 전직 공군 기술자였던 하칸 잭슨(Hakan Jackson)은 주장했다. 그의 말이 맞다. 군인의 실업률은 민간인보다 여전히 높은 수준이다.

일부 군인에 따르면 재향군인은 시장에서 충분한 경쟁력이 없다. 이라크 전쟁 참전 군인인 에릭 스웰(Erik Sewell)은 군인 실업률이 높은 이유로 군인들이 종종 자신의 강점을 충분히 잘 홍보하지 않거나 전이가능한 기술을 잠재 고용주에게 잘 어필하지 못하기 때문이라고 했다. 국가 경비대 12년 경력의 브라이슨 디트렌트(Bryson DeTrent)는 회사가 재향군인, 특히 국가 경비대 소속 군인을 고용하기를 꺼려 하는데, 이 직원이 나중에 병무에 호출될 수 있다는 점을 우려해서라고 했다. 정신적, 정서적 웰빙도 문제이다. 고용주는 군인이 외상 후 스트레스 장애(PTSD)를 겪는 것에 대해 우려를 표명한다. 그럼에도 불구하고 일부 관리자는 재향군인의 직업 윤리, 팀 협업, 교육에 대한 수용성이 일반인 대비 훨씬 높다고 보고한다.

때로는 특정 직군에 속한 인력에게 기회를 제공하기 위해 비율 할당, 숫자 할당 또는 원하는 그룹에서 잠재적인 모든 직원을 고용하는 것과 같이 성공할 수 있는 기회를 제공하는 우대정책이 필요할 수 있다. 그러나 어떤 프로그램은 목표 그룹에서 자격 미달인 개인을 포함시키고 다른 인력군의 자격을 갖춘 개인을 제외하게 되는 위험을 내포한다. 이것은 자격을 갖춘 민간인 대신 자격 미달인 재향군인을 고용하는 것을 의미할 수 있다.

자원은 항상 한정되어 있으며 얻을 수 있는 일자리는 한정되어 있다. 관리자는 우대정책의 윤리성과 조직의 이익을 위해 인력을 강화해야 하는 책임감의 균형을 잘 찾아야 한다.[181]

연구에 따르면 둘 다 강조되는 다문화적 성과주의를 확립하는 것이 편견과 차별을 줄이고 조직 내 모든 사람의 몰입을 높일 수 있다.[182]

셋째, **포용성**(inclusion)에 대한 관심은 모든 사람이 가치 있고 환영받으며 포용된다고 느끼는 환경을 조성하는 것을 의미한다.[183] 포용성에 대한 헌신은 모든 직원이 공헌할 기회가 있다고 느끼고, 그들에게 영향을 미치는 의사결정에 참여하고, 팀의 일원으로서 가치를 인정받도록 보장하는 것을 의미한다. 포용성에 대한 관심은 조직 내의 개별 직원, 근로자, 관리자가 각자 고유한 '목소리'를 가지고 있다는 것을 인식하는 것을 포함하며, 포용성은 이러한 다양한 목소리가 표현되고 공유될 수 있는 환경을 조성한다.[184] 예를 들어 본사가 아닌 타국의 자회사에 근무하는 관리자를 생각해보자. 본사와 멀리 떨어져 있고 연결되지 않은 이 구성원이 조직에 포함되었다는 느낌을 받게 하는 것은 종종 도전적인 과제이다. 그러나 연구에 따르면 이들의 조언을 적극적으로 구하고 해당 국가 내 잘 연결된 현지 네트워크를 활용하는 방법으로 포용을 강화할 수 있으며,[185] 인종적으로 다양한 관리자는 자신의 가치를 인정받고 소속되어 있다고 느끼게 된다. 넷플릭스의 포용 전략 부사장 베르나 마이어스(Vernā Myers)는 "다양성은 파티 초대를 받는 것이다. 포용은 같이 춤을 추겠냐고 요청받는 것이다"라고 말했다.[186]

포용성 모든 사람이 가치 있고 환영받으며 포용된다고 느끼는 환경을 조성하는 것

이러한 전략과 목표가 올바른 방향으로 떼는 한 걸음일지라도, 이 장의 초반에서 언급했듯이 OB가 모든 답을 가지고 있지는 않다. DEI는 사회와 일의 세계가 적극적으로 해결하려 노력하고 있는 현대사회의 도전적이 과제이다. 그럼에도 불구하고 관련 이론과 연구는 직원, 관리자,

조직이 다양성 관리를 전진시키는 데 도움이 되는 광범위하고 설득력 있는 기초를 확립했다. 다음 절에서는 관리자와 조직이 성공가능성이 높은 프로그램, 교육 훈련, 정책의 기저에 있는 현상을 이해하도록 돕는 다양성 관리를 뒷받침하는 이론적 기초에 대해 논의하고자 한다.

다양성 관리에 대한 이론적 기초

많은 경우에 관리자는 편견과 집단 간 갈등을 완화하기 위해 증거-기반 실천 방안에 대한 이해 없이 다양성 관리에 접근한다. 그저 다양성을 유행어로 보고 편견은 신경쓰지 않고 숫자를 늘리는데 여념하고 조직 내 다양성 이슈에 기저한 심리적 과정을 다루는 것을 간과할 수 있다. 이 절에서는 다양한 집단과 조직에서 편견과 갈등을 줄이기 위한 두 가지 증거-기반 패러다임인 공통 내집단 정체성 모델과 접촉 가설에 대해 논의하고자 한다.

공통 내집단 정체성 직원의 관심을 집단의 구분('us'와 'them')에서 집단의 통합('us')으로 전환하여 편향을 줄이고 포용을 촉진할 수 있다는 주장

공통 내집단 정체성 모델 **공통 내집단 정체성**(common ingroup identity)에 대한 아이디어는 간단하다. 직원의 관심을 무엇이 그들을 구분하는가에서 무엇이 그들을 통합하는가로 바꾸고, '우리(us)'와 '그들(them)'이라는 인식을 보다 포용적인 '우리(we)'로 변화시키는 것을 포함한다.[187] 본질적으로 이 이론은 사람을 나누는 사회적 범주화 메커니즘을 다시 한 번 사람을 통합하는 데 사용한다. 예를 들어 한 연구는 시민과 이민자 간의 공통 내집단 정체성 형성이 이민자에 대한 인종차별을 줄이고 이민자 포용에 대한 긍정적 태도를 증가시키며, 이민자 지원을 위한 자원봉사시간을 투자하거나 이민자 지원 노력에 기부할 가능성까지 예측했다.[188] 반면에 사람 간의 차이를 강조하고 그룹 간 갈등을 미화하는 것은 갈등을 지속시키고 더 많은 갈등을 원하는 욕구를 부추긴다.[189]

전반적으로 공통 내집단 정체성 모델에 대한 증거는 고무적이다. IAT(Implicit Association Test)에서 편향 점수 감소를 보여준 실험결과에서 나타나듯이 암묵적 편향에 대한 효과도 확인되었다.[190] 그러나 공통 내집단 정체성이 강력한 도구임에도 불구하고, 직원과 관리자는 사람들의 다양한 정체성을 부주의하게 덮어버리지 않도록 주의해야 한다. 더 나아가서 이 접근방식은 구성원으로 하여금 불평등을 무시하고 덜 신경쓰게 만들어 형평성을 위한 노력을 약화시킬 수도 있다.[191] 다음에 기술될 접촉 가설에 대해서도 동일한 비판이 적용된다.

접촉 가설 서로 다른 배경을 가진 사람이 더 자주 상호작용할수록 집단 간의 편견과 차별이 시간이 지남에 따라 감소할 것이라는 주장

접촉 가설 **접촉 가설**(contact hypothesis)은 서로 다른 배경을 가진 사람이 더 자주 상호작용할수록 집단 간의 편견과 차별이 시간이 지남에 따라 감소할 것이라 주장한다.[192] 다시 말해서 사람이 서로 상호작용하게 되면 접촉이 시간에 걸쳐 편견을 감소시킨다.[193] 접촉은 대다수 집단 구성원이 다양성에 대해 달리 생각하고 소수집단의 이해관계에 대해 인식하고 관심을 기울이게 만드는 가장 유망한 방법 중 하나이다.[194] 접촉이 반드시 물리적일 필요는 없다. 연구에 따르면 가상의 혹은 상상 속의 접촉조차도 편견 감소, 포용, 불안 감소에 영향을 미칠 뿐만 아니라 미래의 직접적인 접촉으로 이어질 수 있다.[195] 간접적인 접촉 역시 영향을 미칠 수 있다. 예를 들어 다른 그룹의 구성원과 직접 상호작용하지 않더라도 동료 집단 구성원이 그렇게 하는 경우는 편견 감소에 전염 효과가 있을 수 있다.[196]

다양성 역학과 비교문화 조직행동 절을 돌이켜보면, 초기에 다양성이 높은 집단은 시간이 지남에 따라 그들의 차이를 조화시키게 된다는 것을 기억할 것이다. 그러나 항상 최상의 초기 결과를 얻을 수 있는 것은 아니며, 집단은 종종 험난한 출발을 할 수 있다는 것도 아마 기억날 것

이다. 접촉 가설에도 동일한 원리가 적용된다. 다른 집단 구성원 간의 부정적인 경험은 감정적 대립을 유발할 수 있으며 이는 특히 SDO가 높은 사람에게 편견을 강화하는 결과를 낳게 된다.[197] 마찬가지로 사람과 집단 간의 권력 거리와 지위 계층을 강조하는 국가에서는 집단 간 접촉이 덜 효과적인 전략일 수 있다.[198] 더 나아가 스트레스와 정신적 자원의 부족은 접촉의 긍정적인 효과를 약화시킬 수 있으며, 이는 접촉-기반 개입이 스트레스가 적은 환경에서 가장 효과적일 수 있다는 것을 시사한다.[199]

그럼에도 불구하고 집단 간 접촉은 편견을 줄이고 직장에서 다양성을 촉진하는 유망한 접근 방식이다. 예를 들어 상상 속의 접촉은 채용 관리자의 조망 수용을 개선하는 데 도움이 되었으며, 이로 인해 이러한 상상 속의 접촉에 참여하지 않은 채용 관리자보다 트랜스젠더 지원자를 더 호감가고 채용가능하다고 평가했다.[200] 또한 1955년부터 2000년까지 NBA 농구선수와 그들의 코치의 성적을 조사한 한 연구에서 코치와 같은 인종의 선수는 처음에는 코치로부터 더 많은 출전시간을 받았지만, 팀에 함께 더 오래 있을수록 코치는 다른 인종의 선수에게 더 많은 출전시간을 부여했다.[201]

다양성 관리 제도

조직에서는 직장 내 DEI를 증진시키고자 하는 목표를 달성하기 위해 다양한 다양성 관리 제도를 활용한다. 방금 검토했듯이 더 효과적인 다양성 관리를 돕는 증거-기반의 여러 접근법이 있다. 또한 다양성 관리와 관련한 기업 사례가 있다. 수백 편의 연구가 조직 내 나이, 인종, 문화, 성별 다양성과 기업 성과(예: 경쟁 우위, 재무적 성과) 간의 관련성을 보여주었다.[202] 사업 전략의 핵심요소로 통합되면, 다양성 지향 프로그램이 소수 집단의 비율을 높이고, 지각된 차별의 부정적인 효과를 완화하고, 조직의 투자대비 수익률(ROI)에도 긍정적인 영향을 미칠 수 있다.[203]

그렇다면 관리자는 실제로 어떻게 하는가? 불행하게도 많은 관리자는 아직 이러한 목표를 추구하지 않으며(다양성 관리를 전혀 고려하지 않는 경우도 있음), 정체성을 고려하지 않거나 소수 집단을 구분하여 차별적인(포용적이기보다) 대우를 하는 관행에 치중한다.[204] 관리자는 종종 배제를 방지하는 데 과도하게 집중하느라(예: 법률 규정 준수, 차별적 영향 회피) 포용을 촉진하는데(예: 심리적으로 안전하고 포용적인 환경 구축) 소홀할 수 있다.[205] 우선 순위가 잘못된 경우라도 다양성 관리에는 유익한 프로세스(예: DEI 증진)와 유해한 프로세스(예: 단기적 이직과 갈등 증가)가 모두 포함되는 것이 사실이다.[206]

그렇다면 관리자는 무엇을 해야 하는가? 가장 효과적인 다양성 관리 전략은 조직의 직원, 근로자, 고객, 사업의 고유한 요구사항을 고려해야 한다고 제안한다. 관리자는 너무 자주 다양성 관리에 획일적으로 접근하고 조직의 요구사항을 비판적이고 진정성 있게 평가하지 않으며, 다양성 '인식'에 과도하게 의존하고 '실천'에는 그리 중점을 두지 않는다.[207] 다국적 기업의 경우는 사업을 운영하는 국가와 문화에 맞게 접근 방식을 맞춤화해야 한다. 예를 들어 핀란드의 다국적 기업 TRANSCO의 사례 연구에서는 다양성 관리를 위해 일관된 글로벌 경영철학을 개발하는 것이 가능함을 확인했다. 그러나 국가별로 상이한 법적, 문화적 요인으로 실제 TRANSCO에서는 각 나라의 문화적, 법제도적 체제에 부합하는 정책을 별도로 마련하여 적용하고 있다.[208] 다음 절에서는 활용되어 온 여러 다양성 관리 제도에 대해 논의하고자 한다.

다양성을 위한 리더십 관리자는 조직 내에서 다양성, 형평성, 포용성(DEI)을 추구하기 위해 리더로서 주도적인 역할을 해야 한다. 리더가 수행하는 역할 외에도 리더는 다양성 관리와 관련된 개인적인 지식, 기술, 역량을 개발해야 한다. 예를 들어 관리자는 다문화 경험을 추구하고, CQ와 EQ를 개발해야 하며(4장을 참조), 새로운 경험에 대해 유연하고 개방적으로 대처할 수 있도록 노력해야 한다.[209] 이러한 역량은 관리자가 다양성을 효과적으로 이끄는 데 도움이 될 수 있다.

리더는 다양성 리더십에 있어 다음과 같은 네 가지 주요 역할을 수행해야 한다. ① 다양성을 자원으로 홍보하고, ② 긍정적인 집단 간 상호작용을 촉진하고, ③ 조직 지식을 관리하기 위해 다른 배경을 가진 사람 간의 토론과 대화를 자극하고, ④ 조직의 다양성 관행, 과정, 목표에 대한 지속적인 검토를 장려하는 것이다.[210]

포용성을 촉진하기 위해 리더는 먼저 겸손함, 진정성, 자신의 다양한 특성에 대한 이해를 바탕으로 자기자신을 들여다보아야 한다. 조직 퍼즐의 어디에 자신이 들어가는지에 대한 이해와 통찰을 갖춘 리더는 ① 모든 직원을 팀원으로 지지하고 의사결정에 참여시킴으로써 소속감을 촉진하며, ② 다양한 방식의 기여를 장려하고 모든 구성원이 충분히 기여할 수 있도록 도움으로써 각자의 고유함이 가치있게 여겨진다는 것을 전달할 수 있다.[211]

마지막으로 관리자는 조직 내에서 형평성을 증진하기 위해 많은 일을 할 수 있다. 물론 관리자는 조직 내에서 DEI 전략을 수립하는 데 핵심 역할을 한다. 그러나 이러한 전략을 실현하기 위해서는 구성원에게 기대치를 명확히 보여주고 제도에 대해 소통하여 어떻게 왜 특정 관행을 따르게 되는지 이해할 수 있도록 해야 한다.[212] 예를 들어 관리자는 편견과 차별이 발생하면 관용없이 HR에 신고할 수 있도록 장려하고 조직 내 승진과 진급에 대한 숨겨진 장벽을 찾아 제거하기 위해 노력해야 한다. 이러한 행동이 해로운 문화 속에 있는 리더에게는 위험을 수반할 수 있지만, 소외된 직원에게는 특히 더 큰 의미를 지닌다. 가령 트렌스젠더 직원에 관한 한 연구에서 '반대하는 용기'의 행위를 관찰하는 것이 조직 구성원에게 강력한 메시지를 전달하여 그들의 자존감, 직무 태도, 안녕감을 향상시키고 정서적 소진을 줄이는 것으로 나타났다.[213] 관리자는 또한 구조 설정에 적극 참여할 수 있다. 형평성과 공헌의 다양성을 촉진하는 과제, 역할, 위계, 학습 시스템을 디자인하는 것이 그것이다.[214] 예를 들어 다음 절에서 기술하겠지만 관리자들은 HR 관행(예: 채용, 인력 고용, 교육, 개발)을 통해 형평성을 촉진할 수 있다.

다양성 채용과 인력 고용 인력 구성의 다양성을 향상시키는 한 가지 방법은 직장에서 소수인 특정 인구통계학적 집단을 겨냥한 맞춤형 채용 메시지를 전달하는 것이다. 이는 해당 집단을 대상으로 한 출판물에 광고를 게재하거나, 마이크로소프트가 여성의 기술연구 수행을 장려하기 위해 시행하는 것처럼 소수집단의 많은 수의 학생이 다니는 전문대학, 대학교, 기타 기관과 협력하거나,[215] 여성기술자협회(Society of Women Engineers)나 국립소수집단공급자개발위원회(National Minority Supplier Development Council)와 같은 단체와 파트너십을 맺는 것을 의미한다. 연구에 따르면 특히 여성과 소수집단은 채용 자료에서 DEI에 대한 헌신을 강조하기 위해 특별한 노력을 기울이는 기업에 더 큰 관심을 갖는다.[216] 또한 조망수용을 촉진하는 채용자료(예: 자신을 차별의 희생양으로 상상해보기)가 다수집단의 구성원에게 채용 조직에 대한 관심을 높이는데 도움이 된다는 연구결과도 있다.[217] 여성과 소수집단을 조직의 리더 직책에서 보여주지 않는 다양성 광고는 조직에 대한 부정적인 메시지를 전달한다.[218] 일부 기업은 소수집단을 채용하기 위해 적극적으로 노력해왔다. 온라인 소매업체인 엣시(Etsy)는 공학 수업을 개최하고 여성 프로그래머를 지원하기 위해 장학금을 제공하며 최고의 인재를 채용한다.[219] 맥킨지앤컴퍼니(McKinsey & Co.), 베인앤컴퍼니(Bain & Co.), 보스턴컨설팅그룹(Boston Consulting Group), 골드만삭스(Goldman Sachs)도 가정을 꾸리기 위해 직장을 떠난 여성을 채용하기 위해 단계적 도입 프로그램과 다양한 혜택을 제공하고 있다.[220]

채용 과정은 다양성 관리 노력을 적용하기에 가장 중요한 기회 중 하나이다. 채용 담당자는 직원을 선발하는데 공정성과 객관성을 중요하게 여기고 새로운 직원의 생산적 잠재성에 초점을 맞추어야 한다. 관리자가 지원자 재능을 평가하기 위해 잘 정의된 프로토콜을 사용하고 조직이 차별 금지 정책을 명확하게 우선시할 때, 자격 요건은 누구를 고용할 것인지 결정하는 데 있어서 인종, 성별 등의 인구 특성보다 훨씬 중요한 요소가 된다.[221] 앞서 언급한 바와 같이 인사 담당자는 지원자를 선발하기 위해 사용하는 평가와 도구에 대해 잘 알고 있어야 하며, 차별적 영향을 최소화하려고 노력해야 한다. 인지적 부담이 크거나 대면 상호작용을 포함하는 평가(예: 면접)는 가장 큰 차별적 영향을 미친다. 사회적 범주화와 일관되게 사람은 유사성을 기반으로 집단을 형성하고자 하며, 이와 같은 이유로 채용과 선발에서 지원자는 자신의 생물학적 특성과 유사한 면접관으로부터 더 많은 취업 제안을 받고 이를 수락하는 경향이 있다.[222] 이는 면접이나 테스드를 완진히 없애야 한디는 뜻이 아니라, 채용 프로세스에서 잠재적인 차별을 최대한 줄이기 위해 주의를 기울여야 함을 의미한다.

다양성 훈련과 개발 대부분의 다양성 교육 프로그램은 세 가지 주요 구성요소를 갖추고 있다. 첫째, 고용평등기회 관련 법규를 가르치며 인구통계학적 특성에 관계없이 모든 구성원에 대한 공정한 처우를 강조한다. 둘째, 다양한 인력 구성이 어떻게 소비자와 고객의 다양한 시장에 더 좋은 서비스를 제공할 수 있는지 가르친다. 셋째, 관점의 다양성이 모두의 성과를 향상시킬 수 있는 가치있는 방법임을 인식하고 모든 직원의 스킬과 능력을 키우기 위해 자기개발 활동을 강조한다.[223] 일반적으로 다양성 교육은 효과가 있다. 수백 건의 연구를 검토한 결과는 다양성 교육이 조직 내 다양성 지식과 인력 구성을 향상시키고 차별을 감소시키는데 효과적이다.[224]

그러나 앞서 언급한대로 우선 대부분의 관리자와 조직은 자신의 DEI 요구사항을 충분히 인식하지 못하고 있다. 더구나 다양성 교육 프로그램의 특성 부분이 다른 부분보다 효과적일 수 있으므로 '요구 분석'이 더욱 중요하다. 다시 말해서 다양성 교육 프로그램은 차별적인 관행에 대한 인식 제고에는 효과적일 수 있으나, 직원이 자신의 편향을 인식하는 데는 거의 도움이 되지 않을 수 있다. 따라서 관리자는 조직 내 DEI 요구사항을 진지하게 고려하고 이러한 요구를 다룰 수 있는 훈련 개발 방식을 만들어야 한다. 둘째, 교육은 학습자가 학습한 내용을 적용할 수 있는 기회가 있는 만큼 효과적이다. 예를 들어 한 연구에서는 직원이 교육 중에 학습한 인종 간 조망수용 스킬을 가까운 타인종 친구가 있는 경우에만 적용했다는 결과가 있었다.[225] 이는 다양성 교육 프로그램이 학습자 동기를 촉진하거나 목표 설정을 장려해야 함을 강조한다.[226] 목표 설정은 교육에서 학습한 내용을 적용하고자 하는 학습자의 동기를 향상시킬 수 있다. 예를 들어 목표 설정은 다양한 성적 지향을 가진 사람에 대한 지지적 행동을 개발하기 위해 만들어진 교육 프로그램에서 학습자가 학습한 내용을 적용하는 데 도움이 되었다.[227]

멘토십 프로그램 또한 조직의 DEI 목표를 추진하기 위해 구축될 수 있다. 일반적인 효과성에도 불구하고, 멘토십 프로그램도 고용의 경우과 같이 타인종이나 타성별 멘토십과 관련된 문제에 직면한다(예: 수습생과 멘토는 일반적으로 동일한 생물학적 특성을 공유하는 사람을 선호). 다시 말해 관리자는 주로 백인 남성이며 다른 백인 남성을 멘토로 선택하는 경향이 있다.[228] 그럼에도 불구하고 멘토십은 직원을 지식과 경험이 풍부한 구성원과 연결시켜 해당 직원의 개인적 성장과 경력 발전을 돕는 다양성 개발 기회로 기능할 수 있다.

다양성 문화와 풍토

다양성 문화 다양성 가치의 공유와 우선순위 부여, 그리고 다양성이 조직 구성원에 의해 촉진되어야 한다는 신념

다양성 풍토 다양성을 증진하는 정책, 관행, 절차에 대한 조직구성원 간의 공유된 인식

관리자가 다양성 관리 관행을 실행함에도 별 효과를 보지 못하는 일은 흔하다. 조직을 변화시키기 위해 행동하지만, 조직은 잘 움직이지 않을 것이다. 한 OB 연구자팀이 언급한 것처럼 "다양성 프로그램을 수립하는 것만으로는 충분하지 않다"라는 것이다.[229] 더 나은 인력 구성, 형평성, 포용성이 여전히 조직 내 중요한 목표이지만, 조직 내에서의 DEI(다양성, 형평성, 포용성)에 대한 공유된 인식이 다양성 관리 관행이 긍정적인 효과를 내도록 하는 데 매우 중요하다. 문화와 풍토에 대해서는 이후 장에서 자세히 논의하겠지만, 조직의 다양성 문화와 풍토를 고려하지 않는다면 다양성 관리는 기대만큼 효과적이지 않을 수 있다. **다양성 문화**(diversity culture)는 다양성과 포용을 가치 있게 여기고 우선시하며, 조직 내에서 이를 육성해야 한다고 믿는다. 예를 들어 울타뷰티(Ulta Beauty)는 '다양성을 지지'하는 것을 미션과 가치의 주요 구성요소로 제시하고 있으며 미용 분야에서 흑인의 목소리를 '확대하고, 높이고, 지원하고, 격려하기'로 공개적으로 헌신하고 있다.[230] **다양성 풍토**(diversity climate)는 다양성 문화에서 나오며 조직 내에서 다양성과 포용을 강화하는 정책, 관행, 절차에 대해 공유된 인식을 반영한다.[231] 다시 말해서 다양성 풍토 하에서 일하는 직원은 다양성을 지원하고 포용을 증진하며 직원에게 평등한 접근과 참여 권한을 부여하는 데 필요한 규범, 정책, 절차가 있는 것을 알고 있다.[232]

DEI 이니셔티브와 마찬가지로 다양성 문화와 풍토는 동시에 편견과 차별 감소, 인력대표성 강화, 포용을 강조한다.[233] 긍정적인 다양성 풍토는 재무적 성과와 고객 만족도, 헌신과 유지를 증가시킬 수 있으며, 단층선의 부정적인 효과도 완화시킬 수 있으며, 이는 인종과 민족 차별의 감소로 조직 성과에 이익이 생김을 의미한다.[234] 수용 기관 내 긍정적인 다양성 풍토는 난민과 해외 주재원 모두 새로운 나라에서 더 환영받고 더 빨리 적응할 수 있도록 돕는다.[235] 다양성 문화와 풍토는 많은 면에서 공통 내집단 정체성 모델을 실천하며, 모든 직원이 응집력 있는 집단인 조직에 동일시하게 만든다.[236]

다양성 관리에 대한 도전

조직행동(OB) 분야가(사회심리학과 사회학의 동료들 덕분에) 먼저 치고 나갔지만, 다양성 관리는 간단한 문제가 아니다. 관리자들은 증거에 기반한 관행을 만들고 조직 내 DEI 친화적인 문화와 풍토를 조성하며 DEI 목표를 위한 전략적인 조치를 취할 수 있지만 여전히 실패할 수 있다. 다양성 관리에 대한 새로운 도전 과제를 여전히 발견 중이지만, 이 중 일부는 이미 잘 문서화되어 있다. 관리자는 자신의 다양성 관리 계획 수립시 이러한 도전 과제를 고려하고 대응하는 것이 좋다.

첫째, **진실성**은 매우 중요한 역할을 한다. 조직의 리더와 관리자는 DEI에 대한 헌신을 증명해야 하는 과제를 직면하고 있지만, 그들이 자기이익을 위해 하는 것처럼 보이거나,[237] 그렇지 않더라도 '말만 하는 것'처럼 보인다면(즉, 다양성을 중요하게 생각하지만 아무것도 하지 않는다면),[238] 그들은 모든 신뢰를 잃을 수 있다. 더 나아가 모든 직원과 연결하고 더 진실성 있게 보이려는 시도(예: 유머를 통해)도 오히려 포용 인식이 감소하는 역효과를 일으킬 수 있다.[239]

둘째, DEI에 성의없이 헌신하는 많은 리더와 관리자의 경우에 회사가 다양성을 중시하는 것처럼 보이기 위해 대표성을 향상시키는 표면적인 노력, **토크니즘**(tokenism)을 보일 수 있다.[240] 예를 들어 조직은 다양성 기대치를 충족시키기 위해 적은 수의 소수집단 인력을 고용하고 거기서 그만둘 수 있다. 형식적으로 고용되었다고 느끼는 것은 해당 직무의 직원이나 관리자에게 해로운 영향을 미치며 대중에게 진정성이 없다고 인식될 수 있다. 유감스럽게도 토크니즘은 꽤 흔하다. 예를 들어 S&P 1500 기업 이사회를 분석한 결과는 '정확히 2명의 여성'을 포함한 이사회가 예상보다 더 많았는데, 이 연구의 저자들은 이 현상을 **투크니즘**(twokenism)이라고 지칭했다. 다시 말해서 S&P 1500 임원은 여성 2명을 임원으로 고용하여 동료에게 동조하는 경향이 있되 일단 그 수에 도달하면 이사회에 더 많은 여성을 추가하지 않으려는 경향을 보였다.[241]

토크니즘 회사가 다양성을 중시하는 것처럼 보이기 위해 대표성을 향상시키는 표면적인 노력을 기울이는 것

셋째, 다양성 관리는 몇 가지 역설적인 효과를 초래할 수 있다. 예를 들어 소수집단의 구성원을 리더 자리에 임명하면 다양성을 합법화하는 면에서 여러 가지 긍정적인 변화를 가져올 수 있지만, 그 리더가 토큰화되거나 실패하도록 의도된 경우(이 장에서 앞서 논의한 유리절벽 현상), 그 다양성이 '시험대에 올라간' 경우(성공에 대한 압박을 받는 고정관념 위협의 한 형태)와 같은 부정적인 효과를 초래할 수도 있다.[242]

넷째, 조직은 진공상태에 존재하지 않는다. 주변 환경, 주요 사건, 심지어 지역 수준에서의 전반적인 다양성 문화와 풍토가 다양성 관리의 성공에 영향을 미칠 수 있다. 예를 들어 조직이 성 정체성 포용을 지원하는 정책을 가지고 있더라도 문화적 남성성과 여성성 규범, 성 역할 기대, 가부장적 기관, 정부 정책(예: 성 정체성에 대한 보호 부재, 임금 규범)이 그러한 다양성 관리 관행의 효과를 약화시킬 수 있다.[243]

다양성 관리의 성공을 저해할 수 있는 요인이 있지만, 직원, 관리자, 조직은 DEI를 우선시할 책임이 있다. DEI는 직장에서 정의와 공정성을 촉진하는 데 도움이 될 뿐 아니라 직무 태도, 안녕감, 심지어 성과를 향상시킬 수도 있다. 비록 OB 분야가 아직 갈 길이 멀지만, 직원과 관리자가 다양성 관리에 대한 교육을 받고 기술을 습득하고 조직을 모든 배경의 사람을 포용하고 환영하는 곳으로 만들기 위해 노력한다면 좋을 것이다.

요약

다양성 관리는 중요한 사회적 도전 과제이다. 다양한 분야의 이론가, 연구자, 실무자가 조직을 더 다양하고 공정하며 포용적인 환경으로 만들 수 있는 방법을 이해하기 위해 각자 역할을 수행하고 있다. 이 장에서는 '다양성'이라는 개념과 이러한 다양성이 나타나는 수준에 대해 설명했다. 사람은 여러 가지 방법으로 특징지어질 수 있지만 직장과 관련된 세 가지 주요 인적 특

성에 중점을 두었다. 이러한 특성에는 인종/민족, 연령, 성 정체성/성적 지향이 포함된다. 다음으로 다양성에 대한 편협성으로부터 기인한 두 가지 주요 비도덕적인 결과인 조직 내 편견과 차별에 대해 설명했다. 이어서 조직 내 다양성에 대한 우리의 생각에 영향을 준 사회심리학, 사회학, 산업과 조직 심리학의 이론들을 소개했다. 이러한 이론적 기반을 바탕으로 특정한 다양성 요소(예: 그룹 구성과 단층성)가 그룹과 팀 역학에 어떻게 영향을 미치는지를 설명했다. 그 다음 조직과 국가 수준으로 이동하여 문화와 국제적인 조직생활의 비교문화적 요소가 가령 해외파견 직원의 새 국가에 대한 적응과 같은 다양성에 어떤 영향을 미치는지 기술했다. 이 절에서는 종교와 문화 지능, 가치관, 규범을 다루었다. 마지막으로 DEI(다양성, 형평성, 포용성)에 세 가지 요소에 초점을 두고 조직이 다양성을 관리하는 방식에 대한 접근 방법을 논의했다.

비록 수십 년간의 연구와 실행을 통해 조직 내 다양성에 대해 많이 알게 되었지만 여전히 해야 할 일이 많이 남아 있다. 이 장을 읽은 후에 조직 내 다양성에 대해 더 명확한 이해를 하게 되었기를 바란다. 조직이 보다 다양하고 공평하고 포용적인 곳이 되도록 돕는데 여기서 배운 최신의 다양성 관리 지식을 활용할 수 있을 것이다.

관리자를 위한 시사점

- 조직 내 다양성의 복잡한 의미를 인식하고 민감하게 받아들이기 위해 노력하라.
- 편향에 대한 인식을 높이기 위해 자신의 신념, 편견, 고정관념을 평가하고 도전하라.
- 조직 내 명시적이고 암묵적인 불법적이고 차별적인 관행을 뿌리뽑기 위해 노력하라.
- 경영 의사결정을 하기 전에 쉽게 관찰 가능한 개인배경 특성을 넘어서 개인의 능력을 고려하라.
- 다양성 관리에 대한 인식을 높이기 위해 다양성에 대한 윤리적, 경영적 사례에 대해 동료, 부하직원, 타인을 교육하라.
- 집단과 팀에서 다양성 역학의 잠재적인 영향을 확인하고 평가를 실시하고, 팀을 구축하고, 갈등을 해결할 때 이를 주의하라.
- 문화적 가치, 규범, 정체성 간의 차이를 더 잘 이해하고 고려할수록 조직 내 비교문화 역동에 더 잘 적응하고 관리할 수 있다.
- 조직의 다양성 관리 계획을 수립할 때 다양성, 형평성, 포용성에 초점을 맞추어 증거에 기반한 모범 사례를 실행하라.
- 구성원이 다양성, 형평성, 포용성이 가치 있게 여겨지며 실천되고 진실된 자신으로 기여하는 것이 안전하다고 느끼는 다양성 문화와 풍토를 개발하기 위해 노력하라.
- 다양성 관리가 당장 성공하지 못할 수 있다는 사실을 기억하라. 효과성을 저해하는 많은 장벽이 있으며 일부는 피할 수 있고(예: 진실성과 토크니즘) 일부는 피하기 어렵다(예: 체계적인 편향, 조직의 문화적 맥락).

채용에 인공지능을 활용하는 것이 다양성 증진을 이끄는가

찬성 의견

웰스 파고(Wells Fargo)의 CEO를 포함한 많은 C-레벨 리더가 그들의 조직 내 다양성이 부족한 이유로 소수집단 지원자의 한정된 풀을 언급해왔다. 점점 더 많은 기업이 직원 다양성을 증가시키기 위해 노력을 기울이는 가운데, 인공지능(AI)은 기업이 직원을 모집하고 선택하는 방식을 혁신하고 있다. 기본적으로 AI는 더 다양한 지원자 풀에 접근할 수 있는 기회를 제공한다. 예를 들어 많은 기업은 전통적으로 대학 캠퍼스 채용을 해왔다. 기업은 채용 박람회에 제한된 수의 직원만을 파견할 수 있으며 일부 우수한 지원자는 심지어 참석하지 않을 수도 있다. 더구나 채용은 종종 엘리트 대학생을 대상으로 좁게 타겟팅하는데, 엘리트 대학의 1학년 학생 중 흑인 학생은 6%뿐이다.

많은 조직이 암묵적 편향 교육을 일부 성공적으로 시행했지만, AI는 인간 면접관과 같은 무의식적인 편견을 가지지 않는다. 인간 면접관은 종종 직관 또는 '직감'에 의존하기 때문에 무의식적인 편견이 어떻게 그들의 결정에 영향을 미쳤는지를 정확하게 파악하기 어려울 수 있다. AI를 활용하면 인사 담당자가 모든 지원자에 동일한 채용 기준을 적용할 수 있다. 예를 들어 아웃매치(OutMatch)와 같은 기업은 비디오 면접 기술을 사용하여 모든 지원자에게 동일한 질문을 사용하여 동일한 면접을 진행한다. AI 프로그래밍에서도 편향이 발견된다 하더라도, 이러한 편향이 알고리즘 내 어디에서 발생하는지 파악하고 해결하는 것은 인간의 편향보다 훨씬 쉽다.

일부 조직은 채용 프로세스에서 AI를 사용하는 것이 회사를 무관심하게 보이게 할까봐 우려할 수 있다. 아웃매치의 CEO 그렉 모란(Greg Moran)은 오히려 반대가 사실이라고 주장한다. 반복적인 작업을 자동화하면 채용 담당자가 입사 지원자와 개인적인 관계를 구축하는 것과 같은 중요한 작업에 집중할 수 있다. 직원 다양성을 높이는 것은 조직의 다양성 관리 전략의 한 측면일 뿐이지만, AI는 덜 편향된 채용 프로세스의 희망적인 미래를 묘사한다.

반대 의견

많은 기업은 AI가 인간과 마찬가지로 편향을 가질 수 있다는 점을 무시하거나 간과하고 있을 것으로 예상된다. AI 도구는 인간이 훈련시킨다는 점에서 다른 모든 알고리즘과 유사하게 작동한다. 조직이 AI를 사용할 때 좋은 의도를 가지고 있더라도 편향은 여전히 존재할 수 있다. 예를 들어 현재 회사 인력의 공통적인 특성을 결정하는 모델을 만들 수 있다. 현재 직원 구성이 다양하지 않다면 AI 도구는 성공적인 직무수행과 관련 있는 특성 대신 특정 인구통계학적 특성을 가진 개인들을 걸러내도록 학습할 수 있다.

또한 일부 AI 업체의 경우는 플랫폼이 어떻게 작동하는지에 대한 불투명성 때문에 우려가 있다. 이러한 도구의 인기로 인해 정부로부터 특히 더 큰 검열을 받고 있다. 2020년 1월, 일리노이 주는 비디오 채용 면접에서 AI를 규제하는 법률을 도입했다. 이 법률은 고용주가 채용 면접에서 AI를 사용할 것임을 지원자에게 알려야 하며, AI가 어떻게 작동하는지 설명하고 후보자로부터 동의를 얻어야 한다는 내용을 포함하고 있다. 많은 사람은 지원자에게 AI 사용을 알리고 사용동의를 얻는 것이 AI 사용시 종종 생략되는 윤리적 고려사항이라고 주장한다.

마지막으로 많은 사람은 AI를 채용 의사결정을 내리는 직원처럼 모니터링하고 감독해야 한다고 제안한다. 인간의 선택에서 나타나는 편향에 대해 검토하고 조사할 수 있듯이(예: 불공정한 영향이나 처우), 알고리즘에서 편향을 찾아보는 것도 가능할 것이다. 어떤 사람은 이러한 작업이 AI에서 상대적으로 쉽다고 주장하고, 고용주가 차별을 방지하기 위해 AI를 정기적으로 감사할 것을 제안한다. 그러나 이 프로세스는 여전히 조직에게 어려울 것으로 예상된다. 많은 AI와 기계학습 전문가가 주장하는 대로 AI에 있어서 '무료 점심'은 없다. 모든 조직의 문제를 해결할 수 있는 한 가지 알고리즘은 없으며, 특정 문제를 해결하기 위해 최적화된 알고리즘(예: 지원자 채용) 다른 영역에서 문제를 유발할 수 있다(예: 다양한 후보자 채용). 동시에 여러 가지 목표의 우선 순위를 정하는 도전은 사용하는 도구와 상관없이 동일하게 적용된다.

또한 AI가 HR 전문가와 채용 담당자와 같은 사람을 완전히 대체할 수 있다고 주장하는 것은 잘못된 것이다. AI는 매우 정교하고 매우 복잡한 데이터를 해석할 수 있지만 종종 사소한 부분에서 더 큰 중요한 부분을 놓칠 수 있다. 예를 들어 연구자들은 '정지' 표지판에 잘 배치된 4개의 스티커로 '자율주행 자동차'의 AI 알고리즘을 '속일 수 있다는 것'을 증명했다. AI는 표지판을 '45' 속도 제한 표지판으로 읽고 붐비는 교차로로 가속했다. 인간은 이러한 스티커를 더 잘 알아차리고 해석할 가능성이 더 높았을 것이다. AI를 감독하는 사람의 가치는 과소평가될 수 없다. 인사 전문가와 채용 담당자의 역할, 즉 다양성 관리를 실행하고 잠재적인 입사지원자와 관계를 구축하고 AI를 감독하는 것은 매우 중요하다.[244]

2장 종합 점검

복습 질문

2-1 직장 내 다양성의 두 가지 형태는 무엇인가?

2-2 직장 내 편견과 차별은 조직 효과성을 어떻게 저해하는가?

2-3 조직행동과 관련된 편견, 차별, 다양성에 대한 주요 이론적 관점은 무엇인가?

2-4 인적 구성과 단층선은 집단과 팀의 기능에 어떤 영향을 미치는가?

2-5 호프스테드의 네 가지 가치 차원과 GLOBE 체계는 어떻게 다른가?

2-6 다양성 관리를 위한 전략적이고 원칙적인 세 가지 목표는 무엇인가?

입사 지원과 취업 역량

여러 가지 유형으로 존재하는 다양성은 실제로 직장 내에서 조직행동을 적용하는 데 매우 중요한 역할을 한다. 첫째, 직장 내 차별 행위는 조직 효과성을 훼손하고 많은 부정적인 성과를 초래할 수 있다. 조직행동에서 다루는 다양성에 대한 지식은 다양성을 효과적으로 관리하는 데 도움을 주며 다양한 방식으로 동료들과 효과적으로 업무를 수행하게 해준다. 둘째, 세계의 문화는 중요하게 여기는 가치에서 서로 다르다. 이러한 다른 문화적 가치를 인지하고 해외에서 시간을 보내는 것이 문화 지능을 향상시키고 다른 문화적 배경을 가진 사람과 효과적으로 상호작용하게 돕는다. 이 장에서는 비판적 사고 스킬을 향상시켰으며, 외모의 사소한 요소(예: 빡빡머리)가 직장 내 인식에 어떤 영향을 미칠 수 있는지, 어떻게 조직이 과거 범죄나 복역 기록이 있는 지원자를 채용해 회복적 형평에 중점을 두는지, 보다 다양한 인력을 채용하기 위해 AI를 활용할 것을 고려하는지 등을 통해 기업의 사회적 책임 이슈에 접근하는 다양한 방식을 학습했다. 다음에는 자신과 학급동료 간의 차이점과 유사성을 확인하고, 잠재적인 고용주와 DEI에 관한 대화를 어떻게 시작할지 생각해보고, 다양성 훈련이 실제로 효과가 있을지를 비판해보면서 이러한 스킬을 개발하는 기회를 갖게 될 것이다.

실전 연습 차이점

교수자는 학급을 4명으로 구성된 집단으로 나눈다. 집단 구성을 자리, 친구관계, 선호에 의한 것이 아닌 완전히 임의적으로 결정하는 것이 중요하다. 서로 간의 논의 없이 각 집단 구성원은 다음 질문에 대한 답을 종이에 적는다.

2-7 자신이 속한 집단을 1(매우 다름)~10(매우 유사함)으로 평가하라.

각 학생이 답지를 옆에 두고 집단과 다음 질문에 대한 답을 공유한다.

- 어릴 때 어떤 게임이나 장난감을 갖고 노는 것을 좋아했는가?
- 가장 신성하게 여기는 가치가 무엇인가? 그 이유는?
- 당신은 종교적인가?
- 당신의 가족에 대해 간략히 설명하라.
- 지구상에서 가장 좋아하는 장소가 어디인가? 그 이유는?

각 집단 구성원은 다음 질문에 대한 답을 종이에 적는다.

2-8 자신이 속한 집단을 1(매우 다름)~10(매우 유사함)으로 평가하라.

집단이 논의 전과 후의 점수 평균을 계산하면 평균 점수의 차이를 학급 학생과 공유하고 다음의 질문에 답해본다.

2-9 개인 점수가 논의 후에 높아졌는가? 집단의 평균 점수가 논의 후에 높아졌는가?

2-10 논의를 위한 시간이 더 있었다면 집단 평균점수가 더 올라갈 것이라고 생각하는가?

2-11 집단이 개인차를 받아들이는데 있어서 표면적 다양성과 심층적 다양성의 역할이 무엇이라고 생각하는가?

윤리적 딜레마 고용주에게 DEI 제도에 대해 물어봐야 하는가

채용 면접에 참석한 상황을 상상하자. 이 직무는 현재의 소득 대비 상당한 연봉 인상을 포함하며 당신의 경력을 발전시키는데 큰 도움을 줄 것으로 기대된다. 이 직책을 얻는 기회를 망칠 일은 전혀 하고 싶지 않다. 면접관은 회사가 다양성을 중요시한다고 언급하지만, 인적 네트워크를 통해 항상 그렇지 않다는 얘기를 들었다. 게다가 이 문제는 당신이 현재 회사에서 배제되는 느낌을 받고 있기 때문에 중요하다. 예를 들어 현 고용주는 기회가 될 때마다 DEI(다양성, 형평성, 포용성) 목표를 언급하고 있지만 당신은 여전히 소외된 느낌이 든다. 회사는 사교 행사 참석을 적극 권장하지만 참석한 모든 행사에서 동료와 소통하는 것이 어려웠다.

또한 왜 경영진이 당신을 현재 직무에서 승진시키지 않았는지 궁금하지 않을 수 없다. 승진된 동료와 같은 자격을 갖추고 있었는데 당신의 배경 때문에 미묘하게든 의도적으로든 승진에서 배제된 것이 아닌가 염려된다. 상위 리더십 직책에 소수 집단 구성원이 거의 없는 것도 회사에 도움이 되는 상황은 아니다.

현재 새 직장을 구하고 있지만, 지금 다니는 직장보다 나은 직책을 찾기 어려울 것 같다. 질문은 다음과 같다. 회사가 다양하고 공정하며 포용적인 업무 환경을 어떻게 조성하는지에 대해 구체적인 질문을 물어볼 것인가? 아니면 회사의 말을 믿을 것인가?

질문

2-12 비슷한 상황에 처한다면, 잠재적 또는 현 고용주의 DEI 정책에 대해 물어볼 것인가? 그 이유는?

2-13 이러한 상황에 윤리적인 고려사항은 무엇인가? 이 상황에서 직원과 고용주의 권리, 의무, 책임은 무엇인가?

2-14 만약 DEI 정책에 대해 물어보기로 결심했다면 어떤 질문을 할 것이며, 어떻게 주제를 꺼낼 것인가? 만약 물어보지 않기로 결정했다면 어떤 행동을 취할 것인가?

2-15 인력구성의 다양성을 증가시키는 것을 넘어서 조직이 공평하고 포용적인 업무 환경을 조성하기 위해 어떤 유형의 방안을 실행할 것인가?[245]

사례 삽화 여성 공학자 격려하기

제스 스톤(Jess Stone)이 공학자가 되려고 훈련 중이라고 말하면 사람들은 종종 그녀에게 "보일러를 수리할 사람 같지 않다"고 말한다. 항공우주 기업인 에어버스(Airbus)에서 일하는 23세의 여성은 "엔지니어라는 용어에 대한 오해가 좀 있어요. 기름때 난 작업복? 이러한 생각들은 너무 구식입니다"라고 말한다.

영국 직장인 중 47%는 여성이지만 핵심 공학 분야 직업에 종사하는 여성은 단 12%에 불과하다. 엔지니어링 사업에서의 비율은 9%로, 엔지니어링UK(Engineering UK)에 따르면 "시대가 변했어요. 진전은 있었지만 여전히 남성의 요새입니다"라고 33년 동안 이 분야에서 활동한 마거릿 크래독(Margaret Craddock)은 말한다. 그녀는 30년 전 그녀가 기계 업체의 공동 오너였을 때 그녀의 현장 사무실을 방문한 한 판매원이 "여기 중요한 사람 있나요?"라고 물었던 것을 기억한다. 더 최근에는 남성이 현장에 있는 여성에게 "신짜 엔지니어세요?"라고 물어보는 것을 들었다.

그녀는 더럼에 있는 제작과 가공 비즈니스인 다이어엔지니어링(Dyer Engineering)의 배치라인 부서(BatchLine Division)의 리더로 일하고 있는데, 주로 엔지니어링 구매 부서에서 여성을 만난다. 그녀는 "용접과 가공 부서에 가보면, 혹독한 환경입니다. 시끄럽고, 위험하죠"라고 말한다.

퇴직하는 노동력과 기술이 새로운 기회를 만들어 내면서, 영국의 공학 분야는 심각한 기술 인력 부족으로 고통받고 있으며, 새로운 피가 절실하게 필요한 상황이다. 엔지니어링UK의 2018년 보고서에 따르면, 이 분야는 핵심 공학 기술을 보유한 124,000명의 엔지니어와 기술자를 매년 필요로 하지만 매년 최대 59,000명의 기술 인력이 부족한 실정이다.

공학은 흥미로운 전망과 매력적인 일을 제공한다. "나는 기술적인 도전을 정말로 즐겨요"라고 말하는 기계 개발 엔지니어인 에밀리 위빙(Emilie Weaving)은 건설 장비 제조업체 JCB에서 일하고 있다. 연봉도 괜찮다. 엔지니어링UK에 따르면, 엔지니어링과 기술 학위 소지자의 평균 신입 연봉은 약 30,000유로로, 모든 과목의 평균인 약 24,500유로보다 높다. 위빙, 스톤 여사와 같은 열정적인 신규 입사자가 있음에도 불구하고, 영국 엔지니어링 분야의 다양성 부족은 이 분야에 대한 우려 요인이다.

국제적 비교를 해보자면, 영국은 점수가 낮다. 영국의 왕립공학원 최고경영자인 하야툰 실렘(Hayaatun Sillem)에 따르면 "유럽 국가 중에서 여성 전문 엔지니어 비율이 가장 낮다"고 한다. 그러나 이것이 영국만의 문제라는 것은 아니다. 대륙 전체적으로 비율이 낮다.

채용만이 문제가 아니다. 유지 문제도 있다. 2017년 기계엔지니어협회의 보고서에 따르면, 엔지니어링 학위를 취득한 영국 여성 엔지니어 중 약 절반 미만이 몇 년 후에 이 분야를 떠나는 반면 남성 엔지니어 중 삼분의 이는 이 분야에 남아 있었다. 분명히 여성들의 잠재력이 크게 낭비되고 있다.[246]

질문

2-16 어떤 요소가 공학 분야의 낮은 여성 참여율의 원인인가?

2-17 더 많은 여성과 소수집단을 끌어들이기 위해 무엇을 할 수 있는가?

2-18 여성 공학자를 유인하는 것이 또한 이슈이다. 어떻게 개선될 수 있는가?

3 직무 태도

출처: Ekaterina Minaeva/Alamy Stock Photo

학습목표

3-1 태도의 세 가지 구성요소를 비교할 수 있다.

3-2 태도와 행동의 관계를 요약할 수 있다.

3-3 주요 직무 태도 변수를 비교할 수 있다.

3-4 직무 만족을 측정하는 두 가지 접근법을 확인할 수 있다.

3-5 직무 만족의 주요 원인 변수를 요약할 수 있다.

3-6 직무 만족의 네 가지 결과 변수를 확인할 수 있다.

3-7 직무 불만족에 대한 구성원의 네 가지 반응을 확인할 수 있다.

취업 스킬 매트릭스(ESM)

	미신인가, 과학인가	윤리적 선택	찬성 의견/반대 의견	더 나은 세상을 향해	실전 연습	윤리적 딜레마	사례 삽화
비판적 사고와 창의성	✔	✔	✔	✔	✔	✔	✔
의사소통	✔	✔			✔	✔	✔
협력	✔	✔		✔	✔		✔
자기관리		✔	✔		✔	✔	✔
사회적 책임	✔			✔	✔	✔	✔
리더십	✔		✔	✔	✔		✔
경력관리		✔	✔		✔	✔	

아주 멋진 일터, 레고랜드

특별한 좌석 배치나 경영진을 위한 별도의 방을 제공하지 않고 유연하게 업무공간을 사용하는 사무실에서 일한다고 상상해보자. 최고의 성과를 낼 수 있는 분위기를 제공하는 환경 속에서 당신은 수행하는 활동이나 과업에 적합한 업무 환경을 선택할 수 있다. 여러 유형의 개인과 팀 업무를 지원하는 다양한 공간을 제공하는 일터(예: 도서관), 남에게 방해받지 않고 작업할 수 있는 조용한 장소, 머리를 박고 일할 수 있는 높은 칸막이가 설치된 공간, 완전한 프라이버시가 보장되는 작고 폐쇄된 방, 혼자 명상이나 휴식을 취할 수 있는 원형 동굴방을 상상해보자. 기술이 직무 만족을 높여주고 혁신이 핵심적인 역할을 하며 다양한 방식으로 창의성을 끊임없이 자극하는 일터, 업무공간 외에 별도의 웰빙센터(예: 체육관, 마사지실, 수영장, 다용도 실내 스포츠 경기장 등)와 여러 층으로 나눠진 루프탑 가든, 건강과 활력을 주는 음식과 음료를 먹을 수 있는 카페 등 이것이 바로 레고의 업무 환경이 추구하는 비전이자 실제 모습이다.

물론 사무실 환경 조성을 위해 이렇게까지 노력할 필요가 있는지 의아해하는 사람도 있을 것이다. 레고는 구글, 마이크로소프트, 페이스북처럼 직원이 더욱 창의적이 되어야 한다는 철학을 공유하는 만큼 이를 위해 본보기가 될 만한 업무 환경 조성에 주력하고 있다. 레고의 조직 문화에는 직원의 활력과 웰빙이 직무 만족을 높이는 데 중요하다는 신념이 자리잡고 있다. 레고의 고객서비스 본부장인 소피 파트리키오스(Sophie Patrikios)의 말을 빌리면 레고의 리더는 구성원을 전폭적으로 지원하고 명확한 비전을 보여주고자 한다. 즉 리더십은 비전에 제시된 핵심가치에 있는 것이지, 결코 숫자에 집착하지 않는다. 그러므로 회사의 가치와 비전에 어긋나는 행동은 용납되지 않으며 회사는 경영진으로 하여금 창의성과 주도성을 위한 공간을 허용하게 함으로써 직원에게 핵심가치와 비전을 주입시키고자 한다.

레고의 많은 직원은 이 같은 사고와 행동이 많은 아이들(과 성인)의 창의성 표출구인 그 유명한 레고블럭과 연계된 회사의 DNA에서 비롯되었다고 주장할 것이다. 다른 이들은 레고가 성과에 대한 동기부여뿐 아니라 진심에 호소하는 구성원에 대한 진정성 있는 존중을 보여준다고 덧붙일 것이다.

세간에서는 아마 이를 두고 전통적인 인력 관리를 재설계하여 궁극적으로 수익성 높은 일터의 행복한 직원을 만들기 위한 방법이라고 볼 것이다. 하지만 이 모두가 직원의 전반적인 직무 만족에 중요한 역할을 한다면(실제로 그렇다) 이러한 요소는 실제로 어떻게 회사의 인적 자원 관리 철학과 접근법에 대한 구성원의 태도를 형성하는가?[1]

행복한 직원이 생산적인 직원이라는 것은 자명한 말이다. 그러나 시간에 걸쳐 변화하는 직무 태도에 기여하는 다양한 요인이 있다. 조직 문화, 리더십, 기반 시설 이외에 어떤 요인이 직무 태도에 영향을 미치는가? 만족스러운 일자리를 찾는 것이 정말 그렇게 중요한가? 이 같은 중요한 질문에 답하기 전에 태도, 특히 직무에 대한 태도가 무엇인지 그 정의부터 살펴보자.

태도

3-1 태도의 세 가지 구성요소를 비교할 수 있다.

태도 사물, 사람, 사건에 대한 호의적 또는 비호의적인 판단이나 평가적 진술

태도(attitude)란 사물, 사람, 사건에 대한 호의적 또는 비호의적인 판단이나 평가적 진술을 의미하며, 사람이 사물, 사람, 사건에 대해 어떻게 느끼는지를 보여준다. 만약 "나는 나의 일을 좋아한다"라고 말한다면 이는 일에 대한 자신의 태도를 표현하는 것이다.

태도는 실제로 매우 복합적인 개념이다. 예를 들어 당신이 회계사가 되기를 원한다고 하자. 회계사와 감사에게 그들의 직업에 대한 태도를 묻는다면 간단한 답을 얻을 수 있을 것이다(예: "아니요, 저는 제 일을 싫어합니다", "회계사가 되는 것은 환상적입니다" 등). 하지만 기저에 깔린 이유는 더 복잡할 것이다. 예를 들어 자신의 일이 도전적이고 많은 혜택을 제공하며 경영진의 지원을 받는다고 인식하는 회계사는 자신의 직업에 대해 더 만족스러워할 가능성이 훨씬 높다.[2] 이 장에서 보게 되겠지만 당신이 하는 일에 얼마나 만족하는지, 고용주에 얼마나 헌신적인지와 그 밖의 태도는 직장 내 중요한 고려사항이다. 당신이 당신의 직무를 좋아한다면 더 오래 머무려고 할 것이며, 일을 잘 수행할 것이며 업무가 잘 끝나도록 그 이상의 추가적인 노력을 할 것이다. 태도를 완전히 이해하려면 태도의 근본적인 속성 또는 구성요소를 고려해야 한다.

인지적 요소 태도의 의견이나 신념 요소

정서적 요소 태도의 감정적인 느낌과 관련된 요소

행동적 요소 특정 인물이나 대상에 대해 특정한 방향으로 행동을 취하려는 의도를 의미

연구자에 따르면 태도는 전형적으로 인지, 정서, 행동의 세 가지 요소로 구성된다.[3] '내 급여는 낮아요'라는 표현은 태도의 **인지적 요소**(cognitive component) — 태도의 대상에 대한 의견이나 신념(예: 당신의 상사) — 에 해당된다. 인지적 요소는 태도를 구성하는 보다 중요한 요소인 **정서적 요소**(affective component)의 기초가 된다. 정서는 '나는 쥐꼬리만 한 내 월급에 화가 치밀어요'라는 표현에 드러나듯 태도의 감정적인 느낌과 관련된 요소에 해당된다. 정서는 행동적 결과를 유도한다. 태도의 **행동적 요소**(behavioral component)는 '나는 이제 좀 더 급여가 높은 다른 직장을 알아봐야겠어요'라는 표현에서처럼 특정 인물이나 대상에 대해 특정한 방향으로 행동을 취하려는 의도를 의미한다.

태도의 구성요소를 정서, 행동, 인지[예: 태도의 ABCs(affect, behavior, cognition)]로 보는 것은 태도의 복잡성을 이해하고 태도와 행동의 잠재적 관계를 해석하는 데 매우 유용하다. 예를 들어 누군가 나를 불공정하게 대했음을 알게 되었다고 하자. 실제로 불공정하다는 생각과 거의 동시에 즉각적으로 느낌을 경험하지 않는가? 이처럼 인지와 정서는 서로 긴밀하게

도표 3-1 태도의 구성요소

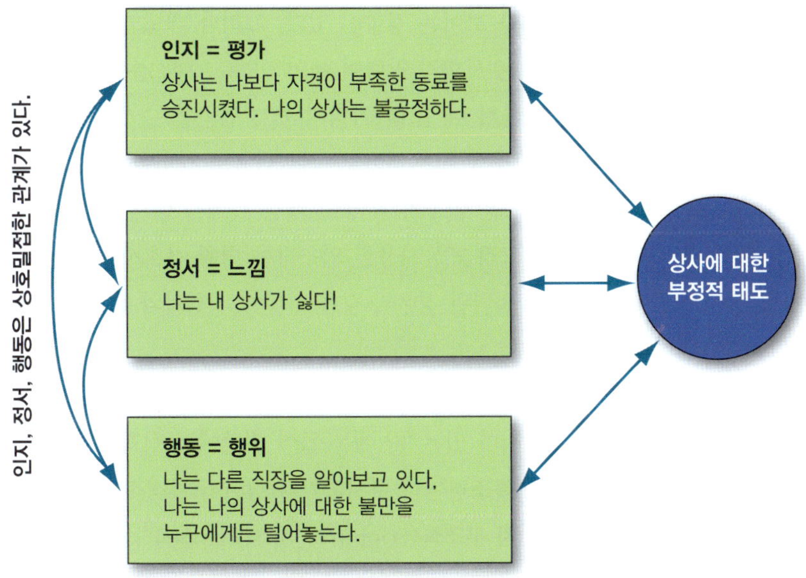

얽혀 있다.

도표 3-1에서 보듯이 태도의 세 가지 요소는 상호연관성이 있다. 예를 들어 당신 스스로 승진할 자격이 있다고 생각했지만 승진하지 못했다고 가정해보자. 당신의 상사에 대한 당신의 태도는 다음과 같이 나타난다. 당신은 승진할 자격이 있다고 생각했다(인지), 당신은 상사를 정말 싫어한다(감정), 당신은 이에 대해 불만을 표시하였고 행동을 취하려고 하고 있다(행동).

조직 내에서 태도가 중요한 이유는 바로 행동적 요소 때문이다. 만약 회계사가 회사에 대한 애착을 느끼지 못하고 다른 회사에서 더 좋은 기회를 얻을 수 있을 거라고 믿는다면, 이러한 신념은 회사에 남을 것인지 퇴사할 것인지에 대한 결정을 내리는 데 영향을 줄 것이다. 몰입이 어떻게 형성되는지 또 어떻게 변화하는지 이해하는 것은 이직률을 낮추고자 하는 관리자에게 매우 중요하다. 흥미롭게도 네덜란드에서 이루어진 연구결과에 따르면 인지적 요소가 누가 조직에 높은 몰입을 보일 것인지(예: 온보딩 프로그램에 참여한 신입사원) 또는 조직을 떠날 것인지(예: 더 좋은 자리를 찾아 떠날 것을 고려하는 몰입도가 낮은 회계사) 예측하는 데 가장 중요한 것으로 나타났다.[4]

태도와 행동

3-2 태도와 행동의 관계를 요약할 수 있다.

태도가 어떻게 사람을 특정한 방식으로 행동하게 만들 수 있는지는 쉽게 생각해볼 수 있다. 이전의 예로 돌아가면, 자신의 직업에 만족하지 않거나 조직 몰입이 낮은 회계사는 다른 곳에서 일을 찾기 시작할 것이다. 일반적으로 관련 연구에서는 태도가 미래 행동을 예측한다는 아이디어를 지지한다.[5]

태도-행동 관계의 성향을 변화시키는 강력한 특성이 몇 가지 있다. 태도의 **중요성**, **행동과의**

일치, 태도의 **접근성**, **사회적 압력**의 존재, 개인의 해당 태도에 대한 **직접 경험**의 여부 등이다.[6] 중요한 태도는 근본적인 가치, 자기이익, 소중히 여기는 개인 또는 그룹과의 동일시를 반영한다. 이러한 태도는 행동과 강한 관계를 보이는 경향이 있다. 그러나 태도와 행동 간의 불일치는 특정한 방향으로 행동하게 압박하는 사회적 압력이 예외적으로 강한 경우에 발생하는 경향이 있다. 자주 표현하는 태도를 기억하기 더 쉽고, 기억이 쉽게 접근할 수 있는 태도가 행동을 예측할 가능성이 높다. 또한 태도-행동 관계는 태도가 직접적으로 경험한 것을 참조할 때 더 강화된다. 기계학습의 발전(1장 참조)은 연구자가 태도-행동 관계를 더 깊이 이해하는 데 도움이 되었다. 예를 들어 기계학습 알고리즘을 사용한 연구자는 병원 간호사의 직무 태도가 특정 상황, 가령 직무 책임이 명확하게 정의된 경우와 같은 상황에서 성과와 관련이 있다는 것을 확인할 수 있었다.[7]

그러나 특정 상황에서는 행동이 미래의 태도를 예측할 수도 있다. 사람이 그들의 행동과 모순되지 않도록 말을 바꾸는 것을 본 적이 있는가? 예를 들어 직장에서 성희롱을 고발할 때 관리자와 가해자는 종종 그들의 행동을 축소하거나 무시하거나 심지어 공격적으로 정당화하려고 한다.[8] 행동을 따르는 태도 사례는 **인지 부조화**(cognitive dissonance)[9] — 태도와 행동 간에 지각하게 되는 모순 — 의 효과를 보여준다.

인지 부조화 개인이 가진 두 가지 이상의 태도 또는 태도와 행동 간의 불일치

사람은 자신의 태도 간에, 태도와 행동 간에 안정된 일관성을 찾으려고 노력한다.[10] 어떤 형태든 불일치는 불편하게 느껴지기에 사람은 이를 줄이거나 최소화하려고 노력한다. 부조화 현상이 발생하면 사람은 불일치를 줄이기 위해 태도나 행동을 변화시키거나 불일치에 대한 합리화를 한다. 한 예로 파업 중인 대학교수들이 대학의 제안을 수락하고 일에 복귀하라는 조합의 권고를 받아들이기 어려웠기에,[11] 대신 그들은 제안을 바로 수락하는 대신에 제안이 불공평하다는 자신들의 신념을 정당화하기 위한 추가 정보를 수집했다.

인지 부조화를 피할 수 있는 사람은 아무도 없다. 운전 중에 문자메시지를 보내면 안전하지 않다는 것을 알고 있다(연구로 증명되어 있으니 당신의 태도를 정당화하거나 부조화를 줄이

웨스틴호텔(Westin Hotels)에서는 직원의 건강증진을 위한 글로벌 건강 프로그램을 마련하여 직원이 태도와 행동 간에 일관성을 갖게 한다. 사진에서는 웨스틴호텔의 주방장 프랭크 투야그(Frank Tujague)가 건강 식재료와 요리 솜씨를 직원이 직접 경험할 수 있게 시연해보이고 있다.

출처: Diane Bondareff/AP Images

려 하지 말자).[12] 그럼에도 불구하고 어쨌든 문자를 보내고 아무런 문제가 발생하지 않을 것이라고 자신을 납득시키려고 한다. 부조화를 줄이고자 하는 욕구는 다음의 세 가지 요소에 기반한다. 부조화를 만드는 요소의 **중요성**, 그러한 요소에 대해 지닌다고 믿는 개인의 **영향력** 정도, 부조화가 주는 **보상**이다.[13]

개인은 태도가 중요하거나 부조화가 자신이 통제할 수 있는 것 때문에 발생한다고 믿을 때 부조화를 줄이고 싶은 강한 동기를 경험한다. 부조화에 따른 보상은 부조화에 내재된 긴장을 줄이는 데 도움이 된다(다시 말해서 기대 이상의 임금 인상과 같은 기분 좋은 일이 동반될 경우 부조화에 따른 스트레스가 감소한다.)

직무 태도

3-3 주요 직무 태도 변수를 비교할 수 있다.

조직 동일시 자신이 속한 조직을 정의하는 동일한 특성으로 자신을 정의하는 정도

우리는 수천 가지의 태도를 지니고 있지만, 조직행동(OB)에서는 조직구성원이 자신의 일에 대해 갖는 긍정적 혹은 부정적인 평가를 형성하는 좁은 범위의 태도에 관심을 둔다.

예를 들어 **조직 동일시**(organizational identification), 즉 직원이 자신이 속한 조직을 정의하는 동일한 특성으로 자신을 정의하는 정도는 태도와 행동이 형성되는 기초를 형성한다.[14] 수백 편의 직무 태도-행동 연구를 검토한 결과 조직 동일시가 직무 태도 형성을 강력하게 예측한다는 것을 확인했다.[15] 더 나아가 인공지능 이론을 기반으로 몇몇 연구자는 인간이 태도를 형성하는 방식이 기계가 연속적으로 수집하는 데이터를 기반으로 예측하는 방식과 유사하다고 주장했다. 예를 들어 직원은 직장에서 하나의 사건(예: 급여 감소) 이후에 다른 사건(예: 해고)과 그 이후 다른 사건(예: 보너스 취소) 등을 연속적으로 경험하게 된다. 이러한 사건으로부터 직원은 조직이 구성원에 대한 보상에 가치를 두지 않음을 '학습'하기 시작하며, 조직에 대해 부정적인 태도를 형성하고 결국 탈동일시를 하게 된다.[16]

조직 동일시는 긱 경제에서 핫한 주제가 되었다. 계약직과 프리랜서 근로자는 시간에 걸쳐 왔다가는 다수의 조직과 사람과 단기 계약을 맺게 된다. 이러한 긱 근로자는 조직 동일시를 형성하지 않을 것이라 생각할 수 있지만, 최근 연구는 그렇지 않을 수도 있다는 것을 보여준다. 일 자체가 개인적으로 성취감을 주는 경우(예: 자율성을 느낄 수 있고 다른 사람과 관계맺을 기회를 제공하는 경우)에 긱 근로자는 자신이 계약을 맺고 있는 조직에 대한 동일시를 경험할 수 있다.[17]

조직 동일시 이외에도 대부분의 연구는 직무 만족, 직무 몰입, 조직 몰입이 세 가지 태도를 살펴보았다.[18] 다른 중요한 태도로는 조직지원인식(POS)과 구성원 몰입이 있다. 이 주요 태도를 살펴보기 전에 OB가 긍정적인 직무 태도와 바람직한 행동 간의 관계에만 관심을 두는 것이 아니라는 점을 기억할 필요가 있다. 이 장의 후반부에서 논의하겠지만 부정적인 직무 태도와 그 결과도 중요하다. 예를 들어 조직 동일시의 효과가 항상 긍정적인 것은 아니다.[19] 조직 동일시는 직원이 조직을 위해 비윤리적으로 행동하게 만들거나(예: 조직을 더 좋아 보이게 하기 위해 숫자를 조작), 성과를 저하시키거나, 사람 간의 갈등을 지속시킬 수 있다. 실제로 수천 명의 백인 남성 임원 기업 샘플에서 유색인종 또는 여성 CEO 임명 이후에 이들의 조직 동일시가 감소하는 경향이 관찰되었다. 결과적으로 백인 남성 임원은 저하된 동일시의 결과로 동료에

윤리적 선택

사내 뒷담화

당신이 사무실에서 조용히 일하고 있는데 갑자기 동료직원이 당신의 책상에 걸터앉아 당신의 커피를 거의 쏟을 뻔했다. 동료가 아침 회의에 대해 이야기하려 할 때 당신은 (a) 하던 일을 멈추고 그의 말에 귀를 기울일 것인가, (b) 일하던 도중이니 나중에 이야기해도 되는지 물을 것인가?

답변에는 사내 뒷담화에 대한 당신의 태도가 반영되겠지만, '함께 뒷담화를 하는 것이 윤리적인가'에 대해 생각해봐야 한다. 물론 이러한 뒷담화가 직원 간에 정보를 나누고 문제를 해결하는 데 도움이 되기도 하지만, 모두에게 해가 될 수도 있다. 과도한 공유와 정서의 발산이라는 두 가지 관점에서 시나리오를 살펴보자.

최근 514명의 전문직 종사자를 대상으로 한 조사에서 60% 이상이 자신의 이야기를 너무 많이 하는 사람을 보게 된다고 답했다. 심리학자 앨런 힐퍼(Alan Hilfer)에 따르면 이들은 자기중심적이고 자기애가 강한 사람으로서 사람들이 자기삶에 대해 미주알고주알 다 알아주기를 바란다.

문제점이 있지만 과도하게 공유하는 사람이 때로는 조직에 큰 공헌을 하기도 한다. 로이스 레더(Royce Leather) 제조사의 마케팅 본부장인 빌리 바우어(Billy Bauer)도 자신의 최근 영업실적을 떠벌리듯 자랑하는 사람인데 그 덕분에 다른 직원이 더 열심히 뛰는 계기가 되기도 한다. 이처럼 직원이 조직의 목표와 관련된 자신의 이야기를 늘어놓는 것은 팀워크에 도움이 되기도 한다.

이제 다른 관점에서 살펴보자. 예일대학교의 에이미 브제스니에프스키(Amy Wrzesniewski) 교수는 사무실에서 뒷담화를 하는 사람은 조직이 잘못된 의사결정을 내렸다고 생각하면 '가장 먼저 이에 대해 울분을 토로한다'고 했다. 즉 이들은 정서적이고 도전적이며 자신의 견해를 솔직히 표현하는데, 만일 남이 이를 귀담아 들어주지 않으면 분노를 터뜨리거나 아예 자신의 말을 철회해버린다는 것이다.

하지만 이들이 최고의 성과를 내는 직원이 될 수도 있다는 것을 알아야 한다. 즉 이들은 몰입도가 높고, 타인을 고무시키며, 다른 사람보다 열심히 일하는 팀플레이어 역할을 한다. 자신의 좌절감을 토로하는 것이 이들이 지속적으로 높은 성과를 내도록 하는 긍정적인 태도를 회복시켜준다. 이처럼 분노를 털어 놓는 것이 동지애를 쌓아가는 데 도움이 된다는 연구도 있다.

사무실 대화는 상황적 규범, 조직 내 당신의 역할, 대화의 내용, 대화에 대한 몰입 정도에 주의를 기울이지 않으면 빠르게 잘못된 방향으로 전개될 수 있다. 물론 명백히 비난받아 마땅한 선을 넘은 주제가 있긴 하지만, 일반적으로 어디까지가 수용가능하고 수용가능하지 않은 뒷담화인지에 대한 명확한 가이드라인은 없다. 따라서 자신의 대화를 잘 감시하고 언제 감정을 발산하고 있는지 또는 과도하게 정보를 공유하고 있는지 또는 해당 시점에 대화에 참여할 것인지 인식해야 한다. 누가 대화를 건네려 하는지, 왜 당신에게 얘기하는지, 무엇에 대해 이야기하려 하는지, 어떻게 대화를 윤리적, 생산적으로 이끌어갈 것인지를 먼저 살펴보는 것이 자신이 참여할 것인지 빠져나올 것인지 선택하는 데 도움이 될 수 있다.[20]

게 더 적은 도움을 제공하게 된다.

직무 만족과 직무 몰입

직무 만족 직무 특성에 대한 평가 결과로 나타나는 개인의 직무에 대한 긍정적인 느낌

사람이 구성원의 태도라고 할 때는 보통 **직무 만족**(job satisfaction)을 의미한다. 직무 만족이란 직무 특성에 대한 평가 결과로 나타나는 개인의 직무에 대한 긍정적인 느낌을 말한다. 직무 만족 수준이 높은 사람은 자신의 직무에 긍정적인 정서를 느끼며, 반대로 직무 만족 수준이 낮은 사람은 부정적인 정서를 느낀다. 직무 만족이 가장 중요한 태도 변수 중 하나이므로 이 태도에 대해서는 뒤에서 상세하게 살펴볼 것이다.

직무 몰입 개인이 자신을 직무와 동일시하고 적극적으로 직무에 참여하며 자신이 내는 성과를 자신의 가치 매김에서 중요한 요소로 여기는 정도

심리적 임파워먼트 자신의 업무 환경, 역량, 직무의 의미 경험, 일에서의 자율성 등에 영향을 미칠 수 있는 정도에 대한 구성원의 신념

직무 만족과 연관된 개념인 **직무 몰입**(job involvement)은 개인이 심리적으로 자신을 직무와 동일시하고 자신이 내는 성과를 자신의 가치 매김에서 중요한 요소로 여기는 정도로 정의할 수 있다.[21] 직무 몰입 수준이 높은 사람은 자신이 하는 일을 자신과 강하게 동일시하고 많은 신경을 쓴다. 결과적으로 자신의 직무에 더 만족하는 경향을 보인다.[22] 직무 만족과 연관된 또 다른 개념으로 **심리적 임파워먼트**(psychological empowerment)가 있다. 심리적 임파워먼트는 구성원이 자신의 업무 환경, 역량, 직무의 의미, 자율성 등에 영향을 미칠 수 있는 정도에 대한 신념을 의미한다.[23] 임파워먼트를 더 많이 경험하면 더 좋은 성과를 내고, 조직시민행동

(OCB, 1장 참조)을 더 많이 보이며, 더 창의적이 된다(또한 조직을 떠나려는 의도는 덜 보이게 된다).[24]

연구결과에 따르면 심리적 임파워먼트는 성과를 중간 수준으로 예측한데 비해 직무 태도와 긴장을 강력하게 예측하는 것으로 나타났다. 15,000명 이상을 대상으로 한 43편의 연구를 메타분석한 결과에서 네 가지 신념(영향, 역량, 의미, 자기결정성)을 각각 고려할 때보다 함께 고려할 때 임파워먼트가 이러한 결과를 더 잘 예측하는 것으로 나타났다. 그러나 일부 연구결과는 의미와 관련된 임파워먼트 신념이 다른 요소를 고려한 이후에도 구성원의 태도와 긴장에 상당한 영향을 미침을 보여주었다.

조직 몰입

강한 **조직 몰입**(organizational commitment)을 보이는 구성원은 조직과 조직이 추구하는 목표를 자신과 동일시하고 조직 구성원으로 남기를 희망한다. 조직에 대한 정서적 애착과 조직이 추구하는 가치에 대한 믿음이 구성원의 몰입의 최적 기준이다.[25] 조직행동 연구자의 조직 몰입에 대한 이해는 이 개념이 처음 소개된 이후부터 꾸준히 진화해왔다. 전통적으로 이론가는 몰입이 정서적, 규범적, 지속적 몰입의 세 가지 구성요소로 구성되어 있다고 생각한다. 정서적 몰입은 조직에 대한 정서적인 애착과 관여를 나타내며, 규범적 몰입은 조직에 대해 느끼는 의무감을, 마지막으로 지속적 몰입은 조직을 떠나는 비용에 대한 고려를 바탕으로 계속 일하려는 동기를 나타낸다.[26]

조직 몰입 구성원이 조직과 조직의 목적을 자신과 동일시하고 조직구성원으로 남기를 희망하는 정도

몰입된 직원은 조직에 대한 충성심이나 애착을 느껴서 다른 대안이 없기 때문에 또는 떠나기가 어렵기 때문에(비록 불만족하더라도) 조직을 떠나는 행동을 보일 가능성이 낮다.[27] 그러나 정서적 몰입은 이직과 유지를 넘어선 출근, 성과, 조직시민행동과 같은 결과에 더욱 중요하게 작용한다.[28] 더욱이 일부 연구자는 이러한 세 가지 구성요소를 비판하며 규범적 몰입과 지속적 몰입은 조직에 대한 태도보다는 이직(머무르거나 떠나거나)에 대한 태도와 더 유사하다고 주장한다.[29] 그럼에도 불구하고 직원이 현재 자신의 업무에 만족하지 못하더라도 충분히 몰입된 상태라면 조직에 남기로 결정할 수 있다. 예를 들어 위기가 찾아왔을 때(예: 대공황) 직원은 높은 직업 불안정성을 경험하게 되고 이로 인해 조직에 대한 정서적 몰입을 덜 경험하게 된다.[30] 하지만 위기로 인해 동요하고 있는 취업시장을 보면 조직을 떠나는 것이 어렵다는 것을 알게 되며 결과적으로 더 큰 지속적 몰입을 경험하게 된다.

조직행동 연구자는 지난 몇 십 년 동안 조직 몰입에 대한 이해를 지속적으로 정교화해왔다.[31] 예를 들어 많은 연구자는 몰입을 주어진 대상에 대한 심리적 결합으로 탐구해왔다.[32] 이러한 대상은 구성원의 팀, 상사, 동료 또는 이들의 다양한 조합이 될 수 있다.[33] 다른 연구는 구성원의 개별적인 정서적, 규범적, 지속적 몰입의 패턴을 살펴보았다.[34] 연구결과는 구성원이 세 가지 몰입 유형 모두에서 낮거나, 중간이거나, 높은 수준의 몰입을 보이는 경향이 있음을 확인했다. 게다가 일부 직원은 다른 유형에 비해 높은 정서적 또는 규범적 몰입을 특징적으로 보이는 패턴을 가지고 있다. 이 연구는 이러한 몰입의 패턴이 조직의 결과에 크게 영향을 미친다고 제안한다.[35]

조직지원인식

조직지원인식 구성원이 조직이 자신의 공헌을 가치있게 여기고 그들의 복지에 관심을 갖고 있다고 믿는 정도

조직지원인식(perceived organizational support, POS)은 구성원이 조직이 자신들의 공헌을 가치있게 여기고 그들의 복지에 관심을 갖고 있다고 믿는 정도를 말한다. 사람은 그들이 다른 조직 구성원에게 공정하게 대우받을 때, 조직과 질 높은 관계를 맺고 있을 때, 조직의 관행이 지지적이고 개인의 성장을 지원하며 공정하다고 지각할 때, 조직을 지원적이라고 인식한다.[36] 좋은 사례로 세일즈포스닷컴(Salesforce.com)의 R&D 엔지니어 존 그린(John Greene)의 조직지원인식은 매우 높았다. 그가 백혈병에 걸리자 마크 베니오프(Marc Benioff) 사장과 전 직원 350명은 치료비를 각출하여 지원하고 완치될 때까지 돌봐주었기 때문이다. 이 사례는 《포천》이 선정한 2020년 일하기 좋은 100대 기업 중 세일즈포스닷컴이 10위 내에 드는 데 한몫을 했다.[37]

권력 거리 한 국가의 국민이 기관이나 조직의 권력이 불평등하게 분배된 상태를 수용하는 정도

조직지원인식은 예측 요인이긴 하지만 여기에는 문화적 영향이 존재한다.[38] 조직지원인식은 기관이나 조직의 권력이 불평등하게 분배된 상태를 수용하는 정도를 나타내는 **권력 거리**(power distance)가 낮은 나라일수록 더 중요하게 작용한다. 미국과 같은 권력 거리가 낮은 국가에서는 일을 도덕적 의무로 보기보다는 교환으로 보는 경향이 높다. 이러한 국가의 구성원은 조직의 지원을 받고 있다고 느끼기 위해 그 근거를 찾는다. 미국 내 조직은 도움을 충분히 제공하는 것으로 나타난다. 수십만 명의 미국 직원을 30년 이상 추적한 한 연구에 따르면 조직지원인식이 매해 꾸준히 증가하는 것을 확인할 수 있다.[39] 한편 중국처럼 권력 거리가 높은 나라에서는 구성원의 조직지원인식이 공정성, 지원, 격려 등과 직결되지 않는 것으로 나타난다.[40]

구성원 열의

구성원 열의 구성원이 직무에 대해 느끼는 열정의 정도

구성원 열의(employee engagement)는 구성원이 직무에 대해 느끼는 열정의 정도를 의미한다.[41] 구성원 열의는 여러 태도(예: 만족과 몰입)가 조합된 것이나 이를 뛰어넘어 헌신이나 마음과 영혼을 일에 바치는 것을 의미한다.[42] 높은 열의를 지닌 구성원은 자신의 일에 대한 열정이 있고 회사와의 깊은 연결을 경험한다. 열의가 낮은 구성원은 본질적으로 관심이 없고 일에 시간은 투입하나 에너지나 주의는 쏟지 않는다. 열의가 낮은 구성원이 조직에 상당한 재무적 비용을 초래하기에, 대부분의 조직에게 열의는 실질적인 관심사가 되고 있다. 한 연구에 따르면 조직은 생산성 손실로 연간 5500억 달러를 잃을 수 있다.[43] 구성원 열의는 7장에서 자세히 소개할 직무 열의와 관련이 있다.

열의 수준은 여러 가지 측정 가능한 성과에 영향을 미친다. 구성원 열의에 대해 검토한 연구는 구성원 열의가 조직의 성과와 중간 수준의 관련성이 있다고 하였다. 36개 기업의 약 8,000개의 사업단위를 대상으로 한 연구결과에 따르면 구성원이 보고한 직무 열의 수준이 높은 팀은 다른 팀보다 높은 고객만족 수준, 높은 생산성, 높은 수익성, 낮은 이직률, 낮은 사고율을 보였다.[44] 직무 열의는 또한 위기상황에 매우 중요하게 작용한다. 예를 들어 COVID-19 발생 이후 연구자는 발병 중심지인 중국 우한에서 업무에 복귀한 구성원을 연구했다.[45] 이 연구자는 직무 열의가 직무에서의 이탈을 줄이고 성과를 향상시킬 뿐 아니라 안전규정의 준수[예: 요구시 개인보호장비(PPE)의 사용]를 높이는 데 결정적이었음을 발견했다.

조직과 관리자가 구성원 열의를 높이기 위해 할 수 있는 일이 있는가? 한 메타분석 연구에 따르면 그 답은 '그렇다'이다.[46] 특히 직원의 자율성과 회복탄력성을 높이고, 직무 요구를 감소시키거나 대처하기 쉽게 만들거나, 직원의 자기개발에 도움을 주는(예: 피드백, 학습) 구성원-중심의 개입 방식이 유용했다. 100개 이상의 공개 기업에 대한 연구는 조직이 조직 관행(예: 훈련), 업무 속성(예: 역할의 명확성, 자율성), 상사 지원을 향상시킴으로써 구성원 열의를 높일 수 있음을 발견했다.[47] 회사가 성공적으로 구성원 열의를 향상시켜 긍정적인 결과를 얻은 여러 사례가 있다. 몰슨쿠어스(Molson Coors) 맥주 회사의 경우에 직무 열의가 높은 종업원의 안전사고율이 직무열의가 낮은 집단의 1/5 정도로 낮았으며, 사고가 발생하더라도 덜 심각한 사고였으며 손실이 훨씬 적었다(사고당 392달러 대 63달러 수준). 또다른 예로 캐터필러(Caterpillar)에서는 구성원 열의 향상을 통해 종업원의 고충이 80% 감소하고 매우 만족한 고객의 비율이 34%나 증대하는 효과가 나타났다.[48]

긱 경제에서의 직무 태도

일의 본질은 1장에서 논의한 것처럼 긱 경제의 등장과 함께 급격하게 변화하고 있다. 지금까지 논의한 모든 직무 태도를 생각할 때, 조직과 더 많이 접촉하게 되면 우리의 태도가 더 일관된다고 가정하는 것이 안전하다. 예를 들어 회사에서 20년 동안 일한 경비원의 직무 태도 수준은 아마도 연수기간을 거치고 있는 새로 고용된 관리인보다 훨씬 안정적일 것이다. 그러나 많은 직무가 단기, 임시, 계약직으로 전환되면서 이러한 직무에서도 사람이 직무 태도를 갖게 되는지 궁금하지 않을 수 없다.

긱 경제에서의 직무 태도는 일의 안정성, 단기 업무의 특성, 긱 노동자 자신과 같은 여러 요인에 영향을 받는 것으로 보인다.[49] 앞서 조직 동일시와 함께 논의했듯이 긱 근로자에게는 고객이나 고객 조직과의 사회정서적 관계를 발전시킬 수 있는 개인적으로 성취감을 주는 일이 중요하다.[50] 또한 긱 근로자는 고용이 안정적이라 인식하고 필요한 경우 다른 곳에 상대적으로 쉽게 취업할 수 있다고 믿을 때 직무에 더 만족하고 조직에 더 몰입하는 경향을 보인다.[51] 수백만 명의 근로자를 대상으로 한 메타분석에 따르면 긱 근로자의 직무 만족은 정규직 근로자보다 약간 더 낮을 뿐이나.[52] 그러나 긱 근로자의 유형이 중요하다는 것이 결과로부터 분명히 확인된다. 파견 근로자는 다른 직원(다른 긱 근로자 포함)과 비교하여 직무 만족이 상당히 떨어지는 것으로 나타난다. 비슷하게 파견 근로자는 정규직이나 자영업자보다 조직, 직업, 고용 형태에 대한 몰입이 낮게 나타난다.[53]

다른 직무 태도와 관련해서 POS와 조직 몰입이 가장 많은 관심을 받았다. 파견 근로자에 대한 연구는 파견 기관으로부터의 조직지원인식이 성공적인 훈련, 직원 성과에 대한 고객인식, 파견 근로자의 이직에 있어서 중요하고 직원의 조직 몰입 지각에서는 더욱 중요하다고 했다.[54] POS와 마찬가지로 몰입 연구자는 긱 근로자가 여러 조직과 일하며 각 회사에 대해 독특한 직무 태도를 형성할 수 있다는 점에 매료되었다. 다양한 조직(예: 고객사와 파견 회사)은 몰입에 영향을 미치는 다양한 기회를 제공한다. 여기서 공정성과 윤리가 중요한 것으로 보인다. 긱 근로자의 조직 공정성 인식, 조직이 자신의 의무를 충실히 이행하고 있고 또 그들을 낮은 지위로 보지 않는다는 인식은 긱 근로자의 몰입을 형성하고, 조직시민행동을 촉진하며, 이직을 막는 데 매우 중요하다.[55]

직무 태도는 확실하게 구별되는가

구성원 열의와 같은 직무 태도에 대한 고무적인 연구결과로 인해 많은 기업과 경영 컨설팅사가 이에 관심을 보이고 있다. 하지만 이 개념을 관련된 구성 개념과 구별하는 것이 어렵기 때문에 개념의 유용성에 대한 논쟁이 계속되고 있다. 예를 들면 일부는 구성원 열의가 심리 상태, 성격 특성, 행동을 포함하는 다양한 조직 현상을 서로 다른 시점에서 지칭하고 있다고 지적한다. 즉 '구성원 열의의 의미는 학계의 연구자와 고객과의 대화에서 이를 사용하는 실무자 사이에서 여전히 모호하다'는 것이다. 다른 연구자는 열의를 '사람이 자기 멋대로 사용하는 포괄적 용어'라고 했다.[56] 또 다른 연구에서는 구성원 열의를 측정하기 위해 사용하는 설문문항 중 다수가 만족, 조직 몰입, 직무 몰입 등을 측정할 때 사용하는 문항과 유사하다는 점을 지적한다.[57] 다른 메타분석 연구는 구성원 열의와 직무 태도들 간의 관계가 매우 강해서 이들이 구분되는 개념을 측정하는지에 대한 회의적인 시각을 제시한다.[58] 구성원 열의로 주요 성과를 예측할 수 있는 것은 분명하지만, 그 동안의 연구결과를 종합하면 이 변수가 다른 직무 태도와 구분되는지 의문이 제기된다. 따라서 앞으로 계속 연구해야 할 과제로 남아 있다.

직무 태도의 변수가 확실히 구별되는 개념인지 궁금할 것이다. 실제로 직무 태도 사이에는 특이성이 있으며 확실하게 구별될 수 있다. 그러나 사람이 자신의 일이 자기존재의 중심에 위치하고(높은 직무 몰입) 그들의 조직과 강하게 동일시한다고(높은 조직 동일시) 가정해보자. 그들이 자신의 일을 좋아할 가능성이 있지 않겠는가(높은 직무 만족도)? 그들의 조직이 지원적이라고 생각하는 사람은 그 조직에 몰입할 가능성이 높지 않은가(강한 조직 몰입)? 연구결과는 이전 절에서 언급했듯이 이러한 태도가 서로 밀접하게 관련되어 있음을 보여준다. 구성원의 성격을 포함하여 다양한 이유로 이러한 태도는 상당히 겹친다. 일반적으로 누군가의 직무 만족 수준을 알면 그 사람이 조직을 어떻게 보는지에 대해 알아야 할 대부분의 정보를 알게 된다. 다음으로 직무 만족과 직무 불만족이 시사하는 바를 살펴볼 것이다.

직무 만족

3-4 직무 만족을 측정하는 두 가지 접근법을 확인할 수 있다.

앞에서 이미 직무 만족에 대해 간략하게 논의했다. 직무 만족이 가장 중요한 직무 태도 중 하나이며 여러 중요한 사업 성과를 예측해준다는 것을 알고 있다. 이제 이 개념을 더 신중하게 분석해보자. 만약 내가 관리자이고 내 조직의 사람이 얼마나 만족하고 있는지를 파악하고자 한다면 직무 만족을 어떻게 측정할 것인가? 구성원이 높은 직무 만족도를 갖게 하는 것은 무엇인가? 만족한 구성원은 조직에 어떤 영향을 미치는가? 이에 대해 답하기 전에 도표 3-2에 제시된 직무 만족이 낮은 최악의 직무 목록을 살펴보자. 놀랍게도 모두 저임금 직무가 아니다.

직무 만족의 측정

'직무 특성 평가에서 비롯되는 직무에 대한 긍정적 느낌'이라는 직무 만족에 대한 정의는 광범위하다. 그러나 이러한 포괄적인 정의가 실제로 적합하다. 한 사람의 직무는 그저 단순히 서류를 정리하고, 프로그램 코드를 짜고, 고객을 기다리고, 트럭을 운전하는 등 가시적으로 보이는

도표 3-2 2019년 직무 만족 최악의 직무*

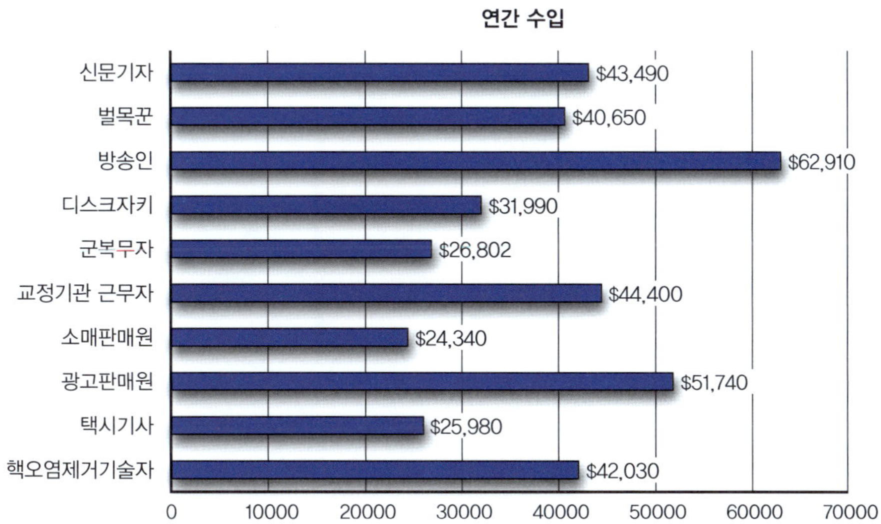

*신체적 요구, 작업 환경, 소득, 스트레스, 고용 전망에 기초함.

출처: CareerCast.com (2019), http://www.careercast.com/jobs-rated/worst-jobs-2019에 기초함.

명백한 활동 이상의 것이다. 직무는 동료와 상사의 상호작용, 조직 내 규칙과 정책 준수, 조직 위계에의 적응, 성과기준 달성, 기대에 못 미치는 근무 환경에서의 생활, 새로운 기술에의 적응 등을 복합적으로 요구한다. 한 구성원의 직무 만족 평가는 여러 다양한 요소의 복잡한 총합이다. 그렇다면 어떻게 직무 만족을 측정할 수 있는가?

가장 널리 사용되는 두 가지 방법이 있다. 첫 번째로 단순 종합평가법은 응답자가 "전반적으로 자신의 직무에 얼마나 만족하는가?"와 같은 질문에 답하는 간단한 방법이다. 응답자는 '매우 만족'부터 '매우 불만족'을 나타내는 1~5점 척도상의 한 점수를 체크하면 된다. 두 번째로 직무요소 합산법은 보다 정교한데 우선 직무에서 일의 유형, 필요한 스킬, 감독, 현재 급여, 승진 기회, 문화, 동료와의 관계와 같은 핵심요소를 확인한다. 응답자는 이들 각각에 대해 표준화된 척도(예: 1부터 5까지 '불만족'에서부터 '만족')도 평가한다. 이 평가는 이후 전체 직무 만족 점수에 합산된다.

이 접근 중 한 가지가 더 우월한가? 여러 직무 요소에 대한 응답을 합산하는 것은 직관적으로 직무 만족에 대해 정확한 평가를 제공할 것이다. 하지만 연구결과는 이러한 접근을 전적으로 지지하지 않는다.[59] 단순함이 복잡함만큼 잘 작동하는 몇 안 되는 사례 중 하나이다. 두 방법 모두 유용할 수 있다. 단순 종합평가법은 시간 소비를 줄여주며, 직무 요소 합산법은 관리자들이 문제를 파악하고 신속하고 정확하게 다룰 수 있도록 도와준다.

사람은 자신의 직무에 얼마나 만족하는가

대부분의 사람은 자신의 직무에 만족하는가? 이에 답하기 전에 OB POLL의 설문통계를 살펴보면 직무 만족 수준이 상대적으로 일관되게 유지되는 것으로 보인다. 예를 들면 1972~2006년 미국인의 직무 만족 수준은 일관되게 높은 편이었다.[60] 그러나 경제적 상황이 직무 만

OB POLL 행복한 일터

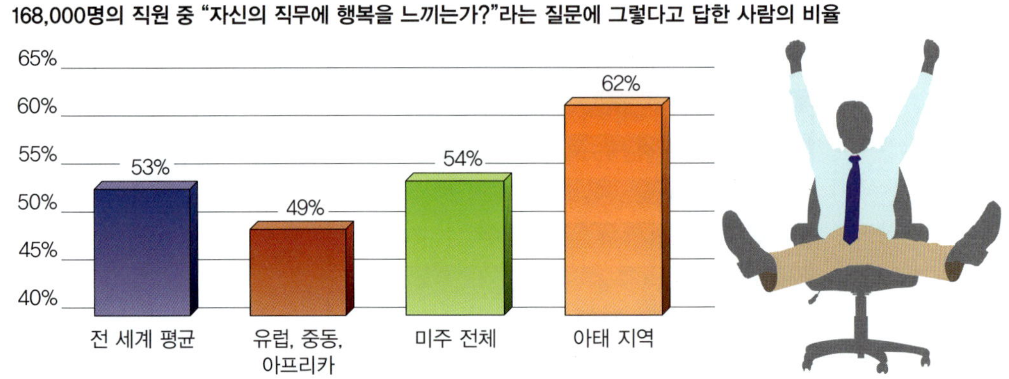

출처: Statista (2013), http://www.statista.com/statistics/224508/employee-job-satisfaction-worldwide/; Kelly Services Group (2012), http://www.kellyocg.com/uploadedFiles/Content/Knowledge/Kelly_Global_Workforce_Index_Content/Acquisition%20and%20Retention%20in%20the%20War%20for%20Talent%20Report.pdf에 기초함.

족 비율에 영향을 미치는 경향이 있다. 2007년 말의 경기위축이 직무 만족도를 크게 떨어뜨렸고, 2010년에는 미국 근로자의 직무 만족도가 42.6%로 최저점을 찍었다.[61] 2017년에는 약 51%가 자신의 직무에 대한 만족도를 표명했지만,[62] 1987년의 61.1% 수준을 회복하려면 요원한 상태라고 할 수 있다.[63] 직무 만족 비율은 전 세계 문화권마다 다른 양상을 보이며 대안적인 관점을 제공해주는 경쟁적인 측정 도구가 항상 존재한다.

한편 직무 만족의 어떤 측면을 대상으로 하는가에 따라 만족도가 매우 달리 나타날 수 있다.

도표 3-3 요소별 평균 직무 만족도

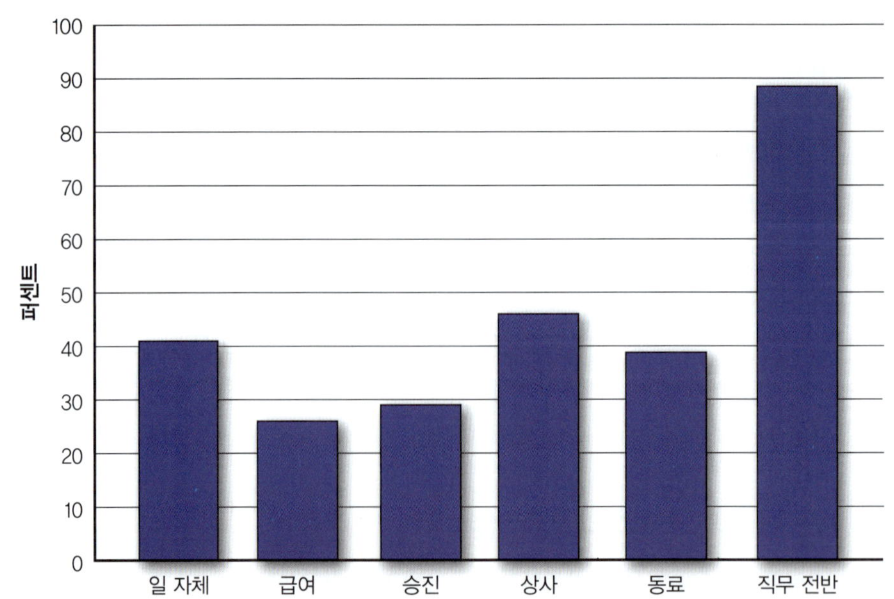

출처: Society for Human Resource Management, *2017 Employee Job Satisfaction and Engagement: The Doors of Opportunity Are Open*, April 24, 2017, https://www.shrm.org/hr-today/trends-and-forecasting/research-and-surveys/pages/ 2017-job-satisfaction-andengagement-doors-of-opportunity-are-open.aspx

도표 3-4 국가별 근로자 직무 만족 평균 수준

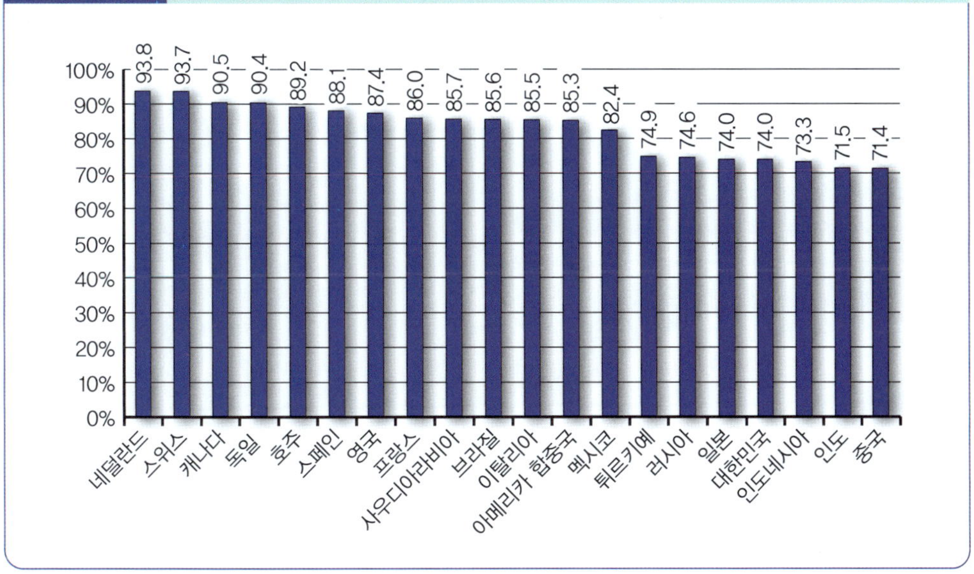

출처: J.-E. De Neve and G. Ward, "Happiness at Work," in J. Helliwell, R. Layard, and J. Sachs (eds.), *World Happiness Report* (World Happiness Report APPENDIX, 2017).

도표 3-3에서 보듯이 사람은 자신의 직무 전반, 일 자체, 상사와 동료에 대해서는 높은 만족도를 보인 반면에 급여와 승진 기회에 대해서는 낮은 만족도를 보였다.

더 나아가 75만 명 이상의 참가자를 대상으로 한 수십 편의 연구를 검토한 결과는 직무 만족에 약간의 인종차이가 있음이 밝혀졌다. 백인 구성원이 일반적으로 더 복잡한 직무에서 흑인 구성원보다 조금 더 만족하는 경향을 보인다.[64] 직무 만족에서의 문화차와 관련하여 도표 3-4는 2017년 세계행복보고서의 결과이고, 구체적으로는 경제규모 상위 20개 국의 결과를 보여준다. 이 국가들에서는 70% 이상의 구성원이 자신의 직무에 만족하는 것으로 나타났다. 전 세계적으로 직무 만족에 영향을 미치는 모든 요인을 파악하기는 어렵지만 기업이 직무 만족을 고려하고 다루고 방법을 살펴보면 답을 얻을 수 있을 것이다.

무엇이 직무 만족을 유발하는가

자신이 경험한 최고의 직무를 떠올려보자. 왜 그 직무가 가장 좋았는가? 아마도 이유는 다양할 것이다. 직무 만족에 미치는 특성 변수로 우선 직무 환경부터 살펴보자.

3-5 직무 만족의 주요 원인 변수를 요약할 수 있다.

직무 환경

일반적으로 훈련, 업무의 다양성, 독립성, 통제권을 제공하는 흥미로운 직무는 대부분의 근로자를 만족시킨다. 일 자체의 특성을 먼저 고려한 후에도 상호의존성, 피드백, 사회적 지원, 동료직원과의 업무 외 상호작용 등이 또한 직무 만족과 깊은 연관이 있다.[65] 말할 나위 없이 해로운 업무 환경은 불만족스러운 구성원을 만든다. 일터에서 인종 차별을 경험하게 되면 불만족을 느낄 것이다(일부 연구에서 신체적, 심리적 건강의 저하를 경험하게 될 수도 있다고 얘기한다).[66]

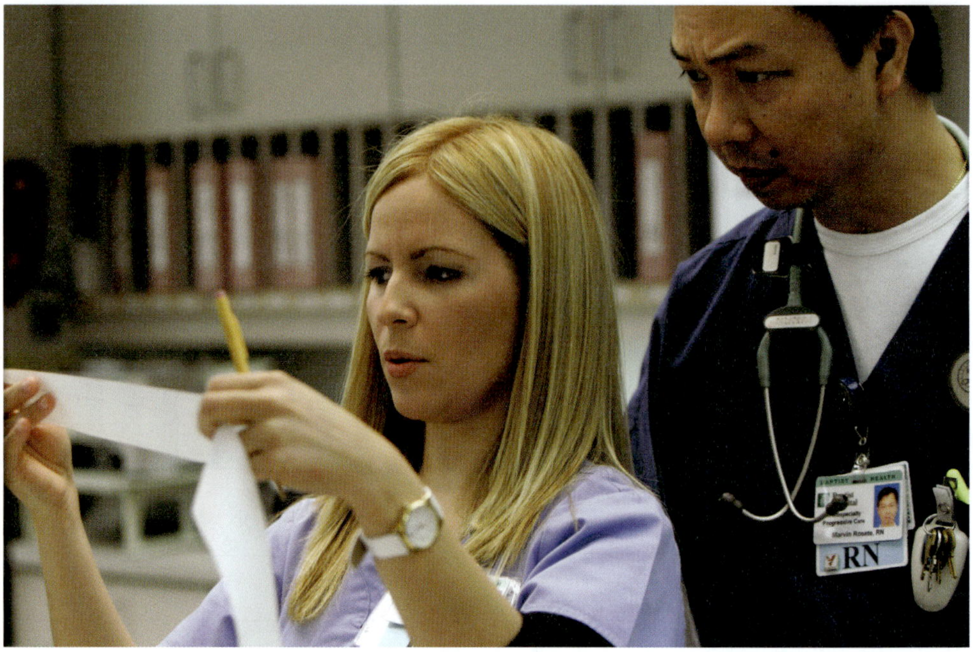

사우스플로리다의 밥티스트헬스(Baptist Health) 병원 직원의 직무 열의는 매우 높다. 그들은 환자 치료에 대한 진지한 몰입도와 열정을 함께 공유한다. 사진에서 심전도(EKG) 결과를 판독하고 있는 야이마 밀란(Yaima Millan)과 마빈 로제트(Marvin Rosete) 역시 자신의 일이 의미 있고 환자의 삶에 변화를 가져올 수 있다고 믿는다.

출처: Wilfredo Lee/AP Images

추측했겠지만 관리자 역시 구성원의 직무 만족에 큰 영향을 미친다. 23개국의 직원 7만 명 가량을 대상으로 실시한 연구에서는 리더와 직원의 교환관계의 질이 집단주의적인 아시아 문화권보다 개인주의적인 서구 문화권에서 직무 만족과 더 강한 관계를 보였다.[67] 한편 '적응하기'는 직무 태도에 중요하다. 동아시아, 유럽, 북미에서 진행된 100개 이상의 연구를 검토한 결과에 따르면 조직과 직무에 적응하는 것이 북미에서는 더 중요한 반면에 팀과 상사에게 적응하는 것이 동아시아에서는 더 중요했다.[68]

이처럼 직무 환경(특히 일 자체의 본질적 특성, 사회적 상호작용, 관리감독 등)은 직무만족의 중요한 예측 변수이다. 관리자는 직무 환경이 구성원을 행복하게 만들만큼 충분히 만족스럽게 관리해야 한다. 한 예로 글래스도어(Glassdoor)에 따르면 2020년에 허브스팟(HubSpot)이 최고의 직장으로 선정되었다. 한 명의 직원은 DEI(다양성, 공정성, 포용성)의 가치를 다시 강조하며 "허브스팟은 모든 사람이 직장에서 진정한 자신이 될 수 있는 다양하고 포용적인 작업 환경을 만들기 위해 노력합니다"라고 언급했다.[69]

성격과 개인차

직무 환경이 직무 만족에 중요한 만큼 개인의 성격도 중요한 역할을 한다.[70] 긍정적인 핵심 자기평가(core self-evaluation, CSE)를 하는 사람(추가 논의는 5장을 참조), 즉 자신의 내재적 가치와 기본 역량을 믿는 사람은 부정적인 핵심 자아평가를 하는 사람보다 직무 만족도가 더 높다. 특히 집단주의 문화권에서 핵심 자아평가 수준이 높으면 직무 만족 수준이 특히 더 높게 나타난다.[71] 다른 개인적 특성도 직무 만족에 중요하다. 가령 똑똑한 사람은 자신의 지적 호기심을 충족시키는 복잡한 직무를 추구하기 때문에 자신의 직무에 더 만족하는 경향이 있다고 한다.[72] 개인과 직무 간의 적합성도 중요하다. 65년에 걸친 메타분석 연구는 사람이 자신의 욕구 (예: 예술작품을 만들고 싶은 욕구)와 직업(예: 아티스트)이 일치될 때 더욱 만족한다는 것을 보여주었다.[73]

도표 3-5 직무의 평균 급여와 근로자의 직무 만족 간 관계

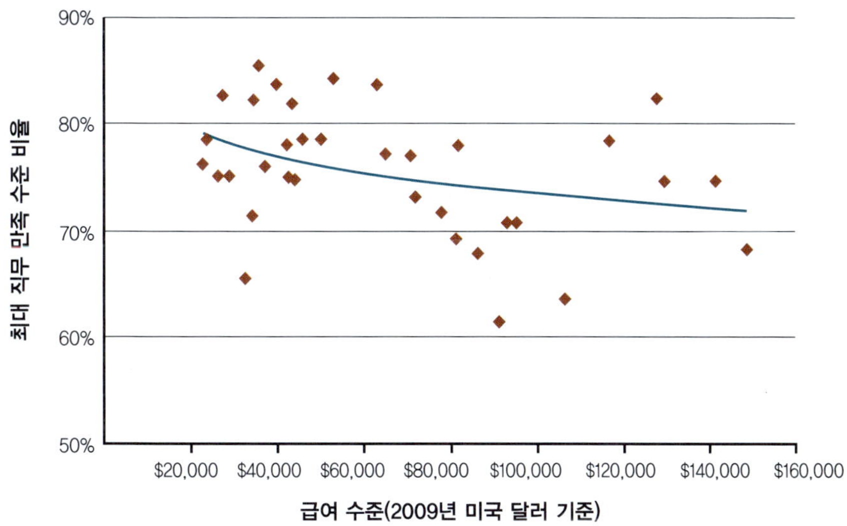

출처: T. A. Judge, R. F. Piccolo, N. P. Podsakoff, J. C. Shaw, and B. L. Rich, "The Relationship Between Pay and Job Satisfaction: A Meta-Analysis of the Literature," *Journal of Vocational Behavior 77*, no. 2 (2010): 157-67에 기초함

급여

직무 만족에 대해 논할 때 급여가 화두가 되는 경우를 자주 봤을 것이다. 사람은 자신의 수입을 다른 사람(예: 동료나 해당 직무를 수행하는 전형적인 사람)의 수입과 비교하면서 급여에 만족하는지에 대해 얘기하곤 한다. 많은 사람에게 수입은 직무 만족과 전반적인 행복감과 관련되어 있으며 타인과의 차이를 인식하게 되면 직무 만족의 감소를 경험한다.[74] 물론 이러한 효과(급여 수준과 타인과의 차이)는 일단 편안한 생활을 영위할 수 있는 급여 수준에 도달하게 되면 줄어들 수 있다.[75] 도표 3-5은 평균 급여와 평균 직무 만족 수준 간의 관계를 보여주고 있는데, 별다른 관계가 드러나지 않는다. (8장에서 보게 되겠지만) 돈은 분명 사람을 동기부여하지만, 동기부여하는 것이 반드시 행복하게 만들어주는 것은 아니다.

직무 만족의 결과

직무 만족의 원인에 대해 살펴보았으니 이제 직무 만족의 결과를 구체적으로 살펴보자.

3-6 직무 만족의 네 가지 결과 변수를 확인할 수 있다.

직무 성과

여러 연구에서 보여주었듯이 행복한 직원은 생산적인 직원이 될 가능성이 높다. 직무 만족과 직무 성과의 관계는 허구에 불과하다는 연구자도 있지만, 300여 편의 연구를 종합적으로 고찰한 결과는 둘의 상관관계가 매우 견고하다는 것을 보여준다.[76] 직무 만족이 높은 사람이 더 높은 성과를 창출하고 더 만족하는 종업원으로 구성된 조직이 그렇지 못한 조직보다 훨씬 효과적이라는 것이다.

더 나은 세상을 향해

엔비디아인: 함께 세계 속 공동체 변화시키기

구성원은 자신의 고용주가 세상을 더 나은 곳으로 만들기 위해 어떤 노력을 기울이는지 관심을 갖는가? 종종 기업의 사회적 책임, 자선활동, 지속가능성이 지구에 미치는 영향에 대해 생각한다. 그렇다면 회사 내 사람과 그들의 직무 태도는 어떠한가?

《포천》 500 반도체 제조업체인 엔비디아(Nvidia)는 세상을 더 나은 곳으로 만들기 위한 공동 작업을 통해 엔비디아인의 삶을 변화시키는 역할을 하고 있다. 엔비디아는 어떻게 사회적 책임이 조직 구조 내로 통합될 수 있는지 보여주는 우수한 사례이다. 그러나 엔비디아의 독특한 점은 이러한 미션에 직원을 동참시키는 정도이다. 엔비디아의 직원은 다른 사람을 돕고자 하는 같은 성향을 공유하고(조직 동일시로 이어짐), 자신의 업무와 자신을 강하게 동일시하며(직무 몰입으로 이어짐), 무엇보다도 자신의 지역사회에서 차이를 만들 수 있는 권한을 가지고 있다고 느낀다.

예를 들어 엔비디아는 비즈니스 세계에서 유일하게 직원이 운영하는 자선 재단을 보유하고 있다. 또한 휴가 파티 대신 대규모 연례 자원봉사 행사를 개최한다. 이 이벤트는 '프로젝트 인스파이어(Project Inspire)'라고 불리며, 연간 수천 명의 엔비디아인과 수만 시간의 자원봉사 시간, 수백만 달러의 기부를 만들어낸다. 프로젝트 인스파이어를 연례 행사로 진행하는 것에 만족하지 않은 엔비디아인은 Inspire 365라는 새로운 이니셔티브를 소개했고 구성원이 언제든지 원하는 날을 프로젝트 인스파이어 날로 만들 수 있는 권한을 부여한다. 엔비디아는 직원에게 연중 내내 선물 매칭과 자원봉사를 위한 유연근무제를 제공하여 구성원이 지역사회의 필요를 유연하게 해결하고 프로세스에 대한 주인의식을 갖고 진행하도록 돕는다. 몇 가지 사례로 이러한 유연성 덕분에 엔비디아인이 아이를 가르치고 영감을 주고 인공지능을 친근하게 느끼도록 돕는 테크스플로러(Techsplorer) 프로그램이 가능했다. COVID-19 사태 이후 이 프로그램은 직원으로 하여금 자신의 지역사회에서 팬데믹과 싸우기 위한 23,000개 이상의 작은 행동을 수행하도록 격려했다(전 세계의 모든 사무실이 100% 참여함). 이러한 행동은 직무 태도에 강력한 영향을 미친 것으로 보인다. 엔비디아인의 95%가 참여한 한 설문조사에서 96%가 자신들이 글로벌한 변화를 만들고 있다는데 동의했으며 90%가 엔비디아가 일하기 좋은 훌륭한 직장이라고 답했다.

엔비디아는 조직이 어떻게 세상을 더 나은 곳으로 만드는데 진정성 있게 직원을 참여시키고 권한을 부여할 수 있는지 보여주는 훌륭한 사례이다. 그렇다면 약속을 이행하지 않는 조직의 경우는 어떠한가? 유감스럽게도 엔비디아는 일반적이지 않은 예외적인 사례로 보인다. 500개 조직을 살펴본 한 연구에서는 조직의 가치와 그 가치를 실제로 얼마나 이행하는지 사이에 아무런 관계를 찾지 못했다. 연구는 조직이 말하는 것과 실제로 행동하는 것 사이에 불일치가 있을 때 직원이 이를 눈치챌 수 있으며 이는 조직 동일시와 직무 태도를 해칠 수 있음을 보여준다. 한편 엔비디아에서 볼 수 있듯이 연구결과는 말한 것을 실천하는 조직은 구성원의 조직에 대한 존경과 자부심을 높이고 조직시민행동을 유도하며 세상을 더 나은 곳으로 만드는데 집단적 노력을 만들어냄을 보여준다.[77]

조직시민행동

직무 만족이 구성원의 조직시민행동(OCB, 1장 참조)에 중요한 결정 요인이라는 것은 논리적으로 들린다.[78] 조직시민행동에는 자신의 조직에 대한 긍정적으로 얘기하는 것, 다른 사람을 돕는 것, 직무역할 기대 이상의 활동 등이 포함된다. 연구결과에 따르면 직무 만족이 조직시민행동과 중간 수준의 상관을 보인다. 즉, 자신의 직무에 더 만족하는 사람들이 시민행동을 더 많이 보인다는 것이다.[79]

그렇다면 왜 직무 만족이 조직시민행동으로 이어지는가? 첫 번째 이유는 바로 신뢰에 있다. 18개국을 대상으로 연구한 결과에 따르면 관리자는 직원의 조직시민행동에 대해 신뢰가 담긴 행동으로 보답한다.[80] 동료가 자신을 지원해준다고 느끼는 사람은 적대적인 동료관계를 경험하는 사람보다 남을 도와주는 활동에 보다 적극적이다.[81]

고객 만족

서비스 산업에서 고객 만족은 핵심적인 결과 변수이므로 '직원의 만족이 긍정적인 고객 반응과 연관되는가'라는 질문을 던질 수 있다. 예를 들면 항상 고객과 접점에 있는 일선 현장직원에게

에어캐나다(Air Canada)와 같은 서비스 회사는 만족하는 직원이 고객 만족과 충성도를 향상시킨다는 것을 이해하고 있다. 정기적으로 고객과 만나는 최전방 직원으로서 항공사의 발권담당 직원은 탑승객을 반기고 수화물 체크인과 자리 배정을 도우며 친절하고, 긍정적이고, 반응적인 모습을 보인다.

출처: Aaron Harris/Bloomberg/Getty Images

이 질문을 던지면 답은 당연히 '그렇다'일 것이다. 만족도가 높은 직원은 고객 만족과 충성심을 높여주는 것으로 나타난다.[82]

여러 회사에서 이러한 증거를 활용하고 있다. 온라인 신발 쇼핑몰 자포스(Zappos)의 경우에 고객서비스 직무에 만족하는 직원을 찾겠다는 노력의 일환으로 신입 교육 후 회사를 떠나기로 결심한 직원에게 2,000달러의 위로금을 준다. 이러한 기획의 논리는 만족하지 않는 사람은 현금을 받고 떠날 것이라는 것이다.[83] 자포스의 직원은 고객을 만족시키기 위해 '재미있고 우스꽝스러운 짓'을 할 수 있게 권한을 부여받는데, 이러한 전략이 잘 통한다. 2,400만 명의 전체 고객 중 75%가 재구매 고객이다. 자포스에서는 이처럼 직원의 만족이 고객의 만족에 직접적으로 영향을 미치고 있다.

생활 만족

지금까지는 직무 만족을 생활 만족과 분리된 것처럼 다루었으나 이 둘은 당신이 생각하는 것보다 훨씬 밀접하게 관련되어 있다.[84] 독일의 연구에 따르면 사람이 일자리를 잃게 되면 삶에 대한 만족도가 저하되는데, 이는 단순한 수입의 감소 때문이 아니다.[85] 대부분의 사람에게 일은 삶의 중요한 일부이며 많은 이들이 자신이 수행하는 역할에서 의미를 찾는다.[86] 따라서 우리의 전반적인 행복감은 일에서 느끼는 행복감(직무 만족)에 크게 달려 있다고 해도 과언이 아니다.

직무 불만족의 영향

3-7 직무 불만족에 대한 구성원의 네 가지 반응을 확인할 수 있다.

구성원이 자신의 일을 좋아하지 않으면 어떤 일이 일어나는가? 불만족의 결과를 이해하는 데 도움이 되는 한 가지 이론적 모델(이탈-발언-충성-방관 체계)이 있다. 도표 3-6은 각각의 두

도표 3-6 직무 불만에 따른 반응

	건설적	파괴적
능동적	발언	이탈
수동적	충성	방관

가지 차원(건설적/파괴적, 능동적/수동적)에 따라 달라지는 직무 불만족에 대한 구성원의 네 가지 반응을 보여준다. 반응은 다음과 같다.[87]

이탈 조직을 떠나려는 행동을 통해 표출되는 불만

- **이탈**(exit): 이탈 반응은 조직을 떠나는 방향으로 행동을 이끄는 데, 새로운 일자리를 찾거나 퇴직하는 것이 여기에 포함된다. 불만족에 대한 이탈 반응의 효과를 측정하기 위해 연구자는 구성원의 지식, 기술, 능력, 기타 특성의 전반적 손실을 낳는 개인 퇴사와 집단 이직을 연구한다.[88]

주장 상황을 개선하려는 능동적이고 건설적인 시도를 통해 표출되는 불만

- **발언**(voice): 발언 반응은 상황을 개선하기 위해 적극적이고 건설적인 노력을 기울이는 것으로 개선 방안 제안, 문제점에 대한 상사와의 논의, 노조활동 수행이 여기에 포함된다.

충성 상황이 개선되기를 수동적으로 기다리는 상태로 표출되는 불만

- **충성**(loyalty): 충성 반응은 상황이 나아지기를 수동적이지만 낙천적으로 기다리는 것으로 외부의 비판에도 불구하고 조직을 옹호하거나 조직과 경영진이 올바른 일을 하고 있다고 신뢰하는 것 등이 포함된다.

방관 상황이 악화되는 것을 허용하는 상태로 표출되는 불만

- **방관**(neglect): 방관 반응은 상황이 악화되는 것을 수동적인 태도로 허용하는 것으로 상습적인 결근이나 지각, 노력의 감소, 증가하는 실수 등이 포함된다.

이탈과 방관의 행동은 생산성, 결근, 이직과 같은 성과 변수와 관련된다. 그러나 이 모델은 불쾌한 상황을 참고 업무 환경을 개선할 수 있게 돕는 건설적인 행동인 발언과 충성을 포함하여 구성원 반응을 보다 폭넓게 다룬다. 이 모델을 통해 다양한 상황에서의 구성원 반응을 이해할 수 있다. 예를 들면 흔히 노조원은 불만을 고충처리 과정이나 공식적 단체협약 협상을 통해 드러낸다. 이러한 발언 메커니즘은 구성원 스스로 상황 개선을 위해 움직이고 있다는 사실을 확인하면서 맡은바 직무를 계속 수행하게 해준다.

이 분류방법은 유용하기는 하지만 너무 일반적이라는 한계가 있다. 다음으로 직무 불만족에 대한 행동 반응을 살펴보고자 한다.

반생산적 업무행동

약물남용, 직장 내 절도, 업무시간에 과도한 소셜미디어 사용, 뒷담화, 결근, 지각 등은 조직에 해를 입히는 파괴적 행동의 예이다. 이들은 **반생산적 업무행동**(counterproductive work behavior, CWB), 즉 직장 내 일탈행동 또는 구성원 철회행동으로 불리는 폭넓은 행동양식의 지표이다(1장 참조).[89] 앞에서 논의한 다른 행동과 마찬가지로 반생산적 업무행동 역시 그냥 발생하는 것이 아니라 오랜기간 지속된 부정적 태도에서 나온다. 그러므로 반생산적 업무행동의 예측 변수를 확인할 수 있다면, 부정적 효과의 발생확률을 낮출 수 있을 것이다.

반생산적 업무행동(CWB) 절도, 동료에 대한 공격적 행동, 지각과 결근을 포함하는 조직에 해를 입히는 행위

일반적으로 직무 불만족은 반생산적 업무행동을 예측한다.[90] 자신의 일에 만족하지 않는 사람은 좌절감과 함께 낮은 성과를 보이고,[91] 반생산적 업무행동을 보이기 쉽다.[92] 일부 연구에서는 이러한 관계가 여성보다 남성에게서 더 강하게 나타난다고 했는데, 그 이유는 남성이 더 공격적이고 충동 통제가 약하기 때문이다.[93] 우리가 처한 사회적 환경도 중요하다. 독일 연구에 따르면 업무 환경 규범에 따라 반생산적 업무행동을 보일 수 있게 유도되기도 한다. 가령 높은 결근율을 보이는 팀에 속한 개인은 자신도 결근할 가능성이 높다.[94] CWB는 또한 관리자의 비인격적 감독에 대한 반응으로 나타날 수 있는데, 이것이 다시 비인격적 처우를 증가시키는 악순환을 야기하기도 한다.[95]

반생산적 업무행동의 한 가지 중요한 점은 불만족한 직원이 개별적 요인에 따라 하나 이상의 특정 행동을 선택한다는 것이다. 한 직원은 퇴사를 하고 다른 직원은 업무시간을 소셜미디어 활동에 쓰거나 사무실 물품을 개인적으로 사용하기 위해 집에 가져간다. 한마디로 자신의 직무를 싫어하는 사람은 다양한 방법으로 '앙갚음'을 하려 하며 매우 기발한 방법을 동원하므로 제도나 처벌로 단순히 한 가지 행동을 통제하는 것으로는 결코 문제의 핵심을 다룰 수 없다. 그러므로 고용주는 이들의 다양한 반응을 통제하려 하기보다 문제의 원인, 즉 불만족을 바로잡는 방안을 모색해야 한다.

일부 연구에 따르면 반생산적 업무행동은 지각된 불공정성에 대한 정서적 반응으로 공평한 교환관계에 대한 인식을 회복하려는 시도라고 볼 수 있다.[96] 따라서 반생산적 업무행동은 복잡한 윤리적 함의를 지닌다. 예를 들면 자녀에게 주려고 사무실에서 마커펜 한 박스를 집에 갖고 가는 직원은 윤리적으로 행동하는 것인가? 어떤 사람은 이를 절도행위라고 보겠지만, 판단하기 전에 해당 직원의 회사에 대한 공헌도와 같은 조절 변수를 살펴보고자 하는 사람도 있을 것이다. 해당 직원이 고마움이나 보상 없이 추가적인 시간과 노력을 조직을 위해 아낌없이 투입하는가? 만약 그렇다면 반생산적 업무행동을 '공평하게 주고받기' 위한 시도의 일부로 볼 수도 있다

경영자는 반생산적 업무행동을 줄이기 위해 단계적 행동을 취할 수 있다. 예를 들어 직원 태도 조사를 실시하고, 직장 내 개선필요사항을 확인하고, 반생산적 업무행동을 측정하려는 시도를 할 수 있다. 여러 연구에서 반생산적 업무행동에 대한 자기평가가 동료나 상사의 보고만큼 유용하다고 보는데, 이는 반생산적 행동의 종류에 따라 관찰가능 정도가 다르기 때문이다.[97] 반생산적 업무행동이 전염병처럼 만연되어 집단 내 윤리 기준이 저하되지 않게 하기 위해서는 강력한 팀워크, 상하 감독관계의 결속력, 공식적인 팀 운영정책, 팀 업적 평가 기반의 인센티브 제공 등이 필요하다.[98]

결근 불만족하는 직원이 더 자주 결근하는 경향이 있다고 하지만, 이 관계는 매우 강력하지는 않다.[99] 일반적으로 대안 일자리를 다양하게 선택할 수 있는 경우에는 불만족한 직원의 결근율이 높게 나타나지만, 선택의 여지가 별로 없는 경우에는 불만족한 직원의 결근율이 만족한 직원과 거의 비슷하다.[100] 또다른 요소는 결근했을 때 얼마나 죄책감을 느끼는지이다. 고객서비스 직원에 대한 한 연구에서는 죄책감을 더 많이 느끼는 직원이 결근을 덜 한다는 것을 보여주었다.[101]

이직 직무 만족과 이직 간의 관계는 직무 만족과 결근의 관계보다 더욱 강하게 나타난다.[102] 직무 만족의 감소 패턴은 이직을 가장 잘 예측하는 지표이다. 이직은 작업 환경과도 연결되어 있다. 직장의 다른 구성원 대부분이 불만족을 경험하고 있다면 '전염 효과'가 나타날 수 있다. 그러므로 관리자는 직원을 새로운 직무로 배치할 때 필히 동료직원의 직무 만족(그리고 이직) 패턴을 고려해야 한다.[103]

직무 만족과 이직의 관계는 다른 직장이라는 대안의 영향을 받는다. 직원이 요청하지 않은 이직 제안을 받는 경우는 현 직장의 문제로 인해 '밀어내기'가 아닌 다른 직장의 매력으로 인해 '당기기'로 회사를 떠나게 되는 것이므로 직무 불만족이 이직을 예측하기 어렵다. 비슷하게 다른 고용 기회가 많은 경우에는 직무 불만족이 이직으로 쉽게 연결될 수 있다.[105] 심지어 자신의 일에 만족하는 직원도 높은 수준의 직업 불안정성이 있는 경우에 회사를 떠날 가능성이 높다. 직원의 '인적 자본' 수준이 높은 경우(고등교육, 우수한 능력)에는 더 많은 대안을 지니고 인식하고 있기 때문에 직무 불만족이 이직으로 연결되는 경향이 높다.[106]

불만족과 이직 간의 관계를 끊어내는 데 도움이 되는 요인이 있다. 구성원의 **배태성**(직무와 공동체와의 연결성)[107]이 특히 집단주의 문화에서는 이직 가능성을 낮출 수 있다.[108] 조직에 배태된 직원은 다른 직장으로의 이직을 덜 고려한다. 왜냐하면 이들은 직무, 조직, 공동체에

미신인가, 과학인가

만족스러운 수익이 행복한 직원을 만든다

물론 예외가 있기는 하지만 이 말은 기본적으로 옳다. 힐튼, SAS, 에드워드존스(Edward Jones), REI 등 《포천》이 선정한 구성원의 행복을 지원하는 일하기 좋은 최고의 직장들은 뚜렷하게 높은 수익을 내고 있다. 하지만 모든 행복이 동일한 원천에서 나오는 것은 아니다.

어떤 직원의 동료가 팀 프로젝트의 일을 거의 다 한 경우 분명 그 직원은 행복하겠지만 일을 더 열심히 하지는 않을 것이다. 마찬가지로 행복감을 제공하는 다른 요소의 예로 구글의 볼링장, 세일즈포스닷컴의 신기록 파티 등은 회사의 수익 증대와 관련이 없다. 전통적인 복지 프로그램 역시 직무 만족, 생산성, 수익성 증대를 보장해주지 않는다. 연구에 따르면 구성원은 유급휴가, 401(k) 같은 퇴직플랜, 더 낮은 건강보험료에 높은 가치를 부여한다. 많은 기업이 이와 같은 혜택을 제공하기는 하지만 그들의 수익은 《포천》 500대 기업 수준에 전혀 미치지 못하고 있다.

행복을 수익 방정식에 포함시키는 것의 가치는 구성원 열의 수준에서 느낄 수 있다. 타워스왓슨(Towers Watson) 컨설팅 회사의 줄리 게바우어(Julie Gebauer) 이사는 이렇게 지적한다. "단순히 직원을 행복하게 만들어주는 것은 사실 비즈니스 이슈라고 할 수 없습니다. 핵심 이슈는 바로 직무 열의를 제고하는 데 있지요." 잭인더박스(Jack in the Box)의 마크 블랭큰십(Mark Blankenship) 부사장은 기고문에서 직무열의란 "직원의 몰입, 즉 자신의 일에 투입하는 자발적인 노력의 수준"이라고 했다. 높은 직무열의를 경험하는 행복한 직원은 기꺼이 열심히 일하고 고객을 행복하게 만들며 회사에 남아 있는데, 이 세 가지 요소는 수익성 증대에 큰 영향을 미친다. 반대로 300여 편의 연구에 대한 분석 결과는 불량한 태도나 낮은 직무열의에 기인한 이직률이 조직 성과를 저해한다고 밝혔다.

결국 본 이야기의 논지는 이것이다. 자신이 직장에서 대우받고 싶은 대로 남을 대우하라라는 것이다. 그것이 바로 좋은 기업경영의 길이기 때문이다.[104]

대한 애착의 결과로 획득한 자원을 보호하기 원하기 때문이다.[109] 그러나 해로운 환경에 정착한 경우는 부정적인 상황에 '고착되었다'고 느끼게 되고 이로 인해 신체적, 심리적 건강을 해치는 결과를 얻을 수 있다.[110]

경영자가 놓치기 쉬운 실수

앞에서 살펴보았듯이 직무 만족이 회사의 수익에 영향을 미친다는 것은 놀랍지 않다. 한 컨설팅 회사에서 진행한 연구는 대기업을 사기가 높은 집단(70% 이상의 직원이 전반적 직무 만족 표현)과 중하위 수준의 집단(70% 미만)으로 구분했다. 사기가 높은 집단에서는 19.4%의 주가 상승을 보였지만 중하위 수준의 집단에서는 고작 10%였다. 또한 1984년부터 2011년에 이르는 기간 동안 미국에서 일하기 좋은 100대 기업에 포함된 회사는 다른 회사에 비해 연간 2.3에서 3.8% 더 높은 주식배당률을 보였다.[111] 이러한 결과에도 불구하고 많은 경영자가 구성원의 직무 만족에 큰 관심이 없다.

또 다른 경영자는 구성원의 만족도를 과대평가하기에 문제가 있는데도 문제가 없다고 생각한다. 262개의 대기업을 조사한 연구에서 약 86%의 임원이 자신의 조직이 직원을 잘 대우하고 있다고 답한 반면에 직원의 단지 55%만 이에 동의했다. 다른 연구에서는 55%의 경영자가 자신의 조직 내 사기가 높다고 생각한 반면에 직원은 단 38% 정도만 동의한 것으로 나타났다.[112] 정기적인 설문조사를 실시하면 경영자의 생각과 직원의 실제 생각 간의 간극을 줄일 수 있다. 이러한 간극은 작은 프랜차이즈 가게나 대기업의 수익에 영향을 미칠 수 있다. 휴스턴에 있는 KFC 레스토랑 매니저인 조너선 맥대니얼(Jonathan McDaniel)은 3개월마다 정기적으로 종업원 설문조사를 실시하고 있다. 설문결과에 따라 몇 가지 변화를 시도했는데 직원이 자유롭게 휴일을 선택하도록 발언권을 부여한 것이 한 예이다. 맥대니얼은 이러한 과정 자체가 가치있는 경험이었다고 생각하며 "직원은 스스로 의견을 개진할 수 있다는 점을 아주 좋아합니다. 가장 중요한 것은 자신들도 목소리를 낼 수 있고 이것을 들어준다는 것입니다"라고 말한다. 설문조사가 만병통치약은 아니지만 직무 태도가 생각하는 것만큼 중요하다면, 조직은 직무 태도를 향상시키기 위한 모든 합리적인 방법을 동원할 필요가 있다.[113]

요약

관리자는 직원의 태도에 관심을 가져야 한다. 태도는 행동에 영향을 미치며, 또한 잠재적 문제점을 알려주기 때문이다. 만족하는 조직을 만드는 것이 성공적인 조직 성과를 보장하지는 못하더라도 많은 연구결과는 직원 태도를 개선하려는 경영자의 노력이 조직 효과성 증대, 높은 고객만족도, 수익성 제고와 같은 긍정적 결과를 가져올 수 있음을 강력히 시사한다.

관리자를 위한 시사점

- 직무 만족, 직무 몰입, 조직 몰입, 조직지원인식, 구성원 열의 등과 같은 주요 직무 태도 변

수 중에서 구성원의 직무 만족 수준이 행동을 예측하는 최고의 단일 변수이다.

- 성과, 이직, 결근, 철회행동의 결정 요인으로서 구성원들의 직무 만족 수준에 주목하라.
- 구성원이 자신의 일에 어떻게 반응하는지 살펴보기 위해 정기적 주기로 구성원 직무 태도를 측정하라.
- 구성원 만족도를 높이기 위해 개별 구성원의 일에 대한 흥미와 직무의 내재적 요소 간의 적합성을 평가하라. 그리고 개인에게 도전적이고 흥미로운 일을 설계하라.
- 높은 임금만으로는 만족스러운 업무 환경을 조성하기 어렵다는 사실을 고려하라.

승진은 높은 직무 만족의 필수요소이다

찬성 의견

승진을 원치 않을 사람이 있겠는가? 승진은 일반적으로 더 높은 급여, 더 큰 직무 자율성과 권한을 의미한다. 직무기술지표(JDI)의 구성요소 중 하나인 승진 기회는 실제로 직무 만족도와 연관이 있다. 연구는 승진이 69%의 급여 인상과 비슷한 수준으로 직무 만족에 긍정적인 영향을 미친다는 것을 보여주었으며, 심지어 승진을 할 것 같다고 믿는 것만으로도 직무 만족에 더 강력한 영향을 미칠 수 있다고 했다. 직무 만족이 직원이 자신의 직위를 떠날지 머무를지 여부를 예측하는 중요한 지표임을 보여준 연구결과가 보여주듯이 이러한 결과는 이직을 줄이는 데 큰 영향을 미칠 수 있다.

2년 이내에 승진가능성이 있다고 믿는 개인은 해당 조직에 머무를 가능성이 높다. 특히 밀레니엄과 Gen X 세대를 포함한 점점 더 많은 직원이 경력 개발 기회를 직무 만족의 중요한 요소로 고려한다. 사람은 종종 높은 급여와 높은 직무 만족을 연관시키지만, 급여는 직무 만족의 다른 요소만큼 중요하지 않다. 사실 불만족을 경험하는 근로자는 직무 불만족의 이유로 낮은 급여보다 승진 기회 부족을 언급하는 경우가 더 많다. 승진과 성장 기회의 영향을 잘 보여주는 좋은 예는 지속적으로 일하기 좋은 최고의 직장으로 꼽혀온 베인앤컴퍼니(Bain & Company)이다. 이 회사는 워킹맘 사이에서 상위 10대 기업으로 선정되었는데, 이는 여성이 자신의 경력 목표를 개발하고 달성하는 것을 지원하는 여러 후원과 훈련 프로그램 덕분이다.

반대 의견

그렇다. 승진 기회는 직무 만족을 높일 수 있지만, JDI의 다섯 가지 구성요소 중에서 가장 중요한 예측 요인은 아니다. 더구나 최근에 수행된 2,500명 미국 근로자를 대상으로 한 연구에서 직업 안정성과 업무 환경이 직무 만족에 가장 중요하다는 결과가 나왔다. 더 구체적으로 동료와 직속 상사는 조사 대상자의 절반 이상의 직무 만족에 영향을 미쳤다. 게다가 승진이 직무 만족에 긍정적인 영향을 미치더라도 승진 이후 3~4년 이내에 이러한 긍정적 효과가 사라진다.

승진 이후 남녀 간의 직무 만족 수준 차이를 살펴본 연구결과도 있다. 이러한 연구결과는 여성이 관리자 직책을 얻는 것이 더 어려울 뿐만 아니라 여성이 상위 관리자 직책으로 승진할 때 더 많은 장애물을 직면한다는 '유리 천장' 가설을 지지한다. 조직이 관리자 구성에서의 성별 격차를 해소하려는 진지한 노력을 기울이고자 한다면, 상위 또는 하위 관리자 레벨로 승진한 개인에게 초점을 맞추어 직무 만족에서의 성차가 있는지 조사하는 것이 중요하다. 뿐만 아니라 성별 포용적인 제도를 만들 때, 조직은 종종 더 많은 업무 유연성과 승진 기회와 같은 해결책을 제안한다. 그러나 연구결과에 따르면 승진만으로 충분하지 않을 수 있다. 정상에 오르는 것은 장애물의 절반에 불과할 뿐, 여성은 그들의 권위를 의심하고 공헌을 축소하는 다른 사람의 방해를 맞닥뜨리게 될 수 있다.

성별과 상관없이 구성원은 또한 승진이 그들의 기대와 일치하지 않는다고 생각할 수 있다. 새로운 역할은 더 많은 권위와 높은 급여를 의미하지만, 또한 기대보다 많은 시간의 업무를 요구하기도 하고 급여 인상이 직무 요구의 증가를 충분히 보상하지 않을 수 있다. 따라서 승진이 직원을 더 만족스럽게 또 성취감을 경험하게 만들 것이라고 가정해서는 안 된다.[114]

3장 종합 점검

복습 질문

3-1 태도를 구성하는 세 가지 구성요소는 무엇인가?

3-2 행동은 항상 태도에서 비롯되는가?

3-3 주요 직무 태도에는 어떤 것이 있는가?

3-4 직무 만족은 어떻게 측정하는가?

3-5 직무 만족을 유발하는 것은 무엇인가?

3-6 직무 만족의 결과는 무엇인가?

3-7 구성원은 직무 만족에 어떻게 반응하는가?

입사 지원과 취업 역량

직무 만족, 직무 몰입, 구성원 열의, 조직 몰입, 조직지원인식 등은 모두 직장에서 자신과 동료, 상사의 행동과 성과에 영향을 미친다. 첫째, 부서 내 직무 태도는 부서의 성과에 영향을 미치는데, 이는 태도가 고객서비스와 판매실적에 영향을 미치기 때문이다. 둘째, 직무 태도와 만족은 조직구성원의 '맥박'을 재기 위한 다양한 방법으로 측정 가능하다. 셋째, 직무 태도의 원인과 직무 태도의 결과에 대한 지식은 정책, 관행, 절차를 만들거나(당신이 관리자 역할을 맡고 있는 경우), 직장 내 태도를 개선하도록 돕는 행동을 보이도록(당신이 직원인 경우) 돕는다. 이 장에서는 비판적 사고 스킬을 향상하고 직장 내 사회적 책임과 관련한 다양한 상황을 고려했다. 행복한 직원이 더 높은 수익을 창출하는지, 조직이 권한위임을 통해 조직 동일시를 어떻게 높일 수 있는지, 조직 내 가십과 감정 토로의 위험과 이점, 승진이 직무 만족에 중요한지 등을 살펴보았다. 다음 항목에서는 사무실 내 정치적 견해를 어떻게 다룰 것인지 고민하고, 구성원이 모든 것을 털어놓는 웹사이트의 윤리성을 검토하고, 중소기업 오너가 COVID-19 팬데믹에 대응하여 어떤 의사결정을 내려야 하는지 고려해보고, 어떻게 여러 대기업이 구성원 직무 만족을 향상했는지에 대해 신중하게 평가해보면서 계속해서 비판적 사고 능력을 향상하고 직무 태도에 대한 지식을 적용해보고자 한다.

실전 연습 사무실에서 정치적 견해 관리하기

학생을 2명씩 2인 팀으로 나누고 감독관 또는 직원 역할을 부여한 후, 할당된 역할지시문을 제공한다. 학생에게 역할지시문을 몇 분 동안 읽어보라고 지시한 후 역할 놀이를 시작하고, 각자가 할당된 역할에 몰입하기 위해 최선을 다하기를 당부한다(약 10~15분).

감독관 역할지시문

당신은 정치적 견해로 갈등을 겪고 있는 팀의 관리자이다. 당신은 자신의 정치적 견해를 공유하거나 직장에서 정치적 토론에 참여하는 것을 꺼리는 편인데, 직원 한 명이 특히 자주 이러한 대화를 주도하는 것을 보게 되었다. 이러한 대화가 주로 휴식시간에 이루어지는 만큼 그 직원이 업무시간을 낭비하는 것 같지는 않지만, 이 대화가 몇몇 직원을 불편하게 하고 있다고 생각한다. 당신은 이 직원과 만나 일대일 대화를 하기로 결정했다. 정치적인 토론을 허용하지 않을지 또는 다른 접근 방식을 선택할지는 당신의 재량에 달려 있다.

직원 역할지시문

당신은 현 회사에서 2년간 일하고 있는 직원이다. 그동안 5명으로 구성된 팀의 다른 팀원과 가까운 관계를 맺어왔다. 당신은 정치에 관심을 가지고 있으며 열정적으로 활동하고 있다. 직장에서 정치에 대한 대화를 나누지만 업무에 방해가 되지 않게 주의하며 휴식 시간에만 대화를 나눈다. 당신의 팀 동료 중 일부도 정치에 열정적이며, 대화가 내부분 예의 바르고 서로에 대한 존중을 바탕으로 하기에 큰 문제가 없다고 생각한다. 따라서 상사가 당신과의 미팅을 요청했을 때 놀라게 된다.

학생이 역할연기실습을 마치면 다음 질문에 대해 토론하라. 마지막으로 적어도 몇 명의 학생이 정리 질문에 대한 자신의 생각을 공유하라.

질문

3-8 관리자 역할을 수행했다면 어떻게 이 상황을 다루었는가? 상황에 접근하는 방식에 어떤 요소가 영향을 주었는가?

3-9 직원 역할을 수행했다면 상사와의 대화 중에 어떻게 반응했는가? 관리자가 상황을 다루는 방식에 동의했는가? 왜 그런가?

윤리적 딜레마 모든 것을 솔직히 털어놓는 웹사이트

"오만, 무례, 비열, 증오… 이러한 인간의 특성은 넷플릭스에서 가장 멋진 사람을 묘사할 때 사용됩니다"라고 익명의 직원이 글을 올렸다. "경영자는 모두 끔찍합니다…. 마치 자기만의 세상에서 노는 올드보이 클럽 같지요"라는 코카콜라 시장개발팀장의 글도 있다. 이에 대한 댓글도 계속 올라오는데, 코카콜라 멘트에는 직원 댓글이 5,700개나 달려 있다. 구글 등 일부 회사의 경우 누구나 고용주를 평가할 수 있는 웹사이트 중 하나인 글래스도어에 그 2배나 되는 댓글이 달리기도 한다.

글래스도어 같은 웹사이트가 번창하는 것은 더 많은 직원이 포럼에 참여하고 자유롭게 말할 수 있는 기회를 점점 더 즐기기 때문이다. 글래스도어는 고용주와 직원 모두에게 유용한 데 직원의 경우에 자신의 의견이나 걱정을 표현할 수 있는 권한을 얻음과 동시에 고용주로서는 글래스도어를 모니터링을 위한 도구로 활용할 수 있기 때문이다. 유용한 평가와 피드백이 조직의 의사결정, 학습과 개발, 기업 문화를 위한 정보로 활용될 수 있다.

조직들은 사람들이 자신의 신분이 식별가능할 때는 말을 조심한다는 것을 알기에 직무 태도 설문을 익명으로 실시해왔다. 하지만 이러한 설문조사로 얻는 평가는 익명의 웹사이트 피드백에 비해 종종 과하게 포장되어 있으며 덜 구체적이다. 일부 기업은 심층적인 정보를 얻기 위해 설문조사의 빈도와 범위를 조정하기도 한다. 또한 사내 자체 전산망을 활용하여 구성원의 관심사항과 불만사항을 수집하기도 한다.

대면으로는 직접 공유하지 않을 세부적인 내용에 대한 연구를 온라인에 게시하는 것의 윤리성을 넘어서 조직 윤리의 문제가 대두된다. 비자(Visa), 보잉(Boeing), 휴렛팩커드(Hewlett-Packard)와 같은 회사에서는 직원이 웹사이트와 앱을 통해 익명으로 불만을 토로하지 못하게 막으려 했지만, 이는 직원의 발언권을 침해할 수도 있다. 그렇다면 익명의 게시물이라 하더라도 얼마나 익명성이 보장되는가? 글래스도어나 기타 포럼에 올린 게시물은 개인의 이름을 지우지만, 상사는 어떤 부하직원이 게시글을 올렸는지 파악하고 복수할 수 있지 않겠는가?

시카고 소재 디지털 마케팅 대행사의 공동창립자인 그랜트 보도리(Grant Vodori)는 매주 여러 차례 실시하는 설문조사를 통해 직원에게 솔직한 답변을 얻는 데 성공했다. 하지만 그도 "내가 정말 이처럼 솔직한 답변을 듣고 싶어 하는가?"라고 자문하면서 "사실 때로는 조금 두려워요"라는 걱정도 내비쳤다.

질문

3-10 직원이 사석이 아닌 온라인에서 자신의 조직에 대한 의견을 밝힐 권리가 있다고 생각하는가?

3-11 직원 중 누군가 상사인 당신에 대해 불쾌한 글을 게시했다면 어떻게 대응할 것인가? 관리자가 아니라 인간 대 인간의 관점에서 당신에 대해 불쾌한 글을 게시했다면 대응방법이 달라지는가?

3-12 익명으로 글을 게시하는 것을 수용가능하다고 생각하는가? 아니면 필히 게시자의 이름을 밝혀야 한다고 생각하는가? 그렇게 생각하는 이유는 무엇인가?[115]

사례 삽화 직무, 돈, 만족

아일랜드 서쪽 끝에 위치한 작은 섬인 그레이트 블래스킷에서 2명의 관리자 직무 채용 공고가 나왔을 때, 알래스카에서부터 남아프리카까지 지원자로부터의 응답이 쇄도했다. 그러나 이 일은 고급 리조트 섬의 고임금 직무가 아니었다. 이 직책은 전기, Wi-Fi, 뜨거운 샤워를 사용할 수 없고 촛불, 난로, 야생동물, 자연을 포함한 '기본으로 돌아가는' 삶을 살아야 하는 강도 높고 어려운 직무라고 설명되었다. 이 일에는 무료 숙박과 식사가 포함되었지만 지원자는 임금이나 복지 혜택에 특별히 관심이 있었을 것으로는 보이지 않는다. 이전 직원은 그들이 꿈의 직장이라고 여기는 이곳을 위해 더블린의 직장과 힘든 출퇴근을 떠나 왔다. 많은 지원자가 이 일을 일생에 한 번뿐인 기회로 여기는 것은 당연하다.

이 일에 지원한 다른 지원자와 마찬가지로 엘사는 인생에 돈보다 더 중요한 우선 순위가 있다는 것을 깨달은 고위직 임원이었다. 투자은행가로 일하던 스트레스로 점철된 늦은 야근의 끝에 그녀는 인생에는 더 중요한 것이 있다고 마음먹었다. 엘사는 20년간의 직장을 그만두고, 6개월 후 초등학교에서 학생을 가르치고 있다. 그녀는 "나는 활기가 넘칩니다. 가르치는 것을 사랑하며 진심으로 제 일을 즐깁니다. 지난 한 해 동안 이전 10년 동안 누렸던 휴가보다 더 많은 휴가를 즐겼습니다"라고 말한다. 돈에 관해서 엘사는 투자은행가로 일할 때의 1/4 미만의 급여를 벌고 있다.

돈을 기꺼이 포기하고자 하는 것은 꿈의 직업을 찾는 것에서만 나타나지 않는다. 한 연구에 따르면 2,000명의 직원 중 49%가 더 유연한 근무 일정을 위해 급여 삭감을 감수할 준비가 되어 있다고 응답했다. 56%는 더 나은 건강 혜택을 위해 임금을 낮추겠다고 했다. 독일, 프랑스, 영국, 미국 직원으로부터 데이터를 수집한 다른 보고서에서는 자신의 직무에 만족한 사람은 보상이 아니라 의미 있는 일을 가장 중요한 요소로 지목했다. 밀레니엄 세대는 더 좋은 직무를 얻기 위해 기꺼이 돈을 희생할 수도 있다고 생각한다. 채용 회사의 CEO는 밀레니엄 세대 후보자가 더 가치 있는 직위를 위해 거의 10,000유로의 급여를 포기하는 것까지 보았다고 말했다.

그러나 산업 디자이너 피터 웨버(Peter Weber)는 "나는 임금을 깎는 것을 고려할 수 없습니다. 나는 가족을 부양하고 청구서를 지불할 책임이 있습니다. 이미 돈이 충분한 사람에게만 선택권이 있는 것입니다."라는 흥미로운 의견을 제시했다. 돈이 삶의 전부는 아니지만, 중요한 것은 맞다.[116]

질문

3-13 자신이 좋아하지 않지만 높은 급여를 받을 수 있는 직업과 상대적으로 훨씬 적은 급여를 주지만 꿈꾸던 직업 중 선택할 수 있다면 무엇을 선택하겠는가? 그 이유는?

3-14 보상 외에 어떤 요소가 중요한가?

3-15 엘사의 투자은행가로서의 직무 불만족의 원인, 그녀가 선생님으로 더 만족하는 이유, 새로 찾은 직무 만족의 예상되는 결과는 무엇인지 생각하라.

4 감정과 기분

출처: Lm Otero/AP/Shutterstock

학습목표

4-1 감정과 기분을 구분할 수 있다.

4-2 감정과 기분의 원천을 확인할 수 있다.

4-3 감정노동이 직원에 미치는 영향을 설명할 수 있다.

4-4 정서적 사건 반응 이론에 대해 설명할 수 있다.

4-5 감정지능에 대해 설명할 수 있다.

4-6 감정 조절 전략을 확인할 수 있다.

4-7 특정 조직행동 관련 이슈에 감정과 기분에 대한 개념을 적용할 수 있다.

취업 스킬 매트릭스(ESM)

	미신인가, 과학인가	윤리적 선택	찬성 의견/ 반대 의견	더 나은 세상을 향해	실전 연습	윤리적 딜레마	사례 삽화
비판적 사고와 창의성	✔	✔	✔	✔	✔	✔	✔
의사소통	✔		✔	✔			✔
협력							✔
자기관리	✔		✔		✔		✔
사회적 책임	✔			✔		✔	
리더십		✔	✔	✔	✔	✔	
경력관리	✔					✔	✔

일터에서 유머 감각 드러내기

사우스웨스트항공은 탁월하고 파격적인 문화로 잘 알려져 있다. 독특한 업무 수행 방식 외에도 사우스웨스트항공은 직원을 우선으로 한다. 직원이 좋은 대우를 받아야 고객도 좋은 대우를 받을 수 있고, 이는 결국 비즈니스에도 도움이 된다는 것이 이 회사의 철학이다. 사우스웨스트항공은 44년의 역사를 통해 포용적이면서도 즐거운 문화를 조성해왔다. 사우스웨스트항공의 핵심 가치에는 '자기자신에 대해 너무 심각하게 대하지 말자'와 '얼간이는 되지 말자'가 포함된다. 창립자이자 CEO였던 고(故) 허브 켈러허(Herb Kelleher)는 이러한 가치의 모범을 보여주었다. 켈러허는 스스로를 조롱하는 것을 두려워하지 않았으며, 유머 감각을 사무실 문 앞에 남겨둘 필요가 없다는 것을 보여주었다. 켈러허와 같이 유머 감각이 있는 리더는 그렇지 않은 리더보다 27% 더 동기가 부여되고, 더 존경받는 것으로 나타났다. 켈러허 자신은 유형자산보다 무형자산이 더 중요하다고 믿었다. 더 빠른 비행기와 같은 유형의 제품은 경쟁사가 쉽게 구매할 수 있지만, 우수한 고객서비스나 조직 문화는 돈으로 살 수 없다는 것이 그의 생각이었다. 이러한 무형자산을 향한 여정은 직원이 스스로를 진정성 있게 표현하는 것이었다.

이러한 문화의 결과로 사우스웨스트항공 승무원은 유머 감각을 표현하고 직원과 고객 모두에게 즐거움을 전파하는 것으로 잘 알려졌다. 사우스웨스트항공이 최고급 기내서비스를 제공하는 항공사로 알려져 있지는 않지만, 직원은 고객에게 즐거운 경험을 선사하기 위해 지금도 노력하고 있다. 예를 들어 직원은 비행기가 지연될 때 고객을 즐겁게 하기 위해 '게이트 게임'을 진행한다. 이 항공사에는 코미디 촌극과 유사한 기내 안내방송도 가지고 있다. 사우스웨스트항공의 철학은 효과가 있는 것 같다. 글래스도어는 사우스웨스트를 2021년에 일하기 좋은 상위 25개 직장 중 하나로 선정했다. 직원이 자신의 감정을 편안하게 표현할 수 있는 직장이 창의적이고 혁신적이며 생산적일 가능성이 높다는 연구결과도 이 회사의 접근 방식을 뒷받침한다. 이러한 작업 환경에서 직원은 서로에게 우호적일 가능성이 높으며, 이는 직원 성과에 큰 영향을 미친다.

COVID-19 팬데믹 기간에도 직원과 고객의 복지를 위한 조직의 노력은 계속되었다. 1971년 창립한 이후 이 회사는 단 한 차례의 정리해고도 실시한 적이 없다. 하지만 팬데믹의 여파로 사우스웨스트를 비롯한 항공업계는 엄청난 재정적 어려움에 직면했다. 정리해고와 임금 삭감의 위협이 다가오면서 여러 직원은 극도의 불확실성과 고용 불안을 경험하고 있다. 이러한 불안감으로 인해 직원은 부담스러울 정도의 부정적인 감정을 경험하고 감정 조절에 어려움을 겪을 수 있다. 직원에 대한 회사의 의지를 보여주기 위해 CEO인 게리 켈리(Gary Kelly)는 자신의 기본급을 0원으로 낮추고 고위 임원의 급여를 20% 삭감하여 정리해고를 줄이거나 피할 수 있게 했다.[1]

직원의 감정은 업무와 분리될 수 없다. 감정은 직원과 고객 경험을 향상시킬 수 있을 뿐만 아니라 저하시킬 수도 있다. 삶에서 감정이 작용하는 분명한 역할을 감안하면, 최근까지도 조직행동(OB) 분야에서 감정이라는 주제에 큰 관심을 기울이지 않았다는 것은 놀라운 일이 아닐 수 없다. 그 이유는 무엇인가? 역사적으로 연구자, 이론가, 실무자는 감정이 작업 성과에 해롭다고 생각했다. 관리자는 감정이 일상생활에서 떼려야 뗄 수 없는 부분이라는 것을 알고 있었지만, 감정 없는 조직을 만들려고 노력했다. 연구자들은 직원의 효과적인 업무 능력을 방해하는 강한 부정적 감정, 특히 분노에 초점을 맞추는 경향이 있었다.

다행히도 이러한 사고 방식은 OB 분야에 '정서 혁명'이 도래하면서 변화하고 있으며, 이는 여전히 진행 중이다.[2] 실제로 일부 감정, 특히 부적절한 시기에 표출되는 감정은 업무 성과를 저해할 수 있다. 어떤 감정은 중립적이고, 어떤 감정은 건설적인 것도 있다. 직원은 매일 자신의 감정을 직장에 가져오기 때문에 직장 내 행동에서 감정의 역할을 고려하지 않고서는 OB에 대해 포괄적인 연구를 할 수 없다.

감정과 기분이란 무엇인가

4-1 감정과 기분을 구분할 수 있다.

감정은 타인에 대한 태도와 우리의 의사결정과 행동에 큰 영향을 미칠 수 있다. 심지어 잠재적으로 비참한 결과를 초래하는 갈등을 촉발할 수도 있다. 예를 들어 플로리다 타코벨의 한 직원은 "그만 울어라"는 말을 들은 후, 감독자에게 뜨거운 콩 부리또를 던지고 헤드셋을 두 동강 낸 후 건물 밖으로 뛰쳐나갔다.[3] 사실 인간이기 때문에 감정을 제쳐둘 수는 없지만, 감정을 인정하고 함께 일할 수 있다. 그리고 모든 감정이 우리에게 부정적인 영향을 미치는 것은 아니다. 예를 들어 파우스토 마르티네즈(Fausto Martinez)는 아마존의 최저임금 인상 소식을 접한 후 매우 기뻐했다. 마르티네즈는 삶의 질이 향상되고 가족과 더 많은 시간을 보낼 수 있으며 두 번째 정규직 일자리를 구할 필요가 없어질 것으로 기대했다.[4] 아마존은 최저임금을 인상함으로써 직원의 삶의 질을 개선하고 직원 유지와 관련하여 경쟁력을 유지했다.

우선 서로 밀접하게 얽혀 있는 세 가지 용어인 **정서**, **감정**, **기분**에 대해 알아볼 필요가 있다. **정서**(affect)는 감정과 기분을 포함한 광범위한 느낌을 포괄하는 일반적인 용어이다.[5] **감정**(emotions)은 강렬하고 개별적이며 순간적이며 특정 사건으로 인해 발생하는 경우가 많다.[6] **기분**(moods)은 감정보다 지속성이 있고, 덜 강렬한 느낌이다. 특정 사건에 의해 자극되지 않고도 발생하는 경우가 많다.[7] 도표 4-1은 정서, 감정, 기분 간의 관계를 보여준다.

정서 사람들이 경험하는 광범위한 느낌

감정 특정 사건에 의해 종종 발생하는 강렬하고 불연속적이며 일시적인 느낌의 경험

기분 감정보다 더 오래 지속되고 덜 강렬하며 전후관계의 맥락적 자극이 부족한 느낌

도표에서 볼 수 있듯이 정서는 감정과 기분을 포괄하는 광범위한 용어이다. 첫째, 정서는 원인에 따라 또는 느낌이 긍정적(예: 흥분, 행복, 기쁨)이거나 부정적(예: 슬픔, 분노, 좌절)인

도표 4-1 정서, 감정, 기분

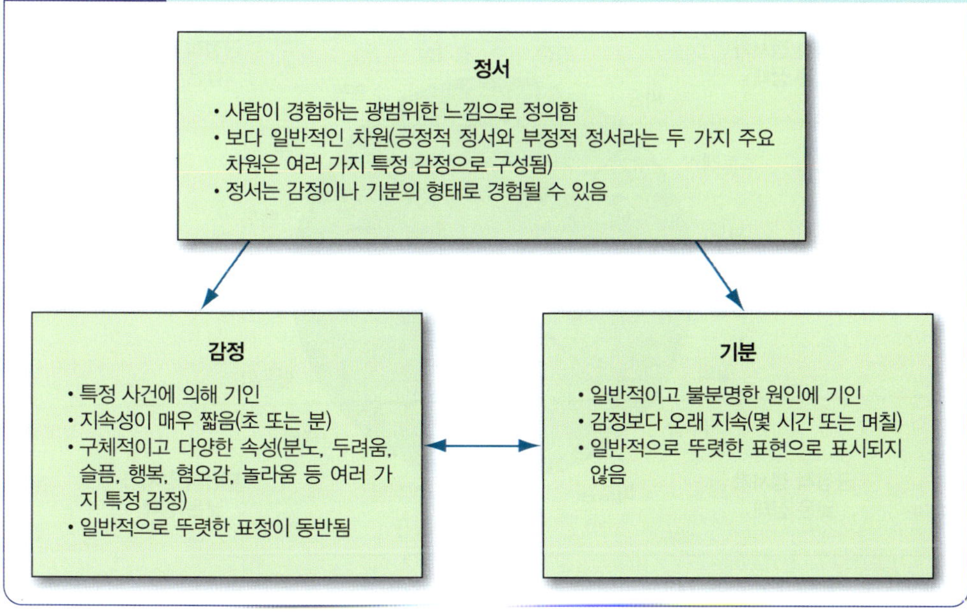

정도에 따라 달라진다. 둘째, 감정과 기분 사이에는 차이가 있다. 감정은 특정 사건으로 인해 발생할 가능성이 높으며 기분보다 더 일시적이다.

긍정적 정서와 부정적 정서

직장에서의 기분과 감정을 연구하기 위한 첫 번째 단계로 정서를 긍정과 부정의 두 가지 범주로 분류한다. 기쁨, 감사와 같은 긍정적인 감정은 호의적인 평가나 느낌을 표현한다. 분노, 죄책감과 같은 부정적 감정은 그 반대의 감정을 표현한다. **긍정적 정서**(positive affect, PA)는 흥분, 즐거움, 환희와 같은 긍정적인 감정으로 구성된 차원(높은 긍정적 정서)으로 생각할 수 있다. **부정적 정서**(negative affect, NA)은 긴장, 스트레스, 불안과 같은 높은 감정으로 구성되는 차원(높은 부정적 정서)이다.[8]

긍정적인 정서 높은 수준의 흥분, 즐거움, 환희와 같은 긍정적인 감정으로 구성된 차원

부정적인 정서 높은 수준의 긴장, 스트레스, 불안과 같은 높은 감정으로 구성되는 차원

도표 4-2는 정서를 긍정과 부정의 정도에 따라 분류하고 배열한 **정서적 복합 구조**를 보여준다.[9] 도표 4-2에서 실선은 PA와 NA(예: PA 또는 NA와 직접적으로 상관관계가 있는 감정)에 직접적으로 대응된다. 예를 들어 '기뻐함'은 높은 긍정적 정서가 높은 감정인 반면에 '지루함'은 긍정적인 정서가 낮은 감정이다. 긴장된다는 것은 부정적 정서가 높은 감정이 반면에 편안하다는 것은 부정적 정서가 낮은 감정이다. 마지막으로 어떤 감정은 '그 사이'에 있다. 반면에 점선은 일부 감정이 PA 또는 NA에서 동시에 높거나 낮을 수 있음을 보여준다. 예를 들어 속상함과 슬픔은 동시에 낮은 긍정적 정서와 높은 부정적 정서를 나타내며, 행복함과 만족은 동시에 높은 긍정적 정서와 낮은 부정적 정서를 나타낸다.

이 모형에는 모든 감정이 포함되어 있지 않다는 것을 알 수 있다. 놀라움과 같은 일부 감정은 명확하게 긍정적이거나 부정적이지 않기 때문에 잘 맞지 않는다. 또한 감정은 중립적일 수 없다는 점을 명심하자.[10] 중립적이라는 것은 감정이 없다는 것이다. 이 장의 뒷부분에서 설명한 것처럼 사람마다 PA와 NA를 경험하는 정도는 다르다. 어떤 사람은 며칠 또는 몇 주 동안 상당

도표 4-2 정서적 복합 구조

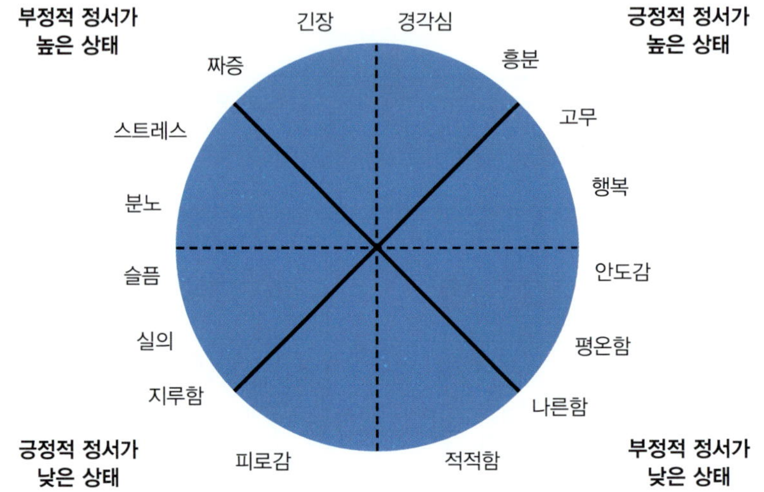

히 높은 수준의 긍정적인 영향과 높은 수준의 부정적인 영향을 강하게 경험할 수 있다. 이것을 **정서 강도**라고 부른다.[11] 다른 사람은 두 가지 모두 거의 경험하지 않을 수도 있다. 또한 어떤 사람은 부정적이든 긍정적이든 어느 한 쪽만 훨씬 더 많이 경험하기도 한다.[12]

기본 감정

감정의 종류가 몇 가지나 되는가? 분노, 경멸, 열정, 부러움, 두려움, 좌절, 실망, 당혹감, 혐오감, 행복, 증오, 희망, 질투, 기쁨, 사랑, 자부심, 놀라움, 슬픔 등 수십 가지가 있다. 많은 연구자가 이러한 감정을 기본적인 집합으로 제한하려고 시도했다.[13] 다른 연구자는 감정이 맥락에 따라 다른 의미를 가질 수 있고 문화마다 다를 수 있기 때문에 '기본적' 감정으로만 생각하면 더 큰 그림을 놓친다고 주장한다.[14] 심리학자나 철학자가 기본 감정에 대해 완전히 동의하거나 심지어 그런 것이 존재하는지 여부에 대해서도 완전히 동의할 가능성은 거의 없다. 하지만 많은 연구자는 분노, 두려움, 슬픔, 행복, 혐오, 놀라움이라는 여섯 가지 보편적인 감정에 대해 동의한다.[15] 직장에 다닌 적이 있다면 직장에서 이러한 감정을 경험한 적이 있을 것이다. 예를 들어 자신이 근무하는 백화점에서 상사로부터 형편없는 성과 평가를 받은 후 부정적인 정서를 경험할 수 있다. 상사에게 화를 내거나, 해고될까 봐 두려워하거나, 상사가 저조한 평가를 내렸다는 사실에 충격을 받았을 수도 있다.

심리학자는 감정을 표현하는 방식을 연구하여 기본적인 감정을 파악하려고 노력해왔다. 첫째, 얼굴 표정은 해석하기 어려운 것으로 밝혀졌다.[16] 한 가지 문제는 일부 감정이 너무 복잡해서 얼굴에 쉽게 표현되지 않는다는 것이다. 둘째, 사람은 대부분 다른 문화권의 감정을 비교적 잘 인식할 수 있지만, 서로를 접할 기회가 적은 문화권에서는 이러한 정확도가 떨어진다.[17] 직원은 또한 자신의 감정을 말(구두)로 표현할 수 있으며, 인공지능(AI)은 이 분야에 대한 연구를 발전시키고 있다. 예를 들어 다양한 영어권 국가의 전문 배우 100명의 연설에 대한 한 머신러닝(1장 참조) 연구에 따르면 사람은 같은 나라 출신 배우의 감정을 더 잘 인식하는 것으로 나타났는데, 이는 감정을 말로 표현하는 데 방언의 차이가 있음을 시사한다.[18] 세계화 시대에 문화 간 감정의 차이를 구분하는 것은 매우 중요하며, 완전히 다른 문화권의 사람과 소통할 때 이것을 알 수 있다. 감정을 표현하는 방법의 뉘앙스를 이해하는 것은 매우 유용할 수 있다. 감정이 어떻게 표현되는지 연구하고, 문화별 감정에 대해 교육받고, 다른 문화권의 사람과 상호작용할 때 단서에 주의를 기울인다면, 더 나은 문화 간 의사 전달자가 되는 데 도움이 될 수 있다.[19]

도덕적 감정

어떤 감정은 그 감정을 불러일으키는 사건에 대한 우리의 해석과 밀접하게 연관되어 있다. 연구자가 아이디어를 진전시킨 분야 중 하나는 **도덕적 감정**(moral emotions), 즉 감정을 불러일으키는 상황에 대한 즉각적인 판단으로 인해 도덕적 의미를 갖는 감정에 대한 연구를 통해서이다.[20]

도덕적 감정 감정을 불러일으키는 상황에 대한 즉각적인 판단으로 인해 도덕적 의미를 갖는 감정

동료가 성차별적 또는 인종차별적 발언을 하는 동영상을 보았다고 가정하자. 옳고 그름에 대한 감정을 상하게 만들기 때문에 역겨움을 느낄 수도 있고, 상황에 대한 도덕적 판단에 따라 다양한 감정을 느낄 수도 있다.[21] 도덕적 감정의 다른 예로는 타인의 고통에 대한 동정, 비도덕적 행동에 대한 죄책감, 타인에게 가해진 불의에 대한 분노, 비윤리적으로 행동하는 사람에 대한 경멸 등이 있다. 따라서 감정을 유발하는 상황에 대한 도덕적 측면을 인식할 필요가 있으며, 특히 직장에서 행동하기 전에 그 맥락을 확실히 이해해야 한다.[22]

연구에 따르면 도덕적 감정에 대한 반응은 다른 감정에 대한 반응과 다르다고 한다.[23] 도덕적 분노를 느낄 때는 단순히 화가 났을 때보다 분노의 원인이 되는 상황에 직시할 가능성이 더 높다. 예를 들어 매일 위기를 다루는 응급실 의사와 병원 전문의가 다른 사람의 고통을 관찰함으로써 동정적인 도덕적 감정을 유발하여 환자를 옹호하게 된다는 것을 발견한다.[24] 반대로 다른 의사의 비윤리적인 행동은 동료 의사에게 분노를 불러일으키고 제재를 가하게 만든다. 그러나 사건에 대한 감정적 반응이 다른 사람과 동일할 것이라고 가정할 수는 없다. 아이들은 어린 시절에 도덕적 규범과 기준을 배우면서 도덕적 감정을 발달시키기 때문에 도덕적 감정은 다른 감성보다 상황과 규범적 맥락에 더 많이 의존한다. 도덕성은 문화마다 다르므로 도덕적 감정도 문화마다 다르다.

예전에 사람은 대부분의 윤리적 의사결정이 사고와 인식에 의존한다고 믿었다. 도덕적 감정에 관한 연구는 이러한 관점에 점점 더 의문을 제기하고 있다. 많은 연구에 따르면 윤리적 결정은 주로 사고보다는 감정에 기반하지만, 도덕적 문제를 감정이 아닌 논리적이고 합리적인 것으로 보는 경향이 있다.[25] 신념은 우리가 속한 집단에 의해 어느 정도 형성되며, 이는 특정상황에서 윤리에 대한 우리의 지각에 영향을 미친다. 불행하게도 이렇게 공유된 지각은 다른 사람과 공유한다는 이유만으로 순전히 감정적인 반응을 이성적으로 '윤리적'인 것으로 정당화하게 만들 수 있다.[26] 객관적으로 행동하려고 노력할 때조차도 도덕적 위반에 대해 내부 집단구성원보다 외부 집단구성원(우리 집단에 속하지 않은 사람)을 더 가혹하게 판단(그리고 처벌)하는 경향이 있다(2장 참조).[27] 또한 내부 집단구성원(그룹에 속한 모든 사람)을 미화하는 경향이 있으며 그들의 잘못을 더 관대하게 판단하여, 종종 윤리에 대해 이중잣대를 적용하기도 한다.[28]

자신의 삶에서 도덕적 감정이 어떻게 작용하는지 이 연구를 통해 생각해볼 수 있다. 다른 사람에게 상처를 주는 행동을 했을 때를 생각하자. 스스로 화가 나거나 속상했던 적이 있는가? 또는 다른 사람이 부당한 대우를 받는 것을 목격했을 때를 생각하자. 불공정하게 행동하는 사람에 대해 경멸감을 느끼는가? 아니면 그 상황의 공정성을 냉정하고 이성적으로 계산하는가? 이러한 상황에 대해 생각하는 대부분의 사람은 다른 사람을 돕기 위해 돈을 기부하거나, 사과하고 보상을 시도하거나, 학대를 당한 사람을 대신하여 개입하는 등의 윤리적 행동에 참여하게 유도하는 어떤 감정의 동요를 느낀다. 요약하자면 윤리적으로 행동한다는 것은 적어도 부분적으로는 감정과 느낌에 따라 결정을 내리는 것을 포함한다는 결론을 내릴 수 있다.

감정은 일시적일 수 있지만, 기분은 꽤 오랫동안 지속될 수 있다. 조직에서 감정과 기분이 미치는 영향을 이해하기 위해 다양한 감정을 더 넓은 기분의 범주로 분류해보았다.

기분과 감정 경험

개인이 경험할 수 있는 독특하고 많은 감정을 고려할 만큼(충분히 복잡하지 않은 것처럼), 현실은 모두가 기분을 다르게 경험한다는 것이다. 대부분의 사람에게 긍정적인 기분은 부정적인 기분보다 다소 더 흔하다. 실제 연구에서는 **긍정 상쇄**(positivity offset)에 대해 거의 보편적인 증거를 발견했는데, 이는 특정한 자극이 없는 경우를 0이라고 했을 때(특별히 아무 일도 일어나지 않을 때) 대부분은 0보다 약간 긍정적인 기분을 경험한다는 것을 의미한다.[29] 긍정 상쇄 효과는 다양한 업무 환경에서 직원에게 나타난다. 예를 들어 영국 콜센터의 고객서비스담당자를 대상으로 한 연구에 따르면 스트레스가 가득한 환경에서도 근무시간의 58%는 긍정적인 기분을 경험한다고 보고했다.[30] 또한 부정적인 감정은 부정적인 기분으로 이어지는 경향이 있다. 아마도 사람이 강한 부정적 감정을 불러일으킨 사건에 대해 긍정적인 감정을 불러일으킨 사건보다 5배 더 오래 기억하기 때문일 것이다.[31]

긍정 상쇄 특정한 자극이 없는 경우를 0이라고 했을 때(특별히 아무 일도 일어나지 않을 때) 대부분은 0보다 약간 긍정적인 기분을 경험한다는 것

사람들이 긍정적이고 부정적인 감정을 경험하는 정도가 문화에 따라 다르다고 생각하는가? 그렇다(OB POLL 참조). 그 이유는 다양한 문화권의 사람이 본질적으로 다르기 때문이 아니다. 대부분의 문화권에서 사람은 긍정적이고 부정적인 감정을 비슷하게 경험하는 것으로 보이며, 전 세계적으로 거의 동일한 방식으로 감정을 해석한다.[32] 우리는 증오, 공포, 분노와 같은 부정적인 감정을 위험하고 파괴적인 것으로 간주한다. 기쁨, 사랑, 행복과 같은 긍정적인 감정을 원한다. 그러나 개인의 감정 경험은 문화적으로 형성되는 것으로 보인다.[33]

일부 문화권에서는 특정 감정을 다른 감정보다 더 중요하게 여기기 때문에 개인이 이러한 감정을 경험하는 관점을 바꾸게 유도한다.[34] 예를 들어 멕시코, 브라질과 같은 많은 문화권에서는 긍정적인 감정과 표현을 강조한다.[35] 그러나 일본, 러시아와 같은 일부 문화권에서는 부정적인 감정을 유용하고 건설적인 것으로 받아들인다. 흥미롭게도 서양 문화권과는 반대로 부정적인 감정을 중시하는 동양 문화권에서는 부정적인 감정이 건강에 덜 해롭다고 한다.[36] 이를 뒷받침하는 연구결과에 따르면 부정적인 정서를 중시하면 현재의 상황을 받아들이고 대처하게 하여 신체적, 심리적 건강과 의사결정에 미치는 악영향을 줄일 수 있다고 한다.[37] 또한 부정적인 정서는 관리자가 더 비판적이고 공정한 생각을 할 수 있게 해준다.[38] 그러나 문화에 따라 이상적인 정서로 간주되는 것의 차이는 직장 내 다양성에 중요한 영향을 미칠 수 있다. 예를 들어 유럽계 미국인과 홍콩계 중국인을 비교한 일련의 연구에 따르면 유럽계 미국인이 입사지원서

OB POLL 감정 상태

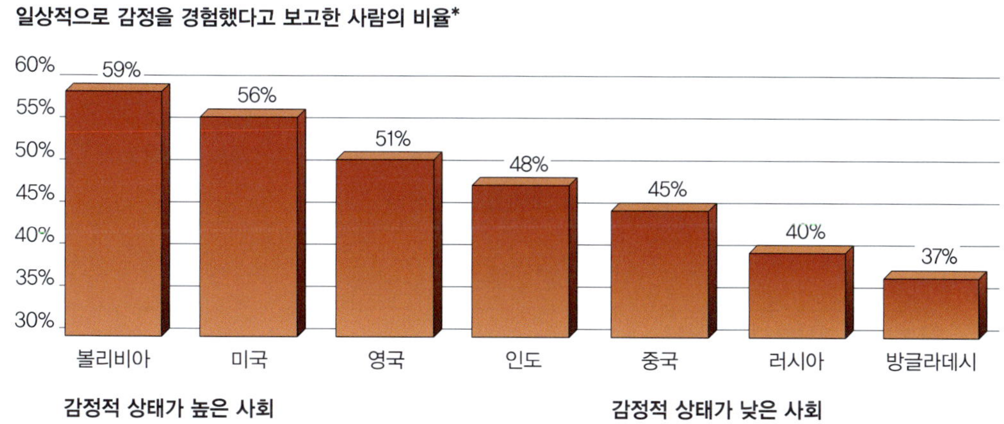

* 2014년 한 해 동안 전 세계 148개국의 응답자에게 매일 5개의 긍정적인 감정(충분한 휴식, 존중받는 것, 즐거움, 미소와 웃음, 학습 또는 흥미로운 것하기)과 5개의 부정적인 감정(위험, 스트레스, 슬픔, 육체적 고통, 걱정)을 경험했는지를 물었다.

출처: J. Clifton, "Latin Americans Lead World in Emotions," Gallup (August 27, 2015), http://www.gallup.com/poll/184631/latin-americanslead-world-emotions.aspx에 기초함.

과 원격면접에서 더 많은 PA 감정을 표현하는 것으로 나타났다.[39] 또한 유럽계 미국인 채용 관리자는 더 많은 PA 감정을 표현한 것을 이상적인 지원자라고 평가했으며, 이러한 감정을 표현하는 지원자를 인턴십에 채용할 가능성이 더 높았다.[40]

이제 기본적인 감정과 기본적인 기분과 이것에 대한 우리의 경험을 확인했으니, 감정과 기분의 기능(특히 직장에서의 기능)에 대해 살펴보겠다.

감정의 기능

어떤 면에서 감정은 불가사의하다. 감정은 어떤 기능을 하는가? 앞으로 논의하겠지만, 많은 연구결과에 따르면 긍정적인 직원 감정은 직무 태도, 직무 몰입도, 직무 성과, 조직시민행동(OCB)을 향상시키고, 이직과 반생산적인 업무행동(CWB)을 감소시키며, 불행한 동료보다 더 많은 성공을 경험하게 이끄는 경향이 있다고 한다.[41] 더 좋은 점은 성격의 일부로서 긍정적인 정서를 지속적으로 경험하는 경향이 있는 개인(5장 참조)은 이러한 긍정적인 결과를 장기적으로 향유하는 경향이 있다는 것이다.[42]

감정은 비이성적으로 만드는가 누군가에게 "아, 넌 너무 감정적이야"라는 말을 자주 들어보았는가? 그랬다면 아마 기분이 상했을 수도 있다. 이와 같은 사례는 이성과 감정이 충돌하고 있으며 감정을 드러냄으로써 비이성적으로 행동하고 있다는 것을 보여준다. 이 둘 사이에 인식된 연관성이 너무 강해서 일부 연구자는 눈물이 날 정도의 슬픔과 같은 감정을 표현하는 것은 경력에 매우 해롭기 때문에 다른 사람이 목격하지 않게 방을 나가야 한다고 주장하기도 한다.[43] 이러한 관점은 감정을 표현하거나 심지어 경험하는 것 자체가 나약하고 연약하거나 비이성적으로 보이게 만들 수 있다는 것을 시사한다. 하지만 감정은 사고를 더 이성적으로 만들 수 있다. 왜 그런가? 감정은 우리 주변 세계를 이해하는 방식에 대해 필수 정보를 제공하여 행동을 유도하는 데 도움이 되기 때문이다. 예를 들어 부정적인 기분을 가진 사람은 행복한 기분을 가진 사람보다 부정확한 정보에서 신뢰할 수 있는 정보를 더 잘 식별할 수 있다.[44] 또한 냉철한 이성은 우리 주변 세계에서 사람이 본질적이고 감정적이라는 사실을 인정하지 않는다. 자신과 타인의 감정을 인식하고 이해하며 다른 사람과의 상호작용에서 이 정보를 사용하는 데 최선을 다할 것이다.

감정과 기분의 근원을 파악할 수 있다면 행동을 더 잘 예측하고 사람과의 상호작용을 더 효과적으로 관리할 수 있다. 다음 주제에 대해 살펴보겠다.

감정과 기분의 원천

4-2 감정과 기분의 원천을 확인할 수 있다.

월요일 오전 8시 15분에 동료인 조던에게 〈포켓몬고〉에서 잡은 반짝이는 포켓몬에 대해 좋은 소식을 전할 생각에 매우 흥분되어 있다. 서둘러 조던에게 가지만 조던은 즉시 당신을 말리며 "커피를 마시기 전까지는 나한테 말도 하지 마세요"라고 말한다. 거절당한 당신은 자신의 자리로 돌아가 개장활동을 계속한다. 이 불쾌한 기분이 어디서 비롯된 것인지 궁금해지며 동료에게 화가 나기 시작한다. "내가 잡은 반짝이는 포켓몬을 조던과 교환하지 않을 거야, 누가 화를 내는지 두고 보자고!"라고 숨죽여 중얼거린다. 의심할 여지 없이 우리 모두는 비슷한 상황에 처한 적이 있을 것이다. 부정적인 감정과 기분은 피할 수 없는 경우가 많으며 업무에도 영향을 미칠 수 있다. 조던이 당신의 기분을 상하게 하여 그날 매장관리팀의 업무에 지장을 주었다면, 이제 조던이 한 말에 집중하느라 정작 중요한 업무 중 하나를 놓칠 수 있다. 종종 이러한 감정과 기분이 어디서 비롯된 것인지 궁금해한다. 정말 커피가 부족해서 그런가? 아니면 다른 이유가 있었을 수도 있다. 여기에서는 감정과 기분에 영향을 미치는 몇 가지 주요 요인에 대해 설명한다.

성격

정서에는 성격적 특성이 포함되어 있어 어떤 사람은 다른 사람보다 특정 기분과 감정을 더 자주 경험하는 타고난 경향이 있다. 조던이 부정적인 감정을 자주 경험하는 경향이 있는가? 조던의 반응은 성격이 반영된 것일 수 있다. 사람은 같은 감정이라도 강도에 따라 다르게 경험하는데, 이러한 감정을 경험하는 정도를 **정서 강도**(affect intensity)라고 한다.[45] 정서가 강한 사람은 긍정적인 감정과 부정적인 감정을 모두 더 깊게 경험하여, 슬플 때는 정말 슬퍼하고, 기쁠 때는 정말 행복해 한다. 긍정적인 감정과 부정적인 감정을 경험하는 경향과 감정을 느끼는 강도는 일반적인 기분, 업무 만족도, 업무 몰입도 등 직장에서의 여러 요인에 영향을 미친다(3장 참조).[46] 예를 들어 100개가 넘는 연구를 검토한 연구에 따르면 긍정적인 감정과 기분을 경험하는 경향이 직원의 업무 몰입도를 가장 강력하게 예측하는 것으로 나타났다.[47]

정서 강도 개개인이 자신의 감정을 경험하는 강도의 개인적 차이

하루 중 시간대

조던이 동료와 교류하기에는 너무 이른 시간이었을 수도 있다. 실제로 연구에 따르면 하루 중 시간에 따라 기분이 달라진다고 한다. 게다가 대부분은 같은 패턴을 따른다. 일반적으로 평일

도표 4-3 **트윗 내용으로 본 미국 성인의 기분에 하루 시간대가 미치는 영향**

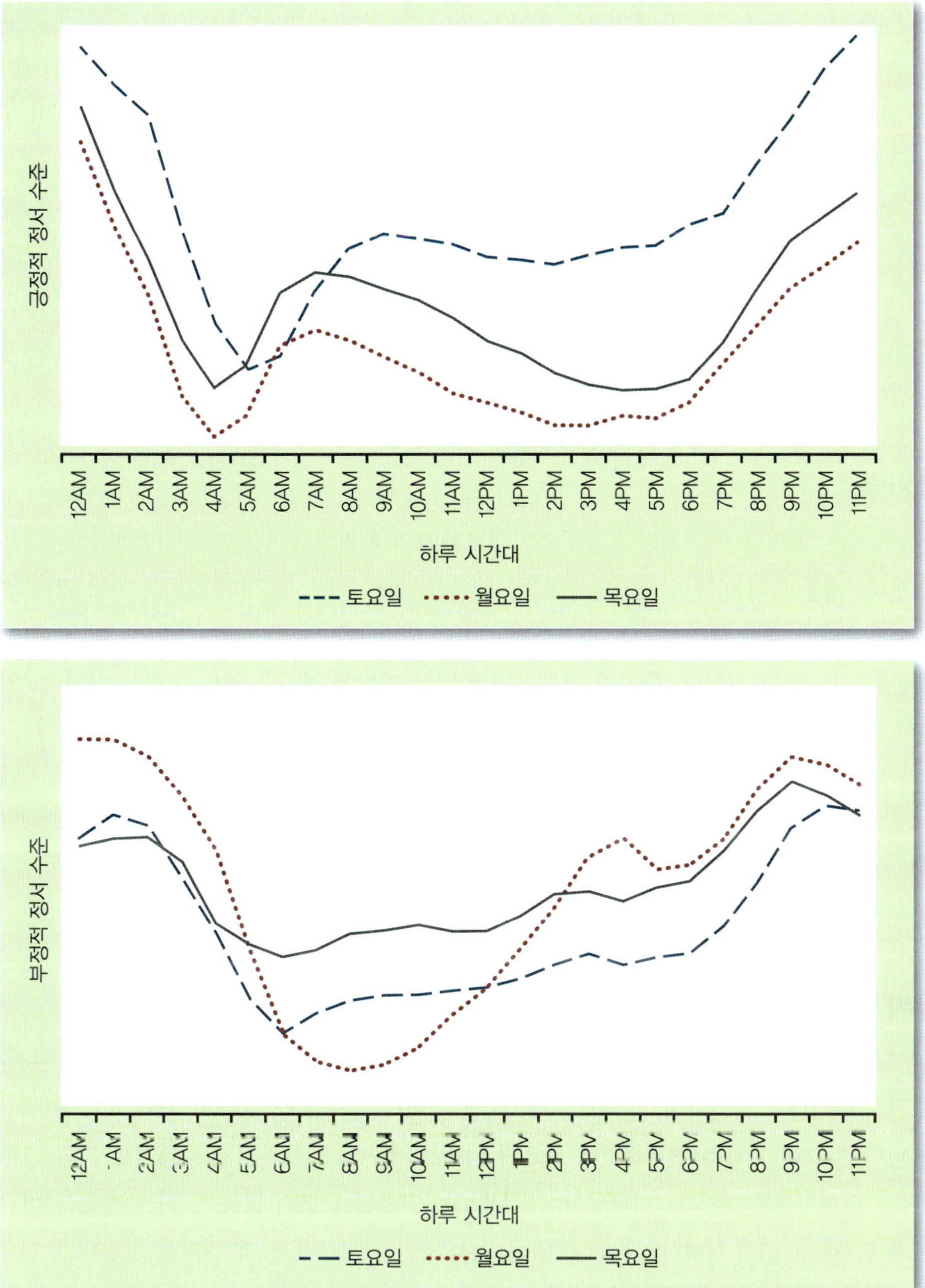

주의: 미국의 트윗(트위터 게시물) 분석과 긍정적인 감정(기쁨, 열광), 부정적인 감정(공포, 죄책감)을 나타내는 단어 코딩을 기반으로 한다. 선은 이러한 분위기를 전달하는 트윗에서 전체 단어의 백분율을 나타낸다.

출처: S. A. Golder and M. W. Macy, "Diurnal and Seasonal Mood Vary With Work, Sleep, and Daylength Across Diverse Cultures," Science 333 (2011): 1878-81; A. Elejalde-Ruiz, "Seize the Day," *Chicago Tribune*, September 5, 2012, downloaded June 20, 2013, from http://articles.chicagotribune.com/에 기초함.

에는 해가 뜬 다음 날 아침에 긍정적 정서의 수준이 상승하여 늦은 아침(10시~정오)에 정점을 찍은 후 초저녁(6시경)까지 서서히 감소하는 경향이 있다. 그런 다음 긍정적인 정서는 방향을 전환하여 자정까지 증가한다. 그 후 궤적은 다시 방향을 바꾸어 해가 뜰 때까지 감소한다.[48] 부정적인 정서의 경우에 대부분의 연구에 따르면 긍정적인 영향보다 변동폭이 적다.[49] 그러나 일반적인 경향은 하루 동안 증가하는 것이므로 아침 일찍 가장 낮고 저녁 늦게 가장 높다.[50] 시간의 영향을 평가한 흥미로운 연구가 있다. 전 세계 수백만 건의 트윗(즉, 트위터 메시지)을 분석하여 하루 중 정서에 미치는 영향에 대해 연구했다.[51] 연구원은 긍정적 정서(예: 행복, 열광, 흥분)와 부정적 정서(예: 슬픔, 분노, 불안)를 의미하는 단어를 포착했다. 도표 4-3은 긍정적 정서 부분에서 관찰한 추세를 확인할 수 있다.

밤에 3교대 근무를 하는 사람에게는 어떤 일이 일어나는지 궁금할 것이다. 우리 몸의 내부 순환 과정이 깨어 있는 시간과 일치하지 않으면 기분과 안녕에 부정적인 영향을 미칠 수 있다. 그러나 신체 내부 시계를 조절하는 방법을 연구하는 연구자는 빛에 대한 노출을 조절하면 순환 리듬을 바꿀 수 있다는 사실을 발견했다.[52] 따라서 빛과 어둠을 조작하여 밤에 깨어 있는 사람은 밤에 잠을 자는 사람과 비슷한 기분주기를 가질 수 있다.

요일별

조던에게는 '월요일'이 문제였던 것인가? 대부분의 문화권에서 월요일은 직원에게 '문제적'일 수 있다. 예를 들어 미국의 성인은 금요일, 토요일, 일요일에 긍정적인 정서를 가장 많이 경험하고 월요일에 가장 낮은 정서를 경험하는 경향이 있다(도표 4-4 참조).[53] 이는 다른 여러 문화권에서도 마찬가지이다. 하지만 모든 문화권에서 이러한 경향을 보이는 것은 아니다. 일본에서는 금요일이나 토요일보다 월요일에 긍정적인 정서가 더 높다.[54]

대부분의 문화권에서 월요일은 부정적인 정서가 가장 높은 날이다.[55] 그러나 일부 국가에서는 일요일보다 금요일과 토요일에 부정적인 정서가 더 낮다. 일요일은 쉬는 날로 즐겁지만(그래서 긍정적인 정서가 더 높다), 사람은 다음 주에 대해 약간의 스트레스를 받기도 한다(그래서 부정적인 정서가 더 높다).

날씨

아마도 조던은 약간 '날씨에 따라' 기분이 나빴을 수도 있다. 많은 사람이 자신의 기분이 날씨와 관련이 있다고 생각하며, 실제로 자칭 '비를 싫어하는 사람'과 '여름을 좋아하는 사람'이 많이 있다.[56] 그러나 광범위한 증거에 따르면 날씨는 적어도 대부분의 사람에게는 거의 기분에 영향을 미치지 않는 것으로 나타났다.[57] 실제로는 아무런 관련이 없는 두 가지 사건을 연관시킬 때 발생하는 **착각 상관**(illusory correlation)은 날씨가 자신에게 영향을 미친다고 생각하는 경향을 설명한다. 예를 들어 일본과 미국에서 실시된 한 연구에 따르면 날씨가 좋지 않은 날에는 직원의 생산성이 더 높아질 수 있지만, 이는 기분 때문이 아니다. 오히려 날씨가 나빠지면서 업무에 방해되는 요소가 제거된 것으로 나타났다.[58]

착각 상관 실제로 두 사건 사이에 관련성이 없을 때 사람이 두 사건을 연관 짓는 경향

스트레스

조던은 그날 오후에 있을 상사와의 걱정스러운 회의 때문에 불안했을 수도 있다. 상상할 수 있듯이 직장에서 스트레스를 주는 사건(불쾌한 이메일, 마감일 임박, 큰 매출 손실, 상사의 질책 등)은 감정과 기분에 부정적인 영향을 미친다(18장에서 참조). 한 연구의 저자는 "낮은 수

도표 4-4 4개 문화권의 요일별 기분 효과

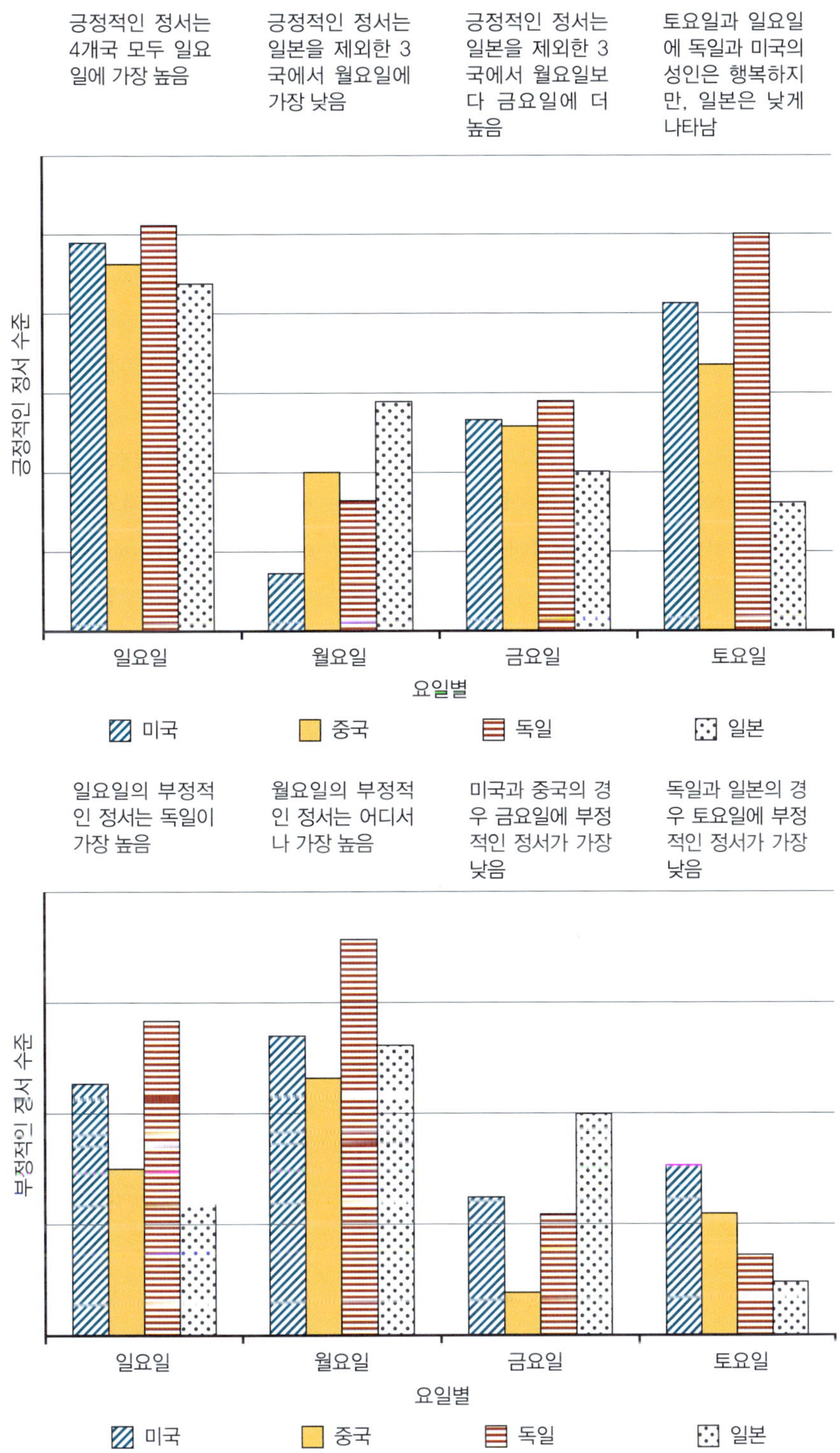

출처: S. A. Golder and M. W. Macy, "Diurnal and Seasonal Mood Vary With Work, Sleep, and Daylength Across Diverse Cultures," *Science* 333 (2011): 1878-81; A. Elejalde-Ruiz, "Seize the Day," Chicago Tribune, September 5, 2012, downloaded June 20, 2013, from http://articles.chicagotribune.com/에 기초함.

준의 스트레스 사건이라도 지속적으로 겪게 되면 시간이 지남에 따라 직장인의 스트레스가 점차 증가하게 될 가능성이 있다"라고 지적한다.[59] 스트레스 수준이 높아지면 부정적인 감정을 더 많이 경험하면서 기분이 나빠질 수 있다. 때때로 스트레스를 잘 견뎌내기도 하지만,[60] 대부분의 사람은 스트레스가 보통 기분에 악영향을 미친다는 것을 알게 된다. 사실 지나치게 감정이 격해지고 스트레스가 가득한 상황에서는 말 그대로 한눈을 파는 자연스러운 반응이 나타난다.[61]

사회적 상호작용

조던이 이른 아침에 상사와 부정적인 상호작용을 했을 수 있는 것처럼, 당신도 조던과의 상호작용에 영향을 받았을 수 있다. 실제로 다른 사람과의 상호작용은 감정과 기분에 영향을 미칠 수 있다. 이러한 부정적인 경험은 결과적으로 다른 사람과의 관계에도 영향을 미쳐 사람 간의 유대를 강화하거나 약화시킬 수 있다.[62] 예를 들어 직장에서의 부정적인 상호작용은 직장에서의 감정에 영향을 미칠 뿐만 아니라 이러한 감정이 '파급'되어 가족구성원과의 관계에도 영향을 미칠 수 있을 정도로 매우 강력하다.[63] 사회적 상호작용은 또한 순전히 긍정적이거나 부정적인 감정으로 나타난다. 예를 들어 사람과의 상호작용이 미온적이고 열정이 없는 경우에는 지루함을 느끼고 관계를 맺거나 유지하려는 의욕이 떨어질 수 있다. 반면에 '감정 롤러코스터'를 타는 상호작용(예: 긍정적인 사회적 상호작용과 부정적인 사회적 상호작용을 자주 경험하는 경우)은 그 사람에 대해 씁쓸함을 느끼거나 갈등을 겪게 할 수 있다.[64]

수면

아마도 조던은 그날 아침 수면 부족으로 인해 극도로 피곤해서 커피가 필요했을 것이다. 2019년 12개국 성인의 약 62%가 잠을 충분히 자지 못하거나 오래 자지 못한다고 응답한 것을 보면, 전 세계가 더 많은 수면을 취할 필요가 있는 것 같다.[65] 성인은 한 세대 전의 성인보다 잠을 덜 잔다고 보고했다.[66] 수백만 명의 '수면주기' 앱 사용자로부터 수집한 데이터에 따르면 평균적으로 수면시간과 수면의 질이 수년에 걸쳐 감소한 것으로 나타났다.[67]

수면의 질은 기분과 의사결정에 영향을 미치며, 피로가 증가하면 근로자는 질병, 부상, 우울증의 위험에 노출된다.[68] 수면 부족 또는 감소는 감정 변화로 이어져 감정 조절이 어려워지고 직무 만족도가 저하될 수 있다.[69] 긍정적인 측면에서 규칙적인 수면시간이 늘어나면 피로와 스트레스가 직원의 정서에 미치는 부정적인 영향을 줄일 수 있다.[70] 또한 캘리포니아대학교 샌디에이고 연구진은 잠을 충분히 자지 않는 직원의 경우에 '장기 평균 수면시간이 1시간 증가하면 임금이 16% 증가하며, 이는 1년 이상의 학교 교육에 해당하는 효과'라고 계산했다.[71]

운동

조던과의 상호작용을 둘러싼 부정적인 감정을 다루기 위해 퇴근 후 운동을 해보거나 〈포켓몬 고〉를 더 해보는 것은 어떤가? 기분을 개선하기 위해 운동을 해야 한다는 말을 들어보았을 것이다. '땀 요법'이 정말 효과가 있는가? 그런 것 같다. 연구에 따르면 운동은 사람의 긍정적인 기분을 향상하고 피로에 대한 인식을 감소시킨다는 사실이 지속적으로 밝혀지고 있다.[72] 또한

스테이플스(Staples)는 운동이 긍정적인 기분을 증가시키고 결과적으로 더 행복하고 건강하며 생산적인 직원을 만든다고 믿는다. 본사에서는 사무용품 판매직원에게 점심시간 중 트럭 밀기, 군용 포복, 기타 군사훈련 형태의 활동이 포함된 현장 근력강화 훈련과 심혈관 상태 조절 수업을 제공한다.

출처: Pat Greenhouse/Boston Globe/Getty Images

운동은 지속적인 부정적인 기분을 예방하고 부정적인 경험으로부터 회복하는 능력을 향상하는 데 도움이 될 수 있다.[73]

성 정체성

조던의 행동이 성별에 따른 감정차이 때문이라고 생각할 수도 있다. 실제로 많은 사람은 여성이 남성보다 더 감정적이라는 고정관념을 가지고 있을 수 있다(2장 참조). 여러 연구에서 성별에 따른 감정 표현의 차이는 나이가 들면서 증가하는 경향이 있다는 사실이 밝혀지긴 했지만,[74] 이러한 차이는 사소하거나 작은 경향이 있으며 실제 차이보다는 양육 환경과 고정관념, 심지어 감정을 측정하는 방식의 차이를 반영하는 것일 가능성이 높다.[75]

안타깝게도 여성은 '감정적'이고 남성은 '화를 잘 낸다'는 고정관념이 사실이라는 증거가 거의 없음에도 불구하고 직장에서 계속되고 있다. 예를 들어 덴버의 한 경찰 지휘관은 경찰서장이 그녀에게 '감정적'이고 '미성숙하다'고 말하면서 승진을 거부했다고 지적하며 시를 상대로 평등권을 위반한 성차별로 소송을 제기했다.[76] 사람은 또한 전형적인 감정 반응에 대한 고정관념에 근거하여 여성의 성격을 판단하는 경향이 있다. 한 연구에 따르면 얼굴 사진을 볼 때 참가자는 여성의 감정 표현을 성격과 관련된 성향으로 해석한 반면에 남성의 표현은 상황으로 해석했다.[77] 예를 들어 여성의 슬픔이 담긴 사진을 보면 관찰자는 그녀가 감정적인 성격을 가지고 있다고 생각하는 반면에 남성의 슬픔이 담긴 사진을 보면 궂은 하루를 보냈기 때문이라고 생각할 가능성이 더 높다.

감정노동부터 시작하여 감정과 기분에 대해 배운 내용을 직장 내 대처 전략과 함께 정리해보겠다.

감정노동

4-3 감정노동이 종업원에 미치는 영향을 설명할 수 있다.

소매점이나 판매직에서 일했거나 레스토랑에서 서빙해본 적이 있다면 친절한 태도와 미소가 얼마나 중요한지 잘 알고 있을 것이다. 기분이 좋지 않은 날도 있지만, 경영진이 고객을 대할 때 밝게 대하기를 기대한다는 것을 알고 있기 때문에 밝고 명랑해지려고 노력하거나 다른 것을 꾸며내게 된다.

우리는 직장에서 일할 때 몸과 마음을 각각 업무에 투입하여 육체적, 정신적 노동(또는 에너지)을 사용한다. 하지만 직장에서 대인관계를 맺는 과정에서 조직이 원하는 감정을 표현하는 **감정노동**(emotional labor)도 업무에서는 필요하다.[78] 감정노동은 효과적인 업무 수행의 핵심 구성요소이다.[79] 승무원은 밝게, 장례지도사는 슬프게, 의사는 감정적으로 중립적일 것을 기대한다.

감정노동 직장에서 대인관계를 맺는 과정에서 조직이 원하는 감정을 표현하는 것

감정 표현의 제어

감정을 경험하는 방식과 감정을 표현하는 방식은 항상 같지는 않다. 감정노동을 분석하기 위해 감정을 인지된 감정과 표현된 감정으로 나눈다.[80] **인지된 감정**(felt emotions)은 실제로 느끼는 감정이다.[81] 반면에 **표현된 감정**(displayed emotions)은 조직이 근로자에게 적절한 모습을 보이도록 요구하는 감정이다. 예를 들어 연구에 따르면 미국의 직장에서 직원은 일반적으로 행복, 흥분과 같은 긍정적인 감정을 표현하고 두려움, 분노, 혐오, 경멸과 같은 부정적인 감정은 억제해야 한다고 기대한다.[82]

인지된 감정 실제로 느끼는 감정

표현된 감정 조직이 근로자에게 적절한 모습을 보이도록 요구하는 감정

유능한 관리자는 직원에게 부정적인 성과 평가를 내릴 때는 심각한 표정을 짓고 상사에게 질책을 받을 때는 침착한 표정을 짓는 법을 배웠는데, 이는 조직이 이러한 표정을 기대하기 때문이다. 반대로 유능한 직원은 상사의 의견에 열정적으로 동의함으로써 관리자의 호감(그리고 급여 인상과 승진)을 얻는 법을 배웠다.[83] 물론 작업상황에서 표현 규칙이 없는 경우도 많이 있다. 예를 들어 점심을 먹으러 나갈 때 어떤 감정을 표현해야 하는지 고용주가 지시하는가? 아마도 아닐 것이다. 많은 직장에서 명시적인 표현 규칙이 있지만, 일반적으로 직원과 고객 간의 상호작용에만 중요하게 적용된다. 직원과 고객 간의 상호작용과 관련하여 고용주는 영업사원의 감정 표현을 더 많이 지시할수록 매출이 더 높아질 것으로 생각할 수 있다. 매우 높거나 매우 낮은 표현 규칙을 적용받는 직원은 중간 정도의 표현 규칙과 높은 수준의 역할 재량권을 가진 직원에 비해 영업상황에서 좋은 성과를 내지 못한다.[84] 또한 비공식적인 표현 규칙도 편향적일 수 있다. 예를 들어 한 연구에 따르면 흑인 식료품점 직원은 백인 직원보다 덜 포근하다는 고정관념을 가지고 있어서 흑인 식료품점 직원이 백인 직원보다 더 많은 감정노동(더 긍정적인 감정을 표현하는 것)에 종사하는 것으로 밝혀졌다.[85] 즉, 흑인 근로자는 이러한 고정관념으로 인해 더 높은 고객서비스 기준을 적용받고 있다.

꾸며낸 감정을 표현하려면 실제 감정을 억제해야 한다. **피상적 연기**(surface acting)는 표현 규칙에 따라 느낌과 감정 표현을 감추는 것이다. 미소를 짓는 느낌이 없을 때조차도 고객에게 미소를 짓는 직원은 피상적 연기를 하는 것이다. **내면 연기**(deep acting)는 표현 규칙에 따라 실제 감정을 수정하려고 노력하는 것이다. 피상적 연기는 표현된 감정을 다루고, 내면 연기는 인지된 감정을 다룬다. COVID-19 상황과 가상/원격 근무의 확산은 피상적 연기와 내면 연기의 속성을 더욱 복잡하게 만들었다. 즉, 대면 상호작용이 줄어든 상황에서 사람들의 감정이 진실인지 아닌지 말할 수 있는가? COVID-19 시대에 수행된 한 연구에 따르면 이메일이 감정의 표출을 '감추는 것'이 더 효과적일 수 있지만, 수신자는 줌과 같이 '풍부한' 형태의 의사소통이 감정의 '진정성'을 더 잘 전달한다고 생각하기 때문에 양날의 검이 될 수 있다고 한다.

피상적 연기 표현 규칙에 따라 느낌과 감정 표현을 감추는 것

내면 연기 표현 규칙에 따라 실제 감정을 수정하려고 노력하는 것

반면에 피상적인 연기자에게는 전화와 같은 중간 형태가 더 좋다.[86]

진실이 아니라고 느끼는 감정을 보여주기 위해 노력하는 것이기 때문에 실제로 느끼지 않는 감정을 표현하는 것은 심신을 지치게 할 수 있다.[87] 피상적 연기는 스트레스 증가와 업무 만족도 저하와도 관련이 있다.[88] 또한 일상에서의 피상적 연기는 가정에서의 감정적 고갈, 직장과 가정 간의 갈등, 결근, 불면증으로 이어질 수 있다.[89] 반면에 내면 연기는 직무 만족도(특히 업무가 도전적일 때), 직무 성과, 나아가 더 나은 고객응대 방법과 긍정적인 관계가 있다.[90]

직원이 어떤 감정을 느끼면서 다른 감정으로 표현해야 하는 것 사이의 불일치를 **감정 부조화**(emotional dissonance)라고 한다. 좌절감, 분노, 원망 등의 감정을 억누르면 감정적 소진으로 이어질 수 있습니다. 장기적인 감정 부조화는 직무 소진, 직무 성과 저하, 직무 만족도 하락, 알코올 남용, 동료에 대한 비난과 같은 악영향에 대한 예측 변수이다.[91]

감정 부조화 사람이 느끼는 감정과 표현하는 감정 사이의 불일치

감정적으로 지능적인 직원(뒷부분에서 설명함)[92] 뿐만 아니라 자기통제력이 높고, 매일밤 숙면을 취하며, 고객 또는 거래처와 관계가 돈독하고, 직장에서 다른 사람에게 도움을 줄 수 있는 능력을 갖춘 직원은 감정 부조화의 부정적 효과를 어느 정도 완충하는 경향이 있다.[93] 그러나 고립을 두려워하고 다른 사람을 기쁘게 하려는 욕구와 집단에 소속되려는 욕구가 강한 직원은 감정 부조화의 부정적인 영향을 경험할 가능성이 더 높다.[94] 연구에 따르면 일반적으로 직원이 감성노동을 관리하는 방식에 영향을 미치는 개인차가 있지만 직원, 리더, 관리자는 적절하게 감정 표현을 제어하도록 훈련될 수 있다고 한다.[95]

다음 절에서 다룰 정서적 사건 반응 이론은 작업 사건, 감정 반응, 직무 만족도, 직무 성과에 대한 함의를 가진 구성요소에 알맞게 직무의 감정노동 요구사항을 최적화한다.

미신인가, 과학인가

모든 직원은 동일한 방식으로 감정노동을 경험한다

모든 직원은 어떤 식으로든 감정노동을 경험하게 된다. 하지만 직원이 감정노동을 경험하는 정도와 그것의 결과에는 상당한 차이가 있다. 연구에 따르면 일반적으로 감정노동의 경험은 외향적인 사람에 비해 내향적인 사람에게 더 큰 부담을 주는 것으로 나타났다. 피상적 연기(느낌과 감정 표현을 숨기는 것)도 외향적인 사람보다 내향적인 사람에게 정서적 피로와 부정적인 정서는 더 밀접한 관련이 있다. 반면에 내면 연기(진짜 느낌을 수정하려는 노력)는 외향적 사람의 부정적 정서와 더 밀접한 관련이 있었다. 이러한 결과는 내면 연기의 부정적 또는 긍정적인 감정 효과가 모두 외향적인 사람에게 영향을 미친다는 것을 보여준다. 성향의 부정적 영향과 더 밀접한 관련이 있다. 이러한 결과는 깊은 행동의 부정적이고 긍정적인 정서적 효과가 모두 외향적인 사람에게 영향을 미친다는 것을 보여준다.

개인과 조직에도 중요한 시사점이 있다. 외향적인 사람이 더 사교적일 뿐만 아니라, 서비스 업무에서 감정적 요구에 잘 대처할 능력이 있기 때문에 영업에서 업무를 잘 수행할 가능성이 있다. 일부 직원이 감정노동의 요구를 잘 처리할 수 있는 능력을 갖추고 있더라도 피상적 연기는 더 큰 감정적 피로와 직무 만족도 저하를 초래하는 경향이 있다. 조직은 직원의 감정을 조절할 수는 없지만 기대하는 감정과 느끼는 감정 사이의 차이를 최소화할 수 있다. 한 가지 전략은 직원에게 고객의 요구를 위협이 아닌 도전으로 받아들이도록 교육하는 것이다.

직원이 감정노동을 경험하는 방식에 영향을 미치는 요인은 성격만이 아니다. 예를 들어 한 연구에 따르면 감정노동(예: 내면 연기)에 관여하지 않는 흑인 서비스 제공자는 백인 서비스 제공자보다 덜 따듯하게 인식되었다. 이 연구에서 흑인 서비스 제공자는 고객에게 호의적으로 보이기 위해 더 많은 감정적 노력을 기울여야 했으며, 이는 인종적 고정관념에 기인한 것으로 연구자들은 분석했다. 선행 연구에 의하면 관리자는 대인관계의 친근함에 있어 흑인 종업원을 낮게 평가하였음을 보여주었다. 흑인 종업원은 다른 사람의 서비스 성과에 맞추기 위해 추가적인 감정노동을 실천하고 있지만, 불평등과 추가적인 노력은 요구되고 있으며 그들의 자아와 안녕을 해치고 있다. 특히 서비스 산업에서 흑인 종업원이 직면할 수 있는 장벽을 줄일 수 있는 전략을 개발하는 데 더 많은 관심을 기울여야 한다.[96]

정서적 사건 반응 이론

4-4 정서적 사건 반응 이론에 대해 설명할 수 있다.

정서적 사건 반응 이론(AET) 직장에서의 사건이 직원에게 감정적 반응을 유발하고 그 이후에 직장에서의 태도와 행동에 영향을 미친다고 제안하는 모델

감정과 기분이 개인 생활과 직장 생활에서 중요한 부분이라는 것을 알고 있다. 그렇다면 이런 부분이 직무 성과와 만족도에 어떻게 영향을 미치는가? **정서적 사건 반응 이론**(affective events theory, AET)에 따르면 직원은 직장에서 발생하는 일에 감정적으로 반응하며, 이러한 반응이 그들의 직무 성과와 만족도에 영향을 미친다.[97] 예를 들어 노스캐롤라이나에서 복리후생 관리자로 일하던 리사마리(Lisamarie)는 6년 동안 아이를 임신하지 못하다가 체외수정 시술을 시작했는데, 중간에 고용주가 복리후생 혜택을 중단한다는 사실을 알게 된 후 '처참함'과 '상실감'을 느끼고 일주일을 울었고, 이러한 충격 이후 자신의 직무에 만족감을 느끼지 못하는 것은 당연한 일이다.[98]

작업상의 사건은 긍정적이거나 부정적인 감정 반응을 유발하며, 직원의 성격과 기분에 따라 더 강렬하거나 덜 강렬하게 반응하는 경향이 있다.[99] 하지만 어떤 사람은 다른 사람보다 더 자주 어떤 사건을 경험하는데, 이것이 직장에서 경험하는 정서적 반응의 유형에 영향을 미치는가? 일부 연구에 따르면 시간제 근로자가 고객과의 대인관계에서 겪는 학대가 부정적 정서 작업 사건의 거의 50%를 차지한다는 점을 고려할 때 이러한 생각을 뒷받침한다.[100]

또한 현대에 원격근무로 전환을 고려할 때 연구자는 원격근무자에게 어떤 정서적 사건이 나타나는지에 주목했다. 원격근무자에게 긍정적인 정서적 사건은 동료와의 빠르고 생산적인 줌 회의일 수 있는 반면에 부정적인 정서적 사건은 연결 상태가 나빠서(그리고 아무도 진단할 수 없는 눈에 띄는 고음의 비명 소리) 아무것도 해내기 어려운 상황일 수 있다.[101]

요약하자면 정서적 사건 반응 이론은 두 가지 중요한 메시지를 제안한다.[102] 첫째, 감정은 직장에서의 사건이 직원의 성과와 만족도에 어떤 영향을 미치는지에 대해 귀중한 통찰력을 제공한다. 둘째, 직원과 관리자는 감정이나 감정을 유발하는 사건이 사소하더라도 누적될 수 있으므로 무시해서는 안 된다는 것이다. 감정지능은 감정이 업무 성과에 미치는 영향을 이해하는 데 도움이 되는 또 다른 틀이므로 다음 주제에서 살펴볼 것이다.

감정지능

4-5 감정지능에 대해 설명할 수 있다.

세계적인 탤런트 관리 회사의 CEO였던 테리 업슈어러버거(Terrie Upshur-Lupberger)는 경력의 정점에 있었다. 그런데 왜 그녀는 원망과 불행을 느꼈는가? 그녀를 관찰했던 절친한 친구는 이렇게 말했다. "테리, 너는 마른 가지에 매달려 있었어. 너도 알지? 강한 바람에 쉽게 부러지는 나뭇가지 말이야. 너는 너무 바쁘고 벅차서 자기가치관, 관심사, 지도적 신념에 대해 관심이 없어서 곧 부러질지도 모르는 나뭇가지에 주의를 기울이지 못했어"[103] 업슈어러버거에 따르면 그녀는 자신의 기분이 끊임없이 좌절과 피로로 치닫는 것을 알아차리지 못했다고 한다. 그녀의 직무 만족도, 생산성, 인간관계가 악화되었다. 더 큰 문제는 너무 바빠서 완전히 고갈될 때까지 자신의 결핍을 깨닫지 못했다는 것이다. 그녀는 "리더로서 나 자신을 포함하여 조직 내 분위기에 주의를 기울이고 관리하지 않으면 무시한 채 대가를 치른다는 것을 배웠다."[104] 업

도표 4-5 감정지능의 계단 모델

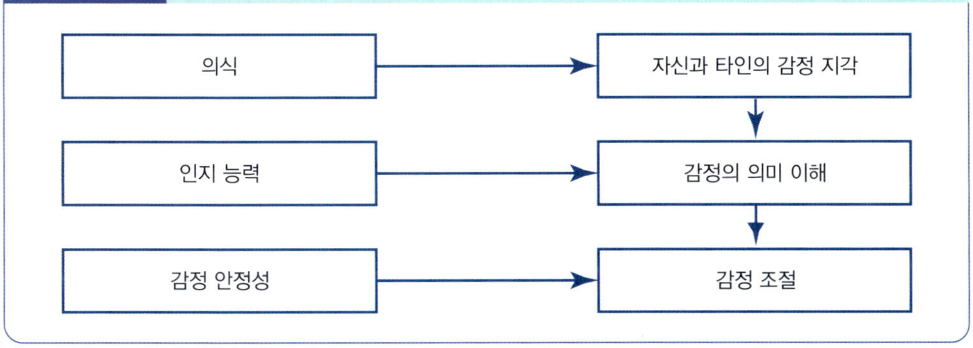

출처: D. L. Joseph and D. A. Newman, "Emotional Intelligence: An Integrative Meta-Analysis and Cascading Model," *Journal of Applied Psychology* 95, no. 1 (2010): 54-78에 기초함.

슈어러버거는 감정지능(EI)의 가치를 배웠다.

경영자는 감정지능을 중요하게 생각한다. 2,500명 이상의 채용 관리자와 인적 자원(HR) 전문가를 대상으로 한 커리어빌더(CareerBuilder) 설문조사에서 59%는 인지 능력(예: IQ, 5장 참조)은 높지만 감정지능이 낮은 사람을 채용하지 않겠다고 답했으며, 75%는 IQ가 높은 지원자보다 감정지능이 높은 지원자를 승진시킬 가능성이 더 높다고 답했다.[105] 대학을 졸업한 후부터 직장 입사 후 10년 이상 추적한 또 다른 연구에서 감정지능은 10년 후 연봉이 얼마나 높은지 해당 졸업자에게 멘토가 있는지 여부를 예측하게 했다.[106]

감정지능(emotional intelligence, EI)은 도표 4-5에서 보는 바와 같이 ① 자신과 타인의 감정을 인식하고, ② 이러한 감정의 의미를 이해하며, ③ 그에 따라 자신의 감정을 조절하는 개인의 능력이다.[107] 커리어빌더 연구에 참여한 관리자는 인지 능력보다 감정지능을 중시하는 이유를 묻는 질문에 자신의 감정과 더 잘 조화를 이루기 때문에 압박감 속에서도 침착함을 유지하고, 갈등을 더 효과적으로 해결하며, 동료와 팀원에게 공감하고, 감정을 효과적으로 조절할 수 있기 때문이라고 답했다.[108]

감정지능(EI) 감성 신호와 정보를 탐지하고 관리하는 능력

여러 연구에 따르면 감정지능은 직무 태도를 예측하고 학업과 직무 성과를 촉진하는 데 중요한 역할을 하지만, 설문 항목이 성격, 지능, 자기인식 검사의 다른 항목과 놀라울 정도로 유사한 경우가 많다고 한다.[109] 다른 검토 보고서에 따르면 감정지능은 팀워크 효과성, 조직시민행동(OCB, 1장 참조), 경력 의사결정(예: 고용 공백 관리)을 개선하고 반생산적 업무활동을 줄이는 것과 관련이 있다고 한다(3장 참조).[110] 감정지능이 높은 한국 관리자는 응집력 있는 매장을 만들고 판매 지향적인 행동을 개선할 수 있기 때문에 감정지능이 낮은 관리자보다 더 나은 판매 수치를 보이는 경향이 있다.[111]

리더십의 관점에서 프랭클린 루스벨트부터 빌 클린턴까지 11명의 미국 대통령을 조사한 한 연구에서는 의사소통, 조직, 정치 기술, 비전, 인지 스타일, 감정지능의 여섯 가지 자질이 있었다고 평가했다. 루즈벨트, 케네디, 레이건 등 성공한 대통령과 존슨, 카터, 닉슨 등 실패한 대통령을 구분짓는 핵심 자질은 감정지능이었다.[112] 또한 인기도에 대한 연구에 따르면 장기적인 인기도를 예측하는 것은 나르시시즘이 아니라 감정지능이라고 한다.[113] 이처럼 감정지능이 높은 리더와 직장인은 자신과 타인의 감정을 이해하고 관리할 수 있기 때문에 더 인기 있고 성공하는 경향이 있다.[114]

그러나 감정지능이 직장에서 도움이 될 수 있는 정도에는 한계가 있는 것처럼 보인다. 예를 들어 네덜란드 행정 보조원을 대상으로 한 어떤 연구에 따르면 자기자신에 초점을 맞춘 감정지능(예: 자기이해)은 스트레스 경험을 줄이지만 생리적 비용을 초래하는 반면에 타인에게 초점을 맞춘 감정지능(예: 타인의 감정을 정확하게 인식)은 과업 수행 능력을 약하게 설명하는 것으로 나타났다.[115] 감정지능이 특히 정서적 요구도가 높은 상황에서 비용이 많이 발생하기 때문에 생각하는 것만큼 효과적이지 않을 수 있음을 시사한다. 또한 일부 연구에서 감정지능은 사람이 시험에서 잘 꾸며낼 수 있는지(시험에서 바람직한 답이 무엇인지 이해하기 때문에)와도 관련이 있을 수 있다고 제안한다.[116] 이 연구에 따르면 성격 검사를 통해 지원자를 선별하는 경우는 감정지능이 높은 사람이 자신의 실제 성격과는 다른 답을 선택하여 더 잘 속일 수 있다고 한다.

감정지능에 대한 이해가 진전되고 있지만, 아직 많은 의문에 대한 해답이 나오지 않았다.[117] 첫 번째 질문은 감정지능에 대해 더 나은 이해와 관련이 있다. 예를 들어 감정지능에 대해 이야기할 때 일반적으로 감정지능을 말하는 것인지, 아니면 감정 조절, 감정 이해, 감정 지각을 구체적으로 지칭하는 것인지 명확히 해야 한다. 두 번째 질문은 감정지능 검사의 신뢰성과 감

윤리적 선택

관리자는 감정지능 검사를 사용해야 하는가

이 장에서 논의했듯이 감정지능의 개념은 어느 정도 논쟁을 불러일으켰다. 관리자가 결정해야 하는 것 중 하나는 선발 과정에서 감정지능검사를 사용할지 여부이다. 다음은 몇 가지 윤리적 고려사항이다.

- **보편적으로 인정되는 시험은 없다.** 예를 들어 최근 연구에서 연구자는 MSCEIT(Mayer-Salovey-Caruso Emotional Intelligence Test), TEIQue(Trait Emotional Intelligence Questionnaire), 감정지능 상황판단 검사(Situational Judgment Test of Emotional Intelligence, SJT of EI)를 사용했다. 연구자는 감정 표현이 문화에 따라 다양하여 감정적 단서에 대한 해석도 달라지기 때문에 감정지능 검사가 문화적으로 구체적일 필요가 있다고 생각한다. 예를 들어 감정능력목록(ECI-2) 검사를 사용하여 인디언과 북미 경영진의 감정지능 점수를 비교한 최근 연구에서는 결과가 비슷하지만 동일하지는 않다는 것이 밝혀져 수정이 필요함을 시사한다.
- **일반적으로 지원자는 감정지능 검사를 치르는 경우나 감정지능 검사의 일부에 대해 부정적으로 반응할 수 있다.** 예를 들어 얼굴 인식 검사는 대상의 사진이 다양하지 않은 경우 일부 사람에게 문화적으로 편향된 것처럼 보일 수 있다. 또한 감정지능 검사에서 높은 점수를 받은 지원자는 검사가 공정하다고 생각하고, 낮은 점수를 받은 지원자는 검사가 공정하지 않다고 생각하는 경향이 있다. 따라서 낮은 점수를 받은 지원자는 다른 평가 영역에서 좋은 점수를 받더라도 채용기관을 비호의적으로 보게 된다.
- **감정지능 검사가 모든 유형의 직무 성과를 예측하지 못할 수 있다.** 루마니아 참가자 600명을 대상으로 한 연구에서는 감정지능 검사가 판매원, 공무원, 공공병원 CEO에게 유효하다는 결과가 나왔지만, 이는 모두 상당한 사회적 상호작용이 필요한 역할을 수행하는 직무였다. 감정지능 검사는 각 직무와 직위 범주에 맞게 조정해야 하거나 직무 기술이 이러한 검사에 적합하지 않을 때는 사용하면 안 된다.
- **감정지능 검사가 실제로 무엇을 측정하는 지가 여전히 불분명하다.** 감정지능 검사는 성격이나 지능을 반영하기도 하며, 이 경우 다른 측정방법이 더 나을 수 있다. 또한 일부 감정지능 검사는 직무 성과를 예측할 수 있지만, 감정지능 검사 중에 많은 검사는 성격 요소와 일반적인 정신 능력 측정을 포함하고 있다.
- 감정지능이 반생산적 업무행동(CWB)에 어떤 영향을 미치는지에 대한 연구가 충분하지 않다. 감정지능에 대한 모든 것이 원하는 직무 성과로 이어진다는 확신이 서지 않았을 때 감정지능 검사에서 높은 점수를 받은 지원자를 선발하는 것은 무모할 수 있다.

이러한 우려는 감정지능 검사가 채용 결정에 사용되지 말아야 한다는 것을 암시한다. 하지만 조사에 따르면 감정지능은 직무 성과를 어느 정도 예측하는 것으로 나타났기 때문에 관리자라면 너무 성급하게 감정지능 검사를 아예 간과해서는 안 된다. 채용 결정에 감정지능을 사용하고자 한다면 이러한 이슈를 인지하고, 누구를 채용할 것인지 뿐만 아니라 어떻게 채용할 것인지에 대해서도 윤리적인 결정을 내려야 한다.[118]

정지능을 가장 잘 측정하는 방법에 관한 것이다. 예를 들어 응시자에게 비디오 클립에서 감정을 인식하게 하고 감정이 격한 상황에서 어떻게 행동할지 응답하게 하여 이 분야에서 여러 가지 발전이 이루어졌다.[119] 세 번째 질문은 조직의 관리자에게 가장 중요한 질문 중 하나이다. 감정지능은 학습이 가능한가? 수십 건의 연구에 대한 여러 검토 보고에 따르면 감정지능은 하나의 기술로 훈련되고 개발될 수 있지만, 역설적이게도 이를 가장 필요로 하는 사람은 실제로 이를 찾을 가능성이 가장 낮은 사람이다.[120]

모든 의문을 제쳐두고 감정지능은 컨설팅 회사와 일반 대중매체에서 큰 인기를 끌고 있으며, 연구문헌에서 어느 정도 지지를 받고 있다. 좋든 싫든, 한 가지 확실한 것은 감정 조절은 앞으로도 계속될 것이라는 점이다. 다음 주제인 감정 조절도 독립적인 개념으로 점점 더 많이 연구되고 있다.[121]

감정 조절

4-6 감정 조절 전략을 확인할 수 있다.

감정 조절 자신이 느끼는 감정을 파악하고 수정하는 것

기분이 우울할 때 스스로 위로하거나 화가 났을 때 스스로 진정시키려고 노력한 적이 있는가? 그렇다면 **감정 조절**(emotion regulation)에 참여한 것이다.[122] 감정 조절의 핵심은 자신이 느끼는 감정을 파악하고 수정하는 것이다. 예를 들어 전 세계 근로자는 COVID-19 팬데믹으로 인해 불확실한 노동시장과 변화하는 가족 부양 의무, 직장과 가족 간의 갈등에 직면하면서 감정을 조절해야 했다.[123] 감정 조절은 일부 직무와 조직시민행동에서 직무 수행의 강력한 예측변수이다.[124] 따라서 조직행동에 대한 연구에서는 직장에서 감정 조절이 언제, 어떻게 사용되는지에 관심이 있다. 먼저 개인이 자연스럽게 감정 조절을 언제, 어떻게 사용할 수 있는지 파악하는 것으로 시작한다.

감정 조절의 영향과 결과

아시다시피 모든 사람이 똑같이 감정 조절에 능숙한 것은 아니다.[125] 신경질적 성격 특성이 높은 사람(5장 참조)은 감정 조절에 더 많은 어려움을 겪으며, 종종 자신의 기분이 통제할 수 있는 범위를 벗어난다고 느낀다. 자존감이 낮은 사람은 다른 사람보다 기분이 좋을 자격이 있다고 느끼지 못하기 때문에 슬픈 기분을 개선하려고 노력할 가능성도 적다.[126] 마지막으로 구직 과정에 더 집중하는 고학년 대학생은 자신의 감정을 더 잘 조절할 수 있었고 그 결과 더 많은 구직 행동에 참여했다.[127]

직장 환경은 개인의 감정 조절 성향에 영향을 미친다. 일반적으로 직장 내 구성원이 다양하면 감정을 조절할 가능성이 높아진다. 예를 들어 젊은 직원은 작업 그룹에 나이가 많은 구성원이 포함되어 있을 때 감정을 조절할 가능성이 높다.[128] 인종적 다양성도 영향을 미친다. 인종적 다양성이 낮으면 소수인종 직원은 다른 직원과 최대한 '어울리기' 위해 감정 조절을 할 수 있다.[129] 이러한 연구결과는 다양성이 가져다주는 유익한 결과, 즉 더 의식적이고 효과적으로 감정을 조절할 수 있음을 시사한다.

감정을 조절하는 것이 유익해보일 수 있지만, 연구결과에 따르면 감정을 바꾸려고 노력하는 것에는 단점이 있을 수 있다고 한다. 감정을 바꾸려면 노력이 필요하며 감정노동에 대해 논의

할 때 언급했듯이 이러한 노력은 지칠 수 있다. 예를 들어 두려움에서 벗어나기 위해 스스로에게 말을 걸면 두려운 것에 더 집중하게 되어 오히려 그 감정이 더 강해질 수 있다.[130] 다른 관점에서 보면 부정적인 감정 경험을 피하는 것이 긍정적인 감정 경험을 추구하는 것보다 긍정적인 기분으로 이어질 가능성이 낮다는 연구결과도 있다.[131] 예를 들어 적대적인 동료와의 불쾌한 대화를 피하는 것보다 친구와 즐거운 대화를 나누는 것이 긍정적인 기분을 경험할 가능성이 더 높다.

흥미롭게도 일부 직종에서는 다른 직종보다 직원을 향한 고객의 무례한 언행과 학대가 더 많이 발생하는데, 콜센터 직원과 같이 고객의 학대 수준이 높은 직군은 직원의 감정 조절이 더 많이 필요하며 결과적으로 직원의 피로도가 더 높을 수 있다.[132] 고객서비스 직원의 삶을 더 편하게 만들고 싶은가? 친절하게 대하라! 슈퍼마켓 계산대 직원을 대상으로 한 연구에 따르면 계산대 직원에게 미소를 짓고 짧은 대화를 나누면 직원의 감정 조절 필요성이 줄어들어 감정적 피로가 줄어들고 업무 성과가 향상되는 것으로 나타났다.[133]

감정 조절 기법

감정 조절 연구자는 종종 사람이 감정을 변화시키기 위해 사용하는 전략을 연구한다(예를 들어 이 장의 앞부분에서 설명했듯이 **내면 연기**와 **피상적 연기**는 감정 조절 기법이다).

감정 조절의 한 가지 기법은 감정 억제, 즉 상황에 대한 초기 감정 반응을 억제하는 것이다. 이러한 방법은 단기적으로 실용적인 사고를 촉진하는 것처럼 보이지만, 일반적으로 감정을 표현하는 것과 비교할 때 효과적이지 않다.[134] 그러나 위기상황에서 매우 부정적인 사건으로 인해 불안한 감정 반응이 나타날 때만 도움이 되는 것으로 보인다.[135] 예를 들어 포트폴리오 관리자는 주식 가치가 급락했을 때 감정적 반응을 억제하여 계획을 명확하게 결정할 수 있다. 위기상황에서 사용되는 억제는 개인이 사건에서 정서적으로 회복하는 데 도움이 되는 것으로 보이지만, 일상적인 감정 조절 기술로 사용되는 억제는 정신 능력, 감정 능력, 건강, 관계에 타격을 줄 수 있다.[136] 따라서 진정한 위기상황이 아니라면 상황에 대한 감정적 반응을 억누르기보다는 인정하고 사건이 발생한 후 재평가하는 것이 가장 좋은 결과를 가져온다.[137]

인지적 재평가, 즉 감정적 상황에 대한 관점을 재평가하는 것은 감정을 효과적으로 조절하는 한 가지 방법이다.[138] 인지적 재평가 능력은 스트레스의 원인을 통제할 수 없는 상황에서 개인에게 가장 도움이 되는 것으로 보인다.[139] 예를 들어 실직한 경우라면 항상 꿈꿔왔던 새로운 직업에 도전할 수 있는 기회로 재평가하는 것이 감정 조절에 도움이 될 수 있다. 한 연구에 따르면 이 기법의 잠재적으로 강력한 효과가 입증되었다. 이스라엘-팔레스타인 분쟁에 대해 분노를 유발하는 정보를 보여준 후 상황을 재평가할 수 있게 교육받은 이스라엘 참가자는 연구 직후 뿐만 아니라 최대 5개월 후에도 대조군보다 팔레스타인에 대해 공격적인 전술에 대한 성향이 줄어들고 화해에 대한 성향이 더 높아진 것으로 나타났다. 이 결과는 이스라엘-팔레스타인 분쟁처럼 감정이 격한 주제에 대해서도 인지적 재평가를 통해 사람의 감정적 반응을 바꿀 수 있음을 시사한다.[140] 그러나 인지적 재평가는 비윤리적인 목적에도 사용될 수 있다. 예를 들어 반생산적 업무활동을 사용했을 때 예상되는 수치심과 죄책감을 재평가하면 사람이 비윤리적인 반생산적 업무활동을 다시 생각하고 실제로 결부되지 않도록 유도할 수 있다.[141] 또 다른 연구에 따르면 인지적 재평가는 실제로 정신적 피로를 유발할 수 있으며 인지적 재평가의 결과가

모두 긍정적인 것은 아니라는 점을 시사한다.[142]

감정 조절에 도움이 될 수 있는 또 다른 기법으로는 **사회적 공유** 또는 표출이 있다. 연구에 따르면 감정을 공개적으로 표현하는 것은 개인이 감정을 '억눌린' 상태로 가두는 대신 감정을 조절하는 데 도움이 될 수 있다고 한다. 사회적 공유는 사람이 나쁜 상황에 대해서 사실, 상황에 대한 자신의 감정 또는 상황의 긍정적인 측면을 이야기할 수 있을 때 분노 반응을 줄일 수 있다.[143] 예를 들어 퇴근 후 직장동료에게 주방 관리자와의 격한 교류에 대해 분출하는 것은 자신의 감정을 표현하는 것과 상황을 좀 더 잘 이해하는 것에 도움이 될 수 있다. 하지만 좌절감을 표현하는 것은 다른 사람에게 영향을 미치므로 주의가 필요하다. 실제로 감정을 표출하는 것이 '표출하는 사람'의 기분을 개선하는 데 도움이 되는지의 여부는 듣는 사람의 반응에 따라 크게 달라진다. 듣는 사람이 반응하지 않는다면(많은 사람이 화풀이를 거부한다), 화풀이하는 사람의 기분이 더 나빠진다. 듣는 사람이 지지나 확인의 표현으로 응답하면 말하는 사람의 기분이 나아진다. 따라서 동료에게 화풀이를 하려면 공감적으로 반응해줄 사람을 선택해야 한다. 가해자로 인식되는 사람에게 화풀이를 한다고 해서 상황이 개선되는 경우는 거의 없으며 오히려 부정적인 감정이 고조될 수 있다.[144]

감정 조절 기술은 어려운 직장상황에 대처하는 데 도움이 될 수 있지만, 연구에 따르면 그 효과는 다양하다. 예를 들어 학대적인 상사 밑에서 일하는 직원을 대상으로 한 어떤 연구에서는 감정적 피로와 퇴직 경향이 보고되었지만, 사용한 감정 조절 전략에 따라 그 정도는 다르게 나타났다. 억제 기술을 사용한 직원은 인지적 재평가를 사용한 직원보다 더 큰 정서적 피로와 퇴직을 겪었다. 이는 직원이 대처 능력을 향상할 수 있게 기법 적용에 대해 더 많은 연구가 필요하다는 것을 시사한다.[145]

감정 조절의 윤리

감정 조절에는 중요한 윤리적 함의가 있다. 한편에서 감정을 조절하는 것은 어느 정도의 연기가 필요하기 때문에 비윤리적이라고 주장하거나 인식할 수 있다.[146] 다른 한편에서는 모든 감정을 통제해야만 냉철한 관점을 가질 수 있다고 주장할 수도 있다. 두 주장 모두 그 사이의 모든 논쟁에는 윤리적 장단점이 있으므로 스스로 결정해야 한다. 감정 조절의 이유와 결과를 고려하자. 부적절하게 반응하지 않기 위해 감정을 조절하고 있는가, 아니면 다른 사람이 네 생각을 알 수 없도록 감정을 조절하고 있는가? 이것을 생각하자. '성공할 때까지 가짜로 행동'할 수 있다. 최근 연구에 따르면 기분이 좋은 것처럼 행동하는 것이 기분을 좋게 만들 수 있다는 사실이 밝혀졌다. 한 연구에서 한 집단은 스타벅스에서 서빙하는 바리스타와 효율적인 대화만 하게 하고, 다른 집단은 행복한 척을 하게 했다. 행복하게 행동한 집단은 나중에 훨씬 더 기분이 좋았다고 보고했다.[147]

핵심은 적응력을 키우는 것이다. 자신의 감정을 지각하고 상황에 가장 적합한 기법을 찾아보자.[148] 이제 조직행동에서 감정과 기분의 역할에 대해 알아보았으니, 이러한 이해를 통해 더 구체적으로 적용할 수 있는 기회를 고려하자.

조직행동에서의 감정과 기분 적용

4-7 특정 조직행동 관련 이슈에 감정과 기분에 대한 개념을 적용할 수 있다.

감정과 기분에 대한 이해는 선발 과정, 의사결정, 창의성, 동기부여, 리더십, 협상, 고객서비스, 직무 태도, 일탈적 직장행동, 안전 등 조직행동의 여러 측면에서 영향을 미칠 수 있다. 각각에 대해 생각하자.

선발 과정

감정지능에 대한 증거가 주는 시사점 중 첫 번째는 사용자가 직원을 채용할 때, 특히 고도의 사회적 상호작용이 요구되는 직종에서는 이를 고려해야 한다는 것이다. 실제로 더 많은 사용자가 직원을 채용할 때 감정지능 측정을 사용하기 시작했다. 예를 들어 미 공군 지원자를 대상으로 한 연구에 따르면 최고 수준의 성과를 내는 지원자가 높은 수준의 감정지능을 보인 것으로 나타났다. 이러한 연구결과를 바탕으로 공군은 채용 기준을 개선했다. 후속 조사결과에 따르면 높은 감정지능 점수로 선발된 병사가 그렇지 않은 병사보다 성공적인 경우가 2.6배 더 높은 것으로 나타났다.[149] 두 번째 시사점은 지원자의 감정이 때때로 의도적이든 아니든 선발 결정에 사용된다는 것이다. 앞서 언급했듯이 연구에 따르면 지원자의 감정 표현이 채용 결정에 자주 활용되는 것으로 나타났다.[150] 긍정적인 팀원을 선발하면 리더의 긍정적인 분위기가 팀원에게 전달되어 긍정적인 업무 환경을 조성하는 데 기여할 수 있다. 130명의 리더와 부하를 대상으로 한 어떤 연구에 따르면 카리스마 있는 리더는 전염 효과를 통해 자신의 긍정적인 감정을 부하에게 전달한다고 한다.[151] 따라서 긍정적인 분위기의 팀원을 선택하는 것은 당연한 일이다. 세 번째로 구직자의 정서적 영향도 중요한데 새로운 직장을 구하는 과정에서 좌절감, 괴로운 정서적 사건, 역량에 대한 위협에 시달리는 경우가 많다. 이러한 경우로 구직 중에 경험하는 부정적인 감정을 완충할 수 있다는 연구결과가 있으므로 스스로에 대한 동정심을 갖는 것이 가장 좋다.[152]

의사결정

기분과 감정은 의사결정에 영향을 미치므로 직원과 경영진은 이를 이해해야 한다. 긍정적인 감정과 기분은 사람이 올바른 결정을 내리는 데 도움이 되는 것으로 보인다. 또한 긍정적인 감정은 문제해결 능력을 향상하므로 긍정적인 사람은 더 나은 해결책을 찾는다.[153]

조직행동 연구자는 의사결정에서 부정적인 감정과 기분의 역할에 대해 계속 논의한다. 한 연구에 따르면 슬픈 일을 겪은 사람은 이전과 같은 결정을 내릴 수 있고, 분노한 사람은 이전보다 더 강한(반드시 더 나은 것은 아니지만) 선택을 할 수 있다고 한다.[154] 또 다른 연구에서는 참가자가 부정적인 기분에서 더 많은 독창성을 반영한 선택을 한다는 사실을 발견했다.[155] 또 다른 연구에 따르면 부정적인 기분에 있는 사람은 긍정적인 기분에 있을 때보다 더 높은 위험을 감수할 수 있다고 한다.[156] 이러한 연구와 다른 연구를 종합하면 부정적(그리고 긍정적) 감정이 의사결정에 영향을 미치지만, 추가 연구가 필요한 다른 변수가 있음을 알 수 있다.[157]

창의성

이 책 전체에서 살펴본 바와 같이 한 가지 전략적 목표는 창의성을 통해 직원의 생산성을 극대화하는 것이다. 창의성은 감정과 기분의 영향을 받지만, 이 둘의 관계에 대해서는 두 가지 학설이 있다. 많은 연구에 따르면 기분이 좋은 사람은 기분이 나쁜 사람보다 더 창의적인 경향이 있다.[158] 기분이 좋은 사람은 더 많은 아이디어와 더 많은 대안을 만들어내며 다른 사람은 이들의 아이디어가 독창적이라고 생각한다.[159] 긍정적인 기분이나 감정을 경험하는 사람이 더 유연하고 개방적인 사고를 하기 때문에 더 창의적인 것으로 보인다.[160] 상사는 직원이 행복감을 가지게 하기 위해 적극적으로 노력해야 하며 직원의 기분을 좋게 만들면(직원은 리더가 자신을 격려하고 잘한 일에 대해 긍정적인 피드백을 제공하는 것을 좋아한다), 결국 사람은 더 창의적이 될 수 있기 때문이다.[161]

그러나 일부 연구자는 긍정적인 기분이 사람을 더 창의적으로 만든다고 믿지 않는다. 이들은 사람이 긍정적인 기분을 느낄 때 긴장을 풀고("기분이 좋으면 일이 잘 풀리겠지, 새로운 아이디어를 떠올릴 필요는 없어") 창의성을 발휘하는 데 필요한 비판적 사고를 하지 않을 수 있다고 주장한다.[162] 걱정을 많이 하는 사람은 걱정을 적게 하는 사람보다 창의적인 작업을 더 잘 수행할 수 있다.

어떤 관점이 옳은지 결정하는 것은 기분을 조금 다르게 생각하는 데 있다. 기분을 긍정적이거나 부정적인 영향으로 보기보다는 분노, 두려움, 희열과 같은 능동적인 감정으로 개념화하고 이를 슬픔, 우울, 평온과 같은 비활성화된 기분과 대조할 수 있다. 긍정적이든 부정적이든 활성화된 기분은 창의성을 높이는 반면에 비활성화된 기분은 창의성을 떨어뜨리는 것으로 보인다.[163] 428명의 학생을 대상으로 한 연구에 따르면 피곤할 때 창의적인 문제해결 과제를 가장 잘 수행한 것으로 나타났는데, 이는 피로가 참신한 해결책을 고려할 수 있는 마음을 자유롭게 줄 수 있음을 시사한다.[164]

제록스(Xerox)의 전 CEO이자 《포천》 500대 기업에서 최초의 리더 여성인 우르술라 번스(Ursula Burns)는 연례 '존 우든 글로벌 리더십 어워드' 만찬에서 연설했다. 개인과 소통하고 '경청 최고자(listener-in-chief)' 역할을 하는 번스의 능력은 CEO로 재임하는 동안 제록스의 엄청난 성장을 이루는 데 기여했다.

출처: Matt Sayles/Invision/AP/Shutterstock

동기부여

몇몇 연구에서 기분과 감정이 동기부여에 미치는 영향에 대해 강조했다.[165] 예를 들어 한 연구에서는 두 집단의 사람에게 단어 퍼즐을 풀도록 했다. 첫 번째 집단은 먼저 기분을 좋게 하기 위해 재미있는 비디오 클립을 보았다. 다른 집단은 클립을 보여주지 않고 바로 퍼즐을 풀기 시작했다. 긍정적인 기분을 가진 집단은 퍼즐을 풀 수 있을 것이라는 기대감이 더 높았고 더 열심히 노력했으며, 결과적으로 더 많은 퍼즐을 풀었다.[166] 또 다른 연구에서는 보험판매상담원의 기분을 조사했다.[167] 기분이 좋은 상담원은 동료에게 더 많은 도움을 주고 자신에 대해 더 좋게 느끼는 것으로 나타났다. 이러한 요인은 결국 더 높은 매출로 우수한 성과와 함께 상사로부터 더 나은 성과 평가를 받은 것으로 이어졌다.

사람에게 성과 피드백을 제공하면 진짜인지 가짜인지 여부에 관계없이 기분에 영향을 미치고, 이는 다시 동기부여에 영향을 미친다.[168] 긍정적인 기분은 사람의 창의성을 높여 주고 업무를 관리하는 사람으로부터 긍정적인 피드백을 이끌어내는 선순환 구조가 만들어질 수 있다.[169] 이러한 피드백은 긍정적인 분위기를 더욱 강화하여 성과를 더욱 향상하게 만든다. 전반적으로 이러한 연구결과는 관리자가 좋은 기분을 고취하여 직원의 동기를 강화하고 성과를 개선할 수 있음을 시사한다.

리더십

사람을 기분을 좋게 하는 것은 좋은 인상을 만든다. 영감을 주는 목표에 집중하는 리더는 직원에게 더 큰 낙관, 협력, 열정을 불러일으켜 동료, 고객과 함께 더 긍정적인 사회적 상호작용을 이끌어낸다.[170] 대만 군인을 대상으로 한 연구에 따르면 변혁적 리더는 감정을 공유하여 부하에게 긍정적인 감정을 불러일으키고, 이는 결국 업무 성과 향상으로 이어진다고 한다.[171]

리더는 긍정적인 감정을 공유할 때 더 효과적이라고 인식되며, 부하는 긍정적 감정 환경에서 더 창의적이 된다. 리더가 슬플 때는 어떤가? 연구에 따르면 리더가 슬픔을 표현하면 부하의 분석 성과가 높아지는 것으로 나타났는데, 이는 아마도 부하가 리더를 돕기 위해 과업에 더 밀접하게 주의를 기울이기 때문이다.[172] 또 다른 흥미로운 연구에서는 고등학교와 대학교 농구팀의 하프타임 라커룸의 대화 300여 건을 조사한 결과는 리더가 부정적인 감정(예: 분노)을 공유하는 것이 팀 성과를 개선하는 데 도움이 될 수 있다는 사실을 발견했다. 하지만 이러한 감정의 강도는 적절한 수준이어야 하며, 너무 부정적이고 강렬하면 역효과가 날 수 있다.[173] 반면에 리더의 분노는 직원의 불안과 분노를 자극하여 역설적이게도 업무 노력을 높일 수 있지만 비윤리적인 보복행동, 직원의 발언권 감소, 직원의 이직으로 이어질 수 있다.[174]

기업 경영진은 직원이 회사의 미래에 대해 비전을 믿고 변화를 받아들이려면 감정적인 콘텐츠가 중요하다는 것을 잘 알고 있다.[175] 상사가 새로운 비전을 제시할 때, 특히 모호하거나 먼 목표를 제시하게 되면 직원은 그 비전이 가져올 변화를 받아들이기 어려운 경우가 종종 있다. 리더는 감정을 불러일으키고 이를 매력적인 비전과 연결함으로써 관리자와 직원 모두가 변화를 받아들이고 새로운 계획과 연결되어 있다고 느낄 수 있게 도울 수 있다.

협상

여러 연구에 따르면 감정, 특히 분노가 협상에서 중요한 역할을 한다고 합니다.[176] 어떤 상황에서는 상대방이 할 수 있는 모든 것을 양보했다고 결론을 내리고 굴복했다고 할 수 있기 때문에 분노가 협상자에게 도움이 될 수 있다.[177] 다른 경우에는 상대방이 협상자가 왜 화를 내는지 진단하여 양측이 더 나은 공동 양보를 이끌어낼 수도 있다.[178] 그러나 분노는 협상에서 선택적으로 사용해야 한다. 상대방보다 정보가 적거나 힘이 약하며,[179] 유용한 정보가 될 수 있는 상대방의 관점을 받아들이지 않고 화난 협상자는 훨씬 더 나쁜 결과를 가져온다.[180] 모든 감정을 사용할 때와 마찬가지로 맥락이 중요하다. 분노와 같은 부정적인 감정을 표현하는 것은 효과적일 수 있지만, 자신의 성과에 대해 화를 내거나 후회하거나 자존심을 느끼는 것은 향후 협상을 저해하는 것으로 보인다.[181] 협상을 잘하지 못하는 사람은 부정적인 감정을 경험하고 상대방에 대해 부정적인 지각을 갖게 되며, 향후 협상에서 정보를 공유하거나 협조적인 태도를 취하려는 의지가 약해진다.[182]

고객서비스

직원의 감정 상태는 그들이 제공하는 고객서비스 수준에 영향을 미치며, 이는 재방문과 고객 만족도에도 영향을 미친다.[183] 이러한 결과는 주로 **감정 전염**(emotional contagion), 즉 다른 사람의 감정을 '따라삽기' 때문이다.[184] 소매점에서 점원이 우리에게 재미를 주는 것처럼 다른 사람이 긍정적인 감정을 경험하고 우리에게 미소를 지으면, 우리도 긍정적인 반응을 보이는 경향이 있다. 물론 그 반대의 경우도 마찬가지이다.

감정 전염 사람의 감정이 다른 사람의 감정에 의해 초래되는 과정

연구에 따르면 직원과 고객의 감정 사이에는 매칭 효과가 있다.[185] 직원 대 고객 방향성 조사 연구에 따르면 직원의 긍정적인 기분이나 감정을 포착한 고객은 직원이 친근하고 진정성이 있다고 믿는 경우라면 조직에 대한 만족도와 충성도가 높아지고 조직을 더 많이 신뢰하며 더 오래 쇼핑하는 것으로 나타났다.[186] 반대로 직원이 고객으로부터 부당한 대우를 받았다고 느끼면 조직이 기대하는 긍정적인 감정을 표현하기가 더 어려워진다.[187] 높은 수준의 고객서비스는 직원에게 감정 부조화 상태에 빠지게 하여 직원과 조직에 피해를 줄 수 있으므로 직원에게 많은 것을 요구하게 만든다. 관리자는 긍정적인 분위기를 조성하여 부정적인 전염을 차단할 수 있다.

일-삶의 갈등

기분과 일-삶의 갈등 사이의 관계에 대해 좋은 소식과 나쁜 소식이 있다. 둘다 일과 가정의 사선에 영향을 받는다는 것이다. 집에 가면 일을 잊어버려야 한다는 의미로 '집에 일을 가져가지 말라'는 조언을 들어본 적이 있는가? 말처럼 쉽지 않지만, 특히 지금은 많은 사람이 재택근무를 하고 있다. 좋은 소식은 직장에서의 긍정적인 기분이 업무 외 시간에도 영향을 미칠 수 있고, 직장에서의 부정적인 기분이 휴식 후 긍정적인 기분으로 회복될 수 있다는 것이다. 여러 연구에 따르면 직장에서 좋은 하루를 보낸 사람은 그날 저녁에 집에서 더 좋은 기분을 느끼는 경향이 있으며, 그 반대의 경우도 마찬가지이다.[188] 다른 연구에 따르면 사람은 감정적으로 직장에서의 일을 집으로 가져가지만, 다음날이면 그 효과가 사라진다고 한다.[189] 나쁜 소식은 가

더 나은 세상을 향해

스크림에이전시: CSR을 강화하는 고객 감성 활용

어떤 사람은 기업의 사회적 책임(CSR)이 '스스로를 대변하고', '행동이 전부'이며, 대중의 반응에 신경쓰지 않고 옳은 일을 겸손하게 실천하는 것이 진정한 CSR의 실천이라고 생각할 수 있다. 또한 일부 사람은 조직의 CSR 활동을 알게 된 고객의 기본 반응이 이러한 노력에 대해 '마음에 들지 않고' 진정성이 없는 것으로 무시되는 것이라고 생각할 수도 있다. 두 가지 사고 방식을 모두 채택하는 것은 큰 기회를 놓치는 것이다. 첫째, 기업의 노력을 이야기하는 데 전념하지 않는 것은 고객에게 다가가 조직의 CSR 미션의 중요성을 설득할 수 있는 기회를 놓치는 것이다. 둘째, 잘만 활용하면 CSR 메시지는 효과적으로 현재 고객과 잠재 고객의 충성도를 높이고, 심지어 고객에게 조직의 CSR 노력의 중요성을 설득할 수도 있다. 다시 말해 CSR 메시지는 단순히 수익을 창출하는 것을 넘어서서 힘이 될 수 있다.

콜로라도주 덴버에 본사를 둔 광고와 홍보(PR) 회사인 스크림에이전시(Scream Agency)를 만나보자. 이 회사의 설립자인 로라 레더만(Laura Ledermann)은 콜로라도 대학교 볼더캠퍼스를 졸업하고 CSR 자격증을 취득했다. 졸업 후 레더만은 스크림에이전시를 설립하여 메시지를 개발하고 조직의 이야기를 '잘 들리는' 방식으로 전달한다. 벤앤제리스(Beb & Jerry's)처럼(1장에서 주목했던 '더 나은 세상을 향해'), 스크림은 B 코퍼레이션(Benefit-corporation: 기업의 사회적 환경적 책임성, 공정성, 투명성을 증명한 국제적 인증을 받은 영리 기업)이며 사업 모델의 필수적인 요소로 엄격한 사회적, 환경적 성과를 충족하기 위해 최선을 다하고 있다. 스크림에이전시는 하얏트 호텔, 미국 자동차협회(AAA), 멜로우머쉬룸 피자체인점 등 여러 기업과 협력하여 CSR 노력에 대해 이야기를 전하고 있다. 스크림에이전시의 선언문에서 이 회사는 브랜드가 선한 변화를 일으킬 수 있게 영감을 주고자 한다. 이들의 세 가지 사명은 눈에 보이고, 들리고, 좋은 것('좋은 것'에 중점을 두고)이다. 이러한 전략의 일환으로 스크림은 감정과 감정지능을 활용하여 고객과 직원이 더 잘 소통한다. 스크림의 접근 방식에는 (1) 해결해야 할 사회 문제를 파악하고 인식하기, (2) 이해관계자에게 알리기 위해 메시지를 준비하기, (3) 해결책을 설득하기, (4) 청중의 감정과 연결하기라는 네 가지 주요 목적이 포함된다.

스크림의 접근 방식은 이론적으로는 타당하지만 증거에 기반한 것인가? 첫째, 기후변화 대응에 적극적인 호주 기업을 대상으로 한 연구에 따르면 마케팅과 CSR 전문가가 중요한 역할을 하는 것으로 나타났다. 이들은 대화에 기여하고 이 문제에 대한 여론을 형성하여 이 문제를 도전으로 인식할지, 아니면 변화를 가져올 기회로 인식할지를 결정한다. 둘째, 내부적으로 메시지가 중요하다. 예를 들어 허리케인 카트리나 생존자는 재난에 대해 조직의 대응과 동정심 어린 메시지의 결과로 업무 부담이 줄어든 것을 경험했다. 다른 연구에 따르면 CSR은 직원이 자신이 근무하는 곳에서 일하는 것에 자부심을 느끼게 하여 결과적으로 다른 조직으로 이직할 가능성을 낮출 수 있다고 한다. 셋째, 고객은 어떤가? 연구에 따르면 CSR 메시지의 특성은 고객에게 직접적인 정서적 영향을 미치는 것으로 나타났다. 예를 들어 스페인의 은행 고객 1,000여 명을 대상으로 한 연구에 따르면 CSR 의사소통을 통해 행복, 즐거움, 기쁨과 같은 긍정적인 감정을 더 많이 느끼고 은행과 더 많이 동일시하고 싶어하는 것으로 나타났다.

하지만 감정이 항상 기대하는 방식으로 작용하는 것은 아니기 때문에 이러한 접근 방식에는 어려움이 있다. 예를 들어 관리자와 경영진의 (감정의) 부족도 중요하다. CSR 전문가는 종종 관리자와 경영진에게 CSR의 비즈니스 사례를 설득하려고 노력한다. 많은 사람이 그 사례에 동의할 수 있지만, 동의하지 않는 관리자보다 아무것도 하지 않을 가능성이 높다. 비즈니스 사례와 '이성적 정당화'는 실제로 도덕적 감정을 약화시킨다. 따라서 경영진은 CSR 문제에 대해 감동을 받거나 화를 낼 가능성이 적고 행동으로 옮길 가능성도 적다. 또한 감정이 전부 아니면 전무라는 명제가 아니라는 점을 이해해야 한다. 고객은 긍정적인 감정과 부정적인 감정을 모두 경험한다. 긍정적인 감정이 항상 좋은 결과로 이어지는 것은 아니다. 어떤 직원/고객/관리자가 경험하는 것이 다른 직원/고객/관리자에게는 유효하지 않을 수 있다. 예를 들어 모든 사람이 CSR 문제와 대응에 대한 조직의 해석에 동의하지 않을 수도 있고, 일부는 문제해결에 대한 조직의 신뢰성에 의문을 제기할 수도 있다. CSR 메시지에서 감정을 관리하는 것은 어려운 일처럼 보인다. 하지만 전문가는 적응형 접근 방식을 통해 직원, 관리자, 고객 감정을 관리하여 조직의 CSR 미션을 실현할 수 있다.[190]

족의 분위기가 자신의 기분을 방해할 수 있다는 것이다. 한 연구에 따르면 부부 중 한 명이 낮에 부정적인 기분을 느낀 경우는 그 부정적인 기분이 밤에 배우자에게까지 영향을 미치는 것으로 나타났다.[191]

비윤리적인 직장행동

조직에서 오랜시간을 보낸 사람이라면 누구나 설정된 규범을 위반하고 조직과 구성원 또는 둘 모두를 위협하는 방식으로 행동할 수 있다는 사실을 알고 있다. 1장에서 살펴본 것처럼 이러한 비윤리적 행동(일탈행동이라고도 함)은 조직에 큰 해를 끼칠 수 있으며 종종 반생산적인 업무행동(CWB)의 형태를 취한다.[192] 이러한 행동은 부정적인 감정에서 비롯되며 다양한 형태로 나타날 수 있다. 부정적인 감정을 느끼는 사람은 다른 사람보다 직장에서 업무보다는 험담을 하거나 인터넷 서핑을 과도하게 하는 등 단기적으로 일탈 행동을 할 가능성이 더 높다.[193] 하지만 부정적인 감정은 더 심각한 형태의 반생산적 업무행동으로 이어질 수도 있다.

예를 들어 시기심은 더 나은 업무 배정, 더 큰 사무실, 더 높은 연봉 등 자신은 갖지 못했지만 강력하게 원하는 것을 가진 사람을 원망할 때 발생하는 감정이다. 이는 악의적인 일탈행동으로 이어질 수 있다. 시기심에 사로잡힌 직원은 다른 직원을 깎아내리고 다른 사람이 성취한 일에 대한 모든 공로를 가로챌 수 있다. 화를 잘 내는 사람은 자신의 기분이 좋지 않은 것에 대한 책임을 다른 사람에게 돌리고, 다른 사람의 행동을 적대적으로 해석하며, 다른 사람의 관점을 고려하는 데 어려움을 겪는다.[194] 이러한 사고 과정이 어떻게 언어적 또는 신체적 공격으로 직접 이어질 수 있는지도 어렵지 않게 알 수 있다.

한 연구에 따르면 분노는 타인에 대한 학대와 직장 일탈 같은 더 공격적인 반생산적 업무행동와 상관관계가 있는 반면에 슬픔은 그렇지 않은 것으로 나타났다. 분노나 슬픔 모두 직장 이탈을 예측하지 못했는데, 이는 관리자가 직원의 분노 표현을 심각하게 받아들여야 한다는 것을 시사하며, 직원이 조직에 남아 다른 사람에게 공격적인 행동을 계속할 수 있음을 의미한다.[195] 또한 일부 직원은 반생산적 업무행동에 참여한 후에도 부정적인 감정을 경험하는 등 부정적인 감정의 악순환으로 이어질 수 있다.[196] 한 연구에 따르면 조직에서 치명적인 사건이 발생한 후 페이스북을 통해 부정적인 감정이 메아리처럼 퍼진다는 사실이 입증된 것처럼 소셜미디어로 인해 이러한 부정적인 감정이 악화될 수도 있다.[197] 일단 공격성이 시작되면 다른 사람도 화를 내고 공격적으로 변할 가능성이 높기 때문에 부정적인 행동이 심각하게 확대될 수 있는 단계가 된 것이다. 따라서 관리자는 직원의 감정과 감정 강도 수준을 측정하기 위해 직원과 지속적인 관계를 유지해야 한다. 하지만 주의하자. 많은 기업이 설문조사를 통해 직원의 감정과 기분을 면밀히 추적하기 시작했고, 심지어 매일 이메일과 채팅 데이터를 분석하기도 하지만 많은 직원이 이를 사생활 침해라고 생각한다.[198]

업무상 안전과 부상

나쁜 기분은 여러 가지 방식으로 직장에서 부상을 유발할 수 있다.[199] 부정적인 기분을 가진 사람은 더 불안해하는 경향이 있어 위험에 효과적으로 대처하는 능력이 떨어질 수 있다. 항상 두려움을 느끼는 사람은 어차피 다칠 것이라고 생각하기 때문에 안전예방조치의 효과에 대해 더 비관적이거나 위협적인 상황에 직면했을 때 당황하거나 얼어붙을 수 있다. 또한 부정적인 기분은 사람들의 주의를 산만하게 만들고, 주의가 산만해지면 부주의한 행동으로 이어질 수 있다. 예를 들어 이주 노동자와 해외파견 군인을 대상으로 한 두 가지 연구에 따르면 다음과 같은 부정적이고 향수병과 같은 그리운 감정은 업무 성과와 안전행동을 모두 예측했다.[200] 업무상 부상 증가와 부정적인 정서와의 관련성 연구에 따르면 고용주는 근로자가 나쁜 기분일 때, 잠재적으로 위험한 활동에 참여하지 않게 하여 건강과 안전을 개선하고 비용을 절감할 수 있다고 한다.

요약

감정과 기분은 모두 직장에서의 정서적 경험의 일부다. 그러나 기분은 더 일반적이고 오래 지속되는 반면에 감정은 불연속적이고 단기간에 그치는 등 서로 다른 측면도 있다. 이러한 느낌과 경험은 업무의 감정적 특성을 설명하는 데 필수적인 개념인 근로자의 긍정적 정서와 부정적 정서를 함께 구성한다. 개별적인 감정은 다양한 기능을 수행하며, 조직행동연구자는 이를 다르게 분류한다. 예를 들어 일부 감정은 도덕적 상황에 대한 반응으로 윤리적으로 작용한다. 다른 감정은 일상적인 사건에 대응하는 보다 기본적인 기능을 수행한다. 하루 시간대, 스트레스가 많은 사건, 수면 패턴은 감정과 기분에 영향을 미치는 요인 중 일부다. 감정과 기분 경험의 다양성은 때때로 고용주가 업무에서 바람직하거나 적절한 감정에 대한 규범을 설정한다는 점을 강조한다. 자신이 느끼는 감정과 겉으로 드러나는 감정, 이를 유지하기 위해 직원이 쏟는 노력 사이의 괴리는 직원의 웰빙과 생산성에 여러 가지 영향을 미칠 수 있다. 정서가 격해지게 하는 업무 사건은 종종 이러한 감정을 유발한다. 정서적 사건 반응 이론에 따르면 이러한 사건은 감정적 반응으로 이어지고, 이는 직무 만족도와 직무 성과에 영향을 미친다. 직원과 관리자가 예측할 수 없는 직무 경험에 더 잘 대처할 수 있는 방법은 무엇인가? 감정지능과 감정 조절에 대한 연구는 사람이 직장에서 자신과 타인의 감정과 기분을 관리하기 위해 활용할 수 있는 역량을 제시한다. 실제로 직장에서의 정서, 감정, 기분은 조직행동의 여러 측면에 상당한 영향을 미친다. '정서 혁명'은 오늘날까지도 여전히 강력하게 진행 중이다.

관리자를 위한 시사점

- 감정, 기분, 정서는 직장에서 자연스러운 부분이며, 좋은 경영이 감정 없는 환경을 조성하는 것을 의미하지 않는다는 점을 인식하라.
- 감정적 경험은 불안정하고 예측할 수 없다. 직장 생활에서 어떤 일이 일어날지 예측하는 데 어려움을 겪는 것처럼, 감정적인 반응도 예측하는 데 어려움을 겪는다. 하지만 사건에 반응하는 방식과 타인의 감정에 반응하는 방식을 조절하라.
- 관리자는 새로운 정책을 발표하거나 직원에게 영향을 미치는 조치를 취할 때 직원이 어떻게 반응할지 고려하라. 관리자는 감정적인 결과를 초래하는 부정적 사건의 촉매제가 될 수 있다. 따라서 직원의 반응에 효과적으로 대응할 수 있는 방법을 예상하라.
- 표면적인 행동과 감정 억제는 일반적으로 감정을 관리하는 데 효과적이지 않은 전략이다. 깊은 연기, 자연스러운 감정 표현, 인지적 재평가가 더 효과적인 전략일 수 있다.
- 감정과 기분의 역할에 대한 이해를 바탕으로 자신과 타인의 행동을 설명하고 조절하는 능력을 크게 향상시킬 수 있게 노력하라.
- 효과적인 의사결정, 창의성, 동기부여를 촉진하려면 가능한 긍정적인 감정과 기분을 형성하라.
- 서비스 부문에서는 고객에게 '전염성'이 있는 진정성 있고 적절한 긍정적인 감정 표현을 장려하고 서비스 상호작용과 협상을 개선하라.

때로는 고함치는 것이 모두를 위해 좋다

찬성 의견

분노는 매우 중요한 감정이므로 이 장 전체에 걸쳐 다루었다. 분노를 표현하는 것은 이점이 있다. 첫째, 연구에 따르면 자신의 조직에 헌신하는 직원만 분노를 표현하는 경향이 있는데, 일반적으로 어떤 상황을 조성한 리더에게만 분노를 표현하는 경향이 있다. 이러한 형태의 분노 표현은 긍정적인 조직 변화를 가져올 수 있다. 둘째, 억압된 분노는 직무 만족을 낮추고 상황 개선에 대해 절망감을 초래할 수 있다.

이러한 발견에도 불구하고 업무 문제에 감정적으로 대응하지 않는다는 이야기를 많이 듣는다. 직업 문화는 형편없는 근로자로 보이거나, 더 나쁘게 보이거나, 프로답지 않게 보이거나, 심지어 일탈하거나 폭력적으로 보이지 않게 분노를 표현하지 말라고 가르친다. 물론 분노를 표현하는 것이 해롭거나 프로답지 못한 경우도 있지만, 지금까지 이러한 견해를 취했듯이 사람에게 지극히 정상적인 감정을 억제하고 감정 표현의 효과를 무시하라고 가르친다.

최근 연구는 분노를 억제하는 것이 개인에게 끔찍한 내부 피해를 준다는 것을 밝혔다. 예를 들어 스탠퍼드대학교의 한 연구는 제2차 세계대전 당시 일본의 원폭 투하를 묘사한 동영상을 상영하는 동안 개인에게 포커페이스를 유지하라고 요구했을 때 비디오 상영 이후의 대화에서 훨씬 더 스트레스를 받는다는 사실을 발견했다. 또한 분노처럼 감정을 억누르는 대학생이 친구를 사귀는 데 더 어려움을 겪고 우울증에 빠지기 쉽다는 연구결과도 있고, 화를 억누르는 직원은 일 때문에 스트레스를 더 많이 받는다는 사실도 밝혀졌다.

조직과 직원의 이로움을 위해 감정을 억제하지 말고 건설적으로 공유할 수 있게 격려해야 한다.

반대 의견

그렇다. 분노는 일반적인 감정이다. 하지만 그것은 주고받는 모든 사람에게 독성이 있다. 분노의 폭발은 심장에 부담을 주고 당뇨병에도 해가 되는 등 여러 질환에 영향을 미칠 수 있다. 타인의 분노, 그와 밀접한 상관관계가 있는 적개심은 조직 내의 많은 역효과적인 행동과도 연관된다. 미국 노동통계국은 치명적인 작업장 부상 중 16%가 작업장 폭력에서 비롯된다고 추정한다. 이는 많은 조직이 작업장에서 분노의 폐해를 무디게 하는 반작용 기술을 개발하는 이유이기도 하다.

많은 회사는 소리 지르고 욕하고 적대적인 몸짓을 취하는 것과 같은 행동을 제어하는 회사 정책을 개발한다. 어떤 회사는 분노관리 프로그램을 시행한다. 예를 들어 한 회사는 개인이 끓어넘치기 전에 직장에서의 갈등을 처리하는 방법을 보여주는 사내 워크숍을 의무적으로 실시했다. 이 훈련을 실시한 회사의 이사는 "이것은 사람에게 문제를 해결하기 위한 대화를 이끌어내는 데 필요한 특별한 도구를 제공했습니다"라고 말했다. 미국 미네소타주의 엔지니어링 회사인 MTS시스템스(MTS Systems)는 외부 컨설팅 회사를 고용하여 조직을 위한 분노관리 프로그램을 실시하고 있다. 전형적으로 MTS 컨설턴트는 분노의 원천, 갈등해결 기법, 회사 정책을 논의하는 8시간 세미나를 개최한다. 여기에는 분노를 관리하기 위해 인지행동 기법에 초점을 맞춘 개별 직원과의 일대일 세션이 뒤따른다. 외부 트레이너는 세미나와 일대일 수업으로 약 1만 달러를 받는다. 그러나 참가자가 받는 감정적인 이점을 위해 이 정도 비용은 쓸 만한 가치가 있다. MTS의 매니저 카렌 보르(Karen Borr)는 "우리는 사람이 서로 의사소통을 더 잘하기를 바랍니다"라고 말한다.

결국 조직이 업무에서 분노의 경험과 표현을 모두 줄이려는 방법을 찾을 때 모든 사람이 승리한다. 이러한 직장 환경은 직원과 고객에게 덜 위협적이고 스트레스를 덜 받게 한다. 직원은 더 안전하다고 느낄 것이고 화가 난 직원도 종종 도움을 받는다.[201]

4장 종합 점검

복습 질문

4-1 감정과 기분은 어떻게 다른가?

4-2 강정과 기분의 원천은 무엇인가?

4-3 감정노동은 직원에게 어떤 영향을 미치는가?

4-4 정서적 사건 반응 이론은 무엇인가?

4-5 감정지능은 무엇인가?

4-6 감정 조절 전략은 어떤 것이 있는가?

4-7 감정과 기분의 개념을 특정 조직행동 관련 이슈에 어떻게 적용할 수 있는가?

입사 지원과 취업 역량

다른 사람의 감정과 기분을 이해하거나 인식하면 직장에서의 효율을 높이는 데 도움이 될 수 있다. 앞서 살펴본 바와 같이 직원은 직장에서 일어나는 사건에 반응하며, 이러한 정서적 반응은 조직에 중요한 결과에 큰 영향을 미친다. 특히 고객과 상호작용해야 하는 직무를 맡고 있는 직원은 자신의 감정을 조절할 필요가 있으며, 이러한 조절은 직원의 성과와 웰빙에 영향을 미친다. 직원은 직장에서의 많은 성과와 관련된 감정지능, 기술, 능력, 역량 집합체가 다를 수 있다. 다른 사람의 감정과 기분을 이해하거나 인식하는 것은 직장에서의 효율성을 높이는 데 도움이 될 수 있다. 앞서 살펴본 바와 같이 직원은 직장에서 일어나는 사건에 반응하며, 이러한 정서적 반응은 조직에 중요한 결과에 큰 영향을 미친다. 직원은 자신의 감정을 조절해야 할 수 있으며(특히 고객과 상호작용해야 하는 직책의 경우), 이러한 조절은 직원의 성과와 복지에 영향을 미친다. 직원은 직장에서의 많은 성과와 관련된 기술, 능력, 역량 집합인 EI에 따라 차이가 있을 수 있다. 이 장에서는 모든 직원이 같은 방식으로 감정노동을 경험하는 것은 아니라는 점을 알아보고, 고객 감정을 활용하여 기업의 사회적 책임(CSR)를 증가시키는 방법을 배우고, 직장에서 소리를 지르는 것의 장점과 함정에 대해 논의함으로써 의사소통과 협업 기술을 비롯한 많은 기술을 향상시켰다. 다음 절에서는 감정 조절과 스트레스 감소를 위한 마음챙김 기법을 배우고, 데이터 마이닝의 윤리, 감정의 미세한 표현, 성과 평가 피드백에 따른 자신의 감정 조절 여부를 고려하는 등 비판적 사고와 지식 응용력을 기를 수 있는 기회를 더 많이 갖게 된다.

실전 연습 직장에서의 명상

명상의 개념은 지금 순간에 정신을 집중하려고 노력하고, 주변에서 일어나고 있는 일에 자신을 몰입시키는 것을 강조한다. 핵심 원칙은 환경과 자신의 사고에 대해 즉각적으로 판단하는 것을 중단하고, 주변에 있는 것에 대해 자신을 개방시키는 것을 포함한다. 명상의 이점은 스트레스를 줄이는 것을 넘어서는 창의력 향상, 주의력 유지, 지연 감소, 성과 향상 등이 포함될 수 있게 하는 것이다.

절차

이 연습을 개별적으로 시작한 다음 자신이 발견한 것을 토론하기 위해 3, 4명의 개인으로 구성된 집단으로 모임을 가져라. 비록 완전한 작업장 명상 개입은 몇 주가 걸릴 수 있지만, 몇몇 기본적인 시작 연습은 비교적 짧은 시간 안에 행해질 수 있고, 완전한 명상 코스가 어떤 것인지에 대한 느낌을 줄 수 있다. 여기 시도해볼 수 있는 세 가지 간단한 훈련이 있다. 이를 위해 모든 사람은 주위의 모든 것, 특히 전화, 태블릿, 컴퓨터를 치우고 친밀한 환경에서 무슨 일이 일어나고 있는지에 집중하라.

- **주의 깊은 호흡**: 자신만의 호흡에 대한 생각 이외의 모든 것을 머리에서 지워라. 숨을 들이쉬고 내쉬는 것에만 집중하라. 호흡이 얼마나 걸리는지 세어보는 것도 도움이 될 때가 있다. 3분 동안 명상의 깊은 호흡을 유지하도록 노력하라. 이렇게 호흡을 한 후, 자신이 어떻게 느꼈는지를 이야기하기 위해 3분 정도 시간을 주어라.
- **주의 깊은 경청**: 이제 눈앞에서 전개되는 상황을 제외한 모든 것을 머리에서 지워라. 판단하거나 평가하지 말고 가능한 한 주변에서 많은 소리를 들으려고 노력하라. 3분 동안 주의 깊게 듣기 위해서 노력하라. 주의 깊은 경청을 한 후, 파악한 세부사항 중 몇 가지를 이야기하기 위해 3분 정도 시간을 주어라.
- **주의 깊은 사고**: 경청하는 것과 마찬가지로 모든 것을 머리에서 지워라. 하지만 이제 명상과 스트레스에 대한 생각에만 집중하라. 네가 생각하고 있는 것에 대해 이야기하거나 적어두지 말고,

이 훈련과 이것이 의미하는 것에 대해 조용히 자신의 주의를 집중시켜라. 이러한 신중한 사고를 3분 동안 유지하기 위해 노력하라. 주의 깊은 사고를 한 후, 이것을 통해 경험한 것에 대해 이야기하기 위해 3분 정도 시간을 주어라.

앞에서 언급한 것은 명상 훈련이 어떤 것인지에 대한 간단한 예시에 불과하다. 완전한 명상 프로그램의 경우에 각각 1시간씩의 여러 세션을 거치는 훈련을 수행하게 될 것이다. 이제 명상하는 것이 어떤 느낌인지 알게 되었으니, 그룹별로 다음 질문을 고려하라.

4-8 특별히 즐겁거나 유용하다고 생각되는 명상 훈련 세션이 있었는가? 세션 중에 불쾌하거나 불편하게 느껴지는 부분이 있었는가?

4-9 직장에서 명상 개입을 실행할 때 어떤 부분을 고려해야 하는가? 직원이 명상 스트레스해소 프로그램에 참여시킬 때 직면할 수 있는 장애물은 무엇인가?

4-10 수업을 함께 수강하고, 자신의 반응이 어떠했는지 토론하라.[202]

윤리적 딜레마 데이터 마이닝 감정

'당신의 심장은 옷소매에 있다'(감정을 있는 그대로 드러낸다는 뜻)는 말을 누군가에게 들어본 적이 있는가? 그것은 대중적인 표현이지만, 아무도 당신의 감정을 읽기 위해 당신의 소매를 쳐다보지 않는다. 대신에 사람의 감정을 '읽기' 위해 얼굴 표정을 연구하는 경향이 있다. 대부분은 얼굴을 읽는 데 다소 능숙하다고 생각하지만, 정확히 어떻게 해석을 하는지 말할 수도 없었고 정확한지 알 수도 없다. 하지만 다른 사람의 기분을 알기 위해 기술을 사용할 수 있다면 어떤가? 직장에서 이러한 기술을 사용하고 하고 나서 우리가 발견한 것에 따라 행동하는 것이 윤리적인가?

기술은 아직 이것을 할 준비가 되어 있지 않다. 얼굴 읽기는 복잡한 학문이다. 저명한 심리학자 폴 에크만(Paul Ekman)은 아마도 세계 최고의 인간 얼굴독서가일 것이다. 그는 40년 넘게 감정의 해석을 연구해왔고, 5,000개 이상의 근육 움직임과 그들의 감정적 내용을 담은 카탈로그를 개발했다. 그는 심지어 '라이투미(Lie to Me)'라는 텔레비전 시리즈를 만들었는데, 이 시리즈에서 주인공은 기업과 정부의 조사에 도움을 주기 위해 아주 짧은 시간 내에 일어나는 미시적 표현을 분석했다. 에크만의 얼굴 코딩 체계를 사용하여, 이모션트사(Emotient Inc.)와 같은 기술회사는 감정과 미시적 표현을 일치시키는 알고리즘을 개발해왔다. 이 조직은 현재 행동을 예측할 수 있는 미시적 표현 패턴을 찾고 있다.

혼다, 프록터&갬블(P&G), 코카콜라, 유니레버 등은 신상품에 대한 반응을 파악하기 위해 이 기술을 시도해왔으며, 결과는 엇갈렸다. 첫째, 표현은 즉각적으로 변할 수 있기 때문에 어떤 감정이 퍼져 있는지 구별하는 것은 어렵다. 예를 들어 광고를 보는 사람은 미소를 짓고, 이맛살을 찌푸리고, 눈썹을 30초 간격으로 올리며, 표현력, 혼란, 놀라움을 차례로 나타낼 수 있다. 둘째, 사람이 이러한 지나가는 감정에 대해 행동할 것인지 알 수 없다. 셋째, 기술은 근본적인 감정이나 그 원인을 잘못 해석할 수 있다.

이 기술이 직장에 적용될 수 있는 잠재적 응용 부분으로는 감시, 조직 발표에 대한 반응 측정, 거짓말 탐지 등이 있다. 카메라는 모든 회의실, 복도 그리고 심지어 직원의 컴퓨터 스크린에도 있을 수 있다. 감정 모니터링은 매주 월요일 오전 8시부터 9시까지 또는 임의로 확인되는 사건일 수 있다. 감시 체계는 직원이 인지하거나 아니거나 실행될 수 있는데, 예를 들어 조직 공개회의에서 모든 직원의 감정적 반응에 대한 데이터는 벽에 있는 카메라를 통해 읽고 해석될 수 있다.

지금까지 가장 신뢰할 수 있는 직장에서의 응용결과는 이 기술을 사용하여 불일치 또는 거짓 표현을 포착하고 있는 것 같다. 얼굴 감정 인식의 선구자인 에크만은 "나는 이러한 기술의 사용을 통제할 수 없다. 내가 제공하는 것은 최소한 누군가가 감정을 숨기고 있을 때, 감정을 숨기고 있다는 것을 확신하게 하는 것일 뿐이다"라고 했다.

이러한 각각의 사용에 대해 특히 관리자가 결과에 따라 행동하거나 직원의 향후 행동을 유추할 경우 더욱 윤리적 고려와 책임이 따른다. 이 기술이 아직 직장 적용을 위해 완전히 진화되지 않았다는 사실은 윤리적 지침이 개발될 수 있는 시간이 남아 있다는 것이다. 윤리적 우려 중 가장 중요한 것은 사생활이다. "누군가의 감정을 데이터베이스에 기록하려고 노력하는 것보다 더 침해적인 것은 더 큰 문제다"라고 진저 맥콜(Ginger McCall)이 말했다. 경영자가 이 기술을 사용하여 직원에 대한 결정을 내릴 경우 윤리적 사용에 대한 우려도 매우 중요하다. 예를 들어 경영자가 소프트웨어에서 직원이 불행하다는 것을 알게 되고, 따라서 직원이 실제로 배우자에 대해 불만을 가지고 있을 때, 직원에 대한 업무 재할당을 찾기로 결정한다면 어떻게 되는가? 찰스 리버먼 전직 미국 대테러 요원은 "최종적인 것이 아니라, 올바른 방향으로 당신을 이끌 수 있는 기술의 한계를 인식하라"고 조언한다.

질문

4-11 감정 읽기 기술을 직장에서 최고로 응용할 수 있는 부분은 무엇이라고 생각하는가?

4-12 작업장 내에서 감정적 내용을 파악하기 위해 사용될 수 있는 표정 읽기의 윤리적 의미는 무엇인가?

4-13 얼굴 표정에서 다른 사람의 실제 감정을 더 잘 감지할 수 있다고 가정할 때, 이것이 경력에 도움이 될 것이라고 생각하는가? 왜 그런가? 혹은 왜 그렇지 않은가?[203]

사례 삽화 성과 평가의 충격: 어떻게 느끼고 행동해야 하는지 지시받기

당신은 상사와 연례 성과 검토 회의 중이다. 당신은 올해 영업 목표를 모두 달성했기 때문에 승진을 기대하고 있다. 회의 중에 상사는 당신의 업무 윤리에 대해 칭찬하고, 2년의 짧은 재직기간에도 불구하고 회사에 귀중한 자산이 되었다는 점을 인정한다. 하지만 상사는 실망스럽게도 한 가지 중요한 비판을 하며 회의를 끝낸다. 당신은 충분히 행복해 보이지 않으며 더 많이 웃어야 한다는 것이다. 상사는 이어서 회사의 많은 고위 임원이 당신을 비우호적으로 인식하고 있다고 설명한다. 상사는 "당신은 감정지능만 개선하면 된다"라고 말한다. 이 말에 너무 당황한 나머지 "알겠습니다. 노력하겠습니다"라고 말할 수밖에 없었다.

자신의 태도가 면밀히 조사되거나 업무 수행의 일부로 간주될 것이라고는 상상조차 하지 못했다. 사실 회사에서 가장 젊은 직원 중 한 명으로서 진지하게 보이기 위해 당신은 많은 노력을 기울여왔다. 결과적으로 항상 전문가처럼 행동하려고 노력했지만, 지금은 그것이 역효과를 낸 것 같다. 그것에 대해 생각하면 할수록 좌절감이 더 커지는 것 같다. 판매 지표를 충족하거나 초과 달성한다면 어떻게 해야 하는가? 웃는 것이 중요한가? 게다가 감정지능이 무엇인가? 모두가 잡지와 신문에서 그것에 대해 이야기한다. 여전히 아무도 그것이 무엇을 의미하는지에 대해서는 정답을 제시하지 못하는 것 같다. 하지만 '비우호적인' 처신이 승진을 가로막는 유일한 요소라면 고위 임원이 있을 때 더 많이 웃고 더 친절하게 대하는 것이 좋다. 하지만 그렇게 하면 사람이 당신을 이용할 수 있고, 당신은 다른 사람이 되려고 노력할 수 있을지 확신하지 못할 수도 있다. 너무 진정성이 없고 가짜처럼 느껴진다.

질문

4-14 직장에서의 처신이 중요하다는데 동의하는가? 처신의 중요성은 상황, 맥락, 직무에 따라 다르다고 생각하는가? 설명하라.

4-15 이 상황에서 감정지능이 어떤 역할을 한다고 생각하는가?

4-16 상사가 피드백에 대한 당신의 이해를 돕고 피드백을 건설적으로 사용할 수 있도록 당신을 지원하기 위해 다른 방법을 취한 적이 있는가?

4-17 만약 이 상황이라면 어떻게 하겠는가? 그 이유는 무엇인가?[204]

5 성격과 개인차

출처: Jeff Chiu/AP/Shutterstock

학습목표

5-1 개인-직무 적합성과 개인-조직 적합성의 차이를 설명할 수 있다.

5-2 성격과 성격을 측정하는 방법, 성격을 형성하는 요인을 설명할 수 있다.

5-3 MBTI 성격 모델의 강점과 약점, 빅 파이브 모델, 어둠의 3요소를 설명할 수 있다.

5-4 핵심 자기평가, 자기감시, 주도적 성격의 개념이 성격 이해에 어떻게 기여하는지 설명할 수 있다.

5-5 성격이 행동을 예측하는 데 상황이 어떤 영향을 미치는지 설명할 수 있다.

5-6 지적 능력과 신체적 능력과 조직행동의 관련성을 보여줄 수 있다.

5-7 궁극적 가치와 수단적 가치를 대조할 수 있다.

취업 스킬 매트릭스(ESM)

	미신인가, 과학인가	윤리적 선택	찬성 의견/반대 의견	더 나은 세상을 향해	실전 연습	윤리적 딜레마	사례 삽화
비판적 사고와 창의성	✔	✔	✔	✔	✔	✔	✔
의사소통	✔	✔		✔	✔	✔	✔
협력			✔	✔			✔
자기관리	✔				✔	✔	
사회적 책임		✔		✔	✔	✔	
리더십		✔		✔	✔		✔
경력관리			✔		✔	✔	

테라노스의 비상과 추락

많은 훌륭한 리더는 그들의 비전을 전달하고 사람이 공통의 목표를 추구하도록 동기부여할 수 있다. 이러한 행동을 가장 잘 예측하는 몇 가지 특성(예: 카리스마적인 성격)은 효과적인 리더십 발휘에 매우 중요하다. 그러나 리더의 영향력과 관련된 특성(예: 자신감, 카리스마, 위험감수 성향 등)은 나르시시즘과도 강하게 관련되어 있다. 구체적으로 거창한 자기애자는 자신감 있고 외향적이며 자기 PR을 잘하며, 이러한 특성으로 종종 조직에서 권한이 있는 직책을 맡게 된다. 극단적인 경우에 자기애는 학대, 착취, 윤리적인 불법행위로 이어질 수 있다. 문제는 공통의 목표를 추구할 수 있게 사람을 진정성 있게 동기부여하는 리더와 은밀한 계획을 가진 자기애적인 리더를 어떻게 구별할 수 있는가이다. 답은 이것이 꽤 어려울 수 있다는 것이다.

테라노스(Theranos)의 성공과 실패는 자기애적인 성격 특성과 리더십 간의 상호작용에 대한 훌륭한 사례를 보여준다. 이제는 사라진 회사의 CEO였던 엘리자베스 홈스(Elizabeth Holmes)는 한때 스티브 잡스를 이을 리더로 칭송받았다. 엘리자베스 홈스는 고객 헬스케어기술 스타트업인 테라노스를 창업하겠다는 야심찬 비전을 가지고 19살에 스텐포드 대학을 중퇴했다. 한 때 회사의 가치가 90억 달러에 달했는데, 이는 홈스가 그녀의 회사가 헬스케어 산업을 대대적으로 혁신할 것이라고 여러 힘 있고 영향력 있는 사람을 설득하여 얻은 성과였다. 회사의 기술을 활용하여 단지 몇 방울의 피로 수백 가지 검사를 실행할 수 있다고 주장했으나 곧 테라노스의 기술은 실행하기 어려운 이상적인 것으로 밝혀졌다. 홈스와 테라노스의 전 대표인 선니 발와니(Sunny Balwani)는 투자자, 의사, 환자를 상대로 사기행각을 벌인 혐의로 연방 재판을 받고 있다.

지금은 많은 사람이 홈스가 어떻게 이토록 어마어마한 사기행각을 벌일 수 있었으며, 겉보기에는 똑똑하고 영향력 있는 수많은 사람이 이를 믿을 수 있었는지 궁금해하고 있다. 홈스의 스토리텔링 능력과 열정이 투자자와 다른 사람으로 하여금 그 기술을 믿게 설득한 것으로 보인다. 홈스는 자주 다른 사람에게 피부암 진단을 받고 암이 빠르게 전이되어 결국 돌아가신 자신의 삼촌에 대해 이야기했다. 홈스는 그녀 회사의 혈액검사 기술이 다른 가족에게 이러한 일이 일어나지 않게 예방할 수 있길 희망했다. 안타깝게도 홈스 사건은 그녀가 헬스케어 산업을 혁신하고 생명을 구하는 것보다는 명성과 돈에 의해 동기부여되었을 가능성을 보여준다.

그러나 자기애가 항상 부정적인 특성은 아닐 수 있다. 예를 들어 리더십 전문가인 마이클 맥코비(Michael Maccoby)는 '생산적인 자기애자', 즉 이상적인 비전을 달성할 수 있는 일정 수준의 자기애를 가진 리더가 있다고 본다. 맥코비는 기술 혁명의 선구자인 앤디 그로브, 스티브 잡스, 빌 게이츠와 같이 역사상 많은 존경을 받고 영향력 있는 리더가 '생산적인 자기애자'였다고 주장한다. 이러한 특성 없이는 이들이 자신의 능력과 아이디어를 다른 사람에게 설득할 자신감이 없었을 것이다.

반면에 일부 학자는 진정한 자기애적 리더가 조직에 해가 된다고 본다. 필드 연구에 따르면 자기애적인 CEO는 부정행위와 화이트칼라 범죄에 더 많이 가담하는 경향이 있다. 더구나 힘 있는 위치에 있을 때 자기애적인 CEO는 자신에게 도전하는 사람을 해고하거나 무시하는 경향을 보인다. CEO의 성격이 조직에 어떻게 영향을 주는지 연구하는 찰스 오라일리(Charles O'Reilly)는 생산적인 자기애자와 파괴적인 자기애자를 구분하는 중요한 열쇠가 있다고 했다. 조직은 종종 사람을 뽑을 때 면접과 다른 채용 기법에 의존하는데, 이는 자기애적인 리더가 쉽게 조작할 수 있다. 대신에 그들과 함께 일한 사람으로부터 리더의 성격에 대한 증언이나 평가를 수집하는 것이 도움이 되는 정보를 제공할 수 있다. 이러한 다양한 출처의 정보가 결국 자기애적인 리더의 잠재적으로 파괴적인 영향으로부터 조직을 보호할 수 있다.[1]

성격은 실제로 삶과 일의 다양한 결과를 이끄는 강력한 요인이다. 물론 성격의 효과가 항상 직접적이지 않고 때로는 미묘하게 나타나지만, 성격은 직장에서의 성공에 중요한 역할을 한다. 이 장에서는 현재까지 가장 잘 정의되어 있고 지지를 얻고 있는 성격 체계인 빅 파이브를 구성하는 특성(예: 외향성, 성실성, 개방성, 친화성, 신경증)에 대해 설명할 것이다. 또한 개인의 성격과 성향을 설명하는 이론적 체계도 살펴볼 것이다.

개인을 직장에 연결시키기

5-1 개인-직무 적합성과 개인-조직 적합성의 차이를 설명할 수 있다.

수년 전만 해도 기업은 개인과 특정 직무를 매칭시키는 데 활용하기 위해 성격에 관심을 가졌다. 성격에 대한 관심은 이제 개인의 성격과 가치관이 조직과 잘 맞는지까지 포함하는 것으로 확장되었다. 그 이유가 무엇인가? 이제는 경영자가 개인의 특정 직무를 수행하는 능력에 대한 관심보다 조직의 미션을 달성하고 조직을 떠나지 않고 남고자 하는지에 더 관심을 두기 때문이다.[2] 예를 들어 개인-조직 가치 적합성 평가를 제공하는 회사인 트웨고(Twegos)는 트럭 운전사의 몰입을 높이고 이직을 줄이기 위해 이들과 운송차량, 훈련담당자, 배차담당자, 관리자와의 조화를 평가한다.[3] 그렇지만 여전히 관리자가 확인하는 첫 번째 적합도 유형은 개인과 직무 간의 적합성이다.

개인-직무 적합성

성격-직무 적합 이론 여섯 가지 유형의 성격을 확인하고 직무 만족과 이직을 결정하는 성격 유형과 직업 환경 간의 적합성을 제안하는 이론

직무 요구와 성격 특성을 맞추려는 노력은 전 세계적으로 사용하고 입증된 이론인 존 홀랜드(John Holland)의 **성격-직무 적합 이론**(personality-job fit theory)에 잘 기술되어 있다.[4] 직업선호목록(Vocational Preference Inventory) 설문지에는 160개의 직업이 구분되어 있

도표 5-1 홀랜드의 성격과 적합한 직업의 유형

유형	성격 특성	적합한 직업
현실형: 기술, 강인함, 조정을 요구하는 신체적 활동을 선호	내성적, 진실한, 끈기있는, 안정적, 순응적, 실용적	정비공, 선반공, 조립공, 농부
탐구형: 사고력, 조직력, 이해력이 요구되는 활동을 선호	분석적, 독창적, 호기심 있는, 독립적	생물학자, 경제학자, 수학자, 보도기자
예술형: 창의적 표현을 허용하는 비체계적이고 모호한 활동을 선호	상상력이 풍부한, 무질서한, 이상적, 감성적, 비실용적	화가, 음악가, 작가, 인테리어전문가
사교형: 다른 사람을 도와주고 육성하는 활동을 선호	사교적, 친절한, 협력적, 이해심 있는	사회복지사, 교사, 상담가, 임상심리학자
사업형: 다른 사람에게 영향을 미치거나 권력을 얻을 기회가 있는 언변활동을 선호	자신감 있는, 야망 있는, 활기찬, 지배적인	변호사, 부동산 중개업자, 대외 홍보전문가, 중소기업관리자
관습형: 제도적 규제와 질서, 명확한 활동을 선호	순응적, 효율적, 실용적, 상상력 없는, 유연하지 않은	회계사, 기업 관리자, 은행출납원, 사무서기

다. 설문 응답자가 자신이 좋아하거나 싫어하는 직업을 표시하면 그 응답을 통해 직업 흥미 프로파일을 제공한다. 홀랜드는 여섯 가지 성격 유형을 제시하고, 개인의 직무에 대한 만족도와 직무를 떠나려는 경향은 개인의 성격과 직무가 얼마나 잘 맞는지에 달려 있다고 했다. 도표 5-1은 여섯 가지 성격 유형, 유형별 특성, 각 성격 유형에 적합한 직업의 예를 보여준다. 이 이론은 개인-직무 적합성이 직무 만족, 조직 몰입, 이직 의도를 강력하게 예측한다는 증거로 지지되고 있다.[5]

직무가 자신에게 맞춰지기를 원하는 구성원의 기대를 다루는 개인-직무 적합성에는 다양성과 관련한 시사점이 있다. 경영자가 근로자의 의견을 듣고 존중해주기를 바라는 개인주의 국가에서는 개인에 맞게 직무를 맞추어 개인-직무 적합성을 높이면 개인의 직무 만족도가 높아진다. 그러나 집단주의 국가에서는 직무를 개인에게 맞추는 것을 기대하지 않기에 개인-직무 적합성을 높이기 위해 노력에 가치를 덜 부여하게 되고 따라서 개인-직무 적합성이 직무 만족을 강력하게 예측하지 않는다.[6] 그러므로 집단주의 문화권의 관리자는 개인 맞춤형으로 직무를 설계하여 문화적 규범을 침해해서는 안 된다. 대신에 이미 구조화된 직무에서 성공적으로 일할 수 있는 인재를 찾는 것이 보다 현명한 방법이다.[7] 뿐만 아니라 연구에 따르면 직원에게 자신의 강점과 흥미가 일치할 수 있게 직무를 설계할 수 있는 더 많은 자율성을 부여하는 것이 젊은 직원보다는 나이가 들어가는 직원에게 더 효과적일 수 있다는 것을 제안한다. 직원이 나이들어 감에 따라 자신의 강점과 흥미에 대해 더 잘 인식하게 되므로 직무를 그들의 흥미, 성격, 강점에 맞춰가는 기회를 제공하는 것은 효과적인 접근 방식일 수 있다.[8]

개인-조직 적합성

연구자가 개인을 조직과 직무 간에 적합성을 살펴보았다는 것에 주목했다. 조직이 역동적으로 변화하는 환경에 있고, 구성원이 자신의 과업을 쉽게 변화시킬 수 있고 팀 간 이동을 용이하게 만들 필요가 있다면, 특정 직무의 특성보다 조직의 전반적인 문화에 구성원 성격과 개인차를

맞추는 것이 더 중요하다.

개인-조직 적합성 사람은 자신의 가치관과 부합하는 조직에 이끌리고 선발된다는 이론

개인-조직 적합성(person-organization fit) 이론의 핵심은 사람이 자신의 가치관과 부합하는 조직에 이끌리고 선발되는 데 비해 부합하지 않는 조직은 떠나버린다는 것이다.[9] 예를 들면 외향성이 높은 사람은 관계와 사회화에 가치를 두는 조직과 잘 맞을 것이라고 기대할 수 있다.[10] 채용시 이러한 점을 고려한다면 조직과 더 잘 맞는 직원을 뽑을 수 있고 그 결과 직원의 만족도 향상과 이직률 감소를 기대할 수 있다.[11] 개인-조직 적합성 연구는 또한 개인의 가치관이 조직 문화와 잘 맞는지도 살펴보고 있다(16장 참조). 가치-문화 적합성이 높으면 직무 만족도와 조직 몰입도는 높게, 이직률은 낮게 나타났다.[12] 흥미롭게도 새로운 연구는 사람이 조직의 가치에 대한 자신의 독특한 가치 선호보다 일반적인 사람이 선호하는 가치인지를 더 중요하게 생각한다고 제안한다.[13] 더 나아가 그들의 적합성 인식은 다른 사람과 자신을 비교하거나 논리적으로 직무가 그들을 어떻게 느끼게 하는지에 대한 의견에 근거하지 않고, 오히려 감정적 반응과 느낌(예: 태도)을 포함한 자동적인 판단에 가깝다고 한다.[14]

구직자는 입사지원 준비 과정에서 회사의 웹사이트와 소셜미디어를 보기 때문에 온라인 상에서의 회사이미지를 관리하는 것이 그 어느 때보다 중요하다.[15] 지원자 입장에서는 회사의 제도, 철학, 사회적 책임(CSR) 노력에 대한 정보를 제공하는 사용자 친화적인 웹사이트나 소셜미디어 페이지를 보기 원한다.[16] 이러한 웹사이트는 개인-조직 적합성에 대한 인지도를 제고하는 데 매우 중요하므로 웹사이트의 스타일(유용성)과 내용(제도)을 개선하면 더 많은 지원자를 유인할 수 있다.[17] 또한 한 연구에서는 조직이나 창업자의 소셜미디어에서의 의사소통, 특히 종교적 가치관을 드러내는지 여부를 조사했다. 창업자나 조직과 같은 종교적 가치를 공유하는 지원자는 구인 공고에 지원할 가능성이 더 높았으나 대부분의 지원자는 회사가 종교적 가치에 대한 메시지를 전달할 때 지원을 덜 하는 경향을 보였다.[18] 이 연구는 소셜미디어를 통해 전달되는 가치가 지원자와 구성원의 적합성 인식에도 영향을 미칠 수 있다는 것을 보여준다.

온라인으로 돌봄정보서비스를 제공하는 케어닷컴(Care.com)의 설립자이자 CEO인 실라 마르셀로(Sheila Marcelo)는 개인-조직 적합성을 매우 중시한다. 마르셀로는 다른 사람을 돕는 회사의 문화를 공유하고 가족과 간병인의 삶을 개선하자는 케어닷컴의 사명을 수행하는 프로젝트에 이러한 열정을 가진 사람을 채용하고 있다.

출처: Kelvin Ma/Bloomberg/Getty Images

더 나은 세상을 향해

우버: 중간에 멈춰 있거나 다시 달리거나

CSR와 지속가능성을 생각할 때, 아마도 우버(Uber)를 떠올리지는 않을 것이다. 대신 지난 몇 년간 우버가 받은 언론의 당혹스런 혹평을 생각할 것이고, 결국 소셜미디어에서 확산된 #deleteuber 해시태그를 떠올릴 것이다. 우버는 많은 스캔들로 무너졌으며, 연구자와 기자는 그것을 문서화하기 위해 타임라인, 개요, 웹사이트까지 만들었다. 많은 사람은 우버의 창립자이자 전 CEO인 트래비스 칼라닉(Travis Kalanick)을 이러한 스캔들의 잠재적 원천으로 보았다. 칼라닉은 독소적이며 성취지상주의의 '테크 브로(남성우위 성향을 지닌 기술인력으로 구성된)' 회사를 만들었다. 2017년 그는 여러 스캔들로 인해 CEO에서 내려와야 했으며, 2019년 말에는 이사회에서도 물러났다.

다라 코스로샤히(Dara Khosrowshahi)에게 현 CEO 자리는 적합했다. 그는 칼라닉이 우버의 사업 운영에 개입하지 않을 것임을 분명히 했다. 그는 회사의 이미지를 정화하고 자신의 리더십 하에서 조직 문화를 변혁시킬 것임을 강조했다. 새 CEO 임명을 둘러싼 상황조차 스캔들로 얼룩졌다. 코스로샤히는 원래 CEO 선임 과정에서 유력한 후보가 아니었다. 사실 한 회사에서 우버가 자신이 선호하는 대안 후보를 임명하면 우버에 대해 건 소송을 철회하겠다고 약속했는데(이사회에서 이를 협박으로 봄), 이로 인해 유력한 후보를 밀던 사람이 코스로샤히를 지지하면서 결국 그가 CEO가 되었다.

코스로샤히는 선임된지 몇 년 후인 2017년 우버의 14가지 핵심가치를 바꾸는 작업을 주도했다. 미연방법무장관과 그의 로펌이 우버의 내부 관행을 조사한 결과 이러한 조치를 권장했다. 많은 사람은 원래의 핵심가치가 조직의 모든 수준에서 비윤리적인 행동을 격려하고 강화하며 정당화하는 데 기여했다고 믿었다. 이 가치에는 '과도한 열정', '항상 치열하게 일하기', '직급 상관없이 끼어들기', '승리자 마인드'와 같은 모호한 표현이 포함되어 있어 갈등과 비윤리적인 행동을 장려하는 것처럼 보였다. 코스로샤히는 우버의 문화가 어떤 비용을 치르더라도 성장하는 것을 강조하던 문화에서 책임감 있고 지속가능한 성장을 강조하는 문화로 변화해야 한다고 언급했다. 이를 위해 코스로샤히는 천 명 이상의 직원으로부터 제안을 받고 이만 번 이상 투표를 받아 대체가치를 마련했다. 그는 또한 이런 가치를 정의하고 다듬기 위해 20개의 작업 그룹을 구성했다. 새로운 가치는 명료하며 해석의 여지를 거의 남기지 않는다. "우리는 올바른 일을 합니다. 끝", "우리는 차이를 환영합니다… 다양한 배경의 사람이 환영받는다고 느끼게 합니다.", "계급보다 아이디어를 중시합니다" 이러한 접근이 사람으로부터 시작되었다는 점이 흥미롭다. CEO는 권력을 쥐게 되면 종종 가치를 자신이 만들고 위에서부터 아래로 전달한다. 그러나 비평가는 종이 위의 가치를 변경하는 것만으로는 충분하지 않다고 주장해왔다. 도투가(Tortuga)의 CEO인 프레드 페로디(Fred Perrotta)는 "당신의 가치는 당신이 글로 적은 것이 아니라 당신이 살아가는 것이다"라고 말했다. 가치는 많은 면에서 조직행동의 기저에 자리하며 결국 그 가치와 맞는 사람을 이끌고, 선발하고, 유지하게 이끈다. 따라서 우버는 종이 위에 쓴 것을 실천으로 옮겨야 했다.

비록 우버가 올바른 방향으로 나아가고 있지만, 한 번 생긴 기업이미지는 치명적이다. 데이터는 우버가 여전히 평판과 이미지에서 고전하고 있음을 보여준다. 브랜드 정서는 여전히 낮고, 고객을 다시 데려오는 데 여전히 어려움을 겪고 있다. 그러나 몇 가지 의미있는 성과도 있다. 예를 들어 우버의 다양성과 포용을 위한 현재 가치 덕분에 2020년 기업평등지수에서 만점에 가까운 점수를 얻었다. 더 나아가 우버는 CSR 계획을 수립하고 지속적으로 개선하기 위한 노력을 기울이고 있다. 경쟁사인 리프트(Lyft)는 여전히 CSR 관련 의사소통과 메시지에서 우버를 능가하는데, 이는 소비자에게 주는 가치를 강조하는 면에서 매우 중요하다. 우버가 다시 주류로 돌아올지 아니면 계속 어려움을 겪을지는 불분명하다. 그러나 우버의 사례는 리더와 기업의 핵심가치가 CSR에서 중요한 역할을 한다는 것을 명백히 보여준다. 직원은 CSR 목표를 완전히 실현하기 위해 적극적으로 참여해야 한다. 직원과 관리자 모두 핵심가치가 회사의 DNA, 또 회사를 구성하는 사람이 DNA의 일부가 된다는 점을 인식할 필요가 있다.[10]

적합성의 다른 차원

이처럼 개인-직무 적합성과 개인-조직 적합성이 직장에서의 결과에 영향을 미치는 가장 중요한 차원으로 간주되지만, 다른 적합성 차원도 검토해볼 가치가 있다. 여기에는 개인-집단 적합성, 개인-상사 적합성이 포함된다.[20] 개인-집단 적합성은 팀 상호작용의 역동성이 업무 성과에 영향을 미치는 팀 상황에서 중요하다. 개인-상사 적합성은 부적합하면 직무 만족도와 성과를 떨어뜨리므로 주요 연구 분야로 부상하고 있다. '동병상련'이라는 관용 표현이 있듯이 일부 연구는 리더와 부하직원 냉소주의 성향에서의 일치가 부하직원의 직무 성과를 예측한다는 것을 보여준다.[21]

모든 적합성 차원을 넓게 해석하면 때때로 개인-환경 적합성으로 설명할 수 있다. 각각의 차원은 문화적 기반 위에서 업무 태도를 예측한다. 동아시아, 유럽, 북미 지역의 개인-환경 적합성에 대한 메타분석 연구에 따르면 북미 지역에서는 개인-조직 적합성과 개인-직무 적합성 차원이 긍정적인 업무 태도와 업무 성과의 가장 강력한 예측변수로 나타났다. 이 차원은 유럽에서 조금 더 낮은 정도로 중요했으며, 동아시아에서 가장 덜 중요한 예측변수로 나타났다.[22] 조직 리더는 많은 사람이 원하지 않는 직무(예: 더러운 일)라 하더라도 구성원의 개인차와 직무를 맞추고, 업무와 조직에 대한 현실적인 미리보기를 제공하며, 새로운 직원이 직무와 조직을 탐색하는 데 도움이 되는 교육과 사회화를 제공하고, 직원에게 지속적인 지원을 제공함으로써 직원의 적합성 인식을 관리할 수 있다.[23]

성격

5-2 성격과 성격을 측정하는 방법, 성격을 형성하는 요인을 설명할 수 있다.

기업의 필요는 폭넓고 다양하다. 회계와 재무를 관리하고, 올바른 직원을 고용하고, 교육 요구를 충족시키기 위해 또 회사가 제공하는 제품이나 서비스를 마케팅하고 판매하기 위해 더 나은 일하는 방식을 연구하고 개발하기 위해 사람이 필요하다. 만약 고용한 모든 직원이 비슷하고 동일한 성격을 가지고 있다면 이러한 필요를 모두 충족하는 데 효과적인가?[24] 이 질문에 답하기 전에 먼저 더 기본적인 질문에 대해 생각해봐야 한다. 그것은 바로 '성격이란 무엇인가'이다.

성격이란 무엇인가

누군가의 성격에 대해 언급할 때 흔히 그의 행동과 사고 방식을 기술하는 수많은 형용사를 사용한다. 최근 연구에 따르면 사람은 자신이 알고 있는 사람을 묘사할 때 624개의 각기 다른 형용사를 사용한다고 한다.[25] 한 동료를 생각할 때 '재밌는', '외향적인', '친절한', '열심히 일하는' 등으로 생각할 수도 있고, '게으른', '무관심한', '편협한', '참견을 잘하는' 등으로 생각할 수도 있다. 조직행동에서는 이러한 특성을 개인의 성격을 묘사하는 전반적인 특성으로 체계화한다.

성격 한 개인이 자신을 둘러싼 세상에 반응하고 세상과 상호작용하는 모든 방식의 총체

성격의 정의 **성격**(personality)은 한 개인이 자신을 둘러싼 세상에 반응하고 세상과 상호작용하는 모든 방식의 총체로 보아야 한다. 흔히 사람이 보이는 측정가능한 특성으로 성격을 기술한다.

성격에 대한 초기 연구는 앞에서 예시로 든 것과 같이 동료에 대해 기술할 때 사용하는 개인의 행동을 묘사하는 형용사와 같이 지속적인 개인의 특성을 확인하고 이름을 붙이고자 했다. 어떤 사람이 이러한 특성을 다양한 상황에서 자주 보이고 시간이 지나도 이러한 특성이 비교적 일관되게 보이면, 이러한 특성을 **성격 특성**(personality trait)이라고 부른다.[26] 이러한 특성이 시간이 지나도 일관되게 또 다양한 상황에서 더 자주 나타나면 그 특성은 개인을 기술하는 보다 중요한 특성이라 할 수 있다.

성격 특성 개인의 행동을 설명하는 지속적인 특성

문화는 자신과 또 다른 사람을 묘사하는 방식에 영향을 미친다. 많은 성격 특성이 다양한 문화에 걸쳐 나타나는 경향이 있지만(이 장의 뒷부분에서 다루는 '빅 파이브 모델' 참조),[27] 어떤 특성은 특성 문화에서 나타나지 않을 수 있으며 특정하고 독특한 성격 특성이 나타날 수도 있다.[28] 예를 들어 중국 맥락에서 이루어진 연구는 대인관계에 중점을 둔 독특한 특성을 확인했

고 동시에 개방적 특성의 상대적 부재를 발견했다.[29] 이와 같이 다른 문화권 사람과 상호작용할 때 성격에 관한 문화적 차이가 있을 수 있다는 것을 염두에 두는 것이 중요하다.

성격의 측정 성격의 평가는 다양한 조직 환경에서 점점 더 많이 사용되고 있다. 실제로 《포천》 100 기업 중 89개 기업과 전체 미국 대기업 중 57%가 성격 검사를 활용하고 있으며,[30] 제록스(Xerox), 맥도날드(McDonald's), 로우스(Lowe's) 등을 포함한다.[31] 뿐만 아니라 연방정부기관 약 200개가 교육 프로그램 일환으로 성격 검사 비용을 지출하고 있는 것으로 추정된다.[32] 성격 검사는 채용 결정에 유용하며 관리자가 해당 업무에 최적의 인물을 찾는 데 도움이 된다.[33] 또한 성격 검사는 주로 중간 관리자와 임원을 채용하는 데 사용되는 것으로 생각할 수도 있겠지만, 점점 더 많은 조직이 정규직과 시급직 직원을 고용하는 데 사용하기 시작하는 추세이다(OB POLL 참조).[34]

가장 흔히 사용되는 성격 측정 수단은 자기보고 설문법인데, 이는 각 개인이 일련의 요인('나는 미래에 대해 걱정이 많다' 등)에 대해 자신을 평가하는 방법이다.[35] 일반적으로 사람은 성격 검사 점수가 채용 결정에 사용된다는 사실을 알고 있을 때, 자신에 대해 알고 싶어서 검사를 할 때 바람직한 특성(예: 성실성)에 대해 자신을 더 높게 평가한다.[36] 이러한 경향으로 인해 지원자와 후보자가 성격 검사에 대한 응답을 '위조'할 가능성이 있는 문제가 발생한다.[37] 물론 이러한 일이 발생할 가능성을 낮추기 위해 성격 검사를 설계하는 방법이 있긴 하다. 또 다른 문제는 정확성이다.[38] 예를 들어 당신을 잘 아는 사람(예: 5년간 함께 일한 사람)이 진행한 성격 평가가 잘 모르는 낯선 사람이 준 평가보다 더 정확할 수 있다.[39]

관찰자평가 설문법은 성격을 객관적으로 측정해준다. 여기서는 동료직원이나 다른 사람이 평가를 한다. 비록 자기보고 설문법과 관찰자평가 설문법의 결과 간에 강한 상관이 보고되지만, 관찰자평가 설문법이 자기평가에만 사용할 때보다 직무 관련 성공을 더 잘 예측한다.[40] 하

OB POLL 성격 검사는 상위 직급에서만 활용되는가?

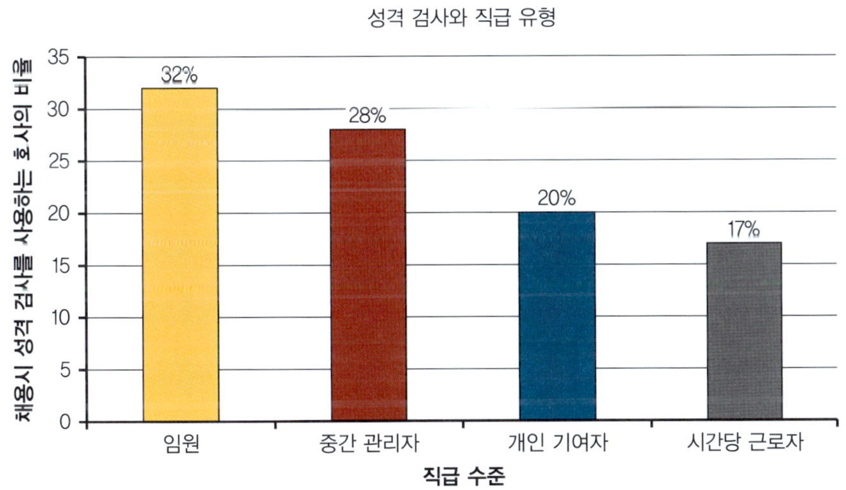

출처: K. Rockwood, "How Accurate Are Personality Assessments," *Society for Human Resource Management*, November 21, 2019, https://www.shrm.org/hr-today/news/hr-magazine/winter2019/pages/how-accurate-are-personality-assessments.aspx에 기초함.

지만 각 방법은 한 개인의 행동에 대한 각기 고유한 정보를 제공해주는 만큼 자기보고 설문법과 관찰자보고 설문법을 함께 사용하는 것이 한 가지만 사용할 때보다 성과를 더 잘 예측한다. 그렇다면 누가 좋은 관찰자가 되는가? 정서지능(4장 참조)이 여기서 중요한 역할을 한다. 한 연구에 따르면 부정적인 혹은 긍정적인 정서 표현을 구분하는 정확성이 관찰자가 정서적 안정성과 외향성 각각을 얼마나 정확하게 판단하는지에 영향을 미친다.[41]

기술과 인공지능(AI)의 현대적인 발전(예: 기계학습, 1장 참조)은 성격 검사를 점수화하고 위조를 줄이며 더 정확한 성격 평가를 위해 항목을 조정하며 제시하는 능력을 향상한다. 예를 들어 기계학습은 전통적인 성격 검사에서 가장 유익한 질문을 선택하는 데 사용되었으며,[42] 성격 검사를 위조하는 사람을 감지하고,[43] 사람이 소셜미디어에서 사용하는 실제 언어와 단어를 통해 성격을 측정하기도 하며,[44] 구직자의 개인에세이를 점수화하는 데도 사용되고 있다.[45]

성격 체계

5-3 MBTI 성격 모델의 강점과 약점, 빅 파이브 모델, 어둠의 3요소를 설명할 수 있다.

역사적으로 사람이 개인별로 상이한 행동을 하는 이유를 밝히려고 많은 노력을 해왔다. 인간행동의 대부분은 성격에서 비롯되므로 성격의 구성요소를 이해하면 행동을 예측하는 데 도움이 된다. 예를 들어 성격 특성으로 눈치가 별로 없는 구성원('친화성'의 성격 특성)은 부적절한 타이밍에 무례하거나 직접적인 표현으로 동료를 불쾌하게 만들거나 화나게 할 가능성이 높다.[46] 이론적 체계와 평가 도구는 이러한 성격 차원을 분류하고 연구하는 것을 돕는다.

가장 널리 사용되고 가장 잘 알려진 성격 체계는 MBTI와 빅 파이브 성격 모델로 둘 다 성격의 단면을 탐색하여 개인의 전체 성격을 기술한다. 그러나 마이어스-브리그스의 경우는 실증적인 근거가 거의 없는 반면에 빅 파이브는 수십 년간의 탄탄한 연구 기반을 토대로 구축되었다. (분명히 증거 기반의 전문가와 관리자는 MBTI 대신 빅 파이브를 고려하는 것이 좋을 것이다.) 어둠의 3요소와 같이 다른 체계는 개인 성격 전체가 아닌 특정 측면만 설명한다. 다음 절에서 각각 살펴볼 것이나, 우선 대표적인 체계부터 살펴보자.

마이어스-브리그스 유형 지표

마이어스-브리그스 유형 지표(MBTI) 4가지 특성을 확인하여 16가지 성격 유형 중 하나로 사람을 분류하는 성격검사

마이어스-브리그스 유형 지표(Myers-Briggs Type Indicator, MBTI)는 가장 널리 사용되는 성격 평가 도구이다.[47] MBTI는 주어진 상황에서 일반적으로 사람이 어떻게 느끼고 행동하는가에 관해 질문하는 100개의 성격 검사 문항으로 이루어져 있다. 검사 응답자는 외향적(E)-내향적(I), 감각적(S)-직관적(N), 사고적(T)-감정적(F), 판단적(J)-지각적(P) 등으로 분류된다.

- 외향(extraverted) 대 내향(introverted): 외향적인 사람은 사교적이고 사회성이 있으며 자기주장이 강하다. 내향적인 사람은 조용하고 수줍음을 잘 탄다.
- 감각(sensing) 대 직관(intuitive): 감각적인 사람은 현실적이고 일상적이고 규칙적인 것을 선호하며 세부사항에 집중한다. 직관적인 사람은 무의식적 과정에 의존하고 '큰 그림'을 본다.

- **사고(thinking) 대 감정(feeling)**: 사고적인 사람은 문제를 해결하기 위해 이성와 논리를 사용한다. 감정적인 사람은 자신의 개인적 가치와 감정에 의존한다.
- **판단(judging) 대 지각(perceiving)**: 판단적인 사람은 통제, 질서, 구조를 선호한다. 지각적인 사람은 사고가 유연하며 즉흥적이다.

MBTI에서는 4개의 쌍(예: 외향-내향)으로부터 1가지 특성(예: 외향)을 확인하고 이들을 결합하여 성격 유형을 구성하는 방식으로 성격 유형을 기술한다. 예를 들어 INTJ(내향-직관-사고-판단) 유형은 독창적인 생각과 강한 동기를 지닌 공상가형이다. 이들은 회의적, 비판적, 독립적이며 단호하고 완고하다.

MBTI 사용과 관련된 많은 문제점이 있다.[48] 첫째, MBTI는 칼 융(Carl Jung)의 신프로이드 이론에 기반한 비과학적이고 주관적인 방식으로 개발되었다. 비록 인기 있고 역사적으로 영향력이 있었지만, MBTI의 기반 이론을 실질적으로 지지하는 경험적 증거나 연구가 거의 없다. 로날드 리지오(Ronald Riggio) 교수는 "융의 이론은 견고하다고 여겨지지 않습니다. 그는 경험주의자가 아니었습니다. 그는 데이터를 수집하지 않았습니다"라고 했다.[49] 둘째, MBTI의 성격 측정 도구로서의 타당성을 지지하는 증거가 없으며, 대부분의 증거는 그에 반하는 것이다.[50] 댄 애리얼리(Dan Ariely) 교수는 MBTI 결과에 관해 "다음 번에는 점성술을 보세요. 타당도는 비슷한데 시간이 덜 듭니다"라고 냉소적으로 말했다.[51] 셋째, MBTI는 한 개인을 내향 또는 외향 중 한 유형으로 강제로 분류한다. 즉, 내향이거나 외향이거나 둘 중 하나이고 중간은 존재하지 않는다. 넷째, 검사를 다시 하면 종종 다른 결과를 얻는다. 추가적인 문제는 해석의 어려움에 있다. 즉 MBTI의 구성요소별로 중요성 수준이 다를 수 있으며, 특정 구성요소 조합에 대한 별도의 의미가 있을 수 있는 만큼 전문적으로 훈련받은 사람의 해석이 필요하고 그렇더라도 오류의 여지가 많다.

만약 MBTI가 이토록 엉망인 성격 검사 도구라면, 왜 여전히 많은 사람이 사용하는 것인가? 머브(Merve Emre) 교수의 MBTI 역사에 관한 책에서 머브는 이 검사가 비판단적으로 작성되어 있어서 어떤 선택을 하든 결과가 바람직하고 매력적이게 나오기 때문이라고 설명한다. 이 검사는 또한 쉽고 간단한 방식으로 자신에 대해 더 많은 것을 알고 싶은 욕구를 충족시켜준다. 따라서 MBTI는 '당신이 누구인지'에 대해 일관성 있는 이해와 이 지식을 활용해 어떻게 당신의 잠재력을 극대화할 수 있는지에 대한 '매력적인 환상'을 만들어낸다.[52] 조직행동 연구와 직접적으로 관련된 MBTI의 마지막 문제는 MBTI가 직무 성과나 기업의 중요한 결과를 예측하지 못한다는 것이다. 결과는 직무 성과와 관련이 없기 때문에 관리자는 직무 후보자를 선발하기 위한 성격 검사로 나음에 나루게 될 빅 파이브 성격 모델을 사용하는 것을 고려해야 한다.

빅 파이브 성격 모델

MBTI 모델은 강력한 지지 증거가 미흡하나 인간 성격에서 대부분의 차이를 포괄하는 다섯 가지의 기본 차원을 제안한 **빅 파이브 모델**(Big-Five Model)은 수많은 연구에 의해 지지되고 있다.[53] 이 특성에 대한 검사 점수는 실제로 다양한 현실상황에서 사람이 어떤 행동을 보일지 잘 예측해주며,[54] 매일 차이는 있으나 시간에 걸쳐 개인에게 비교적 안정적으로 유지된다.[55] 빅 파이브 요인은 다음과 같다.

빅 파이브 모델 인간의 성격 차이를 대부분 포괄하는 다섯 가지 기본적인 차원을 제안하는 성격 모델

성실성 책임감 있고 믿음직스럽고 끈기가 있고 체계적인 사람을 설명하는 성격 차원

- 성실성: **성실성**(conscientiousness) 차원은 개인의 일관성과 신뢰성을 측정한다. 성실성이 높은 사람은 책임감이 있고 체계적이고 믿음직스럽고 끈기가 있는데, 성실성이 낮은 사람은 쉽게 산만해지고 체계적이지 않으며 신뢰롭지 못하다.

정서적 안정성 차분하고 자신감 있고 안정적인(긍정적인) 사람과 초조하고 불안하고 불안정한(부정적인) 사람을 특징짓는 성격 차원

- 정서적 안정성: **정서적 안정성**(emotional stability) 차원은 스트레스를 견디는 개인의 능력과 관계된다. 정서적 안정성이 있는 사람은 차분하고 자신감이 있으며 안정된 모습을 보인다. 높은 점수를 받은 사람은 긍정적이고 낙관적이며 부정적인 감정(예: 긴장, 불안, 불안정)을 덜 경험하고, 낮은 점수를 받은 사람보다 일반적으로 더 행복하다.

외향성 활발하고 주장이 강하고 사교적이고 적극적인 사람을 묘사하는 성격 차원

- 외향성: **외향성**(extraversion) 차원은 사회적 세계를 향한 관계적 성향을 다룬다. 외향적 성향의 사람은 활발하고 주장이 강하며 사교적인 편이다. 이들은 내향적인 성향의 사람보다 긍정적인 감정을 더 많이 경험하며 이러한 감정을 보다 자유롭게 표현한다. 한편 내향적(낮은 외향성)인 사람은 보다 사려깊고 내성적이며 소심하고 차분한 편이다.

개방성 창의적, 예술적 감수성, 호기심의 측면에서 사람을 특징짓는 성격 차원

- 개방성: 경험에의 **개방성**(openness to experience) 차원은 새로운 것에 대한 관심과 흥미 정도를 나타낸다. 개방성이 높은 사람은 창의적이고 호기심이 많으며 예술적 감수성이 있다. 개방성이 낮은 사람은 관습적이며 익숙한 환경에서 편안함을 느낀다.

친화성 성격이 좋고 협조적이며 신뢰할 수 있는 사람을 묘사하는 성격 차원

- 친화성: **친화성**(agreeableness) 차원은 타인에게 양보하고 순응하는 성향을 의미한다. 친화적인 사람은 협조적이고 따뜻하며 신뢰할 만하다. 아마도 친화적인 사람이 그렇지 않은 사람보다 행복할 것이라고 기대하겠지만 아주 조금 그렇다. 사람은 팀원을 선택할 때 친화성이 높은 사람을 먼저 찾는다. 반면에 친화성이 낮은 사람은 차갑고 적대적이다.

빅 파이브 특성은 직장에서의 어떤 행동을 예측하는가 빅 파이브 성격 차원과 직무 성과 사이에는 많은 관계가 있으며,[56] 매일 이것을 더 경험하게 된다. 한번에 하나씩, 먼저 업무 성과의 가장 강력한 예측변수인 성실성부터 살펴보자.

직장에서의 성실성 연구자는 "성실성과 관련된 개인적 속성은 낮은 수준에서 높은 수준의 직

GM 자동차의 CEO인 메리 바라(Mary Barra)는 특이하게도 빅 파이브의 모든 성격 차원에서 높은 점수를 보인다. 이처럼 독특하게 조합된 그녀의 성격 특성 덕분에 여성 최초로 세계적인 자동차 제조업체의 CEO가 되었다.

출처: Michael Buholzer/Photoshot/Newscom

도표 5-2 인수 회사에서의 사업 성공에 가장 중요한 특성

가장 중요한 특성	덜 중요한 특성
끈기	강한 구두소통
세부사항에 대한 주의	팀워크
효율성	유연성/적응력
분석적 스킬	열정
높은 기준 수립	경청 스킬

출처: S. N. Kaplan, M. M. Klebanov, and M. Sorensen, "Which CEO Characteristics and Abilities Matter?" *The Journal of Finance* 67, no. 3 (2012): 973-1007에 기초함.

무 복잡성, 교육훈련, 직무 경험에 이르기까지 다양한 직무의 성공적 수행을 위해 매우 중요하다"라고 말해왔다.[57] 성실성이 높은 사람은 더 많이 배우기에[성실성은 평균학점(GPA)과 관련이 있음] 더 높은 수준의 직무 관련 지식을 습득하게 되며,[58] 더 높은 수준의 직무 성과와 조직시민행동(OCB; 1장 참조)을 보인다.[59] 성실한 사람은 비생산적 업무행동(CWB)을 덜 보이며,[60] 이직 생각을 덜 하며, 새로운 과업 요구나 변화하는 상황에 더 잘 적응한다.[61] 또한 성실한 사람은 불성실한 사람에 비해 위험한 행동을 덜 하고 사고를 내는 경우도 거의 없다.[62]

성실성은 전반적인 조직의 성공을 위해 중요하다. 도표 5-2에서 보듯이 사모펀드 회사 CEO 후보자 313명의 성격 점수를 살펴본 결과(이들 중 225명이 CEO로 선임되었음)는 끈기, 세부사항에 대한 주의, 높은 기준 설정으로 나타나는 성실성이 다른 어떤 특성보다 더 중요한 것으로 나타났다.[63] 여느 특성과 마찬가지로 성실성에도 유의해야 할 함정이 숨어 있다. 즉 극단적으로 성실한 사람은 지나치게 신중하고 완벽주의 성향이 있어서 오히려 자신의 행복과 성과를 저해하는 결과를 초래할 수 있다.[64] 또한 이들은 자신의 일에 너무 몰두한 나머지 조직구성원을 돕는 일을 등한시하기도 한다.[65] 마지막으로 종종 덜 창의적이며 특히 예술적인 활동이 취약할 수 있다.[66]

성실성은 직무 성과를 예측할 수 있는 가장 좋은 변수이지만, 도표 5-3에 요약되어 있듯이 빅 파이브의 다른 변수도 성과의 어떤 측면과 관련이 있고 구성원의 일과 삶에 영향을 미친다.

직장에서의 정서적 안정성 빅 파이브 특성 중 정서적 안정성은 사람의 삶에 대한 만족과 직무 만족으로 직무 소진이나 이직 의도 감소 등과 가장 강한 연관성을 보인다.[67] 정서적으로 안정되어 있는 사람은 직장에서 발생하는 예기치 못한 또는 변화하는 요구에 잘 적응할 수 있다.[68] 반면에 정서적 안정성이 낮은 사람은 이러한 요구에 대처하지 못하고 소진 상태를 겪을 수 있다.[69] 이들은 종종 일-가정 갈등과 직장 내 고립을 경험하게 되며 이는 업무 성과에 부정적 영향을 미칠 수 있다.[70] 이러한 긴장 효과로 인해 정서적 안정성이 낮은 직원은 반생산적 업무행동을 더 많이 보이고 조직시민행동은 덜 보이며 직장에서 일에 대한 동기도 낮은 편이다.[71]

직장에서의 외향성 외향적 성격을 가진 사람은 일이나 경력에서 작지만, 지속적인 우위를 경험한다. 출판된 97편의 메타분석 연구에 대한 검토는 '외향성 우위'를 강력하게 지지하는데, 이는 주로 외향성인 사람이 경험하는 긍정적인 감정 때문이다(사람이 가정하는 것처럼 사회적 상호작용의 능숙함 때문은 아니다).[72] 외향적인 사람은 경력 변화(예: 해고 후 취직)에 더 잘

도표 5-3 빅 파이브 특성이 조직행동 기준에 미치는 영향 분석 모델

빅 파이브 특성	왜 적합한가	무엇에 영향을 미치는가
정서적 안정성	• 낮은 부정적 사고와 부정적 감정 • 낮은 과잉경계심	• 높은 직무와 생활 만족 • 낮은 스트레스 수준 • 변화에 대한 뛰어난 적응
외향성	• 우수한 대인관계 스킬 • 큰 사회적 지배력 • 강한 정서적 표현	• 높은 성과 • 향상된 리더십 • 높은 직무와 생활 만족
개방성	• 향상된 학습 • 높은 창의성 • 높은 유연성과 자율성	• 향상된 교육 성과 • 향상된 리더십
친화성	• 많은 호감 • 높은 복종과 순응	• 높은 성과 • 낮은 일탈행동
성실성	• 많은 노력과 끈기 • 높은 의욕과 자제력 • 뛰어난 조직력과 기획력	• 높은 성과 • 향상된 리더십 • 장기 근속

적응할 수 있는 편이다.[73] 게다가 그들은 일반적으로 더 높은 직무 만족과 더 적은 정서적 소진을 경험한다.[74] 집단과 팀 수준에서 외향성은 리더십 발현과 집단 내 행동에 대해 상대적으로 강력한 예측변수이다.[75] 그러나 외향적인 사람은 지배적으로 보일 수 있으며, 위험감수 성향이 높아 사회적 상호작용이 크게 필요하지 않은 직종에는 불리할 수 있다.[76]

직장에서의 개방성 개방성이 높은 사람은 창의적이고 혁신적인 편이며,[77] 효과적인 리더가 될 가능성이 높고 불확실성에 대해 편안하게 느끼므로 조직 변화에 잘 대처하고 더 잘 적응한다.[78] 개방성이 직무 수행 초기 성과와는 관련성이 높지 않지만 장기적으로는 성과 하락에 덜 취약하다고 한다.[79] 개방적인 사람은 또한 일-가정 갈등을 덜 경험한다.[80]

직장에서의 친화성 친화적인 사람은 고객서비스와 같은 대인관계의 지향적인 직무를 더 잘 수행하는 경향이 있다. 친화성이 높은 사람은 일-가정 갈등을 덜 경험하고 이직을 고려하지 않는 편이다.[81] 또한 조직시민행동에 적극적으로 참여하고,[82] 반생산적 업무행동을 덜 보이며,[83] 업무 집단에 의해 배척당할 가능성이 적다.[84] 마지막으로 친화성은 낮은 수준의 경력 성공과 연관되는데(특히 급여), 이는 친화성이 높은 사람이 자기주장을 덜 하기 때문이다.[85]

흥미롭게도 친화성은 특정 문화에서 조직 몰입에 더 중요할 수 있다(3장 참조). 전 세계 약 2만 명의 직원을 대상으로 한 연구에서 친화성은 개인주의 문화보다 집단주의 문화에서 조직 몰입을 더 잘 예측하는 것으로 나타났다(집단주의와 개인주의 문화에 대한 자세한 정보는 이 장의 후반에서 확인).[86]

더구나 더 많은 기업이 직원을 해외 업무에 파견하고 있다는 점을 고려할 때, 다양한 문화에

서 생활에 적응하기 위해 가장 중요한 다른 성격 특성이 무엇인지 이해하는 것이 중요하다. 연구결과에 따르면 외향성이 해외파견 직원의 적응을 예측하는 가장 중요한 특성으로 나타났으며, 그 다음에 정서적 안정성과 개방성이 따라온다.[87] 전 세계 2,500명의 해외 교환학생을 대상으로 한 연구도 외향성이 새로운 문화에서의 스트레스를 크게 감소시키고 문화적 적응을 향상한다는 것을 확인했다.[88]

연구결과는 빅 파이브 특성이 조직의 주요 성과와 연결된 가장 확실한 변수임을 보여주지만, 그렇다고 이 다섯 가지 특성이 한 사람이 보여주는 유일한 특성이라고 할 수 없으며 또한 조직행동과 관련 있는 유일한 특성도 아니다. 이제 어둠의 3요소로 함께 알려져 있는 또 다른 특성을 살펴보자.

어둠의 3요소

빅 파이브 체계 외에도 연구자는 모두가 다양한 수준으로 지니고 있는 사회적으로 바람직하지 않은 세 가지 특성(마키아벨리즘, 나르시시즘, 사이코패스)을 확인했다. 이들의 부정적 속성 때문에 비록 이들이 항상 함께 나타나지 않지만 연구자는 이 3가지 성격요소를 **어둠의 3요소**(Dark Triad)라고 명명했다.[89] 특성을 살펴보면 이 특성을 보였던 과거에 함께 일했던 동료나 상사, 또 이러한 특성이 직장에서 어떠한 결과를 초래했는지를 떠올릴 수 있을 것이다. 이 세 가지 특성은 실제로 조직의 재무적 성과에 부정적인 영향을 미칠 수 있다. 예를 들어 101명의 헤지펀드 관리자를 대상으로 한 연구에서 나르시시즘과 사이코패스 특성을 지닌 관리자는 그들의 동료보다 나쁜 재무적 성과를 보였다.[90] 이러한 특성은 생각보다 멀리 떨어져 있지 않다. 결국 "모든 사이코패스가 감옥에 있는 것은 아니다, 어떤 사이코패스는 회의실에 있다"라는 것이다.[91]

어둠의 3요소 마키아벨리즘, 나르시시즘, 사이코패스로 구성된 부정적인 성격 특성의 조합

어둠의 3요소는 사악하게 들릴지 모르나 임상적 병리 증세는 아니다. 특성은 개인이 스트레스를 받고 스스로 부적절한 반응행동을 조절할 수 없을 때 특히 강하게 표출된다. 특정상황에서 어두운 성격 특성이 튀어나올 수 있지만(적어도 단기적으로),[92] 이러한 성격 특성이 높은 수준으로 유지되는 것은 개인의 경력과 개인적 삶을 파멸시킬 수도 있다.[93]

마키아벨리즘 에이든은 상하이의 젊은 은행관리자이다. 에이든은 지난 4년 동안 3번 승진했으며 공격적인 책략을 사용하는 데 있어 어떤 사과도 하지 않는다. 그는 "나는 앞으로 나아가기 위해 무엇이든 해요"라고 말한다. 에이든은 마키아벨리안이라고 할 수 있다.

마키아벨리즘(Machiavellianism)이라는 성격 특성(흔히 'Mach'라는 약어로 표기)은 16세기 권력의 획득과 사용에 관해 저술한 니콜로 마키아벨리(Niccolo Machiavelli)의 이름을 따서 명명되었다. 마키아벨리즘 성향이 강한 사람은 실용적이고, 정서적 거리를 잘 유지하며, 목적이 수단을 정당화할 수 있다고 믿는다. '도움이 된다면 이용하라'는 사고 방식은 마키아벨리즘의 관점과 일치한다. 마키아벨리즘 성향이 높은 사람은 남을 잘 이용하고 더 많이 이기며 남에게 쉽게 설득당하지 않는 반면에 남을 잘 설득한다.[94] 이들은 더 공격적으로 행동하고 비생산적인 업무행동을 보이며 덜 뚜렷하지만 권력이나 지위를 획득하는 데 도움이 된다면 조직시민행동도 보인다.[95] 놀라운 것은 마키아벨리즘이 전반적 직무 성과를 예측해주지는 않는다는 것이다.[96] 마키아벨리즘 성향이 높은 직원은 다른 사람을 자신의 이득을 위해 조정하여 단기적

마키아벨리즘 개인이 실용적이고, 정서적 거리를 잘 유지하며, 목적이 수단을 정당화할 수 있다고 믿는 정도

으로는 이기는 모습을 보이지만 장기적으로는 다른 사람이 좋아하지 않으므로 이러한 이익을 결국 잃게 된다.

마키아벨리안 행동에는 윤리적 시사점이 있다. 하이마크, 즉 마키아벨리즘 성향이 높은 구직자는 기업이 높은 수준의 CSR 활동을 한다는 사실에 덜 긍정적인 영향을 받는데,[97] 하이마크의 사람이 지속가능성 이슈에 덜 관심을 갖기 때문이다. 다른 연구에서는 마키아벨리안의 윤리적 리더십행동이 추종자(부하직원)의 직무 몰입으로 연결되지 않는 것은 부하직원이 마키아벨리적 리더의 행동을 꿰뚫어 보면서 하나의 표면적 연출행위로 인식하기 때문이다(4장 참조).[98]

나르시시즘 에이버리는 모든 사람의 주의를 끌고 싶어 한다. 그녀는 스스로 재능이 아주 많은 사람이라고 생각하며, 다른 사람에게 크고 심오한 영향을 미친다고 생각하며, 비판에 매우 민감하다. 에이버리는 나르시시스트이다. 이 특성은 자기자신의 모습과 사랑에 빠져버린 허영심과 자만심이 가득한 젊은 청년인 나르시소스에 관한 그리스 신화에서 유래되었다. **나르시시즘**(narcissism)은 자신이 매우 중요한 사람이라고 생각하며, 과도한 찬양을 요구하는 오만한 사람을 묘사한다. 나르시시스트들은 종종 위대한 성공에 대한 환상, 상황과 사람들을 이용하는 경향, 특권 의식, 공감의 부족을 보인다.[99] 그러나 이들은 또한 과민하고 연약한 모습도 보인다.[100]

나르시시즘 오만하고 자신이 매우 중요한 사람이라고 여기며, 과도한 찬양을 요구하고, 특권의식을 지니는 성향

나르시시즘은 직무 효과성이나 조직시민행동과는 그다지 관계가 없어 보이지만(그 행동이 자신을 멋지게 보이게 만들 때를 제외하고),[101] 자기홍보를 지양하는 집단주의 문화가 아닌 개인주의적 문화에서는 반생산적 업무행동을 증가시키는 대표적인 예측변수로 평가된다.[102] 나르시시스트는 보통 자신의 직무를 수행하기에 자신의 능력이 넘친다고 생각한다.[103] 이들은 자신의 성과에 대한 피드백을 받을 때 긍정적인 자기지각과 상충되는 정보는 종종 무시하나 적절한 보상이 주어지면 열심히 일한다.[104] 자기애적 관리자는 부하직원과 관계를 선택적으로 형성하는데, 종종 긍정적이고 비판적이지 않은 피드백을 제공하는 사람을 우선시한다(결국 모든 부하직원의 입을 닫게 된다).[105] 100년 이상 수집한 데이터를 사용한 연구는 야구 단체의 나르시시스트 최고경영자(CEO)의 경우에 비록 외부 단체구성원은 그 CEO를 더 영향력 있는 인물로 보는 데 반해 내부 관리자의 이직률은 더 높다는 것을 보여주었다.[106]

긍정적인 점으로는 자기애가 강한 사람은 다른 사람보다 카리스마가 강하다는 것이다.[107] 이들은 리더 자리에 선발될 가능성이 높으며, 중간 수준의(너무 극단적으로 높거나 낮지 않은 수준) 나르시시즘은 리더십 효과성과 정적인 상관관계를 보인다.[108] 일부 연구에서 나르시시스트는 문제가 복잡할 때 다른 사람보다 더 빨리 적응하고 더 나은 비즈니스 의사결정을 내린다고 했다.[109]

나르시시즘과 그 효과는 최고경영자나 유명연예인에 국한된 것이 아니다. 마키아벨리즘의 효과처럼 나르시시즘의 효과도 상황적 맥락에 따라 다르지만 삶의 모든 영역에서 나타난다는 것은 분명한 사실이다.

사이코패스 사이코패스는 어둠의 3요소 중 일부이지만 조직행동에서는 임상적인 정신적 질환을 의미하지 않는다. 조직행동 맥락에서 **사이코패스**(psychopathy)는 타인에게 해를 끼치면서도 타인에 대한 걱정, 죄책감, 후회가 결여된 것을 의미한다.[110] 사이코패스의 측정 도구는

사이코패스 타인에게 해를 끼치면서도 타인에 대한 걱정, 죄책감, 후회가 결여된 성향

사회적 규범을 준수하려는 동기, 충동성, 바라는 목표를 달성하기 위해 속임수를 사용하려는 의지, 타인에 대한 동정심의 결여 등을 평가하고자 한다.

사이코패스가 업무행동에 중요한지에 대한 연구결과는 일관되지 않다. 사이코패스와 직무성과나 반생산적 업무행동 간에 별 관계가 없다는 연구가 있는가 하면,[111] 다른 연구에서는 사이코패스와 밀접한 관계가 있는 반사회적 성격이 조직 내 승진 여부와는 긍정적으로 연관되어 있지만 기타 경력의 성공이나 효과성과는 무관하다는 결과를 내놓았다.[112] 한편 다른 연구에서 사이코패스는 강한 영향력 수단(위협, 조작)의 사용, 폭력적인 업무행동(물리적 또는 언어적 협박), 회의에서의 부적절한 대인관계행동과 관련이 있으며, 이러한 구성원은 자신의 행동에 대해 후회하지 않는다고 한다.[113] 사이코패스 점수가 높은 사람이 보이는 교활함은 그들이 조직 내 권력을 잡는 데에는 도움이 될지 모르지만 자신이나 조직의 건강한 목적을 위해서는 활용되지 못한다.

다른 체계

어둠의 3요소는 현대 성격 연구에서 세 가지 어두운 특성을 연구하는 데 도움이 되는 체계이지만 연구자는 다른 특성에 대해서도 연구하고 있다. 예를 들어 DiSC 모델은 원형 모형(감정

윤리적 선택

사람을 더 비윤리적으로 만드는 성격 특성이 있는가

만약 사람에게 그들이 윤리적인지 물어본다면, 대부분은 '예'라고 대답할 것이다. 실제로 데이터는 전 세계의 사람이 도덕적으로 '좋고', '정의로운', '진실한 자아'에 대해 믿고 있다는 것을 보여준다. 그러나 이러한 보편적인 믿음에도 불구하고 연구결과는 많은 면에서 사람의 (비)윤리적 행동이 성격 특성의 차이에 기인할 수 있다는 것을 보여준다.

이러한 성격 특성은 쉽게 떠오르는 빅 파이브 성격 차원과 같은 전형적인 성격일 수 있다. 예를 들어 이전 연구에서 정서적 안정성, 친화성, 성실성이 낮은 사람은 다른 사람 혹은 조직에 대한 비윤리적인 행동을 할 가능성이 높다는 것을 보여주었다. 이미도 이둠의 3요소나 정직 특성과 같이 비윤리적 행동과 분명한 연관이 있는 다른 성격 체계를 생각하는 사람도 있을 것이다. (부정직, 마키아벨리즘, 나르시시즘, 사이코패스와 연관된 특성을 보이는 경향이 있는 사람은 아마도 비윤리적인 일을 하는 경향이 높을 것이다.)

그러나 다양한 맥락에서 성격 특성을 검토하는 것을 넘어서, 사람은 또한 (비)윤리적 행동의 차이를 가져오는 상대적으로 안정적인 측면을 가지고 있다. 이는 연구자가 '도덕적 자아'라고 기술하는 것으로 도덕적 자아의 개념은 새로운 것이 아니다. 학자와 철학자는 몇 천년 동안 이 질문을 고찰해왔다. 예를 들어 아리스토텔레스는 도덕적 자아를 성품과 미덕에 기초한 종합적인 자기이해라고 했다. 여러 측면에서 성품과 미덕은 사람이 주장하고 실천하는 가치관과 관련되며 이는 성격과 개인차에 관한 이 장에서 논의될 또 다른 개인차 변수이다.

현대 연구자는 도덕적 자아를 도덕성과 윤리성이 한 개인에게 중요하며 정체성의 중추적 부분을 구성하며 윤리적으로 행동할 수 있게 동기부여하는 징도라고 본다. 이러한 생각은 논리적으로 타당하다. 만약 어떤 사람에게 도덕성이 중요하다면, 윤리적인 상황에 대해 충분히 생각하고 윤리적으로 행동할 가능성이 높을 것인가? 대답은 아마도 '예'일 것이다. 사람의 도덕적 자아에서의 또 다른 차이는 도덕적 감정에 있다(4장 참조). 어떤 사람은 도덕적 감정을 더 많이 경험하기 쉽다. 분노, 경멸, 부끄러움, 죄책감과 같은 감정은 사람이 (비)윤리적인 행동을 하게 이끌 수 있으며, 반면에 냉정하고 감정이 결여된 반응은 사람이 상황의 윤리적 측면을 무시하게 만들 수 있다.

특정 성격 특성이 사람을 더 (비)윤리적으로 만드는가? 간단히 말하면, 그렇다. 특정 성격 특성은 사람이 (비)윤리적 행동에 더 쉽게 빠지도록 만들 수 있다. 그러나 사람은 고립된 상태에서 존재하지 않으며, 상황의 강도와 주변 맥락이 놀라울 정도로 중요하다. 더구나 이는 개인의 성격이 주어진 방식으로 행동하게 강요한다는 것을 의미하지 않는다. 단지 어떤 사람은 자신의 성향을 극복하기 위해 다른 사람보다 더 노력해야 한다는 것을 의미한다. 그렇다면 어떻게 자신의 윤리적 기질과 성향을 다룰 수 있겠는가? 연구자는 지기인식과 자기감시가 중요하다고 제안한다. 혼란스럽고 상충된 도덕 기준을 가지고 있거나, 충동 통제가 잘 안 되거나, 자기모니터링에 대한 동기가 부족한 사람은 도덕적 실수를 경험할 가능성이 높다. 반면에 명확하고 실행가능한 기준, 자기감시 스킬, 변화에 대한 동기를 지닌 사람의 경우는 비윤리적 충동에 잘 대항할 가능성이 높다.[114]

원형 모형과 유사, 4장 참조)으로,[115] 유사한 성격 특성이 더 가까운 거리에 위치되고 덜 유사한 특성이 더 멀리 배치되는 방식으로 성격 특성이 원 위에 배치되는 모형을 제안한다. MBTI와 유사하게,[116] 이 체계는 '사람은 유형이 아니다'라고 인식함에도 사람은 핵심 특성에 따라 성격 '유형'으로 분류한다.[117] 지배적인(D), 영향력을 행사하는(i), 안정성(S), 성실성(C)이다. DiSC 개발자의 타당성과 신뢰성에 대한 주장과[118] MBTI 대안으로서 올라가는 인기에도 불구하고, DiSC 성격 모델의 타당성을 과학적으로 조사한 학술연구는 거의 없다. DiSC에 대한 더 많은 연구와 증거가 필요하다.

새로 떠오르는 체계는 빅 파이브 모델에 하나의 추가 특성을 추가한다. HEXACO 모델은 새로운 특성인 정직-겸손(H), 정서성(E; 예: 정서적 안정성), 외향성(X), 친화성(A), 성실성(C), 경험에 대한 개방성(O)으로 구성되어 있다.[119] H차원의 추가는 처음 빅 파이브 모델을 만들어낸 영어 중심의 초기 연구에서 본질적으로 '빠진' 차원이 있음을 시사하는 다문화 연구에서 나왔다. 이 차원은 비유럽 문화(예: 한국, 헝가리 등)에서 수행된 연구에서 떠오르기 시작한 차원이다.[120] H차원은 진실하고 공정하며 겸손하고 소박한 사람을 묘사한다. 이러한 개인은 사회적 지위, 부, 돈에 관심이 없다. 어떤 연구는 정직-겸손(H)의 추가가 빅 파이브 모델에 의미 있는 기여를 하며 정직-겸손 차원이 윤리적으로 중요한 결과로 가령 속임수 예방(예: 유혹과 속임수 유도가 있더라도)을 예측한다는 것을 발견했다.[121] 이 추가적인 차원은 부정직함과 속임수가 조직에서 매우 중요하다는 점을 고려할 때(예: 직원이 원칙을 지키지 않거나 조직에서 물건을 훔치거나 등) 조직행동과 관련한 시사점을 제공한다.[122]

성격 특성에는 긍정적인 측면과 부정적인 측면이 공존한다. 빅 파이브, 어둠의 3요소, 다른 모형에 있는 각 특성의 정도와 이러한 특성의 조합이 조직 성과에 큰 영향을 미친다. 관찰에 기반하여 신속한 경영 의사결정을 내리는 것은 쉽겠지만, 성격에 대한 다양한 관점에서의 논의를 지속하고 다른 이론을 고려하는 것이 중요하다.

조직행동과 연관된 다른 성격 특성

5-4 핵심 자기평가, 자기감시, 주도적 성격의 개념이 성격 이해에 어떻게 기여하는지 설명할 수 있다.

이제까지 논의했듯이 성격 특성 연구는 조직행동 분야에 많은 시사점을 준다. 보다 구체적으로 조직행동을 예측하는 다른 속성으로 핵심 자기평가, 자기감시, 주도적 성격에 대해 알아보자.

핵심 자기평가

핵심 자기평가(CSE) 개인이 자신의 능력과 역량, 인간으로서의 가치에 대해 지니는 근본적인 생각

핵심 자기평가(core self-evaluation, CSE)는 개인이 자신의 능력과 역량, 인간으로서의 가치에 대해 지니는 근본적인 생각이다. 긍정적인 핵심 자기평가를 하는 사람은 자기자신을 좋아하고 스스로를 효과적이고 자신의 환경을 통제할 수 있는 존재로 본다. 부정적인 핵심 자기평가를 하는 사람은 자신을 싫어하고 자기의 역량을 의심하며 환경에 무기력한 존재로 자신을 바라본다.[123] 3장에서 논의했듯이 핵심 자기평가에서 긍정적인 사람은 자신의 직무에서 더욱 도전적이고 복잡한 업무를 받아들이기에 핵심 자기평가는 직무 만족과 관련성이 있다.

긍정적 핵심 자기평가를 하는 사람은 보다 의욕적인 목표를 설정하고 목표에 몰입하며 목표 달성을 위해 더 오래 노력하므로 다른 사람보다 더 좋은 성과를 보인다.[124] 핵심 자기평가가

탐스슈즈(TOMS Shoes)의 창업자 블레이크 미코스키(Blake Mycoskie)는 자신감 있고 유능하며 효과적인 인물로 평가받는다. 핵심 자기평가가 높은 덕분에 그는 신발이 필요한 아이들을 위해 수익을 사용하는 회사를 만들겠다는 꿈을 실현할 수 있었다.

출처: Donato Sardella/WireImage/Getty Images

높은 사람은 보다 좋은 고객서비스를 제공하고, 직장 동료들 사이에서 인기가 많으며, 문제해결을 위해 창의적인 해결 방안을 찾고, 더 좋은 토대 위에서 경력을 쌓고 더 빨리 승진한다.[125] 그러나 핵심 자기평가가 높은 사람의 단점도 있다. 예를 들어 동료나 상사는 핵심 자기평가가 과도하게 높은 사람이 직장에서 다른 사람을 돕지 않는 것처럼 보이는 경우에 그들을 부정적으로 보기도 한다.[126]

핵심 자기평가는 또한 다양한 문화적 맥락에서 다양성과 구성원 효과성에 시사점을 제공한다. 연구에 따르면 긍정적 핵심 자기평가를 보이는 구성원은 경력에서의 변화와[127] 새로운 문화에서 일하는 경우에 국제적인 환경에 더 효과적으로 적응하는 편이다.[128] 몇 가지 예를 들어보면 중국의 자동차 제조공장에서 실시한 한 연구에서는 집단주의보다 개인주의에 더 가치를 부여하는 경우에 핵심 자기평가가 직무 성과와 더 긍정적인 관련성을 갖는 것으로 나타났다.[129] 더 나아가 다국적 팀 구성원의 언어 능력과 국적에서의 차이가 그룹 내 구성원을 서로 '구분'하지만, 핵심 자기평가가 이러한 차별화 요소를 보완하여 구성원이 팀 내 우수한 리더가 될 수 있게 한다.[130]

자기감시

라일리는 직장에서 어려움을 겪고 있었다. 그녀는 능력 있고 성실하며 생산적이지만 평균 수준의 성과 평가 점수를 받았고 상사를 짜증나게 만들면서 경력을 쌓아왔다. 라일리의 문제는 정치적 처신이 서툴고 변화하는 상황에 적응하는 능력이 부족한 것이다. 스스로 '나는 스스로에게 진실되며, 남을 즐겁게 하기 위해 나를 바꾸지 않는다'라고 말한다. 라일리는 자기감시 성향이 낮은 사람이다.

자기감시(self-monitoring) 성향은 자신의 행동을 외부 상황요인에 적응시키는 개인의 능력을 일컫는다.[131] 자기감시 성향이 높은 사람은 자신의 행동을 외적인 상황요인에 적응시키는

자기감시 자신의 행동을 외부 상황요인에 적응시키는 개인의 능력을 측정하는 성격 특성

데 뛰어난 유연성을 보인다. 이들은 외부 정보에 매우 민감하고 상황마다 다르게 행동할 수 있으며, 때로는 공적인 페르소나와 사적인 자아 간의 놀라운 모순을 보이기도 한다.[132] 라일리처럼 자기감시 성향이 낮은 사람은 이런 식으로 자신을 숨기지 못한다. 이들은 대부분의 상황에서 자신의 진정한 성향과 태도를 드러내기에 자신의 정체성과 행동 간에 매우 높은 일관성을 보인다.

자기감시 성향이 높은 구성원은 상대적으로 낮은 조직 몰입을 보이지만 더 나은 성과 평가를 받으며 리더가 될 가능성도 높게 나타난다.[133] 자기감시 성향이 높은 관리자는 경력상 이동이 잦고 승진을 더 잘 하며(조직 내 또는 조직 간), 조직의 핵심적인 위치를 차지할 가능성도 높다.[134] 그러나 자기감시 성향은 양날의 검과 같아서, 앞서 언급한 긍정적 이점에도 불구하고 진실되지 않거나 자기이익을 추구하거나 원칙이 없는 것으로 간주될 수 있다.[135]

주도적 성격

주도적 성격 기회를 포착하고, 주도성을 보이며, 행동을 취하고, 의미있는 변화가 일어날 때까지 꾸준히 노력하는 사람

자신의 현재 상황을 개선하거나 새로운 환경을 만들기 위해 주도적으로 행동하는 사람을 본 적이 있는가? 이들은 **주도적 성격**(proactive personality)을 가진 사람이다.[136] 주도적 성격의 소유자는 상황에 반응하는 사람에 비해 빨리 기회를 포착하고, 주도성을 보이며, 행동을 취하고, 의미있는 변화가 일어날 때까지 꾸준히 노력한다.[137] 예를 들어 주도적 성격은 기업가의 비전을 현실로 바꾸는 핵심 특성이다.[138] 주도적 성격을 가진 개인은 조직이 원하는 바람직한 행동을 많이 가지고 있다. 높은 직무 성과와[139] 창의성 수준을 보이며,[140] 많은 감독이 필요하지도 않다(결과적으로 더 많은 자율성을 얻는다).[141] 이들은 자신의 직무에 만족하며 조직에 헌신하며 자신의 일에 몰입하고,[142] 종종 경력에서 성공을 이룬다.[143]

주도적 성격은 작업팀 구성원에게 중요할 수 있다. 구성원의 주도적 성격 수준이 높은 팀

미신인가, 과학인가

사람은 만난 지 몇 초만에 상대방의 성격을 정확히 판단할 수 있다

놀랍게도 이 말은 사실이라고 한다.

사람은 처음 만나고 몇 초만에 상대방의 성격을 정확하게 평가한다는 것이 연구결과 밝혀졌다. 이와 같은 '안면부지' 접근방법은 직접 대면하거나 온라인으로 만나거나 상관없이 사람의 성격을 한 눈에 판단하는 결과가 타당하다는 것을 보여준다. 한 연구에서 사람에게 평균 약 7.4초 동안 자신을 소개하게 했을 때 타인의 외향성에 대한 관찰자의 평가는 개인이 자기보고한 외향성과 유의미한 상관을 보였다. 안면부지의 사람에 대해서도 온라인 프로필만으로 성격을 추측할 수 있다는 연구도 있고, 개인의 사진만 보고도 성격 특성 스펙트럼 상에서 개인의 성격 특성을 파악할 수 있다는 연구도 있다.

외향성 같은 일부 성격 특성은 다른 특성보다 첫만남에서 쉽게 지각할 수 있지만, 자존감과 같은 다소 불명확한 특성 역시 타인에 의해 꽤 정확하게 판단된다. 신중한 평가보다 직관적이고 빠른 판단을 내리도록 요구받는 경우에도 평가의 정확성이 크게 저해되지 않는다고 한다.

일부 성격 특성의 경우 상황에 따라 판단의 정확성에서 차이를 보인다. 예를 들면 정서적 안정성이 아마도 정확하게 감지하기 가장 어려운 성격 특성이지만, 최근 연구에 따르면 개인을 예민하게 반응하도록 만드는 상황에서는 훨씬 더 정확하게 판단할 수 있다고 한다. 이처럼 어떤 특성을 더 잘 활성화하고 드러나게 만드는 상황이 있다는 점을 감안한다면 그럼직하다. 누구나 잠이 들려고 할 때는 예외 없이 침착해보이기 마련이다!

이러한 '단편적 판단(짧은 경험에서 얻는 신속한 추론)'의 보통 수준의 정확성은 17장에서 논의할 구성원 면접의 중간 수준의 타당도를 설명하는 데 도움이 된다. 특히 연구결과는 면접관이 첫 만남의 2분 이내에 지원자에 대한 평가를 결정한다고 했다. 매우 중요한 채용 결정에서는 이상적인 방법이라고 할 수 없겠지만 성격에 대한 연구는 이와 같은 판단이 어느 정도 타당도가 있음을 보여준다. 한편 신속하게 사람의 성격을 파악할 수 있다 하더라도 열린 마음으로 판단을 보류하는 자세를 견지하는 것이 무엇보다 중요하다. 항상 사람은 처음 보이는 것보다 더 많은 면을 가지고 있다.[144]

은 더 혁신적이다.[145] 주도적인 팀 리더는 리더 교체를 빨리 진행하고 팀 구성원 간의 헌신을 더 잘 이끌어내어 팀 성과를 끌어올린다.[146] 또한 주도적인 개인은 팀 내 다른 사람과 정보를 더 자주 교환하며, 이를 통해 팀원 간 관계에서 신뢰가 형성된다.[147] 그러나 이들은 동료나 팀원에게 부러움을 받을 가능성이 높다(그로 인해 사회적 폄하나 타인의 도움 거부를 경험하기 쉽다).[148]

간단히 말해서 이러한 성격 특성은 많은 중요한 조직적 결과를 예측한다. 그러나 성격이 환경과 어떻게 상호작용하며 상황이나 맥락에 어떻게 영향을 받는지에 대한 관심이 다시 높아지고 있다. 다음 절에서는 맥락과 상황을 포함한 업무 환경이 성격 특성의 표현에 어떤 영향을 미치는지 검토하고자 한다.

성격과 상황

5-5 성격이 행동을 예측하는 데 상황이 어떤 영향을 미치는지 설명할 수 있다.

일부 성격 특성은 거의 모든 환경 또는 상황에서 효과적일 수 있다. 예를 들어 성실성은 대부분의 직무에서 성과에 도움이 되며, 외향성은 대부분의 상황에서 리더로 부상하는 것과 관련이 있다. 그러나 특성이 행동에 미치는 영향이 상황에 따라 달라질 수 있다는 것을 알고 있다. 성격 영역을 구조화하는 데 진전을 이루는 동안 사람이 상황을 기술하는 방법에 대해서도 비슷한 진전이 이루어졌다. 인상적인 한 연구에서는 상황을 기술하는 데 사용되는 1467억 개의 단어를 다양한 자료에서 추출했다. 연구자는 인공지능을 활용하여 이러한 상황이 긍정적인-부정적인, 복잡한, 전형적인, 중요한, 유머러스한 것으로 기술될 수 있음을 발견했다.[149] 이러한 각 특성은 행동 또는 심지어 성격 특성의 '활성화'에 영향을 미칠 수 있다.

상황 강도와 특성 활성화라는 두 가지 이론적 체계는 직장에서 맥락이나 상황이 성격과 행동에 어떻게 영향을 미칠 수 있는지 설명하는 데 도움을 준다.

상황 강도 이론

부서 회의를 하고 있다고 생각해보자. 회의 도중 불쑥 나가버리거나, 누군가에게 목소리를 높이거나, 모두에게 등을 돌리고 앉을 수 있는가? 아마도 그러기는 매우 어려울 것이다. 이제 집에서 작업을 한다고 생각해보자. 이때는 잠옷 차림으로 음악을 크게 틀어놓거나 키보드 사이로 지나가는 고양이에게 소리를 지를 수 있을 것이다. 이러한 예는 상황이 그 강도에 있어서 얼마나 다를 수 있는지 보여준다.

상황 강도 이론(situation strength theory)은 성격이 행동으로 이어지는 것이 상황의 강도에 달라진다는 점을 제시한다. **상황 강도**는 규범, 단서, 기준이 적절한 행동을 요구하는 정도를 의미한다.[150] 강한 상황은 올바른 행동이 무엇인지 보여주고, 그러한 행동을 보일 수 있게 압력을 가하며, 잘못된 행동을 억제한다. 반면 약한 상황에서는 '무엇이든 허용'되며 누구나 자유롭게 성격대로 행동하게 된다. 그러므로 성격 특성은 강한 상황보다 약한 상황에서 행동을 더 잘 예측한다.[151]

상황 강도 이론 성격이 행동으로 이어지는 것이 상황의 강도에 달라진다는 이론

상황 강도의 구성요소 연구자는 조직 내 상황 강도를 다음 네 가지 요소로 분석한다.[152]

1. **명확성**, 즉 업무상 의무와 책임에 대한 단서가 이용가능하고 명확한 정도이다. 명확성이 높은 직무는 개인이 무엇을 해야 하는지 쉽게 결정할 수 있으므로 강한 상황을 조성한다. 예를 들어 경비 업무는 할리우드 배우의 대리인보다 과업에 대한 더 높은 명확성을 제공한다.
2. **일관성**, 즉 업무상 의무와 책임에 대한 단서가 서로 양립가능한 정도이다. 일관성이 높은 직무는 모든 단서가 동일한 바람직한 행동을 가리키므로 강한 상황을 조성한다. 예를 들면 응급실 간호사의 직무는 일반 관리자의 직무보다 더 높은 일관성을 보인다.
3. **제약성**, 즉 자신의 통제권 밖에 있는 힘에 의해 개인의 자유로운 의사결정이나 행위가 제약을 받는 정도이다. 제약이 많은 직무는 개인의 재량권을 제한하므로 강한 상황을 나타낸다. 예를 들면 금융감독관의 직무는 산림관리원보다 더 강한 제약사항을 가진다.
4. **중요성**, 즉 의사결정이나 행위가 조직, 조직구성원, 고객, 공급자 등에게 중요한 영향을 미치는 정도이다. 결과가 중요한 직무는 실수를 방지하기 위해 환경이 강력히 구조화되어 있기에 강한 상황을 나타낸다. 예를 들면 외과의사의 일은 외국어교사보다 더 높은 중요성을 가진다.

조직상황 일부 연구자는 행동을 이끄는 규칙, 규범, 기준을 제시한다는 점에서 조직이 강한 상황을 제공한다고 생각한다. 이러한 제약은 보통 적절한 것으로 받아들여진다. 예를 들면 구성원이 멋대로 성희롱을 해도 괜찮다고 느끼거나, 문제가 될 수 있는 회계절차를 따르거나, 기분이 내킬 때만 일하러 나오기를 바라는 사람은 없을 것이다.

하지만 이러한 기본을 넘어서 직원을 대상으로 강한 상황을 조성하는 것은 다음과 같이 여러 가지 이유로 항상 바람직하지는 않다. 첫째, 상황 강도의 요소는 조직의 규칙과 지침에 의해 결정되고 따라서 어느 정도 객관성이 있다고 볼 수 있다. 하지만 이러한 규칙을 어떻게 지각하는지에 따라 사람이 상황의 강도에 반응하는 양상이 달라진다.[153] 예를 들어 안전을 우선시하는 건설감독관은 안전행동에 대한 강력한 규범을 정립함으로써 강한 상황을 조성한다. 결과적으로 이러한 상황은 ① 안전행동을 촉진하고, ② 근로자의 성격이 행동에 영향을 미칠 기회를 덜 제공함으로써 사고와 부상을 줄일 수 있다. 다시 말해서 성격이 덜 신중하거나 무관심한 특성을 가진 직원(예: 성실성이 낮은 직원)은 규범을 따르지 않을 경우 해고될 위험에 처하므로 못마땅해하면서도 규범을 따른다. 일반적으로 그들의 태도와 행동은 상황의 강도의 함수라고 볼 수 있다.[154] 둘째, 수많은 규칙과 엄격한 통제 과정은 결국 직원을 따분하게 만들거나 의욕을 떨어뜨릴 수 있다. 모든 직무를 조립라인에서 일하듯이 만든다면 일부는 이러한 루틴을 좋아할 수 있겠지만 대부분은 다양성과 자율성을 선호한다. 셋째, 강한 상황은 일부 조직에서 중시하는 창의적인 직업에서 성공을 위해 필요로 하는 혁신을 억압할 수 있다.

흥미롭게도 조직이 과정을 엄격하게 통제하여 동기부여를 약화시키거나 혁신을 억제하거나 직원이 선호하는 방식으로 일을 하는 것을 방해할 때, 강한 상황임에도 불구하고 때로는 다른 성격 특성이 빛을 발할 수 있다.[155] 예를 들어 상사가 매우 쉬운 방법을 사용하여 과업을 수행하는 것을 제한하는 정책을 도입한다고 가정해보자. 이제 일이 어려워지고 성실성이 '빛나는' 정도가 제한되었다. 이에 대응하여 상황의 강도에도 불구하고 다른 특성이 드러날 수 있다. 예를 들어 정책의 변화와 강한 상황에 대해 화가 났기 때문에 이제 당신의 낮은 친화성이 의도적으로 정책을 무시하거나 책임을 회피하는 등의 반생산적 업무행동을 하게 만들 수 있다.

요약하자면 관리자는 직장에서 상황 강도의 역할을 인식하고 적절한 균형을 찾을 수 있어야 한다.

특성 활성화 이론

성격과 상황에 대한 이해를 돕는 또 하나의 중요한 이론적 체계로 **특성 활성화 이론**(trait activation theory, TAT)이 있다. TAT는 어떤 상황이나 사건 또는 개입 활동이 특정 성격 특성을 '활성화'한다고 주장한다. 이러한 특성 활성화 이론을 활용함으로써 어떤 직무가 어떤 성격 특성과 잘 맞는지 예측할 수 있다. 예를 들면 수수료 기반 보상제도는 외향성을 활성화시킬 가능성이 높다. 왜냐하면 외향적인 사람이 개방적인 사람보다 보상에 더 민감하게 반응하기 때문이다. 반대로 개인의 창의성을 장려하는 직무에서는 외향성보다 개방성에서의 차이가 바람직한 행동을 더 잘 예측해준다. 구체적인 사례는 도표 5-4에 제시되어 있다.

특성 활성화 이론(TAT) 어떤 상황이나 사건 또는 개입 활동이 특정 성격 특성을 '활성화'한다고 주장하는 이론

TAT는 성격 경향성 연구에도 적용된다. 예를 들어 온라인으로 학습하는 경우 행동이 전자기기 상에서 감시된다는 것에 대해 사람은 다른 반응을 보인다. 실패에 대한 두려움이 큰 사람은 다른 사람보다 감시에 대한 높은 불안을 경험하고 덜 효과적으로 학습하는 것으로 나타났다. 이 사례는 환경적 특성(전자기기 감시)이 성격 특성을 활성화(실패에 대한 두려움)하고, 이 두 가지가 결합되어 직무 성과가 낮아진다는 점을 보여준다.[156] TAT는 긍정적 방식으로도 작동할 수 있다. 한 연구에 따르면 동료가 지지적일 때 성실성 성격이 활성화되어 동료에 대해 더 강한 책임감을 경험하고 갈등되는 경우에도 정보를 기꺼이 공유한다는 것이 발견되었다.[157]

상황 강도 이론과 특성 활성화 이론은 '선천 대 후천'에 대한 고전적 논쟁이 선천과 후천으로

도표 5-4 특성 활성화 이론: 특정 빅 파이브 성격 특성의 관련성이 높은 직무

세부지향 요구	사회적 스킬 요구	경쟁적 업무	혁신 요구	화난 사람 다루기	시간적 압박(마감시간)
점수가 높은 직무(제시된 특성이 해당 직무의 행동을 예측함)					
항공관제사 공인회계사 법률사무직	성직자 치료사 안내원	코치/단원 재무관리자 판매원	배우 시스템분석기 광고작가	교도관 텔레미게티 승무원	방송해설가 편집자 항공기 기장
점수가 낮은 직무(제시된 특성이 해당 직무의 행동을 예측하지 못함)					
산림관리원 안마사 모델	S/W개발자 펌프기술자 방송기사	우체국직원 역사학자 원자로기술자	법원속기사 문서관리자 의료기사	작곡가 생물학자 통계학자	피부관리사 수학자 체력단련사
점수가 높은 직무가 이러한 특성을 활성화시킴(행동 예측과 관련성이 높음)					
성실성(+)	외향성(+) 친화성(+)	외향성(+) 친화성(−)	개방성(+)	외향성(+) 친화성(+) 정서적 안정성(+)	성실성(+) 정서적 안정성(+)

참고: 플러스(+) 부호는 해당 특성에서 '높은' 점수를 받은 사람이 해당 직무를 더 잘 수행한다는 것을 의미하며, 마이너스(−) 부호는 해당 특성에서 '낮은' 점수를 받은 사람이 해당 직무를 더 잘 수행한다는 것을 의미함.

가장 잘 정리될 수 있음을 보여준다. 즉 성격과 상황이 각각 사람의 행동에 영향을 미치지만, 서로 간의 상호작용도 분명 존재한다는 것이다. 달리 말하면 성격과 상황이 모두 업무행동에 영향을 미치나, 상황이 적합할 때는 성격의 행동 예측력이 훨씬 높게 나타난다.[158] 다음 절에서는 성격에 대한 논의를 넘어서 조직행동에 있어 중요한 다른 두 가지 개인차인 능력과 가치관을 살펴볼 것이다.

능력

5-6 지적 능력과 신체적 능력과 조직행동의 관련성을 보여줄 수 있다.

아무리 동기부여되어 있다 하더라도 덴젤 워싱턴(Denzel Washington)처럼 연기를 잘 하거나, 시몬 바일스(Simone Biles)처럼 체조를 잘 하거나, 아만다 고만(Amanda Gorman)처럼 글을 잘 쓰지 못할 것이다. 물론 모두는 어떤 과업이나 활동을 수행할 때 다른 사람보다 상대적으로 더 우수하거나 열등하게 만드는 강점과 약점을 가지고 있다. 관리자의 관점에서 도전과제는 이러한 차이를 이해하고 특정 직원이 일을 잘 수행할 가능성을 높이는 것이다. 따라서 지원자와 조직구성원은 자신의 능력을 홍보하고 원하는 직무에서 성공하기 위해 필요한 기술을 개발해야 한다.

능력 직무에서 다양한 과업을 수행하는 개인의 현재 역량

그렇다면 **능력**은 무엇인가? **능력**(ability)은 직무에서 다양한 과업을 수행하는 개인의 현재 역량을 말한다. 개인의 전반적인 능력은 본질적으로 두 가지 요인(지적 능력과 신체적 능력)으로 구성되어 있다.

지적 능력

지적 능력 정신적 활동(예: 사고, 추리, 문제해결 등)을 수행하는 데 필요한 능력

지적 능력(intellectual ability)은 정신적 활동(예: 사고, 추리, 문제해결 등)을 수행하는 데 필요한 능력이다. 대부분의 사회에서는 지능에 높은 가치를 부여하는데 여기에는 그만한 이유가 있다. 일반적으로 똑똑한 사람은 성과가 뛰어나며, 더 많은 돈을 벌고, 더 자주 승진을 하며, 높은 수준의 직무를 맡는다.[159] 직무는 지적 능력을 요구하는 정도에서 차이가 있다. 연구는 능력과 직무 성과 간의 관계를 일관적으로 보여주는데 특히 복잡한 직무와 과업의 경우에 더욱 그러하다. 구성원의 과업이 매우 규칙적이고 재량권을 행사할 기회가 적거나 없을 때는 높은 지능지수(IQ)가 일을 잘 수행하는 데 그다지 중요하지 않다.[160] 지능(특히 이후에 논의할 동기와 결합되는 경우)[161]이 직무를 잘 수행하는 데 큰 이점이 될 수 있지만, 이는 사람을 더 행복하게 만들거나 직장에서 더 만족스럽게 만들지 않는다.[162] 사실 연구에 따르면 직장에서 더 높은 인지 능력을 가지고 있는 고성과자는 질투와 사회적 비교로 인해 동료에게 괴롭힘을 당하거나 부당한 대우를 받기도 한다.[163]

사람이 일관되게 자신의 지적 능력을 정확히 평가할 역량이 없기 때문에 지적 능력을 평가하고 측정하는 것이 항상 간단하지만은 않다.[164] 지능검사는 사람의 일반적인 지적 능력을 조사하기 위해 개발되었지만, 지능지수(IQ)의 기원, 영향요인, 검사는 논란의 여지가 있다.[165] SAT, ACT, 경영대학원 입학시험(GMAT), 법대학원 입학시험(LSAT), 의학대학원 입학시험(MCAT)과 같은 대중적인 입학시험도 마찬가지이다. 시험 주관기관에서는 이 시험이 지능검사가 아니라고 주장하지만 전문가는 지능 검사의 일종으로 본다.[166] 많은 조직이 지능 검사

도표 5-5 지적 능력의 차원

차원	내용	직업 예
수리적 적성	신속 정확한 수리적 계산 능력	회계사: 항목에 대해 영업세 산정
언어 이해력	독해력과 언어 이해력	공장 관리자: 채용에 대한 회사 정책 수행
지각 속도	신속 정확한 시각적 인식력	화재 조사관: 방화 혐의를 입증하는 단서 확인
귀납적 추론	논리적 유추와 문제해결 능력	시장 조사원: 향후 제품 수요 예측
연역적 추론	논리 활용과 주장의 함의 평가 능력	감독자: 구성원의 두 가지 다른 제안 중 선택
공간 시각화	공간상 위치 변경에 따른 사물의 모습을 상상하는 능력	인테리어 장식가: 사무실 재단장
기억력	과거 경험의 기억 회상 능력	판매원: 고객의 이름 기억

를 채용 결정에 활용한다. 예를 들어 NFL의 풋볼선수가 되고 싶다면 지적 능력 검사를 받아야 한다.[167]

지적 능력의 차원 지적 능력을 구성하는 가장 빈번하게 인용되는 일곱 가지 차원은 숫자 감각, 언어 이해, 지각 속도, 귀납적 추론, 연역적 추론, 공간 시각화, 기억이다.[168] 도표 5-5에서 이 차원을 기술하고 있다. 이 차원은 서로 정적 상관을 보이며, 따라서 언어 이해에 대한 점수가 높으면 공간 시각화에 대한 점수도 높을 가능성이 높다. 상관관계가 충분히 높아 연구자도 지능이 종합적이고 전반적인 **일반적 정신 능력**(general mental ability, GMA) 형태로 나타난다는 것을 인정한다.[169]

일반적 정신 능력(GMA) 특정 지적 능력 차원 간의 양의 상관관계에서 제시되는 전반적인 지능요소

연구 증거는 지적 능력의 구조와 측정이 문화에 걸쳐 일반화될 수 있다는 생각을 지지한다. 5만 명 이상의 개인을 조사한 한 연구에서 GMA는 73.2%의 국가에서 발견되었다.[170] 예를 들어 베네수엘라나 수단의 누군가가 미국이나 체코의 개인과 서로 다른 정신적 능력을 지니지 않는다. 문화 간에 IQ 점수가 어느 정도 다를 수 있다는 증거도 있지만, 이러한 차이는 해가 갈수록 줄어들고 있으며 교육적, 경제적 차이를 고려할 때 이러한 차이는 훨씬 작아지고 있다.[171]

원더릭 능력 검사 채용 결정에 가장 널리 사용되고 있는 지능검사에 고작 12분이 소요된다는 사실에 아마 놀랄 것이다. 여러 유형의 검사가 있지만 각각은 동일한 일반적인 구성 개념을 측정하는 50개의 문항으로 구성된다. 다음 두 가지 질문에 대해 생각해보자.

- 1미터에 10센트인 밧줄이 있다. 60센트로는 몇 미터를 살 수 있는가?
- 다음 중 첫 번째와 두 번째 설명이 진실이라고 가정하자. 그렇다면 마지막 설명은 과연 진실인가, 거짓인가, 아니면 잘 모르겠는가?
  a. 소년이 야구를 하고 있다.
  b. 모든 야구선수는 모자를 쓰고 있다.
  c. 소년은 모자를 쓰고 있다.

원더릭 측정법은 속도(모든 질문에 답할 수 있을 만큼의 시간이 없음)와 난이도(문제를 풀어갈수록 어려워짐)를 다루기 때문에 50점 만점에 평균점수가 21점 정도로 상당히 낮다. 원

더릭(Wonderlic)이 싸게 유용한 정보를 제공하기에 아베다(Aveda), 듀라셀(Duracell), 써브웨이(Subway), 유홀(U-Haul) 등 많은 조직이 채용 결정에 이 검사를 사용하고 있다.[172] 원더릭 검사를 사용하는 대부분의 기업에서는 입사지원 서류와 채용 면접과 같은 다른 채용 도구도 함께 사용하고 있다. 지원자의 지능 수준에 대해 타당성 있는 데이터를 제공하기에 원더릭 검사를 포함시키고 있다.

사용된 검사에 관계없이 채용 또는 기타 인사 관행에서 지적 능력 검사를 사용하는 것이 조직에서 차별적 영향을 미칠 수 있다는 것을 보여주는 증거가 있다(2장 참조).[173] 관리자는 인사 목적(예: 채용)으로 지적 능력 검사를 시행할 때 주의를 기울여야 하며, 해당 검사가 소수 집단이나 보호계급의 구성원을 배제하지 않도록 주의깊게 모니터링해야 한다.

신체적 능력

신체적 능력 체력, 손재주, 힘, 유사한 특성을 요구하는 작업을 수행할 수 있는 능력

일의 속성이 변화하면서 보다 많은 직무에서 지적 능력이 더욱 중요해지고 있다고 하지만, **신체적 능력**(physical ability)의 가치도 여전히 중시될 것으로 보인다. 수백 개의 직무에 대한 연구는 신체적 과업의 성과를 위해 필요한 아홉 가지 기본 능력을 확인했는데,[174] 도표 5-6에 정리되어 있다. 직무에서 아홉 가지 능력의 각각을 요구하는 정도와 해당 직무를 수행하는 구성원의 능력이 잘 맞을 때 높은 성과를 얻을 수 있다.[175] 예를 들어 특정 직업은 다른 직업에 비해 더 많은 힘(예: 소방관)이 필요할 수 있으며, 따라서 신체 능력의 측정은 이러한 직업에서 소방관의 장기적 성과를 예측할 수 있다.[176] 그러나 신체 능력 검사를 사용할 때 남성이 여성보다 상당히 높은 점수를 얻는 경향이 있기에 차별 문제가 발생할 수 있다. 어느 정도는 신체적 피트니스 훈련을 통해 여성이 최소자격요건을 충족하는 정도를 끌어올릴 수 있다.[177] 원하는 직업이 힘, 유연성, 다른 신체적 요구사항을 필요로 하는 경우에 충분히 준비되었음을 확인하기 위해 훈련하는 것이 가장 좋은 방법이다.

요약하자면 능력 관련 개인차는 여러 유형의 직무와 직업(예: 복잡한 과업이나 육체적 능력을 필요로 하는 직무)에서 중요하다. 동시에 조직은 점차적으로 인력이 최적의 생산성을 달성

도표 5-6 아홉 가지 기본 신체적 능력

체력 요인	
1. 동적 강도	근육의 힘을 오랫동안 반복적, 지속적으로 발휘하는 능력
2. 몸통 강도	몸통(특히 복부) 근육을 사용해 근육의 힘을 발휘하는 능력
3. 정적 강도	외부 물체에 대해 힘을 발휘하는 능력
4. 폭발적 강도	하나의 혹은 일련의 격렬한 동작으로 최대치의 에너지를 소비하는 능력
유연성 요인	
1. 신축적 유연성	몸통과 등 근육을 가능한 멀리 움직이는 능력
2. 동적 유연성	빠르고 반복적으로 굽히는 움직임을 하는 능력
기타 요인	
1. 신체 조정력	몸의 여러 부분의 동시 동작을 조정하는 능력
2. 균형	균형을 깨뜨리는 힘에도 불구하고 평형 상태를 유지하는 능력
3. 지구력	장시간 지속되는 노력을 최대로 유지하는 능력

하려면 모든 유형의 사람을 포함해야 하고 능력의 넓은 범주에 기반하여 누군가를 자동으로 제외해서는 안 된다는 사실을 인식하고 있다. 관리자는 측정된 능력이 직무에 절대적으로 필요한 경우를 제외하고는 HR 목적으로 능력 측정을 사용할 때 조심해야 한다. 물론 다양성을 추구하면서 동시에 개인차 평가의 예측 이익을 실현하는 것은 기술이 필요하며 조직의 다양성 관리 전략의 일부가 되어야 한다(2장 참조).

개인차로서의 능력을 논의했으니 이제 가치에 대해 살펴보고자 한다. 가치는 종종 매우 구체적이며 행동 경향보다는 신념 체계를 기술한다. 어떤 신념 또는 가치는 사람의 문화적 배경을 반영하며(자세한 설명은 2장 참조), 다른 가치는 성격을 반영한다. 그러나 다음 장에서 배우게 될 것처럼 항상 가치에 일관되게 행동하지는 않는다.

가치

5-7 궁극적 가치와 수단적 가치를 대조할 수 있다.

모든 조직의 핵심에는 그들의 미션에 중심적인 가치의 집합이 있다. 예를 들어 웰스파고(Wells Fargo)는 '고객을 위한 올바른 일'을 가치로 여기며 "우리가 하는 모든 일의 중심에 고객을 두고 있습니다. 고객의 기대치를 뛰어넘고, 평생 지속되는 관계를 구축하려고 합니다"라고 설명하고 있다.[178] 그러나 때로는 조직을 구성하는 사람의 가치나 행동이 그들이 추구하는 가치와 일치하지 않을 수 있다. 예를 들어 웰스파고의 직원은 '고객을 위한 올바른 일'을 가치로 여기는 동시에 가짜 계정을 수백만 개 개설하고 이러한 계정으로 자금을 이체하며 판매 목표를 달성하기 위해 고객의 동의없이 고객을 온라인뱅킹에 등록하는 등의 행동을 했으며, 이로 인해 회사가 법적 문제에 직면하게 되었다.[179]

가치(value)란 상대적으로 안정적이고 지속적이며,[180] 특정한 행동이나 결과가 다른 행동이나 결과보다 도덕적, 사회적, 개인적으로 더 바람직하다는 기본 신념을 의미한다.[181] 가치에는 무엇이 옳고 좋고 바람직한가에 대한 개인의 생각이 담겨 있기에 판단적 요인이 내포되어 있다. 가치는 내용과 강도 속성을 지닌다. 내용 속성은 행동 양식이나 존재 목적이 중요하다고 얘기한다. 강도 속성은 그것이 얼마나 중요한지를 명시한다. 한 개인이 강도의 측면에서 가치에 순위를 매기게 되면, 그 사람의 **가치 체계**(value system)를 확인할 수 있다. 모든 사람은 자유, 기쁨, 자기존중, 정직, 복종, 평등과 같은 가치에 부여하는 상대적 중요성에 따라 가치의 위계를 가지고 있다. 가치는 태도와 동기를 이해하는 기초가 되며 지각에 영향을 미친다. '무엇이 옳고', '무엇이 옳지 않은지'에 대해 이미 형성된 인식을 가지고 조직에 입사한다. 이러한 개념은 옳고 그름에 대한 해석과 특정행동이나 결과에 대한 선호를 담고 있다. 이것이 판단을 명확하게 해주던지 편향시키던지 상관없이, 가치는 직장에서의 태도와 행동에 영향을 미친다.

가치 특정한 행동이나 결과가 다른 행동이나 결과보다 도덕적, 사회적, 개인적으로 더 바람직하다고 믿는 기본 신념

가치 체계 강도 측면에서 개인의 가치에 대한 순위를 기반으로 한 계층

지니고 있는 가치의 상당 부분은 어렸을 때 부모님, 선생님, 친구, 타인과의 관계 속에서 형성된다.[182] 물론 갖고 있는 가치에 대해 의문을 제기하는 과정에서 그 가치가 변할 수도 있지만, 오히려 강화되는 경우가 더 많다. 한편 성격을 가치와 연계한 연구도 있는데, 이는 가치가 부분적으로 성격 특성에 의해 결정된다는 것을 시사한다.[183] 개방적인 사람은 예를 들어 새로운 아이디어를 추구하는 것에 가치를 두는 반면에(예: 자제하기보다 새로운 판매 전략을 시도), 친화적인 사람은 다른 사람을 돌보고 협력하는 것(예: 경쟁보다 협력적인 업무 환경에 끌

림)을 더 중요시할 수 있다.[184]

가치가 이따금 의사결정의 질을 높일 수 있지만, 때로는 객관성과 합리성을 흐리게 할 수도 있다.[185] 예를 들어 성과에 기반한 보상 분배가 옳고 연차에 따른 보상 분배는 틀렸다고 보는 조직에 입사했다고 가정해보자. 방금 입사한 조직이 성과가 아닌 연차에 대해 보상한다는 것을 알게 되면 어떻게 반응할 것인가? 실망할 가능성이 높고, 이로 인해 직장 불만이 높아지고 '어차피 돈을 더 벌 수 있을 거 같지 않으니까'라는 생각으로 높은 수준의 노력을 기울이지 않겠다고 결정할 수 있다. 가치가 조직의 급여 정책과 맞다면 태도와 행동이 어떻게 달라질 것인가? 아마도 많이 달라질 것이다.

궁극적 가치 대 수단적 가치

궁극적 가치 바람직한 존재의 궁극적 상태. 사람이 일생동안 성취하고자 하는 목표

수단적 가치 궁극적 가치를 달성하기 위해 선호되는 행동 방식이나 수단

가치를 어떻게 체계화할 수 있는가? 밀턴 로키치(Milton Rokeach)라는 연구자는 가치를 2개의 범주로 구분할 수 있다고 했다.[186] **궁극적 가치**(terminal value)라 불리는 첫 번째 세트는 바람직한 행동 양식과 관련이 있다. 궁극적 가치는 사람이 살아가면서 평생 달성하고자 하는 목표이다. 두 번째 세트인 **수단적 가치**(instrumental value)는 궁극적 가치를 달성하는 데 선호하는 행동 방식이나 수단을 의미한다. 궁극적 가치의 예로는 번영과 경제적 성공, 자유, 건강과 복지, 세계평화, 삶의 의미 등이 있고, 수단적 가치의 예는 자율성, 자립성, 개인적 수양, 친절함, 목표지향성 등이 있다. 각각은 목적(궁극적 가치)과 수단(수단적 가치) 모두에 가치를 부여한다.

로키치의 가치 이론을 기반으로 샬롬 슈워츠(Shalom Schwartz)는 로키치의 가치를 열 가지 차원으로 정리했다. 성취, 쾌락주의, 자극, 자기지향, 보편주의, 자비, 전통, 순응, 안전, 권력이다.[187] 슈워츠는 이 가치 체계에 대해 20개의 개별 국가로부터 얻은 증거를 제공했다.[188] 아마도 이들 중 어떤 가치가 어떻게 조직 내 개인과 직접적인 관련이 있는지 쉽게 이해할 수 있을 것이다. 일부 가치는(예: 보편주의, 자비 등) 효과성을 높이고 타인을 잘 대접하게 하는 반면에, 다른 가치는 전형적으로 해왔던 일(예: 전통, 순응, 안전)을 고수하거나 자기증진(예: 권력과 성취)을 중요시할 수 있다. 웰스파고의 경우에 고객에 대한 자비를 가치로 여길지라도, 그 조직은 개인적으로 자기증진을 중요시하는 직원으로 이루어져 있었다고 볼 수 있다.

세대별 가치

연구자는 직업 가치에 대한 다양한 분석을 미국 노동력의 다른 코호트나 세대의 공유된 견해를 포착하기 위한 집단으로 통합해왔다.[189] 아마도 베이비 붐 세대, X 세대, 밀레니엄 세대, Z 세대와 같은 국제적으로 활용되는 레이블이 친숙하게 느껴질 것이다. 도표 5-7은 구성원을 그들이 노동시장에 유입된 시대에 따라 분류한다.[190]

세대별 가치를 논하는 것은 흥미롭지만 이러한 분류에 대한 연구 증거가 부족하다는 점을 명심해야 한다. 초기 연구는 실제로 세대 간 차이가 존재하는지를 평가하기 어렵게 만드는 방법론적 문제를 안고 있었다. 일반화의 많은 부분이 과장되거나 부정확하다는 비판도 있다.[191] 즉 세대 간 차이가 세대차에 대한 대중적 인식을 지지하지 못하는 경우가 많다. 예를 들어 여가생활에 두는 가치는 베이비 붐 세대에서 밀레니엄 세대까지 증가해왔고 일 중심의 가치는 감소되었다고 하지만, 연구는 밀레니엄 세대가 이타적인 직업 가치를 가지고 있다는 것을 발견

도표 5-7 오늘날 근로자 내 지배적인 세대별 직업 가치

세대 코호트	출생	노동시장 진입	지배적 직업 가치
베이비붐 세대	1946~1964	1961~1979	낙관, 경쟁, 성실, 팀워크, 충성, 의무
X 세대	1965~1980	1980~1995	유연성, 비공식성, 회의론, 독립성, 다양성, 워라밸, 자기증진
밀레니엄 세대	1981~2000	1996~2015	경쟁, 개방성, 성취, 책임, 고유성, 질적 관계
Z 세대	2001~2020	2015~현재	다문화주의, 다양성, 기업가정신, 진취성, 양면성, 개인화, 개인주의, 창의성, 혁신

출처: Purdue Global, *Generational Differences in the Workplace*, accessed February 18, 2021, https://www.purdueglobal.edu/education-partnerships/generational-workforce-differences-infographic/에 기초함.

하지 못했다.[192] 또한 베이비 붐 세대가 다른 세대보다 더 높은 직업 윤리를 가지고 있다는 것도 지지하지 못했다.[193] 밀레니엄 세대에 대한 현대적인 비판 중 하나는 그들은 권리가 있다고 여기며 참가만 해도 상을 받은 세대의 잔재라는 것이다.[194] 그러나 만 명 이상의 사람을 대상으로 한 연구는 권리 인식에 있어 세대 간 차이가 없음을 보여준다. 또한 세대 연구에 대한 비판을 떠나 이 연구는 베이비 붐 세대가 나이가 들수록 더욱 권리가 있다고 여긴다는 점을 제안했다.[195]

다른 연구는 중요한 사건(예: 중국의 사회개혁 시대)이 이후 세대의 가치에 영향을 미쳤는지 알아보고자 했다.[196] 세대차가 실제로 존재한다면, 중요한 가치를 정의하는 사건이 영향을 받은 세대에게 시간에 걸쳐 가치의 변화를 가져올 것이라고 기대할 수 있다. 이 연구에서는 중국의 사회개혁 이전, 도중, 이후로 세대 가치는 대체로 유사했다. 흥미로운 점은 사회개혁으로 인해 모든 세대가 변화에 대한 열린 마음을 경험했다는 것이다.[197] 따라서 아마도 중요한 사건은 많은 사람이 주장하듯이 특정 세대에 영향을 미치지 않을지도 모른다(예: 베트남 전쟁이 베이비 붐 세대에 미친 영향, 닷컴 붐이 X 세대에 미친 영향, 대공황이 밀레니엄 세대에 미친 영향). 대신 해당 사건은 아마 그 당시를 살고 있던 모든 사람에게 유사한 방식으로 영향을 미친다.

세대별 가치의 타당성에 대한 지지 증거는 부족하지만, 사람이 다른 세대 사람을 어떻게 인식하는지에서의 차이는 지지되어 왔다. 직장에서 사람은 다른 사람을 세대 범주로 분류하고 직장에서의 의사결정에 영향을 미치는 고정관념을 적용한다.[198] 세대 차이에 대한 타당성은 낮지만, 그럼에도 불구하고 이러한 차이는 여전히 직장에서 고정관념으로 유지되며(2장 참조) 검토하지 않으면 나이차별이나 차별적 풍토를 만들게 된다.[199]

요약

성격과 개인차는 조직행동에 중요한 역할을 한다. 이들이 특별히 중요한 이유는 사람과 그들의 직무, 조직, 상사, 집단 간의 적합도가 구성원의 직무 태도, 성과, 퇴사 의도에 영향을 미치기 때문이다. 이 장에서는 성격과 조직행동과 긴밀하게 연관되어 있는 두 가지 개인차 요인(능력

과 가치)에 대해 논의했다. 빅 파이브 모델은 중요한 발전이었으며, 어둠의 3요소와 기타 특성(예: 적극적 성격) 또한 중요하다. 신흥 이론과 연구는 어떤 상황에서 성격이 중요하게 작용하는지 밝히고 있다. 모든 특성과 개인차는 업무 태도와 행동에 대한 장점과 단점을 지닌다. 모든 상황에서 이상적인 특성의 완벽한 조합은 없다. 성격과 개인차는 왜 사람(자신 포함)이 그들이 하는 방식으로 행동하고 생각하며 느끼는지 이해하는 데 도움을 줄 수 있다. 기민한 관리자와 구성원은 이러한 이해를 활용하여 자신의 성격에 가장 적합한 상황에 자신을 배치할(다른 사람도 돕기도 하며) 수 있다.

밀레니엄 세대는 부모 세대보다 자기애가 더 강하다

찬성 의견

밀레니엄 세대는 많은 장점을 갖고 있다. 집단으로서 이들은 새로운 기술에 정통하고 사회적으로 관대하며 하는 일에 몰입한다. 가정과 직장 간의 균형을 추구하면서 경력 관리만큼이나 삶의 질을 중시한다. 그러한 측면에서 기술적으로 덜 능숙하고, 사회적으로 덜 관용적이며, 어떤 대가를 치르더라도 출세를 위해 뛰어온 베이비붐 세대를 뛰어넘는다. 하지만 밀레니엄 세대는 매우 자기애적인 성향이 강하다는 것이 아킬레스건이다.

대규모의 종단적 연구에 따르면, 밀레니엄 세대는 베이비붐 세대에 비해 자신에 대해 부풀려진 견해를 갖고 있는 경우가 많으며, 심리학자는 1980년대 초반부터 자기애, 즉 나르시시즘이 점점 증가한다는 것을 발견하였다. 많은 밀레니엄 세대가 자신의 학업수행 능력, 리더십, 대중 발표력, 작문 능력 등과 같은 역량이 평균 이상이라고 자평한다. 또한 밀레니엄 세대는 자신이 '매우 훌륭한' 배우자(1980년의 37%에 비해 56%), 부모(1980년의 36%에 비해 54%), 회사원(1980년의 49%에 비해 65%)이라고 생각한다.

미국 럿거스대학교의 클리프 주킨(Cliff Zukin) 교수는 그 이유를 밀레니엄 세대의 어린 시절 양육 과정에서 찾는다. 그는 "밀레니엄 세대는 역사상 자기확신이 가장 강한 세대입니다. 이들은 자신이 원하는 것은 무엇이든지 할 수 있다고 믿으며 자라왔고, 자신의 기술과 재능을 직장에서 펼칠 수 있다는 자신감을 갖고 있습니다."라고 말했다. 《자기중심 세대(Generation Me)》를 저술한 진 마리 트웽이(Jean Marie Twenge) 교수도 "1960년대만 해도 '자기자신을 믿으세요', '여러분은 모두 특별한 사람입니다'라는 말은 별로 하지 않았다"라며 이러한 주장에 동조한다.

나르시시즘, 즉 자기애는 사회, 특히 직장에 나쁜 영향을 미친다. "자기애적인 사람은 자기도취적 성향이 강하며, 개인생활과 직장생활 전반적으로 재미있는 것에 가치를 부여합니다. 이들이 지루함을 느끼지 않고 잠시라도 프로젝트에 몰입하는 상황은 아예 기대하지도 않습니다"라는 한 경영자의 탄식도 귀담아들을 만하다.

반대 의견

사실 이전 세대도 '자기중심 세대(The Me Generation)'였지 않은가? 솔직히 모든 세대마다 자신이 다음 세대보다 낫다고 생각한다! 와튼스쿨 카펠리(Cappelli) 교수는 "그리스 문학이나 성경에서도 (젊은이들에 대한) 불만을 찾을 수 있습니다. 밀레니엄 세대라고 특별히 다를 것은 없습니다. 단지 더 젊다는 것 뿐이지요"라고 평했다. 보편적 진실은 젊은 사람은 젊기 때문에 특정 특성을 공유한다는 것이다.

밀레니엄 세대가 베이비붐 세대와 같은 나이 때에 자기자신에 대한 생각이 어느 정도 유사한가에 대한 최근 연구가 있다. 즉 대학 신입생으로서 밀레니엄 세대는 71%, 베이비붐 세대는 63%가 학문적으로 자신이 평균 이상이라고 했다. 비슷하게 성취욕의 경우도 밀레니엄 세대는 77%, 베이비붐 세대는 68%가 자신이 평균 이상이라고 확신했다. 달리 표현하면 '모든 세대는 예외 없이 자기중심적 세대'이다.

어떻게 보면 밀레니엄 세대가 베이비붐 세대보다 덜 자기애적이라고 할 수 있다. 한 경영자의 "밀레니엄 세대는 직장과 가정 간의 경계가 없기 때문에 밤중이나 주말과 휴일에도 회사 일을 위해 페이스북을 합니다. 이들 덕분에 업무생산성이 엄청나게 올라갔습니다"라고 말한 말처럼 밀레니엄 세대는 이타주의적인 성향을 보이기도 한다. 한 예로 밀레니엄 세대의 29%가 전체의 이익을 위한 이슈와 목적에 관여할 책임이 있다고 생각하는 데 비해 베이비붐 세대는 24%만이 그러한 책임을 느끼고 있다.

서로 다른 세대를 비교하는 것보다 인생의 같은 단계를 살아가는 사람을 비교하는 것이 훨씬 정확하다. 연구결과에 따르면 젊은 사람이 나이든 사람보다 더 자기애적 성향이 강하다는 것이 입증되었다. 밀레니엄 세대는 베이비붐 세대의 젊은 시절과 비슷하게 자기애적 성향을 보일 뿐이다.[200]

관리자를 위한 시사점

- 직무, 작업 집단, 조직을 평가하여 구성원과의 최적의 가치, 흥미, 성격 적합성을 결정하라.
- 조직 가치(예: 성실성, 외향성)와 성공적인 직무 수행에 가장 중요한 요구사항과 관련이 높은 성격 특성을 활용하여 입사지원자를 선별하는 것을 고려하라.
- 다양한 성격 모델이 존재하지만, 측정 도구마다 증거와 실증적인 지지에서 현저한 차이가 있다. 이러한 결과를 기반으로 관리자는 실질적인 결정을 내리기 전에 성격 모델과 측정 도구를 비판적으로 평가하라. 현재까지 가장 널리 지지되는 성격 모델로 빅 파이브를 권장한다.
- 일부 성격 특성은 직무 수행 중 직무 성과를 예측하는 데 더 적합하며, 다른 성격 특성은 교육훈련과 조직 적응에서 직원이 어떻게 성공하는지 예측할 수 있다. 특정 특성을 가진 직원은 조기 퇴사를 막고 경력 개발을 돕는 추가적인 지원과 도움이 주어질 때 더 좋은 성과를 낸다.
- 관찰 가능한 성격 특성을 평가할 때 상황요인을 고려하라. 정책, 관행, 심지어 사건은 상황을 강하게 또는 약하게 만들거나 원하는(원하지 않는) 특성을 나타낼 수 있다. 특정행동을 장려하거나 저해하기 위해 상황을 바꾸려 노력하고, 때로는 의도하지 않은 결과가 있을 수 있음을 인정하라.
- 능력은 종종 직무 성과를 직접 증명하는 것 외에 가장 좋은 예측자이나 차별적인 영향에 대한 우려를 낳을 수 있다. 지적 또는 신체적 능력이 직무 수행에 필요하고 필수적인 경우를 제외하고 지원자나 채용후보자의 능력을 평가할 때 주의를 기울여라.
- 동료와 구성원을 세대별 범주로 분류하려는 유혹을 뿌리쳐라. 이러한 차이가 매우 강력하지 않다는 증거가 있다. 더구나 이러한 세대별 범주는 보호연령 계층의 구성원에 대한 해로운 고정관념, 차별적인 결과와 처우로 이어질 수 있다.

5장 종합 점검

복습 질문

5-1 개인-직무 적합성과 개인-조직 적합성의 차이는 무엇인가?

5-2 성격이란 무엇인가? 성격은 일반적으로 어떻게 측정할 수 있는가? 성격을 결정하는 요인은 무엇인가?

5-3 MBTI, 빅 파이브 성격 모델, 어둠의 3요소에서 강점과 약점은 무엇인가?

5-4 핵심 자기평가, 자기감시, 주도적 성격의 개념은 개인의 성격을 파악하는 데 어떤 도움이 되는가?

5-5 성격이 행동을 예측하는 정도에 상황이 어떤 영향을 미치는가?

5-6 지적 능력과 신체적 능력이 조직행동과 어떤 관련성이 있는가?

5-7 궁극적 가치와 수단적 가치의 차이는 무엇인가?

입사 지원과 취업 역량

개인차에 대한 통찰과 이러한 차이가 직장에서 얼마나 중요한지를 이해하는 것이 취업 역량을 향상시키는 것을 도울 수 있다. 첫째, 직장은 수많은 사람이 서로 상호작용하는 복잡한 시스템이다. 사람이 서로 다른 성격, 능력, 가치를 가지고 있다는 사실을 이해함으로써 갈등을 예측하고 성격 또는 가치 충돌을 더 잘 피할 수 있다. 많은 조직은 성격을 측정하고 평가한다. 그러므로 자신의 성격을 이해하는 것은 경력에 도움이 될 수 있다. 자신의 성격 강점을 발견하고 성격에 대한 통찰을 활용하여 고용가능성을 높이며, 구직활동 중에 어떤 부분에 집중해야 하는지 알 수 있다. 반면에 상황이 이러한 행동 특성이나 성향을 제한하거나 활성화하는 방식을 이해하는 것은 직장에서 더 잘 적응하는 데 매우 중요하다. 이러한 지식은 어떤 기업에서 일하고 싶은지 결정하거나 이러한 조직의 문화와 잘 맞는지를 이해하는 데 있어 더 나은 의사결정을 하는 것을 도와준다.

이 장에서는 누군가를 처음 만나고 몇 초 내에 어떻게 성격을 정확하게 판단하는지 확인하고, 비윤리적인 행동을 예측할 수 있는 성격 특성에 대한 통찰을 얻고, 밀레니엄 세대가 다른 세대보다 자기애적인지에 대해 논쟁하면서 비판적 사고와 자기관리 스킬을 개발했다. 다음 절에서는 직무 면접에서의 자기관리 과정을 탐색하고, 자신과 잘 맞지 않는 조직에서 일하는 것이 윤리적인지 질문하고, 기술 회사에서 성격 평가를 사용하는 것으로 비판적으로 평가하면서 의사소통과 리더십 기술을 개발하게 될 것이다.

실전 연습 면접 연기해보기

당신은 입사지원자 또는 면접관 역할을 할당받았다. 입사지원자 역할에 할당된 경우에 '입사지원자 역할 설명 1' 또는 '입사지원자 역할 설명 2' 중 하나를 읽어야 한다. 당신이 할당받은 역할지만 읽는 것이 매우 중요하다. 10분간 개별적으로 역할지를 읽고 역할 연기 실습을 준비하라. 그런 다음 10분 동안 실습에 참여하게 될 것이다. 마지막으로 파트너와 함께 정리 질문에 답하라.

면접관 역할 설명: 당신의 업무는 간단한 10분 면접을 진행하는 것이다. 당신은 슈퍼마켓 체인의 고용담당자로서 새로운 팀원을 찾고 있다. 팀원의 주요 업무는 판매층에서 일하고 서비스와 상품에 관한 질문에 답변하며 진열대에 상품을 채우고 전시하는 것이다. 열심히 일하는 것에 가치를 두는 주도적이고 성실한 직원을 찾고 있다. 이상적인 지원자는 친절하고 동기부여된 고객서비스 경험이 있고, 자연 식품과 건강한 생활에 열정을 가진 사람이다. 이제 지원자의 성격과 가치가 직책과 조직에 적합한지 판단하기 위해 지원자에게 물어볼 다섯 가지 질문을 준비하라.

입사지원자 역할 설명 1: 당신은 슈퍼마켓 체인의 팀원 직책을 위한 면접을 진행하고 있다. 당신의 주요 업무는 판매층에서 일하고, 서비스와 상품에 관한 질문에 답변하며 진열대에 상품을 채우고 전시하는 것이다.

입사지원자 역할 설명 2: 당신은 슈퍼마켓 체인의 팀원 직책을 위한 면접을 진행하고 있다. 당신의 주요 업무는 판매층에서 일하고, 서비스와 상품에 관한 질문에 답변하며 진열대에 상품을 채우고 전시하는 것이다.

회사는 열심히 일하는 것에 가치를 두는 주도적이고 성실한 직원을 찾고 있다. 이상적인 지원자는 친절하고 동기부여된 고객서비스 경험이 있고, 자연 식품과 건강한 생활에 열정을 가진 사람이다.

질문

5-8 자신의 성격과 가치를 진실되게 표현했다고 느꼈는가? 만약 면접관이었다면 파트너가 면접 중에 자기자신을 진실되게 표현했다고 생각하는가? 그렇게 생각하는 이유는 무엇인가?

5-9 면접 중에 자신의 진정한 성격이나 가치를 왜곡하는 것이 비윤리적 행동이라고 생각하는가? 그렇게 생각하는 이유는 무엇인가?

5-10 입사지원자의 성격과 가치가 고용 여부를 결정하는 데 얼마나 중요하다고 생각하는가?

5-11 면접관으로서 지원자에게 어떤 질문을 물어볼지 어떻게 결정했는가? 면접관이자 지원자로서, 이러한 질문이 후보자의 성격과 가치를 잘 파악하는 데 도움이 되었다고 생각하는가? 그 이유는 무엇인가?

윤리적 딜레마 직무가 잘 맞지 않는다고 결정할 때까지 얼마나 기다려야 하는가

한 달 동안 직장을 찾고 있으나 아직까지 꿈에 그리던 직장을 찾지 못하고 있다. 그러나 최근 한 회사와 면접을 진행했고, 몇 번의 면접을 거친 뒤 회사 측에서 당신과 다른 지원자 사이에서 선택을 할 것이라는 소식을 전해주었다. 몇 일 내로 그들의 결정을 듣게 될 것이다. 솔직히 말해서 당신은 그 자리에 특별히 흥미를 가지고 있지는 않다. 그럼에도 불구하고 아직 다른 직장 제안을 받지 못했기 때문에 해당 자리를 얻게 될지 기다려볼 생각이다.

몇 일이 지난 후, 결국 그 직책을 제안받게 된다. 그러나 여전히 그 제안을 수용할지에 대해 고민하고 있다. 당신은 더 높은 직급과 더 높은 급여를 희망하고 있었다. 몇 개월 동안 직장이 없어도 재정적으로 문제는 없었지만, 일이 없다는 것이 원하는 직업을 얻을 기회를 날려버릴까 하는 걱정이다. 마침내 당신은 걸리는 점은 있지만 그 직책을 받아들이기로 결정한다.

직책을 수락하고 안도감을 느끼지만, 오리엔테이션과 교육 과정을 시작하면서 당신은 이 직책이 생각했던 것보다 큰 책임을 부여한다는 것을 곧 깨닫게 된다. 당신은 최소한의 업무량으로 일하면서 그 동안 다른 일에 지원할 수 있기를 희망했다. 아마도 이 직책을 수락하지 않고 더 많은 시간과 에너지를 더 적합한 직장을 찾는 데 들였어야 했다. 그러나 당신은 미래에 유용할 것으로 기대되는 당신의 분야에서 앞서 나가는 데 도움이 되는 스킬을 배우고 있다.

질문

5-12 진지하게 장기간 일할 것을 고려하지 않는 직책을 수용하는 것에 대한 윤리적 고려사항이 있는가?

5-13 직책을 수용하기 전에 고용주에게 당신의 진짜 의도를 알릴 의무가 있는가? 왜 그런가?

5-14 해당 직책에서 오래 근무할 생각이 없음에도 그 일을 맡는 것이 수용가능한 상황인가?

5-15 일단 일하기 시작한 후 해당 직무가 잘 맞지 않는다면 결정하기 전에 기다려야 하는가? 미리 결정하지 않고 나중에 결정하는 것에 윤리적 고려사항이 있는가?

사례 삽화 스카이에너지

스카이에너지(Sky Energy, 일반적으로 'Sky'로 알려짐)는 캘리포니아 새너제이에 위치한 45,000명의 직원을 보유한 대규모 기술회사이다. 이 회사는 주로 전기차, 태양, 풍력 기술을 제조하는 청정에너지 개발에 중점을 두고 있다. Sky는 2003년에 2명의 엔지니어에 의해 설립되었으며, 그 중 1명이 현직 CEO인 에두아르도 말라가(Eduardo Malaga)이다. 말라가는 그의 혁신적인 사고로 알려져 있으며 지속적으로 청정에너지를 활용하는 새로운 제품을 개발하기 위해 노력하고 있다.

말라가의 기업가 정신은 회사가 개발하는 제품 뿐만 아니라 Sky의 조직 구조에도 강력한 영향을 미치고 있다. 말라가는 덜 위계적이고 더 협력적인 프로젝트팀 구조를 설계하고자 하는 비전을 가지고 있다. 효과적인 팀을 만들기 위한 전략을 고려하면서, 말라가는 구성원이 다른 사람과 종종 긴밀하게 협업해야 하는 경우 직면하게 되는 잠재적인 어려움을 생각한다. 개인적 경험을 바탕으로 그는 다양한 성격을 가진 사람을 관리하고 함께 일하는 것이 어려울 수 있다는 것을 알고 있다. 어느 날 그는 성격 조만에 받아봤던 마이어스-브리그스 유형 지표(MBTI)라는 실용적인 성격검사가 기억났다. 말라가는 자신의 '유형'을 알아가는 것이 실제로 즐겁고 직장에서 다른 사람과 상호작용하는 방법을 이해하는 데 유용하다고 생각했다. 팀 구조를 혁신하는 완벽한 도구를 발견했다는 그의 생각은 MBTI에 대한 추가 연구를 하면서 더욱 강화된다. 예를 들어 MBTI를 판매하는 회사는 수십한 데이터를 기반으로 평가가 타당하고 신뢰성이 있다고 주장한다. 여기서 더 나아가 말라가는 이 성격 평가가 각 팀원을 특정 유형에 속하는 것으로 분류할지라도 팀 내에서 분열을 일으키지 않을 것이라고 확신한다. MBTI 웹사이트에 따르면 '모든 유형은 평등'하기 때문이다.

여러 기준으로 볼 때 Sky는 놀라울 정도로 성공적인 기업이지만, 말라가는 장기적인 성공을 유지하는 회사는 지속적으로 혁신하는 기업이라는 것을 알고 있다. 그는 페이스북이 마이스페이스(Myspace)를 앞서가는 모습을 기억하며 이것은 많은 예시 중 하나일 뿐이라고 생각한다. 충분히 연구한 뒤에 말라가는 Sky에서 MBTI를 활용할 준비가 되어 있다. 그는 모든 현직 직원에게 MBTI를 실시하고 프로젝트 관리자에게 해당 데이터를 활용하여 프로젝트팀을 구성할 계획이다. 또한 그는 MBTI 검사를 채용전 평가 도구로 사용할 계획이다. Sky는 개발가능성이 높고 회사에 오래 근무할 사람을 선택하는 데 중점을 두고 있다. 그러므로 말라가는 특정 자격과 경험을 가진 사람보다 회사의 가치관과 철학과 잘 맞으며 코칭가능한 사람을 찾는 것이 중요하다고 믿고 있다. 곧 채용관리자와 채용담당자는 MBTI를 실시하고 평가하는 방법을 교육받게 될 것이다.

예를 들어 소프트웨어 엔지니어 자리에 대해 2명 최종지원자 후보(카슨과 자라) 사이에서 채용팀은 누구를 고용할지에 대한 어려운 결정을 내려야 한다. 자라는 카슨보다 경험이 적지만 면접 중 회사의 미션에 대해 더 열정적이었다. 그녀는 환경보호활동에 헌신한 한 단체에서의 인턴 경험으로 자신이 채용될 자리에 적합한 후보자라고 힘있게 강조했다. 게다가 자라의 MBTI 유형은 ENTJ(외향성 + 직관 + 사고 + 판단)이었고, 카슨은 ISFJ(내향성 + 감각 + 감정 + 판단)이었다. 카슨의 면접에서는 그의 유형처럼 신뢰할 수 있고 성실하며 실용적인 사람임이 분명히 드러났다. 채용담당자는 이러한 특성이 도움이 된다고 믿었지만, 현재 직원의 다수가 내향성을 보인다는 사실에 주목했다. 자라는 외향적일 뿐 아니라, 그녀의 유형은 또한 비전중심적이며 주저 없이 리더십을 발휘할 것임을 나타냈다. 카슨(ISFJ 유형으로)은 신입구성원에게 바라는 리더십 역량이 부족할 것으로 보였다. 결국 채용담당자는 자라가 일하게 될 팀에 다양성을 높여줄 것이라고 생각했다. 그녀의 이전 경험과 MBTI 유형을 고려하면 그녀가 회사의 비전을 실현하는 데 더 잘 맞는 지원자일 것이다.

말라가는 또한 MBTI가 MBTI 유형을 다양화함으로써 팀을 강화할 수 있는 방법임을 언급했다. 한 채용관리자는 마찬가지로 외향성과 내향성을 측정하는 빅 파이브 모델을 대신 사용할 수 있다고 언급했다. 몇몇 관리자가 동의했지만 팀은 MBTI를 사용하기로 결정했는데, 그 이유는 이 도구를 사용하는 것이 회사에 대한 말라가의 비전의 일부였기 때문이다.

질문

5-16 이 사례를 읽고 난 후, MBTI에 대해 어떤 생각이 드는가? 왜 Sky의 경영진이 MBTI에 우호적인 결정을 내렸다고 생각하는가? 만약 그들이 MBTI에 대한 경험적 증거가 부족하다는 것을 알았다면 다른 반응을 보였거나 방식을 바꿨을 거라고 생각하는가? 그렇게 생각하는 이유는 무엇인가?

5-17 말라가의 목표를 달성하기에 보다 효과적인 다른 성격 모델이 있는가? 그렇다면 왜 그 모델이 더 효과적이었을 것이라고 생각하는가? 만약 당신이 Sky의 채용관리자였다면 팀의 다른 사람에게 무엇을 제안했을 것이며, 어떻게 당신의 생각을 지지하도록 설득했을 것인가?

5-18 새 소프트웨어 엔지니어를 채용하기 위한 채용담당자의 의사결정 과정을 평가하라. 개인의 성격 특성이 의사결정 과정에 어느 정도 영향을 미쳐야 하는가? 조직이 성격 데이터를 의사결정에 어떻게 사용해야 하는가?

6 지각과 개인적 의사결정

출처: David Lyon/Alamy Stock Photo

학습목표

6-1 지각에 영향을 미치는 요소를 설명할 수 있다.

6-2 귀인 이론을 설명할 수 있다.

6-3 지각과 의사결정의 관계를 설명할 수 있다.

6-4 의사결정의 합리적 모델을 제한된 합리성과 직관에 따라 비교할 수 있다.

6-5 개인차와 조직의 제약조건이 의사결정에 어떤 영향을 미치는지 설명할 수 있다.

6-6 세 가지 윤리적 의사결정 기준을 비교할 수 있다.

6-7 창의성의 3단계 모델에 대해 논의할 수 있다.

취업 스킬 매트릭스(ESM)

	미신인가, 과학인가	윤리적 선택	찬성 의견/반대 의견	더 나은 세상을 향해	실전 연습	윤리적 딜레마	사례 삽화
비판적 사고와 창의성	✔	✔	✔	✔	✔	✔	✔
의사소통				✔	✔		✔
협력					✔		✔
자기관리	✔	✔		✔		✔	
사회적 책임	✔	✔		✔	✔	✔	✔
리더십		✔	✔	✔	✔	✔	✔
경력관리	✔					✔	

개인의 직관으로 촉발되는 혁신

성공적인 사업가인 리처드 브랜슨(Richard Branson), 제임스 다이슨(James Dyson), 엘라 우드워드(Ella Woodward)는 각각 전혀 다른 사업을 운영하고 있다. 하지만 이들은 강력하고 혁신적이며 기업가적인 직관을 가졌다는 공통점이 있다. 영국의 비즈니스 거장이자 투자자이며 박애주의자인 리처드 브랜슨, 영국의 발명가이자 산업 디자이너이며 듀얼사이클론 진공청소기를 개발한 제임스 다이슨, 영국의 음식 관련 작가이자 딜리셔슬리엘라(Deliciously Ella)라는 브랜드를 설립한 엘라 우드워드, 이 세 사람은 직관과 직감에 따라 핵심적인 비즈니스 의사결정을 내렸다. 이들은 이러한 의사결정으로 혁신적이고 창조적인 제품와 서비스를 시장에 제공할 수 있었으며, 이는 영국을 넘어 전 세계적인 사업 성공과 강력한 브랜드 네임 구축의 근간이 되었다. 브랜슨은 의사결정시 창의적 본능에 의지하고, 다이슨은 시장조사에 근거한 직관을 신뢰하며, 우드워드는 기립성 빈맥증후군(postural tachycardia syndrome, 기립시 빈혈 증세) 진단에 대한 반응으로 감정을 활용하여 의사결정을 내린다고 한다.

물론 이들의 사업적 성공을 직관적인 의사결정이 결과로만 볼 수는 없다. 훌륭한 분석 기술과 정보에 기초한 판단력도 중요한 역할을 했다. 다이슨의 의사결정은 기술에 대한 지식과 전문성을 바탕으로 한 것이며, 브랜슨은 시장에 대한 이해를 바탕으로, 우드워드는 대상 소비자에 대한 이해를 바탕으로 의사결정을 내렸다. 특히 기업 환경에서의 의사결정은 (정서적 추론과 같은) 직관과 합리적 판단이 모두 요구되고 활용되는 복잡한 작업이자 과정이다. 이 두 가지 요소는 기본적으로 상호보완적인 측면이 있지만 개인에 따라서 다르게 나타난다.

직관은 대부분의 경우 도움이 되었으나 늘 그런 것은 아니었다. 그 예로 버진콜라(Virgin Cola) 사례가 있다. 1994년 버진그룹 창립자인 브랜슨은 회사의 사업 영역을 확장하여 코카콜라, 펩시와 경쟁할 수 있는 방법을 강구했다. 여러 굴곡 끝에 버진드링크U.S.A.(Virgin Drinks U.S.A.)는 2001년 4월 시장점유율 0.5%라는 초라한 결과를 남기고 사업을 철수하고 말았다. 2012년에는 버진콜라의 생산 자체가 전면 중단되었으나 아무도 버진콜라를 인수하지 않았다.

브랜슨의 목표는 코카콜라와 펩시의 시장점유율을 빼앗고 탄산음료시장을 지배하는 것이었다. 하지만 결과는 실패였으며 그 원인은 시장조사 부족, 시장에 대한 이해 부족, 나아가 소비자 행동에 대한 잘못된 이해로 드러났다. 어떤 이들은 이 사례가 제한적 합리성의 결과라고 말한다. 즉 당시 복잡한 상황을 지나치게 단순화하여 결정을 내렸다는 것이다. 또 다른 사람들은 애초부터 잘못된 판단이었다고 말한다. 사실이 무엇이든 브랜슨은 위험과 불확실성을 감수하는 것을 겁내지 않았으며 오히려 계속해서 위험과 불확실성에서 영감을 받았다. 그리고 이러한 성향으로 인해 그는 사업의 거물이 되었다.[1]

이 장의 후반부에서 보겠지만 의사결정의 적절성, 윤리성, 창의성은 조직에 여러가지 영향을 준다. 그러나 좋은 의사결정은 우리의 지각이 잘 작동하는 만큼 가능하며, 지각은 오류와 편향의 영향을 받을 수 있다. 무엇이 우리와 우리의 조직에 영향을 미치는지 더 잘 이해하기 위해 사고 과정의 근원에서 출발하려 한다. 이는 우리의 인식이 우리의 의사결정에 영향을 미치는 방식이다.

지각이란 무엇인가

6-1 지각에 영향을 미치는 요소를 설명할 수 있다.

지각 개인이 주변 환경에 의미를 부여하기 위해 감각적으로 느끼는 인상을 조직하고 해석하는 과정

현상은 눈에 보이는 것과 항상 같지 않으며, 우리의 지각은 편향으로 이어질 수 있다. 지각은 타인과의 상호작용하는 방식에 영향을 줄 수 있으며, 특히 다른 사람이 어떤 고정관념과 연관된 집단에 속한다고 지각할 때 문제가 될 수 있다. 타인에 대한 지각에 기초하여 그 사람의 도덕적 품성과 같은 강력한 인상을 형성하게 되는데, 이때 초기 정보는 대략적이고 근거가 부족할 수 있다.[2] 예를 들어 몸무게와 관련한 편향과 차별은 뚱뚱한 사람은 게으르고 의욕이 없으며 건강하지 않을 거라는 고정관념을 활성화시켜 여러 직원에게 피해를 준다.[3] **지각**(perception)은 개인이 주변 환경에 의미를 부여하기 위해 자신이 감각적으로 느끼는 인상을 조직하고 해석하는 과정이다. 지각하는 내용은 객관적인 현실과 상당히 다를 수 있다.

조직행동연구에서 지각이 왜 중요한가? 사람의 행동과 의사결정은 현실 그 자체가 아니라 현실이 무엇인지에 대한 지각을 바탕으로 이루어지기 때문이다. 즉, 지각은 곧 행동의 기반인 현실이 된다고 할 수 있다. 예를 들어 아시아 문화에서 대화 중 침묵은 중요하며 경청을 나타내지만, 브라질 직원은 일본 직원과의 가상회의 중에 침묵을 어색하거나 부정적인 것으로 지각할 수 있다.[4] 현실 인식에 공통적으로 나타나는 것을 이해하기 위해 지각에 영향을 미치는 요소부터 살펴보자.

지각에 영향을 미치는 요인

여러 요인으로 인해 지각이 형성되고 때로는 왜곡되기도 한다. 이러한 요인은 **지각자**, 지각의 대상, 지각이 형성되는 **상황** 안에 존재한다(도표 6-1 참조).

지각자 개인이 한 대상을 보고 그것을 해석하려 할 때 그 해석은 지각자의 태도, 성격, 동기, 흥미, 과거 경험, 기대와 같은 개인적 특성에 영향 받는다.[5] 같은 대상이라도 사람은 그 대상을 항상 정확히 똑같은 방식으로 보지 않는다. 2015년 온라인상에 퍼졌던 드레스 사진에서 어떤 사람은 파란색과 검은색이라고 말하고 다른 사람은 흰색과 금색이라고 말하는 것처럼 때로

도표 6-1 지각에 영향을 주는 요인

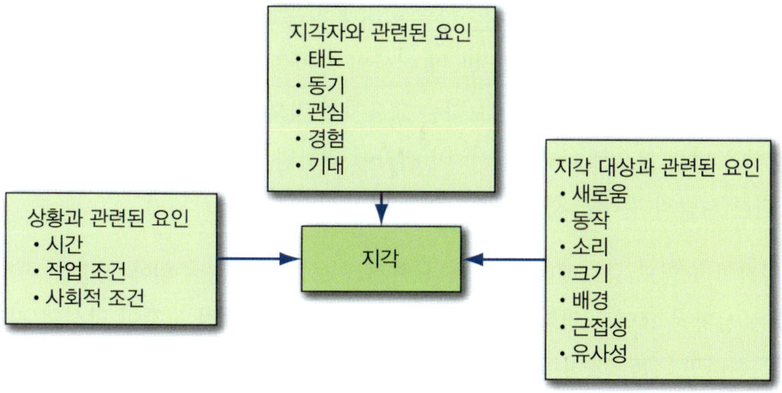

는 사람에 따른 지각의 차이가 극명하게 나타난다.[6] 어떤 면에서 우리는 듣고 싶은 말을 듣고 보고 싶은 것을 본다. 그것이 진실이기 때문이 아니라 생각과 일치하기 때문이다.[7] 연구결과에 따르면 상사는 이른 시간에 하루 업무를 시작한 직원을 더 성실하다고 지각하고, 그래서 더 일을 잘한다고 평가했다. 하지만 자신이 야행성인 상사의 경우에는 잘못된 가정을 할 가능성이 낮았다.[8]

이처럼 태도에 의해 형성되는 지각은 객관적인 평가를 통해 그 영향에 대응할 수 있으나, 다른 지각의 경우는 잘 드러나지 않는 방식으로 영향을 줄 수 있다. 예를 들어 지각자의 권력이나 지위는 직장에서 무례한 대우를 당한 피해자를 위해서 직접 가해자에게 맞서는 행동을 하는지에 영향을 준다. 반면에 지각자가 조직 내 지위가 낮은 경우에는 가해자를 직접 대면하지 않고 피해자를 위한 사회적 지지만을 위해 개입할 가능성이 높다.[9] 또 다른 예로 리더는 자신의 리더십 경험에 대해서 너무 자주 말하고 쓰다보니 실제로 일어난 사실과 자신의 기억을 잘 구별하지 못한다.[10] 그 결과 리더는 어떤 생각이나 행동이 자신에게 효과가 있었다고 잘못 믿고 여기에 의존하게 된다. 윌리엄 맥스웰(William Maxell)이 "과거에 대해서 이야기할 때, 우리는 숨 쉴 때마다 거짓말을 한다"라고 말했듯이 말이다.[11]

대상 대상의 특성 또한 지각에 영향을 미친다. 보통 지각 대상만 따로 구별해서 바라보지 않기 때문에 지각 대상과 배경상황의 관계가 지각에 영향을 미친다. 가깝거나 유사한 대상을 집단화하려는 경향처럼 말이다. 또한 명백하게 다른 특성을 가진 집단 내 구성원이 다른 측면에서 비슷할 것이라고 지각하고 암묵적 고정관념을 형성한다(2장 참조). 이러한 가정은 범죄 전과가 있는 사람이 잘못 체포되었다는 사실이 알려지더라도 직장에서 여전히 편견 어린 시선을 받는 것만큼이나 해로울 수 있다.[12]

때로는 대상에게 유리하게 작동할 수 있는데, 조직의 최종성과에도 영향을 줄 수 있다. 예를 들어 만 건이 넘는 소액대출 거래 중에서 유쾌한 용모의 고객(대출 신청자)에게 대출이 승인될 가능성이 높았으며, 승인도 더 빨리 이루어졌다.[13] 인공지능 접근법을 사용한 연구자는 기계학습을 적용했으며 유쾌한 용모가 약 60퍼센트의 정확률로 대출 승인을 예측할 수 있다고 결론지었다.[14] 또 다른 예로 신예 기업가는 크라우드 펀딩 투자가가 이들을 열정적이라고 지각하면 혜택을 누린다. 한 실험에서 크라우드 펀딩 투자자, 즉 킥스타터(Kickstarter)와 인디고고(Indiegogo)는 자신이 열정적이라고 지각한 기업가에게 더 감탄하고 투자하는 것으로 나타났다.[15] 대상이 가진 특성은 지각하는 것을 밀어내고 긍적적 편향의 영향을 미칠 수도 있다. 예를 들어 전문가 양성 과정에 등록한 만 명 이상의 직원을 대상으로 한 연구결과에서 강의 평가는 평가의 주초점인 강의 내용의 질보다는 교육자가 강의를 얼마나 재미있게 만드느냐에 의해 주로 영향을 받는 것으로 나타났다.[16] 이 결과에 의하면 카리스마 있는 고객, 리더, 기업가, 교육자는 다른 사람의 지각을 왜곡하고 지배할 수 있다.

상황 상황적인 요인도 중요하다. 사물이나 사건을 보는 시간은 주의에 영향을 미치며 위치, 빛, 열, 많은 상황적 요인도 영향을 줄 수 있다. 예를 들어 잠재적 고객이 당신의 지저분한 사무실을 방문한다면, 깔끔한 사무실인 경우에 비해서 당신을 성실하지 못하고, 친화적이지 못하며, 불안한 사람이라고 생각할 가능성이 높다.[17] 대상과 지각자 모두의 소속 집단도 중요한데, 그 중 지각자의 소속 집단이 가장 중요한 것으로 보인다. 팀 구성원으로서 아마도 어떤 행동이 수용되고 수용되지 않는지에 대한 강한 규범을 갖게 된다. 이러한 '팀 상황'으로 인해 강한 상황(5장 참조)이 형성되며, 다른 사람의 성과나 조직시민행동(OCBs)을 지각하고 평가하는 데 큰 영향을 미친다.[18]

사람들은 일반적으로 현실 인식에 영향을 미치는 요소를 잘 지각하지 못한다. 사실 사람은 자신의 역량조차 제대로 지각하지 못한다.[19] 하지만 다행히도 인식과 객관적인 기준을 활용하면 지각의 왜곡을 줄일 수 있다. 예를 들어 사람은 자신의 인종에 대한 편향을 더 인식하면 자신의 선입견을 통제하려는 동기가 더 강해지고 자신의 편향을 더 잘 지각하게 된다.[20] 다음으로 타인에 대한 지각을 어떻게 형성하는지 알아보자.

개인 지각: 타인 평가

6-2 귀인 이론을 설명할 수 있다.

조직행동과 관련성이 가장 높은 지각 개념은 **사람에 대한 지각** 또는 사람이 서로에 대해 형성하는 지각이다. 많은 경우에 첫인상과 근거 없는 작은 단서를 가지고 타인에 대한 지각을 형성한다. 귀인 이론의 이면에 있는 근거부터 시작해서 올바른 인간에 대한 지각을 방해하는 인간적 성향에 대해 알아보자.

귀인 이론

우리는 사람을 관찰할 때 그들의 행동을 설명하려고 한다. 다른 사람의 행동에 대한 지각과 판단은 그 사람의 내적 상태에 대해 어떤 가정을 하느냐에 따라 달라진다.

귀인 이론 어떤 행동의 원인이 내재적 혹은 외재적인지를 결정하는 것처럼 다른 사람의 행동에 부여하는 의미에 따라 사람을 다르게 판단하는 방식을 설명하는 이론

귀인 이론(attribution theory)은 다른 사람의 행동에 부여하는 의미에 따라 그 사람을 다르게 평가하는 방식을 설명하려 한다.[21] 예를 들어 동료직원이 늦게 출근한다면 그 사람이 게으르거나 밤 늦게까지 놀았기 때문이라고 생각할지 모른다. 하지만 자신이 늦었을 때도 스스로 똑같은 생각을 하겠는가(아니면 교통체증 때문이라고 생각하겠는가)? 귀인 이론은 또한 귀인의 결과로 어떤 행동을 하는지를 설명한다. 예를 들어 상사는 어떤 부하직원이 자기 일에 '열정

적'이라고 생각하는 경우에 직원을 착취하거나 홀대하는 경향(초과 근무를 하게 하거나 지루한 일을 배정하는 등)이 있다.[22] 다시 말해 상사는 직원이 자기 일에서 열정적이라고 보는 경우에 직원이 더 많이 일해도 괜찮다고 생각한다는 것이다(예: 자기 일을 좋아하니까, 더 많이 해도 괜찮겠지!). 또 다른 예로 식당 직원이 손님에게 부당한 대우를 당하고 문제가 있다고 생각하는 경우에 손님에게 최소한의 서비스만 제공하게 되고, 결국 식당에 대한 부정적인 고객 리뷰로 이어진다.[23]

내재적과 외재적 원인 귀인 이론은 다른 사람의 행동을 관찰할 때 그 행동의 원인이 내재적인지, 외재적인지를 결정하려 한다고 설명한다. 이러한 결정은 세 가지 요인, 즉 ① 차별성, ② 합의성, ③ 일관성에 의해 크게 영향을 받는다.[24] 먼저 내재적 원인과 외재적 원인의 차이를 알아본 다음 세 가지 결정요인에 대해 생각해보도록 하자.

내재적 원인에 의한 행동은 사람의 개인적 통제하에 있다고 믿는 행동(즉, 동료가 게을러서 지각했다고 생각하는 경우)이다. 외재적 원인에 의한 행동은 외부 환경으로 인해 그렇게 할 수밖에 없다고 믿는 행동(즉, 교통 체증 때문에 지각했다고 생각하는 경우)이다. 최근 연구에 따르면 다른 종류의 외재적 귀인으로서 어떤 행동의 원인을 다른 사람과의 관계로 설명할 수도 있다.[25] 예를 들어 어떤 고객이 당신의 회사와 거래를 중단했다면 그 이유로 ① 회사에 대한 그 고객의 충성도가 낮기 때문이거나(내재적), ② 재정 문제로 인해 비용을 삭감해야 했거나(외재적), ③ 새로 담당을 맡은 직원과 잘 맞지 않았기 때문이라고(관계적) 생각할 수 있다.

상당히 많은 연구가 관계적 귀인이 직장 내 대인관계의 역학에 어떤 영향을 미치는지를 보여준다. 예를 들어 아주 잘 알려진 스타 직원과 같이 일하는 경우에 다른 사람이 당신의 성과를 그 스타 직원과의 관계에 귀인하기 때문에 당신의 기여와 관련한 비난뿐 아니라 인정도 덜 받게 된다.[26] 또 다른 예로 만약 리더가 단지 갈등을 유발하지 않고 리더-직원 관계를 잘 유지하기 위해 당신과 동료를 잘 대해준다고 생각한다면, 당신은 자신이 덜 '특별'하다고 느끼게 되고 조직시민행동을 덜 하게 된다.[27]

차별성, 합의성, 일관성 차별성은 개인이 다른 상황에서 다른 행동을 보이는지를 말한다. 오늘 지각한 직원은 다른 약속도 자주 어기는가? 만약 아니라면 외재적 귀인을 할 가능성이 높다. 만약 그렇다면 아마도 지각을 내재적인 것으로 판단할 것이다.

만약 동일한 상황에 직면한 사람이 같은 방식으로 반응한다면 행동이 합의성을 보인다고 말할 수 있다. 출근길이 같은 모든 직원이 모두 늦었는가? 그렇다면 직원의 지각에 대해 외재적 귀인(즉, 교통 체증이나 날씨)을 할 것이다. 만약 아니라면 지각에 대해 내재적 귀인을 할 가능성이 높다.

마지막으로 관찰자는 다른 사람의 행동에서 일관성을 찾는다. 그 사람이 오랜시간에 걸쳐 같은 반응을 보였는가? 몇 달 동안 정시 출근했던 직원과 일주일에 세 번씩 지각하는 직원이 10분 지각했을 때 두 경우를 동일하게 지각하지 않는다. 행동의 일관성이 높으면 관찰자는 내재적 귀인을 할 가능성이 높다.

귀인 이론의 주요 요소가 도표 6-2에 요약되어 있다. 예를 들어 알렉스라는 직원이 다른 관련 업무를 할 때에도 현재 업무와 같은 성과 수준을 보인다면(낮은 차별성), 다른 직원은 알렉스와 같은 업무를 할 때 성과가 높든지 낮든지 알렉스와 다른 성과 수준을 보인다면(낮은 합의

도표 6-2 귀인 이론

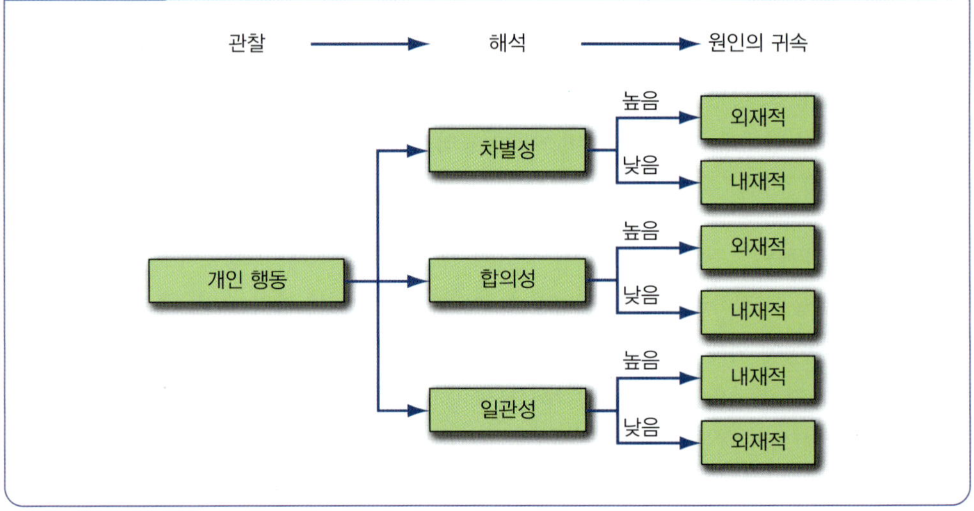

성), 현재 업무에 대해 알렉스의 성과 수준이 장기간에 걸쳐 일관적이라면(높은 일관성), 알렉스의 성과를 판단하는 사람은 알렉스가 자신의 업무 성과(내재적 귀인)에 주요 책임이 있다고 생각할 것이다.

근본적 귀인 오류 타인의 행동을 판단할 때 외재적 요인의 영향을 과소평가하고 내재적 요인의 영향을 과대평가하는 경향

자기본위 편향 자신의 성공에 대해서는 내재적 요인에, 실패에 대해서는 외재적 요인에 원인을 귀속시키는 경향

귀인에서의 오류와 편향 우리는 타인의 행동을 판단할 때 외재적 요인의 영향을 과소평가하고 내재적 혹은 개인적 요소의 영향을 과대평가하는 경향이 있다.[28] 이를 **근본적 귀인 오류**(fundamental attribution error)라고 하는데, 왜 부자를 똑똑하고, 현명하며, 천성적으로 유능하다고 믿으면서 이들의 성공에 방해가 된 외재적 요인들을(예: 부유한 가정에서 태어남) 고려하지 않는지를 설명할 수 있다.[29]

한편 사람은 자신이 상대적으로 돋보이게 하는 방식으로 모호한 정보를 받아들이며, 긍정적인 피드백은 쉽게 받아들이지만 부정적인 피드백은 거부하는 경향도 있다. 이를 **자기본위 편향**(self-serving bias)라고 한다.[30] 기업 리더의 자기본위 편향과 그로 인한 부정적 영향에 대한 많은 연구는 모든 경영자가 자기본위적이지는 않으며, 겸손한 경영자이면 경력에서 더 큰 성공과 수직적 이동을 누리고, 투자자가 긍정적으로 반응하며, 대체로 더 높은 팀 성과와 기업 성과를 낸다는 것을 보여준다.[31]

지각의 문화적 차이에 대한 증거는 혼재되어 있으나, 집단주의 문화에서는 내재적 귀인보다 외재적 귀인이 더 빈번하게 나타나는 것을 비롯해 개인 귀인과 관련하여 문화적 차이가 존재함을 보여준다.[32] 예를 들어 중국인과 미국인 집단 중재자(고용주와 직원 그룹 간의 분쟁에 대해 판결을 내리는 사람들)를 대상으로 한 실험 연구결과는 비슷한 상황 속에서 중국인 중재자가 미국인 중재자에 비해 계약 조건을 위반한 조직에 더 가혹한 처벌을 내렸다는 것을 발견했다. 이러한 차이는 집단주의 문화의 영향으로 형성된 것으로서 위반의 책임을 개인보다는 조직이나 상황에 귀인하려는 부분적으로 중국인 중재자의 성향 때문으로 볼 수 있다. 또 다른 연구결과도 비슷하게 설명할 수 있다. 기업 비리에 대해 잘 알려진 여러가지 보도를 바탕으로 한 연구에서 미국의 신문기사는 각 비리에 연루된 특정 개인을 더 많이 언급한 반면에 일본의 신문기사는 관련 기관에 대해 더 많이 언급했다. 이는 일본인이 행위자로서 개인보다 집단에 더 주

못한다는 것을 의미한다.[33]

이제까지 개인 지각에 대해 알아보았고, 다음으로 타인의 행동을 단순 처리하기 위해 흔히 사용하는 손쉬운 방법에 대해 알아보자.

타인을 판단할 때 사용하는 손쉬운 방법

타인을 판단할 때 사용하는 손쉬운 방법은 종종 빠른 지각을 가능하게 하고, 예측을 위한 자료를 제공한다. 그러나 한편으로는 심각한 왜곡을 일으키기도 한다.

더 나은 세상을 향해

폭스바겐: 친환경주의인가, 위장친환경주의인가

사람들이 동료, 상사, 고객의 행동을 관찰하면서 그들의 행동을 이해하고 눈앞의 세상을 이해하듯이 조직에 대해서도 마찬가지이다. 불행하게도 많은 직원, 관리자, 경영자가 이러한 사실을 알고 있고, 때로는 자신의 이득을 위해 이용하려고 한다. 물론 기업으로서 다른 사람이 어떻게 바라보는지 관리하고 최선을 다해 좋은 인상을 주려고 하는 것은 좋은 마케팅이라고 할 수 있으나, 회사가 이익 추구를 위해 부정확한 정보 전달을 하거나 다른 사람의 인식을 조작하는 것은 완전히 다른 이야기이다. 치열한 경쟁 세계에서 많은 기업은 시장 점유를 유지하거나 높이기 위해 모든 것을 다하고 있다. 심지어 어떤 기업은 성과적 마케팅을 통해 비윤리적으로 행동하기도 한다. 컬럼비아 경영대학의 부르바노(Burbano) 교수가 "이러한 상황에서는 기업의 환경 성과를 요구하게 되고, 만약 환경 성과가 좋지 못하면 그것이 사실이 아닌 척하고 싶은 유혹이 생긴다"라고 언급하기도 했다. 예를 들어 어떤 기업은 사회적으로 책임있는 방식에 따라 운영하는 것처럼 보이도록 자신들의 운영 방식을 '위장친환경화(greenwash)'로 하려 한다.

한 가지 예로 폭스바겐(Volkswagen, VW)을 강타한 '디젤 게이트(Dieselgate)' 혹은 '디젤 속임수(Diesel Dupe)' 비리 사건을 들 수 있다. 미국 시장에서 디젤 차량을 판매하기 위한 추진 전략의 일환으로, 폭스바겐은 자사차량(예: 제타, 비틀, 골프, 파사트)의 저공해를 장점으로 내세우는 대대적 마케팅 캠페인을 펼쳤다. 미국 환경보건국(EPA)은 미국과 유럽에서 판매되고 있던 천백만 대 이상의 폭스바겐 차량이 저공해 기준을 충족시키지 못한다는 것을 발견했다. 그런데 기준 미달의 원인은 제조상의 실수, 고장, 예기치 못했던 이슈가 아니었다. 폭스바겐은 자사차량에 가짜 배출 검사 결과가 나오게 설계한 소프트웨어를 설치했다. '배기가스 임의조작 장치(defeat device)'라는 이 소프트웨어는 현재 검사 중 인지 여부를 감지하고 검사 성능을 개선하기 위해 측정치를 바꿀 수 있었다. 통제된 실험실 조건에서 검사할 경우에 이들 차량은 실험 조건을 감지하고 속도, 엔진 작동, 공기압, 심지어 운전대 위치까지 모니터함으로써 일반적인 성능 이하로 운행하게 할 수 있었다. 실험조건 외 상황이 되면 차량은 이 모드로부터 전환해서 기준치 이하로 운행할 수 있었다. 일부 추산에 따르면, 환경에 유해한 이 엔진에서 뿜어나오는 배출량은 법적 제한치의 40배에 해당된다. 자동차 회사에서 배기가스 임의조작장치를 설치하려고 했던 것은 폭스바겐이 처음은 아니다. 제너럴 모터스(GM)는 1990년대에 비슷한 비리에 휘말렸으며, 폭스바겐은 이미 1970년대에 비슷한 관행으로 고발되어 유죄 판결을 받았다.

이와 같은 행위가 불법임에도 불구하고, 조직이 옳은 일보다 기만적인 관행을 '한 번 해 보게끔' 만드는 유인이 더 클 때가 많다. 연방거래위원회(FTC)는 정지명령, 징역형, 위반 건당 최고 16,000달러의 벌금을 내릴 수 있다. 하지만 회사는 기업의 사회적 책임(CSR)과 관련한 성과 데이터를 보고할 의무가 없으며 준수 지침도 모호하다. 게다가 친환경제도와 관련한 많은 용어들은 애매하다. 예를 들어 '모두 천연 원료로 만들어진 것(all-natural)'이라는 용어를 어떻게 정의하겠는가? 위장친환경화가 적발되면, 많은 기업이 예상치 못한 또 다른 일련의 귀인 과정이 진행된다. 이 비리 사건에 뒤이어 폭스바겐 아메리카의 책임자는 "우리는 완전히 망쳤고 우리 고객과 대중의 신뢰를 깨버렸다"라고 말했다. 또한 폭스바겐 아메리카의 후임 책임자는 "내가 할 가장 긴급한 일은 무슨 수를 쓰더라도 폭스바겐 그룹에 대한 신뢰를 회복하는 것이다"라고 말했다.

하지만 위장친환경화의 여파를 회사가 이겨낼 수 있겠는가? 연구에 따르면 이 모든 과정의 단계에서 귀인이 중요한 역할을 한다는 점은 분명하다. 비리와 이에 대한 회사의 사과 이후 고객이 처음으로 회사의 CSR 메시지를 볼 때, 직원이 상사나 동료의 친사회적 노력을 볼 때에도 그렇다. 달리 말해 사람은 다른 사람의 겉으로 보이는 친사회적 행동에 대해 인식하고 있다가 행동(예: 아부, 기계처럼 억지로 하는 것)에 대해 부정적으로 생각하기 시작할 수 있다. 예를 들어 한 연구에서는 회사가 방지할 수 있었고 통제할 수 있었던 제품 리콜 이슈에 대해서 알게 된 고객을 조사했다. 고객들은 회사의 책임을 탓하고, 회사에 대해 부정적인 태도를 형성했으며, 제품을 더 이상 구매하지 않기로 하고, 피해를 입은 사람에게 법적 피해보상액을 주도록 권고했다. CSR 행위가 진실된 것으로 인식된 경우에는 반대의 효과가 나타났다. CSR은 잘 실행되면 관리자, 직원, 고객이 회사를 지지하게 하는 훌륭한 제도가 될 수 있다.[34]

선택적 지각 자신의 관심, 배경, 경험, 태도를 바탕으로 자신의 관찰을 해석하려는 경향

선택적 지각 종종 우리의 배경, 동기, 특성에 기반해 주변 환경에서 받아들인 정보를 (때로는 무의식적으로) 선택한다. 이를 **선택적 지각**(selective perception)이라고 부른다. 예를 들어 3장에서 다루었듯 직무 태도는 조직 효과성에 중요하지만, 조직의 리더는 직원의 직무 만족도를 무시하면서 재무 지표와 수익에 집중하도록 동기부여된다.[35] 일부 연구에 따르면 사람은 환경에 있는 무언가에 더 집중하게 가르치면, 실제로 그렇게 하게 된다. 예를 들어 최고경영진이 직무 만족도를 강조하면, 다른 관리자도 이를 중요하게 여기고 더 이상 무시하지 않게 된다.[36]

후광 효과 상대방의 한 가지 특성을 바탕으로 그 사람에 대한 전반적 인상을 긍정적으로 형성하는 경향

뿔 효과 상대방의 한 가지 특성을 바탕으로 그 사람에 대한 전반적 인상을 부정적으로 형성하는 경향

후광 효과와 뿔 효과 개인의 지능, 사교성, 용모 등과 같은 하나의 특성을 바탕으로 개인에 대해 긍정적인 인상을 형성할 때 **후광 효과**(halo effect)가 작용한다.[37] 반대로 **뿔 효과**(horn effect)는 개인의 한 가지 특성을 바탕으로 부정적인 인상을 형성할 때 작용한다. 이러한 효과는 쉽게 입증해보일 수 있다. 채용담당자가 초기 면접에서 2명의 지원자와 만나는 상황을 생각해보자.[38] 한 지원자가 매우 친절하고 사교적이라면, 이와 관련이 없을 수 있는 다른 특성에 대해 채용담당자는 지원자가 영리하고 똑똑하거나 일을 잘할 것이라고 결론 내리기 쉽다. 다시 말해서 후광 효과는 긍정적이고 흐릿한 첫인상을 만들어낸다. 만약 다른 지원자가 시끄럽고 불쾌감을 준다면, 이 지원자는 영리하지 않고 똑똑하지 않거나 일을 잘하지 못할 것이라는 결론을 내리기 쉽다. 달리 말해서 뿔 효과는 부정적이고 흐릿한 첫인상을 만들어낸다.

대조 효과 어떤 사람의 특성에 대한 평가가 동일한 특성에 대해 최근에 대면한 다른 사람과의 비교로 인해 영향을 받는 것

대조 효과 성과 평가 '시즌'이 되면 직장 내 모든 사람이 평가에 대해 불안해한다. 상사가 미팅 일정을 잡기 시작하는데 레건이 제일 먼저 만날 것이라고 소문을 듣게 된다. 사무실의 스타 직원인 레건은 타의 추종을 불허하는 평가를 받을 것이다. 아마도 사무실 직원 모두가 레건과 비교해서 안 좋게 보일 것이다! 이 예는 **대조 효과**(contrast effect)가 어떻게 지각을 왜곡할 수 있는지 보여준다.[39] 우리는 어떤 사람을 따로 분리해서 평가하지 않는다. 그 사람에 대한 우리의 반응은 우리가 가장 최근에 어떤 사람을 만났느냐에 의해 영향을 받는다. 예를 들어 한 연구에서는 급격한 변화를 겪고 새로운 리더가 임명된 조직의 팀을 조사했다. 팀원은 기존 리더가 그다지 효과적이지 않았을 때(대조 효과) 효과적인 새 리더를 더 지지하고 긍정적으로 반응했다. 하지만 기존 리더가 효과적인 경우에는 새로운 리더가 바람직한 권고를 하더라도 새로운 리더의 행동은 훨씬 덜 중요하게 여겨졌다.[40]

고정관념 그 사람이 소속된 집단의 특성을 통해 상대방을 판단하는 것

고정관념 복잡한 세상에서 감당할 수 없을 정도로 많은 자극을 처리하기 위해 고정관념이나 휴리스틱이라는 지름길을 사용하여 신속한 의사결정을 한다. 예를 들어 예측 문제를 해결하는 데 있어 재무부서에서 일하는 동료가 도움이 줄 수 있을 거라는 가정은 타당하다. 문제는 이러한 지름길을 바탕으로 부정확하게 일반화하거나 비합리적인 '비약'을 할 때 발생한다. 누군가를 그 사람이 속한 집단에 대한 인식에 따라 판단할 때 **고정관념**(stereotyping)을 형성하는 것이다.[41] 이전 논의에서 다루었듯이 고정관념은 조직의 의사결정에서 극단적인 형태의 지름길이다. 고정관념은 모집이나 채용과 같은 비즈니스 프로세스를 망칠 수 있다. 예를 들어 한 연구에서 6,500명 이상의 미국 교수에게 가상의 학생이 대학원과 연구 기회에 대해 묻는 가짜 편지를 보냈는데 편지의 내용은 모두 동일했고 이름만 '전형적인' 흑인, 중국인, 히스패닉, 인도인, 백인 이름으로 바꾸었다.[42] 교수들은 다른 학생보다 백인 남성에게 훨씬 더 응답하는 경향이 있었다.

중국 선양 제4인민병원에서 근무하는 간호사 리 홍페이는 성별에 따른 부정적 고정관념을 경험한다. 많은 나라에서 간호사는 리 홍페이와 같이 성 고정관념이 부정확한 일반화를 야기한다고 이야기한다. 예컨대 남성은 좋은 간호사가 되기 위해 필요한 인내심이나 동정심, 공감 능력이 부족하기 때문에 간호사는 여성의 직업이라는 식이다.

출처: Zhang Wenkui Xinhua News Agency/Newscom

이쯤 되면 우리의 지각이 우리의 관점을 왜곡한다는 사실을 알 수 있다. 이러한 지각은 면접이나 성과 평가와 같은 여러 비즈니스 프로세스에 스며들어 영향을 미친다.

조직 내 구체적인 적용의 예

조직 내 사람은 항상 서로를 판단한다. 관리자는 직원의 성과를 평가해야 한다. 우리는 동료가 직무에 대해 얼마나 노력하는지 평가한다. 팀원은 곧바로 신입사원을 평가한다. 많은 경우에 이러한 평가는 조직에 중요한 결과를 낳는다. 가장 명백한 예를 살펴보자.

채용 면접 면접을 거치지 않고 채용되는 경우는 드물다. 그러나 면접관의 지각적 판단은 종종 부정확하며 재빠르게 자리잡는 초기 인상에서 영향을 받는다.[43] 연구에 따르면 첫인상에 근거하여 1/10초도 안 되는 짧은 시간에 나른 사람에 대한 인상을 형성한다.[44] 대부분의 면접관이 내린 결정은 면접 시작 4~5분 후에는 거의 바뀌지 않는다. 결국 면접 초기에 도출된 정보가 나중에 도출된 정보보다 비중 있게 다뤄지며, '좋은 지원자'는 호의적인 특성이 있는 사람이라기보다 비호의적인 특성이 없는 사람으로 특징지을 수 있다.[45] 지원자의 업무 성과를 예측하는 데 있어서 직관은 신뢰할 수 없으므로 다수의 독립적인 평가자로부터 의견을 구해 예측력을 높일 수 있다.[46]

성과 기대 사람은 현실에 대한 자신의 지각이 잘못되었을 때도 자신의 지각이 옳음을 입증하려고 한다. **자기실현적 예언**(self-fulfilling prophecy) 또는 **피그말리온 효과**는 어떻게 한 사람의 행동에 다른 사람의 기대가 영향을 주는지를 보여준다.[47] 만약 상사가 팀에게 큰 성과를 기대한다면 팀원은 상사의 기대를 저버리지 않을 것이다. 마찬가지로 상사가 최소한의 성과만을 기대한다면 팀원은 낮은 기대만을 충족할 가능성이 높다. 기대가 현실이 되는 것이다. 자기실현적 예언은 학생, 군인, 회계사를 비롯한 여러 직업에서 성과에 영향을 미치는 것으로 나타

자기실현적 예언 다른 사람의 기대가 사실이 아닐지라도 개인의 행동에 영향을 주는 상황, 즉 다른 사람에 대한 기대가 잘못 전해졌거나 근거가 없더라도 이러한 가상의 근거 없는 기대는 현실이 될 수 있음

났다.[48]

성과 평가 성과 평가에 관해서는 17장에서 더 자세히 설명하겠지만, 여기서 성과 평가는 지각 과정에 영향을 받는다는 것이다.[49] 성과 평가는 승진, 임금 인상, 고용 연장 등의 결과와 이어지기 때문에 직원의 미래와도 매우 밀접하다. 직무 평가가 어느 정도 객관적일 수는 있지만(예: 판매원은 판매실적으로 평가), 많은 직무는 주관적으로 평가 받는다. 주관적인 평가는 때로는 필요하기도 하지만, 이제까지 논의한 오류로 인해 문제가 있다. 때때로 성과 평가는 직원에 대한 만큼이나 평가자에 대해서도 많은 것을 알려준다.

소셜미디어 소셜미디어와 인터넷 덕분에 그 어느 때보다 쉽게 다른 사람에 대한 정보를 얻을 수 있다. 타인의 삶을 들여다볼 수 있는 불완전한 창은 직원과 관리자가 지원자나 후보자와 같은 타인에 대해 직접 만나지 않고도 손쉽게 평가할 수 있는 가능성을 열었다. 이러한 평가는 양방향으로 가능한데, 조직에 대한 고객의 평가(예: 트위터 상의 부정적인 리뷰)는 조직에 막대한 영향을 미칠 수 있으며,[50] 어떤 경우에는 주요 주식 애널리스트가 대상 기업에 대해 추천이나 보류를 하는 경우도 있다.[51]

2016년 인적자원관리협회(SHRM) 설문에 따르면 모집과 선발에 관련하여 10개 중 약 4개 조직이 지원자 또는 후보자를 선별하기 위해 소셜미디어나 온라인 검색을 사용한다.[52] 소셜미디어의 인기가 높아지고 있음에도 불구하고 채용에 소셜미디어를 사용하면, 편향된 의사결정으로 이어질 수 있으며 보호 계층을 차별하는 경우에는 잠재적으로 법적 문제를 야기할 수 있다(2장 참조).[53] 예를 들어 켄터키대학교는 소셜미디어에 창조론에 대한 노골적인 신념을 드러낸 한 천문학 교수를 선발 과정에서 제외했는데, 그 결과로 125,000달러의 합의금을 지불했다.[54]

실제로 연구에 따르면 소셜미디어를 활용한 의사결정에는 편향이 존재한다. 페이스북 프로필을 사용한 일련의 연구에 따르면 지원자가 자신의 소셜미디어에 표시한 정치적 소속이 채용관리자와 일치하는 경우에 관리자는 해당 지원자를 정치적 소속이 다른 지원자에 비해 더 비슷하거나, 호감이 가고, 잠재적으로 우수한 직원이며, 고용가능하다고 인식할 가능성이 높다.[55] 또한 다른 일련의 연구에 따르면 페이스북 프로필은 채용관리자에게 고용의 기초가 되어서는 안 될 일과 무관한 정보(예: 인구통계적 특성, 비속어 사용, 성적 행동)를 제공한다. 페이스북 프로필에 대한 평가를 체계적으로 구조화하더라도(예: 구조화된 면접, 17장 참조) 이러한 편향은 사라지지 않는다.[56] 다만 일부 연구에 따르면 일과 관련한 정보로 특성화된 네트워킹 사이트의 경우(예: 링크드인)에 편향이 사라질 가능성이 있다.[57]

잠재적 해결책 기술은 이러한 편향을 방지하는 데 유용한 것으로 드러나고 있다. 예를 들어 AI를 활용한 성과 평가나 다른 의사결정 지원시스템은 타인을 평가하는 데 흔히 활용되는 지름길 사용을 줄일 수 있다.[58] 이러한 형태의 '기계적' 데이터 분석 방식은 매우 유용하다. 사실 여러 연구결과 기계적인 방식은 업무 성과를 판단하는 데 주관적인 방식보다 50% 더 효과적이었다.[59] 하지만 1장에서 언급했듯이 AI 자체도 어떻게 프로그램하느냐에 따라 편향으로 이어질 수 있는지는 아직 분명하지 않다. 또 다른 예로 연구에 따르면 의사결정의 편향은 주의력과 기억력의 실수로 발생한다. 조직은 직원이 자신의 환경을 통제할 수 있다고 느껴 주의력을 소

미신인가, 과학인가

고정관념은 언제나 부정적이다

명제는 틀린 것이다. 긍정적인 특성에 대한 고정관념은 부정적인 특성에 대한 것만큼이나 많다.

프린스턴대학교의 연구결과에 따르면 많은 사람이 여전히 독일인이 더 나은 근로자이고, 이탈리아인과 아프리카계 미국인이 더 충실하고, 유대인과 중국인이 더 똑똑하고, 일본인과 영국인이 더 친절하다고 믿는다. 놀라운 사실은 이러한 긍정적인 고정관념이 항상 긍정적인 결과를 낳지는 않는다는 것이다.

긍정적인 고정관념에 동일시하게 되면 그 고정관념에 부합하는 성과를 내야 한다는 압박으로 인해 일을 망칠 가능성이 높다. 예를 들어 남성은 보통 여성보다 수학을 잘하는 것으로 알려져 있다. 한 연구결과에 따르면, 남성이 수학 시험을 보기 전에 이러한 고정관념을 활성화하면 시험 점수가 오히려 더 낮아졌다. 또 다른 연구에 따르면 백인 남성이 여성과 소수인종보다 과학과 수학에서 더 뛰어나다는 고정관념이 오히려 백인 남성이 과학, 기술, 공학, 수학 전공을 그만두게 만든다. 농구를 활용한 고정관념의 복잡성을 나타낸 연구도 있다.

연구자는 첫 번째 그룹에게 백인이 흑인보다 자유투를 더 잘한다는 증거를 보여주었다. 두 번째 그룹에게는 흑인이 자유투를 더 잘한다는 증거를 제공했다. 세 번째 그룹에게는 아무런 고정관념에 관한 정보를 주지 않았다. 그리고 나서 세 그룹 모두 관찰자 앞에서 자유투를 던졌다. 가장 점수가 낮았던 그룹은 부정적인 고정관념을 들었던 학생이었다. 즉 백인이 더 잘한다고 들었던 흑인 학생과 흑인이 더 잘한다고 들었던 백인 학생이었다. 하지만 긍정적인 고정관념을 들었던 그룹(흑인이 더 잘한다고 들었던 흑인 학생 또는 백인이 더 잘한다고 들었던 백인 학생)의 점수 또한 좋지 않았다. 자유투에서 가장 높은 점수를 기록한 그룹은 고정관념에 대해 아무런 정보도 듣지 않았던 학생이었다. 긍정적인 고정관념의 부작용으로 압박만 있는 것이 아니다. 연구에 따르면 여성이나 아시아계 미국인이 자신에 대한 긍정적인 고정관념(여성은 양육을 잘한다, 아시아인은 수학을 잘한다)을 들었을 때 자신을 몰인격화한다고 느끼고 긍정적인 고정관념을 표현한 사람에게 부정적으로 반응했다.

또 다른 연구에 따르면 흑인에 대한 긍정적인 고정관념은 다른 부정적인 고정관념을 고착화하는 효과가 있다. 고정관념은 긍정적이든 부정적이든 집단 간 차이를 더 강화하는 경향이 있기 때문이다.

효율성을 높이기 위해 손쉬운 지름길이 필요하다는 점에서 고정관념을 사용하는 것은 당연하다고 볼 수도 있다. 그러나 이러한 지름길은 양날의 검이다. 고정관념은 사회적으로 학습되기 때문에 고정관념을 무비판적으로 받아들이거나 주변 동료에게 전파하지 않게 주의해야 한다.[60]

진시키는 여러 요구 부담을 줄여야 한다. COVID-19 이후로 재택근무나 원격근무가 더 많이 활용되고 있는데, 이를 통해 직원이 자신의 환경에 대한 통제력을 갖게 하고 자원을 보호해줌으로써 직장에서의 인지적 오류를 줄일 수 있는 방법일 수 있다.[61]

고정관념과 다른 편향의 한 가지 문제점은 일반화에 기초하고 있다는 점이다. 그러나 특정 개인이나 상황에 적용했을 때에는 전혀 사실이 아닐 수 있다. 평가나 의사결정 상황에서 불공정하게 고정관념이 적용되지 않도록 스스로를 잘 관찰해야 한다. 고정관념은 '유용할수록 오용의 위험이 커지는' 한 가지 예이다. 어쨌든 다음 절에서 논의하듯이 지각과 의사결정 간의 관계를 이해함으로써 우리의 지각이 효과적인 의사결정 능력을 저해하는지를 알 수 있다.

지각과 개인적 의사결정의 관계

개인은 2개 이상의 대안 중에서 선택하는 **결정**(decision)을 한다.[62] 이상적으로 의사결정은 주관적이지 않고 객관적이어야 한다. 하지만 개인의 의사결정 방식은 지각의 영향을 많이 받는다. 사실 최근 설문(OB POLL 참조)에 따르면 많은 관리자는 자기시간의 적어도 31%를 의사결정에 사용한다. 의사결정에 더 많은 시간을 쓰면 의사결정을 더 잘하게 된다고 생각하기 쉽다. 하지만 60% 이상의 관리자는 의사결정에 얼마의 시간을 쓰던 간에 자신이 쓰는 시간의 절

6-3 지각과 의사결정의 관계를 설명할 수 있다.

결정 둘 이상의 대안 중에서 선택하는 것

OB POLL 관리자는 의사결정을 위해 시간을 효과적으로 사용하고 있는가?

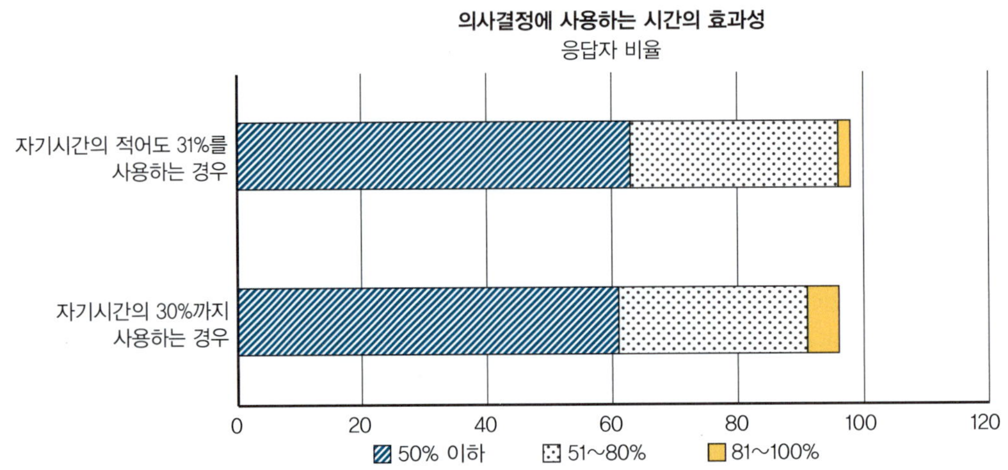

출처: I. Aminov, A. De Smet, G. Jost, and D. Mendelsohn, "Decision Making in the Age of Urgency," *McKinsey & Company*, April 30, 2019, https://www.mckinsey.com/business-functions/organization/our-insights/decision-making-in-the-age-of-urgency에 기초함.

반 미만이 사실상 효과적이라고 말한다.

문제 바람직한 상황과 현재 상황의 차이

의사결정은 어떤 **문제**(problem)에 대한 대응으로 나타난다. 즉 현재 상태와 바람직한 상태 사이에 차이로 인해 차이를 어떻게 해결할지를 고민할 필요가 생기는 것이다. 만일 와이파이 라우터가 고장이 났는데 재택근무를 위해 필요하다면 결정을 내려야 하는 문제가 생기는 것이다. 안타깝게도 대부분의 문제는 그것이 문제인지 쉽게 알아차리기 어렵다. 어떤 사람의 문제가 다른 사람에게는 바람직한 상태이다. 어떤 관리자는 담당부서 분기별 판매의 2% 감소를 즉각적 대처가 필요한 심각한 문제로 보지만, 다른 부서 관리자는 2% 감소를 수용가능한 수준이라고 생각할 수 있다. 문제가 존재하며 의사결정이 필요할 수 있다(혹은 필요하지 않을 수 있다)는 인식은 지각과 관련한 이슈이다.

모든 결정에는 정보에 대한 해석과 평가가 필요하다. 보통 다양한 출처를 통해 자료를 얻으며 이러한 자료는 선별하고, 처리하고, 해석할 필요가 있다. 의사결정에 어떤 자료가 관련이 있고 어떤 자료가 관련이 없는가? 지각은 이러한 질문에 정확하게 혹은 부정확하게 답을 하게 된다. 상황에 대한 지각이 때로는 예상하지 못한 방식으로 결정에 어떻게 영향을 미치는지를 고려해야 한다. 예를 들어 (경제적으로 어려운 시기에는 일자리를 더 지키고 싶어하므로) 직원은 불황의 시기에 문제에 특히 더 수용적이어야 한다. 하지만 다른 고용 기회가 별로 없다면, 직원은 조직에 문제가 있다는 점을 부인하거나 무시하고 싶어할 수 있다.[63]

조직 내 의사결정

6-4 의사결정의 합리적 모델을 제한된 합리성과 직관에 따라 비교할 수 있다.

경영대학은 보통 학생이 합리적인 의사결정 모델을 따르도록 가르친다. 이러한 모델은 장점이 있지만 사람이 실제로 어떻게 결정을 내리는지 설명하지 않는다. 조직행동 연구는 지각의 오류와 의사결정 오류를 모두 바로잡아 조직 내 의사결정을 개선한다. 먼저 합리적 의사결정 모델을 살펴보고 가장 흔히 나타나는 오류에 대해 설명할 것이다.

합리적 모델, 제한된 합리성, 직관

합리적 모델, 제한된 합리성, 직관은 조직행동에서 일반적으로 인정되는 의사결정 접근법이다. 그러나 이러한 방식이 가장 정확한(혹은 가장 나은) 의사결정을 보장하는 것은 아니다. 더군다나 특정상황에서는 하나의 방식이 다른 방식보다 더 좋은 결과를 낳기도 한다.

합리적 의사결정 모델 최고의 의사결정자는 **합리적**(rational)이고 특정한 제약하에서 일관적이고 가치를 극대화하는 선택을 한다고 흔히 생각한다.[64] 즉, 좋은 의사결정자는 주어진 상황에서 최고의 혜택을 누릴 수 있게 해주는 선택을 일관적으로 내린다는 것이다. 이러한 의사결정은 6단계의 **합리적 의사결정 모델**(rational decision-making model)[65]을 따른다(도표 6-3 참조).

합리적 특정 제약하에서 일관적이고 가치를 극대화하는 선택을 하는 의사결정의 한 방식

합리적 의사결정 모델 성과를 극대화하기 위한 의사결정 모델

합리적 의사결정 모델은 의사결정자가 완벽한 정보를 가지고 있고, 편향 없이 관련된 모든 대안을 알아낼 수 있으며, 가장 효용성이 높은 대안을 선택한다고 가정한다.[66] 하지만 대부분의 의사결정은 합리적 모델을 따르지 않는다. 사람은 보통 최적의 해결책보다 수용가능하거나 적절한 대안을 찾는 데 만족한다. 시간, 자원, 인지 능력이 한정되어 있기 때문에 겉으로 보이는 문제의 증상과 현재 가능한 해결책에만 초점을 두게 된다. 의사결정의 한 전문가가 "조직은 똑똑하고 싶어 하지만, 이것은 쉽지 않은 목표이다. 목표의 달성은 불완전하지만 끝없이 그 목표를 추구한다"라고 말했다.[67] 이처럼 '불완전'하고 '끝없는' 추구에도 불구하고, 사람은 자신이 제한적이고 최적이 아닌 결정을 내리고 있다는 사실을 인지하지 못한다.[68]

제한된 합리성 종종 합리적인 의사결정 모델을 따르지 않는데, 이는 인간의 제한된 정보처리 능력으로는 쉽게 얻을 수 있는 정보라 할지라도 필요한 모든 정보를 소화하는 것이 불가능하기 때문이다.[69] 완전한 합리성을 가지고 복잡한 문제를 풀 수가 없기 때문에, **제한된 합리성**(bounded rationality)의 한계 내에서 의사결정을 한다. 문제의 복잡한 면을 모두 고려하는 대신에 본질적인 특징만을 지각하고 해석하는 단순화된 모델을 사용한다. 이러한 한계 내에서 합리적으로 행동한다.

제한된 합리성 복잡다단한 모든 사항을 통해 이루어지는 것이 아니라 핵심사항만 다루는 제약적이고 단순화된 모델을 통해 이루어지는 개인의 의사결정활동

합리적 모델을 사용하기 위해 모든 대안에 대한 엄청난 양의 정보를 수집하고, 적용가능한 가중치를 계산한 뒤, 많은 양의 기준에 걸쳐서 가치를 계산해야 한다. 이러한 모든 과정에는 시간, 에너지, 돈이 소요된다. 많은 문제의 경우는 너무 복잡해서 합리적 의사결정 모델에 맞

도표 6-3 합리적 의사결정 모델의 단계

1. 문제 정의
2. 의사결정 기준 확인
3. 기준별 가중치 부여
4. 대안 개발
5. 대안 평가
6. 최적 대안 선택

출 수 없기 때문에 최적의 대안이 존재하지 않는다. 또한 합리적 모델을 사용할 때 난제에 봉착할 수 있다. **난제**(intractable problem)는 의사결정 과정을 조직화하고, 정보를 수집하고, 분석과 판단에 너무 많은 시간을 쓰기 때문에 이 과정이 끝날 때쯤이면 문제가 완전히 바뀌어 있거나 관련성이 없어질 때 발생한다.[70]

난제 생각을 조직화하고, 정보를 수집하고 분석하며, 판단이나 결정을 내리는 과정이 끝나기 전에 완전히 바뀌거나 관련성이 없어질 수 있는 문제

이러한 집중적이고 합리적인 과정을 활용하는 대신에 어떤 상황에서는 복잡한 문제를 쉽게 이해할 수 있는 수준으로 축소한다. 제한된 합리성의 한 결과로 만족을 찾거나 충분히 좋은 해결책을 구하려는 경향이 있다. 만족스러운 답변은 수용가능하지만 반드시 최선은 아니다. 하지만 항상 나쁜 방법도 아니다. 종종 간단한 과정이 전통적인 합리적 의사결정 모델보다 더 실용적일 수 있다.[71]

제한된 합리성은 윤리적 의사결정에서도 관건이 될 수 있다(이 장의 후반에 논의). 윤리적 의사결정을 할 때 체계적이고 예측가능한 오류를 범하기 쉬울 뿐만 아니라, 행동에 영향을 받는 사람에 대한 의무감으로 인해서 특정 방식으로 행동할 수 있는 자유나 권리가 있는가에 대한 인식이 제한되기도 한다.[72] 예를 들면 휴게실에서 마지막 도넛을 먹고 싶지만 아직 도넛을 먹지 않은 사람이 있을 수 있기에 먹지 말아야 한다는 것을 알고 있다. 연구자는 제한된 합리성의 자동적인 영향력을 다룰 수 있는 다양한 방법을 알아냈다. 즉, 상황을 더 잘 이해하기 위해 다양한 질문을 던지고, 정보에 대한 다양한 출처를 활용하며, 정보의 출처를 평가하고, 충분한 시간을 가지고 결정을 하는 것이다.[73]

직관적 의사결정 추출된 경험으로 만들어진 무의식적인 과정

직관 **직관적 의사결정**(intuitive decision making)은 아마도 의사결정의 가장 비합리적인 방법으로서 추출된 경험으로 만들어진다.[74] 직관적 의사결정은 무의식적인 과정이며, 여러 가지 정보 조각의 연결이나 전체적인 조합을 사용한다. 또한 빠르고, 감정을 수반한다.[75] 직관은 비합리적이지만 그 자체가 안 좋거나 항상 틀린 것은 아니며 합리적인 분석과 반드시 상충하는 것은 아니다. 제한된 합리성의 제약하에서는(위기상황에서와 같이) 빠른 의사결정이 필요한 상황이거나 큰 위험을 수반하거나 불확실한 상황에 처한 경우이고, 전문가의 직관을 활용하여 빠른 해결책을 찾거나 바람직한 형태의 위험을 감수해야 필요가 있다.[76]

직관이 효과적인 의사결정에 도움이 되는가? 연구자의 의견이 분분하지만 측정과 분석이 어렵다는 점에서 대부분의 전문가의 입장은 회의적이다. 또한 직관은 '눈을 감고 마음을 따르라'든지, 직관이 틀린 상황에서도 직관을 보호하기 위해 상충되는 정보를 무시하게끔 할 수 있다.[77] 의사결정에 대한 많은 연구는 직관이 옳다고 느껴지더라도 합리적으로 내린 의사결정과 부합하지 않고 아마도 부정확한 결정으로 이끈다고 말한다.[78] 아마도 한 전문가가 제시한 최고의 조언은 "직관은 가정을 세우는 데 매우 유용할 수 있지만 '증거'가 되기에는 부족하다"는 것이다. 경험에서 나온 예감을 예측에 사용하는 것은 좋지만, 언제나 객관적인 데이터와 합리적이고 냉정한 분석으로 그 예감을 검사해야 한다.[79]

보다시피 객관적인 과정을 의사결정에 더 많이 활용하면 지각 과정과 관련된 문제를 더 잘 해결할 수 있다. 지각 과정에 편향과 오류가 있는 것처럼 의사결정에는 당연히 식별가능한 편향과 오류가 있다. 이는 다음에 다룰 내용이다.

의사결정의 일반적인 편향과 오류

종종 의사결정자가 내리는 중요한 판단은 신중할 것이라고 생각한다. 하지만 편향과 오류는 조직의 모든 레벨에서 의사결정자에게 영향을 미친다. 예를 들어 행동 과학자가 연구한 많은 편향은 논문 검토 과정에도 영향을 미친다.[80] 실제로 체계적인 편향과 오류는 의사결정자의 판단에 스며들 수 있다.[81] 노력을 최소화하고 상충관계를 피하기 위해 사람은 경험, 충동, 직감, 편한 어림짐작을 많이 사용하는 경향이 있다. 도표 6-4는 이러한 편향과 오류를 피하기 위한 몇 가지 제안을 제공한다.

과신의 편향 자신의 능력과 다른 사람의 능력에 대해 지나친 자신감을 갖는 경향이 있지만, 보통 이러한 **과신 편향**(overconfidence bias)을 인식하지 못한다.[82] 과신은 조직에서 발생할 수 있는데, 특히 비공식 면접상황에서 나타날 수 있다. 예를 들어 채용 관리자는 비공식 면접이 끝나고 지원자에 대한 자신의 평가 능력에 대해 과신할 수 있다.[83] 또한 일부 연구에 따르면 채용관리자는 낙인 찍힌 지원자(예: 얼굴에 흉터나 모반이 있는 지원자)에 대한 평가에 대해 과신할 수 있는데, 의사결정에 편견이 개입된 것이 분명한 경우에도 과신할 수 있다.[84]

과신의 편향 자신의 능력이나 다른 사람의 능력에 대해 지나친 자심감을 갖는 성향

지적 능력과 대인관계 능력이 가장 약한 개인은 자신의 성과와 능력을 과대평가할 가능성이 높다.[85] 또한 기업가의 낙관주의와 신사업 성과는 부정적 관계가 있다. 즉, 낙관적이면 신사업을 빨리 시작하고, 시장에서 지나치게 오래 버티며, 전반적으로 가장 낮은 성공을 거둘 가능성이 높다.[86] 자신의 아이디어에 대해 지나치게 자신하는 경향으로 인해 문제를 피할 수 있는 방법을 미리 계획하지 못하는 경우도 있다. 연구에 따르면 사업의 창업자 CEO는 후임자보다 더 과신하는 경향이 있다. CEO의 어닝콜, 보도 자료, 소셜미디어 게시물을 추출 분석한 연구에 따르면 창업자 CEO는 후임자에 비해 매우 낙관적인 언어를 사용하고, 수익 예측을 부풀리며, 자신의 회사가 저평가되어 있다고 인식했다.[87]

투자자의 지나친 자신감은 여러 형태로 나타난다.[88] 재무학 교수인 테런스 오딘(Terrance Odean)은 "사람은 실제보다 더 많이 안다고 생각하는데 이는 비용을 초래한다"라고 말한다.

도표 6-4 합리적 의사결정 모델의 단계

목표에 집중한다. 목표가 없으면 합리적이기 어려우며, 어떤 정보가 필요한지, 어떤 정보가 적합하거나 부적합한지 알 수 없고, 여러 가지 대안 중에서 선택하기가 어려우며, 선택한 것에 대해 후회하기 쉽다. 목표를 명확하게 정립하면 의사결정이 수월해지며 자신의 관심과 무관한 대안을 배제할 수 있다.

신념과 일치하지 않는 정보를 찾는다. 과신, 확정적 편견, 사후확신 편견을 줄이는 가장 효과적인 수단 중의 하나는 신념과 가정에 상충되는 정보를 적극적으로 찾는 것이다. 틀릴 수도 있는 다양한 방식을 명백한 방식으로 고려하게 되면 자신이 실제보다 더 똑똑하다고 믿는 경향을 극복할 수 있다.

우연적인 사건에서 의미를 찾으려고 하지 않는다. 인과관계를 따지도록 교육받았다. 어떤 사건이 일어나면 그 이유를 찾는다. 그리고 이유를 알 수 없을 때는 종종 그 이유를 만들어낸다. 삶에는 우리의 통제 밖에 있는 사건도 있음을 받아들여야 한다. 사건의 패턴이 충분히 의미있게 설명될 수 있는 것인지, 아니면 그저 우연한 것인지 질문해라. 우연한 사건에서 의미를 찾으려고 해서는 안 된다.

대안을 늘린다. 아무리 대안이 많아도 결국 최종선택안은 선택한 대안의 세트 중 최선의 안보다 좋을 수는 없다. 이는 의사결정 대안의 수를 늘리고 창의적으로 다양한 선택안을 개발해야 한다는 것을 말한다. 대안이 많고 다양하면 뛰어난 대안을 발견할 가능성이 높다.

출처: S. P. Robbins, *Decide & Conquer: Making Winning Decisions and Taking Control of Your Life* (Upper Saddle River, NJ: Financial Times/Prentice Hall, 2004), 164-68에 기초함.

투자자, 특히 초보투자자는 자신의 정보처리 능력뿐만 아니라 정보의 질에 대해서도 과대평가하지만 대부분의 투자자는 시장과 같거나 약간 상회하는 수준의 실적을 낼 뿐이다.

과신은 리더십 출현과도 관계가 있다(12장 참조). 사람은 과신하는 사람을 리더로서 선택할 가능성이 높다. 이는 사람이 모호함을 줄이려고 하는 데 과신감은 리더가 어떠해야 하는지에 대한 생각과 부합하기 때문이다.[89] 또한 과신 편향은 강력하고, 야심 차고, 사회 계층이 높은 리더에게 발생할 가능성이 높은데, 경우에 따라 더 높은 회사 성과로 이어진다.[90] 그러나 초기 이점에도 불구하고 과신은 결국 역효과를 낼 수 있다. (그 사람의 행동이 실제로는 말하는 것만큼 훌륭하지 않거나 주장이 잘못될 가능성이 생기는 것처럼) 과신이 밝혀지면, 사람들은 과신하는 사람을 부정적으로 인식하여 평판이 손상된다.[91] 과신은 관리자와 임원이 모든 피드백(예: 재무 성과 데이터)을 낙관적으로 보며 위험을 감수하는 정도에도 영향을 미친다.[92]

고착적 편견 초기 정보에 집착하는 경향으로 인해 사람들은 후속 정보에 적절히 대처하는 데 실패함

고착적 편견 **고착적 편견**(anchoring bias)은 초기 정보에 고정되어 후속 정보에 적절히 적응하지 못하는 경향이다.[93] 후광 효과와 뿔 효과에서 보았듯이 제일 처음에 얻는 정보를 불균형적으로 많이 강조한다. 고착적 편견은 광고, 관리, 정치, 부동산 중개, 법 등과 같이 설득의 기술이 중요한 직업에서 널리 사용된다. 예를 들어 경영진이 해외 기업의 지분을 얼마나 매입할지 결정할 때 다른 기업의 최근 해외인수 결정에서 수치를 참고할 수 있다.[94]

협상에는 항상 고착이 발생한다. 잠재적인 고용주가 당신의 이전 연봉을 물어볼 때 당신의 대답은 고용주가 얼마의 연봉을 제시할 것인지에 대한 고착 기준이 된다(연봉 협상 시 이를 기억하고 현실적으로 가능한 수준에서 최고의 금액을 고착점으로 정하라). 또한 협상에서 고착점이 세밀하면 이후 고착점으로부터의 조정이 작아지게 된다. 일부 연구에 따르면 사람은 고착점이 형성된 후의 조정을 숫자의 반올림 정도로 생각한다. 만약 당신이 연봉 55,000달러를 제시하면 상사는 5만 달러에서 6만 달러를 협상가능한 합리적인 선이라고 생각하지만, 55,650달러를 제안하면 상사는 55,000달러에서 56,000달러를 가능성 있는 수치로 생각한다.[95]

확정적 편향 과거의 선택을 재확인 해주는 정보를 찾고 과거의 판단과 상충되는 정보는 무시하는 경향

확정적 편향 합리적인 의사결정 과정은 객관적으로 정보를 수집한다고 가정하지만 선택적으로 정보를 수집한다. **확정적 편견**(confirmation bias)은 선택적 지각의 한 예이다. 과거 선택이나 현재의 관점을 재확인해주는 정보를 찾고(수용하며), 이의를 제기하는 정보는 무시한다(혹은 의심한다).[96] 심지어 듣고 싶은 것을 알려주는 정보원을 찾으려 하고 지지하는 정보에는 과도한 가중치를, 상충되는 정보에는 너무 적은 가중치를 부여한다. 확정적 편향은 (이 장의 초반에 다룬) 대인 지각에 적용된다. 어떤 사람의 특성에 대해 판단하고 나면, 이러한 지각을 재확인하는 정보를 찾아서 수용한다.[97] 예를 들어 상사가 믿을 만하지 않다고 생각하면, 상사는 당신을 신뢰할 수 있을 때보다 신뢰할 수 없을 때를 더 인식할 가능성이 높다. 새로운 사업에서 잘못된 결정을 내리거나 빠른 학습에 실패할 경우에 초래할 결과를 생각할 때, 확증 편향은 특히 창업가나 스타트업에 문제가 될 수 있다.[98]

소셜미디어의 출현으로 일종의 '에코 체임버(echo chamber)'가 생겨났고, 확증 편향이 만연하고 있다.[99] 광고 알고리즘은 해당 메시지를 더 쉽게 믿을 사람에게 맞춤화된 메시지를 보내 확증 편향으로 수익을 낸다.[100] 이러한 확증 편향에 맞서려면, 자신의 믿음이나 의견에 반하는 정보를 찾아 비판적으로 평가해야 한다. 월트 휘트먼(Walt Whitman)은 〈나 자신의 노래(Song of Myself)〉에서 "사방에 귀를 기울이고 자신에게서 걸러내라"라고 썼다.[101]

활용적 편향 **활용적 편향**(availability bias)은 쉽게 활용가능한 정보에 기초하여 판단하는 경향을 말한다. 감정을 불러일으키는 사건은 특히 선명하며, 최근에 일어난 사건은 기억에서 더 쉽게 활용가능하기 때문에 가능성이 낮은 사건의 발생가능성을 과대평가하게 된다.[102] 그 결과 비행기 충돌 사고, 치료 후 합병증, 해고와 같은 사건의 가능성을 과대평가한다.[103] 활용적 편향은 성과 평가시 관리자가 왜 직원의 6~9개월 전 행위보다 최근 행위에 더 가중치를 주는지 설명해준다.[104]

활용적 편향 쉽게 활용가능한 정보에 근거하여 판단하려는 경향

사람들이 직면한 어려움은 일이 잘 풀릴 때보다 더 두드러지기 때문에 직원은 자신이 다른 직원보다 더 안 좋은 상황에 있다고 믿는 경향이 있다.[105] 예를 들어 직장에서 오래 근무한 직원은 신입직원의 업무 경험을 '더 쉬운 것'으로 평가절하할 수 있는데, 이는 일이 더 쉬웠던 때보다 자신의 어려운 경험에 더 초점을 두기 때문이다. 활용적 편향은 잠재적 경력과 직업을 탐색하고 있는 지금도 작동할 수 있는데, (부정확할 수 있는) 정보나 해당 직업과 관련한 경험에 기반해서 직업에 매력을 느끼거나 거부감을 느낄 수 있다.[106]

몰입의 심화 의사결정에 영향을 주는 또 다른 왜곡은 다른 방식을 시도하거나 포기해야 한다는 증거가 있음에도 종종 비합리적인 이유로 결정을 지속하는 경향이다. 매몰 비용 효과라고도 불리는 **몰입의 심화**(escalation of commitment)는 잘못되었다는 분명한 증거가 있음에도 결정을 유지하는 것을 말한다.

몰입의 심화 부정적 정보에도 불구하고 이전의 의사결정에 대한 몰입을 증가시키는 것

몰입의 심화는 언제 발생하는가? 연구에 따르면 사람은 결과에 대한 책임이 자신에게 있다고 생각하거나 결국에는 성공할 것처럼 느낄 때 몰입의 심화가 발생한다.[107] 개인적 실패에 대한 두려움은 정보를 탐색하고 평가하는 방식마저 왜곡하여 결정에 대한 헌신을 지지하는 정보만을 선택하게끔 한다.[108] 실패를 유발하는 행동을 스스로 선택했든 누군가가 시켰든 상관없이 어느 경우에나 사람은 책임감을 느끼고 몰입을 심화할 수 있다. 또한 자신이 내린 결정을 제삼자가 검토하는 경우와 같이 결정 권한을 공유하는 것도 몰입을 더 심화할 수 있다.[109] 창업팀을 대상으로 한 최근 연구에 따르면 권한의 공유만이 몰입의 심화로 이어지는 것이 아니며 팀이 경험하는 집단적 감정이 중요하다. 궁극적으로 목표를 달성할 수 있다는 희망이 실패에 대한 두려움을 능가한다.[110]

일반적으로 몰입의 심화를 무가치한 것으로 생각한다. 그러나 실패에 직면했음에도 이를 고집스럽게 추진한 결과로 피라미드, 만리장성, 파나마운하, 엠파이어스테이트빌딩 등 수많은 역사적 업적이 가능했다. 연구자의 제안에 따르면 다른 대안행동, 투입된 비용, 다음 단계가 예상되는 비용에 비해 가치가 있는지를 자주 평가하는 균형 잡힌 접근 방식이 필요하다.[111] 무비판적인 몰입의 심화에 대해 주의해야 한다.

무작위 오류 사람은 자신이 세상을 어느 정도 통제할 수 있다고 믿는다. 무작위로 발생하는 사건의 결과를 예측할 수 있다고 믿는 경향을 **무작위 오류**(randomness error)라 한다.

무작위 오류 무작위로 발생하는 사건의 결과를 예측할 수 있다고 믿는 경향

무작위적으로 발생하는 사건에서 의미를 찾으려 할 때 의사결정은 어려워진다. 특히 가상의 패턴이 미신이 될 때 더욱 심각하다.[112] 이러한 미신은 '13일의 금요일에는 중요한 결정을 하지 않는다'와 같이 완전히 인위적인 것이거나 '타이거 우즈가 일요일에 빨간색 셔츠를 입고 골프를 치는 이유는 주니어 대회에서 빨간색 셔츠를 입고 많은 우승을 차지했기 때문이다'와 같이 강화된 과거의 행동 패턴일 수도 있다.[113] 또한 정서적 부조화(4장 참조)로 인한 스트레스

가 발생할 수도 있다. 연구에 따르면 스트레스는 개인의 통제감을 떨어뜨리며, 사람은 통제력을 회복하기 위해 나무 두드리기와 같은 주술 의례나 미신을 행하기도 한다.[114]

위험회피 수학적으로 보면 동전을 던져 50 대 50의 확률로 100달러를 얻는 게임은 확실하게 50달러를 받는 것과 같은 가치가 있다고 여겨야 한다. 결국 이 게임을 여러 번에 걸쳐서 할 경우에 기대치는 50달러이다. 하지만 거의 모든 사람은 위험을 수반한 전망보다 확실히 얻을 수 있는 것을 선호한다.[115] 많은 사람이 동전을 던져 50 대 50의 확률로 200달러를 얻는 게임을 하더라도 확실히 50달러를 받는 것을 더 가치 있게 여긴다. 비록 그 게임의 가치는 수학적으로 확실한 50달러보다 2배의 가치가 있는데도 말이다. 이처럼 위험한 결과보다 확실한 것을 더 선호하는 경향을 **위험회피**(risk aversion)라고 한다.

위험회피 위험한 결과가 더 큰 보상을 가져올 수 있더라도 확실하게 이득이 보장되는 적당한 결과를 선호하는 경향

의사결정의 틀은 사람이 위험을 회피하는 행동을 할 것인지에 전반적으로 영향을 미친다. 즉 50달러의 잠재적 이득과 같이 의사결정이 긍정적으로 프레임될 때 사람은 더 위험회피적이 된다(반대로 50달러의 손실처럼 부정적으로 프레임될 때는 더 위험선호행동을 할 것이다).[116] 대니얼 카너먼(Daniel Kahneman) 교수는 사람이 자신의 이익과 손실을 이같은 방식으로 평가한다는 연구로 2002년에 노벨상을 수상했다.[117] 프레임과 위험회피의 영향은 직장에서 마주칠 수 있는 가장 중요한 편향 중 일부이다.

해고 위험에 처한 CEO는 특히 위험회피적이다. 심지어 위험이 더 높은 투자 전략이 회사에 최선의 이익인 경우에도 그렇다.[118] 조직에는 위험회피 성향을 가진 직원이 더 많이 남아 있게 되는데 이러한 직원은 잃을 것이 더 많다고 인식하는 경향이 있어 이직가능성이 낮기 때문이다.[119] 위험선호는 흔히 뒤바뀌어 나타난다. 사람은 부정적인 결과를 피하기 위해 위험을 감수하려 한다.[120] 법정 밖에서 적은 금액으로 합의하는 대신 재판에서 많은 돈을 잃을 수 있는 위험을 감수한다. 스트레스가 많은 상황은 위험선호를 더 강화할 수 있다. 스트레스상황에서 사람은 부정적인 결과를 피하기 위해 위험추구행동을 하고, 긍정적인 결과에 대해서는 위험을 회피하는 경향을 보일 가능성이 더 높다.[121]

사후확신 편향 **사후확신 편향**(hindsight bias)은 어떤 결과가 알려진 후에 그 결과를 정확하게 예측했다고 잘못 믿는 경향성을 말한다.[122] 결과에 대한 피드백을 받으면, 그 결과가 너무도 명백한 거라고 결론 내리는 데 능숙하다.

사후확신 편향 결과가 실제로 밝혀진 후에 사전에 이를 정확히 예측한 것처럼 잘못 확신하는 경향

예를 들어 최초의 자율디지털마케터인 알버트 테크놀로지(Albert Technologies)의 설립자인 올 샤니(Or Shani)는 마케터가 번거로운 수동 과정을 대체하는 완벽한 디지털 기술을 개발하는 데 어려움을 겪었다고 말한다. 사후적으로 보면 번거로운 자동 시스템이 번거로운 수동 과정을 대체했을 뿐이라고 결론 짓기가 쉬웠다.[123] 그 결과 샤니에 따르면 AI가 마케팅을 완벽한 디지털 시대를 가져올 마지막 '추진력'이 될 것이라고 믿지만, 마케팅의 디지털 전환은 완벽히 실현되지 않았다.[124] 생각해보면 지금은 당연해보이는 것을 우리가 예상할 수 있었다고 생각하게 만들지만, 실제로 다수의 전문가는 산업 트렌드를 사전에 예상하지 못하거나 한 번의 실패나 차질이 생기면 완전히 포기해버린다. 의사결정자에 대한 이런 비판은 분명 장점이 있겠지만, 《블링크와 티핑 포인트(Blink and The Tipping Point)》의 저자인 말콤 글래드웰(Malcolm Gladwell)은 "뒤돌아보면 분명한 것이 사실이 되기 이전에 분명한 경우는 거의 없다"라고 말했다.[125]

결과 편향 **결과 편향**(outcome bias)이란 의사결정의 결과가 얼마나 바람직한지 혹은 신뢰할 수 있는지에 근거해 의사결정의 질을 판단하는 경향을 말한다.[126] 의사결정 결과의 질에 대한 정보를 갖게 되면, (의사결정 과정 자체에 결함이 있었을 수 있음에도) 결단력 있는 결정이라고 쉽게 결론낼 수 있다. 또한 믿을 수 없거나 논리적이지 않은 결과와 연관된 결정은 잘못된 것으로 판단할 수 있다. 이러한 과정은 결정을 철저히 판단하기 위해 드는 노력이 단순히 결과의 신뢰성이나 바람직한 정도를 평가하는 것보다 번거로울 때 발생한다.[127] 결국 의사결정권자는 믿을 수 있고 바람직한 결과와 연관된 결정을 판단할 때 더 관대한 기준을 사용한다.[128]

결과 편향 의사결정의 결과의 바람직한 정도나 신뢰성에 근거해 의사결정의 질을 판단하는 경향

결과 편향은 특히 성과 평가에서 문제가 된다.[129] 예를 들어 영업사원을 평가할 때 결과(예: 매출 증가)에 지나치게 집중하는 영업관리자는 판매 증가를 달성한 방법(예: 숫자 조작, 고객에 대한 압력)을 간과할 수 있다. 결과 편향은 직원과 관리자가 자신의 행동에 안내 역할을 할 수 있는 증거와 정보를 받아들이는 정도에도 영향을 줄 수 있다. 예를 들어 어떤 사업 관행(예: 정부 규제)의 효과를 뒷받침하거나 반박하는 증거가 있음에도,[130] 직원이나 관리자는 자신의 신념에 어긋난다는 이유로 이를 완전히 무시할 수 있다(예: '가짜 뉴스'라고 주장하기).[131] 마지막으로 결과 편향은 종종 영업직원에게 유리하게 사용된다.[132] 예를 들어 영업직원은 세일즈 피치에서 종종 결과의 바람직성에 초점을 맞추거나(예: "허리 통증이 없는 삶을 상상해보세요"), 고객의 믿음을 활용하기 위해 신속하고 논리적인 질문을 한다(예: "매일 아침 일어나면 허리가 아프신가요?", "다른 해결책은 시도해보셨나요?", "허리 통증에서 벗어나기 위해 뭐든지 하시겠습니까?").

다음으로 넘어가기 전에 편향이 의사결정에 미치는 영향을 제한하기 위해 무엇을 할 수 있는지 고려해야 한다. 직원과 관리자는 한 걸음 물러서서 ① 다양한 방식으로 문제를 생각해보고 재구성하고, ② 구조화된 의사결정 접근법에 대한 교육을 받아 빠르고 감정적인 휴리스틱을 덜 사용하게 하며, ③ 의사결정을 위한 명시적인 기준을 설정하는 등의 방식으로 편향을 줄이기 위해 의사결정 방식을 변경할 필요가 있다.[133] 모든 편향의 근간은 가장 눈에 띄는 정보에 대한 집중과 대안에 대한 무감각에 있다는 최근의 연구결과를 고려해보면, (가장 눈에 띄는 옵션이 아닌) 다른 옵션을 정말로 많이 고려할수록 자동적으로 편향된 의사결정을 내릴 가능성이 줄어들 때 첫 번째 조언은 특히 두드러진다.[134] 우리 모두는 편견에 취약하지만, 모두가 똑같은 정도로 취약하지는 않다. 개인차는 의사결정 과정에서 중요한 역할을 하며, 조직은 의사결정의 선택지를 제한한다

의사결정에 대한 영향: 개인차와 조직적인 제한

개인차와 조직적 제약 등 다양한 요인은 사람이 의사결정을 내리는 방식과 오류와 편향에 취약한 정도에 영향을 미친다.

6-5 개인차와 조직의 제약조건이 의사결정에 어떤 영향을 미치는지 설명할 수 있다.

개인차

논의한 바와 같이 실제 의사결정은 제한된 합리성, 일반적인 편향과 오류, 직관의 사용으로 특징지을 수 있다. 또한 성격과 같은 개인차로 인해 합리적 모델과의 차이가 발생한다.

성격 여러 성격 특성은 특정한 의사결정 전략을 사용하거나 의사결정에서 오류나 편향을 경험하는 것과 관련이 있다. 첫째, 직원마다 직관을 신뢰하는 정도가 다르며, 이로 인해 더 위험한 결정을 내리거나 심지어 비윤리적인 행동을 더 가혹하게 비난한다.[135] 둘째, 자존감(5장 참조)이 높은 사람은 자존감을 지키려는 동기가 강하므로 자존감 보호를 위한 자기본위 편향을 사용한다. 이들은 자신의 실패에 대해 다른 사람을 비난하는 반면에 성공의 영예는 자신이 취한다.[136] 셋째, 나르시시스트(5장 참조)는 천성적으로 과신이나 자기공로에 대한 과도한 주장, 자기본위 편향에 대한 경향성이 있다.[137]

빅 파이브 모델의 여러 성격 특성도 의사결정과 관련이 있다. 예를 들어 폐쇄성이 낮은 (또는 개방성이 높은) 직원은 상충되는 정보를 더 잘 수용하기 때문에 선택적 지각이나 확증 편향에 덜 취약한 경향이 있다.[138] 게다가 외향성이 높은 CEO일수록 위험이 높은 행동을 보이는데, 이러한 경영진은 다른 회사를 인수하려 하고 자신의 지분에 위협이 되는 행동을 할 가능성이 높다.[139] 성실성의 세부요소 중 특히 성취 지향과 의무감은 몰입의 심화에 영향을 줄 수 있다.[140] 첫째, 성취 지향적인 사람은 실패를 싫어하기 때문에 실패를 방지할 수 있기를 바라면서 몰입을 심화한다. 반면에 의무감이 높은 사람은 자신이 조직을 위해 최선이라고 생각하는 것을 하려는 경향이 있어 몰입을 심화할 가능성이 낮다. 둘째, 성취 지향적인 사람은 아마도 자신의 행동을 정당화하려는 욕구 때문에 사후확신 편향에 더 취약하다.[141]

성 정체성 성별은 의사결정에 영향을 미치는가? 대부분의 연구는 성별 간 심리적 변수에 차이가 거의 없다는 **성별 유사성 가설**을 지지한다. 차이점이 발견된 경우에도 이에 대해 단정적으로 해석하지 말아야 한다. 예를 들어 일부 연구에 따르면 젊은 여성이 남성보다 통제력에서 더 높은 점수를 받는 것으로 나타났지만, 두 성별의 분포는 상당히 겹치고 차이는 11세 이후에는 사라진다.[142] 그렇긴 하지만 의사결정에 있어 몇 가지 성별에 따른 차이가 존재한다. 우선 연구에 따르면 상당한 차이로 남성이 여성보다 감각을 추구하고 위험을 감수하는 경향이 있다.[143] COVID-19 팬데믹 동안의 연구에 따르면 여성은 예방적 건강수칙(예: 거리두기, 손 씻기, 마스크 착용)을 더 잘 지킨다. 또한 팬데믹이 시작될 당시 GPS를 사용하여 1,500만 대의 스마트폰에서 수집한 데이터를 분석한 결과도 여성의 경우가 거리두기를 한 비율이 높았다.[144] 직장 환경에서 의사결정 편향의 성별 차이에 대한 연구는 많지 않지만, 수십 개의 연구와 수천 명의 사람을 기반으로 한 메타분석에 따르면 남성의 직업이라는 고정관념이 있는 직무 채용시 남성은 어느 정도 성 역할에 편향된 고용 결정을 내리는 것으로 나타났다.[145] 반면에 여성에게는 이러한 편향이 보이지 않았다.

지적 능력 일반적 정신 능력(GMA, 5장 참조)이 높은 사람이 정보를 더 빨리 처리하고 문제를 더 정확하게 해결하며 더 빨리 배운다는 것을 알고 있다.[146] 따라서 그들이 일반적인 의사결정 오류에 덜 취약할 것이라고 기대할 지도 모른다. 그러나 GMA는 일부 오류만을 피하는 데 도움이 되는 것 같다.[147] 똑똑한 사람도 비슷한 수준으로 오류를 범하는데, 그 부분적인 이유는 현명한 사람도 지나치게 자신할 수 있고 감정적으로 방어적이 될 수 있기 때문이다. 지능이 무관하다는 것은 아니다. 예를 들어 특정 지적 능력인 **인지적 유연성**(즉, 문제에 맞는 적절한 의사결정 전략을 선택하는 능력)에 대한 연구에 따르면 인지적 유연성은 잘못 정의된 문제와 잘 구조화된 문제 모두에서 더 나은 의사결정으로 이어진다.[148]

문화적 차이 의사결정자의 문화적 배경은 문제의 선택, 분석의 깊이, 논리와 합리성을 중시하는 정도, 조직의 의사결정을 한 명의 리더가 해야 하는지 아니면 집단이 해야 한다고 생각하는지에 중요한 영향을 미친다.[149] 문화는 시간관념, 합리성에 부여하는 가치, 사람의 문제해결 능력에 대한 믿음, 집단적 의사결정에 대한 선호가 다르다. 북미에서는 의사결정 과정의 명백한 합리성을 중시하지만, 다른 나라에서도 꼭 그런 것은 아니다. 예를 들어 스웨덴팀과 독일팀을 대상으로 한 연구에 따르면 스웨덴팀은 일반적으로 독일팀보다 의사결정이 더 오래 걸리는 것으로 나타났는데, 이는 스웨덴팀 구성원의 합의 지향성 때문으로 볼 수 있다. 독일팀의 경우는 명확한 역할에 기반한 보다 공식적인 의사결정 스타일을 선호했다. 다른 연구자에 따르면 튀르키예 직원은 고위 관리자가 의사결정을 내리기를 기대하지만 문화적 권력 거리에 의해 형성된 선호도의 의견을 묻는 것을 좋아한다는 것을 발견했다. 반면에 일본에서는 팀 의사결정이 합의 지향을 강조하는 경향이 있다.[150]

조직의 제약

조직도 의사결정자를 제약하고 합리적인 모델로부터의 차이를 만들어낸다. 예를 들어 관리자는 조직의 성과 평가와 보상 시스템의 영향을 받으며, 공식 규정이나 회사의 선례를 따르고, 조직이 부여한 시간 제약에 맞는 방식으로 의사결정을 내린다.

성과 평가 시스템 관리자는 자신이 평가받는 기준에 의해 영향을 받는다. 만약 관리부서장이 스탭이나 감사관에게서 부정적인 피드백이 없을 때 자신이 감독하는 제조공장이 가장 잘 운영된다고 믿는다면, 공장관리자는 부정적인 정보가 관리부서장의 귀에 들어가지 않게끔 상당한 시간을 쓸 것이다.

보상 시스템 조직의 보상 시스템은 어떤 선택이 더 나은 보상을 가져다줄지를 알려줌으로써 의사결정자에게 영향을 준다. 직원 급여의 상당 부분이 인센티브에 기반하고 조직이 너무 비현실적인 목표를 설정하면 문제행동이나 비윤리적 행동이 발생할 위험이 커진다. 예를 들어 웰스파고(Wells Fargo)[151]에서는 공격적인 인센티브 프로그램으로 인해 직원이 더 높은 인센티브를 받기 위해 200만 개의 가짜 계좌를 개설하는 일이 발생했다.

공식 규정 텍사스주 샌안토니오에 있는 타코벨(Taco Bell) 음식점의 관리자인 데이비드 곤잘레스(David Gonzalez)는 일을 하면서 직면하는 제약을 "부리토를 만드는 것부터 화장실을 얼마나 자주 청소해야 하는지까지 제가 내리는 모든 결정에는 규칙과 규정이 있다. 제 일에는 선택의 사유가 많지 않다"라고 설명한다. 이 관리자의 상황은 독특한 것이 아니다. 아주 작은 조직을 제외하고는 대부분의 조직이 규칙이나 정책을 만들어 결정을 프로그램화 하고 개인이 의도대로 행동하게끔 한다. 그렇게 함으로써 조직은 의사결정자의 선택을 제한하지만 의사결정 과정을 구조화하여 편견을 줄인다. 예를 들어 연구에 따르면 CEO 승계 계획 과정을 만들면 후임 CEO 선발을 위한 후보자풀이 질적, 양적으로 증가한다.[152]

시간 제약 거의 모든 중요한 결정에는 명확한 마감기한이 있다. 예를 들어 신제품 개발에 대한 보고서는 임원회의 검토를 위해 매월 1일까지 준비해야 하는 경우도 있다. 이러한 조건은 종종 관리자가 최종 선택을 하기 전에 모든 정보를 수집하는 것이 불가능하지는 않더라도 어렵

파이브가이스(Five Guys Burgers and Fries) 식당 관리자인 켈리 과르다도 (Kely Guardado)는 다른 종업원과 함께 햄버거를 만든다. 품질, 안전, 서비스와 관련한 회사의 높은 기준에 맞추어 음식을 만들기 위해 직원은 규칙과 규정을 따라야 하며 직원의 자율성은 제한적이다.

출처: Yuri Gripas/Reuters

게 만들어 의사결정 성과를 떨어뜨린다.[153]

과거의 선례 의사결정은 진공 상태에서 이루어지지 않는다. 의사결정에는 배경이 있다. 개별 의사결정은 결정은 여러 선택으로 이어지는 흐름 안에서의 한 지점이며, 과거에 내린 결정은 유령처럼 현재의 선택을 따라다니며 제약한다. 어느 해의 예산 규모를 결정하는 가장 큰 요소는 그 이전 해의 예산이라는 것은 잘 알려진 상식이다. 오늘 내린 선택은 대체로 수년에 걸쳐 내린 선택의 결과인 것이다. 예를 들어 학교 커리큘럼의 변화된 특성도 전략적 선택에 영향을 미칠 수 있다. 1985년부터 2015년까지 600개 이상의 대기업 CEO를 대상으로 한 연구에 따르면 1970년 이전 MBA 졸업생은 다각화 전략을 추구할 가능성이 더 높았던 반면에 1970년 이후 졸업생은 다각화 전략을 추구할 가능성이 낮았는데, 이러한 차이는 전형적인 MBA 커리큘럼의 차이를 반영한다.[154]

위기상황에서의 의사결정 2020년의 COVID-19 팬데믹 동안에 기업의 직원과 리더 모두 혼란과 불확실성 속에서 극도로 어려운 결정을 내려야 했다.[155] 예를 들어 포레스터(Forrester)의 한 선임 애널리스트에 따르면, COVID-19로 인해 전례 없는 불확실성과 빠른 정보 유입이 함께 결합되면서 무엇을 해야 할지에 대한 템플릿도 없고 대응 방법을 신중하게 고려할 시간의 여유도 없었다.[156] 의사결정자는 특히 위기상황에서 편향과 왜곡에 취약하다. 예를 들어 전문 신용평가기관은 위기상황에서 위기의 영향을 받지 않는 대상자나 대상 조직의 신용도 조차도 부정적 또는 비관적으로 평가할 가능성이 높다.[157] 또한 위기상황에서 내리는 의사결정은 감정적이고 직관적일 가능성이 높다.[158] 위기의 긴장은 일반적인 의사결정에 불안과 부정적 감정을 더할 뿐만 아니라, 누가 치료를 받을 것인지에 대해 COVID-19 팬데믹 동안에 의사나 간호사가 매우 어려운 결정을 해야만 했던 것처럼 내려야 하는 결정 자체가 큰 부담이 될 수 있다.[159] 관련하여 의사결정에서 정의와 윤리(자세한 논의는 다음절 참조)는 위기상황에서 큰 역할을 한다. 실제로 위기상황에서는 정의에 대한 인식이 매우 중요하며 직원의 태도와 고객 반응 모두에 영향을 미친다.[160] 소비자는 기업이 취하는 행동을 항상 주의 깊게 지켜보고 있다. 결과적으로 기업의 가치는 기업의 행동을 통해 드러난다. 따라서 리더는 위기의 시기에 의사결정을 내릴 때 직원과 고객을 통해 통찰력과 방향을 찾아야 한다.[161]

의사결정에서의 윤리

앞 절에서 다루었듯이 윤리적인 고려는 위기상황뿐만 아니라 모든 조직의 의사결정에서 중요한 기준이 되어야 한다. 여기서는 윤리적 의사결정을 만드는 세 가지 방식을 제시하고 거짓말이 의사결정에 어떻게 영향을 주는지에 대한 중요한 이슈를 다루고자 한다.

6-6 세 가지 윤리적 의사결정 기준을 비교할 수 있다.

세 가지 윤리적 의사결정 기준

첫 번째 윤리적 기준은 결과를 바탕으로 최대 다수에게 최대 행복을 제공하는 의사결정을 내리는 것이 **공리주의**(utilitarianism)이다.[162] 이 관점은 경영 의사결정에서 지배적이며 합리성, 효율성, 생산성, 이익과 같은 목적에 부합한다.[163] 공리주의는 들리는 것처럼 항상 객관적이지만은 않다. 한 연구에 따르면 공리주의의 윤리성은 깨닫지 못하는 방식으로 영향을 받는다. 다음의 연구참가자에게는 도덕적 딜레마가 주어졌다. 어떤 다리에 5명이 있는데, 이들의 몸무게로 인해 다리가 구부러져서 다리가 기차 선로에 닿게 되었다. 기차가 다리에 부딪히려고 한다. 선택지는 두 가지인데, 5명이 모두 죽든가 아니면 무거운 1명을 다리 밖으로 밀어내 4명을 구하는 것이다. 미국, 프랑스, 한국, 이스라엘에서 응답자의 20%가, 스페인에서는 응답자의 18%가 1명을 다리 밖으로 밀어내는 것을 선택했으며, 한국에서는 아무도 그렇게 하지 않았다. 이러한 결과는 문화적 공리주의적 가치관을 대변할 수도 있지만, 모국어가 아닌 다른 언어로 대답하게 한 경우에 더 많은 사람이 1명을 밀어내는 것을 선택했다. 한 그룹에서는 33%가, 또다른 그룹에서는 44%가 1명을 밀어내는 것을 선택했다.[164] 모국어가 아닌 언어로 대답할 때 생기는 감정 부조화가 공리주의적인 관점을 강화하는 것으로 보인다.[165] 실용적이라고 생각하는 관점조차 상황에 따라 바뀔 수 있는 것 같다.

공리주의 최대 다수의 최대 행복을 위해 의사결정을 내리는 윤리적 관점

두 번째 윤리적 기준은 권리장전과 같은 기록물에 밝힌 것처럼 기본적인 자유와 특권에 부합하여 의사결정을 하는 것이다. 의사결정에서 권리를 강조한다는 것은 사생활에 대한 권리, 자유롭게 말할 수 있는 권리, 공정한 절차와 같은 개인의 기본권을 존중하고 보호하는 것을 뜻한다.[166] 이러한 기준은 **내부 고발자**(whistle-blower)[167]가 자유롭게 말할 수 있는 권리를 바탕으로 조직의 비윤리적인 행위를 언론이나 정부기관에 폭로할 때 이들을 보호해준다.

내부 고발자 고용인의 비윤리적인 행위를 외부에 고발하는 사람

세 번째는 혜택과 비용을 정의롭고 공정하게 분배하기 위해서 공정하게 규칙을 적용하고 집행하는 것이다.[168] 이러한 기준은 종종 **의무감**(deonance), 즉 직원이 규칙, 법, 규범, 도덕적 원칙에 따라 행동해야 한다고 느끼는 것의 관점에서 비롯된다.[169] 예를 들어 어떤 직원은 직장에서 무언가 훔치는 것을 도덕적 규범, 원칙, 기준에서 윤리적으로 '잘못'되었거나 규칙이나 법으로 금지하고 있기 때문에 해서는 안 된다고 생각할 수 있다. 이러한 '해야만 하는 힘'은 조직 규칙의 존재 여부와 상관없이 나타난다. 흔히 어떤 결정은 도덕적 규범이나 원칙을 위반하기

의무감 도덕적 규범, 원칙, 기준, 규칙, 법에 맞게 '행동해야 한다'고 느끼기 때문에 윤리적 의사결정이 이루어지는 것이라는 관점

때문에 불공정하거나 정의롭지 않다고 여겨진다.

기준의 선택

의사결정자는 특히 영리 조직에서 공리주의를 사용할 때 괜찮다고 느낀다. 조직과 주주를 위한 '최대 이익'은 대량해고와 같이 여러 의심스러운 행동을 정당화할 수 있다. 가격을 인상하고, 고객의 건강에 의심스러운 영향을 주는 제품을 판매하고, 비효율적인 공장을 폐쇄하고, 많은 직원을 해고하고, 비용 절감을 위해 해외로 생산을 옮기는 것과 같은 결정은 공리주의적 관점으로 정당화될 수 있을지 모르지만 좋은 의사결정을 평가하는 단일 기준은 더 이상 없을 지 모른다. 개인의 권리와 사회정의 기준에서 보면 효율성과 이익에 대한 공리적 기준을 적용할 때보다 훨씬 더 모호해지는 면이 많기 때문에 평가는 더욱 어려울 수 있다. 실제로 윤리적 의사결정 과정 자체는 복잡하며, 이러한 기준을 완전히 별개의 것으로 보는 전통적인 관점은 다른 관점으로 바뀌고 있다. 이 관점에 따르면 기준은 상호관련되어 있으며 결정이 자기자신에 대한 것인지 아니면 타인의 행동에 대한 것인지가 중요하다.[170]

이러한 이슈에 대해 기업의 사회적 책임(CSR)이 긍정적인 변화를 가져올 수 있다. 공리주의적 이상을 보면 알 수 있듯이 조직이 대차대조표만 생각한다면 조직은 특정 방식으로 의사결정에 접근할 수 있다. 하지만 조직이 책임감 있게 행동해야 한다는 대중의 압력이 있다는 것은 조직의 수익성에 지속가능성 이슈가 영향을 미친다는 것을 말한다. 소비자는 사회적 책임을 더 효과적으로 수행하는 조직의 제품과 서비스를 구매하고, 고성과자는 그러한 조직에서 일하고 싶어 하며, 정부는 지속가능한 경영을 추구하는 기업에 혜택을 준다.[171]

행동윤리

행동윤리 윤리적 딜레마에 직면했을 때 사람이 왜 그런 방식으로 행동하는지 분석하는 것

점점 더 많은 연구자가 **행동윤리**(behavioral ethic), 즉 윤리적 딜레마에 직면했을 때 사람이 왜 그런 방식으로 행동하는지를 분석하는 학문에 관심을 기울이고 있다.[172] 윤리적 기준은 사회나 조직 내에서 집단적 형태로 존재하기도 개인윤리 형태로 개별적으로 존재하기도 하는데 사람이 언제나 조직이 장려하는 윤리적 기준을 따르는 것은 아니다. 때때로 사람은 자신의 개인적 기준마저도 어길 때가 있으며, 윤리적 행동은 상황에 따라 다르게 나타난다. 간단히 말해서 행동윤리는 왜 좋은 사람이 여전히 나쁜 일을 할 수 있는지에 대한 연구이다.[173]

행동윤리와 기업윤리가 어떻게 다른지 궁금할 것이다. 이 두 가지 용어는 매우 비슷해보이지만 차이가 있다.[174] 기업윤리는 주로 어떻게와 무엇에 대한 질문에 초점을 둔다. 기업윤리와 관련된 질문에는 "윤리적 행동을 어떻게 관리할 수 있는가?", "직장 내 불공정의 결과는 무엇인가?"와 같은 것이 있다. 반면에 행동윤리는 주로 왜에 대한 질문에 관련되며 "(비)윤리적 행동에 영향을 미치는 심리적 과정은 무엇인가?"와 같은 질문이 있다. 행동윤리는 1장에서 소개한 전반적인 OB 모델과 비슷하게 개인, 집단, 조직의 여러 수준에서 작동한다. 개인 수준에서의 행동윤리는 인지적, 정서적, 정체성과 관련된 과정과 함께 윤리적으로 관련된 성격 특성이나 개인차에 초점을 둔다. 집단 수준에서는 권력, 부패, 집단행동 등을 포함하여 (비)윤리적 리더십 현상을 다룬다. 조직 수준에서는 윤리적 인프라(예: 잘못된 강압적 보상 시스템과 같이 비윤리적인 행동을 유발하는 정책 및 구조), 환경적 압력(예: COVID-19 팬데믹으로 인한 산업 침체), 마지막으로 윤리적 분위기나 문화에 관심이 있다.

행동윤리 연구는 조직 차원을 넘어 윤리적 의사결정에 있어 문화의 중요성을 강조한다. 문화 간 차이가 보여주듯이 윤리적 의사결정을 위해 국제적으로 통용되는 기준은 거의 없다.[175] 한 문화권에서 윤리적인 것이 다른 문화권에서는 비윤리적일 수도 있다. 예를 들면 뇌물은 중국에서는 흔한 현상이기 때문에, 중국에서 일하는 캐나다인은 '현지 문화에서 괜찮다면 사업을 위해 뇌물을 주어도 되는가'와 같은 윤리적 딜레마에 처하기 쉽다. 일부 회사는 이러한 문제를 명시적인 방식으로 해결했지만 많은 회사는 그렇지 못하다. 윤리적 행동을 이해하는 데 있어 문화차이를 세심하게 고려하지 않는 조직은 모르는 사이에 비윤리적인 행동을 조장할 수 있다.

거짓말

거짓말은 상황적 특성과 개인적 차이의 영향을 받을 수 있지만, 많은 연구에 따르면 거짓말과 부정직한 행동은 매우 흔하다.[176] 아마도 거짓말을 하는 이유 중 하나는 타인이 거짓말을 알아채기가 어렵다는 아유일 것이다.[177] 200개 이상의 연구에서 사람은 단 47%의 경우에서 거짓말을 하는 사람을 알아냈는데, 이는 무작위적인 선택보다도 못한 결과이다.[178]

거짓말탐지 기술 중 하나는 사람의 신체언어를 연구하는 데, 연구자는 신체언어만으로 거짓말을 알아차릴 확률이 무작위 추측에 미치지 못한다는 것을 발견했다. 심리학자 마리아 하트위그(Maria Hartwig)는 "거짓말쟁이가 신체언어로 자신을 속인다는 상식적인 생각은 문화적 허구에 지나지 않는 것 같다"라고 말했다.[179] 예를 들면 경찰이 사용하는 한 가지 기법은 사람이 거짓말을 할 때 위와 오른쪽을 쳐다본다는 이론에 기반한다. 하지만 이 기법을 실증해내려고 했던 연구자는 그 기반 이론을 입증할 수 없었다.[180] 또 다른 기술은 얼굴 표정을 연구하는 것이다. 하지만 이 역시 많은 연구자가 이 기법을 확증할 수 없었다.

사람은 종종 특정상황(예: 면접이나 영업상황)에서 필요하거나 정직하기 어려울 수 있기 때문에 거짓말을 정당화하려고 하지만,[181] 거짓말은 의사결정에 치명적이다. 관리자(그리고 직원)는 사실이 왜곡되거나 자기행동에 대한 동기를 거짓으로 제시하면 좋은 의사결정을 내릴 수 없다. 또한 거짓말은 큰 윤리적 문제이기도 하다. 조직의 관점에서 화려한 거짓말탐지 기술을 사용하고 거짓말쟁이를 함정에 빠뜨리는 것은 신뢰할 수 없는 결과를 낳는다.[182] 가장 지속적인 해결책은 조직행동을 통해 가능하다. 즉 자연적인 본성을 이해하여 거짓말을 유도하지 않는 환경을 조성함으로써 거짓말을 방지하는 방법을 연구하는 것이다.

창의성, 창의적 의사결정, 조직의 혁신

6-7 창의성의 3단계 모델에 대해 논의할 수 있다.

창의성 새롭고 유용한 아이디어를 만들어 내는 능력

문제해결을 위해 종종 명확하거나 쉽게 활용가능한 대안이 있을 수 있지만, 때로는 새롭고 유용한 아이디어를 만들어내는 능력, 즉 **창의성**(creativity)이 필요하다. 창의적 아이디어는 이전에 했던 것과는 다르지만 주어진 문제를 해결하는 데 적합하다.

창의성은 의사결정자가 문제를 충분히 평가하여 이해하고 다른 사람이 볼 수 없는 문제를 볼 수 있게 해준다. 조직행동의 모든 면이 복잡하지만 창의성의 경우에 특히 복잡하다. 이해를 돕기 위해 도표 6-5에 조직 내 창의성의 3단계 모델을 제시했다. 창의적 행동, 원인(창의적 행동의 예측 변수), 효과(창의적 행동의 성과)가 모델의 핵심을 이룬다.

윤리적 선택

생각만큼 우리는 윤리적인가?

지난 10년간 기업 스캔들은 뉴스에 자주 등장하는 이슈가 되었다. 이러한 스캔들은 종종 웰스파고(Wells Fargo) 은행직원이 영업 목표 달성을 위해 수백만 개의 무단 은행 계좌를 개설한 것과 같은 대규모 윤리 위반행위이다. 이와 같은 중대한 범죄가 발생하고 나서야 조직은 주로 광범위하고 눈에 띄는 범죄를 대상으로 개혁을 요구하며 보통 일상적으로 발생하는 비윤리적 행동의 경우는 간과된다. 그러나 많은 연구에서 자세히 밝힌 바에 따르면 사업지출보고서 조작, 사무용품 훔치기, 이해관계의 충돌과 같은 비윤리적인 관행은 만연해 있다. 이러한 행동은 사소하게 보일 수 있지만 바람직하지 않은 규범을 만들 수 있으며 빈번한 경우에는 조직 내 신뢰를 손상시킬 수 있다. 통제하지 않고 방치하면 사소한 위반이 결국에는 더 확대되고 더 심각해져 중대한 결과를 초래할 수 있다.

행동윤리에 관한 연구에 따르면 50% 이상의 많은 사람이 비윤리적인 행동을 하는 것으로 나타났다. 사람이 반드시 악의를 가지고 행동하는 것은 아니다. 대신에 이런 사람은 '사각지대'가 있어 자신의 행동이 윤리적이며 부정적인 결과를 초래할 수 있다는 것을 이해하지 못하는 경우가 많다. 비윤리적인 행동이 발생할 가능성이 더 높은 상황도 있는데, 사람이 어떻게 행동해야 하는지에 대한 규범이 모호하거나, 피해자가 직접적으로 눈에 띄지 않거나, 성과 목표가 (웰스파고의 경우처럼) 비현실적인 경우가 그러하다. 이러한 조건이 무르익으면 직원은 윤리적 위반을 저지르기 쉽다. 행동윤리에 관한 연구에 따르면 조직은 이러한 유형의 윤리 위반을 방지하기 위해 다음을 할 수 있다.

1. 비윤리적이고 불법적인 행동에 대한 개인의 인식 제고에 중점을 둔다. 직원이 비윤리성을 인식하지 못하는 경우에 인식 제고와 설명에 집중하면 비윤리적인 행동을 억제하는 데 도움이 될 수 있다. 윤리적 리더십, 윤리적 이슈에 대한 인식, 비윤리적 행동을 조장할 수 있는 편향을 억제하는 것에 대해 직원들을 교육하는 것이 도움이 될 수 있다.
2. 직원에게 위반행위에 대해서는 결과가 따를 것이라는 것을 알린다. 직원이 고의적으로 비윤리적인 행동을 하고 그 행동의 유해성도 알고 있을 때는 공식적인 조치가 필요하다.
3. 직원이 비윤리적일 수 있는 행동이나 관행을 발견하면 목소리를 낼 수 있게 장려한다. 비윤리적 행동의 잠재적 사례, 주장의 진실성을 입증하는 절차, 내부고발을 가로막는 장애물(예: 보복)을 제거하는 것은 사람이 드러낼 수 있는 채널을 만들어 내부고발을 적극 장려한다.
4. 일상적인 비윤리적 행동을 감지하고, 모니터링하고, 예방할 수 있는 공식 또는 비공식 시스템을 구축한다. 공식적인 시스템에는 채용 관행, 신입교육 프로그램, 지속적 훈련, 성과 관리 시스템, 의사결정 과정, 책임 구조가 포함된다. 비공식적 시스템에는 직원이 존경할 만한 롤모델을 만들고, 직원에게 윤리적 지침을 제공하는 규범, 의례, 언어를 만들어 윤리적 문화를 형성하는 것이 포함된다.[183]

도표 6-5 조직 내 창의성의 3단계 모델

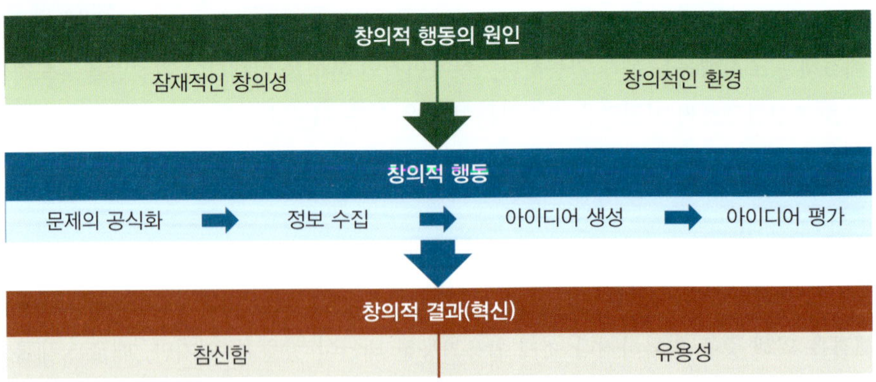

창의적 행동

문제의 공식화 아직 알려지지 않은 해결책이 필요한 문제나 기회를 식별하는 창의적 행동 단계

창의적 행동은 차례대로 일어나는 4단계를 거쳐 발생한다.[184]

1. **문제의 공식화**: 모든 창의적 행동은 해결이 필요한 문제에서 시작된다. 따라서 **문제의 공**

식화(problem formulation)는 아직 알려지지 않은 해결책이 필요한 문제나 기회를 식별하는 창의적 행동 단계이다. 예를 들면 마샬 카비(Marshall Carbee)와 존 베넷(John Bennett)은 환경보호국(EPA)의 안전 승인을 받은 페인트조차 유독 화학물질을 배출한다는 것을 발견하고 에코세이프티프로덕트(Eco Safety Products)를 설립했다. 이 회사가 개발한 예술가에게 안전한 콩 기반 페인트 개발은 현재 시중에 판매되는 페인트의 안전문제를 파악하는 것에서 시작된 것이다.[185]

2. **정보 수집**: 문제가 주어졌을 때 처음부터 어떤 명확한 해결책이 보이는 경우는 거의 없다. 시간을 들여 더 많은 것을 학습하고 학습한 것을 프로세스해야 한다. **정보 수집**(information gathering)이란 지식을 수집하고 문제에 대해 가능한 해결책을 부화시키는 창의적 행동 단계이다. 정보 수집은 혁신의 기회를 식별할 수 있게 해준다.[186] 스톡홀름에 본사를 두고 많은 조직의 혁신을 돕는 호아스툴숍(Hoa's Tool Shop)의 니클라스 라닝어(Niklas Laninge)는 창의적인 정보 수집이란 평소의 일상과 익숙한 범위(comfort zone)를 뛰어넘어 생각하는 것이라고 말한다. 예를 들어 다른 분야의 사람과 섬심을 먹으며 문제에 대해 논의하는 것이다. "굉장히 쉽다. 새로운 용어를 사용해서 자기 사업에 대해 이야기하고 성취하고 싶은 것들에 대해 이야기해야 한다. 상대방이 알아듣지 못하는 전문 용어는 쓸 수 없다"라고 라닝어는 덧붙였다.[187]

정보 수집 개인의 마음 속에서 가능한 해결책이 부화하는 창의적 행동 단계

3. **아이디어 생성**: **아이디어 생성**(idea generation)은 관련된 정보와 지식으로부터 가능한 해결책을 개발하는 과정이다. 호기심은 아이디어 생성의 추진 요인으로 나타났다. 무언가에 대한 호기심이 생기면, 현재의 문제를 해결하는데 도움이 되고 이전에 갖고 있던 아이디어나 해결책을 연결시킬 가능성이 높다.[188] 아이디어 생성은 집단 역학에 중요한 의미를 갖는다. 예를 들어 나사의 엔지니어가 화성에 착륙할 우주선을 개발한 것은 서로 협력한 결과였다. 개발팀은 큐리오시티(크레인으로부터 화성에 착륙한 SUV 차량 크기의 탐사 로봇)를 만들기 위해 3일 동안 칠판에 가능한 아이디어를 적었다.[189] 연구에 따르면 어떤 사람이 아이디어 생성 과정을 성공적으로 잘 하면 동료는 그 사람을 리더로서 평가할 가능성이 높으며, 특히 다른 사람이 좋은 아이디어를 내지 못할 경우 더욱 그렇다.[190] 그러나 아이디어 생성 과정 중 공동의 노력은 팀원에게 '양날의 검'이 될 수도 있는데, 조정이 많이 늘고 성공적인 아이디어에 대한 공로를 공유할 수 있기 때문이다.[191]

아이디어 생성 관련된 정보와 지식으로부터 가능한 해결책을 개발하는 창의적 행동 단계

4. **아이디어 평가**: 마지막 단계는 생성한 아이디어 중에 선택하는 단계이다. 즉 **아이디어 평가**(idea evaluation) 단계는 가장 좋은 해결책을 식별하기 위해 잠재적인 해결책을 평가하는 창의적 행동 단계이다. 때로 선택 방법이 혁신적일 수 있다. 댈러스매버릭스(Dallas Mavericks) 농구팀의 구단주인 마크 쿠반(Mark Cuban)은 팬에게 최고의 유니폼을 디자인하고 뽑도록 요청했다. 쿠반은 "창의적인 아이디어를 내기 위한 가장 좋은 방법은 무엇일까? 사람들에게 물어보면 된다. 우리는 유니폼의 디자인과 색을 크라우드 소스할 것이다"라고 말했다.[192] 일반적으로 예상되는 편견과 책임 분산을 없애기 위해 아이디어 생성에 참여하지 않은 사람이 평가를 담당하는 것이 좋다. 첫째, 사람은 종종 자신이 생각해낸 아이디어에서 자존감과 정체성을 얻는 경우가 많다. 잠재적인 평가는 아이디어에 위협이 되기 때문에 자신의 아이디어를 더 관대하게 평가하게 되며, 이를 아이디어 창조자의 편향이라고 한다.[193] 둘째, 조직의 계층 구조는 아이디어 생성 단계에서(아이디어를 자유

아이디어 평가 가장 좋은 해결책을 선정하기 위해 문제의 잠재적인 해결책을 평가하는 창의적 행동 단계

롭게 공유하지 못하게 하므로) 해가 될 수 있지만, 아이디어 평가 단계에서는 권위자가 책임을 맡아 아이디어풀에서 최고의 아이디어를 선택하기 때문에 도움이 될 수 있다(권한이 없으면 사람은 어떤 아이디어를 선택할 것인지에 대해 의견을 말하려 하지 않을 수 있다).[194]

창의적 행동의 원인

지금까지 3단계 모델의 핵심인 창의적 행동을 살펴보았다. 이제 창의성의 원인(잠재적 창의성과 창의적 환경)에 대해 알아보자.

잠재적 창의성 창의적 성격 같은 것이 있는가? 그렇다. 과학(알베르트 아인슈타인), 미술(파블로 피카소), 사업(스티브 잡스) 등 창의적 천재는 드물지만, 대부분의 사람은 특출나게 창의적인 천재가 가지고 있는 몇 가지 특성을 가지고 있다. 이러한 특성을 더 많이 가지면 잠재적 창의성은 더 높다. 다음과 같은 잠재적 창의성의 지표를 살펴보자.

1. **지능과 창의성**: 지능은 창의성과 관련이 있다. 어떤 연구에 따르면 창의적이기 위해서는 어느 정도의 지능이 필요하다.[195] 똑똑한 사람은 복잡한 문제를 푸는 데 능숙하기 때문에 더욱 창의적이다.[196] 그러나 똑똑한 사람은 보다 큰 '작동기억(처리 중인 업무와 연관된 정보를 더 많이 기억해낼 수 있는 능력)'을 가지고 있기 때문에 더 창의적일 수도 있다.[197] 같은 차원에서의 연구결과에 따르면 개인의 높은 인지 욕구(학습 욕구)와 정보 업데이트를 다루는 인지 능력은 더 높은 창의성과 관련이 있다.[198]
2. **성격과 창의성**: 빅 파이브 성격 요인의 개방성(5장 참조)도 창의성과 관련이 있는데, 이는 개방성이 높은 사람은 덜 순응적으로 행동하고 더 다양한 사고를 하기 때문이다. 창의적인 사람의 다른 특성으로는 주도적 성격, 자신감, 위험선호, 모호성에 대한 내성, 인내가 있다.[199] 희망, 자기효능감(자기능력에 대한 믿음), 긍정적 정서도 개인의 창의성을 예측한다.[200]
3. **전문성과 창의성**: 모든 창의적인 업무에 전문성은 기반이 된다. 영화 시나리오 작가, 제작자겸 감독인 쿠엔틴 타란티노(Quentin Tarantino)는 어린시절 비디오 대여점에서 일하면서 영화에 대한 총체적인 지식을 습득했다. 잠재적인 창의성은 개인이 능력, 지식, 능숙도와 자신의 분야와 비슷한 전문성을 가지고 있을 때 향상된다. 다른 사람의 전문성도 중요하다. 더 큰 소셜네트워크를 가진 사람이면 다양한 아이디어에 노출될 기회가 많고, 다른 사람이 가진 전문성이나 자원에 대한 비공식적 접근성이 높다.[201]
4. **윤리와 창의성**: 창의성은 개인이 가진 많은 바람직한 특성과 관계가 있지만 윤리성과의 관계는 불분명하다. 연구에 따르면 부정행위를 하는 사람이 윤리적으로 행동하는 사람보다 더 창의적일 수 있다고 한다. 부정직성과 창의성은 둘다 규칙을 깨려는 욕망에서 비롯될 수 있다.[202] 최근 일부 연구에 따르면 창의적인 성격을 가진 사람(혹은 더 창의적인 팀의 구성원)일수록 도덕적 이슈와 관련하여 풍부한 상상력을 보이며(예: 자기행동의 결과를 더 잘 상상할 수 있음), 실제로 더 윤리적이라는 것이다.[203]

창의적 환경 대부분의 사람은 적용 방법을 배울 수 있는 잠재적 창의성을 가지고 있지만 그 자체만으로는 충분하지 않다. 이러한 잠재성을 실현할 수 있는 환경에 있어야 한다.[204] 아마도 가장 중요한 것은 **동기부여**이다. 내재적 동기, 즉 일이 흥미롭고, 신나고, 도전적이기 때문에 그 일을 하고 싶은 욕구(7장 참조)는 창의성과 강한 상관관계가 있다.[205] 따라서 환경은 직원들의 창의적 동기를 촉진해야 한다.[206] 잠재적 창의성이 창의적 행동으로 이어지는 데 영향을 미치는 다른 환경적 요인에는 무엇이 있는가?

첫째, 창의적인 일을 인정하고 보상하는 환경에서 일하는 것이 중요하다.[207] 의료팀을 대상으로 한 연구에 따르면 팀의 창의성은 혁신을 적극적으로 지원하는 분위기가 있을 때에만 혁신으로 이어졌다.[208] 조직은 타당하고 건설적인 의견을 포함해 아이디어의 자유로운 교류를 장려해야 한다. 과도한 규칙으로부터의 자유는 창의성을 촉진한다. 직원은 어떤 업무를 할지, 업무를 어떤 방식으로 처리할지를 결정할 수 있는 자유를 누려야 한다. 한 연구에 따르면 (부서의 구조가 직원에게 충분한 자유를 보장하는) 구조적 임파워먼트와 (직원이 개인적으로 결정할 수 있다고 느끼게 하는) 심리적 임파워먼트 모두 직원의 창의성과 관련이 있다.[209] 반면에 다른 연구에 따르면 어떠한 대가를 치르더라도 성취가 중요하다는 경쟁적 분위기는 창의성을 저해한다.[210]

둘째, 어떤 직무 특성은 창의성을 촉진할 수 있다. 구제적으로 복잡하고 자율적이며 혁신에 대한 명확한 기대치가 있는 직무는 혁신적 행동과 관련이 있으며, 이러한 직무 특성은 특히 창의적 행동을 고무시키는 데 중요하다.[211] 관리자와 리더는 조직의 기반과 문화의 일부로 이러한 직무 특성을 확립하는데 큰 역할을 한다. 관리자는 자원이 부족할 때는 새로운 아이디어를 위한 자원을 찾게 장려함으로써, 자원이 풍부할 때는 이를 활용하는 도구에 집중하게 함으로써 혁신을 고조할 수 있다.[212] 관리자는 또한 직원이 지식과 정보를 서로 공유하는 데 중요한 역할을 할 수 있다. 관리자가 팀을 추가적인 정보와 자원과 연결할 때 급진적 창의성(현 상태를 깨는 창의적 아이디어 도입)의 가능성이 높아진다.[213] 또한 팀원과 관리자 네트워크 간의 약한 연결성은 팀원이 자신의 네트워크와 직접적으로 강하게 연결되는 것보다 창의성에 더 큰 효과가 있다. 약하게 연결된 정보 자원이 더 다양한 생각을 제공해주기 때문이다.[214]

10장에서 나중에 배우겠지만, 오늘날 더 많은 업무가 팀에서 이루어지고 있으며 많은 사람은 다양성이 팀의 창의성을 높일 수 있다고 믿는다. 과거 연구에 따르면 팀 다양성의 효과는 우리가 말하는 다양성의 유형에 따라 달라진다(표면적 다양성과 내면적 다양성, 2장 참조). 표면적 다양성은 팀의 창의성과 관련이 없지만, 내면적 다양성은 특히 업무가 상호의존적이고 팀원이 병치된 경우에 더 높은 수준의 팀 창의성과 관련이 있다.[215] 리더십도 차이를 만들어낼 수 있다. 리더십이 팀과 팀원의 창의성에 미치는 영향에 대한 메타분석에 따르면 변혁적 리더십과 임파워하는 리더십(12장 참조)은 창의성과 긍정적인 관련이 있다.[216] 이러한 리더는 추종자 임파워먼트, 리더-부하 교환관계, 신뢰, 지식 공유, 창의성 동기를 향상하고 창의성을 발휘할 수 있는 분위기를 조성한다.[217]

문화의 역할은 무엇인가? 최근 여러 국가를 대상으로 한 연구결과에서 홉스테드(Hofstede)의 문화 차원 중 개인주의(2장 참조)가 높은 국가일 때 더 창조적인 것으로 나타났으나,[218] 이후의 연구에 따르면 그 문화 안에 존재하는 집합적인 동기적, 기술기반적, 창의성 관련 능력과 같이 문화 특성의 **집합체**가 창조성에 더 큰 영향을 미친다.[219]

창의적 성과(혁신)

창의성 모델의 마지막 단계는 성과이다. 창의적 행동이 언제나 혁신이나 창의적 성과를 낳는 것은 아니다. 어떤 직원이 창의적인 아이디어를 개발했지만 공유하지 않을 수도 있다. 경영진이 창의적인 해결책을 수용하지 않을 수도 있다. 다른 아이디어를 제안한 사람을 팀에서 고립시킴으로써 아이디어를 억누를 수도 있다. 아이디어는 불확실성을 수반하기 때문에 많은 사람은 창의적 아이디어를 수용하지 않으려 할 수 있다. 불확실성이 감지될 때 창의적인 아이디어를 판단하는 능력이 제한될 수 있다.

이해관계자들이 참신하고 유용하다고 평가하는 아이디어나 해결책을 혁신이라고 정의할 수 있다. 유용하지 않고 참신하기만 해서는 혁신적 성과가 될 수 없다. 즉 별난 해결책은 문제해결에 도움이 되어야만 혁신적인 것이다. 해결책의 유용성은 (아이패드의 기능처럼) 자명할 수도 있고, 실제 성공 이전에 이해관계자에게 성공적이라는 평가를 받을 수도 있다.[220]

조직은 직원으로부터 많은 창의적인 아이디어를 수집하고 스스로를 혁신적이라고 부를 수 있다. 하지만 한 전문가는 "사용되지 않는 아이디어는 쓸모없다"라고 말했다. 소프트스킬(Soft skill)은 아이디어를 성과로 전환하는 데 도움을 준다. 대규모 농업회사의 직원을 대상으로 한 연구에 따르면 개인이 아이디어를 실행에 옮기고자 동기부여가 있고 뛰어난 네트워킹 능력을 가지고 있을 때 창의적인 아이디어가 실행될 확률이 가장 높았다.[221] 또한 42개국에서 수행된 100개 이상 연구의 데이터에 따르면 가족 소유 기업은 아마도 구성원 간의 강한 관계적 연결로 인해 창의적인 아이디어를 유용한 혁신으로 전환할 수 있는 능력이 있다고 한다.[222] 이러한 연구결과는 중요한 사실을 상기시킨다. 창의적인 아이디어는 저절로 실행되는 것이 아니며, 아이디어를 혁신적 성과로 전환하는 것은 권력, 정치, 리더십, 동기부여 등과 같은 다른 개념을 활용해야 하는 사회적 과정이다.

요약

주변에서 일어나는 일의 상당 부분은 결정과 업무 세계에서 인식하는 방식의 차이에 기인한다. 사람은 실제 외부 환경이 아닌 보거나 믿는 것을 바탕으로 행동한다. 사람은 다른 사람, 그룹, 사물, 사건, 아이디어 등을 이해하며, 조직 또는 팀 맥락은 이러한 센스메이킹 과정에 영향을 미친다. 또한 어떤 일이 일어나는지 이해하고 어떤 힘이 사람들의 상황과 행동의 원인이 되는지를 파악한다. 이러한 과정은 우리의 인식 상의 많은 오류와 편견으로 가득 차 있다. 왜 그런가? 세상은 너무 복잡하기 때문에, 주변에서 일어나는 일을 효율적으로 이해하기 위해 지름길을 택할 필요가 있다. 안타깝게도 이러한 오류와 편견은 성과 평가, 승진 결정, 모집, 선발 같이 조직행동과 관련된 많은 인적 자원(HR) 과정에 영향을 미친다. HR 과정은 오류와 편견으로 가득 차게 되는데, 지각은 업무 문제에 대한 이해와 문제해결을 위한 결정과 불가분의 관계에 있기 때문이다.

우리는 종종 합리적으로 의사결정을 내리고 있다고 생각하지만, 사실은 통제를 벗어난 힘이 우리의 합리성을 제한한다. 대신에 종종 직관이나 직감에 의존하여 결정을 내린다. 지각과 의사결정에 대해 이해한 조직행동 학생은 윤리적 의사결정을 내리고 조직 내 혁신을 촉진하는 데 무엇이 필요한지에 대한 지식을 가지고 직업 세계에 진출할 수 있다.

관리자를 위한 시사점

- 행동은 지각을 따른다. 직장에서의 행동에 영향을 주기 위해 사람이 자신의 일을 어떻게 지각하는지를 평가하고, 환경이 어떻게 지각에 영향을 주는지를 이해하며, 자신이 다른 사람을 어떻게 지각하는지를 검토하라. 종종 이해하기 어려운 행동은 초기 지각을 이해함으로써 설명할 수 있다.
- 다른 사람(예: 고객, 동료)의 행동을 판단할 때는 왜 그렇게 행동하는지(혹은 왜 그런 일들이 그들에게 발생하는지)에 대한 결론을 섣불리 내리지 않도록 주의하라. 내부 또는 외부의 힘과 같은 상대방 행동의 원인이 무엇인지에 대한 우리의 인식은 잘못된 결론에 도달할 수 있음을 인식하라.
- 지각 오류, 휴리스틱, 편향을 인식하여 모집, 선발, 성과 평가에서 더 나은 의사결정을 내릴 수 있다. 이러한 문제에 대해 안다고 해서 항상 실수를 방지하는 것은 아니지만 도움이 된다. 또한 기술을 활용하여 지각 오류를 줄일 수 있다.
- 자신의 의사결정에 대한 제약을 인식하고 현재 자신의 지각에 영향을 미칠지도 모르는 다른 요소를 이해함으로써 의사결정 방식을 조정하라. 예를 들어 조직의 맥락 뿐만 아니라 자신의 성격 특성이나 다른 개인차가 문제를 바라보는 방식에 영향을 미치고 있을 수 있다.
- 문제해결 방식에 있어 유연성을 보라. 어떤 상황에서 이성적인 분석이 더 좋고 어떤 상황에서 빠르고 직관적인 결정이 필요한지를 알아야 한다. 통제 밖의 힘이 우리의 합리성을 제한한다는 것을 이해하라. 문제 공간을 탐색하여 주어진 문제에 대한 올바른 전략을 선택하라.
- 직면하게 될 윤리적 딜레마를 고려할 때는 결과, 책임, 의무, 권리에 대해 공통 언어를 사용하라. 자신의 행동이 최대 다수의 최대 행복을 가져다주거나 다른 사람의 권리를 침해하는지, 특정 방식으로 행동해야 할 책임이나 의무가 있는지 생각하라.
- 창의적인 프로세스를 개선하고 창의성이 장려되는 환경을 조성하기 위해 노력하라. 창의적으로 문제해결을 위해 문제를 구성하고, 문제에 대한 정보를 수집하고, 해결 방법에 대한 아이디어를 생성하고, 아이디어를 평가하라. 창의성을 방해하는 업무와 조직의 장벽을 제거하고 창의성과 혁신에 대해 보상해주는 분위기를 조성하기 위해 노력하라. 창의적인 업무를 위임할 때는 직원과 동료의 잠재적인 창의성을 고려하라.

암묵적 평가

찬성 의견

이 장 앞부분에서 언급했듯이 어떤 결정은 직관적으로 이루어진다. 그 순간 무의식적으로, 신속하게, 감정적으로 이루어진다. 그렇다면 우리도 모르게 타인에게 편견에 따라 행동하고 있을지도 모른다는 생각이 들지 않는가?

토니 그린왈드(Tony Greenwald), 마자린 바나지(Mahzarin Banaji), 브라이언 노섹(Brian Nosek)이 시작한 하버드의 Project Implicit는 우리의 인지 밖에 있는 숨겨진 편견을 밝혀내고자 했다. 이 연구의 대부분은 IAT(Institution Association Test)를 이용해서 사람이 얼마나 빠르게 편견이 없는 연상(예: 검은색과 긍정성, 흰색과 부정성)에 비해 편견이 있는 연상(예: 검은색과 부정성, 흰색과 긍정성)을 빠르게 하는지 평가할 수 있었다. 이 두 가지 연상에 걸린 시간차(1/1,000초 단위)를 통해 어떤 사람의 편견이나 편향을 추정했다.

IAT는 무의식적인 의사결정과 편견에 대한 연구 발전에 큰 도움이 되었으며, 무의식적인 직관적 행동을 이해하는데 '1/1,000초의 유의 미성'을 이야기한다. 지난 수십 년간 Project Implicit 연구에 참여한 수백만 명의 데이터에 의하면 나이, 종교, 성 정체성, 인종 등 다양한 영역에서 잠재적 편향이 존재한다.

IAT 결과에 따르면 사람은 암묵적으로 남성보다 여성을, 아버지보다는 어머니를 선호하지만, 여성이 '남성'의 영역 내에서 평가되는 순간 선호도가 바뀐다. 사람은 여성보다 남성 권위자와 리더를 선호하는 경향이 있다. 2009년 약 15,000명을 대상으로 한 메타분석 결과 IAT는 향후의 편견적 판단, 행동, 생리학적 지수 예측에 어느 정도 관련이 있는 것으로 나타났다.

반대 의견

직관이 의사결정에 역할을 한다는 것은 분명하지만 어떤 검사를 가지고 우리가 편견을 가지고 있는지 아닌지를 알 수 있는가? 두 개념 사이의 연관성을 판단하는데 밀리초(1/1,000초)의 시간이 얼마나 걸리는지로 누군가의 편견을 충분히 판단할 수 있는가? IAT와 편향된 행동의 이러한 연관성에 대해 오랫동안 학자, 특히 하트 블랜턴(Hart Blanton)이 의문을 제기해왔다.

검사를 사용하여 누군가를 편견이 있거나 편향적이라고 분류하는 것에 대해 《뉴욕타임스》의 에밀리 바젤론(Emily Bazelon)은 편향에 대한 우리의 사회적 논의를 '심리적인 관찰에서 정치적인 비난'으로 바꾸는 것에 비유했다. 이러한 윤리적 함의 외에도, 블랜턴은 "IAT는 2주 후의 IAT 결과를 예측하지도 못한다. 어떻게 스스로를 예측하지도 못하는 측정 방식으로 개인 행동을 예측한다는 것인가?"라며 IAT측정 자체에 문제가 있다고 한다. 한 연구는 IAT가 실제 측정하려는 시간차와 (IAT를 조작하도록 지시받았을 때) 사람이 의도적으로 조작한 시간차를 구분해낼 수 없다고 밝혔다.

블랜턴과 동료가 2015년에 발표한 최신 메타분석에 따르면 IAT는 행동, 지각, 정책 선호, 비언어적 행동, 반응시간을 예측하는데 거의 도움이 되지 않는다(물론 효과가 작더라도 사회적으로는 효과가 큰 경우가 있다). IAT가 그럭저럭 잘 예측하는 것 같은 유일한 요소는 일 종의 뇌 활동이었다. 또한 블랜턴이 2000년대초 영향력 있는 IAT 테스트 데이터를 재분석한 결과의 일부가 예보다 작았으며 이상치나 다른 요인으로 인해 크게 바뀌었다(원저자는 이에 대해 논쟁한 바 있음).[223]

6장 종합 점검

복습 질문

6-1 지각에 영향을 미치는 요소는 무엇인가?

6-2 귀인 이론은 무엇인가?

6-3 지각과 의사결정 과정의 관계는 어떠한가?

6-4 의사결정의 합리적 모델은 제한된 합리성과 직관에 따라 어떻게 다른가?

6-5 개인차와 조직의 제약 조건이 의사결정에 어떠한 영향을 미치는가?

6-6 세 가지 윤리적 의사결정 기준은 무엇이며 서로 어떻게 다른가?

6-7 창의성의 3단계 모델의 각 요소는 무엇인가?

입사 지원과 취업 역량

지각은 세상을 향한 첫 번째 창이다. 지각은 우리를 둘러싼 세상, 우리가 상호작용하는 대상, 우리가 어디에 있는지, 무엇을 해야 하고 해서는 안 되는지를 이해하게 해준다. 이러한 지각은 우리의 의사결정을 안내하는 도구적 역할을 한다. 비즈니스 세계에서 일반적인 가정은 우리가 합리적으로 결정을 내린다는 것이다. 그러나 연구결과는 지각과 편향으로 인해 의사결정의 질이 제한되기 때문에 이러한 가정을 반박한다. 자신의 편향과 의사결정 오류를 인식함으로써 우리는 현명한 결정을 내릴 수 있으며, 결과적으로 자신의 취업 역량도 높아진다. 이러한 이해를 통해 윤리적인 의사결정뿐만 아니라 창의적 성과도 향상할 수 있다. 이 장에서는 CSR에서 귀인의 역할에 대해 알아보고, 모든 고정관념이 부정적이라는 가정에 이의를 제기하고, 우리의 성격이 (비)윤리적으로 행동 성향에 어떻게 영향을 주는지 알아보고, 편견적 직관의 측정가능성에 대해서도 검토했다. 이를 통해 비판적 사고, 창의성, 자기관리 기술을 발전시킬 수 있었다. 다음에서는 이러한 기술들과 의사소통과 협업 기술을 계속 발전시켜 나갈 것이다. 이를 위해, 다른 학생과 함께 문제를 해결하고, 의사결정으로서의 부정행위에 직면해보고, 조직 내 협업 과부하의 위험성을 평가할 것이다.

실전 연습 음식 사막 살리기

당신과 파트너가 '음식 사막'이라고 불리는 지역사회의 리더라고 상상해보라. 음식 사막은 양질의 신선한 음식을 구하기 어려운 지역이다. 대신 건강에 해로운 패스트푸드는 가장 쉽게 접할 수 있다. 당신의 목표는 창의적 행동의 네 단계를 활용하여 지역사회가 겪고 있는 문제에 대한 창의적인 해결책을 개발하는 것이다.

- 문제 형성: 현재 해결책이 없는 명확히 식별한다.
- 정보 수집: 해결책 개발을 돕기 위해 문제에 대해 조사한다.
- 아이디어 생성: 맥락, 정보, 문제에 대한 지식에 근거하여 문제에 대해 가능한 해결책을 개발한다.
- 아이디어 평가: 해결책을 평가하여 최선을 결정함으로써 생성된 아이디어 중 선택한다.

질문

6-8 창의적인 해결책을 개발하는 능력에 영향을 미친 요인이 무엇이라고 생각하는가?

6-9 창의적인 해결책을 개발하려고 할 때 어려움이 있었는가? 그렇다면 극복할 수 있었는가?

6-10 모든 사람이 창의적이 될 수 있다고 생각하는가, 아니면 조직에서 더 창의적인 경향이 있는 사람이 있다고 생각하는가? 설명하라.

윤리적 딜레마 맥스버거: 윤리의 금전적 가치

맥스버거(Max's Burgers)는 전 세계적으로 프랜차이즈가 있는 신흥 미국 패스트푸드체인점이다. 두바이의 다각화된 대기업인 나사르그룹(Nassar Group)이 일원이자 명성 있는 사업가인 후우삼 나사르(Houssam Nassar)는 개인 프로젝트를 통해 맥스버거의 두바이 내 프랜차이즈 매장 네트워크를 인수했다.

두바이의 패스트푸드시장은 프랜차이즈식당으로 넘쳐난다. 하지만 맥스버거의 고기 품질은 프랜차이저의 기준에 비해 낮은 수준이었다. 나사르는 자신의 명성과 이미지에 흠이 가지 않게 모든 것을 바꾸려 했다. 맥스버거의 새로운 운영자로서 그는 창고 관리자에게 프랜차이저가 설정한 기준에 부합하지 않는 냉동육 배송을 거부하라는 지시를 내렸다.

나사르그룹이 맥스버거의 경영권을 인수한지 몇 주후 냉동육류가 맥스버거의 창고로 배달되었다. 고기의 온도를 측정한 창고 관리자는 허용 한계에서 몇 도 정도 벗어난다는 것을 알았다. 이러한 온도 차이는 소비자에게 해를 끼칠 위험성이 없기 때문에 정부 규제에는 문제가 없었으나 고기의 맛과 질감에는 약간의 영향을 미칠 수 있었다.

경영진이 바뀌기 전과 그 이전의 수년 동안 창고관리자는 단 한 번도 이러한 배송에 대해서 거부를 생각한 적이 없었다. 맥스버거는 과거에 식중독 관련 문제를 일으킨 적이 없었으며, 맛의 차이로 인한 불만이 제기된 적도 없었다. 게다가 맥스버거에 고기를 공급하는 회사는 창고 관리자의 친척이 소유하고 있었다.

그러나 새로운 지시가 내려온 상황에서 창고관리자는 자신의 결정에 대한 확신이 서지 않았다. 그는 이 냉동육이 기준 미달이라는 것을 나사르가 알아낼 방법이 없다는 것을 알고 있었지만, 그럼에도 이번 결정에 대한 자신의 판단에 대해 확신할 수 없었다.[224]

질문

6-11 냉동육 출하를 수용하거나 거부하는 결정은 윤리적 또는 법적 고려를 요구하는가? 그 이유는 무엇인가?

6-12 냉동육 출하를 수용하거나 거부하는 결정에 영향을 받을 이

해관계자는 누구인가?

6-13 최적의 결정을 내리기 위해 어떤 유형의 의사결정 체계를 채택하라고 창고관리자에게 조언하겠는가? 당신의 제안은 어떠한 측면에서 도움이 되는가?

사례 삽화 주의: 협업 과부하

한 광고회사의 CTO인 제이미 매클렐런(Jamie McLellan)에게 한 임원은 "여러분이 우리에게 제공하는 것과 관계없이 우리는 전자우편으로 인해 죽어가고 있습니다."라고 말했다. 매클렐런은 직원이 더 효율적으로 일할 수 있게 돕는다는 목표하에 다양한 협업 도구에 투자했다. 많은 조직은 이와 같은 방식을 채택한다. 많은 조직은 43만 평방피트의 개방적 사무공간을 가진 페이스북처럼 여러 지식집약적 회사의 사무실과 같은 개방적 사무공간을 만들었다. 이러한 도구를 활용하여 직원은 내부팀 웹사이트를 만들고, 채팅을 하고, 문서를 공유할 수 있게 되었다. 그러나 거의 모든 사람은 자신이 이미 알고 익숙한 것을 고수하는 경향이 있다. 그것은 이메일이다. 직원은 매달 3,000통에서 5,000통의 전자우편을 주고받는다.

이러한 다양한 협업 메커니즘의 유입은 조직에 '협업 과부하'라는 실질적인 문제를 야기했다. 20년에 걸친 데이터에 따르면 직원들은 50% 이상의 시간을 다른 사람과의 협업에 사용한다. 표면적으로는 유익해보일 수 있으나 이러한 패턴에는 쉽게 드러나지 않는 많은 문제가 있다. 일례로 실제로 가치를 창출하는 협력의 20~35%는 불과 3~5%의 직원에게서 비롯된다. 하지만 도울 능력과 의사가 있다고 알려지면 그들의 업무 범위가 계속해서 늘어나게 되는데, 이를 '시민행동 심화' 현상이라 한다. 협업 과부하와 관련된 또 다른 주요 문제는 (자기 일을 하기보다) 다른 사람과 협력하는 데 사용한 시간과 에너지로 인해 개인의 자원이 고갈된다는 것이다.

협업 과부하는 조직 내 의사결정에 엄청난 영향을 미칠 수 있다. 협업 도구의 수가 늘어나면서 의사소통의 복잡성이 증대되면 의사결정에 참여하는 사람의 수가 기하급수적으로 증가한다. 이는 또한 더 많은 회의, 이메일, 인스턴트 메시지를 필요로 하게 된다. 깊이가 필요한 업무를 해내기 어려워지기 때문에 의사소통의 풍부함, 다양성, 깊이를 줄여야 한다는 많은 증거가 있지만, 적어도 부분적으로라도 서로 연결되지 않고 일하려는 회사는 많지 않으며, 협력을 맹신하는 풍조는 점점 심해지는 것 같다.

질문

6-14 협업 과부하가 의사결정에 어떤 식으로 영향을 미칠 수 있다고 생각하는가?

6-15 관리자가 협업 도구와 모드를 지속하게 하는 데에는 어떠한 편향이 존재하는가?

6-16 협업 과부하(예: 복수의 협업 메커니즘 활용이나 개방형 사무실 환경에의 적응을 요구하는 것)는 이 장에서 논의한 세 가지 윤리적 의사결정 기준(즉 공리주의, 자유/권리, 의무감)에 비추어볼 때 어떠한가?[225]

7 동기부여 개념

출처: Darron Cummings/AP/Shutterstock

학습목표

7-1 동기부여의 세 가지 핵심요소를 기술할 수 있다.

7-2 고전 이론의 동기부여를 비교할 수 있다.

7-3 자기결정 이론, 조절 초점 이론, 직무 몰입 이론과 같은 내용 이론을 비교할 수 있다.

7-4 강화 이론, 사회 학습 이론과 같은 상황 이론의 차이를 이해할 수 있다.

7-5 기대 이론, 목표 설정 이론, 자기효능감 이론을 포함한 과정 이론을 비교할 수 있다.

7-6 분배적 정의, 절차적 정의, 정보적 정의, 상호작용적 정의를 포함하는 조직 공정성의 형태를 설명할 수 있다.

7-7 현대 동기부여 이론이 서로 어떻게 보완되는지 설명할 수 있다.

취업 스킬 매트릭스(ESM)

	미신인가, 과학인가	윤리적 선택	찬성 의견/반대 의견	더 나은 세상을 향해	실전 연습	윤리적 딜레마	사례 삽화
비판적 사고와 창의성	✔	✔	✔		✔	✔	✔
의사소통	✔		✔	✔	✔		
협력				✔	✔		
자기관리					✔		✔
사회적 책임	✔	✔	✔	✔		✔	
리더십	✔	✔	✔	✔	✔	✔	✔
경력관리	✔						

세일즈포스 구성원의 몰입

전세계적인 조사에 의하면 직장인의 85%는 자신의 직무에 몰입하지 못하고 있다. 대부분 기업이 구성원의 직무 몰입 향상에 어려움을 겪고 있는데, 성공적인 기업은 어떻게 하고 있는 것인가? 《포천》의 '일하기 좋은 100대 회사(100 Best Companies to Work For)'에 12년 연속 선정된 세일즈포스(Salesforce)가 대표적인 예가 될 수 있는데, 세일즈포스의 독특한 문화와 구성원 혜택 프로그램에 기인한다. 세일즈포스는 구성원에게 다른 회사와 차별적인 육아보조 혜택, 통근 혜택, 자기개발 지원, 유급 휴가, 휴직을 제공한다. 예를 들어 직무와 관련된 수업을 이수할 경우에는 학비 100%를 보조해준다.

세일즈포스의 창업자는 구성원의 직무 몰입과 동기부여를 직접적으로 높일 수 있는 조직 문화를 만들기 위해 노력했다. 사내에 마음챙김을 위한 공간을 마련했고 웰니스 프로그램을 제공함으로써 구성원의 복지를 우선시했다. 구성원은 자신의 복리 향상을 위해서 피트니스 프로그램이나 식단 영양 카운셀링과 같은 프로그램에 100달러까지 사용할 수 있다. 이러한 혁신적인 혜택을 제공하는 것뿐만 아니라, 세일즈포스는 구성원의 몰입도를 지속적으로 관찰함으로써 높은 수준으로 유지하고자 한다. 모든 구성원은 일년에 두 번씩 몰입도 설문조사에 참여하고, 회사의 앱을 통해서 이 자료에 접근할 수 있다. 전 과정을 투명하게 운영하고 있다. 자료를 공유함으로써, 구성원이 근무 여건에 대해 책임감을 갖고 회사의 문화를 만들어가는 데 적극적인 역할을 수행할 수 있게 독려하고 있다.

또한 다소 새로운 방식으로 관리자에게도 투명하게 접근하고 있다. 모든 구성원은 관리자의 몰입도와 팀 성과에 대해서도 알 수 있다. 이러한 방식을 사용하는 이유는 경영자와 팀에 대해 공개적으로 불신하게 만드는 것이 아니라, 어떠한 접근방법이 효과적인지를 파악하기 위함이다. 이러한 투명성은 회사의 추상적인 전략을 구성원이 구체적인 행동과 정책으로 전환시킬 수 있게 독려하는 기능을 수행한다. 예를 들어 일과 삶의 균형을 통해 직무 소진을 줄이는 것만으로 충분하지 않다. 구성원이 자신에게 제공되는 복지혜택, 정책, 일하는 방식, 경영 방식을 알게 됨으로써 이를 통해 일과 삶의 균형을 찾아갈 수 있게 도와주고자 한다.

세일즈포스는 몰입도가 낮은 팀에게 심리적 안정감이나 구성원이 위험을 감수하는 데 편안한 마음으로 접근할 수 있는 환경을 조성하기 위해서 '두려움이 없는 팀 만들기'와 같은 교육 프로그램을 제공한다. 세일즈포스의 직원 참여담당 부사장인 조디 코너(Jody Kohner)에 따르면, 위험을 감수할 수 있는 분위기를 만들 때 최상의 성과를 도출할 수 있다고 한다. 또한 구성원과 관리자는 구성원과 팀의 조화를 최상으로 만들 수 있게 독려한다. 예를 들어 세일즈포스는 구성원이 현재의 팀과 잘 맞지 않으면 다른 팀으로 옮길 수 있는 사내이동제도를 시행하고 있다. 회사의 이러한 노력은 효과가 있어서 구성원이 더 오래 근속하고 성공적이고 이윤을 지속적으로 창출하는 회사로 자리매김하고 있다.[1]

동기부여는 강력한 힘이다. 도전적인 목표를 달성할 수 있게 격려와 보상을 통해 구성원을 이끌 수 있다. 하지만 구성원이 불공정함을 경험하거나 달성 불가능한 목표로 위협을 받는 경우에 부정행위를 하도록 유도할 수도 있다. 관리자로서 이러한 힘을 탐색하고 예측하려는 시도는 도전적인 과제이지만, 동기부여 이론에 대해 더 많이 알게 되면 동기부여가 어떻게 작동하고 구성원이 어떻게 동기부여 되는지를 더 깊이 이해하는 데 도움이 될 수 있다.

수많은 사람이 해마다 자신을 더 동기부여시키기 위해서 많은 돈을 지출한다. 미국에서만 자기개발과 동기부여 서비스에 11억 달러 이상이 사용되고 2027년까지 해마다 5.1%씩 성장할 것으로 예상이 되고 있다.[2] 동기부여는 조직행동(OB)에서 가장 자주 연구되는 주제 중 하나이고,[3] 조직행동전문가(예: 산업조직심리학자, 인사조직컨설턴트, 인사관리전문가 등)에 의하면 아직도 많은 연구가 지속적으로 필요한 분야이다.[4] 주제에 대한 관심을 넘어서, 사람은 주중 근무시간 중에 최소한 일정시간은 동기부여가 되어 있지 않다. 한 설문조사에서 근로자의 69%가 매일 직장에서 시간을 허비한다고 답했으며, 1/4 가까운 응답자는 매일 30~60분 정도를 낭비한다고 답했다. 어떻게 허비하는가? 보통 인터넷 서핑(뉴스를 확인하거나 소셜네트워크 사이트를 방문), 직장 동료와 채팅을 했다.[5] 시대가 변해도 사람을 동기부여시키는 것은 여전히 문제로 남아 있다.

이 장에서는 동기부여의 기초를 파악하고, 동기부여 이론을 평가하고, 이러한 이론을 통합하는 모델을 제시하고자 한다. 8장에서는 현장에서의 문제를 해결하기 위해서 동기부여에 대한 지식을 적용하고자 한다.

동기부여의 정의

7-1 동기부여의 세 가지 핵심요소를 기술할 수 있다.

동기부여 목표를 달성하기 위해 개인 노력의 강도, 방향, 지속성을 설명하는 과정

교과서를 20분 이상 읽기 어려운 학생이 《뉴욕타임즈》의 베스트셀러를 하루 만에 완독할 수도 있다. 이러한 차이를 가져오는 것이 동기부여이다.

동기부여(motivation)는 목표를 달성하기 위해 개인 노력의 **강도**, **방향**, **지속성**을 설명하는 과정이다.[6] 일반적인 동기부여는 어떤 목표를 향한 노력으로 간주되지만, 조직 목표로 좁혀서 논의하고자 한다. 동기부여의 수준은 순간마다 다를 수 있고, 개인의 주요 특성(5장을 참조)에 따라서 달라질 수 있다. 다시 말하면 동기부여는 개인의 성격 특성일 수도 있고 일시적인 개인의 상태일 수도 있다.

강도란 개인이 얼마나 열심히 노력하는가를 의미한다. 대부분의 사람이 동기부여에 대해 언

OB POLL 동기부여의 어려움이 원격근로자의 가장 큰 이슈인가?

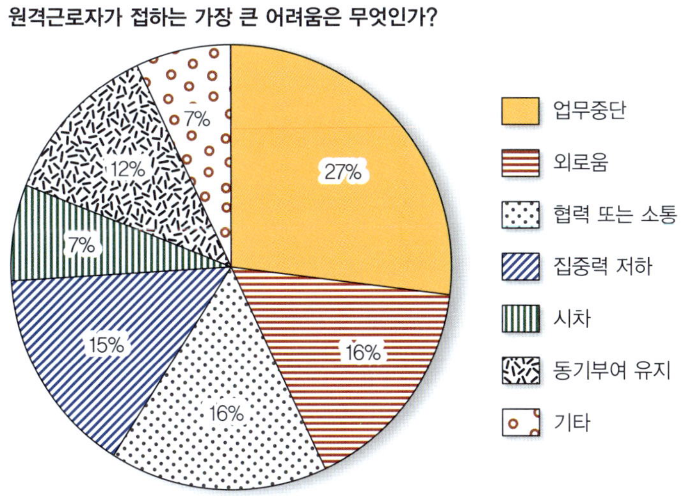

출처: "The 2021 State of Remote Work," *Buffer*, January 4, 2021, https://buffer.com/2021-state-of-remote-work에 기초함.

급할 때 핵심이 되는 요소이다. 하지만 노력이 조직에 이익이 되는 **방향**으로 투자되지 않는다면 노력의 강도가 높다고 해도 좋은 직무 성과를 낼 수 없을 것이다. 조직의 목표와 일관성이 있고 부합되는 노력이야말로 조직에서 추구해야 할 노력의 유형이다. 마지막으로 동기부여는 **지속성** 차원을 갖는다. 이는 개인이 노력을 얼마나 오래 유지할 수 있는가를 의미한다. 동기부여 된 사람은 목표를 달성하기 위해 충분히 오랫동안 적합한 업무에 열중한다.

많은 고전과 현대의 동기부여 이론은 구성원의 욕구 달성을 목표로 인식하고 조직이 이러한 욕구를 충족시켜주는지에 대해 논의한다. 다른 이론은 목표를 조직의 목적인 업무 책임과 의무를 수행하기 위한 수단으로 생각한다. 8장에서 원격근무에 대해서 깊이 있게 논의하지만, 원격근무는 두 가지의 관점을 모두 반영하고 있다. OB POLL에서 보듯이, 원격근로자의 가장 큰 어려움은 집안일, 시차 등과 같은 업무 수행을 방해하는 요인뿐만 아니라 다른 사람과 상호작용하는 욕구를 충족시키기 어려움이라고 한다. 다음 절에서 동기부여를 사람의 심리적 욕구를 충족시키는 과정과 일이 이러한 욕구를 충족시키거나 그렇지 못하는 정도로 설명하는 과정으로서의 동기부여를 살펴보고자 한다.

동기부여 고전 이론

1950년대에 만들어진 세 가지의 동기부여 이론이 동기부여 고전 이론이다. 이론은 동기부여 이론의 기초를 제시하고, 많은 경영자와 관리자가 관련 용어를 여전히 사용하고 있다. 나중에 논의하겠지만 이론은 타당성에 있어서 의문을 야기하고 있다. 증거에 바탕을 둔 OB 전문가로서 이 장의 후반에 논의되는 다른 현대 이론과 비교를 통해서 조금 더 조심스럽게 접근할 필요가 있다.

7-2 고전 이론의 동기부여를 비교할 수 있다.

욕구 단계 이론

욕구 단계 에이브러햄 매슬로의 다섯 가지 요구, 즉 생리적, 안전, 사회적 소속감, 존경, 자아실현

가장 잘 알려진 동기부여 이론은 모든 사람에게는 5개의 욕구 단계가 존재한다고 가정한 에이브러햄 매슬로(Abraham Maslow)의 **욕구 단계**(hierarchy of needs) 이론이다.[7] 최근 매슬로에 의해 제안되었다는 최고 수준인 여섯 번째 욕구, 즉 내재적 가치에 대한 필요성이 제안되었지만 아직까지는 널리 받아들여지지 않는다.[8] 기존의 다섯 가지 욕구는 다음과 같다.

1. **생리적**: 배고픔, 갈증, 주거, 성적 욕구, 신체적 욕구를 포함
2. **안전**: 신체적이고 감정적인 피해로부터의 안전과 보호
3. **사회적 소속감**: 애정, 사랑, 소속감, 받아들여짐, 우정
4. **존경**: 자존감, 자율, 성취와 같은 내재적 요소와 지위, 인정, 관심과 같은 외재적 요소
5. **자아실현**: 우리가 되고자 하는 것을 이루기 위한 추진력으로 성장, 잠재력 실현, 자아성취 등을 포함

매슬로의 많은 설명에 따르면,[9] 각각의 욕구가 충분히 충족되면 다음 단계의 욕구가 지배하게 되기 때문에 욕구를 피라미드나 사다리로 묘사하게 된다. 하지만 매슬로는 단지 욕구 범주의 개요를 설명했고 상황에 따라서 특정 욕구는 다른 욕구에 선행한다고 주장했다.[10] 잘 알려진 설명이기 때문에 도표 7-1은 욕구 단계 구조를 피라미드로 묘사했지만, 매슬로가 이렇게 제시하지는 않았다는 것을 인식할 필요가 있다. 매슬로의 이론은 특히 실무관리자 사이에서 오랫동안 널리 인정받았다. 이 이론은 직관적이고 논리적으로 이해하기 쉽기 때문일 것이다. 하지만 불행하게도 대부분의 연구는 매슬로의 이론을 입증하지 못했고 1960년대 이후 충분히 연구되지 않았다.[11] 그럼에도 불구하고 동기부여를 논의할 때 단계(계층) 구조에 대해 대중적인 수용성을 이해하고 있어야 하고 또한 심리적 욕구만을 가지고 직장에서의 동기부여를 설명하는 것은 충분하지 않다는 것을 이해할 필요가 있다.

2요인 이론

프레드릭 허츠버그(Frederick Herzberg)는 일이 개인생활의 기본이고, 일에 대한 태도가 성공이나 실패를 결정할 수 있다고 믿었다. 그는 "사람은 직무에서 무엇을 원하는가?"라는 의문을 가졌다. 그는 사람들에게 자신의 직무와 관련되어 특별히 좋거나 나쁘게 느꼈던 상황을 구체적으로 기술해달라고 요청했다. 응답에 상당한 차이가 났으며, 이를 바탕으로 허츠버그는

도표 7-1 매슬로의 욕구 단계

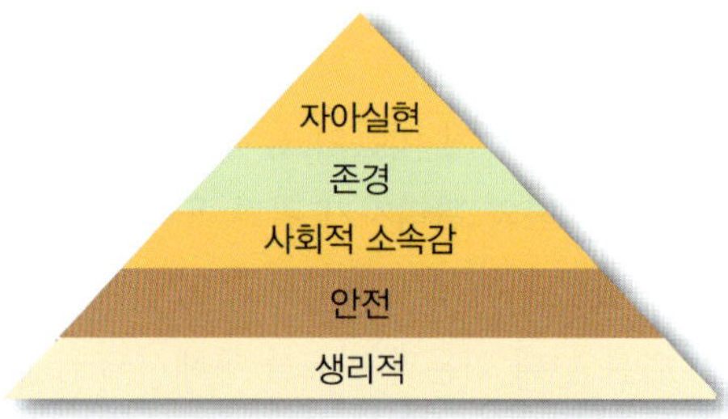

출처: H. Skelsey, "Maslow's Hierarchy of Needs—the Sixth Level," *Psychologist* (2014): 982-83에 기초함.

도표 7-2 만족하는 사람과 만족하지 못하는 사람의 비교

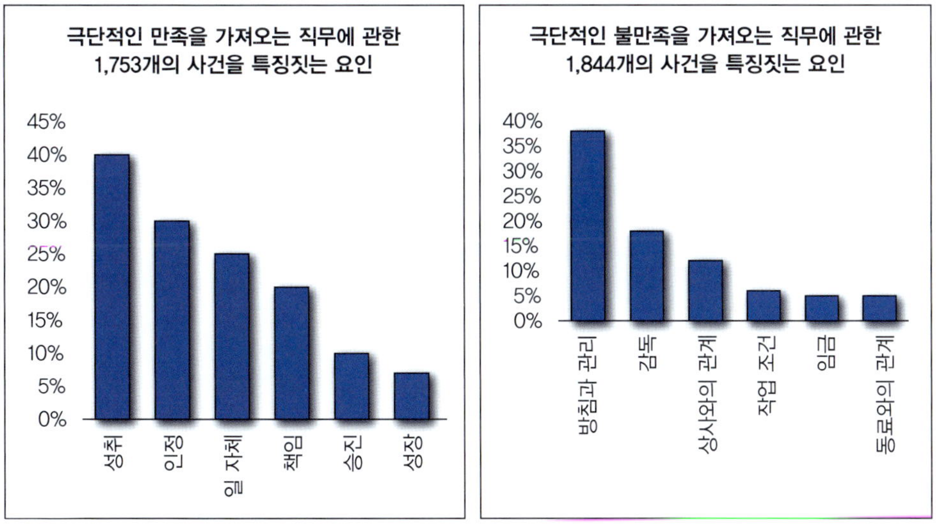

출처: Harvard Business Review, "Comparison of Satisfiers and Dissatisfiers," An exhibit from *One More Time: How Do You Motivate Employees?* by Frederick Herzberg, January 2003. Copyright © 2003 by the Harvard Business School Publishing Corporation. All rights reserved에 기초함.

2요인 이론(two-factor theory, 동기부여-위생 이론으로 불리지만 이 용어는 오늘날 잘 사용되지 않는다)을 제시하게 되었다.[12] 2요인 이론은 직무 만족과 연관되어 있고 동기부여를 직무 만족에 영향을 미치는 내적 요인과 외적 요인으로 구별하여 제시했다.

2요인 이론 내재적 요인을 직무 만족과 연관 짓고, 외재적 요인을 불만족과 연관 짓는 이론으로 동기부여-위생 이론이라고 불리기도 함

2요인 이론에 따르면 직무 만족을 가져오는 요인은 직무 불만족을 가져오는 요인과는 서로 분리되고 구별된다. 도표 7-2에서 알 수 있듯이 승진, 인정, 책임, 성취와 같은 내재적 요인은 직무 만족에 관련된 것처럼 보인다. 자신의 일에 대해 좋은 감정을 보이는 응답자는 이러한 요인을 자신의 상황으로 귀인하는 경향이 있었다. 반면에 불만족하는 응답자는 감독, 임금, 회사 방침, 작업 조건 등과 같은 외재적 요인을 언급하는 경향이 있었다.

허츠버그에게 자료는 만족의 반대가 전통적으로 믿고 있는 것처럼 불만족이 아니라는 것을 의미했다(도표 7-3 참조). 직무에서 불만족스러운 특성을 제거한다고 해서 반드시 그 직무가 만족스러워지는 것은 아니고 동기부여를 하는 것이 아니라 구성원을 달래는 데 그치게 된다. 허츠버그는 2개의 다른 연속성을 제시했다. '만족'의 반대는 '만족이 없는 것'이고, '불만족'의 반대는 '불만족이 없는 것'이다.

감독의 질, 임금, 회사 방침, 물리적 작업 조건, 다른 사람과의 관계, 고용 안정 등의 조건은 **위생 요인**(hygiene factor)이다. 위생 요인이 적절할 때 사람은 불만족을 느끼지도 않지만, 만족하지도 않는다. 만약 직무에서 동기부여하고자 한다면 승진 기회, 개인적 성장 기회, 인정, 책임, 성취 등과 같이 일 자체 또는 거기에서 직접적으로 도출된 성과와 관련 요소를 강조해야 한다. 이러한 요인은 사람이 내재적인 보상이라고 생각하는 특성이다.

위생 요인 회사의 방침, 관리, 감독, 임금 등이 직무에서 적절할 때 근로자를 달래는 요인. 이러한 요인이 충족될 때 사람은 불만족을 느끼지 않게 됨

2요인 이론은 연구에서 제대로 지지를 받지 못했다. 허츠버그 이론에 대한 비판은 주로 독창적인 방법론과 직무에 대해 좋거나 나쁘다고 느꼈을 때를 떠올리면 참여자가 가질 수 있는 편견이 존재하는데, 이에 대한 그의 가정이 맞지 않다는 데 초점이 맞추어져 있다.[13] 더욱이 위생

도표 7-3 만족과 불만족의 대조적인 관점

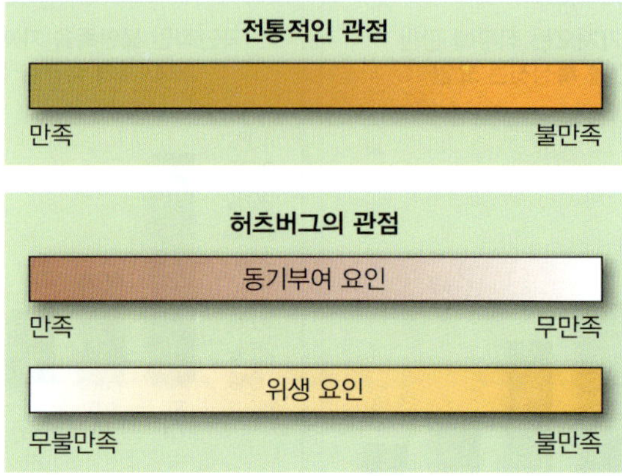

요인과 동기부여 요인이 사람에게 똑같이 중요하다면 둘다 동기부여할 수 있어야 한다. 이러한 비판과 관계없이 허츠버그의 이론은 상당한 영향력을 갖고 있으며, 많은 연구에서 활용이 되고 있다.[14] 전 세계적으로 이 이론이 추천하는 바를 잘 모르는 관리자는 거의 없다.

매클렐런드의 욕구 이론

당신이 유명회사 등산복을 판매하는 관리자이고 오늘 보너스에 대해 메모를 검토했다고 가정하자. 쉬운 1단계 목표를 달성하면 2,000달러의 보너스를 받는다. 약 80%의 사람만 달성할 수 있는 2단계 목표를 달성하면 4,000달러의 보너스를 받는다. 3단계를 달성하면 8,000달러를 받지만 50%의 사람만이 도달할 수 있다. 마지막으로 4단계를 달성하면 32,000달러를 받지만 달성이 거의 불가능하다. 만약 3단계를 선택했다면 당신은 높은 성취 욕구를 갖고 있을 가능성이 크다.

매클렐런드의 욕구 이론 성취, 권력, 친교가 동기부여를 설명하는 세 가지 중요한 욕구라고 주장하는 이론

매클렐런드의 욕구 이론(McClelland's theory of needs)은 매슬로의 욕구와 달리, 생존에 국한된 욕구보다는 동기부여 요인에 더 가깝다는 것이다.[15] 매클렐런드와 동료가 제시한 이론은 세 가지 욕구를 다룬다.

성취 욕구 탁월하고자 하고, 일련의 기준을 정하여 성취하고자 하며, 성공하고자 노력하는 욕구

권력 욕구 다른 사람들을 그들이 행동하지 않는 방식으로 행동하게 만들려고 하는 욕구

친교 욕구 친밀하고 가까운 대인관계에 대한 욕구

- **성취 욕구**(need for achievement, nAch)는 일련의 정해진 기준을 성취하고 탁월해지려고 하는 욕구이다.
- **권력 욕구**(need for power, nPow)는 다른 사람을 그들이 행동하지 않는 방식으로 행동하게 만들려고 하는 욕구이다.
- **친교 욕구**(need for affiliation, nAff)는 친밀하고 가까운 대인관계에 대한 욕구이다.

매클렐런드와 후속 연구자는 관심 대부분을 성취 욕구에 맞췄다.[16] 일반적으로 높은 성취 욕구를 가진 사람은 성공할 확률이 50%, 즉 50 대 50의 가능성이 있다고 판단될 때 직무를 가장 잘 수행한다. 그들은 낮은 실패 위험도(높은 성공가능성)를 싫어하는데, 그 이유는 그렇게 되면 자신의 역량에 도전할 필요가 없기 때문이다. 기존의 연구에 의하면 성취 욕구와 성과가 어느 정도 연관성이 있다는 것을 예측할 수 있다. 첫째, 성취 욕구가 높은 사람은 더 긍정적인 정

서 상태를 보이고, 수행하는 업무에 더 관심을 표명하는 경향이 있다.[17] 둘째, 성취 욕구가 높은 사람은 업무연습이나 판매경험과 같은 위험도가 높은 상황에서 성과를 잘 창출하는 경향이 있다.[18]

다른 두 가지의 욕구도 연구를 통해서 지지가 되었다. 첫째, 권력 욕구도 연구를 통해 지지되었는데 원래 정의보다 더 넓은 의미로 더 친숙해졌을 수 있다.[19] 13장에서 더 많이 논의할 것이다. 둘째, 친교 욕구 또한 잘 확립되어 있고 연구에서도 잘 받아들여지고 있다. 예를 들면 한국 기업의 145개 팀을 대상으로 한 최근 연구는 세 가지 욕구 중 친교 욕구가 높은 직원으로 구성된 집단이 최상의 성과를 내고, 가장 개방적인 의사소통을 보이며, 가장 적은 갈등을 경험하는 경향이 있음을 제시했다(다른 욕구와 비교해서).[20] 추가적인 연구는 다른 개인적 차이(5장 참조)가 이러한 욕구를 충족하는 데 영향을 미칠 수 있다고 제시하고 있다. 예를 들어 고도의 신경증은 친교 욕구를 충족하는 데 방해가 되고 친화성은 충족에 도움이 된다. 흥미롭게도 외향성은 관계가 없었다.[21] 또한 여성이 남성보다 친교 욕구가 높은 것으로 나타났다.[22]

세 가지 욕구를 얼마나 가졌는지 측정하는 것은 어렵기 때문에 이 이론을 현실에 적용하기는 어렵다. 어떤 행동은 많은 다른 욕구를 충족하는 것에 맞춰져 있을 수 있고, 다른 많은 행동이 하나의 욕구를 충족하는 데 맞춰졌을 수도 있어서 욕구를 분리하여 검증하기 어렵게 만든다.[23] 따라서 이 이론의 개념은 도움이 되지만 객관적으로 자주 사용되지는 않는다.

현대 동기부여 이론: 입문

앞서 살펴본 세 가지의 고전 이론은 널리 알려져 있지만, 경영에 있어서 영향력이 있는 동기부여 이론의 세계를 대표하지는 않는다. 사실 다른 많은 동기부여 이론이 조직 내에서 동기부여의 본질을 설명하는 데 상당한 공헌을 했다. 이들 중에 일부(예: 행동주의, 기대 이론)는 여전히 고전으로 간주되고 다른 이론은 상대적으로 현대적인 이론으로 간주된다. 그럼에도 불구하고 이러한 이론은 조직행동론의 연구와 실무에서 여전이 초점이 되고 지지되고 있어서 우리의 관점에서는 '현대' 이론으로 분류가 된다. 이러한 '현대 이론'은 구성원의 동기부여를 설명하는 최근의 생각을 반영하고 있다. 물론 의구심이 없는 것은 아니다.

이러한 동기부여 이론을 구별하기 위해서 이론의 핵심을 바탕으로 한 범주화가 도움이 될 수 있다. 예를 들어 학사는 동기부여 이론을 ① **내용**, ② **상황**, ③ **과정**으로 구별한다.[24] **내용** 이론은 주로 모든 사람에게 공통된 동기부여 상태의 근본적인 동기와 개인차에 초점을 맞춘다. 이 범주에는 자기결정 이론, 조절초점 이론, 직무 몰입 이론 등이 포함된다. **상황** 이론은 사람이 처한 상황으로부터 파생되는 동기부여의 원천에 대해 논의한다. 예를 들어 강화 이론, 행동주의 이론, 사회학습 이론이 (일부는 고전 이론으로 분류되기도 하지만) 여기에 포함된다. 다음으로 **과정** 이론은 목표를 설정하고 달성하기 위해서 노력하는 과정에 초점을 맞춘다. 기대 이론, 목표설정 이론, 자기효능감 이론 등이 포함된다. 공정성과 조직 공정성은 기본적인 동기라서 '내용' 이론에 포함된다고 볼 수도 있지만 조직에서 윤리의 중요성을 감안해서, 이에 대한 논의에 한 절을 할애하여 논의하고자 한다.

현대 동기부여 이론: 내용기반

7-3 자기결정 이론, 조절초점 이론, 직무몰입 이론과 같은 내용 이론을 비교할 수 있다.

자기결정 이론

자신이 대학 전공을 선택한 이유를 생각해보라. 스스로 결정했다고 생각하는가? 자신에게 적합한 전공을 스스로 자유롭게 찾아보고 선택했는가? 부모님, 친구, 선생님이 그 과정에서 도움을 주었는가? 이 질문은 동기부여와 관련된 자기결정 이론(SDT)과 관련이 있다.[25]

자기결정 이론 자율권, 내재적 동기부여, 외재적 동기부여, 심리적인 업무 욕구의 만족과 관련된 동기부여의 메타이론

자기결정 이론(self-determination theory, SDT)은 사람의 웰빙과 성과는 직무를 수행하는 동기의 본질과 관련이 있다고 주장한다.[26] 예를 들어서 그들이 하는 일에 대한 선택권, 업무 그 자체가 얼마나 동기부여를 주는지, 보상이 어떻게 동기부여에 영향을 미치는지, 과업이 심리적인 욕구를 어떻게 충족시키는지 등의 모든 것이 SDT의 근본적인 구성요소이다. 이 이론은 실제로 **메타이론**(또는 공통된 주제를 갖고 있는 관련 이론의 집합)이라고 생각할 수 있고 심리학, 경영학, 교육학, 의학에서 사용이 많이 되고 있다. SDT의 핵심은 동기부여가 **자율적**(예: 자유로운 선택)이거나 **통제**(예: 다른 사람의 압력이나 지시)된다는 것이다. 약 40,000명의 선생님을 대상으로 한 연구에서 자율적인 동기부여는 선생님의 웰빙, 스트레스, 수업의 질에 영향을 미친다고 한다.[27]

인지 평가 이론 조단은 "이상해요. 저는 자원봉사자로 동물애호회에서 일을 시작했어요. 1주일에 15시간은 애완동물을 입양하는 것을 도와주며 보내요. 저는 일하러 오는 것을 좋아했어요. 그런데 3개월 전 이 단체에서 시급 11달러의 전임직원으로 저를 채용했어요. 전과 같은 일을 하고 있지만 이 일에서 예전만큼 많은 흥미를 발견하지 못하고 있어요"라고 말했다. 조단의 반응은 이해할 수 없는 것인가?

인지 평가 이론 외재적인 보상이 통제하는 것으로 보이면 전반적인 동기부여 수준을 감소시키거나 유능감을 감소시킬 수 있다는 자기결정 이론의 하위이론

자기결정 이론의 하위이론인 **인지 평가 이론**(cognitive evaluation theory, CET)에 따르면 외적인 보상(예: 급여)은 일에 대한 내적 동기를 감소시킨다고 한다.[28] 일에 대해 금전적인 보상을 받게 되면 자신이 원해서 한다는 생각이 줄어들고 어쩔 수 없이 해야 된다는 생각을 더 많이 하게 된다고 한다. 예를 들어 컴퓨터 프로그래머가 문제해결을 위해서 코딩하는 것을 좋아했다면 매일 작성한 코드의 줄 수에 따라 보너스를 제공하는 것을 강압적이라고 느낄 수 있으며 내재적인 동기부여는 상처를 입을 것이다.

CET는 동기부여를 위해서 외재적인 보상을 제시하는 것을 주십할 필요가 있고, 일 자체에 대해 강한 관심과 같은 내재적인 이유로 목표를 추구하는 것이 외재적 보상보다 동기부여를 더욱 지속시킨다고 제시한다. 마찬가지로 인지 평가 이론은 많은 경우에 외재적 보상을 제공하는 것이 내재적 동기부여를 훼손할 수 있다고 주장한다. 동기부여를 통해 목표를 추구하는 것이 더 좋은 방법이라고 제시한다. 연구에 따르면 내적인 동기는 업무의 질을 높이고, 반면에 인센티브는 업무의 양에 도움을 준다고 한다. 내적인 동기의 이러한 효과는 인센티브가 성과(예: 콜센터에서 응대하는 전화 횟수에 따라 금전적인 보상을 제공하는 것)에 직접적으로 연동되어 있을 때 줄어드는 경향이 있다.[29]

자기일치성 이론 목표를 추구하는 이유가 자신의 관심과 핵심 가치와 일치하는 정도

자기일치성 이론 **자기일치성 이론**(self-concordance theory)은 자기결정 이론의 또다른 측면이다. 자기일치성 이론은 목표를 추구하는 사람의 이유가 자신의 관심과 핵심가치와 얼마나

미신인가, 과학인가

동기부여를 위해 일은 목적이 있어야만 한다

구성원이 수행하는 업무가 세상에 미치는 영향에 대해 설명하는 것은 조직이 구성원에게 영감을 주는 익숙한 방식이다. 예를 들어 아마존은 구성원에게 미래를 만들어가고 있다고 이야기하고, 마이크로소프트(Microsoft)는 구성원이 전 세계의 개인과 조직에 더 많은 것을 달성할 수 있게 도움을 주고 있다고 설명한다. 직원이 자신의 업무에 목적이 있다고 인식하면, 조직은 동기부여가 저하되는 것을 막을 수 있다고 생각한다.

그러나 전 세계적으로 극히 일부의 사람만이 소속된 회사에 상관없이 동기부여 되고 몰입하고 있다. 의미있는 일을 하고 있다고 생각하는 구성원이 직무 만족에 높은 것은 맞지만, 목적에 고착되는 것은 예상하지 못한 다른 영향을 가져온다. 이케아부터 마이크로소프트까지 구성원에게 더 큰 대의를 추구하는 의미있는 업무를 약속하지만, 실제 구성원이 하는 업무는 일상적일 수 있으며 조직이 약속한 목적과 단절될 수 있다. 22개 산업에 종사하는 700여명의 직장인을 대상으로 한 설문조사에 따르면 구성원은 이러한 경험을 한다고 한다. 이 연구에서 1명을 제외한 모든 사람이 자신의 업무가 사소하고 의미가 없는 것이라고 즉각적으로 이야기했다. 다시 말하면 대부분의 구성원은 자신의 업무가 평범하고 사소한 것이라고 인식하고 있다. 그들의 업무가 기대처럼 큰 영향이 없거나 현실과 기대가 맞지 않을 때 구성원의 실망은 더 커지게 되고 그 결과 의미감, 만족, 동기부여가 더 낮아지게 된다.

하지만 수행하는 업무가 일상적인 일을 더 많이 요구하는 것이라고 해서 반드시 구성원의 동기부여가 낮아지고 몰입이 줄어드는 것은 아니다. '상위 프레이밍(superordinate framing)'이라는 기법으로 이를 극복할 수 있다. 구성원은 이 기법을 활용해서 중요하지 않은 업무가 더 큰 목적을 위해서 어떻게 활용이 되는지 생각할 수 있다. 조직은 구성원이 평범한 업무에 서조차도 의미와 목적 의식을 갖게 한다면, 상당히 좋은 효과를 기대할 수 있다. 이 기법을 통해서 구성원은 이직가능성이 줄어들고, 일에 더 만족하고, 생산성도 더 높아질 수 있다.[30]

강하게 일치하는지를 고려한다.[31] 자신의 관심사와 가치관과 일치된 업무 목표를 추구하는 사람은 자신의 일에 더 만족하고, 자신이 조직과 잘 맞는다고 생각하고, 더 좋은 성과를 낼 것이다.[32] 문화 전반에 걸쳐서 만약 개인이 내재적 흥미 때문에 목표를 추구한다면, 그들은 목표를 달성할 가능성이 더 크고, 목표를 달성할 때 더 행복해하며, 목표를 달성할 수 없을 때조차도 행복해한다.[33] 왜 그런가? 그들은 목표를 더 능숙하게 수행하고 달성할 수 있다고 생각하며 또한 자신의 조직과 더 잘 맞는다고 생각한다. 사람이 내적인 이유로 자신의 업무를 즐길 수 없다면, 그들은 여전히 수용할 만한 수준에서 성과를 달성해야 한다는 의무감을 갖고 더 많은 부담을 느끼게 된다.[34] 반면에 단기계약(명시적인 보상)으로 일을 하는 긱 근로자조차도 자신의 심리적인 욕구, 가치관, 관심사가 업무와 일치된다면 동기부여가 될 것이다.[35] 자기일치성은 최근 사회적 책임에 대한 연구로 확장하고 있다. 만약 지속가능성에 대한 관심이 조직의 관심과 일치할 경우에 사회적으로 책임있는 행동을 하게 될 것이다.[36]

기본적인 심리 욕구 앞절에서 논의된 매슬로와 매클렐런드의 이론과 유사하게 SDT는 업무 동기부여에 영향을 미치는 몇가지 기본적인 심리적 욕구가 존재한다고 주장한다. 그러한 욕구가 만족되면 더욱 동기부여 되고, 만족되지 못하면 동기부여가 줄어든다. **관계 욕구**는 앞절에서 논의된 친교 욕구와 매우 유사하다. 그러나 **자율성 욕구**(need for autonomy)와 **역량 요구**(need for competence)는 회사에서 통제와 자율성 그리고 자신이 하는 일에 자신감을 느끼고 자랑스러워하는 것과 관련이 있는 두 가지의 새로운 욕구이다.[37] SDT는 자율성에 대한 욕구를 기반으로 행동하는 것에 추가로 사람은 역량을 쌓고 다른 사람과 긍정적인 관계를 만들어가는 방법을 추구한다고 한다. 그러나 세 가지 욕구 중에서 자율성 욕구는 태도와 정서적 결과에 가장 중요하지만, 역량 욕구는 성과를 예측하는 데 가장 중요한 것으로 보인다.[38] 또한 외재적 보상이 주어졌을 때 그 보상이 현저하고 명확하면 성과 달성에 대한 욕구 충족은 덜 중요하

자율성 욕구 업무를 수행할 때 자율권과 통제권을 갖고자 하는 욕구

역량 욕구 자신감이 있고 자랑스럽게 여길 수 있는 일을 하고자 하는 욕구

게 된다.[39]

이 모든 것은 무엇을 의미하는가? 관리자는 업무를 설계할 때 업무를 흥미롭게 만들고 공로를 인정하며, 구성원의 성장과 개발에 지원해야 한다. 새롭게 입사한 구성원은 자신의 업무가 자신에게 잘 맞는지 여부를 판단하고 있기 때문에 이러한 관리자의 행동은 그들에게 더 중요할 수 있다.[40] 자율권을 경험하고 자신이 하고 싶을 일을 결정할 수 있는 구성원은 업무와 조직에 더 몰입할 수 잇다. 또한 구성원은 서로 도움으로써 이러한 욕구를 충족시킬 수 있다.[41] 하지만 서로 돕도록 강압할 필요는 없다![42] 월마트(Walmart)의 리더십 코치인 루시 덩컨(Lucy Duncan)이 월마트 구성원에게 제안하듯이, 직장에 SDT를 접목시킬 수 있다면 "구성원의 만족도를 깜짝 놀라게 향상시킬 수 있다"라고 제안한다.[43]

조절 초점 이론

사람은 목표를 추구하는 동안 생각과 행동을 조절하는 방식에 각각 차이가 있다는 것을 발견했다.[44] 일반적으로 사람은 두 가지 범주 중 하나, 즉 **규제 중심**에 속할 수 있지만 둘 다에 속할 수 있다. **향상 초점**(promotion focus)을 가진 사람은 발전과 성취를 위해 노력하고, 그들이 원하는 목표에 가까이 다가갈 수 있는 상황을 만들려고 한다. **예방 초점**(prevention focus)을 가진 사람은 책무와 의무를 충족하기 위해 노력하고, 원하는 목표에서 멀어지게 하는 상황을 피하려고 한다. 하지만 사람은 하나의 전략만을 고수하지는 않는다.[45] 향상과 예방을 구성원이 경험하는 잠재적인 동기부여 상태라고 생각해도 무방할 것이다. 때때로 사람은 성취에 초점을 맞추지만, 실패를 피하는 데 초점을 맞추기도 한다. 일반적으로 조절 '초점'이 상황의 요구에 부합하는 상태가 최선일 것이다. 경우에 따라서는 향상 초점이 선호될 수도 있고, 예방 초점이 선호되는 상황도 있다.[46] 예를 들어 시민의 조절 초점에 적합한 메시지는 COVID-19 동안 안전수칙을 지키는 데 도움이 되었다. 향상 초점을 가진 사람은 '건강을 유지하기 위해서 무엇을 해야 하는가'에 더 잘 반응할 것이고, 예방 초점을 가진 사람은 '안전하게 유지하기 위해서 무엇을 해야 하는가'에 더 잘 반응한다고 한다.[47]

향상 초점 발전과 성취를 통해 목표를 달성하기 위해 노력하는 것을 의미하는 자기규제 전략

예방 초점 책무와 의무를 충족함으로써 목표를 달성하기 위해 노력하는 것을 의미하는 자기규제 전략

목표를 달성하기 위해서 두 가지 전략 모두 도움이 될 수 있지만, 달성 과정은 사뭇 다르다. 한 가지 예로 시험공부를 한다고 생각하자. 수업 교재를 읽는 것과 같이 향상 초점에 맞춘 활동을 활용할 수도 있고, 비디오게임처럼 공부에 방해가 되는 일을 자제하는 것과 같은 예방 초점에 맞춘 활동에 활용할 수도 있다.

"무엇이 더 좋은 전략인가?"라고 물을 수 있다. 이 질문에 대한 대답은 자신이 무엇을 추구하는냐에 따라 달라진다. 향상 초점은(예방 초점이 아닌) 더 높은 수준의 과업 성과, 시민행동, 혁신과 관련이 있고, 예방 초점은(향상 초점이 아닌) 안전에 대한 성과와 관련되어 있다. 이상적으로는 상황에 따라서 향상과 예방 모두에 초점을 두는 것이 가장 좋을 것이다.[48] 구성원과 관리자는 적합한 구조를 제공하고, 혼란을 줄이고, 달성가능한 목표를 제시해야 한다.[49] 관리자의 역할이 특히 중요한 이유는 관리자가 조직의 분위기를 결정하고, 조절 초점은 전염이 되고 구성원에게 전파가 되기 때문이다.[50] 더욱이 연구에 따르면 개인의 초점이 관리자와 잘 맞으면 좋은 관계를 형성하고, 그 관계에 더 몰입하여 좋은 관계를 유지하기 위해서 관리자를 대상으로 하는 조직시민행동을 더 발휘한다고 한다.[51]

직무 열의 이론

병원 간호사인 에디슨이 그의 직무에 대해 보고할 때 그의 인생의 다른 모든 것은 사라지고, 자신이 하는 일에 완전히 몰입하고 있는 것 같다. 그의 감정, 사고, 행동은 모두 환자 치료를 향한다. 실제로 그는 자기 일에 너무 빠져 있어 그가 그곳에 얼마나 오래 있었는지 알지 못한다. 이러한 상태의 결과로 그는 환자에게 더욱 효과적인 돌봄을 제공하며 근무시간 동안 만족감을 느낀다.

에디슨은 구성원의 육체적, 인지적, 감정적 에너지를 직무 성과에 투입하는 높은 수준의 **직무 열의**(job engagement)를 가지고 있다.[52] 많은 사람은 직무 열의에 대해 활기 있는 업무를 완성하고 일에 몰입하고 자신이 하는 일에 몰두하는 동기부여 상태로 간주하지만,[53] 연구에 의하면 이 책에서 사용하는 정의처럼 '에너지를 투자'하는 상태로 이해되고 있다.[54] 3장에서 소개된 직무 열의(employee engagement)라는 용어가 아마도 익숙할 것이다. 왜 이 용어를 다시 설명하는가? OB 학자는 열의를 두 가지 다른 관점으로 보고 있다.[55] 하나는 직무 태도로 직무를 수행할 때 사람이 갖고 있는 열정을 의미한다. 다른 하나는 동기부여 상태를 의미한다.

직무 열의 직무 성과를 위한 구성원의 신체적, 인지적, 감정적 에너지의 투입

미국에서 해마다 직무 열의가 부족해서 발생하는 생산성의 손실은 5,500억 달러에 달하기 때문에, 실무 관리자와 학자는 직무 열의를 촉진하는 데 관심을 갖고 있다.[56] 직무 열의는 조직에게 중요한 이슈일 뿐만 아니라 과업 성과와 조직시민행동을 높이는 데 도움이 된다고 한다.[57] 하지만 3장에서 언급된 것처럼 개념은 조직 몰입과 같은 직무 태도와 연관성이 있기도 하다.[58]

무엇이 사람을 자신의 직무에 더욱 열중하게 하는가? 40,000명이 넘는 직장인을 대상으로 한 연구에서는 적극적인 성격, 성실성, 외향성과 구별되면서 직무 열의를 예측하는 개인 특성이 있는데, 이 특성은 구성원이 긍정적인 정서과 감정을 느끼는 경향성이다(예: 긍정적인 감정 상태, 4장을 참조).[59] 상황적인 요인도 중요한 역할을 한다. 예를 들어 직무 특성, 업무 수행에 필요한 충분한 자원, 개인-조직 적합도, 감동을 주는 리더십이 모두 직무 열의에 영향을 미친다.[60]

현대 동기부여 이론: 상황기반

현대 동기부여 이론은 사람에게 공통으로 존재하는 근본적인 '사실'을 논의한다는 점에서 앞서 논의한 고전 이론과 유사하다. 사람의 동기부여에 있어서 심리적인 욕구나 개인차 등을 논의한다. 그러나 이러한 이론은 주제 측면에서 단지 주목할 만한 조직행동 이론과는 거리가 멀다. 예를 들어 동기부여에서 상황이나 환경의 역할을 강조하는 많은 고전 이론은 아직까지 활용되고 지지되고 있다.

7-4 강화 이론, 사회 학습 이론과 같은 상황 이론의 차이를 이해할 수 있다.

강화 이론

강화 이론(reinforcement theory)은 강화가 행동을 조건화 한다고 주장한다.[61] 강화 이론은 행동주의적인 관점을 취하는데, 행동을 환경에 기인하는 것으로 본다. 행동주의자는 개인 내

강화 이론 행동이 결과의 함수라는 것을 암시하는 이론

부의 (자율성, 조절 초점, 직무 몰입이나 앞으로 논의할 과정기반 이론과 같은) 인지적인 사건에 관심을 가질 필요가 없다고 한다. 대신 행동을 통제하는 것은 강화이다. 반응에 즉각적으로 따라오는 결과가 그 행동의 반복가능성을 높인다. 예를 들어 직장에서 수행한 일에 대해서 칭찬을 받는다면 그 일을 더 하게 될 것이다.

강화 이론은 개인의 내적 상태를 무시하고 오로지 개인이 어떤 행동을 취했을 때 무슨 일이 일어나는지에만 집중한다. 엄밀히 말하면 동기부여 이론이 아니지만, 무엇이 행동을 통제하는가를 분석하는 데, 강력한 수단을 제공하기 때문에 일반적으로 이것을 동기부여와 관련된 논의에서 고려한다. 사람에게 행동이나 동기부여에 영향을 미치는 심리적인 세계가 존재하기 때문에 강화 이론이나 행동주의에 집착하는 것은 추천되지 않는다.

행동주의 행동이 상대적으로 아무런 생각 없이 자극에 따른다고 주장하는 이론

조작적 조건화/행동주의와 강화 조작적 조건화는 사람이 원하는 것을 얻거나 원하지 않는 것을 피하기 위해서 행동하는 법을 배운다고 주장한다. 강화는 행동을 강하게 하고 행동이 반복될 가능성을 증가시킨다. 조작적 조건화는 행동이 상대적으로 아무런 생각 없이 자극에 따른다고 주장하는 B. F. 스키너(B. F. Skinner)의 더 넓은 범주의 **행동주의**(behaviorism) 개념의 일부였다. 스키너의 급진적 행동주의 형태는 행동의 원인으로서 감정, 사고, 기타 마음의 상태를 거부한다. 요약하면 사람은 자극과 반응을 연관시키는 법을 배우지만, 이러한 연관성에 대한 의식적인 인식은 무관하다.[62] 예를 들어 높은 수입을 얻고자 하는 영업사원은 그렇게 하려면 그의 지역에서 높은 매출을 올려야 한다는 것을 알게 되고 가능한 한 많이 판매한다. 스키너에 따르면 사람은 기대되는 행동을 하도록 긍정적으로 강화되면 그 행동을 더할 가능성이 있다고 한다. 기대되는 반응에 즉각적으로 보상이 주어진다면 가장 효과적일 것이다. 반면에 보상이 주어지지 않거나 벌을 받는다면 그러한 행동이 반복될 가능성은 줄어들 것이다.

물론 이러한 연결은 또한 개인에게 조직의 최고 이익에 반하는 행동을 유발할 수 있다. 직장 상사가 다음 3주간의 바쁜 시기에 당신이 초과근무를 한다면 다음 인사고과에서 그에 따른 보상을 받게 될 것이라고 말했다고 가정하자. 하지만 인사고과때 당신에게 초과근무에 대한 어떠한 긍정적인 강화도 주어지지 않았다. 그 이후 상사가 초과근무를 하라고 한다면 어떻게 할 것인가? 당신은 아마도 거절할 것이다! 더욱이 지금까지 논의한 이론은 강화 이론과 다른 의견을 제시한다. 비록 강화 이론은 보상이 항상 행동을 강화한다고 예측하지만, 인지 평가 이론에 의하면 때때로 보상을 내적 동기부여를 저해하기도 한다.

사회학습 이론

사회학습 이론 직접적인 경험뿐만 아니라 다른 사람에게 일어나는 일을 듣거나 관찰하는 것을 통해서도 배울 수 있다는 관점

개인은 직접적인 경험뿐만 아니라 다른 사람에게 일어나는 일을 듣거나 관찰하는 것을 통해서도 배울 수 있다. 배운 것 중의 많은 부분은 동료, 상사, 고객 등의 모델을 관찰하는 것으로부터 이루어진다. 관찰과 직접적인 경험을 통해 학습할 수 있다는 견해를 **사회학습 이론**(social-learning theory) 이라고 한다.[63]

강화 이론처럼 사회학습 이론은 행동은 결과의 함수라고 가정하지만, 이 이론은 관찰 학습과 지각의 효과를 인정한다. 사람은 객관적인 결과 자체가 아니라 결과를 지각하고 정의하는 방식에 대해 반응한다. 사회학습 이론의 핵심요소로서 사람은 다른 사람으로부터 배우고 그들의 행동을 따라한다. 구체적으로 그들은 다른 사람이 무엇을 하는지 관심을 갖고 그들의 행동을 기

윤리적 선택

빅브라더에 의한 동기부여

기술은 대단한 것이다. 인터넷으로 많은 정보에 즉시 접속할 수 있고, 스마트폰으로 전자우편, 메시지 송수신, 트위터 사용을 통해 다른 사람과 쉽게 연결할 수 있다. 그러나 이런 쉬운 연결로 인해 직원은 자신의 업무에서 벗어날 수 없다고 느끼게 되었다. 이것은 사실이다. 직원을 추적하는 것이 윤리적인가?

일부 기업은 직원의 활동을 추적하기 위해 기술을 사용하고 있고, 이런 일부 추적 시스템은 과학이라는 이름으로 행해진다. 예를 들어 뱅크오브아메리카(Bank of America Corp)는 대면 상호작용이 콜센터팀의 생산성에 차이를 가져오는지를 알고자 했다. 그래서 100명의 근로자에게 자신의 소재를 추적하는 배지를 몇 주간 부착하게 했다. 가장 생산적인 근로자가 다른 사람과 가장 자주 연락을 취했다는 사실을 발견하고 작업 휴식을 개별적으로 하기보다는 집단적으로 하도록 일정을 잡았다. 이것은 좋은 결과이지만, 모니터링 효과는 어떻게 직원의 행동과 동기에 영향을 미치는가?

다른 기업은 직원이 열심히 일하는지 확인하기 위해 직원을 추적한다. 예를 들면 아큐레이트바이오메트릭스(Accurate Biometrics)는 재택근무자를 감독하기 위해 컴퓨터 모니터링을 사용한다. 운영담당 부사장인 티머시 대니얼스(Timothy Daniels)는 직원이 방문한 웹사이트를 보면서 "지나친 간섭 없이도 직원의 감시가 가능하다"라고 말한다. 현재 약 70%의 조직이 그들의 종업원을 모니터링한다.

사실상 관리자는 마이크로경영(micromanagement)을 통해 종업원의 사기를 꺾는 기술을 채택하고 싶지 않을 수 있다. 하지만 더 중요한 건 그들이 작업장에서 모니터링 기술을 어떻게 윤리적으로 사용할 수 있는가이다. 첫째, 직원에게 그의 활동이 추적될 것임을 알려야 한다. 둘째, 추적의 목적을 직원에게 분명하게 말해야 한다. 그들은 자신과 전체 조직에 도움이 될 수 있는 것을 배우기 위해 감시되고 있는가? 아니면 그들이 결코 태만하게 일하지 않도록 확인할 목적으로 감시되고 있는가? 셋째, 어떤 행동이 부적절한 것인지가 분명해야 한다. 정당한 작업 휴식을 갖는 것은 시회적 네트워킹 사이트에서 시간을 소비하는 것과는 다르다. 이런 지침은 감시 프로그램이 받아들여지고 정당한 것으로 인식될 가능성을 증가시킨다.[64]

억하고 기억으로부터 재생산한다. 더욱이 그 모델로부터 강화된다면(예: 코치나 트레이너로부터 긍정적인 피드백) 미래에 그 행동을 반복할 가능성이 높다.

연구자는 특히 상사가 어떻게 구성원의 행동에 모델이 되고 구성원이 직장에서 관찰한 것을 실제 배우고 적용하는지에 대해 관심이 있다. 특히 서번트 리더십(12장 참고)과 같은 리더 행동과 관련해서 더 관심을 갖는다.[65] 하지만 일을 완수하는 방법에 대한 것도 중요한 주제이다. 연구에 따르면 구성원은 상사의 행동을 보고 실용적으로 일을 할지, 자율적으로 일을 할지, 심지어 비윤리적으로 일을 할지에 동기부여 된다고 한다.[66] 더욱이 리더가 아무것도 하지 않는다면 팀원은 다른 사람의 일을 대신할 것이라고 예상할 수 있다. 하지만 실제는 그렇지 않을 것이다. 팀 구성원은 상사가 자신의 의무를 다하지 않을 때 역할을 수행하는 것이 아니라 자신도 업무에 느슨해 질 것이다.[67]

현대 동기부여 이론: 과정기반

기대 이론

7-5 기대 이론, 목표 설정 이론, 자기효능감 이론을 포함한 과정 이론을 비교할 수 있다.

기대 이론 특정 방식으로 행동하려는 경향의 정도는 행동이 주어진 결과를 수반할 것이라는 기대의 강도와 개인에 관한 결과의 매력에 달려 있다고 주장하는 이론

가장 널리 받아들여지는 동기부여 이론의 설명 중 하나는 빅터 브룸(Victor Vroom)의 **기대 이론**(expectancy theory)이다.[68] 비록 비판적 측면이 있기는 하지만, 대부분의 증거는 이 이론을 지지한다.[69] 기대 이론은 특정 방식으로 행동하려는 경향의 정도는 주어진 결과에 대한 기대와 그것의 매력에 대한 기대 강도에 달려 있다고 주장한다. 실무적으로 표현하면 구성원은 높은 수준의 노력이 좋은 성과 평가를 가져오고, 좋은 성과 평가는 임금 상승이나 내재적 보상

도표 7-4 기대 이론

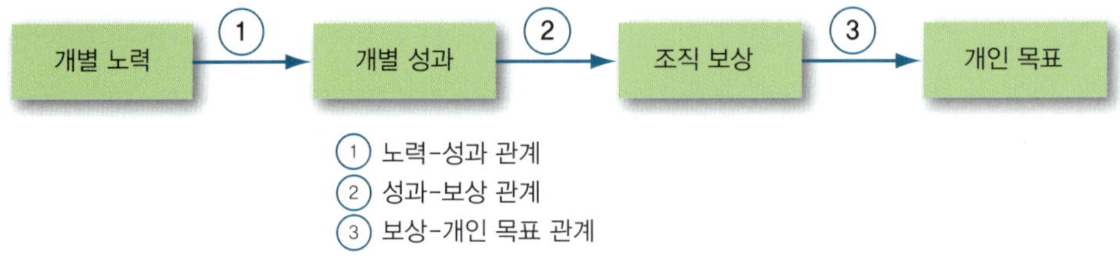

과 같은 조직적 보상으로 이어지고, 이러한 보상이 직원의 개인 목표를 충족시킬 것이라고 믿을 때 높은 수준의 노력을 발휘하도록 동기부여 된다. 그러므로 이 이론은 일반적으로 동기부여를 설명하는 용어인 세 가지의 관계에 초점을 둔다(도표 7-4 참조).

1. **기대: 노력-성과 관계.** 노력의 정도가 성과를 결정할 것이라고 개인이 믿는 정도
2. **수단성: 성과-보상 관계.** 성과가 원하는 결과를 가져올 수 있다고 개인이 확신하는 정도
3. **유의성: 보상-개인 목표 관계.** 조직적 보상이 개인의 목표나 욕구와 개인을 위해 잠재적 보상의 매력을 충족하는 정도

기대 이론은 많은 구성원이 직무에 대해 동기부여되지 않고 최소한의 일만 하는 이유를 설명하는 데 도움이 된다. 또한 이 이론은 목표 달성을 위한 구성원의 노력을 설명한다. 예를 들어 업무성의 경연을 생각하자. 상품은? 한 달 주차권이다. 어떤 구성원은 이 상품을 원하지만, 다른 구성원은 관심이 없을 수 있다(유의성). 만약 회사가 트레이더조(Trader Joe's)와 주차공간을 공유해서 주차가 어렵다면 이 상품은 매우 매력적일 것이다. 다음으로 경연의 내용은 어떠한가? 그해에 회사의 자선단체에 가장 많은 기부를 모집하는 사람은 누구든 가능하다고 하

메리케이코스메틱스(Mary Kay Cosmetics)에서 성과-보상 관계는 강하다. 이 회사는 각 영업사원이 설정한 개인 목표의 성취를 토대로 보상과 인정 프로그램을 제공한다. 사진에서 중국 여성들이 메리케이의 독립적인 판매인력을 동기부여한 여러 가지 보상 중 하나인 핑크색 세단 앞에서 포즈를 취하고 있다.

출처: China Photos/Getty Images

자. 만약 기부금 모집에 노력을 투자한다면 더 많은 기부금을 모집할 수 있는가(기대)? 아마도 사람들은 50달러씩 기부를 하기보다는 1달러씩 기부를 할 가능성이 높다. 당신이 여러 명으로부터 기부금을 유치했다면 주차공간을 배정받을 가능성은 얼마나 되는가(수단성)? 다수의 주차공간이 제공되는가? 아니면 이 경연에 해마다 많은 기부를 하는 사람을 알고 있는 에이버리(Avery)가 해마다 배정받는 하나의 주차공간만 있는가? 여러 가지 요인이 노력을 투자하기 위해 의사결정에 영향을 미치고, 기대 이론은 이러한 요인을 유의성, 수단성, 기대에 의해 부분적으로 설명한다.

목표 설정 이론

"그저 최선을 다하라. 그것은 모든 사람이 요구할 수 있는 것이다"라는 이야기를 여러 번 들어봤을 것이다. 하지만 '최선을 다하라'는 것이 무엇을 의미하는가? 이런 애매한 목표를 달성했는지 어떻게 알 수 있는가? 에드윈 로크(Edwin Locke)와 개리 레이섬(Gary Latham)이 제시한 **목표 설정 이론**(goal-setting theory)에 관한 연구는 목표가 성과에 미치는 영향에 대해 밝혀냈다. 목표를 향해 일하려는 의도가 업무 동기부여의 주요한 원천이다.[70] 목표가 성과에 어떻게 영향을 미치는가? 이 이론과 몇 세기에 걸친 연구결과에 의하면 목표는 네 가지의 역할을 한다. ① 주의 집중하게 한다. ② 노력을 투자하게 한다. ③ 지속적으로 업무를 하게 한다. ④ 목표 달성을 위한 전략을 수립하게 한다.[71]

목표 설정 이론 목표를 향해 일하려는 의도가 업무 동기부여의 주요 원천으로 간주되어 성과를 높인다는 이론

목표의 원천 만약 구성원이 자신의 목표를 설정하는 데 참여할 수 있다면 더 열심히 노력하겠는가? 그들이 더 좋은 업무 수행을 하지 못하리라는 것을 보여주는 연구도 있지만, 이에 대한 증거는 혼재되어 있다.[72] 일부 연구에서는 자신이 참여하여 설정한 목표에서 우수한 성과를 냈지만, 다른 연구에서는 상사가 목표를 할당해줄 때 개인은 최고의 성과를 냈다. 만약 구성원이 스스로 목표를 설정한다면 상사가 구성원이 자신의 업무 목적과 중요성을 명확하게 인식할 수 있게 해야 한다.[73] 그러나 스스로 설정한 목표에는 몇 가지 심리적인 효과가 있다. 연구에 의하면 스스로 목표를 설정할 때 구성원은 더 열정적이지만, 상사가 할당할 때 구성원은 우려가 높아지고 불확실성과 위협을 느끼기도 한다고 한다. 궁극적으로 이러한 차이는 구성원의 정서적 고갈을 이끌고 조직시민행동을 줄게 한다(예: 상사가 목표를 할당했을 때 구성원은 자신에게 주어진 의무 이상을 하려고 하지 않음).[74] 마지막으로 목표 설정에 선택의 여지가 없을 수도 있다. 대신 다른 사람으로부터 목표를 무의식적으로 '받아들일' 수 있다. 의식적으로 목표를 설정한 것인지 아니면 무의식적으로 채택한 것인지를 구별할 필요가 있다.[75]

목표 특성 목표 설정 이론은 잘 지지된다. 증거는 **구체적인 목표**가 성과를 증가시키고 **어려운 목표**라도 수용될 경우에 쉬운 목표보다 더 높은 성과를 가져오며, 피드백은 그것이 없는 경우보다 더 높은 성과로 이어진다는 것을 강하게 제시한다.[76] 왜 그런가? 첫째, 구체성 그 자체가 무엇을 달성해야 할지 명시적으로 주의집중하게 한다. 대학을 이제 막 졸업했다고 가정하자. 비디오게임을 내려놓고 '직장을 구하자'를 의제에 포함시켰다고 하자. 비록 이러한 목표가 올바른 방향으로 보일 수 있으나, 모호하고 구체성이 결여된 목표이다. 더 좋은 목표는 '매주 10~15군데 지원하자'라는 목표이다. 이것 자체가 언제 얼마나 많은 일을 해야 하는지를 정의하게 된다.

공동 창업자인 앤서니 톰슨(Anthony Thomson, 왼쪽)과 버넌 힐(Vernon Hill, 오른쪽)은 2010년 런던 메트로은행을 출범시켜 200개의 지점을 새로 열고, 런던 은행시장의 10%를 점유한다는 목표를 세웠다. 이러한 도전적인 목표는 고객에게 매우 편리하고, 유연하며, 반려동물 친화적인 부분을 포함한 친근한 서비스를 제공하는 데 고도의 노력을 발휘하도록 직원을 동기부여한다.

출처: Toby Melville/Reuters

둘째, 어려운 목표가 받아들여진다면 목표를 달성하기 위해서 더 많은 노력을 투자할 것이라고 기대할 수 있다. 방금 이야기한 직장을 구하는 목표를 생각하자. 그 목표가 너무 쉬운가? 너무 어려운가? 깊이 생각해보면 이러한 목표를 구체화하는 방식이 중요하게 된다. 예를 들어 매주 몇 개의 지원서류를 제출할지(**유지 목표**)를 목표로 정할 수 있고, '여름이 끝날 때까지 130군데 지원서를 제출하자'라는 전반적인 목표를 설정할 수도 있다(**달성 목표**).[77] 어느 목표가 더 어려운가? 범위를 정하는 대신에 최소한의 기준(예: 하루에 최소 10군데 지원하자)이나 최대한의 기준(예: 이상적으로 일주일에 15군데 지원하자)을 설정할 수도 있다. 최대한의 기준은 분명히 더 어렵기는 하지만, 연구에 따르면 최소한의 기준을 달성했을 때보다 최대한의 기준을 달성했을 때 만족감은 더 높다고 한다.[78]

목표 설정에 도움이 되거나 방해가 되는 요인 목표 설정이 조직에서의 성과에 직접적인 영향이 있지만, 여러가지 요인이 목표 설정 노력에 도움이 되거나 방해가 되기도 한다. 이러한 요인은 ① 목표 몰입, ② 과업 특성, ③ 피드백, ④ 목표 성향, ⑤ 목표 갈등을 포함한다.

목표 몰입 목표 설정 이론은 개인이 목표에 몰입하고 목표를 낮추거나 포기하지 않기로 했다고 가정한다. 개인은 ① 자신이 목표를 달성할 수 있다고 믿고, ② 그것을 달성하고자 한다.[79] 구성원이 자신의 노력으로 목표를 달성할 수 있다고 기대할 때, 목표가 매력적일 때, 목표 설정에 적극적으로 참여할 때 목표에 몰입할 가능성이 높다.[80]

목표 몰입은 진공 상태에서 생기지 않는다. 예를 들어 종종 무의식적으로 다른 사람을 따라하고, 이는 목표 몰입에 영향을 미친다(예: 사회학습에 대해 논의한 절을 참고). 만약 최근에 졸업한 친구가 직장을 구하는 데 노력을 하지 않는다면? 연구에 따르면 저성과자를 따라하는 경향이 있다.[81] 비슷하게 대학친구 모임에 참석했는데 모두가 졸업 후 진로에 대해 이야기한다면 당신은 어떻게 평가될 것 같은가? 직장을 더 열심히 구하겠는가? 연구에 따르면 '목표 청중'

에 집중하거나 동료와 비교될 수 있다는 불편함이 목표 몰입에 영향을 준다고 한다.[82]

목표를 추구하는 것이 항상 '매끄러운 여정'은 아니다. 사실상 목표를 달성하기 위해서 노력할 때 종종 진전에 영향을 미치는 난관(예: 커버레터를 작성하지 않은 실수) 또는 일정기간 진전에 영향을 미치는 난관(예: 부모님의 이사를 도와드리느라 지원서를 준비하지 못하는 경우)을 경험할 수 있다. 이러한 방해 요인은 좌절을 맛보게 하고 목표 몰입을 떨어뜨리게 하고 심지어는 포기하게 만든다.[83] 역설적으로 초기 실패에 뒤따르는 목표 포기는 자신의 핵심가치에 대한 자기확신이 강한 사람에게서 일어날 가능성이 큰 데, 아마도 실패의 원인을 다른 사람에 비해 더욱 강하게 내면화하기 때문인 것 같다.[84]

과업 특성 과업이 복잡할 때보다 단순할 때 목표는 성과에 더 큰 영향을 미치는 것 같다(새로운 무언가를 배우는 것이 목표일 때는 도전감을 갖게 하는 복잡한 자료가 내적으로 동기부여를 시키기도 한다).[85] 또한 과업이 상호의존적일 때보다 독립적일 때 목표 자체가 성과에 더 강력하게 영향을 미치는 것 같다.[86] 상호의존적인 과업의 경우에 개인의 공헌을 강조하는 집단 목표는 개인의 성과를 강조하는 경우보다 더 효과적이다.[87] 더욱이 서로에게 의존해야 하고 시로를 잘 모를 때 업무 협조를 요구하는 목표의 경우에 더 효과적으로 동기부여를 한다.[88] 성별에 따른 함의도 있는데, 연구에 따르면 여성이 더 '공동의' 성향을 갖고 있다는 기대와 고정관념은 여성이 상호의존적인 상황에서 집단 목표에 더 민감하게 반응하게 한다.[89]

피드백 일반적으로 피드백은 성과를 높인다.[90] 사람은 목표 달성 과정에서 얼마나 잘하고 있는지 피드백을 받을 때 지금까지 이룬 것과 앞으로 해야 할 것의 차이를 인식하기 때문에 더 좋은 성과를 달성할 수 있다. 즉, 피드백이 행동을 이끈다. 예를 들어 영업사원을 지도하는 관리자가 피드백을 제공한다면 영업 목표 달성을 직접적으로 촉진할 수 있다.[91] 그러나 모든 피드백이 똑같은 효과를 갖는 것은 아니다. 구성원이 자신의 진행 과정을 모니터링하거나 과업 과정 자체로부터 피드백을 받을 수 있는 '자기생성 피드백'이 외적으로 생성된 피드백보다 더 강력하다.[92] 졸업 후에 자신의 경력 목표를 달성하기 위해 진전을 이루는 과정에서 경력 카운슬러나 멘토로부터 피드백을 구하는 것은 도움이 된다.[93] 그러나 많은 사람은 피드백이 크게 도움이 되지 않을 때를 기억하고 있다. 특히 피드백을 반영하기에 충분한 심리적 또는 물질적인 지원이 없거나 많은 변화를 감당할 수 없을 때 피드백은 도움이 되지 않을 수 있다.[94] 일반적으로 피드백은 좋은 것이지만, 그 효과는 복잡하다. 피드백의 유용성은 누가 피드백을 주는지, 누가 피드백을 받는지, 업무 특성, 피드백 자체의 질에 따라서 결정이 된다.

목표 성향 앞서 논의한 내용이긴 하나 조절 초점 이론과 유사하게 목표 성향 이론에 따르면 좋은 성과로 자신을 증명하고자 하는지(**성과입증 성향**), 나쁜 성과를 피하려고 하는지 (**성과회피 성향**), 일을 배워보고자 하는지(**학습목표 성향**)의 정도가 다르다고 한다.[95] 그러나 조절 초점과 마찬가지로 목표 성향은 조직 내 부서 간의 우호적인 경쟁이 성과입증 성향을 일시적으로 야기하는 것처럼 동기부여의 상황에서도 존재할 수 있다고 한다.[96] 또 다른 예로 학습목표 성향을 갖고 있다면 성과회피 성향과 비교해서 입사지원서 제출 목표를 달성할 가능성이 높다.[97]

심리적인 건강과 성과 결과를 고려했을 때 개인의 성향에 대한 연구는 학습목표 성향을 갖고 있을 때 긍정적인 결과를 도출하고, 성과회피 성향의 경우에는 부정적인 결과를 도출하고, 성과입증 성향의 경우에는 약하거나 상대적으로 혼재된 결과를 도출한다.[98] 더욱이 상반되는 목표 성향은 상호의존적인 목표를 추구하는 팀에서는 문제를 야기할 수 있다. 성과회피 성향을 갖게 되면 팀 구성원이 다른 구성원과 업무를 할 때 정보를 숨기거나 조작할 수 있다.[99] 이러한 성향은 팀 구성원을 존중하는 롤모델(**학습목표** 성향)이 아니면 비교대상(**성과입증** 성향 또는 **성과회피** 성향)으로 생각하는가에 영향을 미친다.[100] 학습목표 성향을 개발하고 싶은가? 다음에 목표를 추구할 때 한 걸음 물러나서 목표를 생각해보고 그 상황에서 배움에 열정을 갖게 하는 것에 집중하라.[101]

목표 갈등 종종 목표는 서로 충돌하는 경우가 생긴다. 예를 들어 경영층의 경우에 경영자는 안전과 구성원의 안위를 담보로 이윤을 추구해야 되는지 고민해야 한다(실제 이러한 목표가 현실에서 공존하는지와 상관없이).[102] 개인의 경우에 하나의 목표를 달성할 시간밖에 없는 데 시간이 중요한 두 가지의 업무를 동시에 수행할 수도 있다. 일반적으로 많은 연구는 목표 갈등이 개인의 스트레스와 걱정에 좋지 않은 영향을 미치고,[103] 전혀 관련이 없는 성과에도 영향을 미칠 수 있다고 제안한다.[104] 그러면 목표 갈등을 어떻게 다룰 것인가? 첫째, 일부 연구에서는 목표 간의 갈등을 받아들이고(**인정**), 두 목표 모두 성취에 도움이 되는 행동을 하고(**활성화**), 목표를 달성하기 위해 진전을 방해하는 행동을 하지 않는(**억압**) 등 일상적인 규제를 통해서 관리할 수 있다고 제안한다.[105] 둘째, 경쟁적인 목표를 갖고 있는 집단 간에 목표가 구별된다면, 협력을 강조하고 같이 해결책을 모색하게 하는 것이 효율적일 수 있다.[106]

목표 설정의 실행 관리자는 목표를 어떻게 설정할 것인가? 그런 일은 종종 개별 관리자에게 달려 있다. 일부 관리자는 공격적인 성과 목표를 설정하는데, 제너럴일렉트릭(General Electric)에서는 이것을 '도전적 목표(stretch goal)'라고 불렀다. 예를 들어 모토로라(Motorola)는 연말 재무제표 정리에 드는 시간을 6주에서 4일로 줄이려고 시도했다.[107] 텔테일게임즈(Telltale games)의 최고경영자와 같은 몇몇 리더는 성과 목표를 까다롭게 설정한다. 일부는 개발자가 하루에 20시간을 일한 것처럼 많은 성과를 낼 수 있는 '결정적인 시간'이 필요하다고 주장한다.[108] 하지만 많은 관리자는 목표를 수립하지 않는다. 그들의 업무가 명확하게 정의된 목표가 있는지에 대해 질문하면 관리자를 대상으로 한 설문조사에서 단지 일부의 사람만이 그렇다고 답했다.[109]

목표 설정을 활용하기 위해 보다 체계적인 방법은 1970년대에 가장 보편적이었으며 지금도 여전히 사용되고 있는 **목표에 의한 관리**(management by objectives, MBO)이다.[110] 목표에 의한 관리는 구체적이고, 검증가능하며, 측정가능한 목표를 참여적으로 설정할 것을 강조한다. MBO 프로그램에 공통되는 네 가지 요소는 목표의 구체성, 의사결정 참여(목표 또는 목표 설정을 포함), 명시된 기간, 성과 피드백이다.[111] MBO 프로그램의 많은 요소는 목표 설정 이론의 제안과 일치한다. 도표 7-5에서 볼 수 있듯이 조직의 전체적인 목표는 각 계층(사업부, 부서, 개인)의 구체적인 단계적 목표로 전환된다. 그러나 하위단위의 관리자는 목표를 설정하는 데 공동으로 참여하기 때문에, 목표에 의한 관리는 하향식 뿐만 아니라 상향식으로도 작용한다. 그 결과 한 수준에서의 목표를 다음 수준의 목표와 연결하는 것이 계층을 이룬다.

목표에 의한 관리 명시된 기간에 구체적인 목표를 참여적으로 설정하고 목표 진척에 대한 피드백을 제공하는 프로그램

많은 기업, 보건의료 조직, 교육기관, 정부와 비영리단체에서 MBO 프로그램을 사용하고 있으며, 많은 프로그램이 성과로 이어졌다. MBO의 일종인 목표와 결과에 의한 관리

도표 7-5 목표의 단계화

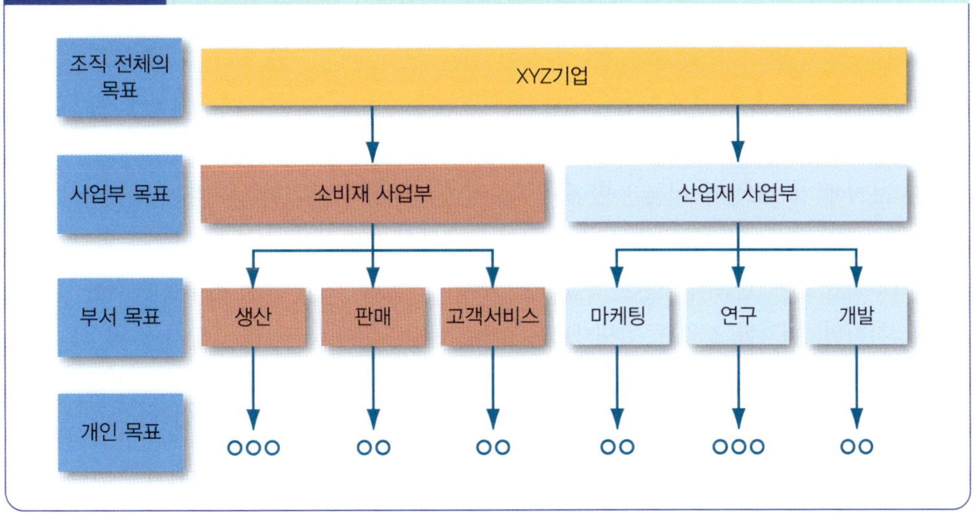

(management by objectives and results, MBOR)는 덴마크, 노르웨이, 스웨덴 정부에서 30년 동안 사용됐다.[112] 하지만 인기가 좋다고 해서 MBO 프로그램이 항상 제대로 작용한다는 것을 의미하지는 않는다.[113] MBO가 실패하는 원인은 비현실적인 기대, 최고경영자의 몰입 부족, 목표 달성에 기초하여 보상을 할당하려는 능력이나 의지의 부족인 경향이 있다.

목표 설정이 긍정적일지라도 구성원과 관리자는 너무 과하면 안 된다.[114] 예를 들어 성과에 지나치게 집착하면 학습을 할 수가 없고, 잘못된 목표를 수립하면 성과를 저해하고, 조심하지 않으면 몰입이 상승(6장 참조)하는 등의 문제를 야기할 수도 있다. 목표 설정의 성공가능성을 높이기 위해서는 특히 목표 진전이 공개될 때 책임의 소재를 분명히 하고, 목표를 추적 관찰하는 것이 목표 달성에 더 도움이 된다.[115]

목표 설정과 윤리 목표 설정과 윤리의 관계는 매우 복잡하다. 만약 목표 설정을 강조한다면 지불해야 되는 대가는 무엇이 되겠는가? 대답은 목표 달성을 위해 설정한 기준에서 찾을 수 있다. 예를 들어 돈이 목표 달성과 연결되면 돈을 얻는 데 초점을 맞추고 윤리적으로 타협할 여지가 생길 수 있다(예: 비윤리적이라고 해도 하는 일을 정당화할 수 있다).[116] 상황 또한 중요하다. 목표에 가까워지면 시간 압박은 종종 증가하는데, 이것은 목표를 달성하기 위해 비윤리적인 행동을 하고 유혹할 수 있다.[117] 목표 설정은 고갈을 통해서 비윤리적인 행동을 유발할 수도 있다.[118] 예를 들어 요리하는 스태프가 지쳐 있고 업무 과중에 시달리면 음식을 준비하고 손질하는데 소홀하여 식품안전성에 위험이 될 수 있다. 개인 특성조차도 중요하다. 예를 들어 목표 성향이 영향을 미칠 수 있다. 배움보다는 가치를 증명하고 실패를 피하고자 할 경우에 비윤리적인 행동을 할 가능성이 더 높을 수도 있다.[119]

자기효능감 이론

자기효능감(self-efficacy)은 어떤 과업을 수행할 수 있다는 개인의 믿음을 의미한다.[120] 자기효능감이 높으면 성공할 능력에 더 큰 확신을 가진다. 예를 들어 보상이 좋은 경력을 쌓고 도움이 되는 역량을 개발하는데 도움이 된다고 생각하면, 직업을 찾고 졸업 후 직장에 지원할 자

자기효능감 특정 과업을 잘 수행할 능력을 갖고 있다는 믿음

신감을 더 갖게 된다.[121] 반대로 어려운 상황에서 낮은 자기효능감을 가진 사람은 노력을 줄이거나 포기해버릴 가능성이 크고, 자기효능감이 높은 사람은 난제를 해결하기 위해 더 열심히 노력할 것이다.[122] 지능과 성격은 더 높은 자기효능감과 연결된다.[123] 지적 능력이 높고 성실하고 정서적으로 안정감이 있는 사람은 높은 자기효능감을 갖는 경향이 있기 때문에 자기효능감은 이전 연구에서 밝힌 것보다 더 중요하다고 한다.[124]

얼핏 보기에 자기효능감 이론은 앞에서 이야기한 것처럼 내용기반 동기부여 이론으로 보일 수도 있다. 자기효능감 이론이 초기에는 이렇게 제안이 되었지만, 추후의 연구는 자기효능감이 동기부여를 장기간 유지하는데 핵심임을 보여주고 있다. 예를 들어 직장을 구하는 상황을 다시 생각하면, 지각한 진척도는 자기효능감과 얼마나 열심히 노력할 것인가에 영향을 미치게 된다.[125] 흐름을 이해하기 위해서 자기관리와 감정 통제 방식을 생각하는 것이 도움이 될 것이다(4장 참조).[126] 항상 그렇지는 않지만, 자기효능감이 높은 사람이 과업에 더 많이 참여하고 이로 인해 성과가 증가해서 다시 효능감이 더 증가되는 긍정적인 나선형 효과를 만들 수 있다.[127] 반면에 자기효능감은 잘난체하게 만들고 성과를 저하시켜서 결과적으로 동기부여를 떨어뜨릴 가능성도 있다.[128] 그러나 이러한 모습은 자신의 자원을 보존하고 지키려는 것으로 해석이 될 수도 있다(항상 성과가 좋을 수 없고 직무 소진을 경험할 수도 있다).[129] 아마도 중요한 것은 사람이 자기효능감이 필요할 때 필요한 곳에서 자기효능감을 갖는 것이다. 예를 들어 자기효능감에 가변성을 더 경험하는 창업자는 사업을 시작하는데 더 성공적일 수 있다.[130] 이는 때때로 사람은 겸손해야 하고 잘난체하는 대신에 한 걸음 물러날 줄도 알아야 됨을 의미한다.

자기효능감 증가시키기 자기효능감을 어떻게 증가시킬 수 있는가? 목표 설정 이론과 자기효능감 이론의 통합을 통해서 증가시키는 방법을 찾을 수 있다. 도표 7-6에서 보듯이 구성원에게 어려운 목표를 설정하는 후원적인 관리자는 구성원이 높은 수준의 자기효능감을 갖고 자신의 성과를 위해 더 높은 목표를 설정할 것이다.

연구에 따르면 자기효능감을 증대할 수 있는 네 가지의 방법이 있다. ① 관련된 성공체험 제공(**적극적인 숙달**), ② 다른 사람이 과업을 수행하는 것을 관찰(**대리 모델링**), ③ 성공할 수 있고 업무 수행에 필요한 모든 것을 갖고 있다는 재확신(**구두 설득**), ④ 활력을 불어넣는 것(**각성**)이다. 활력은 업무에 보다 긍정적으로 접근하게 한다(비록 영업보고서 작성과 같이 조용히 수행해야 하는 업무의 경우에는 좋은 아이디어가 아닐 것이다). 사실 앞에서 논의했던 사회학습 이론과 맥을 같이 한다. COVID-19의 상황에서 자기효능감을 높이는 것은 특히 중요하다. 국제적으로 의료전문가는 팬데믹에 잘 대처하기 위해서 서로서로 최고의 접근법으로 대리 학습을 해야만 했다.[131]

교육훈련 프로그램은 종종 사람이 연습하고 기술을 쌓게 함으로써 효과적인 숙련이 가능하게 만든다. 사실 훈련이 효과를 나타내는 이유 중 하나는 특히 훈련이 상호작용적이고 훈련 이후 피드백이 있을 때 자기효능감을 증가시켜주기 때문이다.[132] 예를 들어 교육훈련 프로그램은 STEM 분야에서 과소대표되는 학생(underrepresented students)의 경력과 창업적 자기효능감을 향상한다.[133] 그러나 어떤 연구에서는 구성원이 향상을 인지할 수 없다면 자기효능감도 향상되지 않는다고 한다.[134] 그럼에도 불구하고 높은 자기효능감을 갖고 있는 사람은 교육훈련의 효과를 더 많이 경험하고 배운 것을 업무에 더 활용한다고 한다.[135]

도표 7-6 목표와 자기효능감이 성과에 미치는 공동효과

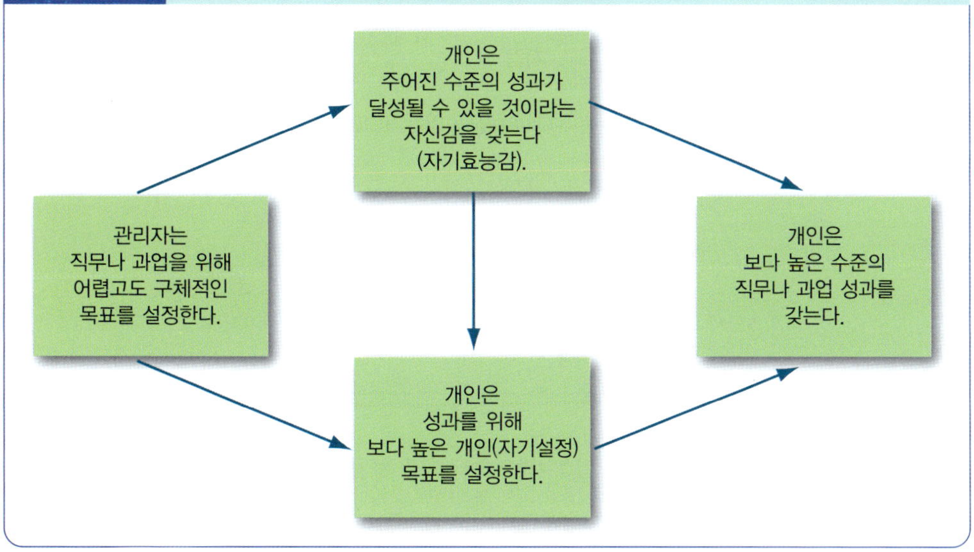

출처: E. A. Locke and G. P. Latham, "Building a Practically Useful Theory of Goal Setting and Task Motivation: A 35-Year Odyssey," *American Psychologist* (September 2002): 705-17에 기초함.

피그말리온 효과 관리자가 구두로 설득하는 가장 좋은 방법은 자신이 조각한 조각상과 사랑에 빠진 조각가 피그말리온에 대한 그리스 신화에 바탕을 둔 용어인 **피그말리온 효과**를 통해서이다. 피그말리온 효과는 어떤 것을 믿을 때 실제로 그것이 이루어질 수 있다는 **자기실현적 예언**의 한 형태다. 여기서 '어떤 사람이 다른 사람에게 기대하는 것이 다른 사람에게는 자기실현적 예언으로 작용할 수 있다'는 것을 설명할 때 사용된다.[136] 예를 들어 리더십 잠재력이 높은 사람을 사무실에서 확인한다면 그 사람이 리더가 될 것처럼 대우를 할 수 있다.[137] 하지만 '개천에서 용이 나는 것처럼' 기대하지 않은 곳에서 리더를 발견하기도 한다. 도브 프로만(Dov Frohman)이 "리더는 예상치 못한 곳에서 나타난다. 종종 가장 훌륭한 후보는 얼핏 보기에 리더십 잠재력을 기대하지 못했던 주류 밖에 있는 사람일 수 있다"라고 이야기한다.[138] 피그말리온 접근법은 작업장에서도 효과를 보였고, 리더와 부하의 관계가 강할 때 반복가능한 결과와 향상된 효과를 보였다.[139]

조직 정의

공정성 이론

7-6 분배적 정의, 절차적 정의, 정보적 정의, 상호작용적 정의를 포함하는 조직 공정성의 형태를 설명할 수 있다.

에인슬리는 재무관리 학사학위를 준비하고 있는 주립대학의 학생이다. 약간의 직업 경험을 얻고 취업의 시장성을 높이기 위해 그녀는 제약회사의 재무부서에서 여름 인턴십을 수락했고 시간당 임금에 아주 만족하고 있다. 시급 20달러는 그녀 또래의 다른 학생이 여름 인턴으로 받는 것보다 더 많기 때문이다. 직장에서 그녀는 같은 재무부서의 중간관리자로 일하고 있는 최근 주립대학을 졸업한 카이를 만났다. 카이는 시간당 30달러를 받고 있고 만족하지 못하고 있다.

구체적으로 카이는 다른 제약회사의 관리자에 비해 훨씬 덜 받는다고 에인슬리에게 "이건 공

도표 7-7 공정성 이론

비율 비교*	지각
$\frac{O}{I_A} < \frac{O}{I_B}$	과소보상을 받는 데 따른 불공정성
$\frac{O}{I_A} = \frac{O}{I_B}$	공정성
$\frac{O}{I_A} > \frac{O}{I_B}$	과다보상을 받는 데 따른 불공정성

* 여기서 $\frac{O}{I_A}$는 직원의 투입 대 산출의 비율을 나타내며 $\frac{O}{I_B}$는 준거 인물의 투입 대 산출의 비율을 나타낸다.

정하지 않아. 나는 그들만큼 열심히 일하지만 그들만큼 벌지는 못해. 경쟁사로 옮겨야 할까?" 라고 불평했다.

공정성 이론 개인이 자신의 직무에 대한 투입과 산출을 다른 사람의 직무에 대한 투입과 산출과 비교한 후 불공정을 제거하려는 반응을 보인다는 이론

어째서 시간당 30달러를 버는 사람이 15달러를 버는 사람보다 덜 만족하고 그 결과로 동기부여가 덜 될 수 있는가? 대답은 **공정성 이론**(equity theory)과 더 넓게는 조직 정의의 원리에 있다.[140] 공정성 이론에 따르면 구성원은 자신의 일로부터 얻은 것(임금, 승진, 인정 또는 별도의 사무공간을 갖는 것과 같은 그들의 '산출')을 일에 쏟아부은 것(노력, 경험, 교육과 같은 '투입')과 비교한다. 그들은 자신의 투입(I)에 대한 산출(O)의 비율을 구해 보통 동료와 같은 사람이나 같은 일을 하는 다른 사람의 비율과 비교한다. 이러한 것은 도표 7-7에 제시되어 있다. 만약 자신의 비율이 그가 비교하는 다른 사람의 비율과 동일하다고 믿는다면 공정한 상황이라고 인지한다. 만약 비율이 맞지 않는다면 불공정하다고 생각하게 된다.[141]

공정성 이론에 기초하면 불공정성을 지각한 직원은 여섯 가지 대안 중 하나를 선택할 것이다.[142]

1. **투입을 바꾼다**(과소보상이면 노력을 덜 기울이고, 과다보상이면 노력을 더 기울인다).
2. **산출을 바꾼다**(생산수량에 따라 성과급을 받는 개인은 낮은 품질의 더 많은 양을 생산함으로써 임금을 올릴 수 있다).
3. **자신의 지각을 왜곡한다**("나는 과거에는 적절한 속도로 일한다고 생각했는데, 지금은 다른 사람보다 훨씬 더 열심히 일한다고 생각한다").
4. **다른 사람에 대한 지각을 왜곡한다**("에이샤의 직무는 내가 생각했던 것만큼 좋지 않다").
5. **다른 준거(비교대상) 인물을 선택한다**("나는 형제만큼은 아니지만, 내 나이였을 때의 형제보다 훨씬 더 잘하고 있다").
6. **그 조직을 떠난다**(일을 그만둔다).

조직 정의 분배적, 절차적, 정보적, 상호작용적 정의로 구성된 직장 내 공정성에 대한 전반적인 지각

공정성 이론은 몇몇 연구자의 지지를 받지만, 모든 연구자의 지지를 받지는 않는다.[143] 예를 들어 어떤 구성원은 공정성에 더 민감할 수 있다. 어떤 사람은 보다 관대하고 어떤 사람은 당연시 할 수 있다.[144] 또한 누군가가 과다보상을 받았다고 느낀다면, 급여의 일부를 반납하기를 기대하는가? 공정성 이론의 주장이 다 받아들여지지는 않지만, **조직 정의**(organizational justice) 또는 단순히 직장에서의 공정성 연구의 초석을 마련했다.[145] 조직 정의는 구성원이 조

도표 7-8 조직 정의의 모델

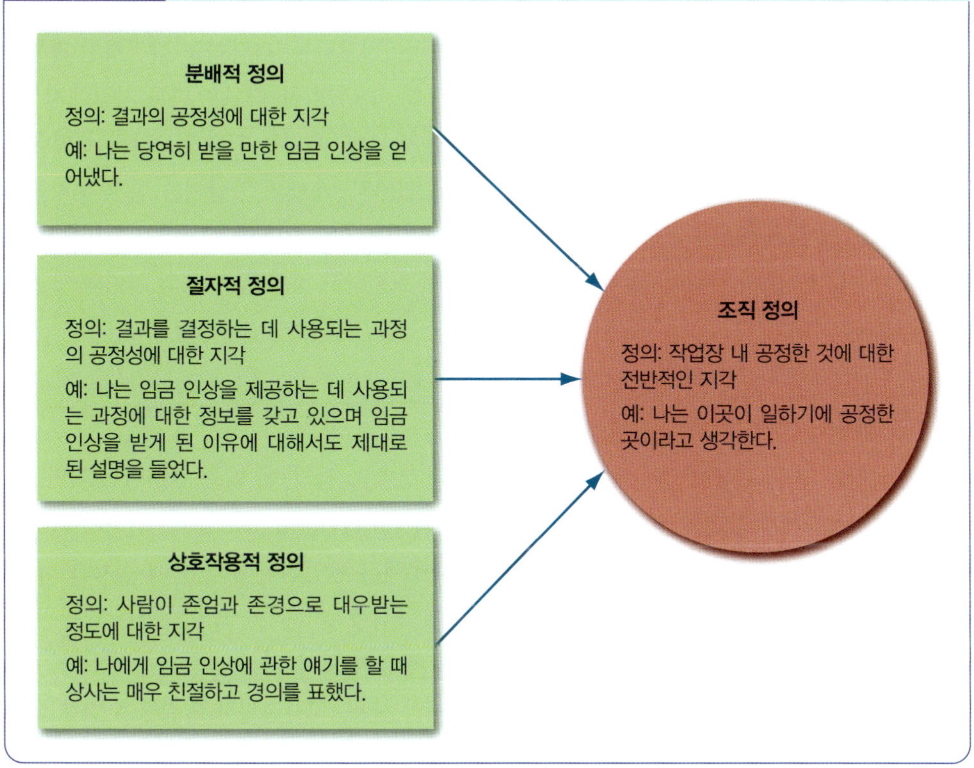

직 내의 권위 있는 사람과 의사결정자가 자신을 어떻게 대우한다고 생각하는지에 대해 보다 폭넓게 설명하고 있다. 그러나 이 이론 역시 사람이 어떻게 직장에서 원칙과 규칙을 지키고 위반하는지에 대해 논의하고 있다.[146] 예를 들어 경영진이 '공정한 보상'보다 더 많이 받을 때 이사회구성원은 불공정을 인식하고 공정성을 수동적으로 생각할 수 있다. 만약 주주와 비교해서 경영자가 더 많은 권한과 기회주의적인 행동을 보일 수 있다고 생각하면 더 적극적으로 공정성을 인지하게 된다.[147] 지난 수십년의 연구에 의하면 공정성은 지속적으로 구성원과 조직의 관계를 유지하는 데 영향을 미친다.[148,149] 대부분의 경우에 직원은 도표 7-8의 네 가지 차원에서 얼마나 공정하게 대우받는지를 평가한다.

분배적 정의

분배적 정의(distributive justice)는 구성원이 받는 임금과 인정 등과 같은 결과의 공정성에 관한 것이다.[150] 결과는 다양한 방법으로 배분될 수 있다. 예를 들어 임금 인상을 구성원에게 균등하게 배분할 수도 있고, 돈을 필요로 하는 구성원에게 가장 많이 지불할 수도 있다. 그러나 공정성 이론에 대해 논의했듯이 구성원은 결과를 공정하게 배분받을 때 그 결과가 가장 공정하다고 인식하는 경향이 있다. 분배적 정의는 넓은 범주에서 생각될 수 있다. 예를 들어 미국에서 백인과 흑인의 월급의 차이는 지속적으로 커지고 있고, 부유한 가정 출신이거나 비슷한 교육 수준이라 하더라도 여전히 존재한다.[151]

분배적 정의 개인 간 보상의 양과 배분에 대해 지각된 공정성

지금까지 설명한 것처럼 분배적 정의와 공정성은 개인이 자신의 투입 대비 산출 비율을 다른 사람과 비교하기 때문에 합리적이며 계산적인 방법으로 측정한 것처럼 보일 것이다. 그러나 정

의의 경험, 특히 불공정성의 경험은 종종 그렇게 냉정하거나 계산적이지 않다. 오히려 사람은 분배적 판단의 기초를 자신이 다른 사람과 비교해서 어떻게 대우받고 있는가에 대해 감정이나 감정적인 반응에 두며, 그들의 반응은 냉정하고 이성적이기보다는 '격렬'하고 감정적인 경우가 많다.[152] 예를 들어 2018년 미국정부가 문을 닫았을 때, TSA의 한 직원은 다른 사람에게 "집에 머물면서, 가족과 개인적인 시간을 보내고, 급여를 받는데, 우리는 힘겹게 고생하고 있다... 우리는 대부분 월급을 받으며 겨우 생계를 유지하고 있어서, 오랜기간 급여를 받지 못하면서 일하러 가는 것은 불가능하다"라고 이야기했다.[153] 더욱이 어떤 '형태'의 보상인지도 중요하다. 한 연구에 의하면 많은 사람이 급여의 차이를 더 크게 느낀다고 하지만, 인정의 차이와 도전적인 업무도 중요하다.[154]

절차적 정의

절차적 정의 보상의 분배를 결정하는 데 사용되는 절차에 대한 공정성 지각

비록 구성원은 어떤 보상이 분배되는가(평등 이론과 분배적 정의)에 많은 관심이 있지만, 어떻게 배분되는가에도 많은 관심을 보인다. **절차적 정의**(procedural justice)는 결과가 어떻게 할당되는가를 다룬다.[155] 우선 구성원은 의사결정 과정에서 발언권이 주어질 때 절차가 더 공정한 것으로 인식한다. 또한 의사결정자가 여러 가지 규칙을 잘 준수하고 여기에는 일관된 방식으로의 의사결정(여러 사람과 오랜 시간에 걸쳐), 편견의 회피(다른 집단이나 개인과는 달리 한 집단이나 사람을 선호하지 않는), 정확한 정보의 사용, 의사결정자의 결정에 영향을 받는 집단이나 사람의 고려, 항의나 수정에 대해 개방적일 때 더 공정하다고 인식한다.[156] 예를 들어 임금 인상을 기대하고 있으나 상사가 당신은 대상자가 아니라고 이야기하면, 당신은 어떻게 결정이 되었는가에 대해 궁금할 것이다. 만약 임금 인상이 성과에 의해 결정되고 동료가 당신보다 성과가 좋다면 상사가 편애를 하는 경우와 비교해서 더 공정하다고 인식하게 될 것이다.

만약 결정 과정이 공정하다면 우리는 자신에게 우호적이지 않은 결정도 받아들일 가능성이 높다.[157] 구성원이 의사결정 과정에서 자신의 견해를 피력할 수 있다면, 결과가 좋지 않더라도 그 상황에 대해서 더 좋게 느낄 수 있다.[158] 절차적 정의는 단지 결정하는 구조에 대한 이야기만은 아니다. 결정을 내리는데 얼마나 오래 걸리는지와 같은 이슈도 고려된다. 어떤 이슈는 공정한 결정을 위해 다른 이슈에 비해 더 많은 시간을 요구하기 때문이다.[159]

이 책의 많은 곳에서 언급한 것처럼(예: 2장), 조직은 인공지능(AI)을 활용해서 의사결정을 내림으로써 절차가 더 공정하고 편견을 줄이고자 한다.[160] 그런데 구성원이 과연 이러한 방법을 공정하게 여기는가? 연구에 따르면 구성원은 이러한 방식을 특정상황으로 고려하지 않고 단순주의로 인식한다고 한다. 따라서 편견을 줄이고 객관적으로 운영을 하고자 하는 방식이 오히려 더 편견을 조장한다고 인식될 수 있다.[161]

상호작용적 정의

결과와 절차를 뛰어넘어, 연구결과에 따르면 구성원은 다른 사람과 상호작용하는 동안 자신이 대우받는 방식과 관련이 있는 두 가지 다른 형태의 공정성에 관심을 두는 것으로 나타났다. 이 두 가지 모두 상호작용적 정의 범주에 속한다(도표 7-8 참조).[162]

정보적 정의 첫 번째 유형은 관리자가 구성원에게 주요 결정에 관해 설명하고 중요한 조직 문제에 관해 계속해서 알려주는지를 반영하는 **정보적 정의**(informational justice)이다. 관리자가 구성원과의 관계에서 더 세세하고 솔직하면 구성원은 더 공정하게 대우받는다고 느낀다.

정보적 정의 구성원에게 결정에 대해 진실한 설명을 제공하는 정도

관리자는 구성원에게 솔직하게 말해야 하고 조직 문제에 관해 그들에게 비밀로 하면 안 된다는 것은 자명한 것 같지만, 많은 관리자는 정보를 공유하는데 주저한다. 특히 구성원과 관리자 모두에게 불편한 좋지 않은 뉴스의 경우에 그렇다. 예를 들어 COVID-19 팬데믹은 많은 관리자가 구성원을 해고해야 하는 상황에 놓이게 했는데, 이 결정은 많은 공정성 이슈를 내포하고 있었다.[163] 좋지 않은 소식에 대한 설명은 정당화("나는 샘에게 사무실을 주기로 했는데 그건 별로 중요한 일이 아니다")보다는 사후 변명의 형태("나는 이것이 나쁘다는 것을 알고 있습니다. 당신에게 사무실을 주고자 했지만 그것은 나의 결정 권한 밖이었다")를 취하는 것이 더 낫다.[164] 비록 정보적 정의에서 정보가 관리자로부터 구성원에게 전달되는 것을 논의하고 있지만, 관리자도 구성원으로부터 정보적 정의를 기대한다. 예를 들어 임신 사실을 이야기해서 관리자의 정보 공정성이 향상되면 구성원은 관리자로부터 더 많은 지원을 받을 수 있다.[165]

대인관계적 정의 관리자와 구성원 사이의 상호작용과 관련된 두 번째 유형의 정의는 구성원이 존엄과 존중으로 대우받는지를 반영하는 **대인관계적 정의**(interpersonal justice)이다. 논의한 세 가지 다른 형태의 정의에 비해 대인관계적 정의는 관리자와 구성원 간의 일상적인 상호작용에서 일어날 수 있다는 특징을 갖고 있다.[166] 이로써 관리자는 구성원이 공정하게 대우받는다고 느끼게 할 기회를 활용할(또는 놓칠) 수 있다. 예를 들어 어떤 리더는 일부 구성원은 공정하게 대하고 다른 구성원은 불공정하게 대할 수 있는데, 이는 대인관계적 정의를 손상시킨다.[167] 특히 자신의 업무에 몰입하고 조직에 열정을 갖은 구성원에게 영향이 크다.[168] 대인관계적 정의는 정보적 정의와 마찬가지로 관리자에게도 영향을 미친다. 아쉽게도 소수인종인 관리자가 대인관계적 정의를 위해 노력해도 규정을 따르려고 한다는 고정관념으로 인해 그 관리자에 대해 여전히 편견을 갖고 대우받는다.[169]

대인관계적 정의 구성원을 존중하는 정도

정의의 결과

정의의 유형에 대해 이 모든 것을 이야기하고 나면, 정의가 구성원에게 얼마나 진정으로 중요한가라는 질문을 할 수 있다. 밝혀진 것처럼 상당하다. 구성원은 공정하게 대우받는다고 느낄 때 많은 긍정적인 방법으로 반응한다. 이 절에서 논의한 정의의 네 가지 유형은 직무를 게을리하는 것과 같은 더 낮은 수준의 역효과를 낳는 행동 뿐만 아니라 더 높은 수준의 과업 성과와 동료를 돕는 것과 같은 시민행동과 관련되어 있다.[170] 분배적 정의와 절차적 정의는 과업 성과에서 더 강하게 관련되는 반면에, 정보적 정의와 대인관계적 정의는 조직시민행동에서 더 강하게 관련된다. 구성원의 숙면, 건강 상태와 같은 심리적인 결과는 공정한 대우와 관련된다.[171] 공정성은 왜 이러한 긍정적인 효과를 가지는가? 공정성은 조직에 대한 몰입을 높이고 조직이 자신의 웰빙에 관심을 갖는다고 느끼게 한다. 또한 공정한 대우를 받았다고 생각할 때 상사를 신뢰하게 되고, 그 결과 불확실성이 감소하고 조직이 자신을 착취할 것이라는 두려움이 줄어들게 된다. 공정한 대우는 긍정적인 감정을 유발해서 조직시민행동을 촉진한다.[172]

흥미롭게도 불공정에 대한 동료의 반응도 우리에게 중요하다. 제삼자 또는 관찰자의 불공정

성에 대한 반응이 상당한 영향이 있다는 연구가 있다. 당신이 자주 가는 레스토랑 체인에서 사전공지도 없이 대규모 해고가 일어났다고 하자. 직원은 아무런 경고도 없이 떠나야 했고 새로운 일을 찾는 데 아무런 도움을 받지 못했다고 하자. 당신은 그 레스토랑에 다시 갈 것인가? 연구에 의하면 아마도 가지 않을 것이라고 한다.[173]

공정성을 향상하기 위한 모든 시도에도 불구하고 불의에 대한 지각은 여전히 발생가능성이 있다. 공정성은 종종 주관적이기 때문이다. 한 사람이 불공정하게 본 것을 다른 사람은 완전히 적절한 것으로 볼 수 있다. 예를 들어 자신의 현재 일을 더 좋은 다음 일을 위한 준비단계로 보는 각 근로자는 다른 사람보다 공정성을 덜 중시할 것이다.[174] 일반적으로 사람은 자신에게 유리한 분배나 절차를 공정하게 생각한다.[175] 만약 조직이 공정성에 있어서 일관성이 없다면 구성원은 불공정한 대우와 비인격적인 대우의 롤러코스트를 타고 있는 것으로 생각할 수 있고 고립되고, 협력을 줄이고, 직무 태도 또한 나빠질 것이다.[176]

문화와 정의

모든 국가에서 절차적 정의에 대해 같은 기본 원칙이 존중된다. 전 세계의 근로자는 연공 서열에 기초한 보상보다 성과와 기술에 입각한 보상을 선호한다. 그러나 투입과 산출은 다양한 문화에서 다르게 평가된다.[177]

공정성의 차이를 문화적 가치관의 관점에서 생각할 수 있다(2장 참조). 32개 국가와 지역에서 19만 명 이상의 구성원을 대상으로 한 대규모 연구는 정의에 대한 인식이 개인주의, 여성주의, 불확실성 회피, 낮은 권력 거리 등의 가치를 가진 나라의 사람에게 가장 중요하다는 것을 제시했다.[178] 상사의 비인격적 행동과 같은 불공정에 대한 사람의 반응(예: 신뢰 또는 노력 감소)은 그들의 문화에 따라 다르다고 한다. 권력 거리가 높은 유교주의 문화권의 구성원이 상대적으로 적게 영향을 받는 경향이 있다.

또한 다른 문화적 요인도 살펴볼 수 있다. 몇몇 문화권에서는 자원을 배분하기 위한 기준으로 개인의 성취보다 지위를 강조한다. 물질주의 문화권은 금전적인 보상이나 대가의 지급이 가장 적절한 보상으로 볼 가능성이 크지만, 관계주의 문화권에서는 사회적 보상과 지위를 중요한 결과로 생각할 것이다. 서로 다른 상황에서 무엇이 공정한가를 결정할 때 다국적 기업의 관리자는 각 종업원 집단의 문화적인 선호도를 고려해야 한다.

현대 동기부여 이론의 통합

7-7 현대 동기부여 이론이 서로 어떻게 보완되는지 설명할 수 있다.

6개의 이론을 제시한 후, 단 하나의 이론만 타당한 것으로 말할 수 있다면 훨씬 단순할 것이다. 그러나 이 장에서 논의한 많은 이론은 상호보완적이다. 이제는 이러한 이론을 묶어 이들의 상호관계를 이해하고 돕고자 한다. 도표 7-9는 동기부여에 대해 알고 있는 대부분의 내용을 통합한 것이다. 기본적인 토대는 도표 7-4에 제시된 기대 이론 모델이다. 그러면 도표 7-9에 대해 살펴보자(직무 설계에 대한 자세한 내용은 8장 참조).

우선 기회가 개인의 노력을 돕거나 방해할 수 있다는 것을 명백하게 인식하는 것으로 시작한다. 왼쪽에 있는 개별 노력은 개인의 목표로부터 나오는 또 다른 화살표를 가지고 있다. 목표

도표 7-9 현대 동기부여 이론의 통합

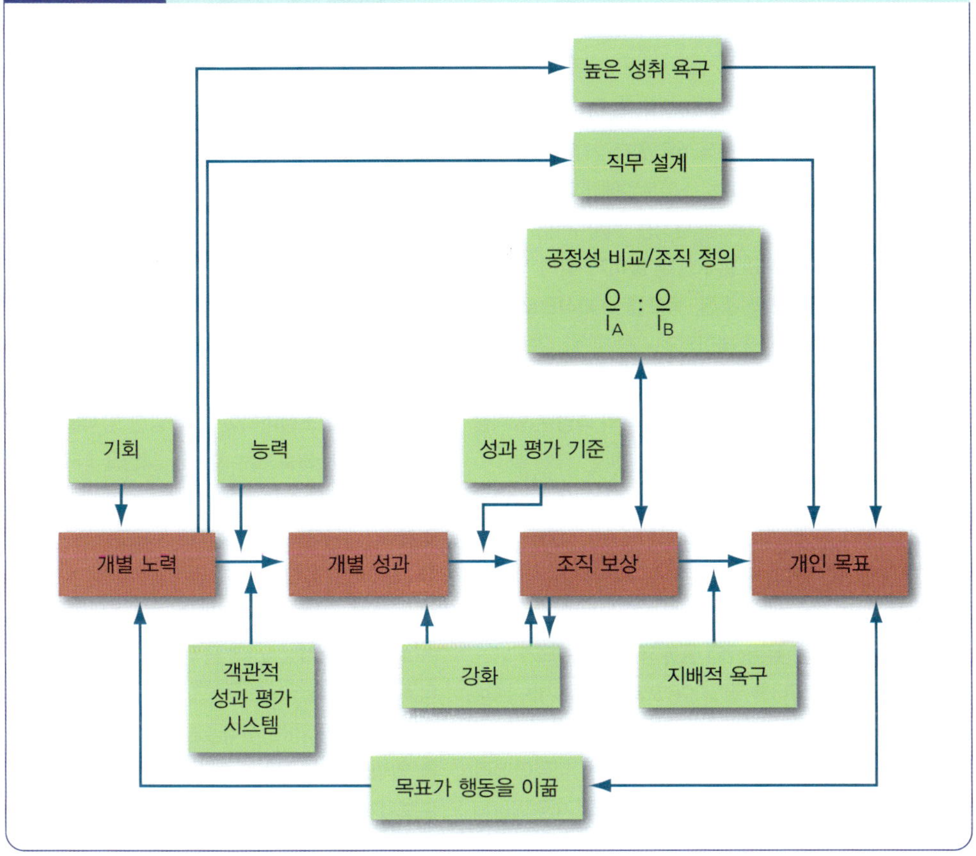

설정 이론과 일관되게, 이러한 목표-노력 고리는 목표가 행동을 이끈다는 것을 상기시켜준다.

기대 이론은 구성원이 노력과 성과, 성과와 보상, 보상과 개인 목표의 만족 사이의 강한 관계를 인식한다면 높은 수준의 노력을 발휘할 것으로 예측한다. 이러한 각각의 관계는 다른 요인으로부터 영향을 받는다. 노력이 좋은 성과를 이끌어내기 위해서 개인은 업무를 실행할 수 있는 능력을 가지고 있어야 하고, 성과 평가 시스템을 공정하고 객관적인 것으로 인식하고 있어야 한다. 만약 연공 서열, 개인적 선호 등 다른 기준보다도 성과를 기준으로 보상이 결정된다면 성과-보상 관계는 강할 것이다. 만약 인지 평가 이론이 근무지에서 유효하다면 성과에 기초한 보상이 개인의 내재적 동기를 감소시킬 것으로 예측할 수 있다. 높은 성과로 받은 보상이 개인의 목표와 일치하는 주요 욕구를 충족했다면 동기부여는 높을 것이다.

도표 7-9를 좀 더 자세히 살펴보면 이 모델은 성취 동기, 직무 설계, 강화 이론, 공정성 이론/조직 정의를 고려하고 있음을 알 수 있다. 성취 욕구가 높은 사람은 조직의 성과 평가나 보상에 의해 동기부여되지 않는다. 그러므로 높은 성취 욕구(nAch)를 가진 사람은 노력에서 개인의 목표로 바로 넘어간다. 높은 성취 욕구자는 일이 자신에게 개인 책임감, 피드백과 적당한 위험을 제공하는 한 내적으로 동기부여된다는 점을 기억하라. 그들은 노력-성과, 성과-보상, 보상-목표 연계에는 관심이 없다.

강화 이론에 따르면 조직의 보상이 개인의 성과를 강화한다. 만약 구성원이 보상 시스템을 좋은 성과에 따라 '임금을 지급하는 것'으로 생각한다면 이러한 보상은 계속해서 좋은 성과를

더 나은 세상을 향해

크로거: 굶주림이 없는 세상, 낭비가 없는 세상

《포천》 100 미국 식료품점인 크로거(Kroger)는 20개가 넘는 식료품 체인점의 모회사이다. 많은 미국인은 크로거가 소유하고 있는 가게에서 식료품을 구입한다. 2018년부터 많은 고객은 크로거의 불가능에 도전하는 문샷(moonshot) 목표에 대해 인지하고 있는데, 이 목표는 '굶주림이 없는 세상, 낭비가 없는 세상'이라는 사회적 책임 노력의 일부이다. 이 모든 것은 구성원이 미국에서 식료품 유통에 있어서 미국에서 생산되는 음식의 약 40%가 낭비되거나 버려진다는 '근본적인 문제'를 인식하면서 시작되었다. 더욱이 미국인들 8명 중에 1명이 매일 굶주림을 경험하고 있다. 이러한 문제를 인식하고 크로거의 CEO인 로드니 맥멀린(Rodney McMullen)은 "우리가 사업을 하는 지역에서는 어느 누구도 굶주려서는 안 되고, 우리 가게에서는 음식이 낭비되면 안 된다"라는 비전을 수립했다. 그 이후로 크로거는 이 비전을 달성하기 위해서 많은 노력을 기울이고, 이 목표를 달성하는 날짜를 설정하기도 했다.

목표 설정 이론과 관련시켜 보면 크로거는 구체적이고 도전적이며, 모든 경영자, 구성원, 고객, 다른 이해관계자에게 적용될 수 있는 ① 굶주림 제로, ② 낭비 제로라는 목표를 설정했다. 크로거에서 많은 사람이 이 목표가 지나치게 의욕적이라고 생각을 했지만, 이 목적을 구성원과 고객 모든 사람에게 소통했다. 이러한 궁극적인 목표를 바탕으로 목적 달성을 위해 몇 개의 세부 목표를 설정했다. 세부 목표는 음식물 낭비를 줄이는 스타트업에게 제공되는 수십억의 펀드, 수조에 달하는 식사 기부, 음식물 낭비를 줄이고 굶주림을 줄이기 위해 법적인 노력의 홍보와 촉진, 목표를 효과적으로 달성하기 위해서 빅 데이터와 AI를 활용, 같은 목표를 갖고 있는 조직과 전략적 파트너쉽을 맺고 기존의 파트너를 설득하는 등의 다양한 방식을 포함한다.

이러한 목표가 도움이 되었는가? 시작하고 2년 뒤에 크로거는 괄목할 만한 성과를 내고 있었다. 기아 극복에 2억 불 이상이 모금되었고 거의 5억 개에 달하는 식사가 기부되었고 상점, 제조공장, 유통센터 등에서 1억 파운드가 넘는 식품의 낭비를 줄일 수 있었다. 크로거는 낭비의 80%를 줄였고, 제조공장의 94%를 낭비 제로 모델로 변화시켰다. 크로거는 피딩아메리카(Feeding America), 세계자연기금(World Wildlife Fund)과 같은 기관과 전략적 제휴를 맺었고, 임퍼펙트푸드(Imperfect Foods), 모비우스(Mobious)와 같은 혁신 스타트업에게 투자했다.

어떻게 크로거는 구성원과 고객이 동참하게 만들었는가? 첫째, 고객과 적극적으로 소통했다. 예를 들어 크로거는 자체적으로 재활용프로그램을 시작한 최초의 《포천》 100 기업이었다. 고객에게 재활용이 되지 않는 것으로 분류되어 쓰레기로 낭비되어 처리되는 물건을 줄일 수 있도록 독려했다. 크로거의 부회장인 케이트 데일리(Keith Dailey)에 따르면 "기아 제로 낭비 제로라는 우리의 비전을 달성하기 위해서는 고객들에게 제품포장을 재활용할 수 있는 획기적인 방안을 제시해야 한다"라고 한다. 구성원은 어떤가? 둘째, 크로거는 구성원이 사회적 책임을 다할 수 있도록 교육훈련, 코칭, 참여적 리더십, 소셜미디어 등 다양한 방식을 활용했다. 또한 크로거는 사회적 책임을 다하는 구성원을 '제로 히어로'로 인정하는 제도도 도입했다. 그들은 크로거가 '기아 제로 낭비 제로'라는 목표를 달성하기 위해서 특별한 노력을 기울였다. 크로거의 강사인 캔터키 파듀카(Kentucky Paducah)에 근무하는 앰버 윈체스터(Amber Winchester)는 그 지역 크로거와 식료품을 필요로 하는 지역공동체를 연결한 공로를 인정받았다. 앰버는 자기일치의 아주 좋은 본보기가 된다. 앰버는 "나하고 생각을 같이 하는 회사에서 근무하는 것은 매우 중요합니다. 사람들이 굶주리지 않고 쓰레기로 환경을 오염시키지 않는 것이 제가 개인적으로 정말 하고 싶은 일입니다. 크로거가 저와 같은 가치관을 갖고 있다는 것은 정말 행복한 일입니다."라고 한다. 크로거는 자기일치를 높이고, 모범이 되고 자율권을 줌으로써 기업의 사회적 책임에 열정을 갖게 유도하는 동기부여 방식을 사용하고 있다.[179]

강화하고 촉진할 것이다. 또한 보상은 조직 정의 연구에서도 핵심적인 역할을 한다. 개인은 자신의 결과(예: 개인의 급여)의 호의성을 다른 사람이 받는 것과 상대적으로 비교할 뿐만 아니라 그들이 어떻게 대우받는가에 관해서도 판단할 것이다. 보상에 실망할 때 사람은 사용된 절차의 공정성 인식과 상사가 그들에게 보여준 배려에 더 민감할 가능성이 크다.

요약

동기부여는 구성원이 그들의 일에 공헌하는 것을 이해하기 위한 핵심이다. 전반적으로 동기부여는 어떻게 그리고 왜 구성원이 개인과 조직의 목표를 달성하기 위해서 성과 지향 활동에 노력을 투자하는 것인가를 설명한다. 동기부여는 구성원과 직장 내의 다른 개인이 목표를 향해 어떻게 그들의 노력을 이끌어낼 것인가의 기초가 되는 과정(예: 강조, 방향, 지속성)를 설명한다. 비록 많은 지지를 받지는 않았지만, 많은 초기 동기부여 이론은 욕구 만족의 결과와 함께 직원이 가지고 있는 욕구에 초점을 맞췄다. 여전히 실무적으로 관리자에 의해 활용되고 있지만, OB 연구자에게는 더 이상 관심을 받지 못하고 있다. 반면에 많은 검증에 바탕을 둔 현대적인 이론은 동기부여에 대해 보다 종합적이고 정확한 설명을 제공한다. 이 절에서 다른 학자처럼 이론을 내용, 상황, 절차라는 세 가지로 구분했다. 첫 번째로 내용 이론은 자기결정 이론과 같이 인간 경험의 근간이 되는 요인이나 조절 초점 이론이나 직무 열의와 같이 개인차에 초점을 맞추고 있다. 두 번째로 보상(예: 강화 이론)이나 역할 본보기(예: 사회학습 이론)와 같이 상황이 동기부여에 미치는 영향에 초점을 맞추고 있다. 세 번째로 과정 이론은 동기부여를 과정으로 보고 동기부여가 행동과 성과에 어떻게 영향을 미치는지에 초점을 맞추고 있다. 기대 이론, 목표 설정 이론, 자기효능감 이론은 사람이 동기부여되고 이를 바탕으로 행동하게 노력하는 과정에 대해 설명하고 있다. 네 번째로 조직 공정성에 대해 논의했다. 공정성에 대한 관심, 자원의 공정한 분배, 절차적 정의, 존중과 존엄과 관련이 있는 상호작용은 조직에서 사람의 행동과 동기부여를 예측하는 데 핵심이 된다. 직장에서 동기부여에 대해 다양한 이해를 전제로, 이러한 이론을 상호보완적인 동기부여 모델로 통합했다. 이 모델은 다음 장에서 논의할 동기부여의 적용과 관련이 되는 이론적인 토대를 제공하는 인적 자원의 과정과 개입을 제시한다.

관리자를 위한 시사점

- 고전 이론은 동기부여에 대해서 적절하게 설명하지 못하고 있다. 조직에서 구성원의 동기부여를 판단할 때, 현대 이론을 염두에 둬라.
- 사람은 자신이 자유롭게 자신의 행동을 결정하고, 그 행동이 자신의 관심사와 가치와 일치되어 있을 때 동기부여된다. 입덕, 방향, 보상과 같은 방식으로 구성원을 통제하려고 하지 말고 자율권을 주려고 노력하라.
- 자율권이 중요하기는 하지만 보상과 강화 또한 여전히 조직 내에서 바람직한 행동을 유도하는 좋은 방식이다. 하지만 동기부여의 심리적인 측면을 무시하면 안 되고, 보상 그 자체만으로 조직의 문제를 해결할 수는 없다.
- 주어진 업무에서 바람직한 행동에 따라서 (혁신적인 목표의 경우) 향상 초점이나 (안전목표의 경우) 예방초점을 갖게 유도하라.
- 직무 몰입은 여전히 유행어이다. 하지만 직무 몰입이 무엇을 의미하는지는 아직도 혼동이 있다. 그러나 직무 몰입은 동기부여를 실질적으로 만들 수 있다. 구성원과 관리자가 어떻게 직장에서 몰입할 수 있는지 이해하기 위해서 다른 현대 이론을 적용하라.
- 솔선수범의 예: 다른 사람에게 기대하는 행동을 솔선수범해서 보여주고 장려하라.
- 동기부여를 기대, 수단성, 유의성으로 구별하여 생각하는 것은 조직 내에서 많은 동기부여 문제를 나누어서 생각할 수 있게 도와준다. 노력이 성과를 향상시키는지, 성과가 희망하는

결과를 가져다주는지, 그 결과를 구성원이 실제 관심 있어 하는지 생각하라.

- 목표 설정의 중요성을 인지하자. 구체적이고 어려운 목표를 설정하라. 목표 설정에 영향을 미치는 요인을 고려하고 목표에 의한 관리 프로그램이 우리 조직에 맞는지 생각하라.
- 자기효능감은 동기부여 절차를 통해서 동기부여와 행동에 영향을 미친다. 때로는 도움이 될 수도 있고 부정적인 영향이 있을 수도 있다. 자기효능감이 목표 설정 과정에서 어떻게 변화하는지 파악하고 이에 맞게 행동하라.
- 조직 내에서 자원에 대해 결정할 때 자원이 어떻게 분배되는지(누구에게 영향을 미치는지), 결정은 공정한지, 참여한 사람을 존중하고 있는지를 생각하라.

기분 좋게 하는 메시지는 도구적인 메시지보다 동기부여 효과가 크다

찬성 의견

금전적인 인센티브가 한때는 동기부여의 핵심으로 여겨졌다. 하지만 많은 사람이 이러한 생각에 의문을 제기하고 있다. 특히 일과 친사회적인 동기를 결부시킴으로써 금전적인 보상이 할 수 없는 방식으로 사람을 동기부여시킨다고 주장하고 있다. 이러한 '기분 좋게 하는 메시지'는 구성원을 그들이 하고 있는 일에 의미를 부여하게 함으로써 동기부여시킨다. 일례로 10명 중에 9명은 더 의미 있는 일을 하기 위해서 평생 모은 소득의 일정 부분을 포기할 수 있다고 한다. 업무에 대해서 긍정적으로 생각하는 것은 전 세계에 있는 구성원에게 필수적이다. 47개 국가에 있는 응답자 중의 77%는 사회에 유용한 업무가 그들에게 중요하거나 필수적이라고 이야기한다. 리더는 구성원의 업무로 혜택을 받는 사람(예: 환자, 의뢰인, 고객 등)에 대해 이야기함으로써 구성원을 효과적으로 동기부여시킬 수 있다. 그렇기 때문에 자신의 업무가 즉각적으로 주는 효과에 초점을 맞추는 것이 구성원을 동기부여시킬 수 있다. 자신의 일이 더 나은 세상을 만든다는 영감(자연을 보호하고, 기아를 줄이거나, 사회적 정의를 향상시킴으로써)을 받은 구성원은 동기부여가 된다. 비용 절감이 기업에게 도움이 되기는 하지만, 구성원은 그들이 세상에 좋은 영향을 미치고 의미감을 느끼고 그 영향이 조직의 목표에 기여하는 것으로 인식이 될 때 동기부여가 된다. 예를 들어 집 소유에 대한 꿈을 현실화 시키면서 고객의 삶에 변화를 만들어 준 것으로 인식될 것인가? 아니면 소속된 부동산회사에서 1등 직원이 될 것인가?

반대 의견

행동을 바꾸는 이유는 아마도 기분 좋은 메시지 때문이 아닐 것이다. 여전히 그 메시지는 조직의 진정한 동기를 반영한다. 많은 기업이 사회적인 이슈에 대해 이야기하고 친사회적인 역할을 수행하지만, 결국은 성과를 높이기 위한 수단이다. 구성원이나 일반인에게 의도적으로 '친사회적인' 모습을 보이는 것이라는 비판을 받기도 한다. 그러다 보니 도구적인 메시지(예:, 비용을 절감하기 위해서 플라스틱 사용을 줄이겠다)가 기분 좋은 메시지(예: 환경을 보호하기 위해서 플라스틱의 사용을 줄이겠다)보다 구성원 동기부여에 더 효과적이라고 주장한다. 이러한 아이디어는 기분 좋은 메시지가 구성원을 동기부여할 것이라는 널리 알려진 생각과는 정반대이다. 일의 실질적이고 도구적인 목적을 이야기하는 것이 최소한 기분 좋게 하는 메시지만큼 동기부여 효과가 있다. 이슈는 구성원이 기업의 친사회적인 동기에 진정성을 믿는가 하는 것이다. 만약 경제적인 이유 때문에 친사회적인 행보를 하면, 이 메시지는 동기부여 효과가 떨어지게 될 것이다. 리더에게 "비용을 줄이는 것이 중요하다"라고 말하게 하는 것이 호소력이 떨어질 수는 있다. 그러나 여전히 진정성이 있게 인식이 되고 궁극적으로 구성원을 동기부여시킬 것이다.[180]

7장 종합 점검

복습 질문

7-1 기부여의 세 가지 핵심요소는 무엇인가?

7-2 고전 동기부여 이론은 무엇이고 어떻게 적용이 되고 있는가?

7-3 자기결정 이론, 조절 초점 이론, 직무 열의 이론의 유사점과 다른 점은 무엇인가?

7-4 강화 이론, 사회학습 이론의 근본 원리는 무엇인가?

7-5 기대 이론, 목표 설정 이론, 자기효능감 이론이 동기부여 과정에서 어떻게 작동하는가?

7-6 조직 공정성의 유형과 효과는 무엇인가?

7-7 현대 동기부여 이론이 서로 어떻게 상호보완하는가?

입사 지원과 취업 역량

동기부여는 조직행동의 근본적인 측면으로 업무의 성취와 업무 목표 실현을 향한 노력을 필요한 작업 과정으로 이끈다. 따라서 동기부여의 전통적이고 현대적인 이론과 직장에서의 결정이 동기부여에 어떻게 영향을 미치는지를 이해함으로써 경영 역량을 개발하고 취업 역량을 더욱 높일 수 있다. 공정성 이론과 조직 정의에 대한 이해는 공정성이 직장에서 미치는 영향을 이해하고 의사결정을 할 때 다른 사람의 공정성 관점을 고려하는 데도 도움을 준다. 이 장에서 목적이 있는 업무가 동기부여시키는지 디지털을 이용한 구성원 모니터링과 기분 좋은 메시지의 유용성에 대해 토론했고, 기업이 야심찬 사회공헌을 위해 목표 설정을 어떻게 활용하는지 이해했다. 다음 절의 다른 상황에서 구성원을 동기부여시키는 제일 좋은 방법을 고민해봄으로써 이러한 역량을 더욱 개발하고 자기관리 역량도 개발하게 될 것이다. 구성원이 'B를 기대하는데 A를 보상하는 어리석음'을 이해하게 되고, 직장에서의 게으름과 특히 이것이 어떻게 다른 사람에게까지 확대되고 확산될 수 있는지를 고려할 수 있는 비판적 사고와 함께 이를 다룰 수 있는 역량을 개발할 것이다.

실전 연습 어떻게 종업원을 동기부여시킬 것인가

당신과 파트너가 관리자와 구성원의 역할을 번갈아하게 된다. 다음 4개의 시나리오는 왜 구성원이 동기부여를 못 느끼는지 다양한 이유를 묘사하고 있다. 관리자는 다양한 방식으로 구성원을 동기부여시켜야 한다.

- 시나리오 1: 당신에게 주어진 업무를 수행할 동기부여가 되어 있지 않고 할 마음이 없다. 그 업무는 당신의 관심사와 일치되지 않고, 다른 사람이 더 잘할 수 있다.
- 시나리오 2: 당신에게 주어진 업무를 다른 사람이 수행하는 것이 낫다고 생각한다. 그 업무를 하기에는 솔직히 당신의 재능이 아깝다. 그 업무를 수행하는 데 당신의 역량과 시간을 소비하는 것은 재능을 낭비하는 것이다.
- 시나리오 3: 당신에게 주어진 업무를 잘하지 못할까 걱정이 되어 동기부여가 되지 않고 있다. 마감일이 촉박하다.
- 시나리오 4: 당신은 동기부여가 되어 있지 않다. 왜인지는 모르겠으나 아마도 같이 일을 해야 하는 동료가 마음에 들지 않기 때문이다. 그래서 다른 사람이 그 일을 대신하게 하려고 시도하고 있다.

위의 역할 연습을 한 후 다음 질문에 대해 파트너와 같이 답하라.

질문

7-8 구성원의 역할을 수행할 때 관리자의 제안에 대해 어떻게 느꼈는가?

7-9 관리자의 제안이 효과적이라고 생각하는가? 왜 그렇게 생각하는가?

7-10 구성원의 관점에서 관리자가 당신의 동기부여를 높이기 위해 다르게 해야 했었는가?[181]

윤리적 딜레마 어리석은 보상

대부분의 경우에 좋은 의도를 갖고 다른 사람에게 보상하려 한다. 1년 내내 특출하게 일을 잘한 직원에게 보너스를 줄 수도 있다. 아니면 보상체계가 좀더 제도화되어 있을 수도 있다. 예를 들어 영화관은 영화를 보러 온 관객에게서 자선 기부를 이끌어낸 직원에게 보상을 줄 수 있고, 부동산 중개인은 판매한 집에 대해 수수료를 받을 수도 있다.

하지만 때로는 좋은 의도를 가지고 있을 때조차도 잘못된 보상을 할 수 있다. 이 글과 같은 제목의 고전적인 기사에서 스티븐 커(Steven Kerr)는 'B를 희망하는 데 A를 보상하는 어리석음'에 대해 개략적으로 설명한다. 예를 들어 만약 병원을 방문했다면 의사는 두 가지 유형의 오류를 범할 수 있는데 첫 번째는 실제로 당신이 아픈 데 건강하다고 확진하는 것이고, 두 번째는 실제로 당신이 건강한 데 아프다고 확진하는 경우이다. 만약 의사가 첫 번째 오류를 범한다면 상황은 심각해진다. 소송, 의료사고, 과실의 위협이 있을 수 있다. 의사가 두 번째 오류를 범한다면 그 결과는 훨씬 영향이 덜하며, 의사는 더 많은 수입을 창출하고 더 정기적인 고객기반을 확립하며 진단에 대해 '보수적인' 접근법을 취함으로써 사회로부터 보상을 받는다. 정당한 이유 없이 치료하면 득보다 실이 많을 수 있다는 가능성에 대해 이런 상벌 차이는 여전히 존재한다. 하지만 사회는 두 가지 유형의 오류를 최소화하고 그 대신 의학적인 진단 정확성을 목표로 삼아야 하지 않겠는가?

최근 한 사례 연구에 따르면, 5개의 기업형 세탁공장에서 시행한 매월 출근상 프로그램이 의도한 대로 작동하지 않은 것으로 보고되었다. 구성원은 자신이 상을 받을 자격이 없게 되자 자주 결근하게 되었다. 한 달에 하루를 결근하거나 지각하게 되면 포상금 지급 대상에서 제외되는 경우가 많아서 출근 효율성이 8% 감소한 것에 구성원은 관심을 가졌지만, 해당 공장은 출근에 대해 보상하고 좋은 성과를 기대했다.

질문

7-11 잘못된 것을 보상하게 될 때 어떻게 인식할 수 있을 것이라고 생각하는가? 이러한 상황을 인식하기 위해 조직에서 어떤 방안을 취할 수 있는가?

7-12 의도하지 않은 행동이나 결과를 보상하는 것은 항상 비윤리적인가? 왜 그런가? 왜 그렇지 않은가?

7-13 처음에는 적절한 행동에 대한 보상으로 시작한 보상 프로그램이 시간이 지나면서 잘못된 것에 보상하는 일이 가능하다고 생각하는가? 왜 그런가? 왜 그렇지 않은가?[182]

사례 삽화 왜 솔선수범하는가

구성원을 동기부여시키는 것은 관리자에게 가장 중요한 일중의 하나이고, 다양한 이론이 구성원을 '움직이게 하는' 방안에 대해 설명하고 있다. 자주 듣는 조언 중에 하나는 솔선수범하라는 것이다. 솔선수범이 왜 중요한가? 영국 엑서터대학교의 테크라 모르겐로쓰(Thekla Morgenroth)와 미쉘 라이언(Michelle Ryan), 미국 퀸즐랜드대학교의 김 피터스(Kim Peters)가 솔선수범 동기부여 이론을 제안했다. 넓은 의미로 그 이론은 솔선수범이 사람의 목표와 동기부여에 세 가지 방식으로 영향을 미친다고 한다. ① 행동의 본보기, ② 가능한 것을 보여주고, ③ 영감을 준다는 것이다. 이 이론은 솔선수범이 본받고 싶은 사람에게 동기부여를 높여주고, 목표를 강화시키고, 새로운 목표를 채택하게 어떠한 역할을 하는지 설명한다.

이 이론은 사회학습 이론과 역할 모델링 이론, 기대-가치 이론을 통합하여 역할 모델이 조직에서 동기부여의 핵심이 되는 이유와 방법에 대해서 설명한다. 우선 역할 모델은 구성원이 행동 방식을 모방하게 하여 동기부여한다. 사회학습 이론에 따르면 자신의 경험 뿐만 아니라 다른 사람의 행동을 관찰함으로써 배우게 된다. 즉 사람은 자신이 직접 경험하지 않아도 행동의 결과를 인지함으로써 동기부여 되거나 동기를 잃기도 한다.

예를 들어 관리자가 "우리는 새로운 유연근무 방식을 도입했습니다. 모든 구성원은 자신이 원하면 재택근무를 할 수 있고, 자신에게 맞는 근무시간을 결정할 수 있습니다."라고 말했다. 그러나 그후 몇 주 동안 관리자가 매일 9시에 출근해서 5시에 퇴근하는 것을 목격했고 같은 근무패턴을 갖는 동료가 보상을 받았고 미팅 시간에 유연성이 전혀 없다는 것을 목격했다고 하자. 이러한 상황에서 당신은 새로운 정책을 따르게 동기부여되지 않을 것이다.

그래서 "내가 말한 대로 해라, 내가 한 대로가 아니고"라는 이야기가 구성원을 동기부여시키는 데 있어서 도전감을 주는 이유이다. 흥미롭게도 긍정적이거나 부정적인 역할 모델링 모두 영향력이 있다. 부정적인 역할 모델은 피하고 싶은 행동이 무엇인지를 보여준다. 예를 들어 관리자가 된 구성원은 관리자가 동료를 잘못 대우하는 것을 보았기 때문에 자신에게 보고하는 구성원에게 다르게 행동을 할 것이다. 그렇기 때문에 솔선수범은 모든 계층의 관리자에게 중요한 역할을 한다.

그들의 행동과 더불어 역할 모델은 성공에 대한 영감 뿐만 아니라 어떤 것이 가능하고 달성가능한지에 대해 알려줌으로써 열정이나 경력 목표의 관점에서 더 넓게 구성원의 동기부여에 영향을 미친다. 역할 모델의 동기부여적인 영향력은 성공에 대한 기대(또는 개인이 인식하는 가능성)에 따라서 달라질 수 있다. 역할 모델의 지위, 본받고 싶어하는 사람과의 유사성과 같은 역할 모델의 특성이 동기부여와 동기부여의 강도에 영향을 미친다. 예를 들어 사람은 자신과 비슷한 사람이 성공하는 것을 보면 노력을 더 투자

하고자 한다. 맥긴(McGinn)과 동료의 연구에 의하면 일하는 어머니를 둔 딸은 일할 가능성이 1.21배 높고 관리직이나 감독직이 될 가능성이 1.29배 높으며, 이러한 역할 모델링 효과는 어머니와 (아들이 아닌) 딸에게 영향을 미친다. 유사하게 경영과 창업에 대한 연구는 여성 역할 모델에 노출이 되면 여성은 자기효능감이 높아지고 기업에서 자신의 경력을 쌓으려는 경향이 높아진다. 이러한 현상이 기업에서 다양한 대표성이 중요하고 구성원은 다양한 동기부여 방식이 필요하다는 것을 일부 설명한다.[183]

질문

7-14 솔선수범이 구성원을 동기부여하는 데 왜 중요한지 설명하라. 또한 이 사례에서 논의된 이론을 공부 또는 일과 관련된 자신의 경험에 적용하라.

7-15 당신에게 영향을 준 역할 모델을 생각해보라. 당신을 동기부여시켰던 주요 특성은 무엇이었는가?

7-16 관리자가 좋은 솔선수범을 보여주지 않아도 구성원이 조직에 도움이 되는 행동을 하면 동기부여되는 것이 가능한가?

8 동기부여: 개념에서 적용으로

출처: Teresa Crawford/A.P./Shutterstock

학습목표

8-1 직무특성모델이 직무 설계를 통해 어떻게 동기부여시키는지를 설명할 수 있다.

8-2 직무가 재설계되는 방식을 비교할 수 있다.

8-3 구체적인 대안적 업무 방식이 구성원을 어떻게 동기부여시키는지 설명할 수 있다.

8-4 구성원 참여가 어떻게 구성원을 동기부여하는지 설명할 수 있다.

8-5 다양한 외재적 보상이 구성원의 동기부여에 어떻게 영향을 미치는지 설명할 수 있다.

8-6 선택적 복지가 어떻게 구성원을 동기부여시키는지 설명할 수 있다.

8-7 내재적 보상의 동기부여 효과를 파악할 수 있다.

취업 스킬 매트릭스(ESM)

	미신인가, 과학인가	윤리적 선택	찬성 의견/반대 의견	더 나은 세상을 향해	실전 연습	윤리적 딜레마	사례 삽화
비판적 사고와 창의성	✔		✔	✔	✔	✔	✔
의사소통			✔	✔	✔	✔	✔
협력			✔		✔	✔	✔
자기관리	✔		✔	✔			
사회적 책임		✔		✔		✔	
리더십	✔	✔	✔	✔	✔	✔	✔
경력관리	✔		✔				

교원 성과급은 해결방안인가?

교육 개혁과 관련된 가장 논쟁적인 이슈 중에 하나는 교원 급여이다. 교원 파업의 중심 이슈 중 하나는 급여 문제이다. 예를 들어 미국에서 세 번째로 큰 학군인 시카고 공립학교는 2019년 시카고 교원 노조와의 몇 달에 걸친 협상과 11일 간의 수업 결손 끝에 16%라는 역사적인 인상을 승인했다. 미국 공립학교 또한 교원에게 더 많은 보상이 필요하다는 데 동의했고, 60%에 달하는 미국인은 선생님이 공정하게 보상받지 않는다고 믿고 있다.

대부분의 학군에서 선생님은 교육 경험년수와 교육 수준에 따라서 보상을 받는다. 하지만 이러한 시스템은 성과가 좋고, 장기 근속하고, 교육을 잘 받은 선생님이 동일한 임금을 받기 때문에 불공정하다고 비난을 받아왔다. 이 제도의 대안은 성과에 바탕을 둔 차등 인센티브제도와 관련되어 있다. 하지만 이러한 제도는 특히 노조 지도자로부터 상당한 반대를 받아왔다. 그들은 '좋은 선생님'에 대한 객관적인 정의가 없어서 이 제도는 결국 비합리적일 것이라고 주장한다. 더욱이 성과급에 대해 비판하는 사람은 학생의 건강, 가정환경 등 수업시간 외적인 여러가지 상황에 의해 학생의 성과가 결정될 수 있기 때문에 학생 성과를 바탕으로 성과급을 책정하는 것은 불공정하다고 주장한다.

이러한 반대에도 불구하고 교원 성과급제도는 점점 더 많이 채택되고 재무적, 정치적인 지지를 받고 있다. 중앙정부는 성과급제도를 설계하고 시행할 수 있게 30개가 넘는 주에 20억 달러가 넘는 예산을 할당했다. 하지만 시행에 문제가 없는 것은 아니다. 2019년에 덴버의 선생님은 프로컴(ProComp)이라는 성과급을 약속한다고 여겨지는 제도에 반대해서 파업에 돌입할 뻔했다. 이 제도하에서 학생의 성과가 향상되더라도, 많은 선생님은 임금에 있어서 예상할 수 없는 변동성에 불만족을 표했다. 이론적으로 성과급은 교원의 동기부여와 학생의 성과를 향상시킬 수 있는 가능성이 있으나, 성과급제도의 시행은 이러한 결과는 가져오는 데 비효과적일 수도 있다.

교육학자 사이에서 성과급이 교원의 동기부여에 미치는 영향에 대해 상당한 논란이 있다. 임금이 올라가면 더 오랫동안 교원생활을 할 것이라는 연구가 있다. 반면에 경험이 없는 선생님에게 기본급의 증가가 가장 크고, 경험에 따라서 줄어드는 경향이 있다. 성과급제도는 교원 사이에 경쟁을 부추기고 협업과 협력을 줄일 가능성이 있다고 주장한다. 그러나 이러한 이슈는 학군에서 어떻게 시행하느냐에 달려 있다. 상위 10%의 교원이 금전적 인센티브를 다 가져가는 제로섬(zero-sum) 시스템이라고 하자. 이럴 경우에 모든 교원이 최대의 보너스를 받을 수 있는 경우에 비교하면 분열이 생길 수 있다. 또다른 성과급 방식은 집단 참여에 효과적으로 참여한 성과 평가와 연동시키는 것이다. 이 아이디어는 교원이 수업과 효과적인 수업 방식을 공유하게 함으로써, 궁극적으로 더 많은 교원이 좋은 성과를 내게 할 것이다. 연구에 따르면 학생의 시험성적에 바탕을 둔 성과급시스템이 작지만 통계적으로 유의미한 긍정적인 결과를 가져온다고 한다. 성과급이 교원의 동기부여에는 효과가 크지 않을 수 있지만, 내적인 동기가 금전적인 인센티브보다 더 큰 동기부여 효과를 가져올 수 있다.

일반적으로 성과급의 효과는 어떻게 실행이 되는가에 달려 있다. 교원을 팀으로 보상하는 것이 개인 등수에 의한 보상보다 더 큰 효과를 가져온다. 소득 수준이 낮은 지역에서 문제가 되고 있는 교원 채용과 유지에도 도움이 된다. 성과급프로그램은 희망을 보이기는 하지만, 어떻게 실행을 할지에 대해서 주의 깊게 고민을 해야 한다. 그럼에도 불구하고 성과급제도의 도입은 수년간 많은 학교와 조직의 운영 방식에 큰 변화를 의미한다.[1]

조직은 관리자와 구성원의 동기부여를 강화하고 유지하고 독려하기 위해 다양한 방법을 활용한다. 어떤 방법은 일 그 자체의 특성에 초점을 맞추기도 하는데, 담당자에게 동기부여를 가장 잘 제공할 수 있는 특성을 강조하기도 하고 담당자가 자신의 업무에 대해서 자신의 의견을 피력할 수 있는 기회를 주기도 한다. 반면에 보상과 복지제도 같은 방식을 활용하기도 한다. 이 장에서는 조직이 활용하는 다양한 동기부여 방법에 대해 논의하고자 한다.

앞 장에서 동기부여 이론에 대해 논의했다. 이 장에서는 적용에 대해 논의하고자 한다. 앞 장에서 논의한 모든 이론이 이 장에서 논의되지는 않지만, 자기결정 이론과 같은 주요 현대 이론이 중요한 역할을 한다는 것을 알게 될 것이다. 물론 이러한 근본적인 이론을 이해하는 것도 중요하지만, 직장에서 어떻게 활용이 되는지 파악하는 것도 중요하다. 직무 설계부터 살펴보기로 하자.

직무 설계에 의한 동기부여: 직무특성모델(JCM)

8-1 직무특성모델이 직무 설계를 통해 어떻게 동기부여시키는지를 설명할 수 있다.

직무 설계는 개인의 동기부여에 생각보다 더 큰 영향력을 미친다. 예를 들어 약 3,000명의 일하는 부모를 대상으로 한 영국에서의 설문조사는 78%가 (아이를 돌봐야 함에도 불구하고) 업무부담이나 초과근무는 문화로 인해 계약된 시간 이상으로 일을 한다고 한다. 이 결과를 보고 한 관리자는 고용주가 "초과근무 문제를 해결하기 위해서 직무 설계를 다시 생각해봐야 한다. 부모는 본인이 할 수 있는 정도의 업무가 필요하다"처럼 해야 한다고 말했다.[2]

직무 설계 직무 내 요소가 구성되는 방법

직무특성모델(JCM) 어떤 직무든 다섯 가지 핵심 직무 차원, 즉 기능 다양성, 과업 정체성, 과업 중요성, 자율성, 피드백으로 기술될 수 있다고 제안하는 모델

직무 설계(job design)는 직무 내 요소가 어떻게 구성되느냐에 따라 구성원의 노력에 영향을 미칠 수 있고,[3] 다음에 논의할 직무특성모델이 그러한 요소를 변화시킬 수 있는 기회를 찾아내기 위한 체계로서 활용될 수 있음을 제시한다. 앞 장의 논의를 감안하면, 자율성(자기결정 이론의 주요 요소)과 피드백(목표 설정 이론의 주요 요소)과 같이 직무특성모델에서 논의되는 많은 개념이 익숙할 것이다. **직무특성모델**(job characteristics model, JCM)은 다섯 가지 핵

심 직무 차원에 따라 직무를 기술한다.[4]

1. **기능 다양성**(skill variety)은 근로자가 전문화된 기능과 재능을 사용할 수 있게 직무가 각기 다른 다양한 활동을 필요로 하는 정도를 말한다. 전기를 수리하고, 엔진을 재조립하고 차체를 손보며, 고객과 상호작용하는 자동차 정비공장의 자영업자는 기능 다양성 점수가 높다. 하루에 8시간 페인트칠을 하는 차체 공장근로자의 직무는 이 차원에서 낮은 점수를 보인다.

기능 다양성 직무가 각기 다른 다양한 활동을 필요로 하는 정도

2. **과업 정체성**(task identity)은 직무가 일의 전체와 식별가능한 부분의 완성을 필요로 하는 정도를 말한다. 가구를 디자인하고, 목재를 골라 조립하며, 그것을 완벽하게 마무리까지 하는 가구 제작자는 과업 정체성이 높다. 이 차원에서 점수가 낮은 직무는 책상다리만 만들기 위해 선반을 작동하는 것이다.

과업 정체성 직무가 일의 전체와 확인가능한 부분의 완성을 필요로 하는 정도

3. **과업 중요성**(task significance)은 직무가 타인의 인생이나 일에 중요한 영향을 미치는 정도를 말한다. 병원 중환자실에서 환자의 다양한 요구를 다루는 간호사의 직무는 과업 중요성 점수가 높다. 반면에 병원에서 바닥을 청소하는 청소부는 과업 중요성이 낮다.

과업 중요성 직무가 타인의 인생이나 일에 영향을 미치는 정도

4. **자율성**(autonomy)은 직무가 근로자에게 작업 일정을 계획하고 수행하기 위한 절차를 결정할 수 있는 자유, 독립성, 자유재량을 주는 정도를 말한다. 감독 없이 업무를 스스로 계획하고 다양한 고객에 맞추어 효율적인 판매방법을 결정하는 영업사원은 고도로 자율적인 직무를 가지고 있다. 잠재고객을 응대하는 데 있어서 표준화된 절차를 따라야 하는 있는 영업사원은 자율성이 낮은 직무를 가지고 있다.

자율성 직무가 작업 일정을 계획하고 실행에 사용될 절차를 결정하는 데 개인에게 상당한 자유와 자유재량을 제공하는 정도

5. **피드백**(feedback)은 업무로부터 자신의 성과에 관한 직접적이고도 분명한 정보가 제공되는 정도를 말한다. 아이패드를 시험하고 검사하는 일은 피드백이 높지만, 조립라인을 따라가며 아이패드 부품을 설치하는 일은 피드백이 낮다.

피드백 작업활동의 수행이 자기자신의 성과에 관한 직접적이고도 분명한 정보를 제공하는 정도

직무특성모델의 요인

도표 8-1은 직무특성모델(JCM)을 보여준다. 처음 세 가지 차원(기능 다양성, 과업 정체성, 과업 중요성)이 종사자가 중요하고 귀중하며 가치 있다고 생각할 의미 있는 업무가 되기 위해 어떻게 결합되는지에 주목하라. 또한 자율성이 높은 직무는 현직자에게 결과에 대한 개인적인 책임의식을 부여하고, 직무가 피드백을 제공하면 구성원이 직무를 얼마나 효과적으로 수행하고 있는가를 알게 된다. 이러한 세 가지의 심리적 상태(의미감, 책임감, 결과 인지)가 높으면 종사자의 동기부여, 성과, 만족감이 높아지고 결근율이나 조직을 떠날 가능성은 점점 더 낮아질 것이다. 도표 8-1에서 알 수 있듯이 성장 욕구가 높은 사람은 직무가 이러한 특성을 갖고 있을 때 세 가지의 주요 심리적 상태를 경험하게 되고 긍정적으로 반응하게 된다.

직무특성모델의 효과

많은 연구가 이러한 직무 특성의 존재와 높은 수준의 직무 만족, 조직 몰입, 증대된 동기부여를 통한 의미감의 경험의 관계를 지지한다.[5] 더욱이 구성원은 예전에 비해서 더 자율권이 있고 상호의존적이고 더 많은 기능을 요구하는 업무를 수행하고 있지만, 1970년대 이후로 직무 만족과의 관계는 변화하지 않는데 이는 구성원이 여전히 직무 충실화를 선호한다는 것을 의미한

도표 8-1 직무특성모델

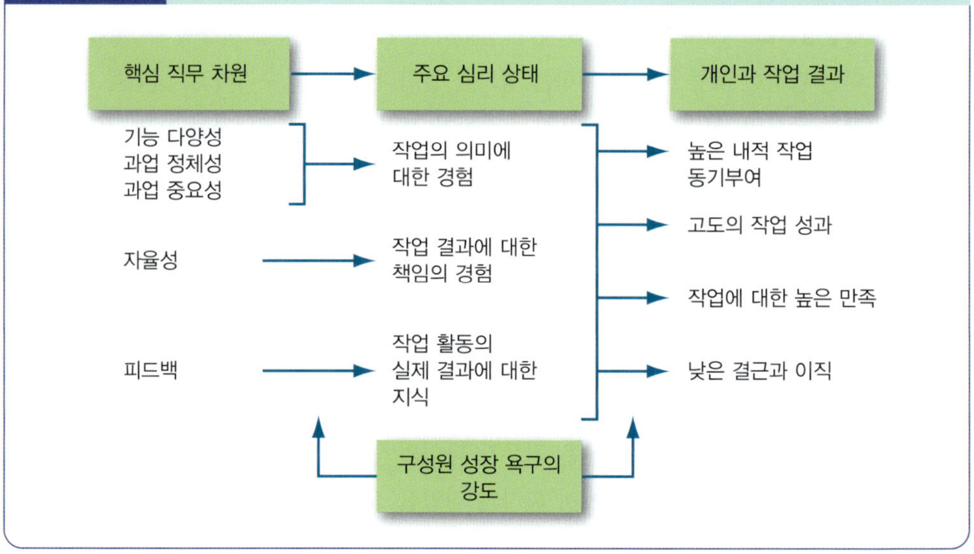

출처: J. R. Hackman and G. R. Oldham, "Development of Job Diagnostic Survey," *Journal of Applied Psychology* 60, no. 2 (1975): 159-70; J. L. Pierce, I. Jussila, and A. Cummings, "Psychological Ownership Within the Job Design Context: Revision of the Job Characteristics Model," *Journal of Organizational Behavior* 30, no. 4 (2009): 477-96에 기초함.

다.[6] 일반적으로 직무특성모델이 지지되지만, 성격 특성이나 상황의 차이가 존재하기도 한다. 예를 들어 직무 특성과 만족 간의 관계는 구성원이 정기적으로 긍정적인 정서 상태를 경험할 때 가장 높다고 한다(긍정적 정서 특성, 4장 참조).[7] 다른 연구는 직무특성모델을 가상 작업 현장과 같은 독특한 상황에서 살펴보았는데, 개인의 작업이 직접적 대면이 아니라 온라인에서 함께 수행되는 경우 그들의 의미감, 책임감, 결과에 대한 지식 등이 손상되는 것을 발견했다.[8] 다행히도 관리자는 의도적으로 구성원과의 인간관계를 발전시키고 과업 중요성과 자율성에 대한 지각과 피드백을 증가시킴으로써 이러한 부정적 영향을 감소시킬 수 있다.[9]

동기부여 잠재력 점수(MPS)

동기부여 잠재력 점수(MPS) 직무 내 동기부여 잠재력을 보여주는 예측지수

직무특성모델의 핵심 차원을 **동기부여 잠재력 점수**(motivating potential score, MPS)라는 단일 예측지수로 결합할 수 있으며, 이는 다음과 같이 계산된다.

$$\text{MPS} = \frac{(\text{기능 다양성} + \text{과업 정체성} + \text{과업 중요성})}{3} \times \text{자율성} \times \text{피드백}$$

높은 동기부여 잠재력을 위해서는 직무 의미감과 관련 있는 세 가지 요소 중 적어도 하나의 요소가 높고 자율성과 피드백은 둘 다 높아야 한다. 만약 직무가 동기부여 잠재력 점수에서 높은 점수를 받는다면 직무특성모델은 동기부여, 성과, 만족이 개선될 것이고 결근과 이직이 줄어들 것이라고 예측한다. 자신의 현재 업무 또는 과거 업무에 대해 생각해보라. 다른 과업을 수행할 수 있는 기회가 있는가? 아니면 매일 똑같이 반복되는가? 독립적으로 일할 수 있는가? 또는 주시하는 감독이나 동료가 있는가? 이에 대한 답변은 직무의 동기부여적 잠재력을 드러낸다.

직무 재설계

8-2 직무가 재설계되는 방식을 비교할 수 있다.

"하루하루가 똑같습니다. 조립라인에 서서 도구 패널이 내 앞으로 오기만을 기다립니다. 그 패널을 조립라인에서 이동할 때는 연동장치를 해제하고 지프 리버티(Jeep Liberty, 크라이슬러의 지프 모델)로 투하한 후 동력선에 플러그를 꽂았습니다. 저는 이 작업을 하루에 8시간 반복했습니다. 시간당 24달러를 받는다는 것에도 관심이 없었습니다. 미칠 것만 같았습니다. 이 일을 하면서 평생을 보낼 수는 없다고 말했습니다. 제 머리는 지프 조립라인 위의 젤리 상태로 변해 갔고, 결국 그만두었습니다. 지금 저는 인쇄소에서 일하며 시간당 15달러도 받지 못합니다. 하지만 이 일은 정말 재미있습니다. 날마다 다른 일을 하기 때문에 날마다 새로운 일을 배울 수 있고, 무엇인가에 도전하는 기분이 듭니다. 매일 아침 일하러 가는 게 기다려질 정도입니다."

지프 공장에서 캐머런이 맡았던 직무의 반복적인 과업은 다양성이나 자율성이나 동기부여가 거의 없었다. 이와 달리 인쇄소의 직무는 도전적이고 자극적이다. 조직의 관점에서 보면 캐머런의 첫 번째 고용주는 직무를 더 만족스럽게 만들지 못해서 결국 이직을 가져오게 했다. 직무 재설계는 이직을 줄이고 만족도를 높인다는 실질적인 함의가 있다.[10]

더욱이 사회와 조직은 포용성을 증대시키기 위한 하나의 방법으로 직무 설계를 고려한다. 75세의 비행기 수리기술자인 모신 칸(Mohsin Khan)을 생각하자. 칸의 시력이 떨어짐에 따라 칸이 업무를 하는 것을 돕고 금속 플레이트에 숫자를 양각하는 것을 돕기 위해서 회사는 큰 화면을 갖고 있는 레이저마커 기계를 도입했다.[11] 싱가포르는 2016년부터 직무 재설계를 통해서 회사가 나이 많은 구성원을 계속 고용하고 도울 수 있게 보조금을 지원하고 있다.[12] 이러한 보조금은 정부와 기업이 고령인력의 욕구를 보살펴주고 고용인력의 삶이 충실화 될 수 있는 기반을 제공한다. 이제 구성원을 동기부여시키기 위해서 직무를 재설계하는 방법에 대해서 알아보자.

직무 순환과 직무 충실화

직무 순환 구성원이 한 과업에서 다른 과업으로 주기적으로 이동하는 것

직무 순환 구성원이 일이 과도한 일상화로 고통을 받는 경우에 한 가지 대안은 **직무 순환**(job rotation) 또는 하나의 과업에서 동일 직급에서 비슷한 기술 요건을 요구하는 다른 과업으로 주기적인 이동(**교차훈련**이라고도 함)을 하는 것이다.[13] 밀레니엄 세대 관리자와 전문가를 대상으로 한 설문에 따르면 직무 순환은 현대 업무의 중요한 일부분이고, 약 70%의 응답자가 직무 순환이 중요하다고 한다.[14] 공장에서도 주문량에 맞게 유연한 대처로 구성원의 지루함을 줄이고 동기부여를 높이기 위해 직무 순환을 필요에 따라 활용한다.[15] 직무 순환은 안전을 강화하고 반복적으로 일어나는 업무관련 부상을 줄이지만, 여전히 많은 연구가 필요하고 아직 효과성에 대해서는 혼재된 결과를 보여주고 있다.[16]

신임 관리자는 조직 전체의 모습을 이해하는 데 도움이 되도록 때때로 직무를 옮겨 다니곤 한다.[17] 이러한 이유로 직무 순환은 제조공장에서 병원 병동에 이르기까지 교차훈련이 가능한 곳에서 적용될 수 있다. 예를 들어 싱가포르항공(Singapore Airlines)에서는 발권담당자가 임시로 수하물 담당자의 임무를 맡을 수도 있는데, 두 사람 모두 교차훈련을 받으며 조직의 서

로 다른 측면에 노출된다. 광범위한 직무 순환은 싱가포르항공이 세계 최고의 항공사 중 하나로 평가받는 이유 가운데 하나이다.[18]

직무 순환에도 단점은 있다. 첫째, 순환할 때마다 일련의 교육훈련이 필요하므로 훈련 비용이 증가한다. 둘째, 작업자를 새로운 자리로 옮기는 것은 해당 역할의 전반적인 생산성을 떨어뜨린다. 셋째, 작업 집단의 구성원이 새로운 구성원에게 적응해야 하므로 혼란을 야기한다. 넷째, 감독자가 새로이 순환된 구성원의 작업을 모니터링하고 질문에 답하는 데 더 많은 시간을 소모하기도 한다.

직무 충실화 직무에 높은 수준의 책임감을 부여하여 내재적 동기부여를 증가시키는 것

직무 충실화 자기결정 이론의 주요 논리는 직무 충실화의 과정을 통해 실행될 수 있다. **직무 충실화**(job enrichment)에서는 목적 의식, 방향성, 의미, 내재적 동기부여를 증가시키기 위해 직무에 높은 수준의 책임감을 부여한다.[19] 이러한 방식으로 직무를 충실화하는 것은 직무를 확대하거나 더 많은 과업과 요구사항을 부가하는 것과는 다르다. 직무 충실화는 추가적인 책임감과 의미를 한층 더하는 것이 포함된다. 직무 충실화는 동기부여를 증가시키기 위해 직무에 위생 요인을 제공하는 허츠버그(Herzberg)의 이론에 기반을 두고 있다.

직무 충실화가 이직을 줄이는 데 효과적일 수 있다는 것은 초기 연구에서 제시되었는데, 그 효과성은 구성원이 조직에 합류하기 이전에 업무를 '실제적인 미리 경험할 수 있는 기회(realistic preview)'를 제공하는 것보다 거의 2배에 달한다.[20] 2만 명이 넘는 영국 구성원에 대한 설문조사결과, 직무 충실화 활동은 조직의 재무적 성과, 노동 생산성, 결근율, 직무 만족 향상을 통한 산출물의 품질과 관련이 있는 것으로 나타났다.[21] 이러한 효과에 관계없이 개방성이 있고 자율성(2장 참조)이 있는 업무에 종사하는 관리자는 직무 충실화를 높이기 위해서 직무를 설계하는 경향이 있다.[22] 성격 특성에 관계없이 관리자는 직무 충실화의 효과를 인지하고 미시적 관리를 줄여야 한다.

관계형 직무 설계

관계적 직무 설계 구성원이 자신의 일을 통해 타인의 삶에서 얻을 수 있는 긍정적인 차이를 직접 확인할 수 있게 일자리를 구성하는 것

직무 특성 이론에 기초하여 직무를 재설계하는 것은 업무를 더 내재적으로 동기부여하는 방안에 초점을 맞추는 반면, 다른 관점은 직무가 사람을 더 친사회적으로 동기부여하는 방법에 초점을 맞춘다. 다시 말해 관리자가 작업을 어떻게 설계해야 구성원이 조직 수혜자(고객, 의뢰인, 환자, 구성원)의 웰빙을 증진하게 동기부여 될 수 있는가? **관계형 직무 설계**(relational job design)라는 이 관점은 구성원으로부터 구성원이 수행하는 직무로 인해 삶에 영향을 받는 사람으로 관심의 초점을 옮긴다.[23] 이는 또한 개인이 업무 성과를 높일 수 있게 동기를 부여하고 직무 만족을 높인다.[24] 왜 이러한 방식의 연결이 긍정적인 효과를 가져올 수 있는가? 수혜자를 직접 만나거나 그들의 사진을 보는 것만으로도 구성원은 그들의 행동이 사람에게 실질적으로 영향을 미치고 가시적인 결과를 가져올 수 있다는 것을 알게 된다. 고객과 의뢰인을 더 잘 기억하고 감정적으로 분명하게 인지할 수 있어서 구성원은 자신이 더 큰 영향을 미칠 수 있다고 생각하게 만든다. 이러한 연결은 구성원이 수혜자의 관점에서 생각하게 되고 더 몰입할 수 있게 한다.

업무를 더 친사회적으로 동기부여하기 위한 한 가지 방법은 구성원이 회사의 제품이나 서비스가 도움이 된다는 고객의 이야기를 듣게 하는 것이다. 예를 들어 의료기기 제조사인 메드트

의료용품 제조사인 스트라이커(Stryker)는 구성원이 자신의 작업에 의해 영향을 받는 사람과 연결되는 기회를 제공한다. 사진은 스트라이커가 생산한 티타늄 지지대를 다리에 이식한 철인경기선수인 대런 웬델(Daren Wendell, 가운데 모자 쓴 사람)과 구성원이 함께 하는 모습이다.

출처: Diane Bondareff/InVision for Stryker/AP Images

로닉(Medtronic)은 연례 회의에 사람들을 초청하여 제품이 그들의 삶을 얼마나 향상했는지 또는 심지어 목숨을 구했는지를 설명하고 그 이야기를 나누게 함으로써 구성원에게 작업의 영향력을 상기시키는 강력한 도구가 되었다.[25] 메드트로닉은 자신의 서비스가 매초 2명의 삶을 더 좋게 만든다는 것을 알게 되었다.[26] 또 하나의 예로 대학기금 모집인이 그들이 걷은 장학금을 받게 될 학부생과의 만남을 가지게 한 결과, 잠재적 수혜자인 학생과의 교류가 없던 사람에 비해 모금활동을 42%나 더 오래 지속하고 거의 2배에 이르는 금액을 모금했다.[27] 이러한 긍정적 효과는 기금 모집인이 단 한 명의 장학금 수혜자와 만나기만 해도 명백히 드러났다. 수혜자와의 개인적 접촉이 반드시 필요하지 않을 수도 있다. 미국 전역에 있는 여러 암 센터에서는 어린이 환자가 화학요법을 끝내고 성공적으로 암을 물리치면 종을 울리고 그 소리가 병원 곳곳에 방송되는 전통이 있다. 이 종소리를 듣는 것만으로도 직원은 크게 고무된다. 텍사스 소아암 센터의 의사인 조안 드라이어(ZoAnn Dryer)는 "종소리가 울릴 때마다 '누군가 결국 해냈구나' 하는 생각이 듭니다. 이 모든 게 바로 그걸 위한 것이니까요"과 같이 말한다.[28]

대안적 업무 조정

8-3 구체적인 대안적 업무 방식이 구성원을 어떻게 동기부여시키는지 설명할 수 있다.

동기부여를 높이는 또다른 접근방법은 유연근무제, 직무공유제, 재택근무제와 같은 대안적 업무 조정이다.[29] 이는 특히 맞벌이부부, 편부모, 병중이거나 연로한 친척을 돌보는 사람과 같은 다양한 구성원에게 중요할 것이다. 예를 들어 유연근무와 원격근무는 여성이 출산후에도 경력을 지속할 수 있게 도와준다.[30] 더욱이 COVID-19로 재택근무를 지속가능한 업무 방식으로 생각하게 되었는데 직장에서 '뉴 노멀(New Normal)'의 모습이다.[31] 팬데믹 이전에는 미국에서 15~27%의 직원만이 원격근무를 했다.[32] 하지만 팬데믹에는 67%의 고용주가 구성원을 원

격근무로 전환시켰다.[33]

하지만 이러한 대체적인 업무 방식이 지속가능한가? 우선 연구에 의하면 미국인 중에 약 7,500만 명이 재택근무가 가능하다고 한다. 이는 미국 근로자의 절반(56%)에 해당한다.[34] 둘째, 약 3분의 2의 사람이 원격근무를 희망하고,[35] COVID-19 동안 원격근무를 해본 2,000명이 넘는 사람 중에 98%라는 엄청나게 많은 사람이 자신의 남은 경력 동안 이러한 방식으로 근무하는 데 관심을 갖고 있다.[36] 셋째, 가트너(Gartner) 설문에 응답한 경영자의 74%는 팬데믹 이후에도 직원 중 적어도 일부는 원격근무를 유지할 것이라고 한다.[37] 하지만 팬데믹은 단지 원격근무에 대한 관심만을 높인 것이 아니라, 유연근무나 직무공유와 같은 방식에도 관심을 증대시켰다. 이러한 방식은 자신이 원할 때 원하는 곳에서 일과 가정에 모두 충실하고 유연하게 대응할 수 있고, 프로젝트 관리와 깃허브(GitHub)와 같은 디지털 앱을 활용하여 동료가 한 일을 쉽게 파악할 수 있기 때문에 관심도가 높아지고 있다.[38] 더욱이 COVID-19는 지속적으로 각 산업에서 일하는 새로운 방식에 대한 관심을 증대시키고 있다. 종종 각 업무의 유연성으로 많은 '최전방' 현장근로자가 편리한 시간에 일을 하면서 동시에 가정을 돌볼 수 있게 된다.[39]

유연근무제

포커스컨설팅그룹(Focus Consulting Group)의 창업자인 짐 웨어(Jim Ware)에 따르면 "사람을 유인하고 유지하기 위한 제일 좋은 문화를 만들기 위해서는 적합한 보상을 해야 하고 그 보상의 일부는 자율성이다"라고 한다.[40] **유연근무제**(flextime)는 조직이 구성원에게 언제, 어디서 업무를 할지 결정하게 함으로써 자신의 삶을 보다 편리하게 영위할 수 있는 주요하고 매력적인 혜택이다.[41] 예를 들어 폴른캐피털매니지먼트(Polen Capital Management)는 유연근무제를 도입하고 3년 만에 직원수를 두 배로 늘릴 수 있었다.[42] 핀란드와 같은 나라에서는 대부분의 정규직이 일하는 장소와 일정의 최소한 50%를 결정할 수 있는 법적인 권리를 갖고 있다.[43] 전 세계적으로 유연한 식사시간, 유연한 휴식시간, 유연한 교대, 집약근무제(매일 오래 근무하는 대신 근무일수를 줄이는 방법) 등 다양한 유연근무제 방식이 존재한다.[44]

유연근무제 유연한 근무시간

예를 들어 유연근무제가 적용되는 구성원은 매주 정해진 시간만큼 일을 하지만 일하는 시간은 달라질 수 있다. 도표 8-2에서 보듯이 아침 6시에 문을 열고 오후 6시에 문을 닫는 가상의 사무실이 경우에 아침 9시부터 오후 3시까지가 공동 필수 시간대이고 그 시간대를 둘러싸고 있는 유연한 시간대로 구성되어 있다. 구성원은 공동 필수 시간에 반드시 일을 해야 하지만, 그 시간 주위로 두 시간은 다른 방식으로 일을 할 수 있다. 어떤 유연근무제는 구성원이 추가시간에 더 일을 하는 대신에 휴일을 갖게 하기도 한다. 스터링-라이스 그룹(Sterling-Rice Group)과 같은 기업은 구성원에게 자신의 근무시간을 스스로 설계하라고 한다(미신인가, 과학인가 참조). 고용이 되면 구성원은 어떻게, 언제, 어디서 업무를 할지를 제안하고 업무를 하면서 조정해간다.[45] (29%의 고용주는 필수 근무시간을 정하지 않은) 다른 방식에 비해서 대부분의 기업(약 57%의 고용주)은 유연근무제에 필수 근무시간을 정해 놓는다.[46]

유연근무제는 크게 인기를 얻고 조직도 혜택을 받고 있다. 예를 들어 인적자원관리협회(Society for Human Resource Management, SHRM)에 따르면 구성원이 자신의 에너지 사이클(아침형 인간 대 올빼미형 인간)에 맞는 시간에 일을 함으로써 열정을 높이고, 근무시

미신인가, 과학인가

잡 크래프팅은 지루함과 직무 소진을 줄이기 위해 실용적인 방법이다

만약에 당신이 자신의 업무를 덜 지루하게 만들 수 있다면 어떻겠는가? 아마도 직무 설계에 있어서 최근에 새롭게 활용되고 있는 잡 크래프팅(Job Crafting)이 의미 없게 느껴지던 업무를 가치 있는 업무로 탈바꿈시킬 수 있을 것이다. 잡 크래프팅은 구성원이 자신의 역량을 더 잘 활용하기 위해서 업무 수행 방식을 적극적으로 변경하거나 다른 사람과 교류하는 방식을 바꾸는 것을 의미한다. 잡 크래프팅에 대해서 《포천》 500대 기업부터 작은 규모의 기업에 이르기까지 다양한 조직에서 오랜기간 적용되고 연구되었다. 이 회사에서 모든 직급과 직군에서 잡 크래프팅을 활용하는 것은 매우 일반적이다. 자신의 일에 더 만족하고 몰입하는 구성원은 더 좋은 성과를 창출하고 회복탄력성도 더 높다.

잡 크래프팅이 성공적으로 활용되기 위해 구성원은 자신의 강점(예: 특별한 지식, 기술 등)을 바탕으로 다른 사람을 위해서 가치를 창출해야 한다. 예를 들어 초등학교에서 행정직원으로 근무한다고 가정하자. 단순하게 지각한 학생을 기록하고 결석인 아이의 부모에게 전화하는 것이 자신의 일이라고 생각할 수 있다. 반면에 잡 크래프팅을 통해 자신의 역할은 학교와 학생 또는 학부모를 연결하는 역할로 생각할 수도 있다. 예를 들어 자신의 소통 역량을 활용해서 학생이 학교와 집에서 충분히 지원받을 수 있게 돕는 것이 당신의 역할로 생각할 수도 있다.

하지만 잡 크래프팅이 항상 도움이 되는 것은 아니다. 예를 들어 더 많은 일을 맡게 되거나 관리자의 목표가 무엇인지 알지 못한다면, 잡 크래프팅은 더 많은 스트레스를 불러올 수도 있다. 잡 크래프팅이 지루함과 직무소진을 줄이는 것은 어떤 종류의 잡 크래프팅을 활용하는가에 달려 있다. 요구회피 크래프팅(avoidance demands crafting)은 구성원이 극단적인 직무 요구에 대응하는 전략이다. 예를 들어 자신의 역량을 활용할 수 있는 추가적인 업무를 수행함으로써 잡 크래프팅을 할 수 있지만, '공식적으로' 직무기술서에 있는 강한 업무 압박은 피할 수 있을 것이다. 이러한 방식을 사용한다면 성과 기대에 미치지 못하고, 마감일을 지키지 못하고, 상사와 동료를 실망시킬 것이다. 더욱이 연구에 의하면 이러한 전략은 다른 사람에게 업무 부담을 가중시키거나, 건강문제를 야기하거나, 이직을 유발하는 등 다른 사람에게 좋지 않은 결과를 야기한다고 한다.

잡 크래프팅이 더 효과적인 사람도 있다. 예를 들어 적극적인 사람이 잡 크래프팅을 더 많이 할 가능성이 있다. 어떤 성격 특성(예: 친화성, 성실성, 외향성, 개방성)은 잡 크래프팅 행동에 영향을 미칠 것이다. 마지막으로 교육수준이 높은 사람이 잡 크래프팅을 더 많이 할 가능성이 있다. 교육을 통해 사람이 직무관련 지식과 전문성을 확보하게 되고, 그 결과 잡 크래프팅을 활용하게 할 수 있다. 잡 크래프팅이 지루함과 직무 소진을 줄일 가능성이 있지만, 구성원은 적합한 잡 크래프팅 방식을 사용하고 잡 크래프팅을 시도할 수 있게 동기부여 되어야 한다.[47]

간을 높이고 통근의 어려움을 주일 수 있다고 한다.[48] 예를 들어 MIT 슬론 경영대학의 경영자 과정 프로그램은 유연근무제를 시행했을 때 (특히 보스톤의 혹독한 겨울을 생각하면 통근의 어려움이 줄어서) 실제로 생산성이 증가한다고 한다.[49] 유연근무제가 많은 구성원에게 중요한 직무 실세의 요소로 자리삽고 있는 것 같다. 50%의 구성원은 유연근무가 자신의 직무 만족에 매우 중요하고, 34%는 유연근무제 때문에 현재 직장에 머물러 있겠다고 말했고, 15%는 더 유연하게 근무하기 위해서 다른 기업을 알아보겠다고 했다.[50]

유연근무제에 대한 대부분의 증거는 긍정적이다. 40편 이상의 연구를 종합한 논문에서 유연근무제는 긍정적인 작업 결과와 대체로 약하게 관련되었으며(결근율의 감소를 고려하면 그 효과는 훨씬 강하게 나타난다), 더 적은 수준이지만 생산성과 직무 만족도의 향상과도 관련되었다.[51] 훨씬 덜 긍정적이기는 하지만 10만 명 이상의 구성원으로부터 얻은 실증적 증거에 따르면 유연근무제는 일이 가정을 간섭하는 정도를 줄이는 데 약하게 영향을 미치지만, 가정이 일을 간섭하는 상황에는 영향을 미치지 않음을 보여준다.[52]

그러나 일과 가정생활의 균형에 대해 유연근무제의 효과는 눈에 보이는 것보다 더 미묘하다. 예를 들어 독일 구성원에 대한 2개의 연구에 의하면 유연근무제는 일과 삶의 경계를 명확하게 만들어서 그들을 더 행복하게 만들고, 이러한 경계는 그들이 회사에서 매일 목표를 완수하지 않는 한 불가능한 경계이다.[53] 이 연구는 유연근무제가 지나치면 목표 달성에 피해를 줄 수 있

도표 8-2 유연근무제 직원의 일정표 예시

일정 1	
% 시간:	100% = 주당 40시간
핵심시간:	오전 9:00~오후 5:00, 월요일에서 금요일까지(점심 1시간)
작업 시작시간:	오전 8:00~오전 9:00
작업 종료시간:	오후 5:00~오후 6:00

일정 2	
% 시간:	100% = 주당 40시간
작업시간:	오전 8:00~오후 6:30, 월요일에서 목요일까지(점심 30분) 금요일 휴무
작업 시작시간:	오전 8:00
작업 종료시간:	오후 6:30

일정 3	
% 시간:	90% = 주당 36시간
작업시간:	오전 8:30~오후 5:00, 월요일에서 목요일까지(점심 30분) 오전 8:00~정오, 금요일(점심 없음)
작업 시작시간:	오전 8:30(월요일에서 목요일까지), 오전 8:00(금요일)
작업 종료시간:	오후 5:00(월요일에서 목요일까지), 정오(금요일)

일정 4	
% 시간	80% = 주당 32시간
작업시간:	오전 8:00~오후 6:00, 월요일에서 수요일까지(점심 30분) 오전 8:00~오전 11:30, 목요일(점심 없음) 금요일 휴무
작업 시작시간:	오전 8:00~오전 9:00
작업 종료시간:	오후 5:00~오후 6:00

다는 것을 의미한다. 특히 유연근무제의 주요 단점은 모든 직업과 직장인에게 적용이 될 수 없다는 것이다. 예를 들어 몇몇 연구는 젊고 건강한 구성원과 고령에 건강이 좋지 않은 구성원 모두 유연근무제의 혜택을 누릴 수 있다고 한다.[54] 또한 일과 가정의 경계를 명확하게 하고 싶은 사람은 유연근무제를 덜 활용하는 경향이 있다.[55] 유연근무제를 요구하는 사람은 종종 낙인이 찍히기도 하기 때문에 유연근무제가 용인된다는 것을 보여주기 위해 많은 리더가 유연근무시간을 스스로 활용해야 한다.[56]

직무공유제

직무공유제 2명 이상의 개인에게 전통적인 정규직을 나눠서 수행하게 하는 제도

직무공유제(job sharing)는 2명 이상의 개인에게 전통적인 정규직을 나눠서 공유할 수 있게 허용하는 방식이다.[57] 한 사람이 직무를 아침 8시부터 정오까지 수행하면 또 한 사람은 동일한 직무를 오후 1시부터 오후 5시까지 수행하는 것이다. 또는 두 사람이 정규시간 내내 하루씩 교대로 일을 하는 것이다. 예를 들어 인형극 연기자인 리지 워트(Lizzie Wort)와 루스 칼킨(Ruth Calkin)은 그들이 좋아하는 일인 유명한 영국 어린이 TV프로그램에 나오는 인형인 트월리우스(Twirlywoos)로 영국을 투어하고 있다.[58] 연기 직무공유 덕분에 가능해졌는데, 이 방식은 연기자가 공연 투어를 하는 방식이며 어린이와 연기자에게 새로운 가능성을 열어주는

혁신적인 변화를 가져올 잠재력이 있는 방식이다.[59]

2015년에는 미국 기업 중 10%만이 직무공유제를 활용했다.[60] 이 방식이 많이 활용되지 않는 이유는, 직무를 공유할 수 있는 서로 잘 맞는 파트너를 구하기 어렵고 직원이 자신의 업무나 고용주에게 완벽하게 몰입하지 못한다는 부정적인 인식을 심어주기 때문이다. 하지만 이러한 이유로 직무공유를 활용하지 않는 것은 근시안적인 시야이다. 직무공유는 조직이 주어진 직무에 1명 이상이 재능을 발휘하게 하는 것이다. 직무공유는 정규직으로 일을 할 수 없는 재능 있는 직원(예: 은퇴자, 아이가 있는 부모)을 확보할 수 있는 기회를 열어준다. 구성원의 관점에서 보면 직무공유는 평소에 할 수 없는 일을 하게 됨으로써 만족감과 동기부여를 높여준다.

직무공유제를 적용하기 위한 결정은 흔히 정책이나 재무적인 이유를 기반으로 한다. 하나의 직무를 공유하는 파트타임 구성원 2명은 풀타임 구성원 1명에 비해 급여와 혜택의 측면에서 비용이 적게 들 수 있는데, 다만 훈련, 조정, 관리에 드는 비용이 높을 수 있음을 고려하면 비용이 절감되지 않을지도 모른다. 이상적으로는 고용주는 개별구성원과 직무를 분리해서 생각하고, 개인의 동기부여 요소를 고려하는 동시에 직무에 필요한 과업에 대해 구성원이 가진 기술, 인성, 욕구가 부합해야 한다.

원격근무제

이 절의 시작에서 논의한 것처럼 COVID-19 팬데믹에 사람들은 재택근무제를 할지에 대해 선택권이 거의 없었다. 비록 팬데믹 전에 정규직 원격근무는 고용주 4명 중 1명만이 허용했으나, 지금은 많이 확산되어 있고 69%의 고용주가 간헐적으로 원격근무를 허용하고 있다.[61]

재택근무가 더 효과적인가? 직원은 집에서 일하는 것을 좋아하는가? 어떤 사람에게는 이상적인 직무에 가까울지 모른다. 러시아워의 통근도 없고 근무시간이 탄력적이며 복장이 자유롭고 방해하는 것도 거의 없다(가족생활에 따라서 다르겠지만). 하지만 다른 사람에게는 상당히 걱정스러운 제도일 수도 있어서 이러한 업무 방식이 일과 삶의 경계에 부정적인 영향(COVID-19일 때 경험한 것처럼)을 미칠 수 있고,[62] 직장에서의 문화, 응집성, 소통 등에 지속적인 영향을 미칠 수도 있다.[63] 예를 들어 경영자의 5%만이 구성원이 사무실에 있을 필요가 없고 조직 문화를 유지하기 위해서 직접 만날 필요가 없다고 생각한다.[64] 더욱이 아이가 있는 많은 맞벌이 부부는 팬데믹 기간에 더 많은 어려움을 경험했고, 원격근무는 어떠한 지원이 제공되고 경계를 명확히 하는 분명한 방식이 있을 때만 효과적이라고 여겨진다.[65] **원격근무제**(telecommuting)는 구성원이 물리적인 회사공간이 아닌 자신이 선택한 장소나 집에서 근무하는 것을 의미한다.[66]

원격근무제 물리적으로 회사의 사무공간이 아닌 구성원이 선택한 다른 장소나 집에서 근무하는 제도

어떤 직무가 재택근무제에 적합한가? 컨설팅 회사인 매킨지앤드컴퍼니(McKinsey & Company)는 최근 9개의 나라에서 800여 개의 일자리에 2,000개가 넘는 과업에 대해 조사를 했다.[67] 매킨지의 연구진은 산업 수준에서 평균적으로 생산성의 손실 없이 최소한 29%의 시간을 원격근무할 수 있다고 한다. 물론 이 숫자는 구체적인 산업을 고려해야 할 것이다. 생산, 건설, 소매업, 레스토랑 종사자보다 재무, 보험, 관리, 정보 기술 그리고 다른 '지식근로자'인 전문가는 더 많은 시간동안 생산성의 손실 없이 원격근무를 할 수 있다. OB POLL에서 볼 수 있는 것처럼, 대부분의 원격근무자는 고학력자이고, 아마도 지식근로자로 고용된 사람일 것이다. 직무 수준에서는 어떠한 업무도 완전한 원격근무는 불가능하다. 원격근무에 적합한

OB POLL 누가 재택근무를 하는가?

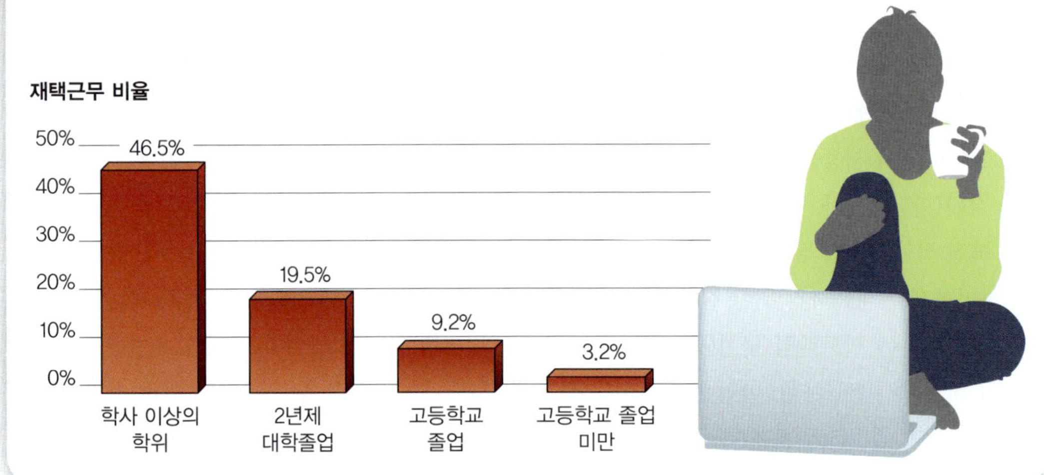

출처: Bureau of Labor Statistics, "Job Flexibilities and Work Schedules—2017-2018: Data From the American Time Use Survey," *Bureau of Labor Statistics* [news release], September 4, 2019, https://www.bls.gov/news.release/pdf/flex2.pdf

업무(예: 지식을 업데이트하거나 학습하고, 컴퓨터를 활용해서 상호작용하고, 창의적으로 생각해야 되는 업무)조차도 경우에 따라서는 원격으로 할 수 없는 업무(예: 의학적인 수술하는 방법을 배우거나, 다른 사람의 집에 컴퓨터 하드웨어를 설치하거나, 새로운 제품의 프로토타입을 만드는 업무)를 수행하는 경우도 있다.

원격근무제는 여러 가지 장점이 있다. 원격근무는 성과와 직무 만족을 향상한다. 정도가 덜하기는 하지만 역할 스트레스와 이직 의도를 감소시킨다.[68] 일주일에 2.5일 이상 가상 업무를 수행하는 구성원은 업무시간의 대부분을 사무실에서 보내는 사람에 비해 일과 가정의 충돌이 줄어드는 데 따른 혜택을 더욱 크게 경험한다.[69] 조직과 구성원에 대한 혜택을 넘어 원격근무제는 사회에도 잠재적인 혜택이 있다. 한 연구에서 미국은 그들의 시간의 절반을 원격근무할 경우에 탄소배출량이 연간 약 51메트릭톤이 줄어들 것으로 추정한다. 낮은 사무실 에너지 소비, 온실가스를 방출하는 교통체증의 완화, 도로 보수의 감소로 인한 환경비용의 절감도 가져올 수 있다.[70]

원격근무제는 여러 가지 단점도 있다. 오늘날의 팀 중심 작업장에서 원격근무제는 특히 구성원이 다른 팀원과 달리 가정의 책임을 많이 지고 있는 경우에 사회적 태만(구성원이 팀 차원에서의 책임감을 저버리는 것)을 야기해서 동료가 더 많은 일을 수행해야 할 수 있다.[71] 원격으로 근무하는 상사는 구성원을 도와주거나 방향을 제대로 제시할 수가 없어서 구성원의 성과에 부정적인 영향을 미칠 수 있다.[72] 관리자는 사무실 근무자가 재택근무자의 자유로움을 누리지 못하는 것이 부당하다고 느끼고 의욕 저하를 관리하는 데 어려움을 겪을 수도 있다.[73] COVID-19 팬데믹은 특히 이 이슈를 두드러지게 했는 데 '필수적인 인력'은 자신의 건강을 보호하고, 스트레스를 줄이고, 취약한 친척을 돌보는 것과 같이 집에서의 의무를 수행하는 데 어려움을 경험했다.[74] 구성원의 관점에서 보면 원격근무제는 고립감을 증가시키고 직무 만족도를 떨어뜨리며 동료 간 관계의 질을 저하할 수도 있다.[75] 반면에 근무 환경이 정서적인 고갈을 유발한다면 그들로부터 멀어지게 도움을 줄 수도 있다.[76] 연구결과에 의하면 재택근무를 강요받는 경우에 일반적으로 일-가정 갈등은 줄어들지만, 아마도 압축된 근무시간을 넘어서는 초과근무가 종종 발생함에 따라 더 많은 일-가정 갈등을 경험하게 될지도 모른다.[77] 또한 원격근무자는 '눈에서 멀어지면 마음에서도 멀어지는 현상'을 경험할 수도 있다. 같은 사무공간에서 보이지도 않고 일상의 비공식적인 직장 내 상호작용을 공유하지 않는 구성원은 임금 인상과 승진에서 불리할 수도 있다. 재택근무자는 필수적인 직접적 대면시간에 있지 않았다고 생각되기 때문이다(가상의 공간에서라도 시도하지 않는다면).[78] 그러나 이러한 효과는 원격근무제가 조직의 규칙으로 자리 잡았는지, 여전히 상사와의 접촉이 필요한지, 구성원이 하는 업무가 명확한지(예: 업무량이 많거나 생산적인 경우)에 따라서 달라질 수 있다.

원격근무제를 효과적으로 계속 활용하기 위해서 구성원과 고용주가 무엇을 해야 하는가? 원격근무제가 직무에 적합하다는 것을 확신하는 것은 물론이고,[79] 원격근무의 성공은 양질의 의사소통에 달려 있다. 원격근무제 그 자체가 동기부여에 도움이 될 수 있다하더라도 원격근무자도 동기부여가 필요하고 그들 자신도 동기부여를 유지하는 데 책임이 있다. 예를 들어 최근의 연구에 의하면 성공적이고 만족하는 원격근무자는 스스로 목표를 세우고, 자신이 업무를 잘하면 보상을 하고, 자율성을 잘 활용한다.[80] 더욱이 스마트 협력툴을 이용하고, 자주 소통하고, 명확하고 투명한 정책을 갖고 있고 가상팀 구성원 간의 상호신뢰를 구축하면 원격근무의 팀 성과가 향상이 될 것이다.[81] COVID-19 팬데믹 동안 연구진은 원격근무제를 효과적으로 도울 수 있는 진단-창조-지원의 틀을 마련했다.[82] 이 틀은 구성원의 원격근무제 욕구를 진단하고, 구성원이 일과 가정 사이의 경계를 유지하게 독려하는 방법을 개발하고 적응, 독려, 역할 모델링, 관찰 등을 통해서 이러한 방법을 지원한다. 특히 적응은 원격근무제의 성공에 중요한 요인으로 개별 구성원이 일정을 만드는 맞춤형 방식은 재택근무를 하면서 성과도 높인다.[83] 원격근무제를 도입하는 것은 기술의 발전, 일의 속성, 직원의 선호를 감안하면 필요한 일이다.

구성원 참여

구성원 참여(employee involvement and participation, EIP)[84]란 조직의 성공에 대한 구성원의 몰입을 증가시키기 위해 그들의 투입을 사용하는 하나의 과정이다. 구성원에게 영향을 미치는 의사결정에 구성원을 참여시키고 근로생활에 대한 자율과 통제를 증가시킨다면, 그들은 더 동기부여되고 조직에 더 몰입하게 되어 더 생산적이고 직무에 더 만족할 것이다. 이러한 혜택은 개인에 국한되지 않는다. 작업에 더 많은 통제력이 주어질 때 팀의 사기가 증대되고 성과도 증가한다.[85]

8-4 구성원 참여가 어떻게 구성원을 동기부여하는지 설명할 수 있다.

구성원 참여(EIP) 조직의 성공에 대한 구성원의 몰입을 증가시키기 위해 그들의 투입을 사용하는 참가적 과정

구성원 참여 프로그램(EIP)의 예

구성원 참여의 두 가지 주요 형태인 참여적 경영과 대표 참가제를 자세히 살펴보자.

참여적 경영 모든 **참여적 경영**(participative management) 프로그램에 공통되는 것이 공동 의사결정인데, 여기서는 직속상사가 부하와 상당한 정도의 의사결정권을 공유한다.[86] 이러한 공유는 브리핑이나 설문조사와 같은 공식적 과정을 통해 일어날 수도 있고, 신뢰와 몰입을

참여적 경영 부하직원이 직속상사와 상당한 수준의 의사결정 권한을 공유하는 과정

통해 동기부여를 높이기 위해 매일 상의하는 비공식적인 과정을 통해서도 일어날 수도 있다.[87] 예를 들어 응급실 스태프는 전문성을 바탕으로 환자의 생명을 살리는 과정을 개선하는 방법을 논의하기 위해서 미팅을 할 수도 있다.[88] 참여적 경영은 흔히 떨어진 사기와 낮은 생산성에 대한 만병통치약으로 간주되었으며, 실제로 참여적 경영이 직무 만족도나 이직 의도에 부정적인 영향을 미치는 직무 불안정성을 감소시킨다는 증거가 제시되었다.[89] 하지만 참여적 경영이 효과적이기 위해서 부하는 자신의 리더에게 신뢰와 확신을 가져야 하고 경영 스타일의 변화에 준비되어 있어야 하는 반면에, 리더는 강제적인 기법을 삼가하고 부하에게 의사결정의 조직 차원 결과를 강조하며 주기적으로 진척도를 검토해야 한다.[90]

참여와 조직성의 관계에 관한 연구결과는 더욱 혼재되어 나타났다.[91] 참여적 경영을 시행하는 조직은 비록 그 효과가 일반적으로 크지는 않지만 더 높은 주가수익, 더 낮은 이직률, 더 높은 노동생산성을 실현할 수도 있다.[92]

대표 참가제 소규모 대표 구성원 집단을 통해 근로자가 조직의 의사결정에 참여하는 시스템

대표 참가제 많은 국가가 기업에 **대표 참가제**(representative participation)를 실시할 것을 요구한다.[93] 대표 참가제는 의사결정에 소규모 구성원 집단을 참여시켜 근로자의 이해관계가 경영자와 주주의 이익과 더욱 대등한 자격이 되게 함으로써 조직 내 권력을 재분배한다. 영국, 아일랜드, 호주와 뉴질랜드에서 대표 참가제는 원래 유일한 EIP 프로그램으로 구성원 대표가 단체협약 이외의 이슈에 대해 논의하도록 허용하기 위해 마련되었으며 대표는 모두 조합 출신이었다. 그러나 대표 집단은 이제 단체협약과 분리되어 조합원과 비조합원이 혼재되어 있다.[94]

대표 집단의 가장 흔한 형태는 직장협의회와 이사회대표이다. 직장협의회는 경영자가 구성원에 대해 의사결정을 내릴 때 반드시 협의하여 지명되거나 선출된 구성원 집단이고, 이사회대표는 회사 이사회에 참가하여 그 회사 구성원의 이익을 대변하는 구성원이다. 대표 참가제가 근로자에게 미치는 영향은 혼재되어 나타난다. 일반적으로 구성원은 자신의 이해가 잘 대표되고 조직 내 동기부여를 높이는 데 무언가 차이점을 만들어내고 있다는 것을 느끼고 싶어 한다. 따라서 동기부여 도구로서의 대표 참가제는 더 직접적인 참여 방식으로 대체된다.

구성원 참가 프로그램 실행을 위한 문화적 고려사항

EIP 프로그램이 성공적이기 위해서는 현지 국가의 규범에 맞게 조정되어야 한다.[95] 인도와 미국을 포함한 4개국의 연구는 각국의 문화를 반영하기 위해 관행을 수정할 필요성을 확인해주었다.[96] 미국 구성원은 EIP 프로그램을 쉽게 받아들이는 반면에, 구성원에게 자신의 권한을 이양하려고 하는 인도 관리자는 구성원에 의해 낮게 평가되었다. 이러한 반응은 권위의 차이를 받아들이고 기대하는 인도의 높은 권력 거리 문화와 일치한다. 인도에서의 직장 문화는 권력 거리가 낮아지고 있는 중국에서만큼 많은 전환 과정에 놓여 있지 않을 수 있다. 전통적인 중국의 문화적 가치를 수용하는 중국 구성원은 참여적 의사결정에서 비롯되는 이점을 거의 누리지 못함을 보여주었다. 그러나 덜 전통적인 중국 구성원은 참여적 경영하에서 더 만족하고 더 높은 성과 평가를 받았다.[97] 중국에서 수행된 또 다른 연구에서는 참여가 구성원의 직무 안정성에 대한 생각과 느낌을 증가시켜 그들의 웰빙 수준을 높인다는 사실을 보여주었다.[98] 중국 내에서의 이러한 차이는 중국 문화가 가진 현재의 전환기적인 특성을 잘 반영하는 것일 수 있다. 예를 들어 중국 도시지역의 연구는 몇몇 EIP 프로그램, 즉 상의와 의사표현을 선호하는 프로그

독일 볼프스부르크에 있는 본사에서 폭스바겐(Volkswagen) 직장협의회 의장인 베른트 오스터로(Bernd Osterloh)가 생산라인 근로자들과 이야기하고 있다. 폭스바겐은 구성원이 작업 규칙이나 회사의 재무계획, 경영계획, 작업장 생산성, 안전에 대한 논의에 참여하도록 허용함으로써 구성원을 의사결정에 포함시킨다.

출처: Fabian Bimmer/Reuters

램이 의사결정의 참가는 아니지만 높은 직무 만족도를 가져온다는 것을 보여주었다.[99]

요약하면 EIP 프로그램은 구성원의 내재적인 동기부여를 증가시키는 잠재력을 명백히 가지고 있다. 의사결정을 하고 실행하며 진행되는 것을 보는 기회는 모든 바람직한 조직 성과에 기여할 수 있다. 구성원의 이해관계가 대표되고 있음을 확신시키면서 핵심 의사결정에 대해 구성원에게 통제권을 주는 것은 절차적 공정성을 높인다. 그러나 EIP 프로그램도 주의 깊게 설계되어야 한다.

구성원을 동기부여하기 위한 외재적 보상의 활용

8-5 다양한 외재적 보상이 구성원이 동기부여에 어떻게 영향을 미치는지 설명할 수 있다.

3장에서 살펴본 것처럼 임금은 직무 만족을 불러일으키는 유일한 요인이 아니다. 그러나 임금은 실제 사람을 동기부여하며 회사는 그 중요성을 종종 과소평가한다. SHRM 설문에 응답한 약 47%의 사람은 임금 때문에 현재의 직장에 근속한다고 이야기한다. 더욱이 62%의 사람은 임금 때문에 다른 직장을 알아보고 있다고 이야기했다. 사실 임금은 구성원이 근속하느냐 이직하느냐를 결정하는 다른 13가지의 이유와 비교했을 때 첫 번째 이유이다(복리후생, 경력개발 기회, 일과 삶의 유연성도 주요 요인이었다).[100]

임금의 중요성을 감안할 때, 구성원이 계속 근속하고 이직을 줄이기 위해서 보상 전략을 어떻게 만들어야 할 것인가? 동기부여 이론과 연구가 이러한 전략을 어떻게 공고하게 할 것인가? 놀랍게도 전 세계적으로 가장 큰 규모의 설문인 페이스케일(PayScale)의 2021 모범사례(2021 Best Practice)에 따르면 과반수가 넘는 조직이 보상 전략을 갖고 있지 않다고 한다.[101] 이 절에서는 ① 구성원에 대한 지불 내용(임금체계의 확립), ② 구성원에게 어떻게 지불할 것인가에 대한 지불 방법(지불 계획)을 살펴본다.

지불 내용: 임금체계의 확립

구성원에게 임금을 지급하는 방법에는 여러 가지가 있다.[102] 임금 수준을 설정하는 첫 번째 절차에는 **내부 가치**(대개 직무 평가라는 기술적 과정을 통해 정해지는 조직에 대한 직무의 가치)와 **외부 가치**(대개 임금조사를 통해 정해지는 산업 내 다른 기업의 임금과 비교한 한 조직의 외부 경쟁력)의 균형이 필요하다.[103] 분명히 최상의 임금체계는 직무의 가치를 반영하고 또한 노동시장과 비교하여 경쟁력을 유지하는 것이다. 어떤 조직은 시장보다 높은 임금을 지급하지만 또 어떤 조직은 시장 임금만큼 지급할 여력이 없거나 시장 이하로 임금을 지급하는데, 따른 비용(즉, 사람들이 더 많은 임금을 주는 직무로 이끌리는 데 따른 더 높은 이직률)을 기꺼이 부담하려고 하기 때문에 시장 수준보다 낮을 수도 있다. 수입과 이윤 마진에서 인상적인 이익을 실현한 일부 기업은 부분적으로 구성원의 임금을 낮게 유지함으로써 가능했으나,[104] 다른 회사는 구성원의 열정을 갖고 조직에 남아 있게 하기 위해서 공정한 또는 경쟁력 있는 임금을 지불한다.[105]

더 많은 임금을 주면 조직에 더 오래 남아 있고 더 높은 성과와 혁신을 창출할 수 있는 높은 동기부여를 가진 구성원을 확보하게 될 것이다.[106] 126개의 대형 조직에 관한 연구결과는 경쟁력 있는 임금을 받고 있다고 믿는 구성원의 사기가 더 높고 더 생산적이었으며 고객도 더 만족하는 것으로 나타났다.[107] 그러나 임금은 흔히 조직의 가장 높은 단일 운영비인데, 이는 너무 많은 임금 지불이 그 조직의 제품이나 서비스를 비싸게 만들 수 있음을 의미한다. 더욱이 금전의 중요성은 구성원이 자기중심적인 행동을 하도록 유도할 수도 있다. 예를 들어 미국하키연맹(National Hockey League, NHL)과 미국농구협회(National Basketball Association, NBA) 선수에 대한 연구에 따르면 계약의 마지막 연도에 선수는 경기를 하면서 자기중심적인 행동을 보이고는 한다.[108] 조직은 이러한 상반관계를 명확히 하면서 전략적 결정을 해야 한다.

소매업 라이벌인 월마트와 코스트코 사례를 보면 임금은 중요한 역할을 한다.[109] 월마트는 10여년 전에 코스트코와 같은 창고형 소매점과 경쟁하기 위해서 임금을 인상했었다. 그러나 동시에 구성원의 근무시간은 줄여서 구성원의 분노를 샀다. 바로 더 많은 임금을 주는 회사가 성과가 더 좋을 것이라고 결론 짓고 싶지만, 상황은 그것보다는 조금 더 미묘하다. 코스트코 근로자는 평균적으로 월마트나 월마트의 창고형 매장인 샘스클럽(Sam's Club)의 직원보다 더 높은 시간당 임금을 받는다. 코스트코의 전략은 매장의 운영과 고객경험에 초점을 맞추어져 있고, 이러한 방식은 '월급을 더 많이 주면 더 판매할 수 있을 것'이라는 전략이다. 코스트코는 20만 명에 가까운 사람을 고용하고 있고, 시간당 최저 15달러를 벌고 있다. 반면 월마트는 전 세계적으로 매우 많은 매장을 운영하고 있고 코스트코보다 운영비와 재고관리비 등 매장관리비가 더 많이 지출된다. 전 세계적으로 월마트는 200만 명 이상을 고용하고 있고 평균적으로 시간당 11달러의 기본급을 받는다. 이러한 차이와 전략으로 말미암아 각 조직은 서로 다른 임금 전략을 활용하고 있다. 그러나 앞 장에서 살펴본 것처럼(그리고 이 장에서 계속 논의할 것처럼), 임금은 구성원의 동기부여, 태도, 웰빙, 이직에 중요한 역할을 한다. 월마트와 비교해서 코스트코의 직원이 더 행복하고 이직률이 낮을 것이라는 결론에 도달할 수 있다.

지불 방법: 변동급 프로그램을 통한 개별 구성원의 보상

콜로라도주 덴버의 초등학교 4학년 교사 저스티스(Justice)는 "왜 내가 이 일에 추가적인 노력을 기울여야 하나요? 저는 다른 사람보다 잘할 수도 있고 최소한만 할 수도 있어요. 그렇지만 결국 아무런 차이도 없어요. 어차피 월급은 똑같으니까요. 그럭저럭 최소한의 일만 하면 되지 왜 그 수준 이상의 일을 해야 하나요?"라고 말했다. 저스티스의 불평은 임금 인상이 근속연수에 얽매여 있는데 대해 교사들이 수십 년 동안 해왔던 불평을 대변하는 것이다. 그러나 최근 많은 주에서 여러 가지 방법으로 교사의 임금 수준을 교실에서의 성과와 연동시키거나 연동시키는 프로그램을 도입하려고 하고 있다.[110] 공공기관이나 사기업을 막론하고 많은 조직이 단지 자격증이나 근무연수에 대해 임금을 지급하던 방식에서 벗어나고 있다. 예를 들어 일본회사인 히타치(Hitachi)는 최근 연봉제를 폐지하기로 했다. 이사회 의장인 히로아키 나카니시(Hiroaki Nakanishi)는 신입직원이 처음부터 제품에 대해 배우고 경험을 통해서 배워야 하는 초기에는 연공제가 효과적이었으나, 그러한 시절은 이미 지났고 연공제는 더 이상 효과적이지 않다고 이야기한다.[111]

개수임금제도, 업적급, 보너스, 이익 배분, 구성원 지주제는 모두 구성원 임금의 일부를 개인이나 조직의 성과 측정치에 기초를 두는 **변동급 프로그램**(variable-pay program, 또한 성과급으로 알려져 있음)의 한 형태이다.[112] 변동분은 임금의 전부 또는 일부가 될 수 있으며, 연 단위로 지급되거나 벤치마크(목표기준) 달성 시 지급될 수도 있다. 또한 구성원이 선택가능한 옵션이 되거나 고용 조건에 포함될 수도 있다.[113] 전 세계적으로 약 85%의 기업이 다양한 방식의 변동급제를 활용하고 있다.[114] 변동급제는 오랫동안 판매사원이나 경영자 보상에 활용되었으나 그 범위가 점차 확대되어 거의 모든 종류의 구성원에게 적용이 되고 있다.

변동급 프로그램 구성원 임금의 일정 부분을 개인적 그리고/또는 조직적 성과 측정치에 기초를 두는 임금 제도

대부분의 조직은 조직, 부서, 개인 수준의 보상을 결합하여 이용하고 있는데 조직의 성과

하나의 이케아 보너스 프로그램(One IKEA Bonus Program)은 스웨덴 다국적 기업의 구성원을 위한 변동급 프로그램이다. COVID-19 동안 구성원에게 보상으로 아이키아는 구성원에게 12,800만 달러를 지급했다.

출처: Meritzo/Alamy Stock Photo

에 의해 결정되는 부분이 50% 이상이고, 나머지 50%가 개인과 부서의 성과의 조합에 의해 결정된다.[115] COVID-19 팬데믹이 2020년 보상 전략에 많은 영향을 미쳤지만, 전 세계기업의 85%가 임금 인상을 계획하고 있는 것으로 보면 2021년에도 여전히 임금은 인상될 것으로 보인다.[116] 2020년에는 대략적으로 70%의 기업이 전체 보상의 일부를 변동급으로 지불했다.[117]

성과급의 효용성 비록 성과급제가 개인이나 집단 성과에 미치는 긍정적인 효과는 적지만,[118] 상황에 따라서 다르게 나타난다. 예를 들어 성과급은 안정적인 경제 환경과 공정한 정책을 갖고 있는 조직에서만 효과적이라는 연구결과가 있다.[119] 문화적인 차이도 존재한다. **꽌시**(guanxi, 부하직원, 상사, 동료 사이의 구체적이고 개인적인 관계)가 인사관리 방식에 역할을 할 때 성과급은 덜 효과적이다.[120] 성과급은 개인의 근속 시점에 따라 중요도가 달라진다. 미국 S&P 500대 기업 주주의 수익률에 대한 연구에 의하면 성과급제(스톡옵션과 보너스 포함)는 CEO가 임기를 막 시작했을 때 가장 효과가 있고 시간이 지남에 따라서 관계가 서서히 약해진다. 하지만 전통적인 계획과 주주의 수익률의 관계는 시간이 지남에 따라서 높아진다.[121]

약하지만 긍정적인 효과에도 불구하고 모든 구성원이 임금과 성과 사이에 강한 관계를 인지하지는 않는다. 더욱이 성과의 특성은 구성원이 이러한 보상 계획에 어떻게 반응하느냐에 따라서 달라질 수 있다. 언급한 바와 같이 교사에 대한 성과급제는 더욱 자주 이용되기 시작했으며 특히 학생의 시험성적에 기반한 것은 더욱 그렇다. 미국 교사 수천 명에 대한 최근 연구는 이러한 프로그램이 ① 교사의 동기부여나 교육방식에 긍정적인 영향을 미치지 않으며, ② 실제로는 시험에서 더 나은 성과를 내도록 학생을 괴롭히거나 부정행위를 하는 등 반생산적 행동과 함께 더 높은 수준의 스트레스로 이어졌다는 것을 보여준다.[122] 또 다른 예로 기업의 연구개발 부서에 근무하는 개발자에 대한 연구는 개발에 대한 보상이 실제로는 동기부여를 낮추고 동료 과학자들 사이에 협력을 줄이고 심지어 개발의 질을 떨어뜨린다고 한다.[123] 이러한 예는(7장 참조) 기대 이론에서 논의한 기대와 수단성의 잠재적인 역할을 강조한다. 교사가 학생의 시험성적을 통제할 수 있는가? 과학자가 자신의 개발노력의 결과를 결정할 수 있는가? 기대 또는 수단성으로 나누어보면 특히 매우 동기부여를 떨어뜨릴 수 있다.

성과급은 직장 내 역학관계에도 영향을 미친다. 관리자가 성과급을 받게 되면 고용주와 구성원의 관계에 긴장을 가져오고 이직을 증가시킨다.[124] 이러한 상황에서 구성원은 동료와 경쟁을 하게 되고 서로에게 피해를 줄 수도 있다.[125] 또한 일부 구성원은 특히 다른 구성원에 비해서 불공정하다고 느낄 때 성과급에 부정적으로 반응할 수 있다. 예를 들어 영국에서 장애를 가진 구성원은 다른 구성원에 비해 성과급제에 더 부정적으로 반응한다고 한다.[126] 더욱이 '스타 구성원'은 성과급제와 차등에 긍정적으로 반응하지만,[127] 평균적이거나 저성과자는 소외감을 느낄 수 있고, 이러한 구성원이 뒤쳐지게 되면 관리자는 예외를 만들어야 될 수도 있다.[128] 그 결과로 다른 구성원이 이러한 예외(특약)를 알게 되면 더 부정적으로 반응하고 알기 전보다 성과가 나빠질 수도 있다.[129]

보상 비밀유지 비밀유지는 변동급제의 동기부여적 성공에 영향을 미친다.[130] 정부기관이나 비영리기관에서는 임금 규모가 구체적으로 또는 대략적으로 공개되어 있지만 대부분의 미국 조직에서는 비밀유지를 권장하거나 요구한다.[131] 이것은 좋은 것인가, 나쁜 것인가? 초기에는 비밀유지가 직무 성과에 부정적인 영향을 있는 것으로 보였다.[132] 개인의 보상 액수가 균형을 회복하기 위해서 광고될 필요는 없지만, 보상의 범주는 공개되고 구성원은 변동급이 자신의 성과와 객관적으로 연동되어 있다고 인지한다면 변동급의 동기부여적인 효과가 유지된다.[133] 반면에 보상 투명성 또한 부정적인 영향이 있다. 투명성은 사람들 사이에 비교를 조장하고 동료들 사이에 시기를 조장하고 협력과 도움행동을 줄인다.[134] 한 가지 명확한 것은 (7장에서 논의한) 공정성 지각이 전략에 관계없이 구성원이 어떻게 반응하는가에 큰 영향을 미친다.[135]

성과급의 종류 성과급은 하나의 방법만이 있는 것은 아니다. 성과급제를 실행하는 방법에는 여러가지가 있고 각각의 방법은 장단점을 갖고 있다. 다양한 계획에 대해 구체적으로 논의하고자 한다.

개수임금 **개수임금제도**(piece-rate pay plan)는 오랫동안 사용되었던 방식으로 생산 현장의 근로자가 완성한 생산품 개수에 따라서 임금을 받는 제도이며 산출물이 계량화 될 수 있는 조직에서 사용될 수 있다.[136] 순수한 개수임금제도는 기본급 없이 단지 생산량에 따라서 임금을 받게 된다. 야구장에서 땅콩과 음료를 판매하는 근로자에게 개수임금제도가 자주 활용이 된다. 만약 한 봉지당 1달러를 얻게 되는 땅콩을 40봉지 팔면 40달러를 가져가는 것이다. 땅콩을 더 많이 판매하면 더 많이 벌 수 있다. 대안적으로 성과급제는 가끔 팀에 적용되기도 하는데, 야구장 근로자는 경기 중 식음료팀에서 판매한 땅콩 봉지의 총량에 대해 일정 비율로 돈을 벌 수도 있다.

개수임금제도 생산량에 따라서 단위생산량에 따라서 받는 임금제도

이 제도는 근로자가 더 열심히 노력해서 높은 생산성과 임금을 산출해내는 것으로 알려져 있어서 근로자를 동기부여하려는 조직은 매력적으로 느낄 수 있다.[137] 사실 중국의 어느 유명 대학은 교수의 논문에 대한 성과급을 높여서 연구 생산성을 50% 증가시키기도 했다.[138] 이 제도의 가장 큰 고민은 재무적인 위험이다. 한 연구에 따르면 위험회피형의 68%가 개인별 성과급제를 선호하고 저성과자는 팀별 개수임금제도를 선호한다고 한다. 왜 그런가? 연구자는 위험을 회피하고 고성과를 내는 개인은 팀 환경에서 다른 사람이 늑장을 부릴 것을 염려하기 때문에 차라리 자신이 통제가능한 것(자신의 일)을 기반으로 하는 임금에 더 많은 기대를 걸 것이라고 제안했다.[139] 둘을 다 사용하면 어떻게 되는가? 최근 연구는 둘다 사용하는 것이 하나를 독립적으로 사용하는 방식의 한계를 극복하게 한다. 22,000개 이상의 유럽기관에서 (앞에서 논의한 EIP 프로그램과 함께) 두 가지 제도를 모두 사용하면 혁신에 급격한 증가를 가져온다고 한다.[140]

반면에 조직은 개수임금제도가 개인을 동기부여시키는지 확인할 필요가 있다. 일처리 속도가 동료, 목표, 기계와 같이 통제할 수 있는 내부적인 요인이 아니라 고객의 요구와 같이 통제할 수 없는 요인에 의해 결정이 된다면, 이 제도는 동기부여 효과가 없을 것이다.[141] 어찌되었든 관리자는 구성원이 속도를 높이기 위해서 질을 떨어뜨릴 수 있다는 것을 염두에 두어야 한다.

이 제도는 다수의 조직 환경에서 강력한 동기부여 요인이 될 수 있는 반면에 많은 직무에는 활용가능하지 않다는 것이 명백한 한계점이다. 응급실의 의사와 간호사는 환자의 수나 치료결과에 관계없이 상당한 봉급을 받는다. 환자가 완전히 회복하는 경우에만 그들에게 임금을 지불하는 것이 나을 것인가? 대부분은 이러한 방식의 거래를 받아들일 것 같지 않고, 예기치 않은 결과(예를 들면 응급실에서 중증 환자나 생명이 위독한 환자를 거부하는 것)를 불러일으킬지도 모른다. 인센티브가 일부 직무에서는 동기를 부여하고 적절하기는 하지만 모든 곳에서 잘

작동할 것이라는 생각은 비현실적이다.

업적급제 인사고과에 기초한 임금제도

업적급 **업적급제**(merit-based pay plan)는 인사고과에 기초한 개인의 성과에 대해 임금을 지급하는 방식이다.[142] 업적급제는 올바르게 설계된다면 개인이 성과와 보상 사이의 강한 관계를 지각하게 해준다.[143]

대부분의 조직은 특히 봉급생활자를 위한 업적급제를 가지고 있다. 역량에 따라 임금을 받는 역량급은 보편적이지는 않지만, 약 26%의 조직이 연말 보너스의 형식으로 업적급을 지급한다.[144] 업적급은 점점 더 많이 도입이 되고 있지만 조직의 보상 예산에서 극히 일부만을 차지한다(일반적으로 전체 예산의 0~4% 정도).[145] 반면에 업적급을 폐지하는 기업은 업적급이 고성과자와 저성과자를 잘 구별하지 못한다고 인식한다. 연례 평가와 임금 인상이 몇 달 앞으로 다가오면 고성과자의 동기가 줄어들게 된다. 업적급을 유지하는 기업조차도 분배에 대해서 제고하고 있다.[146] 하지만 서비스관련 조직의 데이터에 의하면 업적급과 보너스(뒤에 논의)가 같이 사용될 경우에 업적급은 미래 성과에 대한 보너스의 효과가 더 컸지만, 성과를 높이고 이직을 줄이는 데에도 가장 효과적이라고 한다.[147] 개인의 평균적인 성과가 업적급 결정에 주요 요인이라고 생각할 수 있지만, 미래 성과에 대한 예상 또한 중요한 역할을 한다. 한 연구에 의하면 성과가 계속 좋아지고 있는 NBA선수가 평균적인 성과보다 더 많이 받는다고 한다. 모든 조직의 관리자는 부지불식간에 업적급을 결정하는 데 있어서 구성원의 미래 성과를 반영하게 되고, 이는 과도하게 낙관적(또는 비관적)인 임금 결정을 야기할 수 있다.[148]

직관적인 매력에도 불구하고 업적급제는 여러 가지 한계가 있다. 하나는 이 제도가 전형적으로 연간 인사고과에 기초를 두고 있으며 종종 주관적인 인사고과에만 유효하다는 것이다. 이는 2장에서 논의한 바와 같이 차별이라는 이슈를 불러온다. 연구에 따르면 아프리카계 구성원은 백인보다 낮은 성과 평가를 받고 있으며 임금 인상에도 인구통계학적인 차이가 있다고 한다.[149] 마지막으로 노동조합은 전형적으로 업적급제에 반대한다. 이러한 이유로 업적급의 적용을 받는 교사는 거의 없다. 그 대신 모든 구성원이 동일한 임금 인상을 받는 연공급이 지배적이다.

보너스 구성원에게 과거 성과보다는 최근 성과에 대해 보상하는 임금제도

보너스 **보너스**(bonus)는 많은 직무에서 총보상의 상당한 부분을 차지한다.[150] 한때 최고경영진에게만 적용되던 보너스제도는 이제 조직 내 모든 수준에서 구성원에게 일상적으로 사용되고 있다. 최근 설문에 의하면 보너스는 가장 보편적인 변동급으로 약 53%의 기업이 구성원에게 보너스를 제공하고 있다.[151] 보너스의 인센티브 효과는 업적급의 경우보다 높아야 한다. 보너스는 기본급에 포함된 과거 성과에 대한 보상이 아니라 최근 성과에 대해 보상하는 것이기 때문이다. (업적급은 누적되지만, 인상 금액은 일반적으로 보너스 금액보다 훨씬 적다.) 보너스는 다양한 조직 목적을 달성하기 위해 사용될 수 있다. 예를 들어 채용지원자 추천, 팀이나 회사 성과, 채용 보너스, 회사에 도움이 되는 행위를 할 때마다 지급하는 자유재량에 의한 보너스까지 다양한 방식으로 제공될 수 있다.[152] 시기가 좋지 않으면 기업은 보상 비용을 줄이기 위해 보너스를 삭감할 수도 있다. 회사는 최고경영자가 스캔들을 일으키면 보너스를 삭감하여 주주에게 스캔들을 심각하게 여기고 있고 상황을 해결하고자 노력하는 모습을 보여줄 수도 있다.[153]

보너스제는 근로자를 동기부여한다는 분명한 장점이 있다. 한 예로 인도에서의 연구는 관리

자와 구성원의 총임금에서 잠재적인 보너스의 비중을 높이자 생산성이 증가되는 것을 발견했다.[154] 이러한 예는 또한 보너스의 부정적인 면을 드러낸다. 바로 구성원의 임금이 삭감에 더 취약하다는 것이다. 이는 구성원이 보너스에 의존하거나 보너스를 당연한 것으로 생각할 때 특히 문제가 된다. 하버드경영대학 교수인 제이 로슈(Jay Lorsch)는 "사람들이 보너스는 결코 보너스가 아니며 기대하는 연간소득의 일부인 것처럼 생활하기 시작했다"라고 말했다.

보너스와 보상이 분류되는 방법 또한 동기부여에 영향을 미친다.[155] 왜 그런가? 사람은 각 영역에서 하나씩 얻지 못할 경우에 보상을 놓친 것처럼 느껴서 더 많은 영역에서 보상을 얻으려고 더 열심히 일할 가능성이 크기 때문이다. 단기 보너스도 효과가 있다. 어느 하이테크 제조공장에서는 현금, 가족식사 상품권, 구성원의 인정(이 장의 뒷부분 참조) 모두가 5%의 성과 향상을 가져왔으며 비현금성 보너스가 성과 향상에 실제로 더 효과적이었다.[156]

이익배분제 **이익배분제**(profit-sharing plan)는 기업의 수익성을 중심으로 고안된 몇몇 공식에 기초하여 보상을 배분하는 제도이다.[157] 보상은 직접적인 현금지출이 될 수도 있고, 특히 최고경영자의 경우에 스톡옵션 할당이 될 수도 있다. 단돈 1달러의 급여를 받는 마크 저커버그(Mark Zuckerberg)와 같은 임원의 이야기를 읽을 때 다수의 임원은 두둑한 스톡옵션을 받는다는 것을 명심하라. 사실 저커버그는 천억 달러의 자산을 갖고 있으며 2019년 2,300만 달러를 벌었다.[158] 물론 대부분의 이익배분제가 규모면에서 그만큼 대단하지 않다는 것은 분명하다. 한 예로 피아트크라이슬러(Fiat Chrysler) 자동차 회사의 근무자는 2020년에 이익배분제로 최대 8,000달러를 받을 수 있었다.[159]

이익배분제 기업의 수익성을 중심으로 고안된 몇몇 설정된 공식에 기초하여 보상을 배분하는 조직 전반에 걸친 프로그램

연구결과는 일반적으로 이익배분제를 시행하는 조직이 그렇지 않은 조직보다 더 높은 수준의 수익성이 있다는 생각을 지지한다.[160] 이러한 제도는 또한 높은 수준의 구성원 몰입과 연결되어 있는데, 특히 조직이 작은 경우에 그렇다.[161] 조직 수준에서의 이익배분제는 구성원 태도에 긍정적인 영향을 미치는 것처럼 보인다. 구성원은 심리적 주인 의식을 더 크게 느끼는 것으로 보고되고 있다.[162] 이익배분제가 다른 성과보상제와 결합되어 활용될 때 개인을 동기부여하여 더 높은 직무 성과를 내게 하는 것으로 나타났다.[163] 비영리조직이나 공공부문에서 종종 일어나는 일처럼 이익 자체가 발생하지 않을 때는 이익배분제가 작동하지 않는다. 그러나 규모가 크거나 작거나 관계없이 많은 조직에는 이익배분제가 효과적일 수 있다.

구성원 지주제 **구성원 지주제**(employee stock ownership plan, ESOP)는 구성원 복리후생의 일부로 흔히 구성원이 시가 이하로 자사의 주식을 취득할 수 있게 기업이 만든 복리후생 제도이다.[164] 구성원 지주제에 관한 연구에 따르면 구성원 지주제는 구성원의 만족과 혁신을 증진한다.[165] 구성원 지주제는 구성원이 심리적으로 주인 의식을 경험할 때만 직무 만족도를 증가시킨다.[166] 그렇다 하더라도 구성원 지주제는 더 낮은 결근이나 더 큰 동기부여를 유발하지 못할 수도 있는데,[167] 아마도 구성원의 실제 금전적인 혜택이 먼 훗날 주식을 현금화하면서 발생하기 때문일 것이다.[168] 약 3,000개에 달하는 중국기업에 대한 연구에서 구성원 지주제는 경영자 스톡옵션과 같이 사용되고 구성원에게 통제권이 없을 때(예: 경영층에 아무런 이야기를 할 수 없을 때) 기업의 성과에 큰 영향이 없는 것으로 나타났다.[169] 더욱이 약 2,000개에 달하는 유럽기업에 대한 연구에서 구성원이 관리자를 믿고 문화적으로 불활실성 회피성향이 낮을 때(5장 참조) 주식소유가 투자수익률을 예측할 수 있다고 한다.[170] 따라서 구성원은 더 높

구성원 지주제(ESOP) 구성원 복리후생의 일부로 흔히 구성원이 시가 이하로 자사주를 취득할 수 있는 복리후생제도

윤리적 선택

근로자 협동조합

근로자 협동조합은 지역사회에 도움이 될 부를 창출하기 위해 소유자/근로자/구성원에게 지속가능한 일자리를 창출해내는 것을 목표로 한다. 이에 따라 그 소유자/근로자/구성원이 이익 극대화보다 그들의 필요를 충족하고 생산능력을 증대하는 것을 우선한다는 점에서 다른 기업체와 구분된다. 민주적으로 각 근로자는 하나의 지분을 가지며 모든 지분은 근로자가 소유한다.

현대적인 협동조합운동의 제도화를 위한 기반은 1844년에 '1인 1표'라는 핵심원칙을 바탕으로 설립되었다. 그 당시 일단의 방직공은 식품협동조합인 로치데일공정선구자조합(Rochdale Society of Equitable Pioneers)을 설립하여 자신의 제분소와 연대 저축기금을 개설하면서 빠른 속도로 사업 영역을 넓혀갔다. 협동조합운동의 선구자인 프리드리히 빌헬름 라이프아이젠(Friedrich Wilhelm Raiffeisen)은 자선사업과 원조라는 유사한 가치를 내세우며 1846~1847년의 겨울 기근 동안 독일 식량자급협회를 설립했고, 1864년에는 최초의 협동조합형 대부은행을 설립했다. 라이파이젠은행(Raiffeisenbanken)과 IRU(International Raiffeisen Union)는 이제 유럽의 강력한 협동조합 네트워크이다.

일과 가정의 균형을 스스로 고려함과 동시에 자신의 자원을 어떻게 최선으로 배분할지를 결정할 수 있는 구성원은 직무에 더 몰입하게 된다. 협동조합 근로자는 그러한 결정을 할 수 있게 되자 업무에 더 몰입하고 협동조합을 더 성공적으로 만들었다. 게다가 협동조합은 개별 회원이 그들의 상품을 판매하고 가격을 흥정하는 것을 허용하여 집합자원 풀로부터 혜택을 얻는 것을 허용한다. 노동조합은 기업의 창설, 발전, 지속을 돕는다. 개인별 독자성과 공동책임, 자본주의와 사회주의 사이의 균형을 맞추면서 협동조합 모델은 때로는 글로벌 경제위기에 타격받지 않는 것처럼 보이기도 했다.

모두를 위한 하나, 하나를 위한 모두? 27개국에서 80,000명을 고용하는 몬드라곤(Mondragon)은 근로자 참여, 연대, 평등이라는 이상을 걸고 스페인에서 설립되었다. 그러나 규모가 커지면서 의사결정이 더욱 집권화되고 임금 격차가 커졌으며, 직무 만족도가 유사 규모의 사유 기업의 구성원보다 낮아졌다. 몬드라곤의 고위관리자는 조합 내 최저임금 근로자보다 8배나 많이 번다. 2013년 그룹에 소속된 자회사인 파고르(Fagor)가 8억 5,000만 유로(12억 달러)에 달하는 빚을 지고 파산을 선언하자 몬드라곤은 더 이상의 자금지원을 하지 않기로 결정했다. 스페인, 프랑스, 중국, 폴란드, 모로코에서 약 5,500명의 근로자가 직장을 잃었다. 이러한 이슈는 몇 가지 핵심질문을 제기했다. 협동조합이 지향한 이상의 한계는 무엇인가? 협동조합 모델은 단지 무자비한 비즈니스를 감추기 위한 윤리적 겉치장에 지나지 않는 것인가?[171]

은 개인 성과를 달성하도록 동기부여되고 정기적으로 비즈니스 상태에 대한 정보를 공유하고 사업에 대해 긍정적인 영향을 끼칠 수 있는 기회를 가질 필요가 있다.[172]

최고경영진에 대한 구성원 지주제는 비윤리적인 행동을 감소시킬 수 있다. 예를 들어 CEO는 의결권이 있는 주식을 스스로 보유하고 있을 때 단기적으로 좋아 보이기 위해 실적보고서를 조작할 가능성이 낮다.[173] 구성원 지주제는 오하이오의 네트워크 근로자 협동조합인 클리블랜드(Cleveland) 모델과 같이 커뮤니티의 부를 축적하기 위해 사용될 수 있는 도구이기도 하다.[174] 물론 모든 기업이 구성원 지주제를 원하는 것은 아니며 모든 상황에서 잘 작동하는 것도 아니다. 그러나 구성원 지주제는 조직의 동기부여 전략에서 중요한 역할을 할 수 있다.

변동급의 평가 변동급 프로그램은 동기부여와 생산성을 증진하는가? 일반적으로는 맞는 듯하다. 그러나 논의한 것처럼 효과성은 다양한 요인에 따라 달라진다.[175] 많은 조직은 구성원 지주제, 보너스와 같은 하나 이상의 변동급제도를 실시하고 있다. 그래서 관리자는 제도의 효과성을 구성원의 동기부여라는 측면에서 평가해야 하며, 이때 각 요소를 따로따로 또한 모든 요소를 합쳐서도 평가해야 한다. 성과와 보상이 관련되어 있다고 인식할 때 구성원은 가장 동기부여가 되기 때문에, 관리자는 구성원의 성과급 기대를 예의주시해야 한다.[176] 더욱이 경영자와 관리자는 구성원의 공정성 인식을 예상하고 예의주시해야 하고 보상 전략을 결정할 때 윤리적인 고려를 염두에 두어야 한다.

구성원을 동기부여하기 위한 복리후생의 활용

8-6 선택적 복지가 어떻게 구성원을 동기부여시키는지 설명할 수 있다.

지금까지는 구성원에게 임금을 어떻게 지급할지 논의했다. 여기서는 조직이 반드시 결정해야 하는 다른 두 가지 동기부여 요인으로 ① 어떤 복리후생을 선택하게 제시해야 하는지(선택적 복리후생제도와 같은), ② 구성원 인정 프로그램을 어떻게 구축할 것인지를 살펴보고자 한다. 임금과 마찬가지로 복리후생은 제공요소이면서 동기부여 요소이다.[177] 최근 복리후생은 전체 보상의 약 3분의 1을 차지하고 있다.[178] 과거의 조직이 모든 구성원에게 표준적인 패키지를 제공했다면, 오늘날의 리더는 각 구성원이 복리후생을 서로 다르게 평가한다는 것을 이해하고 있다. 선택적 복리후생 프로그램은 복리후생 패키지를 동기부여 도구로 변화시킨다.

선택적 복리후생: 복리후생 패키지의 개발

복리후생 패키지는 의료보험, 은퇴연금, 학자금대출 반환 지원, 유급 휴직, 일과 삶 균형, 여행 지원, 경력 개발 등 다양한 형태를 취할 수 있다.[179] 모든 사람이 개별적인 복리후생으로부터 같은 혜택을 받을 수 있는가? 예를 들어 졸업한지 10년 이상이 지났고 학자금대출을 다 갚은 직원보다 최근 대학을 졸업한 직원인 하자금대출 상항지원 프로그램의 혜택이 적겠는가?

(7장에서 설명한) 조직의 보상은 개인 구성원의 목표와 연계되어야 한다는 동기부여 이론의 명제와 일관되게 **선택적 복리후생**(flexible benefits)은 개별 구성원이 자신의 욕구와 상황을 잘 반영할 수 있는 보상 패키지를 선택할 수 있게 함으로써 보상을 개인화시킨다. 선택적 복리후생은 나이, 혼인유무, 파트너의 상황, 자녀수 등을 바탕으로 구성원의 다양한 욕구를 충족시키려고 한다. 그런데 유연성이라는 것이 특정 혜택이 필요하지 않다는 것은 아니다. 반대로 대부분의 관리자는 건강관리, 은퇴, 휴가가 세 가지의 필수적인 복리후생이라고 믿고 어떠한 방법으로든 제공되어야 한다고 생각한다. 약간 중요하다고 여겨지는 (유연하게 제공되는 것이 최선인) 주택 지원, 여행 등 이러한 복지를 비교하라.[180]

선택적 복리후생 구성원이 자신의 욕구와 상황에 맞는 복리후생 패키지를 선택할 수 있는 복리후생제도

일반적으로 복리후생은 사람이 일을 하고 다른 조직과 비교하여 해당 조직을 선택하게 하는 동기부여 인자가 될 수 있다. 그러나 선택적 복리후생이 전통적인 제도보다 더 좋은 동기부여 방식이 되는가? 대답하기 어렵다. 선택적인 제도로 옮겨 간 몇몇 조직은 구성원 유지율, 직무 만족도, 생산성의 증가를 보고한다. 그러나 선택적 복리후생이 높은 임금의 대체재가 되지는 못할지도 모른다.[181] 세계적으로 더 많은 조직이 선택적 복리후생을 채택함에 따라 그들이 만들어내는 개인별 동기부여가 줄어들 것이다(해당 제도가 업무에 대해 주어지는 표준적인 것으로 보일 것이기 때문에). 선택적 복리후생제도의 단점은 명확해보인다. 관리하는 데 더 많은 비용이 들기도 하고, 다양한 제공 형태가 가진 동기부여 효과를 확인하기가 어려울 수도 있다. 예를 들어 조직의 규범이 상당히 중요하다면, 회사가 제공하는 혜택을 이용하거나 이용하지 않는 것은 전혀 다른 이슈가 된다.[182] 압박이 큰 조직 문화에서는 업무를 놓치거나, 뒤쳐지거나, 동료에게 몰입하지 않은 것으로 보일 수 있어서 휴가를 사용하는 데 주저하게 된다. 사회학습 이론과 마찬가지로(7장 참조) 구성원은 자신에게 맞고 안 맞고를 떠나서 다른 사람의 행동을 따라하기도 한다.

더욱이 복리후생제도에 대한 최근의 조사에 따르면 사회적 책임을 중요하게 여기는 경향이

있다.[183] 그러나 조직 내 과소대표 그룹의 구성원은 중요한 혜택에 접근권이 적다. 예를 들어 과소대표 그룹의 많은 구성원은 다른 집단과 같은 수준의 혜택을 받으면서 정규직으로 전환되기는 힘들어서 병가나 육아휴직 등의 의료적인 혜택을 받기 어렵다.[184]

구성원을 동기부여하기 위한 내재적 보상의 활용

8-7 내재적 보상의 동기부여 효과를 파악할 수 있다.

직무 설계와 외재적인 보상을 통해 구성원을 동기부여하는 방법에 대해서 논의했다. 조직 수준에서 지금까지 논의한 방식이 동기부여시키는 유일한 방법인가? 그렇지 않다! 다음에 살펴볼 구성원 인정 프로그램과 같이 조직이 제공할 수 있는 구성원 인정 프로그램 같은 내재적 보상을 간과하면 안 된다. 7장의 논의를 상기하여 행동주의 접근법에 따르면 외적인 보상이 강력한 동기부여의 힘이 되지만, 자기결정 이론에 의하면 내적인 보상이 구성원 동기부여를 증진한다.

구성원 인정 프로그램

예를 살펴보자. 제이미는 플로리다주 펜서콜라에서 패스트푸드 업종에 종사하며 시간당 9.50달러를 벌고 있고 그 일은 그다지 도전적이거나 흥미롭지 않다. 그러나 제이미는 자신의 일, 상사, 자신을 고용한 회사에 대해 열정적으로 이야기한다. "제가 좋아하는 것은 상사인 캐롤이 저의 노력에 감사해한다는 사실입니다. 캐롤은 제가 근무할 때 다른 사람 앞에서 저를 자주 칭찬해줍니다. 그리고 저는 지난 6개월 동안 두 번이나 '이달의 구성원'으로 뽑혔습니다. 제 사진이 벽에 걸려 있는 것을 보셨나요?"

조직은 제이미가 알고 있는 것을 점점 깨닫고 있다. 구성원 인정 프로그램과 구성원의 내재적 동기부여를 높일 수 있는 다른 방법이 효과가 있다는 것을 점점 더 인식하고 있다. **구성원 인정 프로그램**(employee recognition program)은 구성원의 특정한 기여에 대해 공식적으로 칭찬함으로써 특정 행동을 장려하는 제도이다.[185] 구성원 인정 프로그램은 자발적이고도 사적인 감사의 표시에서부터 특정 형태의 행동이 인정을 받는 절차가 명확하게 제시되어 있는 널리 알려진 공식 프로그램에 이르기까지 다양하다. 많은 조직이 구성원 인정 프로그램을 실시하고, 59%는 인재관리 전략으로 통합하고, 68%는 구성원 유지에 도움이 된다고 인식하고, 56%는 고용에 도움이 된다고 인식하고 있다.[186]

구성원 인정 프로그램 구성원의 특정한 기여에 대해 공식적으로 인정함으로써 특정 행동을 장려하는 제도

기업과 정부기관이 빠듯한 예산에 직면함에 따라 비재무적 인센티브가 더욱 매력적이게 되었다. 예를 들어 디즈니월드(Walt Disney World)는 구성원 인정을 근로자 열정으로 이끄는 전략을 활용하고 있다. 공개적으로 백여 개가 넘는 상으로 구성원의 공헌을 인정하고 있다. 가장 영예로운 상 중의 하나인 디즈니레거시상(Walt Disney Legacy Award)은 동료가 특출한 성과를 달성한 구성원을 인정하는 행사에서 수여된다.[187] 시만텍(Symantec Corporation), 인튜이트(Intuit), 팬듀이트(Panduit)와 같은 다국적기업 또한 인정 프로그램의 활용을 더 늘리고 있다. 링크드인(LinkedIn)은 구성원 인정 프로그램을 제공하는 워크휴먼(Workhuman)에 의해 운영되는 '브라보! 프로그램' 덕에 신입직원의 재직률이 놀랍게도 95%에 달한다.[188] 여러 나라에 걸쳐 운영이 되지만 본사에서 실시하는 인정 프로그램은 모든

더 나은 세상을 향해

소셔블 트리: 재식림을 통한 보상

소셔블(Sociabble은 코카콜라, 마이크로소프트, 로레알(L'Oreal)을 포함해서 많은 기업이 내부소통, 사회적인 네트워킹, 협력, 성과 관리를 위해서 사용하는 온라인 소셜미디어이다. 예를 들어 소셔블은 구성원이 앱을 이용해서 자신의 판매목표와 같은 주요 성과지표를 모니터 할 수 있게 하는 소셜 판매 대시보드를 제공한다. 소셔블은 최근에 탄소배출을 상쇄시키려는 비영리 회사인 트리-네이션(Tree-Nation)과 새로운 파트너십을 맺었다. 트리-네이션은 탄소배출을 상쇄시키기 위해서 전 세계 많은 지역에서 나무를 심을 수 있게 도와준다. 더욱이 트리-네이션은 동물 서식지를 다시 확보하고, 침식을 줄이고, 수질 개선을 위해서 다양한 나무를 심음으로써 생물학적 다양성을 확보하고자 한다. 지금까지 트리-네이션은 구글, P&G, 유니레버(Unilever)와 같은 5,000개의 기업과 같이 일을 하고 전 세계적으로 770만 그루의 나무를 심었다.

소셔블 트리(Sicabble Trees)라고 이름 지어진 두 기업 간의 파트너십은 기업의 사회적 책임(CSR) 보수(예: 그들의 이름으로 나무를 심어 줌)로 보상한다. 다른 기업은 '자원봉사여행(구성원이 해외에서 자원봉사를 하면서 여행을 즐기는 방식)', CSR 관련 '스웨그(Swag, 이벤트에 참여한 것을 기념하는 티셔츠)', 전사적인 인정 프로그램 등 다양한 방식의 CSR관련 보상을 활용한다. 구성원의 이름으로 선물이나 기부를 체계적으로 시행하는 소수의 회사는 거의 없었다. 소셔블 트리는 매일매일 구성원의 성과를 게임방식으로 활용한다. 미팅에 참석하고, 교육훈련을 완수하고, 창의성을 발휘하는 등의 성과를 내면 구성원은 자신의 이름으로 나무가 심어짐으로써 보상을 받게 된다. 구성원은 리더보드를 통해서 동료와 비교하여 나무를 얼마나 심었는지 자신의 등수를 알 수 있고 탄소배출을 얼마나 상쇄했는지도 알 수 있다. 더욱이 소셔블 트리는 의미감과 정체성을 인식할 수 있게 한다. 구성원은 언제든지 자신의 '숲'을 시각적으로 볼 수 있고 전사적인 '숲'을 온라인으로 볼 수 있다(일부 드론 촬영으로 가능해졌다).

소셔블 트리가 성공하고 있는가? 플랫폼을 사용하는 회사의 수로 보면 성공적이라고 말할 수 있다. 예를 들어 스마트트레이더(SmartTrade)는 소셔블 트리를 채택하고 수백 그루의 나무를 심었고 80%의 구성원이 이 프로그램에 참여했다. 예를 들어 타타(Tata) 부동산의 인적자원부서 부회장인 리나 와히(Reena Wahi)에 따르면 "소셔블 트리는 우리가 구성원 몰입과 지속가능 경영이라는 두 가지의 목적을 달성할 수 있도록 도와주고 있다. 이 두가지 모두 매우 중요하다." 다른 사람은 이러한 보상체계가 다른 전형적인 방식보다 더 의미가 있다고 한다. 에이드리언(Adrian)의 본부장인 지오프로이 드 라 그랑디에르(Gooffroy do la Grandiero)는 "클릭 몇 번만 하면, 구성원이 나무를 심을 수 있다. 아이패드를 받는 것보다 훨씬 의미 있다"라고 한다.

하지만 OB 연구가 CSR 관련 보상의 동기부여 효과를 지지하는가? 아직까지 이 주제에 대해서 많이 알려져 있지 않다. 하지만 경영자와 구성원이 CSR 관련 활동을 할 때 보상(예: CSR 성과와 연동된 CEO 보너스)을 주는 것이 성공하는 경우와 심지어 내적인 동기부여(예: 자신의 명성과 지위를 높이려는 욕구)도 한다는 것을 알고 있다. 그러나 이러한 방식은 기회주의와 보너스가 증가함에 따라서 시스템을 게임화하는 이슈에서 벗어날 수 없다. 더욱이 비용 절감과 같은 다른 조직의 목적과 비교해서 지속가능한 행동을 보상할 때 경영자와 관리자는 '돈을 쫓는 경향'이 나타난다. 여전히 경영자와 구성원에게 CSR 관련 보상을 제공하는 것에 대한 연구가 많지 않다. 한 연구에서 연구자는 고용주는 모든 구성원이 CSR 관련 보상을 동일하고 가치있게 생각할 것이라고 가정하는 것은 적절하지 않다고 주장한다. 환경의 지속가능성에 가치를 부여하지 않고 다른 사회적 이슈에 가치를 부여하는 구성원은 CSR 관련 보상에 관심이 없을 것이고 비인격적이라고 생각할 수도 있다. 그럼에도 불구하고 CSR 관련 보상은 OB 연구와 관행에 새로운 지평을 열어주고 있다. 향후 연구는 아마도 이러한 방식이 세계를 더 좋게 만드는 데 도움이 되는 추가적인 방안임을 밝힐 수도 있을 것이다.[189]

구성원이 어디에서 일하던지 그들의 조직에 기여는 인정받는다는 확신을 갖게 해준다.[190]

연구결과는 단기적으로 금전적 인센티브가 더 동기부여가 될지도 모르지만, 장기적으로 비금전적 인센티브가 더 효과적이라는 것을 보여준다.[191] 놀랍게도 구성원 인정 프로그램의 글로벌 활용이나 동기부여 효과에 대한 연구가 많지 않다. 그러나 최근 연구는 구성원 인정 프로그램이 자존감, 자기효능감, 직무 만족도와 관련된다는 것을 밝혔다.[192] 인정 프로그램의 분명한 이점은 비용이 많이 들지 않는다는 것이다. 칭찬은 무료이기 때문에![193] 금전적 보상이 있든 없든 인정 프로그램은 구성원에게 매우 동기부여가 될 수 있다. 구성원 인정 프로그램의 인기가 점점 높아짐에도 불구하고 비평가는 구성원 인정 프로그램이 관리자의 정치적 조작에 영향을 받기 쉽다고 주장한다. 매출액과 같이 비교적 객관적인 성과 요인을 가진 직무에 적용될 때 구성원이 인정 프로그램을 공정하다고 인지할 가능성이 크다. 그러나 대부분의 직무에서 훌륭한 성과를 위한 기준이 자명한 것은 아니며 따라서 관리자가 자신이 편애하는 구성원이 보상받게 시스템을 조작할 수도 있다. 이러한 남용은 인정 프로그램의 가치를 손상하고 구성원의 사기를 꺾고 인정받은 구성원이 오히려 소외되게 할 수 있다. 그러므로 공식적인 인정 프로그램이 적용될 때는 공정성을 확보할 수 있도록 신중해야 한다. 한 연구에 의하면 고성과자가 인정을 받으면 자신의 공로를 인정받지 못한 다른 직원은 고성과자를 멀리하기 시작한다고 한다.[194] 그들은 절차 공정성(7장 참조)이 훼손되었다고 생각하게 되고 그 직원을 소외시키기 시작한다. 그렇기 때문에 공식적으로 인정 프로그램을 사용하기 위해서는 공정성을 확보해야 한다. 이는 구성원 인정 프로그램을 회사의 가치와 일치시키거나 성과관리 평가 절차의 정확도를 높이기 위한 투자가 필요하다.[195] 그렇지 않다면 구성원의 성과 노력에 대해 끊임없이 인정함으로써 동기부여하는 것이 중요하다.

요약

이 장과 7장에서 살펴본 바와 같이 개인을 동기부여하는 것이 무엇인지를 이해하는 것은 조직행동의 핵심이다. 이 장에서는 이론과 연구가 직장에서 구성원의 동기부여를 높이기 위해 어떻게 활용이 되는지를 살펴봤다. 첫째, 직무 특성을 바탕으로 동기부여시키거나 동기를 잃게 하는 직무의 내적인 특성을 살펴보았다. 이러한 특성을 이해하고 동기부여 잠재력을 강화하기 위해서 어떻게 직무를 설계 또는 재설계해야 하는지를 논의했다. 직무 충실화, 직무 순환, 관계적 직무 설계와 같은 방안을 활용할 수 있다. COVID-19으로 인해 대안적인 업무 방식과 이러한 방식이 구성원을 동기부여시키거나 오히려 떨어뜨릴 수 있는 가능성에 대해 관심을 갖게 되었다. 유연근무제, 직무공유제, 원격근무제의 세 가지 방식을 전형적인 9시부터 5시까지 근무하는 방식의 대안적인 업무 방식으로 논의했다. 급여와 복리후생과 같은 외생적 보상과 내재적 보상이 구성원을 어떻게 동기부여시키는지에 대해서도 논의했다. 이 장에서 동기부여에 대한 연구와 적용을 명확하게 연결시키고자 했다. 예를 들어 행동주의, 목표 설정 이론, 자기결정 이론, 기대 이론이 동기부여의 실제 적용에 큰 영향을 주는 것으로 보인다.

관리자를 위한 시사점

- 직무를 설계할 때 가능하면 직무특성모델을 염두에 두어라.
- 대안적인 업무 방식을 통해 구성원이 자신의 일과 삶을 스스로 관리할 수 있게 하라. 구성원을 감시하고 지나치게 감독하는 것을 삼가라. 자율성과 유연성은 구성원의 동기부여에 큰 도움이 된다.
- 구성원이 자신에게 영향을 미칠 수 있는 결정에 참여할 수 있게 하라. 구성원은 업무 목표를 정하고, 자신의 복리후생 패키지를 정하고, 생산성과 품질관련 문제를 해결하는 데 공헌할 수 있다.

- 보상과 성과를 연계시켜라. 보상은 성과에 합당하게 주어져야 하고, 구성원이 둘 사이의 관계에 대해 명확하게 파악해야 한다.
- 시스템이 불공정한지 확인하라. 구성원은 노력과 성과가 임금과 보상의 차이를 설명할 수 있다고 인식해야 한다.

성과배분제는 공정한 몫이다

찬성 의견

성과배분제는 구성원 복리후생의 하나로, 달성한 수익에 기여한 정도에 따라 기업의 이익을 구성원과 나누는 것이다. 따라서 구성원이 업무에서 최선의 성과를 내게 만드는 인센티브의 하나로 간주된다.

기업이 잘되면 자신이 금전적 보상을 받을 것임을 알고 있는 구성원은 기업의 성공에 확정적인 권리를 갖는다. 성과배분제는 구성원이 기업의 수익성을 책임지는 것으로 사용자로부터 인정받는다는 느낌을 강화한다. 이는 구성원에게 주인의식과 책임의식을 가져다준다. 그러므로 구성원이 비즈니스 파트너가 되게 하고, 사용자와 더 가깝게 느끼게 하며, 기업의 목표에 더 잘 집중하게 하는 권한이양 도구의 하나이다.

성과배분제는 변동가능한 인센티브의 하나이므로 일을 더 잘하면 더 잘 보상받는 경우에만 공정하게 보인다. 또한 향상된 성과에 의해 자동으로 잔고가 채워지는 자가재원 시스템이다. 각 개인의 직무 성과가 충분히 추적되고 기록된다면 개인별 성과를 기업의 하한선에 맞추어 둘 수 있다. 이로써 긍정적인 변화를 증진하고 지속적인 향상을 추구하는 문화를 배양하게 된다.

성과배분제의 또 다른 긍정적인 영향은 모든 구성원이 기업의 성공에 기여하며 목표를 향해 동일한 팀에서 함께 일하고 있다는 메시지를 전달한다는 것이다. 그래서 모든 구성원이 동등하게 보상받는다면 성과배분제는 집단 결속과 사내 협업 문화를 강화할 수 있다.

반대 의견

보통 성과배분제는 결국 주식, 회사채 또는 현금을 연간 임금의 비율에 따라 배분하는 방식이 된다. 예를 들면 평사원에게는 1~2%를 주고 고위임원에게는 40%까지 지급하는데, 만약 최고위임원이 당해연도에 기업의 이익을 증가시키는 중요한 의사결정을 내림으로써 자신의 연간 보너스를 늘렸지만 장기적으로는 기업의 이익에 저해되는 결과를 가져온다면 어떻게 하겠는가? 또한 임금이 적은 직무의 구성원이 더 적은 금액을 공유하고 높은 임금을 받는 구성원이 더 많은 금액을 보너스로 받는 것이 공정한가?

어떤 성과배분제 시스템이든 배분 공식이 핵심이다. 개별 구성원은 자신의 기여가 실제로 영향을 미쳤음을, 구체적으로 자신이 수행한 업무의 어떤 부분이 가장 중요한 결과를 가져왔는지를 밝힐 필요가 있다. 만족한 단골고객이 레스토랑에 팁을 남긴 상황을 생각해보자. 웨이터는 주방 동료, 계절근무와 특별근무 스태프, 레스토랑 지배인과 이 팁을 나누어야 하는가? 어떤 비율로? 궁극적으로 개인화한 서비스를 제공하고, 고객에게 미소를 짓고, 주문을 재조합하고, 추가주문을 제안한 사람은 웨이터이며 이 모든 것을 통해 그 웨이터는 더 나은 성과를 냈다. 따라서 성과배분제는 성과 측정과 배분 공식에서 구성원의 참여와 고용주의 투명성을 요구한다.

마지막으로 성과배분제는 결국 구성원의 개입으로 이어지므로 모든 사람이 기업의 성공에 금전적인 지분을 더 많이 가지게 되어 조직의 스트레스 수준 증가를 가져올 수도 있다.[196]

8장 종합 점검

복습 질문

8-1 직무특성모델은 개인을 어떻게 동기부여시키는가?

8-2 직무를 재설계하는 주요 방식은 무엇인가?

8-3 대안적인 업무 설계 방식은 각각 어떠한 동기부여 효과가 있는가?

8-4 구성원 참여는 어떻게 구성원을 동기부여시키는가?

8-5 서로 다른 변동급 프로그램은 어떻게 구성원의 동기부여를 향상시키는가?

8-6 선택적 복지제도는 어떻게 구성원을 동기부여시키는가?

8-7 내재적 보상의 동기부여 효과는 무엇인가?

입사 지원과 취업 역량

관리자가 동기부여 이론을 활용하여 조직에서 적용하는 다양한 방법이 있다. 이 장에서 살펴본 직무 설계, 재설계, 대안적 업무 방식, 구성원 참여, 보상과 복리후생은 조직행동이 당신의 취업 역량을 높이는 데 도움이 될 것이다. 미래의 관리자와 전문가가 이러한 툴킷(toolkit)을 활용해서 동기부여를 강화시키고, 궁극적으로 이직을 줄이고, 구성원 만족과 유지를 개선하고, 직장 내 갈등을 줄일 수 있다. 지금까지 이 장에서 잡 크래프팅이 지루함과 직무 소진을 줄일 수 있는지, 유연근무제의 장단점은 무엇인지, 스웨터샵과 근무자 안전과 관련된 윤리적 이슈를 검토했고, 사회적 책임이 있는 결과가 보상의 역할을 하는지를 생각해봄으로써 리더십 역량을 개발했다. 이 절에서 독특한 계약의 불공정성을 어떻게 다루고 대형 운송회사 경영자로서 높은 이직률과 낮은 생산성을 해결하는 방안을 논의하고 결정함으로써 집단으로 조직 개발과 자동차 판매 컨설턴트를 위한 보상체계를 설계하게 된다.

실전 연습 자동차 판매 컨설턴트를 대상으로 하는 조직 개발과 보상 계획 마련

클래스를 3~4명의 그룹으로 편성하라.

당신은 고급 자동차 브랜드에 특화된 자동차 판매회사의 인사관리팀에 속해 있다. 당신의 업무는 새로 입사한 판매컨설턴트를 대상으로 하는 보상체계를 만들고 조직 개발을 설계하는 것이다. 자동차 판매컨설턴트 업무에 대한 지식(그리고 O*NET, 판매사원에 대한 자료: https://www.onetonline.org/link/summary/41-2031.00)을 활용해서 소그룹으로 다음 질문에 답을 하라. 예산은 아주 많지도 적지도 않고 적당한 규모라고 가정하라.

질문

8-8 직무 특성에서 논의하는 다섯 가지의 기술 다양성, 과업 정체성, 과업 중요성, 자율성, 피드백을 논의하라. 그리고 각각의 특성이 자동차 판매컨설턴트에게 얼마나 필요한지 논의하라. 낮은 요인을 증진하고 높은 요인을 유지함으로써 다섯 가지 특성의 개별요소를 다루기 위해서 각각의 특성이 어떻게 증진되고 유지될 수 있는지 계획을 수립하라.

8-9 구성원 참여가 자동차 판매컨설턴트에게 얼마나 중요한가? 이 직무를 설계할 때 참여를 어떻게 합리적으로 포함할 것인지에 대한 계획을 수립하라. 반대로 필요하지 않다면 그 이유를 설명하라.

8-10 자동차 판매컨설턴트의 보상에서 무엇이 중요한지 생각하라. 어떠한 보상을 제공해야 되는가? 어떠한 보상체계를 선택하겠는가? 어떠한 복리후생 패키지를 제시하겠는가?

윤리적 딜레마 편애?

당신은 몇 개월 전에 관리자로 승진했다. 6명으로 구성된 팀을 이끌고 있고, 팀원은 업무분장이 잘되어 있어서 업무를 서로 잘 수행하고 있다. 그런데 한 팀원에게 어린아이가 있어서 유연근무를 요청했다. 성실하게 열심히 일하는 직원이었고 유연근무제를 시행해도 자신의 업무를 제대로 할 것이라고 확신하고 있다. 다른 직원은 고정된 근무시간을 갖고 있지만, 유연성은 가능할 거라고 생각했다. 팀원을 잘 알고 있어서 유연근무시간을 승인했다.

그다음 주에 모든 팀원이 이 사실을 알고 있는 것 같았다. 2명의 팀원이 그 직원의 유연근무 방식 때문에 소통과 협력에 어려움을 겪고 있다고 이야기하는 것을 듣게 되었다. 그들은 그 직원의 일정 변동에 대해서 미리 알거나 조언을 구하지 않은 것에 대해서 아쉬워했다. 더욱이 그들은 당신이 편애를 하고 공정하지 않다고 간접적으로 이야기했다.

유연근무제 또는 '독특한 거래(idiosyncratic deals, I-거래)'는 직장에서 일반적인 현상이 되어가고 있다. I-거래는 많은 긍정적인 측면이 있다. 동기부여와 조직에 대한 애사심을 높인다. 더욱이 이러한 결정은 관리자로서 충분히 할 수 있는 권한이 당신에게 주어져 있다고 생각했다. 그러나 당신이 팀원 1명과 맺은 I-거래가 다른 구성원에게 잘 받아들여지지 않고 있다.

질문

8-11 구성원에게 특별한 업무 조정을 해주는 것이 동기부여에 어떠한 영향을 미치겠는가? 어떻게 도움이 될 수 있는가? 어떠한 문제가 있겠는가?

8-12 전체 팀이 그 팀원의 일정에 대해 같이 결정을 했어야 했는가? 그 이유는?

8-13 팀 성과에 부정적인 영향 등 잠재적인 문제를 줄이기 위해서 관리자는 이러한 상황을 어떻게 다른 방식으로 다루어야 하는가?[197]

사례 삽화 JP트랜스포터

대형 운수회사인 JP트랜스포터의 최고경영자인 켄달 스미스(Kendall Smith)를 지속적으로 괴롭히는 문제가 있다. 해마다 운전기사의 이직률이 높아지고 있다. 높은 이직률은 운송산업의 고질적인 문제이기는 하지만, 스미스는 이 문제에 대해서 장기적인 해결책을 찾고자 한다. 전체적으로 운송산업에서 이직에 따른 비용은 80억 달러에 달한다. 스미스는 이직률이 장시간 근로와 집으로부터 오랜기간 떨어져 있어야 하기 때문에 발생하는 것이라고 생각한다. 스미스는 생산성 감소가 회사에 중요한 비용이라고 여긴다.

스미스는 이러한 생활 방식의 이슈는 단순히 업무의 일부이고 모든 사람이 이러한 업무에 잘 맞는 것은 아니라는 결론에 도달했다. 불행히도 이러한 생활 방식 이슈는 이 작업의 핵심이고 운전자는 이를 줄이기 위해 노력을 하지 않는다. 대신에 스미스는 회사가 임금을 올려줄 것을 제안했다. 임금 인상은 이 직업의 비우호적인 면을 상쇄하고 높은 임금을 희망하는 새로운 운전자를 유인할 수 있을 것이다. 스미스는 추가로 투입되는 비용이 동기부여가 되지 않고 생산성이 떨어지는 운전자로 인한 비용보다 적을 것이라고 믿었다. 궁극적으로 임금 인상이 이직률을 낮출 것으로 예상했다.

일년 뒤, 스미스는 이직률이 임금 인상에도 불구하고 아주 미미하게 감소했다는 것을 알게 되었다. 다른 경영자와 함께 스미스는 여러 운전기사에게 피드백을 들어보기로 했다. 이 피드백은 운전기사가 왜 이직을 하는지 원인을 알고 이슈를 더 잘 이해하게 도와줄 것이다. 다음은 운전자로부터 받은 피드백 중에 일부이다.

루이스(7년차)

"저는 이 일을 사랑합니다! 많은 사람이 놀랄 수는 있지만, JP는 구성원이 커뮤니티의 일부라고 느낄 수 있게 해줍니다. 다른 운전기사를 자주 만나지는 않지만, 그들을 알게 됩니다. 회사는 내가 하는 일이 중요하다고 느낄 수 있게 해줍니다. 우리가 하는 일은 다른 사람에게 잘 보이지는 않지만, 운전기사는 물건을 운송함으로써 우리나라가 잘 운영될 수 있게 도와줍니다."

카메론(15년차)

"저는 오랫동안 이 일을 했습니다. 제가 좋아하는 측면이 있기 때문이죠. 대학졸업을 하지 않았지만 임금을 충분히 받습니다. 사무직을 좋아하지 않았고 사무실에 갇혀 있는 것이 아니라 여기저기 돌아다니며 다른 곳을 볼 수 있다는 게 이 직업의 좋은 점이죠. 하지만 지난 몇 년 동안 규제가 점점 더 많아지고 있습니다. 초기에는 관리자가 지나치게 간섭하지 않았죠. 지금은 전자기록장치가 운전시간을 체크합니다. 정부가 강제한 것이기 때문에 회사가 할 수 있는 건 많지 않습니다. 그래도 유연성이 떨어지고 돈을 적게 벌게 됩니다. 하루에 14시간 밖에 일할 수가 없죠. 3시간은 짐을 싣고 내리는데 보내고, 운전하는 시간이 아니기 때문에 돈을 받지 못합니다. 안전을 우선시하고 사고를 방지하기 위한 것이라는 건 알겠습니다. 하지만 그 시간을 없애거나 적어도 제 근무시간에 포함하지 않으면 좋겠습니다."

쉘비(4년차)

"분명한 것은 트럭을 운전하는 여성은 많지 않지만, 저는 좋아해요. 저는 운전을 좋아하고 '제가 저의 보스가 되는' 자유를 좋아합니다. 항상 일을 어떻게 하면 더 잘하고 더 빨리 하려고 노력합니다. 무례하고 심한 행동을 이겨내야죠. 무엇보다도 남자는 여성 운전자에 대해서 회의적이어서 여성을 환대하지 않죠. 그래서 저 자신을 항상 증명해야 됩니다. 트럭 정류장은 안전하지 않아요."

터렐(3년차)

"와우, 3년밖에 안 됐어요? 20년은 된 거 같은데. 놀랄 일은 아니겠지만 이 일은 지루하고 단조로워요. 이런 식의 토크쇼나 음악을 다시 들어야 한다면, 나는 집중할 수 없을 겁니다. 얼마 지나고 나면 라디오, 팟캐스트, 오디오를 듣는 게 별로 흥미롭지 않아요. 운송산업이 아닌 다양성이 있는 일을 찾고 싶어요. 머리만 아프게 하는 장애물과 같은 일상적인 일이 아니라...."

스미스는 피드백, 이직률 자료(도표 A), 이직 비용(도표 B)을 검토하고 이직률을 줄이기 위해 몇 가지 옵션을 생각했다. 스미스는 이 옵션을 다른 경영자와 공유를 하고 어떤 옵션을 시행할지 합의를 보려 한다.

도표 A 직원 유지율 통계 2019~2020

최소한 운송회사에 남아 있는 운전기사 비율							
	30일	60일	90일	120일	180일	270일	365일
2019년 1월	85.5%	76.2%	68.8%	62.3%	56.7%	45.6%	38.4%
2019년 2월	84.6%	76.3%	68.6%	62.1%	56.4%	45.7%	37.9%
2019년 3월	84.8%	76.4%	68.8%	59.7%	56.4%	45.4%	37.8%
2019년 4월	84.2%	75.9%	68.7%	59.8%	56.1%	44.5%	37.5%
2019년 5월	84.3%	75.8%	68.5%	59.6%	55.9%	45.7%	38.1%
2019년 6월	83.9%	75.4%	68.2%	60.1%	55.7%	45.4%	37.9%
2019년 7월	83.7%	75.5%	68.3%	59.7%	55.6%	45.1%	37.6%
2019년 8월	83.5%	75.2%	67.4%	59.5%	55.4%	45.6%	37.5%
2019년 9월	83.5%	75.6%	67.8%	59.3%	54.6%	45.1%	37.4%
2019년 10월	83.3%	74.8%	67.4%	59.4%	53.9%	44.9%	37.3%
2019년 11월	83.5%	74.9%	67.5%	59.3%	53.9%	44.7%	37.2%
2019년 12월	83.9%	74.3%	67.2%	59.5%	53.5%	44.8%	37.2%
2020년 1월	82.4%	74.9%	67.5%	59.3%	53.1%	44.6%	37.1%
2020년 2월	82.6%	74.3%	67.1%	58.9%	52.4%	45.6%	37.3%
2020년 3월	82.4%	74.5%	67.2%	58.8%	52.8%	44.8%	37.5%
2020년 4월	82.5%	74.3%	67.1%	58.9%	52.4%	44.5%	37.7%
2020년 5월	82.3%	74.8%	67.3%	58.6%	52.3%	44.6%	37.4%
2020년 6월	82.1%	74.2%	67.2%	58.7%	52.4%	44.5%	37.3%
평균	83.5%	75.2%	67.8%	59.6%	54.4%	45%	37.6%

도표 B 이직 비용

전체 운전기사: 10,000	
연간 이직률: 70%	
고용 비용: 11,000달러	연간 이직 비용: 77,000,000달러

질문

8-14 운전기사의 이직률을 낮추고 회사에 남아 있게 하기 위해 가장 좋은 방법은 무엇인가? 제시한 옵션이 왜 효과적일 것이라고 생각하는가?

8-15 효과적인 다른 해결방안은 무엇인가? 왜 도움이 될 것이라고 생각하는가?

8-16 이 장에서는 이직을 줄일 수 있는 직무 재설계의 용도에 대해 논의했다. 이 사례에 적용가능한가? 이유를 제시하라. 만약 도움이 된다면 어떻게 재설계해야 하는가?

9 집단행동의 기초

출처: Freely Art/Shutterstock

학습목표

9-1 다른 형태의 집단을 구별할 수 있다.

9-2 집단 발전의 단속평형모델을 설명할 수 있다.

9-3 상황에 따라 역할 요구가 어떻게 변화하는지 설명할 수 있다.

9-4 규범이 개인행동에 어떻게 영향을 미치는지 설명할 수 있다.

9-5 지위와 집단의 크기가 성과에 어떻게 영향을 미치는지 설명할 수 있다.

9-6 집단 응집성이 집단 효과성에 어떻게 영향을 미치는지 설명할 수 있다.

9-7 집단 의사결정의 장단점을 비교할 수 있다.

취업 스킬 매트릭스(ESM)

	미신인가, 과학인가	윤리적 선택	찬성 의견/반대 의견	더 나은 세상을 향해	실전 연습	윤리적 딜레마	사례 삽화
비판적 사고와 창의성	✔		✔	✔	✔	✔	✔
의사소통	✔	✔			✔	✔	✔
협력	✔	✔	✔	✔	✔		✔
자기관리	✔		✔		✔	✔	✔
사회적 책임			✔	✔		✔	
리더십		✔	✔	✔			✔
경력관리						✔	

비정상적인 규범에 맞서기

미국 내 맥도날드 매장의 90%가 프랜차이즈이지만, 최근 조사에 의하면 회사 전반적으로 차별, 괴롭힘, 학대가 만연하다고 한다. 2020년도의 조사에 의하면 설문에 응답한 782명의 여성근로자 중에 76%가 맥도날드에서 근무하는 동안 적어도 한 번은 괴롭힘을 당한 적이 있다고 한다. 많은 직원이 부적절한 접촉이나 음란한 말의 희생자였다고 한다. 프랜차이즈 관리자에게 보고를 했지만, 재발 방지를 위한 적절한 조치가 취해지지 않았다고 한다. 사실 설문에 응답한 직원 중 71%는 괴롭힘을 보고한 뒤에 처벌을 받을 뻔했다고 한다. 맥도날드의 CEO인 크리스 캠프찐스키(Chris Kempczinski)에 따르면 이 사안에 대응하기 위해서 '글로벌 브랜드 기준(Global Brand Standards)'를 만들었다고 한다. 이 기준은 구성원이 직장에서 안전하고 상호존중하는 문화를 만들기 위해 재정되었다.

성추행이나 성폭력을 막고자 하는 미투(#MeToo) 운동에도 불구하고, 외식산업에서는 여전히 괴롭힘 이슈가 계속되고 있다. 외식산업에서 놀랍게도 90%의 여성과 70%의 남성이 괴롭힘을 경험했다고 한다. 외식산업에서 관리자, 감독관, 현장작업자 사이의 역학관계는 (맥도날드의 직원이 설명한 것과 같이) 성추행이 무시되거나, 용인되거나, 일상화되어 있다. 특정한 프랜차이즈나 장소에서 괴롭힘이 당연히 여겨지면, 구성원은 가해자에게 맞서기에 불편함을 종종 느낀다.

외식산업에서는 이러한 괴롭힘이 일상화 되게 하는 또 다른 규범이 있다. 흔히 이야기하듯이 "고객이 항상 옳나"라는 이야기가 여전히 숭배된다. 그러나 고객을 이렇게 치켜 세우는 것은 구성원의 기대를 무시하고 무너뜨리게 된다. 예를 들어 서비스업종에 종사하는 구성원은 고객으로부터 부당한 대접이나 괴롭힘을 매일 경험하지만 보고하지 않는다고 한다. 관리자도 구성원이 저지르는 성추행보다 고객의 성추행이 덜 해롭다고 인식한다. 더욱이 레스토랑 구성원은 팁을 받아야 하고 고객의 구성원 평가와 보상에 중요한 영향을 미치게 된다. 외모를 중시하고 보상하는 문화에서 고객은 이를 통해 구성원 괴롭힘을 정당화하는 데 활용한다. 그 결과로 레스토랑 직원은 성적 괴롭힘에 많이 취약하다.

그렇다면 맥도날드와 외식산업에서 적합한 행동이 그들의 문화에 정착되게 하려면 어떻게 해야 되는가? 방관자 교육기법이 효과적일 수 있다. 이 기법을 통해 괴롭힘을 목격한 사람이 피해자를 파악하고 돕는 데 연합이 될 수 있다. 교육훈련은 관리자와 구성원이 이슈의 중대성에 대해서 이해하고, 괴롭힘을 인지하고, 대응하고, 맞설 수 있는 데 도움이 된다는 것을 보여주었다. 더욱이 이러한 전략은 구성원이 해로운 규범을 제거하는 데 역할을 할 수 있고 이러한 행동이 근무 환경에 부정적인 영향을 미친다는 것을 인식하는 데 도움이 된다.[1]

개인으로서 우리 모두는 직업, 조직, 본부, 기타 다양한 범주를 바탕으로 집단에 속해 있다. 집단의 일부로 속해 있을 때, 상황에 대한 인식이 변화하게 된다. 이 장의 목적은 조직행동론의 관점에서 집단을 이해하기 위해 기초를 마련하는 것이다. 이러한 기반을 바탕으로 다음 장에서 조직에서 업무팀에 대해 논의하고자 한다. 다음 장에서 업무팀에 대해 이야기를 할 때 많은 사람은 집단과 팀을 다른 개념으로 간주한다.[2] 집단은 공동의 목표를 달성하기 위해서 협력하거나 조정할 필요가 없다. 반면에 팀은 시너지를 통해 공동의 목표를 달성하기 위해서 협력하고 조정하게 된다. 이 장에서는 보다 익숙한 개념인 집단에 대해 논의하고자 한다. 집단이 어떻게 형성이 되고, 상호작용하고, 결정을 내리는지 집단의 특성에 대해서 논의하고자 한다. 그 전에 집단에 대해 정의를 먼저 살펴보자.

집단의 정의와 분류

9-1 다른 형태의 집단을 구별할 수 있다.

집단 특정 목적을 달성하기 위해 함께 모여 상호작용하고 상호의존하는 2명 이상의 개인

조직행동론에서 **집단**(group)은 특정 목적을 달성하기 위해 함께 모여 상호작용하고 상호의존하는 2명 이상의 개인으로 정의된다. 예를 들어 대형 보험회사의 지역본부에 있는 판매그룹을 생각하자. 이 집단은 지역민에게 보험을 팔고, 각 구성원은 조직을 위해서 보험을 판매하기 위한 팀에 소속이 되어 있다.[3] 살아가면서 많은 종류의 집단에 속하게 되는데 특정기간에 더 중요한 집단이 있고, 어떤 집단에서 요구되는 역할은 갈등을 유발하기도 한다(예: 부모로서의 역할은 매니저로서의 역할과 충돌할 수도 있다).[4]

공식 집단 조직 구조에 의해 정의된 작업 집단

비공식 집단 공식적으로 구성되지 않은 집단으로 동아리나 이해 집단과 같이 필요성에 대응하여 만들어진 집단

집단에는 공식 집단이나 비공식 집단이 있을 수 있다. **공식 집단**(formal group)은 업무가 지정되고 과업이 할당된 조직 구조에 의해 정의되는 집단을 의미한다. 공식 집단에서 팀원이 참여하는 행동은 조직 목표에 의해 규정되고 조직 목표를 지향하게 된다. 항공기 승무원 조직이 공식 집단의 한 예이다. 이와 대조적으로 **비공식 집단**(informal group)은 공식적으로 구성되지도 않고 조직적으로 결정되지도 않는다. 비공식 집단은 사회적 욕구를 충족시키거나 공동의 관심사를 갖는 구성원의 모임이다. 정기적으로 점심이나 커피를 함께하는 다른 부서의 3명은 하나의 비공식 집단이다. 개인 사이에서 이러한 상호작용은 비록 비공식적이기는 하지만 그들의 행동과 성과에 크게 영향을 미친다.

사회정체성

사람은 경험을 공유하면 그 사건에 대한 인식이 더 증폭되기 때문에, 흔히 자신의 집단에 대해 강한 감정을 느낀다.[5] 예를 들어 인디애나주 크로포즈빌에 있는 톰스마린세일즈(Tom's Marines Sales)를 살펴보자.[6] 50주년을 기념하기 위해 친한 친구와 구성원이 파티를 열었다.

미시시피 소재 닛산(Nissan) 공장의 인적자원 담당이사인 제프리 웹스터(Jeffrey Webster)는 복음 합창단의 단장 역할을 맡고 있다. 합창 단원은 다양한 구성원으로 구성되어 있다. 그들은 동료직원, 회사임원, 주 공무원과 지역사회 행사를 위해 노래와 연주하는 것을 좋아하며, 서로 간에 동일시하는 집단이다.

출처: Rogelio V. Solis/AP Images

구성원은 회사의 역사에 대해 감사할 뿐만 아니라 회사의 성공과 손실(톰의 아내이자 공동창업자인 조이의 사망), 그로포즈빌 커뮤니티에 동질감을 느꼈다. 사실 시장과 카운티 위원장은 톰에게 커뮤니티에 공헌한 것을 기리기 위해 감사패를 수여했다. 한 집단의 업적에 대해 개인적으로 투자하는 경향은 **사회정체성 이론**(social identity theory)에 의해 설명될 수 있다. 이 이론은 2장에서 다룬 사회적 범주화를 보완하는 개념이다. 사회적 범주화는 사람이 다른 사람을 왜 다른 집단으로 분류하는 반면에 사회정체성 이론은 사람이 특정 집단과 동질시하는 이유를 설명한다.

사회정체성 이론 언제 그리고 왜 개인이 자신을 집단의 구성원으로 생각하는가를 고려하는 관점

사회정체성 이론은 사람의 자존심이 집단과 연계되어 있어 사람은 집단의 실패나 성공에 대해 감정적인 반응을 보인다고 제안한다.[7] 구성원은 자신이 속한 회사의 성공을 자랑스러워하고 회사가 공격받을 때 화를 내거나 위협을 느낀다. 심지어 경쟁기업이 어려움을 경험할 때 기뻐하기도 한다.[8] 예를 들어 웬디스(Wendy's) 소셜미디어팀은 패스트푸드 경쟁기업과 트위터에서 '로스팅 전쟁(경쟁기업이나 제품에 대한 대담한 공격)'을 통해 이러한 감정을 강화시킨다.[9] 웬디스의 구성원과 트위터 멘토 웬디스가 경쟁자를 이렇게 '구워버릴 때' 회사를 사랑스러워하고 일체감을 느낀다. 구직자는 아마도 자신의 정체성과 일치된 조직에 더 이끌리게 될 것이다. 예를 들어 한 연구에 의하면 엔지니어링 관련 일을 찾는 사람은 자신의 사회적 정체성과 일치되는 회사의 링크드인 구인에 더 관심을 갖는다고 한다.[10] '긱 근로자'도 마찬가지이다. 이러한 직무를 선호하는 사람은 거래적인 관계에 고용관심이 더 많고 상대적으로 사회적이거나 감성적인 고용관계를 덜 희망하는 경향이 있다.[11]

사람은 일생에 걸쳐 많은 사회정체성을 개발하고 이들 중에 많은 부분은 클러스터를 형성한다(예: 친척이 같은 교회에 다니거나 동료가 같은 체육관에 같이 다님).[12] 자신이 일하는 조직, 살고 있는 도시, 직업, 종교적 배경, 민족성, 성별에 의해 자신을 정의할 수도 있다. 시간이 지남에 따라 자신이 속한 특정 집단이 다른 집단보다 더 중요해질 수 있다. 예를 들어 로마에서 일을 하는 미국 해외파견 직원은 미국 출신이라는 것을 잘 알지만, 털사에서 투손으로 이주를 하면서 국가정체성에 대해 다시 생각하지는 않을 것이다.[13] 하지만 수십 년 동안 많은 국가에서 근무한 해외파견 직원은 자신을 아마도 국제 시민으로 인식할 것이다.[14] 상황에 따라서

어떠한 사회적 정체성의 두각은 변화할 수 있고, 경우에 따라서 정체성들 사이에서 갈등을 느낄 수도 있다.[15] 그럼에도 불구하고 이러한 정체성의 변화는 사람의 건강과 웰빙에 큰 영향을 미친다.[16]

조직과 작업 집단 내에서 집단의 총체적인 특징과 연계될 때 ① **관계적 정체성**, ② **집단적 정체성**을 통해 다양한 정체성을 개발할 수 있다. 직장에서 집단과의 일체감은 조직과의 일체감에 비해서 강하게 나타나지만(3장에서 조직 일체성 참조), 행동과 태도 모두 긍정적인 관련이 있다.[17] 만약 집단과의 동질성이 낮다면 만족감이 줄어들고 조직시민행동(OCBs, 1장 참조)이 낮을 것이다.[18] 예를 들어 이주 근로자는 포용적이거나 후원적이지 않은 상사를 만날 경우, 지역사회에 소속감을 느끼지 못할 경우 자신의 정체성을 위협받고 피로감을 경험하게 될 것이다. 이러한 경험은 종종 이주 근로자의 높은 이직률을 유발한다.[19] 심지어 리더가 사용하는 단어도 영향을 미친다. CEO가 '나'라는 표현보다 '우리'라는 표현을 사용할 때, 구성원과 이해관계자는 집단의 일부로 소속감을 느낄 수 있다. 예를 들어 16년에 걸친 연구에 의하면 이러한 집단주의적 언어를 사용할 경우 판매와 투자수익률이 올라간다고 한다.[20]

2장에서 서술한 것처럼 사회범주화(그리고 사회정체성) 과정에 의해 사람은 때때로 사회적 정체성을 공유하는 사람을 내집단으로 인식하고 다른 집단의 사람을 외집단으로 인식하게 된다. 2장에서 이러한 구별이 편견과 차별의 강한 원인이 된다는 것을 서술했다. 사람은 다른 외집단에 속하는 사람을 '모두 같다'고 인식하며 이는 사람을 양극단으로 분류하게 한다.[21] 반면에 내집단에 있는 사람에게 편의를 봐주거나 다른 사람보다 더 낫다고 생각하는 경향이 있다. 예를 들어 적대감이 없지만 편애하는 것이 가장 차별적인 행동이라고 한다. "적대감은 차별에 통합되는 것이 아니다. 적대감 없이 차별대우를 할 수 있다."[22] 내집단에게 편애를 함으로써(같은 인종/민족, 성별 정체성 등) 구성원과 관리자는 공범자가 된다.

지금까지 집단의 실재와 사회적 동질화를 통해서 왜 형성이 되는지를 논의했고, 다음으로 집단이 어떻게 형성이 되고 상호작용하고 사라지는지 집단의 '생애주기'에 대해 논의하자.

집단 발전 단계

9-2 집단발전의 단속평형모델을 설명할 수 있다.

단속평형모델 관성과 활동 사이의 전환을 포함하여 임시 집단이 경험하는 일련의 단계

마감시한이 있는 임시 집단은 도표 9-1에 제시된 **단속평형모델**(punctuated-equilibrium model)과 같은 독특한 일련의 활동(또는 비활동) 순서를 경험한다.

1. 최초 모임에서 집단의 방향을 정한다.
2. 집단활동의 최초 단계는 관성의 단계로 진행 과정이 느리다.
3. 집단이 할당된 시간의 정확히 반을 사용했을 때 전환이 일어난다.
4. 이러한 전환이 큰 변화를 일으킨다.
5. 관성의 2단계가 그 전환을 뒤따른다.
6. 집단의 마지막 모임은 눈에 띄게 가속화된 활동으로 특징지어진다.[23]

첫 번째 회의에서 집단의 일반적인 목적과 방향이 설정된다. 그러고 나면 집단이 따를 가정과 원칙의 기본 틀이 정해진다. (때로는 이러한 가정이 암묵적이거나 자동적으로 형성될 수도

도표 9-1 단속평형모델

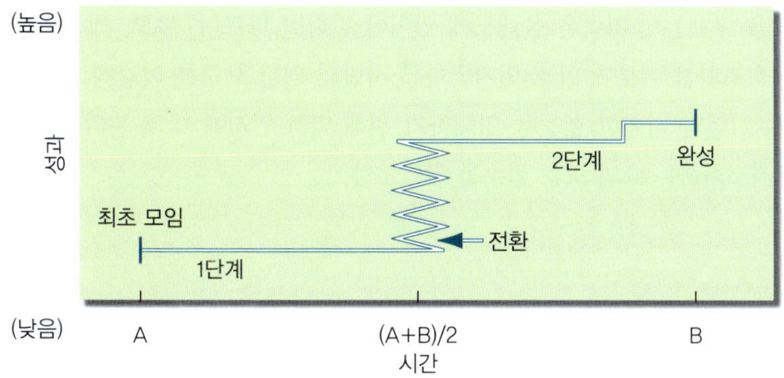

있고 이 과정은 집단이 존재한 후 처음 몇 초 내에 나타나기도 한다.) 일단 방향이 정해지면 집단의 방향은 고정되고 집단 수명의 전반부에는 재검토되지 않는다. 이 기간이 관성기간이다. 집단은 초기 패턴과 가정에 도전하는 새로운 통찰력을 확보하더라도 가만히 있거나 고정된 행동 과정에 갇히는 경향이 있다. 집단은 1시간을 보냈건 6개월을 보냈건 간에 각 첫 번째 회의와 마감일 중간 정도에 전환기를 경험하게 된다. 이러한 전환은 1단계를 끝내며 변화의 집중적인 강화, 낡은 방식의 폐기, 새로운 관점의 채택 등으로 특징지어진다. 이 전환을 통해 집단이 전환기간에 만들어진 계획을 실행하는 다음 단계를 위해 새로운 방향을 설정하게 된다. 집단의 최종 모임은 집단의 작업을 끝내기 위해 활동의 마지막 분발을 특징으로 한다.

다양한 집단발전모델이 있지만 단속평형모델이 상대적으로 많은 지지를 받는다. 하지만 이 모델은 모든 집단에 적용되는 것이 아니라 마감시간이 정해져 있는 임시과업 집단에 적합한 모델이다.[24] 대안모델은 팀이 '형성' 단계, 갈등해결 또는 '혼란' 단계, 구성원이 역할에 동의하고 결정을 내리는 '규범' 단계, 구성원이 공동 작업을 시작하는 '실행' 단계 등의 과정을 거친다고 제안한다. 형성, 혼란, 규범, 실행 단계는 단속평형모델의 첫 단계에서 발생하는 반면에 두 번째 실행과 순응 단계는 두 번째 단계에서 나타난다. 두 번째 단계는 집단의 규범과 기대가 다시 형성되는 짧은 기간을 뒤따를 수 있다.[25]

집단 멤버십에 의해 부여되는 정체성과 집단이 형성되는 방법과 별도로 조직에서 집단을 이해하기 위해서 역할, 규범, 지위, 크기, 응집성을 이해해야 한다. 이러한 개념을 다음 절에서 논의한다.

집단 속성 1: 역할

9-3 상황에 따라 역할 요구가 어떻게 변화하는지 설명할 수 있다.

영국의회에서 11명의 의원이 자신이 속한 정당에서 탈퇴해 중도적인 정치를 표방하면서 독립 집단을 만들었다.[26] 11명이 재선출되지 않아서 해산되었지만 각각의 구성원은 서로 다른 것을 기여했다. 예를 들어 〈오션스(Ocean's)〉 영화 시리즈에서처럼 사기꾼은 강도와 다른 역할로 공헌했다. 모든 구성원은 자신에게 주어진 위치에 맞는 서로 다른 **역할**(role)을 수행했다.

역할 사회 단위 내에서 주어진 직위를 지닌 사람에게 기대되는 일련의 행동 패턴

우리 모두는 직장과 집에서 많은 다양한 역할(예: 파트너로서, 부모로서, 편집자로서, 포커

대회 우승자로서, 교수로서)을 수행한다. 다른 집단은 개인에게 서로 다른 역할을 요구한다. 상당수는 상호호환적이지만, 일부 역할은 갈등을 유발하기도 한다. 예를 들어 당신이 피닉스에 있는 직장을 구했는데 가족은 올랜도에 있어야 한다면 파트너, 부모, 직장으로부터의 역할 요구를 어떻게 조화를 이루게 할 것인가? 다른 사람의 역할 요구를 어떻게 이해할 수 있을 것인가? 집단의 기대와 적합한 행동을 이해하기 위해 **역할 인지**에 대해 논의하고자 한다. 또한 **역할 갈등**을 최소화하는 요인 또는 변수를 알아보자.

역할 인지

역할 인지 주어진 상황에서 어떻게 행동할 것인가에 대한 견해

주어진 상황에서 어떻게 행동해야 할 것인가에 대한 견해는 **역할 인지**(role perception)이다. 주위의 모든 자극(예: 가족, 동료, 유튜브 등)을 바탕으로 역할 인지를 형성한다. 예를 들어 일하는 기혼 부부는 가족에서의 역할에 강하게 동일시하고 이러한 역할을 리더십 기대와 같은 직장에서의 역할로 옮긴다.[27] 하지만 미국 해군에 대한 연구에 따르면 일부 상황에서 다른 상황으로 전이되는 역할 인지도 있지만, 일부는 각각의 상황에 제한적인 역할을 수행하기도 한다(예: 직장에서의 역할을 가정에서의 역할과 철저하게 분리).[28]

역할 기대

역할 기대 주어진 상황에서 어떻게 행동해야 하는지에 대한 다른 사람들의 생각

역할 기대(role expectation)란 주어진 상황에서 특정 방식으로 행동해야만 한다는 다른 사람의 생각을 의미한다. 미국 연방판사의 역할은 예의와 위엄을 갖추는 것이고, 축구 코치의 역할은 공격적이고 역동적으로 선수를 고무하는 것으로 보인다. 역할 기대는 역할 인지에 영향을 미친다. 만약 감독관이 구성원에게 자신의 역할을 수행하는 데 있어서 혁신적이기를 기대한다면, 구성원은 (공식적으로는 아닐 수 있지만) 창의성이 자신의 역할의 일부라고 믿게 된다.[29] 유사하게 윤리적 사안에 대한 리더의 이야기와 행동은 구성원의 윤리적 역할 인식에 영향을 미친다.[30] 역할 기대는 종종 정서적으로, 동기부여적으로 부담이 되기도 한다. 예를 들어 상사가 구성원의 역할에 대해서 본인보다 더 긍정적으로 생각하면 부정적인 구성원은 아마도 낮은 업무 열의나 성과를 보일 수 있다.[31] 상사는 내일 있을 대규모 세일행사에서 훌륭한 고객서비스를 제공할 수 있다는 사실에 매우 긍정적으로 생각하지만, 구성원은 그러한 긍정적인 생각을 공감하지 않을 수도 있다.

심리적 계약 경영자와 구성원 사이에 상호 기대에 바탕을 두고 형성된 문서화되지 않은 동의

직장에서는 역할 기대를 **심리적 계약**(psychological contract)을 통해서 생각해볼 수 있다. 심리적 계약은 구성원과 고용주(최고경영층, 상사, 동료, 해용담당자, 각 근로자 등) 사이에 상호기대를 바탕으로 형성된 문서화되지 않은 합의를 의미한다.[32] 심리적 계약은 시간의 흐름에 따라 변화하지만,[33] 일반적으로 공정하게 대우하고 수용가능한 근로 조건을 제공하며 하루에 할 수 있는 일의 양이 얼마인지 분명하게 전달하고 구성원이 일을 얼마나 잘하고 있는지에 대한 피드백을 제공할 것으로 기대된다. 구성원은 좋은 태도를 보이고 지시를 따르며 조직에 충성심을 보일 것으로 기대된다. 불행하게도 고용주 중에 구성원이 비윤리적일 것을 기대하기도 한다. 만약 기대에 따라 행동하지 않으면 제재(예: 모욕, 압력)를 받거나 환대받지 못할 수도 있다.[34]

만약 경영자가 그 계약의 일부를 지키지 않는다면 어떤 일이 발생하는가? 구성원의 성과에 대해 부정적인 영향을 예상할 수 있고 반생산적인 행동을 예상할 수 있다.[35] 반면에 경영진이

맨해튼에 있는 REI(Recreational Equipment Inc) 매장관리자인 레스 헤이튼(Les Hatton)은 매장 문을 열기 전에 구성원의 기운을 북돋운다. REI와 구성원 간 심리적 계약의 일부는 영업사원이 고객을 환영하고 봉사하는 데 열정을 보이며 흥분을 불러일으킬 것이라는 기대이다.

출처: Matt Payton/AP Images

심리적 계약의 일부를 만족시키면, 구성원은 감사하게 여길 것이고 조직과 동일화시키고 조직시민행동을 보이는 등 조직에 더 기여하려고 할 것이다.[36] 구성원은 왜 자신의 역할을 다 수행하지 않으려 하는 것인가? 자원의 부족, 업무 과중, 스트레스(예: 가족 일로 인한 업무 집중 저하), 계약서에 명시되어 있는 것 이상의 기대, 다른 장애물은 구성원이 자신의 역할을 수행하는 정도에 영향을 미치며 성과가 안 좋아지고 승진이 되지 못하는 경우도 있다.[37] 하지만 종종 자신의 의무와 다른 사람의 의무에 대한 인식은 복잡하고 상황을 어렵게 만들기도 한다. 예를 들어 지나치게 잘해주는 고용주는 구성원을 불안하게 하고 더 많은 것을 해야 된다는 의무감을 느끼게 하기도 한다.[38] 복잡성을 줄이고 계약위반 가능성을 낮추기 위해서 각 근로자의 물리적인 계약과 심리적인 계약 모두 시간이 지나면서 더 광범위해지고 덜 구체화되는 경향이 있다.[39]

물론 한쪽이 계약의 일부를 충족시키지 않아도 신뢰는 회복될 수 있다. 예를 들어 용서는 심리적 계약의 위반에 따르는 정서적 고갈을 줄일 수 있다.[40] 만약 계약을 위반했으면 신뢰를 다시 얻기 위해 위반의 사실을 부정하지 말고 책임을 져라.[41]

역할 갈등

한 가지 역할 요건에 대한 순응이 다른 역할 요건과의 순응을 힘들게 할 수도 있을 때 그 결과가 **역할 갈등**(role conflict)이다.[42] 극단적인 경우에 역할 갈등은 두 가지 이상의 역할이 상호 충돌하기도 한다. 예를 들어 교수는 하나의 역할을 잘 하기에도 시간이 충분하지 않은데 선생님으로서, 연구자로서 모두 훌륭한 역할을 할 것이 기대된다.[43]

역할 갈등 개인이 다른 역할 기대에 직면하게 되는 상황

이와 비슷하게 **역할 간 갈등**(interrole conflict)을 경험할 수도 있다. 이는 서로 다른 집단이 우리에게 기대하는 역할이 서로 상충될 때 나타난다.[44] 예를 들어 많은 사람이 여러 개의 직업을 갖고 있다. 본래의 직업은 소프트웨어 엔지니어지만, 부수적으로 메탈 밴드에서 기타리스트일 수도 있다. 이러한 직업은 필수적으로 갈등을 일으키게 되고 부수적인 직업이 본래의 업에 영향을 미칠 수밖에 없다.[45] 보다 흔한 예로 가족에서의 역할이 직장에서의 역할과 갈등을 일으킬 수 있다.[46] 미국의 한 엄마는 '아들이 태어난 후에 두 가지의 일을 하느라고 허둥거

역할 간 갈등 서로 다른, 독립된 집단이 개인에게 기대하는 역할이 서로 상충되는 상황

릴 수밖에 없었다. 제왕절개로부터 회복하고 회사에 복귀하기 전에 어린 아들을 돌보고 잠시 쉬기 위해서 장애휴직, 휴가, 병가, 무급 휴가를 겨우 끼워 맞춰야 했다'고 한다.[47] 또 다른 예로 예상밖의 재난상황(예: 허리케인이나 대규모 총격사건)에서 간호사는 자신과 가까운 사람을 돌봄(전문가로서의 역할)으로 그 사람과 개인적인 친분에서 오는 정서적인 경험(관계적 역할)을 통제해야 되는 상황에 놓일 수도 있다.[48]

물론 역할 갈등은 대부분의 구성원에게 중요한 스트레스 요인이다.[49] 더욱이 인수합병 과정에서 구성원은 원래 회사의 정체성과 새로운 회사의 정체성 사이에서 갈등하게 된다.[50] 다국적 기업은 지역본부로서의 정체성과 글로벌 기업으로서의 정체성으로 이중 정체성을 야기하는 것으로 나타났다.[51] 비록 전형적인 역할 갈등은 균형을 맞추기 어려운 중요 스트레스 요인이지만, 일부 구성원은 특히 마음챙김의 사고 방식을 통해 갈등을 잘 관리하고 조절하는 창의적 방법을 발견한다.[52] 관리자는 구성원이 업무를 배우면서 동시에 다양한 서로 다른 요구를 수행해야 하는 신입직원에게 업무 수행에 필요한 지원을 제공함으로써 도움을 줄 수 있다.[53]

집단 속성 2: 규범

9-4 규범이 개인행동에 어떻게 영향을 미치는지 설명할 수 있다.

샌프란시스코에 있는 스타트업인 구스토(Gusto)는 사무실을 거실처럼 디자인하고 (꼭 필요하면 샌들과 스리퍼는 신을 수 있지만) 신발을 신지 않게 했다.[54] 실내에서 왜 신발을 신어야 하는가? 왜 어떤 곳(구스토나 어떤 사람의 집)에서는 벗어야 하고 어떤 곳(베스트바이)에서

미신인가, 과학인가

한담과 배제는 집단에 해롭다

이 말이 반드시 사실은 아니지만 직관에 반한다. 이 상황에 대해 살펴보자. 한담(gossip, 남의 사생활에 대한 좋지 않은 소문)이란 무엇인가? 대부분의 한담이란 다른 사람에 대해 이야기하고, 소문을 공유하고, 다른 사람의 행동에 대해 추측하는 것이라고 말할 것이다. 한담은 사람의 평판에 영향을 미친다. 한담은 악의적이라고 할 수도 있지만, 연구자에 따르면 긍정적인 사회적 기능을 제공하기도 한다. 친사회적인 한담은 다른 사람을 착취하는 행동을 노출시킴으로써 긍정적인 변화를 이끌 수 있다. 예를 들어 줄리가 크리스에게 앨릭스가 섬머를 괴롭히고 있다고 말하면, 크리스는 한담을 통해 앨릭스의 잘못된 행동을 알게 되고 프로젝트 업무에서 앨릭스와 협력관계를 맺기를 거부할 수도 있다. 이로 인해 앨릭스는 조직 내에서 기회가 제한될 것이고, 더 많은 사람을 괴롭히는 것이 방지될 수 있다. 또한 한담이 퍼지면서 앨릭스는 자신의 행동이 노출되리라 자각할 것이고, 괴롭힘 행동에 대한 집단의 기대에 순응하게 될 수 있다. 실제로 연구에 따르면 앨릭스는 한담에 대응하여 집단과 협력할 가능성이 높으며, 한담을 듣고 퍼뜨리는 다른 사람 역시 충동에 따라 나쁜 행동을 하지 않고 협력할 가능성이 높다.

앨릭스를 배제하면 어떻게 되는가? 직장에서는 두 가지 유형의 배제가 있다. ① 누군가를 집단에서 소외시키는 것, ② 개인을 추방하는 것이다. 둘 다 같은 결과로 이어진다. 그 사람은 더 이상 그 집단의 일부가 아니다. 단순히 누군가를 집단에서 소외시키는 것은 배제의 메시지를 보내지는 않지만 추방은 확실히 그렇다. 추방은 더 직접적이기 때문에 한담보다 더 처벌을 받고 있다고 느끼게 만든다. 연구에 따르면 추방당한 개인은 집단에 기꺼이 순응하려는 의지를 보여주기 위해 집단 주변이나 근처에 있을 때 더 높은 수준으로 협력한다. 이들은 집단에 다시 포함되기를 희망하는 것이다.

한담과 추방이 함께 작용할 수 있는가? 최근 연구에 따르면 피험자에게 다른 피험자의 업무에 대해 한담할 기회를 주었을 때 그 피험자는 이전보다 더 많이 협력했다. 한담할 기회가 추방할 수 있는 능력과 결합되었을 때 피험자는 훨씬 더 높은 수준으로 협력했다. 따라서 한담과 배제는 적어도 ① 한담이 진정으로 업무 관련 토론에 국한될 때, ② 완전한 상태로 집단에 다시 복귀할 기회가 여전히 존재할 때, ③ 집단 규범이 긍정적일 때 집단에 혜택을 제공할 수 있다.[55]

는 신어야 하는가? 답은 규범에 있다.

모든 집단은 **규범**(norm), 즉 특정한 상황에서 어떠한 행동을 해야 하며 어떠한 행동을 하지 말아야 하는지를 나타내는 집단 구성원이 공유하는 수용가능한 행동의 표준을 확립해왔다. 다른 집단, 커뮤니티, 사회는 다른 규범을 갖고 있다.[56] 규범은 집단의 리더가 만들거나 단지 그들의 의견을 공유하는 것만으로는 부족하다. 그 효과가 고작 3일 동안만 지속되지 않기 위해서는 모든 구성원이 동의하고 또 집단이 받아들여야 한다.[57]

규범 집단 구성원에게 공유되는 집단에서 받아들여지는 행동의 표준

규범이 발휘할 수 있는 영향력의 수준에 대해 알아보자.

규범과 감정

집단 구성원(특히 매일 같이 근무하는 사람의 경우)의 감정은 규정의 힘을 강화한다. 예를 들어 동료는 당신이 아픈 상태에서 회사에 오는 것에 부정적일 것이고, 심지어 화를 내거나 무례하게 반응할 수도 있다.[58] 규범은 심지어 집단이나 개인의 정서적인 경험을 규정지을 수도 있다. 다시 말해 사람은 공유된 정서를 같은 방식으로 느낄 수도 있다.[59] 예를 들어 팀 구성원은 윤리적인 상황을 동료가 다른 방식(동감/동정심을 갖고, 비윤리적인 행동을 줄이거나, 상황을 올바르게 만드려고 하는 등)으로 반응하게 하고, 집단 규범 안에서 상대방의 관점을 이해함으로써 도의적인 감정을 경험한다(4장 참조).[60]

규범과 동조

집단의 한 구성원으로서 그 집단에 수용과 안정성을 바란다. 따라서 다른 사람이 규범을 준수한다고 인지할 때 그 집단의 규범에 동조한다.[61] 집단이 각 구성원에게 강력한 압력을 가해 집단의 표준에 동조하게 태도와 행동을 변화시킬 수 있다는 상당한 증거가 있다.[62] **동조**(conformity)에 대해 집단 압력이 각 구성원의 판단과 태도에 미칠 수 있는 영향력은 솔로몬 애시(Solomon Asch)의 연구에서 잘 나타나고 있다.[63] 애시는 7~8명으로 이루어진 집단을 만들어 실험자가 들고 있는 2장의 카드를 비교하게 했다. 한 카드에는 한 줄이 있고 다른 카드에는 다양한 길이의 세 줄이 있다. 도표 9-2에서 보듯이 세 줄이 그어진 카드의 한 줄은 한 줄이 그어진 카드의 줄과 동일했고, 나머지 선의 길이는 차이가 분명하게 났다. 세 줄이 그어진 카드 중에 어떤 것이 한 줄이 그어진 카드의 선과 동일한지를 이야기해야 했는데, 피험자는 1% 미만의 오차를 보였다.

동조 자신의 행동을 집단의 규범에 맞추기 위해 조정하는 것

두 차례의 조율 연습과 함께 실험을 시작했다. 각 피험자가 정답을 이야기하도록 요구받았다. 모든 사람이 정답을 이야기했다. 그러나 세 번째 실험에서 첫 번째 피험자가 명백한 오답을 말했다. 예를 들어 도표 9-2에서 'C'라고 말했다고 하자. 그다음 피험자도 동일한 오답을 말하고 나머지 사람도 동일한 오답을 말했다. 이제 다른 피험자가 연구자팀에 속해 있다는 것을 모르는 피험자가 직면한 딜레마는 집단 내 다른 사람이 미리 말한 것과 다른 답을 공개적으로 말하느냐, 아니면 다른 구성원과 동일한 반응을 보이기 위해 분명히 잘못된 답을 말할 것인가이다.

많은 실험과 시도의 결과는 피험자의 75%가 최소한 한 번은 동조하는, 즉 답이 잘못되었다는 것을 알지만 다른 사람과 일치하는 답을 냈고 평균적으로 동조하기 위해 잘못된 답변을 하는 비율은 37%였다. 이 결과는 집단 규범에 동조하도록 압박을 느낀다는 것을 암시한다.[64] 이

도표 9-2 애시의 연구에서 사용된 카드의 예시

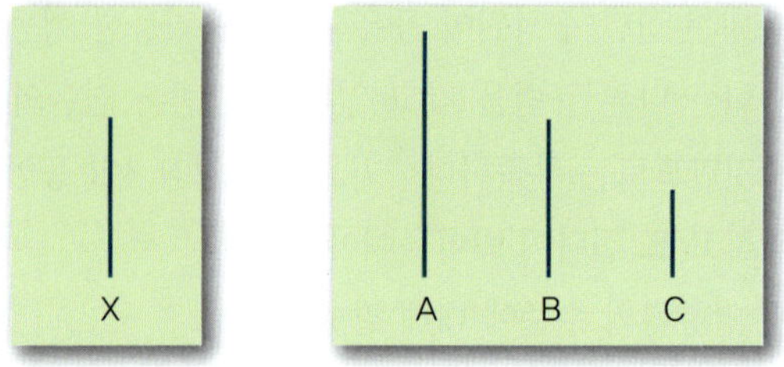

결과는 우리가 단순히 로봇이라는 의미인가? 물론 아니다. 우리는 동조해야 하는 압력을 좋아하지 않는 경향이 있다. 애시는 "이 도전적인 실험에 참여한 사람은 거의 예외 없이 독립성을 동조보다 선호한다는 데 동의했다"고 밝혔다.[65] 개인은 자신이 속하는 모든 집단의 압력에 동조하는가? 분명히 그렇지 않다. 사람이 집단에 동조할 때, 이 집단은 **준거 집단**(reference group)이다. 준거 집단은 자신에게 중요한 집단으로 다른 구성원을 알게 되고, 자신을 한 구성원으로 정의하거나 한 구성원이 되고 싶어 하며, 집단 구성원이 자신에게 중요한 사람이라고 생각한다. 동조화 효과가 항상 나쁜 것만은 아니다. 예를 들어 사람은 기부를 하고 그 결과 공감까지 하는 친사회적 규범에 동조할 수도 있다.[66]

준거 집단 개인은 소속되어 있거나 소속되고 싶어 하며 그 규범에 동조하거나 받아들이려고 하는 중요한 집단

규범과 행동

규범은 집단행동의 모든 측면을 다룰 수 있다.[67] 앞에서 언급했듯이 직장에서의 규범은 근로자의 행동에 유의미한 영향을 미친다. 이는 직관적으로 타당해 보인다. 하지만 규범이 근로자의 행동에 미치는 영향의 중요성에 대해 전면적인 평가는 1924~1932년에 시카고 소재 웨스턴일렉트릭(Western Electric Company)의 호손 공장에서 이루어진 연구에서 비로소 시작되었다.[68]

호손 연구자는 물리적 환경과 구체적으로 조명의 밝기, 생산성의 관계를 조사함으로써 연구를 시작했다. 실험 집단의 조명 밝기를 높였을 때 실험 집단과 통제 집단 모두 산출량이 증가했다. 그러나 실험 집단의 조명 밝기를 다시 낮췄을 때도 두 집단 모두 생산성이 계속해서 증가했다. 실제로 조명 밝기가 달빛 수준으로 줄어들었을 때 비로소 실험 집단의 생산성이 감소했다. 이 연구로 연구자는 작업 환경이 아니라 집단역학이 행동에 영향을 준다고 믿게 되었다.

이어서 연구자는 웨스턴일렉트릭에서 두 번째 실험을 했다. 전화 계전기를 조립하는 소규모 여성 집단은 그들의 행동을 보다 세심하게 관찰할 수 있도록 주요 작업 집단과 분리되었다. 수년에 걸친 관찰결과 이 소집단의 생산량이 지속적으로 증가했다. 개인적인 결근이나 질병으로 인한 결근은 일반생산부서 내 여성의 1/3 수준이었다. 이 집단의 성과는 '특별' 집단이라는 지위 때문에 상당히 영향을 받았음이 분명했다. 그 구성원은 자신이 엘리트 집단에 속해 있고 실험에 참여함으로써 경영자가 구성원의 이해에 관심을 가지고 있다고 생각했다. 본질적으로 조명 실험과 조립 실험의 구성원은 자신이 받은 큰 관심에 대해 실질적인 반응을 보였다.

마지막으로 은행 배전기 관찰실에서 이루어진 세 번째 연구는 정교한 임금 인센티브제의 효과를 확인하기 위해 도입되었다. 가장 중요한 발견은 구성원이 산출량을 개인적으로 최대화하

지 않았다는 점이다. 오히려 그들의 성과는 집단 규범으로 통제되었다. 구성원은 생산량을 급격하게 증가하면 단위 인센티브 비율이 감소하거나 일일 산출량이 증가하거나 해고가 발생하거나 일을 늦게 하는 구성원이 꾸지람을 듣는 것 등을 두려워했다. 그래서 그 집단은 적당한 산출량(너무 많이 생산하지도 않고 너무 적게 생산하지도 않음)이라는 개념을 확립했다. 그들은 서로를 도와가며 보고량이 거의 일정하게끔 했다. 그 집단이 설정한 규범에는 몇 가지 '금지 조항'이 포함되어 있었다. 즉 너무 많은 일을 해서 산출량 수준을 높이지 말 것, 일을 너무 적게 하여 속이는 사람이 되지 말 것, 어떤 동료에 대해서도 밀고자가 되지 말 것 등이다. 여기에는 야유, 욕설, 조롱, 심지어는 집단 규범을 어긴 구성원의 팔뚝 타격 등도 포함되었다. 그 결과로 집단 규범을 강하게 적용하여 실제 산출할 수 있는 양보다 훨씬 적게 생산했다.

긍정적 규범과 집단 성과

긍정적인 집단 규범은 긍정적인 성과를 낳을 수 있지만, 다른 요인이 존재하는 경우에만 가능하다. 전반적으로 규범에 대한 진화론적인 설명은 긍정적인 결과를 관찰할 수 있게 규범은 발전한다고 제시한다. 예를 들어 높은 위협에 직면한 집단은 규범 위배자를 벌할 뿐만 아니라 강한 상호작용과 협조의 규범을 개발한다.[69] 이 때문에 전 세계적으로 문화적 규범의 차이가 존재한다.

긍정적 규범의 긍정적인 예로써 기업의 사회적 책임에 대한 계획을 지닌 모든 조직의 목표 중 하나는 조직의 가치(또는 CEO와 경영진의 가치)가 직원에게 규범적인 영향력을 행사하는 것이다.[70] 만약 직원이 자신의 생각을 조직의 긍정적인 규범과 일치시키면, 이러한 규범은 더 강해질 뿐만 아니라 긍정적인 영향력의 가능성이 기하급수적으로 증가할 것이다. 독일에서의 연구는 이러한 현상은 구성원이 집단에 얼마나 만족하느냐에 따라 결정된다고 한다. 구성원이 더 만족하면 CSR 규범을 받아들일 가능성이 높아진다.[71]

그러나 규범이 표면적으로는 긍정적이고 기능적이지만 바람직하지 않은 결과를 가져올 수도 있다. 소방관과 간호사에 대한 연구에 따르면 가족 친화적인 복지혜택이 시행되어 일-가정 갈등을 효과적으로 줄일 수 있어도, 직장 내 다른 사람이 사용하지 않는다고 생각하면 사용할 가능성이 줄어든다고 한다.[72] 흥미롭게도 연구에 따르면 다양성을 증진시키기 위한 노력으로 고정관념의 만연함을 알게 되는 것이 오히려 고정관념과 동일시되는 행동을 더 하게 된다.[73]

부정적인 규범과 집단 성과

1장에서 논의한 것처럼 비윤리적인 행동(경우에 따라서는 일탈행동이나 반생산적인 행동으로 일컬어지기도 함, 3장 참조)은 규범을 위반함으로써 조직이나 구성원의 웰빙을 저해하는 자발적인 행동이다. 도표 9-3은 비윤리적이거나 일탈행위의 예를 제시한다. 부정적인 규범은 안 좋은 성과나 일탈행동을 조장한다. 구성원이나 상사의 결근은 사무실의 분위기를 좌우한다. 팀 구성원이 나타나지 않거나 상사가 나타나지 않으면, 대부분의 구성원이 아마도 나타나지 않을 것이다.[74] OB POLL은 조직에서 흔한 비윤리적인 일탈행위를 보여준다.

소수이기는 하지만 일탈행위를 조장하거나 지속하는 상황을 만들거나 용인하는 조직도 있다. 첫 번째로 앞에서 논의한 것처럼 작업 집단은 긍정적이거나 부정적인 특징을 갖고 있을 수 있다. 부정적일 때 비윤리적이거나 일탈행위가 더 자주 발견될 수 있다. 연구자가 이야기하는

도표 9-3 일탈적인 직장행동의 유형

범주	예시
생산	조기 퇴근 의도적으로 천천히 일함 자원 낭비
재산	사보타주 근로시간 날조 소속 조직의 절도
정치적	정실주의 과시 쑥덕공론과 소문 확산 동료의 비난
개인적 공격	성희롱 언어폭력 동료의 절도

출처: S. H. Appelbaum, G. D. Iaconi, and A. Matousek, "Positive and Negative Deviant Workplace Behaviors: Causes, Impacts, and Solutions," Corporate Governance 7, no. 5 (2007): 586-98; and R. W. Griffin and A. O'Leary-Kelly, *The Dark Side of Organizational Behavior* (New York: Wiley, 2004)에 기초함.

것처럼 '나쁜 통'에는 나쁜 사과가 있게 마련이다.[75] 두 번째로 구성원은 상사나 동료나 심지어 고객으로부터 부당한 대우를 받을 수 있고, 이는 비윤리적인 행동을 유발할 수 있다.[76] 이러한 부당한 대우는 조직이 구성원을 유지하려는 노력에 영향을 미치는데, 부당한 대우를 받은 구성원의 거의 50%가 이직을 생각한 적이 있고 12%는 실제로 이직을 했다.[77] 마지막으로 조직이 적게 주면서 더 많이 요구하고 구성원이 초과근무를 하게 되면, 간접적으로 일탈행위를 조장할 수 있다.[78]

일반 규범처럼 개별 구성원의 반사회적 행동은 그들이 일하는 집단 상황에 의해 형성된다. 직장에서의 일탈행동은 집단 규범이 뒷받침되는 곳에서 성행하는 듯하다.[79] 예를 들어 자주 결근하는 사람과 직장 안팎에서 교제하는 근로자는 더 자주 결근할 것이다.[80] 따라서 일탈행동이 나타날 때 구성원 협력, 몰입, 동기부여 등이 어려움을 겪을 것이다.

팀에서 직장 일탈의 결과는 무엇인가? 연구에 의하면 높은 수준의 역기능적 행동의 연쇄반응이 발생한다고 한다.[81] 그 과정은 책임 회피, 동료 공격, 일반적인 비협조와 같은 부정적인 행동으로 시작하고, 그 결과는 팀에 집단적으로 부정적인 분위기가 형성된다. 이러한 부정적 분위기는 업무 노력의 조정에 있어서 어려움을 겪게 하고 집단 성과가 낮아지게 한다.

규범과 문화

집단주의 문화의 사람은 개인주의 문화의 사람과 다른 규범을 가지고 있는가? 물론 그렇다. 심지어 외집단 구성원에 의해서 파악되지 않거나 이해되지 않을 정도이다.[82] 그러나 한 사회에서 몇 년만 생활을 해도 우리의 경향성이 바뀔 수 있다는 것을 알고 있는가? 최근 실험에서 중립적인 피험자 집단에게 조직 장면에서의 역할극 과제가 주어졌다. 이 과제는 집단주의 또는 개인주의 규범을 강조했다. 피험자는 개인선택과제(스스로 선택)를 할당받거나 내집단 또는 외집단 사람이 부여한 과제를 할당받았다. 개인주의 규범이 강조된 피험자에게 스스로 선택한 과

OB POLL 직장에서 흔한 일탈행위는 무엇인가?

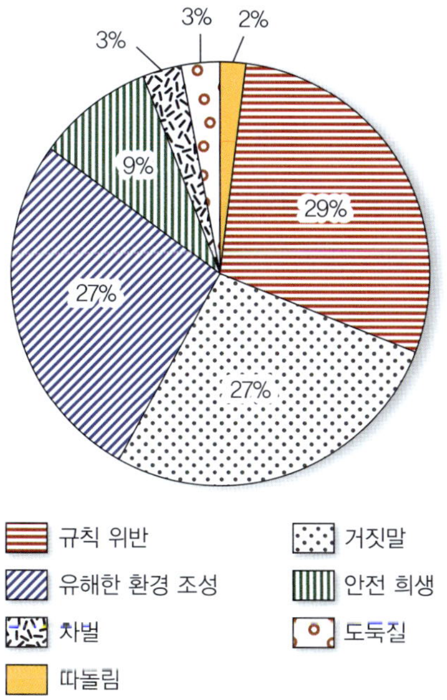

출처: Z. Ivcevic, J. I. Menges, and A. Miller, "How Common Is Unethical Behavior in US Organizations?," *Harvard Business Review*, March 20, 2020, https://hbr.org/2020/03/how-common-is-unethical-behavior-in-u-s-organizations에 기초함.

제가 할당되었거나 집단주의 규범이 강조된 피험자에게 내집단 사람이 부여한 과제가 할당되었을 때 동기 수준이 가장 높았다.[83]

일시적인 변화없이 문화적 규범은 직장에서의 많은 행동(예: 어떤 협상 전략을 선택할 것인지)에 영향을 미친다. (명예를 중시하거나 체면을 중시하는 카타르와 중국 같은 나라에서보다 존중을 중시하는 미국과 같은 나라에서 공격적인 협상이 더 많이 사용된다.)[84] 아시아의 구성원이 대인관계에서 조화와 협력을 중시하지만 전문적인 상황에서는 체면을 차리고 경쟁을 한다는 것을 고려하면 협상의 결과는 놀랍다. 문화적 규범은 위반한 사람에게 어떻게 반응해야 하는지에도 영향을 미친다. 예를 들어 집단주의 문화에서 규범 위반자는 개인주의 문화에서 덜 영향력이 있는 것으로 여겨지고 도덕적 격분을 더 불러일으킨다(5장 참조).[85]

집단 속성 3: 지위
집단 속성 4: 규모와 역학

9-5 지위와 집단의 크기가 성과에 어떻게 영향을 미치는지 설명할 수 있다.

집단이 더 높은 지위와 더 낮은 지위의 구성원으로 계층화되는 경향을 지니고 있음을 알아차린 적이 있는가? 때로는 구성원의 집단 내 지위가 집단 외부에서의 그들의 지위를 반영하지만 항상 그런 것은 아니다. 구성원들의 행동, 역학, 집단 결과에 영향을 미치는 집단의 규모도 다양하다. 이러한 요소가 작업 집단의 효율성에 어떤 영향을 미치는지 살펴보자.

집단 속성 3: 지위

지위 다른 사람이 집단이나 집단 구성원에게 부여한 사회적으로 정의된 직위나 서열

지위(status), 즉 다른 사람이 집단이나 집단 구성원에게 부여한 사회적으로 정의된 직위 또는 서열은 모든 사회에 퍼져 있다.[86] 가장 작은 집단조차도 시간이 지나면서 구성원들 사이에 지위의 차이가 생긴다. 개인이 자신의 지위에 대해 생각하는 것과 다른 사람이 지각하는 것 사이의 차이를 인식할 때 지위는 중요한 동기부여 요인이자 주요한 행동적인 결과를 가져온다.

지위 특성 이론 지위 특성의 차이가 집단 내 지위 계층을 만든다고 보는 이론

무엇이 지위를 결정하는가 **지위 특성 이론**(status characteristics theory)에 의하면 지위는 세 가지 원천 중 하나로부터 나오는 경향이 있다.[87]

1. **한 사람이 다른 사람에 대해 행사하는 권력**: 집단의 자원을 관리할 수 있기 때문에 집단의 결과를 통제하는 사람은 높은 지위에 있는 사람으로 인식되는 경향이 있다.
2. **집단 목표에 기여할 수 있는 개인의 능력**: 집단의 성공에 결정적으로 기여하는 사람은 지위가 높은 경향이 있다.
3. **개인적인 특성**: 집단으로부터 개인적인 특성(좋은 외모, 지능, 돈, 친절한 성격 등)을 긍정적으로 평가받는 사람은 일반적으로 가치 있는 특성이 거의 없는 사람보다 더 높은 지위를 갖는다.

지위와 규범 높은 지위의 개인을 집단과 일치감(사회적 일체성)이 낮을 때 규범으로부터 일탈하는 경향이 더 있다.[88] 그들은 집단 내 지위가 낮은 구성원으로부터 압박을 피한다. 예를 들어 의사는 낮은 지위의 보험회사 구성원이 내린 행정적인 결정을 적극적으로 거부한다.[89] 높은 지위의 사람은 낮은 지위의 동료에 비해서 동조화 압력을 더 잘 피할 수 있다. 집단으로부터 매우 가치 있게 인식이 되지만 집단으로부터 받는 보상에 관심이 없을 경우 동조화 규범을 특히 무시하는 경향이 있다.[90] 일반적으로 높은 지위의 구성원을 집단으로 데려오면 성과가 어느 정도까지만 향상될 수 있는데, 아마도 그 이유는 이러한 구성원으로 인해 반생산적인 규범이 만들어질 수도 있기 때문이다.[91] 예를 들어 조직 내에서 지위가 높은 구성원은 비윤리적인 행동이 필요하고 윤리적이라고 정당화할 수도 있고, 비윤리적인 행동을 거부하려는 노력을 적게 할 수도 있다.[92] 하지만 그들이 모든 것을 통제할 수는 없다. 소문은 지위를 높일 수도 있고 평판에 금이 가게 할 수도 있다.[93]

지위와 집단 상호작용 집단 내에서 더 높은 지위를 추구하는 사람은 더 적극적이 되는 경향이 있고,[94] 특히 다른 집단에서 이미 높은 지위를 갖고 있을 때 독단적인 경향이 있다.[95] 그들은 더 많이 발언하고, 더 많이 비난하며, 더 많은 명령을 내리고, 남의 말을 자주 중단한다.[96] 반대로 높은 지위를 보유한 사람은 조화를 추구하기 위해서 감추는 경향이 있다는 연구도 있다.[97] 지위가 낮은 구성원은 집단 토론에 덜 적극적으로 참여하는 경향이 있기 때문에, 그들이 집단에 도움이 되는 전문성과 식견을 갖고 있을 때 제대로 활용하지 못함으로써 성과를 저해하는 경향이 있다. 상사는 이러한 구성원이 이야기를 할 수 있게 독려해야 한다.[98] 하지만 그렇다고 지위가 높은 개인만 선호되는 것은 아니다. 높은 지위를 가진 사람이 너무 많으면 집단 성과가 저하되기 때문에, 높은 지위를 가진 사람을 중간 지위 사람으로 이루어진 그룹에 추가하는 것이 유리할 수 있다.[99]

지위 불공정성 집단 구성원이 지위 계층을 공정하다고 믿는 것이 중요하다. 불공정성을 지각하면 불균형을 가져와 여러 유형의 행동들을 불러일으킨다. 계층적 집단은 하단에 있는 사람들 사이에 부정적인 감정과 분노를 일으킬 수 있다.[100] 집단 내 지위상의 큰 차이는 또한 더 나쁜 개인 성과, 더 낮은 건강, 낮은 지위의 구성원의 이직 의도를 높인다.[101] 이러한 현상은 각 근로자와 계약 근로자에게서도 나타난다. 자신과 의뢰인 사이에 지위의 불공정성을 지각할 때 의뢰인이나 계약 고용주에게 덜 몰입하게 되고 고용관계를 떠날 가능성이 높다.[102] 일반적으로 권력기반 지위의 불공정성은 부정적인 결과를 더 유발하는데, 대인 갈등을 더 유발하게 된다. 하지만 다른 형태의 지위는 향상시키려는 건전한 경쟁을 유발한다.[103]

집단은 일반적으로 내부적인 지위 기준에 동의한다. 따라서 개인의 집단서열에는 의견이 크게 일치하는 것이 일반적이다. 회사의 중역은 개인 소득이나 회사의 성장률을 지위의 결정요소로 사용할지 모른다. 정부 관료는 예산의 규모를 이용하고 생산직 근로자는 근무연수를 이용할지도 모른다. 소셜네트워크에서 주요 직위에 있는 관리자는 일반적으로 자신의 부하에 의해 지위가 더 높은 것으로 보이며, 이러한 위상은 집단의 운영에 보다 큰 영향력으로 전환된다.[104] 하지만 지위에 관계없이 지위 계층에 대한 정확한 이해(즉 '누가 내 집단의 누구인지')하는 것은 더 좋은 성과를 이루게 하고 집단 내에 효과적인 네트워킹을 가능하게 한다.[105]

집단은 일반적으로 서열이나 필요로 하는 자원에 대한 결정권에 따라서 비공식 지위서열을 형성한다.[106] 개인은 지위 기준이 다른 집단 사이에서 옮겨다니거나 이질적인 배경을 가진 구성원의 집단에 가입할 때 갈등상황에 놓이게 된다. 집단 문화 또한 개인에 대한 지위를 부여하기 위해 기준에 차이를 보인다. 집단이 이질적이고 다른 계층을 조정하려고 하면 지위 차이는 갈등을 유발할 수도 있다.[107] 다음 장에서 다루겠지만, 이는 관리자가 조직 내에서 다양한 기능에 소속된 구성원으로 팀을 만들고자 할 때 문제가 될 수 있다. 마지막으로 지위 상실의 위협은 높은 지위의 구성원에게 필사적인 행동을 유발할 수 있다. 예를 들어 지위 상실의 위협을 받는 고위정치인은 대규모의 기업뇌물 사건에 연루될 가능성이 높다고 한다.[108] 더욱이 높은

에런 로저스(Aaron Rodgers)는 그린베이패커스(Green Bay Packers) 풋볼팀의 쿼터백으로서 높은 지위를 가지고 있다. 그의 지위는 팀 승리에 기여하는 능력에서 비롯된다. 팀 동료와 코치는 그의 성격, 리더십 기술, 콜링플레이의 전문성, 움직이면서 정확하게 터치다운패스를 던지는 능력을 높이 평가한다.

출처: Cal Sport Media/Alamy Stock Photo

윤리적 선택

집단에서 자기도취자 관리하기

자기도취(Narcissism)는 경쟁자 사이에서 돋보이게 하는 가치 있는 자산이기 때문에 조직에서 어느 정도의 자기도취는 조직에서 필요할 수 있다. 더욱이 자기도취적인 사람은 매우 카리스마가 있고, 의용이 넘치고, 적응해야 되거나 혼란스러운 상황에서 잘 할 수 있다. 반면에 자기도취적인 사람은 집단에 어려움을 주기도 한다. 예를 들어 그들은 지위가 낮은 역할을 부여받으면 비웃는 경향이 있다. 그들은 비슷한 역할을 부여받은 자기도취적이지 않은 사람과 비교하면 만족이 떨어지고 자기방어적으로 행동하는 경향이 있다. 더욱이 그들은 집단보다 자신의 이익을 우선시하기도 한다. 집단을 돕기 위해 역할 외 행동도 하지 않는 경향이 있다.

자기도취적인 사람이 집단응집성에 공헌을 할 수도 있지만, 이런 가능성은 드물다. 예를 들어 자기도취적인 사람이 집단에 의해서 존경받을 때 응집성은 높을 수 있다. 이러한 경우 자기도취적인 사람은 집단과 동질시되고 집단을 좋아하는 경향이 있다. 반면에 만약 자기도취적인 사람과 집단 내 다른 사람이 경쟁관계라면, 자기도취적인 사람은 경쟁자를 제거하거나 스스로 집단을 떠날 수도 있다. 집단응집성에 또 다른 장애물은 동료가 그를 싫어하거나 결국 싫어하게 될 것이라는 사실이다(어느 정도 시간이 지나면 사람은 허풍과 뻔뻔함을 인지하기 시작한다).

이러한 문제에도 불구하고 자기도취적인 사람이 집단에 미치는 부정적인 효과를 줄이는 방법이 있다. 강한 집단응집성은 수용되기 어려운 행동을 쉽게 드러나게 한다. 동료의 압박은 그들이 집단 규범에 맞추도록 유도한다. 동료의 건설적인 피드백도 도움이 될 수 있다. 자기도취적인 사람은 한 사람이나 리더가 주는 건설적인 피드백을 위협으로 여기지 않아서 더 좋은 방향으로 반응한다. 자기도취적인 사람은 자신의 행동과 관련된 이슈를 알지 못하기 때문에 그들을 관리하는 것은 어렵지만 집단응집성과 성공을 위해서는 필수적이다.[109]

지위의 구성원이 다른 높은 지위의 경쟁자에게 질 때 집단에는 해로운 영향이 있다(만약 높은 지위의 구성원이 낮은 지위의 구성원을 위해서 떠난다면 실제로 도움이 될 수 있지만).[110]

집단 속성 4: 규모와 역동

한 집단의 규모가 집단의 전반적인 행동에 영향을 미치는가? 그렇다. 그러나 그 영향은 결과변수(예: 성과, 창의성)가 무엇인가에 달려 있다.[111] 12명 또는 그 이상의 구성원을 가진 집단은 다양한 정보와 자원 등의 투입을 얻는 데 좋다.[112] 만약 목표가 사실을 발견하는 것이나 아이디어를 도출하는 것이라면 보다 큰 집단이 더 효과적이다.[113] 성과와 생산성 측면에서는 약 7명의 구성원으로 이루어진 작은 집단이 더 좋고,[114] 변혁적 리더십도 7명 정도 규모의 집단에서 가장 효과적이다(12장 참조).[115] 집단의 규모는 윤리적 결정에도 함의가 있다. 예를 들어 사람은 작은 집단이면 신뢰할 만하다고 생각한다.[116] 또한 규모가 커지면 동질감이나 공감이 줄어들고 서로 돕는 경향성도 줄어든다.[117]

사회적 태만 개인으로 일할 때보다 집단으로 일할 때 개인이 노력을 덜 하는 경향

집단역학은 또한 집단을 규정짓는 데 중요하다. 집단의 규모에 관한 발견 중에서 가장 중요한 것은 **사회적 태만**(social loafing), 즉 혼자 일할 때보다는 집단으로 일할 때 개인이 노력을 덜 하는 경향과 관계된다.[118] 사회적 태만 현상은 집단 규모에 상관없이 전체로서의 집단 생산성은 그 집단 내에 있는 개인의 생산성을 합한 것과 최소한 동일해야 한다는 가정에 직접적으로 도전한다.

무엇이 사회적 태만을 가져오는가? 아마도 집단 내의 다른 사람이 정당한 몫을 해내지 않는다는 믿음 때문일 것이다. 특히 그 집단은 사회적 태만이 착취적인 방식(다른 팀 구성원을 희생하여 혜택을 얻는)으로 행동하고 있다는 것을 믿는다.[119] 또 다른 설명은 책임의 분산이다. 집단의 결과는 어느 한 개인에게 귀속될 수 없기 때문에, 개인의 투입과 집단의 산출 사이의

알리바바(Alibaba)의 티몰(Tmall) 온라인쇼핑사이트의 젊은 직원들이 중국 '솔로의 날(Singles Day)' 쇼핑 이벤트 기간에 판매 주문량이 증가한 집단 성과를 축하하고 있다. 사회적 태만은 개인주의 문화와 부합하는 반면에 중국과 같은 집단주의 사회에서는 직원이 개별적으로 일할 때보다 집단 목표에 의해 동기부여되고 집단 안에서 더 뛰어난 수행을 보인다.

출처: Han Chuanhao Xinhua News Agency/Newscom

관계가 명확하지 않다. 그럴 경우 개인은 무임승차자가 되고 집단의 노력에 편승하도록 유혹을 받을지 모른다.[120] 사회적 태만의 조직행동에 대한 함의가 중요한데, 관리자가 사기와 팀워크를 향상하기 위해 집단적인 작업상황을 이용할 때 개인의 노력을 확인할 수 있어야 한다. 구성원 간 업무 성과의 다양성이 크면 사회적 태만이 일어날 가능성이 높고, 집단이 더 오래 함께 있으면 더 큰 사회적 태만을 만들어 만족과 성과를 감소시킨다.[121]

연구에 따르면 개인의 직업 윤리가 강할수록 그 사람이 사회적 태만에 빠질 가능성이 낮다고 한다.[122] 또한 집단 안에 성실성과 우호성(5장 참조)의 수준이 높으면 사회적 태만의 존재 여부에 관계없이 성과가 높게 유지될 가능성이 높다.[123] 가상 집단은 특히 구성원이 서로 다르고 집단의 성과에 대한 관심을 떨어뜨리게 하는 가족에 대한 책임이 많다면 사회적 태만을 경험할 가능성이 많다.[124] 사회적 태만을 막기 위해 여러 가지 방안이 있다.

1. 집단이 추구할 공동의 목표를 갖게 집단 목표를 설정한다.
2. 결과 공유에 초점을 맞추고 집단 간 경쟁을 증대시킨다.
3. 각 개인이 서로 간의 기여를 평가할 수 있게 동료 평가를 시행한다.
4. 동기부여가 높고 집단으로 일하기를 선호하는 구성원을 선발한다.
5. 가능하면 집단 보상의 일부를 각 구성원의 기여에 기반하고 개인 구성원의 성과가 측정 가능하게 업무를 구조화한다.[125]

집단 속성 5: 응집력

9-6 집단 응집성이 집단 효과성에 어떻게 영향을 미치는지 설명할 수 있다.

집단이 높은 수준의 기능을 발휘하려면 하나의 단위로서 응집력 있게 행동해야 한다. 집단은 응집력에 있어서 차이가 난다. 집단에 따라 **응집력**(cohesiveness)은 구성원이 서로에게 끌리

응집력 공유 유대감은 집단 구성원이 함께 일하고 집단에 머물도록 유도함

도표 9-4 집단 응집력, 성과 규범, 생산성의 관계

		응집력	
		높은	낮은
성과 규범	높은	높은 생산성	중간 생산성
	낮은	낮은 생산성	중간에서 낮은 생산성

고 그 집단에 머물도록 동기부여되는 정도가 다르다.[126] 어떤 작업 집단은 구성원이 상당한 시간을 함께 보내기 때문에, 집단의 작은 규모와 목적은 높은 상호작용을 촉진하기 때문에, 외부의 위협이 구성원을 결속하기 때문에 어떤 집단은 응집력이 강하다. 응집력이 높은 집단 구성원의 관계는 집단이 흩어진 이후에도 유지된다고 한다.[127]

응집력은 집단 생산성에 영향을 미치고, 반대로 생산성이 응집력에 영향을 미치기도 한다.[128] 응집력은 개인 구성원이 OCB를 더 발휘하게 하고 자신의 일에 대해 자신감을 갖고 궁극적으로 시간이 지남에 따라 생산성의 향상을 이끈다.[129] 하지만 응집력의 효과는 집단의 다른 특성에 따라 다르게 나타난다. 예를 들어 서로의 역할 책임이 상호의존적일 때 응집력은 더 중요하다(예: 프로젝트 팀).[130] 더욱이 연구에 의하면 응집력과 생산성의 관계는 집단의 성과 관련 규범에 달려 있다고 한다.[131] 품질, 산출, 외부자와의 협력을 위한 규범이 높다면 응집력이 강한 집단이 더 생산적이다. 그러나 응집력이 높고 성과 규범이 낮다면 생산성은 낮을 것이다. 만약 응집력이 낮고 성과 규범이 높으면 중간 정도의 성과를 낼 것이다. 둘다 모두 낮을 경우에 생산성은 낮거나 중간 정도의 수준에서 결정될 것이다. 이러한 결론이 도표 9-4에 요약되어 있다.

집단 구성원이 마인크래프트(Minecraft), 포트나이트(Fortnite), 다른 비디오게임을 하는 것 이상으로,[132] 어떻게 집단의 응집력을 증대시킬 수 있는가?

1. 집단의 규모를 더 작게 만든다.
2. 집단 목표에 동의할 수 있게 격려한다.
3. 구성원이 함께하는 시간을 늘린다.
4. 집단의 위상을 높이고 집단의 구성원이 되는 것이 어렵다는 인식을 증대시킨다.
5. 다른 집단과의 경쟁을 자극한다.
6. 개별 구성원보다는 집단에 보상을 준다.
7. 물리적으로 집단을 다른 집단과 분리시킨다.[133]

집단 의사결정

9-7 집단 의사결정의 장단점을 비교할 수 있다.

두 사람이 한 사람보다 낫다는 배심원제로 특징지어지는 믿음은 오랫동안 미국과 다른 많은 나

더 나은 세상을 향해

월풀: 자발적 참여를 통해 응집력 높이기

해비타트(Habitat for Humanity)는 어려운 사람에게 집을 제공하는 미션을 갖고 있는 잘 알려진 비영리기관이다. 기부, 자원봉사 활동, 파트너십을 통해서 해비타트는 어려운 사람에게 집과 모기지(주택담보대출)를 제공한다. 《포천》 500대 기업 중의 한 회사이고 가전제품제조회사인 월풀(Whirlpool)은 해비타트와 오랫동안 파트너십을 유지해왔다. 20년 이상 월풀은 55개국 이상에서 새 집을 짓는 것을 도왔다. 미국과 캐나다에서만 10만 가족 이상을 도왔다. 월풀은 1억 달러 이상과 20만 개 이상의 가전제품을 기부하면서 많은 공헌을 했다.

이러한 노력뿐만 아니라, 월풀은 구성원이 자원봉사하게 함으로써 공헌한다. 20년 이상 다양한 본부와 업무 집단에서 8,000명 이상의 구성원이 각 집마다 250~500시간을 자원봉사했다. 월풀을 통해 구성원은 해비타트에 정기적으로 참여할 수 있으며(예: 주말 프로젝트) 또는 'Whirlpool Community Day'와 'Blitz Build(인디애나 대학 켈리 경영대학원과 공동으로 만든)'와 같은 대규모 행사에 참여했다.

경력서비스 회사인 커리어프로(Career Pro Inc)의 존 오코너(John O'Connor)는 "때로는 관계와 신뢰를 증진시키는 제일 좋은 방법을 회사밖에서 찾을 수 있습니다… 자원봉사를 통해서 형성된 신뢰는 긍정적이고 즉각적으로 반영됩니다"라고 이야기한다. 다양한 조직에 속한 많은 경영자, 관리자, 구성원은 자원봉사가 자신이 조직과 집단에서 더 가까워지게 한다고 이야기한다. 한편으로 많은 사람이 이러한 자원봉사는 일과 자신의 의무로부터 관심을 분산시키기도 한다고 주장한다. 어쨌든 많은 사람이 이야기하는 것처럼 응집성과 몰입을 증가시키는가?

이에 대한 답은 기대보다 훨씬 미묘하다. 스트릿사커(Street Soccer USA)의 자원봉사에 대한 연구는 작업 집단 구성원 사이에 응집력을 높이지 않는다고 한다. 하지만 이러한 노력에 참여한 사람들 사이에 응집력은 높였다. 다시 말하면 자원봉사 참여 집단은 그 자체로 그 상황에서 응집력을 개발했다. 이러한 활동은 집단 구성원 사이에 특히 인구통계학적으로 다양성이 있는 집단의 경우로 편견을 낮추는 데도 도움이 되었다. 더욱이 모든 자원봉사자가 같은 이유나 동기를 갖고 있지는 않았다. 종종 자원봉사자는 모두 서비스 정신이 있고 같은 욕구를 충족시키려고 한다고 생각하지만, 연구에 의하면 그들은 자발적 활동에 몰입하는 정도가 다르다. 어떤 사람은 관리자나 행정가로써 참여하고 직접 활동에 참여하지 않는다. 반면에 다른 사람은 실제 활동에 열심히 노력을 투자하고 작업 집단과 조직에 깊게 몰입한다. 여전히 또 다른 사람은 일회성 자원봉사자로 많은 노력을 기울이지 않는다. 이러한 동기의 차이로 인해 응집력이 반드시 높아지는 것이 아니라, 갈등을 유발하기도 한다. 그럼에도 불구하고 중요한 질문에 대해 직접적인 답은 만약 상황과 후원과 동기가 옳다면, 자원봉사는 응집력을 높이는 좋은 방법이 될 수 있다는 것이다.[134]

라의 법률체계의 기본적인 구성요소로 받아들여졌다. 조직 내 많은 결정은 집단, 팀, 위원회에 의해 이루어진다(또는 여러 집단, 여러 팀, 여러 위원회).[135] 집단 역학이 의사결정 과정에 가져오는 고유한 도전과 함께 집단 의사결정의 장점에 대해 논의하고자 한다. 또한 집단 의사결정의 장점을 극대화하기 위한 몇 가지 기법을 살펴본다.

집단 대 개인

집단 의사결정이 조직 내에서 폭넓게 이용될지 모르지만 집단 의사결정이 개인 결정보다 더 선호되는가? 이에 대한 답은 많은 요인에 따라 달라질 수 있다. 집단 의사결정의 장점, 약점, 효용성에 대해 살펴보는 것부터 시작하자.

집단 의사결정의 장점 집단은 더 완전한 정보와 지식을 만들어낸다. 여러 개인이 가지고 있는 자원을 모음으로써 의사결정 과정에 이질적인 요소 뿐만 아니라 더 많은 투입요소를 가져올 수 있다(이러한 정보가 믿을 만하다면).[136] 그들은 다양한 견해를 제공한다. 이는 더 많은 접근 방법과 대안을 고려할 수 있는 가능성을 열어준다.[137] 마지막으로 집단은 해결책의 수용가능성을 증대시킨다. 결정 과정에서 구성원은 다른 견해가 의견의 불일치보다는 토론으로 여겨질 때 수용가능성이 더 높다.[138] 의사결정에 참여한 집단 구성원은 다른 사람이 그 결정을 받아들이도록 열정적으로 지지하고 권장하기 쉽다.

집단 의사결정의 단점 집단 의사결정에는 시간이 많이 소모된다. 집단이(특히 가상집단이) 해결책에 도달하는 데에는 일반적으로 시간이 더 많이 걸리기 때문이다.[139] 집단 내에는 **동조 압력**이 있다. 집단 구성원은 자신이 집단에 받아들여지고 집단의 자산이 되기를 바라기 때문에 명백히 반대하거나 덜 만족스러워도 동의할 수 있다.[140] **한 명이나 몇 명의 구성원이 집단 토론을 지배**할 수도 있다. 만약 그들의 능력이 낮거나 중간 정도인 구성원이거나 정보가 신뢰할 만하지 않으면 집단의 전반적 효과성은 어려움을 겪을 것이다.[141] 흥미롭게도 가상공간에서 소수의 견해를 가진 구성원은 자신들끼리 대화를 하면 이러한 현상이 줄어들거나, 의사결정의 질이 좋아질 수 있다.[142] 또한 '외로운 반대자', 즉 다양한 생각을 갖는 구성원을 허용하는 규범을 갖고 있으면 동조화와 토론을 장악하는 구성원의 영향력이 줄어든다.[143] 마지막으로 집단 의사결정은 책임 소재의 모호성을 겪게 된다. 개인 의사결정에서는 최종 결과에 대한 책임이 누구에게 있는지 분명하지만 집단 결정에서는 어느 한 구성원에 대한 책임이 약화된다.

효과성과 효율성 집단이 개인보다 더 효과적인지 여부는 효과성을 어떻게 정의하고 누가 평가하는가에 따라서 달라진다. 지각과 개인의 의사결정에서 논의한 것처럼 평가자의 정확성은 집단 응집력과 신뢰에 대한 일반적인 지각에 따라서 달라진다.[144] 집단 결정은 일반적으로 집단 내 개인의 결정보다 더 **정확**하지만 가장 정확한 사람의 판단보다는 덜 정확하다.[145] **속도**면에서는 개인이 뛰어나다. **창의성**이 중요하다면 집단이 더 효과적인 경향이 있다. 만약 효과성이 최종 해결책에 대한 **수용성**을 의미한다면 역시 집단이 더 효과적이다.[146]

효율성을 무시하고 효과성을 고려할 수는 없다. 예외 없이 집단 의사결정은 개인이 동일한 문제를 혼자 다루는 것보다 훨씬 많은 시간을 소모한다. 예외적인 경우로는 비슷한 양의 다양한 투입을 얻기 위해 개인 의사결정자가 파일을 검토하고 사람과 이야기하는 데 상당한 시간을 써야 하는 경우이다.[147] 만약 정보가 구성원들 사이에 상당히 넓게 분포되어 있고 또한 효과적으로 숨어 있어서 찾기 어렵다면 집단 의사결정은 비효율적이다. 이러한 정보를 수집해서 최상의 결정을 내리기는 어렵고, 이러한 상황에서 집단은 개방적이고 상호협력적으로 문제를 해결하기 위해 정보를 공유할 것이 요구된다.[148] 집단을 활용할지 여부를 결정하는 데 있어서 관리자는 효율성의 손실을 상쇄할 만큼 충분히 가치가 있는지를 평가해야 한다.

요약하면 집단은 의사결정 과정의 많은 단계를 수행하기 위해 뛰어난 수단이자 정보 수집을 위해 넓고도 깊은 자양분을 제공한다. 하지만 이러한 긍정적인 요인이 집단 의사결정에 들어가는 시간, 집단이 만드는 내부적인 갈등, 동조에 대한 압력 등에 의해 충분히 상쇄될 수도 있다. 그러므로 경우에 따라서는 개인이 집단보다 더 나은 결정을 내린다고 기대할 수 있다. 또한 의사결정 과정에 지원, 협조, 가이드라인을 제시해주면 집단 의사결정에 도움이 될 수 있다. 예를 들어 절차에 대해 지원하고 협조함으로써 집단 의사결정의 한계를 극복하게 할 수 있고, 구성원의 선호에 대한 논의를 줄이고, 더 유용한 정보를 확보하고, 토론에 더 많은 시간을 할애할 수 있을 것이다(지원이 없는 경우와 비교하면).[149]

집단사고와 집단이동

집단 의사결정의 두 가지 부산물(집단사고와 집단이동)은 대안을 객관적으로 평가하고 질 높은 해결책에 이르기 위해 집단의 능력에 영향을 미칠 수 있다.

집단사고 집단사고(groupthink)는 동조에 대한 집단 압력 때문에 보기 드문 견해, 소수의 견해, 인기 없는 견해 등을 제대로 평가하지 못하는 상황을 말한다. 집단사고는 많은 집단에 부정적인 영향을 미칠 수 있고 집단 성과를 크게 방해할 수 있다.[150] 집단사고는 솔로몬 애시가 유일한 반대자에 관한 실험에서 내린 결론과 밀접하게 일치하는 것 같다. 지배적인 대다수의 입장과 다른 입장을 가진 개인은 자신의 진실된 감정과 신념을 억누르고 보류하며 고치도록 압력을 받는다. 비슷하게 '애빌린의 역설(Abilene Paradox)'에 따르면 개인 구성원이 희망하거나 최선의 방법이라고 생각하는 것과 반대로 집단 의사결정을 내리는 것이 제일 좋은 방법이다. 예를 들어 탄원서의 내용에 반대하지만 사인하지 않을 경우에 다른 사람의 평가가 두렵기 때문에 종종 탄원서에 사인을 하기도 한다.[151]

집단사고 합의에 대한 규범으로 인해 대안에 대한 현실적인 평가가 무시되는 현상

학습보다는 성과에 더욱 초점을 두는 집단은 특히 집단사고의 부작용을 경험하고, 대다수의 말에 동의하지 않는 사람의 의견을 억압하기 쉽다.[152] 집단사고는 집단의 형성 초기에 많이 발생하는 것 같다. 이 시기에는 명확한 집단 정체성이 있고, 구성원은 자신이 보호하는 집단에 대해 긍정적인 이미지를 가지고 있고, 긍정적인 이미지에 대해서 외부로부터 위협을 받을 때 집단사고를 경험하는 경향이 있다.[153]

관리자는 집단사고를 최소화하기 위해 무엇을 할 수 있는가?[154] 첫째, 집단의 규모를 살피는 것이다. 집단의 규모가 커지면 사람은 더욱 두려워하고 주저한다. 집단 리더는 공정한 역할을 수행해야 한다. 리더는 모든 구성원으로부터 특히 논의의 초기 단계에서 적극적으로 정보를 확보해야 한다. 추가적으로 관리자는 1명의 구성원에게 악마의 변론인이라는 악역을 맡겨, 대다수의 입장에 공개적으로 도전하고 다른 관점을 제시하게 독려해야 한다. 둘째, 또 다른 제안으로 그 집단을 위협하거나 정체성 보호를 강화하지 않고도 다양한 대안의 적극적인 논의를 자극하는 방법을 이용하는 것이다. 잠재적으로 이익이 되는 논의를 지체시켜 구성원이 먼저 의사결정에 내포된 위험에 관해 이야기할 수 있게 하는 것이다. 구성원에게 대안의 부정적인 면에 먼저 집중하게 함으로써 다른 견해를 덜 억누르고 객관적인 평가를 더 얻을 것 같다.

집단이동 집단이동(groupshift) 또는 집단 양극화는 해결책에 도달하기 위해 대안을 토론하는 과정에서 집단 구성원이 초기의 입장을 강화하는 경향을 의미한다. 집단 양극화는 집단사고의 특수한 경우이다. 집단 의사결정은 집단이 개발하는 지배적인 의사결정 규범(보다 보수적이거나 위험 추구)을 반영한다.[155] 집단에서 토론은 구성원이 원래 가지고 있는 견해를 더 극단적으로 생각하게 만드는 경향이 있다.[156]

집단이동 한 집단의 결정과 그 집단 내 구성원이 내리는 개인 의사결정의 변화. 이러한 이동은 보수주의 또는 더 큰 위험으로 향할 수 있지만 일반적으로 최초 입장은 보다 극단적인 형태를 취함

양극화 현상은 여러 가지로 설명될 수 있다.[157] 예를 들어 토론이 설득력이 있고, 구성원이 서로의 마음을 편하게 해줌으로써 원래 입장보다 극단적인 견해를 기꺼이 드러낸다는 주장이 있었다. 또 다른 주장은 집단이 책임을 분산시킨다는 것이다. 집단 결정은 개별 구성원에게 집단의 최종 선택에 대한 책임으로부터 자유롭게 해주어 더욱 극단적인 입장을 취할 수 있게 된다. 또한 극단적인 입장을 취하는 이유는 자신이 외집단과 얼마나 다른가를 보여주고 싶기 때문인 것 같다.[158]

그러면 집단이동에 관한 이러한 발견을 어떻게 활용할 것인가? 집단 결정은 각 구성원의 최초 입장을 과장하고, 큰 위험으로의 변화로 더 자주 나타나며, 집단이 어느 쪽으로 변화할 것인지는 구성원의 사전 논의의 성향에 따른다는 점을 인식하라. 이제 집단이 의사결정을 하는

기법으로 관심을 돌려보자. 이 기법은 집단 의사결정의 몇몇 역기능적인 측면을 줄여준다.

집단 의사결정 기법

상호작용 집단 구성원이 언어적, 비언어적 소통을 활용하면서 상호작용하는 전형적인 집단

가장 일반적인 형태의 집단 의사결정은 **상호작용 집단**(interacting group)에서 발생한다.[159] 구성원은 서로 소통하기 위해 언어적, 비언어적 상호작용에 의존한다. 그러나 집단사고에 대한 논의에서처럼 상호작용하는 집단은 구성원끼리 서로 감시하고 구성원 각자가 집단의 의견에 동조하도록 압력을 가한다. 브레인스토밍과 명목 집단법은 전통적인 상호작용 집단에 내재하는 문제를 줄이기 위한 방법으로 제시된다.

브레인스토밍 대안에 대해 어떠한 비판도 하지 않으면서 가능한 모든 대안을 개발하게 하는 아이디어 개발 과정

브레인스토밍 **브레인스토밍**(brainstorming)은 비판을 하지 않는 가운데 대안을 조장함으로써 창의성을 저해하는 동조화 압력을 극복할 수 있는 방법이다.[160] 전형적인 브레인스토밍 회의에서 리더는 모든 참여자가 이해할 수 있게 문제를 분명히 설명한다. 구성원은 주어진 시간에 가능한 한 많은 대안을 자유롭게 말할 수 있다. 구성원에게 '특이하게 생각하도록' 권장하기 위해 아무리 기이한 제안이라도 비판하지 않으며 모든 아이디어는 후속 토론과 분석을 위해 기록한다.

브레인스토밍이 사실 아이디어를 개발하게도 하지만 아주 효율적인 방법은 아니다. 연구결과에 따르면 혼자 일하는 개인이 브레인스토밍 회의 내의 집단보다 더 많은 아이디어를 내는 것으로 일관되게 나타나고 있다. 이에 대한 한 가지 이유는 '생산 장애'이다. 집단에서 아이디어를 낼 때 많은 사람은 한번에 이야기를 하고, 이는 사고 과정을 방해하고 궁극적으로 아이디어의 공유를 방해한다.[161]

명목 집단법 개별 구성원이 체계적이지만 독립적인 방식으로 판단하게 하는 의사결정 방법

명목 집단법 **명목 집단법**(nominal group technique)이 더 효과적일 수 있다. 이 기법은 의사결정 과정에 토론이나 구성원 간 의사소통을 제한한다. 집단 구성원은 전통적인 위원회 회의에서처럼 의사결정 과정에 모두 참석하지만 독립적으로 활동한다. 특히 문제가 제시되고, 집단은 다음과 같은 단계를 취한다.

1. **토론이 이루어지기 전에**, 각 구성원은 독자적으로 문제에 대한 아이디어를 적는다.
2. **그러고 나서**, 각 구성원은 하나의 아이디어를 제시한다. 모든 아이디어를 제시하고 기록할 때까지 어떠한 토론도 하지 않는다.
3. 집단은 명확성을 위해 **아이디어에 대해 토의**하고 평가한다.
4. **각 집단 구성원은 조용히 그리고 독자적으로 아이디어의 등수를 매긴다.** 최고의 총점을 받은 아이디어를 최종 결정으로 선택한다.

명목 집단법의 주요 이점은 집단이 공식적으로 만나도록 허용하기는 하지만 상호작용 집단에서처럼 독립적인 생각을 제한하지는 않는다는 것이다. 연구는 일반적으로 명목 집단법이 브레인스토밍보다 성과가 낫다는 것을 보여준다.[162]

집단 의사결정 기법은 각각 장단점을 가지고 있다. 어떤 기법을 선택할 것인지는 어떤 기준을 강조하느냐와 비용-이익의 상쇄에 따라서 결정된다. 도표 9-5에 나타나듯이 상호작용 집단은 해결책에 대한 몰입을 달성하는 데 좋고, 브레인스토밍은 집단 응집력을 개발하며, 명목 집단법은 대량의 아이디어를 내기 위해 효율적인 방법이다.

도표 9-5 집단 효과성의 평가

효과성 기준	상호작용 집단	브레인스토밍 집단	명목 집단
아이디어의 양과 질	낮음	중간	높음
사회적 압력	높음	낮음	중간
비용	낮음	낮음	낮음
속도	중간	중간	중간
과업 지향	낮음	높음	높음
대인갈등의 잠재성	높음	낮음	중간
해결책에 대한 몰입	높음	적용 불가능	중간
집단 응집력의 개발	높음	높음	중간

요약

이 장에서는 조직 내에 있는 공식적, 비공식적 집단과 팀에 대해 기초적인 논의를 전개했다. 조직에서 집단을 정의하는 데 있어서, 우선 사람이 어떻게 일체감을 형성하고 집단의 구성원으로써 어떻게 행동하는가에 대한 기본적인 이론을 사회적 정체성으로 설명했다. 다음으로 집단 규범이 시간에 따라서 어떻게 형성되고 사라지는지를 서술했다. 또한 조직에서 집단과 팀의 운영에 영향을 줄 수 있는 다양한 특성을 논의했다. 첫째, 역할 인식과 기대에서의 차이는 종종 심리적 계약의 위반이나 적대적인 행위와 같은 결과를 야기하는 갈등을 유발할 수 있다. 둘째, 집단 규범은 집단의 운영, 집단 감정, 행동, 결과에 변화를 가져올 수 있다. 셋째, 지위는 집단의 행동을 지시할 수 있게 사람들 사이의 권력과 영향력에 변화를 가져온다. 넷째, 규모가 집단의 성과에 미치는 영향은 집단의 성과 종류에 따라 결정된다. 집단은 너무 크거나 너무 작을 수가 있는데 경우에 따라서는 사회적 태만을 야기하기도 한다. 다섯째, 집단 응집력은 집단이 업무를 조율하고 효과적으로 업무를 수행하고 함께 있을 수 있는 집단 역량을 결정하는 데 중요한 함의가 있다. 이 장의 마지막에서 결정이 집단 내에서 어떻게 이루어지고 집단이 빠지는 실수(집단사고와 집단이동), 집단 의사결정의 질을 높일 수 있는 방법에 대해 논의했다.

관리자를 위한 시사점

- 구성원이 집단과 일체감을 갖지 못한다면, 그들이 어떻게 집단의 일부로 행동하고 공헌하는지를 알 수 있는가? 관리자는 집단 구성원의 일체감을 증진시키고 내집단 편애를 피하는 동시에 정체성 위협을 관리해야 한다.
- 새로운 업무 집단을 구성할 때 집단의 생애주기를 고려하고 집단이 움직이는 단계를 생각하라. 집단은 조심스럽게 선발, 교육, 합류하는 절차없이 즉각적으로 효과적이기는 어렵다. 주어진 집단이 어느 단계에 있는지를 인식함으로써 관리자는 집단이 필요로 하고 경험하는 문제를 해결하기 위해 지원을 제공할 수 있다.
- 일관된 역할 기대와 인식을 통한 역할 명확성은 구성원이 자신에게 기대되는 것을 이해하기

위해 필수적이다.

- 관리자는 집단 내에서 명확한 심리적 계약을 형성하고, 계약에서 자신의 부분을 이행하고, 신뢰가 깨졌을 때는 다시 구축하려고 노력해야 한다.
- 역할 갈등을 경험할 때 창의적으로 접근하려고 노력하라. 창의적인 방식으로 종종 2개의 역할을 모두 만족시킬 수 있다. 또한 역할 갈등을 경험하는 구성원에게 경영진은 균형을 유지할 수 있도록 자원과 도움을 제공해야 한다.
- 규범은 조직 내에서 행동에 큰 영향을 미치는데, 가끔 규범을 (또는 규범이 우리의 행동을 결정한다는 것을) 인지하지 못하고 있다. 집단 내 규범에 대해 (그리고 당신이 만들고 있는 사례에도) 관심을 가져라.
- 관리자는 집단 내 지위 차이에 대해서 관심을 가져야 한다. 그들은 리더가 자신의 비윤리적

동조화는 비생산적이므로 반드시 피해야 한다

찬성 의견

개인은 좋은 의도로 다른 사람과 잘 어울리고 동조화되려고 하지만, 이러한 노력이 심리적이고 정서적인 웰빙에 부정적인 영향을 미칠 수 있다. 동조화가 의도된 것이 아니고 집단의 다른 구성원과 맞추는 과정이라고 하더라도 의도적으로 피해야 하는 과정이기도 하다. 동조화는 개인의 자율성과 진정성을 침해한다. 구성원이 진정한 자신으로 행동할 때 스트레스가 줄고 웰빙이 높아지는 등 다양한 긍정적인 효과가 있다.

보다 극단적인 경우로 동조화는 심각한 비윤리적인 행동과 집단의 분리를 초래할 수도 있다. 예를 들어 소셜미디어는 동일한 관심사를 갖고 있는 사람을 쉽게 모을 수 있는 동조화 역학관계를 만들었다. 이 집단은 세상을 내집단과 외집단으로 구별짓게 하고 다르게 생각하는 사람을 악마나 비난의 대상으로 구별한다. 동조화가 이러한 양분화에 매우 책임이 있다. 사람은 어떻게 느끼고 행동해야 하는지를 알기 위해서 신뢰하는 내집단 사람에게 의존하고, 그들이 속한 집단의 다른 구성원에게 신호를 보내고, 그들의 믿음과 입장을 따라하며 사회적으로 전달함으로써 문제가 되는 정보를 퍼뜨린다. 예를 들어 COVID-19에 이러한 전파는 부정확한 정보를 반복적으로 수천 명에 의해 전달되었다(예: 바이러스에 대한 부정확한 소식).

애덤 그랜트(Adam Grant)가 그의 책(Originals: How Non-Conformists Move the World)에서 이야기한 것처럼 스스로 생각하고 다른 사람이 선호하는 생각에 동조하지 않는 개인은 최고의 혁신가일 수 있다. 조직은 더 많은 '독창적인 사람' 또는 그랜트가 이야기하는 독립적이고 호기심이 많은 생각하는 사람을 필요로 한다. 실패의 두려움에서 벗어나고 규범을 무너뜨리는 데 두려움이 없기 때문에, 그들은 다른 사람이 더 독창적일 수 있게 영향을 발휘할 수 있다. 집단으로부터 멀어지는 것이 쉽지는 않지만 궁극적으로 개인이 보다 혁신적이고 생산적이고 업무에 만족하게 된다.

반대 의견

동조가 필요한 시간과 장소가 있다. 특히 조직이 더 큰 목표를 향해 나아갈 때 필요하다. 연구에 의하면 동료들 사이의 압력은 개인이 특정한 규범에 동조하게 하는 효과적인 동기부여 방법이라고 한다. 병원에서 손 위생을 개선하고자 하는 연구에서 동료들 사이의 압력은 금전적인 인센티브보다 더 효과적임을 밝혔다. 이 경우에 공동의 목표를 달성하기 위해서 기록하고 기념하는 이메일을 보내고 중요성을 홍보하는 리마인더를 활용함으로써, 의사가 손 위생이라는 규범에 동조하게 압력을 가했다. 이 경우에 동조화는 환자의 건강과 안전에 핵심이었다.

더욱이 동조하는 사람은 조직의 혁신에도 중요하다. 창의적인 개인이 있는 팀이 좋은 아이디어를 제시했지만, 많은 혁신적인 아이디어는 실행이 되지 않았다. 만약 집단 구성원이 규정을 싫어하고 갈등을 조장한다면, 그들은 아이디어를 거부하고 실행을 거절할 수 있다. 그러나 집단 내에 동조하는 사람과 그렇지 않은 사람의 균형이 유지된다면, 응집력이 높아지고 조직에 도움을 주는 창의적인 아이디어를 가능하게 할 것이다. 그래서 비록 동조하는 사람이 혁신적인 아이디어를 개발하는 데 도움이 되지 않을 수 있지만, 집단의 혁신 역량에는 큰 도움이 될 수 있다. 따라서 동조화는 비생산적이 아니다.[163]

인 행동을 정당화하거나 자신의 지위를 유지하기 위해서 비윤리적으로 행동하지 않게 견제와 균형을 맞추어야 한다. 그들은 낮은 지위의 구성원에게 자신의 아이디어, 생각, 우려를 이야기할 수 있는 심리적으로 안전한 환경을 제공해야 한다.

- 집단이 잘 운영되고 사회적 태만이 발생하지 않게 적절한 규모로 설계하라.
- 이직을 줄이고 집단 효과성을 높이기 위해서 집단 응집력을 만들어라.
- 어떤 결정은 개인이 하는 것이 좋다. 하지만 집단이 협력해서 결정을 해야 한다면, 집단은 집단사고와 집단이동을 피하고, 구성원들 사이에 개방된 소통과 목적을 달성하기 위해 구조적인 방법을 고려해야 한다(예: 명목 집단법).

9장 종합 점검

복습 질문

9-1 다른 형태의 집단에는 어떤 것이 있는가?

9-2 단속평형모델의 핵심요소는 무엇인가?

9-3 서로 다른 상황 안에서 역할 요구는 어떻게 변화하는가?

9-4 집단 규범은 개인의 행동에 어떤 영향을 미치는가?

9-5 지위와 집단 규모의 차이는 집단 성과에 어떤 영향을 미치는가?

9-6 응집력은 어떻게 집단 효과성을 지지할 수 있는가?

9-7 (개인 의사결정과 비교해서) 집단 의사결정의 강점과 약점은 무엇인가?

입사 지원과 취업 역량

집단은 개인에게 강력한 영향을 미치고 집단의 특성은 집단 의사결정, 혁신, 성과, 비윤리적 행동에까지 영향을 미친다. 규범은 개인이 적합한 행동을 하도록 유도하고 친사회적 행동에 참여하여 도움이 될 때 유익할 수 있다. 그러나 집단은 다른 집단에 해를 끼치고, 동조화를 유도하며, 잘못된 의사결정을 야기할 수도 있다. 집단행동을 이해함으로써 직장동료, 상사, 부하직원과의 상호작용에 있어서 집단의 과정을 어떻게 활용하여 긍정적인 결과를 강화할 것인지 이해할 수 있다. 이러한 지식을 바탕으로 역할 기대에 대한 갈등, 반생산적 규범, 지위와 규모의 역할, 집단 응집성을 가로막는 요인, 집단 의사결정에서의 일반적인 실수가 반생산적인 절차를 가져올 수 있는 것을 이해하고 피할 수 있다. 이 장에서 비판적인 사고, 창의성, 다른 구성원에 대한 가십을 들을 때 협력하는 방법, 자기애가 강한 동료를 다루는 법, 집단에서 동조화의 역할을 비판적으로 평가하는 법, 사원봉사가 집단 응집성을 향상시키는 법에 대해서 가치 있는 교훈을 배웠다. 다음 절에서는 이러한 기술과 황무지에서 혼자 또는 집단으로 살아남기 위해 소통, 자기관리 기술, 상사의 비윤리적인 행동에 대한 대응요령, 분리된 집단이 군사작전에 어떻게 영향을 미치는지를 이해하게 될 것이다.

실전 연습 황무지 생존: 집단에 남거나 혼자 가거나

당신은 하이킹 동아리의 일원이다. 첫날 베이스캠프에 도착한 후, 혼자서 일몰 하이킹을 하기로 결심한다. 설레는 마음으로 몇 마일을 간 다음 다시 캠프로 돌아오려고 했으나 오는 길에 길을 잃었다. 도와달라고 외쳐보았으나 소용이 없었다. 날이 어두워지고 기온도 떨어지고 있다.

과제

집단 내 다른 사람과 의사소통을 하지 않고, 다음 시나리오를 읽고 최상의 답을 선택하라. 자신의 답을 종이에 쓰라. 10개의 질문에 답하는 데 10분이 주어진다.

질문

9-8 가장 먼저 할 일은 불을 피우는 것이다. 그러나 성냥이 없으

니 보우-드릴 법을 사용하라. 보우-드릴 법이란 무엇인가?

a. 건조하고 부드러운 막대기를 유연한 생나무에 대고 손 사이에서 문지른다.

b. 부드러운 생나무를 단단한 나무판에 대고 손 사이에서 문지른다.

c. 일자형 막대기를 죽은 나무에 대고 앞뒤로 빨리 문지른다.

d. 불꽃을 내기 위해 2개의 막대기를 서로 친다.

9-9 불을 조난신호로 사용할 일이 발생했다. 불로 신호를 보낼 때 국제조난신호를 어떻게 표시하는가?

a. 무작위 순서의 불로

b. 정사각형 모양의 불로

c. 십자가 모양의 불로

d. 일직선의 불로

9-10 당신은 갈증이 매우 난다. 근처 냇가로 가서 배낭에 있던 작은 금속 컵에 물을 담았는데 이 물을 얼마나 끓여야 하는가?

a. 15분

b. 몇 초 정도

c. 1분

d. 고도에 따라 다름

9-11 배가 너무 고파서 식용 베리처럼 보이는 것을 먹으려 한다. 일반적으로 식용 적합성 시험을 할 때 어떻게 해야 하는가?

a. 시험 전 2시간 동안 먹지 않는다.

b. 만약 그 식물이 입술을 따끔거리게 하면, 침을 15분간 혀 밑에 둠으로써 확인한다.

c. 소화 2시간 후에 아무 일도 일어나지 않았다면, 그 식물을 반 컵 먹고 다시 기다린다.

d. 그 식물을 기본 성분으로 분리한 뒤, 각 성분을 한 번에 하나씩 먹는다.

9-12 밤에 머물 피난처를 지으려 한다. 장소를 선택하는 데 고려할 사항이 아닌 것은 무엇인가?

a. 피난처의 형태를 만들 재료가 있어야 한다.

b. 곤충, 파충류, 독을 가진 식물이 없어야 한다.

c. 안락하게 누울 수 있도록 충분히 넓고 편평해야 한다.

d. 구조자에게 신호를 보내고 주변을 계속 감시할 수 있도록 언덕 위에 있어야 한다.

9-13 피난처에서는 거미를 주의해야 한다. 검정 과부거미가 그 지역에 있다는 말을 동료 도보여행자한테 들었다. 검정 과부거미를 어떻게 확인하는가?

a. 머리와 배가 검고 목구멍이 붉다.

b. 조명에 끌린다.

c. 조명으로부터 멀리 도망간다.

d. 암컷의 배 위에 붉은색이나 오렌지색 표시가 있는 검은색 거미이다.

9-14 어느 정도 잠을 잔 후 날이 밝자 베이스캠프로 돌아가려 한다. 북쪽으로 가야 하고 방향을 읽는 데 북극성을 사용할 수 있다. 북극성을 어떻게 찾는가?

a. 오른쪽 손을 최대한 올리고 집게손가락과 가운데 손가락 사이를 본다.

b. 시리우스(천랑성)를 찾고 그 위로 오른쪽으로 60도를 바라본다.

c. 북두칠성을 찾아서 그 끝단에 의해 만들어진 선을 따라간다.

d. 오리온 자리를 따라간다.

9-15 물살이 빠른 개울을 만났다. 개울을 건너는 가장 좋은 방법은 무엇인가?

a. 물살이 좀 더 느린 모래톱 하류의 한 지점을 찾는다.

b. 다리를 만든다.

c. 바위가 있는 곳을 찾는다. 물이 얕을 것이고 손이나 발로 잡거나 지탱할 것이 있을 것이다.

d. 몇 개의 물길로 갈라지는 평평한 구간을 찾는다.

9-16 약 1시간을 걸은 후 거미 몇 마리가 옷에 붙어 있는 것을 발견한다. 아무런 고통을 느끼지 못하지만 몇몇 거미 독은 물려도 통증이 없다는 것을 알고 있다. 아래 거미 중 물려도 통증이 없는 것은 무엇인가?

a. 검정 과부거미

b. 갈색 은둔거미

c. 독거미

d. 장님거미(각다귀)

9-17 곤충을 먹기로 결심한다. 어떤 곤충을 피해야 하는가?

a. 쏘거나 무는 성체

b. 자극적인 냄새를 풍기는 애벌레와 곤충

c. 털이 많거나 밝은 색깔의 곤충

d. 위에서 말한 모든 곤충

집단 과제

5~6명으로 집단을 만들고, 이제 전체 집단이 길을 잃었다고 하자. 집단이 합의에 도달하면 앞서 과제의 답을 적은 같은 종이에 집단의 결정을 쓰라.

답 채점하기

강사가 이와 같은 상황에서 전문가의 판단에 기초한 답을 제공할 것이다. 답을 받은 후 (A) 개인 점수, (B) 집단 점수, (C) 집단 내 평균 개인 점수, (D) 집단 내 최고 개인 점수를 산출하라. 이 점수를 기록하고 점수가 정확하다는 것을 확실히 하기 위해 집단과 협의하라.

a. 개인 점수는 _______________

b. 집단 점수는 _______________

c. 집단 내 평균 개인 점수는 _______________

d. 집단 내 최고 개인 점수는 _______________

토의 질문

9-18 집단 점수(B)는 개인 점수(A)에 비해 성과가 어떠한지 비교하라.

9-19 집단 점수(B)는 집단 내 평균 개인 점수(C)에 비해 성과가 어떠한지 비교하라.

9-20 집단 점수(B)는 집단 내 최고 개인 점수(D)에 비해 성과가 어떠한지 비교하라.

9-21 당신의 결과를 다른 집단의 결과와 비교하라. 상대적으로 개인들보다 더 좋은 성과를 낸 집단들이 있는가?

9-22 이 결과는 집단 의사결정의 효과성에 관해 무엇을 암시하는가?

9-23 집단은 집단 의사결정을 보다 효과적으로 하기 위해 무엇을 할 수 있는가?

9-24 어떤 상황에서 집단은 최고의 개인보다 나쁜 성과를 내게 되는가?

윤리적 딜레마 리더를 따르라

당신은 회사동료와 저녁식사 자리에 있다. 일주일 동안 동료와 회사 밖에서 시간을 같이 보내는 것을 기대하고 있었다. 그런데 당신이 도착해보니 상사인 데본(Devon)은 테이블이 마음에 들지 않아서 다른 테이블로 바꿔달라고 요청하고 있었다. 레스토랑 직원이 불가능하다고 이야기했을 때 당신의 상사는 레스토랑 매니저를 불러 달라고 이야기했고, 매니저 역시 다른 테이블이 없다고 한다.

다른 구성원은 그냥 넘어가려고 했으나 상사는 계속 불만을 이야기하고 있다. "아무도 이 장면에 대해서 화가 나지 않나요? 왜 이렇게 큰 공사 소음이 있는 거죠?" 레스토랑 직원이 다시 설명하려고 했지만, 당신의 상사는 "당신은 고객서비스에 관심을 가져야 겠어."라고 잘라 말했다. 레스토랑 직원이 자리를 떠나자 팀원 중의 누군가가 레스토랑 직원의 역량에 대해서 농담을 한다. 당신의 상사는 그 이야기에 동의하면서 레스토랑 직원에 대해 경멸적인 말을 했다. 다른 동료는 웃었지만, 당신은 혐오스러워서 웃을 수 없었다

당신의 상사가 다른 사람하고 이야기하는 동안 당신은 옆에 있는 동료에게 뭔가를 이야기해야 될 거 같다고 속삭였다. "농담하는 거죠? 이런 일이 한두번이 아니잖아. 뭘 기대했어? 글쎄, 정 말하고 싶으면 해봐." 옆에 있는 동료가 한숨을 쉬며 낮은 목소리로 말했다.[164]

토론 질문

9-25 만약 이 집단의 구성원이라면 직장 상사의 언어와 행동에 대해 당신의 생각을 이야기하겠는가? 아니면 조용히 있겠는가? 당신의 입장을 설명하라.

9-26 이 상황에서 규범이 어떠한 역할을 한다고 생각하는가? 이 상황에서 어떠한 규범이 어떠한 배경(예: 집단, 레스토랑, 고객과 상호작용)를 바탕으로 작동해야 하는가?

9-27 동료는 상사의 행동에 대해 왜 적극적으로 나서서 이야기하지 않는가? 어떤 힘이 작동하고 있는가?

9-28 이러한 상황에서 가장 나쁜 대처법은 무엇이라고 생각하는가? 가장 좋은 대처법은 무엇인가? 설명하라.

사례 삽화 문화와 집단역학

대부분의 글로벌기업은 상호협력적인 집단을 사용하고 팀워크를 강조하고 있다. 많은 사회심리학자와 경영학자가 과정, 규범, 집단역학에 대해 연구를 하고 있다. 그러나 점점 더 글로벌한 사회에서 살고 일을 하면서 아주 중요한 질문을 갖게 된다. 집단역학에 대한 동일한 원칙이 서로 다른 문화에서도 적용이 되는가? 이에 대한 답은 다문화팀에서 어떻게 일을 하고 다양한 국가를 넘어서 일을 하는 집단을 어떻게 관리할 것인가에 대해 함의를 제공한다.

연구에 의하면 국가의 상황은 집단으로 일을 하고 집단 과정을 만드는 데 중요한 개인의 사회적인 태도, 가치관, 행동, 센스메이킹 과정에 중요한 역할을 수행한다. 또한 연구는 집단 규범과 역할과 집단의 영향력 과정이 문화에 따라서 어떻게 다른지에 대한 식견을 제공한다. 예를 들어 한국이나 중국과 같은 동아시아에서 집단과 팀에 대한 연구는 집단주의 문화와 같은 문화적 특성인 사회적 태만과 같은 부정적인 행동을 줄이게 함으로써 집단으로 일을 하는 중요한 기반을 마련해준다. 반면에 강한 사회적 위계나 권력거리(권위를 갖고 있는 사람에게 복종하는 경향)와 같은 측면은 구성원이 리더와 다른 의견을 제시하기 어렵기 때문에 의사결정 과정에 어려움을 갖게 된다. 문화에 따라서 집단이 어떻게 작동하

는지를 생각하면 이론의 전제에 대해서 비판적으로 생각하고, 이론을 정제하고, 한계를 이해할 수 있다.

글로벌 환경에서 경영을 하기 위해서 리더는 서로 다른 국가적인 상황에서 집단 과정이 조금 다르게 작동한다는 것을 민감하게 알아야 한다. 하지만 동시에 사람은 문화에 의해 완전하게 프로그램되는 것이 아니고, 새로운 다른 종류의 업무와 일하는 방식에도 잘 적응할 수 있다는 것을 염두에 두어야 한다. 집단역학에 대한 문화의 영향력은 리더에게 흥미로운 질문을 던진다. 특정한 문화적 상황에서 집단이 작동할 수 있게 구체적인 방안이 마련되어야 하는가? 아니면 문화적인 상황을 무시하고 리더 본인이 익숙한 방식으로 팀워크를 구축해야 하는가?

답은 2차원적이 아니라 훨씬 복잡할 것이다. 팀 내의 문화적인 차이가 분열적인 역할일 수 있지만, 동시에 시너지를 구축하고 장점이 될 수도 있다. 최근의 연구에 따르면 문화적인 차이를 문제가 아니라 자원으로 인식할 때 관리자는 생산성을 높이기 위해서 이를 잘 활용할 수 있다고 한다. 리더는 지역의 문화에 대해 잘 파악함으로써 문화적 차이를 최소화할 것인지, 아니면 활용할 것인지, 더 좋은 팀 역할을 구축하기 위해 활용할 것인지, 어떻게 이러한 결과를 도출할 수 있을 것인지에 대해 정보를 충분히 갖고 결정할 수 있다. 리더는 직장 내에 존재하는 서로 다른 문화의 융합인 하이브리드 문화를 구축할 수도 있다. 이러한 하이브리드 문화는 사전적으로 결정이 되어 있는 것이 아니라 상호작용으로부터 만들어지고, 결과적으로 문화가 다른 팀들 사이에서 일, 역할, 소통을 하는 데 있어서 새로운 지침과 목적을 만들 수도 있다.

이를 달성하기 위해서 팀이 더 생산적이고 창의적일 수 있게 하는 문화적인 특성을 찾고 장려해야 한다. 동시에 분열을 야기할 수 있는 문화적 차이를 파악하는 것도 중요하다. 이러한 차이는 여전히 존중되어야 하지만, 리더는 규정을 정하고 갈등과 분열을 막을 수 있게 집단 내에 절차나 과정을 명확히 해야 한다. 이러한 '하이브리드 문화' 접근법은 문화적인 상황이 집단역학에 영향을 미치지만, 차이를 단순히 받아들이거나 무시하는 것이 아니라 관리하는 균형적인 자세를 취하게 된다.[165]

질문

9-29 집단에서 일을 한 경험을 생각해보라. 당신의 문화적인 배경이 당신의 경험에 어떠한 영향을 미쳤는가?

9-30 단일문화에서 일하고 관리할 때 문제가 없는가?

9-31 자신이 모국과는 다른 상황에 있는 집단의 관리자라고 상상하라. 새로운 상황에 대해 많이 알지 못하고 있다. 집단 응집성을 높이기 위해 무엇을 알아야 하는가?

10 작업팀의 이해

출처: Pongmanat Tasiri/EPA-EFE/Shutterstock

학습목표

10-1 집단과 팀을 비교할 수 있다.

10-2 팀 구성의 다섯 가지 유형을 비교할 수 있다.

10-3 효과적인 팀의 특성을 확인할 수 있다.

10-4 조직이 효과적인 팀을 만드는 방법을 설명할 수 있다.

10-5 팀 대신 개인을 사용할 때를 결정할 수 있다.

취업 스킬 매트릭스(ESM)

	미신인가, 과학인가	윤리적 선택	찬성 의견/반대 의견	더 나은 세상을 향해	실전 연습	윤리적 딜레마	사례 삽화
비판적 사고와 창의성	✔	✔	✔	✔	✔	✔	✔
의사소통	✔	✔			✔	✔	
협력	✔	✔	✔	✔	✔	✔	✔
자기관리	✔				✔	✔	✔
사회적 책임		✔		✔			
리더십	✔	✔	✔	✔	✔		✔
경력관리				✔		✔	

탄력적인 팀

2018년에 12명의 소년과 축구코치가 태국의 동굴미로 깊숙한 곳에 갇혔다. 한 시간 정도만 동굴을 탐험할 계획이었지만 갑작스러운 홍수로 인해 동굴 깊숙이 들어가야만 했다. 그들은 2주 동안 나오지 못했다. 곧 여름 장마철이 시작될 예정이었기 때문에 상황이 심각했다. 탐루앙 동굴 밖에서 소년들의 자전거와 가방, 축구화가 발견되자 구조팀이 급히 꾸려졌다. 구조팀은 위험한 구조 시도를 할 것인지, 아니면 소년들을 몇 달 동안 그대로 두고 식량을 전달할 것인지 결정해야 했다.

구조팀은 최대한 많은 해결 방안을 만들기 위해 집단적 전문성이 필요했다. 이러한 상황에서 팀원은 자신의 아이디어가 파격적이더라도 진지하게 받아들여질 것이라고 느끼는 것이 중요했다. 이와 같은 특수한 상황에서는 모든 팀원의 의견이 필요했다. 팀원은 동굴을 뚫고 내려가 생사를 확인하는 방법, 산업용 펌프 시스템을 사용하여 동굴의 수위를 낮추는 방법, 마지막으로 잠수하여 소년과 코치를 구출하는 방법 등을 고려했다. 결국 구조팀은 신속하게 해결책을 선택해야 한다는 사실을 깨닫고, 갇힌 소년들에게 접근하기 위해 곧바로 잠수팀을 구성하기로 했다. 소년 중 잠수 경험이 없는 사람이 많았기 때문에, 그들은 진정제를 맞고 침수된 터널을 통과할 수 있었다.

구조에 나선 다국적 팀은 그 과정에서 극한의 상황과 전직 태국 네이비실을 잃게 되는 상황을 극복했다. 연구결과에서 팀원은 다른 제안을 했다가 거부당할 것을 염려하여 독특한 아이디어보다는 일반적으로 알려진 아이디어만 논의하는 경우가 많았지만, 이 팀은 이러한 일반적인 함정에 빠지지 않을 능력이 있었기에 성공할 수 있었다. 창의적인 아이디어 창출을 장려하고 심지어 요구하는 팀 문화와 구성원이 '아이디어를 말할 수 있다'는 심리적 안정감이 없었다면 창의적이고 참신한 계획은 불가능했을 것이다. 이 팀은 무수히 많은 아이디어에 개방적이었고 효과적으로 협업하여 계획을 구체화하고 실행할 수 있었다.

축구팀도 나름대로 효과적인 팀이었다. 살아남기로 한 그들은 바위를 파서 동굴을 만들고 함께 모여 체온을 유지할 수 있는 동굴을 만들었다. 전직 승려였던 코치는 소년들에게 침착함을 유지하고, 공기를 최대한 적게 사용하며, 체력을 보존하기 위해 움직임을 제한하는 명상 기술을 가르쳤다. 결국 12명의 소년과 코치는 모두 무사히 구조되었다.[1]

소아펜(SoaPen)은 도요타로부터 5만 달러의 지원금을 받고 유니세프와 같은 단체로부터 수많은 상을 받은 팀워크와 기업가 정신의 산물이다.[2] 다양한 여성 창업가팀인 창립자들[아마나트 아난드(Amanat Anand), 슈브함 이사르(Shubham Issar), 마리아 푸트리(Maria Putri)]은 어린이가 손 위생에 더 쉽게 접근할 수 있게 제품(어린이가 그림을 그릴 수 있는 두꺼운 색연필 형태의 비누)을 디자인했다. 팀을 구성하는 것은 매우 중요한 일이었으며, 슈브함은 주목받는 전문 지식과 다양한 관점을 가진 사람을 찾는 것이 스타트업으로서의 성공에 결정적인 역할을 한다는 것에 주목했다.[3]

팀은 때때로 개인이 결코 이룰 수 없는 업적을 달성할 수 있다.[4] 팀은 기존 부서나 다른 형태의 영구적인 집단보다 변화하는 상황에 더 유연하고 신속하게 대응할 수 있다. 팀을 신속하게 구성하고, 배치하고, 다시 초점을 맞추고, 해체할 수 있다. 마지막으로 연구에 따라 팀에 참여하면 개인으로서의 사고 방식이 긍정적으로 형성되어 개인적인 의사결정에도 협업적 사고 방식을 도입할 수 있다.[5]

조직이 팀워크를 도입했다고 해서 반드시 팀이 항상 효과적인 것은 아니다. 팀원은 인간으로서 의사결정 과정과 역학관계의 오류(9장 참조)에 의해 흔들릴 수 있으며, 이로 인해 최선의 의사결정에서 벗어날 수 있다. 어떤 조건이 잠재력에 영향을 미치는가? 구성원은 어떻게 협력하는가? 이러한 질문에 답하기 위해 먼저 집단과 팀을 구분하자.

집단과 팀의 차이점

10-1 집단과 팀을 비교할 수 있다.

일부 학자에 따르면 기능적으로 같은 의미로 사용되는 경우가 많지만, 집단과 팀은 같은 것이 아니라고 한다.[6] 9장(집단행동의 기초)에서 **집단**을 특정 목표를 달성하기 위해 함께 모인 2명 이상의 개인이 상호작용하고 상호의존하는 것으로 정의했다. **작업 집단**(work group)은 주로 정보를 공유하고 각 구성원이 각자의 책임 영역 내에서 업무를 수행하는 데 도움이 되는 결정을 내리기 위해 상호작용한다.

작업 집단 주로 정보를 공유하고 각 구성원이 각자의 책임 영역 내에서 업무를 수행하는 데 도움이 되는 결정을 내리기 위해 상호작용하는 집단

작업 집단은 공동의 노력으로 공동 작업에 참여할 필요도 기회도 없으므로 집단의 성과는 각 구성원의 개별 기여도를 합산한 것일 뿐이다. 전체적인 수준에서는 투입량의 합계보다 더 큰 긍정적 성과가 나타나지 않는다. 작업 집단은 상호작용 및/또는 의존성이 있기는 하지만 각자의 업무를 수행하는 개인의 집합이다.

반면에 **작업팀**(work team)은 조화를 통해 긍정적인 시너지를 창출한다.[7] 개개인의 노력은 개인이 투입한 노력의 총합보다 더 큰 수준의 성과를 가져온다. 팀은 고정된 실체라기보다는 끊임없이 변화하고 적응할 가능성이 크며, 이러한 방식으로 팀을 동적인 시스템으로 간주하기 때문에 많은 사람이 팀 자체보다는 동사로서의 **팀을 이루는 것**(teaming, 예: 팀으로 활동하는 과정이나 행동)에 더 집중하게 된다.[8]

작업팀 개개인의 노력은 개인이 투입한 노력의 총합보다 더 큰 수준의 성과를 가져오는 집단

작업 집단과 작업팀은 둘다 구성원의 행동적 기대치, 집단적 정상화 노력, 활발한 집단 역학관계, 어느 정도의 의사결정(비공식적일지라도)이 존재하는 경우가 많다. 둘다 아이디어를 창출하고, 자원을 공유하거나, 작업 일정과 같은 실행 계획을 조정할 수 있지만, 작업 집단의 경우 이러한 노력은 집단 외부의 의사결정권자를 위한 정보 수집으로 제한된다. 작업팀은 작업

도표 10-1 작업 집단과 작업팀의 비교

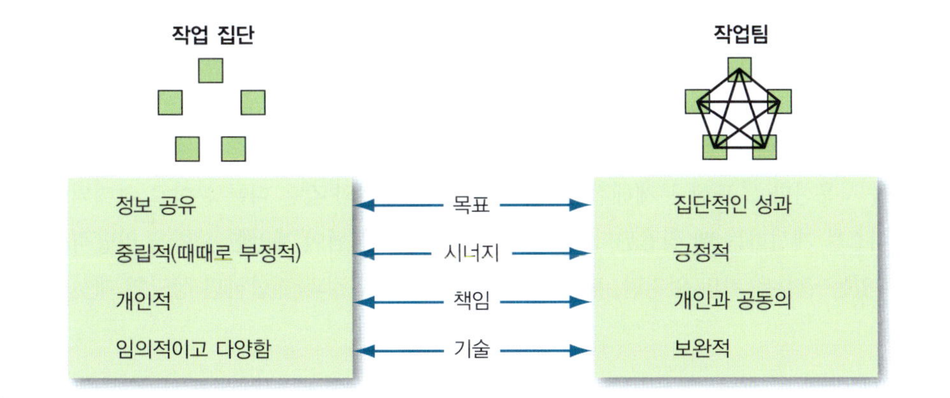

집단의 하위 집합으로 생각할 수 있지만, 작업팀은 구성원 간의 상호작용에 있어 목적지향적(공생적)으로 구성된다. 도표 10-1은 이 둘의 차이점을 강조한다.

이 정의는 조직이 어떤 방식으로 업무 과정을 구성하는지를 명확히 하는 데 도움이 된다. 팀을 광범위하게 활용하면 조직은 직원 수를 늘리지 않고도 더 큰 성과를 창출할 수 있는 잠재력을 갖게 된다. 하지만 잠재력이라고 말한 것에 주목하자. 팀을 만들 때 긍정적인 시너지 효과를 얻을 수 있는 마법은 없다. 단순히 집단을 팀이라고 부른다고 해서 자동으로 성과가 향상되는 것은 아니다. 나중에 살펴보겠지만 효과적인 팀에는 몇 가지 공통된 특징이 있다. 경영진이 팀을 통해 조직 성과를 높이고자 한다면 이러한 특성을 갖춘 팀을 구성해야 한다.

팀 유형

10-2 팀 구성의 다섯 가지 유형을 비교할 수 있다.

팀은 제품 제작, 서비스 제공, 거래 협상, 프로젝트 조정, 자문 제공, 의사결정 등 다양한 업무를 수행한다.[9] 이 절에서는 먼저 문제해결팀, 자기관리 작업팀, 교차기능팀, 가상팀 등 조직에서 흔히 볼 수 있는 네 가지 유형의 팀에 대해 설명한다(도표 10-2 참조). 그런 다음 더 넓은 관점에서 조직 내부와 조직 전체에서 상호작용하는 '팀들의 팀'인 복수팀 시스템에 대해 논의한다. 복수팀 시스템에 관한 관심은 업무의 복잡성이 증가함에 따라 점점 더 널리 퍼지고 있다.

도표 10-2 팀의 네 가지 유형

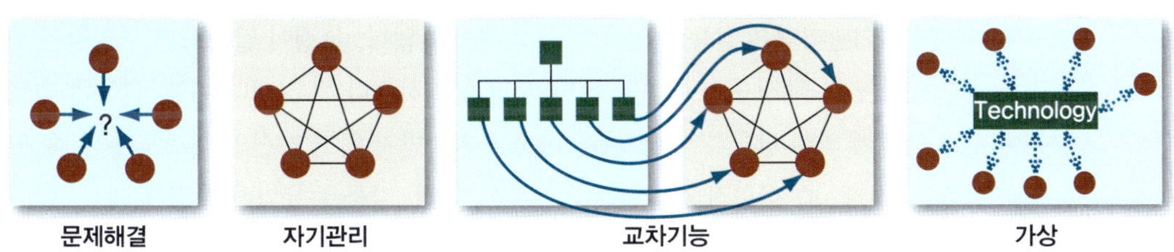

문제해결팀

문제해결팀 품질, 효율성, 작업 환경 개선 방안에 대해 논의하기 위해 매주 몇 시간씩 만나는 같은 부서직원으로 구성된 팀

품질관리팀과 같은 **문제해결팀**(problem-solving team)은 수년 동안 사용되었다. 원래 제조공장에서 가장 흔히 볼 수 있는 이러한 팀은 일반적으로 매주 또는 매일 정기적으로 만나 품질 표준과 생산된 제품의 문제를 해결하는 상시적인 팀이었다. 예를 들어 소비자 직판 시계 제조업체인 빈세로(Vincero)는 회사에서 생산하는 모든 시계를 수작업으로 검사하는 상근 품질관리팀을 사용한다.[10] 또한 문제해결팀의 활용은 의료 분야와 같은 다른 분야로 확대되어 환자 치료서비스를 개선하는 데 활용된다. 이러한 문제해결팀은 팀이 제안한 사항을 일방적으로 실행할 수 있는 권한은 거의 없지만, 팀의 권고사항을 실행 과정과 결합하면 상당한 개선을 실현할 수 있다.

자기관리 작업팀

앞서 설명한 것처럼 문제해결팀은 권장사항만 제안한다. 일부 조직에서는 더 나아가 해결책을 실행하고 결과에 대한 책임을 지는 팀을 만든다. 예를 들어 시카고의 오브라이언 수의학그룹(O'Brien Veterinary Group)의 13개 작업팀에서는 자기관리팀을 사용하여 발생하는 문제를 해결하는 방법을 자율적으로 결정하고 경험에서 배운 것을 다른 작업팀과 공유한다.[11]

자기관리 작업팀 해결책을 자율적으로 구현하고 해결의 결과에 대해 책임을 지는 직원으로 구성된 팀(통상적으로 감독관이 채택하는 책임)

자기관리 작업팀(self-managed work team)은 관련성이 높거나 상호의존적인 업무를 수행하고 일부 감독 책임을 맡은 직원으로 구성된다.[12] 일반적으로 업무 계획과 일정 수립, 구성원에게 업무 할당, 운영 결정, 문제해결을 위한 조치, 공급업체나 고객과의 협력 등의 책임이 팀에 부여된다. 완전 자기관리 작업팀은 서로의 성과를 평가하는 구성원을 직접 선정하기도 한다.

이러한 팀이 구성되면 이전의 감독 직위는 그 중요성이 줄어들고 때로는 없어지기도 한다. 그러나 권한과 책임이 부족하기 때문에 팀은 팀의 가치와 목표를 '같은 방향성으로 지향하기' 위해 귀중한 시간과 자원을 소비할 수 있다.[13] 오브라이언 수의학그룹의 창립자가 지적했듯이 관리자는 종종 이러한 종류의 통제를 포기하기 어렵다. "문제를 해결하고자 하는 성인으로 구성된 팀을 구성하고, 일이 잘못되었을 때 방향을 잃지 않아야 합니다. 통제권을 되찾고 싶은 유혹이 큽니다."[14]

자기관리 작업팀의 효과성에 대한 연구결과는 일관성 있게 긍정적이지 않다. 첫 번째 연구에 따르면 자기관리 작업팀의 효과는 팀 혁신행동에 대한 보상의 정도에 따라 달라진다고 한다. 예를 들어 팀 구성원이 급여와 같은 경제적 보상이 팀원의 의견에 따라 달라진다고 인식하는 경우에 팀 구성원과 팀 모두의 성과는 향상된다.[15]

두 번째 연구 분야는 갈등이 자기관리 작업팀의 효율성에 미치는 영향에 관한 것이다. 일부 연구에 따르면 자기관리팀은 갈등이 있을 때 효과적이지 않다. 논쟁이 발생하면 구성원은 종종 협력을 중단하고 권력 투쟁으로 이어져 집단 성과가 저하된다.[16] 그러나 다른 연구에 따르면 팀원이 다른 팀원에 의해 당황하거나 거부당하거나 처벌받지 않고 자신의 의견을 말할 수 있다는 자신감을 느낄 때, 즉 심리적으로 안전하다고 느낄 때, 갈등은 유익하고 팀 성과를 높일 수 있다고 한다.[17]

세 번째는 자기관리 작업팀이 구성원 행동에 미치는 영향에 대한 연구도 진행되었다. 여기에

서도 결과는 엇갈린다. 팀에 속한 개인이 다른 개인보다 더 높은 수준의 직무 만족도를 보고했지만, 연구는 결근율과 이직률이 더 높음을 지적한다. 또한 노동 생산성에 대한 대규모 연구에서는 자기관리팀이 의사결정 권한이 적은 기존 팀보다 더 나은 성과를 낸다는 주장을 뒷받침하는 증거가 없다는 사실을 발견했다.[18] 네 번째 일부 연구에 따르면 통제된 감독이 없을 경우에 리더가 '과도하게 부각'될 수 있다. 즉, 리더로서 그다지 효과적이지 않은 사람이 더 쉽게 통제권을 가질 수 있다는 것이다.[19]

교차기능팀

엑스트라홉(ExtraHop)과 익시아(Ixia) 같은 기술 기업은 정보기술(IT) 부서와 보안운영(SecOps) 부서의 직원이 함께 일할 수 있는 팀을 구현하기 위해 노력했다. 그 결과 사이버 보안 목표를 달성하고, 이를 통해 방안을 통합하고, 정보 교환 장벽을 허물고, 협업을 형성하고 자동화한다.[20] 이러한 사례는 계층적 직위가 거의 같지만 서로 다른 업무 영역의 직원으로 구성된 팀이 함께 모여 작업을 수행하는 **교차기능팀**(cross-functional team)의 활용을 보여준다. 조직은 수십 년 동안 교차기능팀을 사용했으며, 교차기능팀을 사용하지 않은 대규모 조직이나 제품 출시 사례를 찾기가 어려울 정도이다.

교차기능팀 계층적 직위가 거의 같지만 서로 다른 업무 영역의 직원으로 구성된 팀이 함께 모여 작업을 수행하는 팀

교차기능팀은 때때로 조직 내 또는 조직 간 다양한 분야의 사람이 정보를 교환하고, 새로운 아이디어를 개발하고, 문제를 해결하고, 복잡한 프로젝트를 조정하는 데 효과적인 수단이 될 수 있다. 그러나 조정의 필요성이 높으므로 교차기능팀은 구성과 관리가 간단하지 않다. 왜 그런가? 첫째, 조직 내 구성원의 계층적 직위가 거의 비슷하므로 서로 다른 전문성이 필요하며, 이로 인해 리더십이 모호해질 수 있다. 따라서 과도한 갈등 없이 리더십이 발현(12장 참조)되기 위해서는 신뢰의 분위기가 조성되어야 한다.[21] 둘째, 구성원이 더 높은 수준의 다양성과 복잡성을 가지고 일하는 법을 배워야 하므로 팀 형성 초기 단계가 길어지는 경우가 많다. 셋째, 특히 서로 다른 경험과 관점을 가진 사람들 사이에서 신뢰와 팀워크를 구축하는 데 시간이 걸린다. 넷째, 권력이 고르게 분산된 수평적 구조가 특징인 조직(15장 참조)은 교차기능팀의 혜택을 가장 적게 얻을 수 있다. 이러한 구조에서는 권한이 분산되어 있어 갈등 해결 과정이 길어지기도 하지만, 더 중요한 것은 수평 구조가 되면 일반적으로 이미 지식을 조정하고 공유하기 위한 과정이 마련되어 있으므로 직원으로서는 교차기능팀의 필요성이 줄어든다는 점이다.[22]

요컨대 전통적인 교차기능팀의 강점은 다양한 분야의 다양한 기술을 가진 개인이 협업하는 것이다. 이러한 팀원의 고유한 관점을 고려할 때 이러한 팀은 매우 효과적이다. 그러나 교차기능팀 구성을 둘러싼 모호성, 갈등, 복잡성으로 인해 성공에 문제가 발생할 수 있다. 25개 주요 기업의 100개에 가까운 교차기능팀을 대상으로 한 연구에 따르면 교차기능팀의 성공률은 25%에 불과했다.[23] 성공률을 높이기 위해 할 수 있는 일은 무엇인가? 한 가지 해결책은 서로 다른 기능의 팀 리더가 서로 다른 팀을 관리하며 함께 업무를 수행하는 PGT(Portfolio Governance Team)라는 새로운 유형의 교차기능팀을 개발하는 것이다.[24] 이러한 팀이 운영되면 교차기능팀과 동일한 목표를 달성할 수 있지만 각 리더가 감독하는 팀의 권한으로 갈등의 소지를 줄인다. PGT 외부에서도 다음과 같은 방법으로 교차기능팀을 더 성공적으로 운영한다.[25]

1. 팀의 구성부터 해산까지 책임질 수 있는 책임감 있는 리더를 세운다.
2. 각 팀이 목표, 자원, 마감일을 설정했는지 확인한다.
3. 팀의 주요 목표가 되는 명확한 미션을 설정한다.
4. 성공을 향한 진행상황과 팀을 지속적으로 재평가한다.
5. 실패할 경우 팀의 유용성을 재고한다.

가상팀

가상팀 기술을 사용하여 물리적으로 분산된 구성원을 통합하여 공동의 목표를 달성하는 팀

앞 절에서 설명한 팀은 대면으로 업무를 수행하는 반면에 **가상팀**(virtual team)은 기술을 사용하여 물리적으로 분산된 구성원을 통합하여 공동의 목표를 달성한다.[26] 구성원은 네트워크(예: 회사 인트라넷), 기업 소셜미디어, 화상 회의, 이메일과 메신저 애플리케이션을 사용하여 가까운 곳에 있거나 대륙으로 멀리 떨어져 있는 구성원과 온라인으로 협업한다. COVID-19 상황으로 인해 가상팀이 조직 환경의 영구적인 고정요소가 될 수도 있지만,[27] 조직은 수십 년 동안 가상팀을 성공적으로 활용한다. 예를 들어 시스코(Cisco)는 소프트웨어시장의 여러 영역에서 새로운 트렌드를 파악하고 이를 활용하기 위해 팀을 활용한다. 이 팀은 다양한 분야의 직원이 실시간으로 협업하여 새로운 비즈니스 기회를 파악하고 이를 상향식으로 구현하는 소셜네트워킹 그룹에 해당한다.[28]

가상팀은 대면팀과 다르게 관리해야 하며, 부분적으로 다음과 같이 관리해야 한다. 가상팀원은 동일한 방식으로 상호작용하지 않을 수 있기 때문이다. 예를 들어 가상 환경은 사회적 의미를 전달하고 사람들 간의 거리감을 조성하는 방식이 대면 환경과 다르다.[29] 또 다른 예로 가상팀은 대면팀보다 서로 고유한 정보를 더 많이 공유할 수 있지만, 관리자는 가상팀이 서로 정보를 공유하는 데 덜 개방적일 수 있음을 인식해야 한다.[30] 따라서 가상팀이 효과적으로 운영되기 위해서는 신뢰가 매우 중요하다.[31] 관리자는 ① 이메일의 선동적인 발언 하나도 팀 신뢰를 심각하게 훼손할 수 있으므로 구성원 간에 신뢰가 형성하게 하며, ② 팀이 목표를 잃지 않고 '사라지는(실망하는)' 팀원이 없게 진행상황을 자세히 모니터링해야 하고, ③ 팀이 보이지 않게 되므로 팀의 노력과 결과물이 조직 전체에 공개되게 해야 한다.[32] 또한 관리자는 가상팀에서 일하려면 다양한 역량이 필요할 수 있어 가상팀의 구성원이 될 사람을 신중하게 선정해야 한다.[33]

복수팀 시스템

지금까지 설명한 팀 유형은 일반적으로 소규모의 독립된 팀이지만, 팀의 활동은 더 광범위한 조직 목표와 관련이 있다. 일반적으로 단일팀만으로는 광범위한 조직 목표를 달성할 수 없다. 종종 조직의 목표를 실현하기 위해서 자신만의 방식으로 기여할 수 있는 둘 이상의 상호의존적인 팀의 집합을 사용하게 된다. 즉, **복수팀 시스템**(multiteam system)은 '팀들의 팀'이다.[34]

복수팀 시스템 종종 조직의 목표를 실현하기 위해서 자신만의 방식으로 기여할 수 있는 둘 이상의 상호의존적인 팀의 집합, 즉 '팀들의 팀'

복수팀 시스템을 이해하기 위해 화성에 우주비행사팀을 파견하려는 NASA의 계획을 생각해보자.[35] 이 임무를 성공적으로 수행하려면 연구원, 과학자, 교수, 엔지니어, 운영직원, 지상 승무원, 심리학자로 구성된 수많은 팀이 필요하다. 예를 들어 연구팀과 운영팀은 기술적으로 독립적이지만, 각 팀의 활동은 상호의존적이며 한 팀의 성공은 다른 팀의 성공에 달려 있다. 왜 그런가? 우주비행사를 화성에 보낸다는 더 큰 목표를 모두 공유하고 있기 때문이다.

소규모의 전통적인 팀을 효과적으로 만드는 몇 가지 요소는 복수팀 시스템에서 반드시 적용되지 않으며 심지어 성과를 저해할 수도 있다. 한 연구에 따르면 복수팀 시스템에는 하위팀의 조율 역할을 하는 '경계선 확장자'가 있을 때 더 나은 성과를 내는 것으로 나타났다. 이는 일부 팀원의 의사소통 필요성을 줄여주어 조정 요구가 줄어든다는 점에서 도움이 된다.[36] 반대로 일부 팀원은 부정확한 관점이나 관행을 다른 팀의 팀원에게 전달하여 효과적인 조정을 방해하는 '경계선 스포일러'로 등장할 수 있다.[37] 복수팀 시스템 내의 일부 팀은 효과적인 의사소통과 조정을 방해하는 서로 다른 관점을 가질 수도 있다. 이러한 경우에 모든 팀이 동일한 관점이나 가정을 채택하는 교육(예: 같은 방향성 지향하기)을 통해 이점을 얻을 수 있다.[38]

이와 관련하여 직원은 경우에 따라 전체로서 자신의 팀 또는 복수팀 시스템과 동질감을 가질 수 있다. 복수팀 시스템 구축 초기에 자신의 팀에 대한 강한 동질감이 팀 간의 갈등으로 이어질 수 있는데, 복수팀 시스템에 대한 동질감을 형성한다면 갈등을 줄이고 전체 시스템의 성과를 개선한다.[39] 그러나 복수팀 시스템 전체에 대한 동질감은 '양날의 검'이 될 수 있으며, 팀 간에 따라야 할 규범과 역할 기대치에 대한 불확실성을 초래하여(9장 참조) 궁극적으로 직원과 그들의 팀이 고갈되고 결과적으로 성과가 악화된다.[40] 계획이 분산되어 이뤄질 때 복수팀 시스템은 더 높은 성과를 누릴 수 있지만 조정에 더 많은 문제를 일으킬 수도 있다.[41]

복수팀 시스템의 리더십도 독립적인 팀과 크게 다르다. 모든 팀의 리더십이 팀 성과에 영향을 미치지만, 복수팀 리더는 팀 간의 조정을 촉진하고 팀을 이끌어야 한다.[42] 조직의 리더로부터 더 많은 관심과 참여를 받는 팀은 더 많은 권한을 부여받고 있다고 느낄 수 있으며, 이는 그들 자신의 문제를 해결하는 데 있어 더 효과적일 수 있다.[43]

윤리적 선택

회의를 위한 탄소 배출량 규모

지리적으로 분산된 곳에 있는 많은 팀은 정기적으로 대면하지 않고서도 의사소통을 하기 때문에 실제로 팀원이 한 번도 못 만나는 경우도 있다. 대면소통과 전자소통의 장점에 대한 논란에도 불구하고 가상팀에는 큰 윤리적 논쟁이 있다.

회의가 필요할 때마다 팀원이 여행하는 것과 반대로 그들이 근무하는 곳에서 팀을 유지하는 것은 기업의 사회적 책임(CSR)의 주도성과 일치할 수 있다. 항공, 철도, 자동차 여행 비중은 사업 목적을 위한 것으로, 이는 전 세계 이산화탄소 배출에 큰 영향을 미친다. 팀원이 직접 대면하기보다는 가상으로 만날 수 있을 때 탄소 배출량이 획기적으로 줄어든다.

세계화로 연결된 세계에서 비즈니스 여행으로 소식이 환경에 미치는 영향을 어떻게 최소화할 수 있는가? 더 큰 지속가능성을 위해 가상팀을 활용하는 방법에 대해 생각해볼 수 있도록 몇 가지 힌트를 제시한다.

1. **모든 팀원에게 직접 대면 회의가 정말 필요한지 생각해볼 것을 권하라.** 가능한 대안적 의사소통 방법을 활용하도록 노력하라.
2. **가상의 수단을 통해 가능한 많이 의사소통하라.** 여기에는 전자우편, 전화통화, 화상회의 등이 포함된다.
3. **팀 회의를 위해 여행할 때는 환경을 고려한 여행방법을 선택하라.** 또한 객실을 예약하기 전에 해당 호텔의 환경 프로파일을 확인하라.
4. **환경 절약으로 여행을 줄일 동기가 충분하지 않다면 재정 절약을 고려하라.** 한 조사에 따르면 기업은 전체 예산의 약 8~12%를 여행에 쓰고 있다. 그러므로 통신을 활용하여 의사소통을 하는 것은 두 가지 이점이 있다. 즉 (1) 비용이 저렴하고, (2) 환경에도 좋다.[44]

효과적인 팀 창조하기

10-3 효과적인 팀의 특성을 확인할 수 있다.

팀은 종종 의도적으로 만들어지기도 하지만 때로는 유기적으로 진화하기도 한다. 예를 들어 기술 스타트업팀은 친구에 의해 자연스럽게 시작되는 경우가 많은데, 1만 개 이상의 기술 스타트업을 대상으로 한 노암 바서만의 연구에 따르면 창업자의 약 40%가 창업 전 친구 사이였다.[45] 흥미롭게도 친구 사이는 실패가능성을 높이며, 창업팀에 친구가 1명 추가될 때마다 창업자가 스타트업을 떠날 확률이 30% 가까이 증가한다고 바서만은 말한다.[46]

많은 사람이 팀 효과성과 관련된 요인을 파악하기 위해 노력했다. 이를 돕기 위해 일부 연구에서는 한때 방대한 특성 목록을 비교적 집중적인 모델로 정리하기도 했다.[47] 도표 10-3은 팀을 효과적으로 만드는 요소에 대해 현재 알려진 내용을 요약한 것이다. 보시다시피, 이전 장에서 소개한 많은 집단 개념을 기반으로 한다. 효과적인 팀의 핵심 구성요소를 세 가지 일반적인 범주로 정리할 수 있다. 첫 번째는 팀을 효과적으로 만드는 자원과 기타 **맥락적** 영향이다. 두 번째는 팀의 **구성**과 관련이 있다. 세 번째로 **과정**과 **상황** 변수는 효과성에 영향을 미치는 팀 내부의 사건이다. 다음에서 이러한 각 구성요소를 살펴보자.

팀 효과성 모델을 고려할 때 두 가지 점을 명심해야 한다. 첫째, 앞서 논의했듯이 팀은 형태와 구조가 다르다. 이 모델은 모든 유형의 팀에 일반화하려고 시도하지만 모든 팀에 예측을 엄격하게 적용하는 것은 피해야 한다.[48] 이 모델을 지침으로만 활용하자. 둘째, 이 모델에서 팀 효과성이 의미하는 바를 고려한다. 일반적으로 팀 효과성에는 팀의 생산성에 대한 객관적인 측정치, 팀 성과에 대한 관리자의 평가, 팀원 만족도에 대한 종합적인 측정치가 포함된다.

팀의 맥락

이 절에서는 **적절한 자원**, **리더십과 구조**, **문화와 분위기**, 팀 기여도를 반영하는 **성과 평가와 보상 시스템**, **위기상황과 극한상황** 등 팀 성과와 가장 큰 관련이 있는 다섯 가지 맥락적 요인에 대해 설명한다. 기술/가상성, 상호의존성, 규범이 팀 성과에 영향을 미치지만, 이 장의 앞부분과 9장에서 이미 논의한 바 있으며, 도표 10-3의 내용에도 포함되어 있다.

적절한 자원 팀은 더 큰 조직 시스템의 일부이며, 모든 작업팀은 팀을 유지하기 위해 집단 외부의 자원에 의존한다. 자원이 부족하면 작업을 효과적으로 수행하고 목표를 달성하는 팀의 능력이 직접 저하된다. 한 연구에서 집단 성과와 관련된 13가지 요소를 조사한 결과, '효과적인 작업 집단의 가장 중요한 특징 중 하나는 아마도 집단이 조직으로부터 받는 지원일 것'이라고 결론내렸다.[49] 이러한 지원에는 시기적절한 정보, 적절한 장비, 적절한 인력 배치, 격려, 행정적 지원이 포함된다.

리더십과 구조 누가 무엇을 할 것인지에 대한 의견이 일치하지 않고 모든 구성원이 공유하는 작업량을 보장하지 않으면 팀은 제 기능을 발휘할 수 없다. 이를 위해서는 경영진으로부터 나오든 팀원 자신으로부터 나오든 리더십과 구조가 필요하다.[50] 팀원을 위한 구조를 만드는 것외에도 리더는 팀원을 위해 중요한 동기부여 역할을 수행한다. 예를 들어 성과가 좋은 팀에는 변혁적이고(12장 참조) 권한을 부여하는 리더가 존재하는 경향이 있다.[51] 또한 리더와 팀원 추

도표 10-3 팀 효과성 모델

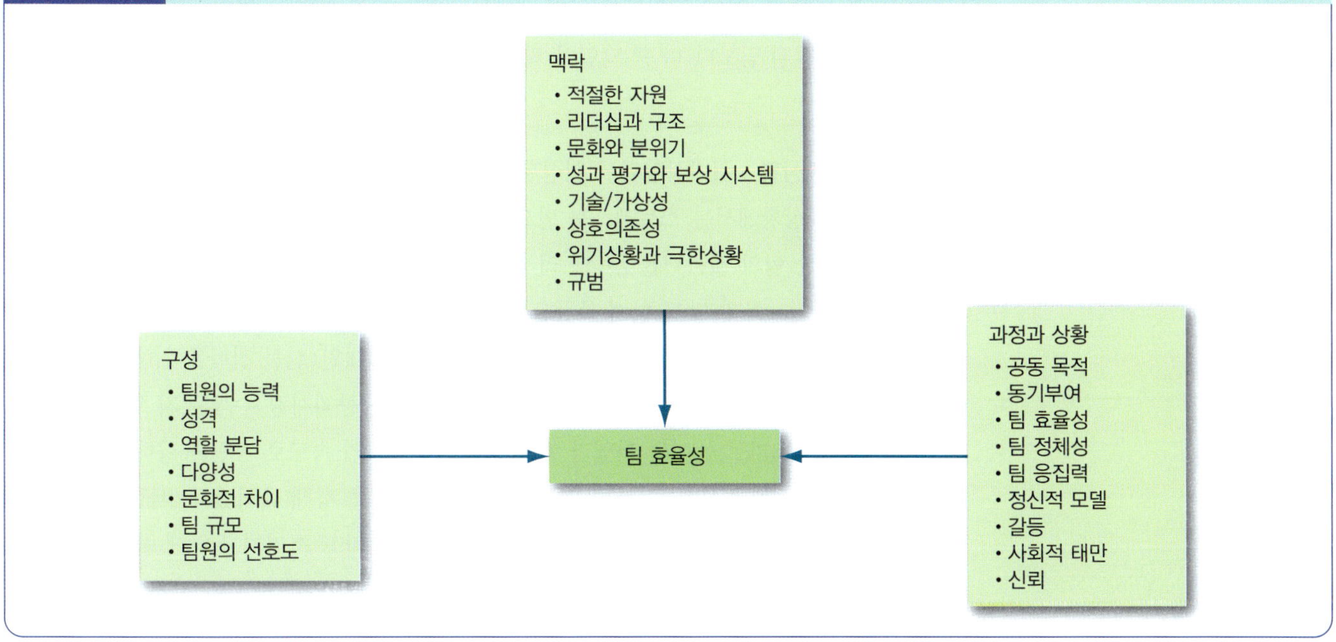

종자 간의 관계가 팀원 간의 관계보다 직무 태도, 직무 성과, 이직 의도에 더 중요한 것으로 밝혀졌다.[52] 또한 이러한 관계가 비슷하고 공평해야 하며, 리더가 특정 팀원을 '편애'하면 집단 과정과 상태에 해로운 영향을 미칠 수 있다.[53]

문화와 분위기 16장에서 설명하겠지만 문화(예: 조직의 가치, 신념, 가정)와 분위기(예: 조직의 정책, 관행, 절차)는 조직에서 매우 중요한 요소이다. 하지만 팀마다 고유한 문화와 분위기가 있을 수 있으며, 이는 팀의 효과성에 영향을 미친다. 예를 들어 대만의 한 기술기업 내 팀을 대상으로 한 연구에 따르면 협력을 촉진하는 팀 분위기가 팀의 동기부여와 창의성을 높일 수 있는 것으로 나타났다.[54] 팀 분위기에 대한 초기 연구는 주로 팀 효과성과 관련된 정책, 관행, 절차에 초점을 맞췄다. 이러한 연구에 따르면 비전 공유, 위협적이지 않은 환경에서 공유와 협력할 수 있다는 느낌, 성과 품질에 대한 관심, 창의적이고 혁신적인 문제해결 장려, 규칙적이고 빈번한 상호작용이 팀 분위기의 가장 중요한 요소로 제시되었다.[55] 스페인의 은행팀과 호주의 연구개발(R&D)팀을 대상으로 한 연구에 따르면 강한 팀 분위기가 팀의 재무적 성과(예: 매출 달성)와 혁신 성과(예: 혁신 속도, 프로젝트 완료)를 높이는 것으로 나타나 이러한 요소의 중요성을 뒷받침했다.[56] 지난 10년 동안 팀 내 다양한 분위기의 영향을 조사한 연구가 더 많이 이루어졌다. 예를 들어 공정하고 정의로운 정책, 관행, 절차에 대한 인식은 팀의 태도, 갈등과 성과에 매우 중요하다는 것이 입증되었다.[57]

성과 평가와 보상 시스템 개별 성과 평가와 인센티브는 고성과팀을 개발하는 데 방해가 될 수 있다. 따라서 개인의 기여도에 대해 직원을 평가하고 보상하는 것에 추가하여, 경영진은 개인의 기여도를 인정하는 개인 보상과 팀의 긍정적인 성과를 인정하는 집단 보상을 통합한 혼합형 성과 시스템을 활용해야 한다.[58] 집단 기반 평가, 이익 공유, 소집단 인센티브, 기타 시스템 변형을 통해 팀의 노력과 헌신을 강화할 수 있다. 또한 성과 관리 시스템을 도입뿐만 아니라, 건설적인 피드백은 팀 성과에 긍정적인 영향을 미친다.[59] 그러나 팀 보상 시스템을 실행할 때 편견과 차별을 피할 수 있게 주의해야 한다. 연구에 따르면 주로 흑인 직원으로 구성된 팀은 백인 직원으로 구성된 팀보다 더 큰 낙인이 찍히는 경향이 있으며 급여도 더 적게 받는 것으로 나타났다.[60]

위기상황과 극한상황 위기상황과 극한상황은 팀의 장점이 시험대에 오를 수 있는 혹독한 시련이다. 이러한 상황에서는 스트레스를 받으면서도 뛰어난 성과를 내는 팀원의 잠재력이 발휘될 수 있다. 또한 팀의 결속력을 무너뜨려 재앙을 초래할 수도 있다. 예를 들어 1949년 맨 걸치(Mann Gulch) 화재 당시 번개 폭풍으로 인해 산불이 발생한 몬태나주 맨굴치 계곡 남쪽 지역으로 '와그(Wag)' 닷지 대장이 이끄는 수십 명의 공수대원(산불 진화를 위해 공수되는 엘리트 소방관)이 파견되었다.[61] 위기가 얼마나 빠르게 팀을 붕괴시킬 수 있는지 보여주는 사례로, 닷지는 불이 30피트 높이의 화염과 함께 분당 610피트의 속도로 자신을 향해 이동하고 있는 것을 목격했다. 팀은 방향을 돌려 76% 경사의 산 능선을 향해 올라갔다. 빠르게 설자리를 잃어가고 있는 상황에서 닷지는 모두에게 도구를 내려놓으라고 소리치고 앞에 불을 붙인 다음 자신이 태운 자리에 누우라고 말했다. 아무도 그의 말을 듣지 않았고 모두 산등성이로 달려갔다. 닷지는 자신이 태운 잿더미에 누워 목숨을 건졌다.[62]

재난상황과 극한상황은 지난 수십 년 동안 조직행동 연구자로부터 많은 연구 관심을 받았다. 장기간 우주 임무를 수행하는 우주비행사부터 COVID-19 팬데믹 기간 동안 위기에 대응하는 의료전문가팀에 이르기까지, 각 팀은 극단적이고 재난적인 상황에 처할 수 있으며 임무를 수행하기 위해 신속하게 함께 행동해야 한다.[63] 재난 환경에서의 복수팀 시스템에 대한 연구에 따르면 사람은 행동을 취하기보다는 정보를 수집하는 데 주력하는 경향이 있으며, 행동을 취하더라도 상황이나 대안을 의도적으로 고려하거나 계획을 수립하지 않고 행동하는 것으로 나타났다.[64]

몇 가지의 요소가 위기상황에서 팀의 성공에 영향을 미치는 역할을 한다. 맨굴치 화재에서 닷지의 역할을 생각해보면 리더의 역할이 매우 중요하다는 것을 알 수 있다. 리더는 재난상황에서 팀의 문제해결을 지원하고, 팀원을 지지하며, 구조와 계획을 만들고, 권한을 위임하고, 조정하고, 팀원이 상황을 이해할 수 있게 도울 때 가장 효과적이다.[65] 구조도 중요한 역할을 한다. **팀 안전발판**(역할 유형, 공유 책임, 경계를 설정하는 유동적인 기본 구조)은 책임 능력, 공유된 이해, 동질감 또는 소속감을 확립하기 때문에 위기상황에서 조정력을 유지하는 것에 도움이 되는 것으로 나타났다.[66] 실제로 고성과팀은 적응력이 뛰어나고 상호작용 패턴이 적고 짧으며 단순한 경향이 있으므로, 이러한 유동성과 유연성은 위기에 처한 팀에게 중요하다.[67] 위기상황에서 팀원 개개인의 경우에 긍정적 정서(PA, 5장 참조)는 위기상황의 긴장으로 인한 부정적인 영향을 완충하는 데 도움이 될 수 있다.[68] 마지막으로 팀원은 의사결정의 목표가 어디인지(예: 문제를 향하는지 또는 팀원의 조정을 향하는지), 팀원과 정보를 효과적으로 공유하는 방법, 행동하기 전에 팀 목표, 과정과 전략을 언제 반영해야 하는지 알아야 하므로 정보에 입각한 의사결정이 매우 중요하다.[69]

팀의 구성

미국 중소기업청의 전 청장인 마리아 콘트레라스스위트(Maria Contreras-Sweet)는 "팀을 구성할 때 저는 수완이 풍부한 사람을 찾습니다. 융통성 있는 사람이 필요하고, 신중한 사람이 정말 필요합니다. 신중함은 또한 완전함과 관련이 있습니다"라고 말한다.[70] 이러한 자질은 좋은 자질이지만 팀원을 구성할 때 고려해야 할 유일한 자질은 아니다. 팀 구성 범주에는 팀원의 능력과 성격, 역할 할당, 다양성, 문화적 차이(2장 참조), 팀의 규모, 팀워크에 대한 팀원의 선호도와 같은 팀원 구성 방식과 관련된 변수가 포함된다. 예상할 수 있듯이 리더가 원하는 팀원 유형에 대한 의견은 매우 다양하며, 팀 개발 단계에 따라 팀원 구성이 어느 정도 중요할 수 있다는 증거도 있다.

팀원의 능력 때때로 평범한 선수로 구성된 '언더독'팀이 뛰어난 코칭, 결단력, 팀워크를 발휘하여 훨씬 더 월등한 팀을 이기는 경우를 지면으로 접하게 된다. 하지만 이러한 사례가 뉴스에 등장하는 이유는 바로 이례적이기 때문이다.[71] 팀의 성과는 부분적으로 개별 구성원 개개인의 지식, 기술, 능력에 따라 달라진다. 능력은 팀원이 무엇을 할 수 있는지, 팀에서 얼마나 효과적으로 업무를 수행할 수 있는지에 대한 한계를 설정한다. 연구에 따르면 갈등해결, 협력적 문제해결, 의사소통, 목표 설정, 계획 능력/기술 등 여러 가지 능력의 집합이 효과적인 팀원이 되는 데 도움이 된다고 제안한다.[72] 일반적으로 팀 성과와 관련성은 약하지만 보완적인 배경(예: 교육 수준, 전문 분야, 능력)도 실제로는 혁신과 창의성에 더 밀접한 관련이 있는 경향이 있다.[73] 또한 시간이 지남에 따라 팀원의 경험이 더해져 팀원이 함께 일하는 방법을 배우면서 문제해결 방식을 개선하여 성과를 향상한다는 점에 주목할 필요가 있다.[74] 즉, 팀원은 시간이 지남에 따라 지식, 기술, 능력을 개발하여 서로 협력하는 방법을 학습하게 된다.

팀원의 성격 5장에서 성격 특성이 행동에 큰 영향을 미친다는 점을 설명했다. 빅 파이브 성격 모델에서 확인된 몇 가지 차원은 팀 효과성과 특히 관련이 있다.[75] 성실성은 팀에 특히 중요하다.[76] 성실한 사람은 다른 팀원을 잘 뒷받침하고 지원이 진정으로 필요한 시점을 잘 감지한다.

다른 특성은 어떤가? 팀원의 친화성이 높은 팀이 더 높은 성과를 내는 경향이 있다. 팀원의 친화성 수준도 중요하다. 친화적이지 않은 구성원이 있는 팀은 성과가 나빠지고 응집력이 떨어지며 개인별 친화성의 수준 차이가 크면 생산성이 낮아질 수 있다.[77] 개방적인 팀원은 서로 더 많은 아이디어를 기꺼이 공유하므로 개방적인 사람으로 구성된 팀이 더 창의적이고 혁신적이다.[78] 업무 갈등에 직면한 팀은 평정성이 높은 구성원으로 구성되어 있을 때 더 나은 성과를 낼 수 있다.[79] 갈등 자체가 이러한 팀의 성과를 개선하는 것이 아니라 평정성이 특징인 팀은 갈등을 처리하고 이를 활용하여 성과를 개선할 수 있다는 의미이다. 외향성의 결과에 대한 연구는 명확하지 않지만 한 연구에 따르면 팀의 평균 외향성 수준이 높을 때 특히 협력하는 팀 분위기에서 서로 돕는 행동의 수준이 높아질 수 있다고 한다.[80] 빅 파이브 외에도 최근 연구에 따르면 팀의 주도적 성격(5장 참조)이 팀 혁신에 중요하다고 한다.[81] 따라서 개인의 성격 특성은 팀의 전반적인 성격 특성만큼이나 팀에 중요한 요소라고 할 수 있다.

역할 할당 팀은 요구하는 것이 다르므로 다양한 역할을 모두 수행하는 구성원을 선발해야 한다.[82] 21년 동안 778개 메이저리그 야구팀을 대상으로 한 연구에 따르면 적절한 역할 할당의

스위스 은행 UBS의 혁신연구실에서 연구팀 구성원이 젊은 세대 투자자를 끌어들이고 기존 고객이 복잡한 투자 포트폴리오를 시각화하도록 돕기 위해 디지털, 가상현실, 기타 신기술을 검사하고 있다. 팀원은 높은 수준의 팀으로서 기능하는 데 필요한 기술적 전문성과 실력을 가지고 있다.

출처: Arnd Wiegmann/Reuters

중요성이 강조된다.[83] 예상대로 경험이 풍부하고 유능한 구성원을 가진 팀의 성과가 더 좋았다. 그러나 팀의 작업 흐름을 더 많이 처리하고, 투수와 포수처럼 모든 작업 과정의 중심이 되는 핵심 역할에 수행하는 사람의 경험과 기술이 특히 중요했다.

13가지 잠재적인 팀 역할을 식별할 수 있다(도표 10-4 참조). 성공적인 작업팀은 일반적으로 팀 기능에 부정적인 네 가지 역할(예: 지배자, 비평자, 회피자, 비방자)을 피하고 각자의 능력과 선호도에 따라 이러한 역할 대부분을 수행할 사람을 선발했다.[84] 많은 팀에서 개인은 여러 역할을 수행하게 된다. 예를 들어 리더는 동기부여자, 조정자, 인도자, 평가자 역할을 동시에 수행할 가능성이 높다. 팀원이 함께 일을 잘할 가능성을 높이려면 관리자는 각 개인이 팀에

도표 10-4 팀에서의 주요 역할

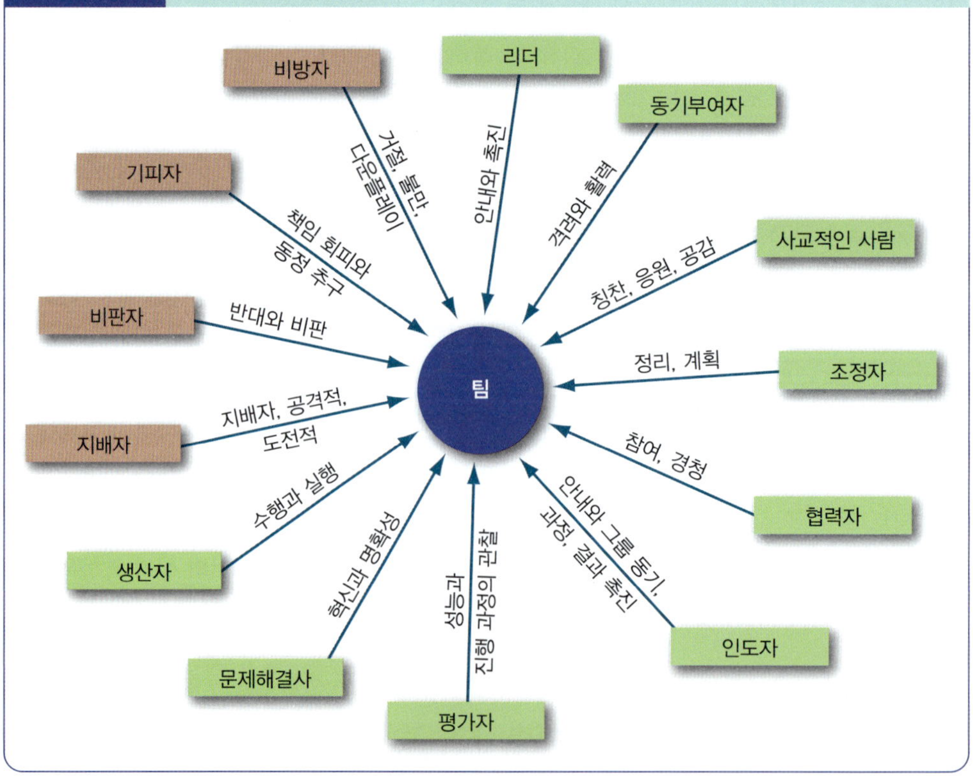

가져올 수 있는 강점을 이해하고, 강점을 염두에 두고 팀원을 선발하고, 팀원의 강점에 맞는 업무를 할당해야 한다. 이는 특히 창업팀이 비슷한 특성과 강점을 가지고 있는 경우가 많다는 점을 고려할 때 창업가에게 특히 어려운 과제이다.[85]

팀원의 다양성 2장에서 집단 내 다양성의 본질과 그것이 집단 내 집단역학 관계에 어떤 영향을 미치는지에 대해 논의했다. 그렇다면 팀의 다양성은 팀 성과에 어떤 영향을 미치는가? 작업 단위(집단, 팀, 부서)의 구성원이 연령, 성 정체성, 인종, 교육 수준, 조직 재직기간과 같은 공통된 인구통계학적 속성을 공유하는 정도는 **인구통계학**(demography)의 주제이다. 인구통계학은 집단과 팀의 다양성 수준을 설명하는 데 사용되는 용어로 갈등 예측 등 조직에서 연령이나 입사 연도와 같은 속성이 중요하다는 것을 시사한다.

인구통계학 작업 단위(집단, 팀, 부서)의 구성원이 연령, 성 정체성, 인종, 교육 수준, 조직 재직기간과 같은 공통된 인구통계학적 속성을 공유하는 정도

논리는 다음과 같다. 서로 다른 경험을 가진 사람들 사이에서는 의사소통이 더 어려우므로 갈등이 더 커질 것이다. 마찬가지로 갈등에서 패한 사람은 자발적으로 떠나거나 강제로 퇴출될 가능성이 높다.[86] 이 논리에 따르면 다양성은 항상 팀 성과에 부정적인 영향을 미친다는 성급한 결론을 내릴 수 있다. 그러나 2장에서 집단과 팀의 다양성(예: 인구학적 특성)이 처음에는 부정적인 결과를 초래하지만, 시간이 지나면 결국 긍정적인 결과로 이어질 수 있다는 점을 상기하자.[87] 다양한 팀이 시간이 지나도 끈기로 버티면서 뭉친다면 바람직한 성과 수준에 도달할

더 나은 세상을 향해

허쉬: 집단과 팀을 통한 다양성, 형평성, 포용성 증진

다양성을 중시하는 상위 50개 기업 중 하나인 허쉬(Hershey)는 그 성공의 상당 부분을 BRG(Business Resource Group)의 공으로 돌리고 있다. 이 집단은 허쉬의 다양성, 형평성, 포용성(DEI)을 증진하는 데 초점을 맞춘다. 이들은 다양한 직원을 유치와 유지하고, 다양한 업무부서에 사업에 관한 통찰력을 제공하며, 서로 다른 배경을 가진 사람을 연결하기 위해 함께 일하는 팀을 통해 목표를 달성한다. 허쉬에는 능력 우선, 아프리카계 미국인, 아시아계, H세대(Generation H), 라틴계, 프리즘(성소수자), 재향군인, 여성 등 총 8개의 그룹이 있으며, 모든 직원 주도로 포용적이고 따뜻한 업무 환경을 조성하는 데 중점을 두고 있다. 8개 그룹은 모두 복수팀 시스템을 구성하며, DEI의 동일한 목표를 향해 함께 일하고 있다. BRG의 대표는 허쉬의 수백 명의 고위 리더와 자주 만나 편견, 차별, 감정적으로 격앙된 현재 사건을 다루는 데 필요한 성장과 대화를 촉진하기 위한 자율적인 리더십 개발 방안을 제공한다.

이들은 새로운 기회를 브레인스토밍을 하기 위해 직원의 자발적 참여 공간을 제공하고, 열정적인 다른 직원과 함께 DEI 목표를 추구한다. BRG 내 팀은 경영진, 기타 작업 부서와 팀과 협력하여 모든 직원의 이익을 대변하고 회사의 DEI 목표를 달성하기 위한 회사의 계획을 주도한다. 이러한 팀은 또한 허쉬에 새로 입사한 직원의 참여를 유도하기 위해 노력한다. 예를 들어 제니 후쿠모토-파스코(Jenny Fukumoto-Pasko)는 브랜드 부매니저로 입사했을 때를 회상한다. "저는 사업과 직원 모두에게 영향을 주고 싶었습니다. 저는 다양성, 형평성, 포용성을 염두에 둔 갓 경영학 석사학위를 받은 마케터였습니다. 6개월 만에 저는 채용팀과 여성 BRG(WBRG)에 합류하여 여성 채용과 역량 강화라는 두 가지 일에 제 에너지 탱크를 가득 채우는 데 전념했습니다." 실제로 허쉬는 여성에게 매우 환영받는 곳이다. 여성은 회사 내 최고 경영진(예: CEO, 이사회 의장, 최고 성장 책임자)과 이사회 직책의 대부분을 차지하고 있으며, 허쉬 인력 중 정확히 절반이 여성으로 구성되어 있고, 여성은 남성에 비해 달러당 99센트를 더 많이 벌고 있다.

BRG팀이 목표를 달성하는 또 다른 예로 라틴계 BRG팀은 허쉬 광고팀과 협력하여 증가하는 라틴계 고객층과 소통한다. 이러한 협력의 결과로 허쉬는 '어머니의 날' 광고로 텔레문도(Telemundo)로부터 '최고의 방송 광고상'을 수상하는 등 미디어에서 라틴계 사람을 긍정적으로 묘사한 공로를 인정받아 여러 상을 수상했다. 팀은 회사 외부의 다른 사람과도 협력한다. 예를 들어 라틴계 BRG는 라틴계 히스패닉계 미국인 커뮤니티 센터의 청소년 리더십 프로그램과 협력하고 있다. 많은 팀이 라틴계 청소년에게 리더십 개발과 멘토링을 제공하기 위해 자원봉사를 한다. 이러한 BRG는 구성원의 다양한 전문성을 활용하여 각자의 능력과 배경에 가장 적합한 역할을 배치한다. 예를 들어 멘토링 프로그램에 참여한 학생 중 1명은 정치학 경력을 쌓는 데 관심이 있었다. 이 학생은 허쉬의 정부관계 수석매니저인 리머 바티스타(Limer Batista)와 매칭되었다. 일반적으로 허쉬는 기업이 집단과 팀을 모두 활용하여 DEI 이니셔티브를 발전시키는 방법을 보여주는 좋은 예이다.[88]

수 있다. 더욱이 그들은 다양성이 없는 팀에 비해 순응의 희생양이 될 가능성이 적고, 서로 더 많은 정보를 공유하고, 오류를 줄일 가능성이 크며, 더 창의적일 수 있다.[89]

문화적 차이 2장에서 문화적 다양성에 대한 연구에 대해 논의했다. 팀의 경우에 문화적 다양성이 적어도 단기적으로는 팀 과정에 방해가 된다는 증거가 있다. 일반적으로 문화적 다양성은 다양한 관점이 있어야 하는 작업에서 장점이 있는 것으로 보인다. 하지만 문화적으로 이질적인 팀은 서로 협력하고 문제를 해결하는 방법을 배우는 데 더 많은 어려움을 겪는다. 좋은 소식으로 이러한 어려움은 시간이 지나면 사라지는 것처럼 보인다는 것이다. 하지만 조금 더 자세히 살펴보자. 일부 연구자는 문화적 다양성의 이점이 팀의 문화적 구성에 따라 달라진다는 사실을 발견했다(예: 다수구성원 대 소수구성원). 연구자는 문화적 다수구성원 집단의 경우에 문화적 차이가 팀 성과에 부정적인 영향을 미치는 반면에 문화적 소수구성원 집단의 경우에 문화적 차이가 팀 성과에는 긍정적인 영향을 미친다는 사실을 발견했다.[90] 이는 팀이 다양해짐에 따라 소수구성원이 다양성 증가로 다수구성원보다 더 많이 이익되는 경향이 있음을 시사한다.

팀의 규모 9장에서 언급했듯이 집단의 규모는 모든 집단 또는 팀의 핵심 특성이다. 많은 전문가는 팀을 소규모로 유지하는 것이 집단 효과성을 향상하는 핵심이라고 생각한다.[91] 아마존의 제프 베조스(Jeff Bezos) 회장은 '팀이 두 판 이상의 피자를 먹을 정도면 팀이 너무 큰 것'이라는 '피자 두 판' 법칙을 사용한다.[92] 심리학자 조지 밀러(George Miller)는 이상적인 팀 규모에 대해 '마법의 숫자는 7에서 2를 더하거나 빼는 것'이라고 주장했다.[93] 팀 규모가 커지면 사람들 간의 잠재적 연결이 기하급수적으로 증가하므로 의사소통이 복잡해지고 큰 팀에서는 지원 인식이 감소하게 된다.[94]

전문가는 작업을 수행할 수 있는 최소한의 인원으로 팀을 구성할 것을 제안한다. 안타깝게도 관리자는 프로젝트를 완료하는 데 필요한 시간, 인원 추가와 관련된 기타 손실은 점점 더 과소평가하는 반면에 인원이 많으면 더 많은 이점을 얻을 수 있다고 믿기 때문에 팀을 너무 크게 만드는 실수를 저지르는 경우가 많다.[95] 팀원이 너무 많으면 응집력과 상호책임감이 떨어지고, 사회적 태만이 증가하고, 의사소통이 줄어든다.[96] 대규모 팀의 구성원은 특히 시간 압박을 받으면 서로 조정하는 데 어려움을 겪게 된다. 자연적인 작업단위가 더 크고, 팀 노력이 필요한 경우라면 집단을 하위 팀으로 나누는 것을 고려하자.[97]

팀원의 선호도 모든 직원이 팀에서 일을 잘하는 것은 아니다. 선택권이 주어진다면 많은 직원이 팀에 참여하지 않고 스스로 일하는 것을 선택할 것이다. 혼자 일하는 것을 선호하는 사람이 팀을 이루어야 할 경우에 팀의 사기와 구성원 개인의 만족도에 직접적인 위협이 된다.[98] 이는 관리자가 팀원을 선발할 때 능력, 성격, 기술과 함께 개인의 선호도를 고려해야 한다는 것을 시사한다. 성과가 높은 팀은 집단의 일원으로 일하는 것을 선호하는 사람으로 구성되어 있을 가능성이 높다.

팀 과정과 상태

팀 효과성과 관련된 마지막 범주에는 과정(예: 절차, 활동, 행동), 공동의 계획과 목적에 대한 구성원의 헌신, 동기부여, 팀 효능감, 팀 정체성, 팀 응집력, 정신적 모델, 갈등, 사회적 태만, 신

도표 10-5 팀 과정의 효과

잠재적 팀 효과성 + 과정 이득 − 과정 손실 = 실질적인 팀 효과성

뢰와 같은 팀 상태(예: 집단적 감정적, 태도적, 동기부여적 상태)가 포함된다. 이러한 특성은 팀 성과와 팀원 태도를 예측하는 훌륭한 지표가 되는 경향이 있다. 이러한 특성은 특히 규모가 큰 팀과 상호의존성이 높은 팀에서 중요하다.[99]

팀 과정 과정이 팀 효율성에 중요한 이유는 무엇인가? 팀은 투입량의 합보다 더 큰 산출량을 만들어야 한다. 도표 10-5는 집단 과정이 집단의 효율성에 어떤 영향을 미칠 수 있는지 보여 준다.[100]

공동 계획과 목적 효과적인 팀은 팀의 임무를 분석하고, 그 임무를 달성하기 위해 목적을 개발하고, 목적을 달성하기 위해 전략을 수립하는 것으로 시작한다.[101] 꾸준히 더 나은 성과를 내는 팀은 무엇이 필요하고 어떻게 해야 하는지 명확하게 알고 있다.[102] 이것이 분명한 데도 많은 팀은 이러한 기본적인 과정을 무시한다.

성공적인 팀의 구성원은 집단적으로나 개별적으로 자신에게 부여된 목적에 대해 논의하고, 구체화하고, 공유하는 데 엄청난 시간과 노력을 기울인다. 이러한 공동의 목적이 팀에 의해 받아들여지면, 배의 선장에게 GPS와 같은 역할을 하여, 어떤 조건에서도 방향과 지침을 제공한다. 잘못된 항로를 따라가는 배처럼 기획 능력이 부족한 팀은 잘못된 계획을 실행하여 파멸에 이르게 된다.[103] 팀은 과업에 대해 배우고 숙달하는 것이 목적인지, 아니면 단순히 과업을 수행하는 것이 목적인지에 대해 합의해야 한다. 학습과 성과에 대한 관점이 다르면 팀 성과가 전반적으로 낮아진다는 증거가 있다. 또한 팀원이 팀과 강하게 동일시할 때 효과적인 계획 수립 과정에 더 쉽게 참여할 수 있다.[104]

효과적인 팀은 **반응성**(reflexivity)를 보이는데, 이는 필요할 때 자신의 목적을 성찰하고 조정한다는 의미이다.[105] 몇 가지 예로 반응성은 제조팀의 심리적 안녕을 개선하고, 스타트업팀이 좌절로부터 배우고, 연구개발팀이 혁신하도록 돕고, 병원응급실과 같은 극한 환경에서의 성과를 개선하는 데 도움이 될 수 있다.[106] 팀은 좋은 계획을 가지고 있어야 하지만, 팀원은 상황에 따라 기꺼이 적응할 수 있어야 한다.[107] 반응성은 과거에 성과가 좋지 않았던 팀에게 특히 중요하다.[108] 일부 증거에 따르면 반응성이 높은 팀은 팀원들 사이에서 상충되는 계획과 목표에 더 잘 적응할 수 있다고 한다.[109]

반응성 이는 필요할 때 자신의 목적을 성찰하고 조정한다는 의미

정신적 모델 효과적인 팀원은 정확한 **정신적 모델**(mental model)을 공유한다. 즉, 이들은 업무 환경 내의 핵심요소에 대한 이해를 공유한다.[110] 팀원이 잘못된 정신적 모델을 가지고 있는 경우(특히 급성 스트레스를 받는 팀에서 발생가능성이 큼)에 성과가 저하된다.[111] 정신적 모델을 공유하는 팀은 서로 더 자주 상호작용하고, 동기부여가 더 높으며, 업무에 대해 더 긍정적인 태도를 가지고, 객관적으로 평가되는 성과 수준이 더 높다.[112] 예를 들어 소방관으로 구성된 팀의 경우에 비상상황에서 수행해야 하는 작업에 대한 이해가 공유되면 그룹으로서 더 잘

정신적 모델 팀원은 업무 환경 내의 핵심요소에 대한 이해를 공유함

미신인가, 과학인가

팀은 집단적인 마음챙김을 실천하기

개인이 마음챙김을 실천할 때 스트레스와 불안을 줄일 수 있다는 증거가 있다. 또한 회복력, 다양한 사고, 직업 만족도를 높이고 집중력과 리더십 유연성을 향상시킬 수 있다. 하지만 마음챙김 실천만으로 충분한가? 이것만으로도 조직과 팀에 도움이 되는가? 답은 팀의 문화가 개인의 마음챙김 실천보다 더 영향력이 있다는 것이다. 예를 들어 한 개인이 감정조절 능력을 발전시켰을 때조차도 악성팀의 일원이라면 이것만으로는 충분하지 않을 것이다.

이것이 집단적인 마음챙김이 활동을 시작하는 때이다. 집단적 마음챙김은 현재의 경험에 대한 인식과 주의를 가지고 서로 교류하는 팀원들 간의 공유된 실천이다. 마음챙김을 실천하는 팀은 또한 마감시간이 임박했을 때의 스트레스와 같은 팀 내부의 경험에 대해 비판단적 과정에 참여할 수 있다. 이러한 실천을 통해 팀은 팀의 역동성, 목표, 구조, 역할, 과업을 집단적으로 인식할 수 있게 한다. 최근의 마음챙김에 대한 연구결과는 마음챙김이 개인 수준에서 팀원에 의해 실천된 경우보다 집단적인 마음챙김이 더 유의한 효과를 가지고 있음을 보여준다.

이와 같이 집단적 마음챙김을 위한 기업 사례가 존재하는 것으로 보인다. 연구는 집단적 마음챙김의 실천이 팀에게 바람직한 몇 가지 결과로 이어질 수 있다는 것을 보여준다. 이러한 결과는 심리적으로 안전한 환경을 조성하고, 팀 내부의 관계 갈등을 줄이고, 혁신 성과를 높이며, 직원의 웰빙과 직무 만족도를 높이는 것이 포함된다.

어떻게 하면 팀이 집단적 마음챙김을 실천할 수 있게 하는가? 팀 과정으로 간주하여 팀과 상호작용하면서 팀원이 한 팀으로 어떻게 과업과 목표에 접근하는지 관찰, 학습, 경험하고 규범을 비판적으로 평가할 수 있게 독려한다. 집단적 마음챙김을 실천하기 위해서는 모든 팀원이 팀 과정에 대한 이해를 바탕으로 상호조정할 필요가 있다. 팀이 집중하고 판단하지 않고 겪는 일을 경험하고 학습함으로써, 이 과정은 시간이 지남에 따라 팀 내에서 일상화되고 강화될 수 있다.[113]

적응하고 행동할 수 있어 팀 성과가 향상된다.[114] 그러나 팀원이 작업 환경에 대해 서로 다른 생각을 가진다면, 팀은 통합된 그룹으로서 작업을 완료하기보다는 서로를 자주 오해하거나 작업의 핵심 측면을 간과하거나 방법을 놓고 논쟁을 벌이게 될 것이다.[115]

또한 팀은 팀원이 환경에 대한 공유된 이해를 발전시키기 위해 지식을 수집, 통합, 생성, 배포하는 방식을 나타내는 **거래적 기억 시스템**을 개발해야 한다.[116] 예를 들어 팀원이 '누가 무엇을 알고, 무엇을 가장 잘하는지'를 알 수 있는 구조와 시스템은 가장 숙련된 구성원에게 가장 적합한 업무를 할당하고, 가장 지식이 풍부한 구성원에게 자신의 전문성에 부합하는 문제에 대한 자문을 구할 수 있게 한다.[117] 특히 집단주의적이고 상명하복이 심한 문화, 최고경영진으로 구성된 팀, 위기상황과 같이 특히 불안정한 환경에서는 거래적 기억 시스템이 중요하다.[118] 거래적 기억 시스템이 없으면 중요한 팀원의 이직이 팀 성과에 치명적인 영향을 미칠 수 있다.[119] 예를 들어 업무팀의 직원은 최근에 퇴사한 동료의 업무를 어떻게 수행해야 할지 파악하지 못해 허둥대는 경우가 종종 있다.

병원의 마취팀은 공유된 정신적 모델을 개발하는 것이 절대적으로 중요한 팀의 한 예이다. 장비, 기술, 작업, 응급상황, 팀원 역할, 상호 간, 심지어 동료 팀원의 의사소통 스타일, 선호도, 습관, 특이한 점까지 공유해야 수술실에서 우발적인 사망사고를 방지할 수 있다.[120] 물론 이러한 팀에는 거래적 기억 시스템도 매우 중요하다. 예를 들어 스위스의 한 연구에 따르면 마취팀은 수술 중에 두 가지 다른 유형의 메시지를 주고받는 것으로 나타났다. 서로의 성과를 음성으로 모니터링하는 것(비판하는 것이 아니라 사건을 음성으로 기록하는 것)과 '방에 말하기(모든 사람에게 "환자의 혈압이 떨어지고 있습니다"와 같은 내용을 알리는 것)'가 그것이다. 연구결과에 따르면 성과가 높은 팀과 성과가 낮은 팀은 이러한 방식으로 소통하는 빈도가 비슷했으며, 성과에 중요한 것은 공유된 정신적 모델을 유지하기 위한 소통의 순서였다. 성과가 높은 팀은 지원, 지시, 대화를 통한 모니터링에 이어 추가적인 팀 대화를 통해 후속 조치를 취했다.[121] 메시지는 간단하다. 공유된 정신적 모델을 유지하려면 팀이 운영되는 동안 일어나는 일에 대해 소통하라!

팀 갈등 갈등은 팀 성과와 복잡한 관계가 있으며, 반드시 나쁜 것만은 아니다(14장 참조). 9장에서 **역할 갈등**에 대해 설명했지만, 이 절에서는 팀 내 갈등의 세 가지 유형을 추가로 설명한다.[122] 첫째, 대인관계 비호환성, 긴장감, 타인에 대한 적대감에 기반한 **관계 갈등**은 특히 친구 사이에서 거의 항상 역기능을 일으킨다.[123] 둘째, 팀이 일상적이지 않은 활동을 수행할 때 과제 내용에 대한 이견(**과제 갈등**)은 토론을 자극하고 문제와 옵션에 대한 비판적 평가를 촉진하며 더 나은 팀 결정으로 이어질 수 있다. 셋째, 새로운 형태의 **윤리적 갈등**은 팀원이 윤리적 문제에 대해 의견을 달리하는 방식을 설명한다.[124] 예를 들어 식료품점 고객서비스 카운터의 직원은 쿠폰에 대한 고객 분쟁을 처리하는 '옳은' 방법과 '잘못된' 방법에 대해 서로 다른 관점을 가지고 있을 수 있다.

갈등이 성과에 미치는 긍정적(그리고 부정적) 영향은 과업 유형, 환경, 성과 측정방법 등 여러 요인에 따라 더 작거나 클 수 있다.[125] 과업 갈등은 구성원이 경험에 개방적이고 정서적으로 안정되어 있을 때 유익하다.[126] 일부 팀원은 높은 과업 갈등을 인식하는 반면에 다른 팀원은 낮은 과업 갈등을 인식하는 경우에도 과업 갈등이 유익할 수 있다.[127] 팀 성과 초기 단계의 중간 수준의 과업 갈등은 팀 창의성과 긍정적인 관련이 있지만, 매우 낮은 수준과 매우 높은 수준 모두 팀 성과와 부정적 관련이 있다.[128] 즉, 팀이 처음에 창의적인 작업을 수행하는 방법에 대한 의견 차이가 너무 많거나 적으면 성과가 저해될 수 있다.

갈등을 해결하는 방식이 효과적인 팀과 비효율적인 팀의 차이를 만들 수 있다. 37개 자율 작업 그룹의 지속적인 의견에 대한 연구에 따르면 효과적인 팀은 업무 불일치에 대해 명시적으로 논의하여 갈등을 해결한 반면에 비효율적인 팀은 성격과 말투에 더 초점을 맞춘 갈등이 해결되지 않았다.[129] 반면에 초기 단계의 관계 갈등을 겪는 팀은 4장에서 논의한 감정 조절 전략인 인지적 재평가에 구성원이 참여하면 초기 갈등 후 회복하고 더욱 응집력을 가질 수 있다.[130]

어떤 팀이 다른 팀보다 갈등을 겪을 가능성이 더 높은가? 간단한 답이 아니다. 일부 연구에 따르면 팀원 개개인의 조직 지원에 대한 인식이 크게 다를 경우에 업무 갈등이 증가하고 의사소통이 감소하며 궁극적으로 팀 성과가 저하되는 것으로 나타났다.[131] 연구자가 팀원이 조직 지원을 어떻게 인식하는지가 아니라 팀에 제공되는 평균적인 조직 지원 수준만 비교했다면 정확한 인과관계를 놓쳤을 수 있다. 팀을 대상으로 한 또 다른 연구에서는 사회적 자본이 높은 팀이면 업무 갈등은 높고 관계 갈등은 낮은 것으로 나타났지만, 이는 그룹이 설립된 지 몇 년이 지난 후에야 해당되는 결과였다.[132] 따라서 구성이 갈등에 미치는 영향을 지나치게 일반화하지 않도록 주의할 필요가 있다.

갈등을 유발하는 조건(예: 문제와 잠재적 해결책을 논의하는 것이 업무 외적인 주제에 대해 이야기하는 것보다 갈등으로 이어질 가능성이 훨씬 높음)과 갈등을 해결하는 조건(예: 상사나 권위자의 개입)이 더 중요할 수 있다.[133] 예를 들어 팀원의 기억 이직은 불가피하게 업무 갈등으로 이어질 수 있으며,[134] 특히 앞서 설명한 것처럼 공유된 정신적 모델과 거래적 기억 시스템이 부족한 경우에 더욱 그렇다.

사회적 태만 9장에서 언급했듯이 개인은 자신의 기여(또는 부족함)를 확인할 수 없을 때 그룹의 노력에 편승하여 사회적 이탈을 할 수 있다. 효과적인 팀은 팀의 목적, 목표, 접근 방식에 대해 구성원이 개별적으로나 공동으로 책임을 지게 함으로써 이러한 경향을 약화시킨다.[135] 따라서 구성원은 팀에서 개별적으로나 공동으로 책임져야 할 부분이 무엇인지 명확히 해야 한다.

팀 상태 팀 과정 외에도 긴급 **상태**는 또한 팀 효율성에 매우 중요하다. 이러한 집단적 태도, 감정, 동기부여 상태는 팀원이 팀워크에 접근하는 방법을 안내하기 때문에 중요하다. 팀 내의 맥락, 구조, 과정이 모두 갖춰져 있어도 긍정적인 긴급 상태가 없다면 팀원은 함께 일하려는 동기가 떨어질 수 있다.

동기부여 성공적인 팀은 공동의 목적을 팀 목표에 부합하는 구체적이고 측정가능하며 어려운(그러나 현실적인) 성과 목표로 전환한다(7장 참조).[136] 예를 들어 양에 대한 목표는 양을 늘리고 정확성에 대한 목표는 정확성을 높이는 경향이 있다.[137] 또한 팀 전체의 성과가 아닌 팀원의 성과를 개선하기 위한 목표는 그룹 성과를 과소평가하는 경향이 있다.[138] 따라서 개인의 목표는 그룹의 실제 목표와 연계되어야 한다. 또한 목표 이외의 동기부여 요인도 중요하다. 예를 들어 목표 설정 외에도 목표를 향해 노력하는 실제 경험에는 승리, 좌절, 에너지 절약 등이 포함된다. 성취를 지향하는 팀은 시간이 지남에 따라 더 나은 성과를 내는 경향이 있다.[139] 또한 자원과 에너지를 전략적으로 배분하는 팀은 더 나은 성과를 내는 경향이 있다. 예를 들어 NHL(National Hockey League) 5개 시즌에 대한 한 연구에 따르면 가장 가치 있는 선수를 벤치에 앉히는 시점에 전략적으로 대응하는 팀이 다른 팀보다 시즌 종료 기록이 더 좋은 경향이 있다고 한다.[140]

팀 효능감 과업을 성공시킬 수 있다는 팀의 집단적 신념

팀 효능감 효과적인 팀은 자신에 대한 자신감을 가지고 있으며, 성공할 수 있다고 믿는다. 이를 **팀 효능감**(team efficacy)이라고 부른다.[141] 성공한 팀은 미래의 성공에 대한 신념을 강화하여 더 열심히 일할 수 있게 동기부여한다. 선행 연구에 따르면 팀 효능감은 팀 성과를 강력하게 예측하는 것으로 나타났는데, 특히 팀원이 팀 목표에 기여하기 위해 서로 의존하는 경우 더욱 그렇다.[142] 상호의존적인 팀 과제가 완료되는 순서도 중요하다. 30만 건 이상의 수영대회를 대상으로 한 연구에서 연구자는 팀 계영 후반부에 있는 수영선수가 팀을 위해 대회에서 우승할 수 있다고 믿을 때 동기부여가 높아지는 것을 발견했다.[143] 또한 개인 역량에 대한 지식을 공유하는 팀은 팀원이 팀원에게 정보에 입각한 의견을 더 효과적으로 요청하기 때문에 팀원의 자기효능감과 개인의 창의성 사이의 연결고리를 강화할 수 있다.[144]

팀 효율성을 높이기 위해 무엇을 할 수 있는가? 두 가지 방법은 팀이 자신감을 키울 수 있는 작은 성공을 달성하게 돕고 팀원의 기술과 대인관계 기술을 향상시키기 위한 교육을 제공하는 것이다.[145] 팀원의 역량이 클면 팀은 자신감을 키우고 그 자신감을 발휘할 수 있는 능력을 키울 가능성이 높아진다.

팀 정체성 9장에서는 사람의 삶에서 사회적 정체성이 얼마나 중요한 역할을 하는지에 대해 논의했다. 사람은 자신이 속한 집단과 정서적으로 연결되면 그 집단과의 관계에 더 많은 투자를 할 가능성이 높아진다. 팀도 마찬가지이다.[146] 예를 들어 네덜란드의 군인을 대상으로 한 연구에 따르면 팀원으로부터 소속감과 존중을 받는다고 느낀 개인은 개인으로서 이미 부대에 헌

신할 것을 요구받고 있음에도 불구하고 팀을 위해 더 열심히 일하게 된다.[147] 마찬가지로 팀 정체성이 강하면 성과 목표에 대한 동기가 높은 팀원은 개인 목표보다는 팀 목표를 향해 노력할 가능성이 더 높다. 따라서 리더와 구성원은 개인의 고유한 기술과 능력을 인정하고 존중과 포용의 분위기를 조성함으로써 긍정적인 **팀 정체성**(team identity)과 향상된 팀 성과를 촉진할 수 있다.[148] 관리자는 가상팀에서 팀 정체성을 키우는 데 특별한 주의를 기울여야 한다. 이러한 팀에서는 팀 정체성이 낮을 수 있으며, 이는 가상팀원의 노력 저하로 이어질 수 있다.[149]

팀 정체성 팀에 대해 느끼는 팀원의 친화력과 소속감

조직 정체성도 중요하다. 팀 정체성은 다른 유형의 정체성보다 더 강한 경우가 많지만, 팀은 더 큰 조직의 일부이며 다른 부서, 팀, 사람과 상호작용한다.[150] 긍정적인 팀 정체성을 가지고 있지만, 긍정적인 조직 정체성이 없는 개인은 자신의 팀에 고정되어 조직 내 다른 팀과 협력하지 않을 수 있다.[151] 그러나 일반적으로 팀 정체성은 팀 성과, 태도, 협력에 영향을 미치는 도구적인 역할을 한다. 즉, 조직 정체성을 긍정적으로 인식하면 팀 정체성도 긍정적으로 인식하는 경향이 있으며, 이는 팀 성과에 도움이 된다.[152]

팀 응집력 팀원이 서로 연결되어 있다고 느낄 정도로 끈끈한 팀에 속해본 적이 있는가? 이전 장에서 집단행동에 대해 설명한 것처럼 응집력은 팀원이 공유된 유대감을 형성하여 함께 일하고 한 팀으로 뭉치도록 유도할 때 발생한다. 이전 장에서 응집력이 있는 집단과 팀이 응집력이 없는 팀보다 더 나은 성과를 내는 경향이 있다는 점을 기억하자. 하지만 그 반대일 수도 있다는 증거도 있다(성과가 좋은 팀은 성공의 결과로 응집력이 더 강할 수 있다).[153] 하와이 화산 밖과 같이 고립되고 제한된 극한 환경에서 우주비행사(최종 화성 임무 준비)를 대상으로 한 실험에 따르면 응집력은 임무가 몇 달 동안 지속되면 무너지는 경향이 있다.[154] 연구자는 이러한 응집력의 붕괴로 이어지는 요소를 연구함으로써 우주비행사팀의 기능을 개선할 수 있기를 희망한다. 리더십 책임 공유, 팀원 간의 개방적인 정보 공유, 팀원 간의 상호의존성 등 몇 가지 요인이 팀 응집력을 높일 수 있다.[155]

팀 신뢰 COVID-19 팬데믹 기간 동안 팀의 성공적인 운영에 신뢰가 얼마나 중요한지 명확히 알 수 있었다. 치프(Chief)의 공동 창립자이자 CEO인 린지 카플란(Lindsay Kaplan)은 아기와 함께 집에 머무는 비상상황을 겪은 후 가상관리자로서의 삶을 이야기하며 "마케팅팀에 팀 회의를 늦을 것 같다고 문자를 보냈는데, 팀에 대한 신뢰가 저를 버티게 해주었습니다. 저는 천천히 채용하는 것을 믿으며, 신중하게 선별한 팀이 자급자족하는 모습을 보면 보람을 느낍니다"라고 말했다.[156] 팀에 대한 신뢰는 팀원 간의 상호긍정적인 기대 상태를 수반한다.[157] 팀원을 신뢰한다는 것은 그 사람의 신뢰성과 믿음직스러움을 믿고 그들의 복지에 진심으로 관심을 갖는 것이며, 그 반대의 경우도 마찬가지이다. 팀 신뢰는 시간이 지남에 따라 팀원이 서로 공유하고, 팀을 위해 노력하고, 서로의 성과를 모니터링하면서 발전한다.[158] 팀 신뢰는 특히 가상팀에서 팀 성과에 상당한 영향을 미치는 것으로 나타났다.[159] 또한 전문소방팀 표본을 대상으로 실시한 연구에 따르면 팀 신뢰는 직무 요구가 스트레스와 긴장에 미치는 부정적인 영향을 완충하는 데 도움이 될 수 있다.[160] 또한 신뢰는 깨질 수 있지만, 연구결과에 따르면 신뢰는 회복될 수도 있다.[161] 리더십은 신뢰와 신뢰 회복을 촉진하는 데 핵심적인 역할을 하며 팀 성과와 창의성을 촉진하는 데 중요하다.[162]

직원 집단을 팀으로 전환하기

10-4 조직이 효과적인 팀을 만드는 방법을 설명할 수 있다.

역사적으로 많은 조직은 조직의 성공에 팀이 얼마나 중요한지를 고려하여 팀원을 채용하고, 교육하고, 보상하기 위해 많은 노력을 기울여왔다. 몇 가지 예로 《스포츠일러스트레이티드(Sports Illustrated)》에서 저자이자 부편집장으로 활동하는 돈 예거(Don Yaeger)는 조직이 자기중심적인 행동을 하는 사람 대신 '팀을 먼저 생각하는 사람'을 고용하기를 원한다고 말한다.[163] 탐색팀과 구조팀도 성공적인 수색과 구조 임무로 이어지는 팀 과정을 연마하기 위해 팀 훈련에 참여한다.[164] 치과팀도 팀 성과를 보상하기 위해 팀 보너스 계획을 시행하고 있다.[165]

선발: 팀 효과성을 위한 채용

어떤 사람은 이미 팀에서 효과적으로 일할 수 있는 대인관계 기술을 보유하고 있다.[166] 따라서 관리자는 팀원을 채용할 때 지원자가 기술적 요건뿐만 아니라 팀 역할을 수행할 수 있는지 확인하려고 노력한다.[167] 이 장에서 논의했듯이 여러 가지 성격 특성, 능력, 기타 특성은 효과적인 팀 성과로 이어진다. 관리자는 팀에서 업무를 잘 수행할 가능성이 가장 높은 지원자를 채용하고 다른 팀원과 잘 협력할 가능성이 가장 높은 팀에 전략적으로 배치해야 한다.[168] 개별 구성원을 채용하여 팀에 배치하는 대신 **집단 채용** 또는 기존 팀에서 새로운 역할을 맡게 선발하는 방법도 있다.[169] 이러한 방식을 통해 관리자는 처음부터 팀을 구성하는 것과 관련된 '성장통'을 피할 수 있지만, 팀 규모가 크고 비용이 많이 드는 경우에는 상당한 투자와 위험이 수반된다. 마지막으로 현대 작업 환경에서 원격근무가 점점 더 보편화되고 있다는 점을 고려할 때, 관리자는 이러한 환경에서 탁월한 능력을 발휘하는 데 필요한 리더십, 의사결정, 대인관계, 분석 기술을 갖춘 직원을 가상팀에 선발하는 것이 좋다.[170]

훈련: 효과적인 팀 만들기

훈련전문가는 관련된 팀 기술과 방식을 학습하여 팀이 보다 효과적으로 업무를 수행할 수 있게 훈련을 진행한다. 많은 연구에 따르면 팀 훈련은 팀원의 태도, 팀 과정, 공유된 정신적 모델 개발과 같은 인지적 측면을 개선하는 데 효과적이며, 이러한 결과는 특히 중요한 산업(예: 의료서비스)에 일반적이라고 한다.[171] 특히 팀 기능에 중요한 공유된 정신적 모델과 거래적 기억 시스템을 개발하여 팀을 훈련해야 한다. 안타깝게도 대부분의 기업이 이 문제에 어려움을 겪고 있다고 답했으며, 응답자 중 83%는 설문조사에서 업무 수행에 필요한 정보에 접근하는 데 문제가 있다고 답했다. AI 검색 플랫폼인 서치유니파이(SearchUnify)의 CTO인 비샬 샤르마(Vishal Sharma)는 "지식 관리를 장려하지 않는 회사는 직원의 사기를 떨어뜨립니다. 1과 2선의 관리자가 지식을 공유하고 가시성을 보장하는 최신 기술을 제공하지 않으면 직원은 결국 전체 과정이 무의미하고 소모적이라고 느끼게 됩니다"라고 말한다.[172] 가상 거래적 기억 시스템은 특히 사람이 예전처럼 자주 직접 만나지 않는 원격근무의 새로운 패러다임에서 매우 중요한 역할을 한다. COVID-19 팬데믹은 팀이 얼마나 빨리 새로운 기술을 배우고, 새로운 지식을 개발하며, 다양한 방식으로 서로 협력하는 방법을 배워야 하는지를 강조한다. 공항 소매지주회사인 ARI(Aer Rianta International)의 최고인사책임자(CPO)인 시오반 그리핀

(Siobhán Griffin)은 "COVID-19가 닥쳤을 때 항공과 여행 소매업이 큰 타격을 입었습니다. 모든 기업과 마찬가지로 ARI는 불확실성에 대응하고 앞서 나가기 위해 신속하게 적응해야 했습니다. 그리고 우리는 명확한 계획과 팀 훈련을 개발하여 매장을 안전하게 재개장할 수 있었습니다"라고 말했다.[173] 팀 훈련은 일회성 활동이 아니며, 팀 훈련의 필요성은 시간이 지남에 따라 진화하므로 관리자는 조직 내 팀의 훈련 요구사항을 파악하는 것이 좋다.

보상: 우수한 팀에 대한 인센티브 제공

조직의 전통적인 보상 시스템은 경쟁보다는 협력적인 노력을 장려할 수 있게 재구성되어야 한다.[174] 국제적으로 유명한 비즈니스 코치인 아시라 프로삭(Ashira Prossack)은 팀에 대한 보상은 모든 팀원이 달성하기 위해 노력할 수 있는 공통의 목표를 제공하고 각 팀원이 인정받을 기회를 제공한다는 이점이 있다고 말한다. 전반적으로 팀에 보상을 제공하면 결속력이 강화되고 팀원이 함께 일할 수 있게 장려한다.[175] 많은 회사에서 팀 보상을 제공하지만 모두 금전적인 보상을 제공하는 것은 아니다. 예를 들어 오스틴에 본사를 둔 핑보드(Pingboard)의 영업이사인 닉 부크마라비치(Nick Vukmaravich)는 경험을 팀 보상으로 활용한다. 영업팀이 판매 목표를 달성하면 과거에는 텍사스 와인 산지를 하루 종일 여행할 수 있는 상품과 같은 보상을 제공했다.[176] Calendar productivity tool의 창립자인 존 램튼(John Rampton)은 팬데믹 기간 동안 파티나 영화의 밤과 같은 가상 축하행사가 팀 결속력을 유지하고 성과를 보상하는 훌륭한 방법이었다고 회상한다. "한 친구가 지난 몇 주 동안 팀원과 가상 '해피아워'를 가졌다고 말했는데, 모두가 참석했습니다! 이 사태 이전에는 전례가 없을 정도로 모든 직원이 참석했습니다."[177]

일반적으로 팀에 대한 보상을 설정할 때는 가능한 빨리 협력적인 분위기를 조성하는 것이 가장 좋다. 경쟁적 동기에서 협력적 동기로 전환한 팀이라고 해서 즉각적으로 정보를 공유하지 않으며, 급하고 질 낮은 결정을 내리는 경향이 있다.[178] 반대로 많은 관리자가 동기부여를 높이기 위해 팀 간의 '우호적 경쟁'을 만들고 이러한 경쟁을 팀 보상과 연계하는 것을 좋아하지만,

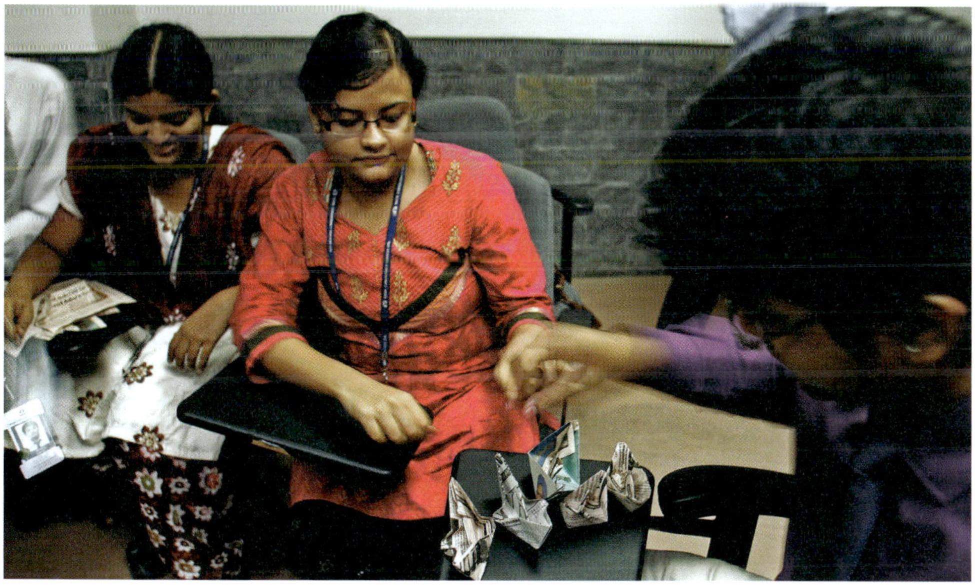

인도 TCS(Tata Consultancy Services)의 새로운 엔지니어링 직원이 팀을 이루어 회사 훈련센터에서 팀 구축 훈련 중 종이배를 만들고 있다. 글로벌 고객을 위한 정보기술(IT) 컨설팅서비스와 비즈니스 설루션 제공에 직원이 협력적이고 응집력 있게 업무를 수행해야 하기 때문에 TCS의 성공에는 팀 플레이어를 만드는 것이 필수적이다.

출처: Namas Bhojani/Bloomberg/Getty Images

예상보다 더 많은 문제가 발생하고 팀 분위기가 경쟁적이고 갈등이 가득한 분위기로 바뀌면 놀라지 말아야 한다.

물론 새로운 동료를 교육하고, 정보를 공유하고, 팀 갈등을 해결하고, 필요한 새로운 기술을 습득하여 팀원으로서 효과적으로 일하는 개인에게 승진, 급여 인상, 여러 가지의 형태의 인정을 제공하고 또 그래야 한다. 팀 기반 보상은 특히 균등하게 분배하는 것이 아니라 개인의 기여도에 따라 분배할 때 팀 성과에 긍정적인 영향을 미치는 것으로 나타났다.[179] 다시 말하지만, 이는 개인의 기여를 무시해야 한다는 뜻이 아니라 팀에 대한 이타적인 기여와 균형을 이루어야 한다는 뜻이다. 마지막으로 직원이 팀워크를 통해 얻을 수 있는 동료애와 같은 내재적 보상을 잊지 말자. 성공적인 팀의 일원이 되는 것은 신나는 일이다. 자신과 팀원의 개인적인 발전의 기회는 매우 만족스럽고 보람 있는 경험이 될 수 있다. 앞서 설명한 '경험 기반' 보상은 축하행사, 상호작용의 기회, 심지어 역할 자체도 보람이 될 수 있음을 보여준다. 벤 애플렉과 오스카 아이삭은 〈트리플 프론티어〉(전직 특수부대 요원이 민간인 생활에 적응하는 데 겪는 어려움을 다룬 영화)를 촬영하는 동안 이러한 역할을 연기하면서 충성심, 동지애, 팀워크를 경험했다고 언급했다(심지어 연기팀 밖에서 자신의 삶으로 스며드는 것).[180]

조심! 팀이 항상 정답은 아니다

10-5 팀 대신 개인을 사용할 때를 결정할 수 있다.

팀워크는 개인 작업보다 더 많은 시간과 자원을 필요로 한다. 팀은 의사소통 요구사항, 관리해야 할 갈등, 운영해야 할 회의가 증가한다. 따라서 팀 사용의 이점이 비용을 초과해야 하는데, 이것이 항상 가능한 것은 아니다. 이 때문에 팀과 팀워크에 지나치게 집중하거나 팀의 요구가 과도해지면 그렇지 않은 많은 유능한 직원이 스스로를 부담스러워할 수 있다.[181] 그 결과 많은 직원이 사기에 영향을 미칠 수 있는 문제에 직면하게 됩니다(OB POLL 참조). 제목에서 알 수 있듯이 효과적인 팀워크에는 노력이 필요하다. 팀원은 계획, 실행, 변화하는 환경에 적응할 수 있는 자원을 확보해야 하며, 리더십 변화를 원활하게 처리하고 동기부여와 갈등을 적절히 관리해야 한다.

집단 작업이 팀에서 더 잘 수행될 수 있을지에 대해 어떻게 알 수 있는가? 이를 위해 세 가지 검사를 사용할 수 있다.[182] 첫째, 1명 이상이 작업을 더 잘 수행할 수 있는가? 좋은 기준은 작업의 복잡성과 다양한 관점의 필요성이다. 다양한 투입이 필요하지 않은 단순한 작업은 개인에게 맡기는 것이 좋다. 둘째, 해당 업무가 개별 목표의 총합보다 더 큰 집단 구성원의 공동된 목적이나 목표 집합을 만들어내는가? 신차 딜러의 많은 서비스부서에는 고객서비스담당자, 정비사, 부품전문가, 영업담당자를 연결하는 팀이 도입되어 있다. 이러한 팀은 고객의 요구가 적절히 충족될 수 있게 공동의 책임을 더 잘 관리할 수 있다. 셋째, 검사는 집단구성원이 상호의존적인지 여부를 확인하는 것이다. 전체의 성공은 각 작업의 성공에 달려 있고, 각 작업자의 성공은 다른 작업자의 성공에 달려 있는 등 작업 간에 상호의존성이 있을 때 팀을 사용하는 것이 합리적이다. 예를 들어 축구는 명백한 팀 스포츠이다. 성공하려면 상호의존적인 선수들 간에 많은 협력이 필요하다. 반대로 볼링팀은 실제로 팀이 아니다. 볼링팀은 개별적으로 활약하는 개인의 그룹이며, 전체 성적은 개인 성적을 합산한 결과일 뿐이다.

OB POLL 일부 직원이 팀에서 일하는 것을 싫어하는 이유는 무엇인가?

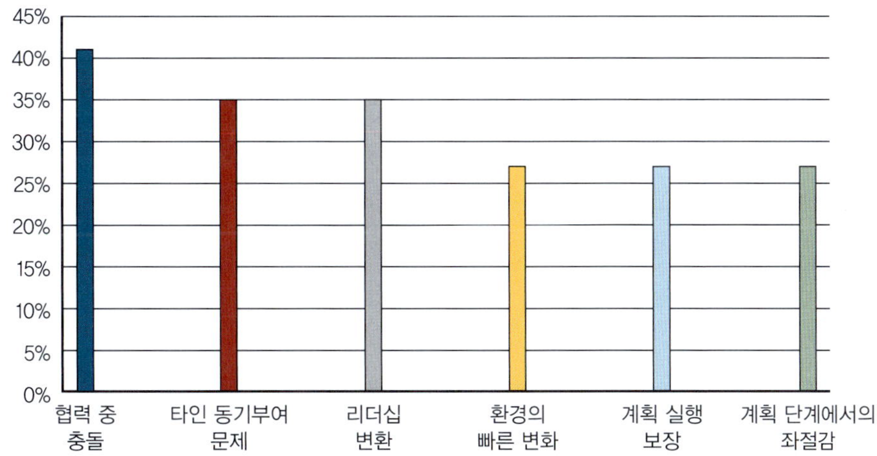

출처: Simpli5, *Most Businesses Have a Teamwork Problem* [white paper] (Austin, TX: 5 Dynamics, 2019); "Why Your Employees Hate Teamwork," *Business News Daily*, March 24, 2020, https://www.businessnewsdaily.com/9616-employees-hate-teamwork.html에 기초함.

요약

팀은 조직의 필수적인 부분이 되었으며 조직이 미션과 목표를 달성하고 이를 뛰어넘을 수 있게도 해준다. 단순히 공동의 목표나 기능을 위해 일하는 집단과 달리 팀은 시너지 효과를 내고, 변화하고, 적응하며, 개인의 기여도를 합친 것보다 더 놀라운 결과를 향해 작용한다. 팀에서 일하려면 직원은 다른 사람과 협력하고, 정보를 공유하고, 차이점에 직면하고, 팀의 더 큰 이익을 위해 개인적인 상호작용을 승화시켜야 한다. 문제해결, 자기관리, 교차기능, 가상팀, 복수팀 시스템 간의 특성 차이는 팀원이 상호작용하고 함께 일하는 방식을 결정하는 데 도움이 된다. 팀 구성, 팀이 운영되는 맥락, 목표를 달성하는 과정, 팀의 동기와 감정을 특징짓는 집단 상태 등 여러 가지 측면이 팀의 성공 또는 실패 여부에 영향을 미친다. 팀이 최적의 기능을 발휘하려면 효과적인 팀원을 채용하고, 구성하고, 보상하는 데 세심한 주의를 기울여야 한다. 하지만 효과적인 조직이 팀을 항상 특정 목표나 목적을 달성하는 데 가장 적합한 것은 아니라는 점을 잘 알고 있다. 때로는 팀보다 개인이 작업을 더 잘 수행할 수도 있다.

관리자를 위한 시사점

- 항상 완료해야 할 작업부터 시작하라. 완료해야 할 작업의 사명, 목표, 성격부터 시작하여 개인, 집단, 팀 중 누가 업무를 가장 잘 수행할 수 있는지 결정해야 한다.
- 특정 미션이나 목표를 달성하는 데 팀이 필수적인 경우에 해당 목표를 달성하기 위해 가장 적합한 팀 유형 또는 구조를 선택하라.

- 때때로 복수팀이 필요하며, 관리자는 이들이 상호작용하고 조정하는 방법을 고려하라.
- 관리자는 효과적인 팀이 성공할 수 있는 맥락도 만들 필요가 있다. 목표를 수행할 수 있는 자원을 제공하고, 특히 위기상황에서 강한 리더십과 구조를 개발하고, 팀 성과를 평가하고 보상하며, 팀원 간의 상호 신뢰를 보장하는 정책과 방안을 수립함으로써 관리자는 팀 성공의 조건을 조성할 수 있다.
- 팀을 구성하는 일은 매우 복잡하며, 시간이 지남에 따라 팀이 어떻게 운영될지 예측하기 어렵다. 관리자는 팀 규모를 비교적 적게 유지하고(5명에서 9명 사이가 이상적), 팀원의 성격, 선호도, 능력을 고려하여 팀을 구성함으로써 자신의 역할을 다할 수 있다. 또한 관리자는 이러한 개인차를 수행해야 할 작업과 일치시켜 이러한 개인차에 가장 적합한 팀원에게 역할을 할당하라.
- 팀의 다양성이 처음에는 팀 성과를 저해할 수 있지만, 팀원이 서로 상호작용하는 방법을 배우면서 '성장통'을 경험하기도 한다. 관리자는 이러한 시기, 특히 팀이 장기적으로 서로 교류하게 될 경우에 최선을 다해 팀을 지원하라. 이러한 초기 투자는 조직의 요구를 충족시키기 위해 다양성의 강점과 경험을 상쇄할 수 있는 응집력과 시너지를 가진 팀으로 결실을 볼 수 있다.
- 팀 리더는 팀이 효과적인 성과를 낼 수 있게 안내하는 과정을 만드는 데 중요한 역할을 하라.

팀 개발 훈련은 시간낭비다

찬성 의견

팀 개발 운동이 인기를 끌고 있는 이유를 쉽게 알 수 있다. 일반적으로 볼링의 밤이나 로프 코스와 같이 사무실 전체를 위한 흥미롭고 재미있는 활동으로 홍보되어 사무실에서 벗어날 수 있는 기회를 제공한다. 그러나 현실적으로 이러한 운동은 비용이 많이 들고 팀 관계 구축과 협력 개선이라는 목표에 부합하지 않는 경우가 많다. 일부 사람은 열광적인 평가에 확신을 가질 수 있지만, 실제로 연구에 따르면 팀 개발 개입은 대규모의 오락 중심적인 방식으로 진행될 경우에 팀 성과에 큰 영향을 미치지 않는 것으로 나타났다. 또한 연구결과에 따르면 관리자는 효과적인 팀을 만들기 위해 개인의 동기를 강화하는 데 더 집중해야 한다. 강력한 관계와 신뢰는 협력에 필수적이지만, 이것이 반드시 협력의 출발점은 아니다.

안타깝게도 팀 개발활동의 잠재적 이점은 종종 단기간에 그치고 직원이 일상 업무로 돌아가면 곧 잊혀진다. 팀은 가치 있고 필요할 수 있지만, 협력 활동을 지나치게 강조하는 것은 문제가 있다. 지난 10년간의 데이터에 따르면 관리자와 직원이 협력활동에 소비하는 시간이 50% 이상 증가한 것으로 나타났다. 조직은 팀 개발 연습에 많은 시간과 비용을 집중하기보다는 협력이 필요한 시기를 모니터링하고 인식하는 것이 현명할 것이다. 팀 작업을 할당하고 의도적으로 팀을 구성함으로써 팀 업무가 과도하게 많아져 직원이 소진되고 스트레스를 받는 것을 방지할 수 있다.

반대 의견

팀 개발 운동은 많은 직원에게 신음소리를 들을 만한 평판을 얻고 있지만, 그렇다고 해서 팀 개발 운동을 완전히 없애야 한다는 의미는 아니다. 실제로 팀 개발은 올바르게 실행하면 매우 효과적일 수 있다. 팀 개발 훈련은 팀 과정과 상황을 개선하는 것으로 밝혀졌다. 팀 개발은 신뢰와 팀 효능감[예: 팀 자기효능감(팀원이 자신의 그룹이 목표를 효과적으로 달성할 수 있다고 믿는 믿음)]을 포함한 정서적 결과를 개선하는 데 특히 효과적이다. 이러한 훈련은 대중문화에서 광고하는 단순히 재미로 하는 팀 기반 활동 유형과는 매우 다르다. 하지만 일회성으로만 시행할 경우에 팀 성과가 일시적으로 향상되는 데 그칠 수 있다.

대신 효과적인 팀 개발 훈련은 특정 팀과 관련된 요구사항에 중점을 둔다. 또한 이러한 훈련은 자기발견을 촉진하고 구체적인 실행 계획으로 이어지며 실행 계획을 충족하는 팀원에 대한 책임을 관련된 토론과 경험을 포함한다. 사회적 지원, 갈등 관리와 개선을 위해 팀 훈련에 대한 투자도 가치가 있다. 이러한 개선은 팀의 기능을 향상시켜서 결과적으로 팀 성과에 긍정적인 영향을 미칠 수 있다. 따라서 기업은 필요에 기반한 팀 개발을 제대로 수행하기 위해 자원을 지속적인 팀 성과 관리 시스템의 일부인 성과 관리 시스템으로써 투자해야 한다. 그렇게 함으로써 팀 개발 훈련이 팀 성과와 효과성을 개선하는 수 있는 가치가 있다는 것을 발견할 수 있다.[183]

팀 리더는 공통의 계획과 목적을 수립하고, 필요할 때 이 목적을 다시 생각해보고 조정할 수 있는 시간을 따로 마련하며, 팀원이 팀 내에서 '같은 생각'을 하고 있는지 확인하고(예: 공유된 기억 모델), 필요할 때 갈등과 사회적 태만 문제를 적절하게 해결하라. 또한 리더는 팀원의 동기부여, 효능감, 정체성, 협동심, 신뢰감을 키워야 한다.

- 효과적인 팀 플레이어가 될 수 있는 대인관계 기술을 갖춘 개인을 선발하고, 팀워크 기술을 개발하기 위해 훈련을 제공하며, 협력적인 노력에 대해 개인에게 보상을 제공하라.
- 항상 팀이 필요하다고 가정하지 마라. 업무가 상호 긴밀성을 통해 이점을 얻을 수 없는 경우에는 개인이 더 나은 선택일 수 있다.

10장 종합 점검

복습 질문

10-1 집단과 팀의 차이점은 무엇인가?

10-2 팀의 다섯 가지 유형은 무엇인가?

10-3 팀이 효과적인지 여부를 결정하는 조건 또는 맥락적 요인은 무엇인가?

10-4 조직은 어떻게 효과적인 팀을 만들 수 있는가?

10-5 개인이 수행하는 업무가 팀에서 수행하는 업무보다 선호되는 경우는 언제인가?

입사 지원과 취업 역량

팀워크는 현대 직장에서 매우 중요한 부분이다. 작업 집단과 달리 팀은 개인의 노력의 합보다 더 높은 수준의 성과를 창출하기 위한 것이다. 이 장에서는 팀의 맥락(상황)과 구성, 노력과 행동을 지시하는 긴급 상태, 팀이 거치는 다양한 과정에 따라 팀이 이러한 목표를 달성하는 데 성공하거나 실패할 수 있는 몇 가지 이유를 배웠다. 강력한 팀을 구축하고 가치 있는 팀원이 되는 방법을 확실히 이해하면 가상팀부터 교차기능팀에 이르기까지 모든 팀 환경에서 더 나은 팀원이 될 수 있다. 이 장에서는 환경을 고려하는 방식으로 팀원과 소통하는 방법, 팀으로서 집단적 마음챙김 과정에 참여하는 방법, 집단과 팀을 구성하여 DEI 활동을 발전시키는 방법, 팀 구축 연습의 유용성에 대해 토론하는 방법을 배움으로써 비판적 사고, 창의성, 협업, 리더십 기술을 키울 수 있다. 다음 활동에서는 현지 스타트업을 인수한 후 팀을 구성할 때 어떤 팀 구조를 채택할지, 팀에서 배제되거나 배척당한 후 어떻게 대응할지, 가상팀에서 신뢰를 구축하는 방법을 비판적으로 평가하면서 자기관리 기술과 함께 이러한 기술을 더욱 발전시킬 수 있다.

실전 연습 자기관리팀을 사용해야만 하는가

4~5명으로 구성된 팀으로 나눈다. 최근 회사가 진출하려는 시장에 대한 전문성을 갖춘 현지 스타트업 회사를 인수한 대형기술회사에서 일한다고 가정하자. 스타트업의 직원을 최대한 활용하기 위해 모회사와 새로 인수한 회사의 직원으로 R&D 사업부를 위한 새로운 팀을 구성하고 있다. 스타트업의 직원 중 상당수는 회사가 인수되기 전에 자기관리팀의 일원이었다. 전통적인 관리 스타일을 채택할지 아니면 팀을 자체적으로 관리할 수 있게 허용할지 결정해야 한다.

질문

10-6 팀으로써 다음의 질문에 답하라. 자기관리팀의 생산성에 영향을 미칠 수 있는 문제는 무엇인가? 이러한 문제가 다른 회사에서 온 팀원에게서 발생할 가능성이 있는가? 새로운 회사에서 팀원과 이러한 문제가 어떻게 관련될 수 있는가? 이러한 문제를 어떻게 해결할 수 있는가?

10-7 팀으로써 다음의 질문에 답하라. 팀이 자체적으로 관리된다면 성과에 대한 보상 구조를 어떻게 바꾸겠는가? 그 이유는 무엇인가?

10-8 각 팀원은 자신이 이 회사의 관리자라면 팀원이 스스로 팀을 관리하게 허용할 수 있는 측면이 무엇인지 설명하라. 그런 다음에 집단으로 서로의 의견을 비교하라. 어떤 의무와 책임을 스스로 관리해야 하는지에 대해 모두가 동의하는가, 아니면 이견이 있는가? 가능하다면 팀을 완전히 자기관리하겠는가? 그렇지 않은 이유는 무엇인가?

윤리적 딜레마 사이클링 기술이 중요할 때

푸드테크 산업 환경에서는 주문과 배달 플랫폼, 마켓플레이스, 채널이 각광을 받고 있다. 특히 관심을 끄는 것은 딜리버루(Deliveroo)와 우버잇츠(Uber Eats)의 사례와 이들의 비즈니스 모델이다. 영국 시장에서 음식 배달은 COVID-19 팬데믹 기간 동안 거의 필수적인 서비스로 격상된 큰 시장이다. 많은 레스토랑과 테이크아웃 업체에서 자체배달서비스를 제공하고 있지만, 특정 도시 내의 모든 지역에 서비스를 제공하지는 않는다. 사내배달서비스를 제공하지 않는 레스토랑이나 테이크아웃 업체는 경쟁업체에 비해 심각한 불이익을 받을 수 있다. 딜리버루와 우버잇츠는 자전거 라이더를 통해 더 넓은 배달 반경과 커버리지를 확보하고, 이들에게 서브스크립션을 제공하는 모든 레스토랑과 테이크아웃 업체에 배달서비스를 제공하는 해결책을 제공한다. 이런 자전거를 타는 사람(사이클리스트)은 도시 내 대부분의 지역으로 음식 주문을 배달할 수 있다. 그렇다면 새로운 모델에서 팀워크와 성과는 어떻게 측정되는가?

우선 이 모델은 대부분 자체적으로 관리되는 구조이다. 라이더는 자영업 계약자로 분류되어 직원과 '근로자'에게 부여되는 보호를 받을 수 없다. 라이더는 단체 교섭권을 가질 자격이 없다. 그런데도 라이더는 팀의 일원이자 더 넓은 의미에서 회사의 집단이다. 배송하는 모든 주문에 대해 고정요금을 지급받으며 유연한 근무시간으로 일할 수 있다(신체 건강을 유지할 수 있는 보너스도 있다). 따라서 많이 배달한 사람이 하루 수입도 많이 얻게 된다. 물론 항상 그렇게 간단한 것은 아니다. 예를 들어 배달이 서로 멀리 떨어져 있어 주어진 기간 동안 배달 수 있는 건수가 줄어들 수 있고 날씨로 인해 배달 속도가 느려져 개별 사이클리스트의 하루 수입이 제한될 수도 있다.

전반적인 집단 성과와 관련하여 자기관리와 자가계약 유지자에 대한 감독이 어려울 수 있지만, 보상 시스템이 작동하는 방식은 특정 집단의 단위로서 개별적으로 더 나은 성과를 위해 더욱 긍정적인 강화를 제공할 수 있다. 하지만 가장 흥미로운 측면은 사이클리스트와 관리자 간의 업무 관계에 대한 신뢰의 문제이며, 이러한 신뢰가 어떻게 구축되고 유지되는지가 가장 큰 문제이다.[184]

질문

10-9 딜리버루와 우버잇츠의 모델을 작업 집단 또는 작업팀 상황으로 간주할 수 있는가? 그룹과 팀의 특성에 근거하여 논술하라.

10-10 딜리버루의 관리자와 일하는 사이클리스트는 어떤 유형의 집단 또는 팀에서 일하고 있는가? 답을 논술하라.

10-11 위에서 논의한 사례에서 어느 쪽이 더 나은 성과를 낼 수 있다고 생각하며 그 이유는 무엇인가? 효율성 요인, 보상 체계, 맥락과 개인의 인식을 고려하여 논술하라.

사례 삽화 심리적 안전과 팀 효율성

팀으로 일해 본 사람이라면 팀워크와 협력이 항상 쉬운 일은 아니라는 것을 알고 있다. 단순히 사람을 집단으로 묶고 자율성을 부여한다고 해서 반드시 효과적인 팀이 되는 것은 아니다. 다양한 산업 분야에서 자기주도적 팀이 점점 더 많이 사용되고 있기 때문에 팀의 효과성을 개선하는 방법을 이해하는 것이 중요하다. 이는 구글과 같이 사업을 팀과 팀의 창의성과 혁신에 크게 의존하는 기업에게 특히 중요하다.

구글은 조직의 위계질서와 관료주의를 최소화하여 협력적인 작업 문화를 조성하고자 노력했으며 관대한 휴가 정책과 유연성, 근무시간의 20%를 자기계획 프로젝트에 사용할 수 있는 기회 등 다양한 직원 혜택을 제공하여 최고의 인재를 유치하기 위해 노력하고 있다. 하지만 2012년 고위경영진은 조직 전체에 걸쳐 팀별 성과 수준이 매우 다양하다는 사실을 발견하고 우려했다. 완벽한 팀의 비결을 찾기 위해 구글은 아리스토텔레스가 남긴 명언인 "전체는 부분의 합보다 크다"에서 이름을 딴 아리스토텔레스 프로젝트를 시작했다. 프로젝트팀은 하버드 경영대학원의 연구원과 협력하여 방대한 양의 통계와 인터뷰 데이터를 분석하고 2년 동안 다양한 규모의 180개 팀을 추적했다. 연구팀은 성격 특성, 관심사, 학력, 보상과 인센티브의 역할 등 다양한 요인을 검증했다.

연구결과에 따르면 성공적인 팀의 핵심요소는 개인이 아니라 팀 환경과 함께 일하는 과정이라는 사실을 발견했다. 팀 성과에 가장 큰 차이를 가져온 것은 '심리적 안전'이었다. 하버드 경영대학원의 교수인 에이미 에드먼슨(Amy Edmondson)이 처음 만든 심리적 안전은 팀원이 대인관계에서 위험을 감수할 수 있게 허용하는 안전한 팀 환경을 만드는 것이다. 심리적 안전을 촉진하는 것은 공감, 건강하고 공정한 토론 장려, 다양한 의견에 대해 토론할 수 있는 평등한 기회 그리고 무엇보다도 팀원이 이와 같은 이유로 처벌, 거절 또는 조롱을 받지 않을 것이라고 믿는 비난금지 문화를 보장하는 것이다. 아리스토텔레스 프로젝트 결과에 대해 당시 구글의 산업책임자였던 폴 산타가타(Paul Santagata)는 구글의 성공이 기꺼이 위험을 감수하고 동료 앞에서 취약성을 드러내려는 의지에 기반한다고 말했다. 이 프로젝트에서 확인된 고성과팀의 네 가지 핵심요소로 다른 사람을 신뢰하고 의지할 수 있는 팀 내 신뢰성, 과업의 구조와 명확성, 표준과 기대치, 팀이 수행하는 작업의 의미와 영향력을 꼽았다.

물론 이러한 '완벽한 팀'이 구글에 적합할 수도 있지만, 무엇이 팀 성과를 향상시키는지에 대한 학계의 논쟁은 계속되고 있다. 오늘날과 같은 세계화 시대에는 효과적인 팀워크의 요인이 세계 여러 지역과 서로 다른 문화를 가진 여러 국가에 동일하게 적용되는지 여부를 고려하는 것이 기업에게 특히 중요하다. 이 프로젝트는 오래 전에 수행된 것처럼 보이지만 연구결과의 타당성과 특히 심리적 안전의 중요성에 대한 강조는 COVID-19 팬데믹이 확산된 후 다시 조명되었다. 많은 업무가 중단되고 직원이 여전히 '뉴노멀'의 작업장 환경을 마주하고 있는 가운데, 하이브리드팀 또는 원격팀이 효과적으로 일할 수 있는 방법을 찾기 위해 노력하면서 심리적 안전은 더욱 중요해졌다. 새로운 작업과 하이브리드팀의 맥락에서 심리적 안전이 어떤 모습일지 이해하는 것은 현재 연구의 흥미로운 영역이자 대부분의 조직에서 중요하게 고려해야 할 사항이다.[185]

질문

10-12 심리적 안전이 팀 성과를 높이는 데 핵심적인 역할을 하는 이유는 무엇이라고 생각하는가? 팀에서 일한 경험을 바탕으로 답을 설명하라.

10-13 팀과 조직이 때때로 심리적 안전을 조성하는 데 어려움을 겪는 이유는 무엇이라고 생각하는가?

10-14 팀에서 심리적 안전을 어떻게 개선할 수 있다고 생각하는가?

11 의사소통

출처: Image Source/Alamy Stock Photo

학습목표

11-1 대인 간 의사소통 유형을 기술할 수 있다.

11-2 의사소통 방법을 선택하는 방법과 효과적인 의사소통을 방해하는 장애요인을 극복하는 방법을 평가할 수 있다.

11-3 현대 조직에서 사용되는 다양한 형태의 가상 의사소통에 대해 설명할 수 있다.

11-4 현대 조직이 직면한 스마트폰, 소셜미디어, 사이버 보안을 둘러싼 이슈를 분석할 수 있다.

11-5 조직에서 효과적인 문화 간 의사소통을 위해 사용하는 방법을 인식할 수 있다.

취업 스킬 매트릭스(ESM)

	미신인가, 과학인가	윤리적 선택	찬성 의견/반대 의견	더 나은 세상을 향해	실전 연습	윤리적 딜레마	사례 삽화
비판적 사고와 창의성	✔		✔	✔	✔	✔	✔
의사소통	✔	✔			✔	✔	✔
협력	✔	✔	✔		✔		
자기관리	✔		✔		✔	✔	✔
사회적 책임		✔		✔		✔	
리더십		✔	✔	✔	✔		
경력관리			✔			✔	✔

직장 내 의사소통 : 너무 많은 것이 좋은 것인가

얼마 전까지만 해도 동료와 소통한다는 것은 테이블에 둘러앉아 회의하거나 정수기 옆에서 수다를 떠는 것을 의미했다. 하지만 시대가 바뀌었고 COVID-19로 인해 그 변화의 속도는 더욱 빨라졌다. 디지털에이전시인 매니페스토(Manifesto)는 45명의 직원 중 20명 정도만 평상시에 사무실로 출근하고 있다. 나머지는 다른 곳에 있지만, 슬랙(Slack), 트렐로(Trello), 컨플루언스(Confluence), 구글드라이브(Google Drive)와 같은 협업 도구를 사용하여 동일한 프로젝트에 참여하고 있다. 협동 작업은 새로운 것이 아니지만, 쉽게 구할 수 있고 저렴하며 사용자 친화적인 기술 도구 덕분에 협동 작업을 수행하는 방식이 달라졌다. 이메일조차도 야머(Yammer), 구글행아웃과 같은 앱의 대중화로 인해 구식이 되어가고 있다.

오늘날 사용가능한 의사소통 방법의 범위는 매우 넓지만, 현대 조직에서 의사소통 자체가 점점 더 효과적이고 효율적이 되고 있는가? 아니면 좋은 점이 너무 많은 것인가? 첨단의 사업 의사소통 도구가 필요하다고 옹호하는 사람은 생산성 개선, 아이디어 창출, 직원 참여, 의사결정 속도 등에 이점이 있다고 말한다. 하지만 모두가 이를 확신하는 것은 아니다. 의사소통의 과부하와 지속적인 방해로 인해 스트레스를 유발하고 생산성을 떨어뜨리며 심지어 집단 따돌림과 괴롭힘을 증가시킨다고 주장하는 사람도 있다. 또한 이러한 도구가 효과적인 의사소통을 가로막는 장벽을 크게 줄였다는 것은 이미 널리 알려진 사실이다. 이코노미스트인텔리전스유닛(Economist Intelligence Unit)의 보고서에 따르면 설문조사 응답자는 의사소통 장벽으로 인해 프로젝트 완료 지연 또는 실패(44%), 사기 저하(31%), 성과 목표 달성 실패(25%), 심지어 매출 손실(18%)로 이어진다고 답했다.

그렇다면 직장에서의 소셜미디어는 어떤가? 찬성과 반대가 유사하다. 소셜미디어를 적절히 활용하면 생산성 향상, 직원 참여 향상, 회사 외부에 더 많은 고객을 확보할 수 있고 조직 문화를 강화하고 회사 비전을 효과적으로 전파할 수 있다는 긍정적 측면이 있다. 고위경영진이 소셜미디어를 사용하면 회사의 재무적, 전략적 방향을 전달하고 잠재적 직원을 유치하며 현재 직원을 유지하는 데 도움이 될 수 있다. 직장에서 소셜미디어를 잘못 사용하면 업무에 방해가 되고 사이버 유출을 조장하며 직원과 조직 모두에 보안 위험을 초래할 수 있다. 다음 두 가지 예를 생각해보자.

한 산업용품 공급업체의 지점장이 크리스마스 시즌을 맞아 회사가 결정한 선물인 바비큐용 긁개와 소스에 대한 비판을 트위터에 올렸다가 새해 전날 해고당했다. 이에 관한 질문에 회사 CEO는 해당 직원이 해고된 사실을 확인했으며 허용되는 행동 기준에 대한 회사 정책을 모든 직원에게 공지하고 회사 웹사이트에 게시한다고 말했다. 해고 소식이 알려지자 소셜미디어에서 반발이 일어났고, 많은 고객이 더 이상 이 회사에서 제품을 구매하지 않겠다고 말했다.

널리 알려진 또 다른 사례로 페이스북 프로필에 대해 최고 수준의 보안 설정을 했음에도, 안젤라 기빈스(Angela Gibbins)는 조지 왕자에 대한 모욕적인 게시물을 올린 후 영국문화원으로부터 심각한 부당 행위로 해고당했다. 고용 심판원은 그녀가 소셜미디어 사용에 대한 고용주의 권고를 위반했다고 판단하여 해고를 인정했으며, 직원은 사적인 메시지라도 게시물을 신중하게 작성해야 한다고 판결했다.[1]

의사소통은 사람을 서로 연결하는 기본적인 수단이다. 의사소통은 메시지를 전달하거나 의미를 부여하는 데만 사용되는 것이 아니라 다른 사람과 유대감을 형성하고 관계를 맺는 데에도 사용된다. 예를 들어 피메일쿼션트(Female Quotient, FQ)의 CEO인 셸리 잘리스(Shelley Zalis)는 사업계에 종사하는 17,500명 이상의 여성을 연결해주는 FQ 라운지를 만들었다.[2] 사이더로드(Sider Road)의 CEO인 조슬린 그린키(Jocelyn Greenky)는 이 네트워크를 통해 여성이 자신의 목소리를 찾고 "상호신뢰의 영역을 구축할 수 있었다"고 말한다.[3]

의사소통 의미의 전달과 이해가 모두 포함됨

의사소통(communication)에는 의미의 전달과 이해가 모두 포함된다는 것에 놀랄 수 있다.[4] 의사소통은 단순히 의미를 전달하는 것을 넘어서 그 의미도 이해해야 한다. 이상적인 의사소통이란 발신자가 의도하는 대로 정확하게 전달되어 메시지를 받는 사람이 어떤 생각을 완벽하게 이해할 수 있어야 한다. 그러나 모든 의사소통은 불완전하고 이상적이지 않으며, 오해와 기타 장애물로 인해 체계적이고 필연적으로 의사소통의 효과를 떨어뜨리는 장벽이 존재한다. 조직행동(OB)을 공부하는 학생으로서 의사소통 과정과 장벽을 이해하면 의사소통 장애를 진단하고 해결하는 방법을 더 잘 알 수 있다. 이 장에서는 현대 직장에서의 의사소통에 대해 살펴본다. 가상적 의사소통, 지식 관리, 문화 간 의사소통, 취업 역량 등 의사소통 과정과 이러한 과정이 OB에 미치는 영향에 대해 자세히 알아볼 것이다.

대인 간 의사소통

11-1 대인 간 의사소통 유형을 기술할 수 있다.

조직에서 다른 사람과 소통하는 방식(예: 구두, 서면, 비언어적 소통 방식 사용)에 따라 수신자가 메시지에 반응하는 방식이 크게 향상되거나 저하될 수 있다. 예를 들어 캘리포니아의 한 병원에서 가족에게 둘러싸여 있는 78세 남성에게 질병에서 살아남을 가능성이 낮다는 사실을 알린 의사를 생각해보자. 의사가 죽어가는 남성의 가족을 부드럽게 위로하는 모습을 상상할 수 있다. 하지만 가족은 의사가 이 소식을 대신 전달하기 위해 움직이는 의료 보조 로봇을 보낸 것에 분노했다.[5]

특정 유형의 의사소통에는 매우 선호되는 방식이 분명히 존재한다. 하지만 COVID-19의 냉혹한 현실이 가르쳐 주듯이, 우리는 종종 다른 사람과 소통하는 방식을 통제할 수 없다. 그럼에도 불구하고 효과적인 대인 간 의사소통의 구성요소를 먼저 생각해야 하며, 다른 사람과 효과적으로 소통하는 방법을 결정할 때, 이러한 각 도구에 전략적으로, 합목적적으로 초점을 맞추는 의사소통 수단의 도구로서 구두, 서면, 비언어적 의사소통을 고려할 필요가 있다.

구두 의사소통

대부분은 의사소통을 떠올리면 바로 **구두 의사소통**을 떠올릴 가능성이 높다. 다른 사람과의 가상(예: 줌, 구글보이스, 왓츠앱 통화) 또는 대면 대화 또는 보다 공식적인 토론과 회의 등을 먼저 떠올릴 수 있다. 또한 동료나 지도자가 정보를 전달하기 위해 하는 연설이나 공동의 목표를 달성하기 위해 단결하도록 동기를 부여하는 것에 대해 생각해볼 수도 있다.

동시성 구두 의사소통을 생각할 때 우리는 종종 발신자와 수신자가 모두 존재하고 인지하며 의사소통 교환에 집중하는 **동시성**을 가정한다.[6] 이러한 **동시적 의사소통**(synchronous communication)의 장점은 속도, 피드백, 교류이다. **속도**와 관련해서는 최소한의 시간 내에 메시지를 전달하고 응답을 받을 수 있다. 수신자가 메시지에 대해 잘 모르는 경우에 신속한 **피드백**을 통해 발신자가 이를 빠르게 감지하고 수정할 수 있다. 구두 의사소통을 통한 **교류**에는 사회적, 문화적, 정서적 요소가 포함되어 있다. 문화적 경계를 넘어 의도적으로 공유하는 사회적 교류는 개인과 팀 간의 신뢰, 협력, 합의를 구축할 수 있다.[7] 이러한 교환의 일환으로 의사소통 참여자는 서로의 의사소통 스타일에 맞춰 리듬과 신뢰관계를 형성한다(심지어 서면으로라도!).[8]

동시적 의사소통 발신자와 수신자가 모두 존재하고 인지하며 의사소통 교환에 집중하는 의사소통

그러나 이 장에서 논의되는 의사소통의 기술적 진보를 고려한다면, 구두 의사소통도 물리적 또는 심리적으로 현재 진행된 의사소통 교환 내용을 외부에서 주고받는 구두 메시지를 가지고 있어 **비동기적 의사소통**(asynchronous communication)이 될 수 있다는 사실에 놀랄 수도 있다. 예를 들어 음성 메일을 확인할 때마다 비동기식 구두 의사소통을 수행하게 된다(현재 많은 사람이 음성 메일을 '공식적으로 끝났다'고 주장하며 더 이상 음성 메일에 의존하지 않는다).[9] 또 다른 예로 현재 많은 회사와 경영진은 직원이 자신의 상황에 맞게 직접 볼 수 있는 업데이트 메시지를 촬영하고 있다. COVID-19 팬데믹 기간에 버라이즌(Verizon)이 CEO인 한스 베스트버그(Hans Vestberg)와 버라이즌의 인사담당 임원인 크리스티 팜비안치(Christy Pambianchi)는 자주 동영상을 촬영하여 선사적의 비동기식으로 직원과 소통하면서 회사가 팬데믹의 어려움을 어떻게 해결하고 있는지 알렸다.[10]

비동기적 의사소통 물리적 또는 심리적으로 진행된 의사소통 교환 내용을 외부에서 주고받는 메시지가 수신되는 의사소통

대화, 토론, 경청 다른 사람과 소통할 때 심리적, 육체적 상태와 관계없이 우리는 일반적으로 잘 듣지 못한다는 사실을 인정해야 한다. 종종 상대방의 말에 귀를 기울이지 않거나, 다음에 할 말을 생각하거나, 서둘러 조언을 하는 '경청자 소진'에 빠지기 쉽다. 때로는 스트레스 요인으로 인해 더 빨리 경청자 소진에 빠지기도 하는데, 생활하면서 일어나는 다른 일에 몰두하면 대화에 온전히 집중하기 어렵다.[11] 모든 대화와 토론이 자극과 활력을 주는 것은 아니며, 사람은 갈등을 유발할 것으로 예상하거나 사생활을 침해하는 대화를 피하려는 동기를 가진다.[12]

대화와 토론은 사람이 정보를 받아들이고 반응하는 방식에 즉각적인 영향을 미칠 뿐만 아니라, 사람이 지식을 저장하고 통합하며 환경을 이해하는 방식에도 영향을 미친다. 예를 들어 대화와 토론은 우리가 공유한 정신 모델과 분산기억 시스템(10장 참조)에 영향을 미칠 수 있으

며, 이는 두 사람 사이, 집단, 팀으로서 함께 일하는 방식에 중요하다.[13] 대화는 이러한 효과적인 시스템을 개발하는 데 매우 중요하다. 대화는 팀의 맥락을 넘어 전체 부서와 조직에 영향을 미칠 수 있는 잠재력을 가지고 있다.[14] 예를 들어 전 세계에 분산된 팀의 **현장 방문**에 관한 연구에서 원격근무하는 동료가 다른 사람의 스타일, 성격, 관심사, 역할, 그들이 일하는 문화적 맥락에 익숙해지는 것이 매우 중요하다는 것을 보여주었다.[15]

그러나 대화와 토론은 전체적으로 비효과적일 수도 있기 때문에, 대화와 토론은 양날의 검이기도 하다. 사람이 혼자서 그 주제에 대해 생각할 때보다 덜 중요한 자료를 기억하도록 유도하거나(예: 회의 안건이 있을 때에도 다른 사람과의 대화 중에 무언가를 언급하는 것을 얼마나 자주 잊어버리는지 생각해보라!), 대화 중에 언급되지 않은 주제나 항목을 무시하거나(예: 대화에서 논의된 내용에만 너무 좁게 집중하는 것), 중용한 정보에서 주의를 돌리게 하는 **청중 조정**(예: 대화에서 교환할 정보를 대화 상대에게 틀을 짜서 표현하는 것에 참여) 등이 발생한다.[16] 청중 조정의 예로 다음과 같은 대화가 있을 수 있는데, 연구개발 임원과 CEO는 가능성과 최첨단에 매료되어 물류적, 재정적 장애물을 무시한 채 개발과 발전에 '맞춰진' 대화를 나눌 수 있다.

구두 의사소통의 마지막 주요 단점은 메시지가 여러 사람을 거쳐 전달되어야 할 때마다 드러나는데, 바로 사람이 많을수록 왜곡가능성이 커진다는 점이다. 전화기 게임을 해본 적이 있다면 이 문제를 잘 알고 있을 것이다. 각 사람은 각자의 방식으로 메시지를 해석한다. 메시지가 간단하고 직관적이라고 생각한 경우에도 메시지의 내용이 목적지에 도달하면 원본과 매우 다른 경우가 많이 있다. 예를 들어 제품개발팀의 경우에 엔지니어가 고객과 너무 멀리 떨어져 있어 고객의 기대에 부합하지 않는 제품을 만들게 되는 경우가 종종 있다.[17] 이러한 상황에서 팀은 고객과 직접 만나지 않고 여러 계층을 거쳐 필터링된 의사소통을 받게 되므로 많은 조직이 고객과 효과적으로 협력할 수 있는 실용적인 엔지니어로 구성된 엔지니어팀으로 전환하는 추세이다.

그레이엄 바디(Graham Bodie) 교수는 "훌륭한 경청자는 상대방의 문제를 해결하고 대화를 짧게 유지하려는 자연스러운 성향을 극복한다"라고 말한다.[18] 다른 사람의 의사소통 메시지(미묘한 것이든 명백한 것이든)를 감지하고 처리하는 데 적극적으로 참여하고, 대화에 적극적

버거킹은 경영진들 간의 대화와 토론을 장려한다. 왼쪽부터 조나단 피츠패트릭(Jonathan Fitzpatrick), 호세 토마스(Jose Tomas), 다니엘 슈워츠(Daniel Schwartz)가 마이애미 본사의 사무실에서 의사소통을 하고 있다.

출처: C.W. Griffin/Miami Herald/MCT/Newscom

으로 참여하고 있음을 보여주는 방식으로 반응하는 **적극적 경청**(active listening)은 구두 의사소통에 더욱 집중할 수 있게 한다.[19] 연구에 따르면 적극적 경청이 향상되면 더 효과적인 의사소통으로 이어질 수 있다고 한다. 예를 들어 《포천》 500대 기업의 고객서비스 직원을 대상으로 한 연구에서 능동적 경청 훈련을 받은 직원은 고객의 요구와 관점을 더 잘 이해하고, 자기효능감과 자신감을 높이며, 어려운 고객과의 상호작용에서 불안감을 줄이는 것으로 나타났다.[20]

적극적 경청 다른 사람의 의사소통 메시지(미묘한 것이든 명백한 것이든)를 감지하고 처리하는 데 적극적으로 참여하고, 대화에 적극적으로 참여하고 있음을 보여주는 방식으로 반응하는 것

적극적 경청 외에도 **성찰적 경청**(reflective listening, 예: 인정하기, 다시 말하기, 다른 사람의 메시지를 재구성하여 비판적이지 않은 긍정을 제공하고 더 자세히 설명하거나 공유하도록 격려하는 것)도 더 나은 경청자가 되는 데 도움이 될 수 있다.[21] 성찰적 경청은 다른 사람에게 당신의 관심을 받고 있음을 보여주고, 신뢰를 구축하며, 상대방이 당신에게 털어놓도록 격려하고, 대화에서 중요한 것을 놓치지 않을 가능성을 높인다.[22] 나와 다른 의견을 가진 다른 사람과 대화할 때 성찰적 경청을 통해 상대방의 입장을 수용하고 있음을 보여주면 잠재적인 갈등을 완화하고, 상대방이 나를 더 나은 협력자로 여기며, 향후 협력 의사를 높일 수 있다.[23] 연구에 따르면 성찰적 경청은 훈련을 통해 개발할 수 있지만, 단순히 이를 사용한다고 해서 항상 더 효과적인 의사소통으로 이어지는 것은 아니다.[24] 실제로 성찰적 경청은 기술이자 때로는 예술이며, 듣는 사람이 언제 어디서 사용해야 적절한지를 결정하는 경우도 있다. 예를 들어 성찰적 경청은 격려의 고개 끄덕임으로 "네, 이해했습니다" 또는 "알겠습니다"와 같이 미묘할 수도 있고, "내 생각은 이렇습니다"와 같이 직접적일 수도 있다.[25] 또한 성찰적 경청은 업무적 맥락에서 너무 많이 또는 부적절하게 사용할 경우 역효과[26]를 낼 수도 있다. 핵심은 양쪽 당사자가 메시지를 정확하게 이해했다고 판단되면 대화를 문제해결이나 실행 항목 설정으로 옮겨야 한다는 것이다.

성찰적 경청 다른 사람의 메시지를 인정, 재신술, 재구성하여 비판단적 긍정을 제공하고 더 자세히 설명하거나 공유하도록 권장하는 것

도표 11-1에서는 경청 과정을 세분화하여 이 과정에서 적극적 경청과 성찰적 경청을 어떻게 활용할 수 있는지를 보여주고 있다. 이 두 가지 방법을 모두 활용하면 관리자와 직원은 더

도표 11-1 구두 의사소통에서의 적극적, 성찰적 경청

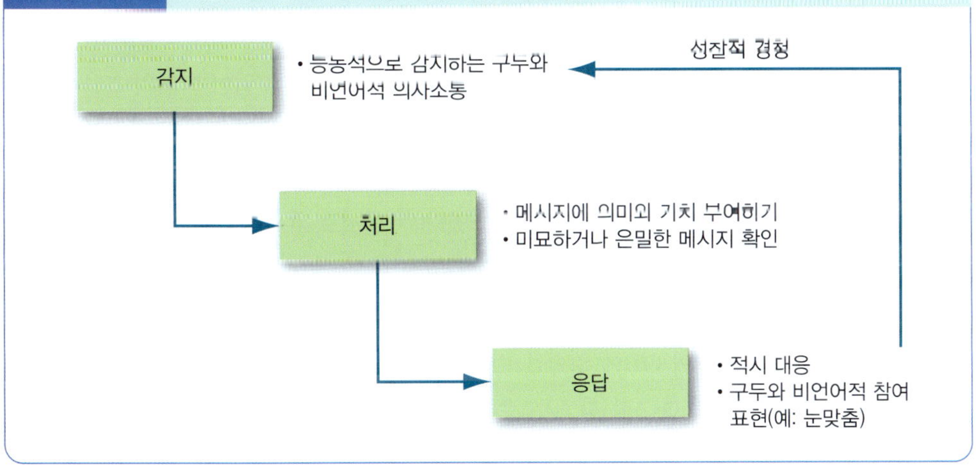

출처: G. D. Bodie, "The Active-Empathic Listening Scale (AELS): Conceptualization and Evidence of Validity Within the Interpersonal Domain," *Communication Quarterly* 59, no. 3 (2011): 277-95; E. Rautalinko and H.-O. Lisper, "Effects of Training Reflective Listening in a Corporate Setting," *Journal of Business and Psychology* 18, no. 3 (2004): 281-99; E. Teng, L. Zhang, and M. Lou, "I Am Talking but Are You Listening? The Effects of Challenge and Hindrance Stressors on Effective Communication," *Human Performance* 33, no. 4 (2020): 241-57.

미신인가, 과학인가

더 나은 경청은 더 나은 업무 관계의 열쇠이다

믿기 어렵겠지만, 인간의 뇌는 대화 중에 상대방에 대한 첫인상을 형성하는 데 0.07초 밖에 걸리지 않는다. 즉, 우리는 만나는 사람을 신뢰할지를 매우 빠르게 결정한다. 그리고 그 첫인상은 상대방에게 반응하는 방식에 영향을 미친다. 또한 대화에서 잠재적인 위협을 감지하면 편도체(뇌 변연계의 일부)가 뇌에 보호모드로 전환하라는 신호를 보낸다. 이 과정에서 코르티솔과 같은 여러 호르몬이 분비된다. 코르티솔이 너무 많이 분비되면, 그 결과 다른 사람과 교류하고 소통하는 데 어려움을 겪을 수 있다. 우리는 감정적이고 충동적일 가능성이 크며 상황을 부정적으로 인식하는 경향이 있다.

그러나 협력과 이해를 장려하는 대화를 나눌 때는 옥시토신을 비롯한 다양한 호르몬이 분비되어 유대감을 강화한다. 이러한 유형의 대화를 나눌 때 직장에서 지속적인 관계를 구축할 수 있다. 더 나은 대화와 결과적으로 더 나은 관계의 열쇠는 실제로 경청하는 우리의 선택에 있다. 평가적이거나 방어적인 태도로 경청하는 것이 아니라 상대방과 소통하기 위해 경청하는 것이 핵심이다. 심리적 안전이라는 요소도 중요하다. 사람은 의사소통에서 실수하더라도 처벌을 받거나 창피를 당하지 않을 것이라는 믿음이 필요하다. 대부분의 경영대학과 경영대학원에서 경청에 대한 전용 과정을 찾을 수는 없지만, 경청은 리더와 직원에게 필수적인 기술이다. 경청 기술을 개발하는 데 시간을 투자하면 직장에서 다른 사람과의 관계를 구축하는 데 도움이 된다.[27]

나은 경청자가 될 수 있다. 예를 들어 적극적이거나 성찰적인 경청자의 후속 질문은 대화 상대에게 더 호감을 주고 더 효과적인 리더로 인식될 수 있다.[28] 또한 대화 흐름의 질은 취업 역량의 향상으로 이어질 수 있다. 구직자를 대상으로 한 연구에서 양질의 대화 흐름을 유지하는 능력은 네트워킹 성공, 강력한 취업 네트워크 구축, 대화 파트너와의 관계 형성에 더 많은 관심을 유도하는 것과 관련이 있는 것으로 나타났다.[29]

회의 회의는 종종 두 명 이상의 사람이 가상이나 대면으로 참여하는 형식적인 토론이나 대화로 간주되며 거의 모든 장소에서 이루어진다.[30] 미국에서는 매일 수백만 번의 회의가 열리고,[31] 매주 수십 시간씩 회의에 투입되지만,[32] 대부분은 회의를 싫어하면서도 마지못해 회의가 필요하다는 것을 인정하고 있다. 실제로 수천 명의 근로자를 대상으로 한 어도비(Adobe) 연구에서 '낭비적인' 회의(58%)와 예상치 못한 전화 회의(32%)가 '업무에 방해가 되는' 상위 3가지 요인 중 두 가지인 동시에 가장 효과적인 의사소통 수단인 것으로 나타났다.[33] COVID-19 팬데믹으로 인해 회의의 부정적인 영향이 증폭되어 많은 직원이 일주일 내내 끝없이 이어지는 가상 회의로 '줌 피로'와 싸우고 있다.[34] 따라서 많은 기업이 회의의 효율성을 높이기 위해 노력하고 있다. 아마존에서 회의는 30분 동안 참석자가 회의 메모와 안건을 조용히 혼자서 읽는 것으로 시작하고, 쇼피파이(Shopify)와 아사나(Asana)는 '회의 없는 날'을 운영하고 있으며, 일부 조직은 회의시간을 제한하고 있다.[35] 실제로 효과적인 가상팀에 대한 연구에서 최고의 팀은 조정과 의사소통을 위해 짧은 회의를 한 후 중단 없이 장시간 '심층 작업'을 진행하는 버스트 방식으로 작업하고 있다고 한다.[36]

연구는 회의의 여러 측면이 OB에 영향을 미친다고 한다. 예를 들어 일부 연구자는 회의 만족도를 직무 만족도의 한 측면(3장 참조)으로 간주하여 사람이 자신의 직무를 전반적으로 얼마나 좋아하는지에 기여하는 것으로 분석하기도 한다.[37] 회의 내 대인 관계의 역학 관계는 회의 만족도에 특히 중요하다. 사람은 회의 중에 여러 가지 무례한 행동을 할 수 있는데, 회의 참여하지 않기(예: 회의 중 몽상에 빠지기)와 부적절한 대인 관계행동(예: 타인을 무시하거나 조롱하기)은 특히 회의 만족도와 회의의 효과성에 영향을 미친다.[38] 회의 중에는 무례한 행동 외에도 다른 방식으로 회의에 지장을 줄 수 있다. 예를 들어 회의가 끝날 때까지 기다릴 수 없을 때 열정을 가장하는 것과 같이 진정으로 느끼지 못하는 감정을 회의 중에 비진정으로 드러내는 표면적 행동은 감정적으로 지치게 하여 회의 중단을 고려하게 만들 수 있다.[39]

회의의 적시성은 상당히 중요하다. 회의가 늦게 시작되면 참석자의 회의 만족도와 효과성에 대한 인식이 떨어지고, 회의 중 창의성이 저하되며, 심지어 관계적 갈등을 경험할 수도 있다.[40] 반대로 회의는 정시에 시작되었지만, 개별 참석자가 지각할 수도 있다. 이러한 참석자는 종종 자신의 업무에 불만을 품고 퇴사를 고려하거나 성실성이 낮은 사람일 수 있다(5장 참조).[41] 어쨌든 다른 회의 참석자는 지각자에게 화를 내고 처벌하려 할 수 있다.[42] 그러나 지각자의 변명이 통제불가능한 일이었다는 것을 알리면, 회의 참가자는 공감과 지지로 반응할 가능성이 더 크다.[43]

OB는 조직이 회의를 더 효과적으로 만드는 방법에 대한 논의에 어떻게 기여할 수 있는가? 스티븐 로겔버그(Steven Rogelberg) 교수는 그의 저서 《회의의 놀라운 과학》에서 이러한 목표를 달성하기 위한 몇 가지 일반적인 제안을 다음과 같이 제시하고 있다(책에는 총 48가지 제안이 나와 있다).[44]

- 꼭 필요한 경우에만 만나야 한다.
- 미팅 전에 참석자의 의견을 수집한다.
- 참석자에게 안건을 제공한다.
- 참석자에게 역할을 위임한다.
- 방해요소를 제한한다.
- 정시에 회의를 시작하고 종료한다.

연설 디지털 스토리지 메모리에 혁명을 일으킨 기술을 개발한 유명한 실리콘밸리 CEO의 맞은편에 앉은 유명한 하버드 강사이자 경영진 의사소통 코치인 카민 갤로(Carmine Gallo)는 CEO에게 "당신은 매우 성공적입니다. 당신은 훌륭한 연설가로 알려져 있습니다. 왜 더 발전해야 한다고 생각하시나요?"라고 물었다. CEO가 "저는 언제나 더 나아질 수 있습니다. 주가가 1포인트 오르거나 내릴 때마다 회사 가치는 수십억 달러가 달라집니다. 제가 얼마나 잘 소통하느냐가 큰 차이를 만듭니다"라고 대답했다.[45]

임원, 관리자, 팀 리더는 모두 다른 사람의 동기부여, 관점, 이해에 영향을 미치는 연설의 중요성을 인식하고 있다(종종 성과와 생산성에 영향을 미치기도 한다). 다음 12장에서 배우게 되겠지만, 연설은 리더가 회사나 집단이 나아갈 방향에 대한 '비전'을 전달하는 중요한 수단이다. 많은 사람이 경영전문가의 생각을 자극하는 TED 강연부터 검은 터틀넥을 입은 기술 기업 CEO의 흥미진진한 제품 공개에 이르기까지 진정으로 영향력 있는 연설을 기억하고 있으며, 이러한 연설은 변혁적이고 카리스마적인 리더십을 전달하는 구두 의사소통의 한 형태이다.[46] 이러한 영향력 있는 연사는 비유적이고 추상적인 언어를 사용하여 힘을 전달하고,[47] 청중과 개인적인 수준에서 깊은 관계를 형성하며, 청중이 행동하게 유도하는 신비감, 발견, 흥미를 불러일으킨다.[48]

하지만 연설이 항상 화려한 퍼포먼스 행위인 것은 아니다. 연설은 목적에 따라 다양한 어조를 가질 수 있다. 예를 들어 한 연구자 집단은 기계학습 접근법을 사용하여 신흥시장의 CEO 61명이 공개 인터뷰와 연설에서 사용한 표정과 문구를 분석하여 그들의 의사소통 스타일을 확인했다.[49] 일부 CEO는 확실히 더 '흥분'되고 '극적'(앞서 설명한 프로필에 적합)이었지만, 다른 많은 CEO는 더 '근엄', '우울', 심지어 '횡설수설'이 있었다. 때로는 심각한 조직적 비극이 발생한 경우와 같이 엄숙하거나 우울한 톤이 더 적합할 수 있다. 반면에 '횡설수설'한 어조는 리더십 권력의 산물인 경향이 있지만, 주로 남성에게 해당된다. 예를 들어 미국 상원의원을 대상으로 한 연구에서 여성 의원은 발언을 할 때 남성 의원보다 횡설수설할 가능성이 적었다.[50] 이러한 여성 의원은 너무 오래 발언하면 반발을 경험할 수 있기 때문에 너무 오래 발언하는 것을 피한다. 이러한 반발은 편견과 고정관념이 낳은 불행한 결과이다.

서면 의사소통

서면 의사소통에는 편지, 이메일, 인스턴트 메시징, 블로그(다음 절에서 설명), 뉴스레터, 기타 문자나 기호를 전달하는 모든 방법이 포함된다. 이러한 방법 중 일부는 디지털 또는 물리적으로 장기적인 기록을 남기는 반면에 다른 방법의 장점은 신속하고 순간적인 정보 교환이다. 서면 의사소통을 당연하게 여기고 생각보다 중요하지 않다고 생각할 수 있지만, 작고 부수적인 형태의 의사소통도 직원 동기부여에 큰 영향을 미칠 수 있다. 예를 들어 직원에 대한 분기별 성과 평가에 관해 기술한 상사의 한 단어가 해당 직원의 동기부여와 공정성 인식에 큰 영향을 미칠 수 있다.[51]

또한 우리는 종종 구두 의사소통이 가장 효과성의 측면에서 우수하다고 생각하지만, 거의 전적으로 서면 의사소통에 의존하고 있는 분산된 원격팀의 경우에는 서면 의사소통이 효과적일 수 있다.[52] 이러한 팀에서 글쓰기는 팀의 생각을 확실하고 구체적으로 만들며 사려 깊은 성찰을 촉진하는 데 도움이 된다.

이 절에서는 현대 조직에서 주로 사용되는 두 가지 서면 의사소통 형태인 이메일과 문자/인스턴트 메시징에 대해 논의하려 한다. 마지막으로 **자연어 처리**가 서면 의사소통을 분석하고 이해하는 방식을 어떻게 혁신하고 있는지에 대한 논의로 마무리한다.

이메일 50년 전 최초의 이메일이 전송된 이후에 서면 의사소통 수단의 성장은 눈부시게 발전했다. 이메일이 없는 삶은 상상하기 어려울 정도로 널리 퍼져 있다. 2020년에는 전 세계 인구의 절반 이상인 39억 명 이상의 활성 이메일 사용자가 56억 개의 개별 계정을 운영하고 있으며,[53] 직원이 매일 평균 3시간(주 40시간 근무의 약 37.5%)을 이메일 확인에 소비하고 있다.[54] 도표 11-2은 관리자와 전문가가 매일 이메일을 확인하는 데 소비하는 엄청난 시간을 보여주고 있다. 안타깝게도 이메일은 현대 업무 환경에서 스트레스와 업무 과부하를 상징하는 문화적 상징이 되었다.[55]

오늘날 이메일은 직장 내 의사소통의 가장 보편적인 형태로 직원이 실제 대면 의사소통과 거의 동등하게 선호할 정도로 보편화되었다.[56] 가상 의사소통이 선호 방식이 되었음에도 불구하고 직원이 이메일에 소비하는 시간이 많기 때문에 조직에서의 시간 활용, 생산성, 성과에 문제가 발생할 수밖에 없다.[57] 그러나 이메일은 우리의 감정과 비교적 복잡한 관계를 맺고 있다. 이메일 중단은 시간 압박과 다른 목표를 달성하지 못하고 있다는 느낌을 증가시켜 기분을 나쁘게

도표 11-2 **직장에서 이메일 확인에 소요되는 시간**

평일 업무용 이메일을 확인하는 총 시간수

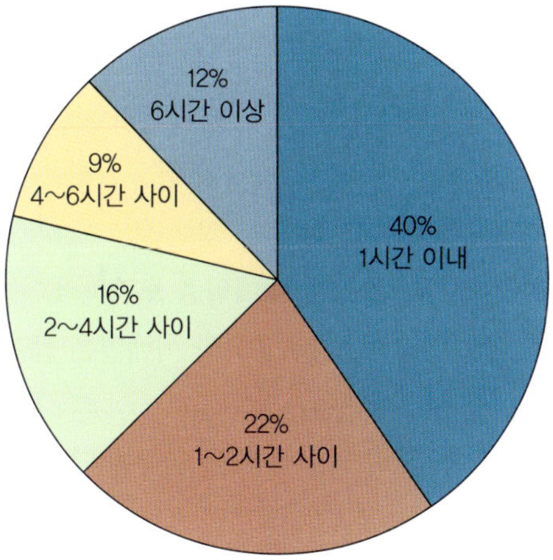

출처: Adobe, *Consumer Email Survey* (San Jose, CA: 2018)에 기초함.

만들지만, 이메일을 통해 응답하는 것이 업무 성취감을 줄 수 있기 때문에 종종 기분이 좋게 만들 수도 있다.[58] 그러나 이메일에 응답하는 것이 실제로 업무 성취에 해당하는지는 의문이며 이메일의 중요도에 따라 달라질 수 있다.

그럼에도 불구하고 과도한 이메일은 직원과 관리자 모두 '[받은 편지함]에 갇혀 있다'는 느낌을 받게 하여 목표 달성률이 떨어지고, 실제 업무 수행시간이 줄어들 수 있다.[59] 이는 특히 성실한 직원에게 우려되는 사항으로 새로운 과업을 완성하기 위해 매진하고 있을 때, 이메일로 인한 업무 중단은 나누어진 2개 과업에 몰입해야 하므로 스트레스를 받을 수 있다.[60] 하지만 관리자와 직원이 이메일을 확인하기 위해 이렇게 많은 노력을 기울이는 데도 '받은 편지함 제로' 상태(예: 받은 편지함에 주소가 지정되지 않은 이메일이 없는 상태)가 될 수 있는가? 일부는 그렇지만 일부는 그렇지 않다. 2020년에는 직장인의 55%만이 이 상태에 도달했으며, 대다수는 이 상태에 도달한 후 큰 안도감을 느낀다고 답했다.[61]

이메일의 보편화로 인해 조직 내 새로운 형태의 비윤리적 행동도 등장했다. 첫째, 엔론(Enron)의 직원은 권력차이와 '자신이 경계를 뛰어넘을 것'에 대한 두려움 때문에 상급자의 선호에 굴복하여 저자세의 이메일 의사소통에 참여했다.[62] 또한 직원은 이메일이 대면 상호작용보다 덜 제한적이고 개인적인 형태의 의사소통으로 간주하기 때문에 대면보다 이메일을 통해 거짓말을 더 많이 한다.[63] 직원은 또한 이메일을 통해 서로에게 능동적 또는 수동적으로 무례하게 행동할 수 있다. 이메일을 통해 무례함을 경험한 직원은 일주일 후에 퇴사할 가능성이 높으며, 이러한 영향은 해당 직원의 중요한 타인에게도 파급되어 일주일 후 그들도 퇴사하게 된다.[64] 흥미롭게도 수동적인 무례함은 수신자가 발신자의 의도를 '파악'하고 '읽어내려' 불면증과 업무 시작에 부정적인 영향을 미칠 수 있기 때문에 더 큰 피해를 입힐 수 있다는 것이다.[65] 일반적으로 이메일에서의 무례함은 직원에게 부정적인 영향을 미쳐 부정적인 정서, 참여도와 열의 수준 저하, 성과 저하로 이어진다.[66] 그러나 직원이 직무에서 심리적으로 분리하기 위한 회복 경험은 이메일 무례함의 부정적인 영향을 해결하는 데 중요한 열쇠가 될 수 있다.[67]

OB 연구를 통해 우리가 알고 있는 것을 고려할 때, 우리는 어떻게 이 끊임없는 정보 홍수를 다룰 수 있겠는가? 연구자와 치료사는 이메일 과부하로 어려움을 겪고 있으면 받은 편지함을 효과적으로 관리하기 위해 몇 가지 제안을 하고 있다.[68]

- 알림을 꺼라.
- 일정한 간격으로 이메일을 확인하라(예: 하루 중 정확한 시간, 3시간마다).
- 이메일을 읽은 후에는 즉시 받은 편지함에서 옮겨라.
- 검색 기능과 이메일 필터를 사용하여 이메일을 찾아라.
- 바로가기를 사용해 소수의 분류된 폴더에 이메일을 보관하라.
- 중요한 이메일은 개별적으로 선별하고, 덜 중요한 이메일은 집단 또는 일괄로 묶어서 처리하라.
- 상대방의 받은 편지함에서 제외되지 않도록 모든 사람이 답장을 받아야 하는 경우에만 '모두 답장'을 신중하게 사용한다.
- 이메일을 대면 대화처럼 취급하지 마라.
- 이메일을 훑어보거나 건너뛰고 싶은 유혹을 피하라.
- 보내기 전에 생각하라.

인스턴트 메시징과 문자 메시징 인스턴트 메시징(IM)과 문자 메시징은 본질적으로 동일한 활동을 의미하지만, 둘 사이에는 미묘한 차이가 있다.[69] **문자 메시징**은 사람의 무선과 전화 서비스와 연결되어 있으므로 어떤 면에서 IM보다 더 신뢰할 수 있는 의사소통 형태라고 할 수 있다. 휴대폰을 가지고 있고 이를 지원하는 요금제를 사용하는 사람이라면 인터넷 연결 여부와 관계없이 문자 메시지를 보낼 수 있을 것이다. 반면에 **인스턴트 메시지**는 제삼자의 채팅 앱이나 시스템(예: 메신저, 팀즈, 슬랙)을 통해 메시지를 보내는 것이다. 인스턴트 메시지는 소셜 미디어 네트워크를 통해서도 보낼 수 있으며, 이를 **다이렉트 메시지**(DM)라고도 한다. 처음에 인스턴트 메시지와 문자 메시지는 동기식 대면 상호작용에 대한 의존도를 비동기식 오프라인 경험으로 전환할 것으로 예상했으나,[70] 이러한 메시징의 사용은 당초 예상과는 다른 궤도를 밟았으며 동기식 수단에 훨씬 더 가깝다.

이메일과 달리 인스턴트 메시지와 문자 메시지에는 강력한 즉시성 기준이 적용되므로 수신자는 수신 메시지에 대해 짧고 대화하듯 신속하게 응답해야 한다. 이러한 높은 즉시성은 조직, 감독자, 강사의 지원에 대한 인식을 높일 수 있다. 예를 들어 강의를 담당하는 강사가 학생이 수업 외의 시간에 이메일 대신 메신저를 사용하는 것을 허용하면 전통적인 방법으로만 연락할 수 있는 강사보다 더 친근하고 접근하기 쉬우며 더 많은 도움을 받을 수 있는 것으로 인식하게 된다.[71] 슬랙의 내부 연구에서 이러한 즉시성 기준은 앱 사용시간 연장으로 이어질 수 있으며, 슬랙 사용자는 평일 평균 10시간을 애플리케이션에 소비하는 것으로 나타났다.[72]

많은 인스턴트 메시지 앱에서 상대방은 당신이 온라인 상태인지 여부를 확인할 수 있으므로 당신이 빠르게 응답할지 여부를 예상할 수 있다. 또한 '읽음 확인'으로 인해 많은 사람이 자신의 메시지가 충분히 중요하지 않거나 수신자가 읽은 후 답장을 보낼 만큼 신경 쓰지 않았다는 '읽음 상태로 남겨짐'의 고통스러운 느낌을 받게 된다.[73] 이러한 읽음 확인에 대해 일부 사람은 불필요하고 침습적이고 생각하는 반면에, 나머지 사람은 이를 다른 사람에게 더 빨리 응답하도

소아과 의사 너태샤 버거트(Natasha Burgert)는 환자의 방문을 늘리기 위해 그들과 전자우편, 문자 메시지, 블로그를 통해 소통한다. 서면 의사소통을 통해 시의적절한 의료 정보를 공유함으로써 환자의 가족은 자녀에게 더 나은 보살핌을 제공할 수 있다.

출처: Orlin Wagner/AP Images

록 적극적으로 유도하는 방법이라고 판단하기 때문에 읽음 확인에 대한 태도는 다양하지만,[74] 메신저의 즉각성 수준을 확실히 높여주었다. 다행히도 읽음 확인 옵션을 부정적으로 보는 사람은 많은 메시징 앱에서 언제든지 이 기능을 끌 수 있다.

문자 메시지와 메신저의 높은 즉각성 때문에 업무에 방해가 될 수 있는 수준도 높아질 수 있다. 문자 메시지와 메신저는 여러 면에서 초고속 이메일과 같아서 사소한 문제에 대해서도 상대방에게 응답하기 위해 심리적으로 압박을 느낀다.[75] 또한 문자 메시지와 메신저의 짧고, 대화적이며 비공식적인 특성으로 인해 수신자로부터 불친절, 무뚝뚝함, 소극성, 오해를 받을 수 있다.[76] 예를 들어 화난 감정이 문자 메시지를 통해 전달될 수 있으며,[77] 때로는 의사소통 상대방의 성격 특성을 반영할 수 있다. 동조성과 정서적 안정감의 수준이 낮은 사람(5장 참조)은 문자 메시지와 메신저에서 부정적인 감정 단어를 사용할 가능성이 높으며, 이는 메시지 수신자의 감정과 기분에 영향을 미칠 수 있다.[78] 또한 불합리한 시간에 메시지를 보내거나 짧은 메시지를 연속적으로 보내 수신자를 성가시게 만드는 경우에, 일부 직원과 관리자는 문자 메시지와 메신저를 방해되고 산만하게 만든다고 생각할 수 있다.

일반적으로 직원은 문자 메시지와 메신저에 지나치게 의존할 때를 경계해야 한다. 버클리 대학교의 루카스 밀러(Lucas Miller) 교수는 메신저의 알림을 받을 때마다 즉각적으로 도파민이 분비되어 '직장인'으로서 정보에 능통하고 가치 있는 구성원의 지위를 확인시켜준다고 언급하고 있다. 이와 동시에 알림을 받을 때마다 우리는 불안과 걱정을 느끼게 된다. 이러한 이유는 즉각적인 주의가 필요하지 않더라도 알림을 확인하거나 응답하지 않으면, 정보를 제대로 알지 못하게 되거나 관계가 단절될까 걱정되기 때문이다.[79]

자연어 처리 데이터를 분석하고 학습하기 위한 데이터 마이닝과 인공지능(AI) 접근 방법은 서면 업무 의사소통 중앙 집중 디지털 저장소를 통해 큰 이점을 얻었다. **자연어 처리**를 통해 연구자는 사람이 이메일, 인스턴트 메시지, 소셜미디어, 기타 서면 의사소통 미디어(해시태그 포함)에서 사용하는 실제 단어를 통합하여 직원의 감정, 기분, 성격 특성, 스트레스, 기타 특성을 측정하도록 알고리즘을 훈련할 수 있다.[80] 기업이 자연어 처리를 사용하여 고객이 관심을 가질 수 있는 제품 유형을 더 잘 이해하고, 그에 맞는 광고를 하기 위해 고객의 감정과 의도를 실시간으로 예측하고, 회계에서 사기와 규정 준수를 감지하고, 의료 환경에서 환자 경험과 진단 능력을 개선하고, 민감한 정보를 지능적으로 감지하고 사이버 호기심 보호 노력을 개선하기 위해, 심지어 팀의 과업 관리를 돕는 디지털 비서를 만드는 등 업무용 애플리케이션은 거의 무한하다.[81] 시장 전망도 매우 밝다. 2025년까지 시장은 2017년과 2025년 사이에 21%의 성장률로 60억 달러를 넘어설 것으로 예상되며, 글로벌 데이터스피어(NLP에 사용할 수 있는 데이터)는 10배 증가하여 NLP에 사용할 수 있는 데이터가 1조 기가바이트에 달할 것으로 예상된다.[82]

비언어적 의사소통

구두로 메시지를 전달할 때, 우리는 무언의 메시지도 함께 전달한다.[83] 때로는 비언어적 요소가 그 자체로 강력한 메시지가 될 수도 있다. 회의록을 읽으면 회의에 직접 참석했거나 비디오로 회의를 볼 수 있는 것과 같은 방식으로 발언의 영향을 파악할 수 없다. 왜 그런가? 비언어적 의사소통에 대한 기록이 없기 때문에 단어나 문구에 대한 강조점이 누락될 가능성이 높기 때문이다. 따라서 몸짓과 움직임, 접촉과 감각을 통해 전달되는 정보, 상호작용에서 공간과 시간의 물리적 사용을 포함하는 **비언어적 의사소통**을 고려하지 않고서는 의사소통에 대한 논의는 완전하지 않다.[84]

비언어적 의사소통은 무의식적이고 자동적으로 이루어질 수 있다. 사건이 발생하면 반응하고 감정을 표현하며, 제삼자는 이를 인식하며, 그런 다음 감정 표현에 따라 평가를 내린다.[85] 이는 직장에서 인종 편견이 확산되는 무의식적 메커니즘 등이 하나의 예일 수 있다.[86] 한 연구에서는 백인이 흑인을 미묘하게 대하는 동영상을 보는 것만으로도 관찰자가 부정적인 인종적 고정관념을 사용하여 흑인에 대한 부정적인 인상을 형성하도록 유도했다.[87] 또한 연구에 는 신체 자세와 동작도 고정관념과 편견을 유발할 수 있으며 특정 자세는 더 남성적이고 다른 자세는 더 여성적인 것으로 간주 될 수 있다.[88]

또한 사람이 타인의 비언어적 행동에서 원인을 찾는 귀인은 현실과 맞지 않더라도 강력하고 일관성이 있다. 예를 들어 사람은 똑바로 서서 자세를 취하는 것과 같은 특정 비언어적 행동을 지배적이라고 인식할 수 있지만, 이것이 항상 그 개인의 '실제적으로' 지배적 성격 특성과 일치하지는 않았다.[89] 프로젝트팀에 대한 시선 추적 연구에 따르면, 활동 중인 팀의 비디오 클립을 본 순진한 관찰자는 더 지배적인 몸짓을 사용하고 활발한 표정을 짓는 팀원을 궁극적으로 더 카리스마 있고 떠오르는 리더로 평가하면서 더 자주 그리고 더 오래 응시하는 것으로 나타났다.[90]

신체 언어와 움직임 모든 신체 움직임에는 의미가 있으며 일부 무의식적 움직임도 있지만, 우발적인 움직임은 없다고 주장할 수 있다. 우리는 신뢰감을 표현하기 위해 미소를 짓고, 친근하게 보이기 위해 팔짱을 끼지 않으며, 단일한 권위를 나타내기 위해 일어선다.[91] 고개를 아래로 기울이는 것과 같은 미묘한 동작으로도 관찰자가 확실하게 알아차릴 수 있는 특정한 성격 특성과 감정을 전달할 수 있으며,[92] 사람은 사진을 찍을 때 빅 파이브 특성(5장 참조)을 '연기'하거나 '자세'를 취할 수 있다.[93] 우리는 종종 특정한 신체 움직임과 표정을 그 자체로 고려해야 할 독특한 표현으로 생각하지만, 실제로는 사람의 신체 언어 전체를 종합적으로 평가하는 경향이

OB POLL 업무 목적으로 문자 메시지를 사용하는 것이 적절하고 일반적인가

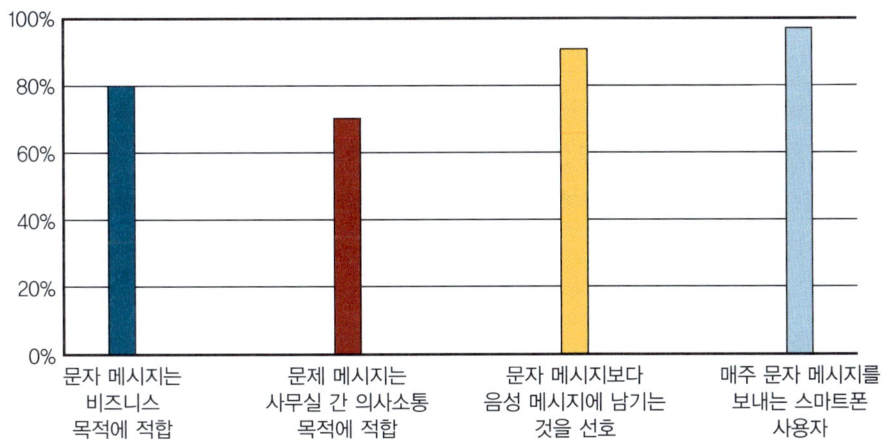

출처: A.E. Curwen, "Text and E-mails vs. Oral Communication at Work: Which Is Best?," *Society for Human Resource Management*, April 21, 2017, https://www.shrm.org/resourcesandtools/hr-topics/employee-relations/pages/ written-versus-oral-communication-.aspx에 기초함.

있다.[94]

신체 언어는 상태, 참여도, 감정 상태를 전달할 수 있다.[95] 신체 언어는 언어적 의사소통을 보완하고 종종 명확하게 해준다.[96] 실제로 신체 언어를 통해 상대방의 의도를 파악할 수 있다. 실제로 연구에서는 사람이 말보다 비언어적 단서에서 상대방의 태도와 감정을 훨씬 더 많이 읽는 것을 알려준다. 비언어적 단서가 화자의 언어적 메시지와 상충하는 경우에 청취자는 비언어적 단서를 더 믿을 가능성이 높다.[97] 직장에서 신체 언어는 중요한 역할을 한다. 몸의 움직임도 중요하다. 의사소통하는 동안 상대방의 행동과 반응에 따라 상대방의 의도에 대한 우리의 귀인이 시간이 지남에 따라 바뀔 수 있다. 시간이 지남에 따라 신체 언어와 움직임이 역동적으로 변화하면 그에 대한 우리의 인식도 달라진다.[98] 즉, 우리는 상대방의 신체 언어에 대해 즉시 결론을 내리지 않고 시간이 지남에 따라 업데이트되고 수정된다.

접촉과 감각 우리가 비언어적 의사소통이라고 하면 일반적으로 신체 언어와 움직임을 떠올리지만, 다른 감각도 중요한 역할을 한다. 첫째, 때때로 준언어라고 불리는 소리와 억양도 언어적 메시지를 넘어서는 독자적인 형태의 비언어적 의사소통으로 간주할 수 있다.[99] 왜 우리가 무언가를 말하는 방식에서 이러한 미묘한 차이가 말하는 내용을 넘어서는 큰 영향을 미치는 이유는 무엇인가? 일부 연구자는 보조 언어가 다른 사람을 설득하고 영향을 미치는 역할을 한다고 제안한다.[100] 예를 들어 스타트업 기업가가 계약을 이행할 수 있는 능력에 대한 자신의 의심에도 불구하고 잠재 고객이 자신감과 확신을 가지고 자신과 거래하도록 설득하기 위해 말하는 방식이 여기에 해당된다.[101]

둘째, 냄새와 향기는 직장에서 다양한 감정을 이끌어 낼 수 있는 강력하고 상징적인 비언어적 의사소통 형태이다.[102] 사무실의 향기로운 향기의 예와 같이 기분 좋은 냄새는 긍정적이고 집중력 있는 상태로 만들 수 있다.[103] 휴게실에서 나는 커피향은 사무실에서 긴 하루 또는 긴 밤의 시작을 알릴 수 있다.[104] 냄새에 대한 흥미로운 점은 그것이 매우 일차원적이라는 점이다.

사람은 냄새의 차이를 잘 구분하지 못하는 경우가 많지만, 그것이 기분을 좋게 하는지 아닌지에 대해 한 가지를 말할 수 있다.[105] 그리고 냄새는 재택이나 사무실에서 우리의 직장 생활 전반에 걸쳐 구체화되고 존재한다. 그러나 이러한 일차원적인 냄새의 특성은 냄새가 역겨울 때 여러 가지 부정적인 결과를 초래할 수 있다. 예를 들어 다른 사람에게서 나는 비린내를 맡으면 사람은 그 사람을 의심하게 될 수 있다.[106] 냄새가 우리의 태도와 행동에 미치는 이러한 흑백의 영향은 냄새가 실제 의도나 성향과는 무관한 경우가 많기 때문에 문제가 된다.

비언어적 의사소통의 마지막 감각적 형태는 접촉과 토닥임이다.[107] 토닥임은 상실감과 도움이 필요할 때 도움을 주고, 따뜻함과 환영을 전달하며, 심지어 협력 의도를 높여 팀 성과를 향상할 수도 있다.[108] 취업 면접할 때 악수는 인상을 형성하고 관리하는 데 중요하다.[109] 직장에서의 토닥임은 민감한 주제이지만, 생각보다 흔한 일이다. 의사, 개인 트레이너, 헤어 스타일리스트와 같은 특정 직종에서는 일부 토닥임과 접촉이 필요하고, 질문을 위해 어깨를 두드리는 경우처럼 다른 직종에서는 규범적으로 적절하다.[110] 그러나 #미투 운동이 직장 내 부적절한 접촉을 강조하고,[111] COVID-19 팬데믹으로 인해 동료 간 신체 접촉의 건강 위험이 표면화되면서[112] 직장 내 토닥임과 신체적 접촉은 면밀한 조사의 대상이 되었다. 이러한 조사는 따뜻함이나 친밀감을 전달하는 접촉(예: 포옹)이 직장에서 적절한지에 대한 의문이 제기되었다.[113] 예를 들어 관리자와 전문가를 대상으로 한 로버트 하프(Robert Half)의 설문조사에서 65%는 동료와 포옹하는 것이 어느 정도 일반적이라고 답했다.[114] 어쨌든 직원과 관리자는 서로의 경계를 배우고 존중해야 하며 신체적 접촉이 필요한 경우에 가볍고 짧게 접촉해야 한다.[115] 또한 COVID-19 팬데믹 이후 포옹과 악수를 대체하는 주먹, 팔꿈치 부딪치기 등과 같은 다른 형태의 신체 접촉이 더 인기를 얻고 있다.[116]

물리적 공간와 시간 사용 OB 분야에서는 비교적 생소하지만, 시간과 물리적 공간도 비언어적 행동에 중요하다. 예를 들어 다른 사람과 얼마나 가까이 있느냐에 따라 상대방을 좋아하고 받아들인다는 미묘한 의사소통 신호가 전달된다.[117] 공립학교 교사를 대상으로 한 연구에서 같은 시간에 휴식을 취하고 같은 층에서 가르치는 교사는 특히 비슷한 관심사와 특성을 공유하는 경우는 서로의 업무 관계를 발전시킬 가능성이 더 크다는 것을 발견했다.[118] 또 다른 예로 독립적인 작업자와 기업가가 작업 공간을 빌려 함께 일하며 네트워크를 형성하는 공유 환경인 '협업 공간'에 대한 연구에서 서로 가까이 일하는 것이 새로운 조직과 벤처를 형성하고 유지하는 데 중요한 역할을 한다고 한다.[119] 그러나 때때로 사람이 자신과 다른 사람 사이에 유지하는 물리적 공간의 양은 그 사람의 기분과 접근성에 따라 달라진다.[120] 예를 들어 상사의 기분이 좋지 않다는 소식을 들으면 피할 수도 있다.

속도는 중요한 표현 단서를 구성하는데, 화난 동작은 일반적으로 거칠고 빠르게 표현되는 반면에 슬픈 동작은 느리고 슬픈 표정으로 묘사된다.[121] 또한 사람은 느리고 신중한 발성과 동작보다 빠른 발성과 동작을 자신감을 전달하는 것으로 간주하는 경향이 있으며, 더 쉽게 설득할 수 있다.[122] 다른 사람과 소통하는 속도와 지연은 대화 상대에게 메시지를 보낸다. 특정 프로젝트나 이슈에 우선순위를 두고 있다는 메시지를 전달할 수도 있고, 어떤 사안을 신중하게 검토하기 위해 시간을 갖고 있다는 메시지를 전달할 수도 있다.

전반적으로 우리는 다른 사람과의 비언어적 의사소통을 신중하고 전략적으로 관리해야 한다. 고객, 동료, 부하직원, 상사와 상호작용할 때 다른 사람의 행동에서 이러한 단서를 찾고 자신의 비언어적 행동에 주의를 기울여야 한다. 메시지 사이의 모순을 구체적으로 인식해야 한다. 손목시계를 자주 쳐다보는 사람은 상대방이 당신에게 그렇지 않다고 말하더라도 대화를 중단하고 싶다는 메시지를 전달하고 있는 것이다. 신뢰와 같은 한 가지 메시지를 언어적으로는 표현하면서 비언어적으로는 "나는 당신을 신뢰하지 않습니다"라는 모순된 메시지를 전달할 때 우리는 다른 사람에게 잘못된 정보를 전달하는 것이다. "회의에 늦을 것 같아서 지금 대화를 계속할 시간이 없는데 나중에 다시 얘기하면 안 될까요?"라고 표현하는 것과 같이 모든 형태의 의사소통을 조정하여 의미와 의도를 더욱 직접적으로 전달하는 것이 좋다.

의사소통 방법 선택

회의 일정을 잡을지, 전화로 말할지, 이메일이나 문자를 보낼지 선택하는 것은 복잡한 문제 이다. 이 절에서는 의사소통 방법을 메시지 내용에 맞추는 방법과 효과적인 의사소통을 방해할 수 있는 잠재적인 장애요인을 처리하는 방법에 대해 설명한다.

11-2 의사소통 방법을 선택하는 방법과 효과적인 의사소통을 방해하는 장애요인을 극복하는 방법을 평가할 수 있다.

의사소통 방법 선택

많은 사람이 동료, 고객, 고위경영진과 얼굴을 마주하는 것이 성공의 열쇠라고 주장한다. 하지만 인사만 하려고 CEO를 찾는다면 스타가 아니라 귀찮은 사람으로 기억될 수 있으며, 대면시간을 늘리기 위해 모든 회의를 달력에 표시하는 것은 업무를 완성하는 데 역효과를 가져올 수 있다. 의사소통 선택에 대해 잠시 생각해볼 필요가 있다. 전달해야 하는 메시지가 토론에 더 적합한가? 문자 메시지는 어떤가? 조직 내 규범과 지침이 무엇인지 파악한 후, 메시지에 맞는 방법을 선택하는 것이 도움이 될 수 있다. 도표 11-3은 이러한 방식에 근거하여 의사소통 방법을 선택하는 기준을 제시하고 있다.

효과적인 의사소통을 방해하는 장애요인 처리

여러 가지 장애요인으로 인해 효과적인 의사소통이 느려지거나 왜곡될 수 있다. 이 절에서는 효과적인 의사소통을 방해하는 가장 중요한 세 가지 장애요인인 정보 과부하, 의사소통에 대한 불안감, 위기상황에 대해 중점적으로 설명한다.

정보 과부화 사람은 정보를 효과적으로 이해하기 위해 여러 출처의 정보를 통합하지만,[123] 개인이 데이터를 처리할 수 있는 능력은 한계가 있다. 처리해야 하는 정보가 처리 용량을 초과하면 **정보 과부하**(information overload)가 발생한다. 개인이 분류하고 사용할 수 있는 정보보다 더 많은 정보를 가지고 있으면 어떻게 되겠는가? 사람은 정보를 선택하거나, 무시하거나, 넘기거나, 잊어버리는 경향이 있다. 또는 과부하가 끝날 때까지 추가 처리를 미루기도 한다. 어떤 경우든 정보 손실과 의사소통 효과성 저하가 발생하므로 정보 과부하에 능동적으로 대처하는 것이 더욱 중요하다. 예를 들어 정보 과부하로 인해 협상가가 거래를 더 빨리 포기하거나 최적의 제안에 대해 성급하게 결론을 내릴 수 있다.[124] 또한 다중 의사소통과 같이 여러 사람과

정보 과부하 처리해야 하는 정보가 처리 용량을 초과하는 상태

도표 11-3 의사소통 방법 선택 가이드

대면 또는 가상회의는 다음과 같은 경우에 적합하다.
(여러분이) 특정 이슈에 대해 팀 전체에 대한 구조, 가정 또는 기대치를 설정이 필요할 때. 앞으로의 과업에서 발생할 수 있는 방해물이나 장애물을 집단으로 평가할 필요가 있을 때. 다른 사람의 감정이 개입되거나 오해의 소지가 있는 감정을 전달할 수 있는 문제에 대해 논의해야 할 필요가 있을 때. 갈등, 성과 목표와 이정표, 행동 문제에 대해 논의가 필요할 때. 서로 정보를 주고받는 방식으로 협업해야 할 필요가 있을 때. 아이디어에 대한 수용도를 측정하고, 아이디어의 유용성에 대해 다른 사람을 설득하고, 더 나은 아이디어를 만들기 위해 노력해야 할 필요가 있을 때.
전화 통화는 다음과 같은 경우에 적합하다.
절대적으로 중요하지 않은 경우를 제외하고 근무시간 동안 30분 이내에 완료하거나 답변해야 할 일이 있을 때. 질문이나 아이디어에는 많은 구두 설명이 필요할 때. 메시지를 신중하게 전달해야 하지만, 감정노동과 같은 특정 장애물로 인해 대면시 인상을 효과적으로 관리하지 못하는 경우가 있을 때.
문자 또는 인스턴트 메시지는 다음과 같은 경우에 적합하다.
이미 시작된 작업에 대한 생각을 공유해야 할 때. 여러 사람이 답변할 수 있는 간단하고 중요하지 않은 질문이 있을 때. 팀에 알려야 하는 간단한 추가 정보(예: '참고로' 또는 '귀하의 정보를 위해')가 있을 때. 여러 사람이 실시간으로 공동 작업하거나 작업해야 하는 정보(예: 문서 또는 링크)를 공유하고 있을 때. 다른 사람이 대면 또는 전화 미팅이 가능한지 물을 때.
이메일은 다음과 같은 경우에 적합하다.
팀원이 여러 명에게 메시지를 전달해야 할 필요가 있을 때. 회의 후에는 기대치를 확인하거나 같은 내용을 공유해야 할 때. 기밀 정보 또는 공식 문서를 공유하고 있을 때. 계획이나 결정에 대한 공식적인 승인 또는 결제가 필요할 때. 다른 사람이 따라야 할 절차, 전략, 단계를 설명할 필요가 있을 때.

출처: C. D. Ellis, "Stop. Does That Message Really Need to Be an Email?" *Harvard Business Review*, March 30, 2021, https://hbr.org/2021/03/stop-does-that-message-really-need-to-be-an-email; see also A. Brodsky, "Virtual Surface Acting in Workplace Interactions: Choosing the Best Technology to Fit the Task," *Journal of Applied Psychology* 106, no. 5 (2021): 714-33에 기초함.

동시에 상호작용해야 한다는 압박감으로 인해 사람이 의도치 않게 서로에게 무례하게 행동할 수 있으며, 상황이 빠르게 통제불능 상태가 될 수 있다.[125]

하지만 모든 사람이 이렇게 느끼겠는가? 놀랍게도 지난 수십 년간의 연구에 따르면 대부분은 실제로 매일 정보 과부하가 걸리는 것을 좋아한다고 한다. 예를 들어 2006년부터 2016년 사이에 정보 과부하를 느끼는 사람의 수는 27%에서 20%로 감소했다. 반면에 '너무 많은 정보'

를 좋아하는 사람의 수는 67%에서 77%로 증가했다.[126] 사람들이 이렇게 느끼는 이유는 무엇인가? 정보 과부하에 대해 이러한 편안함은 후반부에서 설명하겠지만, 주로 사람이 많은 양의 정보를 관리하는 데 사용하는 스마트기기와 장치의 증가에 기인한다. 사람은 이러한 기기를 통해 수요를 따라잡고, 어떤 정보를 더 빨리 신뢰할 수 있는지 판단하며, 자신의 삶을 통제할 수 있다고 생각한다.[127] 그렇다면 '정보 과부하'를 느끼는 사람은 누구인가? 일부 연구에 따르면, 이러한 차이는 사회경제적 지위에 기인할 수 있다고 한다. 모든 사람이 스마트폰, 스마트홈, 디지털 비서, 태블릿, 광대역 인터넷과 같은 스마트 기술을 이용할 수 있는 것은 아니다.[128]

관리자는 자신의 작업 집단과 팀에서 의사소통 규범을 설정할 때 이러한 불균형을 고려해야 한다. 기술 지원과 기기에 대한 동등한 액세스를 제공하면 대량의 정보를 관리할 수 있는 더 나은 장비를 갖춘 사업부를 구축하는 데 도움이 될 수 있다. 또한 가상팀 리더는 의사소통에 집중하고 우선순위를 정할 정보에 대한 개인적, 집단적 이해와 같은 개인과 팀의 상황 인식과 더불어 이러한 인식에 따라 행동할 계획을 개발하여 정보 과부하를 줄이기 위한 구조적 접근 방식을 취할 수 있다.[129] 의사소통에서 정보 과부하가 우려되는 경우에 모호성, 복잡성, 관성령이 정보 과부하와 가장 밀접한 관련이 있으며, 모호성과 복잡성을 줄이고 다른 사람에게 전달하려는 내용의 관련성을 높이도록 노력해야 한다.[130] 정보 과부하를 경험하고 있다고 느끼고 이러한 느낌이 마음에 들지 않는 경우라면, 앞서 설명한 것처럼 위압감을 피하기 위해 기술에 덜 자주 또는 지정된 시간 간격으로 연결하는 것이 합리적일 수 있다.[131]

의사소통 불안 효과적인 의사소통을 가로막는 장애요인 중 하나인 **의사소통 불안**(communication apprehension)은 사람이 다른 사람과의 의사소통을 둘러싸고 과도한 긴장이나 불안을 경험할 때 발생한다.[132] 다른 방법이 더 적절할 수 있음에도 불구하고 자신이 선호하는 의사소통 방식에 의존하거나 의사소통을 자제하면서 다른 사람과 대화하기 어렵거나 극도로 불안해할 수 있다. 때때로 의사소통 불안은 새로운 미디어나 익숙하지 않은 형태의 의사소통 또는 의사소통 매체를 사용하는 것을 꺼리는 데서 더 많이 비롯되기도 한다.

의사소통 불안 의사소통을 둘러싸고 과도한 긴장이나 불안을 경험할 때 발생

의사소통 불안은 조직 상황에서 효과적인 의사소통에 여러 가지 영향을 미친다. 우선 가상팀에서 리더십의 출현에 영향을 미칠 수 있다. 예를 들어 한 연구에 따르면 의사소통 불안이 있는 사람은 전자 의사소통에 참여하는 양이 감소하고, 그 결과로 다른 팀원의 눈에 팀 리더로 부각되는 정도를 감소하는 것으로 나타났다.[133] 의사소통 불안은 또한 개인의 업무 경력기간 중 시기에 따라 어느 정도 두드러질 수 있다. 다른 사람과의 의사소통이 필요한 역할극 연습, 발표, 집단 면담 등의 직무에 지원하는 지원자는 면접관이 평가하는 성격 특성과 전반적인 의사소통 기술 점수에 영향을 미칠 수 있는 의사소통 불안을 경험할 수 있다.[134] 또 다른 예로 신입직원은 새로운 상사와의 의사소통을 둘러싼 긴장감과 불안에 매우 익숙할 수 있다.[135] 결국 당신은 좋은 인상을 남기기를 원할 것이다!

의사소통에서 불안을 조절하고 대처하는 법을 배우는 것이 잠재적인 해결 방법이 될 수 있다. 앨라배마대학교 컬버하우스 경영대학의 교수인 테레사 웰본(Theresa Welbourne)은 새로운 미디어에 대한 불안을 다음과 같이 평가했다. "조직에서 용기를 발휘할 수 있는 새로운 장이 될 수 있다. 리더, 관리자, HR 담당자가 용기를 내어 새로운 미디어에 뛰어들면 이로부터 이익을 얻을 수 있다는 믿음을 가져야 한다."[136]

더 나은 세상을 향해

모바일 시티즌과 모바일 비콘: 스마트폰과 인터넷에 대한 접근성을 강화하는 두 회사

오늘날 인터넷 접속(그리고 스마트폰을 통한 지속적인 인터넷 접속)은 공공의 필수품이 되었다. 많은 사람이 하루종일 인터넷에 접속할 수 없다면 개인생활과 업무에 엄청난 지장을 초래할 것이다. COVID-19 팬데믹과 같은 세계적 위기를 생각하면 이러한 인식은 더욱 설득력이 있다. 많은 사람이 정부 또는 자가격리 조치에 따라 생활 공간 밖으로 나갈 수 없는 상황에 부닥쳤다. 전 세계와 연결되는 유일한 생명줄은 디바이스와 인터넷이었다.

게다가 많은 학부모가 자녀의 학습을 위해 인터넷에 연결된 기기에 의존하고 있었다. 이러한 기기가 없다면 학생들은 학습 진도에 뒤처지거나 보조를 맞추지 못할 가능성이 크다. 의학적 영향은 말할 것도 없다. 팬데믹 기간 동안 많은 사람이 의사, 치료사, 의료진과 소통하기 위해 인터넷과 스마트폰에 의존했다. 실제로 심리치료사의 75%는 환자를 직접 대면하는 것을 완전히 중단했다.

이러한 깨달음은 인터넷을 둘러싼 논쟁에 대한 새로운 관심을 불러일으켰다. 인터넷 접속은 권리인가? 아니면 특권인가? 또한 인터넷 액세스를 제공하는 데 있어 정부와 조직의 역할은 무엇인가? 많은 사회에서 인터넷 액세스는 스마트기기를 제조하는 기업(예: 애플, 삼성, 샤오미)과 인터넷 액세스 제공업체(예: AT&T, 버라이즌, 센츄리링크)를 통해 상품화되고 있다. 그러나 또 다른 조직(예: 도서관, 비영리 단체)은 인터넷서비스를 보완하거나 할인된 가격으로 제공하는 것을 사명으로 삼고 있다. 도움이 필요한 사람(예: 저소득층 직원과 그 가족)에게 접근성을 제공한다. 이러한 단체(예: 모바일시티즌, 모바일비콘)는 동일한 서비스와 기술을 일반 상업용 업체보다 연간 최대 80% 저렴한 비용으로 제공하고 있다. 이러한 기업 프로그램의 몇 가지 예로는 기술 접근과 교육을 통해 고령의 저소득층 성인의 요구를 해결하는 애쉬베리노인커뮤니티 컴퓨터센터(Ashbury Senior Community Computer Center)가 있다. 또한 미네소타주 세인트폴의 '사람을 위한 PC'는 저소득 미네소타주 가정에 기술 지원, 컴퓨터, 인터넷 접근을 제공한다.

이러한 사회적 오해의 배경에는 설득력 있는 사례가 있다. 플로리다의 한 시골학교 교사는 다음과 같이 언급했다. "우리 학생의 약 21%는 집에서 인터넷에 접속할 수 없습니다. 제 학생들은 도서관이 문을 닫은 후에도 학업을 계속하고, 온라인으로 검색하고, 학교 리소스에 액세스하고, 과제를 제출하기 위해 [모바일 비콘]에 의존합니다. 우리 지역사회는 매우 시골 지역이고 무료 와이파이 옵션이 없습니다." 캘리포니아의 한 직원은 "건강한 사람이 당연하게 여기는 필수적인 일을 하기 위해 외부 세계에 접속할 수 없다고 말했듯이 인터넷 접근 향상은 장애인 고용에도 도움이 됩니다. 이 저렴한 서비스는 저의 장애확인서가 그다지 길지 않기 때문에 제 예산에 딱 맞습니다"라고 말했다. 마지막으로 시카고 지역 공공도서관의 검색서비스 책임자는 이 서비스가 "가장 중요한 프로그램 중 하나가 되었습니다. 고객은 학교 과제, 평생 교육, 구직 또는 일반적인 인터넷 사용 등 집에서 정보에 접근하기 위해 이 서비스에 의존합니다. 핫스팟은 회원을 주변 세상과 연결해줍니다"라고 말했다. 통계는 훨씬 더 설득력 있다. 340만 명의 미국인은 인터넷에 접속할 수 없다. 비영리 단체의 40%는 업무 수행에 필요한 기술을 갖추지 못했다. 도서관의 약 50%는 충분한 인터넷 접근을 제공하지 않는다.

이러한 기업이 필요한 사람에게 더 많은 접근과 서비스를 제공하기 위해 나서고 있지만, 더 광범위한 윤리적 논의가 진행 중이다. 인터넷 접근을 공공서비스로 제공해야 하는가? 실현가능성을 고려하면 이 질문에 대한 답을 찾을 수 있을 것이다. 많은 사람은 사설 인프라가 불안정하고 허술하다고 지적하며 공공 인프라가 개선될 수 있을지에 대해 의문을 제기한다. 다른 사람은 현재 인터넷서비스 제공업체의 상태가 예외적으로 지저분하고 체계적이지 않다고 지적한다. 통일된 시스템을 도입하면 더 많은 사람에게 서비스를 제공할 수 있고, 지역마다 다른 '서비스 소외계층'을 명확하게 정의할 수 있다.

미국 전역의 많은 지역사회(500개 이상)에서 이러한 아이디어를 실험하여 자체적으로 공공소유의 인터넷 네트워크를 구축했으며, 많은 사람이 상업적 조직보다 더 저렴하고 빠르며 투명하다고 평가하고 있다. 테네시주 채터누가가 좋은 예이다. 채터누가의 고속광섬유 네트워크[2009년에 구축되어 '전력위원회(EPB)'가 운영]는 미국 최고의 인터넷서비스 제공업체 중 하나로 꾸준히 꼽히고 있다. 심지어 초당 최대 10기가의 속도로 미국 전체에서 가장 빠른 인터넷 서비스라는 평가도 많다. 그런데도 이러한 문제는 향후 몇 년 동안 더욱 두드러질 것이며, 조직(민간과 공공 기관 모두)이 사회적 요구를 해결하는 방법을 강조할 것이라고 믿는다.[137]

위기상황에서의 의사소통 효과적인 의사소통을 가로막는 마지막 장애요인은 위기상황에서의 의사소통이 도전을 받을 수 있다는 근본적인 맥락에서 찾을 수 있다.[138] 예를 들어 2005년 8월 허리케인 카트리나의 참사는 비효율적이고 비효과적인 의사소통이 어떻게 위기를 초래하는지 보여주는 대표적인 사례로 자주 언급된다.[139] 미국은 다가오는 허리케인 카트리나의 위협에 직면했을 때 각급 정부기관은 놀라움을 금치 못했고, 위기 대응을 조정하고 상황의 불확실성과 모호함에 대처하는 데 어려움을 겪었다.

위기시 효과적인 의사소통을 위해서는 위기 대응을 여러 단계로 세분화해야 한다. ① 위기 예상 또는 대비를 위한 의사소통, ② 위기 발생시 위기대응 관리, ③ 위기 이후 이해관계자와 소통하고 공유된 학습을 촉진하는 것이다.[140] 각각의 단계에 따라 의사소통의 기본이 되는 집단적 동기는 변화한다. 전쟁 중에는 사람이 통제하고 지배하려는 동기가 강해지는 반면에 평화시기의 위기는 사람을 자기비판적으로 만들고 부정적인 결과를 두려워하는 경향이 있다.[141] 이러한 변화하는 동기는 위기상황의 의사소통에서 고려해야 한다. 통제, 지배, 불안, 두려움은 압박상황에서 안심과 품격과는 직접 일치하지 않기 때문이다.

위기상황에서 의사소통을 개선하기 위해 무엇을 할 수 있는가? 모든 단계에서 사실과 사실에 대한 해석, 행동의 결과에 대한 예측을 공유하는데, 초점을 맞춘 효과적인 메시지가 도움이 될 수 있다.[142] 또한 동기는 권력과 책임으로 이동하는 경향이 있지만, 위기상황에서는 사람이 독립적으로 일하기보다는 함께 일하도록 노력해야 한다. 예를 들어 연구에 따르면 사람이 개별적으로 문제를 해결하려고 할 때(예: 바이러스 백신 개발) 혼란에 빠지고 서로의 실패로부터 배우지 못할 수 있지만, 조정하고 협력하면 혼란을 극복하고 서로에게서 배울 수 있었다.[143] 마지막으로 기술은 재난의 영향을 받을 수 있는 모든 사람에게 신속하고 정확하게 정보를 전달하는 데 도움이 될 수 있으며, 대응팀에 정보를 신속하게 제공하는 앱도 있다.[144] 기술을 사용하여 위기 경보를 발령할 수도 있다. 예를 들어 2018년에 잠재적인 탄도 미사일에 대한 트위터 경보가 발령되었다. 그러나 이 경고는 잘못된 경보로 판명되었으며, 분석결과 120만 건의 트윗이 이어졌고, 그 결과 일주일 내내 불안감이 고조된 것으로 나타났다.[145] 따라서 위기 동안 의사소통이 사람에게 미치는 영향에 대해 신경을 써야 한다.

가상 의사소통의 발전

11-3 현대 조직에서 사용되는 다양한 형태의 가상 의사소통에 대해 설명할 수 있다.

기술의 혁신과 함께 가상으로 서로 소통하는 방식도 발전했다. 그 결과 정보 전달 능력에 따라 다양한 가상 채널이 등장했다.[146] 이런 채널은 ① 여러 단서를 동시에 처리할 수 있고, ② 신속한 피드백이 가능하며, ③ 매우 개인적일 수 있다는 점에서 풍부한 특성을 보인다. 반면에 다른 채널은 풍부성 요소에서 낮은 점수를 받는 일도 있다. 도표 11-4에서 볼 수 있듯이 대면 대화는 여러 정보 단서(예: 단어, 자세, 표정, 제스처, 억양), 즉각적인 피드백(예: 언어적, 비언어적), 대면이라는 개인적인 접촉 등에서 의사소통당 가장 많은 정보를 전달하기 때문에 **채널 풍부성**(channel richness)에서 가장 높은 점수를 받았다. 공식적인 보고서나 공지사항과 같은 비개인적 서면 매체는 풍부성이 가장 낮게 평가되었다.

채널 풍부성 통신 에피소드 중에 전송할 수 있는 정보의 양

요약하자면 '통합성이 풍부한' 채널은 다양한 관찰 기회를 제공한다. 의사소통의 무의식적 측면은 메시지의 전체 의미를 이해하는 데 도움이 된다. 이러한 측면이 누락되면 발신자의 감정과 태도를 추론할 수 있는 다른 단서를 찾아야 한다.

새로운 가상 의사소통 미디어는 대부분 '통합성이 풍부한' 하이채널이며 화상회의, 블로그, 브이로그, 팟캐스트는 물론 e-협업과 e-러닝의 형태를 포함한다.

도표 11-4 정보 풍부성과 의사소통 채널

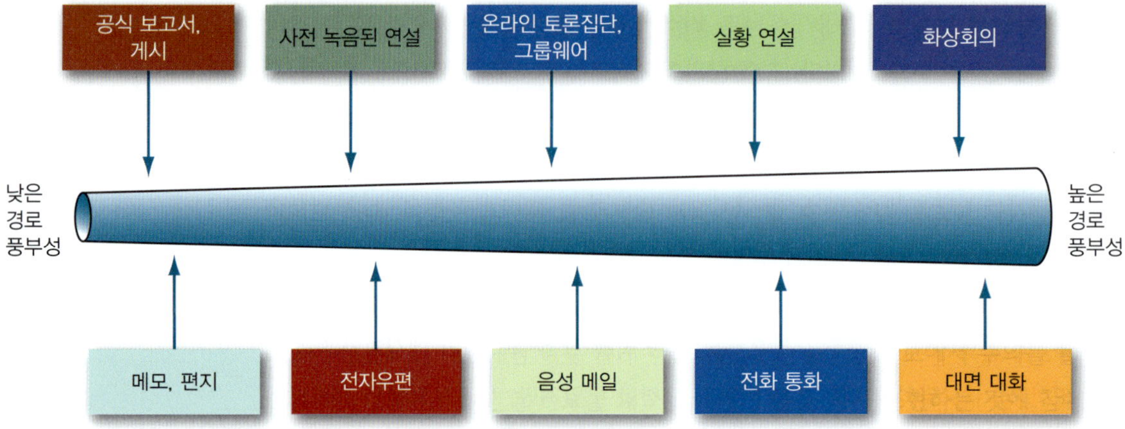

출처: R. L. Daft and R. A. Noe, *Organizational Behavior* (Fort Worth, TX: Harcourt, 2001), 311에 기초함.

화상회의

COVID-19 팬데믹으로 인해 전례 없이 많은 사람이 화상회의 소프트웨어와 애플리케이션을 다운로드했다. 2020년 3월(미국에서 팬데믹이 시작된 시점)에는 구글행아웃 미팅, 줌, 마이크로소프트팀즈와 같은 플랫폼의 다운로드 수가 COVID-19 이전 평균보다 무려 90% 증가한 6,200만 건을 기록했다.[147] 그러나 팬데믹 이전에도 화상회의가 제도화되어 가고 있었다. 예를 들어 2017년 포브스 인사이트 설문조사에서 응답자의 80~84%는 화상회의가 내부와 고객과의 회의의 표준이라고 답했다.[148] 화상회의를 통해 직원과 고객은 서로 다른 위치에 있는 사람들과 실시간으로 회의를 진행할 수 있다. 라이브 오디오와 비디오 이미지를 통해 물리적으로 같은 장소에 있지 않아도 서로 보고, 듣고, 대화할 수 있다. 또한 '화면 공유'를 통해 다른 사람과 파일이나 비디오를 공유하고 이러한 문서를 방송할 수 있어 모든 사람이 각자의 기기에서 파일을 볼 수 있다.

화상회의는 팀원과 이 기술을 사용하는 조직에 많은 이점을 제공하고 있다. 예를 들어 화상회의 회사에서 설문조사한 많은 직원이 화상회의 사용의 결과로 출장 횟수를 줄이고 업무에 더욱 몰입할 수 있었으며, 고용주를 혁신적이고 성공적인 사람으로 인식하게 되었다.[149] 마젤란 헬스의 최고기술책임자(CTO)인 스리니 쿠식(Srini Koushik)은 화상회의가 "여러 지역에 걸쳐 있는 팀을 구축하고, 동질감을 형성하며, 동시에 많은 사람을 교육하고, 타운홀 모임을 개최하는 등 다양한 기능을 제공하는 데 도움이 되고 있으며 효과적인 협업을 위해 가장 먼저 갖추어야 할 것 중 하나가 바로 화상회의라고 믿는다"고 부연했다.[150]

화상회의의 인기가 높아졌지만 대면 회의와는 분명히 다르다. 하지만 솔직히 많은 사람이 직접 만날 것인지 화상회의를 통해 만날 것인지에 대한 선택권이 없다. 팀과 직원은 전 세계에 점점 더 많이 분산되고 있어서 화상회의는 앞으로 지속될 것으로 보인다.[151] 직원과 관리자가 화상회의를 더 효과적으로 활용하기 위해 무엇을 할 수 있는가? 전문가는 다음과 같은 제안을 하고 있다.[152]

1. **직접 대면할 때와 마찬가지로 비언어적 행동에 유의하라.** 카메라를 직접 응시하고 눈을 마

주치고, 몸을 숙이고, 고개를 끄덕이는 등 대화에 참여하고 있다는 것을 보여줄 수 있는 모든 행동을 하되, 지나치지 않도록 하라. 하품, 스트레칭, 식사, 기타 산만한 동작은 피하라.

2. **배경을 설정하라.** 방해요소를 없애고 집중할 수 있게 배경을 조정하라. 배경의 움직임을 차단하여 집중하기 쉽게 하는 배경을 사용하는 경우도 있다. 웹캠의 위치는 당신이 말하는 모습을 직접 볼 수 없는 방향이 아니라 당신에게 직접 초점을 맞추도록 하라. 조명이 너무 거슬리지 않고 사람이 나를 볼 수 있을 만큼 따뜻하고 부드러운지 확인하라.
3. **통화 중인 다른 사람을 의식하라.** 자신만의 공간에 혼자 있는 것처럼 느껴질 수 있지만 대화 중인 상대방을 염두에 두고 공간과 공유 기회를 남겨두는 것이 도움이 된다. 때때로 당신은 어색한 침묵을 경험할지도 모르지만, 끼어들어 더 많은 이야기를 나누고 싶은 유혹을 뿌리쳐라. 이와 관련하여 다른 사람의 시간을 존중할 수 있게 얼마 동안 대화와 미팅을 진행할 것인지 확인하라.
4. **기술을 활용하라(단, 반드시 검사하라).** 화상회의는 협업을 효과적으로 향상할 수 있는 다양한 도구와 지원을 제공한다. 예를 들어 일부 플랫폼에서 제공하는 '손들기' 기능을 사용하면 발표와 대규모 토론을 온라인으로 진행할 수 있다. 다른 발신사는 '손들기'를 통해 질문이나 의견이 있음을 알릴 수 있다. 반응 도구는 다른 참석자를 격려하고 피드백을 제공하는 데 사용할 수 있다. 채팅창과 화면 공유 기능을 사용하여 다른 미디어나 참고자료를 공유하여 대화 중에 전달하고자 하는 요점을 다시 한번 강조할 수 있다. 마지막으로 화상회의 시스템이 작동하는지 확인하는 것뿐만 아니라 기능을 검사하는 등 미리 검사하고 연습하는 것이 좋다.
5. **화상회의(예: 줌)의 피로를 관리하라.** 화상회의는 때때로 대면 의사소통과는 달리 스트레스가 심하고 격렬할 수 있다. 몇 가지 해결책은 당신의 창을 최소화하여 상대방이 집중할 수 있도록 하는 것이다. 대화 중인 사람이 화면 전체를 지배하지 않는다. 또한 '셀프 뷰'에서 자신을 계속 모니터링하는 것은 에너지를 소모할 수 있다. 애플리케이션에서 옵션을 제공하는 경우에 자신을 보고 싶은 유혹을 피하기 위해 셀프 뷰를 숨기는 것이 좋다. 이렇게 하면 다른 사람에게 집중하고 비언어적인 눈 맞춤을 더 효과적으로 유지할 수 있다는 장점이 있다.
6. **혁신적인 화상회의 애플리케이션을 활용하라.** 우리는 일반적으로 화상회의를 단순히 대면 회의를 대체하는 도구로만 생각한다. 하지만 화상회의의 잠재적 활용 범위는 그보다 훨씬 더 넓다. 목적에 따라 가상 소셜 이벤트(예: 커피 브레이크, 해피아워), 가상 협업(예: 같은 프로젝트를 진행하는 다른 동료와 함께 작업), 가상 업무시간(예: 동료와 즉흥적으로 토론하거나 채팅할 시간을 별도로 마련)에 화상회의 소프트웨어를 사용할 수 있다.

블로그, 브이로그, 팟캐스트

많은 사람이 블로그, 브이로그, 팟캐스트로 수익을 창출하는 1인 기업가이지만,[153] 조직도 이러한 추세에 편승하여 청중과 소통하고 참여를 유도하기 위해 자체적으로 팟캐스트를 시작하고 있다. 세 가지 사례 모두 과거에는 엄청나게 비쌌던 시청각 장비에 대한 접근성이 높아짐에 따라 산불처럼 퍼져나갔다.

블로그('웹 로그'의 줄임말)는 한 개인, 팀, 회사가 주로 작성한 콘텐츠를 다른 사람과 공유하고 참여를 유도하는 데 사용되는 웹사이트이다. 블로그는 조직에서 사업의 필수요소일 수 있으므로 중요한 의사소통 수단이라는 점을 간과해서는 안 된다.[154] 블로그를 제대로 운영하는 기업의 훌륭한 예로 비용 추적과 급여 지급에 사용되는 회계 소프트웨어인 인튜이트퀵북(Intuit QuickBooks)은 사업 운영에 도움이 되는 무료 리소스를 제공하는 잘 구성된 블로그를 운영하고 있다.[155] 성공적인 블로깅의 핵심은 참여와 콘텐츠 **검색가능성**이다. 즉, 사업 운영 방법에 대한 조언을 찾는 사람이 블로그의 콘텐츠에 관심을 가질 가능성이 높으며, 블로그에 머무는 동안 인튜이트는 신규 고객을 유치하거나 최소한 관심을 불러일으킬 수 있다.

블로그는 동영상이라는 다른 매체를 통해 블로그와 본질적으로 동일한 기능을 제공하는 **브이로그**에 자리를 내주었다. 브이로그는 특히 건축, 미술 등 프로젝트에 사용되는 제품이거나 단계별 지침이 필요하거나 제대로 사용하기 위해 숙련도가 필요한 경우에 고객과 소통하는 데 유용하다. 예를 들어 회사에서 도구를 판매하는 경우에 도구를 올바르게 사용하는 방법에 대한 동영상을 업로드할 수 있다. 수천 명의 브이로그 시청자를 보유한 한 회사의 좋은 예로, 잡지 〈본아뻬띠(Bon Appétit)〉는 매우 친근한 셰프가 자신의 집과 주방에서 레시피를 만드는 모습을 지속적으로 브이로그에 업데이트한다.[156] 일부 시청자의 설명에 따르면, 마치 출연진이 돌아가며 등장하는 시트콤과 같고, "그래서 매일 밤 잠자리에 들기 전에 오랜 친구를 만나듯 〈본아뻬띠〉의 셰프를 확인하고, 지쳐서 잠들 때까지 비디오를 계속 시청(또는 다시 보기)한다. 저에게는 위안이 되는 음식이다"라고 말한다.[157]

마지막으로 **팟캐스트**는 주요 내용을 공유하는 미니 라디오쇼와 비슷하다. 오디오 콘텐츠는 글로 작성된 블로그와 동일한 기능을 제공하지만 심도 있는 토론과 스토리텔링에 더 중점을 둔다. 지난 10년 동안 조직은 청중에게 정보를 제공하고 소통하기 위해 진정으로 혁신적인 여러 가지 방법을 모색해왔다. 예를 들어 존 디어(John Deere)의 "생명과 땅에 대하여"는 지속가능성, 식량, 농업, 현장 기록에 대해 논의하며 토지에 대한 사랑을 보여준다.[158] 트레이더 조(Trader Joe)의 "인사이드 트레이더 조"는 식료품 체인에서 '무대 뒤의 삶'과 회사가 입고하는 제품과 소스를 결정하는 방법을 풀어낸다.[159] 이 팟캐스트를 통해 청취자는 마니아층을 형성한 많은 제품에 대해 자세히 알아볼 수 있다. 마지막 예로 걸보스와 세포라의 팟캐스트인 #립스토리(#LIPSTORY)는 영감을 주는 여성 크리에이티브, 생각하는 리더, 연예인, 기업가를 선보이며 청취자에게 기억에 남는 이야기를 들려줄 수 있는 기회를 제공하고 있다.[160]

e-협업, e-러닝

의사소통 매체의 마지막 범주로 **e-협업**과 **e-러닝**을 들 수 있다.[161] 이러한 미디어는 기본적으로 기업 소셜미디어 접근 방식(나중에 설명하는 기업 소셜소프트웨어 등)을 기반으로 하지만,[162] 소셜네트워킹에만 전념하는 것이 아니라 말 그대로 직원이 업무를 수행하거나 업무 수행을 위한 교육을 받을 수 있는 플랫폼이다. e-러닝 경영 시스템은 학교와 대학[예: 블랙보드(Blackboard), 무들(Moodle), 구글클래스룸]이나 학교 밖에서 **대규모공개온라인코스**(MOOC)로 더 많이 사용되지만,[163] 오늘날 많은 기업과 수백만 명의 직원이 마이크로소프트 팀즈, 구글 워크스페이스, 페이스북 워크스페이스와 같은 e-협업 소프트웨어를 사용하고 있다. 이러한 모든 시스템을 통해 사용자는 콘텐츠를 생성하고, 공유하고, 업무를 수행한다. 프로젝트, 목표, 일정을 관리하고, 팀으로 조직화하며 서로 소통할 수 있다.[164] 예를 들어 옵텀헬스케어(Optum Healthcare)는 고객 관리 직원을 e-협업 네트워크에 참여시켜 내부 과정을 개선하고 고객에게 더 매력적인 혜택 패키지를 변경하는 방법에 대한 혁신적인 아이디어를 크라우드 소싱하고 있다.[165]

이러한 기술은 첨단기술이며 주요 기업 전반에 걸쳐 이제 막 구현되고 있지만, 수십 년 동안 OB 연구는 e-협업과 e-러닝에 전념했다. 이것이 대면 협업과 교육만큼 효과적인가? e-협업과 관련하여 '변화하는 부분'이 꽤 많이 있다. 첫째, 온라인 협업은 리더가 시간과 공간에 걸쳐 부하를 관리하고 영향을 미치는 방식에 영향을 미친다.[166] 온라인 협업에서는 직접 대면하는 물리적 단서가 부족하므로 리더십이 더욱 두드러지는 경우가 많다. 예를 들어 리더-부하 교환(LMX, 12장 참조)의 효과는 직접 대면할 때보다 부하에게 권한을 부여하는 것이 팀 과정에 있어 더 중요해진다.[167] 둘째, 연구에 따르면 가상 팀원이 효과적으로 'e-협업'하기 위해서는 동기부여, 지식, 주의력, 침착성 등 여러 가지 자질이 필요하다.[168] 셋째, 직원이 서로 자주 소통하고 양질의 교류에 참여하는지 확인하기 위해 e-협업 시스템을 모니터링 해야 한다.[169]

e-러닝 연구결과에 따르면 시스템이 얼마나 잘 설계되었는지에 따라 효과가 좌우된다는 것을 보여주며, 대부분의 연구에서 자율성, 협업, 피드백 등 적절한 조건이 갖춰져 동등하게 효과적일 수 있다고 한다.[170] 자율성은 일부분은 대면, 일부분은 온라인 학습을 사용하는 혼합 형식에서 특히 중요하며, 이는 사람이 대면과 온라인 중 어느 부분을 통제할 수 없으며, 대면 측면에 대한 개별화가 거의 없다는 것을 의미한다.[171] 그러나 이러한 혼합 형식은 상당히 효과적인 것으로 입증되었으며, 특히 피드백과 협업 기회가 제공되면 사람이 대면 학습보다 더 나은 성과를 거두는 것으로 나타났다.[172]

가상 의사소통의 통용: 이모티콘, 사용자 이름, 셀피 등

가상 의사소통의 부상은 우리가 서로 소통하는 방식을 변화시켰다. 이모티콘에서 밈은 사용자 이름과 셀피로 자신을 표현하는 것까지, 수십 년 동안 의사소통을 위한 새로운 '언어'가 개발되었다.[173] 실제로 연구에 따르면 사람은 시간과 상황에 따라 '말'보다는 '그림'으로 소통하는 것을 선호하는 경향이 있다.[174] 이것이 의사소통으로서 우리가 이모티콘, 밈, gifs를 사용하는 방향으로 전환하는 이유를 설명할 수 있겠는가? 하지만 이모티콘 사용에는 개인차가 존재한다. 예를 들어 85,000명 이상의 페이스북 사용자를 대상으로 한 연구에 따르면, 이들 중 90%가 정기적으로 이모티콘으로 소통하지만 젊은 사용자, 여성 사용자, 외향적인 사용자가 다른 사용자보다 이모티콘을 더 많이 사용하는 경향이 있었다.[175] 비록 이모티콘은 거의 모든 사람이 사용하지만, 최소한 당신이 첫인상을 만들 때는 업무상황에서 이모티콘을 사용하는 것에 대해 주의를 기울일 필요도 있다. 예를 들어 최근 연구에 따르면 첫인상에 웃는 이모티콘을 사용하면 다른 사람이 해당 사용자를 덜 유능한 사람으로 간주하고 정보를 공유하려는 의지가 줄어들 수 있다고 한다.[176] 먼저 검사를 해보고 상호작용하는 사람의 규범을 따르는 것이 가장 좋을 수 있다.

첫째, 사람은 이모티콘, 약어(예: LOL), 밈, gifs 외에도 자신을 표현하는 방식으로 온라인에서 소통한다. 예를 들어 사용자 아이디는 종종 그들이 세상에 보여주고자 하는 성격을 반영할 수 있지만, 우리가 생각하는 것만큼 정확하지 않을 수도 있다. 인기 있는 대규모 다중 플레이어 온라인 롤플레잉 게임(MMORPG)의 수천 명의 플레이어를 연구한 결과에 따르면 사람은 플레이어의 사용자 아이디가 빅 파이브 성격 특성 측면에서 표현하고자 하는 바를 일관되게 평가했지만, 이러한 사용자 아이디는 플레이어의 실제 성격을 파악하는 데 매우 부정확하다는 사실을 발견했다.[177] 둘째, 사람은 온라인 의사소통에 셀피를 사용하기도 한다. 사용자 아이디와 달리, 사람은 셀피를 볼 때 다른 사람의 성격을 상당히 정확하게 평가했지만 동의 여부와 일반적인 자존감에 대해서는 덜 정확했다.[178] 그렇다면 누가 셀피를 더 자주 게시하고 다른 사람은 셀피에 어떻게 반응하는가? 일반적으로 외향적인 사람이 다른 빅 파이브 성격 특성을 가진 사람보다 셀피를 더 자주 게시할 가능성이 높았다.[179] 그러나 셀피를 지나치게 자주 게시하지 않는 것이 좋다. 예를 들어 한 연구에 따르면 셀피를 더 자주 게시하는 인스타그램 사용자는 더 신중한 사용자보다 덜 성공적이라는 더 부정적인 평가를 받았다.[180]

스마트폰, 소셜미디어, 사이버 보안

11-4 현대 조직이 직면한 스마트폰, 소셜미디어, 사이버 보안을 둘러싼 이슈를 분석할 수 있다.

가상 의사소통은 사람이 직장에서 서로 연결하는 방식에 스며들었고, 사실상 지배적인 역할을 하고 있다.[181] 전 세계 인구의 약 45%인 35억 명이 소셜미디어를 사용하고 있으며, 미국 성인의 68%는 다른 사람과 소통하기 위해 페이스북을 사용하고, 평균 연령 성인은 주로 스마트폰과 같은 모바일기기를 이용하여 소셜미디어에 3시간을 소비한다.[182] 이메일에 대한 이전 추정치와 결합하면 매일 6시간을 이메일과 소셜미디어에 사용하는 것으로 확인되는 셈이 된다. 전 세계적으로 25억 명이 넘는 사람이 스마트폰을 소유하고 있으며,[183] 미국인의 약 81%가 스마트폰을 소유하고 있다.[184]

수많은 사람이 스마트폰을 사용하고, 소셜미디어에 참여하고, 가상 수단을 통해 소통하면서 사람들의 업무 수행 방식에 여러 가지 영향을 미쳤다. 예를 들어 기술 사용과 직장과 가정생활 사이의 경계를 둘러싼 새로운 규범은 기술이 가져온 변화와 그에 따른 가정 내 갈등과 스트레스의 한 예에 불과하다.[185] 또한 가상 의사소통 방식이 조성하는 심리적 거리감은 가상팀의 다른 사람을 개방된 사무실에 마주앉아 있을 때보다 더 추상적이고 덜 구체적이며 '멀리 떨어져 있는' 사람으로 인식하게 만들 수 있다.[186] 그러나 이러한 심리적 거리감에도 불구하고 많은 젊은 직원은 **디지털 네이티브**(원주민)로서 이러한 모든 기술과 함께 성장해왔으며, 기술을 통해 상호작용하고 심지어 정서적 지원을 받는 데 익숙하다.[187] 이러한 문제와 또 다른 문제는 OB에서 기술 지원 의사소통을 일종의 혁명,[188] 즉 밀레니엄 시대에 접어든 이후 서로 소통하는 방식에 큰 변화를 가져온 것으로 지적한다.

다음 절에서는 스마트폰, 소셜미디어, 가상 의사소통이 OB에 어떤 영향을 미쳤는지 설명할 것이다. 또한 이러한 발전으로 인해 새롭게 등장한 문제인 사이버 보안과 이를 해결하기 위해 조직이 어떤 노력을 기울이고 있는지에 대해서도 설명할 것이다.

스마트폰(과 기타 스마트기기)

스마트폰은 이제 조직의 대다수 직원과 관리자가 사용하고 있다. 일부 조직은 실제로 직원에게 업무용으로 대여해주는 자체 '기기'를 사용하기도 하지만, 스마트폰 협업을 장려하는 많은 조직은 직원이 개인기기를 업무용으로 사용하는 'BYOD(Bring-Your-Own-Device)' 모델을 따르고 있다. 스마트폰은 OB 연구에서 많은 발전을 가져왔다. 예를 들어 스마트폰은 상황과 맥락에 대한 정보를 캡처하고, 사람들 간의 의사소통 역학을 파악하고, 사람이 다른 장소에서 어떻게 느끼는지 파악하고, 주간과 야간 업무행동의 차이를 파악하고, 심지어 사람의 성격을 감지하는 데 사용될 수 있다.[189] 스마트폰에 대한 OB 연구의 대부분은 스트레스, 건강, 웰빙에 미치는 영향에 초점을 맞추고 있다. 다음 절에서는 이 주제에 대해 더 자세히 살펴보고 미래의 업무 환경에서 더 큰 역할을 할 가능성이 있는 다른 '스마트기기'에 대한 결론을 내리려 한다.

스마트폰과 스트레스, 건강, 웰빙 스마트폰 덕분에 사람은 어디서든 동료와 연결하고 관계형 업무를 수행할 수 있게 되었다. 그러나 이러한 연결성이 증가함에 따라 직원의 건강과 복지에 대한 위협도 증가하고 있다. 이러한 상황은 일종의 역설을 낳았다. 사람은 연결성이 높아짐에 따라 더 깊은 자율성을 느끼고 근무시간과 장소를 제어할 수 있다고 보고하지만, 결국 언제 어디서나 스마트폰을 사용하게 되어 실제로는 자율성을 박탈당하고 있다.[190]

또한 지속적인 연결의 유혹과 산만함으로 인해 사람은 역설적으로 스마트폰이 없을 때보다 대면 상호작용을 덜 즐기게 되었다.[191] 실제로 25년 동안 백만 명 이상의 고등학생을 추적한 한 연구에 따르면 2012년 스마트폰 기술의 부상 이후 고등학생의 행복과 웰빙은 시간이 지남에 따라 꾸준히 감소했으며, 이러한 감소는 경기 대침체 때문이 아니라는 사실이 밝혀졌다.[192] 많은 이론가는 기술이 우리의 삶을 돕기보다는 방해하는 방식을 보여주는 **테크노퍼런스**의 예라고 제안한다. 예를 들어 그들은 인간이 진화론적으로 스마트폰과 양립할 수 없는 존재라고 주장하며, 스마트폰은 다른 사람과의 의미 있는 애착 관계를 형성하는 데 주의를 빼앗기 때문이다.[193] 그러나 앞서 언급했듯이 인간이 전자적으로 서로 관계를 형성하는 디지털 네이티브로 적응하는 것은 불가능한 일이 아니다. 예를 들어 일부 증거에 따르면 스마트폰을 사용하면서 많은 사람이 자신의 업무에 대해 더 추상적으로 생각하게 하고, 기술을 그들이 수행하는 다양한 역할에 통합하고, 그 상황이 그들을 위해 작동할 수 있는 방식을 모색하도록 했다.[194]

일반적인 근무시간 동안 스마트폰이 미치는 영향을 완전히 조사하려면, 아침부터 시작해야 한다. 연구에 따르면 심야 스마트폰 사용은 수면을 방해하기 때문에 직원이 이미 피곤한 상태에서 근무를 시작하고 몰입도가 떨어질 수 있다.[195] 낮 동안에 직무에 몰입하는 것은 직원이 집으로 업무를 가져가는 것을 줄여서, 근무시간 외 스마트폰 사용이 줄어들 수 있다는 연구결과가 나왔다.[196] 마지막으로 스마트폰 사용은 직원이 하루를 마무리하고 긴장을 줄이는 데 필요한 회복활동에 참여하는 것을 방해할 수 있다.[197] 스마트폰이 일상생활에 방해가 되는 정도를 제한하려면 어떻게 해야 하는가? 한 대형 신발 제조업체는 직원이 원하는 방식으로 소통할 수 있도록 허용하고 일-생활 균형에 친화적인 규범을 개발함으로써 조직이 '지속적인 악순환의 함정을 피할 수 있다'는 사실을 발견했다.[198]

기타 스마트기기 스마트폰을 넘어 OB 연구의 새로운 영역은 **스마트홈**과 알렉사와 시리처럼 **디지털 비서**로 사용자의 다른 기기와 통합되는 음성 인식 AI이다. 이러한 기기는 이론적으로 직장과 가정에서 업무를 관리하고 수행하는 데 사용할 수 있다.[199] 많은 조직에서 채택하지는 않았지만 가능성을 보이는 또 다른 발전은 핏비트, 스마트 시계 등의 **웨어러블 디지털기기와 센서**를 사용하는 것이다.[200] 예를 들어 블루투스 지원기기는 팀 성과와 개인 성과를 실시간으로 추적하여 직원이 필요할 때 도움을 요청하지 않아도 서로에게 원활하게 도움을 제공할 수 있도록 지원한다.[201]

소셜미디어

소셜미디어의 부상만큼 온라인 의사소통이 크게 변화한 시기는 없었다. 지난 수십 년 동안 기업은 소셜미디어의 현실을 파악했으며, 단순히 소셜미디어에 대응하는 것이 아니라 전략의 일부로 소셜미디어를 활용하기 위해 노력했다. 이 장의 후반부에서 HR 애플리케이션의 소셜미디어 활용에 대해 논의하겠지만, 기업은 소셜미디어를 활용하여 새로운 트렌드를 발견하고, 기존 고객과 소통하고, 새로운 고객에게 다가가고, 대중의 관심을 끌고, 브랜드를 구축하고 있다.[202] 리더는 소셜미디어를 사용하여 사용자의 관심을 끌고, 이해관계자에게 정보를 전달하고, 공통의 비전을 중심으로 사람을 통합하고, 이해관계자와 조직 외부 사람과 대화에 참여하고, 공통의 대의를 중심으로 사람을 동원하고, 정보 흐름을 전략적으로 지휘한다.[203] 직원은 소셜미디어를 이용하여 자기확인을 위해서도 사용되지만, 다른 사람과 연결하고 협업한다.[204] 경력 맥락에서 직원은 링크드인과 같은 소셜네트워크를 사용하여 인맥을 형성하고 일자리를 찾지만,[205] 현 상황에 대한 우려를 표명하고 불공정과 불의에 맞서기 위해서도 소셜미디어를 사용할 수 있다.[206]

또한 많은 조직에서 자체적으로 **기업용 소셜소프트웨어**로 알려진 사내 소셜네트워킹 애플리케이션을 개발했으며, 대부분은 페이스북, 트위터, 인스타그램과 같은 인기 소셜미디어 사이트에 자체적으로 존재하고 있다.[207] 이러한 사내 소셜네트워킹 플랫폼은 직원의 협업과 교육 개선을 장려하며, 일부 조직에서는 기업 네트워크활동이 매년 일정 수준 이하로 증가한다고 보고하고 있다.

대부분이 사용하고 있지만 소셜미디어란 무엇인가 소셜미디어를 구성하는 대부분의 소셜네트워킹 사이트는 사용자 정보를 설명하는 **프로필**(사진, 약력, 관심사 등), 사용자의 연락처를 요약한 **네트워크**(사람, 유명인, 기업), 사이트의 활동과 상호작용을 요약한 **스트림**(공유 업데이트, 연락처의 업데이트, 연락처와 다른 사용자 간의 의사소통 등), 마지막으로 사용자가 서로 메신저를 할 수 있는 **메시지** 요소를 공통된 기능을 포함하여 공유한다.[208] 사용자가 로그인하면 다양한 활동을 수행할 수 있다. 정보를 방송하거나 볼 수 있고, 이 정보에 대한 피드백을 받거나 줄 수 있으며, 이러한 과정과 정보를 비교하는 데 참여할 수 있다.[209] 이러한 전형적인 상호연결요소를 통해 소셜미디어는 직원, 관리자, 기타 조직구성원이 정보를 공유하고, 협업하고, 서로 빠르고 효율적으로 소통함으로써 조직화를 지원한다.[210] 심지어 소셜미디어의 진화는 OB 이론가로 하여금, 이를 **기술**보다는 **맥락**으로 간주하게 했다. 이것은 직원의 감정, 생각, 대면, 디지털 행동에 영향을 미치는 대면상황과 유사한 가상 세계인 것이다.[211]

당신은 당신이 게시하는 것이다: 소셜미디어를 통한 성격 소셜미디어가 맥락과 가장 유사하다는 것을 인식하면, 소셜미디어가 성격 특성을 나타내고 구체화되는 무대를 제공한다는 것을 이해하게 된다(5장 참조). 예를 들어 연구자는 사람이 특정 단어의 사용을 빅 파이브 성격 요인의 대표적인 것으로 신뢰하고 게시물을 통해 사람의 동조성, 외향성, 정서적 안정성을 정확하게 감지할 수 있다는 사실을 발견했다.[212] 또한 다른 사용자의 피드를 볼 때 관찰한 내용에서 해당 사용자의 성격 특성을 자동으로 추론하는 등 이러한 과정이 자연스럽게 일어난다는 증거가 있다.[213] 또한 빅 파이브 성격 요인은 온라인에서보다 '객관적인' 행동과 연관되어 있으며, 외향적인 사람은 소셜미디어에서 더 많은 친구 또는 팔로워를 보유하는 경향이 있으며 이러한 친구들도 서로 친구가 될 가능성이 더 높았다.[214]

OB 연구자는 빅 파이브 성격 특성 외에도 어두운 성격 특성이 온라인 소셜미디어행동과 어떤 관련이 있는지 연구했다. 예를 들어 연구자는 나르시시즘적 성격 특성과 여러 네트워크에서 상태 업데이트와 기타 소셜미디어활동의 빈도와 연결했으며,[215] 특히 이러한 행동이 자신의 삶에서 일어나는 멋진 일 자랑하기와 같은 자기과시, 친구와 팔로워에게 비교 평가와 같은 사회적 비교, 더 많은 팔로워 증가와 같은 새로운 친구 확보를 지향한다.[216] 앞서 설명한 빅 파이브 성격 특성과 마찬가지로 마키아벨리즘은 사람이 감지하기 더 어렵지만, 사람은 게시자의 나르시시즘과 사이코패시 수준을 반영하는 단서를 정확하게 감지할 수 있었다.[217]

연구에 따르면 성격이 온라인 참여를 예측하는 것으로 나타났다. 고객이나 직원의 콘텐츠 참여를 유도하는 데 어려움을 겪고 있는 조직은 사람마다 다른 사람과 소통하고 공유하는 것을 즐기는 정도가 다르다는 사실을 발견했다. 예를 들어 온라인 영화 추천 커뮤니티인 무비렌즈(MovieLens)는 사용자가 상위 5개 영화 목록을 만들어 다른 사용자와 공유할 수 있게 함으로써 커뮤니티에서 더 많은 참여를 유도할 수 있었다는 사실을 발견했다.[218]

소셜미디어의 개인적, 관계적 결과 아마도 소셜미디어의 가장 큰 영향은 사람이 관계를 형성하고 다른 사람과 소통하는 방식에 영향을 미쳤다는 것이다. 일부에서는 소셜미디어 사용이 상당히 급격한 변화를 가져왔다고 추측하기도 한다. 예를 들어 소셜미디어 사용이 덜 성찰적이고 더 빠른 사고로 이어져 얕은 평가나 판단을 내릴 수 있다는 얕은 가설이 제시된다.[219] 다른 사람은 소셜미디어가 특히 업무에 직접적으로 고려되거나 업무에 미치는 영향을 넘어서는 경우로 OB에 대한 주요 함의를 가질 수 있는 명시적인 개인적, 관계적 결과에 미치는 영향력을 조사했다.

첫째, 소셜미디어는 사람에게 양날의 검이 될 수 있다. 소셜미디어를 통해 의미 있는 관계를 맺을 수 있다면 직원의 행복과 웰빙에 도움이 될 수 있지만, 다른 사람과 자신을 비교하게 되거나 소외감을 느끼게 된다면 나쁜 영향을 미칠 수 있다.[220] 또한 소셜미디어는 사람이 새로운 사회적 관계를 형성하고 기존 관계를 강화하기 위해 사용할 때 외로움을 줄이는 효과적인 도구로 사용될 수 있지만, 노피 복적으로 사용하거나 더 깊은 대면 관계를 대체할 때는 그렇지 않다.[221]

둘째, 연구에 따르면 소셜미디어는 직원이 관리자, 동료와 건설적인 대화에 참여하도록 이끌 수 있지만, 이는 온라인에서 할 수 있는 말에 대한 자율성이 있고(예: 심리적으로 안전한 온라인 공간) 조직과 동일시된다고 느낄 때에만 가능하다.[222] 또한 소셜미디어는 직원이 자신의 경력에 도움을 줄 수 있는 다른 사람과 관계를 개발하고 구축하도록 이끌 수 있으며, 이는 특히 외향적인 성격 특성을 가진 사람이 누리는 이점이다.[223] 그러나 소셜미디어의 관계적 혜택은 완전히 사라질 수도 있다. 직원이 경쟁과 사회적 비교에 휩싸이게 되면 자존감이 약화될 수 있다. 수백 건의 연구에서 소셜미디어 사용이 사람의 자존감과 자존감에 부정적인 영향을 미칠 수 있다는 사실이 입증되었다.[224] 일부 연구자는 소셜미디어가 '매일이 고등학교 동창회'와 같

다고 지적한다.[225]

셋째, 팀 맥락에서 소셜미디어는 팀원이 팀의 네트워크를 관리하고 확장하고, 업무를 더 잘 수행하는 데 사용할 수 있는 콘텐츠를 통합하고, 나중에 팀 업무에 사용하기 위해 생각과 결정을 더 쉽게 함으로써 팀원 간의 공유 인식을 개발하는 데 도움이 될 수 있다(예: 페이스북 그룹 뉴스 피드에 토론 내용을 기록).[226] 또한 소셜미디어는 직원이 집단적 신뢰감과 호기심을 개발하도록 이끌 수 있으므로 팀원 간의 지식 공유를 쉽게 할 수 있다. 그러나 팀원은 일반적으로 소셜미디어를 통해 업무 외적인 콘텐츠에 참여할 수 있는 상호작용에 매력을 느낀다. 따라서 조직이 원하는 방식으로 지식을 공유하지 않을 수 있다.[227]

소셜미디어의 조직적 결과 수십 년 전 소셜미디어가 시작된 이래로 조직은 소셜미디어의 '공개적' 특성과 평판 손상가능성에 대해 우려해왔다.[228] 실제로 경영진은 직원이 게시하는 콘텐츠를 통제하기 어렵고, 선의의 임원, 관리자와 직원도 조직의 평판에 해가 되는 것으로 해석되거나 기밀 또는 민감한 정보를 드러내는 댓글을 게시할 수 있다.

예를 들어 펩시코(PepsiCo)의 전 CEO였던 인드라 누이(Indra Nooyi)는 2018년 인터뷰에서 회사가 도리토스에 대한 성별 특화 광고를 검토하고 있으며 이를 위해 여러 가지 고정관념과 둔감한 발언을 했다. 이 실수 이후 '레이디 도리토스'가 소셜미디어에서 화제가 되면서, 모든 상황이 회사의 평판에 큰 타격을 주는 격렬한 논쟁으로 번졌다.[229] 또 다른 예로 《뉴욕데일리뉴스》는 트롱크에 인수된 직후 회사의 규모를 절반으로 축소하기로 결정하고, 소셜미디어

윤리적 선택

직원이 온라인에서 사이버 괴롭힘이나 희롱을 당하는 경우에 어떻게 해야 하는가

미국 법률에 따라 조직은 직장에 차별이 없도록 보장해야 한다. 하지만 점점 더 많은 직원이 원격근무를 하고 있다는 사실은 상황을 더욱 복잡하게 만든다. 당신이 고용주라면 직원 중 한 명 이상이 어떤 형태로든 온라인 괴롭힘의 영향을 받았을 가능성이 높다. 예를 들어 미국인의 44% 이상이 온라인 괴롭힘을 경험한 적이 있다고 답했다. 누구나 온라인 괴롭힘의 피해자가 될 수 있지만 성적 지향, 성 정체성, 인종, 민족, 종교를 이유로 표적이 될 가능성이 더 높으며 더 심각한 유형의 괴롭힘을 당할 수 있다. 다양하고 포용적이며 평등한 업무 환경을 조성하겠다고 발표하는 조직이 늘어나고 있지만, 온라인 괴롭힘의 결과는 심각하므로 이에 대한 조치가 필요하다. 예를 들어 2017년 작가와 언론인을 대상으로 한 PEN 아메리카의 설문조사에 따르면 다음과 같은 결과가 나왔다. 응답자의 3분의 1 이상이 온라인 괴롭힘에 노출된 경험이 있으며, 이로 인해 직장생활에 영향을 받았다고 답했다.

고용주는 온라인 남용의 부정적인 영향에 대비하고 대응하며 이를 줄이기 위해 어떤 구체적인 조처를 할 수 있는가?

1. 조직은 온라인 괴롭힘이 초래할 수 있는 피해를 인식해야 한다. 온라인 괴롭힘을 신고할 때 직원이 편안하고, 지지받고, 보호받는다고 느낄 수 있는 환경을 조성하는 것이 필수적이다. 온라인 괴롭힘을 경험하는 많은 개인은 다른 상황에서도 소외된 경험이 있을 수 있다. 따라서 이들은 해고, 조롱, 질책을 당할지도 모른다는 불안감을 느낄 수 있다.
2. 직원을 대상으로 설문조사를 실시하여 온라인 괴롭힘을 당하는 정도와 이에 대처하는 방법을 파악한다. 설문조사에서는 직원이 얼마나 자주, 어떤 플랫폼에서 괴롭힘을 당하고 있는지 파악한다. 또한 괴롭힘이 정서적, 심리적, 직업적으로 미치는 영향을 평가하는 것도 중요하다.
3. 프로토콜과 훈련을 개발한다. 이를 통해 직원은 온라인 학대 발생시 자신을 보호하기 위해 취할 수 있는 구체적인 조치를 숙지할 수 있다.
4. 동료 지원 네트워크를 장려한다. 온라인 폭력을 경험한 사람은 고립감과 외로움을 느낄 수 있다. 동료 지원 네트워크는 직원이 커뮤니티를 찾고, 경험을 공유하고, 전략을 교환할 수 있는 공간을 제공할 수 있다.
5. 관리자는 직원에게 다가가 이야기를 경청함으로써 중요한 역할을 할 수 있다. 일부 직원은 자신의 신원이나 인생 경험으로 인해 자신의 상황을 공개적으로 공유하는 것을 불편해할 수 있으므로 신중히 처리하는 것이 최선일 수 있다.[230]

팀 전체를 해고했다. 이 소식을 들은 소셜미디어팀은 뉴욕데일리뉴스의 트위터 계정에 불만을 담은 gifs와 밈으로 이 결정에 대한 분노를 표출했다.[231] 많은 사람이 이와 같은 공공 이미지 위기를 경시할 수 있지만, 이는 중요한 문제이다. 한 연구에 따르면 트위터에서 기업과 고객 메시지가 S&P 500 기업의 주식 분석가의 추천을 예측한 것으로 나타났다. 이는 소셜미디어 메시지가 조직에 실질적인 재무적 함의를 가진다는 것을 의미한다.[232]

그러나 조직 평판에 대한 우려는 고용주와 직원 사이에는 직장에서의 경험과 인식을 솔직하게 말할 권리를 주장하는 직원과 평판과 브랜드를 보호하기 위해 노력하는 조직 간의 긴장이 존재한다는 것을 강조한다.[233] 이러한 긴장감은 자율성을 부여하고 행사하는 것과 통제와 규제 사이의 밀고 당기기로 이어졌다.[234] 그러나 소셜미디어를 둘러싼 환경이 사업 환경을 크게 변화시키면서 조직의 평판 관리 방식이 완전히 바뀌었다.[235] 이전 풍토에서는 뉴스 매체가 조직에 대한 정보를 입수하여 방송했고, 이는 그 후 명성의 발전으로 이어졌다. 조직은 언론 매체와 관계를 발전시키고, 언론 매체가 해로운 정보를 방송할 때 소송을 제기하거나 지원금을 회수하겠다고 위협하고, 광고를 통해 자체 의사소통과 브랜딩을 개발하는 등 다양한 방식으로 이 과정에 관여했다. 반면 소셜미디어는 콘텐츠 배포를 사람의 손에 맡겼다. 이제 수백만 명의 사람이 사실과 가짜를 가리지 않고 조직에 대한 콘텐츠를 게시할 수 있으며, 이러한 콘텐츠가 네트워크를 통해 공유되면 조직의 평판을 좌우할 수 있는 파급력이 커진다. 법적 조치의 위협과 이 과정을 통제하려는 시도는 이 정도 규모에서는 매우 어려워진다. 이로 인해 많은 조직이 직원의 정보 공유, 자유로운 발언, 이해관계자와의 대화에 대한 자유를 제한하는 제한적인 소셜미디어 정책을 개발하게 되었다.[236]

사이버 보안

보안은 의뢰인, 고객, 직원에 대한 사적 또는 독점 정보를 보유한 거의 모든 조직에게 큰 관심사이다.[237] 조직은 디지털 병원 환자 데이터, 기록 창고에 보관 중인 물리적 정보, 직원에게 알도록 위임한 정보 등 보호하고자 하는 전자 정보의 보안에 대해 걱정한다.[238] 일반적으로 사이버 보안 위협은 테러리스트와 스파이 같은 조직화된 공격자, 불만을 품거나 기회주의적인 직원과 심지어 리더와 같은 직원, 해킹의 스릴을 즐기는 악의적이거나 호기심이 많은 외부인과 같은 전문 해커 또는 범죄자, 심지어 아마추어까지 다양한 동기를 가진 다양한 출처에서 발생할 수 있다.[239] 이 목록에서 직원이 기업과 직접 접촉하는 유일한 집단이므로 경영진은 직원의 온라인활동과 의사소통을 모니터링 할 수 있으며, 이는 직원에게 침해적으로 보일 수 있다.

그러나 많은 조직이 개인 정보가 도난당하는 대규모 데이터 유출 사고에 휘말리며, 직원은 개인정보보호에 대해서도 우려하고 있다.[240] 예를 들어 시애틀에 본사를 둔 노드스트롬(Nordstrom)의 직원 데이터는 제삼자 계약업체를 통해 유출되었다.[241] 이 정보에는 이름, 은행정보, 사회보장번호(주민등록번호), 급여정보 등이 포함되어 있었다. 트립와이어(Tripwire)의 제품 관리와 전략담당 부사장인 팀 얼린(Tim Erlin)은 "고객 데이터에 대한 헤드라인을 더 많이 접하는 경향이 있지만, 직원 데이터의 유출은 특히 수천 명의 직원을 보유한 대규모 고용주에게 심각한 문제이며, 고용주가 보유하고 있는 개인 데이터에 대해 생각해보자. 신원 도용과 보험사기를 비롯한 다양한 범죄활동을 수행하기에 충분한 데이터가 있다"라고 말한다.[242] 직원은 소셜미디어 네트워크가 자신의 정보를 적절히 보호하지 못한다고 우려하고 있다.[243] 이로 인해 직원은 이전보다 개인정보를 덜 공유하고 더 가까이 보관하거나 공유하는 정보에 대한 경계를 늦추지 않음으로써 개인정보를 스스로 보호하고 있다.[244]

데이터 유출과 지적 재산 손실의 위협을 완화하기 위해 고용주는 무엇을 할 수 있는가? 전문가는 위협을 완화하기 위해서 ① 위협을 이해하고, ② 사이버 보안을 중시하는 문화를 구축하며, ③ 끊임없이 변화하는 사이버 보안 위협에 적응하는 것이 중요하다고 말한다.[245]

문화 간 의사소통

11-5 조직에서 효과적인 문화 간 의사소통을 위해 사용하는 방법을 인식할 수 있다.

낯선 사람은 자신이 아는 것만 본다는 서아프리카 속담이 있다.[246] 세계의 다양한 다문화인으로서 모두는 각자의 가정, 역사, 경험, 전통, 관행, 언어를 가지고 다른 사람과 교류하고 관계를 맺는다. 문화적 모자이크 이론(2장 참조)에 따르면 모두 다양한 타일로 구성된 모자이크와 같다. 그러나 서로 교류할 때 우리는 여러 면에서 다른 사람과 그들을 독특하게 만드는 타일에 대해 불완전한 이해를 한 낯선 사람이다.

효과적인 의사소통은 최상의 조건에서도 어려운 일이다. 효과적인 문화 간 의사소통도 다르지 않으며 사람마다 다른 가치관, 전통, 신념으로 인해 고유한 어려움을 겪게 된다. 예를 들어 한 문화권에서는 잘 이해되고 받아들여지는 몸짓이 다른 문화권에서는 무의미하거나 외설적일 수 있다. 한 문화권에서 문제를 해결하는 기본 방법인 접근 방식이 다른 문화권에서는 어떤 대가를 치르더라도 피해야 할 수도 있다. 오해를 받는다는 느낌과 같은 일부 감정은 일부 문화권에서는 다른 문화권에서만큼 고통스럽지 않을 수 있다.[247]

로레알의 한 관리자는 "우리는 회의에서 공개적으로 토론하고 의견 충돌이 심할수록 우수성에 더 가까워지고, 창의성이 더 많이 창출되며, 위험이 더 많이 줄어든다고 믿습니다"라고 말한 적이 있다. 하지만 다양한 배경과 문화를 가진 로레알 직원이 이 말에 동의하겠는가? 이 말을 들은 한 인도네시아인 로레알 직원은 "인도네시아인에게 집단 환경에서의 대립은 상대방의 체면을 손상시키기 때문에 극도로 부정적이다. 그래서 우리는 어떤 공개적인 자리에서도 이를 피하려고 강력히 노력한다"라고 말했다. 또한 멕시코의 한 로레알 직원은 "멕시코 문화에서 공개적인 의견 대립은 무례하고 경멸적이며 너무 공격적인 것으로 간주된다"라고 말했다.[248]

이 절에서는 문화가 의사소통에 영향을 미치는 방식과 조직 내 사람이 문화 간 의사소통을 하는 방식에 대해 논의한다. 첫째, 문화적 맥락의 의미와 영향에 대해 논의한다. 둘째, 문화 간의 접점과 이를 탐색하는 방법에 대해 논의한다. 셋째, 의사소통에 영향을 미치는 문화의 측면에 대해 논의한다. 넷째, 효과적인 문화 간 의사소통을 위한 증거 기반 가이드를 제공한다.

문화적 맥락

2장에서는 문화가 가치관과 규범에 따라 달라지는 여러 가지 방식에 대해 설명했다. 또한 문화는 또한 맥락이 개인이 의사소통에서 받아들이는 의미에 영향을 미치는 정도에 있어서도 다른 경향이 있다.[249] 일본, 케냐, 사우디아라비아, 인도와 같이 **고맥락 문화권**(high-context cultures)에서는 다른 사람과 소통할 때 비언어적이고 미묘한 단서에 크게 의존하며, 개인의 공식적인 지위, 사회에서의 위치, 평판이 상당한 비중을 차지한다. 말하지 않는 것이 말하

고맥락 문화권 다른 사람과 소통할 때 비언어적이고 미묘한 단서에 크게 의존하는 문화

는 것보다 더 중요할 수 있다. 반면에 미국, 호주, 독일, 덴마크와 같이 **저맥락 문화권**(low-context cultures)의 사람은 의미를 전달할 때 기본적으로 구어와 문어에 의존하며 신체 언어와 공식적인 호칭은 부차적인 것이다(도표 11-5 참조).

맥락적 차이는 의사소통 측면에서 상당히 많은 것을 의미한다.[250] 고맥락 문화권에서의 의사소통은 양 당사자의 신뢰에 상당한 의미가 있다고 한다. 일상적이고 사소해보이는 대화도 사실은 관계를 구축하고 신뢰를 쌓고자 하는 열망을 반영하고 있다. 구두 합의는 고맥락 문화권에서 강력한 약속을 의미한다. 또한 나이, 경력, 조직 내 직급 등 당신이 누구인지가 매우 중요하게 평가되며 신뢰도에 큰 영향을 미친다. 그러나 저맥락 문화권에서는 강제력이 있는 계약은 서면으로 작성되고, 문구가 정확하며, 매우 합법적인 경향이 있다. 마찬가지로 저맥락 문화권에서는 직접성을 중요하게 생각한다. 관리자는 자신이 의미하는 바를 명확하고 정확하게 전달해야 한다.

일부 연구에 따르면 고맥락 문화적 접근 방식은 협상 중에 중요한 정보가 될 수 있는 미묘하고 무언의 단서에 주의를 기울이기 때문에 더 나은 협상결과를 가져올 수 있다고 한다.[251] 고맥락 문화권과 저맥락 문화권의 개인이 가상팀에서 협업할 때는 어떤가? 앞서 설명했듯이 비언어적 행동과 같은 미묘한 맥락 단서에 크게 의존하는 고맥락 문화권의 사람에게는 이메일, 문자 메시지와 같은 '미디어 풍부성'이 적은 채널이 더 불리할 수 있다.[252] 다문화적 관점에서 볼 때 두 가지 배경을 모두 가진 개인은 의사소통에서 '양손잡이'가 될 수 있으며, 고맥락 문화권 또는 저맥락 문화권의 다른 사람과 의사소통할 때 방식을 전환하거나 그들이 사용하는 채널에 적응할 수 있다.[253]

마지막으로 단서와 맥락에 대한 관심만이 문화 간 의사소통에서 중요한 정확적 특징이 아니며, 상황도 역시 중요하다. 실제로 문화적 측면을 다소 두드러지게 만드는 상황에는 개인적 접촉 기회와 같은 물리적 측면, 위험 또는 불안감 고조와 같은 정서적 측면, 모호성 또는 불확실성과 같은 인지적 측면이 있다.[254] 상황이 극단적으로 변하면 문화 간 의사소통이 훨씬 더 과열될 가능성이 높다. 예를 들어 전문통역사는 매우 어려운 직무를 수행하고 있다. 군대 저널에 실린 한 연구에 따르면 이라크에 배치된 통역사는 다른 군인보다 전투 중 사망할 확률이 10배나 높았다고 한다.[255] 또 다른 OD 이론가는 특정상황에서 서로 다른 문화적 차이가 어느 정도 중요하다고 제안한다.[256] 일상적인 해석이나 행동이 관련된 일반적인 의사소통 맥락에서는 규범에 대한 이해, '일이 이루어지는 방식'에 대한 이해, 무엇이 적절한지에 대한 공유된 이해가 가장 중요하다고 한다. 그러나 윤리적 또는 도덕적으로 문제가 되는 상황에서는 문화적 가치(2장 참조)가 일상적인 행동에 대한 규범보다 더 중요해지기 시작한다. 이는 개인주의 문화권의 미국 정치인이 선거자금모금을 위해 집단주의적 방식으로 행동하는 것처럼 사람이 때때로 자신의 문화적 성향에 '반하는' 행동을 하는 이유를 설명한다.[257] 마지막으로 일부 상황은 문화적 가치에 어느 정도 기인할 수 있다. 이러한 가치관이 형성된 상황은 팀 환경에서 누가 자유롭게 발언하고 자신의 생각을 공유할 수 있는지를 결정할 수 있다. 예를 들어 심리적 안전은 문화의 남성적 또는 여성적 가치(2장 참조)의 함수일 수 있으며, 남성적 문화에서 유능한 직원에게 발언할 수 있는 권한을 부여하고, 여성적 문화에서 낮은 역량을 가진 직원은 가치를 인정하고 발언하는 것이 안전하다고 느껴야 한다는 점을 전달할 수 있다.[258]

저맥락 문화권 의미를 전달할 때 기본적으로 말에 의존하는 문화

도표 11-5 고맥락 문화권 대 저맥락 문화권

고맥락 ↑

일본
케냐
사우디아라비아
인도
러시아
프랑스
멕시코
브라질
폴란드
덴마크
독일
호주
미국

저맥락 ↓

출처: E. Meyer, *The Culture Map: Breaking Through the Invisible Boundaries of Global Business* (New York, NY: Perseus, 2014)에 기초함.

문화 간 인터페이스

문화 간 의사소통 상황에 처했을 때 사람은 상황에 휘둘리지 않으며, 미리 정해진 방식으로 행동하지 않는다. 상호작용을 둘러싼 복잡한 역학 관계에는 맥락과 상황뿐만 아니라 ① 자신의 문화적 접근 방식에 대한 이해, ② 상호작용 상대방의 문화적 접근 방식에 대한 이해도 포함된다. 때로는 상반되고 때로는 상호보완적인 힘을 더 잘 이해하기 위해 교차문화 OB 이론가가 도입한 체계를 도표 11-6에서 설명한다. 기본적으로 문화 간 상호작용 절에서는 자신과 다른 사람의 문화적 접근 방식에 따라 모두 다른 다섯 가지 접근 방식 간에 상충 관계가 있다. 물론 도표 11-6은 의사소통에서 상호작용 파트너 모두에게 적용된다는 점을 분명히 하는 것이 중요하다.[259] 상호작용을 '상대방'을 관리하기 위해 무엇을 할 수 있는지에 대한 것으로 생각하지 말고 상황에 따라 두 상호작용 상대방이 문화적 접근 방식에 대해 어떻게 합의에 도달할 수 있는지에 대한 것으로 생각하라.

- **회피(낮은 자기문화 적용/낮은 타인문화 적용)**: 전술적 또는 전략적 이유로 문화적 선호, 가치, 관행 또는 관습을 제쳐두는 것.
- **고압(높은 자기문화 적용/낮은 타인문화 적용)**: 다른 사람의 문화적 접근 방식을 인정하지 않고 자신의 문화적 선호도, 가치관, 관행, 관습을 주장하는 것.
- **포용(낮은 자기문화 적용/높은 타인문화 적용)**: 다른 사람의 문화적 접근 방식을 인정하거나 포용하기 위해 자신의 문화적 선호도, 가치, 관행, 관습을 제쳐두는 것.
- **시너지(높은 자기문화 적용/높은 타인문화 적용)**: 상호작용 상대방의 문화적 선호도, 가치, 관행, 관습을 즉흥적이거나 유연한 방식으로 모두 존중하는 것.

도표 11-6 문화 간 인터페이스

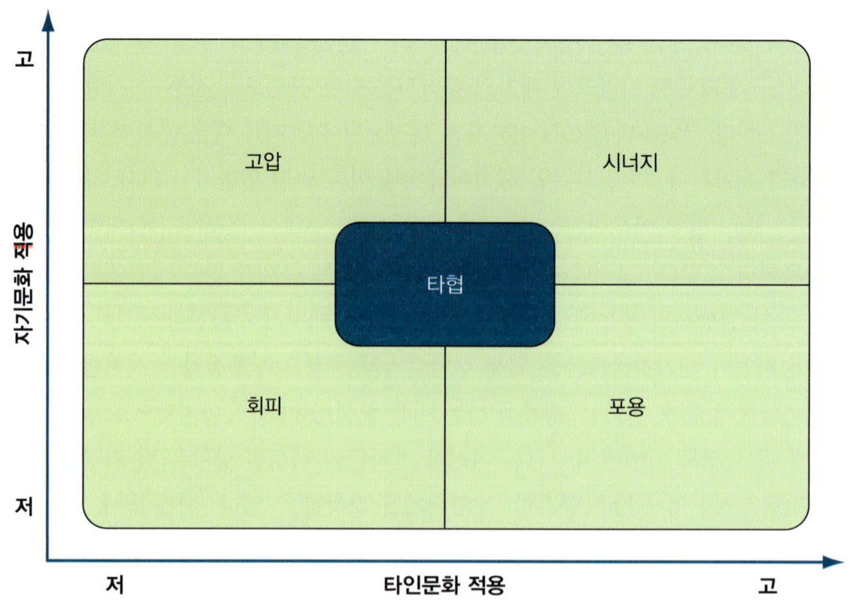

출처: N. J. Adler and Z. Aycan, "Cross-Cultural Interaction: What We Know and What We Need to Know," *Annual Review of Organizational Psychology and Organizational Behavior 5* (2018): 307-33에 기초함.

- **타협(중간 수준의 자기문화 적용/중간 수준의 타인문화 적용)**: 문화적 상호작용을 주고받는 것으로 간주하여 문화적 선호도, 가치, 관행, 관습이 충돌할 때를 인식하고 갈등을 줄이기 위해 일부는 포용하고 일부는 제쳐두는 것.

이 두 가지 차원 외에도 다른 두 가지 차원 못지않게 중요한 세 번째 차원이 있다.[260] 사업 맥락에서 문화 간 상호작용을 할 때 어떤 상황은 다른 상황보다 더 극단적이다. 앞서 언급했듯이 상황의 극단성과 도덕적 측면은 종종 상호작용에서 문화적 표현을 크게 강화하거나 크게 축소한다. 따라서 의사소통에 있어 중요한 전략적 요소도 있다. 문화적 표현이나 자신의 문화적 가치나 규범을 위반하는 사람에 대해 비판하는 발언의 결과가 큰 경우로 사람은 전략적으로 표현을 자제하거나 위반사항을 무시할 수 있다.

문화적 의사소통의 측면

문화 간 의사소통에는 관점, 인식, 속성의 차이로 이어질 수 있는 다른 문화권의 여러 측면이 있다.[261] 감정 표현이나 신체 언어와 같은 의사소통의 많은 측면이 문화권에 따라 상당히 일관된 경향이 있음에도 불구하고,[262] 이 중 상당수는 언어와 관련이 있다.[263] 첫째, **의미론**은 언어 해석의 차이로 이어질 수 있다. 단어는 사람마다, 특히 다른 문화권에서 온 사람에게는 다른 의미를 갖는다. 예를 들어 스페인어로 "pena ajena"와 독일어로 "fremdschämen"은 "누군가에게 창피하다"는 뜻이지만, 본질적으로는 영어로 번역할 수 없어 인터넷에서 영어를 사용하는 사람은 이 상황을 설명하기 위해 "민망함(cringe)"을 사용하기 시작했을 수도 있다.[264] 때때로 당신이 다른 사람에게 폐를 끼치거나 감정을 상하게 하거나 혼자서 상황을 처리할 수 없다는 것을 보여주고 싶지 않아 직장에서 다른 사람에게 도움을 요청하기를 두려워할 수 있는데, 이런 경우에 태국어에서는 "greng-jai."라는 단어를 사용한다. 이러한 문화적 의사소통의 측면 중 일부는 언어 그 이상의 의미를 지니고 있다. 예를 들어 연구에 따르면 일부 문화권, 특히 일본에서는 매우 독특한 발성과 억양으로 특정 감정을 전달하는데, 이러한 발성과 억양에 익숙하지 않은 다른 문화권의 사람은 이를 거의 해석할 수 없다.[265]

둘째, **동일한 단어**가 다른 언어로 다른 의미를 내포할 수 때문에 문화 간 의사소통에서 단어의 의미가 중요하다. 일본어 "hai"는 "예"로 번역되지만, 그 의미는 "예, 동의합니다"가 아니라 "예, 듣고 있습니다"이기 때문에 미국과 일본 경영진 간의 협상은 어려울 수 있다. 연구에 따르면 단어 사용이나 의미에서 오류를 범한 사람이 다른 문화권 출신이라는 사실을 알게 되면 부정적인 인식이 줄어든다고 하지만, 에티켓 위반의 경우에는 그렇지 않다. 따라서 표현과 언어로 인한 오해는 규범과 에티켓에 관련된 오해보다 훨씬 덜 영향을 미칠 수 있다.[266] 에티켓 위반은 어떤 모습일 수 있는가? 예를 들어 문화적으로 금기시되는 단어를 사용하여 해당 단어가 문화적으로 금기시되는 사람에게 불쾌감을 줄 수 있다.[267]

셋째, **어조 차이**는 문화 간 상호작용에서 감정적 오해를 불러일으킬 수 있다. 일부 문화권에서는 언어가 공식적이지만 다른 문화권에서는 비공식적이다. 어조는 상황에 따라 달라질 수 있는데, 사람은 가정과 사교적인 상황에서 직장에서와는 다르게 말할 수 있다. 보다 공식적인 스타일이 필요한 상황에서 개인적이고 비공식적인 스타일을 사용하는 것은 부적절한 것으로 보일 수 있다. 예를 들어 멕시코 직원은 다른 나라에 비해 타이어 업계에서 복장과 의사소통에 있어 상대적으로 격식을 차리며, 직장에서 비공식적인 버전인 “너(tú)”보다는 공식적인 버전인 “당신(usted)”을 사용하는 경향이 있다.[268] 또 다른 예로 한 다국적 기업의 중국과 미국 직원 간의 이메일 의사소통에 대한 연구에 따르면 중국 직원은 ‘모든 것이 잘 되길 바랍니다’와 같이 이메일 수신자를 신경 쓴다는 것을 보이기 위한 문구나 질문인 ‘체면유지’를 선호하고, 미국 직원이 싫어하는 행위인 요청을 이메일 마지막에 남기는 경향이 있었다.[269] 또한 일부 문화권에서는 특정 감정을 표현하기 위해 다른 문화권과는 완전히 다른 일련의 행동을 요구할 수 있다. 예를 들어 한 연구에서 미국 참가자는 포옹, 악수 등 접촉과 접촉을 통해 감사를 인식하고 표현했지만, 대만 참가자는 사회적 역할에 충실하고 개인적 기술을 배양하는 등 자기 개선을 통해 감사를 표현했다.[270] 또한 별도의 연구에 따르면 말로 감사를 표현하는 것이 캐나다 참가자와 비교했을 때 중국인 참가자에게 정서적으로 부정적이고 불편한 것으로 여겨질 수 있다.[271]

넷째, 문화에 따라 **갈등에 대한 관용과 갈등을 해결하는 방법**이 다를 수 있다. 개인주의 문화권의 사람은 직접적인 갈등을 더 편안하게 받아들이는 경향이 있으며 의견 불일치의 원인을 명백하게 드러내려고 한다. 집단주의 문화권의 사람은 갈등을 암묵적으로만 인정하고 감정적인 분쟁을 피할 가능성이 높다. 이들은 갈등의 원인을 개인보다는 상황으로 돌리기 때문에 관계 회복을 위해 명시적인 사과를 요구하지 않을 수 있지만, 개인주의자는 갈등에 대한 책임을 인정하는 명시적인 진술과 관계 회복을 위한 공개적인 사과를 선호한다.

다섯째, 문화에 따라 **다른 사람에게 전달하는 정보의 유형**이 다를 수 있다. 예를 들어 일본인과 미국인의 스토리텔링을 비교한 한 연구에 따르면 이 연구에 참여한 일본인은 개인주의적 언어와 정보에 집중하는 경향이 있는 미국인보다 스토리텔링에서 집단주의적 언어를 사용하고 집단주의적 가치를 언급할 가능성이 더 높았다.[272] 한국과 미국 페이스북 사용자를 비교한 또 다른 연구에서는 한국인이 미국인보다 소셜미디어를 더 집단주의적이고 관계적인 방식으로 바라보며 소셜네트워크에서 관계 유지활동에 더 많이 참여하는 것으로 나타났다.[273] 스페인어를 사용하는 라틴계 사람을 대상으로 한 또 다른 연구에서는 은유와 비유로 소통하는 것을 선호하며, 이러한 유형의 언어를 자제하는 사람보다 은유와 비유를 사용하는 사람을 더 좋아한다는 사실을 발견했다.[274]

여섯째, 모든 문화권에서 특정 단어와 행동을 지나치게 **공격적**이라고 해도 문화에 따라 부정적인 것으로 인식될 가능성이 큰 특정 유형의 행동이 있다. 이스라엘, 파키스탄, 일본에서는 언어적 공격과 신체적 공격이 더 크게 구분된다. 미국과 이스라엘에서는 개인 자원을 침해하는 행동을 공격적인 행동으로 간주하지만, 파키스탄에서는 위협의 정도에 따라 구분한다. 공격성에 대한 다양한 기준은 개인이 갈등을 해석하거나 대응하는 방식을 반영한다.[275]

문화 간 의사소통 가이드

문화 간 비즈니스 의사소통을 통해 얻을 수 있는 것이 많이 있다. 우리 모두는 문화적으로 형성된 서로 다른 관점을 가지고 있다고 가정하는 것이 안전하다. 우리는 차이점이 있기 때문에 효과적으로 소통한다면 다른 사람의 도움을 받아 가능한 가장 창의적인 해결책을 찾을 수 있는 기회가 있다.

문화 간 의사소통 연구의 선도적인 전문가인 프레드 카스미르(Fred Casmir)에 따르면, 우리는 문화적 출신만 보고 일반화하는 경향이 있기 때문에, 종종 우리 문화권 밖의 사람과 잘 소통하지 못한다(예: 고정관념, 2장 참조). 예를 들어 자메이카-인도 소프트웨어팀을 대상으로 한 연구에서는 가상 팀원이 문화적으로 다른 팀원을 부정적으로 고정관념화하고 집단 간의 경계를 강화하는 **문화화**라는 과정을 거치는 것으로 나타났다.[276] 이는 특히 관찰가능한 특성에 기반하여 가정할 때 문화적으로 둔감할 수 있으며, 잠재적으로 재앙을 초래할 수 있다. 다수는 매우 다양한 인종적 배경을 가지고 있으며, 누군가 고정관념이나 일반화에 근거하여 우리를 대할 때 불쾌감을 느낄 수 있다.

카스미르는 한 사람이 완벽하게 이해하기에는 너무 많은 문화가 존재하고 개인마다 각자의 문화를 다르게 해석하기 때문에 문화 간 의사소통은 감수성과 공동의 목표 추구에 기반해야 한다고 지적했다. 이상적인 조건은 한 집단이 각 구성원이 선호하는 문화적 의사소통의 측면을 통합하고자 할 때 형성할 수 있는 임시적인 '제3의 문화'라는 것을 발견했다. 이 하위 문화가 개인적 차이를 인정함으로써 확립하는 규범은 효과적인 의사소통을 위한 공통의 기반을 만든다. 효과적으로 소통하는 다문화 집단은 생산성이 높고 혁신적일 수 있다. 다른 문화권의 사람과 소통할 때 오해의 소지를 줄이려면 어떻게 해야 하는가? 카스미르와 다른 전문가는 다음과 같은 방법을 제안한다.

상호작용 전

1. **자신을 알라.** 자신의 문화적 정체성과 편견을 인식하는 것은 다른 사람의 고유한 관점을 이해하는 데 매우 중요하다.
2. **상호존중, 공정성, 민주주의의 분위기 조성하라.** 평등과 상호관심의 환경을 명확하게 설정하라. 이러한 부분이 각자의 문화적 규범을 뛰어넘는 효과적인 문화 간 의사소통을 위한 '제3의 문화' 맥락이 될 것이다. 어떻게 열린 마음을 유지하고 다른 구성원과 그들의 문화에 대한 고정관념을 기꺼이 수정할 것인지 스스로에게 질문하라.

상호작용 중

3. **상대방의 관점을 고려하라.** 어떤 말을 하기 전에 상대방의 관점을 고려하라. 내가 하려는 말이 무례한 것은 아닌가? 상대방의 배경을 가정하는 것은 아닌가? 내가 모르는 것이 있

필리핀 마닐라에 있는 콜센터의 직원과 미국, 캐나다의 고객은 공용언어인 영어로 소통할 때도 통신 장벽이 존재한다. 발음, 억양, 어휘, 문법 교육은 직원이 고객에게 효과적으로 메시지를 전달할 수 있도록 돕는다.

출처: Dondi Tawatao/Getty Images

으면 그냥 물어보는 것이 적절한가? 잠재적인 갈등이 발생할 때마다 협력적인 문제해결 방식을 취하도록 노력하라.

4. **오해에서 배워라.** 오해가 발생했을 때 이를 인정하고 그것이 고정관념이나 일반화된 가정에 근거한 것이라면, 이 가정을 바로잡으려고 노력하라. 상호학습의 입장에서 관계를 강화하고 공동의 목표를 향해 단결할 수 있는 방식으로 오해를 풀도록 노력하라.

상호작용 후

5. **집단의 정체성과 문화를 적극적으로 유지하라.** 다른 문화와 마찬가지로 문화간 효과적인 의사소통을 위한 공통의 기반인 '제3의 문화'를 구축하는 데는 시간과 노력이 필요하다. 집단의 공동 목표, 상호존중, 개인의 의사소통 선호도에 대한 적응의 필요성을 강화하라. 상호작용 후에는 집단에서 얻은 새로운 통찰력이 집단의 영구적인 인지과 행동 이해의 일부가 될 방법을 고려하라.
6. **모든 문화 간 상호작용에서 배워라.** 이번 사례 뿐만 아니라 모든 문화 간 상호작용이 끝난 후에는 그 상황에서 배운 것을 다른 상황에 어떻게 적용할지, 시간이 지남에 따라 문화지능(CQ)을 어떻게 쌓을 수 있을지 생각해보라.[277]

요약

여러 가지 면에서 사람 간의 의사소통은 조직에서 사람들이 행동하는 주요 방식 중 하나이며, 이것을 OB의 필수 구성요소로 만든다. 의사소통은 위기에 대응하고, 서로 정보를 공유하고 교환하며, 윤리적 상황에 접근할 때 중요한 역할을 한다. 대화와 토론에서부터 이메일과 문자를 통한 서면 교환, 신체 언어가 전달하는 미묘한 단서를 해석하는 것까지 서로 소통하는 방법은 무수히 많다. 때때로 우리는 다른 사람과 소통하는 방식을 인식하지 못하거나 통제하지 못하지만, 조직의 직원과 관리자는 전달하고자 하는 메시지에 가장 적합하도록 의사소통 방식과 미디어를 관리하고 효과적인 의사소통의 장애요인을 해결하려고 노력해야 한다. 또한 기술의 발전으로 시간과 공간을 초월하여 서로 소통하는 방법이 다양해졌다. 예를 들어 화상회의, 블로그, 브이로그, 팟캐스트, e-협업, e-러닝은 사람이 가상으로 서로 소통하는 일반적인 방법이다. 이러한 가상 의사소통 미디어는 여러 가지 면에서 매우 풍부하고 내번 의사소통에 근접할 수 있다는 점에서 독특하다. 가상 의사소통 미디어는 이모티콘, 셀피, 사용자 이름 등을 통해 일종의 자신만의 언어를 개발하도록 진화했다. 이러한 미디어의 풍부성은 기술 덕분에 가능해졌다. 스마트폰, 소셜미디어 앱, 시청각 장비는 많은 사람이 이러한 의사소통 방식에 더 쉽게 접근할 수 있게 되었다. 그러나 이러한 발전은 임박한 사이버 보안 위기를 예고하고 있으며, 조직은 여전히 관리 방법을 찾기 위해 노력하고 있다. 마지막으로 다양성과 문화 간 차이는 의사소통에 큰 영향을 미친다. 의사소통의 맥락과 내용은 문화적 차이를 조정하기 위해 중요하며, 협상 성과와 갈등 같은 OB 결과에 영향을 미친다.

관리자를 위한 시사점

- 메시지 전달 방법을 결정할 때는 동시성 문제를 고려하라. 메시지에 모든 사람이 심리적, 물리적으로 참여해야 하는가?
- 적극적이고 성찰적인 경청을 연습하여 보다 효과적으로 소통하고 더욱 강력하고 신뢰감 있는 업무 관계를 구축하라.
- 메시지, 언어, 비언어적 의사소통은 효과적인 연설의 성패를 좌우하므로 주의하라.
- 전자 의사소통 시 모범 사례와 규범을 준수하여 스트레스와 업무 과부하를 줄이고 본인과 동료의 시간을 절약하라.
- 우리는 종종 자동적이고 미묘한 비언어적 의사소통을 통제할 수 없지만, 그것이 전달하려는 메시지에 어떤 영향을 미치는지 알고 있어야 한다.
- 기술을 활용하여 정보 과부하를 줄이고, 정보 수요에 대한 개인과 팀의 인식을 개선하며, 메

직장 내 우정은 좋은 생각이 아니다

찬성 의견

심리치료의 윤리적 규칙인 이중관계 원칙은 직장 내 우정이 잘못될 수 있는 이유를 설명하는 데 도움이 된다. 모든 관계에는 목표가 있어서 치료사는 환자와 친구가 될 수 없다. 둘 이상의 관계를 맺고 있는 경우에 목표가 충돌하여 치료사-환자 관계에 문제를 일으킬 수 있다. 이 규칙이 직장에 직접 적용되는 것은 아니지만, 동료와의 우정에서도 상충되는 목표가 있을 때 비슷한 긴장감이 생길 수 있다.

예를 들어 한 사람이 관리직으로 승진하여 한때 동료였던 사람이 이제 직속상사가 된 상황을 생각해보자. 두 사람 사이의 친분 관계는 이 변화된 관계의 대인 역학 관계를 심각하게 복잡하게 만들 수 있다. 관리자는 직속상사의 업무 성과를 평가하고 때로는 비판해야 한다. 이러한 과업은 친구에게는 힘든 일이며, 둘 사이의 관계를 긴장시키고, 팀이나 조직의 운영에 어려움을 초래할 수 있다.

일부 개인은 직장동료와 쉽게 친분을 쌓을 수 있지만, 비공식적인 무리가 형성되면 직원이 소외감을 느낄 위험도 있다. 결국 배척당한 개인은 자신만의 하위집단을 형성하여 서로 더욱 고립시키고 궁극적으로 집단 간의 의사소통을 감소시킬 수 있다.

반면에 친밀한 관계일수록 업무 성과에 방해가 될 가능성이 크다. 예를 들어 개인적 문제와 업무 문제를 공유하는 친구의 방해는 업무와 목표에 집중하는 능력에 부정적인 영향을 미칠 수 있다. 이러한 사실은 시간이 많이 소요될 뿐만 아니라 감정을 자극하고 업무와 관련이 적을 뿐 아니라 정서적으로 고갈되는 경우가 많다. 이 모든 것이 동료에게 친절하고 유쾌하게 대할 수 없다는 말은 아니다. 하지만 이러한 관계를 직업적으로 유지하는 것이 궁극적으로 당신과 조직의 이익에 가장 부합한다.

반대 의견

매주 깨어 있는 시간의 3분의 1에서 절반을 직장에서 보낸다는 점을 고려하면, 직장 내 사람과의 관계는 가장 중요한 관계 역할을 한다. 또한 동료와 좋은 관계를 맺는 것은 직장 내 행복을 예측하는 가장 강력한 요인 중 하나이다. 비공식적인 사회적 관계는 정서적 지원, 긍정적인 정체성 함양, 사회화 등의 이점도 제공한다. 직장동료와의 우정에 비용이 들더라도 그 혜택이 비용보다 훨씬 클 가능성이 높다. 예를 들어 직장 내 우정 형성의 결과로 경험하는 긍정적 영향은 직장에서의 피로를 예방할 수 있다. 이러한 효과는 적어도 부분적으로 업무 성과를 향상할 수 있는 잠재력을 가지고 있다. 따라서 직장 내 우정의 특정 측면(예: 정서적 지원)이 업무에 방해가 되는 것처럼 보일 수 있지만, 동료와의 관계는 궁극적으로 업무 성과에 영향을 미칠 수 있다. 동료와의 소통은 감정적 산만함을 완화하는 데 도움이 되며 직원을 과업에 더 집중할 수 있게 해준다.

핵심은 사무실 밖에서 업무와 관련된 주제를 피하거나 동료와의 사교적인 상황에서 피해야 할 주요사항에 대해 합의하여 동료 간에 경계를 만드는 것이다. 직장 내 우정이 이해 충돌을 일으키는 것에 집중할 필요는 없다. 오히려 적절하게 관리만 잘한다면 상당히 보람 있는 관계가 될 수 있다. 마지막으로 소속감은 인간의 기본적인 욕구이다. 매일 8~9시간을 직장에서 보내다 보니 업무 외적으로 사회적 욕구를 충족할 시간이 훨씬 적은 경우가 많다. 따라서 직장은 다른 사람과 긍정적인 관계를 형성하고 전반적인 웰빙, 건강, 생산성에 도움이 되는 이상적인 장소가 될 수 있다.[278]

시지의 모호함과 복잡성을 감소하라.

- 의사소통에 대한 불안감을 경험하고 있다면, 불안감 증가에 대처할 수 있는 감정 조절 기술을 개발하라.
- 위기상황에서는 함께 협력하고 기술을 사용하여 상황을 파악하고 위기로 인해 발생하는 문제에 대한 해결책을 개발하라.
- 스마트폰과 소셜미디어를 개인적, 직업적 목표를 달성하기 위해 신중하게 사용하라. 그러나 사용 중에는 항상 당신에게 영향을 미칠 수 있다는 점에 유의하라. 이러한 사용으로 인해 웰빙이나 건강이 고갈되거나 방해를 받는다고 판단되면 조처하라.
- 문화 간 의사소통을 다른 사람의 문화를 관리하는 것으로 생각하지 마라. 대신에 문화 간 의사소통을 상호작용, 상호이해, 상호학습을 통해 협력하고 화해하는 것으로 생각하라.

11장 종합 점검

복습 질문

11-1 대인 의사소통의 유형에는 어떤 것이 있는가?

11-2 의사소통 방법을 선택하고 효과적인 의사소통을 방해하는 장애요인을 처리하는 방법은 무엇인가?

11-3 현대 조직에서 사용되는 다양한 형태의 가상 의사소통에는 어떤 것이 있는가?

11-4 현대 조직이 직면하고 있는 스마트폰, 소셜미디어, 사이버 보안과 관련된 문제는 무엇인가?

11-5 조직에서 효과적인 문화 간 의사소통을 하려면 어떻게 해야 하는가?

입사 지원과 취업 역량

다른 사람과 효과적으로 소통하는 능력은 직장에서 성공하는 데 필수적인 요소이다. 의사소통을 통해 집단과 팀을 효과적으로 이끌고, 피드백을 주고받으며, 감정을 공유하고, 다른 사람에게 영감을 주고 설득하며, 정보를 교환할 수 있다. 다른 사람과 효과적으로 소통하는 방법을 잘 이해하면 정보를 공유하고, 팀과 조율하고, 오해를 줄일 수 있어 더 나은 관리자나 직원이 될 수 있다. 이 장에서는 업무 관계 구축을 위한 경청의 힘을 발견하고, 부하직원이나 동료가 사이버 괴롭힘을 당할 경우의 대처 방법을 생각해보고, 인터넷 접속을 제공하는 데 공공 기관과 민간 기관이 해야 할 역할에 대해 생각해보고, 직장 내 친구 맺기가 좋은 생각인지에 대해 논의해보고 비판적 사고, 창의성, 협업, 리더십 기술을 배웠다. 다음 절에서는 카페에서 상사와 부하직원 간의 의사소통 사건을 역할 연기하고, 'BYOD'에 대한 직장 정책의 윤리를 고려하고, 채용 면접에서 열정을 전달하는 방법을 알아봄으로써 의사소통과 자기관리 능력을 키울 수 있다.

실전 연습 올바른 의사소통 방식 선택하기

이전에 같이 일해 본 적이 없는 사람과 파트너가 되어라. 이번 훈련에서 당신은 사내 회계과장 제라드 역할을 수행하게 된다. 압박이 심한 한 주 동안, 당신은 인사담당 이사에게 다음과 같은 이메일을 받는다.

제목: 직원과의 어려운 상황

제라드에게

우리 부서에서 처리하고 있는 인사에 대한 어려운 상황을 알려드리기 위해 편지를 드립니다. 마케팅 부서의 한 직원이 부서장과 2명의 동료와 대인관계에 있어 갈등을 겪고 있는데, 그 때문에 그는 자주 결근합니다. 과거 실적이 좋은 소중한 직원인 만큼 부서를 이동시키는 것이 해당 직원과 회사에 이득이 될 수 있다는 것으로 우리는 판단했습니다.

우리는 당신의 부서가 해당 직원이 업무에 더 몰입할 수 있는 좋은 환경이 될 것이라고 믿습니다. 다음달에 진행될 것을 희망하는 전환 과정에 인사과 직원 2명이 당신과 해당 직원을 도울 것이다. 지금까지 당신 부서의 직원은 우리와 훌륭하게 협업해왔으며, 당신도 그렇게 할 것이라고 확신합니다. 우리는 이번 달이 최종기한이 임박한 관계로 촉박하게 알려드려 미안합니다.

만약 추가적인 문의사항이 있다면 주저하지 말고 내게 연락하십시오. 우리는 월별 확인 과정을 통해 상황을 관리할 것입니다. 나는 당신이 해당 직원을 받아주리라는 것에 미리 감사를 드립니다.

감사합니다.

미셸 L. 달튼
인사담당 이사

중요한 정보를 이메일을 통해 전달하기로 한 결정, 짧은 공지 기간, 그리고 무엇보다도 부서 이동 결정에 대해 당신과의 협의가 없었던 점 등 여러 가지 이유로 인해 당신은 이러한 이메일에 놀라기도 하고 실망하기도 한다. 하지만 당신은 조직이 재능을 유지할 수 있도록 돕는 것이 옳은 일이라는 것을 알고 있다. 5분 동안 개인적으로 미셸에게 해당 직원을 받아들일 것인지에 대한 회신문서 초안을 작성하라. 그 다음으로 인사담당 이사에게 보낼 수 있는 확정적인 회신문서에 대해 파트너와 합의 후 다음 질문에 대해 논의하라.

질문

11-6 인사담당 이사에게 보내려는 답신에 두 사람이 동의했는가?

11-7 비슷한 상황에서 당신이 사용할 수 있는 대안적 의사소통 수단은 무엇인가? 왜 그런가?

11-8 제라드가 인사담당 이사의 요청을 받아들이거나 거부할 경우에 제라드의 명성과 경력에 미칠 수 있는 영향에 대해 파트너와 상의하라. 향후 이러한 상황을 피하기 위해 인사관행에는 어떤 변화가 있어야 하는가?

윤리적 딜레마 BYOD

"휴대폰 번호가 어떻게 되나요? 좋아요, 회의에 대해 전화할게요." 만약 당신이 수년간 스마트폰을 사용해온 세계의 많은 사람이나 최근에 스마트폰을 구입한 14억 명의 사람들 중 한 명이라면, 당신은 스마트폰을 업무용으로 사용했을 가능성이 있다. 사실 고용주가 당신의 스마트폰, 태블릿, 노트북을 업무에 사용하도록 가져오게 하거나 요청했을 수도 있다. 친절한 편의에서 출발했지만, 이제는 주요한 윤리적 문제를 가지고 있는 BYOD(Bring-Your-Own-Device) 트렌드이다. 예를 들면 다음과 같다.

- 고용주가 당신의 개인기기를 깨끗이 지울 수 있다는 사실을 알고 있는가? 원격으로? 경고도 없이? 특히 조직의 31%가 직원에게 업무용 BYOD를 요구하고, 61%의 조직이 직원에게 회사 소유 디바이스를 제공하지 않고 원격으로 사용할 수 있기를 기대한다는 점을 고려하면 더욱 그렇다. 개인정보 보호에 대한 우려가 있는 조직은 직원이 '모바일 디바이스 관리' 계약에 동의한 경우 사이버 방어에 대한 추가 위반을 방지하기 위해 언제든지 모든 디바이스를 깨끗하게 삭제할 수 있다. 예를 들어 전 트랜스젠더 구글 직원인 리버스는 개인 휴대폰 전체가 공장에서 초기 설정으로 돌아간 것처럼 보일 정도로 완전히 초기화되었다. 특히 리버스는 4개월 동안의 전환 타임라인 사진을 잃어버려 다시는 되돌릴 수 없게 되었기 때문에 더욱 고통스러웠다.
- 당신의 기기가 고용 계약에 명시적으로 포함되어 있는가, 아니면 단순히 서로 간의 이해로 포함되어 있는가? 그 기기에 대한 비용은 누가 지불하는가? 자, 당신이 비용을 지불했고 여전히 계속 지불하고 있다. 기기가 고장나면 기기교체 비용을 누가 부담하는가? 단말기와 서비스를 구매할 여유가 없다면 일자리를 잃을 수 있는가?
- 모든 업무 관련 의사소통을 위해 당신의 기기를 사용할 수 있는가? 클라우드를 통해 언제 어디서나 기밀업무 정보를 보낼 수 있다. 조직은 어떤 소셜미디어, 협업, 파일공유 애플리케이션을 사용 중인지 우려하고 있으며, 공평한 것도 있지만 일부 정책은 당신의 기기를 사용하는 방법을 제한할 수 있다.
- 일단 개인기기를 업무에 사용한다면 일과 가정생활의 경계가 어디에 있는가? 예를 들어 집중적인 스마트폰 사용자는 일과 가정의 스트레스와 과로를 예방하기 위해 업무 외 시간에 휴식을 취해야 한다는 연구결과가 있다. 그러나 모든 사람이 그렇게 할 수 있는 것은 아니다. 연구결과에 따르면 스마트폰 사용자 중 상당수는 그 압력이 정당하든 아니든 24시간 내내 스마트폰을 손에 쥐고 있어야 한다는 압박을 느꼈다.

직원에게 분명한 딜레마는 스마트기기를 소유하고 있음을 인정해야 하는지, 고용주의 편의를 위해 스마트기기를 사용할 것인지이다. 왜 당신은 기업이 모든 것을 지워버릴지도 모를 위험을 감수하려 하는가? 이렇게 물으면 아니라고 답할 게 분명하다. 그러나 전화기 한 대를 휴대하는 편리함은 실재이다. 어떤 사람은 휴대전화를 두 대 가지고 다니는 것이 더 좋다고 생각한다. 하나는 직장

용이고 하나는 개인용이다. 루크 코칼리스(Luke Cocalis) 변호사는 실제로 그렇게 했고, "솔직히 그렇게 하는 것이 나를 더 건강하게 지켜준다"고 결론 내렸다.

질문

11-9 스마트폰이나 다른 개인기기를 업무용으로 사용하는가? 만약 그렇다면, 이것이 당신의 스트레스 수준을 증가시킨다고 생각하는가, 아니면 편리함을 제공함으로써 도움이 된다고 생각하는가?

11-10 코칼리스는 휴대폰 두 대의 생활 방식을 좋아하며, 상사가 비상사태를 위해서만 개인용 전화번호를 갖고 있다고 말한다. 그러나 조연출인 클로이 이프신(Chloe Ifshin)은 그것이 실제로 그렇게 잘 작동하지 않는다고 보고한다. "나에게는 고객인 친구가 있고 친구인 친구가 있다. 그래서 업무로 전화한 사람은 개인용 전화로, 친구는 업무용 전화로 통화를 한다"라고 그녀는 말한다. 이러한 고려사항이 일과 여가 모두를 위해 자신의 기기를 사용하는 것에 대한 당신의 생각에 어떤 영향을 미치는가?

11-11 조직은 승인된 컴퓨터 프로그램과 더 엄격한 정책만 허용함으로써 직원이 개인기기에서 할 수 있는 일로부터 스스로를 보호하기 위한 조치를 취하고 있지만, 이러한 제약으로부터 직원을 보호하는 연방규정은 없다. 이 상황을 모두에게 공평하게 만들기 위해 조직은 어떤 윤리적 조치를 채택할 수 있는가?[279]

사례 삽화 면접에서 열정적이라는 것을 어떻게 전달할 수 있는가

케네디는 많은 기술 프로젝트 참여, 이전 직장에서의 개발 경험, 여러 학생상 수상, 우수한 학교 성적 등을 강조하는 인상적인 이력서를 가지고 있었다. 하지만 로봇공학과 기계학습에 중점을 둔 새로운 하이테크스타트업 회사에서 면접을 본 후 케네디는 채용 제안을 받지 못했고, 큰 실망감을 느꼈다.

하지만 다행히도 케네디는 채용 제안을 받지 않은 회사에서 일했던 동료로부터 이유를 알게 되었다. 간단히 말해 면접관은 케네디가 충분히 열정적이지 않다고 생각했던 것이다. 좀 더 구체적으로 말하자면, 면접관은 케네디가 조용하고 이력서에 기재된 프로젝트에 특별한 기여를 한 것에 대해 구체적인 정보를 제공하지 않았으며, 유망한 지원자에게서 흔히 볼 수 있는 수준의 효율성을 보여주지 못했다고 지적했다.

이 정보를 들은 케네디는 채용 제안이 없었던 이유를 바로 알 수 있었다. 홍콩에서 자라면서 가족과 선생님은 케네디에게 성취에 대해 매우 겸손해야 한다고 가르쳤다. 하지만 케네디는 구직에 대한 기대치와 규범이 다른 미국의 한 회사에서 면접을 본 것이다. 케네디는 성격이 완전히 바뀌지 않으면서도 흥미와 헌신을 전달할 수 있는 방법을 찾아야 한다는 것을 깨달았다. 케네디는 앞으로의 채용 면접은 취미와 관심사에 대해 이야기할 수 있는 좋은 기회가 될 수 있다고 생각했다. 케네디는 주말에 컴퓨터 프로그램을 개발하고 로봇을 만드는 것을 좋아했다. 곧 있을 비슷한 회사의 면접에서 케네디는 면접관에게 열정과 자신감을 보여주기 위해 이러한 로봇의 동영상을 보여줄 계획을 세웠다.

질문

11-12 다가오는 면접에서 케네디의 행동이 열정과 헌신을 효과적으로 전달할 수 있을 것으로 생각하는가? 왜 또는 왜 그렇지 않은가? 케네디의 취미가 직무과 관련이 없다면 당신의 대답은 달라지겠는가?

11-13 다른 것을 하기로 한 케네디의 결정에 동의하는가? 왜 또는 왜 그렇지 않은가? 케네디가 자신이 열정적이라는 것을 알리기 위해 취할 수 있는 다른 행동에는 어떤 것이 있는가?

11-14 열정을 보여주는 것이 채용 과정에서 고려할 만한 훌륭한 지원자를 예측하는 좋은 지표라는 데 동의하는가? 동의하는 이유와 그렇지 않은 이유는 무엇인가? 열정과 헌신이 입사지원자의 성공을 예측하는 지식, 기술, 능력, 감정지능, 성격 특성 등 다른 요소와 비교하여 얼마나 중요하다고 생각하는가?[280]

12 리더십

출처: Amy Harris/Invision/AP/Shutterstock

학습목표

12-1 리더십의 특성 이론의 결론을 요약할 수 있다.

12-2 리더십 행동 이론의 핵심 주장과 주요 한계를 확인할 수 있다.

12-3 리더십 상황적합 이론을 비교할 수 있다.

12-4 긍정적인 리더십 스타일과 관계에 대해 설명할 수 있다.

12-5 윤리적인 조직을 만드는 데 있어 리더의 역할은 무엇인지 논의할 수 있다.

12-6 리더가 어떻게 신뢰 구축을 통해 조직에 긍정적인 영향을 미칠 수 있는지 설명할 수 있다.

12-7 리더십을 이해하는 데 있어 어려운 점과 기회는 무엇인지 확인할 수 있다.

취업 스킬 매트릭스(ESM)

	미신인가, 과학인가	윤리적 선택	찬성 의견/반대 의견	더 나은 세상을 향해	실전 연습	윤리적 딜레마	사례 삽화
비판적 사고와 창의성	✔	✔	✔		✔	✔	✔
의사소통		✔		✔	✔		
협력				✔	✔		
자기관리			✔	✔		✔	✔
사회적 책임		✔		✔		✔	
리더십	✔	✔	✔	✔	✔	✔	✔
경력관리	✔		✔	✔		✔	✔

지금이 바로 그때이다

월그린스 부츠얼라이언스(Walgreens Boots Alliance)의 CEO인 로잘린드 브루어(Rosalind Brewer)는 현재 《포천》 500대 기업을 이끄는 유일한 흑인 여성이자 현대 역사상으로는 세 번째 흑인 여성이다. 브루어는 야심찬 리더에게 강력한 롤모델이었다. 그녀는 20년이 넘는 세월 동안 기업에서 승승장구하며 오늘날의 자리에 올랐다. 사실 브루어는 연구기술자로 시작했으며 뛰어난 분석, 운영, 전략 기술로 유명하다. 동시에 그녀는 서번트 리더십 스타일로도 잘 알려져 있으며, 팀원이 어떻게 하면 자율적으로 자신의 요구를 지원할 수 있을지에 초점을 두고 결정을 내리도록 팀을 임파워시킨다.

브루어는 커리어 내내 다양성, 형평성, 포용성(DEI)을 증진하기 위해 노력했다. 그녀는 커리어 전반에 걸쳐 전사적인 개혁을 위해 중요한 역할을 했다. 예를 들어 2018년에 두 흑인 남성이 스타벅스에 앉아 비즈니스 파트너를 기다리는 데 바리스타가 경찰에 신고를 했다. 체포 장면이 담긴 영상이 곧 퍼지면서 대중의 분노와 시위로 이어졌다. 이에 대해 (당시 스타벅스 COO였던) 브루어는 즉시 이 사건을 공개적으로 비난했다. 그녀는 체포된 남성과 같은 나이의 아들을 둔 흑인 여성으로서 이 사건이 자신에게 개인적으로 어떤 영향을 미쳤는지에 대해 이야기했다. 사건 발생 한 달 후 스타벅스는 미국 내 모든 매장을 폐쇄하고 직원을 대상으로 인종-편견에 대한 교육을 실시했다. 그 후 몇 달 동안 스타벅스는 12개의 추가 교육 프로그램을 실시했는데 공감, 포용, 팀 빌딩 등의 주제를 다루었다. 브루어는 또한 DEI 목표와 관련된 스타벅스 배상 정책의 변화와 개선을 주도했다.

인종과 성 평등에 대해 거침없는 옹호자인 브루어의 개혁은 순탄치 않았으며 많은 비판과 저항에 직면했다. 예를 들어 2015년 인터뷰에서 그녀는 샘스클럽의 CEO로서 참여했던 특히 논쟁의 여지가 많았던 회의에 대해 이야기했다. 샘스클럽의 주요 공급업체와 함께한 이 회의에서 참석한 다른 임원은 모두 백인이었다. 브루어는 공급업체와 팀의 다양성 부족에 대해 논의하기 위해 이 회의를 열었다. 이 인터뷰에서 회의에 대한 그녀의 회상 내용은 상당한 대중의 반발을 불러일으켰는데, 일부에서는 샘스클럽 불매운동을 촉구하기도 했다. 브루어는 인종에 대해 절실히 필요한 대화를 시작하려 했을 뿐이었다. 월마트의 사장겸 CEO를 비롯한 다른 많은 임원이 나서서 그녀를 변호하며 브루어는 단지 다양하고 포용적인 팀이 강력한 비즈니스를 만든다고 믿는 것을 다시 말했을 뿐이며 이 중요한 이상을 지지한다고 말했다.

때때로 비판을 받기도 하지만, 브루어는 계속해서 자신의 플랫폼을 이용해 불공정이나 체계적인 억압 구조에 대한 주의를 환기시킨다. 구체적으로 브루어는 조직을 더욱 다양하고 포용적으로 만들기 위해서는 세 부분으로 구성된 전략이 필요하다고 생각한다. 첫째, 그녀는 리더가 숫자 게임에 너무 몰두하지 말라고 경고한다. 대신 리더는 사람이 진정한 자신이 되기 위해 안전감을 느끼는 포용적인 환경을 조성하는 데 시간을 투자해야 한다. 둘째, 브루어는 또한 리더가 특히 소외된 직원이나 소외된 배경을 가진 직원과 관계를 구축하는 것에 집중해야 한다고 제안한다. 스타벅스에 근무하는 동안 그녀는 자주 바리스타를 포함한 직원과 함께 아침식사 세션을 열어 그들의 이야기와 피드백을 들었다. 셋째, 멘토링과 후원에 대한 투자가 중요하다. 브루어는 경영진이 모든 직원, 특히 소외된 배경을 가진 직원이 멘토나 후원자 역할을 할 수 있는 시니어 리더를 만날 수 있게 멘토링 프로그램을 구성해야 한다고 생각한다. 브루어는 이제 조직에서 이러한 방법을 이용하여 DEI가 더 이상 유행어가 아닌 구체적인 리더십 이니셔티브가 될 수 있게 해야 할 때라고 생각한다.[1]

리더는 다른 사람과 차별화되는 무언가를 가지고 있다. 예를 들어 글로리아 보일랜드[Gloria Boyland, UNFI, 본티어(Vontier), 체사피크에너지(Chesapeake Energy) 이사회 이사]는 미국 기업에서 가장 영향력 있는 여성 중 한 명으로 꼽힌다. 보일랜드는 경영진 리더를 코칭하고, 지도하고, 영감을 주고, 조직에 대한 그들의 중요한 역할을 재확인하는 데 많은 시간을 할애한다. 페덱스(FedEx)의 운영과 서비스지원 부사장이었던 그녀는 부하직원에게 많은 자율성을 부여하는 것으로 잘 알려져 있다. 그녀의 지도 원칙 중 하나는 '다른 사람이 한 발짝 더 나아갈 수 있게 한 발짝 물러서라'이다.[2] 그녀는 변혁적이고 동기부여하는 리더로서 모범을 보인 페덱스 창립자이자 CEO 프레드 스미스(Fred Smith)로부터 많은 것을 배웠다고 말한다. 흑인 여성으로서, 상황은 그녀에게 불리했다. 기업 리더십은 백인 남성이 지배하고 있으며 여성은 리더 고정관념에 의해 따뜻하면서도 강인해야 한다는 강박관념을 강요받았다.[3] 보일랜드는 리더의 많은 특성과 행동을 보여주면서 동시에 리더십이 직면한 현대의 도전 과제 중 일부(예: 인종과 성별 다양성 부족)를 강조한다.[4]

하지만 모든 리더가 관리자는 아니며 모든 관리자가 리더도 아니다. **비공식적인 리더십**(조직의 공식적인 구조 밖에서 발생되는 영향을 줄 수 있는 능력)은 종종 공식적인 영향력보다 중요하다. 예를 들어 마시 신더[Marcy Shinder, 현재 워크마켓(Work Market)의 최고마케팅책임자(CMO)]는 직장동료와 관계를 구축하고 채용 직후 비공식적 리더로 부상했다.[5] 리더십은 여러 가지 방식으로 정의되어 있으며 특성, 행동, 다른 요인을 포함하지만,[6] **리더십**(leadership)을 비전이나 일련의 목표 성취를 위해 집단에 영향을 미칠 수 있는 능력이라고 정의한다.[7] 조직이 최적의 효과성을 위해 강력한 리더십과 강력한 관리 모두를 필요로 한다. 현 상태에 대해 도전하고, 미래를 위한 비전을 창조하며, 그 비전을 성취하기 위해 조직구성원에게 영감을 불어넣기 위해서는 리더가 필요하다. 또한 계획을 구체적으로 세우고, 효율적인 조직 구조를 만들어내며, 일상의 운영을 관리하기 위해서는 관리자가 필요하다.

리더십 비전이나 일련의 목표 성취를 위해 집단에 영향을 미칠 수 있는 능력

특성 이론

12-1 리더십의 특성 이론의 결론을 요약할 수 있다.

리더십의 특성 이론 리더와 리더가 아닌 사람을 구별하는 개인적 자질과 특성에 대한 이론

역사를 통해 강력한 리더는 그 특성으로 묘사되었다. 따라서 리더십 연구는 리더와 리더가 아닌 사람을 구별하는 성격, 사회적, 육체적, 지적 특성을 알아내고자 했다. **리더십의 특성 이론**(trait theory of leadership)은 빅 파이브(5장 참조)와 같은 성격 특성과 리더의 부상, 리더십 효과성이라는 2개의 다른 결과를 예측하는 개인적 특성에 중점을 둔다.[8] 누군가가 올바른 특성을 보이고 다른 사람이 그 사람을 리더라고 생각한다고 해서 반드시 리더로서 효과적이거나 성공할 것임을 뜻하지 않는다. 5장에서 다루었던 개인-상황 접근 방식을 반영하면 리더의 행동은 특성과 상황의 함수이다.[9] 이를 지지하듯 연구자와 인사(HR)실무자는 기계학습과 인공지능(AI) 방식을 사용하여 여러 리더의 특성으로부터 리더 효율성을 예측했는데, 특성과 상황적 특징이 중요한 예측변수인 것으로 나타났다.[10] 관심의 대상이 되는 한 가지 상황적 특성은 작업 그룹 또는 팀 내에서의 권력 거리이다(2장 참조). 연구자에 따르면 리더의 외향성은 예를 들어 권력 거리의 값이 높은 팀에서 더 효과적인데, 리더는 사람 사이의 위계를 연결하고 팀원으로 하여금 조율하고, 협업하고, 팀으로서 함께 정체성을 확립하게 할 수 있기 때문이다.[11]

성격 특성과 리더십

무엇이 어떤 사람을 리더로 만드는가? 일반적으로 사람과 어울리는 것을 좋아하고 자신을 주장할 수 있으며(외향적), 절제되고 자신이 한 약속을 지킬 수 있고(성실성), 창의적이며 유연성을 갖춘(개방성) 사람이 리더십에 명백히 유리하다.

빅 파이브 특성 빅 파이브 성격 특성에 대한 연구결과에 따르면 외향성이 여러 리더십 결과물에 있어 일관적으로 중요하게 나타난다. 외향성은 리드하고자 하는 동기와 리더로서의 부상을 가장 잘 예측하는데,[12] 다른 리더십 행동이나 스타일 또한 예측한다. 예를 들어 외향적인 리더는 변혁적 리더십을 발휘하고 고려행동을 보여줄 가능성이 높다(이 장의 후반부에서 설명).[13] 따라서 이들은 더 효과적인 리더로 간주될 가능성이 높은데, 이는 따뜻하고 사교적이며 친화적이기 때문이 아니라 외향성의 주도적이거나 대담하고 자신을 내세우는 측면 때문이다.[14] 예를 들어 이러한 주도적인 측면으로 인해 사회적으로 책임있는 정책을 제정하거나 자본 보전을 위해 대량해고를 실시하는 것과 같은 '좋을 수도', '나쁠 수도' 있는 경영진의 행동이 모두 가능하다.[15] 또한 여성이 리더로 부상하지 못하는 이유를 설명할 수 있다. 여성은 고정관념적으로 외향성의 친화적 측면과 연관되어 있어 여성이 리더십 과정에 참여하는 정도에 대한 인식에 영향을 미친다.[16] 따라서 외향성은 효과적인 리더십을 예측할 수 있지만, 그 관계는 특성의 고유한 측면 때문일 수 있다. 주의할 점은 '너무 대담하다'거나 '너무 따뜻하다'는 것도 리더로 부상할 가능성을 낮출 수 있다.[17]

친화성과 평정성은 리더십의 일부 측면에 중요한 반면에(예: 리더에 대한 부하직원의 만족도를 예측) 개방성의 경우 리더 효과와 부하직원의 발언행동(13장 참조)를 어느 정도 잘 예측함에도 불구하고 덜 중요한 것으로 보인다.[18] 반면에 성실성은 여러 리더십 행동과 결과에 중요한 것으로 보인다. 예를 들어 성실성은 배려행동뿐 아니라 과업 지향성을 예측한다.[19] 성실

성은 리더의 특성 변수 중 집단 성과를 가장 잘 예측하며,[20] 리더 효과성과 부하직원 만족도를 어느 정도 잘 예측한다.[21]

주도적 성격 특성 리더의 주도적 성격도 리더십 성과에 중요한 영향을 미친다. 특히 팀, 부서, 조직의 생활주기 중 특정 시기에 중요한 것으로 보인다.[22] 예를 들어 리더의 적극성은 리더십 이양 중에 큰 차이를 만들어내는 데, 주도적 리더는 부하직원이 새로운 안건과 동일시하게 돕고, 업무에 더 주도적으로 참여하며, 목소리를 내는 행동을 할 가능성이 높기 때문이다. 특히 신임 리더가 전임 리더보다 훨씬 더 주도적일 때 그렇다(새 리더는 이전 리더와 비교해 더 나은 리더로 보일 수 있다!).[23] 주도적인 리더는 또한 구성원의 관계적 승인에 대한 욕구가 높은 그룹과 팀에서 더 효과적인 것으로 나타났는데, 이는 이러한 욕구를 충족하는 지지적인 환경을 조성할 수 있기 때문이다. 이러한 팀원은 주도적인 리더가 이끌 때 더 나은 성과를 내고 팀에 더 헌신한다.[24]

어둠의 3요소 특성 어둠의 3요소 특성의 경우는 어떠한가(5장 참조)? 연구에 따르면 이러한 특성이 리더십에 반드시 부정적인 것은 아닌데, 어둠의 3요소 특성(심지어 사이코패시의 경우도) 중간 정도 점수가 리더십에 최적이며 지나치게 높거나 낮은 경우는 비효과적인 리더십으로 이어졌다. 하지만 이는 부하직원이 리더와 많은 시간을 보내는지와 관련이 있을 수 있다. 부하직원이 리더와 긴밀하게 일하는 경우에 리더의 착취적이거나 해로운 행동을 관찰할 기회가 더 많아지며, 이는 리더에 대한 신뢰를 떨어뜨리고 리더십의 효과성에 대한 인식을 약화시킬 수 있다.[25] 또한 이러한 특성이 성과에 미치는 영향과 관계없이, 특성 활성화 관점(5장 참조)에 따르면 이러한 리더는 자신이 불공평하게 대우 받거나 더 나은 대우를 받을 자격이 있다고 느낄 때 조직에 해를 끼칠 수 있는 방식으로 이기적이고 파괴적으로 행동할 가능성이 더 높다.[26]

다행히도 연구에 따르면 자기인식과 자기조절 능력을 키우면 리더가 어둠의 3요소 특성의 영향을 통제하는 데 도움이 될 수 있다.[27] 특히 나르시시스트는 자기애적 성향이 강하기 때문에 이러한 리더의 자기인식이 어려울 수 있는데, 나르시시스트는 자기고양의 경향(예: 다른 보는 것보다 자신을 더 긍정적으로 지각하는 것)이 있고, 리더십과 관련하여 선택적으로 피드백을 유도하고 받아들이는 경향이 있기 때문이다.[28] 어둠의 3요소 특성의 해로운 영향을 완화할 수 있는 또 다른 방법은 부하직원에게 조언을 듣는 것이다. 예를 들어 중국의 한 대형 IT 기업의 직원은 리더의 나르시시즘 특성에 당황하지 않았는데 리더가 직원의 피드백을 구하고 이를 고려했기 때문이다.[29]

정서지능과 리더십

효과적인 리더십을 위한 또 다른 특성은 감정지능(EI)이다. 4장에서 논의했듯이 감정지능의 핵심요소 중 하나는 감정이입이다. 감정이입할 줄 아는 리더는 직원이 무엇을 필요로 하는지 느낄 수 있고, 그들이 말하고자 하는 바를 (말하지 않아도) 잘 이해할 수 있으며, 그들의 반응을 섬세하게 읽을 수 있다. 감정을 효과적으로 표출하고 관리하는 리더는 뛰어난 업무 성과에 대해 진정한 공감과 열정을 나타내는 것과 같이 맥락에 적합한 감정을 표현함으로써 부하직원의 감정에 보다 쉽게 영향을 줄 수 있다.[30] 리더 스스로 평가한 감정지능과 변혁적 리더십(이

WBP(Women's Bean Project)의 CEO인 탐라 라이언(Tamra Ryan)은 여성의 생계를 돕고 일과 삶의 기술을 가르치는 사회적 기업을 운영하며 전문가 팀을 이끌고 있다. 그녀의 외향성과 성실성이라는 특성이 성공에 도움을 주었다.

출처: David Zalubowski/AP Images

장의 후반부에서 논의)의 연관성은 중간 정도였지만, 부하직원이 리더의 변혁적 리더십을 평가했을 때는 그 관계가 훨씬 약하다.[31] 하지만 인지적 능력과 성격을 통제하더라도 감정지능이 높은 사람이 리더로 부상할 가능성이 높다.[32]

최근 연구결과에 따르면 두 가지 결론을 도출할 수 있다. 첫째, 개인 특성으로 리더십을 예측할 수 있다. 둘째, 특성은 효율적인 리더와 비효율적인 리더를 구별하는 것보다는 리더의 부상을 더 잘 예측한다.[33] 셋째, 성격과 리더십의 미래에 관한 최근 연구와 이론은 이 둘의 관계를 뒤집어 놓았다. 성격이 리더십을 예측할 수 있는 것처럼 양심적으로 변한다. 리더십 행동에 참여하고 리더십 역할을 맡으면 성격이 바뀔 수도 있다고 제안하는 사람도 있다. 예를 들어 리더는 리더십 활동을 하면서 시간이 지남에 따라 성실성의 성격이 더욱 강화된다.[34]

특성 이론은 누가 리더로서 부상하는지(그리고 아마도 누가 효과적인 리더가 될지) 예측하는 데 도움을 주지만, 리더십 행동을 충분히 설명하지는 않는다. 성공적인 리더는 어떠한 행동을 하는가? 여러 유형의 리더 행동은 똑같이 효과적인가? 다음에 논의되는 행동 이론은 리더십의 기준을 정의하는 데 도움을 준다.

행동 이론

12-2 리더십 행동 이론의 핵심 주장과 주요 한계를 확인할 수 있다.

특성 연구는 리더십에 알맞은 사람을 선별하기 위한 토대를 제공한다. 반면에 **리더십 행동 이론**(behavioral theories of leadership)은 사람을 교육시켜 리더가 되게 할 수 있다는 것을 암시한다.[35]

리더십의 행동 이론 특정 행동이 리더와 리더가 아닌 사람을 구분한다고 주장하는 이론

가장 포괄적인 리더십 행동 이론은 리더 행동의 독립적인 차원을 알아낸 오하이오주 연구(Ohio State Studies)에서 비롯되었다.[36] 이 연구는 처음 1,000가지 이상의 차원으로 시작하여 직원이 묘사하는 리더십 행동의 대부분을 설명하는 가장 중요한 두 가지 차원, 즉 **과업 지향성**과 **인간적 배려**로 요인을 압축했다.

과업 지향성

과업 지향성 목표 달성을 위해 리더가 자신과 부하직원의 역할을 정의하고 구조화하는 정도

과업 지향성(initiating structure)은 목표 달성을 위해 리더가 자신과 부하직원의 역할을 정의하고 구조화하는 정도를 말한다. 이는 직무와 직무 관계, 목표를 조직하려는 행동을 포함한다. 과업 지향적인 리더는 부하직원에게 업무를 배정하고, 명확한 성과 기준을 정하는 것, 마감기한을 강조하는 것을 포함한다(이전에 언급했듯이 이제 왜 성실성이 리더십의 중요한 성격 특성인지 알 것이다). 수백 개의 리더십 연구를 종합한 연구에 따르면 과업 지향성은 더 높은 수준의 그룹과 조직 생산성과 더 긍정적인 성과 평가와 밀접한 관련이 있다.[37]

인간적 배려

인간적 배려 리더의 업무 관계가 상호신뢰, 부하직원의 아이디어에 대한 존중, 그들의 감정에 대한 배려를 특징으로 함

인간적 배려(consideration)는 리더가 상호신뢰, 직원의 아이디어에 대한 존중, 직원의 감정 존중을 바탕으로 업무 관계를 형성하려는 정도를 말한다. 인간적인 배려에 뛰어난 리더는 직원의 개인적인 문제에 도움을 주며, 친근하고 쉽게 다가갈 수 있도록 행동하며, 모든 직원을 평등하게 대우하고, 인정과 지지를 표현한다(사람 중심적임). 대부분 사려 깊은 리더와 일하기를 원한다. 몇 년에 걸쳐 수백만 건의 응답을 바탕으로 한 전미경제연구국(National Bureau of Economic Research)의 한 연구에 따르면 사려 깊은 상사와 일하는 것은 '가구 소득이 두 배 이상 증가할 때 발생하는 만족도 향상과 같다'고 한다.[38] 실제로 연구에 따르면 배려심이 높은 리더의 부하직원은 자신의 직업에 더 만족하고 동기부여되었으며 스트레스를 덜 받고, 리더에 대한 존경심이 더 높은 것으로 나타났다.[39]

과업 지향성과 인간적 배려는 조직에 여러가지 중요한 함의가 있다. 예를 들어 과업 지향성이나 인간적 배려의 행동을 보여주는 직원은 리더십 승계 계획 프로그램과 파이프라인에 선발되는 경향이 있다.[40] 다시 말해 리더처럼 행동하는 사람은 리더십 직책으로 선발 또는 승계될 가능성이 높다.

감정과 기타 요인도 리더가 이러한 행동을 할지에 영향을 미친다. 예를 들어 자부심이 강하고 자신감이 넘치는(하지만 지나치거나 거만하지 않은) 리더는 이러한 리더십 행동을 많이 하는 경향이 있다.[41] 상황 또한 영향을 준다. 예를 들어 인력이 부족할 때 리더는 인력 부족의 유형에 맞게 과업 지향성과 인간적 배려를 다른 정도로 할 수 있다.[42] 인력 부족이 만연할 경우에 리더는 과업 지향성을 통해 효과적이고 효율적인 업무 과정과 절차를 구축할 수 있다. 전문 인력(예: 이직률이 치명적인 주요 역할을 담당하는 소수 인재)이 부족한 경우에 리더는 인간적 배려를 더하여 주요 인재에 대한 인정을 표현할 수 있다. 마지막으로 문화적 차이와 관련하여 수십 개국의 수천 명의 관리자를 대상으로 한 연구에 따르면 인간적 배려나 과업 지향성을 실천하는 데 있어 문화는 조직이나 관리자 자체보다 덜 중요하다.[43]

특성 이론과 행동 이론의 요약

일반적으로 리더십 연구는 리더십 특성 이론과 행동 이론이 모두 타당성이 있음을 보여준다. 각 이론의 일부는 리더십 부상과 효과성을 설명하는 데 도움을 줄 수 있다. 그러나 정확한 관계를 파악하는 것은 간단한 일이 아니다. 첫 번째 어려움은 특성이나 행동이 특정한 결과를 예측하는지 여부를 정확하게 확인하는 것이다. 두 번째는 특성과 행동의 어떤 조합이 특정한 결

윤리적 선택

넛징의 윤리학

관리와 리더십 과정에서 종종 다른 사람에게 직접 요청하거나 심지어 명령하는 경우가 있지만, 더 미묘하고 간접적인 수단을 사용할 수도 있다. 예를 들어 다른 사람이 더 나은 결정을 내릴 수 있는 환경을 조성하여 효과적인 리더십을 발휘할 수 있다. 리더가 이러한 환경을 조성할 수 있게 해주는 한 가지 유용한 기술은 넛징(nudging)이다. 넛지 기법의 핵심은 의사결정의 방향을 바꾸어(혹은 넛지해서) 바람직한 결과를 이끌어내는 것이다. 가장 일반적인 유형의 넛지에 따르면 의사결정자가 직면하는 기본선택(디폴트)을 바꾸어야 한다.

잘 알려진 넛지의 예로 유럽 국가에서는 시민을 자동으로 시스템에 등록함으로써 장기기증을 장려하고 있다. 시민은 원하는 경우에 시스템에서 탈퇴(옵트아웃)할 수 있다. 자동으로 프로그램에 등록함으로써 시민이 사망시 장기를 기증하는 쪽으로 유도(넛지)한다. 물론 시민에게 여전히 선택권이 주어지며 원치 않는 경우 장기기증을 거부할 수 있다. 넛징은 효과가 있는 것으로 나타났는데 이러한 프로그램으로 인해 기증에 동의하는 사람의 수가 30% 미만에서 80%로 증가했다.

리더는 넛지를 사용하여 사람이 더 윤리적인 결정을 내리도록 영향을 미칠 수 있다. 홈비지니스(home-based business)를 운영하는 개인에게 단기 보험을 판매하는 회사인 슬라이스(Slice)를 예로 들어 보자. 이 회사의 목표는 사람이 보험금을 더 정직하게 청구하도록 하는 것이다. 이 회사는 넛지의 도움으로 목표를 달성했다. 예를 들어 청구인에게 청구를 설명하는 짧은 동영상을 촬영하도록 한 요구사항은 특히 유용했는데, 이는 서면보다 동영상에서 거짓말을 할 가능성이 적기 때문이다.

마지막으로 많은 기업은 중대한 피해가 생기기 전에 비인격적인 리더를 찾아내지 못하고 있는데, 왜인가? 리더의 성과는 보통 재무적 수치에 기반하며 이러한 수치를 달성하기 위해 과정에 기반하지 않는다. 경영진은 넛징을 사용하여 중간관리자, 팀 리더, 일선감독자의 비인격적 행동을 줄일 수 있다. 경영진은 과정 중심의 성과 관리 프로그램을 도입하여(재무 성과에만 집중하기보다는) 리더가 취해야 하는 특정행동을 기반으로 리더에 대한 고용을 결정하거나 리더에게 지속적인 피드백을 제공할 수 있다. 이러한 형태의 넛지는 경영진과 리더 모두의 의사결정 아키텍처를 바꾸어 바람직하지 않은 행동이 심화되는 것을 방지한다.

그럼에도 불구하고 넛지에 도전과제가 없는 것은 아니다. 넛지가 유용하다고 항상 인식되는 것은 아니며 사람을 조종한다거나 가르치려드는 것처럼 간주될 수도 있다. 하지만 넛지에 대한 부정적인 인식을 극복하기 위해 관리자가 취할 수 있는 단계가 있다.

1. **넛지의 목적에 대해 투명하라.** 넛지에 대한 한 가지 오해는 넛지가 효과적이려면 들켜서는 안 된다는 것인데, 실제로는 넛지를 공개한다고 해서 그 효과가 달라지지 않는다. 투명성으로 인해 개인이 넛지에 대해 가질 수 있는 의심을 해소하는 데 도움이 될 수 있다.
2. **넛지를 함께 만듦으로써 직원의 자율성을 존중하고 해결책의 우선순위를 정하고 잠재적인 장애물을 피할 수 있다.** 직원이 과정에 참여하게 되면 자신의 요구나 자주 직면하게 되는 구체적 결정을 고려하기 때문에 넛지가 더 효과적일 수 있다.
3. **건설적인 프레임이 중요하다.** 예를 들어 헬스케어 시스템에서 넛지가 의사의 실수를 줄여준다고 프레임하는 것은 부정적으로 비춰질 수 있다. 반대로 넛지가 의사에게 성과 피드백을 제공한다고 프레임하면 더 건설적이고 동기부여에 도움이 된다.[44]

과를 내는지 탐색하는 것이다. 세 번째는 바람직한 리더십 성과물을 예측할 수 있게 특성이 행동으로 이어지는 인과 관계를 파악하는 것이다.

마지막 과제의 경우 리더가 처한 맥락이나 상황의 다양성으로 인해 복잡해질 수 있다. 어떤 리더는 적합한 특성을 가지고 있거나 적합한 행동을 보여줄 수 있음에도 여전히 실패할 수 있다. 맥락 또한 중요한데, 이로 인해 다음에 설명할 상황적합 이론이 대두되었다.

상황적합 이론

12-3 리더십 상황적합 이론을 비교할 수 있다.

어떤 강력한 리더는 어려움을 겪고 있는 회사를 맡아서 위기를 벗어나게 함으로써 많은 지지자의 호응을 얻는다. 예를 들어 알프레드 글랜시 3세(Alfred Glancy III)는 디트로이트심포니오케스트라(DSO)를 벼랑 끝에서 구했다. 그러나 리더십의 성공을 예측하는 것은 단지 조직을 수렁에서 구하는 것 이상으로 복잡하다. 글랜시는 본래의 예술에 충실하면서도 DSO의 재정 이상의 지출을 거부하고, 노동 계약을 협상하고, 부채를 해결하고, 모금활동을 확대하면서 이러한 복잡한 문제를 해결했다. 중요한 것은 어려운 시기에 효과적인 리더십 스타일이 반드시 장기적인 성공으로 이어지지는 않는다는 것이다. 예를 들어 상황이 나아지자 글랜시는 DSO를 개발하기 위해 글로벌웹캐스트 시리즈의 기술을 업그레이드하고 오케스트라 홀의 조명과 전자장치를 개선하는 등 더 혁신적인 접근 방식으로 전환했다. 다음에 보는 바와 같이 효과적인 리더가 되느냐는 상황의 요구에 따라 크게 달라질 수 있다.[45]

피들러 모델

프레드 피들러(Fred Fiedler)는 최초로 리더십에 대한 포괄적인 상황적합 이론을 만들었다.[46] **피들러의 상황적합 모델**(Fiedler contingency model)은 효과적인 집단 성과는 리더의 스타일과 상황이 리더에게 부여하는 통제력 간의 적합도에 따라 달라질 수 있다고 제안한다. 이 모델에 의하면 리더십 스타일은 리더가 상황을 **업무중심적** 또는 **관계중심적**으로 접근하느냐를 말한다. 이는 앞서 살펴본 과업 지향성 또는 인간적 배려를 얼마나 하느냐와 같은 맥락이다. 또한 리더십 스타일은 대개 안정적이고 변하지 않는 것으로 간주한다.

피들러의 상황적합 모델 집단의 효과성 이 부하직원과 상호작용하는 리더의 스타일과 상황이 리더에게 통제권과 영향력을 주는 정도 간의 적합도에 달려 있다고 주장하는 이론

상황은 세 가지 비상상황 또는 상황적 차원으로 평가할 수 있다.

리더-부하직원 관계 부하직원이 리더에 대해 갖는 확신, 신뢰, 존경의 정도

업무 구조 업무 배정이 구조화된 정도

직위 권력 채용, 해고, 징계, 승진, 급여 인상과 관련된 권한을 포함하는 조직 내에서 개인의 공식적, 구조적 직위에서 비롯되는 영향력

1. **리더-부하직원 관계**(leader-member relation)는 리더에 대한 부하직원의 확신, 신뢰, 존경의 정도를 의미한다.
2. **업무 구조**(task structure)는 업무 배정이 구조화된 정도를 의미한다.
3. **직위 권력**(position power)은 리더가 채용, 해고, 징계, 승진, 급여 인상 등 권력과 관련된 영역에 영향을 미치는 정도를 의미한다.

이 모델에 의하면 리더의 업무 배정이 구조화되고 리더에게 강한 직위 권력이 부여될수록 리더의 통제력이 더 크다. 호의적인 상황은 도표 12-1의 왼쪽에 있다. 매우 호의적인(리더가 강한 통제력을 가진) 상황은 어떤 보상 관리자가 직원의 존경과 신뢰를 받고(좋은 리더-부하직원 관계), 임금 산출과 수표 발급과 보고서 신고처럼 명확하고 구체적인 활동을 하며(높은 업무 구조화), 직원에게 보상이나 벌을 줄 수 있는 상당한 권한이 있는 경우(강력한 직위 권력)를 예로 들 수 있다. 비호의적인 상황은 도표의 오른쪽에 있는데, 자선기금모금단체의 회장을 싫어하는 경우가 예가 될 수 있다(낮은 리더-부하직원 관계, 낮은 업무 구조화, 낮은 직위 권력). 이 경우 리더가 아주 약한 통제권을 가진다. 이론에 따르면 극단적인 상황에 직면했을 때[예: 매우 유리하거나 불리한 조건(도표 내 카테고리 I, II, III, VII, VIII)] 과업 지향적 리더가 더 나은 성과를 낸다. 관계중심적 리더(도표에서 실선 표시)는 카테고리 IV, V, VI과 같은 적당히 호의적인 상황에서 더 나은 성과를 낸다.

피들러 모델의 전반적인 타당도에 대한 초기 실증 연구는 이론을 지지했지만 최근에는 이 모델이 많이 연구되지 않았다.[47] 게다가 피들러 이론의 예측 중 일부는 지지되지 않았다. 예를 들어 관계 지향적 리더는 호의적인 조건에서 아주 좋은 성과를 내는 것으로 밝혀졌다.[48] 이 모델은 고려해야 할 몇 가지 통찰력을 제공하지만, 더 현대적인 상황 이론을 통해 상황이 리더십에 어떻게 영향을 미치는지 알 수 있다.

도표 12-1 피들러 모델의 예측

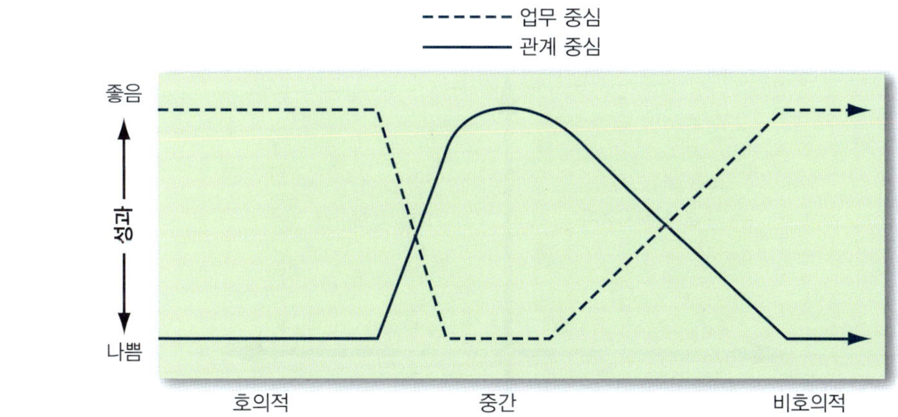

카테고리	I	II	III	IV	V	VI	VII	VIII
리더-부하 관계	좋음	좋음	좋음	좋음	나쁨	나쁨	나쁨	나쁨
업무 구조화 정도	높음	높음	낮음	낮음	높음	높음	낮음	낮음
직위 권력	강함	약함	강함	약함	강함	약함	강함	약함

상황적 리더십 이론

피들러 모델과 유사하게 허시(Hersey)와 블랜처드(Blanchard)의 **상황적 리더십 이론**(situational leadership theory, SLT)도 어떤 리더십 스타일의 효과성은 상황과 관련된 업무에 따라 다르다고 가정한다.[49] 그러나 SLT는 피들러 모델을 넘어 부하직원에게 초점을 맞춘다. 이 이론에 따르면 성공적인 리더십이란 부하직원이 준비된 정도, 즉 특정 업무를 달성하는 데 있어서 부하의 헌신도나 능력 맞추어 적합한 리더십 스타일을 고르는 데 있다. 리더십 스타일이란 지지행동과 지시행동의 다양한 조합을 말하며, 이는 앞서 살펴본 인간적 배려와 과업 지향성이 매우 밀접하다. 리더는 부하의 준비된 정도에 따라 네 가지 스타일 중 하나를 선택해야 하는데, 이는 도표 12-2에서처럼 과업과 관련한 경험의 정도에 기반하여 연속선상에 있다.[50]

상황적 리더십 이론(SLT) 적합한 리더십 스타일이란 특정 과업을 달성하기 위해 부하가 준비된 정도(예: 의지와 능력)에 따라 달라진다는 상황적합 이론

- **지시하기**(직원의 능력이 그리 뛰어나지 않지만 업무에 헌신적일 때): 리더는 무엇을 해야 하고 어떻게 해야 하는지 명확하고 구체적인 지시를 준다.
- **설득/코칭하기**(직원이 어느 정도 유능함을 보여주었으나 업무에 그리 헌신적이거나 동기부여되어 있지 않을 때 직원이 얼마나 열심히 해야 하는지 알고서 낙담함): 리더는 계속해서 무엇을 해야 하고 어떻게 해야 할지 명확하고 구체적인 지시를 내리지만 지지, 사회-정서적 피드백, 격려를 제공해야 하며 직원에게 업무가 가치 있음을 설득해야 한다.
- **참여/지지하기**(직원이 유능하지만 업무에 대한 헌신이 가변적일 때 직원이 추가적인 책임에 대해 걱정하거나 불안감을 느낌): 직원의 업무에 대해서는 능숙하기 때문에 리더는 한 발 물러서 더 이상 지시적이어서는 안 된다. 그러나 계속해서 지지와 격려를 보내야 한다.
- **위임하기**(직원이 유능하고 업무에 대해 헌신적일 때): 직원은 이제 충분한 능력이 되고 업무에 대해서도 헌신적이다. 업무를 직원에게 위임하고 혼자서 수행하게 두어야 한다.

도표 12-2 상황적 리더십 이론에서의 행동에 따른 관리자 리더십 스타일

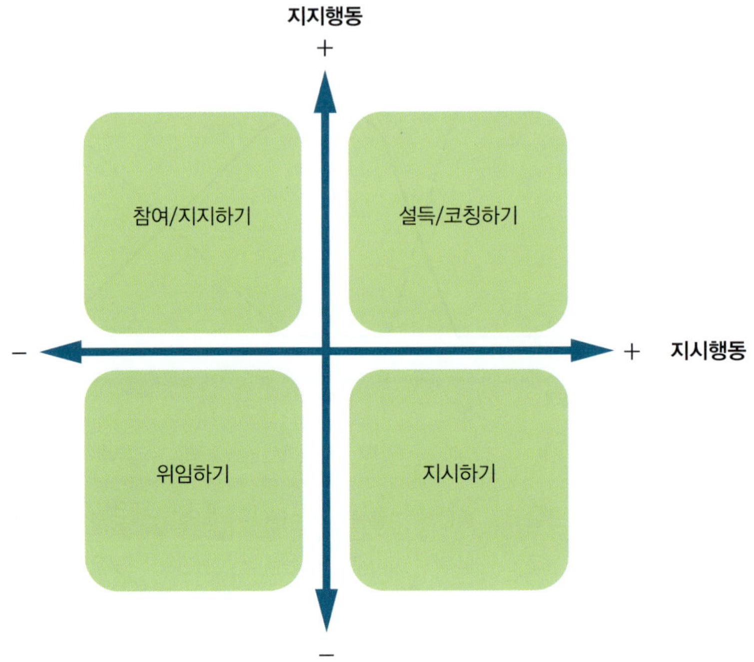

출처: K. H. Blanchard, D. Zigarmi, and R. B. Nelson, "Situational Leadership After 25 Years: A Retrospective," *The Journal of Leadership Studies*, 1, no.1 (1993): 21-36; and G. Tortorella and F. Fogliatto, "Implementation of Lean Manufacturing and Situational Leadership Styles: An Empirical Study," *Leadership & Organization Development Journal* 38, no. 7 (2017): 946-68에 기초함.

상황적 리더십 이론은 직관적인 호소력이 있다. 이는 부하직원의 중요성을 인식하고 리더가 그들의 특정 업무에 대한 준비 정도에 적응할 수 있다는 논리에 근거한다. 연구자는 이 이론을 뒷받침할 만한 증거를 찾으려 했지만 결과는 대체로 실망스럽다.[51] 왜인가? 아마도 이론 자체의 모호함과 모순적인 부분과 연구방법론적인 문제라고 할 수 있다.[52] 그래서 직관적인 호소력과 인기에도 불구하고 이 이론을 따르는 데는 현재 주의가 필요하다.

부하 상황적합 이론

마지막으로 다룰 상황적합 이론은 부하의 역할을 다룬다. 한 리더십 학자는 "리더는 진공 속에 홀로 존재하지 않는다"라고 말했다. 리더십은 리더와 부하직원 간의 공생 관계이다.[53] 그러나 지금까지 살펴본 이론은 리더가 직장 내 모든 직원을 동일한 스타일로 대한다고 가정한다. 자신의 집단 내 경험을 생각해보라. 리더가 사람을 아주 다르게 대하는가? 여기서는 리더의 효과성에 영향을 미치는 데 부하의 역할을 강조하는 리더 참여 모델, 공유 리더십, 팔로워십의 세 가지 이론을 다루려고 한다.

리더-참여 모델 리더십에서 부하의 참여와 책임 공유를 어느 정도로 할 것인지 리더가 결정해야(그리고 이에 따라 조정해야)한다는 이론

리더-참여 모델 **리더-참여 모델**(leader-participation model)은 리더십 행동과 조직원의 의사결정 참여를 연관짓는다.[54] 이전에 살펴본 상황적합 이론처럼 리더가(루틴화되었거나, 루틴화되지 않았거나, 그 중간 정도의) 업무 구조화 정도를 반영하여 행동을 조정해야 한다고 주장한다.[55] 하지만 이 모델은 모든 리더십 행동을 다루지 않으며 다만 조직원의 참여나 책임 공

유 상황에서 어떠한 유형의 결정이 가장 적합한지를 제시하는 데에 그친다. 이는 부하직원의 수용을 이끌어낼 가능성이 가장 높은 상황과 리더십 행동에 대한 토대를 마련하며(다음에 살펴볼) 공유 리더십 이론에 대한 전조 역할을 한다. 예를 들어 골든스테이트 워리어스(Golden State Warriors)의 코치인 스티브 커(Steve Kerr)는 리더가 되어 선수를 관리하는 것만으로는 충분하지 않으며, 상황에 따라 부하가 참여하고 모범을 보이게 해야 한다고 말한다.[56]

공유 리더십 이론 리더-참여 모델에서 제안하는 것처럼 때로는 어떤 상황에서 부하가 의사결정에서 적극적 역할을 해야 하며 팀, 작업 그룹, 부서에 영향을 미친다. **공유 리더십 이론**(shared leadership theory)은 이 아이디어를 한 단계 더 발전시켜 리더십이 리더십 역할이 여러 부하 간에 분산되고 모두가 서로에게 영향을 미칠 수 있는 어떤 상태의 등장(10장 참조)일 수 있다고 말한다.[57] 특히 공유 리더십은 리더십이 한 사람이 수행하는 것이 아닌 집단이 수행할 수 있는 것이라는 가정으로 전환하여 리더십에 대한 폭넓은 이해를 도모한다.

공유 리더십 이론 리더십이란 리더십 역할이 부하 간에 분산되고 모두가 서로에게 영향을 미칠 수 있는 어떤 상태의 등장일 수 있다는 이론

공유 리더십은 강력하게 공유된 목적, 유연한 역할, 능동적이고 기능적으로 다양한 구성원으로 구성된 팀과 그룹에서 가능하며 사회적 지원, 자율성, 심리적 안전이 보장되는 환경에서 가능하다.[58] 또한 팀 구성 직후(팀원이 새로운 구조를 탐색하고 있을 때)와 팀 임기가 끝날 무렵(팀워크와 과정이 '마무리 단계'에 있을 때)에는 발생할 가능성이 낮다.[59] 공유 리더십에 대한 연구에 따르면 전반적으로 공유 리더십은 팀 성과, 태도, 행동을 개선하는 데 효과적이며 특히 구성원이 변혁적 또는 카리스마적 관행에 참여할 때(이 장의 후반부 참조), 팀 업무가 복잡할 때 효과적이다.[60] 이는 공유 리더십이 구성원 간의 신뢰, 공감, 응집성을 구축하는 데 도움이 되며 이를 통해 더 효과적인 팀이 될 수 있기 때문이다.[61] 공유 리더십은 또한 부하가 아이디어 생성 과정에서 서로를 지원하고, 목적 의식을 도출하고, 창의적으로 함께 일하는 것에서 의미를 도출하며, 아이디어를 현실화할 수 있는 능력을 갖추게 되기 때문에 창의성과 혁신의 결과로 이어질 수 있다.[62]

지금까지 논의된 모든 상황적합 이론 중에서 공유 리더십 이론은 최근 가장 인기 있는 이론 중 하나이다. 공유 리더십은 팀이나 그룹의 비교적 영구적인 요소가 될 수 있기 때문에 엄밀히 말하면 상황적합 이론은 아니다. 하지만 지지자가 항상 변화하는 리더십 문제와 팀이 직면한 도전에 자신의 능력 수준과 강점에 가장 적합한 방식으로 나서기 때문에 상황적합 이론으로 분류한다.[63] 공유 리더십은 극도로 불안정한 환경에서 운영되는 팀에 특히 유용할 수 있다. 예를 들어 응급외상센터의 의료팀은 종종 거의 즉흥적인 방식으로 리더십 책임을 공유하는데, 문제가 발생하면 해당 문제를 해결하기에 가장 적합한 팀원에게 리더십 책임을 위임한다.[64] 하지만 공유 리더십이 항상 유익한 것은 아니다. 그룹을 구성하는(그리고 리더십을 공유하는) 구성원이 서로 다른 수준의 권력(13장 참조)을 가지고 운영할 경우에 과업 갈등과 관계 갈등이 모두 발생할 수 있다.[65]

팔로워십 이론 지금까지 논의한 상황적합 이론과 마찬가지로 팔로워십 이론은 리더십의 성공있어 부하의 영향을 강조한다. 여러 가지 면에서 **팔로워십**(followership)은 기존의 리더십 이론과 달리 리더의 비전이나 일련의 목표를 실행에 옮길 수 있는 부하의 역량에 초점을 맞춘다(이전에 우리가 정의한 리더십의 개념과 비교).[66] 따라서 리더의 성공은 리더가 공통의 목표나 비전을 향해 영향력을 행사하려고 하는 부하의 자질과 구성에 의해 크게 좌우된다. 또한 리더

팔로워십 부하가 리더의 비전이나 일련의 목표를 실행할 수 있는 능력

의 감정과 행동은 부하의 영향을 받을 수 있다. 부하의 몰입도가 높으면 리더의 몰입도도 높으며, 부하의 에너지가 소진되면 리더의 에너지도 소진된다.[67]

지금까지 리더십에 대해 논의한 것과 매우 유사하게, 팔로워십 이론의 핵심요소는 이상적인 부하의 특성과 행동이 무엇인지에 대한 사람의 지각이다.[68] 그렇다면 훌륭한 부하가 되기 위한 조건은 무엇인가?[69] 연구에 따르면 이상적인 부하는 근면하고 열정적인 '좋은 시민' 또는 '팀 플레이어'이다. 이러한 부하직원은 열심히 일하고, 생산적이며, 신나고, 외향적이고, 행복하고, 충성스럽고, 신뢰할 수 있는 사람으로 묘사할 수 있다. 또한 이들은 더 나아가 조직시민행동(OCB)을 할 가능성도 높다. 좋지 않은 부하직원은 불복종, 무능, 순응의 경향이 있는 사람이다. 쉽게 영향을 받고, 트렌드를 따르며, 필요할 때에 목소리를 내지 않는 부하의 경우 집단이 정체될 수 있다. 또한 오만하거나 무례하거나 성질이 나쁜 부하직원은 관계 갈등을 유발하거나 악화시킬 수 있으며 그룹의 비전이나 목표에 방해가 될 수 있다. 마지막으로 부하가 꿈을 실현할 준비가 되어 있지 않다면(예: 필요한 지식, 기술, 능력, 경험의 결여) 리더의 비전에 방해가 될 수 있다. 궁극적으로 이러한 인식은 부하와 리더 모두의 성과에 대한 인식이 중요한데,[70] 특히 부하가 자신을 표현하는 방식이 진정성이 있는 경우에 더욱 그렇다.[71]

또한, '상사 관리'는 최근 대중매체에서 유행어가 되었는데,[72] 팔로워십 이론과 유사한 점이 많다. 하지만 이 개념은 관리자와 리더가 부하에게 영향을 미치기 위해 사용하는 것과 동일한 유형의 기술에 초점을 맞춰 팔로워십을 확장하고 이 기술을 리더에게 상향 적용하도록 한다. 이 개념은 부하가 다른 관점을 가진 리더를 이해하고 적응하며, 팀의 이익을 위해 그들을 탐색하고 그들에게 영향을 미치는 방법을 배우고, 어떻게 하면 생산적인 업무 관계를 형성할 수 있을지를 파악하기 위함이다.[73] 팔로워십과 '상사 관리'는 모두 비교적 새로운 개념이지만 조직행동 분야는 계속해서 무엇이 부하를 '움직이게' 하는지, 부하가 팀과 조직에서 어떻게 효과적일 수 있는지를 이해하기 위한 방향으로 나아가기를 기대한다.

위기상황에서의 리더십

"때가 되면 사람이 온다(Cometh the hour, cometh the man)"라는 영국 속담이 있다. 성차별적인 표현이지만,[74] 이 속담은 위기의 순간에 리더가 등장하여 혼란에 질서와 이해를 가져올 것을 암시한다.[75] 실제로 리더는 위기상황에서 나타날 수 있고 실제로 나타나기도 하는데, 이러한 비상상황에 얼마나 효과적으로 대처하는지에는 다양한 차이가 있다. 예를 들어 2020년 COVID-19가 발생했을 때, 앙겔라 메르켈(Angela Merkel) 독일 총리는 인상적이고 결단력 있고 확고하고 증거에 기반한 효과적인 리더십으로 찬사를 받았다. 이는 단순한 공로가 아니며 메르켈 총리의 지도력 아래 독일은 바이러스 발생 당시 세계에서 가장 낮은 사망률 중 하나를 기록했다.[76] 평화와 안정의 시기에는 **유리 절벽**으로 인해 여성 리더의 등장이 저조한 경향이 있다(자세한 내용은 2장 참조).[77] 이러한 **위기-여성 효과**로 인해 여성은 현상 유지기간에 리더로 간주되지 않는데, 이는 종종 충분히 주체적이지 않다는 고정관념으로 인해 여성 리더의 등장을 막기 때문이다(사실 여성이 남성보다 더 혹은 덜 효과적이라는 증거는 거의 없다).[78] 스트레스 상황이 초래하는 시간 압박, 복잡성, 위협으로 인한 부담은 말할 것도 없이, 이 현상은 위기에서의 리더십이 '때가 되었다(cometh the hour)'라는 속담이 암시하는 것처럼 단순하지 않다는 것을 나타내는 많은 지표 중 하나일 뿐이다.[79]

2차 세계대전 당시 훈장을 받은 전투 영웅과 같은 위기상황에 리더는 종종 열성적이고 충성스럽고, 위험을 감수하고, 변혁적인 것처럼 신화적이고 영웅적인 용어로 다뤄진다.[80] 흥미롭게도 수십 년에 걸친 역사적 리더십에 대한 한 연구에 따르면 성공적인 리더십 일화의 상당 부분이 전략 수립(예: 상황 분석, 위임, 계획)과 조정(예: 행동 조율, 정보 흐름 관리)과 같은 **거래적 행동**(이 장의 후반부에서 정의함)과 관련이 있다.[81] 상황 분석은 특히 중요한 것으로 보이는데, 연구에 따르면 위기팀을 관리하는 리더는 부하와 위기에 대한 공유된 정신적 모델(10장 참조)을 향해 빠르게 이동한다.[82] 감정 또한 큰 역할을 한다. 예를 들어 한 연구에서 조직에 막대한 비용을 초래한 제품 리콜을 책임진 리더가 책임을 받아들이고 슬픔을 표현할 때(책임을 부정하거나 분노하는 것이 아니라) 더 호의적으로 평가되었다.[83]

위기상황의 모든 리더십 스타일 중에서 카리스마 리더십은 가장 많이 연구되었다. 위기상황에서 카리스마적 리더십은 **비전 제시형**(예: 비전 수립부터 시작하여 행동에 대한 간청) 또는 **위기 대응형**(예: 행동에 대한 간청으로 시작하여 시간이 지남에 따라, 효과적인 결과를 전달함으로써 이 행동을 정당화)일 수 있다.[84] 두 가지 형태 모두 서로 다른 방식으로 효과적일 수 있지만, 위기 대응적 접근 방식은 위기가 끝나고 나면 덜 자주 사용되는 경향이 있다.[85] 부하는 또한 위기상황에 민감하게 반응하며, 이는 리더십 귀인에 영향을 미친다. 예를 들어 대통령 선거에 대한 분석에 따르면 위기에 대한 인식은 유권자의 후보자에 대한 카리스마 귀인과 카리스마 있는 후보자에 대한 투표 의향을 예측한다.[86] 카리스마 리더십과 변혁적 리더십의 효과는 위기가 끝난 후에도 반향을 일으킬 수 있다. 예를 들어 미육군부대 리더를 대상으로 한 연구에 따르면 위기상황이 끝난 후 변혁적 리더가 있는 부대에서 부대원의 이직률이 낮으며 공유된 경험으로 인해 부대원이 부대에 더욱 소속감을 느낀다.[87]

긍정적 리더십 스타일과 관계

리더십에 대한 이해를 위한 과학은 끊임없이 진화하고 있다. 최근 몇 년 동안 현대 이론은 리더가 부하에게 긍정적인 영향을 미치고 부하와 양질의 교류관계를 구축하는 긍정적인 방식에 초점을 맞추고 있다. 먼저 리더가 각 부하와 독특한 관계를 형성하는 방법을 설명하는 리더-부하 교환(LMX) 이론을 설명하려 한다. 그리고 나서 리더가 부하의 관심과 동기를 이끌어내는 긍정적인 방식을 설명하고자 하는 카리스마 리더십과 전범위 리더십 이론을 살펴보려 한다.

12-4 긍정적 리더십 스타일과 관계에 대해 설명할 수 있다.

리더-부하 교환 이론

알고 있는 리더를 생각해보자. 그 리더가 각별히 생각하는 내집단이 있는가? 이 질문에 그렇다고 답한다면, **리더-부하 교환 이론**(leader-member exchange theory, LMX theory)을 인정하는 것이다.[88] 리더-부하 교환 이론에 따르면 리더와 부하는 각 부하직원마다 고유한 일대일관계(예: 어떤 부하직원은 다른 부하직원에 비해 더 좋은 관계를 맺음)를 갖게 된다. 또한 이에 따르면 리더는 부하직원 중에서 몇몇 사람하고만 좀 더 특별한 관계를 구축한다. 이 내집단에 속한 개인은 신뢰를 얻고 리더에게 상당한 관심을 받으며 특권을 누린다. 다른 부하직원은 외집단에 속하게 된다.

리더-부하 교환(LMX) 이론 (1) 리더와 부하직원이 질적으로 다양한, 독특한 관계를 형성하며, (2) 부하직원은 내집단, 외집단을 형성한다는 이론. 내집단 지위를 가진 부하직원은 높은 성과 평가를 받으며 이직률이 낮고 직무 만족도가 높을 가능성이 높음

도표 12-3 리더-부하 교환 이론

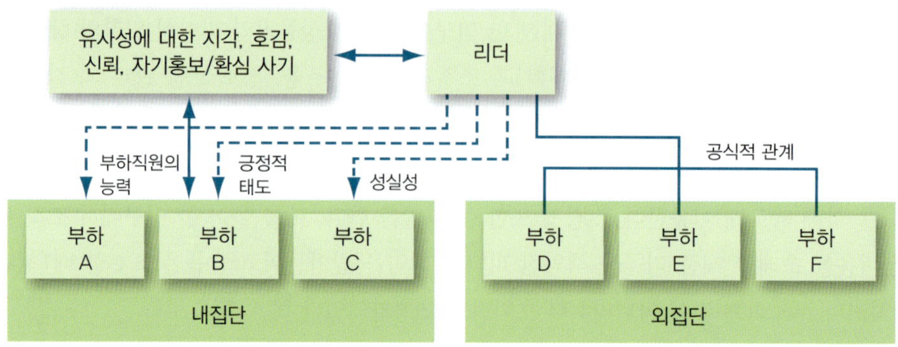

관계를 온전하게 유지하려면 리더와 부하는 관계에 투자해야 한다(도표 12-3 참조). 유능하고, 성실성이 높으며, 주도적이고, 긍정적 직원일수록 (환심을 사는 행동을 하거나 자기홍보를 잘하는 직원과 더불어) 리더와 높은 질적관계를 가지며 내집단에 속할 가능성이 높다.[89] 리더는 감정 노동과 변혁적 리더십 행동, 부하직원에게 환심을 사는 행동, 더 긴밀한 관계를 맺고자하는 직원에게 보상을 제공하고, 그렇지 않은 사람을 처벌하는 행동을 통해 높은 질의 LMX라는 인식을 유도한다.[90] 리더와 부하직원이 상호작용할 때 연구에 따르면 리더와 부하직원은 서로 사회적 자본을 구축한다. 이들은 기여에 대한 의무감을 느끼면 관계에 더 많이 기여하고, '충분히 했다'고 생각하면 기여를 유보한다.[91] 하지만 일반적으로 리더와 부하직원은 상사의 부하에 대한 기대치가 높고, 서로 비슷하다고 생각하며, 서로에게 호감을 느끼고, 신뢰할 때 시간이 지남에 따라 높은 질의 관계를 만들어가는 경향이 있다.[92] 리더와 부하직원의 성별이 다른 경우보다 성별이 같은 경우 더 가까운 관계(높은 질의 리더- 부하 교환 관계)를 형성한다.[93] LMX 질의 수준이 어떠냐에 대한 인식과 관계없이 LMX가 리더와 부하직원에게 갖는 중요도에도 차이가 있는 것이 사실이다(일부 직원은 다른 직원에 비해 LMX를 덜 중요하게 여긴다).[94]

리더-부하 교환 이론을 검증한 연구는 대체로 이론을 지지하며, 리더가 부하직원을 차별화한다는 실질적인 증거가 있다. 이러한 다른 대우는 무작위적인 것은 아니다. 내집단 지위를 가진 부하는 더 높은 성과 평가를 받고(객관적으로도 좋은 성과를 내며), 직장에서 더 많은 도움행동과 조직시민행동을 하며, 규범에서 벗어나거나 반생산적 업무행동(CWB)을 덜 하고, 필요한 상황에서 목소리를 내며, 리더에 대한 만족도가 높다.[95] 리더-부하 교환 관계는 직원의 신뢰, 동기부여, 임파워먼트, 직무 만족도 향상을 통해 이러한 업무 결과물에 영향을 미친다(신뢰가 가장 큰 영향을 미침).[96] LMX는 직장에서의 심리적, 신체적 웰빙 뿐만 아니라 스트레스와 번아웃 증상 감소와도 밀접한 관련이 있다. 예를 들어, 부하직원은 외면당했다거나 소외감을 느낄 가능성이 적다.[97] LMX는 심지어 고용 가능성, 경력 성공과도 연관되어 있는데 강한 LMX를 가진 직원은 다른 직원보다 더 높은 급여, 보너스, 승진을 받았다.[98]

또한 리더가 '편애'를 하고 노골적으로 내집단과 외집단을 형성하는 정도는 집단이나 팀 성과에 부정적인 영향을 미치는 경향이 있다. LMX는 집단 성과에 미치는 영향은 미약하지만, 리더가 편애를 하면 팀 태도, 집단 효능감, 공정성 분위기, 조율에 부정적인 영향을 미치고 팀 내 갈등을 유발할 수 있다.[99] 그러나 (단순히 편애가 아닌) 팀원의 실제 성과에 기반하여 교환이 형성되는 경우에는 해당되지 않는 것 같다.[100] 반면에 팀원의 전반적인 LMX 질의 수준(부하직원이 자신의 리더와의 관계를 얼마나 강하다고 보는지)은 작업 그룹이나 팀 성과에 더 중요한 경향이 있다.[101] 다시 말해서 리더가 모든 사람을 어느 정도 잘 대하면 부하직원은 행복할 가능성이 높다. 리더십 대체 이론과 유사하게(이 장의 후반부에서 설명), 동료 간의 교환의 질은 종종 낮은 LMX의 부정적인 영향을 대체하거나 상쇄할 수 있다.[102]

하지만 LMX의 효과에는 몇 가지 제한 조건이 있다. 예를 들어 LMX와 신뢰, 직무 만족도, 정의에 대한 인식, 조직시민행동, 이직 의도와의 관계는 부분적으로 문화에 따라 달라진다. 23개국에서 약 70,000명의 직원을 대상으로 한 연구에서 연구진은 LMX가 집단주의 문화보다는 개인주의 문화에서 더 중요하다는 것을 발견했다.[103] 또 다른 한계는 리더와 부하 간의 관계의 질에 대한 합의 정도(예: 상사가 생각하기에 관계가 훌륭하지만 부하직원은 그렇게 생각하지 않을 수 있음)는 그다지 강하지 않다는 것이다. 둘 사이의 의견 불일치는 (누가 더 강한 관계라고 인식하든 간에) 직원의 몰입을 저해할 수 있다.[104]

카리스마 리더십

특정 리더에게는 사람이 그 리더에게 끌리게 만드는 '무언가'가 있다. 마틴 루터 킹 주니어 목사, 마하트마 간디, 버락 오바마 전 대통령과 같은 리더에게는 분명한 존재감이 있으며, 이는 사람을 통합하고 변화시키는 그들의 능력이라고 부분적으로 설명할 수 있다.[105] 두 가지 현대 리더십 이론인 카리스마적 리더십과 변혁적 리더십(곧 논의 예정)은 위대한 리더 논쟁에서 공통된 주제를 공유한다. 두 이론에서 리더는 말, 생각, 행동을 통해 부하직원에게 영감을 주는 사람이라고 본다.

카리스마 리더십이란 무엇인가 사회학자인 막스 베버(Max Weber)는 카리스마('선물'이라는 뜻의 그리스어에서 유래)를 '초자연적, 초인간적인 것 또는 매우 특별한 권위나 자질을 부여받았다고 여겨지는 보통 사람과 구분되는 개인 성격의 어떤 자질'이라고 정의하면서 '보통 사람은 가질 수 없고 신성한 것이나 모범적인 것으로 간주되어 이러한 특성을 가진 개인을 리더로 여겼다'고 했다.[106]

카리스마 리더십 이론(charismatic leadership theory)에 따르면, 부하직원은 특정 행동(예: 가치 중심, 상징적, 감정적인 행동)을 관찰할 때 영웅적이거나 특별한 리더십 능력으로 귀인하고 리더에게 권력을 부여하는 경향이 있다.[107] 많은 연구에서 카리스마 리더의 특성을 알아내려고 시도했다. 카리스마 리더는 비전을 가지고 있고, 사명감을 가지고 있으며, 그 비전을 달성하기 위해 기꺼이 개인적 위험을 감수하고, 부하의 요구에 민감하며, 비범한 행동(즉, '흐름을 거스른다')[108]을 보인다(도표 12-4 참조). 일부 연구에 따르면 지능(인지 능력과 '큰 그림을 볼 수 있는 능력' 모두), 외향성, 순응성은 카리스마 리더십의 동기부여 요소와 영향력 요소에 관련이 있다.[109] 카리스마 리더십 이론에 따르면 이러한 성격 특성은 리더가 직장에서 일어나는 일에 대해 긍정적인 태도로 반응하도록 하고, 이들의 정서지능(EI)은 부하직원을 단결시키고 불리한 업무상황에 건설적으로 대처할 수 있게 한다.[110]

카리스마 리더십 이론 부하직원이 어떤 행동(예: 가치 중심적, 상징적, 감정적인 행동)을 관찰하면 영웅적이거나 비범한 리더십 능력으로 귀인한다는 리더십 이론

카리스마 리더는 부하직원에게 어떻게 영향을 미치는가 카리스마 리더십은 부하직원의 결과물

디지털 캠코더 회사 고프로(GoPro)의 설립자이자 CEO인 닉 우드먼(Nick Woodman)은 활기차고 열정적이며 낙관적이고 자신감 넘치며 외향적인 카리스마 리더이다. 우드먼의 카리스마는 여러 사람이 사진과 영상을 통해 자신의 삶을 공유할 수 있게 한다는 고프로의 비전을 향해 일하도록 직원에게 영감을 준다.

출처: Victor J. Blue/Bloomberg/Getty Images

에 긍정적인 긍정적인 영향을 미친다. 예를 들어 이러한 리더는 부하의 업무 성과, 조직시민행동을 향상시킬 뿐만 아니라 이직과 스트레스 요인을 낮추거나 재구성한다.[111] 그런데 카리스마 리더는 부하직원에게 어떤 영향을 미치는가? 이는 리더가 호소력 있는 **비전**(vision), 즉 팀, 그룹, 조직의 더 나은 미래와 현재를 연결함으로써 목표를 달성하는 장기 전략을 명확히 설명하는 것에서 시작된다.[112] 바람직한 비전은 시대와 환경에 적합할 뿐 아니라 조직의 특수성을 반영한다. 따라서 조직구성원은 리더가 얼마나 열정적으로 소통하는가, 어떤 비언어적 신호(예: 오랜 시선 접촉)를 사용하는가에 의해서만 영감을 받는 것이 아니며,[113] 어필할 수 있는 메시지가 있어야 한다. 예를 들어 교사 간에 비전을 공유하려고 하는 카리스마적 교장은 조직의 분위기(16장 참조)를 개선할 수 있으며 그 결과 학교 성과를 개선할 수 있다.[114]

비전 하나의 목표나 여러 목표를 달성하기 위한 장기적 전략

비전은 조직의 비전과 의무를 공식적으로 설명한 **비전 선언문**(vision statement)을 필요로 한다.[115] 카리스마적 리더는 비전 선언문을 활용하여 부하에게 전체적인 목표와 목적을 각인시킨다. 이러한 리더는 협동과 상호지지의 분위기를 형성한다. 이들은 높은 성과에 대한 기대치와 부하가 이를 달성할 수 있다는 믿음으로 자존감과 자신감을 심어준다.[116] 리더는 말과 행동

비전 선언문 조직의 비전 또는 임무에 대한 공식적으로 설명

도표 12-4 카리스마 리더의 주요 특성

1. **비전과 명확한 표현**: 이상적인 목표로 표현되는 비전을 가지고 있다. 현재 상태보다 더 나은 미래를 제안하며 다른 사람이 이해할 수 있는 용어로 비전의 중요성에 대해 분명하게 설명할 수 있다.
2. **개인적 위험**: 큰 개인적 위험을 떠맡고, 비싼 대가를 치르며, 비전을 달성하기 위해 자신을 기꺼이 희생한다.
3. **부하직원의 요구에 대한 민감성**: 부하직원의 능력을 감지하고 그들의 요구와 감정에 반응한다.
4. **관습에 얽매이지 않는 행동**: 새로우면서도 관습에 저항하는 행동을 한다.

출처: J. A. Conger and R. N. Kanungo, *Charismatic Leadership in Organizations* (Thousand Oaks, CA: Sage, 1998), 94에 기초함.

을 통해 새로운 일련의 가치를 전달하고 부하가 본받을 수 있는 모범을 제시한다. 마지막으로 카리스마적 리더는 감정을 유발하고 종종 비전에 대한 용기와 확신을 보여주기 위해 파격적인 행동을 한다.

연구에 따르면 카리스마 리더십은 부하가 리더가 전달하는 감정을 '파악'하면서 작동한다.[117] 특히 카리스마적 관리자는 주위에 신비감 있는 분위기와 일종의 자성을 가지고 있는 것 같다. 이러한 인식은 그들이 이해하기 어려운 이유로 성공하는 것 같을 때나 그들의 카리스마 효과가 부하직원 전체에 퍼질 때 일어난다.[118] 일부 성격의 경우는 특히 카리스마 리더십의 영향을 많이 받는다.[119] 예를 들어 자존감이 낮거나 핵심자기평가가 낮은 사람은 리더의 지시를 받아들일 가능성이 더 높다. 이러한 사람에게 상황적인 특성은 리더의 카리스마적인 자질보다 훨씬 덜 중요할지도 모른다.

카리스마 리더십은 상황에 따라 효과가 달라지는가 카리스마 리더십은 많은 상황에서 긍정적인 효과가 있다. 그러나 그 효과를 강화하거나 약화시키는 상황적 특성이 존재한다. 카리스마 리더십 효과를 강화하는 한 가지 요인은 스트레스이다. 사람은 위기를 감지하거나 스트레스를 받을 때 특히 카리스마 리더십을 수용하는데, 아마도 과감한 리더십이 필요하다고 생각하기 때문일 것이다. 보다 본능적인 원인도 존재한다. 사람은 심리적으로 각성되었을 때 심지어 실험실 연구에서조차 카리스마적 리더에게 더 잘 반응하는데, 특히 리더가 해결책을 제시하지 않거나 부정적인 면에 초점을 두기보다는 건설적이고 '향상 지향적'인 언어를 사용할 때 그러하다.[120] 스트레스는 리더에게도 중요하다. 리더가 스트레스를 받을 때, 카리스마적 행동을 하기 위해 필요한 자원이 부족해진다.[121] 스트레스는 왜 카리스마적 리더가 정치든 종교든 전쟁 중이나, 사업 초기 단계, 사업 위기에 직면했을 때 부각되는지를 설명해준다. 예를 들어 미국 대통령 도널드 트럼프는(대통령직을 둘러싼 논란과 분열에도 불구하고) '미국을 다시 위대하게' 만들겠다는 카리스마적 비전을 제시해 많은 환영을 받았는데, 이는 아마도 언론이 조장하고 부추긴 위험이나 위기상황 때문일 것이다.[122] 또 다른 요소는 모호성이다. 어떤 사람의 행동을 정확하게 평가하거나 관찰할 수 없는 경우는 단서(예: 카리스마 있는 행동)를 활용하여 그가 효과적인 리더인지를 평가하게 된다. 예를 들어 미국 대통령과 CEO를 대상으로 한 연구에 따르면 특히 모호한 상황에서 카리스마는 누가 리더로 선택되거나 임명되는지를 잘 예측하는 것으로 나타났다.[123]

카리스마 리더십의 부정적 측면 불행하게도 실제보다 과장된 카리스마적 리더의 경우 언제나 조직이나 구성원의 이익을 최우선으로 삼지는 않는다.[124] 연구에 따르면 나르시시스틱한 사람은 카리스마 리더십과 관련된 몇몇 행동을 더 많이 하는 것으로 나타났다.[125] 게다가 연구에 따르면 카리스마 리더십은 부하직원의 공정성 지각을 과도하게 왜곡할 수 있다. 부하는 카리스마적 리더를 긍정적인 시각으로 보기 때문에 (의식적이든 아니든) 리더를 공정하다고 인식하고자 할 수 있다.[126] 본질적으로 카리스마 리더십은 긍정적인 리더십 도구이지만 비도적적인 수단으로 사용될 수 있다. 카리스마적이지만 부패한 많은 리더가 개인의 목표가 조직의 목표보다 우선하도록 했다. 전 세계의 기업 리더는 개인의 이익을 위해 조직의 자원을 무분별하게 사용하거나 비윤리적으로 법을 위반하여 주가를 부풀린 후 개인 스톡옵션으로 수백만 달러를 현금화했다. 예를 들어 혈액 검사 회사인 테라노스(Theranos)와 트럭운송 스타트업인 니콜라

(Nikola)의 리더는 자사기술의 기능에 대해 거짓말을 하고 기술의 독창성과 영향력에 대해 투자자를 설득했다.[127] 카리스마 리더십이 효과적이지 않다는 것이 아니다. 전반적으로 카리스마 리더십은 효과가 있다. 하지만 카리스마적 리더가 항상 정답은 아니다. 성공 여부는 상황, 리더의 비전, 결과를 모니터링하기 위한 조직의 견제와 균형 장치에 달려 있다.

전범위 리더십 모델

전범위 리더십 모델 리더십에는 여러 가지 접근 방식이나 스타일(거래적, 변혁적)이 있으며 수동적이고 비효율적인 것에서부터 능동적이고 효과적인 것까지 다양하게 연속선상에 존재한다는 리더십 모델

전범위 리더십 모델(full range leadership model)은 리더십에는 여러 가지 접근 방식이나 스타일(자유방임, 거래적, 변혁적)이 있으며 수동적이고 비효율적인 것에서부터 능동적이고 효과적인 것까지 다양하게 연속선상에 존재한다고 제시한다. 도표 12-5는 전범위 리더십 모델을 도표 12-6은 모델의 일곱가지 리더십 스타일의 개별 특성을 보여준다.

자유방임형 리더십 리더십 책임을 수동적으로 포기하고 회피하는 리더십 스타일

자유방임형 리더십 가장 비효과적인 리더십 스타일부터 알아보자. 라잇 매니지먼트(Right Management)의 설문에 따르면 직원의 17%만이 상사가 자신을 개발하는 데 적극적으로 참여하고 있다고 답했으며, 68%는 상사가 전혀 관여하지 않는다고 답했다.[128] 68%에 속하는 직원은 주로 자유방임형 리더십을 사용하는 리더와 일할 가능성이 높다. **자유방임형 리더십**(Laissez-faire leadership)은 프랑스어로 글자 그대로 '내버려 두라' (또는 '아무것도 하지

도표 12-5 전범위 리더십 모델

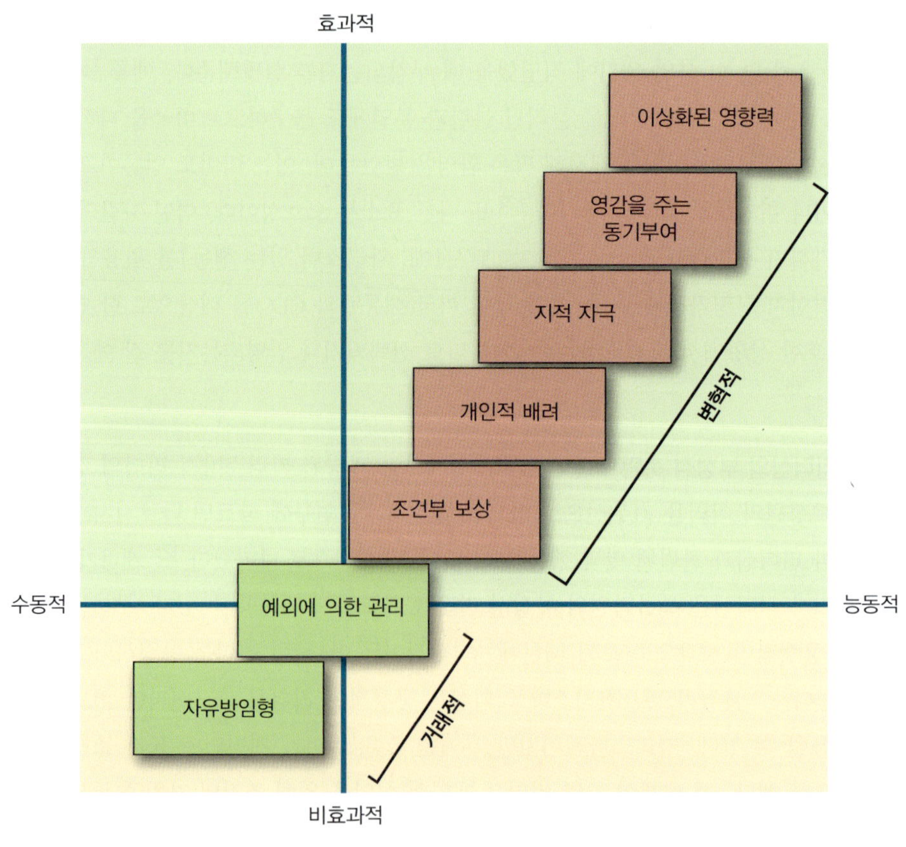

출처: B. M. Bass and B. J. Avolio, *Improving Organizational Effectiveness Through Transformational Leadership* (Thousand Oaks, CA: Sage, 1994)에 기초함.

도표 12-6 전범위 리더십 스타일의 특성

자유방임형 리더
자유방임형: 책임과 의사결정을 회피함
거래적 리더
조건부 보상: 노력에 대해 보상을 제공하기로 계약하고, 훌륭한 성과에 대한 보상을 약속하며, 성취를 인정함
예외에 의한 관리(능동적): 규칙과 표준에서 벗어나는지 지켜보고 조사하며 수정조치를 함
예외에 의한 관리(수동적): 기준에 부합하지 않을 때에만 개입함
변혁적 리더
이상화된 영향력: 비전과 미션을 제시하고, 자긍심을 불어넣으며, 존경과 신뢰를 얻음
영감을 주는 동기부여: 높은 기대치를 전달하고, 노력에 집중할 수 있게 상징을 사용하며, 중요한 목적을 쉽게 표현함
지적 자극: 지능, 합리성, 신중한 문제해결을 도모함
개인적 배려: 개인적 관심을 보이고, 직원 각자를 개별적으로 다루며, 코칭하고 조언함

출처: B. M. Bass, "From Transactional to Transformational Leadership: Learning to Share the Vision," *Organizational Dynamics* 18, no. 3 (1990): 19-31.

마라')를 의미하는데, 가장 수동적이고 따라서 가장 효과가 적은 리더행동이다.[129] 자유방임형 리더십은 수동적이지만, 그 효과 또한 수동적인 것은 아니다.[130] 예상과는 달리 자유방임적인 리더가 이끄는 팀의 구성원은 일반적으로 리더십의 공백을 메우기 위해 '나서지' 않는다. 대신 사회학습 이론과 일관되게(7장 참조) 팀원도 수동적인 리더의 행동을 반영해 리더십 행동을 소홀히 하는 경향이 있으며, 이는 팀 성과에 해를 끼친다.[131] 자유방임형 리더는 부하에게 감정적인 피해를 줄 수도 있다. 예를 들어 많은 부하직원은 종종 상사를 포함한 다른 사람과의 관계를 통해 자신을 정의한다. 이러한 직원에게 소극적이고 자유방임적인 리더는 직원이 LMX의 질이 낮다고 느끼게 하고 조직에 대한 헌신도를 떨어뜨릴 수 있다.[132] 이는 특히 괴롭힘이나 학대를 경험하는 부하직원에게 중요한데 '아무것도 하지 않는' 상사는 역할 갈등과 모호성, 관계 갈등, 괴롭힘, 스트레스가 많은 근무 환경을 조장할 수 있다.[133]

거래적 리더십 **거래적 리더**(transactional leader)는 역할과 과업 요구사항을 명확히하고, 필요한 경우 보상과 처벌을 주며(조건부 보상), 상황에 따라(수동적 또는 능동적) 개입함으로써(예외에 의한 관리) 부하직원을 확립된 목표를 향해 이끈다.[134] 거래적 리더의 유형은 도표 12-6에 소개되었다. 리더가 위기상황에서 주로 '불을 끄며' 직원의 성과를 모니터링하여 오류를 찾아내고, 문제가 있을 때에만 부하와 상호작용하는 **예외에 의한 관리**는 일반적으로 비효과적인 리더십 스타일이다.[135] 특히 예외에 의한 관리는 능동적 혹은 수동적으로 활용될 수 있는데, 수동적인 형태가 더 비효율적인 경향이 있다.[136] **조건부 보상** 리더십은 직원의 노력에 대해 미리 정해진 보상을 제공하는 것인데 효과적인 리더십 스타일이 될 수 있지만 직원이 정해진 의무 이상의 것을 하게 만들지는 못한다.[137]

거래적 리더 역할과 과업 요구사항을 명확히하고, 필요한 경우 보상과 처벌을 주며, 상황에 따라(수동적 또는 능동적으로) 개입함으로써 부하직원을 확립된 목표를 향해 이끌고 동기부여하는 리더

상황적 리더십 이론을 포함해 앞서 논의한 리더십 접근법 중 일부는 거래적 접근법에 초점을

두는 경향이 있다. 때때로 거래적 리더십 접근 방식이 필요하다.[138] 예를 들어 해양 굴착장치 직원을 대상으로 한 연구에 따르면 상황이 필요로 할 때 적극적으로 개입하는 리더는 직원으로 하여금 안전행동에 더 많이 참여하게 하며, 특히 사고가능성이 높을 때 더욱 그렇다.[139]

변혁적 리더 부하가 자신의 이익을 초월해 조직의 이익을 위하도록 영감을 주는 리더

변혁적 리더십 **변혁적 리더**(transformational leader)란 부하가 자신의 이익을 초월해 조직의 이익을 위하도록 영감을 준다.[140] 변혁적 리더는 부하에게 특별한 영향을 줄 수 있다.[141] 도리스 컨스 굿윈(Doris Kearns Goodwin)은 저서 《혼돈의 시대 리더의 탄생(Leadership in Turbulent Times)》에서 에이브러햄 링컨, 시어도어 루즈벨트, 린든 존슨과 같이 미국인에게 개인적으로 호소하고 부하가 국가를 위한 목표를 추구하기 위해 희생하도록 영감을 준 역대 대통령의 변혁적 특성에 대해 설명한다.[142] 리더가 변혁적인 행동을 하는지 여부는 상당부분 문화와 산업에 따라 달라진다는 증거가 있다. 예를 들어 18개국에서 수행된 수십 개의 연구를 검토한 연구에 따르면, 변혁적 리더십은 보건과 보안 산업이나 자기주장과 평등주의를 중시하고 권력 거리가 낮은 문화에서 전 세계적으로 더 자주 사용된다.[143]

도표 12-6은 변혁적 리더십 스타일의 특성을 간략하게 확인하고 정의하고 있다. 개인적 배려, 지적 자극, 영감을 주는 동기부여, 이상화된 영향력('네 가지 I'라고 함)은 모두 직원의 추가적인 노력이나 더 높은 수준의 생산성, 창의성, 웰빙, 사기와 만족도, 조직 효과성, 심리적 안정감(또한 필요할 때 자유롭게 목소리를 낼 수 있는 부하직원의 자유), 심리적과 신체적 건강 개선으로 이어지며 이직률과 결근율을 낮추고 조직 수준의 적응력을 향상시킨다.[144]

긍정적 리더십 스타일의 통합과 평가

첫째, 자유방임형 리더십과 관련하여 한 가지 분명한 결론은 아마도 사용하지 말아야 한다는 것이다. 자유방임형 리더십, 즉 아무것도 하지 않는 것(종종 무언가를 해야 할 때)은 대부분 사회적 태만, 대인 관계의 악화, 유해한 그룹 또는 업무 환경의 지속과 같은 파괴적인 결과를 초래한다. 하지만 카리스마적 스타일과 거래적 스타일과 변혁적 스타일을 비교하는 것은 다소 까다롭다. 이 세 가지는 모두 그 자체로 유용할 수 있지만, 변혁적 리더십의 경우가 일관되게 최적의 리더십 결과를 낳는 경향이 있다. 따라서 이 절에서는 카리스마 리더십과 거래적 리더십을 변혁적 리더십과 비교하는 데 주로 초점을 두려고 한다.

변혁적 리더십 대 카리스마 리더십 변혁적 리더십과 카리스마 리더십은 몇 가지 분명한 공통점이 있다. 물론 차이점도 있다. 이전 절에서 논의했듯이 카리스마적 가치기반의 호소를 하면 상징적이고 감정적인 수단으로 소통한다.[145] 카리스마 리더십은 리더가 소통하는 방식(열정적이고 역동적인가)에 더 중점을 두는 반면에 변혁적 리더십은 소통의 내용에 더 초점을 둔다(개인의 요구에 맞추었는가, 지적으로 자극을 주는가, 영감을 주거나 영향력이 있는가).[146] 근본적으로 두 이론 모두 부하직원을 고무하는 리더의 능력에 초점을 맞추며, 때로는 비슷한 방식과 효과로 나타나기도 한다.

변혁적 리더십 대 거래적 리더십 거래적 리더십과 변혁적 리더십은 상호보완적이며 상반된 접근 방식이 아니다.[147] 변혁적 리더십은 거래적 리더십을 기반으로 하며, 거래적 리더십만으로는 할 수 없는 수준의 부하직원의 노력과 성과를 창출한다. 두 가지 모두 중요한 경향이 있지

만, 변혁적 리더십이 그룹 성과, 조직시민행동, 리더에 대한 만족도에 더 중요한 반면, 거래적 리더십 (주로 조건부 보상)은 리더의 효과성, 부하직원 성과, 부하직원 직무 만족도에 더 중요한 것으로 보인다.[148] 또한 앞서 언급했듯이 예외에 의한 관리(적극적)와 같은 거래적 리더십 행동도 조직 내 효과적인 업무 수행과 안전행동을 위해 그 자체로 중요하다.[149]

많은 연구자가 예외에 의한 관리 방식은 효과면에서 뒤처지지만, 거래적 리더십의 조건부 보상의 경우 변혁적 리더십의 많은 측면과 비교할 때 비슷하게 효과적이라고 했다.[150] 흥미롭게도 최근의 연구에 따르면 예외에 의한 관리는 장점과 단점이 모두 존재하며 서로 상쇄되는 양날의 검일 수 있다.[151] 관리자가 부하직원을 능동적 또는 수동적으로 모니터링하고 필요할 때만 개입하면 부하직원은 자율적으로 업무를 수행하도록 임파워된다고 느낄 수 있다(예: 세세하게 통제되지 않음). 이는 높은 업무 성과와 조직시민행동으로 이어질 수 있다. 하지만 동시에 이러한 직원은 리더와의 LMX 관계의 질이 낮다고 느낄 수도 있다. 문제가 있을 때만 개입하는 리더는 관계를 구축하는 행동을 하지 않을 가능성이 높으며 이는 LMX, 성과, 조직시민행동을 저해할 수 있다. 이 연구결과는 이러한 스타일을 효과적으로 사용하기 위해 상황적 접근법이 얼마나 중요한지를 보여준다. 항상 상황적 요구와 이러한 요구를 충족하는 데 가장 효과적일 수 있는 리더십 스타일을 항상 염두에 두어야 하며, 선택한 리더십 스타일의 의도치 않은 부작용을 해결하기 위해 노력해야 한다.

변혁적 리더십의 효과가 큰 이유 전반적으로 일련의 철저한 연구를 통해 변혁적 리더십이 왜 그렇게 효과적인지 알아내려고 노력했다.[152] 일반적으로 연구자는 다음과 같은 다섯 가지 이유로 변혁적 리더십이 효과적이라는 사실을 발견했다(해당하는 이유의 상당수가 이 책의 여러 장에 해당함).[153]

1. **정서적 또는 태도적 메커니즘**: 변혁적 접근 방식은 긍정적인 직원 기분, 감정, 직무 만족도, 조직 몰입도, 웰빙을 증진한다.
2. **동기부여 메커니즘**: 변혁적 접근 방식은 직원을 동기부여하는 데 직원은 자신감과 몰입도가 높아지고 더 많은 시간과 노력을 기꺼이 투자한다.
3. **동일시 메커니즘**: 변혁적 접근 방식은 직원으로 하여금 팀이나 조직뿐만 아니라 리더와 리더의 가치와 정체성을 개인적으로 동일시하게 한다.
4. **사회적 교환 메커니즘**: 변혁적 접근 방식은 리더와 부하 간의 교환의 질과 관계를 개선한다(즉, LMX: 이 장의 앞부분 참조). 또한 부하는 리더, 팀, 조직이 자신을 지원한다고 인식할 가능성이 높아진다.
5. **정의 증진 메커니즘**: 변혁적 접근 방식은 직원의 공정성에 대한 인식을 개선하여 부하가 더 많이 기여하고 리더, 팀, 조직을 더 신뢰하도록 동기부여한다.

연구에 따르면 '사회적 교환 메커니즘'이 리더십 행동과 스타일이 결과에 영향을 미치는 주된 '이유'이다. 리더-부하 관계의 질(예: LMX)에 대한 인식을 개선하는 리더십 행동은 결과적으로 부하의 성과를 높인다.[154] 다른 이유도 마찬가지로 중요하지만, 개선된 사회적 교환과 LMX를 통해서 변혁적 리더십이 작동하는 것 같다. 즉, ① 변혁적 리더십 접근 방식은 리더-부하 관계를 개선하고, ② 이렇게 개선된 관계가 긍정적인 정서, 태도, 동기부여, 동일시, 정의 관련 변화를 위한 길을 열어준다.

변혁적 리더십의 단점 일반적으로 조직은 변혁적 리더가 있을 때 더 좋은 성과를 낸다. 하지만 변혁적 리더십에 대한 비판이 없는 것은 아니며, 그중 일부는 변혁적 리더십 행동은 조작적이며 영감을 주는 사람에게 부당하게 많은 권한을 부여한다고 대담히 주장한다.[155] 또한 변혁적 리더십은 아무것도 하지 않거나 수동적으로 리드하는 것에 비해 '쉽지' 않다. 이러한 리더십은 리더에게 타격을 입혀 감정적으로 소진되거나 리더십 자리를 떠나게 할 수 있다.[156] 이는 특히 부하직원의 성실성과 역량이 낮을 때 그렇다.[157]

다른 사람은 변혁적 리더십 이론의 어떤 차원이 가장 중요한지, 정확히 어떻게 이러한 차원이 결합하여 변혁적 리더십을 형성하는지, 변혁적 리더십의 각 차원이 어떻게 다른 결과로 이어지는지 이해하면 도움이 될 것이라고 지적했다.[158] 더 중요한 비판은 변혁적 리더십을 측정하는 설문 방식인데, 변혁적 리더십이 종종 그 결과물과 혼동될 수 있다는 것이다. 예를 들어 리더가 개별적으로 주의를 기울이고, 지적으로 자극하고, 영감을 주고, 영향을 미치는 행동을 하는가? 아니면 부하가 특별한 배려를 받고, 지적으로 자극을 받고, 영감을 받고, 영향을 받는다고 인식하는 것인가? 다시 말해서 이것은 실제 행동인가, 아니면 단순히 부하직원의 바람직한 결과물인가?[159]

리더십의 (비)윤리적 측면

12-5 윤리적인 조직을 만드는 데 있어 리더의 역할은 무엇인지 논의할 수 있다.

지금까지 살펴본 모든 이론이 효과적인 리더십을 더 깊이 이해하는 데 도움이 되었지만 아직 전체적인 그림을 완성하는 데 중요한 윤리와 신뢰의 역할을 명시적으로 다루지 않았다. 여기서는 윤리적인 조직을 만드는 데 리더의 역할을 명시적으로 다루는 현대적 개념을 생각해보고자 한다.

진정성 리더십

진정성 리더십 리더가 '자신이 누구인지 알고'(자기인식), 자신의 사명에 기반을 두고, 행동하기 전에 다른 사람의 의견과 모든 관련 정보를 고려하고, 직원과 상호작용시 진정한 자아를 드러내는 리더십 스타일

진정성 리더십(authentic leadership)은 자기인식을 하고(예: 강점과 약점을 포함해 자신에게 중요한 것이 무엇인지 알고 있음), 자신의 사명과 원칙에 기반을 두고, 행동하기 전에 다른 사람의 의견과 모든 관련 정보를 고려하고, 직원과 상호작용시 진정한 자아를 드러내는 사람이 행하는 리더십이다.[160] 그 결과 사람들은 이러한 리더를 신뢰한다. 예를 들어 닉스 피자앤펍(Nick's Pizza and Pub)의 닉 사리요(Nick Sarillo)는 사업 운영에 있어 진정성을 보인다. 지점 중 하나가 잘 되지 않을 때, 그는 이 사실에 대해 지점 폐쇄 필요성과 더불어 투명하게 공개했다.[161]

진정성 리더십은 그룹 성과, 조직시민행동, LMX, 리더에 대한 만족도와 신뢰, 리더 효과성에 대한 평가, 부하의 태도와 임파워먼트 같은 결과물을 강력하게 예측하며 예측 정도는 덜하지만 부하의 창의성, 참여도, 일탈, 이직 의도, 소진 등도 예측한다.[162] 또한 연구에 따르면 '자신이 말하는 것을 실천하는' 리더는 부하가 리더를 신뢰하기 시작하고 조직에 더 헌신하기 때문에 부하의 성과를 개선한다.[163] 진정성 있는 리더는 직원이 더 나은 사람이 되게 영감을 줄

브래드 스미스(Brad Smith)는 진정성 있는 리더이다. 세계에서 가장 크고 수익성이 좋은 금융 소프트웨어 기업 중 하나인 인튜이트(Intuit)의 전 CEO이자 현 회장으로서 스미스는 포브스에 따르면 현재 가장 영향력 있는 비즈니스 리더 중 한 명이자 윤리적인 기업가로 알려져 있다. 그는 위험을 감수하고 실패에서 배우는 것이 용인되고 장려되는 기업 문화를 조성했다.

출처: Christopher Victorio/The Photo Access/Alamy Stock Photo

수 있다. 예를 들어 파키스탄의 통신 직원을 대상으로 한 연구에 따르면 진정성 리더십의 자기강점과 약점에 대한 인식은 부하직원이 스스로를 개선하려는 의도를 예측한다.[164] 또한 진정성 리더십은 부하가 스스로 진정성 있게 되도록 영감을 주어 업무 태도와 행동에 영향을 미친다.[165]

안타깝게도 진정성과 관련하여 여성에 대한 이중잣대가 존재하는 것 같다. 일반적으로 여성은 진정성 있는 것으로 인식되는데, 특히 전통적으로 '여성적인' 취미에 종사할 때나 '따뜻한' 리더십 스타일을 보일 때 그러하다.[166] 하지만 여성이 더 적극적이고 거래적인 접근 방식(예: 과업 지향성, 지시적인 리더십 행동)을 보이면, 이는 고정관념에 위배되며 일부는 여성을 진정성이 없다고 여길 수 있다.[167] 이러한 고정관념으로 힐러리 클린턴(Hillary Clinton)은 1990년대에 '의미의 정치'라는 자신의 메시지 뒤에 서서 '성녀 힐러리(Saint Hillary)'라는 조롱을 받았다가 수십 년 후 대선 캠페인 기간 동안 리더십에 대해 더 전통적으로 남성적인 접근 방식을 채택했을 때는 진정성이 없다고 낙인찍히기도 했다.[168] 아이러니하게도 더 많은 여성이 기업 리더십 직책(예: 기업 이사회)에 있으면 남성으로만 채워졌을 때보다 더 나은 재무 성과로 이어진다.[169] 이는 회계 성과와 시장 성과 모두에 해당된다. 심지어 여성 주지사를 분석한 최근 연구에 따르면 여성의 리더십은 미국 내 COVID-19 관련 사망자수 감소와 관련이 있다.[170]

진정한 리더십의 본질에 관해 이러한 흥미로운 연구결과에도 불구하고 리더십 문헌에 대한 연구에 따르면 변혁적 리더십과 진정성 리더십은 실무에서 매우 유사하며 많은 연구자가 동일하다고 여길 정도이다.[171] 그러나 일부 연구는 직원이 그룹을 발전시키는 내재화된 사명을 가지고 있기 때문에 팀 성과를 설명하거나 직원이 조직시민행동을 하는지를 설명할 때 진정성 리더십이 더 중요하다고 제안한다.[172]

더 나은 세상을 향해

기업 사회적 책임 연구소(iCSR): 더 나은 내일을 위한 리더 훈련

타마라 루카스 코플랜드[Tamara Lucas Copeland: DEI 컨설턴트, 그랜트 메이커 워싱턴 DC지역협회 전 회장, 기업 사회적 책임 연구소(iCSR) 졸업생]에 따르면 CSR은 조직에서 저절로 '발생'하지 않는다. CSR에는 집단적인 노력이 필요하며, 종종 지식이 풍부하고 숙련되고 영향력 있는 리더십이 필요하다. 함께 학습하는 팀을 통해 공통의 기술을 개발하고, CSR 활동에 대한 비즈니스 사례를 만들며, 자선활동의 영향을 극대화하고, 시간에 걸쳐 효과적으로 성공을 측정해야 한다. 실제로 연구에 따르면 CSR 관리자는 종종 다른 관리자가 CSR 이니셔티브에 관심을 갖도록 영향을 미치고 영감을 주어야 한다는 막중한 책임감에 직면한다. 이 연구의 저자들은 다음과 같이 말한다. "이것은 투쟁이 될 수 있다… 인터뷰 대상자는 중간 관리자가 새로운 CSR 관행을 일상 업무와 의사결정 속에 통합하라는 요청을 받았을 때, 일반적인 반응은 이런 업무는 재무적 목표와는 부합하지 않는다는 것이었다고 강조한다." 대학, 민간 부문, 공공 부문에서의 교육과 개발 프로그램은 경영진과 전문가가 사회적으로 책임있는 비전을 향해 조직을 이끌기 위해 이러한 기술을 개발할 수 있는 기회를 제공한다.

iCSR은 CSR 리더십 기술을 개발하고자 하는 리더에게 실무적인 교육과 개발 기회를 제공하기 위해 2014년에 출범했다. iCSR은 미국 상공회의소재단의 기업시민센터와의 파트너십을 통해 제공된다. 모든 졸업생은 존스홉킨스 대학교에서 자격증을 취득한다. 2021년 현재, iCSR에는 1년 단위 2개의 코호트와의 가상교육 프로그램이 포함되는데, 각 코호트에는 약 35명의 학생이 있다(과정 콘텐츠에 의미있는 참여를 높이기 위함). 교육생은 45분 간의 줌(Zoom) 세션에서 만나서 다른 리더와 네트워킹하고 소그룹 토의와 토론에 참여한다. 이 과정을 가르치는 교수진은 아메리칸 익스프레스, 캐피탈원, IBM, PwC, 메리어트 인터내셔널, 퀄컴, 바이어컴과 같이 유명한 기업의 존경받는 CSR 임원으로 구성되어 있다. 과거에도 애트나, 뱅크오브아메리카, 시그나, 딜로이트 등 주요 기업의 리더가 참가했다.

iCSR 커리큘럼은 리더 행동과 기술 개발 뿐만 아니라 진정성 리더십, 윤리적 리더십, 서번트 리더십 접근 방식에도 중점을 둔다. 이 과정을 통해 교육생은 CSR의 전반적인 배경, 역사, 진화 과정과 지속 가능성에 대해 배우며 이를 염두에 두고 내부적으로 공감대를 형성하고 다른 사람에게 CSR의 가치를 설득하는 방법, CSR 일을 다른 사람에게 프레임하는 방법, 진정성 리더십 접근법을 활용하는 방법을 배운다. 또한 가치 명확화 연습에 참여하고, 윤리적 의사결정 능력을 키우고 이해관계자와의 신뢰를 구축한다. iCSR 교육생은 또한 거래적 리더십과 과업 지향성 기술을 키워 사람을 지지하고 직원의 CSR과 관련한 자원봉사, 훈련, 업스킬링을 양성하는 내부 정책과 관행을 개발하는 방법을 배운다. 이들은 또한 CSR 이니셔티브에 대한 파트너십과 자선사업 투자를 구축하여 조직 외부에서도 네트워킹하고 다른 사람에게 영향을 미치는 방법을 배운다. 마지막으로 참여자는 이해관계자, 경영진, 소비자에게 영향을 미치고 조직의 노력의 가치에 대해 소통하기 위해 이들에게 CSR의 효과를 전달하는 법을 배운다.

하지만 이러한 CSR 리더십 교육과 개발 프로그램이 효과적인가? 연구에 따르면 리더의 능력, 기술, 경험은 조직에서 CSR 전략과 효율성 모두에 영향을 미치는 중요한 역할을 한다. 이러한 프로그램 참가자는 경험에 대해 호평을 하고 있지만, 그 효과에 대해 보다 구체적이고 체계적 연구가 필요하다. 하지만 예비연구에 따르면 이러한 교육 프로그램은 효과적일 수 있지만 훈련생과 상황이 상당히 중요하다. CSR 리더십훈련 프로그램을 가장 성공적으로 만들기 위해 교육 개발자는 학습 문화와 분위기를 강조하고, 동료 학습과 교육생 간 상호작용 기회를 제공하며, 성과를 증명하거나 열악한 성과를 피하는 것에서 CSR기술의 숙달로 교육생의 동기를 전환해야 한다.[173]

(비)윤리적 리더십

(비)윤리적 리더십 리더가 자신의 힘을 (비)윤리적 방법으로 사용하거나 다른 사람을 공정하게(또는 불공정하게) 대함으로써 부하에게 윤리적 롤모델이 되고 적절한(또는 부적절한) 행동을 보인다는 것

(비)윤리적 리더십[(un)ethical leadership]은 다양한 방식으로 개념화되었는 데, 이는 어떻게 리더가 자신의 힘을 (비)윤리적 방법으로 사용하거나 다른 사람을 공정하게(또는 불공정하게) 대함으로써 부하에게 윤리적 롤모델이 되고 규범적으로 적절한(또는 부적절한) 행동을 보이는지에 대한 것이다.[174] (비)윤리적 리더십은 다양한 방식으로 직원에게 영향을 주는 경향이 있다.[175] 첫째, (비)윤리적 리더십은 직원이 도덕적 이슈에 대해 생각하는 방식에 직접적인 영향을 미치며 무엇이 (비)윤리적 행동인지에 대해 명확한 가치와 원칙을 가진 조직 문화를 확립한다.[176] 둘째, 윤리적 리더십은 직원이 서로를 어떻게 대해야 하는지에 대한 모범을 보여준다(그 결과 CWB를 줄인다). 이는 직원이 자신의 행동에 대해 협박, 정당화, 변명을 덜 사용하도록 유도할 수 있고, 직원이 불의에 맞서 일어서서 목소리를 낼 수 있도록 임파워할 수 있

으며, 고객을 바르게 대해야 하는 도덕적 이유를 명확히 함으로써 고객서비스 성과를 개선할 수도 있다.[177] 셋째, 윤리적 리더십은 부하직원의 직무 태도와 리더에 대한 인식을 개선하는 경향이 있다. 즉 윤리적 리더십은 리더에 대한 부하직원의 신뢰를 높이는 경향이 있으며, 이는 결국 이러한 긍정적인 결과로 이어질 수 있다.[178] 마지막으로 윤리적 리더십은 성과에 직접적인 영향을 미친다. 윤리적 리더십은 부하와 리더의 관계(LMX)를 개선하고, 윤리적 문화를 확립하며, 조직과의 동일시(3장 참조)를 촉진하기 때문에 업무 성과와 OCB를 향상시킨다.[179]

안타깝게도 (비)윤리적 리더십은 진정성 리더십과 비슷한 비판에 직면하는 경향이 있는데, 이는 실무에서 변혁적 리더십과 구별하기 어렵기 때문이다.[180] 또한 일관되게 윤리적이기란 쉽지 않다. 리더가 어느 날은 윤리적이었다면 다음 날은 비윤리적이 될 가능성이 높은데, 이는 종종 스트레스가 많은 상황, 정신적 고갈, 비윤리적인 방식으로 행동해도 괜찮다는 '신용'을 쌓았다는 느낌 때문이다.[181] 그러나 부하직원이 반드시 리더의 비윤리적 행동에 부정적으로 반응하는 것은 아니다. 부하의 가치관이 리더의 가치관과 일치하고 상호신뢰감이 있으면 리더를 계속 지지할 가능성이 있다.[182] 또한 특정상황이 윤리적 리더십의 효과를 감소시킬 수 있다. 부하가 너무 많을 때, 부하가 리더와 같은 도덕적 관점을 공유하지 않을 때(리더와 부하가 무엇이 옳고 그른지에 대해 동의하지 않을 경우), 부하가 마음챙김 상태에 있지 않을 때(18장 참조) 윤리적 리더십은 부하의 행동을 개선하는 데 덜 효과적인 경향이 있다.[183] 조직의 모든 구성원이 윤리적 행동에 대해 책임이 있지만, 조직의 윤리적 행동을 증진하기 위해 많은 이니셔티브는 리더에게 집중되어 있다.

2016년 웰스파고(Wells Fargo)의 비윤리적인 영업 관행과 같은 기업 스캔들을 고려할 때 윤리에 기반한 리더십이 조직의 모든 수준에서 중요하다는 것은 분명하다.[184] 최상부의 윤리적 리더십은 바로 아래의 직접적인 부하직원뿐만 아니라 명령 구조 아래까지 영향을 미친다.[185] 윤리적 리더십은 재무적 성과에도 영향을 미친다. 예를 들어 111개의 미국 소매점을 대상으로 한 연구에 따르면 윤리적 리더십은 '소매 감소', 즉 주로 도난과 절도로 인한 상품 손실을 줄일 수 있는 것으로 나타났는데, 이는 윤리적 리더십이 직원과 고객 간의 무례행동을 줄일 수 있기 때문이다.[186]

서번트 리더십

서번트 리더십 자신의 이해관계를 넘어 부하직원의 성장과 계발에 초점을 맞추는 리더십 스타일

서번트 리더십(servant leadership)은 사신의 이해관계를 넘어 부하직원의 성장과 계발을 돕는 기회에 초점을 맞춘다.[187] 서번트 리더십의 특징적인 행동으로는 경청하기, 공감하기, 설득하기, 수용하기, 스튜어드십, 적극적으로 부하직원의 잠재력 계발하기 등이 포함된다.[188] 서번트 리더십은 다른 사람의 필요를 충족하는 것에 초점을 두기 때문에 관련 연구도 서번트 리더십이 부하직원의 웰빙을 위한 결과물에 초점을 맞추었다. 실제로 서번트 리더십은 부하직원의 직무 태도 뿐만 아니라 리더십에 대한 신뢰와 LMX 인식에도 밀접한 관련이 있다.[189] 결과적으로 서번트 리더십은 웰빙과 리더십의 질을 예측하는 것보다 비록 그 정도는 낮지만 직무 성과와 OCB를 모두 예측한다.[190] 이는 부하가 감사를 느끼기 때문에 생기는 친사회적 행동과 보답의 필요성 때문일 수 있다.[191] 진정성 리더십과 마찬가지로 서번트 리더십은 여성 리더에게 유리한 것으로 보이는데, 이는 리더십 스타일이 여성의 성역할에 대한 고정관념과 일치하기 때문이다. 다시 말해 서번트 리더십을 활용하는 여성은 부하직원에게 그 기법을 사용하게 영감을

주는 경향이 있으며, 이는 남성 서번트 리더에 비해 더 높은 성과로 이어진다.[192]

연구에 따르면 서번트 리더십은 '서비스의 불을 지필 수 있다'고 한다. 미용사를 대상으로 한 연구에 따르면 서번트 리더십은 미용사의 미용실에 대한 정체성과 자신감을 증진시키며 그 결과 고객은 평가 성과 수준을 높인다.[193] 또한 연구에 따르면 낙수 효과가 존재하는데, 상위 관리자가 서번트 리더인 경우 하위 관리자에게 서번트 리더십을 실천하게 영향을 미칠 수 있으며 이는 결국 직원 성과를 향상시킨다.[194] 서번트 리더십은 또한 온보딩 기간에도 도움이 된다. 서번트 리더가 신입사원을 코칭하는 역할을 수행하므로 서번트 리더십은 신입사원이 능동성이 낮은 경우에 보완 역할을 할 수 있다.[195] 마지막으로 서번트 리더십은 주요 위기상황에서 중요한 역할을 할 수 있다. 예를 들어 COVID-19 기간 동안 중국의 한 IT 회사에서 근무하는 직원을 대상으로 한 연구에 따르면 서번트 리더십은 바이러스에 대한 직원의 불안과 두려움을 업무 몰입과 사회적으로 책임감 있는 행동으로 전환하는 데 중요한 역할을 한다.[196]

서번트 리더십은 변혁적 리더십, 진정성 리더십, (특히) 윤리적 리더십과 관련이 있지만 연구에 따르면 진정성 리더십이나 윤리적 리더십과 비교했을 때 서번트 리더십은 실무적으로 그 자체로서 독특한 리더십 스타일이 될 가능성이 가장 높다.[197]

비인격적 감독

비인격적 감독 언어적, 비언어적으로 적대성을 나타내는 지휘, 감독 방식

누구나 부하직원을 비인격적으로 대하는 관리자가 될 가능성이 있다.[198] 예를 들어 2018년 몬스터(Monster)가 미국 구직자를 대상으로 실시한 설문조사에서 응답자의 76%는 현재 유해하거나 비인격적으로 대하는 상사가 있다고 답했다.[199] **비인격적 감독**(abusive supervision)은 OB에 대한 부정적인 영향을 고려할 때 전 세계적으로 우려되는 문제이다.[200] 잠재적으로 비윤리적 리더십의 한 형태인 비인격적 감독이란 상사가 언어적, 비언어적인 행동에서 적대적이라는 인식을 의미한다(예: 통제되지 않은 폭발, 공개적인 조롱, 부적절한 비난).[201]

여러 요인이 비인격적 감독과 관련되어 있다.[202] 먼저 거의 모든 형태의 공정성은 비인격적 감독과 부정적으로 관련되는데, 이는 (특히 대인관계 공정성과 관련한) 불공정성이 비인격적 감독의 핵심에 있음을 의미한다.[203] 순응성이나 성실성과 같은 일부 성격 특성은 비인격적 감독과 부정적으로 (약하지만) 관련된 것으로 보이며,[204] 부정적인 영향, 나르시시즘, 자제력 부족은 비인격적 감독과 밀접한 관련이 있다.[205] 이러한 부정적인 영향은 종종 상사 스스로가 과부하, 정서적 소진, 스트레스, 좌절 등을 경험하기 때문에 나타나며, 실제로 상사는 비인격적 감독을 함으로써 자신의 부정적 감정에 대처하고 결과적으로 업무에 더 몰입하게 된다는 연구 결과가 있다.[206] 최근 연구에서는 팔로워십 이론에 기반해 비인격적 감독을 경험하는 부하의 특성에 초점을 맞추었다. 예를 들어 부정적인 세계관을 가진 부하직원은 비인격적 감독을 경험할 가능성이 더 높다.[207] 흥미롭게도 저성과자나 고성과자 모두 피해자가 될 수 있는 데, 저성과자는 무능하다는 이유로, 고성과자는 질투나 위계질서에 대한 위협으로 질책의 대상이 될 수 있다.[208]

비인격적 감독은 심각한 결과를 초래한다.[209] 첫째, 무엇보다 직원의 건강에 부정적인 영향을 미친다. 우울증, 정서적 소진, 자존감 하락 뿐 아니라 비인격화, 외면, 긴장감 상승을 낳는다.[210] 둘째, 일-가정 갈등을 증가시키고 조직 몰입, 직무 만족, 조직 지원에 대한 인식을 떨어뜨린다.[211] 셋째, 성과를 비롯한 직원의 행동에 악영향을 미칠 수 있다. 비인격적 감독의 피해

자는 반생산적 업무행동(CWB)과 기타 일탈행위(특히 상사를 향한 보복행동)를 더 많이 하는 경향이 있으며 조직시민행동(OCB)를 할 가능성이 더 낮다.[212] 마지막으로 비인격적 감독을 목격하는 동료는 자신도 그 대상이 될 수 있다고 두려워하고(또는 그룹이 충분히 열심히 일하지 않고 있다고 생각하고) 그 결과 부당하게 더 열심히 일하게 된다.[213] 그러나 윤리적이고 협력적인 문화와 분위기가 있는 부서에서는 이러한 직원이 피해자에게 다가가 도움을 주고 비인격적 상사를 고발할 가능성이 높다.[214]

비인격적 감독은 종종 순환적으로 일어난다. 직원이 비인격적 감독의 피해자인 경우에 반생산적 업무행동(CWB)과 일탈행위로 조직과 상사를 공격하는 경향이 있으며, 이에 대한 보복으로 상사는 그들을 다시 비인격적으로 대한다.[215] 문제는 상사가 비인격적 행동을 한 것인데, 왜 직원이 조직에 대해 공격을 하려 하는지 의문이 들 수 있다. 추가연구에 따르면 비인격적 대우를 당한 직원이 상사를 조직을 대표하는 사람으로 보는 경우는 직원이 종종 조직을 탓한다.[216] 게다가 비인격적 감독은 때때로 직원의 부정적 성격 특성을 '활성화'하는데, 마키아벨리즘 성격 특성을 가진 직원은 상사가 이들을 비인격적으로 대하는 경우에 비윤리적 행동을 한다.[217] 그러나 주로 CWB와 일탈행동은 괴롭힘을 당한 결과로 직원이 느끼는 감정(예: 수치심, 분노, 두려움) 때문이다.[218]

그런데 리더도 다른 리더를 관찰하고 비인격적 접근 방식을 배울 수 있으므로 이 현상은 리더와 부하의 관계에만 국한된 것은 아니다. 새로운 리더가 비인격적 상사를 유능한 사람으로 여기고 비인격적 행동을 효과적인 것(예: 리더가 되기 위해 필요한 것)으로 여기는 경우에 비인격적 행동을 할 가능성이 높다.[219] 게다가 비인격적 행동에 대해 상사가 단순히 이야기하는 것도 비인격적 행동을 정상화시켜 이러한 파괴적 형태의 리더십을 영속화한다.[220] 반면에 도덕적 정체성이 강하고 상사와 거리를 두는 새로운 리더는 비인격적인 행동을 할 가능성이 적고 결과적으로 더 윤리적으로 이끌 수 있다.[221]

비인격적 감독의 피해자가 된 경우에는 성격과 대처 전략이 중요하다. 성실성이 높고, 회복력이 강하며, 자기통제를 잘 하는 직원은 비인격적 감독에 더 잘 대처할 수 있는 경향이 있다.[222] 또한 팔로워십 이론의 적용하면 부하직원이 악순환을 끊기 위해 어떻게 맞서야 하는지에 초점을 두게 된다. 예를 들어 부하직원은 상사에게 자신이 그들의 목표와 비전에 중요하다는 것을 보여 관계에서 권력 균형을 관리할 수 있다.[223] 그러나 상황 개선을 위한 부담이 전적으로 피해자에게 지워져서는 안 되며, 1차적인 책임은 리더에게 있다. 다행히도 최근 연구에 따르면 리더는 부하직원을 지지하고 비인격적 행동을 하지 않게 훈련될 수 있다.[224] 비인격적 리더는 종종 죄책감, 수치심을 보이며 때때로 낮은 수준의 핵심 지기평가를 보이는데, 이는 역설적이게도 비인격적 대우를 하고 난 이후에 상사가 건설적인 리더 행동을 하게 만든다.[225] 이러한 응답이 '위선적'이지 않고 진정성 있는 것이라면 비인격적 감독으로 인해 부하직원에게 가해지는 부정적인 충격을 어느 정도 줄일 수 있다.[226]

리더십과 신뢰

12-6 리더가 어떻게 신뢰 구축을 통해 조직에 긍정적인 영향을 미칠 수 있는지 설명할 수 있다.

지금까지 논의한 각각의 이론에서 좋은 리더십, 나쁜 리더십, 평범한 리더십을 실천할 수 있는

기 회를 볼 수 있었다. 이제 긍정적인 리더십 접근법에서 비롯되는 신뢰의 의도적인 개발에 대해 생각해보자.

신뢰

신뢰 사람 간 상호긍정적인 기대감의 심리적 상태로서 양자가 서로에게 의존적이며 진정으로 서로의 복지에 대해 염려함

신뢰(trust)란 사람 간 상호긍정적인 기대감의 심리적 상태로서 양자가 서로에게 의존적이며 진정으로 서로의 복지에 대해 염려하는 것을 말한다.[227] 비록 상황을 완전히 통제할 수 없고 때로는 다른 사람과 서로 믿어야 하는 시간적 압박을 받을지라도,[228] 상대방이 나를 위해 무언가를 해줄 것이라는 믿음을 걸어볼 수 있다. 신뢰는 **능력**(예: 리더의 테크니컬 스킬, 경험 등에 대한 믿음) 또는 **진실성**(예: 리더의 동기, 정직성, 인격에 대한 믿음)에 초점을 맞출 수 있다. 따라서 당연히 성실성에 기반한 신뢰가 (적어도 조직간 사업 관계를 구축하는 데 있어) 새로운 관계 구축과 관련된 비용을 줄이는 데 훨씬 효과적이다.[229]

신뢰는 리더십과 관련된 주요한 특성이며 신뢰를 깨는 것은 집단의 성과에 매우 심각한 악영향을 끼칠 수 있다.[230] 리더를 신뢰하는 직원은 자신의 권리와 이익이 침해되지 않을 것이라는 확신을 한다.[231] 변혁적 리더는 자신의 아이디어에 대한 지지를 이끌어내는데, 일정부분 자신의 지시가 모든 사람을 위한 최고의 선택이라고 주장함으로써 가능하다. 부하를 신뢰하는 리더는 이들이 자신의 임무를 끝까지 효과적으로 완수할 것이라고 확신한다.[232] 신뢰받는다는 느낌도 중요한데, 리더가 신뢰받는다고 느끼고 부하가 리더를 신뢰하면 리더는 더 효과적이 된다.[233] 또한 리더로부터 신뢰받는다고 느끼는 부하직원은 상사로부터 자율성을 부여받았다고 느끼고 LMX 대한 인식이 높아지기 때문에 업무에 더 몰입하게 된다.[234]

신뢰의 결과 상사와 부하직원 간의 신뢰는 여러가지 구체적인 이점이 있다. 다음은 연구결과 중 일부이다.

- **신뢰는 위험 감수를 장려한다.** 리더와 직원이 평소의 업무 방식에서 벗어나기로 하거나 이들의 상사가 한 말을 새로운 방향으로 바꾸기로 할 때, 이들은 위험을 감수하게 된다. 두 경우 모두에서 신뢰관계가 이러한 도약을 촉진할 수 있다.[235]
- **신뢰는 정보 공유를 촉진한다.** 직원이 직장에서 우려를 표현하지 못하는 가장 큰 이유는 자기의견을 내는 것이 심리적으로 안전하다고 느끼지 않기 때문이다. 관리자가 직원의 아이디어를 공정하게 듣고 적극적으로 바꿀 것이라는 것을 보여줄 때 직원이 목소리를 내려 할 것이다.[236]
- **신뢰하는 집단이 더 효과적이다.** 리더가 집단 내 신뢰하는 분위기를 형성하면 구성원은 서로를 돕고 추가적인 노력을 쏟으며, 이는 신뢰를 높인다. 신뢰하지 않는 집단의 구성원은 서로 간에 의심이 많고, 착취를 당할까봐 지속적으로 방어적이 되며, 집단 내 다른 사람과의 대화를 제한한다. 이러한 행동은 집단을 약화시키는 경향이 있으며 결국 집단을 파괴할 수 있다.[237]
- **신뢰는 생산성을 높인다.** 회사의 수익적인 면도 신뢰에 의해 긍정적인 영향을 받는다. 상사를 신뢰하는 직원은 높은 업무 평가, 즉 높은 생산성을 보이는 경향이 있다. 불신은 직원이 정보를 감추고 자신의 이익만을 비밀리에 추구하게 한다.[238]

도표 12-7 신뢰의 본질

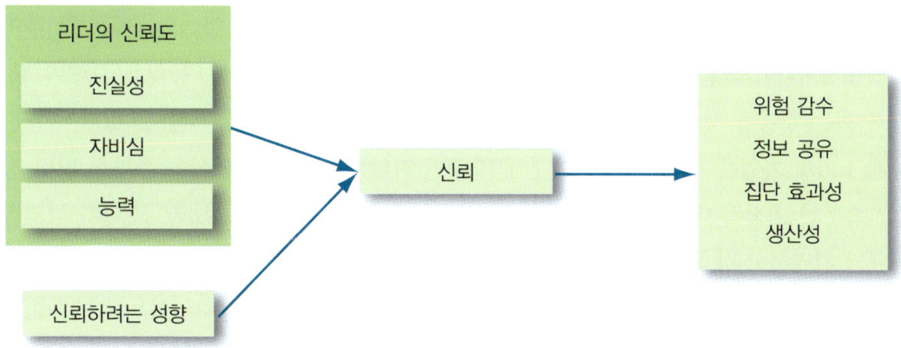

신뢰 형성 리더가 신뢰할 만하다고 믿게 만드는 주요 특성은 무엇인가? 연구결과는 진실성, 자비심, 능력이라는 세 가지 요인을 밝혀냈다(도표 12-7 참조).[239]

진실성은 정직과 진실함을 말한다. 사무직원 570명에게 리더십과 관련된 28개 특성에 대한 목록을 주었을 때 이들은 정직을 가장 중요한 것으로 꼽았다.[240] 진실성은 또한 말과 행동의 일관성(예: 진정성)을 의미한다.

자비심은 신뢰하는 사람이 상대방의 이해와 자신의 이해가 맞지 않더라도 상대방의 이해를 염려하는 것을 뜻한다. 보살핌과 지지행동은 리더와 부하 간의 감정적 결속의 일부이다.

능력은 한 개인의 기술적이거나 대인관계적인 지식이나 기술을 포함한다. 높은 도덕적 원칙을 가지고 있고 가장 선한 의도를 가진 사람이라도 능력을 믿을 수 없다면 우리는 그 사람에게 의존할 수 없을 것이다.

신뢰 성향 **신뢰 성향**(trust propensity)이란 직원이 어느 정도로 리더를 신뢰할지를 의미한다. 어떤 사람은 단순히 다른 사람을 더 신뢰할 수 있다고 믿는 경향이 있다.[241] 신뢰 성향은 순응성 성격 특성과 깊은 관련이 있으며, 자존감이 낮은 사람은 다른 사람을 신뢰할 가능성이 낮다.[242] 리더나 다른 팀원을 신뢰하는 성향이 다양한 팀원으로 팀이 구성된 경우에 갈등이 발생했을 때 더 쉽게 추락하는 경향이 있다.[243] 확실성도 중요한데, 리더가 신뢰할 만하다고 확신할 수 있는 상황에서(예: 리더가 신뢰할 수 없는 존재가 되면 모든 것을 잃게 됨) 직원은 리더를 신뢰하려는 경향성이 높아진다.[244]

신뢰 성향 직원이 리더를 신뢰할 가능성

신뢰와 문화 모든 문화에서 신뢰는 동일한 모습으로 나타나는가? 고용관계에 대한 신뢰는 문화에 따라 매우 다른 인식에 기반할 수 있다. 예를 들어 대만에서의 최근 연구에 따르면 가부장적 리더십이 자비심 있고 윤리적인 경우에 직원의 신뢰가 높아졌다.[245] 이러한 가부장성에 대해 긍정적인 반응은 위계와 관계에 대한 유교적 가치가 우세한 집단주의적 배경에서 독특하게 나타나는 것일 수 있다. 개인주의 사회에서는 사람이 자신을 개개인으로서 보고자 하므로 직원은 가부장적 리더십을 힘들어할 수 있다. 개인주의 문화권의 직원은 예를 들어 리더십 지원과 일관성의 차원이 신뢰 형성에 중요할 수 있다.

신뢰에서 시간의 역할 새로운 일을 시작하여 사람과 새로운 관계를 맺을 때와 같이 일정기간 다른 사람의 행동을 관찰함으로써 이들을 신뢰하게 된다.[246] 예를 들어 새로 인수된 회사의 직원은 인수 회사의 최고 관리자에 대해 신뢰를 갖게 된다(특히 공정한 절차를 도입하고 유능하다고 여겨질 때 그렇다).[247] 이를 돕기 위해 첫째, 리더는 신뢰가 중요한 상황(예: 기회주의적으로 행동하거나), 직원을 실망시킬 수 있는 상황에서 진실성, 자비심, 능력을 보여야 한다. 둘째, 신뢰는 정당한 실수를 부인하지 않고 인정하고 사과함으로써 유지될 수 있다.[248] 셋째, 전 세계 100개 기업을 대상으로 한 연구에 따르면 리더는 의사소통 방식을 하향식 명령 방식에서 지속적인 조직적 대화로 전환함으로써 신뢰를 구축할 수 있다.[249] 넷째, 리더가 정기적으로 직원과 친밀하고 상호작용하며 포용적인 대화를 하면 부하직원은 높은 수준의 참여로 신뢰를 보여준다.[250] 다섯째, 리더가 갑자기 변혁적 리더십을 자유방임형 리더십으로 대체하거나 부하직원이 리더의 비윤리적 행동을 목격할 때 부하직원은 신뢰가 위반되었다고 느끼며 이로 인해 리더를 덜 효과적이라고 평가할 수 있다.[251]

신뢰의 회복 직원과의 심리적인 계약을 파기한 리더는 자신이 신뢰할 만한 리더가 아님을 드러내는 것이며, 그 결과 직무 만족도와 몰입이 떨어지고, 직원의 이직 의도가 상승하며, OCB와 업무 성과가 낮아진다.[252]

신뢰가 한 번 깨진 후라도 장기적, 단기적 전략을 통해 다시 신뢰를 회복할 수 있지만,[253] 이는 특정상황에서만 가능하며 신뢰 위반의 유형에 따라 다르다.[254] 만약 원인이 능력 부족인 경우라면 사과하고 더 잘해야 했음을 인정하는 것이 최선이다. 진실성 부족인 경우라면 사과는 별로 효과가 없다. 어떤 위반이었는지에 상관없이 침묵하거나 확인을 거부하거나 잘못을 부정하는 것은 신뢰를 회복하는데, 절대 효과적인 전략이 아니다.[255]

신뢰는 신뢰를 깨뜨린 사람이 신뢰할 만한 행동 패턴을 지속적으로 보일 때 다시 회복될 수 있는데, 사과를 할 때는 시간이 절대적으로 중요하다. 사과는 늦게하는 것보다 빨리할수록 효과가 좋은 경향이 있다.[256] 하지만 신뢰를 깨뜨린 사람이 속임수를 사용했던 경우에는 사과나 약속을 하고 신뢰할 만한 행동 패턴을 지속적으로 보인다고 해도 신뢰는 절대로 온전히 회복되지 않는다.[257]

리더십 이해와 관련한 도전과 기회

12-7 리더십을 이해하는 데 있어 어려운 점과 기회는 무엇인지 확인할 수 있다.

현대 조직에서 리더는 막중한 책임을 지고 있다. 리더가 어떻게 등장해서 그룹이 위대한 업적을 달성하도록 이끄는지에 대해 많은 논의를 했지만, 리더는 여전히 사람이다. 어느 리더십 전문컨설턴트가 지적했듯이 COVID-19 기간 동안 많은 리더가 '슈퍼히어로 증후군'의 희생양이 되었다. 리더는 부하를 위해 용감한 모습을 보이려고 노력하며 강인함과 전문성을 보여주려 했다. 하지만 이러한 리더는 종종 감당할 수 없을 정도로 빠른 변화에 직면하게 되고, 때로는 매우 오랜시간을 일하면서 만회하려고 했다. 반면에 슈퍼히어로 증후군의 희생양이 되지 않은 리더의 경우는 상황이 급변하고 있고 그로 인해 발생할 문제에 대한 모든 해답을 가지고 있지 않다는 것을 인정했다.[258] 조직의 성공 또는 실패의 대부분은 리더십의 영향력 밖에 존재하는 요인에 기인한다. 게다가 리더는 완벽하지 않다. 리더십을 실제로 실천하는 것은 여러 가지 변수와 변화로 인해 매우 지저분하다는 것을 인정하지 않고 리더십을 미화하는 것은 조직생활의 현실을 부정확하게 표현하는 것일 수 있다.

리더십이 직면한 도전

여기서는 리더십의 가치에 대해 용인된 신념이 직면한 도전에 대해 살펴본다.

귀인으로서의 리더십 6장에서 언급했듯이 귀인 이론은 어떻게 사람들이 원인-결과 관계를 이해하려 하는지에 대한 이론을 말한다. **리더십 귀인 이론**(attribution theory of leadership)은 리더십은 단지 사람이 다른 사람에 대해 형성하는 귀인에 불과하다고 말한다.[259] 예를 들어 지능, 외향적 성격, 강력한 언변, 공격성, 이해력, 근면성 등을 리더에 귀인한다.[260] 또한 리더와의 일상적인 상호작용 속에서 관계를 향해 귀인하는 경향이 있다(예: 상사가 나를 싫어하기 때문에 내 성과 평가에 형편없는 점수를 줌).[261] 조직 수준에서는 옳건 그르건 한 조직의 극히 부정적이거나 긍정적인 성과에 대해 리더에게 책임이 있다고 보는 경향이 있다.[262] 귀인 이론에 따르면 효과적인 리더십은 아마도 실제 현실이라기보다는 우리의 인식일 가능성이 높다. 리더십이 보는 사람의 눈에 달려 있다면 리더십에 어떤 가치가 있는가?

리더십 귀인 이론 리더십이란 단지 사람이 다른 사람에 대해 형성하는 귀인에 불과하다고 주장하는 리더십 이론

부하의 리더에 대한 인식은 리더의 능력이 효과적인지를 판단하는 데 영향을 미친다. 첫째, 리더가 자신을 어떻게 평가하든 상관없이 직원이 리더의 행동을 어떻게 인식하느냐에 따라 실패에 대해 자신의 리더를 비난할지가 결정된다.[263] 둘째, 전 세계 3,000명 이상의 직원을 대상으로 한 연구에 의하면 일반적으로 리더십을 '낭만화'하는 사람은 자신의 리더가 실제 변혁적인지에 관계없이 변혁적이라고 믿는 경향이 있다.[264]

또한 리더에 대해 인구통계학적 가정을 한다. 미국에서 진행한 연구에서 응답자는 인종에 대한 정보가 주어지지 않고 묘사된 리더를 백인이라고 가정했는데, 그 비율은 그 회사의 백인 직원의 기저율보다 높았으며 응답자의 인종과도 상관 없었다.[265] 똑같은 리더십 상황을 설명하고 설명에서 리더의 인종만 다르게 조작한 경우, 응답자가 백인이라고 믿었던 리더가 더 효과적이라고 평가되었다.[266] 대규모 연구에 따르면 많은 사람은 남성이 여성보다 더 많은 리더십 특징을 지녔다는 고정관념을 가지고 있는데, 예상하듯이 리더십과 남성성을 동일시하는 경향은 시간이 흐르면서 감소했다.[267] 다른 자료에 따르면 여성의 변혁적 리더로서의 성공에 대한 인식은 상황에 기반할 수 있다. 이러한 인종과 민족성에 기반한 리더십 귀인의 차이는 OB POLL에서 볼 수 있듯이 여성과 다양한 민족성 배경을 가진 직원의 리더십 등장이 저조한 한 가지 이유일 수 있다.

귀인 이론에 따르면 실제 성취에 대한 초점이 아니라 리더인 것처럼 보이게 투영하는 것이 중요하다. 리더가 되고 싶은 사람이라면 자신이 영리하고, 인간적이고, 언변에 능하고, 공격적이고, 열심히 일할 뿐만 아니라 방식에 일관성 있다는 인식을 심어주어야 상사, 동료, 다른 직원이 효과적인 리더로 볼 가능성이 높아진다. 이는 동료와 양방향으로 작동하는데, 동료와 리더는 모두 부하가 리더에게 OCB를 하는 것을 보고 아부로 여길 수 있다.[268] 마찬가지로 리더가 배려와 무관한 동기(예: 통제권을 행사하거나 자신의 이미지를 유지하기 위함)로 공정하게 행동했을 뿐이라고 귀인하는 경우에 더 자비로운 동기와 달리 리더에 대한 신뢰에 영향을 미치지 않는다.[269] 더 걱정스러운 것은 귀인이 (비)윤리적 리더십에 대한 우리의 인식에 큰 영향을

OB POLL 조직 내 리더십 대표성

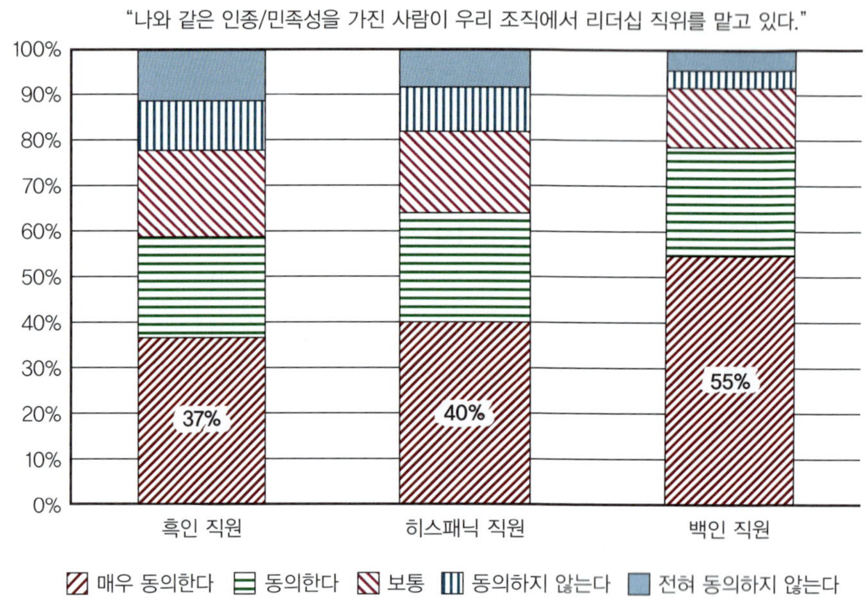

출처: M. Brenan and W. Dupree, "Representation Shapes Black Employees' Work Experience," *Gallup*, January 15, 2021, https://news.gallup.com/poll/328457/representation-shapes-black-employees-work-experience.aspx; C. Lloyd, "The Culture Costs of No Black Leaders," *Gallup*, February 11, 2021, https://news.gallup.com/opinion/gallup/329588/culture-costs-no-black-leaders.aspx에 기초함.

미칠 수 있다는 것인데, 부하가 리더의 비윤리적 행동을 여러 다른 동기로 귀인하게 하고(이에 대한 반응에도 영향을 미침),[270] 또한 리더가 부하의 비윤리적 행동에 어떻게 반응하는지에도 영향을 미친다(예: 피해자를 처벌하거나 비난하는 반면 좋아하는 직원은 봐줌).[271]

무효화 요인 리더의 행동이 팔로워의 결과물에 차이를 만드는 것을 불가능하게 하는 요인

대체 요인 경험과 훈련 같이 리더의 지원이나 구조 형성 능력의 필요성을 대체할 수 있는 요인

리더십 무효화 요인과 대체 요인 리더십의 한 이론에 따르면 많은 상황에서 리더의 행동은 중요하지 않다.[272] 보상에 대한 무차별과 같은 **무효화 요인**(neutralizer)은 리더의 행동이 부하 직원의 결과물에 차이를 만드는 것을 불가능하게 한다(도표 12-8 참조). 반면에 경험과 훈련은 리더의 지원이나 구조 형성 능력의 필요를 대체하는 **대체 요인**(substitute)에 속한다. 비디오 게임 개발업체인 밸브(Valve Corporation), 고어텍스 생산업체인 고어, 소프트웨어 업체인 깃허브(GitHub) 같은 조직은 리더와 관리자를 없애는 실험을 했다. 상사가 없는 업무 환경에서 동료에 대한 책임감으로 관리가 되고 있으며, 동료가 팀 구성이나 심지어 보수를 결정한다.[273] 명시적으로 공식화된 목표, 엄격한 규칙과 절차, 응집성 높은 업무 집단과 같은 조직 특성은 공식적 리더십을 대체할 수 있다. 동시에 리더십 또한 정책, 관행, 절차의 효과를 대체할 수 있다. 예를 들어 윤리적 리더십은 실제 정의의 제정을 대체할 수 있는데, 리더가 윤리적이라는 인식은 실제 정의의 제정과 집행보다 더 중요하다.[274]

대체 요인과 무효화 요인의 구분은 때로는 애매모호하다. 만약 맡은 업무의 내재적인 즐거움이 크다면 업무 자체만으로 충분히 동기부여가 되기 때문에 이론적으로 리더십이 덜 중요하다. 그렇다면 내재적으로 즐거운 업무는 리더십을 대체하는 요인인가? 무효화하는 요인인가, 아니면 둘 다인가? 또 다른 문제는 리더십의 대체 요인(예: 직원의 특성, 업무 성격 등)이 성과에

도표 12-8 리더십 무효화 요인과 대체 요인

변수의 본질적 특성	관계 지향적 리더십	업무 지향적 리더십
개인		
경험/훈련	영향 없음	대체 요인
전문성	대체 요인	대체 요인
보상에 대한 무차별	무효화 요인	무효화 요인
직무		
고도로 구조화된 과업	영향 없음	대체 요인
자체적 피드백 제공	영향 없음	대체 요인
내재적 만족이 높음	대체 요인	영향 없음
조직		
명시적으로 공식화된 목표	영향 없음	대체 요인
엄격한 규율과 절차	영향 없음	대체 요인
응집력 높은 작업 집단	대체 요인	대체 요인

출처: K. B. Lowe and W. L. Gardner, "Ten Years of the Leadership Quarterly: Contributions and Challenges for the Future," *Leadership Quarterly* 11, no. 4 (2000): 459-514에 기초함.

중요하지만 그렇다고 리더십이 영향을 미치지 않는다는 의미는 아니라는 것이다.[275] 리더의 행동으로만 목표 성취를 향해 직원을 이끌 수 있다고 생각하는 것은 단순한 생각이다. 직원 성과와 만족도에 영향을 미치는 요소, 즉 태도, 성격, 능력, 집단 규범 등의 여러 변수를 소개한 바 있다. 리더십은 우리의 전체적인 조직행동론 모델에서 또다른 한 부분일 뿐이다.

리더십 기회

리더십에 대한 우리의 이해에 직면한 도전과제에도 불구하고 동시에 관리자가 조직에서 리더십을 식별, 개발, 활용하기 위해 OB로부터 얻은 지식을 적용할 수 있는 기회도 많다.

리더 식별과 선발 세상에 영원한 것은 없으니 조직에서 가장 중요한 이벤트는 리더십의 변화를 준비하는 것이다. 때때로 조직이 리더십 변화에 대한 계획을 세우지 않으면 최선의 리더 임명에 실패하거나 비효율적인 임시 리더로 시간을 낭비할 수 있다.[276] JC페니(JC Penny)는 최근 배화점 업무 경험이 없는 CEO를 고용했는데, 그는 즉시 회사의 전체 전략을 바꾸었고 재임기간 1년 동안 주가가 69%나 폭락하는 처참한 결과를 가져왔다(이후 JC페니는 회사가 강제 퇴출한 전임 CEO를 다시 불러들였고 그는 회사 상황이 더 좋아질 때까지 재임했다). 그 실패로 교훈을 얻은 JC페니는 홈디포(Home Depot)의 임원이자 타깃(Target)에서 15년간 근무한 마빈 엘리슨(Marvin Elison)을 고용했다. JC페니의 보도자료는 엘리슨을 '매장 운영에 관한 폭넓은 지식을 갖춘 출중한 유통전문 경영자'라고 반복적으로 묘사했다. 하지만 결국 엘리슨은 회사를 떠났고, JC페니는 적임자인 또 다른 CEO를 영입한 몇 년 뒤 파산을 선언했으며 사이먼 프로퍼티(Simon Property)에 인수되었다.[277] 분명한 것은 한 번 리더를 잘못 임명해서 기업에 최악 재앙을 초래할 수 있다는 것이다.

조직이 관리직을 임용하기 위해 거치는 과정은 효과적인 리더를 식별하기 위한 하나의 연습이다. 직무를 효과적으로 수행하기 위해 필요한 지식, 기술, 능력을 먼저 검토함으로써 탐색을 시작할 수 있다.[278] 연구에 따르면 리더에게 필요한 역량은 수준에 따라 다르다고 나왔다.[279] 경영진 리더는 개념적, 문제해결, 사회적, 전략적 기술이 필요하고, 중간 관리자는 대인관계, 사회적 판단력, 인적 기술에서 이익을 얻고, 지휘 감독 리더는 직위에 따라 다르지만 중간 관리자와 동일한 기술뿐만 아니라 기술적 스킬과 지식도 필요하다. 성격 검사를 이용하여 리더십과 관련이 있는 특성(외향성, 성실성, 경험에 대한 개방성)을 가려낼 수 있다. (이사회는 과거 경력을 지나치게 중시하는 경향이 있지만) 다양한 경험은 리더십 효과성을 잘 예측하지 못하며,[280] 구체적 상황과 관련된 경험은 리더십 효과성과 연관이 있다.

리더 훈련과 개발 조직은 리더십 훈련과 개발에 수십억 달러를 쏟아붓는다.[281] 이러한 노력은 하버드와 같은 대학이 제공하는 비싼 경영자 리더십 프로그램부터 마인드짐(mindgym)에 제공하는 적시공급 스마트폰 리더십 훈련까지 다양한 형태로 나타난다. 어떻게 하면 리더십 훈련에 들인 예산으로 최대의 효과를 얻을 수 있는가?[282] 첫 번째 핵심은 니즈 분석을 잘 하는 것이다. 조직은 먼저 스스로에게 "현재 필요한 인력은 무엇인가?" 그리고 "현재 리더십 인재풀은 어떤가?"를 질문해야 한다. 이를 통해 리더십 훈련에 필요한 것이 무엇인지 더 잘 파악할 수 있다. 두 번째는 조직은 리더에게서 개발하고자 하는 것이 무엇인지 명확히 식별해야 한다. 예를 들어 조직은 대인관계 기술이 필요하다면 중요한 대인관계 기술을 가르치고, 다른 문화와의 접촉이 필요한 직책을 맡으려는 리더를 위해서는 문화 간 의사소통 스킬을 가르칠 수 있다. (외부 공급업체 또는 내부에서 개발한 프로그램을 통해) 훈련을 설계하고 제공하고 나서 조직은 교육이 새로운 환경으로 새로운 환경으로 **이전되었는지** 확인해야 한다. 훈련을 받은 리더가 배운 내용을 실제로 실행에 옮겼는가? 그렇지 않다면 새로운 기술을 시연할 기회가 있었거나 시연하도록 동기부여되었는가? 리더는 조직의 주요 이벤트가 끝난 후 리더십 개발 과정의 일부로서 정기적으로 자신의 리더십을 연구해보는 습관을 가져야 한다.[283] 리더를 식별하고 훈련시키고 이들이 필요한 기술을 개발했는지 여부를 확인한 후에 이를 바탕으로 어떤 리더를 승진시킬지, 현 직책에 유지할지, (성과가 저조한 경우) 강등 또는 수평 이동을 시킬지 고려할 수 있다. 또 다른 옵션은 코칭이다. 《포천》 500대 기업의 25~40%가 최고 경영진의 리더십 스킬

미신인가, 과학인가

리더는 훈련될 수 있다

2020년에 미국 기업은 직장 교육에 825억 달러를 지출했다. 추정치에 따르면 경영진은 대부분의 예산을 리더십 개발을 위한 조직 훈련에 할당한다. 문제는 투자한 만큼 좋은 수익을 얻고 있는가이다.

메타분석의 증거에 따르면 개인의 리더십 행동, 스킬, 스타일은 직원 생산성, 만족도, 팀 성과, 전반적인 조직 성과를 예측하는 데 필수적이다. 하지만 대중적인 언론 기사에서는 종종 훈련프로그램이 이러한 리더십 기술을 개발하는 데 최소한의 효과밖에 없다고 암시한다. 대신에 '관리자는 만들어지고, 리더는 태어난다'는 익숙한 개념이 존재한다. 반면에 연구 문헌은 보다 낙관적인 연구결과를 제시한다. 연구에 따르면 사람은 리더십훈련프로그램을 통해 배우고, 이를 업무에 적용하며, 그 결과 업무 성과가 향상된다.

그럼에도 불구하고 모든 리더십훈련프로그램이 똑같지는 않다. 연구에 따르면 니즈 분석(필요한 리더십 스킬의 정확한 종류를 정하는 것)을 통해 개발된 프로그램에서 더 나은 학습이 이루어지고 배운 스킬이 직장으로 더 잘 이전된다. 증거에 따르면 자발적참여프로그램보다는 의무참여프로그램이 조직 성과 달성에 더 효과적이다. 또한 직원이 배운 것을 실천할 수 있는 프로그램이 단순히 성공적인 리더가 된다는 것이 무엇을 의미하는지에 대한 정보만 제공하는 프로그램보다 더 효과적이다. 따라서 훈련이 리더십 스킬을 키울 수 있다는 것은 명확하지만, 조직은 의도적으로 투자 대비 수익을 기대한다면 베스트 프랙티스를 바탕으로 프로그램을 의도적으로 잘 설계해야 한다.[284]

도표 12-9 멘토링 관계의 경력적 기능과 심리사회적 기능

경력적 기능	심리사회적 기능
• 후배직원이 도전적이며 눈에 띄는 업무를 배정받을 수 있도록 로비한다. • 후배직원이 기술을 개발하고 업무 목표를 성취할 수 있도록 코칭한다. • 조직 내 영향력 있는 사람에게 소개한다. • 후배직원의 명성에 해가 될 수 있는 위험으로부터 보호해준다. • 후배직원을 승진 후보에 추천하여 지원해준다. • 후배직원이 직속상사에게 공유하기 어려운 생각을 들어주는 자문 역할을 한다.	• 후배직원의 자신감을 북돋아주는 상담자가 된다. • 후배직원과 개인적인 경험을 나눈다. • 친구가 되어주고 수용해준다. • 롤 모델이 되어 준다.

향상을 위해 코치를 고용했으며, 투자당 평균 약 10만 달러의 수익을 보고하고 있다.[285] 이러한 코칭은 공식적인 교육 프로그램과 유사하게 운영되지만, 멘토링 관계에 더 가깝다고 할 수 있다(다음절 설명 참조).

멘토로서의 리더 리더는 종종 미래의 리더를 양성하는 책임을 진다. **멘토**(mentor)란 경험이 적은 후배직원을 후원하고 지원하는 선배직원을 말한다.[286] 멘토링 관계는 경력적 기능과 심리사회적 기능을 제공한다(도표 12-9 참조).[287] 성공적인 멘토는 후배직원과 상호신뢰에 기반한 관계를 형성하며 후배직원에게 책임감, 자신감, 적응력을 키워주며(네트워킹 등을 통해) 후배직원의 능력과 경력 발전을 돕는다.[288]

멘토 경험이 적은 후배직원을 후원하고 지원해주는 선배직원

공식적인 멘토링 관계에서 멘토링 대상 후보자는 리더십 잠재력 평가 결과에 기반해 식별되어 상응하는 조직 기능을 담당하는 리더와 매칭된다. 비공식 멘토링 관계는 장래가 촉망되지만 경험이 부족한 직급이 낮은 직원을 리더가 발견하면서 발전한다.[289] 부하직원은 종종 도전적인 과제를 통해 검사를 받는다. 만약 성과가 수용가능한 수준이면 멘토는 관계를 발전시킨다. 공식적 비공식적 멘토링 모두 목표는 후배직원에게 조직이 공식적 구조와 절차 외로 실제로 어떻게 돌아가는지를 보여주는 데 있다.

조직 내 모든 종업원이 멘토링 관계에 참여하고 싶어하는 것은 아니다.[290] 그럼에도 불구하고 연구가 지속적으로 지적하는 것은 비록 비공식적 멘토링이 더 효과가 좋긴 하지만,[291] 멘토링이 멘토나 부하직원 모두에게 유익하기 때문에 회사는 멘토링 프로그램을 구축해야 한다는 것이다.[292] 또한 성별에 따른 차이가 존재하는데, 남성은 멘토 역할을 할 가능성이 더 높고 여성은 멘토링 관계에서 심리사회적 지원을 더 많이 주고받는 경향이 있다.[293] 멘토링이 보상이나 업무 성과와 같은 객관적인 결과물에 가치가 있을거라고 생각할 수 있으나, 연구에 따르면 멘토링은 주로 심리적인 이득이 크다.[294] 따라서 멘토링이 경력 성공에 영향을 미칠 수는 있지만, 그다지 큰 기여를 하지는 않는다.

요약

리더는 비전을 실현하기 위해 그룹, 팀, 부서 또는 조직이 비전을 달성하게 영향을 미치는 중요한 역할을 하므로 리더십은 OB의 핵심이다. 모든 사람이 리더가 되어야 하는 것은 아니지만, 좋은 리더(그리고 좋은 부하)가 되기 위해 무엇이 필요한지 이해하면 직장에서의 대인관계 역학을 개선하는 데 도움이 될 수 있다. 이는 위기상황과 같이 조율이 중요한 경우에 특히 유용하다. OB 이론가, 연구자, 실무자가 이러한 리더십 퍼즐을 이해하기 위해 도입한 몇 가지 접근 방식이 있다. 첫째, 특성 이론에 따르면 성격 특성과 개인적 차이(예: 빅 파이브, 주도적 성격, 어둠의 3요소, 감정지능)는 모두 리더십에 중요한데, 누가 리더로 부상할지 또는 리더가 될지 예측하는 데 가장 중요하다. 둘째, 행동 이론은 주로 리더가 무엇을 하는지에 초점을 맞추며, 리더의 성공에 중요한 과업 지향성과 배려라는 두 가지 행동을 주로 밝혀냈다. 셋째, 상황적합 이론에 따르면 최상의 리더십 특성, 스타일 또는 접근 방식은 상황이나 맥락에 따라 달라진다. 현대의 팔로워십 이론(예: 공유 리더십 이론과 팔로워십 이론)에 따르면 부하직원이 가장 중요한 조건으로서의 역할을 한다. 넷째, 현대의 리더십 이론은 리더가 부하를 변화시키는 긍정적인 방법을 제시하며, 부하가 공유된 비전을 향해 함께 뭉치도록 리더가 영감을 주는 것에 중점을 둔다. 카리스마적이고 변혁적인 리더십은 강력한 동기를 부여하는 리더의 힘이 될 수 있다. 이와 대조적으로 거래적 접근 방식은 부하에게 구조를 만들어주는 관리의 기반을 형성한다. 다섯째, 리더가 되면 필연적으로 윤리적 책임이 따르는 결정을 내리게 된다. 따라서 리더는 자신을 어떻게 표현할 것인지(예: 진정성 있게), 부하를 어떻게 대할지(예: 비인격적으로 혹은 개발해주는 방향으로), 그리고 자신의 행동을 통해(예: 윤리적으로 또는 비윤리적으로) 어떤 모범을 보이고 싶은지 결정해야 한다. 종합하면 이러한 현대적 리더십 접근법은 리더와 부하 간의 만족스러운 관계 또는 상호신뢰에 기반한 리더-부하 교환관계를 구축한다. 리더십은 의심할 여지 없이 조직에서 '지저분한' 주제이며 많은 도전과제를 안고 있지만, 또한 위대한 일을 성취하기 위한 기회도 많이 제시한다.

관리자를 위한 시사점

- 외향적인 사람은 리더십 직위로 고용되거나 승진할 가능성이 더 높지만 외향성이 반드시 더 효과적인 리더십을 예측하지 않는다. 대신에 그 사람이 어떻게 리더십을 발휘하는지와 그 사람의 리더십 스킬에 초점을 두라.
- 리더로서 할 수 있는 최악의 일은 아무것도 하지 않는 것이다. 가만히 있는 것이 최선일 때도 있지만, 늘 그렇다면 끔찍한 결과를 가져올 수 있다.
- 리더십에 관한 한 모든 사람에게 맞는 접근법은 없을 것이다. 리더로서 어떻게 행동할지 결정할 때는 상황과 맥락(예: 문화, 분위기, 팔로워십 기반)을 먼저 고려해 어떤 접근 방식이 가장 적절할지 결정하라. 또한 선택한 접근 방식의 결과와 부작용을 고려해서 선제적으로 해결하라.

- 리더가 하는 모든 행동 중에서 가장 중요한 두 가지는 과업 지향성과 배려이다. 상황에 따라 리더십 문제의 해결은 이 두 가지를 어느 정도로 필요로 한다.
- 리더십은 관리적 리더십과 거래적 리더십의 탄탄한 토대 위에 구축되어야 하며, 이는 비전 실현을 위해 달성해야 할 목표를 위한 구조를 설정하라.
- 카리스마 리더십과 변혁적 리더십은 부하직원에게 영감을 불어넣고 동기를 부여하여 위대한 일을 해내고 질 높은 관계를 구축하게 해주는 실용적인 도구가 될 수 있다. 하지만 비윤리적인 목적으로 사용될 수도 있으므로 주의해야 하라.
- 자신이 해결할 책임이 있는 리더십 문제를 둘러싼 윤리적 맥락과 이슈를 이해하라. 진정성 있고 윤리적이며, 부하직원에게 도움이 되는 방식으로 행동하려고 노력하라.
- 파괴적이고 비인격적인 리더십이 낳는 부정적인 결과에 대해 이해하라. 이러한 행동을 하지 않도록 자신의 감정과 행동을 조절하라. 가학적인 행동을 한 경우에 자신의 잘못된 행동을 인정하고 피해자와 건설적으로 협력하여 앞으로 나아가고 다시는 이런 일이 발생하지 않도록 하라.
- 부하직원과 관계를 구축할 때 '편애'하지 않도록 하라. 모든 부하직원과 양질의 교환관계를 발전시키는 것은 불가능할 수 있지만, 모두를 공정하고 지지하는 방식으로 대하도록 노력하라. 또한 모든 인징과 사원은 진밀함이나 좋아하는 정도가 아니라 성과와 실력에 기반하여 제공하라.
- 신뢰는 리더-부하 관계에서 중요한 요소이다. 부하직원으로부터 신뢰받는다는 느낌을 받는 것(그리고 부하가 실제로 나를 신뢰한다는 것을 아는 것)도 중요하지만, 내가 부하직원을 신뢰한다는 것을 부하직원이 아는 것도 중요하다. 시간이 지나면서 신뢰를 구축하기 위해 노력하고, 신뢰가 깨지면 신속하게 인정하라. 또한 윤리적 규정을 위반(예: 속임수) 후에는 신뢰를 회복하기 어렵고 완전히 회복되지 않을 수도 있음을 기억하라.
- 조직의 특정 측면(예: 문화, 분위기, 구조 등)은 때때로 리더십의 효과를 무력화시킬 수 있다. 또한 조직의 다른 측면이 리더십의 부재를 '채우거나' '대체'할 수 있다. 이런 일이 일어나고 있는지 그리고 그 영향은 무엇인지 인지하려고 노력하라. 리더십을 강화하여 과정을 개선할 수 있는 기회를 놓치고 있을 수 있다.
- 많은 사람이 리더십은 결국 인식에 관한 것이라고 주장한다. 사람은 자신이 리더처럼 보이게끔 행동할 수 있다. 그렇지 않으면 영향력 있는 사람도 리더로 보이지 않기 때문에 리더십 직책이나 승진 기회를 놓칠 수 있다. 어떤 결정, 특히 리더를 선발하는 결정을 내릴 때 자신의 리더십 편향에 대해 주의하고 가능한 객관적인 기준을 사용하라.
- 증거에 기반한 리더십 선발, 훈련과 개발, 멘토링 프로그램을 고려해 조직에서 리더십의 힘을 활용하라.

CEO는 떡잎부터 다르다

찬성 의견

구체적으로 살펴보면 CEO는 일찍부터 리더로서의 역할을 시작하는 것을 알 수 있다. 그들은 배경, 어린시절 겪는 도전, 대처 전략이 비슷하다. 사실 벌써 자라나고 있는 CEO를 주변에서 쉽게 볼 수 있다.

떠오르는 CEO의 프로필은 무엇인가? 첫째, 근면성으로 인해 거의 항상 성공한 부모로부터 시작된다. 예를 들어 호튼 미플린 하코트(Houghton Mifflin Harcourt) 출판사의 전 CEO 린다 제쳐(Linda Zecher)는 여러 사업을 운영한 아버지 밑에서 자랐다. 소프트웨어 회사 스마트시트닷컴(Smartsheet.com)의 CEO 브렌트 프레이(Brent Frei)는 아버지가 소유하고 운영한 800에이커의 농장에서 자랐다. 아스페라(Aspera)의 CEO 미쉘 먼슨(Michelle Munson)은 어머니가 교수였고, 아버지는 5대째 농장을 운영하고 있었다.

둘째, 미래의 CEO는 책임감을 키우며 길러진다. 유틸리티 기업 아메리칸워터(American Water)의 CEO 수잔 스토리(Susan Story)는 어렸을 때 "상황이 아무리 나빠지더라도 열심히 일하고 개인적 책임을 지는 것이다. 아무도 너에게 빚지지 않았기 때문이다."라고 배웠다. 프레이는 "어린시절 큰일을 할 기회가 있었다. 6살 때 아버지는 나를 픽업트럭에 태워 1단 기어를 넣었고, 나는 5살짜리 여동생을 조수석에 태우고 집으로 왔다."라고 말한다. 많은 CEO가 가족 농장에서 일하거나 형제자매를 돌보며 자란다.

셋째, 떠오르는 CEO는 젊었을 때 성공한 리더이다. 할렘교육활동 기금(Harlem Education Activities Fund)의 CEO 루스 래스블럿(Ruth Rathblott)은 7학년 학급 회장과 중학교 회장을 했고, 비디오 슬라이드쇼 서비스 기업 애니모토(Animoto)의 CEO 브래드 제퍼슨(Brad Jefferson)은 고등학교 때 쿼터백, 풋볼팀 주장, 졸업반 회장이었으며, 디지털 에이전시 파라모어(Paramore)의 창립자 한나 파라모어(Hannah Paramore)는 "나는 언제나 책임자였고 어디서든 주장 역할을 했다"라고 말했다.

분명히 CEO는 떡잎부터 다르다.

반대 의견

어릴 적부터 두각을 드러낸 CEO는 나중에 성공했을 때 들려줄 만한 좋은 스토리가 있겠지만 이들이 대다수의 케이스는 아니다. CEO의 어린시절의 몇 가지 다른 측면을 살펴보자.

첫째, 성격의 많은 부분이 유전에 기인한다는 것은 사실이다. 하지만 ① 조상으로부터 CEO에 이르는 성격 특성에 대한 유전적 자취를 지도화하거나, ② 어떤 젊은 사람의 특성이 어떤 결과로 이어질 거라고 추론하는 것은 맞지 않는다. 마찬가지로 부모가 근면하여 성공했다고 해서 자식도 그럴 것이라고 말할 수 없다. 스토리(Story)의 부모는 면화 공장과 폐수 공장에서 일했지만 돈이 많지 않았다. 프레이(Frei)의 가족 농장은 손익분기점 문턱을 조금 밑돌았다. 웹사이트 바이탈스(Vitals)의 CEO 미치 로스차일드(Mitch Rothschild)는 "부모는 우리가 부모처럼 되고 싶거나 부모처럼 되고 싶지 않기 때문에 우리에게 영향을 준다"라고 말했다.

둘째, 책임감을 키우지 않으면서 길러지는 아이는 없을 것이다. 아이가 해야 할 일이 학교에 가는 것뿐이라고 해도 그런 아이는 아무도 없다. 많은 책임이 있었던 CEO도 많고 그렇지 않았던 CEO도 많다. 먼슨(Munson)의 부모는 교육과 4-H 단체 참여를 강조했다. 제커(Zecher)는 "신문 배달을 했다. 걸스카우트였고, 고등학교 때는 많은 클럽과 스포츠 활동을 했다"라고 말했다.

셋째, CEO가 젊은 리더로 시작한다고 결론을 내리는 것은 실수일 것이다. 사람이 단지 그것에 대해 이야기하지 않을 뿐이다. 트렉스(Trex)의 CEO 론 캐플런(Ron Kaplan)은 사격술선수였다. 제커는 대학을 졸업할 때까지 계획도 없었고 리더 역할을 하지도 못했다.

떡잎부터 다른 CEO의 이야기는 언론보도 차원에서는 좋을 것이다. 하지만 CEO가 반드시 일찍 시작하는 것은 아니다. 말할 수 있는 것은 유전과 경험이 모두 사람을 형성하며, 이러한 요소와 CEO로서의 성공 간의 관계는 복잡하다는 것이다.[295]

12장 종합 점검

복습 질문

12-1 리더십의 특성 이론의 결론은 무엇인가?

12-2 리더십의 행동 이론의 주요 원칙과 한계는 무엇인가?

12-3 리더십의 상황적합 이론이란 무엇인가?

12-4 긍정적 리더십 스타일과 관계란 무엇인가?

12-5 리더는 어떤 방식으로 윤리적인 조직을 만들 수 있는가?

12-6 리더는 신뢰 구축을 통해 조직에 어떻게 긍정적인 영향을 미칠 수 있는가?

12-7 리더십의 이해에 도전이 되는 것은 무엇이며 기회는 무엇인가?

입사 지원과 취업 역량

리더가 어떻게 등장하고, 무엇이 리더를 효과적이게 하며, 어떻게 하면 사람이 비전을 추구하고, 조직의 목표를 달성하도록 이끌고 영향력을 발휘할 수 있는지를 아는 것은 매우 귀중한 스킬이다. 이러한 스킬은 취업 역량을 향상하고 직장에서 승진할 가능성은 높이는 데 도움이 될 것이다. 이러한 지식은 관리자나 상사와 어떻게 효과적으로 상호작용하고 의사소통할지 이해하는 데에도 중요한 역할을 한다. 이 장에서 리더십이 다면적인 개념이라는 것을 알게 되었다. 성격 특성은 지도자가 되는 데 영향을 미칠 수 있다(그리고 효과적인 리더십을 발휘할지에도 영향을 줄 수 있다). 이는 우리가 팀이나 부서의 리더를 임명하는 발언권을 가진 위치에 있을 때 중요할 수 있다. 이제 리더가 무엇을 하고 상황이 어떻게 리더를 제한하는지에 대해 더 깊이 이해하게 되었다. 또한 리더-부하 관계가 효과적인 리더십을 위해 얼마나 중요한지 그리고 어떻게 카리스마 리더십, 진정성 리더십, 윤리적 리더십, 변혁적 리더십 스타일이 매우 효과적인 경향이 있는지를 알게 되었다. 분명히 리더가 되는 것과 관리자가 되는 것은 별개임을 알 수 있다. 부하 직원에게 영감을 주고 도전을 제시함으로써, 신뢰를 쌓고 이들을 개발해주어 직원으로서 성장할 뿐만 아니라 조직의 목표 달성에 기여하게 할 수 있다. 이 장에서는 효과적인 리더십 훈련과 개발은 미신이 아님을 배우고, 리더십을 활용하여 세상을 더 나은 곳으로 만드는 방법을 배우고, 넛지 행동의 윤리성을 평가하고 CEO가 어렸을 때부터 리더십 역할을 맡는지 여부에 대해 질문하면서 비판적 사고, 창의성, 리더십 스킬을 향상한다. 다음 절에서는 이러한 기술을 계속 개발하면서 다양한 상황에 놓인 리더의 예시를 통해 자기관리와 경력 관리 기술을 개발할 것이다. CEO가 퇴사를 고려할 때 직원에 대한 윤리적 의무에 대해 생각해보고, 공유 리더십의 효과에 대해 분석할 것이다.

실전 연습 리더에게는 무엇이 있는가

학급을 5개의 그룹으로 나눈다(또는 학생이 각 그룹을 자발적으로 선택하게 한다).

A 그룹: 정부 리더(대통령, 상원의원, 주지사, 대의원, 하원의원)
B 그룹: 비즈니스 리더(CEO, 회장, 사장)
C 그룹: 학교 리더(총장, 교무처장, 학장, 교수)
D 그룹: 스포츠 리더(코치, 비공식 팀리더, 주장)
E 그룹: 사회/사상적 리더(사회활동가, 내부고발자, 기고자)

질문

12-8 각 그룹은 그룹의 적절한 예가 될 리더 1명을 대중 문화나 역사에서 찾는다. 리더의 본질적 특성이나 성격 등에 대해 논의하되 단순히 브레인스토밍만 하지 말고 구성원 대부분이 동의하는 특성을 바탕으로 논의하라.

12-9 학생을 다시 소집한다. 강사는 5개 그룹 별로 각각 1개 열을 칠판에 그리고 각 집단이 선정한 인물과 그 특성을 열 안에 적는다. 그룹이 선택한 각 개인에 대해 그 사람의 특성이 해당 그룹의 리더로서 좋은 또는 나쁜 리더십(리더십 효과)로 이어질지를 논의하라. 그 이유는 무엇인가? 해당 그룹의 상황에서 반대 또는 대안 전략의 결과는 무엇이며, 그 이유는 무엇인가? 그룹의 리스트 간에 유사점이 있는가? 이 실전 연습의 결과에 비추어 볼 때, 좋은 리더가 되기 위해 필요한 것은 상황에 따라 다른가? 각각의 상황에서 리더의 등장을 가능하게 하는 것과 리더를 효과적으로 만드는 것이 다른가?

윤리적 딜레마 이노센트이지만, 신뢰할 수 있는가

영국 런던에 있는 이노센트드링크(Innocent Drinks)는 전 세계 음료 산업에서 활동하는 회사이다. 1998년 케임브리지대학교 졸업생 3명에 의해 사업 아이디어가 구상되어 1999년에 시작되었다. 세 친구는 명확한 비전을 가지고 사업을 이끌었으며, 이를 달성하기 위해 개인적인 위험도 감수했다. 그들의 목표는 '좋은 일을 하는' 100% 자연 스무디를 생산하는 것이었다. 회사 제품의 독특함과 독특한 리더십 스타일은 브랜드의 장점이 되었다. 영감을 주는 윤리적인 리더십, 사회적 책임과 윤리적 근간을 강조하는 사업 방식, 직원 주도형 혁신 문화, '좋은 일을 한다'는 목표를 가지고 이노센트는 시장에서 명성을 쌓고 성공을 이루어냈다. 2014년 이후로 이노센트는 유럽 15개국에서 성공적으로 활동하고 있다.

이러한 성공에도 불구하고 이노센트는 2008년 경기 침체로 손실을 기록했고, 2009년에는 회사 지분의 10%를 코카콜라에 매각한다는 계획을 발표했다. 발표 후 이노센트는 에티스코어(Ethiscore)가 12.5에서 6.5로 하락했다. 2013년에 코카콜라는 이노센트의 지분을 90% 이상 보유함으로써, 이노센트의 이전 지도부가 브랜드의 미래를 거의 이끌 수 없게 되었다. 글로벌 확장과 (2015년 코코넛워터와 이노센트버블 런칭을 포함한) 제품 개발에 대한 긍정적인 전략적 결과에도 불구하고 그들의 신뢰성과 진정성에 대한 논쟁이 이어졌으며 브랜드에 대한 다음의 단순한 질문을 낳았다. 고객은 여전히 이노센트를 신뢰할 수 있는가?[296]

질문

12-10 코카콜라가 이노센트의 지분을 확장한 이후 이노센트 리더십의 카리스마적, 변혁적, 거래적 리더십 요소를 분석하라.

12-11 윤리적 리더십이란 무엇이며, 이노센트는 어떻게 실증 사례가 될 수 있는가?

12-12 이노센트의 윤리적 리더십이 진정성을 의심받는 이유는 무엇인가?

사례 삽화 안드레아 일리: 책임감 있는 가족 기업 운영

1933년 이탈리아 트리에스테에서 프란체스코 일리(Francesco Illy)가 설립한 일리카페(Illycaffè)는 3대째 이어져 현재 안드레아 일리(Andrea Illy) 회장이 이끌고 있다. 일리카페는 140여 개국에서 사업을 운영하며 약 5억 유로의 매출을 기록하고 있다. 10만 개 이상의 소매업체가 일리 커피를 판매하고 있으며 2027년까지 그 수를 두 배로 늘리고자 하는데, 무조건적인 목표는 아니다. 안드레아 일리는 책임감 있는 비즈니스에 대한 확고한 신념을 가지고 있다.

일리는 이탈리아에서 가장 솔직한 비즈니스 리더 중 한 명으로 부상했다. 그는 오랫동안 일종의 픽앤드믹스(pick-and-mix) 자본주의를 옹호하며, 판매와 수익에만 집중하는 것을 단호하게 거부했다. 그러나 그는 자신의 자본주의의 스타일이 자선이라는 생각은 거부하며, 대신 그가 하는 일은 단지 좋은 사업일 뿐이라고 주장한다.

이러한 관점은 지속가능성과 같은 이슈가 주요 관심사가 된 커피 업계 자체에 의해서 생겨났다. 수십 년 동안 이 회사는 최고급 아라비카 원두의 공급을 유지하기 위해 재배자들에게 평균 시장 가격보다 30% 높은 가격을 지불했다. "이는 사회와 노동자에게만 좋은 것이 아니라 비즈니스에도 좋다"라고 일리는 말한다. "이는 가치 공유에 관한 것이다. 재배자들과 장기적인 관계를 구축하고, 커피의 품질로 인해 고객과 우리 비즈니스에도 좋다", "이것은 가짜가 아닌 진짜 사회적 책임에 관한 것이다. 이것은 주주(shareholder) 모델이 아닌 이해관계자(stakeholder) 모델이 되는 것이다. 사업의 리더는 항상 사람들에게 무언가를 해달라고 요구하지만 그 대신 '내가 무엇을 해줄 수 있을까'라고 물어야 한다"라고 그는 주장한다.

일리 가족은 트리에스테만에서 수백 개의 보트가 경주를 벌이는 바르콜라나(Barcolana)를 포함해 예술과 문화를 후원한다. 일리는 이는 선순환을 만든다고 말한다. 즉, 트리에스테가 더욱 매력적으로 변할수록 일리는 더 많은 재능 있는 인재를 회사에 유치할 수 있고, 더 많은 방문객이 도시를 방문하면서 브랜드 인지도를 높일 수 있다.

그의 리더십의 영웅인 그의 아버지 에르네스토(Ernesto)의 초상화가 그의 책상 맞은편에 걸려 있다. "내가 하는 일을 통제해 달라고 부탁하기 위해 그림을 걸어두었다"라고 일리는 말한다. 일리는 가족으로부터 무엇을 배웠는가? "사회는 대부분 민간 부문에 의해 만들어진다. 그리고 사회를 개선하고 싶다면, 수익성을 넘어선 장기적인 목표를 추구할 수 있어야 하고, 그런 다음 자유로워지고 자신에 대해서만 책임을 지면 된다."[297]

질문

12-13 이 장에서 다룬 개념에 근거하여 볼 때, 리더십에 대한 안드레아 일리의 접근 방식은 무엇인가?

12-14 그의 접근법이 성공적일 수 있음을 시사하는 증거에는 어떤 것이 있는가?

12-15 비슷한 리더십 아이디어를 가진 다른 비즈니스 리더를 찾아보라. 그들은 성공적이었는가?

12-16 책임감 있는 리더십에 대해 어떤 반론을 제기할 수 있는가?

13 권력과 정치

출처: Jessica Hill/AP/Shutterstock

학습목표

13-1 리더십과 권력을 대조할 수 있다.

13-2 세 가지 공식적 권력 기반과 두 가지 개인적 권력 기반에 대해 설명할 수 있다.

13-3 권력 관계에서 의존성의 역할을 설명할 수 있다.

13-4 영향력 전술과 관련된 상황변수를 설명할 수 있다.

13-5 권력 남용의 원인과 결과를 알아볼 수 있다.

13-6 조직에서 정치가 어떻게 작용하는지 설명할 수 있다.

13-7 정치적 행동의 원인, 결과, 윤리적 측면을 확인할 수 있다.

취업 스킬 매트릭스(ESM)

	미신인가, 과학인가	윤리적 선택	찬성 의견/반대 의견	더 나은 세상을 향해	실전 연습	윤리적 딜레마	사례 삽화
비판적 사고와 창의성	✔		✔		✔	✔	✔
의사소통		✔		✔	✔		
협력	✔				✔		
자기관리	✔	✔	✔	✔	✔	✔	✔
사회적 책임		✔	✔	✔		✔	✔
리더십			✔	✔	✔	✔	✔
경력관리	✔	✔	✔			✔	✔

고통의 제국

퍼듀파마(Purdue Pharma, 주요 제약 회사 중 하나)을 소유한 가족인 새크러(Sacklers) 가문은 대중에게 조심스럽게 자선활동의 이미지를 심어주었다. 그들의 이름은 뉴욕 메트로폴리탄 미술관에서부터 런던의 웨스트민스터 사원까지 전 세계 건물에 새겨져 있으며 총 130억 달러의 순자산을 축적하여 미국에서 가장 부유한 가족 중 하나가 되었다. 하지만 많은 사람은 새클러 가문이 오피오이드(opioid) 대유행을 일으킨 책임이 있다고 생각한다.

1996년 퍼듀파마는 새로운 진통제인 옥시콘틴(OxyContin)을 판매하기 시작했는데, 이는 강력한 아편제인 옥시코돈(oxycodone)의 한 형태로 모르핀보다 두 배 더 강력하다. 당시 이 약은 알약의 특수 코팅으로 다량의 옥시코돈을 천천히 방출할 수 있어 획기적이었다. 퍼듀파마의 힘과 영향력은 오피오이드 시장을 장악하면서 계속 커졌다. 점점 더 많은 사람이 이 강력한 약물에 의존하게 되었다. 20년이 넘게 지난 후에 퍼듀파마는 수백 명의 사람이 과다 복용으로 매일 죽어가는 오피오이드 대유행과 관련한 역할을 둘러싼 스캔들의 중심이 된다.

퍼듀파마 내부를 조사한 결과 조직구성원이 다양한 영향력 전술을 활용하여 놀라운 수준의 성공을 거둔 것으로 밝혀졌다. 실제로 이 회사는 100억 달러 이상의 수익을 올렸다. 먼저 이 회사는 의사가 합법적이라고 인식될 수 있으므로 이들과 연합을 결성해야 했다. 의사에게 약의 사용과 홍보를 설득하기 위해 퍼듀는 오피오이드 중독에 대한 우려가 과장되었다는 잘못된 주장을 담은 연구에 자금을 지원했다. 동시에 퍼듀파마는 의사에게 옥시콘틴이 어떻게 다양한 의학적 문제를 치료하는 데 사용될 수 있는지 보여주었다. 연사료, 저녁식사, 여행 등을 대가로 여러 의사는 퍼듀의 오피오이드 제품을 처방했다.

퍼듀파마는 의사가 동료의사에게 많은 영향을 받는다는 것을 알고 있었다. 퍼듀파마는 의사의 네트워크를 활용해 저명한 의사를 영입하여 제품을 지지하고 동료의사와 공유하게 했다. 스탠포드 정신과 교수이자 전 오바마 행정부의 약물 정책 자문관이었던 키스 험프리스(Keith Humphreys)는 얼마나 많은 선의의 의사가 퍼듀의 엄청난 영향력 때문에 옥시코틴을 처방하도록 설득되었을 지가 가장 우려되는 측면 중 하나라고 지적했다. 또한 전자건강기록 회사인 프랙티스퓨전(Practice Fusion Inc.)은 퍼듀 제품의 주문을 소개, 추천, 주선하는 대가로 돈을 받았다.

이 대규모 영향력 작전을 실현하기 위해 영업담당자 군대도 투입되었다. 퍼듀의 영업담당자는 '탁월함을 향한 진화(Evolve to Excellence)' 프로그램을 통해 대량 처방자에게 옥시콘틴을 집중적으로 마케팅했다. 이 의사들은 다른 의사보다 25배나 많은 옥시콘틴 처방전을 썼다. 그 결과 의료서비스 제공자는 안전하지 않으며 의료적으로 불필요한 용도로 오피오이드를 처방했다. 퍼듀는 또한 지역 내 옥시콘틴 판매량을 늘린 영업담당자에게 보상을 제공하는 매력적인 보너스 제도를 시행했다. 퍼듀파마가 사용한 마케팅 자료는 환자가 그 약을 자주 사용한다고 해서 약물 중독에 걸린 것은 아니라고 믿게 만드는 방법을 보여주었다. 이 자료에 따르면 환자는 의료 목적으로 약물을 사용하여 통증을 완화하므로 의존성은 문제가 되지 않았다. 의사들은 성과급 시스템으로 인해 더 많은 압력에 직면했다. 의료진은 환자의 통증을 완화하는 능력에 따라 평가되었고, 오피오이드 처방은 빠른 해결책이었다.

마침내 2020년에 퍼듀파마는 세 가지 범죄 혐의에 대해 유죄를 인정했는데, 수십만 명의 사망자를 낸 대유행에 대한 자사의 역할에 대해 공식적으로 책임을 지기로 했다. 새클러 가문은 민사 소송을 해결하기 위해 연방정부에 2억 2,500만 달러를 지불하는 데 동의했지만, 새클러 가문에 대한 범죄 혐의는 제기되지 않았다. 향후 새클러 가문은 기소될 수도 있지만, 비평가는 이 합의를 새클러 일가가 자신의 권력과 영향력을 이용해 고의적으로 막대한 이익을 창출했으며 그동안 수백만 명의 사람이 그 결과에 직면해야 했다는 점을 간과하고 있다고 비판한다.[1]

이 장에서는 한 사람이 어떻게 권력을 획득하는지, 직원이 자신의 목표를 실현하기 위해 다른 사람에게 명령을 내리거나 지시하는 데 어떤 전술을 사용하는지를 포함해 권력에 대해 알아볼 것이다. 또한 조직 내에서 권력을 유지하는 데 있어 정치적 행동의 역할을 살펴볼 것이다. 조직에서 권력은 강력한 힘이다. 권력은 회사 문화의 분위기를 조성하고, 사람이 업무 그룹과 팀에서 소통하는 방식에 영향을 미치며, 사람들 간의 정보 흐름에 영향을 미치며, 생산성에도 영향을 미칠 수 있다.[2] 먼저 리더십과 권력의 자연스러운 연관성을 살펴보는 것으로 시작하고자 한다.

권력과 리더십

13-1 리더십과 권력을 대조할 수 있다.

권력 다른 사람에게 자신의 의지를 강요할 수 있는 능력, 재량, 수단

의존성 사람이 권력이 있는 사람에게 의존하는 정도

조직행동(OB)에서 **권력**(power)이란 간단히 말해 다른 사람에게 자신의 의지를 강요하는 능력, 재량, 수단을 말한다.[3] 어떤 사람은 권력을 가지고 있지만 행사하지는 않을 수 있다. 권력이 있는 사람은 언제 권력을 행사할지에 대한 재량권이 있다. 아마도 권력의 가장 중요한 측면은 권력이 **의존성**(dependency)의 함수라는 것이다.[4] 사람들이 (다른 사람들이 의지하거나 원하는 무언가를 통제하는) 권력이 있는 사람에게 더 의존할수록 그 사람은 더 권력이 커진다. 사람에게 대안이나 옵션이 생기거나 자기자신이나 다른 사람에게 의존하기 시작하면, 권력자는 권력을 잃게 된다.

안타깝게도 자신의 권력을 비윤리적인 목적으로 사용하는 사람에 대해 너무 자주 듣는다. 예를 들어 사람들은 임원, 관리자, 심지어는 '슈퍼스타' 직원(예: 수익성 있는 고객을 유치하는 로펌의 파트너)에게 승진, 급여 인상, 고객/클라이언트를 유치하기 위해 의존한다. 이러한 권력의 리더는 성희롱을 포함한 여러 가지 방식으로 다른 사람에게 부당하게 자신의 의지를 강요

할 수 있는 권한을 부여받는다.[5] 성희롱은 직원의 정신적, 육체적 건강과 발전 기회에 악영향을 미칠 뿐만 아니라 조직에 수백만 달러의 법적 비용과 직원 이직을 초래하는 큰 문제이다.[6]

돈은 의존성에서 강력한 요소이다. 예를 들어 많은 긱 근로자가 일을 계속하기 위해 고객에게 재정적으로 의존하는데, 한 고객에게 재정적으로 의존하는 경우가 16%에 달한다.[7] 공공 부문의 주요 계약자도 마찬가지이다.[8] 종종 이러한 직원, 리더, 조직 전체가 비즈니스 연속성을 위해 단일 정부 계약에 의존하는 경우가 많다. 정부 셧다운과 일시해고의 경우에 이러한 계약은 보통 삭감되거나 중단되어 몇 주 또는 심지어 몇 달 동안 일시적으로 일을 하지 못하게 된다. 위기상황에서는 재정적 의존도가 더욱 두드러질 수 있다. 예를 들어 한 연구의 설문에 참여한 중장년층 직원의 절반 이상(55%)이 COVID-19 봉쇄 조치로 인한 재정상황에 대해 걱정한다고 답했다.[9]

권력에 대한 설명을 12장에서 했던 리더십에 대한 설명과 주의 깊게 비교해보면 두 개념이 서로 밀접하게 연관되어 있음을 알 수 있다. 두 용어는 어떻게 다른가? 첫 번째로 권력은 목표의 양립가능성이 필요하지 않으며 의존성만을 필요로 한다. 반면에 리더십은 리더의 목표와 리더가 이끄는 부하직원의 목표가 합치되어야 한다. 두 번째로 영향력의 방향과 관련이 있다. 권력은 부하직원에 대한 하향식 영향력에 더 중점을 둔다. 이는 리더십에서 중요한 수평적 관계나 상향 관계의 중요성을 최소화한다. 세 번째로 리더십은 종종 스타일을 강조한다. 리더십은 "리더는 얼마나 지지적이어야 하는가?", "얼마나 많은 의사결정을 부하직원과 공유해야 하는가?"와 같은 질문에 대해 답을 찾으려 한다. 이와 대조적으로 권력은 순응을 확보하기 위한 전술에 초점을 둔다.

권력상황이 존재하려면 어떤 사람이나 집단이 다른 사람이나 집단이 중요시하는 자원에 대한 통제권이 있어야 한다는 것을 알게 되었을 것이다. 이는 확립된 리더십 상황에서도 대개 마찬가지이다. 그러나 권력 관계는 리더십 직위 뿐만 아니라, 삶의 모든 영역에서 가능하고 권력은 여러 가지 방법으로 얻을 수 있다.[10] 다음으로 다양한 권력의 기반에 대해 알아보자.

권력의 기반

권력은 어디서 오는가? 이 질문에 대한 답을 구하기 위해 권력의 기반(혹은 원천)을 크게 두 가지(공식적, 개인적)로 나누고 각각을 더 세부적인 범주로 나누어 살펴보자.[11]

13-2 세 가지 공식적 권력 기반과 두 가지 개인적 권력 기반에 대해 설명할 수 있다

공식적 권력

공식적 권력은 한 개인의 조직 내에서 직위에 기반한다. 공식적 권력은 조직 내에서 강제 또는 보상을 할 수 있는 능력이나 합법적인 권위에서 비롯된다.

강압적 권력 **강압적 권력**(coercive power)은 사람이 순응하지 않거나 권력자를 화나게 함으로써 발생하는 부정적 결과에 대한 두려움에 기반을 두고 있다.[12] 영업컨설턴트는 상사가 팀의 영업 실적을 위조하는 것을 목격하고도 해고 또는 강등되거나, 바람직하지 않은 지역 또는 고객으로 배정되거나, 나머지 팀원 앞에서 당황스러운 방식으로 대우받을 것이 두려워 침묵할

강압적 권력 순응하지 않았을 때 일어날 부정적 결과에 대한 두려움에 바탕을 둔 권력 기반

수 있다. 기술조차도 강제적인 권력의 통로가 될 수 있다. 예를 들어 콜센터에 전자감시 시스템을 설치하여 (기계학습을 통해) 자동으로 직원을 평가하고 작업자의 진행상황을 미리 정의된 목표와 비교할 수 있다. 근로자는 이러한 목표를 달성하지 못하면 처벌을 받거나 해고될 수 있다.[13]

강압적인 힘은 주요 정보를 보류하는 데서 비롯되기도 한다. 조직 안에서 다른 사람이 필요로 하는 데이터나 지식을 가진 사람은 다른 사람이 자신에게 의존하도록 만들 수 있다. 예를 들어 영업 팀장은 고객 리드에 대한 귀중한 정보를 가지고 있을 수 있는데, 이 정보를 입수하는 데 위협이 될 수 있는 것은 무엇이든지 컨설턴트를 이끌거나 팀 내 컨설턴트로 하여금 응하거나 묵인하도록 할 수 있다. 상사가 부하직원을 비인격적으로 대하는 경우에 강압적인 권력은 종종 직원이 보복하지 못하게 하는 주된 힘으로 작용한다.[14]

보상적 권력 다른 사람이 가치 있게 생각하는 보상을 줄 수 있는 능력에 기반한 권력

보상적 권력 **보상적 권력**(reward power)은 강압적 권력의 반대로 볼 수 있는데, 사람은 보상적 권력이 생성하는 긍정적인 혜택 때문에 순응한다. 다른 사람이 가치있게 여기는 보상을 배분할 수 있는 사람은 타인에 대해 권력을 가질 수 있다.[15] 예를 들어 고분고분한 팀원에게 리드 정보로 보상하는 영업팀 리더는 보상 권한을 행사하는 것이다. 이러한 보상은 급여율 설정, 인상, 보너스와 같은 금전적 보상일 수도 있고 인정, 승진, 흥미로운 업무 배정, 우호적인 동료, 선호하는 근무 교대나 영업 지역처럼 비금전적 보상일 수도 있다. 어떤 개인이 보상 권한을 행사하는 정도는 여러 가지 개인 차이에 의한 것으로 밝혀졌다. 예를 들어 한 대형 로펌의 연구에 따르면 정치적 이데올로기와 조직 내 근속년수 모두 보상의 불균등한 배분에 영향을 미치는 것으로 나타났다. 즉, 나이가 많고 보수적 성향의 상사는 성 불평등을 영속화하는 방식으로 직원에게 차별적으로 보상을 지급할 가능성이 더 높았다.[16]

합법적 권력 어떤 사람의 조직 내 공식적 위계상의 직위로 인해 생기는 권력

합법적 권력 한 가지 혹은 그 이상의 권력 기반에 접근하는 가장 일반적인 방법은 아마도 **합법적 권력**(legitimate power)을 통해서이다. 합법적 권력은 그 사람의 조직 내 구조적 직위에 기반해 조직의 자원을 통제하고 사용할 수 있는 공식적 권위를 나타낸다. 일반적으로 학교 교장, 은행장, 대위가 말하면 교사, 은행원, 소위는 그 말에 순응한다. 실제로 많은 사람이 권력을 계층의 개념과 매우 밀접하게 연관시켜 조직도의 긴 줄만으로도 리더가 강한 특권을 가졌다고 생각한다.[17]

합법적 권력은 구성원이 위계 직위에 대한 권위를 받아들이는 것을 포함한다.[18] 위키백과의 약 650,000개의 기사-토론 문서에 대한 연구에 따르면 합법적 권력은 치열한 출처 갈등 중 개인이 높은 지위에 있을 때나(예: 주제에 관해 구조적 권위자로 인정됨), 토론에 참여하는 사람의 경험이 적을 때 수용된다.[19] 또한 합법적 권력과의 연관성은 그 조직의 노력이 주목할 가치가 있고 심지어 투자할 가치가 있다는 신호로 작용할 수 있다. 예를 들어 중국 정부 고위관료의 기업관련 사업장(예: 공장) 방문을 분석한 결과, 투자자가 (주식시장 성과 상승을 통해) 긍정적인 반응을 보인 것으로 나타났다.[20]

또한 합법적 권력은 다른 형태의 권력의 효과를 약화시킬 수 있다. 예를 들어 직원이 비윤리적인 일에 맞서 싸울 때 이 직원이 높은 합법적 권력을 가진 경우에 다른 사람의 강압적인 권력(예: 제재, 배척 등)으로 인한 영향을 받을 가능성이 적다.[21]

개인적 권력

많은 사람들이 관리자이거나 공식적인 권력이 있는 것은 아니더라도 권력을 가질 수 있다. 그들이 가진 권력은 **개인적 권력**이며 어떤 개인의 독특한 특성에서 비롯되는 권력이다.[22] 개인적 권력에는 전문 지식, 타인의 존중과 존경이라는 두 가지 권력 기반이 있다. 어떤 사람(예: 영업 컨설턴트)은 개인적 권한만 있을 수 있지만, 다른 사람은 공식적인 권한도 가질 수 있다. 예를 들어 영업 컨설턴트 리더는 공식적인 권력 기반을 가질 뿐 아니라 호감과 존경을 받을 수도 있다.

전문가 권력 **전문가 권력**(expert power)은 전문 지식, 특별한 기술, 지식에 기반한다.[23] 일이 더 전문화되면서 목표 달성을 위해 전문가에게 의존하게 되었다. 일반적으로 의사는 전문성을 가지고 있으며 전문적 권력을 가지고 있다고 인정된다. 대부분 사람은 의사의 조언을 따른다. 영업컨설턴트의 예로 돌아가서, 팀원 중 일부는 강력한 영업 기술이나 해당 분야에 대한 전문 지식으로 인해 전문가 권략을 행사할 수 있다.

전문가 권력 전문 지식, 특별한 기술, 지식에 기반한 영향력

아이러니하게도 전문가 권력은 때때로 지식 근로자팀의 성과에 해로운 영향을 미칠 수 있다. 예를 들어 격변의 시기에 문제에 대한 지식이나 관점이 '확고히 자리삽은' 전문가(예를 들어 전문가임에도 불구하고 모두 최신 발전을 따라잡지 못한 경우)에게 지나치게 의존하는 지식 근로자팀은 실제로 혁신을 저해할 수 있다.[24] 또한 전문가는 자신의 기여를 다른 사람에 대한 책임으로 여기기보다는 기회로 여기는 경우에 다른 사람의 조언을 무시하고 피드백을 고려하지 않을 가능성이 더 높다.[25]

준거적 권력 **준거적 권력**(referent power)은 바람직한 자원이나 개인적 특성을 가진 사람과 동일시하는 데서 생기는 영향력을 말한다.[26] 만약 내가 당신을 좋아하고, 존중하고, 존경한다면 나는 당신을 기쁘게 하고 싶기 때문에 당신은 나에게 권력을 행사할 수 있다. 공식적인 리

준거적 권력 바람직한 자원이나 개인적 특성을 가진 사람과 동일시하는 데서 생기는 영향력

페이스북의 공동 창업자이자 CEO인 마크 저커버그(Mark Zuckerberg)는 전문가 권력을 가지고 있다. 사진에서 직원과 이야기를 나누고 있는 저커버그는 컴퓨터 프로그래밍에 대한 전문성으로 인해 대학시절 '소프트웨어 가이'라는 별명을 얻었다. 현재 페이스북은 기업 목표를 달성하기 위해 저커버그의 프로그래밍 전문성에 의존한다.

출처: Tony Avelar/HR155217/AP Images

더십 위치에 있지 않더라도 카리스마 넘치는 역동성, 호감도, 정서적 호소력으로 준거적 권력을 가지고 다른 사람에게 영향력을 행사하는 사람도 있다.[27]

준거적 권력은 다른 사람에 대한 존경과 그 사람처럼 되고 싶은 열망을 통해 발전한다. 예를 들면 유명인이 엄청난 금액을 받고 상품을 광고하는 것은 준거적 권력으로 설명할 수 있다. 마케팅 연구에 의하면 미쉘 위(Michelle Wie), 르브론 제임스(LeBron James), 크리스티아누 호날두(Cristiano Ronaldo)와 같은 사람은 운동화와 신용카드를 선택하는 데 영향을 미치는 권력이 있다.[28] 조금만 연습하면 이 유명 인사들처럼 매끄러운 세일즈 프레젠테이션을 할 수 있을 것이다. 실제로 100억 달러 이상의 비즈니스인 **인플루언서 마케팅**의 엄청난 효과는 이러한 현상이 소셜미디어의 광범위한 채택에 힘입었음을 보여주는 증거이다.[29] 한《포브스》기고자는 '인플루언서는 새로운 유명인의 보증'이라고 썼는데,[30] 여기에는 무언가 있을 수 있다.[31] 한 기업의 데이터에 따르면 소비자의 92%가 유명인의 추천보다 인플루언서의 추천을 더 신뢰하는 것으로 나타났다.[32] 이로 인해 프록터앤갬블(Procter & Gamble), 시스코(Cisco) 등 많은 기업이 또래에게 인플루언서로 여겨지는 직원을 채용하고 있다.[33]

권력 기반 중에서 무엇이 가장 효과적인가

권력 기반 중에서 어떤 것이 가장 효과적인가? 이는 복잡한 질문이다. 권력 관계에서의 의존자의 인식과 특성에 따라 효과적인 권력 기반이 다를 수 있다, 예를 들어 의존자는 화를 잘 내는 리더가 공식적인 권력이 높다고 여기며, 이로 인해 리더에게 더 충성하고 리더를 더 효과적이라고 여긴다.[34] 반면에 의존자는 강압적이고 낮은 준거 권력의 리더를 비효율적이라고 인식하고, 이러한 리더에 대한 충성도가 낮아지며 심지어 이들 리더를 향해 일탈적 행동을 할 수도 있다.

준거적 권력은 강력한 동기부여 수단이 될 수 있다. 스티브 스타우트(Steve Stoute)의 회사인 트랜슬레이션(Translation)을 살펴보자. 트랜슬레이션은 브랜드를 홍보하려는 기업과 팝스타 대변인을 연결해준다. 스타우트는 저스틴 팀버레이크(Justin Timberlake)와 맥도날드, 메리 제이 블라이즈(Mary J. Blige)와 애플뮤직(Apple Music), 여러 유명 랩퍼를 신발 회사와 연결해줬다[예: 제이 지(Jay-Z)와 50센터(50 Cent)].[35] 트랜슬레이션의 접근 방식도 시대에 따라 변화했다. 오늘날에는 더 빈번한 콘텐츠가 필요하기 때문에 트랜슬레이션은 제품과 조직을 홍보하고 문화에 대해 토론하는 온라인 미니시리즈를 제작하여 4,250만 명에게 도달했다. 닥터 드레(Beats by Dre)와 협력하여 트랜슬레이션은 '더샵(The Shop)'을 만들었다. 이 시리즈에서 준거적 권력의 큰 기반을 가진 NBA 올스타(예: 케빈 듀란트, 르브론 제임스)와 힙합 아티스트(예: 퓨처)는 이발소를 배경으로 여러 주제(예: 운동화, 음악, 게임 등)에 대해 토론한다.[36]

의존성: 권력의 핵심

13-3 권력 관계에서 의존성의 역할을 설명할 수 있다.

권력의 가장 중요한 측면은 권력이 의존성의 함수라는 것이다. 여기서는 의존성을 이해하는 것이 권력의 정도를 이해하는 데 얼마나 도움이 되는지 보여주고자 한다.

일반적 의존 원칙

일반적인 원칙부터 시작해보자. A에 대한 B의 의존성이 클수록 A의 B에 대한 권력은 커진다. 사람들이 필요로 하고 당신만 통제할 수 있는 것을 당신이 소유하면 그것이 어떤 것이든 사람들은 당신에게 의존하게 되고 당신은 그들에 대해 권력을 갖게 된다.[37] 예를 들어 많은 기업가형 CEO는 이사회 구성원의 조언을 받아들이는 것이 외관상 회사에 대한 권력과 통제권을 포기하는 것을 의미할 때 조언을 받아들이지 않으려 하는 경우가 많다.[38] 그러나 소유한 것이 풍부하다면 소유만으로 권력이 증가하지 않는다. 따라서 자신의 선택권을 더 많이 확장할수록 다른 사람 손에 권력을 덜 두게 된다. 바로 대부분의 조직이 한 곳에만 사업을 맡기지 않고 여러 공급업체를 개발하는 이유이다.

무엇이 의존성을 만드는가

의존성은 당신이 가진 자원이 중요하고 희소하며 다른 것으로 대체할 수 없을 때 증가한다.[39]

중요성 만약 아무도 당신이 가진 것을 원하지 않는다면 의존성이 생기지 않는다. 그러나 생존을 위한 자원을 원하는 것에서부터 유행인 자원, 편의성을 위한 자원, 관계적으로 중요한 자원을 원하는 것까지 다양하다. 그렇기 때문에 조직은 한 사람이 아닌 여러 사람에게 고객과 공급업체와의 관계 구축을 맡겨야 한다. 만약 어떤 한 사람이 떠나는데 고객도 다른 곳으로 쉽게 갈 수 있다면 비즈니스 관계의 종말을 의미할 수 있다.[40]

희소성 노동의 공급이 수요에 비해 부족한 직종에서 일하는 사람은 일할 사람이 풍부한 직종에 근무하는 사람에 비해 훨씬 더 유리한 보상과 혜택을 협상으로 얻어낼 수 있다. 예를 들어 미국의 전문사진작가 수는 꾸준히 증가하고 있으며 2026년까지 7% 성장할 것으로 예상된다. 그러나 사진작가를 구하는 것은 비교적 쉬우며, 실제로 많은 조직에서 급여를 받는 사진작가를

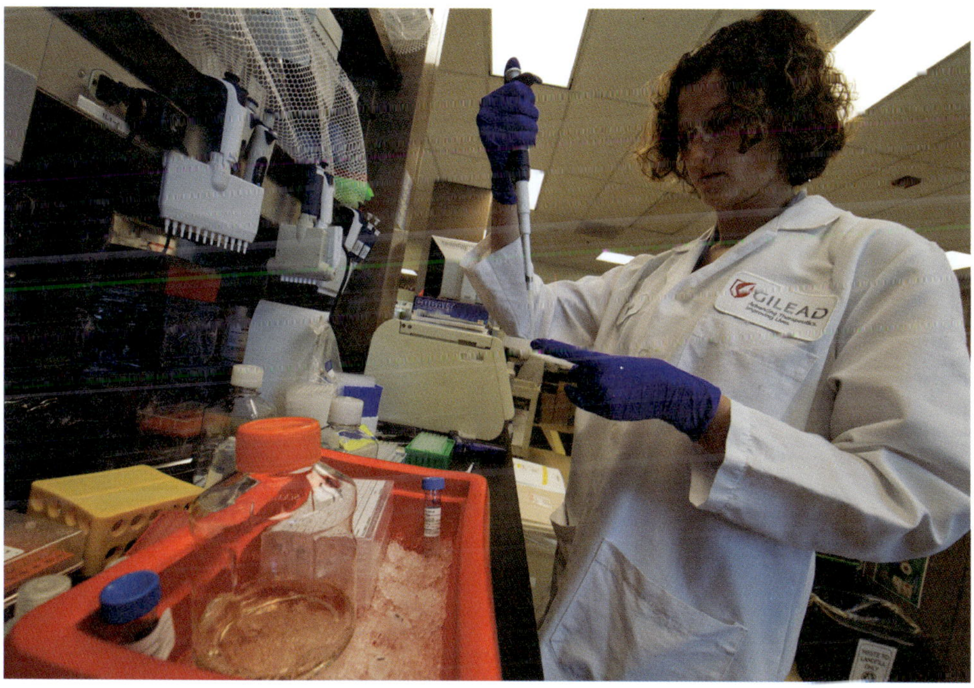

연구 기반 바이오의약품 회사인 길리어드사이언스(Gilead Sciences)에서 과학자 마리아 코발렌코(Maria Kovalenko)는 권력 직위에 있다. 과학자는 길리어드 내에서 강력한 권력을 가진 직업군에 속하는데, 이들이 환자의 삶을 개선하고 회사의 성장과 성공에 기여하는 약을 발견하고 개발하기 때문이다.

출처: David Paul Morris/Bloomberg/Getty Images

줄이고 계약직 사진작가를 고용하고 있다.[41] 반면에 의료전문가(예: 의사 보조원, 간호사, 의료 기술자) 시장은 수요는 많고 공급은 제한된 상대적으로 타이트한 시장이다. 이들 의료전문가는 협상력이 높기 때문에 더 높은 급여와 고용 안정성을 누릴 수 있다.[42]

대체불가성 어떤 자원에 대한 대체품이 부족할수록 그 자원을 통제하는 사람은 더 많은 권력을 가진다. 수십 년간 스타인웨이(Steinway)는 음악가가 가장 선호하는 피아노였다.[43] 20세기 최고의 피아니스트 중 한 명인 아서 루빈스타인(Arthur Rubinstein)이 "스타인웨이는 스타인웨이다. 이 세상에 그런 피아노는 없다"라고 썼다.[44] 그러나 스타인웨이는 지난 반세기 동안 피아노시장에서 그 영향력과 지배력을 많이 잃었다.[45] 주요 경쟁자 야마하는 대량생산, 자동화된 공정과 기술을 활용하여 일관된 품질의 피아노를 만들 수 있었다. 반면에 유기적으로 제작된 스타인웨이는 각 피아노마다 고유한 사운드가 있어 여러 콘서트홀에 적응하고 조정하기가 어렵다는 음악가의 의견이 많았다.[46] 결국 야마하는 스타인웨이를 뛰어넘어 대체 불가능성을 제거할 수 있었다.

현대 노동력이 직면한 주요 대체 불가능성 이슈인 인공지능(AI)의 발전은 노동의 경제적, 철학적 문제를 전면에 제기했다. 예를 들어 숙련된 직업을 가진 직원은 로봇이 더욱 효율적이고 자동적으로 업무를 처리함에 따라 권력을 잃을 위험에 처해 있다. 다시 말해 그들의 기술이 '대체 가능'해지고 있다는 것이다. 이러한 우려에도 불구하고 일부 경제학자와 이론가는 대체 불가능한 능력이 필요한 노동에 대한 수요가 발생하면서 새로운 일자리가 창출되고 있으며, AI를 통해 생산성을 향상시키고 작업을 더 쉽게 만들고 있을 뿐이라고 주장한다.[47]

공식적 소그룹 네트워크

공식적인 조직 네트워크는 수백 명의 사람과 6단계 이상의 계층적 수준을 포함하여 복잡할 수 있다.[48] 그러나 정보가 네트워크를 통해 흐르기 때문에 이러한 네트워크는 조직 내 권력과 영향력에 상당한 영향을 미친다.[49] 이러한 네트워크를 각각 5명으로 구성된 세 가지 공통된 소그룹(체인, 휠, 전채널)으로 압축했다(도표 13-1 참조).

체인은 공식적인 명령 체계를 엄격하게 따르며, 이 네트워크는 3단계로 경직된 조직에서 볼 수 있는 의사소통 채널과 유사하다. 휠은 모든 그룹 의사소통의 통로 역할을 하는 중심 인물에 의존하며 관리자가 지휘하는 업무 집단에서 볼 수 있는 의사소통 네트워크와 유사하다. 관

도표 13-1 세 가지 소그룹 네트워크

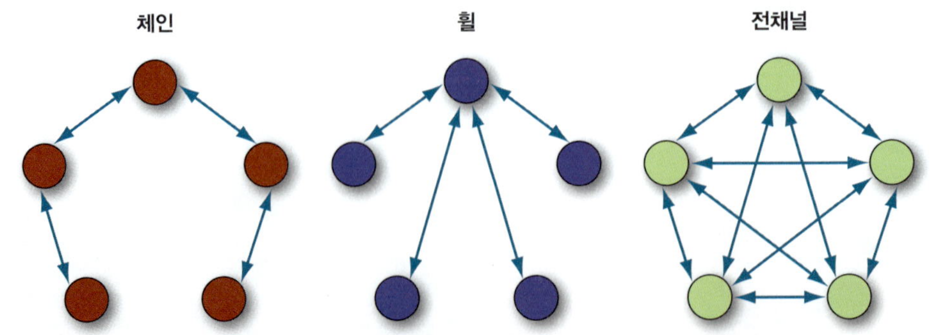

도표 13-2 소그룹 네트워크와 기준별 효과성

기준	체인	휠	전채널
속도	중간	빠름	빠름
정확성	높음	높음	중간
리더 등장	중간	높음	없음
구성원 만족도	중간	낮음	높음

리자는 (특히 규모가 큰 업무 집단에서) 중심적인 역할을 통해 다양한 아이디어와 지식, 지원, 더 높은 권한과 지위를 누릴 수 있다.[50] **전채널** 네트워크 그룹구성원이 서로 적극적으로 소통할 수 있게 해준다. 주로 그룹구성원이 자유롭게 기여할 수 있고 한 사람이 리더십 역할을 맡지 않는 자율관리팀의 특성이다. 오늘날 많은 조직은 누구나 어떤 누구와도 소통할 수 있는 전채널 네트워크를 지향한다.

도표 13-2에서 볼 수 있듯이 각 네트워크의 효과는 얻고자 하는 결과물에 따라 달라진다. 휠 구조는 리더의 등장을 촉진하고, 전채널 네트워크는 높은 구성원 만족도를 얻히는 경우에 가장 적합하며, 체인은 정확성이 가장 중요한 경우에 가장 적합하다. 그러나 공식적인 네트워크 구조를 만들기 위해 최선의 노력을 하더라도, 사람이 비공식적으로 서로 교류하지 않을 거라고 가정할 수 없다. 이러한 비공식 네트워크는 막강한 힘과 정치적 영향력을 가지고 있으며, 혁신팀의 조율을 방해하고 (네트워크가 특히 밀도가 높고 강한 경우) 새로운 관계의 형성을 막는다.[51] 다음으로 네트워크 구조가 의사소통과 정보 교환을 가능하게 한다고 해서 실제로 교류가 일어나는 것은 아니다. 다양한 공식적인 네트워크 구조가 의사소통의 정도와 사람 간 유대감의 강도에 따라 비슷한 결과를 낼 수도 있다.[52] 만약 전채널 네트워크에서 팀원이 경계하고 숨기면, 그들은 서로 공유하지 않을 것이다(또는 선택적으로 서로 공유할 것이다).[53] 조직 내 비공식 네트워크 평가는 다음에 살펴볼 사회적 네트워크 분석의 활용을 통해 혁신적으로 발전했다.

사회적 네트워크 분석: 자원 의존성 평가를 위한 도구

조직 내 자원의 비공식적 교류와 의존성을 평가하는 한 가지 도구는 **사회적 네트워크 분석**이다.[54] 이 분석 방법은 조직구성원 간의 의사소통 패턴을 조사하여 그들 사이에 정보가 어떻게 흐르는지를 파악한다. 사회적 네트워크 또는 직업적 관심을 공유하는 사람 간의 연결 내에서 각각의 개인이나 집단을 노드라고 하며, 노드 간의 연결은 타이라고 한다. 노드가 자주 소통하거나 자원을 교환할 때 그들 간 매우 강한 타이가 있다고 말한다. 서로 직접 소통하지 않는 다른 노드는 중간 노드를 통해 자원을 교류한다. 즉 일부 노드는 연결되지 않은 노드 사이에서 브로커로서의 역할을 한다. 사회적 네트워크 내에 있는 개인 사이의 연관성을 그래픽으로 도식화한 것을 소시오그램이라고 하는데, 이는 조직도의 비공식 버전과 같은 기능을 한다. 차이점은 공식적인 조직도는 권위가 어떻게 흐르도록 되어 있는지를 보여주는 반면에 소시오그램은 조직에서 자원이 실제로 어떻게 흐르는 지를 보여준다는 것이다. 그 예를 도표 13-3에 제시했다.

도표 13-3 조직의 소시오그램

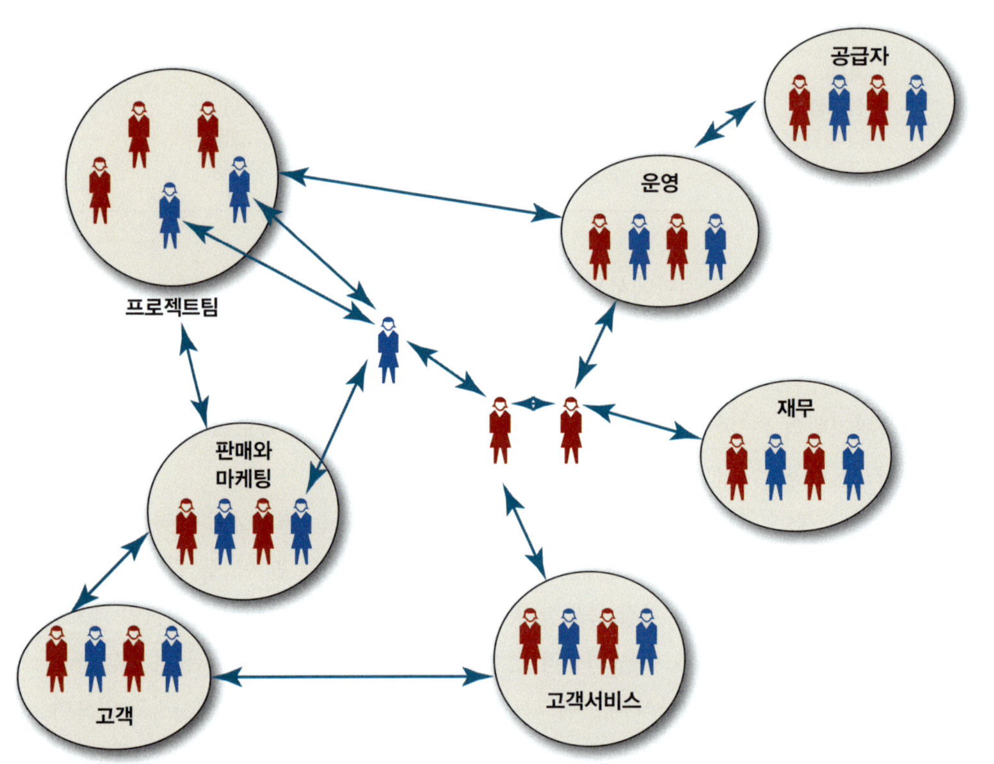

네트워크는 상당한 권력 역학을 형성할 수 있다. 브로커의 위치에 있는 사람은 서로 다른 집단으로부터 획득할 수 있는 독특한 자원을 활용할 수 있기 때문에 더 많은 권력을 갖는 경향이 있다.[55] 즉, 사람은 브로커에 의존하게 되기 때문에 브로커에게 더 많은 권력을 주게 된다. 영국 보건복지서비스의 데이터에 따르면 변화 주도자(어떤 조직의 중요한 변화를 돕도록 일을 맡은 사람)는 정보의 브로커일 때 더 성공적이다.[56] 그러나 마케팅 대행사 네트워크 내의 강력한 브로커는 자신의 권력을 활용할 의향이 있음에도 종종 기회를 인지하지 못하는 역설적인 상황이 벌어지고 있다.[57] 이는 일반적으로 경영진이 주변 네트워크에 있는 낯선 사람에 대한 정보를 신뢰할 수 없거나 거의 접할 수 없는 경우가 많기 때문에 새로운 관계를 모색하거나 구축하는 것이 성공적일지 예측하기 어렵기 때문일 수 있다.[58]

사회적 네트워크 내에서 가장 영향력 있는 사람들 중 일부는 이들의 성격적 특성으로 인해 권력을 축적할 수 있다. 예를 들어 보상 둔감성(다른 사람의 영향력에 대한 저항력), 외향성, 심지어 어둠의 3요소 특성은 사회적 네트워크 지위와 권력에 긍정적 영향을 준다.[59] 그러나 고정관념의 위협(2장 참조)은 브로커 위치에 있는 여성의 효과성에 영향을 미칠 수 있다. 브로커 위치와 관련된 주도성, 권력, 적극성에 대한 요구는 고정관념상 여성의 특성과 모순되기 때문에 브로커 위치에 있는 여성은 성과에 대한 불안과 부정적인 평가에 대한 두려움을 경험할 가능성이 더 높다.[60]

브로커가 네트워크 내에서 형성하는 관계도 매우 중요하다. 사람은 리더, 동료의 우정, 파트너십과 같은 관계를 형성하여 상호의존과 의무감을 키운다.[61] 이러한 '관계'는 조직에서 업무를 완수하는 데 중요할 뿐만 아니라 직원의 웰빙을 위해서도 중요하다. 이러한 관계를 키우지 않거나 시간이 지나면서 관계가 사라질 경우 직원은 조직을 떠날 가능성이 더 높다(물론 이러한 관계는 직원이 퇴사한 후에도 휴면 상태로 남아 있을 수 있다).[62]

여러 가지 방법으로 조직의 사회적 네트워크 분석을 실행할 수 있다.[63] 어떤 조직은 부서 간 전자우편 또는 문서 공유의 흐름을 빅 데이터로 추적한다. 조직과 연구자는 기계학습 알고리즘을 사용하여 시간이 지남에 따라 사회적 네트워크의 정보 흐름을 모델링하는 (그리고 이벤트를 통해 학습할 수 있는) 새로운 AI 애플리케이션을 사용할 수 있게 되었다.[64] 이러한 빅 데이터 도구는 개인이 정보를 교환하는 방법에 대한 객관적인 정보를 쉽게 수집할 수 있다. 인사(HR) 정보 시스템의 데이터를 검토하여 관리자와 부하직원이 서로 상호작용하는 방식을 분석하는 조직도 있다. 이러한 자료원을 가지고 자원과 힘이 어떻게 흐르는 지를 보여주는 소시오그램을 만들 수 있다(도표 13-3 참조). 그 결과로 리더는 많은 집단에 가장 큰 영향력을 행사하는 강력한 브로커를 찾아내고 동의를 얻는다거나 권력 균형을 맞출 때 고려할 수 있다.

영향력 전술

13-4 영향력 전술과 관련된 상황 변수를 설명할 수 있다.

이전 장에서 설명한 것처럼 리더십은 영향력에 관한 것이다. 효과적인 리더는 일련의 목표나 비전을 달성하기 위해 다른 사람에게 영향을 줄 수 있는 사람이다. 그러나 이 장의 앞부분에서 리더십과 권력을 구분하여 OB에 대한 이해에 중요한 권력 고유의 측면이 있음을 살펴보았다. 효과적인 리더가 (스타일과 행동 측면에서) 하는 일과 권력이 중요한 이유를 살펴보았지만, 사람(예: 리더)은 권력 기반을 구체적인 행동으로 전환하기 위해 어떤 **영향력 전술**(influence tactics)을 사용하는가? 상사, 동료, 직원에게 영향을 미치기 위해 어떤 옵션을 사용하겠는가? 연구는 아홉 가지 영향력 전술이 있다.[65]

영향력 전술 개인이 권력 기반을 구체적인 행동으로 구현하는 방식

- **정당성**: 자신의 권위적 직위를 사용하거나에 자신의 요구가 조직의 정책과 규칙을 따른 것이라고 강조하는 것
- **합리적 설득**: 논리적인 주장이나 사실적 증거를 제시해 자신이 요구가 합당하다는 사실을 입증하는 것
- **영감적 호소**: 상대방의 가치, 요구, 희망, 열망 등에 호소함으로써 감정적 지지를 얻어내는 것
- **상의**: 자신의 계획을 어떻게 달성할지 결정하는 데 상대방을 참여시켜 지원을 얻어내는 것
- **교환**: 요구에 순응하는 대가로 상대에게 혜택이나 호의로 보상하는 것
- **개인적 호소**: 우정이나 충성을 바탕으로 순응을 요구하는 것
- **아첨**: 요구하기 전에 아부, 칭찬, 우호적 행동을 하는 것
- **압력**: 경고, 반복적 요구, 협박을 이용하는 것
- **연합**: 상대방이 동의하도록 설득하기 위해 다른 사람의 도움과 지원을 끌어들이는 것

영향력 전술의 활용

어떤 전술은 다른 전술보다 더 효과적이다. 합리적 설득, 영감적 호소, 상의 등은 직장에서 성과에 영향을 미치는 데 비슷한 효과가 있다.[66] 합리적 설득은 직장에서 관계를 형성하는 데 있어 여전히 효과적이지만 영감적 호소나 상의만큼 효과적이지는 않다.[67] 압박 전술은 역효과를 내는 경향이 있으며 일반적으로 효과가 가장 낮다.[68] 아첨을 사용하면 직장에서 영향력을 사용할 때(예: 면접 중) 관계적 결과에 도움이 될 수 있지만,[69] 아마도 청중이 요청의 결과에 크게 신경쓰지 않거나 요청이 일상적인 경우에 그렇다.[70]

임금 인상을 위한 가장 효과적인 방법을 고려해보자. 먼저 합리적인 접근법으로 시작할 수 있는데, 당신의 임금이 동료와 비교해 어떤지 알아보고, 다른 회사에서 경쟁 오퍼를 받고, 당신의 성과를 증명할 수 있는 자료를 제시하거나 샐러리닷컴(Salary.com), 페이스케일(PayScale), 글래스도어(Glassdoor) 등을 활용해서 같은 직종의 다른 사람과 임금을 비교한 뒤 결과를 당신의 관리자와 공유할 수 있다. 결과는 인상적일 수 있다. 한 예로 빠르게 성장하는 스타트업 제품팀의 직원이 자신의 가치와 회사에 대한 기여도를 뒷받침하는 자료와 자신의 업적 목록을 상사에게 보여주었을 때 12%의 연봉 인상을 이끌어냈다.[71] 합리적 설득을 통해 상사에게 급여 인상이나 다른 근무 방식(8장 참조)을 주장하는 것은 상사와 상호존중감을 조성하기 때문에 효과적일 수 있다.[72] 마찬가지로 상사가 자신의 아이디어를 받아들이게 하려는 경우 시연을 준비하면 도움이 될 수 있다. 한 비디오게임 회사의 크리에이티브 담당자를 대상으로 한 연구에 따르면 데모, 프로토타입, 시연을 설득력 있는 영향력 전술과 함께 사용하면 상사를 설득하는 데 매우 효과적이다.[73]

이러한 상황에서는 합리적 설득이 효과가 있을 수 있지만 어떤 영향력 전술은 영향력의 방향[74]에 따라서 어느 정도 효과가 달라진다. 도표 13-4에서 보듯이 합리적 설득은 상향과 하향 모든 방향으로 효과가 있는 유일한 전술인데, 특히 하향적 영향을 시도할 때 더 효과적이다.[75] 영감적 호소는 부하직원에게 사용하는 하향적 영향 전술로 가장 효과적이다.[76] 아첨은 수평적 영향력으로 가장 효과적인데, 하향 영향력에도 효과적일 수 있다.[77] 이외에도 영향력의 효과와 관련된 다른 요인에는 전술의 순서, 전술을 사용하는 사람의 기술, 조직 문화가 있다. 일반적으로 개인적 호소나 영감적 호소, 합리적 설득, 상의와 같은 개인적 권력에 의존하는 '부드러운' 전술로 시작하면 더 효과적일 수 있다. 이 전술들이 실패하면 교환, 연합 같은 공식적 권력을 강조하며 비용과 위험성이 높은 '좀 더 강경한' 전술로 옮겨갈 수 있다.[78]

도표 13-4 영향력의 방향에 따라 선호되는 영향력 전술

상향적 영향	하향적 영향	수평적 영향
합리적 설득	합리적 설득	합리적 설득
	영감적 호소	상의
	아첨	아첨
	정당성	교환
		정당성
		개인적 호소
		연합

언급했듯이 전술의 효과는 청중에 달려 있다. 부드러운 영향력 전술에 특히 순응할 가능성이 높은 사람들은 더 성찰적이고, 내재적 동기가 높은 경향이 있다. 이들은 자존감이 높고 통제에 대한 열망이 높다. 이와 반대로 강한 영향력 전술에 순응하는 사람은 더욱더 행동 중심적이고 외재적 동기가 높으며 이들은 자신의 길을 가는 것보다는 다른 사람과 어울리는 데 초점을 맞추는 경향이 있다. 흥미롭게도 이전 연구에 따르면 영향력 전술 사용의 효과에 성별 차이가 존재하지 않으며 모든 성별에서 강경한 전술보다는 부드러운 전술이나 중립적인 전술이 더 효과적이다.[79]

영향력의 자동적 처리와 통제된 처리

영향력의 과정을 이해하려면 우리가 정보를 처리하는 두 가지 방식을 이해할 필요가 있다.[80] 최근에 소셜네트워킹 웹사이트를 검색하다가 광고를 보았을 때를 생각하자. 잠시 후 '코기스를 좋아하고 아이스크림을 게걸스럽게 먹는 벅아이 팬을 건드리지 마세요'라는 문구가 적힌 티셔츠를 구매하게 되리라고는 예상하지 못했을 것이다. 다양한 티셔츠 디자인을 알아보기 위해 노력을 집중하는 대신에 광고 어필과 고도로 지능적인 기계학습 알고리즘의 결과로 충동 구매를 한 것이나. 솔직히 말하자면 화려한 마케팅이 소비자로서 우리의 선택에 영향을 미칠 수 있다는 것을 인정할 것이다.[81] 연구에 따르면 이러한 환경에서 '자동' 모드로 작동하는 경향이 있는데 심박수와 피부 전도도 데이터가 이를 뒷받침한다.[82]

종종 **자동적 처리**(automatic processing)에 의존하는데, 이는 증거와 정보를 비교적 피상적으로 고려하며 시간이나 노력이 거의 들이지 않고 6장에서 논의한 휴리스틱을 사용한다. 자동적 처리를 통해 사람은 다른 사람에 대해 평소라면 신중하게 생각하고 더 회의적이거나 비판적으로 내렸을 결론 대신 성급한 결론을 내릴 수 있다. 예를 들어 블로거가 이해 상충(예: 제품 리뷰에 대한 대가를 받음)에 대해 솔직하게 밝히면 독자가 해당 리뷰에 대해 더 회의적일 것이라고 생각할 수 있다.[83] 하지만 연구에 따르면 이러한 공개는 전문가적 권력을 나타내는 단서 역할을 하기 때문에 사람이 실제로 더 신뢰한다고 한다. 조직의 리더와 부하에게도 이러한 문제가 중요한가? 그렇다. 연구에 따르면 리더 이메일에 나타나는 미묘한 동기부여 단서조차도 직원의 성과와 동기에 영향을 미칠 수 있다.[84] 명백히 자동적 처리의 단점은 귀여운 시엠송이나 화려한 사진과 같은 다양한 속임수에 우리가 쉽게 속을 수 있고 정보를 얕게 해석하도록 한다는 점이다

자동적 처리 증거와 정보를 비교적 피상적으로 고려하며 시간이나 노력이 거의 들이지 않고 휴리스틱을 사용함

이제 누군가가 거주 지역을 정한다고 상상하자. 사람들은 그 지역에 대해 잘 아는 전문가를 찾고, 가격에 대한 정보를 수집하고, 인차와 구매의 비용과 이점을 고려할 수 있다. 이 사람은 더 많은 노력이 드는 **통제된 처리**(controlled processing)를 하고 있는 것인데, 이는 사실, 수치, 논리에 입각해 증거와 정보를 자세히 고려하는 것이다. 통제된 처리에는 노력과 에너지가 필요하지만 통제된 처리를 사용하는 시간과 노력을 들인 사람은 속기 어렵다. 그렇다면 사람으로 하여금 얕게 혹은 깊게 처리하도록 만드는 요인은 무엇인가? 일부 연구에 따르면 동기부여와 관련된 특성인(7장 참조) **인지 욕구**(need for cognition)가 통제된 처리를 사용하는 경향을 예측한다.[85] 인지 욕구가 높은 개인은 증거와 사실에 의해 설득되고 결론에 도달하기 전에 주장을 신중하고 비판적으로 평가할 가능성이 높다. 인지 욕구가 낮은 사람은 자동적 처리 전략을 사용할 가능성이 더 높은데, 설득력 있는 메시지를 평가할 때 직관과 감정에 의존

통제된 처리 사실, 수치, 논리에 입각해 증거와 정보를 자세히 고려하는 것

인지 욕구 생각하고 배우고자하는 지속적 열망을 나타내는 성격 특성

한다.

사람은 자동적 처리와 제어된 처리 모두에 어느 정도 의존한다. 우리가 둘 중 하나를 '선택'한다거나 리더가 어떤 처리 모드를 활성화시킬 '선택'한다는 말하는 것은 정확치 않다.[86] 그러나 리더는 두 가지 유형의 과정을 모두 사용하여 메시징을 활용할 수 있다. 예를 들어 사람들이 자동적 처리에 의존할 가능성이 더 높은 상황(예: 소셜미디어를 통한 초기 제품 노출)에서는 지나치게 감정적인 메시지나 감각적 자극은 자동적 처리를 촉진할 수 있다. 그러나 사람이 더 깊이 파고들고 싶은 동기가 있는 경우(예: 새로운 조직과의 면접 과정에서 다음 단계로 더 진행하고 싶은지 여부를 결정할 때)에 리더는 자신의 전문적 권력과 합리적 설득을 활용하여 다른 사람을 설득할 수 있다.

영향력 전술의 적용

정치적 기술 자신의 목표를 달성할 수 있도록 다른 사람에게 영향력을 미치는 능력

자신의 목표를 달성하기 위해 다른 사람에게 영향력을 행사하는 능력을 뜻하는 **정치적 기술**(political skill)은 사람마다 다르다.[87] 정치적으로 숙련된 사람은 다른 사람의 요구, 자원, 선호에 대한 자신의 지식을 활용하여 영향력 전술을 더 효과적으로 사용한다.[88] 이들은 기회를 인식하고, 다양한 행동의 장단점을 평가하며, 자신의 목표를 달성하는 데 도움이 될 때 이러한 기회를 활용할 수 있다.[89] 영업컨설턴트, 부동산 중개인, 기타 관계 중심 직종과 같이 업무를 잘 수행하기 위해 사회적 기술이 필요한 경우에 정치적 기술은 특히 중요하다.[90] 정치적으로 숙련된 사람은 다른 사람이 눈치 채지 못하게 영향력을 행사할 수 있으며, 이는 효과를 내는 데 중요한 요소이다(정치적인 사람으로 분류되면 피해를 입을 수 있다).[91]

따뜻하고 편안하며 지지적인 문화가 있는 반면에 형식적이고 보수적인 문화도 있는 등 조직 내 문화는 매우 다양하다. 어떤 문화는 참여와 협의를 장려하고, 어떤 문화는 이성을 장려하며, 또 어떤 문화는 압박에 의존한다. 조직의 문화에 맞는 사람은 더 많은 영향력을 얻는 경향이 있다.[92] 구체적으로 팀 중심의 조직에서는 외향적인 사람이 기술적 업무에 대해 혼자 일하는 것을 중시하는 조직에서는 성실성이 높은 사람이 더 큰 영향력이 있다. 문화에 적합한 사람이 영향력이 있는 이유는 성공에 가장 중요하다고 여겨지는 영역에서 특히 잘하기 때문이다. 따라서 조직 자체가 어떤 영향력 전술을 사용해도 되는지에 영향을 주게 된다.

그러나 문화적 적합성과 관계없이 정치에 대한 동기는 사람이 정치적 기술을 개발하거나 영향력 전술을 사용할지 여부에도 중요하다는 증거가 있다. 일반적으로 외향적인 사람이 정치적 기술을 개발하는 경향이 더 높지만 순응성과 성실성도 어느 정도 중요하다.[93] 또한 동기부여가 강하고 위험을 감수하며 심지어 마키아벨리적(5장 참조)인 직원은 조직에서 정치적 영향력을 사용하려는 동기가 더 강하다.[94] 일부 연구에 따르면 마키아벨리즘은 때때로 정치적 기술이라는 '위장' 하에 활동하며 이기적이고 때로는 파괴적인 목적을 위해 '정치적 기술'과 '영향력'이라는 라벨을 사용한다.[95]

전반적으로 정치적 기술은 직원에게 여러 긍정적인 개인 결과물로 이어진다.[96] 정치적으로 숙련된 사람은 높은 자기효능감, 직무 만족도, 조직 몰입을 보이며 효과는 약하지만 낮은 스트레스로 이어진다. 또한 정치적 기술의 개발은 성과와 생산성은 높여주고 조직시민행동(OCBs)을 더 많이 행하게 한다. 아마도 가장 중요한 것은 경력 관련 결과물일 것이다. 정치적으로 숙련되면 평판이 좋아지고 소득이 올라가면서 경력의 성공으로 이어질 수 있으며 더 권

더 나은 세상을 향해

올드 뮤추얼: 영향력을 통한 지속가능성 비전의 실현

"우리는 실제로 대화를 나누고 있습니다. 일상 업무에서 우리가 하는 일을 통해 어떻게 삶을 변화시킬 수 있는지 보고 있습니다." 올드 뮤추얼(Old Mutual)의 한 관리자가 한 이 말은 사람들이 지속가능하고 사회적으로 책임감 있는 목표를 채택하도록 설득하는 데 있어 영향력 전략이 어떤 가치를 가질 수 있는지를 잘 보여준다. 올드 뮤추얼의 지속가능성 책임자는 관리자, 미래 리더, 직원과 함께 사회적 책임과 지속가능성의 중요성을 주장하는 워크숍을 조직한다. 14개국의 주요 시장에서 사업을 운영하는 아프리카 금융서비스 회사인 올드 뮤추얼의 경영진은 기업의 사회적 책임(CSR)을 전략의 핵심요소로 삼고 있다.

또한 회사의 사명선언문은 주주뿐만 아니라 회사의 이해관계자를 위한 가치에 초점을 맞추고 있다. 단순히 박애적 관점이나 자원봉사의 관점에서만 CSR에 접근하는 것이 아니라 올드 뮤추얼은 교육, 훈련, 사회적 책임행동의 일상화를 통해 미션에 접근하고 있다. 사회 환원의 기회를 제공하는 것과 일의 중요한 부분으로 만드는 것은 전혀 다른 문제이다. 책임감 있는 투자, 교육, 기술 개발을 통해 올드 뮤추얼은 사회적 책임을 조직의 모든 측면에 배태시키고 모든 직원에게 주인의식을 고취한다. 남아프리카 책임투자강령(CRISA)에서 비롯된 이 접근 방식은 지속가능한 관행의 수용, 실행, 참여를 위해서는 협력이 필요하다고 제안한다. 이러한 접근 방식은 올드 뮤추얼에서 성과를 거둔 것으로 보인다. 실제로 올드 뮤추얼은 사회적 책임에 90억 달러 이상을 투자했다.

올드 뮤추얼의 접근 방식은 어떤 영향을 미치는가? 우선 집단과 개인의 가치, 우선순위, 태도, 사회적 책임에 대한 관점을 변화시키는 것을 목표로 하는 문화 혁신 툴킷(Cultural Transformation Tookit)이라는 것을 사용한다. 보다 구체적으로 올드 뮤추얼은 ① 바람직한 행동의 역할 모델링, ② 확신 얻기(예: 기대치 것이 무엇인지 정립하고 그것이 왜 필수적이고 의미 있는가에 대한 이유를 설득), ③ 기술 구축, ④ 공식적인 강화 시스템 등 네 방면의 접근 방식을 통해 영향을 미친다. 이를 통해 각 관계의 건강과 에너지를 평가하고 목표를 달성하기 위해 형성하고 개발해야 하는 '누락된' 관계를 진단한다.

올드 뮤추얼의 사례는 다른 사람에게 사회적 사명과 목표와 관련해 영향을 미치고자 할 때 많은 OB 이론가, 연구자, 실무자가 제시하는 것들을 반영한다. 예를 들어 크리스토퍼 위커트(Christopher Wickert) 교수와 프랭크 바커(Frank G. A. de Bakker) 교수가 독일 CSR 관리자를 인터뷰한 바에 따르면 "마케팅, 조달, 생산, 영업 중간관리자에게 지속가능성에 대해 생각하고 새로운 이니셔티브에 참여하도록 유도하는 것은 종종 CSR 관리자의 몫이었다"라고 한다. 직원이 동일시하고 지원하며 사회적으로 책임있는 목표를 달성하게 하는 CSR 전략 수립을 수립하려면 엄청난 노력이 필요하지만 궁극적으로 보람될 수 있다. 리더는 다음 세 가지 단계로 접근해야 한다. ① 인큐베이션 단계(즉 비즈니스 목적, 역할, 조직의 사명과 가치에 부합하는 것이 무엇인지 고찰함), ② 출시(즉, 열정적으로 이니셔티브를 소개하고 직원에게 아이디어에 대한 소유 의식을 키움) ③ 정착(즉, 사회적으로 책임감 있는 관행을 일상화와 가시화, 후속적이거나 보이지 않는 효과가 아닌 물리적이거나 구체화된 형태로 진척 상태를 표현함)이다.

지지를 얻고 다른 사람이 사회적으로 책임감 있는 행동을 채택하도록 설득하긴 위한 방법으로 몇 기지 다른 관행이 노입되었다. 이들 관행에는 연합 구축, 지속가능성이 (더 잘 드러나도록) 일상적인 비즈니스 루틴과 결과에 연계시키는 것, 지속가능한 행동에 대한 인센티브 제공, 사회적 비교(예: 다른 기업과의 벤치마킹과 내부 부서 간 벤치마킹)가 포함된다. 또한 모든 단계에서 사람들을 참여시키는 것도 중요하다. 고객 설문조사, 직원 설문조사, 직원 니즈 평가는 이해관계자에게 가장 중요한 (따라서 그들의 관심을 끌 가능성이 높은) CSR 이슈를 명확하게 해줄 수 있다. 이러한 작업이 효과적이기 위한 또 다른 핵심요소는 사람이 CSR 이니셔티브와 관련하여 자신의 의견과 아이디어를 말하도록 장려하는 것이다. 피드백을 요청하고 그에 따라 행동하면 직원에게 자신의 피드백이 실제로 변화를 만든다는 것을 분명히게 해줄 수 있다.[97]

위 있는 직위를 얻을 수 있고 경력 만족도도 높아진다. 연구에 따르면 정치적 기술이 이러한 긍정적인 결과를 가져오는 이유는 이러한 기술을 쌓음으로써 명판과 자신감이 높아지기 때문이라고 한다.[98]

권력은 사람에게 어떻게 영향을 미치는가

13-5 권력 남용의 원인과 결과를 알아볼 수 있다.

지금까지는 권력이 무엇인지, 어떻게 권력을 획득할 수 있는지를 알아보았다. 그러나 한 가지 중요한 질문에 답하지 않았다. "권력은 부패하는가?" 우선 권력이 권력 보유자에게 영향을 준다는 것은 분명하다. 권력은 사람들에게 에너지를 주지만, 한편으로는 권력 보유자가 직감에 더 의존하게 만들고 이기적이고 잠재적으로 더 부패하게 만들 수 있다.[99] 따라서 모든 형태의 권력은 권력이라는 느낌에 '사로잡히게' 하는 단점을 초래할 수 있다.

권력에 타락성이 있다는 증거는 확실하다. 권력은 사람이 자신의 이익을 다른 사람의 니즈나 목표보다 우선시하도록 할 수 있다.[100] 왜 이런 일이 일어나는가? 흥미롭게도 권력은 사람으로 하여금 그들이 할 수 있기 때문에 자기이익에 집중하게 할 뿐만 아니라, 내면에 집중할 수 있게 해주기 때문에 자신의 목표와 이익에 더 큰 비중을 두게 된다. 또한 권력은 다른 사람을 '대상화'(타인을 자신의 목표를 성취하기 위한 도구로 삼는 것)하게 만들고, 관계를 보다 지엽적인 것으로 여기도록 하는 것 같다.[101]

이것이 다가 아니다. 권력을 소유한 사람은 자신의 능력에 대한 어떠한 위협에도 (특히 부정적으로) 반응한다. 권력의 위치에 있는 사람은 할 수 있는 한 권력을 유지하려 하고 권력에 대한 위협에 직면한 사람은 자신의 행동이 다른 사람에게 해를 끼치든 말든 권력 유지를 위해 기꺼이 행동을 취한다. 공식적인 권력을 소유하면 다른 사람의 감정을 인식하는 방식이 달라질 수 있으며(예: 권력자는 분노가 자신의 권력을 위협하기 때문에 이를 더 빨리 감지), 비효율적인 방식으로 행동할 수 있다.[102] 권력을 가진 사람은 도덕적 해이상황에서 자기이익을 위한 의사결정을 내릴 가능성이 더 크다(예: 헤지펀드 매니저는 다른 사람의 돈으로 더 위험한 투자를 할 가능성이 높은데, 이는 이익을 내면 보상을 받지만 손실에 대한 처벌은 덜 받기 때문이다). 또한 권력을 가진 사람은 다른 사람을 폄하하려 한다. 권력은 또한 과신에 기반한 의사결정을 내리게 한다.[103]

금세기 최대의 부패 스캔들 중 하나에서 조직범죄와 부패신고 프로젝트(Organized Crime and Corruption Reporting Project)는 국제 **세탁소**에 대한 언론 증거를 제공했다. 세탁소는 권력자(예: 부유층, 조직 범죄 지도자, 부패한 정치인)가 몰래 '더러운 돈'을 투자하거나, 돈을 세탁하거나, 세금을 회피할 수 있게 자금 이동을 돕는 시스템이다. 트로이카 세탁소(Troika Laundromat)는 트로이카 다이얼로그(Troika Dialog, 트로이카 세탁소의 배후로 추정되는 러시아 투자은행)와 관련하여 이름지어진 것으로 자금 이동을 위한 70개 이상의 유령 회사로 구성된 네트워크이다(수십억 달러의 가치로 추정됨). 금융 거래가 선회되어 쏟아져 나오다보니 자금의 출처가 어디인지 자금이 합법적인지 여부를 파악하기가 어렵다.[104]

권력 역학

논의한 바와 같이 권력은 우리에게 일부 중요한 방해 영향을 주는 것 같다. 하지만 이것이 전부는 아니며 권력은 이보다 더 복잡하다. 권력이 악의적인 목적으로 사용되는지 여부는 여러 가지 요인에 따라 달라지는데, 권력자와 환경 내 요소 모두에 달려 있다. 예를 들어 집단주의적 가치관과 강한 도덕적 정체성을 가진 사람은 부패할 가능성이 낮다.[105] 그러나 권력에 대한 강한 욕구, 지위와 정당성을 유지하는 방식으로 위협에 반응하는 경향, 어떤 어두운 성격 특성(예: 마키아벨리즘)을 가진 개인의 경우 타락할 가능성이 더 높을 수 있다.[106] 환경변수와 관련하여 사람은 그들이 권력을 가진 집단과 동일시 할 때 그리고 자신의 행동에 대한 책임이 명확할 때 부패할 가능성이 적다.[107]

게다가 사람이 권력을 영원히 쥐고 있는 것은 아니다. 권력은 시간이 지나면서 체계적으로 유지될 수도 있고 상실될 수도 있다. 여러 가지 면에서 사람이 권력을 효과적으로 유지하는 것과 관련된 몇 가지 개인적인 요인이 있다.[108] 사람은 앞서 설명한 여러 가지 영향력 기법을 사용하여 권력을 영속화할 수 있다. 또한 추종자의 특정 특성으로 인해 계층 구조가 영속화되기도 한다. 예를 들어 앞서 설명한 바와 같이 시스템 정당화(2장 참조), 귀인 이론(6장, 12장 참조)은 모두 권력자가 직위를 유지하는 요인이다.[109] 그럼에도 불구하고 환경적 경쟁과 경쟁자의 기술과 능력과 같은 외부 요인이 권력 손실로 이어질 수 있다.[110] 또한 권력 보유자는 종종 자신의 권력 손실에 대한 책임이 있다. 대중의 분노를 불러일으키는 윤리적 위법행위를 하거나, 권력 직위의 편안함으로 인해 위협을 보지 못하거나, (실패로 이어지는) 편향된 의사결정을 하는 것이 모두 권력자의 '퇴위'를 촉발하는 것으로 밝혀졌다.[111]

성희롱: 직장 내 불평등한 권력

성희롱(sexual harassment)은 개인의 고용에 영향을 미치고 적대적 업무 환경을 조성하는, 원치 않는 성적 행동으로 정의된다.[112] 미국 고용기회평등위원회(U.S. Equal Employment Opportunity Commission, EEOC)에 따르면 성희롱은 업무 수행에 지장을 주거나 '두렵고 적대적이며 모욕적인' 업무환경을 조성하는, 직무에서의 '원치 않는 성적 접근, 성적 요구, 기타 성적인 언어적/신체적 행위'를 맞닥뜨릴 때 발생한다.[113]

성희롱 개인의 고용에 영향을 주고 적대적 업무 환경을 조성하는, 원치 않는 성적 행동

성희롱에 대한 여러 설문조사에 따르면 최대 52%의 여성과 최대 43%의 남성이 지난 12개월 이내에 성희롱을 당했으며, 최대 22%의 여성과 최대 7%의 남성이 직장에서 성희롱을 당한 적이 있다고 답했다.[114] 성희롱은 특정 유형의 산업에 종사하는 여성에게 불균형적으로 만연해 있다. 한 조사에 따르면 접수된 거의 4만 1천 건의 EEOC 성희롱 혐의 중 25% 이상이 고객 대면 부문에서 발생했다(예: 숙박, 음식서비스, 소매업).[115]

성희롱의 영향은 비참하고 사악하며 대부분 팀, 조직, 지역의 지배적인 분위기로 인해 발생

연방 배심원단은 아론스(Aaron's Inc.)의 직원인 애슐리 알퍼드(Ashley Alford)가 상사의 성희롱 혐의에 대해 고용주를 상대로 제기한 소송에서 4천만 달러 배상을 판결했다. 배심원단은 상사의 폭행과 구타에 대한 유죄를 인정했고, 회사가 감독 소홀과 성희롱에 책임이 있다고 보았다.

출처: Bill Greenblatt/UPI/Newscom

한다.[116] 성희롱에 대한 정의는 국가마다 다르지만, 140개국에서 근로자를 성희롱으로부터 보호하기 위해 정책을 시행하고 있다.[117] 정책이나 법률이 준수되는지는 또 다른 문제인데, 일부 연구에 따르면 제대로 이행되지 않을 수 있다.[118] 실제로 미국인의 50%는 남성이 성희롱을 저지르고도 교묘히 빠져나가는 것이 미투(#MeToo) 시대의 주요 문제라고 생각한다.[119] 또한 미국인의 46%는 여성을 신뢰하지 않는 것이 성희롱을 예방하고 가해자에게 책임을 묻기 위한 노력을 약화시키는 주요 문제라고 생각한다.[120]

대부분의 연구에 따르면 성희롱을 이해하는 데 권력 개념이 핵심적인 역할을 한다. 이는 성희롱의 주체가 상사, 동료, 직원 중 누구인지에 상관없는 것으로 보이는데, 특히 새로 권력을 획득한 직원에게 더 두드러진다.[121] 성희롱은 권력의 차이가 클 때 더 잘 발생한다.[122] 상사와 부하직원 간의 관계는 불평등한 권력 관계를 가장 잘 보여주는 데, 상사가 가진 공식적 권력은 보상하고 강요할 수 있는 힘을 제공한다. 직원은 좋은 평가, 임금 인상 등을 원하기 때문에 상사는 대부분의 부하직원이 희소하고 중요하다고 생각하는 자원을 통제하고 있다. 성희롱을 감지하고 예방하는 효과적인 통제가 없을 때 가해자는 더 그렇게 행동하기 쉽다. 관련하여 내부 고발자가 목소리를 내고 이들을 보복으로부터 보호할 수 있는 효과적인 통제 수단이 없다면 가해자는 더 행동을 취하고 계속 그렇게 행동할 가능성이 높다.[123] 미투와 타임즈업(Time's Up) 운동은 조직과 지역사회에서 성희롱의 흐름을 잠재우기 위해 성희롱과 학대 생존자가 목소리를 낼 수 있는 연합을 구축하기 위해 형성되었다.[124]

성희롱은 개인과 조직에 해로운 영향을 줄 수 있다. 그러나 성희롱은 피할 수 있다. 관리자의 과정에 대한 헌신과 책임이 중요하다.[125]

- 성희롱을 구성하는 요소를 정의하고 부적절한 행동으로 해고될 수 있음을 직원에게 알리고, 불만을 제기할 수 있는 절차를 수립하는 적극적인 정책을 마련한다.
- 직원이 성희롱과 관련한 항의를 해도 보복받지 않을 것이라는 확신을 준다.
- 모든 성희롱 관련 항의를 조사하고 법률부서와 인사부서에 알린다.
- 가해자는 징계 또는 해고된다는 것을 분명히 한다.
- 내부 세미나를 통해 직원이 성희롱 문제의 심각성에 대해 인지하도록 한다.

결론은 관리자는 적대적인 업무 환경으로부터 직원을 보호해야 할 책임이 있다는 것이다. 관리자는 직원 중 한 사람이 성희롱을 당하고 있다는 것을 모를 수 있지만 몰랐다는 것이 관리자나 조직을 보호해주지 않는다. 만약 조사자가 성희롱에 대해 관리자가 알 수도 있었다고 믿는다면 관리자와 회사 모두 책임을 질 수 있다.

정치: 권력의 작동

13-6 조직에서 정치가 어떻게 작용하는지 설명할 수 있다.

사람이 모이는 곳에서는 권력이 작용하게 마련이다. 조직에서 사람은 틈새를 찾아서 영향력을 발휘하고, 보상을 받으며, 경력을 발전시키고자 한다. 사람이 자신의 권력을 행동으로 옮길 때 **정치**를 한다고 말한다. 정치적 기술이 좋은 사람은 자신의 권력 기반을 효과적으로 사용할 가능성이 높다.[126]

정치적 행동

본질적으로 **조직 정치**는 조직의 의사결정에 영향을 미치기 위해 권력을 사용하는 데 초점을 맞추며, 때로는 이기적이고 조직적으로 승인되지 않은 행동을 위해 권력을 사용하는 경우도 있다.[127] 이 장에서는 조직에서의 **정치적 행동**(political behavior)을 공식적 역할의 일부는 아니지만 조직 내 이익과 불이익 배분에 영향을 미치거나 미치고자 하는 활동으로 정의한다.[128] 매우 정치적인 환경에서 정치적 행동은 사람에게 임파워먼트와 통제력을 부여한다(하지만 지치게 할 수도 있다).[129]

정치적 행동 공식적 역할의 일부로 요구되는 것은 아니지만 조직 내에서의 이익과 불이익의 배분에 영향을 미치거나 미치고자 하는 활동

정치적 행동은 지정된 직무 요건을 벗어나는 행위이다. 이는 의사결정을 위해 사용되는 목표, 기준, 과정에 영향을 미치려는 노력을 포함해서 권력 기반을 이용하려는 시도를 어느 정도 필요로 한다. 이는 광범위한 정의로서 의사결정자에게 주요 정보 보류하기, 연합에 참여하기, 내부고발, 소문 내기, 언론에 기밀 제공하기, 상호이익을 위해 호의 베풀기, 특정 개인이나 의사결정 대안을 위해 혹은 이에 반하는 로비하기 등 다양한 정치적 행동을 포함한다.[130] 이러한 측면에서 정치적 행동은 종종 부정적이지만, 늘 그런 것은 아니다.

정치의 현실

연구에 따르면 사람이 정치를 해석하는 방식에는 여러 가지가 있다. ① 일부는 파괴적이고 조작적인 행동에 관여하는 것이라고 생각하고 **반작용**한다. ② 일부는 필요악으로 간주하며 **주저**한다. ③ 또 다른 일부는 **전략적**이며 정치를 일을 완수하는 유용한 방법으로 여긴다. ④ 또한 일부는 **통합적** 인식을 가지고 있으며 정치를 의사결정 현실에서 핵심적인 것으로 간주한다.[131] 실제로 경력 관리자와의 인터뷰에 따르면 대부분의 관리자는 정치적 행동이 조직 생활의 주요한 부분이라고 생각한다.[132] 많은 관리자는 다른 사람에게 직접적으로 해를 끼치지 않는다면 정치적 행동을 일부 사용하는 것은 윤리적이라고 답했다. 이들은 정치를 필요한 것으로 묘사하며 정치적 행동을 전혀 하지 않는 사람은 일을 완수하는 데 어려움을 겪을 것이라고 생각한다.

정치가 존재해야만 하는지 의문을 가질 수 있다. 정치가 없는 조직을 만드는 것이 가능한가? 만약 조직의 모든 구성원이 같은 목표와 이해를 가지며, 조직의 자원이 희소하지 않고, 성과 결과가 완벽히 명백하고 객관적이라면 가능하다. 하지만 이는 우리 대부분이 살고 있는 조직의 세계를 설명하지 못한다. 조직은 가치, 목표, 이해가 다른 개인과 집단으로 구성되어 있다.[133] 그래서 예산, 업무 공간, 급여와 보너스풀 같은 제한된 자원의 할당과 관련해서 갈등이 생길 가능성이 있다. 만약 자원이 풍부하다면 조직 내 모든 구성원이 원하는 목표를 달성할 수 있을 것이다. 그러나 자원이 제한되어 있기 때문에 모든 사람의 이해가 충족될 수 없다. 더구나 (그것이 사실이건 아니건) 어느 개인이나 집단의 이익은 조직 내 다른 사람의 희생을 통해 이루어진다고 인식된다. 이러한 요인으로 인해 조직 구성원은 제한된 자원을 놓고 경쟁하게 된다. 그럼에도 불구하고 사람은 종종 정치적 행동을 주저하면서도, 친사회적 수단을 통하거나 다른 사람을 돕는다는 목표와 관련될 때는 정치적 행동을 하는 것 같다.[134]

조직에서 정치를 유발하는 가장 중요한 요인은 아마도 제한된 자원을 배분하기 위해 사용되는 '사실'의 대부분은 해석하기에 달렸다는 인식이다. 예를 들어 성과급을 배분할 때 무엇이 **훌륭한** 성과인가? 무엇이 **적절한** 개선인가? 무엇이 **만족스럽지 못한** 업무인가? 사실이 그 자체

를 대변하지 않는 경우에 이 크고 모호한 중간 지대에서 바로 정치가 번성한다. 조직의 현실이 무엇인지에 대한 해석의 여지가 있는 모호한 분위기 속에서 대부분의 의사결정을 해야 하기 때문에 조직 내 사람은 자신의 목표와 이익을 지지하기 위해 가능한 모든 영향력을 행사한다. 한 사람의 '조직을 위한 이타적인 노력'이 다른 사람에게는 '자기이익을 도모하려는 노골적 시도'로 보일 수 있다.[135]

가십과 그레이프바인

그레이프바인 조직의 비공식 소통 네트워크

그룹이나 조직의 비공식적인 의사소통 네트워크를 **그레이프바인**(grapevine)이라 한다.[136] 일반적으로 그레이프바인과 가십은 대부분의 사람에게 부정적으로 여겨진다.[137] 실제로 연구에 따르면 신뢰할 수 없는 가십으로 인해 사람들은 다른 사람을 부당하게 판단하고 싫어할 수 있다.[138] 전반적으로 볼 때 그레이프바인 양면성을 지니고 있는데, 사회적 압박감으로 인해 긍정적인 성과를 내도록 할 수 있지만 동시에 직원의 복지를 저해할 수 있다.[139] 또한 그레이프바인을 통해 전달되는 소문과 가십은 정보 전달, 정치적 의지 행사, 위계질서 탐색에 중요한 역할을 할 수 있다.[140] 회사에 대한 동료의 그레이프바인 또는 입소문 정보는 글래스도어와 같은 웹사이트의 비공식적인 평가 이상으로 입사지원자의 입사 여부에 중요한 영향을 미친다.[141] 고용주 입장에서는 직원의 자체 네트워크 내에서 모집할 수 있는 방법이기도 하다. 예를 들어 캐나다의 IT 회사인 TWT 그룹은 직원들의 자체 네트워크 내에서 알고 있고 신뢰하는 잠재적 지원자를 모집한다.[142]

관리자는 직원의 사회적 네트워크에서 주로 발생하는 가십을 연구하여 긍정적인 정보와 부정적인 정보가 조직에 어떻게 흘러가는지 자세히 알 수 있다.[143] 또한 관리자는 어떤 사람이 스몰토커(사소하고 관련 없는 이슈에 대해 정기적으로 소통하는 사람)인지 알아내서 인플루언서(동료로부터 신뢰받는 밀집된 네트워크를 가진 사람[144])가 누구인지 확인할 수 있다. 스몰토커는 인플루언서인 경향이 있으며 해고 시에도 직장을 유지할 가능성이 높다.[145] 또한 한 연구에서는 AI를 사용하여 일대일 대화 중 스몰토크와 후속 질문을 파악했는데 후속 질문을 통해 호감도와 향후 해당 사람과 대화를 계속할 의도를 예측할 수 있었다.[146] 그런데 '스몰토커'가 행동하는 방식이 중요하다. 험담보다는 다른 사람과 협력하고 돕는 것이 네트워크에서 '중심적인 위치'를 차지하는 것과 관련이 있는 경향이 있다.[147] 어쨌든 그레이프바인에서 적극적이고 도움을 주는 참여자가 되는 것은 도움이 되는 것 같다.[148] 심지어 새로운 국가에서 사업을 하는 기업가가 '외부인'으로 분류되는 문제에 직면할 때 도움이 될 수 있는데, 현지 네트워크와 커뮤니티의 일원이 되려고 시도함으로써 정당성을 얻게 해준다.[149]

따라서 그레이프바인은 조직에서 제재하거나 통제하지는 않지만 어느 정도 이해하고 활용할 수 있다.

정치적 행동의 원인과 결과

13-7 정치적 행동의 원인, 결과, 윤리적 측면을 확인할 수 있다.

조직 내에 정치적 행동이 존재한다는 사실을 알았으니 이제 이러한 행동의 원인과 결과에 대해 살펴보자.

정치적 행동에 영향을 주는 요인

모든 집단이나 조직이 동일하게 정치적인 것은 아니다. 어떤 조직에서는 정치적 행동이 공공연하고 활발하며, 어떤 조직에서는 정치가 결과물에 아주 미미한 영향을 미친다. 왜 이러한 차이가 있는가? 연구에 따르면 정치적 행동을 조장하는 듯한 여러 요인이 있다. 어떤 요인은 직원의 개인적 특성이고, 다른 요인은 조직 문화나 내부 환경의 결과이다. 도표 13-5는 어떻게 개인적, 조직적 요인이 정치적 행동을 촉진하고 조직 내 개인과 집단에 대한 긍정적인 결과물(보상 증가와 처벌 회피)을 낳는지 보여준다.

개인적 요인 개인적 수준에서 연구자는 정치적 행동과 관련이 있는 성격 특성, 욕구, 그밖의 요인을 찾아냈다. 성격 특성 측면에서 사람은 자기관찰 성향이 높고 내부적 통제를 가지고 있으며 권력욕이 클 때(7장 참조) 정치적 행동을 할 가능성이 높다. 자기관찰 성향이 높은 사람은 낮은 사람보다 사회적 단서에 민감하고 높은 수준의 사회적 동조를 보이며 정치적 행동 기술이 뛰어나다. 내부적 통제를 가진 사람은 자신이 환경을 통제할 수 있다고 믿기 때문에 적극적인 자세를 취하며 자신에게 유리한 방향으로 상황을 조작하려 한다. 당연하게도 조작하려는 의지와 높은 권력욕이 특징인 마키아벨리즘 성격(5장 참조)을 가진 사람은 자신의 이익을 추구하기 위해 정치를 이용한다.

개인의 조직에 대한 투자와 대안에 대한 인식은 어느 정도로 부당한 정치적 행동 수단을 취할 것인가에 영향을 준다.[150] 어떤 사람이 조직으로부터 더 많은 미래 이익의 증가를 기대하고, 조직에서 쫓겨날 때 잃을 것이 많아질수록 부당한 수단을 사용할 가능성이 줄어든다. 반대로 취직 기회가 많거나, 희소한 기술이나 지식을 보유하고 있거나, 평판이 좋거나, 조직 외부에 영향력 있는 사람을 아는 등으로 인해 다른 일자리 기회가 많은 개인은 정치적 행동을 할 가능성이 높다. 부당한 행동을 했을 때 성공에 대한 기대가 낮으면 그렇게 하려고 하지 않을 것이다. 부당한 방법이 성공할 확률이 높은 조직은 정제된 정치적 기술을 가진 경험 많고 권력 있

도표 13-5 정치적 행동에 영향을 미치는 요인

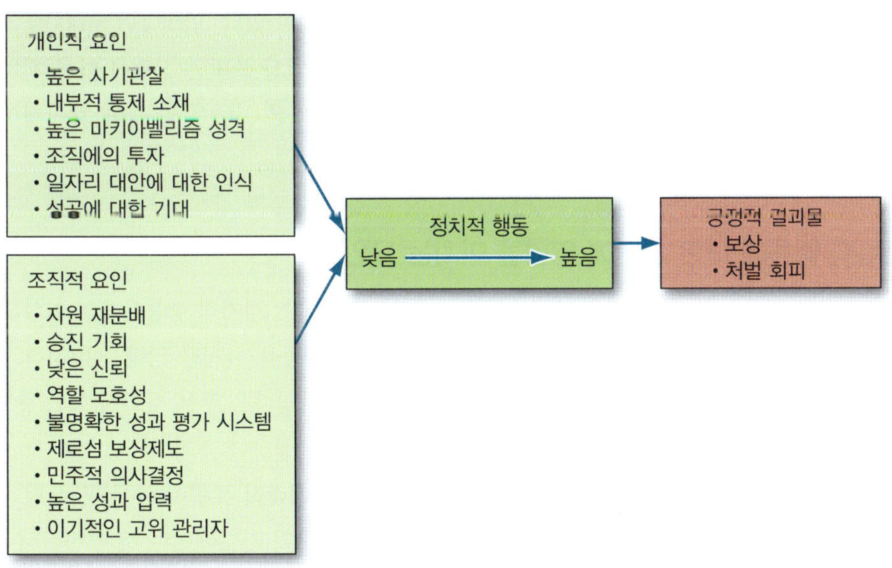

는 사람과 경험이 없지만 자기가능성을 잘 판단하지 못하는 직원 모두에게 정치적 행동의 장이 될 것이다. 정치적 수단의 사용을 통한 성공가능성이 낮다고 생각하는 개인은 이를 사용할 가능성이 낮다. 세련된 정치적 기술을 가진 경험이 풍부하고 권력을 가진 개인이나 성공가능성을 잘못 판단하는 경험이 부족한 직원 모두 정치적 수단에 대해 높은 기대를 가질 수 있다.

마지막으로 어떤 사람은 단순히 정치적 기술이 뛰어나기 때문에 더 많은 정치적인 행동을 하려 한다. 이들은 대인관계를 잘 파악하고 자신의 행동을 상황적 요구에 맞추며, 네트워킹에 뛰어나다.[151] 이들은 정치적 노력에 대해 간접적으로 보상을 받곤 한다. 예를 들어 중국 남부의 한 건설 회사를 대상으로 한 연구에 따르면 정치적으로 숙련된 부하직원이 상사의 포상 추천을 받을 가능성이 높고, 특히 정치지향적인 상급자일수록 정치적으로 숙련된 부하직원에게 긍정적으로 반응할 가능성이 높았다.[152] 다른 연구에서도 정치적 기술 수준이 높을수록 지각된 직무 성과 수준이 더 높은 것으로 나타났다.[153]

조직적 요인 비록 개인차가 정치적인 행동을 일으키는 역할을 할 수 있더라도, 어떤 상황이나 맥락이 정치를 촉진한다는 증거가 더 강력하다. 구체적으로 조직의 자원이 줄어들거나, 기존 자원 유형이 바뀌거나, 승진의 기회가 있을 때 정치적 행동이 드러날 가능성이 높다.[154] 자원이 줄어들면 사람은 자신이 소유한 것을 지키기 위해 정치적 행동을 할 수 있다. 또한 어떤 변화, 특히 조직 내에서 자원의 중요한 재분배를 의미하는 암시하는 변화는 어떤 것이라도 갈등을 조장하고 정치적 행동을 증가시키는 경향이 있다.

낮은 신뢰, 역할 모호성, 불명확한 성과 평가 시스템, 민주적 의사결정, 성과에 대한 높은 압력, 이기적인 고위경영자 등으로 특징지을 수 있는 문화는 정치적 행동이 양성되는 환경이 될 수 있다.[155] 정치적 활동은 직원의 공식적 역할이 아니기 때문에 역할 모호성이 클수록 눈에 띄지 않는 정치적 활동을 할 수 있다. 역할 모호성은 직원의 행동에 대한 규정이 명확치 않다는 것을 의미한다. 이러한 상황에서는 직원의 정치적 행동의 범위와 기능에 대한 제한이 적어진다.

조직 문화가 보상 배분에 (종종 재무적 취약성으로 인해 시작되는) 제로섬 접근법 또는 승패 접근법을 강조하면 직원은 정치적 행동을 더 많이 하도록 동기부여될 것이다.[156] **제로섬 접근법**(zero-sum approach)은 보상 '파이'가 고정된 것으로 간주하기 때문에 어떤 사람이나 집단이 이익을 얻으면 다른 사람이나 집단이 손해를 보게 되어 있다. 만약 1만 5,000달러의 임금 인상이 5명의 직원 간에 배분된다면 3,000달러 이상의 인상을 받는 직원은 다른 직원의 인상분을 가로채는 셈이다. 이러한 관행은 직원으로 하여금 다른 사람을 안 좋게 보이게 하거나 자기가 하는 일을 돋보이게 만든다.

제로섬 접근법 보상 '파이'를 고정된 것으로 간주하여 한 사람이 이득이 다른 사람의 희생을 뜻하는 보상 배분에 대한 접근법

정치적 행동에 대한 승인에 영향을 미치는 요인

여러 가지 면에서 정치적 행동은 매우 대인관계적인 현상이다. 정치적 행동은 2명 이상의 상호작용을 포함하며, 이 중 1명 이상이 다른 사람에게 어떤 행동을 하게끔 영향을 미치려고 시도한다. 로버트 시알디니(Robert Cialdini) 교수는 사람에게 영향을 주는 사회적 힘을 규명하는 데 자신의 경력의 많은 부분을 바쳤다. 이러한 힘은 (앞서 설명한 것과 같은) 개인적 차이나 정치적 행동에 '굴복'하는 사람에게 영향을 미치는 환경의 맥락적 특징이 아니라, 우리가 공유하는 인간성의 근간이 되는 사회적 힘으로 다른 사람의 영향력 시도에 순응하게 만들 수 있다.

시알디니는 설득의 여섯 가지(현재는 일곱 가지) 원칙이라는 증거에 기반한 여러가지 힘에 대해 설명했다.[157] 이 중 많은 부분이 친숙하게 느껴질 수도 있는데, 실제로 조직 내 행동에 상당한 영향을 미치는 일반적으로 나타나는 사회적 힘이다.

- **호혜성**: 사람은 자신을 위해 무언가를 해준 다른 사람에게 돌려주고 싶어한다.
- **일관성/헌신**: 사람은 이미 내린 결정이나 선택과 일관성을 유지하고 이에 헌신하려는 동기가 있다.
- **사회적 증거**: 사람은 자신이 올바른 방식으로 행동했다는 증거, 확인, 검증을 얻기 위해 다른 사람을 바라본다.
- **호감**: 서로 좋아하는 사람은 서로에게 동의하는 경향이 있다.
- **권위**: 사람은 권력을 가진 사람의 요청에 긍정적으로 대답할 가능성이 높다.
- **희소성**: 사람은 더 이상 구할 수 없는 것 또는 점점 구하기 어려운 것을 더 원한다.
- **통합**: 설득의 최신 원리로서 사람은 자신이 동일시하는 사람으로부터 가장 큰 영향을 받는다.

사람은 조직 내 정치에 대해 어떻게 반응하는가

카이(Kai)는 매주 방송되는 미국 텔레비전 코미디 시리즈의 작가로서 일하는 것을 좋아하지만 내부 정치를 싫어한다. "이곳의 몇몇 작가는 어떤 일보다 총괄 프로듀서에게 아부하는 데 시간을 더 많이 보냅니다. 책임 작가는 사람을 편애합니다. 수입도 좋고 창의성을 발휘할 수 있어서 좋지만 다른 사람이 저에게 해를 끼칠까 봐 항상 경계해야 되고 계속 제 기여도를 스스로 알려야 한다는 게 싫증이 납니다. 일은 제가 다 하고 인정은 거의 받지 못하는 것이 지겹습니다"라고 했다. 카이처럼 친구나 친척이 직장 내 정치에 대해 불평하는 것을 들어보았을 것이다. 그렇다면 사람은 일반적으로 조직 내 정치에 대해 어떻게 반응하는가? 증거를 살펴보자.

일반적으로 대부분은 정치를 ① **파괴적이고 조작적인 것**, ② **필요악**, ③ 일을 완수하기 위한 **유용한 전략**, ④ 조직 생활의 **불변하는 측면**이라는 네 가지 관점 중 하나로 바라본다.[158] 관점이 무엇이든 간에 정치적 게임을 하지 않으려는 대부분의 사람에게는 부정적인 결과를 낳는 경향이 있다. 이 상황에 대한 도표 13-6은 어떻게 정치가 직무 만족 감소, 불안과 스트레스 증가, 이직 증가, 성과 감소로 이어지는 것을 보여준다. 연구에 따르면 환경, 조직, 팀에서 정치가 중요한 역할을 하면 사람은 정치가 필요하다고 인식하는 정도와 관계없이(예: 스트레스와 이직 의도가 증가하고 사기와 성과가 저하되는 등) 부정적인 결과를 경험하게 된다.[159] 정치는 아마도 직원이 정치적 환경이 불공정하다고 인식하여 직원의 의욕을 꺾기 때문에 직원이 응답한 성과의 하락으로 이어질 수 있다.[160]

정치-성과 관계는 조직 정치의 '방법'과 '이유'에 대한 개인의 이해에 따라 달라지는 것 같다. 연구자는 '의사결정의 책임자가 누구이고, 왜 그들이 의사결정권자로 선택되었는지 명확하게 이해하는 사람은 조직의 의사결정 과정을 이해하지 못하는 사람에 비해 일이 어떻게, 왜 그런 식으로 일어나는지 더 잘 이해할 수 있을 것'이라고 말한다. 정치를 많이 하고 이에 대한 이해도도 높으면, 정치적 활동을 기회로 여기기 때문에 성과가 높아질 가능성이 높다. 이는 정치적 기술을 잘 연마한 사람에게 예상할 수 있는 것과 같다. 하지만 이해도가 낮은 경우에 개인은

도표 13-6 조직 내 정치에 대한 직원의 반응

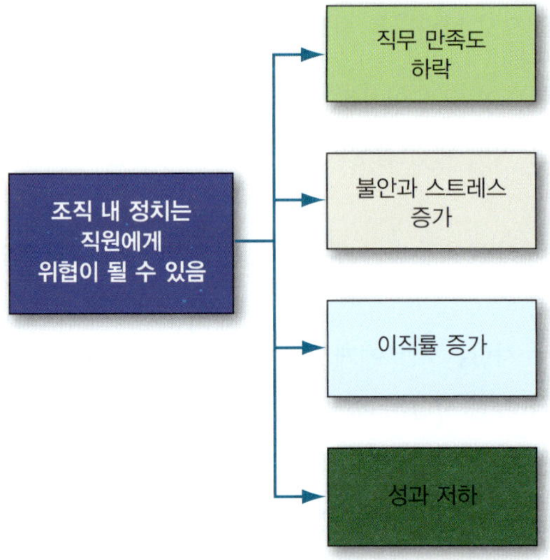

정치를 위협으로 인식할 가능성이 높아 업무 성과에 부정적인 영향을 미칠 수 있다.[161]

사람들은 변화를 위협으로 인식할 때 행동, 비난, 변화를 회피하기 위해 반응적, 보호적 행동인 **방어적 행동**(defensive behavior)으로 대응할 수 있다[162](도표 13-7의 예시 참조). 직원은 얼마 지나지 않아 방어적 행동이 자신의 이익을 지켜준다고 생각할 것이다. 이러한 행동은 정치적 행동의 일부일 수 있지만, 파괴적이고 부정적인 측면이 있다. 이러한 행동은 사람에게 '부드럽고' 유대감을 형성하는 방식으로 영향을 미치려고 하는 대신에 공격적이거나 회피적인 수단을 통해 자기이익을 보호한다. 단기적으로 직원은 방어적인 것이 자기이익을 보호해준다고 느낄 수 있으나, 장기적으로 방어적 행동은 사람을 지치게 한다. 여기서 이야기하는 방어

방어적 행동 정치적 환경에서 행동, 비난, 변화를 회피하기 위해 반응적, 보호적 행동

미신인가, 과학인가

사무실 정치는 완전히 피해야 한다

사무실 정치는 끔찍한 평판을 받고 있다. 직원은 직장이 정치적이라고 인식하면 몰입이 떨어지고 생산성이 떨어지며 퇴사할 가능성이 높아진다는 것은 놀라운 일이 아니다. 직원이 직장 내 정치를 싫어하는 것은 부분적으로 이해될 수 있다. 나쁜 정치(예: 소문을 퍼뜨리거나 다른 전략을 사용하여 다른 사람이나 조직을 희생시키면서 자신의 출세를 도모하는 것)은 의심할 여지없이 매우 해로울 수 있으며 피해야 한다.

하지만 직장 내 정치는 피할 수 없는 경우가 많다. 직원이 원하든 원하지 않든 사무실 정치는 종종 팀과 궁극적으로 팀의 업무에 영향을 미친다. 또한 정치가 모두 나쁜 것은 아니며 좋은 정치는 흔히 생각하는 해로운 영향 없이 더 높은 목적을 달성할 수 있다. 실제로 정치는 자신의 이익을 증진하고, 기여를 인정받고, 다른 사람의 생각에 영향을 미치고, 중요한 결정에 영향을 미치는 데 사용될 수 있다. 감성지능, 대인관계 영향력 기술, 네트워킹 능력, 겉으로 드러나는 진실성이나 진정성 등 네 가지 차원의 정치적 기술과 관련한 역량도 리더십, 승진가능성, 성과를 향상시킨다. 정치적인 기술은 외향성이 낮거나 가장 많은 지식을 갖추지 못한 사람에게도 자산이 될 수 있다.

나쁜 정치는 분명히 피해야 하지만, 직장 내 정치를 아예 피하는 것은 부정적인 결과를 초래할 수 있다. 예를 들어 한 연구에 따르면 정치적 기술이 능숙하지 않은 관리자는 관리자가 직원에게 할 일을 지시하고 피드백을 제공할 때 직원의 참여도가 낮은 것으로 나타났다. 반면에 정치적으로 숙련된 관리자와 일하는 직원은 관리자의 이와 같은 행동을 더 호의적으로 보았다. 따라서 개인은 사무실 정치를 포기하는 대신 자신의 경력, 팀, 조직에 도움이 될 수 있는 정치적 기술을 키우는 데 초점을 두어야 한다.[163]

도표 13-7 방어적 행동

활동 회피

지나친 순응: "규정에 분명히 이렇게 쓰여 있다" 또는 "항상 이렇게 해 왔다"라고 말함으로써 자신의 책임에 대해 엄격히 해석하는 것

책임 전가: 업무의 실행이나 의사결정을 다른 사람에게 전가하는 것

무지한 척하기: 모른다거나 못한다고 거짓말해서 원치 않는 업무를 피하는 것

업무 늘리기: 바쁘게 보이기 위해 업무를 늘리는 것(예: 2주 분량의 업무를 4개월로 늘림)

지연하기: 밖으로는 지지하는 척하면서 사적으로는 거의 아무것도 하지 않는 것

비난 회피

충격완화: '뒤를 가린다(cover your rear)'는 것으로 능력 있고 철저하다는 이미지를 보호하기 위해 모든 활동에 대해 문서화함

안전하게 가기: 불리한 상황을 피하는 것, 성공가능성이 높은 프로젝트만 실행하는 것, 위험이 있는 의사결정은 상급자의 승인을 받는 것, 판단 표현을 자제하는 것, 갈등상황에서 중립적인 관점을 취하는 것을 포함함

정당화: 부정적인 결과에 대한 책임을 줄이기 위해 설명을 만들고 후회하는 모습을 보이기 위해 사과하는 것

희생양 만들기: 부정적인 결과에 대한 비난을 전적인 책임은 없는 외부 요소에 전가하는 것

허위표현: 왜곡, 과장, 기만, 선택적 전달, 혼란 등을 통해 정보를 조작하는 것

변화 회피

방지: 위협적인 변화가 일어나지 못하게 방자하는 것

자기방어: 정보나 다른 자원을 지킴으로써 변화기간에 자신의 이익을 보호하는 행동

적 행동이란 구체적으로 많은 사람이 사익의 목적으로 권력을 고수하기 위해 사용하는 방어적 행동을 의미하며, 학대나 괴롭힘을 당한 직원의 경우에는 자신을 방어하기 위한 행동을 취해야만 한다.

발언행동과 침묵

발언행동 **발언행동**(voice)이란 적절한 조치를 취할 수 있는 사람에게 업무 관련 문제에 대한 제안, 우려, 의견을 재량적으로 소통하는 것을 말한다.[164] 발언행동이 중요한 이유는 공식적인 리더십 직책을 맡고 있지 않거나 실질적 권력 기반이 없는 사람의 영향력을 강조하기 때문이다. 정의상에서 발언행동은 영향력의 한 형태이며 현 상태에 도전하고, 다른 사람의 관점을 지지하며, 건설적이거나, 방어적이거나 파괴적이다.[165] 또한 발언행동은 직원의 경험을 재확인한다. 다른 사람에게 목소리를 냄으로써 발언행동은 조직에 기여하고 공정하고 평등한 업무 환경을 조성하는 방식으로 사람들이 자신의 우려와 생각을 공유할 수 있는 공간이 된다.

발언행동 적절한 조치를 취할 수 있는 사람에게 업무 관련 문제에 대한 제안, 우려, 의견을 재량적으로 소통하는 것

발언행동은 직원의 자기평가, 개인적 주도성, 책임감, 참여도 뿐만 아니라 직장 분위기, 상사의 감정과 행동에 영향을 받을 수 있다.[166] 또한 빅 파이브 성격 특성 중 외향적이고 개방적이며 성실한 사람은 자신의 우려를 표명할 가능성이 높다.[167] 연구에 따르면 발언행동은 조직 성과에 유익한 영향을 미친다. 5만 명 이상의 직원을 대상으로 한 연구에 따르면 직원의 발언행동을 장려하는 리더십과 관리 관행이 업무 성과를 높이는 것으로 나타났다.[168] 또한 직원의 발언행동에 대한 연구에 따르면 문제에 대한 우려의 목소리는 직원에게 긍정적인 정서적 결과를 가져온다.[169] 분명히 직원이 일에 대해 신경쓰는 일을 털어놓게 하는 방법을 제공함으로써 얻을 수 있는 이섬이 있다.

독일 건설회사 호흐티프(Hochtief) 직원이 다른 회사의 잠재적 인수 입찰에 대한 사위를 벌였다. 직원이 잠재적 인수에 대한 의견을 표명하기 위해 발언권을 행사하고 있다.

출처: Bernd Thissen/dpa/picture-alliance/Newscom

관리자는 종종 직원이 어떤 식으로 발언행동을 했으면 하는지에 대한 선호도가 있다. 예를 들어 관리자는 종종 '공개적인' 목소리가 자신의 이미지나 개인적 통제에 위협이 될 수 있다고 판단하여 일대일로 표현하는 것을 선호할 수 있다.[170] 또한 직원의 목소리가 반영되지 않으면 직원은 앞으로 목소리를 내는 것을 더 주저할 수 있다. 관리자는 왜 실행할 수 없었는지에 대해 이유를 설명하여 심리적 안전감을 조성하고 공정성에 대한 인식을 유지해야 한다.[171] 문화도 중요하다. 직원이 발언하는 것이 안전하고 효과적인지 신호를 주는 다양한 규범과 가치(예: 권력 거리, 2장 참조)가 있으며, 일부 문화는 직원의 열린 의사소통을 다른 문화만큼 중요하게 여기지 않는다.[172] 이러한 규범과 가치가 반드시 국가나 민족 문화에서 비롯된 것은 아니며 조직 문화의 신념(예: 남성성 중시, 괴롭힘 심각성의 최소화)과 네트워크 특성(예: 주로 남성이 네트워크의 중심적 위치에 있음)이 성희롱에 직면했을 때 발언행동을 하지 못하도록 제한할 수 있다.[173]

침묵 적절한 조치를 취할 수 있는 사람에게서 업무 관련 문제에 대한 제안, 우려, 의견을 재량적으로 유보하는 것

침묵 **침묵**(silence)은 영향력의 부재로 정의되기 때문에 무시하기 쉽다. 그러나 이는 종종 실수이다. 침묵 자체가 영향력의 한 형태일 수 있으며 관심이 없음을 전달하거나, 문제를 다룰 수 있는 능력이 없음을 나타내거나, 방해하지 않고 원활하게 협조하고 싶다는 뜻을 나타낼 수 있다.[174] 침묵은 발언행동에 대한 정의와 유사하게 적절한 조치를 취할 수 있는 사람에게서 업무 관련 문제에 대한 제안, 우려, 의견을 재량적으로 유보하는 것을 말한다.[175]

직원과 관리자가 목소리를 내야 할 때에도 침묵하는 이유는 무엇인가? 이 질문에 대한 답을 위해서는 개인적 차이와 동기, (자동적, 전략적) 의사결정 프로세스를 복합적으로 고려해야 하는 것으로 보인다. 또한 침묵할지 여부는 메시지의 내용, 메시지가 전달되는 방식, 메시지의 대상에 의해서도 영향을 받는다.[176] 대상의 개방성과 신뢰성에 대한 인식, 직원의 무력감뿐만 아니라 부정적인 감정(특히 두려움)을 느끼는 경향성은 침묵을 지키기로 하는 결정에 영향을 주는 경향이 있다.[177] 관리자와 직원 모든 사람이 편안하게 공유하고 공유를 위해 능력이

부여되고, 다른 생각과 의견, 심지어는 나쁜 뉴스에도 열려 있는 환경을 조성하려고 노력해야 한다.[178]

또한 침묵이 보상이 되거나 발언행동이 불이익을 받지 않는 환경이 되어야 한다. 예를 들어 조직의 잘못된 행위에 대해 발언한 관리자조차 공식적인 제재를 받을 수 있을 뿐만 아니라 괴롭힘, 직무 만족도 저하, 지위 인식에 영향을 받을 수 있다.[179] 하지만 때로는 환경뿐만 아니라 대인 간 역학관계가 방해하기도 한다. 예를 들어 직원은 자신의 우려를 동료와 나눔으로써(예: 성토 세션) 발언 '욕구'가 충족되었다고 느낄 수가 있으며, 그 결과 관리자나 상사에게는 아무 말도 하지 않을 수 있다.[180] 마지막으로 일부 형태의 침묵은 전략적이다. 예를 들어 경영진은 지속가능성 표준에 위배되는 스캔들이 발생하면 (위선적인 이미지로 비춰질까 봐) 지속가능성 인증을 홍보하거나 마케팅할 가능성이 낮다.[181]

어떤 이유에서든(두려움, 체념, 심지어 친사회적 동기 등 다양한 이유가 있음),[182] 연구에 따르면 침묵과 소통 보류는 흔히 발생하며 문제가 된다.[183] 관리자와 직원이 발언해야 한다고 느끼지만 그렇게 할 수 없다고 느낄 때 특히 불편한 부담이 된다.[184] 침묵의 대상이 되는 사람에게도 문제가 될 수 있다. 예를 들어 일련의 실험에서 배척이나 배제를 당한 사람은 전혀 인정받지 못했을 때 더 안 좋은 감정을 느꼈다. 여전히 배제된 상태이더라도 간단한 비언어적 인정이나 메시지는 (적대적인 메시지일지라도) 스트레스 사건으로부터의 만족도와 회복을 증가시켰다.[185] 또한 사람은 침묵의 대상자로서 귀인을 하게 되는 데 정보를 보류하는 사람을 비윤리적이라고 생각하는 경우가 많다(반면에 침묵을 유지하는 사람은 자신이 윤리적으로 행동한다고 생각하는데, 후회할 만한 말을 하는 것보다는 아무 말도 하지 않는 것이 낫다고 생각한다).[186] 분명히 침묵은 상당부분 다음에 살펴볼 인상 관리로서의 특징을 가지고 있다.

인상 관리

사람은 타인이 자신을 어떻게 인식하고 평가하는지에 지속적으로 관심을 갖는다. 다른 사람에게 긍정적으로 인식되는 것은 조직 환경에서 이점이 있으며, 이는 혼자만의 고립된 행동이 아니라 여러 사람과 상호작용하는 과정이다.[187] 예컨대 원하는 조직에서 일하는 데 도움이 될 수도 있고, 일단 입사하면 좋은 평가를 받을 수도 있으며, 더 나은 급여를 받을 수도 있고, 더 빨리 승진할 수도 있다. 관리자는 투자자와 이사회 구성원과의 소통(예: 수익 예측)에서,[188] 자신의 평판을 보호하기 위해 부하직원에게 진정성 있고 신뢰할 수 있는 사람으로 보이기 위해(예: 유머러스하게 자신을 드러냄),[189] 또는 위기상황에서 대중의 두려움을 완화하고 침착하고 차분한 태도를 유지하는 데 이를 활용할 수 있다.[190] 다른 사람이 자신을 어떻게 인식하는지를 관리하는 것은 다른 나라에서 조직을 대표하는 주재원에게 특히 중요하며 이들은 문화적 규범에 적응해야 한다.[191] 다른 사람들이 가지고 있는 자신에 대한 인상을 개인이 통제하기 위한 과정을 **인상 관리**(impression management, IM)라고 한다.[192] 도표 13-8은 인상 관리의 예를 보여준다.

인상 관리(IM) 다른 사람이 가지고 있는 자신에 대한 인상을 개인이 통제하기 위한 과정

이 과정은 의식적이거나 무의식적일 수 있으며 진정성이 있거나 또는 거짓된 것으로 인식될 수 있다.[193] 진정성이 없거나 거짓으로 인식될 경우에 인상 관리는 성과 저하, 불안감 증가, 부정적인 감정으로 이어질 수 있다.[194] 겸손하고 진정성 있고 진실한 것으로 인식되는 경우(예: 다른 사람과 관계를 맺기 위해 자신에 대해 부정적이고 유머러스한 것을 드러냄), 인상 관리는

도표 13-8 인상 관리 기법

순응

상대방의 승인을 얻기 위해 그 사람의 의견에 동의하는 것. 아부의 한 형태
예: 한 관리자가 상사에게 말한다. "서부지역 사무실의 개편 계획은 확실히 옳은 결정입니다. 저는 전적으로 그 계획에 찬성합니다."

호의

상대방의 승인을 얻기 위해 그 사람에게 좋은 일을 해주는 것. 아부의 한 형태
예: 판매사원이 미래의 고객에게 말한다. "오늘밤 영화 표 2장이 있는데 저는 시간이 안 됩니다. 가져가세요. 저와 시간내서 얘기해주신데 대한 감사 표시로 생각해주세요."

변명

곤경의 겉으로 보이는 부정적 영향을 줄이기 위해 곤경에 대해 설명하는 것. 방어적 인상 관리 기법
예: 판매관리자가 상사에게 말한다. "우리는 제 시간에 그 신문에 광고를 내지 못했지만 어차피 아무도 그런 광고는 보지 않을 거예요."

사과

바람직하지 않은 사건에 대한 책임을 인정함과 동시에 행동에 대해 용서를 구하는 것. 방어적 인상 관리 기법
예: 직원이 상사에게 말한다. "제가 보고서에 실수를 해서 죄송합니다. 용서해주십시오."

자기홍보

자신의 장점을 강조하고 단점을 경시하는 것, 자신의 업적에 주의를 끄는 것. 자기중심적 인상 관리 기법
예: 판매사원이 상사에게 말한다. "미카는 3년 동안 노력했지만 그 회사의 주문을 따내지 못했습니다. 저는 6주 만에 해냈습니다. 저는 우리 회사 최고의 판매사원입니다."

향상

자신이 해낸 일이 대부분의 사람이 생각하는 것 이상으로 가치 있는 것이라고 주장하는 것. 자기중심적 인상 관리 기법
예: 한 기자가 편집장에게 말한다. "제가 작성한 유명인사의 이혼 기사가 우리 매출에 정말 큰 도움이 되었습니다."(그 기사가 연예란에 3쪽 밖에 실리지 못했더라도)

아첨

다른 사람에게 통찰력 있고 호감있게 보이기 위해 그 사람의 장점을 칭찬하는 것. 적극적 인상 관리 기법
예: 신입 영업 교육생이 동료에게 말한다. "고객의 불만사항을 정말 잘 처리하셨네요. 저는 절대 그렇게 잘 처리할 수 없었을 거에요."

예증

자신이 얼마나 헌신적이고 열심히 일하고 있는지 보여주기 위해 필요 이상의 일을 하는 것. 적극적 인상 관리 기법
예: 직원이 늦게까지 일하면서 상사가 그가 얼마나 오랫동안 일했는지 알도록 회사 컴퓨터로 이메일을 보낸다.

출처: M. C. Bolino, K. M. Kacmar, W. H. Turnley, and J. B. Gilstrap, "A Multi-Level Review of Impression Management Motives and Behaviors," *Journal of Management* 34, no. 6 (2008): 1080-109에 기초함.

다른 사람이 당신을 더 긍정적으로 보도록 하고 더 나은 관계 결과를 낳을 수 있다.[195] 또한 인상 관리 행동 자체가 조직, 그룹, 팀에서 규범이 될 수 있는데,[196] 그렇다고 해서 조직구성원이 그 행동이 진정성이 있는지를 구별하지 않는다는 것은 아니다.

또한 인상 관리를 하는 개인에게도 부정적인 영향이 있을 수 있다.[197] 예를 들어 CEO에게

아부하는 최고경영진의 임원은 CEO에 대한 분노를 느끼고 CEO를 약화시키려는 음모를 꾸미는 경향이 있으며, 특히 CEO가 여성이나 소수민족 출신인 경우 그러하다.[198] 아부는 불안과 분노를 낳을 뿐만 아니라 개인 자원의 소진과 고갈로 이어져 일탈행동으로 이어질 수 있다.[199] 부정적인 결과는 특히 리더와 관리자에게 명백하다. 리더와 관리자는 여러 청중(예: 일반 대중, 이사회, 다른 임원, 중간 관리자, 직원 등)을 상대하기 때문에 인상 관리 시도가 일부에게는 성공적이지만 필연적으로 적어도 한 상대에게는 부정적으로 비춰질 수밖에 없다.[200]

연구는 주로 면접 성공과 성과 평가라는 두 가지 다른 조직 맥락에서 인상 관리 기법을 연구했다. 각각에 대해 살펴보자.

면접과 인상 관리 연구에 의하면 대부분의 입사 지원자와 면접관은 모두 인상 관리 기법을 사용하는데,[201] 인상 관리 기법은 부분적으로 면접관이 지원자가 따듯하고 유능한 사람이라고 인식하게 하기 때문에 효과가 있다.[202] 면접관은 지원자가 인상 관리를 하는 경우에 대부분 놀라울 만큼 이를 알아채지 못하는데, 특히 지원자가 속임수를 사용하는 경우 그렇다.[203] 면접에서 서로 다른 인상 관리 기법이 얼마나 효과적인지를 이해하기 위해 한 연구에서는 수천 명의 모집과 선발 인터뷰 데이터를 외모 지향적 노력(전문적으로 보이도록 하는 것), 노골적 전술(면접자에게 아첨하거나 자신의 성과를 부풀리는 것), 언어적 단서(긍정적인 용어를 사용하거나 열의를 보이는 것)로 분류했다.[204] 모든 차원에 걸쳐 인상 관리는 사람이 면접을 잘했는지를 강력하게 예측했다. 하지만 반전이 있었다. 고도로 구조화된 면접, 즉 면접관의 질문이 사전에 작성되어 있고 지원자의 자격요건에 초점을 두었을 때 인상 관리의 효과는 상당히 약하게 나타났다. 인상 관리와 같은 조작적 행위는 모호하고 비구조화된 면접에서 영향력을 가질 가능성이 높다. 게다가 인상 관리의 효과성은 지원자가 면접관이 찾는 특성이나 기술이 무엇인지 정확하게 파악할 수 있느냐에 따라 달라진다.[205] 하지만 기만적인 인상 관리가 반드시 신중하고 냉정하게 계획된 것은 아니다. 연구에 따르면 다른 사람보다 겸손하지 못하거나 더 외향적인 사람들은 불안을 유발하는 상황에 놓이게 되면 더 많이 이야기하고 더 자랑스럽게 이야기할 수 있다.[206]

성과 평가와 인상 관리 성과 평가 측면에서는 상황이 상당히 다르다. 사실 직원, 관리자, 임원 모두 처음 채용 시부터 조직에서의 재직기간 내내 인상 관리를 한다.[207] 아첨은 성과 평가와 보상배분에 긍정적 연관이 있다. 즉, 상사에게 아첨을 하는 사람은 더 높은 성과 평가를 받고 (잠재적으로) 높은 임금인상을 받는다.[208] 그러나 자기홍보 기법은 시간에 지나면서 사람이 그 행동을 알아채기 시작하면서 역효과가 있는 것 같다. 자기홍보 기법을 사용한 사람은 실제로 낮은 성과 평가를 받을 수 있다.[209] 이러한 일반적인 결과에는 중요한 제한 조건이 있다. 정치적 기술이 좋은 사람은 인상 관리가 높은 성과로 이어질 수 있지만, 정치적 기술이 좋지 않은 사람은 오히려 인상 관리 시도로 인해 해를 입을 수 있다.[210] 760명의 이사진을 연구한 또 다른 연구에서 아첨(예: 이사의 의견에 동의 표명, 동의하는 태도나 의견을 드러냄, 이사를 칭찬)하는 개인은 이사회에 합류할 가능성이 더 높았다.[211] 또 다른 연구에서는 상사에게 아첨을 시도한 인턴은 정치적 기술이 좋지 않은 경우를 제외하고 대개 미움을 받았다. 반면 정치적 능력이 좋은 사람의 경우엔 아첨은 상사의 호감을 사고, 성과 평가도 더 좋았다.[212]

정치에 대한 반응을 두고 우리가 내린 결론이 전 세계적으로 유효한가? 예를 들어 이스라엘

윤리적 선택

면접을 볼 때 인상관리를 얼마나 해야 하는가

사람들 대부분은 전문가처럼 옷을 입고 이전의 성과를 강조하며 해당 직무에 관심을 표하는 것이 면접에서 자신을 돋보이게 하는 인상관리 전략이라는 데 동의한다. 면접관에게 아부하는 것과 같은 전략과 미소를 짓고 끄덕이는 것과 같은 긍정적인 비언어적 단서를 사용하라는 조언도 흔히 듣곤 한다.

이러한 인상 관리에는 긍정적인 면이 있는가? 연구에 따르면 일반적으로는 그렇다. 지원자가 자신의 능력과 동기부여, 조직에 대한 존경을 강조하기 위해 더 많은 노력을 기울일수록 채용될 가능성이 높아진다. 최근 대만의 한 연구에서는 면접관이 자신의 자격에 대해 자신 있게 말하는 지원자를 직무에 더 적합하다고 보는지, 조직에 대해 긍정적인 말을 하는 지원자를 더 적합하다고 보는지를 조사했다. 그 결과 긍정적인 비언어적 신호는 면접 분위기를 개선했고, 이는 지원자가 더 높은 평가를 받는 데 영향을 미쳤다.

면접관에게 좋은 인상을 주기 위해 노력하는 것이 성과를 거둘 수 있다는 증거에도 불구하고 너무 지나친 것 또한 경계하라. 채용 과정에서 자격을 잘못 기재했다는 증거는 대개 즉시 해고당하는 근거가 된다. 선의의 거짓말이라도 근거 없는 기대를 불러일으키면 문제가 된다. 예를 들어 과거에 예산을 관리했다고 기재했으나 실제로는 지출 추적 정도가 업무 범위였다면 실제로는 상사가 기대하는 수준의 업무 능력이 없을 것이다. 만약 제대로 업무를 수행하지 못하면 그 사람의 인상은 매우 안 좋아질 것이다. 반면에 자신의 경험을 더 정확하게 기술했지만 동시에 배우고자 하는 의지를 강조한다면 회사는 추가적인 교육이 필요하다는 것과 약간의 시간이 더 필요하다는 것을 알게 될 것이다.

그렇다면 윤리적이고 효과적인 면접 전략은 무엇인가? 관건은 인상 관리를 위한 긍정적이고 진실된 방법을 찾는 것이다. 고용주에게 자신의 능력과 성취를 알리는 것을 두려워하지 말고 그 일에 대한 열정을 꼭 드러내라. 또한 되도록 정확한 진술을 유지하고 능력을 과대평가하지 않도록 주의한다. 장기적으로 볼 때 당신과 면접관이 솔직하게 조직 적합성을 평가할 수 있는 면접을 통해 직무를 선택한다면 행복하고 성공가능성이 훨씬 더 높다.[213]

의 직원은 직장 내 정치에 대해 미국의 직원과 같은 방식으로 반응하는가? 조직 내 정치에 대한 직원의 반응과 관련하여 도출한 대부분의 결론은 북미 지역에서 행해진 연구결과에 기초한 것이다. 다른 국가를 포함하는 몇 안 되는 연구결과는 약간의 차이를 보여준다.[214] 미국 문화권의 관리자와 동아시아의 세 지역(중국, 홍콩, 대만)의 관리자를 대상으로 한 연구에서 미국 관리자는 동아시아의 세 지역의 관리자들보다 상담이나 영감에 대한 호소와 같은 부드러운 설득을 더 효과적이라고 평가했다.[215] 다른 연구에서는 효과적인 미국 관리자는 조직원의 개인 목표나 주어진 업무에 집중함으로써 영향력을 발휘한 반면에(분석적 접근법), 동아시아의 리더는 조직원들과의 관계에 집중하고 주변 사람의 필요를 만족시킴으로써 영향력을 발휘했다(전체적 접근법).[216] 중국에서 상사와 부하를 대상으로 한 또 다른 연구에서는 부하가 자기를 내세우지 않는 식으로 행동할 때 상사가 그들을 더 순응성과 성실성이 높은 것으로 본다는 것을 밝혔는데, 이는 부하가 간청하기보다는 겸손하게 보일 때만 그런 것으로 나타났다.[217]

정치적 행동의 윤리성

윤리적인 정치적 행동과 비윤리적인 정치적 행동을 구분하는 명확한 기준은 없지만 고려해야 할 몇 가지 질문이 있다. 예를 들면 정치적 행동을 했을 때의 효용은 무엇인가? 때때로 정당한 이유 없이 또는 상황을 무시한 채로 정치적 행동을 한다. 예를 들어 대중언론에는 모든 업무상황에서 별로 유용하지 않은 딱딱한 상투어가 넘쳐난다(예: '불평하지 마라', '일찍 도착하고 늦게까지 머물러라', '덜 약속하고 더 해주어라').[218] 한 가지 유념해야 할 것은 그것이 위험 부담의 가치가 있느냐이다. 또 다른 질문은 정치적 행동으로 인한 효용이 다른 사람에게 주는 피해(또는 잠재적 피해)를 상쇄하는가이다. 상관의 비위를 맞추기 위해 외모에 대해 칭찬하는 것은 프로젝트에 대해 다른 사람이 받아야 할 공을 가로채는 것보다 훨씬 피해를 덜 준다. 마지막으로 정치적 행동은 정의와 공정의 기준에 부합하는가? 누군가 당신의 행동을 합리적으로 거부할 수 있는가?

안타깝게도 권력이 있는 사람은 이기적인 행동을 조직에 최선이라고 아주 능숙하게 설명할 수 있다. 이들은 불공정한 행동이 매우 공정하고 정의롭다고 주장할 수 있다. 권력이 있고 말 잘하고 설득력이 있는 사람은 비윤리적인 행동을 하고도 빠져나갈 가능성이 높기 때문에 비윤리적으로 행동하기 쉽다. 조직 내 정치와 관련한 윤리적 문제에 직면했을 때에는 정치를 하는 것이 위험을 부담할 만한 가치가 있는지, 그 과정에서 남에게 피해를 줄 수 있는지 고려하자. 만약 강력한 권력 기반을 가지고 있다면 권력은 부패할 수 있다는 것을 인지할 수 있다. 다른 이유가 없다면 권력이 없는 사람은 악용할 수 있는 정치적 재량권이 거의 없기 때문에 윤리적으로 행동하는 것이 훨씬 쉽다는 것을 기억하라.

정치적 경력의 지도 그리기

지금까지 살펴보았듯이 정치가에게만 정치가 필요한 것은 아니다. 이 장에 제시된 개념을 조직에서 매우 실질적인 방식으로 사용할 수 있다. 하지만 우리 자신에게 적용할 수도 있다. OB POLL을 보고 당신이 열심히 일하면 쉽게 성공할 거라고 생각할 수 있다. 하지만 다르게 볼 수도 있는데, 덴버 대학의 버드 빌라니치(Bud Bilanich) 교수는 "열심히만 하는 것으로는 부족하다. 왜냐하면 경쟁자도 열심히 일하고 기여하고 있기 때문이다", "내 생각에 열심히 일하는 것은 입장권을 산 것에 불과하다"라고 말했다.[219] 두 번째로 중요한 요소는 노력의 결실을 맺는 데 있어 정치의 역할을 강조한다.

권력과 정치에 대해 생각해보는 가장 유용한 방법은 자신의 경력에 적용하는 것이다.[220] 여러분의 야망은 무엇인가? 누가 권력을 가지고 있고 여러분이 목표를 이루도록 도와줄 수 있는

OB POLL 직원 성공의 핵심요소인 네트워킹

다음 중 어느 것이 더 나은 직업이나 승진에 가장 도움이 될 것이라고 생각하는가?

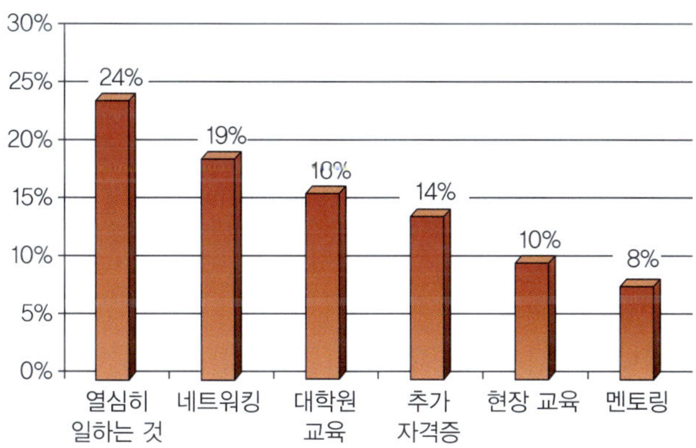

출처: CNBC-SurveyMonkey, *Workplace Happiness Index*, July 2019, https://www.surveymonkey.com/curiosity/ cnbc-workplace-happiness-indexjuly-2019/; see also J. Andrews, "Working Hard No Longer Enough to Get a Promotion. Here's How to Stand Out," CNBC , July 19, 2019, https://www.cnbc.com/2019/07/19/working-hard-is-not-enough-to-get-a-promotion-heres-how-to-stand-out.html에 기초함.

도표 13-9 나의 정치적 지도 그리기

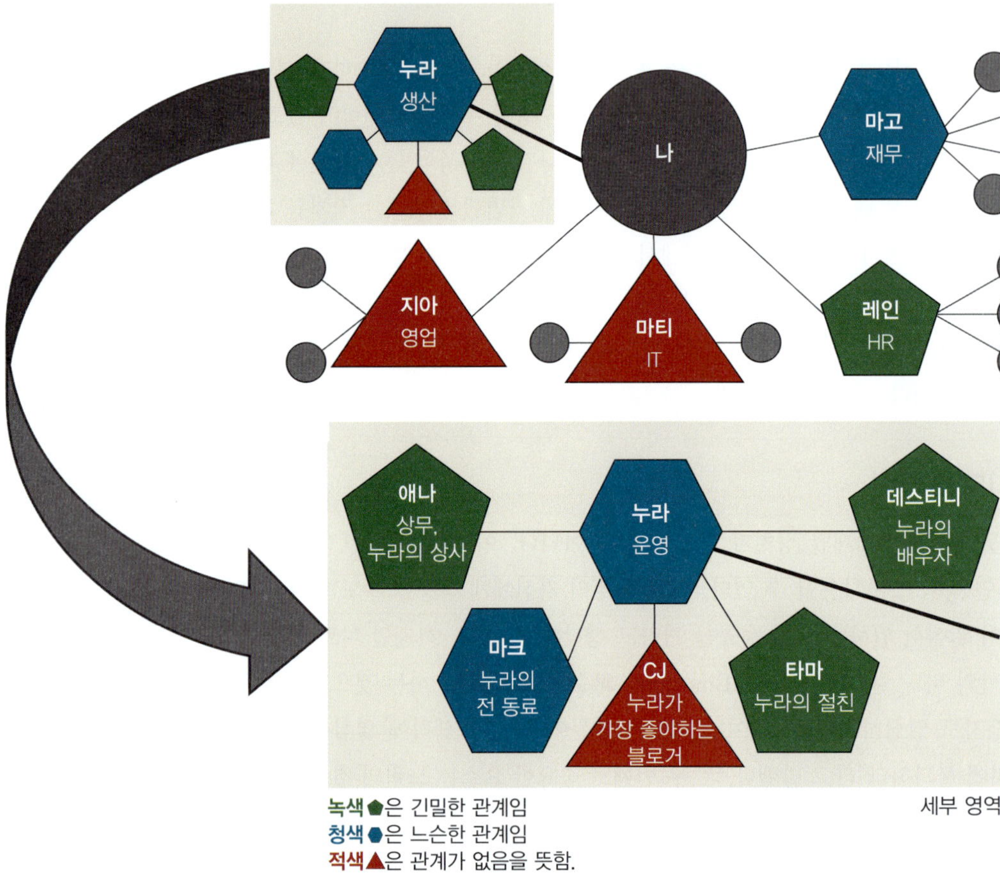

출처: D. Clark, "A Campaign Strategy for Your Career," *Harvard Business Review* (November 2012): 131-4에 기초함.

가? 이러한 사람과의 관계는 어떠한가? 이러한 질문에 답하는 최선의 방법은 여러분의 경력에 영향을 주는 사람과의 관계를 그린 정치 지도를 생각해보는 것이다. 도표 13-9에 제시한 정치 지도를 자세히 살펴보자.[221]

당신의 승진이 직속상관 누라를 포함한 제이미를 포함한 5명에게 달려 있다고 하자. 도표에서 보듯이 당신은 누라와 친밀한 관계이다(그렇지 않으면 곤란해질 것이다). 또한 당신은 재무부서의 마고와도 가까운 관계이다. 하지만 레인과는 느슨한 관계를 맺고 있고, 지아나 마티와는 아무런 관계도 없다. 이 지도의 분명한 함의는 이 사람들에게 더 많은 영향력을 행사하고 더 긴밀한 관계를 맺기 위한 계획을 세울 필요가 있다는 것이다. 어떻게 할 수 있겠는가?

사람에게 영향을 미치는 가장 좋은 방법은 간접적인 방법이다. 만약 누라의 전 동료이자 누라와 계속 친구인 마크와 같은 테니스 리그에서 뛰면 어떤가? 많은 경우 마크에게 영향력을 행사할 수 있다면 누라에게도 영향력을 행사할 수 있다. 비슷한 분석을 나머지 4명의 의사결정자와 이들의 네트워크에 대해서 할 수 있다. 물론 이 지도가 당신이 알아야 할 모든 것을 보여주지 않는다. 그런 지도는 없다. 예를 들어 5명이 모두 같은 정도의 권력을 가지고 있지는 않을 것이다. 또한 방대한 사회적 관계를 형성되는 시대에 이러한 지도를 그리는 것은 더 어려워졌다.

이러한 모든 과정이 다소 권모술수를 사용하는 것과 같을 수 있다. 하지만 명심해야 할 점은 승진할 수 있는 사람은 단 1명이고 당신의 경쟁자도 나름의 지도를 가지고 있을지 모른다는 것이다. 이 장 초반에 언급했듯이 권력과 정치는 조직생활의 일부이다.

요약

권력과 정치 모두 조직생활의 본질적인 부분이다. 권력가 정치가 갖는 부정적인 의미와 비윤리적 행동과의 연관성에도 불구하고 권력과 정치가 항상 부도덕한 것은 아니다. 여러 면에서 권력과 정치적 영향력은 효과적인 리더십의 중요한 측면이다. 권력과 리더십에는 약간의 차이가 있지만, 많은 리더가 권력의 위치에서 활동하기도 하는 것처럼 둘은 종종 함께 한다. 이 장에서는 먼저 권력과 공식적, 비공식적 권력의 다양한 형태에 대해 살펴보았다. 자원의 희소성, 중요성, 대체 불가능성을 통해 작동하는 의존성이 권력의 핵심이었다. 이러한 자원은 다양한 사회적 네트워크 구조를 통해 흐르며, 이러한 네트워크에서 사람의 위치는 권력에 영향을 미친다. 다음 부분에서는 정치와 영향력에 대해 논의했다. 리더십의 영역은 영향력과 정확히 일치한다고 볼 수 있다. 12장에서 정의한 것처럼 리더십은 영향력을 행사하는 행위이다. 하지만 모든 영향력 전술이 똑같은 것은 아니다. OB 연구자가 연구한 다양한 영향력 전술에 대해 논의하고 그 효과(그리고 윤리성)를 비교해보았다. 사람이 맥락, 메시지, 상황에 따라 영향력 시도를 자동적으로 또는 통제된 방식으로 처리하는 방법에 대해 논의했다. 영향력에 대한 승인은 여러 가지 사회적 힘(예: 시알디니의 설득의 원리)에 의해 영향을 받을 수 있다. 정치적 행동은 또한 여러 가지 개인적, 상황적 요인의 영향을 받으며 바람직한 결과와 바람직하지 않은 결과 모두 초래할 수 있다. 예를 들어 사람은 정치적 영향력에 능숙하거나 동기부여되는 정도가 다를 수 있으나, 그럼에도 불구하고 이는 학습할 수 있는 기술이다. 이러한 기초를 확립한 후 권력과 정치의 중요한 함의를 논의하며 장을 마무리했다. 권력은 때로는 조직에서 끔찍한 상황과 비윤리적인 행동을 초래하는 권력 여하관계를 만들어낸다(예: 성희롱, 괴롭힘, 험담). 사람은 정치가 업무에서 분명히 피할 수 없는 부분임에도 불구하고 일반적으로 정치에 부정적으로 반응한다. 예를 들어 근로자와 관리자 모두 상황에 따라 항상 인상 관리를 사용하게 되는데, 자신에게 영향을 미치는 문제에 대해 발언권을 행사할 것인지 아니면 침묵을 지킬지 항상 결정해야 한다. 이러한 조직의 현실은 종종 정치와 영향력을 비윤리적인 것으로 간주하지만, 때로는 침묵하고 아무것도 하지 않는 것도 마찬가지로 비윤리적인 것으로 해석될 수 있음을 강조한다.

관리자를 위한 시사점

- 여러 가지 권력의 기반을 만들고 상황의 필요에 따라 선택적으로(그러나 윤리적으로) 활용하는 것을 고려하라.
- 비즈니스, 부서, 팀, 경력을 관리할 때 사람과 조직 간 의존성과 소통의 네트워크(예: 그레

이프바인)를 고려하고 이 정보를 활용하여 전략적 결정을 내린다.

- 관리자로서 영감적 호소는 부하직원에게 공통의 목표를 향해 영감을 불어넣는 데에 매우 효과적이다. 직원으로서 상향적 관리에는 합리적 설득이 가장 효과적인 접근 방식이며 동료와는 아첨이 가장 효과적이다.
- 일반적으로 강압적 전술과 방어적 행동은 피하는 것이 최선이다.
- 영향력 전술을 사용하는 순서가 중요하다. '부드러운' 영향력 전술(예: 영감적 호소)로 시작하여 부드러운 전술이 실패하면 '강경한' 전술(예: 연합)로 옮겨가는 것이 좋다.
- 사람들은 영향력 시도를 자동적으로 그리고 통제된 방식으로 처리한다. 두 가지 처리 방식 모두를 수용하고 인식하는 방식으로 영향력 시도를 활용하라.
- 영향력과 정치는 학습될 수 있는 기술이다. 자신의 기술을 개발하기 위해 노력하고 정치적 영향력을 위한 동기를 키운다.
- 일부 증거에 따르면 권력은 부패한다. 항상 자신의 상황과 행동을 염두에 두고 비윤리적인 행동의 파국으로 치닫지 않도록 주의하라.
- 적대적인 업무 환경에 대처하기 위해 부적절한 행동에 대해 명확하고 명시적인 정책, 관행, 절차를 개발하고 내부 고발자에 대한 보복을 금지하고, 불만사항을 조사하고, 인사부서와 법무부서 모두를 참여시키며, 위반자에 대한 처벌 조치를 수립하며, 직원이 부적절한 행동을 인식하고 이에 맞설 수 있게 교육과 개발을 실시하라.
- 정치에 참여하기를 주저하는 사람의 경우에 정치적 행동을 친사회적이거나 타인에게 도움을 주기 위한 행동을 (자신에게 혹은 다른 사람에게) 재구성하라.
- 문제가 되는 정치적 행동의 가능성을 줄이려면 자원 배분을 공정하게 재구성하려고 노력하고, 가능한 한 제로섬 접근 방식을 피한다.
- 발언행동과 침묵은 모두 전략적인 영향력 행동이다. 상황에 따라 적절성이 달라질 수 있지만 일반적으로 발언행동은 바람직한 행동이며 침묵은 해로운 행동이 될 수 있다. 사람들이 안전하게 우려에 대해 공유하고 목소리를 낼 수 있는 환경을 조성하고, 공유를 꺼리게 하는 환경을 피한다.
- 권력을 극대화하고 싶다면 자신에 대한 다른 사람들의 의존도를 높인다. 예를 들어 대체인력이 없는 영역에서 필요한 지식이나 기술을 개발하여 상사에 대한 권력을 키운다.
- 누구나 어느 정도는 인상 관리를 사용하며, 이는 비즈니스 관계 초기에는 매우 효과적일 수 있다. 하지만 시간이 지날수록 다른 사람들이 당신이 이러한 기법을 사용하고 있다는 것을 인식할 가능성이 높아지며 역효과를 낼 수 있다.
- 전투를 선택하라. 모든 상황에서 정치적 행동이 필요한 것은 아니다. 정치적 영향력이 필요할 지 모르는 상황에 직면할 때마다 스스로에게 몇 가지 질문을 던져보라. 그만한 가치가 있는가? 내 정치적 행동으로 인해 다른 사람들이 피해를 입을 수 있는가? 내가 정의와 윤리에 대한 기준을 따르면서 정치적 행동을 할 수 있는가?

여성이 앞서 나가기 위해 사용할 수 있는 전략 강조하기

찬성 의견

성편견과 리더십 직책에서의 여성 부족은 계속해서 중요한 문제이다. 예를 들어 2020년에 여성은 말단 관리 직책의 38%에 불과한 반면 남성은 62%를 차지했다. 특히 유색인종 여성은 고위경영진 직책에서 과소대표되고 있으며, 최고경영진 직책 중 백인 여성은 19%, 유색인종 여성은 3%에 불과하다. 리더십 직책에서 여성의 과소대표에도 불구하고 여성이 리더십 직책 진출을 위해 활용할 수 있는 전략이 있다.

예를 들어 휴렛팩커드(Hewlett-Packard)에서는 더 많은 여성이 관리직에 오르지 못하는 이유를 알아보기 위해 연구를 수행했다. 그 결과 남성은 자신이 기준의 60%를 충족했다고 생각하면 승진을 신청하는 경향이 있는 것으로 나타났다. 이에 비해 여성은 기준의 100%를 충족하지 않으면 자신의 자격을 의심하는 경향이 있었다. 결론은 여성은 주저하지 말고 승진에 도전하고 더 높은 직급에 지원해야 한다는 것이다. 모든 기준을 충족하지 못하더라도 그 격차는 약점이 아니라 성장하고 배우고자 하는 열망으로 해석될 수 있다.

여성이 경력을 발전시키는 데 있어 직면하는 또 다른 장애물은 양질의 피드백이 부족하다는 점이다. 여성도 남성만큼 자주 피드백을 요청하지만 피드백을 받을 가능성은 낮다. 여성이 피드백을 받는다고 해도 보통 덜 구체적이다. 그 결과 여성이 모호한 피드백을 받으면 낮은 성과 평가를 받을 가능성이 더 높다. 변화해야 할 구체적인 행동이 확인되지 않기 때문에 여성은 무엇을 다르게 해야 하는지 알기 어렵다. 그렇다면 어떻게 하면 여성이 더 자세한 피드백을 받을 수 있는가? 연구에 따르면 자기인식이 높은 개인은 (자신의 성공에 적극적으로 관심을 가져주고 정직하게 이야기 해줄) 소수로 구성된 집단으로부터 피드백을 얻는다고 한다. 더 나은 피드백을 통해 발전할 수 있는 자기인식은 더 나은 의사소통과 더 강력한 관계로 이어져 궁극적으로 개인이 더 효과적인 리더가 되게 돕는다. 앞서 언급한 전략을 활용하면 여성은 경력을 발전시키기 위한 가시적인 조치를 취할 수 있다.

반대 의견

여성이 편향된 시스템과 구조를 헤쳐나가기 위한 전략을 배우기를 기대하기보다는 이러한 시스템과 구조를 바꾸는 데 초점을 두어야 한다. 예를 들어 워킹맘 연구소의 데이터에 따르면 남성의 48%가 더 고위 직책으로 가는 경력 경로에 대해 자세한 정보를 받았다고 답했다. 이에 비해 여성은 15%만이 이러한 유형의 정보를 받았다고 답했다. 또한 남성의 54%는 지난 24개월 동안 멘토 또는 후원자와 커리어에 대해 논의한 적이 있다고 답한 반면에 여성은 39%에 불과했다. 남성과 여성 간의 후원과 멘토링을 받는 데 있어 불평등이 존재하는 것이 여성이 남성과 같은 비율로 승진하지 못하고 퇴사하는 근본적 이유이다. 결과적으로 여성 개개인의 전략은 후원과 관련한 행동, 기대, 단계를 규정하는 공식적인 정책과 절차가 없다면 한계가 있을 수밖에 없다.

또한 린인(Lean In)과 블룸버그(Bloomberg) 미디어가 2018년에 실시한 두 설문조사에 따르면 일부 남성이 여성과의 업무상 관계를 기피하기 시작했다고 한다. 이들은 세간의 이목을 끄는 직장 내 성희롱과 폭행 혐의가 잇따라 제기되면서 전문적인 업무관계를 기피하고 있다. 따라서 조직이 고위직에 있는 개인이 스스로 멘토나 후원자가 되기 위해 다른 사람을 찾아 나서기를 기대만 해서는 안된다는 것이 더욱 중요해졌다.

시스템 전반에 걸친 또 다른 중요한 장벽은 자녀가 있는 여성에게 불리한 가족 휴가 정책이다. 예를 들어 미국 상위 의과대학에서 제공하는 평균 유급 휴가기간은 8주에 불과하다. 일반적으로 가족 휴가 정책은 부서 재량에 맡겨져 있다. 안타깝게도 짧은 휴가기간은 동기를 저하시키고, 번아웃을 증가시키며, 궁극적으로 여성 의사의 고용 유지에 안 좋은 영향을 줍니다. 그 영향은 의료 분야로 진출하는 여성의 수에서 확인할 수 있다. 여성은 의과대학에 재학 중인 학생의 대부분을 차지하지만, 여성 의사는 미국 의사의 34%에 불과하다. 또한 병원 CEO의 18%, 전체 학장과 학과장의 16%만이 여성이다. 따라서 조직은 여성에게 더 많은 접근성과 기회를 제공하기 위한 체계적인 변화를 만들어야 할 책임을 가져야 한다.[222]

13장 종합 점검

복습 질문

13-1 리더십은 권력과 어떻게 다른가?

13-2 다섯 가지 권력 기반의 유사점과 차이점은 무엇인가?

13-3 권력 관계에서 의존성의 역할은 무엇인가?

13-4 어떠한 권력, 영향력 전술, 관련한 상황변수가 가장 자주 발견되었는가?

13-5 권력 남용의 원인과 결과는 무엇인가?

13-6 조직 내에서 정치는 어떻게 작용하는가?

13-7 정치적 행동의 원인, 결과, 윤리적 측면은 무엇인가?

입사 지원과 취업 역량

권력과 정치는 조직행동에서 중요한 부분이다. 권력을 가진 사람(그리고 그렇지 않은 사람)은 조직에서 일어나는 일, 자원의 흐름, 대인관계의 역학을 형성한다. 사람들이 권력을 얻고 권력자에게 영향을 미치기 위해 사용할 수 있는 많은 전술이 있다. 개인도 정치적인 행위를 통해 타인에게 영향을 미칠 수 있다. 이 장에서는 권력과 정치에 대해 살펴보면서 취업 역량에 중요한 많은 다른 기술을 다뤘다. 올드 뮤추얼의 예를 통해 가능한 비전을 향해 다른 사람에게 영향을 미치는 방법에 대해 읽으면서, 정치는 모두 피해야만 하는 것인지 평가해보면서, 면접시 인상관리를 얼마나 해야 할지 생각해보면서, 그리고 앞서가기 위한 전략을 강조할지(아니면 체계적인 변화를 찬성할지)에 대해 논의해보면서 자기 관리 기술과 경력 관리 기술을 배웠다. 다음 절에서는 (리더십과 비판적 사고 능력과 함께) 이러한 기술을 임시 팀의 방향에 영향을 미치고, 사무실 로맨스의 윤리를 평가하고, 적대적인 업무 환경을 탐색하는 데 추가로 적용해볼 것이다.

실전 연습 　턴어라운드 태스크 포스

학생을 5~7명으로 구성된 그룹에 무작위로 배정한다. 팀[기술 지원 팀(TAT)]은 특정 교육구 내에서 학교의 학업 성취도 향상을 위한 계획을 수립하는 임무를 맡게 된다. TAT는 교육컨설팅 회사(턴어라운드 태스크 포스)의 일부로, 임시팀을 신속하게 구성하여 교육 문제를 겪고 있는 위험이 높은 지역에 팀을 배치한다.

이 교육구는 떠오르는 대도시의 도심에 위치한 빠르게 성장하는 대규모 지역이다. 이 도시는 한때 살기 좋지 않은 곳으로 알려졌지만 상황이 점점 나아지고 있다. 낮은 세율, 물류 인프라, 다른 지역과의 근접성에 매료된 많은 기업이 이 지역에 사업을 시작하고 있다.

그러나 이 교육구의 학교는 표준화시험 점수와 학생 출석률을 높이기 위해 수년 동안 고군분투해왔다. 당신의 TAT는 이 교육구에서 근무하는 교사를 통해 '소버린 식스(Sovereign Six)'에 의해 통제되고 있다는 이야기를 들었다. 이 이름은 한 학교의 어느 역사 교사가 그들이 무소불위의 권력을 쥐고 있으면서도 책임감이 없는 것 같다고 언급하면서 붙인 이름인 것 같다.

이 교육구는 재정 자원이 한정되어 있다. 게다가 교육구의 자원이 적절하게 사용되고 있는지 여부도 불분명하다. 여러 교사를 인터뷰한 결과에 따르면 매년 분명한 것은 평가는 중요하지 않으며 최선을 다하기만 하면 된다는 것이다. 이 지역은 수십 년 동안 같은 일을 같은 방식으로 해왔고, 소버린 식스는 그대로 유지하려고 하는 것 같다. 당신의 팀이 교육구가 평가 성과를 계획하고 평가하기 위해 무엇을 하는지에 대한 사전 문서 추적을 요청했을 때, 당신은 제대로 된 답변을 얻을 수 없었다. 게다가 받은 문서는 모호하고 애매했다.

당신은 처음으로 팀 회의를 하게 된다. 팀에게는 20분 동안 계획서를 작성할 시간이 주어진다. 연습을 완료한 후, 다음 질문에 답하라.

질문

13-8 연습하는 동안 명확한 리더가 등장했는가?

13-9 명확한 리더가 등장했다면, 그 리더의 특징은 무엇이었는가? 그 리더는 나머지 그룹에 영향을 미치기 위해 어떤 행동을 했는가? 이 사람은 리더가 어떻게 행동해야 하는지에 대해 당신이 이해하는 것과 일치하는가? 왜 그런가 혹은 왜 그렇지 않은가? 명확한 리더가 나타나지 않았다면 당신은 일을 해내기 위해 어떻게 함께 행동했는가? 리더의 부재로 인해 권력 역학관계가 발생했는가?

13-10 연습하는 동안 갈등이나 의견 차이가 있었는가? 설명하라. 갈등이 발생했을 때 영향력 전술이나 권력 기반이 있었는가?

13-11 리더가 단순히 '책임을 담당하는 것'이 아니라 더 미묘한 수단(예: 영향력)을 통해 활동할 수 있다는 데 동의하는가? 권력 행사는 미묘할 수 있는가? 왜 그런가 혹은 왜 그렇지 않은가?

윤리적 딜레마 성희롱과 사무실 로맨스

이 장에서는 성희롱과 불균형적인 권력 역학이 어떻게 성희롱을 낳을 수 있는지에 대해 다루었다. 성희롱은 상사와 같은 직원 한 명이 자원에 대한 통제를 활용하여 다른 직원을 보상하거나 강제하여 성적 행위로 이어지게 할 수 있기 때문에 종종 발생한다. 예를 들어 상사가 부하직원에게 데이트를 신청하면 부하직원은 상사가 조직 내 자원을 장악하고 있기 때문에 응할 가능성이 높다. 만약 부하직원이 상사의 요청을 거절한다면 상사는 보복하고 직원에게서 특권을 유보할 수 있다.

많은 기업이 직장동료 간의 이성 교제를 금지함으로써 성희롱을 막으려고 한다. 일부는 약간 완화된 규칙을 두고 있다. 이러한 기업은 직원이 같은 부서의 직속상관이나 동료와 데이트하는 것을 금지하고 있는데, 이는 권력을 사용하여 성희롱을 지속하지 못하게 하기 위함일 것이다. 이러한 덜 엄격한 정책은 조직에 존재하는 비공식적 권력을 고려하지 않은 것이다. 직원은 낮은 위치에 있으면서도 자원에 접근하지 못하게 할 수 있다. 아니면 다른 직원의 경력에 해를 끼칠 수 있는 충분한 정치적 능력이 있을 수도 있다.

반면에 사무실 내 연애를 금지하는 정책을 시행하는 것은 비현실적일 수 있다. 현대의 미국인은 일생의 1/3을 일하면서 보내기 때문에 사무실에서 파트너를 만날 가능성이 높다. 인적자원관리협회(the Society for Human Resource Management)의 2020년 설문에 따르면 27%의 직원이 동료와 데이트를 했다. 연애 중 상당 부분은 권력 관계에서 이루어지기도 했는데, 약 27%가 상사와 사귀었다는 것을 인정했다.

사무실에서의 로맨스를 못하게 할 가치가 있는가? 커리어빌더(CareerBuilder)의 조사에 따르면 사내 연애의 거의 1/3은 결혼으로 이어졌다. 만약 사내 휴게실에서 눈이 맞으면 어떻게 해야 되는가? 린 테일러(Lynn Taylor)는 이렇게 말했다. "정책이 있든 없든 사내 연애는 일어난다. 만약 서면 규칙이 없다면 한 가지 공통된 바로미터가 있는데 바로 당신의 상식이다."[223]

질문

13-12 사내 연애에 관한 규정을 성희롱 정책 내에 포함시켜야 한다고 생각하는가? 왜 그런가 혹은 왜 그렇지 않은가?

13-13 상사와 부하직원이 데이트를 해도 괜찮은가? 만약 누군가가 연애를 시작한 후 파트너의 상사가 된다면 어떻게 되는가?

13-14 왜 설문 응답자 중 36%가 직장동료에게 연애 사실을 숨겼다고 말하는가? 이는 우리가 배운 사무실 가십과 어떻게 연관되는가?

사례 삽화 임페리엄 옴니

숀다(Shonda)는 시카고 오헤어국제공항(Chicago O'Hare International Airport)의 대형 사설보안 회사인 임페리움 옴니(Imperium Omni)에서 일하고 있다. 이 직책에서 일하기 전에는 미국 교통안전국(Transportation Security Administration, TSA)에서 몇 년 동안 근무했다. 이 직책을 제안받은 후, 숀다는 활주로에서 차량과 개인을 검사하는 경비원으로서의 새로운 역할에 기대가 컸다. 하지만 숀다는 첫날에 간과할 수 없는 몇 가지 사건을 목격했다.

선임경비원 중 한 명이 그녀에게 기본 교육을 한 후, 그녀에게 사람들을 검사하는 일을 맡겼다. "난 잠시 보안 부스를 관리하러 갈 거야. 내 생각엔 네가 할 수 있을 것 같아." 하지만 근무가 끝난 후 숀다가 경비원에게 확인하러 왔을 때, 그녀는 그가 성적으로 노골적인 웹사이트를 보는 것을 보고 충격을 받았다. 숀다는 매우 꼼꼼해서 직원 핸드북을 전부 읽었기 때문에 그의 행동이 명백한 회사 정책 위반이라는 것을 알았다.

그럼에도 불구하고 그녀는 첫날부터, 특히 선임경비원과 문제를 일으키고 싶지 않았다. 그녀는 그가 선임직원인 데에는 분명 이유가 있을 거라고 생각했다. 그녀는 '그냥 별일 아니겠지'라고 생각하며 잊어버리기로 했다. 하지만 불행히도 이것은 시작에 불과했다. 그녀의 상사인 리처드(Richard)가 그녀의 외모에 대해 언급하기 시작했고, 그가 임페리움의 다른 여성에게도 똑같이 한다는 것을 알게 되었다. 처음에 그녀는 자신이 과잉행동을 하는 것일지도 모른다고 생각했다. 결국 그는 그녀를 칭찬하는 것이었으니까 말이다. 하지만 그는 그녀를 불편하게 만드는 행동을 할 핑계를 찾기 시작했다. 그녀가 복사기를 사용하는 동안 여러 번 그는 뒤에서 다가와 그녀를 밀쳤다. 그녀가 그에게 불쾌한 표정을 지으면 그는 단순히 미소를 지으며 "아, 미안"이라고 말하곤 했다. 그러다 한 번은 그와 경비병들이 매우 노골적인 사진을 보며 웃고 서 있었다.

그들은 그녀를 불러서 어떻게 생각하냐고 물었다. 그녀가 "다들 역겨워요"라고 말하자 그들은 웃음을 터뜨렸다. 이제 숀다는 매일 출근하는 것이 두려워졌다. 이런 기분에도 불구하고 숀다는 계속해서 일을 잘하는 데 집중했다. 2년 동안 지칠 줄 모르고 일한 결과, 리차드에게는 눈에 띄지 않았지만 공항의 한 관리자가 그녀를 상사로 승진 추천했다.

숀다는 마침내 안도감을 느꼈다. 이제 그녀는 상사가 되었으니 상황이 달라질 것이다. 그녀는 리처드와 같은 레벨이고 다른 경비원보다 높았다. 그녀는 그들의 비하 발언을 감당할 필요가 없었다. 상사가 된 지 얼마되지 않아 그녀는 다른 상사가 여성 경비원의 외모에 대해 부적절한 발언을 하는 것을 듣게 되었다. 숀다는 특히 자신이 이제는 상사이니 무언가를 해야 한다는 것을 깨달았다. 더 이상 자신만의 문제가 아니었고 다른 여성도 영향을 받았다. 비록 증거는 없었지만, 그녀는 다수로서 힘이 있다고 생각했다. 숀다는 직원 핸드북에 명시된 대로 정식으로 불만을 제기했다. 그녀는 계속 기다렸지만 몇 달이 지나도 아무도 그녀에게 후속 조치를 취하지 않았다. 마치 그녀가 불만을 제기한 적이 없는 것 같았다.

이 시점에서 혼다는 자신이 뭘 잘못하고 있는지 궁금해지기 시작했다. 그녀는 다른 사람을 가르치거나 훈련한 경험은 말할 것도 없이 경영에 대한 공식적인 훈련이나 교육을 받은 적이 없었기 때문에 좀 더 조사를 하기로 했다. 필수 HR 핸드북을 읽은 후, 그녀는 전략을 재고하기로 했다. 그녀는 리처드와 다른 상사의 행동을 바꾸려고 노력했지만 거의 성공하지 못했다. 숀다는 자신이 전부 잘못 보고 있었다는 것을 깨달았다. 그녀는 문화를 처음부터 바꿔야 했다. 새로운 경비원을 교육할 사람이 필요했을 때 그녀는 그 기회에 뛰어들었다.

숀다는 경비원이 해야 할 중요한 업무에 집중하게끔 교육할 수 있다고 믿었다. 그녀는 여성 경비원이 성희롱에 대해 나서서 말하고 신고하게 가르칠 수 있었다. 처음에 숀다는 자신이 바로 그런 일을 하고 있다고 느꼈다. 그런데 신입경비원을 대상으로 한 교육 세션에서 그녀는 경비원들이 일을 하고자 동기부여되고, 교육을 가치있게 여기는 것을 확인했다. 숀다에게 교육의 목표는 이곳이 성희롱이 없는 환경이며, 직원이 직장에서 어떻게 행동해야 하는지에 대한 구체적인 규칙이 있다는 것을 분명히 하는 것이었다.

또한 기존 경비원을 대상으로 재교육을 실시하여 괴롭힘 문제를 보고하는 프로토콜을 검토했다. 그녀는 경비원들이 사건을 신고하는 것이 불편하다면 자신이 대신 신고할 수 있는 지원자라는 점을 상기시켰다. 어느 날 숀다가 재교육 수업을 진행하던 중 한 경비원이 다른 경비원에 대해 부적절한 발언을 하는 것을 우연히 들었다고 말했다. 숀다는 즉시 해당 사건을 보고하여 조치를 취하고 반 학생들에게 "여러분 모두 이와 같은 사건이 발생하면 저와 계속 공유해야 합니다. 이것이 제가 여기 있는 이유이며, 이러한 행동에 대한 처벌이 이루어지도록 경영진에게 보고할 것이니 믿어도 좋습니다"라고 말했다. 또 다른 교육 세션이 끝날 무렵, 한 여성 경비원이 근무 외 시간에 동료에게 성폭행을 당한 사실을 숀다에게 사적으로 털어놓았다. 이 여성은 숀다의 격려에 힘입어 사건을 신고하기로 결심했다. 이후 몇 달 동안 숀다는 계속해서 괴롭힘 사건을 인사팀에 보고했다. 시간이 지남에 따라 불만제기가 무시할 수 없을 정도로 많아졌다. 결국 리처드와 또 다른 상사가 정직 처분을 받게 되었다. 비록 길고 느린 과정이었지만, 숀다는 개인이 자신의 행동에 책임을 지고 있다는 사실에 안도감을 느꼈고 자신이 하고 있는 일이 임페리움에서 괴롭힘 사건의 수를 줄이는 데 도움이 되기를 바랬다.

질문

13-15 숀다는 어떤 방식으로 권력과 영향력 전술을 활용하여 임페리움 옴니의 직장 내 괴롭힘의 유독한 문화에 맞섰는가? 그녀가 사용할 수 있었던 다른 전술이 있었는가? 효과가 있었는가? 왜 그런가 혹은 왜 그렇지 않은가?

13-16 이 사례에서 성희롱 정책은 시행되고 있었고, 숀다가 이러한 사건을 끈질기게 신고했으며 심지어 승진까지 했다. 직장 내 괴롭힘이 아무런 처벌 없이 계속될 수 있었던 이유는 무엇인가?

13-17 이러한 직장 내 괴롭힘 신고를 회사가 어떻게 처리해야 한다고 생각하는가? 어떤 전략이 향후 괴롭힘 발생을 예방하는 데 가장 효과적인가?

14 갈등과 협상

출처: Michael Kappeler/AP/Shutterstock

학습목표

14-1 갈등의 세 가지 유형과 세 가지 소재를 설명할 수 있다.

14-2 갈등 과정을 개괄할 수 있다.

14-3 분배적 협상과 통합적 협상을 비교할 수 있다.

14-4 협상 과정의 단계를 적용할 수 있다.

14-5 개인차이가 협상에 어떤 영향을 미치는지 설명할 수 있다.

14-6 협상에 영향을 미치는 사회적 요인에 대해 설명할 수 있다.

14-7 제삼자 협상의 역할과 기능을 평가할 수 있다.

취업 스킬 매트릭스(ESM)

	미신인가, 과학인가	윤리적 선택	찬성 의견/반대 의견	더 나은 세상을 향해	실전 연습	윤리적 딜레마	사례 삽화
비판적 사고와 창의성	✔		✔	✔	✔	✔	✔
의사소통	✔	✔		✔	✔	✔	✔
협력	✔			✔	✔		
자기관리	✔	✔			✔	✔	
사회적 책임		✔	✔	✔		✔	✔
리더십				✔	✔	✔	
경력관리		✔	✔			✔	✔

메르켈 모델

독일 최초의 여성으로서 독일 최고선출직에 오른 앙겔라 메르켈(Angela Merkel) 총리는 많은 갈등을 겪었다. 2021년에 물러날 때 메르켈 총리는 독일에서 두 번째로 오래 재임한 현대의 지도자가 되었다. 메르켈은 양자 화학자로 교육받았고 소련이 통제하던 동독의 국영연구소에서 일했다. 1989년 역사적인 베를린 장벽 붕괴 이후 메르켈 총리는 과학 연구를 뒤로하고 정치에 평생을 바치기로 했다.

과학자로서의 훈련을 받은 메르켈은 의사결정 전에 합리성과 체계적 분석에 의존했으며 긴박한 상황에서도 마찬가지였다. 메르켈 총리는 블라디미르 푸틴(Vladimir Putin) 러시아대통령의 가장 가까운 협상 파트너가 되었지만 러시아에 대한 제재를 주저하지 않았다. 2007년 푸틴 대통령 관저에서 지도자들과 협상하는 동안 푸틴은 메르켈 총리가 개에게 공격받은 적이 있어 개를 무서워한다는 사실을 알면서도 자신의 개가 메르켈 총리에게 접근하게 내버려두었다. 푸틴은 오히려 이에 대해 즐거워하는 것처럼 보였다. 하지만 메르켈 총리는 침착함을 유지하며 그 순간을 푸틴의 성격에 대해 더 많이 알 수 있는 기회로 삼았다. 그녀는 이 사건을 러시아가 실제로는 불안정한 경제와 정치 체제로 취약한 상황에 있음에도 러시아를 강력하게 보이려는 시도로 이해했다.

메르켈 총리의 꾸준한 리더십은 전략적 기회를 기다리거나 전략적 움직임을 신중하게 기다리는 것을 뜻하는 '메르켈른(merkeln)'이라는 표현의 대중화로 이어졌다. 메르켈 총리는 위험을 감수하는 사람으로 알려져 있지는 않지만 숙련된 협상가로 명성을 쌓았다. 특히 남성 중심의 정치 문화에서 여성으로서 아웃사이더의 역할을 맡는 경우가 많았지만, 메르켈 총리는 협상 상대방을 철저히 평가하고 약점을 파악하여 독일의 국익을 증진하는 데 이를 유리하게 활용했다. 메르켈 총리의 오랜 정치동료는 메르켈 총리가 전체 시간 중 약 20% 정도만 말하고 나머지 80%는 경청한다고 설명했다. 예를 들어 환경부 장관으로 재직할 때 인도 외교관인 카말 나스(Kamal Nath)에게 조언을 구하여 베를린 기후 협상을 성공적으로 이끌어낼 수 있었다. 그 후 메르켈 총리는 협상에 참여한 국가들과 공통점을 찾으면서도 친환경에너지 전문 독일 엔지니어링 회사에게도 이익이 되는 합의를 도출할 수 있었다.

메르켈 총리는 협상 파트너에 대해 가능한 한 많이 배우고 통합적인 협상 접근 방식을 취하는 것이 성공적인 협상의 필수요소임을 보여주었다. 그녀의 신중하고 인내심 있는 접근 방식을 통해 그녀는 의견이 다른 리더와도 관계를 유지할 수 있었다. 그녀의 협상 스타일 덕분에 메르켈은 계속해서 경제 위기와 COVID-19 팬데믹 등 어려운 시기에 독일 국민의 이익을 증진할 수 있었다.[1]

갈등의 정의

14-1 갈등의 세 가지 유형과 세 가지 소재를 설명할 수 있다.

미국의 자동차와 에너지 회사인 테슬라(Tesla)와 그 창업자이자 CEO인 엘론 머스크(Elon Musk)는 여러 가지 측면에서 갈등을 겪었다. 머스크의 솔직한 트위터 게시물, 소송, 증권거래위원회(SEC)와의 불화부터 머스크와 뮤지션 아젤리아 뱅크스(Azealia Banks)와 클레어 부쉐(Claire Boucher, '그라임스'라고 알려짐)의 불화까지 테슬라는 이사회와 직원들과 함께 상당한 갈등을 목격했다.[2]

그런데 흥미로운 점은 테슬라가 갈등을 경험하지 않은 곳이 있다는 것이다. 바로 이사회 내부이다.[3] 많은 사람이 이사회를 '운전석에 잠들어 있다'며 필요한 경우에도 갈등을 일으키지 않으려 한다고 비난했다. 이는 아마도 머스크에 대한 충성심, 시간과 자원 부족 때문일 수 있다(대부분의 이사회 구성원이 파트타임으로 일하고 있음). 그리고 의사결정에 영향을 미치는 그들이 받는 모든 기업 정보는 머스크를 통해 필터링되기 때문일 수 있다. 이로 인해 일부에서는 시간과 자원 부족의 제약을 받지 않고 더 공정할지 모르는 인공지능(AI)을 이사회 의사결정에 활용하자는 제안까지 나오고 있다.[4] 테슬라의 사례는 다양한 조직 영역에서 갈등이 발생할 수 있으며, 갈등이 전혀 발생하지 않는 것조차 중요한 이슈가 논의되지 않거나 논쟁의 여지가 있는 아이디어에 도전하지 않는다는 신호일 수 있다는 점을 보여준다.

갈등 한 당사자가 소중히 여기는 어떤 것에 대해 다른 당사자가 부정적인 영향을 미쳤거나 앞으로 미칠 것이라고 인식할 때 시작되는 과정

갈등의 정의는 무수히 많지만,[5] 가장 일반적인 생각은 갈등이 반대에 대한 인식이라는 것이다. **갈등**(conflict)은 한 당사자가 소중히 여기는 어떤 것에 대해 다른 당사자가 부정적인 영향을 미쳤거나 앞으로 미칠 것이라고 인식할 때 시작되는 과정이라고 넓게 정의할 수 있다. 사람은 목표의 비양립성, 사실에 대한 해석의 차이, 행동 기대치에 대한 의견 불일치 등으로 인해 조직에서 다양한 갈등을 경험한다. 그룹과 조직에서 갈등의 역할에 대한 일치된 의견은 존재하지 않는다.

(역)기능적 갈등

과거에 연구자들은 갈등이 획일적으로 좋거나 나쁜지에 대해서 논쟁하는 경향이 있었다. 이처럼 단순화된 견해는 모든 갈등이 동일하지는 않으며, 서로 다른 유형의 갈등이 서로 다른 영향을 미친다는 것을 인식하는 접근 방식으로 결국 바뀌고 있다.[6] 최근의 견해는 갈등을 효과가 기능적 또는 역기능적인지에 따라 구분하고 있다.[7]

기능적 갈등 집단의 목표를 지지하고 집단 성과를 개선하는 갈등

기능적 갈등 **기능적 갈등**(functional conflict)은 집단의 목표를 지원하고 성과를 개선하는 건설적 형태의 갈등이다. 예를 들어 가장 효율적인 생산 개선 방법에 대한 기업 이사회 구성원의 토론은 다양한 관점이 논의되고 공개적으로 비교될 경우에 기능적일 수 있다. 이러한 형태의 갈등은 집단 사고에 대한 해독제가 될 수 있다(9장 참조). 갈등은 그룹이 약한 가정, 관련 대안에 대한 불충분한 고려, 기타 약점에 기반할 수 있는 결정을 수동적으로 승인하지 않게 만

도표 14-1 갈등과 부서 성과

다음으로 갈등의 유형과 갈등의 장소에 대해 논의할 것이다.

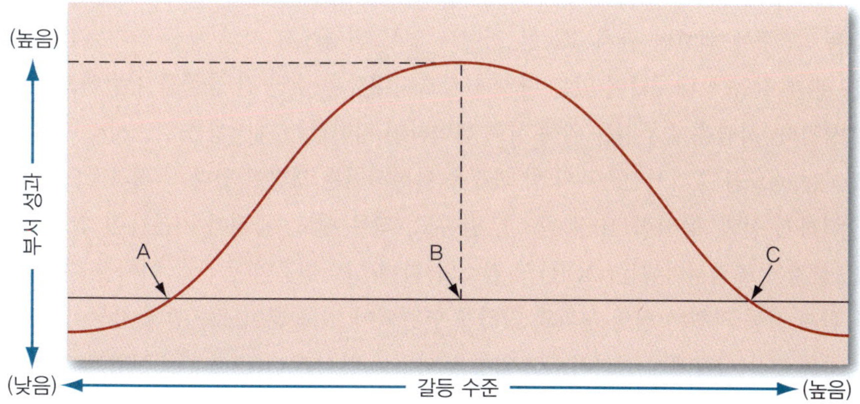

상황	갈등 수준	갈등 유형	부서 내부 특성	부서 성과
A	낮거나 없음	역기능적	무관심 정체됨 변화에 무반응 새로운 아이디어 부족	낮음
B	최적	기능적	생기 있음 자기비판적 혁신적	높음
C	높음	역기능적	파괴적 혼돈 비협조적	낮음

든다. 갈등은 현상 유지에 도전하고, 새로운 아이디어를 창출하며, 그룹 목표와 활동에 대한 재평가를 촉진하고, 그룹이 변화에 대응할 확률을 높인다.

역기능적 갈등 집단이 성과에 방해가 되는 갈등은 파괴적 또는 **역기능적 갈등**(dysfunctional conflict)이다.[8] 팀에서 지극히 개인적인 통제권 다툼으로 당면한 업무에 집중할 수 없는 경우에 역기능이 발생한다. 도표 14-1은 갈등의 수준에 따른 영향을 보여준다. 이러한 형태의 갈등은 대인관계 역학에 부정적 영향을 미치고, 부정적인 감정(예: 분노, 좌절감, 짜증)을 조장하고, 공동의 목표를 향해 단결하기보다는 분열을 추구한다.

역기능적 갈등 집단 성과를 방해하는 갈등

갈등의 유형

갈등을 이해하는 방법 중 하나는 의견 불일치의 유형 또는 무엇에 대한 갈등인지를 확인하는 것이다. 목표에 대한 의견 불일치인가? 서로 잘 지내지 못하는 사람에 대한 문제인가? 아니면 업무를 완수하는 최선의 방법이 무엇인지에 대한 것인가? 각각의 갈등이 특이할 수 있으

관계 갈등 대인관계에 기초한 갈등

업무 갈등 일의 내용과 목표에 관한 갈등

과정 갈등 어떻게 일을 완수할 것인지에 대한 갈등

나 연구자들은 갈등을 크게 업무 갈등, 관계 갈등, 과정 갈등의 세 가지로 분류한다.[9] **관계 갈등**(relationship conflict)은 인간 관계에 중점을 두며, **업무 갈등**(task conflict)은 일의 내용이나 목표와 관련이 있고, **과정 갈등**(process conflict)은 업무를 처리하는 방법과 관련이 있다.

관계 갈등 연구에 의하면 관계 갈등은 적어도 업무 환경에서 거의 항상 역기능적이다.[10] 왜 그런가? 관계 갈등에 내재되어 있는 마찰과 상호적대감은 대인 간 충돌을 유발하고 상호이해를 감소시킨다. 사람은 솔루션을 위해 서로 협력하여 일하려는 개방성을 감소시키고 서로 피하고 경쟁하는 정도를 증가시킴으로써 팀 과정을 탈선시키는 경향이 있다.[11] 결과적으로 관계 갈등은 강력하게 신뢰, 응집력(10장 참조), 만족도, 직무 태도, 긍정적 기분(4장 참조)을 고갈시키고, 심지어 조직시민행동(OCB)의 감소와 함께 일탈행동의 증가로 이어질 수도 있다.[12] 그러나 관계 갈등 자체는 팀의 성과와 약하게 연관되어 있을 뿐이므로 관계 갈등이 가장 악영향을 미치는 것은 사람에게 심리적으로 영향을 미치는 방식과 OCB를 감소시키고 일탈을 증가시키는 방식인 것으로 보인다.[13] 따라서 세 가지 유형 중 관계 갈등이 직원을 가장 심리적으로 지치게 하는 것으로 보인다.[14]

업무 갈등 학자들은 관계 갈등이 역기능적이라는 데 동의하지만 업무 갈등과 과정 갈등이 기능적인가에 대해서는 의견이 분분하다. 초기의 연구는 집단 내 업무 갈등이 집단 성과를 높인다고 주장했지만, 최근 95개의 연구를 검토한 연구에 따르면 업무 갈등과 집단 성과는 근본적으로 관계가 없는 것으로 드러났다(하지만 업무 갈등은 비관리직에서는 낮은 집단 성과와 관련이 있고 의사결정팀에서는 높은 집단 성과와 관련이 있어 보인다).[15] 이러한 결과에도 불구하고 연구에 따르면 업무 갈등은 사람이 협업하는 정도를 약간 감소시키고 서로 경쟁하는 정도를 중간 정도로 증가시킨다.[16] 이는 나아가 그들의 신뢰와 직업 태도에 강한 부정적인 영향을 미치며, 관계 갈등과 마찬가지로 OCB의 감소와 함께 일탈행동의 증가로 이어진다.[17]

과정 갈등 과정 갈등은 종종 권한 위임과 역할에 관한 것이다. 갈등 위임에 대한 갈등은 종종 일부 구성원의 태만을 중심으로 하며 역할에 대한 갈등으로 인해 일부 그룹 구성원은 소외감을 느낄 수 있다. 따라서 과정 갈등은 종종 매우 개인적인 것이 되고 빠르게 관계 갈등으로 발전한다. 어떤 일을 어떻게 할 것인가에 대한 논쟁은 실제로 일을 하는 데 써야 할 시간을 빼앗아 간다. 상대적으로 과정 갈등에 대한 연구는 덜 수행되었지만, 과정 갈등은 팀원의 신뢰와 태도에 부정적인 영향을 미치고(관계 갈등과 같이) 팀 성과에는 약한 영향이 있다.[18]

복잡한 갈등 다른 유형의 갈등이 동시에 발생하는지 여부도 중요하다. 만약 업무 갈등과 관계 갈등이 동시에 발생한다면 업무 갈등이 부정적일 가능성이 크지만 업무 갈등 뿐이라면 긍정적 효과가 있을 가능성이 더 크다.[19] 실제로 이런 일이 얼마나 자주 발생하겠는가? 한 벤처 기업의 연구에 따르면 처음에는 두 가지가 동시에 발생하지만 시간이 지나면 안정화되는 경향이 있다.[20] 이는 관계 초기에는 관계 갈등과 업무 갈등이 동시에 발생할 것으로 예상할 수 있음을 시사한다. 업무 갈등 중 관계 갈등에 대해 단순한 인식만으로도 사람은 과제 갈등에 대한 초기 선호도를 유지하게 만들 수 있다.[21]

다른 학자는 갈등에 대한 인식이 중요하다고 주장한다. 업무 갈등이 매우 낮게 인식되면 사람은 참여하지 않거나 중요한 문제를 해결하지 않을 것이며, 업무 갈등이 너무 높으면 내분이

관계 갈등으로 빠르게 변질될 것이다. 따라서 적당한 수준의 업무 갈등이 최적일 수 있다.[22] 또한 누가 갈등을 인식하는지도 중요하다. 업무 스타일이 맞지 않거나 타협할 여지가 거의 없는 지배적인 성격은 '주방에 요리사가 너무 많은 상황'으로 이어져 관계 갈등과 심지어 비인격적 감독으로 이어질 수 있다.[23] 연구에 따르면 소수의 팀원이 강한 업무 불일치를 인식하고 대부분의 팀원이 약한 업무 불일치를 인식할 때 갈등이 성과에 긍정적인 영향을 미칠 가능성이 더 높다. 소수의견을 가진 구성원의 경우 신중하고 협력적이며 개방적인 방식으로 이견을 제시할 가능성이 훨씬 더 높기 때문이다.[24]

갈등의 소재

갈등을 이해하는 또 다른 방법은 갈등의 **소재**, 즉 갈등이 어디서 발생하는지를 생각해보는 것이다. 여기에는 세 가지 기본 유형이 있다. **양자 갈등**(dyadic conflict)은 두 사람 간의 갈등이다. **집단 내 갈등**(intragroup conflict)은 한 집단이나 팀 안에서 발생하는 갈등이고, **집단 간 갈등**(intergroup conflict)은 서로 다른 집단이나 팀 간에 발생하는 갈등이다.[25]

양자 갈등 두 개인 간의 갈등

집단 내 갈등 한 집단이나 조직 내에서 발생하는 갈등

집단 간 갈등 서로 다른 집단이나 팀 간에 발생하는 갈등

갈등에 대한 거의 모든 연구는 집단 내 갈등에 초점을 맞추고 있다. 그러나 이는 갈등과 관련한 상황적 조건에 대해 알아야 할 모든 것을 설명해주지 않는다. 다른 갈등의 소재에 대해 설명해주는 것은 아니다. 예를 들어 한 연구에 따르면 집단 내 업무 갈등이 팀 내 성과로 이어지려면 실수가 처벌되지 않고 서로를 지켜줄 수 있는 협조적인 팀 분위기가 있는 것이 중요하다.[26] 마찬가지로 집단구성원의 개인적 욕구는 업무 갈등이 성과에 긍정적인 영향을 미치는 데 영향을 줄 수 있다. 예를 들어 구성원이 성취에 대한 욕구가 높을 때 업무 갈등은 성과에 도움이 될 수 있다.[27]

그러나 이 개념을 집단 간 갈등의 영향을 이해하는 데 적용할 수 있겠는가? 그룹이 적응하고 발전하기 위해서는 (너무 심하지는 않은) 어느 정도의 그룹 내 갈등이 팀 성과에 도움이 될 수 있으며, 특히 팀원이 서로를 지지할 때 그렇다. 예를 들어 조쉬 앨런(Josh Allen)과 스테폰 딕스[Stefon Diggs, NFL 풋볼팀 버팔로 빌스(Buffalo Bills) 선수]는 경기장 안팎에서 좋은 관계를 유지하고 있는 것으로 알려져 있다. 동시에 그들은 서로 매우 경쟁적인데 훈련할 때, 연습한 때 심지어 '콜오브듀티(Call of Duty)'와 같은 비디오게임을 할 때도 경쟁한다.[28]

그런데 한 NFL팀의 구성원이 다른 팀 구성원과 갈등을 빚는다고 해서 우리가 신경을 쓰겠는가? 아마 아닐 것이다. 사실 한 팀만 '승리'하고 여러 팀이 서로 경쟁하는 경우에 팀 간 갈등은 거의 피할 수 없는 일이며, 선수들 사이에 라이벌 의식이 싹트는 경우가 많다. 예를 들어 조쉬 앨런, 샘 다놀드(Sam Darnold), 패트릭 마홈스(Patrick Mahomes)와 같은 선수들 간의 친선 라이벌 관계는 심지어 던지기 대결로까지 이어졌다.[29]

집단 갈 갈등은 여전히 관리되어야 한다. 극심한 팀 간 갈등은 사람들 간 관계에 상당한 스트레스를 주고 상호작용하는 방식에 영향을 줄 수 있다. 예를 들어 오하이오주립대와 미시간대학 라이벌 관계는 비록 종종 우호적이고 선의가 있지만 때로는 팬들 간에 배척, 언어적 폄하, 폭동, 심지어 폭력 위협을 낳기도 한다.[30] 사실 많은 사람이 라이벌 관계가 1800년대 오하이오주와 미시간주 사이의 여러 폭력적인 국경 분쟁에서 비롯된 것으로 보고 있다.[31]

한 사람의 지위와 권력(13장 참조)이 집단 간 갈등상황에서 더욱 중요해진다는 사실을 놀랍게 느껴질 수 있다. 갈등이 발생했을 때 더욱 중요해진다는 사실에 놀랄 수도 있다. 집단 간 갈

맨스웨어하우스(Men's Warehouse, MW)는 창업자, CEO, 홍보이사인 조지 짐머(George Zimmer)의 리더십 하에 1,450개의 매장을 보유한 수백만 달러 규모의 회사로 성장했다. 짐머는 CEO에서 은퇴한 후 다른 멤버와 그룹 내 갈등으로 인해 이사회에서 해임될 때까지 이사회 의장을 역임했다.

출처: Patrick Fallon/Bloomberg/Getty Images

등에 초점을 맞춘 한 연구에 따르면 집단 내에서의 개인의 지위와 개인이 그룹 간의 갈등을 관리하는 방식 사이의 상호작용 효과가 있었다. 자신의 그룹 네트워크에서 상대적으로 주변적인 위치에 있는 구성원일수록 자신의 그룹과 다른 그룹 간의 갈등을 더 잘 해결했다.[32] 따라서 작업 집단의 핵심에 있다고 해서 반드시 다른 그룹과의 갈등을 관리하는 데 있어 적임자가 되는 것이 아니다.

따라서 기능적/역기능적 갈등을 구별하려면 갈등의 유형뿐만 아니라, 소재도 알고 있어야 한다. 업무 갈등, 관계 갈등, 과정 갈등은 집단 내 갈등과 양자 갈등을 이해하는 데 도움이 되지만 집단 간 갈등의 효과를 설명하기에는 부족할 수 있다. 갈등이 발생할 때 갈등의 경험을 어떻게 탐색하고 관리할 수 있는가? 다음에 설명할 갈등 과정을 더 잘 이해하면 잠재적으로 통제가능한 변수에 대한 통찰력을 얻을 수 있을 것이다.

갈등 과정

14-2 갈등 과정을 개괄할 수 있다.

갈등 과정은 잠재적 대립 또는 양립불가, 인식과 개인화, 의도, 행동, 결과의 5단계로 구성되어 있다(도표 14-2 참조).[33]

1단계: 잠재적 대립 혹은 양립불가능

갈등 과정의 첫 번째 단계는 갈등이 생길 기회를 만드는 조건(갈등의 원인 또는 원천)이 생기는 것이다.[34] 이 조건들이 직접적으로 갈등으로 이어지지 않을 수 있지만 갈등이 표면화되려면 그 조건 중 하나가 필요하다. 갈등을 유발하기 위해 직접적으로 의도한 행동처럼 명백한 경우를 제외하고,[35] 조건을 의사소통, 구조, 개인변수의 세 가지 일반적인 범주로 분류할 수 있다.

도표 14-2 갈등 과정

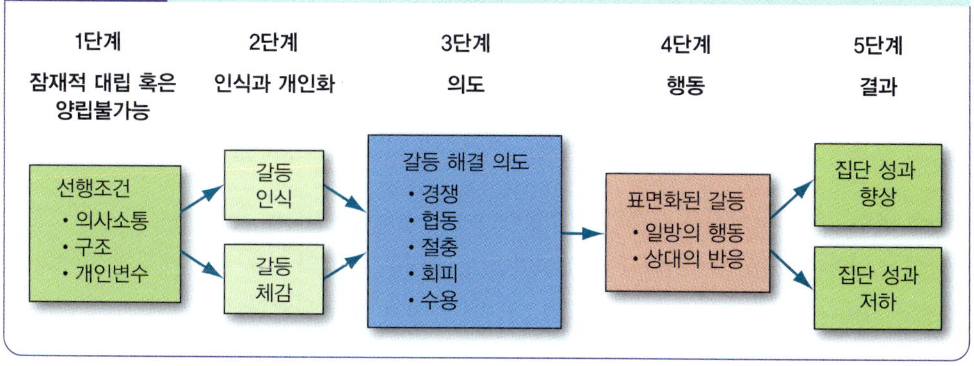

의사소통 수리는 3M의 공급사슬 관리 분야에서 3년 동안 근무했다. 그녀는 즐겁게 일했는데 상관인 아앙이 훌륭한 상관이라는 점이 주 이유였다. 그런데 아앙이 승진하면서 그 자리를 룸라가 맡게 되었다. 6개월이 지났고, 수리는 일을 힘들어한다. “아앙과 저는 생각이 통했어요. 그런데 룸라와는 아니에요. 룸라가 무엇을 하라고 해서 하고나면 일을 잘못했다고 말해요. 내가 보기에는 생각과 말이 다른 것 같아요. 첫날부터 이런 식이었어요. 저에게 소리 지르거나 혼내지 않는 날이 없어요. 어떤 사람은 그냥 쉽게 대화할 수 있잖아요. 하지만 룸라는 그런 사람이 아니에요!”

수리의 말은 의사소통이 양자 간, 집단 상호작용에서 갈등의 원인이 될 수 있음을 보여준다.[36] 이 경험은 잘못된 의사소통으로 인해 서로 반대되는 힘이 발생한다는 것을 보여준다(11장 참조). 의사소통에 대한 불안, 위기상황, 문화 간 규범의 차이를 포함한 의사소통 장벽은 갈등의 잠재적 선행 조건이 될 수 있다. 갈등의 잠재성은 의사소통이 너무 적거나 너무 많은 경우에 증가한다는 사실도 발견되었다. 어느 시점까지는 의사소통의 증가가 기능적인 역할을 하지만 그 이상의 지나친 의사소통은 갈등 잠재성을 증가시킨다. 의사소통을 프레임하는 방식도 영향을 미칠 수 있다. 예를 들어 업무 갈등을 토론으로 프레임하면 다른 사람의 의견에 대한 수용성이 높아진다.[37]

구조 아르마니와 제일렌은 미네소다주 세인트 클라우드(St. Cloud)에 있는 대형 할인가구 수매점에서 일한다. 아르마니는 판매사원이고, 제일렌은 회사의 신용담당 관리자이다. 두 사람은 수년 동안 알고 지냈으며 공통점이 많다. 두 블록 안에 살고 있고 첫째가 모두 같은 중학교에 다니며 절친이다. 만약 아르마니와 제일렌이 서로 다른 회사에 다녔더라도 가장 친한 친구가 되었을 것이다. 하지만 직장에서 두 사람은 끊임없이 충돌한다. 아르마니는 가구 판매를 아주 잘하고 있지만 대부분의 판매가 신용으로 이루어진다. 제일렌의 일은 신용 손실을 최소화하는 것이기 때문에 아르마니 고객의 신용 거래 신청을 정기적으로 거부해야 한다. 이는 두 사람 간의 개인적인 문제가 아니다. 두 사람의 업무 요구사항이 갈등상황을 유발하는 것이다.

아르마니와 제일렌의 갈등은 본질적으로 구조적이다. 여기서 구조적이라는 말은 집단의 규모, 구성원에게 부여된 업무의 전문화 정도, 역할 명확성, 구성원과 목표의 양립가능성, 리더십 스타일, 보상체계, 집단 간 또는 집단구성원 간 의존성과 같은 변수를 포함한다. 집단의 규모가 크고 활동이 전문화될수록 집단 내 갈등이 발생할 가능성이 커진다. 근무기간과 갈등은 반비례 관계에 있는데, 조직에서 오래 일할수록 집단 내 갈등 발생가능성이 줄어든다.[38] 또한 공유 리더십(12장 참조)은 권력이 희소할 때 갈등으로 이어져 사람이 '권력 영역을 놓고 싸우게' 만들 수 있다.[39] 따라서 그룹 구성원이 젊고 이직률이 높을 때 그룹 내 갈등이 발생할 가능성이 가장 크다. 하지만 집단 간 갈등의 경우 갈등을 겪고 있는 집단에 의미와 정체성을 부여하면서 스스로 영속화될 수 있다.[40]

개인적 변수 찰리와 모건은 모두 노스캐롤라이나주 윈스턴세일럼에 있는 펩시(Pepsi) 병입 공장에서 일한다. 처음에는 사이가 좋아 보였던 두 사람은 11월의 어느 날 휴게실에 앉아 뉴스를 보고 있었다. 마침 선거가 있는 해였기 때문에 공석이 된 상원의원에 대한 정치 광고가 나왔다. 모건은 공화당의원을 반드시 퇴출시켜야 하며, 이는 '오랜 시간이 걸릴 것'이라는 발언을 했다. 찰리는 공화당원으로서 이 발언에 큰 문제를 제기했고, 이후 격렬한 논쟁으로 이어졌다. 나머지 팀원은 정치적 성향의 차이를 감지할 수 있었고, 이로 인해 팀원의 조율과 협업이 심각한 영향을 받았다.

갈등의 잠재적 원인의 마지막 범주는 개인적 변수로서 이는 성격, 감정, 가치를 포함한다. 성격은 갈등 과정에서 중요한 역할을 한다. 비순응성, 신경성, 자기관찰성이 높은 사람(5장 참조)은 다른 사람과의 갈등이 더 자주 일어나고 갈등이 일어났을 때 제대로 대응하지 못한다.[41] 반면에 정치적으로 숙련된 사람은 다른 사람의 인식을 더 잘 관리할 수 있기 때문에 갈등을 시작할 가능성이 적다.[42]

감정은 심지어 감정이 누군가를 향하지 않더라도 갈등을 유발할 수 있다. 예를 들어 정신없이 바쁜 출근길에서 화가 난 상태로 온 직원은 회사에 화를 그대로 가져와 긴장된 회의 분위기를 만들 수 있다.[43] 다른 직원이 같은 감정을 공유하지 않거나 경험하지 않는 경우에도 갈등이 발생할 수 있다. 예를 들어 업무에 대해 직원은 비관적이고 상사는 낙관적일 때 직원이 더 많은 갈등을 경험할 수 있다.[44] 찰리와 모건의 예에서 볼 수 있듯이 가치는 종종 서로 충돌하여 감정적인 갈등을 유발할 수 있다.

게다가 선호와 가치의 차이는 더 높은 수준의 갈등을 유발할 수 있다. 집단구성원이 목표 성취 수준에 동의하지 않을 때에는 더 많은 업무 갈등이 있다. 집단구성원이 서로 원하는 대인관계의 친밀도가 다를 때에는 더 많은 관계 갈등이 있었다. 또한 집단구성원이 권력에 대한 욕구가 서로 비슷하지 않을 때에는 더 많은 지위에 관한 갈등이 있었다.[45] 사람은 갈등에 대한 신념이 다르며 어떤 갈등 관리 전략이 최선인지 최악인지에 대한 생각도 다르다. 이러한 믿음의 차이는 사람이 인식하는 갈등의 유형과 대응 방식에 영향을 미친다.[46]

2단계: 인식과 개인화

만약 1단계에서 언급한 조건이 어느 한 당사자가 중요시하는 것에 부정적인 영향을 미치면 잠재적인 대립 또는 양립불가능성이 2단계에서 현실화된다.

인식된 갈등 하나 또는 그 이상의 당사자의 갈등의 존재 혹은 갈등을 유발하는 조건에 대한 인식

감지된 갈등 불안, 긴장, 좌절, 적대감을 낳는 갈등에서의 정서적 개입

이 장의 앞부분에서 얘기했듯이 갈등은 인식에 대한 것이다. 그러나 의견 불일치가 **인식된 갈등**(perceived conflict)이 되었다고 해서 개인화가 된 것은 아니다. 대신 개인이 감정적으로 관여하여 잠재적으로 불안, 긴장, 좌절감, 적대감을 경험하는 **감지된 갈등**(felt conflict)이 될 수 있다.

2단계는 갈등 이슈가 정의되고 당사자가 갈등이 무엇에 관한 것인지 결정한다는 점에서 중요하다.[47] 예를 들어 교통체증으로 인해 화가 난 직원은 사무실의 다른 사람으로 하여금 무언가 문제가 있다고 인식하게 만들 수 있지만, 이 직원과 불쾌한 상호작용(예: "상사가 출근 시간이 길어진 것에 대해 저에게 추가 업무를 준 건 불공평해요!")이 있기 전까지는 이러한 갈등이 '느껴지지' 않는다. 게다가 감정은 인식을 형성하는 데 중요한 역할을 한다.[48] 부정적인 감정은 문제를 지나치게 단순화하게 하고, 신뢰를 잃게 만들며, 상대방의 행동에 대해 부정적으로 해석하게 만든다.[49] 갈등을 인식하면 때때로 그룹 내 친한 친구에게 자신의 감정을 털어놓거나 이야기할 수 있다. 역설적이게도 이 사람이 반응해주고 재확인하면 친구는 당신의 관점을 입증해주는게 되며, 그 결과 갈등해결에는 도움이 되지 않을 수 있다.[50] 반대로 긍정적인 감정은 문제요소 간의 잠재적 관계를 볼 수 있게 하고, 상황을 넓은 시각으로 보게 하며, 보다 혁신적인 해결책을 개발하려는 경향을 높인다.[51]

부정적인 감정은 자연스럽고 어쩌면 피할 수 없는 것이다. 갈등이 고조되기 전에 시간을 내어 자신의 감정을 생각해보고 재평가하면 갈등에 보다 건설적으로 접근하는 데 도움이 될 수 있다(단, 너무 되새김하지 말 것!).[52] 궁극적으로 마음챙김 상태(18장 참조)는 건설적인 갈등관리를 촉진한다는 점에서 지향해야 할 좋은 감정 상태일 수 있다.[53]

3단계: 의도

의도는 사람의 인식과 감정, 외적으로 드러나는 행동 사이에 개입한다. 즉 의도는 어떤 방향으로 행동하기 위한 의사결정이다.[54] 특정 방식으로 행동하기로 결심하더라도 의도와 실제 행동이 항상 일치하는 것은 아니다. 게다가 의도가 항상 고정되어 있는 것도 아니다. 갈등 중에 한 당사자가 상대방의 관점을 알 수 있거나 상대방의 행동에 감정적으로 반응하면 의도가 바뀔 수 있다.

갈등처리 의도를 두 가지 차원으로 분류해볼 수 있다(도표 14-3 참조).[55] 두 가지 차원, 즉 **자기주장성**(한 당사자가 자신의 관심사를 만족시키려는 정도)과 **협력성**(한 당사자가 다른 쪽의 관심사를 만족시켜주려는 정도)를 활용하여 갈등처리 의도를 다섯 가지로 구별할 수 있다[토마스 킬만(Thomas Kilmann)은 갈등 모드로 부르기도 함]. 구체적으로 **경쟁**(자기주장적이고 비협력적), **협력**(자기주장적이고 협력적), **회피**(비자기주장적이고 비협력적), **수용**(비자기주장적이고 협력적), **절충**(자기주장적이고 협력적인 면이 모두 중간 정도)이다.[56]

경쟁 어떤 사람이 갈등에서의 상대방에게 미칠 영향에 관계없이 자신의 이익을 만족시키려고 하는 경우에 그 사람은 **경쟁**(competing)하는 것이다.[57] 자원이 부족할 때, 경쟁적 경향의 성격이 있을 때, 자신의 이익을 충족시키는 데 가까울 때(예: '결승선이 가까워졌다'), 문화나 분위기가 경쟁을 지지할 때 우리는 더 경쟁하기 쉽다.[58]

경쟁 갈등의 상대방에게 미치는 영향과 관계없이 자신의 이익을 충족시키려는 욕구

협력 갈등 당사자가 모든 당사자의 관심을 완전히 만족시키고자 할 때, 협력이 가능하고 상호이익이 되는 결과를 모색할 수 있다. **협력**(collaborating)시 당사자는 여러 관점을 그냥 받아들이기보다 차이점을 분명히 함으로써 문제를 해결하고자 한다.[59] 만약 양쪽의 목표를 모두 완전히 이루게 해주는 윈윈 해결책을 찾으려 한다면 이는 협력하고 있는 것이다. 상대방이 유능하고, 합리적이며 협업에 개방적인 것으로 보일 때 협력가능성이 높다.[60]

협력 갈등 당사자가 모든 당사자의 관심을 완전히 만족시키고자 하는 상황

도표 14-3 갈등처리 의도

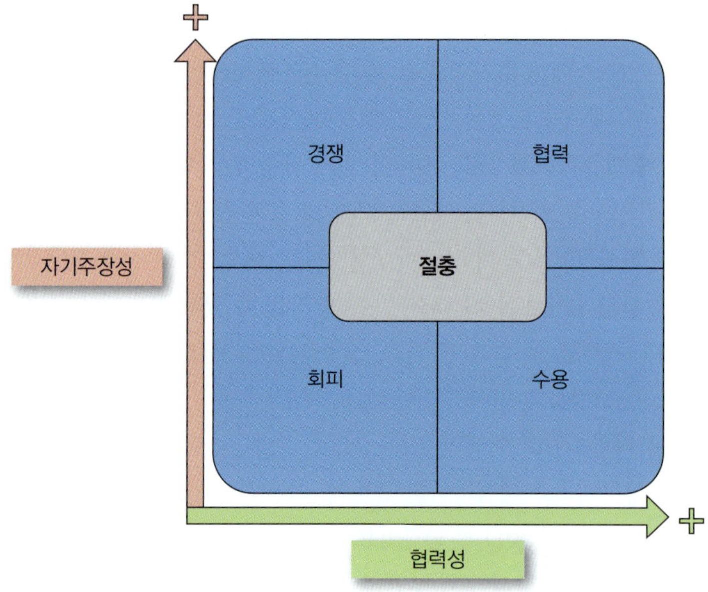

출처: R. H. Kilmann, *Celebrating 40 Years With the TKI Assessment: A Summary of My Favorite Insights* (Sunnyvale, CA: CPP, 2018)에 기초함.

회피 갈등으로부터 철회하거나 갈등을 억누르려고 하는 것

회피 갈등이 존재한다는 것을 알고 갈등을 피하거나 억누르려고 할 수 있다. **회피**(avoiding)의 예로 갈등을 무시하려고 노력하거나 의견이 다른 사람과 멀리하려는 것을 들 수 있다. 이미 과부하 상태인데 상사가 계속 더 많은 프로젝트에 참여시키려고 하고 더 많은 업무를 맡기려고 한다면 상사와 대화를 시작하는 것을 피할 수 있다. 보통 회피는 철회와 퇴장(예: 짜증으로 인해 다른 사람과의 대화를 종료하는 것)과 침묵(예: 걱정으로 인해 다른 사람과 대화를 시작하지 않는 것)이라는 두 가지의 감정 중심적 형태를 띤다.[61]

수용 한쪽이 상대방의 이해를 자신의 이해보다 우선시하려는 의도

수용 어느 한쪽이 상대의 기분을 맞춰주려고 할 때 그 사람은 자신의 이해보다 상대방의 이해를 우선시하고 관계 유지를 위해 희생할 용의가 있을 수 있다. 이러한 의도를 **수용**(accommodating)이라고 한다. 예를 들면 다른 사람의 의견에 대해 의구심이 있지만 그 의견을 지지해주는 것이다.

절충 갈등 당사자가 갈등 해소를 위해 무언가를 포기할 의지가 있는 상황

절충 **절충**(compromising)에는 승자나 패자가 없다. 오히려 갈등의 대상을 합리화하고 양쪽의 이해를 불완전하게 만족시키는 해결책을 받아들이려는 의지가 있다. 따라서 절충의 특징은 각 당사자가 무언가를 포기하려는 의도를 가지고 있다는 것이다.

여러 연구에 걸쳐 이러한 의도의 효과를 살펴본 연구에 따르면 수용과 협력은 모두 우수한 그룹 성과와 관련이 있는 반면에 회피와 경쟁 전략은 그룹 성과가 현저히 떨어지는 것으로 나타났다.[62] 이러한 효과는 거의 관계 갈등의 효과만큼 컸다. 협력은 혁신이 필요한 업무에 특히 효과적일 수 있지만, 그룹이 업무에 따라 두세 개의 소규모 그룹으로 나뉘면 불신과 갈등으로 이어질 수 있다.[63] 권력을 부여받은 개인은 협력 전략을 사용하는 데 더 어려움을 겪는 경향이 있다.[64] 이는 갈등의 존재나 갈등 유형이 문제를 일으키는 것이 아니라 사람이 갈등에 대응하

고 갈등이 발생한 후 과정을 관리하는 방식이 더 중요하다는 것을 보여준다.

4단계: 행동

대부분의 사람은 갈등상황을 생각할 때 4단계에 초점을 맞추는 경향이 있다. 4단계에서 갈등이 가시화되기 때문이다. 행동 단계는 보통 자기의도를 실행하기 위한 명시적 시도로서 갈등 당사자의 선언, 실행, 반응을 포함한다. 잘못된 계산이나 미숙한 실행으로 말미암아 겉으로 드러난 행동은 원래 의도와 다른 방향으로 가기도 한다.[65] 갈등을 유발한 의도는 결국 행동으로 옮겨진다. **경쟁**은 팀원과 겨루기 위해 적극적인 시도를 하게 하고, 협력 없이 목적 달성을 위해 개인적 노력을 더 쏟게 한다. **협력**은 팀의 다른 구성원과 함께 여러 가지 해결책을 모색하게 하고 가능한 한 모든 당사자가 만족하는 해결책을 찾기 위해 노력하게 한다. **회피**는 문제에 대해 논의하는 것을 거부하고 집단 목표 달성을 위한 노력을 줄이는 것으로 드러난다. **수용**하는 사람은 갈등의 이슈보다 관계를 우선시하고 다른 사람의 의견에 따르며 때로는 그들과 함께 소그룹으로 활동하기도 한다. **절충**하는 사람은 자신의 이익 일부를 희생하거나 그럴 것으로 기대하며 다른 사람도 모두 그렇게 해서 합의점에 이르기를 희망한다.

4단계는 상호작용의 역동적인 과정이다. 예를 들면 상대방이 나에게 요구하면 나는 거기에 논쟁으로 대응하고, 상대방이 나에게 소리치면 나도 맞서 소리치는 것 등이다. 도표 14-4는 갈등 행동을 시각화한 것이다. 갈등의 각 행동 단계는 어떤 기반 위에 구축된다. 가장 낮은 지점에는 인식, 오해, 의견 차이가 있다. 이는 학생이 교수자의 주장에 이의를 제기하는 것처럼 미묘하고 간접적이며 고도로 통제된 형태의 긴장으로 발전할 수 있다. 갈등은 점점 강도가 세져 결국에는 매우 파괴적이 된다. 파업, 폭동, 전쟁은 분명히 여기에서 상위 범위에 속한다. 연속선상에서 이 상위 단계까지 오른 갈등은 거의 항상 역기능적이다. 기능적 갈등은 보통 하위 수준에 국한된다.

5단계: 결과

갈등 당사자 간의 행동-반응 상호작용은 어떤 결과를 가져오게 된다. 도표 14-1의 모델에서 보듯이 이러한 결과는 집단의 성과를 향상하는 기능적인 결과가 될 수도 있고, 집단 성과에 방

도표 14-4 갈등 강도와 연속성

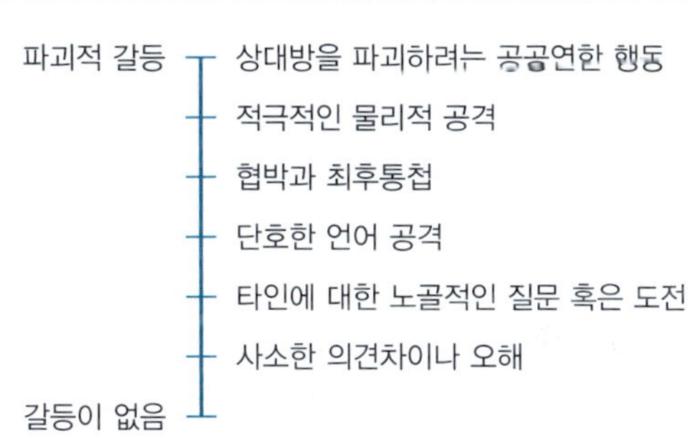

출처: S. P. Robbins, *Managing Organizational Conflict: A Nontraditional Approach* (Upper Saddle River, NJ: Prentice Hall, 1974): 93-97; and F. Glasi, "The Process of Conflict Escalation and the Roles of Third Parties," in G. B. J. Bomers and R. Peterson (eds.), *Conflict Management and Industrial Relations* (Boston: Kluwer-Nijhoff, 1982): 119-40에 기초함.

해가 되는 역기능적 결과가 될 수도 있다. 그러나 현실적으로 많은 연구자는 직장 내 갈등이 유익할 수 있지만 대개 특수한 상황에서 발생하며, 대부분의 경우 역기능적 결과가 기능적 결과보다 더 심각하다고 말한다.[66] 이것은 관리자가 기능적 갈등을 자극하기보다는 역기능적 갈등을 줄이는 데 대부분의 시간을 할애할 가능성이 높음을 암시한다.

기능적 결과 어떻게 갈등은 집단 성과를 향상하는 힘으로 작용할 수 있는가? 격앙된 공격성이 기능적일 수 있는 상황을 상상하기는 어렵다. 그러나 낮거나 보통 수준의 갈등이 집단의 효과성이나 창의성에 도움이 될 수 있는 상황은 볼 수 있다. 갈등이 건설적인 경우는 의사결정의 질을 향상하고, 창의력과 혁신을 자극하고, 집단구성원의 관심과 호기심을 유발하고, 문제가 드러나고 긴장이 완화되는 수단을 제공하며, 자기평가와 변화를 조성하는 경우이다. 사실 시간이 지남에 따라 적절한 수준의 업무 갈등(관계 갈등이 아님)은 팀 관계, 사회적 상호작용의 질, 의미있는 소통을 개선할 수 있다.[67] 가벼운 갈등은 또한 활기찬 감정을 불러일으키기 때문에 그룹구성원은 더욱 적극적이고 활기넘치며 업무에 몰입하게 할 수 있다.[68] 그러나 극도로 양극화된 그룹은 근본적인 불일치를 효과적으로 관리하지 못하고 차선책을 받아들이거나 갈등을 해결하기보다는 아예 결정 자체를 회피하는 경향이 있다.[69] 이 장의 앞부분에서 언급했듯이 갈등의 심각성은 중요한 역할을 한다.

역기능적 결과 집단이나 조직의 성과에 대한 갈등의 파괴적인 영향은 잘 알려져 있으며 상당한 양의 연구가 역기능적 갈등이 어떻게 그룹 효과성을 떨어뜨리는지 보여주고 있다.[70] 바람직

IBM은 인간의 두뇌와 동일한 과정을 통해 학습하도록 설계된 왓슨(Watson) 슈퍼컴퓨터와 같이 직원이 기능적 갈등을 활용하여 혁신을 이룰 수 있도록 장려한다. 혁신이 번성하도록 하기 위해 IBM은 직원의 다양한 아이디어와 기술에서 오는 창의적 긴장감을 활용하고 위험 감수와 틀에서 벗어난 사고를 장려하는 업무 환경을 제공한다.

출처: Jon Simon/Feature Photo Service/Newscom

하지 않은 결과 중에는 의사소통 문제, 집단 응집력 감소, 구성원 간의 내분으로 인한 집단 목표의 상실 등이 있다. 모든 형태의 갈등은(심지어 기능적 갈등까지 포함하여) 집단구성원의 만족도와 신뢰를 떨어뜨리는 것으로 보인다.[71] 최악의 경우에 갈등은 집단의 기능을 중단시키고 그 생존을 위협한다.

갈등 관리

갈등이 역기능적인 경우에 당사자는 갈등을 완화하기 위해 무엇을 할 수 있는가? 반대로 갈등이 너무 낮아 기능적이지 않아서 갈등을 높여야 하는 경우에는 어떤 옵션이 있겠는가? 이러한 상황에서 사람은 원하는 수준의 갈등을 달성하기 위해 해결과 자극 기술을 사용할 수 있으며, 이를 **갈등 관리**(conflict management)라고 한다.[72] 더 넓은 수준에서 경영진은 갈등 관리의 정책과 절차 시스템을 개발하여 갈등을 사전에 관리하고, 갈등 관리에 대한 하급 관리자의 참여를 높이고, 조직 문화에서 역기능적 갈등을 사회화하며, 필요한 경우 갈등 관리 요구에 적응하도록 즉흥적으로 대응하기 위해 노력해야 한다.[73] 갈등을 예측하고 관리할 때 조직은 세 가지 특정 영역을 목표로 한다. 전략(예: 갈등 관리활동이 조직 시스템에 미치는 영향에 대한 이해를 하면서 관리활동을 설계함, 갈등 관리 전략에 대한 관리 지원과 적용), 기능(예: 갈등 관리 관행의 체계적 채택 장려, 직원의 요구 이해, 갈등을 줄이기 위한 직무 설계), 근로자(예: 갈등에 대한 직원 인식 개선, 사람들 간 유대감과 응집력 촉진, 갈등이 발생 시 적응적으로 해결)이다.[74] 예를 들어 갈등이 지속될 것으로 예상되는 경우에 전략적 갈등 관리 전략은 갈등을 완전히 해결하는 것이 목표가 아니라, 사람은 시간이 지남에 따라 적응적으로 갈등을 해결하는 것을 목표로 할 수 있다.[75] 더 좁은 수준에서 리더는 세 가지 주요 방식으로 갈등을 관리한다. 선동(즉, 필요할 때 의도적으로 갈등을 유발하는 것), 참여(즉, 갈등을 확대하거나 다른 사람을 참여시키거나 전략적으로 관찰하기), 관리(즉, 갈등 처리 또는 해결)이다.[76]

갈등 관리 원하는 수준의 갈등을 달성하기 위해 해결이나 자극의 기술을 사용하는 것

갈등을 관리할 수 있는 방법은 많지만, 관리자가 갈등 관리를 보다 효과적으로 실행할 수 있는 몇 가지 실용적인 가이드라인이 몇 가지 실용적인 지침이 있다. 첫째, 비생산적인 갈등을 최소화하기 위한 핵심 중 하나는 실제로 의견 충돌이 발생했을 때 이를 인식하는 것이다. 아마도 가장 성공적인 갈등 관리는 서로 다른 견해를 인정하고 개방적이고 솔직한 토론, 경청, 반대 관점에 대한 이해를 장려하고 건설적으로 통합하여 해결하려 시도하는 것이다.[77] 둘째, 또 다른 접근 방식은 양 그룹이 솔루션에서 자신에게 가장 중요한 부분을 선택하게 한 다음, 가장 중요한 요구사항을 충족시킬 수 있는 방법에 집중하는 것이다. 어느 쪽도 원하는 것을 정확히 얻을 수는 없지만, 양쪽 모두 의제에서 가장 중요한 부분을 달성할 수 있다.[78] 셋째, 갈등을 성공적으로 해결하는 그룹은 의견 차이를 공개적으로 논의하고 갈등이 발생했을 때 관리할 준비가 되어 있다.[79] 가장 파괴적인 갈등은 절대 직접 다루어지지 않는 갈등이다. 열린 토론은 당면한 문제에 대한 공유된 인식을 쉽게 발전시킬 수 있도록 해준다. 즉, 그룹이 상호수용가능한 해결책을 향해 노력하게 해준다. 넷째, 관리자는 갈등을 해결하는 데 있어 공동의 이해 관계를 강조하여 서로 의견이 다른 그룹이 자신의 관점에 너무 집착하여 갈등을 개인적으로 받아들이지 않도록 해야 한다. 협력적인 갈등 스타일을 가지고 있고 전체 그룹 목표와 동일시 하는 정도가 강한 그룹은 경쟁적인 스타일의 그룹보다 더 효과적이다.[80]

하지만 항상 이상적인 상황이 있는 것은 아니며, 갈등 관리에 대한 연구에 따르면 상황에 따

라 그 효과에 현저한 차이가 있는 것으로 나타났다.[81] 첫째, 한 가지 형태의 갈등을 해결하는 데 적합한 전략이 다른 영역에서는 역효과를 일으켜 더 많은 갈등을 유발할 수 있다.[82] 예를 들어 공유된 정체성은 관계의 질을 해결해주지만 사람의 역할 구분을 모호하게 만들어 업무 갈등을 자극함으로써 의도치 않게 역효과를 낼 수 있다. 둘째, 한 가지 형태의 갈등을 관리하는 데 적합한 전략이 다른 영역으로 확산될 수 있다.[83] 예를 들어 업무 갈등이 있을 때 사람이 해야 할 일의 차이를 명확하게 설명하면 관계 갈등을 자극할 수 있다. 갈등의 유동적이고 추상적인 특성으로 인해 많은 연구자는 갈등을 전략적 시스템 관점에서 분석하고 갈등을 다양한 생각, 감정, 동기가 얽힌 사건의 연쇄로 보고 있다. 이러한 관점을 취하면 관리자는 보다 유연하고 적응적인 관점으로 갈등에 접근할 수 있다.[84]

문화간 갈등 관리 갈등 해결 전략의 국가 간 차이는 아마 문화적 가치의 차이에 기초할 것이다(2장 참조). 집단주의적인 문화에서는 사람을 연결된 사회적 네트워크에 깊이 배태되었다고 보는 반면에 개인주의적인 문화에서는 사람을 자율적이고 독립적인 존재로 바라본다. 따라서 집단주의 문화의 사람은 관계를 유지하고 집단의 전체 이익을 도모하는 경향이 있다. 이들은 직접적인 갈등의 표현을 피하면서 의견의 차이를 간접적인 방식을 통해 해결하고 싶어 한다. 또한 분쟁을 해결하기 위해 제삼자를 통해 우려를 표출하고 해결하는 것을 선호할 것이다. 반면 개인주의 문화의 사람은 의견차이에 대해 직접적이고 공개적으로 맞서려고 할 것이다. 예를 들어 집단주의적 협상가에 비해 개인주의적 협상가는 상대방의 제안을 더 불공정하다고 생각하고 거절하는 경향이 있다. 또 다른 연구에서는 갈등상황시 개인주의적 관리자는 경쟁 전술을 사용하는 경향이 높은 반면에 집단주의적 관리자는 갈등 관리 방법으로 절충 또는 회피를 가장 선호했다.[85] 하지만 인터뷰 자료에 따르면 집단주의 문화의 첨단기술 회사의 최고경영진은 절충과 회피보다 협력을 더 선호하는 것으로 나타났다.[86]

문화 간 협상은 신뢰의 문제를 야기할 수도 있다.[87] 인도와 미국 협상가를 대상으로 한 연구에서는 응답자는 문화 간 협상시 상대에 대한 신뢰가 낮다고 보고했다. 낮은 신뢰도는 당사자 간 공통 관심사를 덜 발견하는 것과 관련이 있었는데, 이는 문화 간 협상가가 정보를 공개하거나 요청하려는 의지가 낮았기 때문이다.[88] 또 다른 연구는 미국과 중국 협상가 모두 내집단 편향의 경향이 있으며, 이로 인해 같은 문화권의 협상 상대방을 선호한다는 것을 발견했다. 특히 중국 협상가의 경우 협상의 결과에 대한 책임이 클 때 이러한 성향이 높게 나타났다.[89]

지금까지 갈등의 본질, 원인, 결과에 대해 살펴보았다. 다음으로 갈등을 해결하는 협상에 대해 알아보자.

협상

14-3 분배적 협상과 통합적 협상을 비교할 수 있다.

협상은 집단이나 조직 내 거의 모든 사람의 상호작용 속에 스며들어 있다. 근로자와 경영자 간의 협상과 같이 명백한 협상도 있다. 그다지 명백하지 않은 협상으로는 관리자와 직원, 동료, 상사의 협상, 판매사원과 고객 간 협상, 구매 담당자와 공급자 간 협상이 있다. 또한 미묘한 협상도 있다. 직원이 향후 부탁을 들어주는 대가로 몇 분 동안 동료를 대신하는 경우를 예로 들

수 있다. 오늘날의 느슨하게 구조화된 조직에서 구성원은 직접적 권한이 없고 같은 상사 아래 일하지도 않는 동료와 자율관리팀에서 일하는 데 이런 경우 협상기술은 매우 중요하다.

협상(negotiation)은 둘 또는 그 이상의 당사자가 상품이나 서비스의 교환에 대한 상호합의에 도달하기 위해 소통하고 협의할 때 발생하는 과정이라고 정의할 수 있다.[90] 일반적으로 협상의 결과를 입사 제안을 수락하기 전에 연봉을 협상하는 것과 같이 단발적인 거래의 관점에서 생각하지만, 조직의 모든 협상은 또한 협상자 간의 관계와 협상자가 자신에 대해 어떻게 느끼는지에도 영향을 미친다.[91] 당사자가 서로 얼마나 상호작용하려고 할지에 따라 때로는 사회적인 관계를 유지하는 것과 윤리적으로 행동하는 것도 협상에서 즉각적 결과를 얻어내는 것만큼이나 중요하다(**협상**과 **교섭**을 같은 의미의 용어로 사용하기로 한다).

협상 둘 또는 그 이상의 당사자가 상품이나 서비스의 교환에 대한 상호합의에 도달하기 위해 소통하고 협의하는 과정

협상 전략

협상에 대한 일반적 접근법으로 **분배적 협상**과 **통합적 협상**이 있다.[92] 도표 14-5에서 보듯이 두 접근법은 목표와 동기, 초점, 관심사, 정보 공유, 관계의 지속기간에 있어 차이가 있다. 각각의 정의와 차이점을 살펴보자.

분배적 협상 이미 정책이 변경될 때까지 팀원은 정책 변경에 대해 알지 못했다.[93] 이 정책은 다음 회계연도에 팀에 지원되는 리소스가 20% 줄어든다는 것을 의미한다. 이 정책의 시행을 막기 위해 할 수 있는 일이 없으므로 경영진과 이 조항과 관련하여 협상을 진행한다. 양측 모두 상대방의 희생을 통해 이득을 얻는다고 생각하며, 자원 감소를 절반으로 줄이자고 협상을 시도하자 경영진은 15%의 제안으로 맞선다. 이러한 당신의 협상 전략을 **분배적 협상**(distributive bargaining)이라고 한다. 이 전략의 특징은 제로섬 조건에서 작동한다는 점이다(13장 참조). 즉, 내가 얻는 이익은 상대방의 희생에 따른 것이며, 반대의 경우도 마찬가지이다. 분배적 협상의 본질은 고정 파이에서 누가 얼마만큼의 몫을 가져갈 것인가에 대한 협상이라는 것이다. **고정 파이**(fixed pie)란 정해진 양의 상품이나 서비스를 나누는 것을 의미한다. 파이가 고정되어 있거나 당사자가 그렇게 생각하는 경우에 당사자는 분배적 협상을 하는 경향이 있다.

분배적 협상 고정된 양의 자원을 나누어 가지려고 하는 협상. 승자-패자의 상황

고정 파이 당사자 간에 나누어야 할 상품이나 서비스의 양이 정해져 있다는 믿음

도표 14-5 분배적 협상과 통합적 협상

협상의 특성	분배적 협상	통합적 협상
목표	가능한 한 많은 파이를 갖는다.	양쪽 당사자 모두 만족할 만큼 파이를 확대한다.
동기	내가 이기고 상대는 진다.	나도 이기고 상대도 이긴다.
초점	입장("이 사안에 대해 이러한 입장 이상을 취할 수는 없다.")	이해관계("이 사안이 왜 그렇게 당신에게 중요한지 설명해줄 수 있는가?")
관심사	서로 반대됨	조화됨
정보 공유	낮음(정보 공유는 상대 당사자의 이익만 만족함)	높음(정보 공유가 각 당사자의 관심사를 만족함)
관계의 지속기간	단기간	장기간

도표 14-6 협상의 영역

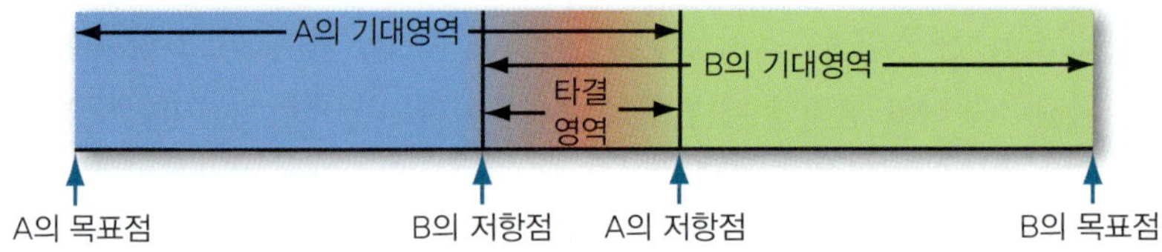

도표 14-6은 분배적 협상의 핵심을 보여준다. A와 B는 협상의 두 당사자이다. 각 당사자는 자기가 원하는 **목표점**이 있다. 또한 각자 받아들일 수 있는 최소한의 결과인 **저항점**이 있다. 저항점 이하의 결과는 받아들이지 않고 차라리 협상을 결렬할 것이다. 목표점과 저항점의 두 점 사이 영역이 각자의 **기대영역**이다. A와 B의 기대영역 사이에 교차되는 부분이 있는 한 모두의 기대가 충족될 수 있는 타결영역이 존재한다.

첫 번째 제안의 고착 분배적 협상을 할 때 먼저 오퍼를 제안하는 것을 고려할 수 있다. 첫 번째 제안을 하면 6장에서 언급한 고착적 편향 때문에 유리한 고지를 점할 수 있다. 사람은 초기 정보에 고착되는 경향이 있다. 일단 고착점이 설정되면 이후 정보에 따라 적절하게 조정하지 못한다. 능숙한 협상가는 최초 제안을 먼저해서 고착을 설정하며, 수많은 협상 연구에 따르면 이러한 고착은 설정한 사람에게 크게 유리하다.[94] 또한 이러한 최초 제안 고착은 협상가능 범위에 대한 상대방의 인식을 바꾸기 때문에 정밀할수록 더 효과적이다.[95] 예를 들어 50,000달러의 서비스 계약을 첫 오퍼로 제안하는 경우에 구매 당사자는 40,000~60,000달러의 범위를 고려할 가능성이 높다. 하지만 좀 더 정밀하게 51,000달러를 제시한다면 구매 상대방은 50,000달러에서 52,000달러까지의 범위를 고려할 가능성이 높다.

자신의 수익을 극대화하려는 동기를 가진 상대방과 협상을 할 경우에 첫 번째 제안을 할 때의 단점은 개인이 자신에게 불리하게 사용할 수 있는 우선순위에 대한 정보를 상대에게 전달한다는 것이다.[96] 또한 프레임도 중요하다. 첫 번째 제안을 **제안**(즉, 내가 당신의 B에 대해 내 A를 제안한다) 대신 **요구**(즉, 나의 A를 위해 당신의 B를 요청한다)로 프레임하면 협상의 '이득'이 아닌 '손실'을 강조함으로써 협상 성공에 해로울 수 있다.[97] 정밀성의 또 다른 단점은 양쪽 당사자가 협상에 들어가기도 전에 정밀한 제안을 하면 상대방은 당신이 융통성이 없다고 인식할 수 있기 때문에 당신과 협상하려 할 가능성이 낮아질 수 있다.[98]

분배적 협상 전략 분배적 협상에서 자신의 양보를 최소화하는 하고 극단적인 제안을 하는 **강경노선 전략**을 써야 하는가, 아니면 자신의 양보를 통해 상대방의 양보를 이끌어내는 **온건노선 전략**을 써야 하는가? 한 연구에 따르면 원하는 결과에 따라 다르다. 관계를 유지하는 것이 중요하다면 온건노선 전략이 더 나을 수 있다.[99] 더 높은 경제적 수익을 원한다면 강경노선 전략이 더 좋을 수 있다. 각 전략은 언제 가장 효과적인가? 강경노선 접근 방식은 상대방과 실제로 상호작용하는 경우, 상대 협상가가 남성인 경우, 두 당사자 모두 개인의 성과를 극대화하려는 동기가 있는 경우(협상 영역 자체에 대해 사람들은 종종 왜곡된 인식을 갖고 있긴 하지만), 당사자가 협상가능한 것과 불가능한 것을 알고 있는 경우에 가장 효과적인 경향이 있다.[100] 온건노선 접근 방식은 상대방에게 적절히 양보할 수 있을 때만 더 효과적이다. 또한 일부 연구에 따르면 유령 고착(예: "10,000달러를 요구하려고 했으나, 양보해주셨으니 대신 8,000달러를 제안하겠습니다")은 (양보가 과장되었을지라도) 양보에 대해 알리는 효과적인 온건노선 전략이 될 수 있다.[101]

앞서 언급한 첫 번째 제안 효과를 기반으로 하는 또 다른 온건노선 전술은 **동등한 가치를 갖는 다수의 제안을 동시에 하는 것**(MESO)이다. MES는 협상 상대방이 선택할 수 있게 여러 개의 동등한 첫 번째 제안을 제시하는 것이다. 이를 통해 협상 상대방은 제안자가 융통성이 있고 성실하게 합의에 도달하려고 노력하는 것으로 인식할 수 있으며, 협상 상대방이 즉시 마음에 드는 옵션을 찾을 가능성을 높일 수 있다.[102] 또한 이러한 매력적인 대안 중 하나가 더 이상 제공될 수 없게 될 경우 협상자는 더 적극적이 되고(손실을 경험했기 때문에) 협상 과정에 더 참여하게 되는데, 이 결과로 협상 과정에 대한 만족도는 떨어질 수 있으나 더 나은 결과를 얻을 수 있는 위치를 점하게 된다.[103]

경력 관리에서의 분배적 협상 분배적 협상은 당신의 경력에 어떤 의미가 있는가? 당신에게 입사 제의가 들어왔다고 하자. 고용주가 어느 정도의 임금을 원하는지 물을 것이다. 이제 대화를 이끌고 주장을 펼칠 기회이다. 당신은 고착을 설정할 수 있는 기회가 있다. 즉, 당신이 생각하기에 고용주가 합리적으로 제시할 수 있다고 생각하는 가장 높은 임금을 말해야 한다. 100만 달러를 요구하는 것은 대부분 자신을 우습게 만드는 것이며, 당신이 생각하기에 **합리적인** 선에서 가장 높은 액수가 되어야 한다. 고용주를 놀라게 할까 걱정해서 너무 적은 금액에 만족하는 지나친 주의로 인한 실수를 범하는 경우가 많다.[104] 물론 고용주는 놀랄 수 있고, 고용자는 협상에서 너무 주장이 센 구직자를 좋아하지 않는 것도 사실이다. 하지만 우리가 얻을 수 있는 것보다 적게 요구하는 일이 훨씬 더 자주 일어난다. 따라서 임금 협상에 임할 때는 업계 임금율과 동향에 대한 지식을 가지고 들어가서 가능한 논의하기 전에 주장을 정리하고, 모든 것을 당신에 관한 것으로 만들지 말고 당신이 회사에 제공하는 가치에 관한 것으로 만들어라.[105]

제너럴 모터스(GM)와 전미 자동차 노동조합(United Auto Workers, UAW) 관계자가 새로운 계약 협상을 여는 기념 악수를 나누고 있다. 이들은 통합적 협상에 전념하며 GM의 경쟁력을 높이는 상생의 합의를 도출하기 위해 노력하고 있다. 왼쪽부터 메리 바라(Mary Barra) GM 최고경영자, 데니스 윌리엄스(Dennis Williams) UAW 사장, 캐시 클레그(Cathy Clegg) GM 부사장, 신디 에스트라다(Cindy Estrada) UAW 부사장이다.

출처: Paul Sancya/AP Images

통합적 협상 첫 임신기간에 연방정부에서 풀타임으로 일했던 한 여성은 근무시간을 줄여 아이와 더 많은 시간을 보내고 싶었다.[106] 그녀는 시간제 근무에 관한 정책과 절차를 조사하여 어떻게 실현할 수 있는지 알아보았다. 상사에게 가서 시간제 근무의 가능성에 대해 논의한 결과 성공적으로 협상할 수 있었다. 이 직원의 태도는 통합적 협상의 가능성을 보여준다. 배분적 협상과 달리 **통합적 협상**(integrative bargaining)은 하나 또는 그 이상의 가능한 합의를 통해 제로섬 상황이 아닌 윈윈 해결책을 만들 수 있다고 가정한다. 물론 통합적 협상이 작동하려면 모든 당사자가 참여해야 한다. 이는 두 사람이 아닌 여러 협상자 간의 협상에서 더 가능성이 높은 것으로 보이는데, 두 사람은 이분법적인 승자-패자 트레이드 오프 관점으로 상황을 볼 가능성이 높기 때문이다.[107] 또한 통합적 협상에서는 기술도 중요한 것으로 보인다. 연구에 따르면 제안과 반대 제안 사이에서 침묵하는 것은 상대방에게 당신이 그 제안을 고려하고 있으며 제안에 대해 신중하게 생각하고 있고, 상대방과 협력하여 모든 당사자를 위한 가치를 창출하려 한다는 것을 전달한다.[108]

통합적 협상 윈윈 해결책을 창출할 수 있는 하나 또는 그 이상의 타결점을 찾으려는 협상

도표 14-7은 두 협상 전략이 동일한 협상 에피소드 내에서 어떻게 활용될 수 있는지를 보여준다. 에피소드 초반에는 통합적 전략을 사용할 수 있고, 후반에는 분배적 전략을 사용할 수 있다. 이전 예시와 관련하여 직원은 먼저 자신의 요구사항을 명확히 하고 상사에게 자신의 관심사를 명확히 표현할 수 있으며, 상사는 즉시 타협을 시도하지 않고 똑같이 할 수 있다. 너무 일찍 타협에 도달하면 상대방의 이익을 고려하고, 이슈 간 트레이드 오프를 해보고, 창의력을 발휘할 때 얻을 수 있었던 것보다 더 안 좋은 결과에 한 명 혹은 그 이상의 당사자가 안주할 가능성이 높다.[109] 예를 들어 직원은 주당 반나절 휴무에 너무 빨리 동의했을 수 있다. 그러나 양 당사자가 원하는 바(예: 고용주는 직원이 주중 핵심시간에만 근무하고 그 외의 시간에는 유연하게 근무하기를 원함)를 논의한 경우 훨씬 더 매력적이고 유연한 스케줄을 확보할 수 있었을 것이다. 마찬가지로 너무 일찍 협상에서 물러나거나 협상 파트너의 최후통첩에 너무 빨리 굴복하지 않는 것이 중요하다.[110] 협상 과정을 끝까지 지속하면 더 나은 협상 결과를 얻을 수 있다. 양측의 필요와 이해 관계가 모두 확인되면 감독자는 양쪽 당사자의 목표를 최대로 달성하려고 하면서도 회사의 요구와 이해에 부합하는 목표를 설정하면서 분배 전략으로 전환할 수 있다.

협상 방법의 선택 통합적 협상은 장기적인 관계를 구축하기 때문에 분배적 협상보다 바람직하다.[111] 통합적 협상은 협상가를 결속시키고 협상 테이블을 떠날 때 승리했다고 느끼게 한다. 하지만 분배적 협상이 협상에서 진 것 같은 느낌을 갖게 한다. 분배적 협상은 적대감을 조장하

도표 14-7 협상 에피소드 내 두 가지 협상 전략의 통합

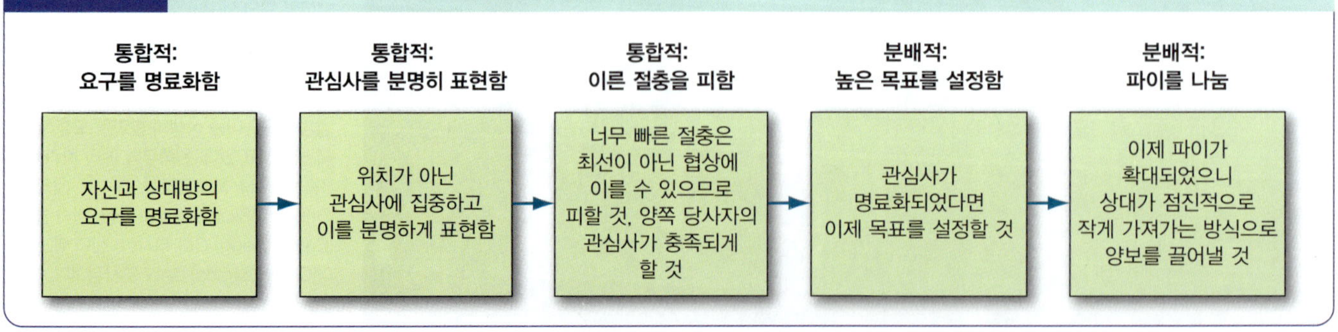

며 사람들이 앞으로도 함께 일해야 하는 경우에 분열을 심화시키는 경향이 있다. 연구에 따르면 반복되는 협상에서 패배한 당사자가 협상 결과에 대해 긍정적으로 느끼면 다음 협상에서 협력적으로 협상할 가능성이 훨씬 더 높다.

그렇다면 왜 조직에서 통합적 협상을 더 많이 보지 못하는가? 그 답은 통합적 교섭이 성공하기 위한 조건에서 찾아볼 수 있다. 약 20만 명을 대상으로 한 연구에 따르면 재정적으로 취약한 계층은 협상을 제로섬으로 해석할 가능성이 높아 통합적인 해결책을 도출하는 능력이 저하되는 것으로 나타났다.[112] 게다가 정보를 개방하고 관심사에 솔직하며, 상대방의 요구와 신뢰에 민감하며, 유연성을 유지하는 협상 당사자는 통합적 협상을 조성하는 경향이 있다. 전통적인 조직은 이러한 조건을 조성하지 않을 수 있지만, 긍정적인 문화와 분위기를 갖춘 심리적으로 안전하고 개방적인 환경이 있는 조직과 통합적인 사고 방식을 가진 협상 상대방이라면 이러한 조건을 조성할 수 있을 것이다.

협상 과정

14-4 협상 과정의 단계를 적용할 수 있다.

도표 14-8은 간단한 형태의 협상 과정을 보여준다. 협상은 5단계, 즉 ① 준비와 계획, ② 기본 규칙 결정, ③ 해명과 정당화, ④ 협상과 문제해결, ⑤ 종료와 실행으로 구성된다.[113]

준비와 계획

이 단계는 아마도 과정에서 가장 중요한 부분이다. 협상을 시작하기 전에 다음과 같은 점을 미리 생각해야 한다. 이 협상에 이르기까지의 배경은 무엇인가? 누가 관여되어 있으며 그들은 이 상황을 어떻게 인지하고 있는가? 그리고 나서 자신의 목표를 생각해보고 적어보는데 '가장 바람직한 것'부터 '최소한 받아들일 수 있는 것'까지 결과물의 범위를 포함하라. 예를 들어 당신이 애플의 공급관리자이고, 통신부품 공급업체[예: 퀄컴(Qualcomm)]로부터 상당한 원가 절감

도표 14-8 협상 과정

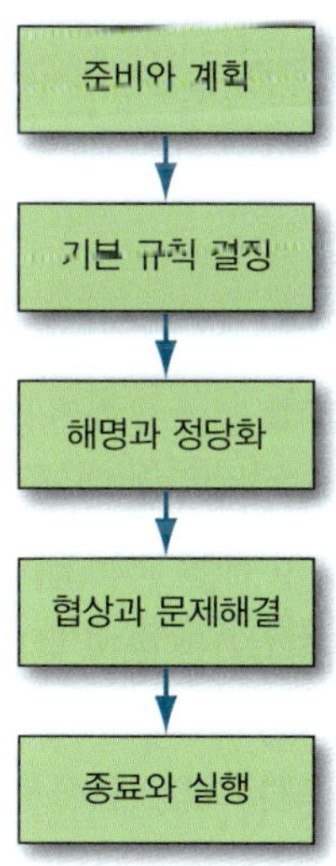

을 받아내는 것이 목적이라면, 대화 중에 이 목표가 주된 주제가 되게 하고 다른 이슈로 이 목표가 가려지지 않도록 해야 한다. 다음으로 내가 생각하는 상대방의 목표가 무엇인지 평가하라. 상대에게 중요한 무형의 혹은 숨겨진 관심사가 있는가? 상대는 어떤 것에 대해 타결하려 하는가? 상대가 포기할 의지가 있는 것은 무엇인지 주의깊게 생각하라. 협상이 시작하기도 전에 상대의 주요 이슈에 대한 포기 의사를 과소평가하는 경우 낮은 협상 결과로 이어지는 경향이 있다.[114] 상대의 입장에 대해 예측할 수 있을 때, 자신의 입장을 뒷받침하는 사실과 수치를 가지고 반박할 수 있는 준비를 더 잘 갖추게 된다.

BATNA 협상 결과에 대한 최선의 대안으로서 협상에서 당사자가 수용해야 할 최저의 것임

일단 정보를 수집했으면 전략을 수립해야 한다. 전략의 일부로 자신과 상대방의 협상 결과에 대한 최고 대안(best alternative to a negotiated agreement, **BATNA**)을 결정해야 한다. 당신의 BATNA는 당신이 협상 결과로 받아들일 수 있는 가장 낮은 가치를 결정한다. BATNA보다 높은 어떠한 제안이라도 받는 경우는 협상의 결렬보다 낫다. 반대로 상대에게 상대의 BATNA보다 매력적인 안을 제시할 수 없다면 자신의 협상 노력이 성공적일 거라고 기대해서는 안 된다.

거의 모든 경우에 우월한 대안을 가진 쪽이 협상에서 더 유리하기 때문에 전문가는 협상가가 어떤 상호작용을 하기 전에 BATNA를 굳건히 해야 한다고 조언한다.[115] 일반적인 이 규칙에는 흥미로운 예외가 있다. 협상 타결 대안이 전혀 없는 협상가는 협상이 결렬될 경우 어떤 일이 벌어질지 고려조차 하지 않기 때문에 때때로 '끝장을 본다'는 것이다.[116] 이러한 정보는 열등한 합의에 대한 안전장치이기는 하지만 최적의 합의에 도달하는 방법은 아니므로, 일부는 이러한 정보를 미리 확보하는 것은 좋지만(대안이 아닌) 상호의존성에 초점을 맞추고 협상에 대해 생각하는 방식을 긍정적으로 프레임해야 한다고 조언한다(예: '무서운 지뢰밭'이 아닌 숨겨진 잠재력이 있는 학습 경험).[117] 또한 유령 고착이 가능한 것처럼 유령 BATNA도 가능하다. 협상 전에 BATNA를 설정한다고 해서 그 BATNA가 개연성이 있거나 실현가능하다는 보장은 없다. 유령 BATNA를 가진 사람은 자신이 선택한 BATNA가 처음부터 불가능한 상황에서 협상 상대방의 최종 제안을 수락하거나 거부해야 하는 바람직하지 않은 입장에 처할 수 있다.[118]

기본 규칙에 대한 정의

협상에 대한 계획과 전략을 세웠으면 상대방과 함께 협상의 기본적 규칙과 절차를 결정할 준비가 되었다. 누가 협상할 것인가? 장소는 어디인가? 시간 제약은 어떠한가? 협상 주제는 어디에 국한될 것인가? 협상이 결렬되면 특정 절차를 따를 것인가? 이 단계에서 당사자는 각자의 초기 제안과 요구사항을 교환한다.

해명과 정당화

초기 입장을 교환하고 나서 당사자들은 각자의 원래 요구사항을 설명하고 확대하고 해명하고 보강하며 정당화할 수 있다. 이 단계는 꼭 대립적일 필요는 없으며, 상대방에게 주제를 설명하고 왜 그것이 중요하고 어떻게 그러한 초기 요구사항에 이르게 되었는지를 알려주는 기회가 된다. 상대방에게 자신의 입장을 뒷받침할 수 있는 자료를 제공할 수 있다. 프레이밍이 중요할 수 있으므로 13장에서 영향력에 대해 배운 내용을 다시 한 번 생각해보는 것이 도움이 될 수 있다.

미신인가, 과학인가

뛰어난 협상가는 직관에 의존한다

직관은 우리가 가진 무의식적인 편향으로 인해 협상에서 종종 실패한다. 실제로 협상가는 자신의 가치관과 윤리적 기준에 모순되는 행동을 의도치 않게 할 수 있다. 협상을 준비할 때 어떤 결정의 윤리적 함의는 종종 명백하다. 하지만 실제 협상을 진행하는 동안에는 실용적인 측면에 더 집중하게 되면서 의사결정의 함의가 흐릿해지는 경우가 많다. 결과적으로 협상가의 인식과 편견이 우리의 관심사를 반영하는 합의에 도달하는 데 방해가 될 수 있다.

연구자는 공감하기(상대방의 감정을 감정적으로 느끼는 것)와 관점 취하기(상대방의 관점에서 세상을 바라보는 것)를 사용하는 협상가를 연구했다. 그 결과로 사람은 상대방이 어떻게 느낄지가 아니라 어떻게 생각할지 상상할 때 협상할 준비가 더 잘 되어 있는 것으로 나타났다.

종종 다른 사람에게 영향을 미치는 편향을 식별할 수 있지만, 협상에서 자신의 행동에 영향을 미치는 편향은 인식하지 못하는 경우가 많다. 이러한 단절은 심리학자가 두 가지 다른 렌즈라고 말한, 즉 사람이 협상 중에 활용하는 내부자 렌즈와 외부자 렌즈로 설명할 수 있다. 협상가는 일반적으로 특정상황에 깊이 관여해 있고 직관적인 사고에 의존할 때 내부자 렌즈를 사용하여 의사결정을 내린다. 반면에 협상가가 상황에서 벗어나 이성적인 사고를 할 때 외부자 렌즈를 채택하는 경향이 있다. 반면에 협상가는 상황에서 벗어나 이성적인 사고를 할 때 외부자 렌즈를 채택하는 경향이 있다. 안타깝게도 외부자 렌즈를 채택하는 것이 협상 중 기본 옵션이 아닌 경우가 많다. 하지만 직관에 의존하지 않고 외부자 렌즈를 활용하는 것은 협상가가 편향에 영향을 받아 비합리적인 결정을 내리는 것을 방지하는 데 매우 중요하다.[119]

협상과 문제해결

협상 과정의 핵심은 합의를 끌어내기 위해 실제 의견을 주고받는 것이다. 이 단계에서는 양쪽 당사자가 서로 양보할 필요가 있다. 협상의 결과로 관계가 달라지므로 이를 고려해야 한다. 협상에서 '승리'할 수 있지만 상대방을 분노나 적대감으로 몰아넣는다면 좀 더 절충적인 스타일을 추구하는 것이 현명할 수 있다.[120] 협상에서 관계의 분위기가 얼마나 중요한지에 대한 예로 구직 협상 과정에서 기분이 좋았던 사람은 협상의 실제 결과와 관계없이 1년 후 직장에 더 만족하고 이직할 가능성이 낮다.[121]

종료와 실행

협상 과정의 마지막 단계는 합의를 공식화하고 실행과 감독에 필요한 절차를 개발하는 것이다.[122] 노사 협상에서 서비스 조건에 관해 협상에 이르기까지 주요 협상의 경우는 공식 계약서에 세부사항을 명시해야 한다. 그 외의 경우로 협상 과정의 종료는 악수나 구두 확인 정도의 형식적인 절차에 불과하다.

협상 효과성의 개인차이

14-5 개인차이가 협상에 어떤 영향을 미치는지 설명할 수 있다.

어떤 사람이 다른 사람보다 더 나은 협상가인가? 이에 대한 답은 복잡하다. 최근 연구에 따르면 상황이나 관계가 협상 결과에 더 많은 영향을 미치는 경향이 있지만, 개인차는 사람이 이러한 결과를 어떻게 인식하는지를 상당부분 설명한다.[123] 한편으로는 지위와 같은 일부 특성이 협상 효과에 영향을 미친다. CEO를 예로 들어보면, 그들은 궁극적으로 기업 이사회와 협상을 통해 더 많은 잔여 지분을 확보할 수 있으며 궁극적으로 주주는 더 적은 배당을 받게 된다. 또한 이사회와의 협상에서 더 많은 협상력을 갖게 되므로 일부 연구자는 "CEO가 과연 지는가"

라는 질문을 던지기도 한다.[124] 반면에 협상 효과에 영향을 미칠 수 있는 특정 성격 특성과 심리적 개인차가 있다. 예를 들어 정서적 안정감이 낮은 경향이 있다면 협상에 실패한 상황을 실제보다 훨씬 더 치명적인 상황으로 받아들일 가능성이 높다. 연구에 따르면 외향적이고 개방적이며 정직한 협상가가 다른 사람보다 더 좋은 경험을 하는 경향이 있다.[125]

개인의 협상 효과성에 영향을 주는 네 가지 요인은 성격, 기분과 감정, 문화, 성별이다.

협상에서의 성격 특성

상대방의 성격을 알면 그 사람의 협상 전술을 예측할 수 있겠는가? 성격과 협상 결과는 연관성이 약하기 때문에 이 질문에 대한 대답은 기껏해야 '어느 정도'이다.[126] 마케팅관리자, 변호사, 건설감독관을 대상으로 한 연구에 따르면 야심차고 호감 가는 사람이 협상의 효율성이 가장 높은 것으로 나타났다.[127]

그러나 대부분의 연구는 빅 파이브 성격 모델의 순응성에 초점을 맞추었는데, 순응성이 높은 사람은 협력적이고 순응적이고 친절하고 갈등 회피적이기 때문이다. 이러한 특성 때문에 아마도 순응성이 높은 사람들이 협상, 특히 분배적 협상에서 쉬운 먹잇감이 된다고 생각할지 모른다. 이 예측은 순응성이 높은 협상가가 정직성이나 겸손함이 낮은 파트너와 협상하는 경우에 해당될지 모르나 전반적으로 순응성은 협상 결과와 약하게 관련되어 있다.[128] 또한 순응성이 높은 사람이 어떤 대가를 치르더라도 관계를 보존하고 부담을 주지 않으려 한다면 분배적 협상에서 더 안 좋은 결과를 얻을 가능성이 높다.[129]

흥미롭게도 더 중요한 것은 협상가가 (대부분의 사람이 부정적으로 인식하는 특성이더라도) 비슷한 성격을 가지고 있는지 여부이다. 성격이 비슷할 때 더 빨리 합의에 도달하고, 갈등을 덜 지각하며, 더 긍정적인 감정을 나타내며, 협상 상대방에 대해 더 나은 인상을 갖는다.[130] 또한 양쪽 당사자가 어떤 대가를 치르더라도 관계를 유지하려고 할 때(순응성의 요소임), 통합적 협상에서 훨씬 더 좋은 성과를 거두는 경향이 있다.[131]

자기효능감(7장 참조)은 협상 결과와 일관되게 관련되는 것으로 보이는 개인차이 변수이다.[132] 이는 쉽게 이해할 수 있는 결과로서 협상상황에서 자신이 더 성공적일 것이라고 믿는 사람이 더 효과적으로 협상을 수행하는 경향이 있다는 것은 놀라운 사실이 아니다. 자신감 있는 사람은 아마도 더 강한 주장을 펼치고, 자신의 입장에서 물러나려 할 가능성이 적으며, 다른 사람을 위협하는 자신감을 보일 것이다. 반대로 자신감이 낮고 협상 중에 자존감에 대한 위협을 더 많이 경험하는 사람은 적극적일 가능성이 낮고 따라서 최적의 협상 결과를 얻지 못할 수 있다.[133] 아직 메커니즘이 분명하지는 않지만 협상 테이블에 가기 전에 자신감을 높이기 위해 노력하는 것은 협상가에게 도움이 될 수 있는 것 같다. 자기효능감이 작동하는 한 가지 방식은 자율성과 통제이다. 예를 들어 자신과 조직의 운명을 바꿀 수 있다고 믿는 임원은 기업가적이고 협상적인 행동을 할 가능성이 더 높았다(이는 장기적으로 재무 성과 개선으로 이어짐).[134]

하지만 지나치게 자신해서는 안 된다. 권력을 가진 사람(예: 향후 성과를 평가할 상사)과 협상하는 경우에 당신은 잃을 것이 더 많기 때문에 부정적인 관계 결과를 예방하는 것이 현명하다.[135] 또한 특권 의식은 협상에서 과도하고 정당하지 않은 조건을 요구하도록 이끌 수 있으며 이는 비윤리적 협상 행동, 평판 손상, 유해한 협상 결과로 이어질 수 있다.[136]

마지막으로 일부 연구에 따르면 감성지능(EI)과 감정인식 능력은 협상 성과 향상과 더 협조적이고 호감이 간다는 인식과 관련이 있다.[137] 정직한 평판을 갖는 것도 신뢰를 불러일으키고 협상 상대방이 당신을 속이려고 시도할 가능성을 줄여준다(그러나 당신이 그들을 속이고 평판을 깨는 경우에 조심해야 한다).[138] 다음 절에서는 특정 감정과 기분이 협상에 어떤 영향을 미치는지 알아보기로 한다.

협상에서의 감정과 기분

감정과 기분은 협상에 영향을 주는가? 영향이 있지만 주어진 상황과 어떤 감정이냐에 따라 다르다.[139] 예를 들어 화를 낸 협상가는 대체로 양보를 이끌어내는데, 이는 상대방이 화가 난 사람에게서 더 이상의 양보를 얻어낼 수 없을 것으로 판단하기 때문이다. 상황도 중요한데 이는 협상가가 협상 상대방의 내면 세계로 들어갈 방법을 찾으려고 하기 때문이다. 만약 감정이 우발적으로(진정한 표현이 아닌) 상황의 일부로 표현되고 있다고 생각하면 감정은 무시되거나 그다지 효과적이지 않을 수 있다.[140]

분노가 협상에서 효과적인지 여부에는 여러 가지 요인이 영향을 미친다. 이러한 결과를 좌우하는 한 가지 요인은 권력이다. 최소한 상대방과 동등한 권력이 있을 때만 협상에서 화를 표출해야 한다. 권력이 적다면 화를 표출함으로써 오히려 상대방의 강경한 반응을 불러일으킬 수 있다.[141] 또 다른 요소는 화가 얼마나 진실된지 여부이다. '가짜' 분노, 즉 표면행동으로 표출된 분노는 효과적이지 않지만 진정한 분노를 표출하는 것(심층적인 행동)은 효과적이다(4장 참조).[142] 그러나 분노를 참아서는 안 될 수도 있다. 분노를 억누르는 것은 협상가의 주의를 산만하게 하기 때문에 성과를 저해하지만, 이는 분노가 협상에 필수적인 경우에만 해당된다.[143] 또한 분노를 표출한 전력이 있으면 상대방이 협상가를 '어렵다'고 인식하기 때문에 실제로 더 많은 양보를 유도한다.[144] 그러나 같은 상대방과 협상할 때 부정적인 감정이 협상에서 다음 협상까지 이어져 후속 협상에서 더 나쁜 결과를 초래할 수 있다.[145] 협상에서 '승리'하기 위해 분노를 사용하는 경우에는 그 전술이 효과적일지라도 상대방이 거래를 이행할 가능성이 낮아지고 다시 협력할 가능성이 낮아지기 때문에 장기적으로는 손해를 볼 수 있다.[146] 마지막으로 협상에서 분노의 영향은 문화에 따라 다르다. 예를 들어 한 연구에서는 동아시아인이 화를 낼 경우 미국인과 유럽인이 화를 낼 때보다 더 많은 양보를 이끌어내는 것으로 밝혀졌는데, 이는 아마도 동아시아인이 '화를 덜 낸다'는 인식 때문일 것이다.[147] 효과가 엄밀히 긍정적이든 부정적이든 관계없이 분노를 표출하면 협상 상대방이 당신의 선호도와 우선순위에 대해 더 많은 정보를 얻으려고 노력하게 되어 양측 모두의 공동 이익이 높아질 수 있다.[148]

다른 여러 가지 감정도 협상 성과에 영향을 미친다. 예를 들어 불안은 협상에 영향을 주는 것으로 보인다. 협상에 대해 더 많은 불안을 느끼는 사람은 협상에서 더 많은 속임수를 사용할 수 있다.[149] 또 불안을 느끼는 협상가는 더 낮은 협상 성과를 기대하고 상대의 제안에 더 빨리 대응하며, 교섭 과정을 더 일찍 종료하는 경향이 있어 결국 협상에서 낮은 성과를 얻는다.[150] 이와 관련하여 슬픔의 표현은 더 많은 양보를 이끌어낼 수 있지만, 이는 상대방이 슬픔을 표현하는 사람의 권력이 낮다고 인식하고, 향후 이 사람과의 상호작용을 예상하며, 관계가 협력적일 때에만 가능하다.[151] 이는 두 유형의 협상에서 필요한 경우 당사자가 상대방에게 동정을 표시하는 것이 중요한 이유를 보여주는데, 합리성과 공정성에 대한 인식에 호소하기 때문이다.[152] 그러나 역설적으로 동정심과 공감의 과도한 표현은 (더 나은 관계 결과로 이어지더라도) 실제로 협상에서 가치 포착에 해를 끼칠 수 있는데, 협상 상대방으로부터 어느 한 사람의 상황으로 초점을 이동시키기 때문이다.[153]

심지어 감정의 예측 불가능성도 협상 결과에 영향을 준다. 연구자에 의하면 긍정적인 감정과 부정적인 감정을 예측 불가능한 방법으로 표출하는 협상가는 더 많은 양보를 이끌어내는데, 이러한 행동이 상대방으로 하여금 자신의 통제력이 낮다고 인식하게 만들기 때문이다.[154] 한 협상가의 표현을 빌리자면 “한 가지 방식으로 진행하던 일에 갑자기 완전히 새로운 것이 도입되어 방향을 바꾸고 다시 집중해야 할 수도 있다”이다.[155] 그러나 양가감정을 가진 사람은 복종적으로 인식되기 때문에 양가감정은 통합적 합의, 양보와 관련되는 경향이 있다.[156]

협상에서의 문화와 인종

문화가 다르면 협상에도 차이가 나는가? 차이가 나는 것으로 보인다. 사람은 일반적으로 문화 간 협상보다 문화권 내에서 더 효과적으로 협상하는 것으로 보인다.

첫째, 성공적인 문화 간 협상을 위해서는 특히 협상가가 개방성이라는 성격 특성이 높은 것이 중요하다(5장 참조). 좋은 전략은 개방성이 높은 다문화 협상가를 선택하고 상대방에 대한 학습을 방해하는 시간 압박과 같은 요인을 피하는 것이다. 둘째, 감정은 문화적으로 민감하기 때문에 특히 협상가는 문화 간 협상의 감정적 역학관계에 대해 잘 알고 있어야 한다. 예를 들어 동아시아 문화권의 사람은 협상에서 분노를 사용하는 것이 바람직하거나 정당한 전술이 아니라고 생각하기 때문에 협상 파트너가 화를 내면 협력을 거부할 수 있다.[157]

미국과 이집트의 협상에 관한 일부 연구에 따르면 서구 문화권에서 통합적 합의를 이끌어내는 동일한 언어가 다른 문화권에서는 역효과를 낼 수 있다.[158] 예를 들어 미국에서는 인지적, 합리적, 논리적 손익을 강조하는 언어가 통합적 협상을 촉진하는 경향이 있다. 그러나 이집트와 같은 다른 문화권에서는 이러한 언어가 실패할 수 있다. 명예, 도덕적 청렴성, 자신의 이미지와 힘을 보호하는 것을 강조하는 언어가 선호된다. 또한 문화마다 다른 몇 가지 독특한 의식

일반적으로 사람은 다른 문화 간 협상보다는 동일 문화 내 협상에서 더 효과적으로 협상한다. 노조 대표인 히데카주 기타가와(오른쪽)가 스바루(Subaru) 자동차 제조업체인 후지중공업(Fuji Heavy Industries)의 이쿠오 모리 회장에게 임금과 복리요구서를 제출하는 사진 속 장면에서 보듯이 전형적으로 갈등 회피적인 일본에서의 협상은 예의와 긍정성이 그 특징이다.

출처: Kyodo/Newscom

이 통합적 협상의 성공률을 높일 수 있다. 예를 들어 서구 문화권에서 악수는 협력 의도의 신호로 작용하기 때문에 통합적 협상을 촉진한다.[159]

협상에서 인종의 역할을 조사한 연구는 많지 않지만, 최근 연구에 따르면 미국의 흑인 구직자는 ① 백인 구직자보다 협상을 덜 할 것으로 예상되며, ② 협상을 시도할 때 협상에서 불이익을 받으며, ③ 협상 상대방이 인종적 편견이 심한 사람일 경우 더 큰 불이익을 받는 것으로 나타났다.[160]

협상에서의 성별차이

협상에서의 성별 차이와 관련하여 한 가지 고정관념은 협상할 때 여성이 남성보다 더 협력적이고 우호적이며 결과적으로 협상 결과가 좋지 않다는 것이다. 하지만 수십 년에 걸친 연구에 따르면 협상에서 성별이 미치는 영향은 남성에게 약간의 유리한 차이가 있지만 상황에 따라 매우 다르다.[161] 예를 들어 여성은 조화를 중시하고 자기주장을 잘 하지 않는 규범을 가진 집단주의 문화에서 더 효과적인 협상가가 될 수 있다.[162]

성별의 협상 행동과 결과에 대한 영향에 대해서 연구가 진행되어 왔다. 남성보다 여성이 약간 덜 공격적이고, 덜 이기적이며 보다 협조적이고 양보하는 방식으로 행동하는 경향이 있었다.[163] 그러나 이러한 차이는 의사소통에 제한이 있을 때 줄어들었다. 이 연구는 또한 상대방 협상가가 '맞불 전략'을 사용할 때 여성이 실제로 남성보다 더 경쟁적이 될 수 있음을 시사한다.[164] 또한 남성은 실제로 여성보다 협상에서 더 비윤리적으로 행동하며 더 기회주의적으로 행동하고 도덕적으로 협상에 참여하지 않는다.[165]

그러나 협상을 시작하는 것과 관련하여 특히 상황이 모호하고 성별 역할을 강화하는 정보가 상황적 맥락에 존재하는 경우 여성이 남성보다 협상을 시작할 가능성이 낮다.[166] 예를 들어 OB POLL에서 알 수 있듯이, 여성은 남성보다 취직 오퍼를 받고 나서 연봉 협상에 참여할 가능성이 낮다.

이전 연구에서는 남성이 협상 결과에서 약간의 이점이 있다고 결론을 내렸지만,[167] 업데이트된 메타분석에서는 남성과 여성 사이에 유의한 차이가 없는 것으로 나타났다.[168] 비록 평균적으로는 남성이 더 나은 결과를 얻기는 했지만, 이러한 차이는 협상 경험과 협상 영역에 대한

OB POLL 급여 협상에서의 성별차

당신은 급여에 대해 협상해본 적이 있는가?

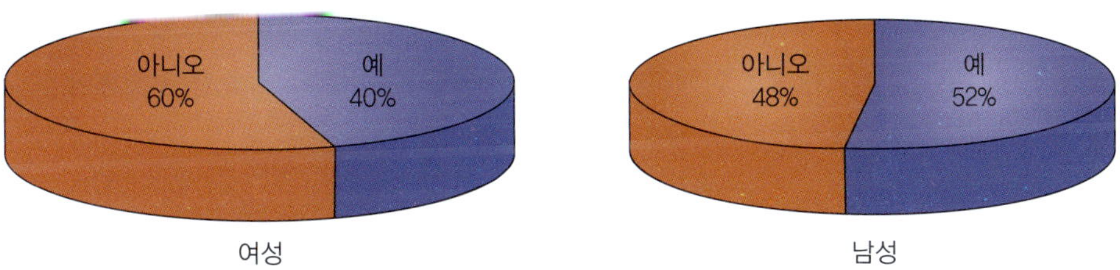

출처: M. Leonhardt, "60% of Women Say They've Never Negotiated Their Salary—and Many Quit Their Job Instead," CNBC, January 31, 2020, https://www.cnbc.com/2020/01/31/women-more-likely-to-change-jobs-to-get-pay-increase.html에 기초함.

지식을 통제할 경우, 다른 사람을 대신하여 협상할 경우, 해당 상황에서 성별 역할 규범이 활성화되지 않는 경우에 감소했다.[169] 또한 수천 명의 여성과 남성 협상가의 데이터를 분석한 한 연구에서는 여성이 강력한 외부 대안(예: 협상에 남아서 '승리'하는 것보다 협상을 떠나 다른 곳에서 더 나은 옵션을 얻을 가능성이 더 높음)이 있을 때에만 성별 격차가 존재하는 것으로 나타났다.[170]

협상에서 성 평등 실현을 위한 노력 협상 성과와 결과에는 거의 차이가 없음에도 불구하고 여성은 여전히 조직에서 협상을 시작하는 것을 주저한다. 이러한 문제상황을 바꾸려면 어떻게 해야 하는가? 첫째, 조직 문화의 역할이 중요하다. 조직이 무의식적으로라도 성별 고정관념(남성은 경쟁적으로 협상하고 여성은 협력적으로 협상)을 강화하는 행동을 한다면, 누구든 고정관념에 반하는 행동을 할 때 협상에 부정적인 영향을 미치게 된다. 남성과 여성 모두 협상 시 폭넓은 행동을 보여도 괜찮다는 것을 알아야 한다. 즉 경쟁적으로 협상하는 여성이나 협조적으로 협상하는 남성 모두 기대에 반하는 것이 아니라는 사실을 인식하고 있어야 한다. 협상을 잘 정의되고 업무와 관련된 용어에 초점을 맞춰 설계하면 고정관념이 작용할 수 있는 모호한 공간을 최소화하여 성별 차이를 줄일 수 있다. 이렇게 구조와 업무 관련성에 초점을 맞추는 것은 조직 성과를 개선하는 요인에 협상을 집중하도록 하는 데 도움이 된다.

둘째, 다른 연구자는 여성에게 가장 큰 혜택을 줄 수 있는 것은 성별 고정관념을 깨는 것이라고 주장한다.[171] 장기적으로 성 정체성에 대한 인식과 성 역할 고정관념 제거는 여성의 협상력 향상에 도움이 된다. 하지만 성별 차이를 무시하는 것(즉, '성별에 대한 무의식')은 일반적으로 무시당하는 경우가 많지만, 일부 연구에 따르면 특정 업무 환경에서는 도움이 될 수 있다고 한다. 협상이 그러한 환경 중 하나이다. 연구 결과에 따르면 이러한 맥락에서 성별에 대한 무의식은 여성이 협상행동을 취할 수 있도록 힘을 실어주고 자신감을 키워주며 성별에서 벗어나 실제 교환해야 할 자원에 주의를 집중할 수 있게 해준다고 한다.[172]

사회적 상황에서의 협상

14-6 협상에 영향을 미치는 사회적 요인에 대해 설명할 수 있다.

지금까지는 주로 비공개로 한 번만 만나는 당사자 사이에서 발생하는 협상에 대해 논의했다. 그러나 조직의 많은 협상은 개방적이고 공개적으로 벌어진다. 작업 집단 내에서 누가 귀찮은 일을 해야 하는지 확인하거나, 해외여행을 할 기회를 얻기 위해 상사와 협상하거나, 프로젝트를 위해 더 많은 돈을 요구하거나, 이러한 협상에는 사회적인 요소가 있다. 아마도 이미 알고 있고 다시 함께 일할 누군가와 협상을 할 것이고, 협상과 그 결과는 다른 사람의 이야깃거리가 될 것이다. 실제로 협상을 제대로 이해하려면 평판과 관계라는 사회적 요소를 고려해야 한다.

평판

평판은 다른 사람이 당신에 대해 생각하고 말하는 방식이다. 협상에 관해 신뢰할 만한 사람이라는 평판을 얻는 것이 중요하다. 간단히 말해 협상 과정에서의 신뢰는 양쪽 당사자에게 이익이 되는 여러 형태의 통합적 협상 전략의 가능성을 열어준다.[173] 신뢰를 쌓는 가장 효과적인 방

더 나은 세상을 향해

ALDI: 공급자 협상의 환경적 사회적 하류 효과

ALDI는 독일에 본사를 둔 국제적인 슈퍼마켓 체인이다. 40년 이상 고품질의 식료품을 매일 저렴한 가격에 제공하기 위해 노력해왔다. ALDI는 어떻게 이러한 사명을 달성하면서 매달 4천만 명의 고객에게 서비스를 제공할 수 있는가? 다른 식료품점에서 제공하는 비필수서비스(예: 은행, 약국)는 배제하고, 독점 브랜드 제품(예: 제공되는 모든 제품의 90%가 ALDI 독점 제품)과 재고가 많고 유통이 빈번한 비식품 제품을 통해 운영하면서 대량구매를 한다.

ALDI의 비즈니스 모델을 고려할 때 ALDI는 사명을 완수하는 데 중요한 역할을 하는 공급업체와 투명하고 공정하며 지속가능한 관계를 구축하기 위해 노력하고 있다. 실제로 전 세계적으로 ALDI는 공급망에서 기업의 사회적 책임(CSR)을 위해 많은 진전을 이루었다. 예를 들어 지속불가능한 팜유를 공급망에서 단계적으로 퇴출하는 데 있어 전 세계에서 네 번째로 진보적인 브랜드이다. ALDI는 물 효율성이 높은 과일과 채소를 공급하기 위한 노력으로 많은 찬사를 받고 있다(전 세계 담수 사용량의 약 70%는 과일과 채소 재배에서 발생한다). 또한 운영 폐기물의 90% 재활용, 모든 제품의 100% 친환경 포장, 2025년까지 온실가스 배출량 26% 감축 등 여러 가지 야심찬 목표를 세웠다.

하지만 최근 ALDI는 일부 과일 소싱 관행으로 인해 비난을 받고 있다. 최근 가격 협상 계약의 결과는 공급망에 큰 파장을 일으켰다. 해마다 공급업체와 감시자는 바나나에 대한 ALDI 계약 가격이 꾸준히 하락하는 것에 대해 우려하고 있다. 2021년 가격은 2020년 가격보다 파운드당 약 15센트 하락했다. 바나나 링크(바나나 상품무역조합)와 중남미 바나나 생산자 그룹(에콰도르, 콜롬비아, 과테말라, 온두라스, 파나마, 코스타리카)은 이것이 지속가능한 소싱 약속에 반하는 신호라고 주장한다.

이러한 낮은 협상 가격은 바나나 공급업체의 우려를 낳고 있는데 이들은 인건비 압박과 노사 갈등, 시장 불안정을 초래할 것으로 걱정하고 있다. 더 심각한 문제는 농촌 공동체를 포기하여 지역 빈곤에 기여하고 사회 결속력을 약화시키며 남미 국가의 발전을 저해하는 등의 하류 효과가 나타날 수 있다는 점이다. 소규모 바나나 재배 농가의 수입이 최대 50%까지 감소하는 등 생산자에게 미치는 영향 외에도 많은 사람들이 가격 전쟁과 다른 소매업체의 추종에 대해 우려하고 있다. 여러 면에서 ALDI의 계약은 '남미 바나나 재배자에게 가장 중요한 계약'이다. '가격 벤치마킹 능력을 고려할 때 특별한 시장 지배력을 행사'하기 때문이다. 이 가격 결정의 하류 효과 다른 구매자가 이를 뒤따르면서 시장 전체에 반향을 일으킬 수 있다.

반면 ALDI는 가격 인하에 대해 이의를 제기하지 않았으며 농부에게 지급되는 가격에는 영향을 미치지 않을 것이라고 언급했다. 가격 인하는 환율 차이와 COVID-19로 인한 유가 급락으로 인한 운송비 유가 급락으로 인한 운송비 절감 때문이라고 말한다. 그러나 노조와 생산자들은 이 성명에 문제를 제기하며 ALDI가 소비자 가격을 낮추지 않고 생산자 가격을 낮춰서는 안 된다고 지적한다. 특히 전 세계적인 보건 위기와 허리케인 에타가 여러 중미 국가를 강타한 상황에서 이러한 조치는 바나나 농가와 공급업체에 해를 끼치는 행위라고 보고 있다. 또한 많은 사람은 ALDI가 한때는 이러한 협상 결정을 한때는 공개했지만 지금은 그 관행이 더 불투명하다고 주장한다. 바나나링크의 알리스테어 스미스(Alistair Smith)는 "Aldi는 경청만 하고 배우지 않고 있습니다…Aldi는 구매 관행을 윤리적 열망과 일치시켜야 합니다. 우리는 그들의 상업적 의사 결정자들이 더 열린 자세로 토론하기를 바랍니다"라고 지적한다.

바나나링크와 미국 바나나 생산자는 공동 성명에서 "지속가능한 방식으로 생산하는 과정에서 생산자는 전적으로 비용을 부담하는 반면, 나머지 가치사슬 주체는 어떠한 책임도 회피합니다...ALDI는 책임을 지지 않고 불투명한 협상 태도를 유지하여 생산자의 생계를 위협하고 있습니다"라고 주장한다. 바나나 시장의 가격 문제로 인해 열대우림동맹은 입장을 표명하게 되었다. 열대우림동맹의 바나나와 과일 담당 책임자인 레오니 하크쇼스트(Leonie Haakshorst)는 "지난 10년 동안 가격은 하락한 반면에 (지속가능성) 요건과 비용은 상승했다"고 지적했다. 따라서 2020농업표준에는 생산자, 노동자, 구매 기업이 공급망 전반에 걸쳐 공동의 재정적 책임을 지는 '공동 책임'에 대한 새로운 개념이 도입되었다.[174]

법은 반복되는 여러 상호작용에 걸쳐 정직하게 행동하는 것이다.[175] 그러면 다른 사람은 다양한 결과와 연계된 열려 있는 제안을 하는 것에 더 편안함을 느낄 것이다. 이는 당사자가 상대방에게 이익을 주면서도 자신에게 가장 중요한 것을 성취하기 위해 노력할 수 있기 때문에 윈-윈 결과를 달성하는 데 도움이 된다.

누군가의 특성에 대해 다른 사람으로부터 입소문(13장 참조)을 듣고 신뢰하거나 불신하기도 한다. 다른 사람이 신뢰할 수 있는 평판을 발전시키는 데 어떤 종류의 특성이 도움이 되는가? 진실성이 있다고 평판이 나 있는 개인도 협상에서 더 효과적일 수 있다. 이들은 약속을 지키고 정보를 정확하게 제시할 가능성이 더 높다고 여겨지기 때문에 다른 사람은 이들의 약속을 더 기꺼이 협상의 일부로 받아들인다. 이는 신뢰를 얻지 못한 사람에게는 불가능한 많은 옵션을 열어준다. 마지막으로 더 확고한 명성을 가진 사람은 더 호감을 사고 더 많은 친구와 동맹을 맺게 된다. 다시 말해 이들은 더 많은 사회적 자원을 가지고 있기 때문에 협상에서 더 큰 암묵적 협상력을 갖게 된다.

관계

반복적인 협상은 단순한 명성 이상의 의미가 있다. 협상을 반복하는 관계의 사회적, 대인관계적 요소는 개인이 단순히 자신에게 좋은 것을 중요시하는 것을 넘어 상대방과 관계 전체에 무엇이 최선인지 생각하기 시작한다는 것을 의미한다.[176] 신뢰를 바탕으로 만들어진 반복적인 협상은 또한 선택의 폭을 넓히는데 이는 지금 호의를 베풀거나 양보한 대가로 나중에 보상을 받을 수 있기 때문이다.[177] 반복적인 협상의 경우 통합적인 문제해결을 촉진한다. 이는 부분적으로 사람은 시간이 지남에 따라 협상 상대방을 더 개인적인 대상으로 보고 감정적인 유대감을 공유하기 때문이다.[178] 또한 반복적인 협상은 신뢰가 쌓이기 때문에 통합적인 접근법을 더욱 가능하게 만든다.[179] 요약하면 효과적인 협상가는 한 번의 상호작용에서 결과물 이상의 것을 생각할 필요가 있다. 협상가는 합의에 도달한 후 협상 상대방과 맺고 있는 관계(그리고 앞으로도 계속 맺게 될 관계)에 대해 생각해야 한다.

제삼자 협상

14-7 제삼자 협상의 역할과 기능을 평가할 수 있다.

지금까지는 직접적 협상에 대해 논의했다. 그러나 개인이나 집단의 대표가 협상에서 교착 상태

윤리적 선택

협상에서의 윤리적 과제

협상에서 거짓말을 한 적이 있는가? 즉시 아니라고 할 수도 있지만, 몇 달 동안 일자리를 찾았는데 별 소득이 없었다고 상상하자. 그런데 당신은 최근에 마케팅 이사직에 대한 제안을 받았다. 채용관리자가 논의하는 동안 다른 오퍼를 받은 게 있는지 물어본다. 실제 다른 오퍼는 없음에도 다른 오퍼를 몇 개 받았다고 말하게 된다. 채용담당자가 자세한 내용을 요청하면 모든 오퍼가 이 회사에서 제시한 금액보다 훨씬 높다고 말한다.

잠재적 고용주를 속일 의도는 없었지만, 협상을 하다보면 윤리적 도전을 야기하는 압박이 심한 상황에 놓일 수 있다. 연구에 따르면 보상이 클수록 거짓말을 할 가능성이 높아지는 것으로 나타났는데, 이는 윤리적 기준이 우리가 생각하는 것보다 유연할 수 있음을 보여준다. 사람은 한 사람과 협상할 때에 비해 집단과 협상할 때 거짓말을 할 가능성이 더 높다. 그 이유는 집단 상호작용이 덜 개인적인 것으로 인식되어 개인이 비윤리적인 행동을 정당화하는 데 사용하기 때문이다. 마지막으로 연구에 따르면 비윤리적인 협상 기술을 사용할지 여부는 협상 상대방의 국적에 따라 달라진다.

다음은 이러한 윤리적 과제를 해결하기 위해 사용할 수 있는 몇 가지 전략들이다.

1. **관계를 구축하라.** 협상가는 상대방을 잘 알고 신뢰하면 비윤리적인 전술을 사용할 가능성이 적다. 사람은 상대방이 자신의 비윤리적인 행동을 알게 되면 관계가 위태로워진다는 것을 알고 있다.
2. **직접 만나서 협상하라.** 연구에 따르면 협상당사자 간의 직접적인 대면 접촉을 통한 협상의 경우에 이메일이나 전화를 통한 협상에 비해 윤리적으로 모호한 전술의 사용이 감소한다.
3. **상대방 전체를 파악하라.** 협상가는 국제 협상에서 문화적 차이를 관리하려고 시도하면서 고정관념에 의존하는 경향이 있다. 이보다는 시간을 내어 협상 상대방의 문화에 대해 배우고 그들의 기술과 업무 경험 등을 포함해 개별적으로 이해하려고 하라.[180]

에 이르러 서로의 차이를 극복하지 못하는 경우가 종종 있다. 이런 경우에는 제삼자에게 도움을 청해서 문제해결을 모색할 수 있다. 세 가지 기본적인 제삼자의 역할은 미디에이터, 아비트레이터, 컨실리에이터이다.

미디에이터(mediator)는 중립적 제삼자로서 추론, 설득, 대안 제시 등을 통해 협상의 해결을 촉진한다. 미디에이터는 노사협상과 민사법정 분쟁에 널리 쓰이며 그 효과가 상당하다. 예를 들어 미국고용기회평등위원회(EEOC)는 미디에이션 성공률이 72.1%라고 보고했다.[181] 그러나 성공 여부는 상황에 달려 있다. 갈등 당사자가 교섭을 통해 갈등을 해결하려고 동기부여되어 있어야 한다. 또한 갈등의 강도가 지나치게 높아서도 안 된다. 미디에이션은 적절한 수준의 갈등에 가장 효과적이다. 마지막으로 미디에이터에 대한 인식이 중요한데, 효과적이기 위해서는 미디에이터가 중립적이고 비강제적이라고 인식되어야 한다.

미디에이터 중립적 제삼자로서 추론, 설득, 대안 제시 등을 통해 협상의 해결을 촉진하는 사람

아비트레이터(arbitrator)는 협상의 합의를 지시할 수 있는 권위를 지닌 제삼자이다. 아비트레이션은 자발적(당사자의 요구에 의함)이거나 강제적(법이나 계약에 의해 강제됨)일 수 있다. 미디에이션과 비교했을 때 아비트레이션의 장점은 어떤 식으로든 항상 타결책이 도출된다는 것이다. 단점의 존재 여부는 조정자가 얼마나 강제적으로 보이는가에 따라 달라진다. 만약 한쪽이 상당한 패배의식을 느낀다면 불만을 품을 것이고 나중에 다시 갈등이 불거져 나올 수 있다. 또한 아비트레이터는 미디에이터와 마찬가지로 공평하고 독립적이어야 한다. 케네스 로빈슨(Kenneth Robinson)이 멕시코만에서 발생한 딥워터 호라이즌(Deepwater Horizon) 석유 시추선 화재와 관련하여 여러 당사자가 제기한(여러 소송의) 사건 아비트레이터로 임명된 경우처럼 이해상충이 발생할 수 있다.[182]

아비트레이터 협상의 합의를 지시할 수 있는 권위를 지닌 제삼자

컨실리에이터(conciliator)는 신뢰받는 제삼자로서 협상당사자 사이에서 비공식적 의사소통의 다리 역할을 한다. 실제로 컨실리에이터는 보통 단순 의사소통 통로 이상의 역할을 한다. 사실 확인에 참여하고, 메시지를 해석하고, 분쟁 당사자를 설득하여 합의를 도출한다. 다른 사람을 배려하는 순응성이 높은 사람이 컨실리에이터 역할을 맡는 경향이 있으며, 그 결과 동료로부터 존경을 받는 경향이 있다.[183] 컨실리에이션과 미디에이션을 효과성 측면에서 비교하는 것은 두 가지가 상당 부분 겹치기 때문에 어려운 것으로 입증되었다. 그러나 때때로 아비트레이터와 미디에이터에게 부여된 권한이 필요한 경우가 있다. 예를 들어 에스토니아의 HK 스카니 락베레(HKScani Rakvere) 육류 회사에서 일하던 직원 27명의 직원은 2017년 말 저임금에 항의하며 파업을 벌였다. 컨실리에이터가 개입했음에도 불구하고, 양측 모두 민사적으로 서로 대화할 의지가 없었기 때문이다. 컨실리에이터는 다음과 같이 언급했다. "결과에도 실망했습니다. 한쪽이 급여를 50% 인상해야 한다고 주장하면 다른 쪽은 0%를 주장하는데, 어느 쪽도 양보하지 않는다면 결코 합의에 도달할 수 없습니다."[184]

컨실리에이터 신뢰받는 제삼자로서 협상당사자 사이에서 비공식적 의사소통의 다리 역할을 하는 사람

요약

갈등은 조직생활에서 피할 수 없는 부분이다. 사람이 서로 다른 의견을 가지고 있고, 서로 다른 가치를 가지고 있고, 미래를 다르게 보고, 가치 있는 자원의 통제권을 놓고 다투는 한 갈등은 발생할 수밖에 없다. 하지만 협상은 사람이 갈등을 막거나 갈등의 더 큰 악영향을 해결하고

합의에 도달하는 데 사용할 수 있는 도구이다. 이 장에서는 조직에서 갈등이 어떻게 기능적이거나 역기능적일 수 있는지 알아보았다. 종종 갈등을 역기능적인 측면으로 생각하기 쉽지만, 갈등은 조직이 정체되어 있거나 새로운 아이디어와 혁신을 창출하고자 하는 욕구가 있을 때 좋을 수 있다. 또한 갈등에는 다양한 유형이 있다. 갈등은 대인관계, 업무의 성격, 업무 수행 방식에 대해 발생할 수 있다. 또한 사람이나 그룹 간 또는 그룹 내에서 발생할 수도 있다. 과정의 갈등을 이해하는 것은 문제가 발생할 수 있는 곳, 당사자가 갈등에 생산적으로 접근할 수 있는 방법, 근로자와 협상가(예: 미디에이터, 아비트레이터, 컨실리에이터)가 효과적으로 개입할 수 있는 곳을 알려주기 때문에 필수적이다. 효과적으로 개입할 수 있다. 협상에는 협상 대상 자원이 고정적인지 가변적인지를 중심으로 두 가지 일반적인 접근 방식이 있다. 명시적인 갈등 과정이 있는 것처럼 협상도 마찬가지로 따라야 할 중요한 과정이 있다. 협상 성공을 위해서는 협상 과정의 모든 부분(특히 준비와 계획 단계)에 세심한 주의를 기울이는 것이 중요하다. 또한 협상자의 성격 특성, 감정, 문화, 인종, 성 정체성을 포함해 협상의 성공에 특정 요소가 중요한 영향을 미친다. 전반적으로 갈등과 협상은 사회적 현상임을 인식해야 한다. 갈등과 협상은 평판과 관계 관리에 상당한 영향을 미친다.

관리자를 위한 시사점

- 무조건 갈등을 막으려 하지 말라. 새로운 프로젝트에 대한 새로운 아이디어나 접근 방식을 브레인스토밍하려고 할 때처럼 때로는 갈등이 유익할 수 있다.
- 의사소통 기술 훈련, 효율적인 조직 구조, 숙련된 감정 조절, 타인의 성격과 가치관에 대한 개방성 등이 비생산적인 갈등을 피하는 데 핵심적인 역할을 한다.
- 갈등처리 의도 또는 갈등 관리 전략을 선택할 때, 경쟁과 회피는 거의 효과적이지 않다. 자신의 목표와 상황에 따라 협력적, 절충적, 수용적 접근 방식을 취하라.
- 갈등 관리는 전략적인 일이다. 여기에는 갈등을 다양한 렌즈(예: 다양한 문화의 관점을 인식)를 통해 정확하게 인식하고, 다른 사람을 관리하며, 공유 관심사를 강조하고, 열린 토론을 하며, 때로는 갈등을 유발하는 것을 포함한다.
- 통합적 협상 전략은 종종 바람직한 결과로 이어지지만 분배적 협상 전략과 결합하여 더 나은 결과를 얻을 수 있다.
- 양측이 협상에 동의한 경우에 정밀한 첫 번째 제안을 통해 협상에 고착 효과를 만들 수 있다면 유리한 고지를 점할 수 있다.
- 강경노선 협상 전략과 온건노선 협상 전략 모두 장점이 있지만, 관계를 유지해야 하는 경우에는 장기적으로 볼 때 온건노선 전략이 더 나은 경우가 많다.
- 온건노선 전략은 협상 상대방에게 당신이 유연하다는 것(예: 동일한 가치의 제안을 여러개 제시)과 양보한다는 것(예: 유령 앵커를 전달, 즉 더 많은 것을 요구할 생각이었지만 관계 유지를 위해 더 적게 요구하는 것임을 알림)을 보여줄 수 있다.
- 준비와 계획은 협상 과정에서 가장 중요한 부분이다. 협상에 들어가기 전에 협상 합의에 대한 최선의 대안(BATNA)을 설정하는 것(그리고 상대의 BATANA를 예측하는 것)이 필수

비노조 일자리와 긱 경제는 근로자에게 좋지 않다

찬성 의견

우버(Uber), 도어대시(DoorDash), 아마존 메커니컬 터크(Amazon Mechanical Turk)의 공통점은 무엇인가? 이 모든 플랫폼은 단기 프리랜서 업무를 위한 것으로, 경제학자가 긱 경제라고 일컫는 것을 반영한다. 50년 전 고용주는 노동자가 30년 동안 회사에 다닐 것이라고 기대했다. 충성심에 대한 대가로 직원은 더 많은 기회와 연금을 받았다. 오늘날의 노동시장과 달리 기업은 내부 승진을 활용했다. 이러한 관행이 사라지면서 고용주는 점점 더 짧은 기간 직원을 고용한다. 이제 많은 새 일자리는 장기적인 일자리가 아니고 심지어 단기적인 일자리도 아니다. 이것을 '긱'이라고 한다. 독립계약자로 일하는 근로자는 제삼자의 플랫폼을 통해 고객과 연결된다. 이들은 전통적인 고용 계약을 맺지 않기 때문에 완전한 유연성을 가지고 있다. 이들은 원하는 만큼 많이 혹은 적게 일할 수 있다.

안타깝게도 이러한 플랫폼 중 상당수에는 더러운 비밀이 숨겨져 있다. 주로 긱을 통해 고용된 사람은 정규직과 달리 전통적인 일자리의 혜택을 받지 못한다. 자영업자로 간주되기 때문에 초과근무 수당과 복지 혜택을 받지 않으며 단체교섭권도 없다. 이들이 더 안정적인 일자리를 보완하기보다 기존의 일자리를 대체하고 있다는 증거도 있다. 예를 들어 2012년부터 2014년까지 실리콘밸리에서 우버와 리프트(Lyft)의 운전기사는 3배 늘어난 반면에 유급 택시와 리무진 일자리는 같은 기간 31% 감소했다.

단체교섭 능력이 없으면 노동시장은 와일드웨스트 개척지와 비슷하다. 이는 플랫폼의 많은 프리랜서가 노조를 시도하는 이유이다. 뉴욕과 시애틀에서 노조는 긱 근로자에게 단체 교섭 단위를 만들 수 있는 권한을 허용하려고 노력하고 있다. 그렇게 함으로써 보건 혜택과 초과근무 수당을 요구할 수 있게 될 것이다. 또한 긱 근로자에게는 보기 드문 생계형 시급도 보장해줄 것이다. 많은 근로자가 주 60시간을 일하는데도 전통적인 직원만큼 벌지 못하고 있다. 그러니 많은 긱 근로자가 단체교섭이 불가능함에도 불구하고 프리랜서 조합을 통해 법률 조언, 보험, 기타 많은 자원에 대한 접근성을 얻고 있다.

물론 고용주가 젊은 세대에게 이러한 직책의 유연성을 판매하는 것은 좋지만, 유연성에 대한 대가로 근로자는 공정한 근로 조건을 협상할 수 있는 힘을 잃고 있다. 우버와 같은 프리랜서 업무 플랫폼이 경제에 좋다는 주장은 그만하고, 긱 경제 트렌드를 억제하자.

반대 의견

긱 경제는 단점도 있지만 이러한 플랫폼이 존재하는 데에는 이유가 있다. 고용주와 고용인 모두 전통적인 고용 방식에 질려 있다. 프리랜서 앱을 통해 일하는 일부 사람들이 이를 주수입원으로 사용하긴 하지만, 유연한 부업을 원하는 사람도 그만큼 많다. 만약 이러한 직책이 그들이 대체하고 있는 서비스(예: 택시 회사)와 같다면 긱 근로자는 병가와 관련된 특정 정책에 동의하고 정해진 일정대로 일하기로 해야 할 것이다.

많은 사람이 프리랜서는 전통적인 고용을 대체하고 있다는 생각에도 회의적이다. 일부 시 데이터를 보면 긱 기반 일자리는 늘어난 반면에 급여 일자리는 줄어든 것으로 나타났다. 그러나 더 많은 데이터에 따르면 프리랜서 플랫폼을 지원하는 대부분의 분야에서 계약직과 급여 직종이 동시에 증가했다. 예를 들어 우버이츠(Uber Eats)와 같은 프리랜서 플랫폼이 4년간 증가했지만 서비스업의 급여 일자리 또한 증가했다. 같은 기간에 운수업계도 마찬가지이나. 어쨌든 프리랜서 플랫폼이 성공을 거둔 것은 이러한 산업이 성장하고 있기 때문이다. 이들이 전통적인 서비스를 대체하는 것이 아니라 전통적인 서비스가 충족할 수 없는 수요를 충족하고 있는 것이다.

단체교섭 협약을 통해 얻는 이익도 과장될 수 있다. 단체는 단체교섭 협상을 할 때마다 갈등을 일으킨다. 한 여론조사에 따르면 대부분의 직원(80%)은 노조 대표가 전체 이익을 보호하지 못할 거라고 믿었다. 대신에 노조 대표는 대개 수적인 우위를 힘으로 사용하여 협상에서 자신의 이익을 보호하기 한다.

단체교섭은 기업에만 해를 끼치는 것이 아니라 국민에게도 해를 끼친다. 예를 들어 국제민간항공기구(International Civil Aviation Organization)는 상업적인 항공기 조정석에 카메라를 설치하려고 노력해왔다. 이 카메라는 당국과 고용주가 조종사를 감시할 수 있게 해준다. 이 비디오는 비행기 추락의 발생 원인을 분석하는 데 도움을 줄 수 있다. 그러나 조종사는 자신의 사생활을 침해한다는 이유로 단체교섭을 통해 반대해왔다. 또한 조종사는 비디오가 자신의 업무 성과와 관련해 '조사관이 정확한 결론을 내리지 못하도록' 하는 데 이용될 수 있다고 주장한다.

전통적인 고용이 직원으로 하여금 단체로서 권리를 협상할 수 있게 하는 것은 사실이다. 그러나 이것은 직원이나 고용주에게 이익이 되지 않는 양보와 갈등으로도 이어진다.[185]

적인 경우가 많다. 이는 당신이(또는 상대가) 협상에서 받아들일 수 있는 최소한의 금액이다. 이를 통해 당신 혹은 상대방이 기꺼이 손해보려하는 금액이 정해진다.

- 많은 성격 특성과 개인차가 협상 효과에 영향을 미친다는 점을 명심하라. 이는 협상자로 누구를 선정할지(예: 성격), 효과적 협상을 위해 무엇을 교육할지(예: 의사소통 기술과 감정 조절), 공평한 협상을 촉진하기 위해 다양성과 형평성과 포용성(DEI) 관점에서 조직이 무

엇을 할 수 있는지에 중요한 함의가 있다.

- 협상은 사회적 활동이라는 점을 항상 명심하라. 자신의 행동이 타인과의 평판과 관계에 미치는 영향을 인식하는 것이 중요하다.
- 협상이 실패하고 갈등이 지속될 경우 제삼자(예: 미디에이터, 아비트레이터, 컨실리에이터)의 도움을 받는 것이 유용할 수 있다.

14장 종합 점검

복습 질문

14-1 갈등을 세 가지 유형과 세 가지 소재는 무엇인가?

14-2 갈등 과정의 단계는 무엇인가?

14-3 통합적 협상과 분배적 협상의 차이점은 무엇인가?

14-4 협상 과정의 5단계는 무엇인가?

14-5 개인차이는 협상에 어떤 영향을 미치는가?

14-6 협상에 영향을 미치는 사회적 요소는 무엇인가?

14-7 제삼자 협상의 역할과 기능은 무엇인가?

입사 지원과 취업 역량

이 장에서 보았듯이 갈등은 특정상황에서 이로울 수 있다. 그러나 우리가 더 자주 생각하는 것처럼 갈등은 또한 매우 파괴적인 힘이 될 수 있다. 갈등 관리와 협상 관행을 통해 부정적 효과를 해결하기 위한 어떤 협상과 갈등해결 전략을 언제 사용해야 하는지 알게 되었다. 이러한 주제를 탐구하는 동안 취업 역량에 도움이 될 수 있는 많은 기술을 사용했다. 훌륭한 협상가가 직관에 의존하는지 평가하고, 기업 협상이 환경과 지속가능성에 미치는 하류 효과를 생각해보고, 협상의 윤리적 과제를 개괄적으로 설명하고, 근로자를 위한 긱 경제의 이점에 대해 토론함으로써 비판적 사고, 창의성, 의사소통, 사회적 책임 역량을 개발했다. 다음 절에서는 이러한 기술을 더욱 발전시키는 동시에 리더십 스킬을 사용하여 동료 간의 갈등을 해결하고, 개방형 사무실 설계로 인한 갈등을 처리하는 방법을 평가하고, 협상 역할극에 참여해보기로 한다.

실전 연습 협상 역할극

하나는 더 분배적이고 또 하나는 더 통합적인 두 가지 시나리오에 대해 생각하자. 둘씩 짝을 짓고 1명은 엔지니어링 관리자, 1명은 마케팅 관리자 역할을 맡는다. 두 가지 협상 과정에서 자기쪽의 특정 정보만 읽는다. 두 시나리오는 전체적인 상황이 동일하지만 '자원 경합' 시나리오 또는 '결합된 미래' 시나리오를 협상하고 있는지에 따라 협상 당사자의 우선순위와 전망이 달라진다.

사례

사이트릭스(Cytrix)는 통합 자전거와 러닝 퍼포먼스 시스템을 개발한다. 러너와 바이커는 GPS 신호를 사용하여 자신의 위치와 이동거리를 파악하는 사이트릭스 시계를 착용한다. 이러한 위치와 거리 정보를 사이트릭스 챌린지 웹사이트에 업로드해서 사용자는 시간에 따른 퍼포먼스를 기록할 수 있다. 소셜미디어 도구는 자신과 친구의 성과를 비교하여 평가할 수 있게 해준다. 사용자 중 대다수는 아마추어 학생 운동선수나 마라톤선수처럼 열심인 성인 취미 활동가이다.

조직은 마케팅 부서와 엔지니어링 그룹 간 향후 발전을 위해 고정된 자원풀을 어떻게 할당할지 결정해야 한다. 최고경영진은 자원 배분에 관해 임원이 결정을 내리기보다는 계획된 미래 개발을 위해 3,000만 달러를 배정하고 프로젝트의 각기 다른 다른 부분을 누가 운영할 것인지를 각 팀에게 결정하라고 했다.

마케팅 그룹을 위한 구체적인 정보

(마케팅 관리자만 읽어야 함)

마케팅 그룹은 주요 판매 지역을 추적한 결과, 시장이 포화 상태에 이르렀다는 결론을 내렸다. 미래 성장을 위해 새로운 고객, 특히 건강에 관심이 있지만 운동선수는 아닌 일반 소비자를 고려할 필요가 있다. 경쟁 제품의 판매와 경쟁업체가 소비자 수요를 충족하지 못하는 지역에 대한 조사가 필요하다. 마케팅 그룹의 주요 목표는 조사에 자금을 조달하기 위해 충분한 자원을 할당하는 것이다. 또한 마케팅 그룹은 어떤 신제품을 개발할지에 대한 통제권을 유지하고자 한다. 마케팅 그룹은 엔지니어링 부서가 앞서 확인된 필요에 맞는 장치를 어떻게 가장 잘 제조할지에 대해 컨설팅 역할을 해주기를 바란다.

엔지니어링 그룹을 위한 구체적인 정보

(엔지니어링 관리자만 읽어야 함)

엔지니어링 그룹은 최근 원격지에서의 거리와 속도 측정의 정확성을 향상하기 위해 새로운 하드웨어의 개발을 추적하고 있다. 다른 몇몇 회사는 이미 유사한 설계를 실험하고 있다. 이러한 혁신을 완전히 실현하기 위해 엔지니어링 부서는 이 기술을 경량화하면서도 생산비용을 더 저렴하게 발전시킬 필요가 있다고 생각한다. 엔지니어링 부서의 주요 목표는 이러한 신기술을 개발하기 위해 충분한 자원을 할당하는 것이다. 엔지니어링 부서는 마케팅 부서가 어떻게 새로운 장치를 가장 잘 광고하고 공급할지를 결정하는 데 컨설팅 역할을 해주길 바란다.

자원 경합 시나리오

마케팅과 엔지니어링 그룹은 권력 다툼에 휘말려 있다. 당신은(마케팅 관리자 또는 엔지니어링 관리자로서) 돈과 권위의 가장 중요한 부분이 가능한 당신이 제안한 프로그램 쪽으로 향하도록 노력해야 한다. 또한 상대방이 궁극적으로 프로그램을 실행하는 데 도움을 줄 수 있는 해결책도 여전히 생각할 필요가 있다. 공유 자원에 대한 합의가 이루어지지 않으면 CEO가 두 그룹 모두에 새로운 관리자를 임명할 것이다.

결합된 미래 시나리오

마케팅 그룹과 엔지니어링 그룹은 긍정적인 해결책을 찾는 데 열심이다. 양쪽 모두 회사의 미래 요구가 충족되도록 노력해야 한다. 성공하기 위해서는 모든 사람이 함께 노력해야 한다는 것을 알고 있기 때문에 마케팅과 엔지니어링 모두에 이익이 되는 자금과 자원 할당 방법을 찾고자 한다. 자원을 공유하고 자원을 가지고 협업하기 위해 다양한 기법을 계획에 통합할 수 있다.

협상

협상 시작시 강사는 그룹의 반을 자원 경합 시나리오에, 나머지 반을 결합된 미래 시나리오에 임의로 할당한다. 자신의 목표와 자원을 개괄하며 협상을 시작하고, 자신의 관점에 맞는 해결책을 옹호하는 시도를 하면서 자신의 시나리오에 설명된 조건에 대해 협상한다.

논의

다른 학생과 함께 지금까지 사용한 협상 과정에 대해 토론한다. 특히 자원 경합 시나리오와 결합된 미래 시나리오에서의 결과물 차이에 대해 생각해본다. 두 시나리오 모두 실제 업무 환경에서 발생할 수 있으므로 서로 다른 협상상황이 어떻게 다른 전략, 전술, 결과를 초래하는지 생각해본다.

윤리적 딜레마 개입할 것인가, 말 것인가

약 1년 전에 핀리는 팀 동료 두 명 사이에 문제가 발생하고 있음을 발견했다. 서로에게 소리를 지르거나 노골적으로 적대적인 태도를 보인 적이 없었기 때문에 모든 사람이 알아차리지 못했을 것이다. 하지만 두 사람은 서로를 피하기 시작했고 회의에서도 서로 가까이 앉으려 하지 않았다. 핀리는 두 사람 사이의 긴장감이 팀 업무에 영향을 미치기 시작한 것을 알았다. 핀리는 두 사람이 사이가 좋지 않은 근본적인 이유를 파악할 필요가 있다고 판단했다. 핀리는 친한 친구인 그들 중 한 명과 대화를 하기로 했다. 친구의 상황 설명을 들은 후 핀리는 조언이 필요하거나 속내를 털어놓고 싶을 때 언제든지 핀리를 찾으라고 얘기한다.

핀리의 최선의 노력에도 불구하고 문제는 지속된다. 핀리는 문제가 확대되어 궁극적으로 팀의 성공에 영향을 미칠까 걱정한다. 핀리는 마침내 갈등을 해결하기 위해 상사에게 상황을 알리고 싶어 한다. 하지만 핀리는 상사를 개입시켰을 때의 결과가 걱정되어 결국 두 동료와 대화를 주선하여 중재 역할을 하기로 한다. 대화 후, 두 동료는 가능한 한 서로를 계속 피하자고 한다.

질문

14-8 당신이라면 두 동료 사이의 갈등을 어떻게 처리하겠는가? 갈등을 해결하려고 노력하겠는가, 아니면 갈등에 관여하지 않았겠는가?

14-9 당신이라면 어떤 시점에서 상사에게 이야기해서 상황을 심화시키겠는가?

14-10 당신이 팀원이라면 갈등이 팀의 성공에 영향을 미치지 않도록 중재 역할을 할 책임이 있다고 생각하는가?[186]

사례 삽화 질서를 어지럽히는 행위

맷과 피터가 다투는 소리는 이제 사무실 사람 모두에게 익숙하다. 마케이디자인(Markay Design)의 설립자는 공간을 최대한 활용하고 토론과 아이디어의 자유로운 흐름을 보장하려는 노력으로 회사 1층 사무실을 근로자 사이에 벽이 없는 열린공간으로 전환하기로 했다. 이 새로운 배치의 목적은 경계를 없애고 창의성을 높이는 것이지만 맷과 피터에게는 긴장감을 더 조성할 뿐이다. 그들의 논쟁은 결국 작업공간 질서와 조직에 대한 것이다. 피터는 자기 책상을 깨끗하게 유지하는 것을 좋아하고 먼지를 제거하기 위해 서랍에 청소용 물티슈를 넣어둔다. 반대로 맷은 자기 일이 모두 잘 보이게 책상 위에 두는 것을 좋아하기 때문에 스케치, 계획, 잡지, 사진 등이 과자봉지, 커피잔과 함께 여기저기 흩어져 있다. 피터는 맷의 물건이 사방에 쌓여 있는 것을 보면 집중하기가 힘들지만, 맷은 끊임없이 청소하고 정리하지 않으면 더 창의적이고 자유롭게 흘러갈 수 있다고 느낀다. 맷과 피터의 많은 동료는 그들이 이 문제를 그냥 내려놓기를 바란다. 피터와 맷은 과거에 좋은 협력 관계를 유지했으며, 피터의 세심한 면과 철저한 계획이 맷의 거친 영감을 억제하는 역할을 했다. 그러나 최근 두 사람의 협력은 논쟁 탓에 무너져버렸다.

직장에서 사소한 일로 갈등을 일으키는 것은 생산적이지 않다는 것을 누구나 알고 있다. 그러나 갈등을 무조건 피하는 것도 마찬가지로 부정적일 수 있다. 최근의 연구는 조직에서의 소위 갈등 문화를 조사했는데, 그 결과에 따르면 갈등을 적극적으로 회피하고 억제하는 문화는 낮은 수준의 창의성과 관련이 있다. 갈등을 땅에 묻고 근본적인 긴장을 줄이지 못하는 문화는 수동적-공격적이 될 수 있다. 이러한 문화에서는 다른 동료에 대한 비열한 행동이 일어난다.

궁극적으로 이런저런 논쟁을 통해 해결책을 찾는 것은 아마도 관점 간의 균형을 찾기 위해 지속적인 과정이 될 것이다. 맷과 피터는 해결책을 찾지 못하면 평소 긍정적이던 직장 관계가 너무 다툼이 심해져 견딜 수 없는 지경에 이를까봐 걱정한다. 그러면 정말 엉망진창이 될 것이다.

질문

14-11 이 상황을 공공연한 갈등으로 이끈 몇 가지 요인에 대해 설명하라.

14-12 이 문제가 갈등을 일으킬 만한 가치가 있다고 생각하는가? 맷과 피터가 이 문제에 대해 공개적으로 이야기하는 것의 잠재적인 비용과 이득은 무엇인가?

14-13 갈등해결을 위해 맷과 피터가 어떻게 적극적인 문제해결 토론을 전개할 수 있는가? 무엇이 효과적으로 변화될 수 있고, 아마도 무엇이 문제로 남게 되겠는가?[187]

15 조직 구조의 기초

출처: Stephen Barnes/Travel/Alamy Stock Photo

학습목표

15-1 조직 구조를 결정하는 일곱 가지 요소를 확인할 수 있다.

15-2 단순 구조, 관료제, 매트릭스 구조의 특성을 확인할 수 있다.

15-3 가상 구조, 팀 구조, 원형 구조의 특성을 확인할 수 있다.

15-4 다운사이징이 조직 구조와 구성원에 미치는 영향을 설명할 수 있다.

15-5 기계적 조직 모델과 유기적 조직 모델을 사용하는 이유를 대조할 수 있다.

15-6 서로 다른 조직 설계가 행동에 미치는 영향을 분석할 수 있다.

취업 스킬 매트릭스(ESM)

	미신인가, 과학인가	윤리적 선택	찬성 의견/반대 의견	더 나은 세상을 향해	실전 연습	윤리적 딜레마	사례 삽화
비판적 사고와 창의성	✔	✔	✔		✔	✔	✔
의사소통					✔		
협력	✔	✔	✔	✔	✔		
자기관리	✔						
사회적 책임		✔		✔		✔	✔
리더십	✔	✔	✔	✔	✔	✔	✔
경력관리							

삼성: 위계 구조의 변화

삼성(Samsung)은 2020년 기준 세계 스마트폰 시장의 16% 이상을 점유하고 있는 전자산업의 세계화 리더이다. 과거에 시장점유율이 더 높았던 적도 있지만 현재는 막강한 라이벌인 애플사와 함께 스마트폰 산업계에서 가격경쟁력을 내세운 소규모 브랜드와의 심한 경쟁상황에 놓여 있다. 그러나 여전히 2009년 3%의 점유율에 비했을 때 괄목할 만한 성장을 기록한 것이며 여전히 삼성은 세계에서 10위 안에 드는 대기업으로 또한 한국에서는 가장 큰 다국적 대기업 집단으로 남아 있다.

그러나 삼성이 어려움을 겪지 않았던 것은 아니다. 2016년 일부 소비자가 스마트폰 발화를 보고하여 갤럭시노트7 모델의 전 세계 리콜을 결정했다. 교체된 휴대전화도 동일한 문제를 보여 결국 생산을 중단했다. 설상사상으로 삼성 상속자인 이재용이 2017년 초 부패 혐의로 수감되었다. 대중의 비난과 함께 삼성의 명성은 위기에 놓였다.

리더십 공백에 직면하자 투자자는 기업 구조에 대한 검토를 요구했다. 대기업 집단에 적합한 최적의 구조를 찾기 위해 전략, 생산, 재무, 법률, 세금, 회계 분야의 세밀한 검토가 필요했다. 노트7 사태와 같은 품질 이슈, 이재용 부회장의 뇌물과 횡령 스캔들 같은 투명성의 이슈가 불거지고 있었다. 이 모든 어려움에도 불구하고 삼성의 주가는 유지되었고 심지어 오르기까지 했다. 근본적인 기업 조직 구조를 바꾸지 않기로 결정이 났지만 내부적으로는 조직 구조의 변화를 겪고 있었다.

이때 삼성의 중앙집권 본부인 미래전략실에 많은 관심이 쏠렸다. 미래전략실은 삼성의 컨트롤타워라 불리며 정부정책의 로비에 중요한 역할을 담당하고 있었다. 삼성의 본사에서는 또한 유죄 판결에 대한 대응으로 이재용이 재량을 발휘할 수 있게 했으며, 의사결정의 엄밀함을 높이기 위해 미래전략실은 해체되었다.

이 결정으로 자회사에 더 많은 자율권을 부여할 것을 약속했다. 표면적으로 이러한 구조적 변화는 권력 남용에 대한 우려를 해소하기에 적절한 것으로 보였다. 그러나 59개 자회사에 있는 50만 명의 직원을 고려할 때 중앙집권적 기구 없이 어떻게 조직을 운영할 것인지 의문이 제기되었다. 실제로 미래전략실을 해체하기로 결정하면서 그룹 수준에서의 모든 프로젝트와 업무가 중단되었다. 각 부문 간 협업은 이를 조율

할 주체가 없어 더 어려워질 것으로 보였다.

다른 구조적 조정이 일어날 것인가? 기업의 존폐가 걸린 초경쟁이 난무하는 전자 산업에서 혁신 역량은 매우 가치가 높다. 삼성은 여전히 매우 관료제적인 기업 구조로 혁신적인 인재를 끌어들일 수 있겠는가?[1]

구성원이 몇 명 되지 않는 신생조직이라도 조직 구조를 선택하는 것은 단순히 누구를 상사로 할지, 얼마나 많은 구성원이 필요할지를 결정하는 것보다 훨씬 많은 고민이 필요하다. 조직 구조는 조직 내부에서 관계를 형성하고, 관계를 공식화하며, 업무 결과 또는 성과를 결정한다. 조직이 성장하거나 축소될 때, 경영 트렌드가 바뀔 때, 연구에 의해 생산성 향상에 더 좋은 방법을 찾았을 때 조직 구조를 변화시키게 된다. 구조적인 결정은 지속가능한 조직의 성장을 위해 리더가 내리는 가장 기본적인 결정 중 하나이다. 이 장에서는 조직 구조가 구성원의 행동과 조직 전체에 어떤 영향을 미치는지를 살펴본다.

조직 구조란 무엇인가

15-1 조직 구조를 결정하는 일곱 가지 요소를 확인할 수 있다.

구글은 '조직 구조를 올바르게 운영하는 회사'이다.[2] 구글의 구조는 혁신적인 문화, 경쟁력, 회사의 성장을 뒷받침한다. 언뜻 봐서는 그렇게 보이지 않을 수 있겠지만 조직 구조는 비즈니스의 다른 여러 측면에서 매우 중요하다.[3] 예를 들어 칸타타헬스앤메타헬스케어IT설루션(Cantata Health and Meta Healthcare IT Solutions)의 HR 디렉터인 티모시 지아르디노(Timothy Giardino) 박사는 "구조가 전략을 따른다… 구조는 행동을 통제한다… (그리고) 구조는 실행을 지원한다"라고 말한다.[4] 구조는 또한 조직이 사회적 미션을 실현하는 데 방해가 될 수도 있다. 예를 들어 조직 내 편견과 구조적 장벽으로 인해 조직 내 충분히 대표되지 못하는 소수의 구성원은 스스로의 경력을 발전시키지 못할 수 있다.[5] 조직은 조직의 변화의 필요성을 고려하고 공식적, 비공식적으로 이들의 승진을 제한하는 장벽을 규명할 책임이 있다.

조직 구조 업무가 공식적으로 어떻게 나뉘고, 묶이고, 조정되는지를 결정하는 것

조직 구조(organizational structure)는 업무가 공식적으로 어떻게 나뉘고, 묶이고, 조정되는지를 결정한다.[6] 경영자는 조직 구조를 설계하면서 일곱 가지의 주요 요소를 고려해야 한다. 일곱 가지 주요 요소에는 업무 전문화, 부서화, 지휘체계, 통제범위, 의사결정의 집권화와 분권화, 공식화, 경계연결이 포함된다.[7] 이러한 요소와 관련된 주요 질문을 도표 15-1에 제시했으며, 다음 절에서 일곱 가지 요소를 구체적으로 알아본다.

업무 전문화

시험이나 퀴즈에서 좋은 성적을 거둔 것을 축하하며 즐기는 아이스크림 한 통이 만들어지기까지 많은 노력이 필요하다. 버몬트주 워터버리에 있는 벤앤제리스 공장을 방문해 아이스크림이 어떻게 만들어지는지 살펴보자.[8]

먼저 공장에 도착한 직후 우유와 크림이 트럭에서 6천 갤런 저장사일로로 옮겨져 '배송과 수령 코디네이터'에 의해 섭씨 2도로 유지된다. 그 다음에 '믹스 마스터' 작업자가 우유, 크림, 액상 사탕수수 설탕, 달걀 노른자, 천연 안정제를 메가블렌더에 넣어 혼합한다. 그 다음 '저온 살

도표 15-1 조직 구조 설계를 위해 고려해야 할 주요 질문과 해결책

주요 질문	해결책
1. 구성원의 활동이 어느 정도로 세분화되는가?	업무 전문화
2. 어떤 근거로 업무를 묶을 것인가?	부서화
3. 누구에게 보고할 것인가?	지휘체계
4. 관리자가 효과적, 효율적으로 관리할 수 있는 사람은 몇 명인가?	통제범위
5. 의사결정 권한이 어디에 있는가?	집권화와 분권화
6. 규칙과 규정이 어느 정도로 구성원과 관리자의 행동을 규정하는가?	공식화
7. 구성원이 다른 분야 사람과 정기적으로 상호작용하는가?	경계연결

균과 균질화 전문가'가 혼합물을 가열하여 저온살균한 후 블렌드 혼합물에 높은 압력을 가해 매우 작은 구멍을 통해 주입하여 지방입자가 미세하게 유화되게 한 다음 5천 갤런 규모의 탱크에서 4~8시간 동안 냉각한다. 이후 '향료' 기술자가 향료, 퓌레, 추출물을 500갤런짜리 강철통에 넣은 후 혼합하고, 이 혼합물은 '배럴'이라 불리는 냉각실린더로 펌핑하여 소프트아이스크림 형태로 만든다. 이제 각각의 맛이 달라지는 아이스크림의 마법이 일어나는데 초콜릿 덩어리나 기타 재료가 들어가는 아이스크림은 '청크 피더'를 통과하게 되고, 소용돌이 모양의 아이스크림은 '배리게이터'를 통과한 후 자동 필러를 지나 파인트 용기에 분배되어 아이스크림이 될 때까지 냉각된다.

이 시점에서 '냉동고 작업자'는 아이스크림 파인트 용기를 배송을 위해 압축포장으로 묶고 팔레트에 쌓아 영하 20도의 창고에 보관한다. 물론 '품질보증 전문가'가 각 단계에 참여하여 최고 품질의 아이스크림인지 확인한다. 아이스크림 제조라는 기념비적인 작업을 각각의 분야 담당이 나누어 일하는 방식으로 버몬트의 작은 공장에서 생산된 아이스크림은 전 세계로 유통된다. 벤앤제리스가 하루에 백만 파인트의 아이스크림을 생산할 수 있는 것은 수백 명의 근로자가 전문화된 작업을 진행한 덕분이다.[9]

업무 전문화 조직 내 활동이 분리된 구체적 작업으로 나뉘는 정도

업무 전문화(work specialization) 또는 노동 분업화는 조직 내 활동이 분리된 구체적 작업으로 나뉘는 정도를 말한다.[10] 개별구성원은 전체 업무보다는 일부를 전문적으로 수행하게 된다. 업무 전문화는 구성원의 역량을 가장 효율적으로 활용할 수 있는 방법이고, 업무를 반복적으로 수행함으로써 역량 개발이 가능해진다. 또한 업무 전문화는 일을 바꾸거나, 이전 단계에서 사용하던 도구를 치우거나, 다른 업무를 준비하는 데 필요한 시간을 줄여준다. 아마존의 메커니컬터크 프로그램(Mechanical Turk Program)이나 탑코더(TopCoder) 같은 업무는 프로그래밍, 데이터 처리, 데이터 분석 등 아주 작은 부분의 작업을 전 세계 개인네트워크에 위임한 후 프로그램 매니저가 결과를 취합하는 이른바 마이크로 전문화 트렌드를 촉진하고 있다.[11]

업무가 전문화되면 더 효율적으로 일을 수행할 수 있으며 이러한 관행은 여전히 여러 산업 분야에서 유효하다. 예를 들어 혼자서 차를 조립할 수 있는가? 아마도 어려울 것이다. 그보다는 특정 업무를 잘할 수 있는 사람을 찾기가 더 쉽고 비용도 덜 들 것이다. 업무 전문화는 사람이 특정 업무에 필요한 혁신과 기계설비를 만들게 함으로써 효율성과 생산성을 높일 수 있다.

도표 15-2 업무 전문화의 경제성과 비경제성

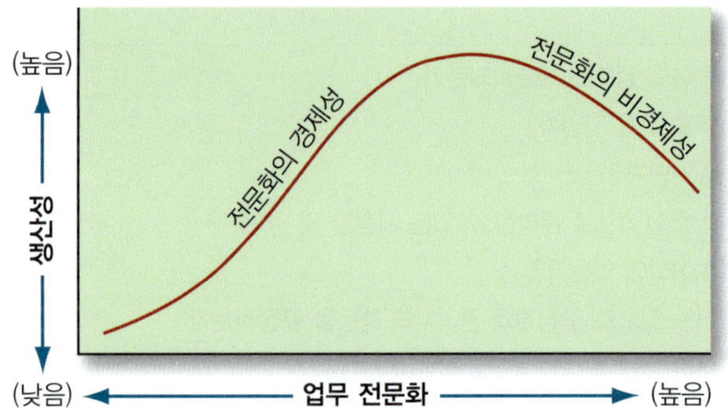

많은 경영자는 업무 전문화가 특정 직업이나 문제를 해결하는 데에는 도움이 될 수 있지만, 지나치게 강조될 경우에 발생하는 문제를 인지하고 있다. 인간의 비경제성이 지루함, 피로, 스트레스, 낮은 생산성, 품질 저하, 결근률 증가, 높은 이직률 등의 형태로 나타나며 전문화의 장점을 상쇄할 수 있다(도표 15-2 참조).[12] 생산성은 오히려 직무활동의 범위를 좁히지 않고 확대함으로써 높일 수 있다. 직원에게 다양한 활동을 부여하여 전체적이고 완전한 업무를 수행할 수 있게 하고, 상호교환가능한 기술을 가진 팀에 배치하면 직원 만족도도 높아지며 훨씬 더 높은 성과를 달성할 수 있다.[13] 또한 전문화의 성공 여부는 업무의 안정성에 크게 좌우되는데, 업무가 지속적으로 변화하는 경우에 전문화는 덜 바람직할 수 있다.[14]

많은 경영자는 업무 전문화가 특정 직무에서는 경제성을 가져올 수 있으나 지나치게 강조될 경우에 발생하는 문제를 인지하고 있다. 예를 들어 패스트푸드점에서 햄버거나 감자튀김을 효율적으로 만들고 판매하는 데에는 업무 전문화가 도움이 될 것이다. 직무를 구체적인 과업이나 프로젝트로 쪼갤 수 있다면 업무 전문화가 가능하다. 업무 전문화는 제조업 이외에 직무 공유나 파트타임 업무가 많은 분야에서 장점이 있다. 이는 경영자가 온라인 플랫폼을 활용하여 다수의 사람에게 마케팅과 같은 광범위한 역할을 맡기는 것을 가능하게 한다.[15] 예전의 전문화는 같은 공장에 있는 제조공정의 업무를 구체적인 역할로 쪼개는 것에 중점을 두었다면, 최근의 전문화는 복잡한 직무를 전문가가 어디서든 수행할 수 있는 구체적인 요소로 나누는 것을 의미한다.

부서화

부서화 직무를 그룹화하는 기반

업무 전문화로 업무를 나누었다면 공통 과업을 달성하고 조정하고 복잡성을 감소시키기 위해 업무를 묶을 필요가 있는데, 이를 **부서화**(departmentalization)라고 한다.[16]

기능적 부서화 가장 많이 활용되는 부서화 방식은 수행하는 기능별로 부서를 구성하는 것이다. 제조업 경영자는 설계, 회계, 생산, 인적 자원, 공급망 관리부서 등으로 업무를 모을 수 있다. 병원의 경우에는 연구, 수술, 중환자실, 회계 등의 부서를 만들 수 있다. 기능적 부서화의 장점은 비슷한 전문가가 함께 일을 함으로써 효율성을 높일 수 있다는 것이다. 게다가 기능적 부서화는 전문가가 나눠져 일할 때보다 모여 일함으로써 더욱 전문성을 지닐 수 있도록 해준다. 그러나 이러한 다양한 부서 간의 조정이 문제가 될 수 있으며 부서 내 혹은 부서 간 갈등으로 인해 동기저하가 나타날 수 있다.

제품이나 서비스 부서화 제품이나 서비스의 종류에 따라서 업무를 부서화할 수도 있다.[17] 프록터앤갬블(P&G)은 각 주요 제품 분야별(예: 유아상품, 여성상품, 뷰티, 가족상품, 헬스케어상품, 남성상품, 섬유케어, 홈케어, P&G벤처)로 담당 임원이 전 세계적인 사업의 책임을 맡는다. 타이드(Tide), 팸퍼스(Pampers), 차민(Charmin), 탐팍스(Tampax), 질레트(Gillette), 크레스트(Crest), 프링글스(Pringles), 페브리즈(Febreeze)와 같은 상품은 각각 다른 부문의 책임이 될 것이다.[18] 이러한 방식의 장점은 특정 제품이나 서비스에 관련된 모든 활동이 한 경영자의 책임하에 있기 때문에 성과에 대한 책임 소재가 분명하다는 것이다.[19] 그러나 이러한 방식의 부서화가 효과적으로 운영되려면 각 상품별 부서나 팀이 자신의 특화된 상품 이외에도 다른 팀이나 부서가 어떻게 일하는 방식 등 전반적인 조직에 관한 이해도가 높아야 한다.[20]

지역별 부서화 기업이 지역에 기반해 부서화되어 있다면 각각의 기능적 역할은 각기 다른 지역이나 시장(예: 북부, 서부, 남부, 동부 지역)에 배분될 수 있다.[21] 이 방식은 고객이 넓은 지역에 산재되어 있고 각 지역 내의 고객이 비슷한 요구를 가지고 있을 때 장점이 있다. 예를 들어 토요타의 CEO인 아키오 토요타(Akio Toyoda)에 따르면 "더 나은 제품을 만들어 고객에게 판매하기 위해 지역별 부서화로 조직 구조를 개편했다"라고 한다.[22] 조직이 지역별로 부서화되면 이러한 부서 또는 공동 배치된 팀은 고유한 정체성과 관행을 형성한다.[23] 이러한 지역별 팀은 여러 지역 간 조율과 성과에 영향을 미치며 조직 전체에서 정보를 획득하고 공유하는 방식에도 영향을 미친다.[24] 지역별로 부서화된 조직은 지역 간 의사소통과 지식 공유에 특별한 주의를 기울여야 하며, 이는 가상 의사소통과 지식 관리 시스템을 통해 더 용이하게 이뤄질 수 있다.

절차별 부서화 절차별 부서화는 제품이나 고객의 업무를 순차적으로 처리하는 일에 적합하다.[25] 예를 들어 정보보안 회사의 경우에 4단계의 업무 절차를 담당한다. ① 정책관리부서에서는 정보보안 정책을 세우기 위해 인사, 법무, 프로젝트 관리 기능과 함께 일한다. ② 네트워크 보안부서는 네트워크 보안, 침투 방지, 사건 관리 담당을 관리한다. ③ 아이덴티티와 접근관리부서에서는 개인정보 암호화, 규명, 접근을 담당한다. ④ 운영부서에서는 변화를 실행하고 시스템이 정상적으로 운영되는 것을 관리한다.[26] IT 서비스의 이용자 입장에서는 정보보안정책에 동의하고, 필요한 정보를 제공하여 시스템에 접근한 후, 네트워크를 활용하여 일하게 되며, 관련된 보안의 위협이나 시스템 유지 관련 공지를 안내받게 된다.

마지막 방식은 고객에 따라서 부서화하는 것이다. 예를 들어 평가 조직은 그 대상이 정부기관인지, 산업기관인지, 개별 소비자인지에 따라 부서를 구분할 수 있다. 절차별 부서화는 절차가 종종 바뀌는 일이 생기더라도 조직이 상품과 서비스를 더 나은 방식으로 제공하는 데 도움을 줄 수 있다.[27]

부서화가 OB에 지니는 함의 조직이 초기에 받아들였던 부서화 방식을 계속 사용하는 것은 아니다. 예를 들어 마이크로소프트는 수년 동안 고객을 기반으로 하는 고객별 부서화를 활용했

200여개 나라에서 지역 단위로 운영되는 세계화 회사인 코카콜라컴퍼니는 5개의 지역(북미, 남미, 유럽, 중동, 아프리카, 아시아태평양)으로 나뉘어 운영된다. 이러한 지역별 부서화 구조로 인해 각기 다른 경제발전단계에 있는 지역별 시장을 분석하고 소비자행동과 취향의 차이에 맞는 전략을 구축하는 것이 가능해진다.

출처: Kim Kyung-Hoon/Reuters

다. 일반소비자, 대기업, 소프트웨어 개발업자, 중소기업 등으로 구별했다. 하지만 2013년 6월 마이크로소프트는 지속적인 혁신을 추구하기 위해 조직을 엔지니어링, 마케팅, 사업개발, 전략기획, 재무, 인사조직, 법무팀 등 기능적 부서화로 재구조화했다.[28] 마이크로소프트는 이러한 조직 재구조화 작업에 많은 어려움을 겪었고 일년도 채 되지 않아 팀구조와 리더십에 대한 추가적인 변화를 공지했다. 상품 전문화와 기능적 전문화를 표방한 변화방침에 따라 파워포인트, 엑셀, 액세스 팀이 콘텐츠 개발과 데이터시각화팀으로 재편되었다.[29] 그 이후에도 마이크로소프트는 다시 각 기능과 지역별 구분을 반영하는 작은 팀을 포함한 제품별 부서화 중심으로 재구조화했다.[30] 이러한 마이크로소프트의 일련의 재구조화 작업은 '우리의 고객, 개발자, 핵심 혁신파트너와 상호작용하는 방식을 재고하고 보다 일관적인 제품군과 메시지를 제공하기 위한 것'으로 기대된다.[31]

이렇듯 **부서화**된 구조(제품, 지역, 절차, 고객 부서화)는 단순구조에 상반되는 장단점을 지니고 있다.[32] 이러한 부서화 구조는 부서 내에서는 각 부서의 특수한 고려사항을 감안하면서 시간에 맞는 작업완수, 예산목표, 신상품의 개발과 시장진출 등을 위한 협력을 촉진하며 상품과 관련한 모든 활동에 대해 명확한 책임을 부여한다. 그러나 기능별 부서화에 비해 기능과 비용이 중복되는 경향이 있다. 이러한 부서화는 때때로 도움이 될 경우도 있다. 예를 들어 스페인과 중국에 부서가 존재하고 신상품 전략이 필요한 경우에 각 지역의 마케팅 전문가가 각각의 문화적 관점을 반영하는 전략을 지역별 캠페인으로 진행할 수 잇다. 그러나 두 나라에 기본적으로 같은 직무를 수행하는 마케팅 인력을 두 지역에 각각 두는 것은 조직 전체로 보았을 때 비용의 상승을 의미할 수 있다.

이와 같이 조직의 목표, 특히 강한 리더의 목표를 실행하기 위해 의도적으로 조직 구조를 변화시킬 때에는 이러한 변화 과정을 정교하게 실행하는 것이 실질적인 조직 향상의 가능성을 높일 수 있다.

지휘체계

과거에는 조직을 설계하는 데 지휘체계가 상당히 중요한 토대 역할을 했지만 지금은 중요성이 줄어들고 있다. 하지만 빠른 의사결정이 사활을 결정하는 산업에서 특히 경영자는 여전히 지휘체계의 중요성을 인지해야 한다. **지휘체계**(chain of command)는 조직의 최고경영층부터 하위직원까지 연결되는 선을 말하며, 누가 누구에게 보고하는지를 명확하게 해준다.[33] 지휘체계를 논의하려면 권한과 지휘의 통일성을 먼저 이해해야 한다.

지휘체계 조직의 최고경영층부터 하위직원까지 연결되는 선을 말하며, 누가 누구에게 보고하는지를 명확하게 함

권한 **권한**(authority)은 관리 직위에 속하는 사람이 그 직위로 인해 지니게 되는 권력으로 지시를 내리고 그 지시에 구성원이 복종할 것이 기대되는 공식적 권력을 의미한다. 조직 내 업무조정을 용이하게 하기 위해 지휘체계 내의 관리자에게는 그들의 책임을 완수할 수 있게 일정 수준의 권한이 부여된다. 한 사람에게 권한의 대부분이 속하는 지휘체계의 경우에 리더-멤버 교환관계(LMX)가 중요하며, 일이 추진하기 위해서는 리더의 동의와 지원이 더 중요해진다.[34]

권한 권력으로 지시를 내리고 그 지시에 구성원이 복종할 것이 기대되는 공식적 권력

지휘의 통일성 **지휘의 통일성**(unity of command)이라는 원칙은 한 구성원에게는 오직 1명의 직속상사만 있어야 한다는 것이다. 이 원칙이 깨진다면 직원은 여러 상사로부터 서로 다른 업무 요구를 받을 수 있다.[35] 지휘의 통일성 원칙은 다수의 상사를 지니는 구조보다 더 빈번히 나타나지만, 다수의 사람에게 보고해야 하는 상황이라면 감당해야 하는 업무 부담과 상호충돌 가능성이 있는 메시지인지, 최종적인 의사결정권을 지닌 사람이 누구인지, 각각의 상사가 어떠한 충성기대를 지니고 있는지 등 여러 사항을 고려해야 한다.[36] 게다가 이런 경우에 스스로 업무 부담을 조정하기 위해 적극적으로 나서서 상사 간의 의사소통을 촉진하고 효과적인 의사소통과 일의 흐름을 위해 경계와 규범을 설정할 필요가 있다.

지휘의 통일성 한 구성원에게는 오직 1명의 직속상사만 있어야 한다는 원칙

지휘체계가 OB에 지니는 함의 하지만 시간이 흐름에 따라 조직 설계의 기본원칙도 변화한다. 지휘체계와 같은 요소는 많은 부분에서 조직 구조를 설명하는 '구식 방법'으로 인식된다.[37] 후반부에서 설명하겠지만 이제는 보다 협력적이고, 유연하며 자율적인 구조가 많은 관심을 받고 있다. 예전에는 최고경영층 사이에서만 공유되었던 정보를 최근에는 하위직원도 알 수 있고, 관리자가 내리던 결정을 많은 구성원이 스스로 임파워먼트를 통해 내리기도 한다.[38] 최근 많이 활용되는 자기관리팀, 교차기능팀 등을 생각해보면(10장 참조) 권한과 지휘의 통일성 개념이 왜 중요도가 떨어지는지를 알 수 있다.

물론 아직도 많은 조직이 지휘체계를 강조함으로써 생산성을 향상할 수 있다고 생각하고 있다. 실제 1,000여 명의 경영자를 대상으로 한 설문조사에서 약 59%가 "회사의 조직도에 보이지 않는 선이 존재하며, 이 선의 상부에서 전략을 설정하고 하부에 있는 사람이 전략을 실행한다"라고 이야기했다. 그러나 동일한 설문조사에서 위계서열에 대한 강조로 인해 하위직원은 회사의 큰 전략에 대한 동의나 적극적 참여가 어렵다는 점이 드러났다.[39] 아마도 지휘체계를 강조하는 것의 가장 큰 약점은 창의성과 혁신에 미치는 부정적인 영향일 것이다. 권한과 지휘체계의 통일성은 둘 다 아이디어 생성 과정에 부정적인 영향을 미치고 혁신 실행 과정에 장애가 되는 측면이 있다.[40]

도표 15-3 통제범위의 대조

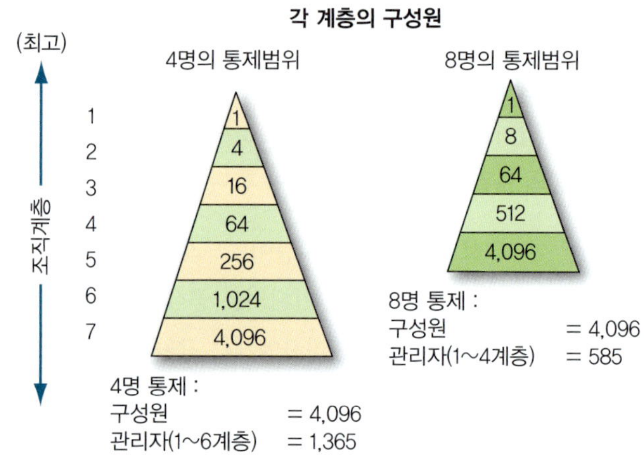

통제범위

통제범위 조직에서 계층과 관리자의 수를 결정

한 명의 관리자가 몇 명을 효과적, 효율적으로 지휘 감독할 수 있겠는가? **통제범위**(span of control)는 조직에서 계층과 관리자의 수를 결정한다.[41] 모든 조건이 동일할 때 통제범위가 넓으면 계층의 수가 줄어들고 각 계층에 속한 구성원의 수가 많아지며 조직은 더 효율적이 된다.[42]

좁은 통제범위는 나름의 장점이 있다. 5명에서 6명 정도의 통제범위를 지닌다면 관리자는 매우 밀접한 관리가 가능하다.[43] 그러나 좁은 통제범위에는 세 가지 주요 단점이 존재한다.[44] 첫째, 좁은 통제범위를 지닌 조직은 관리자층이 추가됨으로 인해 인건비가 많이 든다. 약 4,100명의 실무진이 있는 두 조직을 생각해보자. 한 조직은 통제범위가 4명이고 다른 조직은 8명이라고 하자. 도표 15-3에서 보듯이 통제범위가 8로 넓은 경우에는 계층이 2개 줄고 관리자는 대략 800명이 적다. 관리자의 평균연봉이 6만 달러라고 가정하면 통제범위가 넓은 경우는 좁은 경우에 비해 연간 4,800만 달러의 관리자 인건비를 줄일 수 있다. 둘째, 통제범위가 좁으면 수직적 의사소통이 더 복잡해지고 의사결정의 속도가 늦어지며 최고경영층이 현장에서 동떨어질 수 있다. 상사는 부하에게 필요한 리더십과 지원을 제공할 시간이 없어져 조직구성원의 생산성은 떨어질 수 있다. 셋째, 좁은 통제 범위는 지나친 간섭을 유발하여 구성원의 자율성이 떨어질 수 있다.[45]

최근에는 통제범위를 넓게 하는 것이 추세이다.[46] 그러나 넓은 통제범위를 효과적으로 운영하려면 조직이 구성원에게 충분한 훈련을 제공해야 한다. 구성원이 자신의 업무에 숙달되고 동료와 함께 문제를 해결해가는 환경이 조성된다면 넓은 통제범위에서도 관리자의 효과적인 관리가 가능하다.

집권화와 분권화

집권화 의사집권화 조직 내에서 의사결정 권한이 한 지점에 집중되어 있는 정도

집권화(centralization)는 의사집권화 조직 내에서 의사결정 권한이 한 지점에 집중되어 있는 정도를 일컫는다.[47] 집권화된 조직에서는 최고경영층이 모든 결정을 내리고 구성원은 최고

경영층의 지시를 단순히 수행할 뿐이다. 반대로 분권화된 조직의 경우에는 의사결정 권한이 실무그룹이나 하위직원에게 위임된다.[48] 집권화 개념은 단지 공식 권한, 즉 공식적인 지위에 내재된 권리에만 국한된다. 관리자 중심의 집권화 노력은 실무에 가깝고 문제에 대해 최고경영층보다 자세한 사항을 알고 있는 하위관리자의 의사결정을 강화하고자 하는 방향으로 이루어진다. COVID-19 팬데믹 상황에서 이러한 분권화는 많은 조직에게 기본사항으로 요구되었는데, 이는 각 지역의 보건안전규정과 가이드라인을 따르는 의사결정을 각 실무그룹의 관리자나 실무그룹이 내릴 수 있게 의사결정 권한이 위임되었기 때문이다.[49] 그러나 집권화는 조직 내의 구성원에게 국한되는 문제는 아니다. 때로는 의사결정 권한이 외부의 관리자나 조직과 계약관계에 있는 회사에 소속된 고도로 숙련된 근로자에게 주어지기도 한다. 이런 경우 조직의 변화나 혁신이 이루어질 가능성이 커진다.[50]

분권화된 조직은 문제 대응이 빠르고, 더 많은 사람이 의견을 개진하고,[51] 리더가 목표를 완수하는 구성원을 격려하는 역할을 하며,[52] 구성원이 자신의 일에 영향을 미치는 사람에게 거리감을 덜 느낀다.[53] 집권화된 조직의 경우는 오답에 반응하는 오류(나쁜 선택)를 줄일 수 있는 반면에 분권화의 경우는 정답에 반응하지 못해 기회를 놓치는 오류를 줄일 수 있다.[54] 창의성과 관련하여 핀란드의 많은 조직을 내상으로 한 연구에서는 분권화된 연구개발 조직을 여러 지역에 가진 회사가 한 지역에 집권화된 연구개발부서를 지닌 기업에 비해 더 혁신적이라는 점을 발견했다.[55] 분권화는 역외 사업장이 산재되어 있는 조직에 필요하다. 이러한 조직의 경우는 각 지역 사업장에서 결정을 내림으로써 각 지역의 이익창출 기회, 고객정보, 특정 법률 이슈를 잘 활용할 수 있다. 물론 이때 지역 경영자의 책임을 명확하게 하기 위해 집권화된 관리도 필요하다. 집권화와 분권화 간의 균형 조절에 실패하면 조직이 피해를 입을 뿐만 아니라 역외 사업장이 있는 외국 정부와의 관계도 악화된다.[56] 때때로 집권화와 분권화는 모두 양날의 검이 될 수 있다. 미국 공군사무관 3000여명을 대상으로 한 연구에서는 분권화된 조직 내의 멀티팀 시스템에서 과도한 위험 추구와 협력 실패 등의 문제가 발생할 수 있음이 밝혀졌다.[57] 또한 조직 내에서 소수 또는 리더만 의견을 낼 수 있게 집권화되어 있는 경우는 구성원의 지식이 충분히 활용되지 않고 조직의 성과가 좋지 않은 결과가 나타났다.[58]

공식화

공식화(formalization)는 업무가 표준화되어 있는 정도를 의미한다.[59] 만약 어떤 업무의 공식화 정도가 높다면 업무를 맡은 구성원에게는 언제 어떤 업무를 어떻게 할지에 대한 최소한의 결정 권한만이 주어진다. 공식화가 높은 조직은 명확한 직무기술서가 있고, 규정이 많으며, 업무처리 방식이 구체적으로 정해져 있어 일관적이고 동일한 결과를 낼 수 있다. 예를 들어 출판사의 사무직은 대체로 매우 공식화된 업무 절차를 가지고 있는데, 이는 표준적인 절차가 있고 무슨 일을 어떻게 해야 하는지에 대한 기대가 명확한 것이다. 반대로 공식화가 낮은 경우는 직무 상대적으로 덜 프로그램되어 있으며 구성원은 자신의 일을 실행하는 방식에 있어 재량권을 활용할 수 있는 자유도가 높다. 출판사의 영업사원은 대학교수에게 전화를 걸어 자신의 회사 출판물에 대해 알려주는 일을 하면서 상당한 재량권을 누릴 수 있다. 그들도 일반적으로는 표준화된 영업 절차를 따르지만 필요에 따라 이러한 절차는 변형가능하며, 이들의 행동을 규제하는 규정과 절차는 거의 없으며 신간 출판물의 제목을 강조하고 주별로 영업보고서를 제출하라

공식화 업무가 표준화되어 있는 정도

는 정도의 제안에 불과하다.

어떤 경우에 공식화는 조직 효율성에 치명적인 영향을 주기도 한다. 94개의 중국 하이테크 기업에 대한 연구결과 공식화는 분권화된 조직 구조 내의 팀 유연성을 저해하며 공식화는 상호작용이 중요하고 유연성과 혁신이 필요한 직무와는 맞지 않는 특성임을 밝혔다.[60] 그러나 공식화가 유용한 경우도 있는데, 예를 들어 직무에 대한 임금 결정을 공식화하는 경우는 성별 간 차이를 감소시킨다.[61] 공정성과 윤리 또한 중요하다. 공식화가 공정하고 합법적인 경우(예: 이사회 임원이 직무, 직위, 그들이 하는 일에 대한 적절한 직위명을 지닌 경우)에 이직을 방지하고 근로자는 자신의 지위에 대해 더 잘 이해하고 서로의 직무를 조율하고 명확히 하기 위해 시간을 쓸 필요가 줄어든다.[62] 마지막으로 복잡성과 혼란의 시기에 조직구성원이 위기를 타개하기 위해 협력할 수 있게 장려될 때 공식화는 좋은 지침이 될 수 있다.[63]

경계연결

지금까지는 조직이 업무를 잘 설계하고 권한을 어떻게 결정할 것인지에 대한 방법을 살펴보았다. 이러한 시스템은 특정 업무에 대한 통제와 조정을 용이하게 하지만 조직 내에 부서가 많아지면 서로 다른 집단 간의 조정이 상당히 어려워진다. 이를 극복하고 조직 구조의 효과를 위해서는 경계연결 역할을 강조해야 한다.

경계연결 자신이 공식적으로 속하지 않은 조직의 사람과 관계를 설정하는 것

경계연결(boundary spanning)은 구성원이 자신이 속하지 않은 조직의 사람과 관계를 형성할 때 이루어진다.[64] 예를 들어 IT 그룹과 자주 소통하는 HR 임원이나 생산 조직에서 제시한 아이디어를 실행하는 R&D팀의 구성원은 경계연결을 위해 노력하는 것이다. 이러한 행동은 공식적인 조직이 너무 편협해지는 것을 막고 창의성, 의사결정, 지식 공유, 나아가 성과도 높인다.[65] 전 세계의 60여개의 인도적 구조활동 조직을 대상으로 한 연구는 사무실의 리더가 실제 경계연결자의 역할을 하며 그룹을 서로 연결하고 공동학습이나 창의성을 증가시키는 역할

BMW는 인도네시아 자카르타 공장에서 일하는 모든 구성원에게 세계 전역에 걸쳐 관계를 형성하기를 장려한다. BMW의 경계연결활동은 R&D, 디자인, 생산과 마케팅의 개인을 연결하며 문제해결과 혁신을 촉진하고 시장 변화에 적응하게 한다.

출처: Dadang Tri/Bloomberg/Getty Images

을 한다는 점을 밝혔다.[66]

경계연결활동은 조직 내부뿐만 아니라 조직 사이에서도 발생한다.[67] 임원이나 직원은 조직의 경계를 넘어 지식을 전달하고 정보를 활용하고 아직 실현되지는 않은 통찰을 공유하며 다른 조직과 관계를 만들어내고, 심지어 이러한 영향력을 통해 조직을 변화시키기도 한다.[68] 특히 외부와의 경계연결활동은 내부 소통을 강조하는 조직에 특별히 더 좋은 결과를 가져온다. 다시 말해 외부와의 경계연결활동은 내부의 경계연결활동으로 이어져야 가장 효율적이다.[69] 리더가 종국적인 경계연결자가 될 수 있지만 회사구성원들 간의 관계(영업사원-고객)도 조직 간 리더의 관계보다 강한 효과를 가질 수 있다.[70] 한편 조직 간의 경계연결활동이 부정적인 영향을 주는 경우도 있다. 예를 들어 경쟁사로 이직하는 직원이 양 사의 네트워크를 연결하는 역할을 수행할 수도 있지만 민감한 정보를 유출하는 경우도 발생할 수 있다.[71] 게다가 임원은 자신이 지닌 네트워크에 대한 지식을 과소평가하는 경향이 있다.[72]

조직은 경계연결활동을 용이하게 하기 위해 다양한 방법을 사용할 수 있다. 방법 중 하나는 공식적으로 연결고리 역할을 하는 사람을 임명하거나 조직 내 다양한 분야의 사람으로 구성된 협의체를 만드는 것이다.[73] 구성원 육성이 경계연결활동에 도움이 될 수도 있다. 예를 들어 부서 간 전문용어, 방법론, 다른 그룹의 관행을 배우는 것은 그룹 간의 격차를 메우는 데 도움이 될 수 있다.[74] 다양한 분야, 예를 들어 회계부서와 마케팅부서에서 일한 경험이 있는 구성원이 경계연결활동에 더 적극적이다.[75] 많은 조직은 직무순환 프로그램을 활용하여 신입사원이 다양한 분야를 경험하게 함으로써 이러한 역량을 개발시킬 수 있을 것이다. 또 다른 방법으로 조직 전체의 목적인 효율성, 혁신, 공유된 정체성 등을 상기시키는 방법이 있다.[76]

학교나 회사에서 리더가 조직 구조의 일곱 가지 요소와 관련하여 내린 결정의 결과를 경험했을 것이다. 그 결과인 조직도는 리더의 결정을 명확하게 이해하는 데 도움을 준다. 다음 절에서는 이에 대해 살펴보자.

일반적인 조직 구조

조직 설계에는 다양한 방법이 있으며, 일하는 방식의 변화에 따라서 조직 구조가 지속적으로 변화하게 된다. 이 절에서는 일반적으로 사용되는 조직 구조인 단순 구조, 관료제, 매트릭스 구조에 대해 논의한다.

15-2 단순 구조, 관료제, 매트릭스 구조의 특성을 확인할 수 있다.

단순 구조

단순 구조(simple structure)는 실리콘밸리의 스타트업에서 흔히 발견된다. 현대 기술 기반의 스타트업은 기업가정신을 지닌 창업가가 추진하는 비전을 통합적으로 실현하고자 오랜 근무시간 동안 일하는 충성심 높은 핵심구성원으로 지지되는 구조이다.[77] 단순 구조는 부서화의 정도가 낮고, 통제범위가 넓고, 권한이 집중되어 있으며, 공식화가 낮다는 특성이 있다.[78] 단순 구조는 수평 조직으로 보통 2~3단계의 계층이 있고, 직원 구성이 느슨하며, 경영자 1명에게 결정 권한이 집중되어 있다. 대부분의 기업은 단순 구조로 사업을 시작한다. 스마트폰앱 개발회사와 같이 수명주기가 짧은 혁신을 추구하는 기술 기반 기업은 단순 구조를 유지하는 경향이

단순 구조 낮은 부서화, 넓은 통제범위, 권한의 집중, 낮은 공식화가 특징인 조직 구조

도표 15-4 단순 구조(사크래인 후세인의 남성용품 판매점)

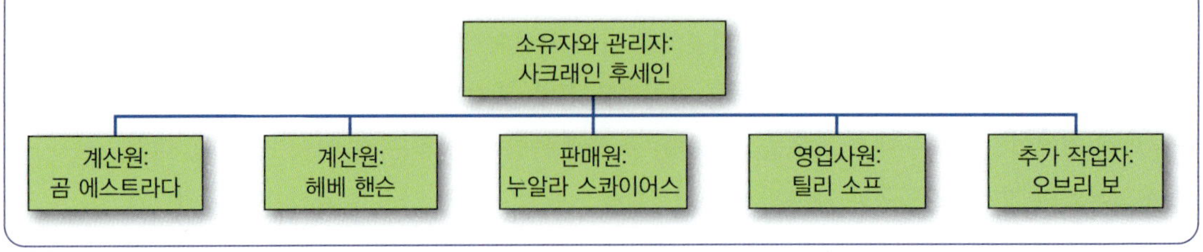

있다.[79]

도표 15-4는 사크래인 후세인이 소유하고 경영하는 남성용품 판매점의 조직도이다. 정규직 판매사원이 2명, 출납계 직원이 2명이고 주말과 휴일에는 임시직원이 있지만 사크래인이 모든 결정을 내린다. 이러한 유형의 조직은 대부분 소규모 사업에서 많이 활용되지만, 위기상황에서는 대기업이 자원을 집중하기 위해 조직 구조를 단순화하기도 한다.

단순 구조의 장점은 말 그대로 단순성에 있다. 빠르고, 유연하고, 운영비가 적게 들고, 책임의 소재가 분명하다. 하지만 조직이 성장함에 따라 낮은 공식화와 높은 집권화로 인해 최고경영층에 지나친 정보과중을 유발함으로써 부적절한 조직 구조가 된다. 이 경우 1명의 경영진이 모든 의사결정을 다 하는 과정에서 의사결정 속도가 느려진다. 만약 조직 구조를 더 정교하게 바꾸지 않는다면 성장기회를 잃고 결국 실패의 길을 걷게 될 것이다.[80] 단순 구조의 또 다른 약점은 모든 것이 한 사람에게 달려 있다는 점이다. 소유주인 경영자가 병에 걸리면 조직 내 정보의 흐름과 의사결정 역량이 완전히 무너질 수 있다.[81]

관료제

관료제의 핵심은 표준화에 있다. 은행, 옷 가게, 세금 관련 정부조직, 보건 관련 정부조직, 소방 관련 정부조직을 생각해보자. 이러한 조직은 조화와 통제를 위해 표준화된 업무 과정을 갖추고 있다.[82] **관료제**(bureaucracy)의 특징은 전문화를 통한 고도로 정형화된 업무, 공식화된 규정과 규율, 기능직 부서, 권한의 집중, 좁은 통제범위, 지휘체계를 따르는 의사결정 등이다.[83] 관료제는 앞서 이야기한 부서화가 확실하게 되어 있는 조직이다.

관료제 전문화, 공식화된 규칙과 규정, 기능적 부서로 묶인 업무, 집중된 권한, 좁은 통제범위, 지휘체계에 따른 의사결정 등이 특징인 고도의 정형화된 조직 구조

많은 사람이 관료제에 대해 부정적으로 생각하지만, 관료제는 분명한 장점이 몇 가지 있다. 특히 표준화로 효율성을 향상할 수 있다. 유사한 전문성을 가진 사람이 같은 부서에서 일함으로써 규모의 경제를 달성하고, 인력과 장비의 낭비를 줄이며, 구성원이 같은 전문용어를 사용하는 것 등이 장점이다. 관료제는 개인의 역량보다는 규칙이나 규정에 의존하여 조직을 운영하기 때문에 역량이 탁월하지 않은 중간관리자와 하위관리자를 활용함으로써 비용 절감이 가능하다. 다만 최고경영층 이외의 구성원에게는 경험이나 혁신적인 아이디어에 대한 요구가 줄어들다보니 혁신 지향적인 구성원에게는 만족감을 주기 어렵다.[84]

다음은 어느 회사의 경영자 4명이 주고받은 대화이다. 생산담당 임원은 "우리가 생산하기 전에 회사에서 할 수 있는 건 아무것도 없어"라고 말한다. 연구개발 담당자는 "아니지, 우리가 설계하기 전에는 아무것도 못하지"라고 말한다. 마케팅 임원은 "무슨 소리야? 우리가 판매를 하기 전에는 아무것도 될 수가 없지"라고 말한다. 회계담당 임원은 "무엇을 설계하고 생산하고

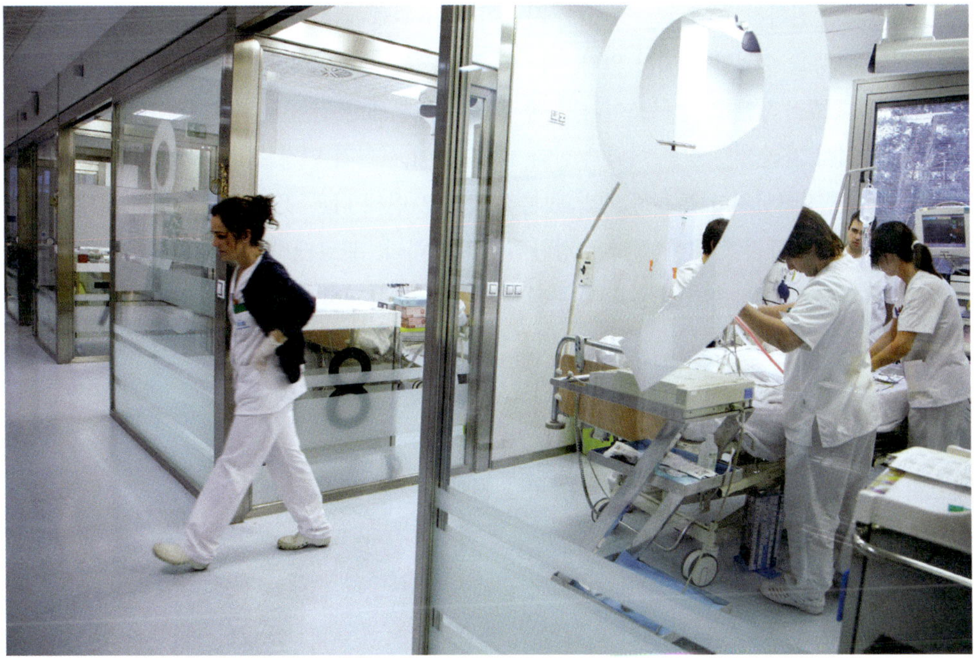

병원은 관료제적 구조에서 흔히 나타나는 표준화된 작업 단계와 절차 덕분에 직원이 효율적으로 업무를 달성할 수 있다. 스페인 샌 세바스찬에 있는 폴치니카 기푸즈코아(Pollclinica Glpuzkoa) 병원에서는 의사와 간호사는 중환자실에서 지켜야 할 공식적인 규칙과 규제를 준수한다.

출처: agefotostock/Alamy Stock Photo

판매하는 건 중요하지 않아. 우리가 결과를 계산해내기 전에는 아무도 무슨 일이 있는지 알지 못해"라고 주장한다. 이 대화는 관료제적 전문화로 인해 조직의 하위단위에서 유발될 수 있는 전형적인 갈등상황을 보여준다.

관료제의 또 다른 단점은 많은 사람이 직접 경험으로 알고 있는 것으로 표준적인 절차와 관

미신인가, 과학인가

관료제는 혁신과 생산성의 적이다

조사결과 평균적으로 조직은 점점 관료화되어 가고 있다. 의사결정은 집권화되고 보수화되며 규정중심으로 이루어진다. 한때는 관료제가 혁신적이고 진보적으로 여겨졌을 때도 있었다. 전문화된 노동의 분업과 위계적 구조에 따른 권한은 조직의 성장을 가능하게 했다. 그럼에도 많은 사람은 강하게 관료제에 반대했으며 월마트의 최고경영자 더그 맥밀런(Doug McMillon)은 관료제를 '악당'이라 칭하고, 제이피모건 체이스(JPMorgan Chase)의 최고경영자는 '질병'이라고 말할 정도로 반대했다. 관료제는 진정 혁신과 생산성의 적인가, 아니면 개인이 관료제의 문제점을 완화하는 것이 가능한가?

관료제에 대한 기대를 비교하는 연구에서 직원이 최소한의 불만이나 좌절을 경험하면서 관료제를 운영할 수 있음을 발견했다. 달리 말하자면 제대로 작동하는 관료제 구조에서는 직원이 자신에게 중요하다고 생각되는 일을 통제할 수 있었다. 이는 관료제가 개인의 문제가 아닌 모두가 공유하는 문제이며 관료제적인 부분을 모두 제거하기보다는 행정적인 일을 직원이 선호하는 복지와 연결함으로써 이러한 일이 혁신이나 생산성을 저해하지 않도록 했다.

관료제가 그 목적을 다하면서도 관료제가 과도해질 때에는 개개인을 관료제에서 해방시켜 주는 것이 필요하다. 세계 최대의 제약회사인 화이자(Pfizer)의 최고경영자가 묘사했듯이 정부지원금의 감소는 관료주의적 장벽을 줄이고 과학자를 불필요한 지연으로부터 보호하기 위해 필수적이었다. 궁극적으로 이를 통해 화이자는 COVID-19 백신을 6개월이라는 기록적인 시간 안에 개발할 수 있었다. 데이터에 의하면 직원은 업무시간의 28%을 행정적인 일에 소모하고 이러한 관료제로 인해 작업시간이 지체된다. 응답자의 2/3는 관료제가 의사결정이 속도 또한 상당히 느리게 한다고 대답했다. 또한 관료제는 조직 내 관성을 유지하게 함으로써 혁신을 어렵게 한다. 구글이나 아마존 같은 기업이 아래로부터의 혁신을 촉진하고 있을 때, 1000명 이상의 직원이 있는 많은 다른 조직에서는 직원이 새로운 일을 추진하려고 할 때 상당한 어려움을 겪는다고 보고했다.

관료제는 확실히 혁신을 위한 직원의 역량과 생산성에 부정적인 영향을 미친다. 그러나 관료제적인 일을 모두 제거하는 것은 가능하지도 실용적이지도 않다. 다른 한편으로 관료제가 생산이나 혁신의 적으로 간주될 필요는 없다. 관료제적인 일이 직원에게 과도한 부담이 되지만 않는다면, 직원이 자신의 목표를 이루는 데 도움이 될 수도 있다.[85]

행에 지나치게 집착하게 된다는 점이다. 사안이 지난 관행에 정확히 맞지 않는 경우라 할지라도 규정과 관행을 수정할 여지가 없다. 따라서 관료제는 구성원이 관행과 절차로 익숙한 문제를 해결할 때 효율적인 조직 구조이다.[86] 규정과 관행에 대한 집착은 관료제적 조직 내에 새로운 실행 방식이 자리잡는 것을 어렵게 한다. 예를 들어 사회적 인정 프로그램은 아프리카 나이거에서는 성공적이었지만 독특한 맥락과 본질 차이로 인해 다른 곳에서는 완전히 실패했다.[87] 게다가 표준화와 규정에 대한 집착은 장단점이 명확하다. 관료제적 구조는 자율성 감소와 동기부여 저하를 가져올 수밖에 없으며 구성원의 동기를 유지하거나 발전시키는 것이 매우 어렵다.[88]

매트릭스 구조

매트릭스 구조 이중 지휘체계를 가지고 있으며 기능별 조직과 제품별 조직을 합쳐놓은 조직 구조

매트릭스 구조(matrix structure)는 기능별 조직과 제품별 조직을 합쳐 놓은 조직 형태로 광고대행사, 대학, 연예대행사 등에서 볼 수 있다.[89] 매트릭스 구조를 가진 조직은 이중권한 구조를 가지고 있어 기능이나 제품군에 따라 책임지는 사람이 복수로 존재한다. 갤럽의 조사에 따르면 84%의 직원이 매트릭스 조직에서 일한다.[90] 매트릭스 구조를 사용하는 기업은 삼성, BASF, 로레알과 같은 기업이다.[91]

매트릭스 조직의 가장 큰 구조적 특징은 지휘의 통일성 원칙을 깬다는 점이다. 도표 15-5는 경영대학의 매트릭스 구조를 보여준다. 학과는 회계, 의사결정과 경영정보, 마케팅 등 기능적 단위로 구성되어 있다. 추가적으로 특정 프로그램(예: 제품)이 기능과 맞물려 있다. 이와 같이 매트릭스 구조의 구성원은 기능별 부서와 제품별 부서의 이중지휘체계에 있다. 매트릭스 구조에서 구성원은 2명의 상사(기능담당 상사와 제품담당 상사)에게 보고를 한다. 예를 들어 학부 회계학을 가르치는 교수는 회계학과장과 학부담당 학과장에게 보고해야 한다.

매트릭스 구조의 강점은 복잡하고 상호의존적인 다수의 활동을 수행할 때 조율이 용이하다는 것이다.[92] 전문직종 간의 직접적이고 빈번한 소통을 통해 조직 내 정보가 더 잘 공유되고 그 정보가 필요한 사람에게 신속하게 전달될 수 있다. 예를 들어 2018년 미국 폭설사태를 생각해 보자. 보스턴의 로건국제공항은 매트릭스 구조를 잘 활용하여 이러한 사태에 대응할 준비가 잘 되어 있었지만, 뉴욕의 JFK공항은 이러한 사태 해결에 있어 권한을 너무 이양하고 외부의 계

도표 15-5 경영대학의 매트릭스 구조

프로그램 / 학부	학과	석사	박사	연구	임원 교육	지역서비스
회계학						
재무관리						
의사결정과 경영정보						
관리						
마케팅						

약자에 의존하는 바람에 수일 동안 비행연착 사태를 빚어 전 세계의 뉴스거리가 되었다.[93] 매트릭스 구조는 관료제의 '병폐'를 감소시킨다. 지휘체계의 이원화는 구성원이 조직 전체의 관점을 갖지 못하고 자신의 영역만 생각하는 문제를 줄여준다.[94] 또한 최고의 자원을 효율적으로 활용함으로써 규모의 경제를 달성할 수 있고 전문가를 효율적으로 활용할 수 있다.[95]

매트릭스 구조의 단점은 혼란을 초래하고 권력다툼과 개인구성원에게 스트레스를 유발할 수 있다는 것이다.[96] 안정성을 선호하고 불확실성을 싫어하는 구성원에게 매트릭스 구조의 분위기는 스트레스가 될 수 있다. 구성원은 2명 이상의 상사에게 보고함으로써 역할 갈등을 경험하기도 하며, 불명확한 기대로 인해 역할의 모호성을 경험하기도 한다. 지휘체계의 단일화 없이는 보고체계에 대한 불확실성이 증가하고 기능담당 상사와 제품담당 상사 사이에서 권력다툼이 일어날 수도 있다.

매트릭스 구조의 단점은 신속성, 유연성, 유동성, 협력과 명확한 방향성을 강조하는 조직 문화를 통해 상쇄되기도 한다. 이와 같은 핵심가치를 조직 문화의 핵심으로 삼고 있는 스포티파이(Spotify)에서 개인은 '스쿼드', '길드', '챕터', '종족'에 속하게 되며 애자일 매트릭스를 통해 스포티파이의 미션을 실현하고자 한다.[97] 간단히 설명하면 종족과 그를 이루는 스쿼드는 특정한 상품이나 서비스를 담당한다. 챕터는 상품과 서비스에 관계없이 비슷한 기능적 역할을 하는 사람으로 구성된다. 종족과 챕터의 교차점은 도표 15-5에서 나타나는 것과 같은 전통적인 매트릭스 구조를 형성한다. 그러나 길드를 만드는 방식이 흥미롭다. 길드는 같은 관심사를 가지고 공유된 관심사에 기반하여 발전하고자 하는 사람의 모임으로 어떤 형태나 규정된 방식없이 구성된다. 이러한 방식의 구조로 인해 스포티파이에서는 자신이 속한 스쿼드를 벗어나 누가 누구에게 보고해야 하는지의 문제를 걱정할 필요 없이 단기적 목표를 위해 함께 일할 수 있다.

대안적인 조직 설계

많은 경영자는 조직 위계를 축소하고 경계 없는 조직을 만들기 위해 새로운 구조적 대안을 만들어왔다.[98] 이 절에서는 대안적인 조직 구조인 가상 구조, 팀 구조, 원형 구조를 살펴본다.

15-3 가상 구조, 팀 구조, 원형 구조의 특성을 확인할 수 있다.

가상 구조

빌려 쓸 수 있다면 소유할 필요가 있는가? 이 질문이 **가상 구조**(virtual structure: **네트워크 조직**)의 핵심이다. 가상 구조는 소규모 핵심 조직만 조직 내부에 유지하고 다른 기능은 외주를 주는 조직 구조이다.[99] 가상 구조는 높은 집권화와 낮거나 거의 없는 부서화가 특징으로 다른 조직과의 경계를 연다.

가상 구조 소규모 핵심 조직만 조직 내부에 유지하고 다른 기능은 외주를 주는 조직 구조

대표적인 예로 영화 제작업체를 들 수 있다. 할리우드의 황금시대에 영화는 수직적으로 통합된 대규모 기업이 제작했다. MGM(Metro-Goldwyn-Mayer), 워너브라더스(Warner Brothers), 20세기폭스(20th Century Fox)와 같은 영화제작사는 촬영장을 보유하고 세트 디자이너, 촬영진, 편집자, 감독, 영화배우 등 수천 명의 정규직원을 고용했다. 하지만 요즘은 프로젝트별로 소규모 회사와 개인이 모여서 영화를 제작한다. 이러한 구조를 활용하면 내부에 있는 사람을 활용하는 것이 아니라 영화에 가장 적합한 사람으로 프로젝트를 구성하게 된다.

이러한 조직 형태는 장기적으로 유지할 필요가 없기 때문에 간접비를 최소화할 수 있다. 프로젝트별로 조직을 만들고 해산하기 때문에 장기라는 개념이 없어 장기적인 위험과 비용을 줄일 수 있다.

영상스트리밍을 제공하는 넷플릭스, 훌루, 아마존프라임, 디즈니플러스와 같은 서비스는 자신의 구독자를 위해 자체 컨텐츠를 다량제작해서 선보이고 있다. 이러한 컨텐츠들 중 일부는 배타적 저작권을 가지고 자체제작이 아닌 것도 있지만, 상당 부분은 스트리밍서비스에 의해 만들어지고 있다.[100] 가상 구조는 이러한 회사가 컨텐츠를 빠른 시간 안에 만들어낼 수 있게 해준다. 아프리카에서 온 사무라이의 이야기를 바탕으로 한 애니메이션 시리즈인 〈야수케(Yasuke)〉를 예로 들어보자. 야수케는 16세기 예수교 선교사와 함께 일본에 도착한 뒤 다이묘 오다 노부나가의 경호원으로 근무했다. 넷플릭스는 창작자로 르션토마스(LeSean Thomas: 〈블랙 다이너마이트〉와 〈더 분덕스〉의 창작자)를, 야수케의 목소리 역으로 러키스 스탠필드(〈겟 아웃〉, 〈쏘리 투 보더 유〉, 〈유다 그리고 블랙 메시아〉에도 출연한 배우)를 찾는 등 다양한 인재를 모았다. 이 작품은 일본의 MAPPA애니메이션 스튜디오를 통해 만들어졌고, 삽입곡과 오프닝곡과 엔딩곡을 위해 그래미 후보자였던 플라잉 로터스(Flying Lotus)와 함께 매우 재능있는 음악가 썬더캣(Thundercat)과도 계약하는 등 셀 수 없는 회사 안팎의 전문가와 계약했다.[101] 확실히 가상 구조는 조직이 빠르게 다양한 인재를 모아 이야기를 작품으로 만들어내는 것을 가능케한다.

도표 15-6은 가상기업의 예를 보여준다. 이 조직의 핵심은 소규모 경영진으로, 이들이 회사 내에서 일어나는 일을 감독하고 생산, 유통, 기타 기능을 수행하는 조직과의 관계를 유기적으로 조율한다. 점선은 계약을 통해 일어나는 관계를 의미한다. 결국 경영진은 외부관계를 조율하고 통제하는 데 대부분의 시간을 할애한다.

네트워크 조직은 다양한 형태로 존재한다.[102] 전통적인 형태로는 **프랜차이즈**를 들 수 있다. 프랜차이즈는 본사에 관리자, 시스템, 기타 전문가가 있고 판매와 서비스는 프랜차이즈가 담당한다. 이러한 형태의 네트워크 조직은 세븐일레븐(7-Eleven), 맥도날드, 지미존스(Jimmy John's), 던킨도너츠(Dunkin' Donuts)와 같은 서비스 산업에서 많이 활용된다. 하지만 이

도표 15-6 가상 구조

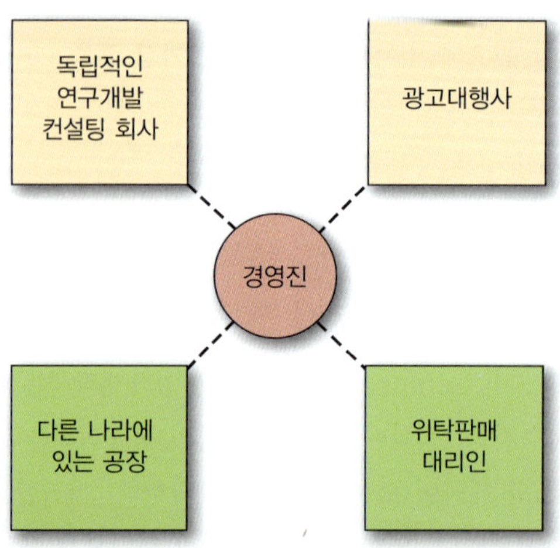

유형의 조직에서 가맹점은 서로 조율하고 협조하기보다는 경쟁하는 경향이 있다. 프랜차이즈에 대한 한 연구에 따르면 조직의 미션이 어떻게 각 프랜차이즈 지점에 형성되고 윤리적 규정에 대해 얼마나 고려하고 있는지 지점 간에 상당한 차이가 있다는 점을 밝혔다. 이러한 차이점은 각각의 지점에서 차별을 경험하게 되는 정도에 영향을 미쳤다.[103] 게다가 표준화를 이루려는 본사와 자율성을 얻으려는 프랜차이즈 지점 간의 긴장이 종종 심화되며,[104] 이는 지역별로 프랜차이즈 지점 간의 성과 차이를 가져오는 이유가 된다.[105]

또 다른 **할로우(hollow) 유형**은 조직이 비핵심적인 기능만을 외주로 주는 형식이다.[106] 예를 들어 아센들(Ascendle)은 기업을 위한 웹과 모바일 어플리케이션을 만드는 과정에서 필요한 기술적 자원을 활용할 수는 있지만, 비용적인 면에서 효율적이지 않아 해당 직무를 외주로 주면서 사내에는 인사부서와 같은 핵심기능만 남겨둔다.[107] COVID-19 팬데믹 기간 동안 재택근무자가 늘어나면서 기술, 기술 지원, 통신 자원과 관련한 높은 수요가 있었으며, 이와 관련한 서비스를 담당해주는 외부의 IT회사와 계약을 맺고자 하는 회사가 많아지며 IT관련 외주가 크게 늘어났다.[108] 비슷한 형태로 **모듈러(modular) 유형**은 조직이 제품의 비핵심적 부분을 외주로 주는 형태이다. 델(Dell)과 같은 컴퓨터제조 회사의 경우에 랩탑이나 PC를 만드는 모든 부품을 다 제작하지 않는다. 사실 AMD와 같은 회사가 프로세서를, AU옵트로닉스(AU Optronics)가 디스플레이를, IBM이 서상디스크를 제공한다.[109] 또 다른 유형은 **스타버스트(starburst) 유형**인데, 이는 모회사의 특정 기능을 새로운 회사로 분리하여 만든 조직 구조이다.[110] 예를 들어 2012년에 넷플릭스는 DVD 기능을 독립시켜서 디브이디닷컴(DVD.com)을 만들었다.[111] 최근에는 IAC가 인기있는 비디오서비스인 비메오(Vimeo)를 2021년에 분리했다.[112]

가상 구조의 주요 장점은 유연성으로 혁신적인 아이디어는 있지만, 재무상황이 불리한 개인이 대기업과 경쟁할 수 있는 기회를 제공한다. 또한 물리적인 사무실과 외주를 준 기능과 관련된 위계서열을 제거함으로써 비용을 줄일 수 있다.[113] 하지만 가상 구조가 유행하면서 단점도 부각되고 있다.[114] 가상 구조는 끊임없는 유동성과 재정비를 필요로 하므로 역할과 목표, 책임의 소재가 불분명하고 이로 인해 정치적인 행동을 유발하기도 한다. 2018년 폭설 비상상황의 사례를 다시 살펴보면 JFK의 경우 위기상황에 소통과 민첩성에 있어서 한계를 보인 일종의 가상 구조 형태를 활용하고 있었다고 볼 수 있다.[115]

팀 구조

팀 구조(team structure)는 지휘체계를 제거하고 부서를 임파워된 팀으로 대체한다.[116] 팀 구조는 회사, 고객, 공급업체 사이의 벽을 허물고 조직 내부의 수직적 또는 수평적 경계를 제거한 조직 구조이다. 기능적 부서는 기능 간, 생산라인 간, 유닛 간의 수평적 경계를 만들기 때문에 이러한 경계를 줄이기 위해서는 조직이 기능적 부서를 교차기능팀으로 교체하고 과정 중심으로 활동을 구성해야 한다. 팀 구조는 다양한 이름으로 불리우지만(홀로크라시, 아메바 조직, 스컹크 작업, 양면성 조직, 무경계 조직, 메타팀, 시장중심 생태계 등) 이들은 모두 공통적인 특성이 있다. ① 시장 기회에 전념하기 위해 자원(예: 인력, 기술, 자금)의 플랫폼을 마련하며, ② 리더는 각 시장 기회별 독립적인 팀을 할당하고, ③ 이러한 팀은 고객의 요구와 필요를 예측하여 민첩하게 대응할 수 있는 권한을 부여받는다.[117]

팀 구조 회사, 고객, 공급업체 사이의 벽을 허물고 조직 내부의 수직적 또는 수평적 경계를 제거한 조직 구조

조직은 수직적 경계를 제거함으로써 수평적 조직을 만들고 조직 내에서 위계와 서열을 줄일 수 있다. 14000여개의 팀을 대상으로 한 연구에 따르면 위계는 갈등을 양산하고, 이로 인해 팀 효과성이 제한된다.[118] 다양한 직급으로 구성된 팀, 참여적 의사결정 방법, 다면평가법 등이 팀 구조에서 사용될 수 있다. 예를 들어 세계에서 가장 큰 보청기제조 회사인 덴마크의 오티콘(Oticon A/S)은 조직 내에서 위계를 모두 없앴다.[119] 모든 구성원은 동일한 모바일 사무공간에서 기능이나 부서 없이 프로젝트팀 단위로 업무를 수행한다.

많은 조직은 전면적으로나 부분적으로 팀 구조를 도입한 바 있다. 예를 들어 제록스는 신제품을 개발하는 데 기능별 업무보다는 과정을 기반으로 업무를 하는 다양한 분야의 사람으로 구성된 팀을 활용한다.[120] 록히드 마틴(Lockheed Martin)에서 사용하는 방식인 스컹크 작업팀은 다양한 인재가 믿을 만한 프로젝트 리더와 함께 짧은 기간에 고립된 팀에서 협력하여 대대적인 혁신을 추구하고자 하는 것이다.[121] 이러한 사례 외에도 조직은 팀 구조를 조직 문화와 구조의 핵심적인 특징으로 삼으려 한다. 아마존에서는 구성원이 고객과 그들의 필요에 집착하고 장기적인 관점을 유지하고 그러한 수요에 대응하기 위해 과감히 혁신한다는 'Day 1 문화'를 가지고 있다. 팀 구조는 이러한 필요에 잘 부응하기에 느리고 관료적이며 권위적인 경직된 구조(아마존이 'Day 2 문화'로 언급하는 것)를 버리고 혁신적이고 민첩하며 팀에 권한을 부여하는 구조로 나아간다.[122]

팀 구조가 성공적으로 활용되면 지역 장벽을 허물 수도 있다. 최근 대부분의 미국 대기업은 스스로를 팀 지향적인 세계화 회사로 인식하고 있다. 예를 들어 코카콜라, 맥도날드 같은 회사는 미국에서만큼 해외에서도 사업을 영위하고 있으나 많은 회사가 지리적인 지역을 조직 구

윤리적 선택

유연한 구조, 책상없는 사무실

경영대학 졸업생은 집으로 전화를 걸 수 있는 자신의 책상을 가지고 싶어 했고, 중간관리자는 자기만의 사무실을 열망했고, 경영진은 건물 모퉁이의 고급사무실을 탐내곤 했다. 하지만 지금은 그 벽이 무너지고 있다. 조직 구조가 변화함에 따라 물리적 사무 환경도 변화하고 있다. 많은 기업이 자신이 채택한 조직 구조를 반영할 수 있게 물리적 사무공간에 변화를 가져오고 있다.

온라인 유통업체인 자포스에서는 최고경영자조차 사무실을 원하지 않으며 1,500명의 직원이 개방된 공간에서 일할 수 있다. 구글 같은 기업도 라운지와 커다란 다인용 테이블이 놓인 사무실을 설계하고 있다. 제약 회사인 글락소스미스클라인(GlaxoSmithKline)의 사무공간 설계 전략을 담당하는 에드워드 다뇨(Edward Danyo)에 따르면 공유 환경에서 일할 때 의사결정 속도가 45% 빨라지는 등 업무 성과가 크게 향상되었다. 그러나 물리적, 정신적 조직 구조를 해체하는 데에는 윤리적인 문제도 존재한다.

- 기밀을 요하는 논의는 어디서 해야 하는가? 최근 사무실 설계에서 회의는 즉석으로 임시 회의실에서 이루어진다. 하지만 벽이 유리로 되어 있거나, 회의실로 호출되었을 때 오명을 썼다고 느끼거나, 프라이버시 문제로 인사부서와 상담하기를 꺼린다면 이러한 설계는 적합하지 않을 수 있다.
- 개인 특성의 차이를 어떻게 극복할 것인가? 외향적인 구성원은 지정된 사무공간 없이 협력관계를 구축하는 것을 편안하게 느끼겠지만 내성적인 구성원은 시간을 두고 사람을 알아가는 안정된 사무실 구조가 없어서 불편해할 수도 있다.
- 개인의 프라이버시를 어떻게 유지할 것인가? 자포스는 구성원에게 개별 사물함을 주고, 주변 사람을 피해 컴퓨터 화면을 비스듬히 돌려놓게 하고, 직원 간 방음벽 역할을 하고 이어버즈(ear buds)를 사용할 것을 권장함으로써 개방된 공간에서 사생활을 보장하려고 노력한다.
- 어떻게 고객에게 기밀성을 보장할 수 있는가? 벽이 있고 방음이 되는 방이라도 가상회의나 현장회의 시 고객에게 충분한 보안 유지를 제공하지 못할 수 있다.
- 어떻게 기대와 책임이 강제될 수 있는가? 사무실이 없고 때로는 직함이 없는 환경에서는 역할과 기대, 목표를 명확히 할 필요성이 더욱 크다. 그렇지 않으면 개방된 협력 구조는 책임의 분산과 혼란을 야기할 수 있다.[123]

조로 녹이는 데 어려움을 겪고 있다. 반면에 팀 구조는 필요에 의해 형성되기도 한다. 5년 동안 정유와 가스 산업에서 93개의 회사를 인수한 중국 기업은 인수한 회사를 새로운 팀으로 융합함으로써 중국에서 자신이 가진 자원으로는 해결할 수 없는 예상되는 요구를 해결하기도 한다.[124] 경우에 따라서 조직은 구성원과 고객 또는 공급업자와 팀을 구성하기도 한다. 예를 들어 허니웰(Honeywell)은 공급업체가 정확한 규격으로 핵심부품을 만들 수 있도록 공급업체의 관리자와 자사의 엔지니어로 팀을 구성했다. 팀 구조는 지역을 구조적인 이슈가 아니라 전술적인 이슈로 간주하기 때문에 해결책을 제시할 수 있다. 요약하면 팀 구조화의 목표는 문화적 경계를 허물고 기회를 창출하는 것이다.

원형 구조

양궁 과녁의 동심원을 생각해보자(도표 15-7 참고). 그 중심에는 경영자가 있고, 바로 다음 원에는 최고경영진이 있으며, 기능별로 분류된 바깥쪽 원에는 관리자가 있고, 그 다음에 전문가, 그 다음에 실무자가 있다. 이러한 조직 구조를 **원형 구조**(circular structure)라고 한다.[125] 원형 구조는 실질적으로 앞서 살펴본 단순하고 수직적이고 위계적인 구조와 동일하다.[126] 차이점이라면 정보가 제공되는 방식에 있으며 원형 구조에서는 위계 구조를 따라 상부에서 명령체계를 따라 하부로 정보가 전달되는 체계가 아니라 조직전체를 최고경영진을 중심으로 하는 팀으로 간주한다. 최고경영진은 조직의 핵심에서 자신의 비전을 확신시키며 원형 구조의 각 부문은 정확히 정의되지 않아 단순 구조의 명확하고 지점별 연결이 확실히 보이는 구조와 차이가 있다.

원형 구조 중심에 있는 경영자가 기능별로 구별된 바깥쪽 원으로 자신의 비전을 확산시키는 소식 구조

원형 구조는 창의적인 기업가가 직관적으로 선호하며 소규모 혁신기업이 활용하고 있다. 하지만 최근에 나타나는 하이브리드 조직처럼 구성원이 누구에게 보고하는지, 누가 책임지고 운영하는지를 명확하게 알지 못할 수도 있다. 하지만 원형 구조는 더 확산될 가능성이 있다. 특

도표 15-7 원형 구조

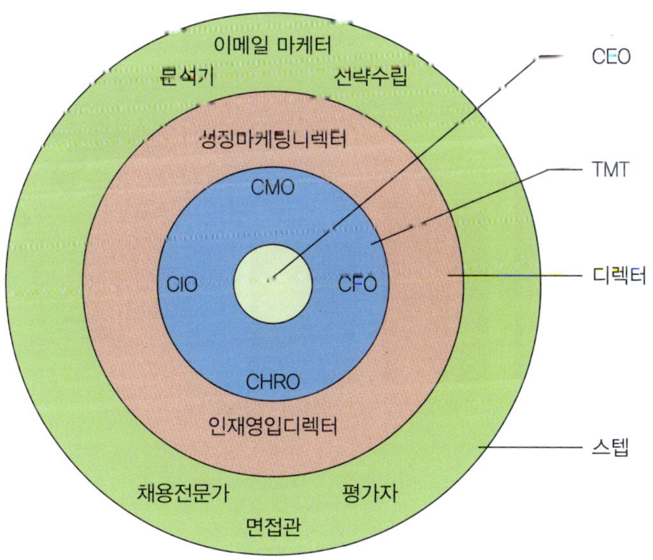

히 사회적 책임과 같이 비전을 확산시키는 데 유용할 것이다.

유연한 조직: 다운사이징

15-4 다운사이징이 조직 구조와 구성원에 미치는 영향을 설명할 수 있다.

다운사이징 지점 폐쇄, 인력 감축, 사업부 매각 등을 통해 조직을 더욱 유연하게 만들고자 하는 체계적인 노력의 일환

최근의 조직 구조에 대한 논의는 더욱 유연하고 집중화된 조직을 만듦으로써 환경에 대한 민첩성을 높이는 데 목적이 있다. **다운사이징**(downsizing)은 지점 폐쇄, 인력 감축, 사업부 매각 등을 통해 조직을 더욱 유연하게 만들고자 하는 체계적인 노력의 일환이다.[127] 다운사이징은 조직 내 위계의 층을 줄여 통제범위를 줄이는 계층해체를 의미하기도 한다. 다운사이징은 반드시 사무실 공간을 줄이는 것만을 의미하지는 않지만(OB POLL 참조), COVID-19 팬데믹 영향은 실제 그런 방식으로 진행되기도 했다(한편 사무실에 출근하는 사람이 적어지는 바람에 1인당 사무실 면적은 사실 2020년에 196평방피트로 증가한 것이 나타났다).[128]

비록 다운사이징을 전략적인 구조화 결정으로 제시하고 있지만, 많은 기업은 사실 외부 압력으로 인해 선택의 여지가 없이 다운사이징을 시행한다. 예를 들어 조직들은 자연재앙, 전염병(예: COVID-19 팬데믹), 경제침체기간 중에 다운사이징과 함께 업무 재구조화, 임금, 고용 동결을 진행하기도 한다.[129] 예를 들어 CEO는 종종 수익 예상치를 달성해야 하는 압력을 느끼며, 이로 인해 다운사이징을 실행한다.[130] 때로는 더 나쁜 이유로 이루어질 수도 있는데, 예를 들어 한 연구에서는 동료보다 적게 지급받는 CEO가 더 많은 해고를 할 가능성이 있으며, 이후 결과적으로 회사의 성과가 더 좋아지면 더 높은 급여를 받을 가능성이 있는 것으로 밝혔다.[131]

기업은 핵심 역량에 집중하기 위해 다운사이징을 실시하기도 한다. 이런 경우 다운사이징은 최종사용자나 고객이 가치를 두지 않는 활동을 식별하고 제거하는 방식의 유연한 경영 전략의 일환으로 실행되며, 이는 관료제를 줄이고 의사결정의 속도를 높인다.[132] 아메리칸 익스프레스(American Express)는 10년 이상에 걸쳐서 정리해고를 실시했다. 각각의 정리해고는 고객

OB POLL 놀라울 정도로 줄어드는 사무실

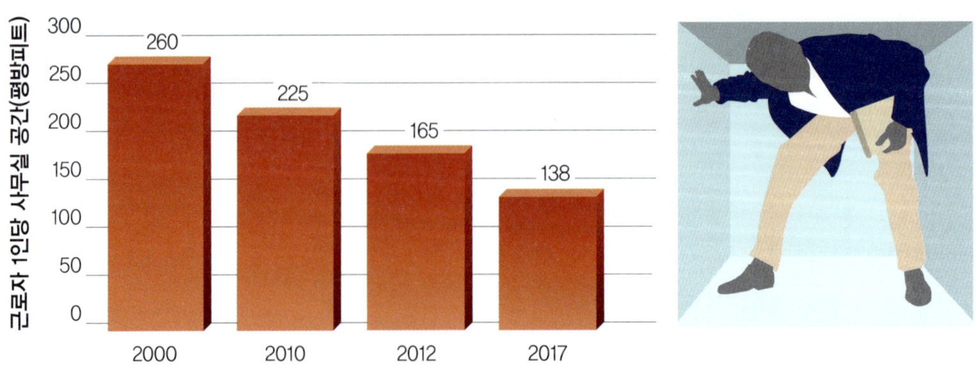

출처: J. Cipolla, "How Much Office Space per Employee Do You Need?" *Squarefoot*, April 9, 2020, https://www.squarefoot.com/blog/office-space-peremployee/; CoreNet Global, "Office Space per Worker Will Drop to 100 Square Feet or Below for Many Companies Within Five Years, According to New Research From CoreNet Global," *CoreNet Global* [press release], February 28, 2012, https://www.prnewswire.com/news-releases/office-s pace-per-workerwill-drop-to-100-square-feet-or-below-for-many-companies-within-five-years-according-to-new-research-from-corenet-global-140702483.html#:~:text=All%20Products-,Office%20Space%20Per%20Worker%20Will%20Drop%20to%20100%20Square%20Feet,New%20Research%20From%20CoreNet%20Global

별 서비스에서 온라인 고객서비스로 변화하는 고객의 선호도 변화를 반영하고자 구조조정과 함께 이루어졌다. 아메리칸 익스프레스의 이전 최고경영자 켄 첸놀트(Ken Chennault)는 "우리 사업은 기술에 의해 지속적으로 변화하고 있다. 이러한 변화로 우리는 조직과 비용구조를 혁신해야 하는 기회와 요구에 직면한다"라고 말했다.[133]

유연한 조직이 지니는 이러한 장점에도 불구하고 다운사이징이 조직의 성과에 미치는 영향에 대해서는 많은 논란이 있다.[134] 근로자 수를 줄이는 것은 장기적으로 성과에 긍정적인 영향을 미친다. 하지만 다운사이징은 당해연도 주가수익률에 부정적인 영향을 미친다.[135] 예를 들어 러시아의 GAZ(Gorky Automobile Factory)는 보 앤더슨(Bo Anderson) 회장이 전체 인력의 절반인 5만 명을 해고한 후 몇 년만에 처음으로 흑자를 달성했다.[136] 그러나 그가 러시아의 가장 큰 자동차 회사인 오토바즈(AutoVAZ)의 CEO일 때 단행한 다운사이징 때문에 발목을 잡히고 말았다. 2014~2016년 토글리아티(Togliatti) 공장에서의 다운사이징으로 수만 명의 근로자가 해고되었는데, 그 당시 푸틴 대통령의 친구였던 세르게이 체메초프(Sergei Chemezov)는 앤더슨에게 '불장난'이라고 경고했다.[137] 결국 2016년 앤더슨은 해고되었다. 서구에서 많이 사용하는 다운사이징이 러시아에서는 환대받지 못했는데, 러시아에서는 자동차 산업이 민족주의적인 자부심과 관련이 있고 해고보다 고용을 유지하는 것을 더 가치 있게 인식하기 때문이다.[138]

다운사이징의 문제 중 하나는 구성원의 태도에 부정적인 영향을 미친다는 것이다.[139] 좀 더 넓은 관점에서 많은 사람은 다운사이징이 확대되고 있는 상황 때문에 전 세계의 근로자가 직업 불안정성과 경력의 불확실성을 느끼게 된다고 주장한다.[140] 다운사이징에서 살아남은 구성원은 미래를 걱정하게 되고 회사에 대한 몰입도가 떨어지며 상당한 스트레스를 받는다.[141] 다운사이징은 자발적인 이직을 증가시켜서 핵심 인력이 회사를 떠나기도 한다.[142] 결과적으로 유연한 조직이 되기보다는 면역력이 떨어져 약해진 조직이 되는 것이다. 역설적이게도 해고된 사람이 남아 있는 사람보다 심리적으로 더 높은 통제감과 낮은 스트레스를 느낀다고 밝힌 연구도 있다.[143]

다운사이징의 부정적인 영향을 줄이기 위해 사전준비가 필요하다. 사전준비를 통해 구성원의 스트레스를 줄이고 회사가 새로운 방향으로 나아갈 때 구성원의 지지를 강화할 수도 있다. 다음은 다운사이징을 할 때 활용할 수 있는 몇 가지 효과적인 전략이다.

- **투자**: 핵심 역량에 집중하기 위해 다운사이징을 하는 회사는 고몰입 인사 시스템에 사후적으로 투자함으로써 다운사이징의 효과를 증진할 수 있다.
- **의사소통**: 고용주가 일찍부터 다운사이징에 대해 구성원과 논의하면 그들의 우려가 줄어들고 회사가 자신의 입장을 반영하려 한다고 생각하게 된다.
- **참여**: 구성원이 다운사이징 과정에 참여할 수 있다면 불안이 줄어든다. 자발적 조기 퇴직 프로그램이나 퇴직금은 정리해고 없이 조직을 유연하게 만드는 데 도움이 될 수 있다.
- **지원**: 퇴직 후 건강보험 혜택, 구직활동 보조와 같은 프로그램은 회사가 구성원을 진정으로 생각하고 그들의 기여에 인정한다는 것을 보여준다.

유연한 조직은 민첩하고 효율적이며 생산적일 수 있다. 다만 다운사이징 과정에서 신중해야 하고 구성원에게 도움을 줄 수 있어야 한다.

왜 다양한 조직 구조가 존재하는가

15-5 기계적 조직 모델과 유기적 조직 모델을 사용하는 이유를 대조할 수 있다.

기계적 모델 부서화가 발달하고, 공식화 수준이 높고, 정보 네트워크가 제한되고, 집권화되어 있는 조직 구조

유기적 모델 수평적이고, 교차위계적 또는 교차기능적인 팀제를 활용하고, 공식화 수준이 낮고, 포괄적인 정보 네트워크를 보유하고 있고, 참여적 의사결정을 활용하는 조직 구조

도표 15-8에서 두 가지 대비되는 조직 설계 모델의 차이점을 비교해볼 수 있다.[144] **기계적 모델**(mechanistic model)은 관료제와 같은 말로 쓰이고 높은 수준의 표준화, 높은 수준의 공식화, 많은 관리 계층을 가지고 있다. 반대로 **유기적 모델**(organic model)은 수평적이고, 의사결정시 따라야 하는 공식 절차가 많지 않으며, 분권화되어 있고, 유연한 조직이다.[145] 조직이 더 기계적인가 유기적인가 하는 점은 어떤 행동이 가장 효과적인가에 대한 함의를 지니고 있다.[146] 연구에 따르면 정치적인 행동은 기계적인 조직에서 더 효과적인 경향이 있으며,[147] 변혁적 리더십과 임파워먼트는 유기적 조직에서 더 효과적이다.[148]

대비되는 두 모델을 염두에 두고 몇 가지 질문을 생각해보자. 왜 어떤 조직에는 기계적인 요소가 많고, 어떤 조직에는 유기적인 특성이 많은가? 어떤 요인이 조직 설계에 영향을 미치는가? 이 절에서는 조직 설계에 영향을 미치는 요인을 살펴본다.[149]

조직 전략

조직 구조는 목표를 달성하는 데 도움을 주는 수단이고, 목표는 전략에서 나오기 때문에 구조가 전략을 따라야 한다고 생각하는 것이 합리적일 것이다. 만약 경영진이 전략이나 조직 가치에 변화를 주면 조직 구조도 바뀌어야 한다. 예를 들어 최근 연구는 조직 문화의 측면이 기업의 사회적 책임 실행의 성공에 영향을 미친다고 밝혔다.[150] 만약 조직 문화와 조직 구조가 일관적이라면 사회적 책임을 추구하는 것은 분명한 방향성을 가질 수 있을 것이다. 대부분의 전략 체계는 혁신, 비용 최소화, 모방이라는 세 가지 측면에 초점을 맞추고 각 측면에 적합한 조직 구조의 설계에 초점을 맞춘다.[151]

혁신 전략 주요 신제품과 서비스를 강조하는 전략

혁신 전략 조직이 어느 정도로 신제품과 서비스를 주력해서 개발하는가? **혁신 전략**

도표 15-8 기계적 모델 대 유기적 모델

기계적 모델

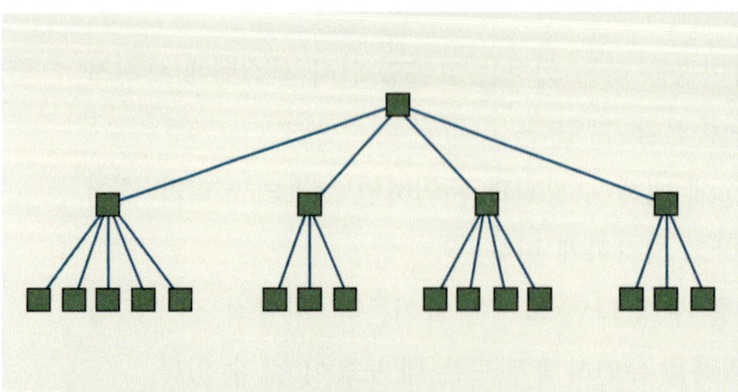

- 높은 전문화
- 엄격한 부서화
- 분명한 명령체계
- 좁은 통제범위
- 집중화
- 높은 공식화

유기적 모델

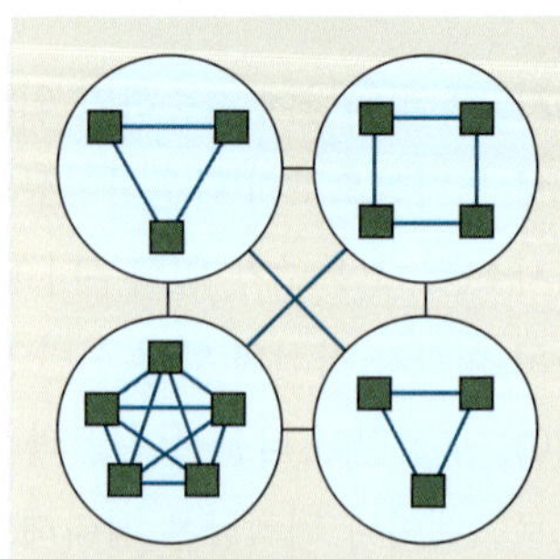

- 교차기능팀
- 교차위계팀
- 정보의 자유로운 흐름
- 넓은 통제범위
- 분권화
- 낮은 공식화

(innovation strategy)은 의미 있고 독특한 혁신을 추구한다.[152] 혁신적 기업은 최고의 역량을 갖춘 인재를 선발하고 구성원이 위험을 감수할 수 있게 동기부여한다. 기계적인 조직 구조도 어느 정도는 혁신에 도움을 줄 수 있다. 잘 개발된 의사소통 경로, 장기간에 걸친 몰입 유도 정책, 명확한 위계는 빠른 변화가 비교적 부드럽게 이행되는 데 도움을 줄 수 있다. 물론 모든 회사가 혁신을 추구하는 것은 아니다. 테슬라, 아마존 넷플리스 같은 회사는 혁신을 추구하지만,[153] 그렇지 않은 회사도 있다.

논쟁의 여지는 있지만 어느 정도의 혁신은 기업이 경쟁우위를 유지하기 위해 필요하다. 혁신에 실패하여 시장에서 사라지게 된 조직 사례를 떠올려보자(예: 코닥, 블록버스터 등).[154] 스티브 새슨(Steve Sasson)은 1975년 디지털카메라를 발명했다. 코닥에서 엔지니어로 일하던

더 나은 세상을 향해

그로브조합: CSR과 지속가능한 시장에서의 혁신

기업은 CSR(사회적 책임 경영)과 지속가능성에 다양한 방식으로 대처한다. 일부 기업은 사회적 책임 이니셔티브를 그저 장식문구처럼 주요 미션에 갖다 붙이는데, 이는 주로 그 기관의 제품이나 서비스가 CSR과 본질적으로 관련이 없는 경우이다. 다른 경우의 조직은 CSR 이니셔티브에 잘 어울리는 제품이나 서비스를 제공할 수 있다. 이 경우 제품 또는 서비스의 구조 자체에 이를 받아들인다. 그렇다면 CSR와 관련된 여러 제품을 개발하며 이를 실현하기 위한 혁신 전략을 채택하는 것을 자랑스럽게 여기는 기관은 어디인가?

여기 그로브조합(Grove Collaborative)이 있다. 이 회사는 고객을 위해 지속가능한 제품을 개발하고 제공하며, 2021년 패스트컴퍼니(Fast Company)에서 가장 사회적으로 책임 있는 혁신 기업 중 두 번째로 선정되었다. 그로브조합의 슬로건은 '변화는 집에서 시작됩니다. 우리 집과 당신의 집에서'이다. 인증된 B 기업으로 환경과 인간 건강에 적합한 일상적인 가정용 제품을 구매하기 위한 원스톱 쇼핑을 약속한다. 구체적으로 플라스틱, 나무, 탄소 배출에 대한 영향을 중점적 고려하며 다른 지속가능한 회사의 제품[예: 닥터브로너스(Dr. Brommer's), 메소드(Method)]도 제공하는 동시에 집에서 사용할 수 있는 제품을 네 가지 제품 부문(집안 청소, 개인위생, 유아동, 반려동물)으로 구성하여 자체제작 제품도 제공한다. 자신의 제품을 꾸준히 사용하기 편리하도록 그로브는 아마존의 구독과 유사한 구독서비스 모델을 제공한다.

이 모델을 통해 소비자는 지주 사용하는 자신의 즐겨찾는 그로브 제품을 구독할 수 있다. 그렇다면 이러한 구조와 전략이 성공적이었는가? 지금까지 그로브조합은 급속한 성장을 이루었다. 2020년에는 200만 명 이상의 고객으로부터 총 매출 2억 5천만 달러 이상을 올렸으며, 2016년 이후 5000% 이상의 성장을 보여주었다. 2020년 현재 그 가치는 13억 2천만 달러로 평가되며 투자자로부터 1억 2천 5백만 달러 이상을 조달했다. 이 경이로운 성공은 여러 생산적인 협력관계를 이끌어냈다. 예를 들어 최근에는 타겟(Target)과 파트너십을 맺어 베스트셀러 제품의 컬렉션을 소매업계를 통해 판로를 확장하고 있다. 타겟과의 협력은 그로브가 더 많은 고객에게 도달하고 시장의 90~95%에 노날할 수 있는 능력을 제공하는 전략적인 결정이었다. 공동창업자이자 CEO인 스튜어트 랜스버그(Stuart Landesberg)는 "우리의 비전을 실현하는 것이 무엇이 의미하는지 고려할 때, 그것은 혁신뿐 만이 아니라 액세스를 확대하는 것이었습니다. 이미 수직 전자상거래 분야에서는 시장 선두 기업이 되었지만, 대부분의 소비자는 타겟과 같은 전통적인 소매업체를 통해 구매하고 있습니다"라고 언급했다.

전략과 재무적 측면을 제쳐두고도, 그로브조합은 그가 달성하려고 했던 것을 성공적으로 달성한 것으로 나타났다. 플라스틱, 나무, 탄소에 긍정적인 영향을 미치기 위한 삼중 바텀라인 접근 방식은 지금까지 다양한 성공을 거두었다. 예를 들어 그로브는 2025년까지 플라스틱 사용을 중단하겠다는 포부를 세웠으며 실제로 현재 세계에서 첫 번째 플라스틱 중립 소매업자가 되었다. 이를 위해 그들은 더 환경 친화적인 포장재(예: 유리, 알루미늄)로 전환하고 있다. 경계를 넘나드는 이니셔티브를 통해 그로브는 플라스틱 사용을 중단하는 최고의 방법을 공유하기 위해 63개 공급업체로 이루어진 협력 커뮤니티를 구성했다. 플라스틱을 줄이지 않는 업체에 대해 그로브는 그들의 플라스틱 포장물 사용을 상쇄하기 위해 '수수료' 또는 '세금'을 부과한다. 이러한 노력으로 인해 200만 파운드의 플라스틱이 매립지로 들어가지 않았고, 400만 파운드의 플라스틱이 소비자 손에 닿지 않았으며, 630만 파운드의 플라스틱 재활용이 이루어졌다. 그들의 임청난 플라스틱 감축 목표를 넘어 나무와 단소와 관련된 유사한 목표도 딜성했나(예: 2022년까지 백만 그루의 나무 심기). 실제로 그들은 이미 배송과 시설에서 100% 탄소 중립 상태에 있다.

전반적으로 그로브조합 사례는 지속가능성 분야에서 혁신 전략이 대규모로 채택될 수 있는 방법을 보여준다. 또한 경계를 넘나드는 접근 방식이 기업이 중요한 지속가능성 도전과제를 해결하기 위해 고립된 '사일로'에서 일하지 않고 아이디어를 공유하고 혁신할 수 있게 도울 수 있다는 것을 보여준다. 그로브조합이 규모와 시장 점유율을 계속 확대함에 따라 이에 대해 더 많이 듣게 될 것이며, 비슷한 기업이 더 많이 등장할 가능성도 있다.[155]

도중이었기에 새슨은 카메라를 경영진에게 가져갔다. 경영진의 반응은 "참 예쁘긴 한데 아무에게도 말하진 마세요"였다. 코닥의 예전 임원에 따르면, 비록 그들이 디지털카메라를 만들어내긴 했지만 당시의 리더십은 필름카메라의 성공에 너무 집중해 있어 디지털 혁명을 눈치채지 못했고 이러한 혁신이 필름 마켓에 미칠 영향에 대해 두려워했다고 밝혔다.[156] 그러나 어떤 혁신은 경쟁자에 가로막혀 좌절되기도 한다. 예를 들어 2000년대 중반 페이스북이 인기가 올라가자 그에 대한 대응으로 마이스페이스(Myspace)는 자신의 틈새시장을 엔터테인먼트와 음악으로 돌리고자 했지만, 이는 결국 소셜네트워크서비스로서는 실패하는 결과를 가져왔다.[157]

원가 최소화 전략 비용을 철저히 통제하고, 불필요한 혁신 마케팅 비용을 피하며, 가격 할인에 초점을 맞추는 전략

원가 최소화 전략 **원가 최소화 전략**(cost-minimization strategy)을 추구하는 기업은 비용을 철저히 통제하고, 불필요한 비용을 피하며, 기본적인 제품의 가격을 낮추고자 한다.[158] 예를 들어 인도의 제트에어(Jet Airways)는 2019년 자사의 보잉 777기종에서 일등석을 없애고 54개의 좌석을 비행기 1대당 추가배치함으로써 매출을 늘릴 수 있었다.[159] 그러나 원가 최소화 전략은 고객충성도나 제품의 품질에 대한 인식에 부정적인 영향을 줄 수 있다(예를 들어 매장 화장실에 배치된 휴지의 품질이 매우 낮은 것을 발견했을 때).[160] 그러나 때때로 대중은 주요 미국 육류공급업체에 대해 제기되었던 윤리와 품질 문제 사건에서처럼 이러한 조직의 원가 감축 방식에 대해 전혀 모르고 있는 경우도 있다.[161] 기계학습과 인공지능의 발달과 함께 전문가들은 단순한 가격 절감이 아닌 새로운 경영철학을 제시한다.[162] 이는 **가격 최적화** 전략으로 장기적인 성장과 이윤을 최대화하는 큰 그림에 기반한 전략이다. 인공지능은 조직이 더 빨리 많은 양의 데이터를 수집하고 처리하며 그에 기반해서 학습하여 장기적인 미래수익을 예측할 수 있게 해준다.

모방 전략 가능성을 검증하고 나서야 새로운 제품을 옮기거나 새로운 시장에 진입하는 전략

모방 전략 **모방 전략**(imitation strategy)을 활용하는 조직은 위험을 최소화하고 이윤창출의 기회를 극대화하려 한다. 모방 전략을 활용하는 기업은 혁신적인 기업이 가능성을 검증하고 나서야 새로운 제품을 옮기거나 새로운 시장에 진입한다.[163] 작은 규모에서는 같은 산업 분야 내의 회사는 모범 사례를 공유하며 시장의 선두를 차지하기 위해 벤치마킹한다. 이러한 기업은 좋은 제품을 보유한 혁신적인 경쟁기업이 시장의 존재를 증명한 후에야 새로운 시장에 진입한다. 이러한 기업의 경영진은 모방 비용과 늦게 움직일 때의 기회 비용을 평가하며, 비용이 높아도 빠르게 복사하기 위해 아웃소싱까지도 고려한다.[164]

인스타그램이 스냅챗에서 먼저 소개했던 '스토리' 기능을 거의 똑같은 기능으로 출시한 것을 예로 들 수 있다. 이 기능을 출시한 이후 인스타그램은 2억 5천만 명의 사용자를 추가로 영입했다.[165] 게다가 더 큰 기업(특히 기술 산업에서)은 더 많은 자본과 자원을 동원하여 사업성을 확인한 아이템을 지닌 소규모 기업을 인수하는 방식으로 이러한 전략을 수행한다.[166]

그러나 이러한 모방 전략에도 단점은 있다. 몇몇 사례가 보여주듯이 모방은 극도로 위험할 수 있으며 종종 성공의 원인이 아니라 그 결과만을 모방한다. 또한 모방 전략은 종종 모방 대상이 성공하게 된 행운과 우연을 무시한다. 모방 전략을 실행하는 기업이 확장할 능력이나 자원을 갖고 있지 않다면 장기적인 하락으로 이어질 수도 있다.[167] 흥미롭게도 여기엔 윤리적인 요소 또한 존재한다. 오늘날 모방 전략을 실행하는 기업은 상대 기업과 파트너십을 맺고 학습한 후에 자체적으로 상품이나 서비스를 개발하고나서 상대를 배신하는 방식의 전략을 실행한다는 오명을 얻을 수도 있다.[168]

도표 15-9 전략과 구조의 관계

전략	구조
혁신	**유기적:** 느슨한 구조, 낮은 전문화, 낮은 공식화, 분권화
원가 최소화	**기계적:** 엄격한 통제, 광범위한 업무 전문화, 높은 공식화, 높은 집중화
모방	**기계적, 유기적:** 느슨하고 엄격한 요소의 혼합, 현재 활동에 대한 엄격한 통제와 새로운 시도에 대한 관대한 통제

전략과의 매치 각각의 전략과 잘 부합하는 조직 구조를 도표 15-9에 정리했다. 혁신가는 유기적인 조직의 유연성을 필요로 한다. 물론 앞서 말한 것처럼 어느 정도 기계적인 요소가 필요하기도 하다. 반면에 비용 최소화 전략은 기계적 구조의 효율성과 안정성을 추구한다. 모방하는 기업은 이 두 구조를 혼합하여 사용한다. 모방 전략을 사용하는 기업은 현재의 기업 활동과 관련된 비용을 낮추고 통제하기 위해 기계적 조직 구조를 활용하는 반면에 새로운 시도를 위해 유기적인 부서를 만든다.

조직 규모

조직 규모는 조직 구조에 중요한 영향을 미친다.[169] 2,000명 이상의 구성원이 있는 조직은 전문화가 높고, 부서화가 높고, 수직적 계층이 더 많고, 규칙과 규정이 더 많은 경향이 있다. 하지만 규모의 영향은 조직이 커짐에 따라서 줄어든다. 왜 그런가? 2,000명 정도를 고용하면 조직은 이미 상당히 기계적인 조직 구조를 가지게 되고, 500명을 더 고용해도 그 영향이 크지 않다. 하지만 300명인 조직에 500명이 추가되면 훨씬 더 기계적인 조직으로 변화될 수밖에 없다.

기술

기술(technology)은 투입을 산출로 전환하는 방법을 일컫는다.[170] 모든 조직은 재무적 자원, 인적 자원, 물리적 자원을 제품이나 서비스로 변환하는 최소한 하나의 기술을 보유하고 있다(앞서 설명한 벤앤제리의 예를 생각해보라). 조직 구조와 문화는 기술에 적응하게 되고, 기술은 조직 구조에 적응하게 된다. 조직 구조와 문화는 데이터 구조, 소프트웨어, 조직이 사용하는 하드웨어에 반영되어 있다.[171] 11장에서 더 자세히 설명했지만 소셜미디어의 발달은 근로자, 리더, 임원, 고객, 고객사와 대중이 서로 소통하는 방식을 크게 변화시켰다. 이러한 형태의 기술은 기업이 고객에게 마케팅하는 방식, 인재를 채용하는 방식 등을 기술적으로 전환하고 있는 세상에서 디지털 존재감을 만들어내는 방향으로 혁명적으로 변화시킨다.

기술 투입을 산출로 전환하는 방법

환경

조직의 **환경**(environment)은 조직의 성과에 영향을 미치는 공급업체, 소비자, 경쟁자, 정부기관, 압력단체 등 외부기관을 의미한다.[172] 역동적인 환경은 정적인 환경에 비해 경영자에게 많은 불확실성을 제공한다. 시장에서의 불확실성을 줄이고자 경영자는 외부의 위협을 감지하

환경 조직의 성과에 영향을 미칠 수 있는 외부 요인

고 대응하는 조직 구조를 확대할 수 있다. 예를 들어 많은 기업은 소셜미디어 부서를 추가적으로 운영하며 온라인상에 게재되는 부정적인 후기나 정보에 대해 대응하려고 한다.[173]

조직의 환경에는 수용력, 변동성, 복잡성이라는 주요 측면이 있다.[174] 각각에 대해 살펴보자.

수용력 환경의 **수용력**은 환경이 성장을 지원할 수 있는 정도를 의미한다. 자원이 풍부하고 성장하는 환경에서는 상대적으로 어려운 시기에 조직에 도움을 줄 수 있는 잉여 자원이 생성된다. 환경의 수용력이 전략적 결정에 미치는 예로는 아마존이 주요 미국 도시에 두 번째 본사를 건설하려고 노력하는 과정에서 수용력을 포함한 여러 환경요인을 고려했다는 것이다.[175]

변동성 환경의 **변동성**은 환경의 불안정한 정도를 의미한다. 예측 불가능한 변화가 많은 역동적인 환경에서는 경영자가 정확한 예측을 하기 어렵다. 정보기술이 빠른 속도로 변화하기 때문에 점점 더 많은 기업의 경영 환경은 변동성이 커지고 있다. 기업, 그 안의 팀, 그들의 리더가 지닌 특징은 기업이 어떻게 이 변동성의 폭풍우를 잘 헤쳐나갈 수 있는지에 영향을 미친다.[176] 예를 들어 중국의 최고임원에 대한 연구는 중국의 **협상가능 운명** 개념(즉, 개인행동이 결과를 형성할 수 있다는 신념)에 주목하며, 이러한 신념을 가진 경영진은 불확실성에 대한 접근 방식이 더 기업가적이며, 결과적으로 그들 기업의 혁신과 재정 성과를 예측한다고 밝혔다.[177] 전략적 유연성을 선택하는 항공사는 더 예측이 어렵고 변동성이 많은 환경에서 기계적인 효율성을 우선시하는 항공사보다 성공할 확률이 더 높게 나타났다.[178]

복잡성 마지막으로 환경의 **복잡성**은 환경요인 간의 이질성과 집중의 정도를 말한다. 이질적이고 분산된 환경은 복잡하고 다양하며 다양한 경쟁자가 존재한다. 예를 들어 정보보안 기업은 극도로 복잡한 환경에서 운영된다. 경쟁자는 넓게 분포되어 있을 뿐 아니라 서로 매우 상이하며 사람이 기술과 상호작용하는 방식 또한 다양하고 해커나 사이버범죄자와 같은 적대적 요인도 다양한 방식을 사용한다.[179]

환경의 3차원 모델 세 가지 주요 요소에 따른 환경에 대한 정의를 도표 15-10에 요약했다. 화살표는 불확실성이 높은 쪽을 의미한다. 자원이 부족하고 역동적이며 복잡한 환경에 처한 조직은 상당한 불확실성을 경험하는데, 이는 예측이 어렵고 실패나 실수에 대한 여력이 적고 계속 예의주시해야 하는 다양한 요인이 있기 때문이다.

도표 15-10 환경의 3차원 모델

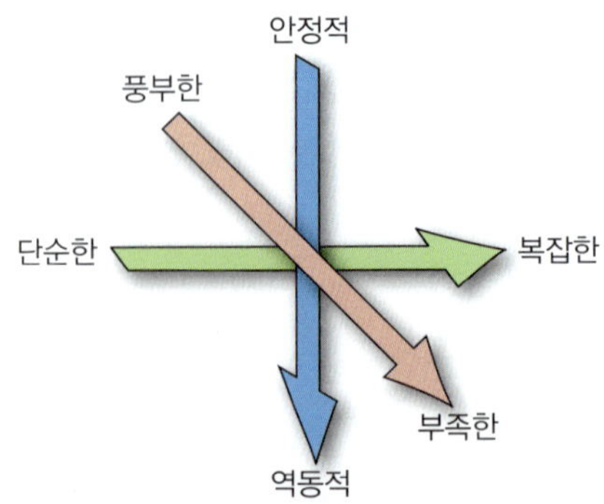

세 가지 차원의 환경에 대한 정의를 염두에 두고 불확실성과 조직 구조에 대해 일반적인 결론을 내릴 수 있다. 자원이 부족하고 역동적이며 환경이 복잡하면 조직 구조는 유기적이어야 한다. 반면에 자원이 풍부하고 안정적이며 단순한 환경에서는 기계적인 구조를 선호한다.

제도

조직 구조에 영향을 미치는 또 다른 요인은 **제도**(institution)이다. 제도는 적합한 행동에 대한 가이드라인을 제공하는 문화적인 요인이다.[180] 제도화 이론은 조직이 유사한 구조를 갖게 하는 요인을 설명하고 필수적으로 적응하지 않아도 되는 압력에 대해 논의한다. 사실 많은 제도화 이론은 기업의 행태가 성과지향적으로 보이지만, 실제로는 사회적 규범이나 동질화에 의해 결정된다고 주장한다.

제도 기업이 유사한 조직 구조를 갖게 하는 문화적인 요인(특히 적응적 결과를 초래하지 않을 수 있는 요인)

가장 명백한 제도적 요인은 규제에서 비롯된다. 정부와 계약을 하는 특정 산업은 명확한 보고관계를 갖추고 엄격하게 정보를 통제해야 한다. 때로는 단순한 관성이 조직의 형태를 결정하기도 한다. 예를 들어 항상 그렇게 일을 해왔기 때문에 특정한 조직 구조인 경우도 있다. 권력거리가 큰 문화의 기업에는 엄격한 권한관계가 있는데, 이는 이러한 관계가 적절하다고 인식되기 때문이다. 일본 조직의 적응력 문제를 권한관계를 유지하려는 제도적 압력 때문으로 설명하기도 한다.

조직은 유행에 따라 특정 조직 구조가 되기도 한다. 조직은 성공한 조직을 모방하는데, 이를 통해 성과를 향상하려는 것이 아니라 투자자에게 더 매력적으로 보이고자 한다. 예를 들어 '콜라전쟁'을 생각해보자. 코카콜라의 많은 브랜드는 펩시에 경쟁브랜드가 존재한다(다이어트코카콜라/다이어트펩시, 코카콜라체리/펩시와일드체리, 환타/슬라이스, 스프라이트/시에라미스트, 멜로우옐로우/마운틴듀 등). 제도적인 압력은 구체적으로 살펴보기가 어려운 경우가 많은데, 이는 이러한 부분을 당연히 받아들이기 때문이다. 제한된 합리성으로 인해 규범이나 루틴이 강하게 확립되어 있는 환경에서 왜 꼭 그런 방식으로 일이 진행되어야 하는지를 질문하거나 더 큰 그림을 보기가 어려워진다. 그 결과 혁신적인 기업이 자신의 비즈니스 모델을 위협하는 상황에서 적응하지 못하면 기업의 침체와 몰락을 경험할 수 있다.

조직 설계와 구성원의 행동

이 장의 시작에서 조직 구조가 구성원에게 중요한 영향을 미칠 수 있다는 점을 밝혔다. 어떠한 영향이 있는가? 연구결과를 보면 확실한 결론에 도달할 수 있다.[101] 일반화하기는 어렵다는 점이다! 모든 사람이 유기적 조직의 자율권이나 유연성을 선호하는 것은 아니다. 다양한 요인이 서로 다른 조직 구조에 영향을 미친다. 공식화의 정도가 높고 매우 구조화되어 있는 기계적인 조직에서 공식적인 정책과 제도의 공정성은 만족도를 결정하는 중요한 요인이다. 좀 더 개인적이고 개별적으로 적응하는 유기적 조직에서는 구성원이 대인 간 공정성을 더 중시한다.[182] 어떤 사람은 표준화되고 불확실성이 적은 업무를 수행할 때 생산적이고 만족도가 높아진다. 즉 기계적인 구조를 선호한다. 따라서 조직 구조와 구성원의 행동에 대한 논의는 구성원의 개인차를 염두에 두어야 한다. 업무 전문화, 통제범위, 집권화에 대한 구성원의 선호를 생각해보자.[183]

15-6 서로 다른 조직 설계가 행동에 미치는 영향을 분석할 수 있다.

업무 전문화

일반적으로 업문 전문화는 높은 생산성을 이끌지만 구성원의 만족도를 떨어뜨린다고 한다. 하지만 업무 전문화를 한다고 해서 생산성이 끊임없이 좋아지는 것은 아니다. 반복적이고 좁은 범위의 업무로 인한 비경제성이 업무 전문화의 경제성을 능가하면 문제가 발생하기 시작하고 생산성이 떨어지게 된다. 근로자의 교육수준이 높아지고 내적 보상이 있는 업무를 선호함에 따라 업무 전문화에 따른 생산성은 예전보다 더 빨리 하락할 수 있다. 생산성이 하락하면 기업은 관리 감독을 강화하게 되는데, 어쩌면 기능과 책임 소재의 개편이 더 나은 방법일 수도 있다.[184] 어떤 부류의 근로자는 전문화된 일상적·반복적 업무를 선호한다. 어떤 사람은 지적 욕구가 적고 일상성으로 안정감을 주는 업무를 선호한다. 이들에게는 높은 업무 전문화가 직무만족의 원천이 될 수 있다. 이러한 근로자가 2%인지 52%인지가 중요하다. 직업 선택에서 개인의 선호를 고려할 때 높은 업무 전문화의 부정적인 결과는 성장 욕구가 강하고 다양성에 대한 욕구를 지닌 전문직에서 많이 발생할 것이라고 결론지을 수 있다.

통제범위

통제범위와 만족감 또는 성과 사이에는 아무런 관계가 없는 것 같다. 직관적으로 넓은 통제범위가 원거리 감독과 구성원이 주도적으로 업무를 할 수 있는 기회를 제공하기 때문에 성과가 개선될 것이라고 생각할 수 있지만, 연구결과로 입증된 바는 없다.[185] 어떤 사람은 혼자서 독립적으로 일하는 것을 선호하지만, 상사가 항상 옆에 있을 때 안정감을 느끼는 사람도 있을 것이다. 앞서 논의한 리더십 상황 이론에 따르면(12장 참조), 구성원의 경험과 역량, 업무의 구조화 정도 등이 통제범위가 성과와 직무 만족에 미치는 영향을 설명할 수 있을 것이다. 그러나 연구결과에 따르면 넓은 통제범위는 위험한 행동과 사고 등과 관련이 있음이 밝혀진 바 있다.[186]

집권화

집권화와 직무 만족 사이에 관계가 있다는 연구결과를 찾아볼 수 있다.[187] 아마도 덜 집권화된 조직은 자율성이 많기 때문일 것이다. 그러나 어떤 직원은 자유를 가치 있게 생각하지만 또 어떤 직원은 자율적인 환경의 모호성에 좌절감을 맛볼 수도 있다.

예측가능성과 자율성

한 가지 명백한 결론은 사람이 자신의 직업을 무작위로 선택하지 않는다는 것이다. 사람은 자신의 특성에 맞는 회사에 지원하고 입사하여 근속한다.[188] 예측가능성을 중시하는 지원자는 기계적인 조직 구조를 선호할 것이고 자율성을 선호하는 지원자는 유기적인 조직을 선호할 것이다. 따라서 선발 과정에서 개인의 특성과 조직의 특성이 잘 맞을 때 조직 구조가 구성원에 미치는 영향이 줄어든다. 갑작스러운 변화는 역량있는 구성원의 이직을 야기하기 때문에 기업은 자신만의 독특한 구조적 정체성을 확립하고 촉진하며 유지해야 한다.[189]

국가 문화

연구결과 국가 문화는 선호하는 조직 구조에 영향을 준다.[190] 그리스, 프랑스, 대부분의 라틴아

도표 15-11 조직 구조: 결정요인과 결과

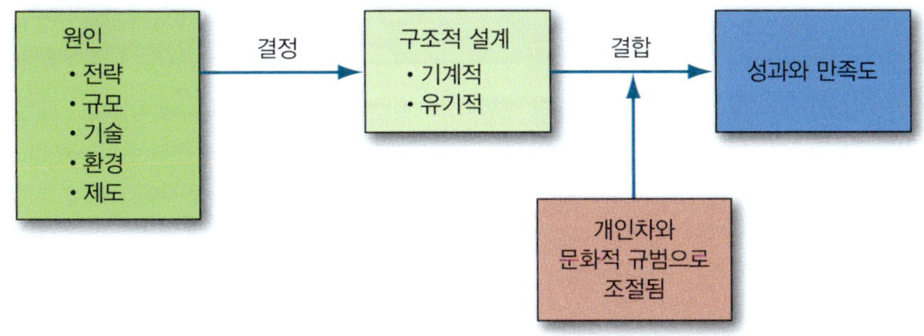

메리카 국가와 같이 권력 거리가 높은 문화권의 구성원은 기계적 구조에 대해 더 수용적이다. 따라서 조직 구조가 개인의 성과와 만족도에 미치는 영향을 예측하려면 개인의 특성 뿐만 아니라 문화적인 특성도 고려해야 한다. 조직 구조 설계의 변화는 개인의 경력 개발에도 시사점이 있다. 일본, 영국, 미국 관리자를 대상으로 한 연구에 따르면 다운사이징과 그로 인한 하이브리드 조직 구조에서 구성원은 자신의 미래 경력에 대한 희망이 약화되었다고 생각한다. 이러한 생각이 맞든 맞지 않든 간에 이러한 생각자체는 조직 구조가 구성원에게 영향을 미친다는 것을 보여주며, 여러 문화권에 걸쳐 조직을 설계하는 과정은 신중하게 이루어져야 한다.

이 장의 주제는 조직의 내부 구조가 행동을 설명하고 예측하는 데 도움을 준다는 것이다. 즉 개인과 집단 요인에 더하여 구조적 관계가 구성원의 행동과 태도에 영향을 준다. 그 주장의 근거는 무엇인가? 조직 구조는 불확실성을 줄여주며, "내가 무엇을 해야 하는가?", "어떻게 해야 하는가?", "누구에게 보고해야 하는가?", "문제가 있으면 누구에게 가야 하는가?"와 같은 질문에 답할 수 있는 정도에 따라서 사람의 태도를 결정하고 더 나은 성과를 달성할 수 있게 동기부여한다. 이 장에서 논의한 내용을 도표 15-11에 요약했다.

요약

조직 구조는 사람이 서로 어떻게 의사소통하고 조직 구조를 실행하며 조직의 전략과 임무를 수행하는지에 영향을 미친다. 이 장에서는 조직 구조의 여러 특성을 논의했는데, 이러한 특성은 의사소통, 권력 역학, 수행해야 할 작업에 영향을 준다.

또한 전통적이고 단순한 구조부터 현대적인 팀 구조까지 여러 가지 다른 조직 구조에 대해 논의했다. 특히 이러한 구조는 유기적 또는 기계적인 정도가 다양하다. 그 다음으로 조직이 자신의 미션을 실행하기 위해 채택하는 다양한 전략을 논의했다. 먼저 조직이 비용을 절감하고 목표에 집중하기 위한 방법으로 다운사이징과 유연한 관리에 대해 논의했다. 대부분의 현대 연구는 다운사이징이 단기적인 재무 성과에 이점이 있더라도 직원의 태도와 성과에 부정적인 영향을 미칠 수 있다는 점을 지적한다. 어떤 조직은 혁신, 비용 최소화, 모방 전략 중 자신의 미션과 일치하는 전략을 채택한다. 마지막으로 조직 구조와 전략에 영향을 미치는 외부적인 특성(조직의 규모, 기술, 환경, 제도주의적 영향)을 논의했다.

개방형 사무실 구조는 창의성을 고취하고 생산성을 증진한다

찬성 의견

뉴욕 브루클린에 위치한 W&P디자인센터의 공동창업자인 에릭 프룸(Eric Prum)은 함께 일하는 12명의 직원과 한 사무실 공간을 공유하고 있다. 이 사무실은 개방된 구조로 리모델링한 창고건물 4층에 위치해 있다. 물론 이처럼 개별 공간으로 구분되지 않은 개방형 사무실 공간을 공유하는 것은 다소 시끄러울 때도 있지만 직원 간의 생산적인 브레인스토밍을 촉발하기에는 매우 적합하다. 실제로 그들의 최근 프로젝트인 '부에노스 나초스'는 이러한 개방형 사무실에서 탄생한 직접적인 결과물이다. 공동창업자가 최근 유행하는 나초 요리책에 대한 아이디어를 논의하고 있었는데 직장동료가 이 대화를 듣게 되면서 즉흥적인 토론의 장으로 변했다. 이 개방형 토론에서 빌 해더(Bill Hader), 앤드루 지먼(Andrew Zimmern), 레이첼 레이(Rachael Ray) 등 75명이 넘는 유명 셰프와 연예인의 레시피를 담은 나초 요리책이 탄생하게 되었다.

물론 원가 최소화의 목적도 있지만 이러한 공유 개방형 사무실의 주된 목적은 함께 일하는 사람들 간의 물리적인 장벽을 없애는 것이다. 회사 내에서 기능 간 업무적인 의사소통은 이러한 장벽이 없을 때 극대화될 수 있다. 개방적 사무공간은 별도의 영역이나 공간을 할당하여 공유 회의 공간이나 독서 공간을 만드는 등 각 기업의 상황에 따라 적절하게 변형될 수 있다. 예를 들어 뉴욕의 브랜딩 회사인 콜린스(Collins)는 공유 개방형 사무실의 단점을 보완하기 위해 직원이 공유 사무실 안에서 서로 마주보지 않게 책상을 배치했다. 콜린스는 사내 연구를 통해 이러한 구조가 공동의 비전과 미션에 대한 인식, 공동체의식과 창의성에 대한 인식을 높였음을 확인했다. 추가 조사결과 이러한 공유 개방형 구조가 회의에 소요되는 시간을 절약해준다는 것도 밝혀졌다.

반대 의견

새롭고 현대적으로 바뀐 트리베카(Tribeca)의 사무실은 매우 개방적이지만, 동시에 개인의 프라이버시가 전혀 존재하지 않는다는 점에서는 놀랍도록 억압적이다. 첫째날 나는 전생에 자동차 경적이 아닌가하고 의심되는 여성의 옆자리에 앉았다. 하루 종일 나는 그녀의 헤드폰에서 흘러나오는 시끄러운 음악소리와 함께 그녀가 웃고 소리치며 뒤척이는 소리를 들어야 했다. 브루클린의 홍보 전문가 린지 코프먼(Lindsey Kaufman)은 최소한의 프라이버시를 보장하기 위한 큐비클(cubicle)이 있는 공유 개방형 사무실에서조차 직원이 경험하는 스트레스와 불만족을 강조했다. 개인 사무 공간인 큐비클의 창시자 로버트 프롭스트(Robert Probst)는 1964년에 매우 다른 모습을 상상했다. 직원이 원하는 프라이버시 수준과 필요한 업무 공간, 유연성, 자율성을 갖춘 개방형 사무실이 그것이다. '액션 오피스'라 불렸던 이 사무실 디자인은 이제 대량생산되면서 크기, 품질, 개인별 맞춤화가 모두 제한된 오늘날 우리에게 익숙한 큐비클로 변화되었다.

공유 개방형 사무실과 현대적인 큐비클에 관한 연구는 그 효과성에 대해 회의적인 결과를 제시한다. 수백 개의 사무실 환경을 검토한 한 연구는 직원 간 결속력을 강화하는 효과가 있지만 공유 개방형 사무실이 주의력과 생산성, 창의성, 만족도를 낮춘다고 밝혔다. 가장 큰 원인은 바로 소음이며, 소음은 다시 업무 동기와 자세에 영향을 미친다. 연구자는 UC버클리대학교가 제공한 300채 이상 건물의 4만여 개가 넘는 사무실의 데이터를 분석하여 소음과 소리의 프라이버시 침해 여부와 의사소통의 편의성이 근무 만족도에 영향을 미친다는 것을 밝혀냈다. 그들은 공유 개방형 사무실과 개인화된 사무실 간의 분명한 만족도 차이를 발견했으며, 후자에서 근무하는 근로자의 만족도가 훨씬 높았다. 또한 공유 개방형 사무실의 목적인 의사소통의 용이성 또한 개인화된 사무실에 비해 높지 않은 것으로 나타났다.[191]

관리자를 위한 시사점

- 구조는 전략을 따른다. 당신 조직의 전략과 미션을 점검하고 적절한 구조를 결정하라.
- 조직의 부서화나 전문화와 같은 주요 요소를 고려하여 적절한 구조를 결정하라. 특정요소(명령체계, 통제범위, 집권화, 경계확장)는 구성원과 관리자가 상호작용하는 방식에 영향을 준다.
- 많은 전통적 구조(단순 구조, 관료제, 매트릭스 구조)는 여전히 사용되고 있다. 게다가 많은 현대적 구조는 이러한 전통적 구조에 기반하고 있으며 그 안의 특정 사업부, 부서, 유닛을 위한 미세구조의 요소로 활용한다.
- 조직이 실행해야만 하지만 사내에서 실행하기에는 비용이 많이 드는 기능이 있다면 가상 구

조를 고려하라.

- 많은 현대 조직은 유기적 조직으로 변화했으며 더 높은 유연성과 임파워된 팀이 조직의 미션을 실행한다. 그러나 기계적인 구조 또한 조직의 목표가 표준화된 기능과 산출물이라면 적절한 선택일 수 있다. 유행에 휩쓸리지 않고 조직의 미션, 전략, 환경에 따라 조직 구조를 적절히 선택하는 것이 중요하다.
- 다운사이징은 단기적으로 비용을 절감하고 핵심 역량에 집중할 수 있게 하지만 구성원과 조직분위기에 부정적인 영향을 줄 수 있으므로 꼭 필요할 때만 시행하라.
- 조직의 미션에 따라 혁신, 원가 최소화, 모방 전략을 선택할 수 있다. 그러나 이러한 전략이 조직이 처해 있는 환경적 압력이나 기회의 함수임을 고려하라. 유연한 조직 구조는 유연한 적응을 가능하게 하지만 조직이 커지고 제도화되면 유연한 적응은 어려워진다.

15장 종합 점검

복습 질문

15-1 조직 구조를 정의하는 핵심요소는 무엇인가?

15-2 단순 구조, 관료제, 매트릭스 구조의 특징은 무엇인가?

15-3 가상 구조, 팀 구조, 원형 구조의 특징은 무엇인가?

15-4 다운사이징은 조직 구조와 구성원에게 어떤 영향을 미치는가?

15-5 기계적 구조와 유기적 구조의 차이점과 유사점은 무엇인가?

15-6 서로 다른 조직 설계가 행동에 미치는 영향은 무엇인가?

입사 지원과 취업 역량

조직 구조의 세부사항을 파악하고 있으면 취업 역량을 높일 수 있다. 전략적이고 윤리적인 의사결정을 내리는 방식을 향상하고 직장 내에서 사람들 간 협업과 의사소통을 증진할 수 있다. 다양한 유형의 조직 구조에 따라 직원, 관리자, 고객의 행동에 미치는 결과가 달라지기에 이를 이해하는 것은 도움이 된다. 미래에 자기사업을 시작하거나 회사 내에서 조직 구조 변경 또는 설계를 위한 업무에 투입될 지도 모른다. 다양한 조직 구조를 이해하는 것은 이러한 상황에 놓인 당신에게 유용한 기술이 될 것이다.

이 장에서는 관료제 구조가 혁신과 생산성에 미치는 영향을 평가하고, 책상이 없는 사무실의 윤리적 영향을 점검하고, 사회적으로 책임 있는 기업이 혁신 전략을 받아들이는 방식을 배우고, 개방형 사무실이 효용에 대해 토론하면서 비판적 사고력과 지식의 적용과 분석 기술을 길렀다. 다음 절에서 원격근무와 친화적인 조직 구조를 디자인하고 윤리적으로 다운사이징하는 방법에 대해 논의하며 조직 구조가 조직의 성과에 미치는 영향에 대해 살펴보자.

실전 연습 원격근무

4명의 그룹을 만들고 다음 배경 정보를 읽어보자.

조직의 경영팀으로서 당신은 조직구성원에게 원격근무 옵션을 줄 것인지를 결정해야 한다. 팀으로서 당신은 원격근무가 성공적으로 이루어질 수 있는 조직의 구조와 시스템에 대해 합의를 이루어야 한다.

- 원격근무 정책은 어떻게 구성될 것인가? 예를 들어 직원은 전적으로 원격근무를 할 수 있게 선택할 수 있는가? 주로 원격근무를 하게 하는가? 아니면 혼합형으로 해야 하는가? 경력이나 근무기간에 관계없이 모든 직원이 원격근무를 할 수 있는가? 원격과 현장 근무자로 이루어진 팀이 함께 작업할 수 있는가?
- 직원을 원격근무에 대비시키기 위해 어떤 종류의 교육이 제공되어야 하는가?

- 어떤 인사정책에 업데이트가 필요한가? 예를 들어 보상 결정, 복지프로그램, 채용 전략과 관련된 기존 정책을 수정해야 할 필요가 있는가?

이 연습을 완료한 후 다음 질문에 답하라.

질문

15-7 원격근무를 성공적으로 이루기 위해 어떤 구조와 시스템이 필요한지 합의하려고 시도하면서 어떤 어려움을 겪었는가?

15-8 원격근무 정책을 시행하기 전에 필요한 다른 시스템과 구조가 있다고 생각하는가?

윤리적 딜레마 정리해고의 윤리학

전자제품 회사 카트론(Catron)의 경영진은 어려운 결정을 내려야 한다. 회사는 최근에 지속적으로 나쁜 성적을 내고 있으며 이로 인해 경영진은 크게 다운사이징할 필요가 있다고 판단했다. 고위경영진 회의에서 이 상황을 다룰 가장 좋은 방법에 대해 논의하기로 했다. 경영진은 누가 퇴직해야 할지 결정하는 가장 논리적인 방법은 직위와 근속기간을 주요 기준으로 사용하는 것이라고 합의했다. 한 명의 경영진이 "마지막으로 고용된 사람이 먼저 퇴직하는 것이 가장 합리적이며, 가장 공정하며, 궁극적으로 가장 효율적일 것이다"라고 언급했다.

그러나 경영진 중 한 명인 블레어는 일어나서 "이러한 결정을 내릴 때 다양성과 같은 다른 요인을 고려하지 않아야 하겠나요? 직위와 근속 기간에만 의존하면 최선의 결정을 내릴 수 없을지도 모릅니다"라고 말했다. 다른 경영진들은 다운사이징은 성별이나 인종과 관련된 문제가 아니라 조직에 가장 소속감이 적은 부분을 줄이는 것이라고 답했다. 회사 문화에 필수적이며 30년 이상 근무한 매우 중요한 역할을 하지만 성과는 나쁜 관리자를 해고하는 것은 분위기에 해를 끼칠 것이다. 또한 핵심적인 리더십 역할을 하는 사람을 해고하는 것은 팀과 비즈니스 과정의 조정 과정에 손상을 줄 것이라 말했다.

블레어는 이러한 직원과 관리자 해고방법이 다양한 집단의 조직 구성원에게 불균형하게 영향을 미칠 수 있다고 지적했다. 소수집단에 속한 구성원은 다운사이징의 대상이 되는 직위에 있을 가능성이 높기 때문이다. 카트론은 최근 몇 년 동안 다양성, 평등, 포용(DEI) 이니셔티브를 성공적으로 시행한 것으로 알려져서 다양한 집단의 구성원을 고용하게 되었다. 블레어는 이해관계자에게 잠재적으로 해로운 결과를 초래하지 않는 다른 해고방법을 개발해야 한다고 주장한다. 블레어는 더 개별화된 접근 방식을 채택하고 성과 평가를 사용하여 누가 퇴직해야 하는지 평가하는 것이 좋다고 제안했다.

한 명의 경영진이 갑자기 "당신은 '순위와 불량자 해고'를 하자는 건가요? 그건 항상 좋은 반응을 얻지 못해요... 그리고 그것이 우리 조직 내 소수집단에 불균형한 영향을 미칠 수도 있지 않을까요?"라는 의견을 제기했다. 블레어는 "아니요, 나는 우리 모든 직원과 관리자를 성과에 따라 순위를 매겨 특정 기준 이하의 모든 사람을 해고해야 한다는 의미가 아닙니다. 그냥 우리는 그들의 성과를 고려하고 우리 조직의 생산성과 팀워크에 부정적인 영향을 미치는 사람을 해고할 필요가 있다고 생각하는 것 뿐이에요"라고 대답했다.

블레어가 다른 경영진을 열심히 설득하려 노력했음에도 불구하고, 그들은 최종적으로 원래의 방법이 가장 시간이 적게 걸릴 것이라고 결정했다.

질문

15-9 어떤 접근 방식이 가장 좋다고 생각하는가?

15-10 조직이 소수집단 소속 직원과 관리자가 해고로 인해 불균형한 영향을 받지 않도록 보장하기 위해 사용할 수 있는 다른 전략은 무엇이 있는가?

15-11 해고 외에 경영진이 비용을 절감하기 위해 시도할 수 있는 다른 옵션은 무엇이 있는가?[192]

사례 삽화 쿠우키: 분위기 읽기

일본 기업은 대부분 아주 복잡하고 수직적인 조직 구조이다. 조직 내 주요 부서는 각자 수직적 구조이며 개별 사업체처럼 운용된다. 부서 간 상호관계가 거의 없고 각 부서는 아주 명확하게 규정된 역할을 가지고 있다.

회사가 고객과 소통할 때 영업부서가 협상을 담당한다. 고객이 기술적인 정보와 지원을 필요로 할 때도 영업마케팅부서가 엔지니어와 고객 간의 중재자로 개입되는 경우가 많다. 영업전문가가 제조나 연구개발부서를 대신하여 협상을 맡는 것이 일반적이고 부서 간 소통이 흔하지 않다.

문제는 영업사원이 필요한 지식을 갖춘 경우가 거의 없다는 것이다. 대부분의 영업사원은 과학과 기술을 공부하지 않았고 인문사회 지식을 지닌 경우가 많다. 이들은 대인관계 역량 덕분에 영업직을 맡게 되었다. 엔지니어나 기술자는 영업사원만큼 사회적이지 않고 좋은 영업사원이 아니라는 인식이 있다.

일본 대기업의 사무실에는 칸막이가 없는 경향이 있다. 덕분에 부서장은 다른 사람이 무엇을 하는지 알 수 있고, 직원이 정보를 공유하고 있다는 것을 확인할 수 있다. 중소기업에서도 소유경영자가 칸막이 없는 공간에서 일하는 경우가 흔하다.

성공을 위한 핵심은 '분위기를 읽는 것', 즉 쿠우키(空氣)를 읽는 것이다. 어떤 말이 오고 가고 어떤 일이 이루어지고 있는지 파악해야 최신 정보를 즉시 알 수 있다. 즉 이를 통해 경영자는 구성원이 알고 있는 정보를 알게 된다. 구성원은 이러한 상황을 편하게 생각하며, 비공식적인 정보 공유는 효과적이고 꼭 필요한 과정이다.[193]

질문

15-12 복잡한 수직적 조직 구조는 사실상 아주 계층적이다. 또한 각 부서가 명확하게 규정된 역할을 가지고 있어서 융통성이 없기도 하다. 이러한 조직은 환경에 민첩하게 잘 적응할 수 있는가? 아니면 이 구조의 약점인가?

15-13 명확하게 규정된 역할을 가지고 있을 때의 문제점은 무엇인가?

15-14 '분위기 읽기'는 다른 사람의 말을 엿듣는 것인가? 구성원 대부분이 이러한 상황을 편안하게 생각하는가?

16 조직 문화와 변화

출처: Humphery/Shutterstock

학습목표

16-1 조직 문화의 일반적인 특성을 설명할 수 있다.

16-2 조직 문화가 구성원에게 전파되는 방식을 보여줄 수 있다.

16-3 조직의 문화를 결정하고 유지하는 데 영향을 미치는 요인을 확인할 수 있다.

16-4 조직 문화가 구성원과 조직에 미치는 순기능과 역기능을 비교할 수 있다.

16-5 긍정적 문화, 윤리적 문화, 혁신적 문화의 유사점과 차이점을 설명할 수 있다.

16-6 조직 내외에서 변화가 어떻게 작용하는지 논의할 수 있다.

16-7 조직 변화를 관리하는 네 가지 주요 접근법을 비교할 수 있다.

취업 스킬 매트릭스(ESM)

	미신인가, 과학인가	윤리적 선택	찬성 의견/반대 의견	더 나은 세상을 향해	실전 연습	윤리적 딜레마	사례 삽화
비판적 사고와 창의성	✔	✔	✔	✔	✔	✔	✔
의사소통					✔		
협력	✔		✔		✔	✔	
자기관리				✔	✔		
사회적 책임		✔	✔	✔		✔	✔
리더십	✔	✔	✔			✔	✔
경력관리					✔	✔	✔

늑대 문화

화웨이(Huawei)는 휴대폰과 데이터 서비스를 전 세계에 제공하면서 빠르게 성장했다. 화웨이의 성공은 종종 화웨이 특유의 '늑대 문화'에 기인한다고 평가되는데, 이는 군대에서 약 10년 동안 엔지니어로 근무한 창업자 렌 정페이(Ren Zhengfei)의 개인적인 배경과 관련이 있다. 렌 정페이는 중국의 자본주의가 부흥하던 시기인 1980년대 말에 화웨이를 창립했는데, 창립 이후 열정, 헌신, 인내심과 같은 군사적 가치를 가장 중시해왔다. 화웨이는 창업 초기에 직원이 조직의 성공을 위해 힘들게 일한 시기를 자랑스럽게 언급하곤 하는데, 직원이 종종 늦은 밤까지 일하는 경우가 많아 사무실에 매트리스를 비치해둔 사실이 대표적이다.

이런 창업 초기 화웨이의 문화는 오늘날에도 여전히 영향을 미치며 직원은 여전히 긴 시간 일하고 있다. 신입직원도 부트캠프 스타일의 훈련 과정을 수강해야 하는데, 일부 직원은 이 교육 과정을 '정신교육'이라고 표현하기도 한다. 신입사원은 빨간색과 흰색 화웨이 유니폼을 입고 회사의 역사, 제품, 기업 문화에 대한 수업을 듣는다. 직원은 화웨이에서 일하는 것이 매우 어렵다고 인정하며 이를 '고통스러운' 경험이라고 묘사하기도 하지만, 이러한 문화 없이는 화웨이가 오늘날의 성공을 달성하지 못했을 것이라고 인정하기도 한다.

알리바바와 샤오미와 같은 다른 중국 기업에서도 긴 업무시간이 요구되지만, 화웨이는 이들보다 한 단계 더 심한 것으로 알려져 있다. 화웨이 직원은 휴가와 초과근무 수당을 자진하여 포기한다고 명시하는 충성서약서에 서명하기까지 한다. 사람들은 화웨이가 이러한 조직 문화로 어떻게 장기간에 걸쳐 직원을 유지할 수 있는지 궁금해한다. 여기에는 화웨이의 지분공유 시스템이 중요한 역할을 하는 것으로 보인다. 즉, 화웨이는 공개 회사가 아니며 지분을 직원이 소유하고 있다. 그러나 고성과를 내는 직원에게만 회사 주식을 소유할 자격이 주어진다. 책임과 혜택을 공유함으로써 화웨이는 강력한 집단주의 문화를 유지할 수 있다. 직원들은 조직에 이롭다고 판단할 경우에 기꺼이 개인적인 희생을 감수한다.

그러나 한 때 화웨이의 성공 비결로 칭송되었던 이러한 화웨이의 문화는 이제 더 엄격한 검증을 받고 있다. 회사 전반적으로 불법행위가 만연한 것으로 드러났는데, 이는 윤리적이지 않은 방법이라도 성공을 이루기 위해서라면 규칙을 어기는 것을 허용하거나 심지어 그런 행동을 장려한 화웨이의 '늑대 문화' 때문인 것으로 보인다. 한 직원은 아프리카에서 정부 관계자에게 뇌물을 주어 사업을 할 수 있게 유도하고, 미국 회사의 소스 코드를 복제하기도 했다는 혐의까지 받았다. 2015년에는 CEO가 수천 명의 직원이 재무 정보 부정보고나 뇌물수수와 같은 위반행위를 저지른 적이 있다고 고백했다. 화웨이에서는 모든 직원이 매년 사업행위에 관한 지침을 공부하고 서명해야 한다고 보고하고 있지만(지역 법규와 규정 준수 포함), 정페이는 많은 직원이 내부 규칙과 통제에 신경쓰지 않는다고 시인했다. 이러한 무관심은 주로 화웨이 직원이 회사 비즈니스에 얼마나 기여했는지를 기반으로 평가되기 때문일 수 있다. 더 나아가 CEO는 조직의 비즈니스에 방해가 되지 않는 선에서 윤리적 기준을 시행해야 한다고 말했다.

화웨이는 현재 세계 최대의 통신장비 제조업체이자 스마트폰 제조업체 중 두 번째로 큰 기업이다. 그러나 화웨이의 앞날은 아직 불확실하다. 정페이의 딸이자 최고재무책임자인 맹 완저우(Meng Wanzhou)가 사기 혐의로 기소되었기 때문이다. 화웨이의 사례는 윤리적 기준과 직원의 복지를 간과하는 조직 문화가 가져오는 위험을 잘 보여준다.[1]

조직은 구성원이 어떻게 행동해야 하는지를 규제하는 가치, 신념, 가정, 규범을 가지고 있다. 이러한 기대치를 **조직 문화**라고 한다. 모든 조직은 문화를 가지고 있으며, 그 효과를 정확하게 측정하기는 어려울 수 있지만, 그 강도에 따라 조직 구성원의 태도와 행동에 상당한 영향을 미칠 수 있다. 이 장에서는 조직 문화가 무엇인지, 어떻게 구성원의 태도와 행동에 영향을 미치는지, 조직 문화는 어떻게 형성되고 변화하는지 살펴본다.

조직 문화란 무엇인가

16-1 조직 문화의 일반적인 특성을 설명할 수 있다.

10,000달러짜리 기타를 연주해보지도 않고 구매할 수 있겠는가? 시카고에 본사를 둔 온라인 악기매매 플랫폼인 리버브(Reverb.com)의 고객은 기꺼이 그렇게 할 의향이 있다. 왜 리버브의 고객은 이베이 같은 경쟁사를 이용하지 않고 리버브를 계속 이용하게 하는가? 그 답은 이 회사의 조직 문화에 있다. 모두 우리가 경험한 조직에 대해 명확히 표현하기 힘들지만 본질적인 무엇인가를 느껴본 적이 있을 것이다. 이런 분위기는 구성원의 행동에 강하고 측정가능한 영향을 미칠 수 있다. 리버브는 음악에 대한 열정과 음악가를 위해 훌륭한 고객 경험을 만들기 위한 열망을 바탕으로 조직과 브랜드를 만들었다. 직원과 고객 모두 음악과 음악 공연을 중심으로 가치, 신념, 전통을 공유하고 있는 것이다.[2]

이 장에서 살펴볼 바와 같이 조직 문화는 조직의 효과성에 깊은 영향을 미친다. 여론조사기업 갤럽(Gallup)에서 조사한 바에 따르면 밀레니엄 세대의 88%는 회사의 목적 또는 미션에 만족한다면 5년 이상 직장을 유지하겠다고 답했다.[3]

그리고 조직 문화가 '독성을 띄게' 되면, 이를 바꾸는 것은 매우 어렵다.[4] 이는 조직의 경영진을 바꾸는 것만큼 쉽지 않다.[5] 예를 들어 보잉의 많은 CEO는 비용 절감 문화를 추진하지만, 결국 비용 절감에 성공하지 못한 전임 CEO와 같은 길을 걷게 된다.[6] 아라카튜어(Arcature)의 CEO 래리 라이트(Larry Light)는 "문화가 변화하지 않은 채로 CEO를 교체하면 이해관계자가 원하는 결과를 얻을 수 없다. 사실 많은 경우 문화를 바꾸지 않고 경영진만 변경하는 것

은 천천히 가라앉는 크루즈선의 갑판 의자를 재배치하는 것과 같다"라고 말한다.[7]

조직 문화의 정의

조직 문화(organizational culture)는 조직의 구성원이 가지고 있는 공유된 의미 체계로 한 조직을 다른 조직과 구별시켜 주는 것이다.[8] 이 공유된 의미 체계에는 조직을 특징지을 수 있는 가치, 신념, 전제 등이 포함된다.[9] 이러한 가치, 신념, 전제는 조직의 실무에서 ① 구성원이 어떤 것을 중시하고, ② 중요한 상징(예: 유니폼, 조각상)이나 이야기로 구현되며, ③ 구성원들 간 공유된 의미를 위한 토대를 구성하는 역할을 한다.[10]

조직 문화 조직의 구성원이 가지고 있는 공유된 의미 체계로 한 조직을 다른 조직과 구별시켜 주는 것. 이 공유된 의미 체계에는 조직을 특징지을 수 있는 가치, 신념, 전제 등이 포함됨

조직 문화는 직원이 조직의 본질을 어떻게 인식하는지를 보여주며, 그들이 조직을 좋아하는지 여부를 말해주는 것은 아니다. 조직 문화는 기술적인 용어로 조직 문화 연구자들은 구성원이 자신의 조직을 어떻게 인식하는지를 측정하려는 노력의 일환으로 다음 사항을 질문했다. 팀워크를 촉진하는가? 혁신을 보상하는가? 또는 개선을 억제하는가? 반면에 직무 만족도는 평가적인 용어로 직원이 조직의 기대, 보상 제도 등에 대해 어떻게 느끼는지를 측정한다. 아주 다른 조직 문화를 가진 2개의 회사를 대조한 도표 16-1을 참조해보자.

조직 문화는 정의하고 특징을 잡아내기 매우 어렵기에 오랫동안 많은 사람이 조직 내에서 문

도표 16-1 대조적인 조직 문화

A사

이 조직은 제조기업이다. 관리자는 모든 의사결정을 문서로 남겨야 하며, 이 조직에서 '좋은 관리자'란 자신의 주장을 뒷받침할 수 있는 세세한 데이터를 제시하는 사람을 의미한다. 큰 변화나 위험을 동반할 수 있는 창의적인 결정은 환영받지 않는다. 실패한 프로젝트를 담당한 관리자는 공개적으로 비난을 받고 때로는 징계를 받기 때문에 관리자는 현상 유지에서 크게 벗어나는 아이디어를 실천하지 않으려고 한다. 낮은 직급의 한 관리자는 회사에서 자주 사용되는 '고장 나지 않았다면 고치지 말라'는 표현을 인용하기도 했다.

이 회사에는 직원이 따라야 하는 수없이 많은 규칙과 규정이 있으며, 관리자는 직원이 그것을 잘 지키는지 면밀히 감독한다. 이 회사의 경영진은 직원의 사기나 이직보다는 높은 생산성에만 관심이 있다.

이 회사의 업무는 개인을 중심으로 설계되어 있다. 부서별로 분명히 나뉜 명령 체계를 갖추고 있으며, 직원은 자신의 업무 영역이나 직속 라인 외에는 공식적인 접촉을 최소화한다. 물론 근속연수가 임금 상승과 승진을 결정하는 가장 주된 요인이지만 성과 평가와 보상 체계는 개인의 업무 성과를 강조한다.

B사

이 회사 역시 제조기업이다. 그러나 이곳의 경영진은 직원의 위험 감수와 변화를 장려하고 이에 대한 보상도 지급한다. 이성적이고 계획적인 판단만큼이나 직관에 의존한 의사결정도 중요하게 여겨진다. 경영진은 새로운 기술을 끊임없이 실험하고 이를 통해 꾸준히 혁신적인 제품을 소개해온 회사의 역사를 자랑스러워한다. 좋은 아이디어를 지닌 관리자나 직원은 그것을 직접 실행에 옮기도록 장려받는다. 또한 이것이 실패하더라도 좋은 경험을 통해 배운 것으로 간주된다. 회사는 시장 상황에 잘 대처하며, 고객의 요구에 신속하게 반응한다는 점에 자부심을 가지고 있다.

이 회사 역시 직원이 따라야 할 몇몇 규제와 규정이 있다. 그러나 이에 대한 감시가 느슨한 편인데, 경영진이 회사의 직원을 믿을 수 있고 스스로 열심히 일한다고 생각하기 때문이다. 경영진은 높은 생산성을 중요시하지만 이는 직원을 제대로 대우함으로써 가능하다고 믿는다. 또한 회사는 일하기 좋은 직장이라는 세간의 평판에 자부심을 가지고 있다.

업무는 팀을 중심으로 설계되어 있다. 각 팀 구성원은 자신의 업무 영역과 지휘 계통에 상관없이 다른 구성원과 교류할 것을 권장받는다. 직원은 팀 간의 경쟁을 긍정적으로 받아들인다. 개인과 팀은 각각의 목표를 가지고 있으며, 보너스는 이러한 목표의 달성에 따라 지급된다. 직원 개개인은 이러한 목표를 달성하는데, 어떠한 수단을 활용할 것인지에 대해 상당히 높은 수준의 자율성을 지니고 있다.

화의 의미를 이해하려고 노력해왔다.[11] 많은 연구자는 조직이 문화를 가지고 있는지 알아내고자 조직 간의 문화를 서로 다르게 만드는 요소가 무엇인지 파악하려고 노력했다. 또 다른 연구자는 '조직 문화란 무엇인가'를 질문했다. 이러한 연구자는 특정 문화를 묘사하고 하나의 특정 조직이 어떻게 움직이는지 이해하는 것에 관심이 있다. 예를 들어 조직이 문화를 가지고 있는지에 대해 관심이 있는 연구자는 리버브와 같은 회사를 이베이 같은 회사를 구분하는 가치와 신념을 파악하려고 할 것이다. 반면에 조직 문화가 무엇인지 관심있는 연구자는 리버브 자체를 이해하려고 할 것이다. 이를 위해 리버브에서 언급되는 이야기, 의식, 물질적 상징물, 언어를 연구하려 한다. 이러한 후자의 형태(다음 절에서 자세히 설명함)는 계량화하고 해석하기가 매우 어렵다. 때로는 외부인이 관찰할 수 있기도 하지만 '내부인'만이 완전히 이해하고 경험할 수 있는 깊게 내재화된 가치와 전제들인 경우가 대부분이기 때문이다.[12]

가치나 신념에 따른 다양한 '형태'의 문화를 개념화하는 방법이 다양하게 있긴 하지만, 가장 일반적인 접근법은 조직 문화를 경쟁하는 가치를 지닌 것으로 묘사하는 것이다.[13]

1. **관계 지향 문화**(clan): 인간관계에 기반을 둔 문화로 구성원이 상호신뢰, 협업, 상호지원 등에 가치를 둔다.
2. **혁신 지향 문화**(adhocracy): 변화에 초점을 맞추는 문화로 구성원이 성장, 다양성, 세부사항에 대한 관심, 자극, 자율성에 가치를 둔다.
3. **시장 지향 문화**(market): 성과에 초점을 맞추는 문화로 구성원이 외부 소통, 역량, 경쟁에 가치를 둔다.
4. **위계 지향 문화**(hierarchy): 안정성에 초점을 맞추는 문화로 구성원이 내부 소통, 공식화, 일상적인 루틴에 가치를 둔다.

네 가지 문화의 차이는 내부 지향인지, 외부 지향인지, 유연성을 강조하는지, 안정성을 강조하는지에 따라 구별될 수 있다.[14] 예를 들어 관계 지향 문화는 내부에 초점을 맞추고 유연성을 강조한다. 혁신 지향 문화는 외부에 초점을 맞추고 유연성을 강조한다. 시장 지향 문화는 외부에 초점을 맞추면서 안정성을 지향한다. 위계 지향 문화는 내부에 초점을 맞추면서 안정성을 강조한다. 조직 문화에 대한 수백 건의 연구결과 경쟁가치 접근법에 대한 결과를 요약할 수 있다.[15] 도표 16-2는 이러한 문화가 어떠한 조직적 결과에 영향을 주는지 보여준다. 이러한 조직

도표 16-2 문화가 조직 성과에 미치는 영향

문화	태도와 성과	이노베이션	품질과 효율성	고객 만족	수익성과 매출 증가
관계 지향	+*	+*	0	+*	−
혁신 지향	+*	+	+*	−	0
시장 지향	0	+	+*	+*	0
위계 지향	+*	−	+*	0	+*

참고: +는 결과에 긍정적인 영향, − 결과에 부정적인 영향, 0은 결과에 영향이 없음, *는 문화가 결과에 강한 관련이 있음을 나타냄.

출처: C. A. Hartnell, A. Y. Ou, A. J. Kinicki, D. Choi, and E. P. Karam, "A Meta-Analytic Test of Organizational Culture's Association With Elements of an Organization's System and Its Relative Predictive Validity on Organizational Outcomes," *Journal of Applied Psychology* 104, no. 6 (2019): 83-50에 기초함.

적인 결과는 리더십과 조직 구조에도 큰 영향을 받는다는 점을 감안해야 하지만 조직 문화는 리더십이나 구조보다 더 많은 것을 말해준다. 문화에 대한 전략적 접근은 문화가 목표와 일치하는 것이 이상적이라고 제안한다.[16] 대부분의 문화가 직원 태도, 성과, 혁신, 제품/서비스 품질, 운영 효율성에 긍정적인 영향을 미치지만, 관계 지향 문화 또는 시장 지향 문화가 고객 중심 결과와 가장 일치하며, 위계 지향 문화가 수익성과 매출 성장에 가장 적합하다는 것은 분명하다.[17]

경쟁 가치 접근법은 조직 문화를 조사하는 가장 많이 사용된 연구의 틀이지만, 다른 접근법도 있다. 예를 들어 **조직 문화 인벤토리**는 문화를 세 가지 범주로 그룹화한다. ① 소속감, 격려, 성취를 중요시하는 **건설적인 문화**, ② 책임 회피, 타인으로부터 승인과 승인을 찾으며 전통적인 **소극적-방어적 문화**, ③ 경쟁적이고 완벽주의적이며 권력 중심적인 **공격적-방어적 문화**이다.[18] 많이 사용되는 또다른 체계는 **조직 문화 프로파일(OCP)**이다.[19] OCP는 직원이 그들의 조직을 얼마나 잘 대표하는지를 기반으로 가치를 정렬하는 새로운 조사 방법을 활용한다. OCP는 조직 문화를 여덟 가지 차원으로 설명할 수 있다고 제안합한다. ① **혁신**, ② **세부사항 주의**, ③ **결단력**, ④ **팀 중심성**, ⑤ **결과 중심성**, ⑥ **공격성**, ⑦ **지원**, ⑧ **보상 강조**이다.

조직은 단일 문화를 가지고 있는가

조직 문화는 구성원들 사이에 공유된 인식을 의미한다. 그러므로 배경이 다르거나 직급이 다른 구성원도 조직 문화를 비슷하게 이야기할 것이라고 기대할 수 있다.[20]

지배적 문화(dominant culture)는 다른 조직과 구분짓는 개성을 부여하는 조직 내 구성원이 공유하는 **핵심가치**(core value)를 담고 있다.[21] **하위문화**(subculture)는 같은 부서나 같은 지역에 있는 구성원들 사이에 공통적인 문제나 경험을 바탕으로 형성되는 문화이다.[22] 대부분의 대기업에는 지배적 문화와 함께 여러 하위문화가 존재한다.[23] 때로는 하위문화가 너무 강해서 '공식적인' 문화를 거부하거나 순응하기를 거부하는 경우도 있다.[24] 조직이 하위 문화로만 구성되어 있다면 지배적인 문화의 힘은 현저히 약할 것이다. 문화는 지배적 문화나 하위문화나 '공유된 의미'라는 측면이 구성원의 행동을 이끌고 형성하는 강력한 도구가 되기 때문이다. 하위문화는 국가의 민족 수준에서 나타나기도 하며 이는 이민, 새 이민자의 적응, 국민들 간의 계급 차이 등으로 형성된다.[25]

지배적 문화 조직구성원 대다수가 핵심가치를 공유하는 문화

핵심가치 조직 전반에 걸쳐 받아들여지는 주요하고 지배적인 가치

하위문화 조직 내의 소규모 문화로 주로 부서별 또는 지리적으로 떨어져 있을 때 발생함

강한 문화와 약한 문화

강한 문화와 약한 문화는 구별할 수 있다.[26] 만약 대부분의 구성원이 조직의 미션이나 가치에 대해 같은 견해를 가지고 있다면 그 조직은 강한 문화를 가지고 있는 것이다. 반대로 견해가 다양하다면 약한 문화를 가지고 있는 것이다.

강한 문화(strong culture)에서는 조직의 핵심가치가 더 강조되고 넓게 퍼져 있다.[27] 더 많은 구성원이 핵심가치를 받아들이고 헌신할 때 문화는 더 강해지고 구성원의 행동에 미치는 영향도 커진다. 메리어트(Marriott) 호텔의 인사부문 최고운영책임자인 데이비드 로드리게즈(David Rodriguez)는 강한 문화를 형성하는 것은 사람이라고 강조하며 "문화를 조직구성원과 직원에게 넘기는 용기와 지혜가 없으면 작동하지 않습니다"라고 말한다. 메리어트는 구성원 15,000여 명의 자발적인 도움으로 조직 문화를 만들어가고 있다.[28]

강한 문화 조직의 핵심가치가 강하고 광범위하게 공유되는 문화

미신인가, 과학인가

조직 문화는 영원하다

이는 사실이 아니다. 많은 연구는 조직 문화를 바꾸기 어렵고 시간도 많이 걸린다는 것을 보여주지만 결국은 가능하다. 어떤 경우에는 회사의 생존을 위해 필수적이기도 하다. 위스콘신주에 위치한 웰스프링(Wellspring) 요양원에서는 수년간 상당히 부실한 케어서비스를 제공했으며, 느슨한 기준을 눈감아주는 그들의 조직 문화가 이를 용인했다. 11개의 양로원으로 구성된 연합은 마침내 이러한 문화를 바꾸기 위한 캠페인을 시작했다. 경영진은 간병인들 사이의 협력, 교육, 신뢰성과 임파워먼트에 초점을 두었다. 그 결과는 매우 훌륭했다. 웰스프링 간병인의 규정위반 건수가 줄어들었고 이직률도 감소했다. 환자에게 미치는 영향은 더욱 놀라웠다. 중환자 수가 줄어들었고, 금지약물이나 향정신성 약품 사용이 줄었으며, 요실금 환자 또는 튜브로 영양을 공급받아야 하는 환자의 수도 줄어들었다.

이러한 웰스프링의 사례는 긍정적인 조직 문화의 변화가 가져올 수 있는 효과를 잘 보여준다. 최근 파산 위기에서 벗어난 휴스턴의 전력회사 다이너지(Dynegy Inc.)의 CEO 밥 플렉슨(Bob Flexon)은 조직 문화의 변화를 통해 회사를 위기에서 구해냈다. 먼저 그는 1,000만 원이 넘는 값비싼 대리석 책상과 고급 카펫을 갖춘 자신의 사무실을 없애고, 본사 직원 235명이 사용하는 물류센터의 작은 사무공간에서 일하기로 했다. 또한 그는 회사 공장을 방문하여 '문화 챔피언'을 교육하고 성과평가에 대해 설명하면서 직원 간 협력을 강조했다. 그는 '현재에 집중하라(Be here Now)'는 문구를 곳곳에 비치하여 멀티태스킹과 회의 중 스마트폰 사용을 금지했다. 그는 '이러한 아이디어는 직원에게 승자의 정신을 주입하기 위한 것'이라고 말하며, 큰 규모의 말단에까지 영향을 미칠 수 있는 CEO로서의 입지를 적극 활용했다.

이로 인한 긍정적 결과로 2011년 8%였던 이직률이 2012년 5.8%로 감소했다. 플렉슨은 "직원이 서서히 다시 어려움을 이겨낼 수 있다고 믿기 시작한 것 같다"고 평했다. 이 회사는 계속해서 급격한 수익률 하락에 고전하고 있지만 플렉슨은 '조직 문화에 대한 우리의 지속적인 관심이 바로 차이를 만들어낼 것'이라며 회사의 회생 가능성에 대해 매우 낙관적이다. 파산 후 대폭 성장한 다이너지는 2018년 비스트라에너지(Vistra Energy)에 인수되기 이전 마지막 사업연도인 2017년에 55억 달러의 매출을 기록했다.[29]

강한 조직 문화에서는 조직이 무엇을 추구하는지에 대한 구성원의 동의가 있기 때문에 조직의 성과에 직접적인 영향을 미친다. 조직의 목표에 대해 동일한 생각을 갖는 것은 응집성, 애사심, 조직 몰입을 높여준다. 이러한 특성은 구성원의 이직 의도를 낮춰준다. 137개 조직에 속한 9만 명의 구성원을 대상으로 한 연구에 따르면 구성원이 회사의 미션을 공유하고 몰입되어 있다면 조직 문화의 강도와 일관성이 다양한 재무적 성과에 도움이 되는 것으로 밝혀졌다.[30] 강한 문화 덕분에 에이스하드웨어(Ace Hardware)와 같은 회사는 다른 많은 회사가 폐업하거나 파산하는 극도로 치열한 경쟁 시장에서 번영할 수 있었다.[31]

구성원은 어떻게 조직 문화를 학습하는가

16-2 조직 문화가 구성원에게 전파되는 방식을 보여줄 수 있다.

문화는 여러 가지 방식으로 구성원에게 전해지는데 대표적인 방식은 이야기, 의식, 물질적 상징, 언어이다.

이야기

헨리 포드 2세가 포드자동차의 회장일 당시, 모든 임원이 들었던 유명한 이야기가 있다. 임원이 거만해지면 그는 "내 이름이 빌딩에 새겨져 있다는 걸 잊지 마시오"라고 말했다. 이 말에 담겨 있는 메시지는 명확했다. 바로 헨리 포드 2세 자신이 회사를 경영한다는 것이다. 또 다른 예로 나이키의 많은 임원은 회사의 이야기를 구성원에게 전하는 데 많은 시간을 썼다.[32] 공동창업자인 빌 바우어만(Bill Bowerman)이 더 좋은 운동화를 만들기 위해 고무를 와플기계에 부었다는 이야기를 들려주면서 나이키의 혁신 정신을 이야기한다. 1988년 광고에서 달리던 노인이 처음 사용한 슬로건 '저스트두잇(Just Do It)'은 누구나 그들의 차이점에 관계없이 운동 목표를 추구하고 달성할 수 있다는 이야기를 전달한다.[33]

많은 조직에서 전해지는 이러한 이야기는 현재와 과거를 연결하고 현재의 관행에 정당성을 부여한다.[34] 이러한 이야기는 보통 창업자에 대한 이야기, 규칙을 어긴 이야기, 가난에서 부를 창출한 성공이야기, 직원 감축, 실수에 대한 반응, 조직이 어려움에 어떻게 대처했는지 등의 내용을 포함한다.[35] 구성원은 사회화 과정에서 자신이 조직 문화에 어떻게 적응하고 적응하지 못했는지, 출근 첫날은 어땠는지, 다른 구성원과의 초기 관계는 어땠는지, 회사 생활의 첫인상은 어땠는지 등에 대한 이야기도 만들어간다.[36] 이러한 감정이 담겨 있고 때로는 고무적인 이야기가 놀랄 만큼 변혁적이고 설득적이고 동기부여적인 역할을 하고,[37] 이를 통해 구성원이 문화를 받아들이고 유지하게 이끈다는 증거가 있다.

의식

의식(ritual)은 어떤 목표가 가장 중요한지, 누가 중요하고 무엇이 가치가 없는지, 조직의 주요 가치를 표현하고 강화하는 일련의 반복적인 행동의 연속을 일컫는다.[38] 어떤 회사는 조직 문화의 가치를 지원하고 유지하기 위한 의식을 가지고 있다. 《포천》이 선정한 일하기 좋은 100대 기업 중 하나인 킴튼호텔앤드레스토랑(Kimpton Hotels and Restaurants)은 눈을 가린 채 침대를 정리하고 청소기를 돌리는 경주를 하는 객실관리 올림픽(Housekeeping Olympics) 같은 전통을 활용하여 고객 지향적인 문화를 유지한다.[39] 어떤 기업은 잠재고객, 클라이언트, 투자자의 마음을 사로잡기 위해 의식을 사용하고 있다. 예를 들어 캐나다 온타리오 지역의 쿨클라이밋 와이너리는 자신의 와이너리와 와인에 와인 애호가를 동일화시키기 위해 의식을 사용한다.[40] 의식은 어떻게 가치를 강화하고 상사, 직원, 고객에게 영향을 미치는가? 최근 연구에 따르면 의식은 참여자에게 통제감을 일깨워 주고 결과적으로 불안을 줄여 이러한 효과를 지니는 것으로 나타났다.[41]

의식 어떤 목표가 가장 중요한지, 누가 중요하고 무엇이 가치가 없는지, 조직의 주요 가치를 표현하고 강화하는 일련의 반복적인 행동의 연속

상징

물질적 상징(material symbol) 또는 인공물에는 기업 본사 건물, 최고경영신에게 지급되는 차종, 회사전용기 유무 등이 포함된다.[42] 사무실 크기, 가구, 특전, 복장, 조직의 소셜미디어 페이지나 웹사이트 등도 여기에 포함된다.[43] 이러한 물질적 상징은 구성원에게 누가 중요한지, 최고경영층이 생각하는 평등이 무엇이고 적절한 행동이 무엇인지(예: 위험 선호, 보수적 행동, 권위주의적 행동, 참여적 행동, 개인주의적 행동, 사회적 행동)를 알려준다. 또한 구성원에게 연결감을 제공하고 상징물을 의미있게 이해하는 구성원의 감정을 일깨운다.[44]

물질적 상징 조직 문화에 내재된 가치, 신념, 가정을 상징하는 물질 또는 인공물

시카고 의류 회사인 쓰레드리스(Threadless)와 같이 '무엇이든 가능한' 분위기는 창의적인 문화를 강조하는 데 도움이 된다. 쓰레드리스에서 회의는 사내의 개조된 창고 안에 주차된 에어스트림 캠핑카에서 진행되며, 직원은 반바지에 슬리퍼를 신고 각 팀이 선택한 디스코 볼과 화려한 장식으로 꾸며진 공간에서 일한다.[45] 또 다른 예로 이데오(IDEO)의 팔로 알토 사무실에는 장난감과 작은 소품으로 가득찬 '놀이 실험실'이 있고 건물벽 중 하나에는 튀어나온 비행기 날개가 붙어 있다. 이것은 이데오의 장난스러운 실험과 자유로운 표현이라는 가치를 상징

중국의 웹서비스 기업 바이두(Baidu)는 자신의 문화를 '단순함'이라고 설명한다. 이는 직접적이고 개방적이며 복잡하지 않다는 의미이다. 또 하나의 가치는 '신뢰할 만함'이며 이는 동료의 능력을 신뢰한다는 것을 의미한다. 바이두의 캐주얼한 직장 환경은 라운지, 체육관, 요가 스튜디오와 돔 모양의 낮잠 방과 같은 휴식 공간을 갖추고 있으며, 직원은 언제든지 이를 이용할 수 있다.

출처: Lou Linwei/Alamy Stock Photo

한다.[46]

어떤 문화는 구성원에게 회사의 특전을 제공하는 것으로 유명하다. 구글의 보체 코트(bocce court), 소프트웨어 디자인 회사인 오토데스크(Autodesk)의 애완견 허용, SAS의 태양광 패널 필드, 아웃도어 모험장비 전문회사인 REI의 무료 장비대여 등과 같은 혜택은 이를 통해 문화의 가치를 전달한다. 어떤 회사는 구성원에게 회사 안팎에서 창의적으로 생각할 수 있는 시간을 주기도 한다. 예를 들어 생명공학 분야의 선도기업 진테크(Genetech)와 많은 다른 선진기업은 유급 휴가를 제공한다. 진테크는 혁신적 사고와 공정성 문화를 지원하기 위해 6년마다 한 번씩 모든 직원에게 6주의 유급 휴가를 제공한다.[47]

언어

많은 조직과 하위조직은 구성원이 조직문화와 동질화되고 받아들였음을 증명하고 유지하기 위해 언어를 활용하기도 한다.[48] 장비나 핵심 인력, 공급자, 고객, 자사제품을 설명하는 고유한 용어를 사용한다. 신입사원은 처음에 많은 용어와 약자 등에 당황할 수 있지만 적응하고 나면 그것은 특정 문화 또는 하위문화에 속하는 구성원을 하나로 묶어주는 공통분모로서의 역할을 하게 된다. 예를 들어 미국정부 내에서 사용하는 고유 용어는 너무나 많아서 한 사서가 약어와 용어에 대해 포괄적인 사전과 안내서(*GovSpeak*)를 만들 정도였다.[49]

조직 문화를 묘사하는 가치와 신념은 언어를 통해서도 전달될 수 있다. 예를 들어 《포천》 500 기업의 미션선언문에 대한 연구에서 사람이 성장하고 개선될 수 있다고 전달한 조직은 사람이 변하지 않는다고 믿는 기업보다 기업평가사이트인 글래스도어에서 더 긍정적인 문화 평가를 받는 경향이 나타났다. 《포천》 1000 기업의 직원을 대상으로 한 후속 연구에서는 문화에 대한 이러한 인식이 직원의 신뢰와 헌신에 영향을 미쳤다.[50]

그러나 문화적으로 구성원들을 하나되게 해주는 장점에도 불구하고, 언어와 고유용어를 조직의 효과성 방해요소로 보는 사람도 많이 있다. 보통의 언어를 사용하는 대신 고유용어와 약

윤리적 선택

공감의 문화

은행업계에서 성공과 윤리적 문화가 반드시 함께하는 것은 아니다. 윤리적인 문화를 추구하는 경영자는 관리자와 직원이 윤리적 행동을 할 수 있도록 조직 내에서 성공의 정의에 윤리를 포함할지 결정해야 한다. 골드만삭스와 JP모건체이스앤드컴퍼니(JP Morgan Chase & Company)를 비교해보자. 두 은행 모두 《포천》의 100대 기업에 선정되었다. 또한 사회적 책임을 비롯한 아홉 가지 요소로 매출액이 가장 높은 기업의 순위를 결정하는 《포천》의 가장 존경받는 기업에 포함되기도 한다. 그러나 두 은행의 조직 문화는 매우 다르다. 골드만삭스는 직원과 고객을 위한 윤리적 문화를 만드는 데 어려움을 겪고 있지만 JP모건체이스앤드컴퍼니는 공감의 문화를 선파하고 있다. 뉴스 헤드라인 몇 개를 살펴보자.

- 미핏 '마이크' 메세빅(Mefit 'Mike' Mecevic)은 2012년 허리케인 샌디가 뉴욕을 강타했을 때 골드만삭스의 청소부였다. 당시 그와 동료는 맨해튼의 회사 건물에서 며칠 동안 홍수가 나지 않도록 쉬지 않고 일했다. 그런데 골드만삭스의 한 관리자가 설명도 없이 그를 건물 밖으로 내몰았다. 메세빅은 그에게 사정했다. "저는 스테이튼 아일랜드에 살고 있는데 거기는 비상 상태라 자동차도 기차도 전기도 없습니다. 물이 턱밑까지 찼습니다." 그는 목숨을 살려달라고 말했지만 관리자는 건물 밖으로 나가라고 했고 메세빅은 해고되었다. 그는 "저는 밤낮없이 일했고 그들은 제 인생을 이유 없이 망쳐놓았습니다"라고 말했다.
- JP모건체이스앤드컴퍼니의 최고경영자인 제이미 다이먼(Jamie Dimon)은 말한다. "사람은 우리에게 제일 중요한 자산입니다. 회사의 장기적인 성장과 성공을 위해서는 회사가 직원에게 매력적인 곳이어야 하고, 직원이 회사에서 계속 근무해야 합니다. 다양성과 포용력이 있는 직장을 유지하는 것은 현명하고 올바른 일입니다." JP모건체이스의 문화는 성과와 파트너십, 포용성, 단순명쾌함으로 규정된다. JP모건체이스는 여성과 소수민족의 성공을 지원하는 프로그램을 가지고 있다.

리더의 윤리적인 선택은 다른 구성원에게 본보기가 됨으로써 조직 문화에 영향을 미친다. 위의 예는 두 회사의 문화가 매우 다른 윤리적 선택을 할 수도 있음을 보여준다.[51]

어를 사용하는 조직은 혼란과 비효율성을 야기하는 상황을 만들어내기도 한다.[52] 더 나쁜 경우에 조직구성원과 리더는 비윤리적인 행동을 자신의 고유용어, 약어의 사용을 통해 긍정적인 것으로 묘사하는 데 사용할 수 있다. 예를 들어 여행용 가방회사인 어웨이(Away)의 CEO가 보낸 메시지 중 하나에는 유급 휴가 감소와 재택근무 기회 감소를 긍정적인 기회로 묘사했다. "저는 이 그룹이 경력 개발 기회에 대한 열망이 크다는 것을 알고 있으며, 여러분의 기술 개발을 지원하기 위해 여러분을 돕겠습니다. 새로운 '유급 휴가' 또는 '재택 근무' 요청을 고려하지 않을 것입니다... 이 경력 개발 기회를 통해 여러분이 우리의 핵심가치, '고객 집착'을 실현하기 위해 최고가 되고, 고객 경험을 향상시키기 위해 핵심가치에 일관성있게 지속적으로 일할 수 있기를 희망합니다. 감사합니다"라고 했다.[53]

게다가 조직에서 사용되는 언어 유형은 직장 내 차별에 영향을 미칠 수 있다. 예를 들어 신중한 고려를 강조한 미션선언문은 회사가 EEOC 차별 소송에 관여되는지 여부를 예측했다.[54] 게다가 COVID-19 팬데믹 중에 바이러스에 낙인을 찍는 용어를 사용하는 조직에서는 아시아계 미국인 직원이 부정적이고 차별적인 경험을 할 가능성이 높았다.[55] 분명히 언어는 조직 문화를 보여주는 창일 수 있지만, 그 자체로 장점과 단점을 가진 양날의 칼이 될 수 있다.

문화 형성과 유지

16-3 조직의 문화를 결정하고 유지하는 데 영향을 미치는 요인을 확인할 수 있다.

조직 문화는 하루아침에 생기는 것이 아니다. 또한 한 번 형성되면 쉽게 사라지지 않는다. 조직 문화의 형성에 영향을 미치는 요인은 무엇인가? 문화를 강화하고 유지하는 힘은 무엇인가?

문화는 어떻게 형성되는가

한 조직의 관습, 전통, 업무 수행 방식은 조직이 어떤 일을 했고 그 일이 얼마나 성공적이었는가에서 비롯된다. 이러한 사실로 볼 때 조직문화의 궁극적인 원천은 창업자라고 할 수 있다.[56] 창업자는 조직의 비전을 제시하고, 초창기 조직이 소규모이기 때문에 구성원에게 비전을 전파할 수 있다.

문화는 세 가지 방식으로 형성된다.[57] 첫째, 창업자는 자신과 비슷하게 생각하고 행동하는 사람을 채용하고 유지한다. 둘째, 창업자는 자신이 생각하고 느끼는 방식을 가르치고 사회화한다. 셋째, 창업자의 행동은 구성원이 동일한 행동을 하게 유도하고 창업자의 신념, 가치관, 가정을 내면화하게 한다. 조직이 성공하면 창업자의 성격 특성이 조직 문화에 뿌리내리게 된다. 2000여개가 넘는 기업에 대한 연구결과 창립시 최고경영팀은 조직의 성과에 거의 영향을 미치지 못하는데, 반해 CEO는 많은 차이를 만들어냈다.[58] 창업자가 마련한 문화적 근간은 그 영향력이 지대하여 차후 모기업에서 분리되어 나온 조직에게까지도 영향을 준다.[59]

예를 들어 한국의 대기업인 현대그룹은 과감하고, 경쟁적이고, 엄격하고, 권위주의적인 문화를 보유하고 있는데 이러한 특성은 창업자인 정주영 회장의 특징으로 묘사되기도 했다.[60] 조직에 뿌리박힌 단호하고 경쟁적인 문화적 색채가 흔들리기 시작한 것은 최근의 일이다. 현대의 리더십이 정몽구와 그의 아들 정의선에게 내려오면서 문화 변화의 미묘한 흔적이 나타났다. 예를 들어 5년만에 현대를 다시 방문한 프랭크 아렌스는 사무실에서 큰 변화를 느꼈다. 그가 현대그룹의 구성원들에게 "넥타이는 다 어디에 갔나?"라고 묻자, 그들은 비즈니스 캐주얼이 새로운 리더십에 따른 변화하는 문화의 상징이라고 답했다.[61] 조직 문화에 지속적인 영향을 미치는 다른 창업자의 예로는 마이크로소프트의 빌 게이츠, 이케아의 잉그바르 캄프라드, 사우스웨스트항공의 허브 켈러허, 페덱스의 프레드 스미스, 버진그룹의 리처드 브랜슨 등이 있다.

도표 16-3은 조직 문화가 어떻게 형성되고 유지되는지를 보여준다. 초기의 조직 문화는 창업자의 철학에서 비롯되고 회사가 성장함에 따라 채용 기준을 결정하는 데 많은 영향을 미친다.[62] 사회화 과정의 성공 여부는 선발 과정에서 신입사원의 가치관과 조직의 가치가 일치하는지의 여부와 최고경영층의 사회화 과정에 대한 강조에 달려 있다. 최고경영자의 행동은 조직 내에서 어떠한 행동이 허용되는지에 대한 일반적인 분위기를 형성하고, 구성원은 문화를 지속시킨다.[63] 이후 문화는 조직 구조와 시스템과 연결되고 뿌리를 내리게 되며 리더십에 의해 지속된다. 가장 포괄적인 조직 문화 연구(총 26,000여개의 조직에서 500,000명의 구성원을 대상으로 한 연구)에서는 조직 문화가 현재의 리더십, 관행, 구조와 강하게 연결되어 있음을 밝혔다.[64]

도표 16-3 조직 문화 형성 과정

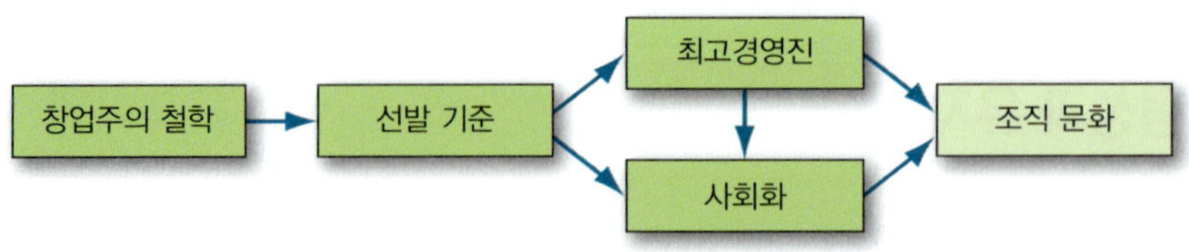

문화는 어떻게 유지되는가

문화가 형성되면 조직 내 관행으로 구성원에게 유사한 경험을 제공함으로써 문화가 유지된다.[65] 선발 과정, 성과 평가 지표, 교육훈련, 승진 절차 등은 구성원이 조직 문화에 적응하게 유도하고, 조직 문화를 따르는 구성원에게 보상을 제공하며, 조직 문화에 도전하는 사람에게 불이익을 주기도 한다.[66] 특히 모집과 선발 과정, 최고경영진의 행동, 사회화 방식(온보딩, 훈련, 신입사원 포용 방식)의 세 가지 요인은 조직 문화를 유지하는 데 중요한 역할을 한다.

선발 선발 과정의 명시적인 목표는 성과를 살내는 데 필요한 지식, 기술, 역량을 갖춘 사람을 발굴하고 채용하는 것이다. 최종결정은 지원자가 조직에 얼마나 잘 적응할 수 있는지에 대한 결정권자의 판단에 영향을 받기 때문에 개인의 가치관이 조직 문화의 가치와 상당 부분 일치하는 지원자를 선발하게 된다.[67] 선발 과정에서 회사는 지원자에게 조직에 대한 정보를 제공하고, 자신의 가치관과 조직에서 중요시하는 가치 사이에서 괴리를 느끼는 사람은 지원을 철회하기도 한다.[68] 따라서 선발은 쌍방향 결정이고, 조직의 핵심가치를 훼손할 수 있는 지원자를 배제함으로써 조직 문화가 유지되게 한다. 예를 들어 겉옷 소재로 쓰이는 고어텍스를 만드는 고어(W. L. Gore & Associates)의 선발 과정에서 팀은 다방면의 광범위한 면접을 통해 고어의 지원자가 불확실성과 유연성, 팀워크를 감당할 수 있는지 확인한다. 이러한 선발 절차를 통해 조직 문화와 잘 맞는 직원을 채용하는 고어가 《포천》이 선정한 '일하기 좋은 100대 회사'에 꾸준히 이름을 올리는 것은(2020년 83위) 놀랄 일이 아니다.[69]

최고경영층 최고경영층은 조직 문화에 큰 영향을 미친다.[70] 경영자는 언행을 통해 조직의 규범을 전파한다. 예를 들어 위험 선호가 바람직한지, 구성원에게 자율권을 어느 정도 줄 것인지, 적절한 복장이 무엇인지, 어떤 행동이 연봉 인상과 승진과 다른 보상에 도움이 되는지 등과 관련한 규범을 구성원에게 전파한다. CEO와 최고경영진팀(TMT)에 대한 연구결과는 문화와 리더십 스타일이 그 내용이 중복되기보다는 상호보완적일 때 긍정적인 조직적 결과가 나온다는 점을 밝혔다.[71] 리더십 행동과 조직의 문화적 가치가 중복적이면 리더는 그 자체로는 조직의 결과에 미치는 영향이 적다. 그러나 리더가 조직의 문화에 부족한 어떤 부분을 제시한다면, 이는 조직 문화에서 빠진 부분을 채워주는 역할을 한다. 달리 말하자면 다른 사람이 실패하는 부분을 채워주는 것이다. 예를 들어 관료적이고 위계적인 문화에서 변혁적인 리더는 같은 형태의 문화 속 거래적 리더보다 훨씬 효과적일 수 있다.

슈퍼마켓 체인인 웨그먼스(Wegmans)의 문화는 열심히 노력하고, 행복하고, 헌신적인 구성원이 서로 도우며 모범적인 고객서비스를 제공한다는 것인데, 이는 웨그먼 집안이 지닌 믿음의 결과이다. 웨그먼스는 양질의 식품을 제공함으로써 다른 체인점과 차별화를 하고 있는 데, 이러한 정책은 양질의 식품에 관심을 가진 사람을 선발함으로써 유지되고 있다. 웨그먼스의 최고경영층은 직원을 잘 배려함으로써 만족감과 애사심을 높이려 한다. 예를 들어 웨그먼스는 1984년 이후 3만 8500명이 넘는 구성원에게 학자금으로 1억 200만 달러 이상을 사용했다. 임금 또한 시장평균을 상회할 수 있게 유지하는 웨그먼스는 《포천》이 선정하는 '일하기 좋은 100대 회사'에 꾸준히 선정되었으며(2020년 3위), 이는 창업자가 형성한 긍정적인 조직 문화를 최고경영층이 유지하고 있기 때문이다.[72]

사회화 신입사원이 조직의 문화에 적응하기 위해 필요한 사회적 지식과 기술을 습득할 수 있게 하는 과정

사회화 조직이 선발과 채용 과정에서 아무리 잘한다 하더라도 신입사원이 조직 문화에 적응하는 데에는 도움이 필요한데, 이러한 도움의 과정을 **사회화**(socialization)라 한다.[73] 사회화는 새 직장이 기대와 다를 때 많은 구성원이 이야기하는 문제를 덜어주는 데 도움이 된다(OB POLL 참조). 예를 들어 인도의 석유 생산, 정제, 마케팅 회사인 에사르오일앤가스(Essar Oil & Gas)는 입사후 교육 과정 전체를 게임화했다. 게임 기반 교육회사인 인더스긱스(Indusgeeks)의 도움을 받아 에사르(Essar)는 새로운 직원이 처음 며칠 동안 3D 게임을 플레이하며 직장 환경을 살펴보고 다양한 직원과 만나 누가 누구인지 알게 하고, 일하기 전에 필요한 것을 배우게 한다.[74] 넷플릭스, 쿠오라(Quora), 트위터, 기타 회사는 '동료 코치'를 지정하고 사회화 행사를 개최하며 개인화된 맞춤형 오리엔테이션 프로그램을 기획하는 등 새로운 온보딩, 즉 입사자 적응 절차를 채택하고 있다. 하버드대학교의 프란체스카 지노(Francesca Gino)는 "기업이 개인의 정체성을 강조하고 직장에서 개인의 정체성을 더 용인하면 개인들은 직업에 더 만족하고 더 좋은 결과를 낸다"라고 말한다.[75]

사회화 과정은 도착 전 단계, 만남 단계, 변형 단계로 나누어 생각해볼 수 있다.[76] 도표 16-4에서 보듯이 이러한 3단계 과정은 신입사원의 생산성, 조직 몰입, 이직률에 영향을 미칠 수 있다.

도착 전 단계 조직에 새로 입사한 직원이 되기 전에 발생하는 사회화 과정에서의 학습 기간

1. 도착 전 단계 **도착 전 단계**(prearrival stage)는 각 개인이 업무와 조직에 대해 자신의 가치, 태도, 기대를 가지고 직장생활을 시작한다는 것을 인식한다. 예를 들어 경영대학의 중요한 목적 중 하나는 학생에게 기업이 기대하는 태도와 행동을 사회화하는 것이다. 시

OB POLL 특별한 사회화가 직원의 기대를 형성한다

갤럽은 신입직원을 대상으로 그들의 입사 교육과 사회화 절차에 대해 조사했다. 그들 중에서 입사 교육과 사회화가 특별하다고 강하게 동의한 사람은 새로운 직장에 대해 다음과 같이 느꼈다.

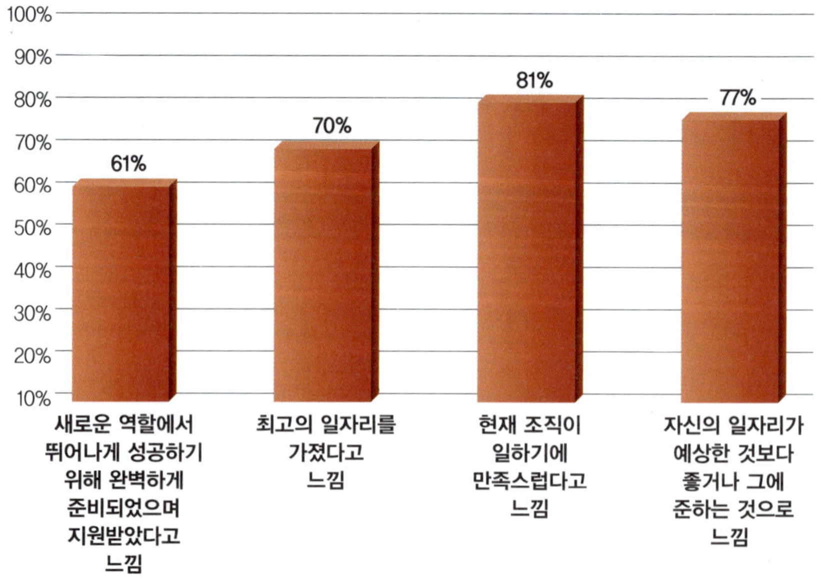

출처: Gallup, *Creating an Exceptional Onboarding Journey for New Employees* (Washington, DC: Gallup, 2019)에 기초함.

도표 16-4 사회화 모델

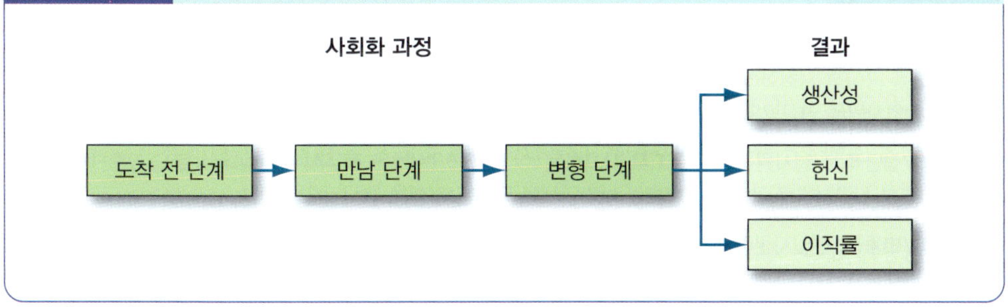

장점유율이 높은 우량기업에 입사한 신입사원은 그 회사에서 일하는 것이 어떨지에 대해 자기 나름의 가정을 가지고 있다.[77] 대부분의 신입사원은 나이키가 역동적이고 신나는 분위기일 것이라 기대하고, 메릴린치는 많은 스트레스와 그에 상응하는 보상이 있을 것이라 기대한다. 입사 전에 조직 문화를 잘 파악했는지, 성격이 긍정적이고 적응력 있으며 적극적인지가 조직에 얼마나 적응하는가에 유의미한 예측요인이 된다.[78]

2. 만남 단계　선발 과정은 미래의 구성원에게 조직에 대해 이해할 수 있는 정보를 제공한다. 조직생활을 시작하면서 신입사원은 **만남 단계**(encounter stage)에 들어가게 되고 자신의 기대와 현실 사이에 차이가 있을 것이라는 가능성에 직면하게 된다.[79] 만일 기대가 정확하다면 이 단계는 입사 전의 생각을 다시 확인하는 정도에 그치지만, 이런 경우는 극히 드물다. 극단적인 경우 신입사원은 환상이 깨져서 퇴사하기에 이른다. 제대로 된 선발 과정은 이러한 부정적인 결과를 줄여주고 조직 내 우호적인 관계가 형성되도록 도와준다. 배려심 있는 동료에게서 조직생활의 요령을 배울 때 신입사원의 몰입도가 높아진다.[80] 이 단계에서 학습, 폐기학습, 관계 구축이 중요하다.[81] 신입사원이 조직에 대해 충분히 학습하고 도울 수 있는 적극성이 부족하거나, 상사와 동료가 신입사원을 사회화하고 채용 과정에서 한 약속을 이행하지 않거나, 신입사원과 직원 간의 교류가 좋지 않다면 신입사원은 실망할 수 있다.[82] 그러나 만남 단계에서 비생산적 업무행동(CWBs)과 같은 바람직하지 않은 행동이 조직 문화의 일부로서 신입사원에게 전파될 수도 있다. 예를 들어 중국 남부의 생산영업부서에 대한 연구에서는 직원이 고객과의 과도한 음주와 같이 바람직하지 않은 행동을 보임으로써 차후 일-생활 갈등이나 이직 위험을 가져올 수 있음을 밝힌 바 있다.[83]

만남 단계 사회화 과정에서 신입사원이 조직의 실제 모습을 보고 기대와 현실이 다를 수 있는 가능성에 직면하는 단계

3. 변형 단계　만남 단계에서 경험한 다양한 문제를 해결하기 위해 신입사원은 변화가 필요하고 **변형 단계**(metamorphosis stage)를 거치게 된다.[84] 도표 16-5에 제시된 방법은 이 단계에서 사용할 수 있는 대안이다. 대부분의 연구는 두 가지 유형을 제시하고 있다.[85] 경영진이 공식적이고, 집단적이고, 고정적이고, 단계적인 사회화 프로그램을 활용하면서 처분적인 방법을 활용하면 신입사원이 인식하는 차이가 제거되고 표준화된 예측가능한 행동으로 대체된다. 이러한 제도주의적 관행은 경찰서, 소방서와 같이 규칙을 준수하고 명령에 복종하는 것을 강조하는 조직에서 많이 활용된다. 반면에 비공식적이고, 개인적이고, 유연하고, 임의적이면서 투자를 강조하는 형태의 사회화 프로그램은 신입사원이 자신의 역할과 업무 방식에 창의적인 감각을 적용할 수 있게 해준다. 연구 개발, 광고, 영화

변형 단계 신입사원이 직무, 직군, 소속에 대한 변화와 적응을 진행하는 사회화 과정에서의 단계

도표 16-5 입사 사회화 방법

공식적/비공식적: 신입사원이 일상 업무에서 벗어나 조직 내 역할을 확립하는 특별 교육을 받을 때 이러한 사회화를 공식적 사회화라고 한다. 특정 오리엔테이션이나 교육훈련 프로그램이 그 예이다. 비공식적 사회화는 신입사원을 일상 업무에 배치하고 특별한 관심이나 교육훈련을 제공하지 않는다.

개인적/집단적: 신입사원은 개인적으로 사회화될 수 있다. 이는 많은 전문직 사무실에서 볼 수 있는 사회화이다. 또한 신입사원은 군대의 신병훈련처럼 단체로 똑같은 경험을 거치기도 한다.

고정적/변동적: 신입사원이 외부인에서 내부인이 될 때까지의 일정에 따른 구분이다. 고정적 일정은 표준화된 단계별 변화를 실시한다. 순환적 훈련 프로그램이 특징이다. 또한 회계법인이나 법률 회사에 쓰이는 8~10년의 '어소시에이츠'를 거쳐 파트너가 되는 것이 결정되는 수습기간도 여기에 속한다. 변동적 사회화는 미리 정해진 변화에 대한 시간표가 없다. 변동 일정하의 승진 체계에서 조직은 구성원이 '준비'되었을 때 승진시킨다.

단계적/임의적: 단계적 사회화에는 신입사원을 훈련하고 지도하는 역할모델이 존재한다. 견습제도나 멘토링 프로그램이 그 예이다. 임의적 사회화에서는 역할모델을 두지 않는다. 신입사원은 혼자 그 조직을 파악해야 한다.

투자적/처분적: 투자적 사회화에서는 신입사원의 특징과 자질이 업무의 성공에 필요한 요소라고 믿기 때문에 이러한 특징과 자질을 확인하고 보호한다. 처분적 사회화는 신입사원의 어떤 특성을 제거하기 위해 노력한다. 대학의 남학생과 여학생 사교 클럽에서 '가입자'는 특정 역할을 얻기 위해 처분적 사회화를 거친다.

제작 등 창의성을 요구하는 분야에서는 이러한 개인주의적 접근을 활용한다.[86] 많은 연구에 따르면 제도주의적 관행은 개인-조직 적합성과 조직 몰입, 역할 명확성을 높여주고, 개인적인 관행은 역할 혁신, 동기부여 증진, 사회적 통합을 가져온다.[87]

3단계 사회화 과정은 신입사원이 조직의 규범을 내재화하고 받아들이며 자신의 역량에 대해 자신감이 생기고 동료로부터 신뢰받고 가치 있는 사람으로 여겨진다고 느낄 때 완성된다. 사회화 과정을 통해 신입사원은 자신의 업무 뿐만 아니라 조직의 규칙, 절차, 비공식적인 관행 등 시스템을 이해하게 된다. 또한 자신에게 무엇을 기대하고 자신의 성과가 어떠한 기준으로 측정과 평가되는지를 알게 된다. 도표 16-4에서 보듯이 성공적인 변형 과정은 구성원의 생산성과 조직몰입을 높이고 이직률을 낮춘다.

조직 문화 연구자들은 입사 후 처음 몇 개월 동안 사회화를 통해 구성원의 태도가 어떻게 변화하는지를 살펴보았다. 여러 연구에서 초기 적응 과정에서 신입사원이 보여주는 '허니문'과 '숙취'의 패턴을 발견했는데, 높은 수준의 직무 만족도가 현실을 체감하면서 점차 낮아지는 현상을 말한다.[88] 신입사원은 상사와 동료가 평상시 생활 패턴으로 되돌아가 초기에 그들에게서 받았던 지원이 몇 주가 지나면서 점차 감소하는 것을 느낄 수도 있다.[89] 신입사원은 시간이 지나며 역할 갈등과 역할 과중을 느낄 수도 있는데, 이러한 역할 문제를 크게 인식하는 신입사원은 만족도가 크게 감소한다.[90] 초기 적응기간 동안 대인 간 상호작용으로 활력을 얻는 사람(예: 외향적인 사람)은 단기적으로 점차 요구가 늘어나고 어려움 또한 증가한다는 것을 경험하기도 한다.[91] 이러한 숙취 현상을 해결하기 위해 상사와 동료가 무엇을 할 수 있는가? 연구에 따르면 '너무 많은' 사회화 관행은 상황을 악화시킬 수 있지만, 많은 사회적 지원을 제공하면 신입사원이 증가하는 요구와 감소하는 태도를 다루는 데 도움이 된다.[92]

문화의 역할

문화가 수행하는 역할과 그것이 언제 조직에게 부담이 될 수 있는지 논의한다.

16-4 조직 문화가 구성원과 조직에 미치는 순기능과 역기능을 비교할 수 있다.

문화의 기능

문화는 '게임의 규칙'을 결정한다. 첫째, 조직 문화는 경계를 설정한다. 즉 한 조직과 다른 조직을 구별한다. 둘째, 조직 문화는 구성원이 정체성을 갖게 해준다. 셋째, 조직 문화는 구성원이 개인의 이익보다 더 큰 어떤 것에 헌신하게 한다. 넷째, 조직 문화는 사회적인 안정성을 증진한다. 문화는 구성원에게 무엇을 말하고 어떻게 행동해야 되는지 기준을 제시함으로써 조직을 묶어주는 접착제 같은 역할을 한다. 다섯째, 조직 문화는 구성원의 행동과 태도를 유도하고 형성하는 의미 형성 또는 통제 기제로 작용한다. OB 연구자는 이 마지막 기능에 특별한 관심을 두고 있다.[93] 조직 문화는 조직이 선택하는 전략, 조직이 택하는 구조, 리더가 사용하는 리더십 유형, 조직이 수용하는 절차를 예측한다.[94]

공식적인 규정과 규율에 의해 지지되는 강한 조직 문화는 구성원이 상대적으로 유사하고 예측가능한 방식으로 행동하게 유도한다. 예를 들어 긍정적인 조직 문화는 구성원의 직무 태도를 향상하고 인재 유치와 유지를 강화한다.[95] 다른 예로 2005년 대만 금융기업 100곳을 대상으로 한 연구에서는 문화의 구성요소로 혁신을 중요시하는 기업은 혁신을 주도하기 위해 더 빨리 더 많은 것을 배울 수 있음을 보여주었다.[96]

최근의 분권화된 조직에서는 문화가 그 어느 때보다 중요하지만, 아이러니하게도 이러한 상황에서 강한 조직 문화를 만들기는 더 어렵다. 공식적인 권한이나 통제시스템이 분권화로 인해 약해지면 다양한 영향력이 문화를 다양하고 단일하지 않은 방향으로 끌어당길 수 있다. 예를 들어 팀에 소속된 구성원은 조직보다는 팀에 더 충성할 수 있다. 개인-조직 적합도, 즉 지원자 또는 구성원의 태도나 행동이 조직 문화와 조화되는지의 여부는 누가 선발되고, 좋은 업적 평가를 받으며 승진하게 되는가에 많은 영향을 미친다.[97] 디즈니 테마공원의 구성원 대부분이 매력적이고 청결하고 건강하고 밝게 웃는 것처럼 보이는 것은 우연이 아니다. 디즈니가 그러한 이미지를 보여줄 수 있는 구성원을 선별하기 때문이다.

문화가 분위기를 창조한다

조직 분위기(organizational climate)는 조직구성원이 조직과 업무 환경에 대해 가지는 공유된 인식을 의미한다.[98] 이러한 인식은 구성원이 경험하는 정책, 관행, 절차에 대한 것이다. 조직 문화와 분위기를 구별하기가 어려울 수 있지만 문화와 분위기는 '조직 설명을 위한 두 가지 중요한 구성요소'이다.[99] 한 메타분석 연구에 따르면 의하면 심리적 분위기는 개인 수준에서의 직무 만족, 참여도, 몰입, 동기부여와 강한 관련이 있는 것으로 드러났다.[100] 근무 환경의 긍정적인 분위기는 고객 만족을 높이고 재무적 성과와도 관련있는 것으로 나타났다.[101]

조직 분위기 조직의 구성원이 조직과 근무 환경에 대해 갖는 공유된 인식. 특히 지원이 경험하는 정책, 관행, 절차에 관한 것

지금까지 문화에 대한 논의에서는 문화를 측정하기 어려운 어떤 미묘한 것으로 언급했다. 예를 들어 오랜시간 동안 조직의 일원으로 근무한 직원은 조직에 대한 이해가 조직을 방금 알게 된 사람보다 훨씬 더 깊을 수 있다. 오늘날 연구자는 조직 분위기가 조직 문화에 대해 더 쉽

게 관찰할 수 있는 '행동적 증거'를 제시한다고 생각한다.[102] 조직 분위기는 조직이 가치를 두고 믿는 것을 명시적인 관행, 정책, 절차와 직접 연결한다. 다시 말해 미션선언문에서 찾을 수 있는 '우리가 믿고 가치 있게 여기는 것'을 직원이 실제로 지원되고 보상받고 실천되고 있다고 생각하는 것과 연결한다. 조직이 양파와 같다면, 문화는 핵심에 있고 분위기는 표면층이라 할 수 있다.

문화가 분위기를 만들어낸다. 구성원이 가치를 두고 믿고 가정하는 것은 궁극적으로 조직이 적용하는 정책, 실천, 절차에 영향을 미친다. 예를 들어 COVID-19 팬데믹에 즐겨 찾는 지역 음식점 체인의 광고에서 '직원과 고객의 건강과 안전이 최우선 과제입니다'라는 관리자의 발언을 들어 본 적이 있을 것이다. 이것이 회사에 대해 무엇을 알려주는가? 아마도 그들이 안전을 중요하게 생각하며 추구해야 한다고 생각하는 것을 알려줄 것이다. 다시 말해서 그 조직은 '안전 문화'를 가지고 있다고 생각할 수 있다. 안전 문화가 구축되면 이 체인의 지역 레스토랑은 주기적으로 사람들이 많이 만지는 영역을 닦고 마스크 쓰기를 요구하며 사회적 거리두기 조치를 따르는 것을 더 자주 볼 가능성이 높다.

수많은 차원의 문화와 분위기가 연구되었는데 이는 안전 뿐 아니라 창의성, 혁신, 의사소통, 따뜻함과 지원, 참여, 공정, 다양성, 고객서비스를 포함한다.[103] 이러한 차원은 OB에 대한 고유한 시사점을 가지고 있으며 중첩되는 것도 있다(예: 긍정적인 분위기는 다른 긍정적인 분위기와 함께 발생한다).[104] 예를 들어 안전 분위기를 경험하는 사람은 직무 만족도와 조직 헌신도가 더 높으며 더 나은 건강 상태에서 안전행동을 더 자주 수행할 것이다.[105] 조직 분위기는 구성원의 습관에도 영향을 미친다. 안전을 강조하는 분위기라면 구성원은 평상시에 안전에 관심이 없더라도 안전도구를 착용하고 안전규정을 더 준수한다. 많은 연구에서 안전을 강조하는 분위기는 실제 직무수행 상의 각종 상해를 줄이는 것으로 나타났다.[106] 조직 분위기의 다양한 차원은 상호작용을 통해 다양한 결과를 만들어낼 수 있다. 예를 들어 임파워먼트를 강조하는 분위기는 개인의 책임을 강조하는 분위기를 갖고 있는 조직에서 더 높은 성과를 가져오는 방식으로 작용할 수 있다.[107] 그러나 조직 분위기는 서로 충돌할 수도 있는데, 조심성과 위험추구를 동시에 장려하는 조직은 부조화된 감정을 일으켜 조직에 대한 몰입이 감소할 수 있다.[108]

문화를 분위기로 실천하기 종종 문화가 예측가능한 방식으로 나타날 것으로 기대하지만, 최근 이론에 따르면 표면적으로 받아들여진 **제정된** 문화는 실제 나타나는 문화와 차이가 있다. 이 차이는 분위기가 어떻게 형성되는지에 함의를 갖는다.[109] 구성원은 환경을 파악할 때 회의, 메모, 규정을 통해 보고 듣는 것과 실제 현상의 차이를 파악하게 된다. 조직 분위기는 구성원이 보상된다고 생각하는 것의 함수이다. 맥락, 문화, 분위기가 일치할 때 조직 분위기가 실제로 나타나고 긍정적인 결과로 이어진다.[110]

COVID-19 사례로 돌아가 보자. 텔레비전에서 본 레스토랑은 그에 대해 어떤 일을 했는가? 광고에서 본 레스토랑 중 가까운 지점에 방문했다고 가정하자. 여기서는 직원 중 아무도 마스크를 착용하지 않고 사람들이 많이 만지는 표면을 닦는 직원도 없으며 손님도 사회적 거리를 준수하지 않고 테이블에 가득했다면 어떠한가? 이 지점은 '안전 분위기'가 부족한 것이라고 말할 수 있다. 그런 다음 친구의 권유로 다른 지역의 레스토랑을 시도해보았다. 당신은 엄청난 차이를 발견하고 놀란다. 이 지점에서는 식당 손님 정원을 제한하고, 손님은 레스토랑 전체에

도표 16-6 조직 문화는 구성원의 성과와 만족에 어떤 영향을 미치는가

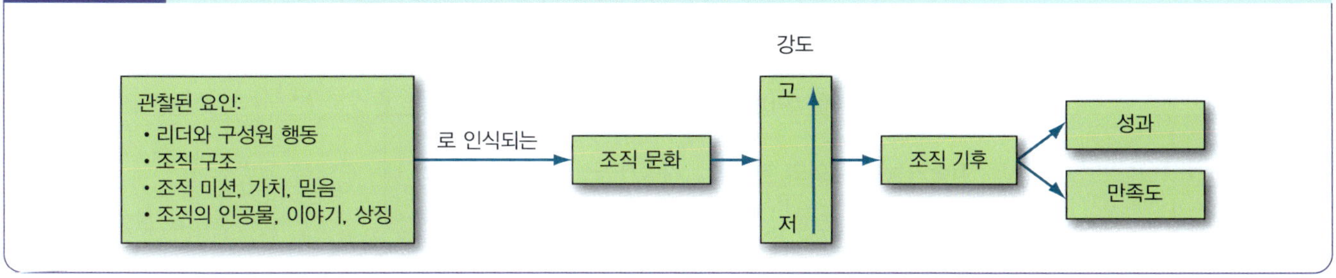

분산되어 있었으며, 모든 직원과 고객에게는 마스크 착용이 요구되었고, 직원은 사람이 많이 만지는 표면을 열심히 청소하고 있었다. 다시 말해서 이 지점은 강력한 안전 분위기를 갖고 있는 것이다. 이 예는 조직 내에서 하위문화가 형성될 수 있듯이 조직 내에서 다른 분위기가 나타날 수 있다는 것을 보여준다.

도표 16-6은 조직 문화의 영향을 나타낸다. 구성원은 리더와 구성원의 행동, 조직 구조, 조직의 가치와 믿음, 조직의 인공물, 이야기, 상징을 기반으로 조직에 대한 전반적인 주관적 인식을 형성한다. 이러한 생각은 조직 문화를 나타내며, 이것은 강도(다른 사람이 문화를 동일한 방식으로 인식하는 정도)에 따라 다양하다. 이러한 문화는 조직 문화의 기본 가치와 믿음을 나타내는 조직 분위기를 통해 드러난다. 조직 분위기는 직원의 성과와 만족도를 포함하여 조직과 관련된 다른 결과에 영향을 미친다.

자산으로서의 문화

문화는 다양한 방식으로 조직의 순이익에 크게 기여할 수 있다. 구글, 어도비, 삼성과 같은 회사는 최근에 우수한 문화를 갖춘 조직 중 일부로 선정되어 최고의 직장 중 하나로 평가된다. 예를 들어 어도비에 관해 한 직원은 조직이 "직원을 진정으로 배려하고, 세계에 긍정적인 영향을 미치려고 노력한다"고 말하며, 윤리와 지속가능성에 중점을 둔다는 것을 강조했다.[111] 다음 절에서는 조직 내의 태도와 행동에 영향을 미치는 여러 가지 문화(그리고 해당 조직 분위기)에 대해 설명한다.

윤리적 문화와 분위기 조직이 공개적으로 윤리적인 목표를 추구하지 않는 경우에도 조직 문화는 윤리적 지향성에 중립적이지 않다. **윤리적 문화**(ethical culture)는 회사에서 무엇이 옳고 그른지에 대한 공유된 개념으로 시간이 지나면서 형성된다. 윤리적 문화는 조직의 진정한 가치관을 반영하고 구성원의 윤리적 의사결정을 유도한다.[112] 윤리적 문화는 명확한 윤리적 기준을 제시하며, 리더십을 통해 윤리적 행동의 모범을 보인다.[113] 또한 구성원과 관리자는 윤리적 이슈를 토론하는 데 문제가 없으며 그들의 윤리적 행동을 강화한다.[114] 윤리적 문화는 구성원의 소진을 감소시키고 관리자와 구성원 모두의 참여를 강화한다.[115]

윤리적 문화 조직에서 무엇이 옳고 그른지에 대해 공유된 개념으로 조직의 진정한 가치관을 반영하고 윤리적 의사결정을 유도함

윤리적 분위기는 윤리적 행동에 대한 리더의 가치와 신념이 공유된 윤리 기준을 중심으로 형성된 집단적 정체성에 의해 크게 영향을 받는다.[116] 조직의 윤리적 분위기는 개별구성원의 행동 방식에 강력한 영향을 미친다.[117] 자기이익을 강조하는 윤리적 분위기는 직원의 직무 만족도와 조직 몰입에 부정적으로 연관되어 있고 이직 의도, 직장 내 괴롭힘, 일탈행동과 정적으로

관련되어 있다.[118] 상호돌봄과 규칙 수립을 강조하는 윤리적 분위기는 직무 만족도를 증가시키고 구성원의 이직 의도, 직장 내 괴롭힘, 반생산적 행동을 감소시킬 수 있다. 최근 연구는 또한 고객서비스 분위기가 있는 조직에서 윤리적 분위기는 장기적으로 영업 성장에 강력한 영향을 미친다는 결과를 보고했다.[119]

지속가능성 관행을 뒷받침하는 절차나 구조가 과정에 의해 손상되지 않아 관행이 오래 유지되는 것

지속가능한 문화와 분위기 **지속가능성**(sustainability)은 관행을 뒷받침하는 도구나 구조가 절차에 의해 손상되지 않음으로써 상당히 오랜기간 관행이 유지되는 것을 일컫는다.[120] 제프리 홀랜더(Jeffrey Hollender)는 이러한 지속가능성을 말그대로 받아들이는 7세대(Seventh Generation)라는 조직을 창설했다. 1988년에 창립된 이 조직의 이름은 '우리의 모든 논의는 다음 일곱 세대에 미치는 영향을 고려해야 한다'라는 이로크와스(Iroqiuois) 인디언 부족의 속담에 바탕을 두고 있다.[121] 이 조직의 이름 자체는 지속가능성의 가치를 반영하는 상징으로 작용한다. 사업 관행을 실행할 때 이 관행이 지속되기를 바라며 자원을 책임있게 쓰고, 폐기물을 최소화하며, 재사용을 최대화하고, 지속된 효율성을 유지하려 한다. 사회적 지속가능성 관행은 조직행동이 시간이 지나면서 사회체계에 어떻게 영향을 미치는지, 역으로 사회체계의 변화가 조직에 어떻게 영향을 미칠 수 있는지에 대해 고려해야 한다. 조직은 노동관행이 시간이 지남에 따라 사람에게 미치는 영향, 예를 들어 직무 설계(예: 근무시간)가 스트레스와 건강에 어떻게 영향을 미치는지, 해고 정책과 건강보험이 직원의 복지에 어떻게 영향을 미치는지 등을 고려해야 한다.[122]

대부분의 경영자는 지속가능성을 장기적인 성공의 중요한 부분으로 생각한다.[123] 지속가능 경영 관행은 조직의 평판, 생산성, 인재 유치, 유지, 참여, 비용 효율성, 혁신, 재무적 성과 등에 영향을 준다는 연구결과가 있다.[124] 지속가능한 경영 개념은 환경운동에서 기원한 것으로 자연 환경과 조화를 이루는 절차가 권장된다. 예를 들어 호주의 농부는 물을 효율적으로 사용하고, 토양 침식을 최소화하고, 장기적인 농장 사업의 지속가능성을 보장하는 경작과 수확 방법을 도입하기 위해 협력하여 노력하고 있다.[125] 매우 다른 맥락에서 지멘스(Siemens)는 UN의 지속가능한 발전 목표를 지침으로 하여 전 세계적으로 인류의 건강과 복지를 개선하고 깨끗한 에너지와 기후를 위한 조치를 취하며 교육, 평화, 정의를 더욱 실현하기 위해 노력하는 지속가능성 전략을 가지고 있다.[126] 이렇게 포괄적으로 지속가능성에 중점을 둔 결과로 2020년 《포브스》에 따르면 지멘스는 세계에서 가장 지속가능한 기업 중 상위 10위에 랭크되었다.[127]

지속가능한 비즈니스를 만들려면 조직은 장기적인 문화를 개발하고 그 가치를 분위기를 통해 실천해야 한다.[128] 즉, 지속가능성을 만들기 위해 지속가능한 시스템이 필요하다! 에너지 소비를 줄이려고 노력했던 한 기업은 에너지 보존의 중요성에 대한 자료를 발행하는 것보다 그룹을 통한 피드백을 받는 방법이 에너지 소비를 훨씬 효과적으로 줄일 수 있다는 사실을 발견했다.[129] 다시 말해서 에너지 절약에 대해 이야기하고 조직 문화에 그 가치를 포함시키면 직원의 긍정적인 행동 변화가 일어난다. 리더도 큰 역할을 한다. 리더는 지속가능한 문화를 구축하기 위해 여러 가지 행동을 수행하며, 그 중 일부는 공식적인 지위를 통해 수행된다(예: 최고지속가능성 책임자).[130] 토론한 다른 문화적 관행과 마찬가지로 지속가능성은 성장을 위해 시간과 양육이 필요하다.

혁신적인 문화와 분위기 가장 혁신적인 기업은 개방적이고, 비전통적이고, 협력을 강조하고,

더 나은 세상을 향해

모건 스탠리: 지속가능하고 윤리적인 조직 문화는 투자 결정에 영향을 미친다

몇십년 전에는 회사의 유형 자산만이 중요한 요소였다. 결국 중요한 것은 재고, 생산, 공급망, 수익, 레버리지, 이익이었다. 그러나 시대가 변했다. 현재는 무형 자산(예: 문화, 인재)이 주어진 회사의 시장가치의 약 52%(일부 경우 90%까지 높아질 수 있음)를 구성한다. 더구나 투자자들이 2020년에 사회적으로 책임 있는 기업에 할당한 자산이 2019년 대비 3배 이상 많았으며, 이는 2015년 대비 25배 증가한 것이고, 2030년에는 1조 달러에 이를 것으로 예상된다. 몇몇 투자 회사(예: 모건 스탠리, 블랙록, 반가드, 스테이트스트리트 등)는 이러한 사실을 잘 알고 있다. 그들은 문화를 투자 결정의 핵심요소로 포함시키기 위해 전략과 초점을 조정했다.

일부 조직은 모건스탠리(Morgan Stanley)의 지속가능투자연구소(Institute for Sustainable Investing)과 같이 지속가능한 투자 전용 R&D 부서를 지정하고 있다. 이 연구소는 먼저 지속가능한 기업을 위한 자본을 활용하는 데 집중한다. 또한 환경, 사회, 지배 구조(ESG) 투자 관련 모범 사례에 대한 연구와 통찰을 얻기 위해 학술기관, 대학교, 대학과 협력한다. 이 연구소는 모건 스탠리의 회장이자 CEO인 제임스 P. 고만(James P. Gorman)이 설정한 미션을 담은 사제 문화를 갖고 있다. "무엇보다 명확한 것은 글로벌한 도전에 대한 해결책은 상당한 규모의 자본을 유인할 수 있어야 필요한 만큼 발전할 수 있다. 이러한 목적을 달성하기 위해 모건스탠리 지속가능투자연구소를 설립했고 조직 내에서, 고객과 함께, 또한 연구기관과 함께 글로벌 시장과 투자자를 통해 지속가능한 기업을 돕는 자본을 동원하려고 한다."

모건스탠리는 지속가능한 투자 연구를 어떻게 진행하고 있는가? 연구소는 노스웨스턴대학교의 켈로그 경영대학원과 협력하여 ESG 도전에 대한 지속가능한 투자 접근 방식을 개발하고 제안할 수 있는 세계의 대학원생 수백명을 모집하는 지속가능한 투자 과제(Sustainable Investing Challenge)를 개최한다. 예를 들어 2021년 대상 수상자는 소말리아 대학생이 벌목으로 인해 멸종 위기에 처한 꿀벌을 구하기 위해 금융 자원으로 제안한 '벌꿀 은행중개소(BeeBank & Brokerage)'였다. 이 대회는 2011년부터 매년 개최되었고 많은 성공적인 벤처 기업을 낳았다.

그러나 'ESG 투자'에 대해 비판적인 시각을 가진 사람도 많다. 예를 들어 북유럽 금융기술지속가능성연구소(Nordic Institute for Finance, Technology, and Sustainability)의 상무이사인 소니 코포어(Sony Kapoor)는 진실은 금융사 복도에서만 조용히 얘기되고 있다고 말하며 '대부분의 ESG 투자는 평판을 세탁하고 수수료를 극대화하며 유죄감을 달래기 위한 수작'이라고 지적한다. 더구나 블랙락(BlackRock)의 전 최고투자책임자인 타리크 팬시(Tariq Fancy)는 "환경에서 실질적인 변화를 추신하면 수익률이 동일하지 않다. 녹색투자기 무엇을 말하든 간에 포트폴리오 관리자는 이익을 저해하는 일은 아무것도 하지 않게 법적으로 구속받고 있다"라고 언급했다.

그러나 이러한 비판에도 불구하고 연구결과는 이러한 의견이 사실에 기반하지 않은 신화일 수 있다고 말한다. 사회적으로 책임감 있는 지속가능한 투자의 수익에 대한 분석은 이러한 투자가 더 넓은 시장과 비교할 때 비슷하거나 더 낫다는 점을 시사한다. 예를 들어 2010년대 동안 상위 ESG 등급을 받은 기업은 평균적으로 양호한 수익 성장, 투자수익률, 투자자 배당을 보였다. 반면 하위 ESG 등급을 받은 기업은 동일한 지표에서 부정적인 손실을 경험했다. 사실상 연구결과에 따르면 현대 투자자는 투자 결정을 할 때 경영진의 공정한 보수와 최고경영진팀의 문화, 지속가능한 자연 사원, 농업, 탄소 배출, 기후와 같은 지속가능성 문화가치, 윤리적 가치(부패 또는 유해한 문화와 같은)를 고려한다. 모건스탠리의 최고상무이사이자 최고 지속가능성 담당자인 오드리 최(Audrey Choi)는 "가장 큰 신화이자 (최근까지는) 지속가능한 투자 추구의 가장 큰 장애물은 지속가능한 투자를 위해 수익을 희생해야 한다는 오해이다"라고 말한다.

투자자는 투자 결정에서 조직의 윤리적이고 지속가능한 문화에 훨씬 더 많은 주의를 기울이고 있지만, 현 시점에서 가장 큰 장애물은 더 이상 ESG 투자가 넓은 시장을 능가하지 못한다는 오해가 아니다. 그보다 현재 가장 큰 장애물은 인식수준이다. 예를 들어 모건스탠리의 보고서에 따르면 미국 개인투자자 중 26%만이 이러한 투자 접근 방식에 대해 알고 있다고 밝혔다. 분석가는 이 관행이 앞으로 수년에 걸쳐 '급증 파도'를 타게 될 것을 예측한다.[131]

비전 지향적이고, 가속화된 문화적 특성을 가지고 있다.[132] 스타트업 회사는 작고 민첩하며 생존과 성장을 위해 문제해결에 초점을 맞추기 때문에 혁신적인 문화를 지닌 경우가 많다. 액센추어(Acceture)에서 최근에 인수한 광고대행사 드로가5(Droga5)를 생각해보자. 스타트업 회사로서 드로가5는 "광고를 재정의하고 '초대받지 않은 손님과 같은 방해 모델(침투적이거나 짜증을 유발하는 광고)' 대신 마케팅과 엔터테인먼트의 결합으로 바이럴하게" 만들기 위해 노력했다.[133] 액센추어와 드로가5 모두 가장 혁신적인 기업 목록에 있기에, 이 둘의 적합성은 좋을 것으로 보인다.[134] 비슷한 조직 문화로 인해 두 회사 모두 스타트업 수준의 혁신을 계속할 수 있을 것이다. 이와 관련된 연구는 혁신 친화적인 관행(새로운 아이디어 지원, 변화에 대한 개방성, 창의적인 자원 제공)이 조직에서 창의성 향상, 혁신적인 아이디어의 생성과 실행, 성과 증진에 기여한다는 사실을 보여준다.[135]

스타트업 스펙트럼의 다른 끝에서 넷플릭스를 생각해보자. 그들은 이미 비즈니스의 선두주자로 있을 때에도 전통적인 우편주문 DVD서비스에서 온디맨드 비디오로 변화했다. 넷플릭스는 하버드대학교의 개리 피사노 교수가 지적했듯이 "아니 꼭 그렇게 할 필요는 없어"라는 문화를 받아들였다. 기존의 '잘 돌아가는 좋은 일'을 이미 가지고 있으면서도 혁신을 시도하고, 다른 사람이 그들의 실패를 예측했던 때에도 그들은 성공했다.[136] 혁신은 하위문화에서도 나올 수 있다. 2013년부터 2018년까지 NASA 존슨우주센터에 '해적'으로 알려진 하위문화 그룹이 존재했다. 이 그룹은 NASA가 가지고 있던 위계 문화에 직접적으로 반대하면서 구성원이 미션 컨트롤을 운영하는 방식을 획기적으로 바꾸어 결과적으로 혁신적이고 비용중심적인 문화를 만들었다.[137]

부채로서의 문화

조직 문화는 구성원의 직무 태도와 구성원의 행동에 영향을 미치며 조직에 이익을 줄 수 있다. 문화는 구성원에게 무엇이 조직에서 무엇이 중요한 것인지를 말해주기에 매우 가치있는 것이다. 조직 문화를 따르는 조직 분위기는 어떻게 구성원이 그 중요한 것을 실행에 옮기는가를 보여준다. 그러나 조직에 매우 부정적이고 강한 영향을 줄 수 있는 문화의 잠재적인 역기능성을 무시해서는 안 된다. 예를 들어 NBC유니버설(NBC Universal)은 성희롱, 괴롭힘, 무감각함,

1969년에 설립된 대한민국의 삼성전자는 일반적인 혁신주기 단계를 지나왔지만 여전히 창의성과 아이디어 생성 분위기를 촉진한다. 삼성은 창의적인 프로젝트에 참여하기 위해 정규 업무에서 최대 1년 동안 휴직하는 엔지니어 기유훈과 같은 직원이 있는 창의성연구실(Creative Labs)을 통해 스타트업 문화를 모방한다.

출처: Lee Jin-man/AP Images

학대 등의 독성 문화로 인해 드러난 여러 스캔들 이후 보이콧, 시청률 하락, 다운사이징, 리더십 교체 등의 어려움을 겪었다.[138] 부정적인 조직 문화를 식별하는 주요 요소를 살펴보자.

정체와 토착화 문화가 공유하는 가치가 조직의 효과성을 증진시키는 것이 아닐 때 문화는 부채가 될 수 있다. 이것은 조직의 환경이 급격한 변화를 겪고 있어 그 뿌리깊은 문화가 더 이상 적절하지 않을 때 그러하다.[139] 행동의 일관성은 안정적인 환경에서는 자산이지만, 빠르게 변화하는 상황에서는 조직에 부담이 되고 변화에 대응하기 어렵게 만든다. 많은 경우 구성원의 결정을 '항상 그랬던 대로 하는 결정'으로 인식하지만, 실제로는 그 사실을 잘 인식하지 못한 채 그렇게 행동하는 경우가 많다.[140] 예를 들어 의류회사 올드네이비(Old Navy)는 이러한 정체를 겪고 있다. 최근에 많은 비즈니스 분석가가 "그들 '올드네이비(Old Navy)의 팀'은 어떤 위험도 감수하지 않았다... 나는 정말로 올드네이비가 브랜드의 DNA를 잊어버렸다고 생각한다... 당신은 패션팀이에요. 당신은 단순히 기존의 명성에 기대어서는 안 됩니다. 당신은 다음 단계로 나아가야 합니다"라고 말한다.[141] 때때로 해결책은 신선한 관점의 활기를 불어넣는 것이다. 외부에서 이사진을 고용하거나 내부 직원에게 기회를 식별하고 활용할 권한을 부여하는 것(예: 사내 기업가 정신)은 이러한 부정적인 문화의 궤도를 벗어나는 데 사용될 수 있는 잠재적인 방법이다.[142] 다른 조직과의 연합도 도움이 될 수 있다. GM이 토요타와 함께 협력하여 세운 조인트자동차공장 사례를 생각해보자. 일 년도 채 지나지 않아 GM의 제품 품질은 향상되었고, 결근률 또한 18% 감소하여 거의 제로 수준이 되었으며 파업도 중단되고, 반생산적 작업행동은 제재되었으며 구성원은 변화를 열렬히 받아들였다.[143]

단일성과 경직성 가치, 신념, 관점에서 기존 조직구성원과 다른 새로운 직원을 고용하면 역설이 발생한다.[144] 첫째, 관리자는 이러한 직원이 조직에 가져온 차이점을 지지한다는 것을 보여주고자 하지만 조직에 적응하고 싶은 신입사원은 조직의 핵심문화를 받아들이고 맞추고자 한다. 둘째, 조직 문화의 영향으로 신입사원이 동화되면서 다른 관점을 지니고 있던 부분이 감소하게 되어 강한 문화는 다양성의 이점을 없애는 결과를 가져오게 되며 조직의 부담이 될 수 있다. 셋째, 조직 문화가 편견을 용인하거나 편견을 지원하거나 차이점에 대해 무감각해지거나 차이를 과장하는 문화라면 조직의 공식적인 다양성 정책의 효과나 인구통계적 다양성이 긍정적 효과를 약화시킨다.[145] 때로는 강한 문화는 사람이 형성하고 유지하는 관계 안에서 유지된다. 조직 멤버십을 바꾸지 않고 현 구성원과 평화를 유지하려는 경직된 욕구, 익숙함, 편안함을 이용하려는 욕구, 오래 지속되는 관계를 구축하려는 열망 등은 새로운 아이디어의 발현이나 새로운 관계의 구축을 방해하는 요인이 된다.[146]

다양성에 대한 이러한 장벽은 지역사회 수준에서 시작되기도 한다. 미국에 150개 지점을 둔 은행에 대한 연구에 따르면 지역사회의 인구 구성이 다양성에 대한 조직 문화와 분위기를 형성하는 데 중요한 역할을 하는 것으로 나타났다.[147] 단일성과 경직성 장벽은 부분적으로는 포용의 문화나 포용적인 분위기를 통해 해결될 수 있는데, 조직이 포용적인 문화의 가치를 받아들이고 보여준다면 조직 내 다양성이 확장되고 조직구성원은 조직에 더욱 몰입하게 된다.[148] 한편 다양한 배경에서 온 개인은 조직 문화와 분위기를 다르게 인식할 수 있으며 이로 인해 긍정적인 문화나 분위기가 조직의 결과에 미치는 영향을 약화시킬 수도 있다.[149]

독성과 부작용 이제까지 긍정적인 가치관이나 신념을 가진 조직 문화에 대해 논의했으며 이러한 문화는 강력한 전진을 위한 힘을 만들어 낸다. 하지만 조직 내 부정적이거나 비효율적인 경영시스템의 일관성이 나타날 경우에 이는 강력한 독성을 가진 하강력을 만들어낸다. 대부분 독성 문화라 하면 경쟁중심의 승패 문화, 비인격적인 행위, 괴롭힘, 학대를 지지하는 문화를 생각한다. 이렇듯 유해한 문화적 특징은 조직에서 파괴적인 영향을 미칠 수 있다.[150]

한 가지 예로 미국 대형은행의 150개 지점에 근무하는 862명의 직원에 대한 연구에 의하면 지점장의 갈등관리 유형은 각 지점의 **갈등 문화**를 형성한다.[151] 지배적 갈등 문화(갈등이 있을 때 대립하고 공격적으로 경쟁을 하는 문화)는 지점의 응집성을 떨어뜨리고 고객서비스 성과를 떨어뜨리는 경향이 있다. 협력적 문화(적극적이고 건설적이며 상호협력을 강조하는 갈등관리 문화)는 지점의 만족감과 응집성을 높이고 직무 소진을 줄여준다. 회피 문화(갈등을 피하려는 문화)는 창의성을 떨어뜨리는 경향이 있다.

독성 문화는 조직 내에서 갈등 뿐만 아니라 다른 기능에도 영향을 미친다. 예를 들어 어떤 조직은 숫자와 결과만 중요하게 여기고 그 숫자와 결과를 달성하는 방법에 대해 신경쓰지 않는다.[152] 예를 들어 한 전직 스페이스X(SpaceX) 직원은 결과중심 문화, 12시간 이상 근무하고 직장에서 밤새도록 일하는 것에 대해 얘기하면서도 그 결과를 자신의 조건에 맞추어 달성할 수 있는 자유를 즐겼다고 말했다.[153] 결과중심 문화 자체가 해로운 것은 아니지만, 자신의 일과 관련한 윤리적 측면을 전혀 배제하지는 않게 하는 윤리적 문화가 없다면 해가 될 수 있다. 유연한 관리 관행으로 특징지어지는 일부 문화는 구성원이 자신의 직장을 잃을까봐 늘 두려워하는(즉, **직장 불안정 문화**)[154] 상태가 된다면 독성을 띌 수 있다. 구성원이 직장을 잃을까봐 두려워하는 상황에서는 빨리 성과를 내기 위해 꼭 필요하거나 중요한 행동을 하지 않거나(예: 안전행동) 할 수 있다.[155]

문화 충돌 역사적으로 인수합병을 결정할 때 경영자가 가장 중요시하는 요인은 잠재적인 재무 성과나 제품 간 시너지였다. 그러나 최근에는 문화적 적합성이 주요 고려사항으로 떠오르고 있다.[156] 모든 조건이 동일하다면 인수합병의 성패는 두 조직의 문화가 얼마나 잘 융화되는지가 좌우한다. 잘 융화되지 않는다면 조직 문화는 인수합병 후 새롭게 만들어지는 조직에 부담이 될 수밖에 없다. 베인앤드컴퍼니의 조사에 의하면 70%에 달하는 합병은 주주의 가치를 증대하는 데 실패하고, 헤이그룹(Hay Group)에 따르면 유럽에서 일어난 합병의 90%는 재무 목표를 달성하지 못했다.[157] 이렇게 성공률이 낮은 이유에 대해 딜로이트컨설팅(Deloitte Consulting)의 로렌스 치아(Lawrence Chia)는 "가장 큰 실패는 사람이다. A사는 B사와 다른 업무 방식을 가지고 있다. 공통점을 찾을 수가 없다"라는 것을 관찰했다고 밝혔다.

예를 들어 크리에이티브 회사를 인수한 대기업의 한 직원은 뉴욕의 이스트빌리지에서 월 스트리트로 이주한 것이 단지 "물리적으로만 넘어가는 것이 아니며 이는 기발하고 고집센 사춘기 소년이 넥타이를 매는 것과 같다"고 말했다.[158] 이러한 기업 인수 또는 통합이 성공적이려면 문화적 통합은 필수적이며 구성원과 기술에 있어서의 상호보완성이나 유연성도 중요하다.[159]

일부 문화는 역기능적인 특징에도 불구하고 성공한다. 이러한 문화가 독성적인 요소를 개선하면 얼마나 더 성공적일지 궁금할 따름이다. 우수한 조직 문화로 인한 비즈니스 성공 사례는 나쁜 문화로 인한 성공 사례보다 훨씬 많으며 나쁜 문화로 인한 성공 사례는 거의 없다. 연구에 따르면 문화가 조직의 성과에 영향을 미치는 이유 중 일부는 고객 만족을 통해 조직의 성과에 영향을 미치기 때문이다. 백 여개의 자동차 영업점에 대한 한 연구에서는 긍정적인 문화가 고객 만족을 증가시키기 때문에 판매 성과가 향상된 것으로 나타났다.[160]

조직 문화에 어떻게 영향을 미칠 것인가

창업자가 만든 조직 문화는 일단 형성되고 나면 변화시키기가 어렵다. 물론 가장 이상적인 상황은 창업자가 사전적으로 조직 문화를 주의 깊게 계획하고 만들어가는 것이지만 이러한 일은 거의 일어나지 않는다. 조직 문화는 보통 자연스럽게 유기적으로 성장한다. 조직 문화를 개발하는 것은 지속적인 과정이고 구성원을 통해 이루어진다. 조직 문화의 윤리적, 긍정적, 영적인 측면을 증대하는 방법에 대해 논의해보자.

16-5 긍정적 문화, 윤리적 문화, 혁신적 문화의 유사점과 차이점을 설명할 수 있다.

긍정적 조직 문화 형성

얼핏 보기에 긍정적인 조직 문화는 대책 없는 순진한 이야기처럼 들릴 수 있다. 하지만 긍정적인 조직 문화의 트렌드가 계속될 것이라고 믿는 이유는 경영 현장의 관행과 조직행동 이론의 연구결과가 수렴하는 경향을 보이기 때문이다. **긍정적 조직 문화**(positive organizational culture)는 구성원의 강점을 중시하고, 처벌보다는 보상을 강조하며, 구성원의 활력과 성장을 강조하는 문화이다.[161] 이러한 영역에 대해 각각 살펴보자.

긍정적인 조직 문화 구성원의 강점을 중시하고, 처벌보다 보상을 강조하며, 구성원의 활력과 성장을 강조하는 문화

구성원의 강점에 기반한 문화 긍정적인 조직 문화는 문제를 무시하지는 않지만 구성원의 강점을 어떻게 잘 활용할 수 있는지를 더 강조한다.[162] 경영전문가인 피터 드러커(Peter Drucker)는 "대부분의 미국인은 자신의 강점을 모른다. 강점이 무엇이냐고 물으면 멀뚱거리거나 특정 분야에 관한 지식을 이야기하는데, 이는 잘못된 답변이다"라고 말한다.[163] 왜 구성원이 자신의 강점을 파악하고 활용할 수 있게 유도하는 조직 문화 안에서 일하지 않는가? 실제로 갤럽의 연구에 따르면 매일 강점을 활용할 기회가 있는 직원은 다른 경우에 비해 약 6배나 더 직무에 몰입한다.[164] 직원이 강점에 기반한 문화를 어떻게 구축할 수 있는가? 강점이 무엇인지 찾는 데 도움을 주는 것이 좋다. 예를 들어 영국의 한 투자관리회사는 구성원이 강점을 이해하고 그것을 활용하는 데 도움을 주기 위해 코치를 지정했다. 이 회사의 구성원들은 기술을 개발하고 변화하는 환경에 적응하며 더 나은 성과를 거두었다.[165]

처벌보다 보상에 중점을 두는 문화 대부분의 조직은 급여와 승진과 같은 외적 보상에 집중하며 종종 칭찬과 같이 작지만 비용도 적게 들며 영향이 큰 보상을 잊어버리는 경향이 있다. 긍정적인 조직 문화를 만드는 것은 부분적으로 '올바른 일을 하는 구성원을 찾아내는 것'에 달려 있다. 경영자는 칭찬을 해주면 직원이 관성적으로 일을 할까봐 우려하거나 칭찬은 가치가 없다고 생각하기 때문에 칭찬에 인색한 경향이 있다. 그러나 찰스 슈왑(Charles Schwab)은 "나는 이제껏 얼마나 훌륭하건 높은 지위에 있는 사람이건 간에 비판의 분위기보다는 칭찬받고 인정받는 분위기에서 더 열심히 노력하고 일을 더 잘하지 않는 사람을 본 적이 없다"고 말했다.[166] 직원은 칭찬해달라고 요구하지 않지만 경영자는 칭찬을 하지 않았을 때 발생하는 비용

을 생각하지 못한다. 더욱이 직원은 종종 사회적으로 포용되고 자신보다 더 큰 어떤 것에 소속되어 있다는 느낌에 동기부여된다. 조직에 긍정적인 문화를 개발하는 한 가지 방법은 조직에 긍정적으로 기여하는 직원을 승인하고 적극적으로 포함하는 것이 될 수 있다.[167]

일하기 좋은 직장으로 인정받은 O.C 태너(O.C. Tanner)는 관리자가 어떻게 직원 참여를 개선할 수 있는지에 대해 조사했다. 설문지의 질문 중 하나는 "당신의 관리자나 회사가 현재 하고 있는 것 중 당신이 훌륭한 일을 하게 만드는 가장 중요한 요소는 무엇인가"였다. 구성원은 압도적으로 '더 많은 개인적인 인정'이 고무적일 것이라 답했다. 실제로 많은 조직과 컨설팅회사는 인정 문화가 조직, 팀, 직원 성과를 개선하는 데 미치는 긍정적인 영향을 인정하고 있다.[168]

활력과 성장을 강조하는 문화 구성원이 자신을 기계의 부속품이라고 생각하는 조직은 최상의 성과를 낼 수 없다. 긍정적인 조직은 일과 경력의 차이를 구별한다. 긍정적인 조직은 구성원이 조직에 어떻게 공헌할 수 있는지 뿐만 아니라 조직이 구성원을 개인적, 전문적으로 어떻게 더 성장시킬 수 있는지에 관심을 갖는다. 최고의 기업은 구성원의 성장을 돕는 일이 가치 있다는 것을 알고 있다. 세이프라이트오토글래스(Safelite AutoGlass)의 성공에는 인재개발 프로그램인 사람우선 계획이 기여한 바가 크다. 스티브 미고(Steve Miggo) 부사장은 "우리가 뛰어날 수 있는 유일한 방법은 최고의 구성원을 보유하는 것 뿐이다"라고 말한다.[169]

긍정적인 문화의 한계 긍정적인 문화는 만병통치약인가? 많은 기업이 긍정적인 조직 문화의 특성을 갖추려 노력하지만 아직까지는 언제 어떻게 최상의 결과를 가져오는지가 불분명하다. 모든 문화가 미국 문화처럼 긍정성에 높은 가치를 두는 것도 아니다. 심지어 미국 문화 내에서도 조직이 어느 정도까지 긍정적인 조직 문화를 유지해야 하는지에 대해 한계가 분명히 존재한다. 아마도 산업과 사회에 따라 한계가 다를 것이다. 예를 들어 영국의 보험 회사인 어드미럴(Admiral)은 콜센터에 '재미 부서'를 만들어 시 쓰기, 테이블 축구, 콘커스(밤나무의 열매를 가지고 하는 놀이), 화려한 옷 입기 날 등의 행사를 주관하는데, 이러한 문화는 진지한 문화를 추구하는 보험업계의 일반적인 문화와 충돌하는 면이 있다.[170] 긍정적인 문화를 추구하는 것이 강제적으로 보이는 것은 언제인가? "사회적으로 긍정성을 추구한다는 것은 바람직한 상태나 특징에 초점을 맞추는데, 그렇게 하는 과정에서 그에 맞지 않는 사람을 낙인찍는 효과가 있다"고 비평하는 사람도 있다.[171] 과도한 긍정성은 독성 긍정성으로 간주될 수도 있으며 구성원이 자연스럽게 느끼는 부정적인 상황이나 환경을 적극적으로 피하게 만들고, 완벽하고 순수한 상태가 되라는 부담을 줌으로써 비현실적인 요구를 하게 하고 심리적으로 부정적인 영향을 줄 수 있다.[172] 긍정적인 문화는 좋은 점이 있지만 조직은 효과성을 저해하는 범위를 넘어서지 않게 객관적일 필요가 있다.

윤리적 문화 개발

산업과 문화의 차이를 불문하고 윤리적인 조직 문화는 공통적인 가치와 절차를 공유하고 있다.[173] 경영자는 다음 원칙을 준수하여 더 윤리적인 문화를 만들 수 있다.[174]

- 눈에 띄는 역할 모델이 된다. 구성원은 조직에서 적절한 행동을 알기 위해 최고경영층의

행동을 벤치마킹한다. 긍정적인 메시지를 보내자.

- **윤리적 기준에 대해 이야기한다.** 윤리강령을 만들어 배포하여 윤리적 모호성을 최소화한다. 구성원이 반드시 따라야 하는 조직의 주요 가치를 알려주는 윤리강령을 제공한다.
- **윤리적 교육을 제공한다.** 조직행동 기준을 강화하고, 용인되는 관행을 이야기하며, 윤리적인 딜레마를 논의할 수 있는 세미나, 워크숍 등 교육 프로그램을 만든다.
- **윤리적 행동을 공개적으로 보상하고 비윤리적 행동의 경우 불이익을 준다.** 구성원이 윤리강령에 따라 행동하는지 평가한다. 목적과 결과가 모두 포함되어야 한다. 윤리적으로 행동한 구성원에게는 보상을 주고 비윤리적으로 행동한 구성원에게는 명백한 불이익을 준다.
- **보호할 수 있는 방안을 제공한다.** 누구나 윤리적인 딜레마에 대해 논의하고 비윤리적인 행동을 보고할 수 있는 공식적인 보호 절차를 만든다. 예를 들어 윤리 카운슬러, 개인 권리 보호자, 윤리 임원 등을 지정한다.

긍정적이고 윤리적인 분위기는 최고경영층에서부터 시작되어야 한다.[175] 최고경영층이 윤리적인 가치를 강조하면 일선 관리자도 윤리적 리더십을 발휘할 것이다. 명확한 기대가 실무자에게 전파되면 조직에 해를 끼치는 일탈행동이 줄어들고, 서로 협력하고 돕는 행동을 보인다. 많은 연구에서 도달한 결론은 최고경영층의 가치관이 구성원의 윤리적 행동을 예측하는 좋은 변수라는 점이다. 한 연구에 따르면 비윤리적으로 행동하라는 리더의 압력에 대한 인식은 감사인의 비윤리적 관행 여부에 영향을 미쳤다.[176] 잘못된 조직 문화가 구성원의 윤리적 행동에 부정적인 영향을 주는 것은 명백하다. 반면에 윤리적 리더십은 윤리적 문화를 향상시켜 윤리적인 의견 제안, 즉 구성원 자신이 비윤리적이라 인식하는 문제에 대해 이야기하는 것을 자연스럽게 받아들인다.[177] 자신의 윤리적 가치가 부서의 윤리적 가치와 일치하는 구성원은 승진할 가능성이 높기 때문에 결국 윤리적 문화는 아래에서 위로 전파된다고도 할 수 있다.[178]

혁신 문화 창출

어떻게 조직은 더 혁신적이 될 수 있는가? 공식은 없지만 혁신 조직을 연구할 때 반복적으로 나타나는 특징이 있다.

혁신의 원천 구조적 변수는 혁신의 한 가지 잠재적 원천이다.[179] 구조와 혁신의 관계에 대한 포괄적인 검토 결과는 다음과 같다.

1. **유기적 구조는 혁신에 긍정적인 영향을 미친다.** 유기적 구조는 수직적 차별화, 공식화, 집권화가 낮아서 혁신의 도입을 촉진하는 유연성, 적응력, 상호지원을 용이하게 한다.[180]
2. **혁신과 연동된 보상은 혁신에 긍정적인 영향을 미친다.** 창의성에 보상이 주어질 때 기업은 더 혁신적이 되는 경향이 있다. 특히 구성원의 업무 수행에 자율권이 주어지고 피드백을 제공할 때 이러한 현상이 나타난다.[181]
3. **여유 자원이 있을 때 혁신이 육성된다.** 충분한 자원이 있을 때 혁신을 구매하거나 개발할 수 있고, 관련된 비용을 감수할 수 있으며, 실패를 수용할 수 있다.[182]
4. **혁신 조직에서는 내부 소통이 원활하다.** 이러한 조직은 위원회, 대책본부, 교차기능팀과 같이 부서 간 상호작용을 촉진하는 메커니즘을 활용한다.[183]

문화와 혁신 국가 문화는 조직 내 혁신에 영향을 미친다.[184] 크라우드소싱 회사의 글로벌 데이터를 사용한 한 연구에 따르면 사회적 규범이 강하고 규범으로부터의 일탈을 허용하지 않는 나라일 때 혁신이 어렵다.[185] 지역 수준의 문화적 다양성도 영향을 미친다. 서로 다른 문화배경을 가진 사람과의 가까운 대인 관계(애정 또는 우정)는 혁신과 기업가 정신을 촉발시킨다.[186]

혁신적인 기업은 비슷한 문화를 가지고 있다. 첫째, 혁신적인 조직은 실험을 장려하고 성공뿐 아니라 실패에 대해서도 보상하며 실수를 격려한다.[187] 둘째, 혁신적인 조직은 공통의 목표뿐만 아니라 공통의 비전을 공유하는 경향이 있다.[188] 셋째, 혁신적인 기업은 응집성이 높고 상호지지하며 혁신을 장려한다.[189] 넷째, 혁신적인 조직은 HR시스템을 이용하여 혁신을 장려한다. 예를 들어 혁신 기업은 적극적으로 구성원의 훈련에 투자하며 새로운 지식에 열려 있게 하고, 실수 때문에 해고당할까 두려워하지 않게 고용안정성을 보장하며, 구성원이 변화의 선도자가 될 것을 장려한다.[190] 조직원에게 몰입을 강조하는 작업시스템은 팀의 혁신을 촉진하고,[191] 이러한 효과는 구성원들 간의 응집성이 높을 때 더 크게 나타난다.

아이디어 챔피언과 혁신 전 세계 경제컨설팅회사인 아날리시스 그룹(Analysis Group)의 CEO이자 의장인 마사 사무엘슨(Martha Samuelson)은 최고의 아이디어에는 그것이 가치가 있음을 알리는 챔피언이 있다고 생각한다. 조직 내에 어떤 아이디어를 추진하고자 하는 경우에 아이디어 챔피언이 필요하며, 챔피언은 전략적이고 효율적이고 똑똑해야 한다. 이 챔피언은 아이디어 뒤에서 어려움에 효과적으로 대응해가며 이를 실현한다. 새로운 아이디어를 떠올리고 이를 실행하는 것은 어떤 조직의 누구에게도 큰 도전이 된다. 확신에 찬 아이디어 챔피언은 이러한 도전을 받아들이고 다른 사람에게 이 아이디어가 지닌 잠재력과 가치에 대해 보여주는 역할을 한다.[192]

아이디어 챔피언 혁신을 적극적으로 알리고, 지원을 확보하고, 저항을 극복하여 아이디어가 확실히 구현될 수 있게 하는 사람

새로운 아이디어가 개발되면 **아이디어 챔피언**(idea champion)은 적극적으로 그 생각을 알리고, 지원을 받아내고, 저항을 극복하고, 새로운 아이디어가 실행될 수 있게 한다.[193] 이러한 사람은 비슷한 성격 특성을 가지고 있다.[194] 자신감, 끈기, 에너지, 위험을 감수하는 성향이 매우 높다. 이들은 변혁적 리더십과 관련된 특성을 보이곤 한다. 이들은 혁신의 잠재력에 대한

'다르게 생각하라(think different)'라는 회사 모토에 기반한 애플은 혁신의 문화를 만들었다. 구성원은 애플워치(토론토의 애플스토어에서 애플워치를 착용해보는 소비자 사진)와 같이 소비자 친화적인 상품을 만들어내는 것에 열정을 공유한다. 애플의 지지적인 문화는 위험감수, 실험, 협력, 서로 다른 아이디어 간의 상호교류를 촉진하고 받아들인다.

출처: Ryan Emberley/Invision/AP Images

자신의 비전과 미션에 확신을 가지고 다른 사람에게 영감과 힘을 불어넣는다. 관리자와 구성원 모두 시간이 지남에 따라 아이디어에 대해 가질 수 있는 다른 유형의 반응도 인식할 필요가 있다. 예를 들어 의심하는 사람은 아마도 새로운 아이디어를 받아들이지 못할 것이고, 마음을 바꾼 사람은 아이디어를 더 많이 좋아하게 될 것이며, 변절자는 시간이 지남에 따라 아이디어를 싫어할 가능성이 높다.[195] 이러한 가능성을 염두에 두면 변화 주체는 최상의 결과를 얻기 위해 메시지를 다양하게 조절할 수 있다.

또한 상황에 따라 아이디어 챔피언의 영향력이 달라진다. 예를 들어 역할이나 사회적 환경이 창의적인 정체성을 표출할 수 있게 독려할 때 기업가의 변화에 대한 열정은 가장 크게 나타난다. 반면에 창의적인 구성원에게 일반적인 업무나 행정 업무를 시키면 변화에 대한 열정이 사그라든다.[196] 아이디어 챔피언은 다른 사람의 몰입을 이끌어내는 데 능숙하며 이들은 의사결정에 상당한 자율권을 가지고 있다. 상황이 지지적이라면 이러한 자율권은 그들이 혁신을 도입하고 실행하는 데 도움을 준다.[197]

변화

2018년 1사분기 동안 5,220만 대의 아이폰이 판매되었으며, 삼성은 7,820만 대의 스마트폰을 판매했다. 이를 2019년 1사분기와 대조하면, 아이폰은 4,200만 대로 판매량이 감소했고, 삼성의 판매량도 7,200만 대로 크게 감소했다. 2019년 1사분기에는 중국 휴대전화회사 OPPO에서 분리된 새로운 회사인 리얼미(realme)가 설립되어 2021년 1사분기까지 시장점유율을 점진적으로 확보하기 시작했다(현재 시장점유율의 4%를 보유하고 있다). 동시에 2018년 1사분기에는 소규모 회사가 33%의 점유율을 보였으며 잔여시장 점유율은 샤오미, 오포, 비보, 화웨이 등 거대 기업이 차지했다. 일부 기업은 매 분기 동안 거의 동일한 시장점유율을 차지하지만(예: 삼성, 애플), 다른 기업은 3년 동안 5% 이상의 성장을 경험했으며(예: 샤오미, 비보), 다른 기업은 5% 이상의 손실을 겪었다(예: 화웨이).[198] 소규모 회사에 의해 남겨진 33%의 시장점유율은 2021년 1사분기에는 18%로 줄었다.

16-6 조직 내외에서 변화가 어떻게 작용하는지 논의할 수 있다.

이와 같이 많은 시장에서 경쟁사는 계속해서 시장에 진입하거나 시장을 떠나고 있다. 그러나 이러한 변화는 기업 내부의 노력만으로 발생하는 것이 아니며, 회사의 통제범위를 벗어난 요인에 의해 촉진된다(조직 변화를 일으키는 힘에 대해서는 도표 16-7 참조). 예를 들어 COVID-19 팬데믹 중에는 원격으로 일하고, 배달과 테이크아웃 주문을 더 자주하며, 일상적인 가정용 품목을 배송받는 과정에서 줌, 도어대시(DoorDash), 아마존과 같은 기업의 수익과 이익 마진이 급증했다.[199] 변화는 많은 다른 환경에서 끊임없이 일어나는 것으로 보인다.

변화의 본질

변화(change)는 단순히 사물이 그 전과 다르게 되는 현상이다. 변화가 실행되면 조직 전체에 걸쳐 가치, 우선순위, 자원의 자연스러운 재분배가 이루어지며 구성원 간 상호작용을 변화시킨다.[200] 종종 변화는 계획되지 않고 자연스럽게 발생하지만, 특정상황에서는 변화를 실현하기 위해 적극적이고 의도적이며 목표 지향적인 노력이 필요한 **계획된 변화**(planned change)도

변화 사물이 그 전과 다르게 되는 것

계획된 변화 의도적이며 목표 지향적인 변화활동

도표 16-7 변화를 일으키는 요인

요인	예시
노동력의 본질	문화적 다양성 증대 인구 고령화 이민과 아웃소싱 증가
기술	더 빠르고, 더 싸고, 더 작은 모바일 컴퓨터와 휴대기기 소셜네트워킹 사이트의 출현과 성장 인간 유전암호 해독
경제적 충격	세계 주택시장의 흥망성쇠 금융 붕괴 세계적 경기 침체
경쟁	글로벌 경쟁자 기업 인수합병 정부의 상업 규제 증가
사회적 추세	환경 인식 증가 동성애자, 성전환자 직원에 대한 태도 변화 멀티태스킹과 연결성 증가
세계 정치	건강관리 비용 증가 경영과 임원에 대한 부정적인 사회적 태도 새로운 시장 개방

있다.[201] 예를 들어 주요 자동차제조업체는 수십억 달러를 투자하여 최신 로봇공학 설비를 설치했다. 새로운 장비의 계획된 도입이 품질 통제 영역의 직무를 극적으로 변화시켰고, 경영진은 이에 대한 구성원의 강한 저항을 미리 예상했기 때문에 새로운 장비에 익숙해질 수 있게 돕는 프로그램을 개발했다.

계획된 변화의 목표는 무엇인가? 첫째, 환경 변화에 적응할 수 있는 조직의 능력을 키우는 것이다. 둘째, 직원의 행동 변화를 추구한다.

변화 관리자 변화와 관련된 활동을 관리하는 책임을 지고 변화를 촉진하는 사람

조직 내에서 누가 변화활동을 관리하는 책임을 맡는가? 이에 대한 답은 **변화 관리자**(change agents)에서 찾을 수 있다.[202] 변화 관리자는 다른 사람이 보지 못하는 조직의 미래를 보고, 동기부여하며, 새로운 비전을 만들고 실천한다.[203] 변화 관리자는 오래된 산업을 새로운 능력과 수요에 맞추기 위해 변혁하고자 한다. 예를 들어 마숀다 티프레레(Mashonda Tifrere)는 음악 산업에서 만성적인 성차별과 편견에 직면한 후 음악 산업에서 떠나 시각예술 분야에서 여성의 대표성을 높이기 위한 플랫폼인 아트리드허(ArtLeadHER)를 창립하여 변화 관리자가 되었다[비욘세의 베이굿(BeyGOOD)과 구찌의 차임포체인지(Chime for Change)에서 후원].[204]

변화 관리자는 조직의 관리자일 수도 있고 아닐 수도 있으며 기존 직원, 새로 고용된 직원, 외부 컨설턴트일 수도 있다. 일부 연구에 따르면 변화의 다른 단계별로 다른 변화 관리자가 활용되어야 한다. 예를 들어 공식적인 리더는 이른 시기에 변화에 대한 명확성과 기대치를 제공하는 데 중요할 수는 있지만, 시간이 지난 후에는 동료 변화 관리자가 다른 구성원이 장기적으로 변화를 받아들이도록 동기부여하는 데 중요한 역할을 할 수 있다.[205] 그러나 많은 변화 관리

자는 조직구성원이 변화에 저항하기 때문에 실패한다. 다음 절에서는 변화에 대한 저항과 관리자가 어떻게 대처해야 하는지에 대해 논의한다.

변화에 대한 저항

변화는 종종 위협으로 인식된다. 변화에 대해 부정적으로 생각하는 직원은 변화에 대해 생각하지 않거나 이직을 하여 대응한다.[206] 이러한 반응은 꼭 필요할 때 조직의 사기를 떨어뜨린다.[207] 실제로 변화에 저항하는 것은 직원에게 정서적으로 피로감을 준다.[208] 변화에 대한 저항의 주요 원인을 도표 16-8에 요약했다. 개인적 원인은 지각, 성격, 개인의 욕구와 같은 인간의 특성이고 조직적 원인은 조직 자체의 구조적 특성이다.

저항이 반드시 표준화된 형태로 나타나는 것은 아니다. 저항은 명시적일 수도 있고, 암묵적일 수도 있고, 즉각 나타날 수도 있고, 지연되어 나타날 수도 있다.[209] 불만 표시, 태업, 파업과 같은 명시적이고 즉각적인 저항은 쉽게 대처할 수 있다. 하지만 애사심이나 근로 의욕이 떨어지거나, 실수나 결근율이 증가하는 등 암묵적이고 지연된 저항은 미묘하고 인식하기 어렵기 때문에 대응하는 데 더 큰 어려움이 따른다. 몇 주, 몇 달, 몇 년 후에 나타나는 지연된 저항은 변화와 그에 대한 반응 사이의 관계를 명확히 알 수 없게 한다. 또는 초기의 변화에 대한 저항이 지연과 누적되어 나중에 일어나는 작은 변화가 낙타의 등을 휘게 하는 지푸라기와 같은 영향을 미칠 수도 있다.

변화는 과연 좋은가 나쁜가? 모든 변화가 반드시 좋은 것만은 아니라는 사실에 주목할 필요

도표 16-8 변화에 대한 저항의 원인

개인적 원인

습관: 사람은 인생의 복잡성에 대처하기 위해 습관이나 프로그래밍된 반응에 의존한다. 그러나 변화에 직면했을 때 이렇게 익숙한 방법을 선호하는 경향은 변화에 저항하는 요소가 된다.

안전: 높은 안전성을 필요로 하는 사람은 변화가 자신의 안전에 대한 감정을 위협하기 때문에 변화에 저항할 가능성이 크다.

경제적 요인: 업무나 작업 과정의 변화는 새 업무나 작업 과정을 그전처럼 잘 수행할 수 없다고 생각하는 경우에 경제적인 염려를 불러온다. 특히 생산성이 급여와 밀접한 관계가 있을 때 더욱 그렇다.

미지에 대한 두려움: 변화는 알고 있는 것을 막연함과 불확실성으로 대체한다.

선택적 정보처리: 사람은 자신의 인지를 보호하기 위해 선택적으로 정보를 처리한다. 듣고 싶은 것을 듣고 자신의 세계에 도전하는 정보는 무시한다.

조직적 원인

구조적 관성: 조직에는 안정성을 유지하기 위한 선발 과정이나 공식적 규정 같은 메커니즘이 있다. 조직이 변화에 직면했을 때 이 구조적 관성이 안정성을 유지하기 위해 변화에 대한 저항으로 작용한다.

제한된 변화의 범위: 조직은 상호의존적인 여러 하위시스템으로 구성되어 있다. 다른 시스템을 변화시키지 않고는 한 시스템을 변화시키기가 어렵기 때문에 하위시스템에서의 제한된 변화는 큰 시스템에 의해 무효화된다.

집단 관성: 개인이 자신의 행동을 변화시키려 해도 집단의 규범이 제약으로 작용할 수 있다.

전문성에 대한 위협: 조직 운영에 관한 변화는 전문화된 집단의 전문성을 위협할 수 있다.

기존 권력관계에 대한 위협: 의사결정 권한에 대한 어떠한 변화도 조직 내에서 오랫동안 지속되어온 권력관계를 위협할 수 있다.

가 있다. 빠르고 급격한 변화는 위험하기 때문에 변화 관리자는 전체적인 시사점을 충분히 고려해야 한다. 성급함은 나쁜 결정을 이끌 수 있고, 변화 관리자가 때로는 전체적인 효과나 비용을 제대로 파악하지 못할 수도 있다. 또한 인수 과정 중에는 빠른 전환 대신에 느린 전환 과정을 통해 직원과 중간 관리자의 변화에 대한 저항을 줄일 수 있다.[210] 그러나 변화에 대한 저항이 변화에 대한 열린 토론과 논쟁으로 이어진다면 이는 긍정적일 수 있다.[211] 이러한 반응은 일반적으로 침묵보다 나으며 조직구성원이 변화 과정에 참여하고 있음을 나타내기에, 변화 관리자에게 변화 노력을 설명할 기회를 가질 수 있다. 변화 관리자는 또한 저항을 관찰하며 조직구성원의 선호에 맞게 변화를 수정할 수 있다.

변화에 대한 저항을 극복하는 방법 변화 관리자는 저항을 극복하고자 다음과 같은 여덟 가지 방법을 사용할 수 있다.[212] 각각에 대해 간단히 살펴보자.

1. **의사소통** 변화의 과정에서 의사소통은 그 어느 때보다 중요하다.[213] 변화는 기업이 주주뿐 아니라 다양한 이해관계자의 관심사 간에 균형을 맞추는 정당성 있는 논리로 소통할 때 가장 효과적이다.[214] 또한 공식적인 설명회는 변화에 대한 직원의 걱정을 덜어주고 양질의 정보를 제공함으로써 변화에 대한 직원의 몰입을 증가시킬 수 있다.[215] 해석의 틀을 제공하는 것도 중요하다. 변화가 위협으로 인식되다면 사람은 이에 순응하지 않겠지만, 변화가 현재의 조직생활에 긍정적인 영향을 주는 것이나 도전으로 받아들여진다면 사람들은 변화를 적극적으로 받아들이고 순응하며 직무에 더 몰입할 것이다.[216]
2. **참여** 변화에 대한 의사결정 과정에 참여했다면 저항하기 어려울 것이다. 참가자가 의미 있는 공헌을 할 수 있는 전문성을 가졌다면 참여는 저항을 줄이고, 몰입을 높이고, 결정의 질을 높일 수 있다.[217] 시칠리아의 반마피아 조직인 아디오피쪼(Addiopizzo)에 관한 연구는 가치(예: 비판적인 소비, 정직, 자부심)에 대한 호소를 통해 조직이 직접 피쪼(마피아에게 보호비를 지불하는 것)에 대해 의문점을 갖게 하여 마피아에게 성공적으로 도전할 수 있었다.[218] 변화를 구성하는 방식에 대한 연구에서는 구성원이 변화로 인한 요구에 대응할 수 있게 자신의 직무를 구성할 수 있는 자율성을 지녔을 때 변화에 대한 저항이 줄어든다는 점을 밝혔다.[219] 그러나 참여적 방식에는 단점도 존재하는데 해결책의 질이 저하될 가능성이나 많은 시간이 소요된다는 점이나 이미 많은 직무 요구를 받고 있는 구성원의 높은 저항 등이 있을 수 있다.[220]
3. **지지와 몰입 구축** 관리자와 구성원이 변화에 대한 낮은 정서적 몰입 상태라면 변화에 저항하고 현재 상태를 선호한다.[221] 반대로 조직에 대한 몰입이 높을 때 변화를 수용할 가능성이 높아진다.[222] 따라서 구성원을 동기부여하고 조직 전체에 대한 몰입을 강조함으로써 현상 유지보다는 변화에 정서적으로 더 몰입하게 도와줄 수 있다.[223] 직원의 두려움이나 걱정이 클 때 상담, 새로운 기술 교육, 단기 유급휴가 등은 변화에 대한 적응에 도움이 되기도 한다.
4. **긍정적인 관계의 형성** 변화 관리자를 신뢰하고 정당하다고 여길 때 사람이 변화를 더 받아들이는 경향이 있다.[224] 합병을 겪은 네덜란드 주택회사의 직원 수백명에 대한 연구에 따르면 상사와 좋은 관계를 맺고 있으며 근무 환경이 자신의 발전을 지원한다고 느끼는 직원이 변화 과정에 보다 긍정적이었다.[225] 대조 효과도 존재하는데, 기존의 리더가 비효

율적이고 비인격적이며 책임있는 의사결정을 하지 않았던 경우에는 새로운 리더로부터의 변화를 기꺼이 받아들인다.[226] 사회적 맥락의 중요성을 알려주는 연구에서는 개인이 일반적으로 변화에 저항하더라도 지원해주는 동료가 있고 위험을 감수해도 될 만한 근무 환경이라고 생각한다면 새롭고 다른 아이디어를 받아들이고 스트레스를 덜 받는 경향이 있다고 밝혔다.[227] 한편 팀 내 관계에 단층선(2장 참조)이 존재하면 이는 전략적인 변화 시도에 부정적인 영향을 주며 무력화시킬 수 있다.[228] 긍정적인 관계 구축을 촉진하려면 변화 관리자는 구성원이 서로 상호작용하고 소통할 수 있는 기회를 마련하고 관계 구축을 촉진할 수 있는 상호작용에 대한 지침을 제시할 필요가 있다.[229]

5. **변화의 공정한 실행** 부정적인 효과를 최소화할 수 있는 방법 중 하나는 변화를 동료와 조직, 다른 그룹에게 공정하게 실행하는 것이다.[230] 7장에서 살펴보았듯이 절차 공정성은 특히 직원이 겪게 되는 결과가 부정적이라고 생각할 때 더 중요하다. 따라서 직원이 변화의 이유를 알고, 변화 과정에 대한 정보를 공유하고, 변화가 공정하게 실행되고 있음을 알려주는 것이 필수적이다.[231] 변화의 수용자가 언제나 자기이익 중심인 것은 아니다. 구성원은 공정성을 평가할 때 이러한 변화가 동료, 조직, 다른 그룹에게 어떠한 영향을 미치는지에 대해서도 관심을 둔다.[232] 변화를 공정하게 실행하는 것은 구성원이 변화를 받아들일지 저항할지에 영향을 미칠 뿐 아니라 변화 수용자가 변화 관리자에 대해 지니는 신뢰도에도 긍정적인 영향을 미친다.[233]
6. **조종과 공범화** 조종은 눈에 띄지 않게 영향력을 미치려는 시도를 의미한다.[234] 이는 더 매력적으로 보이게 사실을 왜곡하거나, 정보를 제공하지 않거나, 직원이 변화를 받아들일 수 있게 거짓 소문을 퍼트리는 것 등을 말한다. 예를 들어 파이어페스티벌(Fyre Festival)의 공동창업자인 빌리 맥팔랜드(Billy McFarland)가 사기로 폭로된 시점에 그는 "일은 곧 당신의 가족이다"라고 말했다. 한 직원은 "우리는 가족이 아니다. 당신은 나에게 아무것도 말해주지 않았다!"라고 회상했다.[235] 한편 공범화는 조종과 참여를 혼합한 방식이다.[236] 이는 반대하는 집단의 리더에게 주요 역할을 맡김으로써 그 사람을 매수하는 것을 말한다. 참여시키는 목적은 더 좋은 결정을 내리려는 것이 아니라 동의를 얻기 위함이다. 예를 들어 '고칠 권리' 운동은 제조사의 제품 수리 독점화에 반대한다. 삼성과 같은 회사는 공범화 방식으로 고객에게 '공인 수리서비스'를 제시한다. 하지만 그들은 여전히 수리를 차단하거나 수리 조건을 결정할 수 있다. '고칠 권리' 캠페인의 지도자인 네이슨 프록터(Nathan Proctor)는 "그들은 우리를 무시하고, 우리를 웃음거리로 만든 다음, 싸움을 한다. 그리고 마지막 수단으로 우리를 공범화한다"고 강조한다. 조종과 공범화 모두 반대하는 사람으로부터 도움을 얻을 수 있는 상대적으로 저렴한 방식이다. 그러나 상대방이 조종당하거나 이용당했다는 것을 알게 되면 역효과를 불러일으킬 수 있다. 한 번 알려지면 변화 관리자에 대한 신뢰가 바닥으로 떨어진다.
7. **변화를 받아들이는 사람 선발** 연구에 따르면 변화를 쉽게 받아들이고 적응하는 능력은 성격과 관련이 있다. 어떤 사람은 변화에 더 수용적이고 어떤 사람은 더 저항적이다.[237] 마키아벨리아니즘이 높은 구성원은 변화시도에 강하게 반응하며 참여도를 감소시키고 이직을 준비한다.[238] 다른 한편 정서적으로 안정적이고, 핵심자아평가가 높고, 위험을 감수할 의향이 있고, 행동이 유연한 사람은 변화에 더 수용적이다.[239] 일반적인 인지 역량이 더

높은 사람은 조직에서 더 잘 배우고 변화에 잘 적응한다.[240] 요약하자면 많은 연구결과는 조직이 변화를 잘 수용할 만한 사람을 채용함으로써 변화를 촉진할 수 있음을 보여준다.

8. **강압** 마지막 전술인 **강압**은 저항하는 구성원에게 직접적인 위협이나 힘을 과시하는 것이다.[241] 강제 전보, 승진 기회 박탈, 부정적인 성과 평가, 나쁜 추천서 등으로 직원을 위협하는 것 등을 말한다. 저항하는 직원 중 일부에게라도 실제로 어떤 힘이나 압력이 가해졌을 때 강압은 가장 효과적이다. 만약 어떤 직원이 승진 요구를 공개적으로 거절당했다면 승진 방해의 위협은 다른 직원에게 더 현실적으로 다가올 것이다. 그러나 13장에서 언급했듯이 강압과 압력은 일반적으로 효과적인 전술이 아니며 거의 대부분 역효과를 가져온다.

변화의 정치학

저항을 언급할 때 변화의 정치를 빼놓고는 이야기할 수 없을 것이다. 변화는 현상 유지 상태를 위협하기 때문에 필연적으로 정치적 활동을 수반한다. 정치학에 따르면 변화의 추진력은 외부에서 영입된 변화 관리자나 조직에 새롭게 들어온 직원이나 권력의 핵심에서 약간 벗어나 있던 관리자에게서 나올 가능성이 높다. 장기근속하고 높은 직위에 있는 관리자는 종종 변화의 주요 장애물이 되곤 한다. 이들에게 변화는 지위에 대한 실제적인 위협이 된다. 추측할 수 있듯이 오랜기간 동안 권력을 보유했던 이들은 변화를 도입해야 할 때 점진적인 변화만을 실행하는 경향이 있다. 급진적인 변화는 종종 위협적으로 인식된다. 따라서 신속하고 급진적인 변화가 필요하다고 판단할 때는 이사회가 외부에서 새로운 최고경영자 후보를 물색한다.[242]

조직 변화의 관리를 위한 접근법

16-7 조직 변화를 관리하는 네 가지 주요 접근법을 비교할 수 있다.

이제 조직 변화를 관리하기 위한 여러 방법을 살펴보자. 르윈(Lewin)의 고전적인 3단계 모델, 코터의 8단계 계획, 행동 연구, 조직 개발을 살펴보자.

르윈의 3단계 변화 모델

커트 르윈(Kurt Lewin)은 조직의 성공적인 변화는 3단계를 따라야 한다고 주장한다. 도표 16-9와 같이 3단계는 현상의 해빙, 새로운 상태로의 이동, 새로운 변화를 영구적으로 만드는 재동결로 구성된다.[243]

추진력 행동을 현상으로부터 멀어지게 유도하는 힘

억제력 현상으로부터의 이동을 막는 힘

현상은 말 그대로 평형 상태를 의미한다. 개인이 저항과 집단 동조화를 극복하고 평형 상태에서 이동하려면 해빙이 일어나야 한다. 해빙은 세 가지 방법으로 가능하다(도표 16-10 참조). 첫 번째로, 현상으로부터 멀어지게 하는 **추진력**(driving force)을 증가시킬 수 있다. 두 번째로, 평형 상태로부터의 이동을 방해하는 **억제력**(restraining force)을 감소시킬 수 있다. 세 번째 대안은 앞의 두 접근법을 결합한 것이다. 과거에 성공적이었던 회사는 구성원이 변화의 필요성에 대해 의문을 품기 때문에 억제력에 부딪힐 수 있다.[244] 일단 이동 단계가 시작되면 탄력을 유지하는 것이 중요하다. 점진적으로 변화를 쌓아가는 기업은 이동 단계에 빠르게 도달하여 통과하는 기업보다 성과가 떨어진다. 변화가 실행되었을 때 새로운 상황이 재동결되어 오

도표 16-9 르윈의 3단계 변화 모델

도표 16-10 현상의 해빙

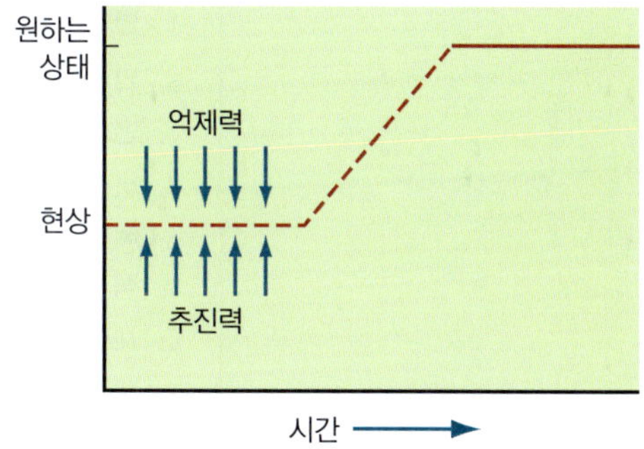

랫동안 유지되어야 한다. 이 마지막 재동결 과정이 없으면 변화가 단기적이고 직원이 예전으로 회귀하려 할 것이다. 재동결의 목적은 추진력과 억제력의 균형을 맞추어 새로운 상황을 안정화하는 것이다.

최근 몇 년 동안 여러 연구자는 르윈의 모델을 다양한 측면에서 여러 이유로 비판했다.[245] 첫째, 매슬로의 욕구 위계 이론과 같이(7장 참고) 르윈은 변화가 항상 순차적으로 진행되고 항상 진보한다고 가정했다. 둘째, 이 모델은 관리자에 대한 완벽한 대리자라는 전제를 하고 있다. 다른 말로 변화 관리자가 실제로 자신이 어떤 상태에 있는지, 조직 내 사람은 어디에 있고 어디로 가고 있는지를 정말로 아는 것인가? 조직은 너무 유동적이어서 현실에서 이를 수행하는 것은 불가능할 수 있다. 또한 다른 연구자는 '동결'이라는 용어 자체에 다소 문제가 있다고 지적했다. 시간은 계속 흘러가고 동결이란 실제 결코 일어나지 않는 상태로 그저 새로운 변화가 계속 다가오는 상황일 수 있다. 실제로 조직에서 변화를 이해하기 위해 더 현대적인 접근 방식은 타이밍, 페이스, 리듬과 관련된 변화 에이전트의 성격과 같은 문제를 고려한다.[246]

코터의 8단계 계획

존 코터(John Kotter)는 르윈의 3단계 모델을 바탕으로 변화를 실행하기 위해 보다 구체적인 접근법을 제시했다.[247] 코터는 경영자가 변화를 실행하려 할 때 흔히 범하는 실수를 나열했다. 경영자는 변화의 필요성에 대한 위기감을 형성하지 못할 수도 있고, 변화 과정을 함께 관리할 연합을 구성하지 못할 수도 있으며, 변화에 대한 비전을 세우지 못할 수도 있다. 또한 변화에 대해 효과적으로 소통하지 못하거나 조직 문화에 변화를 뿌리내리게 하지 못할 수 있다. 경영자는 비전 달성을 방해하는 장애물을 제거하지 못하거나, 단기적으로 달성 가능한 목표를 제시하지 못할 수도 있고, 너무 성급하게 성공을 선언할 수도 있다.

코터는 이러한 문제를 극복하기 위한 8단계를 제시했다. 이를 도표 16-11에 제시했다.

코터의 8단계 계획 중 1~4단계는 본질적으로 르윈의 '해빙' 단계를 풀어놓은 것이고, 5~7단계는 '이동' 단계, 8단계는 '재동결' 단계에 해당한다. 따라서 코터는 경영자와 변화 관리자에게 변화의 성공적인 실행을 위해 구체적인 가이드를 제공한다.

도표 16-11 코터의 변화 실행을 위한 8단계 계획

1. 변화가 필요한 강력한 이유를 제시하여 공감대를 조성한다.
2. 변화를 이끌 수 있는 힘 있는 연합을 형성한다.
3. 변화의 방향을 제시할 새로운 비전과 비전을 달성할 전략을 제시한다.
4. 비전을 전 조직에 전달한다.
5. 변화에 대한 장애물을 제거함으로써 사람이 비전을 달성할 수 있게 권한을 이양하고 위험 선호와 창조적 문제해결을 장려한다.
6. 새로운 비전으로 조직을 움직일 단기적 '성공'을 계획, 창조, 보상한다.
7. 개선점을 총체적으로 통합하고, 변화상을 재평가하며, 필요한 조정안을 새로운 프로그램으로 실시한다.
8. 새로운 행동을 조직의 성공과 연결함으로써 변화를 보강한다.

출처: J. Kotter, *Leading Change* (Boston, MA: Harvard Business School, 1996); M. du Plessis, "Re-implementing an Individual Performance Management System as a Change Intervention at Higher Education Institutions Overcoming Staff Resistance," *Proceedings of the 7th European Conference on Management Leadership and Governance*, 2011, 105-15에 기초함.

행동 연구

행동 연구 데이터를 체계적으로 수집하고 분석하여 이를 바탕으로 변화의 방향을 설정하는 변화 과정

행동 연구(action research)는 데이터의 체계적인 수집과 분석을 통해 변화의 방향을 설정하는 변화 과정이다.[248] 이 접근법은 계획된 변화를 관리하기 위해 과학적 방법을 제공한다. 행동 연구는 진단, 분석, 피드백, 실행, 평가라는 5단계로 구성된다(과학적 방법론과 상당히 유사하다). 행동 연구의 적용은 간호사의 참여를 향상시키는 데 있어 매우 성공적이었으며,[249] 생산 관리 체계를 더 지속가능하게 만드는 데에도 효과적이었다.[250] 보건 분야의 회사인 옵텀(Optum)이 실행한 행동 연구는 고객과 관계를 맺는 효과적인 방식을 결정하는 데 있어 고객 서비스 전문가를 참여시키는 방식으로 이루어졌다.[251]

행동 연구의 변화 관리자는 흔히 외부 컨설턴트이며, 첫 번째 단계에서 조직구성원에게 문제점, 고민, 필요한 변화에 대한 정보를 수집한다. **진단**은 의사가 환자의 아픈 곳을 구체적으로 찾아내는 것과 유사하다. 행동 연구에서 변화 관리자는 직원에게 질문하고, 기록을 검토하며, 인터뷰를 통해 그들의 고민을 적극적으로 들어준다. 두 번째로 진단의 다음 단계는 **분석**이다. 사람이 어떤 문제에 초점을 맞추고 있는가? 이러한 문제는 어떤 패턴이 있는가? 변화 관리자는 분석에서 얻은 정보를 주요 관심사, 문제 영역, 가능한 대응책에 적용한다. 행동 연구는 변화 프로그램에 참여할 사람이 문제를 정의하고 해결책을 찾는 것을 도와줄 것을 요구한다. 따라서 세 번째 단계는 첫 번째와 두 번째 단계에서의 발견을 직원과 공유하는 **피드백**이다. 직원은 변화 관리자의 도움을 받아 필요한 변화를 가져올 수 있는 실행 계획을 수립한다. 네 번째 단계는 행동 연구의 **실행**이다. 직원과 변화 관리자는 문제를 해결하기 위해 도출된 구체적인 행동을 실행에 옮긴다. 다섯 번째 단계는 행동 연구의 과학적 기반에 부합하는 **평가**이다. 이 단계에서는 초기에 수집한 데이터를 이용하여 실행 계획의 효과성을 평가한다.

행동 연구는 최소한 두 가지 장점이 있다. 첫 번째는 문제중심적이다. 변화 관리자는 객관적으로 문제를 찾고, 문제의 유형에 따라 실행 계획의 유형이 결정된다. 두 번째 장점은 저항을 낮출 수 있다는 것이다. 행동 연구에서는 직원이 문제해결 과정에 참여하기 때문에 변화에 대한 저항을 줄일 수 있다. 구성원이 피드백 단계에서 적극적으로 참여하면 변화 과정은 그 자체

의 탄력을 가지게 된다. 그러나 조직은 그들의 합법성이 잠재적으로나 이미 위험에 처해있을 때 행동 연구에 참여하는 것 자체에 대한 저항을 표시할 수도 있다.[252]

조직 개발

조직 개발(organizational development, OD)은 조직의 효과성과 직원의 복지를 향상하고자 하는 변화 방법의 집합체이다.[253]

조직 개발(OD) 조직의 효과성과 직원의 복지를 향상하고자 하는 변화 방법의 집합체

조직 개발에서는 사람과 조직의 성장, 협동적이고 참여적인 과정, 탐구심을 높이 평가한다.[254] 사람이 근무 환경을 바라보고 이해하는 주관적인 방법을 강조한다는 점에서 포스트모던의 철학에서 많은 것을 빌려왔다. 변화 관리자는 주도할 수도 있지만, 특히 협력을 강조한다. 변화를 가져오는 조직 개발 기법을 살펴보자.

과정 진단 관리자는 종종 자기부서의 성과를 향상할 수 있다고 생각하지만 무엇이 어떻게 개선될 수 있는지를 찾아내지는 못한다. **과정 진단**(process consultation, PC)의 목적은 외부 컨설턴트가 고객(주로 관리자)을 도와서 무엇이 일어나고 있는지 같이 파악하고 어떻게 해결할지 같이 결정을 내리는 것이다.[255] 업무 흐름, 구성원 사이의 비공식적인 관계, 공식적인 의사소통 등이 포함될 수 있다.

과정 진단(PC) 컨설턴트가 고객이 처리해야 하는 업무 과정을 이해하고 개선이 필요한 부분을 발견하도록 도와주는 것

과정 진단은 대인관계 문제를 해결하고 참여를 강조함으로써 조직의 효과성을 향상할 수 있다고 가정한다. 다른 조직 개발 방식에 비해 과정 진단은 더 과업중심적이고, 컨설턴트는 문제를 해결하는 것이 아니라 개선이 필요한 것이 무엇인지를 함께 진단한 후 고객이 스스로 문제를 해결하게 도와주는 역할을 한다. 고객은 자기부서 내에서 과정을 분석하는 기술을 배우게 되고, 외부 컨설턴트가 떠난 후에도 오랫동안 그 기술을 사용할 수 있다. 고객이 진단과 대안 개발에 적극적으로 참여하기 때문에 과정과 해결책을 더 잘 이해하고, 선택한 실행 계획에 대한 저항이 작다.

팀 개발 이 책에서 여러 번 강조한 것처럼 기업은 업무를 수행하는 데 팀제를 점점 더 많이 사용하고 있다. **팀 개발**(team building)은 구성원 사이에 신뢰와 개방성, 협력을 증진하고 팀 성과를 향상하기 위해 상호작용이 많은 집단활동을 활용한다.[256] 예를 들어 많은 회사는 팀 개발 방식으로 '방 탈출' 방식을 활용한다. 이는 구성원이 테마가 있는 방에 갇힌 채 함께 퍼즐을 풀거나 일을 하여 탈출하는 것이다.[257] 방 탈출팀 개발 행사에 참가한 볼티모어 직원 중 한 명은 "그런 경험으로부터 나오는 것은 상호의존적인 관계와 공동체 의식입니다... 한 번 안에 들어가면 높은 수준의 즐거움과 팀 개발을 함께 경험할 수 있습니다"와 같이 언급했다.[258]

팀 개발 팀 구성원 간의 높은 상호작용으로 신뢰와 개방성을 증가시킴

팀 개발은 보통 목표 설정, 구성원 간의 대인관계 개선, 역할과 책임을 명확하게 하기 위해 역할 분석, 팀 과정 분석을 포함한다. 팀 개발은 팀이 안고 있는 구체적인 문제나 개발하고자 하는 목적에 따라 특정활동을 더 강조하거나 생략할 수 있다. 그러나 기본적으로 팀 개발은 구성원 사이에 신뢰와 개방성을 높이기 위해 많은 상호작용을 활용한다. 최근 기업이 팀제를 더 많이 활용하기 때문에 팀 개발은 중요한 주제이다.

집단 간 개발 조직 개발의 주요 관심 분야 중 하나는 집단 간의 역기능적인 갈등해결이다. **집단 간 개발**(intergroup development)은 존재하는 다른 집단에 대한 태도, 고정관념, 인식을

집단 간 개발 집단 사이에 존재하는 태도, 고정관념, 인식을 변화시키려고 하는 조직 개발 기법

변화시키려고 한다.[259] 이러한 훈련은 다양성 훈련과 유사하지만 인구 구성의 다양성에 초점을 맞추는 것이 아니라 직업, 부서, 부문에 따른 차이에 초점을 맞춘다. 일단 차이의 원인을 규명하게 되면 그룹은 상호관계를 발전시킬 수 있는 방법을 개발하는 통합의 단계로 이동한다. 갈등 상태에 있는 각 그룹에서 구성원을 모아 하위그룹을 형성할 수도 있는데, 이들은 더 심화된 진단을 통해 대안적인 해결책을 고안한다.[260]

집단 간 관계를 개선하기 위한 다양한 접근법 중 인기 있는 방법은 문제해결을 강조하는 것이다.[261] 각 집단은 자기자신에 대한 인식, 다른 집단에 대한 인식, 다른 집단이 자신을 어떻게 인식하는지에 대한 그들의 생각을 모아 목록을 만든다. 그런 다음 집단은 목록을 공유하고 공통점과 차이점을 논의하며, 이러한 차이점이 생겨난 원인을 알아본다. 집단의 목표가 상충되는가? 갖고 있는 고정관념은 어디에 기반한 것인가? 서로의 의도를 오해하고 있는가? 각 집단에서 단어나 개념이 다른 의미로 사용되는가? 이러한 질문에 대한 답은 갈등의 정확한 원인을 찾아내는 데 도움이 된다. 원인이 도출되면 집단은 통합 과정으로 옮겨가 관계 개선을 위한 해결책을 도출하며 이 과정에서 각 집단의 일부 구성원으로 소집단을 형성하여 심층진단을 하고 대안을 찾아볼 수도 있다.

감상적 조사법 대부분의 조직 개발 접근법은 문제중심이다. 문제나 일련의 문제를 발견하고 해결책을 찾는다. 이와 달리 **감상적 조사법**(appreciative inquiry, AI)은 긍정적인 측면을 강조한다. 문제를 찾기보다는 조직의 독특한 자질과 특별한 강점을 찾아 이를 바탕으로 조직 성과를 향상하려는 접근법이다.[262] 즉 감상적 조사법은 문제보다는 조직의 성공에 더 초점을 맞춘다. 감상적 조사법은 GTE, 로드웨이익스프레스(Roadway Express), 아메리칸익스프레스, 미 해군(U.S. Navy)과 같은 조직에서 효과를 본 변화 전략이다.[263] 미국의 유제품 산업에서는 이러한 방식으로 지속가능성 노력을 적용하여 3억 달러 프로젝트 성공을 거둬 다른 산업의 모델이 될 수 있었다.[264]

감상적 조사법 문제를 찾기보다는 조직의 독특한 자질과 특별한 강점을 찾아 이를 바탕으로 조직 성과를 향상하려는 접근법

감상적 조사법은 발견, 꿈, 디자인, 운명이라는 4단계로 구성되고, 훈련된 변화 전문가에 의해 2~3일간 집단미팅으로 진행된다. 첫 번째 단계로 **발견**은 구성원이 생각하는 조직의 강점을 발견하는 단계이다. 조직의 구성원은 자신이 생각하기에 조직이 가장 잘 운영되었거나 자신의 일에 가장 만족했을 때를 다시 생각해본다. 두 번째 단계인 **꿈**은 직원이 발견 단계에서 도출된 정보를 바탕으로 가능한 미래를 예측하는 단계로, 예를 들어 5년 후 조직이 어떤 모습일지 생각해본다. 세 번째 단계인 **디자인**에서 참가자는 조직의 미래 모습이 어떨지에 대한 비전을 공유하고 독특한 특징에 대해 동의하게 된다. 네 번째 단계에서는 참가자 조직의 **운명**이나 자신의 꿈을 어떻게 달성할지 규정하고 행동 계획과 실행 전략을 세운다.

변화의 역설

관리자는 **역설 이론**(paradox theory)에서 몇 가지 배울 점이 있다.[265] 역설 이론에 따르면 경영에서 핵심적인 역설은 한 조직의 최종적인 최적 상태가 존재하지 않는다는 것이다.[266] 이러한 역설적 상황에서는 자원의 부족에서 야기된 다양한 행동 간의 긴장 속에 균형을 맞춰야 한다.[267] 시간이 지남에 따라 변화하는 우선순위 사이에서 역동적인 평형, 균형점을 찾는 지속적인 과정이 존재한다.[268] 역설 이론에서 얻을 수 있는 교훈은 환경과 구성원이 변화함에 따라 중

역설 이론 경영에서 핵심적인 역설은 조직의 최종적인 최적 상태란 없다는 이론

요한 요인이 달라질 수 있다는 점이다. 예를 들어 기업은 때때로 과거의 성공을 인정하고 어떻게 운영되었는지를 배울 필요도 있지만, 과거를 뒤돌아보는 것이 진보를 방해하는 경우도 있다. 전체적으로 생각하고 역설적인 요인의 균형을 맞추는 것이 중요하다는 점을 이해하는 경영자는 특히 조직구성원의 적응력과 창의적인 행동을 이끄는 데 더 효과적이라는 증거가 있다.[269] 그러나 역설적 접근 방식을 받아들이는 리더도 몰입 심화의 함정에 빠질 수 있다. 이는 현재 상태에 대해 결국 더 좋은 상황으로 가기 위한 것이라 낙관적으로 판단하게 되는 것이다. 정리하자면 OB에 있어 가장 중요한 진실은 이러한 변화는 계속 일어난다는 것이며 이에 따른 적응과 조정도 계속해서 필요하다는 점이다.

요약

조직 문화는 조직의 효율성, 구성원의 행동, 환경의 새로운 도전과 변화에 대한 대응 방식에 깊은 영향을 미친다. 가치관, 신념, 근본적인 전제들은 문화를 구성하는 특징이며, 이것이 서로 다른 조직을 구별한다. 조직 문화는 종종 서로 유사한 형태를 띠기도 하지만, 현실은 보이는 것보다 복잡하다. 예를 들어 지배 문화의 강도와는 상관없이 하위문화가 형성될 수 있다. 문화는 처음에 조직의 창립자에 의해 만들어지며, 그들은 자신의 미션과 가치를 지지할 구성원과 관리자를 선택한다. 시간이 지남에 따라 문화는 최고경영진이 이러한 원형에 맞는 사람을 선택하고 사회화 과정을 통해 구성원에게 문화를 '가르치면서' 지속된다. 구성원은 조직의 이야기, 의식, 상징, 언어를 관찰하고 참여함으로써 문화를 배우게 된다. 문화는 어떻게 조직의 효과성에 영향을 미치는가? 이 과정은 조직의 가치를 실현하는 정책, 관행, 절차를 확립하는 조직 분위기를 만들면서 이루어진다. 이러한 방식으로 조직은 긍정적인(예: 윤리성, 지속가능성, 혁신) 또는 부정적인(예: 독성, 경직성, 갈등) 목표를 달성할 수 있다. 조직 리더는 미션과 목표가 필요로 한다면 긍정적이고 윤리적이며 혁신적인 문화를 개발하고자 노력해야 한다. 그러나 조직 변화 자체가 거대한 도전이다. 리더는 변화를 적극적으로 관리하고 계획할 수 있지만, 그러한 노력이 항상 성공적일 것이라는 보장은 없다. 리더나 직원이 변화를 주도하는 경우에 그들은 변화 저항을 극복하고 조직 내 정치를 주의깊게 살피며 변화 과정을 관리해야 한다. 이러한 목표를 달성하기 위해 여러 도구가 있긴 하지만, 그 중 어떤 것도 '마법의 해결책'은 아니다. 변화는 끊임없이 일어나며, 이것은 역설을 만들어낸다. 최종적으로 최적 또는 완벽한 상태는 없다는 것이다. 따라서 문화의 변형과 변화 관리는 항상 미완의 상태일 것이다.

관리자를 위한 시사점

- 단기적으로 조직 문화는 고정되어 있다는 것을 인식하라. 조직 문화를 변화시키려면 장기적인 전략을 수립해야 한다.
- 모든 문화는 자체적으로 독특하지만, 연구자는 조직의 결과에 영향을 미치는 네 가지 경쟁적 가치를 발견했다. 혁신을 위해서는 관계지향 문화를 구축하려고 노력하라. 고객 만족도와 품

질을 위해서는 시장 문화를 구축하라. 직원 태도와 성과를 위해서는 혁신 문화를 구축하라. 마지막으로 수익성과 수익이 가장 중요하다면 위계 문화를 구축하라.

- 조직이 강하고 지배적인 문화를 가지고 있다고 생각할 수 있지만, 겉으로 보이는 것이 전부가 아닐 수 있다. 부서, 팀, 다른 업무 단위에서 하위문화를 발견하고 놀랄 수 있다. 이러한 하위문화가 존재한다면, 처음에 그것이 무슨 이유로 분열되었는지 파악하고 이러한 직원의 요구를 충족시키기 위해 무엇을 할 수 있는지 결정하라.
- 이야기, 의식, 물질적 상징, 언어는 문화를 구축하고 유지하는 데 사용할 수 있는 강력한 메커니즘이다.
- 새로운 회사를 시작하는 것은 큰 도전이다. 당신이 내린 결정은 조직의 전반적인 문화의 톤과 기반을 설정한다. 신중한 계획과 전략은 긍정적이고 윤리적이며 지속가능하며 혁신적인 문화를 구축하는 데 필수적이다.
- 여러 HR과정이 문화를 계속 유지시킨다. 선발, 최고경영진, 사회화 과정(온보딩) 모두 문화를 전달하는 역할을 한다. 문화를 변화시키려면 이러한 과정부터 시작하라.
- 가치관, 신념, 근본적인 전제들은 상대적으로 고정된 문화의 측면이지만, 리더는 이러한 가치를 실현하는 조직 분위기를 구축할 수 있다.
- 관리자는 문화의 함정에 유의하라. 지체되고, 얽매이고, 균일하며, 경직적이고 독성을 띄는 등의 문화의 역기능이 적절히 적응하고 변화하지 않는 한 조직을 실패로 이끌 수 있다.
- 긍정적인 문화를 구축하려면 직원의 강점을 개발하고, 벌보다 보상을 하며, 성장과 활력을 촉진해야 하지만, 어느 정도의 부정적 측면은 자연스럽다는 것을 인식하라. 긍정적인 것은 완벽주의를 의미하지 않는다.
- 윤리적 문화를 구축하려면 적절한 행동을 보여주는 가시적인 롤 모델이 되고, 윤리적인 기대를 전달하며, 윤리 교육을 제공하고, 윤리적인 행동을 보상하고 비윤리적 행동에 대해 처벌하며, 내부고발자를 보호하라.
- 혁신적인 문화를 구축하려면 혁신을 육성하는 구조와 맥락을 중점에 두고, 리더가 다른 사람에게 그들의 아이디어를 전파하게 하여 구성원이 따라할 수 있게 하라.
- 조직적 변화를 촉진하는 과정은 극도로 어렵고 실패가능성이 높다는 것을 인식하라. 그러나 그 노력이 가치가 없다는 것은 아니다.
- 변화하려는 내용의 성격에 따라 조직 개발 분야에서 제공되는 변화 촉진의 다양한 매커니즘과 도구가 존재한다.

조직 변화 관리 노력은 가치가 없다

찬성 의견

조직 변화의 실패율은 대략 70%로 추정되기에 조직 변화 관리는 소용이 없는 것이 명확하다. 변화를 겪은 조직의 직원을 대상으로 한 설문조사 결과로 소수의 응답자만이 조직의 변화 노력이 성과를 향상시키거나 지속적인 개선을 이루어 냈다고 생각한다.

연구결과는 개인이 현 상태를 유지하고자 하는 부정적 경향을 지니고 있다는 것을 밝혔다. 예를 들어 누군가에게 이길 확률과 질 확률이 동등한 베팅을 제안할 때, 일반적인 사람은 잠재적 손실의 2배에 이르는 수익을 보장받기 전에는 베팅을 받아들이지 않는다. 따라서 손실을 피하는 것을 선호하는 경향으로 인해 개인은 변화보다는 현상 유지를 선호하게 된다. 조직 내에 변화에 저항하는 수천 명의 개인이 있는 경우에 이와 같은 위험회피행동은 더욱 복잡해진다.

조직행동전문가 케네스 톰슨(Kenneth Thompson)과 프레드 루탄스(Fred Luthans)가 말한 것처럼 조직 변화에 대한 개인의 반응은 극단적이고 즉각적일 수 있다. 따라서 새로운 조직을 시작하는 것이 기존 조직을 변화시키려는 것보다 쉬울 수도 있다. 오랜 기간 동안 조직 내에서 변화를 만들려는 사람은 조직 변화를 선형적이고 순차적인 과정으로 간주했다. 그러나 조직 변화는 종종 비선형적이며 변화를 관리하려는 사람과 극적인 변화를 강요받는 직원에게 혼돈을 준다.

반대 의견

조직 변화가 너무 어렵다는 변명에 더 이상 기대지 말아야 한다. 물론 성공보다 실패를 기대하는 것이 편향이며, 이러한 편견은 뇌에 이미 프로그래밍되어 있다. 결과적으로 개인은 성공적인 결과를 얻는 경우는 매우 드물다고 인식하며, 바람직하지 않은 결과가 나온 것을 변화가 불가능하다는 증거로 여긴다. 그러나 조직 변화가 불가능하다는 것은 사실이 아니다. 대신에 개인이 효과적인 조직 변화를 촉진하기 위해 취할 수 있는 단계가 있다.

조직 내에서의 성공적인 변화는 종종 비교적 유사한 목적을 공유하면서도 연결이 느슨한 소규모 그룹에서 시작된다. 리더는 공유된 목적에 대한 지원와 목소리를 제공할 수 있지만, 변화의 가치에 대해 다른 사람에게 전달하는 것은 단순히 최상위의 노력만으로는 부족하다. 예를 들어, 웨스 제약회사(Wyeth Pharmaceuticals)가 근본적인 변화인 유연한 제조 관행을 실행하려고 시작했을 때는 단지 몇몇 공장의 소수 그룹으로 시작했다. 이후 점차적으로 이러한 실행 방식이 다수의 공장에서 수천 명의 직원에 의해 성공적으로 구현되었고 그 결과 25%의 비용 감축이 가능했다. 개인의 사고 방식을 형성하는 것은 조직 변화의 성공에 상당한 영향을 미친다. 시카고대학 연구자는 대다수 개인이 약간의 노력으로 개선될 수 있다는 간단한 아이디어를 상기시키면 부정적인 변화보다 긍정적인 변화를 더 빨리 인식한다는 것을 발견했다. 리더가 직원에게 변화가 높은 성공 확률을 가질 수 있다는 간단한 아이디어를 제시한다면 직원은 변화에 대해 부정적인 편견을 넘어설 수 있을 것이다.

조직 변화는 매우 어렵고 상당한 노력을 필요로 한다. 그러나 올바른 전략을 사용한다면 조직 변화에 성공할 수 있다. 조직 변화는 기업의 성공과 성장을 가져올 수 있다. 변화 관리를 통해 구성원이 조직 변화에 대해 이해하고 수용하며 변화 과정에서 효과적으로 일할 수 있다면 조직 변화 관리 노력은 해볼 만한 가치가 있는 일이다.[270]

16장 종합 점검

복습 질문

16-1 조직 문화란 무엇이고, 공통적인 특성은 무엇인가?

16-2 조직 문화는 구성원에게 어떻게 전파되는가?

16-3 조직 문화를 형성하고 유지시키는 요인은 무엇인가?

16-4 조직 문화의 순기능과 역기능은 무엇인가?

16-5 긍정적 조직 문화, 윤리적 조직 문화, 혁신적 조직 문화의 유사점과 차이점은 무엇인가?

16-6 조직 내외의 변화는 어떻게 작용하는가?

16-7 조직 변경을 관리하는 주요 접근 방식은 무엇인가?

입사 지원과 취업 역량

이 장에서는 조직 문화와 변화에 대해 소개했으며 이 둘은 모두 매우 중요하다. 여러 측면에서 나쁜 조직 문화는 조직에게 결정적인 역할을 할 수 있다. 조직 문화는 이제 조직에게 매우 중요한 것으로 간주된다. 조직 문화와 그 작동 방식에 대해 배움으로써 여러 가지 문화에 적응할 수 있고, 리더십 자리에 있을 경우에 긍정적인 조직 문화를 조성하며, 면접을 보는 회사의 가치에 맞는 적합성을 드러내는 방식으로 취업 역량을 증진시킬 수 있다. 또한 조직 문화의 부정적인 측면을 검토하고 부정적인 조직 문화를 가진 조직에서 일하거나 지원하는 경우에 문제가 될 만한 상황을 어떻게 피할 수 있는지 알 수 있었다. 조직 문화는 조직의 창립자에 의해 조직에 뿌리깊게 박혀 있어 변화가 어렵고, 이를 의도적으로 변화시키려는 노력은 매우 지난하고 어려운 과정임을 배웠다. 그럼에도 불구하고 이 장에서는 적극적으로 조직 변화 관리를 하기 위해 많은 전략에 대해 논의했고, 이러한 방법이 항상 성공을 보장하지는 않더라도 조직 변화를 적극적으로 관리할 수 있는 역량을 향상했다. 이 장에서는 조직 문화의 지속성을 평가하고 은행 업계의 문화차이를 구분하고, 조직 변화 관리가 노력을 들일 가치가 있는 일인지 논의하고, ESG 투자의 이점을 고려함으로써 비판적 사고, 창의성, 사회적 책임, 리더십 기술을 향상했다. 다음 절에서는 자신만의 조직 문화를 설계하고, 리더로서 독성적인 문화를 어떻게 변화시킬 수 있는지 고려하며, 능동적인 문화의 장단점을 고민하며 비판적 사고와 창의성 기술과 경력 관리 기술을 향상하고자 한다.

실전 연습 문화설계자

3~4명씩 그룹을 만들고, 각 그룹은 새로운 조직의 창립자가 된다. 각 그룹의 구성원은 이 장에서 배운 내용을 바탕으로 하여 새로운 회사의 효과적인 조직 문화를 설계해야 한다. 각 그룹은 새로운 문화에 대해 다음 정보를 제공하고 이에 대한 정당성을 설명해야 한다.

조직의 이름
제공되는 제품 또는 서비스
창립 멤버
미션선언문 또는 비전선언문
조직을 이끄는 세 가지 주요 가치
조직 내에서 비즈니스 진행을 지도하는 다섯 가지 핵심 신념
조직의 비전을 실현하거나 가치를 강화하는 조직 정책, 실천, 절차 중 세 가지 예
조직의 미션 또는 가치를 대표하는 하나 이상의 물질적 상징 또는 상징(로고, 의류 설명, 언어 또는 용어 사용 등) 중 하나 이상

질문

16-8 문화를 설계할 때 이러한 요소 중 어떤 것에 대한 합의 도달이 어려웠는가? 어떤 종류의 불일치가 발생했으며, 이러한 문제를 어떻게 해결했는가?

16-9 이러한 문화적 기반이 의도한 조직 문화를 만들어 낼 것이라고 생각하는가? 그 이유는 무엇이며, 그렇지 않다면 왜 그렇게 생각하는가? 어떤 종류의 변화, 장애물, 다른 사건이 문화를 변화시키거나 의도하지 않은 방향으로 이끌 수 있다고 생각하는가?

16-10 새로운 직원이 조직 문화에 가장 잘 적응할 수 있게 어떤 구체적인 사회화 실천 방법을 사용할 수 있는가?

윤리적 딜레마 독성 문화

어느 날 아침, 당신은 직장에 도착하여 사무실이 소방차로 둘러싸여 있는 것을 발견했다. 사실을 알고보니 직원 중 1명이 불을 냈던 것으로 밝혀졌다. 며칠 전에 회사는 창고와 트럭 운영 부문을 폐쇄하고 해당 기능 부문을 페덱스(FedEx)에 외주할 것이라는 발표를 한 바 있다. 이 소식은 구성원에게 잘 수용되지 않았다. 그러나 불행히도 이 사건은 더 큰 문제의 시작에 불과했다.

신임 CEO로서 당신은 이러한 독성 문화를 근절하기로 결심했다. 조직 내에는 신뢰 부족 현상, 부정적인 직무 태도, 협력에 대한 반발이 만연했다. 이 문제는 대주주인 소유주로부터 시작된 것인데, 그는 조직 내에서 공식적으로는 아무 지위도 없지만 회사에 깊이 관여하고 있으며 두려움의 문화를 만들어내고 있었다. 직원은 그를 두려워하고, 그는 그러한 상황을 원하고 있었다. 심지어 그와의 이메일 교환에서도 그는 공격적이고 비인격적인 방식을 드러냈다.

6개월 후, 당신은 대주주의 소유분을 모두 매수할 수 있었으나 이것은 단지 첫 단계에 불과하다는 것을 알고 있었다. 캘리포니아 본사에서 회사의 상위 30명 직원과 회의를 했다. 당신의 지원을 기반으로 이들 직원은 익명으로 답변가능한 문화설문조사를 작성하고 그 결과를 바탕으로 새로운 미션선언문과 회사의 핵심가치를 구성했다. 이렇게 작성된 미션선언문과 핵심가치를 조직 전체에

알리기 위해 시간을 들였으나, 이후 몇 달 동안 아무런 변화가 없었다. 회사에서 오랜시간 일해왔던 일부 직원은 이러한 변화를 강요받을 필요가 없다고 생각했다.

보다 급박한 변화가 필요하다고 생각한 당신은 회사 본사를 캘리포니아에서 콜로라도로 이전했다. 당신과 대부분의 임원은 콜로라도에 살았기에 이러한 이전은 합리적인 선택이었다. 캘리포니아를 떠난다는 것은 독성 문화를 근절하는 데 방해가 되는 직원을 멀리할 수 있기도 했다. 당신과 임원은 각각 직원을 역량과 문화적 적합성에 대해 평가했다. 사람은 문화적 영향에 긍정적인 영향, 중립적인 영향, 악영향을 주는 사람으로 구분되었다. 문화적으로 악영향을 주는 직원은 역량에 관계없이 본사 이주시 같이 이동하지 않기로 했다. 이들 중 상당수는 조직에 오래 근무하며 부정적이고 독성적인 문화에 깊이 물들어 있었다. 이러한 이동은 쉽지도 않고 비용도 들었지만, 당신과 경영진을 이러한 주요한 변화가 필요하다고 확신했다. 문화적으로 악영향을 주는 사람을 제거함으로써 더 긍정적이고 협력적인 문화가 조성될 가능성이 커질 것이다.

질문

16-11 독성 문화를 해체하는 이 접근 방식에 동의하는가?

16-12 CEO로서 더 긍정적이고 협력적인 문화를 육성하기 위해 취해야 할 다른 조치에는 무엇이 있는가?

16-13 이러한 독성 문화가 자리잡는 것을 어떻게 예방할 수 있는가?[271]

사례 삽화 두려움의 문화

스포츠다이렉트(Sports Direct)의 점포는 영국의 거의 모든 마을에 있다. 1982년 마이크 애슐리(Mike Ashley)가 설립한 이 회사는 465개 점포에 직원이 약 2만 9,000명인 영국 최대의 스포츠용품 소매업체로 성장했다. 그러나 많은 보고서, 특히 2015년에 발간된 《가디언》의 보고서는 이 회사의 여러 업무 제도에 의구심을 나타냈다. 스포츠다이렉트가 성장한 배경에는 두려움에 기반한 조직문화가 있는 것으로 추정된다.

더비셔(Derbyshire)의 물류센터에 위장 취업한 《가디언》 기자는 공공주소 시스템과 보안검색을 통해 더 빨리 일하도록 유도된다는 것을 발견했다. 그중에서도 가장 짜증나는 것은 '육진 아웃'이라는 경고 시스템이다. 직원은 다양한 이유로 경고를 받는다. 업무에서 실수를 하거나, 화장실에 오래 있거나, 병가기간이 길어도 경고를 받게 된다. 6개월 동안 경고를 여섯 번 받으면 고용계약이 해지될 수 있다

2016년 영국 의회 위원회는 《가디언》 등의 정보원으로부터 제공받은 자료를 바탕으로 조사에 들어갔다. 이들은 스포츠다이렉트의 성공이 직원을 존중하지 않는 문화에 기반했음을 밝혔다. 물론 직원을 잘못 대우한 회사가 많지만 스포츠다이렉트는 특히 이러한 착취의 가장 나쁜 사례라고 밝혔다.

'육진 아웃' 제도의 증거를 수집하는 과정에서 위원회는 노조관계자로부터 병가로 경고를 받을까 두려워 아픈 몸을 이끌고 출근하는 직원이 있다는 이야기를 들었다. 몹시 아픈데도 출근하는 것은 건강과 안전에 심각한 위협을 줄 수 있는 행동이다. 2013년 1월 1일부터 2016년 4월 19일 사이에 해당 물류센터에서 총 110건의 응급환자가 발생했다. 이들 중에는 화장실에서 출산한 임산부를 포함하여 50건이 생명을 다투는 위험한 환자였다. 종종 회사의 독단적 재량으로 경고를 주곤 했지만 개별 계약으로 근무하는 근로자는 자신의 향후 계약 업무량이 줄어들 것을 우려하여 이의를 제기하기 어려웠다고 위원회는 밝혔다.

이처럼 엄격한 통제 제도는 해당 조직의 강한 조직 문화를 암시한다. 그러나 이 사례가 해당 물류센터에서만 발생한 하위문화인지, 회사 전체에 퍼져 있는 지배적인 문화인지는 정확히 가늠하기 어렵다. 다만 직원의 건강과 웰빙에 영향을 미치는 부정적인 직장 분위기가 해당 물류센터에 존재했던 것은 분명하다. 위원회가 열린 후 마이크 애슐리는 육진 아웃 제도를 포함하여 직장 내 괴롭힘과 물리적 위협 등을 조사하는 것에 동의했다. 그는 설립자로서 조직문화의 변화를 이끌어야만 한다. 약 1년 후 분명한 변화가 감지되었다. 스포츠다이렉트는 직원 웰빙서비스와 의견 수렴 그룹을 만들고 이사회에 직원 대표를 참석시켰다.[272]

질문

16-14 스포츠다이렉트의 문화를 어떻게 묘사할 수 있는가? 이러한 문화는 회사에 어떠한 부담을 줄 수 있는가?

16-15 이러한 사례는 스포트다이렉트가 지닌 조직 문화의 여섯 가지 특징에 대해 어떤 점을 시사하는가?

16-16 많은 점포와 직원을 거느린 상황에서 어떻게 이 회사의 조직 문화를 바꿀 수 있겠는가? 누가 어떤 조치를 취해야 한다고 생각하는가?

17 인적 자원 관리 정책과 관행

출처: Gerenme/E+/Getty Images

학습목표

17-1 모집 방법의 가치를 설명할 수 있다.

17-2 1차 선발 방법을 파악할 수 있다.

17-3 효과적인 선발 방법을 확인할 수 있다.

17-4 훈련의 주요 유형을 비교할 수 있다.

17-5 성과 관리 방법을 열거할 수 있다.

17-6 합리적인 조치가 어떻게 접근가능한 직장을 만드는지 논의할 수 있다.

17-7 조직에서 인사 부서의 리더십 역할을 설명할 수 있다.

취업 스킬 매트릭스(ESM)

	미신인가, 과학인가	윤리적 선택	찬성 의견/반대 의견	더 나은 세상을 향해	실전 연습	윤리적 딜레마	사례 삽화
비판적 사고와 창의성	✔	✔	✔	✔	✔	✔	✔
의사소통					✔		
협력				✔	✔	✔	
자기관리	✔						✔
사회적 책임	✔		✔	✔		✔	✔
리더십		✔	✔	✔	✔	✔	
경력관리	✔	✔		✔		✔	

이력서 필요 없음

인력고용 과정은 일반적으로 비용이 많이 들고 시간이 많이 걸린다. 기업은 이력서 처리, 면접 진행, 배경 조사, 약물 검사 등을 위해 각 직원당 약 4,100달러 정도를 지출한다. 동시에 많은 리더는 기업 내에서 더 포용적인 제도를 채택하도록 요구받고 있다. 기존의 고용 관행은 종종 노숙자, 전과자, 재활 회복 중인 개인을 포함한 수백만 명의 잠재적 직원을 제외해왔다. 전통적으로 취업에 장벽을 겪어온 이러한 사람에게 경제적 기회를 창출하면서도 조직이 원하는 특정 인력에 대한 니즈를 충족시킬 수 있는 해결책은 없는 것인가?

1982년에 개업한 뉴욕 용커스의 그레이스톤베이커리(Greyston Bakery)는 '열린 고용' 전략을 성공적으로 사용해왔다. 이 회사는 벤앤제리와 홀푸드마켓(Ben & Jerry's and Whole Foods Market)의 고객을 위해 수백만 파운드의 베이킹 제품을 생산하면서 남서부 용커스 지역 사회에 경제적 혜택을 돌려주고 있다. 열린 고용 방식은 베이커리에서 일하고 싶다고 지원한 사람의 목록을 바탕으로 순서대로 일자리를 제공하는 것이다. 이 과정에서 개인의 배경 조사, 약물 검사, 취업 면접, 이력서는 전혀 필요하지 않다. 따라서 그레이스톤은 사실상 고용 비용이 거의 들지 않는 셈이다. 대신에 회사는 각 신입직원 한 명당 약 1,900달러 정도의 비용을 들여 하드스킬과 소프트스킬 교육에 투자한다. 이러한 고용 전략을 성공적으로 수행하는 데 있어서 중요한 것은 사실 조직이 제공하고 있는 다른 서비스다. 그레이스톤은 직원이 성공하기 위해서는 일 외적으로도 다양한 요인이 작용한다는 것을 잘 알고 있다. 그레이스톤 베이커리는 직원이 건강보험, 주택, 어린이 돌봄, 교통 수단을 찾는 데 필요한 자원을 연결해줌으로써 그들이 직장에서 최대한 성공할 수 있도록 보장한다. 그레이스톤에 따르면 이러한 모델을 통해 지역 경제에 연간 700만 달러 상당의 혜택이 돌아간다. 이는 공공 지원 절감, 증가한 세금 수입, 감소한 수감 비용 등에서 나오는 것이다.

그레이스톤베이커리는 여기서 멈추지 않았다. 그레이스톤베이커리는 '열린 채용'을 시행하고 싶어하는 다른 기업을 지원하기 위해 노력하고 있으며, 이를 위해 그레이스톤의 '열린 채용 센터'를 운영하고 있다. 세계적 화장품 회사인 더바디샵을 포함한 6개 기업이 이러한 채용 모델을 성공적으로 도입하고 있다.

그레이스톤베이커리처럼 열린 채용을 모든 조직에서 동일한 정도로 적용하는 것은 사실 불가능할 수 있지만, 그 중 일부 요소만을 적용하는 것은 좀 더 실현가능성이 있는 이야기이다. 일부 리더는 이러한 시스템에서 발생할 수 있는 책임 소재 관련 우려를 지닐 수도 있지만, 그레이스톤베이커리는 나름대로 직원에 대해 엄격한 기준을 적용하고 있다. 그레이스톤 매니저에 따르면 성과 문제는 종종 직원의 현재 상황에서 발생하는 것이며 그들의 과거 때문이 아니다. 이 회사의 채용 모델은 이러한 잠재적인 문제가 직원의 성과에 방해가 되는 것을 방지할 수 있다는 것을 입증했다. 열린 채용은 모든 기업에게 꼭 필요한 것은 아닐 수 있어도, 조직이 직면한 많은 문제에 대해 영향력 있고 실용적이며 수익성 있는 해결책이 될 수 있다.[1]

HR 시스템과 관행(예: 직원 모집, 선발, 교육, 성과 관리) 같은 정책은 조직 내에서 사람의 행동에 영향을 미치고 궁극적으로 조직의 효율성에 영향을 준다.[2] 조직행동에서 HR 시스템과 관행에 대해 왜 관심을 가져야 하는가? 답은 인사 관리와 조직행동이 서로 분리할 수 없이 연결되어 있기 때문이다. 인사 관리 시스템과 관행은 관리자와 직원의 행동에 영향을 미치고 또 그 반대 방향의 영향력도 있다.[3] 이 순환은 결코 끝나지 않는다. 웨스제약(Wyeth Pharmaceuticals)과 웨그만스 푸드마켓(Wegmans Food Markets)의 전 HR 컨설턴트인 수잔 루카스(Suzanne Lucas, 필명 'Evil HR Lady')는 "HR 문제는 영원히 끝나지 않는다. '나는 할 일을 다 했어. 모든 직원이 행복해. 모든 정책과 절차가 준수되고 있어. 모든 관리자가 적절한 교육을 받았어. 모두가 아름답게 지내고 있어'라 말할 수 있는 날은 절대로 오지 않을 것이다"라고 말한다.[4] 관리자로서 또는 직원으로서 무엇을 할 수 있는지 알아보기 위해 조직 내 HR 시스템과 행동을 탐색해 볼 이유는 무궁무진하다. 우선 모집 기능부터 시작하여 중요한 HR 시스템(예: 모집, 선발, 교육, 성과 관리)과 이러한 시스템이 OB에 미치는 영향에 대해 논의해보자.

모집

17-1 모집 방법의 가치를 설명할 수 있다.

HR 시스템의 첫 출발점은 모집으로,[5] 이는 바로 다음 단계인 선발로 이어진다. 조직은 모집에 상당한 비용을 지불한다. 평균적으로 조직은 고용당 약 4,425달러(임원 고용은 인당 14,936달러)를 지출한다.[6] 이 비용은 평균적으로 전체 HR 예산의 대략 15%를 차지한다.[7] 모집 단계를 통해 훌륭한 지원자를 유인해야만 그 다음 단계에서 좋은 지원자를 선발할 수 있다.[8] 사실 지난 세기 동안 연구자들은 인재가 조직으로 유입되는 과정인 모집과 선발이 HR 관리자에게 직면한 '가장 중요한 문제'라 지적해왔다.[9] 모집은 OB에 매우 중요하며 구직자, 지원자, 인사 담당자, 직원, 관리자가 이 과정에서 어떻게 행동하는지가 결국 지원자가 취직 제안을 수락하거나 우수한 직원을 놓치고 마는 차이를 만들 수 있다.

지원자 유인

이 '가장 중요한 문제'를 해결하기 위해 많은 조직은 전략적 모집을 중요하게 실행해왔다. 이러한 전략적 모집은 많은 기업의 초석이고, 모집 방식은 기업의 장기적인 목표에 따라 결정된다.

모집 과정의 가장 좋은 시스템은 회사와 업무에 대해 잘 아는 지원자의 지원을 유도하는 방식이다.[10] 이러한 지원자는 역량과 직무의 요구가 잘 맞기 때문에 만족도가 높다. 따라서 OB 연구에서 모집 결과로 가장 주요한 관심사는 **지원자 유인**(applicant attraction), 즉 개인이 조직에 얼마나 끌리고 그 조직에 구직 지원서를 제출할 의향이 있는지 그리고 만약 취업 제안을 받는다면 이를 수락할 의향이 있는지를 나타내는 정도다.[11]

지원자 유인 개인이 조직에 끌리며 해당 조직에 지원하고, 일자리 제안을 받으면 수용할 의향이 있는 정도

일부 개인의 성격 특성(예: 외향성과 성실성)이 일반적으로 매력도를 나타내는 선행요인이긴 하지만,[12] 지원자 유인은 주로 직무와 조직의 특성(예: 급여, 평판 등), 구직자와 조직 간의 인지된 적합성, 그들이 느낀 채용자의 인상, 채용 프로세스의 공정성(예: 적시 응답), 지원 후 일자리를 얻을 경우의 성공 여부에 의해 결정된다.[13] 이러한 특성 중에서 인지된 적합성과 인상이 모집 프로세스 초기에 가장 중요한 것으로 보인다.[14] 또한 물질적인 상징물(예: 로고, 이미지, 소셜미디어 존재 등, 16장을 참조)도 중요한 역할을 한다. 이러한 상징은 조직의 가치(예: 기업의 사회적 책임, 혁신)를 상징적으로 나타내며 구직자의 공감을 이끌어낼 수도 아닐 수도 있다.[15] 이로 인해 기업 인재영입과 관리 전문가는 이러한 조직에 대한 인상을 관리하려고 노력한다.[16] 그러나 지원자 유인에는 어두운 면도 있다. 모호한 직무 요건 제시는 지원자가 일자리의 성격에 대해 잘못된 생각을 가지게 하고 구직자로 하여금 본인이 채용되거나 더 높은 급여를 받을 자격이 있다고 느끼게 할 수 있다.[17] 인사(HR) 전문가는 이러한 오해를 피하기 위해 어떠한 사람을 찾고 있는지에 대해 명확하고 구체적으로 소통해야 한다.

추천 채용의 보편성

OB 조사결과에 따르면 대부분의 채용담당자와 채용담당 HR 전문가는 그들의 전문 네트워크를 통해 지원자를 모집한다(61%). 많은 조직이 이 **추천 채용**(referral hiring)을 적극적으로 장려하는데 이는 채용 담당자가 그 이전 경험에 따라 해당 개인을 고용하거나 추천자(예: 이전 동료, 대학 친구)의 추천을 토대로 결정하는 경우에 해당한다. 직원은 자격이 있는 지원자를 회사로 데려오면 '보너스'를 지급받거나 자신의 평판을 강화하고, '아무도 모르는' 사람을 고용하는 위험을 줄일 뿐 아니라 네트워크 내의 사람들 간의 관계를 강화하기 위한 방법으로 다른 사람을 추천하기를 원한다. 이렇게 추천된 구직자는 종종 유리한 위치에 있는데, 이는 그들이 가지고 있는 강한 사회적 관계와 추천자의 평판이 채용 결정에 영향을 미치고 특권적인 정보에 접근할 수 있게 하기 때문이다. 또한 일단 채용이 이루어지면, 그들의 기존 관계로 인해 취업 후 적응하는 온보딩 과정이 더 쉬워진다. 왜냐하면 고용 관리자와 입사자 사이의 사회적 유대 관계가 이미 존재하기 때문이다.[18]

추천 채용 채용 매니저가 이전 개인 경험에 따라 작업 구직자를 고용하거나 추천인(예: 이전 동료)의 추천에 따라 결정하는 경우

많은 사람이 추천 채용을 사용하지만, 꼭 이 제도를 사용해야 하는가? 이 제도의 유용성을 검증하는 연구가 최근 진행되고 있다. 추천 채용이 직장을 더 **풍부하게** 만든다고 제안하는 관점도 있다. 자신의 친구와 네트워크 내의 지인을 자신의 회사에서 일하도록 추천하는 콜센터 직원의 경우에 그렇지 않은 직원보다 더 오래 일하고 성과가 더 좋다는 것이다.[19] 그러나 다른 직원의 관점도 상당히 중요하다. 예를 들어 많은 권력을 가진 추천자는 종종 다른 직원에게 이기적이고 권력을 추구하는 것으로 여겨진다(13장을 참조). 이러한 상황에서는 권력이 별로 없는 추천자의 경우에 비해 조직구성원이 권력이 많은 추천자와 구직자를 더 엄격하게 평가하고 최종 고용 결정을 덜 지지할 가능성이 높다.[20]

채용담당자의 역할

기업은 점차 외부 채용대행 업체를 배제하고 자사의 임원과 인사 전문가에게 인재 검색을 의뢰하는 경향이 늘고 있다.[21] OB POLL에 따르면 기업 중 49%는 외부 채용대행 업체를 사용하며, 28%는 자사내부 채용담당자를 사용하여 경영진과 관리자급 인재를 고용한다.[22] 그러나 비임원직 인재에 대해서는 반대의 경향이 나타난다. 89%의 기업은 자사내부 인력을 사용하여 인재채용 계획을 진행한다.[23] 조직이 지속적으로 채용하기 위해 많은 지원자를 유치해야 하는 경우에 특별한 채용담당자 자리를 고려할 수 있다. 일반적으로 특별한 채용담당자는 다른 책임을 가진 인사 전문가보다 2.7배 더 많은 **채용 요청**(즉, 공석인 자리)을 처리할 수 있다.[24] 실제로 78,000명 이상의 구직자에 대한 연구는 채용 담당자의 역할이 초기 경력 단계에 있는 잠재 지원자(예: 학생)에게 연락하여 풍부한 정보를 제공하는 데 매우 중요하다는 것을 입증하고 있다.[25]

가장 효과적인 채용담당자(내부 또는 외부)는 직무에 대해 잘 알고 잠재적인 지원자와 효율적으로 의사소통하며 지원자를 고려하고 존중한다.[26] 또한 내부 채용담당자는 공정하고 정의로운 채용 관행을 사용해야 한다. 왜냐하면 공정성 인식은 구직 제안 수락과 관련이 있기 때문이다.[27] 채용담당자는 또한 채용지원서를 유치하기 위해 인터넷 채용 게시판과 소셜미디어를 포함한 다양한 온라인 도구를 사용한다. 온라인 채용 방식을 사용한 후 지원서의 수는 기하급수적으로 증가했지만, 최상의 온라인 채용 방식을 가려내는 과정은 아직 개발 중에 있다.[28] 소셜네트워킹서비스(SNS)는 많은 연결을 촉진했다. 일부 조직은 게임으로 위장한 온라인 프로그래밍 대회와 같이 독특한 방법을 개척하고 있으며, 이를 통해 최고의 기술력을 가진 개인을 가려내 채용에 지원할 가능성이 있는 지원자를 유치하는 데 성공하고 있다. 이러한 방식의 경진대회는 전 세계를 대상으로 지원자를 채용하는 데 성공적이었다.[29]

마지막으로 채용 관리자와 면접관이 지원자에 관해 편견에 영향을 받을 수 있는 것처럼, 채용담당자의 지원자에 대한 인식에도 편견이 들어갈 수 있다는 점을 인식하는 것이 중요하다. 예를 들어 채용담당자는 여성 구직자에게 리더십 직책에 대한 정보를 남성보다 적게 제공하며, 그들과 상호작용할 때 더 불안한 느낌을 받는 경향이 있다.[30] 더구나 소수민족 집단에서 온 구직자는 전체적으로 더 적은 채용 자료 정보를 받았다고 보고하며, 이는 특정 직책에 대해 다른 구직자보다 덜 매력적으로 느끼게 하는 요인이 되고 채용 과정 자체에서 더 불리하게 평가될 수 있다.[31] 대신에 채용담당자는 다양한 사람과 상호작용하고 다양한 필요를 충족시키기 위해 노력해야 하며(특히 문화 간 상황에서),[32] 모든 잠재적 구직자에게 채용 자료에 동등한 접근을 제공하고,[33] 채용을 통해 조직 자체의 다양성 관리 노력을 표시할 수 있는 기회로 활용해야 한다.[34] 이것은 양방향으로 작용한다는 점을 명심해야 한다.[35] 채용담당자의 편견에 찬 행동으로 인해 소수집단의 구직자가 부정적인 경험을 하게 된다면, 그들이 자신의 재능을 다른 회사(예: 경쟁사)[36]로 옮겨 활용할 뿐 아니라 자신의 부정적 경험을 다른 사람에게 알릴 수도 있다.[37]

현실적 직무 소개

현실적 직무 소개 고용된 경우에 구직자가 실제로 일하게 될 내용을 보여주기 위해 제공되는 직무 시험

고용주는 가치를 알리고 구직자를 유인하는 영역을 넘어 실제로 직무를 수행하고 현실적 직무 소개를 하는 채용 방법을 점점 많이 사용하고 있다. 이러한 방법은 때로는 **현실적 직무 소개**

OB POLL 관리자 채용은 어떻게 이루어지는가?*

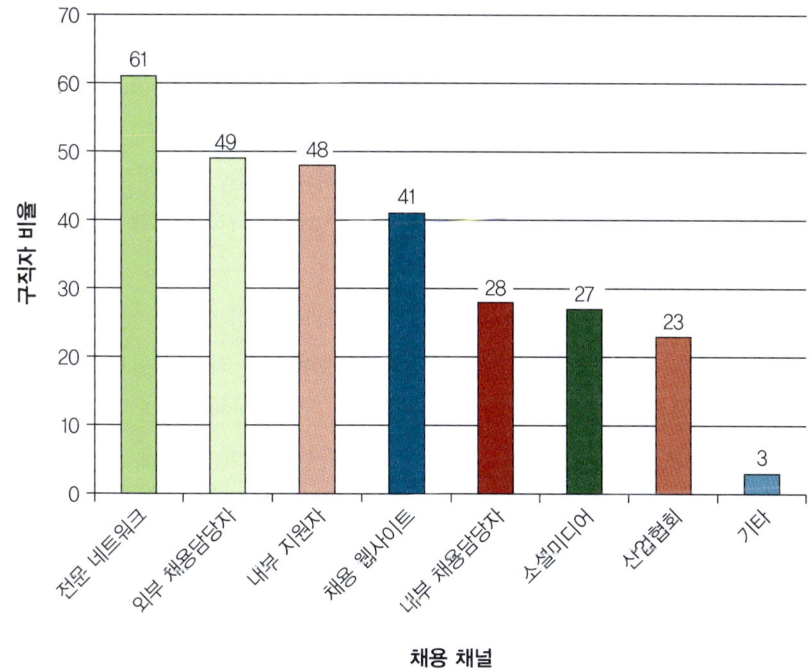

* 참고: 다양한 회사의 1,641명 인사 관리자 조사결과임.

출처: Society for Human Resource Management, *SHRM Customized Talent Acquisition Benchmarking Report* (Alexandria, VA: SHRM, 2017)에 기초함.

(realistic job preview) 또는 직무 시험으로 알려져 있다. 이러한 방식은 구직자에게 취업 후 맡게 될 직무 수행 내용을 보여주기 위해 제공된다. 현실적 직무 소개는 구직자의 기대를 명확하게 하고 관리하는 데 도움이 된다. 예를 들어 SHL(경영 컨설팅과 평가개발 회사)은 고용하는 판매 전문가를 위해 현실적 직무 소개를 제공한다.[38] 잠재 지원자는 심지어 지원서를 작성하기 전에 직무가 자신에게 적합한지 여부를 결정할 수 있다. 전문가는 이것이 회사와 신규직원 모두에게 그들이 어떤 상황에 들어가는 것인지 미리 알게 함으로써 향후 이직률을 감소시키는 데 도움이 된다는 것을 밝혔다.[39]

그러나 현실적 직무 소개에는 구직자의 기대를 관리하고 이직률을 방지하는 것 이상의 '인간적' 요소가 있다. AT&T의 직원 경험 부사장인 멜리사 코윈(Melissa Corwin)은 "(우리는) 들어오는 지원자가 AT&T의 가치와 문화와 여기에서 일하는 경험을 정말로 이해할 수 있게 한다. 우리는 지원자가 AT&T에서 특정 역할과 환경에서 어떤 경험을 얻게 될 것인지 정확하고 포괄적으로 파악할 수 있도록 직무 소개 영상을 제작하고 지속적으로 업데이트하고 있다"라고 말한다.[40] 또한 디럭스(Deluxe)의 인재 영입 부사장인 스테이시 반 미터(Stacy Van Meter)는 현실적 직무 소개를 통해 "모든 후보자가 최종적으로 일자리를 얻었든 그렇지 않았든 간에 자신이 중요하다고 느끼며 채용 경험을 마칠 수 있게 할 수 있다"라고 언급했다.[41]

선발

17-2 1차 선발 방법을 파악할 수 있다.

인적 자본 자원 조직 직원의 집단적인 지식, 기술, 능력, 기타 자원에서 파생된 작업 단위의 능력

가장 중요한 인사 기능 중 하나는 적절한 인재를 고용하는 것이다. 기업이 적절한 인재를 고용하면 인적 자본 자원을 증가시킨다. **인적 자본 자원**(human capital resources)은 직원을 통해 조직이 확보한 능력을 나타낸다.[42] 이 자원은 전문 기술, 집단적 지식, 능력, 조직의 직원을 통해 확보된 기타 자원을 포함한다. 이러한 자원은 리더의 행동을 통해 활성화될 수 있으며(12장 참조),[43] 시간에 따라 개인과 환경 변화에 따라 변화한다(예: 직원이 새로운 기술을 개발하거나 직책 요구사항이 변경됨).[44]

관리자는 어떻게 수많은 구직자, 지원자, 희망자 중에서 적합한 인재를 찾아내는 것인가? 적절한 사람을 식별하는 것, 즉 업무의 요구사항을 충족하며 열린 직책의 필요에 부합하고 회사 문화와 일치하는 사람을 찾는 것이 선발 과정의 목표다. 이 과정에서 업무 요구사항과 개인의 특성(능력, 경험 등)을 매칭한다.[45] 관리자가 개인의 특성에 맞게 자리에 적절히 배치하지 못하면 직원의 성과와 만족도가 둘 다 저하되어 이직 의도가 높아질 수 있다. 이직 비용은 해당 직원 연봉의 최대 두 배까지 이를 수 있을 뿐 아니라 이 직원이 조직의 인적 자본 자원에 기여했던 부분을 잃어버리는 일이다(이 기여분이 경쟁사로 옮겨가는 부분이다).[46] 따라서 조직이 가장 우수한 지원자를 식별하는 효과적인 방법을 갖추게 하는 것은 매우 중요하다.

선발 과정의 작동 방식

도표 17-1은 대부분의 조직에서 선발 과정이 어떻게 작동하는지 보여준다. 구직하기로 결정한 후 지원자는 도표에 표시된 세 단계를 거쳐 언제든지 거절될 수 있다. 실제로 조직은 시간을 절약하거나 희망자를 겁주지 않기 위해 종종 이러한 단계 중 일부를 강조하지 않는(또는 완전히 무시하는) 경우가 있다. 예를 들어 범죄현장 청소원은 높은 수요를 누리며 연간 80,000달러 이상의 수입을 올릴 수 있다. 그러나 그들은 다른 많은 직업에 사용되는 기본 자격 요건(예: 경력 몇 년, 고등교육)을 요구하지 않다.[47] 그럼에도 불구하고 대부분의 조직은 이와 유사한 과정을 따른다. 각 단계에 대해 좀 더 자세히 알아보겠다.

초기 선발

초기 선발 직업의 기본 자격을 충족하는지 여부를 결정하기 위해 초기 지원자를 대략적으로 걸러내는 데 사용되는 방법

초기 선발(initial selection) 방법은 지원자가 직업의 기본 자격을 충족하는지 여부를 결정하기 위해 예비적인 대강의 단계에 사용된다. 지원서, 이력서, 자기소개서는 초기 선발 방법이다. 배경 확인은 조직이 어떻게 다루는지에 따라 초기 선발 방법 또는 조건부 선발 방법 중 하나다. 일부 조직은 지원자의 배경을 즉시 살펴보는 것을 선호한다. 다른 조직은 다른 모든 사항이 확인될 때까지 기다린다.

지원서 양식 직장, 대학, 기타 이유로 지원서를 제출한 경험이 있을 것이다. 지원서 양식에 제출된 정보 자체는 성과를 예측하는 데 크게 도움이 되지 않는다.[48] 그러나 이러한 양식은 직무 책임을 성공적으로 수행하는 데 필요한 정보인 경우에 초기 검토 자료가 될 수 있다. 예를 들어 지원자가 적절한 자격증(예: 교육, 면허)을 갖추지 않았다면 간호사 공석에 대한 면접을 진행하는 것은 의미가 없다.

도표 17-1 조직 내 선발 과정 모형

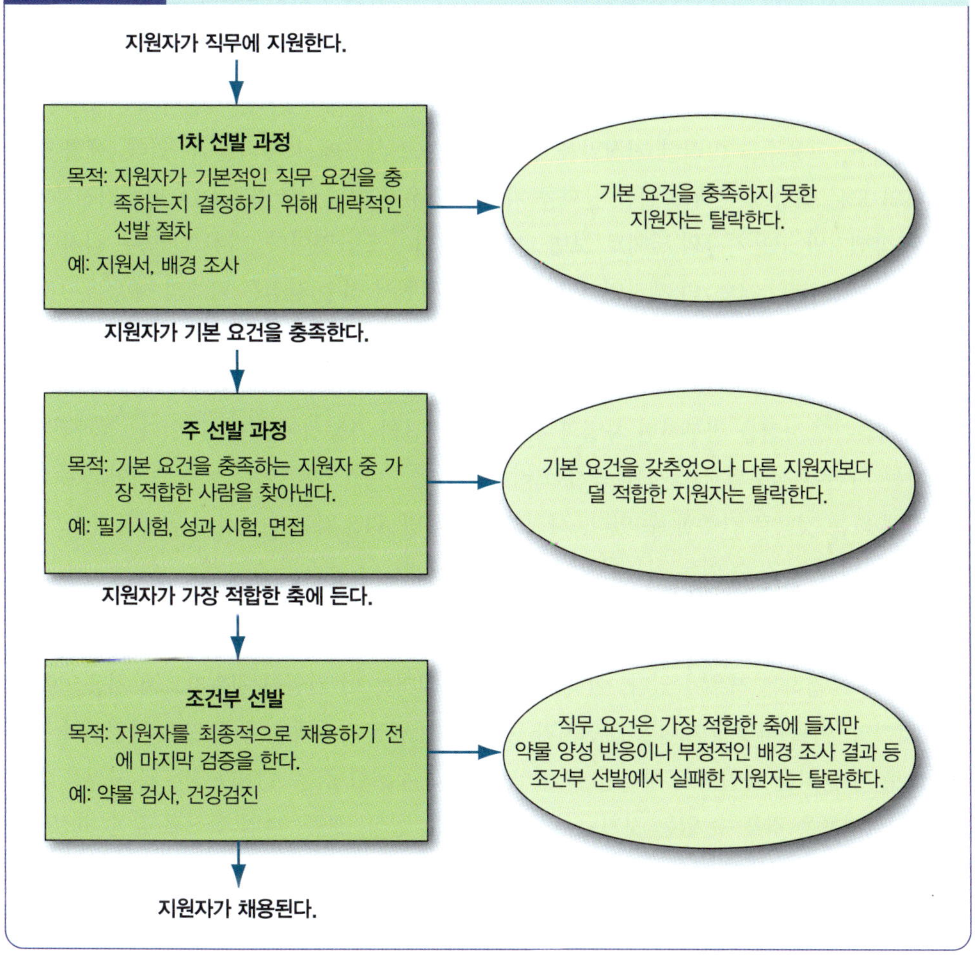

관리자는 지원서에서 묻는 질문에 주의해야 한다. 당연히 보호계층 구성원에 관한 질문(2장 참조)은 금지된다. 그러나 다른 질문도 기업에 법적 위험을 가져올 수 있다. 예를 들어 지원서에서 결혼 여부, 부양 가족, 가족 의무에 관한 질문은 해서는 안 된다. 일반적인 원칙으로 조직은 직무와 관련이 있다고 입증할 수 있는 사적에 대해서만 물어야 한다. 더욱이 법적 문제만을 고려해서는 안 되는 것이 중요한다. 지원자가 불필요하거나 불법적인 질문을 마주할 경우에 그들은 거리감을 느끼고 실망하게 되며 지원서 작성을 중단할 수도 있다.[49] 따라서 조직은 그렇지 않으면 자격이 충분한 지원자를 놓칠 수 있다.

많은 조직이 지원자에게 온라인으로 지원하는 것을 권장한다. 일반적으로 지원자가 지원서를 작성하는 데는 몇 분밖에 걸리지 않는다. 신청서는 채용 결정을 내릴 책임이 있는 사람이 쉽게 접근할 수 있다. 대부분의 조직은[SHRM(인적자원관리협회)에서는 대형 기업의 약 85% 정도라고 추정][50] 웹사이트에 채용 페이지를 가지고 있으며, 잠재적인 직원은 위치 또는 직종별로 직무를 검색한 다음 온라인으로 지원할 수 있다. 기술의 발전으로 많은 인사 부서에서는 지원서를 쉽게 선별하고 있다. 고용주는 **지원자 추적 시스템**(ATS)을 사용할 수도 있다. 이를 통해 초기 지원서를 받아들이고 자동으로 고유한 지원자 기록을 생성할 수 있다. 조직은 이러한 기록을 디지털로 관리하고, 지원자가 선발 과정을 진행함에 따라 내용을 추가할 수 있다.[51]

더 나아가서 고용주는 물리적으로 모든 지원서를 하나하나 살펴보지 않고도 키워드와 자격 기준을 찾아 지원서(와 이력서)를 확인할 수 있다. 그들은 심지어 지원자의 직무 경험을 작업 성과 예측변수로 활용하는 데 기계학습(1장 참조)을 사용할 수도 있다.[52]

지원자인 경우는 온라인 지원서에 무엇을 기입하는지 주의해야 한다. 지원서에 거짓말을 하기는 쉽지만, 고용주도 이러한 거짓말을 쉽게 식별하고 채용에서 제외할 수 있다. 예를 들어 지원서의 모든 직장에 대해 동일한 날짜를 기재한 경우가 있다. 한 명은 CIA 반테러전문가였다고 주장했지만 고용기간의 날짜로 보면 그때는 어린이였을 것이다. 다른 한 명은 심지어 니체(Friedrich Nietzsche)의 제자였다고 주장했다(지원서 접수 시점은 니체의 사망 후 100년이 넘은 시점).[53] 또한 몇몇 사람은 자신의 지원서에 사진을 첨부하는 것이 전문적이며 기회를 높일 것이라고 생각할 수 있지만(일부 고위험 직업의 경우 필수일 수도 있음), 이렇게 하는 것은 좋지 않다.[54] 사진을 첨부하면 차별과 무의식적 편견의 가능성이 열릴 수 있다. 결과적으로 관리자는 사진이 첨부된 신청서를 즉시 고려하지 않을 수 있으며, 이를 비전문적이고 주의를 산만하게 하는 것으로 간주할 수 있다. 사진을 첨부하면 ATS 기록에 오류가 발생할 수도 있다(ATS가 사진을 읽을 수 있는 기능이 없을 수 있음).

이력서와 자기소개서 일부 자리, 주로 관리와 경영진 역할에서는 지원서와 함께 이력서와 자기소개서를 요청하는 경우가 있다. 이력서와 자기소개서는 이 기업이 지원자로서 처음으로 접하는 것이며, 이를 어떻게 제어할 것인지가 중요하다. ATS 시스템은 종종 일반 지원서와 같은 방식으로 이 문서를 확인하고 처리할 수 있다. 그러나 주의할 점은 ATS가 첨부된 사진을 처리하는 데 어려움을 겪을 수 있는 것처럼 ATS 시스템도 형식, 글꼴, 파일 형식과 같은 비전통적인 서식과 문제가 발생할 수 있다.

전통적인 '글로 쓴' 이력서와 자기소개서가 흔하긴 하지만, 일부 구직자는 직업 검색에 사용할 비디오 이력서를 만들어내기 위해 스파크하이어(Spark Hire)와 같은 회사와 협력하고 있다.[55] 이것은 최근 유행이긴 하지만, 많은 고용주가 실제로 이를 잘 받아들이지 않는다는 점에 유의해야 한다. 예를 들어 로버트 하프(Robert Half)의 조사에 따르면 고용 관리자의 3%만이 이를 선호한다는 결과가 나왔다. 그에 반해 압도적인 78%가 더 전통적인 '글로 쓴' 이력서 형식을 선호했다.[56] 게다가 이들은 종종 불리하게 작용한다. 비디오를 통해 구직자의 인상 관리 전략을 파악하기가 더 쉽기 때문에 비디오 이력서를 제출하는 지원자는 다른 사람보다 부정적으로 여겨질 가능성이 높다.[57] 물론 비디오 이력서를 사용하지 않는 주된 이유 중 하나는 지원서와 함께 사진을 제출하는 것처럼 고정관념에 의한 차별의 위험을 피하기 위한 것이다.[58]

이력서와 자기소개서가 초기 선발에 유용할 수 있는가? 이력서와 자기소개서의 문제는 요청된 정보가 지원서의 나머지 부분과 같이 표준화되어 있지 않다는 것이다. 동일한 이력서에 대해 독립적으로 심사한 다수의 평가자가 합의에 이르지 못하는 경우도 있으며, 취업자는 이력서와 자기소개서에서 인상 관리를 하는 경향이 있다(13장 참조).[59] 더구나 이력서와 자기소개서도 다양한 영향을 받을 수 있다(2장 참조, 고용 관리자는 종종 무의식적으로 지원자의 가정에서 민족성을 기반으로 이력서와 자기소개서를 다르게 평가한다(예: 이름, 교육 등을 통해 전달).[60]

배경 조사 적어도 고용주의 96%가 고용 과정 중 어느 시점에서든 어떤 종류의 배경 조사를 실시한다.[61] 배경 조사는 현재 거의 모든 조직에서 보편적으로 실시되고 있으며(기술적 발전 덕분에) 법적 규정 준수, 손실 방지, 평판 보호 등 여러 가지 이유로 수행되지만, 대부분의 조직[전국배경조사협회(NABS) 조사대상인 조직의 86%가 해당]이 주된 이유 하나 때문에 이를 수행한다. 즉, 직원과 고객을 보호하기 위해서다.[62] 그리고 이러한 목표를 달성하고 있다는 것을 시사하는 증거가 있다. 배경 조사 사용자의 56%는 그들의 회사가 이를 통해 더 일관된 안전과 보안을 누리고 있다고 보고했다.[63] 71%의 조직은 배경 조사가 없었다면 지원자에 관한 문제와 정보를 발견하지 못했을 것이라고 말하고 있다.[64]

평판 조사 평판 조사는 배경 조사의 일반적인 형태 중 하나다. 이 과정에서 고용주는 지원자와 함께 일한 사람이나 지원자와 연락이 있었던 사람에게 연락한다. 그러나 문제는 이전 고용주가 유용한 정보를 제공하는 경우가 매우 드물다는 것이다. 실제로 많은 관리자는 전 직원에 대해 나쁜 얘기를 하면 소송의 위험이 있을까봐 참여를 거부하기도 한다(사실 성과가 좋지 않거나 대인적으로 불쾌한 지원자에 대해 좋은 얘기를 하는 것도 소송의 위험이 있다).[65] 미국의 많은 주에서 평판 조사의 진실한 정보를 보호하는 법률을 제정했지만, 대부분의 고용주는 안전하게 행동한다. 결과적으로 역설적인 상황이 벌어진다. 대부분의 고용주는 평판 정보를 원하지만 거의 아무도 그것을 제공하지 않는 것이다. 고용주는 지원자에 대한 더 솔직한 의견을 얻기 위해 지인을 통한 평판 조사를 활용한다. 연구에 따르면 고용 관리자의 30%가 잘못된 정보나 틀린 정보를 발견한다.[66] 일부 조직은 평판 조사 소프트웨어를 활용하여 구직자 주변인에게 10분짜리 설문조사를 보내는 방식으로 이러한 문제를 해결하고 있다. 이러한 새로운 기술은 더 나은(더 객관적인) 정보를 제공할 수 있을 것으로 기대된다.[67]

추천서 추천서는 배경 조사의 매우 흔한 형태 중 하나다. 하지만 추천서도 생각만큼 유용하지는 않다. 예를 들어 학문적 맥락에서는 추천서가 대학원과 의학 학교 성적을 예측하는 데 약한 연관성만을 갖는 경우가 많다.[68] 지원자는 긍정적인 내용을 써줄 만한 추천인을 선택하므로 거의 모든 추천서가 긍정적이다.[69] 결국 추천서를 읽는 사람은 추천서를 무시하거나 숨겨진 의미를 찾기 위해 행간을 읽으려고 한다. 추천서가 후보자에 대해 어떤 '의심을 제기'할 때 이러한 의심은 종종 소수그룹에서 불균형하게 나타나며 이로 인해 다양성, 공정성, 조직 내 영향과 관련된 문제가 발생할 수 있다(2장 참조).

뿐만 아니라 추천서는 누가 쓰느냐에 따라 다르기 때문에 비교하기 거의 불가능하다. 일부 작성자는 개인의 학력에 중점을 둘 수 있으며, 다른 사람은 경력을 중점으로 둘 수 있다. 고전적인 연구 중 하나는 동일한 사람에 대해 각기 다른 추천인이 쓴 추천서는 동일한 추천인이 여러 다른 사람에게 써준 추천서보다 유사성이 낮다는 결과를 보였다.[70]

비공식적인 소셜미디어 '체크' 많은 고용주가 인터넷 검색이나 SNS를 통해 지원자에 대해 알아보기도 한다. 이러한 행위의 법적 정당성에 대한 의문이 제기되기도 하지만, 의심스러운 고용으로 이어질 수 있는 후보자의 과거를 확인하기 위해 많은 고용주가 검색을 포함시킨다는 것은 의심의 여지가 없다. 인터넷에 떠도는 사진은 구직에 불리하게 작용할 수도 있다. 최근 연구에서는 이러한 정보를 바탕으로 한 채용담당자의 평가가 일반적인 선택과 선별 조치(예: 전통적인 성격 조치) 이상으로 직무 성과와 이직률을 예측하지 않았으며, 구직자의 SNS 프로필에는 종종 고용 결정에 부정적인 영향을 미칠 수 있는 정보(예: 보호받는 소수집단 정보, 정치적 소속, 결혼 여부와 같은 비직장 관련 개인정보)가 포함되어 있었다.[71] 이러한 소셜미디어 배경 조사에 대한 연구는 여성과 백인 후보자에 대한 편향된 채용 결정으로 이어질 수 있다는 것을 시사한다.[72]

신용 기록 확인 어떤 기업은 지원자의 신용 기록을 조회하기도 한다. 창구 직원을 채용하는 은행의 경우에 지원자의 신용 기록을 알고 싶어할 것이다. 신용 기록 조회는 비은행권으로도 확대되고 있다. 업무 성과, 조직시민행동(OCB), 성실성(직무 성과 예측 지표, 5장 참조)은 신용 점수와 정비례한다고 밝혔다.[73] 그러나 다른 연구에서 연령과 교육 수준은 신용 점수와 정비례하지만,[74] 소수인종 지위는 신용 점수와 부정적으로 관련이 있는 것으로 나타났다. 따라서 흑인 구직자와 같은 소수집단의 구성원은 신용 점수를 사용한 채용 과정에서 불리하게 영향을 받을 수 있다는 것을 발견했다. 이러한 차별 우려와 사생활 침해 가능성 때문에 신용 기록 조회는 꼭 필요할 때만 활용해야 하며 공정신용보고법(FCRA) 규정을 준수해야 한다.

전과 기록 확인 일부 고용주는 전과 기록을 확인하기도 한다. 현재 미국 성인 중 73,500만 명(약 3명 중 1명)이 전과 기록을 가지고 있다.[75] 전과 기록이 있는 많은 사람은 일자리를 구하기 어렵거나 불가능하며,[76] COVID-19 팬데믹 중에도 많은 서비스 기관이 이로 인해 심각한 직원 부족 상태를 경험했다.[77] 고용기회평등위원회(EEOC), 고용 차별금지 법률을 시행하는 미국 연방기관은 지원자가 단지 배경 조사 결과로 인해 고용 기회를 박탈당해서는 안 된다고 명시하고 있으며, 전문가도 이러한 배경 조사가 부정확할 수 있다고 지적한다.

전과 기록은 업무와 범죄가 직접적인 관련이 있는 경우 또는 연방에서 의무화한 경우에만 채용 거부에 사용될 수 있으며[예: 금융 분야의 직업(관련 직업)이나 TSA 요원(연방 제한 직위)과 같은 경우 횡령범은 제외될 수 있지만 마케팅 분야와 같은 경우는 제외되지 않음],[78] 기소 여부가 아닌 유죄 판결만 고려되어야 하는 등 복잡한 경우가 많다. 따라서 고용주는 부정적인 영향이 덜한 대안적 배경 조사 방식을 고려한다.[79] 어떻게 고용주가 전과 기록 확인의 모호한 성격을 해결할 수 있겠는가? 지원자에게 직접 설명할 기회를 제공하는 것이 가장 좋은 방법일 수 있다(일부 경우에는 법적으로 필요할 수도 있음). 기소 내용을 설명할 기회를 주면 많은 지원자가 인사 담당자의 관점에서 스스로 바로잡을 수 있다. 일부 기업은 범죄 기록이 있는 지원자처럼 신원 조사를 통과하지 못하는 지원자를 일부러 고용하기 위해 노력하기도 하는데,[80] 이러한 조직은 '두 번째 기회'를 중요하게 생각하는 조직 문화를 지니며 근로자 중 다수가 조직과 사회에 가치 있는 기여자가 된다는 점을 보고한다.

실질적 선발과 조건부 선발

17-3 효과적인 선발 방법을 확인할 수 있다.

실질적 선발 기본 자격 요건을 충족하는 지원자 중 가장 자격이 있는 지원자를 선별하는 데 사용되는 방법

지원자가 초기 선발 과정을 통과하면 다음으로 실질적인 선발 과정을 거친다. **실질적 선발**(substantive selection) 방법은 선발 과정의 핵심이며 필기 시험, 성과 시뮬레이션 시험, 면접을 포함한다. 실질적 선발의 목적은 기본 자격을 충족하는 지원자 중에서 가장 자격 있는 지원자를 선정하는 것이다. 이와 함께 실질적 검사를 통과한 후에만 고용 제공 여부가 최종 결정

되는 **조건부 선발**(contingent selection) 방법에 대해서도 논의한다.

조건부 선발 실질적 선발을 통과한 후 최종 고용 제안을 받기 전에 후보자를 최종 검사하는 데 사용되는 방법

필기 시험

오랫동안 인기 있는 선발 도구였던 필기 시험은 미국을 중심으로 1960년대 말에서 1980년대 중반까지 사용량이 감소했다. 이 시험은 종종 차별적이라고 평가되었으며 많은 기관에서 직무 관련성을 인정하지 않았다. 그러나 지난 20년 동안 필기 시험이 재등장했으며, 오늘날 많은 조직은 하나 이상의 시험을 사용하는 것을 고려하고 있다. 미국 인적자원관리협회의 조사에 따르면 수천 개의 대상 조직 중 3분의 1 이상이 채용 절차에서 필기 시험을 사용하고 있다고 보고했다.[81] 관리자는 유효한 시험을 통해 누가 직무에서 성공할지 예측하는 데 도움이 될 수 있다는 것을 인식하고 있다.[82] 그러나 지원자는 보통 필기 시험을 면접이나 성과 시험(이 장 후반부에서 논의함)보다 타당하거나 공정하지 않다고 생각한다.[83] 전형적인 필기 시험에는 ① 지능 또는 인지 능력 검사, ② 성격 검사, ③ 진실성 검사가 포함된다.

지능 또는 인지 능력 검사 지적 능력/인지 능력/지능(이 용어들은 때로 상호교환되는 경우가 있음), 공간지각과 기계 능력, 인지 정확도와 운동 능력(5장 참조)에 대한 검사는 많은 숙련, 반숙련, 숙련되지 않은 작업 업무의 성과를 예측하는 타당한 지표로 검증되었다.[84] 전반적으로 지능 검사는 인지적으로 복잡한 작업(예: 컴퓨터 프로그래밍과 소프트웨어 엔지니어 포함)을 포함하는 업무에 대한 성과 예측변수로 입증되었다. 많은 전문가는 지능 검사가 적어도 미국이나 유럽(EU)에서 다양한 직무에 걸쳐 사용될 수 있는 최고의 선발 척도라고 말한다.[85] 지능 검사는 오랜시간 하나의 인지 역량을 측정하는 것으로 간주되었지만, 최근 연구결과에 따르면 업무 요구에 따라 다른 구체적인 역량을 측정하는 유용한 시험이 될 수 있다.[86] 예를 들어 수학, 언어, 기술 능력을 구분하여 고용 과정에서 사용하면 하나의 전반적인 인지 역량 점수에 의존하는 것보다 업무 성과를 더 잘 예측할 수 있다. 인지 능력 검사가 성과를 예측하는데도 불구하고 미국 인적자원관리협회 조사대상인 기업 중 16%에서 18%밖에 사용하지 않는 이유는 무엇인가?[87] 답은 차별적인 영향력(2장 참조)에 있다. 이 절에서 논의하는 모든 본질적 선택 방법 중에서 인지 능력 검사는 가장 차별적 영향을 미친다.[88]

성격 검사 성격 검사는 저렴하고 간단하게 시행될 수 있기에 매년 그 사용이 증가하고 있다. 미국 인적자원관리협회에 따르면 성격 검사는 임원과 중간 관리자에게 가장 자주 시행되며 개인 근로자와 시급 근로자에게는 더 낮은 비율로 시행된다.[89] 일반적으로 연구자는 성격 검사를 긍정적으로 평가하며, 성실성이나 외향성과 같은 특성이 조직에서의 업무 성과를 예측한다고 언급한다.

그러나 성격 검사에서 지원자가 응답을 조작할 수 있다는 우려가 여전히 남아 있다. 구직 맥락에서 스스로가 노력하는 사람, 동기부여가 높은 사람, 신뢰할 만한 사람이라고 주장하는 것은 아주 쉬운 일이며, 지원자는 자신이 응답을 조작하고 있다는 사실을 인식하지 못할 수도 있다.[90] 스스로에 대해 자기보고한 성격 검사와 관찰자의 대상자에 대한 평가를 비교하면 관찰자 평가가 업무 성과와 기타 행동을 더 잘 예측할 수 있음이 보고되었으며, 이는 고용 관리자가 지원자를 잘 아는 사람에게 부탁하여 구직자에 대한 성격 검사를 작성하게 하는 방법의 유용성을 시사한다.[91]

사르쿠재팬(Sarku Japan) 패스트푸드 레스토랑에서 관리직 자리에 지원하는 직원은 회사의 실질적인 선발 과정의 일환으로 필기 시험을 치러야 한다. 지능, 성실도, 성격, 흥미에 관한 필기 시험은 성공적인 업무 성과를 낼 가능성이 높은 지원자를 예측하는 데 도움이 되는 인기 있는 선발 방법이다.

출처: Michael S. Williamson/The Washington Post/Getty Images

진실성 검사 기업 내의 윤리적 문제가 증가함에 따라 진실성 검사는 인기를 얻고 있다. 이러한 검사는 후보자의 비윤리적 행위 경향성을 평가한다.[92] 부정확한 진실성 측정 방법인 거짓말탐지기(폴리그래프)와 같은 측정에 비해 절도와 같이 비윤리적 행동을 예측하는 강력한 대안으로 제시되었다.[93] 진실성 검사는 잠재적으로 직무 성과를 예측할 수 있으며(감독자가 가능한 객관적으로 측정) 절도, 징계 문제, 과도한 결근의 가능성을 예측할 수 있으며,[94] 차별적 효과는 거의 없이 예측할 수 있다.[95] 다만 사용가능하고 다양한 검사가 직무 성과 결과를 동일하게 잘 예측하는 것은 아니다. 실제로 진실성 검사는 희망하는 것만큼 정확하지 않을 수 있으며, 측정 방법에 따라 쉽게 조작될 수 있으며, 지원자는 특히 잘못 분류되거나 오명을 쓰면서 이러한 검사에 부정적으로 반응할 수 있다.[96] 관리자는 진실성 검사를 신중하게 선택하고 조심스럽게 사용해야 하며, 비즈니스적 필요성이 있는 경우에만 이러한 검사를 사용하고 직무 요구사항(예: 민감한 정보 처리)과 관련하여 이러한 검사의 필요성을 입증해야 한다.

성과 시뮬레이션 시험

지원자가 업무를 성공적으로 수행할 수 있는지를 결정하는 데에 실제 그 업무를 하게 해보는 것보다 더 나은 방법이 있는가? 바로 성과 시뮬레이션 시험의 논리다. 성과 시뮬레이션 시험은 표준화된 검사보다 개발과 관리하기가 더 복잡하지만, 이러한 검사는 일반적으로 최고의 타당성을 가지고 있을 뿐만 아니라(실제 업무를 복제하기 때문에), 높은 안면타당도도 가지고 있다(예: 지원자가 측정 항목을 정확하게 인식하는지 여부). 성과 시뮬레이션은 주로 작업 샘플, 평가 센터, 상황 판단 검사를 통해 구현된다.

작업 샘플 검사 지원자가 일상적으로 수행해야 하는 일의 일부 또는 전체 작업을 실제 해보는 것

작업 샘플 검사 **작업 샘플 검사**(work sample test)는 지원자가 수행해야 하는 업무의 부분 또는 전체 작업을 직접 해보는 것이다. 지원가가 각 작업 샘플 요소별로 보이는 성과는 성과

자체보다는 역량 측정을 목적으로 하는 필기 적성과 성격 검사와는 달리 업무 성과를 보다 구체적으로 측정한다.[97] 작업 샘플은 용접공, 기계공, 목수, 전기기사와 같은 숙련 노동자를 고용하는 데 널리 사용된다. 작업 샘플 검사는 모든 직급의 고용에 점점 더 사용되고 있다.[98] 그러나 작업 샘플 검사는 충실도 수준에서 차이가 있는데, 충실도가 높은 작업 샘플은 작업 자체를 복제하려고 노력한다. 그러나 작업을 재현하는 것이 비현실적이거나 불가능하거나 심지어 위험할 때는 어떻게 해야 하는가? 가상현실 시뮬레이션과 같은 낮은 충실도의 작업 샘플은 작업을 복제하는 데 연관된 위험 없이 유사한 작업 샘플을 제공할 수 있게 한다.[99]

평가 센터 **평가 센터**(assessment center)에서는 일반적으로 후보자의 관리 잠재력을 평가하기 위해 설계된 더 정교한 복잡한 성과 시뮬레이션 검사가 시행된다.[100] 평가 센터에서는 임원, 관리자, 심리학자가 업무 현장에서 지원자가 부딪힐 수 있는 현실적인 문제를 어떻게 해결하는지를 하루에서 며칠에 걸쳐 평가한다.[101] 예를 들어 후보자는 2시간 이내에 바스켓에 들어 있는 10개의 메모에 어떻게 대응할지를 결정해야 하는 관리자의 역할을 수행할 수 있다. 평가 센터는 성과를 예측하기에 좋은 방법이지만 평가가 많은 요인의 영향을 받기 때문에 타당성에 의문이 제기되기도 한다.[102] 예를 들어 평가 센터의 결과는 주어진 검사를 잘 수행하는 데 필요하다고 생각되는 특성을 지원자가 예측해낼 수 있는지, 역할을 수행하는 지원자의 첫인상이나 기실 등의 영향을 받을 수 있는지이다.[103]

평가 센터 지원자의 관리 역량을 검사하기 위해 개발될 시뮬레이션 시험이 진행되는 외부 장소

상황 판단 검사 시뮬레이션 시험의 비용을 줄이기 위해 많은 조직은 **상황 판단 검사**(situational judgment test)를 사용하기 시작했다. 이 검사는 다양한 업무상황에서 어떻게 할 것인지를 지원자에게 질문하고 그 답변을 고성과자의 답과 비교하는 방식이다.[104] 예를 들어 콜센터의 지원자에게 화가 난 고객의 가상상황에 대한 제시문을 읽게 하고, 여러 옵션 중에서 최상의 응답을 선택하게 하는 것이다. 일부 조직에게 상황 판단 검사는 비용적인 측면에서 더 복잡한 작업 샘플이나 평가 센터보다 더 나은 선택이 될 수 있다. 게다가 이러한 검사는 중간 정도의 타당도와 비교적 낮은 차별적 영향을 가지므로 매력적인 실질적 선발 방식이다.[105] 하지만 이러한 검사의 점수는 시험 준비를 도와주는 코칭을 통해 향상시킬 수 있기 때문에, 연구에서는 상황이 감춰지거나 평가에서 제거되어도 지원자가 올바른 답변을 식별할 수 있다는 것이 입증되었다.[106] 다시 말해 이전에 설명한 화가 난 고객상황에서 제시문이 없어도 지원자는 올바른 답안을 선택할 것이다. 이러한 문제는 이러한 검사가 진정한 상황에 대한 판단력을 반영하는지 또는 단지 시험 준비를 잘했는지를 반영하는 것인지 의문을 제기한다.[107]

상황 판단 검사 다양한 업무상황에서 어떻게 할 것인지 지원자에게 질문하고 지원자의 답을 고성과자의 답과 비교하는 방식

면접

전 세계적으로 사용되는 선발 방식 중에 면접은 가장 표준화된 방식이며 그 영향력 또한 매우 크다. 그러나 면접에 지나치게 의존하는 것은 문제가 있다. 왜냐하면 자기홍보와 같은 인상 관리 기법(13장 참조)이 직무와 관련이 없는 경우에도 면접관의 호감에 영향을 줄 수 있기 때문이다.[108] 반면 취업 면접에서 좋은 인상을 주지 못한 지원자는 직무 경험, 시험 점수, 추천서와 관계 없이 탈락할 가능성이 크다. 또한 지원자는 얼굴의 잡티와 같이 사소한 것 때문에 낮은 점수를 받기도 한다.[109]

실제로 대부분의 조직에서는 많은 이유로 면접을 활용한다. 사우스웨스트항공, 디즈니, 뱅

아카디오 크루즈(Arcadio Cruz: 왼쪽)는 로스앤젤레스 오차드하드웨워서플라이(Orchard Hardware Supply) 매장에서 채용 지원자로부터 정보를 수집하기 위해 구조화된 면접 방식을 사용한다. 구조화된 면접에서는 모든 지원자에 대해 객관적이고 표준화된 질문이 제공되며 개방형 응답을 유도한다.

출처: Patrick Fallon/Bloomberg/Getty Images

크오브아메리카, 마이크로소프트, 프록터앤갬블(Procter & Gamble)과 같은 회사는 면접을 사용하여 지원자와 조직의 적합성을 평가한다. 특정 직무 관련 기술을 평가하는 것 외에도 관리자는 조직의 문화와 이미지에 맞는 개인의 성격 특성과 가치관을 찾기 위해 면접을 활용하는 경우가 많다. 일부 회사는 면접을 통해 회사를 홍보하기도 한다. 이러한 방식은 노동시장이 빠듯할 때 필요할 수도 있으나 문제점도 있다. 한 연구에 따르면 면접 과정 중 조직을 홍보하려고 한 면접관은 지원자의 자격 요건을 평가하는 데 초점을 맞추는 면접관에 비해 지원자의 특성을 파악하지 못하고 좋은 지원자를 선발하지 못하는 것으로 밝혀졌다.[110]

비구조화된 면접 짧고 비공식적이며 즉흥적인 질문으로 이루어진 면접

구조화된 면접 직무 관련 정보를 수집하기 위해 계획적으로 설계된 면접

면접은 구조화된 면접과 비구조화된 면접으로 구분된다. **비구조화된 면접**(unstructured interview)은 짧고 비공식적이며 즉흥적인 질문으로 이루어진 것이고, 많이 사용되는 방식이지만 이를 통해 얻는 데이터는 일반적으로 편향되거나 직무 성과와 관련성이 적다.[111] 그럼에도 불구하고 관리자는 구조화된 면접을 사용하기를 꺼리는 경향이 있다. **구조화된 면접**(structured interview)은 직무 관련한 정보를 얻기 위해 설계된 면접 방식으로 주관성을 최소한으로 제한하기에 더 신뢰할 수 있는 응답을 제공할 수 있다.[112] 예를 들어 한 구조화된 면접 과정의 지원자에게 주어진 질문은 그들의 성격에 대해 더 나은 이해를 제공했다. 외향성을 반영하도록 설계된 한 질문에서 면접자는 "가끔 새로운 사람을 많이 만나게 됩니다. 다른 참가자를 알지 못한 채 하루 또는 이틀 동안 진행되는 교육 워크샵에 참가한 상황을 생각해보세요. 당신은 이 상황을 어떻게 인식했으며 다른 참가자와 상호작용하기 위해 이 상황에서 무엇을 하겠는지 정확히 설명해주세요"와 같이 물었다.[113] 이 질문은 개방형 응답을 유도하고 모든 후보자에 대해 표준화되어 있기 때문에 훌륭한 시작이 될 수 있다.[114]

조건부 선발 검사

만약 지원자가 실질적 선발 과정을 통과하면 마지막 선발 조건에 따라 채용 여부가 최종 결정

된다. 일반적인 최종 조건부 선발은 약물 검사이다. 퍼블릭스(Publix) 식료품점은 지원자에게 약물 검사를 통과해야만 채용한다는 조건부 선발을 제시한다.[115] 다른 많은 조직도 이와 같은 방식을 채택하고 있다.

약물 검사 약물 검사는 논란의 대상이다. 많은 지원자는 합리적인 의심 없이 검사하는 것을 사생활 침해 또는 불공정한 처사라고 생각한다. 그들은 생활 방식이 아닌 직무 성과와 관련된 특성에 따라 선발이 이루어져야 한다고 말한다. 고용주는 약물 사용이나 남용이 재무적인 측면뿐만 아니라 구성원의 안전 측면에서 문제가 될 수 있다고 반박한다. 사실 연구에 따르면 일반적인 약물 사용자는 사고에 관련될 가능성이 아닌 사람보다 3.6배 더 높으며, 병가와 혜택을 3배 더 많이 받고, 직장 안전 보상 청구를 5배 더 많이 하며, 약물 사용자가 아닌 근로자보다 10배 더 많은 근무일을 빠진다. 미국의 법은 고용주의 입장을 반영한다.[116] 게다가 약물 사용은 연간 생산성 손실, 결근, 증가한 의료 비용으로 인해 연간 810억 달러의 추가 비용을 발생시킨다.[117] 미국 대법원은 약물 검사가 개인의 권리를 침해하지 않고 개인에 대한 침해를 최소화한 선발 절차라고 판결한 바 있다.

그러나 약물 검사는 정확한가? 고용에 대한 개선을 이끌어낼 수 있는가? 먼저 많은 사람은 약물 검사의 정확성에 대해 의문을 제기한다. 일부 인사 전문가는 공공의 신뢰를 필요로 하는 직업 분야가 아닌 분야에서는 '시대에 뒤떨어진' 관행으로 여기기도 한다.[118] 미국에서 수천 명 이상의 사람이 소변 약물 검사를 한 결과로 양성 반응 비율은 1996년 이후에 지속적으로 6% 미만을 나타냈다.[119] 이는 약물 검사가 직장에서 마약 사용을 측정하기에 상대적으로 민감하지 않거나 신뢰도가 낮다는 것을 보여주며 동시에 지원자가 검사 결과를 쉽게 속일 수 있다는 것을 시사한다(예: 샘플 희석, 변조, 대체).

더구나 약물 검사가 의도한 결과를 가져오는지에 대한 연구는 그다지 많지 않다. 그러나 미국 우정국(U.S. Postal Service)에서 실시한 대규모 연구에서 약물 검사와 스크리닝 프로그램은 결근과 이직을 감소시켰지만 사고나 부상에는 유의한 영향을 미치지 않았다는 결과를 얻었다.[120] 약물 검사의 타당성과 정확성에 대한 부족한 증거를 감안할 때, 많은 사람은 약물 검사가 의도한 목표를 달성하지 못하고 있다고 주장한다. 일반적인 접근 방식은 아니지만 일부 연구자는 침입적인 마약 검사 대신에 마약 남용과 다른 위험행동 경향을 증가시킬 수 있는 성격 검사를 실시할 것을 제안했다(예: 스릴 추구, 비윤리적 행동 합리화, 나쁜 사람의 비윤리적 행동을 허용함).[121]

건강검진 미국 장애인법(Americans with Disabilities Act)에 의하면 미국 기업은 채용 전에 직원에게 건강검진을 요구할 수 없다. 그러나 조건부 채용의 경우에 육체적, 정신적으로 업무를 수행할 수 있는지 판단하기 위해 건강검진을 실시할 수 있다. 또한 고용주는 장애를 가진 직원을 수용할 수 있을지 또는 어떻게 수용할 수 있을지를 파악하기 위해 건강검진을 실시하기도 한다. 항공관제나 소방관과 같이 육체적 또는 심리적 요구가 과중하게 요구되는 직업의 경우에 건강검진은 분명히 직무 수행 능력의 중요한 지표일 수 있다.[122] 그러나 약물 검사와 마찬가지로 이러한 유형의 검사에서 타당성은 그다지 강력하지 않다. 더 우려되는 것은 건강검진이 필요하고 이것이 업무와 관련이 있다는 것을 입증하는 것이 어렵다는 점이다.

그러므로 건강검진을 조건부 선발 방식으로 사용하려고 하는 채용 담당자는 의학 기준을 준수하고 업무 성과에 부정적인 영향이 입증된 건강 상태에 한해서 검진을 실시해야 한다. 예를 들어 미국 교통부(DOT)에서 트럭 운전과 운송 회사는 건강검진을 조건부 선발 방식으로 요구하고 있다. 그러나 이 과정에서 고용주는 관련 법 EEOC와 ADA도 준수해야 한다. 운송 업체는 '신체 검사'를 실시하는 대신 운전 성공과 안전에 직접 관련된 청력과 시력 같은 구체적인 의학적 상태에 집중함으로써 소송 가능성을 줄일 수 있다.[123]

훈련과 개발

17-4 훈련의 주요 유형을 비교할 수 있다.

훈련의 전이 교육에서 습득한 지식, 기술, 능력을 실제 업무에서 활용하는 것을 의미

한 때 유능했던 직원이 계속 유능할 것이라는 보장은 없다. 유능함은 저하되고 곧 시대에 뒤떨어지게 되기에 새로운 기술을 계속해서 배워야 한다. 이것이 미국의 기업이 연간 700억 달러 이상을 훈련에 투자하는 이유다.[124] 소매, 도매, 고객 서비스 산업의 조직은 연 천만 달러 이상의 예산을 훈련에 배정하고 있다.[125] 훈련의 주요 목표 중 하나는 훈련의 전이다. 이 **훈련의 전이**(transfer of training)란 훈련에서 배운 지식, 기술, 역량을 직무에서 활용하는 것을 의미한다.[126] 아무도 그것을 사용하지 않는다면 수백만, 수십억 달러를 훈련에 투자하는 것은 어떤 의미가 있는가? 훈련이 잘 이루어지면 조직의 인적 자본과 직원의 직업 역량을 향상하는 데 도움이 될 수 있으며 이는 미래 직업에 전달 가능하다.[127]

훈련은 어떻게 이루어지는가? 직무현장 훈련 방법에는 직무 순환, 견습 제도, 대역할당제 등이 포함된다. 미국 기업은 직원을 교육하고 협력을 촉진하기 위해 점차적으로 장기직무 순환을 활용하고 있다.[128] 예를 들어 ADP와 버라이즌(Verizon)과 같은 기업은 직무 순환을 통해 직원이 다양한 직무와 비즈니스 과정의 다양한 측면에 대해 배울 수 있는 기회를 제공한다.[129] 그러나 직무현장 훈련은 종종 업무 흐름을 방해하거나 혼란을 가져오기도 한다.

조직은 현장 외 훈련에도 투자한다. 앞서 언급한 대부분의 교육 지출은 주로 이 형식의 공식적인 현장 외 교육에 사용되며, 가장 인기 있는 방법은 라이브 워크샵 또는 세션(또는 교육 프로그램 내에서 구성된 여러 워크샵)이며 자기주도형 교육, 전자 학습, 모바일 학습, 웨비나, 팟 캐스트, 대규모 온라인 개방형 강의(MOOC) 형식을 포함한다.

대규모 기업은 공식 훈련 프로그램을 운영하기 위해 사내 대학을 도입하고 있으며, 이러한 추세는 1960년대부터 진행되었다(많은 사람이 최근 발생한 현상으로 생각하는 경우도 있지만 그렇지 않을 수 있다).[130] 예를 들어 플로리다 올랜도에 위치한 세드릴루대학은 항공조종사와 항공승무원을 교육하며 정책, 관행, 절차에 대해 실제 비행 시나리오를 시뮬레이션하면서 한 장소에서 교육한다(이를 직장에서 진행하는 것은 허용되지 않을 것이다).[131] 사내 대학에서 제공하는 공식적 교육은 종종 비공식적 온라인 훈련 또는 비공식적인 체험 훈련과 함께 제공된다.[132]

훈련의 내용

훈련 내용은 직원에게 단순한 기계 작동방법을 가르치기, 경영진 리더십 강화, 직원의 다양성 수용 능력 향상, 일-생활 균형 향상까지 모든 것을 포함할 수 있다.[133] 이 책에서는 리더십, 다양성, 윤리 등 다양한 교육 중점사항을 설명해왔다. 교육의 목표는 직원이 무언가를 배우고 지

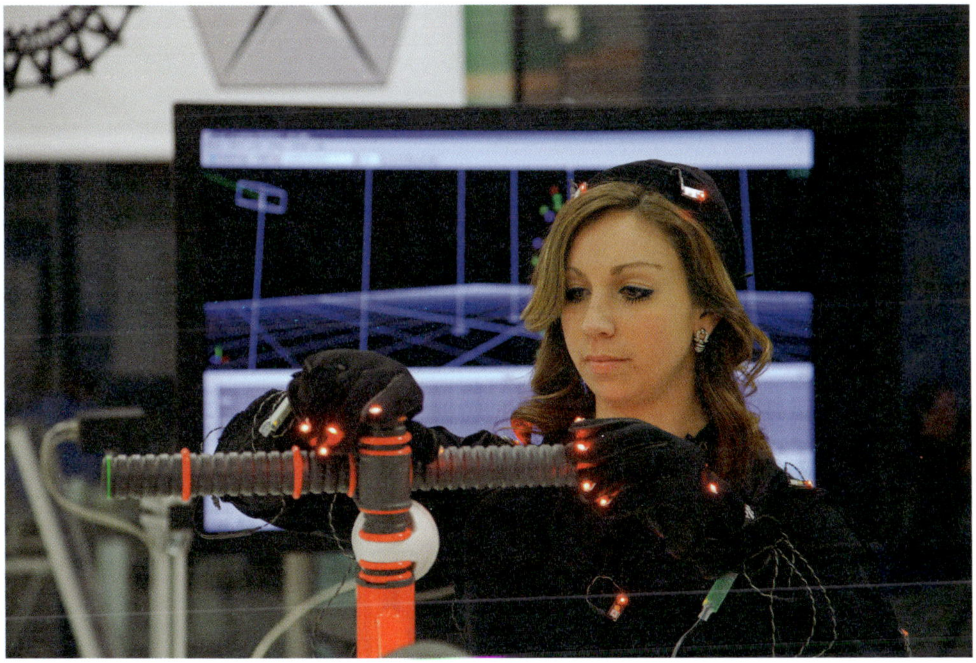

크라이슬러의 월드클래스제조학교(World Class Manufacturing Academy)에서의 비직무 교육은 엔지니어와 공장 종업원을 위해 현장과 교실 학습을 포함하며 이를 통해 낭비를 줄이고 생산성과 품질을 향상시키는 방법을 가르친다. 사진에서는 조립라인 작업자의 동작을 분석하는 방법을 배우기 위해 인간 동작 캡처 시스템을 사용하는 직원이다.

출처: Jim West/Alamy Stock Photo

식을 향상시켜 조직이 인적 자본 자원으로 활용할 수 있는 지식, 기술, 능력, 기타 특성을 습득하는 것이다.[134]

일부 사람은 이 차이를 나누지 않지만, **훈련**은 **교육**과 다르다. 교육은 주로 직무 수행에 필요한 사실과 수치 또는 복잡한 과정의 단계와 같은 지식을 습득하는 데 중점을 둔다. 반면 훈련은 지식 습득 이상으로 나아가서 적용을 목표로 한다. 훈련은 주로 기술 구축, 능력 개발, 적응력, 감정 능력, 리더십과 같은 능력 습득과 관련이 있다.

학생으로서 여러 가지 기본 기술(예: 독해, 수학, 문제해결, 비판적 사고)을 습득하기 위해 노력해왔을 것이다. 반면에 조직이 제공하는 대부분의 교육은 **기술 습득**(예: 새로운 소프트웨어, 프로그램, 애플리케이션 효과적으로 사용하는 방법을 배우는 것, 다양한 프로그래밍 언어로 코딩하는 법을 배우는 것) 또는 **소프트스킬**(예: 감정을 효과적으로 관리하고 조절하는 것, 관계 구축, 명확하고 효과적으로 의사소통하기)에 중점을 둔다. 직장에서 특히 중요한 소프트스킬 영역 중 하나는 윤리 훈련으로, 이는 윤리적 문제를 인식하고 윤리적 감정을 조절하며 다양한 관점을 고려하며 다른 사람을 존중하고 예의 바르게 대우하는 데 중점을 둔다. 예를 들어 윤리에 관한 대화를 진행하고 지속적으로 예의 없는 행동을 줄이는 것을 지원하는 것은 훈련의 한 형태다. 이러한 윤리 훈련의 결과로 예의, 존중, 직무 만족도, 신뢰가 증가하고 예의 없는 행동, 냉소주의, 결근이 감소했다.[135]

훈련 방법

역사적으로 훈련은 미리 계획되고 구조화된 형식을 따르는 '공식적 훈련'을 의미한다. 인사 부서는 이러한 훈련에 중요한 역할을 수행한다. 공식적 훈련과 개발 프로그램이 많이 사용되긴 하지만 조직 내 학습의 대부분은 많은 경우에 구조화되거나 계획되지 않고 상황과 개인에 따라 달라지는 **비공식적 훈련**을 통해 일어난다. 현실적으로 대부분의 비공식적 훈련은 구성원이 서로 돕고 정보를 공유하며 업무 관련 문제를 함께 해결하는 것이다. 공식적 훈련과 비공식적 훈련은 교육이 어떻게 디자인되고, 구조화되고, 실행되는지에 대해 중요한 시사점을 지닌다.

교육 시스템 설계 교육 시스템 설계(ISD) 접근 방식은 훈련을 매우 공식적으로 바라보며 주로 훈련 개발자와 트레이너의 역할을 강조하며 직원 교육을 촉진한다. ISD 접근 방식은 일반적으로 다음과 같은 절차를 따른다. 이것은 ADDIE 모델로도 알려져 있다.[136]

1. **분석**: 어떤 기술, 능력, 다른 특성을 훈련해야 하는지를 확립한다. 훈련을 통해 달성해야 할 목표를 설정한다. 훈련대상자가 누구이며, 그들이 성공하기 위해 무엇이 필요한지 정의한다.
2. **설계**: 훈련 성공과 실패가 무엇인지에 대해 확립한다. 학습 목표를 달성하기 위한 교육 전략을 선택하고, 훈련대상자가 자신의 성과에 대한 피드백을 어떻게 받을 것인지를 결정한다.
3. **개발**: 훈련이 어디에서 진행될 것인지와 이를 성공적으로 이루기 위해 필요한 것(예: 미디어, 응용 프로그램, 기타 자원)을 확립한다.
4. **실행**: 훈련 세션 또는 프로그램에 훈련대상자를 참여시킨다. 훈련 후 전이(학습 내용을 실무에 적용하는 것)의 기회를 제공하고 훈련 이후 전이를 촉진한다.
5. **평가**: 조직 맥락에서 이 시스템이 성공적인지 여부를 결정한다(예: 비용 절감 또는 수익 창출, 사고 방지 정도, 교육 수강생 수). 이 정보를 훈련 세션 또는 프로그램 수정에 반영하는 데 사용한다.

ISD는 조직에서 공식적 훈련을 설계하고 실행하는 데 매우 유용한 구조화된 틀로 널리 사용되고 있지만,[137] 훈련 과정에서 가장 중요한 인물, 즉 훈련대상자에 중점을 두지 않고 있다는 점에 대해 비판받기도 한다.[138]

능동 학습 교육자 중심의 ISD 모델의 한계를 극복하기 위해 능동 학습은 주로 교육 대상자나 학습자에 중점을 둔다. 훈련대상자에게 교육 콘텐츠를 적극적으로 탐구하고 실험하게 장려함으로써 훈련대상자는 자신의 기술, 능력, 역량에 대한 자신감을 쌓을 수 있으며 이는 전이 확률을 높일 것이다.[139] 능동 학습은 주로 ① 탐구와 반성을 촉구하기, ② 오류와 실수를 정상화하기, ③ 감정을 조절하기와 같은 세 가지 기본 원칙으로 구성된다. 예를 들어 새로운 프로그래밍 언어를 배우는 직원은 기본적인 작업을 수행하기 위해 몇 가지 기본 프로그램을 작성하고, 오류로부터 배우고(또는 실수를 일부러 저질러보며 결과를 확인한다), 실수를 범하거나 즉시 전문가가 되지 못한 점에 대해 답답함을 관리하는 법을 배우게 된다.[140]

능동 학습은 효과적인가? 이 방법에 대한 최근 연구결과는 능동 학습이 훈련대상자로부터 긍정적인 반응을 얻으며 지식과 기술 습득을 촉진하며 전이 성과를 용이하게 한다고 제안한다.[141] 왜냐하면 훈련대상자의 동기는 훈련 성공에 핵심 역할을 하며 훈련대상자가 학습 자료를 배우고 적용하는 것 뿐만 아니라 훈련 과정에 대해 어떤 느낌을 갖게 되는지에도 영향을 미친다.[142] 훈련대상자가 수동적인 학습모드에서 벗어나 교육 내용에 더 적극적으로 몰입하면 학습은 증가한다.[143]

그러나 훈련대상자가 특정한 방향성 없이 모든 자료를 배우라는 지시만 받으면 절망감에 빠질 수 있다. 많은 훈련대상자는 자신에게 피드백을 제공하고 학습 가이드를 제공하며 통찰력을 지지하고 필요시엔 설명을 제공해줄 수 있는 다른 사람과 협력할 때 많은 도움을 받는다.[144] 게다가 능동 학습은 적절한 수준에서 사용될 때 더 효과적인 것으로 보이며, 지식이나 사실에 대한 학습이 아닌 인지적 기술을 학습할 때 더 유용하다.[145] 그리고 이러한 방식은 모두에게 적합하지 않다. 학습 내용을 배우려는 동기가 있는 훈련대상자는 실수를 피하려 하거나 그들의 가치를 입증하려는 훈련대상자보다 더 성공할 가능성이 높다(실수나 오류를 범하는 것이 그들에게 어려울 수 있음).[146]

상호작용형 학습 상호작용형 학습은 능동 학습에 기반을 두고 있으며 학습 과정에서 상호작용하는 사람(예: 훈련자-훈련대상자, 훈련대상자-훈련대상자) 사이에서 만들어지는 사회적 구성임을 강조한다.[147] 따라서 훈련은 학습자가 훈련 내용에 적극적으로 참여하는 조건을 구성하는 과정에서 다른 사람과 함께 사회적 맥락을 창출해야 한다.[148] 예를 들어 18개 고등학교 수천 명의 학생을 대상으로 한 연구에서 긍정적인 교사-학생 관계가 학생이 콘텐츠의 참여를 촉진하는 데 중요하다는 것을 보여주었다. 학생이 교사와의 관계에서 긍정적인 경험보다 부정적인 경험이 더 많다면 그들은 교육 내용에 대해 덜 몰입하는 경향이 있다.[149]

직장에서의 연구 또한 조직 내 훈련결과에서 사람 간 관계가 중요하다는 점을 보여준다. 예를 들어 1만 명 이상의 교사를 대상으로 한 연구에서 학습자의 교육에 대한 만족도는 훈련 내용보다 훈련자에게 더 크게 영향을 받는 것으로 나타났다.[150] 또한 훈련의 전이는 조직의 문화와 분위기에 달려 있을 수밖에 없다. 윤리 훈련에 참석하지만 직장 내 모든 사람이 그런 훈련에 대해 진지하게 받아들이지 않으며 훈련을 무시하는 경우에 학습한 내용은 현장으로 전이되지 않을 것이다. 상호작용형 학습은 팀과 부서가 훈련을 마친 후 같은 선상에서 함께 출발한다는 점에서 중요하다. 예를 들어 안전 교육에 참여한 시의회 직원에 대한 연구에 따르면 훈련을 함께 받은 모든 사람(감독자, 동료, 안전 전문가를 포함한 모든 사람)이 동일하게 학습한 내용에 책임을 지면 훈련 내용이 현장에 전이되기가 더 쉽다.[151] 훈련 개발자는 훈련 이후에도 집단적인 그룹의 반영과 회고를 통해 상호작용 참여를 촉진할 수 있다.[152]

E-러닝 최근 가장 빠르게 확산되는 훈련 방법은 아마도 컴퓨터를 이용한 E-러닝이다.[153] E-러닝 시스템은 학습자가 수업의 진도와 내용을 결정할 수 있고, 온라인 커뮤니티를 통해 교류하며, 시뮬레이션과 집단토의 같은 방식과 연계할 수도 있다.[154] 따라서 E-러닝 접근방법은 능동적이고 상호작용적인 학습의 좋은 요소를 제한 없는 전자기기를 통해 환경에서 활용한다.[155] 학습자가 연습과 퀴즈에 적극적으로 참여할 수 있게 하는 컴퓨터 기반 훈련은 전통적인 교실 교육보다 효과적일 수 있다.[156] 고용주는 컴퓨터 기반 훈련을 개선하여 학습자가 이를 활용하여 공부 목표를 설정하고 효과적인 학습 전략과 학습 목표에 대한 진행 정도를 확인가능하게 제공할 수 있다.[157] 이 외에도 조직은 모바일장치를 활용하여 마이크로 레슨, 현장 팁, 학습 게임을 통해 E-훈련을 제공하는 방법을 모색하고 있다.[158]

효과성 평가

훈련 프로그램의 효과성은 훈련자의 만족도, 학습량, 학습 내용의 현실에 적용한 정도, 교육에 대한 재무적 투자수익 등을 말한다.[159] 이러한 결과는 항상 서로 관련되어 있는 것이 아니다.

즐겁게 교육받은 사람이 아주 조금 배웠을 수도 있고, 많은 내용을 배운 사람 중 일부는 현장에서 그 지식을 적용하는 데 어려움을 겪을 수도 있으며 행동의 변화가 투자 대비 충분하지 않을 수도 있다. 이는 다양한 훈련 결과를 엄밀하게 측정하는 것이 훈련 노력의 일부분이어야 함을 의미한다.

훈련, 개발, 조직 성과 간에 관련이 있다는 일반적인 증거가 있는가? 다양한 연구는 직무현장 훈련의 경우에 투자 대비 큰 생산성 증가로 이어진다는 것을 보여준다.[160] 마찬가지로 연구 결과에 따르면 비교문화 훈련(cross-cultural training)은 파견국가에 가기 전 시점보다 파견되어 일을 시작한 후에 이루어지면 성과 향상에 도움이 된다.[161] 직원 개발을 위한 환경은 사업부의 성과와도 관련이 있다.[162] 예를 들어 260개 기업을 대상으로 한 연구에서 훈련 비용이 기업 혁신과 긍정적인 관계가 있음을 밝혔다.[163] 전반적으로 대부분의 연구는 훈련에 대한 투자가 긍정적인 효과를 가질 수 있다는 것을 보여주고 있다.

성과 관리

17-5 성과 관리 방법을 열거할 수 있다.

성과 관리(성과 평가로도 불림)는 대부분 조직에서 제대로 설계되지 않고 올바르게 실행되지 않는 경우가 많다. 관리자는 직원을 두렵게 만들기만 하고 실행가능한 피드백을 거의 제공하지 않으며 주관적인 인상에 의해 영향을 받는 연간 평가를 실시하고, 결국 평가하기 전보다 더 좋아지지 않은 상태로 긴장, 경쟁, 불안을 느끼는 상황을 초래한다.[164]

인터넷에는 성과 평가에 관해 무서운 이야기가 넘쳐난다. 예를 들어 한 직원의 평가에는 1년 전에 제기된 민원사항이 첨부되어 있었다. 문제는 이 직원은 해당 민원사항이 있었는지도 그 내용이 무엇인지도 알지 못했다. 해당 민원사항에 대해 상사에게 문의한 결과 상사는 민원 내용이 기록되어 있지 않았으며 그 민원 제기자의 의견은 아무도 신경쓰지 않으니 그다지 중요하지 않다고 했다. 그럼에도 불구하고 상사는 그것을 영구 기록에 남겼다.[165] 또 다른 예로 많은 여성이 성과 평가에 직무 성과와 거의 관련 없는 종합적이고 성차별적인 의견이 기록되어 있음을 보고했다. 예를 들어 한 직원은 "누군가가 당신의 표정을 좋아하지 않는다고 했다"와 같은 의견을 남겼고 "당신은 더 직접적으로 표현해야 한다" 라는 평가를 받았으나 이후 실제로 행동 변경을 한 후에는 "당신은 덜 직접적으로 표현해야 한다"는 의견을 받았다.[166] 실제로 성 역할에 대한 고정관념과 편견이 성과 평가에 반영되고 있다고 시사하는 연구가 많다.[167]

그러나 올바르게 수행된다면 성과 관리는 조직에서 긍정적이고 발전적인 역할을 할 수 있다. 성과 관리는 조직의 전략적 목표와 일치하는 개인과 팀 성과를 식별, 측정, 개발하는 연속적인 과정이여야 한다.[168] 본질적으로 성과 관리는 세 가지 주요 영역[직무 성과, 조직시민행동(OCB), 반생산적 업무행동(CWB)]을 강조한다. 대부분의 관리자는 좋은 성과란 직무 성과와 조직시민행동이 높은 수준으로 수행되고 반생산적 업무행동은 줄이는 것을 의미한다고 믿는다.[169] 핵심 직무를 아주 잘 수행하지만 동료에게 무례하고 공격적인 사람은 대부분의 조직에서 좋은 구성원으로 간주되지 않을 것이며, 주요 직무를 잘 수행하지 못하는 쾌활하고 긍정적인 직원 또한 좋은 구성원이 되지 못할 것이다. 이 절에서는 성과 평가 시스템의 선택과 이를 어떻게 운영하는지가 구성원의 행동에 영향을 미칠 수 있다는 것을 보여준다.

성과 평가에는 여러 가지 목적이 있다. 하나는 승진, 이동, 해고와 같은 일반적인 인적 자원 관리 결정을 지원하는 것이다. 평가는 또한 훈련과 개발이 필요한 분야를 식별한다. 이를 통해 직원의 기술과 능력을 정확하게 파악하고 개선 프로그램을 마련할 수 있다. 마지막으로 성과 평가는 조직이 직원의 성과를 어떻게 평가하는지에 대한 피드백을 제공하며, 성과급을 포함하여 연봉 인상을 포함한 보상 할당의 기초로 종종 사용된다.

무엇을 평가할 것인가

직원을 평가하는 기준은 직원의 행동에 중요한 영향을 미친다. 가장 많이 활용되는 평가 기준은 개인의 업무 성과, 행동, 개인 특성이다.

개인 업무 성과 경영진은 때때로 과제 결과를 기준으로 성과를 평가한다. 예를 들어 공장 관리자의 경우에 생산량, 불량품 발생률, 생산단위당 비용과 같은 작업 결과를 기준으로 하거나 영업사원의 경우에 영업 지역의 총 매출액, 매출 증가 금액, 개설한 신규 계정수와 같은 작업 결과를 기반으로 성과를 평가할 수 있다. 그러나 이러한 방식으로 성과를 평가할 때 직원의 행동과 작업결과 사이에 연결이 끊어지거나 작업결과가 직원의 통제 범위를 벗어나는 상황이라면 직원들에게 큰 동기부여를 부여하기가 매우 어려울 수 있다.

7장에서의 기대 이론을 상기해보자. 노력과 성과 또는 성과와 결과 사이에 연결이 끊어진 경우는 동기가 감소할 수 있다. 예를 들어 알래스카의 한 회사에서 에어컨을 판매하는 영업사원으로 일한다고 가정해보자(앵커리지에서의 평균 여름 기온은 섭씨 12~25도 범위).[170] 많은 알래스카 사람은 기후 때문에 에어컨을 설치하지 않는 경향이 있다(아마도 난방 시스템은 가지고 있을 것이다). 얼마나 노력했는지와 같은 성과행동이 아니라 몇 대의 에어컨을 판매했는지 최종 성과결과에 대해서만 평가받는다면 어떻게 느껴지겠는가? 연구에 따르면 개인 또는 팀이 활동하는 맥락은 성과와 성과 관리 시스템에 중요한 영향을 미친다.[171]

행동 개개인이 그룹의 일부로서 일하게 되는 경우에 특히 자문직이나 지원부서의 경우에는 특정한 결과를 개개인의 행동의 결과로 귀인하기가 어려운 경우가 많다. 그룹의 성과를 쉽게 평가할 수 있지만, 각 그룹 내 구성원 개개인의 기여도를 확인하기 어려운 경우에 관리자는 종종 직원의 행동을 평가한다. 관리자는 월간 보고서를 제출하는 즉각성이나 리더십 스타일인지, 판매원은 일일 연락 횟수나 다른 판매 대표에 대한 도움행동 등의 행동을 평가한다.

측정된 행동은 개인 생산성과 직접적으로 관련이 있는 것으로만 제한될 필요는 없다. 다른 사람을 돕고 개선을 제안하며 추가 업무를 자원할 때와 같은 조직시민행동(OCB)은 작업 그룹과 조직을 더욱 효과적으로 만들며 종종 직원 성과 평가에 반영된다.

특성 좋은 태도, 자신감, 신뢰성 있는 행동, 바쁘게 일하는 것, 풍부한 경험을 갖고 있는 것은 조직에서 바람직할 수 있지만, 이러한 특성이 긍정적인 업무 성과와 높은 상관관계를 나타내지 않을 수도 있다. 더구나 일부 성격 특성은 직원에 대한 상사의 인식을 왜곡할 수 있다. 예를 들어 상사는 종종 직원이 주도성을 발휘하거나 적극적인 성격 특성을 얼마나 잘 갖췄는지를 평가한다. 그러나 연구에 따르면 정치적으로 민감한 직원은 주관적인 상사에게 자신의 주도적 행동을 '자랑'하고 활용할 기회를 더 잘 인식하고 활용할 수 있다.[172] 더 나쁜 점은 상사가 감시하지

어린이보육센터에서 근무하는 직원의 성과를 평가하는 데 어린이돌봄, 동료지원, 부모와의 신뢰관계 구축과 같은 행동은 중요한 요소다. 이러한 주관적인 요소는 이 센터가 고품질의 안전하고 믿을만한 조직이라는 평판을 높이는 데 기여한다.

출처: Bob Ebbesen/Alamy Stock Photo

않을 때에는 주도적으로 행동하지 않을 수도 있다. 그럼에도 불구하고 많은 조직은 여전히 적극성, 주도성과 같은 특성을 평가에 사용하고 있다.

누가 평가해야 하는가

누가 직원의 성과를 평가해야 하는가? 전통적으로 상사가 직원의 성과에 책임을 지기 때문에 상사가 직원을 평가했다. 하지만 인사 부서의 도움을 받으면 평가를 더 잘할 수도 있다. 오늘날의 많은 조직이 자율적 작업 집단과 재택근무처럼 상사와 직원이 멀리 떨어져 있을 때에는 직속상사라고 해서 구성원의 성과를 평가하는 데 적합하지 않을 수도 있다. 동료나 심지어 부하직원이 성과 평가에 참여하기도 하고 직원 본인이 참여하기도 한다. 예상할 수 있듯이 자기평가는 지나친 평가 인플레이션이나 자기고양적 편견이라는 문제가 있고, 상사의 평가와 일치하는 경우가 많지 않다.[173] 자기평가는 평가보다는 인적 자원 개발을 위해 활용하는 것이 더 적합하다.

대부분의 상황에서는 다수의 평가자를 사용하는 것이 권장된다. 성과 평가는 주로 평가자 자신에 대한 정보 뿐만 아니라 평가 대상자에 대한 정보도 포함할 수 있다. 여러 평가자의 점수를 평균을 사용하면 보다 신뢰성 있고 편견이 적으며 정확한 평가를 할 수 있다. 또다른 인기 있는 방법은 360도 평가이다.[174] 이는 부하직원부터 고객, 상사, 동료에 이르기까지 일상적으로 만나는 사람이 피드백을 제공하는 방식이다(도표 17-2 참조). 평가 수는 적게는 3~4개 많게는 25개까지 다양할 수 있으며 대부분의 조직에서는 직원 1명당 5~10개의 평가를 수집한다.

360도 평가의 매력은 무엇인가? 직원을 잘 아는 사람으로부터 피드백을 받음으로써 기업은 직원이 평가 과정에 참여한다고 느끼게 하고, 직원의 책임감을 높이며, 더 정확하게 성과를 파악할 수 있기를 희망한다. 또한 각 관계의 맥락이 성과 평가에 중요하므로 피평가자와 다양한 상황과 환경에서 함께 일한 여러 사람으로부터 평가를 얻는 것이 중요하다.[175]

도표 17-2 360도 평가

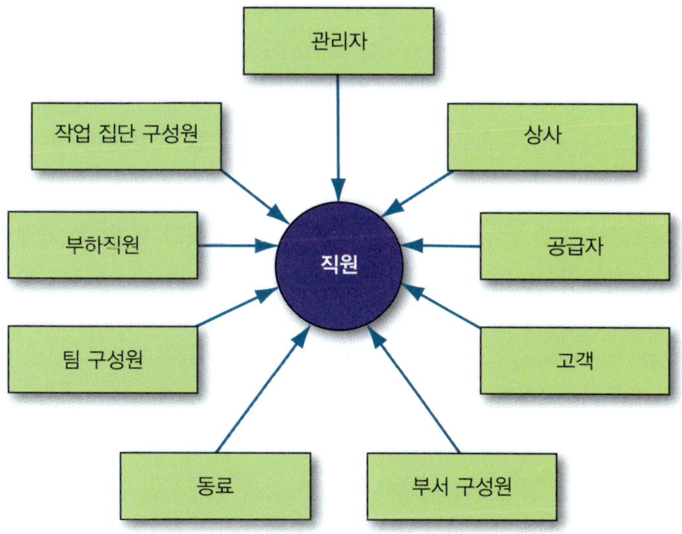

360도 평가의 효과성에 대한 연구결과는 혼재되어 있다.[176] 직원은 자신의 성과에 대해 다양한 관점을 알 수 있으나, 많은 기업은 평가자가 건설적인 비판을 하도록 교육하지 않는다. 어떤 기업에서는 직원이 자신을 평가한 동료와 부하직원을 선택하도록 허용하는데, 이로 인해 긍정적인 피드백이 인위적으로 높아질 수 있다. 직원의 실제 성과를 잘 알지 못하는 사람에게 너무 많은 비중을 둘 가능성도 있다. 또한 평가자 간의 불일치를 조정하기가 어렵다. 동료는 상사나 부하직원보다 후하게 점수를 주는 경향이 있고 실수를 더 많이 하기도 한다. 따라서 이러한 평가는 직원의 일관성에 대한 이해를 보완할 수는 있지만 성과의 객관적인 평가를 대체해서는 안 된다.

성과 평가 방법

지금까지 무엇을 평가하는지, 누가 평가해야 하는지에 대해 논의했다. 이제 어떻게 성과를 평가할 것인지, 구체적인 평가 방법을 살펴본다.

에세이법 아마도 가장 간단한 방법은 직원의 장점, 약점, 과거 성과, 잠재력, 개선 제안을 설명하는 서면으로 작성하는 것이다. 서면 평가는 복잡한 양식이나 광범위한 교육 없이도 완료할 수 있다. 그러나 서면 평가는 실제 성과 수준보다도 평가자의 글쓰기 기술에 의해 좌우될 수 있다. 또한 표준화된 점수체계 없이 서로 다른 직원의 평가서를 비교하거나 다른 관리자가 동일한 직원에 대해 작성한 평가서를 비교하기 어렵다. 그러나 인공지능과 기계학습의 발전으로 인사 관리자는 이러한 평가서를 신속하고 쉽게 정확하게 점수화할 수 있게 되었다.[177]

주요 사건법 **주요 사건법**(critical incident)에서는 평가자가 직원이 어떤 일을 효과적으로 수행했고 어떤 일을 비효과적으로 수행했는지 구별하는 데 초점을 맞춘다. 평가자는 직원이 어떤 상황에서 특별히 효과적으로 한 일과 비효과적으로 한 일을 기술하고 구체적인 행동을 적는다. 이러한 주요 사건의 목록은 구성원에게 개선이 요구되는 바람직한 행동의 예를 제공한다.

주요 사건법 효과적인 업무 수행과 비효과적인 업무 수행을 구분하는 데 핵심이 되는 직원의 행동을 평가하는 방법이 주요 사건은 우수한 성과와 불만족스러운 성과가 무엇인지 결정하는 기준점으로 작용할 수 있다.

그래픽 평가 척도 평가요소를 증분적 척도(1~5점)로 평가하는 방법

그래픽 평가 척도 **그래픽 평가 척도**(graphic rating scale) 또는 평정척도법은 가장 오래되고 널리 사용되는 방법 중 하나이다. 평가자는 업무의 양과 질, 지식의 깊이, 협동심, 근태, 주도성과 같은 성과요소를 검토하고 각각에 대해 증분적 척도를 사용하여 점수를 매긴다. 예를 들어 5점 척도를 사용하는 경우에 업무 지식을 측정한다면 1점(업무에 대해 잘 모름)에서 5점(업무에 대해 모든 면에서 완벽하게 알고 있음)까지 점수를 매길 수 있다. 그래픽 평가 척도는 에세이법이나 주요 사건법처럼 자세한 정보를 제공하지는 않지만, 개발하고 사용하는 데 시간이 덜 걸리고 계량적인 분석과 비교가 가능하다.

행동기준고과법(BARS) 주요 사건법과 그래픽 평가 척도 방법에서 주요 요소를 결합한 척도. 평가자는 직원을 연속선상에 있는 점수로 평가하지만 이 평가 대상은 직무에서의 구체적 행동으로 일반적인 설명이나 특성이 아님

행동기준고과법 **행동기준고과법**(Behaviorally anchored rating scale, BARS)은 주요 사건법과 그래픽 평가 척도법의 주요 요소를 결한한 방식이다. 평가자는 직원을 점수로 평가하지만 이러한 항목은 일반적인 설명이나 특성이 아니라 실제 구체적인 업무행동이다. BARS를 개발하기 위해 참여자는 먼저 효과적이고 비효과적인 행동에 대한 구체적인 예를 제공하며, 이 예시는 다양한 수준의 성과 차원으로 변환된다.

전자 성과 모니터링(EPM) 일부 조직은 직원의 업무 중 성과의 객관적 지표를 포착하기 위해 전자 성과 모니터링(EPM)을 활용한다. 이는 직원이 협업 프로그램에 로그인한 시간(예: 마이크로소프트), 제출한 보고서 수, 업무 대신 쇼핑 웹사이트를 방문하는 등과 같은 주의 지표를 포착한다. 많은 조직이 성과 평가를 위해 EPM을 사용하는 동시에 EPM을 사용하여 법적 책임(예: 안전 보장)에 대응하기 위해, 성과 향상을 위한 피드백 제공을 위해, 때로는 명확한 지침 없이(예: 단순한 권위적 목적) 사용할 수도 있다. 일반적으로 직원은 EPM에 부정적으로 반응하는 경향이 있으며, 특히 모니터링이 실시간으로 진행되거나 투명하지 않을 때(예: 고용주가 비밀스러울 때) 그리고 사생활 침해의 여지가 있을 정도로 이유 없이 너무 많은 데이터를 수집할 때 부정적으로 반응한다.[178]

강제 비교 한 직원의 성과를 다른 직원과 비교해서 평가하는 상대 평가 방식(예: 직원이 자신의 작업 부서에서 10명 중 3위에 랭크될 수 있음)

집단서열법 상위 25%와 같이 직원을 계층화하여 평가하는 방법

강제 비교 **강제 비교**(forced comparison)는 개인의 성과를 다른 개인 또는 다른 사람의 성과와 비교해서 평가하는 상대 평가 방식이다. 가장 널리 쓰이는 강제 비교법은 집단서열법과 개인서열법이다.

집단서열법(group order ranking)은 평가자가 직원을 계층화하여 평가하는 방법이다. 예를 들어 상위 20%, 차상위 20% 등으로 직원을 구분하는데, 20명을 평가한다면 4명만 상위 20%에 들어가고 4명은 반드시 하위 20%에 들어가게 된다. 이는 학생을 대학원에 추천할 때 흔히 쓰이는 방식이다.

개인서열법 직원을 최고의 직원부터 최악의 직원까지 서열화하여 평가하는 방법

개인서열법(individual ranking)은 직원을 최고의 직원부터 최하의 성과를 낸 직원까지 서열화하는 방법이다. 30명을 평가한다면 첫 번째와 두 번째 직원의 차이가 21번째와 22번째 직원의 차이와 같다고 가정한다. 비슷한 집단으로 평가될 수 있지만 동점은 허락되지 않는다. 결과적으로 최고의 성과를 낸 직원부터 마지막 직원까지 명확하게 서열화된다.

상대적 성과 평가에 대한 직원의 부정적인 반응은 놀랍지 않다. 직원은 동료에 비해 자신의 성과가 어떤 수준인가가 아닌 본인의 과거 성과에 비해 상대적으로 어떻게 수행하고 있는지에

대한 평가가 반영되는 성과 관리 시스템을 훨씬 공정하다고 생각한다.[179] 상대 평가 방법을 사용하는 회사 중 하나는 아마존이다. 아마존의 과거 관리자는 자신의 팀이나 부서 전체에서 직원이 어떻게 수행하고 있는지 판단하기 위해 집단서열법을 사용하도록 지시받았다. 이 방법은 인사 시스템과 개선 계획(예: 아마존의 집중 이니셔티브)을 결정하는 데 사용되었다. 일부에서는 관리자가 곧 해고할 것으로 알고 있는 사람을 고용하는 '고용하고 해고하는' 관행으로 묘사되었다(즉, 하위 그룹에 분포할 사람을 파악하고 고용함으로써). 아마존 대표는 이 주장을 부인하고 있다. 그럼에도 불구하고 순위 매기기 관행에 대해 고백한 관리자는 이러한 순위 매기기 관행을 둘러싼 엄청난 압박을 묘사하며, 특히 모든 사람이 최고의 성과를 내는 경우에 결정이 쉽지 않다고 설명한다. 한 이전 관리자가 언급한 대로 '가장 좋지 않은 사람이 떠나야 한다는 것은 모든 학생이 A를 받았을 때 A－를 받은 사람이 떠나는 것'이다.[180]

성과 평가 개선을 위한 제언

성과 평가 과정은 잠재적인 어려움을 내포하고 있다. 평가자는 무의식적으로 평가를 과대 평가할 수도 있으며(긍정적 관대화), 과소 평가할 수 있다(부정적 관대화). 한 가지 특성의 평가가 다른 특성의 평가에 불필요하게 영향을 미칠 수도 있으며(후광 효과), 어떤 평가자는 무의식적으로 자신과 유사한 특징을 가진 사람을 선호하여 편향된 평가를 하기도 한다(유사성 효과). 예를 들어 내성적인 사람은 외향적인 사람의 성과를 낮게 평가할 수 있다. 또한 어떤 평가자는 평가 과정을 자신이 좋아하거나 싫어하는 직원을 명백하게 보상하거나 처벌할 기회로 볼 수 있다. 성과 평가에 관한 연구 중 하나는 많은 관리자가 자신의 부하직원과 긍정적인 관계를 유지하거나 모든 직원이 잘 수행하고 있다는 것을 나타내어 자신의 긍정적인 이미지를 구축하기 위해 성과 평가를 의도적으로 왜곡한다는 것을 보여준다.[181] 어떠한 장치도 정확한 성과 평가를 보장할 수는 없지만, 다음의 제안은 좀 더 객관적이고 공정한 성과 평가 과정을 만드는 데 도움이 될 것이다.

복수의 평가자를 활용하라 평가자의 수가 증가함에 따라 더 정확한 정보를 얻을 확률이 높아지며, 직원이 피드백을 타당하게 받아들일 가능성도 높아진다.[182] 다이빙이나 체조와 같은 스포츠 경기에서 경기 평가자가 여러 명인 경우를 종종 볼 수 있다. 일련의 평가자가 성적을 평가하고 가장 높은 점수와 가장 낮은 점수가 제외되고 나머지로 최종 평가가 이루어진다. 다수의 평가자 논리는 조직에도 적용된다. 직원이 탁월하다고 평가한 9명과 부족하다고 평가한 1명의 상사가 있는 경우에 안전하게 그 부정적인 평가를 무시할 수 있다. 조직 내에서 직원을 이동시켜 여러 평가를 얻거나 360도 평가와 같이 다수의 평가자를 사용함으로써 더 타당하고 신뢰성 있는 평가를 얻을 확률을 높일 수 있다.

선별적으로 평가하라 평가 간 합의를 높이기 위해서는 평가자가 전문적인 지식을 가진 분야에 대해서만 평가해야 한다.[183] 또한 가능한 한 평가자는 조직 위계상 피평가자와 가까워야 한다. 평가자와 피평가자 사이의 계층이 많으면 평가자가 피평가자의 행동을 관찰할 가능성이 줄어들어 부정확한 평가를 할 가능성이 높다. 게다가 일부 연구는 특정 평가자, 특히 개인의 사회적 네트워크에서 중심 위치에 있는 평가자는 주변적인 위치에 있는 직원보다 성과를 직접 관찰할 수 있는 기회가 더 많다는 점을 밝혔다.[184]

평가자를 훈련하라 좋은 평가자가 없다면 훈련을 통해 좋은 평가자를 육성하라. 훈련을 통해 더 정확한 평가자를 육성할 수 있다.[185] 대부분의 평가자 교육 과정은 평가자가 무엇을 보고 평가해야 하는지에 대해 교육함으로써 조직이 정의한 '좋은 성과'가 무엇인지 이해할 수 있게 돕는다. 다른 방식으로는 평가자에게 직원의 행동을 가능한 한 자세히 기술하도록 장려하는 것이다. 더 자세한 정보를 요청함으로써 평가자는 단순히 그 순간에 대한 자신의 감정에서 벗어나 실제 직원의 성과를 파악하게 된다.

적법한 절차를 제공하라 적법한 절차를 제공하면 구성원은 평가 과정에서 공정하게 대우받았다고 인식한다.[186] 적법한 절차는 다음 세 가지 특성이 있다. ① 직원에게 기대하는 것이 무엇인지 알려주고, ② 잘못한 것에 대한 증거에 대해 해당 직원이 해명할 기회를 제공하고, ③ 결정은 증거에 기반하고 편견을 배제한다. 연구에 따르면 성과 평가 회의 중에 의견을 얼마든지 낼 수 있다고 믿고 그들의 리더가 그들의 의견을 지원하는(반대 의견을 환영함) 경우에 성과 평가 회의가 성공적이었다고 느낀다.[187]

기업이 공정한 절차를 강화하기 위해 고려할 수 있는 한 가지 기술은 성과 평가를 온라인에 게시하여 직원이 자신의 성과 점수를 상사가 입력한 대로 볼 수 있도록 하는 것이다. 이렇게 한 회사는 평가 면접 이전에 평가 점수를 게시한 경우에 직원은 평가자 책임감과 직원 몰입도를 높게 보고했다.[188] 아마도 평가자는 직원이 자신의 평가 정보를 직접 볼 수 있는 경우에 더 정확한 평가를 제공하기 위해 민감해진 것일지도 모른다.

성과 피드백 제공

관리자 입장에서 성과 평가 피드백을 주는 것보다 꺼림직한 일은 없다. 사실 회사로부터 압력

윤리적 선택

성과 평가에서 편견 제거하기

성과 평가는 종종 직원 성과의 객관적인 측정이라 설명되지만, 실제로는 객관적인 평가와는 거리가 있는 경우가 많다. 인종과 성별로 설명되는 성과 평가에서의 놀랄 만한 차이점이 있다. 예를 들어 소수민족 출신의 직원 중 9.5%만이 성과 평가에서 리더십 언급을 받았는데, 이는 백인 여성의 성과 평가에 사용된 언급에 비해 70% 이상 감소한 수치이다. 이 차이는 성과 평가에서 리더십 기술을 언급하는 것이 보통 다음 해에 높은 역량 평가를 예측하기 때문에 중요한다.

구체적으로 성과 평가에 대한 수십 년간의 연구에서 드러난 편견의 패턴이 있다. 소수민족 출신의 직원은 잠재력보다 실수를 기반으로 평가되는 경향이 있다. 더욱이 그들의 성격 특성이 평가에서 언급되기도 하며(그들이 실제로 했거나 하지 않았던 것 대신에) 언급되는 특성은 긍정적인 것보다 부정적인 것이 더 많다.

좋은 소식은 성과 평가에서의 편견을 효과적으로 감소시키기 위해 여러 개의 개입 혹은 '편견 방지 요인'이라 불리는 것이 사용될 수 있다는 것이다. 두 가지 간단한 방법을 다음에 소개한다.

1. 직원이 평가받을 분야의 구체적인 역량을 포함하는 평가 양식을 사용하라. 이러한 각 역량에 대한 등급은 적어도 세 가지의 증거로 뒷받침되어야 한다. 가능하면 개방형 질문은 피하라. 구체적인 기준 없이 개방형 질문을 사용하는 경우에 많은 연구에서 보여주듯 개인은 편견에 의존한 판단을 내릴 가능성이 높아지기 때문이다.
2. 위 양식을 효과적으로 적용하는 방법을 가르치는 워크샵을 개발하라. 워크샵의 일환으로 지난 해 평가에 관한 의견을 받아 편견의 패턴이 평가 의견에 나타나 있는지 여부를 확인한다.

실제로 고용주는 성과 평가를 활용할 때 가능한 공정하게 하려고 의도할지라도 평가결과는 종종 완벽하지 않으며 내재적인 편견에 취약할 수 있다. 그러므로 매년 성과 평가를 철저히 검토하는 것은 필요하며 조직이 더 공평하고 포용적인 직장을 개발하는 데 도움이 될 수 있다.[189]

을 받지 않는다면 관리자는 이러한 책임을 회피하고 싶을 것이다. 그 이유는 무엇인가?

첫째, 거의 모든 구성원이 어떤 분야에서든 개선할 수 있다는 사실에도 불구하고, 관리자는 부정적인 피드백을 전달할 때 대립을 두려워한다. 둘째, 많은 구성원은 자신의 약점이 지적될 때 방어적인 태도를 취하는 경향이 있다. 성과 향상의 기초로서 피드백을 받아들이지 않고 일부는 관리자를 비판하거나 타인에게 비난을 돌리기도 한다. 이에 있어서는 관리자도 예외가 아니다. 관리자도 자신의 성과 평가에서 다면적인 피드백을 받을 때 무신경하고 방어적이 되며, 압박과 자원 부족 상황에서 이러한 피드백을 받으면 이직의 가능성이 더욱 높아진다. 특히 자기평가가 부정확한 관리자의 경우에 더욱 그러하다.[190] 셋째, 관리자는 본인이 제공하는 피드백의 정확성이나 직원이 자신의 피드백을 어떻게 인식하고 해석할 것인지에 대해 과장된 인식을 가지고 있으며, 이로 인해 피드백을 비효과적으로 전달한다. 관리자는 직원이 어떻게 느끼고 피드백을 어떻게 해석할 것인지에 대한 가정을 해서는 안 된다.[191] 넷째, 직원은 자신의 성과를 과대평가하는 경향이 있다. 평균적인 직원이 내린 자신의 성과 평가는 실제보다 훨씬 과장되어 있는 경우가 일반적이다.

이 문제의 해결책은 이러한 문제에 대해 무시하는 것이 아니라 관리자에게 건설적인 피드백을 진행하는 방법을 가르치는 것이다. 평가의 공정성, 관리자의 진정성, 건설적인 분위기를 느낄 수 있는 효과적인 피드백 세션을 통해 직원은 낙관적으로 느끼며 개선이 필요한 분야에 대해 파악하여 고치려고 마음먹게 된다.[192] 이것은 평가가 공정하고 철저한 경우에 완벽한 결과다. 그러나 불행하게도 평가자가 직원과 상호의존성을 느끼고 있어서 더 관대하게 평가하는 상황에서도 직원은 이런 감정을 느낄 수 있다.[193]

아마도 직원의 기분이 나쁜 경우에 조언을 받아들일 가능성이 훨씬 적다는 것은 놀랍지 않을 것이다. 평가는 가능한 한 구체적이어야 한다.[194] 사람은 전반적인 직무 성과에 대해 평가를 요

미신인가, 과학인가

24시간 근무하는 직장은 해롭다

이런 주장은 많은 경우에 사실로 보인다. 기술의 발달로 직원은 언제나 연결되어 있고 전 세계적으로 계속 연락을 취할 수 있게 되었지만, 연중무휴로 연락하고 연결되어 있게 직원을 촉진하는 기업은 아마도 그들 스스로 (그리고 그들의 직원)에게 좋지 않은 영향을 미칠 수 있다는 연구결과가 있다.

부족한 수면으로 인해 심각한 건강 문제를 밝히는 연구결과가 늘어나고 있으며, 직원이 하루 24시간 연결되어 있는 것을 장려하는 업무 관행은 이러한 상황을 악화시킬 수 있다. 한 연구에서 야간근무가 직장 성과에 어떤 영향을 미치는지 살펴보기 위해 직원에게 수면과 업무 몰입에 대한 일지 조사를 며칠에 걸쳐 수행했다. 야간에 스마트폰을 업무용으로 사용한 사람은 다음 날 업무 과제에 덜 참여했으며, 이러한 결과는 다른 기술 사용의 영향을 통제한 후에도 나타났다.

또 다른 관점에서 연구자는 일중독의 개인적인 결과를 살펴보았다. 일중독은 직장 밖에서도 지속적으로 일 생각을 하고 과도하게 일해야 할 필요를 느끼는 경향을 가리킨다. 이 습관은 과중한 업무 부담, 충돌하는 업무 우선 순위, 시간 압박과 같은 직장의 특성과 연관이 있다. 일중독자는 종종 직장에 대해 강한 헌신을 나타내고 즐기는 경향이 있기 때문에 이러한 영향을 즉시 인식하지 못할 수 있으며, 이러한 상태는 소진이 발생할 때까지 계속될 수 있다.

시간이 흐름에 따라 성과를 유지하는 핵심은 직장으로부터 심리적인 거리를 유지하는 것일 수 있다. 업무 요구사항에 대한 지나친 노출로 인해 부정적인 영향을 보여주는 연구 외에도 짧지만 정기적 휴식기간을 통해 완전한 휴식을 취하고 업무 책임을 회피하는 것이 개인의 에너지를 충전할 수 있다는 다른 연구결과도 있다. 짧은 시간 동안 지속적인 업무 요구사항에서 벗어나는 것이 실제로 장기적으로 사람을 훨씬 생산적으로 만든다. 따라서 증거는 명백하다. 자신을 다시 충전하려면 연결을 끊는다. 인사 부서는 이러한 노력을 지원하기 위해 연구결과를 관리자에게 제시하고 모두에게 이로운 관행과 일과 삶 사이의 경계를 확립하는 데 도움을 줄 수 있다.[195]

청받으면 자신의 성과를 과대평가하는 경향이 크지만 피드백이 특정 영역에 관한 것이라면 더 객관적일 수 있다.[196] 성과 검토를 전반적으로 개선하는 방법을 찾기는 어렵다. 그러나 특정 영역에서 개선하는 것은 훨씬 쉽다. 피드백을 주는 면담은 판단 과정이라기보다는 조언을 주는 과정이어야 하고, 직원의 자기평가에서 시작될 때 가장 효과적이다.

접근가능한 직장

17-6 합리적인 조치가 어떻게 접근가능한 직장을 만드는지 논의할 수 있다

신체적 또는 정신적 장애를 가진 개인에 대한 조직 내 정책은 나라에 따라 공식적, 비공식적으로 다양하며 채용, 선발, 훈련, 성과 관리를 포함하는 모든 인사 과정에 영향을 미친다.[197] 캐나다, 네덜란드, 뉴질랜드, 시리아, 말리와 같은 국가는 신체적 또는 정신적 장애를 가진 개인을 보호하기 위해 구체적인 법률을 가지고 있다.[198] 이러한 법률은 신체적 또는 정신적 장애를 가진 사람을 더 많이 받아들이고 수용할 수 있게 이끌었다. 미국에서는 1990년 ADA(미국 장애인법)가 제정된 이후 신체적 또는 정신적 장애를 가진 개인의 직장 내 대표성이 급격히 증가했다.[199] ADA에 따르면 고용주는 신체적 또는 정신적 장애를 가진 개인이 직장에 출입할 수 있도록 합리적인 조치를 취해야 한다.[200] 고려되는 장애의 예로는 사지절단장애, 발작장애, 다운증후군, 청각장애, 정신분열증, 알코올중독, 당뇨병, 우울증, 만성요통이 있다. 이러한 조건은 거의 공통된 특징이 없으므로 각 조건이 고용과 어떻게 관련되는지에 대해 구체적인 정의가 없다.

신체적 장애에 대한 조치

EEOC(미국 고용평등기회위원회)는 대다수의 생활활동 중 하나 이상을 심각하게 제한하는 신체적 또는 정신적 장애를 가진 사람을 **장애인**으로 분류한다. 장애가 고용결과에 미치는 영향은 다양한 관점에서 연구되어왔다. 다른 한편으로 가상의 후보자 사이에 무작위로 장애 상태가 조작된 실험에서 장애자는 신뢰성같이 개인적인 우수성을 가지고 있다고 평가된다.[201] 또 다른 연구에서 장애를 가진 직원이 더 높은 성과 평가를 받는다고 보고되었다. 그러나 장애자는 그들에 대해 낮은 성과 기대와 낮은 고용 확률을 현실에서 마주하게 되는 경향이 있다.[202]

장애인 직원에 대한 차별은 오랫동안 문제가 되어왔다(차별과 편견에 대한 깊이 있는 논의는 2장에 나와 있다).[203] 예를 들어 유럽에서는 고용주를 동기부여하기 위한 정책이 종종 장애인 근로자의 참여율을 높이지 못했으며 독일, 프랑스, 폴란드의 직접적인 장애인고용할당 제도도 역효과를 나타냈다.[204] 그러나 장애인의 재능과 능력을 인정하는 것 자체에서는 긍정적인 영향을 미쳤다. 또한 기술과 직장 환경의 발전으로 모든 종류의 장애를 가진 사람에게 이용가능한 직업의 범위가 크게 확대되었다.

관리자는 각 직무의 실제 요구사항을 인식하고 개인의 기술을 그에 맞게 맞춰야 하며 필요한 경우에 보조 조치를 취해야 한다. 그리고 조치 과정은 단순한 거래적 결정이 아니어야 한다. 거의 2만 명의 독일 연방공무원에 대한 연구에서 신체적 장애를 가진 상사와 부하직원은 모두에게 도움이 되는 적합한 조치를 확립하여 협력적인 방법으로 일하며 이직율을 낮출 수 있었다.[205]

숨겨진 장애에 대한 조치

앞에서 언급한 대로 장애는 눈에 띄는 특징(예: 절단된 팔다리, 휠체어 사용이 필요한 질병, 시각장애)이 있기도 하지만 직접적으로 관찰되지 않을 수도 있다. 개인이 관찰하기 어려운 장애를 드러내지 않는 한, 장애는 종종 숨겨질 수 있다. 이를 **숨겨진 장애**(또는 눈에 띄지 않는 장애)라고 한다. 숨겨진 장애는 일반적으로 감각장애(예: 난청), 자가면역질환(예: 류머티스 관절염), 만성질병 또는 통증(예: 카폴터널증후군), 인지장애 또는 학습장애[예: 주의력결핍과잉행동장애(ADHD)], 수면장애(예: 불면증), 심리적 문제(예: PTSD) 범주에 속한다.[206] 정신적인 장애가 신체적인 장애보다 더 많은 영향을 미칠 수 있다. 예를 들어 우울증, 불안과 같은 일반적인 정신 건강 문제가 있는 사람은 결근을 많이 하는 경향이 있다.[207]

2008년 미국 장애인법 개정안(ADAAA)의 변경으로 미국 기관은 다양한 장애를 가진 직원을 수용해야 한다. 그러나 직원은 직장에서 필요한 작업 환경과 고용 보호를 받으려면 자신의 상태를 고용주에게 공개해야 한다. 많은 직원은 자신의 숨겨진 장애를 공개하고 싶어하지 않으므로 직장에서 일을 잘 하기 위해 필요한 작업 환경을 얻기 어렵다. 연구에 따르면 숨겨진 장애를 가진 사람은 직장에서 다른 사람에게 자신의 장애를 공개하면 가십의 대상이 되거나 외면당할까봐 두려워하며, 관리자는 자신이 강력한 직무 성과 능력이 부족하다고 생각할 것이라고 믿고 있다.[208] 이전에는 없었던 신체적, 정신적 상태에 대한 진단을 받는 것 또한 두려운 일이며, 이러한 어려움은 그들이 더 어린 나이에 진단받게 되면 더욱 악화된다.[209]

어떤 면에서 숨겨진 장애는 실제로 완전히 보이지 않는 것은 아니다. 예를 들어 자폐스펙트럼(ASD)의 진단을 공개하지 않은 사람은 여전히 언어 소통에 어려움을 겪고 적응 능력이 부족한 것과 같은 특징적인 행동을 보일 것이다.[210] 따라서 숨겨진 장애를 가진 사람을 관찰한다면 의심할 만한 행동을 발견할 수 있을 것이다. 불행하게도 이러한 행동은 다른 원인으로도 해석될 여지가 있다. 예를 들어 동료의 느리고 어눌한 말투를 뇌졸중의 장기적 영향이 아니라 알코올 중독의 영향으로 오해할 수 있다.

연구에 따르면 직원의 입장에서는 일반적으로 숨겨진 장애에 대한 공개하는 편이 본인과 동료와 조직에게 도움이 된다. 공개는 개인의 직무 만족도와 웰빙을 높일 수 있으며, 동료가 직장에서 본인을 이해하고 지원할 수 있게 도와주며, 조직이 상황을 수용하여 직원과 조직이 최고의 성과를 달성할 수 있게 한다.[211] 게다가 공개 이후에는 관리자와 직원 모두가 신체적, 정신적 장애에 대해 더 많이 알아야 하며(무례한 가정을 하지 않기 위해),[212] 수용적이고 포용적이며 공정한 환경을 조성할 수 있도록 노력해야 한다.[213]

인사 부서의 리더십 역할

17-7 조직에서 인사 부서의 리더십 역할을 설명할 수 있다.

인사(HR) 부서가 채용, 선발, 훈련과 개발, 성과 관리, 장애에 대한 조치와 같은 다양한 분야에서 수행하는 중요한 역할에 대해 논의했다. 이러한 기능은 조직에서 가장 가치 있는 자산인 사람을 관리하는 데 가장 중요한 일이다. 인사 부서는 직장 내 복리후생, 구성원 설문, 고용 정책 고안과 시행 등 거의 모든 측면에서 리더십 역할을 수행한다. 인사 부서는 일과 삶의 균형, 중재, 해고 등과 같은 갈등적인 환경을 관리하는 최전선에 있다. 직원이 입사하여 퇴사할 때까지 모든 과정을 함께하는 인사 부서는 필요에 따라서 회사와 직원의 관점을 모두 대변하는 유일한 부서이다.

고성과 작업시스템(HPWS) 조직 성과를 향상시키기 위해 함께 활용되고 서로 강화하는 일련의 인사 관리 시스템

기업은 최근에야 인사 부서가 직원의 성과에 미치는 영향을 인식하기 시작했다. 학자들은 **고성과 작업시스템**(high-performance work system, HPWS)의 효과를 연구해왔다. 이는 일부 조직에서 시행되고 있는 인적 자원 관리 실천 방법의 집합이다.[214] 고성과 작업시스템은 조직 성과를 높이기 위해 함께 활용되고, 높은 조직 성과는 고성과 작업시스템에 더 많은 자원을 제공함으로써 이를 강화한다.[215] 고성과 작업시스템은 리더십이 조직 목표를 중시하지 않을 때(예: 고객서비스 개선) 조직 성과에 더 큰 영향을 미칠 수도 있다.[216] 고성과 작업시스템의 실천 방법에는 이익분배제도와 같은 보상제도, 직원의 역량 개발을 위한 훈련과 개발 프로그램을 포함한다.[217] 창의성 중심의 고성과 작업시스템은 직원이 다양한 고객 요구를 충족하는 혁신적

더 나은 세상을 향해

가와사키: 타쿠미 주쿠와 마나비야에서 서로 배우기

가와사키(Kawasaki) 중공업은 중요한 공공 중장비(로봇, 가스터빈, 보일러 등), 차량, 선박 제조업체다. 일본 고베에 본사를 두고 있으며, 가와사키는 미쓰비시와 함께 주요한 일본 제조업체 중 하나다. 지난 10년 동안 가와사키는 환경, 지속가능성, 지배 구조(ESG)를 전략의 핵심요소로 삼고 노력하고 있다. 더불어 가와사키는 인사 전략과 운영을 ESG 목표와 기업의 지속가능성 중심의 고성과 작업시스템과 조율하려고 노력하고 있다. 가와사키의 주요 ESG 가치 중 하나는 '다음 세대 지원'이며, 가와사키는 다양한 인사 프로그램을 통해 이 가치를 실현하고 있다.

가와사키는 이러한 공유된 미션과 목표를 어떻게 인사 체계 내에서 육성하고 있는가? 첫째, 가와사키는 '업무 목표 공유(Gyomu Mokuhya Kyoyuka)' 프로그램을 시행하고 있으며, 이 프로그램은 매년 두 번 감독자-부하직원 간의 회의를 개최하여 성과 추적, 교육과 성장 필요사항 확인, 목표에 대한 공유된 수용을 촉진한다. 기술 전문가를 위해서는 '그랜드 마스터' 전문가(그들의 분야에서 매우 뛰어난 기술을 인정받은 사람)와 신입직원을 짝지어 학습하는 수습 프로그램을 통해 현장 생산 기술을 향상하는 것도 포함된다. 둘째, 가와사키는 젊은 직원을 대상으로 연례 직무기술대회를 개최하여 작업 현장에서 배운 재능을 선보일 수 있게 한다. 일본과 다른 국가에서 온 신입직원은 주요 제조공장인 아카시웍스(Akashi Works)에서 모여 대회에 참가할 기술을 개발하고 서로 배우게 된다. 셋째, 가와사키는 기술자가 기술을 전수하고 공동으로 학습하는 기업 캠퍼스를 만들었다. 하리마웍스(Harima Works) 공장의 타쿠미 주키(Takumi Juki)와 아카시웍스 공장의 마나비야(Manabiya)는 직원이 서로 배울 수 있는 공식적인 센터를 만든다.

가와사키의 협력 문화 구축 노력은 여기서 끝나지 않다. 직원들 간의 훈련과 기술 전달을 촉진하는 것뿐만 아니라 젊은 세대를 대상으로 하여 전 세계적으로 지식, 기술, 참여를 개발하기 위한 노력도 기울이고 있다. 첫째, 가와사키는 젊은이와 지역 사회구성원에게 기술과 장인 정신을 가르치기 위해 기업 박물관을 만들었다. 이 박물관 또는 가와사키굿타임월드(Kawasaki Good Times World)는 매년 거의 20만 명의 방문객에게 오토바이, 로봇, 기타 육지와 해상과 공중의 기계가 어떻게 만들어지는지 상호작용하며 배울 수 있는 기회를 제공한다. 둘째, 가와사키는 어린이가 자신만의 기술 중심 제품을 만드는 방법을 배울 수 있는 '수공예와 실험과정(Handicraft and Experiment Courses)'을 주최한다. 각 사업부에서 나온 직원이 지역 사회의 어린이에게 이러한 훈련 프로그램을 개발하고 제공하며, 어린이는 장난감 헬리콥터, 크레인, 오토바이, 기차, 선박, 심지어 장난감 제트엔진과 발전소를 직접 만들어 보는 기회를 가진다. 수공예와 실험과정 프로그램은 교육 지원 프로젝트 그랑프리에서 여러 상을 수상했다. 셋째, 아카시웍스와 마나비야 캠퍼스는 전략적으로 하나조노 유치원, 키사키 초등학교, 보카이 중학교 바로 옆에 전략적으로 위치하고 있다. 이 학교의 학부모와 학생은 매년 아카시웍스를 방문하여 시설을 관람하고 제조 과정을 배우며 가와사키 직원과 함께 점심을 즐길 수 있는 기회를 제공받는다.

가와사키와 같은 조직이 ESG 목표를 달성하기 위해 HR을 참여시키는 이유는 무엇인가? 마쉬앤맥레넌컴퍼니(Marsh & McLennan)의 연구에 따르면 ESG가 직원의 감정에 큰 영향을 미치며(경쟁 우위를 차지할 수 있는 요인이 될 수 있음), 직원의 모집, 선택, 유지에 점점 더 중요해지고 있다. 게다가 윌리스타워스왓슨(Willis Towers Watson)이 진행한 전 세계 170명 이사를 대상으로 한 조사에 따르면 성과 관리 시스템은 ESG 목표를 달성하는 데 역할을 해야 하며, 이는 성과 평가와 인센티브에 반영되어야 한다. HR과 리더십은 ESG 노력을 '슈퍼 충전'하는 방법을 가지고 있다. 경영진의 지원과 ESG 목표와 정책에 대한 의사소통을 통해 모든 직원이 회사의 ESG 노력에 참여하고 교육을 받을 수 있다. 가와사키의 ESG 프로젝트 덕분에 이 회사는 연간 2% 미만의 이직률을 자랑하며 직원의 2/3 이상이 가와사키에 머물기를 희망하고 있다.[218]

인 해결책을 창출할 수 있게 격려한다.[219] 마지막으로 권한 부여 중심의 고성과 작업시스템은 직원이 의견을 표현하고 자율적으로 업무를 맡아 성과를 향상하게 격려하여 업무 성과를 향상한다.[220]

인사제도의 소통

인사 부서의 리더십은 구성원에게 인사제도를 알려주고 이러한 제도와 관련된 결정의 의미를 설명하면서 시작된다. 단순히 제도를 도입하는 것만으로는 부족하다. 인사 부서는 직원에게 제도를 알려주어야 한다. 인사제도가 어떻게 개발되었고 이 시스템의 역할이 무엇인지 잘 설명해주면 직원은 자신이 일을 통해 확보할 수 있는 것을 스스로 통제하고 관리할 수 있다고 생각하게 된다.[221] 직원이 자신의 업무 성과에 영향을 미칠 수 있다는 사실을 알게 되면 직원은 동기부여된다. 조직의 인사 철학과 체계를 고용주의 관심의 표현으로 받아들이게 되면 직원은 긍정적인 감정을 갖게 되며, 이는 직원이 고성과 작업시스템(HPWS)을 채택하고 영향을 미치는 데 그치지 않고,[222] 직원의 헌신과 유지와 참여를 증가시키는 데 기여할 수 있다.[223]

많은 연구는 소통의 효과와 인사 시스템의 효과성을 지지하고 있다.[224] 예를 들어 대규모 음식서비스 기업의 다양한 사업 부문을 조사한 한 연구에서 직원들의 인사제도에 대한 인식이 조직시민행동, 조직 몰입, 직장에 남고자 하는 의도의 유의미한 예측변수임을 밝혔다.[225] 그러나 이러한 효과는 직원이 이러한 관행이 존재함을 알고 있을 때만 긍정적으로 나타났다. 다른 연구에서는 직원이 인사제도가 도입된 이유를 어떻게 인식하는지에 따라 인사제도가 다른 영향을 미치는 것을 발견했다.[226] 인사제도가 성과를 개선하고 근로자에게 혜택을 주기 위해 마련된 것으로 인식하는 직원은 높은 헌신과 성과로 보답한다. 이와 반대로 이러한 관행이 근로자를 이용하기 위해 설정된 것으로 인식하는 직원은 긍정적인 반응을 보이지 않는다.

인사제도의 효과성은 직원의 태도에 따라 달라진다. 문헌 연구에 의하면 직원이 동기부여되었다고 느낄 때 인사제도가 긍정적인 결과를 가져올 가능성이 더 높다.[227] 다른 연구에서는 성과 관리 시스템의 목적에 대해 더 많은 지식을 가진 직원이 시스템을 효과적으로 활용하여 효율성이 높아지고 업무를 더 철저하게 처리했다.[228] 이러한 결과를 종합하면 고용주가 단순히 인사제도를 만드는 것만으로는 충분하지 않으며, 실제로 회사의 성과를 높이고 구성원이 더 좋은 결과를 달성할 수 있게 하는 제도임을 직원과 소통해야 한다. 리더십의 소통은 직원의 태도와 인사제도에 대한 인식을 형성하는 데 도움이 될 수 있다.

고용 정책 마련과 시행

혜택이 따라온다면 책임도 따라온다. 그리고 직원은 조직이 자기에게 어떤 것을 기대하는지 알아야 한다. 법률에 기반한 현행 정책은 최소 요건을 넘어서 조직 문화와 분위기를 긍정적으로 정의하는 데 도움이 될 것이다(16장 참조). 혜택과 다르게(8장 참조) 정책은 작업 조건 뿐만 아니라 행동 가이드라인을 제공한다. 회사는 영유아의 어머니를 위해 특별한 휴게실 혜택을 제공할 수 있지만 행동의 기대사항을 개요화하는 정책이 필요한다. 많은 어머니가 시설 내의 다른 장소에서 아기를 돌보는 것을 선택할 수 있는가? 아니면 오직 휴게실에서만 돌보는 것을 선택할 수 있는가? 허용되는 시간은 어떻게 되는가? 수집한 모유는 어디에 보관할 수 있는가? 잠재적인 질문에 답하기 위해 정책을 수립하는 것은 모든 직원에게 혼란을 최소화하는 데 도움이 될 것이다. 모유수유 사례는 잠재적인 혜택과 정책 조합의 예로, 직원이 그 혜택을 그들의 복지를 돕는 회사의 지원으로 인식하면서 어떻게 그것을 사용해야 하는지 이해하게 될 것이다. 그러나 정책은 효과적이 되려면 시행이 필요한다. HR 관리자는 인프라 기반의 조직적인 결과를 설정하고 종종 정책을 시행하는 책임이 있다.

가끔씩 HR 관리자는 법적 준수가 문제인 경우에 직원의 직접적인 관리자가 동의하지 않을 때 조치를 취해야 할 수도 있다. 예를 들어 엔터테인먼트, 비영리, 출판, 마케팅 산업에서는 대학 졸업 후에 무급 인턴을 사용하는 많은 회사가 있으며, 이들은 경험을 얻기 위해 급여 대신 현장 경험을 받아야 한다. 노동부는 무급 인턴은 직업 교육 경험을 제공해야 하며 그들의 작업이 고용주에게 이익을 주지 않아야 한다고 규정하고 있다. 인턴은 다른 사람에게 급여를 주어야 할 작업을 자신이 하게 되는 경우도 있다고 보고하고 있다. 이러한 회사가 무급 인턴을 계속 사용하려면, HR 관리자는 감독자에게 부여할 수 있는 과제를 명확히 하는 정책을 수립한 다음 정책이 준수되도록 해야 한다. 그렇지 않으면 그들의 조직은 에릭 글랫(Eric Glatt)라는 인턴이 미니멈 시급 법규를 위반한 소송을 제기한 것과 같은 소송에 직면하게 될 것이다. 미국 지역법원의 판사는 그가 부적절하게 인턴으로 분류되었다고 판결했다. 이 판결은 노동부의 기준을 인용했으며, 무급 인턴십은 학교에서 받는 훈련과 유사한 작업을 제공하고 인턴에게 이익을 주어야 하며 다른 직원을 대체해서는 안 된다고 규정하고 있다. 이 판결은 NBC유니버설(NBC Universal), 폭스(Fox), 바이어컴(Viacom), 기타 대규모 조직에 대한 비슷한 소송을 일으키며 종종 법정 밖 합의로 끝났다. 그러나 이 문제는 결론이 나지 않은 상태로 남아 있어 불공정하게 대우받는 경우에 인턴에게 소송하는 부담을 남긴다.

마지막으로 HR에서의 리더십 역할은 조직의 목표를 충족하고 원하는 비즈니스 결과를 실현하며 고성과 작업시스템으로 시장에서 경쟁력을 유지하는 데 중요하며 필수적이다.

요약

조직의 인사 체계와 관행은 조직행동(OB)과 중요한 업무 성과에 큰 영향을 미치는 중요한 역할을 한다. 인사 부서는 조직의 노동력 구성을 형성하는 데 점점 더 중요한 역할을 하고 있다. 첫째, 인사 부서는 구직자가 자신의 조직을 알아보고 채용 노력을 더욱 강화하기 위해 온라인 존재를 구축하는 데 선도적인 역할을 한다. 구직자와 관계를 구축하며 실제 채용 예고를 통해 직원의 하루 일과를 보여주는 창구를 제공한다. 둘째, 인사 부서는 초기 선발, 본격적인 선발, 임시 선발의 모든 단계에 참여하며 최종 목표는 조직의 인적 자본 자원에 기여하고 조직의 임무와 목표를 전진시키기 위해 가장 우수한 지원자를 채용하는 것이다. 효과적인 조직에서는 인사 부서가 직원이 조직과 함께하는 동안 활발하게 참여한다. 인사 부서는 훈련과 개발 프로그램을 개설하고 관리한다. 많은 기업에서 인사 부서는 직원이 조직의 일원으로서 참여하고 성장할 수 있게 지속적이고 활발한 학습 기회를 제공한다. 또한 성과 평가 시스템을 관리하는 정책과 관행을 수립한다. 많은 기업이 아직 완전히 성과 관리를 숙달하지 못했지만, 이것은 개발적인 목적을 가지고 빈번하게 실행된다면 훌륭한 인사 도구가 될 수 있다. 셋째, 인사는 신체적, 정신적 장애를 가진 직원을 포함한 다양하고 포용적인 직장을 구축하기 위해 중요한 기능이다.

인사는 직원과 협력하여 포용적이고 수용적인 직장을 구축하기 위해 합리적인 조치를 수립한다. 전반적으로 인사는 고용 정책과 관행을 작성, 전달, 시행하는 역할을 하는 리더십 역할을 한다. 인사는 조직과의 개인 경험의 모든 단계에서 윤리적 문제에 대한 인식을 제고해야 한다. 따라서 지식이 있는 인사 전문가는 최고 경영자부터 직원까지 조직의 모든 수준에 중요한 자원이다.

관리자를 위한 시사점

- 관리자는 잠재적인 구직자와의 인상 관리를 통해 지원자의 관심도를 높여라. 이를 위해서 인사 담당자는 구직자와 긍정적인 관계를 구축할 수 있게 훈련되어야 하며, 채용과 선발 시스템은 공정하고 정의롭고 명확해야 하며, 회사 브랜드는 핵심 가치를 전달하고 평판을 보호해야 한다.
- 추천 채용은 매우 흔한 관행이지만, 그 효과에 대한 증거는 혼재되어 있다. 어떤 면에서는 직장 내 관계를 풍부하게 만들 수 있지만, 다른 면에서는 구직자와 현직 직원이 이 관행을 불공평하다고 여길 수 있다.
- 현실적인 직무 미리보기는 회사에서 일하는 경험에 대한 구직자와 지원자의 기대를 관리하는 한 가지 방법이다. 현실적인 직무 미리보기는 점점 더 관리자에게 접근가능해지고 있다. 많은 기업은 현실적인 직무 미리보기 비디오, 시뮬레이션, 게임을 자사 웹사이트에 게시하라.
- 채용 과정은 매우 복잡하며 관리자는 초기, 본질적, 임시 선발에서 사용하는 방법을 신중하게 고려하라. 무엇보다도 관리자는 선택 과정의 각 부분이 결정에 긍정적으로 기여하며 편견을 도입하지 않으며 법과 규정을 준수하며 대표적으로 포함되지 않은 그룹의 사람을 불공평하게 대하지 않도록 해야 한다. 또한 가장 일반적인 방법 중 일부(예: 구조화되지 않은 면접, 지원서, 커버 레터 등)는 정보 제공이 가장 적은 방법이다.
- 관리자는 훈련 필요성과 기술 격차를 추적하는 시스템을 구축하고, 이러한 필요성을 충족시키는 (온라인, 오프라인) 프로그램을 설계하며, 그 효과를 지속적으로 평가하라. 공식적이고 비공식적인 훈련은 각각의 위치를 가지며, 관리자는 구조를 구축하고 훈련 참여를 촉진하며 사람들 간의 긍정적인 학습 상호작용을 유도하는 세 가지 접근법을 채택해야 한다.
- 성과 관리는 종종 잘 이루어지지 않는다. 관리자는 종종 연례적인 성과 평가를 통한 해고, 승진, 급여 인상 결정의 전통적인 방식을 버릴 것을 고려하라. 대신에 관리자는 연속적으로 진행되며 구체적인 행동에 중점을 둔 성과 관리 시스템을 개발하고, 대상인 개인을 잘 아는 다양한 훈련을 받은 직원으로부터 피드백을 얻으며 발전적인 목적(예: 전문성의 성장과 발전의 간극을 식별하는 피드백 제공)을 두어야 한다.
- 관리자는 ADA(미국 장애인평등법)에 따라 공개된 인정된 장애에 대한 합리적인 조치를 제공하라. 그러나 이를 넘어서 관리자는 장애를 고백한 직원과 적극적으로 협력하여 그들의 필요를 고려하고, 그들의 장애에 대해 더 많이 배워서 그들의 상황을 더 잘 이해하며 포용적이고 수용적인 환경을 조성하라.

- 리더십은 고성능 업무 관행을 수립, 전달, 시행하는 데 중요한 역할을 한다. 최고경영자와 관리자의 지원과 옹호가 없으면 많은 조직적 노력이 효과가 없을 수 있다.

고용주는 지원자의 범죄 기록을 확인해야 하는가

찬성 의견

거주 지역에 따라 취업 지원서에서 범죄 기록에 대해 묻는 경우가 있을 수 있다. 직접 묻지 않았더라도 회사는 배경 조사서비스를 사용하여 조사했을 수 있다. 조사에 따르면 거의 70%의 기업이 취업 지원자에 대한 어떤 형태의 범죄 배경 조사를 실시한다고 한다. 이렇게 많은 기업이 동일한 기본 전략을 사용하는 경우에 그들은 그에 대한 합당한 이유가 있을 것이다

기업은 다양한 목적으로 범죄 기록을 확인한다. 일부 관리자는 이전의 범죄행동이 미래의 범죄행동의 지표일 수 있다고 믿는다. 많은 직원이 자신의 직업의 접근 권한을 이용하여 도난부터 폭행 또는 심지어 살인과 같은 범죄를 저지른 경우가 있다. 그들의 범죄 기록을 확인함으로써 이러한 개인을 걸러내는 데 도움이 될 수 있다.

비영리 기관인 수웨버코즈(Sue Weaver Cause)의 창립자인 루시아 본(Lucia Bone)은 "사업, 직원, 고객을 보호하는 것은 고용주의 책임이다"라고 말한다. 이것은 본에게 깊은 의미가 있는 문제다. 그녀는 자매 수 웨버(Sue Weaver)가 범죄 기록을 가진 남성에게 집 청소를 하도록 허용하여 사망한 사건 이후 이 기관을 설립하고 자매의 이름을 따서 지었다. 많은 고용 관리자는 자신의 부주의로 인해 유사한 비극적인 결과가 발생하지 않도록 범죄 기록을 확인한다.

범죄 기록은 직장 내 즉각적인 범죄활동의 위험 신호를 나타내는 것 외에도 다른 비도덕적 직장행동의 좋은 지표일 수 있다. 한 분야에서 사회적 규범을 위반할 의향이 있는 사람은 다른 분야에서도 이를 위반할 가능성이 높을 것이다. 고용주가 불법 약물 사용이나 절도에 대한 체크를 할 때, 그들은 상사에게 거짓말하거나 돈을 횡령할 수 있는 사람을 식별하려고 노력한다. 범죄 기록에서 수집된 정보는 미래에 문제를 일으킬 것으로 예상되는 사람에 대한 관리자의 직관보다 더 객관적이고 정확할 가능성이 높다.

반대 의견

사회학자 데바 페이저(Devah Pager)에 따르면, 미국의 높은 감금율은 고용주의 채용 결정이 범죄 기록을 기반으로 한 경우 노동시장과 사회에 중요한 영향을 미친다. 코크인더스트리즈(Koch Industries)는 지원자에게 범죄 기록에 대해 묻지 않도록 변경했다. CEO 찰스 코크(Charles Koch)는 "전 범죄자가 직장, 교육, 주택을 얻을 수 없다면, 어떻게 그들이 생산적인 삶을 기대할 수 있을까?"라고 언급했다. 코크의 우려는 타당한다. 한 연구는 젊은 성인의 체포 기록이 나중에 낮은 소득과 교육 수준과 관련이 있으며 유죄 기록은 낮은 수준과 연결되어 있다고 보고했다.

체포율과 유죄 기록에서 인종과 민족 집단 간에 상당한 차이가 있다. 남성은 여성보다 체포와 유죄 기록을 가질 가능성이 훨씬 높다. 평등고용기회위원회(EEOC)는 범죄 기록을 가진 개인을 일자리에서 배제하는 것이 특히 흑인 남성에 대한 효과적인 차별로 이어진다고 결론내린다.

범죄 배경 조사는 고용주가 원하는 정보를 반드시 제공하지 않다. 현대 범죄 사법의 핵심 원칙 중 하나는 유죄가 입증되기 전까지는 무죄라는 것이다. 그러나 일부 검색은 유죄 기록과 체포 기록을 모두 나타낼 수 있다. 이것은 문제가 있다. 왜냐하면 체포 중 절반 미만이 유죄 판결로 끝나기 때문이다. 체포 기록의 사용이 많은 지역에서 금지되어 있지만, 이것이 보편적인 규칙은 아닌다. 다른 조사에서는 온라인 범죄 기록 확인이 거짓 양성결과를 내기 쉽다는 것을 발견했고, 범죄 과거가 있는 것으로 보고할 때 실제로 그렇지 않은 경우가 있다고 보고했다.

다른 문제는 관련성 부족이다. 많은 사람이 폭행으로 유죄 판결을 받은 사람은 무기를 소지하거나 취약한 인구와 관련된 일에는 적합한 후보가 아니라고 동의할 것이지만, 도둑질 유죄 판결이 동일한 우려를 제기하는지는 덜 명확한다. 사회학자 크리스토퍼 우겐(Christopher Uggen)은 "특정 활동을 위한 자격을 박탈하는 죄에 대해 아직 정확히 어떤 것이 불가능한지 알아내지 못했다"라고 요약한다.[229]

17장 종합 점검

복습 질문

17-1 채용 방법의 가치는 무엇인가?

17-2 초기 선발 방법은 무엇인가?

17-3 본질적 선발에서 가장 유용한 방법은 무엇인가?

17-4 주요 훈련 유형 간의 유사점과 차이점은 무엇인가?

17-5 성과 관리의 방법은 무엇인가?

17-6 합리적인 조치가 더 접근가능한 직장을 어떻게 만드나?

17-7 조직 내에서 리더십이 인사 부서에 어떤 역할을 하는가?

입사 지원과 취업 역량

인사 정책과 실천은 조직의 성공에 엄청난 영향을 미친다. 채용과 선발은 조직이 인적 자원 자본을 확대할 수 있도록 한다. 훈련은 직원의 능력과 기술을 강화하여 조직의 성과를 촉진하는 데 도움이 될 수 있다. 인사 실천과 정책은 또한 성과 측정 방법, 직장의 포용성과 접근성, 많은 중요한 조직적 결과에 영향을 미치는 다른 요소를 결정한다. 이 장에서는 '24시간' 직장을 형성하는 고성과 요구 역할이 어떤 영향을 미치는지 밝히고, 성과 평가에서 편견을 제거할 방법을 결정하고, 고용주가 범죄 배경을 확인해야 하는지 논의하고, 가와스키가 내부와 외부에서 '다음 세대를 지원하는' 지속가능성 목표를 달성하는 방법을 발견함으로써 직장에서 유용한 많은 기술을 개발했다. 다음 절에는 평가센터 행사를 설계하고 친구를 고용할지 여부를 결정하며 미국에서의 인신매매 비극에 직면하면서 이러한 기술을 더욱 향상시킬 예정이다.

실전 연습 가상 평가센터 행사 설계

이 연습에서는 디지털 애니메이션 스튜디오의 캐릭터 디자인 부문 책임자를 선발하기 위한 성과 시뮬레이션 시험을 만드는 데 중점을 둘 것이다. 이 자리는 완전히 가상이다. 후보자는 전 세계적으로 평가된다. 여러 가지 다양한 지리적 위치에서 후보자를 평가하려는 고용주는 새 직원을 선발하기 위해 평가센터를 사용하려고 한다. 이 장에서 배운 대로 평가센터 연습은 직장에서 직원이 직면할 수 있는 문제를 시뮬레이션할 수 있게 되었다. 평가센터는 외부에서 진행되기 때문에 고용주는 후보자가 자신의 컴퓨터에서 참여할 수 있는 가상 평가센터를 생성할 수 있다. 예를 들어 관리직 자리에 지원한 후보자는 가상 이메일의 받은 편지함에 액세스하기 위해 웹사이트에 로그인하도록 요청할 수 있다. 이 가상의 받은 편지함을 통해 후보자가 설정된 시간 동안 이메일이나 메모에 어떻게 응답하는지 평가할 수 있다.

이 자리에 대해 몇 가지 세부사항은 독특하다. 평가센터를 사용하여 선택할 수 있는 많은 다른 자리와 달리 캐릭터 디자인 부문 책임자는 매우 창의적이고 기술적으로 뛰어나며 예술적이어야 한다. 경쟁력 있는 후보자는 훌륭한 예술가일 뿐 아니라 다른 예술가를 관리하는 데도 능숙해야 한다. 전형적인 평가센터의 연습은 이 자리에는 적합하지 않을 것이다.

단계 1: 2명 또는 3명씩 그룹을 구성해서 연습을 시작하려면 이 자리에 있는 누군가가 마주할 수 있는 일반적인 작업을 고려하라. 다른 예술가를 관리하는 것은 어떤 것을 의미하는가? 픽사(Pixar), 드림웍스(DreamWorks)와 같은 대기업에서 창의적인 감독, 주 애니메이터, 캐릭터 디자이너의 직무 기술서를 참고하는 것이 도움이 될 수 있다. 이 자리에서 일할 사람을 위해 중요한 작업 5~10가지를 나열하라.

단계 2: 다음으로 가상 평가센터에서 시뮬레이션할 수 있는 작업을 선택하라. 그룹으로 해당 작업에 대한 간략한 설명을 작성하라. 작업의 목표, 후보자가 받게 될 지침, 후보자가 작업을 완료하는 데 소요되는 시간 등을 고려해야 한다.

단계 3: 평가센터 연습을 만들었을 때, 지원자의 작업을 어떻게 평가할지 고려하라. 먼저 점수를 매기기 위한 좋은 평가 기준을 만들기 위해 어떤 결과가 좋은 성과나 나쁜 성과를 반영하는지 결정하라. 다음으로 이 연습 중에 성공하기 위해 필요한 특성이 무엇인지 결정하라. 각 특성은 작업을 수행하거나 작업 결과에 접근하는 동안 볼 수 있는 것으로 측정되어야 한다. 평가센터 연습에서 후보자를 평가하기 위한 등급 척도를 만들어라.

모든 그룹이 평가센터 연습과 등급 척도를 설계한 후에 수업에서 각 그룹이 무엇을 했는지에 대해 토론을 진행하라.

문제

17-8 이 유형의 자리를 위해 평가센터 연습을 만드는 데 어떤 어려움이 있었는가?

17-9 이 유형의 자리에 필요한 핵심 작업을 어떻게 결정했는가?

17-10 평가센터 모델을 사용하여 후보자가 직무를 완료하는 데 필요한 모든 특성을 가지고 있는지를 판단할 수 있었는가?

17-11 가상 평가센터 대신에 대면 평가센터에서 사용할 수 있는 작업을 만드는 것이 쉬웠는가? 후보자를 선택하는 다른 방법(구조화된 면접, 작업 샘플)을 사용하는 것이 더 쉬웠는가?

윤리적 딜레마 직원에게 더 많은 급여를 지급하고 회사의 이익을 줄여야 하는가

라이언에어(Ryanair)는 지난 10년 동안 유럽 시민의 여행 습관을 근본적으로 바꿨으며, 특히 싼 항공요금으로 유명하여 2017년에는 1,310만 명의 고객을 유치했다. 특히 밀레니엄 세대에게 인기가 많았지만 라이언에어는 2017년 가을에 예상치 못한 위기를 겪었으며 2만 개가 넘는 취소 항공편과 70만 명 이상을 환불이나 다른 항공편으로 안내해야 하는 사태가 발생했다. 이 문제는 직원 부족으로 인해 발생했으며, 라이언에어의 경쟁사가 더 높은 보상과 더 좋은 근무 조건을 제공한 후에 많은 조종사가 회사를 떠나기로 결정했기 때문이었다.

조종사 근무 위기를 해결하기 위해 CEO 마이클 오리어리(Michael O'Leary)는 회사에 남아 휴가일 때 추가로 비행하는 것에 동의하는 조종사에게 충성 보너스를 약속하는 편지를 썼다. 이 편지를 통해 조종사에게 감사를 표함과 동시에 그동안 라이언에어의 고용 방식을 비난해온 노동조합에 간접적으로나마 응답하려 했다. 라이언에어는 하청업체나 대행사를 통해 조종사와 계약했는데, 이렇게 채용된 조종사는 비행 외 시간에 대한 보상을 받지 못하고 휴가, 병가, 유급 휴가 등을 보장받지 못했기 때문이다.

라이언에어 사례의 구체적인 상황과는 무관하게 이 이야기는 인사 관리에서 매우 논쟁적인 질문을 제기한다. 회사 이익을 희생해서 직원에게 더 많은 급여를 주어야 하는가? 직원에게 혜택 프로그램을 더 많이 제공하여 대우해야 하는가? 많은 사람은 아마도 "네"라고 말할 것이다. 그러나 이 질문에 대한 답은 보이는 것만큼 간단하지 않다. 많은 고용주는 직원에게 더 많은 급여를 주고 더 자주 승진시키고 싶어 하지만, 글로벌 경쟁과 제품 또는 서비스의 가격이 더 나은 고용 조건으로 정당화되는 경우에 더 많은 금액을 지불하기를 원하지 않는 고객을 포함한 여러 제약사항이 있다. 그럼에도 불구하고 이 사례가 보여주는 것처럼 회사의 평판과 정상적인 기능에 심각한 피해를 줄 수 있는 사람을 잘 대우하지 않는 것에는 일부 단점이 있다.[230]

문제

17-12 라이언에어의 CEO는 어떻게 하면 조종사가 회사에 충성하게 만들 수 있는가? 금전적 인센티브만으로 충분한가?

17-13 조종사에게 휴가 동안 더 많은 시간을 비행하는 것에 동의하면 보너스를 약속하는 편지를 쓰는 것은 적절한가? 라이언에어는 자사의 인사 관행을 더 잘 전달하기 위해 어떻게 다르게 할 수 있는가?

17-14 노동력을 더 지속가능하게 관리하는 것은 회사에 비용을 부과하거나 혜택을 생성하는가?

사례 삽화 비디오 메시지로 해고된 경우

당신이 어떤 경고도 없이 3분간의 미리 녹화된 줌 비디오로 해고당했다면 어떤 기분이 드는가? 이것이 2022년 봄에 영국 최대의 해운 회사 중 하나인 P&O페리(P&O Ferries)의 800명 직원이 겪은 일이다. P&O페리는 영국에서 대륙 유럽과 아일랜드로 페리를 운영하며 두바이 소재의 물류 회사가 소유하고 있다. 수송 부문의 많은 다른 회사와 마찬가지로 P&O페리도 COVID-19 위기로 큰 타격을 입었으며 수백만 파운드의 손실을 겪었다. 800명의 선원을 해고하는 결정은 CEO가 운영을 재구성하려는 시도의 필수적인 부분으로 주장되며 이 회사를 파산에서 구할 유일한 방법이라고 주장되었다.

그러나 이 회사의 급변한 결정은 영국 법률에서 요구하는 것처럼 대규모 직장 감축을 실행하기 전에 직원이나 노동조합과 협의하지 않았기 때문에, 이러한 결정은 완전히 놀라움으로 직원에게 다가왔다. 고용법은 각 나라마다 다르며, 예를 들어 미국에서는 법적 협의와 통지 권리가 어느 정도 제한되어 있지만 인도나 일본과 같은 국가에서는 집단 협의나 개별 협의가 필요하지 않는다. 반면 영국에서는 회사의 인사 부서가 영국 고용법에서 필요로 하는 과정임을 알아야 한다. 정당한 절차가 따르지 않으면 고용상소법원에서 이러한 결정에 대한 이의 제기가 가능하다. 이런 결정에서 CEO가 HR 의견을 내지 않은 것은 나중에 회사가 법을 위반한 것으로 판명되었다는 뜻이었다.

게다가 해고 결정이 직원에게 전달된 방식 자체도 적절한 과정과 절차가 부족했다. 3분간의 미리 녹화된 줌 비디오 회의는 하루가 끝나고 갑자기 진행되었으며 어떠한 경고도 없었다. 이 통화는 단순히 선원에게 그들의 직장이 더 이상 존재하지 않음을 알려주었으며 발표 이후에는 그들이 일하던 선박에서 호송되었다. 대부분의 직원은 충격과 절망의 상태에 빠졌다. 그들 중 많은 사람은 회사에서 몇 년 동안 일하고 팬데믹 동안 충성심으로 열심히 일한 바 있었다.

상황을 더 논란스럽게 만든 것은 P&O 페리가 단순히 축소하는 것이 아니라 '해고하고 다시 고용' 형태의 방법을 사용하고 있다는 점이었다. 나중에 해고된 근로자가 더 저렴한 대리점 직원으로 대체되고 있다는 사실이 드러나면서 논란이 더 커졌다. '해고하고 다시 고용'은 기업이 직원을 해고한 다음 동일한 직책에 대해 일반적으로 더 불리한 조건(예: 낮은 임금) 아래로 그 직원을 다시 고용하거나 다른 후보자를 고용하는 관행이다. 이 관행은 영국에서 불법이 아니지만 많은 윤리적, 평판, 심지어 안전 문제를 제기한다. 이 경우에는 P&O페리가 직원을 직접 급여 명부에 추가하기보다 대리점 직원을 고용하기로 결정한 것으로 나타났다. 나중에 이러한 직원은 인도 출신이며 대리점에서 영국 최저 시급보다 훨씬 낮은 급여를 받고 있었다는 것이 밝혀졌다.

P&O페리의 행동은 노동조합, 미디어, 대중을 포함한 넓은 사회로부터 큰 분노와 비난을 받았다. 영국의회 선정위원회 조사가 시작되었으며 해고와 관련된 상황에 대한 형사와 민사 조사가 시작되었다. 해고된 선원이 소속된 노동조합인 RMT도 회사에 대한 경제 제재를 요구했지만, 회사는 다른 이유로 어려움에 처했음이 밝혀졌다. 회사의 선박은 대리점 승무원이 적절한 안전 절차와 기타 운영 절차를 잘 알지 못해 6주 동안 묶여 있었다. 그러나 평판적 손상은 훨씬 더 중대했다. 스캔들 발생하고 몇 달 후에 P&O는 개인 고객 이동 물량에서 92%가 급락하고, 화물 운송량에서 87.7% 감소했다는 것이 밝혀졌다. 비즈니스가 유지되려면 때로는 어려운 선택이 필요하지만, 이 사례는 형편없는 노동 관리 결정의 결과를 보여준다.[231]

문제

17-15 이 사례에서 경영진이 HR 부서의 충분한 상담을 듣고 그 조언을 따르지 않아서 문제가 발생한 경우를 식별하라.

17-16 회사는 해고된 선원을 다른 나라의 대리점 직원으로 교체하기로 결정했으며 이들에게 낮은 임금을 지급했다. 내부 채용, 선발 과정과 비교하여 직원을 채용하는 이 방식이 일으킬 수 있는 잠재적 문제에 대해 어떻게 생각하는가?

17-17 이러한 HR 문제의 결과로 회사에 어떤 영향이 있을지 생각하라.

18 조직 스트레스와 건강

출처: Maridav/Shutterstock

학습목표

18-1 직장 내에서 스트레스 과정이 어떻게 진행되는지 설명할 수 있다.

18-2 수면, 질병, 부상이 직장에서의 신체 건강에 어떻게 영향을 미치는지에 대해 논의할 수 있다.

18-3 직장에서의 스트레스 요인으로 인해 비적응적인 정신 건강 상태가 어떻게 드러날 수 있는지 인식할 수 있다.

18-4 네 가지 주요 스트레스와 건강 이론을 비교할 수 있다.

18-5 일-생활 갈등과 일-생활 충실화의 차이를 설명할 수 있다.

18-6 직장에서 스트레스를 관리하기 위한 개인적, 조직적 접근 방법을 설명할 수 있다.

취업 스킬 매트릭스(ESM)

	미신인가, 과학인가	윤리적 선택	찬성 의견/반대 의견	더 나은 세상을 향해	실전 연습	윤리적 딜레마	사례 삽화
비판적 사고와 창의성	✔		✔	✔	✔	✔	✔
의사소통		✔					
협력		✔		✔			✔
자기관리	✔				✔		✔
사회적 책임	✔	✔	✔	✔	✔	✔	✔
리더십		✔	✔	✔		✔	
경력관리	✔	✔		✔	✔	✔	✔

번아웃 극복

위기는 대개 스트레스를 유발한다. 이것은 COVID-19 팬데믹이 전 세계로 확산하기 시작할 때 명백한 사실이었다. 많은 다른 병원과 마찬가지로 보스턴의 매사추세츠종합병원(MGH) 응급의학부서도 치명적이고 매우 전염성이 높으며 잘 알려지지 않은 질병에 감염된 환자를 돌봐야 하는 업무를 맡았다. 그러나 이 극단적인 상황에서도 MGH의 리더는 소진을 최소화하고, 경우에 따라 의사의 직무 만족도를 증가시키는 데 도움이 되는 전략을 사용할 수 있었다. 이 병원의 의사는 기관의 능력 있는 리더십, 효과적인 의사소통, 부족한 자원을 확보할 수 있는 능력의 중요성을 인식했다.

소진 문제를 해결하는 것은 복잡하다. 그러나 매사추세츠종합병원의 리더십이 활용한 전략은 심리학자가 직원의 참여를 증가시키고 소진을 줄이는 것으로 찾아낸 요소와 일치한다. 먼저 재정적 보상도 소진을 줄이는 역할을 할 수는 있지만 병원은 대부분의 직원이 자신의 작업이 인정되고 가치 있다고 느끼는 감정적 보상에 주력했다. 예를 들어 감사하다고 표현한 환자의 피드백을 수집하여 이 피드백을 다른 직원과 공유했다. 신체적 거리두기 규칙이 다소 장애물로 작용하긴 했지만 병원은 환자와 의사 간 상호작용을 지속적으로 촉진했다. 환자의 가족구성원이 병원에 오지 못할 때 스태프와 여전히 소통할 수 있도록 비디오 회의 시스템을 활용했다. 의사가 환자와 그 가족과의 의미 있는 상호작용을 할 수 있었을 때, 그들은 웰빙이 향상되었다고 보고했다.

불확실한 시기에 병원 리더는 투명한 의사소통을 통해 직원에게 안정감을 주려고 노력했다. 어려운 정보를 전달하며 답이 없는 대부분의 상황에서도 리더십 팀이 어려운 선택을 어떻게 다루는지에 대한 정보를 포함한 이메일을 거의 매일 직원 전체에게 보내며 업데이트했다. 많은 직원은 매우 바쁘기 때문에 모든 변경사항을 이메일로 계속 따라가는 것은 어려울 수 있었다. 결과적으로 리더십 팀은 '라운드'를 하루에 두 번 진행하여 그들이 직면한 즉각적인 문제를 해결하고 끊임없이 변화하는 프로토콜을 논의하기 위해 최전방 의사와 간호사에게 접촉하는 방식을 택했다.

이 시기 중 가장 어려운 일은 직원의 업무 부담이 합리적인 정도를 확인하는 것이었다. 병원은 중환자실의 의사 수를 늘리고 총 환자 수를 줄여 각 환자에 대해 더 많은 노력을 기울이기로 결정했다. 이 전략은 재정적으로는 합리적으로 보이지 않을 수 있지만, 리더십은 환자 상호작용이 더 많은 시간과 감정을 소모한다는 점을 이해하고 있었다. 장기적으로 이러한 조치는 직원이 정신적으로 회복하고 최종적으로 자신의 직무에서 더 효과적일 수 있도록 한 효과적인 결정이었다.

마지막으로 공동체 의식을 유지하는 것이 중요했다. 팀이 더 연결된 느낌을 가질 수 있도록 가상의 '웰니스 세션'을 포함한 여러 이니셔티브가 시행되었다. 이 기간 동안 직원은 자신이 경험하는 어떠한 문제에 대해서도 솔직하게 논의할 수 있었다. 병원에서 설문한 직원의 2/3가 COVID-19 팬데믹 전보다 더 강한 단결감과 목적 의식을 느낀다고 보고했다. 각 산업별로 소진을 방지하기 위해 취해진 개별 조치는 달라 보일 수 있지만, 모든 환경에서 통하는 원칙은 안전하고 지원적인 환경에서 개인이 효과적으로 업무를 수행할 수 있도록 하는 것이었다.[1]

스트레스와 건강은 더욱 조직행동(OB)의 중요한 부분으로 인식되고 있다. 공공 정책전문가, 연구자, 정치인, 관리자, 직원은 모두 업무에서 스트레스를 처리하지 못해서 발생하는 공중보건의 위기에 대해 잘 인지하고 있다. 스트레스는 말그대로 생명을 앗아갈 수도 있는 것이며, 직장 스트레스에 관한 통계는 가히 충격적이다.[2] 관련한 통계 자료는 다음과 같은 내용을 담고 있다. ① 미국에서 일하는 근로자 중 94%가 직장에서 스트레스를 경험하며(그 중 63%는 직장 스트레스 때문에 직장을 그만두려고 하고 있음), ② 이로 인해 연간 최대 1870억 달러의 생산성과 건강 관리 비용 손실이 발생하며, ③ 스트레스로 인해 미국 근로자의 2/3 이상이 수면부족현상을 겪고 있으며, ④ 매일 백만 명의 사람이 스트레스로 인해 결근을 하고 있으며, ⑤ 이로 인해 연간 약 12만 명이 사망한다.[3] 웰니스 프로그램(이 장의 후반부에서 논의)을 제공하는 주요 공급업체 중 하나인 IBH솔루션(IBH Solution)에 따르면 이전에 비해 직원이 전문적인 도움을 필요로 하는 정도가 상당한 비율로 증가했다.[4]

이 장에서는 조직 내 스트레스와 건강에 대해 설명한다. 스트레스 과정은 어떻게 전개되는지, 직장에서의 정신적/신체적 건강 관련 고려사항, 일-생활 균형의 성격에 대해 논의한다. 마지막으로 스트레스 수준을 더 잘 관리하고 OB에 대한 긍정적 결과를 실현하기 위해 개인과 조직이 어떻게 노력할 수 있는지 고려한다.

조직 내 스트레스의 본질

18-1 직장 내에서 스트레스 과정이 어떻게 진행되는지 설명할 수 있다.

당신은 스트레스를 받고 있는가? 그렇다면 보통사람이다. 도표 18-1에서 볼 수 있듯이 젊은 성인층(18~23세)의 삶에서 스트레스의 주요 원인 중 하나는 직장이다. 모든 사람은 어떤 방식, 어떤 형태로든 스트레스를 경험한다. 직장에서는 다양한 원인으로 스트레스가 발생한다. 인종적 편견은 특히 악명 높은 스트레스의 근원 중 하나이며, 제시카 잭슨과 같은 전문가에게도 스트레스를 안겨왔다. 제시카 잭슨은 베테랑부서(Department of Veterans)의 흑인 임상심리학자로서, 고등학교 시절 선생님이 그녀에게 그녀가 잘못된 강의실에 있다고 말하고 심지어 그룹 프로젝트에서도 다른 학우보다 낮은 성적을 부여했던 것을 기억한다. 잭슨은 편견과 차별을 직면하고 대응해야 하는 스트레스와 좌절감을 겪었다.[5]

다른 사람과 스트레스에 대해 이야기할 때, 보통 다들 뭉뚱그려 '스트레스'로 지칭한다.[6] 스

도표 18-1 일은 젊은 성인층(18~23세)에게 주요 스트레스 원인 중 하나

자신의 삶에서 일반적으로 어떤 부분이 가장 스트레스를 유발하는가?

영역	가장 큰 스트레스 유발 요인
돈/재무상태	78%
일	64%
주거 비용	52%
직업 안정성	51%
경제상황	44%

출처: American Psychological Association, *Stress in American 2019* (Washington, DC: APA, November 2019): https://www.apa.org/news/press/releases/stress/2019/stress-america-2019.pdf에 기초함.

트레스를 일으키는 사건과 상황은 우리에게 스트레스를 주고 그에 대한 영향은 행동적, 심리적, 생리적으로 나타난다. 이렇듯 스트레스는 일련의 과정으로 이해될 수 있다. 이 과정에서 많은 요인(예: 선행사건과 결과)이 작용한다. 결국 모든 사람이 같은 일로 인해 '스트레스 받지' 않으며, 모든 사람이 같은 방식으로 반응하지 않다(어떤 사람은 스트레스에 의해 활기를 띨 수도 있다. OB POLL 참조) 따라서 이러한 요인들을 구분하는 것이 도움이 될 수 있다.

이 장에서는 스트레스 요인, 스트레스, 스트레스 증상을 구분한다(도표 18-2 참조).[7] 당신은 아마 **스트레스**(stress)와 가장 익숙할 것이다. 이것은 일반적으로 **스트레스 요인**(stressors)에 대한 불쾌한 인식과 평가로 정의한다. 그렇다면 스트레스 요인이란 무엇인가? 스트레스 요인은 개인이 도전적이거나 위협적으로 인식하는 조건이나 사건을 가리킨다. 본질적으로 스트레스 요인은 스트레스 경험의 선행요인이다. 다가오는 프로젝트 마감기한은 직원에게 도전적이거나 위협적인 스트레스 요인으로 인식될 수 있다. 이러한 스트레스의 결과로 개인은 **스트레스 증상**(strain)을 경험하게 되며, 이는 스트레스로 인한 심리적, 생리적, 행동적 증상을 포함한다. 프로젝트 마감기한과 그로 인한 스트레스는 스트레스 증상(예: 불안, 수면 부족, 연기)을

스트레스 스트레스 요인에 대한 불쾌한 인식과 평가

스트레스 요인 개인이 도전적이거나 위협적으로 인식하는 조건이나 사건

스트레스 증상 스트레스로 인한 심리적, 생리적, 행동적 결과

OB POLL 스트레스로 인해 마비되거나 활기를 되찾을 수 있는가?

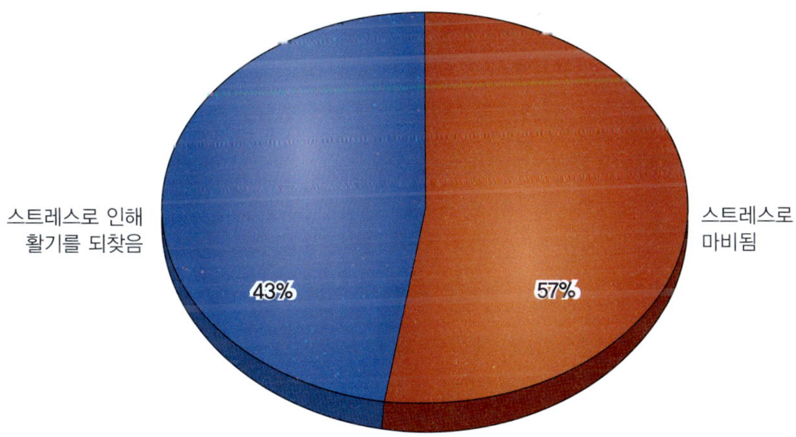

출처: M. Connolly and M. Slade, "The United States of Stress 2019," *Everyday Health*, May 7, 2019, https://www.everydayhealth.com/wellness/united-states-of-stress/에 기초함.

도표 18-2 스트레스 모델

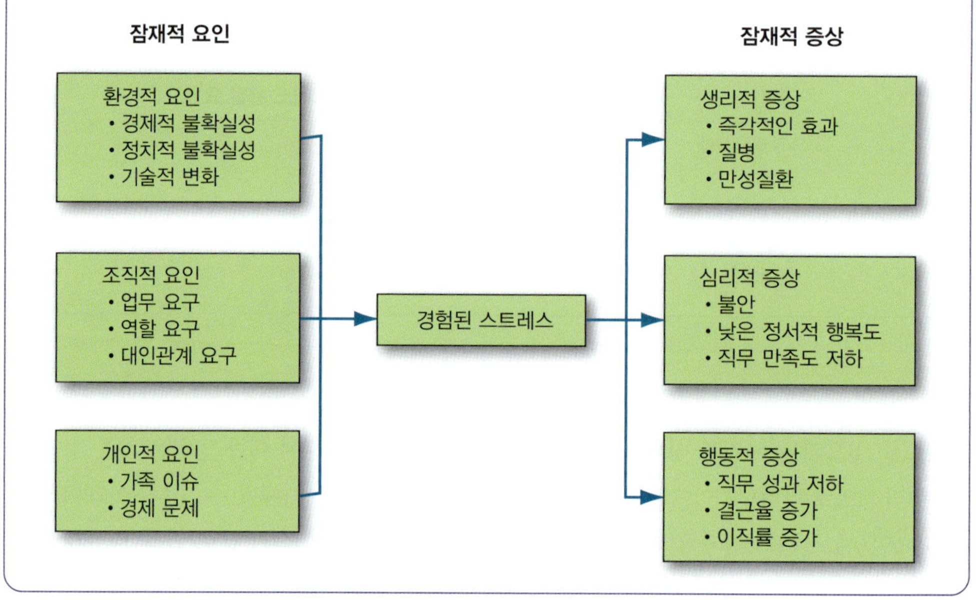

초래할 수 있다. 따라서 스트레스 증상은 스트레스 경험의 결과를 말한다.[8]

스트레스 요인

도전적 스트레스 요인 업무량, 업무 완수 압박, 시간적 긴박함과 관련된 스트레스 요인

방해적 스트레스 요인 목표 달성을 방해하는 요인(예: 지나친 관료제, 조직 정치, 직무 책임의 혼선)

일반적으로 스트레스 요인은 **도전적 스트레스 요인**(challenge stressor)과 **방해적 스트레스 요인**(hindrance stressor), 두 가지로 구분된다.[9] 연구자는 업무량, 업무완수 압박, 시간의 긴박함과 관련된 도전적 스트레스 요인과 목표 달성을 방해하는 방해적 스트레스 요인(예: 관료주의, 사무실 정치, 직무 책임에 대한 혼란)은 상당히 다르게 작동한다고 주장한다.[10]

도전적 스트레스 요인과 방해적 스트레스 요인 모두 스트레스 증상으로 이어지지만,[11] 방해적 스트레스 요인은 스트레스 증상 수준을 증가시킨다.[12] 도전적 스트레스 요인은 방해적 스트레스 요인에 비해 동기부여, 열정, 성과를 높인다.[13] 반면에 방해적 스트레스 요인은 도전적 스트레스 요인에 비해 안전 준수와 참여, 직원 참여, 직무 만족도, 조직 몰입, 성과, 이직에 부정적인 영향을 미친다.[14] 사회적 환경은 전통적으로 방해적 스트레스 요인(예: 대인 갈등)으로 간주되어 왔지만, 최근 연구 중 일부는 이러한 상황을 도전적 스트레스 요인으로 인식하는 사람도 있으며(예: 영업 전문가, 인력개발 담당자),[15] 정치적으로 뛰어난 사람은 이를 효과적으로 활용할 수 있다는 점을 밝혔다.[16]

연구자들은 각각의 스트레스 요인이 존재하는 상황을 명확하게 하기 위해 연구를 수행했다. 예를 들어 도전적 스트레스 요인은 직원이 긍정적인 정서 상태일 때 더 나은 업무 참여를 가져올 수 있다.[17] 개인차도 이 과정에서 영향을 미칠 수 있는데, 성실성이 높은 직원은 도전적 스트레스 요인과 방해적 스트레스 요인 모두를 부정적으로 보는 경향이 있고(그들은 스트레스 요인을 더 잘 인식하기 때문에), 이로 인해 스트레스 증상과 퇴사율이 높아진다.[18] 또한 권력을 가진 사람은 스트레스 요인을 방해 요소로 보기보다는 도전으로 보는 경향이 있지만, 다른 사람이 자신에게 의존한다는 사실을 알게 되면 이러한 도전요인도 방해요소가 된다.[19]

시기와 맥락 역시 중요하다. 도전적 스트레스 요인을 비일관적으로 경험하는 직원(즉, 일정하고 예측가능한 것이 아니라 스트레스 요인이 있다가 없어졌다하는 경우)은 스트레스 증상과 생산성 감소를 경험한다.[20] 또한 불필요한 업무는 도전적 스트레스 요인의 긍정적인 측면을 방해하는 방해적 스트레스 요인으로 작용할 수 있다. 다시 말해 방해적 스트레스 요인이 너무 많은 경우에 도전적 스트레스 요인의 좋은 효과를 상쇄시킨다.[21] 도전적 스트레스 요인은 지원적인 업무 환경에서 직무 성과를 향상시키지만, 방해적 스트레스 요인은 모든 작업 환경에서 직무 성과를 감소시킨다.[22]

도표 18-2는 스트레스 요인이 환경적, 조직적, 개인적 원천에서 비롯한다는 점을 시사한다.[23]

환경적 스트레스 요인 환경적 불확실성이 조직의 디자인과 구조에 영향을 미치는 것처럼 직원의 스트레스 수준에도 영향을 미친다.[24] 환경적 불확실성 중 경제적 불확실성과 정치적 불확실성을 좀 더 살펴볼 필요가 있다. 비즈니스 주기의 변화는 **경제적 불확실성**을 초래한다. 경제가 불황에 빠지면 사람은 직업 안정성에 대한 불안감이 점점 커진다.[25] **정치적 불확실성**은 정치적 위협과 변화로 인해 발생한다. 예를 들어 2020년 미국에서 벌어진 정치적 혼란기간 동안 미국인 대다수는 '국가의 미래', '현재의 정치적 분위기', '국가적 정치 불안'을 중요한 스트레스 요인으로 언급했다.[26]

조직적 스트레스 요인 조직 내에서 스트레스를 유발할 수 있는 원인은 수없이 많다. 실수를 하지 말아야 한다는 압박, 제한된 시간에 업무를 완성해야 한다는 압박, 업무 과중, 까다롭고 둔감한 상사, 마음이 맞지 않는 동료 등이 그 예이다. 이러한 요인을 업무 요구, 역할 요구, 대인관계 요구로 범주화해 볼 수 있다. **업무 요구**는 개인의 직무와 관련이 있다. 이는 직무 설계(자율성, 업무 다양성, 자동화 등), 작업 환경, 물리적 작업 배치를 포함한다. **역할 요구**는 조직 내에서 개인이 담당하고 있는 역할 때문에 받는 압박과 관련이 있다.[27] 예를 들어 역할 갈등은 조정하기 어렵거나 충족하기 어려운 기대에 관한 것이다. 역할 과부하는 직원이 너무 많은 역할을 수행해야 할 때 발생한다. 역할 모호성은 구성원이 역할에 대한 기대를 명확하게 이해하지 못해 무엇을 해야 할지 확신하지 못할 때 발생한다. **대인관계 요구**는 다른 직원에 의해 유발되는 압박이다. 이런 압박은 예측할 수 있으나 최근 급격하게 증가하고 있는 관련 연구에 따르면, 동료와 상사의 부정적인 행동은 예를 들어 싸움, 괴롭힘, 무례함, 폭력적인 감독, 인종/성적 괴롭힘과 같은 행동은 직장에서의 스트레스와 매우 강한 관련이 있다는 것을 보여준다.[28]

개인적 스트레스 요인 사람은 대개 1주일에 40~50시간 일한다. 그러나 근무시간을 제외한 시간 동안 겪는 경험과 문제도 업무에 영향을 미친다(일-생활 균형에 대한 부분을 참조). 예를 들어 개인이 얻는 수면의 질과 양은 개인이 경험하는 스트레스 증상의 정도에 부적인 영향을 미칠 수 있다.[29] 이와 같이 직장 스트레스 요인의 마지막 범주는 직원의 개인적 스트레스 요인으로 가족 문제, 경제적 문제와 같이 직원의 개인적 삶의 요소를 포함한다. **가족 문제**는 긍정적인 것이라 할지라도 개인에게 큰 영향을 주는 스트레스를 유발할 수 있다.[30] 종종 일-삶 갈등과 밀접한 관련이 있다.[31] 마지막으로 재정적 자원을 과다하게 지출하는 것과 같은 **개인의 경제적 문제**는 스트레스를 유발하고 업무에 집중하지 못하게 한다.

스트레스 요인은 부가적이다 스트레스 요인을 개별적으로 검토할 때는 스트레스가 누적적인 현상임을 간과하기 쉽다. 스트레스는 쌓인다.[32] 예를 들어 고객이나 동료로부터 무례한 태도를 경험하면 그날 밤 잠을 설칠 수 있으며, 이로 인해 당일 경험한 무례함 이상의 추가적인 스트레스 증상을 겪을 수 있다.[33] 각기 새로운 스트레스 요인이 지속되면 개인의 스트레스 수준은 높아진다. 하나의 스트레스 요인은 그 자체로서는 상대적으로 중요하지 않을 수 있지만, 이미 존재하는 높은 수준의 스트레스에 더해지면 과도한 스트레스가 될 수 있다. 개인이 경험하는 전체 스트레스를 평가하려면 스트레스의 근원과 심각도를 모두 더해야 한다. 하지만 이는 쉽게 계량화하거나 관찰할 수 없기에 관리자는 특히 조직적 요인이 유발하는 잠재적인 스트레스 부하에 대해 알고 있어야 한다. 많은 직원은 배려하는 경영자에게 직장에서 자신이 느끼는 스트레스에 대해 기꺼이 이야기하고자 한다.

스트레스 증상

스트레스는 고혈압, 궤양, 불안감, 일상적 의사결정의 어려움, 식욕부진, 사고 취약성 등 다양한 형태로 나타날 수 있다. 도표 18-2를 보라. 이러한 징후는 생리적 증상, 심리적 증상, 행동적 증상이라는 범주로 구분할 수 있다.[34] 이 중에서 생리적 증상과 심리적 증상에 대해서는 다음 절에서 더 자세히 논의한다.

생리적 증상 스트레스와 관련된 초기의 관심은 생리적 증상에 집중되어 있었다. 대부분의 연구자들이 보건의학 분야의 전문가였기 때문이다. 그들의 연구에 의하면 스트레스는 신진대사에 변화를 가져오고, 심장박동과 호흡수와 혈압을 높이고, 두통을 유발하고, 심장마비를 유발한다.[35] 스트레스는 요통, 두통, 눈의 피로, 수면장애, 어지러움, 피로, 식욕부진, 위장병, 심혈관질환까지도 유발한다.[36] 다른 연구에서는 스트레스가 일반적으로 에피소드 기억을 저하시킨다는 것도 밝힌 바 있다(스트레스 사건 이후에는 기억이 향상).[37]

심리적 증상 직무 불만족은 명백한 스트레스 요인이다. 그러나 스트레스는 또 다른 심리적 상태인 긴장, 걱정, 짜증, 지루함 같은 상태로 나타날 수도 있다. 다양성, 중요성, 자율성, 피드백, 정체성이 낮은 직무에서는 스트레스가 증가하고 만족과 몰입이 감소하는 것으로 나타났다.[38]

행동적 증상 행동과 스트레스에 관한 연구는 많은 국가에서 수년 간 수행되었고 일관된 결과를 보여주고 있다. 행동과 관련된 스트레스 증상에는 생산성 감소와 결근, 안전사고, 이직의 증가, 식습관 변화, 흡연과 음주의 증가, 말이 빨라짐, 초조, 수면장애 등이 포함된다.[39]

유스트레스

스트레스는 일반적으로 부정적인 맥락에서 이야기되지만 긍정적인 목적도 가지고 있다.[40] 신경계, 시상하부, 뇌하수체, 부신은 스트레스에 대응하는 호르몬을 공급한다. 심장박동수와 호흡이 빨라져 산소가 증가하고 근육은 행동을 준비하기 위해 긴장한다.[41] 이때 스트레스는 잠재적 이익을 제공할 수 있다. 예를 들어 위기상황에서 운동선수나 연기자가 보여주는 뛰어난 성과를 생각하자. 이들은 스트레스를 긍정적으로 활용하여 최대의 성과를 낸다. 이와 비슷하게 많은 전문가는 과중한 업무와 마감 기한을 업무의 질을 높이고 업무로 얻는 만족감을 높일 수

도표 18-3 스트레스와 업무성과의 역U자 관계

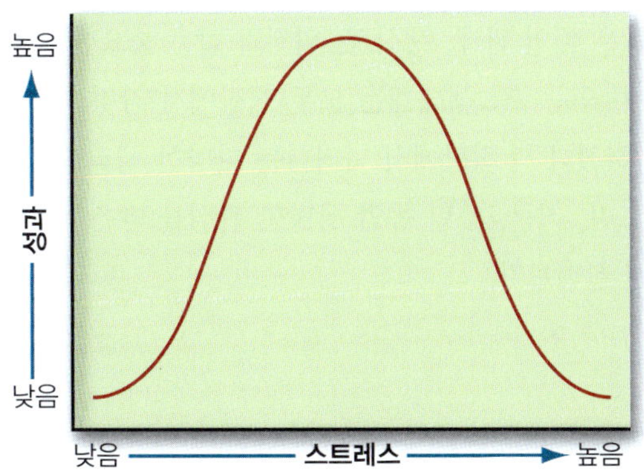

있는 긍정적인 도전으로 생각한다. 이러한 유형의 스트레스는 **유스트레스**(eustress, 그리스어 어원인 'eu'는 '좋은'을 의미함), 즉 스트레스 요인을 건강하고 긍정적이며 건설적으로 평가하는 용어로 지칭된다.[42]

유스트레스 건강하고 긍정적이고 건설적인 스트레스 요인에 대한 평가

스트레스의 긍정적 측면을 밝힌 연구는 매우 많다. 스트레스와 성과의 관계를 살펴본 연구의 결과 도표 18-3과 같은 역U자 모델의 관계가 도출된 바 있다.[43] 이에 바탕이 되는 논리는 정도가 낮거나 중간 정도의 스트레스가 몸을 자극하고 반응력을 증진한다는 것이다. 이런 경우에 사람들은 업무에 더 집중하여 빠르게 잘 수행할 수 있다. 반면 과도한 스트레스는 개인에게 불가능한 요구를 하기에 결과적으로 성과가 낮아진다. 그러나 역U자 모델이 지니는 직관적인 호소력에도 불구하고 이 모델은 실증 연구에서 지지된 경우가 많지 않다.[44] 아마도 이 모델에서 스트레스 요인과 체감된 스트레스와 성과 사이의 연결고리를 놓쳤을지도 모른다. 때때로 스트레스를 받을 수 있지만 다른 이유(예: 개인차, 기분, 상황적 맥락)로 인해 스트레스를 강하게 느끼지 않고 지나갈 수 있다.[45] 따라서 이 모델은 개인차를 연구하기 위해 좋은 중립적인 시작점이며, 하나 유의할 점은 특정 환경의 특정 직원에게는 이 그래프가 좌우로 이동할 수 있다는 것이다.

직장에서의 신체적 건강

스트레스 요인과 스트레스 경험은 스트레스에 대한 대응으로 종종 동시에 발생하는 신체적, 심리적 증상을 유발할 수 있다.[46] COVID-19 팬데믹은 조직이 제대로 작동하려면 직원의 건강이 얼마나 중요한 의미를 갖는지 강력히 보여주었다.[47] 예를 들어 팬데믹 시작 이후 필수 근로자 4명 중 1명이 정신 건강 장애로 진단받았고 약 3명 중 1명은 정신 건강 전문가로부터 치료를 받았다.[48] 팬데믹의 '집단적 외상'은 많은 직원이 신체적, 정신적 건강 악화를 겪는 상황을 초래했다.[49] 이 절에서는 지난 수십 년에 걸쳐 OB 분야 내에서 자체적인 분야로 나타나게 된 직장에서의 신체적 건강에 대해 살피며, 왜 조직에서 신체적, 정신적 건강을 중요하게 인식해야 하는지에 대해 논의할 것이다.[50]

18.2 수면, 질병, 부상이 직장에서의 신체 건강에 어떻게 영향을 미치는지에 대해 논의할 수 있다.

이전 절에서 설명한 대로 신체적 건강은 조직에서 주요한 스트레스 증상 중 하나이다.[51] 사람은 보통 신체적 건강 그 자체도 매우 중요하다고 생각하지만(건강 악화로 인한 조기 사망과 같은 위험), 신체적 건강은 대인 관계, 생산성, 퇴직과 같은 중요한 업무결과에도 영향을 미친다. 예를 들어 면역 체계, 염증, 장 생태계는 모두 직장에서 감정, 동기, 사고, 행동에 영향을 미칠 수 있다는 점이 밝혀졌다.[52] 직장에서 나타나는 다양한 생리학적 시스템과 행동 간의 관계는 계속 연구되고 있으며, 최근 몇 년 동안 상당한 관심을 받은 두 가지 영역인 ① 수면, ② 질병과 부상에 관해 우선 살펴보자.

수면

만약 매우 적게 자고 나서 출근해야 했던 경험이 있다면, 그 어려움을 기억할 것이다. 아마도 정신을 차리기 위해 카페인을 섭취하고 근무시간이 끝날 때까지 남은 시간을 세며 저하된 인지적 능력으로 업무를 수행했을 것이다. 상사에게 실수나 부주의함을 지적당했거나 동료와 좋지 않은 상호작용을 했을 수도 있다. 수면의 결과로 나타나는 피로(졸음)는 줄곧 연구자의 관심사였으며,[53] 대부분의 연구결과는 수면의 질이 낮으면 직장에서의 업무 태도, 심리적 건강, 직장에서의 기분에 중간 정도의 부정적인 영향을 미친다는 것을 발견했다.[54] 수면 부족은 기억과[55] 인지적 작업 능력 뿐 아니라[56] 과업 성과, 출석, 안전행동, 반생산적 업무행동(CWBs)과 같은 보다 일반적인 업무결과에도 상당한 영향을 미친다.[57] 좋은 질의 수면이 부족하면 인지적 자원이 고갈되어 기분과 자기통제에 부정적인 영향을 미쳐 반생산적 업무행동을 유발한다.[58]

다양한 업무 관련 스트레스 요인은 수면 품질을 저하시키는 것으로 나타났으며, 이러한 스트레스 요인에는 마치지 못한 업무, 사회적 스트레스 요인, 부적절한 리더십, 지각된 차별, 역할 갈등 등이 포함된다.[59] 이전 절에서 설명한 바와 같이 이러한 스트레스 요인은 보통 혼합 효과를 나타낸다. 주중 누적된 업무 요구에 따른 스트레스를 적절히 관리하지 못하는 개인은 지속적으로 수면의 질이 저하되어 주말이 되면 기진맥진해질 수 있다.[60] 부족한 수면의 질을 극복하기 위해 어떤 조치를 취할 수 있는가? 연구에 따르면 양질의 수면을 하는 것[61] 이외에도 신체활동, 사회적 지원 그룹과의 회복 경험, 블루라이트 차단 안경 착용 등도 도움이 될 수 있다.[62]

질병과 부상

조직행동 전문가와 연구자가 관심을 가지고 있는 신체 건강의 두 번째 영역은 질병과 부상인데, 이는 결근과 생산성 손실에 직접적인 관련이 있기 때문이다.[63] COVID-19 팬데믹 기간에 병에 걸린 상태로 일터에 오는 것에 대한 위험성이 강조되었지만 사실상 10명 중 9명의 직원이 팬데믹 이전에도 병에 걸린 채 일하러 가기를 시도했던 것으로 나타났다.[64] 아픈 상태로 일하는 것에 대한 문화는 점차 변화할 것으로 보이나, 대부분의 사람은 강압적이거나 유연하지 못한 상사 때문에 아파도 병가를 쓰지 못한다고 말한다.[65]

너무나 당연하게도 아플 때 일하러 가는 것은 최적의 결정이 아니다.[66] 첫째, 무엇보다 전염성 질병에 걸린 상태로 다른 팀원과 가까이에서 일하는 것은 다른 팀원마저 질병에 걸리게 할 가능성을 높인다.[67] 둘째, 사람은 아프거나 다쳤을 때 효율적으로 일을 잘 하지 못하고 작업 과정의 속도가 저하된다. 질병이 전염되어 팀의 다른 구성원마저 일의 효율성이 떨어질 경우 이러한 부정적인 효과는 더욱 커질 것이다. 조직행동 전문가는 아프거나 다친 상태로 일하는 것

미신인가, 과학인가

열심히 일할 때 수면은 선택사항일 뿐이다

이는 틀린 말이다. 충분히 수면을 취하지 않으면 일을 잘 해낼 수 없다. 최근 한 연구에 따르면 불면으로 인해 미국의 고용인은 매년 632억 달러의 비용을 지불한다. 이는 직원당 거의 2,300달러 선으로, 부분적으로는 생산성 저하와 안전 문제 부각으로 인한 비용이다. 수면 부족은 심장병, 비만, 뇌졸중, 암 유발 요인이라고 한다. 또한 끔찍한 사고로 이어질 수도 있다. 예를 들어 미국 군사연구가는 수면 부족이 아군 포격(실수로 아군에게 발포하는 것)의 주원인이라고 말하며, 20%의 자동차 사고는 졸음 운전 때문이다. 두바이발 망갈로르행 에어인디아812편에 탑승했던 160명의 승객은 파일럿 즐라트코 글루시아(Zlatko Gluscia)가 낮잠에서 일어나 비몽사몽 간에 활주로에 불시착한 탓에 모두 사망했다. 이는 인도에서 가장 많은 사망자를 낸 항공사고 중 하나이다.

수면 부족은 수백만 근로자의 업무 성과에 영향을 미친다. 최근 한 연구에 따르면 대부분의 산업에 종사하는 사람들 중 1/3, 재무와 보험 산업에 종사하는 사람들 중 1/4이 수면부족이며, 매일 6시간 이하의 수면을 취하고 있다(7~9시간이 권장 수면시간이다). 미국의 19~29세 중 50% 이상, 30~45세 중 43%, 46~64세 중 38%가 주중에 거의 또는 전혀 편안히 자지 못한다고 답했다.

연구결과에 따르면 수면 부족은 기술을 배우고 해결책을 찾는 능력을 손상한다고 밝혀졌다. 이 때문에 법집행기관, 슈퍼볼 우승 미식축구팀, 《포천》 500대 기업 중 절반이 업무 성과 컨설턴트로 '피로관리 전문가'를 고용하는 것일 수 있다.

수면 부족뿐 아니라 불면증도 최근 큰 문제로 나타나고 있다. 노르웨이에서 14년에 걸쳐 진행된 한 연구에 의하면 자동차 사망사고 중 34%는 운전자의 불면증이 아니었다면 일어나지 않았을 것이다. 관리자와 직원은 더 잘 자기 위해 또는 업무에 미치는 수면 부족의 영향을 줄이기 위해 점차 처방된 수면유도제를 섭취하고, 수면연구소를 찾고, 카페인을 들이킨다. 이 같은 방법은 종종 역효과를 일으킬 수 있다. 연구에 따르면 처방된 수면유도제는 11분만 수면시간을 늘리고 단기기억상실을 야기한다. 수면연구소는 프로그램이 끝난 후에는 도움이 되지 않을 수도 있다. 그리고 어쩌면 수면부족과 싸우는 데 가장 인기 있는 방법이라 할 수 있는(미국 성인 중 74%는 매일 카페인을 섭취) 카페인 섭취는 효과가 점차 감소하여 변화를 경험하려면 점차 양을 늘려야 한다. 그러나 카페인 섭취는 안절부절못하게 만들어 효과가 사라지거나 기진맥진되게 할 수 있다.

열심히 일할 때, 수면시간을 줄여 일을 끝마치거나 업무에서 비롯되는 스트레스와 아드레날린이 나를 깨어 있게 만든다고 생각하기 쉽다. 또한 수면 부족의 부정적인 영향에 대처하기 위해 인공적인 방법을 고려하기도 쉽다. 하지만 연구에 따르면 업무 성과를 극대화하고 사고를 줄이는 데 관한 한 우리는 수면 부족 상태일 때 능력이 손상된 것조차 제대로 파악하지 못한다. 결국 밤중에 깨지 않고 자는 것보다 더 좋은 방법은 없다.[68]

을 **프리젠티즘**(presenteeism)이라고 칭한다.[69]

프리젠티즘 아프거나 다친 상태에서 일하는 행위

누가 아픈 채로 출근할 가능성이 더 높은가? 강제로 출근을 강요하는 직장인 경우, 만성적 질병(예: 천식)을 겪고 있을 경우에 그러하다.[70] 일을 사랑하고 일하기를 간절히 원하는 사람은 강력하게 출근하기를 원할 것이다.[71] 조직의 문화는 프리젠티즘을 촉신하거나 저히시기는데, 또는 개인 선택을 강조하는 것에 상당한 영향을 준다.[72] 지금까지 프리젠티즘이 최선의 선택이 아니라고 말했다. 그러나 어떤 사람은 그것이 정도의 문제라고 주장하기도 한다. 만성질환을 가진 사람이나 경증의 질병을 앓는 사람은 적절한 유연성과 자원을 제공받는다면 효과적으로 일을 계속할 수도 있기 때문이다.[73]

개인적인 위험 요인과 직장에서의 위험 요인 대부분의 사람은 거의 하루의 1/3을 직장에서 보낸다. 논리적으로 직장에서의 경험은 건강과 웰빙을 증진하기 위해 무엇을 하는지에 영향을 미친다. 실제로 약 300개의 연구결과를 검토한 결과로 직장에서의 행동은 간접흡연만큼이나 건강에 미치는 위험의 정도가 크다는 점이 밝혀졌다.[74] 직장에서의 스트레스 요인과 건강하지 않은 행동이 신체질환의 위험 요인으로 작용하는 것을 보여주는 사례는 너무나 많다. 한 예로 메릴 린치(Merrill Lynch) 사의 21세 인턴 중 한 명은 72시간 동안 근무한 끝에 실신하고 사망했다.[75] 한 제철소가 문을 닫고 많은 직원이 일자리를 잃은 후, 56세의 직원 한 명이 충격으로

인한 심장마비로 사망한 사례도 있었다.[76]

직장에서의 경험과 건강 사이에 직접적인 연관도 있을 수 있지만, 사람은 주로 직장에서의 스트레스 요인에 대처하기 위해 건강에 해로운 방식으로 행동한다. 예를 들어 직원은 점심을 거르거나, 편리하고 건강하지 않은 음식을 먹으며, 담배를 피우고, 수면 요구를 무시하거나, 물질 남용(예: 술, 약물)을 통해 직장에서의 스트레스에 대처할 수 있다.[77] 한 연구에서는 5천여 명의 근로자가 심혈관질환이나 면역체계질환의 위험을 높이는 **대사적 위험 요인**과 관련된 행동을 보인다는 것을 밝혔다. 보다 구체적으로 살펴보면 직장에서의 방해적 스트레스 요인을 지속적으로 경험하면 고위험 식습관과 흡연이 중간 정도로 증가했으며, 이는 체질량 지수(BMI), 콜레스테롤 수준, 인슐린 저항성과 같은 건강 관련 지표의 상승을 초래했다.[78] 이러한 대사적 위험요인은 비만과 같은 건강 상태로 이어질 수 있으며, 이로 인해 기업의 건강 비용, 결근, 부상 위험, 편견과 차별까지도 증가할 수 있다.[79] 직장에서의 스트레스로 인해 안전행동을 소홀히 함으로써 개인이 다칠 가능성도 높아질 수 있다. 예를 들어 COVID-19로 인해 건강에 대한 위협과 경제상황에 대한 위협으로 걱정에 빠졌던 많은 근로자는 안전행동에 소홀하게 되었다.[80]

직장에서 스트레스를 경험하는 직원이 건강한 행동을 보이기는 쉽지 않다. 높은 스트레스 수준과 스트레스 요인을 경험하는 직원은 '계획'을 통해 이러한 위험을 줄일 수 있다. 건강한 식습관과 유산소 운동을 계획하면 편의적으로 또는 충동적으로 행동하는 직원보다 실제로 건강한 행동을 실행할 가능성이 더 높다.[81] 또한 회복탄력성을 개발하는 프로그램은 직장에서의 스트레스와 관련된 신체 건강 위험을 줄일 수 있다.[82]

직장에서의 정신 건강

18-3 직장에서의 스트레스 요인으로 인해 비적응적인 정신 건강 상태가 어떻게 드러날 수 있는지 인식할 수 있다.

직장에서의 스트레스로 인해 위험하고 건강하지 않은 행동을 하게 되고, 이것이 신체 건강에 영향을 미치듯이 직장 스트레스는 직장에서의 정신 건강에도 영향을 미친다.[83] 신체적, 정신적 건강에 모두 어려움이 있는 직원을 치료하는 비용은 동반 질환이 없는 경우에 비해 두 배에서 세 배 더 높다.[84] 미국에서는 2019년 18세 이상 성인 5150만 명이 정신 건강 장애를 겪고 있다고 보고되었다.[85] 이는 업무 성과에 어떠한 영향을 주는가? 우울증과 같은 상태는 직장에서 인지 능력을 35%나 저하시킨다.[86] 직장에서의 정신 건강과 관련하여 ① 스트레스 요인으로서 직업 불안정성, ② 일중독행동, ③ 소진이나 우울과 같은 직장에서의 정신적 고통 경험에 중점을 두고 논의하겠다.

직업 불안정성

직업 불안정성 자신의 직업이 위험에 처했거나 자신의 고용상태가 안정적이지 못하고 인식하는 것

직원은 자신의 직업이 위험하거나 고용이 안정적이지 않다고 인식할 때 **직업 불안정성**(job insecurity)을 경험한다.[87] 직업 불안정성은 직원의 정신 건강에 큰 영향을 미치는 매우 감정적인 인식으로 이는 수면 문제, 우울증 증상, 소진 등을 유발할 수 있다.[88] 직업 불안정성은 직무에서의 증가된 요구를 반영할 수도 있지만 주로 공정한 대인관계와 의사소통, 리더-구성원 교환관계, 동료로부터의 지원과 신뢰 같은 사회적, 구조적 자원의 부족으로 나타난다. 이러한

더 나은 세상을 향해

프리랜서 노동조합: 지속적인 직업 불안정성을 겪는 긱 근로자를 위한 대변인

COVID-19 팬데믹 이후에 4,800만 명 이상의 미국인이 실업 보험을 신청했다. 이동서비스 기사들은 '긱 근로자(초단기 근로자)'로 분류되었지만, 정부로부터 '필수 근로자'로 분류되어 팬데믹 동안 계속해서 일할 수 있었다. 이 경험은 근로자 중 많은 사람에게 매우 스트레스를 유발했으며 수요의 급락과 재정적 지원 부족으로 인해 직업 불안정성을 직면했다. 또한 이러한 운전자는 감염을 두려워하여 건강 문제에도 직면했다. 예를 들어 오하이오주 신시내티의 한 우버 기사 (줄리)는 가족의 유일한 생계 책임자로서 회사에서 계속 일하며 두려워했다. 그녀는 팬데믹 기간 중 우버 기사로 운전하며 1달러 남짓의 팁을 받았던 것을 회상하며 "미안하지만, 내 인생은 그보다 가치가 더 있다"라고 언급했다.

이 경험 후, 줄리는 실업 수당을 신청했다. 그러나 이 상황에서 독특한 점은 일반적인 시기였다면 줄리는 긱 근로자이기에 실업 수당 자격이 없었을 것이라는 점이다. 연방 CARES 법안의 제정으로 위기 시기에 긱 근로자에게도 실업 수당 자격이 확대되었다. 그러나 많은 긱 근로자는 주지사가 팬데믹 실업 수당(PUA)을 삭감한 주에서는 이러한 혜택을 받을 수 없었다. 일반적인 상황에서 긱 근로자는 직업 불안정성, 불분명한 고용 상태, 환급되지 않는 경비, 지속되는 단가 삭감률 하락, 생계비조차 확보하지 못하는 상황, 다른 단기 근로자와의 경쟁, 고용주의 이중 기준(다른 직원처럼 일을 시키나 적은 임금을 제공), 부정직한 고객(계약 조건을 위반하고 급여를 지연), 신규 고객을 확보하기 위한 무한 노력, 명확하지 않은 경력 전망 등 여러 개의 고달픈 스트레스 요인에 직면할 수 있다. 이러한 스트레스 요인은 긱 근로자의 스트레스 수준을 악화시키고 궁극적으로 정신적 건강에 영향을 미친다.

그러나 모든 상황이 비관적인 것만은 아니다. 루이스 하이만(Louis Hyman)은 템프(Temp)에 기고한 글에서 긱 근로자는 자율성과 독립성을 지니며, 이러한 측면은 일반적으로 업무에서 높이 원하는 특성이라고 밝혔다. 그러나 하이만은 긱 근로자에게 기존 고용주-직원 관계에서 받았을 리소스와 지원을 다시 제공하는 것이 앞으로 나아갈 방향이며, 이러한 추가적인 자원을 통해 긱 근로의 요구사항을 완화할 수 있다고 주장한다. 하이만은 다음과 같이 제안한다. "미국인은 직장 안정성이 아니라 삶의 안정성이 필요하다..." 이로 인해 많은 사람이 긱 근로자를 대신하여 '삶의 안정성'을 옹호하기 시작했다. 그러나 현재 미국의 노동법(National Labor Relations Act)은 긱 근로자에게 해당이 되지 않고 있지만(예를 들어 로스앤젤레스의 라이드쉐어링 기사의 80%가 노동조합 가입에 관심을 표명함에도 불구하고), 그렇다해도 이러한 사실이 긱 근로자가 더 나은 혜택과 안전을 옹호하는 것을 막을 수는 없었다. 예를 들어 프리랜스협회(Freelancers Union)는 단체협상권을 지닌 조합은 아니지만 긱 근로자를 포함하는 가장 큰 단체로 빠르게 성장하고 있다.

50만 명 정도의 긱 근로자 회원은 미국 전역 5,670만 명의 긱 근로자 중 매우 일부에 불과하지만, 프리랜스협회는 1990년대부터 많은 자원을 제공하는 무료 회원제를 유지하고 있다. 예를 들어 이 협회에서는 건강, 치과, 단기생명보험, 장애, 시력, 책임 보험을 포함한 보험 혜택 옵션을 제공한다. 이 협회는 전문가와 다른 긱 근로자로부터의 사회적 지원과 조언을 제공하며, 이에는 법률과 금융 도구도 포함된다. 뉴욕시 거주 회원을 위해 협회는 프리랜스허브(Freelancers Hub) 사용을 제공한다. 이 물리적 공간은 팬데믹으로 인해 문을 닫았지만, 뉴욕시의 기계 근로자를 위한 가상 커뮤니티 공간의 의미를 지닌다.

특히 프리랜스협회는 긱 근로자 관련 정책 변경을 위해 입법자들과 협력하고 있다. 협회의 대표이사 라파엘 에스피날은 모든 측면을 균형 있게 고려하는 것이 어려운 일이라고 언급하며, 가장 중요한 질문은 "근로자가 필요한 정의를 얻으면서 독립적으로 일하고 현재 누리는 자유에 부정적인 영향을 미치지 않는 법안을 어떻게 만들 수 있는가?"라고 말한다. 긱 근로자에 대한 사람의 시각이 어떻든지 간에 대부분의 긱 근로자는 사회에 기여하면서 스스로의 건강을 위협하는 스트레스 증상을 경험한다. 긱 근로자의 미래는 자원에 대한 접근성을 개선하고 관리가능한 스트레스와 좋은 건강을 보장하기 위한 시도에도 불구하고 불확실한 상황이다. 긱 경제가 이러한 형태의 근로자에 대한 수요를 증가시킨 것처럼, 이러한 긱 근로자가 적정 수준의 스트레스와 건강을 확보할 수 있도록 필요한 자원을 제공하는 제도 마련이 필요하다.[80]

현상은 주로 실업률이 높은 환경에서 발생한다.[90]

직업 불안정성은 스트레스 요인으로서 비교적 독특한 특성을 가지고 있다. 직업 불안정성을 느낀 직원은 자신의 직업을 유지하기 위해 할 수 있는 바를 다하고, 자신의 생존가능성을 보여주기 위해 노력을 조절하거나 고용을 재고하는 등의 조치를 취한다. 직업 불안정성 자체는 직원이 더 강력한 동료나 상사와의 관계를 구축하여 불안정성을 줄이거나 다른 일자리를 고려하게끔 하는 동기를 부여할 수도 있다.[91] 흥미로운 점은 직업 불안정성이 긱 근로자(초단기 근로자)에게 두드러진 스트레스 요인이 되며,[92] 이는 긱 근로자의 직무 태도에 부정적인 영향을 미친다는 점이다.[93] 긱 근로자는 전통적인 정규직 또는 파트타임 직원보다 훨씬 더 많은 자율성을 갖고 있지만, 동시에 스트레스와 일-가정 갈등을 더 많이 경험한다.[94] 이러한 근로자는 일 자체의 성격 때문에 재고용을 보장받기 위해 다양한 요구에 응해야 하고 고객과 좋은 평판을 유지해야 하는 등 작업의 양과 요구사항에 큰 변동성을 경험하는데, 이는 스트레스 증상을 증가시키는 압박으로 작용한다.[95]

일중독

일중독 일에 중독 또는 과도하고 강박적으로 일하려는 필요

일중독(workaholism) 또한 직업 불안정성에 대한 하나의 반응으로 나타나는 대응 방법이다(그러나 일부 사람은 진정으로 자신의 직업을 사랑하고 일에 대한 강력한 소명을 느껴서 일에 중독을 나타내기도 한다).[96] 일중독은 내적인 압박으로 일하도록 강요받는 느낌, 일하지 않을 때도 일에 대해 생각하며 합리적으로 기대되는 것 이상을 해내려는 것(자신에게 해를 끼치면서까지)을 포함한다.[97] 리더는 특히 일중독에 취약한 경향이 있다. 예를 들어 일부 리더는 조직이 돌아가도록 하기 위해 개인적인 삶과 회복시간을 희생해야 한다고 느낄 수 있으며, 이로 인해 일중독적인 행동을 유발할 수 있다.[98] 마찬가지로 자영업자는 직업 불안정성을 극복하기 위해 일을 너무 많이 하고 그 결과 더 많은 돈을 벌기는 하지만 건강에 부정적인 영향을 끼치는 경우가 많다.[99] 어떤 면에서 일중독자는 이상적인 직원처럼 보일 수 있다. 이 인식 때문에 대부분의 사람이 면접에서 자신의 가장 큰 약점이 무엇인지라는 질문을 받을 때 "나는 너무 열심히 일해"라고 반사적으로 말하는 경우가 있다. 그러나 열심히 일하는 것과 강박적으로 일하는 것 사이에는 차이가 있다.[100]

일중독적인 행동은 극도의 노력을 하는 것에 비해 다른 사람보다 더 나은 생산성을 보여주지 못할 수 있다. 이렇게 높은 수준의 노력을 들이는 것은 결국 사람에게 무리를 주며 일-생활 갈등, 소진, 고혈압과 같은 스트레스 증상 수준이 더 높아질 수 있다.[101] 또한 일중독적인 행동의 결과로 일의 성격이 바뀔 수 있다. 거의 2000명의 치과의사를 대상으로 한 연구는 일중독적인 행동이 도전적인 직장 스트레스 요인을 증가시키고 구조적 자원을 늘릴 수 있음을 보여주었다(아마도 직업 안정성도 늘어나게 될 것이다).[102] 그러나 직업 안정성이 일중독적인 성향으로 향상될 수 있다하더라도 일중독으로 인한 소진으로 인해 치워야 할 비용을 생각하면 굳이 그럴 만한 가치는 없는 것으로 보인다.

직장 내 심리적 고통

어떤 직원은 직장에서 정신적으로 트라우마를 겪는 경우가 있다. 예를 들어 많은 응급구조요원은 정신적 고통을 일으키는 공포스러운 사건을 경험해야 한다. 한 소방관은 "오늘, 밤에 누워서 자고 있을 때도, 나는 아직도 일할 때 마주한 비극적인 희생자의 얼굴을 볼 수 있다. 나는 그것을 내 안에 간직하고 있다. 평생 그것을 볼 것이다"라고 말했다.[103] 이러한 경험은 직장에서의 소진과 우울증이 정신적 건강에 미치는 영향을 강조한다.

소진 정서적 고갈, 탈인격화, 개인 성취도 저하를 특징으로 하는 업무 관련 정신건강증후군

소진 많은 직원이 경력 중에서 한 번쯤은 감정적 고갈, 비인격화, 개인적 성취의 감소로 특징지어지는 직업과 관련된 정신건강증후군인 **소진**(burnout)을 경험한다.[104] **감정적 고갈**은 지

나치게 노력하고 감정적으로 고갈된 느낌을 가리킨다. **비인격화**는 일을 무감각하게 대처하고 거리를 두는 방식으로 일에 부적응적 방식으로 대처하는 것을 가리킨다. **개인적 성취의 감소**는 직장에서의 생산성이나 공헌감을 잃는 것을 의미한다.[105] 어떤 사람은 소진을 이전 장에서 논의된 직장 참여의 '반대'로 간주한다.[106]

소진은 직원의 성과에 중간 정도의 영향을 미치며, 결석과 이직 증가와 더불어 직무 성과 감소를 포함한다.[107] 관련 연구는 또한 소진의 효과가 누적된다는 것을 보여준다. 스트레스 요인은 소진 형태의 스트레스 증상을 유발하고, 이러한 소진 경험은 새로운 스트레스 요인을 나타나게 하는 악순환이 발생한다.[108] 예를 들어 소진되면 성과가 감소하여 상사의 징계조치(새로운 스트레스 요인)로 이어질 수 있다.

게다가 일부 직원은 다른 직원보다 더 자주 소진을 경험할 가능성이 있다. 예를 들어 감정적 안정성이 낮은 사람은 감정적 소진을 경험할 가능성이 더 높다. 외향성이 높은 사람은 감정적 소진의 가능성이 낮고 개인적 성취감이 높은 경향이 있다.[109] 여성은 남성보다 감정적 소진을 경험할 가능성이 더 높지만, 남성은 여성보다 비인격화를 경험할 가능성이 더 높다.[110] 또한 엄격한 남성성이 강한 문화적 규범이 있을 경우에 사람은 보다 느슨하고 평등한 사회에 비해 소진을 더 많이 경험할 수 있다.[111]

우울증 일부 연구자는 소진이 우울증과 많은 면에서 매우 유사하다고 지적하기도 한다.[112] 우울증은 슬픔, 흥미 손실, 낙담, 실망으로 특징 지어지는 정신 건강 장애를 말한다. 이와 같은 우울증 증상은 종종 불안과 분노와 같은 다른 부정적인 감정과 동시에 발생한다.[113]

모든 정신 건강 상태 중에서 우울증은 가장 흔한 정신 건강 상태로, 연간 미국 인구의 약 9.5%에 영향을 미치며 직장에서 심각한 어려움을 야기한다.[114] 일중독과 소진과 마찬가지로 우울한 상태는 지속적인 직업 불안정성에 의해 크게 예측되며 우울증 증상이 종종 직업 불안정성에 대한 인식을 강화하며 우울증으로 고통받는 직원은 직업 불안정성에 대한 더 높게 인식한다.[115] 게다가 부정적인 대인관계 상호작용(예: 괴롭힘, 사회적 고립)은 직원이 시간이 지남에 따라 우울해지게끔 할 수 있으며,[116] 우울증이 있는 상태에서 괴롭힘을 당하는 경우에 일부 사람은 심각한 정신적 상처를 경험하여 자살까지 고려할 수 있다.[117]

좋은 소식은 괴롭힘 경험의 즉각적인 중단이 일부 경우에는 우울 증상을 매우 빨리 감소시키는 경향이 있다는 것이다.[118] 정신 건강 상태에 대한 낙인 효과를 줄이고 직원에 대한 감사의 표시를 선하는 개입은 우울증을 효과적으로 줄일 수 있다.[119]

건강과 스트레스의 메커니즘

조직에서의 스트레스와 건강에 대한 본질적 이해에 기반하여, 이들이 어떻게 발생하는지 설명해본다. OB에서는 다양한 흥미로운 건강과 스트레스 이론이 있지만, 이 절에서는 **자원 보존, 요구-통제-지원, 직무 요구-자원, 노력-보상-불균형**이라는 네 가지 가장 인기 있는 이론에 초점을 맞춘다.[120]

18-4 네 가지 주요 스트레스와 건강 이론을 비교할 수 있다.

자원 보존

자원 개인이 통제할 수 있는 요소로 욕구 충족, 목표 달성, 과업 요구 충족을 위해 지출되는 것

자원 보존(COR) 이론은 직원이 가치 있는 자원과 물건을 얻으려고 하고, 육성하려고 하며, 보유하려고 하며, 보호하려고 노력한다고 제안한다.[121] **자원**(resources)이란 개인이 통제할 수 있는 요소로 욕망을 충족시키거나 목표를 달성하거나 과제 수행을 위해 소비될 수 있는 것이다. 직원들은 자원을 얻고 보호하거나 손실된 자원을 보충하기 위해 시간과 에너지를 투자해야 한다. 스트레스와 관련하여 직원은 자원 손실에 대한 인식이 자원 획득에 대한 인식보다 크다. 다시 말해서 놓친 기회는 이미 가지고 있던 가치있는 자원의 손실만큼 걱정거리가 되지 않는다. 그러나 자원이 손실된 경우에 직원은 손실된 것을 대체하려고 동기부여된다. 또한 사람들이 지나치게 지치거나 피곤한 경우에 손실된 것을 되찾거나 보충하기 위해 필사적이고 방어적이며 공격적이며 이성적이지 못한 모습을 보이게 된다.[122]

연구결과는 대체로 COR 이론을 지지하고 있다. 감소된 직무 통제감이나 사회적 지원은 소진과 연관되어 있는데, 이는 자원의 손실이 소진의 형태로 스트레스 증상을 초래한다는 것을 시사한다.[123] 다른 예로 스트레스 요인이 존재하면 직원은 의사 표현행동(13장 참조)에 더 적게 참여하는 경향이 있어 COR 이론의 자원 보존 측면을 지원한다.[124] 또한 다른 동료가 불공평하게 대우받거나 심지어 파트너의 직업 불안정성에 대해 알게 되는 것도 자원의 손실을 초래할 수 있다. 이러한 자원 손실 이후에는 직원이 자기통제를 상실하거나 스트레스 증상을 경험할 가능성이 높아진다.[125] 이러한 스트레스 요인이 조직에게는 '좋은 것'일 때라도(예: 조직 평판 향상), 높은 수준의 성과를 발휘하는 데 따르는 요구로 인해 직원의 자원은 위협받고 종국에는 이직으로 이어질 수 있다.[126]

마지막으로 조직 내 리더에 대한 연구는 주로 COR 이론에 대한 많은 지지를 얻은 분야 중 하나이다. 리더는 종종 자원 보존을 위해 부하직원과의 관계를 선택적으로 구축한다(즉, LMX 차별화).[127] 또한 리더는 전략적으로 새로운 것을 시도하려는 결정을 내릴 때처럼 자원 집중적인 일을 하거나 예전의 방식으로 일하도록 설정할 때 자원을 보존하려 한다.[128] 리더의 변혁적 리더십 행동은(12장 참조) 부하직원에게 이익을 주지만 리더에게는 상당한 부담을 주어 자원 손실, 정서적 고갈, 이직으로 이어질 수 있다.[129]

노력-보상 불균형 모델

최근 몇 년 동안 인기가 약간 사그라든 **노력-보상 불균형**(ERI) 모델은 직원이 적은 보상을 위해 많은 노력을 기울일 때 스트레스 증상을 경험할 것이라고 제안한다. 그 결과 직원은 이 불일치를 해소하기 위해 ① 노력을 줄이거나, ② 보상을 극대화하거나 늘리기 위해 노력한다.[130]

노력-보상 불균형(ERI) 모델에 대한 일부 연구결과는 불균형을 인식할 경우에 참여 감소와 이직 의도 증가로 이어진다는 것을 보여주지만,[131] 문제는 이것이 어떠한 노력과 보상을 이야기하는 것인가에 있다. 보통 보상이라고 하면 급여를 자동적으로 떠올리긴 하지만, 관련 연구에서는 직업 안정성과 유능감이 급여보다 건강과 관련이 있는 것으로 밝혀졌다.[132]

게다가 노력 또는 보상의 일부 측면은 어떤 직업을 다루고 있는지에 따라 다를 수 있다. 예를 들어 버스운전사에 대한 연구에서는 노력의 측면이 도로상황을 잘 살피거나 승객과 상호작용하는 방식으로 나타날 수 있다고 제시한다.[133] 만약 버스운전사가 직장에서 적은 보상으로 인

해 불균형을 인식한다면 많은 사람의 생명이 걸린 상황에서 도로상황을 살피는 노력을 줄여 부주의하게 처리하기보다는 고객과의 상호작용 같은 서비스를 포기할 가능성이 더 높을 것이다.

또 다른 문제로 노력과 보상 사이의 불균형이 개인의 스트레스 경험에 변화를 초래할 만큼 의미 있거나 강력해지는 지점이 과연 언제인가에 대한 문제가 존재한다. 모든 수준의 불균형이 항상 스트레스를 초래한다고 말하기는 어렵다. 그리고 많은 경우 노력과 보상 중 어느 쪽이 불균형의 주요 원인인지 판단하기 어려울 수 있다.[134]

직무 요구-통제-지원 모델

동료와 상사의 충분한 지원과 일을 어떻게 달성하면 될지에 대한 통제감이 있다면 다가오는 프로젝트의 마감일이 그렇게 나쁘게 느껴지지만은 않는다. **직무 요구-통제-지원(JDCS) 모델**은 스트레스 증상이 세 가지 요소, 즉 요구, 통제, 지원의 함수라고 제안한다.[135] **요구**(demands)는 개인이 직장에서 마주하게 되는 책임, 압박, 의무, 불확실성을 나타낸다. **통제**는 이전 장에서 논의한 자율성과 유사하게 직원이 직무를 어떻게 수행할지에 대한 재량권을 갖고 있는 정도를 의미한다. **지원**(3장에서 논의한 조직지원인식과 유사)은 본질적으로 조직, 상사, 동료가 제공하는 지원에 대한 지각을 말한다. JDCS 모델의 주요 원칙은 직무 요구가 스트레스 증상에 미치는 부정적인 영향은 통제와 지원에 의해 상쇄되거나 완화될 수 있다는 것이다(도표 18-4 참조).

요구 개인이 직장에서 마주하는 책임, 압력, 의무, 불확실성

일반적으로 초기 JDCS 모델에 대한 연구는 이론을 지지하지 않았다.[136] 그러나 JDCS 모델에서 말하는 '완화' 측면은 선행 연구에서 지지를 받았으며,[137] 직무 요구와 통제는 각각 사망 위험 증가와 감소와 관련된 것으로 나타났다.[138] 이러한 문제를 해결하기 위해 이론의 수정이 많이 제안되었는데, 예를 들어 한 메타분석 연구에서는 지원의 다양한 원천이 분리되는 경우에 JDCS 모델이 지지됨을 보였다(예: 상사 지원이 동료 지원보다 중요).[139] 이러한 '분리' 접근에서 더 나아간 다른 메타분석에서 JDCS 모델이 지지되는지의 여부는 직원의 성별, 국적, 직업을 포함한 여러 가지 요인에 달려 있음을 밝혔다.[140] 또한 일부 연구에서는 직무 요구 측면의 성격을 '분리'하고 도전적 스트레스 요인과 방해적 스트레스 요인을 직무 요구사항으로 나누어 분석했다. 이러한 연구에서는 도전적 스트레스 요인은 모두에게 부정적으로 인식되지는 않기 때문에 JDCS 모델은 방해적 스트레스 요인에 한해서 지지되었고 도전적 스트레스 요인에 대해서는 지지되지 않았다.[141]

도표 18-4 직무 요구-통제-지원 모델

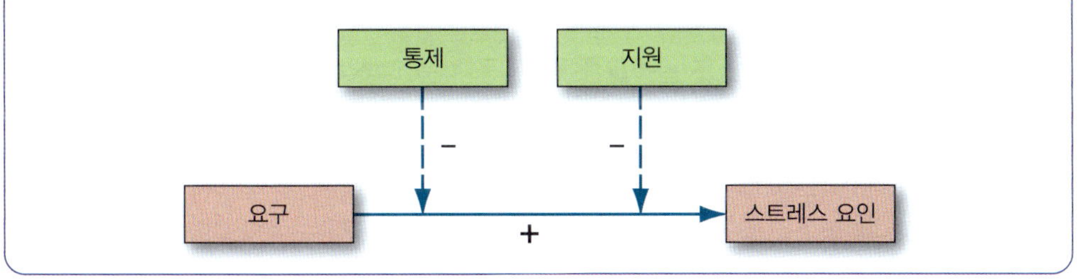

직무 요구-자원 모델

직장에서 매년 진행되는 평가 과정에서 도전과 방해 요구에 직면하게 되면 스트레스를 느낀다. 우수한 평가 결과는 승진, 더 큰 책임, 더 높은 급여로 이어질 수 있지만, 나쁜 평가 결과는 승진을 못하는 결과를 초래하고, 매우 나쁜 평가 결과는 심지어 해고까지도 이어질 수 있다. 당신이 이러한 요구를 충족하기 위해 자원을 활용할 수 있다면(예: 평가를 준비하거나 평가를 상황에 맞게 파악하거나 사회적 지원을 얻는 등), 스트레스가 조금은 덜 심각하게 느껴질 것이다. 도표 18-5에 나와 있는 **직무 요구-자원**(JDR) 모델은 직무 요구사항과 자원이 동시에 업무 스트레스 증상(예: 소진)과 업무 참여에 미치는 개별적 영향을 보여주며 이들이 각각 성과에 기여한다고 제안한다.[142]

JDR는 현재까지 가장 인기 있는 스트레스와 건강 이론 중 하나이며, 연구는 이 이론의 유용성을 지원하는 경향이 있다. 직무 요구사항과 자원 모두 예상대로 스트레스 증상(예: 소진)으로 이어진다.[143] 그러나 요구사항과 참여 사이의 관계는 모델 내의 다른 관계만큼 강하게 나타나지 않으며 때로는 도전적인 요구사항(예: 도전적 스트레스 요인)이 직원을 참여하게 만들 수 있다.[144] 게다가 자원의 영향은 종종 조직 분위기, 지원적 리더십과 팀 또는 조직 내에서의 심리적 안전성에 따라 다르게 나타난다. 자원을 활용하면 다른 사람이 깎아보거나 경멸하는가?[145] 연구자들은 또한 JDR을 안전 분야에서도 지원했으며, 스트레스 증상이 안전 사건을 유발하고 참여가 준수적인 안전행동에 영향을 미쳐서 이러한 사건의 발생 가능성을 줄이는 방식으로 작용한다는 결과를 얻었다.[146] JDR은 학생과 교사를 대상으로 한 연구에서도 지지를 받은 바 있다.[147]

일반적으로 JDR은 스트레스 증상과 참여가 자원을 활용하고 요구사항을 충족하는 균형을 맞추는 결과인 경우가 많음을 이해하는 데 도움을 준다. 예를 들어 학력 수준이 높은 사람이 직장에 더 만족스러워하지 않는 이유를 설명하는 데 도움이 될 수 있다. 학력 수준이 높으면 자원도 크지만(예: 소득, 자율성), 요구사항(예: 더 긴 근무시간, 높은 압박)도 더 크기 때문이다.[148]

알로스타시스 지금까지의 논의는 개인이 요구와 자원을 완벽하게 일치하는 안정 상태를 추구한다는 인상을 줄 수 있다. 초기 연구는 균형잡힌 평형 상태, 즉 균형잡힌 평형을 강조했지만, 이제는 하나의 이상적인 상태가 존재하지 않음이 명확해졌다. 대신에 요구사항이 변화하고 자

도표 18-5 직무 요구-자원 모델

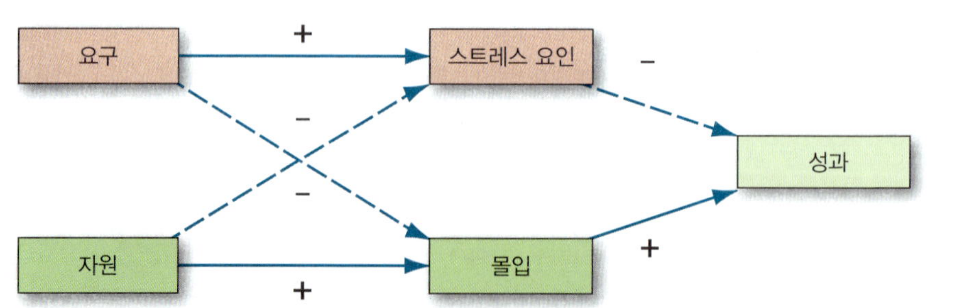

출처: A. B. Bakker and E. Demerouti, "Job Demands-Resources Theory: Taking Stock and Looking Forward," *Journal of Occupational Health Psychology* 22, no. 3 (2017): 273-85에 기초함.

원이 변화하며 불균형을 해결하는 시스템이 변화하는 알로스타틱 모델에 대해 논하는 것이 더 정확하다.[149] **알로스타시스**(allostasis)는 행동과 태도를 변경하여 안정성을 찾아가는 것을 의미한다. 모든 것은 활용할 수 있는 자원과 누적된 스트레스 요인의 영향, 즉 **알로스타틱 부하**에 달려 있다.[150]

알로스타시스 행동과 태도를 변경하여 안정성을 찾아가는 것을 의미

예를 들어 당신이 자신의 능력에 대해 특히 자신감 있고 다른 사람으로부터 많은 지원을 받는다고 가정하자. 이러한 경우에 스트레스 증상을 경험하고 대응 자원을 효과적으로 동원할 의사가 증가할 수 있을 것이다.[151] 이것은 알로스타틱 부하가 그리 크지 않은 상황일 것이며, 알로스타틱 부하가 지나치게 크고 오래 지속된 경우에는 심리적이거나 생리적인 스트레스 증상을 경험할 수도 있다.

요구-자원 선호도는 주기적으로 변한다. 때때로 휴식하고 회복하고 싶을 때가 있지만, 더 많은 자극과 도전을 원할 때도 있다. 조직이 지속적으로 변화하고 변동하는 것과 마찬가지로 내부와 외부 요소에 계속 적응하면서 스트레스 과정에 응답하며 우리의 안정성이 지속적으로 재정의된다. 요구사항도 시간이 지남에 따라 예측 가능하게 변화한다. 한 연구에서 생애주기별로 근로자를 조사한 결과로 젊은 근로자에게는 재정적, 경제적인 요구사항이 일부 스트레스 증상을 유발하는 데 기여하지만, 나이가 많은 근로자에게는 스트레스 증상과 관련된 요구사항이 주로 돌봄 요구사항(예: 부모 양육, 노인 양육)과 관련이 있었다.[152]

일-생활 균형

카타리나 보쉬(Katharina Boesche)는 COVID-19 팬데믹 중에 일과 가정에서의 책임을 조절하는 데 어려움을 겪은 프리랜서 변호사이다. 팬데믹으로 인해 휴교로 세 자녀가 집에 있어 조용한 시간을 찾기 어려워진 보쉬는 새벽(4시부터 8시 사이) 또는 늦은 밤에 일하고 있다. 이러한 스트레스 요인으로 인해 보쉬는 매우 피로하고, 탈진하며, 소진된 느낌을 가지고 있다. 보쉬의 경험은 직업생활과 가정생활을 관리하는 데서 오는 어려움을 반영하고 있다.[153]

18-5 일-생활 갈등과 일-생활 충실화의 차이를 설명할 수 있다.

이 절에서는 소식에서의 **일-생활 균형**의 본질을 고민하며 '균형'이 정적인 균형 상태를 의미하는 것이 아니라 '균형 맞추기'와 같은 행위를 의미한다는 것을 인식한다.[154] 아직까지 대부분의 근로자는 균형이라는 이상을 추구하며, 이것은 일-생활 태도와 성과에 대해 중요한 예측변수가 된다.[155] 먼저 이러한 관계를 결정하는 경계조건과 그 경계조건을 가로질러 영향을 주는 전환에 대해 설명할 것이다. 다음으로 근로자에게 영향을 미치는 두 가지 형태, 즉 갈등과 충실화라는 '스필오버'에 대해 살펴볼 것이다. 마지막으로 지원적인 식상 성책이 직원에게 가치 있는 업무를 관리하고 우선순위를 정하는 경우에 어떤 역할을 하는지에 대해 논의할 것이다. 먼저 우리 사회가 일-생활 균형 문제에 어떤 입장을 가지고 있는지 살펴보자.

일-생활 균형의 상태: 새로운 정상?

COVID-19 팬데믹은 일-생활 균형, 경계, 갈등, 충실화 문제를 표면으로 드러내는 계기가 되었다. 그러나 팬데믹 이전에도 수년에 걸쳐 일과 가정생활 사이의 경계는 점점 흐려져왔다. 직원은 언제나 스마트폰을 꼭 들고 있어 일부 연구자는 이를 '성인용 고무젖꼭지'로 묘사하기도

했다. 2000년대 이후에는 일주일 내내 하루 종일 언제나 동료와 연락가능한 상태로 있을 것이 당연히 기대되었다.[156] 이러한 강력한 사회적 규범으로 인해 많은 사람은 이러한 생각이 경계, 스트레스, 건강에 미치는 영향을 고려하지 않고 항상 성공을 위해 '노력하려고' 개인 생활을 희생해왔다.[157]

그러나 COVID-19으로 인해 전 세계의 상당 부분의 근로자가 갑자기 '원격 근로자'가 되었다. 찰리(Charli)의 CEO인 케빈 콜린스(Kevin Collins)는 다음과 같이 말했다. "세계적인 COVID-19 팬데믹은 일하는 방식을 바꾸었다. 일과 생활 사이 흐릿했던 구분을 더욱 흐려지게 해 정신적 웰빙에 장기적인 영향을 제기하고 있다."[158] 물론 많은 관리자와 임원은 이러한 주장을 일축한다. 골드만 삭스의 CEO 데이비드 솔로몬(David Solomon)은 "이것은 새로운 정상이 아니다. 이는 우리가 가능한 한 빨리 수정해야 할 이상 사태에 불과하다"고 말한 바 있다.[159]

그럼에도 불구하고 팬데믹 이전에는 직원이 일과 생활의 균형을 유지하는 것을 추구할 가치가 있는 생활의 목표로 여기곤 했다.[160] 이제 많은 사람은 이전의 관점을 문제가 있다고 여기며 일-생활 균형을 훨씬 더 유연하고 알기 어렵고 모호한 것으로 생각한다. 일과 생활의 균형을 어떤 달성해야 하는 상태로 생각했던 것에서 볼 때(상위 계급의 경영진 중 소수의 사람이 즐기는 것), 현재의 사고는 지속적인 균형을 맞추는 과정으로 생각하는 방향으로 변화하고 있을 수 있다. 이 과정에서 자기인식을 강화하고 우선순위를 정하며 스스로의 욕구를 충족하고 자신에게 맞는 방식으로 직무 요구와 몰입도를 조절한다.[161]

일-생활의 경계

일-생활 문제를 살필 때 관련 있는 개념으로는 역할 갈등과 자원보존이론(COR)이 있다. 이는 일과 가정에서의 역할과 각 맥락에서 요구사항을 해결하기 위해 한정된 자원을 가지고 있기 때문이다. 그러나 **일-생활의 경계**라는 개념은 이 분야의 연구에서 고유한 개념으로 종종 경계선이라고도 불린다.[162] 일-생활의 경계는 우리의 삶을 구분하는 선을 나타낸다. 사람은 이 두 영역을 물리적으로나 심리적으로 이동하며 한 영역에서의 사람, 물건, 의사소통이 다른 영역으로 이동하여 일상 생활에 방해가 될 수 있다(예: 휴가 중에 동료가 전화를 걸거나, 회의 중에 아이의 레고 블록 위에 발을 딛는 것과 같은 경우).

언뜻 보면 이것은 비교적 간단한 개념처럼 보일 수 있다. 그러나 경계는 사람이 일과 생활을 어떻게 통합하기를 원하고 얼마나 어떤 영역으로 '이동'할 의향이 있는지에 대한 선호도를 반영하고 있기에 복잡한 문제이다(예: 개인 문제를 처리하기 위해 휴가를 낼 것인지).[163] 게다가 사람들은 이러한 경계를 협상하는 것에 있어 완전히 자유롭지 못하다(이러한 경계에 대한 통제권과 유연성을 허락하는 일인가, 아니면 한 곳에서 방해없이 오랫동안 해야 하는 일인가?).[164] 일-생활 통합을 선호하거나 실천하는 사람은 주로 영역 간 이동을 쉽게 한다(예: 일하는 동안 친구를 방문하게 허용하고, 저녁식사 준비 중에 집에서 업무 이메일에 답하고, 가정생활에 대해 업무에서 자주 이야기하거나 그 반대의 경우).[165] 반면에 명확한 경계를 선호하는 사람은 주로 강력한 경계를 유지하고 한 영역에서 다른 영역으로 이동할 때 심리적으로 분리한다(예: 일이 끝난 후에 스마트폰을 끄는 것). 또한 직원이 **경계 관리**를 진행할 때, 각 영역에서의 시간, 공간, 역할을 협상하기 위해 전략이나 전술을 시행한다.[166] 이러한 전술은 물리적, 행

도표 18-6 경계 관리 전술 사례

전술	형태	예제
물리적	• 시간경계 설정하기 • 작업공간 구분하기 • 경계전환 촉진하기	나는 항상 5시에 퇴근하여 저녁을 먹으로 집에 간다 나는 항상 두 번째 침실에서 일하며, 만약 이 방문이 닫아 있으면 출입금지이다. 나는 직장에서 자전거로 5분 거리에 있는 집을 샀다.
심리적	• 우선순위 정하기와 목표 설정하기 • 양보하기	이번 주에 고객이 방문하면 나는 그들과 관계를 구축하는 데 더 많은 시간을 쓸 것이다. 나는 이번주 내내 야근을 했기 때문에 금요일에는 가족과 영화를 보러 갈 것이다.
행동적	• 기대수준 정하기 • 자원에 대해 협상하기	비상 사태가 아니라면 휴가 중에 전화하지 말아주세요. 나는 동료에게 이번 주말에 가족행사에 와서 새로운 프로젝트에 대해 논의하고 싶은지 물어볼 것이다.

출처: T. D. Allen, E. Cho, and L. L. Meier, "Work-Family Boundary Dynamics," *Annual Review of Organizational Psychology and Organizational Behavior 1* (2014): 99-121에 기초함.

동적, 심리적 형태 중 하나로 나타날 수 있다(예: 도표 18-6에 나와 있는 예제).

사람들은 일-생활 영역 사이의 경계를 얼마나 잘 관리하는가? 성실성의 성격 특성이 높은 사람은 경계 제어권이 더 크다고 인식하고 역할 간 간섭을 더 잘 관리할 수 있는 능력을 더 갖고 있다고 여기는 경향이 있다. 그러나 정서적 안정성이 낮은 사람은 역할 간 간섭을 침투적이고 스트레스 상황으로 여기는 경향이 있다.[167] 또한 사회적 정체성도 주요한 영향을 미친다. 가족 단위와 강하게 동일시하는 사람은 경계를 더 엄격하게 취급하고 쉽게 통과할 수 없는 것으로 여기며,[168] 동시에 보다 가치 있는 영역으로의 투과성을 보호하여 다른 영역으로부터의 침범을 막고 보호하려고 한다.[169] 마지막으로 경계 관리는 나이가 들면서 더 잘할 수 있는 기술일 수 있다. 은행 직원들 사이의 여러 연구에서 나이가 많은 직원이 더 강한 경계를 설정하고 유지하며, 이로 인해 더 나은 일-생활 균형을 유지한다는 것을 보여준다.[170]

성격 특성과 관계없이 어느 영역에서든 근거 없는 간섭(예: 경계 위반)은 좌절 또는 다른 부정적 정서 반응을 초래할 수 있다.[171] 또한 COVID-19 팬데믹 동안 원격 근로자가 된 경우나 기술적 요구가 높은 직원을 대상으로 했던 연구에 따르면 일-생활 경계 분리에 대한 선호가 높은 직원 중 물리적 전술(예: 명확한 작업 공간 설정, 비업무시간 동안 기기를 끄기)을 사용한 직원이 다른 직원보다 더 나은 일-생활 균형을 보고했다.[172] 경계의 부재도 중요한 역할을 한다. 예를 들어 일-생활 통합은 어느 한 영역에서의 부정적 경험에서 '충전'할 시간이 없기 때문에 정신 건강에 영향을 미칠 수 있다.[173]

일-생활 스필오버

이전 절에서 사람이 일과 비업무생활 간의 경계를 설정하는 방법에 대해 설명했다. 때로는 한 영역의 요소가 현재 있는 영역에 직접 영향을 미칠 수 있다(예: 부모가 사무실로 점심을 가져오는 경우). 그러나 때로는 한 영역이 다른 영역에 미치는 영향이 모호하고 심리적일 수 있다. 예를 들어 **일-생활 스필오버**(work-life spillover)는 한 영역에 대한 심리적 반응(예: 긍정적 또는 부정적인 기분)이 다른 영역으로 옮겨가 어떤 방식으로든 영향을 미치는 경우이다.[174]

일-생활 스필오버 한 영역에 대한 심리적 반응(예: 긍정적 또는 부정적인 기분)이 다른 영역으로 옮겨가 어떤 방식으로든 영향을 미치는 경우

예를 들어 많은 사람이 출퇴근에 많은 시간을 소비한다. 미국에서는 평균적으로 출퇴근하는 데 약 편도 27.6분이 소요된다. 게다가 모든 미국 근로자 중 약 5%가 대중교통을 이용하고 있

다.[175] 이러한 통근 자체가 일이나 생활 영역에 스필오버 영향을 주는 영역으로 작용할 수 있다(예: 교통 정체로 인해 기분이 나빠지고 지각하게 되면 업무에 영향을 미칠 수 있음).[176]

때로는 우리가 경험하는 스필오버가 다른 사람에게 영향을 미치는 **크로스오버**가 발생할 수 있다.[177] 예를 들어 오후에 영화관에서 여러 명의 화난 고객과 많은 사람을 마주했다면, 나중에 친구와 어울릴 때 더 화를 내며 친구에게 잔소리를 할 수 있다. 우리가 이야기하는 것처럼, 스필오버와 크로스오버는 사람의 사회적 네트워크를 통해 파급될 수 있다. 예를 들어 어떤 개인이 직장에서 비인격적 상사와 부정적인 상호작용을 경험한다고 가정하자. 일터에서 느낀 부정적인 감정이 집으로 스필오버되어 그의 파트너에게 크로스오버될 수 있으며, 파트너 또한 집에서 느낀 부정적인 감정을 자신의 직장으로 가져가는 스필오버를 경험할 수 있다.

게다가 스필오버(갈등 또는 충실화)를 경험할 때, 이 경험은 두 영역에 대한 태도를 더 강화시킬 수 있다. 다시 말해 가족모임 중에 상사로부터 긴 전화를 받으면, 이러한 중단 때문에 가족과 보낸 시간에 불만족을 느끼게 되고 상사의 전화 때문에 직장에 대한 불만도 생길 가능성이 높다.[178] 다음 절에서는 조직 내에서 발생하는 스필오버의 긍정적인 형태(충실화)와 부정적인 형태(갈등)를 논의한다.[179]

일-생활 갈등 정적인 스필오버(예: 일-생활 갈등)는 주로 1980년대에 자녀를 둔 여성이 더 많이 직장에 진출하게 되면서 관리자의 주목을 받게 되었다. 이에 대부분의 주요 기업은 직원의 가족과 조화롭게 일할 수 있는 환경을 조성하기 위해 친가족적 제도를 도입했다.[180] 이러한 제도에는 직장 내 어린이 보육, 하계 데이캠프, 유연근무, 잡셰어링, 학교행사 참석을 위한 휴가, 원격근무, 파트타임 고용 등이 포함되었다. 그러나 기관에서는 차차 이러한 부정적인 스필오버가 모든 직원에게 영향을 미치는 것을 인식하기 시작했다. 예를 들어 업무 부담이 많아지고 출장이 증가하면 부모가 업무와 개인적 책임을 동시에 충족하기가 더욱 어려워진다.

일-생활 갈등에 대한 연구는 이로 인한 여러 부정적인 결과를 보여준다.[181] 일-생활 갈등은 업무 태도와 성과에 부정적인 영향을 미칠 수 있다. 심지어 객관적인 업무 성과에도 부정적인 영향을 미치며, 관리자의 성과 평가와 승진 등에도 부정적인 영향을 미칠 수 있다.[182] 일-생활 갈등은 가정생활에도 부정적인 영향을 미칠 수 있으며, 이는 삶의 질, 여가, 가족, 결혼의 긴장을 야기하고, 이러한 긴장은 갈등을 유발한다.[183]

일-생활 갈등을 일으키는 원인은 무엇인가? 일반적으로 일과 관련된 요소가 일에서 생활으로의 영향을 더 강하게 야기하고, 생활과 관련된 요소는 생활에서 일로의 스필오버를 야기한다.[184] 부정적인 직무 태도, 긴 근무시간, 적은 지원, 융통성 부족, 직장 스트레스는 생활에서의 갈등을 일으킨다.[185] 반면 가족 스트레스와 인간관계 갈등, 가족구성원 돌봄에 시간을 할애하고, 어린 자녀를 키우는 것에 대한 부담은 업무 갈등과 관련이 있다. 이러한 선행요인 중에서도 양쪽 영역에서 경험하는 스트레스가 가장 큰 요인으로 보인다.[186]

성격 특성과 개인차도 중요한 역할을 하는 것으로 보인다. 감정적 안정성이 낮고 부정적 감정이 높은 직원은 일-생활 갈등을 덜 인식하는 경향이 있다.[187] 자신의 상황을 통제할 수 있다고 믿고 자기효능감이 높은 직원은 갈등을 더 잘 다루는 경향이 있다.[188] 다양한 연구결과에 따르면 성별은 어느 방향으로도 일-생활 갈등의 양이나 정도에 영향을 미치지 않는 것으로 나타난다. 즉, 모든 사람이 일-생활 갈등을 경험하는 것으로 나타난다. 그러나 일부 연구는 남성이 더 많은 시간을 업무에 할애하고 가족과의 시간을 줄이며, 여성보다 경계를 설정하는 데 더 어려움을 겪어 많은 갈등을 경험한다는 개념을 지지하기도 한다.[189]

마지막으로 일이 생활 영역에 미치는 영향은 문화에 따른 차이가 크지 않다. 그러나 생활이 업무 영역에 미치는 영향은 몇 가지 문화적 특성에 따라 다르게 나타날 수 있다. 생활에서 일로의 갈등은 집단주의 사회나 성별 경제적 격차가 큰 사회에서 더 크게 나타나는 경향이 있다.[190] 그러나 이러한 갈등은 이러한 사회에서 일-가족 만족에 미치는 영향도 적다.[191] 또한 업무 단위와 가족 지원은 지원을 유용한 자원으로 인식하는 문화에서 일-생활 갈등의 발생을 줄이는 것으로 나타난다.[192]

일-생활 충실화 일과 가족 생활 간의 상호작용은 긍정적인 면도 가지고 있다.[193] 아마존의 회장이자 전 CEO인 제프 베조스는 자신이 집에서 행복하다면 그 행복이 사무실로 엄청난 에너지를 가져올 것이라고 언급한 적이 있다. 또한 일에서 행복하다면 그 행복이 자신의 가정 생활로도 큰 에너지를 가져올 것이라고 말했다.[194] 일과 가족 생활이 갈등을 일으킬 수 있는 것처럼 충실화를 일으킬 수도 있다. 우수한 프레젠테이션, 고객의 칭찬, 상사로부터의 승진과 같은 긍정적인 경험이 다른 삶의 영역으로 영향을 미칠 수 있다. 마찬가지로 주말 스포츠리그에서의 우승, 즐거운 곳으로의 짧은 휴가, 파트너와의 로맨틱한 데이트가 업무로 영향을 미칠 수 있다.[195]

하지만 충실화에 대해서 어떤 연구결과가 나왔는가? 일-생활 충실화에 대한 연구는 일-생활 갈등에 비해 훨씬 적은 관심을 받았지만, 연구결과는 업무에서 생활과 생활에서 업무로의 양쪽 충실화가 긍정적인 직장과 삶의 태도, 증가한 참여도, 스트레스 증상 감소, 정신적과 신체적 건강결과 향상, 더 높은 성과와 조직시민행동(OCB)을 가져온다는 것을 시사한다.[196] 또한 일-생활 갈등과 마찬가지로 업무 요인이 일에서 생활로의 충실화에 더 강하게 영향을 미치며, 생활요인이 생활에서 일로의 충실화에 더 강하게 영향을 미치는 경향이 있다는 것을 언급한다.[197]

충실화의 예측요인에 관한 연구는 두 가지 형태의 충실화가 주로 업무 참여의 증가로 인한 결과임을 시사한다(아마 베조스의 언급이 맞는 것 같다). 그러나 이러한 충실화는 가족과 동료로부터 받는 사회적 지원과 업무에서의 자율성의 정도에도 영향을 받는다.[198] 또한 일-생활 갈등과 마찬가지로 성격에도 영향을 받는데, 대표적으로 외향성과 경험에 대한 개방성이 충실화를 예측한다.[199]

유연하고 지원적인 정책

시간 압박은 일-생활 갈등의 주요 원인이 아니다.[200] 일 영역이 생활 영역으로 심리적으로 침입하면(또는 그 반대로 일어나면) 사람들은 업무와 관련된 문제를 집에서 고민하고 일터에서 개인적인 문제를 생각하며 갈등이 발생한다. 이것은 조직이 직원의 시간 관리 문제를 해결하는 데 덜 신경을 쓰고, 그들이 자신의 삶을 분리하고 경계 전환을 탐색하며 두 영역 간의 충실화를 촉진하는 데 더 많은 노력을 기울여야 함을 시사한다.

유연하고 지원적인 정책, 예를 들어 업무량을 합리적으로 유지하고 업무 관련 출장을 줄이며 현장에서 고품질 어린이돌봄을 제공하는 것과 같은 정책들은 시간 관리 노력에 도움이 되는 사레이다.[201] 리더는 이 과정에서 큰 역할을 한다. 지지적인 정책을 사용하도록 팔로워를 격려하고(그리고 이를 설정하는 데 일부 참여하며), 팔로워와 고품질 교환관계(LMX, 12장 참조)를 구축하여, 궁극적으로는 팔로워가 균형과 경계 관리를 추구하는 데 도움을 준다.[202] 부가적으로 긍정적인 리더십 행동(예: 서번트 리더십) 자체로도 스트레스를 감소시키고 건강결과를 개선하는 역할을 한다.[203] 일반적으로 가족 지원적인 리더십에 대한 인식은 일-가족 갈등을 줄이는 데 일반적인 조직과 상사 지원에 대한 인식보다 더 중요하다고 할 수 있다.[204] 또한 직원(특히 동거와 육아 중인 직원)은 이러한 정책에 긍정적으로 반응하여 업무 태도가 높아지는 경향이 있다.[205] 이전 절에서 논의한 스필오버-크로스오버 효과를 따르면 이러한 정책 효과는 매우 강력하여 직원의 파트너와 가족구성원의 업무와 경력에까지 긍정적인 영향을 미칠 수 있다.[206]

업무일정 관리와 혜택에 대한 선호도가 사람마다 다르다는 사실은 놀랍지 않다.[207] 어떤 사람은 일과 개인 생활을 더 잘 분리하는 유연근무제, 직무공유제, 파트타임 근무와 같은 정책을 선호한다. 이러한 정책은 근로자가 개인 책임과 충돌하지 않는 업무시간을 선택하여 계획할 수 있도록 한다. 다른 사람은 체육시설이나 회사 후원 가족소풍과 같이 일과 개인생활을 통합하는 노력을 선호한다. 평균적으로 대부분의 사람들은 경계 관리를 지원하는 조직을 선호한다. 기업은 다양한 직원의 다양한 요구를 수용하기 위해 업무일정 관리와 혜택을 조정하고 있다. SAS인슈티튜드(SAS Institute)의 직원은 현장 어린이돌봄, 건강 관리와 피트니스 센터 같은 시설을 제공받으며, 다른 기업은 유연한 업무일정 관리, 지원 기술, 필수 휴가시간, 원격근무 옵션과 같은 혜택을 제공하고 있다.[208] 2021년 글래스도어의 '일-생활 균형을 위한 최고 기업' 목록에서 3위인 슬라럼(Slalom)은 자유롭게 사용할 수 있는 저녁을 보내도록 보장한다.[209] 지난 십여 년 간 직원이 일-생활 갈등을 줄이는 데 도움이 된 몇 가지 기업의 노력은 도표 18-7에 나열되어 있으며, 이 중 상당수는 8장에서 자세하게 설명된 바 있다.

스트레스와 건강 관리

18-6 직장에서 스트레스를 관리하기 위한 개인적, 조직적 접근 방법을 설명할 수 있다.

스트레스에 대해 어떻게 해야 하는가? 무언가를 해야만 하는가? 낮은 수준에서 중간 수준의 도전적 스트레스 요인은 기능적이고 성과 개선에 도움이 되므로 조직 관리자는 직원이 그러한 스트레스를 경험할 때 걱정하지 않을 수도 있다. 그러나 구성원은 낮은 수준의 스트레스도 바람직하지 않다고 인식할 가능성이 있다. 따라서 관리자가 '아드레날린 분비를 촉진하는 긍정적 자극'이라고 생각하는 스트레스의 수준이 직원에게는 '과도한 압박'으로 느껴질 수 있다.

관리자도 알고 있듯이 스트레스는 부정적인 결과로 이어질 수 있다. 예를 들어 35개 병원에서 4,000명이 넘는 간병인을 대상으로 한 연구에서는 휴식 없이 12시간 근무할 때 손 씻기와 안전준수가 8.7% 감소하는 것으로 나타났다.[210] 또한 건강과 안전 전문가는 관리자가 이 문제에 대해 더 직접적으로 개입해야 할 필요가 있다고 제안하고 있다. 예를 들어 근거 기반 건강과 안전 혁신을 실행하는 것은 종종 매우 느리게 진행되며, 구성원에게 관련 정보를 제공하면서 이를 어떻게 활용해야 하는지는 알려주지 않는 경우가 많다. 부실한 실행은 잘못된 방식으로 수행될 때 자원의 낭비로 여겨질 수 있다.[211] 이를 염두에 두고 스트레스 관리를 위한 개인적 접근 방법과 조직 차원의 접근 방법에 대해 알아보자.[212]

도표 18-7 일-생활 균형 정책

시간 기반 전략	• 유연근무제 • 직무 공유제 • 출산휴직제도 • 원격근무 • 유급휴가제	컨설팅회사인 AT커니(A.T. Kearney)의 플렉스 프로그램(Flex Program)을 통한 스케줄 조정, 원격근무, 하이브리드 옵션. 제약회사인 애브비(AbbVie)에서는 직원의 98%가 유연근무제 선택. 시스코(Cisco)는 직무공유제와 화상회의를 통해 통근 필요성을 최소화함. 딜로이트(Deloitte)는 월급의 40%만을 받고 3~6개월간 안식달을 가질 수 있게 하며 매년 40일의 유급휴가 제공.
정보 기반 전략	• 일-생활 지원 • 이동 지원 • 노년 간병 지원 • 상담서비스	노스캐롤라이나의 건강보험회사(Blue Cross Blue Shield, BCBS)는 원격 근무자를 위한 네트워킹 기회를 제공. 홀마크(Hallmark)는 매월 여성을 위한 커리어 관리회의를 가짐. 존슨앤드존슨(Johnson & Johson)은 이메일 없는 주말제도 실시. 휴렛패커드는 상담사, 멘토를 제공하며 총 연간 5천 달러의 학비 보조.
보상 기반 전략	• 보험 지원 • 유연 복지 • 입양 지원 • 아동 학비 지원 • 직접적 재무 지원 • 재택 파트너 혜택 • 장학금, 학비 보상	액센츄어(Accenture)는 입양보조 혜택으로 5천 달러 제공. 칼슨(Carlson)은 미네소타주립대 칼슨경영대 입학시 2만 달러 장학금 지원. 시티(Citi) 근로자들은 세전 부양자 지원 계좌로 5천 달러까지 저축가능하고 회사에서 30%까지 매칭. 콜게이트 팜올리브(Colgate-Palmolive)는 연간 직무 관련한 학비 보조로 1만 달러까지 지원. 푸르덴셜(Prudential) 직원은 자녀돌봄 휴가로 100시간, 노인 보호에 시간까지 사용 가능.
직접 서비스	• 직장 내 어린이집 • 피트니스 센터 • 방학 어린이보육 • 온사이트서비스 • 컨시어지서비스 • 무료 또는 할인된 회사상품 지원	애보트(Abbot)는 직장 내 어린이집에서 800명 돌봄을 제공하고 2800개의 데이케어 시설 할인 제공. AOL이나 버라이즌(Verizon)은 직장 내 피트니스 센터가 있으며 전국적으로 체육관 할인 제공. BMY(Bristol-Myers Squibb)는 만5세 이하 아동 대상으로 전일, 파트타임, 비상시 아동돌봄 지원 제공하고 5세 이상의 아동은 여름캠프 제공. TBS(Turner Broadcasting)은 베이비시팅, 반려견 산책, 노인돌봄을 위한 돌봄제공 컨시어지 운영. REI 근로자는 회사 상품 할인가 구매 가능.
문화 변화 전략	• 일-생활 균형 문화 확립: 일-생활 갈등을 겪는 직원을 도울 수 있도록 매니저 교육 • 직원 만족과 연계된 매니저 임금 • 대면근무시간이 아닌 실제 성과에 집중	아메리칸 익스프레스(American Express)에서는 근로자 간 네트워크를 통해 직접적 이슈 다룸. 슬랙(Slack)에서는 열심히 하고 집에 빨리가는 문화 촉진. 고어와 동료들(W.L. Gore& Associate)의 슬로건은 '우리는 사람을 관리하지 않고 그들이 자기자신을 관리하기를 기대한다'임. 피어슨(Pearson)은 유연한 근무 옵션 책임 가이드(Flexible Work Options Accountability Guide)를 통해 유연근무제 활용에 대해 매니저 교육실시.

출처: "2014 100 Best Companies," *Working Mother*, http://www.workingmother.com/best-company-list/156592, accessed July 21, 2015; "100 Best Companies to Work For," *CNNMoney*, www.money.cnn.com, accessed June 18, 2013에 기초함.

개인적인 접근 방법

직원은 스트레스에 대한 적절한 대처 방법과 회복 경험을 통해 건강과 스트레스 수준을 관리하는 데 개인적 책임을 효과적으로 질 수 있다. 이렇게 함으로써 업무 성과, 조직 내 시민행동, 부적절 행동, 태도, 건강에 점차적으로 영향을 미칠 수 있다.[213] 시간 관리 기법, 신체 운동, 긴장완화 기법, 사회적 지지 네트워크는 그 효과가 검증된 개인적 전략이다.[214]

개인적 전략을 취할 때 유의해야 할 점은 스트레스 관리 방법에 접근하는 방식이다. 스트레스를 무조건적으로 예방하거나 피하려고 노력해서는 안 되며, 대신 적극적으로 회복하고, 이

완하고, 활기를 되찾으려고 해야 한다.[215] 무엇보다도 이러한 개인적인 방법을 소개하는 것이 스트레스 관리 책임이 완전히 직원에게 달려 있다는 것을 말하는 것은 아니라고 강조하고 싶다. 실제로 이러한 개인적 방법 중 많은 것은 이러한 접근을 지원하는 조직의 정책에 의해 촉진되고 향상될 수 있다.

시간 관리 기술 개발 많은 사람이 시간을 잘 관리하지 못한다. 시간 관리를 잘 하는 직원은 그렇지 않은 직원보다 2배의 성과를 낼 수 있다. 예를 들어 대학교수에 대한 연구는 시간 관리 기술과 결정이 일-가족 균형, 직무 태도와 성과에 영향을 미친다는 것을 시사한다.[216] 엘리트 스포츠선수에 대한 연구에서는 선수가 시간 관리에 능숙한 전문가로서 지속적으로 약속을 재검토하고 새로운 요구사항에 적응한다는 것을 밝혔다(심지어 이미 힘들고 피로한 상태에서도).[217]

가장 잘 알려진 시간 관리 기법 중 일부는 다음과 같다. ① 캘린더, 프로젝트 관리 소프트웨어, 할 일 목록만들기(휴식과 회복을 위한 시간을 일정에 포함), ② 작업, 의무, 책임 등에 우선순위 설정하기(우선순위에 따라 작업을 수행하거나 위임), ③ 현실적인 장기와 단기 목표 설정하기 등이다.[218] 반면에 어떤 사람은 더 높은 성과를 낸다고 신화적으로 믿고 있는 최악의 시간 관리 기법은 ① 더 빨리 일하기, ② 더 오래 일하기이다.[219] 시간 관리 기법은 즉각적인 목표에 집중함으로써 미루기를 최소화하는 데 도움이 되며 다소 즐겁지 않은 작업을 수행할 때에도 동기부여를 높일 수 있다.[220] 더 나아가 미래의 스트레스 요소로부터 자기를 멀리하는 심리학적 기법 또한 시간 압박에 적응적으로 대처하는 데에 도움이 된다.[221]

정신적 웰빙과 신체적 건강에 집중하기 의사들은 과도한 스트레스 수준을 관리하고 신체적 정신적 건강을 촉진하기 위해 에어로빅, 걷기, 뛰기, 수영, 자전거타기와 같은 비경쟁적인 신체적 운동을 권장한다.[222] 이러한 활동은 스트레스에 대한 유해한 생리적 반응을 감소시키고 더 빨리 스트레스로부터 벗어날 수 있게 도와준다.[223] 운동으로 얻을 수 있는 신체적, 정서적, 인지적, 행동적 혜택은 업무에서 더 나은 성과로 이어질 수 있다.[224] 운동은 또한 일-생활 갈등의 부정적 파급 효과를 완화하고 수면이 부족한 상황에서도 일-생활 균형 인식을 향상시킬 수 있다.[225] 스트레스 증상을 줄여주는 것 이상으로 신체 운동은 다른 사람의 부도덕하거나 불공정한 행동이 미치는 영향을 줄일 수 있으며, 스스로 부도덕한 행동을 덜 하게 만들 수도 있다.[226]

연구에 따르면 점심시간에 공원에서 산책하는 것[227]과 같은 저강도의 활동조차도 기분을 개선하며 다른 상징적 이점을 가져다 줄 수 있다(도움이 되지 않을 것이라고 의심하는 사람에게도).[228] 그러나 '아픔이 없으면 이득도 없다'라는 생각에도 일정한 근거가 있다. 고강도 운동은 업무로부터의 더 나은 회복 경험, 부정적 정서 감소, 스트레스에 대한 고민 감소 등의 효과를 낸다.[229] 일부 연구에서는 신체적 피트니스가 지능과 인지 능력을 향상하는 데 도움이 될 수 있다고도 제안하고 있다.[230]

많은 조직에서는 신체적 건강을 촉진하는 웰니스 프로그램을 제공하지만 모든 조직이 그렇지는 않다. 그래서 직원은 자신만의 자기관리 루틴을 만들어보는 것을 고려해볼 수 있다. 예를 들어 음악을 듣는 것(운동을 더 잘 할 수도 있음),[231] 전자활동 추적기를 사용하는 것(스트레스 증상을 줄이고 통제 인식을 증가시킬 수 있음),[232] 동료나 친구와 함께 운동을 통해서 긴장을 풀어보는 것,[233] 활동을 지속하기 위해 자신에게 보상하는 것 등이다.[234] 그러나 모든 사람은 다르기에 한 사람에게 효과가 있는 것이 다른 사람에게는 효과가 없을 수 있다. 직원과 상사는 서로를 지지하고 신체적 특징을 기반으로 한 비하발언이나 따돌림 행동을 하지 말아야 한다.

회복탄력성 증진 **회복탄력성**(resilience)이란 스트레스와 스트레스 증상의 부정적인 영향에 대한 저항력을 포함한다.[235] 회복탄력성은 특히 세계적 팬데믹 초기에 갑자기 원격으로 작업해야 하는 상황에 봉착하거나 긴급히 무장 전투에 뛰어들어야 하는 것과 같은 위기상황에 대한 준비 상태로서 특히 중요하다.[236] 회복탄력성에 대해 어떻게 접근해야 할지에 대한 이견이 존재하긴 하지만, 최근의 접근법에서는 회복탄력성 기술을 다음과 같이 분류하고 있다. ① 정서적 회복탄력성(긍정적 감정 육성, 감정 조절 기술 개발, 사회적 연결 촉진 등), ② 탄력적 사고(유연한 사고, 낙관적인 관점 등), (3) 균형과 회복 능력(자기관리행동, 요구사항 우선순위와 균형 맞추기 등)이다.[237]

회복탄력성 스트레스와 스트레스 증상의 부정적인 영향에 대한 저항력

회복탄력성은 극단적이고 스트레스가 높은 상황이 아닌 일상생활에서도 많은 이점을 제공할 수 있다. 예를 들어 고객 상대서비스를 제공하는 직원은 회복탄력성을 개발함으로써 고객의 무례함과 동료와 상사의 부당 대우에 더 잘 대처할 수 있다.[238] 직원은 또한 관계적 탄력성을 통해 대인 갈등의 어려움을 극복하고, 관계에서의 실망과 좌절에 대처하며 신뢰가 깨졌을 때 용서하는 법을 배우며, 패배감을 느끼지 않고 자신이 필요한 바를 요구할 수 있다.[239]

회복탄력성을 증진하는 것은 스트레스에 대한 다른 개인적 접근보다는 그 효과가 단기적이긴 하지만 장기간의 연습, 코칭, 교육을 통해 가능하다.[240] 회복탄력성 증진 과정은 스트레스 관리 훈련과 매우 유사한데, 이는 직원을 스트레스 요소에 노출시켜 그에 익숙해지도록 하는 부분이 포함되기 때문이다.[241] 회복탄력성 훈련은 직원에게 자기조절, 스트레스 관리, 감정 조절 기술을 가르치는 것을 포함하며,[242] 이러한 스트레스 관리 측면은 정신 건강 상태를 개선하고 직무 만족을 높이는 등 조직 차원에서 긍정적인 결과를 가져올 수 있다.[243]

휴식과 마음챙김 직원은 명상, 정신적 수행, 깊은 숨쉬기와 같은 휴식 기법을 통해 긴장을 줄이는 방법을 스스로 배울 수 있다.[244] 이러한 휴식 기법의 목표는 근육 긴장을 풀기 위해 모든 에너지를 집중시켜 심도 있는 신체적 휴식 상태에 도달하는 것이다.[245] 깊은 휴식은 긴장을 완화시켜 주며,[246] 평화로운 느낌을 주고, 심박수와 혈압과 기타 생리학적 요소에 중요한 변화를 일으킨다.[247] 실제로 수천 명의 직원에 대한 연구결과에서 휴식 기법은 스트레스 관리와 소진 감소에 도움이 될 수 있다는 점을 보여준다.[248]

또한 낮 동안 휴식 기술을 사용하고 특별히 나쁜 사건이 일어나지 않는다면 집에 도착해서 쉬는 것에 도움이 될 수 있다.[249] 매우 짧은 휴식조차 직원의 스트레스 완화와 에너지에 영향을 미치는 것으로 나타났다.[250] 업무와 완전히 분리하거나 업무와 여가생활 사이에 엄격한 경계를 두는 방법이 좋다고 생각할 수도 있지만, 연구에 따르면 완전한 분리를 하지 않고 해결해야 할 문제를 고민하면서 휴식활동을 하는 경우에 직무 열의가 증가하고 스트레스가 크게 감소하는 경향이 있다.[251] 다시 말해 경계를 유연하게 다루는 것에 어떤 이점이 있을 수 있다.

또 다른 기술로는 마음을 집중하여 현재 순간, 사건, 경험에 주의를 기울이고 인식하는 **마음챙김**(mindfulness)이 조직에서 인기를 끌고 있다.[252] (자신을 위해 마음챙김 접근 방식을 시도하려면 4장에서 '실전 연습'을 참고) 마음챙김은 전통적인 불교 명상 기법에 뿌리를 두고 있으며 실제로 베디크어 단어 '샤티' 또는 '마음의 집중'의 글자 그대로의 번역이다.[253] 마음챙김의 영향에 대한 주장은 상당히 눈길을 끌었다. 예를 들어 과거 연구에 따르면 마음챙김은 노화

마음챙김 마음을 집중하여 현재 순간, 사건, 경험에 주의를 기울이고 인식하기

를 늦추고 시험 성적을 향상시키며 신경가소성을 촉진할 수 있다고 한다(즉, 뇌의 실제 변화를 유발한다).[254] 그러나 여전히 이러한 효과에 대해 신중할 필요가 있다.[255] 많은 마음챙김 연구에서는 마음챙김을 어떻게 개념화하고 어떤 방법과 측정도구를 사용해야 하는지에 대해 아직 공통된 결론에 도달하지 못하고 있다.[256]

마음챙김의 옹호자는 그 효과에 대해 주된 메커니즘이 그 순간에서 자신을 분리하고 자동적인 생각의 사용을 줄이며 자신의 몸에 대한 인식을 높이는 데 있다고 한다.[257] 리더를 위해 특화된 마음챙김 명상 형태가 제안되었으며(이는 그들의 수용, 주의, 인식에 중점을 두어 자신과 다른 사람들의 삶을 어떻게 개선할 수 있는지에 관한 것이다), 이에 대한 연구는 리더가 마음챙김을 통해 더 나은 대인관계, 내적 성장, 향상된 웰빙, 생산성 증가를 경험할 수 있다는 것을 보여주었다.[258] 어떤 사람은 기본적으로 더 수용적으로 주의깊게 자신을 인식하며 다른 사람들보다 마음챙김을 더 잘하는 경향이 있다.[259] 또한 이들은 직장에서 더 긍정적인 동기부여 상태와 긍정적인 직무 태도, 더 적은 스트레스, 더 나은 성과를 경험하는 경향이 있다.[260]

비록 아직 확신할 수는 없지만, 마음챙김에 대한 실증연구의 결과(과장된 연결과 주장을 제외하고)는 꽤 긍정적이다.[261] 예를 들어 마음챙김은 비윤리적 행동을 줄이는 데 도움이 될 수 있다. 윤리적 행동에 대한 별도의 지시가 없어도 마음챙김을 통해 사람들이 좀 더 연민을 느끼는 상태가 되기 때문이다.[262] 의학 분야의 연구방법론인 무작위 대조실험을 통한 연구와 메타분석은 마음챙김이 스트레스, 불안, 스트레스 증상, 심리적 고통, 만성통증, 우울증 재발, 중독을 상당히 감소시키고, 웰빙과 수면 품질을 향상시킨다는 결과를 보여준다.[263] 수백 건의 연구를 통해 마음챙김은 OB에 관련된 여러 다른 결과 변수와도 관련이 있다고 알려져 있으며, 이는 내재적 동기부여(즉각적인 작업 동기부여를 해칠 수 있으나)와[264] 감정 조절을 포함한다.[265]

사회적 지원 요청 친구, 가족, 동료는 스트레스 수준이 과도해질 때 탈출구를 제공할 수 있다. 사회적 지원 네트워크를 확장하면 자신의 문제를 듣고 객관적인 관점에서 스트레스 상황을 해

파터노스터 광장(Paternoster Square)에서 직원은 점심시간 동안 탁구 경기를 하며 업무 스트레스를 푼다.

출처: GRANT ROONEY PREMIUM/Alamy Stock Photo

결해주거나(정서적 지원) 업무 부담을 덜어줄 사람(도구적 지원)을 찾을 수 있다.[266] 연구에 따르면 정서적 지원과 도구적 지원은 서로 관련성이 높고 중요한 직장 결과에 영향을 미치는 정도는 비슷한 수준으로 효과적이다.[267] 단, 지원을 제공하는 사람이 누구인가에 따라 차이가 있을 수 있으며 도와줄 수 있는 상사의 사회적 지원이 가장 가치 있다.[268]

그러나 때로는 이러한 정서적 지원이 오히려 역효과를 낼 수도 있다.[269] 우리가 자신과 비슷하게 스트레스를 받은 친구와 계속 그 상황에 대해 고민만 하고 사회적 네트워크를 확장하려고 노력하지 않는다면 악순환에 빠질 수 있다.[270] 이것이 스트레스에서 이를 직면하고 적극적으로 대처하려고 노력하는 것이 매우 중요한 이유이다. 그러나 반복해서 스트레스에 대해 생각하는 상태를 제외하고는 가족, 친구, 배우자로부터의 지원은 스트레스를 받은 직장 경험에서 회복하는데 상호호혜적일 수 있다.[271] 동료와 동료에게 더 효과적인 사회적 지원을 제공하려면 상대를 격려하고 그들이 상황을 더 잘 이해하도록 돕고 그 상황을 더 잘 관리할 수 있다는 느낌을 주도록 할 수 있다.[272] 어떤 사람은 다른 사람에게 '보이는' 사회적 지원을 받는 것에 민감할 수 있으며(예: 고집이 세고 독립적인 사람은 도움이 필요하더라도 도움을 원하지 않을 때가 있나), 가능하다면 그들을 '보이지 않는' 방식으로 도울 수 있을 것이다.[273]

조직적 접근 방법

스트레스를 유발하는 여러 가지 조직적 요인, 특히 직무와 역할 요구사항은 관리자의 관할이다. 스트레스 대처와 관련한 가치 있는 전략에는 직무 (재)설계, 회복 경험 보장, 웰빙 프로그

윤리적 선택

경계를 넘지 않고 정신 건강에 대해 이야기하기

관리자는 직원이 진정한 모습을 보일 수 있는 포용적이고 안전한 환경을 조성해야 한다. 연구에 따르면 직원이 진정한 모습을 느끼는 것은 궁극적으로 성과, 참여, 유지, 웰빙을 향상시킨다. 직원들은 조직이 정신 건강 문제에 대해 잘 다루기를 바란다. 조사에 따르면 86%의 개인이 조직의 문화가 정신 건강을 지원해야 한다고 생각한다. 그러나 직장에서 정신 건강에 대한 대화를 나누는 것은 어렵게 느껴질 수 있다. 더욱이 직원이 직장에서 정신 건강에 대해 이야기하지 않고 억누를수록 낙인 효과가 생기고 그에 대해 이야기하기가 더 어려워지는 악순환이 생길 수 있다. 안타깝게도 약 60%의 직원은 직장에서 자신의 정신 건강 상태에 대해 언급한 적이 없다. 직원이 이러한 악순환을 깨려면 정신 건강과 관련된 문제를 선제적으로 논의하고 해결해야 한다.

민감한 주제를 논의할 때 어떻게 경계를 넘지 않고 이야기할 수 있는가? 다음은 실제로 적용 가능한 세 가지 단계이다.

- **사람들을 고치려고 하지 마라.** 리더는 어려운 문제를 해결할 수 있는 능력을 가지고 성공한 사람이지만, 만약 직원이 리더가 '고치려 한다'고 느낀다면 오히려 역효과가 나타날 수 있다. 직원은 자신에 대한 확신을 잃고 자신의 능력에 대해 의문을 품을 수 있다. 대신에 직원에게 자원을 제공하거나 간단히 직원에게 "지금 당신에게 가장 도움이 될 것 같은 것은 무엇인가?"라고 물어보라.
- **건강을 종합적으로 논의해라.** 두통이나 계절성 알레르기와 같은 증상을 동료와 이야기하는 것은 흔한 일이다. 그러나 자신의 정신 건강에 대해 이야기하는 것은 흔치 않은 일이다. 누군가의 정신 건강에 대해 묻고자 하는 노력은 이 주제를 보다 일반화하는 데 큰 도움이 될 수 있다. 자신의 어려움을 공유하는 것도 동료가 자신의 정신 건강에 대해 더 열린 자세로 이야기하기 쉬운 심리적으로 안전한 환경을 조성하는 데 도움이 될 수 있다.
- **이야기할 때보다 더 많이 들어줘라.** 적극적 듣기는 생각보다 쉽지 않을 수 있다. 듣는 과정은 편견, 산만함, 판단의 영향을 받을 수 있다. 동료의 경험에 집중하고 자신의 경험과 구분하는 것을 기억하라. 상대방의 문제를 어떻게 해결할 수 있을지에 대한 세부 내용에 집착하기보다, 당신이 그들을 지원하고 듣기 위해 거기 있는 것을 기억하라. 훈계하고자 하는 유혹을 떨쳐내라.

직원 지원 프로그램(EAP)과 같은 체크리스트 설루션은 흔하지만, 직원의 정신적 건강을 지원하는 데는 충분하지 않다. 직원이 정말 원하는 것은 더 수용적이고 열린 문화로, 추가 지원이 필요한 경우 사용할 수 있는 자원에 대한 더 명확한 정보를 포함하고 있는 것이다.[274]

램이 있다.

직무 (재)설계 직무를 재설계하여 직원에게 더 많은 책임, 의미 있는 업무, 자율성, 피드백을 제공하면 스트레스를 줄일 수 있다. 왜냐하면 이러한 요소는 직원에게 업무활동을 더 많이 제어할 수 있는 기회를 제공하고, 다른 사람에 대한 의존을 줄이며, 조직과 리더십이 직원의 복지를 중요하게 생각한다는 것을 보여주기 때문이다.[275] 직무를 재설계할 때 관리자는 스트레스 요인으로 작용하거나 예방할 수 있는 구체적인 작업에 주의를 기울여야 한다.[276] 예를 들어 다양한 분야의 수천 명의 직원을 대상으로 한 연구는 불규칙한 근무 일정과 갈등을 일으킬 수 있는 만남이 가장 자주 문제가 되는 직무였다. 관리자는 이러한 직업에서 일하는 사람에게 근무 일정을 정규화하거나 갈등적인 만남의 부정적인 영향을 완화할 수 있는 지원을 제공함으로써 이러한 직업에서 일하는 개인을 지원할 수 있었다.[277] 또한 일부 지루하거나 반복적인 직업은 시간이 지남에 따라 스트레스를 유발하고 성과에 해를 끼칠 수 있다. 직원이 하는 일에 다양성을 부여하거나 직무를 더 '재미있게' 만들어서 이러한 문제를 해결하는 데 도움이 될 수 있다.[278]

직무를 재설계하는 한 가지 방법은 직원에게 자신의 직무의 본질을 통제할 수 있도록 하거나(잡 크래프팅, 8장에서 '미신인가, 과학인가' 참조)[279] 각 직원과 해당 직무와 관련한 의무, 작업, 책임에 대해 개별화된 독특한 협상을 할 수 있도록 하는 것이다.[280] 이러한 통제감과 자율성은 마음챙김 훈련이 스트레스와 건강에 긍정적인 영향을 주는 추가적인 필수조건일 수 있다.[281] 그러나 관리자는 직원이 과도한 도전을 받아 소진될 수 있는 경우가 없도록 경계해야 한다.[282] 직무 재설계를 하는 다른 방법으로는 직원 교육, 개발, 성장 기회를 제공하는 것 등이 있다. 기술 향상을 요하는 직무 설계는 직무 만족도, 정신적 웰빙과 이러한 기술을 채택하여 보다 효과적으로 일을 수행하는 데 영향을 미친다.[283]

그러나 직무 설계에 대한 논의에서 언급한 것처럼 모든 직원이 충실화된 직무를 원하는 것은 아니다. 성장에 대한 욕구가 낮은 직원에게는 책임을 줄이고 전문화를 증가시키는 방식의 직무 재설계가 적절할 수 있다. 개인이 구조와 루틴을 선호한다면 기술 다양성을 줄여 불확실성과 스트레스 수준을 낮출 수 있다. 또한 잘못된 유형의 직무 재설계 결정은 오히려 역효과를 일으켜 더 많은 스트레스 증상을 유발할 수 있다.[284] 예를 들어 직원에게 일의 결과에 대한 책임을 더 많이 지우면, 능동적인 직원은 이 '도전'을 충족하려고 노력하면서 소진될 수 있다.[285] 관리자는 직무 재설계의 본질과 직원에게 미치는 영향을 신중하게 검토해야 한다.[286]

원격근무 옵션 제공 앞서 언급했듯이 COVID-19 팬데믹은 수십 개의 회사(예: Box, 쇼피파이, 네이션와이드)를 영구적으로 원격근무 또는 일부 원격근무로 전환하게 했다(예: 트위터, 페이스북, 히타치).[287] 사실 대다수의 직원은 최소한 부분적인 원격근무를 원한다고 밝혔다.[288] 한 연구는 기계학습을 사용하여 팬데믹이 시작되기 전과 후의 156만 개의 트윗을 비교하여 원격근무에 대한 대중 의견이 크게 개선되었음을 시사했다.[289]

비록 앞서 동기부여 부분에서 유연근무제에 대한 최신 연구와 관점을 설명했지만, 원격근무에도 고유한 요구사항과 스트레스 요인이 있기에 원격근무에 대해 다시 언급하고자 한다. 예를 들어 많은 사람이 비디오 회의로 인한 피로(예: '줌 피로')와 팬데믹으로 인한 다른 어려움을 토로했다.[290] 이 장의 앞부분에서 원격근무가 더 높은 수준의 일-생활 통합, 즉 일과 생활이 분리가 안 되는 상황을 초래하여 일부 사람에게 더 많은 스트레스와 소진을 야기한다고 설명했다. 그러나 원격근무의 단점과 장점을 비교하자면, 분명히 원격근무는 일부 사람이 생각하는 것보다 더 긍정적으로 업무 결과에 영향을 미친다.[291] 원격 근무에 어려움을 겪는 직원은 효과적으로 원격근무하는 방법을 배워야 하는 것인가? 직무를 재설계하고 직원에게 필요한 자원을 제공하여 그들의 가정과 생활 스트레스 요인을 줄이거나 제거할 수 있도록 해야 하는가?

그럼에도 불구하고 어떤 사람은 효과적인 방식으로 즉시 원격으로 일할 수 있는 자원이나 기술을 가지고 있지 않을 수 있다. 원격근무에서 과도한 일-생활 통합의 위험에 직면하기 위해 조직은 직원이 24시간 내내 대기 상태에 있도록 조직과 작업을 구성할 때 신중해야 할 필요가 있다. 직장의 원격압박은 직원의 회복 경험 효과를 저해하고 스트레스를 증가시킬 수 있다.[292]

회복 경험의 제공 모든 직원은 때때로 정신없는 업무 속도로부터 벗어나기 위해 회복 경험을 필요로 한다.[293] 그러나 어떤 국가에서는 사람이 회복 경험을 충분히 중요시하지 않는 것처럼 보일 수도 있다. 예를 들어 미국인은 평균적으로 연간 사용가능한 휴가일 중 약 54%만을 사용하며, 오직 28%만이 그들의 휴가 일수를 모두 사용한다.[294] 물론 팬데믹으로 여행이 조심스러운 활동이 되었다.[295] 그럼에도 불구하고 많은 직원은 인기 있는 '스테이케이션'조차 잘 사용하지 않는다.[296]

어떤 직원은 왜 휴가를 사용하지 않는가? 결국 자신을 행복하게 만들었던 소비경험을 떠올리게 하는 연구에 따르면 사람은 물건을 산 것보다 경험에 소비한 것을 더 소중히 여기는 경향이 있다.[297] 그럼에도 불구하고 휴가를 사용하지 않는 것에는 몇 가지 잠재적인 이유가 제시되었는데 휴가를 쓸 여건이 되지 않는 사람을 제외하고도 많은 사람은 ① 휴가 중에도 완전히 분리되었다고 느끼지 못한거나(예: 휴가 중에도 늘 대기 상태에 있어야 한다고 생각), ② 휴가가 긍정적인 결과를 가져오지 않을 것으로 예상하거나(예: 휴식을 취하거나 다른 사람과 소통하는데 어려움을 겪을 것으로 예상), ③ 휴가로 인한 부정적인 결과(스트레스, 부정적인 재정적 영향 등)를 기대한다.[298]

이러한 우려는 타당한 것인가? 수백 명의 교사에게 학기중 방학(가을 또는 봄 방학과 같은)에 대해 연구한 결과로 완벽주의적인 교사는 휴가 중에 완전히 휴식하기 어려웠는데, 이는 주로 부정적인 스필오버와 함께 휴가 중에도 할 일을 가져가 계속하면서 감정적으로 소진된 느낌을 받았기 때문이다. 그러나 완벽주의적인 교사가 휴가 중에 할 일을 늘고 가지 않았을 경우엔 휴가의 모든 혜택을 실현할 수 있었다.[299] 그럼에도 불구하고 휴가는 스트레스 증상을 줄이고 웰빙을 높이는 결과를 가져온다. 그러나 이러한 효과는 직원이 다시 일하러 돌아가면 점차 사라지는 경향이 있다. 또한 '일상 업무로 돌아가기' 자체가 부담스러운 일이라면, 직원이 휴가 전의 스트레스 수준으로 돌아가는 충격적인 충격을 일으킬 수 있다.[300]

대부분의 회사가 휴가를 제공하지만 찰스슈왑, 어도비, 인텔, 에픽, 페이팔, 딜로이트, 오토데스크, 바이오젠, 제넨텍을 포함한 여러 회사는 연장된 기간동안 자발적인 휴직을 제공하기 시작했다.[301] 이러한 휴직은 몇 주부터 몇 달까지 다양한 기간 동안 직원에게 일반적인 휴가 이상의 시간을 소비하여 여행하거나 휴식을 취하거나 개인 프로젝트를 추구할 수 있게 해준다. 대학교수에 대해 한 연구는 연구년 휴직이 작업 자원과 웰빙을 높이는 데 도움이 된다고 제안하며, 특히 휴직을 어떻게 사용할지에 대한 더 큰 자유를 가질 때 그런 것으로 나타났다.[302] 또한 작은 제조 회사에서 휴직을 사용한 직원은 휴직이 자신을 '찾는' 방법이었고 '자신이 누구인

지를 발견'하는 데 기여하여 긍정적인 자아정체성을 구축하는 데 도움이 되었다고 설명했다.[303]

일반적으로 연구결과는 조직이 직원에게 휴식과 회복을 장려하고, 직원에게 일과 생활 사이에 명확한 경계를 설정하도록 권장하며 휴가시간과 근무시간을 둘러싼 전환을 용이하게 하는 데 도움을 주어야 한다는 것을 시사한다.

웰니스 프로그램 직원의 신체적, 정신적 건강에 중점을 두고 조직적으로 지원되는 프로그램

웰니스 프로그램 최종적인 우리의 제안 중 하나는 조직적으로 지원되는 직원 지원 프로그램(EAP), 일-생활 프로그램 또는 **웰니스 프로그램**(wellness programs)이다.[304] 이는 직원의 신체적, 정신적 건강에 중점을 두고 조직적으로 지원되는 프로그램을 말한다.[305] 일반적으로 이러한 프로그램은 사람의 금연, 금주, 체중 감소, 식이습관 개선에 도움이 되는 워크샵을 운영하거나 정기적 운동 프로그램을 개발한다.[306] 일부 프로그램은 직원의 심리적 건강을 개선하는데 도움을 준다. 대부분의 웰니스 프로그램은 직원이 자신의 신체적, 정신적 건강에 대한 책임을 질 수 있도록 돕는 것을 목표로 한다. 본질적으로 웰니스 프로그램에 참여하면 직원의 자원을 보충하여 지속적으로 개선의 선순환을 시작하게 된다.[307]

웰니스 프로그램은 효과가 있는가? 스트레스를 줄이기 위한 36개의 프로그램(웰니스 프로그램 포함)을 대상으로 한 메타분석에서는 직원이 스트레스 상황을 재평가하고 능동적 대처 전략을 사용하는데 도움을 주는 개입이 스트레스 수준을 상당히 감소시킨다는 것을 보여주었다.[308] 직원이 '좋은' 종류의 스트레스를 개발하고 업무를 통해 도전을 받는 데 중점을 둘 수 있도록 돕는 웰니스 프로그램도 있다.[309] 이러한 프로그램은 OB와 관련된 스트레스 외의 요인, 즉 직무 만족, 결근, 프리젠티즘 등에도 영향을 미친다는 연구결과가 있다.[310] 그러나 웰니스 프로그램은 조직구성원이 이를 사용할 때만 효과적이다. 직원이 웰니스 프로그램의 가치를 인식하고 상사가 그들의 참여를 지지하고 조직이 지속적인 웰니스를 지원한다고 믿고 편견 없이 도움을 구할 수 있는 안전한 곳이라고 생각하는 경우에는 성과 증진, 직무 만족도 향상, 낮은 이직 의도가 나타난다.[311]

웰니스 프로그램을 도입한 대부분의 기업은 상당한 혜택을 얻었다. 존슨앤존슨은 웰니스 프

기업의 웰니스 프로그램은 직원의 스트레스 관리에 도움을 줄 수 있다. 뷰캐넌 잉거솔 앤 루니(Buchanna Ingersoll & Rooney) 법률 자문회사에서는 점심시간에 요가강사를 회사 안에 초청하여 스트레칭과 호흡을 통해 스트레스를 감소하고 웰빙을 증가하는 프로그램을 운영한다.

출처: Lucky Business/Shutterstock

로그램으로 10년 동안 2억 5000만 달러의 건강 관리 비용을 절약했으며, 효과적 웰니스 프로그램은 대부분의 기업에서 이직률을 상당히 감소시킨다는 연구결과도 있다.[312] 미국 노동부와 보건부에서 후원한 다른 연구에서는 조직의 웰니스 프로그램이 건강 위험요인이 적은 건강한 직원을 만든다는 것을 밝혔다.[313] 누적된 연구결과에 따르면 웰니스 프로그램을 도입한 조직은 ① 비용 대비 5.93배의 효과를 보이고, ② 건강 관리 비용을 26% 줄이며, ③ 직원 보상 청구를 30%, ④ 병가 사용률을 28% 감소시킨다는 것을 보여준다.[314] 그러나 앞에서 언급한 대로 이러한 직원의 혜택은 그들이 프로그램에 투입한 양, 참여 정도, 프로그램에 참여할 때의 태도에 따라 달라질 수 있다.[315]

요약

조직 내에서의 건강과 스트레스 문제는 전 세계적으로 주요한 공공 위기상황으로 드러났다. 직원이 휴식 없이 자신을 다해 일하면, 수백만 달러가 낭비되고 생산성이 떨어지며, 더 심각하게는 심각한 부상, 질병, 심지어 사망 위험에 처하게 된다. 이 장에서는 조직 내에서 느끼는 스트레스의 본질을 설명했다. 더 구체적으로 스트레스 경험은 스트레스 유발요인에 대한 누적 노출로 이어지며, 이 스트레스 경험은 부담(생리적, 심리적, 행동적 결과)으로 이어진다. 스트레스 유발 요인 자체는 긍정적인 것(긍정적인 스트레스, 도전) 또는 부정적인 것(방해 요인)로 볼 수 있지만, 스트레스 증상 경험은 두 유형 모두에서 나타날 수 있다. 중요한 것은 스트레스 증상이 신체적, 정신적 건강 양쪽에 중요한 영향을 미친다는 점이다. OB 연구자와 실무자는 직원의 수면, 프리젠티즘, 질병, 부상의 원인이 되는 위험 요인과 같은 직장 내 신체 건강 문제에 대해 점점 더 우려하고 있다. 정신 건강 또한 고려해야 할 중요한 문제로 OB 연구자와 실무자는 스트레스 요인으로 직업 불안정성, 현대 직업 인구의 일중독, 우울증 문제와 같은 심리적 고통 문제에 관심을 두고 있다. 이를 바탕으로 조직 내 스트레스 이해를 지배하는 네 가지 주요 이론을 설명했다. 직장 내에서 특히 중요한 주제인 '일과 삶의 균형' 문제를 다루며 일과 삶을 인식하는 방식, 여러 생활 영역 간에 설정하는 경계, 영역 간에 발생하는 긍정적/부정적인 스필오버와 크로스오버를 어떻게 다루고 있는지, 우리가 정말 '새로운 정상'에 직면하고 있는지 여부를 설명한다. 중요한 점은 경영진이 직원의 이 경계와 영역을 관리하는 전략을 용이하게 하는 데 큰 역할을 한다는 것이다. 마지막으로 조직 내 스트레스 관리에 대한 개인과 조직 수준의 접근 방법과 스트레스 관리를 위한 모범 사례를 논의하며 이 장을 마무리한다.

관리자를 위한 시사점

- 스트레스와 건강 모두 법적, 재정적, 효과성 측면에서 상당한 영향을 미치며 관리자는 스트레스와 건강 관리 전략을 갖는 것이 좋다.
- 유형별 스트레스를 동일하게 도전적이고 생산적인 '좋은' 감정으로 여기려는 유형화에 저항하라.

- 직원에게 건강을 선제적이고 건설적으로 관리하도록 장려하라. 충분한 고품질 수면을 취하고 전염성 질병이 있는 경우(또는 성과에 영향을 줄 수 있는 경우)에 휴식을 취하도록 하라.
- 직업 불안정성은 피할 수 없지만, 직원에게 미치는 영향을 인식하라. 대대적인 비용 절감 조치(예: 다운사이징)는 직업 불안정성에 미치는 영향을 통해 직원의 사기를 낮출 수 있다.
- 소진, 기타 심리적 스트레스를 줄이기 위해 일중독을 억제하고 직원에게 건강과 안전을 주요 우선순위로 생각하도록 장려하라.
- 조직 내에서 건강 문제를 다룰 때 스트레스 증상과 참여 경험에 미치는 영향을 고려하라. 또한 통제, 지원과 같은 요소가 어떻게 도움이 될 수 있는지 고려하라.
- 미래에 일-생활 균형이 어떻게 다루어질지는 아무도 모르지만 경계, 분할, 통합, 스필오버, 크로스오버가 직장에서 중요한 영향을 미치는 것은 분명하다. 최선의 경우는 경계 관리 지원을 비롯하여 직원에게 유연성과 충실화(원하는 경우)를 제공하는 것이다.
- 조직적 스트레스 관리 접근 방법이 있지만, 리더와 관리자는 개인적 접근 방법을 통해 직원

기업은 스트레스 감소를 촉진해야 한다

찬성 의견

기업은 직원에 대한 상당한 투자를 하기 때문에 직원의 건강과 웰빙은 중요한 고려사항이다. 직원에게 지원을 제공하는 가장 직접적인 방법 중 하나는 스트레스 감소 개입 프로그램을 제공하는 것이다.

스트레스 감소 프로그램의 주요 금전적 이점 중 하나는 건강 관련 비용의 감소이다. 직장 스트레스는 수십 가지 부정적이고 비용이 많이 드는 건강 관련 결과를 초래한다. 스트레스는 면역 시스템을 약화시켜 질병과 휴가일수가 증가하게 한다. 직원이 직장과 관련된 극심한 스트레스를 느낀다면, 전염병을 가지고 일하러 오는 경우가 더 많아져 많은 다른 사람에게 질병을 전파할 수 있다. 더 오랜기간 스트레스 수준이 지속되면 심장질환 같은 상태가 발생할 수 있으며, 이로 인해 고비용의 의료 처치가 필요하게 된다. 이러한 상황은 고용주의 건강보험 비용을 증가시킨다.

직원 스트레스의 감소는 직무 성과를 촉진할 수 있다. 과중한 직무 부담을 겪는 직원은 집중하기 어렵고, 업무에서 에너지와 동기부여를 잃을 수 있으며, 새롭게 창의적인 아이디어를 고안하는 것이 어려울 수 있다. 스트레스로 인해 동료와 갈등을 일으키고 고객에게 무례하거나 적대적인 대우를 유발할 수도 있다. 궁극적으로 스트레스를 높게 경험하는 직원은 퇴사할 가능성이 있으므로 이로 인한 이직 비용이 발생할 수 있다.

스트레스 감소 프로그램은 윤리적 측면도 갖고 있다. 직장은 많은 직원에게 큰 스트레스를 유발하므로, 고용주는 부정적인 결과를 상쇄해야 하는 책임을 가지고 있다. 스트레스 감소 프로그램은 직원이 더 나아지게 돕는 직접적인 방법이다. 고용주가 스트레스를 줄이는 데 도움을 주면 직원은 보다 조직몰입이 높아진다.

반대 의견

고용주는 스트레스 감소와 관련된 일부 측면에 직접적인 금전적 이해관계를 가질 수 있지만, 스트레스 감소 프로그램에 투자하는 것이 실제로 좋은 아이디어인지 여부를 따져봐야 한다. 첫 번째 문제는 운영 측면이다. 일부 스트레스 감소 개입은 전문 지도자나 운동장비가 필요하여 비용이 많이 들 수 있다. 이러한 비용이 재무적인 이익을 가져오기까지 오랜시간이 걸릴 수 있으며 프로그램을 연구, 설계, 실행하는 초기 비용이 상당할 수 있다. 점점 더 많은 기업이 웰빙 프로그램에 대한 투자 수익이 예상과 달리 나타나지 않았다고 보고하고 있다. 또한 직원이 스트레스 감소 프로그램에 시간을 할애하는 동안은 일하고 있지 않는 것이다.

또 다른 문제는 스트레스 감소 프로그램이 침범적이라는 것이다. 당신이 어떤 감정을 느끼는지 상사나 직장 내 다른 사람에게 말할 이유가 있는가? 많은 스트레스 감소 프로그램은 스트레스 원인에 대한 공개 토론을 장려함으로써 직원의 개인적인 삶 영역으로 들어간다. 당신이 왜 스트레스를 겪고 있는지 관리자와 동료가 알아야 하는가? 스트레스와 관련된 민감한 주제가 더 많이 논의될수록 직장관계를 전문적으로 유지하기가 어려워진다.

마지막으로 직장 스트레스와 일반적인 삶 스트레스 사이의 경계를 그리기가 너무 어렵다는 점이다. 회사의 스트레스 감소 프로그램은 일의 과부하나 사회적 갈등 문제를 대상으로 할 수 있지만, 이러한 문제는 종종 다른 삶의 영역에도 영향을 미친다. 직원의 스트레스 원인이 가령 병든 가족구성원이나 가족구성원과의 갈등에서 비롯된 경우에 스트레스 감소 프로그램은 어떻게 운영되어야 하는가?

기관은 종종 선의의 의도를 갖고 있지만, 직원에게 개인적인 삶을 개인적으로 지키게 하는 것이 더 중요할 수 있다.[316]

이 스트레스 수준을 관리하도록 장려하기 위해 지원 체계, 프로그램, 교육을 구축하는 모든 단계에서 중요한 역할을 할 수 있다.

18장 종합 점검

복습 질문

18-1 직장에서 스트레스 과정은 어떻게 진행되는가?

18-2 수면, 질병, 부상이 직장에서 신체 건강에 어떤 영향을 미치는가?

18-3 업무에서의 스트레스 요인의 결과로 나타나는 부적응적인 정신 건강 상태는 어떻게 드러나는가?

18-4 네 가지 주요한 스트레스와 건강 이론은 무엇이며, 어떻게 다른가?

18-5 일-생활 갈등은 일-생활 충실화와 어떻게 다른가?

18-6 직장에서 스트레스 관리를 위한 개인적, 조직적 접근 방법은 무엇인가?

입사 지원과 취업 역량

이 장에서는 조직 내에서의 스트레스와 건강의 영향을 알아보고 여러 스트레스 관리 기술에 대해 배웠다. 스트레스 수준을 관리하는 방법을 알면 스트레스와 건강을 관리하여 더 나은 성과를 내기 위한 준비가 된 채 취업 역량을 향상할 수 있다. 또한 도전적인 스트레스 요소와 목표는 동기부여가 되어 큰 성과를 이룰 수 있다. 앞으로 매니저가 되어 다른 사람을 관리하게 된다면 직원이 스트레스 수준을 관리하는 데 도움이 될 여러 가지 옵션을 배웠다. 이 장에서는 수면 부족의 위험을 인식하고, 경계를 넘지 않으면서 정신 건강에 대해 이야기하는 방법을 배우고, 일자리 불안정성, 다른 스트레스 요소에 직면한 각 근로자를 돕는 방법을 고려하며, 기업이 어떤 방식으로 스트레스 감소 노력에 참여해야 하는지 논의함으로써, 사회적 책임 능력, 비판적 사고 능력, 창의성, 리더십, 경력 관리 능력을 향상시킬 수 있었다. 다음 절에서는 이러한 기술을 더 발전시키며 일상생활에서의 작은 스트레스 요인을 인식하고, 프리젠티즘의 부정적 영향을 고려하며, 건강 친화적 혜택을 제공하지만 그 사용을 자제하는 문화가 여전한 회사에서 근무할 때 어떻게 해야 하는지 고려하게 될 것이다.

실전 연습 마이크로 스트레스 요소

우리 중 많은 사람이 피곤한 상태로 집에 돌아가서 휴식을 취하지 못하고 불안한 밤을 보내곤 한다. 누군가는 그 피로의 원인을 식별할 수 있겠지만, 대부분의 경우에 하루 종일 '마이크로 스트레스'로 알려진 적은 양의 스트레스를 경험한다는 사실을 깨닫지 못할 수도 있다. 이 작은 스트레스 요인은 누적된다면 우리의 건강과 생산성을 해칠 수 있다. 불행히도 종종 이러한 마이크로 스트레스 요인을 하루 중 일상의 일부로 받아들이곤 한다. 그러나 이러한 요소는 우리가 인정하지 않더라도 여전히 피로를 유발하고 궁극적으로는 소진으로 이어질 수 있다. 이러한 마이크로 스트레스 요소의 원인은 주로 우리와 가장 가까운 사람들(직장 내외)이다. 이러한 스트레스 요소를 해결하기 위한 첫 번째 단계는 이를 식별하는 것이다.

다음 표의 열두 가지 일반적인 마이크로 스트레스 요소 중에서 당신에게 항상 가장 큰 스트레스를 가져오는 2개 이상의 요소를 선택하라. 그런 다음에 질문에 따라 답하라.

질문

18-7 삶에서 발생하는 마이크로 스트레스 요소를 완화하기 위해 무엇을 할 수 있는가?

18-8 조직이 종종 직원에게 영향을 미치는 마이크로 스트레스 요소를 완화하기 위해 무엇을 할 수 있다고 생각하는가?

18-9 위 차트를 사용한 것이 일상생활에 영향을 미치는 마이크로 스트레스 요소를 식별하는 데 도움이 되었나? 도움이 되었다면 왜 그런지, 아니면 왜 도움이 되지 않았는지 설명할 수 있는가?[317]

마이크로 스트레스 요소		관계: 직속상사	다른 상사	동료	고객	팀
능력을 제한하는 것 추가적인 일을 유발하거나 이미 하고 있는 일을 마무리 짓지 못하게 하는 개인 간의 긴장	역할과 우선순위의 미정렬					
	책임있게 일하지 못하는 개인					
	권위있는 지위에 있는 자의 예측 어려운 행동					
	직장이나 가정에서의 책임 증가					
	소통에 대한 약한 규범					
정서적 자원의 감소 정서적 자원을 고갈시키는 부정적 감정을 일으키는 스트레스	다른 사람을 돌보며 그들의 성공과 웰빙에 책임이 있다고 느껴지는 것					
	네트워크에서의 신뢰 부재					
	다른 사람을 스트레스 받게 하는 사람					
	적대적인 대화					
정체성이나 가치 충돌 가치나 자기개념을 위협하는 상호작용으로 인한 정서적 소진	자신의 가치와 맞지 않는 목표의 추구					
	자신의 자기확신감, 자기가치감, 자기통제감을 낮추는 상대방의 행동					
	네트워크 안의 분열					

윤리적 딜레마 정리해고의 공포와 운영 중단

영국의 상위권 대학(맨체스터대학교, 버밍엄대학교 등), 유명 전세기 기업과 유럽의 저비용 항공사[모나크(Monarch), 에어베를린(Air Berlin), 이지젯(EasyJet) 등], 큰 은행(HSBC 등), 유명 백화점[브리티시홈스토어(British Home Store 등)], 셰필드를 기반으로 하는 오토쿰푸(Outokumpu) 철강 회사는 모두 재정적으로 문제를 겪고 존재 자체를 위협받고 있다. 이러한 기업이 모두 위기를 겪고 있는 만큼 거기서 일하는 직원도 마찬가지이다. 이 중 몇몇 기업은 아예 운영을 중단했고 몇몇 기업은 정리해고를 감행했기 때문이다. 이러한 기업은 경제적 위기, 불확실성, 정치적 불안정성, 산업의 쇠퇴, 예상치 못한 운영 비용 증가 등을 이유로 직원을 내보냈다.

이지젯, 맨체스터대학교, 버밍엄대학교, 오토쿰푸의 경우 1,000여 명의 직원이 아주 잠깐 사이에 해고되었다. 몇몇의 경우 해고가 조직 변화를 위해 계획된 것이라고 했지만 대부분은 아주 갑작스럽고 강제적으로 진행되었으며 이로 인해 직원은 큰 충격을 받았다. 이러한 상황은 조직 내 신뢰관계를 무너뜨릴 수 있고, 개인과 집단 모두의 성과를 위협하며, 집단에 큰 혼란을 초래하기 때문에 경영진과 직원 모두에게 아주 큰 스트레스로 다가온다. 정리해고는 남아 있는 직원의 동기를 떨어뜨리고, 해고를 당하는 사람과 해고할 사람을 정하는 사람 모두의 스트레스를 더 높여서 결국 떠나는 사람과 남아 있는 사람 모두를 더욱 힘들게 한다. 남아 있는 직원도 새로운 책임 의식과 업무를 마주하고 미래를 염려하게 된다. 결국 두 경우 모두 스트레스 관리가 더 잘 이루어져야 한다. 정리해고 이후의 새로운 상황에 대처하고 직원의 사기를 고취하려면 적절한 지원, 멘토링, 상담 등이 필요하다. 게다가 이러한 변화는 갑작스럽게 직원의 희생을 바탕으로 이루어질 것이 아니라 되도록 철저한 계획과 준비를 바탕으로 진행되어야 한다.[318]

18-10 제시된 조직에서 주요한 변화의 주요 동력은 무엇인가? 이러한 변화는 어떻게 다루어야 하는가? 기업은 어떻게 이 변화에 저항할 수 있었는가?

18-11 강점 탐구 이론에 대해 appreciativeinquiry.champlain.edu에서 읽어보라. 정리해고 기간 동안 남아있는 직원의 동기부여와 성과 향상을 위해 강점 탐구 이론을 어떻게 적용할 수 있는가?

18-12 정리해고상황에서 어떤 유형의 스트레스 요인이 발생하는가? 이러한 스트레스 요인은 어디서 발생하는가? 정리해고를 감행하는 기업이 해고의 영향을 받는 모든 직원의 스트레스를 어떻게 관리할 수 있는지 논의하라.

사례 삽화 유연성에도 불구하고 발생하는 과로: 팬데믹 기간의 맞벌이부모

COVID-19 팬데믹 발발 후 수개월 동안, 서로 다른 직종의 근로 경험이 매우 다양하다는 것이 분명히 드러났다. 그 중 하나는 집에서 일하게 된 맞벌이부모이다. 팬데믹 초기에 전 세계 많은 국가가 바이러스 확산을 억제하기 위해 의무적인 재택근무 규정, 학교와 보육시설 폐쇄와 같은 봉쇄 정책을 도입했다. 사무직 부모는 집에서 일할 수 있는 행운을 누리는 것처럼 느껴질 수 있지만, 연구에 따르면 재택근무한 사무직 직원에게도 과로가 큰 문제로 드러났다.

맞벌이 부모는 팬데믹 이전에도 언제나 일과 생활을 조율해야 했지만, 보육시설과 학교의 장기 폐쇄와 이동 제한으로 인한 가족 지원의 상실로 양육에 대한 시간 부담은 전례없이 커졌다. 2020년 3월에는 전 세계적으로 약 14억 명의 어린이가 학교를 다니지 못하고 있었으며, 맞벌이부모 사이에서 심한 스트레스와 불안에 관한 우려스러운 보고서가 나오기 시작했으며, 이러한 상황은 점진적으로 증가했다. 아이를 가르치는 동안 재택근무를 하고, 재무재표를 살피고, 아기를 돌봐주고, 줌 미팅 중에 유아를 조용하게 하며, 추가적인 식사를 요리하고, 청소를 하며, 업무 기한을 맞추기 위해 새벽까지 일하는 등의 모든 것은 건강 위험과 경제적 불확실성에 더해져 크게 높은 스트레스를 유발했다. 부모는 통제 능력 상실, 감정적 피로, 피로감, 무관심을 느끼며, 이러한 증상은 모두 소진증후군의 증상이다. 특히 어머니가 심각하게 영향을 받았는데, 예를 들어 영국 통계에 따르면 동일한 직무의 아버지와 비교했을 때 어머니는 어린이돌봄과 가사노동에 추가로 4시간을 소요하는 것으로 나타났다. 이러한 상황은 소득이 적거나, 생활 공간이 작거나, 자녀의 나이가 어리거나, 특수 요구사항이나 추가적인 건강 문제를 가진 아이의 부모에게서 더 악화되었다. 연구에 따르면 인도, 말레이시아, 일본, 이란 뿐 아니라 많은 유럽 국가, 미국, 캐나다, 호주, 아시아, 중동 국가에서 부모의 소진증 양상이 나타났다.

많은 조직은 부모가 업무시간을 더 유연하게 조절하여 어린이돌봄 요구를 수행하며 일할 수 있도록 허용함으로써 부모를 지원했다. 그러나 그 결과 종종 늦은 시간과 부적절한 시간에 일을 하게 되어 신체적으로 피로하고 지치게 만들었다. 어머니 중 한 명은 자녀가 밤 9시 30분에 자자마자, 그녀는 낮 동안 마치지 못한 모든 일을 마무리하느라 약 새벽 2시쯤까지 일하곤 했다고 말했다. 기업은 다양한 온라인 웰빙 프로그램, 웰빙 교육, 명상, 회복탄력성 훈련, 온라인 요가 등을 제공하려고 노력했다. 이러한 노력은 일부 직원에게는 도움이 되었지만, 맞벌이부모 중엔 적은 수만 이를 활용한 것으로 보고되었으며, 업무 강도와 목표 압력이 종종 동일하게 유지되는 한 최상의 해결책이 아니었다.

연구에 따르면 유연근무와 재택근무는 일반적으로 직원의 생산성과 만족도를 높이며, 이는 직원의 웰빙과 일-생활 균형에 대한 조직 수준의 노력사항이다. 그러나 팬데믹 상황에서는 근무시간의 유연성만으로 충분하지 않으며, 위기상황에서 어떤 것이 작동할 수 있는지 재고하는 것이 중요하다. 최근 연구는 팬데믹 기간 동안 직장과 동료로부터 몇 년 동안 신체적으로 격리된 상황에서 개인과 자기돌봄 중심으로 구성된 조직의 웰빙 프로그램이 그다지 효과적이지 않을 수 있다는 것을 시사한다. 대신에 팀 구성원이 서로 돌보고 어려움을 함께 극복하도록 하는 점에 웰빙 프로그램을 집중시키는 것이 더 효과적일 수 있다. 이러한 접근 방식은 보다 넓은 직원에게 유익을 제공할 수 있으며 특히 맞벌이부모에게 유용할 수 있다. 팀 구성원의 상황을 이해하고 함께 문제를 해결함으로써 지식 공유, 공감, 팀 회복탄력성(팀이 효과적이고 유연하게 변화와 대응할 수 있는 능력과 역량)이 증가할 수 있기 때문이다. 이러한 웰빙 프로그램은 앞으로도 유용할 수 있으며, 구글과 스포티파이 같은 국제적 기업이 원격근무와 하이브리드근무 형태로 전환하거나 이미 전환하고 있는 상황에서 장기적으로 더욱 중요할 수 있다.[319]

질문

18-13 COVID-19 팬데믹 기간 동안 직장 부모가 직면한 스트레스 유발 요인은 무엇이었는가?

18-14 왜 부모는 팬데믹 기간 동안 직무 소진을 더 자주 경험했는가? 배운 이론을 사용하여 답하라.

18-15 온라인 요가나 회복탄력성 훈련과 같은 웰빙 프로그램과 근무시간의 유연성이 부모의 직무 소진을 감소시키는 데 제한적인 효과만 있었던 이유는 무엇인가? 기업이 위기기간 동안 부모의 직무 소진을 감소시키기 위해 무엇을 더 할 수 있었을 거라 생각하는가?

부록 조직행동에 대한 연구

몇 년 전 친구 중 한 명이 대기업에서 최고경영층이 되는 데 무엇이 필요한지에 대해 명쾌하게 답을 제시한 연구결과를 읽었다며 무척 흥분해 있었다. 나는 그 질문에 대해 간단한 답이 있는지 의심스러웠지만, 그의 열정을 꺾기 싫어서 그가 읽은 것에 대해 말해달라고 부탁했다. 친구 말에 따르면 그 답은 대학에서 운동경기에 참여하는 것이었다. 그의 주장이 회의적이라고 말하고 싶은 것을 억누르며 그에게 더 말해보라고 했다.

해당 연구는 미국 500대 기업의 성공한 고위 임원 1,700명을 포함한 것으로, 연구자는 이 임원 중 절반이 대학 시절 대학 대표 수준의 선수로 활동한 적이 있다는 것을 발견했다.[1] 통계에 능숙한 친구는 대학 간 운동경기에 참가하는 대학생이 모든 대학생의 2%도 안 되기 때문에 우연히 이런 결과가 일어날 확률은 1,000만분의 1도 안 된다고 했다. 그는 이 연구를 근거로 나에게 경영학과 학생이 신체를 잘 단련하여 대학 운동 대표팀의 팀원이 되도록 장려해야 한다고 말하면서 자신의 분석에 대한 결론을 맺었다.

내가 그 결론에 결함이 있는 것 같다고 말했을 때 친구는 다소 당황했다. 연구의 대상이 된 임원은 모두 1940년대와 1950년대에 대학에 다녔던 남성이었다. 그렇다면 친구의 조언이 21세기의 여성에게 의미가 있겠는가? 또한 이 임원은 우리가 생각하는 전형적인 대학생이 아니었다. 대부분이 프린스턴, 애머스트 같은 사립 명문 대학 출신인데, 이런 대학에서는 전체 학생의 상당 비율이 대학 간 운동경기에 참가했다. 그리고 이들이 미식축구나 농구를 필수적으로 했던 것은 아니고 많은 학생이 골프, 테니스, 야구, 크로스컨트리, 조정, 럭비와 같은 소위 비인기 스포츠에 참여했다. 더구나 연구자는 인과관계의 방향을 혼동했을지도 모른다. 다시 말해 대기업에서 고위직에 올라갈 동기와 능력을 갖춘 사람은 대학 운동경기처럼 경쟁적인 활동에 이끌릴 가능성이 더 크다는 것이다.

연구자는 연구 자료를 오용하는 잘못을 범했다. 물론 이 연구자만 그런 것은 아니다. 예를 들면 우리는 모두 쥐를 대상으로 암과 특정 물질을 연관 짓는 실험보고서나 성에 대한 대학생의 인식 변화를 보여주는 설문조사에 계속 노출된다. 이러한 연구 중 다수는 연구결과의 시사점과 한계를 조심스럽게 다루면서 주의 깊게 설계된다. 그러나 일부 연구는 형편없이 설계되어 기껏해야 의심된다는 수준의 추정적인 결론을 내리거나 최악의 경우 무의미한 결론을 도출하게 된다.

이 부록의 목적은 독자를 연구자로 만들기보다는 행동 연구 분야의 소비자로서 가져야 할 인식을 높이는 것이다. 연구방법에 대한 지식은 이 책 본문에서 제시한 정보와 결론의 근거가 되는 자료수집이 얼마나 신중하게 이루어졌는지를 충분히 이해하게 해줄 것이다. 게다가 연구 방법에 대한 이해는 비즈니스 잡지와 전문 학술지에서 마주하게 될 조직행동 연구 논문을 능숙하게 평가할 수 있게 해줄 것이다. 그러므로 이 책에 실린 이론이 형성되는 토대를 알 수 있고, 미래에 연구보고서를 읽고 그 가치를 평가할 때 도움이 되기 때문에 행동 연구에 대한 이해는 중요하다.

연구의 목적

연구(research)는 체계적인 정보 수집과 관련이 있으며, 연구의 목적은 우리가 진실을 찾는 데 도움을 주는 것이다. 어떤 사람이나 집단이 어떤 조직적인 정황에서 정확하게 어떻게 행동할 것인지에 대한 궁극적인 진실은 결코 찾을 수 없다고 하더라도, 연구를 통해 어떤 이론은 지지하고, 또 어떤 이론은 부정하고, 지지하지 않는 이론을 대체하는 새로운 이론을 제안함으로써 현재 진행되고 있는 연구는 조직행동에 관한 우리의 지식을 넓혀줄 것이다.

연구의 전문용어

연구자들은 그들 사이에서 그리고 일반인과 의사소통하기 위해 사용하는 그들만의 용어가 있다. 행동과학 연구에서 접하게 되는 보다 대중적인 용어를 간략하게 정의했다.[2]

변수

변수(variable)는 크기, 강도 또는 둘 다의 변화에 대해 측정 가능한 일반적인 특성이다. 이 책에서 다루는 조직행동 변수의 예는 직무만족, 직원(노동) 생산성, 업무 스트레스, 능력, 성격, 집단 규범 등이다.

가설

둘 이상 변수 사이의 관계에 대한 잠정적인 설명을 **가설**(hypothesis)이라고 한다. 대학 간 운동경기에 대표로 참여했기 때문에 대기업 최고 임원 자리에 올랐다는 친구의 진술은 가설의 단적인 예이다. 경험적 연구를 통해 확인되기 전까지 가설은 단지 시험적인 설명일 뿐이다.

종속변수

종속변수(dependent variable)는 독립변수의 영향을 받음에 따른 반응이다. 가설에서 연구자가 설명하는 데 관심을 두는 것이 바로 종속변수이다. 친구의 가설에서는 임원 승계가 종속변수였다. 조직행동 연구에서 자주 쓰이는 종속변수는 생산성, 결근, 이직, 직무 만족도, 조직 몰입이다.[3]

독립변수

독립변수(independent variable)는 종속변수에 나타난 일부 변화의 원인으로 추정되는 요인이다. 친구의 가설에서는 대학 간 운동경기에 대표로 참여하는 것이 독립변수였다. 조직행동 연구자가 연구에서 자주 사용하는 독립변수는 지능, 성격, 직무 만족도, 경험, 동기부여, 강화 패턴, 리더십 유형, 보상 배분, 선발 방법, 조직 설계 등이다.

조직행동 연구자는 직무 만족도를 종속변수와 독립변수로 자주 사용하는데, 이는 오류가 아니라 가설에서 변수가 놓이는 위치가 다르다는 것을 반영한 것이다. "직무 만족도가 높아지면 이직률 감소로 이어진다"라는 설명에서는 직무 만족도가 독립변수이지만, "보상의 증가는 직무 만족도 향상으로 이어진다"라는 설명에서는 직무 만족도가 종속변수이다.

조절변수

조절변수(moderating variable)는 종속변수에 대한 독립변수의 영향을 변화시킨다. 조절변수는 상황변수라고도 생각할 수 있다. X(독립변수)가 있다면 Y(종속변수)의 변화가 발생하지만 오직 조건 Z(조절변수)가 있는 조건에서만 그렇다. 실제 생활의 예를 들자면 관리자가 작업현장을 자주 감독하면(X) 종업원의 생산성에 변화(Y)가 나타나지만, 이 효과는 수행하는 업무의 복잡성에 따라 차이가 있을 것(Z)이다.

인과관계

정의에 의하면 어떤 가설은 관계를 함축하고 있다. 즉 추정된 원인과 결과의 관계를 암시하고 있다. 원인과 결과 간의 이러한 방향성을 **인과관계**(causality)라고 한다. 독립변수의 변화는 종속변수의 변화를 일으킬 것이라고 가정하지만, 조직행동 연구에서는 관련성이 확인되었을 때 부정확한 인과관계를 가정할 수 있다. 예를 들면 초기 행동과학자는 직원 만족도와 생산성의 관련성을 발견했다. 그들은 행복한 근로자가 생산적인 근로자라고 결론지었다. 후속 연구는 이러한 관련성을 지지했지만, 기존 연구의 방향성을 따르기보다는 반대로 높은 생산성이 오히려 직무 만족으로 이어진다는 것을 확인했다.

상관관계

둘 이상의 변수 사이에 관계가 있음을 아는 것과 그 관계의 강도를 아는 것은 별개의 문제이다. 그러한 강도를 나타내기 위해 **상관계수**(correlation coefficient)라는 용어를 사용하며, −1.00(완전한 부의 상관관계)과 +1.00(완전한 정의 상관관계) 사이의 숫자로 나타낸다.

두 변수가 서로 정비례관계로 변할 때 상관계수를 양수로 나타낸다. 두 변수가 반비례하여 변할 때, 즉 하나는 증가하고 다른 하나는 감소하는 경우 상관계수는 음수로 표현될 것이다. 두 변수가 서로 독립적으로 변한다면 두 변수 사이의 상관계수를 0으로 나타낸다.

예를 들어 한 연구자가 직원의 만족도를 측정하기 위해 한 무리의 직원을 조사한다고 가정하자. 직무 만족도가 높은 직원이 직무 만족도가 낮은 직원보다 출근율이 더 높은지 여부를 판단하기 위해 연구자는 회사 결근보고서를 가지고 개인의 출근기록과 대비하여 직무 만족도 점수와의 관련성을 볼 수 있다. 연구자가 만족도와 출근율 사이에 +0.50이라는 상관계수를 구했다면 이는 강한 관계인가? 불행히도 강한 관계와 약한 관계를 구분하는 정확한 기준이 없다. 그 관계가 유의한지 결정하기 위해 표준화된 통계적 검정을 활용할 필요가 있을 것이다.

다음으로 넘어가기 전에 꼭 짚어야 할 사항이 있다. 상관계수는 두 변수 간 연관성의 강도만 측정한다. 높은 수치가 나왔다고 해서 인과관계를 의미하지는 않는다. 예를 들어 오래전부터 여성의 치마 길이와 주식 시세는 높은 상관관계가 있다고 지적되었지만 둘 사이에 인과관계가 존재한다고 추론하지 않도록 주의해야 한다. 이 경우의 높은 상관계수는 예측된 관계라기보다 우연의 일치에 가깝다.

이론

이 절에서 소개할 마지막 용어는 **이론**(theory)이다. 이론은 현상을 설명하고 예측하기 위해 관련된 개념과 가설의 체계적인 내용을 기술한 것이다. 조직행동에서 이론은 종종 **모델**(model)이라고도 언급되며 두 용어를 호환하여 사용하고 있다.

조직행동에서는 이론의 부족함이 없다. 예를 들어 사람에게 동기를 부여하는 것이 무엇인지, 가장 효과적인 리더십 유형이 무엇인지, 갈등을 해결하는 최고의 방법은 무엇인지, 사람들이 권력을 획득하는 방법 등을 설명하는 이론이 있다. 몇몇 경우에는 주어진 현상을 설명하고 예측하는 6개 이상의 개별적 이론이 존재한다. 이런 경우 한 가지 이론만 옳고 나머지는 그른가? 아니다! 연구자는 이전 이론을 검증하고, 이론을 수정하고, 타당할 경우 더 높은 설명력과 예측력을 가진 것으로 입증할 수 있는 새로운 이론을 제안하는 과정에서 과학적 측면을 반영하는 경향이 있다. 일반적인 현상을 설명하는 여러 이론이 존재한다는 것 자체가 조직행동이 여전히 성장하고 진화하는 활동적인 분야라는 사실을 보여준다.

연구의 평가

행동 연구의 잠재적인 소비자로서 독자는 "구매자가 조심해야 한다"는 **구매자 위험 부담의 원칙**(caveat emptor)을 잘 따라야 한다. 어떤 연구를 평가할 때 세 가지 질문을 할 필요가 있다.[4]

타당성(valid)이 있는가? 연구가 측정한다고 주장하는 것을 실제로 측정하고 있는가? 최근 회사의 고용주는 지원자가 주어진 업무를 성공적으로 수행할 수 있는 능력이 있는지를 심리검사가 타당하게 측정한다는 부분이 판명되지 않았기 때문에 다수의 심리 검사를 폐지했다. 그러나 타당성 문제는 모든 연구와 관련이 있다. 그래서 만약 응집력 있는 작업팀과 더 높은 생산성의 관계성에 대한 연구를 발견했다면 각각의 변수가 어떻게 측정되었는지 그리고 측정하고자 한 것을 실제로 측정했는지 알고자 한다.

신뢰할 수 있는가? **신뢰성**(reliability)은 측정의 일관성을 의미한다. 나무 잣대로 매일 키를 잰다면 신뢰도가 높은 결과를 얻을 수 있을 것이다. 반면에 매일 신축성이 있는 테이프 줄자로 키를 잰다면 분명 하루하루의 측정결과에 상당한 차이가 있을 것이다. 물론 키는 매일 변하지 않는다. 이러한 변동성은 신뢰할 수 없는 측정기기에 기인한다. 따라서 어떤 회사가 직원들에게 신뢰할 수 있는 직무 만족도 설문지를 나눠주고 답하게 한 후 6개월 뒤에 동일한 설문지에 다시 답하게 한다면 6개월 동안에 직원의 직무 만족도에 상당한 영향을 미칠 만한 변화가 없다는 가정하에 결과가 매우 유사하게 나올 것이다.

일반화(generalizable)가 가능한가? 연구결과를 원래 연구에 참여한 사람들 이외에 다른 개인 집단에도 일반화할 수 있는가? 예를 들어 대학생을 대상으로 한 연구에서 발생할 수 있는 한계점을 인식해야 한다. 이러한 연구결과를 실제로 일을 수행하는 정규직원에게 일반화할 수 있는가? 마찬가지로 노바스코샤주 마혼베이의 햄릿 마을에 있는 원자력발전소 엔지니어 10명을 대상으로 직업 스트레스를 평가한 연구결과를 어떻게 전체 근로자에게 일반화할 수 있겠는가?

연구 설계

연구를 하는 것은 절충의 연습이다. 전형적으로 정보의 풍부함은 일반화하기가 어렵다. 연구자가 혼란 변수에 대해 통제하는 만큼 연구 결과는 현실성이 떨어질 가능성이 있다. 정확성을 높이고, 일반화 가능성을 높이고, 통제를 할수록 거의 더 많은 비용이 든다. 연구자는 누구를 대상으로 할지, 어디서 연구를 수행할지, 데이터를 수집하기 위해 어떤 방법을 사용할지 등을 선택할 때 어느 정도 양보를 해야 한다. 좋은 연구 설계는 완벽하지는 않지만 검토하려는 문제를 주의 깊게 반영한다. 이러한 사실을 염두에 두고 흔히 사용되는 다섯 가지 연구 설계, 즉 사례 연구, 현장 조사, 실험실 실험, 현장 실험, 양적 리뷰의 집계의 장단점을 살펴보자.

사례 연구

혼다 소이치로의 자서전을 읽어보자. 가난했던 어린 시절에 작은 정비소를 열고 오토바이를 조립하고, 결국 자동차를 만들기로 한 그의 결정과 어떻게 세계에서 가장 크고 가장 성공적인 회사 중 하나를 일구게 되었는지가 서술되어 있다. 경영학 수업시간에 강사가 월마트와 케이마트(Kmart)라는 두 회사를 다룬 50쪽 분량의 자료를 나누어준다. 이 자료에는 두 회사의 기업 전략, 경영 철학, 상품 계획에 대한 설명을 포함하여 두 회사의 연역이 자세히 기술되어 있다. 그리고 최근의 대차대조표와 손익계산서 사본이 포함되어 있다. 강사는 학생들에게 이 자료를 읽고 분석하여, 왜 월마트가 최근 몇 년 동안 케이마트보다 훨씬 더 성공적이었는지 그 이유를 찾아보라고 한다.

혼다 소이치로의 자서전, 월마트와 케이마트 자료는 사례 연구이다. 실제 상황에서 도출된 사례 연구는 한 가지 현상에 대한 심층적인 분석을 제공한다. 사례 연구는 개인, 집단, 조직에 대한 세부적인 부분이 풍부하게 포함된 상세한 서술이다. 사례 연구의 주요한 정보는 관찰을 통해 얻으며, 때로는 인터뷰, 기록과 서류 검토로 뒷받침된다.

사례 연구에는 결함이 있다. 사례 연구는 관찰자가 지닌 지각적 편견과 주관적 해석의 영향을 받는다. 사례 연구는 관찰자나 사례 작성자가 포함하거나 제외한 선택 내에서 독자가 판단하게 만든다. 또한 정보의 깊이와 세부 항목의 풍부함에 비해 일반화 가능성을 어렵게 하는 이율배반성이 존재한다. 하나의 표본을 가지고 일반화하는 것은 늘 위험하기 때문에 사례 연구는 어떤 가설을 채택하거나 기각하는 것을 어렵게 한다. 한편 사례가 제공하는 심층 분석을 무시할 수는 없다. 사례 연구는 초기 탐색적 연구와 조직의 실제 문제를 평가하기 위한 훌륭한 방법이다.

현장 조사

10억 달러 규모 이상 기업의 윤리 정책, 공식적 윤리 구조, 윤리 훈련과 같은 공식화된 활동, 윤리 프로그램에 대한 임원 참여를 평가하기 위해 장문의 설문지가 작성되었다. 《포천》이 선정한 500대 산업 기업과 500대 서비스 기업의 공보 또는 기업 소통 사무소에 접촉하여 각 기업에서 '윤리와 품행 문제를 가장 책임 있게 다루는 임원'의 이름과 주소를 알아냈다. 이 1,000명의 임원에게 연구의 본질을 설명하는 자기소개서와 함께 설문지를 우편으로 발송했다. 254명으로부터 설문지가 회수되어 응답률이 25%를 조금 넘었다. 조사결과에 따르면 77%가 공식적인 윤리강령을 가지고 있고 54%는 윤리와 품행 문제를 다루기 위해 특별히 임명된 임원이 있다고 응답했다.[5]

이 연구는 전형적인 현장 조사의 한 예이다. 대기업(수십억 달러 규모의 미국 기업)을 대표하도록 응답자의 표본(미국 대기업에 재직하는 1,000명의 임원)을 선정했다. 그런 다음 연구자가 관심을 가진 특별한 특징(윤리 프로그램, 실천 요강의 내용과 조직)에 대해 설문조사를 하거나 인터뷰로 자료를 수집했다. 응답 항목의 표준화를 통해 데이터를 쉽게 정량화하여 분석하고 요약할 수 있으며, 연구자는 대표성 있는 표본을 가지고 대규모 모집단에 대해 추론할 수 있다.

현장 조사는 연구 수행면에서 경제적이다. 모집단의 모든 구성원으로부터 데이터를 얻는 것보다 모집단을 표본으로 추출하는 것이 비용이 덜 든다. 예를 들어 매출액이 10억 달러를 넘는 미국 기업도 5,000개가 넘는데, 이 중 일부는 재무 자료를 비공개적으로 보유하고 외부에 공개하지 않기 때문에 《포천》의 선정에서 제외된다. 게다가 윤리 연구의 예와 같이 현장 조사는 사람이 문제에 대해 어떻게 느끼는지 또는 그들이 어떻게 말하고 행동하는지 알아내는 효율적인 방법이며, 이러한 데이터는 쉽게 정량화할 수 있다.

하지만 현장 조사에는 여러 가지 잠재적인 약점이 있다. 첫째, 우편으로 발송된 설문지는 거의 100% 회수되지 못한다. 낮은 응답률은 응답자의 답변에 기초한 결론을 비응답자에게 일반화할 수 있는지에 의문을 제기한다. 둘째, 설문 방식은 응답자의 행동보다 태도와 지각을 더 잘 파악하게 해준다. 셋째, 응답자가 사회적인 바람직함에 대해 고민하고 연구자가 듣고 싶어 한다고 생각하는 것을 말하는 경우이다. 넷째, 현장 조사는 특정 이슈에 초점을 맞추도록 설계되었기 때문에 깊이 있는 정보를 얻을 수 없다. 다섯째, 일반화의 질이 선택된 모집단의 요인으로 결정된다. 예를 들어 《포천》 선정 500대 기업에서 일하는 경영진의 응답은 중소기업이나 비영리 조직에 대해서는 아무것도 말해주지 않는다. 요약하자면 잘 설계된 현장 조사라도 폭, 일반화 가능성, 경제적 효율성을 제공하는 대신 깊이 있는 정보를 제공하지 못하는 취사선택의 문제가 존재한다.

실험실 실험

다음은 실험실 실험 고전적인 예이다. 스탠리 밀그램(Stanley Milgram) 연구원은 개개인이 어느 정도까지 명령을 따를지 궁금했다. 만약 학습 실험에서 피실험자가 선생님 역할을 하고 학습자가 실수를 할 때마다 충격을 가하라는 말을 듣는다면 과연 피실험자는 실험자의 명령을 따를 것인가? 충격의 강도를 증가시킨다면 피실험자가 명령을 따르려는 의지가 감소하지 않겠는가?

이러한 가설을 검증하기 위해 밀그램은 일련의 대상자를 고용했다. 피실험자에게는 각각의 실험이 기억력에 대한 처벌의 효과를 연구하는 것이라고 알려주었다. 피실험자의 일은 선생님 역할을 하면서 학습자가 학습 시험에서 실수를 할 때마다 처벌을 주는 것이었다.

처벌은 전기 쇼크로 진행되었다. 0에서 시작하여 15볼트씩 최고 450볼트까지 30단계의 전기충격 장치 앞에 피실험자를 앉혔다. '약한 충격'인 15볼트부터 '위험: 심한 충격'인 450볼트까지 구분되어 있었다. 실험의 현실감을 더하기 위해 피실험자는 직접 45볼트의 충격을 경험한 후, 인접한 옆방에서 전기의자에 가죽끈으로 묶여 있는 친근하고 온화한 50세 정도의 남성 학습자를 보았다. 물론 학습자는 배우이고 전기충격은 가짜였지만 피실험자는 이러한 사실을 알지 못했다.

전기충격기 앞에 앉은 피실험자는 가장 낮은 충격 수준에서 시작하여 학습자가 실수를 하거나 응답하지 못할 때마다 다음 단계로 충격 강도를 높이라는 지시를 받았다.

시험이 시작되자 학습자가 실수를 많이 하여 충격 강도가 급격히 높아졌다. 피실험자는 충격에 대한 학습자의 반응을 음성으로 들었다. 75볼트에서 학습자가 끙끙대며 신음하기 시작했고, 150볼트에서는 실험실에서 내보내달라고 요구했고, 180볼트에서는 더는 고통을 견딜 수 없다고 울부짖었으며, 300볼트에서는 풀어줄 것을 요구하면서 자신의 심장 상태에 대해 소리치고 비명을 지른 다음 더 이상의 질문에 대답하지 못했다.

대부분의 피실험자는 이에 항의했고, 충격이 높아져서 심장마비를 일으키면 학습자가 죽을 수도 있다고 두려워하면서 이 실험을 계속할 수 없다고 주장했다. 그러나 연구자는 피실험자가 주저하거나 저항하면 "여러분은 선택의 여지가 없습니다. 계속해야 합니다! 여러분의 일은 학습자의 잘못을 처벌하는 겁니다"라고 말했다. 물론 피실험자는 선택의 여지가 있었다. 그들은 일어나서 걸어 나갈 수 있었다.

대다수의 피실험자가 항의했다. 그러나 항의는 불복종과 동의어가 아니다. 피실험자의 62%는 전기충격 수준을 최대 450볼트까지 높였다. 나머지 38%가 가한 전기충격의 평균은 370볼트에 육박했다.[6]

밀그램이 수행한 것과 같은 실험실 실험에서는 연구자가 인위적인 환경을 만든다. 그런 다음 연구자는 통제된 조건에서 독립변수를 조작한다. 다른 모든 조건에 변화가 없었기 때문에 연구자는 종속변수의 어떠한 변화도 독립변수에 부과되는 조작이나 변화에 기인한 것이라는 결론을 내릴 수 있다. 통제된 조건 때문에 연구자는 독립변수와 종속변수의 인과관계를 암시할 수 있다는 사실에 주목해야 한다.

실험실 실험은 정밀도와 통제를 위해 현실성이나 일반화 가능성을 감소시킨다. 이는 변수에 대한 높은 수준의 통제와 변수에 대한 정확한 측정을 제공한다. 그러나 실험실 연구에서 나온 연구결과는 실제 작업 현장에 적용하여 일반화하기가 어려운 경우가 흔하다. 인공실험실에 실제 조직의 복잡성과 뉘앙스를 거의 똑같이 재현하지 못하기 때문이다. 또한 많은 실험실 실험에서는 실제 상황에서는 적용되거나 재현되기 어려운 현상을 다룬다.

현장 실험

다음은 현장 실험의 예이다. 대기업 경영진은 주 4일 근무제가 직원 결근에 미치는 영향을 파악하는 데 관심이 많다. 좀 더 구체적으로 말해 경영진은 10시간씩 4일 근무하는 직원이 8시간씩 5일 근무하는 직원보다 결근율이 더 낮은지 여부를 알고 싶다. 회사의 규모가 크기 때문에 본질적으로 유사한 인력을 고용하는 많은 제조 공장을 가지고 있다. 실험을 위해 그중 2개의 공장을 선택했는 데, 둘 다 클리블랜드 지역에 있다. 만약 한 공장은 미시시피 시골에 있고 다른 공장은 도시인 코펜하겐에 있다면 두 곳을 유사성 있는 공장으로 비교하기에는 적절치 않다. 국가 문화, 교통, 날씨와 같은 요인이 주당 근무하는 일수의 변화보다 결근율의 차이를 더 잘 설명할 가능성이 있기 때문이다.

실험 대상 공장에서 실험이 시행되어 근로자가 주 4일 근무를 시작했다. 대조군이 된 다른 공장에서는 근무일수의 변화 없이 주 5일 근무를 계속했다. 18개월 동안 두 곳의 회사 기록에서 결근 자료를 수집했다. 18개월이라는 긴 기간은 실험을 진행한 공장에서 시행될 수 있는 새로운 변화로 인한 실험결과의 왜곡 가능성을 낮춰주었다. 18개월 후 경영진은 실험 공장에서 결근율이 40% 감소하고 대조군 공장에서는 6% 감소하는 데 그쳤다는 것을 알아냈다. 이 연구의 설계로 인해 경영진은 실험 공장에서 결근율이 더 크게 감소한 것은 압축된 근무일수(주 4일 근무제)의 도입 때문이라고 믿게 되었다.

현장 실험은 실제 조직에서 진행된다는 점을 제외하고는 실험실 실험과 유사하다. 자연적인 환경은 실험실 환경보다 더 현실적이며 타당성을 높여주지만 그만큼 통제가 어렵다. 게다가 대조군이 유지되지 않는다면, 예를 들어 직원 파업, 대규모 정리해고, 기업 구조조정 등 외부적인 힘이 개입될 경우 통제력이 상실될 수 있다. 아마도 현장 실험의 가장 큰 관심사는 조직의 선택 편견과 관련이 있을 것이다. 모든 기관에서 외부 연구자가 들어와 직원과 운용에 대해 연구하는 것을 허용하지는 않을 것이다. 특히 심각한 문제를 안고 있는 조직은 더욱 그렇다. 따라서 조직행동에 대해 게재된 대부분의 연구는 외부 연구자에 의해 이루어지기 때문에 선택 편견 문제는 성공적이고 잘 관리된 조직에만 해당할 수 있다.

일반적인 결론은 지금까지 다룬 네 가지 연구 설계 중에서 전형적으로 현장 실험이 가장 타당하고 일반화 가능한 결과를 제공한다는 것이다. 그리고 비용이 높다는 점을 제외한다면 가장 적은 손실을 보면서 가장 많은 것을 얻을 수 있다.[7]

양적 연구의 집계

구성원의 조직행동 수정(OB Mod)이 과업 성과에 미치는 전체적인 영향은 무엇인가? 이 질문에 대한 답을 얻기 위해 많은 현장 실험이 이루어졌다. 불행히도 다양한 연구로부터 얻은 광범위한 결과는 일반화를 어렵게 만든다.

이러한 다양한 연구결과를 조정하기 위해 두 연구자가 20년 동안 OB Mod가 과업 성과에 미치는 영향에 대해 발견할 수 있는 모든 실증적 연구를 검토했다.[8] 부적절한 정보가 있거나, 양적 데이터가 있거나, 행동 수정 원칙과 관련된 모든 조건에 부합하지 않는 모든 논문을 제외한 후 2,818명의 직원에 대한 데이터가 포함된 19편의 논문을 추려냈다. 두 연구자는 메타분석(meta-analysis)이라는 집합적 기술을 사용하여 연구 논문을 정량적으로 계산하여 종합할 수 있었고, OB Mod 개입 이후에 평균적으로 직원의 과업 성과가 백분위수 50번째에서 67번째로 상승할 것이라는 결론을 내릴 수 있었다.

이들이 수행한 OB Mod와 과업 성과에 대한 검토는 포괄적인 개별 연구 세트에서 도출된 결과의 타당성을 검토한 다음 공식을 적용하여 유사한 결과를 지속적으로 도출했는지 판단할 수 있는 양적 형태의 문헌 연구인 메타분석을 사용한 예이다.[9] 결과에 일관성이 있다는 것이 증명되면 연구자는 타당성을 일반화할 수 있다는 결론을 더 자신 있게 내릴 수 있다. 메타분석은 질적 리뷰에서 생길 수 있는 잠재적으로 부정확한 해석의 오류를 줄이기 위한 수단이자, 정량적 연구의 변화 양상을 체계적으로 종합하는 수단이다. 또한 이 기술을 통해 연구자는 독립변수와 종속변수 사이의 잠재적 조정변수를 식별할 수 있다.

지난 25년 동안 이 연구방법의 인기가 급상승했다. 왜인가? 메타분석은 전통적인 연구 논문 리뷰를 하는 데 객관적인 수단을 제공하는 것으로 보인다. 메타분석을 이용하기 위해서는 연구자가 다수의 개인적 해석을 하고 그 과정에 상당량의 주관성이 개입된다. 현재 조직행동 문헌에 메타분석 검토가 널리 보급되었음을 부인할 수 없다.

연구 윤리

연구자가 연구를 수행할 때 항상 재치 있고 솔직한 것은 아니다. 예를 들어 현장 조사에서의 질문을 응답자가 당혹스러워하거나 사생활 침해로 인식할 수 있다. 또한 실험실 연구자는 '정직한 반응을 얻기 위해 속임수가 필요하다고 느껴서' 실험의 진정한 목적에 대해 참가자를 속이는 것으로 알려져 있다.[10]

스탠리 밀그램이 30여 년 전에 실시한 '학습 실험'은 윤리적 이유로 심리학자에게 많은 비판을 받고 있다. 그는 학습에 관한 연구라고 피실험자에게 거짓말을 했다. 실제로 그가 관심을 가졌던 것은 복종이었다. 그가 사용한 전기충격기는 가짜였고, 심지어 '학습자'도 아파서 고통스러워하는 것처럼 행동하도록 훈련을 받은 공범이었다. 그러나 윤리적 실수가 계속되고 있다. 예를 들어 2001년 컬럼비아대학교에서 조직행동을 연구하는 교수가 결혼기념일을 맞아 레스토랑에서 아내와 함께 식사를 한 뒤 식중독에 걸려 욕실에서 구토를 하면서 밤을 보낸 경위에 대해 상세히 적은 편지를 대학명이 인쇄된 편지봉투에 넣어 뉴욕시에 있는 240개 레스토랑에 보냈다.[11] 그리고 편지 끝에 "나는 상업개선국(Better Business Bureau, BBB)이나 보건국(Department of Health)에 보고서를 제출할 의도는 없지만 내가 겪은 것을 이해해주기 바라며 당신의 레스토랑에서 적절한 조치를 취해줄 것을 기대한다"고 썼다. 이 허위 편지는 레스토랑이 소비자 불만에 어떻게 대응하는지 알아보기 위한 연구의 일부였다. 그러나 각 레스토랑에서는 음식이 잘못될 가능성에 대해 메뉴와 생산부터 전달 과정까지 점검하고, 가능한 실수에 대해 주방 직원에게 일일이 질문하여 주방에 엄청난 혼란이 일어났다. '젊은 교수의 엄청난 판단 착오'에 대해 대학 측은 후속 조치로 사과 편지를 바로 발송했지만, 이미 그 영향을 받은 곳에서 발생한 고통을 상쇄하는 데에는 거의 도움이 되지 않았다.

미국심리학회, 미국사회학회, 미국경영학회와 같은 전문 학회는 연구 수행에 대한 공식적인 지침을 출판했다. 그러나 윤리적 논쟁이 계속되고 있다. 한쪽에는 엄격한 윤리적 통제가 실험의 과학적 타당성을 훼손하고 미래 연구를 무력화할 수 있다고 주장하는 사람이 있다. 예를 들어 실험 결과가 잘못되는 것을 예방하기 위해 속임수가 필요한 경우가 종종 있다. 게다가 윤리적 통제를 최소화하는 것을 지지하는 사람은 기만적인 실험으로 눈에 띄게 피해를 입은 피실험자가 거의 없다고 지적한다. 밀그램의 매우 교활한 실험에서도 1.3%의 피실험자만이 그 경험에 대해 부정적인 감정을 보고했다. 이 논란의 반대편에서는 참여자의 권리에 초점을 맞춘다. 엄격한 윤리적 통제를 선호하는 사람들은 어떠한 절차도 피실험자에게 감정적으로나 육체적으로 고통을 주어서는 안 되며, 전문가로서 연구자는 피실험자에게 완전히 정직해야 하고 어떠한 희생을 치르더라도 피실험자의 사생활을 보호해야 한다고 주장한다.

요약

조직행동 영역은 연구에 기반을 둔 수많은 이론으로 구성되어 있다. 연구가 누적적으로 통합되었을 때 이론이 되고, 그 이론이 제안되면 이를 검증하기 위해 설계된 후속 연구가 진행된다. 따라서 조직행동을 구성하는 개념은 이를 지지하는 연구만큼만 타당성이 있다.

이 책의 주제와 이슈는 대부분 연구에서 도출된 것이다. 이는 단순한 예감이나 직관, 견해보다는 체계적인 정보 수집의 결과를 나타낸다. 물론 조직행동 문제에 대한 모든 해답을 우리가 가지고 있다는 것을 의미하지는 않는다. 많은 부분에서 훨씬 더 많은 확실한 보강 증거가 필요하다. 다른 부분에 적용하기 위한 일반화 가능성은 사용된 연구방법에 따라 제한된다. 하지만 엄청난 속도로 새로운 정보가 생겨나고 출판되고 있다. 가장 최신의 연구 결과를 따라잡기 위해 조직행동의 최신 연구를 정기적으로 검토할 것을 강력히 권고한다. 《Academy of Management Journal》, 《Academy of Management Review》, 《Administrative Science Quarterly》, 《Human Relations》, 《Journal of Applied Psychology》, 《Journal of Management》, 《Journal of Organizational Behavior》, 《Leadership Quarterly》 같은 학술 저널에서 보다 학구적인 작업을 발견할 수 있을 것이다. 조직행동 연구결과의 더욱 실용적인 해석이 궁금하다면 《California Management Review》, 《Harvard Business Review》, 《Organizational Dynamics》, 《Sloan Management Review》 등을 참고하기 바란다.

종합 사례

CASE 1 어려운 경제상황에서 동기부여하기

학습목표

이 사례를 통해 어려움을 겪고 있는 회사의 노동력을 다시 활성화하기 위해 고안된 동기부여 프로그램을 평가할 기회를 얻게 될 것이다. 당신은 회사의 상임이사회를 대리하여 설문조사를 토대로 이사회의 현재 전략을 평가하게 된다. 또한 조직의 목표 설정과 동기부여에 대해 배운 내용을 토대로 해당 프로그램의 효과성 향상 방안을 이사회 회원에게 조언할 것이다.

주요 학습 영역

- 직무 특성 변화
- 다양성과 연령
- 목표 설정
- 조직 감축
- 조직 공정성

상황 설명

모건모(Morgan-Moe)의 소매 약품 영업점이 곤경에 처해 있다. 지역의 소매업계를 대표하는 주요 업체로서 이 회사는 중서부 북부지역에 수백 개의 영업점을 가지고 있으나 이 지역의 제조업 경기가 급격히 악화하면서 심각한 재정적 곤경에 처하게 되었다. 수입이 계속 줄어들고 있다. 고객이 소비를 줄여 영업점은 회사 운영을 위해 사용되었던 고이윤 충동구매 품목보다는 우유나 복제 약품과 같은 저이윤 상품으로 초점을 전환해야 했다. 모건모는 설립 이후 처음으로 확장 계획을 파기하면서 꽤 많은 영업점을 폐쇄했다.

회사로서는 생소한 상황이기 때문에 인사관계 부사장인 짐 클라우센(Jim Claussen)은 직원과 함께 이 문제를 어떻게 해결해야 할지 고심해왔다. 회사의 재정이 악화될수록 종업원의 불만도 점점 커졌다. 그들의 고용불안은 직무 태도에도 악영향을 끼쳤다. 회사의 구조조정은 큰 뉴스였고 직원은 이러한 소식을 듣는 것을 좋아하지 않았다.

모건모의 영업점 폐쇄에 대한 언론 보도는 본사의 사전 통지나 의사소통이 부족한 점과 퇴직하는 종업원의 퇴직금이 부족하다는 데 초점을 맞추었다. 공식적인 정보가 없는 상황에서 남은 직원들 사이에 소문과 가십이 들불처럼 퍼져나갔다. 해고된 종업원 중 분노한 몇몇은 IHateMorganMoe.blogspot.com과 같은 블로그를 만들어 남은 직원의 사기와 회사의 이미지를 더욱 악화시켰다.

모건모 또한 다른 방식으로 변화하고 있었다. 회사 노동력의 평균 연령이 빠르게 증가했다. 몇 가지 요인이 이러한 변화에 영향을 끼쳤다. 첫째, 많은 가정이 일자리를 찾아 이주했기 때문에 이 지역에는 지속적으로 젊은이가 많이 살고 있다. 둘째, 부수입을 찾는 퇴직자 등 고령 근로자를 고용하도록 영업점에 적극적으로 권장하고 있다. 관리자 입장에서 나이 든 근로자는 더 성숙하고 결근이 적으며 보육 책임이 없기 때문에 매우 수용적이다. 또한 경영진이나 임원직 경험을 가진 경우도 있기 때문에 이들은 흔히 젊은 근로자보다 높은 수준의 숙련도와 자격조건을 보유하고 있다.

이러한 경험 많은 근로자는 회사가 어려움에 처했을 때 중요한 재산이 되었지만, 상황이 악화되면 회사를 그만둘 가능성이 특히 더 크다. 경험 많은 근로자가 힘들게 쌓은 경험을 가지고 회사를 떠난다면 모건모는 파산의 늪으로 더 깊게 빠져들 것이다.

시스템

클라우센은 한 친구가 《빅터 프랭클의 죽음의 수용소에서(Man's Search for Meaning)》라는 책을 건네줄 때까지 직원의 절망감과 두려움에 어떻게 대응해야 할지 확신이 없었다. 이 책은 아우슈비츠 유대인 학살 캠프에서 생존한 심리학자 빅터 프랭클(Victor Frankl)이 쓴 것으로, 프랭클은 삶의 목표가 분명하고 삶의 이유가 명확한 사람이 절망적인 고통 속에서 더 잘 견뎌낼 수 있다는 것을 발견했다. 이 책에 있는 어떤 특별함, 고난을 극복해나가는 하나의 방법으로 삶의 의미와 방향을 찾는 것에 관한 주장에 클라우센은 큰 감명을 받았다. 그는 이러한 교훈을 인력관리에 적용할 수 있지 않을까 생각했다. 그는 이를 바탕으로 경영진에게 새로운 경영 방향을 제시했고, 그들은 반신반의하면서 그의 제안을 받아들였다.

지난 6개월 동안 회사 전체의 영업점은 성과관리 시스템을 사용했는 데, 클라우센은 이에 대해 다음과 같이 말했다. "직원이 실행이라는 아이디어를 받아들이도록 하여 그들 각자의 영업점에서 실제적인 결과를 직접 볼 수 있게 하는 것입니다. 이것은 종업원 각자의 과업수행이 보다 넓은 의미의 목적을 달성하는 데 어떤 식으로 기여하는지를 보여줍니다. 나는 몇몇 회사가 영업점의 운영 상황에 대한 정보를 직원과 공유함으로써 직원이 하는 일이 실제로 어떤 의미가 있는지를 알게 하고 변화를 만드는 과정에 참여하게 된다는 것을 읽고 우리도 그렇게 할 수 있지 않을까 생각했습니다."

인력관리팀에서 이러한 경영시스템에 관한 다섯 가지 선택사항을 제안했다. 관리자로 하여금 자신이 생각하기에 직원에게 가장 적합하다고 판단되는 방안을 선택하게 함으로써 급격한 변화가 회사에 의해 강요된 것이라고 느끼지 않게 했다. 프로그램 I은 새로운 경영시스템과 반대로, 기존의 방식대로 직원에게 정보나 참여의 기회를 거의 주지 않거나 아예 주지 않는다. 프로그램 II는 직원의 결근이나 병가 정보를 추적하고 개별 직원과 공유하여 그들이 관리할 수 있는 것에 대해 피드백을 제공한다. 경영자는 어떤 조치도 더 이상 취하지 않는다. 프로그램 III은 교대근무자의 판매실적과 재고 대체 비율을 추적하고 프로그램 II처럼 종업원과 해당 정보를 공유하지만, 결근이나 병가 정보에 대한 피드백을 제공하지는 않는다. 프로그램 IV는 가장 종합적인 형태로, 프로그램 II나 III처럼 정보를 추적한다. 관리자는 매주 브레인스토밍 회의에서 그 정보를 함께 나누며, 이 회의에서 직원은 자신이 앞으로 업무를 더 잘 수행하기 위한 방법을 결정하고 영업점의 성과를 향상하기 위한 제안을 내놓는다. 프로그램 V는 브레인스토밍 회의를 하지만 직원에게 그들의 행동이나 회사의 이익에 관한 정보를 제공하지 않는다.

시스템을 실행한 후 클라우센은 몇 명의 관리자와 각각의 프로그램을 선택하게 된 동기에 대해 대화를 나누었다. 프로그램 IV를 선택한 아티 워싱턴(Artie Washington)은 이렇게 말했다. "나는 영업점을 원만하게 운영하기 위한 방안에 직원들이 참여하고 싶어 하는지 알고 싶었어요. 지금의 경제 상황에서 모든 사람이 자신의 고용 안정에 대해 걱정하고 있어요. 지금 자신이 무엇을 해야 하는지 알게 하고, 상황을 변화시킬 수 있는 방법을 제시하는 것은 몰입을 유지할 수 있게 합니다."

베티 앨버레즈(Betty Alvarez)는 그 의견에 절대 동감할 수 없었다. 그녀는 프로그램 I을 선택했다. "나는 직원들이 업무수행에 관해 논의하기 위해 회의에 참석하는 것보다 차라리 업무를 수행하는 것이 낫다고 생각합니다. 그것은 관리자가 해야 할 일이니까요." 마찬가지로 프로그램 I을 지지하는 미셸 오스트렘스키(Michael Ostremski)는 "직원이 조금 불확실성을 느끼면서 일하는 것도 나쁘지는 않습니다. 확실한 상황에 있다고 생각한다면 게으름을 피울 것이고, 상황이 나쁘다고 생각한다면 포기할 테니까요"라고 말했다.

칼 마틴스(Cal Martins) 또한 전체 팀에 정보를 제공할 필요가 있는지에 의문을 가졌지만 프로그램 II를 선택했다. "직장에서 자신의 상황이나 처지가 어떤지를 알아야 하지만 다른 모든 사람에 대한 것을 알 필요는 없습니다. 그렇게 되면 불필요한 긴장감만 조성할 뿐입니다."

이것은 신디 앵(Cindy Ang)이 프로그램 V를 선택한 이유와 유사하다. "브레인스토밍 회의 중일 때 나는 정보표에 나타난 것보다 직원들이 무슨 생각을 하는지 아는 것이 가장 중요합니다. 영업점이 잘 운영되고 있는지 느끼게 해주니까요. 물론 숫자도 중요하지만 숫자가 모든 것을 말해주지는 않습니다. 또한 우리의 성과가 좋지 않다는 것을 알게 되면 직원들이 낙심하지는 않을까 우려했습니다."

현재까지의 결과

클라우센은 가장 정교한 과정인 프로그램 IV가 가장 효과적

프로그램	방법	영업점 수	평균 이직률	월별 주당 이익	월별 직원의 시간 원가
프로그램 I	전통적 경영방식	83	평균 = 30% 표준편차 = 10%	평균 = 5,700달러 표준편차 = 3,000달러	없음
프로그램 II	결근과 병가 정보 공유	27	평균 = 23% 표준편차 = 14%	평균 = 7,000달러 표준편차 = 5,800달러	1,960달러
프로그램 III	판매와 재고 상황 공유	35	평균 = 37% 표준편차 = 20%	평균 = 11,000달러 표준편차 = 2,700달러	2,440달러
프로그램 IV	정보 공유와 아이디어 회의	67	평균 = 17% 표준편차 = 20%	평균 = 13,000달러 표준편차 = 3,400달러	3,420달러
프로그램 V	정보 공유 없이 아이디어 회의	87	평균 = 21% 표준편차 = 12%	평균 = 14,000달러 표준편차 = 2,400달러	2,750달러

이라고 확신했지만 경영진 모두가 그의 주장을 받아들인 것은 아니다. 비용이 적게 든다는 이유로 일부 경영진은 시범적으로 시스템을 실행해보는 것을 지지했지만 또 다른 이사는 가시적인 성과를 보고 싶어 했다. CEO인 진 매스터슨(Jean Masterson)은 지난 4년간의 성과 보고를 영업점별로 세부적으로 완전히 나누어 목록별로 보여달라고 요청했다. 그녀는 특히 새로운 프로그램이 판매실적과 이직률에 어떤 영향을 미쳤는지에 관심이 있었다.

판매와 이직률에 관한 정보를 표로 옮겨 자료를 수집했는데, 여기에는 각 프로그램에 소요된 직원 각각에 대한 비용이 포함되어 있었다. 이 비용은 직원이 프로그램에 소요한 시간에 각자의 임금률을 곱하여 계산했다. 이직률, 이익, 직원의 소요 시간을 영업점별로 산출하고 이익과 이직 정보에는 지역별 평균과 표준편차를 포함했다. 이익은 매달 시간 원가당 순이익을 뜻하며, 이직 정보는 해당 날의 직원 중 퇴사하거나 해고되는 직원의 비율을 말한다.

관리자가 선택한 프로그램과 부합하는 일정 패턴이 있는지 확인하기 위해 회사는 프로그램 선택과 영업점의 다양한 특성 간 관계를 계산했다. 오래된 영업점 중 경제적으로 가장 어려운 지역에 있는 영업점에서는 프로그램 I을 많이 채택했다. 도시지역에 위치하고 직원의 나이가 평균적으로 적은 영업점에서는 주로 프로그램 II와 III을 채택했다. 시골 지역, 특히 직원의 나이가 평균적으로 많은 지역의 영업점에서는 프로그램 IV와 V를 많이 채택했다.

과제

과제는 각 프로그램의 효과에 관해 경영진에게 전할 보고서를 준비하는 것이다. 보고서는 전문적인 비즈니스 서류 양식이어야 한다. 당신이 설명하는 조직 원리에 대해 경영진이 다 알고 있는 것은 아니므로 실질적으로 경영하는 사람들이 이해하기 쉽도록 자세히 설명해야 한다.

보고서를 작성할 때 다음 사항을 반드시 다루어야 한다.

1. 다섯 가지 경영시스템 프로그램이 실험에서 쓰인 변수라고 가정한다. 종속변수와 독립변수를 정의하고 그것이 어떻게 관련되는지를 설명하라.
2. 부록에 제시한 종속변수와 독립변수에 관한 설명을 토대로 결과로 측정하고자 하는 다른 성과가 있는가?
3. 데이터를 살펴보고 어떤 경영방식이 수익을 창출하고 이직률을 줄이는 데 가장 효과적인지, 또한 어떤 경영방식이 가장 비효율적인지 판단하라. 그렇게 판단한 이유는 무엇인가?
4. 자료에 대해 의문점이 있는가?
5. 각각의 방식을 적용한 영업점 수를 비교한 것이 당신의 결론에 영향을 주었는가?
6. 관리자가 특정 프로그램(현재 상태를 유지한 프로그램 I 포함)을 선택했다는 사실이 프로그램의 성공 여부에 대한 당신의 추론에 영향을 주지는 않았는가?
7. 영업점이 스스로 선택하지 않고 영업점에 무작위로 다른 조건을 부과한다면 어떤 이점이 있겠는가?
8. 본문이나 이 사례에서 묘사된 직원의 특성 또는 경제상황의 변화는 소매점의 직원을 관리하는 방법에 대한 당신의 판단에 어떤 영향을 미쳤는가? 더 숙련된 직원의 참가는 이러한 프로그램에 도움이 되는가, 해가 되는가? 경제적

인 어려움을 겪고 있지 않은 곳에서는 이러한 프로그램이 다른 효과를 낼 수 있는가?

9. 클라우센은 목표 설정이나 동기부여에 대한 지식이 거의 없는데 이러한 프로그램을 고안했다. 이 사례의 내용을 바탕으로 그가 이 일을 얼마나 잘 해냈는지 평가하라. 프로그램의 어떤 부분이 목표 설정에 관한 연구결과와 가장 잘 일치한다고 생각하는가? 직원 동기부여의 실질적인 향상을 위해 어떤 부분을 변화시키겠는가?

10. 프로그램이 실행되는 동안 프로그램의 성공에 도움이 되거나 해가 될 수 있는, 직원이 느낄 감정에 대해 설명하라. 본문에서 설명한 조직 공정성 원칙에 부합하게 관리자가 프로그램을 어떻게 운영할 수 있도록 조언하라.

CASE 2 만족을 주지 못하는 직무 개선하기

학습목표

회사가 효율성을 높이기 위해 직무를 나누는 경우가 많지만 이러한 직무 전문화는 부정적인 결과를 초래할 수 있다. 드레인플로(DrainFlow)는 전문화를 통해 수년간 경쟁사에 비해 상대적으로 비용 절감을 했지만 증가하는 고객 불만으로 회사의 강한 입지가 약화되었다. 이 사례를 읽은 후 직원에게 좀 더 흥미로운 업무를 제공하는 방법을 제시할 수 있을 것이다. 또한 이러한 새로운 직무에 요구되는 여러 가지 책임을 수행하기 위해 적합하고 준비가 잘된 직원을 찾는 어려움에도 직면할 것이다.

주요 학습 영역

- 직무 설계
- 직무 만족
- 성격
- 감정노동

상황 설명

드레인플로는 미국 전역에서 운영되고 있는 대규모 주거와 상업용 배관시설 유지보수 회사이다. 수십 년간 영향력 있는 주거용 배관시설 유지보수 회사로서, 1960년대 이후 '배관이 막혔을 때 드레인플로를 불러주세요'라는 친숙한 문구를 거리 광고판에서 볼 수 있었다.

리 레날도(Lee Reynaldo)는 약 2년간 드레인플로의 지역 관리자로 일해왔다. 레날도는 이전에 신생 경쟁업체인 라이트닝플럼버(Lighting Plumber)의 지점에서 일했는 데, 드레인플로의 고객이 점점 더 라이트닝플럼버로 옮겨가고 있다. 레날도는 드레인플로에서 보수를 좀 더 많이 받고 있지만 수행하는 업무가 그다지 만족스럽지는 않다. 그녀가 경험한 바로는 작업 환경이 전 회사만큼 활기차거나 생동감이 넘치지 않는다.

레날도는 라이트닝플럼버의 직원이 제공하는 유형의 고객서비스를 드레인플로의 직원이 제공하기에는 동기부여가 되어 있지 않다고 생각한다. 그녀는 최근 성과에 대한 정보를 수집하기 위해 고객을 대상으로 설문조사를 실시했는 데 결과는 우려한 대로였다. 응답자의 60%가 서비스에 만족하고 드레인플로를 다시 이용하겠다고 했지만, 나머지 40%는 결과에 만족하지 않는다고 답했으며, 30%는 훗날 배관에 문제가 생기면 경쟁사를 선택하겠다고 답했다.

레날도는 드레인플로의 직무 설계가 고객 유치의 어려움에 영향을 미치는지 궁금했다. 드레인플로는 약 2,000명의 직원이 네 가지 기본적인 직무 분야(배관, 배관 보조, 주문 처리, 명세서 제공 및 청구)에서 일하고 있다. 이러한 구조는 비용을 최소한으로 줄여준다. 배관공은 임금이 아주 높지만 배관공 보조는 자격증이 있는 배관공 임금의 1/4밖에 되지 않기 때문이다. 따라서 배관공 보조를 사용하는 것은 매우 비용 효과적인 전략이다. 이러한 비용 절감이 가격 경쟁을 가능하게 했다. 주문처리팀의 임금은 명세서 제공 및 청구팀과 거의 같은 수준이지만 배관공 보조보다도 적다. 모든 분야가 전문화되어 있지만 최고의 효율 수준으로 업무를 수행하기 위해서는 다른 직무 분야와의 협력이 필요하다.

대부분의 배관 회사와 마찬가지로 드레인플로의 영업은 대개 전화번호부와 인터넷을 통해 이루어진다. 고객은 전화로 배관 문제를 설명하거나 인터넷으로 배관 수리서비스를 요청하고 24시간 내에 답변을 받는다. 두 경우 모두 주문처리팀이 고객 문의를 바탕으로 배관공을 보낼 것인지, 배관공 보조를 보낼 것인지를 결정한다. 이 결정에 따라 해당 작업이 배분되고 서비스 직원이 해당 장소로 간다. 일이 끝나면 명세서 제공 및 청구 팀의 직원이 휴대전화로 서비스 직원에게 비용 명세서를 보내고, 서비스 직원이 그것을 고객에게 제시한다. 명세서 제공 및 청구 담당 직원은 전화를 통해 고객의 신용카드로 결제하거나 온라인 결제를 위해 전자우편을 보낼 수 있다.

문제점

직무 전문화는 현저한 비용 절감을 가져오지만 레날도는 고객 불만족을 우려하고 있다. 설문조사에 따르면 배관 문제를 의뢰한 고객의 25%는 주문처리팀이 고객의 문제점을 파악하지 못하고, 주문처리팀 직원이 문제상황을 정확하게 설명해줄 수 있는 충분한 지식이나 기술을 가지고 있지 않기 때문에 서비스 요청을 하지 않았다. 이는 드레인플로에 배관 문의 전화를 하는 고객 4명 중 1명의 불만족보다 더 나쁜 결과를 초래했다. 서비스 문의자 중 25%는 아예 고객이 될 수 없기 때문이다. 고객서비스센터의 서비스를 받은 나머지 75%도 다른 문제를 경험하게 된다.

레날도가 설문조사에서 발견한 가장 흔한 불만사항은 시간과 비용에 관한 것이었으며, 특히 일 처리에 부적합한 사람을 보낸 경우였다. 배관공 보조는 기술적으로 복잡한 일을 처리할 수 없으므로 소비자는 다시 서비스 날짜를 잡아야 했고, 고객과 직원 모두 시간을 낭비하는 결과를 겪었다. 이러한 지연 탓에 많은 고객이 드레인플로에 다시 연락하는 것을 꺼리고 라이드닝플럼버에 서비스를 의뢰하게 되었다.

배관공 보조 짐 라슨(Jim Larson)은 다음과 같이 말했다. "현장에 갔을 때 나는 그 작업을 할 수 없었어요. 고객은 화를 냈지요. 배관공을 요청했을 때 당연히 자격증이 있는 배관공이 올 것이라고 기대했던 고객에게 다른 배관공이 와서 문제를 해결해야 한다고 말하는 것은 설득력이 없었습니다."

한편 배관공 보조도 쉽게 할 수 있는 일을 배관공이 처리하는 경우 고객은 배관공에게 지급되는 높은 비용을 지불해야 한다. 자격증이 있는 배관공 루이스 버거(Luis Berger) 또한 고객에게 불편한 소식을 전해야 하는 상황을 좋아하지 않는다. "뱀 같은 것이 배수구를 막고 있어 내가 작업을 배정받아 나가면 고객은 비싼 비용을 낼 것이라고 예상하지 못합니다. 내가 아주 곤란해지는 상황이지요. 나는 가격을 정하거나 일을 배분하는 사람이 아니지만 고객에게 불평을 듣는 것은 바로 나란 말입니다." 이와 같은 간단한 일에 호출되는 것에 배관공도 화가 난다.

수지 매카티(Susie McCarty)는 드레인플로에서 주문을 처리하는 사람 중 한 명이다. 부적합한 사람이 배치되었다고 하면 그녀 또한 낭패감을 느끼지만 그녀를 비롯한 주문처리팀 직원은 최선을 다했다고 생각한다. 그녀는 이렇게 말한다. "우리가 전화를 받을 때 따라야 하는 표준 설문조사 양식이 있습니다. 이것은 문제가 무엇이고 누가 그 문제를 해결할 수 있는지 조사하는 것이지요. 고객은 이러한 표준 설문조사 양식이 있다는 것을 알지 못하니 그들은 우리가 모든 질문에 답변할 수 있다고 생각합니다. 우리 중 대부분은 전화로 문의하는 고객만큼이나 배관 수리에 대해 잘 알지 못합니다. 만약 고객이 설문조사 양식에 있는 용어를 사용하지 않으면 무슨 말을 하는지 도무지 이해할 수 없습니다. 배관 기술자라면 이해하겠지만 우리는 배관공이 아니라 그저 전화를 받는 사람이니까요."

고객서비스 문제는 명세서 제공 및 청구를 담당하는 사람과도 관련이 있다. 이들은 고객과 연락하면서 비용 지불에 대해 논의해야 한다. 엘리자베스 몬티(Elizabeth Monty)는 "부적합한 사람이 파견된 것은 내 잘못이 아닙니다. 만약 누 사람이 파견된 일이라면 두 번 일을 한 셈입니다. 만약 배관공이 일을 처리했다면 배관공 임금을 지급해야 합니다. 어떤 고객은 내가 처음 전화를 받아서 일을 처리한 사람이 아니라는 사실을 이해하지 못하고 내게 소리를 지릅니다"라고 말한다. 명세서 제공 및 청구 팀 직원은 마무리 과정만 맡기 때문에 처음에 어떤 식으로 고객의 문의 전화가 처리되었는지는 알지 못한다고 불평한다. 일 자체는 기계적이고 고객의 불만을 기록하는 작업이 대부분이다. 40%의 고객이 불만족을 느끼며, 이러한 불만족의 표현을 전화로 듣는 것은 명세서 제공 및 청구 팀 직원이라는 것을 기억하라.

짐작했겠지만 이 사례의 모든 직원은 감정노동과 연관되며, 상당수는 고객과 원만히 상호작용을 할 수 있는 개인적인 성격이나 기술이 부족하다. 이들은 고객서비스 훈련을 받지 못했을

구분	배관공	배관공 보조	사무실 직원	배관공 평균	사무실 직원 평균
나는 내가 맡은 일에 만족한다.	3.7	2.5	2.5	4.3	3.5
나는 근무환경에 만족한다.	3.8	2.4	3.7	4.1	4.2
나는 동료직원과의 관계에 만족한다.	3.5	3.2	2.7	3.8	3.9
나는 상사와의 관계에 만족한다.	2.5	2.3	2.2	3.5	3.4

뿐만 아니라 대부분이 자신의 직무를 다분히 기술적이거나 기계적인 것으로 인식하고 있다. 상당수 직원은 고객과 직접 이야기하는 것을 불안해했다. 사무실 직원(주문 처리나 명세서 제공 및 청구 직원)은 고객서비스가 자신이 맡은 직무의 한 부분임을 인지하고는 있으나 고객과 동료의 부정적인 의견이나 불만을 처리하는 것을 무척 곤혹스러워했다.

몇 년 전 관리 컨설팅 회사를 고용하여 드레인플로 직원의 직무 태도에 대해 조사했는 데, 다른 유사한 직업군에 있는 사람들보다 만족도가 떨어지는 것으로 나타났다. 표는 응답자의 만족도를 자세히 보여준다.

배관공 평균이나 사무실 직원 평균은 관리 컨설팅 회사가 가지고 있는 다른 회사의 정보이다. 드레인플로 직원이 제기한 불만사항을 고려했을 때 이는 놀랄 만한 결과가 아니다. 최고경영진은 이러한 결과에 대해 걱정하지만 해결책을 마련하지 못했다. 드레인플로는 전통적으로 비용 절감에 중점을 두는 편이라 직원 만족과 같은 '부드러운 부분'의 문제에는 큰 관심을 기울이지 않았다.

제안된 문제해결 방안

회사가 어려움을 겪고 수입이 점점 줄어들면서 직무 전문화를 통해 이루려 했던 비용 절감이 실제적으로 이루어지지 않아 변화가 필요해 보인다.

레날도는 직원의 업무 성과를 개선하기 위해 현금 보상을 제안한다. 그녀는 업무 결과에 따라 보수가 달라지면 고객 만족을 높이기 위해 직원이 더 열심히 일할 것이라고 생각한다. 처음 전화를 건 고객의 만족도를 정확하게 측정하기는 어려우므로 레날도는 주문처리팀에 20회 통화를 성공적으로 마칠 때마다 작은 보너스를 주는 방법을 생각해냈다. 실무적으로는 명세서 제공 및 청구팀 직원에게 주문이 완료된 각 건에 대한 소비자 만족도 조사를 요청하려고 한다. 만약 고객의 불만이 없고 일이 신속하게 처리되었다면 배관공이나 배관공 보조에게 일정액의 현금 보너스를 지급하고, 고객이 진심으로 만족했다면 좀 더 많은 현금 보너스를 지급하기로 했다.

또한 레날도는 회사의 새로운 목표에 부합하는 사람을 찾고 싶다. 현재는 체계 없이 지역 총책임자의 구조화되지 않은 면접에 의존하기 때문에 이들의 직원 채용 방식에 일관성이 없다. 또한 대부분의 직원이 고객서비스나 조직행동 훈련을 제대로 받지 못했다. 레날도는 지역적으로 분산된 지점의 채용 방식이 체계화된다면 책임자가 직무를 성공적으로 수행할 수 있는 후보자를 선발하는 데 큰 도움이 될 것이라고 생각한다.

과제

과제는 레날도가 생각하는 현금 보너스 지급과 체계화된 면접 프로그램의 잠정적인 효과성에 대해 보고서를 준비하는 것이다. 이 보고서는 어느 정도 규모가 있는 회사의 경력 관리자에게 실제 제공되는 전문성을 띤 비즈니스 서류여야 함을 명심하라. 레날도는 재정 문제나 배관 사업 운영에 대해서는 매우 유능하지만 조직행동 원리에 대해서는 전문가가 아닐 수 있다. 모든 새로운 제안을 고위관리층에게 제공해야 하므로 비용 절감 부분에 대한 그들의 우려도 해소해야 한다. 경영방식의 변화가 회사에 이익을 가져올 수 있다는 것을 강력한 증거 기반의 재무적인 사례로 보여주어야 한다.

보고서를 작성할 때 다음 사항을 반드시 다루어야 한다.

1. 직원이 자신의 업무에 만족하지 못하는 것은 분명하지만 이것이 정말 우려해야 할 사항인가? 연구결과는 정말 만족하는 직원이 업무를 더 잘 수행한다는 것을 보여주는가? 직무만족도와 관련된 다른 행동결과(직무 성과 외)는 없는가?
2. 직무 특성 이론을 활용하여 현 직무 설계가 직원의 불만족에 어떤 영향을 미쳤는지 설명하라. 직무를 재설계하여 직원의 만족도를 높일 수 있는 방법을 제시하라.
3. 레날도는 현금 보너스 지급 시스템을 어떻게 운영할지에

대해서는 다소 모호한 생각을 가지고 있다. 현금 보너스 지급 시스템을 더 잘 운영할 수 있는 구체적인 방법을 제시하라.

4. 현금 보너스 제도의 특성을 고려하여 재정적인 인센티브 제도의 장단점을 설명하라. 고객 만족이라는 목표를 달성하기 위해 직원에게 현금 보너스를 준다면 어떤 문제가 발생하겠는가? 그 밖에 어떤 유형의 인센티브를 고려할 수 있는가?

5. 인센티브 시스템이 잘 시행되고 있는지 평가하기 위한 구체적인 계획을 수립하라. 만약 인센티브 시스템이 잘 실행된다면 같이 바꾸어야 하는 종속변수는 무엇인가? 어떻게 성공을 측정할 것인가?

6. 이러한 직무에 가장 적합한 사람을 찾기 위해 어떤 채용 방식을 선택하겠는가? 고객서비스와 감정노동에 유용한 성격은 빅 파이브 성격 중 어떤 요인인가?

CASE 3 연합 구축하기

학습목표

조직행동에서 가장 중요한 도전 가운데 많은 부분은 팀 간의 계획과 목표를 조정하는 것이다. 이 사례에서는 조직 간의 문제를 다루지만 하나의 조직 내에 존재하는 여러 팀에서도 마찬가지로 조정과 협상 원리를 적용할 수 있다. 팀원 간의 부정적인 갈등이 생산적인 토론이 될 수 있도록 팀의 복잡한 개발 과정을 관리할 수 있는 청사진을 제시할 것이다. 또한 최고경영진이 효과적으로 조직을 지휘할 수 있도록 새로운 방안을 제안할 것이다.

주요 학습 영역

- 팀 역학 관계
- 팀 성과 극대화
- 조직 문화
- 통합적 협상

상황 설명

대규모 비영리 사회복지 서비스 기관인 우드슨재단(Woodson Foundation)은 학생의 성과를 높이기 위해 워싱턴의 공립학교 시스템과 함께 일하고 있다. 학생의 성과에서 개선해야 할 점이 많으며 학교는 무단결석과 낮은 학업성적, 범죄 등의 문제를 안고 있다. 학생을 도우려는 신입교사의 열성은 교육현장의 척박한 현실에 부딪혀 금세 약화된다. 교사의 이직이 매우 잦고, 총명하고 뛰어난 교사가 문제가 적은 학교로 자리를 옮길 가능성이 높다.

이러한 문제를 해결하기 위한 새로운 계획은 우드슨재단의 민간자금 모금 기술과 교직원으로서 교육 역량을 가지고 있는 지역사회 지도자가 함께 시범적인 방과 후 프로그램을 짜는 것이었다. 이상적으로는 학교의 재정이 과거보다 부족하기 때문에 이 시스템이 독립적으로 잘 운영되어야 한다. 몇 달간의 협상 끝에 우드슨재단과 교육청의 지도자는 두 조직의 자원을 효과적으로 끌어모을 새로운 대리기관을 세우는 데 합의했다. 우드슨재단은 세부계획과 프로그램을 개발하고 프로그램을 평가할 수 있는 직원을 지원하며, 교육청은 교실과 교사진을 지원하기로 했다.

새로운 계획의 첫 번째 단계는 실무개발팀을 구성하는 것이다. 이 팀은 여러 실무 분야를 다루고 동시에 학교의 성과를 향상하는 운영체계를 만들 것이다. 이러한 복수 조직 간에 걸친 이슈는 우드슨재단과 교육청 대표가 함께 참여해야 한다는 것을 의미한다. 학부모교육참여연대(National Coalition for Parental Involvement in Education, NCPIE)는 이 프로그램의 주요 협력자이면서 학부모를 대표하여 활동할 것이다.

실무개발팀 내의 갈등과 합의

학생의 성과를 향상하기 위해 모든 단체가 함께 잘 일할 수 있다면 좋겠지만 상당한 갈등이 일어날 것으로 예상된다. 각 단체는 각기 이익 관계가 있으며 어떤 경우에는 이익 관계가 서로 상충될 수도 있다.

지역 교육청 대표는 새로 생겨나는 일자리에 대한 노동조합 결성이 보장되고 현재의 학교 운영 정책과 일치되는 방향으로 운영되기를 바란다. 우드슨재단이 너무 독단적으로 행동한다면 학교 이사회는 새로운 시스템의 운영을 통제할 수 없을 것이라고 염려하고 있다. 학교 교육제도 자체의 복잡성으로 인해 오랜 시간 동안 매우 복잡하고 관료적인 행정구조가 되었고, 행정 관리자는 정규 학교 수업시간이 아니라도 정책이나 절차가 이러한 프로그램에 참여하는 교사에게 적용되기를 바랐다. 또한 그들은 새로운 시스템하에서 생겨나는 일자리가 교육청의 다른 일자리에 필요한 재정을 빼앗아 가는 것은 아닌지 우려하고 있다.

우드슨재단은 시어도어 우드슨(Theodore Woodson)이라는 사업가가 1910년경 설립했다. 우드슨재단은 지금도 설립자의 사업방식을 따르고 있다. 우드슨은 모든 일에서 효율성과 실험정신을 강조했다. 이 조직의 많은 자선 프로그램은 최소한의 비용으로 뛰어난 서비스를 제공하여 상도 여러 번 수상했다. 모든 노력에 대한 성과를 측정하기 위해 객관적인 자료에 초점을 두는 우드슨재단의 방식은 지역 교육청의 문화와 일치하지 않는다.

한편 학부모교육참여연대(NCPIE)는 학부모의 입지를 넓히려는 목적으로 세워졌다. 이 조직은 지역공동체가 자신의 교육방법을 선정할 수 있을 때 학생과 학부모가 함께 성공을 이룰 수 있다고 믿는다. NCPIE는 다민족, 혼합된 성별, 소수민족, 장애인 등 다양성을 받아들이는 데 몰두하고 있다. NCPIE의 구성원은 모두가 참여할 수 있는 권리가 보장되도록 변화가 만들어지는 과정에 큰 관심을 두고 있다.

어떤 인구통계학적인 다양성 논의는 개발팀의 상황을 복잡하게 만든다. 워싱턴 교육청에서 지원하는 대부분의 학생은 다수의 백인과 히스패닉계, 아프리카계 미국인이다. NCIPE 구성은 일반적으로 이 지역 공립학교에서 교육을 제공하고 있는 지역적인 인구학적 다양성과 일치한다. 반면에 버지니아 북쪽 지역에 본부를 둔 우드슨재단은 백인 직원이 압도적으로 많다. 여기서 우려되는 점은 새로운 단체가 지역의 인종 분포 특성을 잘 이해하지 못한 채 주요 교육행정 개편에 너무 깊이 개입하는 것이 아닌가 하는 것이다. 새로운 프로그램 개발의 지도자는 다양한 이해관계자 사이에서 프로그램 개발에 대한 열정을 불러일으킬 수 있는 효과적인 메시지를 제안해야 한다.

비록 여러 단체의 중요한 관점이 서로 다르지만 그들의 공통 관심사는 고려해볼 만하다. 모든 단체는 공통적으로 학생의 필요를 충족하는 데 관심이 있다. 학생의 학업 성과가 향상되기를 모두가 바란다. 학교 교육 시스템은 학생의 시험 성적이 향상됨으로써 혜택을 받게 된다. 우드슨재단과 NCPIE 둘 다 더 많은 학부모가 이 새로운 제도에 참여하기를 바라고 있다.

개발팀 팀원 후보자

개발팀은 우드슨재단의 인사부문 대표 1명, 교육청 대표 1명, NCIPE의 대표 1명, 총 3명으로 구성되는 데, 다음과 같이 각각 잠정적인 후보자 명단을 준비했다.

빅토리아 애덤스(Victoria Adams)는 워싱턴 교육청의 교육감이다. 그녀는 우드슨재단과의 처음 면담에서 선두에 섰으며 선생님들과 교장선생님 사이에서도 지지를 얻었다. 애덤스는 교육청과 재단의 역할이 학부형이나 지역단체보다 크다고 생각한다. "물론 우리는 학부모의 참여와 지지를 원합니다만, 전문인으로서 우리가 의사결정 때나 프로그램 실행에 좀 더 큰 영향력을 가져야 한다고 생각합니다. 우리는 누군가의 발언권을 막고 싶지는 않지만 학부모가 할 수 있는 일에 대해서는 현실적으로 생각해야 한다고 봅니다."

두에인 하디(Duane Hardy)는 워싱턴 지역에서 15년 넘게 교장선생님으로 봉직했다. 그 또한 교육청이 가장 큰 영향력을 행사할 수 있어야 한다고 생각한다. "학생들과 매일 부딪히는 사람은 바로 우리입니다. 저는 학급 크기가 점점 커지는 것을 목격했고 성적과 졸업률이 점점 낮아지는 것도 목격했습니다. 우리는 이러한 문제점을 고쳐야 하지만 외부 단체는 우리가 다룰 수 있는 부분의 한계에 대해 이해하지 못합니다. 지역단체, 정치인, 납세자는 우리가 하는 일을 지켜보고 있으며, 그들은 무엇이 최상의 방법인지 알고 있다고 생각합니다. 그러나 최소한 학부모들은 이러한 면에서 더 이해관계가 있다고 생각합니다."

2학년을 맡고 있는 애리 코프먼(Ari Kaufman)은 "가장 중요한 것은 학생"이라고 말했다. 그는 학생에게 인기가 있지만 다른 선생님과는 잘 어울리지 못한다. 그는 투덜이로 알려져 있다. "학교는 지금 즉시 변화해야 합니다. 어떻게 이것을 이룰 수 있냐고요? 외부 개입을 최소화하는 것입니다."

지역공동체 회장 메이슨 더프리(Mason Dupree)는 관료화를 못마땅하게 여기고 있다. 그가 우려하는 점은 학교의 문제해결 방안으로 돈을 더 쏟아붓는 것이다. "나는 학생들을 잘 알아요. 나는 이런 이웃들 속에서 성장했거든요. 우리 부모님은 내 선생님을 한 분도 빠짐없이 알고 있습니다. 그 당시 학교는 우리의 참여를 원했습니다. 하지만 지금 그들이 원하는 것은 오로지 돈입니다. 만약 그 돈이 직무를 성실히 수행하지 못한 사람의 임금 인상에 쓰이지 않고 책임감 있게 쓰인다면 돈을 주는 것을 나도 반대하지 않습니다."

우드슨재단의 메러디스 왓슨(Meredith Watson)은 우드슨재단과 같은 의견으로, 학교가 학생과 학생의 가족에게 점점 더 적은 관심을 갖는 것이다. 그녀는 전직 교사로서 현장 교육을 6년간 한 후 교육계를 떠났다. 왓슨은 다음과 같이 불만을 토로했다. "현 체계는 낭비 요소가 너무 많습니다. 불필요하게 작업이 중복되고, 변화 과정은 말할 것도 없이 뒤엉켜 있으며, 그 내부인이 아닌 한 어떤 것 하나도 제대로 완성해낼 수가 없습니다. 학부모는 참여하고 싶어 합니다. 그들은 아이들에 대해 가장 잘 알고 있습니다."

NCPIE의 동료와 달리 캔디스 샤프(Candace Sharpe)는 학교가 최선을 다하고 있다고 생각한다. 그녀는 카운티의 사회복지사였고 워싱턴 지역에 온 지는 비교적 얼마되지 않았다. "학부모들은 참여하고 싶다고 말하지만 성의 있게 끝까지 함께 하지는 않습니다. 우리는 강도를 높여서 주도권을 행사할 필요가 있습니다. 지속되는 변화는 외부가 아니라 바로 우리 내부에서 나옵니다."

빅터 마르티네스(Victor Martinez)는 대학 졸업 후 인턴으로 시작해서 우드슨재단에서 10년간 근무하고 있다. 그는 이렇게 설명한다. "여러분이 진퇴양난에 처해 있을 때 가끔 상황을 정확히 판단하기가 어렵습니다. 잘못을 지적받는 것을 아무도 좋아하지 않지만 가끔은 필요합니다. 우리는 모두 시스템에 문제가 있다는 것을 압니다. 우리는 현 상태를 유지할 수 없습니다. 그것은 좋지 않습니다."

프로그램팀을 위한 전략

우선 개발팀의 팀원과 원칙이 확정되면 팀은 새로운 프로그램을 운영할 사람을 위한 지침서를 만들어야 한다. 이 지침서는 성공을 촉진할 수 있는 고무적인 메시지를 개발하는 새로운 운영진을 훈련하는 데 도움을 줄 것이다. 프로그램의 실제적인 내용과 메시지의 본질은 개발 팀이 간추리겠지만, 결정을 내리기에 앞서 이 프로그램팀에서 가장 중요한 원칙을 만들게 할 수 있다.

과제

우드슨재단, NCPIE, 학교가 당신에게 팀을 효과적으로 결정하는 방법에 대한 자료를 요청한다. 그들은 단계별로 어떻게 진행되는지 알고 싶어 한다. 즉 어떤 식으로 적절한 팀원을 선정했는지, 어떤 단체를 더 우선시하는지, 목표 설정, 마감일 설정, 효과적인 갈등 해결 방법 등을 설명해야 한다. 그다음으로 새로 만든 프로그램을 이끌어갈 운영진을 위한 간단한 원칙을 만들어줄 것을 요청한다. 이는 당신이 두 종류의 보고서는 작성해야 한다는 것을 의미한다. 하나는 개발 팀으로서 어떻게 효과적으로 프로그램을 고안할 것인가에 대한 보고서이고, 또 하나는 프로그램 팀으로서 어떻게 하면 새로운 프로그램을 효과적으로 이끌 수 있는가에 대한 보고서이다.

다음 사항은 개발팀에 보낼 보고서를 만드는 데 도움이 될 것이다.

1. 개발팀 팀원이 각 단체의 통상적 운영방식을 잘 이해한다면 더욱 효과적일 것이다. 위원회와 관련된 장(章)에서 팀 형성과 성과에 관한 주요 견해를 살펴보라.
2. 개발팀 후보자의 인물 정보를 바탕으로 개발팀 팀원으로 가장 적합한 사람과 상황적으로 보았을 때 덜 적합한 사람을 제안하라. 당신의 선택을 뒷받침하기 위해 본문에 제시된 집단이나 팀에 관한 연구를 인용하라.
3. 집단이나 팀 관련 내용을 다루는 장의 원칙을 사용하여 개발팀이 팀 내 갈등을 어떻게 효과적으로 대처할 수 있을지 기술하라.
4. 통합적 협상 전략은 개발팀을 위한 공동 목표를 어떻게 달성할 수 있는가?

다음 사항은 프로그램팀에 보낼 보고서를 만드는 데 도움이 될 것이다.

5. 새로 결성된 프로그램팀의 리더는 세 단체와의 지속적인 관계 유지를 위해 교육청의 문화와 NCPIE, 우드슨재단에 대해 잘 이해해야 한다. 이러한 여러 이해관계자의 문화

를 어떻게 설명하겠는가? 조직 문화와 관련된 장에서 언급된 개념을 이용하여 이들이 어떻게 다르고 어떤 공통점이 있는 지를 설명하라.

6. 새 프로그램의 리더가 어떻게 방향 변혁적인 메시지를 만들고 직원과 학부모의 신뢰를 높일 수 있을지 생각해보라. 이러한 목표를 달성할 수 있도록 리더십 관련 장의 내용을 활용하여 리더에게 어떤 조언을 하겠는가?

7. 이러한 변화를 협상하는 데 인구학적인 결합의 가능성이 있는 경우, 프로그램 리더에게 다양성 문제를 다룰 수 있는 전략으로 어떤 조언을 하겠는가?

CASE 4 무경계 조직

학습목표

다국적 조직이 빠르게 보편화되고 경제의 중요한 부분이 되었다. 이 사례는 매우 다른 세 가지 국적과 조직 문화를 가진 최첨단 음악 소프트웨어 사업으로 안내한다. 이 회사의 관리자는 매우 상이한 과제를 수행하는 직원을 만족시키고 그들의 생산력을 높일 수 있는 업무 과정을 조직화하는 방법에 대해 중요한 결정을 내려야 한다.

주요 학습 영역

- 조직 구조와 무경계조직
- 조직 문화
- 인적 자원
- 조직 사회화

상황 설명

다국적기업인 뉴스쿨그루브(Newskool Grooves)는 음악 소프트웨어를 개발한다. 이 소프트웨어는 작곡을 하거나, 클럽에서 녹음된 음악을 연주하거나, 앨범을 만드는 데 사용된다. 설립자이자 최고경영자인 저드 핑거(Gerd Finger)는 당연히 이 회사의 가장 열렬한 팬이다. "나는 이 회사를 맨주먹으로 시작했습니다. 나와 내 아이디어, 컴퓨터만으로 시작했지요. 나는 음악과 연주를 사랑하고, 음악을 만드는 프로그램 만드는 것을 사랑하며, 음악 청취를 사랑합니다. 그리고 물론 보수도 좋습니다." 저드는 단 한 번도 다른 누군가를 위해 일하는 것을 원치 않았고, 자신의 아이디어를 무료로 제공하거나 다른 누군가가 자신으로부터 이익을 챙기는 것을 원치 않았다. 그는 다른 사람들과 그들의 이미지를 통제하기를 원했다. "뉴스쿨그루브는 동종 업체 중 항상 앞서가고 있습니다. 이 사업은 끊임없이 앞서가지 않으면 바로 끝나버립니다. 모든 사람이 따라와야 하는 회사가 바로 우리입니다. 모든 사람은 우리에게서 무언가를 구입하면 그것이 최상이고 가장 앞서가는 것임을 알고 있습니다."

베를린에 있는 본사는 조직의 중추 역할을 담당하는 곳으로서 새로운 제품을 개발하고 조직의 전략을 세운다. 뉴스쿨은 상당 부분의 코드 작업을 우크라이나 키예프에 있는 외주 프로그래머에게 맡긴다. 마케팅 작업은 LA 사무소의 역할이 점점 더 늘어나고 있다. 이러한 직무 분업화는 최소한 부분적으로는 기술적인 전문성이나 비용 문제에 기인한다. 독일팀은 디자인과 생산 작업이 뛰어나다. 하지만 대부분의 뉴스쿨 고객이 영어권 사람이기 때문에 LA 사무소가 광고나 제품 마케팅 자료를 만드는 데 가장 우수하다. 키예프 사무소에는 독일이나 미국 사무소에서 같은 보수를 주고는 구하기 어려운 뛰어난 프로그래머가 많다. 첨단 기술의 소프트웨어, 빠른 조직 개편, 외주의 결합이 뉴스쿨을 경계 없는(무경계) 조직의 대명사로 만들었다.

저드는 직원 채용과 배치에 관한 최종 의사결정을 하고 독자적인 작업 스타일을 강조한다. "왜 내가 신뢰할 수 없는 사람의 손에 회사를 맡기겠습니까? 직원들은 우리가 하는 일을 믿고 회사의 방향을 이해하고 따를 수 있어야 합니다. 나는 보모가 아닙니다. 나는 학교에서 숙제를 나누어주는 담임선생님도 아닙니다. 학창 시절은 끝났습니다. 지금은 현실에 적응할 때입니다."

업무 문화

직원들은 최첨단을 달리는 뉴스쿨에서 일하고 싶어 한다. 뉴스쿨의 소프트웨어는 많은 일렉트로닉댄스뮤직(EDM) DJ에게 호응을 얻었다. 지금까지 주요 고객인 이들은 뉴스쿨 제품이 조금 비싸다고 생각하지만 품질이 좋고 혁신적인 브랜드라고 인식한다. 다른 음악 소프트웨어 회사가 어떤 한 방향을 지향할 때 뉴스쿨은 그들과 차별화하여 완전히 반대 방향으로 가려고 한다. 이러한 전략은 잘 맞아떨어졌다. 경쟁업체는 비슷한 제품을 가지고 있기 때문에 치열한 가격경쟁으로 제품 가격이 자연히 내려가게 마련이다. 하지만 뉴스쿨은 완전히 다른 제품을 출시하여 가격경쟁을 할 필요가 없기 때문에 높은 수입을 계속 유지해왔다.

하지만 컴퓨터 무단복제가 소프트웨어에 기반을 둔 음악 상품으로 수익을 내던 뉴스쿨의 사업 능력을 잠식했다. 이 때문에 뉴스쿨은 드럼 기계나 스피커 같은 컴퓨터 기술과 접목되는 하드웨어 생산 부문으로 노선을 전환해야 했다. 이러한 거대한 시장 변화가 일부 회사에는 상당히 어려운 문제였지만, 뉴스쿨처럼 2~3년에 한 번씩 변화를 시도하는 회사의 경우 오히려 정체된 채로 굳어버리려는 것에 끊임없이 대항하는 것이 더 큰 싸움이다.

뉴스쿨은 중앙통제적이지 않은 매우 분권화된 문화를 가지고 있다. 115명에 불과한 직원 모두가 의사결정과 혁신에 참여하는 것을 허용하는 경영철학이 회사 문화의 핵심이다. 한 제품 개발가가 이렇게 말한다. "뉴스쿨은 직원 모두가 이러한 과정에 참여하고자 합니다. 만약 회사의 지시를 받고 싶은 사람이라면 어려움을 겪을 것입니다. 대부분의 경우 아무도 다음에 무엇을 해야 하는지 말해줄 수 없어요. 왜냐하면 그들도 다음에 어떤 일이 일어날지 알 수 없거든요! 그래서 뉴스쿨은 창조적이면서 다음에 일어날 일을 직접 만들어내는 사람을 채용하는 겁니다. 힘든 점도 있지만 많은 사람은 이곳이 매우 흥미진진한 작업 환경이라고 생각합니다."

경계 없는 작업 환경

많은 부분의 작업이 컴퓨터로 처리되기 때문에 저드는 초기부터 직원이 사무실 밖에서 일할 수 있게 했다. 베를린과 LA 사무소에 있는 경영진은 이와 같은 결정에 상당히 만족스러워한다. 어떤 마케팅 작업은 직접 얼굴을 보면서 해야 하므로 LA 사무소에서는 1주일에 한 번 대면 회의를 한다. 뉴스쿨을 좋아하는 직원은 밤새 컴퓨터로 작업을 완료한 후 낮에 잘 수 있을 때 가장 행복해한다. 프로젝트 논의는 종종 구내 인트라넷 통신망을 통해 이루어지기도 한다.

키예프 사무소는 경계 구분 없이 일하는 작업 환경을 그리 달가워하지 않는다. 관리자의 말에 따르면 프로그래머가 구조화된 작업 계획 없이 일하는 것이 조금 껄끄럽다고 호소한다. 그들은 강력한 리더십 구조와 잘 정의된 작업 과정에 더 익숙하기 때문이다.

한 관리자는 이렇게 말했다. "내가 처음 일을 시작했을 때 저드는 자기와 연락하는 것은 문제가 없고 LA 사무소와 연락하는 것도 문제가 없을 것이라고 말했습니다. 우리는 소규모이고 가족과 같다고 했지만 지금은 그게 문제가 되고 있습니다. 내가 LA 사무소에 전화를 하면 회의 날까지 기다리라고 하더군요. 그들이 모여 회의를 하는 날까지 내가 항상 기다릴 수는 없습니다. 그래서 저드에게 전화를 하면 그는 알아서 하라고 합니다. 그가 말한 대로 내가 알아서 일을 처리하면 그렇게 하는 게 아니라고 해서 다시 일을 해야 하는 경우가 있습니다. 그가 애초에 어떻게 하라고 알려줬더라면 나는 그대로 따랐을 텐데 말이죠."

최근에 일어난 일련의 사건도 뉴스쿨의 통상적인 업무 방식을 뒤흔들어 놓았다. 해결하는 데 많은 시간이 걸리는 하드웨어 DJ 제어기에 관해 본사의 제품 개발자들 간에 중요한 의사소통 장애가 발생했다. 거의 대면하지 않는 사람들이 각자의 작업에는 진전이 있었지만 이것이 정반대의 방향으로 진행된 것이다. 하드웨어 제품을 설계하고 시험하는 일의 경우 직원들이 서로에게 부호화된 코드를 보내는 것 이상이 필요하다. 가끔은 마주 보고 공동작업도 해야 한다. 이러한 새로운 작업 환경에 어떻게 대처할 수 있을지에 대해 회사 내에서도 의견이 분분하다.

사무소는 추가적인 어려움을 겪고 있다. 새로운 제품으로 사업 방향을 전환한 후 LA 사무소에서 일하는 샌드라 펠럼(Sandra Pelham)은 회사에 대해 더 비판적이 되었다. "소프트웨어라면 우리가 광고할 수 있는 매체가 한정되어 있습니다. 하지만 진짜 악기인 하드웨어라면 우리가 뭔가 할 수 있겠다고 생각했습니다. 우리는 지지자가 되어줄 수 있는 음악가와 DJ, 음악 프로듀서에게 제품에 대한 보증 선전 문구를 받을 수 있습니다. 하지만 저드는 '그건 절대 안 돼'라고 말합니다. 그는 우리를 좋아하는 유명인 때문에 관심을 갖는 고객을 좋아하지 않습니다. 그는 이러한 광고와 홍보 전체를 폐지했습니다. 그는 우리가 가진 것은 오로지 창조성이고 우리만의 것을 해야 한다고 말합니다. 그 말은 우리가 그의 방식대로가 아닌 뭔가 새로운 것을 해야 한다는 것이지요."

이 회사에 문제가 없는 것은 아니지만 뉴스쿨이 컴퓨터 음악 소프트웨어 산업에서 독보적인 존재라는 사실은 분명하다. 그 외 많은 업체는 폐업하고 있지만 뉴스쿨은 높은 시장 점유율을 활용하여 전자악기로 음악을 만드는 차세대 하드웨어 제품 시장에 진출하려고 한다. 저드는 말한다. "동종 업체들이 모여서 어떻게 하면 변화에 대응할 수 있을지 의논한다면 미래를 향한 진로에서 우리가 이미 5km는 앞서 있다는 것을 알게 될 것입니다."

과제

저드가 당신에게 어떻게 하면 뉴스쿨이 지속적으로 성공할 수 있을지 조언을 요청한다. 그는 기술 분야에 있는 다른 무경계 조직이 수많은 직원이 각기 다른 방향으로 움직이는 어려움에도 불구하고 경쟁력을 유지하는 방법을 벤치마킹하고 싶어 한다. 당신은 경영진을 위한 보고서를 준비해야 한다. 이 보고서는 회사의 기술적 측면에 대해서는 전문가이지만 조직행동에 대해서는 지식이 거의 없는 회사 임원에게 주는 제안서이다. 보고서를 작성할 때 다음의 사항을 반드시 다루어야 한다.

1. 뉴스쿨그루브 같은 무경계 조직에서 일어날 수 있는 문제를 설명하라. 무경계 조직의 장점은 무엇인가?
2. 세계 곳곳에 사무실이 있는 회사의 경우, 직원이 그 나라의 국가 문화에 부합되지 않을 수도 있다. 이때 회사 운영에 영향을 미칠 수 있는 문화적 문제를 고려하라. 당신이 관찰한 갈등은 다양한 유형의 사람들이 함께 일하기 때문에 일어나는 것인가?
3. 당신이 알고 있는 동기부여와 성격에 관한 지식에 기초하면 어떤 유형의 사람이 회사 내 각기 다른 분야에서 만족감을 얻기 쉬운가? 전 분야에서 어떻게 하면 직원의 만족도를 높일 수 있을지 직무 특성 이론과 최근 생겨난 직장 내 사회적 관계 개념을 사용하여 논의하라.
4. 무경계 조직에서는 어떤 인적자원관리 정책을 시행해야 하는가? 어떤 인적자원 선발과 채용 방법이 효과적인가? 뉴스쿨의 인적자원관리자는 빅 파이브의 성격과 능력 중 어떤 요인을 사용하겠는가?
5. 각 사무소에서는 어떤 식으로 성과를 측정할 수 있는가?
6. 회사는 어떻게 직원의 창의력과 독립심을 최대화하는 조직 사회화 프로그램을 만들 수 있는가? 모든 지역에 있는 직원에게 동일한 수준의 창의력이 필요한가?

CASE 5 서비스의 스트레스

학습목표

지난 수십 년간 가장 눈에 띄는 변화는 제조업 경제에서 서비스 경제로의 전환이다. 더욱더 많은 직원이 특히 교육이나 의료 부문에서 보살핌과 도움을 제공하는 직업에 종사하고 있다. 이러한 직업은 어떤 사람들에게는 만족감을 주지만 어떤 사람들에게는 엄청난 스트레스를 줄 수도 있다. 여기서 소개하는 사례에서는 요양서비스 산업에서 한 기업이 어떻게 새로운 환경 변화에 적응하는지를 살펴볼 수 있다.

주요 학습 영역

- 스트레스
- 조직 변화
- 감정
- 리더십

상황 설명

파크웨이너싱케어(Parkway Nursing Care)는 엄청난 변화에 직면해 있다. 1972년 설립된 이 회사는 피닉스와 애리조나에 요양원을 가지고 있다. 파크웨이너싱케어는 매우 성공하여 1980년대에 서서히 인수 또는 신설로 30개 이상의 병동을 확장하고 지속적으로 흑자를 냈다. 이처럼 두드러지지 않게 사업을 하던 방식은 1993년 벤처기업 투자자인 로버트 퀸(Robert Quine)이 미래에 나올 이익금의 일부를 담보로 사업 확장에 대거 투자하기로 결심하면서 완전히 변했다. 요양원 수가 크게 늘어 2000년까지 180개를 운영하게 되었다.

지금은 미국 남서부 지역에서 220개의 시설을 운영 중이며, 각 시설마다 평균 115개의 병상이 있고 총 3만 명 정도의 직원을 고용하고 있다. 건강검진 시설과 아울러 숙련된 가정방문 서비스도 제공하고 있다. 또한 이 분야에서 최고 업적을 인정받아 여러 번 수상한 경력도 있다.

베이비붐 세대가 노인이 되어가므로 숙련된 요양서비스가 더욱더 필요할 것이다. 파크웨이는 늘어나는 수요에 부응하고 지금 현재 위치를 유지하고자 한다. 이는 회사가 더 빠르게 계속 확장해야 한다는 것을 의미한다.

성장에 대한 압박은 가장 눈에 띄는 어려움이지만 유일한 것은 아니다. 정부 조사결과 횡행하는 환자 학대와 영수증 조작 때문에 요양 산업에 대한 정부의 감시가 더욱 강화되고 있다. 파크웨이는 환자 간호에 항상 월등했고 어떤 요양원에서도 검증된 학대나 태만의 사례가 없었지만 증가하는 행정 서류 작업이 회사에 영향을 미칠 것이다. 연방정부가 노인을 위한 건강보험인 메디케어의 예산을 축소하려 하므로 파크웨이도 지원금 축소에 직면할 것이다.

문제점

성장이 지속됨에 따라 파크웨이는 시설에 입원 중인 모든 환자와 거주자의 존엄성과 건강을 지키는 데 전념해왔다. 이사회는 조직문화의 확산보다는 회사의 사명과 핵심 가치에 대한 새로운 헌신을 원하고 있다. 직원은 해결해야 할 문제가 있다고 걱정한다. 직원과의 인터뷰 결과도 우려할 만한 사항이 많다는 것을 보여준다.

교대조의 관리자 중 맥신 버넌(Maxine Vernon)은 파크웨이에서 15년간 근무해왔다. "지금은 정부가 우리 직원 수를 계속 주시하고 있습니다. 나는 경영진이 결원을 채우는 것을 보았고, 그들의 채용 방식에 항상 동의하지는 않습니다. 기본적인 작업 기술은 가르칠 수 있지만 환자를 어떻게 돌보아야 하는지는 많은 신입 직원이 쉽게 터득하지 못합니다."

간호조무사 바비 리드(Bobby Reed)는 다음과 같이 말한다. "직원에게 문제가 있는 것이 아닙니다. 문제는 파크웨이가 병상을 채우는 것에만 주력한다는 데 있습니다. 내가 여기서 처음 일을 시작했을 때 파크웨이의 명성은 좋은 서비스에 대한 것이었습니다. 지금은 숫자에 대해 말이 많지요. 아무도 일부러 태만하게 굴려고 하지 않습니다. 단지 돌봐야 하는 환자가 너무 많을 뿐입니다."

최근 심리학 학사 학위를 받은 대학 졸업생 돌턴 마네티(Dalton Manetti)는 자신이 예상했던 것보다 훨씬 더 스트레스를 받고 있다. "여기 있는 할머니들은 영화에 나오는 그런 친절한 사람이 아닙니다. 환자들은 요구가 많습니다. 매사에 불만이 많을 뿐 아니라 심지어는 환자라고 불리는 것에도 불만을 가지고 있습니다. 아마도 대부분의 환자가 여기에 와 있다는 것 자체에 반감을 가지고 있기 때문일 겁니다. 대부분의 불평이 별일은 아니지만 어쨌든 우리는 그것을 감수해야 하는 입장이니까요."

파크웨이에서 근무한 지 1년 정도 된 카먼 프랭크(Carmen Frank)는 새 직장을 알아보는 중이다. "이 직업이 육체적 노동을 해야 하지만 나는 당연히 해낼 수 있다고 생각했었어요. 사무실에 가만히 앉아 있는 직업을 기대한 것은 아니니까요. 하지만 교대근무를 마치고 집에 돌아가면 허리, 팔, 다리, 온몸이 쑤십니다. 나는 이렇게 많은 시간을 몸이 아파서 직장을 쉬었던 적이 한 번도 없었습니다. 내가 직장으로 복귀하면 다른 직원들은 아마 내가 몸이 약해서 쉬었다고 생각한 거예요."

니세이 윌슨(Niecey Wilson)은 이렇게 말한다. "나는 고등학교를 마치자마자 여기서 일했습니다. 내가 받을 수 있는 최고의 월급이었거든요. 내가 어떤 일을 시작했는지에 대한 개념이 전혀 없었습니다. 지금은 정말 내 일을 좋아합니다. 내년에는 다른 직위로 승신하기 위해 야간 학교 수업을 수강할 생각입니다. 하지만 나는 직원들은 이 직업을 그냥 보통 직업 가운데 하나로 취급합니다. 그들은 환자도 사람이라는 생각을 못하고 진열장의 물건처럼 여깁니다. 진열장의 물건을 다루고 싶다면 가게에서 일하는 것이 맞을 것 같습니다."

지난달 회사 이사회의 요청으로 인력관리부가 제출한 자료는 다음 표와 같다. 통계 결과는 직원의 우려를 수치로 보여준다.

직원들의 허리 부상은 대부분 환자를 들어 올리다가 일어난 것이다. 환자 사고는 환자를 잡다가 놓치거나 떨어뜨리는 것,

연도	환자수	직원당 부상 건수	환자당 사고 건수	직원당 공인된 결근수	직원당 기타 결근수	이직률
2000	21,200	3.32	4.98	4.55	3.14	0.31
2001	22,300	3.97	5.37	5.09	3.31	0.29
2002	22,600	4.87	5.92	4.71	3.47	0.28
2003	23,100	4.10	6.36	5.11	3.61	0.35
2004	23,300	4.21	6.87	5.66	4.03	0.31
2005	23,450	5.03	7.36	5.33	3.45	0.28
2006	23,600	5.84	7.88	5.28	4.24	0.36
2007	24,500	5.62	8.35	5.86	4.06	0.33
2008	24,100	7.12	8.84	5.63	3.89	0.35
2009	25,300	6.95	9.34	6.11	4.28	0.35

투약 오류 또는 기타 사고를 반영한다. 공인된 결근은 의사의 증빙이 있는 부상이나 병에 기인한 것을 의미하고, 기타 결근은 부상이나 병 때문이 아니라 양해를 구한 결근이다(무단결근은 즉각 해고의 사유가 된다).

조직 개발을 활용한 스트레스 퇴치와 성과 향상

회사는 관심 조사(AI)와 같은 조직개발 방법론을 이용하여 변화를 주도하면서 사명감을 회복하고 활력을 불어넣으려 한다. 조직 변화와 관련된 장에서 설명한 대로 관심 조사 과정은 체계적으로 직원의 정보를 수집하고 이 정보를 활용하여 모든 직원이 지지할 수 있는 변화의 메시지를 만들어낼 수 있다. 인력관리부서는 포커스 그룹 인터뷰를 했고, 우려하는 점과 미래의 대안을 제시해달라고 직원들에게 요청했다. 포커스 그룹은 모두 같은 방향으로 움직이도록 제안하지는 않았지만 여러 가지 대안을 강조했다.

많은 제안은 작업 시간의 유연성에 관한 것이었다. 한 직원은 다음과 같이 제안했다. "이 직장에서 생기는 대부분의 스트레스는 쉬고 싶을 때 휴가를 사용할 수 없기 때문에 발생합니다. 자격증을 가지고 상당 부분 돌보는 일을 하는 간호사와 기타 요양 인력은 필요할 때 휴가를 낼 수 없습니다. 그들 대부분은 편부모 가정이거나 자녀를 돌보는 데 중요한 역할을 담당하고 있습니다. 이들이 아이를 돌보기 위해 휴가를 내면 업무가 방치되고, 이러한 문제를 원만하게 해결하기 위한 긴급 대비책이 없습니다. 그래서 남아 있는 직원이 추가 업무를 수행해야 합니다. 그로 인해 휴가를 낸 직원은 죄책감을 느끼고 휴가를 얻기 위해 고군분투해야 합니다. 비상시 결근을 해결할 수 있는 방법이 있다면 우리는 더 행복할 것이고 환자를 훨씬 잘 돌볼 수 있을 것입니다."

다른 제안은 교대근무자들 간에 더 효율적인 의사소통 방법에 관한 것이었다. 대부분의 교대근무 상황에 관한 기록은 큰 노트에 기입했다. 교대근무를 시작할 때 직원은 전 교대근무자에게 어떤 일이 있었는지 확인할 시간적 여유가 없었다. 몇몇 젊은 요양인력은 전자 시스템에 기록하는 것을 제안한다. 손으로 쓰는 것보다 타이핑을 하는 것이 더 빠르기 때문이다. 나이가 많은 요양인력은 손으로 쓰는 방법이 더 익숙하고, 한편으로는 시스템을 바꾸는 것이 힘들 것이라고 생각하기도 한다(정부규제안에 의하면 환자 학대 사실을 숨기는 것을 막기 위해 의무보고서는 한 번 쓰고 나면 정정이 불가능한 특수 소프트웨어 시스템 형태의 전자문서여야 한다).

그리고 요양원 직원은 환자를 돌보는 일에 대한 자신의 견해가 인정받지 못한다고 생각한다. "대부분의 시간을 환자와 지내는 사람이 우리이지만, 어떤 것이 올바른 방법인지 논의할 때 우리의 견해는 무시됩니다. 불필요한 절차나 프로그램을 제거한다면 많은 경비를 절감할 수 있다고 건의하지만 경영진은 항상 고려해보겠다고만 말합니다." 직원은 개선책을 제공하는 방법을 원하지만 그들이 어떤 방법을 선호하는지는 분명하지 않다.

과제

파크웨이는 새로운 방향을 향한 첫발은 내딛었지만 분명한 것은 개선의 여지가 많다는 것이다. 변화 관리 전문가로 초빙된 당신은 회사가 문화를 변화시키고 직원이 스트레스에 효과적으로 대응하도록 도와야 한다. 파크웨이너싱케어의 주요 요양원 관리자를 위한 의견보고서를 작성해야 한다는 것을 기억하라.

보고서를 작성할 때 다음 사항을 반드시 다루어야 한다.

1. 직원당 부상 건수와 환자당 사고 건수, 결근수, 이직률 데이터가 제시하는 바는 무엇인가? 회사의 방향 설정에 대해 우려할 만한 이유가 있는가?
2. 관심 조사에 근거하여 회사는 어떤 중대한 변화를 만들려 하지만 대부분의 변화 노력은 저항에 부딪힌다. 저항의 가장 흔한 형태는 무엇인가? 파크웨이의 경우 어떤 형태의 저항이 예측되는가?
3. 이사회에서 직원을 재활성화하려는 바람을 가졌다는 전제하에 리더십 전략을 만들기 위한 조언을 하라. 요양원 원장과 간호 관리자는 어떤 리더십 행동을 보여주어야 하는가?
4. 파크웨이에서 직무 스트레스의 주원인은 무엇인가? 직원 스트레스에 관한 연구는 직원의 심리적인 스트레스를 최소화하기 위해 무엇을 해야 한다고 제안하는가? 직원의 스트레스를 줄일 수 있는 계획을 세우라.
5. 포커스 그룹에서 수집한 정보를 바탕으로 직원에게 배포할 설문지를 설계하라. 설문조사에서 어떤 종류의 데이터를 수집해야 하는가? 이러한 정보를 사용할 수 있는 데이터 분석법의 종류를 나열하라.

미주

제1장

[1] Brown, "How Adam Neumann's Over-the-Top Style Built WeWork. 'This Is Not the Way Everybody Behaves,'" *The Wall Street Journal*, September 18, 2019, https://www.wsj.com/articles/this-is-not-the-way-everybody-behaves-how-adam-neumanns-over-the-top-style-built-WeWork-11568823827; L. Burden, "WeWork Hit with 3 Suits Alleging Race Discrimination, Sexual Harassment," *HR Dive*, July 15, 2020, https://www.hrdive.com/news/wework-hit-with-3-suits-alleging-race-discrimination-sexual-harassment/581507/; "Miguel McKelvey, Co-Founder of WeWork with Adam Neumann, to Leave Company," *Reuters*, June 5, 2020, https://www.reuters.com/article/us-wework-moves/miguel-mckelvey-co-founder-of-wework-with-adam-neumann-to-leave-company-idUSKBN23C25T

[2] B. Schneider, "The People Make the Place," *Personnel Psychology* 40, no. 3 (1987): 437-53.

[3] J. Bersin, L. Collins, D. Mallon, J. Moir, and R. Straub, "People Analytics: Gaining Speed," in *Global Human Capital Trends 2016: The New Organization: Different by Design* (London, UK: Deloitte University Press, 2016): 87-95.

[4] R. Umoh, "The CEO of LinkedIn Shares the No. 1 Job Skill American Employees Are Lacking," *CNBC*, April 26, 2018, https://www.cnbc.com/2018/04/26/linkedin-ceo-the-no-1-job-skill-american-employees-lack.html

[5] M. Ward, "The 5 Soft Skills That Will Get You Hired—and How to Learn Them," *CNBC*, April 26, 2017, https://www.cnbc.com/2017/04/26/the-5-soft-skills-that-will-get-you-hired-and-how-to-learn-them.html

[6] "Survey: Few CFOs Plan to Invest in Interpersonal Skills Development for Their Teams," Accountemps [press release], June 19, 2013, on the Accountemps website, http://accountemps.rhi.mediaroom.com/2013-06-19-Survey-Few-CFOs-Plan-to-Invest-in-Interpersonal-Skills-Development-for-Their-Teams

[7] Y.-M. Lim, T. H. Lee, C. S. Yap, and C. C. Ling, "Employability Skills, Personal Qualities, and Early Employment Problems of Entry-Level Auditors: Perspectives From Employers, Lecturers, Auditors, and Students," *Journal of Education for Business* 91, no. 4 (2016): 185-92.

[8] *Fortune 100 Best Companies to Work For 2020*, Great Place to Work, 2020, https://www.greatplacetowork.com/best-workplaces/100-best/2020

[9] I. S. Fulmer, B. Gerhart, and K. S. Scott, "Are the 100 Best Better? An Empirical Investigation of the Relationship Between Being a 'Great Place to Work' and Firm Performance," *Personnel Psychology* 56, no. 4 (2003): 965-93.

[10] A. L. Rubenstein, M. B. Eberly, T. W. Lee, and T. R. Mitchell, "Surveying the Forest: A Meta-Analysis, Moderator Investigation, and Future-Oriented Discussion of the Antecedents of Voluntary Employee Turnover," *Personnel Psychology* 71 (2018): 23-65.

[11] C. M. Porter, S.-E. Woo, D. G. Allen, and M. G. Keith, "How Do Instrumental and Expressive Network Positions Relate to Turnover? A Meta-Analytic Investigation," *Journal of Applied Psychology* 104, no. 4 (2019): 511-36;

[12] S. Chung, R. B. Lount, H. M. Park, and E. S. Park, "Friends with Performance Benefits: A Meta-Analysis on the Relationship Between Friendship and Group Performance, *Personality and Social Psychology Bulletin* 44, no. 1 (2018): 63-79.

[13] H. Aguinis and A. Glavas, "What We Don't Know About Corporate Social Responsibility: A Review and Research Agenda," *Journal of Management* 38, no. 4 (2012): 932-68.

[14] T. L. Miller, C. L. Wesley II, and D. E. Williams, "Educating the Minds of Caring Hearts: Comparing the Views of Practitioners and Educators on the Importance of Social Entrepreneurship Competencies," *Academy of Management Learning & Education* 2, no. 3 (2012): 349-70.

[15] N. Oliveira and F. Lumineau, "The Dark Side of Interorganizational Relationships: An Integrative Review and Research Agenda," *Journal of Management* 45, no. 1 (2019): 231-61.

[16] L. A. Wegman, B. J. Hoffman, N. T. Carter, J. M. Twenge, and N. Guenole, "Placing Job Characteristics in Context: Cross-Temporal Meta-Analysis of Changes in Job Characteristics Since 1975," *Journal of Management* 44, no. 1 (2018): 352-86.

[17] S. J. Ashford, B. Barker Caza, and E. M. Reid, "From Surviving to Thriving in the Gig Economy: A Research Agenda for Individuals in the New World of Work," *Research in Organizational Behavior* 38 (2018): 23-41.

[18] M. Cole, "New Managers Lack the Training They Need to Succeed," *TD Magazine*, March 2019, https://www.td.org/research-reports/developing-new-managers

[19] D. Meinert, "Background on Bosses," *HR Magazine*, August 2014, 29.

[20] Ibid.

[21] Ibid.

[22] N. G. Peterson, M. D. Mumford, W. C. Borman, P. Richard Jeanneret, E. A. Fleishman, K. Y. Levin, M. A. Campion, M. S. Mayfield, F. P. Morgeson, K. Pearlman, M. K. Gowing, A. R. Lancaster, M. B. Silver, and D. M. Dye, "Understanding Work Using the Occupational Information Network (O*NET): Implications for Practice and Research," *Personnel Psychology* 54 (2001): 451-92.

[23] A. I. Kraut, P. R. Pedigo, D. D. McKenna, and M. D. Dunnette, "The Role of the Manager: What's Really Important in Different Management Jobs," *Academy of Management Executive* 19, no. 4 (2005): 122-29.

[24] H. Mintzberg, "Productivity Is Killing American Enterprise," *Harvard Business Review* (July-August 2007): 25; and H. Mintzberg, "Rebuilding Companies as Communities," *Harvard Business Review* (July-August 2009): 140-43.

[25] Ibid.

[26] D. Bartram, "The Great Eight Competencies: A Criterion-Centric Approach to Validation," *Journal of Applied Psychology* 90, no. 6 (2005): 1185-203.

[27] For the original study, see F. Luthans, "Successful vs. Effective Real Managers," *Academy of Management Executive* 2, no. 2 (1988): 127-32.

[28] A. M. Konrad, R. Kashlak, I. Yoshioka, R. Waryszak, and N. Toren, "What Do Managers Like to Do? A Five-Country Study," *Group & Organization Management* 26, no. 4 (2001): 401-33.

[29] L. Dragoni, H. Park, J. Soltis, and S. Forte-Trammell, "Show and Tell: How Supervisors Facilitate Leader Development Among Transitioning Leaders," *Journal of Applied Psychology* 99, no. 1 (2014): 66-86.

[30] B. Porr, T. Axton, M. Ferro, and S. Dumani, "Areas in Need of More Science/Research: Results From the 2015 Practitioner Needs Survey," *The Industrial-Organizational Psychologist* 53, no. 4 (2016): 113-20.

[31] S. L. Rynes and J. M. Bartunek, "Evidence-Based Management: Foundations, Development, Controversies and Future," *Annual Review of Organizational Psychology and Organizational Behavior* 4 (2017): 235-61.

[32] S. L. Rynes, A. E. Colbert, and E. H. O'Boyle, "When the 'Best Available Evidence' Doesn't Win: How Doubts About Science and Scientists Threaten the Future of Evidence-Based Management," *Journal of Management* 44, no. 8 (2018): 2995-3010.

[33] N. R. Kuncel, D. M. Klieger, B. S. Connelly, and D. S. Ones, "Mechanical Versus Clinical Data Combination in Selection and Admissions Decisions: A Meta-Analysis," *Journal of Applied Psychology* 98, no. 6 (2013): 1060-72.

[34] J. M. Logg, J. A. Minson, and D. A. Moore, "Algorithm Appreciation: People Prefer Algorithmic to Human Judgment," *Organizational Behavior and Human Decision Processes* 151 (2019): 90-103.

[35] Rynes and Bartunek, "Evidence-Based Management."

[36] Rynes et al., "When the 'Best Available Evidence' Doesn't Win."

[37] S. R. McMahon and L. A. Orr, "Pop Psychology? Searching for Evidence, Real or Perceived, in Bestselling Business Books," *Organizational Dynamics* 46 (2017): 195-201.

[38] A. Piazza and E. Abrahamson, "Fads and Fashions in Management Practices: Taking Stock and Looking Forward," *International Journal of Management Reviews*, 22 (2020): 264-86.

[39] J. Surowiecki, "The Fatal-Flaw Myth," *The New Yorker*, July 31, 2006, 25.

[40] Z. Karabell, "Everyone Has a Data Point," *The Wall*

Street Journal, February 19, 2014, A11.

[41] E. E. Chen and S. P. Wojcik, "A Practical Guide to Big Data Research in Psychology," *Psychological Methods* 21, no. 4 (2016): 458-74.

[42] J. S. Lublin, "Managers Need to Make Time for Face Time," *The Wall Street Journal*, March 17, 2015, http://www.wsj.com/articles/managers-need-to-make-time-for-face-time-1426624214

[43] N. Bloom, R. Sadun, and J. Van Reenan, "Does Management Really Work? How Three Essential Practices Can Address Even the Most Complex Global Problems," *Harvard Business Review*, November 2012, 77-82.

[44] M. Langer, C. J. König, and V. Busch, "Changing the Means of Managerial Work: Effects of Automated Decision Support Systems on Personnel Selection Tasks," *Journal of Business and Psychology* (in press).

[45] E. Morozov, "Every Little Byte Counts," *The New York Times Book Review*, May 18, 2014, 23.

[46] M. Taves, "If I Could Have More Data . . . ," *The Wall Street Journal*, March 24, 2014, R5.

[47] E. Gamerman, "When the Art Is Watching You," *The Wall Street Journal*, December 12, 2014, D1-D2.

[48] V. Monga, "What Is All That Data Worth?" *The Wall Street Journal*, October 13, 2014, B3, B6.

[49] E. Dwoskin and Y. Koh, "Twitter Pushes Deeper into Data," *The Wall Street Journal*, April 16, 2014, B2.

[50] F. L. Oswald, T. S. Behrend, D. J. Putka, and E. Sinar, "Big Data in Industrial-Organizational Psychology and Human Resource Management: Forward Progress for Organizational Research and Practice," *Annual Review of Organizational Psychology and Organizational Behavior* 7 (2020): 505-33.

[51] "What Will Transform the Way People Work?" *HR Magazine* (December 2014): 16.

[52] J. Hugg, "Fast Data: The Next Step After Big Data," *InfoWorld*, June 11, 2014, http://www.infoworld.com/article/2608040/big-data/fast-data-the-next-step-after-big-data.html

[53] Oswald et al., "Big Data in Industrial-Organizational Psychology and Human Resource Management."

[54] K. Kersting and U. Meyer, "From Big Data to Artificial Intelligence?" *Künstliche Intelligenz* 32, no. 1 (2018): 3-8.

[55] Dell Technologies, "The Difference Between AI, Machine Learning, & Robots," *Dell Technologies Perspectives* [blog], January 7, 2019, https://www.delltechnologies.com/en-us/perspectives/the-difference-between-ai-machine-learning-and-robotics/

[56] M. Beane and W. J. Orlikowski, "What Difference Does a Robot Make? The Material Enactment of Distributed Coordination," *Organization Science* 26, no. 6 (2015): 1553-804.

[57] Dell Technologies, "The Difference Between AI, Machine Learning, & Robots."

[58] J. Bughin, E. Hazan, S. Ramaswamy, M. Chui, T. Allas, P. Dahlström, N. Henke, and M. Trench, "Artificial Intelligence: The Next Digital Frontier?" *McKinsey Global Institute* [discussion paper], June 2017, https://www.mckinsey.com/mgi/overview/2017-in-review/whats-next-in-digital-and-ai/artificial-intelligence-the-next-digital-frontier

[59] Ibid.

[60] Oswald et al., "Big Data in Industrial-Organizational Psychology and Human Resource Management."

[61] E. E. Chen and S. P. Wojcik, "A Practical Guide to Big Data Research in Psychology."

[62] E. Dwoskin, "Big Data Knows When You Turn Off the Lights," *The Wall Street Journal*, October 21, 2014, B1-B2.

[63] S. Lohr, "Unblinking Eyes Track Employees," *The New York Times*, June 22, 2014, 1, 15.

[64] D. B. Bhave, "The Invisible Eye? Electronic Performance Monitoring and Employee Job Performance," *Personnel Psychology* 67, no. 3 (2003): 605-35.

[65] R. Karlgaard, "Danger Lurking: Taylor's Ghost," *Forbes*, May 26, 2014, 34.

[66] E. H. Schein, "Organizational Psychology Then and Now: Some Observations," *Annual Review of Organizational Psychology and Organizational Behavior* 2 (2015): 1-19.

[67] Dwoskin, "Big Data Knows When You Turn Off the Lights."

[68] I. Adjerid and K. Kelley, "Big Data in Psychology: A Framework for Research Advancement," *American Psychologist* 73, no. 7 (2018): 899-917.

[69] E. Broadbent, "Interactions with Robots: The Truths We Reveal About Ourselves," *Annual Review of Psychology* 68 (2017): 627-52.

[70] I. Adjerid and K. Kelley, "Big Data in Psychology."

[71] P. Choudhury, E. Starr, and R. Agarwal, "Machine Learning and Human Capital Complementarities: Experimental Evidence on Bias Mitigation," *Strategic Management Journal* 41 (2020): 1381-411.

[72] O. Rudgard, "Admiral to Use Facebook Profile to Determine Insurance Premium," *The Telegraph*, November 2, 2016, https://www.telegraph.co.uk/insurance/car/insurer-trawls-your-facebook-profile-to-see-how-well-you-drive/

[73] W. Isaacson, "Of Man and Machine," *The Wall Street Journal*, September 27-28, 2015, C1-C2.

[74] N. M. Ashkanasy and A. D. Dorris, "Emotions in the Workplace," *Annual Review of Organizational Psychology and Organizational Behavior* 4 (2017): 67-90.

[75] T. A. Kochan, C. A. Riordan, A. M. Kowalski, M. Khan, and D. Yang, "The Changing Nature of Employee and Labor-Management Relationships," *Annual Review of Organizational Psychology and Organizational Behavior* 6 (2019): 195-219; T. R. Mitchell, "A Dynamic, Inclusive, and Affective Evolutionary View of Organizational Behavior," *Annual Review of Organizational Psychology and Organizational Behavior* 5 (2018): 1-19; C. W. Rudolph, B. Allan, M. Clark, G. Hertel, A. Hirschi, F. Kunze, K. Shockley, M. Shoss, S. Sonnentag, and H. Zacher, "Pandemics: Implications for Research and Practice in Industrial and Organizational Psychology," *Industrial and Organizational Psychology: Perspectives in Science and Practice* (in press).

[76] Black Lives Matter [website], accessed January 27, 2021, https://blacklivesmatter.com/; me too [website], accessed January 27, 2021, https://metoomvmt.org/

[77] Q. M. Roberson, "Diversity in the Workplace: A Review, Synthesis, and Future Research Agenda," *Annual Review of Organizational Psychology and Organizational Behavior* 6 (2019): 69-88.

[78] Ibid.

[79] G. T. Chao and H. Moon, "The Cultural Mosaic: A Meta-Theory for Understanding the Complexity of Culture," *Journal of Applied Psychology* 90 (2005): 1128-40.

[80] Roberson, "Diversity in the Workplace."

[81] World Health Organization, *Global Health Observatory (GHO) Data: Life Expectancy*, accessed January 18, 2019, https://www.who.int/gho/en/

[82] See, for instance, G. G. Fisher, D. M. Truxillo, L. M. Finkelstein, and L. E. Wallace, "Age Discrimination: Potential for Adverse Impact and Differential Prediction Related to Age," *Human Resource Management Review* 27 (2017): 316-27.

[83] United Nations, "Gender Equality," accessed April 16, 2020, https://www.un.org/en/sections/issues-depth/gender-equality/index.html

[84] A. Joshi, B. Neely, C. Emrich, D. Griffiths, and G. George, "Gender Research in AMJ: An Overview of Five Decades of Empirical Research and Calls to Action," *Academy of Management Journal* 58, no. 5 (2015): 1459-75.

[85] J. J. Arnett, "The Psychology of Globalization," *American Psychologist* 57 (2002): 774-83.

[86] K. Schwab, "Globalization 4.0—What It Means and How It Could Benefit Us All," *World Economic Forum*, November 5, 2018, https://www.weforum.org/agenda/2018/11/globalization-4-what-does-it-mean-how-it-will-benefit-everyone/

[87] M. N. Thompson and J. J. Dahling, "Employment and Poverty: Why Work Matters in Understanding Poverty," *American Psychologist* 74, no. 6 (2019): 673-84.

[88] K. Schwab, "The Fourth Industrial Revolution: What It Means, How to Respond," *World Economic Forum*, January 14, 2016, https://www.weforum.org/agenda/2016/01/the-fourth-industrial-revolution-what-it-means-and-how-to-respond/

[89] Punter Southall Health & Protection, "How Can Employers Reduce the Risks When Sending Employees Overseas?" *Personnel Today*, December 12, 2017, https://www.personneltoday.com/pr/2017/12/how-can-employers-reduce-the-risks-when-sending-employees-overseas/

[90] C. Karmin and S. Chaturvedi, "Grosvenor House Is Seized," *The Wall Street Journal*, March 4, 2015, C8.

[91] J. Greenwald, "Tips for Dealing with Employees Whose Social Media Posts Reflect Badly on Your Company," *Forbes*, March 6, 2015, http://www.forbes.com/sites/entrepreneursorganization/2015/03/06/tips-for-dealing-with-employees-whose-social-media-posts-reflect-badly-on-your-company/

[92] See, for example, M. Carpentier, G. Van Hoye, and B. Weitjers, "Attracting Applicants Through the Organization's Social Media Page," *Journal of Vocational Behavior* 115 (in press).

[93] E. Jaffe, "Using Technology to Scale the Scientific Mountain," *Association for Psychological Science: Observer* 27, no. 6 (2014): 17-19.

[94] N. Fallon, "No Face Time? No Problem: How to Keep Virtual Workers Engaged," *Business News Daily*, October 2, 2014, http://www.businessnewsdaily.com/7228-engaging-remote-employees.html

[95] E. J. Hirst, "Burnout on the Rise," *Chicago Tribune*, October 19, 2012, http://articles.chicagotribune.com/2012-10-29/business/ct-biz-1029-employee-burnout-20121029_1_employee-burnout-herbert-freudenberger-employee-stress

[96] S. Shellenbarger, "Single and off the Fast Track," *The Wall Street Journal*, May 23, 2012, D1, D3.

[97] M. Mithel, "What Women Want," *Business Today*, March 8, 2013, http://businesstoday.intoday.in/story/careers-work-life-balance-women/1/193135.html

[98] A. Kramer and K. Z. Kramer, "The Potential Impact of the COVID-19 Pandemic on Occupational Status, Work From Home, and Occupational Mobility," *Journal of Vocational Behavior* (in press).

[99] L. K. Treviño, G. R. Weaver, and S. J. Reynolds, "Behavioral Ethics in Organizations: A Review," *Journal of Management* 32, no. 6 (2006): 951-90.

[100] E. E. Umphress and J. B. Bingham, "When Employees Do Bad Things for Good Reasons: Examining Unethical Pro-Organizational Behaviors," *Organization Science* 22, no. 3 (2011): 621-40.

[101] M. W. Rutherford, P. F. Buller, and M. Stebbins, "Ethical Considerations of the Legitimacy Lie," *Entrepreneurship Theory and Practice* 33, no. 4 (2009): 949-64.

[102] Editorial Board, "NCAA Should Punish the University of North Carolina for Cheating Scandal," *Chicago Tribune*, November 7, 2014, http://www.chicagotribune.com/news/opinion/editorials/ct-north-carolina-sports-scandal-edit-1108-20141107-story.html

[103] A. Ardichvili, J. A. Mitchell, and D. Jondle, "Characteristics of Ethical Business Cultures," *Journal of Business Ethics* 85, no. 4 (2009): 445-51.

[104] J. A. Colquitt and K. P. Zipay, "Justice, Fairness, and Employee Reactions," *Annual Review of Organizational Psychology and Organizational Behavior* 2 (2015): 75-99.

[105] D. Meinert, "Managers' Influence," *HR Magazine*, April 2014, 25.

[106] F. De Stefano, S. Bagdadli, and A. Camuffo, "The HR Role in Corporate Social Responsibility and Sustainability: A Boundary-Shifting Literature Review," *Human Resource Management* 57 (2018): 549-66.

[107] J.-P. Gond, A. El Akremi, V. Swaen, and N. Babu, "The Psychological Microfoundations of Corporate Social Responsibility: A Person-Centric Systematic Review," *Journal of Organizational Behavior* 38 (2017): 225-46.

[108] D. Thorpe, "Why CSR? The Benefits of Corporate Social Responsibility Will Move You to Act," *Forbes* (May 18, 2013), http://www.forbes.com/sites/devinthorpe/2013/05/18/why-csr-the-benefits-of-corporate-social-responsibility-will-move-you-to-act/

[109] H. Aguinis and A. Glavas, "On Corporate Social Responsibility, Sensemaking, and the Search for Meaningfulness Through Work," *Journal of Management* 45, no. 3 (2019): 1057-86.

[110] Q. Wang, J. Dou, and S. Jia, "A Meta-Analytic Review of Corporate Social Responsibility and Corporate Financial Performance: The Moderating Effect of Contextual Factors," *Business & Society* 55, no. 8 (2016): 1083-121.

[111] A. Hurst, "Being 'Good' Isn't the Only Way to Go," *The New York Times*, April 20, 2014, 4.

[112] D. Thorpe, "Why CSR?"

[113] M. C. Bolino, H.-H. Hsiung, J. Harvey, and J. A. LePine, "'Well, I'm Tired of Tryin'! Organizational Citizenship Behavior and Citizenship Fatigue," *Journal of Applied Psychology* 100, no. 1 (2015): 56-74.

[114] G. E. Newman and D. M. Cain, "Tainted Altruism: When Doing Some Good Is Evaluated as Doing Worse Than Doing No Good at All," *Psychological Science* 25, no. 3 (2014): 648-55.

[115] Ibid.

[116] Ibid.

[117] N. Fallon, "What Is Corporate Responsibility?" *Business News Daily* (December 22, 2014), http://www.businessnewsdaily.com/4679-corporate-social-responsibility.html

[118] See I. Filatotchev and C. Nakajima, "Corporate Governance, Responsible Managerial Behavior, and Corporate Social Responsibility: Organizational Efficiency Versus Organizational Legitimacy?" *The Academy of Management Perspectives* 28, no. 3 (2014): 289-306.

[119] J. Bayle-Cordier, P. Mirvis, and B. Moingeon, "Projecting Different Identities: A Longitudinal Study of the 'Whipsaw' Effects of Changing Leadership Discourse About the Triple Bottom Line," *The Journal of Applied Behavioral Science* 51, no. 3 (2015): 336-74; A. Beard, "Why Ben & Jerry's Speaks Out," *Harvard Business Review*, January 13, 2021, https://hbr.org/2021/01/why-ben-jerrys-speaks-out; Ben & Jerry's [website], accessed January 28, 2021, https://www.benjerry.com; B. S. Dennis and C. P. Neck, "The Scoop on Ben & Jerry's Inc.: An Examination of Corporate Social Responsibility," *Journal of Managerial Psychology* 13, no. 5/6 (1998): 387-93; A. Field, "Ben & Jerry's, Poster Child for the B Corp Movement, Becomes a B Corp," *Forbes*, October 22, 2012, https://www.forbes.com/sites/annefield/2012/10/22/ben-jerrys-poster-child-for-the-b-corp-movement-be-comes-a-b-corp/?sh=319d16f752cc; D. Gelles, "How the Social Mission of Ben & Jerry's Survived Being Gobbled Up," *The New York Times*, August 21, 2015, https://www.nytimes.com/2015/08/23/business/how-ben-jerrys-social-mission-survived-being-gobbled-up.html

[120] Mitchell, "A Dynamic, Inclusive, and Affective Evolutionary View of Organizational Behavior."

[121] F. Luthans and C. M. Youssef, "Emerging Positive Organizational Behavior," *Journal of Management* 33, no. 3 (2007): 321-49.

[122] "Five Jobs That Won't Exist in 10 Years... and One New Title You'll Start to See," *HR Magazine*, February 2014, 16.

[123] Ashford et al., "From Surviving to Thriving in the Gig Economy."

[124] Ibid.

[125] G. M. Spreitzer, L. Cameron, and L. Garrett, "Alternative Work Arrangements: Two Images of the New World of Work," *Annual Review of Organizational Psychology and Organizational Behavior* 4 (2017): 473-99.

[126] Ashford et al., "From Surviving to Thriving in the Gig Economy."

[127] Ibid.

[128] V. McGrane, "The Downside of Lower Unemployment," *The Wall Street Journal*, February 3, 2014, A2.

[129] A. Lowrey, "Long Out of Work, and Running Out of Options," *The New York Times*, April 4, 2014, B1, B4.

[130] L. Weber and R. E. Silverman, "On-Demand Workers: 'We Are Not Robots,'" *The Wall Street Journal*, January 28, 2015, B1, B7.

[131] Ashford et al., "From Surviving to Thriving in the Gig Economy."

[132] N. Kitsantonis, "A Hands-On Approach to the Greek Economy," *The New York Times*, March 25, 2014, B3.

[133] H. Ibarra and O. Obodaru, "Betwixt and Between Identities: Liminal Experience in Contemporary Careers," *Research in Organizational Behavior* 36 (2016): 47-64.

[134] Rudolph et al., "Pandemics."

[135] See, for instance, Kramer and Kramer, "The Potential Impact of the COVID-19 Pandemic on Occupational Status, Work From Home, and Occupational Mobility."

[136] S. Hennekam, J. Ladge, and Y. Shymko, "From Zero to Hero: An Exploratory Study Examining Sudden Hero Status Among Nonphysician Health Care Workers During the COVID-19 Pandemic," *Journal of Applied Psychology* 105, no. 10 (2020): 1088-100; T. K. Kelemen, S. H. Matthews, M. M. Wan, and Y. Zhang, "The Secret Life of Pets: The Intersection of Animals and Organizational Life," *Journal of Organizational Behavior* 41 (2020): 694-97.

[137] D. A. Harrison, D. A. Newman, and P. L. Roth, "How Important Are Job Attitudes? Meta-Analytic Comparisons of Integrative Behavioral Outcomes and Time Sequences," *Academy of Management Journal* 49, no. 2 (2006): 305-25; T. A. Judge, C. J. Thoresen, J. E. Bono, and G. K. Patton, "The Job Satisfaction-Job Performance Relationship: A Qualitative and Quantitative Review," *Psychological Bulletin* 127, no. 3 (2001): 376-407.

[138] J. A. LePine, A. Erez, and D. E. Johnson, "The Nature and Dimensionality of Organizational Citizenship Behavior: A Critical Review and Meta-Analysis, *Journal of Applied Psychology* 87 (2002): 52-65.

[139] S. J. Motowidlo and H. J. Kell, "Job Performance," in I. Weiner (ed.) *Handbook of Psychology* (2nd ed., Vol. 12, Hoboken, NJ: Wiley, 2013): 82-103.

[140] Motowidlo and Kell, "Job Performance."

[141] J. P. Campbell and B. M. Wiernik, "The Modeling and Assessment of Work Performance," *Annual Review of Organizational Psychology and Organizational Behavior* 2 (2015): 47-74.

[142] D. W. Organ, "Organizational Citizenship Behavior: Recent Trends and Developments," *Annual Review of Organizational Psychology and Organizational Behavior* 5 (2018): 295-306.

[143] S. McFeely and B. Wigert, "This Fixable Problem Costs U.S. Businesses $1 Trillion," *Gallup: Workplace*, March 13, 2019, https://www.gallup.com/workplace/247391/fixable-problem-costs-businesses-trillion.aspx

[144] Society for Human Resource Management, *Total Financial Impact of Employee Absences in the U.S.* (Washington, DC: Society for Human Resource Management, 2013).

[145] Centers for Disease Control and Prevention (CDC) Foundation, *Worker Illness and Injury Costs U.S. Employers $225.8 Billion Annually* (Washington, DC: CDC, January 28, 2015).

[146] T.-Y. Park and J. D. Shaw, "Turnover Rates and Organizational Performance: A Meta-Analysis," *Journal of Applied Psychology* 98, no. 2 (2013): 268-309.

[147] M. McCarthy and L. Akinyooye, "Job Openings, Hires, and Quits Set Record Highs in 2019," *Monthly Labor Review*, June 2020, https://www.bls.gov/opub/mlr/2020/article/job-openings-hires-and-quits-set-record-highs-in-2019.htm

[148] Bureau of Labor Statistics, *Job Openings and Labor Turnover—November 2020* (Washington, DC: US Department of Labor, November 2020), https://www.bls.gov/news.release/pdf/jolts.pdf

[149] Ibid.

[150] N. Shah, "Good Sign for Jobs: Less Caution, More Quitting," *The Wall Street Journal*, February 10, 2014, A2.

[151] H. Deng, C. Wu, and Y. Guan, "Depletion from Self-Regulation: A Resource-based Account of the Effect of Value Incongruence," *Personnel Psychology* 69 no. 2 (2016): 431-65; P. F. Hewlin, S. S. Kim, and Y. H. Song, "Creating Facades of Conformity in the Face of Job Insecurity: A Study of Consequences and Conditions," *Journal of Occupational Psychology* 89, no. 3 (2016): 539-67; M. Kouchaki, "Why Authentic Workplaces Are More Ethical," *Harvard Business Review*, June 19, 2019, ____https://hbr.org/2019/06/why-authentic-workplaces-are-more-ethical; K. Hedges, "How to Tell If a Prospective Employer Shares Your Values," *Harvard Business Review*, October 12, 2020, https://hbr.org/2020/10/how-to-tell-if-a-prospec-

tive-employer-shares-your-values

152 K. Xie, L. Kwok, and W. Wang, "Monetizing Managerial Responses on TripAdvisor: Performance Implications Across Hotel Classes," *Cornell Hospitality Quarterly* 58, no. 3 (2017): 240-52.

153 L. W. Porter and B. Schneider, "What Was, What Is, and What May Be in OP/OB," *Annual Review of Organizational Psychology and Organizational Behavior* 1, no. 1 (2014): 1-21.

154 B. Schneider, "The People Make the Place," *Personnel Psychology* 40 (1987): 437-53; and B. Schneider, H. W. Goldstein, and D. B. Smith, "The ASA Framework: An Update," *Personnel Psychology* 48 (1995): 747-73.

155 R. J. Ely and I. Padavic, "What's Really Holding Women Back," *Harvard Business Review*, https://hbr.org/2020/03/whats-really-holding-women-back; M. Russo and G. Morandin, "Better Work-Life Balance Starts with Managers," *Harvard Business Review*, August 9, 2019, https://hbr.org/2019/08/better-work-life-balance-starts-with-managers

제2장

1 M. Murgia, "How to Increase Diversity in the Tech Sector," *Financial Times*, November 13, 2019; and C. Warner, "Why Is European Tech Still Failing on Diversity and Inclusion," *Forbes*, November 25, 2019, www.forbes.com/sites/checkwarner/2019/11/25/why-is-european-tech-still-failing-on-diversity-and-inclusion/?sh=681dac4c17cb

2 S. Das, "Impact of Ethnic Diversity and Multiculturalism in Corporate Culture," *Entrepreneur India*, July 10, 2018, https://www.entrepreneur.com/article/316482

3 W. J. Casper, J. H. Wayne, and J. G. Manegold, "Who Will We Recruit? Targeting Deep- and Surface-Level Diversity with Human Resource Policy Advertising," *Human Resource Management* 52, no. 3 (2013): 311-32; S. L. Gaertner and J. F. Dovidio, *Reducing Intergroup Bias: The Common Ingroup Identity Model* (Philadelphia: Psychology Press, 2000).

4 D. Schuler, "Research Examines Conflicts Within Professional Kitchens," Pennsylvania State University press release, April 6, 2016, https://phys.org/news/2016-04-conflicts-professional-kitchens.html

5 Ibid.

6 A. H. Eagly and J. L. Chin, "Are Memberships in Race, Ethnicity, and Gender Categories Merely Surface Characteristics?" *American Psychologist* 65, no. 9 (2010): 934-35.

7 K. A. Appiah, "Race in the Modern World: The Problem of the Color Line," *Foreign Affairs*, March 1, 2015, https://www.foreignaffairs.com/articles/united-states/2015-03-01/race-modern-world?cid=int-lea&pgtype=hpg

8 L. Turner and A. Suflas, "Global Diversity—One Program Won't Fit All."

9 T. Vega, "With Diversity Still Lacking, Industry Focuses on Retention," *The New York Times*, September 4, 2012, B3.

10 P. Bobko and P. L. Roth, "Reviewing, Categorizing, and Analyzing the Literature on Black-White Mean Differences for Predictors of Job Performance: Verifying Some Perceptions and Updating/Correcting Others," *Personnel Psychology* 66 (2013): 91-126.

11 M. A. McCord, D. L. Joseph, L. Y. Dhanani, and J. M. Beus, "A Meta-Analysis of Sex and Race Differences in Perceived Workplace Mistreatment," *Journal of Applied Psychology* 103, no. 2 (2018): 137-63.

12 J. M. Sacco, C. R. Scheu, A. M. Ryan, and N. Schmitt, "An Investigation of Race and Sex Similarity Effects in Interviews: A Multilevel Approach to Relational Demography," *Journal of Applied Psychology* 88, no. 5 (2003): 852-65; and P. F. McKay and M. A. McDaniel, "A Reexamination of Black-White Mean Differences in Work Performance: More Data, More Moderators," *Journal of Applied Psychology* 91, no. 3 (2006): 538-54.

13 S. Mullainathan, "The Measuring Sticks of Racial Bias," *The New York Times*, January 4, 2015, 6.

14 C. T. Kulik, S. Ryan, S. Harper, and G. George, "Aging Populations and Management," *Academy of Management Journal* 57, no. 4 (2014): 929-35.

15 S. O'Brien, "More Than Half of 60-Somethings Say They're Delaying Retirement," *CNBC: Personal Finance*, April 27, 2018, https://www.cnbc.com/2018/04/27/delayed-retirement-is-in-the-cards-for-more-than-half-of-60-somethings.html

16 Lewis Silkin, LLP, "International Age Discrimination," *AgeDiscrimination.Info* [website], accessed January 22, 2019, http://www.agediscrimination.info/international/

17 M. Chand and R. L. Tung, "The Aging of the World's Population and Its Effects on Global Business," *Academy of Management Perspectives* 28, no. 4 (2014): 409-29.

18 S. Shellenbarger, "Work & Family Mailbox," *The Wall Street Journal*, January 29, 2014, D2.

19 N. E. Wolfson, T. M. Cavanaugh, and K. Kraiger, "Older Adults and Technology-Based Instruction: Optimizing Learning Outcomes and Transfer," *Academy of Management Learning & Education* 13, no. 1 (2014): 26-44.

20 A. Tergesen, "Why Everything You Know About Aging Is Probably Wrong," *The Wall Street Journal*, November 30, 2014.

21 S. D. Riza, Y. Ganzach, and Y. Liu, "Time and Job Satisfaction: A Longitudinal Study of the Differential Roles of Age and Tenure," *Journal of Management* 44, no. 7 (2018): 2558-79.

22 Based on D. Baer, "People Are Psychologically Biased to See Bald Men as Dominant Leaders," *Business Insider* (February 13, 2015), http://www.businessinsider.com/bald-men-signals-dominance-2015-2; J. Misener, "Men with Shaved Heads Appear More Dominant, Study Finds," *The Huffington Post* (October 1, 2012), http://www.huffingtonpost.com/2012/10/01/bald-men-dominant-shaved-heads-study_n_1930489.html; A. E. Mannes, "Shorn Scalps and Perceptions of Male Dominance," *Social Psychological and Personality Science*, (2012), doi: 10.1177/1948550612449490; and R. E. Silverman, "Bald Is Powerful," *The Wall Street Journal* (October 3, 2012), B1, B6.

23 S. C. Paustian-Underdahl, L. S. Walker, and D. J. Woehr, "Gender and Perceptions of Leadership Effectiveness: A Meta-Analysis of Contextual Moderators," *Journal of Applied Psychology* 99, no. 6 (2014): 1129-45; E. Zell, Z. Krizan, and S. R. Teeter, "Evaluating Gender Similarities and Differences Using Metasynthesis," *American Psychologist* 70, no. 1 (2015): 10-20.

24 A. Joshi, J. Son, and H. Roh, "When Can Women Close the Gap? A Meta-Analytic Test of Sex Differences in Performance and Rewards," *Academy of Management Journal* 58, no. 5 (2015): 1516-45.

25 R. E. Silverman, "Study Suggests Fix for Gender Bias on the Job," *The Wall Street Journal*, January 9, 2013, D4.

26 A. J. Koch, S. D. D'Mello, and P. R. Sackett, "A Meta-Analysis of Gender Stereotypes and Bias in Experimental Simulations of Employment Decision Making," *Journal of Applied Psychology* 100, no. 1 (2015): 128-61.

27 E. B. King, W. Botsford, M. R. Hebl, S. Kazama, J. F. Dawson, and A. Perkins, "Benevolent Sexism at Work: Gender Differences in the Distribution of Challenging Developmental Experiences," *Journal of Management* 38, no. 6 (2012): 1835-66.

28 Catalyst, "List: Women CEOs of the S&P 500," accessed April 16, 2020, https://www.catalyst.org/research/women-ceos-of-the-sp-500/

29 P. Wechsler, "58 Women CFOs in the Fortune 500: Is This Progress?" *Fortune*, February 24, 2015, http://fortune.com/2015/02/24/58-women-cfos-in-the-fortune-500-is-this-progress/

30 J. M. Hoobler, C. R. Masterson, S. M. Nkomo, and E. J. Michel, "The Business Case for Women Leaders: Meta-Analysis, Research Critique, and Path Forward," *Journal of Management* 44, no. 6 (2018): 2473-99.

31 L. Turner and A. Suflas, "Global Diversity—One Program Won't Fit All," *HR Magazine*, May 2014, 59-61.

32 "Corporate Equality Index 2022," Human Rights Campaign, https://www.hrc.org/resources/corporate-equality-index

33 M. Gold, "The ABCs of L.G.B.T.Q.I.A.+," *The New York Times*, June 24, 2018, F6.

34 A. Tilcsik, "Pride and Prejudice: Employment Discrimination Against Openly Gay Men in the United States," *American Journal of Sociology* 117, no. 2 (2011): 586-626.

35 Z. Henry, "Tesla and Instacart Among the Most LGBT-Friendly Companies in America," *Inc.*, December 5, 2016, https://www.inc.com/zoe-henry/the-most-lgbt-friendly-companies-in-america.html

36 L. R. Martinez, K. B. Sawyer, C. N. Thoroughgood, E. N. Ruggs, and N. A. Smith, "The Importance of Being 'Me': The Relation Between Authentic Identity Expression and Transgender Employees' Work-Related Attitudes and Experiences," *Journal of Applied Psychology* 102, no. 2 (2017): 215-26.

37 N. Drydakis, "Trans Employees, Transitioning, and Job Satisfaction," *Journal of Vocational Behavior* 98 (2017): 1-16.

38 J. F. Dovidio and J. M. Jones, "Prejudice, Stereotyping, and Discrimination," in E. J. Finkel and R. F. Baumeister (eds.), *Advanced Social Psychology: The State of the Science* (2nd ed., New York, NY: Oxford University Press, 2019): 275-98.

39 K. P. Jones, I. E. Sabat, E. B. King, A. Ahmad, T. C. McCausland, and T. Chen, "Isms and Schisms: A Meta-Analysis of the Prejudice-Discrimination Relationship Across Racism, Sexism, and Ageism," *Journal of Organizational Behavior* 38, no. 7 (2017): 1076-110.

40 P. Glick, S. T. Fiske, A. Mladinic, J. L. Saiz, D. Abrams, B. Masser, ... W. López-López, "Beyond Prejudice as Simple Antipathy: Hostile and Benevolent Sexism Across Cultures," *Journal of Personality and Social Psychology* 79, no. 5 (2000): 763-75.

41 W. W. Maddux, A. D. Galinsky, A. J. C. Cuddy, and M. Pollfroni, "When Being a Model Minority Is

Good... and Bad: Realistic Threat Explains Negativity Toward Asian Americans," *Personality and Social Psychology Bulletin* 34, no. 1 (2008): 74-89.

[42] A. Hopkins-Doyle, R. M. Sutton, K. M. Douglas, and R. M. Calogero, "Flattering to Deceive: Why People Misunderstand Benevolent Sexism," *Journal of Personality and Social Psychology* 116, no. 2 (2019): 167-92.

[43] A. G. Greenwald, D. McGhee, and J. Schwartz, "Measuring Individual Differences in Implicit Cognition: The Implicit Association Test," *Journal of Personality and Social Psychology* 74 (1998): 1464-84; A. Hahn and B. Gawronski, "Facing One's Implicit Biases: From Awareness to Acknowledgement," *Journal of Personality and Social Psychology* 116, no. 5 (2019): 769-94.

[44] Project Implicit website, 2011, accessed March 29, 2017, https://implicit.harvard.edu/implicit/

[45] J. Agerström and D.-O. Rooth, "The Role of Automatic Obesity Stereotypes in Real Hiring Discrimination," *Journal of Applied Psychology* 96, no. 4 (2011): 790-805.

[46] Y. Kashima, S. M. Laham, J. Dix, B. Levis, D. Wong, and M. Wheeler, "Social Transmission of Cultural Practices and Implicit Attitudes," *Organizational Behavior and Human Decision Processes* 127 (2015): 113-25.

[47] K. Gurchiek, "Starbucks CEO Calls for Unconscious Bias Training," *SHRM: Global and Cultural Effectiveness* [blog], April 16, 2018, https://www.shrm.org/resourcesandtools/hr-topics/behavioral-competencies/global-and-cultural-effectiveness/pages/starbucks-ceo-calls-for-unconscious-bias-training.aspx

[48] N. Zelevansky, "The Big Business of Unconscious Bias," *The New York Times*, November 20, 2019, https://www.nytimes.com/2019/11/20/style/diversity-consultants.html

[49] Jones et al., "Isms and Schisms."

[50] Ibid.

[51] Dovidio and Jones, "Prejudice, Stereotyping, and Discrimination."

[52] M. A. McCord, D. L. Joseph, L. Y. Dhanani, and J. M. Beus, "A Meta-Analysis of Sex and Race Differences in Perceived Workplace Mistreatment," *Journal of Applied Psychology* 103, no. 2 (2018): 137-63.

[53] L. M. Cortina, "Unseen Injustice: Incivility as Modern Discrimination in Organizations," *Academy of Management Review* 33, no. 1 (2008): 55-75; C. Lennartz, K. Proost, and L. Brebels, "Decreasing Overt Discrimination Increases Covert Discrimination: Adverse Effects of Equal Opportunities Policies," *International Journal of Selection and Assessment* 27 (2019): 129-38.

[54] SHRM, *"What Are Disparate Impact and Disparate Treatment?"* accessed February 4, 2021, https://www.shrm.org/resourcesandtools/tools-and-samples/hr-qa/pages/disparateimpactdisparatetreatment.aspx

[55] Ibid.

[56] W. Arthur Jr., D. Doverspike, G. V. Barrett, and R. Miguel, "Chasing the Title VII Holy Grail: The Pitfalls of Guaranteeing Adverse Impact Elimination," *Journal of Business and Psychology* 28 (2013): 473-85.

[57] P. Bobko and P. L. Roth, "Reviewing, Categorizing, and Analyzing the Literature on Black-White Mean Differences for Predictors of Job Performance: Verifying Some Perceptions and Updating/Correcting Others," *Personnel Psychology* 66 (2013): 91-126; R. E. Ployhart and B. C. Holtz, "The Diversity-Validity Dilemma: Strategies for Reducing Racioethnic and Sex Subgroup Differences and Adverse Impact in Selection," *Personnel Psychology* 61 (2008): 153-72.

[58] See, for example, Q. C. Song, S. Wee, and D. A. Newman, "Diversity Shrinkage: Cross-Validating Pareto-Optimal Weights to Enhance Diversity via Hiring Practices," *Journal of Applied Psychology* 102, no. 12 (2017): 1636-57.

[59] L. Y. Dhanani, J. M. Beus, and D. L. Joseph, "Workplace Discrimination: A Meta-Analytic Extension, Critique, and Future Research Agenda," *Personnel Psychology* 71 (2018): 147-79.

[60] N. A. Bowling and T. A. Beehr, "Workplace Harassment from the Victim's Perspective: A Theoretical Model and Meta-Analysis," *Journal of Applied Psychology* 91, no. 5 (2006): 998-1012.

[61] L. Zhang, C. H. Van Iddekinge, J. D. Arnold, P. L. Roth, F. Lievens, S. E. Lanivich, and S. L. Jordan, "What's on Job Seekers' Social Media Sites? A Content Analysis and Effects of Structure on Recruiter Judgments and Predictive Validity," *Journal of Applied Psychology* 105, no. 12 (2020): 1530-46.

[62] Cortina, "Unseen Justice."

[63] P. Priscilla Lui and L. Quezada, "Associations Between Microaggression and Adjustment Outcomes: A Meta-Analytic and Narrative Review," *Psychological Bulletin* 145, no. 1 (2019): 45-78.

[64] B. Mason, "Q&A—Psychologist Anthony Greenwald: Curbing Implicit Bias," *Knowable*, June 4, 2020, https://knowablemagazine.org/article/mind/2020/how-to-curb-implicit-bias

[65] Jones et al., "Not So Subtle."

[66] J. Gassam Asare, "Why the 'I Don't See Color' Mantra Is Hurting Your Diversity and Inclusion Efforts," *Forbes*, February 15, 2019, https://www.forbes.com/sites/janicegassam/2019/02/15/why-the-i-dont-see-color-mantra-is-hurting-diversity-and-inclusion-efforts/?sh=504dd9c02c8d

[67] K. L. Johnson, D. J. Lick, and C. M. Carpinella, "Emergent Research in Social Vision: An Integrated Approach to the Determinants and Consequences of Social Categorization," *Social and Personality Psychology Compass* 9, no. 1 (2015): 15-30.

[68] R. Crabbe, L. K. Pivnick, J. Bates, R. A. Gordon, and R. Crosnoe, "Contemporary College Students' Reflections on Their High School Peer Crowds," *Journal of Adolescent Research* 34, no. 5 (2019): 563-96.

[69] M. A. Hogg, D. Abrams, and M. B. Brewer, "Social Identity: The Role of the Self in Group Processes and Intergroup Relations," *Group Processes & Intergroup Relations* 20, no. 5 (2017): 570-81.

[70] H. Alves, A. Koch, and C. Unkelbach, "My Friends Are All Alike—The Relation Between Liking and Perceived Similarity in Person Perception," *Journal of Experimental Social Psychology* 62 (2016): 103-17.

[71] See, for instance, R. Perry, N. Priest, Y. Paradies, F. K. Barlow, and C. G. Sibley, "Barriers to Multiculturalism: In-Group Favoritism and Out-Group Hostility Are Independently Associated with Policy Opposition," *Social Psychological and Personality Science* 9, no. 1 (2018): 89-98.

[72] L. M. Leslie, "A Status-Based Multilevel Model of Ethnic Diversity and Work Unit Performance," *Journal of Management* 43, no. 2 (2017): 426-54.

[73] Macrae and Bodenhausen, "Social Cognition."

[74] A. J. Koch, S. D. D'Mello, and P. R. Sackett, "A Meta-Analysis of Gender Stereotypes and Bias in Experimental Simulations of Employment Decision Making," *Journal of Applied Psychology* 100, no. 1 (2015): 128-61.

[75] S. J. Spencer, C. Logel, and P. G. Davies, "Stereotype Threat," *Annual Review of Psychology* 67 (2016): 415-37.

[76] C. T. Kulik, "Spotlight on the Context: How a Stereotype Threat Framework Might Help Organizations to Attract and Retain Older Workers," *Industrial and Organizational Psychology* 7, no. 3 (2014): 456-61.

[77] S. J. Spencer, C. Logel, and P. G. Davies, "Stereotype Threat," *Annual Review of Psychology* 67 (2016): 415-37.

[78] J. A. Grand, "Brain Drain? An Examination of Stereotype Threat Effects During Training on Knowledge Acquisition and Organizational Effectiveness," *Journal of Applied Psychology*, 102, no. 2 (2017): 115-50; and Spencer, Logel, and Davies, "Stereotype Threat."

[79] G. M. Walton, M. C. Murphy, and A. M. Ryan, "Stereotype Threat in Organizations: Implications for Equity and Performance," *Annual Review of Organizational Psychology and Organizational Behavior* 2 (2015): 523-50.

[80] C. T. Kulik, S. Perera, and C. Cregan, "Engage Me: The Mature-Age Worker and Stereotype Threat," *Academy of Management Journal* 59, no. 6 (2016): 2132-56.

[81] J. Crocker, B. Major, and C. Steele, "Social Stigma," in D. Gilbert, S. Fiske, and G. Lindzey (eds.), *The Handbook of Social Psychology* (4th ed., Boston, MA: McGraw-Hill, 1998): 504-53.

[82] J. Yurcaba, "They Lived a 'Double Life' for Decades. Now, These Gay Elders Are Telling Their Stories," *NBC News*, January 24, 2021, https://www.nbcnews.com/feature/nbc-out/they-lived-double-life-decades-now-these-gay-elders-are-n1255358

[83] A. S. Boyce, A. M. Ryan, A. L. Imus, and F. P. Morgeson, "'Temporary Worker, Permanent Loser?' A Model of the Stigmatization of Temporary Workers," *Journal of Management* 33, no. 1 (2007): 5-29.

[84] B. E. Ashforth and G. E. Kreiner, "'How Can You Do It?': Dirty Work and the Challenge of Constructing a Positive Identity," *Academy of Management Review* 24, no. 3 (1999): 413-34.

[85] J. J. Mohr, H. M. Markell, E. B. King, K. P. Jones, C. I. Peddie, and M. S. Kendra, "Affective Antecedents and Consequences of Revealing and Concealing a Lesbian, Gay, or Bisexual Identity," *Journal of Applied Psychology* 104, no. 10 (2019): 1266-82.

[86] J. W. Lynch and J. B. Rodell, "Blend In or Stand Out? Interpersonal Outcomes of Managing Concealable Stigmas at Work," *Journal of Applied Psychology* 103, no. 12 (2018): 1307-23.

[87] A. A. Ali, B. J. Lyons, and A. M. Ryan, "Managing a Perilous Stigma: Ex-Offenders' Use of Reparative Impression Management Tactics in Hiring Contexts," *Journal of Applied Psychology* 102, no. 9 (2017): 1271-85; T. Cohen and M. Piovesan, "The Many Pros and Fewer-Than-Expected Cons of Hiring Ex-Cons," *Entrepreneur*, October 17, 2018, https://www.entrepreneur.com/article/321180; J. Fulling, "Fried Chicken Restaurant Is Dishing Out Second Chances," *USA Today*, July 10, 2017, https://www.usatoday.com/story/news/humankind/2017/07/10/fried-chicken-restaurant-dishing-out-second-chances/460004001/; J. Goodstein and K. Aquino, "And Restorative Justice for All: Redemption, Forgiveness, and Reintegration in Organizations," *Journal of Organizational Behavior* 31 (2010): 624-28; A. Jackson, "An Ohio Restaurant Owner Hires Former Criminals on Purpose," *Business Insider*, October 20, 2017, https://www.businessinsider.com/hot-chicken-takeout-fried-chicken-restaurant-ohio-2017-10; J. Janove, "Employing the Formerly Incarcerated: A Global Perspective," *SHRM: Employment Law* (blog), August 2, 2019, https://www.shrm.org/resourcesandtools/legal-and-compliance/employment-law/pages/global-second-chance-employment.aspx; T. Mullaney, "Why Companies Are

Turning to Ex-Cons to Fill Slots for Workers," *CNBC*, April 11, 2019, https://www.cnbc.com/2018/09/18/why-companies-are-turning-to-ex-cons-to-fill-slots-for-workers.html; L. Rab, "An Ohio Startup Rebuilds Lives One Piece of Fried Chicken at a Time," *Politico*, June 28, 2018, https://www.politico.com/magazine/story/2018/06/28/an-ohio-startup-rebuilds-lives-one-piece-of-fried-chicken-at-a-time-218896; D. Sparkman, "Cutting the Risk in Hiring Ex-Offenders," *IndustryWeek*, July 5, 2019, https://www.industryweek.com/talent/labor-employment-policy/article/22027874/cutting-the-risk-in-hiring-exoffenders; U.S. Equal Employment Opportunity Commission, *Pre-Employment Inquiries on Arrest & Conviction*, accessed February 6, 2021, https://www.eeoc.gov/pre-employment-inquiries-and-arrest-conviction

[88] J. T. Jost, M. R. Banaji, and B. A. Nosek, "A Decade of System Justification Theory: Accumulated Evidence of Conscious and Unconscious Bolstering of the Status Quo," *Political Psychology* 25, no. 6 (2004): 881-919; D. Proudfoot and A. C. Kay, "System Justification in Organizational Contexts: How a Motivated Preference for the Status Quo Can Affect Organizational Attitudes and Behaviors," *Research in Organizational Behavior* 34 (2014): 173-87.

[89] J. T. Jost and M. R. Banaji, "The Role of Stereotyping in System Justification and the Production of False Consciousness," *British Journal of Social Psychology* 33, no. 1 (1994): 1-27.

[90] A. C. Kay, D. Gaucher, J. M. Peach, K. Laurin, J. Friesen, M. P. Zanna, and S. J. Spencer, "Inequality, Discrimination, and the Power of the Status Quo: Direct Evidence for a Motivation to See the Way Things Are as the Way They Should Be," *Journal of Personality and Social Psychology* 97, no. 3 (2009): 421-34.

[91] Kreiner et al., "Identity Dynamics in Occupational Dirty Work."

[92] R. P. Eibach, M. O. Wilmot, and L. K. Libby, "The System-Justifying Function of Gratitude Norms," *Social and Personality Psychology Compass* 9, no. 7 (2015): 348-58; Proudfoot and Kay, "System Justification in Organizational Contexts."

[93] K. Laurin, A. C. Kay, D. Proudfoot, and G. J. Fitzsimons, "Response to Restrictive Policies: Reconciling System Justification and Psychological Reactance," *Organizational Behavior and Human Decision Processes* 122 (2013): 152-62.

[94] J. Sidanius and F. Pratto, *Social Dominance: An Intergroup Theory of Social Hierarchy and Oppression* (New York, NY: Cambridge, 1999).

[95] Ibid

[96] B. Major and C. R. Kaiser, "Ideology and the Maintenance of Group Inequality," *Group Processes & Intergroup Relations* 20, no. 5 (2017): 582-92.

[97] M. A. Craig, J. M. Rucker, and J. A. Richeson, "The Pitfalls and Promise of Increasing Racial Diversity: Threat, Contact, and Race Relations in the 21st Century," *Current Directions in Psychological Science* 27, no. 3 (2018): 188-93.

[98] E. E. Umphress, K. Smith-Crowe, A. P. Brief, J. Dietz, and M. Baskerville Watkins, "When Birds of a Feather Flock Together and When They Do Not: Status Composition, Social Dominance Orientation, and Organizational Attractiveness," *Journal of Applied Psychology* 92, no. 2 (2007): 396-409.

[99] E. E. Umphress, A. L. Simmons, W. R. Boswell, and M. del Carmen Triana, "Managing Discrimination in Selection: The Influence of Directives From an Authority and Social Dominance Orientation," *Journal of Applied Psychology* 93, no. 5 (2008): 982-93.

[100] K. Aquino, M. M. Stewart, and A. Reed II, "How Social Dominance Orientation and Job Status Influence Perceptions of African-American Affirmative Action Beneficiaries," *Personnel Psychology* 58 (2005): 703-44.

[101] A. Murrell, "On the Tennis Court and in the Workplace: When Unconscious Bias Isn't Unconscious," *Forbes*, September 20, 2018, https://www.forbes.com/sites/audreymurrell/2018/09/20/on-the-tennis-court-and-in-the-workplace-when-unconscious-bias-isnt-unconscious/#1a3d190f5aa4.

[102] Ibid.

[103] A. M. Grant (AdamMGrant), "When a man argues with an umpire, it's passion. When a woman does it, it's a meltdown. When a black woman does it, it's a penalty" [Tweet], September 8, 2018, 6:29PM, https://twitter.com/AdamMGrant/status/1038600245389799425

[104] N. P. Salter, K. Sawyer, and S. T. Gebhardt, "How Does Intersectionality Impact Work Attitudes? The Effect of Layered Group Memberships in a Field Sample," *Journal of Business and Psychology* (in press).

[105] A. Shelby Rosette, R. Ponce de Leon, C. Zhou Koval, and D. A. Harrison, "Intersectionality: Connecting Experiences of Gender with Race at Work," *Research in Organizational Behavior* 38 (2018): 1-22.

[106] J. L. Berdahl and C. Moore, "Workplace Harassment: Double Jeopardy for Minority Women," *Journal of Applied Psychology* 91, no. 2 (2006): 426-36.

[107] E. Derous, A. M. Ryan, and H.-H. D. Nguyen, "Multiple Categorization in Resume Screening: Examining Effects on Hiring Discrimination Against Arab Applicants in Field and Lab Settings," *Journal of Organizational Behavior* 33 (2012): 544-70.

[108] A. Shelby Rosette, C. Zhou Koval, A. Ma, and R. Livingston, "Race Matters for Women Leaders: Intersectional Effects on Agentic Deficiencies and Penalties," *The Leadership Quarterly* 27 (2016): 429-45.

[109] E. V. Hall, A. V. Hall, A. D. Galinsky, and K. W. Phillips, "MOSAIC: A Model of Stereotyping Through Associated and Intersectional Categories," *Academy of Management Review* 44, no. 3 (2019): 643-72.

[110] G. T. Chao and H. Moon, "The Cultural Mosaic: A Metatheory for Understanding the Complexity of Culture," *Journal of Applied Psychology* 90, no. 6 (2005): 1128-40; Hall et al., "MOSAIC."

[111] P. Chuapetcharasopon, L. Neville, W. L. Adair, S. E. Brodt, T. R. Lituchy, and A. A. Racine, "Cultural Mosaic Beliefs as a New Measure of the Psychological Climate for Diversity: Individual Distinctiveness and Synergy in Culturally Diverse Teams," *International Journal of Cross Cultural Management* 18, no. 1 (2018): 7-32.

[112] B. Zolfaghari, G. Moellering, T. Clark, and G. Dietz, "How Do We Adopt Multiple Cultural Identities? A Multidimensional Operationalization of the Sources of Culture," *European Management Journal* 34, no. 2 (2016): 102-13.

[113] L. M. Leslie, J. E. Bono, Y. Kim, and G. R. Beaver, "On Melting Pots and Salad Bowls: A Meta-Analysis of the Effects of Identity-Blind and Identity Conscious Diversity Ideologies," *Journal of Applied Psychology* 105, no. 5 (2020): 453-71.

[114] F. P. Morgeson, S. E. Humphrey, and M. C. Reeder, "Team Selection," in N. Schmitt (ed.), *The Oxford Handbook of Personnel Assessment and Selection* (Oxford UK: Oxford University Press, 2012): 1-30.

[115] S. L. Wilk and E. E. Makarius, "Choosing the Company You Keep: Racial Relational Demography Outside and Inside of Work," *Organization Science* 26, no. 5 (2015): 1316-31.

[116] H. van Dijk, M. L. van Engen, and D. van Knippenberg, "Defying Conventional Wisdom: A Meta-Analytical Examination of the Differences Between Demographic and Job-Related Diversity Relationships with Performance," *Organizational Behavior and Human Decision Processes* 119, no. 1 (2012): 38-53; and D. van Knippenberg and J. N. Mell, "Past, Present, and Potential Future of Team Diversity Research: From Compositional Diversity to Emergent Diversity," *Organizational Behavior and Human Decision Processes* 136 (2016): 135-45.

[117] M. Shemla, B. Meyer, L. Greer, K. A. Jehn, "A Review of Perceived Diversity in Teams: Does How Members Perceive Their Team's Composition Affect Team Processes and Outcomes?" *Journal of Organizational Behavior* 37 (2016): S89-S106.

[118] J. S. Bunderson and G. S. Van der Vegt, "Diversity and Inequality in Management Teams: A Review and Integration of Research on Vertical and Horizontal Member Differences," *Annual Review of Organizational Psychology and Organizational Behavior* 5 (2018): 47-73.

[119] J. Li, B. Meyer, M. Shemla, and J. Wegge, "From Being Diverse to Becoming Diverse: A Dynamic Team Diversity Theory," *Journal of Organizational Behavior* 39 (2018): 956-70.

[120] See, for example, J. S. Chun and J. N. Choi, "Members' Needs, Intragroup Conflict, and Group Performance," *Journal of Applied Psychology* 99, no. 3 (2014): 437-50.

[121] D. M. Fisher, S. T. Bell, E. C. Dierdorff, and J. A. Belohlav, "Facet Personality and Surface-Level Diversity as Team Mental Model Antecedents: Implications for Implicit Coordination," *Journal of Applied Psychology* 97, no. 4 (2012): 825-41.

[122] D. S. Staples and L. Zhao, "The Effects of Cultural Diversity in Virtual Teams Versus Face-to-Face Teams," *Group Decision and Negotiation* (July 2006): 389-406.

[123] R. B. Lount, O. J. Sheldon, F. Rink, and K. W. Phillips, "Biased Perceptions of Racially Diverse Teams and Their Consequences for Resource Support," *Organization Science* 26, no. 5 (2015): 1351-64.

[124] K. J. Klein, A. P. Knight, J. C. Ziegert, B. C. Lim, and J. L. Saltz, "When Team Members' Values Differ: The Moderating Role of Team Leadership," *Organizational Behavior and Human Decision Processes* 114, no. 1 (2011): 25-36.

[125] J. S. Chun and J. N. Choi, "Members' Needs, Intragroup Conflict, and Group Performance."

[126] A. J. Ferguson and R. S. Peterson, "Sinking Slowly: Diversity in Propensity to Trust Predicts Downward Trust Spirals in Small Groups," *Journal of Applied Psychology* 100, no. 4 (2015): 1012-24.

[127] S. T. Bell, A. J. Villado, M. A. Lukasik, L. Belau, and A. L. Briggs, "Getting Specific About Demographic Diversity Variables and Team Performance Relationships: A Meta-Analysis," *Journal of Management* 37, no. 3 (2011): 709-43.

[128] S. Y. Cheung, Y. Gong, M. Wang, L. Zhou, and J. Shi, "When and How Does Functional Diversity Influence Team Innovation? The Mediating Role of Knowledge Sharing and the Moderation Role of Affect-Based Trust in a Team," *Human Relations* 69, no. 7 (2016): 1507-31.

[129] C. E. Eesley, D. H. Hsu, and E. B. Roberts, "The Contingent Effects of Top Management Teams on Venture Performance: Aligning Founding Team Composition with Innovation Strategy and Commercialization Environment," *Strategic Management Journal* 35 (2014): 1798-817.

[130] S. E. Gaither, E. P. Apfelbaum, H. J. Birnbaum, L. G. Babbitt, and S. R. Sommers, "Mere Membership in Racially Diverse Groups Reduces Conformity," *Social Psychological and Personality Science* 9, no. 4 (2018): 402-

10.

[131] E. B. Smith and Y. Hou, "Redundant Heterogeneity and Group Performance," *Organization Science* 26, no. 1 (2015): 37-51.

[132] H. Huettermann, S. Doering, and S. Boerner, "Understanding the Development of Team Identification: A Qualitative Study in UN Peacebuilding Teams," *Journal of Business and Psychology* 32, no. 2 (2017): 217-34.

[133] D. C. Lau and J. K. Murnighan, "Demographic Diversity and Faultlines: The Compositional Dynamics of Organizational Groups," *Academy of Management Review* 23, no. 2 (1998): 325-40; and M. Kulkarni, "Language-Based Diversity and Faultlines in Organizations," *Journal of Organizational Behavior* 36, no. 1 (2015): 128-46.

[134] T. M. Spoelma and A. P. J. Ellis, "Fuse or Fracture? Threat as a Moderator of the Effects of Diversity Faultlines in Teams," *Journal of Applied Psychology* 102, no. 9 (2017): 1344-59.

[135] L. M. Leslie, "A Status-Based Multilevel Model of Ethnic Diversity and Work Unit Performance," *Journal of Management* 43, no. 2 (2017): 426-54.

[136] See M. B. Thatcher and P. C. Patel, "Group Faultlines: A Review, Integration, and Guide to Future Research," *Journal of Management* 38, no. 4 (2012): 969-1009.

[137] K. Bezrukova, S. M. B. Thatcher, K. A. Jehn, and C. S. Spell, "The Effects of Alignments: Examining Group Faultlines, Organizational Cultures, and Performance," *Journal of Applied Psychology* 97, no. 1 (2012): 77-92.

[138] R. Rico, M. Sanchez-Manzanares, M. Antino, and D. Lau, "Bridging Team Faultlines by Combining Task Role Assignment and Goal Structure Strategies," *Journal of Applied Psychology* 97, no. 2 (2012): 407-20; and Smith and Hou, "Redundant Heterogeneity and Group Performance."

[139] A. C. Homan, C. Buengeler, R. A. Eckhoff, W. P. van Ginkel, and S. C. Voelpel, "The Interplay of Diversity Training and Diversity Beliefs on Team Creativity in Nationally Diverse Teams," *Journal of Applied Psychology* 100, no. 5 (2015): 1456-67.

[140] F. Schölmerich, C. C. Schermuly, and J. Deller, "To Believe or Not to Believe? The Joint Impact of Faultlines and Pro-Diversity Beliefs on Diplomats' Performance," *Human Performance* 30, nos. 2-3 (2017): 99-115.

[141] A. Hajro, C. B. Gibson, and M. Pudelko, "Knowledge Exchange Processes in Multicultural Teams: Linking Organizational Diversity Climates to Teams' Effectiveness," *Academy of Management Journal* 60, no. 1 (2017): 345-72.

[142] C.-R. Lee, *Native Speaker* (New York: Riverhead Books, 1996); I. Sung, "Korean American's Journey for Cultural Identity," *The Korea Times*, January 23, 2019, https://www.koreatimes.co.kr/www/art/2018/07/142_252586.html

[143] See The Hofstede Centre, http://www.geert-hofstede.com

[144] Hofstede, G., Hofstede, G. J., and Minkov, M., *Cultures and Organizations: Software of the Mind* (3rd ed., New York, NY: 2010): McGraw-Hill; Hofstede Insights, *National Culture*, accessed April 23, 2020, https://hi.hofstede-insights.com/national-culture

[145] Q. Guo, Z. Liu, X. Li, and X. Qiao, "Indulgence and Long Term Orientation Influence Prosocial Behavior at National Level," *Frontiers in Psychology* 9, no. 1798 (2018): 1-10.

[146] V. Taras, B. L. Kirkman, and P. Steel, "Examining the Impact of Culture's Consequences: A Three-Decade, Multilevel, Meta-Analytic Review of Hofstede's Cultural Value Dimensions," *Journal of Applied Psychology* 95, no. 5 (2010): 405-39.

[147] R. J. House, P. J. Hanges, M. Javidan, and P. W. Dorfman (eds.), *Leadership, Culture, and Organizations: The GLOBE Study of 62 Societies* (Thousand Oaks, CA: Sage, 2004).

[148] J. P. Meyer, D. J. Stanley, T. A. Jackson, K. J. McInnis, E. R. Maltin, et al., "Affective, Normative, and Continuance Commitment Levels Across Cultures: A Meta-Analysis," *Journal of Vocational Behavior* 80 (2012): 225-45.

[149] K. Harrison, "What's Different About Business Overseas? One Map Says It All," *Forbes*, February 25, 2015, https://www.forbes.com/sites/kateharrison/2015/02/25/whats-different-about-business-overseas-this-map-says-it-all/#4e84496e3937

[150] M. J. Gelfand, L. H. Nishii, and J. L. Raver, "On the Nature and Importance of Cultural Tightness-Looseness," *Journal of Applied Psychology* 91 (2006): 1225-44.

[151] H. Hayashi, "Natural Disasters in Japan," in A. Marquina (ed.), *Global Warming and Climate Change* (London, UK: Palgrave Macmillan, 2010): 118-32.

[152] M. J. Gelfand, J. L. Raver, L. Nishii, L. M. Leslie, J. Lun, B. Chong Lim, ... and S. Yamaguchi, "Differences Between Tight and Loose Cultures: A 33-Nation Study," *Science* 332, no. 6033 (2011): 1100-4; D. Nussbaum, "Tight and Loose Cultures: A Conversation with Michele Gelfand," *Behavioral Scientist*, January 17, 2019, https://behavioralscientist.org/tight-and-loose-cultures-a-conversation-with-michele-gelfand/

[153] S. Vedantam, T. Lu, T. Boyle, J. Schmidt, and L. Wahba, "Playing Tight and Loose: How Rules Shape Our Lives," NPR, April 6, 2020, https://www.npr.org/2020/04/06/828257385/playing-tight-and-loose-how-rules-shape-our-lives.

[154] T. Rabl, M. Jayasinghe, B. Gerhart, and T. M. Kühlmann, "A Meta-Analysis of Country Differences in the High-Performance Work System-Business Performance Relationship: The Roles of National Culture and Managerial Discretion," *Journal of Applied Psychology* 99, no. 6 (2014): 1011-41.

[155] L. Turner and A. Suflas, "Global Diversity—One Program Won't Fit All."

[156] S. Lucas, "Hilton's $21 Million Reason to Honor a Dishwasher's Religious Schedule Request," *Inc.*, January 17, 2019, https://www.inc.com/suzanne-lucas/hilton-21-million-reason-to-honor-a-dishwashers-religious-schedule-request.html

[157] A. Liptak, "In a Case of Religious Dress, Justices Explore the Obligations of Employers," *The New York Times*, February 23, 2015, http://www.nytimes.com/2015/02/26/us/in-a-case-of-religious-dress-justices-explore-the-obligations-of-employers.html

[158] E. B. King and A. S. Ahmad, "An Experimental Field Study of Interpersonal Discrimination Toward Muslim Job Applicants," *Personnel Psychology* 63, no. 4 (2010): 881-906.

[159] M. Moeller and J. F. Maley, "MNC Considerations in Identifying and Managing LGB Expatriate Stigmatization," *International Journal of Management Reviews* 20 (2018): 325-42.

[160] P. Bhaskar-Shrinivas, D. A. Harrison, M. A. Shaffer, and D. M. Luk, "Input-Based and Time-Based Models of International Adjustment: Meta-Analytic Evidence and Theoretical Extensions," *Academy of Management Journal* 48, no. 2 (2005): 257-81.

[161] B. M. Firth, G. Chen, B. L. Kirkman, and K. Kim, "Newcomers Abroad: Expatriate Adaptation During Early Phases of International Assignments," *Academy of Management Journal* 57, no. 1 (2014): 280-300.

[162] R. Takeuchi, Y. Li, and M. Wang, "Expatriates' Performance Profiles: Examining the Effects of Work Experiences on the Longitudinal Change Patterns," *Journal of Management* 45, no. 2 (2019): 451-75; J. Zhu, C. R. Wanberg, D. A. Harrison, and E. W. Diehn, "Ups and Downs of the Expatriate Experience? Understanding Work Adjustment Trajectories and Career Outcomes," *Journal of Applied Psychology* 101, no. 4 (2016): 549-68.

[163] Bhaskar-Shrinivas, Harrison, Shaffer, and Luk, "Input-Based and Time-Based Models of International Adjustment."

[164] D. Shin, V. C. Hasse, and A. P. J. Schotter, "Multinational Enterprises Within Cultural Space and Place: Integrating Cultural Distance and Tightness-Looseness," *Academy of Management Journal* 60, no. 3 (2017): 904-21.

[165] D. L. Ott and S. Michailova, "Cultural Intelligence: A Review and New Research Avenues," *International Journal of Management Reviews* 20 (2018): 99-119.

[166] Based on a story from P. C. Earley and E. Mosakowski, "Cultural Intelligence," *Harvard Business Review*, October 2004, https://hbr.org/2004/10/cultural-intelligence

[167] Ibid.

[168] L. Imai and M. J. Gelfand, "The Culturally Intelligent Negotiator: The Impact of Cultural Intelligence (CQ) on Negotiation Sequences and Outcomes," *Organizational Behavior and Human Decision Processes* 112 (2010): 83-98; Ott and Michailova, "Cultural Intelligence."

[169] X.-P. Chen, D. Liu, and R. Portnoy, "A Multilevel Investigation of Motivational Cultural Intelligence, Organizational Diversity Climate, and Cultural Sales: Evidence From U.S. Real Estate Firms," *Journal of Applied Psychology* 97, no. 1 (2012): 93-106.

[170] K.-Y. Ng, L. Van Dyne, and S. Ang, "Speaking Out and Speaking Up in Multicultural Settings: A Two-Study Examination of Cultural Intelligence and Voice Behavior," *Organizational Behavior and Human Decision Processes* 151 (2019): 150-59.

[171] M. Rickley, "Cultural Generalists and Cultural Specialists: Examining International Experience Portfolios of Subsidiary Executives in Multinational Firms," *Journal of Management* 45, no. 2 (2019): 384-416.

[172] M. Manchi Chao, R. Takeuchi, and J.-L. Farh, "Enhancing Cultural Intelligence: The Roles of Implicit Culture Beliefs and Adjustment," *Personnel Psychology* 70 (2017): 257-92.

[173] Q. M. Roberson, "Diversity in the Workplace: A Review, Synthesis, and Future Research Agenda," *Annual Review of Organizational Psychology and Organizational Behavior* 6 (2019): 69-88.

[174] See, for instance, J. M. Chen and D. L. Hamilton, "Understanding Diversity: The Importance of Social Acceptance," *Personality and Social Psychology Bulletin* 41, no. 4 (2015): 586-98.

[175] K. Gurchiek, "Influencing DE&I Strategies: Tips for Emerging Professionals," *SHRM: Global and Cultural Effectiveness* [blog], November 2, 2020, https://www.shrm.org/resourcesandtools/hr-topics/behavioral-competencies/global-and-cultural-effectiveness/pages/influencing-dei-strategies-tips-for-emerging-professionals-.aspx

[176] Ibid.

[177] L. Rosenthal, "Incorporating Intersectionality into Psychology: An Opportunity to Promote Social Justice and Equity," *American Psychologist* 71, no. 6 (2016):

474-85.

[178] W. Feinberg, "Affirmative Action," in H. LaFollette (ed.), *The Oxford Handbook of Practical Ethics* (Oxford, UK: Oxford University Press, 2009).

[179] J. Turley, "How Real Is Reverse Discrimination?" *The Hill*, July 18, 2020, https://thehill.com/opinion/civil-rights/507941-how-real-is-reverse-discrimination.

[180] S. Gündemir, A. C. Homan, A. Usova, and A. D. Galinsky, "Multicultural Meritocracy: The Synergistic Benefits of Valuing Diversity *and* Merit," *Journal of Experimental Social Psychology* 73 (2017): 34-41.

[181] L. M. Shore, J. N. Cleveland, and D. Sanchez, "Inclusive Workplaces: A Review and Model," *Human Resource Management Review* 28 (2018): 176-89.

[182] Based on "100,000 Jobs Mission Hires Over 200,000 Veterans," *Veteran Jobs Mission* [press release], February 9, 2015, https://www.veteranjobsmission.com/press-releases/750; D. C. Baldridge and M. L. Swift, "Withholding Requests for Disability Accommodation: The Role of Individual Differences and Disability Attributes," *Journal of Management* (March 2013): 743-62; B. Yerbak and C. V. Jackson, "Battling to Get More Vets in the Work Force," *Chicago Tribune* (October 28, 2012), http://articles.chicagotribune.com/2012-10-28/business/ct-biz-1028-vets-20121028_1_train-veterans-unemployment-rate-war-zone; Veteran Jobs Mission [website], accessed March 15, 2021, https://veteranjobsmission.com/; "Veterans Unemployment Drops but Remains High," *HR Magazine*, February 2013, 16; and Walmart, "Proud to Have met our Goal and Hired 250K+ Veteran Associates," *Walmart: Careers with a Mission* [blog], accessed March 15, 2021, https://www.walmartcareerswithamission.com/content/people-experience/military.html

[183] H. Trittin and D. Schoeneborn, "Diversity as Polyphony: Reconceptualizing Diversity Management From a Communication-Centered Perspective," *Journal of Business Ethics* 144 (2017): 305-22.

[184] C. I. C. Farh, H. Liao, D. L. Shapiro, J. Shin, and O. Zhishuang Guan, "Out of Sight and Out of Mind? Networking Strategies for Enhancing Inclusion in Multinational Organizations," *Journal of Applied Psychology* (in press).

[185] The Verna Myers Company [website], accessed February 5, 2021, https://www.vernamyers.com/

[186] S. L. Gaertner, J. F. Dovidio, P. A. Anastasio, B. A. Bachman, and M. C. Rust, "The Common Ingroup Identity Model: Recategorization and the Reduction of Intergroup Bias," *European Review of Social Psychology* 4, no. 1 (1993): 1-26.

[187] J. R. Kunst, L. Thomsen, D. L. Sam, and J. W. Berry, "'We Are in This Together': Common Ingroup Identity Predicts Majority Members' Active Acculturation Efforts to Integrate Immigrants," *Personality and Social Psychology Bulletin* 41, no. 10 (2015): 1438-53.

[188] D. R. Rovenpor, T. C. O'Brien, A. Roblain, L. De Guissmé, P. Chekroun, and B. Leidner, "Intergroup Conflict Self-Perpetuates via Meaning: Exposure to Intergroup Conflict Increases Meaning and Fuels a Desire for Further Conflict," *Journal of Personality and Social Psychology* 116, no. 1 (2019): 119-40.

[189] W. Anthony Scroggins, D. M. Mackie, T. J. Allen, and J. W. Sherman, "Reducing Prejudice with Labels: Shared Group Memberships Attenuate Implicit Bias and Expand Implicit Group Boundaries," *Personality and Social Psychology Bulletin* 42, no. 2 (2016): 219-29.

[190] E. G. Ufkes, J. Calcagno, D. E. Glasford, and J. F. Dovidio, "Understanding How Common Ingroup Identity Undermines Collective Action Among Disadvantaged-Group Members," *Journal of Experimental Social Psychology* 63 (2016): 26-35.

[191] J. F. Dovidio, A. Love, F. M. H. Schellhaas, and M. Hewstone, "Reducing Intergroup Bias Through Intergroup Contact: Twenty Years of Progress and Future Directions," *Group Processes & Intergroup Relations* 20, no. 5 (2017): 606-20.

[192] T. F. Pettigrew and L. R. Tropp, "A Meta-Analytic Test of Intergroup Contact Theory," *Journal of Personality and Social Psychology* 90, no. 5 (2006): 751-83.

[193] L. R. Tropp and F. K. Barlow, "Making Advantaged Racial Groups Care About Inequality: Intergroup Contact as a Route to Psychological Investment," *Current Directions in Psychological Science* 27, no. 3 (2018): 194-99.

[194] W. Ma, R. Feng, B. Lu, Q. Xie, L. Jiang, and X. Liu, "The Reducing Effect of Positive Imagined Intergroup Contact on Intergroup Attributional Bias," *Journal of Applied Social Psychology* 49 (2019): 168-77; R. Wölfer, O. Christ, K. Schmid, N. Tausch, F. M. Buchallik, S. Vertovec, and M. Hewstone, "Indirect Contact Predicts Direct Contact: Longitudinal Evidence and the Mediating Role of Intergroup Anxiety," *Journal of Personality and Social Psychology* 116, no. 2 (2019): 277-95.

[195] S. Zhou, E. Page-Gould, A. Aron, A. Moyer, and M. Hewstone, "The Extended Contact Hypothesis: A Meta-Analysis on 20 Years of Research," *Personality and Social Psychology Review* 23, no. 2 (2019): 132-60.

[196] L. E. Hayward, L. R. Tropp, M. J. Hornsey, and F. K. Barlow, "Toward a Comprehensive Understanding of Intergroup Contact: Descriptions and Mediators of Positive and Negative Contact Among Majority and Minority Groups," *Personality and Social Psychology Bulletin* 43, no. 3(2017): 347-64.

[197] J. Kende, K. Phalet, W. Van den Noortgate, A. Kara, and R. Fischer, "Equality Revisited: A Cultural Meta-Analysis of Intergroup Contact and Prejudice," *Social Psychological and Personality Science* 9, no. 8 (2018): 887-95.

[198] C. T. Tadmore, Y.-Y. Hong, M. M. Chao, and A. Cohen, "The Tolerance Benefits of Multicultural Experiences Depend on the Perception of Available Mental Resources," *Journal of Personality and Social Psychology* 115, no. 3 (2018): 398-426.

[199] C. A. Moss-Racusin and H. Rabasco, "Reducing Gender Identity Bias Through Imagined Intergroup Contact," *Journal of Applied Social Psychology* 48 (2018): 457-74.

[200] L. Zhang, "A Fair Game? Racial Bias and Repeated Interaction Between NBA Coaches and Players," *Administrative Science Quarterly* 62, no. 4 (2017): 603-25.

[201] V. Eswaran, "The Business Case for Diversity in the Workplace Is Now Overwhelming," *World Economic Forum*, April 29, 2019, https://www.weforum.org/agenda/2019/04/business-case-for-diversity-in-the-workplace/; V. Hunt, S. Prince, S. Dixon-Fyle, and L. Yee, *Delivering Through Diversity* (New York, NY: McKinsey & Company, 2018).

[202] A. M. Konrad, Y. Yang, and C. C. Maurer, "Antecedents and Outcomes of Diversity and Equality Management Systems: An Integrated Institutional Agency and Strategic Human Resource Management Approach," *Human Resource Management* 55, no. 1 (2016): 83-107.

[203] J. O'Leary and J. Sandberg, "Managers' Practice of Managing Diversity Revealed: A Practice-Theoretical Account," *Journal of Organizational Behavior* 38 (2017): 512-36.

[204] Shore et al., "Inclusive Workplaces."

[205] Olsen and Martins, "Understanding Organizational Diversity Management Programs."

[206] E. B. King, L. M. V. Gulick, and D. R. Avery, "The Divide Between Diversity Training and Diversity Education: Integrating Best Practices," *Journal of Management Education* 34, no. 6 (2010): 891-906; Roberson, "Diversity in the Workplace."

[207] A. Sippola and A. Smale, "The Global Integration of Diversity Management: A Longitudinal Case Study," *International Journal of Human Resource Management* 18, no. 11 (2007): 1895-916.

[208] A. C. Homan, S. Gündemir, C. Buengeler, and G. A. van Kleef, "Leading Diversity: Towards a Theory of Functional Leadership in Diverse Teams," *Journal of Applied Psychology* 105, no. 10 (2020): 1101-28.

[209] Y. R. F. Guillaume, J. F. Dawson, L. Otaye-Ebede, S. A. Woods, and M. A. West, "Harnessing Demographic Differences in Organizations: What Moderates the Effects of Workplace Diversity?" *Journal of Organizational Behavior* 38, no. 2 (2017): 276-303.

[210] A. E. Randel, B. M. Galvin, L. M. Shore, K. Holcombe Erhart, B. G. Chung, M. A. Dean, and U. Kedharnath, "Inclusive Leadership: Realizing Positive Outcomes Through Belongingness and Being Valued for Uniqueness," *Human Resource Management Review* 28 (2018): 190-203.

[211] Guillaume et al., "Harnessing Demographic Differences in Organizations."

[212] C. N. Thoroughgood, K. B. Sawyer, and J. R. Webster, "Because You're Worth the Risks: Acts of Oppositional Courage as Symbolic Messages of Relational Value to Transgender Employees," *Journal of Applied Psychology* (in press).

[213] Ibid.

[214] N. Wingfield, "Microsoft Chief Backpedals on Women's Pay," *The Wall Street Journal*, October 10, 2014, B1, B7.

[215] J. E. Olsen and L. L. Martins, "Racioethnicity, Community Makeup, and Potential Employees' Reactions to Organizational Diversity Management Approaches," *Journal of Applied Psychology* 101, no. 5 (2016): 657-72.

[216] J. M. Madera, "Situational Perspective Taking as an Intervention for Improving Attitudes Toward Organizations That Invest in Diversity Management Programs," *Journal of Business and Psychology* 33 (2018): 423-42.

[217] D. R. Avery and P. F. McKay, "Target Practice: An Organizational Impression Management Approach to Attracting Minority and Female Job Applicants," *Personnel Psychology* 59, no. 1 (2006): 157-87.

[218] A. Overholt, "More Women Coders," *Fortune*, February 25, 2013, 14.

[219] L. Kwoh, "McKinsey Tries to Recruit Mothers Who Left the Fold," *The Wall Street Journal*, February 20, 2013, B1, B7.

[220] J. C. Ziegert and P. J. Hanges, "Employment Discrimination: The Role of Implicit Attitudes, Motivation, and a Climate for Racial Bias," *Journal of Applied Psychology* 90, no. 3 (2005): 553-62.

[221] Roberson, "Diversity in the Workplace."

[222] R. Anand and M. Winters, "A Retrospective View of Corporate Diversity Training from 1964 to the Present," *Academy of Management Learning and Education* 7, no. 3 (2008): 356-72.

[223] K. Bezrukova, C. S. Spell, J. L. Perry, K. A. Jehn, "A Meta-Analytical Integration of Over 40 Years of Research on Diversity Training Evaluation," *Psychological Bulletin* 142, no. 11 (2016): 1227-74.

[224] B. R. Ragins and K. Erhardt, "Gaining Perspective: The Impact of Close Cross-Race Friendships on

Diversity Training and Education," *Journal of Applied Psychology* (in press).

[225] S. L. Rawski and S. A. Conroy, "Beyond Demographic Identities and Motivation to Learn: The Effect of Organizational Identification on Diversity Training Outcomes," *Journal of Organizational Behavior* 41 (2020): 461-78.

[226] J. M. Madera, E. B. King, and M. R. Hebl, "Enhancing the Effects of Sexual Orientation Diversity Training: The Effects of Setting Goals and Training Mentors on Attitudes and Behaviors," *Journal of Business and Psychology* 28 (2013): 79-91.

[227] Roberson, "Diversity in the Workplace."

[228] A. O. Herdman and A. McMillan-Capehart, "Establishing a Diversity Program Is Not Enough: Exploring the Determinants of Diversity Climate," *Journal of Business and Psychology* 25 (2010): 39-53.

[229] Ulta, "Champion Diversity," from Ulta website, accessed February 5, 2021, https://www.ulta.com/company/about-us/champion-diversity/

[230] See, for instance, B. R. Ragins, J. A. Gonzalez, K. Ehrhardt, and R. Singh, "Crossing the Threshold: The Spillover of Community Racial Diversity and Diversity Climate to the Workplace," *Personnel Psychology* 65, no. 4 (2012): 755-87.

[231] L. A. Nishii, "The Benefits of Climate for Inclusion for Gender-Diverse Groups," *Academy of Management Journal* 56, no. 6 (2013): 1754-74.

[232] D. J. G. Dwertmann, L. H. Nishii, and D. van Knippenberg, "Disentangling the Fairness and Discrimination and Synergy Perspectives on Diversity Climate: Moving the Field Forward," *Journal of Management* 42, no. 5 (2016): 1136-68.

[233] See, for instance, M. Reinwald, H. Huettermann, and H. Bruch, "Beyond the Mean: Understanding Firm-Level Consequences of Variability in Diversity Climate Perceptions," *Journal of Organizational Behavior* 40, no. 4 (2019): 472-91.

[234] A. Newman, I. Nielsen, R. Smyth, G. Hirst, and S. Kennedy, "The Effects of Diversity Climate on the Work Attitudes of Refugee Employees: The Mediating Role of Psychological Capital and Moderating Role of Ethnic Identity," *Journal of Vocational Behavior* 105 (2018): 147-58; S. D. Volpone, D. J. Marquardt, W. J. Casper, and D. R. Avery, "Minimizing Cross-Cultural Maladaptation: How Minority Status facilitates Change in International Acculturation," *Journal of Applied Psychology* 103, no. 3 (2018): 249-69.

[235] J. Hofhuis, K. I. van der Zee, and S. Otten, "Social Identity Patterns in Culturally Diverse Organizations: The Role of Diversity Climate," *Journal of Applied Social Psychology* 42 (2012): 964-89.

[236] D. M. Gardner and A. M. Ryan, "What's in It for You? Demographics and Self-Interest Perceptions in Diversity Promotion," *Journal of Applied Psychology* 105, no. 9 (2020): 1062-72.

[237] L. Windscheid, L. Bowes-Sperry, D. L. Kidder, H. Kwan Cheung, M. Morner, and F. Lievens, "Actions Speak Louder Than Words: Outsiders' Perceptions of Diversity Mixed Messages," *Journal of Applied Psychology* 101, no. 9 (2016): 1329-41.

[238] M. Tremblay, "Humor in Teams: Multilevel Relationships Between Humor Climate, Inclusion, Trust, and Citizenship Behaviors," *Journal of Business and Psychology* 32 (2017): 363-78.

[239] See, for instance, D. D. Dickens, V. Y. Womack, and T. Dimes, "Managing Hypervisibility: An Exploration of Theory and Research on Identity Shifting Strategies in the Workplace Among Black Women," *Journal of Vocational Behavior* 113 (2019): 153-63.

[240] E. H. Chang, K. L. Milkman, D. Chugh, and M. Akinola, "Diversity Thresholds: How Social Norms, Visibility, and Scrutiny Relate to Group Composition," *Academy of Management Journal* 62, no. 1 (2019): 144-71.

[241] M. Samdanis and M. Özbilgin, "The Duality of an Atypical Leader in Diversity Management: The Legitimization and Delegitimization of Diversity Beliefs in Organizations," *International Journal of Management Reviews* 22 (2020): 101-19.

[242] E. E. Kossek, R. Su, and L. Wu, "'Opting Out' or 'Pushed Out'? Integrating Perspectives on Women's Career Equality for Gender Inclusion and Interventions," *Journal of Management* 43, no. 1 (2017): 228-54.

[243] B. Babic, I. G. Cohen, T. Evgeniou, and S. Gerke, "When Machine Learning Goes Off the Rails," *Harvard Business Review,* January 1, 2021, https://hbr.org/2021/01/when-machine-learning-goes-off-the-rails; A. Fisher, "AI for Hire: 4 Ways Algorithms Can Boost Diversity in Hiring," *Fortune,* June 1, 2019, https://fortune.com/2019/06/01/ai-artificial-intelligence-diversity-hiring/; D. Heaven, "Why Deep-Learning AIs Are So Easy to Fool," *Nature* 574 (2019): 163-66; A. Holmes, "AI Could Be the Key to Ending Discrimination in Hiring, but Experts Warn It Can Be Just as Biased as Humans," *Business Insider,* October 8, 2021, https://www.businessinsider.com/ai-hiring-tools-biased-as-humans-experts-warn-2019-10; M. Lokesh, "The Intuition Behind the No Free Lunch Algorithm," *Toward Data Science,* July 9, 2020, https://towardsdatascience.com/intuitions-behind-no-free-lunch-theorem-1d160f754513; M. C. Perna, "4 Ways Hiring and Recruiting Will Change in 2021," *Forbes,* January 5, 2021, https://www.forbes.com/sites/markcperna/2021/01/05/4-ways-hiring-and-recruitment-will-change-in-2021/?sh=3acb85c8d09e; M. Spencer, "Don't Blame Your Lack of Diversity on the Pipeline. Blame Your Process," *Fast Company,* October 13, 2020, https://www.fastcompany.com/90561692/dont-blame-your-lack-of-diversity-on-the-pipeline-blame-your-process; D. Zielinski, "Addressing Artificial Intelligence-Based Hiring Concerns," *Society for Human Resource Management,* May 22, 2020, https://www.shrm.org/hr-today/news/hr-magazine/summer2020/pages/artificial-intelligence-based-hiring-concerns.aspx

[244] R. Grant, "3 Ways to Figure Out if a Company Really Values Diversity," *Harvard Business Review,* December 17, 2020, https://hbr.org/2020/12/3-ways-to-figure-out-if-a-company-really-values-diversity; K.W. Phillips, "Diversity and Authenticity," *Harvard Business Review,* March 1, 2018, https://hbr.org/2018/03/diversity-and-authenticity

[245] Based on "Midwest, Missouri: Deal to Reform Ferguson Police Is Approved [National Desk]," *The New York Times,* April 20, 2016, A12; K. Bezrukova, C. S. Spell, J. L. Perry, and K. A. Jehn, "A Meta-Analytical Integration of Over 40 Years of Research on Diversity Training Evaluation," *Psychological Bulletin* 142, no. 11 (2016): 1227-74; L. Burrell, "We Just Can't Handle Diversity: A Research Roundup," *Harvard Business Review,* July 2016, 70-4; K. Chatelain, "2 Covington Police Officers Become Certified Diversity Trainers," *The Times-Picayune,* January 27, 2017, http://www.nola.com/crime/index.ssf/2017/01/2_covington_cops_become_certif.html; F. Dobbin and A. Kalev, "Why Diversity Programs Fail and What Works Better," *Harvard Business Review,* July 2016, 52-60; G. Morse, "Designing a Bias-Free Organization: It's Easier to Change Your Processes Than Your People: An Interview with Iris Bohnet," *Harvard Business Review,* July 2016, 63-7; and Racial Intelligence Training & Engagement [About Page], http://riteacademy.com/

[246] Adapted from C. Tighe, "Female Engineers Flourish but Numbers Stay Stubbornly Low," *Financial Times,* October 4, 2019; and J. Miller, "Diverse Recruitment Bottleneck Hinders German Engineering," *Financial Times,* November 20, 2019.

제3장

[1] "Best Places to Work 2020," Glassdoor, https://www.glassdoor.com/Award/Best-Places-to-Work-LST_KQ0,19.htm; Alex Hern, "Google Submits Plans for 'Landscraper' London Headquarters," *The Guardian,* June 1, 2017, https://www.theguardian.com/technology/2017/jun/01/google-submits-plans-million-sq-ft-london-hq-construction-kings-cross; The Long + Short, "Hot Desks: Inside LEGO's Imaginative London Office," July 11, 2016, https://thelongandshort.org/spaces/lego-creative-london-hq; Indeed, "Lego Group Company Reviews by Employees," https://www.indeed.co.uk/cmp/The-Lego-Group/reviews; "Happy Workplaces Help Companies Perform Better," *Financial Times,* December 20, 2017, https://www.ft.com/content/6081b1fc-d0b2-11e5-92a1-c5e23ef99c77; Inside, "A Great Company Culture Example: LEGO," December 20, 2017, https://inside.6q.io/company-culture-example-lego/

[2] Robert Half International, "CPA Job Satisfaction: It's Not Just About Money," Robert Half [blog], March 12, 2015, https://www.roberthalf.com/blog/management-tips/cpa-job-satisfaction-its-not-just-about-money

[3] T. A. Judge, H. M. Weiss, J. D. Kammeyer-Mueller, and C. L. Hulin, "Job Attitudes, Job Satisfaction, and Job Affect: A Century of Continuity and of Change," *Journal of Applied Psychology* 102, no. 3 (2017): 356-74.

[4] O. N. Solinger, J. Hofmans, and W. van Olffen, "The Dynamic Microstructure of Organizational Commitment," *Journal of Occupational and Organizational Psychology* 88 (2015): 773-96.

[5] See L. S. Glasman and D. Albarracín, "Forming Attitudes That Predict Future Behavior: A Meta-Analysis of the Attitude-Behavior Relation," *Psychological Bulletin* 132, no. 5 (2006): 778-822.

[6] L. S. Glasman and D. Albarracin, "Forming Attitudes That Predict Future Behavior: A Meta-Analysis of the Attitude-Behavior Relation."

[7] M. J. Somers, "Thinking Differently: Assessing Nonlinearities in the Relationship Between Work Attitudes and Job Performance Using a Bayesian Neural Network," *Journal of Occupational and Organizational Psychology* 74 (2001): 47-61.

[8] S. K. Johnson, J. Kirk, and K. Keplinger, "Why We Fail to Report Sexual Harassment," *Harvard Business Review,* October 4, 2016, https://hbr.org/2016/10/why-we-fail-to-report-sexual-harassment.

[9] See L. Festinger, *A Theory of Cognitive Dissonance* (Stanford, CA: Stanford UP: 1957); A. S. Hinojosa, W. L. Gardner, H. Jack Walker, C. Cogliser, and D. Gullifor, "A Review of Cognitive Dissonance Theory in Management Research: Opportunities for Further Development," *Journal of Management* 43, no. 1 (2017): 170-99.

[10] See, for instance, D. J. Schleicher, J. D. Watt, and G. J. Greguras, "Reexamining the Job Satisfaction-Performance Relationship: The Complexity of Attitudes," *Journal of Applied Psychology* 89, no. 1 (2004): 165-77.

[11] J. Cloutier, P. L. Denis, and H. Bilodeau, "The Dynamics of Strike Votes: Perceived Justice During Collective Bargaining," *Journal of Organizational Behavior* 34 (2013): 1016-38.

[12] J. K. Caird, S. M. Simmons, K. Wiley, K. A. Johnston, and W. J. Horrey, "Does Talking on a Cell Phone, with a Passenger, or Dialing Affect Driving Performance? An Updated Systematic Review and Meta-Analysis of Experimental Studies," *Human Factors* 60, no. 1 (2018): 101-33.

[13] L. Festinger, *A Theory of Cognitive Dissonance*.

[14] E.-S. Lee, T.-Y. Park, and B. Koo, "Identifying Organizational Identification as a Basis for Attitudes and Behaviors: A Meta-Analytic Review," *Psychological Bulletin* 141, no. 5 (2015): 1049-80.

[15] Lee et al., "Identifying Organizational Identification as a Basis for Attitudes and Behaviors."

[16] V. R. Lane and S. G. Scott, "The Neural Network Model of Organizational Identification," *Organizational Behavior and Human Decision Processes* 104 (2007): 175-92.

[17] K. W. Rockmann and G. A. Ballinger, "Intrinsic Motivation and Organizational Identification Among On-Demand Workers," *Journal of Applied Psychology* 102, no. 9 (2017): 1305-16.

[18] D. A. Harrison, D. A. Newman, and P. L. Roth, "How Important Are Job Attitudes? Meta-Analytic Comparisons of Integrative Behavioral Outcomes and Time Sequences," *Academy of Management Journal* 49 (2006): 305-25.

[19] S. Conroy, C. A. Henle, L. Shore, and S. Stelman, "Where There Is Light, There Is Dark: A Review of the Detrimental Outcomes of High Organizational Identification," *Journal of Organizational Behavior* 38(2017): 184-203.

[20] Based on S. Shellenbarger, "Office Oversharers: Don't Tell Us About Last Night," *The Wall Street Journal*, June 25, 2014, D2; A. S. McCance, C. D. Nye, L. Wang, K. S. Jones, and C. Chiu, "Alleviating the Burden of Emotional Labor: The Role of Social Sharing," *Journal of Management* (February (2013): 392-415; S. Shellenbarger, "When It Comes to Work, Can You Care Too Much?" *The Wall Street Journal*, April 30, 2014, D3; and F. Gino, "Teams Who Share Personal Stories Are More Effective," *Harvard Business Review*, April 25, 2016, https://hbr.org/2016/04/teams-who-share-personal-stories-are-more-effective

[21] S. P. Brown, "A Meta-Analysis and Review of Organizational Research on Job Involvement," *Psychological Bulletin* 120, no. 2 (1996): 235-55; T. M. Lodahl and M. Kejner, "The Definition and Measurement of Job Involvement," *Journal of Applied Psychology* 49, no. 1 (1965): 24-33.

[22] Highhouse et al., "Finding Meaning in the Struggle of Work."

[23] G. M. Spreitzer, "Taking Stock: A Review of More Than Twenty Years of Research on Empowerment at Work," in J. Barling and C. L. Cooper (eds.), *Handbook of Organizational Behavior* (Thousand Oaks, CA: Sage, 2008): 54-72.

[24] S. E. Seibert, G. Wang, and S. H. Courtright, "Antecedents and Consequences of Psychological and Team Empowerment in Organizations: A Meta-Analytic Review," *Journal of Applied Psychology* 96, no. 5 (2011): 981-1003.

[25] Z. A. Mercurio, "Affective Commitment as a Core Essence of Organizational Commitment: An Integrative Literature Review," *Human Resource Development Review* 14, no. 4 (2015): 389-414.

[26] J. P. Meyer and A. J. S. Morin, "A person-centered approach to commitment research: Theory, research, and methodology," *Journal of Organizational Behavior* 37 (2016): 584-612.

[27] A. Cooper-Hakim and C. Viswesvaran, "The Construct of Work Commitment: Testing an Integrative Framework," *Psychological Bulletin* 131, no. 2 (2005): 241-59; J. P. Meyer, D. J. Stanley, L. Herscovitch, and L. Topolnytsky, "Affective, continuance, and normative commitment to the organization: A meta-analysis of antecedents, correlates, and consequences," *Journal of Vocational Behavior* 61 (2002): 20-52.

[28] Ibid.

[29] O. N. Solinger, W. van Olffen, and R. A. Roe, "Beyond the three-component model of organizational commitment," *Journal of Applied Psychology* 93, no. 1 (2008): 70-83.

[30] M. R. Frone, "What Happened to the Employed During the Great Recession? A U.S. Population Study of Net Change in Employee Insecurity, Health, and Organizational Commitment," *Journal of Vocational Behavior* 107 (2018): 246-60.

[31] Meyer and Morin, "A person-centered approach to commitment research."

[32] H. J. Klein, J. T. Cooper, J. C. Molloy, and J. A. Swanson, "The assessment of commitment: Advantages of a unidimensional, target-free approach," *Journal of Applied Psychology* 99, no. 2 (2014): 222-38; H. J. Klein, J. C. Molloy, and C. T. Brinsfield, "Reconceptualizing workplace commitment to redress a stretched construct: Revisiting assumptions and removing confounds," *Academy of Management Review* 37, no. 1 (2012): 130-151.

[33] See, for instance, J. C. Wombacher and J. Felfe, "Dual commitment in the organization: Effects on the interplay of team and organizational commitment on employee citizenship behavior, efficacy beliefs, and turnover intentions," *Journal of Vocational Behavior* 102 (2017): 1-14.

[34] Meyer and Morin, "A person-centered approach to commitment research."

[35] A. H. Kabins, X. Xu, M. E. Bergman, C. M. Berry, and V. L. Willson, "A profile of profiles: A meta-analysis of the nomological net of commitment profiles," *Journal of Applied Psychology* 101, no. 6 (2016): 881-904.

[36] J. N. Kurtessis, R. Eisenberger, M. T. Ford, L. C. Buffardi, K. A. Stewart, and C. S. Adis, "Perceived Organizational Support: A Meta-analytic Evaluation of Organizational Support Theory," *Journal of Management* 43, no. 6 (2017): 1854-84.

[37] "100 Best Companies to Work For," *Fortune*, February 2020, http://www.fortune.com/best-companies/, accessed January 12, 2020.

[38] See, for instance, J.-L. Farh, R. D. Hackett, and J. Liang, "Individual-Level Cultural Values as Moderators of Perceived Organizational Support-Employee Outcome Relationships in China: Comparing the Effects of Power Distance and Traditionality," *Academy of Management Journal* 50, no. 3 (2007): 715-29; L. Zhong, S. J. Wayne, and R. C. Liden, "Job Engagement, Perceived Organizational Support, High-Performance Human Resource Practices, and Cultural Value Orientations: A Cross-Level Investigation," *Journal of Organizational Behavior* 37, no. 6 (2016): 823-44.

[39] R. Eisenberger, T. Rockstuhl, M. K. Shoss, X. Wen, and J. Dulebohn, "Is the Employee-Organization Relationship Dying or Thriving? A Temporal Meta-Analysis," *Journal of Applied Psychology* 104, no. 8 (2019): 1036-57.

[40] Farh et al., "Individual-Level Cultural Values as Moderators of Perceived Organizational Support-Employee Outcome Relationships in China"; Zhong et al., "Job Engagement, Perceived Organizational Support, High-Performance Human Resource Practices, and Cultural Value Orientations."

[41] D. J. Schleicher, S. D. Hansen, and K. E. Fox, "Job Attitudes and Work Values."

[42] Ibid.

[43] R. L. Ray, R. Aparicio, P. Hyland, D. A. Dye, J. Simco, and A. Caputo, "DNA of Engagement: How Organizations Can Foster Employee Ownership of Engagement," *The Conference Board*, February 2017, https://www.conference-board.org/dna-engagement2017/

[44] J. K. Harter, F. L. Schmidt, and T. L. Hayes, "Business-Unit-Level Relationship Between Employee Satisfaction, Employee Engagement, and Business Outcomes: A Meta-Analysis," *Journal of Applied Psychology* 87, no. 2 (2002): 268-79.

[45] Z. Yuan, Z. Ye, and M. Zhong, "Plug Back into Work, Safely: Job Reattachment, Leader Safety Commitment, and Job Engagement in the COVID-19 Pandemic," *Journal of Applied Psychology* (in press).

[46] C. Knight, M. Patterson, and J. Dawson, "Building Work Engagement: A Systematic Review and Meta-Analysis Investigating the Effectiveness of Work Engagement Interventions," *Journal of Organizational Behavior* 38 (2017): 792-812.

[47] B. Schneider, A. B. Yost, A. Kropp, C. Kind, and H. Lam, "Workforce Engagement: What It Is, What Drives It, and Why It Matters for Organizational Performance," *Journal of Organizational Behavior* 39, no. 4 (2018): 462-80.

[48] N. R. Lockwood, *Leveraging Employee Engagement for Competitive Advantage* (Alexandria, VA: Society for Human Resource Management, 2007).

[49] N. De Cuyper, J. de Jong, H. De Witte, K. Isaksson, T. Rigotti, and R. Schalk, "Literature Review of Theory and Research on the Psychological Impact of Temporary Employment: Towards a Conceptual Model," *International Journal of Management Reviews* 10, no. 1 (2008): 25-51.

[50] M. J. Chambel and F. Castanheira, "They Don't Want to Be Temporaries: Similarities Between Temps and Core Workers," *Journal of Organizational Behavior* 28 (2007): 943-59.

[51] N. De Cuyper, G. Notelaers, and H. De Witte, "Job Insecurity and Employability in Fixed-Term Contractors, Agency Workers, and Permanent Workers: Associations with Job Satisfaction and Affective Organizational Commitment," *Journal of Occupational Health Psychology* 14, no. 2 (2009): 193-205.

[52] C. L. Wilkin, "I Can't Get No Job Satisfaction: Meta-Analysis Comparing Permanent and Contingent Workers," *Journal of Organizational Behavior* 34 (2013): 47-64.

[53] J. Felfe, R. Schmook, B. Schyns, and B. Six, "Does the Form of Employment Make a Difference?—Commitment of Traditional, Temporary, and Self-Employed Workers," *Journal of Vocational Behavior* 72 (2008): 81-94.

[54] R. Buch, B. Kuvaas, and A. Dysvik, "Dual Support in Contract Workers' Triangular Employment Relationships," *Journal of Vocational Behavior* 77 (2010): 93-103.

[55] M.-È. Lapalme, G. Simard, and M. Tremblay, "The Influence of Psychological Contract Breach on

Temporary Workers' Commitment and Behaviors: A Multiple Agency Perspective," *Journal of Business and Psychology* 26 (2011): 311-24.

[56] W. H. Macey and B. Schneider, "The Meaning of Employee Engagement," *Industrial and Organizational Psychology* 1 (2008): 3-30; A. Saks, "The Meaning and Bleeding of Employee Engagement: How Muddy Is the Water?" *Industrial and Organizational Psychology* 1 (2008): 40-43.

[57] Z. S. Byrne, J. M. Peters, J. W. Weston, "The Struggle with Employee Engagement: Measures and Construct Clarification Using Five Samples," *Journal of Applied Psychology* 101, no. 9 (2016): 1201-27.

[58] Newman, Joseph, and Hulin, "Job Attitudes and Employee Engagement."

[59] See, for example, M. S. Nagy, "Using a Single-Item Approach to Measure Facet Job Satisfaction," *Journal of Occupational and Organizational Psychology* 75 (2002): 77-86.

[60] N. A. Bowling, M. R. Hoepf, D. M. LaHuis, and L. R. Lepisto, "Mean Job Satisfaction Levels over Time: Are Things Bad and Getting Worse?" *The Industrial-Organizational Psychologist* (April 2013): 57-64.

[61] L. Weber, "U.S. Workers Can't Get No (Job) Satisfaction," *The Wall Street Journal*, June 18, 2014, http://blogs.wsj.com/atwork/2014/06/18/u-s-workers-cant-get-no-job-satisfaction/

[62] L. Weber, "U.S. Workers Report Highest Job Satisfaction Since 2005," *The Wall Street Journal*, August 29, 2018, https://www.wsj.com/articles/u-s-workers-report-highest-job-satisfaction-since-2005-1535544000

[63] L. Weber, "U.S. Workers Can't Get No (Job) Satisfaction."

[64] C. W. Koh, W. Shen, and T. Lee, "Black-White Mean Differences in Job Satisfaction: A Meta-Analysis," *Journal of Vocational Behavior* 94 (2016): 131-43.

[65] S. E. Humphrey, J. D. Nahrgang, and F. P. Morgeson, "Integrating Motivational, Social, and Contextual Work Design Features: A Meta-Analytic Summary and Theoretical Extension of the Work Design Literature," *Journal of Applied Psychology* 92, no. 5 (2007): 1332-56.

[66] M. D. Triana, M. Jayasinghe, and J. R. Pieper, "Perceived Workplace Racial Discrimination and its Correlates: A Meta-Analysis," *Journal of Organizational Behavior* 36 (2015): 491-513.

[67] R. Martin, Y. Guillaume, G. Thomas, A. Lee, and O. Epitropaki, "Leader-Member Exchange (LMX) and Performance: A Meta-Analytic Review," *Personnel Psychology* 69 (2016): 67-121.

[68] I.-S. Oh, R. P. Guay, K. Kim, C. M. Harold, J.-H. Lee, C.-G. Heo, and K.-H. Shin, "Fit Happens Globally: A Meta-Analytic Comparison of the Relationships of Person-Environment Fit Dimensions with Work Attitudes and Performance Across East Asia, Europe, and North America," *Personnel Psychology* 67 (2014): 99-152.

[69] Glassdoor, "Glassdoor's Best Places to Work 2020 Revealed: HubSpot Wins #1," *Glassdoor* (December 10, 2019), https://www.glassdoor.com/employers/blog/best-places-to-work-2020/

[70] See T. A. Judge, D. Heller, and M. K. Mount, "Five-Factor Model of Personality and Job Satisfaction: A Meta-Analysis," *Journal of Applied Psychology* 87, no. 3 (2002): 530-41.

[71] C.-H. Chang, D. L. Ferris, R. E. Johnson, C. C. Rosen, and J. A. Tan, "Core Self-Evaluations: A Review and Evaluation of the Literature," *Journal of Management* 38, no. 1 (2012): 81-128.

[72] E. Gonzalez-Mulé, K. M. Carter, and M. K. Mount, "Are Smarter People Happier? Meta-Analyses of the Relationships Between General Mental Ability and Job and Life Satisfaction," *Journal of Vocational Behavior* 99 (2017): 146-64.

[73] K. A. Hoff, Q. Chelsea Song, C. J. M. Wee, W. Ming, J. Phan, and J. Rounds, "Interest Fit and Job Satisfaction: A Systematic Review and Meta-Analysis," *Journal of Vocational Behavior* (in press).

[74] Y. H. Yao, E. A. Locke, and M. Jamal, "On a Combined Theory of Pay Level Satisfaction," *Journal of Organizational Behavior* 39 (2018): 448-61.

[75] T. A. Judge, R. F. Piccolo, N. P. Podsakoff, J. C. Shaw, and B. L. Rich, "The Relationship Between Pay and Job Satisfaction: A Meta-Analysis of the Literature," *Journal of Vocational Behavior* 77, no. 2 (2010): 157-67.

[76] K. De Roeck, A. El Akremi, and V. Swaen, "Consistency Matters! How and When Does Corporate Social Responsibility Affect Employees' Organizational Identification?" *Journal of Management Studies* 53, no. 7 (2016): 1141-68; O. Farooq, D. E. Rupp, and M. Farooq, "The Multiple Pathways Through Which Internal and External Corporate Social Responsibility Influence Organizational Identification and Multifoci Outcomes: The Moderating Role of Cultural and Social Orientations," *Academy of Management Journal* 60, no. 3 (2017): 954-85; Nvidia, "About Us: Company," *Nvidia* [website], accessed January 20, 2021, https://www.nvidia.com/en-us/about-nvidia/; Nvidia, *2019 Nvidia Corporate Social Responsibility Report* Santa Clara, CA: Nvidia, (2019); D. Sull, S. Turconi, and C. Sull, "When It Comes to Culture, Does Your Company Walk the Talk?" *MIT Sloan Management Review*, July 21, 2020, https://sloanreview.mit.edu/article/when-it-comes-to-culture-does-your-company-walk-the-talk/

[77] T. A. Judge, C. J. Thoresen, J. E. Bono, and G. K. Patton, "The Job Satisfaction-Job Performance Relationship: A Qualitative and Quantitative Review," *Psychological Bulletin* 127, no. 3 (2001): 376-407.

[78] See D. W. Organ, "Organizational Citizenship Behavior: Recent Trends and Developments," *Annual Review of Organizational Psychology and Organizational Behavior* 8 (2018): 295-306.

[79] B. J. Hoffman, C. A. Blair, J. P. Maeriac, and D. J. Woehr, "Expanding the Criterion Domain? A Quantitative Review of the OCB Literature," *Journal of Applied Psychology* 92, no. 2 (2007): 555-66.

[80] B. S. Reiche, P. Cardona, Y.-T. Lee, M. A. Canela, E. Akinnukawe, J. P. Briscoe, . . . and H. Wilkinson, "Why Do Managers Engage in Trustworthy Behavior? A Multilevel Cross-Cultural Study in 18 Countries," *Personnel Psychology* 67, no. 1 (2014): 61-98.

[81] D. S. Chiaburu and D. A. Harrison, "Do Peers Make the Place? Conceptual Synthesis and Meta-Analysis of Coworker Effect on Perceptions, Attitudes, OCBs, and Performance," *Journal of Applied Psychology* 93, no. 5 (2008): 1082-103.

[82] See, for instance, E. P. Piening, A. M. Baluch, and T. O. Salge, "The Relationship Between Employees' Perceptions of Human Resource Systems and Organizational Performance: Examining Mediating Mechanisms and Temporal Dynamics," *Journal of Applied Psychology* 98, no. 6 (2013): 926-47.

[83] B. Taylor, "Why Amazon Is Copying Zappos and Paying Employees to Quit," *Harvard Business Review*, April 14, 2014, https://hbr.org/2014/04/why-amazon-is-copying-zappos-and-paying-employees-to-quit/

[84] B. Erdogan, T. N. Bauer, D. M. Truxillo, and L. R. Mansfield, "Whistle While You Work: A Review of the Life Satisfaction Literature," *Journal of Management* 38, no. 4 (2012): 1038-83.

[85] O. Stavrova, T. Schlosser, and A. Baumert, "Life Satisfaction and Job-Seeking Behavior of the Unemployed: The Effect of Individual Differences in Justice Sensitivity," *Applied Psychology: An International Review* 64, no. 4 (2014): 643-70.

[86] T. J. Rothausen and K. E. Henderson, "Meaning-Based Job-Related Well-being: Exploring a Meaningful Work Conceptualization of Job Satisfaction," *Journal of Business and Psychology* 34 (2019): 357-76.

[87] R. Gibney, T. J. Zagenczyk, and M. F. Masters, "The Negative Aspects of Social Exchange: An Introduction to Perceived Organizational Obstruction," *Group & Organization Management* 34, no. 6 (2009): 665-97; A. O. Hirschman, *Exit, Voice, and Loyalty: Responses to Decline in Firms, Organizations, and States* (Cambridge, MA: Harvard University Press, 1970).

[88] A. J. Nyberg and R. E. Ployhart, "Context-Emergent Turnover (CET) Theory: A Theory of Collective Turnover," *Academy of Management Review* 38 (2013): 109-31.

[89] L. K. Treviño, N. A. den Nieuwenboer, and J. J. Kish-Gephart, "(Un)Ethical Behavior in Organizations," *Annual Review of Psychology* 65 (2014): 635-60.

[90] R. S. Dalal, "A Meta-Analysis of the Relationship Between Organizational Citizenship Behavior and Counterproductive Work Behavior," *Journal of Applied Psychology* 90, no. 6 (2005): 1241-55.

[91] P. A. O'Keefe, "Liking Work Really Does Matter," *The New York Times*, September 7, 2014, 12.

[92] D. Iliescu, D. Ispas, C. Sulea, and A. Ilie, "Vocational Fit and Counterproductive Work Behaviors: A Self-Regulation Perspective," *Journal of Applied Psychology* 100, no. 1 (2015): 21-39.

[93] N. A. Bowling and G. N. Burns, "Sex as a Moderator of the Relationships Between Predictor Variables and Counterproductive Work Behavior," *Journal of Business Psychology* 30 (2015): 193-205.

[94] S. Diestel, J. Wegge, and K.-H. Schmidt, "The Impact of Social Context on the Relationship Between Individual Job Satisfaction and Absenteeism: The Roles of Different Foci of Job Satisfaction and Work-Unit Absenteeism," *Academy of Management Journal* 57, no. 2 (2014): 353-82.

[95] H. Lian, D. L. Ferris, R. Morrison, and D. J. Brown, "Blame It on the Supervisor or the Subordinate? Reciprocal Relations Between Abusive Supervision and Organizational Deviance," *Journal of Applied Psychology* 99, no. 4 (2014): 651-64.

[96] R. Folger and D. P. Skarlicki, "Beyond Counterproductive Work Behavior: Moral Emotions and Deontic Retaliation Versus Reconciliation," in S. Fox and P. E. Spector (eds.), *Counter-Productive Work Behavior: Investigations of Actors and Targets* (Washington, DC: American Psychological Association, 2005): 83-105.

[97] C. M. Berry, N. C. Carpenter, and C. L. Barratt, "Do Other-Reports of Counterproductive Work Behavior Provide an Incremental Contribution over Self-Reports? A Meta-Analytic Comparison," *Journal of Applied Psychology* 97, no. 3 (2012): 613-36; and N. C. Carpenter, B. Rangel, G. Jeon, and J. Cottrell, "Are Supervisors and Coworkers Likely to Witness Employee Counterproductive Work Behavior? An Investigation of Observability and Self-Observer Convergence," *Personnel Psychology* (in press).

[98] Diestel, Wegge, and Schmidt, "The Impact of Social Context on the Relationship between Individual Job Satisfaction and Absenteeism."

[99] J. F. Ybema, P. G. W. Smulders, and P. M. Bongers, "Antecedents and Consequences of Employee Absenteeism: A Longitudinal Perspective on the Role of Job Satisfaction and Burnout," *European Journal of Work and Organizational Psychology* 19 (2010): 102-24.

[100] J. P. Hausknecht, N. J. Hiller, and R. J. Vance, "Work-Unit Absenteeism: Effects of Satisfaction, Commitment, Labor Market Conditions, and Time," *Academy of Management Journal* 51, no. 6 (2008): 1123-245.

[101] R. L. Schaumberg and F. J. Flynn, "Clarifying the Link Between Job Satisfaction and Absenteeism: The Role of Guilt Proneness," *Journal of Applied Psychology* 102, no. 6 (2017): 982-92.

[102] G. Chen, R. E. Ployhart, H. C. Thomas, N. Anderson, and P. D. Bliese, "The Power of Momentum: A New Model of Dynamic Relationships Between Job Satisfaction Change and Turnover Intentions," *Academy of Management Journal*, 54, no. 1 (2011): 159-81.

[103] D. Liu, T. R. Mitchell, T. W. Lee, B. C. Holtom, and T. R. Hinkin, "When Employees Are Out of Step with Coworkers: How Job Satisfaction Trajectory and Dispersion Influence Individual- and Unit-Level Voluntary Turnover," *Academy of Management Journal* 55, no. 6 (2012): 1360-80.

[104] Based on M. H. Blankenship, "Happier Employees + Happier Customers = More Profit," *HR Magazine*, July 2012, 36-38; A. Edmans, "The Link Between Job Satisfaction and Firm Value, with Implications for Corporate Social Responsibility," *Academy of Management Perspectives* (November 2012): 1-19; "Getting Them to Stay," *Workforce Management* (February 2013): 19; J. K. Harter et al., "Causal Impact of Employee Work Perceptions on the Bottom Line of Organizations," *Perspectives on Psychological Science* (July 2010): 378-89; T.-Y. Park and J. D. Shaw, "Turnover Rates and Organizational Performance: A Meta-Analysis," *Journal of Applied Psychology* (March 2013): 268-309; and J. Waggoner, "Do Happy Workers Mean Higher Profit?" *USA Today*, February 20, 2013, B1-B2.

[105] M. K. Shoss, B. J. Brummel, T. M. Probst, and L. Jiang, "The Joint Importance of Secure and Satisfying Work: Insights From Three Studies," *Journal of Business and Psychology* 35 (2020): 297-316.

[106] T. H. Lee, B. Gerhart, I. Weller, and C. O. Trevor, "Understanding Voluntary Turnover: Path-Specific Job Satisfaction Effects and the Importance of Unsolicited Job Offers," *Academy of Management Journal* 51, no. 4 (2008): 651-71.

[107] T. W. Lee, T. C. Burch, and T. R. Mitchell, "The story of why we stay: A review of job embeddedness," *Annual Review of Organizational Psychology and Organizational Behavior* 1 (2014): 199-216.

[108] K. Jiang, D. Liu, P. F. McKay, T. W. Lee, and T. R. Mitchell, "When and How Is Job Embeddedness Predictive of Turnover? A Meta-Analytic Investigation," *Journal of Applied Psychology* 97 (2012): 1077-96.

[109] K. Kiazad, B. C. Holtom, P. W. Hom, and A. Newman, "Job embeddedness: A multifoci theoretical extension," *Journal of Applied Psychology* 100, no. 3 (2015): 641-59.

[110] D. G. Allen, V. Peltokorpi, and A. L. Rubenstein, "When 'embedded' means 'stuck': Moderating effects of job embeddedness in adverse work environments," *Journal of Applied Psychology* 101, no. 12 (2016): 1670-86.

[111] A. Edmans, "The Link Between Job Satisfaction and Firm Value, with Implications for Social Responsibility," *Academy of Management Perspectives* 26, no. 4 (2012): 1-19.

[112] K. Holland, "Inside the Minds of Your Employees," *The New York Times*, January 28, 2007, B1; "Study Sees Link Between Morale and Stock Price," *Workforce Management*, February 27, 2006, 15; and "The Workplace as a Solar System," *The New York Times*, October 28, 2006, B5.

[113] E. White, "How Surveying Workers Can Pay Off," *The Wall Street Journal*, June 18, 2007, B3.

[114] Bain & Company, "Bain & Company Named a Top 10 Company for Working Mothers," Cision PR Newswire, September 24, 2019, https://www.prnewswire.com/news-releases/bain-company-named-a-top-10-company-for-working-mothers-300924322.html; D. Broom, "What Drives Job Satisfaction? Researchers Think This Is the Answer," World Economic Forum, December 2, 2020, https://www.weforum.org/agenda/2020/12/job-satisfaction-boss-colleagues/; T. A. Judge, R.F. Piccolo, N.P. Podsakoff, J.C. Shaw, and B.L. Rich, "The Relationship Between Pay and Job Satisfaction: A Meta-Analysis of the Literature," *Journal of Vocational Behavior* 77, no. 2 (2010): 157-67; V. D. Kosteas, "Job Satisfaction and Promotions," *Industrial Relations: A Journal of Economy & Society* 50, no. 1 (2011): 174-94; C. Lee, A. Alonso, E. Esen, J. Coombs, T. Mulvey, J. Victor, K. Wessels, and H. Ng, "Employee Job Satisfaction and Engagement: Revitalizing a Changing Workforce," The Society for Human Resource Management, 2016, https://www.shrm.org/hr-today/trends-and-forecasting/research-and-surveys/Documents/2016-Employee-Job-Satisfaction-and-Engagement-Report.pdf; D. Lup, "Something to Celebrate (or Not): The Differing Impact of Promotion to Manager on the Job Satisfaction of Men and Women," *Work, Employment, and Society* 32, no. 2 (2018): 407-25; P. Mohan, "I Got a Promotion, and I Regretted It," *Fast Company*, September 03, 2019, https://www.fastcompany.com/90395919/i-got-a-promotion-and-i-regret-it?partner=rss&utm_source=rss&utm_medium=feed&utm_campaign=rss+fastcompany&utm_content=rss?cid=search; D. Spiegel, "Beyond a Raise, This Is What a Majority of American Workers Want to Be Happier at Work," *CNBC*, April 2, 2019, https://www.cnbc.com/2019/04/01/to-be-happier-at-work-this-is-what-the-majority-of-us-workers-want.html

[115] Based on A. S. McCance, C. D. Nye, L. Wang, K. S. Jones, and C. Chiu, "Alleviating the Burden of Emotional Labor: The Role of Social Sharing," *Journal of Management* (February 2013): 392-415; A. Raelson, "Why and How You Should Be Using Glassdoor," *Glassdoor*, May 9, 2018, https://www.glassdoor.com/employers/blog/why-and-how-you-should-be-using-glassdoor/; R. E. Silverman, "Are You Happy in Your Job? Bosses Push Weekly Surveys," *The Wall Street Journal*, December 3, 2014, B1, B4; and R. E. Silverman, "Workers Really Do Put on a Happy Face for the Boss," *The Wall Street Journal*, January 29, 2015, D4.

[116] R. Carroll, "Dream Job? Hundreds Apply to Work on Remote Irish Island," *The Guardian*, January 14, 2020; A. Mahdawi, "Would You Take a Pay Cut to Get a Better Job Title? It's Not as Stupid as It Sounds," *The Guardian*, March 1, 2019; Wrike, "Wrike Happiness Index, Compensation," cdn.wrike.com/ebook/2019_US_Happiness_Index_Compensation.pdf; and WorldatWork, "Survey Finds Half of Workers Would Take Pay Cut for More Flexible Schedule," May 29, 2019, www.worldatwork.org/workspan/articles/survey-finds-half-of-workers-would-take-pay-cut-for-more-flexible-schedule; accessed January 28, 2020.

제4장

[1] J. Aaker and N. Bagdonas, "How to Be Funny at Work," *Harvard Business Review*, February 5, 2021, https://hbr.org/2021/02/how-to-be-funny-at-work; R. D'Errico, "Kelleher Proves CEOs Can Have Sense of Humor," *The Business Journals*, July 2, 2001, https://www.bizjournals.com/albany/stories/2001/07/02/editorial1.html; G. Hunter, "Will Southwest Airlines Lose That Lovin' Feelin'?," *Texas Monthly*, October 30, 2020, https://www.texasmonthly.com/news/southwest-airlines-covid-pandemic-changes/; E. Martin, "A Major Airline Says There's Something It Values More Than Its Customers, and There's a Good Reason Why," *Business Insider*, July 29, 2015, https://www.businessinsider.com/southwest-airlines-puts-employees-first-2015-7; G. Razzetti, "Your Success Depends on the Emotional Culture," *Psychology Today*, April 12, 2019, https://www.psychologytoday.com/us/blog/the-adaptive-mind/201904/your-success-depends-the-emotional-culture; "Southwest CEO Says It Can Avoid Layoffs Through 2021 with Employee Pay Cuts," *CNBC*, October 5, 2020, https://www.cnbc.com/2020/10/05/southwest-ceo-says-it-can-avoid-layoffs-through-2021-with-employee-pay-cuts-.html

[2] N. M. Ashkanasy and A. D. Dorris, "Emotions in the Workplace," *Annual Review of Organizational Psychology and Organizational Behavior* 4 (2017): 67-90; S. G. Barsade, A. P. Brief, and S. E. Spataro, "The Affective Revolution in Organizational Behavior: The Emergence of a Paradigm," in J. Greenberg (ed.), *Organizational Behavior: A Management Challenge* (Mahwah, NJ: Lawrence Erlbaum, 2003): 3-52.

[3] "Police: Angry Fast-Food Worker Beans Supervisor with Burrito," *U.S. News & World Report*, January 23, 2018, https://www.usnews.com/news/offbeat/articles/2018-01-23/police-angry-fast-food-worker-beans-supervisor-with-burrito

[4] A. Selyukh, "Amazon Employees Consider Consequences of Company's Minimum Wage Hike," *NPR: All Things Considered*, October 6, 2018, https://www.npr.org/2018/10/06/655246464/amazon-employees-consider-consequences-of-companys-minimum-wage-hike

[5] H. A. Elfenbein, "Emotion in Organizations," *The Academy of Management Annals* 1, no. 1 (2007): 315-86.

[6] Ibid.

[7] Ibid.

[8] R. Cropanzano, H. M. Weiss, J. M. S. Hale, and J. Reb, "The Structure of Affect: Reconsidering the Relationship Between Negative and Positive Affectivity," *Journal of Management* 29, no. 6 (2003): 831-57.

[9] L. Feldman Barrett and J. A. Russell, "The Structure of Current Affect: Controversies and Emerging Consensus," *Current Directions in Psychological Science* 8, no. 1 (1999): 10-14.

[10] A. Ben-Ze'ev, *The Subtlety of Emotions* (Cambridge, MA: MIT Press, 2000), 94.

[11] See, for example, M. A. Clark, M. M. Robertson, and N. T. Carter, "You Spin Me Right Round: A Within-Person Examination of Affect Spin and Voluntary Work Behavior," *Journal of Management* 44, no. 8 (2018): 3176-99.

[12] K. M. DeNeve and H. Cooper, "The Happy Personality: A Meta-Analysis of 137 Personality Traits

and Subjective Well-Being," *Psychological Bulletin* 124, no. 2 (1998): 197-229; A. J. Shackman, D. P. M. Tromp, M. D. Stockbridge, C. M. Kaplan, R. M. Tillman, and A. S. Fox, "Dispositional Negativity: An Integrative Psychological and Neurobiological Perspective," *Psychological Bulletin* 142, no. 12 (2016): 1275-314.

[13] See, for example, M. T. Jarymowicz and K. K. Imbir, "Toward a Human Emotions Taxonomy (Based on Their Automatic vs. Reflective Origin)," *Emotion Review* 7, no. 2 (2015): 183-88.

[14] R. C. Solomon, "Back to Basics: On the Very Idea of 'Basic Emotions,'" *Journal for the Theory of Social Behaviour* 32, no. 2 (2002): 115-44.

[15] J. L. Tracy and D. Randles, "Four Models of Basic Emotions: A Review of Ekman and Cordaro, Izard, Levenson, and Panksepp and Watt," *Emotion Review* 3, no. 4 (2011): 397-405.

[16] P. Ekman, *Emotions Revealed: Recognizing Faces and Feelings to Improve Communication and Emotional Life* (New York: Times Books/Henry Holt and Co., 2003).

[17] H. A. Elfenbein and N. Ambady, "On the Universality and Cultural Specificity of Emotion Recognition: A Meta-Analysis," *Psychological Bulletin* 128, no. 2 (2002): 203-35.

[18] P. Laukka, D. Neiberg, and H. A. Elfenbein, "Evidence for Cultural Dialects in Vocal Emotion Expression: Acoustic Classification Within and Across Five Nations," *Emotion* 14, no. 3 (2014): 445-49.

[19] K. Wezowski, "How to Get Better at Reading People From Different Cultures," *Harvard Business Review*, September 18, 2018, https://hbr.org/2018/09/how-to-get-better-at-reading-people-from-different-cultures

[20] R. Greenbaum, J. Bonner, T. Gray, and M. Mawritz, "Moral Emotions: A Review and Research Agenda for Management Scholarship," *Journal of Organizational Behavior* 41 (2020): 95-114.

[21] P. S. Russell and R. Giner-Sorolla, "Bodily Moral Disgust: What It Is, How It Is Different From Anger, and Why It Is an Unreasoned Emotion," *Psychological Bulletin* 139, no. 2 (2013): 328-51.

[22] D. Lindebaum, D. Geddes, and Y. Gabriel, "Moral Emotions and Ethics in Organisations," *Journal of Business Ethics* 141 (2017): 645-56.

[23] H. A. Chapman and A. K. Anderson, "Things Rank and Gross in Nature: A Review and Synthesis of Moral Disgust," *Psychological Bulletin* 139, no. 2 (2013): 300-27.

[24] A. L. Wright, R. F. Zammuto, and P. W. Liesch, "Maintaining the Values of a Profession: Institutional Work and Moral Emotions in the Emergency Department," *Academy of Management Journal* 60, no. 1 (2017): 200-37.

[25] J. S. Beer, "What Do We Know About Emotional Influences on Social Cognition? A Social Neuroscience Perspective," *Emotion Review* 9, no. 2 (2017): 172-80; J. Haidt, "The Emotional Dog and Its Rational Tail: A Social Intuitionist Approach to Moral Judgment," *Psychological Review* 108, no. 4 (2001): 814-34.

[26] A. Arnaud and M. Schminke, "The Ethical Climate and Context of Organizations: A Comprehensive Model," *Organization Science* 23, no. 6 (2012): 1767-80.

[27] See, for example, D. A. Yudkin, T. Rothmund, M. Twardawski, N. Thalla, and J. J. Van Bavel, "Reflexive Intergroup Bias in Third-Party Punishment," *Journal of Experimental Psychology: General* 145, no. 11 (2016): 1448-59.

[28] E. Castano, "On the Perils of Glorifying the In-Group: Intergroup Violence, In-Group Glorification, and Moral Disengagement," *Social and Personality Psychology Compass* 2, no. 1 (2008): 154-70.

[29] T. A. Ito and J. T. Cacioppo, "Variations on a Human Universal: Individual Differences in Positivity Offset and Negativity Bias," *Cognition and Emotion* 19, no. 1 (2005): 1-26; D. L. Joseph, M. Y. Chan, S. J. Heintzelman, L. Tay, E. Diener, and V. S. Scotney, "The Manipulation of Affect: A Meta-Analysis of Affect Induction Procedures," *Psychological Bulletin* 146, no. 4 (2020): 355-75.

[30] D. Holman, "Call Centres," in D. Holman, T. D. Wall, C. Clegg, P. Sparrow, and A. Howard (eds.), *The Essentials of the New Work Place: A Guide to the Human Impact of Modern Working Practices* (Chichester, UK: Wiley, 2005), 111-32.

[31] Ben-Ze'ev, *The Subtlety of Emotions*.

[32] D. T. Cordaro, R. Sun, D. Keltner, S. Kamble, N. Huddar, and G. McNeil, "Universals and Cultural Variations in 22 Emotional Expressions Across Five Cultures," *Emotion* 18, no. 1 (2018): 75-93.

[33] Ibid.

[34] J. L. Tsai, E. Blevins, L. Zhang Bencharit, L. Chim, H. H. Fung, and D. Y. Yeung, "Cultural Variations in Social Judgments of Smiles: The Role of Ideal Affect," *Journal of Personality and Social Psychology* 116, no. 6 (2019): 966-88.

[35] S. D. Pressman, M. W. Gallagher, S. J. Lopez, and B. Campos, "Incorporating Culture into the Study of Affect and Health," *Psychological Science* 25, no. 12 (2014): 2281-83.

[36] K. B. Curhan, T. Simms, H. R. Markus, S. Kitayama, M. Karasawa, N. Kawakami, . . . and C. D. Ryff, "Just How Bad Negative Affect Is for Your Health Depends on Culture," *Psychological Science* 25, no. 12 (2014): 2277-80.

[37] G. Luong, C. Wrzus, G. G. Wagner, and M. Riediger, "When Bad Moods May Not Be So Bad: Valuing Negative Affect Is Associated with Weakened Affect-Health Links," *Emotion* 16, no. 3 (2016): 387-401.

[38] E. Jaffe, "Positively Negative," *Association for Psychological Science Observer*, November 2012, 13-17.

[39] L. Zhang Bencharit, Y. Wan Ho, H. H. Fung, D. Y. Yeung, N. M. Stevens, R. Romero-Canyas, and J. L. Tsai, "Should Job Applicants be Excited or Calm? The Role of Culture and Ideal Affect in Employment Settings," *Emotion* 19, no. 3 (2019): 377-401.

[40] Ibid.

[41] S. Lyubomirsky, L. King, and E. Diener, "The Benefits of Frequent Positive Affect: Does Happiness Lead to Success?" *Psychological Bulletin* 131, no. 6 (2005): 803-55; K. M. Shockley, D. Ispas, M. E. Rossi, and E. L. Levine, "A Meta-Analytic Investigation of the Relationship Between State Affect, Discrete Emotions, and Job Performance," *Human Performance* 25 (2012): 377-411.

[42] T. W. H. Ng and K. L. Sorensen, "Dispositional Affectivity and Work-Related Outcomes: A Meta-Analysis," *Journal of Applied Social Psychology* 39, no. 6 (2009): 1255-87.

[43] L. M. Poverny and S. Picascia, "There Is No Crying in Business," *Womensmedia.com*, October 20, 2009, http://www.susanpicascia.com/noCrying.html

[44] M.-A. Reinhard and N. Schwartz, "The Influence of Affective States on the Process of Lie Detection," *Journal of Experimental Psychology* 18 (2012): 377-89.

[45] R. J. Larsen, "Affect Intensity," in M. R. Leary and R. H. Hoyle (eds.), *Handbook of Individual Differences in Social Behavior* (New York, NY: Guilford, 2009): 241-54.

[46] J. Anglim, S. Horwood, L. D. Smillie, R. J. Marrero, and J. K. Wood, "Predicting Psychological and Subjective Well-Being From Personality: A Meta-Analysis," *Psychological Bulletin* 146, no. 4 (2020): 279-323; H. M. Weiss, J. P. Nicholas, and C. S. Daus, "An Examination of the Joint Effects of Affective Experiences and Job Beliefs on Job Satisfaction and Variations in Affective Experiences over Time," *Organizational Behavior and Human Decision Processes* 78, no. 1 (1999): 1-24; H. R. Young, D. R. Glerum, W. Wang, and D. L. Joseph, "Who Are the Most Engaged at Work? A Meta-Analysis of Personality and Employee Engagement," *Journal of Organizational Behavior* 39 (2018): 1330-46.

[47] Ibid.

[48] B. P. Hasler, M. S. Mehl, R. R. Bootzin, and S. Vazire, "Preliminary Evidence of Diurnal Rhythms in Everyday Behaviors Associated with Positive Affect," *Journal of Research in Personality* 42 (2008): 1537-46.

[49] D. Watson, *Mood and Temperament* (New York: Guilford Press, 2000).

[50] A. A. Stone, J. E. Schwartz, D. Schkade, N. Schwarz, A. Krueger, and D. Kahneman, "A Population Approach to the Study of Emotion: Diurnal Rhythms of a Working Day Examined with the Day Reconstruction Method," *Emotion* 6 (2006): 139-49.

[51] S. A. Golder and M. W. Macy, "Diurnal and Seasonal Mood Vary with Work, Sleep, and Daylength Across Diverse Cultures," *Science* 333 (2011): 1878-81.

[52] G. D. Block, "Fixes for Our Out-of Sync Body Clocks," *The Wall Street Journal*, August 16-17, 2014, C3.

[53] Golder and Macy, "Diurnal and Seasonal Mood Vary with Work, Sleep, and Daylength Across Diverse Cultures."

[54] Ibid.

[55] Ibid.

[56] T. A. Klimstra et al., "Come Rain or Come Shine: Individual Differences in How Weather Affects Mood," *Emotion* 11, no. 6 (2011): 1495-99.

[57] J. J. A. Denissen, L. Butalid, L. Penke, and M. A. G. van Aken, "The Effects of Weather on Daily Mood: A Multilevel Approach," *Emotion* 8, no. 5 (2008): 662-67.

[58] J. J. Lee, F. Gino, and B. R. Staats, "Rainmakers: Why Bad Weather Means Good Productivity," *Journal of Applied Psychology* 99, no. 3 (2014): 504-13.

[59] M. T. Ford, R. A. Matthews, J. D. Wooldridge, V. Mishra, U. M. Kakar, and S. R. Strahan, "How Do Occupational Stressor-Strain Effects Vary with Time? A Review and Meta-Analysis of the Relevance of Time Lags in Longitudinal Studies," *Work & Stress* 28, no. 1 (2014): 9-30; and J. A. Fuller, J. M. Stanton, G. G. Fisher, C. Spitzmüller, S. S. Russell, and P. C. Smith, "A Lengthy Look at the Daily Grind: Time Series Analysis of Events, Mood, Stress, and Satisfaction," *Journal of Applied Psychology* 88, no. 6 (December 2003): 1019-33.

[60] C. C. Rosen, N. Dimotakis, M. S. Cole, S. G. Taylor, L. S. Simon, T. A. Smith, and C. S. Reina, "When Challenges Hinder: An Investigation of When and How Challenge Stressors Impact Employee Outcomes," *Journal of Applied Psychology* 105, no. 10 (2020): 1181-206.

[61] J. D. Nahrgang, F. P. Morgeson, and D. A. Hofmann, "Safety at Work: A Meta-Analytic Investigation of the Link Between Job Demands, Job Resources, Burnout, Engagement, and Safety Outcomes," *Journal of Applied Psychology* 96, no. 1 (2011): 71-94.

[62] V. Lopez-Kidwell, K. Niven, and G. Labianca, "Predicting Workplace Relational Dynamics Using

an Affective Model of Relationships," *Journal of Organizational Behavior* 39 (2018): 1129-41.

[63] P. L. Klumb, M. C. Voelkle, and S. Siegler, "How Negative Social Interactions at Work Seep into the Home: A Prosocial and an Antisocial Pathway," *Journal of Organizational Behavior* 38 (2017): 629-49.

[64] J. R. Methot, S. Melwani, and N. B. Rothman, "The Space Between Us: A Social-Functional Emotions View of Ambivalent and Indifferent Workplace Relationships," *Journal of Management* 43, no. 6 (2017): 1789-819.

[65] A. Viens, "Are You Sleeping Enough? This Infographic Shows How You Compare to the Rest of the World," *World Economic Forum*, August 16, 2019, https://www.weforum.org/agenda/2019/08/we-need-more-sleep

[66] Sleep Cycle, *Statistics This Week* [Digital Dashboard of Sleep Cycle application users], accessed February 1, 2019, http://www.sleepcycle.com; and *Sleep in America Poll* (Washington, DC: National Sleep Foundation, 2005), http://www.kintera.org/atf/cf/%7Bf6bf2668-a1b4-4fe8-8d1a-a5d39340d9cb%7D/2005_summary_of_findings.pdf

[67] Ibid.

[68] H. M. Mullins, J. M. Cortina, C. L. Drake, and R. S. Dalal, "Sleepiness at Work: A Review and Framework of How the Physiology of Sleepiness Impacts the Workplace," *Journal of Applied Psychology* 99, no. 6 (2014): 1096-112

[69] J. D. Minkel et al., "Sleep Deprivation and Stressors: Evidence for Elevated Negative Affect in Response to Mild Stressors When Sleep Deprived," *Emotion* 12, no. 5 (2012): 1015-20; B. A. Scott and T. A. Judge, "Insomnia, Emotions, and Job Satisfaction: A Multilevel Study," *Journal of Management* 32, no. 5 (2006): 622-45.

[70] L. Flueckiger, R. Lieb, A. H. Meyer, C. Witthauer, and J. Mata, "The Importance of Physical Activity and Sleep for Affect on Stressful Days: Two Intensive Longitudinal Studies," *Emotion* 16, no. 4 (2016): 488-97.

[71] B. Arends, "To Sleep, Perchance to Earn," *The Wall Street Journal*, September 20-21, 2014, B8.

[72] T. W. Puetz, P. J. O'Connor, and R. K. Dishman, "Effects of Chronic Exercise on Feelings of Energy and Fatigue: A Quantitative Synthesis," *Psychological Bulletin* 132, no. 6 (2006): 866-76.

[73] E. E. Bernstein, J. E. Curtiss, G. W. Y. Wu, P. J. Barreira, and R. J. McNally, "Exercise and Emotion Dynamics: An Experience Sampling Study," *Emotion* 19, no. 4 (2019): 637-44.

[74] See, for example, T. M. Chaplin and A. Aldao, "Gender Differences in Emotion Expression in Children: A Meta-Analytic Review," *Psychological Bulletin* 139, no. 4 (2013): 735-65; and N. M. Else-Quest, A. Higgins, C. Allison, and L. C. Morton, "Gender Differences in Self-Conscious Emotional Experience: A Meta-Analysis," *Psychological Bulletin* 138, no. 5 (2012): 947-81.

[75] A. H. Eagly, C. Nater, D. I. Miller, M. Kaufmann, and S. Sczesny, "Gender Stereotypes Have Changed: A Cross-Temporal Meta-Analysis of U.S. Public Opinion Polls from 1946 to 2018," *American Psychologist* 75, no. 3 (2020): 301-15; and J. S. Hyde, "Gender Differences and Similarities," *Annual Review of Psychology* 65 (2014): 373-98.

[76] R. Low, "Female Commander Files Gender Discrimination Complaint Against Denver Police: Problem Solvers Investigation," *Fox 31 Denver*, January 28, 2019, https://kdvr.com/2019/01/28/female-commander-files-gender-discrimination-complaint-against-denver-police-problem-solvers-investigation/

[77] L. F. Barrett and E. Bliss-Moreau, "She's Emotional. He's Having a Bad Day: Attributional Explanations for Emotion Stereotypes," *Emotion* 9 (2009): 649-58.

[78] A. A. Grandey and R. C. Melloy, "The State of the Heart: Emotional Labor as Emotion Regulation Reviewed and Revised," *Journal of Occupational Health Psychology* 22, no. 3 (2017): 407-22.

[79] J. D. Kammeyer-Mueller et al. "A Meta-Analytic Structural Model of Dispositional Affectivity and Emotional Labor," *Personnel Psychology* 66, no. 1 (2013): 47-90.

[80] Grandey and Melloy, "The State of the Heart."

[81] See, for instance, B. A. Scott, A. C. Lennard, R. L. Mitchell, and R. E. Johnson, "Emotions Naturally and Laboriously Expressed: Antecedents, Consequences, and the Role of Valence," *Personnel Psychology* 73 (2020): 587-613.

[82] J. M. Diefendorff and G. J. Greguras, "Contextualizing Emotional Display Rules: Examining the Roles of Targets and Discrete Emotions in Shaping Display Rule Perceptions," *Journal of Management* 35 (2009): 880-98.

[83] H. Deng, F. Walter, and Y. Guan, "Supervisor-Directed Emotional Labor as Upward Influence: An Emotions-as-Social-Information Perspective," *Journal of Organizational Behavior* 41 (2020): 384-402.

[84] P. S. Christoforou and B. E. Ashforth, "Revisiting the Debate on the Relationships Between Display Rules and Performance: Considering the Explicitness of Display Rules," *Journal of Applied Psychology* 100, no. 1 (2015): 249-61.

[85] A. A. Grandey, L. Houston III, and D. R. Avery, "Fake It to Make It? Emotional Labor Reduces the Disparity in Service Performance Judgments," *Journal of Management* 45, no. 5 (2019): 2163-92.

[86] A. Brodsky, "Virtual Surface Acting in Workplace Interactions: Choosing the Best Technology to Fit the Task," *Journal of Applied Psychology* 106, no. 5 (2021): 714-33.

[87] A. V. Huppertz, U. R. Hülsheger, J. De Calheiros Velozo, and B. H. Schreurs, "Why Do Emotional Labor Strategies Differentially Predict Exhaustion? Comparing Psychological Effort, Authenticity, and Relational Mechanisms," *Journal of Occupational Health Psychology* 25, no. 3 (2020): 214-26.

[88] J. D. Kammeyer-Mueller, A. L. Rubenstein, D. M. Long, M. A. Odio, B. R. Buckman, Y. Zhang, and M. D. K. Halvorsen-Ganepola, "A Meta-Analytic Structural Model of Dispositional Affectivity and Emotional Labor," *Personnel Psychology* 66 (2013): 47-90.

[89] H. Nguyen, M. Groth, and A. Johnson, "When the Going Gets Tough, the Tough Keep Working: Impact of Emotional Labor on Absenteeism," *Journal of Management* 42, no. 3 (2016): 615-43; D. T. Wagner, C. M. Barnes, and B. A. Scott, "Driving It Home: How Workplace Emotional Labor Harms Employee Home Life," *Personnel Psychology* 67 (2014): 487-516.

[90] U. R. Hülsheger, J. W. B. Lang, A. F. Schewe, and F. R. H. Zijlstra, "When Regulating Emotions at Work Pays Off: A Diary and an Intervention Study on Emotion Regulation and Customer Tips in Service Jobs," *Journal of Applied Psychology* 100, no. 2 (2015): 263-77; J. L. Huang, D. S. Chiaburu, X., Li, N., and Grandey, A. A., "Rising to the Challenge: Deep Acting Is More Beneficial When Tasks Are Appraised as Challenging," *Journal of Applied Psychology* 100, no. 5 (2015): 1398-408.

[91] H. Deng, F. Walter, C. K. Lam, and H. H. Zhao, "Spillover Effects of Emotional Labor in Customer Service Encounters Toward Coworker Harming: A Resource Depletion Perspective," *Personnel Psychology* 70 (2017): 469-502; G. M. Sayre, A. A. Grandey, and N.-W. Chi, "From Cheery to 'Cheers'? Regulating Emotions at Work and Alcohol Consumption After Work," *Journal of Applied Psychology* 105, no. 6 (2020): 597-618.

[92] S. Scherer, D. Zapf, L. A. Beitler, and K. Trumpold, "Testing a Multidimensional Model of Emotional Labor, Emotional Abilities, and Exhaustion: A Multilevel, Multimethod Approach," *Journal of Occupational Health Psychology* 25, no. 1 (2020): 46-67.

[93] S. Diestel, W. Rivkin, and K.-H. Schmidt, "Sleep Quality and Self-Control Capacity as Protective Resources in the Daily Emotional Labor Process: Results From Two Diary Studies," *Journal of Applied Psychology* 100, no. 3 (2015): 809-27; and K. L. Wang and M. Groth, "Buffering the Negative Effects of Employee Surface Acting: The Moderating Role of Employee-Customer Relationship Strength and Personalized Services," *Journal of Applied Psychology* 99, no. 2 (2014): 341-50; M. A. Uy, K. J. Lin, and R. Ilies, "Is It Better to Give or Receive? The Role of Help in Buffering the Depleting Effects of Surface Acting," *Academy of Management Journal* 60, no. 4 (2017): 1442-61.

[94] D. Yagil and H. Medler-Liraz, "Personally Committed to Emotional Labor: Surface Acting, Emotional Exhaustion and Performance Among Service Employees with a Strong Need to Belong," *Journal of Occupational Health Psychology* 22, no. 4 (2017): 481-91.

[95] P. J. Edelman and D. van Knippenberg, "Training Leader Emotion Regulation and Leadership Effectiveness," *Journal of Business and Psychology* 32 (2017): 747-57.

[96] A. A. Grandey, L. Houston, and D. R. Avery, "Fake It to Make It? Emotional Labor Reduces the Racial Disparity in Service Performance Judgements," *Journal Management* 45, no. 5 (2019): 2163-92; T. A. Judge, E. F. Woolf, and C. Hurst, "Is Emotional Labor More Difficult for Some Than for Others? A Multilevel, Experience-Sampling Study," *Personnel Psychology* 62, no. 1 (2009): 57-88.

[97] H. M. Weiss and R. Cropanzano, "Affective Events Theory: A Theoretical Discussion of the Structure, Causes and Consequences of Affective Experiences at Work," *Research in Organizational Behavior* 18 (1996): 1-74.

[98] K. Goldstein, "My Boss Said, 'I Understand What You're Going Through, but You Have a Job to Do,'" *Slate*, January 30, 2019, https://slate.com/human-interest/2019/01/infertility-workplace-pregnancy-challenges-2019.html

[99] C. D. Fisher, "Antecedents and Consequences of Real-Time Affective Reactions at Work," *Motivation and Emotion* 26, no. 1 (2002): 3-30.

[100] A. A. Grandey, A. P. Tam, and A. L. Brauburger, "Affective States and Traits in the Workplace: Diary and Survey Data from Young Workers," *Motivation and Emotion* 26, no. 1 (2002): 31-55

[101] J. Braukmann, A. Schmitt, L. Ďuranová, and S. Ohly, "Identifying ICT-Related Affective Events Across Life Domains and Examining Their Unique Relationships with Employee Recovery," *Journal of Business and Psychology* 33 (2018): 529-44.

[102] N. M. Ashkanasy, C. E. J. Hartel, and C. S. Daus, "Diversity and Emotion: The New Frontiers in Organizational Behavior Research," *Journal of Management* 28, no. 3 (2002): 324.

[103] T. Upshur-Lupberger, "Watch Your Mood: A Leadership Lesson," *The Huffington Post*, April 22, 2015, http://www.huffingtonpost.com/terrie-upshurlupberger/watch-your-mood-a-leaders_b_7108648.html

[104] Ibid.

[105] CareerBuilder, "Seventy-One Percent of Employers Say They Value Emotional Intelligence over IQ, According to CareerBuilder Survey" [press release], August 18, 2011, https://www.careerbuilder.ca/share/aboutus/pressreleasesdetail.aspx?id=pr652&sd=8%2f18%2f2011&ed=8%2f18%2f2099

[106] J. C. Rode, M. Arthaud-Day, A. Ramaswami, and S. Howes, "A Time-Lagged Study of Emotional Intelligence and Salary," *Journal of Vocational Behavior* 101 (2017): 77-89.

[107] D. L. Joseph and D. A. Newman, "Emotional Intelligence: An Integrative Meta-Analysis and Cascading Model," *Journal of Applied Psychology* 95, no. 1 (2010): 54-78; and P. Salovey and D. Grewal, "The Science of Emotional Intelligence," *Current Directions in Psychological Science* 14, no. 6 (2005): 281-85.

[108] CareerBuilder, "Seventy-One Percent of Employers Say They Value Emotional Intelligence over IQ, According to CareerBuilder Survey."

[109] D. L. Joseph, J. Jin, D. A. Newman, and E. H. O'Boyle, "Why Does Self-Reported Emotional Intelligence Predict Job Performance? A Meta-Analytic Investigation of Mixed EI," *Journal of Applied Psychology* 100, no. 2 (2015): 298-342; C. MacCann, Y. Jiang, L. E. R. Brown, K. S. Double, M. Bucich, and A. Minbashian, "Emotional Intelligence Predicts Academic Performance: A Meta-Analysis," *Psychological Bulletin* 146, no. 2 (2020): 150-86; C. Miao, R. H. Humphrey, and S. Qian, "A Meta-Analysis of Emotional Intelligence and Work Attitudes," *Journal of Occupational and Organizational Psychology* 90, no. 2 (2017): 177-202.

[110] C. I. C. Chien Farh, M.-G. Seo, and P. E. Tesluk, "Emotional Intelligence, Teamwork Effectiveness, and Job Performance: The Moderating Role of Job Context," *Journal of Applied Psychology* 97, no. 4 (2012): 890-900; D. Greenidge, D. Devonish, and P. Alleyne, "The Relationship Between Ability-Based Emotional Intelligence and Contextual Performance and Counterproductive Work Behaviors: A Test of the Mediating Effects of Job Satisfaction," *Human Performance* 27 (2014): 225-42; and A. Santos, W. Wang, and J. Lewis, "Emotional Intelligence and Career Decision-Making Difficulties: The Mediating Role of Career Decision Self-Efficacy," *Journal of Vocational Behavior* 107 (2018): 295-309.

[111] C. P. M. Wilderom, Y. Hur, U. J. Wiersma, P. T. Van Den Berg, and J. Lee, "From Manager's Emotional Intelligence to Objective Store Performance: Through Store Cohesiveness and Sales-Directed Employee Behavior," *Journal of Organizational Behavior* 36 (2015): 825-44.

[112] F. I. Greenstein, *The Presidential Difference: Leadership Style from FDR to Clinton* (Princeton, NJ: Princeton University Press, 2001).

[113] A. Z. Czarna, P. Leifeld, M. ☒mieja, M. Dufner, and P. Salovey, "Do Narcissism and Emotional Intelligence win us Friends? Modelling Dynamics of Peer Popularity Using Inferential Network Analysis," *Personality and Social Psychology Bulletin* 42, no. 11 (2016): 1588-99.

[114] See, for instance, Q. Huy and C. Zott, "Exploring the Affective Underpinnings of Dynamic Managerial Capabilities: How Managers' Emotion Regulation Behaviors Mobilize Resources for Their Firms," *Strategic Management Journal* 40 (2019): 28-54.

[115] K. A. Pekaar, A. B. Bakker, M. P. Born, and D. van der Linden, "The Consequences of Self- and Other-Focused Emotional Intelligence: Not All Sunshine and Roses," *Journal of Occupational Health Psychology* 24, no. 4 (2019): 450-66.

[116] D. H. M. Pelt, D. van der Linden, and M. P. Born, "How Emotional Intelligence Might Get You a Job: The Relationship Between Trait Emotional Intelligence and Faking on Personality Tests," *Human Performance* 31, no. 1 (2018): 33-54.

[117] S. Côté, "Emotional Intelligence in Organizations," *Annual Review of Organizational Psychology and Organizational Behavior* 1 (2014): 59-88.

[118] Based on D. Iliescu, A. Ilie, D. Ispas, and A. Ion, "Emotional Intelligence in Personnel Selection: Applicant Reactions, Criterion, and Incremental Validity," *International Journal of Selection and Assessment* (September 2012): 347-58; D. L. Joseph, J. Jin, D. A. Newman, and E. H. O'Boyle, "Why Does Self-Reported Emotional Intelligence Predict Job Performance? A Meta-Analytic Investigation of Mixed EI," *Journal of Applied Psychology* 100, no. 2 (2015): 298-342; R. Sharma, "Measuring Social and Emotional Intelligence Competencies in the Indian Context," *Cross Cultural Management* 19 (2012): 30-47; and S. Sharma, M. Gangopadhyay, E. Austin, and M. K. Mandal, "Development and Validation of a Situational Judgment Test of Emotional Intelligence," *International Journal of Selection and Assessment* (March 2013): 57-73.

[119] K. Schlegel and M. Mortillaro, "The Geneva Emotional Competence Test (GECo): An Ability Measure of Workplace Emotional Intelligence," *Journal of Applied Psychology* 104, no. 4 (2019): 559-80.

[120] V. Mattingly and K. Kraiger, "Can Emotional Intelligence Be Trained? A Meta-Analytical Investigation," *Human Resource Management Review* 29 (2019): 140-55; O. J. Sheldon, D. Dunning, and D. R. Ames, "Emotionally Unskilled, Unaware, and Uninterested in Learning More: Reactions to Feedback About Deficits in Emotional Intelligence," *Journal of Applied Psychology* 99, no. 1 (2014): 125-37.

[121] S. L. Koole, "The Psychology of Emotion Regulation: An Integrative Review," *Cognition and Emotion* 23 (2009): 4-41.

[122] A. C. Troth, S. A. Lawrence, P. J. Jordan, and N. M. Ashkanasy, "Interpersonal Emotion Regulation in the Workplace: A Conceptual and Operational Review and Future Research Agenda," *International Journal of Management Reviews* 20 (2018): 523-43.

[123] S. L. D. Restubog, A. C. G. Ocampo, and L. Wang, "Taking Control Amidst the Chaos: Emotion Regulation During the COVID-19 Pandemic," *Journal of Vocational Behavior* 119 (2020): Article 103440.

[124] D. H. Kluemper, T. DeGroot, and S. Choi, "Emotion Management Ability: Predicting Task Performance, Citizenship, and Deviance," *Journal of Management* (2013): 878-905.

[125] D. J. Hughes, I. K. Kratsiotis, K. Niven, and D. Holman, "Personality Traits and Emotion Regulation: A Targeted Review and Recommendations," *Emotion* 20, no. 1 (2020): 63-67.

[126] J. V. Wood, S. A. Heimpel, L. A. Manwell, and E. J. Whittington, "This Mood Is Familiar and I Don't Deserve to Feel Better Anyway: Mechanisms Underlying Self-Esteem Differences in Motivation to Repair Sad Moods," *Journal of Personality and Social Psychology* 96 (2009): 363-80.

[127] L. Wang and F. Yan, "Emotion Regulation Strategy Mediates the Relationship Between Goal Orientation and Job Search Behavior Among University Seniors," *Journal of Vocational Behavior* 108 (2018): 1-12.

[128] E. Kim, D. P. Bhave, and T. M. Glomb, "Emotion Regulation in Workgroups: The Roles of Demographic Diversity and Relational Work Context," *Personnel Psychology* (2013): 613-44.

[129] Ibid.

[130] S. L. Koole, "The Psychology of Emotion Regulation."

[131] L. K. Barber, P. G. Bagsby, and D. C. Munz, "Affect Regulation Strategies for Promoting (or Preventing) Flourishing Emotional Health," *Personality and Individual Differences* 49 (2010): 663-66.

[132] J. Diefendorff, A. S. Gabriel, M. T. Nolan, and J. Yang, "Emotion Regulation in the Context of Customer Mistreatment and Felt Affect: An Event-Based Profile Approach," *Journal of Applied Psychology* 104, no. 7 (2019): 965-83.

[133] D. Holman, "How Does Customer Affiliative Behaviour Shape the Outcomes of Employee Emotion Regulation? A Daily Diary Study of Supermarket Checkout Operators," *Human Relations* 69, no. 5 (2016): 1139-62.

[134] L. D. Cameron, and N. C. Overall, "Suppression and Expression as Distinct Emotion-Regulation Processes in Daily Interactions: Longitudinal and Meta-Analyses," *Emotion* 18, no. 4 (2018): 465-80.

[135] J. L. Jooa and G. Francesca, "Poker-Faced Morality: Concealing Emotions Leads to Utilitarian Decision Making," *Organizational Behavior and Human Decision Processes* 126 (2015): 49-64.

[136] Ibid.

[137] T. L. Webb, E. Miles, and P. Sheeran, "Dealing With Feeling: A Meta-Analysis of the Effectiveness of Strategies Derived From the Process Model of Emotion Regulation," *Psychological Bulletin* 138, no. 4 (2012): 775-808.

[138] J. J. Gross, E. Halperin, and R. Porat, "Emotion Regulation in Intractable Conflicts," *Current Directions in Psychological Science* 22, no. 6 (2013): 423-29.

[139] A. S. Troy, A. J. Shallcross, and I. B. Mauss, "A Person-by-Person Situation Approach to Emotion Regulation: Cognitive Reappraisal Can Either Help or Hurt, Depending on the Context," *Psychological Science* 24, no. 12 (2013): 2505-14.

[140] E. Halperin, R. Porat, M. Tamir, and J. J. Gross, "Can Emotion Regulation Change Political Attitudes in Intractable Conflicts? From the Laboratory to the Field," *Psychological Science*, January 2013, 106-11.

[141] M. Feinberg, B. Q. Ford, and F. J. Flynn, "Rethinking Reappraisal: The Double-Edged Sword of Regulating Negative Emotions in the Workplace," *Organizational Behavior and Human Decision Processes* 161(2020): 1-19.

[142] M. Alabak, U. R. Hülsheger, F. R. H. Zijlstra, and P. Verduyn, "More Than One Strategy: A Closer Examination of the Relationship Between Deep Acting and Key Employee Outcomes," *Journal of Occupational Health Psychology* 25, no. 1 (2020): 32-45.

[143] A. S. McCance, C. D. Nye, L. Wang, K. S. Jones, and C. Chiu, "Alleviating the Burden of Emotional Labor: The Role of Social Sharing," *Journal of Management* 39, no. 2 (2013): 392-415.

[144] F. Nils and B. Rimé, "Beyond the Myth of Venting: Social Sharing Modes Determine the Benefits of Emotional Disclosure," *European Journal of Social Psychology* 42 (2012): 672-81; and J. D. Parlamis, "Venting as Emotion Regulation: The Influence of Venting Responses and Respondent Identity on Anger and Emotional Tone," *International Journal of Conflict Management* 23 (2012): 77-96.

[145] S.-C. S. Chi and S.-G. Liang, "When Do Subordinates' Emotion-Regulation Strategies Matter? Abusive Supervision, Subordinates' Emotional Exhaustion, and Work Withdrawal," *Leadership Quarterly*, February 2013, 125-37.

[146] See, for instance, C. K. Lam, F. Walter, and S. A. Lawrence, "Emotion Suppression and Perceptions of Interpersonal Citizenship Behavior: Faking in Good Faith or Bad Faith?" *Journal of Organizational Behavior*

42, no. 3 (2021): 365-87.

[147] S. Reddy, "Walk This Way: Acting Happy Can Make It So," *The Wall Street Journal*, November 18, 2014, D3.

[148] L. Pruessner, S. Barnow, D. V. Holt, J. Joormann, and K. Schulze, "A Cognitive Control Framework for Understanding Emotion Regulation Flexibility," *Emotion* 20, no. 1 (2020): 21-29.

[149] C. Cherniss, "The Business Case for Emotional Intelligence," *Consortium for Research on Emotional Intelligence in Organizations* (1999), http://www.eiconsortium.org/pdf/business_case_for_ei.pdf

[150] Bencharit et al., "Should Job Applicants Be Excited or Calm?"

[151] J. E. Bono and R. Ilies, "Charisma, Positive Emotions and Mood Contagion," *The Leadership Quarterly* 17, no. 4 (2006): 317-34.

[152] L. M. Kreemers, E. A. J. van Hooft, and A. E. M. van Vianen, "Dealing With Negative Job Search Experiences: The Beneficial Role of Self-Compassion for Job Seekers' Affective Responses," *Journal of Vocational Behavior* 106 (2018): 165-79.

[153] See A. M. Isen, "Positive Affect and Decision Making," in M. Lewis and J. M. Haviland-Jones (eds.), *Handbook of Emotions*, 2nd ed. (New York: Guilford, 2000), 261-77.

[154] N. Nuñez, K. Schweitzer, C. A. Chai, and B. Myers, "Negative Emotions Felt During Trial: The Effect of Fear, Anger, and Sadness on Juror Decision Making," *Applied Cognitive Psychology* 29, no. 2 (2015): 200-209.

[155] S. N. Mohanty and D. Suar, "Decision Making Under Uncertainty and Information Processing in Positive and Negative Mood States," *Psychological Reports* 115, no. 1 (2014): 91-105.

[156] S.-C. Chuang and H.-M. Lin, "The Effect of Induced Positive and Negative Emotion and Openness-to-Feeling in Student's Consumer Decision Making," *Journal of Business and Psychology* 22, no. 1 (2007): 65-78.

[157] D. van Knippenberg, H. J. M. Kooij-de Bode, and W. P. van Ginkel, "The Interactive Effects of Mood and Trait Negative Affect in Group Decision Making," *Organization Science* 21, no. 3 (2010): 731-44.

[158] M. Baas, C. K. W. De Dreu, and B. A. Nijstad, "A Meta-Analysis of 25 Years of Mood-Creativity Research: Hedonic Tone, Activation, or Regulatory Focus," *Psychological Bulletin* 134 (2008): 779-806.

[159] M. J. Grawitch, D. C. Munz, and E. K. Elliott, "Promoting Creativity in Temporary Problem-Solving Groups: The Effects of Positive Mood and Autonomy in Problem Definition on Idea-Generating Performance," *Group Dynamics* 7, no. 3 (September 2003): 200-13.

[160] Lyubomirsky, King, and Diener, "The Benefits of Frequent Positive Affect,"

[161] N. Madjar, G. R. Oldham, and M. G. Pratt, "There's No Place Like Home? The Contributions of Work and Nonwork Creativity Support to Employees' Creative Performance," *Academy of Management Journal* 45, no. 4 (2002): 757-67.

[162] J. M. George and J. Zhou, "Understanding When Bad Moods Foster Creativity and Good Ones Don't: The Role of Context and Clarity of Feelings," *Journal of Applied Psychology* 87, no. 4 (August 2002): 687-97.

[163] See, for example, F. Montani, V. Dagenais-Desmarais, G. Giorgi, and S. Grégoire, "A Conservation of Resources Perspective on Negative Affect and Innovative Work Behavior: The Role of Affect Activation and Mindfulness," *Journal of Business and Psychology* 33 (2018): 123-39.

[164] M. B. Wieth and R. T. Zacks, "Time of Day Effects on Problem Solving: When the Non-Optimal Is Optimal," *Thinking & Reasoning* 17 (2011): 387-401.

[165] A.-K. Kleine, C. W. Rudolph, and H. Zacher, "Thriving at Work: A Meta-Analysis," *Journal of Organizational Behavior* 40 (2019): 973-99.

[166] A. Erez and A. M. Isen, "The Influence of Positive Affect on the Components of Expectancy Motivation," *Journal of Applied Psychology* 87, no. 6 (2002): 1055-67.

[167] W. Tsai, C.-C. Chen, and H. Liu, "Test of a Model Linking Employee Positive Moods and Task Performance," *Journal of Applied Psychology* 92, no. 6 (2007): 1570-83.

[168] R. Ilies and T. A. Judge, "Goal Regulation Across Time: The Effect of Feedback and Affect," *Journal of Applied Psychology* 90, no. 3 (May 2005): 453-67.

[169] B. L. Fredrickson and T. Joiner, "Reflections on Positive Emotions and Upward Spirals," *Perspectives on Psychological Science* 13, no. 2 (2018): 194-99.

[170] J. E. Bono, H. J. Foldes, G. Vinson, and J. P. Muros, "Workplace Emotions: The Role of Supervision and Leadership," *Journal of Applied Psychology* 92, no. 5 (2007): 1357-67.

[171] S. G. Liang and S.-C. S. Chi, "Transformational Leadership and Follower Task Performance: The Role of Susceptibility to Positive Emotions and Follower Positive Emotions," *Journal of Business and Psychology* (2013): 17-29.

[172] V. A. Visser, D. van Knippenberg, G. van Kleef, and B. Wisse, "How Leader Displays of Happiness and Sadness Influence Follower Performance: Emotional Contagion and Creative versus Analytical Performance," *Leadership Quarterly*, (2013): 172-88.

[173] B. M. Staw, K. A. DeCelles, and P. de Goey, "Leadership in the Locker Room: How the Intensity of Leaders' Unpleasant Affective Displays Shapes Team Performance," *Journal of Applied Psychology* 104, no. 12 (2019): 1547-57.

[174] T. Schwarzmüller, P. Brosi, and I. M. Welpe, "Sparking Anger and Anxiety: Why Intense Leader Anger Displays Trigger Both More Deviance and Higher Work Effort in Followers," *Journal of Business and Psychology* 33 (2018): 761-77.

[175] A. M. Carton and B. J. Lucas, "How Can Leaders Overcome the Blurry Vision Bias? Identifying an Antidote to the Paradox of Vision Communication," *Academy of Management Journal* 61, no. 6 (2018): 2106-29.

[176] G. A. van Kleef and S. Côté, "Emotional Dynamics in Conflict and Negotiation: Individual, Dyadic, and Group Processes," *Annual Review of Organizational Psychology and Organizational Behavior* 5 (2018): 437-64.

[177] G. A. van Kleef, C. K. W. De Dreu, and A. S. R. Manstead, "The Interpersonal Effects of Emotions in Negotiations: A Motivated Information Processing Approach," *Journal of Personality and Social Psychology* 87, no. 4 (2004): 510-28.

[178] L. Rees, S-C. S. Chi, R. Friedman, and H.-L. Shih, "Anger as a Trigger for Information Search in Integrative Negotiations," *Journal of Applied Psychology* 105, no. 7 (2020): 713-31.

[179] E. van Dijk, G. A. Van Kleef, W. Steinel, and I. van Beest, "A Social Functional Approach to Emotions in Bargaining: When Communicating Anger Pays and When It Backfires," *Journal of Personality and Social Psychology* 94, no. 4 (2008): 600-14.

[180] J. A. Yip and M. E. Schweitzer, "Losing Your Temper and Your Perspective: Anger Reduces Perspective-Taking," *Organizational Behavior and Human Decision Processes* 150 (2019): 28-45.

[181] See, for instance, W. J. Becker and J. R. Curhan, "The Dark Side of Subjective Value in Sequential Negotiations: The Mediating Role of Pride and Anger," *Journal of Applied Psychology* 103, no. 1 (2018): 74-87.

[182] K. M. O'Connor and J. A. Arnold, "Distributive Spirals: Negotiation Impasses and the Moderating Role of Disputant Self-Efficacy," *Organizational Behavior and Human Decision Processes* 84, no. 1 (2001): 148-76.

[183] M. Growth, Y. Wu, H. Nguyen, and A. Johnson, "The Moment of Truth: A Review, Synthesis, and Research Agenda for the Customer Service Experience," *Annual Review of Organizational Psychology and Organizational Behavior* 6 (2019): 89-113.

[184] See P. B. Barker and A. A. Grandey, "Service with a Smile and Encounter Satisfaction: Emotional Contagion and Appraisal Mechanisms," *Academy of Management Journal* 49, no. 6 (2006): 1229-38.

[185] Tsai and Huang, "Mechanisms Linking Employee Affective Delivery and Customer Behavioral Intentions."

[186] A. Cheshin, A. Amit, and G. A. van Kleef, "The Interpersonal Effects of Emotion Intensity in Customer Service: Perceived Appropriateness and Authenticity of Attendants' Emotional Displays Shape Customer Trust and Satisfaction," *Organizational Behavior and Human Decision Processes* 144 (2018): 97-111; Z. Wang, S. N. Singh, Y. J. Li, S. Mishra, M. Ambrose, and M. Biernat, "Effects of Employees' Positive Affective Displays on Customer Loyalty Intentions: An Emotions-as-Social-Information Perspective," *Academy of Management Journal* 60, no. 1 (2017): 109-29.

[187] J. M. Diefendorff, A. S. Gabriel, M. T. Nolan, and J. Yang, "Emotion Regulation in the Context of Customer Mistreatment and Felt Affect: An Event-Based Approach," *Journal of Applied Psychology* 104, no. 7 (2019): 965-83.

[188] R. Ilies and T. A. Judge, "Understanding the Dynamic Relationships Among Personality, Mood, and Job Satisfaction: A Field Experience Sampling Study," *Organizational Behavior and Human Decision Processes* 89 (2002): 1119-39.

[189] T. A. Judge and R. Ilies, "Affect and Job Satisfaction: A Study of Their Relationship at Work and at Home," *Journal of Applied Psychology* 89 (2004): 661-73.

[190] M. Baskerville Watkins, R. Ren, E. E. Umphress, W. R. Boswell, M. del Carmen Triana, and A. Zardkoohi, "Compassion Organizing: Employees' Satisfaction with Corporate Philanthropic Disaster Response and Reduced Job Strain," *Journal of Occupational and Organizational Psychology* 88 (2015): 436-58; S. Chung and S. Young Lee, "Visual CSR Messages and the Effects of Emotional Valence and Arousal on Perceived CSR Motives, Attitude, and Behavioral Intentions," *Communication Research* 46, no. 7 (2019): 926-47; S. Hafenbrädl and D. Waeger, "Ideology and the Micro-Foundations of CSR: Why Executives Believe in the Business Case for CSR and How This Affects Their CSR Engagements," *Academy of Management Journal* 60, no. 4 (2017): 1582-606; S. Herrington, "Denver Sustainability Career Trek," *Leeds School of Business* [press release], January 27, 2020, https://www.colorado.edu/business/cesr/insights-news/2020/01/27/denver-sustainability-career-trek; A. Manthiou, E. Hickman, and P. Klaus, "Beyond Good and Bad: Challenging the Suggested Role of Emotions in Customer Experience (CX) Research," *Journal of Retailing and Consumer Services* 57 (2020): Article 102218; B. McEwen, "Corporate Social Responsibility: Can It Create Emotional Bonds with Customers?" *MyCustomer*, November 9, 2009, https://www.mycustomer.com/selling/sales-performance/corporate-social-responsibility-can-it-create-emotional-bonds-with; T. W. H. Ng, K. Chi Yam, and H.

Aguinis, "Employee Perceptions of Corporate Social Responsibility: Effects on Pride, Embeddedness, and Turnover," *Personnel Psychology* 72 (2019): 107-37; A. Pérez and I. Rodríguez del Bosque, "An Integrative Framework to Understand How CSR Affects Customer Loyalty Through Identification, Emotions, and Satisfaction," *Journal of Business Ethics* 129 (2015): 571-84; Scream Agency [webpage], accessed February 11, 2021, https://www.screamagency.com/; Scream Agency, "Improve Your CSR Messaging with Emotional Intelligence," *Scream Agency* [blog], October 11, 2019, https://www.screamagency.com/improve-your-csr-messaging-with-emotional-intelligence/; C. Wright and D. Nyberg, "Working with Passion: Emotionology, Corporate Environmentalism and Climate Change," *Human Relations* 65, no. 12 (2012): 1561-87.

[191] Z. Song, M. Foo, and M. A. Uy, "Mood Spillover and Crossover Among Dual-Earner Couples: A Cell Phone Event Sampling Study," *Journal of Applied Psychology* 93, no. 2 (2008): 443-52.

[192] See, for instance, P. R. Sackett and C. J. DeVore, "Counterproductive Behaviors at Work," in N. Anderson, D. S. Ones, H. K. Sinangil, and C. Viswesvaran (eds.), *Handbook of Industrial, Work & Organizational Psychology*, vol. 1 (Thousand Oaks, CA: Sage, 2001), 145-64.

[193] D. Haynes, "On the Role of Positive and Negative Affectivity in Job Performance: A Meta-Analytic Investigation," *Journal of Applied Psychology* 94, no. 1 (2009): 152-76.

[194] S. C. Douglas, C. Kiewitz, M. Martinko, P. Harvey, Y. Kim, and J. U. Chun, "Cognitions, Emotions, and Evaluations: An Elaboration Likelihood Model for Workplace Aggression," *Academy of Management Review* 33, no. 2 (2008): 425-51.

[195] A. K. Khan, S. Ouratulain, and J. R. Crawshaw, "The Mediating Role of Discrete Emotions in the Relationship Between Injustice and Counterproductive Work Behaviors: A Study in Pakistan," *Journal of Business and Psychology* (2013): 49-61.

[196] J. Koopman, J. M. Conway, N. Dimotakis, B. J. Tepper, Y. E. Lee, S. G. Rogelberg, and R. B. Lount, "Does CWB Repair Negative Affective States, or Generate Them? Examining the Moderating Role of Trait Empathy," *Journal of Applied Psychology* (in press).

[197] M. Toubiana and C. Zietsma, "The Message Is on the Wall? Emotions, Social Media and the Dynamics of Institutional Complexity," *Academy of Management Journal* 60, no. 3 (2017): 922-53.

[198] C. Cutter and R. Feintzeig, "Smile! Your boss is tracking your happiness," *The Wall Street Journal*, March 6, 2020, https://www.wsj.com/articles/smile-your-boss-is-tracking-your-happiness-11583255617?reflink=desktopwebshare_permalink

[199] Kaplan, Bradley, Luchman, and Haynes, "On the Role of Positive and Negative Affectivity in Job Performance"; and J. Maiti, "Design for Worksystem Safety Using Employees' Perception about Safety," *Work—A Journal of Prevention Assessment & Rehabilitation* 41 (2012): 3117-22.

[200] D. Du, D. Derks, A. B. Bakker, and C.-Q. Lu, "Does Homesickness Undermine the Potential of Job Resources? A Perspective From the Work-Home Resources Model," *Journal of Organizational Behavior* 39 (2018): 96-112.

[201] Based on B. Carey, "The Benefits of Blowing Your Top," *The New York Times*, July 6, 2010, D1; R. Y. Cheung and I. J. Park, "Anger Suppression, Interdependent Self-Construal, and Depression Among Asian American and European American College Students," *Cultural Diversity and Ethnic Minority Psychology* 16, no. 4 (2010): 517-25; D. Geddes and L. T. Stickney, "The Trouble with Sanctions: Organizational Responses to Deviant Anger Displays at Work," *Human Relations* 64, no. 2 (2011): 201-30; J. Fairley, "Taking Control of Anger Management," *Workforce Management* (October 2010): 10; L. T. Stickney and D. Geddes, "Positive, Proactive, and Committed: The Surprising Connection Between Good Citizens and Expressed (vs. Suppressed) Anger at Work," *Negotiation and Conflict Management Research* 7, no. 4 (November 2014): 243-64; and J. Whalen, "Angry Outbursts Really Do Hurt Your Health, Doctors Find," *The Wall Street Journal*, March 24, 2015, D1, D4; "Fatal occupational injuries by event," *U.S. Bureau of Labor Statistics*, 2019, https://www.bls.gov/charts/census-of-fatal-occupational-injuries/fatal-occupational-injuries-by-event-drilldown.htm; "Managing Workplace Conflict," *Society for Human Resource Management*, 2020, https://www.shrm.org/ResourcesAndTools/tools-and-samples/toolkits/Pages/managingworkplaceconflict .aspx

[202] Based on E. Langer, "Mindfulness in the Age of Complexity," *Harvard Business Review*, March 2014, 68-73; H. J. E. M. Alberts and U. R. Hülsheger, "Applying Mindfulness in the Context of Work: Mindfulness-Based Interventions," in J. Reb and P. W. B. Atkins, *Mindfulness in Organizations* (Cambridge, UK: Cambridge University Press, 2015), 17-41; K. A. Aikens, J. Astin, K. R. Pelletier, K. Levanovich, C. M. Baase, Y. Y. Park, and C. M. Bodnar, "Mindfulness Goes to Work: Impact of an Online Workplace Intervention," *Journal of Occupational and Environmental Medicine 56* (2014): 721-31.

[203] Based on Paul Ekman profile, Being Human, http://www.beinghuman.org/mind/paul-ekman, accessed April 17, 2015; E. Dwoskin and E. M. Rusli, "The Technology That Unmasks Your Hidden Emotions," *The Wall Street Journal*, January 29, 2015, B1, B8; and D. Matsumoto and H. S. Hwang, "Reading Facial Expressions of Emotion," Psychological Science Agenda, May 2011, http://www.apa.org/science/about/psa/2011/05/facial-expressions.aspx

[204] W. Murphy, "Good Mentors Help You Work Through Strong Emotions," *Harvard Business Review*, February 23, 2018, https://hbr.org/2018/02/good-mentors-help-you-work-through-strong-emotions

제5장

[1] L. Ginsberg and T. Huddleston, "The Psychology of Deception: How Elizabeth Holmes Fooled Everyone About Theranos for So Long," *CNBC*, March 21, 2019, https://www.cnbc.com/2019/03/20/hbos-the-inventor-how-elizabeth-holmes-fooled-people-about-theranos.html; T. A. Judge and R. F. Piccolo, "Transformational and Transactional Leadership: A Meta-Analytic Test of Their Relative Validity," *Journal of Applied Psychology* 89, no. 5 (2004): 755-68; Y. Khorram, "Elizabeth Holmes Resists Government Efforts to Detail Her CEO Lifestyle," *CNBC*, February 17, 2021, https://www.cnbc.com/2021/02/17/elizabeth-holmes-resists-government-efforts-to-detail-her-ceo-lifestyle.html; C. O'Reilly and J. A. Chatman, "Transformational Leader or Narcissist? How Grandiose Narcissists Can Create and Destroy Organizations and Institutions," *California Review Management*, May 30, 2020, https://cmr.berkeley.edu/2020/05/62-3-oreilly/; G. O'Shea, R. J. Foti, Hauenstein, N. M. A., and P. Bycio, "Are the Best Leaders Both Transformational and Transactional? A Pattern-Oriented Analysis," *Leadership* 5, no. 2 (2009): 237-59; R.E. Riggio, "Are All Leaders Narcissists?," *Psychology Today*, December 3, 2012, https://www.psychologytoday.com/us/blog/cutting-edge-leadership/201212/are-all-leaders-narcissists; L. Simmons, "How Narcissistic Leaders Destroy From Within," *Stanford Business*, April 30, 2020, https://www.gsb.stanford.edu/insights/how-narcissistic-leaders-destroy-within; Z. T. Tun, "Theranos: A Fallen Unicorn," *Investopedia*, August 27, 2019, https://www.investopedia.com/articles/investing/020116/theranos-fallen-unicorn.asp

[2] M. R. Barrick and L. Parks-Leduc, "Selection for Fit," *Annual Review of Organizational Psychology and Organizational Behavior* 6 (2019): 171-93.

[3] "Stay Metrics Partners with Twegos to Launch Driver Matching Application" [press release], June 29, 2017, https://staymetrics.com/press/stay-metrics-launches-driver-matching/

[4] J. L. Holland, *Making Vocational Choices: A Theory of Careers*, 2nd ed. (Englewood Cliffs, NJ: Prentice-Hall, 1985); C. Ostroff, "Person-Environment Fit in Organizational Settings," in S. W. J. Kozlowski (ed.), *The Oxford Handbook of Organizational Psychology*, Vol. 1 (Oxford, UK: Oxford University Press, 2012): 373-408.

[5] A. L. Kristof-Brown, R. D. Zimmerman, and E. C. Johnson, "Consequences of Individuals' Fit at Work: A Meta-Analysis of Person-Job, Person-Organization, Person-Group, and Person-Supervisor Fit," *Personnel Psychology* 58, no. 2 (2005): 281-342.

[6] I-S Oh et al., "Fit Happens Globally: A Meta-Analytic Comparison of the Relationships of Person-Environment Fit Dimensions with Work Attitudes and Performance Across East Asia, Europe, and North America," *Personnel Psychology* 67 (2014): 99-152.

[7] Y. Lee and J. Antonakis, "When Preference Is Not Satisfied but the Individual Is: How Power Distance Moderates Person-Job Fit," *Journal of Management* 40, no. 3 (2014): 641-57.

[8] F. Rocha Rodrigues, M. Pina e Cunha, F. Castanheira, P. Matthijs Bal, and P. G. W. Jansen, "Person-Job Fit Across the Work Lifespan—The Case of Classical Ballet Dancers," *Journal of Vocational Behavior* 118 (2020): Article 103400.

[9] See, for instance, W. Arthur Jr., S. T. Bell, A. J. Villado, and D. Doverspike, "The Use of Person-Organization Fit in Employment Decision-Making: An Assessment of Its Criterion-Related Validity," *Journal of Applied Psychology* 91, no. 4 (2006): 786-801.

[10] E. E. Kausel and J. E. Slaughter, "Narrow Personality Traits and Organizational Attraction: Evidence for the Complementary Hypothesis," *Organizational Behavior and Human Decision Processes* 114, no. 1 (2011): 3-14.

[11] Kristof-Brown, Zimmerman, and Johnson, "Consequences of Individuals' Fit at Work."

[12] J. C. Carr, A. W. Pearson, M. J. Vest, and S. L. Boyar, "Prior Occupational Experience, Anticipatory Socialization, and Employee Retention, *Journal of Management* 32, no. 32 (2006): 343-59; and M. L. Verquer, T. A. Beehr, and S. E. Wagner, "A Meta-Analysis of Relations Between Person-Organization Fit and Work Attitudes," *Journal of Vocational Behavior* 63, no. 3 (2003): 473-89.

[13] D. Wood, G. H. Lowman, P. D. Harms, and B. W. Roberts, "Exploring the Relative Importance of

Normative and Distinctive Organizational Preferences as Predictors of Work Attitudes," *Journal of Applied Psychology* 104, no. 2 (2019): 270-92.

[14] W. Vleugels, R. De Cooman, M. Verbruggen, and O. Solinger, "Understanding Dynamic Change in Perceptions of Person-Environment Fit: An Exploration of Competing Theoretical Perspectives," *Journal of Organizational Behavior* 39 (2018): 1066-80.

[15] B. W. Swider, R. D. Zimmerman, and M. R. Barrick, "Searching for the Right Fit: Development of Applicant Person-Organization Fit Perceptions During the Recruitment Process," *Journal of Applied Psychology* 100, no. 3 (2015): 880-93.

[16] C. D. Belinda, J. W. Westerman, and S. M. Bergman, "Recruiting with Ethics in an Online Era: Integrating Corporate Social Responsibility with Social Media to Predict Organizational Attractiveness," *Journal of Vocational Behavior* 109 (2018): 101-17.

[17] K. H. Ehrhart, D. M. Mayer, and J. C. Ziegert, "Web-Based Recruitment in the Millennial Generation: Work-Life Balance, Website Usability, and Organizational Attraction," *European Journal of Work and Organizational Psychology* 21, no. 6 (2012): 850-74.

[18] M. J. Neubert and M. S. Wood, "Espoused Religious Values in Organizations and Their Associations with Applicant Intentions to Pursue a Job," *Journal of Business and Psychology* 34 (2019): 803-23.

[19] R. Brooks, "10 Companies with Core Values That Actually Reflect Their Culture," *Peakon* [blog], August 2, 2018, https://peakon.com/us/blog/employee-success-us/best-company-core-values/; D. A. Gioia, A. L. Hamilton, and S. D. Patvardhan, "Image Is Everything: Reflections on the Dominance of Image in Modern Organizational Life," *Research in Organizational Behavior* 34 (2014): 129-54; The Harris Poll, "Lyft Outshines Ride-Sharing Rival, Uber, by Highlighting 'Ethical Values,'" *The Harris Poll* [blog], March 2018, https://theharrispoll.com/lyft-hopes-to-outshine-ride-sharing-rival-uber-by-highlighting-ethical-values/; Human Rights Campaign Foundation, *Corporate Equality Index 2020* (Washington, D.C.: Human Rights Campaign, 2020); M. Isaac, *Super Pumped: The Battle for Uber* (New York, NY: Norton, 2019); J. McGregor, "'Hustlin' Is Out. Doing 'The Right Thing' Is In. Uber Has Rewritten Its Notorious List of Core Values," November 8, 2017, https://www.washingtonpost.com/news/on-leadership/wp/2017/11/08/hustlin-is-out-doing-the-right-thing-is-in-uber-has-rewritten-its-notorious-list-of-core-values/; E. Onunaiwu, "5 Key CSR Learnings From the Woes of the World's Most Valuable Startup—Uber," *Medium*, October 16, 2017, https://medium.com/@ebukaeddow/5-key-csr-learnings-from-the-woes-of-the-worlds-most-valuable-startup-uber-5b17f97eb17b; S. Oreg and Y. Berson, "Leaders' Impact on Organizational Change: Bridging Theoretical and Methodological Chasms," *Academy of Management Annals* 13, no. 1 (2019): 272-307; F. Perrotta, "Sorry Uber, That's Not How Culture Works," *Fred Perrotta* [blog], December 6, 2017, https://www.fredperrotta.com/uber-how-culture-works/; F. Siddiqui, "Internal Data Shows Uber's Reputation Hasn't Changed Much Since #DeleteUber," *The Washington Post*, August 29, 2019, https://www.washingtonpost.com/technology/2019/08/29/even-after-ubers-ipo-long-shadow-deleteuber-still-looms/; O. Staley, "Uber Has Replaced Travis Kalanick's Values with Eight New 'Cultural Norms,'" *Quartz: At Work*, November 7, 2017, https://qz.com/work/1123038/uber-has-replaced-travis-kalanicks-values-with-eight-new-cultural-norms/; K. Taylor and B. Goggin, "49 of the Biggest Scandals in Uber's History," *Business Insider*, May 10, 2019, https://www.businessinsider.com/uber-company-scandals-and-controversies-2017-11; Uber, *ESG Report 2020* (San Francisco, CA: Uber, 2020); *Uber Scandals* [website], accessed February 19, 2021, https://www.uberscandals.org/

[20] Ostroff, "Person-Environment Fit in Organizational Settings."

[21] O. A. U. Byza, S. C. Schuh, S. L. Dörr, M. Spörrle, and G. W. Maier, "Are Two Cynics Better Than One? Toward Understanding Effects of Leader-Follower (In-)Congruence in Social Cynicism," *Journal of Organizational Behavior* 38 (2017): 1246-59.

[22] I.-S. Oh, R. P. Guay, K. Kim, C. M. Harold, J. H. Lee, C.-G. Heo, and K.-H. Shin, "Fit Happens Globally: A Meta-Analytic Comparison of the Relationships of Person-Environment Fit Dimensions with Work Attitudes and Performance Across East Asia, Europe, and North America," *Personnel Psychology* 67 (2014): 99-152.

[23] B. E. Ashforth, G. E. Kreiner, M. A. Clark, and M. Fugate, "Congruence Work in Stigmatized Occupations: A Managerial Lens on Employee Fit with Dirty Work," *Journal of Organizational Behavior* 38 (2017): 1260-79.

[24] B. Conerly, "Personality Traits in Your Business: Lessons From Jordan Peterson, Jonathan Haidt and Helen Fisher," *Forbes*, April 8, 2018, https://www.forbes.com/sites/billconerly/2018/04/08/personality-traits-in-your-business-lessons-from-jordan-peterson-jonathan-haidt-and-helen-fisher/#2277eb0266ec

[25] D. Leising, J. Scharloth, O. Lohse, and D. Wood, "What Types of Terms Do People Use When Describing an Individual's Personality?" *Psychological Science* 25, no. 9 (2014): 1787-94.

[26] L. M. Hough, F. L. Oswald, and J. Ock, "Beyond the Big Five: New Directions for Personality Research and Practice in Organizations," *Annual Review of Organizational Psychology and Organizational Behavior* 2 (2015): 183-209.

[27] R. R. McCrae and J. Allik (eds.), *The Five-Factor Model of Personality Across Cultures* (New York, NY: Kluwer Academic/Plenum, 2002).

[28] A. T. Church, "Personality Traits Across Cultures," *Current Opinion in Psychology* 8 (2016): 22-30.

[29] Ibid.

[30] H. Baker, "Personality Tests and why Employers use Them," *Glassdoor*, July 20, 2016, https://www.glassdoor.co.uk/blog/personality-tests-employers-use/; and L. Weber, "To Get a Job, New Hires Are Put to the Test," *The Wall Street Journal*, April 15, 2015, A1, A10.

[31] L. Weber and E. Dwoskin, "As Personality Tests Multiply, Employers Are Split," *The Wall Street Journal*, September 30, 2014, A1, A10.

[32] L. Cunningham, "Myers-Briggs: Does It Pay to Know Your Type?," *The Washington Post*, December 14, 2012, https://www.washingtonpost.com/national/on-leadership/myers-briggs-does-it-pay-to-know-your-type/2012/12/14/eaed51ae-3fcc-11e2-bca3-aadc9b7e29c5_story.html

[33] P. R. Sackett and P. T. Walmsley, "Which Personality Attributes Are Most Important in the Workplace?" *Perspectives on Psychological Science* 9, no. 5 (2014): 538-51.

[34] K. Rockwood, "How Accurate Are Personality Assessments," *Society for Human Resource Management*, November 21, 2019, https://www.shrm.org/hr-today/news/hr-magazine/winter2019/pages/how-accurate-are-personality-assessments.aspx

[35] P. R. Sackett, F. Lievens, C. H. Van Iddekinge, and N. R. Kuncel, "Individual Differences and Their Measurement: A Review of 100 Years of Research," *Journal of Applied Psychology* 102, no. 3 (2017): 254-73.

[36] J. F. Salgado, "A Theoretical Model of Psychometric Effects of Faking on Assessment Procedures: Empirical Findings and Implications for Personality at Work," *International Journal of Selection and Assessment* 24, no. 3 (2016): 209-28.

[37] M. Cao and F. Drasgow, "Does Forcing Reduce Faking? A Meta-Analytic Review of Forced-Choice Personality Measures in High-Stakes Situations," *Journal of Applied Psychology* 104, no. 11 (2019): 1347-68.

[38] T. D. Letzring, "Observer Judgmental Accuracy of Personality: Benefits Related to Being a Good (Normative) Judge," *Journal of Research in Personality* 54 (2015): 51-60.

[39] K. Lee and M. C. Ashton, "Acquaintanceship and Self/Observer Agreement in Personality Judgment," *Journal of Research in Personality* 70 (2017): 1-5.

[40] I. Oh, G. Wang, and M. K. Mount, "Validity of Observer Ratings of the Five-Factor Model of Personality Traits: A Meta-Analysis," *Journal of Applied Psychology* 96, no. 4 (2011): 762-73.

[41] J. A. Hall, S. D. Gunnery, T. D. Letzring, D. R. Carney, and C. R. Colvin, "Accuracy of Judging Affect and Accuracy of Judging Personality: How and When Are They Related?" *Journal of Personality* 85, no. 5 (2017): 583-92.

[42] B. P. Chapman, A. Weiss, and P. R. Duberstein, "Statistical Learning Theory for High Dimensional Prediction: Application to Criterion-Keyed Scale Development," *Psychological Methods* 21, no. 4 (2016): 603-20.

[43] P. Calanna, M. Lauriola, A. Saggino, M. Tommasi, and S. Furlan, "Using a Supervised Machine Learning Algorithm for Detecting Faking Good in a Personality Self-Report," *International Journal of Selection and Assessment* 28, no. 2 (2020): 176-85.

[44] J. S. Harrison, G. R. Thurgood, S. Boivie, and M. D. Pfarrer, "Measuring CEO Personality: Developing, Validating, and Testing a Linguistic Tool," *Strategic Management Journal* 40 (2019): 1316-30.

[45] M. C. Campion, M. A. Campion, E. D. Campion, and M. H. Reider, "Initial Investigation into Computer Scoring of Candidate Essays for Personnel Selection," *Journal of Applied Psychology* 101, no. 7 (2016): 958-75.

[46] J. Nelson, "Is It Personal or Is It Personality?" *Forbes*, November 13, 2017, https://www.forbes.com/sites/forbescoachescouncil/2017/11/13/is-it-personal-or-is-it-personality/#aec03126b18c

[47] M. B. Arthur, "The 'Strange History' Behind the Myers Briggs Type Indicator—and What That Can Mean for You," *Forbes*, September 16, 2018, https://www.forbes.com/sites/michaelbarthur/2018/09/16/the-strange-history-behind-the-mbti-and-what-that-can-mean-for-career-owners/#2a2fc3ba2fb3

[48] A. Grant, "Goodbye to MBTI, the Fad That Won't Die," *Huffington Post* (September 17, 2013), http://www.huffingtonpost.com/adam-grant/goodbye-to-mbti-the-fad-t_b_3947014.html

[49] L. Winkie, "The Myers-Briggs Personality Test Is B*******," *Vice*, September 15, 2017, https://www.vice.com/en/article/bjv8y5/the-myers-briggs-personality-test-bullshit

[50] See, for instance, R. M. Capraro and M. M. Capraro, "Myers-Briggs Type Indicator Score Reliability Across Studies: A Meta-Analytic Reliability Generalization Study," *Educational & Psychological Measurement* 62, no. 4 (2002): 590-602; and R. C. Arnau, B. A. Green, D. H. Rosen, D. H. Gleaves, and J. G. Melancon, "Are Jungian Preferences Really Categorical? An Empirical Investigation Using Taxometric Analysis," *Personality & Individual Differences* 34, no. 2 (2003): 233-51.

[51] D. Ariely, "When Lame Pick-Up Lines Actually

Work," *The Wall Street Journal*, July 19-20, 2014, C12.

[52] M. Emre, *The Personality Brokers: The Strange History of Myers-Briggs and the Birth of Personality Testing* (New York, NY: First Anchor, 2019).

[53] See, for example, O. P. John, L. P. Naumann, and C. J. Soto, "Paradigm Shift to the Integrative Big Five Trait Taxonomy: History, Measurement, and Conceptual Issues," in O. P. John, R. W. Robins, and L. A. Pervin (eds.), *Handbook of Personality: Theory and Research*, 3rd ed. (New York, NY: Guilford, 2008): 114-58.

[54] W. Fleeson and P. Gallagher, "The Implications of Big Five Standing for the Distribution of Trait Manifestation in Behavior: Fifteen Experience-Sampling Studies and a Meta-Analysis," *Journal of Personality and Social Psychology* 97, no. 6 (2009): 1097-114.

[55] T. A. Judge, L. S. Simon, C. Hurst, and K. Kelley, "What I Experienced Yesterday Is Who I Am Today: Relationship of Work Motivations and Behaviors to Within-Individual Variation in the Five-Factor Model of Personality," *Journal of Applied Psychology* 99, no. 2 (2014): 199-221.

[56] See, for instance, M. R. Barrick, M. K. Mount, and T. A. Judge, "Personality and Performance at the Beginning of the New Millennium: What Do We Know and Where Do We Go Next?" *International Journal of Selection and Assessment* 9, nos. 1-2 (2001): 9-30.

[57] P. R. Sackett and P. T. Walmsley, "Which Personality Attributes Are Most Important in the Workplace?," *Perspectives on Psychological Science* 9, no. 5 (2014): 538-51.

[58] A. E. Poropat, "A Meta-Analysis of the Five-Factor Model of Personality and Academic Performance," *Psychological Bulletin* 135, no. 2 (2009): 322-38.

[59] M. R. Barrick and M. K. Mount, "The Big Five Personality Dimensions and Job Performance: A Meta-Analysis," *Personnel Psychology* 44 (1991): 1-26; D. S. Chiaburu, I.-S. Oh, C. M. Berry, N. Li, and R. G. Gardner, "The Five-Factor Model of Personality Traits and Organizational Citizenship Behaviors: A Meta-Analysis," *Journal of Applied Psychology* 96, no. 6 (2011): 1140-66.

[60] Luca Pletzer, M. Bentvelzen, Janneke K. Oostrom, and R. E. de Vries, "A Meta-Analysis of the Relations Between Personality and Workplace Deviance: Big Five Versus HEXACO," *Journal of Vocational Behavior* 112 (2019): 369-83.

[61] J. L. Huang, K. L. Zabel, A. M. Ryan, and A. Palmer, "Personality and Adaptive Performance at Work: A Meta-Analytic Investigation," *Journal of Applied Psychology* 99, no. 1 (2014): 162-79; and R. D. Zimmerman, "Understanding the Impact of Personality Traits on Individuals' Turnover Intentions: A Meta-Analytic Path Model," *Personnel Psychology* 61 (2008): 309-48.

[62] J. M. Beus, L. Y. Dhanani, and M. A. McCord, "A Meta-Analysis of Personality and Workplace Safety: Addressing Unanswered Questions," *Journal of Applied Psychology* 100, no. 2 (2015): 481-98.

[63] S. N. Kaplan, M. M. Klebanov, and M. Sorensen, "Which CEO Characteristics and Abilities Matter?" *The Journal of Finance* 67, no. 3 (2012): 973-1007.

[64] N. T. Carter, D. K. Dalal, A. S. Boyce, M. S. O'Connell, M.-C. Kung, and K. Delgado, "Uncovering Curvilinear Relationships Between Conscientiousness and Job Performance: How Theoretically Appropriate Measurement Makes and Empirical Difference," *Journal of Applied Psychology* 99, no. 4 (2014): 564-86; and N. T. Carter, L. Guan, J. L. Maples, R. L. Williamson, and J. D. Miller, "The Downsides of Extreme Conscientiousness for Psychological Well-Being: The Role of Obsessive Compulsive Tendencies," *Journal of Personality* 84, no. 4 (2016): 510-22.

[65] M. K. Shoss, K. Callison, and L. A. Witt, "The Effects of Other-Oriented Perfectionism and Conscientiousness on Helping at Work," *Applied Psychology: An International Review* 64, no. 1 (2015): 233-51.

[66] C. Robert and Y. H. Cheung, "An Examination of the Relationship between Conscientiousness and Group Performance on a Creative Task," *Journal of Research in Personality* 44, no. 2 (2010): 222-31.

[67] T. A. Judge, D. Heller, and M. K. Mount, "Five-Factor Model of Personality and Job Satisfaction: A Meta-Analysis," *Journal of Applied Psychology* 87, no. 3 (2002): 530-41; B. W. Swider and R. D. Zimmerman, "Born to Burnout: A Meta-Analytic Path Model of Personality, Job Burnout, and Work Outcomes," *Journal of Vocational Behavior* 76 (2010): 487-506; and Zimmerman, "Understanding the Impact of Personality Traits on Individuals' Turnover Intentions."

[68] Huang et al., "Personality and Adaptive Performance at Work;" Rudolph et al., "Career Adaptability."

[69] Swider and Zimmerman, "Born to Burnout."

[70] T. D. Allen, R. C. Johnson, K. N. Saboe, E. Cho, S. Dumani, and S. Evans, "Dispositional Variables and Work-Family Conflict: A Meta-Analysis," *Journal of Vocational Behavior* 80 (2012): 17-26; M. C. Howard, J. E. Cogswell, and M. B. Smith, "The Antecedents and Outcomes of Workplace Ostracism: A Meta-Analysis," *Journal of Applied Psychology* 105, no. 6 (2020): 577-96.

[71] Chiaburu, Oh, Berry, Li, and Gardner, "The Five-Factor Model of Personality Traits and Organizational Citizenship Behaviors"; T. A. Judge and R. Ilies, "Relationship of Personality to Performance Motivation: A Meta-Analytic Review," *Journal of Applied Psychology* 87, no. 4 (2002): 797-807; and D. H. Kluemper, B. D. McLarty, and M. N. Bing, "Acquaintance Ratings of the Big Five Personality Traits: Incremental Validity Beyond and Interactive Effects with Self-Reports in the Prediction of Workplace Deviance," *Journal of Applied Psychology* 100, no. 1 (2015): 237-48.

[72] M. P. Wilmot, C. R. Wanberg, J. D. Kammeyer-Mueller, and D. S. Ones, "Extraversion advantages at work: A quantitative review and synthesis of the meta-analytic evidence," *Journal of Applied Psychology* 104, no. 12 (2019): 1447-70.

[73] C. W. Rudolph, K. N. Lavigne, and H. Zacher, "Career Adaptability:A Meta-Analysis of Relationships with Measures ofAdaptivity, Adapting Responses, and AdaptationResults,"*Journal of Vocational Behavior* 98 (2017):17-34; and M. P. Wilmot, C. R. Wanberg, J. D. Kammeyer-Mueller, and D. S. Ones, "Extraversion advantages at work: A quantitative review and synthesis of the meta-analytic evidence," *Journal of Applied Psychology* 104, no. 12 (2019): 1447-70.

[74] Judge, Heller, and Mount, "Five-Factor Model of Personality and Job Satisfaction"; and Swider and R. Zimmerman, "Born to Burnout."

[75] D. S. DeRue, J. D. Nahrgang, N. Wellman, and S. E. Humphrey, "Trait and Behavioral Theories of Leadership: An Integration and Meta-Analytic Test of Their Relative Validity," *Personnel Psychology* 64 (2011): 7-52; and T. A. Judge, J. E. Bono, R. Ilies, and M. W. Gerhardt, "Personality and Leadership: A Qualitative and Quantitative Review," *Journal of Applied Psychology* 87, no. 4 (2002): 765-80.

[76] M. A. McCord, D. L. Joseph, and E. Grijalva, "Blinded by the Light: The Dark Side of Traditionally Desirable Personality Traits," *Industrial and Organizational Psychology: Perspectives on Science and Practice* 7, no. 1 (2014): 130-37.

[77] M. M. Hammond, N. L. Neff, J. L. Farr, A. R. Schwall, and X. Zhao, "Predictors of Individual-Level Innovation at Work: A Meta-Analysis," *Psychology of Aesthetics, Creativity, and the Arts* 5, no. 1 (2011): 90-105.

[78] Huang et al., "Personality and Adaptive Performance at Work"; Judge et al., "Personality and Leadership."

[79] A. Minbashian, J. Earl, and J. E. H. Bright, "Openness to Experience as a Predictor of Job Performance Trajectories," *Applied Psychology: An International Review* 62, no. 1 (2013): 1-12.

[80] Allen, Johnson, Saboe, Cho, Dumani, and Evans, "Dispositional Variables and Work-Family Conflict."

[81] Allen, Johnson, Saboe, Cho, Dumani, and Evans, "Dispositional Variables and Work-Family Conflict"; and Zimmerman, "Understanding the Impact of Personality Traits on Individuals' Turnover Intentions."

[82] Chiaburu et al., "The Five-Factor Model of Personality Traits and Organizational Citizenship Behaviors."

[83] Luca Pletzer et al., "A Meta-Analysis of the Relations Between Personality and Workplace Deviance."

[84] Howard et al., "The Antecedents and Outcomes of Workplace Ostracism."

[85] R. Fang, B. Landis, Z. Zhang, M. H. Anderson, J. D. Shaw, and M. Kilduff, "Integrating Personality and Social Networks: A Meta-Analysis of Personality, Network Position, and Work Outcomes in Organizations," *Organization Science* 26, no. 4 (2015): 1243-60.

[86] D. Choi, I.-S. Oh, and A. E. Colbert, "Understanding Organizational Commitment: A Meta-Analytic Examination of the Roles of the Five-Factor Model of Personality and Culture," *Journal of Applied Psychology* 100, no. 5 (2015): 1542-67.

[87] M. B. Harari, A. C. Reaves, D. A. Beane, A. J. Laginess, and C. Viswesvaran, "Personality and Expatriate Adjustment: A Meta-Analysis," *Journal of Occupational and Organizational Psychology* 91, no. 3 (2018): 486-517.

[88] K. A. Demes and N. Geeraert, "The Highs and Lows of a Cultural Transition: A Longitudinal Analysis of Sojourner Stress and Adaptation Across 50 Countries," *Journal of Personality and Social Psychology* 109, no. 2 (2015): 316-37.

[89] J. M. LeBreton, L. K. Shiverdecker, and E. M. Grimaldi, "The Dark Triad and Workplace Behavior," *Annual Review of Organizational Psychology and Organizational Behavior* 5 (2018): 387-414.

[90] L. ten Brinke, A. Kish, and D. Keltner, "Hedge Fund Managers with Psychopathic Tendencies Make for Worse Investors," *Personality and Social Psychology Bulletin* 44, no. 2 (2018): 214-23.

[91] R. D. Hare, *The Predators Among Us* [keynote address] (St. John's, Canada: Canadian Police Association Annual General Meeting, August 27, 2002).

[92] M. B. Smith, A. D. Hill, J. Craig Wallace, T. Recendes, and T. A. Judge, "Upsides and Downsides to Bright Personality: A Multidomain Review and Future Research Agenda," *Journal of Management* 44, no. 1 (2018): 191-217.

[93] P. D. Harms and S. M. Spain, "Beyond the Bright Side: Dark Personality at Work," *Applied Psychology: An International Review* 64, no. 1 (2015): 15-24.

[94] P. K. Jonason, S. Slomski, and J. Partyka, "The Dark Triad at Work: How Toxic Employees Get Their Way," *Personality and Individual Differences* 52 (2012): 449-53.

[95] B. D. Webster and M. B. Smith, "The Dark Triad and Organizational Citizenship Behaviors: The Moderating Role of High Involvement Management

Climate," *Journal of Business and Psychology* 34 (2019): 621-35.

[96] E. H. O'Boyle, D. R. Forsyth, G. C. Banks, and M. A. McDaniel, "A Meta-Analysis of the Dark Triad and Work Behavior: A Social Exchange Perspective," *Journal of Applied Psychology* 97 (2012): 557-79.

[97] L. Zhang and M. A. Gowan, "Corporate Social Responsibility, Applicants' Individual Traits, and Organizational Attraction: A Person-Organization Fit Perspective," *Journal of Business and Psychology* 27 (2012): 345-62.

[98] D. N. Hartog and F. D. Belschak, "Work Engagement and Machiavellianism in the Ethical Leadership Process," *Journal of Business Ethics* 107 (2012): 35-47.

[99] E. Grijalva and P. D. Harms, "Narcissism: An Integrative Synthesis and Dominance Complementarity Model," *The Academy of Management Perspectives* 28, no. 2 (2014): 108-27.

[100] D. C. Maynard, E. M. Brondolo, C. E. Connelly, and C. E. Sauer, "I'm Too Good for This Job: Narcissism's Role in the Experience of Overqualification," *Applied Psychology: An International Review* 64, no. 1 (2015): 208-32.

[101] B. J. Brummel and K. N. Parker, "Obligation and Entitlement in Society and the Workplace," *Applied Psychology: An International Review* 64, no. 1 (2015): 127-60; Webster and Smith, "The Dark Triad and Organizational Citizenship Behaviors."

[102] E. Grijalva and D. A. Newman, "Narcissism and Counterproductive Work Behavior (CWB): Meta-Analysis and Consideration of Collectivist Culture, Big Five Personality, and Narcissism's Facet Structure," *Applied Psychology: An International Review* (2015): 93-126.

[103] Maynard, Brondolo, Connelly, and Sauer, "I'm Too Good for This Job."

[104] Grijalva and Harms, "Narcissism: An Integrative Synthesis and Dominance Complementarity Model."

[105] L. Huang, D. V. Krasikova, and P. D. Harms, "Avoiding or Embracing Social Relationships? A Conservation of Resources Perspective of Leader Narcissism, Leader-Member Exchange Differentiation, and Follower Voice," *Journal of Organizational Behavior* 41 (2020): 77-92.

[106] C. J. Resick, D. S. Whitman, S. M. Weingarden, and N. J. Hiller, "The Bright-Side and Dark-Side of CEO Personality: Examining Core Self-Evaluations, Narcissism, Transformational Leadership, and Strategic Influence," *Journal of Applied Psychology* 94, no. 6 (2009): 1365-81.

[107] B. M. Galvin, D. A. Waldman, and P. Balthazard, "Visionary Communication Qualities as Mediators of the Relationship Between Narcissism and Attributions of Leader Charisma," *Personnel Psychology* 63, no. 3 (2010): 509-37.

[108] B. Wille, J. Hofmans, F. Lievens, M. D. Back, and F. De Fruyt, "Climbing the Corporate Ladder and Within-Person Changes in Narcissism: Reciprocal Relationships over Two Decades," *Journal of Vocational Behavior* 115 (2019): Article 103341.

[109] K. A. Byrne and D. A. Worthy, "Do Narcissists Make Better Decisions? An Investigation of Narcissism and Dynamic Decision-Making Performance," *Personality and Individual Differences* 55, no. 2 (2013): 112-17.

[110] O'Boyle et al., "A Meta-Analysis of the Dark Triad and Work Behavior."

[111] Ibid.

[112] B. Wille, F. De Fruyt, and B. De Clercq, "Expanding and Reconceptualizing Aberrant Personality at Work: Validity of Five-Factor Model Aberrant Personality Tendencies to Predict Career Outcomes," *Personnel Psychology* 66 (2013): 173-223.

[113] Jonason et al., "The Dark Triad at Work"; I. Odermatt, C. J. König, M. Kleinmann, M. Bachmann, H. Röder, and P. Schmitz, "Incivility in Meetings: Predictors and Outcomes," *Journal of Business and Psychology* 33 (2018): 263-82.

[114] M. C. Ashton and K. Lee, "The Prediction of Honesty-Humility-Related Criteria by the HEXACO and Five-Factor Models of Personality," *Journal of Research in Personality* 42 (2008): 1216-28; C. M. Berry, D. S. Ones, and P. R. Sackett, "Interpersonal Deviance, Organizational Deviance, and Their Common Correlates," *Journal of Applied Psychology* 92, no. 2 (2007): 410-24; J. De Freitas, M. Cikara, I. Grossman, and R. Schlegel, "Origins of the Belief in Good True Selves," *Trends in Cognitive Sciences* 21, no. 9 (2017): 634-36; P. L. Jennings, M. S. Mitchell, and S. T. Hannah, "The Moral Self: A Review and Integration of the Literature," *Journal of Organizational Behavior* 36 (2015): S104-S168; O'Boyle et al., "A Meta-Analysis of the Dark Triad and Work Behavior"; M. Semrad, B. Scott-Parker, and M. Nagel, "Personality Traits of a Good Liar: A Systematic Review of the Literature," *Personality and Individual Differences* 147 (2019): 306-16.

[115] Hough et al., "Beyond the Big Five."

[116] DiSC, *Everything DiSC* (Hoboken, NJ: Wiley, 2015): 14-15.

[117] DiSC [website], accessed February 17, 2021, https://www.discprofile.com

[118] Ibid.

[119] M. C. Ashton, K. Lee, and R. E. de Vries, "The HEXACO Honesty-Humility, Agreeableness, and Emotionality Factors: A Review of Research and Theory," *Personality and Social Psychology Review* 18, no. 2 (2014): 139-52.

[120] Ibid.

[121] E. P. Kleinlogel, J. Dietz, and J. Antonakis, "Lucky, Competent, or Just a Cheat? Interactive Effects of Honesty-Humility and Moral Cues on Cheating Behavior," *Personality and Social Psychology Bulletin* 44, no. 2 (2018): 158-72; and Y. Lee, C. M. Berry, and E. Gonzalez-Mulé, "The Importance of Being Humble: A Meta-Analysis and Incremental Validity Analysis of the Relationship Between Honesty-Humility and Job Performance," *Journal of Applied Psychology* 104, no. 12 (2019): 1535-46.

[122] Luca Pletzer et al., "A Meta-Analysis of the Relations Between Personality and Workplace Deviance."

[123] T. A. Judge and J. E. Bono, "A Rose by Any Other Name... Are Self-Esteem, Generalized Self Efficacy, Emotional Stability, and Locus of Control Indicators of a Common Construct?," in B. W. Roberts and R. Hogan (eds.), *Personality Psychology in the Workplace* (Washington, DC: American Psychological Association, 2001), 93-118.

[124] T. A. Judge, J. E. Bono, A. Erez, and E. A. Locke, "Core Self-Evaluations and Job and Life Satisfaction: The Role of Self-Concordance and Goal Attainment," *Journal of Applied Psychology* 90, no. 2 (2005): 257-68.

[125] T. A. Judge and C. Hurst, "How the Rich (and Happy) Get Richer (and Happier): Relationship of Core Self-Evaluations to Trajectories in Attaining Work Success," *Journal of Applied Psychology* 93, no. 4 (2008): 849-63; A. N. Salvaggio, B. Schneider, L. H. Nishi, D. M. Mayer, A. Ramesh, and J. S. Lyon, "Manager Personality, Manager Service Quality Orientation, and Service Climate: Test of a Model," *Journal of Applied Psychology* 92, no. 6 (2007): 1741-50; B. A. Scott and T. A. Judge, "The Popularity Contest at Work: Who Wins, Why, and What Do They Receive?" *Journal of Applied Psychology* 94, no. 1 (2009): 20-33; and Y. Zhang, J.-M. J. Sun, C-H. V. Lin, and H. Ren, "Linking Core Self-Evaluation to Creativity: The Roles of Knowledge Sharing and Work Meaningfulness," *Journal of Business and Psychology* 35 (2020): 257-70.

[126] X. Zheng, B. Wu, C. S. Li, P. Zhang, and N. Tang, "Reversing the Pollyanna Effect: The Curvilinear Relationship Between Core Self-Evaluation and Perceived Social Acceptance," *Journal of Business and Psychology* 36 (2021): 103-15.

[127] Rudolph et al., "Career adaptability."

[128] J. Zhu, C. R. Wanberg, D. A. Harrison, and E. W. Diehn, "Ups and Downs of the Expatriate Experience? Understanding Work Adjustment Trajectories and Career Outcomes," *Journal of Applied Psychology* 101, no. 4 (2016): 549-68.

[129] T. A. O'Neill, M. J. McLarnon, L. Xiu, and S. J. Law, "Core Self-Evaluations, Perceptions of Group Potency, and Job Performance: The Moderating Role of Individualism and Collectivism Culture Profiles," *Journal of Occupational and Organizational Psychology* 89, no. 3 (2016): 447-73.

[130] M. Paunova, "Who Gets to Lead the Multinational Team? An Updated Status Characteristics Perspective," *Human Relations* 70, no. 7 (2017): 883-907.

[131] S. Kudret, B. Erdogan, and T. N. Bauer, "Self-Monitoring Personality Trait at Work: An Integrative Narrative Review and Future Directions," *Journal of Organizational Behavior* 40 (2019): 193-208.

[132] F. J. Flynn and D. R. Ames, "What's Good for the Goose May Not Be as Good for the Gander: The Benefits of Self-Monitoring for Men and Women in Task Groups and Dyadic Conflicts," *Journal of Applied Psychology* 91, no. 2 (2006): 272-81.

[133] D. V. Day, D. J. Shleicher, A. L. Unckless, and N. J. Hiller, "Self-Monitoring Personality at Work: A Meta-Analytic Investigation of Construct Validity," *Journal of Applied Psychology* 87, no. 2 (2002): 390-401.

[134] H. Oh and M. Kilduff, "The Ripple Effect of Personality on Social Structure: Self-Monitoring Origins of Network Brokerage," *Journal of Applied Psychology* 93, no. 5 (2008): 1155-64; and A. Mehra, M. Kilduff, and D. J. Brass, "The Social Networks of High and Low Self-Monitors: Implications for Workplace Performance," *Administrative Science Quarterly* 46, no. 1 (2001): 121-46.

[135] Kudret et al., "Self-Monitoring Personality Trait at Work."

[136] Based on A. Beer, "Comparative Personality Judgments: Replication and Extension of Robust Findings in Personality Perception Using an Alternative Method," *Journal of Personality Assessment* 96, no. 6 (2014): 610-18; M. Gladwell, *Blink: The Power of Thinking Without Thinking* (Boston, MA: Back Bay Books, 2007); S. Hirschmüller, B. Egloff, S. C. Schmukle, S. Nestler, and M. D. Back, "Accurate Judgments of Emotional Stability at Zero Acquaintance. A Question of Relevance," *Journal of Personality* 83, no. 2 (2015): 221-28; S. Hirschmüller, B. Egloff, S. Nestler, and D. Mitja, "The Dual Lens Model: A Comprehensive Framework for Understanding Self-Other Agreement of Personality Judgments at Zero Acquaintance," *Journal of Personality and Social Psychology* 104 (2013): 335-53; and J. M. Stopfer, B. Egloff, S. Nestler, and M. D. Back, "Personality Expression and Impression Formation in Online Social Networks: An Integrative Approach to Understanding the Processes of Accuracy, Impression Management, and Meta-Accuracy," *European Journal of Personality* 28 (2014): 73-94.

[137] T. S. Bateman and J. M. Crant, "The Proactive Component of Organizational Behavior: A Measure and Correlates," *Journal of Organizational Behavior* 14

(1993): 103-18.

[138] B. Ngek Neneh, "From Entrepreneurial Intentions to Behavior: The Role of Anticipated Regret and Proactive Personality," *Journal of Vocational Behavior* 112 (2019): 311-24.

[139] K. Tornau and M. Frese, "Construct Clean-Up in Proactivity Research: A Meta-Analysis on the Nomological Net of Work-Related Proactivity Concepts and Their Incremental Values," *Applied Psychology: An International Review* 62, no. 1 (2013): 44-96.

[140] N. Rodrigues and T. Rebelo, "Predicting Innovative Performance Through Proactive Personality: Examining Its Criterion Validity and Incremental Validity over the Five-Factor Model," *International Journal of Selection and Assessment* 27 (2019): 1-8.

[141] W.-D. Li, D. Fay, M. Frese, P. D. Harms, and X. Y. Gao, "Reciprocal Relationship Between Proactive Personality and Work Characteristics: A Latent Change Score Approach," *Journal of Applied Psychology* 99, no. 5 (2014): 948-65; S. Han, C. M. Harold, and M. Cheong, "Examining Why Employee Proactive Personality Influences Empowering Leadership: The Roles of Cognition- and Affect-Based Trust," *Journal of Occupational and Organizational Psychology* 92 (2019): 352-83.

[142] J. P. Thomas, D. S. Whitman, and C. Viswesvaran, "Employee Proactivity in Organizations: A Comparative Meta-Analysis of Emergent Proactive Constructs," *Journal of Occupational and Organizational Psychology* 83 (2010): 275-300.

[143] V. Valls, V. González-Romá, A. Hernández, and E. Rocabert, "Proactive Personality and Early Employment Outcomes: The Mediating Role of Career Planning and the Moderator Role of Core Self-Evaluations," *Journal of Vocational Behavior* 119 (2020): Article 103424.

[144] See, for instance, Z. Jiang, "Proactive Personality and Career Adaptability: The Role of Thriving at Work," *Journal of Vocational Behavior* 98 (2017): 85-97.

[145] G. Chen, J. Farh, E. M. Campbell-Bush, Z. Wu, and X. Wu, "Teams as Innovative Systems: Multilevel Motivational Antecedents of Innovation in R&D Teams," *Journal of Applied Psychology* 98 (2013): 1018-27.

[146] J. L. Huang, C. Liao, Y. Li, M. Liu, and B. Biermeier-Hanson, "Just What You Need: The Complementary Effect of Leader Proactive Personality and Team Need for Approval," *Journal of Business and Psychology* 35 (2020): 421-34; W. Lam, C. Lee, M. Susan Taylor, and H. H. Zhao, "Does Proactive Personality Matter in Leadership Transitions? Effects of Proactive Personality on New Leader Identification and Responses to New Leaders and Their Change Agendas," *Academy of Management Journal* 61, no. 1 (2018): 245-63.

[147] Y. Gong, S.-Y. Cheung, M. Wang, and J.-C. Huang, "Unfolding the Proactive Process for Creativity: Integration of the Employee Proactivity, Information Exchange, and Psychological Safety Perspectives," *Journal of Management* 38, no. 5 (2012): 1611-33.

[148] J. Sun, W.-D. Li, Y. Li, R. C. Liden, S. Li, and X. Zhang, "Unintended Consequences of Being Proactive? Linking Proactive Personality to Coworker Envy, Helping, and Undermining, and the Moderating Role of Prosocial Motivation," *Journal of Applied Psychology* 106, no. 2 (2021): 250-67.

[149] S. Parrigon, S. E. Woo, L. Tay, and T. Wang, "CAPTION-ing the Situation: A Lexically-Derived Taxonomy of Psychological Situation Characteristics," *Journal of Personality and Social Psychology* 112, no. 4 (2017): 642-81.

[150] R. D. Meyer, R. S. Dalal, and R. Hermida, "A Review and Synthesis of Situational Strength in the Organizational Sciences," *Journal of Management* 36 (2010): 121-40.

[151] T. A. Judge and C. P. Zapata, "The Person-Situation Debate Revisited: Effect of Situation Strength and Trait Activation on the Validity of the Big Five Personality Traits in Predicting Job Performance," *Academy of Management Journal* 58, no. 4 (2015): 1149-79.

[152] Ibid.

[153] K. R. Keeler, W. Kong, R. S. Dalal, and J. M. Cortina, "Situational Strength Interactions: Are Variance Patterns Consistent with the Theory," *Journal of Applied Psychology* 104, no. 12 (2019) 1487-513.

[154] R. D. Meyer et al., "Measuring Job-Related Situational Strength and Assessing Its Interactive Effects with Personality on Voluntary Work Behavior," *Journal of Management* 40, no. 4 (2014): 1010-41.

[155] R. S. Dalal, B. Alaybek, Z. Sheng, S. J. Holland, and A. J. Tomassetti, "Extending Situational Strength Theory to Account for Situation-Outcome Mismatch," *Journal of Business and Psychology* 35 (2020): 273-96.

[156] A. M. Watson, T. F. Thompson, J. V. Rudolph, T. J. Whelan, T. S. Behrend, et al., "When Big Brother Is Watching: Goal Orientation Shapes Reactions to Electronic Monitoring During Online Training," *Journal of Applied Psychology* 98 (2013): 642-57.

[157] H. Chae, J. Park, and J. N. Choi, "Two Facets of Conscientiousness and the Knowledge Sharing Dilemmas in the Workplace: Contrasting the Moderating Functions of Supervisor Support and Coworker Support," *Journal of Organizational Behavior* 40, no. 4 (2019): 387-99.

[158] T. A. Judge and C. P. Zapata, "The Person-Situation Debate Revisited: Effect of Situation Strength and Trait Activation on the Validity of the Big Five Personality Traits in Predicting Job Performance," *Academy of Management Journal* 58, no. 4 (2015): 1149-79.

[159] E. Gonzalez-Mulé, M. K. Mount, and I.-S. Oh, "A Meta-Analysis of the Relationship Between General Mental Ability and Nontask Performance," *Journal of Applied Psychology* 99, no. 6 (2014): 1222-43; T. W. H. Ng and D. C. Feldman, "Human Capital and Objective Indicators of Career Success: The Mediating Effects of Cognitive Ability and Conscientiousness," *Journal of Occupational and Organizational Psychology* 83 (2010): 207-35; F. L. Schmidt and J. Hunter, "General Mental Ability in the World of Work: Occupational Attainment and Job Performance," *Journal of Personality and Social Psychology* 86, no. 1 (2004): 162-73.

[160] N. Schmitt, "Personality and Cognitive Ability as Predictors of Effective Performance at Work," *Annual Review of Organizational Psychology and Organizational Behavior* 1 (2014): 45-65.

[161] C. H. Van Iddekinge, H. Aguinis, J. D. Mackey, and P. S. DeOrtentiis, "A Meta-Analysis of the Interactive, Additive, and Relative Effects of Cognitive Ability and Motivation on Performance," *Journal of Management* 44, no. 1 (2018): 249-79.

[162] E. Gonzalez-Mulé, K. M. Carter, and M. K. Mount, "Are Smarter People Happier? Meta-Analyses of the Relationships Between General Mental Ability and Job and Life Satisfaction," *Journal of Vocational Behavior* 99 (2017): 146-64.

[163] E. Kim and T. M. Glomb, "Get Smarty Pants: Cognitive Ability, Personality, and Victimization," *Journal of Applied Psychology* 95, no. 5 (2010): 889-901; and E. Kim and T. M. Glomb, "Victimization of High Performers: The Roles of Envy and Work Group Identification," *Journal of Applied Psychology* 99, no. 4 (2014): 619-34.

[164] P. A. Freund and N. Kasten, "How Smart Do You Think You Are? A Meta-Analysis of the Validity of Self-Estimates of Cognitive Ability," *Psychological Bulletin* 138, no. 2 (2012): 296-321.

[165] R. E. Nisbett, J. Aronson, C. Blair, W. Dickens, J. Flynn, D. F. Halpern, and E. Turkheimer, "Intelligence: New Findings and Theoretical Developments," *American Psychologist* 67, no. 2 (2012): 130-59.

[166] L. S. Gottfredson, "The Challenge and Promise of Cognitive Career Assessment," *Journal of Career Assessment* 11, no. 2 (2003): 115-35.

[167] Wonderlic, "The NFL Wonderlic Test and the NFL Scouting Combine: The Top 7 Questions," *Wonderlic* [blog], April 25, 2017, https://www.wonderlic.com/blog/nfl-wonderlic-test-nfl-scouting-combine/

[168] M. D. Dunnette and E. A. Fleishman (eds.), *Human Performance and Productivity: Human Capability Assessment* (New York and London: Psychology Press/Taylor & Francis Group, 2014).

[169] W. J. Schneider and D. A. Newman, "Intelligence Is Multidimensional: Theoretical Review and Implications of Specific Cognitive Abilities," *Human Resource Management Review* 25, no. 1 (2015): 12-27.

[170] R. T. Warne and C. Burningham, "Spearman's *g* Found in 31 Non-Western Nations: Strong Evidence That *g* Is a Universal Phenomenon," *Psychological Bulletin* 145, no. 3 (2019): 237-72.

[171] N. Barber, "Educational and Ecological Correlates of IQ: A Cross-National Investigation," *Intelligence* 33, no. 3 (2005): 273-84.

[172] Wonderlic [website], accessed March 25, 2021, https://wonderlic.com/customerscustomers/

[173] J. M. Cottrell, D. A. Newman, and G. I. Roisman, "Explaining the Black-White Gap in Cognitive Test Scores: Toward a Theory of Adverse Impact," *Journal of Applied Psychology* 100, no. 6 (2015): 1713-36; P. L. Roth, C. H. Van Iddekinge, P. S. DeOrtentiis, K. J. Hackney, L. Zhang, and M. A. Buster, "Hispanic and Asian Performance on Selection Procedures: A Narrative and Meta-Analytic Review of 12 Common Predictors," *Journal of Applied Psychology* 102, no. 8 (2017): 1178-202.

[174] J. J. Caughron, M. D. Mumford, and E. A. Fleishman, "The Fleishman Job Analysis Survey: Development, Validation, and Applications," in M. A. Wilson, W. Bennett Jr., S. G. Gibson, and G. M. Alliger (eds.), *The Handbook of Work Analysis: Methods, Systems, Applications and Science of Work Measurement in Organizations* (New York: Routledge/Taylor & Francis Group, 2012).

[175] Sackett et al., "Individual Differences and Their Measurement."

[176] N. D. Henderson, "Predicting Long-Term Firefighter Performance From Cognitive and Physical Ability Measures," *Personnel Psychology* 63 (2010): 999-1039.

[177] S. H. Courtright, B. W. McCormick, B. E. Postlethwaite, C. J. Reeves, and M. K. Mount, "A Meta-Analysis of Sex Differences in Physical Ability: Revised Estimates and Strategies for Reducing Differences in Selection Contexts," *Journal of Applied Psychology* 98, no. 4 (2013): 623-41.

[178] E. Dilan, "Organizational Values: The Most Underutilized Corporate Asset," *Forbes*, April 12, 2018, https://www.forbes.com/sites/forbescoachescouncil/2018/04/12/organizational-values-the-most-underutilized-corporate-asset/#28d6d2c852a3

[179] "Wells Fargo CEO to Apologize for Betraying Customers' Trust," CBS NEWS, September 20, 2016,

https://www.cbsnews.com/news/wells-fargo-ceo-to-apologize-for-betraying-customers-trust/

[180] See, for instance, A. Bardi, J. A. Lee, N. Hofmann-Towfigh, and G. Soutar, "The Structure of Intraindividual Value Change," *Journal of Personality and Social Psychology* 97, no. 5 (2009): 913-29.

[181] G. R. Maio, J. M. Olson, M. M. Bernard, and M. A. Luke, "Ideologies, Values, Attitudes, and Behavior," in J. Delamater (ed.), *Handbook of Social Psychology* (New York: Springer, 2003), 283-308.

[182] C. M. Lechner, F. M. Sortheix, R. Göllner, and K. Salmela-Aro, "The Development of Work Values During the Transition to Adulthood: A Two-Country Study," *Journal of Vocational Behavior* 99 (2017): 52-65.

[183] R. Fischer and D. Boer, "Motivational Basis of Personality Traits: A Meta-Analysis of Value-Personality Correlations," *Journal of Personality* 83, no. 5 (2015): 491-510.

[184] Ibid.

[185] B. C. Holtz and C. M. Harold, "Interpersonal Justice and Deviance: The Moderating Effects of Interpersonal Justice Values and Justice Orientation," *Journal of Management*, February 2013, 339-65.

[186] M. Rokeach, *The Nature of Human Values* (New York: The Free Press, 1973).

[187] S. H. Schwartz, "Universals in the Content and Structure of Values: Theoretical Advances and Empirical Tests in 20 Countries," *Advances in Experimental Social Psychology* 25 (1992): 1-65.

[188] Ibid.

[189] See, for example, N. R. Lockwood, F. R. Cepero, and S. Williams, *The Multigenerational Workforce* (Alexandria, VA: Society for Human Resource Management, 2009).

[190] Purdue Global, *Generational Differences in the Workplace,* accessed February 18, 2021, https://www.purdueglobal.edu/education-partnerships/generational-workforce-differences-infographic/

[191] E. Parry and P. Urwin, "Generational Differences in Work Values: A Review of Theory and Evidence," *International Journal of Management Reviews* 13, no. 1 (2011): 79-96.

[192] J. M. Twenge, S. M. Campbell, B. J. Hoffman, and C. E. Lance, "Generational Differences in Work Values: Leisure and Extrinsic Values Increasing, Social and Intrinsic Values Decreasing," *Journal of Management* 36, no. 5 (2010): 1117-42.

[193] K. L. Zabel, B. B. J. Biermeier-Hanson, B. B. Baltes, B. J. Early, and A. Shepard, "Generational Differences in Work Ethic: Fact or Fiction?" *Journal of Business and Psychology* 32 (2017): 301-15.

[194] L. Alton, "Millennials and Entitlement in the Workplace: The Good, the Bad, and the Ugly," *Forbes,* November 22, 2017, https://www.forbes.com/sites/larryalton/2017/11/22/millennials-and-entitlement-in-the-workplace-the-good-the-bad-and-the-ugly/#4dffaec13943

[195] S. Stronge, P. Milojev, and C. G. Sibley, "Are People Becoming More Entitled over Time? Not in New Zealand," *Personality and Social Psychology Bulletin,* 44, no. 2 (2018): 200-213.

[196] N. Tang, Y. Wang, and K. Zhang, "Values of Chinese Generation Cohorts: Do They Matter in the Workplace?" *Organizational Behavior and Human Decision Processes* 143 (2017): 8-22.

[197] Ibid.

[198] A. H. D. Van Rossem, "Generations as Social Categories: An Exploratory Cognitive Study of Generational Identity and Generational Stereotypes in a Multigenerational Workforce," *Journal of Organizational Behavior* 40 (2019): 434-55.

[199] E. King, L. Finkelstein, C. Thomas, and A. Corrington, "Generational Differences at Work Are Small. Thinking They're Big Affects Our Behavior," *Harvard Business Review,* August 1, 2019, https://hbr.org/2019/08/generational-differences-at-work-are-small-thinking-theyre-big-affects-our-behavior

[200] Based on J. M. Twenge, W. K. Campbell, and E. C. Freeman, "Generational Differences in Young Adults' Life Goals, Concern for Others, and Civic Orientation, 1966-2009," *Journal of Personality and Social Psychology* 102 (2012): 1045-62; M. Hartman, "Millennials at Work: Young and Callow, Like Their Parents," *The New York Times,* March 25, 2014, F4; J. Jin and J. Rounds, "Stability and Change in Work Values: A Meta-Analysis of Longitudinal Studies," *Journal of Vocational Behavior* 80 (2012): 326-39; C. Lourosa-Ricardo, "How America Gives," *The Wall Street Journal,* December 15, 2014, R3; "Millennials Rule," *The New York Times Education Life,* April 12, 2015, 4; G. Ruffenach, "A Generational Gap: Giving to Charity," *The Wall Street Journal,* January 20, 2015, R4; and S. W. Lester, R. L. Standifer, N. J. Schultz, and J. M. Windsor, "Actual Versus Perceived Generational Differences at Work: An Empirical Examination," *Journal of Leadership & Organizational Studies* 19 (2012): 341-54.

제6장

[1] "Relying on Intuition—Should You Always Trust Your Gut Feelings?," *Management Today,* October 1, 2013, https://www.managementtoday.co.uk/relying-intuition-always-trust-gut-feelings/article/1155928; "Trusting Your Gut: Smart Management or a Fool's Errand?," *BBC,* September 20, 2013, http://www.bbc.com/capital/story/20130923-should-you-trust-your-gut; "Richard Branson Leadership Rules for Being a Great Leader," *Business Insider,* October 19, 2015, http://uk.businessinsider.com/richard-branson-leadership-rules-2015-10?r=US&IR=T; "Richard Branson: Great Entrepreneurs Share 5 Skills," *CNBC,* January 31, 2017, https://www.cnbc.com/2017/01/31/richard-branson-successful-entrepreneurs-share-these-5-skills.html; Rod Kurtz, "Richard Branson on Being Richard Branson," *Entrepreneur,* December 17, 2012, https://www.entrepreneur.com/article/225295; Elizabeth Grice, "Deliciously Ella: 'There's a Pressure to Be Sparkly and Shiny All the Time,'" *The Telegraph,* January 23, 2016, http://www.telegraph.co.uk/food-and-drink/features/deliciously-ella-interview-new-book-Deliciously-Ella-Every-Day/; Carole Cadwalladr, "James Dyson Interview: Vacuums Are Already Smarter Than People," *The Guardian,* May 9, 2014, https://www.theguardian.com/technology/2014/may/09/james-dyson-interview-engineering-education

[2] G. P. Goodwin, J. Piazza, and P. Rozin, "Moral Character Predominates in Person Perception and Evaluation," *Journal of Personality and Social Psychology* 106, no. 1 (2014): 148-68.

[3] J. Carpenter, "One Type of Diversity We Don't Talk About at Work: Body Size," *CNN,* January 3, 2019, https://www.cnn.com/2019/01/03/success/weight-bias-work/index.html

[4] D. Clark, "How to Succeed in a Cross-Cultural Workplace," *Forbes,* June 19, 2014, https://www.forbes.com/sites/dorieclark/2014/06/19/how-to-succeed-in-a-cross-cultural-workplace/#4fd3392ac972

[5] R. Rau, E. N. Carlson, M. D. Back, M. Barranti, J. E. Gebauer, L. J. Human, D. Leising, and S. Nestler, "What Is the Structure of Perceiver Effects? On the Importance of Global Positivity and Trait-Specificity Across Personality Domains and Judgment Contexts," *Journal of Personality and Social Psychology* 120, no. 3 (2021): 745-64.

[6] B. Resnick, "How Desire Can Warp Our View of the World," *Vox,* August 8, 2019, https://www.vox.com/science-and-health/2019/8/8/20706126/motivated-perception-psychology

[7] E. Bernstein, "Honey, You Never Said . . . ," *The Wall Street Journal,* March 24, 2015, D1, D4; A. W. Kruglanski, "Motivated Social Cognition: Principles of the Interface," in E. T. Higgins and A. W. Kruglanski (eds.), *Social Psychology: Handbook of Basic Principles* (New York, NY: Guilford, 1996), 493-520.

[8] K. C. Yam, R. Fehr, and C. M. Barnes, "Morning Employees Are Perceived as Better Employees: Employees' Start Times Influence Supervisor Performance Ratings," *Journal of Applied Psychology* 99, no. 6 (2014): 1288-99.

[9] M. Sandy Hershcovis, L. Neville, T. C. Reich, A. M. Christie, L. M. Cortina, and J. Valerie Shan, "Witnessing Wrongdoing: The Effects of Observer Power on Incivility Intervention in the Workplace," *Organizational Behavior and Human Decision Processes* 142 (2017): 45-57.

[10] J. Pfeffer, *Leadership BS: Fixing Workplace and Careers One Truth at a Time* (New York, NY: Harper Collins, 2015)

[11] W. Maxwell, *So Long, See You Tomorrow* (New York, NY: Random House, 1996).

[12] G. Fields and J. R. Emshwiller, "Long After Arrests, Records Live On," *The Wall Street Journal,* December 26, 2014, A1, A10.

[13] A. Genevsky and B. Knutson, "Neural Affective Mechanisms Predict Market-Level Microlending," *Psychological Science* 26, no. 9 (2015): 1411-22.

[14] Ibid.

[15] J. Li, X.-P. Chen, S. Kotha, and G. Fisher, "Catching Fire and Spreading It: A Glimpse into Displayed Entrepreneurial Passion in Crowdfunding Campaigns," *Journal of Applied Psychology* 102, 7 (2017): 1075-90.

[16] D. R. Glerum, D. L. Joseph, A. F. McKenny, and B. A. Fritzsche, "The Trainer Matters: Cross-Classified Models of Trainee Reactions," *Journal of Applied Psychology* 106, no. 2 (2021): 281-99.

[17] T. G. Horgan, N. K. Herzog, and S. M. Syszlewski, "Does Your Messy Office Make Your Mind Look Cluttered? Office Appearance and Perceivers' Judgments About the Owners' Personality," *Personality and Individual Differences* 138 (2019): 370-79.

[18] J. A. Schmidt, T. A. O'Neill, and P. D. Dunlop, "The Effects of Team Context on Peer Ratings of Task and Citizenship Performance," *Journal of Business and Psychology* 36 (2021): 573-88.

[19] E. Zell and Z. Krizan, "Do People Have Insight into Their Abilities? A Metasynthesis," *Perspectives on Psychological Science* 9, no. 2 (2014): 111-25.

[20] S. P. Perry, M. C. Murphy, and J. F. Dovidio, "Modern Prejudice: Subtle, but Unconscious? The Role of Bias Awareness in Whites' Perceptions of Personal and Others' Biases," *Journal of Experimental*

Social Psychology 61 (2015): 64-78.

[21] See, for example, S. H. Lee and C. M. Barnes, "An Attributional Model of Workplace Gossip," *Journal of Applied Psychology* 106, no. 2 (2021): 300-16.

[22] J. Y. Kim, T. H. Campbell, S. Shepherd, and A. C. Kay, "Understanding Contemporary Forms of Exploitation: Attributions of Passion Serve to Legitimize the Poor Treatment of Workers," *Journal of Personality and Social Psy*chology 118, no. 1 (2020): 121-48.

[23] P. R. J. M. Garcia, S. L. D. Restubog, V. Nhat Lu, R. K. Amarnani, L. Wang, and A. Capezio, "Attributions of Blame for Customer Mistreatment: Implications for Employees' Service Performance and Customers' Negative Word of Mouth," *Journal of Vocational Behavior* 110 (2019): 203-13.

[24] K. Sanders and H. Yang, "The HRM Process Approach: The Influence of Employees' Attribution to Explain the HRM-Performance Relationship," *Human Resource Management* 55, no. 2 (2016): 201-17.

[25] See, for example, M. B. Eberly, E. C. Holley, M. D. Johnson, and T. R. Mitchell, "It's Not Me, It's Not You, It's *Us*! An Empirical Examination of Relational Attributions," *Journal of Applied Psychology* 102, no. 5 (2017): 711-31.

[26] R. R. Kehoe and F. Scott Bentley, "Shadows and Shields: Stars Limit Their Collaborators' Exposure to Attributions of Both Credit and Blame," *Personnel Psychology* 74, no. 3 (2021): 573-610.

[27] J. Sun, R. C. Liden, and L. Ouyang, "Are Servant Leaders Appreciated? An Investigation of How Relational Attributions Influence Employee Feelings of Gratitude and Prosocial Behaviors," *Journal of Organizational Behavior* 40 (2019): 528-40.

[28] J. M. Moran, E. Jolly, and J. P. Mitchell, "Spontaneous Mentalizing Predicts the Fundamental Attribution Error," *Journal of Cognitive Neuroscience* 26, no. 3 (2014): 569-76.

[29] S. Watts, "Our Brains Trick Us into Trusting Rich People," *Forbes,* February 14, 2019, https://www.forbes.com/sites/sarahwatts/2019/02/14/our-brains-trick-us-into-trusting-rich-people-heres-how/#6f-f334631e7c

[30] See, for instance, E. G. Hepper, R. H. Gramzow, and C. Sedikides, "Individual Differences in Self-Enhancement and Self-Protection Strategies: An Integrative Analysis," *Journal of Personality* 78, no. 2 (2010): 781-814.

[31] See, for example, J. W. Ridge and A. Ingram, "Modesty in Top Management Team: Investor Reaction and Performance Implications," *Journal of Management* 43, no. 4 (2017): 1283-306.

[32] See, for instance, A. H. Mezulis, L. Y. Abramson, J. S. Hyde, and B. L. Hankin, "Is There a Universal Positivity Bias in Attributions? A Meta-Analytic Review of Individual, Developmental, and Cultural Differences in the Self-Serving Attributional Bias," *Psychological Bulletin* 130, no. 5 (2004): 711-47.

[33] T. Menon, M. W. Morris, C. Y. Chiu, and Y. Y. Hong, "Culture and the Construal of Agency: Attribution to Individual Versus Group Dispositions," *Journal of Personality and Social Psychology* 76 (1999): 701-17.

[34] E. Dans, "Volkswagen and the Failure of Corporate Social Responsibility," *Forbes,* September 27, 2015, https://www.forbes.com/sites/enriquedans/2015/09/27/volkswagen-and-the-failure-of-corporate-social-responsibility/?sh=1966fccc4405; R. Hotten, "Volkswagen: The Scandal Explained," *BBC,* December 10, 2015, https://www.bbc.com/news/business-34324772; T. P. Munyon, M. T. Jenkins, T. Russell Crook, J. Edwards, and N. Paul Harvey, "Consequential Cognition: Exploring How Attribution Theory Sheds New Light on the Firm-Level Consequences of Product Recalls," *Journal of Organizational Behavior* 40 (2019): 587-602; K. Partridge, "VW Scandal Just the Tip of the Iceberg," *Columbia Business School: Ideas at Work,* October 23, 2015, https://www8.gsb.columbia.edu/articles/ideas-work/vw-scandal-just-tip-greenwashing-iceberg; J. Plungis, "Volkswagen Emissions Scandal: Forty Years of Greenwashing—the Well-Travelled Road Taken by VW," *The Independent,* September 25, 2015, https://www.independent.co.uk/news/business/analysis-and-features/volkswagen-emissions-scandal-forty-years-greenwashing-well-travelled-road-taken-vw-10516209.html; D. Pontefract, "Faking Corporate Social Responsibility Does Not Fool Employees," *Forbes,* September 24, 2016, https://www.forbes.com/sites/danpontefract/2016/09/24/faking-corporate-social-responsibility-does-not-fool-employees/?sh=73f925087994; A. Siano, A. Vollero, F. Conte, and S. Amabile, "'More Than Words:' Expanding the Taxonomy of Greenwashing After the Volkswagen Scandal," *Journal of Business Research* 71 (2017): 27-37; P. A. Vlachos, N. G. Panagopoulos, D. G. Bachrach, and F. P. Morgeson, "The Effects of Managerial and Employee Attributions for Corporate Social Responsibility Initiatives," *Journal of Organizational Behavior* 38 (2017): 1111-29.

[35] J. Nguyen, "Meet the Startup That's Pulling Trackable Data From Your Company's Culture," *Forbes,* February 15, 2017, https://www.forbes.com/sites/nguyenjames/2017/02/15/meet-the-startup-thats-pulling-trackable-data-from-your-companys-culture/#5f9daa1a50d8

[36] J. M. Beyer, P. Chattopadhyay, E. George, W. H. Glick, D. Ogilvie, and D. Pugliese, "The Selective Perception of Managers Revisited," *Academy of Management Journal* 40, no. 3 (1997): 716-37.

[37] J. P. Forgas and S. M. Laham, "Halo Effects," in R. F. Pohl (ed.), *Cognitive Illusions: Intriguing Phenomena in Thinking, Judgment and Memory,* 2nd ed. (New York: Routledge, 2017): 276-90.

[38] P. Agarwal, "Here Is How Bias Can Affect Recruitment in Your Organization," *Forbes,* October 19, 2018, https://www.forbes.com/sites/pragyaagarwaleurope/2018/10/19/how-can-bias-during-interviews-affect-recruitment-in-your-organisation/#506e25921951

[39] See, for example, D. Lubbe and A. Nitsche, "Reducing Assimilation and Contrast Effects on Selection Interview Ratings Using Behaviorally Anchored Rating Scales," *International Journal of Selection and Assessment* 27 (2019): 43-53.

[40] H. H. Zhao, S. E. Seibert, M. S. Taylor, C. Lee, and W. Lam, "Not Even the Past: The Joint Influence of Former Leader and New Leader During Leader Succession in the Midst of Organizational Change," *Journal of Applied Psychology* 101, no. 12 (2016): 1730-38.

[41] See, for instance, A.-S. Chaxel, "How Do Stereotypes Influence Choice?," *Psychological Science* 26, no. 5 (2015): 641-5.

[42] K. L. Milkman, M. Akinola, and D. Chugh, "What Happens Before? A Field Experiment Exploring How Pay and Representation Differentially Shape Bias on the Pathway into Organizations," *Journal of Applied Psychology* 100, no. 6 (2015): 1678-712.

[43] R. E. Frieder, C. H. Van Iddekinge, and P. H. Raymark, "How Quickly Do Interviewers Reach Decisions? An Examination of Interviewers' Decision-Making Time Across Applicants," *Journal of Occupational and Organizational Psychology* 89 (2016): 223-48; B. W. Swider, M. R. Barrick, and T. B. Harris, "Initial Impressions: What They Are, What They Are Not, and How They Influence Structured Interview Outcomes," *Journal of Applied Psychology* 101, no. 5 (2016): 625-38.

[44] J. Willis and A. Todorov, "First Impressions: Making Up Your Mind After a 100ms Exposure to a Face," *Psychological Science* 17, no. 7 (2006): 592-98.

[45] E. Derous, A. Buijsrogge, N. Roulin, and W. Duyck, "Why Your Stigma Isn't Hired: A Dual-Process Framework of Interview Bias," *Human Resource Management Review* 26 (2016): 90-111.

[46] N. Eisenkraft, "Accurate by Way of Aggregation: Should You Trust Your Intuition-Based First Impressions?" *Journal of Experimental Social Psychology* 49, no. 2 (2013): 277-79.

[47] N. M. Kierein and M. A. Gold, "Pygmalion in Work Organizations: A Meta-Analysis," *Journal of Organizational Behavior* 21, no. 8 (2000): 913-28.

[48] Ibid.

[49] J. R. Spence and L. Keeping, "Conscious Rating Distortion in Performance Appraisal: A Review, Commentary, and Proposed Framework for Research," *Human Resource Management Review* 21 (2011): 85-95.

[50] See, for instance, M. Etter, D. Ravasi, and E. Colleoni, "Social Media and the Formation of Organizational Reputation," *Academy of Management Review* 44, no. 1 (2019): 28-52.

[51] E.-H. Kim and Y. Na Youm, "How Do Social Media Affect Analyst Stock Recommendations? Evidence From S&P 500 Electric Power Companies' Twitter Accounts," *Strategic Management Journal* 38 (2017): 2599-622.

[52] R. Maurer, "Know Before You Hire: 2016 Employment Screening Trends," *Society for Human Resource Management,* January 20, 2016, https://www.shrm.org/ResourcesAndTools/hr-topics/talent-acquisition/Pages/2016-Employment-Screening-Trends.aspx

[53] G. Wright, "Despite Legal Risks, Companies Still Use Social Media to Screen Employees," *Society for Human Resource Management,* May 19, 2015, https://www.shrm.org/ResourcesAndTools/hr-topics/technology/Pages/Social-Media-to-Screen-Employees.aspx

[54] Ibid.

[55] P. L. Roth, J. B. Thatcher, P. Bobko, K. D. Matthews, J. E. Ellingson, and C. B. Goldberg, "Political Affiliation and Employment Screening Decisions: The Role of Similarity and Identification Processes," *Journal of Applied Psychology* 105, no. 5 (2020): 472-86.

[56] C. H. Van Iddekinge, S. E. Lanivich, P. L. Roth, and E. Junco, "Social Media for Selection? Validity and Adverse Impact Potential of a Facebook-Based Assessment," *Journal of Management* 42, no. 7 (2016): 1811-35; L. Zhang, C. H. Van Iddekinge, J. D. Arnold, P. L. Roth, F. Lievens, S. E. Lanivich, and S. L. Jordan, "What's on Job Seekers' Social Media Sites? A Content Analysis and Effects of Structure on Recruiter Judgments and Predictive Validity," *Journal of Applied Psychology* 105, no. 12 (2020): 1530-46.

[57] N. Roulin and J. Levashina, "LinkedIn as a New Selection Method: Psychometric Properties and Assessment Approach," *Personnel Psychology* 72 (2019): 187-211.

[58] P. Chakraborty, "How Artificial Intelligence May Eliminate Biases From HR Processes," *Association for Talent Development* [blog], June 28, 2017, https://www.td.org/insights/how-artificial-intelligence-may-eliminate-biases-from-hr-processes

[59] N. R. Kuncel, D. M. Klieger, B. S. Connelly, and D. S. Ones, "Mechanical Versus Clinical Data Combination in Selection and Admissions Decisions:

A Meta-Analysis," *Journal of Applied Psychology* 98, no. 6 (2013): 1060-72.

[60] Based on A. C. Kay, M. V. Day, M. P. Zanna, and A. D. Nussbaum, "The Insidious (and Ironic) Effects of Positive Stereotypes," *Journal of Experimental Social Psychology* 49 (2013): 287-91; J. O. Sly and S. Cheryan, "When Compliments Fail to Flatter: American Individualism and Responses to Positive Stereotypes," *Journal of Personality and Social Psychology* 104 (2013): 87-102; M. J. Tagler, "Choking Under the Pressure of a Positive Stereotype: Gender Identification and Self-Consciousness Moderate Men's Math Test Performance," *Journal of Social Psychology* 152 (2012): 401-16; M. A. Beasley and M. J. Fischer, "Why They Leave: The Impact of Stereotype Threat on the Attrition of Women and Minorities From Science, Math and Engineering Majors," *Social Psychology of Education* 15 (2012): 427-48; and A. Krendl, I. Gainsburg, and N. Ambady, "The Effects of Stereotypes and Observer Pressure on Athletic Performance," *Journal of Sport & Exercise Psychology* 34 (2012): 3-15.

[61] Y.-S Hsu, Y.-P. Chen, and M. A. Shaffer, "Reducing Work and Home Cognitive Failures: The Roles of Workplace Flextime Use and Perceived Control," *Journal of Business and Psychology* 36 (2021): 155-72.

[62] B. Fischhoff and S. B. Broomell, "Judgment and Decision Making," *Annual Review of Psychology* 71 (2020): 331-55.

[63] D. Proudfoot, A. C. Kay, and H. Mann, "Motivated Employee Blindness: The Impact of Labor Market Instability on Judgment of Organizational Inefficiencies," *Organizational Behavior and Human Decision Processes* 130 (2015): 108-22.

[64] E. Shafir and R. A. LeBoeuf, "Rationality," *Annual Review of Psychology* 53 (2002): 491-517.

[65] For a review of the rational decision-making model, see M. H. Bazerman and D. A. Moore, *Judgment in Managerial Decision Making*, 7th ed. (Hoboken, New Jersey: Wiley, 2008).

[66] J. G. March, *A Primer on Decision Making* (New York: The Free Press, 2009).

[67] J. March, *The Ambiguities of Experience* (Ithaca, NY: Cornell University Press, 2010).

[68] J. E. Russo, K. A. Carlson, and M. G. Meloy, "Choosing an Inferior Alternative," *Psychological Science* 17, no. 10 (2006): 899-904.

[69] N. Halevy and E. Y. Chou, "How Decisions Happen: Focal Points and Blind Spots in Interdependent Decision Making," *Journal of Personality and Social Psychology* 106, no. 3 (2014): 398-417; and D. Kahneman, "Maps of Bounded Rationality: Psychology for Behavioral Economics," *The American Economic Review* 93, no. 5 (2003): 1449-75.

[70] R. A. Bettis, "Organizationally Intractable Decision Problems and the Intellectual Virtues of Heuristics," *Journal of Management* 43, no. 8 (2017): 2620-37.

[71] G. Gigerenzer, "Why Heuristics Work," *Perspectives on Psychological Science* 3, no. 1 (2008): 20-29.

[72] R. Folger, D. B. Ganegoda, D. B. Rice, R. Taylor, and D. X. H. Wo, "Bounded Autonomy and Behavioral Ethics: Deonance and Reactance as Competing Motives," *Human Relations* 66, no. 7 (2013): 905-24.

[73] T. Zhang, P. O. Fletcher, F. Gino, and M. H. Bazerman, "Reducing Bounded Ethicality: How to Help Individuals Notice and Avoid Unethical Behavior," *Organizational Dynamics* 44 (2015): 310-17.

[74] See A. W. Kruglanski and G. Gigerenzer, "Intuitive and Deliberate Judgments Are Based on Common Principles," *Psychological Review* 118 (2011): 97-109.

[75] E. Dane and M. G. Pratt, "Exploring Intuition and Its Role in Managerial Decision Making," *Academy of Management Review* 32, no. 1 (2007): 33-54.

[76] See, for instance, L. Huang, "The Role of Investor Gut Feeling in Managing Complexity and Extreme Risk," *Academy of Management Journal* 61, no. 5 (2018): 1821-47; S. Luan, J. Reb, and G. Gigerenzer, "Ecological Rationality: Fast-and-Frugal Heuristics for Managerial Decision Making Under Uncertainty," *Academy of Management Journal* 62, no. 6 (2019): 1735-59.

[77] K. Woolley and J. L. Risen, "Closing Your Eyes to Follow Your Heart: Avoiding Information to Protect a Strong Intuitive Preference," *Journal of Personality and Social Psychology* 114, no. 2 (2018): 230-45.

[78] Y. Wang, S. Highhouse, C. J. Lake, N. L. Petersen, and T. B. Rada, "Meta-Analytic Investigations of the Relation Between Intuition and Analysis," *Journal of Behavioral Decision Making* 30 (2017): 15-25.

[79] C. Akinci and E. Sadler-Smith, "Intuition in Management Research: A Historical Review," *International Journal of Management Reviews* 14 (2012): 104-22.

[80] E. B. King, D. R. Avery, M. R. Hebl, and J. M. Cortina, "Systematic Subjectivity: How Subtle Biases Infect the Scholarship Review Process," *Journal of Management* 44, no. 3 (2018): 843-53.

[81] S. P. Robbins, *Decide & Conquer: Making Winning Decisions and Taking Control of Your Life* (Upper Saddle River, NJ: Financial Times/Prentice Hall, 2004), 13; P. Teovanović, G. Knežević, and L. Stankov, "Individual Differences in Cognitive Biases: Evidence Against One-Factor Theory of Rationality," *Intelligence* 50 (2015): 75-86.

[82] S. Ludwig and J. Nafziger, "Beliefs About Overconfidence," *Theory and Decision* 70, no. 4 (2011): 475-500.

[83] E. E. Kausel, S. S. Culbertson, and H. P. Madrid, "Overconfidence in Personnel Selection: When and Why Unstructured Interview Information Can Hurt Hiring Decisions," *Organizational Behavior and Human Decision Processes* 137 (2016): 27-44.

[84] A. Buijsrogge, E. Erous, and W. Duyck, "Often Biased but Rarely in Doubt: How Initial Reactions to Stigmatized Applicants Affect Interviewer Confidence," *Human Performance* 29, no. 4 (2016): 275-90.

[85] R. P. Larrick, K. A. Burson, and J. B. Soll, "Social Comparison and Confidence: When Thinking You're Better Than Average Predicts Overconfidence (and When It Does Not)," *Organizational Behavior and Human Decision Processes* 102 (2007): 76-94.

[86] K. M. Hmieleski and R. A. Baron, "Entrepreneurs' Optimism and New Venture Performance: A Social Cognitive Perspective," *Academy of Management Journal* 52, no. 3 (2009): 473-88.

[87] J. Mahn Lee, B-H. Hwang, and H. Chen, "Are Founder CEOs More Overconfident Than Professional CEOs? Evidence From S&P 1500 Companies," *Strategic Management Journal* 38 (2017): 751-69.

[88] R. Frick and A. K. Smith, "Overconfidence Game," *Kiplinger's Personal Finance* 64, no. 3 (2010): 23.

[89] R. Ronay, J. K. Oostrom, N. Lehmann-Willenbrock, S. Mayoral, and H. Rusch, "Playing the Trump Card: Why We Select Overconfident Leaders and Why It Matters," *The Leadership Quarterly* 30, no. 6 (2019): Article 101316.

[90] P. Belmi, M. A. Neale, D. Reiff, and R. Ulfe, "The Social Advantage of Miscalibrated Individuals: The Relationship Between Social Class and Overconfidence and Its Implications for Class-Based Inequality," *Journal of Personality and Social Psychology* 118, no. 2 (2020): 254-82; I. Vitanova, "Nurturing Overconfidence: The Relationship Between Leader Power, Overconfidence, and Firm Performance," *The Leadership Quarterly* 32, no. 4 (2021): Article 101342.

[91] E. R. Tenney, N. L. Meikle, D. Hunsaker, D. A. Moore, and C. Anderson, "Is Overconfidence a Social Liability? The Effect of Verbal Versus Nonverbal Expressions of Confidence," *Journal of Personality and Social Psychology* 116, no. 3 (2019): 396-415.

[92] C. Schumacher, S. Keck, and W. Tang, "Biased Interpretation of Performance Feedback: The Role of CEO Overconfidence," *Strategic Management Journal* 41 (2020): 1139-65.

[93] See, for instance, J. P. Simmons, R. A. LeBoeuf, and L. D. Nelson, "The Effect of Accuracy Motivation on Anchoring and Adjustment: Do People Adjust from Their Provided Anchors?" *Journal of Personality and Social Psychology* 99 (2010): 917-32.

[94] S. Malhotra, H. M. Morgan, and P. Zhu, "Sticky Decisions: Anchoring and Equity Stakes in International Acquisitions," *Journal of Management* 44, no. 8 (2018): 3200-30.

[95] C. Janiszewski and D. Uy, "Precision of the Anchor Influences the Amount of Adjustment," *Psychological Science* 19, no. 2 (2008): 121-27.

[96] See, for example, P. Frost, B. Casey, K. Griffin, L. Raymundo, C. Farrell, and R. Carrigan, "The Influence of Confirmation Bias on Memory and Source Monitoring," *Journal of General Psychology* 142, no. 4 (2015): 238-52.

[97] K. A. Costabile and S. Madon, "Downstream Effects of Dispositional Influences on Confirmation Biases," *Personality and Social Psychology Bulletin* 45, no. 4 (2019): 557-70.

[98] M. Marquit, "Don't Let Confirmation Bias Derail Your Startup Plans," *Due* [blog], October 1, 2018, https://due.com/blog/confirmation-bias-start-up-plans/

[99] G. Luca Ciampaglia and F. Menczer, "Biases Make People Vulnerable to Misinformation Spread by Social Media," *Scientific American,* June 21, 2018, https://www.scientificamerican.com/article/biases-make-people-vulnerable-to-misinformation-spread-by-social-media/; C. Seneca, "How to Break Out of Your Social Media Echo Chamber," *Wired,* September 17, 2020, https://www.wired.com/story/facebook-twitter-echo-chamber-confirmation-bias/

[100] Ibid.

[101] W. Whitman, *Song of Myself* (East Aurora, NY: Roycrofters, 1904).

[102] T. Pachur, R. Hertwig, and F. Steinmann, "How Do People Judge Risks: Availability Heuristic, Affect Heuristic, or Both?" *Journal of Experimental Psychology: Applied* 18, no. 3 (2012): 314-30.

[103] T. Pachur, R. Hertwig, and F. Steinmann, "How Do People Judge Risks: Availability Heuristic, Affect Heuristic, or Both?," *Journal of Experimental Psychology: Applied* 18 (2012): 314-30.

[104] G. Morgenson, "Debt Watchdogs: Tamed or Caught Napping?" *The New York Times,* December 7, 2009, 1, 32.

[105] S. Davidai and T. Gilovich, "The Headwinds/Tailwinds Asymmetry: An Availability Bias in Assessments of Barriers and Blessings," *Journal of Personality and Social Psychology* 111, no. 6 (2016): 835-51.

[106] R. W. Lent and S. D. Brown, "Career Decision Making, Fast and Slow: Toward an Integrative Model of Intervention for Sustainable Career Choice," *Journal of Vocational Behavior* 120 (2020): Article 103448.

[107] D. J. Sleesman, "Pushing Through the Tension

While Stuck in the Mud: Paradox Mindset and Escalation of Commitment," *Organizational Behavior and Human Decision Processes* 155 (2019): 83-96.

[108] K. F. E. Wong and J. Y. Y. Kwong, "The Role of Anticipated Regret in Escalation of Commitment," *Journal of Applied Psychology* 92, no. 2 (2007): 545-54.

[109] D. J. Sleesman, D. E. Conlon, G. McNamara, and J. E. Miles, "Cleaning Up the Big Muddy: A Meta-Analytic Review of the Determinants of Escalation of Commitment," *Academy of Management Journal* 55 (2012): 541-62.

[110] T. Y. Huang, V. Souitaris, and S. G. Barsade, "Which Matters More? Group Fear Versus Hope in Entrepreneurial Escalation of Commitment," *Strategic Management Journal* 40 (2019): 1852-81.

[111] H. Drummond, "Escalation of Commitment: When to Stay the Course?," *The Academy of Management Perspectives* 28, no. 4 (2014): 430-46.

[112] See, for instance, A. James and A. Wells, "Death Beliefs, Superstitious Beliefs and Health Anxiety," *British Journal of Clinical Psychology* (March 2002): 43-53; and U. Hahn and P. A. Warren, "Perceptions of Randomness: Why Three Heads Are Better Than One," *Psychological Review* 116 (2009): 454-61.

[113] J. Adams, "Tiger Woods Credits Mother for Wearing Red on Sunday," *Heavy* [blog], September 23, 2018, https://heavy.com/sports/2018/09/why-tiger-woods-red-shirt-mother/

[114] L. Huang and J. Whitson, "Organizational Costs of Compensating for Mind-Body Dissonance Through Conspiracies and Superstitions," *Organizational Behavior and Human Decision Processes* 156 (2020): 1-12.

[115] See, for example, U. Simonsohn, "Direct Risk Aversion: Evidence from Risky Prospects Valued Below Their Worst Outcome," *Psychological Science* 20, no. 6 (2009): 686-92.

[116] A. Kühberger, M. Schulte-Mecklenbeck, and J. Perner, "The Effects of Framing, Reflection, Probability, and Payoff on Risk Preference in Choice Tasks," *Organizational Behavior and Human Decision Processes* 78, no. 3 (1999): 204-31.

[117] D. Kahneman, *Thinking, Fast and Slow* (New York, NY: Macmillan, 2011).

[118] A. Chakraborty, S. Sheikh, and N. Subramanian, "Termination Risk and Managerial Risk Taking," *Journal of Corporate Finance* 13 (2007): 170-88.

[119] See, for example, C. Vandenberghe, A. Panaccio, and A. K. B. Ayed, "Continuance Commitment and Turnover: Examining the Moderating Role of Negative Affectivity and Risk Aversion," *Journal of Occupational and Organizational Psychology* 84 (2011): 403-24

[120] P. Bryant and R. Dunford, "The Influence of Regulatory Focus on Risky Decision-Making," *Applied Psychology: An International Review* 57, no. 2 (2008): 335-59.

[121] A. J. Porcelli and M. R. Delgado, "Acute Stress Modulates Risk Taking in Financial Decision Making," *Psychological Science* 20, no. 3 (2009): 278-83.

[122] R. L. Guilbault, F. B. Bryant, J. H. Brockway, and E. J. Posavac, "A Meta-Analysis of Research on Hindsight Bias," *Basic and Applied Social Psychology* 26, nos. 2-3 (2004): 103-17.

[123] O. Shani, "Why AI Ttransformation Is Digital Transformation, Fully Realized," *Forbes,* February 11, 2019, https://www.forbes.com/sites/forbestechcouncil/2019/02/11/why-ai-transformation-is-digital-transformation-fully-realized/#1be6caf678fd

[124] Ibid.

[125] M. Gladwell, "Connecting the Dots," *The New Yorker,* March 10, 2003.

[126] Teovanović et al., "Individual Differences in Cognitive Biases."

[127] See, for instance, D. Trippas, V. A. Thompson, and S. J. Handley, "When Fast Logic Meets Slow Belief: Evidence for a Parallel-Processing Model of Belief Bias," *Memory and Cognition* 45 (2017): 539-52.

[128] R. G. Stephens, J. C. Dunn, and B. K. Hayes, "Belief Bias is Response Bias: Evidence From a Two-Step Signal Detection Model," *Journal of Experimental Psychology: Learning, Memory, and Cognition* 45, no. 2 (2019): 320-32.

[129] E. E. Kausel, S. Ventura, and A. Rodríguez, "Outcome Bias in Subjective Ratings of Performance: Evidence From the (Football) Field," *Journal of Economic Psychology* 75, Part B (2019): Article 102132.

[130] R. Heimlich, "Deepening Divide Between Republicans and Democrats over Business Regulation," *Pew Research Center,* August 14, 2012, https://www.pewresearch.org/fact-tank/2012/08/14/deepening-divide-between-republicans-and-democrats-over-business-regulation/

[131] D. P. Calvillo, A. B. Swan, and A. M. Rutchick, "Ideological Belief Bias with Political Syllogisms," *Thinking & Reasoning* 26, no. 2 (2020): 291-310.

[132] S. Sarkis, "Emotions Overruling Logic: How Belief Bias Alters Your Decisions," *Forbes*, May 26, 2019, https://www.forbes.com/sites/stephaniesarkis/2019/05/26/emotions-overruling-logic-how-belief-bias-alters-your-decisions/?sh=752b5ad67c56

[133] J. Flinchbaugh, "Overcoming Outcome Bias," *Industry Week* (May/June 2018): 10.

[134] C. K. Hsee, Y. Yang, and X. Li, "Relevance Insensitivity: A New Look at Some Old Biases," *Organizational Behavior and Human Decision Processes* 153 (2019): 13-26.

[135] S. J. Ward and L. A. King, "Individual Differences in Reliance on Intuition Predict Harsher Moral Judgments," *Journal of Personality and Social Psychology* 114, no. 5 (2018): 825-49; J. A. Yip, D. H. Stein, S. Côté, and D. R. Carney, "Follow Your Gut? Emotional Intelligence Moderates the Association Between Physiologically Measured Somatic Markers and Risk-Taking," *Emotion* 20, no. 3 (2020): 426-72.

[136] M. D. Coleman, "Emotion and the Self-Serving Bias," *Current Psychology* (December 2011): 345-54.

[137] M. P. Grosz, T. Lösch, and M. D. Back, "The Narcissism-Overclaiming Link Revisited," *Journal of Research in Personality* 70 (2017): 134-38.

[138] W. Hart, D. Albarracín, A. H. Eagly, I. Brechan, M. J. Lindberg, and L. Merrill, "Feeling Validated Versus Being Correct: A Meta-Analysis of Selective Exposure to Information," *Psychological Bulletin* 135, no. 4 (2009): 555-88.

[139] M. H. Benischke, G. P. Martin, and L. Glaser, "CEO Equity Risk Bearing and Strategic Risk Taking: The Moderating Effect of CEO Personality," *Strategic Management Journal* 40 (2019): 153-77; S. Malhotra, T. H. Reus, P. Zhu, and E. M. Roelofsen, "The Acquisitive Nature of Extraverted CEOs," *Administrative Science Quarterly* 63, no. 3 (2018): 370-408.

[140] H. Moon, "The Two Faces of Conscientiousness: Duty and Achievement Striving in Escalation of Commitment Dilemmas," *Journal of Applied Psychology* 86 (2001): 535-40.

[141] J. Musch, "Personality Differences in Hindsight Bias," *Memory* 11 (2003): 473-89.

[142] N. M. Else-Quest, J. Shibley Hyde, H. H. Goldsmith, and C. Van Hulle, "Gender Differences in Temperament: A Meta-Analysis," *Psychological Bulletin* 132 (2006): 33-72; Shibley Hyde, "Gender Similarities and Differences."

[143] C. P. Cross, L. T. Copping, and A. Campbell, "Sex Differences in Impulsivity: A Meta-Analysis," *Psychological Bulletin* 137 (2011): 97-130.

[144] I. Olcaysoy Okten, A. Gollwitzer, and G. Oettingen, "Gender Differences in Preventing the Spread of the Coronavirus," *Behavioral Science & Policy* 6, no. 2 (2020): 109-136.

[145] A. J. Koch, S. D. D'Mello, and P. R. Sackett, "A Meta-Analysis of Gender Stereotypes and Bias in Experimental Simulations of Employment Decision Making," *Journal of Applied Psychology* 100, no. 1 (2015): 128-61.

[146] S. Wally and J. R. Baum, "Personal and Structural Determinants of Pace of Strategic Decision Making," *Academy of Management Journal,* 37, no. 4 (1994): 932-56.

[147] K. E. Stanovich and R. F. West, "On the Relative Independence of Thinking Biases and Cognitive Ability," *Journal of Personality and Social Psychology* 94, no. 4 (2008): 672-95.

[148] D. Laureiro-Martínez and S. Brusoni, "Cognitive Flexibility and Adaptive Decision-Making: Evidence From a Laboratory Study of Expert Decision Makers," *Strategic Management Journal* 39 (2018): 1031-58.

[149] J. F. Yates and S. de Oliveira, "Culture and Decision Making," *Organizational Behavior and Human Decision Processes* 136 (2016): 106-18.

[150] R. Müller, K. Spang, and S. Özcan, "Cultural Differences in Decision-making Among Project Teams: Examples from Swedish and German Project Teams," paper presented at PMI® Research Conference: Defining the Future of Project Management, Warsaw, Poland (Newtown Square, PA: Project Management Institute, 2008), https://www.pmi.org/learning/library/cultural-differences-decision-making-international-7131; A. Sagie and Z. Aycan, "A Cross-Cultural Analysis of Participative Decision-making in Organizations," *Human Relations* 56, no. 4 (2003): 453-73.

[151] J. Sammer, "When Bonus Incentives Go Bad-and How to Prevent It," *Society for Human Resource Management,* January 3, 2017, https://www.shrm.org/ResourcesAndTools/hr-topics/compensation/Pages/bonus-incentives-gone-bad.aspx

[152] D. J. Schepker, A. J. Nyberg, M. D. Ulrich, and P. M. Wright, "Planning for Future Leadership: Procedural Rationality, Formalized Succession Processes, and CEO Influence in CEO Succession Planning," *Academy of Management Journal* 61, no. 2 (2018): 523-52.

[153] W. J. Phillips, J. M. Fletcher, A. D. G. Marks, and D.W. Hine, "Thinking Styles and Decision Making: A Meta-Analysis," *Psychological Bulletin* 142, no. 3 (2016): 260-90.

[154] J. Jung and T. Shin, "Learning Not to Diversify: The Transformation of Graduate Business Education and the Decline of Diversifying Acquisitions," *Administrative Science Quarterly* 64, no. 2 (2019): 337-69.

[155] See, for example, B. Lincoln and R. Santorum, "Doctors, Nurses Must Make Hard Decisions in Pandemic. Let's Protect Them From Lawsuits," *USA Today* (April 22, 2020), https://www.usatoday.com/story/opinion/2020/04/22/pandemic-congress-should-protect-doctors-others-lawsuits-column/2995082001/

[156] A. Lai, "For businesses, Decision-Making During the COVID-19 Crisis Requires a Bias Toward People, Not Profit," Forbes (March 19, 2020), https://www.forbes.com/sites/forrester/2020/03/19/decisionmaking-during-the-covid-19-crisis-requires-a-biastoward-people-not-profit/#3b3d5e454ddc

[157] P. M. Vaaler and G. McNamara, "Crisis and

Competition in Expert Organizational Decision Making: Credit-Rating Agencies and Their Response to Turbulence in Emerging Economies," *Organization Science* 15, no. 6 (2004): 687-703.

[158] L. Sayegh, W. P. Anthony, and P. L. Perrewé, "Managerial Decision-Making Under Crisis: The Role of Emotion in an Intuitive Decision Process," *Human Resource Management Review* 14 (2004): 179-99.

[159] Lincoln and Santorum, "Doctors, Nurses Must Make Hard Decisions in Pandemic."

[160] S. Harvey and V. Y. Haines III, "Employer Treatment of Employees During a Community Crisis: The Role of Procedural and Distributive Justice," *Journal of Business and Psychology* 20, no. 1 (2005): 53-68.

[161] Lai, "For Businesses, Decision-Making During the COVID-19 Crisis Requires a Bias Toward People, Not Profit."

[162] K. V. Kortenkamp and C. F. Moore, "Ethics Under Uncertainty: The Morality and Appropriateness of Utilitarianism When Outcomes Are Uncertain," *American Journal of Psychology* 127, no. 3 (2014): 367-82.

[163] See, for example, I. Patil, M. M. Zucchelli, W. Kool, S. Campbell, F. Fornasier, M. Calò, G. Silani, M. Cikara, and F. Cushman, "Reasoning Supports Utilitarian Resolutions to Moral Dilemmas Across Diverse Measures," *Journal of Personality and Social Psychology* 120, no. 2 (2021): 443-60.

[164] A. Lukits, "Hello and Bonjour to Moral Dilemmas," *The Wall Street Journal,* May 13, 2014, D4.

[165] See, for instance, J. J. Lee and F. Gino, "Poker-Faced Morality: Concealing Emotions Leads to Utilitarian Decision Making," *Organizational Behavior and Human Decision Processes* 126 (2015): 49-64.

[166] See, for instance, A. T. Hall, W. Wikhamn, and R. Cardy, "Social Influence and the Invocation of Rights: The Effects of Accountability, Reputation, and Political Skill on Legal Claiming," *Human Relations* 69, no. 12 (2016): 2250-73.

[167] J. Hollings, "Let the Story Go: The Role of Emotion in the Decision-Making Process of the Reluctant, Vulnerable Witness or Whistle-Blower," *Journal of Business Ethics* 114, no. 3 (2013): 501-12.

[168] D. E. Rupp, P. M. Wright, S. Aryee, and Y. Luo, "Organizational Justice, Behavioral Ethics, and Corporate Social Responsibility: Finally the Three Shall Merge," *Management and Organization Review* 11 (2015): 15-24.

[169] R. Folger and D. R. Glerum, "Justice and Deonance: 'You Ought to be Fair,'" in M. Ambrose and R. Cropanzano (eds.), *The Oxford Handbook of Justice in the Workplace* (New York: Oxford, 2015): 331-50.

[170] M. Hennig and M. Hutter, "Revisiting the Divide Between Deontology and Utilitarianism in Moral Dilemma Judgment: A Multinomial Modeling Approach," *Journal of Personality and Social Psychology* 118, no. 1 (2020): 22-56

[171] H. Aguinis and A. Glavas, "What We Know and Don't Know About Corporate Social Responsibility: A Review and Research Agenda," *Journal of Management* 38, no. 4 (2012): 932-68.

[172] D. De Cremer and C. Moore, "Toward a Better Understanding of Behavioral Ethics in the Workplace," *Annual Review of Organizational Psychology and Organizational Behavior* 7 (2020): 69-93.

[173] Ibid.

[174] Ibid.

[175] J. B. Cullen, K. P. Parboteeah, and M. Hoegl, "Cross-National Differences in Managers' Willingness to Justify Ethically Suspect Behaviors: A Test of Institutional Anomie Theory," *Academy of Management Journal* 47, no. 3 (2004): 411-21.

[176] P. Gerlach, K. Teodorescu, and R. Hertwig, "The Truth About Lies: A Meta-Analysis on Dishonest Behavior," *Psychological Bulletin* 145, no. 1 (2019): 1-44.

[177] A. Vrij, M. Hartwig, and P. A. Granhag, "Reading Lies: Nonverbal Communication and Deception," *Annual Review of Psychology* 70 (2019): 295-317.

[178] N. Klein and H. Zhou, "Their Pants Aren't on Fire," *The New York Times,* March 25, 2014, D3.

[179] Ibid.

[180] Ibid.

[181] J. J. Lee, N. Llewellyn and A. Whittle, "Lies, Defeasibility and Morality-in-Action: The Interactional Architecture of False Claims in Sales, Telemarketing and Debt Collection Work," Human Relations 72, no. 4 (2019): 834-58; M. Ong, B. Parmar, and E. Amit, "Lay Theories of Effortful Honesty: Does the Honesty-Effort Association Justify Making a Dishonest Decision?" *Journal of Applied Psychology* 104, no. 5 (2019): 659-77.

[182] S. D. Levitt and S. J. Dubner, "Traponomics," *The Wall Street Journal,* May 10-11, 2014, C1, C2.

[183] D. De Cremer and C. Moore, "Toward a Better Understanding of Behavioral Ethics in the Workplace," *Annual Review of Organizational Psychology and Organizational Behavior* 7 (2020): 369-93; Y. Feldman, "Companies Need to Pay More Attention to Everyday Unethical Behavior," *Harvard Business Review*, March 1, 2019, https://hbr.org/2019/03/companies-need-to-pay-more-attention-to-everyday-unethical-behavior; C. Moore and F. Gino, "Approach, Ability, Aftermath: A Psychological Process Framework of Unethical Behavior at Work," *The Academy of Management Annals* 9 (2015): 235-89; K. Sweet, "Wells Fargo to Pay $3B to Resolve Probes into Fake Accounts," *Business Insider*, February 21, 2020, https://www.businessinsider.com/wells-fargo-to-pay-3b-to-resolve-probes-into-fake-accounts-2020-2; L. K. Treviño, J. Haidt, and A. E. Filabi, "Regulating for Ethical Culture," *Behavioral Science & Policy* 3, no. 2 (2017): 57-72; L. K. Treviño, G. R. Weaver, and S. J. Reynolds, "Behavioral Ethics in Organizations: A Review," *Journal of Management* 32, no. 6 (2006): 951-90.

[184] N. Anderson, K. Potocnik, and J. Zhou, "Innovation and Creativity in Organizations: A State-of-the-Science Review, Prospective Commentary, and Guiding Framework," *Journal of Management* 40, no. 5 (2014): 1297-333.

[185] "Is Your Art Killing You?," Investorideas.com, May 13, 2013, http://www.investorideas.com/news/2013/renewable-energy/05134.asp

[186] M. M. Gielnik, A. C. Kramer, B. Kappel, and M. Frese, "Antecedents of Business Opportunity Identification and Innovation: Investigating the Interplay of Information Processing and Information Acquisition," *Applied Psychology: An International Review* 63, no. 2 (2014): 344-81.

[187] G. Anderson, "Three Tips to Foster Creativity at Your Startup," *ArcticStartup*, May 8, 2013, http://www.arcticstartup.com/

[188] L. Paine Hagtvedt, K. Dossinger, S. H. Harrison, and L. Huang, "Curiosity Made the Cat More Creative: Specific Curiosity as a Driver of Creativity," *Organizational Behavior and Human Decision Processes* 150 (2019): 1-13.

[189] E. Millar, "How Do Finnish Kids Excel Without Rote Learning and Standardized Testing?" *The Globe and Mail,* May 9, 2013, http://www.theglobeandmail.com/

[190] S. M. Lee and C. I. C. Farh, "Dynamic Leadership Emergence: Differential Impact of Members' and Peers' Contributions in the Idea Generation and Idea Enactment Phases of Innovation Project Teams," *Journal of Applied Psychology* 104, no. 3 (2019): 411-32.

[191] D. Deichmann and M. Jensen, "I Can Do That Alone . . . or Not? How Idea Generators Juggle Between the Pros and Cons of Teamwork," *Strategic Management Journal* 39 (2018): 458-75.

[192] Z. Harper, "Mark Cuban Wants You to Design the New Dallas Mavericks Uniforms," CBS Sports.com, May 13, 2013, http://sports.yahoo.com/blogs/nba-ball-dont-lie/mark-cuban-wants-designs-dallas-mavericks-uniforms-214849952.html

[193] C. Fuchs, F. J. Sting, M. Schlickel, and O. Alexy, "The Ideator's Bias: How Identity-Induced Self-Efficacy Drives Overestimation in Employee-Driven Process Innovation," *Academy of Management Journal* 62, no. 5 (2019): 1498-522.

[194] D. D. Keum and K. E. See, "The Influence of Hierarchy on Idea Generation and Selection in the Innovation Process," *Organization Science* 28, no. 4 (2017): 653-69.

[195] M. Karwowski et al., "Is Creativity Without Intelligence Possible? A Necessary Condition Analysis," *Intelligence* 57 (2016): 105-17; and K. H. Kim, "Meta-Analyses of the Relationship of Creative Achievement to Both IQ and Divergent Thinking Test Scores," *The Journal of Creative Behavior* 42, no. 2 (2008): 106-30.

[196] C. Kandler, R. Riemann, A. Angleitner, F. M. Spinath, P. Borkenau, and L. Penke, "The Nature of Creativity: The Roles of Genetic Factors, Personality Traits, Cognitive Abilities, and Environmental Sources," *Journal of Personality and Social Psychology* 111, no. 2 (2016): 230-49.

[197] C. K. W. De Dreu, B. A. Nijstad, M. Baas, I. Wolsink, and M. Roskes, "Working Memory Benefits Creative Insight, Musical Improvisation, and Original Ideation Through Maintained Task-Focused Attention," *Personality and Social Psychology Bulletin* 38 (2012): 656-69.

[198] B. Forthmann, D. Jendryczko, J. Scharfen, R. Kleinkorres, M. Benedek, and H. Holling, "Creative Ideation, Broad Retrieval Ability, and Processing Speed: A Confirmatory Study of Nested Cognitive Abilities," *Intelligence* 75 (2019): 59-72.

[199] Y. Gong, S. Cheung, M. Wang, and J. Huang, "Unfolding the Proactive Processes for Creativity: Integration of the Employee Proactivity, Information Exchange, and Psychological Safety Perspectives," *Journal of Management* 38 (2012): 1611-33; and M. M. Hammond, N. L. Neff, J. L. Farr, A. R. Scwhall, and X. Zhao, "Predictors of individual level innovation at work: A meta-analysis," *Psychology of Aesthetics, Creativity, and the Arts* 5, no. 1 (2011): 90-105.

[200] A. Rego, F. Sousa, C. Marques, and M. P. E. Cunha, "Retail Employees' Self Efficacy and Hope Predicting Their Positive Affect and Creativity," *European Journal of Work and Organizational Psychology* 21, no. 6 (2012): 923-45.

[201] C. Wang, S. Rodan, M. Fruin, and X. Xu, "Knowledge Networks, Collaboration Networks, and Exploratory Innovation," *Academy of Management Journal* 57, no. 2 (2014): 484-514.

[202] F. Gino and S. S. Wiltermuth, "Evil Genius? Dishonesty Can Lead to Greater Creativity," *Psychological Science* 25, no. 4 (2014): 973-81.

[203] S. Keem, C. E. Shalley, E. Kim, and I. Jeong, "Are Creative Individuals Bad Apples? A Dual Pathway Model of Unethical Behavior," *Journal of Applied Psychology* 103, no. 4 (2018): 416-31.

[204] D. van Knippenberg and G. Hirst, "A Motivational Lens Model of Person x Situation Interactions in

Employee Creativity," *Journal of Applied Psychology* 105, no. 10 (2020): 1129-44.

[205] D. Liu, K. Jiang, C. E. Shalley, S. Keem, and J. Zhou, "Motivational Mechanisms of Employee Creativity: A Meta-Analytic Examination and Theoretical Extension of the Creativity Literature," *Organizational Behavior and Human Decision Processes* 137 (2016): 236-63.

[206] M. Abdur Rahman Malik, J. Nam Choi, and A. Nazir Butt, "Distinct Effects of Intrinsic Motivation and Extrinsic Rewards on Radical and Incremental Creativity: The Moderating Role of Goal Orientations," *Journal of Organizational Behavior* 40 (2019): 1013-26.

[207] A. Newman, H. Round, S. Wang, and M. Mount, "Innovation Climate: A Systematic Review of the Literature and Agenda for Future Research," *Journal of Occupational and Organizational Psychology* 92 (2020): 73-109.

[208] A. Somech and A. Drach-Zahavy, "Translating Team Creativity to Innovation Implementation: The Role of Team Composition and Climate for Innovation," *Journal of Management* 39 (2013): 684-708.

[209] L. Sun, Z. Zhang, J. Qi, and Z. X. Chen, "Empowerment and Creativity: A Cross-Level Investigation," *Leadership Quarterly* 23 (2012): 55-65.

[210] M. Cerne, C. G. L. Nerstad, A. Dysvik, and M. Skerlavaj, "What Goes Around Comes Around: Knowledge Hiding, Perceived Motivational Climate, and Creativity," *Academy of Management Journal* 57, no. 1 (2014): 172-92.

[211] Hammond et al., "Predictors of Individual-Level Innovation at Work."

[212] S. Sonnenshein, "How Organizations Foster the Creative Use of Resources," *Academy of Management Journal* 57, no. 3 (2014): 814-48.

[213] V. Venkataramani, A. W. Richter, and R. Clarke, "Creative Benefits From Well-Connected Leaders: Leader Social Network Ties as Facilitators of Employee Radical Creativity," *Journal of Applied Psychology* 99, no. 5 (2014): 966-75.

[214] J. E. Perry-Smith, "Social Network Ties beyond Nonredundancy: An Experimental Investigation of the Effect of Knowledge Content and Tie Strength on Creativity," *Journal of Applied Psychology* 99, no. 5 (2014): 831-46.

[215] J. Wang, G. H.-L. Cheng, T. Chen, and K. Leung, "Team Creativity/Innovation in Culturally Diverse Teams: A Meta-Analysis," *Journal of Organizational Behavior* 40 (2019): 693-708.

[216] D. Koh, K. Lee, and K. Joshi, "Transformational Leadership and Creativity: A Meta-Analytic Review and Identification of an Integrated Model," *Journal of Organizational Behavior* 40 (2019): 625-50; A. Lee, S. Willis, and A. Wei Tian, "Empowering Leadership: A Meta-Analytic Examination of Incremental Contribution, Mediation, and Moderation," *Journal of Organizational Behavior* 39 (2018): 306-25.

[217] Ibid.

[218] T. Rinne, D. G. Steel, and J. Fairweather, "The Role of Hofstede's Individualism in National-Level Creativity," *Creativity Research Journal* 25 (2013): 129-36.

[219] K. Yong, P. Vittorio Mannucci, and M. W. Lander, "Fostering Creativity Across Countries: The Moderating Effect of Cultural Bundles on Creativity," *Organizational Behavior and Human Decision Processes* 157 (2020): 1-45.

[220] T. Montag, C. P. Maertz, and M. Baer, "A Critical Analysis of the Workplace Creativity Criterion Space," *Journal of Management* 38 (2012): 1362-86.

[221] M. Baer, "Putting Creativity to Work: The Implementation of Creative Ideas in Organizations," *Academy of Management Journal* 55 (2012): 1102-19.

[222] P. Duran, N. Kammerlander, M. Van Essen, and T. Zellweger, "Doing More with Less: Innovation Input and Output in Family Firms," *Academy of Management Journal* 59, no. 4 (2016): 1224-64.

[223] Based on T. Bartlett, "Can We Really Measure Implicit Bias? Maybe Not," *The Chronicle of Higher Education*, January 5, 2017, http://www.chronicle.com/article/Can-We-Really-Measure-Implicit/238807; E. Bazelon, "How 'Bias' Went From a Psychological Observation to a Political Accusation," *The New York Times*, October 18, 2016, https://nyti.ms/2jDe6WL; H. Blanton, J. Jaccard, J. Klick, B. Mellers, G. Mitchell, and P. E. Tetlock, "Strong Claims and Weak Evidence: Reassessing the Predictive Validity of the IAT," *Journal of Applied Psychology* 94, no. 3 (2009): 567-82; D. Chugh, "Societal and Managerial Implications of Implicit Social Cognition: Why Milliseconds Matter," *Social Justice Research* 17, no. 2 (2004): 203-22; A. G. Greenwald, T. A. Poehlman, E. L. Uhlmann, and M. R. Banaji, "Understanding and Using the Implicit Association Test: III. Meta-Analysis of Predictive Validity," *Journal of Personality and Social Psychology* 97, no. 1 (2009): 17-41; J. Kluger, "There's a Test That May Reveal Racial Bias in Police—and in All of Us," *Time*, July 8, 2016, http://time.com/4398505/implicit-association-racism-test/; C. Mooney, "Across America, Whites Are Biased and They Don't Even Know It," *The Washington Post*, December 8, 2014, https://www.washingtonpost.com/news/wonk/wp/2014/12/08/across-america-whites-are-biased-and-they-dont-even-know-it/?utm_term=.ef02a0e7ce3b; F. L. Oswald, G. Mitchell, H. Blanton, J. Jaccard, and P. E. Tetlock, "Predicting Ethnic and Racial Discrimination: A Meta-Analysis of IAT Criterion Studies," *Journal of Personality and Social Psychology* 105, no. 2 (2013): 171-93; Project Implicit website, 2011, accessed March 29, 2017, https://implicit.harvard.edu/implicit/; J. Röhner and T. Ewers, "Trying to Separate the Wheat from the Chaff: Construct- and Faking-Related Variance on the Implicit Association Test (IAT)," *Behavioral Research* 48 (2016): 243-58; and T. Shatseva, "Don't Think You're Sexist? Sorry, We All Are," *Popular Science*, December 2, 2016, http://www.popsci.com/dont-think-youre-sexist-sorry-we-all-are

[224] "The Dollar Value of Ethics!," by Charbel Aoun, Instructor and AVP for Human Resources, Lebanese American University, Beirut, Lebanon. The case was adapted to provide materials for class discussions. The author does not intend to illustrate either effective or ineffective handling of a situation. To protect confidentiality, the author may have disguised certain names and other identifying information without jeopardizing the fundamentals of the case.

[225] Based on "The Collaboration Curse," *The Economist* (Schumpeter Blog), January 23, 2016, http://www.economist.com/news/business/21688872-fashion-making-employees-collaborate-has-gone-too-far-collaboration-curse; R. Cross, R. Rebele, and A. Grant, "Collaborative Overload," *Harvard Business Review*, January-February, 2016, https://hbr.org/2016/01/collaborative-overload; J. Greene, "Beware Collaboration-Tool Overload," March 12, 2017, https://www.wsj.com/articles/beware-collaboration-tool-overload-1489370400; and M. Mankins, "Collaboration Overload Is a Symptom of a Deeper Organizational Problem," *Harvard Business Review*, March 27, 2017, https://hbr.org/2017/03/collaboration-overload-is-a-symptom-of-a-deeper-organizational-problem.

제7장

[1] D. Brownlee, "How the 'Best Companies to Work For' Engage Employees and Retain Top Talent," *Forbes*, September 4, 2019, https://www.forbes.com/sites/danabrownlee/2019/09/04/how-the-best-companies-to-work-for-engage-employees-and-retain-top-talent/?sh=78bbbca41eca; J. Harter, "U.S. Employee Engagement Rises Following Wild 2020," *Gallup*, February 26, 2021, https://www.gallup.com/work-place/330017/employee-engagement-rises-follow-ing-wild-2020.aspx; J. Harter and K. Rubenstein, "The 38 Most Engaged Workplaces in the World Put People First," *Gallup*, March 18, 2020, https://www.gallup.com/workplace/290573/engaged-workplaces-world-put-people-first.aspx; S. Lebowitz and J. Williams, "Here Are Some of the Survey Questions Salesforce Uses to See How Employees Feel About Work—and to Help Them Find New Bosses If They're Burned Out," *Business Insider*, November 22, 2019, https://www.businessinsider.com/salesforce-employee-surveys-best-bosses-management-strategies-psychological-safety-2019-11; A. Robinson, "How Airbnb and Salesforce Are Leading the Way When It Comes to Employee Engagement," *Inc.*, https://www.inc.com/adam-robinson/how-airbnb-salesforce-are-leading-way-when-it-comes-to-employee-engagement.html; Salesforce, *Get Salesforce Benefits* [website], accessed March 9, 2021, http://www.getsalesforcebenefits.com

[2] Grand View Research, *Personal Development Market Size, Share & Trend Analysis* [report] (San Francisco, CA: Grand View Research, 2021).

[3] See, for example, S. W. J. Kozlowski, G. Chen, and E. Salas, "One Hundred Years of the Journal of Applied Psychology: Background, Evolution, and Scientific Trends," *Journal of Applied Psychology* 102, no. 3 (2017): 237-53.

[4] B. Porr, T. Axton, M. Ferro, and S. Dumani, "Areas in Need of More Science/Research: Results From the 2015 Practitioner Needs Survey," *The Industrial-Organizational Psychologist* 53, no. 4 (2016): 113-20.

[5] A. Gouveia, "The 2013 Wasting Time at Work Survey: Everything You've Always Wanted to Know About Wasting Time in the Office," Salary.com, 2013, http://www.salary.com/2013-wasting-time-at-work-survey/

[6] See, for instance, C. C. Pinder, *Work Motivation in Organizational Behavior*, 2nd ed. (New York, NY: Psychology Press, 2008).

[7] A. H. Maslow, "A Theory of Human Motivation," *Psychological Review* 50 (1943), 370-96; and R. J. Taormina and J. H. Gao, "Maslow and the Motivation Hierarchy: Measuring Satisfaction of the Needs," *American Journal of Psychology* 126, no. 2 (2013): 155-57.

[8] H. S. Guest, "Maslow's Hierarchy of Needs—The Sixth Level," *The Psychologist* 27, no. 12 (2014): 982-83.

[9] T. Bridgman, S. Cummings, and J. Ballard, "Who Built Maslow's Pyramid? A History of the Creation of Management Studies' Most Famous Symbol and Its Implications for Management Education," *Academy of Management Learning & Education* 18, no. 1 (2019): 81-98.

[10] Maslow, "A Theory of Human Motivation"; Bridgman et al., "Who Built Maslow's Pyramid?"

[11] R. Kanfer and G. Chen, "Motivation in Organizational Behavior: History, Advances and Prospects," *Organizational Behavior and Human Decision*

Processes 136 (2016): 6-19.

[12] F. Herzberg, "The Motivation-Hygiene Concept and Problems of Manpower," *Personnel Administrator* 27 (1964): 3-7.

[13] N. Bassett-Jones and G. C. Lloyd, "Does Herzberg's Motivation Theory Have Staying Power?," *Journal of Management Development* 24, no. 10 (2005): 929-43.

[14] See, for instance, V. S. R. Vijayakumar and U. Saxena, "Herzberg Revisited: Dimensionality and Structural Invariance of Herzberg's Two Factor Model," *Journal of the Indian Academy of Applied Psychology* 41, no. 2 (2015): 291-98.

[15] D. C. McClelland, *Human Motivation* (Cambridge, UK: Cambridge University Press, 1987).

[16] See, for instance, T. Bipp and K. van Dam, "Extending Hierarchical Achievement Motivation Models: The Role of Motivational Needs for Achievement Goals and Academic Performance," *Personality and Individual Differences* 64 (2014): 157-62.

[17] R. Eisenberger, J. R. Jones, F. Stinglhamber, L. Shanock, and A. T. Randall, "Flow Experiences at Work: For High Need Achievers Alone?" *Journal of Organizational Behavior* 26, no. 7 (2005): 755-75.

[18] A. K. Kirk and D. F. Brown, "Latent Constructs of Proximal and Distal Motivation Predicting Performance Under Maximum Test Conditions," *Journal of Applied Psychology* 88, no. 1 (2003): 40-49; and R. B. Soyer, J. L. Rovenpor, and R. E. Kopelman, "Narcissism and Achievement Motivation as Related to Three Facets of the Sales Role: Attraction, Satisfaction, and Performance," *Journal of Business and Psychology* 14, no. 2 (1999): 285-304.

[19] Koellner and Schultheiss, "Meta-Analytic Evidence of Low Convergence Between Implicit and Explicit Measures of the Needs for Achievement, Affiliation, and Power."

[20] J. S. Chun and J. N. Choi, "Members' Needs, Intragroup Conflict, and Group Performance," *Journal of Applied Psychology* 99, no. 3 (2014): 437-50.

[21] J. Hofer, H. Busch, and C. Schneider, "The Effect of Motive-Trait Interaction on Satisfaction of the Implicit Need for Affiliation among German and Cameroonian Adults," *Journal of Personality* 83, no. 2 (2015): 167-78.

[22] A. Drescher and O. C. Schultheiss, "Meta-Analytic Evidence for Higher Implicit Affiliation and Intimacy Motivation Scores in Women, Compared to Men," *Journal of Research in Personality* 64 (2016): 1-10.

[23] J. T. Austin and J. B. Vancouver, "Goal Constructs in Psychology: Structure, Process, and Content," *Psychological Bulletin* 120 (1996): 338-75.

[24] Kanfer and Chen, "Motivation in Organizational Behavior"; R. Kanfer, M. Frese, and R. E. Johnson, "Motivation Related to Work: A Century of Progress," *Journal of Applied Psychology* 102, no. 3 (2017): 338-55.

[25] S. Yu, F. Zhang, L. D. Nunes, and C. Levesque-Bristol, "Self-Determined Motivation to Choose College Majors, Its Antecedents, and Outcomes: A Cross-Cultural Investigation," *Journal of Vocational Behavior* 108 (2018): 132-50.

[26] E. L. Deci, A. H. Olafsen, and R. M. Ryan, "Self-Determination Theory in Work Organizations: The State of the Science," *Annual Review of Organizational Psychology and Organizational Behavior* 4 (2017): 19-43.

[27] G. R. Slemp, J. G. Field, and A. S. H. Cho, "A Meta-Analysis of Autonomous and Controlled Forms of Teacher Motivation," *Journal of Vocational Behavior* 121 (2020): Article 103459.

[28] Deci et al., "Self-Determination Theory in Work Organizations."

[29] C. P. Cerasoli, J. M. Nicklin, and M. T. Ford, "Intrinsic Motivation and Extrinsic Incentives Jointly Predict Performance: A 40-Year Meta-Analysis," *Psychological Bulletin* 140, no. 4 (2014): 980-1008.

[30] S. Anchor, A. Reece, G.R. Kellerman, and A. Robichaux, "9 Out of 10 People Are Willing to Earn Less Money to Do More-Meaningful Work," *Harvard Business Review*, November 6, 2018, https://hbr.org/2018/11/9-out-of-10-people-are-willing-to-earn-less-money-to-do-more-meaningful-work; J. Harter and K. Rubenstein, "The 38 Most Engaged Workplaces in the World Put People First," *Gallup*, March 18, 2020, https://www.gallup.com/workplace/290573/engaged-workplaces-world-put-people-first.aspx; J. Yoon, A. Whillans, and E. O'Brien, "How to Make Even the Most Mundane Tasks More Motivating," *Harvard Business Review*, July 24, 2019, https://hbr.org/2019/07/how-to-make-even-the-most-mundane-tasks-more-motivating

[31] K. M. Sheldon and A. J. Elliot, "Goal Striving, Need Satisfaction, and Longitudinal Well-being: The Self-Concordance Model," *Journal of Personality and Social Psychology* 76 (1999): 482-97.

[32] P. E. Downes, A. L. Kristof-Brown, T. A. Judge, and T. C. Darnold, "Motivational Mechanisms of Self-Concordance Theory: Goal-Specific Efficacy and Person-Organization Fit," *Journal of Business and Psychology* 32 (2017): 197-215.

[33] K. M. Sheldon, A. J. Elliot, and R. M. Ryan, "Self-Concordance and Subjective Well-being in Four Cultures," *Journal of Cross-Cultural Psychology* 35, no. 2 (2004): 209-23.

[34] L. M. Graves, M. N. Ruderman, P. J. Ohlott, and Todd J. Webber, "Driven to Work and Enjoyment of Work: Effects on Managers' Outcomes," *Journal of Management* 38, no. 5 (2012): 1655-80.

[35] K. W. Rockman and G. A. Ballinger, "Intrinsic Motivation and Organizational Identification Among On-Demand Workers," *Journal of Applied Psychology* 102, no. 9 (2017): 1305-16.

[36] K. L. Unsworth and I. M. McNeill, "Increasing Pro-Environmental Behaviors by Increasing Self-Concordance," *Journal of Applied Psychology* 102, no. 1 (2017): 88-103.

[37] Deci et al., "Self-Determination Theory in Work Organizations."

[38] A. Van den Broeck, D. L. Ferris, C.-H. Chang, and C. C. Rosen, "A Review of Self-Determination Theory's Basic Psychological Needs at Work," *Journal of Management* 42, no. 5 (2016): 1195-229.

[39] C. P. Cerasoli, J. M. Nicklin, and A. S. Nassrelgrgawi, "Performance, Incentives, and Needs for Autonomy, Competence, and Relatedness: A Meta-Analysis," *Motivation & Emotion* 40 (2016): 781-813.

[40] J. X. Y. Chong, G. Beenen, M. Gagné, and P. D. Dunlop, "Satisfying Newcomers' Needs: The Role of Socialization Tactics and Supervisor Autonomy Support," *Journal of Business and Psychology* 36 (2021): 315-31.

[41] M. E. L. Zeijen, P. Petrou, A. B. Bakker, and B. R. van Gelderen, "Dyadic Support Exchange and Work Engagement: An Episodic Test and Expansion of Self-Determination Theory," *Journal of Occupational and Organizational Psychology* 93, no. 3 (2020): 687-711.

[42] K. J. Lin, K. Savani, and R. Ilies, "Doing Good, Feeling Good? The Roles of Helping Motivation and Citizenship Pressure," *Journal of Applied Psychology* 104, no. 8 (2019): 1020-35.

[43] J. Rupp, "Leadership and Mindfulness Secrets for Fortune 100 Companies with Walmart Leadership Coach, Lucy Duncan," *Thrive Global* [interview], February 20, 2019, https://thriveglobal.com/stories/leadership-and-mindfulness-secrets-for-fortune-100-companies-with-walmart-leadership-coach-lucy-duncan/

[44] E. T. Higgins and F. Pinelli, "Regulatory Focus and Fit Effects in Organizations," *Annual Review of Organizational Psychology and Organizational Behavior* 7 (2020): 25-48.

[45] Ibid.

[46] Ibid.

[47] J. Wang and A. Y. Lee, "Keeping Safe Versus Staying Healthy: The Effect of Regulatory Fit on Social Distancing," *Behavioral Science & Policy* 6, no. 2 (2020): 25-34.

[48] K. Lanaj, C. D. Chang, and R. E. Johnson, "Regulatory Focus and Work-Related Outcomes: A Review and Meta-Analysis," *Psychological Bulletin* 138, no. 5 (2012): 998-1034.

[49] M. Roskes, A. J. Elliot, and C. K. W. De Dreu, "Why Is Avoidance Motivation Problematic, and What Can Be Done About It?" *Current Directions in Psychological Science* 23, no. 2 (2014): 133-38.

[50] R. E. Johnson, D. D. King, S-H. J. Lin, B. A. Scott, E. M. Jackson Walker, and M. Wang, "Regulatory Focus Trickle Down: How Leader Regulatory Focus and Behavior Shape Follower Regulatory Focus," *Organizational Behavior and Human Decision Processes* 140 (2017): 29-45.

[51] R. E. Johnson, S.-H. Lin, R. Kark, D. Van Dijk, D. D. King, E. Esformes, "Consequence of Regulatory Fit for Leader-Follower Relationship Quality and Commitment," *Journal of Occupational and Organizational Psychology* 90, no. 3 (2017): 379-406; Y. Shin, M. Soo Kim, J. Nam Choi, M. Kim, and W.-K. Oh, "Does Leader-Follower Regulatory Fit Matter? The Role of Regulatory Fit in Followers' Organizational Citizenship Behavior," *Journal of Management* 43, no. 4 (2017): 1211-33.

[52] B. L. Rich, J. A. LePine, and E. R. Crawford, "Job Engagement: Antecedents and Effects on Job Performance," *Academy of Management Journal* 53, no. 3 (2010): 617-35.

[53] A. B. Bakker, E. Demerouti, and A. I. Sanz-Vergel, "Burnout and Work Engagement: The JD-R Approach," *Annual Review of Organizational Psychology and Organizational Behavior* 1, no. 1 (2014): 389-411.

[54] Z. S. Byrne, J. M. Peters, and J. W. Weston, "The Struggle with Employee Engagement: Measures and Construct Clarification Using Five Samples," *Journal of Applied Psychology* 101, no. 9 (2016): 1201-27.

[55] W. H. Macey and B. Schneider, "The Meaning of Employee Engagement," *Industrial and Organizational Psychology* 1, no. 1 (2008): 3-30.

[56] R. L. Ray, R. Aparicio, P. Hyland, D. A. Dye, J. Simco, and A. Caputo, "DNA of Engagement: How Organizations Can Foster Employee Ownership of Engagement," *The Conference Board*, https://www.conference-board.org/publications/publicationdetail.cfm?publicationid=7424&iOS=%3Frefid%3Dorganic

[57] Christian et al., "Work Engagement."

[58] A. J. Wefald and R. G. Downey, "Job Engagement in Organizations: Fad, Fashion, or Folderol," *Journal of Organizational Behavior* 30, no. 1 (2009): 141-45.

[59] H. R. Young, D. R. Glerum, W. Wang, and D. L. Joseph, "Who Are the Most Engaged at Work? A Meta-Analysis of Personality and Employee Engagement," *Journal of Organizational Behavior* 39 (2018): 1330-46.

[60] E. R. Crawford, J. A. LePine, and B. L. Rich, "Linking Job Demands and Resources to Employee Engagement and Burnout: A Theoretical Extension and Meta-Analytic Test," *Journal of Applied Psychology*

95, no. 5 (2010): 834-48; M. Tims, A. B. Bakker, and D. Xanthopoulou, "Do Transformational Leaders Enhance Their Followers' Daily Work Engagement?" *Leadership Quarterly* 22, no. 1 (2011): 121-31.

[61] B. F. Skinner, *Contingencies of Reinforcement* (New York: Appleton-Century-Crofts, 1969).

[62] M. J. Goddard, "Critical Psychiatry, Critical Psychology, and the Behaviorism of B. F. Skinner," *Review of General Psychology* 18, no. 3 (2014): 208-15.

[63] A. Bandura, *Social Learning Theory* (New York: General Learning, 1971); and J. R. Brauer and C. R. Tittle, "Social Learning Theory and Human Reinforcement," *Sociological Spectrum* 32, no. 2 (2012): 157-77.

[64] Based on S. Shellenbarger, "Working From Home Without Slacking Off," *The Wall Street Journal,* July 13-15, 2012, 29; R. Richmond, "3 Tips for Legally and Ethically Monitoring Employees Online," *Entrepreneur,* May 31, 2012, http://www.entrepreneur.com/article/223686; and R. E. Silverman, "Tracking Sensors Invade the Workplace," *Wall Street Journal,* March 7, 2003, http://www.wsj.com

[65] J. Wu, R. C. Liden, C. Liao, and S. J. Wayne, "Does Manager Servant Leadership Lead to Follower Serving Behaviors? It Depends on Follower Self-Interest," *Journal of Applied Psychology* 106, no. 1 (2021): 152-67.

[66] R. L. Greenbaum, M. B. Mawritz, J. M. Bonner, B. D. Webster, and J. Kim, "Supervisor Expediency to Employee Expediency: The Moderating Role of Leader-Member Exchange and the Mediating Role of Employee Unethical Tolerance," *Journal of Organizational Behavior* 39 (2018): 525-41; D. McDaniel Sumpter, C. B. Gibson, and C. Porath, "Act Expediently, with Autonomy: Vicarious Learning, Empowered Behaviors, and Performance," *Journal of Business and Psychology* 32 (2017): 131-45; B. P. Owens, K. Chi Yam, J. S. Bednar, J. Mao, and D. W. Hart, "The Impact of Leader Moral Humility on Follower Moral Self-Efficacy and Behavior," *Journal of Applied Psychology* 104, no. 1 (2019): 146-63.

[67] N. Wellman, D. W. Newton, D. Wang, W. Wei, D. A. Waldman, and J. A. LePine, "Meeting the Need or Falling in Line? The Effect of Laissez-Faire Formal Leaders on Informal Leadership," *Personnel Psychology* 72 (2019): 337-59.

[68] W. Van Eerde and H. Thierry, "Vroom's Expectancy Models and Work-Related Criteria," *Journal of Applied Psychology* 81, no. 5 (1996): 575-86; and V. H. Vroom, *Work and Motivation* (New York: Wiley, 1964).

[69] R. Kanfer et al., "Motivation Related to Work."

[70] E. A. Locke and G. P. Latham, "The Development of Goal Setting Theory: A Half Century Retrospective," *Motivation Science* 5, no. 2 (2019): 93-105.

[71] Kanfer and Chen, "Motivation in Organizational Behavior."

[72] A. Kleingeld, H. van Mierlo, and L. Arends, "The Effect of Goal Setting on Group Performance: A Meta-Analysis," *Journal of Applied Psychology* 96, no. 6 (2011): 1289-304.

[73] T. S. Bateman and B. Bruce, "Masters of the Long Haul: Pursuing Long-Term Work Goals," *Journal of Organizational Behavior* 33, no. 7 (2012): 984-1006.

[74] D. T. Welsh, M. D. Baer, and H. Sessions, "Hot Pursuit: The Affective Consequences of Organization-Set Versus Self-set Goals for Emotional Exhaustion and Citizenship Behavior," *Journal of Applied Psychology* 105, no. 2 (2020): 166-85.

[75] K. Laurin, "Interpersonal Influences on Goals: Current and Future Directions for Goal Contagion Research," *Social and Personality Psychology Compass* 10 (2016): 668-678.

[76] Locke and Latham, "The Development of Goal Setting Theory."

[77] See, for instance, A. Stamatogiannakis, A. Chattopadhyay, and D. Chakravarti, "Attainment Versus Maintenance Goals: Perceived Difficulty and Impact on Goal Choice," *Organizational Behavior and Human Decision Processes* 149 (2018): 17-34.

[78] S. R. Giessner, D. Stam, R. Kerschreiter, D. Verboon, and I. Salama, "Goal-Setting Reloaded: The Influence of Minimal and Maximal Goal Standards on Task Satisfaction and Goal Striving After Performance Feedback," *Organizational Behavior and Human Decision Processes* 161 (2020): 228-41.

[79] Locke and Latham, "The Development of Goal Setting Theory."

[80] Ibid.

[81] T. Sitzmann and B. S. Bell, "The Dynamic Effects of Subconscious Goal Pursuit on Resource Allocation, Task Performance, and Goal Abandonment," *Organizational Behavior and Human Decision Processes* 138 (2017): 1-14.

[82] H. J. Klein, R. B. Lount, H. M. Park, and B. J. Linford, "When Goals Are Known: The Effects of Audience Relative Status on Goal Commitment and Performance," *Journal of Applied Psychology* 105, no. 4 (2020): 372-89.

[83] J. W. Beck, A. A. Scholer, and J. Hughes, "Divergent Effects of Distance Versus Velocity Disturbances on Emotional Experiences During Goal Pursuit," *Journal of Applied Psychology* 102, no. 7 (2017): 1109-23.

[84] K. D. Vohs, J. K. Park, and B. J. Schmeichel, "Self-Affirmation Can Enable Goal Disengagement," *Journal of Personality and Social Psychology* 104, no. 1 (2013): 14-27.

[85] J. J. Donovan, L. Geir Hafsteinsson, and S. J. Lorenzet, "The Interactive Effects of Achievement Goals and Task Complexity on Enjoyment, Mental Focus, and Effort," *Journal of Applied Social Psychology* 48 (2018): 136-49; R. E. Wood, A. J. Mento, and E. A. Locke, "Task Complexity as a Moderator of Goal Effects: A Meta-Analysis," *Journal of Applied Psychology* 72, no. 3 (1987): 416-25.

[86] Kleingeld et al., "The Effect of Goal Setting on Group Performance."

[87] Ibid.

[88] G. M. Kistruck, R. B. Lount, B. R. Smith, B. J. Bergman, and T. W. Moss, "Cooperation vs. Competition: Alternative Goal Structures for Motivating Groups in a Resource Scarce Environment," *Academy of Management Journal* 59, no. 4 (2016): 1174-98.

[89] E. E. Moulton-Tetlock, J. N. Ahn, E. L. Haines, and M. F. Mason, "Women's Work: Remembering Communal Goals," *Motivation Science* 5, no. 2 (2019): 157-78.

[90] D. Van Dijk and A. N. Kluger, "Task Type as a Moderator of Positive/Negative Feedback Effects on Motivation and Performance: A Regulatory Focus Perspective," *Journal of Organizational Behavior* 32 (2011): 1084-105.

[91] J. J. Dahling, S. R. Taylor, S. L. Chau, and S. A. Dwight, "Does Coaching Matter? A Multilevel Model Linking Managerial Coaching Skill and Frequency to Sales Goal Attainment," *Personnel Psychology* 69, no. 4 (2016): 863-94.

[92] C. Gabelica, P. Van den Bossche, M. Segers, and W. Gijselaersa, "Feedback, a Powerful Lever in Teams: A Review," *Educational Research Review* 7, no. 2 (2012): 123-44.

[93] L. M. Greco and M. L. Kraimer, "Goal-Setting in the Career Management Process: An Identity Theory Perspective," *Journal of Applied Psychology* 105, no. 1 (2020): 40-57.

[94] S. Hu, M. Hood, and P. A. Creed, "Negative Career Feedback and Career Goal Disengagement in Young Adults: The Moderating Role of Mind-Set About Work," *Journal of Vocational Behavior* 102 (2017): 63-71.

[95] C. S. Dweck, "Motivational Processes Affecting Learning," *American Psychologist* 41 (1986): 1040-48; D. Vandewalle, C. G. L. Nerstad, and A. Dysvik, "Goal Orientation: A Review of the Miles Traveled and the Miles to Go," *Annual Review of Organizational Psychology and Organizational Behavior* 6 (2019): 115-44.

[96] E. C. Dierdorff, E. A. Surface, R. Poncheri Harman, J. Kemp Ellington, and A. M. Watson, "Ebb and Flow of Dispositional Goal Orientations: Exploring the Consequences of Within-Person Variability," *Journal of Business and Psychology* 35 (2020): 117-34.

[97] L. Wang and F. Yan, "Emotion Regulation Strategy Mediates the Relationship Between Goal Orientation and Job Search Behavior Among University Seniors," *Journal of Vocational Behavior* 108 (2018): 1-12.

[98] Vandewalle et al., "Goal Orientation."

[99] See, for instance, Y. Zhu, T. Chen, M. Wang, Y. Jin, and Y. Wang, "Rivals or Allies: How Performance-Prove Goal Orientation Influences Knowledge Hiding," *Journal of Organizational Behavior* 40 (2019): 849-68.

[100] P. E. Downes, E. R. Crawford, S. E. Seibert, A. C. Stoverink, and E. M. Campbell, "Referents or Role Models? The Self-Efficacy and Job Performance Effects of Perceiving Higher Performing Peers," *Journal of Applied Psychology* 106, no. 3 (2021): 422-38.

[101] M. M. Yang, Y. Zhang, and F. Yang, "How a Reflection Intervention Improves the Effect of Learning Goals on Performance Outcomes in a Complex Decision-Making Task," *Journal of Business and Psychology* 33 (2018): 579-93.

[102] V. Gaba and H. Greve, "Safe or Profitable? The Pursuit of Conflicting Goals," *Organization Science* 30, no. 4 (2019): 647-67.

[103] J. S. Gray, D. J. Ozer, and R. Rosenthal, "Goal Conflict and Psychological Well-Being: A Meta-Analysis," *Journal of Research in Personality* 66 (2017): 27-37.

[104] J. L. Alquist, R. F. Baumeister, I. McGregor, T. J. Core, I. Benjamin, and D. M. Tice, "Personal Conflict Impairs Performance on an Unrelated Self-Control Task: Lingering Costs of Uncertainty and Conflict," *Journal of Experimental Social Psychology* 74 (2018): 157-60.

[105] C. Salvato and C. Rerup, "Routine Regulation: Balancing Conflicting Goals in Organizational Routines," *Administrative Science Quarterly* 63, no. 1 (2018): 170-209.

[106] J. DiBenigno, "Anchored Personalization in Managing Goal Conflict Between Professional Groups: The Case of U.S. Army Mental Health Care," *Administrative Science Quarterly* 63, no. 3 (2018): 526-69.

[107] K. R. Thompson, W. A. Hochwater, and N. J. Mathys, "Stretch Targets: What Makes Them Effective?" *Academy of Management Executive* 11, no. 3 (1997): 48-60.

[108] M. Juetten, "Failed Startups: Telltale Games," *Forbes,* December 18, 2018, https://www.forbes.com/sites/maryjuetten/2018/12/18/failed-startups-telltale-games/#6bbd67ba6a84; J. Schreier, "Video Games Are Destroying the People Who Make Them," *The New York Times,* October 25, 2017 https://www.nytimes.com/2017/10/25/opinion/work-culture-video-games-crunch.html

[109] "KEYGroup Survey Finds Nearly Half of All Employees Have No Set Performance Goals," *IPMA-HR Bulletin,* March 10, 2006, 1.

[110] P. Drucker, *The Practice of Management* (New York: Harper, 1954).

[111] See, for instance, H. Levinson, "Management by Whose Objectives?," *Harvard Business Review* 81, no. 1 (2003): 107-16.

[112] M. B. Kristiansen, "Management by Objectives and Results in the Nordic Countries: Continuity and Change, Differences and Similarities," *Public Performance and Management Review* 38, no. 3 (2015): 542-69.

[113] See, for instance, W. F. Roth, "Is Management by Objectives Obsolete?" *Global Business and Organizational Excellence* 28 (May/June 2009): 36-43.

[114] L. D. Ordóñez, M. E. Schweitzer, A. D. Galinsky, and M. H. Bazerman, "Goals Gone Wild: The Systematic Side Effects of Overprescribing Goal Setting," *Academy of Management Perspectives* 23, no. 1 (2009): 6-16.

[115] B. Harkin et al., "Does Monitoring Goal Progress Promote Goal Attainment? A Meta-Analysis of the Experimental Evidence," *Psychological Bulletin* 142, no. 2 (2016): 198-229.

[116] See, for instance, F. Gino and C. Mogilner, "Time, Money, and Morality," *Psychological Science* 25, no. 2 (2014): 414-21; D. T. Welsh, M. D. Baer, H. Sessions, and N. Garud, "Motivated to Disengage: The Ethical Consequences of Goal Commitment and Moral Disengagement in Goal Setting," *Journal of Organizational Behavior* 41 (2020): 663-77.

[117] V. Lopez-Kidwell, T. J. Grosser, B. R. Dineen, and S. P. Borgatti, "What Matters When: A Multistage Model and Empirical Examination of Job Search Effort," *Academy of Management Journal* 56, no. 6 (2012): 1655-78.

[118] D. T. Welsh and L. D. Ordóñez, "The Dark Side of Consecutive High Performance Goals: Linking Goal Setting, Depletion, and Unethical Behavior," *Organizational Behavior and Human Decision Processes* 123, no. 2 (2014): 79-89.

[119] D. Welsh, J. Bush, C. Thiel, and J. Bonner, "Reconceptualizing Goal Setting's Dark Side: The Ethical Consequences of Learning Versus Outcome Goals," *Organizational Behavior and Human Decision Processes* 150 (2019): 14-27.

[120] A. Bandura, "Social Cognitive Theory: An Agentic Perspective," *Annual Review of Psychology* 52 (2001): 1-26.

[121] See, for instance, J. Geun Kim, H. J. Kim, and K.-H. Lee, "Understanding Behavioral Job Search Self-Efficacy Through the Social Cognitive Lens: A Meta-Analytic Review," *Journal of Vocational Behavior* 112 (2019): 17-34.

[122] *See, for example,* S. D. Brown, R. W. Lent, K. Telander, and S. Tramayne, "Social Cognitive Career Theory, Conscientiousness, and Work Performance: A Meta-Analytic Path Analysis," *Journal of Vocational Behavior* 79, no. 1 (2011): 81-90.

[123] T. A. Judge, C. L. Jackson, J. C. Shaw, B. Scott, and B. L. Rich, "Self-Efficacy and Work-Related Performance: The Integral Role of Individual Differences," *Journal of Applied Psychology* 92, no. 1 (2007): 107-27.

[124] Ibid.

[125] S. P. da Motta Veiga and D. B. Turban, "Insight into Job Search Self-Regulation: Effects of Employment Self-Efficacy and Perceived Progress on Job Search Intensity," *Journal of Vocational Behavior* 108 (2018): 57-66.

[126] A. Alisic and B. S. Wiese, "Keeping an Insecure Career Under Control: The Longitudinal Interplay of Career Insecurity, Self-Management, and Self-Efficacy," *Journal of Vocational Behavior* 120 (2020): Article 103431.

[127] M. Salanova, S. Llorens, and W. B. Schaufeli, "Yes I Can, I Feel Good, and I Just Do It! On Gain Cycles and Spirals of Efficacy Beliefs, Affect, and Engagement," *Applied Psychology: An International Review* 60, no. 2 (2011): 255-85.

[128] J. B. Vancouver and J. D. Purl, "A Computational Model of Self-Efficacy's Various Effects on Performance: Moving the Debate Forward," *Journal of Applied Psychology* 102, no. 4 (2017): 599-616.

[129] J. W. Beck and A. M. Schmidt, "Negative Relationships Between Self-Efficacy and Performance Can Be Adaptive: The Mediating Role of Resource Allocation," *Journal of Management* 44, no. 2 (2018): 555-88.

[130] M. M. Gielnik, R. Bledow, and M. S. Stark, "A Dynamic Account of Self-Efficacy in Entrepreneurship," *Journal of Applied Psychology* 105, no. 5 (2020): 487-505.

[131] C. G. Myers, "Vicarious Learning in the Time of Coronavirus," *Behavioral Science & Policy* 6, no. 2 (2020): 153-62.

[132] G. Chen, B. Thomas, and J. C. Wallace, "A Multilevel Examination of the Relationships Among Training Outcomes, Mediating Regulatory Processes, and Adaptive Performance," *Journal of Applied Psychology* 90, no. 5 (2005): 827-41.

[133] G. A. Cadenas, E. A. Cantu, N. Lynn, T. Spence, and A. Ruth, "A Programmatic Intervention to Promote Entrepreneurial Self-Efficacy, Critical Behavior, and Technology Readiness Among Underrepresented College Students," *Journal of Vocational Behavior* 116, Part A (2020): Article 103350.

[134] L. R. Halper, J. B. Vancouver, and K. A. Bayes, "Self-Efficacy Does Not Appear to Mediate Training's Effect on Performance Based on the Moderation-of-Process Design," *Human Performance* 31, 4 (2018): 216-37.

[135] See, for instance, R. Grossman and E. Salas, "The Transfer of Training: What Really Matters," *International Journal of Training and Development* 15, no. 2 (2011): 103-20.

[136] A. M. Paul, "How to Use the 'Pygmalion' Effect," *Time,* April 1, 2013, http://ideas.time.com/2013/04/01/how-to-use-the-pygmalion-effect/

[137] R. Kelly, "What 5 Classic Psychological Experiments Can Teach Workplace Leaders," *Entrepreneur,* October 26, 2016, https://www.entrepreneur.com/article/283082

[138] D. Frohman and R. Howard, *Leadership the Hard Way: Why Leadership Can't be Taught—and How You Can Learn It Anyway* (San Francisco: Wiley, 2008).

[139] L. Karakowsky, N. DeGama, and K. McBey, "Facilitating the Pygmalion Effect: The Overlooked Role of Subordinate Perceptions of the Leader," *Journal of Occupational and Organizational Psychology* 85, no. 4 (2012): 579-99.

[140] J. S. Adams, "Inequity in Social Exchange," in L. Berkowitz (ed.), *Advances in Experimental Social Psychology,* Vol. 2 (New York: Academic, 1965), 267-99.

[141] See, for instance, D. Abdulsalam, M. A. Maltarich, A. J. Nyberg, G. Reilly, and M. Martin, "Individualized Pay-for-Performance Arrangements: Peer Reactions and Consequences," *Journal of Applied Psychology* 106, no. 8 (2021): 1202-23.

[142] Adams, "Inequity in Social Exchange."

[143] M. C. Bolino and W. H. Turnley, "Old Faces, New Places: Equity Theory in Cross-Cultural Contexts," *Journal of Organizational Behavior* 29, no. 1 (2008): 29-50.

[144] B. K. Miller, "Entitlement and Conscientiousness in the Prediction of Organizational Deviance," *Personality and Individual Differences* 82 (2015): 114-19; and H. J. R. Woodley and N. J. Allen, "The Dark Side of Equity Sensitivity," *Personality and Individual Differences* 67 (2014): 103-8.

[145] J. Greenberg, "Organizational Justice: The Dynamics of Fairness in the Workplace," in S. Zedeck (ed.), *APA Handbook of Industrial and Organizational Psychology: Maintaining, Expanding, and Contracting the Organization,* Vol. 3 (Washington, D.C.: APA, 2011): 271-327.

[146] M. Graso, J. Camps, N. Strah, and L. Brebels, "Organizational Justice Enactment: An Agent-Focused Review and Path Forward," *Journal of Vocational Behavior* 116, Part B (2020): Article 103296.

[147] K. Koleve, R. M. Wiseman, and L. R. Gomez-Mejia, "Do CEOs Ever Lose? Fairness Perspective on the Allocation of Residuals Between CEOs and Shareholders," *Journal of Management* 43, no. 2 (2017): 610-37.

[148] R. Eisenberger, T. Rockstuhl, M. K. Shoss, X. Wen, and J. Dulebohn, "Is the Employee-Organization Relationship Dying or Thriving? A Temporal Meta-Analysis," *Journal of Applied Psychology* 104, no. 8 (2019): 1036-57.

[149] M-R. Diehl, A. Richter, and A. Sarnecki, "Variations in Employee Performance in Response to Organizational Justice: The Sensitizing Effect of Socioeconomic Conditions," *Journal of Management* 44, no. 6 (2018): 2375-404.

[150] Greenberg, "Organizational Justice."

[151] K. Gurchiek, "Wages Are Unequal Between White and Black Men Even When Other Factors Are Comparable," *Society for Human Resource Management* [blog], March 20, 2018, https://www.shrm.org/resourcesandtools/hr-topics/behavioral-competencies/global-and-cultural-effectiveness/pages/wages-are-unequal-between-white-and-black-men-even-when-other-factors-are-comparable.aspx

[152] See, for example, R. Cropanzano, J. H. Stein, and T. Nadisic, *Social Justice and the Experience of Emotion* (New York: Routledge/Taylor and Francis Group, 2011).

[153] N. Robins-Early, "TSA Workers Vent Anger at Shutdown as They Work Without Pay over Holidays," *Huffington Post,* December 31, 2018, https://www.huffingtonpost.com/entry/tsa-officers-government-shutdown_us_5c2a47aee4b05c88b7029f3c

[154] B. Hu and S. Han, "Distributive Justice: Investigating the Impact of Resource Focus and Resource Valence," *Journal of Business and Psychology* 36 (2021): 225-52.

[155] See, for instance, E. A. Lind and T. R. Tyler, *The Social Psychology of Procedural Justice* (New York: Plenum, 1988).

[156] Ibid.

[157] J. Brockner, D. M. Wiesenfeld, and K. A. Diekmann, "Towards a 'Fairer' Conception of Process Fairness: Why, When, and How May Not Always Be Better Than Less," *Academy of Management Annals* 3 (2009): 183-216.

[158] See, for example, R. Folger, D. Rosenfield, J. Grove, and L. Corkran, "Effects of 'Voice' and Peer Opinions on Responses to Inequity," *Journal of Personality and Social Psychology* 37 (1979): 2253-71.

[159] R. Outlaw, J. A. Colquitt, M. D. Baer, and H. Sessions, "How Fair Versus How Long: An Integrative Theory-Based Examination of Procedural Justice and Procedural Timeliness," *Personnel Psychology* 72 (2019): 361-91.

[160] See, for example, M. C. Sturman, J. M. Hannon,

and G. T. Milkovich, "Computerized Decision Aids for Flexible Benefits Decisions: The Effects of Expert System and Decision Support System on Employee Intentions and Satisfaction with Benefits," *Personnel Psychology* 49 (1996): 883-908.

[161] D. T. Newman, N. J. Fast, and D. J. Harmon, "When Eliminating Bias Isn't Fair: Algorithmic Reductionism and Procedural Justice in Human Resource Decisions," *Organizational Behavior and Human Decision Processes* 160 (2020): 149-67.

[162] R. J. Bies and J. F. Moag, "Interactional Justice: Communication Criteria on Fairness," in R. J. Lewicki, B. H. Sheppard, and M. H. Bazerman (eds.), *Research on Negotiations in Organizations*, Vol. 1, (Greenwich, CT: JAI, 1986): 43-55.

[163] I. Bilotta, S K. Cheng, L. C. Ng, A. R. Corrington, I. Watson, E. B. King, and M. R. Hebl, "Softening the Blow: Incorporating Employee Perceptions of Justice into Best Practices for Layoffs During the COVID-19 Pandemic," *Behavioral Science & Policy* (2020).

[164] J. C. Shaw, E. Wild, and J. A. Colquitt, "To Justify or Excuse? A Meta-Analytic Review of the Effects of Explanations," *Journal of Applied Psychology* 88, no. 3 (2003): 444-58.

[165] L. Little, A. Hinojosa, and J. Lynch, "Make Them Feel: How the Disclosure of Pregnancy to a Supervisor Leads to Changes in Perceived Supervisor Support," *Organization Science* 28, no. 4 (2017): 618-35.

[166] R. J. Bies, "Are Procedural and Interactional Justice Conceptually Distinct?," in J. Greenberg and J. A. Colquitt (eds.), *Handbook of Organizational Justice* (Mahwah, NJ: Erlbaum, 2005): 85-112.

[167] W. He, R. Fehr, K. Chi Yam, L.-R. Long, and P. Hao, "Interactional Justice, Leader-Member Exchange, and Employee Performance: Examining the Moderating Role of Justice Differentiation," *Journal of Organizational Behavior* 38 (2017): 537-57.

[168] B. J. Collins and K. W. Mossholder, "Fairness Means More to Some Than Others: Interactional Fairness, Job Embeddedness, and Discretionary Work Behaviors," *Journal of Management* 43, no. 2 (2017): 293-318.

[169] C. P. Zapata, A. M. Carton, and J. T. Liu, "When Justice Promotes Injustice: Why Minority Leaders Experience Bias When They Adhere to Interpersonal Justice Rules," *Academy of Management Journal* 59, no. 4 (2016): 1150-73.

[170] J. A. Colquitt, B. A. Scott, J. B. Rodell, D. M. Long, C. P. Zapata, D. E. Conlon, and M. J. Wesson, "Justice at the Millennium, A Decade Later: A Meta-Analytic Test of Social Exchange and Affect-Based Perspectives," *Journal of Applied Psychology* 98, no. 2 (2013): 199-236.

[171] J. M. Robbins, M. T. Ford, and L. E. Tetrick, "Perceived Unfairness and Employee Health: A Meta-Analytic Integration," *Journal of Applied Psychology* 97, no. 2 (2012): 235-72.

[172] J. A. Colquitt, J. A. LePine, R. F. Piccolo, C. P. Zapata, and B. L. Rich, "Explaining the Justice-Performance Relationship: Trust as Exchange Deepener or Trust as Uncertainty Reducer?," *Journal of Applied Psychology* 97, no. 1 (2012): 1-15.

[173] D. P. Skarlicki, J. H. Ellard, and B. R. C. Kelln, "Third-Party Perceptions of a Layoff: Procedural, Derogation, and Retributive Aspects of Justice," *Journal of Applied Psychology* 83, no. 1 (1998): 119-27.

[174] J. de Jong and R. Schalk, "Extrinsic Motives as Moderators in the Relationship Between Fairness and Work-Related Outcomes Among Temporary Workers," *Journal of Business and Psychology* 25 (2010): 175-89.

[175] See, for example, L. Francis-Gladney, N. R. Manger, and R. B. Welker, "Does Outcome Favorability Affect Procedural Fairness as a Result of Self-Serving Attributions," *Journal of Applied Social Psychology* 40, no. 1 (2010): 182-94.

[176] F. K. Matta, B. A. Scott, Z. A. Guo, and J. G. Matusik, "Exchanging One Uncertainty for Another: Justice Variability Negates the Benefits of Justice," *Journal of Applied Psychology* 105, no. 1 (2020): 97-110.

[177] Bolino and Turnley, "Old Faces, New Places."

[178] R. Shao, D. E. Rupp, D. P. Skarlicki, and K. S. Jones, "Employee Justice Across Cultures: A Meta-Analytic Review," *Journal of Management* 39, no. 1 (2013): 263-301.

[179] A. Kim, Y. Kim, K. Han, S. E. Jackson, and R. E. Ployhart, "Multilevel Influences on Voluntary Workplace Green Behavior: Individual Differences, Leader Behavior, and Coworker Advocacy," *Journal of Management* 43, no. 5 (2017): 1335-58; Kroger, *2020 Environmental, Social, and Governance Report* (Cincinnati, OH: Kroger, 2020); Kroger, *Kroger Advances Zero-Waste Vision with New Simple Truth Recycling Program* [news release], August 4, 2020, https://www.prnewswire.com/news-releases/kroger-advances-zero-waste-vision-with-new-simple-truth-recycling-program-301105906.html; Kroger, *Kroger Announces Zero Hunger-Zero Waste Plan*, September 19, 2017, https://www.thekrogerco.com/wp-content/uploads/2017/09/National-9-18-17-Kroger-Zero-Hunger-Zero-Waste-News-Release.pdf; Kroger, *Kroger's Plan to End Hunger in Our Communities and Eliminate Waste in Our Company by 2025*, May 2019, https://www.thekrogerco.com/wp-content/uploads/2019/05/ZHZW-Plan-Update-B.jpg; Kroger, *Zero Hunger Zero Waste Foundation* [website], accessed March 5, 2021, https://thekrogercozerohungerzerowastefoundation.com/; A. Opoku-Dakwa, C. C. Chen, and D. E. Rupp, "CSR Initiative Characteristics and Employee Engagement: An Impact-Based Perspective," *Journal of Organizational Behavior* 39 (2018): 580-93; D. E. Rupp, R. Shao, D. P. Skarlicki, E. Layne Paddock, T.-Y. Kim, and T. Nadisic, "Corporate Social Responsibility and Employee Engagement: The Moderating Role of CSR-Specific Relative Autonomy and Individualism," *Journal of Organizational Behavior* 39 (2018): 559-79; K. L. Unsworth and I. M. McNeill, "Increasing Pro-Environmental Behaviors by Increasing Self-Concordance: Testing an Intervention," *Journal of Applied Psychology* 102, no. 1 (2017): 88-103.

[180] S. Anchor, A. Reece, G.R. Kellerman, and A. Robichaux, "9 Out of 10 People Are Willing to Earn Less Money to Do More-Meaningful Work," *Harvard Business Review*, November 6, 2018, https://hbr.org/2018/11/9-out-of-10-people-are-willing-to-earn-less-money-to-do-more-meaningful-work; M. Amengual and E. Apfelbaum, "Feel-Good Messaging Won't Always Motivate Your Employees," *Harvard Business Review*, October 9, 2020, https://hbr.org/2020/10/feel-good-messaging-wont-always-motivate-your-employees; L. Cassar and S. Meier, "Nonmonetary Incentives and the Implications of Work as a Source of Meaning," *Journal of Economic Perspectives* 32, no. 3 (2018): 215-38; A. Grant, "Leading with Meaning: Beneficiary Contact, Prosocial Impact, and the Performance Effects of Transformational Leadership," *Academy of Management Journal* 55, no. 2 (2012): 458-76.

[181] Based on R. E. Clark and B. Saxberg, "4 Reasons Good Employees Lose Their Motivation," *Harvard Business Review*, March 13, 2019, https://hbr.org/2019/03/4-reasons-good-employees-lose-their-motivation

[182] Based on T. Gubler, I. Larkin, and L. Pierce, "Motivational Spillovers from Awards: Crowding Out in a Multitasking Environment," *Organization Science* 27, no. 2 (2016): 286-303; and S. Kerr, "On the Folly of Rewarding A, While Hoping for B," *Academy of Management Journal* 18, no. 4 (1975): 769-83.

[183] L. A. Bechthold and L. Rosendahl Huber, "Yes, I Can!—A Field Experiment on Female Role Model Effects in Entrepreneurship," *Academy of Management* Proceedings, 2018, no. 1 (Briarcliff Manor, NY 10510: Academy of Management, July 2018): 12081; S. Durbin and J. Tomlinson, "Female Part-time Managers: Careers, Mentors and Role Models," *Gender, Work & Organization* 21, no. 4 (2014): 308-20; D. E. Gibson and D. I. Cordova, "Women's and Men's Role Models: The Importance of Exemplars," in A. Murrell, F. Crosby, and R. Ely (eds.), *Mentoring Dilemmas: Developmental Relationships Within Multicultural Organizations* (Mahwah, NJ: Erlbaum, 1999): 121-42; C. L. Hoyt, "Inspirational or Self-deflating: The Role of Self-efficacy in Elite Role Model Effectiveness," *Social Psychological and Personality Science* 4 (2013): 290-98; P. Lockwood, "'Someone Like Me Can Be Successful': Do College Students Need Same-Gender Role Models?," *Psychology of Women Quarterly* 30 (2006): 36-46; P. Lockwood, P. Sadler, K. Fyman, and S. Tuck, "To Do or Not to Do: Using Positive and Negative Role Models to Harness Motivation," *Social Cognition* 22 (2004): 422-50; K. L. McGinn, M. Ruiz Castro, and E. L. Lingo, "Learning from Mum: Cross-National Evidence Linking Maternal Employment and Adult Children's Outcomes," *Work, Employment and Society* 33, no. 3 (2019): 374-400; Tessa Melkonian, "Why Managers Should Be Good Role Models," *People Management*, March 23, 2020, https://www.peoplemanagement.co.uk/article/1743839/why-walking-the-talk-is-key-to-being-a-good-manager; T. Morgenroth, M. K. Ryan, and K. Peters, "The Motivational Theory of Role Modeling: How Role Models Influence Role Aspirants' Goals," *Review of General Psychology* 19, no. 4 (2015): 465-83; I. Plante, P. O'Keefe, and M. Théorêt, "The Relation Between Achievement Goal and Expectancy-Value Theories in Predicting Achievement-related Outcomes: A Test of Four Theoretical Conceptions," *Motivation and Emotion* 37 (2013): 65-78.

제8장

[1] M. Asmar, "How a Once-Promising Merit Pay System Led Denver Teachers to the Brink of a Strike," *Chalkbeat Colorado*, February 5, 2019, https://co.chalkbeat.org/2019/2/5/21106950/how-a-once-promising-merit-pay-system-led-denver-teachers-to-the-brink-of-a-strike; J. Brasher, "Teacher Merit Pay Has Merit: New Report," *Vanderbilt University*, April 11, 2017, https://news.vanderbilt.edu/2017/04/11/teacher-merit-pay-has-merit-new-report/; D. Culter, "Rewarding Teachers with Merit-Based Pay," *Medium*, June 17, 2018, https://medium.com/@spincutler/rewarding-teachers-with-merit-based-pay-34fa2c82dfa7; P. Green, "Teacher Merit Pay Is a Bad Idea," February 9, 2019, https://www.forbes.com/sites/petergreene/2019/02/09/teacher-merit-pay-is-a-bad-idea/?sh=65ea67e94ffb; D. M. Ordway, "Raising Public School Teacher Pay: What the Research Says," *The Journalist's Resource*, January 2, 2020, https://

journalistsresource.org/education/school-teacher-pay-research/; K. Yuan, V. N. Le, D. F. McCaffrey, J. A. Marsh, L. S. Hamilton, B. M. Stecher, and M. G. Springer, "Incentive Pay Programs Do Not Affect Teacher Motivation or Reported Practices: Result From Three Randomized Studies," *Educational Evaluation and Policy Analysis* 35, no. 1 (2013): 3-22; "Chicago Teachers' Strike Ends After 11 Days of Canceled Classes," *CBS News*, October 31, 2019.

[2] L. R. Brown, "Majority of Working Parents Taking on Unpaid Overtime to Keep up with Workload," *People Management*, February 5, 2019, https://www.peoplemanagement.co.uk/news/articles/majority-working-parents-taking-on-unpaid-overtime-keep-up-workload

[3] S. K. Parker, F. P. Morgeson, and G. Johns, "One Hundred Years of Work Design Research: Looking Back and Looking Forward," *Journal of Applied Psychology* 102, no. 3 (2017): 403-20.

[4] J. R. Hackman and G. R. Oldham, "Motivation Through the Design of Work: Test of a Theory," *Organizational Behavior and Human Performance* 16 (1976): 250-79.

[5] S. E. Humphrey, J. D. Nahrgang, and F. P. Morgeson, "Integrating Motivational, Social, and Contextual Work Design Features: A Meta-Analytic Summary and Theoretical Extension of the Work Design Literature," *Journal of Applied Psychology* 92, no. 5 (2007): 1332-56.

[6] L. A. Wegman, B. J. Hoffman, N. T. Carter, J. M. Twenge, and N. Guenole, "Placing Job Characteristics in Context: Cross-Temporal Meta-Analysis of Changes in Job Characteristics Since 1975," *Journal of Management* 44, no. 1 (2018): 352-86.

[7] W. G. M. Oerlemans and A. B. Bakker, "Motivating Job Characteristics and Happiness at Work: A Multilevel Perspective," *Journal of Applied Psychology* 103, no. 11 (2018): 1230-41.

[8] C. B. Gibson, J. L. Gibbs, T. L. Stanko, P. Tesluk, and S. G. Cohen, "Including the 'I' in Virtuality and Modern Job Design: Extending the Job Characteristics Model to Include the Moderating Effect of Individual Experiences of Electronic Dependence and Copresence," *Organization Science* 22, no. 6 (2011): 1481-99.

[9] Ibid.

[10] See, for instance, D. Holman and C. Axtell, "Can Job Redesign Interventions Influence a Broad Range of Employee Outcomes by Changing Multiple Job Characteristics? A Quasi-Experimental Study," *Journal of Occupational Health Psychology* 21, no. 3 (2016): 284-95.

[11] A. Aravindan and F. Ungku, "RPT-Ageing Singapore: City-State Helps Firms Retain Workers Past Retirement Age," *Reuters Asia*, February 4, 2019, https://www.reuters.com/article/asia-ageing-singapore-companies/rpt-ageing-singapore-city-state-helps-firms-retain-workers-past-retirement-age-idUSL3N1ZZ2IN

[12] Ibid.

[13] M. A. Campion, L. Cheraskin, and M. J. Stevens, "Career-Related Antecedents and Outcomes of Job Rotation," *Academy of Management Journal* 37, no. 6 (1994): 1518-42.

[14] Robert Walters, *Attracting and Retaining Millennial Professionals* [white paper], accessed February 24, 2019, https://www.robertwalters.co.uk/content/dam/robert-walters/country/united-kingdom/files/whitepapers/robert-walters-whitepaper-millennials.pdf

[15] See, for example, K. Kaymaz, "The Effects of Job Rotation Practices on Motivation: A Research on Managers in the Automotive Organizations," *Business and Economics Research Journal* 1, no. 3 (2010): 69-86.

[16] P. C. Leider, J. S. Boschman, M. H. W. Frings-Dresen, and H. F. van der Molen, "Effects of Job Rotation on Musculoskeletal Complaints and Related Work Exposures: A Systematic Literature Review," *Ergonomics* 58, no. 1 (2015): 18-32.

[17] T. Silver, "Rotate Your Way to Higher Value," *Baseline* (March/April 2010): 12.

[18] Skytrax website review of Singapore Airlines, accessed September 7, 2021, http://www.airlinequality.com/ratings/singapore-airlines-star-rating/

[19] Parker et al., "One Hundred Years of Work Design Research."

[20] M. T. Ford and J. D. Wooldridge, "Industry Growth, Work Role Characteristics, and Job Satisfaction: A Cross-Level Mediation Model," *Journal of Occupational Health Psychology* 17, no. 4 (2012): 493-504.

[21] G. M. McEvoy and W. F. Cascio, "Strategies for Reducing Employee Turnover: A Meta-Analysis," *Journal of Applied Psychology* 70, no. 2 (1985): 342-53.

[22] S. K. Parker, D. M. Andrei, and A. Van den Broeck, "Poor Design Begets Poor Work Design: Capacity and Willingness Antecedents of Individual Work Design Behavior," *Journal of Applied Psychology* 14, no. 7 (2019): 907-28.

[23] A. M. Grant and S. K. Parker, "Redesigning Work Design Theories: The Rise of Relational and Proactive Perspectives," *The Academy of Management Annals* 3, no. 1 (2009): 317-75.

[24] See, for instance, D. P. Bhave, F. Halldórsson, E. Kim, and A. M. Lefter, "The Differential Impact of Interactions Outside the Organization on Employee Well-Being," *Journal of Occupational and Organizational Psychology* 92 (2019): 1-29.

[25] Medtronic, "Patient Stories About Medtronic," *Medtronic* [website], accessed March 10, 2021, https://global.medtronic.com/xg-en/about/patient-stories.html

[26] Ibid.

[27] A. M. Grant, E. M. Campbell, G. Chen, K. Cottone, D. Lapedis, and K. Lee, "Impact and the Art of Motivation Maintenance: The Effects of Contact with Beneficiaries on Persistence Behavior," *Organizational Behavior and Human Decision Processes* 103, no. 1 (2007): 53-67.

[28] E. Francis and S. Schwartz, "The Sound of 'Success': Young Patients Ring Bell to Mark End of Cancer Treatment," *ABC News*, November 18, 2016, http://abcnews.go.com/Health/sound-success-young-patients-ring-bell-mark-end/story?id=43645402

[29] M. C. Bolino, T. K. Kelemen, and S. H. Matthews, "Working 9-to-5? A Review of Research on Nonstandard Work Schedules," *Journal of Organizational Behavior* 42 (2021): 188-211

[30] H. Chung and M. van der Horst, "Women's Employment Patterns After Childbirth and the Perceived Access to and Use of Flextime and Teleworking," *Human Relations* 71, no. 1 (2018): 47-72.

[31] BBC Worklife, "Coronavirus: How the World of Work May Change Forever," BBC, October 23, 2020, https://www.bbc.com/worklife/article/20201023-coronavirus-how-will-the-pandemic-change-the-way-we-work; A. Kramer and K. Z. Kramer, "The Potential Impact of the COVID-19 Pandemic on Occupational Status, Work From Home, and Occupational Mobility," *Journal of Vocational Behavior* 119 (2020): Article 103442.

[32] Bureau of Labor Statistics, "Job Flexibilities and Work Schedules—2017-2018: Data From the American Time Use Survey," *Bureau of Labor Statistics* [press release], September 24, 2019, https://www.bls.gov/news.release/archives/flex2_09242019.htm; Society for Human Resource Management, *SHRM Employee Benefits Survey 2019* (Washington, DC: SHRM, 2019); https://shrm.org/hr-today/trends-and-forecasting/research-and-surveys/Pages/Benefits19.aspx?_ga=2.130528015.1670633760.1615399126-403831112.1615399126

[33] R. Zeidner, "Coronavirus Makes Work From Home the New Normal," *Society for Human Resource Management: All Things Work*, March 21, 2020, https://www.shrm.org/hr-today/news/all-things-work/pages/remote-work-has-become-the-new-normal.aspx

[34] Global Workplace Analytics, "How Many People Could Work-From-Home?" 2020, https://globalworkplaceanalytics.com/how-many-people-could-work-from-home

[35] M. Brenan, "COVID-19 and Remote Work: An Update," *Gallup*, October 13, 2020, https://news.gallup.com/poll/321800/covid-remote-work-update.aspx

[36] Buffer, *The 2021 State of Remote Work*, 2021, https://buffer.com/2021-state-of-remote-work

[37] Gartner, *Gartner CFO Survey Reveals 74% Intend to Shift Some Employees to Remote Work Permanently* [press release], Arlington, VA: April 3, 2020.

[38] Brenan, "COVID-19 and Remote Work."

[39] D. Spurk and C. Straub, "Flexible Employment Relationships and Careers in Times of the COVID-19 Pandemic," *Journal of Vocational Behavior* 119 (2020): Article 103435.

[40] B. Croce, "More Firms Seeing Flex Time as Vital to a Productive Office," *Pensions & Investments*, December 10, 2018, https://www.pionline.com/article/20181210/PRINT/181219974/more-firms-seeing-flex-time-as-vital-to-a-productive-office

[41] See, for instance, Y.-S. Hsu, Y-P. Chen, and M. A. Shaffer, "Reducing Work and Home Cognitive Failures: The Roles of Workplace Flextime Use and Perceived Control," *Journal of Business and Psychology* 36 (2021): 155-72; R. J. Thompson, S. C. Payne, and A. B. Taylor, "Applicant Attraction to Flexible Work Arrangements: Separating the Influence of Flextime and Flexplace," *Journal of Occupational and Organizational Psychology* 88, no. 4 (2015): 726-49.

[42] G. M. Spreitzer, L. Cameron, and L. Garrett, "Alternative Work Arrangements: Two Images of the New World of Work," *Annual Review of Organizational Psychology and Organizational Behavior* 4 (2017): 473-99.

[43] M. Savage, "Why Finland Leads the World in Flexible Work," BBC: *Worklife*, August 8, 2019, https://www.bbc.com/worklife/article/20190807-why-finland-leads-the-world-in-flexible-work

[44] SHRM, *Employee Benefits Survey 2019*.

[45] U. Mead, "Why Employees Say These Companies Have Figured Out Flexible Work," *Fast Company*, July 18, 2018, https://www.fastcompany.com/90202716/why-employees-say-these-companies-have-figured-out-flexible-work

[46] SHRM, *Employee Benefits Survey 2019*.

[47] R. Carucci and J. Shappell, "How to Job Craft as a Team," *Harvard Business Review*, March 18, 2020, https://hbr.org/2020/03/how-to-job-craft-as-a-team; J. E. Dutton and A. Wrzesniewski, "What Job Crafting Looks Like," *Harvard Business Review*, March 12, 2020, https://hbr.org/2020/03/what-job-crafting-looks-like; A. Lazazzara, M. Tims, and D. de Gennaro, "The Process of Reinventing a Job: A Meta-Synthesis of Qualitative Job-Crafting Research," *Journal of Vocational Behavior* 116, Part B (2020): 1-18; J. Moss,

"If You're Burning Out, Carve a New Path," *Harvard Business Review*, April 1, 2020, https://hbr.org/2020/04/if-youre-burning-out-carve-a-new-path; C. W. Rudolph, I. M. Katz, K. N. Lavigne, and H. Zacher, "Job Crafting: A Meta-Analysis of Relationships with Individual Differences, Job Characteristics, and Work Outcomes," *Journal of Vocational Behavior* 102 (2017): 112-38; A. Wrzesniewski, J. M. Berg, and J. E. Dutton, "Managing Yourself: Turn the Job You Have into the Job You Want," *Harvard Business Review*, June 1, 2010, https://hbr.org/2010/06/managing-yourself-turn-the-job-you-have-into-the-job-you-want; F. Zhang and S. K. Parker, "Reorienting Job Crafting Research: A Hierarchical Structure of Job Crafting Concepts and Integrative Review," *Journal of Organizational Behavior* 40, no. 2 (2019): 126-46.

48 SHRM, *Employee Benefits Survey* 2019.

49 P. Hirst, "How a Flex-Time Program at MIT Improved Productivity, Resilience, and Trust," *Harvard Business Review*, June 30, 2016, https://hbr.org/2016/06/how-a-flex-time-program-at-mit-improved-productivity-resilience-and-trust#

50 Society for Human Resource Management (SHRM), *Employee Job Satisfaction and Engagement: Optimizing Organizational Culture for Success* (Alexandria, VA: SHRM, 2016); Society for Human Resource Management (SHRM), *Employee Job Satisfaction and Engagement: Revitalizing a Changing Workforce* (Alexandria, VA: SHRM, 2016).

51 B. B. Baltes, T. E. Briggs, J. W. Huff, J. A. Wright, and G. A. Neuman, "Flexible and Compressed Workweek Schedules," *Journal of Applied Psychology* 84, no. 4 (1999): 496-513.

52 T. D. Allen, R. C. Johnson, K. M. Kiburz, and K. M. Shockley, "Work-Family Conflict and Flexible Work Arrangements," *Personnel Psychology* 66, no. 2 (2013): 345-376.

53 I. Spieler, S. Scheibe, C. Stamov-Robnagel, and A. Kappas, "Help or Hindrance? Day-Level Relationships Between Flextime Use, Work-Nonwork Boundaries, and Affective Well-Being," *Journal of Applied Psychology* 102, no. 1 (2017): 67-87.

54 C. W. Rudolph and B. B. Baltes, "Age and Health Jointly Moderate the Influence of Flexible Work Arrangements on Work Engagement: Evidence From Two Empirical Studies," *Journal of Occupational Healthy Psychology* 22, no. 1 (2017): 40-58.

55 K. M. Shockley and T. D. Allen, "Investigating the Missing Link in Flexible Work Arrangement Utilization: An Individual Difference Perspective," *Journal of Vocational Behavior* 76, no. 1 (2010): 131-42.

56 C. L. Munsch, C. L. Ridgeway, and J. C. Williams, "Pluralistic Ignorance and the Flexibility Bias: Understanding and Mitigating Flextime and Flexplace Bias at Work," *Work and Occupations* 41, no. 1 (2014): 40-62.

57 See, for instance, B. J. Freeman and K. M. Coll, "Solutions to Faculty Work Overload: A Study of Job Sharing," *The Career Development Quarterly* 58 (2009): 65-70.

58 "Actors to Job-Share on Touring Production," BBC: *Entertainment & Arts*, February 7, 2019, https://www.bbc.com/news/entertainment-arts-47157263

59 Ibid.

60 Society for Human Resource Management, *SHRM Research: Flexible Work Arrangements* (Alexandria, VA: SHRM, 2015).

61 SHRM, *Employee Benefits Survey 2019*.

62 E. Cho, "Examining Boundaries to Understand the Impact of COVID-19 on Vocational Behaviors," *Journal of Vocational Behavior* 119 (2020): Article 103437.

63 S. Kaplan, L. Engelsted, X. Lei, and K. Lockwood, "Unpacking Manager Mistrust in Allowing Telework: Comparing and Integrating Theoretical Perspectives," *Journal of Business and Psychology* 33 (2018): 365-82.

64 PwC, "It's Time to Reimagine Where and How Work Will Get Done," *PwC's US Remote Work Survey*, January 12, 2021, https://www.pwc.com/us/en/library/covid-19/us-remote-work-survey.html

65 K. M. Shockley, M. A. Clark, H. Dodd, and E. B. King, "Work-Family Strategies During COVID-19: Examining Gender Dynamics Among Dual-Earner Couples with Young Children," *Journal of Applied Psychology* 106, no. 1 (2021): 15-28.

66 Bolino et al., "Working 9-to-5?"; Spreitzer et al., "Alternative Work Arrangements."

67 S. Lund, A. Madgavkar, J. Manyika, and S. Smit, "What's Next for Remote Work: An Analysis of 2,000 Tasks, 800 Jobs, and Nine Countries," *McKinsey & Company*, November 23, 2020, https://www.mckinsey.com/featured-insights/future-of-work/whats-next-for-remote-work-an-analysis-of-2000-tasks-800-jobs-and-nine-countries#

68 Ibid.

69 Ibid.

70 J. Kotkin, "Marissa Mayer's Misstep and the Unstoppable Rise of Telecommuting," *Forbes*, March 26, 2013.

71 S. J. Perry, N. M. Lorinkova, E. M. Hunter, A. Hubbard, and J. T. McMahon, "When Does Virtuality Really 'Work'? Examining the Role of Work-Family and Virtuality in Social Loafing," *Journal of Management* 42, no. 2 (2016): 449-79.

72 T. D. Golden and A. Fromen, "Does It Matter Where Your Manager Works? Comparing Managerial Work Mode (Traditional, Telework, Virtual) across Subordinate Work Experiences and Outcomes," *Human Relations* 64, no. 11 (2011): 1451-75.

73 S. M. B. Thatcher and J. Bagger, "Working in Pajamas: Telecommuting, Unfairness Sources, and Unfairness Perceptions," *Negotiation and Conflict Management Research* 4, no. 3 (2011): 248-76.

74 E. E. Kossek and K.-H. Lee, "The Coronavirus & Work-Life Inequality: Three Evidence-Based Initiatives to Update U.S. Work-Life Employment Policies," *Behavioral Science & Policy* 6, no. 2 (2020) 77-86.

75 See, for example, C. A. Bartel, A. Wrzesniewski, and B. M. Wiesenfeld, "Knowing Where You Stand: Physical Isolation, Perceived Respect, and Organizational Identification among Virtual Employees," *Organization Science* 23, no. 3 (2011): 743-57; T. D. Golden and R. S. Gajendran, "Unpacking the Role of a Telecommuter's Job in Their Performance: Examining Job Complexity, Problem Solving, Interdependence, and Social Support," *Journal of Business and Psychology* 34 (2019): 55-69.

76 J. B. Windeler, K. M. Chudoba, R. Z. Sundrup, "Getting Away From Them All: Managing Exhaustion From Social Interaction with Telework," *Journal of Organizational Behavior* 38, no. 7 (2017): 977-95.

77 J. Delanoeije, M. Verbruggen, and L. Germeys, "Boundary Role Transitions: A Day-to-Day Approach to Explain the Effects of Home-Based Telework on Work-to-Home Conflict and Home-to-Work Conflict," *Human Relations* 72, no. 12 (2019): 1843-68.

78 T. D. Golden and K. A. Eddleston, "Is There a Price Telecommuters pay? Examining the Relationship Between Telecommuting and Objective Career Success," *Journal of Vocational Behavior* 116, Part A (2020): Article 103348.

79 Lund et al., "What's Next for Remote Work."

80 T. Müller and C. Niessen, "Self-Leadership in the Context of Part-Time Teleworking," *Journal of Organizational Behavior* 40 (2019): 883-98.

81 See, for instance, M. Tarallo, "How to Create an Effective Teleworking Program," *Society for Human Resource Management* [blog], April 19, 2018, https://www.shrm.org/resourcesandtools/hr-topics/employee-relations/pages/how-to-create-an-effective-teleworking-program.aspx

82 M. B. Perrigino and R. Raveendhran, "Managing Remote Workers During Quarantine: Insights From Organizational Research on Boundary Management," *Behavioral Science & Policy* 6, no. 2 (2020) 87-94.

83 C. M. Kelly, Y. Forcanin, M. Las Heras, C. Ogbonnaya, E. Marescaux, and M. J. Bosch, "Seeking an 'Ideal' Balance: Schedule-Flexibility I-Deals as Mediating Mechanisms Between Supervisor Emotional Support and Employee Work and Home Performance," *Journal of Vocational Behavior* 118 (2020): Article 103369.

84 See, for example, A. Cox, S. Zagelmeyer, and M. Marchington, "Embedding Employee Involvement and Participation at Work," *Human Resource Management Journal* 16, no. 3 (2006): 250-67.

85 See, for example, the literature on empowerment, including M. T. Maynard, L. L. Gilson, and J. E. Mathieu, "Empowerment—Fad or Fab? A Multilevel Review of the Past Two Decades of Research," *Journal of Management* 38, no. 4 (2012): 1231-81.

86 A. Bar-Haim, *Participation Programs in Work Organizations: Past, Present, and Scenarios for the Future* (Westport, CT: Quorum, 2002); and J. S. Black and H. B. Gregersen, "Participative Decision-Making: An Integration of Multiple Dimensions," *Human Relations* 50, no. 7 (1997): 859-78.

87 Black and Gregersen, "Participative Decision-Making."

88 M. Gunderson, "EMS Quality Improvement Through Clinical Specialty Teams," *EMS1* [blog], January 28, 2019, https://www.ems1.com/paramedic-chief/articles/393311048-EMS-quality-improvement-through-clinical-specialty-teams/

89 T. M. Probst, "Countering the Negative Effects of Job Insecurity through Participative Decision Making: Lessons from the Demand-Control Model," *Journal of Occupational Health Psychology* 10, no. 4 (2005): 320-9.

90 C. M. Linski, "Transitioning to Participative Management," *Organization Development Journal* 32, no. 3 (2014): 17-26.

91 See, for instance, A. Pendleton and A. Robinson, "Employee Stock Ownership, Involvement, and Productivity: An Interaction-Based Approach," *Industrial and Labor Relations Review* 64, no. 1 (2010): 3-29.

92 D. K. Datta, J. P. Guthrie, and P. M. Wright, "Human Resource Management and Labor Productivity: Does Industry Matter?," *Academy of Management Journal* 48, no. 1 (2005): 135-45; C. M. Riordan, R. J. Vandenberg, and H. A. Richardson, "Employee Involvement Climate and Organizational Effectiveness," *Human Resource Management* 44, no. 4 (2005): 471-88.

93 C. J. Travers, *Managing the Team: A Guide to Successful Employee Involvement* (Oxford, UK: Wiley-Blackwell, 1994).

94 Office of the Secretary, United States Department of Labor, "Inspecting Nonunion Models for Employee Voice," *Futurework: Trends and Challenges for Work in the 21st Century*, accessed April 4, 2017, https://www.dol.gov/oasam/programs/history/herman/reports/futurework/conference/relations/nonunion.htm

[95] See, for instance, A. Sagie and Z. Aycan, "A Cross-Cultural Analysis of Participative Decision-Making in Organizations," *Human Relations* 56, no. 4 (2003): 453-73.

[96] C. Robert, T. M. Probst, J. J. Martocchio, R. Drasgow, and J. J. Lawler, "Empowerment and Continuous Improvement in the United States, Mexico, Poland, and India: Predicting Fit on the Basis of the Dimensions of Power Distance and Individualism," *Journal of Applied Psychology* 85, no. 5 (2000): 643-58.

[97] Z. X. Chen and S. Aryee, "Delegation and Employee Work Outcomes: An Examination of the Cultural Context of Mediating Processes in China," *Academy of Management Journal* 50, no. 1 (2007): 226-38.

[98] G. Huang, X. Niu, C. Lee, and S. J. Ashford, "Differentiating Cognitive and Affective Job Insecurity: Antecedents and Outcomes," *Journal of Organizational Behavior* 33, no. 6 (2012): 752-69.

[99] Z. Cheng, "The Effects of Employee Involvement and Participation on Subjective Wellbeing: Evidence from Urban China," *Social Indicators Research* 118, no. 2 (2014): 457-83.

[100] Society for Human Resource Management (SHRM), *Employee Job Satisfaction and Engagement: Revitalizing a Changing Workforce.*

[101] PayScale, "Why 2021 Is the Year for Compensation Strategy: PayScale's Best Practices Report Shows the Latest Trends in Compensation," *PayScale* [press release], February 17, 2021, https://www.globenewswire.com/news-release/2021/02/17/2177181/0/en/Why-2021-is-the-Year-for-Compensation-Strategy-PayScale-s-Best-Practices-Report-Shows-the-Latest-Trends-in-Compensation.html

[102] C. R. Leana and J. Meuris, "Living to Work and Working to Live: Income as a Driver of Organizational Behavior," *The Academy of Management Annals* 9, no. 1 (2015): 55-95.

[103] See, for instance, E. Della Torre, M. Pelagatti, and L. Solari, "Internal and External Equity in Compensation Systems, Organizational Absenteeism and the Role of Explained Inequalities," *Human Relations* 68, no. 3 (2015): 409-40.

[104] D. A. McIntyre and S. Weigley, "8 Companies That Most Owe Workers a Raise," *USA Today,* May 13, 2013, http://www.usatoday.com/story/money/business/2013/05/12/8-companies-that-most-owe-workers-a-raise/2144013/

[105] S. Miller, "Better Pay and Benefits Loom Large in Job Satisfaction," *Society for Human Resource Management: Compensation,* August 16, 2019, https://www.shrm.org/resourcesandtools/hr-topics/compensation/pages/pay-benefits-satisfaction.aspx; S. Miller, "Pay Fairness Perception Beats Higher Pay for Improving Employee Engagement," *Society for Human Resource Management: Compensation*, November 8, 2017, https://www.shrm.org/resourcesandtools/hr-topics/compensation/pages/pay-fairness-beats-higher-pay-for-engagement.aspx

[100] See, for a review, C. R. Leana and J. Meuris, "Living to Work and Working to Live: Income as a Driver of Organizational Behavior," *The Academy of Management Annals* 9, no. 1 (2015): 55-95.

[107] M. Sabramony, N. Krause, J. Norton, and G. N. Burns, "The Relationship Between Human Resource Investments and Organizational Performance: A Firm-Level Examination of Equilibrium Theory," *Journal of Applied Psychology* 93, no. 4 (2008): 778-88.

[108] J. M. Beus and D. S. Whitman, "Almighty Dollar or Root of All Evil? Testing the Effects of Money on Workplace Behavior," *Journal of Management* 43, no. 7 (2017): 2147-67.

[109] See, for instance, V. Page, "Walmart Will Never Be Costco," *Investopedia*, March 17, 2020, https://www.investopedia.com/articles/investing/121715/walmart-will-never-be-costco.asp

[110] See, for example, K. Taylor, "Differing Results When Teacher Evaluations Are Tied to Test Scores," *The New York Times,* March 23, 2015, A16.

[111] M. Yamazaki and N. Hirata, "With Shift Toward Merit-Based Pay, Japan's Hitachi to Drop Old Ways," *Reuters*, July 16, 2020, https://www.reuters.com/article/us-hitachi-pay-idUSKCN24H3CW

[112] G. T. Milkovich, J. M. Newman, and B. Gerhart, *Compensation* (11th ed., New York: McGraw-Hill, 2013).

[113] See, for example, M. Damiani and A. Ricci, "Managers' Education and the Choice of Different Variable Pay Schemes: Evidence From Italian Firms," *European Management Journal* 32, no. 6 (2014): 891-902.

[114] S. Miller, "3% Salary Increases Put Greater Focus on Variable Pay," *Society for Human Resource Management*, August 7, 2017, https://www.shrm.org/resourcesandtools/hr-topics/compensation/pages/salary-raises-variable-pay.aspx

[115] S. Miller, "2020 Salary Budget Growth Expected to Notch Just Above 3%," *Society for Human Resource Management: Compensation*, July 26, 2019, https://www.shrm.org/resourcesandtools/hr-topics/compensation/pages/2020-salary-budget-average-increase-just-above-3-percent.aspx

[116] M. Ashwanden, "Pay Trends for 2021," *Willis Towers Watson,* January 8, 2021, https://www.willistowerswatson.com/en-US/Insights/2021/01/pay-trends-for-2021

[117] PayScale, *2021 Compensation Best Practices Report* (Seattle, WA: PayScale, 2021).

[118] A. J. Nyberg, M. A. Maltarich, D. D. Abdulsalam, S. M. Essman, and O. Cragun, "Collective Pay for Performance: A Cross-Disciplinary Review and Meta-Analysis," *Journal of Management* 44, no. 6 (2018): 2433-72.

[119] S. Y. Sung, J. N. Choi, and S.-C. Kang, "Incentive Pay and Firm Performance: Moderating Roles of Procedural Justice Climate and Environmental Turbulence," *Human Resource Management* 56, no. 2 (2017): 287-305.

[120] Y. Zhang, L. Long, T.-Y. Wu, and X. Huang, "When Is Pay for Performance Related to Employee Creativity in the Chinese Context? The Role of Guanxi HRM Practice, Trust in Management, and Intrinsic Motivation," *Journal of Organizational Behavior* 36, no. 5 (2015): 698-719.

[121] W. Hou, R. L. Priem, and M. Goranova, "Does One Size Fit All? Investigating Pay-Future Performance Relationships over the 'Seasons' of CEO Tenure," *Journal of Management* 43, no. 3 (2017): 864-91.

[122] A. M. Paul, "Atlanta Teachers Were Offered Bonuses for High Test Scores. Of Course They Cheated," *The Washington Post*, April 16, 2015, https://www.washingtonpost.com/posteverything/wp/2015/04/16/atlanta-teachers-were-offered-bonuses-for-high-test-scores-of-course-they-cheated/?utm_term=.e4df48aeb80b; N P. von der Embse, A. M. Schoemann, S. P. Kilgus, M. Wicoff, and M. Bowler, "The Influence of Test-Based Accountability Policies on Teacher Stress and Instructional Practices: A Moderated Mediation Model," *Educational Psychology* 37, no. 3 (2017): 312-31; and K. Yuan, V.-N. Le, D. F. McCaffrey, J. A. Marsh, L. S. Hamilton, B. M. Stecher, and M. G. Springer, "Incentive Pay Programs Do Not Affect Teacher Motivation or Reported Practices: Results From Three Randomized Studies," *Educational Evaluation and Policy Analysis* 35, no. 1 (2013): 3-22.

[123] M. S. Giarratana, M. Mariani, and I. Weller, "Rewards for Patents and Inventor Behaviors in Industrial Research and Development," *Academy of Management Journal* 61, no. 1 (2018): 264-92.

[124] D. Pohler and J. A. Schmidt, "Does Pay-for-Performance Strain the Employment Relationship? The Effect of Manager Bonus Eligibility on Nonmanagement Employee Turnover," *Personnel Psychology* 69 (2016): 395-429.

[125] D. Gläser, S. van Gils, and N. Van Quaquebeke, "Pay-for-Performance and Interpersonal Deviance," *Journal of Personnel Psychology* 16, no. 2 (2017): 77-90.

[126] A. Shantz, J. Wang, and A. Malik, "Disability Status, Individual Variable Pay, and Pay Satisfaction: Does Relational and Institutional Trust Make a Difference?," *Human Resource Management* 57 (2018): 365-80.

[127] J. D. Shaw, "Pay Dispersion, Sorting, and Organizational Performance," *Academy of Management Journal* 1, no. 2 (2015): 165-79.

[128] M. A. Maltarich, A. J. Nyberg, G. Reilly, D. D. Abdulsalam, and M. Martin, "Pay-for-Performance, Sometimes: An Interdisciplinary Approach to Integrating Economic Rationality with Psychological Emotion to Predict Individual Performance," *Academy of Management Journal* 60, no. 6 (2017): 2155-74.

[129] D. Abdulsalam, M. A. Maltarich, A. J. Nyberg, G. Reilly, and M. Martin, "Individualized Pay-for-Performance Arrangements: Peer Reactions and Consequences," *Journal of Applied Psychology* 106, no. 8 (2021): 1202-23.

[130] S. Marasi and R. J. Bennett, "Pay Communication: Where Do We Go From Here?," *Human Resource Management Review* 26 (2016): 50-58.

[131] E. Belogolovsky and P. A. Bamberger, "Signaling in Secret: Pay for Performance and the Incentive and Sorting Effects of Pay Secrecy," *Academy of Management Journal* 57, no. 6 (2014): 1706-33.

[132] Ibid.

[133] Ibid.

[134] P. Bamberger and E. Belogolovsky, "The Dark Side of Transparency: How and When Pay Administration Practices Affect Employee Helping," *Journal of Applied Psychology* 102, no. 4 (2017): 658-71

[135] Marasi and Bennett, "Pay Communication,"

[136] See, for instance, M. K. Judiesch and F. L. Schmidt, "Between-Worker Variability in Output Under Piece-Rate Versus Hourly Pay Systems," *Journal of Business and Psychology* 14, no. 4 (2000): 529-52.

[137] L. Harper, P. J. Silvia, K. M. Eddington, S. H. Sperry, and T. R. Kwapil, "Conscientiousness and Effort-Related Cardiac Activity in Response to Piece Rate Cash Incentives," *Motivation and Emotion* 42 (2018): 377-85; P. M, Wright, "An Examination of the Relationships Among Monetary Incentives, Goal Level, Goal Commitment, and Performance," *Journal of Management* 18, no. 4 (1992): 677-93.

[138] J. S. Heywood, X. Wei, and G. Ye, "Piece Rates for Professors," *Economics Letters* 113, no. 3 (2011): 285-87.

[139] A. Baker and V. Mertins, "Risk-Sorting and Preference for Team Piece Rates," *Journal of Economic Psychology* 34 (2013): 285-300.

[140] E. Della Torre, M. Salimi, and A. Giangreco, "Crowding-Out or Crowding-In? Direct Voice, Performance-Related Pay, and Organizational Innovation in European Firms," *Human Resource Management* 59 (2020): 185-99.

[141] A. Clemens, "Pace of Work and Piece Rates," *Economics Letters* 115, no. 3 (2012): 477-79.

[142] S. L. Rynes, B. Gerhart, and L. Parks, "Personnel Psychology: Performance Evaluation and Pay for Performance," *Annual Review of Psychology* 56, no. 1 (2005): 571-600.

[143] Ibid.

[144] PayScale, *2021 Compensation Best Practices Report.*

[145] S. Miller, "Salary Increase Budgets Decline for First Time in 12 Years," *Society for Human Resource Management: Compensation,* August 17, 2020, https://www.shrm.org/resourcesandtools/hr-topics/compensation/pages/salary-increase-budgets-decline-for-first-time-in-12-years.aspx

[146] S. Halzack, "Companies Look to Bonuses Instead of Salary Increases in an Uncertain Economy," *Washington Post,* November 6, 2012, http://articles.washingtonpost.com/

[147] A. J. Nyberg, J. R. Pieper, and C. O. Trevor, "Pay-for-Performance's Effect on Future Performance: Integration Psychological and Economic Perspectives Toward a Contingency Perspective," *Journal of Management* 42, no. 7 (2016): 1753-83; and S. Park and M. C. Sturman, "The Relative Incentive and Sorting Effects of Merit Pay, Bonuses, and Long-Term Incentives," *Human Resource Management* 55, no. 4 (2015): 697-719.

[148] C. M. Barnes, J. Reb, and D. Ang, "More Than Just the Mean: Moving to a Dynamic View of Performance-Based Compensation," *Journal of Applied Psychology* 97, no. 3 (2012): 711-18.

[149] E. J. Castillo, "Gender, Race, and the New (Merit-Based) Employment Relationship," *Industrial Relations* 51, no. S1 (2012): 528-62.

[150] Rynes et al., "Personnel Psychology."

[151] PayScale, *2021 Compensation Best Practices Report.*

[152] Ibid.

[153] A.-F. Presse, "Goldman Sachs Plans to Cut Bonuses as 1MDB Scandal Deepens," *The Guardian,* February 8, 2019, https://www.theguardian.com/world/2019/feb/09/goldman-sachs-plans-to-cut-bonuses-as-1mdb-scandal-deepens

[154] N. Chun and S. Lee, "Bonus Compensation and Productivity: Evidence From Indian Manufacturing Plant-Level Data," *Journal of Productivity Analysis* 43, no. 1 (2015): 47-58.

[155] S. S. Wiltermuth and F. Gino, "'I'll Have One of Each': How Separating Rewards into (Meaningless) Categories Increases Motivation," *Journal of Personality and Social Psychology* 104, no. 1 (2013): 1-13.

[156] L. Bareket-Bojmel, G. Hochman, and D. Ariely, "It's (Not) All About the Jacksons: Testing Different Types of Short-Term Bonuses in the Field," *Journal of Management* 43, no. 2 (2017): 534-54.

[157] M. J. Roomkin, *Profit Sharing and Gain-Sharing* (Metuchen, NJ: Rutgers University Press, 1990).

[158] S. Stebbins, "CEO Pay: Alphabet, Intel, and Microsoft CEOs Are Among the Highest Paid in America," *USA Today,* December 26, 2020, https://www.usatoday.com/story/money/2020/12/26/americas-highest-paid-ceos-alphabet-microsoft-facebook-google/43297363/

[159] J. Lofton, "Fiat-Chrysler to Pay $8K in Profit-Sharing Bonuses to UAW Employees," *Michigan Live,* March 3, 2021, https://www.mlive.com/news/2021/03/fiat-chrysler-to-pay-8k-in-profit-sharing-bonuses-to-uaw-employees.html

[160] See, for instance, D. Kruse, R. Freeman, and J. Blasi, *Shared Capitalism at Work: Employee Ownership, Profit and Gain Sharing, and Broad-Based Stock Options* (Chicago: University of Chicago Press, 2010).

[161] A. Bayo-Moriones and M. Larraza-Kintana, "Profit-Sharing Plans and Affective Commitment: Does the Context Matter?" *Human Resource Management* 48, no. 2 (2009): 207-26.

[162] N. Chi and T. Han, "Exploring the Linkages Between Formal Ownership and Psychological Ownership for the Organization: The Mediating Role of Organizational Justice," *Journal of Occupational and Organizational Psychology* 81, no. 4 (2008): 691-711.

[163] Based on B. Kennedy, "The Bangladesh Factory Collapse One Year Later," CBS, April 23, 2014, http://www.cbsnews.com/news/the-bangladesh-factory-collapse-one-year-later/; J. Kenny and A. Matthews, "Bangladesh Cuts Power to Leather District After Years of Environmental Violations," *PBS Newshour: The Rundown,* April 11, 2017, http://www.pbs.org/newshour/rundown/bangladesh-cuts-power-leather-district-years-health-violations/; J. O'Donnell and C. Macleod, "Latest Bangladesh Fire Puts New Pressure on Retailers," *USA Today,* May 9, 2013, http://www.usatoday.com; and T. Hayden, "Tom Hayden: Sweatshops Attract Western Investors," *USA Today,* May 17, 2013, http://www.usatoday.com

[164] F. Mullins, D. Weltmann, D. Kruse, and J. Blasi, "Broad-Based Employee Stock Ownership: What Makes It Effective in the Management of Human Resources," *Human Resource Management* 58 (2019): 567-70.

[165] Mullins et al., "Broad-Based Employee Stock Ownership"; E. H. O'Boyle, P. C. Patel, and E. Gonzalez-Mulé, "Employee Ownership and Firm Performance: A Meta-Analysis," *Human Resource Management Journal* 26, no. 4 (2016): 425-48.

[166] D. McCarthy, E. Reeves, and T. Turner, "Can Employee Share-Ownership Improve Employee Attitudes and Behaviour?," *Employee Relations* 32, no. 4 (2010): 382-95.

[167] A. Pendleton, "Shared Capitalism at Work: Employee Ownership, Profit and Gain Sharing, and Broad-Based Stock Options," *Industrial & Labor Relations Review* 64, no. 3 (2011): 621-22.

[168] D. Souder and P. Bromiley, "Timing for Dollars: How Option Exercisability Influences Resource Allocation," *Journal of Management* 43, no. 8 (2017): 2555-79.

[169] T. Ren, Y. Xiao, H. Yang, and S. Liu, "Employee Ownership Heterogeneity and Firm Performance in China," *Human Resource Management* 58 (2019): 621-39.

[170] S. Kang and A. Kim, "Employee Stock Ownership and Financial Performance in European Countries: The Moderating Effects of Uncertainty Avoidance and Social Trust," *Human Resource Management* 58 (2019): 641-55.

[171] G. Cheney, I. Santa Cruz, A.-M. Peredo, and E. Nazaredo, "Worker Cooperatives as an Organizational Alternative: Challenges, Achievements and Promise in Business Governance and Ownership," *Organization* 21, no. 5 (2014): 591-603; The International Co-operative Alliance, https://ica.coop/en/international-co-operative-alliance; "Trouble in Workers' Paradise," *The Economist,* November 9, 2013, https://www.economist.com/news/business/21589469-collapse-spains-fagor-tests-worlds-largest-group-co-operatives-trouble-workers; International Labour Organization, Statistics on Cooperatives (2013); J. Schaffer, *Historical Dictionary of the Cooperative Movement* (Scarecrow Press 1999); S. Kim, M. Las Heras, and M.-J. Bosch, "A Matter of Love: Exploring What Enables Work-Family Enrichment," *International Business Research* 9, no. 8 (2016): 24-36.

[172] A. Pendleton and A. Robinson, "Employee Stock Ownership, Involvement, and Productivity: An Interaction-Based Approach," *Industrial and Labor Relations Review* 64, no. 1 (2010): 3-29.

[173] X. Zhang, K. M. Bartol, K. G. Smith, M. D. Pfarrer, and D. M. Khanin, "CEOs on the Edge: Earnings Manipulation and Stock-Based Incentive Misalignment," *Academy of Management Journal* 51, no. 2 (2008): 241-58.

[174] S. Dubb, "Community Wealth Building Forms: What They Are and How to Use Them at the Local Level," *Academy of Management Perspectives* 30, no. 2 (2016): 141-52.

[175] C. B. Cadsby, F. Song, and F. Tapon, "Sorting and Incentive Effects of Pay for Performance: An Experimental Investigation," *Academy of Management Journal* 50, no. 2 (2007): 387-405.

[176] Han et al., "Tightening Up the Performance-Pay Linkage."

[177] See, for instance, S. Miller, "Employers Boost Benefits to Win and Keep Top Talent," *Society for Human Resource Management: Benefits,* June 25, 2019, https://www.shrm.org/resourcesandtools/hr-topics/benefits/pages/employers-boost-benefits-to-win-and-keep-talent.aspx

[178] Society for Human Resource Management, *2018 Employee Benefits* (Alexandria, VA: SHRM, 2018).

[179] Ibid.

[180] Society for Human Resource Management, *SHRM Employee Benefits Survey 2019.*

[181] Z. Lin, J. Kelly, and L. Trenberth, "Antecedents and Consequences of the Introduction of Flexible Benefit Plans in China," *The International Journal of Human Resource Management,* 22, no. 5 (2011): 1128-45.

[182] L. Kuykendall, L. Craig, M. Stiksma, and K. Guarino, "Understanding Employees' Unused Vacation Days: A Social Cognitive Approach," *Journal of Occupational Health Psychology* 26, no. 2 (2021): 69-85.

[183] Y.-T. Chuang, R. Church, and C. Hu, "Effects of Movements and Opportunities on the Adoption of Same-Sex Partner Health Benefits by Corporations," *Journal of Management* 44, no. 7 (2018): 2766-800.

[184] A. P. Bartel, "Racial and Ethnic Disparities in Access to and Use of Paid Family and Medical Leave: Evidence From Four Nationally Representative Datasets," *Monthly Labor Review,* January 2019.

[185] L. E. Tetrick and C. R. Haimann, "Employee Recognition," in A. Day, E. K. Kelloway, and J. J. Hurrell Jr. (eds.), *Workplace Well-Being: How to Build Psychologically Healthy Workplaces* (Hoboken, NJ: Wiley, 2014), 161-74.

[186] Society for Human Resource Management, *Using Recognition and Other Workplace Efforts to Engage Employees* (Alexandria, VA: SHRM, 2018).

[187] H. R. Younger, "Five Easy Ways to Excel at Employee Recognition (and Keep Your Best People)," *Forbes,* March 26, 2019, https://www.forbes.com/sites/forbescoachescouncil/2019/03/26/five-easy-ways-to-excel-at-employee-recognition-and-keep-your-best-people/?sh=6f86ed519a4c

[188] Workhuman, "LinkedIn: Linking Social Recognition to Retention," accessed September 7, 2021, https://www.workhuman.com/resources/case-studies/case-study-linkedin

[189] P. Berrone and L. R. Gomez-Mejia, "The Pros and Cons of Rewarding Social Responsibility at the Top," *Human Resource Management* 48, no. 6 (2009): 959-71; L. A. Cavanaugh, F. Gino, and G. J. Fitzsimons, "When Doing Good Is Bad in Gift Giving: Mis-Predicting Appreciation of Socially Responsible Gifts," *Organizational Behavior and Human Decision Processes* 131 (2015): 178-89; T. Clawson, "Tree Economics: Are Entrepreneurial Solutions the Key to a Greener

Planet?" *Forbes,* December 22, 2019, https://www.forbes.com/sites/trevorclawson/2019/12/22/tree-economicsare-entrepreneurial-solutions-the-key-to-a-greener-planet/?sh=45e5dba62066; CyberGrants, "Rewarding CSR Participation Ideas," *CyberGrants* [blog], February 2017, https://blog.cybergrants.com/rewarding-csr-participation-ideas-201702.html; V. Griskevicius, J. M. Tybur, and B. Van den Bergh, "Going Green to Be Seen: Status, Reputation, and Conspicuous Conservation," *Journal of Personality and Social Psychology* 98, no. 3 (2010): 392-404; K. K. Merriman and S. Sen, "Incenting Managers Toward the Triple Bottom Line: An Agency and Social Norm Perspective," *Human Resource Management* 51, no. 6 (2012): 851-72; F. P. Morgeson, H. Aguinis, D. A. Waldman, and D. S. Siegel, "Extending Corporate Social Responsibility Research to the Human Resource Management and Organizational Behavior Domains: A Look to the Future," *Personnel Psychology* 66 (2013): 805-24; Sociabble [website], accessed March 12, 2021, https://www.sociabble.com/; Sociabble, "Carbon Offset: A Big Thank You to our Sociabble Trees Participating Clients," *Sociabble* [blog], January 6, 2021, https://www.sociabble.com/blog/carbon-offset-sociabble-trees-clients/; Sociabble, "The Fight Against Deforestation: Sociabble Trees & CSR," *Sociabble* [blog], February 15, 2021, https://www.sociabble.com/blog/fight-against-deforestation/; Sociabble, "How to Reward Employees with CSR Actions That Matter: Introducing Sociabble Trees," *Sociabble* [blog], February 17, 2020, https://www.sociabble.com/blog/how-to-reward-employees-with-csr-actions-that-matter/#:~:text=A%20CSR%20Program%20that%20Offers%20Meaningful%20Employee%20Rewardsin%20a%20host%20of%20forests%20around%20the%20world; Sociabble, "Sociabble Trees: Play a Part in Helping our Planet," *Sociabble* [blog], September 5, 2019, https://www.sociabble.com/blog/sociabble-trees-play-a-part-in-helping-our-planet/; Tree-Nation [website], accessed March 12, 2021, https://tree-nation.com/

[190] L. Shepherd, "On Recognition, Multinationals Think Globally," *Workforce Management,* September 2010, 26.

[191] S. J. Peterson and F. Luthans, "The Impact of Financial and Nonfinancial Incentives on Business Unit Outcomes over Time," *Journal of Applied Psychology* 91, no. 1 (2006): 156-65.

[192] C. Xu and C. Liang, "The Mechanisms Underlying an Employee Recognition Program," in L. Hale and J. Zhang (eds.), *Proceedings of the International Conference on Public Human Resource Management and Innovation* (2013): 28-35.

[193] F. Luthans and A. D. Stajkovic, "Provide Recognition for Performance Improvement," in E. A. Locke (ed.), *Handbook of Principles of Organizational Behavior* (Malden, MA: Blackwell, 2004): 166-80.

[194] X. Zheng, H. H. Zhao, X. Liu, and N. Li, "Network Reconfiguration: The Implications of Recognizing Top Performers in Teams," *Journal of Occupational and Organizational Psychology* 92 (2019): 825-47.

[195] Society for Human Resource Management, *Using Recognition and Other Workplace Efforts to Engage Employees.*

[196] R. J. Bullock and E. E. Lawler, "Gainsharing: A Few Questions, and Fewer Answers," *Human Resource Management* 23, no. 1 (1984): 23-40; J. Cloutier, D. Morin, and S. Reynaud, "Les Régimes de Rémunération Variable: Comment les Choisir et les Gérer?," *Gestion* 35, no. 1 (2010): 31-44; D. De Cremer and T. Tao, "Huawei: A Case Study of When Profit Sharing Works," *Harvard Business Review,* September 24, 2013, https://hbr.org/2015/09/huawei-a-case-study-of-when-profit-sharing-works; S. Fernandez, "Applying the Principles of Psychology in the Restaurant and Hotel Industry," ehotelier.com, April 13, 2017, https://ehotelier.com/insights/2017/04/13/applying-principles-psychology/

[197] Based on E. Marescaux and S. De Winne, "How to Allow Flexible Work Without Playing Favorites," *Harvard Business Review,* August 22, 2017, https://hbr.org/2017/08/how-to-allow-flexible-work-without-playing-favorites

제9장

[1] F. Dobbin and A. Kalev, "Why Sexual Harassment Programs Backfire," *Harvard Business Review,* May 1, 2020, https://hbr.org/2020/05/why-sexual-harassment-programs-backfire#why-sexual-harassment-programs-backfire; S. K. Johnson and J. M. Madera, "Sexual Harassment Is Pervasive in the Restaurant Industry. Here's What Needs to Change," *Harvard Business Review,* January 18, 2018, https://hbr.org/2018/01/sexual-harassment-is-pervasive-in-the-restaurant-industry-heres-what-needs-to-change; J. Valinsky, "McDonald's CEO Responds After Report Alleges Sexual Harassment Among Workers," CNN, March 1, 2021, https://www.cnn.com/2021/03/01/business/mcdonalds-response-harassment-allegations/index.html; J. G. Zhang, "Women Share Stories of About Workplace Sexual Harassment at McDonald's." *Eater,* March 1, 2021, https://www.eater.com/2021/3/1/22308165/mcdonalds-workers-sexual-harassment-allegations-cbs-news

[2] J. E. Mathieu, J. R. Hollenbeck, D. van Knippenberg, and D. R. Ilgen, "A Century of Work Teams in the *Journal of Applied Psychology,*" *Journal of Applied Psychology* 102, no. 3 (2017): 452-67.

[3] G. Curphy, "Important Differences Between Groups and Teams," *Hogan: The Science of Personality* [blog], June 18, 2012, https://www.hoganassessments.com/important-differences-between-groups-and-teams/

[4] N. Karelaia and L. Guillen, "Me, a Woman and a Leader: Positive Social Identity and Identity Conflict," *Organizational Behavior and Human Decision Processes* 125, no. 2 (2014): 204-19.

[5] E. J. Boothby, M. S. Clark, and J. A. Bargh, "Shared Experiences Are Amplified," *Psychological Science* 25, no. 12 (2014): 2209-16.

[6] B. Cox, "Shavers Celebrate 50 Years," *Journal Review,* February 25, 2019, http://www.journalreview.com/news/article_c9b27c9a-3871-11e9-aec9-bf2e2fdd8562.html

[7] See , for instance, S. V. Bentley, K. H. Greenaway, S. Alexander Haslam, T. Cruwys, N. K. Steffens, C. Haslam, and B. Cull, "Social Identity Mapping Online," *Journal of Personality and Social Psychology* 118, no. 2 (2020): 213-41; H. Tajfel and J. C. Turner, "The Social Identity Theory of Inter Group Behavior," in S. Worchel and W. G. Austin (eds.), *Psychology of Intergroup Relations* (Chicago, IL: Nelson, 1986).

[8] P. Belmi, R. C. Barragan, M. A. Neale, and G. L. Cohen, "Threats to Social Identity Can Trigger Social Deviance," *Personality and Social Psychological Bulletin* 41, no. 4 (2015): 467-84; and C. W. Leach, R. Spears, N. R. Branscombe, and B. Doosje, "Malicious Pleasure: Schadenfreude at the Suffering of Another Group," *Journal of Personality and Social Psychology* 84, no. 5 (2003): 932-43.

[9] A. Cheng, "How Wendy's Learned to Stop Worrying and Love Its Twitter Roasts of McDonald's," *Forbes,* October 8, 2018, https://www.forbes.com/sites/andriacheng/2018/10/08/wendys-twitter-roasts-have-become-the-envy-of-marketers-heres-how-it-does-it/#3/63f504fea4

[10] X. S. Zhu, D. K. Dalal, K. P. Nolan, and J. L. Barnes-Farrell, "Understanding the Role of Organizational Personality and Social Identity Concerns on Initial Recruitment Outcomes," *Journal of Vocational Behavior* 124 (2021): Article 103518.

[11] M. Krausz, A. Bizman, and D. Braslavsky, "Effects of Attachment Style on Preferences for and Satisfaction with Different Employment Contracts: An Exploratory Study," *Journal of Business and Psychology* 16, no. 2 (2001): 299-316.

[12] S. V. Bentley, K. H. Greenaway, S. Alexander Haslam, T. Cruwys, N. K. Steffans, C. Haslam, and B. Cull, "Social Identity Mapping Online," *Journal of Personality and Social Psychology* 118, no. 2 (2020): 213-41.

[13] A.-K. Samnani, J. A. Boekhorst, and J. A. Harrison, "The Acculturation Process: Antecedents, Strategies, and Outcomes," *Journal of Occupational and Organizational Psychology* 86 (2013): 166-83.

[14] I. Skovgaard-Smith and F. Poulfelt, "Imagining 'Non-Nationality': Cosmopolitanism as a Source of Identity and Belonging," *Human Relations* 71, no. 2 (2018): 129-54.

[15] Karelaia and Guillen, "Me, a Woman and a Leader."

[16] C. Haslam, S. Alexander Haslam, J. Jetten, T. Cruwys, and N. K. Steffens, "Life Change, Social Identity, and Health," *Annual Review of Psychology* 72 (2021): 635-61.

[17] See, for example, T. Cruwys, E. I. South, K. H. Greenaway, and S. A. Haslam, "Social Identity Reduces Depression by Fostering Positive Attributions," *Social Psychological and Personality Science* 6, no. 1 (2015): 65-74.

[18] S. Zhang, G. Chen, X.-P. Chen, D. Liu, and M. D. Johnson, "Relational Versus Collective Identification Within Workgroups: Conceptualization, Measurement Development, and Nomological Network Building," *Journal of Management* 40, no. 6 (2014): 1700-31.

[19] X. Qin, P. W. Hom, and M. Xu, "Am I a Peasant or a Worker? An Identity Strain Perspective on Turnover Among Developing-World Migrants," *Human Relations* 72, no. 4 (2019): 801-33.

[20] M. P. Fladerer, S. Alexander Haslam, N. K. Steffens, and D. Frey, "The Value of Speaking for 'Us': The Relationship Between CEO's Use of I- and We-Referencing Language and Subsequent Organizational Performance," *Journal of Business and Psychology* 36 (2021): 299-313.

[21] See, for example, G. Geher, "Beware the 'All Trump Supporters Are Like That' Trap," *Psychology Today* [blog], November 12, 2016, https://www.psychologytoday.com/us/blog/darwins-subterranean-world/201611/beware-the-all-trump-supporters-are-trap

[22] A. G. Greenwald and T. F. Pettigrew, "With Malice Toward None and Charity for Some: Ingroup Favoritism Enables Discrimination," *American Psychologist* 69, no. 7 (2014): 669-84.

[23] A. Chang, P. Bordia, and J. Duck, "Punctuated Equilibrium and Linear Progression: Toward a New Understanding of Group Development," *Academy of Management Journal* 46, no. 1 (2003): 106-17.

[24] M. M. Kazmer, "Disengaging From a Distributed

Research Project: Refining a Model of Group Departures," *Journal of the American Society for Information Science and Technology* 61, no. 4 (2010): 758-71.

[25] B. B. Morgan, E. Salas, and A. S. Glickman, "An Analysis of Team Evolution and Maturation," *The Journal of General Psychology* 120, no. 3 (1993): 277-91; and B. Tuckman, "Some Stages of Development in Groups," *Psychological Bulletin* 63, no. 1 (1965): 384-99.

[26] See, for example, K. Brooks, "What Is The Independent Group and Who Are Its Members?," *BirminghamLive,* February 25, 2019, https://www.birminghammail.co.uk/news/midlands-news/what-independent-group-who-members-15867357; and *The Independent Group* [website], accessed February 25, 2019, https://www.theindependent.group/

[27] T. L. Dumas and T. L. Stanko, "Married with Children: How Family Role Identification Shapes Leadership Behaviors at Work," *Personnel Psychology* 70, no. 3 (2017): 597-633.

[28] J. Capitano, M. S. DiRenzo, K. J. Aten, and J. H. Greenhaus, "Role Identity Salience and Boundary Permeability Preferences: An Examination of Enactment and Protection Effects," *Journal of Vocational Behavior* 102 (2017): 99-111.

[29] Y. Liu, T. Vriend, and O. Janssen, "To Be (Creative), or Not to Be (Creative)? A Sensemaking Perspective to Creative Role Expectations," *Journal of Business and Psychology* 36 (2021): 139-53.

[30] T. A. Paterson and L. Huang, "Am I Expected to Be Ethical? A Role-Definition Perspective of Ethical Leadership and Unethical Behavior," *Journal of Management* 45, no. 7 (2019): 2837-60.

[31] X. Parent-Rocheleau, K. Bentein, G. Simard, and M. Tremblay, "Leader-Follower (Dis)similarity in Optimism: Its Effect on Followers' Role Conflict, Vigor, and Performance," *Journal of Business and Psychology* 36 (2021): 211-24.

[32] See, for a review, J. A.-M. Coyle-Shapiro, S. Pereira Costa, W. Doden, and C. Chang, "Psychological Contracts: Past, Present, and Future," *Annual Review of Organizational Psychology and Organizational Behavior* 6 (2019): 145-69.

[33] D. M. Rousseau, S. D. Hansen, and M. Tomprou, "A Dynamic Phase Model of Psychological Contract Processes," *Journal of Organizational Behavior* 39 (2018): 1081-98.

[34] N. Wellman, D. M. Mayer, M. Ong, and D. S. DeRue, "When Are Do-Gooders Treated Badly? Legitimate Power, Role Expectations, and Reactions to Moral Objection in Organizations," *Journal of Applied Psychology* 101, no. 6 (2016): 793-814.

[35] P. M. Bal, A. H. De Lange, P. G. W. Jansen, and M. E. G. Van Der Velde, "Psychological Contract Breach and Job Attitudes: A Meta-Analysis of Age as a Moderator," *Journal of Vocational Behavior* 72 (2008): 143-58; H. Zhao, S. J. Wayne, B. C. Glibkowski, and J. Bravo, "The Impact of Psychological Contract Breach on Work-Related Outcomes: A Meta-Analysis," *Personnel Psychology* 60 (2007): 647-80.

[36] K. Kiazad, M. L. Kraimer, and S. E. Seibert, "More Than Grateful: How Employee Embeddedness Explains the Link Between Psychological Contract Fulfilment and Employee Extra-Role Behavior," *Human Relations* 72, no. 8 (2019): 1315-40.

[37] P. M. Bal, J. Hofmans, and T. Polat, "Breaking Psychological Contracts with the Burden of Workload: A Weekly Study of Job Resources as Moderators," *Applied Psychology: An International Review* 66, no. 1 (2017): 143-67; P. Bordia, S. L. D. Restubog, S. Bordia, and R. L. Tang, "Effects of Resource Availability on Social Exchange Relationships: The Case of Employee Psychological Contract Explanations," *Journal of Management* 43, no. 5 (2017): 1447-71.

[38] P. R. J. M. Garcia, R. K. Amarnani, P. Bordia, and S. L. D. Restubog, "When Support Is Unwanted: The Role of Psychological Contract and Perceived Organizational Support in Predicting Bridge Employment Intentions," *Journal of Vocational Behavior* 125 (2021): Article 103525.

[39] J. E. L. Bercovitz and B. B. Tyler, "Who I Am and How I Contract: The Effect of Contractors' Roles on the Evolution of Contract Structure in University-Industry Research Agreements," *Organization Science* 25, no. 6 (2014): 1840-59.

[40] S. Pereira Costa and P. Neves, "Forgiving Is Good for Health and Performance: How Forgiveness Helps Individuals Cope with the Psychological Contract Breach," *Journal of Vocational Behavior* 100 (2017): 124-36.

[41] K. E. Henderson, E. T. Welsh, and A. M. O'Leary-Kelly, "'Oops, I Did It' or 'It Wasn't Me:' An Examination of Psychological Contract Breach Repair Tactics," *Journal of Business and Psychology* 35 (2020): 347-62.

[42] K. S. Wilson and H. M. Baumann, "Capturing a More Complete View of Employees' Lives Outside of Work: The Introduction and Development of New Interrole Conflict Constructs," *Personnel Psychology* 68, no. 2 (2015): 235-82.

[43] Ibid.

[44] Ibid.

[45] B. D. Webster and B. D. Edwards, "Does Holding a Second Job Viewed as a Calling Impact One's Work at the Primary Job?" *Journal of Vocational Behavior* 114 (2019): 112-25.

[46] See, for instance, D. S. Carlson, M. J. Thompson, and K. M. Kacmar, "Double Crossed: The Spillover and Crossover Effects of Work Demands on Work Outcomes Through the Family," *Journal of Applied Psychology* 104, no. 2 (2019): 214-28.

[47] C. Collins, "The Real Mommy War Is Against the State," *The New York Times,* February 9, 2019, https://www.nytimes.com/2019/02/09/opinion/sunday/the-real-mommy-war-is-against-the-state.html

[48] L. Miller, "Nurses Not Immune to Stress From Disaster," *DailyNurse* [blog], February 16, 2019, https://dailynurse.com/nurses-not-immune-to-stress-from-disaster/

[49] See, for example, F. T. Amstad, L. L. Meier, U. Fasel, A. Elfering, and N. K. Semmer, "A Meta-Analysis of Work-Family Conflict and Various Outcomes with a Special Emphasis on Cross-Domain Versus Matching-Domain Relations," *Journal of Occupational Health Psychology* 16, no. 2 (2011): 151-69.

[50] D. Vora and T. Kostova, "A Model of Dual Organizational Identification in the Context of the Multinational Enterprise," *Journal of Organizational Behavior* 28 (2007): 327-50.

[51] C. Reade, "Dual Identification in Multinational Corporations: Local Managers and Their Psychological Attachment to the Subsidiary Versus the Global Organization," *International Journal of Human Resource Management* 12, no. 3 (2001): 405-24.

[52] F. Montani, I. Setti, V. Sommovigo, F. Courcy, and G. Giorgi, "Who Responds Creatively to Role Conflict? Evidence for a Curvilinear Relationship Mediated by Cognitive Adjustment at Work and Moderated by Mindfulness," *Journal of Business and Psychology* 35 (2020): 621-41.

[53] P. A. Bamberger, D. Geller, and E. Doveh, "Assisting Upon Entry: Helping Type and Approach as Moderators of How Role Conflict Affects Newcomer Resource Drain," *Journal of Applied Psychology* 102, no. 12 (2017): 1719-32.

[54] J. Gonzalez, "Shoes Optional: San Francisco Startup Breaks Norms with Shoe-Less Office Space," *NBC: Bay Area,* May 28, 2018, https://www.nbcbayarea.com/news/local/Shoes-Optional-San-Francisco-Startup-Breaks-Office-Norms-483883711.html

[55] Based on M. Cikara and J. J. Van Bavel, "The Neuroscience of Intergroup Relations: An Integrative Review," *Perspectives on Psychological Science* 9, no. 3 (2014): 245-74; M. Feinberg, R. Willer, and M. Schultz, "Gossip and Ostracism Promote Cooperation in Groups," *Psychological Science* 25, no. 3 (2014): 656-64; and I. H. Smith, K. Aquino, S. Koleva, and J. Graham, "The Moral Ties That Bind... Even to Out-Groups: The Interactive Effect of Moral Identity and the Binding Moral Foundations," *Psychological Science* (2014): 1554-62.

[56] See, for example, M. S. Hagger, P. Rentzelas, and N. K. D. Chatzisrantis, "Effects of Individualist and Collectivist Group Norms and Choice on Intrinsic Motivation," *Motivation and Emotion* 38, no. 2 (2014): 215-23.

[57] Y. Huang, K. M. Kendrick, and R. Yu, "Conformity to the Opinions of Other People Lasts for No More Than 3 Days," *Psychological Science* 25, no. 7 (2014): 1388-93.

[58] A. Luksyte, D. R. Avery, and G. Yeo, "It Is Worse When You Do It: Examining the Interactive Effects of Coworker Presenteeism and Demographic Similarity," *Journal of Applied Psychology* 100, no. 4 (2015): 1107-23.

[59] E. Delvaux, N. Vanbeselaere, and B. Mesquita, "Dynamic Interplay Between Norms and Experiences of Anger and Gratitude in Groups," *Small Group Research* 46, no. 3 (2015): 300-23.

[60] M. T. Dasborough, S. T. Hannah, and W. Zhu, "The Generation and Function of Moral Emotions in Teams: An Integrative Review," *Journal of Applied Psychology* 105, no. 5 (2020): 433-52.

[61] N. Pontus Leander, M. Agostini, W. Stroebe, J. Kreienkamp, R. Spears, T. Kuppens, M. Van Zomeren, S. Otten, and A. W. Kruglanski, "Frustration-Affirmation? Thwarted Goals Motivate Compliance with Social Norms for Violence and Nonviolence," *Journal of Personality and Social Psychology* 119, no. 2 (2020): 249-71.

[62] R. B. Cialdini and N. J. Goldstein, "Social Influence: Compliance and Conformity," *Annual Review of Psychology* 55 (2004): 591-621.

[63] S. E. Asch, "Effects of Group Pressure on the Modification and Distortion of Judgments," in H. Guetzkow (ed.), *Groups, Leadership and Men* (Pittsburgh: Carnegie Press, 1951): 177-90.

[64] Ibid.

[65] R. A. Griggs, "The Disappearance of Independence in Textbook Coverage of Asch's Social Pressure Experiments," *Teaching of Psychology* 42, no. 2 (2015): 137-42.

[66] E. C. Nook, D. C. Ong, S. A. Morelli, J. P. Mitchell, and J. Zaki, "Prosocial Conformity: Prosocial Norms Generalize Across Behavior and Empathy," *Personality and Social Psychology Bulletin* 42, no. 8 (2016): 1045-62.

[67] See, for a review, S. Legros and B. Cislaghi, "Mapping the Social-Norms Literature: An Overview of Reviews," Perspectives on Psychological Science 15, no. 1 (2020): 62-80.

[68] See, for a review, J. S. Hassard, "Rethinking the Hawthorne Studies: The Western Electric Research in Its Social, Political, and Historical Context," *Human Relations* 65, no. 11 (2012): 1431-61.

[69] P. Roos, M. Gelfand, D. Nau, and J. Lun, "Societal

Threat and Cultural Variation in the Strength of Social Norms: An Evolutionary Basis," *Organizational Behavior and Human Decision Processes* 129 (2015): 14-23.

[70] See, for example, M. K. Chin, D. C. Hambrick, and L .K. Treviño, "Political Ideologies of CEOs: The Influence of Executives' Values on Corporate Social Responsibility," *Administrative Science Quarterly* 58, no. 2 (2013): 197-232.

[71] T. Masson and I. Fritsche, "Adherence to Climate Change-Related Ingroup Norms: Do Dimensions of Group Identification Matter?" *European Journal of Social Psychology* 44, no. 5 (2014): 455-65.

[72] A. Mandeville, J. Halbesleben, and M. Whitman, "Misalignment and Misperception of Preferences to Utilize Family-Friendly Benefits: Implications for Benefit Utilization and Work-Family Conflict," *Personnel Psychology* 69, no. 4 (2016): 895-929.

[73] M. M. Duguid and M. C. Thomas-Hunt, "Condoning Stereotyping? How Awareness of Stereotyping Prevalence Impacts Expression of Stereotypes," *Journal of Applied Psychology* 100, no. 2 (2015): 343-59.

[74] A. J. Duff, M. Podolsky, M. Biron, and C. C. A. Chan, "The Interactive Effect of Team and Manager Absence on Employee Absence: A Multilevel Field Study," *Journal of Occupational and Organizational Psychology* 88, no. 1 (2015): 61-79.

[75] J. J. Kish-Gephart, D. A. Harrison, and L. K. Treviño, "Bad Apples, Bad Cases, and Bad Barrels: Meta-Analytic Evidence About Sources of Unethical Decisions at Work," *Journal of Applied Psychology* 95, no. 1 (2010): 1-31.

[76] N. A. Bowling and T. A. Beehr, "Workplace Harassment From the Victim's Perspective: A Theoretical Model and Meta-Analysis," *Journal of Applied Psychology* 91, no. 5 (2006): 998-1012; and D. D. van Jaarsveld, S. L. D. Restubog, D. D. Walker, and R. K. Amarnani, "Misbehaving Customers: Understanding and Managing Customer Injustice in Service Organizations," *Organizational Dynamics* 44 (2015): 273-80.

[77] See C. Pearson, L. M. Andersson, and C. L. Porath, "Workplace Incivility," in S. Fox and P. E. Spector (eds.), *Counterproductive Work Behavior: Investigations of Actors and Targets* (Washington, DC: American Psychological Association, 2005): 177-200.

[78] M. S. Christian and A. P. J. Ellis, "Examining the Effects of Sleep Deprivation on Workplace Deviance: A Self-Regulatory Perspective," *Academy of Management Journal* 54, no. 5 (2011): 913-34.

[79] T. M. Glomb and H. Liao, "Interpersonal Aggression in Workgroups: Social Influence, Reciprocal, and Individual Effects," *Academy of Management Journal* 46 (2003): 486-96.

[80] P. Bamberger and M. Biron, "Group Norms and Excessive Absenteeism: The Role of Peer Referent Others," *Organizational Behavior and Human Decision Processes* 103, no. 2 (2007): 179-96.

[81] M. S. Cole, F. Walter, and H. Bruch, "Affective Mechanisms Linking Dysfunctional Behavior to Performance in Work Teams: A Moderated Mediation Study," *Journal of Applied Psychology* 93, no. 5 (2008): 945-58.

[82] See, for example, M. Yoshie and D. A. Sauter, "Cultural Norms Influence Nonverbal Emotion Communication: Japanese Vocalizations of Socially Disengaging Emotions," *Emotion* 20, no. 3 (2020): 513-17.

[83] Hagger et al., "Effects of Individualist and Collectivist Group Norms and Choice on Intrinsic Motivation."

[84] S. Aslani, J. Ramirez-Marin, J. Brett, J. Yao, Z. Semnani-Azad, Z.-X. Zhang, C. Tinsley, L. Weingart, and W. Adair "Dignity, Face, and Honor Cultures: A Study of Negotiation Strategy and Outcomes in Three Cultures," *Journal of Organizational Behavior* 37, no. 8 (2016): 1178-201.

[85] E. Stamkou, G. A. van Kleef, A. C. Homan, M. J. Gelfand, F. J. R. van de Vijver, M. C. van Egmond, D. Boer, N. Phiri, N. Ayub, Z. Kinias, K. Cantarero, D. Efrat Treister, A. Figueiredo, H. Hashimoto, E. B. Hofmann, R. P. Lima, and I.-C. Lee, "Cultural Collectivism and Tightness Moderate Responses to Norm Violators: Effects on Social Perception, Moral Emotions, and Leader Support," *Personality and Social Psychology Bulletin* 45, no. 6 (2019): 947-64.

[86] C. Bendersky and J. Pai, "Status Dynamics," *Annual Review of Organizational Psychology and Organizational Behavior* 5 (2018): 83-99.

[87] J. Dippong and W. Kalkhoff, "Predicting Performance Expectations From Affective Impressions: Linking Affect Control Theory and Status Characteristics Theory," *Social Science Research* 50 (2015): 1-14; and B. Anderson, J. Berger, B. Cohen, and M. Zelditch, "Status Classes in Organizations," *Administrative Science Quarterly* 11 no. 2 (1966): 264-83.

[88] A. E. Randel, L. Chay-Hoon, and P. C. Earley, "It's Not Just about Differences: An Integration of Role Identity Theory and Status Characteristics Theory," in M. C. T. Hunt (ed.), Research on Managing Groups and Teams (Bingley, UK: Emerald Insight, 2005): 23-42.

[89] R. R. Callister and J. A. Wall Jr., "Conflict Across Organizational Boundaries: Managed Care Organizations Versus Health Care Providers," *Journal of Applied Psychology* 86, no. 4 (2001): 754-63.

[90] P. F. Hewlin, "Wearing the Cloak: Antecedents and Consequences of Creating Facades of Conformity," *Journal of Applied Psychology* 94, no. 3 (2009): 727-41.

[91] B. Groysberg, J. T. Polzer, and H. A. Elfenbein, "Too Many Cooks Spoil the Broth: How High-Status Individuals Decrease Group Effectiveness," *Organization Science* 22, no. 3 (2011): 722-37.

[92] J. A. Kennedy and C. Anderson, "Hierarchical Rank and Principled Dissent: How Holding Higher Rank Suppresses Objection to Unethical Practices," *Organizational Behavior and Human Decision Processes* 139 (2017): 30-49.

[93] D. B. Shank, Y. Kashima, K. Peters, Y. Li, G. Robins, and M. Kirley, "Norm Talk and Human Cooperation: Can We Talk Ourselves into Cooperation," *Journal of Personality and Social Psychology* 117, no. 1 (2019): 99-123.

[94] See, for instance, F. J. McClean, S. R. Martin, K. J. Emich, and T. Woodruff, "The Social Consequences of Voice: An Examination of Voice Type and Gender on Status and Subsequent Leader Emergence," *Academy of Management Journal* 61, no. 5 (2018): 1869-91.

[95] J. Wook Chang, R. M. Chow, and A. W. Woolley, "Effects of Inter-Group Status on the Pursuit of Intra-Group Status," *Organizational Behavior and Human Decision Processes* 139 (2017): 1-17.

[96] C. Bendersky and N. P. Shah, "The Cost of Status Enhancement: Performance Effects of Individuals' Status Mobility in Task Groups," *Organization Science* 23, no. 2 (2012): 308-22; Z. C. Brown, E. M. Anicich, and A. D. Galinsky, "Compensatory Conspicuous Communication: Low Status Increases Jargon Use," *Organizational Behavior and Human Decision Processes* 161 (2020): 274-90; K. Ouyang, E. Xu, X. Huang, W. Liu, and Y. Tang, "Reaching the Limits of Reciprocity in Favor Exchange: The Effects of Generous, Stingy, and Matched Favor Giving on Social Status," *Journal of Applied Psychology* 103, no. 6 (2018): 614-30.

[97] R. D. Arnett and J. Sidanius, "Sacrificing Status for Social Harmony: Concealing Relatively High Status Identities From One's Peers," *Organizational Behavior and Human Decision Processes* 147 (2018): 108-26.

[98] O. Janssen and L. Gao, "Supervisory Responsiveness and Employee Self-Perceived Status and Voice Behavior," *Journal of Management* 41, no. 7 (2015): 1854-72.

[99] B. Groysberg, J. T. Polzer, and H. A. Elfenbein, "Too Many Cooks Spoil the Broth: How High-Status Individuals Decrease Group Effectiveness," *Organization Science* 22, no. 3 (2011): 722-37.

[100] R. Pekrun, K. Murayama, H. W. Marsh, T. Goetz, and A. C. Frenzel, "Happy Fish in Little Ponds: Testing a Reference Group Model of Achievement and Emotion," *Journal of Personality and Social Psychology* 117, no. 1 (2019): 166-85.

[101] A. M. Christie and J. Barling, "Beyond Status: Relating Status Inequality to Performance and Health in Teams," *Journal of Applied Psychology* 95, no. 5 (2010): 920-34; and L. H. Nishii and D. M. Mayer, "Do Inclusive Leaders Help to Reduce Turnover in Diverse Groups? The Moderating Role of Leader-Member Exchange in the Diversity to Turnover Relationship," *Journal of Applied Psychology* 94, no. 6 (2009): 1412-26.

[102] W. R. Boswell, M. Baskerville Watkins, M. del Carmen Triana, A. Zardkoohi, R. Ren, and E. E. Umphress, "Second-Class Citizen? Contract Workers' Perceived Status, Dual Commitment and Intent to Quit," *Journal of Vocational Behavior* 80 (2012): 454-63.

[103] E. M. Anicich, N. J. Fast, N. Halevy, and A. D. Galinsky, "When the Bases of Social Hierarchy Collide: Power Without Status Drives Interpersonal Conflict," *Organization Science* 27, no. 1 (2016): 123-40; and N. A. Hays and C. Bendersky, "Not All Inequality Is Created Equal: Effects of Status Versus Power Hierarchies on Competition for Upward Mobility," *Journal of Personality and Social Psychology* 108, no. 6 (2015): 867-82.

[104] V. Venkataramani, S. G. Green, and D. J. Schleicher, "Well-Connected Leaders: The Impact of Leaders' Social Network Ties on LMX and Members' Work Attitudes," *Journal of Applied Psychology* 95, no. 6 (2010): 1071-84.

[105] S. Yu and G. J. Kilduff, "Knowing Where Others Stand: Accuracy and Performance Effects of Individuals' Perceived Status Hierarchies," *Journal of Personality and Social Psychology* 119, no. 1 (2019): 159-84.

[106] H. van Dijk and M. L. van Engen, "A Status Perspective on the Consequences of Work Group Diversity," *Journal of Occupational and Organizational Psychology* (June 2013): 223-41.

[107] M. Antino, R. Rico, and S. Thatcher, "Structuring Reality Through the Faultlines Lens: The Effects of Structure, Fairness, and Status Conflict on the Activated Faultlines-Performance Relationship," *Academy of Management Journal* 62, no. 5 (2019): 1444-70.

[108] Y. Jeong and J. I. Siegel, "Threat of Falling High Status and Corporate Bribery: Evidence From the Revealed Accounting Records of Two South Korean Presidents," *Strategic Management Journal* 39 (2018): 1083-111.

[109] A. Benson, A. Christie, and C. Jordan, "Narcissistic Reactions to Subordinate Role Assignment: The Case of the Narcissistic Follower," *Personality and Social Psychology Bulletin* 42, no. 7 (2016): 985-99; A. Benson, J. Jeschke, C. H. Jordan, M. W. Bruner, and S. Arnocky, "Will They Stay or Will They Go? Narcissistic Admiration and Rivalry Predict Ingroup Affiliation and Devaluation," *Journal of Personality* 87 (2018): 871-88; E. N. Carlson and N. M. Lawless

DesJardins, "Do Mean Guys Always Finish First or Just Say That They Do? Narcissists' Awareness of Their Social Status and Popularity over Time," *Personality and Social Psychology Bulletin* 41, no. 7 (2015): 901-17; A. Z. Czarna, A. D. Clifton, and M. Dufner, "The Effects of Vulnerable and Grandiose Narcissism on Liking-Based and Disliking-Based Centrality in Social Networks," *Journal of Research in Personality* 50 (2014): 42-45; M. F. R. Kets de Vries, "How to Manage a Narcissist," *Harvard Business Review*, May 10, 2017, https://hbr.org/2017/05/how-to-manage-a-narcissist; I. Mielke, S. Humberg, M. Leckelt, K. Geukes, and M. D. Back, "Do Narcissists Self-Enhance? Disentangling the Associations Between Narcissism and Positive Versus Enhanced Self-Views Across Aspects of Narcissism, Content Domains, and Comparison Criteria," *Social Psychology and Personality Science* (2020): 1-13.

[110] A. Shipilov, F. C. Godart, and J. Clement, "Which Boundaries? How Mobility Networks Across Countries and Status Groups Affect the Creative Performance of Organizations," *Strategic Management Journal* 38 (2017): 1232-52.

[111] T. J. Bouchard, J. Barsaloux, and G. Drauden, "Brainstorming Procedure, Group Size, and Sex as Determinants of the Problem-Solving Effectiveness of Groups and Individuals," *Journal of Applied Psychology* 59, no. 2 (1974): 135-38.

[112] R. B. Gallupe, A. R. Dennis, W. H. Cooper, J. S. Valacich, L. M. Bastianutti, and J. Nunamaker, "Electronic Brainstorming and Group Size," *Academy of Management Journal* 35, no. 2 (2012): 350-69.

[113] J. S. Valacich, B. C. Wheeler, B. E. Mennecke, and R. Wachter, "The Effects of Numerical and Logical Group Size on Computer-Mediated Idea Generation," *Organizational Behavior and Human Decision Processes* 62, no. 3 (1995): 318-29.

[114] R. M. Bray, N. L. Kerr, and R. S. Atkin, "Effects of Group Size, Problem Difficulty, and Sex on Group Performance and Member Reactions," *Journal of Personality and Social Psychology* 36, no. 11 (1978): 1224-40.

[115] S. Soo Kim and C. Vandenberghe, "The Moderating Roles of Perceived Task Interdependence and Team Size in Transformational Leadership's Relation to Team Identification: A Dimensional Analysis," *Journal of Business and Psychology* 33 (2018): 509-27.

[116] S. T. La Macchia, W. R. Louis, M. J. Hornsey, and G. J. Leonardelli, "In Small We Trust: Lay Theories About Small and Large Groups," *Personality and Social Psychology Bulletin* 42, no. 10 (2016): 1321-34.

[117] M. M. Butts, D. C. Lunt, T. L. Freling, and A. S. Gabriel, "Helping One or Helping Many? A Theoretical Integration and Meta-Analytic Review of the Compassion Fade Literature," *Organizational Behavior and Human Decision Processes* 151 (2019): 16-33.

[118] See, for example, R. C. Liden, S. J. Wayne, R. A. Jaworski, and N. Bennett, "Social Loafing: A Field Investigation," *Journal of Management* 30, no. 2 (2004): 285-304.

[119] A. W. Delton, L. Cosmides, M. Guemo, T. E. Robertson, and J. Tooby, "The Psychosemantics of Free Riding: Dissecting the Architecture of a Moral Concept," *Journal of Personality and Social Psychology* 102, no. 6 (2012): 1252-70.

[120] S. J. Karau and K. D. Williams, "Social Loafing: A Meta-Analytic Review and Theoretical Integration," *Journal of Personality and Social Psychology* 65 no. 4 (1993): 681-706.

[121] C. Rubino, D. R. Avery, S. D. Volpone, et al., "Does Teaming Obscure Low Performance? Exploring the Temporal Effects of Team Performance Diversity," *Human Performance* 27, no. 5 (2014): 416-34.

[122] D. L. Smrt and S. J. Karau, "Protestant Work Ethic Moderates Social Loafing," *Group Dynamics:Theory, Research,and Practice* 15, no. 3 (2011): 267-74.

[123] M. C. Schippers, "Social Loafing Tendencies and Team Performance: The Compensating Effect of Agreeableness and Conscientiousness," *Academy of Management Learning & Education* 13, no. 1 (2014): 62-81.

[124] S. J. Perry, N. M. Lorinkova, E. M. Hunter, A. Hubbard, and J. T. McMahon, "When Does Virtuality Really 'Work'? Examining the Role of Work-Family and Virtuality in Social Loafing," *Journal of Management* 42, no. 2 (2016): 449-79.

[125] E. M. Stark, J. D. Shaw, and M. K. Duffy, "Preference for Group Work, Winning Orientation, and Social Loafing Behavior in Groups," *Group & Organization Management* 32, no. 6 (2007): 699-723.

[126] E. Salas, R. Grossman, A. M. Hughes, and C. W. Coultas, "Measuring Team Cohesion: Observations From the Science," *Human Factors* 57, no. 3 (2015): 365-74.

[127] M. M. Maloney, P. Pradhan Shah, M. Zellmer-Bruhn, and S. L. Jones, "The Lasting Benefits of Teams: Tie Vitality After Teams Disband," *Organization Science* 30, no. 2 (2019): 260-79.

[128] D. J. Beal, R. R. Cohen, M. J. Burke, and C. L. McLendon, "Cohesion and Performance in Groups: A Meta-Analytic Clarification of Construct Relations," *Journal of Applied Psychology* 88, no. 6 (2003): 989-1004; and J. E. Mathieu, M. R. Kukenberger, L. D'Innocenzo, and G. Reilly, "Modeling Reciprocal Team Cohesion-Performance Relationships, as Impacted by Shared Leadership and Members' Competence," *Journal of Applied Psychology* 100, no. 3 (2015): 713-34.

[129] D. Liu, X.-P. Chen, and E. Holley, "Help Yourself by Helping Others: The Joint Impact of Group Member Organizational Citizenship Behaviors and Group Cohesiveness on Group Member Objective Task Performance Change," *Personnel Psychology* 70 (2017): 809-42.

[130] S. M. Gully, D. J. Devine, and D. J. Whitney, "A Meta-Analysis of Cohesion and Performance: Effects of Level of Analysis and Task Interdependence," *Small Group Research* 43, no. 6 (2012): 705-25.

[131] Stark et al., "Preference for Group Work, Winning Orientation, and Social Loafing Behavior in Groups."

[132] M. J. Keith, G. Anderson, J. E. Gaskin, and D. L. Dean, "Team Video Gaming for Team-Building: Effects on Team Performance," *AIS Transactions on Human-Computer Interaction* 10, no. 4 (2018): 205-31.

[133] L. L. Greer, "Group Cohesion: Then and Now," *Small Group Research* 43, no. 6 (2012): 655-61.

[134] H. Breitsohl and N. Ehrig, "Commitment Through Employee Volunteering: Accounting for the Motives of Inter-Organisational Volunteers," *Applied Psychology: An International Review* 66, no. 2 (2017): 260-89; P. Caligiuri, A. Mencin, and K. Jiang, "Win-Win-Win: The Influence of Company-Sponsored Volunteerism Programs on Employees, NGOs, and Business Units," *Personnel Psychology* 66 (2013): 825-60; Forbes Coaches Council, "14 Ways for Business Leaders to Build Team Cohesion," *Forbes*, December 28, 2018, https://www.forbes.com/sites/forbescoachescouncil/2018/12/28/14-ways-for-business-leaders-to-build-team-cohesion/?sh=2f0d04aa57f4; J. B. Rodell and J. W. Lynch, "Perceptions of Employee Volunteering: Is It 'Credited' or 'Stigmatized by Colleagues?" *Academy of Management Journal* 59, no. 2 (2016): 611-35; L. Hustinx, "Weakening Organizational Ties? A Classification of Styles of Volunteering in the Flemish Red Cross," *Social Service Review* 79, no. 4 (2005): 624-52; J. Welty Peachy, A. Cohen, J. Borland, and A. Lyras, "Building Social Capital: Examining the Impact of Street Soccer USA on Its Volunteers," *International Review for the Sociology of Sport* 48, no. 1 (2011): 20-37; Whirlpool, "Celebrating our 20th Anniversary with Habitat for Humanity," accessed March 22, 2021, https://whirlpoolcorp.com/habitat20/; Whirlpool, "Social Responsibility in North America," accessed March 22, 2021, https://www.whirlpoolcorp.com/social-responsibility-in-north-america/; Whirlpool, "Whirlpool Corporation and Indiana University Celebrate 10 Years of Building Habitat for Humanity Homes with Monroe County, Indiana Families," October 8, 2019, https://www.whirlpoolcorp.com/whirlpool-corporation-and-indiana-university-celebrate-10-years-of-building-habitat-for-humanity-homes/

[135] See, for instance, C. Man Zhang and H. R. Greve, "Dominant Coalitions Directing Acquisitions: Different Decision Makers, Different Decisions," *Academy of Management Journal* 62, no. 1 (2019): 44-65.

[136] See, for instance, N. Breugst, R. Preller, H. Patzelt, and D. A. Shepherd, "Information Reliability and Team Reflection as Contingencies of the Relationship Between Information Elaboration and Team Decision Quality," *Journal of Organizational Behavior* 39 (2018): 1314-29.

[137] G. Park and R. P. DeShon, "Effects of Group-Discussion Integrative Complexity on Intergroup Relations in a Social Dilemma," *Organizational Behavior and Human Decision Processes* 146 (2018): 62-75.

[138] M.-H. Tsai and C. Bendersky, "The Pursuit of Information Sharing: Expressing Task Conflicts as Debates vs. Disagreements Increases perceived Receptivity to Dissenting Opinions in Groups," *Organization Science* 27, no. 1 (2016): 141-56.

[139] B. B. Baltes, M. W. Dickson, M. P. Sherman, C. C. Bauer, and J. LaGanke, "Computer-Mediated Communication and Group Decision Making: A Meta-Analysis," *Organizational Behavior and Human Decision Processes* 87, no. 1 (2002): 156-79.

[140] L. Thompson and D. Hrebec, "Lose-Lose Agreements in Interdependent Decision Making," *Psychological Bulletin* 120, no. 3 (1996): 396-409.

[141] Breugst et al., "Information Reliability and Team Reflection as Contingencies of the Relationship Between Information Elaboration and Team Decision Quality."

[142] R. I. Swaab, K. W. Phillips, and M. Schaerer, "Secret Conversation Opportunities Facilitate Minority Influence in Virtual Groups: The Influence on Majority Power, Information Processing, and Decision Quality," *Organizational Behavior and Human Decision Processes* 133 (2016): 17-32.

[143] B. Oc, M. R. Bashshur, and C. Moore, "Head Above the Parapet: How Minority Subordinates Influence Group Outcomes and the Consequences They Face for Doing So," *Journal of Applied Psychology* 104, no. 7 (2019): 929-45.

[144] P. Satterstrom, J. T. Polzer, L. B. Kwan, O. P. Hauser, W. Wiruchnipawan, and M. Burke, "Thin Slices of Workgroups," *Organizational Behavior and Human Decision Processes* 151 (2019): 104-17.

[145] B. L. Bonner, S. D. Sillito, and M. R. Baumann, "Collective Estimation: Accuracy, Expertise, and Extroversion as Sources of Intra-Group Influence," *Organizational Behavior and Human Decision Processes* 103 (2007): 121-33.

[146] J. E. Kammer, W. Gaissmaier, T. Reimer, and C. C. Schermuly, "The Adaptive Use of Recognition in Group Decision Making," *Cognitive Science* 38, no. 5 (2014): 911-42.

[147] G. Stasser and S. Abele, "Collective Choice,

Collaboration, and Communication," *Annual Review of Psychology* 71 (2020): 589-612.

[148] J. R. Mesmer-Magnus and L. A. DeChurch, "Information Sharing and Team Performance: A Meta-Analysis," *Journal of Applied Psychology* 94, no. 2 (2009): 535-46.

[149] C. M. Fisher, "An Ounce of Prevention or a Pound of Cure? Two Experiments on In-Process Interventions in Decision-Making Groups," *Organizational Behavior and Human Decision Processes* 138 (2017): 59-73.

[150] I. L. Janis, "Groupthink," *Psychology Today* 5, no. 6 (1971): 43-46.

[151] R. Henderson, "Facts About Minority Opinion vs. Majority Rule," *Psychology Today*, July 30, 2018, https://www.psychologytoday.com/us/blog/after-service/201807/facts-about-minority-opinion-vs-majority-rule

[152] G. Park and R. P. DeShon, "A Multilevel Model of Minority Opinion Expression and Team Decision-Making Effectiveness," *Journal of Applied Psychology* 95, no. 5 (2010): 824-33.

[153] J. A. Goncalo, E. Polman, and C. Maslach, "Can Confidence Come Too Soon? Collective Efficacy, Conflict, and Group Performance over Time," *Organizational Behavior and Human Decision Processes* 113, no. 1 (2010): 13-24.

[154] See for instance, N. Richardson Ahlfinger and J. K. Esser, "Testing the Groupthink Model: Effects of Promotional Leadership and Conformity Predisposition," *Social Behavior & Personality* 29, no. 1 (2001): 31-41; and S. Schultz-Hardt, F. C. Brodbeck, A. Mojzisch, R. Kerschreiter, and D. Frey, "Group Decision Making in Hidden Profile Situations: Dissent as a Facilitator for Decision Quality," *Journal of Personality and Social Psychology* 91, no. 6 (2006): 1080-93.

[155] E. Burnstein, E. L. Miller, A. Vinokur, S. Katz, and I. Crowley, "Risky Shift Is Eminently Rational," *Journal of Personality and Social Psychology* 20, no. 1 (1971): 462-71.

[156] See I. Yaniv, "Group Diversity and Decision Quality: Amplification and Attenuation of the Framing Effect," *International Journal of Forecasting* 27, no. 1 (2011): 41-49.

[157] M. P. Brady and S. Y. Wu, "The Aggregation of Preferences in Groups: Identity, Responsibility, and Polarization," *Journal of Economic Psychology* 31, no. 6 (2010): 950-63.

[158] J. Sieber and R. Ziegler, "Group Polarization Revisited: A Processing Effort Account," *Personality and Social Psychology Bulletin* 45, no. 10 (2019): 1482-98.

[159] Stasser and Abele, "Collective Choice, Collaboration, and Communication."

[160] See, for instance, R. C. Litchfield, "Brainstorming Reconsidered: A Goal-Based View," *Academy of Management Review* 33, no. 3 (2008): 649-68.

[161] N. L. Kerr and R. S. Tindale, "Group Performance and Decision-Making," *Annual Review of Psychology* 55 (2004): 623-55.

[162] C. Faure, "Beyond Brainstorming: Effects of Different Group Procedures on Selection of Ideas and Satisfaction with the Process," *Journal of Creative Behavior* 38 (2004): 13-34.

[163] P. Bregman, "The High Cost of Conformity and How to Avoid It," *Harvard Business Review*, October 21, 2015, https://hbr.org/2015/10/the-high-cost-of-conformity-and-how-to-avoid-it; S. Gallani, "Incentives Don't Help People Change, but Peer Pressure Does," *Harvard Business Review*, March 23, 2017, https://hbr.org/2017/03/incentives-dont-help-people-change-but-peer-pressure-does; A. Grant, *Originals: How Non-Conformists Move the World* (New York, NY: Penguin Books, 2016); P. F. Hewlin, S. S. Kim, and Y. H. Song, "Creating Facades of Conformity in the Face of Job Insecurity: A Study of Consequences and Conditions," *Journal of Occupational and Organizational Psychology* 89, no. 3 (2016): 539-67; Z. Jilani, "How Conformity Can Be Good or Bad for Society," *Greater Good*, May 30, 2019, https://greatergood.berkeley.edu/article/item/how_conformity_can_be_good_and_bad_for_society; E. Matchar, "Innovators May Be Non-Conformists, but They Are Not Risk-Takers," *Smithsonian Magazine*, February 26, 2016, https://www.smithsonianmag.com/innovation/innovators-non-conformists-but-not-risk-takers-180958218/; E. Miron-Spektor, "Why Conformists Are Key to Successful Innovation," *Harvard Business Review*, October 2, 2013, https://hbr.org/2013/10/why-conformists-are-a-key-to-successful-innovation

[164] Based on M. Wedell-Wedellsborg, "The Psychology Behind Unethical Behavior," *Harvard Business Review*, April 12, 2019, https://hbr.org/2019/04/the-psychology-behind-unethical-behavior

[165] J. Backmann, R. Kanitz, A. W. Tian, P. Hoffmann, and M. Hoegl, "Cultural Gap Bridging in Multinational Teams," *Journal of International Business Studies* 51, no. 8 (2020): 1283-311; S. Beugelsdijk and C. Welzel, "Dimensions and Dynamics of National Culture: Synthesizing Hofstede with Inglehart," *Journal of Cross-Cultural Psychology* 49, no. 10 (2018): 1469-505; D. Bhatnagar and D. Tjosvold, "Leader Values for Constructive Controversy and Team Effectiveness in India," *The International Journal of Human Resource Management* 23, no. 1 (2012): 109-25; C. P. Earley and E. Mosakowski, "Creating Hybrid Team Cultures: An Empirical Test of Transnational Team Functioning," *Academy of Management Journal* 43, no. 1 (2000): 26-49; G. Hofstede, "Culture's Consequences: Comparing Values, Behaviors, Institutions and Organizations across Nations" (Thousand Oaks, CA: Sage Publication, 2001); J. Jetten, T. Postmes, and B. J. McAuliffe, "'We're All Individuals': Group Norms of Individualism and Collectivism, Levels of Identification and Identity Threat," *European Journal of Social Psychology* 32, no. 2 (2002): 189-207; P. T. Koch, B. Koch, T. Menon, and O. Shenkar, "Cultural Friction in Leadership Beliefs and Foreign-Invested Enterprise Survival," *Journal of International Business Studies* 47, no. 4 (2016): 453-70; P. T. Koch, B. Koch, T. Menon, and O. Shenkar, "In Cross-National Teams, Cultural Differences Can Be an Advantage," *LSE Business Review* (2016); G. K. Stahl and M. L. Maznevski, "Unraveling the Effects of Cultural Diversity in Teams: A Retrospective of Research on Multicultural Work Groups and an Agenda for Future Research," *Journal of International Business Studies* 52, no. 1 (2021): 4-22; D. Tjosvold, K. S. Law, and H. F. Sun, "Collectivistic and Individualistic Values: Their Effects on Group Dynamics and Productivity in China," *Group Decision and Negotiation* 12, no. 3 (2003): 243-63.

제10장

[1] Based on T. Fedschun, "Thai Cave Boys Were Actually Handcuffed, Heavily Sedated During Dramatic Rescue, New Book Claims," *Fox News*, January 15, 2019, https://www.foxnews.com/world/thai-cave-boys-were-actually-handcuffed-heavily-sedated-during-dramatic-rescue-new-book-suggests; H. H. Seck, "Expecting Casualties: How Airmen Created the Incredible Thai Cave Rescue Plan," *Military.com*, September 25, 2018, https://www.military.com/daily-news/2018/09/25/expecting-casualties-how-airmen-created-incredible-thai-cave-rescue-plan.html; B. Kirkman, A. C. Stoverink, S. Mistry, and B. Rosen, "The 4 Things Resilient Teams Do," *Harvard Business Review*, July 19, 2019, https://hbr.org/2019/07/the-4-things-resilient-teams-do; "The Full Story of Thailand's Extraordinary Cave Rescue," *BBC*, July 14, 2018, https://www.bbc.com/news/world-asia-44791998

[2] SoaPen [website], accessed March 8, 2019, https://soapen.com/

[3] R. Nania, "Women-Owned Design Team Builds a Business by Solving a Problem," *WTOP: Health & Fitness News*, March 8, 2019, https://wtop.com/health-fitness/2019/03/women-owned-design-team-builds-a-business-by-solving-a-problem/

[4] J. C. Gorman, "Team Coordination and Dynamics: Two Central Issues," *Current Directions in Psychological Science* 23, no. 5 (2014): 355-60.

[5] C. R. Chartier and S. Abele, "Groups Outperform Individuals in Tacit Coordination by Using Consensual and Disjunctive Salience," *Organizational Behavior and Human Decision Processes* 141 (2017): 74-81.

[6] J. E. Mathieu, J. R. Hollenbeck, D. van Knippenberg, and D. R. Ilgen, "A Century of Work Teams in the Journal of Applied Psychology," *Journal of Applied Psychology* 102, no. 3 (2017): 452-67.

[7] D. Chan, "Team-Level Constructs," *Annual Review of Organizational Psychology and Organizational Behavior* 6 (2019): 325-48.

[8] See, for instance, A. C. Edmondson, *Teaming: How Organizations Learn, Innovate, and Compete in the Knowledge Economy* (San Francisco, CA: Wiley, 2012).

[9] Mathieu et al., "A Century of Work Teams in the Journal of Applied Psychology."

[10] StackCommerce, "The Direct-to-Consumer Watch Brand Offering Exceptionally Crafted Watches at an Accessible Price," *Entrepreneur*, February 28, 2019, https://www.entrepreneur.com/article/329233

[11] M. Larkin, "Kill the Veterinary Practice to Save It," *Journal of the American Veterinary Medical Association News*, March 1, 2019, https://www.avma.org/News/JAVMANews/Pages/190301h.aspx

[12] N. C. Magpili and P. Pazos, "Self-Managing Team Performance: A Systematic Review of Multilevel Input Factors," *Small Group Research* 49, no. 1 (2018): 3-33.

[13] A. Nederveen Pieterse, J. R. Hollenbeck, D. van Knippenberg, M. Spitzmüller, N. Dimotakis, E. P. Karam, and D. J. Sleesman, "Hierarchical Leadership Versus Self-Management in Teams: Goal Orientation Diversity as Moderator of Their Relative Effectiveness," *The Leadership Quarterly* 30, no. 6 (2019) Article 101343.

[14] Larkin, "Kill the Veterinary Practice to Save It."

[15] G. L. Stewart, S. H. Courtright, and M. R. Barrick, "Peer-Based Control in Self-Managing Teams: Linking Rational and Normative Influence with Individual and Group Performance," *Journal of Applied Psychology* 97, no. 2 (2012): 435-47.

[16] C. W. Langfred, "The Downside of Self-Management: A Longitudinal Study of the Effects of Conflict on Trust, Autonomy, and Task Interdependence in Self-Managing Teams," *Academy of Management Journal* 50, no. 4 (2007): 885-900.

[17] B. H. Bradley, B. E. Postlethwaite, A. C. Klotz, M. R. Hamdani, and K. G. Brown, "Reaping the Benefits of Task Conflict in Teams: The Critical Role of Team Psychological Safety Climate," *Journal of Applied Psycholog* 97, no. 1 (2012): 151-58.

[18] J. Devaro, "The Effects of Self-Managed and Closely Managed Teams on Labor Productivity and Product Quality: An Empirical Analysis of a Cross-Section of Establishments," *Industrial Relations* 47, no. 4 (2008): 659-98.

[19] K. Lanaj and J. R. Hollenbeck, "Leadership Over-Emergence in Self-Managing Teams: The Role of Gender and Countervailing Biases," *Academy of Management Journal* 58, no. 5 (2015): 1476-94.

[20] R. Davis, "IT and Security Need to Start Playing Nice—Here's How," *Forbes*, March 6, 2019, https://www.forbes.com/sites/extrahop/2019/03/06/it-and-security-need-to-start-playing-niceheres-how/#29f679c92af4

[21] F. Aime, S. Humphrey, D. S. DeRue, and J. B. Paul, "The Riddle of Heterarchy: Power Transitions in Cross-Functional Teams," *Academy of Management Journal* 57, no. 2 (2014): 327-52.

[22] T. Young-Hyman, "Cooperating Without Co-Laboring: How Formal Organizational Power Moderates Cross-Functional Interaction in Project Teams," *Administrative Science Quarterly* 62, no. 1 (2017): 179-214.

[23] B. Tabrizi, "75% of Cross-Functional Teams Are Dysfunctional," *Harvard Business Review*, June 23, 2015, https://hbr.org/2015/06/75-of-cross-

functional-teams-are-dysfunctional

[24] Ibid.

[25] Ibid.

[26] J. H. Dulebohn and J. E. Hoch, "Virtual Teams in Organizations," *Human Resource Management Review* 27 (2017): 569-74.

[27] A. Kramer and K. Z. Kramer, "The Potential Impact of the COVID-19 Pandemic on Occupational Status, Work From Home, and Occupational Mobility," *Journal of Vocational Behavior* 119 (2020): Article 103442.

[28] B. Freyer and T. A. Stewart, "Cisco Sees the Future," *Harvard Business Review* (November 2008): 73-79.

[29] J. Eisenberg and N. DiTomaso, "Structural Decisions About Configuration, Assignments, and Geographical Distribution in Teams: Influences on Team Communications and Trust," *Human Resource Management Review* 31, no. 2 (2021): Article 100739.

[30] J. R. Mesmer-Magnus, L. A. DeChurch, M. Jimenez-Rodriguez, J. Wildman, and M. Shuffler, "A Meta-Analytic Investigation of Virtuality and Information Sharing in Teams," *Organizational Behavior and Human Decision Processes* 115 (2011): 214-25.

[31] C. Breuer, J. Hüffmeier, and G. Hertel, "Does Trust Matter More in Virtual Teams? A Meta-Analysis of Trust and Team Effectiveness Considering Virtuality and Documentation as Moderators," *Journal of Applied Psychology* 101, no. 8 (2016): 1151-77.

[32] A. Malhotra, A. Majchrzak, and B. Rosen, "Leading Virtual Teams," *Academy of Management Perspectives* 21, no. 1 (2007): 60-70.

[33] J. Schulze and S. Krumm, "The 'Virtual Team Player': A Review and Initial Model of Knowledge, Skills, Abilities, and Other Characteristics for Virtual Collaboration," *Organizational Psychology Review* 7, no. 1 (2017): 66-95.

[34] S. J. Zaccaro, S. Dubrow, E. M. Torres, and L. N. P. Campbell, "Multiteam Systems: An Integrated Review and Comparison of Different Forms," *Annual Review of Organizational Psychology and Organizational Behavior* 7 (2020): 479-503.

[35] E. Karter, "Mars Mission Gets Help From Predictive Model, Helps NASA Anticipate Conflicts," *ECN Magazine*, February 21, 2019, https://www.ecnmag.com/news/2019/02/mars-mission-gets-help-predictive-model-helps-nasa-anticipate-conflicts

[36] R. B. Davison, J. R. Hollenbeck, C. M. Barnes, D. J. Sleesman, and D. R. Ilgen, "Coordinated Action in Multiteam Systems," *Journal of Applied Psychology* 97, no. 4 (2012): 808-24.

[37] See, for example, J. Wijnmaalen, H. Voordijk, S. Rietjens, and G. Dewulf, "Intergroup Behavior in Military Multiteam Systems," *Human Relations* 72, no. 6 (2019): 1081-104.

[38] B. M. Firth, J. R. Hollenbeck, J. E. Miles, D. R. Ilgen, and C. M. Barnes, "Same Page, Different Books: Extending Representational Gaps Theory to Enhance Performance in Multiteam Systems," *Academy of Management Journal* 58, no. 3 (2015): 813-35.

[39] M. Cuijpers, S. Uitdewilligen, and H. Guenter, "Effects of Dual Identification and Interteam Conflict on Multiteam System Performance," *Journal of Occupational and Organizational Psychology* 89 (2016): 141-71; J. N. Mell, L. A. DeChurch, R. T. A. J. Leenders, and N. Contractor, "Identity Asymmetries: An Experimental Investigation of Social Identity and Information Exchange in Multiteam Systems," *Academy of Management Journal* 63, no. 5 (2020): 1561-90.

[40] J. P. Porck, F. K. Matta, J. R. Hollenbeck, J. K. Oh, K. Lanaj, and S. M. Lee, "Social Identification in Multiteam Systems: The Role of Depletion and Task Complexity," *Academy of Management Journal* 62, no. 4 (2019): 1137-62.

[41] S. Krumm, J. Kanthak, K. Hartmann, and G. Hertel, "What Does It Take to Be a Virtual Team Player? The Knowledge, Skills, Abilities, and Other Characteristics Required in Virtual Teams," *Human Performance* 29, no. 2 (2016): 123-42.

[42] D. R. Carter, K. L. Cullen-Lester, J. M. Jones, A. Gerbasi, D. Chrobot-Mason, and E. Young Nae, "Functional Leadership in Interteam Contexts: Understanding 'What' in the Context of Why? Where? When? and Who?" *The Leadership Quarterly* 31, no. 1 (2020): Article 101378.

[43] M. M. Luciano, J. E. Mathieu, and T. M. Ruddy, "Leading Multiple Teams: Average and Relative External Leadership Influences on Team Empowerment and Effectiveness," *Journal of Applied Psychology* 99, no. 2 (2014): 322-31.

[44] Based on P. Tilstone, "Cut Carbon... and Bills," *Director*, May 2009, 54; L. C. Latimer, "6 Strategies for Sustainable Business Travel," *Greenbiz*, February 11, 2011, http://www.greenbiz.com; F. Gebhart, "Travel Takes a Big Bite out of Corporate Expenses," *Travel Market Report*, May 30, 2013, accessed June 9, 2013, from http://www.travelmarketreport.com; S. Sutton, "How Telecommuting Reduced Carbon Footprints at Dell, Aetna, and Xerox," *Entrepreneur*, April 22, 2015, https://www.entrepreneur.com/article/245296; and T. Starner, "How Allowing Remote Work Can Cut a Company's Carbon Footprint," *HR Dive*, April 22, 2016, https://www.hrdive.com/news/how-allowing-remote-work-can-cut-a-companys-carbon-footprint/417896/

[45] S. D. Choudhury, "Noam Wasserman: Not All Founders Are Created Equal," *livemint*, May 11, 2014, https://www.livemint.com/Leisure/L8OtTmD3eQIkl9ueMWZ35K/Noam-Wasserman-Not-all-founders-are-equal.html; and N. Wasserman, *The Founders Dilemmas: Anticipating and Avoiding the Pitfalls That Can Sink a Startup* (Princeton, NJ: Princeton UP, 2012).

[46] Ibid.

[47] J. E. Mathieu, M. A. Wolfson, and S. Park, "The Evolution of Work Team Research Since Hawthorne," *American Psychologist* 73, no. 4 (2018): 308-21.

[48] G. L. Stewart and M. R. Barrick, "Team Structure and Performance: Assessing the Mediating Role of Intrateam Process and the Moderating Role of Task Type," *Academy of Management Journal* 43, no. 2 (2000): 135-48.

[49] D. E. Hyatt and T. M. Ruddy, "An Examination of the Relationship Between Work Group Characteristics and Performance: Once More into the Breech," *Personnel Psychology* 50, no. 3 (1997): 553-85.

[50] See, for instance, M. R. Kukenberger and L. D'Innocenzo, "The Building Blocks of Shared Leadership: The Interactive Effects of Diversity Types, Team Climate, and Time," *Personnel Psychology* 73 (2020): 125-50.

[51] G. L. Stewart, "A Meta-Analytic Review of Relationships Between Team Design Features and Team Performance," *Journal of Management* 32, no. 1 (2006): 29-55.

[52] G. C. Banks, J. H. Batchelor, A. Seers, E. H. O'Boyle, J. M. Pollack, and K. Gower, "What Does Team-Member Exchange Bring to the Party? A Meta-Analytic Review of Team and Leader Social Exchange," *Journal of Organizational Behavior* 35 (2014): 273-95.

[53] A. Yu, F. K. Matta, and B. Cornfield, "Is Leader-Member Exchange Differentiation Beneficial or Detrimental for Group Effectiveness? A Meta-Analytic Investigation and Theoretical Integration," *Academy of Management Journal* 61, no. 3 (2018): 1158-88.

[54] Y-Q. Zhu, D. G. Gardner, and H.-G. Chen, "Relationships Between Work Team Climate, Individual Motivation, and Creativity," *Journal of Management* 44, no. 5 (2018): 2094-115.

[55] M. Kivimäki, G. Kuk, M. Elovainio, L. Thomson, T. Kalliomäki-Levanto, and A. Heikkilä, "The Team Climate Inventory (TCI)—Four or Five Factors? Testing the Structure of TCI in Samples of Low and High Complexity Jobs," *Journal of Occupational and Organizational Psychology* 70 (1997): 375-89.

[56] V. González-Romá, L. Fortes-Ferreira, and J. M. Peiró, "Team Climate, Climate Strength and Team Performance. A Longitudinal Study," *Journal of Occupational and Organizational Psychology* 82 (2009): 511-36; A. Pirola-Merlo, "Agile Innovation: The Role of Team Climate in Rapid Research and Development," *Journal of Occupational and Organizational Psychology* 83 (2010): 1075-84.

[57] A. Li and R. Cropanzano, "Fairness at the Group Level: Justice Climate and Intraunit Justice Climate," *Journal of Management* 35, no. 3 (2009): 564-99.

[58] A. J. Nyberg, M. A. Maltarich, D. D. Abdulsalam, S. M. Essman, and O. Cragun, "Collective Pay for Performance: A Cross-Disciplinary Review and Meta-Analysis," *Journal of Management* 44, no. 6 (2018): 2433-72.

[59] T. Van Thielen, A. Decramer, A. Vanderstraeten, and M. Audenaert, "When Does Performance Management Foster Team Effectiveness? A Mixed-Method Field Study on the Influence of Environmental Extremity," *Journal of Organizational Behavior* 39, no. 6 (2018): 766-82.

[60] E. V. Hall, D. R. Avery, P. F. McKay, J. F. Blot, and M. Edwards, "Composition and Compensation: The Moderating Effect of Individual and Team Performance on the Relationship Between Black team Member Representation and Salary," *Journal of Applied Psychology* 104, no. 3 (2019): 448-63.

[61] K. E. Weick, "The Collapse of Sensemaking in Organizations: The Mann Gulch Disaster,"

Administrative Science Quarterly 38 (1993): 628-52.

[62] Ibid.

[63] See, for example, S. J. Golden, C.-H. D. Chang, and S. W. J. Kozlowski, "Teams in Isolated, Confined, and Extreme (ICE) Environments: Review and Integration," *Journal of Organizational Behavior* 39 (2018): 701-15.

[64] S. Waring, J.-L. Moran, and R. Page, "Decision-Making in Multiagency Multiteam Systems Operating in Extreme Environments," *Journal of Occupational and Organizational Psychology* 93, no. 3 (2020): 629-53.

[65] C. Shawn Burke, M. L. Shuffler, and C. W. Wiese, "Examining the Behavioral and Structural Characteristics of Team Leadership in Extreme Environments," *Journal of Organizational Behavior* 39 (2018): 716-30.

[66] M. A. Valentine and A. C. Edmondson, "Team Scaffolds: How Mesolevel Structures Enable Role-Based Coordination in Temporary Groups," *Organization Science* 26, no. 2 (2015): 405-22.

[67] A. A. Stachowski, S. A. Kaplan, and M. J. Waller, "The Benefits of Flexible Team Interaction During Crises," *Journal of Applied Psychology* 94, no. 6 (2009): 1536-43.

[68] See, for a discussion, S. Razinskas and M. Hoegl, "A Multilevel Review of Stressor Research in Teams," *Journal of Organizational Behavior* 41 (2020): 185-209.

[69] J. B. Schmutz, Z. Lei, W. J. Eppich, and T. Manser, "Reflection in the Heat of the Moment: The Role of in-Action Team Reflexivity in Health Care Emergency Teams," *Journal of Organizational Behavior* 39 (2018): 749-65; S. Uitdewilligen and M. J. Waller, "Information Sharing and Decision-Making in Multidisciplinary Crisis Management Teams," *Journal of Organizational Behavior* 39 (2018): 731-48.

[70] A. Bryant, "Taking Your Skills with You," *The New York Times,* May 31, 2015, 2.

[71] S. T. Bell, S. G. Brown, A. Colaneri, and N. Outland, "Team Composition and the ABCs of Teamwork," *American Psychologist* 73, no. 4 (2018): 349-62.

[72] Ibid.

[73] H. van Dijk, M. L. van Engen, and D. van Knippenberg, "Defying Conventional Wisdom: A Meta-Analytical Examination of the Differences Between Demographic and Job-Related Diversity Relationships with Performance," *Organizational Behavior and Human Decision Processes* 119 (2012): 38-53.

[74] E. Gonzalez-Mulé, B. S. Cockburn, B. W. McCormick, and P. Zhao, "Team Tenure and Team Performance: A Meta-Analysis and Process Model," *Personnel Psychology* 73 (2020): 151-98.

[75] S. T. Bell, "Deep-Level Composition Variables as Predictors of Team Performance: A Meta-Analysis," *Journal of Applied Psychology* 92, no. 3 (2007): 595-615.

[76] Ibid.

[77] Ibid.

[78] J. A. Colquitt, J. R. Hollenbeck, and D. R. Ilgen, "Computer-Assisted Communication and Team Decision-Making Performance: The Moderating Effect of Openness to Experience," *Journal of Applied Psychology* 87, no. 2 (2002): 402-10.

[79] B. H. Bradley, B. E. Postlewaite, and K. G. Brown, "Ready to Rumble: How Team Personality Composition and Task Conflict Interact to Improve Performance," *Journal of Applied Psychology* 98, no. 2 (2013): 385-92.

[80] E. Gonzalez-Mule, D. S. DeGeest, B. W. McCormick, J. Y. Seong, and K. G. Brown, "Can We Get Some Cooperation Around Here? The Mediating Role of Group Norms on the Relationship Between Team Personality and Individual Helping Behaviors," *Journal of Applied Psychology* 99, no. 5 (2014): 988-99.

[81] X. Xu, L. Jiang, and H.-J. Wang, "How to Build Your Team for Innovation? A Cross-Level Mediation Model of Team Personality, Team Climate for Innovation, Creativity, and Job Crafting," *Journal of Occupational and Organizational Psychology* 92 (2019): 848-72.

[82] See, for instance, D. Georgakakis, M. L. M. Heyden, J. D. R. Oehmichen, and U. I. K. Ekanayake, "Four Decades of CEO-TMT Interface Research: A Review Inspired by Role Theory," *The Leadership Quarterly* (in press).

[83] S. E. Humphrey, F. P. Morgeson, and M. J. Mannor, "Developing a Theory of the Strategic Core of Teams: A Role Composition Model of Team Performance," *Journal of Applied Psychology* 94, no. 1 (2009): 48-61.

[84] T. Driskell, J. E. Driskell, C. Shawn Burke, and E. Salas, "Team Roles: A Review and Integration," *Small Group Research* 48, no. 4 (2017): 482-511.

[85] H. Jung, B. Vissa, and M. Pich, "How Do Entrepreneurial Founding Teams Allocate Task Positions," *Academy of Management Journal* 60, no. 1 (2017): 264-94.

[86] A. Joshi, "The Influence of Organizational Demography on the External Networking Behavior of Teams," *Academy of Management Review* 31, no. 3 (2006): 583-95.

[87] D. van Knippenberg and J. N. Mell, "Past, Present, and Potential Future of Team Diversity Research: From Compositional Diversity to Emergent Diversity," *Organizational Behavior and Human Decision Processes* 136 (2016): 135-45.

[88] "Hershey's Latino Business Resource Group," *The Burg Magazine,* August 29, 2013, https://theburgnews.com/special-sections/hersheys-latino-business-resource-group; R. Cardona and E. Nava, "Partnering with the Latino Hispanic American Community Center to Help Children Achieve Their Brightest Future," *The Hershey Insighter* [blog], September 29, 2020, https://www.thehersheycompany.com/content/corporate_SSF/en_us/blog/partnering-with-the-latino-hispanic-american-community-center-to-help-children-achieve-their-brightest-future.html; "Hershey Secures Spot in Diversity Inc's Top 50 Companies List," *Confectionary Production,* June 17, 2020, https://www.confectioneryproduction.com/news/30032/hershey-secures-spot-in-diversityincs-top-50-companies-list/; J. Fukumoto-Pasko, "Reflecting on Women's History Month at Hershey," *The Hershey Insighter* [blog], March 26, 2021, https://www.thehersheycompany.com/content/corporate_SSF/en_us/blog/reflecting-on-womens-history-month-at-hershey.html; The Hershey Company, "Fostering Diversity and Inclusion Because It Has Always Been the Right Thing to Do," *The Hershey Company* [website], accessed March 29, 2021, https://www.thehersheycompany.com/en_us/our-story/remarkable-people/diversity-and-inclusion.html; D. Meinert, "Is It Time to Talk About Race and Religion at Work?" *HR Magazine,* November 28, 2017, https://www.shrm.org/hr-today/news/hr-magazine/1217/Pages/is-it-time-to-talk-about-race-and-religion-at-work.aspx; A. Petross, "Proud to Be #21 on Diversity Inc's 2020 Top 50 Companies for Diversity," *The Hershey Insighter* [blog], June 4, 2020, https://www.thehersheycompany.com/content/corporate_SSF/en_us/blog/proud-to-be-21-on-diversityincs-2020-top-50-companies-for-diversity.html

[89] See, for instance, S. E. Gaither, E. P. Apfelbaum, H. J. Birnbaum, L. G. Babbitt, and S. R. Sommers, "Mere Membership in Racially Diverse Groups Reduces Conformity," *Social Psychological and Personality Science* 9, no. 4 (2018): 402-10.

[90] Y. F. Guillaume, D. van Knippenberg, and F. C. Brodebeck, "Nothing Succeeds Like Moderation: A Social Self-Regulation Perspective on Cultural Dissimilarity and Performance," *Academy of Management Journal* 57, no. 5 (2014): 1284-308.

[91] See, for instance, D. Coutu, "Why Teams Don't Work," *Harvard Business Review* (May 2009): 99-105.

[92] R. Karlgaard, "Think (Really!) Small," *Forbes,* April 13, 2015, 32.

[93] Ibid.

[94] J. S. Mueller, "Why Individuals in Larger Teams Perform Worse," *Organizational Behavior and Human Decision Processes* 117, no. 1 (2012): 111-24.

[95] B. R. Staats, K. L. Milkman, and C. R. Fox, "The Team Scaling Fallacy: Underestimating the Declining Efficiency of Larger Teams," *Organizational Behavior and Human Decision Processes* 118, no. 2 (2012): 132-42.

[96] See, for example, S. S. Kim and C. Vandenberghe, "The Moderating Roles of Perceived Task Interdependence and Team Size in Transformational Leadership's Relation to Team Identification: A Dimensional Analysis," *Journal of Business and Psychology* 33 (2018): 509-27.

[97] A. M. Carton and J. N. Cummings, "A Theory of Subgroups in Work Teams," *Academy of Management Review* 37, no. 3 (2012): 441-70.

[98] See, for instance, J. D. Shaw, M. K. Duffy, and E. M. Stark, "Interdependence and Preference for Group Work: Main and Congruence Effects on the Satisfaction and Performance of Group Members," *Journal of Management* 26, no. 2 (2000): 259-79.

[99] J. A. LePine, R. F. Piccolo, C. L. Jackson, J. E. Mathieu, and J. R. Saul, "A Meta-Analysis of Teamwork Processes: Tests of a Multidimensional Model and Relationships with Team Effectiveness Criteria," *Personnel Psychology* 61 (2008): 273-307.

[100] J. F. Dovidio, "Bridging Intragroup Processes and Intergroup Relations: Needing the Twain to Meet," *British Journal of Social Psychology* 52, no. 1 (2013): 1-24.

[101] Mathieu et al., "A Century of Work Teams in the Journal of Applied Psychology."

[102] J. E. Mathieu and T. L. Rapp, "Laying the Foundation for Successful Team Performance Trajectories: The Roles of Team Charters and Performance Strategies," *Journal of Applied Psychology* 94, no. 1 (2009): 90-103.

[103] J. E. Mathieu and W. Schulze, "The Influence of Team Knowledge and Formal Plans on Episodic Team Process-Performance Relationships," *Academy of Management Journal* 49, no. 3 (2006): 605-19.

[104] M. J. Pearsall and V. Venkataramani, "Overcoming Asymmetric Goals in Teams: The Interactive Roles of Team Learning Orientation and Team Identification," *Journal of Applied Psychology* 100, no. 3 (2015): 735-48.

[105] M. A. West, "Reflexivity and Work Group Effectiveness: A Conceptual Integration," in M. A. West (ed.), *The Handbook of Work Group Psychology* (Chichester, NY: Wiley, 1996): 555-79.

[106] J. Chen, P. A. Bamberger, Y. Song, and D. R. Vashdi, "The Effects of Team Reflexivity on Psychological Well-Being in Manufacturing Teams," *Journal of Applied Psychology* 103, no. 4 (2018): 443-62; S. Rauter, M. Weiss, and M. Hoegl, "Team Learning From Setbacks: A Study in the Context of Start-Up Teams," *Journal of Organizational Behavior* 39, no. 6 (2018): 783-95; Schmutz et al., "Reflection in the Heat of the Moment"; Y. Shin, M. Kim, and S.-H. Lee, "Reflection Toward Creativity: Team Reflexivity as a Linking Mechanism Between Team Goal Orientation and Team Creative Performance," *Journal of Business and Psychology* 32 (2017): 655-71.

[107] C. S. Burke, K. C. Stagl, E. Salas, L. Pierce, and D. Kendall, "Understanding Team Adaptation: A Conceptual Analysis and Model," *Journal of Applied Psychology* 91, no. 6 (2006): 1189-207.

[108] M. C. Schippers, A. C. Homan, and D. Van Knippenberg, "To Reflect or Not to Reflect: Prior Team Performance as a Boundary Condition of the Effects of Reflexivity on Learning and Final Team Performance," *Journal of Organizational Behavior* 34, no. 1 (2013): 6-23.

[109] A. N. Pieterse, D. van Knippenberg, and W. P. van Ginkel, "Diversity in Goal Orientation, Team Reflexivity, and Team Performance," *Organizational Behavior and Human Decision Processes* 114, no. 2 (2011): 153-64.

[110] S. Mohammed, L. Ferzandi, and K. Hamilton, "Metaphor No More: A 15-Year Review of the Team Mental Model Construct," *Journal of Management* 36, no. 4 (2010): 876-910.

[111] A. P. J. Ellis, "System Breakdown: The Role of Mental Models and Transactive Memory on the Relationships Between Acute Stress and Team Performance," *Academy of Management Journal* 49, no. 3 (2006): 576-89.

[112] L. A. DeChurch and J. R. Mesmer-Magnus, "The Cognitive Underpinnings of Effective Teamwork: A Meta-Analysis," *Journal of Applied Psychology* 95, no. 1 (2010): 32-53.

[113] Based on M. Reitz, "Why Your Team Should Practice Collective Mindfulness," *Harvard Business Review*, August 19, 2020, https://hbr.org/2020/08/why-your-team-should-practice-collective-mindfulness; S. Liu, H. Xin, L. Shen, J. He, and J. Liu, "The Influence of Individual and Team Mindfulness on Work Engagement," *Frontiers in Psychology* 10 (2020); L. Yu and M. Zellmer-Bruhn, "Introducing Team Mindfulness and Considering Its Safeguard Role Against Conflict Transformation and Social Undermining," *Academy of Management Journal* 61, no. 1 (2018): 324-47.

[114] S. Uitdewilligen, R. Rico, and M. J. Waller, "Fluid and Stable: Dynamics of Team Action Patterns and Adaptive Outcomes," *Journal of Organizational Behavior* 39 (2018): 1113-28.

[115] B. D. Edwards, E. A. Day, W. Arthur Jr., and S. T. Bell, "Relationships Among Team Ability Composition, Team Mental Models, and Team Performance," *Journal of Applied Psychology* 91, no. 3 (2006): 727-36.

[116] D. G. Bachrach, K. Lewis, Y. Kim, P. C. Patel, M. C. Campion, and S. M. B. Thatcher, "Transactive Memory Systems in Context: A Meta-Analytic Examination of Contextual Factors in Transactive Memory Systems Development and Team Performance," *Journal of Applied Psychology* 104, no. 3 (2019): 464-93.

[117] Ibid.

[118] Ibid.

[119] L. Argote, B. L. Aven, and J. Kush, "The Effects of Communication Networks and Turnover on Transactive Memory and Group Performance," *Organization Science* 29, no. 2 (2018): 191-206.

[120] Mohammed et al., "Metaphor No More."

[121] M. Kolbe, G. Grote, M. J. Waller, J. Wacker, B. Grande, and D. R. Spahn, "Monitoring and Talking to the Room: Autochthonous Coordination Patterns in Team Interaction and Performance," *Journal of Applied Psychology* 99, no. 6 (2014): 1254-67.

[122] See, for instance, T. A. O'Neill, M. J. W. McLarnon, G. C. Hoffart, H. J. R. Woodley, and N. J. Allen, "The Structure and Function of Team Conflict State Profiles," *Journal of Management* 44, no. 2 (2018): 811-36.

[123] A. C. Hood, K. S. Cruz, and D. G. Bachrach, "Conflicts with Friends: A Multiplex View of Friendship and Conflict and Its Association with Performance in Teams," *Journal of Business and Psychology* 32 (2017): 73-86.

[124] M. E. Brown, R. M. Vogel, and M. Akben, "Ethical Conflict: Conceptualization, Measurement, and an Examination of Consequences," *Journal of Applied Psychology* (in press).

[125] R. Sinha, N. S. Janardhanan, L. L. Greer, D. E. Conlon, and J. R. Edwards, "Skewed Task Conflicts in Teams: What Happens When a Few Members See More Conflict Than the Rest?" *Journal of Applied Psychology* 101, no. 7 (2016): 1045-55.

[126] T. A. O'Neill, N. J. Allen, and S. E. Hastings, "Examining the 'Pros' and 'Cons' of Team Conflict: A Team-Level Meta-Analysis of Task, Relationship, and Process Conflict," *Human Performance* 26, no. 3 (2013): 236-60.

[127] Bradley et al., "Ready to Rumble."

[128] J. Farh, C. Lee, and C. I. C. Farh, "Task Conflict and Team Creativity: A Question of How Much and When," *Journal of Applied Psychology* 95, no. 6 (2010): 1173-80.

[129] K. J. Behfar, R. S. Peterson, E. A. Mannix, and W. M. K. Trochim, "The Critical Role of Conflict Resolution in Teams: A Close Look at the Links Between Conflict Type, Conflict Management Strategies, and Team Outcomes," *Journal of Applied Psychology* 93, no. 1 (2008): 170-88.

[130] C. E. Thiel, J. Harvey, S. Courtright, and B. Bradley, "What Doesn't Kill You Makes You Stronger: How Teams Rebound From Early-Stage Relationship Conflict," *Journal of Management* 45, no. 4 (2019): 1623-59.

[131] V. Gonzalez-Roma and A. Hernandez, "Climate Uniformity: Its Influence on Team Communication Quality, Task Conflict, and Team Performance," *Journal of Applied Psychology* 99, no. 6 (2014): 1042-58.

[132] M. Chang, "On the Relationship Between Intragroup Conflict and Social Capital in Teams: A Longitudinal Investigation in Taiwan," *Journal of Organizational Behavior* 38, no. 1 (2017): 3-27.

[133] See, for example, N. Lehmann-Willenbrock and M. Ming Chiu, "Igniting and Resolving Content Disagreements During Team Interactions: A Statistical Discourse Analysis of Team Dynamics at Work," *Journal of Organizational Behavior* 39 (2018): 1142-62.

[134] T. Kuypers, H. Guenter, and H. van Emmerik, "Team Turnover and Task Conflict: A Longitudinal Study on the Moderating Effects of Collective Experience," *Journal of Management* 44, no. 4 (2018): 1287-311.

[135] K. H. Price, D. A. Harrison, and J. H. Gavin, "Withholding Inputs in Team Contexts: Member Composition, Interaction Processes, Evaluation Structure, and Social Loafing," *Journal of Applied Psychology* 91, no. 6 (2006): 1375-84.

[136] A. Kleingeld, H. van Mierlo, and L. Arends, "The Effect of Goal Setting on Group Performance: A Meta-Analysis," *Journal of Applied Psychology* 96, no. 6 (2011): 1289-304.

[137] R. P. DeShon, S. W. J. Kozlowski, A. M. Schmidt, K. R. Milner, and D. Wiechmann, "A Multiple-Goal, Multilevel Model of Feedback Effects on the Regulation of Individual and Team Performance," *Journal of Applied Psychology* 89, no. 6 (2004): 1035-56.

[138] Kleingeld et al., "The Effect of Goal Setting on Group Performance."

[139] N. L. Larson, M. J. W. McLarnnon, and T. A. O'Neill, "Challenging the 'Static' Quo: Trajectories of Engagement in Team Processes Toward a Deadline," *Journal of Applied Psychology* 105, no. 10 (2020): 1145-63.

[140] J. W. Beck, A. M. Schmidt, and M. W. Natali, "Efficient Proximal Resource Allocation Strategies Predict Distal Team Performance: Evidence From the National Hockey League," *Journal of Applied Psychology* 104, no. 11 (2019): 1387-403.

[141] R. R. Hirschfeld and J. B. Bernerth, "Mental Efficacy and Physical Efficacy at the Team Level: Inputs and Outcomes among Newly Formed Action Teams," *Journal of Applied Psychology* 93, no. 6 (2008): 1429-37.

[142] S. M. Gully, K. A. Incalcaterra, A. Joshi, and J. M. Beaubien, "A Meta-Analysis of Team Efficacy, Potency, and Performance: Interdependence and Level of Analysis as Moderators of Observed Relationships," *Journal of Applied Psychology* 87, no. 5 (2002): 819-32.

[143] J. Hüffmeier, M. Filusch, J. Mazei, G. Hertel, A. Mojzisch, and S. Krumm, "On the Boundary Conditions of Effort Losses and Effort Gains in Action Teams," *Journal of Applied Psychology* 102, no. 12 (2017): 1673-85.

[144] A. W. Richter, G. Hirst, D. van Knippenberg, and M. Baer, "Creative Self-Efficacy and Individual Creativity in Team Contexts: Cross-Level Interactions with Team Informational Resources," *Journal of Applied Psychology* 97, no. 6 (2012): 1282-90.

[145] H. Whee Lee, J. Pak, S. Kim, and L-Z. Li, "Effects of Human Resource Management Systems on Employee Proactivity and Group Innovation," *Journal of Management* 45, no. 2 (2019): 819-46.

[146] See, for instance, T. L. Rapp and J. E. Mathieu, "Team and Individual Influences on Members' Identification and Performance per Membership in Multiple Team Membership Arrangements," *Journal of Applied Psychology* 104, no. 3 (2019): 303-20.

[147] N. Ellemers, E. Sleebos, D. Stam, and D. de Gilder, "Feeling Included and Valued: How Perceived Respect Affects Positive Team Identity and Willingness to Invest in the Team," *British Journal of Management* 24, no. 1 (2013): 21-37.

[148] Ibid.

[149] D. L. Shapiro, S. A. Furst, G. M. Spreitzer, and M. A. Von Glinow, "Transnational Teams in the Electronic Age: Are Team Identity and High Performance at Risk?," *Journal of Organizational Behavior* 23 (2002): 455-67.

[150] Ibid.

[151] T. A. De Vries, F. Walter, G. S. Van Der Vegt, and P. J. M. D. Essens, "Antecedents of Individuals' Interteam Coordination: Broad Functional Experiences as a Mixed Blessing," *Academy of Management Journal* 57, no. 5 (2014): 1334-59.

[152] J. R. Mesmer-Magnus, R. Asencio, P. W. Seely, and L. A. DeChurch, "How Organizational Identity Affects Team Functioning: The Identity Instrumentality Hypothesis," *Journal of Management* 44, no. 4 (2018): 1530-50.

[153] See, for example, J. E. Mathieu, M. R. Kukenberger, L. D'Innocenzo, and G. Reilly, "Modeling Reciprocal Team Cohesion-Performance Relationships, as Impacted by Shared Leadership and Members' Competence," *Journal of Applied Psychology* 100, no. 3 (2015): 71-34.

[154] C. Brooks, R. Jensen, and S. Kozlowski, "Research Aids Future NASA Missions to Mars," *MSU Today*, March 4, 2019, https://msutoday.msu.edu/news/2019/research-aids-future-nasa-missions-to-mars/

[155] S. H. Courtright, G. R. Thurgood, G. L. Stewart, and A. J. Pierotti, "Structural interdependence in teams: An integrative framework and meta-analysis," *Journal of Applied Psychology* 100, no. 6 (2015): 1825-46; Mathieu et al., "Modeling Reciprocal Team Cohesion-Performance Relationships, as Impacted by Shared Leadership and Members' Competence"; and J. R. Mesmer-Magnus and L. A. DeChurch, "Information Sharing and Team Performance," *Journal of Applied Psychology* 94, no. 2 (2009): 535-46.

[156] E. Sherberg, "In Her Own Words: Lindsay Kaplan, Co-Founder of Chief, a Private Network for Powerful Women, Sees Herself as a Stay-at-Home Mom. It's Hard Work," *Bizwomen* (April 21, 2020), https://www.bizjournals.com/bizwomen/news/latest-news/2020/04/in-her-own-words-lindsay-kaplan-co-founder-of.html?page=all

[157] A. Cristina Costa, C. Ashley Fulmer, and N. R. Anderson, "Trust in Work Teams: An Integrative Review, Multilevel Model, and Future Research Directions," *Journal of Organizational Behavior* 39 (2018): 169-84.

[158] R. Grossman and J. Feitosa, "Team Trust over Time: Modeling Reciprocal and Contextual Influences in Action Teams," *Human Resource Management Review* 28 (2018): 395-410.

[159] Breuer et al., "Does Trust Matter More in Virtual Teams?"; J. Feitosa, R. Grossman, W. S. Kramer, and E. Salas, "Measuring Team Trust: A Critical and Meta-Analytical Review," *Journal of Organizational Behavior* 41, no. 5 (2020): 479-501.

[160] M. J. Burtscher, B. Meyer, K. Jonas, S. Feese, and G. Tröster, "A Time to Trust? The Buffering Effect of Trust and Its Temporal Variations in the Context of High-Reliability Teams," *Journal of Organizational Behavior* 39 (2018): 1099-112.

[161] Cristina Costa et al., "Trust in Work Teams."

[162] K. N. Klasmeier and J. Rowold, "A Multilevel Investigation of Predictors and Outcomes of Shared Leadership," *Journal of Organizational Behavior* 41 (2020): 915-30.

[163] P. Daisyme, "Are You Hiring a 'Team' Player—or Someone Just Looking Out for No. 1," *Entrepreneur*, September 12, 2018, https://www.entrepreneur.com/article/319847

[164] "13 Separate Search & Rescue Missions Executed in Lane County During Snow Storm," *NBC 16*, March 5, 2019, https://nbc16.com/news/local/13-separate-search-rescue-missions-executed-in-lane-county-during-snow-storm

[165] M. Kesner, "Key Components of a Bonus Plan for Your Dental Team," *Dental Economics*, June 1, 2017, https://www.dentaleconomics.com/articles/print/volume-107/issue-6/practice/key-components-of-a-bonus-plan-for-your-dental-team.html

[166] See, for example, K. A. French, J. L. Kottke, and R. J. Kirchner, "Evaluating the Psychometric Properties of the Teamwork KSA Test," *International Journal of Selection and Assessment* 23, no. 4 (2015): 307-15.

[167] F. P. Morgeson, S. E. Humphrey, and M. C. Reeder, "Team Selection," in N. Schmitt (ed.), *The Oxford Handbook of Personnel Assessment and Selection* (Oxford, UK: Oxford University Press, 2018): 1-30.

[168] Ibid.

[169] T. P. Munyon, J. K. Summers, and G. R. Ferris, "Team Staffing Modes in Organizations: Strategic Consideration on Individual and Cluster Hiring Approaches," *Human Resource Management Review* 21 (2011): 228-42.

[170] S. Krumm, J. Kanthak, K. Hartmann, and G. Hertel, "What Does It Take to Be a Virtual Team Player? The Knowledge, Skills, Abilities, and Other Characteristics Required in Virtual Teams," *Human Performance* 29, no. 2 (2016): 123-42.

[171] A. M. Hughes et al., "Saving Lives: A Meta-Analysis of Team Training in Health Care," *Journal of Applied Psychology* 101, no. 9 (2016): 1266-304; and E. Salas et al., "Does Team Training Improve Team Performance? A Meta-Analysis," *Human Factors* 50 (2008): 903-33.

[172] Ibid.

[173] C. Morgan, "#ChoosetoChallenge: ARI Chief People Officer Siobhán Griffin on International Women's Day and Doing Things Differently," *The Moodie Davitt Report*, March 7, 2021, https://www.moodiedavittreport.com/choosetochallenge-ari-chief-people-officer-siobhan-griffin-on-international-womens-day-and-doing-things-differently/

[174] C. H. Chuang, S. Chen, and C. W. Chuang, "Human Resource Management Practices and Organizational Social Capital: The Role of Industrial Characteristics," *Journal of Business Research* 66, no. 5 (2013): 678-87.

[175] A. Prossack, "4 Ways to Motivate Remote Teams," *Forbes*, April 29, 2020, https://www.forbes.com/sites/ashiraprossack1/2020/04/29/4-ways-to-motivate-remote-teams/?sh=5df2e6d673eb

[176] J. Zitomer, "4 Sales Managers Share Creative Ways to Motivate Your Sales Team," *Built In ATX* [blog], February 20, 2020, https://www.builtinaustin.com/2020/02/20/sales-managers-motivate-their-teams

[177] J. Rampton, "7 Tips for Managing Workplace Disruption and Maximizing Remote Workers," *Entrepreneur*, May 19, 2020, https://www.entrepreneur.com/article/350703

[178] M. D. Johnson, J. R. Hollenbeck, S. E. Humphrey, D. R. Ilgen, D. Jundt, and C. J. Meyer, "Cutthroat Cooperation: Asymmetrical Adaptation to Changes in Team Reward Structures," *Academy of Management Journal* 49, no. 1 (2006): 103-19.

[179] Y. Garbers and U. Konradt, "The Effect of Financial Incentives on Performance: A Quantitative Review of Individual and Team-Based Financial Incentives," *Journal of Occupational and Organizational Psychology* 87 (2014): 102-37.

[180] K. Holcomb, "Ben Affleck and Oscar Isaac Talk Teamwork and New Movie 'Triple Frontier,'" *K5 News*, March 4, 2019, https://www.king5.com/article/news/ben-affleck-and-oscar-isaac-talk-teamwork-and-new-movie-triple-frontier/281-5fcb72a0-f6ad-420c-b410-49db6cc68fea

[181] C. E. Naquin and R. O. Tynan, "The Team Halo Effect: Why Teams Are Not Blamed for Their Failures," *Journal of Applied Psychology* 88, no. 2 (2003): 332-40

[182] E. R. Crawford and J. A. Lepine, "A Configural Theory of Team Processes: Accounting for the Structure of Taskwork and Teamwork," *Academy of Management Review* 38, no. 1 (2013): 32-48.

[183] S. Choo, "Is Your Team-Building Exercise a Waste of Time and Money?," *LinkedIn*, June 20, 2017, https://www.linkedin.com/pulse/team-building-exercise-waste-time-money-dr-stephen-choo-gaicd/; R. Cross, R. Rebele, and A. Grant, "Collaborative Overload," *Harvard Business Review*, January 1, 2016, https://hbr.org/2016/01/collaborative-overload; D. DiazGranados, E. Salas, H. Le, and S. Burke, "Does Team Building Work?," *Small Group Research* 40, no. 2 (2009): 181-222; C. Lacerenza, S. L. Marlow, S. I. Tannenbaum, and E. Salas, "Team Development Interventions: Evidence-Based Approaches for Improving Teamwork," *American Psychologist* 73, no. 4 (2018): 517-31; D. McEwan, G. R. Ruissen, M. A. Eys, B. D. Zumbo, and M. R. Beauchamp, "The Effectiveness of Teamwork Training on Teamwork Behaviors and Team Performance: A Systematic Review and Meta-Analysis of Controlled Interventions," *PLOS One* 12, no. 1 (2017): 1-23; E. Salas, N. J. Cooke, and M. A. Rosen, "On Teams, Teamwork, and Team Performance: Discoveries and Development," *Human Factors* 50, no. 3 (2008): 540-47; E. Salas, D. Rozell, B. Mullen, and J. E. Driskell, "The Effect of Team Building on Performance," *Small Group Research* 30, no. 3 (1999): 309-29; C. Valdes-Dapena, "Stop Wasting Money on Team-Building," *Harvard Business Review* September 11, 2018, https://hbr.org/2018/09/stop-wasting-money-on-team-building

[184] Anna Tims, "Gig Economy Ruling Has Deliveroo Riders Without Rights and Buying Their Own Kit," *The Guardian*, November 21, 2017, https://www.theguardian.com/business/2017/nov/19/gig-economy-ruling-deliveroo-riders-equipment-basic-employment-rights; Tim Wallace, "Deliveroo Offers Workers Pay per Trip in Bid to Defuse Self Employment Row," *The Telegraph*, June 1, 2017, http://www.telegraph.co.uk/business/2017/05/31/deliveroo-offers-workers-pay-per-trip-bid-defuse-self-employment/; "M&S in £10m Team Building Dance Exercise," *The Telegraph*, December 20, 2017, http://www.telegraph.co.uk/news/1499954/MandS-in-10m-team-building-dance-exercise.html; The Business of Tech, "Deliveroo," May 8, 2016, https://thebusinessoftech.wordpress.com/2016/05/08/deliveroo/; RideSharingDriver, "Driving for UberEats: What It's Like Delivering Food for Uber," March 29, 2016, https://www.ridesharingdriver.com/driving-for-ubereats-what-its-like-delivering-food-for-uber/; MoneyPenny, "Moneypenny HQ Named Best Corporate Workplace at BCO Awards," April 11, 2017, https://www.moneypenny.com/uk/news/moneypenny-hq-named-best-corporate-workplace/

[185] G. Burnison, "7 Years Ago, Google Set Out to Find What Makes the 'Perfect' Team—and What They Found Shocked Other Researchers," *CNBC*, 2019, https://www.cnbc.com/2019/02/28/what-google-learned-in-its-quest-to-build-the-perfect-team.html; L. Delizonna, "High-Performing Teams Need Psychological Safety. Here's How to Create It," *Harvard Business Review* 8 (2017): 1-5; J. D'Onfro and L. England, "An Inside Look at Google's Best Employee Perks," Inc. (2015), https://www.inc.com/business-insider/best-google-benefits.html; C. Duhigg, "What Google Learned from Its Quest to Build the Perfect Team," *The New York Times Magazine* 26 (2016), https://www.nytimes.com/2016/02/28/magazine/what-google-learned-from-its-quest-to-build-the-perfect-team.html; A. Edmondson, "Psychological Safety and Learning Behavior in Work Teams Amy Edmondson," *Administrative Science Quarterly* 44, no. 2 (1999): 350-83; A. C. Edmondson and M. Mortensen, "What Psychological Safety Looks Like in a Hybrid Workplace," *Harvard Business Review*, April 19, 2021, https://hbr.org/2021/04/what-psychological-safety-looks-like-in-a-hybrid-workplace; Z. Friedman, "Google Says the Best Teams Have These 5 Things," *Forbes* (2021), https://www.forbes.com/sites/zackfriedman/2019/01/28/google-says-the-best-teams-have-these-5-things/?sh=6064ff515a30; L. He, "Google's Secrets of Innovation: Empowering Its Employees," *Forbes* (2013), https://www.forbes.com/sites/laurahe/2013/03/29/googles-secrets-of-innovation-empowering-its-employees/?sh=ee4e2ec57e7b

제11장

[1] F. Regalado, "Asia's Social Media-shy CEOs Fade Behind U.S., EU Counterparts: Survey," *Nikkei Asia Review*, December 20, 2019; R. Rigby, "How Popular Tech Tools Are Transforming the Workplace," *Financial Times*, May 2, 2017; D. DePass, "Employee Mocks Company Holiday Gift on Twitter, Gets Fired," *The Seattle Times*, January 14, 2020; E. Jacobs, "Money, Trolls, Timewasting: The Impact of Social Media on Work," *Financial Times*, December 16, 2019; and The Economist Intelligence Unit, "Communication Barriers in the Modern Workplace," available at https://eiuperspectives.economist.com/sites/default/files/EIU_Lucidchart-Communication%20barriers%20in%20the%20modern%20workplace.pdf accessed February 26, 2020.

[2] S. Zalis, "Power of the Pack: Women Who Support Women Are More Successful," *Forbes*, March 6, 2019, https://www.forbes.com/sites/shelleyzalis/2019/03/06/power-of-the-pack-women-who-support-women-are-more-successful/#109151781771

[3] Ibid.

[4] J. Keyton, "Communication in Organizations," *Annual Review of Organizational Psychology and Organizational Behavior*, 4 (2017): 501-26.

[5] R. Raphael, "Doctors Are Using Hospital 'Robots' to Tell Patients They're Dying, Sparking an Outcry," *Fast Company*, March 12, 2019, https://www.fastcompany.com/90318752/doctors-are-using-hospital-robots-to-tell-patients-theyre-dying-sparking-an-outcry

[6] See, for example, S. S. Ansari and N. Phillips, "Text Me! New Consumer Practices and Change in Organizational Fields," *Organization Science* 22, no. 6 (2011): 1579-99.

[7] E. C. Ravlin, A.-K. Ward, and D. C. Thomas, "Exchanging Social Information Across Cultural Boundaries," *Journal of Management* 40, no. 5 (2014): 1437-65.

[8] M. E. Ireland and J. W. Pennebaker, "Language Style Matching in Writing: Synchrony in Essays, Correspondence, and Poetry," *Journal of Personality and Social Psychology* 99, no. 3 (2010): 549-71.

[9] J. Brandon, "Voicemail Is Now Officially Dead. Here's What Killed It. We Never Really Liked It Anyway," *Inc.*, January 12, 2018, https://www.inc.com/john-brandon/voicemail-is-now-officially-dead-heres-what-killed-it.html

[10] See, for instance, J. Godwin, "An Update with Hans," *Inside Verizon*, March 12, 2020, https://www.verizon.com/about/news/speed-march-12-2020

[11] E. Teng, L. Zhang, and M. Lou, "I Am Talking but Are You Listening? The Effects of Challenge and Hindrance Stressors on Effective Communication," *Human Performance* 33, no. 4 (2020): 241-57.

[12] K. Qianwen Sun and M. L. Slepian, "The Conversations We Seek to Avoid," *Organizational Behavior and Human Decision Processes* 160 (2020): 87-105.

[13] W. Hirst and G. Echterhoff, "Remembering in Conversations: The Social Sharing and Reshaping of Memories," *Annual Review of Psychology* 63 (2012): 55-79.

[14] See, for instance, L. Keblusek, H. Giles, and A. Maass, "Communication and Group Life: How Language and Symbols Shape Intergroup Relations," *Group Processes & Intergroup Relations* 20, no. 5 (2017): 632-43.

[15] P. J. Hinds and C. Durnell Cramton, "Situated Coworker Familiarity: How Site Visits Transform Relationships Among Distributed Workers," *Organization Science* 25, no. 3 (2014): 794-814.

[16] Hirst and Echterhoff, "Remembering in Conversations."

[17] D. Pickles, "Why Tom Smykowski Got Fired," *Forbes*, December 28, 2018, https://www.forbes.com/sites/forbestechcouncil/2018/12/26/why-tom-smykowski-got-fired/#6f90bcffebc9

[18] E. Bernstein, "How Well Are You Listening?" *The Wall Street Journal*, January 13, 2015, D1.

[19] G. D. Bodie, "The Active-Empathic Listening Scale (AELS): Conceptualization and Evidence of Validity Within the Interpersonal Domain," *Communication Quarterly* 59, no. 3 (2011): 277-95.

[20] G. Itzchakov, "Can Listening Training Empower Service Employees? The Mediating Roles of Anxiety and Perspective-Taking," *European Journal of Work and Organizational Psychology* 29, no. 6 (2020): 938-52.

[21] See, for instance, E. Rautalinko and H.-O. Lisper, "Effects of Training Reflective Listening in a Corporate Setting," *Journal of Business and Psychology* 18, no. 3 (2004): 281-99.

[22] J. Jackson, "Leaders: Do You Know How to Listen?" *Forbes*, July 29, 2020, https://www.forbes.com/sites/jarretjackson/2020/07/29/leaders-do-you-know-how-to-listen/?sh=3543dc0634ab

[23] M. Yeomans, J. Minson, H. Collins, F. Chen, and F. Gino, "Conversational Receptiveness: Improving Engagement with Opposing Views," *Organizational Behavior and Human Decision Processes* 160 (2020): 131-48.

[24] Rautalinko and Lisper, "Effects of Training Reflective Listening in a Corporate Setting."

[25] Ibid.

[26] See, for instance, A. N. Kluger and T. E. Malloy, "Question Asking as a Dyadic Behavior," *Journal of Personality and Social Psychology* 117, no. 6 (2019): 1127-38.

[27] Based on A. Bryant and K. Sharer, "Are You Really Listening?," *Harvard Business Review*, March 1, 2021, https://hbr.org/2021/03/are-you-really-listening; M. Daimler, "Listening Is an Overlooked Leadership Tool," *Harvard Business Review*, May 25, 2016, https://hbr.org/2016/05/listening-is-an-overlooked-leadership-tool; G. McKeown, "An Exercise to Become a More Powerful Listener," *Harvard Business Review*, November 6, 2014, https://hbr.org/2014/11/an-exercise-to-become-a-more-powerful-listener

[28] K. Huang, M. Yeomans, A. Wood Brooks, J. Minson, and F. Gino, "It Doesn't Hurt to Ask: Question-Asking Increases Liking," *Journal of Personality and Social Psychology* 113, no. 3 (2017): 430-52; B. Meyer, M. J. Burtscher, K. Jonas, S. Feese, B. Arnrich, G. Tröster, and C. C. Schermuly, "What Good Leaders Actually Do: Micro-Level Leadership Behaviour, Leader Evaluations, and Team Decision Quality," *European Journal of Work and Organizational Psychology* 25, no. 6 (2016): 773-89.

[29] M. Truong, N. J. Fast, and J. Kim, "It's Not What You Say, It's How You Say It: Conversational Flow as a Predictor of Networking Success," *Organizational Behavior and Human Decision Processes 158* (2020): 1-10.

[30] S. G. Rogelberg, *The Surprising Science of Meetings* (New York, NY: Oxford University Press, 2019).

[31] C. Chen, "Shocking Meeting Statistics in 2020 That Will Take You by Surprise," *Otter AI* [blog], December 24, 2020, https://blog.otter.ai/meeting-statistics/

[32] L. A. Perlow, C. Noonan Hadley, and E. Eun, "Stop the Meeting Madness," July 2017, https://hbr.org/2017/07/stop-the-meeting-madness

[33] Workfront, *The State of Enterprise Work* (Lehi, UT: Adobe, 2015).

[34] A. Circei, "To Beat Zoom Fatigue, Your Workplace Needs Fewer Meetings and More Data," *Fortune*, February 8, 2021, https://fortune.com/2021/02/08/zoom-fatigue-fewer-meetings-data-analytics-leadership-advice/

[35] See, for example, C. Reisenwitz, "How to Successfully Implement a No Meeting Day at Your Company," *Clockwise* [blog], June 23, 2020, https://www.getclockwise.com/blog/how-to-successfully-implement-a-no-meeting-day-at-your-company

[36] C. Riedl and A. Williams Woolley, "Successful Remote Teams Communicate in Bursts," *Harvard Business Review*, October 28, 2020, https://hbr.org/2020/10/successful-remote-teams-communicate-in-bursts

[37] S. G. Rogelberg, J. A. Allen, L. Shanock, C. Scott, and M. Shuffler, "Employee Satisfaction with Meetings: A Contemporary Facet of Job Satisfaction," *Human Resource Management* 49, no. 2 (2010): 149-72.

[38] I. Odermatt, C. J. König, M. Kleinmann, M. Bachmann, H. Röder, and P. Schmitz, "Incivility in Meetings: Predictors and Outcomes," *Journal of Business and Psychology* 33 (2018): 263-82.

[39] L. R. Shanock, J. A. Allen, A. M. Dunn, B. E. Baran, C. W. Scott, and S. G. Rogelberg, "Less Acting, More Doing: How Surface Acting Relates to Perceived Meeting Effectiveness and Other Employee Outcomes," *Journal of Occupational and Organizational Psychology* 86 (2013): 457-76.

[40] J. A. Allen, N. Lehmann-Willenbrock, S. G. Rogelberg, "Let's Get This Meeting Started: Meeting Lateness and Actual Meeting Outcomes," *Journal of Organizational Behavior* 39 (2018): 1008-21.

[41] S. G. Rogelberg, C. W. Scott, B. Agypt, J. Williams, J. E. Kello, T. McCausland, and J. L. Olien, "Lateness to Meetings: Examination of an Unexplored Temporal Phenomenon," *European Journal of Work and Organizational Psychology* 23, no. 3 (2014): 323-41.

[42] J. E. Mroz and J. A. Allen, "An Experimental Investigation of the Interpersonal Ramifications of Lateness to Workplace Meetings," *Journal of Occupational and Organizational Psychology* 90 (2017): 508-34.

[43] Ibid.

[44] Rogelberg, *The Surprising Science of Meetings.*

[45] C. Gallo, "What It Takes to Give a Great Presentation," *Harvard Business Review*, January 6, 2020, https://hbr.org/2020/01/what-it-takes-to-give-a-great-presentation

[46] See, for instance, T. Clark and D. Greatbatch, "Audience Perceptions of Charismatic and Non-Charismatic Oratory: The Case of Management Gurus," *The Leadership Quarterly* 22 (2011): 22-32.

[47] J. S. Clarke, J. P. Cornelissen, and M. P. Healey, "Actions Speak Louder Than Words: How Figurative Language and Gesturing in Entrepreneurial Pitches Influences Investment Judgments," *Academy of Management Journal* 62, no. 2 (2019): 335-60; C. J. Waksalk, P. K. Smith, and A. Han, "Using Abstract Language Signals Power," *Journal of Personality and Social Psychology* 107, no. 1 (2014): 41-55.

[48] M. Wenzel and J. Koch, "Strategy as Staged Performance: A Critical Discursive Perspective on Keynote Speeches as a Genre of Strategic Communication," *Strategic Management Journal* 39 (2018): 639-63.

[49] P. Choudhury, D. Wang, N. A. Carlson, and T.

Khanna, "Machine Learning Approaches to Facial and Text Analysis: Discovering CEO Oral Communication Styles," *Strategic Management Journal* 40 (2019): 1705-32.

[50] V. L. Brescoll, "Who Takes the Floor and Why: Gender, Power, and Volubility in Organizations," *Administrative Science Quarterly* 56, no. 4 (2011): 622-41.

[51] See, for instance, S. Brutus, "Words Versus Numbers: A Theoretical Explanation of Giving and Receiving Narrative Comments in Performance Appraisal," *Human Resource Management Review* 20 (2010): 144-57.

[52] A.-L. Fayard and A. Metiu, "The Role of Writing in Distributed Collaboration," *Organization Science* 25, no. 5 (2014): 1391-413.

[53] 99Firms, "How Many Email Users Are There?" *99Firms* [blog], January 8, 2021, https://99firms.com/blog/how-many-email-users-are-there/#gref

[54] Adobe, *Consumer Email Survey* (San Jose, CA: 2018).

[55] S. R. Barley, D. E. Meyerson, and S. Grodal, "E-mail as a Source and Symbol of Stress," *Organization Science* 22, no. 4 (2011): 887-906.

[56] K. Naragon, "We Still Love Email, but We're Spreading the Love with Other Channels," *Adobe* [blog], August 21, 2018, https://blog.adobe.com/en/2018/08/21/love-email-but-spreading-the-love-other-channels.html#gs.xi442r

[57] B. Solis, "The Modern Workplace Is Hopelessly Distracting, And It's Costing Us Time and Money," *World Economic Forum Agenda* [blog], April 24, 2019, https://www.weforum.org/agenda/2019/04/the-modern-workplace-is-hopelessly-distracting-and-its-costing-us-time-and-money/

[58] S. Sonnentag, L. Reinecke, J. Mata, and P. Vorderer, "Feeling Interrupted—Being Responsive: How Online Messages Relate to Affect at Work," *Journal of Organizational Behavior* 39 (2018): 369-83.

[59] See, for instance, C. C. Rosen, L. S. Simon, R. S. Gajendran, R. E. Johnson, H. Whee Lee, and S.-H. J. Lin, "Boxed In by Your Inbox: Implications of Daily E-mail Demands for Managers' Leadership behaviors," *Journal of Applied Psychology* 104, no. 1 (2019): 19-33.

[60] E. Russell, S. A. Woods, and A. P. Banks, "Examining conscientiousness as a key Resource in Resisting Email Interruptions: Implications for Volatile Resources and Goal Achievement," *Journal of Occupational and Organizational Psychology* 90 (2017): 407-35.

[61] 99Firms, "How Many Email Users Are There?"

[62] A. R. Fragale, J. J. Sumanth, L. Z. Tiedens, and G. B. Northcraft, "Appeasing Equals: Lateral Deference in Organizational Communication," *Administrative Science Quarterly* 57, no. 3 (2012): 373-406.

[63] C. E. Naquin, T. R. Kurtzberg, and L. Y. Belkin, "The Finer Points of Lying Online: E-mail Versus Pen and Paper," *Journal of Applied Psychology* 95, no. 2 (2010): 387-94.

[64] Y. Park and V. C. Haun, "The Long Arm of Email Incivility: Transmitted Stress to the Partner and Partner Work Withdrawal," *Journal of Organizational Behavior* 39 (2018): 1268-82.

[65] Z. Yuan, Y. Park, and M. T. Sliter, "Put You Down Versus Tune You Out: Further Understanding Active and Passive E-mail Incivility," *Journal of Occupational Health Psychology* 25, no. 5 (2020): 330-44.

[66] G. W. Giumetti, A. L. Hatfield, J. L. Scisco, A. N. Schroeder, E. R. Muth, and R. M. Kowalski, "What a Rude E-mail! Examining the Differential Effects of Incivility Versus Support on Mood, Energy, Engagement, and Performance in an Online Context," *Journal of Occupational Health Psychology* 18, no. 3 (2013): 297-309.

[67] Y. Park, C. Fritz, and S. M. Jex, "Daily Cyber Incivility and Distress: The Moderating Roles of Resources at Work and Home," *Journal of Management* 44, no. 7 (2018): 2535-57.

[68] M. Plummer, "How to Spend Way Less Time on Email Every Day," *Harvard Business Review*, January 22, 2019, https://hbr.org/2019/01/how-to-spend-way-less-time-on-email-every-day; T. Saylor, "Dealing with a Deluge of Email," *AICPA Future* [blog], August 2020, https://future.aicpa.org/news/article/dealing-with-a-deluge-of-email

[69] G. Corbett, "Instant Messaging and Texting: What's the Difference?" *Cdyne* [blog], March 26, 2021, https://cdyne.com/blog/instant-messaging-and-texting-whats-the-difference

[70] Ansari and Phillips, "Text Me!"

[71] P. Hayes and S. Weibelzahl, "Text Messaging for Out-of-Class Communication: Impact on Immediacy and Affective Learning," in D. Churchill, J. Lu, T. Chiu, and B. Fox (eds.), *Mobile Learning Design* (Singapore: Springer, 2016): 271-84.

[72] S. P. Jacobs, "How E-mail Killer Slack Will Change the Future of Work," *Time*, October 29, 2015, https://time.com/4092354/how-e-mail-killer-slack-will-change-the-future-of-work/

[73] L. Fallon, "So You've Been Left on Read: What It Means and What You Should Do," *Medium*, May 10, 2019, https://medium.com/@lillian.m.fallon/so-youve-been-left-on-read-what-it-means-and-what-you-should-do-45580f4c733a

[74] See, for instance, D. Pierce, "Read Receipts Ruined Messaging. Here's How to Turn Them Off," *Wall Street Journal*, July 21, 2019, https://www.wsj.com/articles/read-receipts-ruined-messaging-heres-how-to-turn-them-off-11563714000; and B. Stolyar, "Everyone Should Always Have Their Read Receipts Turned On," *Mashable*, January 21, 2020, https://mashable.com/article/turn-on-read-receipts-texting/

[75] S. Fister Gale, "Instant Messaging: The Future of Communication, with Caveats," *Workforce*, April 30, 2019, https://www.workforce.com/news/instant-messaging-future-workplace-communication

[76] E. Dhawan, "Slow Down and Write Better Emails," *Harvard Business Review*, February 19, 2021, https://hbr.org/2021/02/slow-down-and-write-better-emails?registration=success

[77] A. Cheshin, A. Rafaeli, and N. Bos, "Anger and Happiness in Virtual Teams: Emotional Influences of Text and Behavior on Others' Affect in the Absence of Non-Verbal Cues," *Organizational Behavior and Human Decision Processes* 116 (2011): 2-16.

[78] T. Holtgraves, "Text Messaging, Personality, and the Social Context," *Journal of Research in Personality* 45 (2011): 92-99.

[79] S. Hargrave, "How Slack Ruined Work," *Wired*, January 13, 2020, https://www.wired.co.uk/article/slack-ruining-work

[80] O. N. E. Kjell, K. Kjell, D. Garcia, and S. Sikström, "Semantic Measures: Using Natural Language Processing to Measure, Differentiate, and Describe Psychological Constructs," *Psychological Methods* 24, no. 1 (2019): 92-115.

[81] See, for example, P. Korzeniowski, "6 AI Applications in Finance Spark Partner Opportunity," *TechTarget*, March 2019, https://searchitchannel.techtarget.com/feature/6-AI-applications-in-finance-spark-partner-opportunity.

[82] MarketWatch, "Natural Language Processing (NLP) Market Share, Trend, Opportunity, Affect on Demand by COVID-19 Pandemic and Forecast 2021-2025," March 25, 2021, https://www.marketwatch.com/press-release/natural-language-processing-nlp-market-share-trend-opportunity-affect-on-demand-by-covid-19-pandemic-and-forecast-2021-2025-2021-03-25-6197444?tesla=y; D. Reinsel, J. Gantz, and J. Rydning, "Data Age 2025: The Evolution of Data to Life-Critical," *IDC* [White Paper], April 2017, https://www.import.io/wp-content/uploads/2017/04/Seagate-WP-DataAge2025-March-2017.pdf

[83] J. A. Hall, T. G. Horgan, and N. A. Murphy, "Nonverbal Communication," *Annual Review of Psychology* 70 (2019): 271-94.

[84] Ibid.

[85] C. F. Lima, A. Anikin, A. Catarina Monteiro, S. K. Scott, and S. Luís Castro, "Automaticity in the Recognition of Nonverbal Emotional Vocalizations," *Emotion* 19, no. 2 (2019): 219-33.

[86] A. L. Skinner, K. R. Olson, and A. N. Meltzoff, "Acquiring Group Bias: Observing Other People's Nonverbal Signals Can Create Social Group Biases," *Journal of Personality and Social Psychology* 119, no. 4 (2020): 824-38.

[87] G. Willard, K.-J. Isaac, and D. R. Carney, "Some Evidence for the Nonverbal Contagion of Racial Bias," *Organizational Behavior and Human Decision Processes* 128 (2015): 96-107.

[88] G. Bijlstra, R. W. Holland, R. Dotsch, and D. H. J. Wigboldus, "Stereotypes and Prejudice Affect the Recognition of Emotional Body Postures," *Emotion* 19, no. 2 (2019): 189-99.

[89] J. A. Hall, E. J. Coats, and L. Smith LeBeau, "Nonverbal Behavior and the Vertical Dimension of Social Relations: A Meta-Analysis," *Psychological Bulletin* 131, no. 6 (2005): 898-924.

[90] F. H. Gerpott, N. Lehmann-Willenbrock, J. D. Silvis, and M. Van Vugt, "In the eye of the Beholder? An Eye-Tracking Experiment on Emergent Leadership in Team Interactions," *The Leadership Quarterly* 29 (2018): 523-32; T. Maran, M. Furtner, S. Liegl, S. Kraus, and P. Sachse, "In the Eye of a Leader: Eye-Directed Gazing Shapes Perceptions of Leaders' Charisma," *The Leadership Quarterly 30, no. 6* (2019): Article 101337.

[91] C. K. Goman, "5 Body Language Tips to Increase Your Curb Appeal," *Forbes*, March 4, 2013, http://www.forbes.com/sites/carolkinseygoman/2013/03/14/5-body-language-tips-to-increase-your-curb-appeal/

[92] S. R. Livingstone and C. Palmer, "Head Movements Encode Emotions During Speech and Song," *Emotion*, 16, no. 3 (2016): 365-80.

[93] See, for instance, S. Leikas, M. Verkasalo, and J.-E. Lönnqvist, "Posing Personality: Is It Possible to Enact the Big Five Traits in Photographs," *Journal of Research in Personality* 47 (2013): 15-21.

[94] H. Aviezer, Y. Trope, and A. Todorov, "Holistic Person Processing: Faces with Bodies Tell the Whole Story," *Journal of Personality and Social Psychology* 103, no. 1 (2012): 20-37.

[95] A. Metallinou, A. Katsamanis, and S. Narayanan, "Tracking Continuous Emotional Trends of Participants During Affective Dyadic Interactions Using Body Language and Speech Information," *Image and Vision Computing, 31, no. 2* (2013): 137-52.

[96] N. Dargue, N. Sweller, and M. P. Jones, "When Our Hands Help Us Understand: A Meta-Analysis into the Effects of Gesture on Comprehension," *Psychological Bulletin* 145, no. 8 (2019): 765-84.

[97] J. Smith, "10 Nonverbal Cues That Convey Confidence at Work," *Forbes*, March 11, 2013, http://www.forbes.com/sites/jacquelynsmith/2013/03/11/10-nonverbal-cues-that-con-

vey-confidence-at-work/

98 E. Hehman, J. K. Flake, and J. B. Freeman, "Static and Dynamic Facial Cues Differentially Affect the Consistency of Social Evaluations," *Personality and Social Psychology Bulletin* 41, no. 8 (2015): 1123-34.

99 N. Kraus and J. Slater, "Beyond Words: How Humans Communicate Through Sound," *Annual Review of Psychology* 67 (2016): 83-103.

100 A. B. Van Zant and J. Berger, "How the Voice Persuades," *Journal of Personality and Social Psychology* 118, no. 4 (2020): 661-82.

101 V. Theoharakis, S. Voliotis, and J. M. Pollack, "Going Down the Slippery Slope of Legitimacy Lies in Early-Stage Ventures: The Role of Moral Disengagement," *Journal of Business Ethics* 172 (2021): 673-90.

102 I. Croy, S. Olgun, and P. Joraschky, "Basic Emotions Elicited by Odors and Pictures," *Emotion* 11, no. 6 (2011): 1331-35.

103 L. Rinaldi, E. Maggioni, N. Olivero, A. Maravita, and L. Girelli, "Smelling the Space Around Us: Odor Pleasantness Shifts Visuospatial Attention in Humans," *Emotion* 18, no. 7 (2018): 971-79.

104 K. Riach and S. Warren, "Smell Organization: Bodies and Corporeal Porosity in Office Work," *Human Relations* 68, no. 5 (2015): 789-809.

105 Y. Yeshurun and N. Sobel, "An Odor Is Not Worth a Thousand Words: From Multidimensional Odors to Unidimensional Odor Objects," *Annual Review of Psychology* 61 (2010): 219-41.

106 S. W. S. Lee and N. Schwarz, "Bidirectionality, Mediation, and Moderation of Metaphorical Effects: The Embodiment of Social Suspicion and Fishy Smells," *Journal of Personality and Social Psychology* 103, no. 5 (2012): 737-49.

107 M. Hollins, "Somesthetic Senses," *Annual Review of Psychology* 61 (2010): 243-71.

108 See, for instance, B. Fuller, M. J. Simmering, L. E. Marler, S. S. Cox, R. J. Bennett, and R. A. Cheramie, "Exploring Touch as a Positive Workplace Behavior," *Human Relations* 64, no. 2 (2011): 231-56.

109 J. Schroeder, J. L. Risen, F. Gino, and M. I. Norton, "Handshaking Promotes Deal-Making by Signalling Cooperative Intent," *Journal of Personality and Social Psychology* 116, no. 5 (2019): 743-68.

110 A. Nelson, "Gender Rules for Appropriate Workplace Touching," *Psychology Today*, June 2, 2019, https://www.psychologytoday.com/us/blog/he-speaks-she-speaks/201906/gender-rules-appropriate-workplace-touching.

111 S. Todd, "Out of Touch? The New Guidelines for Touching at Work," *Quartz*, April 16, 2019, https://qz.com/work/1595463/is-it-okay-to-hug-a-co-worker-a-guide-to-respecting-boundaries/

112 T. Reynolds, "2020: A Year Where the Fist-Bump Became Mainstream Greeting," *Associated Press*, December 30, 2020, https://apnews.com/article/joe-biden-pandemics-mase-health-coronavirus-pandemic-50d84380a6e1c8801165d5b87141684d

113 Nelson, "Gender Rules for Appropriate Workplace Touching."

114 Robert Half, "Hugging Etiquette at Work: Advice From the Emily Post Institute," *Robert Half* [blog], February 11, 2019, https://www.roberthalf.com/blog/salaries-and-skills/hugging-etiquette-at-work-advice-from-the-emily-post-institute

115 Todd, "Out of Touch?"

116 Reynolds, "2020."

117 S. P. Mackinnon, C. H. Jordan, and A. E. Wilson, "Birds of a Feather Sit Together: Physical Similarity Predicts Seating Choice," *Personality and Social Psychology Bulletin* 37, no. 7 (2011): 879-92.

118 R. Reagans, "Close Encounters: Analyzing How Social Similarity and Propinquity Contribute to Strong Network Connections," *Organization Science* 22, no. 4 (2011): 835-49.

119 B. Cnossen and N. Bencherki, "The Role of Space in the Emergence and Endurance of Organizing: How Independent Workers and Material Assemblages Constitute Organizations," *Human Relations* 72, no. 6 (2019): 1057-80.

120 See, for instance, A. Sivunen and L. L. Putnam, "The Dialectics of Spatial Performances: The Interplay of Tensions in Activity-Based Organizing," *Human Relations* 73, no. 8 (2020): 1129-56.

121 S. Sowden, B. A. Schuster, C. T. Keating, D. S. Fraser, and J. L. Cook, "The Role of Movement Kinematics in Facial Emotion Expression Production and Recognition," *Emotion* (in press).

122 J. J. Guyer, L. R. Fabrigar, and T. I. Vaughan-Johnston, "Speech Rate, Intonation, and Pitch: Investigating the Bias and Cue Effects of Vocal Confidence on Persuasion," *Personality and Social Psychology Bulletin* 45, no. 3 (2019): 389-405.

123 M. T. Wallace, T. G. Woynaroski, and R. A. Stevenson, "Multisensory Integration as a Window into Orderly and Disrupted Cognition and Communication," *Annual Review of Psychology* 71 (2020): 193-219.

124 S. S. Wiltermuth and M. A. Neale, "Too Much Information: The Perils of Nondiagnostic Information in Negotiations," *Journal of Applied Psychology* 96, no. 1 (2011): 192-201.

125 A-F. Cameron and J. Webster, "Relational Outcomes of Multicommunicating: Integrating Incivility and Social Exchange Perspectives," *Organization Science* 22, no. 3 (2011): 754-71.

126 J. B. Horrigan, "Information Overload," *Pew Research Center*, December 7, 2016, https://www.pewresearch.org/internet/2016/12/07/information-overload/

127 Ibid.

128 Ibid.

129 T. Ellwart, C. Happ, A. Gurtner, and O. Rack, "Managing Information Overload in Virtual Teams: Effects of a Structured Online Team Adaptation on Cognition and Performance," *European Journal of Work and Organizational Psychology* 24, no. 5 (2015): 812-26.

130 B. Graf and C. H. Antoni, "The Relationship Between Information Characteristics and Information Overload at the Workplace," *European Journal of Work and Organizational Psychology* 30, no. 1 (2021): 143-58.

131 O. Tunikova, "Are We Consuming Too Much Information?" *Medium*, June 7, 2018, https://medium.com/@tunikova_k/are-we-consuming-too-much-information-b68f62500089

132 See, for instance, B. D. Blume, G. F. Dreher, and T. T. Baldwin, "Examining the Effects of Communication Apprehension Within Assessment Centres," *Journal of Occupational and Organizational Psychology* 83, no. 3 (2010): 663-71.

133 S. D. Charlier, G. L. Stewart, L. M. Greco, and C. J. Reeves, "Emergent Leadership in Virtual Teams: A Multilevel Investigation of Individual Communication and Team Dispersion Antecedents," *The Leadership Quarterly* 27 (2016): 745-64.

134 B. D. Blume, G. F. Dreher, and T. T. Baldwin, "Examining the Effects of Communication Apprehension Within Assessment Centres," *Journal of Occupational and Organizational Psychology* 83 (2010): 663-71.

135 S. Nifadkar, A. S. Tsui, and B. E. Ashforth, "The Way You Make Me Feel and Behave: Supervisor-Triggered Newcomer Affect and Approach-Avoidance Behavior," *Academy of Management Journal* 55, no. 5 (2012): 1146-68.

136 T. M. Welbourne, "New Media: Opportunity or Curse for HR?" *Human Resource Management* 49, no. 1 (2010): 1-2.

137 S. Andriole, "It's Time for an Internet-for-All Public Utility (Before Corona Crashes It)," *Forbes*, March 30, 2020, https://www.forbes.com/sites/steveandriole/2020/03/30/its-time-for-an-internet-for-all-public-utility-before-corona-crashes-it/?sh=289bdb66af95; *EPB* [website], accessed April 9, 2021, https://www.epb.com; D. Elliot Berman and V. Pickard, "Should the Internet Be a Public Utility? Hundreds of Cities Are Saying Yes," *Fast Company*, November 18, 2019, https://www.fastcompany.com/90432191/telecoms-wield-enormous-power-over-the-internet-but-cities-are-fighting-back; T. Fogden, "Why Chattanooga Has the Fastest Internet in the US," *Tech.Co*, August 21, 2018, https://tech.co/news/chattanooga-fastest-internet-usa-2018-08; E. Livni, "The Coronavirus Crisis Proves the Internet Should Be a Public Utility," *Quartz*, March 26, 2020, https://www.qz.com/1826043/the-coronavirus-crisis-proves-internet-should-be-a-public-utility/; *Mobile Beacon* [website], accessed April 9, 2021, https://www.mobilebeacon.org/; *Mobile Citizen* [website], accessed April 9, 2021, https://mobilecitizen.org/; Mobile Citizen, "Bridging the Digital Divide in Virtual Healthcare: Mobile Internet for Nonprofits," *Mobile Citizen* [blog], January 30, 2021, https://www.mobilecitizen.org/resources/news/bridging-the-digital-divide-in-virtual-healthcare-mobile-internet-for-nonprofits/; Voqal, "Our Work: Increasing Internet Access," *Voqal* [website], accessed April 9, 2021, https://www.voqal.org/our-work/increasing-internet-access/

138 J. Bundy, M. D. Pfarrer, C. E. Short, and W. Timothy Coombs, "Crises and Crisis Management: Integration, Interpretation, and Research Development," *Journal of Management* 43, no. 6 (2017): 1661-92.

139 A Gheytanchi, L. Joseph, E. Gierlach, S. Kim-Para, J. Housley, Z. E. Franco, and L. E. Beutler, "The Dirty Dozen: Twelve Failures of the Hurricane Katrina Response and How Psychology Can Help," *American Psychologist* 62, no. 2 (2007): 118-30.

140 Bundy et al., "Crises and Crisis Management."

141 D. G. Winter, "The Role of Motivation, Responsibility, and Integrative Complexity in Crisis Escalation: Comparative Studies of War and Peace Crises," *Journal of Personality and Social Psychology* 92, no. 5 (2007): 920-37.

142 S. Uitdewilligen and M. J. Waller, "Information Sharing and Decision-Making in Multidisciplinary Crisis Management Teams," *Journal of Organizational Behavior* 39 (2018): 731-48.

143 T. Knudsen and K. Srikanth, "Coordinated Exploration: Organizing Joint Search by Multiple Specialists to Overcome Mutual Confusion and Joint Myopia," *Administrative Science Quarterly* 59, no. 3 (2014): 409-41.

144 See, for example, N. Kman, "How Disaster Apps Work—and Don't," *Fast Company*, August 11, 2016, https://www.fastcompany.com/3062786/how-disaster-apps-work-and-dont

145 N. M. Jones and R. Cohen Silver, "This Is Not a Drill: Anxiety on Twitter Following the 2018 Hawaii False Missile Alert," *American Psychologist* 75, no. 5 (2020): 683-93.

146 R. L. Daft and R. H. Lengel, "Information

Richness: A New Approach to Managerial Behavior and Organizational Design," *Research in Organizational Behavior* 6 (1984): 191-233; K. Ishii, M. Madison Lyons, and S. A. Carr, "Revisiting Media Richness Theory for Today and Future," *Human Behavior and Emerging Technologies* 1, no. 2 (2019): 124-31.

[147] C. Trueman, "Pandemic Leads to Surge in Video Conferencing App Downloads," *ComputerWorld*, April 3, 2020, https://www.computerworld.com/article/3535800/pandemic-leads-to-surge-in-video-conferencing-app-downloads.html

[148] Forbes Insights Team, "Optimizing Team Performance: How and Why Video Conferencing Trumps Audio," *Forbes*, October 30, 2017, https://www.forbes.com/sites/insights-zoom/2017/10/30/optimizing-team-performance-how-and-why-video-conferencing-trumps-audio/?sh=25a57d1a720a

[149] Lifesize, *2019 Impact of Video Conferencing Report* (Austin, TX: Lifesize, 2019).

[150] Forbes Insights Team, "Optimizing Team Performance."

[151] S. Hart, "The New Virtual Reality of Doing Business," *Forbes*, April 5, 2021, https://www.forbes.com/sites/forbesbusinessdevelopmentcouncil/2021/04/05/the-new-virtual-reality-of-doing-business/?sh=188a04123630

[152] F. Bridges, "Stanford Researchers Identify Four Major Causes for Zoom Fatigue and Their Solutions," *Forbes*, March 30, 2021, https://www.forbes.com/sites/francesbridges/2021/03/30/stanford-researchers-identify-four-major-causes-for-zoom-fatigue-and-their-solutions/?sh=7f8a0a0057d7; Forbes, "How to Make More Natural Conversations on Video Calls: 15 Tips," *Forbes*, April 6, 2021, https://www.forbes.com/sites/forbescommunicationscouncil/2021/04/06/how-to-have-more-natural-conversations-on-video-calls-15-tips/?sh=249a57eccdcd; B. Frisch and C. Greene, "What It Takes to Run a Great Virtual Meeting," *Harvard Business Review*, March 5, 2020, https://hbr.org/2020/03/what-it-takes-to-run-a-great-virtual-meeting; B. Z. Larson, "Give Your Remote Team Unstructured Time for Collaboration," *Harvard Business Review*, October 27, 2020, https://hbr.org/2020/10/give-your-remote-team-unstructured-time-for-collaboration; J. Schwartzberg, "How to Elevate Your Presence in a Virtual Meeting," *Harvard Business Review*, April 8, 2020, https://hbr.org/2020/04/how-to-elevate-your-presence-in-a-virtual-meeting; S. Steever, "Four Keys to Better Videoconferencing," *Forbes*, March 19, 2021 https://www.forbes.com/sites/forbesagencycouncil/2021/03/19/four-keys-to-better-videoconferencing/?sh=3d89b4ao4c9c

[153] E. Huebscher, "Vlogs, Pods, & Blogs—Which Will Reach Your Audience?" *NameCheap* [blog], April 4, 2019, https://www.namecheap.com/blog/vlogs-pods-blogs-reach-your-audience/

[154] O. Allen, "6 Stats You Should Know About Business Blogging in 2015," HubSpot Blogs, March 11, 2015, http://blog.hubspot.com/marketing/business-blogging-in-2015

[155] Quickbooks, *Small Business Centre* [blog], accessed February 7, 2021, https://quickbooks.intuit.com/ca/resources/

[156] *Bon Appétit* [vlog], https://www.youtube.com/c/bonappetit/featured, accessed February 7, 2021, https://www.youtube.com/c/bonappetit/featured

[157] L. Peitzman, "Bon Appétit's Test Kitchen Chefs Are the Only YouTube Stars I Care About," *Buzzfeed News*, November 26, 2018, https://www.buzzfeednews.com/article/louispeitzman/bon-appetit-cooking-videos-youtube-claire-saffitz-brad-leone

[158] John Deere, "The Furrow Magazine Launches Podcast," *John Deere Journal*, April 23, 2019, https://johndeerejournal.com/2019/04/the-furrow-magazine-launches-podcast/

[159] Trader Joe's, *Inside Trader Joe's: A Podcast*, accessed April 7, 2021, https://www.traderjoes.com/digin/post/inside-tjs-podcast

[160] D. Drewis, "The Girlboss Radio Podcast Dishing Real-Life Stories From ~Major~ Women," *Girlboss*, April 9, 2018, https://www.girlboss.com/read/lipstories-podcast-sephora-collection

[161] See, for instance, R. E. DeRouin, B. A. Fritzsche, and E. Salas, "E-Learning in Organizations," *Journal of Management* 31, no. 6 (2005): 920-40.

[162] K. L. Cela, M. Á. Sicilia, and S. Sánchez, "Social Network Analysis in E-learning Environments: A Preliminary Systematic Review," *Educational Psychology Review* 27 (2015): 219-46.

[163] J. M. Weinhardt and T. Sitzmann, "Revolutionizing Training and Education? Three Questions Regarding Massive Open Online Courses (MOOCs)," *Human Resource Management Review* 29 (2019): 218-25.

[164] See, for instance, O. Yakubenkov, "Slack vs Teams vs Workplace: The Intriguing Dynamics of the Work Messenger Market," *Go Practice!* [blog], https://gopractice.io/blog/slack-vs-teams-vs-workplace/

[165] A. Malhotra, A. Majchrzak, W. Bonfield, and S. Myers, "Engaging Customer Care Employees in Internal Collaborative Crowdsourcing: Managing the Inherent Tensions and Associated challenges," *Human Resource Management* 59, no. 2 (2020): 121-34.

[166] See, for example, B. J. Avolio, J. J. Sosik, S. S. Kahai, and B. Baker, "E-leadership: Re-examining Transformations in Leadership Source and Transmission," *The Leadership Quarterly* 25 (2014): 105-31.

[167] N. Sharon Hill, J. Hyeung Kang, and M.-G. Seo, "The Interactive Effect of Leader-Member Exchange and Electronic Communication on Employee Psychological Empowerment and Work Outcomes," *The Leadership Quarterly* 25 (2014): 772-83.

[168] J. Schulze, M. Schultze, S. G. West, and S. Krumm, "The Knowledge, Skills, Abilities, and Other Characteristics Required for Face-to-Face Versus Computer-Mediated Communication: Similar or Distinct Constructs?" *Journal of Business and Psychology* 32 (2017): 283-300.

[169] S. L. Marlow, C. N. Lacerenza, and E. Salas, "Communication in Virtual Teams: A Conceptual Framework and Research Agenda," *Human Resource Management Review* 27 (2017), 575-89.

[170] T. Sitzmann, K. Kraiger, D. Stewart, and R. Wisher, "The Comparative Effectiveness of Web-Based and Classroom Instruction: A Meta-Analysis," *Personnel Psychology* 59 (2006): 623-64.

[171] R. Boelens, B. De Wever, and M. Voet, "Four Key Challenges to the Design of Blended Learning: A Systematic Literature Review," *Educational Research Review* 22 (2017): 1-18.

[172] R. M. Bernard, E. Borokhovski, R. F. Schmid, R. M. Tamm, and P. C. Abrami, "A Meta-Analysis of Blended Learning and Technology Use in Higher Education: From the General to the Applied," *Journal of Computing in Higher Education* 26 (2014): 87-122.

[173] L. K. Kaye, S. A. Malone, and H. J. Wall, "Emojis: Insights, Affordances, and Possibilities for Psychological Science," *Trends in Cognitive Sciences* 21, no. 2 (2017): 66-68.

[174] E. Amit, C. Wakslak, and Y. Trope, "The Use of Visual and Verbal Means of Communication Across Psychological Distance," *Personality and Social Psychology Bulletin* 39, no. 1 (2013): 43-56.

[175] A. Oleszkiewicz, M. Karwowski, K. Pisanski, P. Sorokowski, B. Sobrado, and A. Sorokowska, "Who Uses Emoticons? Data From 86702 Facebook Users," *Personality and Individual Differences* 119 (2017): 289-95.

[176] E. Glikson, A. Cheshin, and G. A. van Kleef, "The Dark Side of a Smiley: Effects of Smiling Emoticons on Virtual First Impressions," *Social Psychological and Personality Science* 9, no. 5 (2018): 614-25.

[177] L. T. Graham and S. D. Gosling, "Impressions of World of Warcraft Players' Personalities Based on Their Usernames: Interobserver Consensus but No Accuracy," *Journal of Research in Personality* 46 (2012): 599-603.

[178] A. Kaurin, L. Heil, M. Wessa, B. Egloff, and S. Hirschmüller, "Selfies Reflect Actual Personality—Just Like Photos or Short Videos in Standardized Lab Conditions," *Journal of Research in Personality* 76 (2018): 154-64.

[179] A. Sorokowska, A. Oleszkiewicz, T. Frackowiak, K. Pisanski, A. Chmiel, and P. Sorokowski, "Selfies and Personality: Who Posts Self-Portrait Photographs," *Personality and Individual Differences* 90 (2016): 119-23.

[180] C. T. Barry, K. H. McDougall, A. C. Anderson, M. D. Perkins, L. M. Lee-Rowland, I. Bender, and N. E. Charles, "'Check Your Selfie Before You Wreck Your Selfie': Personality Ratings of Instagram Users as a Function of Self-Image Posts," *Journal of Research in Personality* 82 (2019): Article 103843.

[181] P. M. Valkenburg, J. Peter, and J. B. Walther, "Media Effects Theory and Research," *Annual Review of Psychology* 67 (2016): 315-38.

[182] M. Mohsin, "10 Social Media Statistics You Need to Know in 2021," *Oberlo* [blog], August 6, 2020, https://www.oberlo.com/blog/social-media-marketing-statistics

[183] L. Silver, "Smartphone Ownership Is Growing Rapidly Around the World, but Not Always Equally," *Pew Research Center*, February 5, 2019, https://www.pewresearch.org/global/2019/02/05/smartphone-ownership-is-growing-rapidly-around-the-world-but-not-always-equally/

[184] Pew Research Center, "Mobile Fact Sheet," *Pew Research Center*, June 12, 2019, https://www.pewresearch.org/internet/fact-sheet/mobile/

[185] M. M. Piszczek, "Boundary Control and Controlled Boundaries: Organizational Expectations for Technology Use at the Work-Family Interface," *Journal of Organizational Behavior* 38 (2017): 592-611.

[186] J. Wilson, C. Brad Crisp, and M. Mortensen, "Extending Construal-Level Theory to Distributed Groups: Understanding the Effects of Virtuality," *Organization Science* 24, no. 2 (2013): 629-44.

[187] T. Colasante, L. Lin, K. De France, and T. Hollenstein, "Any Time and Place? Digital Emotional Support for Digital Natives," *American Psychologist* (in press).

[188] M. Arnaboldi and J.-F. Coget, "Social Media and Business: We've Been Asking the Wrong Question," *Organizational Dynamics* 45 (2016): 47-54.

[189] G. M. Harari, S. D. Gosling, R. Wang, and A. T. Campbell, "Capturing Situational Information with Smartphones and Mobile Sensing Methods," *European Journal of Personality* 29 (2015): 509-11; G. M. Harari, S. R. Müller, C. Stachl, R. Wang, W. Wang, M. Bühner, P. J. Rentfrow, A. T. Campbell, and S. D. Gosling, "Sensing Sociability: Individual Differences in Young Adults' Conversation, Calling, Texting, and Aapp Use Behaviors in Daily Life," *Journal of Personality and Social Psychology* 119, no. 1 (2020): 204-28; G. M. Harari, S. S. Vaid, S. R. Müller, C. Stachl, Z. Marrero, R. Schoedel, M. Bühner, and S. D. Gosling, "Personality Sensing for Theory Development and Assessment in the Digital Age," *European Journal of Personality* 34 (2020):

649-69; G. M. Sandstrom, N. Lathia, C. Mascolo, and P. J. Rentfrow, "Putting Mood in Context: Using Smartphones to Examine How People Feel in Different Locations," *Journal of Research in Personality* 69 (2017): 96-101; R. Schoedel, F. Pargent, Q. Au, S. Theres Völkel, T. Schuwerk, M. Bühner, and C. Stachl, "To Challenge the Morning Lark and the Night Owl: Using Smartphone Sensing Data to Investigate Day-Night Behaviour Patterns," *European Journal of Personality* 34 (2020): 733-52.

[190] M. Mazmanian, W. J. Orlikowski, and J. Yates, "The Autonomy Paradox: The Implications of Mobile Email Devices for Knowledge Professionals," *Organization Science* 24, no. 5 (2013): 1337-57.

[191] R. J. Dwyer, K. Kushlev, and E. W. Dunn, "Smartphone Use Undermines Enjoyment of Face-to-Face Social Interactions," *Journal of Experimental Social Psychology* 78 (2018): 233-39.

[192] J. M. Twenge, G. N. Martin, and W. Keith Campbell, "Decreases in Psychological Well-Being Among American Adolescents After 2012 and Links to Screen Time During the Rise of Smartphone Technology," *Emotion* 18, no. 6 (2018): 765-80.

[193] D. A. Sbarra, J. L. Briskin, and R. B. Slatcher, "Smartphones and Close Relationships: The Case for an Evolutionary Mismatch," *Perspectives on Psychological Science* 14, no. 4 (2019): 596-618.

[194] J-N. Reyt and B. M. Wiesenfeld, "Seeing the Forest for the Trees: Exploratory Learning, Mobile Technology, and Knowledge Workers' Role Integration Behaviors," *Academy of Management Journal* 58, no. 3 (2015): 739-62.

[195] K. Lanaj, R. E. Johnson, and C. M. Barnes, "Beginning the Workday yet Already Depleted? Consequences of Late-Night Smartphone Use and Sleep," *Organizational Behavior and Human Decision Processes* 124 (2014): 11-23.

[196] D. Derks, D. van Duin, M. Tims, and A. B. Bakker, "Smartphone Use and Work-Home Interference: The Moderating Role of Social Norms and Employee Work Engagement," *Journal of Occupational and Organizational Psychology* 88 (2015): 155-77.

[197] D. Derks, L. L. ten Brummelhuis, D. Zecic, and A. B. Bakker, "Switching On and Off…: Does Smartphone Use Obstruct the Possibility to Engage in Recovery Activities?" *European Journal of Work and Organizational Psychology* 23, no. 1 (2014): 80-90.

[198] M. Mazmanian, "Avoiding the Trap of Constant Connectivity: When Congruent Frames Allow for Heterogenous Practices," *Academy of Management Journal* 56, no. 5 (2013): 1225-50.

[199] B. W. Nelson and N. B. Allen, "Extending the Passive-Sensing Toolbox: Using Smart-Home Technology in Psychological Science," *Perspectives on Psychological Science* 13, no. 6 (2018): 718-33.

[200] D. Chaffin, R. Heidl, J. R. Hollenbeck, M. Howe, A. Yu, C. Voorhees, and R. Calantone, "The Promise and Perils of Wearable Sensors in Organizational Research," *Organizational Research Methods* 20, no. 1 (2017): 3-31.

[201] See, for instance, J. G. Matusik, R. Heidl, J. R. Hollenbeck, A. Yu, H. Whee Lee, and M. Howe, "Wearable Bluetooth Sensors for Capturing Relational Variables and Temporal Variability in Relationships: A Construct Validation Study," *Journal of Applied Psychology* 104, no. 3 (2019): 357-87.

[202] S. Sreenivasan, "How to Use Social Media in Your Career," *The New York Times*, November 8, 2017, https://www.nytimes.com/guides/business/social-media-for-career-and-business

[203] C. Heavy, Z. Simsek, C. Kyprianou, and M. Risius, "How Do Strategic Leaders Engage with Social Media? A Theoretical Framework for Research and Practice," *Strategic Management Journal* 41 (2020): 1490-527.

[204] M. L. Knowles, N. Haycock, and I. Shaikh, "Does Facebook Magnify or Mitigate Threats to Belonging?" *Social Psychology* 46, no. 6 (2015): 313-24; C. L. Toma and J. T. Hancock, "Self-Affirmation Underlies Facebook Use," *Personality and Social Psychology Bulletin* 39, no. 3 (2013): 321-31.

[205] J. Davis, H.-G. Wolff, M. L. Forret, and S. E. Sullivan, "Networking via LinkedIn: An Examination of Usage and Career Benefits," *Journal of Vocational Behavior* 118 (2020): Article 103396.

[206] See, for example, M. Toubiana and C. Zietsma, "The Message Is on the Wall? Emotions, Social Media and the Dynamics of Institutional Complexity," *Academy of Management Journal* 60, no. 3 (2017): 922-53.

[207] T. Aichner and F. Jacob, "Measuring the Degree of Corporate Social Media Use," *International Journal of Market Research* 57, no. 2 (2015): 257-76.

[208] J. B. Bayer, P. Triêu, and N. B. Ellison, "Social Media Elements, Ecologies, and Effects," *Annual Review of Psychology* 71 (2020): 471-97.

[209] D. Meshi, D. I. Tamir, and H. R. Heekeren, "The Emerging Neuroscience of Social Media," *Trends in Cognitive Sciences* 19, no. 12 (2015): 771-82.

[210] P. M. Leonardi and E. Vaast, "Social Media and Their Affordances for Organizing: A Review and Agenda for Research," *Academy of Management Annals* 11, no. 1 (2017): 150-88.

[211] L. A. McFarland and R. E. Ployhart, "Social Media: A Contextual Framework to Guide Research and Practice," *Journal of Applied Psychology* 100, no. 6 (2015): 1653-77.

[212] See, for example, N. van de Ven, A. Bogaert, A. Serlie, M. J. Brandt, and J. J. A. Denissen, "Personality Perception Based on LinkedIn Profiles," *Journal of Managerial Psychology* 32, no. 6 (2017): 418-29.

[213] A. Levordashka and S. Utz, "Spontaneous Trait Inferences on Social Media," *Social Psychological and Personality Science* 8, no. 1 (2017): 93-101.

[214] J.-E. Lönnqvist, J. V. A. Itkonen, M. Verkasalo, and P. Poutvaara, "The Five-Factor Model of Personality and Degree and Transitivity of Facebook Social Networks," *Journal of Research in Personality* 50 (2014): 98-101.

[215] F. Groβe Deters, M. R. Mehl, and M. Eid, "Narcissistic Power Poster? On the Relationship Between Narcissism and Status Updating Activity on Facebook," *Journal of Research in Personality* 53 (2014): 165-74.

[216] T. Gnambs and M. Appel, "Narcissism and Social Networking Behavior: A Meta-Analysis," *Journal of Personality* 86, no. 2 (2018): 200-12.

[217] R. J. Vander Molen, S. Kaplan, E. Choi, and D. Montoya, "Judgments of the Dark Triad Based on Facebook Profiles," *Journal of Research in Personality* 73 (2018): 150-63.

[218] J. Filson Moses, P. C. Dwyer, P. Fuglestad, J. Kim, A. Maki, M. Snyder, and L. Terveen, "Encouraging Online Engagement: The Role of Interdependent Self-Construal and Social Motives in Fostering Online Participation," *Personality and Individual Differences* 133 (2018): 47-55.

[219] L. E. Annisette and K. D. Lafreniere, "Social Media, Texting, and Personality: A Test of the Shallowing Hypothesis," *Personality and Individual Differences* 115 (2017): 154-58.

[220] J. L. Clark, S. B. Algoe, and M. C. Green, "Social Network Sites and Well-Being: The Role of Social Connection," *Current Directions in Psychological Science* 27, no. 1 (2018): 32-37.

[221] R. Nowland, E. A. Necka, and J. T. Cacioppo, "Loneliness and Social Internet Use: Pathways to Reconnection in a Digital World?" *Perspectives on Psychological Science* 13, no. 1 (2018): 70-87.

[222] G. Martin, E. Parry, and P. Flowers, "Do Social Media Enhance Constructive Employee Voice All of the Time or Just Some of the Time?" *Human Resource Management Journal* 25, no. 4 (2015): 541-62.

[223] C. Cheng, H.-Y. Wang, L. Sigerson, and C.-L. Chau, "Do the Socially Rich Get Richer? A Nuanced Perspective on Social Network Site Use and Online Social Capital Accrual," *Psychological Bulletin* 145, no. 7 (2019): 734-64.

[224] D. Liu and R. F. Baumeister, "Social Networking Online and Personality of Self-Worth: A Meta-Analysis," *Journal of Research in Personality* 64 (2016): 79-89.

[225] C. Midgley, S. Thai, P. Lockwood, C. Kovacheff, and E. Page-Gould, "When Every Day Is a High School Reunion: Social Media Comparisons and Self-Esteem," *Journal of Personality and Social Psychology* (in press).

[226] P. M. Leonardi, "Social Media and the Development of Shared Cognition: The Roles of Network Expansion, Content Integration, and Triggered Recalling," *Organization Science* 29, no. 4 (2018): 547-68.

[227] T. B. Neeley and P. M. Leonardi, "Enacting Knowledge Strategy Through Social Media: Passable Trust and the Paradox of Nonwork Interactions," *Strategic Management Journal* 39 (2018): 922-46.

[228] J. Amendola, "How Social Media Can Make or Break Your Business's Reputation," *Forbes*, August 9, 2019, https://www.forbes.com/sites/forbesagencycouncil/2019/08/09/how-social-media-can-make-or-break-your-businesss-reputation/?sh=2369cd476dbd

[229] P. LaForge, "'Lady Doritos'? Pepsi Wants a Do-Over," *The New York Times*, February 6, 2018, https://www.nytimes.com/2018/02/06/business/lady-doritos-indra-nooyi.html

[230] Based on V. Vilk, "What To Do When Your Employee Is Harassed Online?," *Harvard Business Review*, July 31, 2020, https://hbr.org/2020/07/what-to-do-when-your-employee-is-harassed-online

[231] A. Mak, "Tronc Laid Off the New York Daily News' Entire Social Media team, so They Got Revenge via Gif," *Slate*, July 23, 2018, https://slate.com/technology/2018/07/the-daily-newss-twitter-account-was-tampered-with-after-mass-layoffs.html

[232] E.-H. Kim and Y. Na Youm, "How Do Social Media Affect Analyst Stock Recommendations? Evidence From S&P 500 Electric Power Companies' Twitter Results," *Strategic Management Journal* 38 (2017): 2599-622.

[233] P. McDonald and P. Thompson, "Social Media(tion) and the Reshaping of Public/Private Boundaries in Employment Relations," *International Journal of Management Reviews* 18 (2016): 69-84.

[234] See, for instance, P. Thompson, P. McDonald, and P. O'Connor, "Employee Dissent on Social Media and Organizational Discipline," *Human Relations*, 73, no. 5 (2020): 631-52.

[235] M. Etter, D. Ravasi, and E. Colleoni, "Social Media and the Formation of Organizational Reputation," *Academy of Management Review* 44, no. 1 (2019): 28-52.

[236] C. Stohl, M. Etter, S. Banghart, and D. Woo, "Social Media Policies: Implications for Contemporary Notions of Corporate Social Responsibility," *Journal of Business Ethics* 142 (2017): 413-36.

[237] R. S. Dalal, D. J. Howard, R. J. Bennett, C. Posey, S. J. Zaccaro, and B. J. Brummel, "Organizational Science and Cybersecurity: Abundant Opportunities for Research at the Interface," *Journal of Business and Psychology* (in press).

[238] H. Zafar, "Human Resource Information Systems: Information Security Concerns for Organizations," *Human Resource Management Review* 23 (2013): 105-113.

[239] R. C. Dreibelbis, J. Martin, M. D. Coovert, and D. W. Dorsey, "The Looming Cybersecurity Crisis and What It Means for the Practice of Industrial and Organizational Psychology," *Industrial and Organizational Psychology* 11, no. 2 (2018): 346-65.

[240] D. Goldstein, "Employee Data Risk Gets Too Big to Ignore," *Bloomberg Law,* November 4, 2019, https://news.bloomberglaw.com/bloomberg-law-analysis/analysis-employee-data-risk-gets-too-big-to-ignore

[241] Tripwire, "Nordstrom Reveals Data Breach, Sensitive Employee Information Exposed," *Tripwire,* November 13, 2018, https://www.tripwire.com/state-of-security/latest-security-news/nordstrom-breach/

[242] Ibid.

[243] See, for instance, J. F. Binder, S. L. Buglass, L. R. Betts, and J. D. M. Underwood, "Online Social Networks Data as Sociometric Markers," *American Psychologist* 72, no. 7 (2017): 668-78.

[244] See, for example, V. Cheung-Blunden, K. Cropper, A. Panis, and K. Davis, "Functional Divergence of Two Threat-Induced Emotions: Fear-Based Versus Anxiety-Based Cybersecurity Preferences," *Emotion* 19, no. 8 (2019): 1353-65.

[245] Dreibelbis et al., "The Looming Cybersecurity Crisis and What It Means for the Practice of Industrial and Organizational Psychology."

[246] R. M. Steers and J. S. Osland, *Management Across Cultures: Challenges, Strategies, and Skills* (4th ed., New York, NY: Cambridge University Press, 2019).

[247] See, for instance, J. Lun, S. Oishi, J. A. Coan, S. Akimoto, and F. F. Miao, "Cultural Variations in Motivational Responses to Felt Misunderstanding," *Personality and Social Psychology Bulletin* 36, no. 7 (2010): 986-96.

[248] E. Meyer, "When Culture Doesn't Translate: How to Expand Abroad Without Losing Your Company's Mojo," *Harvard Business Review,* October 2015, https://hbr.org/2015/10/when-culture-doesnt-translate

[249] See E. Meyer, "Navigating the Cultural Minefield," *Harvard Business Review,* May 2014, https://hbr.org/2014/05/navigating-the-cultural-minefield

[250] Ibid.

[251] W. L. Adair and J. M. Brett, "The Negotiation Dance: Time, Culture, and Behavioral Sequences in Negotiation," *Organization Science* 16 (2005): 33-51.

[252] C. B. Gibson, L. Huang, B. L. Kirkman, and D. L. Shapiro, "Where Global and Virtual Meet: The Value of Examining the Intersection of These Elements in Twenty-First-Century Teams," *Annual Review of Organizational Psychology and Organizational Behavior* 1 (2014): 217-44.

[253] Ibid.

[254] N. J. Adler and Z. Aycan, "Cross-Cultural Interaction: What We Know and What We Need to Know," *Annual Review of Organizational Psychology and Organizational Behavior* 5 (2018): 307-33.

[255] M. Polizzotti, "Why Mistranslation Matters: Would History Have Been Different If Khrushchev Had Used a Better Interpreter?" *The New York Times,* July 28, 2018, https://www.nytimes.com/2018/07/28/opinion/sunday/why-mistranslation-matters.html

[256] K. Leung and M. W. Morris, "Values, Schemas, and Norms in the Culture-Behavior Nexus: A Situated Dynamics Framework," *Journal of International Business Studies* 46 (2015): 1028-50.

[257] See, for instance, J. S. Osland and A. Bird, "Beyond Sophisticated Stereotyping: Cultural Sensemaking in Context," *Academy of Management Perspectives* 14 (2000): 65-77.

[258] K. van den Bos, J. Brockner, J. H. Stein, D. D. Steiner, N. W. Van Yperen, and D. M. Dekker, "The Psychology of Voice and Performance Capabilities in Masculine and Feminine Cultures and Contexts," *Journal of Personality and Social Psychology* 99, no. 4 (2010): 638-48.

[259] Adler and Aycan, "Cross-Cultural Interaction."

[260] Ibid.

[261] See, for instance, E. C. Ravlin, A-K. Ward, and D. C. Thomas, "Exchanging Social Information Across Cultural Boundaries," *Journal of Management* 40, no. 5 (2014): 1437-65.

[262] See, for instance, D. T. Cordaro, R. Sun, S. Kamble, N. Hodder, M. Monroy, A. Cowen, Y. Bai, and D. Keltner, "The Recognition of 18 Facial-Bodily Expressions Across Nine Cultures," *Emotion* 20, 7 (2020): 1292-300.

[263] K. D. Kinzler, "Language as a Social Cue," *Annual Review of Psychology* 72 (2021): 241-64.

[264] J. Hannay, "Based or Cringe? To Be Based, or Cringe? That Is the Question," *The Strand,* April 8, 2021, https://thestrand.ca/based-or-cringe/

[265] M. Yoshie and D. A. Sauter, "Cultural Norms Influence Nonverbal Emotion Communication: Japanese Vocalizations of Socially Disengaging Emotions," *Emotion* 20, no. 3 (2020): 513-17.

[266] J. A. Vignovic and L. Foster Thompson, "Computer-Mediated Cross-Cultural Collaboration: Attributing Communication Errors to the Person Versus the Situation," *Journal of Applied Psychology* 95, no. 2 (2010): 265-76.

[267] See, for instance, J. P. Röer, U. Körner, A. Buchner, and R. Bell, "Attentional Capture by Taboo Words: A Functional View of Auditory Distraction," *Emotion* 17, no. 4 (2017): 740-50.

[268] M. Cioffi, "Navigating Latin American Cultures in Workplace," *Tire Business,* May 29, 2018, https://www.tirebusiness.com/article/20180529/NEWS/180529964/navigating-latin-american-cultures-in-workplace

[269] E. M. Richard and M. McFadden, "Saving Face: Reactions to Cultural Norm Violations in business request emails," *Journal of Business and Psychology* 31 (2016): 307-21.

[270] Y-P. Chang and S. B. Algoe, "On Thanksgiving: Cultural Variation in Gratitude Demonstrations and Perceptions Between the United States and Taiwan," *Emotion* 20, no. 7 (2020): 1185-205.

[271] N. Zhang, L.-J. Ji, B. Bai, and Y. Li, "Culturally Divergent Consequences of Receiving Thanks in Close Relationships," *Emotion* 18, no. 1 (2018): 46-57.

[272] T. Imada and S. R. Yussen, "Reproduction of Cultural Values: A Cross-Cultural Examination of Stories People Create and Transmit," *Personality and Social Psychology Bulletin* 38, no. 1 (2012): 114-28.

[273] S. Hong and J. Na, "How Facebook Is Perceived and Used by People Across Cultures: The Implications of Cultural Differences in the Use of Facebook," *Social Psychological and Personality Science* 9, no. 4 (2018): 435-43.

[274] P. Ondish, D. Cohen, K. Wallheimer Lucas, and J. Vandello, "The Resonance of Metaphor: Evidence for Latino Preferences for Metaphor and Analogy," *Personality and Social Psychology Bulletin* 45, no. 11 (2019): 1531-48.

[275] L. Severance, L. Bui-Wrzosinska, M. J. Gelfand, S. Lyons, A. Nowak, W. Borkowski, W. Soomro, N. Soomro, A. Rafaeli, D. E. Treister, C. Lin, and S. Tamaguchi, "The Psychological Structure of Aggression Across Cultures," *Journal of Organizational Behavior* 34, no. 6 (2013): 835-65.

[276] M. Barrett and E. Oborn, "Boundary Object Use in Cross-Cultural Software Development Teams," *Human Relations* 63, no. 8 (2010): 1199-221.

[277] Adler and Aycan, "Cross-Cultural Interaction"; M. C. Hopson, T. Hart, and G. C. Bell, "Meeting in the Middle: Fred L. Casmir's Contributions to the Field of Intercultural Communication," *International Journal of Intercultural Relations* (November 2012): 789-97; D. Lewin Loyd, C. S. Wang, K. W. Phillips, and R. B. Lount, "Social Category Diversity Promotes Premeeting Elaboration: The Role of Relationship Focus," *Organization Science* 24, no. 3 (2013): 757-72.

[278] Based on J. R. Methot, J. A. Lepine, N. P. Podsakoff, and J. S. Christian, "Are Workplace Friendships a Mixed Blessing? Exploring Tradeoffs of Multiplex Relationships and Their Associations with Job Performance," *Personnel Psychology* 69 (2016): 311-55; A. Markman, "Why Work Friendships Go Awry, and How to Prevent It," *Harvard Business Review,* June 8, 2018, https://hbr.org/2018/06/why-work-friendships-go-awry-and-how-to-prevent-it; J. Pillemer and N. P. Rothbard, "Friends Without Benefits: Understanding the Dark Sides of Workplace Friendships," *The Academy of Management Review* 43, no. 4 (2018): 1-26; E. Seppala and M. King, "Having Work Friends Can Be Tricky, but It's Worth It," *Harvard Business Review,* August 8, 2017, https://hbr.org/2017/08/having-work-friends-can-be-tricky-but-its-worth-it; K. Vasel, "The Argument Against Having Close Friends at Work," CNN, November 6, 2018, https://www.cnn.com/2018/11/06/success/no-friends-at-work/index.html

[279] Based on S. E. Ante, "Perilous Mix: Cloud, Devices From Home," *The Wall Street Journal,* February 20, 2014, B4; S. Captain, "If you use your personal phone for work, say goodbye to your privacy," *FastCompany* December 9, 2019, https://www.fastcompany.com/90440073/if-you-use-your-personal-phone-for-work-say-goodbye-to-your-privacy; D. Derks and A. B. Bakker, "Smartphone Use, Work-Home Interference, and Burnout: A Diary Study on the Role of Recovery," *Applied Psychology: An International Review* 63, no. 3 (2014): 411-40; E. Holmes, "When One Phone Isn't Enough," *The Wall Street Journal,* April 2, 2014, D1, D2; L. Nagele-Piazza, "Portable devices create data-security challenges," *Society for Human Resource Management: Technology* [blog], November 20, 2018, https://www.shrm.org/resourcesandtools/hr-topics/technology/pages/portable-devices-create-data-security-challenges.aspx; Oxford Economics and Samsung, *Maximizing Mobile Value: Is BYOD Holding you Back?* (Oxford, UK: Oxford Economics, June 2018); L. Weber, "Leaving a Job? Better Watch Your Cellphone," *The Wall Street Journal,* January 22, 2014; and E. Yost, "Can an Employer Remotely Wipe an Employee's Cellphone?" *HR Magazine* (July 2014): 19.

[280] Based on S. Nawaz, "How to Show You're Passionate in a Job Interview," *Harvard Business Review,* April 24, 2019, https://hbr.org/2019/04/how-to-show-youre-passionate-in-a-job-interview

제12장

[1] Based on C. Alcorn, "Rosalind Brewer Officially Takes the Helm at Walgreens, Becoming the Only Black Woman Fortune 500 CEO," CNN, March 15, 2021, https://www.cnn.com/2021/03/15/business/rosalind-brewer-walgreens/index.html; C. Connley, "23 Black Leaders Who Are Shaping History Today," *CNBC*, February 1, 2021, https://www.cnbc.com/2021/02/01/23-black-leaders-who-are-shaping-history-today.html; C. Connley, "3 Things to Know About Rosalind Brewer, Starbucks' First Female and African American COO," *CNBC*, September 15, 2017, https://www.cnbc.com/2017/09/13/3-things-to-know-about-rosalind-brewer-starbucks-first-female-and-african-american-coo.html; R. Martin, "Starbucks Executive Weighs In on Arrests of 2 Black Men," NPR, April 16, 2018, https://www.npr.org/2018/04/16/602807632/starbucks-executive-weighs-in-on-arrests-of-2-black-men; M. Ward, "Roz Brewer Is Showing Corporate America What It Means to Be Anti-Racist," *Business Insider*, January 31, 2021, https://www.businessinsider.com/roz-brewer-walgreens-anti-racist-executive-corporate-america-2021-1; M. Ward, "Roz Brewer, the Only Black Woman Leading a Fortune 500 Company, Shares Her 3-Part Strategy for Making Companies More Diverse and Inclusive," *Business Insider*, January 28, 2021, https://www.businessinsider.com/incoming-walgreens-ceo-roz-brewer-on-advancing-corporate-diversity-2021-1

[2] D. T. Dingle, "Gloria Boyland, One of the Most Powerful Women in Corporate America, Drives Innovation at FedEx," *Black Enterprise*, March 13, 2019, https://www.blackenterprise.com/most-powerful-women-in-corporate-america-gloria-boyland-fedex/

[3] B. Wille, B. M. Wiernik, J. Vergauwe, A. Vrijdags, and N. Trbovic, "Personality Characteristics of Male and Female Executives: Distinct Pathways to Success?" *Journal of Vocational Behavior* 106 (2018): 220-35.

[4] Dingle, "Gloria Boyland, One of the most Powerful Women in Corporate America, Drives Innovation at FedEx."

[5] R. Knight, "How to Increase Your Influence at Work," *Harvard Business Review*, February 16, 2018, https://hbr.org/2018/02/how-to-increase-your-influence-at-work

[6] J. Zhu, L. Jiwen Song, L. Zhu, and R. E. Johnson, "Visualizing the Landscape and Evolution of Leadership Research," *The Leadership Quarterly* 30 (2019): 215-32.

[7] R. G. Lord, D. V. Day, S. J. Zaccaro, B. J. Avolio, and A. H. Eagly, "Leadership in Applied Psychology: Three Waves of Theory and Research," *Journal of Applied Psychology* 102, no. 3 (2017): 434-51.

[8] For a review, see D. S. Derue, J. D. Nahrgang, N. Wellman, and S. E. Humphrey, "Trait and Behavioral Theories of Leadership: An Integration and Meta-Analytic Test of Their Relative Validity," *Personnel Psychology* 64 (2011): 7-52.

[9] See, for instance, R. K. Gottfredson and C. S. Reina, "Exploring Why Leaders Do What They Do: An Integrative Review of the Situation-Trait Approach and Situation-Encoding Schemas," *The Leadership Quarterly* 31, no. 1 (2020): Article 101373.

[10] B. R. Spisak, P. A. van der Laken, and B. M. Doornenbal, "Finding the Right Fuel for the Analytical Engine: Expanding the Leader Trait Paradigm Through Machine Learning?" *The Leadership Quarterly* 30 (2019): 417-26.

[11] J. Hu and T. A. Judge, "Leader-Team Complementarity: Exploring the Interactive Effects of Leader Personality Traits and Team Power Distance Values on Team Processes and Performance," *Journal of Applied Psychology* 102, no. 6 (2017): 935-55.

[12] K. L. Badura, E. Grijalva, B. M. Galvin, B. P. Owens, and D. L. Joseph, "Motivation to Lead: A Meta-Analysis and Distal-Proximal Model of Motivation and Leadership," *Journal of Applied Psychology* 105, no. 4 (2020): 331-54.

[13] D. S. DeRue, J. D. Nahrgang, N. Wellman, and S. E. Humphrey, "Trait and Behavioural Theories of Leadership: An Integration and Meta-Analytic Test of Their Relative Validity," *Personnel Psychology* 64 (2011): 7-52.

[14] M. H. Do and A. Minbashian, "A Meta-Analytic Examination of the Effects of the Agentic and Affiliative Aspects of Extraversion on Leadership Outcomes," *The Leadership Quarterly* 25 (2014): 1040-53.

[15] A. Gupta, S. Nadkarni, and M. Mariam, "Dispositional Sources of Managerial Discretion: CEO Ideology, CEO Personality, and Firm Strategies," *Administrative Science Quarterly* 64, no. 4 (2019): 855-93.

[16] K. L. Badura, E. Grijalva, D. A. Newman, T. Taiyi Yan, and G. Jeon, "Gender and Leadership Emergence: A Meta-Analysis and Explanatory Model," *Personnel Psychology* 71 (2018): 335-67.

[17] J. Hu, Z. Zhang, K. Jiang, and W. Chen, "Getting Ahead, Getting Along, and Getting Prosocial: Examining Extraversion Facets, Peer Reactions, and Leadership Emergence," *Journal of Applied Psychology* 104, no. 11 (2019): 1369-86.

[18] M. Chamberlin, D. W. Newton, and J. A. LePine, "A Meta-Analysis of Voice and Its Promotive and Prohibitive forms: Identification of Key Associations, Distinctions, and Future Research Directions," *Personnel Psychology* 70 (2017): 11-71; DeRue et al., "Trait and Behavioral Theories of Leadership."

[19] DeRue et al., "Trait and Behavioral Theories of Leadership."

[20] T. Brad Harris, M. Teresa Cardador, M. S. Cole, S. Mistry, and B. L. Kirkman, "Are Followers Satisfied with Conscientious Leaders? The Moderating Influence of Leader Role Authenticity," *Journal of Organizational Behavior* 40 (2019): 456-71.

[21] DeRue et al., "Trait and Behavioral Theories of Leadership."

[22] S. K. Parker, Y. Wang, and J. Liao, "When Is Proactivity Wise? A Review of Factors That Influence the Individual Outcomes of Proactive Behavior," *Annual Review of Organizational Psychology and Organizational Behavior* 6 (2019): 221-48.

[23] W. Lam, C. Lee, M. Susan Taylor, and H. H. Zhao, "Does Proactive Personality Matter in Leadership Transitions? Effects of Proactive Personality on New Leader Identification and Responses to New Leaders and Their Change Agendas," *Academy of Management Journal* 61, no. 1 (2018): 245-63.

[24] J. L. Huang, C. Liao, Y. Li, M. Liu, and B. Biermeier-Hanson, "Just What You Need: The Complementary Effect of Leader Proactive Personality and Team Need for Approval," *Journal of Business and Psychology* 35 (2020): 421-34.

[25] B. Nevicka, A. E. M. Van Vianen, A. H. B. De Hoogh, and B. C. M. Voorn, "Narcissistic Leaders: An Asset or a Liability? Leader Visibility, Follower Responses, and Group-Level Absenteeism," *Journal of Applied Psychology* 103, no. 7 (2018): 703-23.

[26] H. Liu, J. Ting-Ju Chaing, R. Fehr, M. Xu, and S. Wang, "How Do Leaders React When Treated Unfairly? Leader Narcissism and Self-Interested Behavior in Response to Unfair Treatment," *Journal of Applied Psychology* 102, no. 11 (2017): 1590-99.

[27] B. H. Gaddis and J. L. Foster, "Meta-Analysis of Dark Side Personality Characteristics and Critical Work Behaviors among Leaders across the Globe: Findings and Implications for Leadership Development and Executive Coaching," *Applied Psychology: An International Review* 64, no. 1 (2015): 25-54.

[28] E. Grijalva and L. Zhang, "Narcissism and Self-Insight: A Review and Meta-Analysis of Narcissists' Self-Enhancement Tendencies," *Personality and Social Psychology Bulletin* 42, no. 1 (2016): 3-24; L. Huang, D. V. Krasikova, and P. D. Harms, "Avoiding or Embracing Social Relationships? A Conservation of Resources Perspective of Leader Narcissism, Leader-Member Exchange Differentiation, and Follower Voice," *Journal of Organizational Behavior* 41 (2020): 77-92.

[29] J. B. Carnevale, L. Huang, and P. D. Harms, "Leader Consultation Mitigates the Harmful Effects of Leader Narcissism: A Belongingess Perspective," *Organizational Behavior and Human Decision Processes* 146 (2018): 76-84.

[30] See, for instance, R. H. Humphrey, J. M. Pollack, and T. H. Hawver, "Leading with Emotional Labor," *Journal of Managerial Psychology* 23 (2008): 151-68.

[31] P. D. Harms and M. Credé, "Emotional Intelligence and Transformational and Transactional Leadership: A Meta-Analysis," *Journal of Leadership & Organizational Studies* 17, no. 1 (2010): 5-17.

[32] S. Côté, P. N. Lopez, P. Salovey, and C. T. H. Miners, "Emotional Intelligence and Leadership Emergence in Small Groups," *Leadership Quarterly* 21 (2010): 496-508.

[33] N. Ensari, R. E. Riggio, J. Christian, and G. Carslaw, "Who Emerges as a Leader? Meta-Analyses of Individual Differences as Predictors of Leadership Emergence," *Personality and Individual Differences* 51, no. 4 (2011): 532-36.

[34] W.-D. Li, S. Li, J. J. Feng, M. Wang, H. Zhang, M. Frese, and C.-H. Wu, "Can Becoming a Leader Change Your Personality? An Investigation with Two Longitudinal Studies From a Role-Based Perspective," *Journal of Applied Psychology* 106, no. 6 (2021): 882-901.

[35] C. N. Lacerenza, D. L. Reyes, S. L. Marlow, D. L. Joseph, and E. Salas, "Leadership Training Design, Delivery, and Implementation: A Meta-Analysis," *Journal of Applied Psychology* 102, no. 12 (2017): 1686-718.

[36] T. A. Judge, R. F. Piccolo, and R. Ilies, "The Forgotten Ones? The Validity of Consideration and Initiating Structure in Leadership Research," *Journal of Applied Psychology* 89, no. 1 (2004): 36-51.

[37] Ibid.

[38] J. F. Helliwell, M. B. Norton, H. Huang, and S. Wang, "Happiness at Different Ages: The Social Context Matters," *The National Bureau of Economic Research* [Working Paper No. 25121] (Cambridge, MA: NBER, 2018).

[39] D. Montano, A. Reeske, F. Franke, and J. Hüffmeier, "Leadership, Followers' Mental Health and Job Performance in Organizations: A Comprehensive Meta-Analysis From an Occupational Health Perspective," *Journal of Organizational Behavior* 38 (2017): 327-50.

[40] K. M. Carter, E. Gonzalez-Mulé, M. K. Mount, I.-S. Oh, and L. Sinclair Zachar, "Managers Moving On Up (or Out): Linking Self-Other Agreement on Leadership

Behaviors to Succession Planning and Voluntary Turnover," *Journal of Vocational Behavior* 115 (2019): Article 103328.

[41] E. Yeung and W. Shen, "Can Pride Be a Vice and Virtue at Work? Associations Between Authentic and Hubristic Pride and Leadership Behaviors," *Journal of Organizational Behavior* 40 (2019): 605-24.

[42] W. Shen, K. Chang, K.-T. Cheng, and K. Yourie Kim, "What to Do and What Works? Exploring How Work Groups Cope with Understaffing," *Journal of Occupational Health Psychology* 24, no. 3 (2019): 346-58.

[43] H. van Emmerik, H. Wendt, and M. C. Euwema, "Gender Ratio, Societal Culture, and Male and Female Leadership," *Journal of Occupational and Organizational Psychology* 83 (2010): 895-914.

[44] Based on M. H. Bazerman, "A New Model for Ethical Leadership," *Harvard Business Review*, September 1, 2020, https://hbr.org/2020/09/a-new-model-for-ethical-leadership; Z. Liao, "Intimidating Bosses Can Change—They Just Need a Nudge," *Harvard Business Review*, August 31, 2020, https://hbr.org/2020/08/intimidating-bosses-can-change-they-just-need-a-nudge; A. S. Navathe, V. S. Lee, and J. M. Liao, "How to Overcome Clinicians' Resistance to Nudges," *Harvard Business Review*, May 3, 2019, https://hbr.org/2019/05/how-to-overcome-clinicians-resistance-to-nudges

[45] J. Gallagher, "Alfred Glancy III, the Detroit Leader Who Helped Save the DSO, Has Died," *Detroit Free Press*, January 11, 2019, https://www.freep.com/story/money/business/john-gallagher/2019/01/11/alfred-glancy-iii-dso/2546584002/

[46] F. E. Fiedler, "A Contingency Model of Leadership Effectiveness," *Advances in Experimental Social Psychology* 1 (1964): 149-90; for more current discussion on the model, see R. G. Lord, D. V. Day, S. J. Zaccaro, B. J. Avolio, and A. H. Eagly, "Leadership in Applied Psychology: Three Waves of Theory and Research," *Journal of Applied Psychology* 102, no. 3 (2017): 434-51.

[47] L. H. Peters, D. D. Hartke, and J. T. Pohlmann, "Fiedler's Contingency Theory of Leadership: An Application of the Meta-Analysis Procedures of Schmidt and Hunter," *Psychological Bulletin* 97, no. 2 (1985): 274-85; and C. A. Schriesheim, B. J. Tepper, and L. A. Tetrault, "Least Preferred Co-Worker Score, Situational Control, and Leadership Effectiveness: A Meta-Analysis of Contingency Model Performance Predictions," *Journal of Applied Psychology* 79, no. 4 (1994): 561-73.

[48] R. L. Miller, J. Butler, and C. J. Cosentino, "Followership Effectiveness: An Extension of Fiedler's Contingency Model," *The Leadership & Organization Development Journal* 25, no. 4 (2004): 362-68.

[49] K. Blanchard and S. Johnson, *The One Minute Manager* (New York, NY: HarperCollins, 1982); and V. H. Vroom and A. G. Jago, "The Role of the Situation in Leadership," *American Psychologist* 62, no. 1 (2007): 17-24.

[50] Ibid.

[51] See, for instance, G. Thompson and L. Glasø, "Situational Leadership Theory: A Test From a Leader-Follower Congruence Approach," *Leadership & Organization Development Journal* 39, no. 5 (2018): 574-91.

[52] C. L. Graeff, "Evolution of Situational Leadership Theory: A Critical Review," *Leadership Quarterly*

8, no. 2 (1997): 153-70.

[53] W. Bennis, "The Challenges of Leadership in the Modern World," *American Psychologist* 62, no. 1 (2007): 2-5.

[54] For a review, see Vroom and Jago, "The Role of the Situation in Leadership."

[55] V. H. Vroom and A. G. Jago, "Situation Effects and Levels of Analysis in the Study of Leader Participation," *Leadership Quarterly* 6, no. 2 (1995): 169-81.

[56] C. Matyszczyk, "In Just a Few Words, Warriors Coach Steve Kerr Gave a Wonderful Lesson in Leadership. The Limits of Leadership, That Is," *Inc.*, September 6, 2018, https://www.inc.com/chris-matyszczyk/in-just-a-few-words-warriors-coach-steve-kerr-gave-a-wonderful-lesson-in-leadership-limits-of-leadership-that-is.html

[57] See, for a review, J. Zhu, Z. Liao, K. Chi Yam, and R. E. Johnson, "Shared Leadership: A State-of-the-Art Review and Future Research Agenda," *Journal of Organizational Behavior* 39 (2018): 834-52.

[58] See, for instance, K. N. Klasmeier and J. Rowold, "A Multilevel Investigation of Predictors and Outcomes of Shared Leadership," *Journal of Organizational Behavior* 41 (2020): 915-30; M. R. Kukenberer and L. D'Innocenzo, "The Building Blocks of Shared Leadership: The Interactive Effects of Diversity Types, Team Climate, and Time," *Personnel Psychology* 73 (2020): 125-50.

[59] N. M. Lorinkova and K. M. Bartol, "Shared Leadership Development and Team Performance: A New Look at the Dynamics of Shared Leadership," *Personnel Psychology* 74 (2021): 77-107.

[60] L. D'Innocenzo, J. E. Mathieu, and M. R. Kukenberger, "A Meta-Analysis of Different Forms of Shared Leadership-Team Performance Relations," *Journal of Management* 42, no. 7 (2016): 1964-91; D. Wang, D. A. Waldman, and Z. Zhang, "A Meta-Analysis of Shared Leadership and Team Effectiveness," *Journal of Applied Psychology* 99, no. 2 (2014): 181-98.

[61] M. A. Drescher, M. Audrey Korsgaard, I. M. Welpe, A. Picot, and R. T. Wigand, "The Dynamics of Shared Leadership: Building Trust and Enhancing Performance," *Journal of Applied Psychology* 99, no. 5 (2014): 771-83; J. E. Mathieu, M. R. Kukenberger, L. D'Innocenzo, and G. Reilly, "Modeling Reciprocal Team Cohesion-Performance Relationships, as Impacted by Shared Leadership and Members' Competence," *Journal of Applied Psychology* 100, no. 3 (2015): 713-34.

[62] W. He, P. Hao, X. Huang, L.-R. Long, N. J. Hiller, and S.-L. Li, "Different Roles of Shared and Vertical Leadership in Promoting Team Creativity: Cultivating and Synthesizing Team Members' Individual Creativity," *Personnel Psychology* 73 (2020): 199-225; R. Liang, D. van Knippenberg, and Q. Gu, "A Cross-Level Model of Shared Leadership, Meaning, and Individual Creativity," *Journal of Organizational Behavior* 42 (2021): 68-83.

[63] F. J. Yammarino, E. Salas, A. Serban, K. Shirreffs, and M. L. Shuffler, "Collectivistic Leadership Approaches: Putting the 'We' in Leadership Science and Practice," *Industrial and Organizational Psychology: Perspectives on Science and Practice* 5 (2012): 382-402.

[64] K. J. Klein, J. C. Ziegert, A. P. Knight, and Y. Xiao, "Dynamic Delegation: Shared, Hierarchical, and Deindividualized Leadership in Extreme Action Teams," *Administrative Science Quarterly* 51 (2006): 590-621.

[65] R. Sinha, C.-Y. C. Chiu, and S. B. Srinivas, "Shared Leadership and Relationship Conflict in Teams: The Moderating Role of Team Power Base Diversity," *Journal of Organizational Behavior* 42, no. 5 (2021): 649-67.

[66] N. Bastardoz and M. Van Vugt, "The Nature of Followership: Evolutionary Analysis and Review," *The Leadership Quarterly* 30 (2019): 81-95.

[67] N. Wirtz, T. Rigotti, K. Otto, and C. Loeb, "What About the Leader? Crossover of Emotional Exhaustion and Work Engagement From Followers to Leaders," *Journal of Occupational Health Psychology* 22, no. 1 (2017): 86-97.

[68] R. G. Lord, O. Epitropaki, R. J. Foti, and T. Keller Hansbrough, "Implicit Leadership Theories, Implicit Followership Theories, and Dynamic Processing of Leadership Information," *Annual Review of Organizational Psychology and Organizational Behavior* 7 (2020): 49-74.

[69] T. Sy, "What Do You Think of Followers? Examining the Content, Structure, and Consequences of Implicit Followership Theories," *Organizational Behavior and Human Decision Processes* 113 (2010): 73-84.

[70] G. Wang, C. H. Van Iddekinge, L. Zhang, and J. Bishoff, "Meta-Analytic and Primary Investigations of the Role of Followers in Ratings of Leadership Behavior in Organizations," *Journal of Applied Psychology* 104, no. 1 (2019): 70-106.

[71] H. Leroy, F. Anseel, W. L. Gardner, and L. Sels, "Authentic Leadership, Authentic Followership, Basic Need Satisfaction, and Work Role Performance: A Cross-Level Study," *Journal of Management* 41, no. 6 (2015): 1677-97.

[72] M. Abbajay, *Managing Up: How to Move Up, Win at Work, and Succeed with Any Type of Boss* (Hoboken, NJ: Wiley, 2018).

[73] R. Dean Duncan, "Why Managing Up Is a Skill Set You Need," *Forbes*, May 26, 2018, https://www.forbes.com/sites/rodgerdeanduncan/2018/05/26/why-managing-up-is-a-skillset-you-need/?sh=436066ef37fd

[74] S. Carey, "Watch Your Manguage," *MacMillan Dictionary* [blog], November 3, 2010, https://www.macmillandictionaryblog.com/watch-your-manguage/comment-page-1; T. Sydoryk, "How to Lead During Times of Change," *Chaordix* [blog], May 20, 2020, https://blog.chaordix.com/how-to-lead-during-times-of-change

[75] D. Robson, "COVID-19: What Makes a Good Leader During a Crisis?" BBC: *Worklife* [blog], March 27, 2020, https://www.bbc.com/worklife/article/20200326-covid-19-what-makes-a-good-leader-during-a-crisis

[76] S. Miller, "The Secret to Germany's COVID-19 Success: Angela Merkel Is a Scientist," *The Atlantic*, April 20, 2020, https://www.theatlantic.com/international/archive/2020/04/angela-merkel-germany-coronavirus-pandemic/610225/

[77] M. K. Ryan, S. Alexander Haslam, T. Morgenroth, F. Rink, J. Stoker, and K. Peters, "Getting on Top of the Glass Cliff: Reviewing a Decade of Evidence, Explanations, and Impact," *The Leadership Quarterly* 27 (2016): 446-55.

[78] See, for instance, M. K. Ryan, S. A, Haslam, M. D. Hersby, and R. Bongiorno, "Think Crisis-Think Female: The Glass Cliff and Contextual Variation in the Think Manager-Think Male Stereotype," *Journal of Applied Psychology* 96, no. 3 (2011): 470-84.

[79] S. T. Hannah, M. Uhl-Bien, B. J. Avolio, and F. L. Cavaretta, "A Framework for Examining Leadership in Extreme Contexts," *The Leadership Quarterly* 20 (2009): 897-919.

[80] B. Wansink, C. R. Payne, and K. van Ittersum, "Profiling the Heroic Leader: Empirical Lessons From Combat-Decorated Veterans of World War II," *The Leadership Quarterly* 19 (2008): 547-55.

[81] L. A. DeChurch, C. Shawn Burke, M. L. Shuffler, R. Lyons, D. Doty, and E. Salas, "A Historiometric Analysis of Leadership in Mission Critical Multiteam Environments," *The Leadership Quarterly* 22 (2011): 152-69.

[82] D. J. Carrington, I. A. Combe, and M. D. Mumford, "Cognitive Shifts Within Leader and Follower Teams: Where Consensus Develops in Mental Models During an Organizational Crisis," *The Leadership Quarterly* 30 (2019): 335-50.

[83] J. M. Madera and D. B. Smith, "The Effects of Leader Negative Emotions on Evaluations of Leadership in a Crisis Situation: The Role of Anger and Sadness," *The Leadership Quarterly* 20 (2009): 103-14.

[84] J. G. Hunt, K. B. Boal, and G. E. Dodge, "The Effects of Visionary and Crisis-Responsive Charisma on Followers: An Experimental Examination of Two Kinds of Charismatic Leadership," *The Leadership Quarterly* 10, no. 3 (1999): 423-48.

[85] Ibid.

[86] E. A. Williams, R. Pillai, B. Deptula, and K. B. Lowe, "The Effects of Crisis, Cynicism About Change, and Value Congruence on Perceptions of Authentic Leadership and Attributed Charisma in the 2008 Presidential Election," *The Leadership Quarterly* 23 (2012): 324-41; E. A. Williams, R. Pillai, K. B. Lowe, D. Jung, and D. Herst, "Crisis, Charisma, Values, and Voting Behavior in the 2004 Presidential Election," *The Leadership Quarterly* 20 (2009): 70-86.

[87] M. B. Eberly, D. J. Bluhm, C. Guarana, B. J. Avolio, and S. T. Hannah, "Staying After the Storm: How Transformational Leadership Relates to Follower Turnover Intentions in Extreme Contexts," *Journal of Vocational Behavior* 102 (2017): 72-85.

[88] See, for a review, R. Martin, Y. Guillaume, G. Thomas, A. Lee, and O. Epitropaki, "Leader-Member Exchange (LMX) and Performance: A Meta-Analytic Review," *Personnel Psychology* 69 (2016): 67-121.

[89] J. H. Dulebohn, W. H. Bommer, R. C. Liden, R. L. Brouer, and G. R. Ferris, "A Meta-Analysis of Antecedents and Consequences of Leader-Member Exchange: Integrating the Past with an Eye Toward the Future," *Journal of Management* 38, no. 6 (2012): 1715-59; A. J. Xu, R. Loi, Z. Cai, and R. C. Liden, "Reversing the Lens: How Followers Influence Leader-Member Exchange Quality," *Journal of Occupational and Organizational Psychology* 92 (2019): 475-97.

[90] Dulebohn et al., "A Meta-Analysis of Antecedents and Consequences of Leader-Member Exchange"; Xu et al., "Reversing the Lens."

[91] Z. Liao, W. Liu, X. Li, and Z. Song, "Give and Take: An Episodic Perspective on Leader-Member Exchange," *Journal of Applied Psychology* 104, no. 1 (2019): 34-51.

[92] Dulebohn et al., "A Meta-Analysis of Antecedents and Consequences of Leader-Member Exchange."

[93] R. Vecchio and D. M. Brazil, "Leadership and Sex-Similarity: A Comparison in a Military Setting," *Personnel Psychology* 60, no. 2 (2007): 303-35.

[94] A. Lee, G. Thomas, R. Martin, Y. Guillaume, and A. F. Marstand, "Beyond Relationship Quality: The Role of Leader-Member Exchange Importance in Leader-Follower Dyads," *Journal of Occupational and Organizational Psychology* 92 (2019): 736-63.

[95] Chamberlin et al., "A Meta-Analysis of Voice and Its Promotive and Prohibitive Forms"; Martin et al., "Leader-Member Exchange (LMX) and performance."

[96] Martin et al., "Leader-Member Exchange (LMX) and Performance."

[97] M. C. Howard, J. E. Cogswell, and M. B. Smith, "The Antecedents and Outcomes of Workplace Ostracism: A Meta-Analysis," *Journal of Applied Psychology* 105, no. 6 (2020): 577-96; Montano et al., "Leadership, Followers' Mental Health and Job Performance in Organizations."

[98] O. Epitropaki, A. Friis Marstand, B. Van der Heijden, N. Bozionelos, N. Mylonopoulos, C. Van der Heijde, D. Scholarios, A. Mikkelsen, I. Marzec, and P. Jedrezejowicz, "What Are the Career Implications of 'Seeing Eye to Eye'? Examining the Role of Leader-Member Exchange (LMX) Agreement on Employability and Career Outcomes," *Personnel Psychology* (in press).

[99] D. Choi, M. L. Kraimer, and S. E. Seibert, "Conflict, Justice, and Inequality: Why Perceptions of Leader-Member Exchange Differentiation Hurt Performance in Teams," *Journal of Organizational Behavior* 41 (2020): 567-86; A. Yu, F. K. Matta, and B. Cornfield, "Is Leader-Member Exchange Differentiation Beneficial or Detrimental for Group Effectiveness? A Meta-Analytic Investigation and Theoretical Integration," *Academy of Management Journal* 61, no. 3 (2018): 1158-88.

[100] J. Hun Han, H. Liao, J. Han, and A. Ning Li, "When Leader-Member Exchange Differentiation Improves Work Group Functioning: The Combined Roles of Differentiation Bases and Reward Interdependence," *Personnel Psychology* 74 (2021): 109-41.

[101] Yu et al., "Is Leader-Member Exchange Differentiation Beneficial or Detrimental for Group Effectiveness?"

[102] L. C. Wang and J. R. Hollenbeck, "LMX in Team-Based Contexts: TMX, Authority Differentiation, and Skill Differentiation as Boundary Conditions for Leader Reciprocation," *Personnel Psychology* 72 (2019): 271-90.

[103] T. Rockstuhl, J. H. Dulebohn, S. Ang, and L. M. Shore, "Leader-Member Exchange (LMX) and Culture: A Meta-Analysis of Correlates of LMX Across 23 Countries," *Journal of Applied Psychology* 97, no. 6 (2012): 1097-130.

[104] A. Chaudhry, P. R. Vidyarthi, R. C. Liden, and S. J. Wayne, "Two to Tango? Implications of Alignment and Misalignment in Leader and Follower Perceptions of LMX," *Journal of Business and Psychology* 36 (2021): 383-99.

[105] S. Patel, "The 5 Characteristics That Make a Charismatic Leader," *Entrepreneur*, August 7, 2017, https://www.entrepreneur.com/article/297710

[106] M. Weber, *The Theory of Social and Economic Organization*, A. M. Henderson and T. Parsons (trans.) (Eastford, CT: Martino Fine Books, 2012).

[107] See, for instance, J. Antonakis, N. Bastardoz, P. Jacquart, and B. Shamir, "Charisma: An Ill-Defined and Ill-Measured Gift," *Annual Review of Organizational Psychology and Organizational Behavior* 3 (2016): 293-319.

[108] *Ibid.*

[109] G. C. Banks, K. N. Engemann, C. E. Williams, J. Gooty, K. D. McCauley, and M. R. Medaugh, "A Meta-Analytic Review and Future Research Agenda of Charismatic Leadership," *The Leadership Quarterly* 28 (2017): 508-29

[110] F. Walter and H. Bruch, "An Affective Events Model of Charismatic Leadership Behavior: A Review, Theoretical Integration, and Research Agenda," *Journal of Management* 35, no. 6 (2009): 1428-52.

[111] Banks et al., "A Meta-Analytic Review and Future Research Agenda of Charismatic Leadership"; and M. A. LePine, Y. Zhang, E. R. Crawford, and B. L. Rich, "Turning Their Pain to Gain: Charismatic Leader Influence on Follower Stress Appraisal and Job Performance," *Academy of Management Journal* 59, no. 3 (2016): 1036-59.

[112] A. Lewis and J. Clark, "Dreams Within a Dream: Multiple Visions and Organizational Structure," *Journal of Organizational Behavior* 41 (2020): 50-76.

[113] T. Maran, M. Furtner, S. Liegl, S. Kraus, and P. Sachse, "In the Eye of a Leader: Eye-Directed Gazing Shapes Perceptions of Leaders' Charisma," *The Leadership Quarterly* 30, no. 6 (2019) : Article 101337.

[114] Y. Berson, R. A. Da'as, and D. A. Waldman, "How Do Leaders and Their Teams Bring About Organizational Learning and Outcomes," *Personnel Psychology* 68 (2015): 79-108.

[115] Y. Berson, D. A. Waldman, and C. L. Pearce, "Enhancing Our Understanding of Vision in Organizations: Toward an Integration of Leader and Follower Processes," *Organizational Psychology Review* 6, no. 2 (2016): 171-91.

[116] See, for instance, P. M. Le Blanc, V. González-Romá, and H. Wang, "Charismatic Leadership and Work Team Innovative Behavior: The Role of Team Task Interdependence and Team Potency," *Journal of Business and Psychology* 36 (2021): 333-46.

[117] A. Xenikou, "The Cognitive and Affective Components of Organisational Identification: The Role of Perceived Support Values and Charismatic Leadership," *Applied Psychology: An International Review* 63, no. 4 (2014): 567-88.

[118] M. J. Young, M. W. Morris, and V. M. Scherwin, "Managerial Mystique: Magical Thinking in Judgments of Managers' Vision, Charisma, and Magnetism," *Journal of Management* 39, no. 4 (2013): 1044-61.

[119] See, for example, K. Breevaart and R. E. de Vries, "Followers' HEXACO Personality Traits and Preferences for Charismatic, Relationship-Oriented, and Task-Oriented Leadership," *Journal of Business and Psychology* 36 (2021): 253-65.

[120] J. C. Pastor, M. Mayo, and B. Shamir, "Adding Fuel to Fire: The Impact of Followers' Arousal on Ratings of Charisma," *Journal of Applied Psychology* 92, no. 6 (2007): 1584-96; and D. Stam, D. van Knippenberg, B. Wisse, and P. A. Nederveen, "Motivation in Words: Promotion- and Prevention-Oriented Leader Communication in Times of Crisis," *Journal of Management* 44, no. 7 (2018): 2859-87.

[121] C. M. Barnes, C. L. Guarana, S. Nauman, and D. T. Kong, "Too Tired to Inspire or Be Inspired: Sleep Deprivation and Charismatic Leadership," *Journal of Applied Psychology* 101, no. 8 (2016): 1191-99.

[122] K. Tumulty, "How Donald Trump Came Up with 'Make America Great Again,'" *The Washington Post*, January 18, 2017, https://www.washingtonpost.com/politics/how-donald-trump-came-up-with-make-america-great-again/2017/01/17/fb6acf5e-dbf7-11e6-ad42-f3375f271c9c_story.html?utm_term=.1ebc873f-ec9d.

[123] P. Jacquart and J. Antonakis, "When Does Charisma Matter for Top-Level Leaders? Effect of Attributional Ambiguity," *Academy of Management Journal* 58, no. 4 (2015): 1051-74.

[124] See, for instance, R. Khurana, *Searching for a Corporate Savior: The Irrational Quest for Charismatic CEOs* (Princeton, NJ: Princeton University Press, 2002).

[125] B. M. Galvin, D. A. Waldman, and P. Balthazard, "Visionary Communication Qualities as Mediators of the Relationship Between Narcissism and Attributions of Leader Charisma," *Personnel Psychology* 63, no. 3 (2010): 509-37.

[126] J. B. Rodell, J. A. Colquitt, and M. D. Baer, "Is Adhering to Justice Rules Enough? The Role of Charismatic Qualities in Perceptions of Supervisors' Overall Fairness," *Organizational Behavior and Human Decision Processes* 140 (2017): 14-28.

[127] "The Biggest Business Scandals of 2020," *Fortune*, December 27, 2020, https://fortune.com/2020/12/27/biggest-business-scandals-of-2020-nikola-wirecard-luckin-coffee-twitter-security-hack-tesla-spx-mcdonalds-ceo-ppp-fraud-wells-fargo-ebay-carlos-ghosn/

[128] Right Management, "Two-Thirds of Managers Need Guidance on How to Coach and Develop Careers," *Thoughtwire* [blog], March 11, 2015, https://www.right.com/wps/wcm/connect/right-us-en/home/thoughtwire/categories/media-center/Two-Thirds-of-Managers-Need-Guidance-on-How-to-Coach-and-Develop-Careers

[129] T. R. Hinkin and C. A. Schriescheim, "An Examination of 'Nonleadership': From Laissez-Faire Leadership to Leader Reward Omission and Punishment Omission," *Journal of Applied Psychology* 93, no. 6 (2008): 1234-48.

[130] A. Skogstad, S. Einarsen, T. Torsheim, M. Scahnke Aasland, and H. Hetland, "The Destructiveness of Laissez-Faire Leadership Behavior," *Journal of Occupational Health Psychology* 12, no. 1 (2007): 80-92.

[131] N. Wellman, D. W. Newton, D. Wang, W. Wei, D. A. Waldman, and J. A. LePine, "Meeting the Need or Falling in Line? The Effect of Laissez-Faire Formal Leaders on Informal Leadership," *Personnel Psychology* 72 (2019): 337-59.

[132] V. Robert and C. Vandenberghe, "Laissez-Faire Leadership and Affective Commitment: The Roles of Leader-Member Exchange and Subordinate Relational Self-Concept," *Journal of Business and Psychology* 36 (2021): 533-51.

[133] Skogstad et al., "The Destructiveness of Laissez-Faire Leadership Behavior."

[134] See, for instance, B. M. Bass and R. E. Riggio, *Transformational Leadership*, 2nd ed. (Mahwah, NJ: Lawrence Erlbaum, 2006).

[135] T. A. Judge and R. F. Piccolo, "Transformational and Transactional Leadership: A Meta-Analytic Test of Their Relative Validity," Journal of Applied Psychology 89, no. 5 (2004): 755-68.; and G. Wang, I.-S. Oh, S. H. Courtright,and A. E. Colbert, "Transformational Leadership and Performance Across Criteria and Levels: A Meta-Analytic Review of 25 Years of Research," Group & Organization Management 36, no. 2 (2011): 223-70.

[136] Ibid.

[137] Ibid.

[138] *Ibid.*

[139] S. Willis, S. Clarke, and E. O'Connor, "Contextualizing Leadership: Transformational Leadership and Management-by-Exception-Active in Safety Critical Contexts," *Journal of Occupational and Organizational Psychology* 90 (2017): 281-305.

[140] Bass and R. E. Riggio, *Transformational Leadership.*

[141] See for a critique, N. Siangchokyoo, R. L. Klinger, and E. D. Campion, "Follower Transformation as the Linchpin of Transformational Leadership Theory: A Systematic Review and Future Research Agenda," *The Leadership Quarterly* 31, no. 1 (2020): Article 101341.

[142] D. K. Goodwin, *Leadership in Turbulent Times* (New York, NY: Simon & Schuster, 2018).

[143] L. Y. C. Leong and R. Fischer, "Is Transformational Leadership Universal? A Meta-Analytic Investigation of the Multifactor Leadership Questionnaire Across Cultures," *Journal of Leadership & Organizational Studies* 18, no. 2 (2011): 164-74.

[144] K. A. Arnold, "Transformational Leadership and Employee Psychological Well-Being: A Review and Directions for Future Research," *Journal of Occupational Health Psychology* 22, no. 3 (2017): 381-93; Chamberlin et al., "A Meta-Analysis of Voice and Its Promotive and Prohibitive Forms"; M. Lance Frazier, S. Fainshmidt, R. L. Klinger, A. Pezeshkan, and V. Vracheva, "Psychological Safety: A Meta-Analytic Review and Extension," *Personnel Psychology* 70 (2017): 113-65; Judge and Piccolo, "Transformational and Transactional Leadership"; A.-K. Kleine, C. W. Rudolph, and H. Zacher, "Thriving at Work: A Meta-Analysis," *Journal of Organizational Behavior* 40 (2019): 973-99; D. Koh, K. Lee, and K. Joshi, "Transformational Leadership and Creativity: A Meta-Analytic Review and Identification of an Integrated Model," *Journal of Organizational Behavior* 40, no. 6 (2019): 625-50; Montano et al., "Leadership, Followers' Mental Health and Job Performance in Organizations"; and Wang et al., "Transformational Leadership and Performance Across Criteria and Levels."

[145] Antonakis et al., "Charisma."

[146] See, for instance, V. T. Ho and M. N. Astakhova, "The Passion Bug: How and When Do Leaders Inspire Work Passion?" *Journal of Organizational Behavior* 41 (2020): 424-44.

[147] M. A. Robinson and K. Boies, "Different Ways to Get the Job Done: Comparing the Effects of Intellectual Stimulation and Contingent Reward Leadership on Task-Related Outcomes," *Journal of Applied Social Psychology* 46 (2016): 336-53.

[148] DeRue et al., "Trait and Behavioural Theories of Leadership"; and Wang et al., "Transformational Leadership and Performance Across Criteria and Levels: A Meta-Analytic Review of 25 Years of Research."

[149] S. Clarke, "Safety Leadership: A Meta-Analytic Review of Transformational and Transactional Leadership Styles as Antecedents of Safety Behaviors," *Journal of Occupational and Organizational Psychology* 86 (2013): 22-49.

[150] Judge and Piccolo, "Transformational and Transactional Leadership."

[151] H. R. Young, D. R. Glerum, D. L. Joseph, and M. A. McCord, "A Meta-Analysis of Transactional Leadership and Follower Performance: Double-Edged Effects of LMX and Empowerment," *Journal of Management* 47, no. 5 (2021): 1255-80.

[152] See, for instance, R. K. Gottfredson and H. Aguinis, "Leadership Behaviors and Follower Performance: Deductive and Inductive Examination of Theoretical Rationales and Underlying Mechanisms," *Journal of Organizational Behavior* 38 (2017): 558-91; and T. W. H. Ng, "Transformational Leadership and Performance Outcomes: Analyses of Multiple Mediation Pathways," *The Leadership Quarterly* 28 (2017): 385-417.

[153] Ibid.

[154] Ibid.

[155] See, for example, D. Tourish, *The Dark Side of Transformational Leadership: A Critical Perspective* (New York, NY: Routledge, 2013).

[156] S.-H. J. Lin, B. A. Scott, and F. K. Matta, "The Dark Side of Transformational Leader Behaviors for Leaders Themselves: A Conservation of Resources Perspective," *Academy of Management Journal* 62, no. 5 (2019): 1556-82.

[157] Ibid.

[158] D. Van Knippenberg and S. B. Sitkin, "A Critical Assessment of Charismatic-Transformational Leadership Research: Back to the Drawing Board?" *The Academy of Management Annals* 7, no. 1 (2013): 1-60.

[159] Ibid.

[160] See, for a review, M. Iszatt-White and S. Kempster, "Authentic Leadership: Getting Back to the Roots of the 'Root Construct'?" *International Journal of Management Reviews* 21 (2019): 356-69.

[161] G. Bradt, "Practice What You Preach or Pay the Price," Forbes, April 10, 2013, https://www.forbes.com/sites/georgebradt/2013/04/10/practice-what-you-preach-or-pay-the-price/?sh=69293bbd528b

[162] G. C. Banks, K. D. McCauley, W. L. Gardner, and C. E. Guler, "A Meta-Analytic Review of Authentic and Transformational Leadership: A Test for Redundancy," *The Leadership Quarterly* 27 (2016): 634-62.

[163] T. Simons, H. Leroy, V. Collewaert, and S. Masschelein, "How Leader Alignment of Words and Deeds Affects Followers: A Meta-Analysis of Behavioral Integrity Research," *Journal of Business Ethics* 132 (2015): 831-44.

[164] Q. Mehmood, M. R. W. Hamstra, S. Nawab, and T. Vriend, "Authentic Leadership and Followers' In-Role and Extra-Role Performance: The Mediating Role of Followers' Learning Goal Orientation," *Journal of Occupational and Organizational Psychology* 89 (2016): 877-83.

[165] B. Oc, M. A. Daniels, J. M. Diefendorff, M. R. Bashshur, and G. J. Greguras, "Humility Breeds Authenticity: How Authentic Leader Humility Shapes Follower Vulnerability and Felt Authenticity," *Organizational Behavior and Human Decision Processes* 158 (2020): 112-25; L. Song, Y. Wang, and Y. Zhao, "How Employee Authenticity Shapes Work Attitudes and Behaviors: The Mediating Role of Psychological Capital and the Moderating Role of Leader Authenticity," *Journal of Business and Psychology* (in press).

[166] S. Braun, C. Peus, and D. Frey, "Connectionism in Action: Exploring the Links Between Leader Prototypes, Leader Gender, and Perceptions of Authentic Leadership," *Organizational Behavior and Human Decision Processes* 149 (2018): 129-44.

[167] Ibid.

[168] D. Remnick, "Hillary Clinton Looks Back in Anger," *The New Yorker,* September 25, 2017, https://www.newyorker.com/magazine/2017/09/25/hillary-clinton-looks-back-in-anger

[169] J. M. Hoobler, C. R. Masterson, S. M. Nkomo, and E. J. Michel, "The Business Case for Women Leaders: Meta-Analysis, Research Critique, and Path Forward," *Journal of Management* 44, no. 6 (2018): 2473-99.

[170] K. Sergent and A. D. Stajkovic, "Women's Leadership Is Associated with Fewer Deaths During the COVID-19 Crisis: Quantitative and Qualitative Analyses of United States Governors," *Journal of Applied Psychology* 105, no. 8 (2020): 771-83.

[171] See, for a review, G. C. Banks, J. Gooty, R. L. Ross, C. E. Williams, and N. T. Harrington, "Construct Redundancy in Leader Behaviors: A Review and Agenda for the Future," *The Leadership Quarterly* 29 (2018): 236-51, and J. E. Hoch, W. H. Bommer, J. H. Dulebohn, and D. Wu, "Do Ethical, Authentic, and Servant Leadership Explain Variance Above and Beyond Transformational Leadership? A Meta-Analysis," *Journal of Management* 44, no. 2 (2018): 501-29.

[172] Banks et al., "A Meta-Analytic Review of Authentic and Transformational Leadership."

[173] Institute for Corporate Social Responsibility [website], accessed April 17, 2021, https://www.instituteforcsr.org/; T. Lucas Copeland, "CSR Professionals, ISO Inspiration?," *LinkedIn* [blog], January 22, 2018, https://www.linkedin.com/pulse/csr-professionals-iso-inspiration-tamara-copeland-1/; T. J. McClimon, "As a Leader, Be as Courageous as You Can," *Forbes*, October 2, 2018, https://www.forbes.com/sites/timothyjmcclimon/2018/10/02/as-a-leader-be-as-courageous-as-you-can/?sh=753455ec5776; E. R. Osagie, R. Wesselink, P. Runhaar, and M. Mulder, "Unraveling the Competence Development of Corporate Social Responsibility Leaders: The

Importance of Peer Learning, Learning Goal Orientation, and Learning Climate," *Journal of Business Ethics* 151 (2018): 891-906; M. Reimer, S. Van Doorn, and M. L. M. Heyden, "Unpacking Functional Experience Complementarities in Senior Leaders' Influences on CSR Strategy: A CEO-Top Management Team Approach," *Journal of Business Ethics* 151 (2018): 977-95; C. Wickert and F. G. A. de Bakker, "How CSR Managers Can Inspire Other Leaders to Act on Sustainability," *Harvard Business Review*, January 10, 2019, https://hbr.org/2019/01/how-csr-managers-can-inspire-other-leaders-to-act-on-sustainability; Y. Yuan, G. Tian, L. Yi Lu, and Y. Yu, "CEO Ability and Corporate Social Responsibility," *Journal of Business Ethics* 157 (2019): 391-411.

[174] D. N. Den Hartog, "Ethical Leadership," *Annual Review of Organizational Psychology and Organizational Behavior* 2 (2015): 409-34.

[175] A. C. Peng and D. Kim, "A Meta-Analytic Test of the Differential Pathways Linking Ethical Leadership to Normative Conduct," *Journal of Organizational Behavior* 41 (2020): 348-68.

[176] C. Moore, D. M. Mayer, F. F. T. Chiang, C. Crossley, M. J. Karlesky, and T. A. Birtch, "Leaders Matter Morally: The Role of Ethical Leadership in Shaping Employee Moral Cognition and Misconduct," *Journal of Applied Psychology* 104, no. 1 (2019): 123-45; Peng and Kim, "A Meta-Analytic Test of the Differential Pathways Linking Ethical Leadership to Normative Conduct"; D. A. Waldman, D. Wang, S. T. Hannah, and P. A. Balthazard, "A Neurological and Ideological Perspective of Ethical Leadership," *Academy of Management Journal* 60, no. 4 (2017): 1285-306.

[177] Chamberlin et al., "A Meta-Analysis of Voice and Its Promotive and Prohibitive Forms"; Peng and Kim, "A Meta-Analytic Test of the Differential Pathways Linking Ethical Leadership to Normative Conduct"; and J. M. Schauboreck, S. S. K. Lam, and A. C. Peng, "Can Peers' Ethical and Transformational Leadership Improve Coworkers' Service Quality? A Latent Growth Analysis," *Organizational Behavior and Human Decision Processes* 133 (2016): 45-58.

[178] T. W. H. Ng and D. C. Feldman, "Ethical Leadership: Meta-Analytic Evidence of Criterion-Related and Incremental Validity," *Journal of Applied Psychology* 100, no. 3 (2015): 948-65.

[179] Peng and Kim, "A Meta-Analytic Test of the Differential Pathways Linking Ethical Leadership to Normative Conduct."

[180] Banks et al., "Construct Redundancy in Leader Behaviors.

[181] S. H. Lin, J. Ma, and R. E. Johnson, "When Ethical Leader Behavior Breaks Bad: How Ethical Leader Behavior Can Turn Abusive via Ego Depletion and Moral Licensing," *Journal of Applied Psychology* 101, no. 6 (2016): 815-30.

[182] R. Fehr, A. Fulmer, and F. T. Keng-Highberger, "How Do Employees React to Leaders' Unethical Behavior? The Role of Moral Disengagement," *Personnel Psychology* 73 (2020): 73-93.

[183] S. A. Eisenbeiss and D. Van Knippenberg, "On Ethical Leadership Impact: The Role of Follower Mindfulness and Moral Emotions," *Journal of Organizational Behavior* 36 (2015): 182-95; X. Qin, M. Huang, Q. Hu, M. Schminke, and D. Ju, "Ethical Leadership, but Toward Whom? How Moral Identity Congruence Shapes the Ethical Treatment of Employees," *Human Relations* 71, no. 8 (2018): 1120-49; and C. E. Thiel, J. H. Hardy, D. R. Peterson, D. T. Welsh, and J. M. Bonner, "Too Many Sheep in the Flock? Span of Control Attenuates the Influence of Ethical Leadership," *Journal of Applied Psychology* 103, no. 12 (2018): 1324-34.

[184] J. Schindler, "Leading with Ethics," *Forbes*, January 7, 2019, https://www.forbes.com/sites/forbescoachescouncil/2019/01/07/leading-with-ethics/#24f0d254568a

[185] M. Kuenzi, D. M. Mayer, and R. L. Greenbaum, "Creating an Ethical Organizational Environment: The Relationship Between Ethical Leadership, Ethical Organizational Climate, and Unethical Behavior," *Personnel Psychology* 73 (2020): 43-71.

[186] J. M. Jensen, M. S. Cole, and R. S. Rubin, "Predicting Retail Shrink From Performance Pressure, Ethical Leader Behavior, and Store-Level Incivility," *Journal of Organizational Behavior* 40 (2019): 723-39.

[187] N. Eva, M. Robin, S. Sendjaya, D. van Dierendonck, and R. C. Liden, "Servant Leadership: A Systematic Review and Call for Future Research," *The Leadership Quarterly* 30 (2019): 111-132.

[188] L.C. Spears, "Character and Servant Leadership: Ten Characteristics of Effective, Caring Leaders," *The Journal of Virtues & Leadership* 1 (2010): 25-30.

[189] Hoch et al., "Do Ethical, Authentic, and Servant Leadership Explain Variance Above and Beyond Transformational Leadership?"

[190] Ibid.

[191] J. Sun, R. C. Liden, and L. Ouyang, "Are Servant Leaders Appreciated? An Investigation of How Relational Attributions Influence Employee Feelings of Gratitude and Prosocial Behaviors," *Journal of Organizational Behavior* 40, no. 5 (2019): 528-40.

[192] G. James Lemoine and T. C. Blum, "Servant Leadership, Leader Gender, and Team Gender Role: Testing a Female Advantage in a Cascading Model of Performance," *Personnel Psychology* 74, no. 1 (2021): 3-28.

[193] Z. Chen, J. Zhu, and M. Zhou, "How Does a Servant Leader Fuel the Service Fire? A Multilevel Model of Servant Leadership, Individual Self-Identity, Group Competition Climate, and Customer Service Performance," *Journal of Applied Psychology* 100, no. 2 (2015): 511-21.

[194] *See, for example,* Wu, R. C. Liden, C. Liao, and S. J. Wayne, "Does Manager Servant Leadership Lead to Followers Serving Behaviors? It Depends on Follower Self-Interest," *Journal of Applied Psychology* 106, no. 1 (2021): 152-67.

[195] T. N. Bauer, S. Perrot, R. C. Liden, and B. Erdogan, "Understanding the Consequences of Newcomer Proactive Behaviors: The Moderating Contextual Role of Servant Leadership," *Journal of Vocational Behavior* 112 (2019): 356-68.

[196] J. Hu, W. He, and K. Zhou, "The Mind, the Heart, and the Leader in Times of Crisis: How and When COVID-19 Triggered Mortality Salience Relates to State Anxiety, Job Engagement, and Prosocial Behavior," *Journal of Applied Psychology* 105, no. 11 (2020): 1218-33.

[197] See, for example, A. Lee, J. Lyubovnikova, A. Wei Tian, and C. Knight, "Servant Leadership: A Meta-Analytic Examination of Incremental Contribution, Moderation, and Mediation," *Journal of Occupational and Organizational Psychology* 92 (2020): 1-44.

[198] M. Mawritz, R. L. Greenbaum, M. Butts, and K. Graham, "We're All Capable of Being an Abusive Boss," *Harvard Business Review*, October 14, 2016, https://hbr.org/2016/10/were-all-capable-of-being-an-abusive-boss

[199] C. Zaayer Kaufman, "How to Answer the Job Interview Question: 'What Do You Think of Your Previous Boss?'" *Monster* [blog], accessed April 16, 2021, https://www.monster.com/career-advice/article/former-boss-job-interview?WT.mc_n=mktal_emp_rk_&ranMID=44607&ranEAID=2116208&ranSiteID=TnL5HPStwNw-b1nFrONF.PdEm8GDratOlg

[200] J. D. Mackey, R. E. Frieder, J. R. Brees, and M. J. Martinko, "Abusive Supervision: A Meta-Analysis and Empirical Review," *Journal of Management* 43, no. 6 (2017): 1940-65.

[201] See, for a review, B. J. Tepper, L. Simon, and H. M. Park, "Abusive Supervision," *Annual Review of Organizational Psychology and Organizational Behavior* 4 (2017): 123-52.

[202] Mackey et al., "Abusive Supervision."

[203] Ibid.

[204] Ibid.

[205] Mackey et al., "Abusive Supervision";D. A. Waldman, D. Wang, S. T. Hannah, B. P. Owens, and P. A. Balthazard, "Psychological and Neurological Predictors of Abusive Supervision," *Personnel Psychology* 71 (2018): 399-421.

[206] G. Eissa and S. W. Lester, "Supervisor Role Overload and Frustration as Antecedents of Abusive Supervision: The Moderating Role of Supervisor Personality," *Journal of Organizational Behavior* 38 (2017): 307-26; C. K. Lam, F. Walter, and X. Huang, "Supervisors' Emotional Exhaustion and Abusive Supervision: The Moderating Roles of Perceived Subordinate Performance and Supervisor Self-Monitoring," *Journal of Organizational Behavior* 38 (2017): 1151-66; X. Qin, M. Huang, R. E. Johnson, Q. Hu, and D. Ju, "The Short-Lived Benefits of Abusive Supervisory Behavior for Actors: An Investigation of Recovery and Work Engagement," *Academy of Management Journal* 61, no. 5 (2018): 1951-75.

[207] A. Karim Khan, S. Quratulain, and J. R. Crawshaw, "Double Jeopardy: Subordinates' Worldviews and Poor Performance as Predictors of Abusive Supervision," *Journal of Business and Psychology* 32 (2017): 165-78.

[208] A. Karim Khan, S. Moss, S. Quratulain, and I. Hameed, "When and How Subordinate Performance Leads to Abusive Supervision: A Social Dominance Perspective," *Journal of Management* 44, no. 7 (2018): 2801-26; L. Yu, M. K. Duffy, and B. J. Tepper, "Consequences of Downward Envy: A Model of Self-Esteem Threat, Abusive Supervision, and Supervisory Leader Self-Improvement," *Academy of Management Journal* 61, no. 6 (2018): 2296-318.

[209] Mackey et al., "Abusive Supervision."

[210] G. Caesens, N. Nguyen, and F. Stinglhamber, "Abusive Supervision and Organizational Dehumanization," *Journal of Business and Psychology* 34 (2019): 709-28; Howard et al., "The Antecedents and Outcomes of Workplace Ostracism";R. M. Vogel and M. S. Mitchell, "The Motivational Effects of Diminished Self-Esteem for Employees Who Experience Abusive Supervision," *Journal of Management* 43, no. 7 (2017): 2218-51.

[211] Mackey et al., "Abusive Supervision."

[212] Y. Zhang, X. Liu, S. Xu, L.-Q. Yang, and T. C. Bednall, "Why Abusive Supervision Impacts Employee OCB and CWB: A Meta-Analytic Review of Competing Mediating Mechanisms," *Journal of Management* 45, no. 6 (2019): 2474-97.

[213] P. Shao, A. Li, and M. Mawritz, "Self-Protective Reactions to Peer Abusive Supervision: The Moderating Role of Prevention Focus and the Mediating Role of Performance Instrumentality," *Journal of Organizational Behavior* 39 (2018): 12-25.

[214] C. Chen, X. Qin, K. Chi Yam, and H. Wang, "Empathy or Schadenfreude? Exploring Observers' Differential Responses to Abusive Supervision," *Journal of Business and Psychology* (in press); J. Smallfield, J. M. Hoobler, and D. H. Kluemper, "How Team Helping

Influences Abusive and Empowering Leadership: The Roles of Team Affective Tone And Performance," *Journal of Organizational Behavior* 41 (2020): 757-81.

[215] L. S. Simon, C. Hurst, K. Kelley, and T. A. Judge, "Understanding Cycles of Abuse: A Multimotive Approach," *Journal of Applied Psychology* 100, no. 6 (2015): 1798-810.

[216] M. K. Shoss, R. Eisenberger, S. L. D. Restubog, and T. J. Zagenczyk, "Blaming the Organization for Abusive Supervision: The Roles of Perceived Organizational Support and Supervisor's Organizational Embodiment," *Journal of Applied Psychology* 98, no. 1 (2013): 158-68.

[217] R. L. Greenbaum, A. Hill, M. B. Mawritz, and M. J. Quade, "Employee Machiavellianism to Unethical Behavior: The Role of Abusive Supervision as a Trait Activator," *Journal of Management* 43, no. 2 (2017): 585-609.

[218] A. Chunyan Peng, J. M. Schaubroeck, S. Chong, and Y. Li, "Discrete Emotions Linking Abusive Supervision to Employee Intention and Behavior," *Personnel Psychology* 72 (2019): 393-419.

[219] M.-H. Tu, J. E. Bono, C. Shum, and L. LaMontagne, "Breaking the Cycle: The Effects of Role Model Performance and Ideal Leadership Self-Concepts on Abusive Supervision Spillover," *Journal of Applied Psychology* 103, no. 7 (2018): 689-702.

[220] C. Chen, X. Qin, R. E. Johnson, M. Huang, M. Yang, and S. Liu, "Entering an Upward Spiral: Investigating How and When Supervisors' Talking About Abuse Leads to Subsequent Abusive Supervision," *Journal of Organizational Behavior* 42 (2021): 407-28.

[221] S. G. Taylor, M. D. Griffith, A. K. Vadera, R. Folger, and C. R. Letwin, "Breaking the Cycle of Abusive Supervision: How Disidentification and Moral Identity Help the Trickle-Down Change Course," *Journal of Applied Psychology* 104, no. 1 (2019): 164-82.

[222] M. Ahmad Al-Hawari, S. Bani-Melhem, and S. Quratulain, "Do Frontline Employees Cope Effectively with Abusive Supervision and Customer Incivility? Testing the Effect of Employee Resilience," *Journal of Business and Psychology* 35 (2020): 223-40; C. P. McAllister, J. D. Mackey, and P. L. Perrewé, "The Role of Self-Regulation in the Relationship Between Abusive Supervision and Job Tension," *Journal of Organizational Behavior* 39 (2018): 416-26; A. K. Nandkeolyar, J. A. Shaffer, A. Li, S. Ekkirala, and J. Bagger, "Surviving an Abusive Supervisor: The Joint Roles of Conscientiousness and Coping Strategies," *Journal of Applied Psychology* 99, no. 1 (2014): 138-50.

[223] E. X. M. Wee, H. Liao, D. Liu, and J. Liu, "Moving From Abuse to Reconciliation: A Power-Dependence Perspective on When and How a Follower Can Break the Spiral of Abuse," *Academy of Management Journal* 60, no. 6 (2017): 2352-80.

[224] M. Gloria Gonzalez-Morales, M. C. Kernan, T. E. Becker, and R. Eisenberger, "Defeating Abusive Supervision: Training Supervisors to Support Subordinates," *Journal of Occupational Health Psychology* 23, no. 2 (2018): 151-62.

[225] See, for example, Z. Liao, K. Chi Yam, R. E. Johnson, W. Liu, and Z. Song, "Cleansing My Abuse: A Reparative Response Model of Perpetrating Abusive Supervisor Behavior," *Journal of Applied Psychology* 103, no. 9 (2018): 1039-56.

[226] S. T. McClean, S. H. Courtright, J. Yim, and T. A. Smith, "Making Nice or Faking Nice? Exploring Supervisors' Two-Faced Response to Their Past Abusive Behavior," *Personnel Psychology* (in press).

[227] See, for a review, A. Cristina Costa, C. Ashley Fulmer, and N. R. Anderson, "Trust in Work Teams: An Integrative Review, Multilevel Model, and Future Research Directions," *Journal of Organizational Behavior* 39 (2018): 169-84.

[228] B. A. Gazdag, M. Haude, M. Hoegl, and M. Muethel, "I Do Not Want to Trust You, but I Do: On the Relationship Between Trust Intent, Trusting Behavior, and Time Pressure," *Journal of Business and Psychology* 34 (2019): 731-43.

[229] B. L. Connelly, T. R. Crook, J. G. Combs, D. J. Ketchen, and H. Aguinis, "Competence- and Integrity-Based Trust in Interorganizational Relationships: Which Matters More?" *Journal of Management* 44, no. 3 (2018): 919-45.

[230] See, for instance, K. T. Dirks and D. L. Ferrin, "Trust in Leadership: Meta-Analytic Findings and Implications for Research and Practice," *Journal of Applied Psychology* 87, no. 4 (2002): 611-28.

[231] F. D. Schoorman, R. C. Mayer, and J. H. Davis, "An Integrative Model of Organizational Trust: Past, Present, and Future," *Academy of Management Review* 32, no. 2 (2007): 344-54.

[232] S. Han, C. M. Harold, and M. Cheong, "Examining Why Employee Proactive Personality Influences Empowering Leadership: The Roles of Cognition- and Affect-Based Trust," *Journal of Occupational and Organizational Psychology* 92 (2019): 352-83.

[233] R. L. Campagna, K. T. Dirks, A. P. Knight, C. Crossley, and S. L. Robinson, "On the Relation Between Felt Trust and Actual Trust: Examining Pathways to and Implications of Leader Trust Meta-Accuracy," *Journal of Applied Psychology* 105, no. 9 (2020): 994-1012.

[234] T. Skiba and J. L. Wildman, "Uncertainty Reducer, Exchange Deepener, or Self-Determination Enhancer? Feeling Trust Versus Feeling Trusted in Supervisor-Subordinate Relationships," Journal of Business and Psychology 34 (2019): 219-35.

[235] J. A. Colquitt, B. A. Scott, and J. A. LePine, "Trust, Trustworthiness, and Trust Propensity: A Meta-Analytic Test of Their Unique Relationships with Risk Taking and Job Performance," *Journal of Applied Psychology* 92, no. 4 (2007): 909-27.

[236] S. Loretta Kim, "Enticing High Performers to Stay and Share Their Knowledge: The Importance of Trust in Leader," *Human Resource Management* 58 (2019): 341-51.

[237] B. A. De Jong, K. T. Dirks, and N, Gillespie, "Trust and Team Performance: A Meta-Analysis of Main Effects, Moderators, and Covariates," *Journal of Applied Psychology* 101, no. 8 (2016): 1134-50.

[238] Colquitt, et al.,"Trust, Trustworthiness, and Trust Propensity."

[239] Colquitt, et al.,"Trust, Trustworthiness, and Trust Propensity"; and Schoorman et al."An Integrative Model of Organizational Trust."

[240] Cited in D. Jones, "Do You Trust Your CEO?," *USA Today*, February 12, 2003, 7B,

[241] Schoorman et al."An Integrative Model of Organizational Trust."

[242] J. A. Simpson, "Foundations of Interpersonal Trust," in A. W. Kruglanski and E. T. Higgins (eds.), *Social Psychology: Handbook of Basic Principles*, 2nd ed. (New York: Guilford, 2007): 587-607.

[243] A. J. Ferguson and R. S. Peterson, "Sinking Slowly: Diversity in Propensity to Trust Predicts Downward Trust Spirals in Small Groups," *Journal of Applied Psychology* 100, no. 4 (2015): 1012-24.

[244] B. C. Holtz, D. De Cremer, B. Hu, J. Kim, and R. A. Giacalone, "How Certain Can We Really Be That Our Boss Is Trustworthy, and Does It Matter? A Metacognitive Perspective on Employee Evaluations of Supervisor Trustworthiness," *Journal of Organizational Behavior* 41 (2020): 587-605.

[245] X.-P. Chen, M. B. Eberly, T.-J. Chiang, J.-L. Farh, and B.-Shiuan Cheng, "Affective Trust in Chinese Leaders: Linking Paternalistic Leadership to Employee Performance," *Journal of Management* 40, no. 3 (2014): 796-819.

[246] J. A. Simpson, "Foundations of Interpersonal Trust"; and L. van der Werff and F. Buckley, "Getting to Know You: A Longitudinal Examination of Trust Cues and Trust Development During Socialization," *Journal of Management* 43, no. 3 (2017): 742-70.

[247] J. Kaltiainen, J. Kipponen, and B. C. Holtz, "Dynamic Interplay Between Merger Process Justice and Cognitive Trust in Top Management: A Longitudinal Study," *Journal of Applied Psychology* 102, no. 4 (2017): 636-47.

[248] P. H. Kim, C. D. Cooper, K. T. Dirks, and D. L. Ferrin, "Repairing Trust with Individuals vs. Groups," *Organizational Behavior and Human Decision Processes* 120, no. 1 (2013): 1-14.

[249] B. Groysberg and M. Slind, "Leadership Is a Conversation," *Harvard Business Review* (June 2012): 76-84.

[250] Ibid.

[251] K. Breevaart and H. Zacher, "Main and Interactive Effects of Weekly Transformational and Laissez-Faire Leadership on Followers' Trust in the Leader and Leader Effectiveness," *Journal of Occupational and Organizational Psychology* 92 (2019): 384-409; B. Shao, "Moral Anger as a dilemma? An Investigation on How Leader Moral Anger Influences Follower Trust," *The Leadership Quarterly* 30 (2019): 365-82.

[252] H. Zhao, S. J. Wayne, B. C. Glibkowski, and J. Bravo, "The Impact of Psychological Contract Breach on Work-Related Outcomes: A Meta-Analysis," *Personnel Psychology* 60 (2007): 647-80.

[253] Ibid.

[254] *Kim et al.*,"Reparing Trust with Individuals vs. Groups."

[255] K. E. Henderson, E. T. Welsh, and A. M. O'Leary-Kelly, "'Oops, I Did It' or 'It Wasn't Me:' An Examination of Psychological Contract Breach Repair Tactics," *Journal of Business and Psychology* 35 (2020): 347-62.

[256] T. Haesevoets, A. Joosten, C. R. Folmer, L. Lerner, D. De Cremer, and A. Van Hiel, "The Impact of Decision Timing on the Effectiveness of Leaders' Apologies to Repair Followers' Trust in the Aftermath of Leader Failure," *Journal of Business and Psychology* 31 (2016): 533-51.

[257] M. E. Schweitzer, J. C. Hershey, and E. T. Bradlow, "Promises and Lies: Restoring Violated Trust," *Organizational Behavior and Human Decision Processes* 101, no. 1 (2006): 1-19.

[258] J. Connor, "Why 'Messy' Leaders Are the Future," *Entrepreneur,* April 7, 2021, https://www.entrepreneur.com/article/368187

[259] See, for instance, S. G. Green and T. R. Mitchell, "Attributional Processes of Leaders in Leader-Member Interactions," *Organizational Behavior & Human Performance* 23, no. 3 (1979): 429-58; and B. Schyns, J. Felfe, and H. Blank, "Is Charisma Hyper-Romanticism? Empirical Evidence from New Data and a Meta-Analysis," *Applied Psychology: An International Review* 56, no. 4 (2007): 505-27.

[260] J. H. Gray and I. L. Densten, "How Leaders Woo Followers in the Romance of Leadership," *Applied Psychology: An International Review* 56, no. 4 (2007): 558-81.

[261] W. L. Gardner, E. P. Karam, L. L. Tribble, and C. C.

Cogliser, "The Missing Link? Implications of Internal, External, and Relational Attribution Combinations for Leader-Member Exchange, Relationship Work, Self-Work, and Conflict," *Journal of Organizational Behavior* 40, no. 5 (2019): 554-69 .

[262] M. C. Bligh, J. C. Kohles, C. L. Pearce, J. E. Justin, and J. F. Stovall, "When the Romance Is Over: Follower Perspectives of Aversive Leadership," *Applied Psychology: An International Review* 56, no. 4 (2007): 528-57.

[263] Ibid.

[264] Schyns, et al., "Is Charisma Hyper-Romanticism?"

[265] A. S. Rosette, G. J. Leonardelli, and K. W. Phillips, "The White Standard: Racial Bias in Leader Categorization," *Journal of Applied Psychology* 93, no. 4 (2008): 758-77.

[266] Ibid.

[267] A. M. Koenig, A. H. Eagly, A. A. Mitchell, and T. Ristikari, "Are Leader Stereotypes Masculine? A Meta-Analysis of Three Research Paradigms," *Psychological Bulletin* 137, no. 4 (2011): 616-42.

[268] W. Matthew Bowler, J. B. Paul, and J. R. Halbesleben, "LMX and Attributions of Organizational Citizenship Behavior Motives: When Is Citizenship Perceived as Brownnosing?" *Journal of Business and Psychology* 34 (2019): 139-52.

[269] F. K. Matta, T. B. Sabey, B. A. Scott, S-H. J. Lin, and J. Koopman, "Not All Fairness Is Created Equal: A Study of Employee Attributions of Supervisor Justice Motives," *Journal of Applied Psychology* 105, no. 3 (2020): 274-93.

[270] Liao et al., "Seeing From a Short-Term Perspective"; Matta et al., "Not All Fairness Is Created Equal."

[271] D. H. Kluemper, S. G. Taylor, W. Matthew Bolwer, M. N. Bing, and J. R. B. Halbesleben, "How Leaders Perceive Employee Deviance: Blaming Victims While Excusing Favorites," *Journal of Applied Psychology* 104, no. 7 (2019): 946-64.

[272] S. Kerr and J. M. Jermier, "Substitutes for Leadership: Their Meaning and Measurement," *Organizational Behavior & Human Performance* 22, no. 3 (1978): 375-403.

[273] R. E. Silverman, "Who's the Boss? There Isn't One," *The Wall Street Journal*, June 20, 2012, B1, B8.

[274] J. Koopman, B. A. Scott, F. K. Matta, D. E. Conlon, and T. Dennerlein, "Ethical Leadership as a Substitute for Justice Enactment: An Information Processing Perspective," *Journal of Applied Psychology* 104, no. 9 (2019): 1103-16.

[275] S. D. Dionne, F. J. Yammarino, L. E. Atwater, and L. R. James, "Neutralizing Substitutes for Leadership Theory: Leadership Effects and Common-Source Bias," *Journal of Applied Psychology* 87 (2002): 454-64.

[276] C. H. Mooney, M. Semadeni, and I. F. Kesner, "The Selection of an Interim CEO: Boundary Conditions and the Pursuit of Temporary Leadership," *Journal of Management* 43, no. 2 (2017): 455-75.

[277] "JCPenney Names Marvin Ellison President and CEO-Designee," JCPenney [press release], August 1, 2015, http://ir.jcpenney .com/phoenix.zhtml?c=70528&p=irol-newsArticle&ID=1976923

[278] See, for instance, N. Dries and R. Pepermans, "How to Identify Leadership Potential: Development and Testing of a Consensus Model," *Human Resource Management* 51, no. 3 (2012): 361-85.

[279] J. A. Griffith, J. E. Baur, and M. Ronald Buckley, "Creating Comprehensive Leadership Pipelines: Applying the Real Options Approach to Organizational Leadership Development," *Human Resource Management Review* 29 (2019): 305-15.

[280] T. W. Fitzsimmons and V. J. Callahan, "CEO Selection: A Capital Perspective," *The Leadership Quarterly* 27 (2016): 756-87.

[281] Lacerenza et al., "Leadership Training Design, Delivery, and Implementation."

[282] Griffith et al., "Creating Comprehensive Leadership Pipelines."

[283] D. S. DeRue, J. D. Nahrgang, J. R. Hollenbeck, and K. Workman, "A Quasi-Experimental Study of After-Event Reviews and Leadership Development," *Journal of Applied Psychology* 97 (2012): 997-1015.

[284] Based on B. J. Avolio, J. B. Avey, and D. Quisenberry, "Estimating Return on Leadership Development Investment," *The Leadership Quarterly* 21 (2010): 633-44; M. Beer, M. Finnstrom, and D. Schrader, "Why Leadership Training Fails—and What to Do About It," *Harvard Business Review*, October 1, 2016, https://hbr.org/2016/10/why-leadership-training-fails-and-what-to-do-about-it; D. S. DeRue and N. Wellman, "Developing Leaders via Experience: The Role of Developmental Challenge, Learning Orientation, and Feedback Availability," *Journal of Applied Psychology* 94, no. 4 (2009): 859-75; C.N. Lacerenza, D. L. Reyes, and S. L. Marlow, "Leadership Training Design, Delivery, and Implementation: A Meta-Analysis," *Journal of Applied Psychology* 102, no. 12 (2017): 1686-718; Statista Research Department, "Total Training Expenditures in the United States from 2012 to 2020," *Statista*, December 15, 2020, https://www.statista.com/statistics/788521/training-expenditures-united-states/#:~:text=Following%20a%20dramatic%20increase%20of, billion%20U.S.%20dollars%20in%202020

[285] M. Pritchard, "Executive Coaching: The Fortune 500's Best Kept Secret," *LinkedIn* [blog], June 16, 2016, https://www.linkedin.com/pulse/executive-coaching-fortune-500s-best-kept-secret-melanie-pritchard

[286] L. T. Eby and M. M. Robertson, "The psychology of workplace mentoring relationships," *Annual Review of Organizational Psychology and Organizational Behavior* 7 (2020): 75-100

[287] T. A. Scandura, "Mentorship and Career Mobility: An Empirical Investigation," *Journal of Organizational Behavior* 13 (1992): 169-74.

[288] K. Kraiger, L. M. Finkelstein, and L. S. Varghese, "Enacting effective Mentoring behaviors: Development and initial investigation of the Cuboid of Mentoring," *Journal of Business and Psychology* 34 (2019): 403-24.

[289] T. D. Allen, "Protégé Selection by Mentors: Contributing Individual and Organizational Factors," *Journal of Vocational Behavior* 65, no. 3 (2004): 469-83.

[290] See, for example, R. Ghosh, "Antecedents of Mentoring Support: A Meta-Analysis of Individual, Relational, and Structural or Organizational Factors," *Journal of Vocational Behavior* 84, no. 3 (2014): 367-84.

[291] L. T. Eby, T. D. Allen, S. C. Evans, T. Ng, and D. L. DuBois, "Does Mentoring Matter? A Multidisciplinary Meta-Analysis Comparing Mentored and Non-Mentored Individuals," *Journal of Vocational Behavior* 72 (2008): 254-67; R. Ghosh and T. G. Reio, "Career benefits Associated with Mentoring for Mentors: A Meta-Analysis," *Journal of Vocational Behavior* 83 (2013): 106-16.

[292] C. M. Underhill, "The Effectiveness of Mentoring Programs in Corporate Settings: A Meta-Analytical Review of the Literature," *Journal of Vocational Behavior* 68 (2006): 292-307.

[293] K. E. O'Brien, A. Biga, S. R. Kessler, and T. D. Allen, "A Meta-Analytic Investigation of Gender Differences in Mentoring," *Journal of Management* 36, no. 2 (2010): 537-54.

[294] J. D. Kammeyer-Mueller and T. A. Judge, "A Quantitative Review of Mentoring Research: Test of a Model," *Journal of Vocational Behavior* 72 (2008): 269-83.

[295] Based on A. Bryant, "A Good Excuse Doesn't Fix a Problem," *The New York Times*, December 28, 2014, 2; A. Bryant, "Always Respect the Opportunity," *The New York Times*, October 19, 2014, 2; A. Bryant, "Don't Let Your Strengths Run Amok," *The New York Times*, May 18, 2014, 2; A. Bryant, "Knowing Your Company's Heartbeat," *The New York Times*, May 30, 2014, B2; A. Bryant, "The Danger of 'One Size Fits All,'" *The New York Times*, March 29, 2015, 2; A. Bryant, "The Job Description Is Just the Start," *The New York Times*, September 14, 2014, 2; A. Bryant, "Making Judgments, Instead of Decisions," *The New York Times*, May 4, 2014, 2; A. Bryant, "Pushing Beyond Comfort Zones," *The New York Times*, January 25, 2015, 2; A. Bryant, "Tell Me What's Behind Your Title," *The New York Times*, April 11, 2014, B2; and C. Crossland, J. Zyung, N. J. Hiller, and D. C. Hambrick, "CEO Career Variety: Effects on Firm-Level Strategic and Social Novelty," *Academy of Management Journal* 57, no. 3 (2014): 652-74.

[296] Innocent Drinks official website, "Innocent and Coca-Cola Agree Deal for Further Investment," October, 8, 2015, http://www.innocentdrinks.co.uk/us/press/release/130222-innocent-and-coca-cola-agree-deal-for-further-investment; "Innocent's Business Approach Inspires Leaders to Adopt New Ways of Working," *Personnel Today*, May 20, 2010, http://www.personneltoday.com/hr/innocents-business-approach-inspires-leaders-to-adopt-new-ways-of-working/; L. Lucas, "Coca-Cola Swallows Most of Innocent," *Financial Times*, February 22, 2013, http://www.ft.com/cms/s/0/0b01403a-7d0e-11e2-adb6-00144feabdc0.html#axzz3nz109fiw; *Ethical Consumer Magazine*, "Innocent Smoothies' Ethiscore Cut by Half," April, 7, 2009, http://www.ethicalconsumer.org/latestnews/tabid/62/entryid/290/innocent-smoothies-ethiscore-cut-by-half.aspx ; L. Cummings, "Just an Innocent Business?," July 9, 2003, http://news.bbc.co.uk/1/hi/business/3014477.stm; W. A. Shahlman and D. Heath, "Innocent Drinks," *Harvard Business Review*, November 24, 2004.

[297] Illy Shop website, www.illy.com, accessed August 11, 2020; and R. Sanderson, "Andrea Illy: Adapting a Family Business to a Multinational World," *Financial Times*, July 21, 2019.

제13장

[1] D. Blumenthal and S. Seervai, "To Combat the Opioid Epidemic, We Must Be Honest About Its Causes," *Harvard Business Review*, October 26, 2017, https://hbr.org/2017/10/to-combat-the-opioid-epidemic-we-must-be-honest-about-all-its-causes; M. Hudspeth and S. Kugel, "Some Members of Sackler Family Under Fire over Ties to Opioids," *CBS News*, April 11, 2021, https://www.cbsnews.com/news/sackler-family-purdue-pharma-empire-of-pain/; P. R. Keefe, "The Family That Built an Empire of Pain," *The New Yorker*, October 23, 2017, https://www.newyorker.com/magazine/2017/10/30/the-family-

that-built-an-empire-of-pain; B. Mann, "In the Rise and Fall of the Sacklers' Opioid Empire, An American Dream Turns Toxic," National Public Radio, April 8, 2021, https://www.npr.org/2021/04/08/984870694/in-the-rise-and-fall-of-the-sacklers-opioid-empire-an-american-dream-turns-toxic; G. Mulvihill, "OxyContin Maker Purdue Pharma Pleads Guilty in Criminal Case," *AP News*, November 24, 2020, https://apnews.com/article/purdue-pharma-opioid-crisis-guilty-plea-5704ad896e964222a011f053949e0cc0; F. Schulte, "Purdue Pharma's Sales Pitch Downplayed Risks of Opioid Addiction," *Kaiser Family Foundation*, August 17, 2018, https://khn.org/news/purdue-pharma-sales-pitch-downplayed-risks-of-opioid-addiction/; A. Van Zee, "The Promotion and Marketing of OxyContin: Commercial Triumph, Public Health Tragedy," *American Journal of Public Health* 99, no. 2 (2009): 221-27; "Justice Department Announces Global Resolution of Criminal and Civil Investigations with Opioid Manufacturer Purdue Pharma and Civil Settlement with Members of the Sackler Family," *The United States Department of Justice*, October 21, 2020, https://www.justice.gov/opa/pr/justice-department-announces-global-resolution-criminal-and-civil-investigations-opioid

[2] See, for instance, K. Boogaard, "How to Successfully Navigate Power Dynamics at Work," *Toggl* [blog], September 3, 2019, https://toggl.com/blog/power-dynamics-at-work; A. McKee, "How Power Affects Your Productivity," *Harvard Business Review*, February 9, 2015, https://hbr.org/2015/02/how-power-affects-your-productivity

[3] R. E. Sturm and J. Antonakis, "Interpersonal Power: A Review, Critique, and Research Agenda," *Journal of Management* 41, no. 1 (2015): 136-63.

[4] Ibid.

[5] K. Higginbottom, "The Link Between Power and Sexual Harassment in the Workplace," *Forbes*, June 11, 2018, https://www.forbes.com/sites/karenhigginbottom/2018/06/11/the-link-between-power-and-sexual-harassment-in-the-workplace/#52604e6d190f

[6] E. Shaw, A. Hegewisch, and C. Hess, *Sexual Harassment and Assault at Work: Understanding the Costs* [Report No. IWPR#B376] (Washington, D.C.: Institute for Women's Policy Research, October 15, 2018).

[7] Organisation for Economic Cooperation and Development (OECD), *Employment Outlook 2019* (Paris, FR: OECD, 2019).

[8] J. Nguyen, "The U.S. Government Is Becoming More Dependent on Contract Workers," *Marketplace*, January 17, 2019, https://www.marketplace.org/2019/01/17/rise-federal-contractors/

[9] A. Webber, "Money Worries Affecting Mental Health of Mid-Life Employees," *Personnel Today*, September 7, 2020, https://www.personneltoday.com/hr/money-worries-affecting-mental-health-of-mid-life-employees/

[10] See, for instance, M. Schaerer, C. du Plessis, A. J. Yap, and S. Thau, "Low Power Individuals in Social Power Research: A Quantitative Review, Theoretical Framework, and Empirical Test," *Organizational Behavior and Human Decision Processes* 149 (2018): 73-96.

[11] J. French and B. Raven, "The Bases of Social Power," in D. Cartwright (ed.), *Studies in Social Power* (Ann Arbor, MI: Institute for Social Research, 1959): 150-67; G. Yukl, "Use Power Effectively," in *Handbook of Principles of Organizational Behavior*, ed. E. A. Locke (Malden, MA: Blackwell, 2004), 242-47.

[12] See, for example, H. Lian, D. J. Brown, D. L. Ferris, L. H. Liang, L. M. Keeping, and R. Morrison, "Abusive Supervision and Retaliation: A Self-Control Framework," *Academy of Management Journal* 57, no. 1 (2014): 116-39.

[13] M. Anteby and C. K. Chan, "A Self-Fulfilling Cycle of Coercive Surveillance: Workers' Invisibility Practices and Managerial Justification," *Organization Science* 29, no. 2 (2018): 247-63.

[14] H. Lian, D. J. Brown, D. L. Ferris, L. H. Liang, L. M. Keeping, and R. Morrison, "Abusive Supervision and Retaliation: A Self-Control Framework," *Academy of Management Journal* 57, no. 1 (2014): 116-39.

[15] French and Raven, "The Bases of Social Power"; G. Yukl, "Use Power Effectively."

[16] F. Briscoe and A. Joshi, "Bringing the Boss's Politics in: Supervisor Political Ideology and the Gender Gap in Earnings," *Academy of Management Journal* 60, no. 4 (2017): 1415-41.

[17] S. R. Giessner and T. W. Schubert, "High in the Hierarchy: How Vertical Location and Judgments of Leaders' Power Are Interrelated," *Organizational Behavior and Human Decision Processes* 104, no. 1 (2007): 30-44.

[18] See, for instance, G. D. Granic and A. K. Wagner, "Where Power Resides in Committees," *The Leadership Quarterly* 32, no. 4 (2021) Article 101285.

[19] H. Klapper and M. Reitzig, "On the Effects of Authority on Peer Motivation: Learning from Wikipedia," *Strategic Management Journal* 39 (2018): 2178-203.

[20] D. A. Schuler, W. Shi, R. E. Hoskisson, and T. Chen, "Windfalls of Emperors' Sojourns: Stock Market Reactions to Chinese Firms Hosting High-Ranking Government Officials," *Strategic Management Journal* 38 (2017): 1668-87.

[21] N. Wellman, D. M. Mayer, M. Ong, and D. S. DeRue, "When Are Do-Gooders Treated Badly? Legitimate Power, Role Expectations, and Reactions to Moral Objection in Organizations," *Journal of Applied Psychology* 101, no. 6 (2016): 793-814.

[22] French and Raven, "The Bases of Social Power"; G. Yukl, "Use Power Effectively."

[23] Ibid.

[24] T. Chen, F. Li, X.-P. Chen, and Z. Ou, "Innovate or Die: How Should Knowledge-Worker Teams Respond to Technological Turbulence?" *Organizational Behavior and Human Decision Processes* 149 (2018): 1-16.

[25] F. R. C. De Wit, D. Scheepers, N. Ellemers, K. Sassenberg, and A. Scholl, "Whether Power Holders Construe Their Power as Responsibility or Opportunity Influences Their Tendency to Take Advice From Others," *Journal of Organizational Behavior* 38 (2017): 923-49.

[26] French and Raven, "The Bases of Social Power"; G. Yukl, "Use Power Effectively."

[27] J. D. Kudisch, M. L. Poteet, G. H. Dobbins, M. C. Rush, and J. A. Russell, "Expert Power, Referent Power, and Charisma: Toward the Resolution of a Theoretical Debate," *Journal of Business and Psychology* 10, no. 1 (1995): 177-95.

[28] See, for example, J. F. Peltz, "Lakers Look to King James' Golden Marketing Touch," *LA Times*, July 3, 2018, https://www.latimes.com/business/la-fi-lebron-lakers-marketing-20180703-story.html

[29] Influencer Marketing Hub, "100 Influencer Marketing Statistics for 2021," *Influencer Marketing Hub* [website], April 13, 2021, https://influencermarketinghub.com/influencer-marketing-statistics/

[30] D. Weinswig, "Influencers Are the New Brands," *Forbes*, October 5, 2016, https://www.forbes.com/sites/deborahweinswig/2016/10/05/influencers-are-the-new-brands/?sh=7e0d379e7919

[31] S. Grieb, A. Newland, and M. Po, "The Power of Influencers," *Edelman*, June 18, 2019, https://www.edelman.com/research/the-power-of-influencers

[32] J. Y. L. Chang, "Influencer Marketing Latest Trends & Best Practices: 2018 Report," *MuseFind* [blog], January 30, 2018, https://blog.musefind.com/influencer-marketing-latest-trends-best-practices-2018-report-a508540ad625

[33] R. Feintzeig, "Office 'Influencers' are in High Demand," *The Wall Street Journal*, February 12, 2014, https://www.wsj.com/articles/SB10001424052702303874504579375313680290816

[34] T. Schwarzmüller, P. Brosi, M. Spörrle, and I. M. Welpe, "It's the Base: Why Displaying Anger Instead of Sadness Might Increase Leaders' Perceived Power but Worsen Their Leadership Outcomes," *Journal of Business and Psychology* 32 (2017): 691-709.

[35] D. Brown, "7 Ways Steve Stoute Impacted Hip Hop Culture with His Marketing Genius," *Revolt*, October 21, 2020, https://www.revolt.tv/2020/8/27/21404345/steve-stoute-hip-hop-marketing-impact

[36] Translation, *Beats by Dre - The Shop*, accessed March 19, 2019, https://www.translationllc.com/work/the-shop

[37] Sturm and Antonakis, "Interpersonal Power."

[38] S. Garg and K. M. Eisenhardt, "Unpacking the CEO-Board Relationship: How Strategy Making Happens in Entrepreneurial Firms," *Academy of Management Journal* 60, no. 5 (2017): 1828-58.

[39] See, for example, R.-J. B. Jean, D. Kim, and R. S. Sinkovics, "Drivers and Performance Outcomes of Supplier Innovation Generation in Customer-Supplier Relationships: The Role of Power-Dependence," *Decision Sciences* 43, no. 6 (2012): 1003-38.

[40] Y. Sekou Bermiss and B. E. Greenbaum, "Loyal to Whom? The Effect of Relational Embeddedness and Managers' Mobility on Market Tie Dissolution," *Administrative Science Quarterly* 61, no. 2 (2016): 254-90.

[41] G. Suneson, "What Are the Worst Jobs in America? These Have Stress, Low Pay and Lack of Job Security," *USA Today*, April 20, 2019, https://www.usatoday.com/story/money/2019/04/20/the-worst-jobs-in-america/39364439/

[42] S. Stebbins, "Looking for Job Security? These Occupations Pay Well and Have a Tighter Labor Market," *USA Today*, February 12, 2020, https://www.usatoday.com/story/money/2020/02/12/jobs-with-the-best-job-security-low-unemployment-high-paying/41157089/

[43] A. Midgette, "Pianos: Beyond the Steinway Monoculture," *The Washington Post*, September 5, 2015, https://www.washingtonpost.com/entertainment/music/the-piano-keys-of-the-future/2015/09/03/9bbbbfee-354c-11e5-94ce-834ad8f5c50e_story.html

[44] H. Yu, "This Is the Most Important Lesson for Business Leaders to Learn About Handling Copycats," *Forbes*, June 8, 2018, https://www.forbes.com/sites/quora/2018/06/08/this-is-the-most-important-lesson-for-business-leaders-to-learn-about-handling-copycats/?sh=23a1dfaa28bb

[45] Ibid.

[46] L. G. Kletzer, "The Question with AI Isn't Whether We'll Lose Our Jobs—It's How Much We'll Get Paid," *Harvard Business Review*, January 31, 2018, https://hbr.org/2018/01/the-question-with-ai-isnt-whether-well-lose-our-jobs-its-how-much-well-get-paid

[48] P. P. Ramos, *Network Models for Organizations* (New York, NY: Palgrave Macmillan, 2012).

[49] M. Kilduff and J. Won Lee, "The Integration of People and Networks," *Annual Review of Organizational Psychology and Organizational Behavior* 7 (2020): 155-79.

[50] Y. Yuan and D. van Knippenberg, "Leader

Network Centrality and Team Performance: Team Size as Moderator and Collaboration as Mediator," *Journal of Business and Psychology* (in press).

51 H. Jiang, J. Xia, A. A. Cannella, and T. Xiao, "Do Ongoing Networks Block Out New Friends? Reconciling the Embeddedness Constraint Dilemma on New Alliance Partner Addition," *Strategic Management Journal* 39 (2018): 217-41; M. E. Sosa, M. Gargiulo, and C. Rowles, "Can Informal Communication Networks Disrupt Coordination in New Product Development Projects?" *Organization Science* 26, no. 4 (2015): 1059-78.

52 G. Soda, D. Stea, and T. Pedersen, "Network Structure, Collaborative Context, and Individual Creativity," *Journal of Management* 45, no. 4 (2019): 1739-65.

53 See, for instance, T. M. Gardner, T. P. Munyon, P. W. Hom, and R. W. Griffeth, "When Territoriality Meets Agency: An Examination of Employee Guarding as a Territorial Strategy," *Journal of Management* 44, no. 7 (2018): 2580-610.

54 R. S. Burt, M. Kilduff, and S. Tasselli, "Social Network Analysis: Foundations and Frontiers on Advantage," *Annual Review of Psychology* 64 (2013): 527-47.

55 See, for instance, P. Balkundi, L. Wang, and R. Kishore, "Teams as Boundaries: How Intra-Tream and Inter-Team Brokerage Influence Network Changes in Knowledge-Seeking Networks," *Journal of Organizational Behavior* 40 (2019): 325-41.

56 J. Battilana and T. Casciaro, "Change Agents, Networks, and Institutions: A Contingency Theory of Organizational Change," *Academy of Management Journal* 55, no. 2 (2012): 381-98.

57 B. Landis, M. Kilduff, J. I. Menges, and G. J. Kilduff, "The Paradox of Agency: Feeling Powerful Reduces Brokerage Opportunity Recognition yet Increases Willingness To Broker," *Journal of Applied Psychology* 103, no. 8 (2018): 929-38.

58 D. Z. Levin and J. Walter, "Before They Were Ties: Predicting the Value of Brand-New Connections," *Journal of Management* 45, no. 7 (2019): 2861-90.

59 C. Cheng, H.-Y. Wang, L. Sigerson, and C.-L. Chau, "Do the Socially Rich Get Richer? A Nuanced Perspective On Social Network Site Use and Online Social Capital Accrual," *Psychological Bulletin* 145, no. 7 (2019): 734-64; N. David, J. Brennecke, and O. Rank, "Extrinsic Motivation as a Determinant of Knowledge Exchange in Sales Teams: A Social Network Approach," *Human Resource Management* 59, no. 4 (2020): 339-58; A. George Nassif, "Heterogeneity and Centrality of 'Dark Personality' Within Teams, Shared Leadership, and Team Performance: A Conceptual Moderated-Mediation Model," *Human Resource Management Review* 29, no. 4 (2019): Article 100675.

60 R. Fang, Z. Zhang, and J. D. Shaw, "Gender and Social Network Brokerage: A Meta-Analysis and Field Investigation," *Journal of Applied Psychology* (in press).

61 V. Yakubovich and R. Burg, "Friendship by Assignment? From Formal Interdependence to Informal Relations in Organizations," *Human Relations* 72, no. 6 (2019): 1013-38.

62 J. E. McCarthy and D. Z. Levin, "Network Residues: The Enduring Impact of Intra-Organizational Dormant Ties," *Journal of Applied Psychology* 104, no. 11 (2019): 1434-45; C. M. Porter, S. Eun Woo, D. G. Allen, and M. G. Keith, "How Do Instrumental and Expressive Network Positions Relate to Turnover? A Meta-Analytic Investigation," *Journal of Applied Psychology* 104, no. 4 (2019): 511-36.

63 R. Kaše, Z. King, and D. Minbaeva, "Using Social Network Research in HRM: Scratching the Surface of a Fundamental Basis of HRM," *Human Resource Management* 52, no. 4 (2013): 473-83.

64 See, for instance, T. Özyer and R. Alhajj (eds.), *Machine Learning Techniques for Online Social Networks* (New York, NY: Springer, 2018).

65 See, for a review, S. Lee, S. Han, M. Cheong, S. L. Kim, and S. Yun, "How Do I Get My Way? A Meta-Analytic Review of Research on Influence Tactics," *The Leadership Quarterly* 28 (2017): 210-28.

66 Ibid.

67 Ibid.

68 C. A. Higgins, T. A. Judge, and G. R. Ferris, "Influence Tactics and Work Outcomes: A Meta-Analysis," *Journal of Organizational Behavior* 24, no. 1 (2003): 89-106.

69 A. A. Amaral, D. M. Powell, and J. L. Ho, "Why Does Impression Management Positively Influence Interview Ratings? The Mediating Role of Competence and Warmth," *International Journal of Selection and Assessment* 27 (2019): 315-27.

70 Lee et al., "How Do I Get My Way?"

71 S. Lastoe, "8 Real People Share Their Successful Negotiation Stories," *The Muse*, June 19, 2020, https://www.themuse.com/advice/8-real-people-share-their-successful-negotiation-stories

72 N. Clarke, N. Alshenalfi, and T. Garavan, "Upward Influence Tactics and Their Effects on Job Performance Ratings and Flexible Work Arrangements: The Mediating Roles of Mutual Recognition Respect and Mutual Appraisal Respect," *Human Resource Management* 58 (2019): 397-416.

73 S. Lu, K. M. Bartol, V. Venkataramani, X. Zheng, and X. Liu, "Pitching Novel Ideas to the Boss: The Interactive Effects of Employees' Idea Enactment and Influence Tactics on Creativity Assessment and Implementation," *Academy of Management Journal* 62, no. 2 (2019): 579-606.

74 M. P. M. Chong, "Influence Behaviors and Organizational Commitment: A Comparative Study," *Leadership & Organization Development Journal* 35, no. 1 (2014): 54-78.

75 Ibid.

76 Ibid.

77 Ibid.

78 Ibid.

79 A. N. Smith et al., "Gendered Influence: A Gender Role Perspective on the Use and Effectiveness of Influence Tactics," *Journal of Management* 39, no. 5 (2013): 1156-83.

80 R. E. Petty and P. Briñol, "Persuasion: From Single to Multiple to Metacognitive Processes," *Perspectives on Psychological Science* 3, no. 2 (2008): 137-47.

81 See, for example, Z. Crockett, "Who Makes Those Insanely Specific T-Shirts on the Internet?" *The Hustle*, July 7, 2018, https://thehustle.co/who-makes-those-insanely-specific-t-shirts-on-the-internet/

82 S. Alhabash, N. Almutairi, C. Lou, and W. Kim, "Pathways to Virality: Psychophysiological Responses Preceding Likes, Shares, Comments, and Status Updates on Facebook," *Media Psychology* 22, no. 2 (2019): 196-216.

83 S. Sah, P. Malaviya, and D. Thompson, "Conflict of Interest Disclosure as an Expertise Cue: Differential Effects due to Automatic Versus Deliberative Processing," *Organizational Behavior and Human Decision Processes* 147 (2018): 127-46.

84 A. D. Stajkovic, G. P. Latham, K. Sergent, and S. J. Peterson, "Prime and Performance: Can a CEO Motivate Employees Without Their Awareness?" *Journal of Business and Psychology* 34 (2019): 791-802.

85 M. Reinhard and M. Messner, "The Effects of Source Likeability and Need for Cognition on Advertising Effectiveness Under Explicit Persuasion," *Journal of Consumer Behavior* 8, no. 4 (2009): 179-91.

86 D. E. Melnikoff and J. A. Bargh, "The Mythical Number Two," *Trends in Cognitive Sciences* 22, no. 4 (2018): 280-93.

87 G. R. Ferris, B. Parker Ellen III, C. P. McAllister, and L. P. Maher, "Reorganizing Organizational Politics Research: A Review of the Literature and Identification of Future Research Directions," *Annual Review of Organizational Psychology and Organizational Behavior* 6 (2019): 299-323.

88 S. Granger, L. Neville, and N. Turner, "Political Knowledge at Work: Conceptualization, Measurement, and Applications to Follower Proactivity," *Journal of Occupational and Organizational Psychology* 93, no. 2 (2020): 431-71.

89 C. P. McAllister, B. Parker Ellen III, and G. R. Ferris, "Social Influence Opportunity Recognition, Evaluation, and Capitalization: Increased Theoretical Specification Through Political Skill's Dimensional Dynamics," *Journal of Management* 44, no. 5 (2018): 1926-52.

90 M. N. Bing, H. K. Davison, I. Minor, M. M. Novicevic, and D. D. Frink, "The Prediction of Task and Contextual Performance by Political Skill: A Meta-Analysis and Moderator Test," *Journal of Vocational Behavior* 79 (2011): 563-77.

91 See, for instance, D. C. Treadway, G. R. Ferris, A. B. Duke, G. L. Adams, and J. B. Tatcher, "The Moderating Role of Subordinate Political Skill on Supervisors' Impressions of Subordinate Ingratiation and Ratings of Subordinate Interpersonal Facilitation," *Journal of Applied Psychology* 92, no. 3 (2007): 848-55.

92 C. Anderson, S. E. Spataro, and F. J. Flynn, "Personality and Organizational Culture as Determinants of Influence," *Journal of Applied Psychology* 93, no. 3 (2008): 702-10.

93 T. P. Munyon, J. K. Summers, K. M. Thompson, and G. R. Ferris, "Political Skill and Work Outcomes: A Theoretical Extension, Meta-Analytic Investigation, and Agenda for the Future," *Personnel Psychology* 68 (2015): 143-84.

94 I. Kapoutsis, A. Papalexandris, D. C. Treadway, and J. Bentley, "Measuring Political Will in Organizations: Theoretical Construct Development and Empirical Validation," *Journal of Management* 43, no. 7 (2017): 2252-80.

95 G. Blickle, B. P. Kückelhaus, I. Kranefeld, N. Schütte, H. A. Genau, D.-N. Gansen-Ammann, and A. Wihler, "Political Skill Camouflages Machiavellianism: Career Role Performance and Organizational Misbehavior at Short and Long Tenure," *Journal of Vocational Behavior* 118 (2020): Article 103401.

96 Munyon et al., "Political Skill and Work Outcomes"; J. K. Summers, T. P. Munyon, R. L. Brouer, P. Pahng, and G. R. Ferris, "Political Skill in the Stressor-Strain Relationship: A Meta-Analytic Update and Extension," *Journal of Vocational Behavior* 118 (2020): Article 103372.

97 C. B. Bhattacharya, "How to Make Sustainability Every Employee's Responsibility," *Harvard Business Review*, February 23, 2018, https://hbr.org/2018/02/how-to-make-sustainability-every-employees-responsibility#; R. Mindell, "7 Best Practices for Creating an Impactful CSR Strategy," *Submittable* [blog], April 14, 2021, https://blog.submittable.com/csr-strategy/; Old Mutual, "Responsible Business," *Old Mutual* [website], accessed April 22, 2021, https://

www.oldmutual.com/responsible-business; Old Mutual, *The Old Mutual Cultural Transformation Toolkit* (London, UK: Old Mutual, 2012); C. Wickert and F. G. A. de Bakker, "How CSR Managers Can Inspire Other Leaders to Act on Sustainability," *Harvard Business Review*, January 10, 2019, https://hbr.org/2019/01/how-csr-managers-can-inspire-other-leaders-to-act-on-sustainability

[98] Ibid.

[99] A. Guinote, "How Power Affects People: Activating, Wanting, and Goal Seeking," *Annual Review of Psychology* 68 (2017): 353-81.

[100] Guinote, "How Power Affects People."

[101] Y. Cho and N. J. Fast, "Power, Defensive Denigration, and the Assuaging Effect of Gratitude Expression," *Journal of Experimental Social Psychology* 48 (2012): 778-82.

[102] E. Stamkou, G. A. van Kleef, A. H. Fischer, and M. E. Kret, "Are the Powerful Really Blind to the Feelings of Others? How Hierarchical Concerns Shape Attentions to Emotions," *Personality and Social Psychology Bulletin* 42, no. 6 (2016): 755-68.

[103] M. Pitesa and S. Thau, "Masters of the Universe: How Power and Accountability Influence Self-Serving Decisions under Moral Hazard," *Journal of Applied Psychology* 98 (2013): 550-58; N. J. Fast, N. Sivanathan, D. D. Mayer, and A. D. Galinsky, "Power and Overconfident Decision-Making," *Organizational Behavior and Human Decision Processes* 117 (2012): 249-60; and M. J. Williams, "Serving the Self from the Seat of Power: Goals and Threats Predict Leaders' Self-Interested Behavior," *Journal of Management* 40 (2014): 1365-95.

[104] Organized Crime and Corruption Reporting Project (OCCRP), "The Troika Laundromat," OCCRP [website], March 4, 2019, https://www.occrp.org/en/troikalaundromat/

[105] C. Anderson and S. Brion, "Perspectives on Power in Organizations," *Annual Review of Organizational Psychology and Organizational Behavior* 1 (2014): 67-97.

[106] Sturm and Antonakis, "Interpersonal Power."

[107] Ibid.

[108] Anderson and Brion, "Perspectives on Power in Organizations."

[109] Anderson and Brion, "Perspectives on Power in Organizations"; D. Orghian, F. de Almeida, S. Jacinto, L. Garcia-Marques, and A. Sofia Santos, "How Your Power Affects My Impression of You," *Personality and Social Psychology Bulletin* 45, no. 4 (2019): 495-509.

[110] Anderson and Brion, "Perspectives on Power in Organizations."

[111] Ibid.

[112] J. C. Quick and M. Ann McFadyen, "Sexual Harassment: Have We Made Any Progress?" *Journal of Occupational Health Psychology* 22, no. 3 (2017): 286-98.

[113] "Facts About Sexual Harassment," The U.S. Equal Employment Opportunity Commission, www.eeoc.gov/facts/fs-sex.html, accessed April 20, 2021.

[114] M. A. McCord, D. L. Joseph, L. Y. Dhanani, and J. M. Beus, "A Meta-Analysis of Sex and Race Differences in Perceived Workplace Mistreatment," *Journal of Applied Psychology* 103, no. 2 (2018): 137-63; United States Government Accountability Office (GAO), *Workplace Sexual Harassment* [Report No. GAO-20-564] (Washington, DC: US GAO, September 2020).

[115] J. Frye, "Not Just the Rich and Famous: The Pervasiveness of Sexual Harassment Across Industries Affects All Workers," *Center for American Progress*, November 20, 2017, https://www.americanprogress.org/issues/women/news/2017/11/20/443139/not-just-rich-famous/

[116] C. R. Willness, P. Steel, and K. Lee, "A Meta-Analysis of the Antecedents and Consequences of Workplace Sexual Harassment," *Personnel Psychology* 60 (2007): 127-62.

[117] World Bank Group, *Women, Business and the Law 2020* (Washington, DC: The World Bank, 2020).

[118] World Bank Group, *Women, Business, and the Law 2020.*

[119] N. Graf, "Sexual Harassment at Work in the Era of #MeToo," *Pew Research Center,* April 4, 2018, https://www.pewresearch.org/social-trends/2018/04/04/sexual-harassment-at-work-in-the-era-of-metoo/

[120] Ibid.

[121] M. J. Williams, D. H. Gruenfeld, and L. E. Guillory, "Sexual Aggression When Power Is New: Effects of Acute High Power on Chronically Low-Power Individuals," *Journal of Personality and Social Psychology* 112, no. 2 (2017): 201-23.

[122] E. Bernstein, "Power's Role in Sexual Harassment," *The Wall Street Journal,* February 5, 2018, https://www.wsj.com/articles/powers-role-in-sexual-harassment-1517844769

[123] See, for example, D. Fernando and A. Prasad, "Sex-Based Harassment and Organizational Silencing: How Women Are Led to Reluctant Acquiescence in Academia," *Human Relations* 72, no. 10 (2019): 1565-94.

[124] A. Langone, "#MeToo and Time's Up Founders Explain the Difference Between the 2 Movements—and How They're alike," *Time,* March 22, 2018, https://time.com/5189945/whats-the-difference-between-the-metoo-and-times-up-movements/

[125] Quick and McFadyen, "Sexual Harassment"; M. V. Roehling and J. Huang, "Sexual Harassment Training Effectiveness: An Interdisciplinary Review and Call for Research," *Journal of Organizational Behavior* 39 (2018): 134-50.

[126] G. R. Ferris, D. C. Treadaway, R. W. Kolodinsky, W. A. Hochwater, C. J. Kacmar, C. Douglas, and D. D. Fink, "Development and Validation of the Political Skill Inventory," *Journal of Management* 31, no. 1 (2005): 126-52.

[127] A. Pullen and C. Rhodes, "Corporeal Ethics and the Politics of Resistance in Organizations," *Organization* 21, no. 6 (2014): 782-96.

[128] Ferris et al., "Reorganizing Organizational Politics Research."

[129] S. Sun and H. Chen, "Is Political Behavior a Viable Coping Strategy to Perceived Organizational Politics? Unveiling the Underlying Resource Dynamics," *Journal of Applied Psychology* 102, no. 10 (2017): 1471-82.

[130] Ferris et al., "Reorganizing Organizational Politics Research."

[131] E. M. Landells and S. L. Albrecht, "The Positives and Negatives of Organizational Politics: A Qualitative Study," *Journal of Business and Psychology* 32 (2017): 41-58.

[132] D. A. Buchanan, "You Stab My Back, I'll Stab Yours: Management Experience and Perceptions of Organization Political Behavior," *British Journal of Management* 19, no. 1 (2008): 49-64.

[133] J. Pfeffer, *Power: Why Some People Have It—And Others Don't* (New York: Harper Collins, 2010).

[134] Ibid.

[135] M. A. Finkelstein and L. A. Penner, "Predicting Organizational Citizenship Behavior: Integrating the Functional and Role Identity Approaches," *Social Behavior & Personality* 32, no. 4 (2004): 383-98.

[136] See, for example, G. Michelson, A. van Iterson, and K. Waddington, "Gossip in Organizations: Contexts, Consequences, and Controversies," *Group & Organization Management* 35, no. 4 (2010): 371-90.

[137] L.-Z. Wu, T. A. Birtch, F. F. T. Chiang, and H. Zhang, "Perceptions of Negative Workplace Gossip: A Self-Consistency Theory Framework," *Journal of Management* 44, no. 5 (2018): 1873-98.

[138] J. Baum, M. Rabovsky, S. Benjamin Rose, and R. Abdel Rahman, "Clear Judgments Based on Unclear Evidence: Person Evaluation Is Strongly Influenced by Untrustworthy Gossip," *Emotion* 20, no .2 (2020): 248-60.

[139] N. Tan, K. Chi Yam, P. Zhang, and D. J. Brown, "Are You Gossiping About Me? The Costs and Benefits of High Workplace Gossip Prevalence," *Journal of Business and Psychology* 36 (2021): 417-434.

[140] See, for instance, E. Martinescu, O. Janssen, and B. A. Nijstad, "Gossip as a Resource: How and Why Power Relationships Shape Gossip Behavior," *Organizational Behavior and Human Decision Processes* 153 (2019): 89-102.

[141] G. Van Hoye and F. Lievens, "Tapping the Grapevine: A Closer Look at Word-of-Mouth as a Recruitment Source," *Journal of Applied Psychology* 94, no. 2 (2009): 341-52.

[142] S. Freeman, "Keys to Hiring (and Keeping) Great People," *Forbes,* March 11, 2019, https://www.forbes.com/sites/theyec/2019/03/11/keys-to-hiring-and-keeping-great-people/#1e30dad45016

[143] T. J. Grosser, V. Lopez-Kidwell, and G. Labianca, "A Social Network Analysis of Positive and Negative Gossip in Organizational Life," *Group & Organization Management* 35, no. 2 (2010): 177-212.

[144] R. Feintzeig, "The Boss's Next Demand: Make Lots of Friends," *The Wall Street Journal,* February 12, 2014, B1, B6.

[145] R. E. Silverman, "A Victory for Small Office Talkers," *The Wall Street Journal,* October 28, 2014, D2.

[146] K. Huang, M. Yeomans, A. W. Brooks, J. Minson, and F. Gino, "It Doesn't Hurt to Ask: Question-Asking Increases Liking," *Journal of Personality and Social Psychology* 113, no. 3 (2017): 430-52.

[147] B. Erdogan, T. N. Bauer, and J. Walter, "Deeds That Help and Words That Hurt: Helping and Gossip as Moderators of the Relationship Between Leader-Member Exchange and Advice Network centrality," *Personnel Psychology* 68 (2015): 185-214.

[148] D. L. Brady, D. J. Brown, and L. Hanyu Liang, "Moving Beyond Assumptions of Deviance: The Reconceptualization and Measurement of Workplace Gossip," *Journal of Applied Psychology* 102, no. 1 (2017): 1-25.

[149] S. Stoyanov, R. Woodward, V. Stoyanova, "Simple Word of Mouth or Complex Resource Orchestration for Overcoming Liabilities of Outsidership," *Journal of Management* 44, no. 8 (2018): 3151-75.

[150] See, for example, J. Walter, F. W. Kellermans, and C. Lechner, "Decision Making Within and Between Organizations: Rationality, Politics, and Alliance Performance," *Journal of Management* 38, no. 5 (2012): 1582-610.

[151] G. R. Ferris, D. C. Treadway, P. L. Perrewe, R. L. Grouer, C. Douglas, and S. Lux, "Political Skill in Organizations," *Journal of Management* 33 (2007): 290-320.

[152] J. Shi, R. E. Johnson, Y. Liu, and M. Wang, "Linking Subordinate Political Skill to Supervisor Dependence and Reward Recommendations: A Moderated Mediation Model," *Journal of Applied Psychology* 98 (2013): 374-84.

[153] I. Kapoutsis, A. Paplexandris, A. Nikolopoulous, W. A. Hochwarter, and G. R. Ferris, "Politics Perceptions as a Moderator of the Political Skill-Job Performance Relationship: A Two-Study, Cross-National, Constructive Replication," *Journal of Vocational Behavior* 78 (2011): 123-35.

[154] C. C. Rosen, D. L. Ferris, D. J. Brown, and W.-W. Yen, "Relationships Among Perceptions of Organizational Politics (POPs), Work Motivation, and Salesperson Performance," *Journal of Management and Organization* 21, no. 2 (2015): 203-16.

[155] See, for example, M. D. Laird, P. Harvey, and J. Lancaster, "Accountability, Entitlement, Tenure, and Satisfaction in Generation Y," *Journal of Managerial Psychology* 30, no. 1 (2015): 87-100; J. M. L. Poon, "Situational Antecedents and Outcomes of Organizational Politics Perceptions," *Journal of Managerial Psychology* 18, no. 2 (2003): 138-55; and K. L. Zellars, W. A. Hochwarter, S. E. Lanivich, P. L. Perrewe, and G. R. Ferris, "Accountability for Others, Perceived Resources, and Well Being: Convergent Restricted Non-Linear Results in Two Samples," *Journal of Occupational and Organizational Psychology* 84, no. 1 (2011): 95-115.

[156] T. He, R. Derfler-Rozin, and M. Pitesa, "Financial Vulnerability and the Reproduction of Disadvantage in Economic Exchanges," *Journal of Applied Psychology* 105, no. 1 (2020): 80-96.

[157] R. B. Cialdini, *Influence: The Psychology of Persuasion* (New York, NY: Harper Business, 2006); R. B. Cialdini, *Pre-Suasion: A Revolutionary Way to Influence and Persuade* (New York, NY: Simon & Schuster, 2016).

[158] E. M. Landells and S. L. Albrecht, "The Positives and Negatives of Organizational Politics: A Qualitative Study," *Journal of Business and Psychology* 32 (2017): 41-58.

[159] C-H. Chang, C. C. Rosen, and P. E. Levy, "The Relationship Between Perceptions of Organizational Politics and Employee Attitudes, Strain, and Behavior: A Meta-Analytic Examination," *Academy of Management Journal* 52, no. 4 (2009): 779-801.

[160] S. Aryee, Z. Chen, and P. S. Budhwar, "Exchange Fairness and Employee Performance: An Examination of the Relationship Between Organizational Politics and Procedural Justice," *Organizational Behavior and Human Decision Processes* 94, no. 1 (2004): 1-14.

[161] Ibid.

[162] T. Chamorro-Premuzic and A. Bhaduri, "How Office Politics Corrupt the Search for High-Potential Employees," *Harvard Business Review*, October 19, 2017, https://hbr.org/2017/10/how-office-politics-corrupt-the-search-for-high-potential-employees; J. Grenny, "Yes, You Can Make Office Politics Less Toxic," *Harvard Business Review*, November 16, 2017, https://hbr.org/2017/11/yes-you-can-make-office-politics-less-toxic; R. B. Kaiser, T. Charmorro-Premuzic, and D. Lusk, "Playing Office Politics Without Selling Your Soul," *Harvard Business Review*, September 14, 2017, https://hbr.org/2017/09/playing-office-politics-without-selling-your-soul

[163] C. Homburg and A. Fuerst, "See No Evil, Hear No Evil, Speak No Evil: A Study of Defensive Organizational Behavior Towards Customer Complaints," *Journal of the Academy of Marketing Science* 35, no. 4 (2007): 523-36.

[164] E. Nechanska, E. Hughes, and T. Dundon, "Towards an Integration of Employee Voice and Silence," *Human Resource Management Review* 30, no. 1 (2020) Article 100674.

[165] T. D. Maynes and P. M. Podsakoff, "Speaking More Broadly: An Examination of the Nature, Antecedents, and Consequences of an Expanded Set of Employee Voice Behaviors," *Journal of Applied Psychology* 99, no. 1 (2014): 87-112.

[166] S. Aryee, F. O. Walumbwa, R. Mondejar, and C. L. Chu, "Core Self-Evaluations and Employee Voice Behavior: Test of a Dual-Motivational Pathway," *Journal of Management* 43, no. 3 (2017): 946-66; W. Liu, Z. Song, X. Li, and Z. Liao, "Why and When Leaders' Affective States Influence Employee Upward Voice," *Academy of Management Journal* 60, no. 1 (2017): 236-63; and M. Chamberlin, D. W. Newton, and J. A. Lepine, "A Meta-Analysis of Voice and Its Promotive and Prohibitive Forms: Identification of Key Associations, Distinctions, and Future Research Directions," *Personnel Psychology* 70, no. 1 (2017): 11-71.

[167] M. Zare and C. Flinchbaugh, "Voice, Creativity, and the Big Five personality Traits: A Meta-Analysis," *Human Performance* 32, no. 1 (2019): 30-51.

[168] M. Chamberlin, D. W. Newton, and J. A. LePine, "A Meta-Analysis of Empowerment and Voice as Transmitters of High-Performance Managerial Practices to Job Performance," *Journal of Organizational Behavior* 39 (2018): 1296-313.

[169] A. Starzyk, S. Sonnentag, and A.-G. Albrecht, "The Affective Relevance of Suggestion-Focused and Problem-Focused Voice: A Diary Study on Voice in Meetings," *Journal of Occupational and Organizational Psychology* 91 (2018): 340-61.

[170] S. Isaakyan, E. N. Sherf, S. Tangirala, and H. Guenter, "Keeping It Between Us: Managerial Endorsement of Public Versus Private Voice," *Journal of Applied Psychology* 106, no. 7 (2021): 1049-66.

[171] D. D. King, A. M. Ryan, and L. Van Dyne, "Voice Resilience: Fostering Future Voice After Non-Endorsement of Suggestions," *Journal of Occupational and Organizational Psychology* 92 (2019): 535-65.

[172] B. Kwon and E. Farndale, "Employee Voice Viewed Through a Cross-Cultural Lens," *Human Resource Management Review* 30, no. 1 (2020): Article 100653.

[173] M. Sandy Hershcovis, I. Vranjes, J. L. Berdahl, and L. M. Cortina, "See No Evil, Hear No Evil, Speak No Evil: Theorizing Network Silence Around Sexual Harassment," *Journal of Applied Psychology* (in press).

[174] Nechanska et al., "Towards an Integration of Employee Voice and Silence."

[175] Ibid.

[176] E. W. Morrison, "Employee Voice and Silence," *Annual Review of Organizational Psychology and Organizational Behavior* 1 (2014): 173-97.

[177] H. P. Madrid, M. G. Patterson, and P. I. Leiva, "Negative Core Affect and Employee Silence: How Differences in Activation, Cognitive Rumination, and Problem-Solving Demands Matter," *Journal of Applied Psychology* 100, no. 6 (2015): 1887-98; and E. W. Morrison, K. E. See, and C. Pan, "An Approach-Inhibition Model of Employee Silence: The Joint Effects of Personal Sense of Power and Target Openness," *Personnel Psychology* 68, no. 3 (2015): 547-80.

[178] See, for instance, S. Bani-Melhem, R. Zeffane, R. Abukhait, and F. Mohd Shamsudin, "Empowerment as a Pivotal Deterrent to Employee Silence: Evidence From the UAE Hotel Sector," *Human Performance* 34, no. 2 (2021): 107-25.

[179] B. Bjørkelo, S. Einarsen, M. Birkeland Nielsen, and S. Berge Matthiesen, "Silence Is Golden? Characteristics and Experiences of Self-Reported Whistleblowers," *European Journal of Work and Organizational Psychology* 20, no. 2 (2011): 206-38.

[180] I. Hussain, R. Shu, S. Tangirala, S. Ekkirala, "The Voice Bystander Effect: How Information Redundancy Inhibits Employee Voice," *Academy of Management Journal* 62, no. 3 (2019): 828-49.

[181] W. Chad Carlos and B. W. Lewis, "Strategic Silence: Withholding Certification Status as a Hypocrisy Avoidance Tactic," *Administrative Science Quarterly* 63, no. 1 (2018): 130-69.

[182] See, for instance, M. Knoll, R. J. Hall, and O. Weigelt, "A Longitudinal Study of the Relationships Between Four Differentially Motivated Forms of Employee Silence and Burnout," *Journal of Occupational Health Psychology* 24, no. 5 (2019): 572-89.

[183] E. Liu and M. E. Roloff, "Exhausting Silence: Emotional Costs of Withholding Complaints," *Negotiation and Conflict Management Research* 8, no. 1 (2015): 25-40; Nechanska et al., "Towards an Integration of Employee Voice and Silence."

[184] J. B. Carnevale, L. Huang, M. Uhl-Bien, and S. Harris, "Feeling Obligated yet Hesitant to Speak Up: Investing the Curvilinear Relationship Between LMX and Employee Promotive Voice," *Journal of Occupational and Organizational Psychology* 93, no. 1 (2020): 505-29.

[185] S. C. Rudert, A. H. Hales, R. Greifeneder, and K. D. Williams, "When Silence Is Not Golden: Why Acknowledgement Matters Even When Being Excluded," *Personality and Social Psychology Bulletin* 43, no. 5 (2017): 678-92.

[186] E. Levine, J. Hart, K. Moore, E. Rubin, K. Yadav, and S. Halpern, "The Surprising Costs of Silence: Asymmetric Preferences for Prosocial Lies of Commission and Omission," *Journal of Personality and Social Psychology* 114, no. 1 (2018): 29-51.

[187] W. S. Crawford, K. M. Kacmar, and K. J. Harris, "Do You See Me as I See Me? The Effects of Impression Management Incongruence of Actors and Audiences," *Journal of Business and Psychology* 34 (2019): 453-69.

[188] See, for example, M. L. A. Hayward and M. A. Fitza, "Pseudo-Precision? Precise Forecasts and Impression Management in Managerial Earnings Forecasts," *Academy of Management Journal* 60, no. 3 (2017): 1094-116.

[189] T. Bradford Bitterly and M. E. Schweitzer, "The Impression Management Benefits of Humorous Self-Disclosures: How Humor Influences Perceptions of Veracity," *Organizational Behavior and Human Decision Processes* 151 (2019): 73-89.

[190] J. Bundy, M. D. Pfarrer, C. E. Short, and W. Timothy Coombs, "Crises and Crisis Management: Integration, Interpretation, and Research Development," *Journal of Management* 43, no. 6 (2017): 1661-92.

[191] M. C. Bolino, D. Long, and W. Turnley, "Impression Management in Organizations: Critical Questions, Answers, and Areas for Future Research," *Annual Review of Organizational Psychology and Organizational Behavior* 3 (2016): 377-406.

[192] See, for a review, M. C. Bolino, K. M. Kacmar, W. H. Turnley, and J. B. Gilstrap, "A Multi-Level Review of Impression Management Motives and Behaviors," *Journal of Management* 34, no. 6 (2008): 1080-109.

[193] J. S. Bourdage, N. Roulin, and R. Tarraf, "'I (Might Be) Just That Good': Honest and Deceptive Impression Management in Employment Interviews," *Personnel Psychology* 71 (2018): 597-632.

[194] H. Deng, F. Walter, and Y. Guan, "Supervisor-Directed Emotional Labor as Upward Influence: An Emotions-as-Social-Information Perspective," *Journal of Organizational Behavior* 41, no. 4 (2020): 384-402; F. Gino, O. Sezer, and L. Huang, "To Be or Not Be Your Authentic Self? Catering to Others' Preferences Hinders Performance," *Organizational Behavior and Human Decision Processes* 158 (2020): 83-100.

[195] G. Blickle, C. Diekmann, P. B. Schneider, Y. Kalthöfer, and J. K. Summers, "When Modesty Wins:

Impression Management Through Modesty, Political Skill, and Career Success—A two-Study Investigation," *European Journal of Work and Organizational Psychology* 21, no. 6 (2012): 899-922; T. Bradford Bitterly and M. E. Schweitzer, "The Impression Management Benefits of Humorous Self-Disclosures: How Humor Influences Perceptions of Veracity," *Organizational Behavior and Human Decision Processes* 151 (2019): 73-89.

[196] See, for instance, X. Lu, H. Zhou, and S. Chen, "Facilitate Knowledge Sharing by Leading Ethically: The Role of Organizational Concern and Impression Management Climate," *Journal of Business and Psychology* 34 (2019): 539-53.

[197] N. Chawla, A. S. Gabriel, C. C. Rosen, J. B. Evans, J. Koopman, W. A. Hochwarter, J. C. Palmer, and S. L. Jordan, "A Person-Centered View of Impression Management, Inauthenticity, and Employee Behavior," *Personnel Psychology* (in press).

[198] G. D. Keeves, J. D. Westphal, and M. L. McDonald, "Those Closest Wield the Sharpest Knife: How Ingratiation Leads to Resentment and Social Undermining of the CEO," *Administrative Science Quarterly* 62, no. 3 (2017): 484-523.

[199] A. C. Klotz, W. He, K. Chi Yam, M. C. Bolino, W. Wei, and L. Houston III, "Good Actors but Bad Apples: Deviant Consequences of Daily Impression Management At Work," *Journal of Applied Psychology* 103, no. 10 (2018): 1145-54.

[200] J. Koung Kim, J. A. LePine, and J. Uk Chun, "Stuck Between a Rock and a Hard Place: Contrasting Upward and Downward Effects of Leaders' Ingratiation," *Personnel Psychology* 71 (2018): 495-518; J. Koung Kim, J. A. LePine, Z. Zhang, and M. D. Baer, "Sticking Out Versus Fitting In: A Social Context Perspective of Ingratiation and Its Effect on Social Exchange Quality with Supervisors and Teammates," *Journal of Applied Psychology* (in press).

[201] W. C. Tsai, C.-C. Chen, and S. F. Chiu, "Exploring Boundaries of the Effects of Applicant Impression Management Tactics in Job Interviews," *Journal of Management* 31, no. 1 (2005): 108-25; K. Yang Trevor Yu, "Influencing How One Is Seen by Potential Talent: Organizational Impression Management Among Recruiting Firms," *Journal of Applied Psychology* 104, no. 7 (2019): 888-906.

[202] Amaral et al., "Why Does Impression Management Positively Influence Interview Ratings?"

[203] N. Roulin, A. Bangerter, and J. Levashina, "Honest and Deceptive Impression Management in the Employment Interview: Can It Be Detected and How Does It Impact Evaluations?," *Personnel Psychology* 68, no. 2 (2015): 395-444.

[204] M. R. Barrick, J. A. Shaffer, and S. W. DeGrassi, "What You See May Not Be What You Get: Relationships among Self-Presentation Tactics and Ratings of Interview and Job Performance," *Journal of Applied Psychology* 94, no. 6 (2009): 1394-411.

[205] B. Griffin, "The Ability to Identify Criteria: Its Relationship with Social Understanding, Preparation, and Impression Management in Affecting Predictor Performance in a High-Stakes Selection Context," *Human Performance* 27, no. 4 (2014): 147-64.

[206] D. M. Powell, J. S. Bourdage, and S. Bonaccio, "Shake and Fake: The Role of Interview Anxiety in Deceptive Impression Management," *Journal of Business and Psychology* 36 (2021) 829-40.

[207] See, for instance, C. Gross, M. E. Debus, Y. Liu, M. Wang, and M. Kleinmann, "I Am Nice and Capable! How and When Newcomers' Self-Presentation to Their Supervisors Affects Socialization Outcomes," *Journal of Applied Psychology* 106, no. 7 (2021): 1067-79; X. Yi, Y. Anthea Zhang, and D. Windsor, "You Are Great and I Am Great (Too): Examining New CEOs' Social Influence Behaviors During Leadership Transition," *Academy of Management Journal* 63, no. 5 (2020): 1508-34.

[208] See, for instance, H. Deng, F. Walter, and Y. Guan, "Supervisor-Directed Emotional Labor as Upward Influence: An Emotions-as-Social-Information Perspective," *Journal of Organizational Behavior* 41, no. 4 (2020): 384-402.

[209] E. Molleman, B. Emans, and N. Turusbekova, "How to Control Self-Promotion Among Performance-Oriented Employees: The Roles of Task Clarity and Personalized Responsibility," *Personnel Review* 41 (2012): 88-105.

[210] J. D. Westphal and I. Stern, "Flattery Will Get You Everywhere (Especially If You Are a Male Caucasian): How Ingratiation, Boardroom Behavior, and Demographic Minority Status Affect Additional Board Appointments of U.S. Companies," *Academy of Management Journal* 50, no. 2 (2007): 267-88.

[211] Y. Liu, G. R. Ferris, J. Xu, B. A. Weitz, and P. L. Perrewé, "When Ingratiation Backfires: The Role of Political Skill in the Ingratiation-Internship Performance Relationship," *Academy of Management Learning and Education* 13 (2014): 569-86.

[212] Based on C. Chen and M. Lin, "The Effect of Applicant Impression Management Tactics on Hiring Recommendations: Cognitive and Affective Processes," *Applied Psychology: An International Review* 63, no. 4, (2014): 698-724; J. Levashina, C. J. Hartwell, F. P. Morgeson, and M. A. Campion "The Structured Employment Interview: Narrative and Quantitative Review of the Research Literature," *Personnel Psychology* (Spring 2014): 241-93; and M. Nemko, "The Effective, Ethical, and Less Stressful Job Interview," *Psychology Today*, March 25, 2014, https://www.psychologytoday.com/blog/how-do-life/201503/the-effective-ethical-and-less-stressful-job-interview

[213] D. C. Treadway, G. R. Ferris, A. B. Duke, G. L. Adams, and J. B. Thatcher, "The Moderating Role of Subordinate Political Skill on Supervisors' Impressions of Subordinate Ingratiation and Ratings of Subordinate Interpersonal Facilitation," *Journal of Applied Psychology* 92, no. 3 (2007): 848-55.

[214] See, for example, Y. Zhu and D. Li, "Negative Spillover Impact of Perceptions of Organizational Politics on Work-Family Conflict in China," *Social Behavior and Personality* 43, no. 5 (2015): 705-14.

[215] J. L. T. Leong, M. H. Bond, and P. P. Fu, "Perceived Effectiveness of Influence Strategies in the United States and Three Chinese Societies," *International Journal of Cross Cultural Management* 6, no. 1 (2006): 101-20.

[216] Y. Miyamoto and B. Wilken, "Culturally Contingent Situated Cognition: Influencing Other People Fosters Analytic Perception in the United States but Not in Japan," *Psychological Science* 21, no. 11 (2010): 1616-22.

[217] Y. Wang and S. Highhouse, "Different Consequences of Supplication and Modesty: Self-Effacing Impression Management Behaviors and Supervisory Perceptions of Subordinate Personality," *Human Performance* 29, no. 5 (2016): 394-407.

[218] L. O'Conor, "Play Dumb, Don't Wear Velcro and Other Questionable Career Advice," *The Guardian*, February 23, 2015, https://www.theguardian.com/women-in-leadership/2015/feb/23/career-advice-the-rules-of-work

[219] J. Andrews, "Working Hard No Longer Enough to Get a Promotion. Here's How to Stand Out," *CNBC*, July 19, 2019, https://www.cnbc.com/2019/07/19/working-hard-is-not-enough-to-get-a-promotion-heres-how-to-stand-out.html

[220] See, for instance, G. Blickle, N. Schütte, and A. Wihler, "Political Will, Work Values, and Objective Career Success: A Novel Approach - the Trait-Reputation-Identity Model," *Journal of Vocational Behavior* 107 (2018): 42-56.

[221] D. Clark, "A Campaign Strategy for Your Career," *Harvard Business Review* (November 2012): 131-34.

[222] R. A. Anderson, "What Men Can Do to Be Better Mentors and Sponsors to Women," *Harvard Business Review*, August 7, 2019, https://hbr.org/2019/08/what-men-can-do-to-be-better-mentors-and-sponsors-to-women; J. Huang, I. Starikova, D. Zanoschi, A. Krivkovich, and L. Yee, "Women in the Workplace 2020," *McKinsey & Company*, September 30, 2020, https://www.mckinsey.com/featured-insights/diversity-and-inclusion/women-in-the-workplace; T. Eurich, "Why Self-Awareness Isn't Doing More to Help Women's Careers," *Harvard Business Review*, May 31, 2019, https://hbr.org/2019/05/why-self-awareness-isnt-doing-more-to-help-womens-careers; H. Ibarra, "A Lack of Sponsorship Is Keeping Women From Advancing into Leadership," *Harvard Business Review*, August 19, 2019, https://hbr.org/2019/08/a-lack-of-sponsorship-is-keeping-women-from-advancing-into-leadership; C. Mangurian, E. Linos, U. Sarkar, C. Rodriguez, and R. Jagsi, "What's Holding Women in Medicine Back From Leadership," *Harvard Business Review*, November 7, 2018https://hbr.org/2018/06/whats-holding-women-in-medicine-back-from-leadership; A. Spiliakos, "3 Tips for Women Who Want to Advance Their Career," *Harvard Business School Online*, April 11, 2019, https://online.hbs.edu/blog/post/career-advice-for-women

[223] Based on J. Smith, "Eight Questions to Ask Yourself Before You Start Dating a Coworker," *Business Insider*, May 29, 2016, http://www.businessinsider.com/questions-to-ask-before-you-start-dating-a-coworker-2016-5/#-1; J. Grasz, "Workers Name Their Top Office Romance Deal Breakers in New CareerBuilder Survey," *CareerBuilder*, February 11, 2015, http://www.careerbuilder.com/share/aboutus/pressreleasesdetail.aspx?sd=2%2F11%2F2015&id=pr868&ed=12%2F31%2F2015; "Crushing on Your Co-Worker? You're Not Alone," *Society for Human Resource Management*, February 12, 2020, https://www.shrm.org/about-shrm/press-room/press-releases/pages/new-survey-on-workplace-romance-2020.aspx

제14장

[1] Based on N. Barkin, "Cold War Past Shapes Complex Merkel-Putin Relationship," *Reuters*, March 7, 2014, ____https://www.reuters.com/article/us-merkel-putin-insight/cold-war-past-shapes-complex-merkel-putin-relationship-idUSBREA260E120140307; N. Burns, K. Kaiser, and C. C. Ashbrook, "Angela Merkel, the Scientist Who Became a World Leader," *Belfer Center for International Affairs*, May 28, 2019, https://www.belfercenter.org/publication/angela-merkel-scientist-who-became-world-leader; K. Marton, "The Merkel Model," *The Atlantic*, May 19, 2019, https://www.theatlantic.com/ideas/archive/2019/05/how-angela-merkel-keeps-powermans-world/589675/; K. Shonk, "Famous Negotiators: Angela Merkel and Vladimir Putin," *Program on*

Negotiation Harvard Law School, January 4, 2021, https://www.pon.harvard.edu/daily/international-negotiation-daily/merkel-and-putin-a-difference-in-negotiating-style/; K. Shonk, "Great Women Leaders Negotiate," *Program on Negotiation Harvard Law School*, February 9, 2021, https://www.pon.harvard.edu/daily/leadership-skills-daily/great-women-leaders-negotiate/; M. Qvortrup, "Trump Could Learn a Lot From Angela Merkel," *CNN*, July 5, 2017, https://www.cnn.com/2017/07/05/opinions/merkel-trump-negotiating-style; "Angela Merkel: Germany's Shrewd Political Survivor," *BBC News*, June 3, 2019, https://www.bbc.com/news/world-europe-23709337

[2] L. Gurdus, "Tesla CEO Elon Musk Is Feuding with the SEC Again—Jim Cramer and Other Experts Weigh In on What Could Be Next for the Automaker," *CNBC: Trading Nation*, February 26, 2019, https://www.cnbc.com/2019/02/26/the-sec-targets-tesla-ceo-cramer-and-experts-weigh-in-on-whats-next.html; S. Nicola and C. Rauwald, "Elon Musk Takes Tesla's War on Labor Unions to Germany," *Bloomberg*, December 2, 2020, https://www.bloomberg.com/news/articles/2020-12-02/elon-musk-labor-unions-prepare-to-war-as-tesla-tsla-enters-germany; L. Snapes, "Grimes and Azealia Banks Subpoenaed in Elon Musk Lawsuit," *The Guardian*, January 18, 2019, https://www.theguardian.com/music/2019/jan/18/–grimes-and-azealia-banks-subpoenaed-in-elon-musk-lawsuit; P. Wall Howard, "Tesla's Elon Musk Claps Back at Jim Farley, Ford with 'Tommy Boy' Clip on Twitter," *Detroit Free Press*, April 15, 2021, https://www.freep.com/story/money/cars/ford/2021/04/15/tesla-elon-musk-ford-jim-farley-tommy-boy-twitter/7230079002/

[3] "Tesla's Board Problem: Too Many Ties to CEO Elon Musk," *CBS News*, August 21, 2018, https://www.cbsnews.com/news/experts-say-tesla-board-may-have-too-many-ties-to-ceo-musk/; J. Sonnenfeld, "Asleep at the Wheel: What Tesla's Board Musk Do Now," *Chief Executive*, February 28, 2019, https://chiefexecutive.net/teslas-board-musk/

[4] W. Pugh, "Why Not Appoint an Algorithm to Your Corporate Board?" *Slate*, March 24, 2019, https://slate.com/technology/2019/03/artificial-intelligence-corporate-board-algorithm.html

[5] See, for instance, A. Avgar, "Integrating Conflict: A Proposed Framework for the Interdisciplinary Study of Workplace Conflict and Its Management," *Industrial Labor Relations Review* 73, no. 2 (2020): 281-311.

[6] A. M. Carton and B. A. Tewfik, "A New Look at Conflict Management in Work Groups," *Organization Science* 27, no. 5 (2016): 1125-41.

[7] Avgar, "Integrating Conflict."

[8] Ibid.

[9] Ibid.

[10] See, for instance, T. A. O'Neill, N. J. Allen, and S. E. Hastings, "Examining the 'Pros' and 'Cons' of Team *Conflict*: A Team-Level Meta-Analysis of Task, Relationship, and Process Conflict," *Human Performance* 26, no. 3 (2013): 236-60.

[11] Ibid.

[12] Ibid.

[13] Ibid.

[14] N. Halevy, E. Y. Chou, and A. D. Galinsky, "Exhausting or Exhilarating? Conflict as Threat to Interests, Relationships and Identities," *Journal of Experimental Social Psychology* 48, no. 2 (2012): 530-37.

[15] O'Neill et al., "Examining the 'Pros' and 'Cons' of Team Conflict."

[16] L. A. DeChurch, J. R. Mesmer-Magnus, and D. Doty, "Moving Beyond Relationship and Task Conflict: Toward a Process-State Perspective," *Journal of Applied Psychology* 98, no. 4 (2013): 559-78.

[17] F. R. C. de Wit, L. L. Greer, and K. A. Jehn, "The Paradox of Intragroup Conflict: A Meta-Analysis," *Journal of Applied Psychology* 97, no. 2 (2012): 360-90.

[18] Ibid.

[19] See, for example, T. A. O'Neill, M. J. W. McLarnon, G. C. Hoffart, H. J. R. Woodley, and N. J. Allen, "The Structure and Function of Team Conflict State Profiles," *Journal of Management* 44, no. 2 (2018): 811-36.

[20] S. E. Humphrey, F. Aime, L. Cushenbery, A. D. Hill, and J. Fairchild, "Team Conflict Dynamics: Implications of a Dyadic View of Conflict for Team Performance," *Organizational Behavior and Human Decision Processes* 142 (2017): 58-70.

[21] F. R. C. de Wit, K. A. Jehn, and D. Scheepers, "Task Conflict, Information Processing, and Decision-Making: The Damaging Effect of Relationship Conflict," *Organizational Behavior and Human Decision Processes* 122, no. 2 (2013): 177-89.

[22] J. Farh, C. Lee, and C. I. C. Farh, "Task Conflict and Team Creativity: A Question of How Much and When," *Journal of Applied Psychology* 95, no. 6 (2010): 1173-80.

[23] See, for instance, K. A. Graham, M. B. Mawritz, S. B. Dust, R. L. Greenbaum, and J. C. Ziegert, "Too Many Cooks in the Kitchen: The Effects of Dominance Incompatibility on Relationship Conflict and Subsequent Abusive Supervision," *The Leadership Quarterly* 30, no. 3 (2019): 351-64.

[24] R. Sinha, N. S. Janardhanan, L. L. Greer, D. E. Conlon, and J. R. Edwards, "Skewed task Conflict in Teams: What Happens When a Few Members See More Conflict Than the Rest," *Journal of Applied Psychology* 101, no. 7 (2016): 1045-55.

[25] M. A. Cronin and K. Bezrukova, "Conflict Management Through the Lens of System Dynamics," *Academy of Management Annals* 13, no. 2 (2019): 770-806.

[26] B. H. Bradley, B. F. Postlethwaite, A. C. Klotz, M. R. Hamdani, and K. G. Brown, "Reaping the Benefits of Task Conflict in Teams: The Critical Role of Team Psychological Safety Climate," *Journal of Applied Psychology* 97, no. 1 (2012): 151-58.

[27] J. S. Chun, S. Jinseok, and J. N. Choi, "Members' Needs, Intragroup Conflict, and Group Performance," *Journal of Applied Psychology* 99, no. 3 (2014): 437-50.

[28] L. Roth, "Bills' Quarterback Josh Allen on 'Cloud Nine' over Trade for Stefon Diggs," *Rochester Democrat and Chronicle*, March 27, 2020, https://www.democratandchronicle.com/story/sports/football/nfl/bills/2020/03/27/bills-josh-allen-and-stefon-diggs-bills-trade-for-diggs-allen-high-diggs-nfl-trades-nfl-virus/2926228001/

[29] M. Louis-Jacques, "Bills' Josh Allen, Jets' Sam Darnold: Friendship Before Rivalry," *ESPN*, September 7, 2019, https://www.espn.com/blog/buffalo-bills/post/_/id/33411/bills-josh-allen-and-jets-sam-darnold-close-friends-division-rivals; S. Maiorana, "Josh Allen vs. Patrick Mahomes: Could This Be the Start of the Next Great NFL QB Rivalry?" *Rochester Democrat & Chronicle*, October 16, 2020, https://www.democratandchronicle.com/story/sports/football/nfl/bills/2020/10/16/josh-allen-vs-patrick-mahomes-possibly-next-great-nfl-qb-rivalry/3678326001/

[30] See, for example, M. Kovac, "Michigan Fan Gets Year-Plus in Prison for Making Threats During 2018 Game Against Ohio State," *The Columbus Dispatch*, October 27, 2020, https://www.dispatch.com/story/news/crime/2020/10/27/ohio-state-michigan-football-game-threat-brings-one-year-prison-term-for-california-man/6051863002/; G. Strom, "Caught in the Crossfire: Toledo's Relationship with the Ohio State-Michigan Rivalry," *The Lantern*, November 25, 2019, https://www.thelantern.com/2019/11/ohio-state-football-caught-in-the-crossfire-toledos-relationship-with-ohio-state-michigan-rivalry/; S. Szilagy, "From the Archives: Ohio State's History of Party Riots Long Precedes Recent Chitt Fest Fiasco," *The Lantern*, April 22, 2021, https://www.thelantern.com/2021/04/from-the-archives-ohio-states-history-of-party-riots-long-precedes-recent-chitt-fest-fiasco/

[31] R. Yoo, "The Origin of the Ohio-Michigan Rivalry," *The Observer*, April 12, 2019, https://observer.case.edu/the-origin-of-the-ohio-michigan-rivalry/

[32] G. A. Van Kleef, W. Steinel, and A. C. Homan, "On Being Peripheral and Paying Attention: Prototypicality and Information Processing in Intergroup Conflict," *Journal of Applied Psychology* 98, no. 1 (2013): 63-79.

[33] K. W. Thomas, "Conflict and Negotiation Processes in Organizations," in M. D. Dunnette and L. M. Hough (eds.), *Handbook of Industrial and Organizational Psychology* (Palo Alto, CA: Consulting Psychologist's Press, 1992): 651-717.

[34] M. A. Korsgaard, S. S. Jeong, D. M. Mahony, and A. H. Pitariu, "A Multilevel View of Intragroup Conflict," *Journal of Management* 34, no. 6 (2008): 1222-52.

[35] Ibid.

[36] Ibid.

[37] M-H. Tsai and C. Bendersky, "The Pursuit of Information Sharing: Expressing Task Conflicts as Debates vs. Disagreements Increases Perceived Receptivity to Dissenting Opinions in Groups," *Organization Science* 27, no. 1 (2016): 141-56.

[38] Humphrey et al., "Team Conflict Dynamics."

[39] R. Sinha, C.-Y. C. Chiu, and S. B. Srinivas, "Shared Leadership and Relationship Conflict in Teams: The Moderating Role of Team Power Base Diversity," *Journal of Organizational Behavior* 42, no. 5 (2021): 649-67.

[40] See, for instance, D. R. Rovenpor, T. C. O'Brien, A. Roblain, L. De Guissmé, P. Chekroun, and B. Leidner, "Intergroup Conflict Self-Perpetuates via Meaning: Exposure to Intergroup Conflict Increasing Meaning and Fuels a Desire for Further Conflict," *Journal of Personality and Social Psychology* 116, no. 1 (2019): 119-40.

[41] V. Venkataramani and R. S. Dalal, "Who Helps and Harms Whom? Relational Aspects of Interpersonal Helping and Harming in Organizations," *Journal of Applied Psychology* 92, no. 4 (2007): 952-66.

[42] J. K. Summers, T. P. Munyon, R. L. Brouer, P. Pahng, and G. R. Ferris, "Political Skill in the Stressor-Strain Relationship: A Meta-Analytic Update and Extension," *Journal of Vocational Behavior* 118 (2020): Article 103372.

[43] R. Friedman, C. Anderson, J. Brett, M. Olekalns, N. Goates, and C. C. Lisco, "The Positive and Negative Effects of Anger on Dispute Resolution: Evidence from Electronically Mediated Disputes," *Journal of Applied Psychology* 89, no. 2 (2004): 369-76.

[44] X. Parent-Rocheleau, K. Bentein, G. Simard, and M. Tremblay, "Leader-Follower (Dis)similarity in Optimism: Its Effect on Followers' Role Conflict, Vigor and Performance," *Journal of Business and Psychology* 36 (2021): 211-24.

[45] J. S. Chun and J. N. Choi, "Members' Needs, Intragroup Conflict, and Group Performance," *Journal of Applied Psychology* 99, no. 3 (2014): 437-50.

[46] N. Halevy, T. R. Cohen, E. Y. Chou, J. J. Katz, and A. T. Panter, "Mental Models at Work: Cognitive Causes and Consequences of Conflict in

Organizations," *Personality and Social Psychology Bulletin*, 40, no. 1 (2014): 92-110.

[47] See, for instance, N. Halevy, E. Chou, and J. K. Murnighan, "Mind Games: The Mental Representation of Conflict," *Journal of Personality and Social Psychology* 102, no. 1 (2012): 132-48.

[48] A. M. Isen, A. A. Labroo, and P. Durlach, "An Influence of Product and Brand Name on Positive Affect: Implicit and Explicit Measures," *Motivation & Emotion* 28, no. 1 (2004): 43-63.

[49] Ibid.

[50] E. P. Lemay Jr., J. E. Ryan, R. Fehr, and M. J. Gelfand, "Validation of Negativity: Drawbacks of Interpersonal Responsiveness During Conflicts with Outsiders," *Journal of Personality and Social Psychology* 119, no. 1 (2020): 104-35.

[51] C. Montes, D. Rodriguez, and G. Serrano, "Affective Choice of Conflict Management Styles," *International Journal of Conflict Management* 23,

no. 1 (2012): 6-18.

[52] K. Brans, P. Koval, P. Verduyn, Y. Lin Lim, and P. Kuppens, "The Regulation of Negative and Positive Affect in Daily Life," *Emotion* 13, no. 5 (2013): 926-39; S. Nolen-Hoeksema, B. E. Wisco, and S. Lyubomirsky, "Rethinking Rumination," *Perspectives of Psychological Science* 3, no. 5 (2008): 400-24.

[53] A. A. Kay and D. P. Skarlicki, "Cultivating a Conflict-Positive Workplace: How Mindfulness Facilitates Constructive Conflict Management," *Organizational Behavior and Human Decision Processes* 159 (2020): 8-20.

[54] R. H. Kilmann, *Celebrating 40 Years with the TKI Assessment: A Summary of My Favorite Insights* (Sunnyvale, CA: CPP, 2018).

[55] Ibid.

[56] Ibid.

[57] R. G. Swab and P. D. Johnson, "Steel Sharpens Steel: A Review of Multilevel Competition and Competitiveness in Organizations," *Journal of Organizational Behavior* 40, no. 2 (2019): 147-65.

[58] Swab and Johnson, "Steel Sharpens Steel"; S-C. Huang, S. C. Lin, and Y. Zhang, "When Individual Goal Pursuit Turns Competitive: How We Sabotage and Coast," *Journal of Personality and Social Psychology* 117, no. 3 (2019): 605-20.

[59] G. Stasser and S. Abele, "Collective Choice, Collaboration, and Communication," *Annual Review of Psychology* 71 (2020): 589-612.

[60] M.-H. Tsai, N. Velda Melia, and V. B. Hinsz, "The Effects of Perceived Decision-Making Styles on Evaluations of Openness and Competence That Elicit Collaboration," *Personality and Social Psychology Bulletin* 46, no. 1 (2020): 124-39.

[61] K. Qianwen Sun and M. L. Slepian, "The Conversations We Seek to Avoid," *Organizational Behavior and Human Decision Processes* 160 (2020): 87-105.

[62] L. A. DeChurch, J. R. Mesmer-Magnus, and D. Doty, "Moving Beyond Relationship and Task Conflict: Toward a Process-State Perspective," *Journal of Applied Psychology* 98, no. 4 (2013): 559-78.

[63] J. P. Davis, "The Group Dynamics of Interorganizational Relationships: Collaborating with Multiple Partners in Innovation Ecosystems," *Administrative Science Quarterly* 61, no. 4 (2016): 621-61.

[64] J. D. Hildreth and C. Anderson, "Failure at the Top: How Power Undermines Collaborative Performance," *Journal of Personality and Social Psychology* 110, no. 2 (2016): 261-86.

[65] Ibid.

[66] C. K. W. De Dreu, "The Virtue and Vice of Workplace Conflict: Food for (Pessimistic) Thought," *Journal of Organizational Behavior* 29, no. 1 (2008): 5-18.

[67] M-L. Chang, "On the Relationship Between Intragroup Conflict and Social Capital in Teams: A Longitudinal Investigation in Taiwan," *Journal of Organizational Behavior* 38, no. 1 (2017): 3-27.

[68] G. Todorova, J. B. Bear, and L. R. Weingart, "Can Conflict Be Energizing? A Study of Task Conflict, Positive Emotions, and Job Satisfaction," *Journal of Applied Psychology* 99, no. 3 (2014): 451-67.

[69] B. A. Nijstad and S. C. Kaps, "Taking the Easy Way Out: Preference Diversity, Decision Strategies, and Decision Refusal in Groups," *Journal of Personality and Social Psychology* 94, no. 5 (2008): 860-70.

[70] P. J. Hinds and D. E. Bailey, "Out of Sight, Out of Sync: Understanding Conflict in Distributed Teams," *Organization Science* 14, no. 6 (2003): 615-32.

[71] K. A. Jehn, L. Greer, S. Levine, and G. Szulanski, "The Effects of Conflict Types, Dimensions, and Emergent States on Group Outcomes," *Group Decision and Negotiation* 17, no. 6 (2005): 777-96.

[72] Carton and Tewfik, "A New Look at Conflict Management in Work Groups."

[73] D. Currie, T. Gormley, B. Roche, and P. Teague, "The Management of Workplace Conflict: Contrasting Pathways in the HRM Literature," *International Journal of Management Reviews* 19 (2017): 492-509.

[74] Avgar, "Integrating Conflict."

[75] B. Mayer, *Staying with Conflict: A Strategic Approach to Ongoing Disputes* (San Francisco, CA: Wiley, 2009).

[76] E. Y. Zhao, S. M. B. Thatcher, and K. A. Jehn, "Instigating, Engaging in, and Managing Group Conflict: A Review of the Literature Addressing the Critical Role of the Leader in Group Conflict," *Academy of Management Annals* 13, no. 1 (2019): 112-47.

[77] D. Tjosvold, A. S. H. Wong, and N. Y. F. Chen, "Constructively Managing Conflicts in Organizations," *Annual Review of Organizational Psychology and Organizational Behavior* 1 (2014): 545-68.

[78] J. Fried, "I Know You Are, but What Am I?," *Inc.* (July/August 2010): 39-40.

[79] See, for example, K. J. Behfar, R. S. Peterson, E. A. Mannix, and W. M. K. Trochim, "The Critical Role of Conflict Resolution in Teams: A Close Look at the Links between Conflict Type, Conflict Management Strategies, and Team Outcomes," *Journal of Applied Psychology* 93, no. 1 (2008): 170-88.

[80] A. Somech, H. S. Desivilya, and H. Lidogoster, "Team Conflict Management and Team Effectiveness: The Effects of Task Interdependence and Team Identification," *Journal of Organizational Behavior* 30, no. 3 (2009): 359-78.

[81] Carton and Tewfik, "A New Look at Conflict Management in Work Groups."

[82] Ibid.

[83] Ibid.

[84] Cronin and Bezrukova, "Conflict Management Through the Lens of System Dynamics."

[85] M. J. Gelfand, M. Higgins, L. H. Nishii, J. L. Raver, A. Dominguez, F. Murakami, S. Yamaguchi, and M. Toyama, "Culture and Egocentric Perceptions of Fairness in Conflict and Negotiation," *Journal of Applied Psychology* 87, no. 5 (2002): 833-45.

[86] P. P. Fu, X. H. Yan, Y. Li, E. Wang, and S. Peng, "Examining Conflict-Handling Approaches by Chinese Top Management Teams in IT Firms," *International Journal of Conflict Management* 19, no. 3 (2008): 188-209.

[87] See, for example, W. Liu, R. Friedman, and Y. Hong, "Culture and Accountability in Negotiation: Recognizing the Importance of In-Group Relations," *Organizational Behavior and Human Decision Processes* 117, no. 1 (2012): 221-34.

[88] B. C. Gunia, J. M. Brett, A. K. Nandkeolyar, and D. Kamdar, "Paying a Price: Culture, Trust, and Negotiation Consequences," *Journal of Applied Psychology* 96, no. 4 (2011): 774.

[89] W. Liu, R. Friedman, and Y. Y. Hong, "Culture and Accountability in Negotiation: Recognizing the Importance of In-Group Relations," *Organizational Behavior and Human Decision Processes* 117, no. 1 (2012): 221-34.

[90] D. Jang, H. Anger Elfenbein, and W. P. Bottom, "More Than a Phase: Form and Features of a General Theory of Negotiation," *Academy of Management Annals* 12, no. 1 (2018): 318-56.

[91] See, for example, D. R. Ames, "Assertiveness Expectancies: How Hard People Push Depends on the Consequences They Predict," *Journal of Personality and Social Psychology* 95, no. 6 (2008): 1541-57.

[92] J. Brett and L. Thompson, "Negotiation," *Organizational Behavior and Human Decision Processes* 136 (2016): 68-79.

[93] See, for example, P. Tipirneni, "How Managers Should Deal with Conflict Between Two Employees," *Ladders*, July 7, 2018, https://www.theladders.com/career-advice/how-managers-should-deal-with-

conflict-between-two-employees

[94] J. C. Magee, A. D. Galinsky, and D. H. Gruenfeld, "Power, Propensity to Negotiate, and Moving First in Competitive Interactions," *Personality and Social Psychology Bulletin* 33, no. 2 (2007): 200-12.

[95] D. D. Loscheler, J. Stuppi, and R. Troetschel, "€14,875?!: Precision Boosts the Anchoring Potency of First Offers," *Social Psychological and Personality Science* 5, no. 4 (2014): 491-99.

[96] D. D. Loschelder, R. Tröschel, R. I. Swaab, M. Friese, A. D. Galinsky, "The Information-Anchoring Model of First Offers: When Moving First Helps Versus Hurts Negotiators," *Journal of Applied Psychology* 101, no. 7 (2016): 995-1012.

[97] J. M. Majer, R. Trötschel, A. D. Galinsky, and D. D. Loschelder "Open to Offers, But Resisting Requests: How the Framing of Anchors Affects Motivation and Negotiated Outcomes," *Journal of Personality and Social Psychology* 119, no. 3 (2020): 582-99.

[98] A. J. Lee, D. D. Loschelder, M. Schweinsberg, M. F. Mason, and A. D. Galinsky, "Too Precise to Pursue: How Precise First Offers Create Barriers-to-Entry in Negotiations and Markets," *Organizational Behavior and Human Decision Processes* 148 (2018): 87-100

[99] J. Hüffmeier, P. A. Freund, A. Zerres, K. Backhaus, and G. Hertel, "Being Tough or Being Nice? A Meta-Analysis on the Impact of Hard- and Softline Strategies in Distributive Negotiations," *Journal of Management* 40, no. 3 (2014): 866-92.

[100] M. Schaerer, D. D. Loschelder, and R. I. Swaab, "Bargaining Zone Distortion in Negotiations: The Elusive Power of Multiple Alternatives," *Organizational Behavior and Human Decision Processes* 137 (2016): 156-71; Hüffmeier et al., "Being Tough or Being Nice?"

[101] N. Bhatia and B. C. Gunia, "'I Was Going to Offer $10,000 but...': The Effects of Phantom Anchors in Negotiation," *Organizational Behavior and Human Decision Processes* 148 (2018): 70-86.

[102] G. J. Leonardelli, J. Gu, G. McRuer, V. Husted Medvec, and A. D. Galinsky, "Multiple Equivalent Simultaneous Offers (MESOs) Reduce the Negotiator

Dilemma: How a Choice of First Offers Increases Economic and Relational Outcomes," *Organizational Behavior and Human Decision Processes* 152 (2019): 64-83.

103 G. L. Brady, M. Ena Inesi, and T. Mussweiler, "The Power of Lost Alternatives in Negotiations," *Organizational Behavior and Human Decision Processes* 162 (2021): 59-80.

104 H. R. Bowles, L. Babcock, and L. Lei, "Social Incentives for Gender Differences in the Propensity to Initiative Negotiations: Sometimes It Does Hurt to Ask," *Organizational Behavior and Human Decision Processes* 103, no. 1 (2007): 84-103.

105 "How to Negotiate Salary After You Get a Job Offer," *Robert Half* [blog], October 8, 2020, https://www.roberthalf.com/blog/salaries-and-skills/be-ready-for-salary-negotiations-with-these-8-tips

106 N. Coomber, "Career Coach: The Gender Pay Gap Is Real. Here's How to Get Your Fair Share," *The Washington Post,* March 31, 2017, https://www.washingtonpost.com/news/capital-business/wp/2017/03/31/career-coach-the-gender-pay-gap-is-real-heres-how-to-get-your-fair-share/?utm_term=.25147012645c

107 M. C. Kern, J. M. Brett, L. R. Weingart, and C. S. Eck, "The 'Fixed' Pie Perception and Strategy in Dyadic Versus Multiparty Negotiations," *Organizational Behavior and Human Decision Processes* 157 (2020): 143-58.

108 J. R. Curhan, J. R. Overbeck, Y. Cho, T. Zhang, and Y. Yang, "Silence Is Golden: Extended Silence, Deliberative Mindset, and Value Creation in Negotiation," *Journal of Applied Psychology* (in press).

109 C. K. W. De Dreu, L. R. Weingart, and S. Kwon, "Influence of Social Motives on Integrative Negotiation: A Meta-Analytic Review and Test of Two Theories," *Journal of Personality & Social Psychology* 78, no. 5 (2000): 889-905.

110 A. Ma, Y. Yang, and K. Savani, "'Take It or Leave It!' A Choice Mindset Leads to Greater Persistence and Better Outcomes in Negotiations," *Organizational Behavior and Human Decision Processes* 153 (2019): 1-12.

111 D. Druckman and L. M. Wagner, "Justice and Negotiation," *Annual Review of Psychology* 67 (2016): 387-413.

112 T. He, R. Derfler-Rozin, and M. Pitesa, "Financial Vulnerability and the Reproduction of Disadvantage in Economic Exchanges," *Journal of Applied Psychology* 105, no. 1 (2020): 80-96.

113 This model is based on R. J. Lewicki, D. Saunders, and B. Barry, *Negotiation,* 7th ed. (New York: McGraw Hill, 2014).

114 R. P. Larrick and G. Wu, "Claiming a Large Slice of a Small Pie: Asymmetric Disconfirmation in Negotiation," *Journal of Personality and Social Psychology* 93, no. 2 (2007): 212-33.

115 L. L. Thompson, J. Wang, and B. C. Gunia, "Negotiation," *Annual Review of Psychology* 61, (2010): 491-515.

116 M. Schaerer, R. I. Swaab, and A. D. Galinsky, "Anchors Weigh More Than Power: Why Absolute Powerlessness Liberates Negotiators to Achieve Better Outcomes," *Psychological Science* 26, no. 2 (2014): 170-81.

117 J. A. Hewlin, "The Most Overused Negotiating Tactic Is Threatening to Walk Away," *Harvard Business Review,* September 1, 2017, https://hbr.org/2017/09/the-most-overused-negotiating-tactic-is-threatening-to-walk-away

118 R. L. Pinkley, D. E. Conlon, J. E. Sawyer, D. J. Sleesman, D. Vandewalle, and M. Kuenzi, "The Power of Phantom Alternatives in Negotiation: How *What Could Be* Haunts *What Is*," *Organizational Behavior and Human Decision Processes* 151 (2019): 34-48.

119 Based on J. Brett, "Negotiation," *Organizational Behavior and Human Decision Processes* 136 (2016): 68-79; M. R. Rees, A. E. Tenbrunsel, and M. H. Bazerman, "Bounded Ethicality and Ethical Fading in Negotiations: Understanding Unintended Unethical Behavior," *Academy of Management Perspectives* 33, no. 1 (2019): 26-42; PON Staff, "Essential Negotiation Skills: Limiting Cognitive Bias in Negotiations," *Program on Negotiation Harvard Law School,* January 7, 2021, https://www.pon.harvard.edu/daily/negotiation-skills-daily/integrative-negotiation-and-negotiating-rationally/

120 E. Hart and M. E. Schweitzer, "Getting to Less: When Negotiating Harms Post-Agreement Performance," *Organizational Behavior and Human Decision Processes* 156 (2020): 155-75.

121 J. R. Curhan, H. A. Elfenbein, and G. J. Kilduff, "Getting Off on the Right Foot: Subjective Value Versus Economic Value in Predicting Longitudinal Job Outcomes From Job Offer Negotiations," *Journal of Applied Psychology* 94, no. 2 (2009): 524-34.

122 A. A. Mislin, R. L. Campagna, and W. P. Bottom, "After the Deal: Talk, Trust Building and the Implementation of Negotiated Agreements," *Organizational Behavior and Human Decision Processes* 115, no. 1 (2011): 55-68.

123 H. A. Elfenbein, N. Eisenkraft, J. R. Curhan, and L. F. DiLalla, "On the Relative Importance of Individual-Level Characteristics and Dyadic Interaction Effects in Negotiations: Variance Partitioning Evidence From a Twins Study," *Journal of Applied Psychology* 103, no. 1 (2018): 88-96.

124 K. Kolev, R. M. Wiseman, and L. R. Gomez-Mejia, "Do CEOs Ever Lose? Fairness Perspective on the Allocation of Residuals Between CEOs and Shareholders," *Journal of Management* 43, no. 2 (2017): 610-37.

125 C. Amistad, P. D. Dunlop, R. Ng, J. Anglim, and R. Fells, "Personality and Integrative Negotiations: A HEXACO Investigation of Actor, Partner, and Actor-Partner Interaction Effects on Objective and Subjective Outcomes," *European Journal of Personality* 32, no. 4 (2018): 427-42.

126 H. A. Elfenbein, "Individual Difference in Negotiation: A Nearly Abandoned Pursuit Revived," *Current Directions in Psychological Science* 24 (2015): 131-36.

127 S. Sharma, H. A. Elfenbein, J. Foster, and W. P. Bottom, "Predicting Negotiation Performance From Personality Traits: A Field Study Across Multiple Occupations," *Human Performance* 31, no. 3 (2018): 145-64.

128 Amistad et al., "Personality and Integrative Negotiations."

129 E. T. Amanatullah, M. W. Morris, and J. R. Curhan, "Negotiators Who Give Too Much: Unmitigated Communion, Relational Anxieties, and Economic Costs in Distributive and Integrative Bargaining," *Journal of Personality and Social Psychology* 95, no. 3 (2008): 723-38.

130 K. S. Wilson, D. S. DeRue, F. K. Matta, M. Howe, and D. E. Conlon, "Personality Similarity in Negotiations: Testing the Dyadic Effects of Similarity in Interpersonal Traits and the Use of Emotional Displays on Negotiation Outcomes," *Journal of Applied Psychology* 101, no. 10 (2016): 1405-21.

131 Amanatullah et al., "Negotiators Who Give Too Much."

132 S. Sharma, W. Bottom, and H. A. Elfenbein, "On the Role of Personality, Cognitive Ability, and Emotional Intelligence in Predicting Negotiation Outcomes: A Meta-Analysis," *Organizational Psychology Review* 3, no. 4 (2013): 293-336.

133 E. Tuncel, D. Tony Kong, J. McLean Parks, and G. A. van Kleef, "Face Threat Sensitivity in Distributive Negotiations: Effects on Negotiator Self-Esteem and Demands," *Organizational Behavior and Human Decision Processes* 161 (2020): 255-73.

134 E. W. M. Au, X. Qin, and Z-X. Zhang, "Beyond Personal Control: When and How Executives' Belief in Negotiable Fate Foster Entrepreneurial Orientation and Firm Performance," *Organizational Behavior and Human Decision Processes* 143 (2017): 69-84.

135 A. C. Peng, J. Dunn, and D. E. Conlon, "When Vigilance Prevails: The Effect of Regulatory Focus and Accountability on Integrative Negotiation Outcomes," *Organizational Behavior and Human Decision Processes* 126 (2015): 77-87.

136 L. Neville and G. M. Fisk, "Getting to Excess: Psychological Entitlement and Negotiation Attitudes," *Journal of Business and Psychology* 34, no. 4 (2019): 555-74.

137 K. Schlegel, M. Mehu, J. M. van Peer, and K. R. Scherer, "Sense and Sensibility: The Role of Cognitive and Emotional Intelligence in Negotiation," *Journal of Research in Personality* 74 (2018): 6-15.

138 I. SimanTov-Nachlieli, L. Har-Vardi, and S. Moran, "When Negotiators with Honest Reputations Are Less (and More) Likely to Be Deceived," *Organizational Behavior and Human Decision Processes* 157 (2020): 68-84.

139 G. A. van Kleef and S. Côté, "Emotional Dynamics in Conflict and Negotiation: Individual, Dyadic, and Group Processes," *Annual Review of Organizational Psychology and Organizational Behavior* 5 (2018): 437-64.

140 A. Hillebrandt and L. J. Barclay, "Comparing Integral and Incidental Emotions: Testing Insights From Emotions as Social Information Theory and Attribution Theory," *Journal of Applied Psychology* 102, no. 5 (2017): 732-52.

141 G.-J. Lelieveld, E. Van Dijk, I. Van Beest, and G. A. Van Kleef, "Why Anger and Disappointment Affect Other's Bargaining Behavior Differently: The Moderating Role of Power and the Mediating Role of Reciprocal Complementary Emotions," *Personality and Social Psychology Bulletin* 38, no. 9 (2012): 1209-21.

142 S. Côté, I. Hideg, and G. A. van Kleef, "The Consequences of Faking Anger in Negotiations," *Journal of Experimental Social Psychology* 49, no. 3 (2013): 453-63.

143 B. Shao, L. Wang, D. Cheng, and L. Doucet, "Anger Suppression in Negotiations: The Roles of Attentional Focus and Anger Source," *Journal of Business and Psychology* 30, no. 4 (2015): 747-58.

144 G. A. Van Kleef and C. K. W. De Dreu, "Longer-Term Consequences of Anger Expression in Negotiation: Retaliation or Spillover?," *Journal of Experimental Social Psychology* 46, no. 5 (2010): 753-60.

145 W. J. Becker and J. R. Curhan, "The Dark Side of Subjective Value in Sequential Negotiations: The Mediating Role of Pride and Anger," *Journal of Applied Psychology* 103, no. 1 (2018): 74-87.

146 R. L. Campagna, A. A. Mislin, D. T. Kong, and W. P. Bottom, "Strategic Consequences of Emotional Misrepresentation in Negotiation: The Blowback Effect," *Journal of Applied Psychology* 101, no. 5 (2016): 605-24.

147 H. Adam and A. Shirako, "Not All Anger Is Created Equal: The Impact of the Expresser's Culture on the Social Effects of Anger in Negotiations," *Journal of Applied Psychology* 98, no. 5 (2013): 785-98.

148 L. Rees, S.-C. S. Chi, R. Friedman, and H.-L. Shih, "Anger as a Trigger for Information Search in

Integrative Negotiations," *Journal of Applied Psychology* 105, no. 7 (2020): 713-31.

149 M. Olekalns and P. L Smith, "Mutually Dependent: Power, Trust, Affect, and the Use of Deception in Negotiation," *Journal of Business Ethics* 85, no. 3 (2009): 347-65.

150 A. W. Brooks and M. E. Schweitzer, "Can Nervous Nellie Negotiate? How Anxiety Causes Negotiators to Make Low First Offers, Exit Early, and Earn Less Profit," *Organizational Behavior and Human Decision Processes* 115, no. 1 (2011): 43-54.

151 M. Sinaceur, S. Kopelman, D. Vasljevic, and C. Haag, "Weep and Get More: When and Why Sadness Expression Is Effective in Negotiations," *Journal of Applied Psychology* 100, no. 6 (2015): 1847-71.

152 Druckman and Wagner, "Justice and Negotiation"; A. Shirako, G. J. Kilduff, and L. J. Kray, "Is There a Place for Sympathy in Negotiation? Finding Strength in Weakness," *Organizational Behavior and Human Decision Processes* 131 (2015): 95-109.

153 N. H. Longmire and D. A. Harrison, "Seeing Their Side Versus Feeling Their Pain: Differential Consequences of Perspective-Taking and Empathy at Work," *Journal of Applied Psychology* 103, no. 8 (2018): 894-915.

154 M. Sinaceur, H. Adam, G. A. Van Kleef, and A. D. Galinsky, "The Advantages of Being Unpredictable: How Emotional Inconsistency Extracts Concessions in Negotiation," *Journal of Experimental Social Psychology* 49 (2013): 498-508.

155 K. Leary, J. Pillemer, and M. Wheeler, "Negotiating with Emotion," *Harvard Business Review*, January-February 2013, https://hbr.org/2013/01/negotiating-with-emotion.

156 N. B. Rothman and G. B. Northcraft, "Unlocking Integrative Potential: Expressed Emotional Ambivalence and Negotiation Outcomes," *Organizational Behavior and Human Decision Processes* 126 (2015): 65-76.

157 H. Adam, A. Shirako, and W. W. Maddux, "Cultural Variance in the Interpersonal Effects of Anger in Negotiations," *Psychological Science* 21, no. 6 (2010): 882-89.

158 M. J. Gelfand et al., "Culture and Getting to Yes: The Linguistic Signature of Creative agreements in the United States and Egypt," *Journal of Organizational Behavior* 36, no. 7 (2015): 967-89.

159 J. Schroeder, J. L. Risen, F. Gino, and M. I. Norton, "Handshaking Promotes Deal-Making by Signaling Cooperative Intent," *Journal of Personality and Social Psychology* 116, no. 5 (2019): 743-68.

160 M. Hernandez, D. R. Avery, S. D. Volpone, and C. R. Kaiser, "Bargaining While Black: The Role of Race in Salary Negotiations," *Journal of Applied Psychology* 104, no. 4 (2019): 581-92.

161 K. G. Kugler, J. A. M. Reif, T. Kaschner, and F. C. Brodbeck, "Gender Differences in the Initiation of Negotiations: A Meta Analysis," *Psychological Bulletin* 144, no. 2 (2018): 198-222; J. Mazei, J. Hüffmeier, P. A. Freund, A. F. Stuhlmacher, L. Bilke, and G. Hertel, "A Meta-Analysis on Gender Differences in Negotiation Outcomes and Their Moderators," *Psychological Bulletin* 141, no. 1 (2015): 85-104; A. E. Walters, A. F. Stuhlmacher, and L. L. Meyer, "Gender and Negotiator Competitiveness: A Meta-Analysis," *Organizational Behavior and Human Decision Processes* 76, no. 1 (1998): 1-29.

162 W. Shan, J. Keller, and D. Joseph, "Are Men Better Negotiators Everywhere? A Meta-Analysis of How Gender Differences in Negotiation Performance Vary Across Cultures," *Journal of Organizational Behavior* 40, no. 6 (2019): 651-75.

163 See, for instance, H. Riley Bowles, B. Thomason, and J. B. Bear, "Reconceptualizing What and How Women Negotiate for Career Advancement," *Academy of Management Journal* 62, no. 6 (2019): 1645-71.

164 Walters et al., "Gender and Negotiator Competitiveness."

165 See, for instance, M. Lee, M. Pitesa, M. M. Pillutla, and S. Thau, "Male Immorality: An Evolutionary Account of Sex Differences in Unethical Negotiation Behavior," *Academy of Management Journal* 60, no. 5 (2017): 2014-44.

166 Kugler et al., "Gender Differences in the Initiation of Negotiations."

167 A. F. Stuhlmacher and A. E. Walters, "Gender Differences in Negotiation Outcome: A Meta-Analysis," *Personnel Psychology* 52, no. 3 (1999): 653-77.

168 Mazei et al. "A Meta-Analysis on Gender Differences in Negotiation Outcomes and Their Moderators."

169 Ibid.

170 J. E. Dannals, J. J. Zlatev, N. Halevy, and M. A. Neale, "The Dynamics of Gender and Alternatives in Negotiation," *Journal of Applied Psychology* (in press).

171 S. de Lemus, R. Spears, M. Bukowski, M. Moya, and J. Lupiáñez, "Reversing Implicit Gender Stereotype Activation as a Function of Exposure to Traditional Gender Roles," *Social Psychology* 44, no. 2 (2013): 109-16.

172 A. E. Martin and K. W. Phillips, "What 'Blindness' to Gender Differences Helps Women See and Do: Implications for Confidence, Agency, and Action in Male-Dominated Environments," *Organizational Behavior and Human Decision Processes* 142 (2017): 28-44.

173 D. T. Kong, K. T. Dirks, and D. L. Ferrin, "Interpersonal Trust Within Negotiations: Meta-Analytic Evidence, Critical Contingencies, and Directions for Future Research," *Academy of Management Journal* 57, no. 5 (2014): 1235-55.

174 ALDI [corporate website], accessed April 28, 2021, https://corporate.aldi.us/en/; ALDI, "ALDI Bolsters Commitment to Affordable Sustainability with New Charter" [press release], March 10, 2021, https://www.prnewswire.com/news-releases/aldi-bolsters-commitment-to-affordable-sustainability-with-new-charter-301244222.html; ALDI, "ALDI Wants to Carry More Water-Efficient Fruit and Vegetables" [press release], March 31, 2021, https://www.freshplaza.com/article/9307608/aldi-wants-to-carry-more-water-efficient-fruit-and-vegetables/; K. Askew, "Banana wars: Growers Slam 'Hypocrisy' of ALDI and Rainforest Alliance in Pricing and Standards Spat," *Food Navigator*, November 30, 2020, https://www.foodnavigator.com/Article/2020/11/24/-Banana-wars-Growers-slam-hypocrisy-of-Aldi-and-Rainforest-Alliance-in-pricing-and-standards-spat; F. Harvey, "Biggest Food Brands 'Failing Goals to Banish Palm Oil Deforestation,'" *The Guardian*, January 16, 2020, https://www.theguardian.com/environment/2020/French and Raven, "The Bases of Social Power-palm-oil-deforestation; "LatAm Banana Groups Attack ALDI for 'Double Standards' as Pricing Row Heats Up," *Fresh Fruit Portal* [magazine], November 5, 2020, https://www.freshfruitportal.com/news/2020/11/05/latam-banana-groups-attack-aldi-for-double-standards-as-pricing-row-heats-up/; M. Maxwell, "Opposition to ALDI Banana Price Cut Grows," *Eurofruit* [magazine], November 12, 2020, http://www.fruitnet.com/eurofruit/article/183495/opposition-to-aldi-banana-price-cut-grows; H. Sandercock, "ALDI 'Undermining Own CSR Commitments' After Lowing Banana Contract Price," *The Grocer*, November 11, 2020, https://www.thegrocer.co.uk/sourcing/aldi-undermining-own-csr-commitments-after-lowering-banana-contract-price/650284.article; M. Via, "ALDI's Banana Gate: The Cost of Buying Cheap," *European Interest*, December 17, 2020, https://www.european-interest.eu/article/aldis-banana-gate-cost-buying-cheap/

175 SimanTov-Nachlieli et al., "When Negotiators with Honest Reputations Are Less (and More) Likely to Be Deceived."

176 J. R. Curhan, H. A. Elfenbein, and X. Heng, "What Do People Value When They Negotiate? Mapping the Domain of Subjective Value in Negotiation," *Journal of Personality and Social Psychology* 91, no. 3 (2006): 493-512.

177 W. E. Baker and N. Bulkley, "Paying It Forward vs. Rewarding Reputation: Mechanisms of Generalized Reciprocity," *Organization Science* 25, no. 5 (2014): 1493-510.

178 G. A. Van Kleef, C. K. W. De Dreu, and A. S. R. Manstead, "An Interpersonal Approach to Emotion in Social Decision Making: The Emotions as Social Information Model," *Advances in Experimental Social Psychology* 42 (2010): 45-96.

179 F. Lumineau and J. E. Henderson, "The Influence of Relational Experience and Contractual Governance on the Negotiation Strategy in Buyer-Supplier Disputes," *Journal of Operations Management* 30, no. 5 (2012): 382-95.

180 Based on PON Staff, "Ethics in Negotiation: How to Deal with Deception at the Bargaining Table," *Program on Negotiation Harvard Law School*, April 13, 2021, https://www.pon.harvard.edu/daily/dealing-with-difficult-people-daily/dealing-with-difficult-people-when-youre-tempted-to-deceive/; PON Staff, "Managing Cultural Differences in Negotiation," *Program on Negotiation Harvard Law School*, April 15, 2021, https://www.pon.harvard.edu/daily/international-negotiation-daily/managing-cultural-differences-negotiation-2/; PON Staff, "Negotiation Ethics: How to Navigate Ethical Dilemmas at the Bargaining Table," *Program on Negotiation Harvard Law School*, October 26, 2020, https://www.pon.harvard.edu/daily/dispute-resolution/staying-on-the-straight-and-narrow/; Y. Yang and D. De Cremer, "Cultural Stereotypes May Make You a Less Ethical Negotiator," *Harvard Business Review*, January 8, 2016, https://hbr.org/2016/01/cultural-stereotypes-may-make-you-a-less-ethical-negotiator

181 U.S. Equal Employment Opportunity Commission, https://www.eeoc.gov/questions-and-answers-about-mediation, accessed September 22, 2021.

182 D. Murray, "Oil Rigs and Multiple Gigs: Why Is the Decision in Halliburton So Contentious?" *Commercial Dispute Resolution*, March 30, 2021, https://iclg.com/cdr/expert-views/15867-oil-rigs-and-multiple-gigs-why-is-the-decision-in-halliburton-so-contentious

183 N. Halevy, E. Halali, and T. R. Cohen, "Brokering Orientations and Social Capital: Influencing Others' Relationships Shapes Status and Trust," *Journal of Personality and Social Psychology* 119, no. 2 (2020): 293-316.

184 M. Teichmann, "Mediation and Conciliation in Collective Labor Conflicts in Estonia," in M. C. Euwema, F. J. Medina, A. Belén García, and E. Romero Pender (eds.), *Mediation in Collective Labor Conflicts* (Cham, Switzerland: Springer, 2019): 71-84.

185 Based on A. Nunes, "Unions Are Hurting Public Safety," Forbes, April 10, 2017, https://www.forbes.com/sites/ashleynunes/2017/04/10/unions-are-hurting-public-safety/2/#396682da516e; Rasmussen Polling, "Most Say Union Leaders Out of Touch with Members," *Rasmussen Reports*, August 10, 2016, http://

www.rasmussenreports.com/public_content/politics/general_politics/august_2016/most_say_union_leaders_ out_of_touch_with_members; D. DeMay, "Driver Union, for Lyft, Uber, Forces Seattle to Ask Tough Questions About 'Gig' Economy," *Seattle Post-Intelligencer*, December 19, 2016, http://www.seattlepi.com/local/transportation/article/Driver-union-for-Lyft-Uber-forces-Seattle-to-10797019.php; M. Murro, "The Gig Economy: Complement or Cannibal?," Brookings, November 17, 2016, https://www.brookings.edu/blog/the-avenue/2016/11/17/the-gig-economy-complement-or-cannibal/; Reuters, "Unions and the Gig Economy Are Gearing Up for Battle in This State," *Fortune*, November 28, 2016, http://fortune.com/2016/11/28/unions-gig-economy-new-york/; and K. Kokalitcheva, "Uber Lost Hundreds of Millions in the Most Recent Quarter," *Fortune*, December 19, 2016, http://fortune.com/2016/12/19/uber-financials-2016/

[186] Based on A. Gallo, "When Two of Your Co-Workers Are Fighting," *Harvard Business Review*, July 3, 2014, https://hbr.org/2014/07/when-two-of-your-coworkers-are-fighting

[187] Based on S. Shellenbarger, "Clashing over Office Clutter," *The Wall Street Journal*, March 19, 2014, http://www.wsj.com/articles/SB10001424052702304747404579447331212245004; S. Shellenbarger, "To Fight or Not to Fight? When to Pick Workplace Battles," *The Wall Street Journal*, December 17, 2014, http://www.wsj.com/articles/picking-your-workplace-battles-1418772621; and M. J. Gelfand, J. R. Harrington, and L. M. Leslie, "Conflict Cultures: A New Frontier for Conflict Management Research and Practice," in N. M. Ashkanasy, O. B. Ayoko, and K. A. Jehn (eds.), *Handbook of Conflict Management Research* (Northampton, MA: Edward Elgar, 2014): 109-35.

제15장

[1] Song Su-hyun, "Samsung Prepares Organizational Change Focused on R&D Convergence," *The Korea Herald*, November 17, 2017, http://www.koreaherald.com/view.php?ud=20171117000626; Manny Reyes, "Samsung Sets Up Dedicated AI Center as Part of Restructuring," *Android Headlines*, November 23, 2017, https://www.androidheadlines.com/2017/11/samsung-sets-up-dedicated-ai-center-as-part-of-restructuring.html; "Samsung Smartphone Market Share Worldwide 2009-2017," *Statista*, https://www.statista.com/statistics/276477/global-market-share-held-by-samsung-smartphones/; F. Richter, "The Size and Scope of Samsung's Business. Manufacturing Business Technology," 2016, retrieved from https://search-proquest-com.ezproxy.lancs.ac.uk/docview/1828409455?accountid=11979; Samsung, "Galaxy Note7 Safety Recall and Exchange Program," July 19, 2017, http://www.samsung.com/us/note7recall/; "Samsung Confirms Battery Faults as Cause of Note 7 Fires," *BBC News*, January 23, 2017, http://www.bbc.com/news/business-38714461; "Samsung Heir Lee Jae-Yong Jailed for Corruption," *BBC News*, August 25, 2017, http://www.bbc.com/news/business-41033568; "Samsung Electronics Completes Review of Optimal Corporate Structure," Samsung Global Newsroom, April 27, 2017, https://news.samsung.com/global/samsung-electronics-completes-review-of-optimal-corporate-structure; "Samsung Damps Investor Hopes of Structural Changes," *Financial Times*, March 24, 2017, https://www.ft.com/content/08393d8c-1060-11e7-b030-768954394623; Hansoo Choi, "Conviction, and How Business in South Korea Is Changing," *HBR*, September 29, 2017, https://hbr.org/2017/09/samsung-lee-jae-yongs-conviction-and-how-business-in-south-korea-is-changing

[2] N. Smithson, "Google's Organizational Structure & Organizational Culture (An Analysis)," *Panmore Institute*, February 13, 2019, http://panmore.com/google-organizational-structure-organizational-culture

[3] Society for Human Resources Management, "Understanding Organizational Structures," *SHRM: Toolkits*, April 14, 2021, https://www.shrm.org/resourcesandtools/tools-and-samples/toolkits/pages/understandingorganizationalstructures.aspx

[4] T. J. Giardino, "Is Your Company Struggling? It Might Be a Flaw in the Strategy-Structure Fit," *Forbes*, November 20, 2018, https://www.forbes.com/sites/forbeshumanresourcescouncil/2018/11/20/is-your-company-struggling-it-might-be-a-flaw-in-the-strategy-structure-fit/#183e5d0591a0

[5] J. Lofgren, "How to Be a Champion for Women in Leadership," *Forbes*, March 11, 2019, https://www.forbes.com/sites/forbescoachescouncil/2019/03/11/how-to-be-a-champion-for-women-in-leadership/#5381093c100d

[6] G. P. Huber, "Organizations: Theory, Design, Future," in S. Zedeck (ed.), *APA Handbook of Industrial and Organizational Psychology* (Washington, DC: APA, 2011): 117-60.

[7] See, for instance, R. L. Daft, *Organization Theory and Design*, 12th ed. (Boston, MA: Cengage, 2015).

[8] Ben & Jerry's, "How We Make Ice Cream," *Ben & Jerry's* [website], accessed April 29, 2021, https://www.benjerry.com/flavors/how-we-make-icecream#13timeline; A. Narishkin, S. Cameron, I. A. Kim, and A. Giannini, "How Ben & Jerry's Makes Nearly 1 Million Pints of Ice Cream a Day," *Business Insider*, March 30, 2021, https:// www.businessinsider. com/ben-and-jerrys-makes- 1-million-pints-ice-cream-day-2020-9.

[9] D. Schug, "How Ben & Jerry's Successfully Manages Its Plants," *Food Engineering*, December 11, 2017, https://www.foodengineeringmag.com/articles/97116-how-ben-jerrys-successfully-manages-its-plants

[10] See, for instance, D. G. Ross, "An Agency Theory of the Division of Managerial Labor," *Organization Science* 25, no. 2 (2013): 494-508.

[11] T. W. Malone, R. J. Laubacher, and T. Johns, "The Big Idea: The Age of Hyperspecialization," *Harvard Business Review*, July-August 2011, https://hbr.org/2011/07/the-big-idea-the-age-of-hyperspecialization

[12] For a review, see J. A. Häusser, S. Schulz-Hardt, T. Schultze, A. Tomaschek, and A. Mojzisch, "Experimental Evidence for the Effects of Task Repetitiveness on Mental Strain and Objective Work Performance," *Journal of Organizational Behavior* 35, no. 5 (2014): 705-21.

[13] Y. Fried, "Meta-Analytic Comparison of the Job Diagnostic Survey and Job Characteristics Inventory as Correlates of Work Satisfaction and Performance," *Journal of Applied Psychology* 76, no. 5 (1991): 690-97; J. R. Hackman and G. R. Oldham, "Motivation Through the Design of Work: Test of a Theory," *Organizational Behavior and Human Performance* 16, no. 2 (1976): 250-79.

[14] Y. M. Zhou and X. Wan, "Product Variety and Vertical Integration," *Strategic Management Journal* 38, no. 5 (2017): 1134-50.

[15] H. Aguinis and S. O. Lawal, "eLancing: A Review and Research Agenda for Bridging the Science-Practice Gap," *Human Resource Management Review* 23 (2013): 6-17.

[16] See, for instance, J. L. Price, "The Impact of Departmentalization on Interoccupational Cooperation," *Human Organization* 27, no. 4 (1968): 362-68; Society for Human Resources Management, "Understanding Organizational Structures."

[17] See, for instance, S. Postrel, "Islands of Shared Knowledge: Specialization and mutual understanding in problem-solving teams," *Organization Science* 13, no. 3 (2002): 303-20.

[18] Proctor & Gamble, "Corporate Structure," *Procter & Gamble* [website], accessed April 29, 2021, https://us.pg.com/structure-and-governance/corporate-structure/

[19] N. Kumar, "Kill a Brand, Keep a Customer," *Harvard Business Review*, December 2003, https://hbr.org/2003/12/kill-a-brand-keep-a-customer

[20] Postrel, "Islands of Shared Knowledge."

[21] See, for instance, G. M. Kistruck, I. Qureshi, and P. W. Beamish, "Geographic and Product Diversification in Charitable Organizations," *Journal of Management* 39, no. 2 (2013): 496-530.

[22] C. Woodyard, "Toyota Brass Shakeup Aims to Give Regions More Control," *USA Today*, March 6, 2013, http://www.usatoday.com/story/money/cars/2013/03/06/toyota-shakeup/1966489/

[23] J. T. Polzer, C. Brad Crisp, S. L. Jarvenpaa, and J. W. Kim, "Extending the Faultline Model to Geographically Dispersed Teams: How Collocated Subgroups Can Impair Group Functioning," *Academy of Management Journal* 49, no. 4 (2006): 679-92.

[24] See, for instance, K. Laursen, F. Masciarelli, and A Prencipe, "Regions Matter: How Localized Social Capital Affects Innovation and External Knowledge Acquisition," *Organization Science* 23, no. 1 (2012): 177-93.

[25] See, for instance, D. Zhang, N. Bhuiyan, and L. Kong, "An Analysis of Organizational Structure in Process Variation," *Organization Science* 29, no. 4 (2018): 722-38.

[26] B. Valentine, "The 4x4 Security Program and Organization Structure," *IBM: Security Intelligence*, November 3, 2015, https://securityintelligence.com/the-4x4-security-program-and-organization-structure/

[27] Zhang et al., "An Analysis of Organizational Structure in Process Variation."

[28] S. Ballmer, "One Microsoft: Company Realigns to Enable Innovation at Greater Speed, Efficiency," Microsoft, July 11, 2013, http://blogs.microsoft.com/firehose/2013/07/11/one-microsoft-company-realigns-to-enable-innovation-at-greater-speed-efficiency/

[29] M. Weinberger, "Why This Microsoft Exec Totally Shook up the Team That Makes One of Its Most Important Products," *Business Insider*, June 14, 2016, http://www.businessinsider.com/microsoft-office-team-reorganization-2016-6

[30] J. Lombardo, "Microsoft Corporation's Organizational Structure & Its Characteristics (An Analysis)," *Panmore Institute*, September 8, 2018, http://panmore.com/microsoft-corporation-organizational-structure-characteristics-analysis

[31] Ballmer, "One Microsoft."

[32] E. Viardot, "Microsoft and the Power of the

Divisional Structure," *LinkedIn: Pulse* [blog], February 7, 2020, https://www.linkedin.com/pulse/microsoft-power-divisional-structure-eric-viardot

33 Society for Human Resources Management, "Understanding Organizational Structures."

34 L. C. Wang and J. R. Hollenbeck, "LMX in Team-Based Contexts: TMX, Authority Differentiation, and Skill Differentiation as Boundary Conditions for Leader Reciprocation," *Personnel Psychology* 72, no. 2 (2019): 271-290.

35 See, for instance, S. Finkelstein and R. A. D'Aveni, "CEO Duality as a Double-Edged Sword: How Boards of Directors Balance Entrenchment Avoidance and Unity of Command," *Academy of Management Journal* 37, no. 5 (1994): 1079-108.

36 See, for example, "The Multiple Boss Dilemma: Is It Possible to Please More Than One?" *Knowledge@Wharton* [blog], September 2, 2016, https://knowledge.wharton.upenn.edu/article/multiple-boss-dilemma-possible-please-one/

37 See, for instance, M. Piellusch, "Is the 'Chain of Command' Still Meaningful?" *War Room* [blog], September 6, 2018, https://warroom.

armywarcollege.edu/articles/chain-of-command/

38 P. Hinds and S. Kiesler, "Communication Across Boundaries: Work, Structure, and Use of Communication Technologies in a Large Organization," *Organization Science* 6, no. 4 (1995): 373-93.

39 See, for instance, "How Hierarchy Can Hurt Strategy Execution," *Harvard Business Review*, July-August 2010, https://hbr.org/2010/07/how-hierarchy-can-hurt-strategy-execution

40 S. T. Hunter, L. D. Cushenbery, and B. Jayne, "Why Dual Leaders Will Drive Innovation: Resolving the Exploration and Exploitation Dilemma with a Conservation of Resources Solution," *Journal of Organizational Behavior* 38, no. 8 (2017): 1183-95; D. D. Keum and K. E. See, "The Influence of Hierarchy on Idea Generation and Selection in the Innovation Process," *Organization Science* 28, no. 4 (2017): 653-69.

41 Society for Human Resources Management, "Understanding Organizational Structures"

42 C. Heckscher and A. Dornellor (eds.), *The Post-Bureaucratic Organization* (Thousand Oaks, CA: Sage, 1994).

43 See, for instance, J. H. Gittell, "Supervisory Span, Relational Coordination, and Flight Departure Performance: A Reassessment of Postbureaucracy Theory," *Organization Science* 12, no. 4: (2001): 468-83.

44 Society for Human Resource Management (SHRM), "Span of Control: What Factors Should Determine How Many Direct Reports a Manager Has?," *SHRM: HR Q&S*, April 25, 2013, https://www.shrm.org/resourcesandtools/tools-and-samples/hr-qa/pages/whatfactorsshoulddeterminehowmanydirectreportsamanagerhas.aspx

45 B. Brady, "It's Time to Stop Trying to DoItAll," *Fortune*, May 26, 2016, http://fortune.com/2016/05/26/fortune-500-principal-financial-time-management/; C. E. Thiel, J. H. Hardy III, D. R. Peterson, D. T. Welsh, and J. M. Bonner, "Too Many Sheep in the Flock? Span of Control Attenuates the Influence of Ethical Leadership," *Journal of Applied Psychology* 103, no. 12 (2018): 1324-34.

46 J. Morgan, *The Future of Work: Attract New Talent, Build Better Leaders, and Create a Competitive Organization* (Hoboken, NJ: Wiley, 2014).

47 Huber, "Organizations."

48 Ibid.

49 P. Behl Luthra, "2021: The Year of Continuous Reinvention," *People Matters* [blog], April 28, 2021, https://www.peoplematters.in/blog/strategic-hr/2020-the-year-of-continuous-reinvention-29160

50 B. Hong, "Power to the Outsiders: External Hiring and Decision Authority Allocation Within Organizations," *Strategic Management Journal* 41, no. 9 (2020): 1628-52.

51 See, for example, E. N. Sherf, R. Sinha, S. Tangirala, and N. Awasty, "Centralization of Member Voice in Teams: Its Effects on Expertise Utilization and Team Performance," *Journal of Applied Psychology* 103, no. 8 (2018): 813-27.

52 S. Sandhu and C. T. Kulik, "Shaping and Being Shaped: How Organizational Structure and Managerial Discretion Co-Evolve in New Managerial Roles," *Administrative Science Quarterly* 64, no. 3 (2019): 619-58.

53 Society for Human Resource Management, "Understanding Organizational Structures."

54 F. A. Csaszar, "Organizational Structure as a Determinant of Performance: Evidence From Mutual Funds," *Strategic Management Journal* 33, no. 6 (2012): 611-32.

55 A. Leiponen and C. E. Helfat, "Location, Decentralization, and Knowledge Sources for Innovation," *Organization Science* 22, no. 3 (2011): 641-58.

56 K. Parks, "HSBC Unit Charged in Argentine Tax Case," *The Wall Street Journal*, March 18, 2013, https://www.wsj.com/articles/SB10001424127887323415304578368244050745684.

57 K. Lanaj, J. R. Hollenbeck, D. R. Ilgen, C. M. Barnes, and S. J. Harmon, "The Double-Edged Sword of Decentralized Planning in Multiteam Systems," *Academy of Management Journal* 56, no. 3 (2013): 735-57.

58 Sherf, et al., "Centralization of Member Voice in Teams."

59 McEvily, et al., "More Formally."

60 P. Hempel, Z.-X. Zhang, and Y. Han, "Team Empowerment and the Organizational Context: Decentralization and the Contrasting Effects of Formalization," *Journal of Management* 38, no. 2 (2012): 475-501.

61 M. Abraham, "Pay Formalization Revisited: Considering the Effects of Manager Gender and Discretion on Closing the Gender Wage Gap," *Academy of Management Journal* 60, no. 1 (2017): 29-54.

62 S. Garg, Q. J. Li, and J. D. Shaw, "Undervaluation of Directors in the Board Hierarchy: Impact on Turnover of Directors (and CEOs) in Newly Public Firms," *Strategic Management Journal* 39, no. 2 (2018): 429-57.

63 T. Ramus, A. Vaccaro, and S. Brusoni, "Institutional Complexity in Turbulent Times: Formalization, Collaboration, and the Emergence of Blended Logics," *Academy of Management Journal* 60, no. 4 (2017): 1253-84.

64 See, for a review, A. Langley, K. Lindberg, B. E. Mørk, D. Nicolini, E. Raviola, and L. Walter, "Boundary Work Among Groups, Occupations, and Organizations: From Cartography to Process," *Academy of Management Annals* 13, no. 2 (2019): 704-36.

65 J. Han, J. Han, and D. J. Brass, "Human Capital Diversity in the Creation of Social Capital for Team Creativity," *Journal of Organizational Behavior* 35, no. 1 (2014): 54-71; M. Tortoriello, R. Reagans, and B. McEvily, "Bridging the Knowledge Gap: The Influence of Strong Ties, Network Cohesion, and Network Range on the Transfer of Knowledge Between Organizational Units," *Organization Science* 23, no. 4 (2012): 1024-39; and X. Zou and P. Ingram, "Bonds and Boundaries: Network Structure, Organizational Boundaries, and Job Performance," *Organizational Behavior and Human Decision Processes* 120, no. 1 (2013): 98-109.

66 M. Salem, N. Van Quaquebeke, and M. Besiou, "How Field Office Leaders Drive Learning and Creativity in Humanitarian Aid: Exploring the Role of Boundary-Spanning Leadership for Expatriate and Local Aid Worker Collaboration," *Journal of Organizational Behavior* 39, no. 5 (2018): 594-611.

67 Langley et al., "Boundary Work Among Groups, Occupations, and Organizations."

68 J. Clement, A. Shipilov, and C. Galunic, "Brokerage as a Public Good: The Externalities of Network Hubs for Different Formal Roles in Creative Organizations," *Administrative Science Quarterly* 62, no. 2 (2017): 251-86.

69 See, for example, N. J. Foss, J. Lyngsie, and S. A. Zahra, "The Role of External Knowledge Sources and Organizational Design in the Process of Opportunity Exploitation," *Strategic Management Journal* 34, no. 12 (2013): 1453-71.

70 Y. Huang, Y. Luo, Y. Liu, and Q. Yang, "An Investigation of Interpersonal Ties in Interorganizational Exchanges in Emerging Markets," *Journal of Management* 42, no. 6 (2016): 1557-87.

71 A. Shipilov, F. C. Godart, and J. Clement, "Which Boundaries? How Mobility Networks Across Countries and Status Groups Affect the Creative Performance of Organizations," *Strategic Management Journal* 38, no. 6 (2017): 1232-52.

72 J. Knoben, L. A. G. Oerlemans, A. R. Krijkamp, and K. G. Provan, "What Do They Know? The Antecedents of Information Accuracy Differentials in Interorganizational Networks," *Organization Science* 29, no. 3 (2018): 471-88.

73 H. Aldrich and D. Herker, "Boundary Spanning Roles and Organization Structure," *Academy of Management Review* 2, no. 2 (1977): 217-30.

74 S. Kaplan, J. Milde, and R. Schwartz Cowan, "Symbiont Practices in Boundary Spanning: Bridging the Cognitive and Political Divides in Interdisciplinary Research," *Academy of Management Journal* 60, no. 4 (2017): 1387-414.

75 T. A de Vries, F. Walter, G. S. Van der Vegt, and P. J. M. D. Essens, "Antecedents of Individuals' Interteam Coordination: Broad Functional Experiences as a Mixed Blessing," *Academy of Management Journal* 57, no. 5 (2014): 1334-59.

76 R. Cross, C. Ernst, D. Assimakopoulos, and D. Ranta, "Investing in Boundary-Spanning Collaboration to Drive Efficiency and Innovation," *Organizational Dynamics* 44, no. 3 (2015): 204-16.

77 H. Yu, "Uber Hiring a COO: What a Red-Hot Startup Needs to Learn From Boring Old Firms," *Forbes*, March 9, 2017, https://www.forbes.com/sites/howardhyu/2017/03/09/uber-hiring-a-coo-what-a-red-hot-startup-needs-to-learn-from-boring-old-firms/#48e5352e45f2

78 Society for Human Resource Management, "Understanding Organizational Structure."

79 A. Murray, "Built Not to Last," *The Wall Street Journal*, March 17, 2013, https://www.wsj.com/articles/SB10001424127887323384604578326513342472072

80 B. Sugarman, "Stages in the Lives of Organizations," *Administration and Policy in Mental Health* 1, no. 2 (1989): 59-66.

81 See, for instance, M. Myatt, "Businesses Don't Fail—Leaders Do," *Forbes*, January 12, 2012, https://www.forbes.com/sites/mikemyatt/2012/01/12/businesses-dont-fail-leaders-do/#7ad1d7596c97

82 W. Kaufmann, E. L. Borry, and L. DeHart-

Davis, "More Than Pathological Formalization: Understanding Organizational Structure and Red Tape," *Public Administration Review*, 79, no. 2 (2019): 236-45.

[83] Society for Human Resource Management, "Understanding Organizational Structure."

[84] J.-F. Harvey, P. Cohendet, L. Simon, and L.-E. Dubois, "Another Cog in the Machine: Designing Communities of Practice in Professional Bureaucracies," *European Management Journal* 31, no. 1 (2013): 27-40.

[85] Based on A. Bourla, "The CEO of Pfizer on Developing a Vaccine in Record Time," *Harvard Business Review*, May 1, 2021, https://hbr.org/2021/05/the-ceo-of-pfizer-on-developing-a-vaccine-in-record-time; D. E. Chung and B. Bechky, "When Bureaucracy Is Actually Helpful, According to Research," *Harvard Business Review*, January 3, 2018, https://hbr.org/2018/01/when-bureaucracy-is-actually-helpful-according-to-research?utm_source=-feedburner&utm_medium=feed&utm_campaign=-Feed%3A+harvardbusiness+%28HBR.org%29; G. Hamel and M. Zanini, "The End of Bureaucracy," *Harvard Business Review*, November 1, 2018, https://hbr.org/2018/11/the-end-of-bureaucracy; G. Hamel and M. Zanini, "What We Learned About Bureaucracy from 7,000 HBR Readers," *Harvard Business Review*, August 10, 2017, https://hbr.org/2017/08/what-we-learned-about-bureaucracy-from-7000-hbr-readers; D. K. Rigby, "Bureaucracy Can Drain Your Company's Energy. Agile Can Restore It.," *Harvard Business Review*, May 22, 2018, https://hbr.org/2018/05/bureaucracy-can-drain-your-companys-energy-agile-can-restore-it

[86] D. Graeber, *The Utopia of Rules: On Technology, Stupidity, and the Secret Joys of Bureaucracy* (New York, NY: Melville House, 2015).

[87] V. Gauri, J. C. Jamison, N. Mazar, and O. Ozier, "Motivating Bureaucrats Through Social Recognition: External Validity—A Tale of Two States," *Organizational Behavior and Human Decision Processes* 163 (2021): 117-31.

[88] See, for example, C. Wolf, "Not Lost in Translation: Managerial Career Narratives and the Construction of Protean Identities," *Human Relations* 72, no. 3 (2019): 505-33.

[89] See, for instance, E. Krell, "Managing the Matrix," *HR Magazine*, April 1, 2011, https://www.shrm.org/hr-today/news/hr-magazine/pages/0411krell.aspx

[90] V. Ratanjee and N. Dvorak, "Mastering Matrix Management in the Age of Agility," *Gallup: Workplace*, September 18, 2018, https://www.gallup.com/workplace/242192/mastering-matrix-management-age-agility.aspx

[91] K. O'Marah, "JFK Snow Disaster and the Question of Centralizing Supply Chain Management," *Forbes*, March 7, 2018, https://www.forbes.com/sites/kevinomarah/2018/03/07/jfk-snow-disaster-and-the-question-of-centralizing-supply-chain-management/#4398e2267f5c

[92] See, for instance, R. C. Ford, "Cross-Functional Structures: A Review and Integration of Matrix Organization and Project Management," *Journal of Management* 18, no. 2 (1992): 267-94.

[93] O'Marah, "JFK Snow Disaster and the Question of Centralizing Supply Chain Management."

[94] See, for instance, M. Bidwell, "Politics and Firm Boundaries: How Organizational Structure, Group Interests, and Resources Affect Outsourcing," *Organization Science* 23, no. 6 (2012): 1622-42.

[95] Ford, "Cross-Functional Structures."

[96] See, for instance, T. Sy and L. S. D'Annunzio, "Challenges and Strategies of Matrix Organizations: Top-Level and Mid-Level Managers' Perspectives," *Human Resource Planning* 28, no. 1 (2005): 39-48.

[97] A.-C. Hardy, "Agile Team Organisation: Squads, Chapters, Tribes and Guilds," *Medium*, February 29, 2016, https://medium.com/@achardypm/agile-team-organisation-squads-chapters-tribes-and-guilds-80932ace0fdc

[98] N. Anand and R. L. Daft, "What Is the Right Organization Design?," *Organizational Dynamics* 36, no. 4 (2007): 329-44.

[99] Huber, "Organizations."

[100] See, for instance, E. J. Savitz, "Netflix Slows Spending on Licensed Content, Focuses on Original Programming," *Barron's*, January 31, 2020, https://www.barrons.com/articles/netflix-slows-spending-on-licensed-content-focuses-on-original-programming-51580504424

[101] Netflix, *Yasuke* [original series] (Los Gatos, CA: Netflix, 2021).

[102] Huber, "Organizations."

[103] D. Kanze, M. A. Conley, and E. Tory Higgins, "The Motivation of Mission Statements: How Regulatory Mode Influences Workplace Discrimination," *Organizational Behavior and Human Decision Processes* (in press).

[104] O. L. Dada, "A Model of Entrepreneurial Autonomy in Franchised Outlets: A Systematic Review of the Empirical Evidence," *International Journal of Management Reviews* 20, no. 2 (2018): 206-26.

[105] S. L. Parker, S. Cutts, G. Nathan, and H. Zacher, "Understanding Franchisee Performance: The Role of Personal and Contextual Resources," *Journal of Business and Psychology* 34 (2019): 603-20.

[106] Society for Human Resource Management, "Understanding Organizational Structure."

[107] D. Todaro, "Why It's Time to Consider Outsourcing for Software Development," *Forbes*, November 23, 2020, https://www.forbes.com/sites/forbestechcouncil/2020/11/23/why-its-time-to-consider-outsourcing-for-software-development/?sh=702ab120274d

[108] R. Krajewski, "Why the Pandemic Led to an Increase in IT Outsourcing," *Forbes*, January 28, 2021, https://www.forbes.com/sites/forbestechcouncil/2021/01/28/why-the-pandemic-led-to-an-increase-in-it-outsourcing/?sh=64d7d64b2daa

[109] Dell, "2019 Public Supplier List," *Dell* [website], November 2020, https://i.dell.com/sites/csdocuments/Corporate_corp-Comm_Documents/en/dell-suppliers.pdf

[110] Huber, "Organizations."

[111] E. Steel, "Netflix Refines Its DVD Business, Even as Streaming Unit Booms," *The New York Times*, July 26, 2015, https://www.nytimes.com/2015/07/27/business/while-its-streaming-service-booms-netflix-streamlines-old-business .html?_r=0.

[112] J. Cornell, "IAC/InterActiveCorp Plans to Spin-Off Vimeo in 2Q21," *Forbes*, January 4, 2021, https://www.forbes.com/sites/joecornell/2021/01/04/iacinteractivecorp-plans-to-spin-off-vimeo-in-2q21/?sh=2bf62625447d

[113] J. Schramm, "At Work in a Virtual World," *The SHRM Blog*, June 18, 2010, https://blog.shrm.org/workplace/at-work-in-a-virtual-world

[114] See, for instance, H. M. Latapie and V. N. Tran, "Subculture Formation, Evolution, and Conflict Between Regional Teams in Virtual Organizations," *The Business Review* 7, no. 2 (2007): 189-93; S. Davenport and U. Daellenbach, "'Belonging' to a Virtual Research Center: Exploring the Influence of Social Capital Formation Processes on Member Identification in a Virtual Organization," *British Journal of Management* 22, no. 1 (2011): 54-76.

[115] O'Marah, "JFK Snow Disaster and the Question of Centralizing Supply Chain Management."

[116] See, for instance, D. Ulrich, "What Is Organization? The Evolving Answer," *Management and Business Review* 1, no. 1 (2021): 41-43.

[117] Ulrich, "What Is Organization?"

[118] L. L. Greer, B. A. de Jong, M. E. Schouten, and J. E. Dannals, "Why and When Hierarchy Impacts Team Effectiveness: A Meta-Analytic Integration," *Journal of Applied Psychology* 103, no. 6 (2018): 591-613.

[119] B. Ryder, "The Holes in Holacracy," *The Economist*, July 5, 2014, http://www.economist.com/news/business/21606267-latest-big-idea-management-deserves-some-scepticism-holes-holacracy

[120] A. Grasso, Y. Hoppenot, and C. Privault, "Experience Design: The Path From Research to Business" [press release], *Xerox Research Centre Europe*, 2013, http://www.xrce.xerox.com/About-XRCE/History/20-Years-of-Innovation-in-Europe/Articles/Experience-Design-the-path-from-research-to-business

[121] M. Biron, H. De Cieri, I. Fulmer, C.-H. V. Lin, W. Mayrhofer, M. Nyfoudi, K. Sanders, H. Shipton, and J. M. J. Sun, "Structuring for Innovative Responses to Human Resource Challenges: A Skunk Works Approach," *Human Resource Management Review* 31, no. 2 (2021): Article 100768.

[122] See, for instance, B. Galetti, J. Golden III, and S. Brozovich, "Inside Day 1: How Amazon Uses Agile Team Structures and Adaptive Practices to Innovate on Behalf of Customers," *Society for Human Resource Management: People + Strategy Journal*, Spring 2019, https://www.shrm.org/executive/resources/people-strategy-journal/Spring2019/Pages/galetti-golden.aspx

[123] F. E. Allen, "Inside the New Deskless Office," *Forbes*, July 27, 2012, https://www.forbes.com/sites/frederickallen/2012/06/27/inside-the-new-deskless-office/?sh=712edd8d2eae; E. Bernstein and B. Waber, "The Truth About Open Offices," *Harvard Business Review*, November 2019, https://hbr.org/2019/11/the-truth-about-open-offices; S. Henn, "Serendipitous Interaction Key to Tech Firm's Workplace Design," NPR, March 13, 2013, https://tinyurl.com/ce2fuyv6; R. W. Huppke, "Thinking Outside the Cubicle," *Chicago Tribune*, October 30, 2012, https://www.chicagotribune.com/business/ct-xpm-2012-10-30-ct-biz-1029-work-advice-huppke-20121029-story.html; A. Kalish, "This Is Why So Many Companies Insist on Open Offices Now," *The Muse*, May 30, 2018, https://www.themuse.com/advice/history-of-the-open-offices-exist-cubicles; E. Maltby, "My Space Is Our Space," *The Wall Street Journal*, May 21, 2012, R9; H. Nasser, "What Office? Laptops Are Workspace," *USA Today*, June 6, 2012, 1B-2B; A. Tank, "Why It's Time to Ditch Open Office Plans," *Entrepreneur*, February 7, 2019, https://www.entrepreneur.com/article/327142

[124] J. Scheck, L. Moloney, and A. Flynn, "Eni, CNPC Link Up in Mozambique," *The Wall Street Journal*, March 15, 2013, B3.

[125] A. G. L. Romme, "Domination, Self-Determination and Circular Organizing," *Organization Studies* 20, no. 5 (1999): 801-31.

[126] E. Devaney, "9 Types of Organizational Structure Every Company Should Consider," *Hubspot* [blog], January 25, 2021, https://blog.hubspot.com/marketing/team-structure-diagrams

[127] See, for a review, C. O. Trevor and R. Piyanontalee, "Discharges, Poor-Performer Quits, and Layoffs as Valued Exits: Is It Really Addition by Subtraction?" *Annual Review of Organizational Psychology and Organizational Behavior* 7 (2020): 181-211.

[128] See, for instance, P. Eavis and M. Haag, "After Pandemic, Shrinking Need for Office Space Could Crush Landlords," *The New York Times,* April 8, 2021, https://www.nytimes.com/2021/04/08/business/economy/office-buildings-remote-work.html

[129] T. Borden, "The Coronavirus Outbreak Has Triggered Unprecedented Mass Layoffs and Furloughs. Here Are the Major Companies That Have Announced They Are Downsizing Their Workforces," *Business Insider,* April 29, 2020, https://www.businessinsider.com/coronavirus-layoffs-furloughs-hospitality-service-travel-unemployment-2020; S. Wood, G. Michaelides, and C. Ogbonnaya, "Recessionary Actions and Absence: A Workplace-Level Study," *Human Resource Management* 59, no. 6 (2020): 501-20.

[130] A-C. Schulz and M. F. Wiersema, "The Impact of Earnings Expectations on Corporate Downsizing," *Strategic Management Journal* 39, no. 10 (2018): 2691-702.

[131] F. Scott Bentley, I. S. Fulmer, and R. R. Kehoe, "Payoffs for Layoffs? An Examination of CEO Relative Pay and Firm Performance Surrounding Layoff Announcements," *Personnel Psychology* 72, no. 1 (2019): 81-106.

[132] See, for example, B. Fotsch and J. Case, "Transforming Your Service Business with Lean Management," *Forbes,* March 7, 2017, https://www.forbes.com/sites/fotschcase/2017/03/07/transforming-your-service-business-with-lean-management/#66b5134254e8

[133] L. Gensler, "American Express to Slash 4,000 Jobs on Heels of Strong Quarter," *Forbes,* January 21, 2015, http://www.forbes.com/sites/laurengensler/2015/01/21/american-express-earnings-rise-11-on-increased-cardholder-spending/

[134] Trevor and Piyanontalee, "Discharges, Poor-Performer Quits, and Layoffs as Valued Exits."

[135] D. K. Datta, J. P. Guthrie, D. Basuil, and A. Pandey, "Causes and Effects of Employee Downsizing: A Review and Synthesis," *Journal of Management* 36, no. 1 (2010): 281-348.

[136] L. I. Alpert, "Can Imported CEO Fix Russian Cars?," *The Wall Street Journal,* March 20, 2013, http://www.wsj.com/articles/SB10001424127887323639604578370121394214736.

[137] R. Handfield, "Bo Andersson's Supply Strategy Collides with Vladmir Putin's Russia: The Performance Triangle Collapses," *Supply Chain View From the Field,* NC State Poole College of Management, Supply Chain Resource Cooperative, April 11, 2016, https://scm.ncsu.edu/blog/2016/04/11/bo-anderssons-supply-strategy-collides-with-vladimir-putins-russia-the-performance-triangle-collapses/

[138] G. Stolyarov and C. Lowe, "In Russia's Detroit, Layoffs Are Blamed on Foreign Interlopers," *Reuters: Business News,* April 27, 2016, http://www.reuters.com/article/us-russia-avtovaz-idUSKCN0XO0EE

[139] D. Van Dierendonck and G. Jacobs, "Survivors and Victims: A Meta-Analytical Review of Fairness and Organizational Commitment After Downsizing," *British Journal of Management* 23, no. 1 (2012): 96-109.

[140] W. M. Foster, J. S. Hassard, J. Morris, and J. Wolfram Cox, "The Changing Nature of Managerial Work: The Effects of Corporate Restructuring on Management Jobs and Careers," *Human Relations* 72, no. 3 (2019): 473-504.

[141] J. R. B. Halbesleben, A. R. Wheeler, and S. C. Paustian-Underdahl, "The Impact of Furloughs on Emotional Exhaustion, Self-Rated Performance, and Recovery Experiences," *Journal of Applied Psychology* 98, no. 3 (2013): 492-503; and Van Dierendonck and Jacobs, "Survivors and Victims."

[142] C. O. Trevor and A. J. Nyberg, "Keeping Your Headcount When All About You Are Losing Theirs: Downsizing, Voluntary Turnover Rates, and the Moderating Role of HR Practices," *Academy of Management Journal* 51, no. 2 (2008): 259-76.

[143] K. Devine, T. Reay, L. Stainton, and R. Collins-Nakai, "Downsizing Outcomes: Better a Victim Than a Survivor?," *Human Resources Management* 42, no. 2 (2003): 109-24.

[144] See, for a review, S. R. Kessler, A. E. Nixon, and W. R. Nord, "Examining Organic and Mechanistic Structures: Do We Know as Much as We Thought?" *International Journal of Management Reviews* 19, no. 4 (2017): 531-55.

[145] K. Walker, N. Ni, and B. Dyck, "Recipes for Successful Sustainability: Empirical Organizational Configurations for Strong Corporate Environmental Performance," *Business Strategy and the Environment* 24, no. 1 (2015): 40-57.

[146] Kessler et al., "Examining Organic and Mechanistic Structures."

[147] F. Yang, "Better Understanding the Perceptions of Organizational Politics: Its Impact Under Different Types of Work Unit Structure," *European Journal of Work and Organizational Psychology* 26, no. 2 (2017): 250-62.

[148] S. B. Dust, C. J. Resick, and M. B. Mawritz, "Transformational Leadership, Psychological Empowerment, and the Moderating Role of Mechanistic-Organic Contexts," *Journal of Organizational Behavior* 35, no. 3 (2014): 413-33.

[149] See, for instance, A. Drach-Zahavy and A. Freund, "Team Effectiveness under Stress: A Structural Contingency Approach," *Journal of Organizational Behavior* 28, no. 4 (2007): 423-50.

[150] K. Walker, N. Ni, and B. Dyck, "Recipes for Successful Sustainability: Empirical Organizational Configurations for Strong Corporate Environmental Performance," *Business Strategy and the Environment* 24, no. 1 (2015): 40-57.

[151] See, for instance, S. M. Toh, F. P. Morgeson, and M. A. Campion, "Human Resource Configurations: Investigating Fit with the Organizational Context," *Journal of Applied Psychology* 93, no. 4 (2008): 864-82.

[152] G. P. Pisano, "You Need an Innovation Strategy," *Harvard Business Review,* June 2015, https://hbr.org/2015/06/you-need-an-innovation-strategy

[153] "The World's Most Innovative Companies," *Forbes,* accessed March 27, 2019, https://www.forbes.com/innovative-companies/list/

[154] K. Aaslaid, "50 Examples of Corporations That Failed to Innovate: Change Is Inevitable and Innovation Is No Different," *Valuer,* November 22, 2018, https://valuer.ai/blog/50-examples-of-corporations-that-failed-to-innovate-and-missed-their-chance/

[155] R. Chikhoune, "Grove Collaborative, Disrupter in the 'Clean' Space, Launches at Target," *WWD,* April 13, 2021, https://wwd.com/sustainability/business/grove-collaborative-disrupter-clean-target-1234799802/; Fast Company, "The Top 10 Most Innovative Corporate Social Responsibility Companies of 2021," *Fast Company,* March 9, 2021, https://www.fastcompany.com/90600166/corporate-social-responsibility-most-innovative-companies-2021; Grove Collaborative [website], accessed May 3, 2021, https://www.grove.co/home; Grove Collaborative, "Grove Gollaborative Celebrates One-Year Anniversary of Beyond Plastic Initiative" [press release], March 31, 2021, https://www.businesswire.com/news/home/20210331005271/en/Grove-Collaborative-Celebrates-One-Year-Anniversary-of-Beyond-Plastic-Initiative; Grove Collaborative, "Grove Collaborative Named to *Fast Company's* Annual List of the World's Most Innovative Companies for 2021" [press release], March 9, 2021, https://www.businesswire.com/news/home/20210309005580/en/Grove-Collaborative-Named-to-Fast-Company%E2%80%99s-Annual-List-of-the-World%E2%80%99s-Most-Innovative-Companies-for-2021; D. Hessekiel, "Grove Sets an Audacious Plastic-Free Goal: Because the Planet Deserves It," *Forbes,* April 14, 2021, https://www.forbes.com/sites/davidhessekiel/2021/04/14/grove-sets-an-audacious-plastic-free-goal-because-the-planet-deserves-it/?sh=1ea640735e94; C. Marquis, "Can Corporate America Go Plastic-Free? How One Business Is Eliminating Plastic Entirely," *Forbes,* April 21, 2021, https://www.forbes.com/sites/christophermarquis/2021/04/21/can-corporate-america-go-plastic-free-how-1-business-is-eliminating-plastic-entirely/?sh=77e6a83a3c04

[156] Ibid.

[157] Ibid.

[158] See, for instance, D. M. Mandy, "Cost Minimization" in *Producers, Consumers, and Partial Equilibrium* (Cambridge, MA: Academic Press): 123-56.

[159] "Jet Airways Plans to Scrap First Class in Its Boeing 777 Planes" [press release], *On Manorama,* November 23, 2017, https://english.manoramaonline.com/business/news/2017/11/23/jet-airways-plans-to-scrap-first-class-in-its-boeing-777-planes.html

[160] R. Dooley, "The Paper Towel Test for Customer Experience," *Forbes,* September 27, 2018, https://www.forbes.com/sites/rogerdooley/2018/09/27/paper-towel-test-cx/#5004f0001df7

[161] D. Vinjamuri, "Tyson Foods and Piglet Abuse: Is Ethical Behavior Profitable?," *Forbes,* May 11, 2012, https://www.forbes.com/sites/davidvinjamuri/2012/05/11/tyson-foods-and-piglet-abuse-is-ethical-behavior-profitable/#a54a4166f93c

[162] "The CFO Imperative: Next-Gen Technology Drives Cost Optimization," *Knowledge@Wharton* [blog], February 13, 2017, http://knowledge.wharton.upenn.edu/article/the-cfo-imperative-next-gen-technology-drives-cost-optimization/

[163] See, for instance, J. C. Naranjo-Valencia, D. Jiménez-Jiménez, and R. Sanz-Valle, "Innovation or Imitation? The Role of Organizational Culture," *Management Decision* 49, no. 1 (2011): 55-72.

[164] L. Bigelow, J. A. Nickerson, and W-Y. Park, "When and How to Shift Gears: Dynamic Trade-Offs Among Adjustment, Opportunity, and Transaction Costs in Response to an Innovation Shock," *Strategic Management Journal* 40, no. 3 (2019): 377-407.

[165] A. Zaleski, "7 Businesses That Cloned Others and Made Millions," *CNBC,* October 4, 2017, https://www.cnbc.com/2017/10/03/7-businesses-that-cloned-others-and-made-millions.html

[166] U. Ozmel, J. J. Reuer, and C.-W. Wu, "Interorganizational Imitation and Acquisitions of High-Tech Ventures," *Strategic Management Journal* 38, no. 13 (2017): 2647-65.

[167] H. E. Posen and D. Martignoni, "Revisiting the Imitation Assumption: Why Imitation May Increase, Rather Than Decrease, Performance Heterogeneity," *Strategic Management Journal* 39, no. 5 (2018): 1350-69; F. Vermeulen, "Why Copying Successful Firms Can Make You Worse Off," *Forbes,* December 17, 2017, https://www.forbes.com/sites/freekvermeulen/2017/12/12/why-copying-successful-

firms-can-make-you-worse-off/#b57d087536e3

168 T. Taylor, "First Oracle, Now MongoDB: Why AWS Keeps Divorcing Its Partners," *TechGenix*, March 11, 2019, http://techgenix.com/mongodb-aws/

169 M. Josefy, S. Kuban, R. D. Ireland, and M. A. Hitt, "All Things Great and Small: Organizational Size, Boundaries of the Firm, and a Changing Environment," *The Academy of Management Annals* 9, no. 1 (2015): 715-802.

170 W. F. Cascio and R. Montealegre, "How Technology Is Changing Work and Organizations," *Annual Review of Organizational Psychology and Organizational Behavior* 3 (2016): 349-75.

171 A. Mutch, "Technology, Organization, and Structure—a Morphogenetic Approach," *Organization Science* 21, no. 2 (2010): 507-20.

172 Huber, "Organizations."

173 D. Prosperio and G. Zervas, "Study: Replying to Customer Reviews Results in Better Ratings," *Harvard Business Review*, February 14, 2018, https://hbr.org/2018/02/study-replying-to-customer-reviews-results-in-better-ratings

174 See, for instance, J. A. Cogin and I. O. Williamson, "Standardize or Customize: The Interactive Effects of HRM and Environment Uncertainty on MNC Subsidiary Performance," *Human Resource Management* 53, no. 5 (2014): 701-21.

175 B. Tobin, "Amazon HQ2: Cities Are Trying to Woo Tech Giant After Cancellation of New York Plans," *USA Today*, February 20, 2019, https://www.usatoday.com/story/money/2019/02/20/amazon-hq-2-cities-woo-tech-giant-after-cancellation-queens-plans/2916471002/

176 See, for instance, D. G. Bachrach, K. Lewis, Y. Kim, P. C. Patel, M. C. Campion, and S. M. B. Thatcher, "Transactive Memory Systems in Context: A Meta-Analytic Examination of Contextual Factors in Transactive Memory Systems Development and Team Performance," *Journal of Applied Psychology* 104, no. 3 (2019): 464-93.

177 E. W. M. Au, X. S. Y.-S. Qin, and Z.-X. Zhang, "Beyond Personal Control: When and How Executives' Beliefs in Negotiable Fate Foster Entrepreneurial Orientation and Firm Performance," *Organizational Behavior and Human Decision Processes* 143 (2017): 69-84.

178 J. Claussen, C. Essling, and C. Peukert, "Demand Variation, Strategic Flexibility and Market Entry: Evidence From the U.S. Airline Industry," *Strategic Management Journal* 39, no. 11 (2018): 2877-98.

179 See, for instance, "VMware Outlines Strategy to Make Security Intrinsic to the Infrastructure" [press release], March 5, 2019, https://www.nasdaq.com/press-release/vmware-outlines-strategy-to-make-security-intrinsic-to-the-infrastructure-20190305-00460

180 A. C. Lewis, R. L. Cardy, and L. S. R. Huang, "Institutional Theory and HRM: A New Look," *Human Resource Management Review* 29 (2019): 316-35.

181 Kessler et al., "Examining Organic and Mechanistic Structures."

182 See, for example, C. S. Spell and T. J. Arnold, "A Multi-Level Analysis of Organizational Justice and Climate, Structure, and Employee Mental Health," *Journal of Management* 33, no. 5 (2007): 724-51.

183 See, for instance, C. Anderson and C. E. Brown, "The Functions and Dysfunctions of Hierarchy," *Research in Organizational Behavior* 30 (2010): 55-89.

184 See, for instance, T. Marin, "Pharmacies Feel More Heat," *The Wall Street Journal*, March 16-17, 2013, A3.

185 C. A. Wong, P. Elliott-Miller, H. Laschinger, M. Cuddihy, R. M. Meyer, M. Keatings, C. Burnett, and N. Szudy "Examining the Relationships Between Span of Control and Manager Job and Unit Performance Outcomes," *Journal of Nursing Management* 23, no. 2 (2015): 156-68.

186 R. Hechanova-Alampay and T. A. Beehr, "Empowerment, Span of Control, and Safety Performance in Work Teams After Workforce Reduction," *Journal of Occupational Health Psychology* 6, no. 4 (2001): 275-82.

187 See, for example, G. S. Rai, "Job Satisfaction Among Long-Term Care Staff: Bureaucracy Isn't Always Bad," *Administration in Social Work* 37, no. 1 (2013): 90-99.

188 See, for instance, R. E. Ployhart, J. A. Weekley, and K. Baughman, "The Structure and Function of Human Capital Emergence: A Multilevel Examination of the Attraction-Selection-Attrition Model," *Academy of Management Journal* 49, no. 4 (2006): 661-77.

189 J. B. Stewart, "Looking for a Lesson in Google's Perks," *The New York Times*, March 15, 2013, https://www.nytimes.com/2013/03/16/business/at-google-a-place-to-work-and-play.html

190 See, for instance, B. K. Park, J. A. Choi, M. Koo, S. Sul, and I. Choi, "Culture, Self, and Preference Structure: Transitivity and Context Independence Are Violated More by Interdependent People," *Social Cognition* 31, no. 1 (2013): 106-18.

191 Based on D. Burkus, "Why Your Open Office Workspace Doesn't Work," *Forbes*, June 21, 2016, https://www.forbes.com/sites/davidburkus/2016/06/21/why-your-open-office-workspace-doesnt-work/#336a42f6435f; G. W. Evans and D. Johnson, "Stress and Open-Office Noise," Journal of Applied Psychology 85, no. 5 (2000): 779-83; L. Kaufman, "Google Got It Wrong. The Open-Office Trend Is Destroying the Workplace," *The Washington Post*, December 30, 2014, https://www.washingtonpost.com/posteverything/wp/2014/12/30/google-got-it-wrong-the-open-office-trend-is-destroying-the- workplace/?utm_term=.d716ef9fe41a; S. Khetarpal, "The Popular 'Open Office' Design Has Many Disadvantages, but Some Employers Are Going Beyond It to Create an Empowering Environment at the Workplace," *Business Today*, March 12, 2017, 100-6; M. Konnikova, "The Open-Office Trap," *The New Yorker*, January 7, 2014, http://www.newyorker.com/business/currency/the-open-office-trap; P. Rosenberg and K. Campbell, "An Open Office Experiment That Actually Worked," *Harvard Business Review*, October 3, 2014; R. Saunderson, "Learning in an Open Office Environment," *Training*, January 1, 2016, 134-5; D. Ward, "Beyond the Open Office," *HR Magazine*, April 1, 2015, 30-5; and M. D. Zalesny and R. V. Farace, "Traditional Versus Open Offices: A Comparison of Sociotechnical, Social Relations, and Symbolic Meaning Perspectives," *Academy of Management Journal* 30, no. 2 (1987): 240-59.

192 Based on A. Kalev, "How 'Neutral' Layoffs Disproportionately Affect Women and Minorities," *Harvard Business Review*, July 26, 2016, https://hbr.org/2016/07/how-neutral-layoffs-disproportionately-affect-women-and-minorities

193 John Spacey, "Why You Need to Read the Air in Japan," *Japan Talk*, http://www.japan-talk.com/jt/new/kuuki-yomenai (accessed January 24, 2014).

제16장

1 Based on D. De Cremer and T. Tao, "Huawei's Culture Is the Key to Its Success," *Harvard Business Review*, June 11, 2015, https://hbr.org/2015/06/huaweis-culture-is-the-key-to-its-success; A. Fifield, "Bloodthirsty Like a Wolf: Inside the Military-Style Discipline at China's Tech Titan Huawei," *The Washington Post*, December 13, 2018, https://www.washingtonpost.com/world/asia_pacific/bloodthirsty-like-a-wolf-inside-the-military-style-discipline-at-chinas-tech-titan-huawei/2018/12/12/76055116-fd85-11e8-a17e-162b712e8fc2_story.html; S. Kirchgaessner, "Huawei Faces New US Charges Alleging Decades-Long Effort to Steal Technology," *The Guardian*, February 13, 2020, https://www.theguardian.com/technology/2020/feb/13/huawei-new-us-indictment-decades-long-steal-technology#:~:text=Huawei%20has%20been%20accused%20of,equipment%20for%20a%20new%20network; R. Zhong, "Huawei's 'Wolf Culture' Helped It Grow, and Got It into Trouble," *The New York Times*, December 18, 2018, https://www.nytimes.com/2018/12/18/technology/huawei-workers-iran-sanctions.html

2 C. Cancialosi, "How Blending Brand and Culture Can Impact the Customer Experience," *Forbes*, March 21, 2019, https://www.forbes.com/sites/chriscancialosi/2019/03/21/how-blending-brand-and-culture-can-impact-the-customer-experience/?sh=4bea81de1f8c

3 B. Rigoni and B. Nelson, "Few Millennials Are Engaged at Work," *Gallup*, August 30, 2016, https://news.gallup.com/businessjournal/195209/few-millennials-engaged-work.aspx

4 *See, for a review*, J. Stouten, D. M. Rousseau, and D. De Cremer, "Successful Organizational Change: Integrating the Management Practice and Scholarly Literatures," *Academy of Management Annals* 12, no. 2 (2018): 752-88.

5 S. Oreg and Y. Berson, "Leaders' Impact on Organizational Change: Bridging Theoretical and Methodological Chasms," *Academy of Management Annals* 13, no. 1 (2019): 272-307.

6 L. Light, "Crippling Cultures Can Kill Companies," *Forbes*, January 9, 2020, https://www.forbes.com/sites/larrylight/2020/01/09/crippling-cultures-can-kill-companies/?sh=300291082680

7 Ibid.

8 See, for example, B. Schneider, M. G. Ehrhart, and W. H. Macey, "Organizational Climate and Culture," *Annual Review of Psychology* 64 (2013): 361-88.

9 E. H. Schein, *Organizational Culture and Leadership*, Vol. 2. (New York, NY: Wiley, 2010).

10 Schneider et al., "Organizational Climate and Culture."

11 Ibid.

12 B. Schneider, V. González-Romá, C. Ostroff, and M. A. West, "Organizational Climate and Culture: Reflections on the History of the Constructs in the *Journal of Applied Psychology*," *Journal of Applied Psychology* 102, no. 3 (2017): 468-82.

13 See, for a review, C. A. Hartnell, A. Y. Ou, and A. Kinicki, "Organizational Culture and Organizational Effectiveness: A Meta-Analytic Investigation of the Competing Values Framework," *Journal of Applied Psychology* 96, no. 4 (2011): 677-94.

14 Schneider et al., "Organizational Climate and

Culture."

15 C. A. Hartnell, A. Y. Ou, A. J. Kinicki, D. Choi, and E. P. Karam, "A Meta-Analytic Test of Organizational Culture's Association with Elements of an Organization's System and Its Relative Predictive Validity on Organizational Outcomes," *Journal of Applied Psychology* 104, no. 6 (2019): 832-50.

16 S. A. Schweiger, T. R. Stettler, A. Baldauf, and C. Zamudio, "The Complementarity of Strategic Orientations: A Meta-Analytic Synthesis and Theory Extension," *Strategic Management Journal* 40, no. 11 (2019): 1822-51.

17 Hartnell et al., "A Meta-Analytic Test of Organizational Culture's Association with Elements of an Organization's System and Its Relative Predictive Validity on Organizational Outcomes."

18 *See, for instance,* R. A. Cooke and J. L. Szumal, "Using the Organizational Culture Inventory to Understand the Operating Cultures of Organizations," in N. M. Ashkanasy, C. P. M. Wilderom, and M. F. Peterson (eds.), *Handbook of Organizational Culture & Climate* (Thousand Oaks, CA: Sage, 2000): 147-62.

19 C. A. O'Reilly III, J. A. Chatman, and D. F. Caldwell, "People and Organizational Culture: A Profile Comparison Approach to Assessing Person-Organization Fit," *Academy of Management Journal* 34, no. 3 (1991): 487-516.

20 See, for example, C. Ostroff, A. J. Kinicki, and R. S. Muhammad, "Organizational Culture and Climate," in I. B. Weiner (ed.), *Handbook of Psychology*, 2nd ed. (Hoboken, NJ: Wiley, 2012): 643-76.

21 D. A. Hoffman and L. M. Jones, "Leadership, Collective Personality, and Performance," *Journal of Applied Psychology* 90, no. 3 (2005): 509-22.

22 J. Martin, *Organizational Culture: Mapping the Terrain* (Thousand Oaks, CA: Sage, 2002).

23 B. E. Ashforth, K. M. Rogers, and K. G. Corley, "Identity in Organizations: Exploring Cross-Level Dynamics," *Organization Science* 22, no. 5 (2011): 1144-56.

24 J. M. Jermier, J. W. Slocum Jr., L. W. Fry, and J. Gaines, "Organizational Subcultures in a Soft Bureaucracy: Resistance Behind the Myth and Façade of an Official Culture," *Organization Science* 2, no. 2 (1991): 170-94.

25 D. Oyserman, "Culture Three Ways: Culture and Subcultures Within Countries," *Annual Review of Psychology* 68 (2017): 435-63.

26 Based on J. Bellot, "Nursing Home Culture Change: What Does It Mean to Nurses?," *Research in Gerontological Nursing* 5, no. 4 (2012): 264-73; T. Linquist, "Interview with Bob Flexon, CEO of Dynegy in Houston," *Leadership Lyceum: A CEO's Virtual Mentor* [podcast], https://www.linkedin.com/pulse/part-1-2-interview-bob-flexon-ceo-dynegy-houston-thomas-linquist; J. S. Lublin, "This CEO Used to Have an Office," *The Wall Street Journal*, March 13, 2013, B1, B8; and J. Molineux, "Enabling Organizational Cultural Change Using Systemic Strategic Human Resource Management—A Longitudinal Case Study," *International Journal of Human Resource Management* 24, no. 8 (2013): 1588-612.

27 For discussions of how culture can be evaluated as a shared perception, see D. Chan, "Multilevel and Aggregation Issues in Climate and Culture Research," in B. Schneider and K. M. Barbera (eds.), *The Oxford Handbook of Organizational Climate and Culture* (New York: Oxford University Press, 2014): 484-95.

28 B. Schneider, A. N. Salvaggio, and M. Subirats, "Climate Strength: A New Direction for Climate Research," *Journal of Applied Psychology* 87, no. 2 (2002): 220-29; and M. W. Dickson, C. J. Resick, and P. J. Hanges, "When Organizational Climate Is Unambiguous, It Is Also Strong," *Journal of Applied Psychology* 91, no. 2 (2006): 351-64.

29 K. Moody, "Marriott Shares Its 'Secret Sauce' for a People-Centric Culture," *HR Dive*, March 27, 2019, https://www.hrdive.com/news/marriott-shares-its-secret-sauce-for-a-people-centric-culture/551369/

30 M. Schulte, C. Ostroff, S. Shmulyian, and A. Kinicki, "Organizational Climate Configurations: Relationships to Collective Attitudes, Customer Satisfaction, and Financial Performance," *Journal of Applied Psychology* 94, no. 3 (2009): 618-34.

31 R. O'Donnell, "How Culture Helps Ace Hardware Thrive in a Tough Retail Environment," *HR Dive*, February 11, 2019, https://www.hrdive.com/news/how-culture-helps-ace-hardware-thrive-in-a-tough-retail-environment/547619/

32 N. Ghausi, "Win More Business by Copying Nike's Storytelling Playbook," *Entrepreneur*, August 23, 2018, https://www.entrepreneur.com/article/318320

33 R. Carey, "Passionate About Stories: Nike," *All Good Tales*, October 18, 2018, https://allgoodtales.com/nike-passionate-about-stories/

34 R. Garud, H. A. Schildt, and T. K. Lant, "Entrepreneurial Storytelling, Future Expectations, and the Paradox of Legitimacy," *Organization Science* 25, no. 5 (2014): 1479-92.

35 S. L. Dailey and L. Browning, "Retelling Stories in Organizations: Understanding the Functions of Narrative Repetition," *Academy of Management Review* 39, no. 1(2014): 22-43.

36 A. J. Shipp and K. J. Jansen, "Reinterpreting Time in Fit Theory: Crafting and Recrafting Narratives of Fit in Medias Res," *Academy of Management Review* 36, no. 1 (2011): 76-101.

37 T. H. Freling, Z. Yang, R. Saini, O. S. Itani, and R. Rashad Abualsamh, "When Poignant Stories Outweigh Cold Hard Facts: A Meta-Analysis of the Anecdotal Bias," *Organizational Behavior and Human Decision Processes* 160 (2020): 51-67.

38 See, for instance, M. J. Rossano, "The Essential Role of Ritual in the Transmission and Reinforcement of Social Norms," *Psychological Bulletin* 138, no. 3 (2012): 529-49.

39 Great Place to Work, "Kimpton Hotels & Restaurants," http://reviews.greatplacetowork. com/kimpton-hotels-restaurants, accessed May 10, 2021; S. Halzack, "At Kimpton Hotels, Employees Bond Through Housekeeping Olympics," *The Washington Post*, January 6, 2013, https://www.washingtonpost.com/business/capitalbusiness/ at-kimpton-hotels-employees-bond-throughhousekeeping-olympics/2013/01/04/3a212b2c-535c-11e2-bf3e-76c0a789346f_story.html?utm_term=.c3e-004bef157

40 F. G. Massa, W. S. Helms, M. Voronov, and L. Wang, "Emotions Uncorked: Inspiring Evangelism for the Emerging Practice of Cool Climate Winemaking in Ontario," *Academy of Management Journal* 60, no. 2 (2017): 461-99.

41 A. W. Brooks et al., "Don't Stop Believing: Rituals Improve Performance by Decreasing Anxiety," *Organizational Behavior and Human Decision Processes* 137 (2016): 71-85; A. D. Tiang, J. Schroeder, G. Häubl, J. L. Risen, M. I. Norton, and F. Gino, "Enacting Rituals to Improve Self-Control," *Journal of Personality and Social Psychology* 114, no. 6 (2018): 851-76.

42 C. Jones, *How Matter Matters: Objects, Material Symbols, and Materiality in Organization Studies* (Oxford, UK: Oxford University Press, 2013).

43 M. Carpentier, G. Van Hoye, and B. Weijters, "Attracting Applicants Through the Organization's Social Media Page: Signalling Employer Brand Personality," *Journal of Vocational Behavior* 115 (2019): Article 103326; M. G. Pratt and A. Rafaeli "Material Symbols and Organizations: Understanding Our Objective Reality," in A. Rafaeli and M. G. Pratt (eds.), *Material Symbols and Organizations: Beyond Mere Symbolism* (Mahwah, NJ: Lawrence Erlbaum, 2006): 279-88.

44 A. Rafaeli and I. Vilnai-Yavetz, "Emotion as a Connection of Physical Material Symbols and Organizations," *Organization Science* 15, no. 6 (2004): 671-86.

45 B. Gruley, "Dressed Down at Threadless," *Bloomberg Businessweek*, September 13, 2012, https://www.bloomberg.com/news/articles/2012-09-13/dressed-down-at-threadless.

46 IDEO, *Play Lab* [website], accessed May 11, 2021, https://ideoplaylab.com/

47 Genentech, "Recharge and Return," *Genentech* [blog], September 15, 2016, https://www.gene.com/stories/recharge-and-return

48 Based on JPMorgan Chase & Co., "People and Culture," https://www.jpmorganchase.com/corporate/About-JPMC/ab-people-culture.htm, accessed April 18, 2017; C. Jones, "JP Morgan Chase to Spend $30 Billion to Cose the Racial Wealth Gap," *USA Today*, October 8, 2020, https://www.usatoday.com/story/money/2020/10/08/jp-morgan-spend-30-billion-narrow-racial-wealth-gap/5915108002/; H. Son, "Goldman Sachs Agrees to Pay More Than $2.9 billion to Resolve Probes into Its 1MDB Scandal," *CNBC*, October 22, 2020, https://www.cnbc.com/2020/10/22/goldman-sachs-agrees-to-pay-more-than-2point9-billion-to-resolve-probes-into-its-1mdb-scandal-.html

49 K. L. Smith, *GovSpeak: A Guide to U.S. Government Acronyms & Abbreviations*, accessed April 6, 2019, https://ucsd.libguides.com/govspeak

50 E. A. Canning, M. C. Murphy, K. T. U. Emerson, J. A. Chatman, C. S. Dweck, and L. J. Kray, "Cultures of Genius at Work: Organizational Mindsets Predict Cultural Norms, Trust, and Commitment," *Personality and Social Psychology Bulletin* 46, no. 4 (2020): 626-42.

51 See, for example, Z. Kalou and E. Sadler-Smith, "Using Ethnography of Communication in Organizational Research," *Organizational Research Methods* 18, no. 4 (2015): 629-55.

52 A. Spicer, "If We All Hate Business Jargon, Why Do We Keep Using It?" *Harvard Business Review*, February 1, 2018, https://hbr.org/2018/02/if-we-all-hate-business-jargon-why-do-we-keep-using-it

53 M. Young, "Garbage Language: Why Do Corporations Speak the Way They Do?" *Vulture: Language*, February 20, 2020, https://www.vulture.com/2020/02/spread-of-corporate-speak.html

54 D. Kanze, M. A. Conley, and E. Tory Higgins, "The Motivation of Mission Statements: How Regulatory Mode Influences Workplace Discrimination," *Organizational Behavior and Human Decision Processes* 166 (2021): 84-103.

55 S. Jun and J. Wu, "Words That Hurt: Leaders' Anti-Asian Communication and Employee Outcomes," *Journal of Applied Psychology* 106, no. 2 (2021): 169-84.

56 Schneider et al., "Organizational Climate and Culture."

57 Schein, *Organizational Culture and Leadership.*

58 B. Hendricks, T. Howell, and C. Bingham, "How Much Do Top Management Teams Matter in Founder-Led Firms?" *Strategic Management Journal* 40, no. 6 (2019): 959-86.

59 M. P. Feldman, S. Ozcan, and T. Reichstein, "Falling Not Far From the Tree: Entrepreneurs and

Organizational Heritage," *Organization Science* 30, no. 2 (2019): 337-60.

[60] R. M. Steers, *Made in Korea: Chung Ju Yung and the Rise of Hyundai* (New York, NY: Routledge, 1999).

[61] F. Ahrens, "South Korea's Corporate Hierarchies Are Breaking Down: A New Generation of Familial Leadership Is Relaxing Business Culture," *Foreign Policy,* November 19, 2020, https://foreignpolicy.com/2020/11/19/south-korea-corporate-hierarchy-breaking-down-chaebol/

[62] S. Oreg and Y. Berson, "The Impact of Top Leaders' Personalities: The Process Through Which Organizations Become Reflections of Their Leaders," *Current Directions in Psychological Science* 27, no. 4 (2018): 241-48.

[63] D. Katz and R. L. Kahn, *The Social Psychology of Organizations* (2nd ed., New York, NY: Wiley, 1978).

[64] Hartnell et al., "A Meta-Analytic Test of Organizational Culture's Association with Elements of an Organization's System and Its Relative Predictive Validity on Organizational Outcomes."

[65] Ibid

[66] D. D. Warrick, J. F. Milliman, and J. M. Ferguson, "Building High Performance Cultures," *Organizational Dynamics* 45, no. 1 (2016): 64-70.

[67] W. Li, Y. Wang, P. Taylor, K. Shi, and D. He, "The Influence of Organizational Culture on Work-Related Personality Requirement Ratings: A Multilevel Analysis," *International Journal of Selection and Assessment* 16, no. 4 (2008): 366-84.

[68] See, for instance, B. R. Dineen, S. R. Ash, and R. A. Noe, "A Web of Applicant Attraction: Person-Organization Fit in the Context of Web-Based Recruitment," *Journal of Applied Psychology* 87, no. 4 (2002): 723-34; N. Roulin and F. Krings, "Faking to Fit In: Applicants' Response Strategies to Match Organizational Culture," *Journal of Applied Psychology* 105, no. 2 (2020): 130-45.

[69] Great Place to Work, *W.L. Gore & Associates, Inc.*, accessed May 11, 2021, https://www.greatplacetowork.com/certified-company/1000289; J. Kell, "Meet the Culture Warriors: 3 Companies Changing the Game," *Fortune*, March 14, 2017, http://fortune.com/2017/03/14/best-companies-to-work-for-culture/

[70] D. C. Hambrick, "Upper Echelons Theory: An Update," *Academy of Management Review* 32, no. 2 (2007): 334-43.

[71] C. A. Hartnell, A. J. Kinicki, L. S. Lambert, M. Fugate, and P. D. Corner, "Do Similarities or Differences Between CEO Leadership and Organizational Culture Have a More Positive Effect on Firm Performance? A Test of Competing Predictions," *Journal of Applied Psychology* 101, no. 6 (2016): 846-61.

[72] Great Place to Work, "Wegmans Food Markets, INC.," http://reviews.greatplacetowork.com/wegmans-food-markets-inc, accessed April 18, 2017; M. Nisen, "Wegmans Is a Great Grocery Store Because It's a Great Employer," *Quartz*, May 13, 2015, https://qz.com/404063/new-york-city-is-getting-a-great-grocery-store-in-wegmans-and-an-even-better-employer/

[73] See, for a review, T. D. Allen, L. T. Eby, G. T. Chao, and T. N. Bauer, "Taking Stock of Two Relational Aspects of Organizational Life: Tracing the History and Shaping the Future of Socialization and Mentoring Research," *Journal of Applied Psychology* 102, no. 3 (2017): 324-37.

[74] Indusgeeks, *Indusgeeks Promises Greater Employee Retention Through "All Aboard,"* [press release], August 23, 2016, https://issuu.com/indusgeeks/docs/indusgeeks_promises_greater_employe

[75] R. E. Silverman, "Companies Try to Make the First Day for New Hires More Fun," *The Wall Street Journal*, May 28, 2013, http://online.wsj.com/article/SB10001424127887323336104578501631475934850.html

[76] M. Wang, J. Kammeyer-Mueller, and Y. Liu, "Context, Socialization, and Newcomer Learning," *Organizational Psychology Review* 5, no. 1 (2015): 3-25.

[77] C. J. Collins, "The Interactive Effects of Recruitment Practices and Product Awareness on Job Seekers' Employer Knowledge and Application Behaviors," *Journal of Applied Psychology* 92, no. 1 (2007): 180-90.

[78] T. N. Bauer, S. Perrot, R. C. Liden, and B. Erdogan, "Understanding the Consequences of Newcomer Proactive Behaviors: The Moderating Contextual Role of Servant Leadership," *Journal of Vocational Behavior* 112 (2019): 356-68; E. W. Morrison, "Longitudinal Study of the Effects of Information Seeking on Newcomer Socialization," *Journal of Applied Psychology* 78, no. 2 (1993): 173-83; C. Vandenberghe, A. Panaccio, K. Bentein, K. Mignonac, P. Roussel, and A. Khalil Ben Ayed, "Time-Based Differences in the Effects of Positive and Negative Affectivity on Perceived Supervisor Support and Organizational Commitment Among Newcomers," *Journal of Organizational Behavior* 40, no. 3 (2019): 264-81; M. Wang, Y. Zhan, E. McCune, and D. Truxillo, "Understanding Newcomers' Adaptability and Work-Related Outcomes: Testing the Mediating Roles of Perceived P-E Fit Variables," *Personnel Psychology* 64, no. 1 (2011): 163-89.

[79] See, for instance, C. Woodrow and D. E. Guest, "Pathways Through Organizational Socialization: A Longitudinal Qualitative Study Based on the Psychological Contract," *Journal of Occupational and Organizational Psychology* 93, no. 1 (2020): 110-33.

[80] A. M. Saks, K. L. Uggerslev, and N. E. Fassina, "Socialization Tactics and Newcomer Adjustment: A Meta-Analytic Review and Test of a Model," *Journal of Vocational Behavior* 70, no. 3 (2007): 413-46.

[81] K. Becker and A. Bish, "A Framework for Understanding the Role of Unlearning in Onboarding," *Human Resource Management Review* 31, no. 1 (2021): Article 100730.

[82] N. Delobbe, H. D. Cooper-Thomas, and R. De Hoe, "A New Look at the Psychological Contract During Organizational Socialization: The Role of Newcomers' Obligations at Entry," *Journal of Organizational Behavior* 37, no. 6 (2016): 845-67; K. Kim and H. K. Moon, "How Do Socialization Tactics and Supervisor Behaviors Influence Newcomers' Psychological Contract Formation? The Mediating Role of Information Acquisition," *The International Journal of Human Resource Management* 32, no. 6 (2021): 1312-38.

[83] S. Liu, P. Bamberger, M. Wang, J. Shi, and S. B. Bacharach, "When Onboarding Becomes Risky: Extending Social Learning Theory to Explain Newcomers' Adoption of Heavy Drinking with Clients," *Human Relations* 73, no. 5 (2020): 682-710.

[84] B. Schneider, H. W. Goldstein, and D. B. Smith, "The ASA Framework: An Update," *Personnel Psychology* 48, no. 4 (1995): 747-73.

[85] See, for a review, Saks et al., "Socialization Tactics and Newcomer Adjustment."

[86] O. C. Richard, D. R. Avery, A. Luksyte, O. Dorian Boncoeur, and C. Spitzmueller, "Improving Organizational Newcomers' Creative Job Performance Through Creative Process Engagement: The Moderating Role of a Synergy Diversity Climate," *Personnel Psychology* 72, no. 3 (2019): 421-44.

[87] See, for instance, T. N. Bauer, T. Bodner, B. Erdogan, D. M. Truxillo, and J. S. Tucker, "Newcomer Adjustment During Organizational Socialization: A Meta-Analytic Review of Antecedents, Outcomes, and Methods," *Journal of Applied Psychology* 92, no. 3 (2007): 707-21.

[88] W. R. Boswell, A. J. Shipp, S. C., Payne, and S. S. Culbertson, "Changes in Newcomer Job Satisfaction over Time: Examining the Pattern of Honeymoons and Hangovers," *Journal of Applied Psychology* 94, no. 4 (2009): 844-58.

[89] J. D. Kammeyer-Mueller, C. R. Wanberg, A. L. Rubenstein, and Z. Song, "Support, Undermining, and Newcomer Socialization: Fitting in during the First 90 Days," *Academy of Management Journal* 56, no. 4 (2013): 1104-24.

[90] C. Vandenberghe, A. Panaccio, K. Bentein, K. Mignonac, and P. Roussel, "Assessing Longitudinal Change of and Dynamic Relationships among Role Stressors, Job Attitudes, Turnover Intention, and Well-Being in Neophyte Newcomers," *Journal of Organizational Behavior* 32, no. 4 (2011): 652-71.

[91] J. Son and C. Ok, "Hangover Follows Extroverts: Extraversion as a Moderator in the Curvilinear Relationship Between Newcomers' Organizational Tenure and Job Satisfaction," *Journal of Vocational Behavior* 110 (2019): 72-88.

[92] D. Wang, P. W. Hom, and D. G. Allen, "Coping with Newcomer 'Hangover': How Socialization Tactics Affect Declining Job Satisfaction During Early Employment," *Journal of Vocational Behavior* 100 (2017): 196-210.

[93] See, for instance, S. Maitlis and M. Christianson, "Sensemaking in Organizations: Taking Stock and Moving Forward," *The Academy of Management Annals* 8 (2014): 57-125.

[94] Hartnell et al., "A Meta-Analytic Test of Organizational Culture's Association with Elements of an Organization's System and Its Relative Predictive Validity on Organizational Outcomes."

[95] C. Kontoghiorghes, "Linking High Performance Organizational Culture and Talent Management: Satisfaction/Motivation and Organizational Commitment as Mediators," *The International Journal of Human Resource Management* 27, no. 16 (2016): 1833-53.

[96] S.-H. Liao, W.-J. Chang, D.-C. Hu, and Y.-L. Yueh, "Relationships Among Organizational Culture, Knowledge Acquisition, Organizational Learning, and Organizational Innovation in Taiwan's Banking and Insurance Industries," *The International Journal of Human Resource Management* 23, no. 1 (2012): 52-70.

[97] A. L. Kristof-Brown, R. D. Zimmerman, and E. C. Johnson, "Consequences of Individuals' Fit at Work: A Meta-Analysis of Person-Job, Person-Organization, Person-Group, and Person-Supervisor Fit," *Personnel Psychology* 58, no. 2 (2005): 281-342.

[98] Schneider et al., "Organizational Climate and Culture."

[99] E. H. Schein, "Sense and Nonsense About Culture and Climate," in N. M. Ashkanasy, C. P. M. Wilderom, and M. F. Peterson (eds.), *Handbook of Organizational Culture & Climate* (Thousand Oaks, CA: Sage, 2000): xxxiii-xxx.

[100] J. Z. Carr, A. M. Schmidt, J. K. Ford, and R. P. DeShon, "Climate Perceptions Matter: A Meta-Analytic Path Analysis Relating Molar Climate, Cognitive and Affective States, and Individual Level Work Outcomes," *Journal of Applied Psychology* 88, no. 4 (2003): 605-19.

[101] M. Schulte, C. Ostroff, S. Shmulyian, and A. Kinicki, "Organizational Climate Configurations: Relationships to Collective Attitudes, Customer Satisfaction, and Financial Performance," *Journal of*

Applied Psychology 94, no. 3 (2009): 618-34.

[102] Schneider et al.,"Organizational Climate and Culture."

[103] M. Kuenzi and M. Schminke, "Assembling Fragments into a Lens: A Review, Critique, and Proposed Research Agenda for the Organizational Work Climate Literature," *Journal of Management* 35, no. 3 (2009): 634-717.

[104] A. M. Brawley Newlin and C. L. S. Pury, "All of the Above?: An Examination of Overlapping Organizational Climates," *Journal of Business and Psychology* 35 (2020): 539-55.

[105] S. Clarke, "An Integrative Model of Safety Climate: Linking Psychological Climate and Work Attitudes to Individual Safety Outcomes Using Meta-Analysis," *Journal of Occupational and Organizational Psychology* 83, no. 3 (2010): 553-78.

[106] J. M. Beus, S. C. Payne, M. E. Bergman, and W. Arthur, "Safety Climate and Injuries: An Examination of Theoretical and Empirical Relationships," *Journal of Applied Psychology* 95, no. 4 (2010): 713-27.

[107] J. C. Wallace, P. D. Johnson, K. Mathe, and J. Paul, "Structural and Psychological Empowerment Climates, Performance, and the Moderating Role of Shared Felt Accountability: A Managerial Perspective," *Journal of Applied Psychology* 96, no. 3 (2011): 840-50.

[108] J. M. Beus, L. Lucianetti, and W. Arthur Jr., "Clash of the Climates: Examining the Paradoxical Effects of Climates for Promotion and Prevention," *Personnel Psychology* 73, no. 2 (2020): 241-69.

[109] D. Zohar and D. A. Hofmann, "Organizational Culture and Climate," in S. W. J. Kozlowski (ed.), *The Oxford Handbook of Organizational Psychology*, Vol. 1 (Oxford, UK: Oxford University Press, 2012): 317-34.

[110] J. M. Beus, E. C. Taylor, and S. J. Solomon, "Climate-Context Congruence: Examining Context as a Boundary Condition for Climate-Performance Relationships," *Journal of Applied Psychology* (in press).

[111] M. Hoff, "The 25 Global Companies with the Best Workplace Cultures, According to Employees," *Business Insider*, April 6, 2021, https://www.businessinsider.com/global-companies-best-workplace-culture-comparably-2021-4

[112] See, for instance, M. Kaptein, "Developing and Testing a Measure for the Ethical Culture of Organizations: The Corporate Ethical Virtues Model," *Journal of Organizational Behavior* 29, no. 7 (2008): 923-47.

[113] M. Kuenzi, D. M. Mayer, and R. L. Greenbaum, "Creating an Ethical Organizational Environment. The Relationship Between Ethical Leadership, Ethical Organizational Climate, and Unethical Behavior," *Personnel Psychology* 73, no. 1 (2020): 43-71; A. C. Peng and D. Kim, "A Meta-Analytic Test of the Differential Pathways Linking Ethical Leadership to Normative Conduct," *Journal of Organizational Behavior* 41, no. 4 (2020): 348-68.

[114] Kaptein. "Developing and Testing a Measure for the Ethical Culture of Organizations."

[115] M. Huhtala, M. Kaptein, and T. Feldt, "How Perceived Changes in the Ethical Culture of Organizations Influence the Well-Being of Managers: A Two-Year Longitudinal Study," *European Journal of Work and Organizational Psychology* 25, no. 3 (2016): 335-52; M. Huhtala, A. Tolvanen, S. Mauno, and T. Feldt, "The Associations Between Ethical Organizational Culture, Burnout, and Engagement: A Multilevel Study," *Journal of Business and Psychology* 30, no. 2 (2015): 399-414.

[116] Kuenzi et al., "Creating an Ethical Organizational Environment."

[117] Ibid.

[118] Ibid.

[119] A. T. Myer, C. N. Thoroughgood, and S. Mohammed, "Complementary or Competing Climates? Examining the Interactive Effect of Service and Ethical Climates on Company-Level Financial Performance," *Journal of Applied Psychology* 101, no. 8 (2016): 1178-90.

[120] J. Howard-Greenville, S. Bertels, and B. Lahneman, "Sustainability: How It Shapes Organizational Culture and Climate," in B. Schneider and K. M. Barbera (eds.), *The Oxford Handbook of Organizational Climate and Culture* (New York: Oxford University Press, 2014): 257-75.

[121] E. Cohen, S. Taylor, and M. Muller-Camen, *HRM's Role in Corporate Social and Environmental Sustainability* (Alexandria, VA: Society of Human Resource Management, 2012).

[122] J. Pfeffer, "Building Sustainable Organizations: The Human Factor," *Academy of Management Perspectives* 24, no. 1 (2010): 34-45.

[123] P. Lacy, T. Cooper, R. Hayward, and L. Neuberger, "A New Era of Sustainability: UN Global Compact-Accenture CEO Study 2010," June 2010, http://www.uncsd2012.org/content/documents/Accenture_A_New_Era_of_-Sustainability_CEO_study.pdf.

[124] H. R. Dixon-Fowler, D. J. Slater, J. L. Johnson, A. E. Ellstrand, and A. M. Romi, "Beyond 'Does It Pay to Be Green?' A Meta-Analysis of Moderators of the CEP-CFP Relationship," *Journal of Business Ethics* 112 (2013): 353-66.

[125] B. Fitzgerald, "Sustainable Farming Will Be Next 'Revolution in Agriculture,'" *Australian Broadcasting Company*, May 29, 2015, http://www.abc.net.au/news/2015-05-29/state-of-tomorrow-sustainable-farming/6504842

[126] Siemens, *Sustainability Information 2018* (München, Germany: Siemens, 2018).

[127] S. Todd, "Who Are the 100 Most Sustainable Companies of 2020?" *Forbes*, January 21, 2020, https://www.forbes.com/sites/samanthatodd/2020/01/21/who-are-the-100-most-sustainable-companies-of-2020/?sh=4ec7622e14a4

[128] P. Bansal, "Evolving Sustainably: A Longitudinal Study of Corporate Sustainable Development," *Strategic Management Journal* 26, no. 3 (2005):

197-218.

[129] A. R. Carrico and M. Riemer, "Motivating Energy Conservation in the Workplace: An Evaluation of the Use of Group-Level Feedback and Peer Education," *Journal of Environmental Psychology* 31, no. 1 (2011): 1-13.

[130] M. Del Giudice, Z. Khan, M. De Silva, V. Scuotto, F. Caputo, and E. Carayannis, "The Microlevel Actions Undertaken by Owner-Managers in Improving the Sustainability Practices of Cultural and Creative Small and Medium Enterprises: A United Kingdom-Italy Comparison," *Journal of Organization Behavior* 38, no. 9 (2017): 1396-414; R. Fu, Y. Tang, and G. Chen, "Chief Sustainability Officers and Corporate Social (Ir) responsibility," *Strategic Management Journal* 41, no. 4 (2020): 656-80.

[131] A. Choi, "The Case for Sustainable Investing," *Morgan Stanley* [blog], January 15, 2021, https://www.morganstanley.com/articles/case-for-sustainable-investing; L. Gurdus, "ESG Investing to Reach $1 Trillion by 2030, Says Head of iShares Americas as Carbon Transition Funds Launch," *CNBC*, May 9, 2021, https://www.cnbc.com/2021/05/09/esg-investing-to-reach-1-trillion-by-2030-head-of-ishares-americas.html; Kellogg-Morgan Stanley, *Sustainable Investing Challenge* [website], accessed May 14, 2021, https://www.sustainableinvestingchallenge.org/; S. R. Levine, "How to Create Sustainable Cultures That Are Accretive to Shareholders," *Forbes*, November 8, 2019, https://www.forbes.com/sites/forbesinsights/2019/11/08/how-to-create-sustainable-cultures-that-are-accretive-to-shareholders/?sh=353bacf3741c; Morgan Stanley, *Institute for Sustainable Investing* [website], accessed May 14, 2021, https://www.morganstanley.com/what-we-do/institute-for-sustainable-investing; D. Nason, "Sustainable Investing Is Surging. How to Decide If It's Right for You," *CNBC*, November 5, 2020, https://www.cnbc.com/2020/11/05/sustainable-investing-is-surging-how-to-decide-if-its-right-for-you.html; D. Neufeld, "Fact Check: The Truth Behind Five ESG Myths," *Visual Capitalist*, May 12, 2021, https://www.visualcapitalist.com/fact-check-the-truth-behind-five-esg-myths/; A. Puzder and D. Black, "Who Really Pays for ESG Investing?" *The Wall Street Journal*, May 12, 2021, https://www.wsj.com/articles/who-really-pays-for-esg-investing-11620858462

[132] J. P. Kotter, "Accelerate!" *Harvard Business Review*, November 2012, https://hbr.org/2012/11/accelerate

[133] A. Dan, "Droga5's David Droga About Redefining Advertising," *Forbes*, December 13, 2011, https://www.forbes.com/sites/avidan/2011/12/13/the-ad-agency-guru-who-helped-get-obama-elected/#6d1fb4903477

[134] J. Beer, "Why Accenture Interactive Buying Ad Agency Droga5 Is Such a Big Deal," *Fast Company*, April 3, 2019, https://www.fastcompany.com/90328733/why-accenture-interactive-buying-ad-agency-droga5-is-such-a-big-deal

[135] A. Newman, H. Round, S. Wang, and M. Mount, "Innovation Climate: A Systematic Review of the Literature and Agenda for Future Research," *Journal of Occupational and Organizational Psychology* 93, no. 1 (2020): 73-109.

[136] "How Big Companies Can Innovate Like Small Startups," *Knowledge@Wharton*, January 30, 2019, https://knowledge.wharton.upenn.edu/article/how-big-companies-can-innovate-like-small-startups/

[137] L. Heracleous, C. Wawarta, S. Gonzalez, and S. Paroutis, "How a Group of NASA Renegades Transformed Mission Control," *MIT Sloan Management Review*, April 5, 2019, https://sloanreview.mit.edu/article/how-a-group-of-nasa-renegades-transformed-mission-control/

[138] See, for instance, L. Graves, "'Toxic Culture': NBC Faces New Challenges Amid Storms of #MeToo Era," *The Guardian* December 8, 2019, https://www.theguardian.com/media/2019/dec/08/nbc-gabrielle-union-metoo-ronan-farrow-matt-lauer

[139] See, for instance,G. F. Latta, "Modeling the Cultural Dynamics of Resistance and Facilitation: Interaction Effects in the OC Model of Organizational Change," *Journal of Organizational Change Management* 28, no. 6 (2015): 1013-37.

[140] D. Etzion, "Diffusion as Classification," *Organization Science* 25, no. 2 (2014): 420-37.

[141] K. Nguyen, "Old Navy: Peaks and Troughs Along the Growth Journey of Gap's Crown Jewel," *EnvZone*, January 12, 2021, https://www.envzone.com/ecommerce-and-retail/old-navy-peaks-and-troughs-along-the-growth-journey-of-gaps-crown-jewel/

[142] *See, for example,* E. Kang and M. Kroll, "Deciding Who Will Rule: Examining the Influence of Outside Noncore Directors on Executive Entrenchment," *Organization Science* 25, no. 6 (2014): 1662-83.

[143] D. Markovitz, "The Art of Change," *IndustryWeek*, January 29, 2019, https://www.industryweek.com/leadership/art-change

[144] A. Groggins and A. M. Ryan, "Embracing Uniqueness: The Underpinnings of a Positive Climate for Diversity," *Journal of Occupational and Organizational Psychology* 86, no. 2 (2013): 264-82.

[145] J. A. Chatman, J. T. Polzer, S. G. Barsade, and M. A. Neale, "Being Different yet Feeling Similar: The Influence of Demographic Composition and Organizational Culture on Work Processes and Outcomes," *Administrative Science Quarterly* 43, no. 4 (1998): 749-80.

[146] R. J. P. de Figueiredo, E. Rawley, and C. I. Rider, "Why Are Firms Rigid? A General Framework and Empirical Tests," *Organization Science* 26, no. 5 (2015): 1502-19; M. Piao and E. J. Zajac, "How Exploitation Impedes and Impels Exploration: Theory and Evidence," *Strategic Management Journal* 37, no. 7 (2016): 1431-47.

[147] S. D. Pugh, J. Dietz, A. P. Brief, and J. W. Wiley, "Looking Inside and Out: The Impact of Employee and Community Demographic Composition on Organizational Diversity Climate," *Journal of Applied Psychology* 93, no. 6 (2008): 1422-28.

[148] Y. Li, S. Perera, C. T. Kulik, and I. Metz, "Inclusion Climate: A Multilevel Investigation of Its Antecedents and Consequences," *Human Resource Management* 58, no. 4 (2019): 353-69.

[149] M. Reinwald, H. Huettermann, and H. Bruch, "Beyond the Mean: Understanding Firm-Level Consequences of Variability in Diversity Climate Perceptions," *Journal of Organizational Behavior* 40, no. 4 (2019): 472-91.

[150] *See, for example,* L.-Q. Yang, D. E. Caughlin, M. W. Gazica, D. M. Truxillo, and P. E. Spector, "Workplace Mistreatment Climate and Potential Employee and Organizational Outcomes: A Meta-Analytic Review From the Target's Perspective," *Journal of Occupational Health Psychology* 19, no. 3 (2014): 315-35.

[151] M. J. Gelfand, L. M. Leslie, K. Keller, and C. de Dreu, "Conflict Cultures in Organizations: How Leaders Shape Conflict Cultures and Their Organizational-Level Consequences," *Journal of Applied Psychology* 97, no. 6 (2012): 1131-47.

[152] F. H. M. Verbeeten and R. F. Speklé, "Management Control, Results-Oriented Culture and Public Sector Performance: Empirical Evidence on New Public Management," *Organization Studies* 36, no. 7 (2015): 953-78.

[153] J. Boehm, "I Worked at SpaceX, and This Is How Elon Musk Inspired a Culture of Top Performers," *Forbes*, November 8, 2017, https://www.forbes.com/sites/quora/2017/11/08/i-worked-at-spacex-and-this-is-how-elon-musk-inspired-a-culture-of-top-performers/?sh=6bd3aebd438f

[154] A. Eftymiades, "What Can Amazon Teach Us About Workplace Relations?" *Personnel Today*, October 19, 2015, https://www.personneltoday.com/hr/can-amazon-teach-us-workplace-relations/

[155] L. Jiang and T. M. Probst, "A Multilevel Examination of Affective Job Insecurity Climate on Safety Outcomes," *Journal of Occupational Health Psychology* 21, no. 3 (2016): 366-77.

[156] See, for instance, F. Bauer and K. Matzler, "Antecedents of M&A Success: The Role of Strategic Complementarity, Cultural Fit, and Degree and Speed of Integration," *Strategic Management Journal* 35, no. 2 (2014): 269-91.

[157] K. Voigt, "Mergers Fail More Often Than Marriages," *CNN*, May 22, 2009, http://edition.cnn.com/2009/BUSINESS/05/21/merger.marriage/

[158] J. Beer, "Why Accenture Interactive Buying Ad Agency Droga5 Is Such a Big Deal."

[159] R. M. Sarala, P. Junni, C. L. Cooper, and S. Y. Tarba, "A Sociocultural Perspective on Knowledge Transfer in Mergers and Acquisitions," *Journal of Management* 42, no. 5 (2016): 1230-49.

[160] A. S. Boyce, L. R. G. Nieminen, M. A. Gillespie, A. M. Ryan, and D. R. Denison, "Which Comes First, Organizational Culture or Performance? A Longitudinal Study of Causal Priority with Automobile Dealerships," *Journal of Organizational Behavior* 36, no. 3 (2015): 339-59.

[161] F. Luthans and C. M. Youssef, "Emerging Positive Organizational Behavior," *Journal of Management* 33, no. 3 (2007): 321-49.

[162] See, for instance, F. Walumbwa, S. J. Peterson, B. J. Avolio, and C. A. Hartnell, "An Investigation of the Relationships Among Leader and Follower Psychological Capital, Service Climate, and Job Performance," *Personnel Psychology* 63, no. 4 (2010): 937-63.

[163] M. Buckingham and D. O. Clifton, *Now, Discover Your Strengths* (Washington, DC: Gallup, 2001).

[164] S. Sorenson, "How Employees' Strengths Make Your Company Stronger," *Gallup*, February 20, 2014, https://news.gallup.com/businessjournal/167462/employees-strengths-company-stronger.aspx

[165] B. Rigoni and J. Asplund, "Developing Employees' Strengths Boosts Sales, Profit, and Engagement," *Harvard Business Review*, September 1, 2016, https://hbr.org/2016/09/developing-employees-strengths-boosts-sales-profit-and-engagement

[166] S. Mallon, "Another Way to Motivate Employees: Try Building a Culture of Praise," *TLNT*, October 3, 2013, https://www.tlnt.com/another-way-to-motivate-employees-try-building-a-culture-of-praise/

[167] J. Whitson, C. S. Wang, J. Kim, J. Cao, and A. Scrimpshire, "Responses to Normative and Norm-Violating Behavior: Culture, Job Mobility, and Social Inclusion and Exclusion," *Organizational Behavior and Human Decision Processes* 129 (2015): 24-35.

[168] C. Hastwell, "Creating a Culture of Recognition," *Great Place to Work* [blog], November 24, 2020, https://www.greatplacetowork.com/resources/blog/creating-a-culture-of-recognition

[169] M. Mihelich, "2012 Optimas Award Winners: Safelite AutoGlass," *Workforce Management*, November 2012, 27; Safelite, "Safelite Group Named a 2019 Employee Voice Award Honoree by Quantam Workplace" [press release], February 28, 2019, https://www.safelite.com/about-safelite/press-releases/safelite-group-named-a-2019-employee-voice-award-honoree-by-quantum-workplace; Safelite, "Safelite AutoGlass Honored with Best Places to Work by Columbus Business First," [press release], November 21, 2017, https://www.safelite.com/about-safelite/press-releases/safelite-autoglass-honored-with-best-places-to-work-by-columbus-business-first

[170] Admiral Group, *Our Culture: Ministry of Fun*, accessed April 6, 2019, https://admiralgroup.co.uk/our-culture/ministry-fun

[171] S. Fineman, "On Being Positive: Concerns and Counterpoints," *Academy of Management Review* 31, no. 2 (2006): 270-91.

[172] A. Chiu, "Time to Ditch 'Toxic Positivity,' Experts Say: 'It's Okay No to Be Okay,'" *The Washington Post*, August 19, 2020, https://www.washingtonpost.com/lifestyle/wellness/toxic-positivity-mental-health-covid/2020/08/19/5dff8d16-e0c8-11ea-8181-606e603bb1c4_story.html

[173] D. M. Mayer, "A Review of the Literature on Ethical Climate and Culture," in B. Schneider and K. M. Barbera (eds.), *The Oxford Handbook of Organizational Climate and Culture* (New York: Oxford University Press, 2014): 415-40.

[174] J. P. Mulki, J. F. Jaramillo, and W. B. Locander, "Critical Role of Leadership on Ethical Climate and Salesperson Behaviors," *Journal of Business Ethics* 86, no. 2 (2009): 125-41; M. Schminke, M. L. Ambrose, and D. O. Neubaum, "The Effect of Leader Moral Development on Ethical Climate and Employee Attitudes," *Organizational Behavior and Human Decision Processes* 97, no. 2 (2005): 135-51; and M. E. Brown, L. K. Treviño, and D. A. Harrison, "Ethical Leadership: A Social Learning Perspective for Construct Development and Testing," *Organizational Behavior and Human Decision Processes* 97, no. 2 (2005): 117-34.

[175] J. M. Schaubroeck, S. T. Hannah, B. J. Avolio, S. W. J. Kozlowski, R. G. Lord, L. K. Treviño, . . . and A. C. Peng, "Embedding Ethical Leadership Within and Across Organization Levels," *Academy of Management Journal* 55, no. 5 (2012): 1053-78.

[176] B. Sweeney, D. Arnold, and B. Pierce, "The Impact of Perceived Ethical Culture of the Firm and Demographic Variables on Auditors' Ethical Evaluation and Intention to Act Decisions," *Journal of Business Ethics* 93, no. 4 (2010): 531-51.

[177] L. Huang and T. A. Paterson, "Group Ethical Voice: Influence of Ethical Leadership and Impact on Ethical Performance," *Journal of Management* 43, no. 4 (2017): 1157-84.

[178] M. L. Gruys, S. M. Stewart, J. Goodstein, M. N. Bing, and A. C. Wicks, "Values Enactment in Organizations: A Multi-Level Examination," *Journal of Management* 34, no. 4 (2008): 806-43.

[179] Anderson et al., "Innovation and Creativity in Organizations"; H. W. Volberda, F. A. J. Van den Bosch, and C. V. Heij, "Management Innovation: Management as Fertile Ground for Innovation," *European Management Review* 10, no. 1 (2013): 1-15.

[180] Anderson et al., "Innovation and Creativity in Organizations."

[181] K. Byron and S. Khazanchi, "Rewards and Creative Performance: A Meta-Analytic Test of Theoretically Derived Hypotheses," *Psychological Bulletin* 138, no. 4 (2012): 809-30; A. Lee, A. Legood, D. Hughes, A. Wei Tian, A. Newman, and C. Knight, "Leadership, Creativity, and Innovation: A Meta-Analytic Review," *European Journal of Work and Organizational Psychology* 29, no. 1 (2020): 1-35.

[182] See, for instance, V. Mueller, N. Rosenbusch, and A. Bausch, "Success Patterns of Exploratory and Exploitative Innovation: A Meta-Analysis of the Influence of Institutional Factors," *Journal of Management* 39, no. 6 (2013): 1606-36.

[183] U. R. Hülsheger, N. Anderson, and J. F. Salgado, "Team-Level Predictors of Innovation at Work: A Comprehensive Meta-Analysis Spanning Three Decades of Research," *Journal of Applied Psychology* 94, no. 5 (2009): 1128-45; and P. Schepers and P. T. van den Berg, "Social Factors of Work-Environment Creativity," *Journal of Business and Psychology* 21, no. 3 (2007): 407-28.

[184] M. Erez, A. H. van de Ven, and C. Lee, "Contextualizing Creativity and Innovation Across Cultures," *Journal of Organizational Behavior* 36, no. 7 (2015): 895-98.

[185] R. Y. J. Chua, Y. Roth, and J.-F. Lemoine, "The Impact of Culture on Creativity: How Cultural Tightness and Cultural Distance Affect Global Innovation Crowdsourcing Work," *Administrative Science Quarterly* 60, no. 2 (2015): 189-227.

[186] J. G. Lu, A. C. Hafenbrack, P. W. Eastwick, D. J. Wang, W. W. Maddux, and A. D. Galinsky, "Going Out of the Box: Close Intercultural Friendships and

Romantic Relationships Spark Creativity, Workplace Innovation, and Entrepreneurship," *Journal of Applied Psychology* 102, no. 7 (2017): 1091-108.

187 M. Frese and N. Keith, "Action Errors, Error Management, and Learning in Organizations," *Annual Review of Psychology* 66 (2015): 661-87.

188 Hülsheger et al., "Team-Level Predictors of Innovation at Work."

189 Ibid.

190 Anderson et al., "Innovation and Creativity in Organizations."

191 S. Chang, L. Jia, R. Takeuchi, and Y. Cai, "Do High-Commitment Work Systems Affect Creativity? A Multilevel Combinational Approach to Employee Creativity," *Journal of Applied Psychology* 99, no. 4 (2014): 665-80.

192 Z. Church, "To Evaluate Ideas, This CEO Looks for Trusted Champions," *MIT Sloan: Ideas Made to Matter* [blog], January 22, 2020, https://mitsloan.mit.edu/ideas-made-to-matter/to-evaluate-ideas-ceo-looks-trusted-champions

193 See, for instance, M. E. Mullins, S. W. J. Kozlowski, N. Schmitt, and A. W. Howell, "The Role of the Idea Champion in Innovation: The Case of the Internet in the Mid-1990s," *Computers in Human Behavior* 24, no. 2 (2008): 451-67.

104 J. M. Howell and C. A. Higgins, "Champions of Technological Innovation," *Administrative Science Quarterly* 35, no. 2 (1990): 317-41.

195 K. J. Jansen, A. J. Shipp, and J. H. Michael, "Champions, Converters, Doubters, and Defectors: The Impact of Shifting Perceptions on Momentum for Change," *Personnel Psychology* 69, no. 3 (2016): 673-707.

196 C. Y. Murnieks, E. Mosakowski, and M. S. Cardon, "Pathways of Passion Identity Centrality, Passion, and Behavior Among Entrepreneurs," *Journal of Management* 40, no. 6 (2014): 1583-606.

197 S. C. Parker, "Intrapreneurship or Entrepreneurship?," *Journal of Business Venturing* 26, no. 1 (2011): 19-34.

198 "Global Smartphone Market Share: By Quarter," *Counterpoint*, April 30, 2021, https://www.counterpointresearch.com/global-smartphone-share/

199 B. Moon, "12 Coronavirus Stocks to Buy That Won't Let Up," *Kiplinger*, November 6, 2020, https://www.kiplinger.com/investing/stocks/stocks-to-buy/601685/coronavirus-stocks-to-buy-that-wont-let-up

200 R. Wiedner, M. Barrett, and E. Oborn, "The Emergence of Change in Unexpected Places: Resourcing Across Organizational Practices in Strategic Change," *Academy of Management Journal* 60, no. 3 (2017): 823-54.

201 D. L. Bradford and W. W. Burke (eds.), *Reinventing Organization Development: New Approaches to Change in Organizations* (San Francisco, CA: Pfeiffer, 2005).

202 See, for instance, J. Birkinshaw, G. Hamel, and M. J. Mol, "Management Innovation," *Academy of Management Review* 33, no. 4 (2008): 825-45.

203 See, for instance, A. Kraft, J. L. Sparr, and C. Peus, "Giving and Making Sense About Change: The Back and Forth Between Leaders and Employees," *Journal of Business and Psychology* 33 (2018): 71-87.

204 D. Fluker, "Introducing Mashonda Tifrere, the Renaissance Woman," *Forbes*, April 16, 2021, https://www.forbes.com/sites/dominiquefluker/2021/04/16/introducing-mashonda-tifrere-the-renaissance-woman/?sh=748bb27c23ce

205 M. R. Parke, S. Tangirala, and I. Hussain, "Creating Organizational Citizens: How and When Supervisor-Versus Peer-Led Role Interventions Change Organizational Citizenship Behavior," *Journal of Applied Psychology* (in press).

206 R. B. L. Sijbom, O. Janssen, and N. W. Van Yperen, "How to Get Radical Creative Ideas into a Leader's Mind? Leader's Achievement Goals and Subordinates' Voice of Creative Ideas," *European Journal of Work and Organizational Psychology* 24, no. 2 (2015): 279-96.

207 M. Fugate, A. J. Kinicki, and G. E. Prussia, "Employee Coping with Organizational Change: An Examination of Alternative Theoretical Perspectives and Models," *Personnel Psychology* 61, no. 1 (2008): 1-36.

208 S. Turgut, A. Michel, L. M. Rothenhöfer, and K. Sonntag, "Dispositional Resistance to Change and Emotional Exhaustion: Moderating Effects at the Work-Unit Level," *European Journal of Work and Organizational Psychology* 25, no. 5 (2016): 735-50.

209 Q. N. Huy, K. G. Corley, and M. S. Kraatz, "From Support to Mutiny: Shifting Legitimacy Judgments and Emotional Reactions Impacting the Implementation of Radical Change," *Academy of Management Journal* 57, no. 6 (2014): 165-80.

210 D. R. King, F. Bauer, Q. D. Weng, S. Schriber, and S. Tarba, "What, When, and Who: Manager Involvement in Predicting Employee Resistance to Acquisition Integration," *Human Resource Management* 59, no. 1 (2020): 63-81.

211 J. D. Ford, L. W. Ford, and A. D'Amelio, "Resistance to Change: The Rest of the Story," *Academy of Management Review* 33, no. 2 (2008): 362-77.

212 R. K. Smollan, "The Multi-Dimensional Nature of Resistance to Change," *Journal of Management & Organization* 17, no. 6 (2011): 828-49.

213 See, for instance, W. Ocasio, T. Laamanen, and E. Vaara, "Communication and Attention Dynamics: An Attention-Based View of Strategic Change," *Strategic Management Journal* 39, no. 1 (2018): 155-67.

214 P. C. Fiss and E. J. Zajac, "The Symbolic Management of Strategic Change: Sensegiving via Framing and Decoupling," *Academy of Management Journal* 49, no. 6 (2006): 1173-93.

215 A. E. Rafferty and S. L. D. Restubog, "The Impact of Change Process and Context on Change Reactions and Turnover During a Merger," *Journal of Management* 36, no. 5 (2010): 1309-38.

216 M. Fugate and G. Soenen, "Predictors and Processes Related to Employees' Change-related Compliance and Championing," *Personnel Psychology* 71, no. 1 (2018): 109-32.

217 S. Fuchs and R. Prouska, "Creating Positive Employee Change Evaluation: The Role of Different Levels of Organizational Support and Change Participation," *Journal of Change Management* 14, no. 3 (2014): 361-83.

218 A. Vaccaro and G. Palazzo, "Values Against Violence: Institutional Change in Societies Dominated by Organized Crime," *Academy of Management Journal* 58, no. 4 (2015): 1075-101.

219 P. Petrou, E. Demerouti, and W. B. Schaufeli, "Crafting the Change: The Role of Employee Job Crafting Behaviors for Successful Organizational Change," *Journal of Management* 44, no. 5 (2018): 1766-92.

220 P. J. O'Connor, N. L. Jimmieson, and K. M. White, "Too Busy to Change: High Job Demands Reduce the Beneficial Effects of Information and Participation on Employee Support," *Journal of Business and Psychology* 33 (2018): 629-43.

221 D. M. Herold, D. B. Fedor, and S. D. Caldwell, "Beyond Change Management: A Multilevel Investigation of Contextual and Personal Influences on Employees' Commitment to Change," *Journal of Applied Psychology* 92, no. 4 (2007): 942-51.

222 R. Peccei, A. Giangreco, and A. Sebastiano, "The Role of Organizational Commitment in the Analysis of Resistance to Change: Co-predictor and Moderator Effects," *Personnel Review* 40, no. 2 (2011): 185-204.

223 K. Alfes, A. D. Shantz, C. Bailey, E. Conway, K. Monks, and N. Fu, "Perceived Human Resource System Strength and Employee Reactions Toward Change: Revisiting Human Resource's Remit as Change Agent," *Human Resource Management* 58, no. 3 (2019): 239-52.

224 Huy et al., "From Support to Mutiny."

225 K. van Dam, S. Oreg, and B. Schyns, "Daily Work Contexts and Resistance to Organisational Change: The Role of Leader-Member Exchange, Development Climate, and Change Process Characteristics," *Applied Psychology: An International Review* 57, no. 2 (2008): 313-34.

226 H. H. Zhao, S. E. Seibert, M. S. Taylor, C. Lee, and W. Lam, "Not Even the Past: The Joint Influence of Former Leader and New Leader During Leader Succession in the Midst of Organizational Change," *Journal of Applied Psychology* 101, no. 12 (2016): 1730-38.

227 A. H. Y. Hon, M. Bloom, and J. M. Crant, "Overcoming Resistance to Change and Enhancing Creative Performance," *Journal of Management* 40, no. 3 (2014): 919-41.

228 O. Curtae' Richard, J. Wu, L. Anna Markoczy, and Y. Chung, "Top Management Team Demographic-Faultline Strength and Strategic Change: What Role Does Environmental Dynamism Play," *Strategic Management Journal* 40, no. 6 (2019): 987-1009.

229 *See, for instance,* M. Y. Lee, M. Mazmanian, and L. Perlow, "Fostering Positive Relational Dynamics: The Power of Spaces and Interaction Scripts," *Academy of Management Journal* 63, no. 1 (2020): 96-123.

230 G. Jacobs and A. Keegan, "Ethical Considerations and Change Recipients' Reactions: 'It's Not All About Me,'" *Journal of Business Ethics* 152, no. 1 (2018): 73-90.

231 See, for instance, M. De Ruiter, R. Schalk, J. Schaveling, and D. van Gelder, "Psychological Contract Breach in the Anticipatory Stage of Change: Employee Responses and the Moderating Role of Supervisory Informational Justice," *The Journal of Applied Behavioral Science* 53, no. 1 (2017): 66-88; R. D. Foster, "Resistance, Justice, and Commitment to Change," *Human Resource Development Quarterly* 21, no. 1 (2010): 3-39.

232 Jacobs and Keegan, "Ethical Considerations and Change Recipients' Reactions."

233 J. Kaltiainen, J. Lipponen, and B. C. Holtz, "Dynamic Interplay Between Merger Process Justice and Cognitive Trust in Top Management: A Longitudinal Study," *Journal of Applied Psychology* 102, no. 4 (2017): 636-47.

234 See, for instance, D. E. Krause, "Consequences of Manipulation in Organizations: Two Studies on Its Effects on Emotions and Relationships," *Psychological Reports* 111, no. 1 (2012): 199-218.

235 M. Torres, "Work Is Not Your Family, as the Fyre Festival Doc Reminds Us," *The Huffington Post*, January 28, 2019, https://www.huffpost.com/entry/work-is-not-your-family-fyre-festival_l_5c4f20cfe4b06ba6d3bf6654

236 J. Battilana and T. Casciaro, "Overcoming Resistance to Organizational Change: Strong Ties and Affective Cooptation," *Management Science* 59, no. 4 (2013): 819-36.

237 Fugate and Soenen, "Predictors and Processes Related to Employees' Change-Related Compliance and Championing."

238 F. D. Belschak, G. Jacobs, S. R. Giessner, K. E. Horton, and P. Saskia Bayerl, "When the Going Gets Tough: Employee Reactions to Large-Scale Organizational Change and the Role of Employee Machiavellianism," *Journal of Organizational Behavior* 41, no. 9 (2020): 830-50.

239 S.-H. Chung, Y.-F. Su, and S.-W. Su, "The Impact of Cognitive Flexibility on Resistance to Organizational Change," *Social Behavior and Personality* 40, no. 5 (2012): 735-46; I. B. Saksvik and H. Hetland, "Exploring Dispositional Resistance to Change," *Journal of Leadership & Organizational Studies* 16, no. 2 (2009): 175-83; and C. R. Wanberg and J. T. Banas, "Predictors and Outcomes of Openness to Changes in a Reorganizing Workplace," *Journal of Applied Psychology* 85, no. 1 (2000): 132-42.

240 J. W. B. Lang and P. D. Bliese, "General Mental Ability and Two Types of Adaptation to Unforeseen Change: Applying Discontinuous Growth Models to the Task-Change Paradigm," *Journal of Applied Psychology* 94, no. 2 (2009): 411-28.

241 K. J. McClanahan, "Viva la Evolution: Using Dual-Strategies Theory to Explain Leadership in Modern Organizations," *The Leadership Quarterly* 31, no. 1 (2020): Article 101315.

242 See, for instance, A. Karaevli, "Performance Consequences for New CEO 'Outsiderness': Moderating Effects of Pre- and Post-Succession Contexts," *Strategic Management Journal* 28, no. 7 (2007) : Article 101315: 681-706.

243 K. Lewin, "Frontiers in Group Dynamics: Concept, Method and Reality in Social Science: Equilibrium and Social Change," *Human Relations* 1, no. 1 (1947): 5-41. Compare with S. Cummings, T. Bridgman, and K. G. Brown, "Unfreezing Change as Three Steps: Rethinking Kurt Lewin's Legacy for Change Management," *Human Relations* 69, no. 1 (2016): 33-60.

244 *See, for example,* P. G. Audia and S. Brion, "Reluctant to Change: Self-Enhancing Responses to Diverging Performance Measures," *Organizational Behavior and Human Decision Processes* 102, no. 2 (2007): 255-69.

245 J. M. Bartunek and R. W. Woodman, "Beyond Lewin: Toward a Temporal Approximation of Organization Development and Change," *Annual Review of Organizational Psychology and Organizational Behavior* 2 (2015): 157-82.

246 Ibid.

247 J. Kotter, *A Sense of Urgency* (Boston, MA: Harvard Business School, 2008).

248 For reviews, see I. Bleijenbergh, J. van Mierlo, and T. Bondarouk, "Closing the Gap Between Scholarly Knowledge and Practice: Guidelines for HRM Action Research," *Human Resource Management Review* 31, no. 2 (2021): Article 100764.

249 C. Knight, M. Patterson, J. Dawson, and J. Brown, "Building and Sustaining Work Engagement—A Participatory Action Intervention to Increase Work Engagement in Nursing Staff," *European Journal of Work and Organizational Psychology* 26, no. 5 (2017): 634-49.

250 A. Touboulic and H. Walker, "A Relational, Transformative and Engaged Approach to Sustainable Supply Chain Management: The Potential of Action Research," *Human Relations* 69, no. 2 (2016): 301-43.

251 A. Malhotra, A. Majchrzak, W. Bonfield, and S. Myers, "Engaging Customer Care Employees in Internal Collaborative Crowdsourcing: Managing the Inherent Tensions and Associated Challenges," *Human Resource Management* 59, no. 2 (2020): 121-34.

252 V. M. Desai, "Collaborative Stakeholder Engagement: An Integration Between Theories of Organizational Legitimacy and Learning," *Academy of Management Journal* 61, no. 1 (2018): 220-44.

253 *See, for a review,* B. Burnes and B. Cooke, "The Past, Present and Future of Organization Development: Taking the Long View," *Human Relations* 65, no. 11 (2012): 1395-429.

254 Ibid.

255 F. Lambrechts, S. Grieten, R. Bouwen, and F. Corthouts, "Process Consultation Revisited: Taking a Relational Practice Perspective," *Journal of Applied Behavioral Science* 45, no. 1 (2009): 39-58.

256 M. L. Shuffler, D. DiazGranados, and E. Salas, "There's a Science for That: Team Development Interventions in Organizations," *Current Directions in Psychological Science* 20, no. 6 (2011): 365-72.

257 A. Bonire, "4 Ways Escape Room Games Enhances Employees Team Spirit," *Thrive Global,* March 11, 2019, https://thriveglobal.com/stories/4-ways-escape-room-games-enhances-employees-team-spirit/

258 N. Coffin, "Mystery Industry: Breakout Games' Escape Rooms Foster Team-Building, Problem-Solving in Lutherville Timonium," *Baltimore Sun,* April 2, 2019, https://www.baltimoresun.com/news/maryland/baltimore-county/towson/ph-tt-escape-rooms-20190320-story.html

259 See, for instance, W. A. Randolph and B. Z. Posner, "The Effects of an Intergroup Development OD Intervention as Conditioned by the Life Cycle State of Organizations: A Laboratory Experiment," *Group & Organization Studies* 7, no. 3 (1982): 335-52.

260 U. Wagner, L. Tropp, G. Finchilescu, and C. Tredoux, (eds.), *Improving Intergroup Relations* (New York, NY: Wiley-Blackwell, 2008).

261 Ibid.

262 R. J. Ridley-Duff and G. Duncan, "What Is Critical Appreciation? Insights from Studying the Critical Turn in an Appreciative Inquiry," *Human Relations* 68, no. 10 (2015): 1579-99.

263 Case Western Reserve University, Appreciative Inquiry Commons, accessed April 20, 2017, https://appreciativeinquiry.case.edu/

264 L. Godwin, "Appreciative Inquiry Accelerates What's Working," *HR Dive,* August 28, 2018, https://www.hrdive.com/news/appreciative-inquiry-accelerates-whats-working/530916/

265 D. A. Waldman, L. L. Putnam, E. Miron-Spektor, and D. Siegel, "The Role of Paradox Theory in Decision Making and Management Research," *Organizational Behavior and Human Decision Processes* 155 (2019): 1-9.

266 J. Jay, "Navigating Paradox as a Mechanism of Change and Innovation in Hybrid Organizations," *Academy of Management Journal* 56, no. 1 (2013): 137-59.

267 E. Miron-Spektor, A. Ingram, J. Keller, W. K. Smith, and M. W. Lewis, "Microfoundations of Organizational Paradox: The Problem Is How We Think About the Problem," *Academy of Management Journal* 61, no. 1 (2018): 26-45.

268 See, for instance, G. T. Fairhurst, W. K. Smith, S. G. Banghart, M. W. Lewis, L. L. Putnam, S. Raisch, and J. Schad, "Diverging and Converging: Integrative Insights on a Paradox Meta-Perspective," *The Academy of Management Annals* 10, no. 1 (2016): 173-82.

269 See, for instance, M. Pina e Cunha, E. Gomes, K. Mellahi, A. S. Miner, and A. Rego, "Strategic Agility Through Improvisational Capabilities: Implications for a Paradox-Sensitive HRM," *Human Resource Management Review* 30 (2020): Article 100695;

D. A. Waldman and D. E. Bowen, "Learning to Be a Paradox-Savvy Leader," *Academy of Management Perspectives* 30, no. 3 (2016): 316-27.

270 Based on R. Carucci, "How Leaders Get in the Way of Organizational Change," *Harvard Business Review,* April 30, 2021, https://hbr.org/2021/04/how-leaders-get-in-the-way-of-organizational-change; B. Lindsay, E. Smit, and N. Waugh, "How the Implementation of Organizational Change Is Evolving," *McKinsey Accelerate,* February 5, 2018, https://www.mckinsey.com/business-functions/mckinsey-implementation/our-insights/how-the-implementation-of-organizational-change-is-evolving; W. McFarland, "This Is Your Brain on Organizational Change," *Harvard Business Review,* October 16, 2012, https://hbr.org/2012/10/this-is-your-brain-on-organizational-change; S. Ryan, "How Loss Aversion and Conformity Threaten Organizational Change," *Harvard Business Review,* November 25, 2016, https://hbr.org/2016/11/how-loss-aversion-and-conformity-threaten-organizational-change; G. Satell, "4 Tips for Managing Organizational Change," *Harvard Business Review,* August 27, 2019, https://hbr.org/2019/08/4-tips-for-managing-organizational-change; T. Stobierski, "Organizational Change Management: What It Is & Why It's Important," *Harvard Business School Online,* January 21, 2020, https://online.hbs.edu/blog/post/organizational-change-management; N. Tasler, "Stop Using the Excuse 'Organizational Change Is Too Hard'," *Harvard Business Review,* July 19, 2017, https://hbr.org/2017/07/stop-using-the-excuse-organizational-change-is-hard

271 Based on J. Andrus, "Traeger's CEO on Cleaning Up a Toxic Culture," *Harvard Business Review,* March 1, 2019, https://hbr.org/2019/03/traegers-ceo-on-cleaning-up-a-toxic-culture

272 Simon Goodley and Jonathan Ashby, "Revealed: How Sports Direct Effectively Pays Below Minimum Wage," *The Guardian,* December 9, 2015, https://www.theguardian.com/business/2015/dec/09/how-sports-direct-effectively-pays-below-minimum-wage-pay; Jeff Farrell, "Sports Direct 'Identifies Staff by Fingerprint' After Asking Them to Press Happy or Sad Face Emoji," *Independent,* September 2, 2017, http://www.independent.co.uk/news/uk/home-news/sports-direct-sad-happy-face-emoji-unite-steve-turner-nottingham-protest-mike-ashley-work-conditions-a7925401.html; House of Commons, Employment Practices at Sports Direct, Business, Innovation and Skills Committee (July 21, 2016), https://publications.parliament.uk/pa/cm201617/cmselect/cmbis/219/21902.htm?utm_source=219&utm_medium=fullbullet&utm_campaign=modulereports7; Sports Direct International plc, Reports and Presentations, http://www.sportsdirectplc.com/investor-relations/reports-and-presentations/rp-2017.aspx

제17장

[1] Based on D. DeLong and S. Marcus, "Imagine a Hiring Process Without Resumes," *Harvard Business Review*, January 5, 2021, https://hbr.org/2021/01/imagine-a-hiring-process-without-resumes; "Our Impact & B Corp,"Greyston Bakery, May 13, 2021, https://greystonbakery.com/pages/our-impact-b-corp

[2] See, for a review, C. Boon, D. N. En Hartog, and D. P. Lepak, "A Systematic Review of Human Resource Management Systems and Their Measurement," *Journal of Management* 45, no. 6 (2019): 2498-537.

[3] See, for instance, R. A. Posthuma, M. C. Campion, M. Masimova, and M. A. Campion, "A High Performance Work Practices Taxonomy: Integrating the Literature and Directing Future Research," *Journal of Management* 39, no. 5 (2013): 1184-220.

[4] S. Lucas, *Evil HR Lady* [website], accessed May 17, 2021, http://www.evilhrlady.org/

[5] R. E. Ployhart, N. Schmitt, and N. T. Tippins, "Solving the *Supreme Problem*: 100 Years of Selection and Recruitment at the *Journal of Applied Psychology*," *Journal of Applied Psychology* 102, no. 3 (2017): 291-304.

[6] Society for Human Resource Management, *SHRM Customized Talent Acquisition Benchmarking Report* (Alexandria, VA: SHRM, 2017).

[7] Ibid.

[8] J. M. Phillips and S. M. Gully, "Multilevel and Strategic Recruiting: Where Have We Been, Where Can We GoFrom Here?" *Journal of Management* 41,

no. 5 (2015):1416-45.

[9] Ployhart et al., Solving the "*Supreme Problem*."

[10] J. A. Breaugh, "Employee Recruitment," *Annual Review of Psychology* 64 (2013): 389-416.

[11] J. M. McCarthy, T. N. Bauer, D. M. Truxillo, N. R. Anderson, A. Cristina Costa, and S. M. Ahmed, "Applicant Perspectives During Selection: A Review Addressing 'So What?,' 'What's New?,' and 'Where to Next?'" *Journal of Management* 43, no. 6 (2017): 1693-725.

[12] B. W. Swider, R. D. Zimmerman, S. D. Charlier, and A. J. Pierotti, "Deep-Level and Surface-Level Individual Differences and Applicant Attraction to Organizations: A Meta-Analysis," *Journal of Vocational Behavior* 88 (2015): 73-83.

[13] D. S. Chapman, K. L. Uggerslev, S. A. Carroll, K. A. Piasentin, and D. A. Jones, "Applicant Attraction to Organizations and Job Choice: A Meta Analytic Review of the Correlates of Recruiting Outcomes," *Journal of Applied Psychology* 90, no. 5 (2005): 928-44; B. R. Dineen, D. Vandewalle, R. A. Noe, L. Wu, and D. Lockhart, "Who Cares About Demands-Abilities Fit? Moderating Effects of Goal Orientation on Recruitment and Organizational Entry Outcomes," *Personnel Psychology* 71, no. 2 (2018): 201-24.

[14] K. L. Uggerslev, N. E. Fassina, and D. Kraichy, "Recruiting Through the Stages: A Meta-Analytic Test of Predictors of Applicant Attraction at Different Stages During the Recruiting Process," *Personnel Psychology* 65, no. 3 (2012): 597-660.

[15] See, for example, C. D. Belinda, J. W. Westerman, and S. M. Bergman, "Recruiting with Ethics in an Online Era: Integrating Corporate Social Responsibility with Social Media to Predict Organizational Attractiveness," *Journal of Vocational Behavior* 109 (2018): 101-17.

[16] K. Yang Trevor Yu, "Influencing How One Is Seen by Potential Talent: Organizational Impression Management Among Recruiting Firms," *Journal of Applied Psychology* 104, no. 7 (2019): 888-906.

[17] H. Barry Kappes, E. Balcetis, and D. De Cremer, "Motivated Reasoning During Recruitment," *Journal of Applied Psychology* 103, no. 3 (2018): 270-80.

[18] S. D. Schlachter and J. R. Pieper, "Employee Referral Hiring in Organizations: An Integrative Conceptual Review, Model, and Agenda for Future Research," *Journal of Applied Psychology* 104, no. 11 (2019): 1325-46.

[19] J. R. Pieper, C. O. Trevor, I. Weller, and D. Duchon, "Referral Hire Presence Implications for Referrer Turnover and Job Performance," *Journal of Management* 45, no. 5 (2019): 1858-88.

[20] R. Derfler-Rozin, B. Baker, and F. Gino, "Compromised Ethics in Hiring Processes? How Referrers' Power Affects Employees' Reactions to Referral Practices," *Academy of Management Journal* 61, no. 2 (2018): 615-36.

[21] C. Hymowitz and J. Green, "Executive Headhunters Squeezed by In-House Recruiters," *Bloomberg Businessweek*, January 17, 2013, http://www.businessweek.com/articles/2013-01-17/executive-headhunters-squeezed-by-in-house-recruiters

[22] Society for Human Resource Management, *SHRM Customized Talent Acquisition Benchmarking Report.*

[23] Ibid.

[24] Ibid.

[25] M. C. Campion, R. E. Ployhart, and M. A. Campion, "Using Recruitment Source Timing and Diagnosticity to Enhance Applicants' Occupation-Specific Human Capital," *Journal of Applied Psychology* 102, no. 5 (2017): 764-81.

[26] H. J. Walker, T. Bauer, M. Cole, J. Bernerth, H. Feild, and J. Short, "Is This How I Will Be Treated? Reducing Uncertainty Through Recruitment Interactions," *Academy of Management Journal* 56,

no. 5 (2013): 1325-47.

[27] C. M. Harold, B. C. Holtz, B. K. Griepentrog, L. M. Brewer, and S. M. Marsh, "Investigating the Effects of Applicant Justice Perceptions on Job Offer Acceptance," *Personnel Psychology* 69, no. 1 (2016): 199-227.

[28] D. Zielinski, "Get to the Source," *HR Magazine,* November 1, 2012, https://www.shrm.org/hr-today/news/hr-magazine/pages/1112-hr-tech-source-of-hire.aspx

[29] G. Anders, "Solve Puzzle, Get Job," *Forbes*, May 6, 2013, 46-48.

[30] B. Oc, E. Netchaeva, and M. Kouchaki, "It's a Man's World! The Role of Political Ideology in the Early Stages of Leader Recruitment," *Organizational Behavior and Human Decision Processes* 162 (2021): 24-41.

[31] L. A. McFarland and Y. Kim, "An Examination of the Relationship Between Applicant Race and Accrued Recruitment Source Information: Implications for Applicant Withdrawal and Test Performance," *Personnel Psychology* (in press).

[32] D. G. Allen and J. M. Vardaman, "Recruitment and Retention Across Cultures," *Annual Review of Organizational Psychology and Organizational Behavior* 4 (2017): 153-81.

[33] J. M. Madera, "Situational Perspective Taking as an Intervention for Improving Attitudes Toward Organizations That Invest in Diversity Management Programs," *Journal of Business and Psychology* 33 (2018): 423-42.

[34] Ibid.

[35] McCarthy et al., "Applicant Perspectives During Selection."

[36] R. A. Brands and I. Fernandez-Mateo, "Leaning Out: How Negative Recruitment Experiences Shape Women's Decisions to Compete for Executive Roles," *Administrative Science Quarterly* 62, no. 3 (2017): 405-42.

[37] S. Stockman, G. Van Hoye, and S. da Motta Veiga, "Negative Word-of-Mouth and Applicant Attraction: The Role of Employer Brand Equity," *Journal of Vocational Behavior* 118 (2020): Article 103368.

[38] SHL, "Commercial Realistic Job Preview (RJP)," retrieved from SHL: Careers [website] on May 19, 2021, https://www.shl.com/en/careers/

[39] B. M. Meglino, E. C. Ravlin, and A. S. DeNisi, "A meta-Analytic Examination of Realistic Job Preview Effectiveness: A Test of Three Counterintuitive Propositions," *Human Resource Management Review* 10, no. 4 (2000): 407-34.

[40] Talent Board, *2020 North American Candidate Experience Research Report* (Santa Cruz, CA: Talent Board, 2020).

[41] Ibid.

[42] R. E. Ployhart, A. J. Nyberg, G. Reilly, and M. A. Maltarich, "Human Capital Is Dead; Long Live Human Capital Resources!," *Journal of Management* 40, no. 2 (2014): 371-98.

[43] R. Eckardt, C.-Y. Tsai, S. D. Dionne, D. Dunne, S. M. Spain, J. Won Park, M. Cheong, J. Kim, J. Guo, C. Hao, and E. I. Kim, "Human Capital Resource Emergence and Leadership," *Journal of Organizational Behavior* 42, no. 2 (2021): 269-95.

[44] M. A. Wolfson and J. E. Mathieu, "Sprinting to the Finish: Toward a Theory of Human Capital Resource Complementarity," *Journal of Applied Psychology* 103, no. 11 (2018): 1165-80.

[45] M. R. Barrick and L. Parks-Leduc, "Selection for Fit," *Annual Review of Organizational Psychology and Organizational Behavior* 6 (2019): 171-93.

[46] S. McFeely and B. Wigert, "This Fixable Problem Costs U.S. Businesses $1 Trillion," *Gallup,* March 13, 2019, https://www.gallup.com/workplace/247391/fixable-problem-costs-businesses-trillion.aspx

[47] E. McDowell, "15 Jobs That May Seem Off-Putting but Pay Surprisingly Well," *Business Insider,* October 30, 2020, https://www.businessinsider.com/dirty-and-dangerous-jobs-nobody-wants-how-much-they-pay-2019-7

[48] J. E. Hunter and R. F. Hunter, "Validity and Utility of Alternative Predictors of Job Performance," *Psychological Bulletin* 96, no. 1 (1984): 72-98.

[49] J. C. Wallace, E. E. Page, and M. Lippstreu, "Applicant Reactions to Pre-Employment Application Blanks: A Legal and Procedural Justice Perspective," *Journal of Business and Psychology* 20, no. 4 (2006): 467-88.

[50] Society for Human Resource Management, *SHRM Customized Talent Acquisition Benchmarking Report.*

[51] D. Zielinski, "Today's ATS Solutions Go Well Beyond Resume Storage," *Society for Human Resource Management: Talent Acquisition* [blog], May 4, 2017, https://www.shrm.org/resourcesandtools/hr-topics/talent-acquisition/pages/ats-solutions-buyers-guide-shrm.aspx

[52] See, for example, S. Sajjadiani, A. J. Sojourner, J. D. Kammeyer-Mueller, and E. Mykerezi, "Using Machine Learning to Translate Applicant Work History into Predictors of Performance and Turnover," *Journal of Applied Psychology* 104, no. 10 (2019): 1207-25.

[53] N. L. Pesce, "These Are the Most Outrageous Lies

People Have Put on Their Resumes," *MarketWatch*, August 30, 2019, http://www.marketwatch.com/story/these-are-the-most-hilarious-lies-people-have-put-on-their-resumes-2018-08-24

[54] M. Nevins, "Here's Why You Should Not Include a Picture on Your Resume in 2021," *Jobscan*, February 3, 2021, https://www.jobscan.co/blog/picture-on-resume/

[55] Z. Ihsan and A. Furnham, "The New Technologies in Personality Assessment: A Review," *Consulting Psychology Journal: Practice and Research* 70, no. 2 (2018): 147-66.

[56] Robert Half, "Best Resume Format: Traditional Trumps Trendy," *Robert Half* [blog], May 5, 2016, http://www.roberthalf.com/blog/writing-a-resume/best-resume-format

[57] C. Apers and E. Derous, "Are They Accurate? Recruiters' Personality Judgments in Paper Versus Video Resumes," *Computers in Human Behavior* 73 (2017): 9-19; M. Waung, R. W. Hymes, J. E. Beatty, and P. McAuslan, "Self-Promotion Statements in Video Résumés: Frequency, Intensity, and Gender Effects on Job Applicant Evaluation," *International Journal of Selection and Assessment* 23, no. 4 (2015): 345-60.

[58] A. M. F. Hiemstra, E. Derous, A. W. Serlie, and M. P. Born, "Fairness Perceptions of Video Résumés Among Ethnically Diverse Applicants," *International Journal of Selection and Assessment* 20, no. 4 (2012): 423-33.

[59] M. Waung, P. McAuslan, J. M. DiMambro, and N. Mięgoć, "Impression Management Use in Resumes and Cover Letters," *Journal of Business and Psychology* 32 (2017): 727-46.

[60] See, for example, E. Derous, A. M. Ryan, and A. W. Serlie, "Double Jeopardy Upon Résumé Screening: When Achmed Is Less Employable Than Aïsha," *Personnel Psychology* 68, no. 3 (2015): 659-96.

[61] "Survey Finds Employment Background Checks Nearly Universal Today," *Global HR* [blog], October 25, 2017, https://www.ghrr.com/survey-finds-employment-background-checks-nearly-universal-today/

[62] "Conducting Background Investigations and Reference Checks," *Society for Human Resource Management* [toolkit], accessed May 19, 2021, https://www.shrm.org/resourcesandtools/tools-and-samples/toolkits/pages/conductingbackgroundinvestigations.aspx

[63] HireRight, *2019 Employment Screening Benchmark Report* (Irving, CA: HireRight, 2019).

[64] Ibid.

[65] G. Khoury, "The Good, the Bad, and the Employee Reference Lawsuit," *FindLaw* [blog], July 21, 2017, https://blogs.findlaw.com/in_house/2017/07/the-good-the-bad-and-the-employee-reference-lawsuit.html

[66] C. Suddath, "Your Resume: Imaginary Friends as Job References," *Bloomberg Businessweek*, January 14, 2013, https://www.bloomberg.com/news/articles/2013-01-14/your-r-sum-imaginary-friends-as-job-references

[67] M. Goodman, "Reference Checks Go Tech," *Workforce Management* 91, no. 5 (2012): 26-28.

[68] N. R. Kuncel, R. J. Kochevar, and D. S. Ones, "A Meta-Analysis of Letters of Recommendation in College and Graduate Admissions: Reasons for Hope," *International Journal of Selection and Assessment* 22, no. 1 (2014): 101-7.

[69] D. Leising, J. Erbs, and U. Fritz, "The Letter of Recommendation Effect in Informant Ratings of Personality," *Journal of Personality and Social Psychology* 98, no. 4 (2010): 668-82.

[70] J. C. Baxter, B. Brock, P. C. Hill, and R. M. Rozelle, "Letters of Recommendation: A Question of Value," *Journal of Applied Psychology* 66, no. 3 (1981): 296-301.

[71] P. L. Roth, J. B. Thatcher, P. Bobko, K. D. Matthews, J. E. Ellingson, and C. B. Goldberg, "Political Affiliation and Employment Screening Decisions: The Role of Similarity and Identification Processes," *Journal of Applied Psychology* 105, no. 5 (2020): 472-86; L. Zhang, C. H. Van Iddekinge, J. D. Arnold, P. L. Roth, F. Lievens, S. E. Lanivich, and S. L. Jordan, "What's on Job Seekers' Social Media Sites? A Content Analysis and Effects of Structure on Recruiter Judgments and Predictive Validity," *Journal of Applied Psychology* 105, no. 12 (2020): 1530-46.

[72] C. H. Van Iddekinge, S. E. Lanivich, P. L. Roth, and E. Junco, "Social Media for Selection? Validity and Adverse Impact Potential of a Facebook-Based Assessment," *Journal of Management* 42, no. 7 (2016): 1811-35.

[73] See, for example, J. B. Bernerth, S. G. Taylor, H. J. Walker, and D. S. Whitman, "An Empirical Investigation of Dispositional Antecedents and Performance-Related Outcomes of Credit Scores," *Journal of Applied Psychology* 97, no. 2 (2012): 469-78.

[74] H. B. Bernerth, "Demographic Variables and Credit Scores: An Empirical Study of a Controversial Selection Tool," *International Journal of Selection and Assessment* 20, no. 2 (2012): 242-6; S. D. Volpone, S. Tonidandel, D. R. Avery, and S. Castel, "Exploring the Use of Credit Scores in Selection Processes: Beware of Adverse Impact," *Journal of Business Psychology* 30 (2015): 357-72.

[75] D. Clark, "How Many U.S. Adults Have a Criminal Record?" *PolitiFact*, August 18, 2017, https://www.politifact.com/factchecks/2017/aug/18/andrew-cuomo/yes-one-three-us-adults-have-criminal-record/

[76] A. Peters, "It's Hard for People with Criminal Records to Get a Job—This New Job Site Can Help," *Fast Company*, August 4, 2017, https://www.fastcompany.com/40448610/its-hard-for-people-with-criminal-records-to-get-a-job-this-new-job-site-can-help

[77] C. Jones, "'You Just Want to... Have a Chance': Ex-Offenders Struggle to Find Jobs Amid COVID-19," *USA Today*, February 3, 2021, https://www.usatoday.com/story/money/2021/02/03/unemployment-ex-offenders-among-many-struggling-find-work/6656724002/

[78] E. J. Hirst, "Business Risks Rise in Criminal History Discrimination," *The Chicago Tribune*, October 21, 2012, http://articles.chicagotribune.com/2012-10-21/business/ct-biz-1021-eeoc-felony-20121021_1_criminal-records-eeoc-s-chicago-district-office-court-case

[79] M. G. Aamodt, *Conducting Background Checks for Employee Selection* (Alexandria, VA: SHRM/SIOP, 2016).

[80] T. Mullaney, "Why Companies Are Turning to Ex-Cons to Fill Slots for Workers," *CNBC: @Work* [blog], April 11, 2019, https://www.cnbc.com/2018/09/18/why-companies-are-turning-to-ex-cons-to-fill-slots-for-workers.html

[81] Society for Human Resource Management, *SHRM Customized Talent Acquisition Benchmarking Report.*

[82] S. D. Risavy, P. A. Fisher, C. Robie, and C. J. König, "Selection Tool Use: A Focus on Personality Testing in Canada, the United States, and Germany," *Personnel Assessment and Decisions* 5, no. 1 (2019): 62-72.

[83] N. Anderson, J. F. Salgado, and U. R. Hülsheger, "Applicant Reactions in Selection: Comprehensive Meta-Analysis into Reaction Generalization Versus Situational Specificity," *International Journal of Selection and Assessment* 18, no. 3 (2010): 291-304.

[84] See, for a review, N. Schmitt, "Personality and Cognitive Ability as Predictors of Effective Performance at Work," *Annual Review of Organizational Psychology and Organizational Behavior* 1 (2014): 45-65.

[85] J. F. Salgado, N. Anderson, S. Moscoso, C. Bertua, F. de Fruyt, and J. P. Rolland, "A Meta-Analytic Study of General Mental Ability Validity for Different Occupations in the European Community," *Journal of Applied Psychology* 88, no. 6 (2003): 1068-81.

[86] J. W. B. Lang and H. J. Kell, "General Mental Ability and Specific Abilities: Their Relative Importance for Extrinsic Career Success," *Journal of Applied Psychology* 105, no. 9 (2020): 1047-61.

[87] Society for Human Resource Management, *SHRM Customized Talent Acquisition Benchmarking Report.*

[88] C. M. Berry, "Differential Validity and Differential Prediction of Cognitive Ability Tests: Understanding Test Bias in the Employment Context," *Annual Review of Organizational Psychology and Organizational Behavior* 2 (2015): 435-63.

[89] Society for Human Resource Management, *SHRM Customized Talent Acquisition Benchmarking Report.*

[90] See, for a review, N. Roulin, F. Krings, and S. Binggeli, "A Dynamic Model of Applicant Faking," *Organizational Psychology Review* 6, no. 2 (2016): 145-70.

[91] H. Kim, S. I. Di Domenicio, and B. S. Connelly, "Self-Other Agreement in Personality Reports: A Meta-Analytic Comparison of Self- and Informant-Report Means," *Psychological Science* 30, no. 1 (2019): 129-38.

[92] C. M. Berry, P. R. Sackett, and S. Wiemann, "A Review of Recent Developments in Integrity Test Research," *Personnel Psychology* 60, no. 2 (2007): 271-301.

[93] Risavy et al., "Selection Tool Use."

[94] D. S. Ones, C. Viswesvaran, and F. L. Schmidt, "Comprehensive Meta-Analysis of Integrity Test Validities: Findings and Implications for Personnel Selection and Theories of Job Performance," *Journal of Applied Psychology* 78, no. 4 (1993): 531-37; C. H. Van Iddekinge, P. L. Roth, P. H. Raymark, and H. N. Odle-Dusseau, "The Criterion-Related Validity of Integrity Tests: An Updated Meta-Analysis," *Journal of Applied Psychology* 97, no. 3 (2012): 499-530.

[95] Berry et al., "A Review of Recent Developments in Integrity Test Research."

[96] R. J. Karren and L. Zacharias, "Integrity Tests: Critical Issues," *Human Resource Management Review* 17, no. 2 (2007): 221-34.

[97] P. L. Roth, P. Bobko, and L. A. McFarland, "A Meta-Analysis of Work Sample Test Validity: Updating and Integrating Some Classic Literature," *Personnel Psychology* 58, no. 4 (2005): 1009-37.

[98] Society for Human Resource Management, *SHRM Customized Talent Acquisition Benchmarking Report.*

[99] Roth et al., "A Meta-Analysis of Work Sample Test Validity."

[100] M. Kleinmann and P. V. Ingold, "Toward a Better Understanding of Assessment Centers: A Conceptual Review," *Annual Review of Organizational Psychology and Organizational Behavior* 6, no. 1 (2019): 349-72.

[101] See, for instance, N. R. Kuncel and P. R. Sackett, "Resolving the Assessment Center Construct Validity Problem (As We Know It)," *Journal of Applied Psychology* 99, no. 1 (2014): 38-47.

[102] W. Arthur Jr., E. A. Day, T. L. McNelly, and P. S. Edens, "A Meta-Analysis of the Criterion-Related Validity of Assessment Center Dimensions," *Personnel Psychology* 56, no. 1 (2003): 125-54;

D. R. Jackson, G. Michaelides, C. Dewberry, and Y. Kim, "Everything That You Have Ever Been ToldAbout Assessment Center Ratings Is Confounded,"*Journal of Applied Psychology* 101, no. 7 (2016): 976-94.

[103] P. V. Ingold, M. Kleinmann, C. J. König, and K. G. Melchers, "Transparency of Assessment Centers: Lower Criterion-Related Validity but Greater Opportunity to Perform?," *Personnel Psychology* 69, no. 2 (2016): 467-97; T. Oliver, P. Hausdorf, F. Lievens, and P. Conlon, "Interpersonal Dynamics in Assessment Center Exercises: Effects of Role Player Portrayed Disposition Journal of Applied Psychology," *Journal of Management* 42, no. 7 (2016): 1992-2017.

[104] M. C. Campion, R. E. Ployhart, and W. I. MacKenzie, Jr., "The State of Research on Situational Judgment Tests: A Content Analysis and Directions for Future Research," *Human Performance* 27, no. 4 (2014): 283-310.

[105] P. Bobko and P. L. Roth, "Reviewing, Categorizing, and Analyzing the Literature on Black-White Mean Differences for Predictors of Job Performance: Verifying Some Perceptions and Updating/Correcting Others,"*Personnel Psychology* 66, no. 1 (2013): 91-126. M. S. Christian, B. D. Edwards, and J. C. Bradley, "Situational Judgment Tests: Constructs Assessed and a Meta-Analysis of Their Criterion-Related Validities," *Personnel Psychology* 63, no. 1 (2010): 83-117.

[106] S. Krumm, F. Lievens, J. Hüffmeier, A. A. Lipnevich, H. Bendels, and G. Hertel, "How 'Situational' Is Judgment in Situational Judgment Tests?" *Journal of Applied Psychology* 100, no. 2 (2015): 399-416.

[107] F. Lievens, T. Buyse, P. R. Sackett, and B. S. Connelly, "The Effects of Coaching on Situational Judgment Tests in High-Stakes Selection," *International Journal of Selection and Assessment* 20, no. 3 (2012): 272-82.

[108] A.-K. Buehl, K. G. Melchers, T. Macan, and J. Kühnel, "Tell Me Sweet Little Lies: How Does Faking in Interviews Affect Interview Scores and Interview Validity?" *Journal of Business and Psychology* 34 (2019): 107-24.

[109] J. M. Madera and M. R. Hebl, "Discrimination Against Facially Stigmatized Applicants in Interviews: An Eye-Tracking and Face-to-Face Investigation," *Journal of Applied Psychology* 97, no. 2 (2012): 317-30.

[110] J. C. Marr and D. M. Cable, "Do Interviewers Sell Themselves Short? The Effects of Selling Orientation on Interviewers' Judgments," *Academy of Management Journal* 57, no. 3 (2014): 624-51.

[111] J. Levashina, C. J. Hartwell, F. P. Morgeson, and M. A. Campion, "The Structured Employment Interview: Narrative and Quantitative Review of the Research Literature," *Personnel Psychology*, 67, no. 1 (2014): 241-93.

[112] W-C. Tsai, F. H. Chen, H.-Y. Chen, and K-Y. Tseng, "When Will Interviewers Be Willing to Use High-Structured Job Interviews? The Role of Personality," *International Journal of Selection and Assessment* 24, no. 1 (2016): 92-105.

[113] A. Luca Heimann, P. V. Ingold, M. E. Debus, and M. Kleinmann, "Who Will Go the Extra Mile? Selecting Organizational Citizens with a Personality-Based Structured Job Interview," *Journal of Business and Psychology* (in press).

[114] A. Bryant, "You Can't Find the Future in the Archives," *The New York Times*, January 29, 2012, 2.

[115] Publix, "Interview Tips," *Publix* [website], accessed May 19, 2021, http://corporate.publix.com/home/careers/applicant-resources/interview-tips

[116] "Why Worry About Drugs and Alcohol in the Workplace?" [Facts for Employers], *American Council for Drug Education*, (2007).

[117] J. Juergens, "Addiction in the Workplace," *Addiction Center* [resource page], December 5, 2019, http://www.addictioncenter.com/addiction/workplace/.

[118] J. Reidy and D. Hewick, "Are Employer Drug-Testing Programs Obsolete? Two Experts Debate the Issue," *HR Magazine*, May 23, 2018 http://www.shrm.org/hr-today/news/hr-magazine/0618/pages/are-employer-drug-testing-programs-obsolete.aspx

[119] Quest Diagnostics, *Drug Testing Index: Annual Positivity Rates (Urine Drug Tests—For Combined U.S. Workforce)*, accessed May 20, 2021, https://www.questdiagnostics.com/home/physicians/health-trends/drug-testing/table1/

[120] J. Normand, S. D. Salyards, and J. J. Mahoney, "An Evaluation of Preemployment Drug Testing," *Journal of Applied Psychology* 75, no. 6 (1990): 629-39.

[121] S. L. Martin and C. Godsey, "Assessing the Validity of a Theoretically-Based Substance Abuse Scale for Personnel Selection," *Journal of Business and Psychology* 13, no. 3 (1999): 323-37.

[122] J. Petrick, "Importance of a Medical Examination in a Job Selection Process," *Houston Chronicle*, May 1, 2013, https://work.chron.com/medical-exam-flight-attendant-20182.html

[123] K. Tauras, J. A. Cook, and A. Sweis, "Does the DOT Medical Exam Violate the ADA: 4 Way Motor Carriers Can Comply with Both," *McKenna Minutes* [blog], April 2, 2018, https://www.mckenna-law.com/blog/Does-DOT-medical-exam-violate-ADA

[124] Training Magazine, *2020 Training Industry Report* (Excelsior, MN: Lakewood Media, 2020).

[125] Association for Training Development, "2015 Training Industry Report," November 2015, http://pubs.royle.com/publication/?i=278428&p=22

[126] R. A. Noe, A. D. M. Clarke, and H. J. Klein, "Learning in the Twenty-First-Century Workplace," *Annual Review of Organizational Psychology and Organizational Behavior* 1 (2014): 245-75.

[127] C. H. Van Iddekinge, J. D. Arnold, R. E. Frieder, and P. L. Roth, "A Meta-Analysis of the Criterion-Related Validity of Prehire Work Experience," *Personnel Psychology* 72, no. 4 (2019): 571-98.

[128] L. Weber and L. Kwoh, "Co-Workers Change Places," *The Wall Street Journal*, February 21, 2012, https://www.wsj.com/articles/SB10001424052970204059804577229123891255472

[129] C. Leddy, "The Benefits and Challenges of Job Rotation," *Forbes*, December 5, 2017, https://www.forbes.com/sites/adp/2017/12/05/the-benefits-and-challenges-of-job-rotation/?sh=21cf76626ff5

[130] A. Rio, "The Future of the Corporate University," *Chief Learning Officer* [blog], May 3, 2018, https://www.chieflearningofficer.com/2018/05/03/future-corporate-university/

[131] Corporate Learning Network, "Top 10 Corporate Universities," *Corporate Learning Network*, August 24, 2016, https://view.ceros.com/iqpc/top-ten-corp-u/p/1

[132] K. Tyler, "A New U," *HR Magazine*, April 1, 2012, https://www.shrm.org/hr-today/news/hr-magazine/pages/0412tyler.aspx

[133] See, for a review, B. S. Bell, S. I. Tannenbaum, J. K. Ford, R. A. Noe, and K. Kraiger, "100 Years of Training and Development Research: What We Know and Where We Should Go," *Journal of Applied Psychology* 102, no. 3 (2017): 305-23.

[134] Noe et al., "Learning in the Twenty-First-Century Workplace."

[135] M. P. Leiter, H. K. S. Laschinger, A. Day, and D. G. Oore, "The Impact of Civility Interventions on Employee Social Behavior, Distress, and Attitudes," *Journal of Applied Psychology*, 96, no. 6 (2011): 1258-74.

[136] W. Clayton Allen, "Overview and Evolution of the ADDIE Training System," *Advances in Developing Human Resources* 8, no. 4 (2006): 430-41.

[137] M. D. B. Castro and G. M. Tumibay, "A Literature Review: Efficacy of Online Learning Courses for Higher Education Institution Using Meta-Analysis," *Education and Information Technologies* 26 (2021): 1367-85.

[138] Noe et al., "Learning in the Twenty-First-Century Workplace."

[139] B. S. Bell and S. W. J. Kozlowski, "Active learning: Effects of Core Training Design Elements on Self-Regulatory Processes, Learning, and Adaptability," *Journal of Applied Psychology* 92, no. 2 (2008): 296-316; J. H. Hardy, E. Anthony Day, and L. M. Steele, "Interrelationships Among Self-Regulated Learning Processes: Toward a Dynamic Process-Based Model of Self-Regulated Learning," *Journal of Management* 45, no. 8 (2019): 3146-77.

[140] J. H. Hardy, E. Anthony Day, M. G. Hughes, X. Wang, and M. J. Schuelke, "Exploratory Behavior in Active Learning: A Between- and Within-Person Examination," *Organizational Behavior and Human Decision Processes* 125 (2014): 98-112.

[141] C. P. Cerasoli, G. M. Alliger, J. S. Donsbach, J. E. Mathieu, S. I. Tannenbaum, and K. A. Orvis, "Antecedents and Outcomes of Informal Learning Behaviors: A Meta-Analysis," *Journal of Business and Psychology* 33 (2018): 203-30.

[142] S. Chung, Y. Zhan, R. A. Noe, and K. Jiang, "Is It Time to Update and Expand Training Motivation Theory? A Meta-Analytic Review of Training Motivation Research in the 21st Century," *Journal of Applied Psychology* (in press).

[143] T. Sitzmann and J. M. Weinhardt, "Training Engagement Theory: A Multilevel Perspective on the Effectiveness of Work-Related Training," *Journal of Management* 44, no. 2 (2018): 732-56.

[144] L. Alfieri, P. J. Brooks, N. J. Aldrich, and H. R. Tenenbaum, "Does Discovery-Based Instruction Enhance Learning?" *Journal of Educational Psychology* 103, no. 1 (2011): 1-18.

[145] T. F. Carolan, S. D. Hutchins, C. D. Wickens, and J. M. Cumming, "Costs and Benefits of More Learner Freedom: Meta-Analyses of Exploratory and Learner Control Training Methods," *Human Factors* 56, no. 5 (2014): 999-1014.

[146] See, for instance, L. M. Greco, S. D. Charlier, and K. G. Brown, "Trading Off Learning and Performance: Exploration and Exploitation at Work," *Human Resource Management Review* 29, no. 2 (2019): 179-95.

[147] K. Kraiger, "Third-Generation Instructional Models: More About Guiding Development and Design Than Selecting Training Methods," *Industrial and Organizational Psychology* 1, no. 4 (2008): 501-507 .

[148] Noe et al., "Learning in the Twenty-First-Century Workplace."

[149] A. J. Martin and R. J. Collie, "Teacher-Student Relationships with Students' Engagement in High School: Does the Number of Negative and Positive Relationships with Teachers Matter?" *Journal of Educational Psychology* 111, no. 5 (2019): 861-76.

[150] D. R. Glerum, D. L. Joseph, A. F. McKenny, and B. A. Fritzsche, "The Trainer Matters: Cross-Classified Models of Trainee Reactions," *Journal of Applied Psychology* 106, no. 2 (2021): 281-99.

[151] A. C. Freitas, S. A. Silva, and C. Marques Santos, "Safety Training Transfer: The Roles of

Coworkers, Supervisors, Safety Professionals, and Felt Responsibility," *Journal of Occupational Health Psychology* 24, no. 1 (2019): 92-107.

152 N. L. Keiser and W. Arthur, "A Meta-Analysis of the Effectiveness of the After-Action Review (or Debrief) and Factors That Influence Its Effectiveness," *Journal of Applied Psychology* 106, no. 7 (2021):1007-32.

153 See, for instance, K. G. Brown, G. Howardson, and S. L. Fisher, "Learner Control and e-Learning: Taking Stock and Moving Forward," *Annual Review of Organizational Psychology and Organizational Behavior* 3 (2016): 267-291.

154 Ibid.

155 Kraiger, "Transforming Our Models of Learning and Development."

156 T. Sitzmann, K. Kraiger, D. Stewart, and R. Wisher, "The Comparative Effectiveness of Web-Based and Classroom Instruction: A Meta-Analysis," *Personnel Psychology* 59, no. 3 (2006): 623-64.

157 T. Sitzmann, B. S. Bell, K. Kraiger, and A. M. Kanar, "A Multilevel Analysis of the Effect of Prompting Self-Regulation in Technology-Delivered Instruction," *Personnel Psychology* 62, no. 4 (2009): 697-734.

158 W. F. Cascio, "Training Trends: Macro, Micro, and Policy Issues," *Human Resource Management Review* 29, no. 2 (2019): 284-97.

159 See, for example, T. Sitzmann, K. G. Brown, W. J. Casper, K. Ely, and R. D. Zimmerman, "A Review and Meta-Analysis of the Nomological Network of Trainee Reactions," *Journal of Applied Psychology* 93, no. 2 (2008): 280-95.

160 J. Konings and S. Vanormelingen, "The Impact of Training on Productivity and Wages: Firm-Level Evidence," *Review of Economics and Statistics* 97, no. 2 (2014): 485-97.

161 O. Wurtz, "An Empirical Investigation of the Effectiveness of Pre-Departure and In-Country Cross-Cultural Training," *International Journal of Human Resource Management* 25, no. 14 (2014): 2088-101.

162 A. Dysvik and B. Kuvaas, "Perceived Supervisor Support Climate, Perceived Investment in Employee Development Climate, and Business-Unit Performance," *Human Resource Management* 51, no. 5 (2012): 651-64.

163 S. Y. Sung and J. N. Choi, "Do Organizations Spend Wisely on Employees? Effects of Training and Development Investments on Learning and Innovation in Organizations," *Journal of Organizational Behavior* 35, no. 3 (2014): 393-412.

164 D. Tweedie, D. Wild, C. Rhodes, and N. Martinov-Bennie, "How Does Performance Management Affect Workers? Beyond Human Resource Management and Its Critique," *International Journal of Management Reviews* 21, no. 1 (2019): 76-96.

165 S. Lucas, "19 (More) Tales of Performance Review Horror," *Inc.*, October 22, 2018, https://www.inc.com/suzanne-lucas/19-more-tales-of-performance-review-horror.html

166 Ibid.

167 M. E. Heilman, F. Manzi, and S. Caleo, "Updating Impressions: The Differential Effects of New Performance Information on Evaluations of Women and Men," *Organizational Behavior and Human Decision Processes* 152 (2019): 105-21.

168 See, for a review, E. D. Pulakos, R. Mueller-Hanson, and S. Arad, "The Evolution of Performance Management: Searching for Value," *Annual Review of Organizational Psychology and Organizational Behavior* 6 (2019): 249-71.

169 M. Rotundo and P. R. Sackett, "The Relative Importance of Task, Citizenship, and Counterproductive Performance to Global Ratings of Job Performance: A Policy Capturing Approach," *Journal of Applied Psychology* 87, no. 1 (2002): 66-80.

170 "Do I Really Need an Air Conditioner in Alaska?" *Moore Heating & Air Conditioning* [blog], June 7, 2017, https://mooreheating.com/really-need-air-conditioner-alaska/

171 T. Van Thielen, A. Decramer, A. Vanderstraeten, and M. Audenaert, "When Does Performance Management Foster Team Effectiveness? A Mixed-Method Field Study on the Influence of Environmental Extremity," *Journal of Organizational Behavior* 39, no. 6 (2018): 766-82.

172 A. Wihler, G. Blickle, B. Parker Ellen, W. A. Hochwarter, and G. R. Ferris, "Personal Initiative and Job Performance Evaluations: Role of Political Skill in Opportunity Recognition and Capitalization," *Journal of Management* 43, no. 5 (2017): 1388-420.

173 H. Heidemeier and K. Moser, "Self-Other Agreement in Job Performance Ratings: A Meta-Analytic Test of a Process Model," *Journal of Applied Psychology* 94, no. 2 (2009): 353-70.

174 See, for instance, B. I. J. M. van der Heijden and A. H. J. Nijhof, "The Value of Subjectivity: Problems and Prospects for 360-Degree Appraisal Systems," *The International Journal of Human Resource Management* 15, no. 3 (2004): 493-511.

175 J. Kemp Ellington and M. A. Wilson, "The Performance Appraisal Milieu: A Multilevel Analysis of Context Effects in Performance Ratings," *Journal of Business and Psychology* 32 (2017): 87-100.

176 Pulakos et al., "The Evolution of Performance Management."

177 See, for example, A. B. Speer, "Quantifying with Words: An Investigation of the Validity of Narrative-Derived Performance Scores," *Personnel Psychology* 71, no. 3 (2018): 299-333.

178 D. M. Ravid, D. L. Tomczak, J. C. White, and T. S. Behrend, "EPM 20/20: A Review, Framework, and Research Agenda for Electronic Performance Monitoring," *Journal of Management* 46, no. 1 (2020): 100-26.

179 J. S. Chun, J. Brockner, and D. De Cremer, "How Temporal and Social Comparisons in Performance Evaluation Affect Fairness Perceptions," *Organizational Behavior and Human Decision Processes* 145 (2018): 1-15.

180 R. Smith, "Leaked Amazon Memo Shows How It Forces Out Employees to Hit Targets," *Human Resources Director,* April 23, 2021, https://www.hcamag.com/us/news/general/leaked-amazon-memo-shows-how-it-forces-out-employees-to-hit-targets/253161

181 A. Erez, P. Schilpzand, A. Leavitt, A. H. Woolum, and T. A. Judge, "Inherently Relational: Interactions between Peers' and Individuals' Personalities Impact Reward Giving and Appraisal of Individual Performance," *Academy of Management Journal* 58, no. 6 (2015): 1761-84.

182 L. E. Atwater, J. F. Brett, and A. C. Charles, "Multisource Feedback: Lessons Learned and Implications for Practice," *Human Resource Management* 46, no. 2 (2007): 285-307.

183 See, for example, G. van Helden, A. Johnsen, and J. Vakkuri, "The Life-Cycle Approach to Performance Management: Implications for Public Management and Evaluation," *Evaluation* 18, no. 2 (2012): 169-75.

184 H. H. Zhao, N. Li, T. B. Harris, C. C. Rosen, and X. Zhang, "Informational Advantage in Social Networks: The Core-Periphery Divide in Peer Performance Ratings," *Journal of Applied Psychology* 106, no. 7 (2021): 1093-102.

185 See, for instance, K. L. Uggerslev and L. M. Sulsky, "Using Frame-of-Reference Training to Understand the Implications of Rater Idiosyncrasy for Rating Accuracy," *Journal of Applied Psychology* 93, no. 3 (2008): 711-19.

186 B. Erdogan, "Antecedents and Consequences of Justice Perceptions in Performance Appraisals," *Human Resource Management Review* 12, no. 4 (2002): 555-78.

187 A. L. Meinecke, N. Lehmann-Willenbrock, and S. Kauffeld, "What Happens During Annual Appraisal Interviews? How Leader-Follower Interactions Unfold and Impact Interview Outcomes," *Journal of Applied Psychology* 102, no. 7 (2017): 1054-74.

188 S. C. Payne, M. T. Horner, W. R. Boswell, A. N. Schroeder, and K. J. Stine-Cheyne, "Comparison of Online and Traditional Performance Appraisal Systems," *Journal of Managerial Psychology* 24, no. 6 (2009): 526-44.

189 Based on L. N. Mackenzie, J. Wehner, and S. J. Correll, "Why Most Performance Evaluations Are Biased, and How to Fix Them," *Harvard Business Review*, January 11, 2019, https://hbr.org/2019/01/why-most-performance-evaluations-are-biased-and-how-to-fix-them; J. C. Williams, "How One Company Worked to Root Out Bias From Performance Reviews," *Harvard Business Review*, April 21, 2021, https://hbr.org/2021/04/how-one-company-worked-to-root-out-bias-from-performance-reviews

190 M. Brown, M. L. Kraimer, and V. K. Bratton, "Performance Appraisal Cynicism Among Mangers: A Job Demands Resources Perspective," *Journal of Business and Psychology* 35 (2020): 455-68.

191 M. Schaerer, M. Kern, G. Berger, V. Medvec, and R. I. Swaab, "The Illusion of Transparency in Performance Appraisals: When and Why Accuracy Motivation Explains Unintentional Feedback Inflation," *Organizational Behavior and Human Decision Processes* 144 (2018): 171-86.

192 P. E. Levy and J. R. Williams, "The Social Context of Performance Appraisal: A Review and Framework for the Future," *Journal of Management* 30, no. 6 (2004): 881-905; A. L. Meinecke and S. Kauffeld, "Engaging the Hearts and Minds of Followers: Leader Empathy and Language Style Matching During Appraisal Interviews," *Journal of Business and Psychology* 34 (2019): 485-501.

193 M. C. Saffie-Robertson and S. Brutus, "The Impact of Interdependence on Performance Evaluations: The Mediating Role of Discomfort with Performance Appraisal," *International Journal of Human Resource Management* 25, no. 3 (2014): 459-73.

194 F. Gino and M. E. Schweitzer, "Blinded by Anger or Feeling the Love: How Emotions Influence Advice Taking," *Journal of Applied Psychology* 93, no. 3 (2008): 1165-73.

195 Based on K. Lanaj, R. E. Johnson, and C. M. Barnes, "Beginning the Workday yet Already Depleted? Consequences of Late-Night Smartphone Use and Sleep," *Organizational Behavior and Human Decision Processes* 124, no. 1 (2014): 11-23; M. A. Clark, J. S. Michel, L. Zhdanova, S. Y. Pui, and B. B. Baltes, "All Work and No Play? A Meta-Analytic Examination of the Correlates and Outcomes of Workaholism," *Journal of Management* 42, no. 7 (2016): 1836-73; and S. Sonnentag and C. Fritz, "Recovery From Job Stress: The Stressor-Detachment Model as an Integrative Framework," *Journal of Organizational Behavior* 36, no. S1 (2015): S72-S103.

196 Heidemeier and Moser, "Self-Other Agreement in Job Performance Ratings."

[197] S. Bonaccio, C. E. Connelly, I. R. Gellatly, A. Jetha, and K. A. Martin Ginis, "The Participation of People with Disabilities in the Workplace Across the Employment Cycle: Employer Concerns and Research Evidence," *Journal of Business and Psychology* 35 (2020): 135-58.

[198] United Nations, "Disability Laws and Acts by Country/Area," *United Nations* [website], accessed May 20, 2021, https://www.un.org/development/desa/disabilities/disability-laws-and-acts-by-country-area.html

[199] Information on the Americans with Disabilities Act can be found on its website at www.ada.gov, accessed May 20, 2021.

[200] S. G. Goldberg, M. B. Killeen, and B. O'Day, "The Disclosure Conundrum: How People with Psychiatric Disabilities Navigate Employment," *Psychology, Public Policy, and Law* 11, no. 3 (2005): 463-500.

[201] See, for example, E. Louvet, "Social Judgment Toward Job Applicants with Disabilities: Perception of Personal Qualities and Competences," *Rehabilitation Psychology* 52, no. 3 (2007): 297-303.

[202] L. R. Ren, R. L. Paetzold, and A. Colella, "A Meta-Analysis of Experimental Studies on the Effects of Disability on Human Resource Judgments," *Human Resource Management Review* 18, no. 3 (2008): 191-203.

[203] S. Richard and S. Hennekam, "Constructing a Positive Identity as a Disabled Worker Through Social Comparison: The Role of Stigma and Disability Characteristics," *Journal of Vocational Behavior* 125 (2021): Article 103528.

[204] P. T. J. H. Nelissen, K. Vornholt, G. M. C. Van Ruitenbeek, U. R. Hulsheger, and S. Uitdewilligen, "Disclosure or Nondisclosure—Is This the Question?" *Industrial and Organizational Psychology* 7, no. 2 (2014): 231-35.

[205] A. Z. Brzykcy, S. A. Boehm, and D. C. Baldridge, "Fostering Sustainable Careers Across the Lifespan: The Role of Disability, Idiosyncratic Deals and Perceived Work Ability," *Journal of Vocational Behavior* 112 (2019): 185-98.

[206] A. M. Santuzzi, P. R. Waltz, and L. M. Finkelstein, "Invisible Disabilities: Unique Challenges for Employees and Organizations," *Industrial and Organizational Psychology* 7, no. 2 (2014): 204-19.

[207] S. Almond and A. Healey, "Mental Health and Absence From Work: New Evidence From the UK Quarterly Labour Force Survey," *Work, Employment, and Society* 17, no. 4 (2003): 731-42.

[208] Ibid.

[209] T. D. Johnson and A. Joshi, "Dark Clouds or Silver Linings? A Stigma Threat Perspective on the Implications of an Autism Diagnosis for Workplace Well-Being," *Journal of Applied Psychology* 101, no. 3 (2015): 430-49.

[210] R. A. Schriber, R. W. Robins, and M. Solomon, "Personality and Self-Insight in Individuals with Autism Spectrum Disorder," *Journal of Personality and Social Psychology* 106, no. 1 (2014): 112-30.

[211] C. L. Nittrouer, R. C. E. Trump, K. R. O'Brien, and M. Hebl, "Stand Up and Be Counted: In the Long Run, Disclosing Helps All," *Industrial and Organizational Psychology* 7, no. 2 (2014): 235-41.

[212] C. E. Whelpley, G. C. Banks, J. E. Bochantin, and R. Sandoval, "Tensions on the Spectrum: An Inductive Investigation of Employee and Manager Experiences of Autism," *Journal of Business and Psychology* 36 (2021): 283-97.

[213] Y. Li, S. Perera, C. T. Kulik, and I. Metz, "Inclusion Climate: A Multilevel Investigation of Its Antecedents and Consequences," *Human Resource Management* 58, no. 4, no. 4 (2019): 353-69.

[214] See, for instance, Boon et al., "A Systematic Review of Human Resource Management Systems and Their Measurement."

[215] D. Shin and A. M. Konrad, "Causality Between High-Performance Work Systems and Organizational Performance," *Journal of Management* 43, no. 4 (2017): 973-97.

[216] Ibid.

[217] J. Camps and R. Luna-Arocas, "A Matter of Learning: How Human Resources Affect Organizational Performance," *British Journal of Management* 23, no. 1 (2012): 1-21; and L. Zhong, S. J. Wayne, and R. C. Liden, "Job Engagement, Perceived Organizational Support, High-Performance Human Resource Practices, and Cultural Value Orientations: A Cross-Level Investigation," *Journal of Organizational Behavior* 37, no. 6 (2016): 823-44.

[218] S. Bates, "HR Has Key Role in Sustainability Strategy, Report Finds," *Society for Human Resource Management: Ethical Practice* [blog], April 11, 2011, https://www.shrm.org/resourcesandtools/hr-topics/behavioral-competencies/ethical-practice/pages/sustainabilitystrategy.aspx; L. Jiang, A. Ferguson, J. Yeo, and R. Bailey, *ESG as a Workforce Strategy* (New York, NY: Marsh McLennan Advantage, 2020), retrieved from https://www.mmc.com/content/dam/mmc-web/insights/publications/2020/may/ESG-as-a-workforce-strategy_Part%20I.pdf; Kawasaki, "Contribution to Local Communities," *Kawasaki* [website], accessed May 21, 2021, https://global.kawasaki.com/en/corp/sustainability/contribution/local_communities.html; Kawasaki, *ESG Data Book 2020* (Kobe, JP: Kawasaki, 2020), retrieved from https://global.kawasaki.com/en/corp/sustainability/esg/esg_2020_e.pdf; Kawasaki, *Good Times World* [website], accessed May 21, 2021, https://www.khi.co.jp/kawasakiworld/english/; Kawasaki, "Support for the Next Generation," *Kawasaki* [website], accessed May 21, 2021, https://global.kawasaki.com/en/corp/sustainability/contribution/next_generation/support.html; K. Kuk and S. Ganu, "What Are Directors Saying About ESG and Human Capital Governance?" *Willis Towers Watson* [blog], September 24, 2020, https://www.willistowerswatson.com/en-US/Insights/2020/09/What-are-directors-saying-about-ESG-and-human-capital-governance

[219] I. Martinaityte, C. Sacramento, and S. Aryee, "Delighting the Customer: Creativity-Oriented High-Performance Work Systems, Frontline Employee Creative Performance, and Customer Satisfaction," *Journal of Management* 45, no. 2 (2019): 728-51.

[220] M. Chamberlin, D. W. Newton, and J. A. LePine, "A Meta-Analysis of Empowerment and Voice as Transmitters of High-Performance Managerial Practices to Job Performance," *Journal of Organizational Behavior* 39, no. 10 (2018): 1296-313.

[221] E. P. Piening, A. M. Baluch, and H. Ridder, "Mind the Intended-Implemented Gap: Understanding Employees' Perceptions of HRM," *Human Resource Management* 53, no. 4 (2014): 545-67

[222] K. Yong Kim, J. G. Messersmith, and D. G. Allen, "Are They Worth It? Warmth and Competence Perceptions Influence the Investment of Slack Resources in and the Efficacy of HPWS," *Personnel Psychology* 74, no. 3 (2021): 611-40.

[223] D. S. Whitman, D. L. Van Rooy, and C. Viswesvaran, "Satisfaction, Citizenship Behaviors, and Performance in Work Units: A Meta-Analysis of Collective Construct Relations," *Personnel Psychology* 63, no. 1 (2010): 41-81.

[224] See, for instance, J. Pak and S. Kim, "Team Manager's Implementation, High Performance Work Systems Intensity, and Performance: A Multilevel Investigation," *Journal of Management* 44, no. 7 (2018): 2690-715.

[225] R. R. Kehoe and P. M. Wright, "The Impact of High-Performance Human Resource Practices on Employees' Attitudes and Behaviors," *Journal of Management* 39, no. 2 (2013): 366-91.

[226] K. Sanders and H. Yang, "The HRM Process Approach: The Influence of Employees' Attribution to Explain the HRM-Performance Relationship," *Human Resource Management* 55, no. 2 (2016): 201-17.

[227] K. Jiang, D. P. Lepak, J. Hu, and J. C. Baer, "How Does Human Resource Management Influence Organizational Outcomes? A Meta-Analytic Investigation of Mediating Mechanisms," *Academy of Management Journal* 55, no. 6 (2012): 1264-94.

[228] T. C. Bednall, K. Sanders, and P. Runhaar, "Stimulating Informal Learning Activities through Perceptions of Performance Appraisal Quality and Human Resource Management System Strength: A Two-Wave Study," *Academy of Management Learning & Education* 13, no. 1 (2014): 45-61.

[229] Based on B. Appelbaum, "Out of Trouble, but Criminal Records Keep Men out of Work," *The New York Times*, February 28, 2015, http://www.nytimes.com/2015/03/01/business/out-of-trouble-but-criminal-records-keep-men-out-of-work.html?_r=0; C. Zillman, "Koch Industries Stops Asking Job Candidates About Their Criminal Records," *Fortune*, April 27, 2015, http://fortune.com/2015/04/27/koch-industries-stops-asking-job-candidates-about-their-criminal-records/; and G. Fields and J. R. Emshwiller, "As Arrest Records Rise, Americans Find Consequences Can Last a Lifetime," *The Wall Street Journal*, August 18, 2014, http://www.wsj.com/articles/as-arrest-records-rise-americans-find-consequences-can-last-a-lifetime-1408415402

[230] Ryanair's corporate website, "Fact and Figures," http://corporate.ryanair.com/about-us/fact-and-figures/; Simon Calder, "Ryanair Boss Michael O'Leary Writes to Pilots Offering Bonuses if They Stay with Airline," *The Independent*, October 6, 2017, http://www.independent.co.uk/travel/news-and-advice/ryanair-michael-oleary-boss-pilot-shortages-bonus-offer-letter-flight-cancellations-airline-a7985906.html; Rob Davies, "Ryanair Staff Brand Company a 'Disgrace' over Handling of Issues," *The Guardian*, September 22, 2017, https://www.theguardian.com/business/2017/sep/22/ryanair-pilots-michael-oleary-cancellations; European Cockpit Association, "Ryanair Pilots Unite—Questionable Employment Model Challenged" [press release], September 22, 2017, https://www.eurocockpit.be/news/ryanair-pilots-unite-questionable-employment-model-challenged

[231] Henry Sandercock, "P&O Ferries: Why Did It Fire 800 Staff, Who Owns Company—and Have Dover to Calais Sailings Restarted?," *NationalWorld*, April 25, 2022, https://www.nationalworld.com/news/uk/po-ferries-mass-sackings-staff-owner-ceo-peter-hebblethwaite-dover-to-calais-3615736; J. Martin, Outrage and No Ferries after Mass P&O Sackings," *BBC News*, March 18, 2022, https://www.bbc.co.uk/news/business-60779001; Rob Davies, What Are the Legal Implications of P&O Ferries Sacking 800 Staff?," *The Guardian*, March 17, 2022, https://www.theguardian.com/law/2022/mar/17/what-are-the-legal-implications-of-po-ferries-sacking-800-staff; Michael Race and Simon Browning, "P&O Ferries Hits Back at Staff Pay Cut Claim," *BBC News*, April 25, 2022, https://www.nationalworld.com/news/uk/fire-and-rehire-what-is-the-employment-law-and-did-po-ferries-break-it-by-sacking-800-staff-and-hiring-agency-workers-3624506; Michael Race and Simon Browning, "P&O Ferries Offers £100,000 to Some Sacked Staff," *BBC News*, March 23 2022, https://www.bbc.co.uk/news/business-61216840;

Joel Hills, "Revealed: P&O Ferries Struggles to Win Back Customers 10 Weeks After Brutally Sacking 800 Crew," *ITV News*, May 27, 2022, https://www.itv.com/news/2022-05-27/p-and-o-ferries-struggles-to-win-back-customers-10-weeks-after-sacking-800-crew; "P&O Ferries Faces Criminal Probe over Sackings," *BBC News*, April 1, 2022, https://www.bbc.co.uk/news/business-60953832; Leah Montebello, "Second P&O Ferry Grounded Following Sackings Row," CityA.M., March 28, 2022, https://www.cityam.com/second-po-ferry-grounded-following-sackings-row/; Pattie Walsh, "Guide to Redundancies and Reductions-in-Force in Asia-Pacific," *DLA Piper* (2013), https://www.dlapiper.com/~/media/files/insights/publications/2013/07/guide-to-redundancies-and-reductions-in-force-in__/files/guide-to-redundancies-and-reductionsinforce-in-a__/fileattachment/guide-to-redundancies-and-reductionsinforce-in-a__.pdf; Poppy Wood, "P&O Ferries to Resume Dover-Calais Crossings Six Weeks After Ships Were Grounded and 800 Workers Sacked," iNews, April 25, 2022, https://inews.co.uk/news/p-and-o-ferries-dover-calais-crossings-ships-grounded-staff-sacked-1593437

제18장

[1] Based on J. J. Baugh, J. K. Takayesu, B. A. White, and A. S. Raja, "Beyond the Maslach Burnout Inventory: Addressing Emergency Medicine Burnout with Maslach's Full Theory," *Journal of the American College of Emergency Physicians* 1, no. 5 (2020): 1044-49; J. J. Baugh and A. S. Raja, "Six Lessons on Fighting Burnout From Boston's Biggest Hospital," *Harvard Business Review*, February 10, 2021, https://hbr.org/2021/02/six-lessons-on-fighting-burnout-from-bostons-biggest-hospital; C. Maslach and M. P. Leiter, "Understanding the Burnout Experience: Recent Research and Its Implications for Psychiatry," *World Psychiatry* 15, no. 2 (2016): 103-11.

[2] J. Hassard, K. R. H. Teoh, G. Visockaite, P. Dewe, and T. Cox, "The Cost of Work-Related Stress to Society: A Systematic Review," *Journal of Occupational Health Psychology* 23, no. 1 (2018): 1-17.

[3] "42 Worrying Workplace Stress Statistics," *Stress* [blog], September 25, 2019, https://www.stress.org/42-worrying-workplace-stress-statistics; Hassard et al., "The Cost of Work-Related Stress to Society."

[4] N. Kreider, "The Importance of Employee Assistance Programs," *IBH Solutions* [blog], September 24, 2019, https://www.ibhsolutions.com/blog/the-importance-of-employee-assistance-programs/

[5] M. Healy, "America's Psychologists Want You to Understand How Racism Holds Our Country Back," *Los Angeles Times*, December 21, 2018, https://www.latimes.com/science/sciencenow/la-sci-sn-race-america-psychologists-20181221-story.html

[6] See, for instance, A. L. Francis, "The Embodied Theory of Stress: A Constructionist Perspective on the Experience of Stress," *Review of General Psychology* 22, no. 4 (2018): 398-405.

[7] P. D. Bliese, J. R. Edwards, and S. Sonnentag, "Stress and Well-Being at Work: A Century of Empirical Trends Reflecting Theoretical and Societal Influences," *Journal of Applied Psychology* 102, no. 3 (2017): 389-402.

[8] Ibid.

[9] K. E. O'Brien and T. A. Beehr, "So Far, So Good: Up to Now, the Challenge-Hindrance Framework Describes a Practical and Accurate Distinction," *Journal of Organizational Behavior* 40, no. 8 (2019): 962-72; P. E. Spector, "Introduction: The Challenge-Hindrance Stressor Model," *Journal of Organizational Behavior* 40, no. 8 (2019): 947-48.

[10] J. A. LePine, M. A. LePine, and C. L. Jackson, "Challenge and Hindrance Stress: Relationships with Exhaustion, Motivation to Learn, and Learning Performance," *Journal of Applied Psychology* 89, no. 5 (2004): 883-91.

[11] J. J. Mazzola and R. Disselhorst, "Should We Be 'Challenging' Employees?: A Critical Review and Meta-Analysis of the Challenge-Hindrance Model of Stress," *Journal of Organizational Behavior* 40, no. 8 (2019): 949-61.

[12] S. Gilboa, A. Shirom, Y. Fried, and C. L. Cooper, "A Meta-Analysis of Work Demand Stressors and Job Performance: Examining Main and Moderating Effects," *Personnel Psychology* 61, no. 2 (2008): 227-71.

[13] E. R. Crawford, J. A. LePine, and B. L. Rich, "Linking Job Demands and Resources to Employee Engagement and Burnout: A Theoretical Extension and Meta-Analytic Test," *Journal of Applied Psychology* 95, no. 5 (2010): 834-48; J. A. LePine, N. P. Podsakoff, and M. A. LePine, "A Meta-Analytic Test of the Challenge Stressor-Hindrance Stressor Framework: An Explanation for Inconsistent Relationships among Stressors and Performance," *Academy of Management Journal* 48, no. 5 (2005): 764-75.

[14] S. Clarke, "The Effect of Challenge and Hindrance Stressors on Safety Behavior and Safety Outcomes: A Meta-Analysis," *Journal of Occupational Health Psychology* 17, no. 4 (2012): 387-97; LePine et al., "A Meta-Analytic Test of the Challenge Stressor-Hindrance Stressor Framework;" N. P. Podsakoff, J. A. LePine, and M. A. LePine, "Differential Challenge-Hindrance Stressor Relationships with Job Attitudes, Turnover Intentions, Turnover, and Withdrawal Behavior: A Meta-Analysis," *Journal of Applied Psychology* 92, no. 2 (2007): 438-54.

[15] M. Kern, C. Heissler, and D. Zapf, "Social Job Stressors Can Foster Employee Well-Being: Introducing the Concept of Social Challenge Stressors," *Journal of Business and Psychology* 36 (2021): 771-92.

[16] J. K. Summers, T. P. Munyon, R. L. Brouer, P. Pahng, and G. R. Ferris, "Political Skill in the Stressor-Strain Relationship: A Meta-Analytic Update and Extension," *Journal of Vocational Behavior* 118 (2020): Article 103372.

[17] G. Sawhney and J. S. Michel, "Challenge and Hindrance Stressors and Work Outcomes: The Moderating Role of Day-Level Affect," *Journal of Business and Psychology* (in press).

[18] M. Abbas and U. Raja, "Challenge-Hindrance Stressors and Job Outcomes: The Moderating Role of Conscientiousness," *Journal of Business and Psychology* 34 (2019): 189-201.

[19] A. Scholl, F. de Wit, N. Ellemers, A. K. Fetterman, K. Sassenberg, and D. Scheepers, "The Burden of Power: Construing Power as Responsibility (Rather Than as Opportunity) Alters Threat-Challenge Responses," *Personality and Social Psychology Bulletin* 44, no. 7 (2018): 1024-38.

[20] C. C. Rosen, N. Dimotakis, M. S. Cole, S. G. Taylor, L. S. Simon, T. A. Smith, and C. S. Reina, "When Challenges Hinder: An Investigation of When and How Challenge Stressors Impact Employee Outcomes," *Journal of Applied Psychology* 105, no. 10 (2020): 1181-206.

[21] M. Kronenwett and T. Rigotti, "When Do You Face a Challenge? How Unnecessary Tasks Block the Challenging Potential of Tie Pressure and Emotional Demands," *Journal of Occupational Health Psychology* 24, no. 5 (2019): 512-26.

[22] J. C. Wallace, B. D. Edwards, T. Arnold, M. L. Frazier, and D. M. Finch, "Work Stressors, Role-Based Performance, and the Moderating Influence of Organizational Support," *Journal of Applied Psychology* 94, no. 1 (2009): 254-62.

[23] S. Razinskas and M. Hoegl, "A Multilevel Review of Stressor Research in Teams," *Journal of Organizational Behavior* 41, no. 2 (2020): 185-209.

[24] A. E. Rafferty and M. A. Griffin, "Perceptions of Organizational Change: A Stress and Coping Perspective," *Journal of Applied Psychology* 71, no. 5 (2007): 1154-62.

[25] See, for instance, E. Pelfrene, P. Vlerick, M. Moreau, R. P. Mak, M. Kornitzer, and G. De Backer, "Perceptions of Job Insecurity and the Impact of World Market Competition as Health Risks: Results from Belstress," *Journal of Occupational and Organizational Psychology* 76, no. 4 (2003): 411-25.

[26] American Psychological Association, *2021 Stress in America Graphs*, January 2021, https://www.apa.org/news/press/releases/stress/2021/infographics-january

[27] M. A. Griffin and S. Clarke, "Stress and Well-Being at Work," in S. Zedeck (ed.), *APA Handbook of Industrial and Organizational Psychology: Maintaining, Expanding, and Contracting the Organization*, Vol. 3 (Washington, DC: American Psychological Association, 2011): 359-97.

[28] N. A. Bowling and T. A. Beehr, "Workplace Harassment from the Victim's Perspective: A Theoretical Model and Meta-Analysis," *Journal of Applied Psychology* 91, no. 5 (2006): 998-1012; M. B. Nielsen and S. Einarsen, "Outcomes of Exposure to Workplace Bullying: A Meta-Analytic Review," *Work & Stress* 26, no. 4 (2012): 309-32; and C. R. Willness, P. Steel, and K. Lee, "A Meta-Analysis of the Antecedents and Consequences of Workplace Sexual Harassment," *Personnel Psychology* 60, no. 1 (2007): 127-62.

[29] B. Litwiller, L. A. Snyder, W. D. Taylor, and L. M. Steele, "The Relationship Between Sleep and Work: A Meta-Analysis," *Journal of Applied Psychology* 102, no. 4 (2017): 682-99.

[30] F. T. Amstad, L. L. Meier, U. Fasel, A. Elfering, and N. K. Semmer, "A Meta-Analysis of Work-Family Conflict and Various Outcomes with a Special Emphasis on Cross-Domain Versus Matching-Domain Relations," *Journal of Occupational Health Psychology* 16, no. 2 (2011): 151-69.

[31] C. Nohe, L. L. Meier, K. Sonntag, and A. Michel, "The Chicken or the Egg? A Meta-Analysis of Panel Studies of the Relationship Between Work-Family Conflict and Strain," *Journal of Applied Psychology* 100, no. 2 (2015): 522-36.

[32] E. Gonzalez-Mulé, M. M. Kim, and J. Woon Ryu, "A Meta-Analytic Test of Multiplicative and Additive Models of Job Demands, Resources, and Stress," *Journal of Applied Psychology* (in press).

[33] C. A. Demsky, C. Fritz, L. B. Hammer, and A. E. Black, "Workplace Incivility and Employee Sleep: The Role of Rumination and Recovery Experiences," *Journal of Occupational Health Psychology* 24, no. 2 (2019): 228-40; Y. Park and S. Kim, "Customer Mistreatment Harms Nightly Sleep and Next-Morning Recovery: Job Control and Recovery Self-Efficacy as Cross-Level Moderators," *Journal of Occupational Health Psychology* 24, no.2 (2019): 256-69.

[34] Mazzola and Disselhorst, "Should We Be 'Challenging' Employees?"

[35] See, for a review, D. B. O'Connor, J. F. Thayer, and K. Vedhara, "Stress and Health: A Review of Psychobiological Processes," *Annual Review of Psychology* 72 (2021): 663-688.

[36] L. Y. Busch, P. Pössel, and J. C. Valentine, "Meta-Analyses of Cardiovascular Reactivity to Rumination: A Possible Mechanism Liking Depression and Hostility to Cardiovascular Disease," *Psychological Bulletin* 143, no. 12 (2017): 1378-94; A. E. Nixon, J. J. Mazzola, J. Bauer, J. R. Krueger, and P. E. Spector, "Can Work Make You Sick? A Meta-Analysis of the Relationships Between Job Stressors and Physical Symptoms," *Work & Stress* 25, no. 1 (2011): 1-22.

[37] G. S. Shields, M. A. Sazma, A. M. McCullough, and A. P. Yonelinas, "The Effects of Acute Stress on Episodic Memory: A Meta-Analysis and Integrative Review," *Psychological Bulletin* 143, no. 6 (2017): 636-75.

[38] Crawford et al., "Linking Job Demands and Resources to Employee Engagement and Burnout."

[39] See, for instance, Griffin and Clarke, "Stress and Well-Being at Work."

[40] M. B. Hargrove, W. S. Becker, and D. F. Hargrove, "The HRD Eustress Model: Generating Positive Stress with Challenging Work," *Human Resource Development Review* 14, no. 3 (2015): 279-98.

[41] S. Shellenbarger, "When Stress Is Good for You," *The Wall Street Journal*, January 24, 2012, https://www.wsj.com/articles/SB10001424052970204301404577171192704005250

[42] Hargrove et al., "The HRD Eustress Model."

[43] R. M. Yerkes and J. D. Dodson, "The Relation of Strength of Stimulus to Rapidity of Habit-Formation," *Journal of Comparative Neurology and Psychology* 18, no. 5 (1908): 459-82.

[44] H. S. Field, "Has the Inverted-U Theory of Stress and Job Performance Had a Fair Test?," *Human Performance* 16, no. 4 (2003): 349-64.

[45] See, for example, L. W. Hunter and M. B. Thatcher, "Feeling the Heat: Effects of Stress, Commitment, and Job Experience on Job Performance," *Academy of Management Journal* 50, no. 4 (2007): 953-68.

[46] S. L. Hagerty, J. M. Ellingson, T. B. Helmuth, L. Cinnamon Bidwell, K. E. Hutchison, and A. D. Bryan, "An Overview and Proposed Research Framework for Studying Co-Occurring Mental- and Physical-Health Dysfunction," *Perspectives on Psychological Science* 14, no. 4 (2019): 633-45.

[47] See, for example, J. P. Trougakos, N. Chawla, and J. M. McCarthy, "Working in a Pandemic: Exploring the Impact of COVID-19 Health Anxiety on Work, Family, and Health Outcomes," *Journal of Applied Psychology* 105, no. 11 (2020): 1234-45.

[48] American Psychological Association, *2021 Stress in America Graphs*, March 2021, https://www.apa.org/news/press/releases/stress/2021/infographics-march

[49] E. Edwards, "'A Collective Trauma': New Report Details the Effects of Stress in America in 2020," *NBC*, March 11, 2021, https://www.nbcnews.com/health/health-news/collective-trauma-new-report-details-effects-stress-america-2020-n1260451

[50] S. L. Sauter and J. J. Hurrell, "Occupational Health Contributions to the Development and Promise of Occupational Health Psychology," *Journal of Occupational Health Psychology* 22, no. 3 (2017): 251-58.

[51] A. Maged Nofal, N. Nicolaou, N. Symeonidou, and S. Shane, "Biology and Management: A Review, Critique, and Research Agenda, "*Journal of Management* 44, no. 1 (2018): 7-31.

[52] J. Gassen and S. E. Hill, "Why Inflammation and the Activities of the Immune System Matter for Social and Personality Psychology (and Not Only for Those Who Study Health," *Social and Personality Psychology Compass* 13, no. 6 (2019): 1-14; R. T. Liu, "The Microbiome as a Novel Paradigm in Studying Stress and Mental Health," *American Psychologist* 72, no. 7 (2017): 655-67.

[53] T. L. Crain, R. M. Brossoit, and G. G. Fisher, "Work, Nonwork, and Sleep (WNS): A Review and Conceptual Framework," *Journal of Business and Psychology* 33 (2018): 675-97; H. M. Mullins, J. M. Cortina, C. L. Drake, and R. S. Dalal, "Sleepiness at Work: A Review and Framework of How the Physiology of Sleepiness Impacts the Workplace," *Journal of Applied Psychology* 99, no. 6 (2014): 1096-112.

[54] B. Litwiller, L. A. Snyder, W. D. Tay, and L. M. Steele, "The Relationship Between Sleep and Work: A Meta-Analysis," *Journal of Applied Psychology* 102, no. 4 (2017): 682-99.

[55] K. A. Paller, J. D. Creery, and E. Schechtman, "Memory and Sleep: How Sleep Cognition Can Change the Waking Mind for the Better," *Annual Review of Psychology* 72 (2021): 123-50.

[56] R. M. Brossoit, T. L. Crain, J. J. Leslie, L. B. Hammer, D. M. Truxillo, and T. E. Bodner, "The Effects of Sleep on Workplace Cognitive Failure and Safety," *Journal of Occupational Health Psychology* 24, no. 4 (2019): 411-22.

[57] A. A. Henderson and K. A. Horan, "A Meta-Analysis of Sleep and Work Performance: An Examination of Moderators and Mediators," *Journal of Organizational Behavior* 42, no. 1 (2021): 1-19.

[58] Ibid.

[59] A. M. Gordon, A. A. Prather, T. Dover, K. Espino-Pérez, P. Small, and B. Major, "Anticipated and Experienced Ethnic/Racial Discrimination and Sleep: A Longitudinal Study," *Personality and Social Psychology Bulletin* 46, no. 12 (2020): 1724-35; Y. Park and J. M. Sprung, "Weekly Work-School Conflict, Sleep Quality, and Fatigue: Recovery Self-Efficacy as a Cross-Level Moderator," *Journal of Organizational Behavior* 36, no. 1 (2015): 112-27; D. Pereira and A. Elfering, "Social Stressors at Work and Sleep During Weekends: The Mediating Role of Psychological Detachment," *Journal of Occupational Health Psychology* 19, no. 1 (2014): 85-95; M. Sianoja, T. L. Crain, L. B. Hammer, T. Bodner, K. J. Brockwood, M. LoPresti, and S. A. Shea, "The Relationship Between Leadership Support and Employee Sleep," *Journal of Occupational Health Psychology* 25, no. 3 (2020): 187-202; and C. J. Syrek, O. Weigelt, C. Peifer, and C. H. Antoni, "Zeigarnik's Sleepless Nights: How Unfinished Tasks at the End of the Week Impair Employee Sleep on the Weekend Through Rumination," *Journal of Occupational Health Psychology* 22, no. 2 (2017): 225-38.

[60] V. C. Haun and V. Oppenauer, "The Role of Job Demands and Negative Work Reflection in Employees' Trajectory of Sleep Quality over the Workweek," *Journal of Occupational Health Psychology* 24, no. 6 (2019): 675-88.

[61] T. L. Crain, L. B. Hammer, T. Bodner, R. Olson, E. Ernst Kossek, P. Moen, and O. M. Buxton, "Sustaining Sleep: Results From the Randomized Controlled Work, Family, and Health Study," *Journal of Occupational Health Psychology* 24, no. 1 (2019): 180-97.

[62] L. Flueckiger, R. Lieb, A. H. Meyer, C. Witthauer, and J. Mata, "The Importance of Physical Activity and Sleep for Affect on Stressful Days: Two Intensive Longitudinal Studies," *Emotion* 16, no. 4 (2016): 488-97; C. L. Guarana, C. M. Barnes, and W. Jee Ong, "The Effects of Blue-Light Filtration on Sleep and Work Outcomes," *Journal of Applied Psychology* 106, no. 5 (2021): 784-96; J. Pow, D. B. King, E. Stephenson, and A. DeLongis, "Does Social Support Buffer the Effects of Occupational Stress on Sleep Quality Among Paramedics? A Daily Diary Study," *Journal of Occupational Health Psychology* 22, no. 1 (2017): 71-85.

[63] W. Darr and G. Johns, "Work Strain, Health, and Absenteeism: A Meta-Analysis," *Journal of Occupational Health Psychology* 13, no. 4 (2008): 293-318.

[64] D. Wilkie, "9 in 10 Workers Admit to Going to Work Sick," *Society for Human Resources Management*, November 7, 2019, https://www.shrm.org/resourcesandtools/hr-topics/employee-relations/pages/coming-to-work-sick-.aspx

[65] L. Nagele-Piazza, "4 Sick-Leave Practices to Avoid During the Coronavirus Pandemic," *Society for Human Resources Management*, March 18, 2020, https://www.shrm.org/resourcesandtools/legal-and-compliance/employment-law/pages/4-sick-leave-practices-to-avoid-during-the-coronavirus-pandemic.aspx

[66] D. Lohaus and W. Habermann, "Presenteeism: A Review and Research Directions," *Huan Resource Management Review* 29, no. 1 (2019): 43-58.

[67] J. P. Trougakos, N. Chawla, and J. M. McCarthy, "Working in a Pandemic: Exploring the Impact of COVID-19 Health Anxiety on Work, Family, and Health Outcomes," *Journal of Applied Psychology* 105, no. 11 (2020): 1234-45.

[68] Based on M. J. Breus, "Insomnia Could Kill You—by Accident," *The Huffington Post*, May 9, 2015, http://www.huffingtonpost.com/dr-michael-j-breus/insomnia-could-kill-you-by-accident_b_7235264.html; D. K. Randall, "Decoding the Science of Sleep," *The Wall Street Journal*, August 4-5, 2012, C1-C2; M. Sallinen, J. Onninen, K. Tirkkonen, M.-L. Haavisto, M. Härmä, T. Kubo, P. Mutanen, J. Virkkala, A. Tolvanen, and T. Porkka-Heiskanen, "Effects of Cumulative Sleep Restriction on Self-Perceptions While Multitasking," *Journal of Sleep Research* 22 (2012): 273-81; and P. Walker, "Pilot Was Snoring Before Air India Crash," *The Guardian*, November 17, 2010, www.guardian.co.uk/world/2010/nov/17/sleepy-pilot-blamed-air-india-crash

[69] Lohaus and Habermann, "Presenteeism."

[70] A. McGregor, R. Sharma, C. Magee, P. Caputi, and D. Iverson, "Explaining Variations in the Findings of Presenteeism Research: A Meta-Analytic Investigation into the Moderating Effects of Construct Operationalizations and Chronic Health," *Journal of Occupational Health Psychology* 23, no. 4 (2018): 584-601.

[71] M. Miraglia and G. Johns, "Going to Work Ill: A Meta-Analysis of the Correlates of Presenteeism and a Dual-Path Model," *Journal of Occupational Health Psychology* 21, no. 3 (2016): 261-83.

[72] S. Alexander Ruhle and S. Süß, "Presenteeism and Absenteeism at Work—An Analysis of Archetypes of Sickness Attendance Cultures," *Journal of Business and Psychology* 35 (2020): 241-55.

[73] M. Karanika-Murray and C. Biron, "The Health-Performance Framework of Presenteeism: Towards Understanding an Adaptive Behavior," *Human Relations* 73, no. 2 (2020): 242-61.

[74] J. Goh, J. Pfeffer, and S. A. Zenios, "Workplace Stressors & Health Outcomes: Health Policy for the Workplace," *Behavioral Science & Policy* 1, no. 1 (2017): 43-52.

[75] J. Pfeffer, "How Your Workplace Is Killing You," BBC, May 2, 2018, https://www.bbc.com/worklife/article/20180502-how-your-workplace-is-killing-you

[76] Ibid.

[77] See, for instance, S. Melamed, A. Shirom, S. Toker, S. Berliner, and I. Shapira, "Burnout and Risk of Cardiovascular Disease: Evidence, Possible

Causal Paths, and Promising Research Directions," *Psychological Bulletin* 132, no. 3 (2006): 327-53.

[78] K. A. French, T. D. Allen, and T. G. Henderson, "Challenge and Hindrance Stressors and Metabolic Risk Factors," *Journal of Occupational Health Psychology* 24, no. 3 (2019): 307-21.

[79] See, for a review, M. A. Johnson and M. Schminke, "Thinking Big: An Integrative Conceptual Review of the Workplace Consequences of Obesity and a Theoretical Extension of the Processes That Create Them," *Journal of Applied Psychology* 105, no. 7 (2020): 671-92.

[80] R. R. Sinclair, T. M. Probst, G. Paige Watson, and A. Bazzoli, "Caught Between Scylla and Charybdis: How Economic Stressors and Occupational Risk Factors Influence Workers' Occupational Health Reactions to COVID-19," *Applied Psychology: An International Review* 70, no. 1 (2021): 85-119.

[81] D. P. Fodor, C. H. Antoni, A. U. Wiedemann, and S. Burkert, "Healthy Eating at Different Risk Levels for Job Stress: Testing a Moderated Mediation," *Journal of Occupational Health Psychology* 19, no. 2 (2014): 259-67.

[82] P. A. Ferris, C. Sinclair, and T. J. Kline, "It Takes Two to Tango: Personal and Organizational Resilience as Predictors of Strain and Cardiovascular Disease Risk in a Work Sample," *Journal of Occupational Health Psychology* 10, no. 3 (2005): 225-38.

[83] K. B. Follmer and K. S. Jones, "Mental Illness in the Workplace: An Interdisciplinary Review and Organizational Research Agenda," *Journal of Management* 44, no. 1 (2018): 325-51.

[84] S. P. Melek, D. T. Norris, J. Paulus, K. Matthews, A. Weaver, and S. Davenport, *Potential Economic Impact of Integrated Medical-Behavioral Healthcare: Updated Projections for 2017* (Seattle, WA: Milliman, 2018).

[85] National Institute of Mental Health, *Mental Illness* [website], accessed May 26, 2021, https://www.nimh.nih.gov/health/statistics/mental-illness

[86] Center for Disease Control, *Mental Health Disorders and Stress Affect Working-Age Americans* (Washington, DC: CDC, July 2018), retrieved from https://www.cdc.gov/workplacehealthpromotion/tools-resources/pdfs/WHRC-Mental-Health-and-Stress-in-the-Workplac-Issue-Brief-H.pdf

[87] M. K. Shoss, "Job Insecurity: An Integrative Review and Agenda for Future Research," *Journal of Management* 43, no. 6 (2017): 1911-39.

[88] L. Jiang and L. M. Lavaysse, "Cognitive and Affective Job Insecurity: A Meta-Analysis and a Primary Study," *Journal of Management* 44, no. 6 (2018): 2307-42.

[89] M. S. Cole, F. Walter, A. G. Bedeian, and E. H. O'Boyle, "Job Burnout and Employee Engagement: A Meta-Analytic Examination of Construct Proliferation," *Journal of Management* 38, no. 5 (2012): 1550-81.

[90] See, for instance, L. Jiang, X. Xu, and H.-J. Wang, "A Resources-Demands Approach to Sources of Job Insecurity: A Multilevel Meta-Analytic Investigation," *Journal of Occupational Health Psychology* 26, no. 2 (2021): 108-26.

[91] Shoss, "Job Insecurity."

[92] See, for instance, T. Vahle-Hinz, "Stress in Nonregular Work Arrangements: A Longitudinal Study of Task- and Employment-Related Aspects of Stress," *Journal of Occupational Health Psychology* 21, no. 4 (2016): 415-31.

[93] N. De Cuyper, G. Notelaers, and H. De Witte, "Job Insecurity and Employability in Fixed-Term Contractors, Agency Workers, and Permanent Workers: Associations with Job Satisfaction and Affective Organizational Commitment," *Journal of Occupational Health Psychology* 14, no. 2 (2009): 193-205.

[94] D. J. Prottas and C. A. Thompson, "Stress, Satisfaction, and the Work-Family Interface: A Comparison of Self-Employed Business Owners, Independents, and Organizational Employees," *Journal of Occupational Health Psychology* 11, no. 4 (2006): 366-78.

[95] S. Wood, G. Michaelides, and P. Totterdell, "The Impact of Fluctuating Workloads on Well-Being and the Mediating Role of Work-Nonwork Interference in This Relationship," *Journal of Occupational Health Psychology* 18, no. 1 (2013): 106-19.

[96] S. Akram, "The Dark Side of the Gig Economy," *Medium*, September 22, 2020, https://medium.com/blankpage/the-dark-side-of-the-gig-economy-e60b91e00535; "Do Unions Have a Place in the Gig Economy?" *Fisher Phillips* [Insights blog], June 20, 2018, https://www.fisherphillips.com/news-insights/gig-employer-blog/do-unions-have-a-place-in-the-gig-economy.html; *Freelancers Union* [website], accessed May 28, 2021, https://www.freelancersunion.org/; S. Kessler, "What Does a Union Look Like in the Gig Economy?" *Fast Company*, February 19, 2015, https://www.fastcompany.com/3042081/what-does-a-union-look-like-in-the-gig-economy; A. Picchi, "Gig Workers to Lose All Unemployment Benefits in 20 GOP States: 'You Can't Prepare for It,'" *CBS*, May 27, 2021, https://www.cbsnews.com/news/unemployment-benefits-gig-workers-republican-states/; E. Pofeldt, "New Freelancers Union Head Plans to Prioritize Gig Worker Legislation," *Forbes*, January 29, 2020, https://www.forbes.com/sites/elainepofeldt/2020/01/29/new-freelancers-union-head-plans-to-prioritize-gig-worker-legislation/?sh=387002c115d0; A. Rosenblat, "Gig Workers Are Here to Stay. It Is Time to Give Them Benefits," *Harvard Business Review*, July 3, 2020, https://hbr.org/2020/07/gig-workers-are-here-to-stay-its-time-to-give-them-benefits; N. Torres, "Are There Good Jobs in the Gig Economy?" *Harvard Business Review*, July 2018, https://hbr.org/2018/07/are-there-good-jobs-in-the-gig-economy

[97] See, for instance, M. Kirrane, M. Breen, and C. O'Connor, "A Qualitative Investigation of the Origins of Excessive Work Behaviour," *Journal of Occupational and Organizational Psychology* 91 (2018): 235-60.

[98] For a review, see M. A. Clark, J. S. Michel, L. Zhdanova, S. Y Pui, and B. B. Baltes, "All Work and No Play? A Meta-Analytic Examination of the Correlates and Outcomes of Workaholism," *Journal of Management* 42, no. 7 (2016): 1836-73.

[99] K. Lanaj, A. S. Gabriel, and N. Chawla, "The Self-Sacrificial Nature of Leader Identity: Understanding the Costs and Benefits at Work and Home," *Journal of Applied Psychology* 106, no. 3 (2021): 345-63.

[100] M. S. Cardon and P. C. Patel, "Is Stress Worth It? Stress-Related Health and Wealth Trade-Offs for Entrepreneurs," *Applied Psychology: An International Review* 64, no. 2 (2015): 379-420.

[101] G. Di Stefano and M. Gaudino, "Workaholism and Work Engagement: How Are They Similar? How Are They Different? A Systematic Review and Meta-Analysis," *European Journal of Work and Organizational Psychology* 28, no. 3 (2019): 329-47.

[102] See, for instance, M. A. Clark, J. S. Michel, L. Zhdanova, S. Y Pui, and B. B. Baltes, "All Work and No Play? A Meta-Analytic Examination of the Correlates and Outcomes of Workaholism," *Journal of Management* 42, no. 7 (2016): 1836-73.

[103] J. J. Hakanen, M. C. W. Peeters, and W. B. Schaufeli, "Different Types of Employee Well-Being Across Time and Their Relationships with Job Crafting," *Journal of Occupational Health Psychology* 23, no. 2 (2018): 289-301.

[104] C. Riva, "Tri-State Widow Fighting Crisis of PTSD, Depression in First Responders," *Fox 19*, May 24, 2021, https://www.fox19.com/2021/05/24/tri-state-widow-fighting-crisis-ptsd-depression-first-responders/

[105] See, for a review, R. Bianchi, I. S. Schonfeld, and E. Laurent, "Burnout: Moving Beyond the Status Quo," *International Journal of Stress Management* 26, no. 1 (2019): 36-45.

[106] J. A. Worley, M. Vassar, D. L. Wheeler, and L. L. B. Barnes, "Factor Structure of Scores From the Maslach Burnout Inventory: A Review and Meta-Analysis of 45 Exploratory and Confirmatory Factor Analytic Studies," *Educational and Psychological Measurement* 68, no. 5 (2008): 797-823.

[107] B. W. Swider and R. D. Zimmerman, "Born to Burnout: A Meta-Analytic Path Model of Personality, Job Burnout, and Work Outcomes," *Journal of Vocational Behavior* 76, no. 3 (2010): 487-506.

[108] C. Guthier, C. Dormann, and M. C. Voelke, "Reciprocal Effects Between Stressors and Burnout: A Continuous Time Meta-Analysis of Longitudinal Studies," *Psychological Bulletin* 146, no. 12 (2020): 1146-73.

[109] Swider and Zimmerman, "Born to Burnout."

[110] R. K. Purvanova and J. P. Muros, "Gender Differences in Burnout: A Meta-Analysis," *Journal of Vocational Behavior* 77, no. 2 (2010): 168-85.

[111] L. T. B. Rattrie, M. G. Kittler, and K. I. Paul, "Culture, Burnout, and Engagement: A Meta-Analysis on National Cultural Values as Moderators in JD-R Theory," *Applied Psychology: An International Review* 69, no. 1 (2020): 176-220.

[112] See, for instance, "Burnout"; S. T. Meier and S. Kim, "Meta-Regression Analyses of Relationships Between Burnout and Depression with Sampling and Measurement Methodological Moderators," *Journal of Occupational Health Psychology*

(in press).

[113] T. W. H. Ng, K. L. Sorensen, Y. Zhang, and F. H. K. Yim, "Anger, Anxiety, Depression, and Negative Affect: Convergent or Divergent?" *Journal of Vocational Behavior* 110, Part A (2019): 186-202.

[114] Centers for Disease Control and Prevention, *Depression Evaluation Measures* [website], accessed May 26, 2021, https://www.cdc.gov/workplacehealthpromotion/health-strategies/depression/evaluation-measures/index.html; Follmer and Jones, "Mental Illness in the Workplace."

[115] T. Vander Elst, G. Notelaers, and A. Skogstad, "The Reciprocal Relationship Between Job Insecurity and Depressive Symptoms: A Latent Transition Analysis," *Journal of Organizational Behavior* 39, no. 9 (2018): 1197-218.

[116] A. Rodríguez-Muñoz, M. Antino, P. Ruiz-Zorrilla, A. I. Sanz-Vergel, and A. B. Bakker, "Short-Term Trajectories of Workplace Bullying and Its Impact on Strain: A Latent Class Growth Modeling Approach," *Journal of Occupational Health Psychology* 25, no. 5 (2020): 345-56; M. M. Smith, S. B. Sherry, V. Vidovic, P. L. Hewitt, and G. L. Flett, "Why Does Perfectionism Confer Risk for Depressive Symptoms? A Meta-Analytic Test of the Mediating Role of Stress and Social Disconnection," *Journal of Research in Personality* 86 (2020): Article 103954.

[117] K. B. Follmer and D. J. Follmer, "Longitudinal Relations Between Workplace Mistreatment and Engagement—The Role of Suicidal Ideation Among Employees with Mood Disorders," *Organizational Behavior and Human Decision Processes* 162 (2021): 206-

17.

[118] Ibid.

[119] C. Kranabetter and C. Niessen, "Appreciation and Depressive Symptoms: The Moderating Role of Need Satisfaction," *Journal of Occupational Health Psychology* 24, no. 6 (2019): 629-40; C. Shann, A. Martin, A. Chester, and S. Ruddock, "Effectiveness and Application of an Online Leadership Intervention to Promote Mental Health and Reduce Depression-Related Stigma in Organizations," *Journal of Occupational Health Psychology* 24, no. 1 (2019): 20-35.

[120] Bliese et al., "Stress and Well-Being at Work;" Griffin and Clarke, "Stress and Well-Being at Work;"

[121] S. E. Hobfoll, J. Halbesleben, J-P. Neveu, and M. Westman, "Conservation of Resources in the Organizational Context: The Reality of Resources and Their Consequences," *Annual Review of Organizational Psychology and Organizational Behavior* 5 (2018): 103-28.

[122] Ibid.

[123] J. R. B. Halbesleben, "Sources of Social Support and Burnout: A Meta-Analytic Test of the Conservation of Resources Model," *Journal of Applied Psychology* 91, no. 1 (2006): 1134-45; H. I. Park, A. C. Jacob, S. H. Wagner, and M. Baiden, "Job Control and Burnout: A Meta-Analytic Test of the Conservation of Resources Model," *Applied Psychology: An International Review* 63, no. 4 (2014): 607-42.

[124] T. W. H. Ng and D. C. Feldman, "Employee Voice Behavior: A Meta-Analytic Test of the Conservation of Resources Framework," *Journal of Organizational Behavior* 33, no. 2 (2012): 216-34.

[125] See, for example, H. Deng, J. Coyle-Shapiro, and Q. Yang, "Beyond Reciprocity: A Conservation of Resources View on the Effects of Psychological Contract Violation on Third Parties," *Journal of Applied Psychology* 103, no. 5 (2018): 561-77.

[126] M. D. Baer, J. Bundy, N. Garud, and J. Koung Kim, "The Benefits and Burdens of Organizational Reputation for Employee Well-Being: A Conservation of Resources Approach," *Personnel Psychology* 71, no. 4 (2018): 571-95.

[127] L. Huang, D. V. Krasikova, and P. D. Harms, "Avoiding or Embracing Social Relationships? A Conservation of Resources Perspective of Leader Narcissism, Leader-Member Exchange Differentiation, and Follower Voice," *Journal of Organizational Behavior* 41, no. 1 (2020): 77-92.

[128] S. T. Hunter, L. D. Cushenbery, and B. Jayne, "Why Dual Leaders Will Drive Innovation: Resolving the Exploration and Exploitation Dilemma with a Conservation of Resources Solution," *Journal of Organizational Behavior* 38, no. 8 (2017): 1183-95.

[129] S-H. J. Lin, B. A. Scott, and F. K. Matta, "The Dark Side of Transformational Leader Behaviors for Leaders Themselves: A Conservation of Resources Perspective," *Academy of Management Journal* 62, no. 5 (2019): 1556-82.

[130] J. Siegrist, "Effort-Reward Imbalance at Work and Health," in P. Perrewe and D. Ganster (eds.), *Research in Occupational Stress and Well Being: Historical and Current Perspectives on Stress and Health* (Vol. 2, New York, NY: Elsevier, 2002): 261-91.

[131] See, for example, H. Derycke, P. Vlerick, N. Burnay, C. Decleire, W. D'Hoore, H.-M. Hasselhorn, and L. Braeckman, "Impact of the Effort-Reward Imbalance Model on Intent to Leave Among Belgian Health Care Workers: A Prospective Study," *Journal of Occupational and Organizational Psychology* 83, no. 4 (2010): 879-92.

[132] N. van Vegchel, J. de Jonge, A. Bakker, and W. Schaufeli, "Testing Global and Specific Indicators of Rewards in the Effort-Reward Imbalance Model: Does It Make Any Difference?" *European Journal of Work and Organizational Psychology* 11, no. 4 (2002): 403-21.

[133] J. L. M. Tse, R. Flin, and K. Mearns, "Facets of Job Effort in Bus Driver Health: Deconstructing 'Effort' in the Effort-Reward Imbalance Model," *Journal of Occupational Health Psychology* 12, no. 1 (2007): 48-62.

[134] D. Lehr, S. Koch, and A. Hillert, "Where Is (Im) balance? Necessity and Construction of Evaluated Cut-Off Points for Effort-Reward Imbalance and Overcommitment," *Journal of Occupational and Organizational Psychology* 83, no. 1 (2010): 251-61.

[135] J. Alexander Häusser, A. Mojzisch, M. Niesel, and S. Schulz-Hardt, "Ten Years On: A Review of Recent Research on the Job Demand-Control-Support Model and Psychological Well-Being," *Work & Stress* 24, no. 1 (2010): 1-35.

[136] Ibid.

[137] Gonzalez-Mulé et al., "A Meta-Analytic Test of Multiplicative and Additive Models of Job Demands, Resources, and Stress."

[138] E. Gonzalez-Mulé and B. Cockburn, "Worked to Death: The Relationships of Job Demands and Job Control with Mortality," *Personnel Psychology* 70, no. 1 (2017): 73-112.

[139] J. N. Luchman and M. G. González-Morales, "Demands, Control, and Support: A Meta-Analytic Review of Work Characteristics Interrelationships," *Journal of Occupational Health Psychology* 18, no. 1 (2013): 37-52.

[140] M. J. Fila, J. Purl, and R. W. Griffeth, "Job Demands, Control and Support: Meta-Analyzing Moderator Effects of Gender, Nationality, and Occupation," *Human Resource Management Review* 27, no. 1 (2017): 39-60.

[141] K. M. Dawson, K. E. O'Brien, and T. A. Beehr, "The Role of Hindrance Stressors in the Job Demand-Control-Support Model of Occupational Stress: A Proposed Theory Revision," *Journal of Organizational Behavior* 37, no. 3 (2016): 397-415; Gonzalez-Mulé et al., "A Meta-Analytic Test of Multiplicative and Additive Models of Job Demands, Resources, and Stress."

[142] See, for a review, A. B. Bakker and E. Demerouti, "Job Demands-Resources Theory: Taking Stock and Looking Forward," *Journal of Occupational Health Psychology* 22, no. 3 (2017): 273-85.

[143] G. M. Alarcon, "A Meta-Analysis of Burnout with Job Demands, Resources, and Attitudes," *Journal of Vocational Behavior* 79, no. 2 (2011): 549-62.

[144] See, for instance, D. D. Goering, A. Shimazu, F. Zhou, T. Wada, and R. Sakai, "Not If, but How They Differ: A Meta-Analytic Test of the Nomological Networks of Burnout and Engagement," *Burnout Research* 5 (2017): 21-34.

[145] K. Breevaart and A. B. Bakker, "Daily Job Demands and Employee Work Engagement: The Role of Daily Transformational Leadership Behavior," *Journal of Occupational Health Psychology* 23, no. 3 (2018): 338-49; M. Young Loh, M. Awang Idris, M. F. Dollard, and M. Isahak, "Psychological Safety Climate as a Moderator of the Moderators: Contextualizing JDR Models and Emotional Demands Effects," *Journal of Occupational and Organizational Psychology* 91, no. 3 (2018): 620-44.

[146] J. D. Nahrgang, F. P. Morgeson, and D. A. Hofmann, "Safety at Work: A Meta-Analytic Investigation of the Link Between Job Demands, Job Resources, Burnout, Engagement, and Safety Outcomes," *Journal of Applied Psychology* 96, no. 1 (2011): 71-94.

[147] C. Calderwood and A. S. Gabriel, "Thriving at School and Succeeding at Work? A Demands-Resources View of Spillover Processes in Working Students," *Journal of Vocational Behavior* 103, Part B (2017): 1-13; T. Dicke, F. Stebner, C. Linninger, M. Kunter, and D. Leutner, "A Longitudinal Study of Teachers' Occupational Well-Being: Applying the Job Demands-Resources Model," *Journal of Occupational Health Psychology* 23, no. 2 (2018): 262-77.

[148] B. C. Solomon, B. N. Nikolaev, and D. A. Shepherd, "Does Educational Attainment Promote Job Satisfaction? The Bittersweet Trade-Offs Between Job Resources, Demands, and Stress," *Journal of Applied Psychology* (in press).

[149] D. C. Ganster and C. C. Rosen, "Work Stress and Employee Health: A Multidisciplinary Review," *Journal of Management* 39, no. 5 (2013): 1085-122.

[150] P. Sterling, "Allostasis: A Model of Predictive Regulation," *Physiology & Behavior* 106, no. 1 (2012): 5-15.

[151] See, for instance, A. Baethge, T. Vahle-Hinz, and T. Rigotti, "Coworker Support and Its Relationship to Allostasis During a Workday: A Diary Study on Trajectories of Heart Rate Variability During Work," *Journal of Applied Psychology* 105, no. 5 (2020): 506-26.

[152] K. Salmela-Aro and K. Upadyaya, "Roles of Demands-Resources in Work Engagement and Burnout in Different Career Stages," *Journal of Vocational Behavior* 108 (2018): 190-200.

[153] N. Lees, "How the Pandemic Has Upended the Lives of Working Parents," *The Economist*, May 22, 2021, https://www.economist.com/international/2021/05/22/how-the-pandemic-has-upended-the-lives-of-working-parents

[154] W. J. Casper, H. Vaziri, J. Holliday Wayne, S. DeHauw, and J. Greenhaus, "The Jingle-Jangle of Work-Nonwork Balance: A Comprehensive Meta-Analytic Review of Its Meaning and Measurement," *Journal of Applied Psychology* 103, no. 2 (2018): 182-214.

[155] J. Holliday Wayne, M. M. Butts, W. J. Casper, and T. D. Allen, "In Search of Balance: A Conceptual and Empirical Integration of Multiple Meanings of Work-Family Balance," *Personnel Psychology* 70, no. 1 (2017): 167-210.

[156] A. Gaskell, "Is a Blurred Work-Life Balance the New Normal?" *Forbes*, May 11, 2020, https://www.forbes.com/sites/adigaskell/2020/05/11/is-a-blurred-work-life-balance-the-new-normal/?sh=fc-720cd10130

[157] C. Stieg, "Setting Boundaries Can Help You Manage Your Mental Health as You Return to Work—Here's How to Do It," *CNBC*, May 17, 2021, https://www.cnbc.com/2021/05/17/how-to-set-boundaries-for-mental-health-when-returning-to-office.html

[158] K. Collins, "How the Pandemic Reset Workers' Concept of Work-Life Balance," *Fast Company*, September 21, 2020, https://www.fastcompany.com/90552228/how-the-pandemic-reset-workers-concept-of-work-life-balance

[159] P. Yeung, "The Bosses Who Want Us Back in the Office," *BBC*, March 25, 2021, https://www.bbc.com/worklife/article/20210323-the-bosses-who-want-us-back-in-the-office

[160] B. Robinson, "Why 'Work-Life Balance' Has Become a Career Dinosaur," *Forbes*, March 12, 2021, https://www.forbes.com/sites/bryanrobinson/2021/03/12/why-work-life-balance-has-become-a-career-dinosaur/?sh=77c5994f2116

[161] B. Lufkin, "Why It's Wrong to Look at Work-Life Balance as an Achievement," *BBC*, March 1, 2021, https://www.bbc.com/worklife/article/20210302-why-work-life-balance-is-not-an-achievement

162 See, for a review, M. Beigi, M. Shirmohammadi, and L. Otaye-Ebede, "Half a Century of Work-Nonwork Interface Research: A Review and Taxonomy of Terminologies," *Applied Psychology: An International Review* 68, no. 3 (2019): 449-78.

163 T. D. Allen, E. Cho, and L. L. Meier, "Work-Family Boundary Dynamics," *Annual Review of Organizational Psychology and Organizational Behavior* 1 (2014): 99-121.

164 Ibid.

165 Ibid.

166 Ibid.

167 D. M. Gardner, T. Lauricella, A. M. Ryan, P. Wadlington, and F. Elizondo, "Managing Boundaries Between Work and Non-Work Domains: Personality and Job Characteristics and Adopted Style," *Journal of Occupational and Organizational Psychology* 94, no. 1 (2021): 132-59.

168 J. Capitano and J. H. Greenhaus, "When Work Enters the Home: Antecedents of Role Boundary Permeability Behavior," *Journal of Vocational Behavior* 109 (2018): 87-100.

169 J. Capitano, M. S. DiRenzo, K. J. Aten, and J. H. Greenhaus, "Role Identity Salience and Boundary Permeability Preferences: An Examination of Enactment and Protection Effects," *Journal of Vocational Behavior* 102 (2017): 99-111.

170 I. Spieler, S. Scheibe, and C. Stamov Roβnagel, "Keeping Work and Private Life Apart: Age-Related Differences in Managing the Work-Nonwork Interface," *Journal of Organizational Behavior* 39, no. 10 (2018): 1233-51.

171 E. M. Hunter, M. A. Clark, and D. S. Carlson, "Violating Work-Family Boundaries: Reactions to Interruptions at Work and Home," *Journal of Management* 45, no. 3 (2019): 1284-308.

172 T. D. Allen, K. Merlo, R. C. Lawrence, J. Slutsky, and C. E. Gray, "Boundary Management and Work-Nonwork Balance While Working From Home," *Applied Psychology: An International Review* 70, no. 1 (2021): 60-84; Y. Park, Y. Liu, and L. Headrick, "When Work Is Wanted After Hours: Testing Weekly Stress of Information Communication Technology Demands Using Boundary Theory," *Journal of Organizational Behavior* 41, no. 6 (2020): 518-34.

173 A. G. Wepfer, T. D. Allen, R. Brauchli, G. J. Jenny, and G. F. Bauer, "Work-Life Boundaries and Well-Being: Does Work-to-Life Integration Impair Well-Being Through Lack of Recovery?" *Journal of Business and Psychology* 33 (2018): 727-40.

174 Beigi et al., "Half a Century of Work-Nonwork Interface Research."

175 M. Burrows, C. Burd, and B. McKenzie, "Commuting by Public Transportation in the United States: 2019," *United States Census Bureau* [Report ACS 48], April 1, 2021, https://www.census.gov/library/publications/2021/acs/acs-48.html

176 C. Calderwood and T. Mitropoulos, "Commuting Spillover: A Systematic Review and Agenda for Research," *Journal of Organizational Behavior* 42, no. 2 (2021): 162-87.

177 See, for instance, D. S. Carlson, M. J. Thompson, and K. Michele Kacmar, "Double Crossed: The Spillover and Crossover Effects of Work Demands on Work Outcomes Through the Family," *Journal of Applied Psychology* 104, no. 2 (2019): 214-28.

178 K. M. Shockley and N. Singla, "Reconsidering Work-Family Interactions and Satisfaction: A Meta-Analysis," *Journal of Management* 37, no. 3 (2011): 861-86.

179 Beigi et al., "Half a Century of Work-Nonwork Interface Research."

180 See, for instance, E. E. Kossek, S. Pichler, T. Bodner, and L. B. Hammer, "Workplace Social Support and Work-Family Conflict: A Meta-Analysis Clarifying the Influence of General and Work-Family Specific Supervisor and Organizational Support," *Personnel Psychology* 64, no. 2 (2011): 289-313.

181 F. T. Amstad, L. L. Meier, U. Fasel, A. Elfering, and N. K. Semmer, "A Meta-Analysis of Work-Family Conflict and Various Outcomes with a Special Emphasis on Cross-Domain Versus Matching-Domain Relations," *Journal of Occupational Health Psychology* 16, no. 2 (2011): 151-69.

182 J. M. Hoobler, J. Hu, and M. Wilson, "Do Workers Who Experience Conflict Between the Work and Family Domains Hit a 'Glass Ceiling?': A Meta-Analytic Examination," *Journal of Vocational Behavior* 77, no. 3 (2010): 481-94.

183 C. Nohe, L. L. Meier, K. Sonntag, and A. Michel, "The Chicken or the Egg? A Meta-Analysis of Panel Studies of the Relationship Between Work-Family Conflict and Strain," *Journal of Applied Psychology* 100, no. 2 (2015): 522-36.

184 Amstad et al., "A Meta-Analysis of Work-Family Conflict and Various Outcomes with a Special Emphasis on Cross-Domain Versus Matching-Domain Relations."

185 K. A. French, S. Dumani, T. D. Allen, and K. M. Shockley, "A Meta-Analysis of Work-Family Conflict and Social Support," *Psychological Bulletin* 144, no. 3 (2018): 284-314.

186 M. T. Ford, B. A. Heinen, and K. L. Langkamer, "Work and Family Satisfaction and Conflict: A Meta-Analysis of Cross-Domain Relations," *Journal of Applied Psychology* 92, no. 1 (2007): 57-80.

187 See, for instance, T. D. Allen, R. C. Johnson, K. N. Saboe, E. Cho, S. Dumani, and S. Evans, "Dispositional Variables and Work-Family Conflict: A Meta-Analysis," *Journal of Vocational Behavior* 80, no. 1 (2012): 17-26.

188 Allen et al., "Dispositional Variables and Work-Family Conflict."

189 K. M. Shockley, W. Shen, M. M. DeNuzio, M. L. Arvan, and E. A. Knudsen, "Disentangling the Relationship Between Gender and Work-Family Conflict: An Integration of Theoretical Perspectives Using Meta-Analytic Methods," *Journal of Applied Psychology* 102, no. 12 (2017): 1601-35.

190 T. D. Allen, K. A. French, S. Dumani, and K. M. Shockley, "Meta-Analysis of Work-Family Conflict Mean Differences: Does National Context Matter?" *Journal of Vocational Behavior* 90 (2015): 90-100.

191 T. D. Allen, K. A. Frensh, S. Dumani, and K. M. Shockley, "A Cross-National Meta-Analytic Examination of Predictors and Outcomes Associated with Work-Family Conflict," *Journal of Applied Psychology* 105, no. 6 (2020): 539-76.

192 French et al., "A Meta-Analysis of Work-Family Conflict and Social Support."

193 Beigi et al., "Half a Century of Work-Nonwork Interface Research."

194 Z. Bernard, "Jeff Bezos' Advice to Amazon Employees Is to Stop Aiming for Work-Life 'Balance'—Here's What You Should Strive For Instead," *Business Insider*, January 9, 2019, https://www.businessinsider.com/jeff-bezo-advice-to-amazon-employees-dont-aim-for-work-life-balance-its-a-circle-2018-4

195 Beigi et al., "Half a Century of Work-Nonwork Interface Research."

196 Y. Zhang, S. Xu, J. Jin, and M. T. Ford, "The Within and Cross Domain Effects of Work-Family Enrichment: A Meta-Analysis," *Journal of Vocational Behavior* 104 (2018): 210-27.

197 Ibid.

198 L. M. Lapierre, Y. Li, H. Kwong Kwan, J. H. Greenhaus, M. S. DiRenzo, and P. Shao, "A Meta-Analysis of the Antecedents of Work-Family Enrichment," *Journal of Organizational Behavior* 39, no. 4 (2018): 385-401.

199 J. S. Michel, M. A. Clark, and D. Jaramillo, "The Role of the Five Factor Model of Personality in the Perceptions of Negative and Positive Forms of Work-Nonwork Spillover: A Meta-Analytic Review," *Journal of Vocational Behavior* 79, no. 1 (2011): 191-203.

200 C. P. Maertz and S. L. Boyar, "Work-Family Conflict, Enrichment, and Balance Under 'Levels' and 'Episodes' Approaches," *Journal of Management* 37, no. 1 (2011): 68-98.

201 C. Masterson, K. Sugiyama, and J. Ladge, "The Value of 21st Century Work-Family Supports: Review and Cross-Level Path Forward," *Journal of Organizational Behavior* 42, no. 2 (2021): 118-38.

202 T. L. Crain and S. C. Stevens, "Family-Supportive Supervisor Behaviors: A Review and Recommendations for Research and Practice," *Journal of Organizational Behavior* 39, no. 7 (2018): 869-88.

203 P. D. Harms, M. Credé, M. Tynan, M. Leon, and W. Jeung, "Leadership and Stress: A Meta-Analytic Review," *The Leadership Quarterly* 28, no. 1 (2017): 178-94; D. Montano, A. Reeske, F. Franke, and J. Hüffmeier, "Leadership, Followers' Mental Health and Job Performance in Organizations: A Comprehensive Meta-Analysis From an Occupational Health Perspective," *Journal of Organizational Behavior* 38, no. 3 (2017): 327-50.

204 E. Ernst Kossek, S. Pichler, T. Bodner, and L. B. Hammer, "Workplace Social Support and Work-Family Conflict: A Meta-Analysis Clarifying the Influence of General and Work-Family-Specific Supervisor and Organizational Support," *Personnel Psychology* 64, no. 2 (2011): 289-313.

205 M. M. Butts, W. J. Casper, and T. Seok Yang, "How Important Are Work-Family Support Policies? A Meta-Analytic Investigation of Their Effects on Employee Outcomes," *Journal of Applied Psychology* 98, no. 1 (2013): 1-25.

206 S. M. Booth-LeDoux, R. A. Matthews, and J. Holliday Wayne, "Testing a Resource-Based Spillover-Crossover-Spillover Model: Transmission of Social Support in Dual-Earner Couples," *Journal of Applied Psychology* 105, no. 7 (2020): 732-47.

207 See, for instance, J. S. Michel and M. B. Hargis, "Linking Mechanisms of Work-Family Conflict and Segmentation," *Journal of Vocational Behavior* 73, no. 3 (2008): 509-22.

208 Glassdoor, "Top Companies for Work-Life Balance," *Glassdoor* [website], accessed May 27, 2021, https://www.glassdoor.com/List/Top-Companies-for-Work-Life-Balance-LST_KQ0,35.htm

209 K. Dill, "The Best Companies for Work-Life Balance," *Forbes*, July 17, 2015, http://www.forbes.com/sites/kathryndill/2015/07/17/the-best-companies-for-work-life-balance-2/

210 H. Dai, K. L. Milkman, D. A. Hofmann, and B. R. Staats, "The Impact of Time at Work and Time Off From Work on Rule Compliance," *Journal of Applied Psychology* 100, no. 3 (2015): 846-62.

211 A. G. Dugan and L. Punnett, "Dissemination and Implementation Research for Occupational Safety and Health," *Occupational Health Science* 1 (2017): 29-45.

212 K. M. Richardson and H. R. Rothstein, "Effects of Occupational Stress Management Intervention Programs: A Meta-Analysis," *Journal of Occupational*

Health Psychology 13, no. 1 (2008): 69-93.

[213] Y. Zhang, Y. Zhang, T. W. H. Ng, and S. S. K. Lam, "Promotion- and Prevention-Focused Coping: A Meta-Analytic Examination of Regulatory Strategies in the Work Stress Process," *Journal of Applied Psychology* 104, no. 10 (2019): 1296-323.

[214] C. Kröll, P. Doebler, and S. Nüesch, "Meta-Analytic Evidence of the Effectiveness of Stress Management at Work," *European Journal of Work and Organizational Psychology* 26, no. 5 (2017): 677-93.

[215] Zhang et al., "Promotion- and Prevention-Focused Coping."

[216] K. A. French, T. D. Allen, M. Hughes Miller, E. Sook Kim, and G. Centeno, "Faculty Time Allocation in Relation to Work-Family Balance, Job Satisfaction, Commitment, and Turnover Intentions," *Journal of Vocational Behavior* 120 (2020): Article 103443.

[217] A.-C. Macquet and V. Skalej, "Time Management in Elite Sports: How Do Elite Athletes Manage Time Under Fatigue and Stress Conditions," *Journal of Occupational and Organizational Psychology* 88, no. 2 (2015): 341-63.

[218] See, for example, "Time Management Skills: Definition and Examples," *Indeed* [Career Guide], May 25, 2021, https://www.indeed.com/career-advice/career-development/time-management-skills

[219] A. Baethge, N. Deci, J. Dettmers, and T. Rigotti, "'Some Days Won't End Ever': Working Faster and Longer as a Boundary Condition for Challenge Versus Hindrance Effects of Time Pressure," *Journal of Occupational Health Psychology* 24, no. 3 (2019): 322-32.

[220] See, for example, R. W. Renn, D. G. Allen, and T. M. Huning, "Empirical Examination of Individual-Level Personality-Based Theory of Self-Management Failure," *Journal of Organizational Behavior* 32, no. 1 (2011): 25-43.

[221] R. E. White, M. M. Kuehn, A. L. Duckworth, E. Kross, and Ö. Ayduk, "Focusing on the Future Self From Afar: Self-Distancing From Future Stressors Facilitates Adaptive Coping," *Emotion* 19, no. 5 (2019): 903-16.

[222] See, for instance, T. A. Wadden, J. S. Tronieri, and M. L. Butryn, "Lifestyle Modification Approaches for the Treatment of Obesity in Adults," *American Psychologist* 75, no. 2 (2020): 235-51.

[223] S. Sonnentag, L. Venz, and A. Casper, "Advances in Recovery Research: What Have We Learned? What Should Be Done Next?," *Journal of Occupational Health Psychology* 22, no. 3 (2017): 365-80.

[224] C. Calderwood, A. S. Gabriel, C. C. Rosen, L. S. Simon, and J. Koopman, "100 Years Running: The Need to Understand Why Employee Physical Activity Benefits Organizations," *Journal of Organizational Behavior* 37, no. 7 (2016): 1104-9.

[225] See, for example, L. K. Barber, S. G. Taylor, J. P. Burton, and S. F. Bailey, "A Self-Regulatory Perspective of Work-to-Home Undermining Spillover/Crossover: Examining the Roles of Sleep and Exercise," *Journal of Applied Psychology* 102, no. 5 (2017): 753-63.

[226] K. Tai, Y. Liu, M. Pitesa, S. Lim, Y. Kwan Tong, and R. Arvey, "Fit to Be Good: Physical Fitness Is Negatively Associated with Deviance," *Journal of Applied Psychology* (in press); T. Watkins and E. E. Upmhress, "Strong Body, Clear Mind: Physical Activity Diminishes the Effects of Supervisor Interpersonal Injustice," *Personnel Psychology* 73, no. 4 (2020): 641-67.

[227] M. Sianoja, C. J. Syrek, J. de Bloom, K. Korpela, and U. Kinnunen, "Enhancing Daily Well-Being at Work Through Lunchtime Park Walks and Relaxation Exercises: Recovery Experiences as Mediators," *Journal of Occupational Health Psychology* 23, no. 3 (2018): 428-42.

[228] See, for example, J. Conrath Miller and Z. Krizan, "Walking Facilitates Positive Affect (Even When Expecting the Opposite)," *Emotion* 16, no. 5 (2016): 775-85.

[229] M. L. M. van Hooff, R. M. Benthem de Grave, and S. A. E. Geurts, "No Pain, No Gain? Recovery and Strenuousness of Physical Activity," *Journal of Occupational Health Psychology* 24, no. 5 (2019): 499-511.

[230] P. D. Tomporowski and C. Pesce, "Exercise, Sports, and Performance Arts Benefit Cognition via a Common Process," *Psychological Bulletin* 145, no. 9 (2019): 929-51.

[231] P. C. Terry, C. I. Karageorghis, M. L. Curran, O. V. Martin, and R. L. Parsons-Smith, "Effects of Music in Exercise and Sport: A Meta-Analytic Review," *Psychological Bulletin* 146, no. 2 (2020): 91-117.

[232] T. Lennefer, D. Reis, E. Lopper, and A. Hoppe, "A Step Away From Impaired Well-Being: A Latent Growth Curve Analysis of an Intervention with Activity Trackers Among Employees," *European Journal of Work and Organizational Psychology* 29, no. 5 (2020): 664-77.

[233] E. L. Rice, K. C. Adair, S. J. Tepper, and B. L. Fredrickson, "Perceived Social Integration Predicts Future Physical Activity Through Positive Affect and Spontaneous Thoughts," *Emotion* 20, no. 6 (2020): 1074-83.

[234] E. L. Kirgios, G. H. Mandel, Y. Park, K. L. Milkman, D. M. Gromet, J. S. Kay, and A. L. Duckworth, "Teaching Temptation Bundling to Boost Exercise: A Field Experiment," *Organizational Behavior and Human Decision Processes* 161 (2020): 20-35.

[235] See, for a review, S. Hartmann, M. Weiss, A. Newman, and M. Hoegl, "Resilience in the Workplace: A Multilevel Review and Synthesis," *Applied Psychology: An International Review* 69, no. 3 (2020): 913-59.

[236] A. B. Adler, J. Williams, D. McGurk, A. Moss, and P. D. Bliese, "Resilience Training with Soldiers During Basic Combat Training: Randomisation by Platoon," *Applied Psychology: Health and Well-Being* 7, no. 1 (2015): 85-107; J. C. Kuntz, "Resilience in Times of Global Pandemic: Steering Recovery and Thriving Trajectories," *Applied Psychology: An International Review* 70, no. 1 (2021): 188-215.

[237] F. R. L. Baker, K. L. Baker, and J. Burrell, "Introducing the Skills-Based Model of Personal Resilience: Drawing on Content and Process Factors to Build Resilience in the Workplace," *Journal of Occupational and Organizational Psychology* 94, no. 2 (2021): 458-81.

[238] M. Ahmad Al-Hawari, S. Bani-Melhem, S. Quratulain, "Do Frontline Employees Cope Effectively with Abusive Supervision and Customer Incivility? Testing the Effect of Employee Resilience," *Journal of Business and Psychology* 35 (2020): 223-40.

[239] See, for instance, B. S. Thompson and M. Audrey Korsgaard, "Relational Identification and Forgiveness: Facilitating Relationship Resilience," *Journal of Business and Psychology* 34, no. 2 (2019): 153-67.

[240] A. J. Vanhove, M. N. Herian, A. L. U. Perez, P. D. Harms, and P. B. Lester, "Can Resilience Be Developed at Work? A Meta-Analytic Review of Resilience-Building Programme Effectiveness," *Journal of Occupational and Organizational Psychology* 89, no. 2 (2016): 278-307.

[241] M. F. Crane and B. J. Searle, "Building Resilience Through Exposure to Stressors: The Effects of Challenges Versus Hindrances," *Journal of Occupational Health Psychology* 21, no. 4 (2016): 468-79.

[242] S. Forbes and D. Fikretoglu, "Building Resilience: The Conceptual Basis and Research Evidence for Resilience Training Programs," *Review of General Psychology* 22, no. 4 (2018): 452-68.

[243] C. Kröll, P. Doebler, and S. Nüesch, "Meta-Analytic Evidence of the Effectiveness of Stress Management at Work," *European Journal of Work and Organizational Psychology* 26, no. 5 (2017): 677-93.

[244] U. R. Hülsheger, J. W. B. Lang, F. Depenbrock, C. Fehrmann, F. R. H. Zijlstra, and H. J. E. M. Alberts, "The Power of Presence: The Role of Mindfulness at Work for Daily Levels and Change Trajectories of Psychological Detachment and Sleep Quality," *Journal of Applied Psychology* 99, no. 6 (2014): 1113-28; V. Perciavalle, M. Blandini, P. Fecarotta, A. Buscemi, D. Di Corrado, L. Bertolo, F. Fichera, and M. Coco, "The Role of Deep Breathing on Stress," *Neurological Sciences* 38, no. 3 (2017): 451-8; and R. Q. Wolever, K. J. Bobinet, K. McCabe, E. R. Mackenzie, E. Fekete, C. A. Kusnick, and M. Baime, "Effective and Viable Mind-Body Stress Reduction in the Workplace: A Randomized Controlled Trial," *Journal of Occupational Health Psychology* 17, no. 2 (2012): 246-58.

[245] Richardson and Rothstein, "Effects of Occupational Stress Management Intervention Programs."

[246] Ibid.

[247] National Center for Complementary and Integrative Health, *Relaxation Techniques for Health* (website), accessed May 27, 2021, https://www.nccih.nih.gov/health/relaxation-techniques-for-health

[248] Kröll et al., "Meta-Analytic Evidence of the Effectiveness of Stress Management at Work."

[249] S. L. Parker, S. Sonnentag, N. L. Jimmieson, and C. J. Newton, "Relaxation During the Evening and Next-Morning Energy: The Role of Hassles, Uplifts, and Heart Rate Variability During Work," *Journal of Occupational Health Psychology* 25, no. 2 (2020): 83-98.

[250] S. Kim, Y. Park, and Q. Niu, "Micro-Break Activities at Work to Recover from Daily Work Demands," *Journal of Organizational Behavior* 38, no. 1 (2017): 28-44.

[251] A. A. Bennett, A. S. Gabriel, C. Calderwood, J. J. Dahling, and J. P. Trougakos, "Better Together? Examining Profiles of Employee Recovery Experiences," *Journal of Applied Psychology* 101, no. 12 (2016): 1635-54.

[252] K. M. Sutcliffe, T. J. Vogus, and E. Dane, "Mindfulness in Organizations: A Cross-Level Review," *Annual Review of Organizational Psychology and Organizational Behavior* 3 (2016): 55-81.

[253] T. M. Glomb, M. K. Duffy, J. E. Bono, and T. Yang, "Mindfulness at Work," *Research in Personnel and Human Resources Management* 30 (2011): 115-57.

[254] E. Epel, J. Daubenmier, J. T. Moskowitz, S. Folkman, and E. Blackburn, "Can Meditation Slow Rate of Cellular Aging? Cognitive Stress, Mindfulness, and Telomeres," *Annals of the New York Academy of Sciences* 1172, no. 1 (2009): 34-53; B. K. Hölzel, J. Carmody, M. Vangel, C. Congleton, S. M. Yerramsetti, T. Gard, and S. W. Lazar, "Mindfulness Practice Leads to Increases in Regional Brain Gray Matter Density," *Psychiatry Research: Neuroimaging* 191, no. 1 (2011): 36-43; and M. D. Mrazek, M. S. Franklin, D. T. Phillips, B. Baird, and J. W. Schooler, "Mindfulness Training Improves Working Memory Capacity and GRE Performance While Reducing Mind Wandering," *Psychological Science* 24, no. 5 (2013): 776-81.

[255] S. D. Jamieson and M. R. Tuckey, "Mindfulness Interventions in the Workplace: A Critique of the Current State of the Literature," *Journal of Occupational Health Psychology* 22, no. 2 (2017): 180-93.

[256] Ibid.

[257] A. Lutz, A. P. Jha, J. D. Dunne, and C. D. Saron, "Investigating the Phenomenological Matrix of Mindfulness-Related Practices From a Neurocognitive Perspective," *American Psychologist* 70, no. 7 (2015): 632-58.

[258] L. Ilona Urrila, "From Personal Wellbeing to Relationships: A Systematic Review on the Impact of Mindfulness Interventions and Practices on Leaders," *Human Resource Management Review* (in press).

[259] J. Mesmer-Magnus, A. Manapragada, C. Viswesvaran, and J. W. Allen, "Trait Mindfulness at Work: A Meta-Analysis of the Personal and Professional Correlates of Trait Mindfulness," *Human Performance* 30, nos. 2-3 (2017): 79-98.

[260] Ibid.

[261] L. T. Eby, T. D. Allen, K. M. Conley, R. L. Williamson, T. G. Henderson, and V. S. Mancini, "Mindfulness-Based Training Interventions for Employees: A Qualitative Review of the Literature," *Human Resource Management Review* 29, no. 2 (2019): 156-78; M. Virgili, "Mindfulness-Based Interventions Reduce Psychological Distress in Working Adults: A Meta-Analysis of Intervention Studies," *Mindfulness* 6, no. 2 (2015): 326-37.

[262] D. R. Berry, J. P. Hoerr, S. Cesko, A. Alayoubi, K. Carpio, H. Zirzow, W. Walters, G. Scram, K. Rodriguez, and V. Beaver, "Does Mindfulness Meditation Training Without Explicit Ethics-Based Instruction Promote Prosocial Behaviors? A Meta-Analysis," *Personality and Social Psychology Bulletin* 46, no. 8 (2020): 1247-69.

[263] L. Bartlett, A. Martin, A. L. Neil, K. Memish, P. Otahal, M. Kilpatrick, and K. Sanderson, "A Systematic Review and Meta-Analysis of Workplace Mindfulness Training Randomized Controlled Trials," *Journal of Occupational Health Psychology* 24, no. 1 (2019): 108-26; J. D. Creswell, "Mindfulness Interventions," *Annual Review of Psychology* 68 (2017): 491-516.

[264] J. N. Donald, E. L. Bradshaw, R. M. Ryan, G. Basarkod, J. Ciarrochi, J. J. Duineveld, J. Guo, and B. K. Sahdra, "Mindfulness and Its Association with Varied Types of Motivation: A Systematic Review and Meta-Analysis Using Self-Determination Theory," *Personality and Social Psychology Bulletin* 46, no. 7 (2020): 1121-38; See, for counterpoint, A. C. Hafenbrack and K. D. Vohs, "Mindfulness Meditation Impairs Task Motivation but Not Performance," *Organizational Behavior and Human Decision Processes* 147 (2018): 1-15.

[265] A. Leyland, G. Rowse, and L.-M. Emerson, "Experimental Effects of Mindfulness Inductions on Self-Regulation: Systematic Review and Meta-Analysis," *Emotion* 19, no. 1 (2019): 108-22.

[266] P. M. Jolly, D. Tony Kong, and K. Yong Kim, "Social Support at Work: An Integrative Review," *Journal of Organizational Behavior* 42, no. 2 (2021): 229-51.

[267] D. S. Chiaburu and D. A. Harrison, "Do Peers Make the Place? Conceptual Synthesis and Meta-Analysis of Coworker Effects on Perceptions, Attitudes, OCBs, and Performance," *Journal of Applied Psychology* 93, no. 5 (2008): 1082-103.

[268] M. Mathieu, K. J. Eschleman, and D. Cheng, "Meta-Analytic and Multiwave Comparison of Emotional Support and Instrumental Support in the Workplace," *Journal of Occupational Health Psychology* 24, no. 3 (2019): 387-409.

[269] M. Joy McClure, J. H. Xu, J. P. Craw, S. P. Lane, N. Bolger, and P. E. Shrout, "Understanding the Costs of Support Transactions in Daily Life," *Journal of Personality* 82, no. 6 (2014): 563-74.

[270] Y. Kalish, G. Luria, S. Toker, and M. Westman, "Till Stress Do Us Part: On the Interplay Between Perceived Stress and Communication Network Dynamics," *Journal of Applied Psychology* 100, no. 6 (2015): 1737-51.

[271] Y. Park and C. Fritz, "Spousal Recovery Support, Recovery Experiences, and Life Satisfaction Crossover Among Dual-Earner Couples," *Journal of Applied Psychology* 100, no. 2 (2015): 557-66.

[272] K. S. Zee, N. Bolger, and E. Tory Higgins, "Regulatory Effectiveness of Social Support," *Journal of Personality and Social Psychology* 119, no. 6 (2020): 1316-58.

[273] K. S. Zee, J. V. Cavallo, A. J. Flores, N. Bolger, and E. Tory Higgins, "Motivation Moderates the Effects of Social Support Visibility," *Journal of Personality and Social Psychology* 114, no. 5 (2018): 735-65.

[274] Based on D. Grayson Riegel, "Talking About Mental Health with Your Employees—Without Overstepping," *Harvard Business Review*, November 3, 2020, https://hbr.org/2020/11/talking-about-mental-health-with-your-employees-without-overstepping; K. Greenwood, V. Bapat, and M. Maughan, "Research: People Want Their Employers to Talk About Mental Health," *Harvard Business Review*, November 22, 2019, https://hbr.org/2019/10/research-people-want-their-employers-to-talk-about-mental-health

[275] See, for instance, S. K. Parker and K. Jorritsma, "Good Work Design for All: Multiple Pathways to Making a Difference," *European Journal of Work and Organizational Psychology* 30, no. 3 (2021): 456-68; A. M. Saks, "Caring Human Resource Management and Employee Engagement," *Human Resource Management Review* (in press).

[276] K. Daniels and J. de Jonge, "Match Making and Match Breaking: The Nature of Match Within and Around Job Design," *Journal of Occupational and Organizational Psychology* 83, no. 1 (2010): 1-16.

[277] Y. Li, P. Y. Chen, M. R. Tuckey, S. S. McLinton, M. F. Dollard, "Prevention Through Job Design: Identifying High-Risk Job Characteristics Associated with Workplace Bullying," *Journal of Occupational Health Psychology* 24, no. 2 (2019): 297-306.

[278] J. Alexander Häusser, S. Schulz-Hardt, T. Schultze, A. Tomaschek, and A. Mojzisch, "Experimental Evidence for the Effects of Task Repetitiveness on Mental Strain and Objective Work Performance," *Journal of Organizational Behavior* 35, no. 5 (2014): 705-21; Y. S. Scharp, K. Breevaart, and A. B. Bakker, "Using Playful Work Design to Deal with Hindrance Job Demands: A Quantitative Diary Study," *Journal of Occupational Health Psychology* 26, no. 3 (2021): 175-88.

[279] See, for instance, H. J. Gordon, E. Demerouti, P. M. Le Blanc, A. B. Bakker, T. Bipp, and M. A. M. T. Verhagen, "Individual Job Redesign: Job Crafting Interventions in Healthcare," *Journal of Vocational Behavior* 104 (2018): 98-114.

[280] S. Hornung, D. M. Rousseau, M. Weigl, A. Müller, and J. Glaser, "Redesigning Work Through Idiosyncratic Deals," *European Journal of Work and Organizational Psychology* 23, no. 4 (2014): 608-26.

[281] E. J. Lawrie, M. R. Tuckey, and M. F. Dollard, "Job Design for Mindful Work: The Boosting Effect of Psychosocial Safety Climate," *Journal of Occupational Health Psychology* 23, no. 4 (2018): 483-95.

[282] L. K. Harju, J. Kaltiainen, and J. J. Hakanen, "The Double-Edged Sword of Job Crafting: The Effects of Job Crafting on Changes in Job Demands and Employee Well-Being," *Human Resource Management* (in press).

[283] B. Okay-Somerville and D. Scholarios, "A Multilevel Examination of Skills-Oriented Human Resource Management and Perceived Skill Utilization During Recession: Implications for the Well-Being of All Workers," *Human Resource Management* 58, no. 2 (2019): 139-54.

[284] G. Johns, "Some Unintended Consequences of Job Design," *Journal of Organizational Behavior* 31, no. 2/3 (2010): 361-69.

[285] A. Schmitt, D. N. Den Hartog, and F. D. Belschak, "Is Outcome Responsibility at Work Emotionally Exhausting? Investigating Employee Proactivity as a Moderator," *Journal of Occupational Health Psychology* 20, no. 4 (2015): 491-500.

[286] R. B. Briner and N. D. Walshe, "An Evidence-Based Approach to Improving the Quality of Resource-Oriented Well-Being Interventions at Work," *Journal of Occupational and Organizational Psychology* 88, no. 3 (2015): 563-86.

[287] H. O'Loughling, "Every Company Going Remote Permanently," *Build Remote*, May 12, 2021, https://buildremote.co/companies/companies-going-remote-permanently/

[288] P. Davidson, "'The DNA of Work Has Changed': Many Americans Want to Keep Working From Home After the COVID-19 Crisis Passes," *USA Today*, May 19, 2021, https://www.usatoday.com/story/money/2021/05/19/work-home-covid-many-people-want-keep-working-remotely/5150568001/

[289] H. Min, Y. Peng, M. Shoss, and B. Yang, "Using Machine Learning to Investigate the Public's Emotional Responses to Work From Home During the COVID-19 Pandemic," *Journal of Applied Psychology* 106, no. 2 (2021): 214-29.

[290] See, for example, A. A. Bennett, E. D. Campion, K. R. Keeler, and S. K. Keener, "Videoconference Fatigue? Exploring Changes in Fatigue After Videoconference Meetings During COVID-19," *Journal of Applied Psychology* 106, no. 3 (2021): 330-44.

[291] See, for instance, R. S. Gajendran and D. A. Harrison, "The Good, the Bad, and the Unknown About Telecommuting: Meta-Analysis of Psychological Mediators and Individual Consequences," *Journal of Applied Psychology* 92, no. 6 (2007): 1524-41.

[292] L. K. Barber and A. M. Santuzzi, "Please Respond ASAP: Workplace Telepressure and Employee Recovery," *Journal of Occupational Health Psychology* 20, no. 2 (2015): 172-89.

[293] S. Anchor and M. Gielan, "The Data-Driven Case for Vacation," *Harvard Business Review*, July 13, 2016, https://hbr.org/2016/07/the-data-driven-case-for-vacation

[294] M. Leonhardt, "Only 28% of Americans Plan to Max Out Their Vacation Days This Year," *CNBC*, April 27, 2019, https://www.cnbc.com/2019/04/26/only-28percent-of-americans-plan-to-max-out-their-vacation-days-this-year.html

[295] N. Brown Chau, "Where Can Americans Travel? What to Know About COVID-19 Restrictions Around the World," *CBS*, May 25, 2021, https://www.cbsnews.com/news/covid-19-travel-restrictions-worldwide/

[296] R. Thomaselli, "Staycations on the Rise Around the World," *Travel Pulse*, February 16, 2021, https://www.travelpulse.com/news/hotels-and-resorts/staycations-on-the-rise-around-the-world.html

[297] T. J. Carter and T. Gilovich, "I Am What I Do, Not What I Have: The Differential Centrality of Experiential and Material Purchases to the Self," *Journal of Personality and Social Psychology* 102, no. 6 (2012): 1304-17.

[298] L. Kuykendall, L. Craig, M. Stiksma, and K. Guarino, "Understanding Employees' Unused Vacation Days: A Social Cognitive Approach," *Journal*

of Occupational Health Psychology 26, no. 2 (2021): 69-85.

[299] S. Horan, P. E. Flaxman, and C. B. Stride, "The Perfect Recovery? Interactive Influence of Perfectionism and Spillover Work Tasks on Changes in Exhaustion and Mood Around a Vacation," *Journal of Occupational Health Psychology* 26, no. 2 (2021): 86-107.

[300] J. Kühnel and S. Sonnentag, "How Long Do You Benefit From Vacation? A Closer Look at the Fade-Out of Vacation Effects," *Journal of Organizational Behavior* 32, no. 1 (2011): 125-43.

[301] See, for instance, Glassdoor, "14 Companies Offering Sabbaticals and Hiring Now," Glassdoor, November 9, 2018, https://www.glassdoor.com/blog/42136-2/

[302] O. B. Davidson, D. Eden, M. Westman, Y. Cohen-Charash, L. B. Hammer, A. N. Kluger, . . . and P. E. Spector, "Sabbatical Leave: Who Gains and How Much?," *Journal of Applied Psychology* 95, no. 5 (2010): 953-64.

[303] L. R. Ford and K. Locke, "Paid Time Off as a Vehicle for Self-Definition and Sensemaking," *Journal of Organizational Behavior* 23, no. 4 (2002): 489-509.

[304] M. Attridge, P. A. Herlihy, and R. Paul Maiden (eds.), *The Integration of Employee Assistance, Work/Life, and Wellness Services* (Binghamton, NY: Haworth, 2005).

[305] See, for a review, K. M. Richardson, "Managing Employee Stress and Wellness in the New Millennium," *Journal of Occupational Health Psychology* 22, no. 3 (2017): 423-28.

[306] H. De La Torre and R. Goetzel, "How to Design a Corporate Wellness Plan That Actually Works," *Harvard Business Review*, March 31, 2016, https://hbr.org/2016/03/how-to-design-a-corporate-wellness-plan-that-actually-works

[307] S. Doo Kim, E. C. Hollensbe, C. E. Schwoerer, and J. R. B. Halbesleben, "Dynamics of a Wellness Program: A Conservation of Resources Perspective," *Journal of Occupational Health Psychology* 20, no. 1 (2015): 62-71.

[308] Richardson and Rothstein, "Effects of Occupational Stress Management Intervention Programs."

[309] M. B. Hargrove, D. L. Nelson, and C. L. Cooper, "Generating Eustress by Challenging Employees: Helping People Savor Their Work," *Organizational Dynamics* 42, no. 1 (2013): 61-69.

[310] B. Joseph, A. Walker, and M. Fuller-Tyszkiewicz, "Evaluating the Effectiveness of Employee Assistance Programmes: A Systematic Review," *European Journal of Work and Organizational Psychology* 27, no. 1(2018): 1-15; K. M. Parks and L. A. Steelman, "Organizational Wellness Programs: A Meta-Analysis," *Journal of Occupational Health Psychology* 13, no. 1 (2008): 58-68.

[311] C. J. Ott-Holland, W. J. Shepherd, and A. M. Ryan, "Examining Wellness Programs over Time: Predicting Participation and Workplace Outcomes," *Journal of Occupational Health Psychology* 24, no. 1 (2019): 163-79.

[312] L. L. Berry, A. M. Mirabito, and W. B. Baun, "What's the Hard Return on Employee Wellness Programs?," *Harvard Business Review*, December 2010, https://hbr.org/2010/12/whats-the-hard-return-on-employee-wellness-programs

[313] S. Mattke, L. Hangsheng, J. P. Caloyeras, C. Y. Huan, K. R. Van Busum, D. Khodyakov, and V. Shier, *Workplace Wellness Programs Study* (Santa Monica, CA: RAND, 2013).

[314] ITA Group, "Workplace Wellness Program Statistics You Need to Know," November 16, 2018, https://www.itagroup.com/insights/workplace-wellness-programs

[315] Ott-Holland et al., "Examining Wellness Programs over Time."

[316] Based on L. Vanderkam, "The Dark Side of Corporate Wellness Programs," *Fast Company*, June 8, 2015, http://www.fastcompany.com/3047115/the-dark-side-of-corporate-wellness-programs; D. R. Stover and J. Wood, "Most Company Wellness Programs Are a Bust," *Gallup Business Journal*, February 4, 2015, http://www.gallup.com/businessjournal/181481/company-wellness-programs-bust.aspx; A. Frakt A. E. Carroll, "Do Wellness Programs Work? Usually Not," *The New York Times*, September 11, 2014, http://www.nytimes.com/2014/09/12/upshot/do-workplace-wellness-programs-work-usually-not.html

[317] Based on R. Cross, J. Singer, and K. Dillon, "Don't Let Micro-Stresses Burn You Out," *Harvard Business Review*, July 9, 2020, https://hbr.org/2020/07/dont-let-micro-stresses-burn-you-out

[318] Alan Tovey, "Steel Industry Suffers New Blow with More Job Cuts in Sheffield," *The Telegraph*, March 16, 2016, http://www.telegraph.co.uk/business/2016/03/14/steel-industry-suffers-new-blow-with-more-job-cuts-in-sheffield/; James Field "Birmingham Cuts Jobs ahead of REF 2021," *Research Fortnight*, March 9, 2016, http://www.researchresearch.com/news/article/?articleId=1358723; Phillip Inman, "HSBC Starts Laying Off 840 IT Staff in UK," *The Guardian*, May 16, 2016, https://www.theguardian.com/business/2016/may/16/hsbc-job-losses-840-it-staff-uk, Dan Milmo, "Easyjet Cuts Luton East Midlands Flights," *The Guardian*, September 3, 2009, https://www.theguardian.com/business/2009/sep/03/easyjet-cuts-luton-east-midlands-flights; ITV News, "Thousands of BHS Staff to Be Told of Redundancies," July 26, 2017, http://www.itv.com/news/2016-07-25/thousands-of-bhs-staff-to-be-told-of-redundancies/; "Monarch Flights Cancelled as Airline Ceases Trading," *BBC News*, October 2, 2017, http://www.bbc.co.uk/news/business-41464934; Ravender Sembhy, "EasyJet Confirms Acquisition of Air Berlin Assets," *The Independent*, December 18, 2017, http://www.independent.co.uk/news/business/news/easyjet-air-berlin-deal-buy-tegel-airport-opeations-flying-crew-landing-slots-bankrupt-airline-a8116046.html, Frances Perraudin, "Manchester University Professors Sign Letter of No Confidence over Cuts," *The Guardian*, June 5, 2017, https://www.theguardian.com/education/2017/jun/05/manchester-university-job-cuts-professors-sign-letter-no-confidence

[319] A. Andrew, S. Cattan, M. Costa Dias, C. Farquharson, L. Kraftman, S. Krutikova, and A. Sevilla, "How Are Mothers and Fathers Balancing Work and Family under Lockdown," *Institute for Fiscal Studies* (2020), https://ifs.org.uk/publications/14860; J. Aguiar, M. Matias, A. C. Braz, F. César, S. Coimbra, M. F. Gaspar, and A. M. Fontaine, "Parental Burnout and the COVID-19 Pandemic: How Portuguese Parents Experienced Lockdown Measures," *Family Relations* 70, no. 4 (2021): 927-38; Michelle A. Barton, Bill Kahn, Sally Maitlis, and Kathleen M. Sutcliffe, "Stop Framing Wellness Programs Around Self-Care," *Harvard Business Review*, April 4, 2022, https://hbr.org/2022/04/stop-framing-wellness-programs-around-self-care; R. M. Johnston, A. Mohammed, and C. Van Der Linden, "Evidence of Exacerbated Gender Inequality in Child Care Obligations in Canada and Australia During the COVID-19 Pandemic," *Politics & Gender* 16, no. 4 (2020): 1131-41; S. Kurata, D. Hiraoka, A. S. A. Adlan, S. Jayanath, N. Hamzah, A. Ahmad-Fauzi, and A. Tomoda, "Influence of the COVID-19 Pandemic on Parenting Stress Across Asian Countries: A Cross-National Study," *Frontiers in Psychology* 12 (2021); M. L. Kerr, K. A. Fanning, T. Huynh, I. Botto, and C. N. Kim, "Parents' Self-Reported Psychological Impacts of COVID-19: Associations with Parental Burnout, Child Behavior, and Income," *Journal of Pediatric Psychology* 46, no. 10 (2021): 1162-71; Ari Levy, "Companies Are Offering Benefits Like Virtual Therapy and Meditation Apps as COVID-19 Stress Grows," *CNBC*, October 10, 2020, https://www.cnbc.com/2020/10/10/covid-stress-companies-turn-to-virtual-therapy-meditation-apps.html; D. Marchetti, L. Fontanesi, C. Mazza, S. Di Giandomenico, P. Roma, and M. C. Verrocchio, "Parenting-Related Exhaustion During the Italian COVID-19 Lockdown," *Journal of Pediatric Psychology* 45, no. 10 (2020): 1114-23; B. R. Sahithya, R. S. Kashyap, and B. N. Roopesh, "Perceived Stress, Parental Stress, and Parenting During COVID-19 Lockdown: A Preliminary Study," *Journal of Indian Association for Child and Adolescent Mental Health* 16, no. 4 (2020): 44-63; Matilda, Sorkkila, and Aunola Kaisa, "Resilience and Parental Burnout Among Finnish Parents During the COVID-19 Pandemic: Variable and Person-Oriented Approaches," *The Family Journal* (2021): 10664807211027307; S. F. Mousavi, "Psychological Well-Being, Marital Satisfaction, and Parental Burnout in Iranian Parents: The Effect of Home Quarantine During COVID-19 Outbreaks," *Frontiers in Psychology* 3305 (2020), https://www.frontiersin.org/articles/10.3389/fpsyg.2020.553880/full?utm_source=F=; N. Walter, "Guilt and Fury: How COVID Brought Mothers to Breaking Point," *The Guardian* (2021), https://www.theguardian.com/lifeandstyle/2021/feb/28/mums-women-coronavirus-covid-home-schooling-inequality; K. Whiting, "COVID-19 Is Still Causing Parental Burnout—Do You Know the Symptoms?," *World Economic Forum* (November 22, 2021), https://www.weforum.org/agenda/2021/11/covid19-parental-burnout-mental-health/

부록

[1] J. A. Byrne, "Executive Sweat," *Forbes*, May 20, 1985, 198-200.

[2] See D. P. Schwab, *Research Methods for Organizational Behavior* (Mahwah, NJ: Lawrence Erlbaum Associates, 1999); and S. G. Rogelberg (ed.), *Blackwell Handbook of Research Methods in Industrial and Organizational Psychology* (Malden, MA: Blackwell, 2002).

[3] B. M. Staw and G. R. Oldham, "Reconsidering Our Dependent Variables: A Critique and Empirical Study," *Academy of Management Journal* 21, no. 4 (1978): 539-59; and B. M. Staw, "Organizational Behavior: A Review and Reformulation of the Field's Outcome Variables," in M. R. Rosenzweig and L. W. Porter (eds.), *Annual Review of Psychology*, vol. 35 (Palo Alto, CA: Annual Reviews, 1984), 627-66.

[4] R. S. Blackburn, "Experimental Design in Organizational Settings," in J. W. Lorsch (ed.), *Handbook of Organizational Behavior* (Upper Saddle River, NJ: Prentice Hall, 1987), 127-28; and F. L. Schmidt, C. Viswesvaran, and D. S. Ones, "Reliability Is Not Validity and Validity Is Not Reliability," *Personnel Psychology* 53, no. 4 (2000): 901-12.

[5] G. R. Weaver, L. K. Treviño, and P. L. Cochran, "Corporate Ethics Practices in the Mid-1990's: An Empirical Study of the Fortune 1000," *Journal of Business Ethics* 18, no. 3 (1999): 283-94.

[6] S. Milgram, *Obedience to Authority* (New York: Harper & Row, 1974). For a critique of this research, see T. Blass, "Understanding Behavior in the Milgram Obedience Experiment: The Role of Personality, Situations, and Their Interactions," *Journal of Personality and Social Psychology* 60, no. 3 (1991): 398-413.

[7] See, for example, W. N. Kaghan, A. L. Strauss, S. R. Barley, M. Y. Brannen, and R. J. Thomas, "The Practice and Uses of Field Research in the 21st Century Organization," *Journal of Management Inquiry* 8, no. 1 (1999): 67-81.

[8] A. D. Stajkovic and F. Luthans, "A Meta-Analysis of the Effects of Organizational Behavior Modification on Task Performance, 1975-1995," *Academy of Management Journal* 40, no. 5 (1997): 1122-49.

[9] See, for example, K. Zakzanis, "The Reliability of Meta Analytic Review," *Psychological Reports* 83, no.1 (1998): 215-22; C. Ostroff and D. A. Harrison, "Meta-Analysis, Level of Analysis, and Best Estimates of Population Correlations: Cautions for Interpreting Meta-Analytic Results in Organizational Behavior," *Journal of Applied Psychology* 84, no. 2 (1999): 260-70; R. Rosenthal and M. R. DiMatteo, "Meta-Analysis: Recent Developments in Quantitative Methods for Literature Reviews," *Annual Review of Psychology* 52 (2001): 59-82; and F. L. Schmidt and J. E. Hunter, "Meta-Analysis," in N. Anderson, D. S. Ones, H. K. Sinangil, and C. Viswesvaran (eds.), *Handbook of Industrial, Work & Organizational Psychology*, vol. 1 (Thousand Oaks, CA: Sage, 2001), 51-70.

[10] For more on ethical issues in research, see T. L. Beauchamp, R. R. Faden, R. J. Wallace Jr., and L. Walters (eds.), *Ethical Issues in Social Science Research* (Baltimore, MD: Johns Hopkins University Press, 1982); and J. G. Adair, "Ethics of Psychological Research: New Policies, Continuing Issues, New Concerns," *Canadian Psychology* 42, no. 1 (2001): 25-37.

[11] J. Kifner, "Scholar Sets Off Gastronomic False Alarm," *The New York Times* (September 8, 2001), A1.

찾아보기

인명

조직

일반 용어

ㅎ

기타